佛教十三经

圆觉经 四十二章经

赖永海 主编

徐敏 尚荣 译注

中華書局

总　序

佛教有三藏十二部经、八万四千法门，典籍浩瀚，博大精深，即便是专业研究者，用其一生的精力，恐也难阅尽所有经典。加之，佛典有经律论、大小乘之分，每部佛经又有节译、别译等多种版本，因此，大藏经中所收录的典籍，也不是每一部佛典、每一种译本都非读不可。因此之故，古人有“阅藏知津”一说，意谓阅读佛典，如同过河、走路，要先知道津梁渡口或方向路标，才能顺利抵达彼岸或避免走弯路；否则只好望河兴叹或事倍功半。《佛教十三经》编译的初衷类此。面对浩如烟海的佛教典籍，究竟哪些经典应该先读，哪些论著可后读？哪部佛典是必读，哪种译本可选读？哪些经论最能体现佛教的基本精神，哪些撰述是随机方便说？凡此等等，均不同程度影响着人们读经的效率与效果。为此，我们精心选择了对中国佛教影响最大、最能体现中国佛教基本精神的十三部佛经，认为举凡欲学佛或研究佛教者，均可从“十三经”入手，之后再循序渐进，对整个中国佛教作进一步深入的了解与研究。

“佛教十三经”的说法，由来有自。杨仁山、梅吉庆以及中国佛学院都曾选有“佛教十三经”，所选经典大同小异。上

述三家都选录的经典有:《金刚经》、《维摩诘经》、《法华经》、《楞伽经》、《楞严经》;被两家选录的经典有:《心经》、《胜鬘经》、《观经》、《无量寿经》、《圆觉经》、《金光明经》、《梵网经》、《坛经》。此外,《四十二章经》、《佛遗教经》、《解深密经》、《八大人觉经》、《大乘密严经》、《地藏菩萨本愿经》、《菩萨十住行道品经》、《大毗卢遮那成佛神变加持经》为一家所选录。本着以上所说的"对中国佛教影响最大、最能体现中国佛教基本精神"的原则,这次我们选择了以下十三部经典:《心经》、《金刚经》、《无量寿经》、《圆觉经》、《梵网经》、《坛经》、《楞严经》、《解深密经》、《维摩诘经》、《楞伽经》、《金光明经》、《法华经》、《四十二章经》。

佛教发展至今已有两千多年的历史,就其历史发展、思想内容说,有大乘、小乘之分。《佛教十三经》所收录之经典,除了《四十二章经》外,多为大乘经典。此中之缘由,盖因佛法之东渐,虽是大小二乘兼传,但是,小乘佛教在传入中国之后,始终成不了气候,且自魏晋以降,更是日趋式微;直到十三世纪以后,才有南传上座部佛教在云南一带的流传,且范围十分有限。与此相反,大乘佛教自传入中土后,先依傍魏晋玄学,后融汇儒家的人性、心性学说而蔚为大宗,成为与儒道二教鼎足而三、对中国社会各个方面产生着巨大影响的一股重要的社会思潮。既然中国佛教的主体在大乘,《佛教十三经》所收录的佛经自然以大乘经典为主。

对于大乘佛教,通常人们又因其思想内容的差异把它分为空、有二宗。空宗的代表性经典是"般若经"。中国所见之般

若类经典，以玄奘所译之《大般若经》为最，有六百卷之多。此外还有各类小本"般若经"的编译与流传，其中以《金刚经》与《心经》最具代表性与影响力。

"般若经"的核心思想是"空"。但佛教所说的"空"，非一无所有之"空"，而是以"缘起"说"空"，亦即认为，世间的万事万物，都是条件（"缘"即"条件"）的产物，都会随着条件的变化而变化。条件具备了，它就产生了（"缘起"）；条件不复存在了，它就消亡了（"缘灭"）。世间的一切事物，都不是一成不变的，而是一个念念不住的过程，因此都是没有自性的，无自性故"空"。《金刚经》和《心经》作为般若经的浓缩本，"缘起性空"同样是其核心思想，但二者又进一步从"对外扫相"和"对内破执"两个角度去讲"空"。《金刚经》的"对外扫相"思想集中体现在"一切有为法，如梦幻泡影，如露亦如电，应作如是观"这个偈句上，对内破执则有"应无所住而生其心"这一点睛之笔。《心经》则是以"色不异空，空不异色；色即是空，空即是色；受想行识亦复如是"来对外破五蕴身，以"心无罣碍"来破心执。两部经典都从扫外相、破心著的角度去说"空"。

有宗在否定外境外法的客观性方面与空宗没有分歧，差别仅在于，有宗虽然主张"外境非有"，但又认为"内识非无"，倡"三界唯心"、"万法唯识"，认为一切外境、外法都是"内识"的变现。在印度佛教中，有宗一直比较盛行，但在中国佛教史上，唯有玄奘、窥基创立的"法相唯识宗"全力弘扬"有宗"的思想，并把《解深密经》等"六经十一论"作为立宗的根据，《佛教十三经》选录了对"唯识宗"影响较大的《解深密经》进行注译。

《解深密经》的核心思想在论证一切外境外法与识的关系，认为一切诸法乃识之变现，阿赖耶识是生死轮回的主体，是万物生起的种子。经中还提出了著名的“三性”、“三无性”问题，并深入地论述了一切虚妄分别相与真如实性的关系。

与印度佛教不尽相同，中国佛教的主流或主体不在纯粹的“空宗”或“有宗”，而在大乘佛教基本精神与中国传统文化（特别是儒家心性学说）汇集交融而成的“真常唯心”思想，这种“真常唯心”思想也可称之为“妙有”的思想。首先创立并弘扬这种“妙有”思想的是智者大师创建的天台宗。

天台宗把《法华经》作为立宗的经典依据，故又称“法华宗”。《法华经》的核心思想，是“开权显实，会三归一”，倡声闻乘、缘觉乘、菩萨乘同归一佛乘，主张一切众生悉有佛性。《法华经》是南北朝之后，中国佛教走向以大乘佛教为主流的重要经典依据，也是中国佛教佛性理论确立以一切众生悉有佛性、都能成佛为主流的重要经典依据。而《法华经》的“诸法实相”也成为中国佛教“妙有”思想的重要思想资源和理论依据。

中国佛教注重“妙有”之思想特色的真正确立，当在禅宗。慧能南宗把天台宗肇端的“唯心”倾向推到极致，作为标志，则是《坛经》的问世。《坛经》是中国僧人撰写的著述中唯一被冠以“经”的一部佛教典籍，其核心思想是“即心即佛”、“顿悟成佛”。《坛经》在把佛性归诸心性、把人变成佛的同时，倡导“即世间求解脱”，主张把入世与出世统一起来，而这种思想的经典根据，则是《维摩诘经》。

《维摩诘经》可以说是对中国佛教影响最大的一部佛经，

不论是作为中国佛教代表的禅宗，还是成为现、当代佛教主流的人间佛教，《维摩诘经》中的“心净则佛土净”及“亦入世亦出世”、“在入世中出世”的思想，都是其最为重要的思想资源和经典依据。尤其值得一提的是，贯穿于整部《维摩诘经》的一根主线——“不二法门”，更是整个中国佛教的方法论依据。

《楞伽经》也是一部对禅宗、唯识乃至整个中国佛教有着重大影响的佛经。《楞伽经》思想有两个重要特点，一是融汇了空、有二宗，既注重“二无我”，又讲“八识”、“三自性”；二是把“如来藏”和“阿赖耶识”巧妙地统合起来。因此之故，《楞伽经》既是“法相唯识宗”借以立宗的“六经”之一，又被菩提达摩作为“印心”的依据，并形成一代楞伽师和在禅宗发展史颇具影响的“楞伽禅”。

《楞严经》则是一部对中国佛教之禅、净、律、密、教都有着广泛而深刻影响的大乘经典。该经虽有真、伪之争，但内容十分宏富，思想体系严密，几乎把大乘佛教所有重要理论都囊括其中，故自问世后，就广泛流行。该经以理、行、果为框架，谓一切众生都有“菩提妙明元心”，但因不明自心清净，故流转生死，如能修禅证道，即可成就无上正等正觉。这一思想对中国佛教的各宗各派都产生了极其深刻的影响。

《圆觉经》是一部非常能够体现中国佛教注重“妙有”思想特色的佛经。该经主张一切众生都具足圆觉妙心，本当成佛，无奈为妄念、情欲等所覆盖，才于六道中生死轮回；如能顿悟自心本来清净，此心即佛，无须向外四处寻求。该经所明为大乘圆顿之理，故对华严宗、天台宗、禅宗都有十分重要的影响。

《金光明经》对中国佛教的影响，主要体现在其“三身”、“十地”思想、大乘菩萨行之舍己利他、慈悲济世思想、金光明忏法及忏悔思想、以及天王护国思想。由于经中所说的诵持本经能够带来不可思议的护国利民功德，故长期以来被视为护国之经，在所有大乘佛教流行的地区都受到了广泛重视。

《无量寿经》是根据“十方净土”的思想建立起来的净土类经典，也是净土宗所依据的“三经”之一。经中主要叙述过去世法藏菩萨历劫修行成无量寿佛的经过，及西方极乐世界的种种殊胜。净土信仰自宋之后就成为与禅并驾齐驱的两大佛教思潮之一，到近现代更出现“家家阿弥陀，户户观世音”景象，故《无量寿经》在中国佛教史上的影响至为广泛和深远。

《梵网经》在佛教“三藏”中属“律藏”，是大乘戒律之一，在中国佛教大乘戒律中，《梵网经》的影响最大。经中主要讲述修菩萨的阶位（发趣十心、长养十心、金刚十心和体性十地）和菩萨戒律（十重戒和四十八轻戒），是修习大乘菩萨行所依持的主要戒律。另外，经中把“孝”与“戒”相融通、“孝名为戒”的思想颇富中国特色。

所以把《四十二章经》也收入《佛教十三经》，主要因为该经是我国最早译出的佛教经典，而且是一部含有较多早期佛教思想的佛经。经中主要阐明人生无常等佛教基本教义和讲述修习佛道应远离诸欲、弃恶修善及注重心证等重要义理，且文字平易简明，可视为修习佛教之入门书。

近几十年来，中国佛教作为中国传统文化的重要组成部分，以其特殊的文化、社会价值逐渐为人们所认识，研究佛教

者也日渐增多。而要了解和研究佛教，首先得研读佛典。然而，佛教名相繁复，义理艰深，文字又晦涩难懂，即便有相当文史基础和哲学素养者，读来也颇感费力。为了便于佛学爱好者、研究者的阅读和把握经中之思想义理，我们对所选录的十三部佛典进行了如下的诠释、注译工作：一是在每部佛经之首均置一“前言”，简要介绍该经之版本源流、内容结构、核心思想及其历史价值；二是在每一品目之前，都撰写了一个“题解”，对该品目之内容大要和主题思想进行简明扼要的提炼和揭示；三是采取义译与意译相结合的原则，对所选译的经文进行现代汉语的译述。这样做的目的，是希望它对原典的阅读和义理的把握能有所助益。当然，这种做法按佛门的说法，多少带有“方便设施”的性质，但愿它能成为“渡海之舟筏”，而不至于沦为“忘月之手指”。

赖永海

庚寅年春于南京大学

目　录

圆觉经

前　言

《圆觉经》为佛教大乘经典，其思想义理属佛教如来藏体系，教法以顿教为主，并统摄渐修法门。《圆觉经》宣讲佛陀脱离无明烦恼的圆觉理论，注重成就圆觉的具体行法，是华严宗、禅宗等宗派盛行讲习的经典，对中国佛教产生了广泛的影响。

一　《圆觉经》书名

《圆觉经》，全称为《大方广圆觉修多罗了义经》，此经名具有丰富的内涵。大方广，又名“大方等”，“方”是义理方正的意思，“广”是广大的意思；“大方广”是各种大乘经的通名，意为佛说方正广大真理的经文，也指十二部经（经教的十二种分类，即长行、重颂、孤起、譬喻、因缘、自说、本生、本事、未曾有、方广、论议、授记）中的“方广部”。“圆”即圆满，“觉”即菩提；“圆觉”就是圆满菩提，即指佛果，是对世间一切事理无不彻底了知其事实真相。圆觉为人人本具的真心，也是万法的平等真如性。修多罗，为梵语，译为“经”、“线”，意为贯穿法义，使不散失，所以又译为“契经”，含有契理、契机的意思，即上契诸佛妙理，下契众生根机。了义，是说理非常透彻、究竟的意思。

二 《圆觉经》作者

《圆觉经》为唐时佛陀多罗所译。佛陀多罗，又称“觉救”，意为“觉悟救世”，生卒年无考，生平事迹不详，北天竺罽宾（今克什米尔一带）人。《宋高僧传》称其“赍多罗夹，誓化脂那”，即携带梵文佛经，誓愿化度中国。多罗是一种植物，因古印度将佛经写在多罗树叶上，所以称“多罗夹”。佛陀多罗在洛阳白马寺译出《大方广圆觉了义经》，但不知具体是于何年翻译出来。而《佛祖统记》则称：唐高宗永徽六年（655），罽宾国佛陀多罗，于白马寺译《圆觉经》。自古以来，就不断有人怀疑此经为伪经。太虚大师通过对各种相关记述梳理后认为，此经为最早贞观（627—649）、最迟开元之八九十年间（720—722）所译。

三 《圆觉经》的内容与结构

《圆觉经》主要是佛为文殊、普贤等十二位菩萨讲述如来圆觉的妙理和观行方法，即依圆照清净觉相，永断无明的理论，以及修止、修观、修禅的方法。在该经中，佛以“圆觉”为总持法门，圆觉即为妙觉真心，是人人本具的佛性。圆觉妙心本来清净虚空，超脱了生灭轮回，但因为无明的缘故，迷执虚妄幻有，无法认知真如自性，所以不得清净，生起诸烦恼。佛在此经中教导菩萨及众生，修习圆觉法门，远离各种缘生幻有，修习止、观和禅定。

《圆觉经》一卷，不分章节。按照佛经可分为“三分”的方法，该经也可分为序分、正宗分、流通分。序分叙述佛说法的处所，当时佛入于“神通大光明藏”的自性境界，以文殊、普贤等十二位菩萨为上首的十万大菩萨众也都安住于此法会，表明了当时佛陀说法时证入的境界和与会法众。正宗分有十二部分组成，分别是文殊、普贤等十二位菩萨所请问的问题以及佛陀的说法。每部分基本都有诸位菩萨的请问、佛陀的教法以及最后重宣教义的总结偈言。在最后请问的贤善首菩萨一部分内容的末尾是流通分，叙述金刚、天王、鬼王等誓愿护佑持经人。

四 《圆觉经》的版本与注疏

《圆觉经》的版本比较统一，多为唐代宗密流传版本，但此版本体例不完整。佛在回答最后发问的贤善首菩萨的问题时没说偈言，与前文体例不一致。日本学者松本文识发现了一宋本《圆觉经》下卷，找到了经中脱落文字，内容为“尔时世尊，欲重宣此义，而说偈言：贤善首当知，是经诸佛说。如来等护持，十二部眼目。名为大方广，圆觉陀罗尼，显如来境界。依此修行者，增进至佛地。如海纳百川，饮者皆充满。假使施七宝，积满三千界，不如闻此经。若化河沙众，皆得阿罗汉，不如闻半偈。汝等于来世，护是宣持者，无令生退屈。”至此，从体例上来看，经文已近完备。

《圆觉经》的注疏较多，在宗密之前，此经的注疏已有四家，即唐京报国寺惟慤《疏》一卷、先天寺悟实《疏》二卷、荐福寺坚志《疏》四卷、北都藏海寺道诠《疏》三卷。自宗密《圆觉经大疏》、《圆觉经大疏钞科》、《圆觉经略钞》等出后，以上各疏即均佚失无传。另外,其他注疏作品有:宋观复撰《圆觉经钞辨疑误》二卷,宋清远的《圆觉疏钞随文要解》十二卷,宋孝宗的《御注圆觉经》二卷,宋行霆的《圆觉经类解》八卷,宋如山的《圆觉经略疏序注》一卷,宋智聪的《圆觉经心镜》六卷,宋元粹的《圆觉经集注》二卷。宋周琪的《圆觉经夹颂集解讲义》十二卷,明德清的《圆觉经直解》二卷,明通润的《圆觉经近释》六卷,明寂正的《圆觉经要解》二卷,弘丽的《圆觉经句释正白》六卷,净挺的《圆觉经连珠》一卷,明焦竑纂《圆觉经精解评林》卷上,清弘丽的《圆觉经句释正白》六卷,清通理的《圆觉经析义疏》四卷。近有太虚大师的《圆觉经略释》等。

本书以通行的《圆觉经》为底本,同时参考太虚大师的《圆觉经略释》,以保证译注得准确完备。各章节都分为原文、注释和译文等部分,各部分交相呼应。章节前置有题解,便于读者了解该章节全文大意。限于个人学识,其中难免有谬误之处,还望读者批评指正。

序 分

此为本经的“序分”部分，表明当时佛说法时证入的境界，以及参与法会的大众，并强调经中所载法门确实为佛陀所说，内容真实可信。

如是我闻①。一时，婆伽婆②，入于神通大光明藏③，三昧正受④，一切如来光严住持⑤，是诸众生清净觉地⑥。身心寂灭⑦，平等本际⑧，圆满十方⑨，不二随顺⑩，于不二境，现诸净土⑪。

注释：

①如是我闻：即我闻如是，意为我听到佛这样说。如是，指这部经文。我，阿难自称。闻，从佛陀处亲闻。此语出于佛涅槃前。当时，以“多闻第一”著称的阿难问佛：“一切经首置何字？”佛回答：“一切经首置‘如是我闻’等言。”

②婆伽婆：梵语音译。也称“婆伽梵”、“薄伽梵”，意译为“世尊”，为佛的尊号。有自在、炽盛、端严、名称、吉祥、尊贵六种含义。

③神通大光明藏：即指佛说法的处所，不是指具体的外在场所，而是指自性境界。神，则莫测。通，则无碍。大光明，即智慧。藏，即一切法所依之平等真如法性体。

④三昧：梵语。又译“三摩地”，意译为“定”或“正定”。即摒除杂念，心不散乱，专注于一境。正受：是与“三昧”相应的禅定。

⑤光严：光明庄严。住持：久住护持佛法。

⑥清净觉地：正觉的境界。因正觉之体离染污，故称“清净”。

⑦寂灭：即指涅槃，是没有烦恼和生死的境界。

⑧本际：根本究竟的边际，即绝对平等的理体。此指涅槃而言。

⑨圆满：周遍充足，无所缺减。

⑩不二：又作“无二”、“离两边”，指对一切现象应无分别，或超越各种区别。随顺：随从他人之意而不拂逆。

⑪净土：指佛所居的处所，全称“清净土”、“清净国土”、“清净佛刹”，又作“净刹”、“净世界”、“佛国”。与此相对，世俗众生居住之所，有烦恼污秽，故称“秽土”、“秽国”。

译文：

我听佛这样说的。那时，佛得入神通大光明藏，心念大定，一切佛都久住此光明庄严境界，这也是所有众生能够真正清净觉悟的本性境界。身心无生无灭，寂静无为，涅槃平等，遍足十方，超越了分别，随顺迎合了涅槃正道。在这个境界中，可以显现出佛国净土。

与大菩萨摩诃萨十万人俱[①]。其名曰文殊师利菩萨[2]，普贤菩萨[3]，普眼菩萨[4]，金刚藏菩萨[5]，弥勒菩萨[6]，清净慧菩萨[7]，威德自在菩萨[8]，辩音菩萨[9]，净诸业障菩萨[10]，普觉菩萨[11]，圆觉菩萨[12]，贤善首菩萨等而为上首[13]，与诸眷属皆入三昧[14]，同住如来平等法会[15]。

注释：

①大菩萨摩诃（hē）萨：大菩萨即摩诃萨，摩诃萨为梵语音译，又称“大有情”、“大众生”，此大众生的愿大、行大、度众生大，在世间诸众生中为最上。

②文殊师利菩萨：文殊，是“妙”的意思；师利，是“德”或“吉祥”的意思。文殊师利即妙吉祥的意思。该菩萨以大智著称，与普贤菩萨常侍于释迦如来左右。

③普贤菩萨：是具足无量行愿、普现于一切佛刹的大乘圣者。

④普眼菩萨：因其能普观一切众生故称。

⑤金刚藏菩萨：此菩萨能以智慧破除愚暗，表现为忿怒的形象，或持金刚杵以伏恶魔，也称“金刚藏王”。

⑥弥勒菩萨：弥勒为梵语音译，意译为“慈氏”。依《弥勒上生经》、《弥勒下生经》所载，弥勒出生于婆罗门家庭，后成为佛的弟子，先佛入灭，以菩萨身为天人说法，住于兜率天。据传此菩萨因发心不食肉，故名为“慈氏”。

⑦清净慧菩萨：此菩萨得自在，同佛境界，从法而生，故称“法生”，即从自性清净之法而生。

⑧威德自在菩萨：可畏为威，可爱为德，进退无碍、心离烦

恼的系缚为自在。

⑨辩音菩萨：能以声音做佛事而利益众生。

⑩净诸业障菩萨：能为众生除去各自所作种种恶业。

⑪普觉菩萨：能够普遍地觉悟众生。

⑫圆觉菩萨：显示圆满的灵觉，对世间一切事理，无不彻底了知其事实真相。

⑬贤善首菩萨：贤而行善者，又同前十一位菩萨共居十万大菩萨眷属之首，故名“贤善首菩萨”。上首：大众中之主位，称为“上首”。或举其中一人为上首，或举多人为上首。

⑭眷属：指亲近、顺从者。眷为亲爱，属为隶属。

⑮法会：讲说佛法及供佛施僧等所举行的集会。

译文：

佛陀当时与十万大菩萨在一起。名为文殊师利菩萨、普贤菩萨、普眼菩萨、金刚藏菩萨、弥勒菩萨、清净慧菩萨、威德自在菩萨、辩音菩萨、净诸业障菩萨、普觉菩萨、圆觉菩萨、贤善首菩萨的十二大士坐在上席，并率各自眷属一起入于心定安住的境界，他们和佛一样安住在此净土法会。

一　文殊师利菩萨

本章节为文殊师利菩萨所请教的问题，以及佛陀的回答。主要在于说明佛所观照的圆觉清净境界，此境界为修行的根本，认识此境界则能了知万法的虚空本性，免于产生邪见，堕入生死轮转。菩萨及众生发清净心，证入此境界，能够断除无明，获得正觉。

于是文殊师利菩萨在大众中，即从座起，顶礼佛足①，右绕三匝②，长跪叉手而白佛言③："大悲世尊④，愿为此会诸来法众⑤，说于如来本起清净因地法行⑥，及说菩萨于大乘中发清净心⑦，远离诸病，能使未来末世众生求大乘者⑧，不堕邪见。"

作是语已，五体投地，如是三请，终而复始。

注释：

①顶礼：印度最上之敬礼。即两膝、两肘及头着地，以头顶敬礼，承接所礼者双足。其义与"五体投地"同。

②右绕：即以右向中央之尊像旋绕以表尊敬之意，尊像在行者之右手边，是表示礼敬的行道方式。

③叉手：印度致敬方式的一种，也称"合十"、"合掌"。

④世尊：佛的尊号，即为世间所尊重者之意，也指世界中最

尊者。

⑤法众：即归顺于佛法之众，为出家众的总称。

⑥因地：为“果地”的对称。地，即位地、阶位之意。指修行佛道之阶位，也即指由因行至证果间的阶位。

⑦清净心：无疑的信心，没有污染和烦恼的净心。

⑧末世：释迦牟尼入灭后五百年为正法时，次一千年为像法时，后万年为末法时。末世，即末法时。大乘：指能将众生从烦恼的此岸载至觉悟的彼岸的教法而言，以救世利他为宗旨，最高的果位是佛果。乘是运载之义。大乘、小乘是释迦牟尼入灭后一段时期，大乘佛教兴起后，由于大、小乘对立而起的名词。一般而言，“小乘”是大乘佛教徒对原始佛教与部派佛教的贬称。

译文：

于是文殊师利菩萨在大众中离座而起，以顶礼礼敬佛足，然后起立右转，绕佛三圈，又长跪在佛前双手合掌，对佛禀告道：“大悲世尊，希望您能为来参加本此法会的诸位弟子宣说如来清净因地法的修持，以及菩萨在大乘修行中怎样发清净心，远离诸种恶业，以使未来末世的众生在追求大乘教法的过程中，不至于堕于不正确的见解。”

文殊师利菩萨说完后，再次五体投地向佛祖致礼，循环往复，这样连续请求三次。

尔时，世尊告文殊师利菩萨言：“善哉！善哉！善男子[①]，汝等乃能为诸菩萨咨询如来因地法行，及为末世一切众生求大乘者，得正住持，不堕邪见。汝今谛听[②]，当为汝说。”

时，文殊师利菩萨奉教欢喜，及诸大众默然而听。

注释：

①善男子：佛称呼信佛的男子为善男子。善，是对信佛、闻法、行善业者的美称。

②谛听：仔细地听。

译文：

那时，佛开口对文殊师利菩萨说：“善哉！善哉！善男子，你能为诸位菩萨咨询如来因地修行法，为末世的一切众生乞求大乘教法，使他们能得到正确的认识，并在世间保持正确的道法，而不至于堕入不正确的邪见之中。现在你就仔细地听，我为你演说这一根本大法。”

当时，文殊师利菩萨以能接受佛的教导而心生欢喜，和其他参加法会的大众安静地听佛说法。

“善男子，无上法王有大陀罗尼门[①]，名为圆觉。流出一切清净真如[②]，菩提涅槃及波罗蜜[③]，教授菩萨。一切如来本起因地，皆依圆照清净觉相[④]，永断无明[⑤]，方成佛道[⑥]。

注释:

①无上法王:如来的尊号。无上,即至高无上,无有过于此者。法王,即众法之王。陀罗尼:梵语音译。意为总持,总是总摄一切法,持是能持无量义,也就是能掌握一切法的总纲领的意思。

②清净真如:如来所说涅槃清净寂灭之理,本无染污,所以称为"清净真如"。清净,是不垢不染之义。真如,事物的真实相状。真是真实之义;如是如常,不变不改之义。

③菩提:梵语音译。意译为"觉",是指能觉知法性的智慧,也就是能断尽烦恼的大智慧,是对佛教真理的觉悟。涅槃:梵语"涅槃那"的音译。意译为"灭"、"灭度"、"寂灭"、"不生"、"无为"、"安乐"、"解脱"等。波罗蜜:梵语音译。又称"波罗蜜多",意译为"到彼岸",即由生死苦恼的此岸,度到涅槃安乐的彼岸。

④清净觉相:正觉的真相,正觉的理体离诸染污,故称。相,表现于外而又能想象于心的各种事物的相状。

⑤无明:不明白道理,即愚痴的别名。

⑥佛道:佛的觉悟,佛所证悟的道法,即无上菩提。

译文:

"善男子,成了佛的无上法王有个总持的法门叫作圆觉,即圆满的觉性,人人本具的真心。它能流出一切清净佛性以及成佛的觉悟,它还能流出涅槃寂灭的智慧和由生死此岸到涅槃彼岸的波罗蜜,并依此来教诲授受菩萨。一切如来发心修行的起点,无不依靠圆满遍照的清净觉悟相,这样才能永远断除无明，从而成就佛果。

“云何无明？善男子，一切众生从无始来[①]，种种颠倒[②]，犹如迷人，四方易处；妄认四大为自身相[③]，六尘缘影为自心相[④]。譬彼病目，见空中华及第二月[⑤]。善男子，空实无华，病者妄执[⑥]。由妄执故，非唯惑此虚空自性[⑦]，亦复迷彼实华生处，由此妄有轮转生死[⑧]，故名无明。善男子，此无明者，非实有体。如梦中人，梦时非无，及至于醒，了无所得。如众空华，灭于虚空，不可说言有定灭处。何以故？无生处故。一切众生于无生中，妄见生灭，是故说名轮转生死。

注释：

①无始：没有开始。诸法都由因缘生，因上有因，如此辗转推究，一切众生及诸法的原始，皆不可得。

②颠倒：指违背常道、正理。

③四大：即地、水、火、风，可称之为四种元素，即构成一切物质的元素。

④六尘：色尘、声尘、香尘、味尘、触尘、法尘。尘，染污之义，能染污人们清净的心灵，使真性不能显发。六尘，又名“六境”，即六根所攀缘的外境。缘影：是心识攀缘外尘有所思虑而生起的外尘影像。

⑤空中华：病眼之人见空中有如花一样的东西浮动，喻指本无实体的境界，由于妄见而起错觉，以为实有。第二月：眼有疾

而误认为有两个月亮。

⑥妄执：虚妄的执着。执，即把而不离，执着而不舍。

⑦虚空：虚与空都是“无”的别名。虚无形质，空无障碍。自性：诸法各自有不变不改之性，称为“自性”。

⑧轮转：与“轮回”同义，即众生从无始以来，辗转生死于三界六道之中，如车轮一样的旋转，没有脱出之期。

译文：

“什么是无明呢？善男子，一切众生从无始以来，就有种种违背正理的颠倒认识，如同迷途的人一样，分不清东西南北；错误地认为地、水、火、风四种元素组合成了自己的身体，认为心识攀缘外部六尘有所思虑而生起的外尘影像为自心的相状。这如同有眼疾的人看到空中有花，有两个月亮。善男子，空中实际上并没有花，只是迷惑者虚妄的执着。因为虚妄执着的缘故，不但迷惑了本空无相的真如自性，还迷惑地以为有实在的花及其生处，正因为错误地认为有实有，也就有了生死轮回，这就是无明。善男子，这个无明没有实在体性。就如做梦的人一样，梦中的境界并非没有，等到梦醒的时候却空无一物。又如空中的花消失在虚空中，不能说有一定的消失之处。为什么呢？因为它本来就虚幻不实，没有生处。一切众生在原本没有生灭变化之中，迷惑见到生灭，如此就是妄见生死轮回。

“善男子，如来因地修圆觉者，知是空华，即无轮转，亦无身心受彼生死。非作故无，本性无故。彼知觉者[①]，犹如虚空。知虚空者[②]，即空华相。亦不可说无知觉性。有无俱遣，是则名为净觉随顺。

“何以故？虚空性故，常不动故，如来藏中无起灭故[③]，无知见故[④]。如法界性[⑤]，究竟圆满遍十方故。是则名为因地法行。菩萨因此于大乘中，发清净心。末世众生依此修行，不堕邪见。”

注释：

①知觉者：即前面“知是空华”的觉。

②知虚空者：指了知觉相如空的心。

③如来藏：指于一切众生的烦恼身中，所隐藏的本来清净的如来法身。通常把它看作是佛性的异名。

④知见：知识和见解。就意识云“知”，就眼识曰“见”。

⑤法界性：单名“法界”，又称“法性”，合称“法界性”。即指诸法的本体、本性。在有情方面，叫做“佛性”；在无情方面，叫做“法性”。

译文：

“善男子，一切诸佛发愿开始修圆觉法门，知道一切都是虚空中的花，就知道没有所谓的轮转生死，也没有承受生死的身心。不是因为经过造作或修行而成为无，而是因为本性空无的原因。知道一切都是空花的觉是虚空的。了知觉相如空的心，也是空花般的相状。既然是心证知空花相，也就不可说没有知觉的心。对知觉心的有与无都放下不执着，就能随顺证入清净圆满觉悟。

“为什么呢？因为觉悟的清静心是虚空的，性体不动；如来藏中没有独立的法生灭，自然也就没有知见。此法界性究竟圆满，普遍十方。这些就被称为‘因地法行’。菩萨因此在大乘法门中，发起清净心。末世众生依照此法修行，就不会堕于不正确的偏见里。”

尔时，世尊欲重宣此义而说偈言：

文殊汝当知，一切诸如来，
从于本因地，皆以智慧觉，了达于无明。
知彼如空华，即能免流转，
又如梦中人，醒时不可得。
觉者如虚空，平等不动转，
觉遍十方界，即得成佛道。
众幻灭无处，成道亦无得，本性圆满故。
菩萨于此中，能发菩提心。
末世诸众生，修此免邪见。

译文：

这时，世尊为了重新阐述这个道理，于是说偈语：

文殊汝当知，一切诸如来，
从于本因地，皆以智慧觉，了达于无明。
知彼如空华，即能免流转，

又如梦中人，醒时不可得。
觉者如虚空，平等不动转，
觉遍十方界，即得成佛道。
众幻灭无处，成道亦无得，本性圆满故。
菩萨于此中，能发菩提心。
末世诸众生，修此免邪见。

二　普贤菩萨

本章节为普贤菩萨所请教的问题，以及佛陀的回答。主要说明听闻圆觉清静境界后，证入此等境界的修行方法，即修习“如幻三昧”，也就是了知身心一切都是幻化的道理，进而远离诸种幻化现象。

于是普贤菩萨在大众中，即从座起，顶礼佛足，右绕三匝，长跪叉手而白佛言：“大悲世尊，愿为此会诸菩萨众，及为末世一切众生修大乘者，闻此圆觉清净境界，云何修行①？世尊，若彼众生知如幻者，身心亦幻，云何以幻还修于幻？若诸幻性一切尽灭，则无有心，谁为修行？云何复说修行如幻？若诸众生本不修行，于生死中常居幻化，曾不了知如幻境界，令妄想心云何解脱？愿为末世一切众生，作何方便②，渐次修习③，令诸众生永离诸幻。”

作是语已，五体投地，如是三请，终而复始。

注释：

①修行：实行修正自己的思想行为。

②方便：指为了引导和教化众生而采用的手段、方法或

语言。

③修习：依如来所说之法，精修复习而成道果。

译文：

于是普贤菩萨在大众中离座而起，以顶礼礼敬佛足，然后起立右转，绕佛三圈，又长跪在佛前双手合掌，对佛禀告道："大悲世尊，我希望来参加本此法会的菩萨众，以及在末世修习大乘的一切众生都听闻到这个圆觉清净境界，那又应该如何修行呢？世尊，假如众生知道一切都是幻而不实的，身心都是幻化的，为什么还要用幻化的身心来修幻化之行？如果一切幻法都灭尽了，也就没有心了，那么谁来修行？为什么还说修行如幻？如果众生本来不修行，而在生死幻化中，从来不知道这一切是幻化境界，那又怎样使妄想心得到解脱？希望佛为末世一切众生，教授一些方便法门，能够渐次修习，令诸众生永离诸幻。"

普贤菩萨说完后，再次五体投地向佛祖致礼，循环往复，这样连续请求三次。

尔时，世尊告普贤菩萨言："善哉！善哉！善男子，汝等乃能为诸菩萨及末世众生，修习菩萨如幻三昧[①]，方便渐次，令诸众生得离诸幻。汝今谛听，当为汝说。"

时，普贤菩萨奉教欢喜，及诸大众默然而听。

注释：

①如幻三昧：达于一切诸法如幻之理的正定。

译文：

那是，佛开口对普贤菩萨说："善哉！善哉！善男子，你能为诸位菩萨以及末世众生，向佛请求讲解修习菩萨如幻三昧的方法，通过方便法门，能够渐次修习，进而使众生远离诸幻。现在你就仔细地听，我为你解说。"

当时，普贤菩萨以能接受佛的教导而心生欢喜，和其他参加法会的大众安静地听佛说法。

"善男子，一切众生种种幻化，皆生如来圆觉妙心①，犹如空华，从空而有，幻华虽灭，空性不坏。众生幻心②，还依幻灭，诸幻尽灭，觉心不动。依幻说觉，亦名为幻。若说有觉，犹未离幻。说无觉者，亦复如是。是故幻灭，名为不动。

注释：

①妙心：不可思议的心体，即佛的真心。

②幻心：心识由缘而生，毕竟无实如幻。

译文：

"善男子，一切众生的种种幻化现象，都依如来圆觉真心而生出，就像空花，从空中生出，幻化境界虽然消失，但它的空性并没有改变。众生的幻心还必须依于幻化的身心来修行，才能得以消灭，当这些幻化的事物都灭除，觉心并没有动过。依幻来说觉，便不是真觉，所以也称为幻。如果说有'觉'，仍未离幻。如果说‘无觉’，也是同样没有离幻。所以说幻化现象尽灭，但真正的觉心不动。

“善男子，一切菩萨及末世众生，应当远离一切幻化虚妄境界。由坚执持远离心故，心如幻者，亦复远离。远离为幻，亦复远离。离远离幻，亦复远离。得无所离，即除诸幻。譬如钻火，两木相因，火出木尽，灰飞烟灭。以幻修幻，亦复如是。诸幻虽尽，不入断灭。善男子，知幻即离，不作方便。离幻即觉，亦无渐次。一切菩萨及末世众生，依此修行，如是乃能永离诸幻。”

译文：

“善男子，一切菩萨及末世众生，应当远离一切幻化的虚妄境界。因为存有了这种坚持远离幻境的心，而这种远离心也是幻，也应当远离。远离幻心的心，同样也是幻，也应当远离。远离‘远离幻心’的心，仍是幻，也应当远离。最后没有什么可以远离的，也就除去了各种幻。譬如钻木取火，两根木头相互摩擦，产生的火把自己都烧尽了。以幻修幻也是这样。种种幻化虽已灭尽，但还不能进入彻底断灭。善男子，知道幻化即刻就要远离，不需用任何权宜方法。离开妄念幻想就是觉悟，没有渐进的圆觉。一切菩萨以及末世众生，依照这样修行，这样才能永远远离种种幻化。”

尔时，世尊欲重宣此义而说偈言：

普贤汝当知，一切诸众生，
无始幻无明，皆从诸如来，
圆觉心建立，犹如虚空华，
依空而有相，空华若复灭，
虚空本不动，幻从诸觉生，
幻灭觉圆满，觉心不动故。
若彼诸菩萨，及末世众生，
常应远离幻，诸幻悉皆离。
如木中生火，木尽火还灭。
觉则无渐次，方便亦如是。

译文：

这时，世尊为了重新阐述这个道理，于是说偈语：

普贤汝当知，一切诸众生，
无始幻无明，皆从诸如来，
圆觉心建立，犹如虚空华，
依空而有相，空华若复灭，
虚空本不动，幻从诸觉生，
幻灭觉圆满，觉心不动故。
若彼诸菩萨，及末世众生，
常应远离幻，诸幻悉皆离。
如木中生火，木尽火还灭。
觉则无渐次，方便亦如是。

三　普眼菩萨

本章节为普眼菩萨所请教的问题，以及佛陀的回答。意在表明修行阶次及方便说法。在闻知圆觉境界后，众生应当先心存正念，止息妄念，远离幻境和幻心，如此就能成就虚空平等的清静圆觉。

于是普眼菩萨在大众中，即从座起，顶礼佛足，右绕三匝，长跪叉手而白佛言："大悲世尊，愿为此会诸菩萨众，及为末世一切众生，演说菩萨修行渐次，云何思惟①？云何住持？众生未悟，作何方便普令开悟②？世尊，若彼众生无正方便及正思惟，闻佛如来说此三昧，心生迷闷，即于圆觉不能悟入。愿兴慈悲，为我等辈及末世众生，假说方便。"

作是语已，五体投地，如是三请，终而复始。

注释：

①思惟：思量所对之境而起分别。

②开悟：开智悟理，即开智慧、悟道理。

译文：

于是普眼菩萨在大众中离座而起，以顶礼礼敬佛足，然后起立右转，绕佛三圈，又长跪在佛前双手合掌，对佛禀告道："大悲世尊，希望您能为来参加本此法会的诸菩萨众，以及末世修习大乘的一切众生演说菩萨修行的逐步次序，什么是思惟？如何能够安住于世而保持佛法？众生没有开悟，应用什么方法使他们普遍开悟？世尊，如果众生没有正确的方法和正确的思维，即使听了佛所说的三昧正定法门，仍会心生迷惑，不能悟入圆满觉悟的境界。希望佛大发慈悲，为我们以及末世众生解说方便法门。"

普眼菩萨说完后，再次五体投地向佛祖致礼，循环往复，这样连续请求三次。

尔时，世尊告普眼菩萨言："善哉！善哉！善男子，汝等乃能为诸菩萨及末世众生，问于如来修行渐次，思惟住持，乃至假说种种方便。汝今谛听，当为汝说。"

时，普眼菩萨奉教欢喜，及诸大众默然而听。

译文：

那时，世尊对普眼菩萨说："善哉！善哉！善男子，你能为诸位菩萨以及末世众生，向我问及修行的次序，正确的思考，住世保持佛法，以及修行的简便方法。现在你就仔细地听，我为你解说。"

当时，普眼菩萨以能接受佛的教导而心生欢喜，和其他参加法会的大众安静地听佛说法。

“善男子，彼新学菩萨及末世众生，欲求如来净圆觉心①，应当正念②，远离诸幻。先依如来奢摩他行③，坚持禁戒④，安处徒众，宴坐静室⑤。恒作是念：我今此身，四大和合。所谓发毛爪齿，皮肉筋骨，髓脑垢色，皆归于地；唾涕脓血，津液涎沫，痰泪精气，大小便利，皆归于水；暖气归火，动转当风。四大各离，今者妄身，当在何处？即知此身，毕竟无体⑥，和合为相，实同幻化。四缘假合⑦，妄有六根⑧。六根四大，中外合成，妄有缘气，于中积聚，似有缘相⑨，假名为心⑩。

注释：

①净圆觉心：净妙的圆满觉悟心。

②正念：正确的念头，念念不忘佛法真理。

③奢摩他：梵语音译。意译为“止”、“寂静”。“禅定”的另一称谓。

④禁戒：禁非戒恶。

⑤宴坐：默然静坐，此指坐禅。

⑥无体：无实体。

⑦四缘：缘是指一切物事之间生起一种互相交涉的关系，这种关系共有四种，即因缘、等无间缘、所缘缘、增上缘。

⑧六根：指眼、耳、鼻、舌、身、意。根为能生长的意思。

⑨缘相：攀缘事物而又思虑的心的相状。

⑩假名：假立名字。

译文：

“善男子，那些刚开始学佛的菩萨和末世众生，要想求得如来清净圆满觉悟心，就应当坚持正确的念想，远离各种各样的幻象。先依照佛教授的修定的方法，坚持禁戒，要安置好徒众，安处静室。应常有这样的观念：我现在的身体是由地、水、火、风四种自然元素缘合而成。所谓头发、毛、爪、齿，皮、肉、筋、骨，髓、脑等，以及身体上的污垢，都属于地元素；我的唾液、鼻涕、脓、血，津液、涎末，痰、泪、精气，大小便等，都属于水元素；我的生命中含有的燥热之气，属于火元素；我的生命之所以能够延续是因为有呼吸的作用，它属于风元素。四大各有所归，此身究竟当在何处？即知道身体终究是没有实体的，它只是地、水、火、风四大元素互相缘和而合成的相状，实际是一种幻化的相状。地、水、火、风四大元素互相缘和而合成的身体，又有了眼、耳、鼻、舌、身、意六根。眼、耳、鼻、舌、身、意六根和地、水、火、风四大元素，一个为内，一个为外，内外合成，组成了称之为‘身’的东西。在这个过程中产生了各种习气，在其中积聚，好像有思虑的相状出现，于是就有了假名为‘心’的这个东西。

“善男子，此虚妄心，若无六尘，则不能有。四大分解，无尘可得，于中缘尘①，各归散灭，毕竟无有缘心可见②。

注释：

①缘尘：攀缘色、声等六尘。

②缘心：攀缘事物的心。

译文：

“善男子，这个虚妄的心，如果没有色、声、香、味、触、法六尘，就不可能存在。如果地、水、火、风四大分离，就没有六尘存在，既是所缘之尘各归散灭，那么终究也不见有能攀缘事物的心了。

“善男子，彼之众生幻身灭故，幻心亦灭；幻心灭故，幻尘亦灭；幻尘灭故，幻灭亦灭；幻灭灭故，非幻不灭。譬如磨镜，垢尽明现。善男子，当知身心皆为幻垢，垢相永灭，十方清净。

译文：

“善男子，由于众生的幻身灭掉了，所以幻心也就灭掉了；幻心一旦灭掉了，幻尘也就灭掉了；因为幻尘灭掉了，所以幻灭也会灭掉了；幻灭被灭掉，那些不是幻的‘非幻’，即空的自性却是不灭的。这好比磨镜，将镜子上的污垢全部磨去后，就会再现镜子明亮的本质。善男子，应当知道身心都是幻垢，只有把这些幻垢永远消灭了，才能显现十方清净。

“善男子，譬如清净摩尼宝珠[①]，映于五色[②]，随方各现。诸愚痴者，见彼摩尼，实有五色。

注释：

①摩尼宝珠：如意珠。摩尼，梵语音译。意为珠。

②五色：青、黄、赤、白、黑，又称“五正色”。

译文：

“善男子，比如清净摩尼宝珠，五种颜色映入宝珠，随着不同方向会映现出不同的颜色。但愚痴的人看到摩尼宝珠所映出的五种颜色，误以为摩尼宝珠上的颜色是实有的。

“善男子，圆觉净性现于身心，随类各应。彼愚痴者，说净圆觉，实有如是身心自相，亦复如是，由此不能远于幻化。是故我说身心幻垢，对离幻垢，说名菩萨。垢尽对除，即无对垢及说名者。

译文：

“善男子，圆满觉悟的清静本性，显现于身心，随着众生的种类应现出不同的身心影像。愚痴的人认为，清净圆觉心与身心自身的相状都是实有的，正是因为有了这种认识，才使他不能远离幻化。因此，我说身心都是幻垢，能够对治远离幻垢，才能称得上是菩萨。幻垢全部除去，即没有所谓的要对治幻垢这回事了，也就没有对离幻垢的人。

“善男子，此菩萨及末世众生，证得诸幻灭影像故，尔时便得无方清净，无边虚空，觉所显发。觉圆明故，显心清净。心清净故，见尘清净。见清净故，眼根清净。根清净故，眼识清净。识清净故，闻尘清净。闻清净故，耳根清净。根清净故，耳识清净。识清净故，觉尘清净。如是乃至鼻、舌、身、意，亦复如是。

译文：

“善男子，菩萨和末世众生，能够证得各种虚幻假相都灭绝时，即刻便能得到无限量的清净，无边虚空，这都是圆明觉性的显现。由于觉性圆明，所以心本来是清净的。由于心是清净的，所以看到的外境是清净的。由于所看到的外境是清净的，所以眼根是清净的。由于眼根清净，所以眼识是清净的。由于眼识是清净的，所以听到的声尘是清净的。由于所听到的声尘是清净的，所以耳根是清净的。由于耳根是清净的，所以耳识是清净的。由于耳识清净，所以人的思维觉察也是清净的。由此类推，以至鼻、舌、身、意的根、尘也都清净。

“善男子，根清净故，色尘清净。色清净故，声尘清净。香、味、触、法亦复如是。

译文：

“善男子，由于根清净，色尘也就清净。色尘清净，声尘也就清净。香尘、味尘、触尘、法尘也都清净。

“善男子，六尘清净故，地大清净。地清净故，水大清净。火大、风大亦复如是。

译文：

“善男子，由于六尘清净，地大也就清净。由于地大清净，水大也就清净。由此，火大、风大也都清净。

“善男子，四大清净故，十二处、十八界、二十五有清净①。彼清净故，十力、四无所畏、四无碍智、佛十八不共法、三十七助道品清净②。如是乃至八万四千陀罗尼门，一切清净。

注释：

①十二处：“六根”加“六尘”，合称为“十二处”。处，是出生之义。十八界：合眼、耳、鼻、舌、身、意六根，色、声、香、味、触、法六尘，眼识、耳识、鼻识、舌识、身识、意识六识，名为“十八界”。

②十力：如来所具有的十种智力，即：一、觉处非处智力，即能知一切事物的道理和非道理的智力；二、三世业报智力，即能知一切众生三世因果业报的智力；三、诸禅解脱三昧智力，即能知各种禅定及解脱三昧等的智力；四、诸根胜劣智力，即能知众生根性的胜劣与得果大小的智力；五、种种解智力，即能普知众生种种境界不同的智力；六、种种界智力，即能普知众生种种境界不同的智力；七、一切至所道智力，即能知一切众生行道因果的智力；八、天眼无碍智力，即能以天眼见众生生死及善恶业缘

而无障碍的智力；九、宿命无漏智力，即知众生宿命及知无漏涅槃的智力；十、永断习气智力，即于一切妄惑余气，永断不生，能如实知之的智力。四无所畏：也称“四无畏”。无畏，即教化他人的心没有惧怕。有佛四无畏与菩萨四无畏两种。四无碍智：又名“四无碍解”，或“四无碍辩”，即法无碍智、义无碍智、词无碍智、乐说无碍。法无碍智是通达诸法的名字，分别无滞；义无碍智是了知一切法之理；词无碍智是通晓各种言语，能随意演说；乐说无碍是辩说法义，为众生乐说自在。十八不共法：只限于佛所有的十八种功德法，因为只限于佛，不与三乘共有，所以称为“不共法”。具体包括：身无失、口无失、念无失、无异想、无不定心、无不知已舍、欲无减、精进无减、念无减、慧无减、解脱无减、解脱知见无减、一切身业随智慧行、一切口业随智慧行、一切意业随智慧行、智慧知过去世无碍、智慧知未来世无碍、智慧知现在世无碍。三十七助道品：即三十七菩提分法，包括：四念住、四正断、四神足、五根、五力、七觉支及八圣道支。三世：即过去世、现在世、未来世。

译文：

“善男子，由于四大都清净，十二处、十八界、二十五有也都清净。由于十二处、十八界、二十五有都清净，十力、四无所畏、四无碍智、佛十八不共法、三十七助道品也都清净。由此，乃至八万四千种法门也都一切清净。

“善男子，一切实相性清净故，一身清净。一身清净故，多身清净。多身清净故，如是乃至十方众生圆觉清净。

译文：

“善男子，一切事物实相真如的体性清净，所以自身清净。由于自身是清净的，所以多身清净。由于多身是清净的，乃至十方众生都是圆觉清净的。

“善男子，一世界清净故，多世界清净。多世界清净故，如是乃至尽于虚空，圆裹三世，一切平等，清净不动。

译文：

“善男子，由于一个世界清静，多个世界也就清净。由于多个世界清静，如此，乃至充满无尽虚空，三世圆满，一切平等，清净不动。

“善男子，虚空如是平等不动，当知觉性平等不动。四大不动故，当知觉性平等不动。如是乃至八万四千陀罗尼门平等不动，当知觉性平等不动。

译文：

“善男子，由于虚空平等不动，应当知道觉悟的自性平等不动。由于四大不动，应当知道觉性平等不动。如此，乃至八万四千陀罗尼门平等不动，应当知道觉性平等不动。

“善男子，觉性遍满，清净不动，圆无际故，当知六根遍满法界。根遍满故，当知六尘遍满法界。尘遍满故，当知四大遍满法界。如是乃至陀罗尼门遍满法界。

译文：

“善男子，由于觉性周遍圆满、清净不动、没有边际，应当知道六根遍满法界。由于六根遍满法界，应当知道六尘遍满法界。六尘遍满法界，应当知道四大遍满法界。由此乃至总持法门遍满法界。

“善男子，由彼妙觉性遍满故，根性尘性无坏无杂。根尘无坏故，如是乃至陀罗尼门无坏无杂。如百千灯光照一室，其光遍满无坏无杂。

译文：

“善男子，由于微妙的觉性遍满法界，六根、六尘的本性没有坏灭杂乱。由于六根、六尘的本性没有坏灭杂乱，如此乃至总持法门没有坏灭杂乱。犹如百千灯光照耀一室，灯光遍满房间，相互间没有坏灭杂乱。

“善男子，觉成就故，当知菩萨不与法缚，不求法脱；不厌生死，不爱涅槃；不敬持戒，不憎毁禁；不重久习，不轻初学。何以故？一切觉故。譬如眼光，晓了前境，其光圆满，得无憎爱。何以故？光体无二，无憎爱故。

译文：

“善男子，成就圆觉妙心，应当知道菩萨不被任何的法束缚，不求从法中解脱；不厌恶生死，不贪爱涅槃；不崇敬持戒的人，不憎恶毁戒的人；不特别尊重久学的人，不轻视初学的人。为什么呢？因为一切众生都有圆觉妙心。比如眼光，直接知晓眼前事物，眼光圆满映照没有憎爱。为什么呢？因为光体没有两样，没有憎恨和贪爱。

“善男子，此菩萨及末世众生，修习此心得成就者，于此无修亦无成就。圆觉普照，寂灭无二。于中百千万亿阿僧祇不可说恒河沙诸佛世界[①]，犹如空华，乱起乱灭，不即不离，无缚无脱，始知众生本来成佛，生死涅槃犹如昨梦。

注释：

①阿僧祇（qí）：印度数目之一。又作“阿僧伽”、“阿僧企耶”、“阿僧”、“僧祇”等，意谓无量数或无穷极之数。此词多用于计量劫数，而计量劫数时，有小阿僧祇劫与大阿僧祇劫两种。恒河沙：印度恒河中的细沙，以此形容数目极多。

译文：

“善男子，这些菩萨及末世众生修习圆觉妙心得到成就者，于圆觉妙心中不见有可修之行，也没有可成就之果。圆觉妙心普照一切，其体性又寂灭无二。于圆觉心中，无数的诸佛世界，犹如空花，乱起乱灭，与圆觉心不即不离，没有束缚，没有解脱，由此得知，众生本来是佛，生死、涅槃就像昨日的梦一样。

“善男子，如昨梦故，当知生死及与涅槃，无起无灭，无来无去。其所证者，无得无失，无取无舍。其能证者，无作无止，无任无灭。于此证中，无能无所，毕竟无证，亦无证者。一切法性平等不坏。

译文：

“善男子，既然如昨日的梦一样，应当得知生死以及涅槃没有生起没有灭谢，没有来去。所证悟的道果，既无所得也无所失，既无获得也无舍弃。那些能够证悟的人，没有造作什么也没有止息什么，没有随顺什么也没有灭除什么。在这种修证中，没有能证之人也没有所证之法，终究没有什么修证，也没有进行修证的人。这是因为一切的法性都是平等、永远不坏灭的。

“善男子，彼诸菩萨如是修行，如是渐次，如是思惟，如是住持，如是方便，如是开悟，求如是法，亦不迷闷。”

译文：

“善男子，那些菩萨们应该这样修行，像这样循序渐进，像这样思维，像这样住持，像这样运用方便手段，像这样开悟，追求这样的法门，才不会感到迷惑。”

尔时，世尊欲重宣此义而说偈言：

普眼汝当知，一切诸众生，身心皆如幻。
身相属四大，心性归六尘。
四大体各离，谁为和合者？
如是渐修行，一切悉清净。
不动遍法界，无作止任灭，亦无能证者。
一切佛世界，犹如虚空华，
三世悉平等，毕竟无来去。
初发心菩萨，及末世众生，
欲求入佛道，应如是修习。

译文：

当时，世尊为了重新阐述这个真义，于是又说偈语：

普眼汝当知，一切诸众生，身心皆如幻。
身相属四大，心性归六尘。
四大体各离，谁为和合者？
如是渐修行，一切悉清净。
不动遍法界，无作止任灭，亦无能证者。

一切佛世界，犹如虚空华，
三世悉平等，毕竟无来去。
初发心菩萨，及末世众生，
欲求入佛道，应如是修习。

四　金刚藏菩萨

本章节为金刚藏菩萨所请教的问题，以及佛陀的回答。通过辨明无明与觉性的关系，揭示圆觉本性平等不坏，表明如要修习圆觉，就应当断除虚妄分别心，脱离轮回。

于是金刚藏菩萨在大众中，即从座起，顶礼佛足，右绕三匝，长跪叉手而白佛言："大悲世尊，善为一切诸菩萨众，宣扬如来圆觉清净大陀罗尼，因地法行，渐次方便，与诸众生开发蒙昧。在会法众，承佛慈诲，幻翳朗然，慧目清净。世尊，若诸众生本来成佛，何故复有一切无明？若诸无明，众生本有，何因缘故如来复说本来成佛？十方异生本成佛道①，后起无明，一切如来何时复生一切烦恼？惟愿不舍无遮大慈②，为诸菩萨开秘密藏③，及为末世一切众生，得闻如是修多罗教了义法门④，永断疑悔。"

作是语已，五体投地，如是三请，终而复始。

注释：

①异生："凡夫"的别名。因凡夫在六道中轮回，受种种别异的果报而生。佛道：佛所证悟的道法，即无上菩提，无上觉悟。

②无遮：没有遮止限制。

③秘密藏：秘密的法藏。

④修多罗：译为“契经”。契是上契诸佛妙理，下契众生根机。了义：说理非常透彻究竟的意思。

译文：

于是金刚藏菩萨在大众中离座而起，用最尊贵的礼仪，以顶礼礼敬佛足，然后起立右转，绕佛三圈，又长跪在佛前双手合掌，对佛禀告道：“大悲世尊，善于为一切菩萨宣扬如来圆觉清净最上乘的修行法门，由因地开始依法修行，渐次方便，开发众生的智慧，令其不再蒙昧。在此法会的出家众承蒙佛慈悲教诲，如同病眼的翳障已除，慧眼清净。世尊，如果众生本来成佛，为什么又有一切无明？如果众生本来就有诸种无明，佛又为什么说众生本来成佛？假如十方凡夫本来就能成就佛道，后来才生起无明，那么一切佛又是何时生起的烦恼呢？希望您能不舍弃平等宽容的大慈大悲，为诸菩萨开示秘密法藏，令末世一切众生得闻此经中的究竟法门，永远断除疑虑和懊悔。”

金刚藏菩萨说完后，再次五体投地向佛祖致礼，循环往复，这样连续请求三次。

尔时，世尊告金刚藏菩萨言：“善哉！善哉！善男子，汝等乃能为诸菩萨及末世众生，问于如来甚深秘密究竟方便，是诸菩萨最上教诲，了义大乘[①]，能使十方修学菩萨及诸末世一切众生，得决定信，永断疑悔。

汝今谛听，当为汝说。”

时，金刚藏菩萨奉教欢喜，及诸大众默然而听。

注释：

①大乘：乘，以运载为义，以名教法，即大教。以救世利他为宗旨，最高的果位是佛果。

译文：

那时，世尊对金刚藏菩萨说：“善哉！善哉！善男子，你能为诸位菩萨以及末世众生，问如来深奥隐密的究竟方便法门，此是开示菩萨的最上教诲、最了义的大乘教法，能使十方修学菩萨及所有的末世众生得到决定的信心，永远断除疑虑与懊悔。现在你就仔细地听，我为你解说。”

当时，金刚藏菩萨以能接受佛的教导而心生欢喜，和其他参加法会的大众安静地听佛说法。

“善男子，一切世界，始终生灭，前后有无，聚散起止，念念相续，循环往复；种种取舍，皆是轮回。未出轮回而辨圆觉，彼圆觉性即同流转[①]。若免轮回，无有是处。譬如动目，能摇湛水；又如定眼，由回转火。云驶月运，舟行岸移，亦复如是。

注释：

①流转：在“六道”之中，流来转去，不停地生死轮转。

译文：

“善男子，世间万物的开始结束、生灭变化，前后有无存在，聚合散灭、开始消止，都是念念相续，循环往复的；种种欣取和厌舍，都是在轮回中。未能跳出轮回而想辨明圆觉境界，则其所辨的圆觉性如同虚妄情识一样仍在轮回中流转。如果想就此免除轮回，则没有这样的道理。比如转动眼目就以为是摇动了清水；又好比长时间瞪眼，就容易看成火是旋转的。云飘动而好比是月在运动，舟行驶而好比是岸在移动，都是一样的道理。

“善男子，诸旋未息，彼物先住尚不可得，何况轮转生死垢心曾未清净，观佛圆觉而不旋复。是故汝等，便生三惑。

译文：

“善男子，种种旋转没有停止，若想让所见事物先停住不动，尚且不可得，更何况轮转生死的污垢心都还没有清净，以此心观照佛的圆觉性，哪有不旋转的道理。因此你们就生起三种迷惑。

“善男子，譬如幻翳，妄见空华，幻翳若除，不可说言此翳已灭，何时更起一切诸翳。何以故？翳华二法[①]，非相待故[②]。亦如空华灭于空时，不可说言虚空何时更起空华。何以故？空本无华，非起灭故。生死涅槃同于起灭，妙觉圆照离于华翳。

注释：

①翳（yì）华：翳为看物不能明见的眼目，华为空中之花。

②相待：相对的意思。

译文：

“善男子，比如患眼翳的人，妄见空花，如果眼翳去除了，不可说眼病已经灭除，什么时候再生起种种眼病。为什么呢？因为眼翳和空花没有相互待缘的关系。也像空花消失于虚空中时，不可说虚空什么时候再生出空花。为什么呢？虚空中原本没有空花，也就没有空花生起与消灭。生死、涅槃如同空花的生起和消灭，妙觉圆照与虚幻空花相离相异。

“善男子，当知虚空非是暂有，亦非暂无，况复如来圆觉随顺，而为虚空平等本性。

译文：

“善男子，应当知道虚空不是暂时存在也不是暂时不存在，何况如来的圆觉妙心随顺万法而无碍，是虚空等一切法的平等本性。

“善男子，如销金矿，金非销有，既已成金，不重为矿。经无穷时，金性不坏，不应说言本非成就。如来圆觉，亦复如是。

译文：

“善男子，如同熔炼金矿，金不是经熔炼才有的，但既然已经炼成金，就不会再变为矿石。金经历无穷尽的时间，金的本性不变，不应该说它原本不存在。如来的圆觉心性也是同样道理。

“善男子，一切如来妙圆觉心，本无菩提及与涅槃，亦无成佛及不成佛，无妄轮回及非轮回。

译文：

“善男子，一切如来的圆觉妙心本来没有觉悟智慧和涅槃境界，也没有成佛不成佛，没有虚妄的轮回和非轮回。

“善男子，但诸声闻所圆境界①，身心语言皆悉断灭，终不能至彼之亲证所现涅槃，何况能以有思惟心，测度如来圆觉境界。如取萤火，烧须弥山②，终不能著。以轮回心，生轮回见，入于如来大寂灭海，终不能至。是故我说：一切菩萨及末世众生，先断无始轮回根本。

注释：

①声闻：听闻佛说四谛法的音声而悟道的人。

②须弥山：又作“苏迷庐山”、“须弥庐山”、“须弥留山”、

"修迷楼山"等，译为"妙高山"、"好高山"、"善高山"、"妙光山"等，此山是由金、银、琉璃、水晶四宝所成，所以称"妙"，其他山不能与它比高，所以称"高"。原为印度神话中之山名，后佛教延用之，把它视为一小世界中央之最高的山，以它为中心，周围有八山、八水环绕，而形成一个小世界。

译文：

"善男子，那些小乘徒众所修证的境界，将对身心、语言的执着都断除了，终究还不能到达他们向往的涅槃境界，更何况有思维分别心的人，又怎能测度如来的圆觉境界。这如同以萤火来燃烧须弥山，终究不能点着。同理，以生灭轮回的心识生起生灭轮回的知见，要想进入如来圆觉境界，也是终究不能达到的。因此我说：一切菩萨及末世众生当务之急应先断除无始轮回根本的虚妄心。

"善男子，有作思惟，从有心起，皆是六尘妄想缘气①，非实心体，已如空华。用此思惟，辨于佛境，犹如空华复结空果。展转妄想，无有是处。

注释：

①缘气：又称"缘影"，见分缘虑外尘而生成外尘影像。

译文：

"善男子，所有造作的思维，都是从妄心生起的，都是由根尘相对所成的经验习气，不是真实的圆觉心性，如同虚幻的空花。假如用这样的思维，推测佛的圆觉境界，就好像虚幻的空花结出空果。这种变幻妄想，没有一点好处。

“善男子，虚妄浮心，多诸巧见，不能成就圆觉方便。如是分别，非为正问。”

译文：

“善男子，虚幻的妄心多生邪见，不能成为成就圆满妙觉的方便法门。由这种虚妄分别思维提出的问题，不是正确的问题。”

尔时，世尊欲重宣此义而说偈言：

金刚藏当知，如来寂灭性，未曾有始终。
若以轮回心，思惟即旋复。
但至轮回际，不能入佛海。
譬如销金矿，金非销故有。
虽复本来金，终以销成就。
一成真金体，不复重为矿。
生死与涅槃，凡夫及诸佛。
同为空华相，思惟犹幻化，何况诸虚妄。
若能了此心，然后求圆觉。

译文：

当时，世尊为了重新阐述这个真义，于是说偈语：

金刚藏当知，如来寂灭性，未曾有始终。

若以轮回心，思惟即旋复。

但至轮回际，不能入佛海。

譬如销金矿，金非销故有。

虽复本来金，终以销成就。

一成真金体，不复重为矿。

生死与涅槃，凡夫及诸佛。

同为空华相，思惟犹幻化，何况诸虚妄。

若能了此心，然后求圆觉。

五　弥勒菩萨

本章节为弥勒菩萨所请教的问题，以及佛陀的回答。重在辨明爱欲为轮回的根本，因贪欲而显五性差别。众生如能明了佛法真理，断除理障；明了因缘和合之法，不生执着贪欲，断除事障，就能证入圆觉境界。

于是弥勒菩萨在大众中，即从座起，顶礼佛足，右绕三匝，长跪叉手而白佛言："大悲世尊，广为菩萨开秘密藏，令诸大众深悟轮回，分别邪正，能施末世一切众生无畏道眼[①]，于大涅槃生决定信，无复重随轮转境界，起循环见。世尊，若诸菩萨及末世众生，欲游如来大寂灭海[②]，云何当断轮回根本？于诸轮回有几种性？修佛菩提几等差别？回入尘劳，当设几种教化方便度诸众生？惟愿不舍救世大悲，令诸修行一切菩萨及末世众生，慧目肃清，照耀心镜，圆悟如来无上知见。"

作是语已，五体投地，如是三请，终而复始。

注释：

①道眼：能见正道的眼。

②大寂灭海：即指圆觉。大，广遍。寂灭，没有形迹。海，

指不可测度之意。

译文：

于是弥勒菩萨在大众中离座而起，用最尊贵的礼仪，以顶礼礼敬佛足，然后起立右转，绕佛三圈，又长跪在佛前双手合掌，对佛禀告道："大悲世尊，广为菩萨开示秘密法藏，令所有大众深刻领悟轮回，分别邪正，能施予末世一切众生无所怖畏的道眼，对大涅槃生起坚决的信心，不再随轮转境界生起轮转的循环见。世尊，如果诸位菩萨以及末世众生，想进入如来圆觉境界，要如何断除轮回根本？轮回有几种？修佛觉悟有几等差别？觉悟后重回世间，应当设施几种教导方法以方便度脱众生？只希望您不舍弃救世的大慈大悲，令学佛的人、一切菩萨及末世众生慧眼清净，认识到心似明镜，圆满地觉悟佛最无上的知见。"

弥勒菩萨说完后，再次五体投地向佛祖致礼，循环往复，这样连续请求三次。

尔时，世尊告弥勒菩萨言："善哉！善哉！善男子，汝等乃能为诸菩萨及末世众生，请问如来深奥秘密微妙之义，令诸菩萨洁清慧目，及令一切末世众生永断轮回，心悟实相①，具无生忍②。汝今谛听，当为汝说。"

时，弥勒菩萨奉教欢喜，及诸大众默然而听。

注释：

①实相：又称"佛性"、"法性"、"真如"、"法身"、"真谛"

等，所有相都是虚妄，惟有它不变不坏，故称“实相”。

②无生忍：“无生法忍”的简称。无生法是指不生不灭的真如实相理体。真智安住在此理上，不再退堕，叫做“无生法忍”。

译文：

那时，世尊对弥勒菩萨说：“善哉！善哉！善男子，你能为诸位菩萨以及末世众生，请问如来深奥微妙的教义，使菩萨慧目更加清净，使所有的末世众生永远断除轮回之苦，心悟真如实相，具有了知诸法无生灭的智慧。现在你就仔细地听，我为你解说。”

当时，弥勒菩萨以能接受佛的教导而心生欢喜，和其他参加法会的大众安静地听佛说法。

“善男子，一切众生从无始际，由有种种恩爱贪欲，故有轮回。若诸世界一切种性[①]，卵生、胎生、湿生、化生皆因淫欲而正性命[②]。当知轮回，爱为根本。由有诸欲，助发爱性，是故能令生死相续。欲因爱生，命因欲有，众生爱命，还依欲本。爱欲为因，爱命为果。

注释：

①种性：各种的根性。

②湿生：依靠湿气而受形的生命，如虫类。化生：无所依托，只凭业力忽然而生的生命，如诸天和地狱及劫初的人类。

译文:

“善男子,一切众生从久远的过去以来,因为有种种恩爱贪欲,所以有生死轮回。世界的一切种性的众生,不论卵生、胎生、湿生、化生都是因为淫欲而有性命。应当知道生死轮回是以贪爱为其根本。由于有诸种欲求,更助长生发贪爱之性,由此就能令生死相续。贪欲因爱念而生,生命因淫欲而有,众生贪爱生命,还是以欲求为根本。贪爱欲求为因,贪爱生命为果。

“由于欲境,起诸违顺①。境背爱心而生憎嫉,造种种业,是故复生地狱饿鬼。知欲可厌,爱厌业道,舍恶乐善,复现天人。又知诸爱可厌恶故,弃爱乐舍,还滋爱本,便现有为增上善果②。皆轮回故,不成圣道。是故众生欲脱生死,免诸轮回,先断贪欲及除爱渴③。

注释:

①违顺:违境和顺境。

②增上:增强其向上之势。

③爱渴:凡夫爱着五欲(色、声、香、味、触),就像人渴时爱水一样。

译文:

“由于贪欲境界而生起违境和顺境。外境违背贪爱之心就会生起憎恶嫉妒,进而造作种种恶业,所以就会投生到地狱、恶鬼道。知道贪欲应当厌恶,厌恶淫欲与贪爱的业道,于是就舍弃恶业、乐于行善，便会投生在天上、人间。进而当众生知道贪爱是可厌恶时，弃舍爱乐境界，但仍滋爱自身，于得到有为的增上善果。因未能逃离生死轮回，所以不能成就圣道。因此众生如要逃脱生死，免于轮回，应当先断除贪欲和爱渴。

“善男子，菩萨变化示现世间，非爱为本，但以慈悲令彼舍爱，假诸贪欲而入生死。若诸末世一切众生，能舍诸欲及除憎爱，永断轮回，勤求如来圆觉境界，于清净心便得开悟。

译文：

“善男子，菩萨变化示现在世间，并不是以贪爱为根本，只是以慈悲心令众生舍离贪爱，假借贪欲的行为因果而进入生死轮回。如果末世一切众生能够舍除各种贪欲和憎爱，永远断除轮回，勤求佛的圆觉境界，在清净心中就得开悟。

“善男子，一切众生由本贪欲，发挥无明，显出五性差别不等①，依二种障而现深浅。云何二障？一者理障②，碍正知见；二者事障③，续诸生死。

注释：

①五性：即将一切众生的根机，分为五类。具体是：声闻、缘觉、菩萨、不定性、无种性。

②理障：即邪见能碍正知见。

③事障：即贪、嗔、痴等，能使生死相续，障大涅槃。

译文：

“善男子，一切众生都是由于贪欲而产生无明，显出五性的差别不等，并依两种障而显现深浅差别。什么是二障？一是理障，妨碍正知见；二是事障，使生死持续轮转。

“云何五性？善男子，若此二障未得断灭，名未成佛。若诸众生永舍贪欲，先除事障，未断理障，但能悟入声闻缘觉，未能显住菩萨境界。

译文：

“什么是五性？善男子，如果未能断灭这二障，只能名为未成佛。如果众生能永远舍离贪欲，先断除事障，但未能断除理障，只能悟入声闻、缘觉二乘，不能证入菩萨境界。

“善男子，若诸末世一切众生，欲泛如来大圆觉海，先当发愿[1]，勤断二障，二障已伏，即能悟入菩萨境界。若事理障已永断灭，即入如来微妙圆觉，满足菩提及大涅槃。

注释：

①发愿：立下誓愿。

译文：

“善男子，如果末世一切众生想进入如来圆觉境界，应当先发起誓愿，勤加断除二障，将二障调伏，就能悟入菩萨境界。如果事障、理障已永远断灭，就能进入如来微妙圆觉境界，得到觉悟智慧和涅槃境界。

“善男子，一切众生皆证圆觉，逢善知识[①]，依彼所作因地法行，尔时修习，便有顿渐[②]。若遇如来无上菩提正修行路，根无大小，皆成佛果。若诸众生虽求善友，遇邪见者未得正悟，是则名为外道种性[③]。邪师过谬，非众生咎。是名众生五性差别。

注释：

①善知识：能教导众生远离恶法和修行善法的人。

②顿渐：顿教和渐教。顿教是立刻速成的教法；渐教是逐渐成功的教法。

③外道：在佛教以外立道，或道外之道，称为“外道”，也即真理以外的邪教。

译文：

“善男子，一切众生都能证入圆觉境界，如遇到善知识，依据其所修的法门而修行，便会有顿、渐之分。如果能遇到如来教以无上觉悟智慧的修行方法，不分根器大小，都能成就佛果。如果众生虽然努力寻求善友，但却遇见持邪见的人而未能得到正确的觉悟，这就叫作外道种性。这是邪师的过错谬误，不是众生的过失。以上就是众生五性差别。

“善男子，菩萨唯以大悲方便①，入诸世间，开发未悟，乃至示现种种形相，逆顺境界，与其同事，化令成佛，皆依无始清净愿力②。若诸末世一切众生，于大圆觉起增上心，当发菩萨清净大愿。应作是言：愿我今者住佛圆觉，求善知识，莫值外道及与二乘③。依愿修行，渐断诸障，障尽愿满，便登解脱清净法殿，证大圆觉妙庄严域。”

注释：

①大悲：伟大的悲心。

②愿力：誓愿的力量。

③二乘：声闻乘和缘觉乘。凡属修四谛法门而悟道的人，总称为“声闻乘”；凡属修十二因缘而悟道的人，总称为“缘觉乘”。

译文：

“善男子，菩萨只是以大慈大悲的方便法门，示现在世间，开示未悟的众生，乃至于示现种种形相，逆顺境界，与众生做相同的事，感化并使他们成佛，这都是本于菩萨所发的清净愿力。如果末世一切众生对于圆觉境界生起增长上进的心念，应当发菩萨一样的清净大愿。应立下这样的誓言：愿我从今以后常住佛的圆觉修行法门，寻求善知识，不要遇到外道以及声闻、缘觉二乘。依此愿力修行，逐渐断除种种障碍，障碍全部断除，誓愿圆满完成，便能获得清净解脱，证得圆觉的庄严境界。”

尔时，世尊欲重宣此义而说偈言：

弥勒汝当知，一切诸众生，

不得大解脱，皆由贪欲故，堕落于生死。

若能断憎爱，及与贪嗔痴。

不因差别性，皆得成佛道。

二障永销灭，求师得正悟。

随顺菩萨愿，依止大涅槃。

十方诸菩萨，皆以大悲愿，示现入生死。

现在修行者，及末世众生，

勤断诸爱见，便归大圆觉。

译文：

当时，世尊为了重新阐述这个真义，于是说偈语：

弥勒汝当知，一切诸众生，

不得大解脱，皆由贪欲故，堕落于生死。

若能断憎爱，及与贪嗔痴。

不因差别性，皆得成佛道。

二障永销灭，求师得正悟。

随顺菩萨愿，依止大涅槃。

十方诸菩萨，皆以大悲愿，示现入生死。

现在修行者，及末世众生，

勤断诸爱见，便归大圆觉。

六 清净慧菩萨

本章节为清净慧菩萨所请教的问题，以及佛陀的回答。说明圆觉自性平等无差，因人修证觉悟的境界不同，所以存在不同的觉性差别。

于是清净慧菩萨在大众中，即从座起，顶礼佛足，右绕三匝，长跪叉手而白佛言："大悲世尊，为我等辈广说如是不思议事，本所不见，本所不闻。我等今者蒙佛善诱，身心泰然，得大饶益。愿为诸来一切法众，重宣法王圆满觉性，一切众生及诸菩萨如来世尊所证所得，云何差别？令末世众生闻此圣教，随顺开悟，渐次能入。"

作是语已，五体投地，如是三请，终而复始。

译文：

于是清净慧菩萨在大众中离座而起，用最尊贵的礼仪，以顶礼礼敬佛足，然后起立右转，绕佛三圈，又长跪在佛前双手合掌，对佛禀告道："大悲世尊，为我们广泛论说不可思议事，本来一向是不得见、不得闻的。我等今天承蒙佛谆谆诱导，身心泰然，得受大益。愿您为来参加法会的一切法众，重新宣说佛的圆满觉性，一切众生及菩萨如来世尊所证所得，有什么差别？

使末世众生听闻此圣教而随顺开悟，循序渐次进入清净圆觉境界。”

清净慧菩萨说完后，再次五体投地向佛祖致礼，循环往复，这样连续请求三次。

尔时，世尊告清净慧菩萨言：“善哉！善哉！善男子，汝等乃能为末世众生，请问如来渐次差别。汝今谛听，当为汝说。”

时，清净慧菩萨奉教欢喜，及诸大众默然而听。

译文：

那时，世尊对清净慧菩萨说：“善哉！善哉！善男子，你能为末世众生，问如来渐修次第以及所证所得的差别。现在你就仔细地听，我为你解说。”

当时，清净慧菩萨以能接受佛的教导而心生欢喜，和其他参加法会的大众安静地听佛说法。

“善男子，圆觉自性，非性性有，循诸性起，无取无证。于实相中，实无菩萨及诸众生。何以故？菩萨众生皆是幻化，幻化灭故，无取证者。譬如眼根，不自见眼，性自平等，无平等者。众生迷倒，未能除灭一切幻化，于灭未灭妄功用中，便显差别。若得如来寂灭随顺，实无寂灭及寂灭者。

译文：

“善男子，圆满觉悟的自性，不是前面所说的五种性，因随缘而起，所以说是‘性有’；又随缘而起不是实有，所以无处取、无所证。在真如实相中，实则没有菩萨和众生可言。这是为什么呢？菩萨和众生都是幻化的，因为幻化的都将消亡，也就没有可用以取证的。比如眼睛不能看到自己本身，自性本来平等，不是强制使他们平等的。迷惑颠倒的众生不能除灭一切幻化，对于一切幻化或除灭，或未能除灭，除灭的功力不等，则便显有差别。如果随顺寂灭圆觉，平等无待，也就没有寂灭以及证悟寂灭的人。

“善男子，一切众生从无始来，由妄想我及爱我者，曾不自知念念生灭，故起憎爱[①]，耽著五欲。若遇善友，教令开悟净圆觉性，发明起灭，即知此生性自劳虑。若复有人劳虑永断，得法界净，即彼净解为自障碍，故于圆觉而不自在。此名凡夫随顺觉性。

注释：

①憎爱：憎怨爱亲。

译文：

“善男子，一切众生从久远的过去以来，便妄想有实在的自我和爱我的人，而不知道因为有念念生灭，所以才生起憎爱，沉迷于五欲中。如果能够遇到好的教友，教导他开悟清净圆觉本性，明了诸法起灭，则会知道此生空自担负忧悲苦痛的劳虑。如果有人永远断除劳虑，就能得知法界清净，如果执着于清净见解又会成为自己的障碍，不能自在证入圆觉境界。这就称为‘凡夫随顺觉性’。

“善男子，一切菩萨见解为碍，虽断解碍，犹住见觉，觉碍为碍而不自在。此名菩萨未入地者随顺觉性。

译文：

“善男子，一切菩萨知道执着清净见解是一种障碍，虽然心中断除了这种障碍，但仍执着于想断除这种障碍的名相，这种‘觉碍’还是一种障碍，而不得自在。这就叫做‘菩萨未入地者随顺觉性’。

“善男子，有照有觉，俱名障碍，是故菩萨常觉不住，照与照者同时寂灭。譬如有人自断其首，首已断故，无能断者。则以碍心自灭诸碍，碍已断灭，无灭碍者。修多罗教，如标月指，若复见月，了知所标毕竟非月。一切如来种种言说开示菩萨，亦复如是。此名菩萨已入地者随顺觉性。

译文：

“善男子，如有观照和觉知都称为障碍，所以菩萨常洞察万物而不执着于心，所照之碍与能照之觉同时寂灭。比如有人砍断自己的头，头已经断了，也就没有砍断头的人了。以断灭障碍的心去断灭所有障碍，障碍已经断灭，那么也就没有断灭障碍的心了。佛的经教如同指示月亮的手指，如果看见了月亮，就知道指示月亮的手指毕竟不是月亮。一切如来用种种言说来开示菩萨也是同样的道理。这就叫做‘菩萨已入地者随顺觉性’。

“善男子，一切障碍即究竟觉，得念失念无非解脱①，成法破法皆名涅槃，智慧愚痴通为般若②，菩萨外道所成就法同是菩提，无明真如无异境界，诸戒定慧及淫怒痴俱是梵行③，众生国土同一法性④，地狱天宫皆为净土，有性无性齐成佛道，一切烦恼毕竟解脱。法界海慧照了诸相⑤，犹如虚空，此名如来随顺觉性。

注释：

①解脱：脱离束缚而得自在的意思，即“涅槃”的别名。

②般若：译为“智慧”，但这个智慧，不是世间凡夫的聪明智慧，而是如来的圆常大觉。

③梵行：清净的行为，即断绝淫欲的行为。

④法性：诸法的本体、本性。

⑤法界海慧：观法界平等的大智慧，深广如海。

译文：

“善男子，一切障碍即是究竟觉，正念和妄念都是解脱，佛法精进和佛法退失都是涅槃，智慧和愚痴都是般若，菩萨和外道所成就法同是菩提觉悟，无明和真如并非不同的境界，戒、定、慧以及淫、怒、痴都是清净的行为，众生和一切有情的住处是同样的法性，地狱和天宫都是净土，有佛性的众生和无佛性的一阐提都能成就佛道，一切烦恼都是解脱。用法界平等智慧观照各种事相都如同虚空，这就叫做‘如来随顺觉性’。

“善男子，但诸菩萨及末世众生，居一切时不起妄念，于诸妄心亦不息灭，住妄想境不加了知，于无了知不辨真实。彼诸众生闻是法门，信解受持不生惊畏[1]，是则名为随顺觉性。

注释：

①信解：确信和了解。

译文：

“善男子，菩萨及末世众生在任何时候不要生起妄念，也不要刻意息灭妄心，听任耽住妄境不特意去计度分别，虽无计度分别之心，但也不辨别是否真实。那些众生听闻了这个法门，能够确信和了解并能领受修持，而不产生惊畏心理，这就叫做‘随顺觉性’。

“善男子，汝等当知，如是众生已曾供养百千万亿恒河沙诸佛及大菩萨[1]，植众德本，佛说是人名为成就一切种智②。”

注释：

①供养：奉养的意思。对上含有亲近、奉事、尊敬的意思，对下含有同情、怜惜、爱护的意思。

②一切种智：佛通达诸法总相别相，化道断惑的智。

译文：

“善男子，你们应当知道，以上所说的众生已曾供养了像百千万亿恒河沙那样多的佛及大菩萨，积了很多功德，佛说这样的人就叫做‘成就一切种智’。”

尔时，世尊欲重宣此义而说偈言：

清净慧当知，圆满菩提性，
无取亦无证，无菩萨众生。
觉与未觉时，渐次有差别，
众生为解碍，菩萨未离觉，入地永寂灭。
不住一切相，大觉悉圆满，名为遍随顺。
末世诸众生，心不生虚妄，
佛说如是人，现世即菩萨。
供养恒沙佛，功德已圆满，
虽有多方便，皆名随顺智。

译文：

当时，世尊为了重新阐述这个真义，于是说偈语：

清净慧当知，圆满菩提性，
无取亦无证，无菩萨众生。
觉与未觉时，渐次有差别，
众生为解碍，菩萨未离觉，入地永寂灭。
不住一切相，大觉悉圆满，名为遍随顺。
末世诸众生，心不生虚妄，
佛说如是人，现世即菩萨。
供养恒沙佛，功德已圆满，
虽有多方便，皆名随顺智。

七　威德自在菩萨

本章节为威德自在菩萨所请教的问题，以及佛陀的回答。主要说明证入圆觉的方便修行法门。随顺众生根性机宜的不同，修行法门有禅定等三种。

于是威德自在菩萨，在大众中即从座起，顶礼佛足，右绕三匝，长跪叉手而白佛言："大悲世尊，广为我等分别如是随顺觉性，令诸菩萨觉心光明。承佛圆音①，不因修习而得善利。世尊，譬如大城，外有四门，随方来者非止一路②，一切菩萨庄严佛国及成菩提，非一方便。唯愿世尊广为我等，宣说一切方便渐次，并修行人总有几种，令此会菩萨及末世众生求大乘者速得开悟，游戏如来大寂灭海。"

作是语已，五体投地，如是三请，终而复始。

注释：

①圆音：圆妙的声音，即佛的声音。

②随方：不拘何方，任何方面。

译文：

于是威德自在菩萨在大众中离座而起，用最尊贵的礼仪，以顶礼礼敬佛足，然后起立右转，绕佛三圈，又长跪在佛前双手合掌，对佛禀告道："大悲世尊，您广为我们分别开示各种随顺觉性，令菩萨们的本觉妙心发放光明。由于承接了佛的圆音说法，不必修习就能得到善妙利益。世尊，比如一座大城池，城外有四个城门，从任何方向到来的人要进城的话并不局限于从一个方向进入，一切菩萨及庄严佛国的众生要成就觉悟智慧，并不只有一个方便法门。希望世尊广为我们宣说一切方便法门和修行渐次，以及修行人共有几种，使参加这个法会的菩萨以及末世众生中追求大乘佛法的人迅速领悟圆觉，无所障碍地悟入清净觉悟境界。"

威德自在菩萨说完后，再次五体投地向佛祖致礼，循环往复，这样连续请求三次。

尔时，世尊告威德自在菩萨言："善哉！善哉！善男子，汝等乃能为诸菩萨及末世众生，问于如来如是方便。汝今谛听，当为汝说。"

时，威德自在菩萨奉教欢喜，及诸大众默然而听。

译文：

那时，世尊对威德自在菩萨说："善哉！善哉！善男子，你能为诸菩萨及末世众生，问如来修行的方便法门。现在你就仔细地听，我为你解说。"

当时，威德自在菩萨以能接受佛的教导而心生欢喜，和其他参加法会的大众安静地听佛说法。

“善男子，无上妙觉遍诸十方[①]，出生如来与一切法，同体平等。于诸修行实无有二，方便随顺，其数无量。圆摄所归，循性差别，当有三种。

注释：

①无上妙觉：指如来的觉悟。因其至高无上，所以称“无上”；因其不可思议，所以称“妙”。

译文：

“善男子，至高无上的圆满妙觉遍满十方，能生出佛及一切万法，而这些都具有同一个本体，相互平等。各种修行本质上没有区别，如果随顺众生根性机宜的不同，则修行方法多得无法计量。圆觉修法按众生根性的差别而归纳的话，应当有三种。

“善男子，若诸菩萨悟净圆觉，以净觉心，取静为行，由澄诸念，觉识烦动。静慧发生[①]，身心客尘从此永灭[②]，便能内发寂静轻安[③]。由寂静故，十方世界诸如来心，于中显现，如镜中像。此方便者，名奢摩他[④]。

注释：

①静慧：安静的智慧，即空慧。

②客尘：常用来形容烦恼，或称“客尘烦恼”。

③轻安：是一种在禅定中感到身心轻松安详的状态。

④奢摩他：译为“止”，即止息一切杂念的意思。

译文：

“善男子，如果菩萨们能够体悟清净圆觉，就取净觉心上的寂静为观行之本，从澄清一切妄念入手，便会觉知识心上有烦动。这样就能引得静慧发生，身心烦恼从此永远断灭，由此内心便能生发寂静，感觉轻松安详。由于自心寂静的缘故，十方世界的如来觉心都能在其中显现，就如同镜中的影像。这种方便法门，叫做‘奢摩他’。

“善男子，若诸菩萨悟净圆觉，以净觉心，知觉心性及与根尘皆因幻化[①]，即起诸幻以除幻者，变化诸幻而开幻众。由起幻故，便能内发大悲轻安。一切菩萨从此起行[②]，渐次增进。彼观幻者，非同幻故，非同幻观，皆是幻故。幻相永离，是诸菩萨所圆妙行，如土长苗。此方便者，名三摩钵提[③]。

注释：

①根尘：六根和六尘。六根是眼、耳、鼻、舌、身、意；六尘是色、声、香、味、触、法。

②起行：往生之行。

③三摩钵提：等持。昏沉、掉举皆离是等，令心专注一境是持。其中“昏沉”意为神识昏钝。“掉举”意为一种令心高举而不得安宁的烦恼。

译文：

“善男子，如果菩萨们能够体悟清净圆觉，以清净觉心了知分别心以及六根、六尘都是因为幻化而有的，于是生起如幻的智慧以去除如幻的无明，或者变化出种种如幻的法门开导如幻众生。由于生起虚幻以及虚幻智慧的缘故，内心便会生发大慈悲，感觉轻松安详。一切菩萨从此修行往生，渐次增进。他们观照幻化的幻慧与各种幻化事物不同，与诸幻不同的幻观也是幻化。渐渐断离幻相，才是菩萨们所追求的圆满行法，如同土里逐渐长出苗芽。这种方便法门，叫做‘三摩钵提’。

“善男子，若诸菩萨悟净圆觉，以净觉心，不取幻化及诸静相，了知身心皆为挂碍，无知觉明，不依诸碍，永得超过碍无碍境。受用世界及与身心，相在尘域，如器中锽①，声出于外。烦恼涅槃不相留碍，便能内发寂灭轻安。妙觉随顺寂灭境界，自他身心所不能及，众生寿命皆为浮想。此方便者，名为禅那②。

注释：

①锽：钟鼓声。

②禅那：译为“禅定”、“静虑”、“思惟修”等，即住心一境以静息念虑和思惟真理的意思。

译文：

“善男子，如果菩萨们能够体悟清净圆觉，以清净觉心为本，不执取幻化以及寂静相，了知身心都是障碍，没有妄想分别的光明觉性，不依随各种障碍，永远超越有障碍和没有障碍的境地。所受用的外部世界和自己身心虽都在外尘烦恼中，但却像器物中的钟鼓声，声音可以溢出于外。烦恼和涅槃都不能滞碍圆觉心，于是内心便能生发寂静，感觉轻松安详。圆觉妙心能与寂灭境界相契合，而非执泥于自身他身、自心他心者所能比及的，因为众生寿命都是虚幻浮想。这种方便法门，叫做‘禅那’。

“善男子，此三法门，皆是圆觉亲近随顺，十方如来因此成佛。十方菩萨种种方便，一切同异，皆依如是三种事业，若得圆证，即成圆觉。

译文：

“善男子，这三个法门，随顺修习都能直证圆觉，十方如来都是因此而成佛。十方菩萨种种或同或异的方便法门都以这三个法门为本，如果能圆融修证，就能成就圆满觉行。

“善男子，假使有人修于圣道，教化成就百千万亿阿罗汉辟支佛果[1]，不如有人闻此圆觉无碍法门，一刹那顷随顺修习。”

注释：

①阿罗汉：声闻乘中的最高果位名，含有杀贼、无生、应供等义。杀贼是杀尽烦恼之贼，无生是解脱生死不受后有，应供是应受天上人间的供养。辟支佛："辟支迦佛陀"的简称，译为"缘觉"，或"独觉"。

译文：

"善男子，如果有人修行二乘圣道，又能教化成就百千万亿人证得阿罗汉、辟支佛果，不如有人听闻此圆觉无碍法门，一刹那就能随顺修习，转为成佛正因。"

尔时，世尊欲重宣此义而说偈言：

威德汝当知，无上大觉心，
本际无二相，随顺诸方便，其数即无量。
如来总开示，便有三种类。
寂静奢摩他，如镜照诸像。
如幻三摩提，如苗渐增长。
禅那唯寂灭，如彼器中锃。
三种妙法门，皆是觉随顺。
十方诸如来，及诸大菩萨，因此得成道。

三事圆证故，名究竟涅槃。

译文：

当时，世尊为了重新阐述这个真义，于是说偈语：

威德汝当知，无上大觉心，

本际无二相，随顺诸方便，其数即无量。

如来总开示，便有三种类。

寂静奢摩他，如镜照诸像。

如幻三摩提，如苗渐增长。

禅那唯寂灭，如彼器中锽。

三种妙法门，皆是觉随顺。

十方诸如来，及诸大菩萨，因此得成道。

三事圆证故，名究竟涅槃。

八　辩音菩萨

本章节为辩音菩萨所请教的问题，以及佛陀的回答。主要说明依于上文的三种法门，衍生出的具体修习方法，即三种法门的变化离合、轮替修习。

于是辩音菩萨，在大众中，即从座起，顶礼佛足，右绕三匝，长跪叉手，而白佛言："大悲世尊，如是法门，甚为希有。世尊，此诸方便，一切菩萨于圆觉门，有几修习？愿为大众及末世众生，方便开示，令悟实相。"

作是语已，五体投地，如是三请，终而复始。

译文：

于是辩音菩萨在大众中离座而起，用最尊贵的礼仪，以顶礼礼敬佛足，然后起立右转，绕佛三圈，又长跪在佛前双手合掌，对佛禀告道："大悲世尊，这些法门非常稀有少见。世尊，依据这些法门，一切菩萨要修成圆觉，有哪些修习方法？愿您为大众及末世众生方便开导，使我们能够了悟诸法的真实相状。"

辩音菩萨说完后，再次五体投地向佛祖致礼，循环往复，这样连续请求三次。

尔时，世尊告辩音菩萨言："善哉！善哉！善男子，汝等乃能为诸大众及末世众生，问于如来如是修习。汝今谛听，当为汝说。

时，辩音菩萨奉教欢喜，及诸大众默然而听。”

译文：

那时，世尊对辩音菩萨说：“善哉！善哉！善男子，你能为诸菩萨众及末世众生，问如来的这些修行的方便法门。现在你就仔细地听，我为你解说。”

当时，辩音菩萨以能接受佛的教导而心生欢喜，和其他参加法会的大众安静地听佛说法。

“善男子，一切如来圆觉清净，本无修习及修习者。一切菩萨及末世众生，依于未觉幻力修习，尔时便有二十五种清净定轮①。

注释：

①清净定轮：文中的三种法门通称为“定”，变化离合，轮替修习，故称“定轮”。又，轮是摧碾义，定是决定义，二十五种皆决定可摧断二障，以趋于菩提、涅槃的果地，故称“清净定轮”。

译文：

“善男子，一切如来的圆满觉性清净，根本没有修习方法和修习的人。一切菩萨以及末世众生依从没有觉悟时虚幻的修习功用，这样便有了二十五种轮替修习定心的修习类型。

“若诸菩萨唯取极静[①]，由静力故，永断烦恼，究竟成就，不起于座，便入涅槃。此菩萨者，名单修奢摩他。

注释：

①极静：至极的静虑。

译文：

“如果菩萨们只取至极的静虑法门，因为静虑的功用能断除烦恼，即能获得最高成就，不起身离座就能证入涅槃境界。这种菩萨的修行类型，叫做单修‘奢摩他’。

“若诸菩萨唯观如幻，以佛力故，变化世界，种种作用，备行菩萨清净妙行。于陀罗尼，不失寂念及诸静慧。此菩萨者，名单修三摩钵提。

译文：

“如果菩萨们只是观见诸法如幻，能依靠佛力自在变化世界，起种种作用，广修菩萨清净殊妙行法。于圆觉总持法门，也不失令念虑寂静的禅定功夫以及获得寂静智慧的修止功夫。这种菩萨的修行类型，叫做单修‘三摩钵提’。

“若诸菩萨唯灭诸幻，不取作用，独断烦恼。烦恼断尽，便证实相。此菩萨者，名单修禅那。

译文：

“如果菩萨们只是灭除一切无明幻法，又不执取种种变化作用，能以寂灭之性而自断烦恼。等到烦恼断尽，证入圆觉真心，就能了知真如实相。这种菩萨的修行类型，叫做单修‘禅那’。

“若诸菩萨先取至静，以静慧心照诸幻者，便于是中起菩萨行①。此菩萨者，名先修奢摩他，后修三摩钵提。

注释：

①菩萨行：菩萨自利利他圆满佛果的大行，也就是布施等之“六度”。

译文：

“如果菩萨们先取至极的静虑法门，以静虑生出的智慧心观照种种虚幻相状，便从这里始起菩萨行。这种菩萨的修行类型，叫做先修‘奢摩他’，后修‘三摩钵提’。

“若诸菩萨以静慧故，证至静性，便断烦恼，永出生死。此菩萨者，名先修奢摩他，后修禅那。

译文：

“如果菩萨们以定静中生起的智慧，证入圆觉心的静性，便能断灭烦恼，逃出生死轮回。这种菩萨的修行类型，叫做先修‘奢摩他’，后修‘禅那’。

“若诸菩萨以寂静慧，复现幻力，种种变化度诸众生，后断烦恼而入寂灭。此菩萨者，名先修奢摩他，中修三摩钵提，后修禅那。

译文：

“如果菩萨们以寂静中生出的智慧又示现幻化的功用，借用种种变化教化济度众生，最终断灭烦恼而进入寂灭涅槃境界。这种菩萨的修行类型，叫做先修‘奢摩他’，中修‘三摩钵提’，后修‘禅那’。

“若诸菩萨以至静力，断烦恼已，后起菩萨清净妙行，度诸众生。此菩萨者，名先修奢摩他，中修禅那，后修三摩钵提。

译文：

“如果菩萨们用定静的功用断除烦恼后，再生起菩萨清净殊妙行法，化度众生。这种菩萨的修行类型，叫做先修‘奢摩他’，中修‘禅那’，后修‘三摩钵提’。

“若诸菩萨以至静力，心断烦恼，复度众生，建立世界。此菩萨者，名先修奢摩他，齐修三摩钵提、禅那。

译文：

“如果菩萨们用定静的功用，在决心断灭烦恼时，同时化度众生，并建立世界。这种菩萨的修行类型，叫做先修‘奢摩他’，齐修‘三摩钵提’、‘禅那’。

“若诸菩萨以至静力，资发变化，后断烦恼。此菩萨者，名齐修奢摩他、三摩钵提，后修禅那。

译文：

“如果菩萨们用定静的功用，发起修观的变化作用，然后进入禅定断灭烦恼。这种菩萨的修行类型，叫做齐修‘奢摩他’、‘三摩钵提’，后修‘禅那’。

“若诸菩萨以至静力，用资寂灭，后起作用，变化世界。此菩萨者，名齐修奢摩他、禅那，后修三摩钵提。

译文：

“如果菩萨们用定静的功用来断烦恼而取寂灭，后起种种作用，变化世界。这种菩萨的修行类型，叫做齐修‘奢摩他’、‘禅那’，后修‘三摩钵提’。

“若诸菩萨以变化力，种种随顺而取至静。此菩萨者，名先修三摩钵提，后修奢摩他。

译文：

“如果菩萨们以修观所成就的变化力，随顺种种妙行而取修止念所得的至极静虑。这种菩萨的修行类型，叫做先修‘三摩钵提’，后修‘奢摩他’。

“若诸菩萨以变化力，种种境界而取寂灭。此菩萨者，名先修三摩钵提，后修禅那。

译文：

“如果菩萨们以修观所成就的变化力，起种种如幻境界，进而自断烦恼，取禅定的寂灭境界。这种菩萨的修行类型，叫做先修‘三摩钵提’，后修‘禅那’。

“若诸菩萨以变化力，而作佛事，安住寂静，而断烦恼。此菩萨者，名先修三摩钵提，中修奢摩他，后修禅那。

译文：

“如果菩萨们以修观所成就的变化力，而做佛事教化众生，安住寂静，断除烦恼。这种菩萨的修行类型，叫做先修‘三摩钵提’，中修‘奢摩他’，后修‘禅那’。

“若诸菩萨以变化力，无碍作用，断烦恼故，安住至静。此菩萨者，名先修三摩钵提，中修禅那，后修奢家，入真谛家；就是出离了世俗之家，出五蕴家，入法身家。

②无为：无造作之意。为"有为"之对称。即非由因缘所造作，离生灭变化而绝对常住之法。又作"无为法"。原系涅槃之异名，后世更于涅槃以外立种种无为，于是产生"三无为"、"六无为"、"九无为"等诸说。于小乘各部派中，说一切有部立择灭无为、非择灭无为、虚空无为，合为"三无为"。大众部、一说部、说出世部于"三无为"之外，立空无边处、识无边处、无所有处、非想非非想处等"四无色处"，及缘起支性（十二缘起之理）、圣道支性（八圣道之理）等，总为"九无为"。化地部则以不动、善法真如、不善法真如、无记法真如取代"四无色处"，亦作"九无为"之说。大乘唯识家于"三无为"外，别立不动、想受灭、真如，合为"六无为"；或开立真如为善法、不善法、无记法，而为"八无为"。然无论开立为"六无为"或"八无为"，非谓无为有多种别体，而系断除我、法二执所显之一种法性；复以此一法性从所显之诸缘而称种种之名。准此而言，真如、法性、法界、实相等亦皆为无为法。又以涅槃而言，上记"三无为"中之择灭无为、"六无为"中之真如无为即涅槃；而涅槃乃一切无为法中之最殊胜者。

③沙门：又作"沙门那"、"沙闻那"、"娑门"、"桑门"、"丧门"。意译"勤劳"、"功劳"、"劬劳"、"勤恳"、"静志"、"净志"、"息止"、"息心"、"息恶"、"勤息"、"修道"、"贫道"、"乏道"。为"出家者"之总称，通于内、外二道。亦即指剃除须发，止息诸恶，善调身心，勤行诸善，期以行趣涅槃之出家修道者。在印度，不单是佛教的出家人叫沙门，在当时的婆罗门教，以及其

他九十六种外道，只要是宗教师，都称为“沙门”。不过，释迦牟尼佛的弟子，是“释种沙门”。

④二百五十戒：又称“具足戒”。即比丘所必须遵守之戒律，共有二百五十条。各部派所传之不同律藏，各部派戒条之数亦略有出入。然大体皆以二百五十条为基本之数。主要遵守的是“五戒”，即不杀生、不偷盗、不邪淫、不妄语、不饮酒。戒，意指行为、习惯、性格、道德、虔敬。

⑤进止：出家人日常生活中的行住坐卧，语默动静，都要合乎威仪，合乎戒律。进，即前进。止，即停止。清净：音译“毗输陀”、“输陀”、“尾戍驮”、“戍驮”。略称“净”。指远离因恶行所致之过失烦恼。一般常用“身”、“语”、“意”三种清净。

⑥四真：即四真谛。道行：又作“道业”，意为佛道之修行。

⑦阿罗汉：为“声闻四果”之一，如来十号之一。又作“阿卢汉”、“阿罗诃”、“阿啰呵”、“阿黎呵”、“遏啰曷帝”。略称“罗汉”、“啰呵”。意译“应”、“应供”、“应真”、“杀贼”、“不生”、“无生”、“无学”、“真人”。其中主要的三种意义是应供、杀贼、无生，“应供”意为阿罗汉是真正应该接受人天供养的圣者。“杀贼”，贼，指烦恼贼，证到阿罗汉的圣果，已经把所有的烦恼都断尽了。“无生”，阿罗汉既然断除了一切的烦恼，也断尽了一切染污的行为，这时候已经了生脱死，不会再来受生了，所以称为“无生”。总之，阿罗汉指断尽三界见、思之惑，证得尽智，而堪受世间大供养之圣者。此果位通于大、小二乘，然一般皆作狭义之解释，专指小乘佛教中所得之最高果位而言。若广义言之，则泛指大、小乘佛教中之最高果位。

⑧阿那含：旧译作“阿那伽弥”、“阿那伽迷”。略称“那含”。意译“不还”、“不来”、“不来相”。乃“声闻四果”中第三果之圣者。是断尽欲界的烦恼的圣人的通称。凡是修到此果位的圣人，未来当生于色界无色界，不再来欲界受生死，所以叫做“不还”。

⑨斯陀含：又作“沙羯利陀伽弥”。意译作“一来”、“一往来”。系“声闻四果”中之第二果位。

⑩须陀洹（huán）：为“声闻四果”中最初之圣果，又称“初果”。即断尽“见惑”之圣者所得之果位。

译文：

佛陀世尊说：“辞别亲人出家，识自心源，通达佛的深理，了达一切法的本来真实相，解无为法，这样的行者称为沙门。沙门常行二百五十戒，威仪进止清净，观察四谛而修道行，证阿罗汉果。阿罗汉能飞行变化，具有旷劫寿命，一行一住，皆能感动天地。其次为阿那含果。获阿那含果的行者寿命结束后生于十九天之上，于五净居天中证阿罗汉果。其次为斯陀含果。获斯陀含果的行者，一上欲天，一还人中，即证得阿罗汉果。其次为须陀洹果。获须陀洹果的行者，七次生于人间天上后，便证阿罗汉果。断除爱欲后，便出苦轮，如同四肢断掉一样，不再复用。”

第二章　断欲绝求

前面第一章讲出家与证果，本章及第三章，经中指出出家以后，应该怎样修持。本章明沙门果证虽有差别，而所证之理无差别。

佛言："出家沙门者，断欲去爱①，识自心源，达佛深理，悟无为法。内无所得，外无所求。心不系道②，亦不结业③。无念无作④，非修非证。不历诸位⑤，而自崇最，名之为'道'。"

注释：

①欲：又作"乐欲"。心所名。意谓希求、欲望。希望所做事业之精神作用。说一切有部指从一切心起之作用，为大地法所摄。唯识宗则谓，心捕捉对象系由作意之作用，非由欲之作用，故欲非从一切心起，仅系对愿求对象所起之别境。欲有善、恶、无记等三性，善欲为引起精勤心之根据；恶欲中之希欲他人财物者，称为"贪"，为根本烦恼之一。爱：又作"爱支"。"十二因缘"之一。意为贪恋执着于一切事物。

②道：即至目的地之通路，或指踏行之道（轨路）。据《俱舍论》卷二十五谓，道即通往涅槃（菩提）之路，为求涅槃果之所依。准此，道乃意谓达成佛教终极目的之修行法则。广义而

言，亦指趣向果之通路。例如《大智度论》卷八十四谓，有人天、声闻、缘觉、菩萨等四种道，人、天以“十善”、布施为道，而求世间之福乐；二乘以“三十七道品”为道，而求涅槃；菩萨以“三十七道品”、“六波罗蜜”为道，而求佛果。

③业：音译“羯磨”。最早见于印度的古奥义书，是婆罗门教、耆那教、生活派（邪命外道）等都袭用的术语。佛教中一般解释为造作。人的身、口、意造作善法与不善法，名为身业、口（语）业、意业。业生灭相续，必感苦乐等果，果是业果，结果的因谓之业因。业虽由人的身、口、意所造，但受烦恼的支配。《大智度论》卷九十四称：“烦恼因缘，故起诸业。”这样就构成惑（烦恼）、业、苦（果）之间的因果关系。《大毗婆沙论》卷一百二十三说：业有作用（语业）、行动（身业）、造作（意业）三义。此句是说心已证道，心外无道可系，见道须陀洹果对治烦恼虽然没有除尽，但由烦恼所起招生死业已经不起，到四果阿罗汉始断尽于烦恼诸业，因此称为“不结业”。

④无念：无迁流之念，以真空法性恒常如是故。无作：非由造作成，以真空法性本来如是故。

⑤不历诸位：小乘从凡夫到阿罗汉，大乘从凡夫到佛都要经历一定的位次，但皆以真空法性为真实性，故说“不历诸位”。

译文：

佛陀世尊说：“出家的沙门行者，断欲去爱，认识了自心本源，通达佛陀教授的甚深道理，悟透无为法，于内无所得，于外无所求，心不系于通达解脱的行持之道上，也不结烦恼诸业。

无念无作，法尔如此，非修非证。真空法性不历诸位而自崇最，这称之为‘道’。”

第三章　割爱去贪

本章与前一章明由出家行而证四果，是三乘共教了脱生死之法。此处赞叹头陀胜行，作为证道的要术。

佛言："剃除须发①，而为沙门。受道法者，去世资财②，乞求取足③。日中一食④，树下一宿⑤，慎勿再矣！使人愚蔽者，爱与欲也。"

注释：

①剃除须发：这是指现沙门相。

②资财：此资财为"五欲"之首。

③乞求取足：即去除名欲。

④日中一食：即去食欲。据《毗罗三昧经》记载："瓶沙王问佛：何故日中而食？"佛说："早起诸天食，日中三世佛食，日西畜生食，日暮为鬼神食。"

⑤树下一宿：即去睡欲。

译文：

佛陀世尊说："剃除须发而成为沙门行者。接受修习佛道之法，摈弃世间的资财，通过乞讨满足所需。一天只是日中一食，晚上在树下一宿，谨慎不要再有过多的欲求啊！爱和欲是会使人愚蔽的。"

第四章 善恶并明

本章讲“十善行”和“十恶行”,“十善法”为世间法,亦为出世法之基础。欲行出世间法必先持戒,持戒则修“十善行”,由修“十善”而得定则为正定,由得正定而生慧则为正慧,否则或将流为邪定狂慧,故声闻、辟支均由持戒而得清净禅智。大乘闻佛法发大菩提心,也必须先修“十善”而去“十恶”,修“十善”则也去贪嗔痴。

佛言:“众生以十事为善①,亦以十事为恶②。何等为十?身三、口四、意三。身三者:杀、盗、淫③。口四者:两舌、恶口、妄言、绮语④。意三者:嫉、恚、痴⑤。如是十事,不顺圣道,名‘十恶行’。是恶若止,名‘十善行’耳。”

注释:

①十事为善:即十善业,是佛教对世间善行的总称。它是以三种身业(不杀生、不偷盗、不邪淫)、四种语业(不妄语、不恶口、不两舌、不绮语)及三种意业(不贪欲、不嗔恚、不邪见)所组成的。又称“十善道”、“十善业道”、“十善根本业道”或“十白业道”。

②十事为恶:即十恶业,身口意所行之十种恶行为,称为“十

恶”，又作“十不善业道”、“十恶业道”、“十不善根本业道”、“十黑业道”。即：（一）杀生。（二）偷盗。（三）邪淫。（四）妄语。（五）两舌，即说离间语、破语。（六）恶口，即恶语、恶骂。（七）绮语，即杂秽语、非应语、散语、无义语。乃从染心所发者。（八）贪欲，即贪爱、贪取、悭贪。（九）嗔恚。（十）邪见，即愚痴。

③杀：指断绝生命的相续。《大乘义章》卷七说：“隔绝相续，目之为杀。”盗：即偷盗，不予而取，称为“偷盗”。新译作“不与取”。乃力取或盗取他人财物之意。淫：指男女非礼之行。

④两舌：即于两者间搬弄是非、挑拨离间，破坏彼此之和合。又作“离间语”、“两舌语”。恶口：即口出粗恶语毁訾他人。据《大乘义章》卷七载，言辞粗鄙，故视为恶；其恶从口而生，故称之为“恶口”。妄言：即妄语，指以不实之言欺诳他人，《杂阿含经》卷三十七云：“作不实说，不见言见，见言不见，不闻言闻，闻言不闻，知言不知，不知言知，因自因他，或因财利，知而妄语，而不舍离，是名妄语。”《大智度论》卷十三云：“妄语者，不净心欲诳他，覆隐实，出异语，生口业，是名妄语。”此谓为自利等原因而隐蔽真实，以虚言欺诳他人，称为“妄语”。绮语：指一切染心所发，或时机不对之不恰当言词。又作“杂秽语”或“无义语”。《大乘义章》卷七云：“邪言不正，其犹绮色，从喻立称，故名绮语。”

⑤嫉：悭鄙贪欲，不耐他荣，名之为“嫉”。恚（huì）：暴戾残忍，怀恨结怒，名之为“恚”。痴：于诸事理盲无所晓，名之为“痴”。

译文：

佛陀世尊说："众生以十种事为善，同时也以十种事为恶。是哪十种呢？十种是从身三种、口四种、意三种来说的。身三种是指杀生、偷盗、邪淫。口四种是指两舌、恶口、妄言、绮语。意三种是：嫉、恚、痴。这样的十事，不符合圣道，称为'十恶行'。这十恶行若能制止不行，则称为'十善行'。"

第五章　转重令轻

本章劝人忏悔改过。如有过不改，则过错会越积越多；知过必改，则如病发汗，客邪自除。

佛言："人有众过，而不自悔[①]，顿息其心。罪来赴身，如水归海，渐成深广。若人有过，自解知非，改恶行善，罪自消灭。如病得汗，渐有痊损耳。"

注释：

①悔：即忏悔，谓悔谢罪过以请求谅解。忏，乃"忍"之义，即请求他人忍罪；悔，为追悔、悔过之义，即追悔过去之罪，而于佛、菩萨、师长、大众面前告白道歉，期达灭罪之目的。据义净所译《根本说一切有部毗奈耶》卷十五之注谓，"忏"与"悔"具有不同之意义。忏，是请求原谅（轻微）；悔，是自申罪状（说罪）之义（严重）。

译文：

佛陀世尊说："人有众多过错，而不自己忏悔过错，顿息其造过错的心。那么罪过赴身就会像水归大海一样，渐渐变得深广。如果人有过错，但能自己了解并觉知为过错，从而改恶行善，那么罪会自己消灭。这就像生病后出汗，身体就会渐渐痊愈一样。"

第六章　忍恶无嗔

本章明善能胜恶，而恶不能破善。诫以慎勿嗔责恶人，以恶乃在彼，而和我无涉。

佛言："恶人闻善，故来挠乱者；汝自禁息，当无嗔责①。彼来恶者，而自恶之。"

注释：

①嗔（chēn）：又作"嗔恚"、"嗔怒"、"恚"、"怒"。音译作"醍鞞沙"。心所（心的作用）之名。为"三毒"之一。系指对有情（生存之物）怨恨之精神作用。于俱舍宗属不定地法之一，于唯识宗属烦恼法之一。据《俱舍论》卷十六、《成唯识论》卷六所载，对违背己情之有情生起憎恚，使身心热恼，不得平安，名为"嗔"。又忿、恨、恼、嫉、害等随烦恼，皆以嗔之部分为体，是为"六根本烦恼"（或十随眠）之一。以其不属推察寻求之性质（见），作用迟钝，故为"五钝使"之一。与贪、痴两者，共称为"三毒"（三不善根）。亦属"五盖"、"十恶"之一。

译文：

佛陀世尊说："恶人听闻行者做善事，就故意来扰乱；你自己应该禁息冷静，应当不生嗔恨和责骂于他。那来作乱的恶者，是自己作恶于自己。"

第七章　恶还本身

本章由第六章出，主要讲守“十善道”，作恶会恶还本身，慎勿为恶。

佛言：“有人闻吾守道，行大仁慈，故致骂佛。佛默不对，骂止，问曰：‘子以礼从人，其人不纳，礼归子乎？’对曰：‘归矣！’佛言：‘今子骂我，我今不纳；子自持祸，归子身矣！’犹回应声，影之随形，终无免离。慎勿为恶！”

译文：

佛陀世尊说：“有人听闻我守道，修行大仁慈，因此反而骂佛。佛默然不对，等这人骂完后，问他说：‘你以礼待人，但他人不纳你所行之礼，礼是否归还于你自己？’这人回答说：‘是归于自己啊！’佛说：‘那么今天你骂我，我今天不接受；这是你自己持有祸患，祸患就归于你自己身上了！’这就像发出声必有回音，影子必随着形体一样，最终是没有免离祸患的。谨慎啊不要做恶行啊！”

第八章　尘唾自污

本章由上章出，深诫恶人不能伤害贤者，伤害贤者，祸害会自受。

佛言："恶人害贤者，犹仰天而唾；唾不至天，还从己堕。逆风扬尘，尘不至彼，还坌己身①。贤不可毁，祸必灭己。"

注释：

①坌（bèn）：尘埃。

译文：

佛陀世尊说："没道德的恶人去伤害有道德的贤人，这犹如仰天吐口水一样；唾液不会到天上去，还是会堕向自己。逆着风去扬尘，尘不会到对面去，还是会落到自己身上。因此，贤人不可以被毁，去伤害贤人，祸必然还会殃及到自己。"

第九章 返本会道

以下明大乘的不共胜行。本章重在明信愿,修学大乘因先有成无上正觉之志,称为“菩提心”。由大悲菩提心,则愿拯救众生,此大乘心境不同二乘之基础,由此基础则成菩萨。守志指念念趋向菩提,不杂名利心。“奉道”指念念体会心源,不再向外寻觅。另,诫劝行人,须闻而思,思而修,不应仅停在口耳之学上。

佛言:“博闻爱道,道必难会。守志奉道,其道甚大。”

译文:

佛陀世尊说:“仅广博听闻而爱道,那么道必然难以领会。如果能坚守念念向菩提之志心,那么其修道的成就会很大。”

第十章　喜施获福

这一章说明看到人家发心布施，我们能够生欢喜心，同样可以得到无量的福报与功德。

布施有三：一资生施，谓以财济其贫穷。二无畏施，谓于难中拔其忧苦。三者法施，谓以三学令得四益。不仅自己行三种施道，得福很多，即使见他人行施，助令欢喜，获福也无尽。

佛言："睹人施道①，助之欢喜②，得福甚大③。"

沙门问曰："此福尽乎？"

佛言："譬如一炬之火，数千百人，各以炬来分取，熟食除冥④，此炬如故。福亦如之。"

注释：

①施道：布施乃"六念"之一（念施），"四摄法"之一（布施摄），"六波罗蜜"及"十波罗蜜"之一（布施波罗蜜、檀波罗蜜）。布施能使人远离贪心，如对佛、僧、贫穷人布施衣、食等物资，必能招感幸福之果报。又向人宣说正法，令得功德利益，称为"法施"。使人离开种种恐怖，称为"无畏施"。财施与法施称为"二种施"；若加无畏施，则称"三种施"。以上"三施"系菩萨所必行者。其中法施之功德较财施为大。布施若以远离贪心与期开悟为目的，则称为"清净施"；反之则称"不清净

施”。至于法施，劝人生于人天之说教，称为“世间法施”；而劝人成佛之教法（“三十七菩提分法”及“三解脱门”），称为“出世法施”。此外，关于施、施波罗蜜之区别，据《优婆塞戒经》卷二载，声闻、缘觉、凡夫、外道之施，及菩萨在初二阿僧祇劫所行之施，称为“施”；而菩萨于第三阿僧祇劫所行之施，则称为“施波罗蜜”。

②助之欢喜：此为随喜功德。谓见他人行善，随之心生欢喜。《法华经》卷六《随喜功德品》载，听闻经典而随喜，次次累积，功德至大。《大智度论》卷六十一则谓，随喜者之功德，胜于行善者本人。“随喜”一词，亦引申为参与佛教仪式。于天台宗，为五悔（灭罪修行之忏法）之一，亦为五品弟子位之初品。据《法华玄论》卷十载，随喜有二种：（一）通随喜，谓若见、若闻、若觉、若知他人造福，皆随而欢喜。（二）别随喜，依五十功德之说，特指闻《法华经》，随而欢喜。又谓大小二乘之随喜不同，大乘之随喜广通三世十方诸佛及弟子，小乘仅局限于三世佛；大乘随喜法身之功德，小乘仅随喜迹身之功德；大乘之随喜通于漏、无漏，小乘之随喜唯限有漏心。

③福：又作“功德”、“福德”。指能够获得世间、出世间幸福之行为。《阿含经》将善行分为“出世间无漏梵行”（清净行）与“世间有漏福德”二种。福德即指布施等行为，系成为生天之因的在家修行。

④熟食：是譬喻，譬如证果。除冥：就是除去业障、报障、烦恼障这三障的迷惑。

译文：

佛陀世尊说："看见有人行布施之道，助其欢喜，此随喜获福报很大。"

有沙门问道："那么这福报会因此而耗尽吗？"

佛陀世尊说："这就像一把火炬的火一样，数千百人各自拿火炬来分取，用来生火做饭照明除暗，而此火炬还是原来一样。福报也是如此的。"

第十一章　施饭转胜

本章讲布施供养，较量福田胜劣不等，令人知所归向。福田有三：一、悲田，以悲悯众生故；二、恩田，以报恩故；三、敬田，以恭敬有德故。这里讲依敬田。

佛言："饭恶人百，不如饭一善人。饭善人千，不如饭一持五戒者[①]。饭五戒者万，不如饭一须陀洹[②]。饭百万须陀洹，不如饭一斯陀含[③]。饭千万斯陀含，不如饭一阿那含[④]。饭一亿阿那含，不如饭一阿罗汉。饭十亿阿罗汉[⑤]，不如饭一辟支佛[⑥]。饭百亿辟支佛，不如饭一三世诸佛[⑦]。饭千亿三世诸佛，不如饭一无念无住无修无证之者[⑧]。"

注释：

①五戒：指五种制戒。（一）为在家男女所受持之五种制戒。即：（一）杀生，（二）偷盗（不与取），（三）邪淫（非梵行），（四）妄语（虚诳语），（五）饮酒。又作"优婆塞五戒"、"优婆塞戒"。"五戒"之中，前四戒属性戒，于有情之境发得；后一戒属遮戒，于非情之境发得。又前三戒防身，第四戒防口，第五戒通防身、口，护前四戒。我国古来以"五戒"配列于仁、义、礼、智、信"五常"，复以"不杀"配"东方"，"不盗"配"北方"，"不

邪淫”配“西方”，“不饮酒”配“南方”，“不妄语”配“中央”。

②须陀洹：初果，旧作“入流”、“逆流”。入流、预流，同一之义，谓去凡夫初入圣道之法流也。逆流者，谓入圣位逆生死之暴流也。申言之，即三界见惑断尽之位也。

③斯陀含：二果，译云“一来”。断欲界九地思惑（新曰修惑）中前六品，尚余后三品者也。为其后三品之思惑，尚当于欲界之人间与天界（六欲天），受生一度，故曰“一来”，一来者一度往来之义也。

④阿那含：三果，旧译“不来”，新云“不还”，断尽欲惑后三品之残余，不再还来欲界之位也。尔后受生则必为色界、无色界。

⑤阿罗汉：四果，译作“杀贼”、“应供”、“无生”。上至非想处一切思惑断尽之声闻乘极果也。以其断尽一切见思二惑，故谓之“杀贼”，既得极果应受人天之供养，故曰“应供”，一世之果报尽，故永入涅槃，不再来生三界，故谓之“不生”。

⑥辟支佛：意译作“缘觉”、“独觉”。又作“贝支迦”、“辟支”。为“二乘”之一，亦为“三乘”之一。乃指无师而能自觉自悟之圣者。据《大智度论》卷十八、《大乘义章》卷十七本载，有二义：（一）出生于无佛之世，当时佛法已灭，但因前世修行之因缘（先世因缘），自以智慧得道。（二）自觉不从他闻，观悟“十二因缘”之理而得道。

⑦佛：全称“佛陀”、“佛驮”、“休屠”、“浮陀”、“浮屠”等。意译“觉者”、“知者”、“觉”。觉悟真理者之意。亦即具足自觉、觉他、觉行圆满，如实知见一切法之性相，成就等正觉之大圣

者。乃佛教修行之最高果位。自觉、觉他、觉行圆满三者，凡夫无一具足，声闻、缘觉二乘仅具自觉，菩萨具自觉、觉他，由此更显示佛之尊贵。对佛证悟之内容，诸经论有种种说法。对佛身、佛土等，各宗派亦各有异说，但大乘则总以“至佛果”为其终极目的。

⑧“饭千亿”两句：这里说无念无住无修无证较诸佛胜，指以在众生界应化中称为三世诸佛，而法身真佛即无为真如性；无为真实法性者为诸佛之本，一切诸佛均以无分别智证平等无为法。无为法身，无念无住无修无证，无漏无分别智亦复无生无灭无迁无变，此真身佛自他平等无念无住无修无证。供养无念无住无修无证者，即无分别智亲证真如性究竟成佛；如是供养，始称为“究竟”。

译文：

佛陀世尊说：“布施饮食于一百个恶人，不如布施饮食于一位善人。布施饮食于一千位善人，不如布施饮食于一位持五戒的行者。布施饮食于万位持五戒的行者，不如布施供养饮食于一位须陀洹行者。布施供养饮食于百万位须陀洹行者，不如布施供养饮食于一位斯陀含行者。布施供养饮食于千万位斯陀含行者，不如布施供养饮食于一位阿那含行者。布施供养饮食于一亿位阿那含行者，不如布施供养饮食于一位阿罗汉行者。布施供养十亿阿罗汉行者，不如布施供养饮食于一位辟支佛行者。布施供养饮食于百亿位辟支佛行者，不如布施供养饮食于过去、现在、将来三世诸佛中的一位。布施供养饮食于千亿位三世诸佛，不如布施供养饮食于一位无念无住无修无证者。”

第十二章　举难劝修

本章举出修道的种种因缘难得。常人以难为修之障，不但知因为难而始修，不修则终不能无难，因此举出人有二十难事。以能行难能之行，则一切难行的戒定慧、菩萨道，均可成不难行。重举难而劝诫修行。此中的二十事，后后事难于前前事。

佛言："人有二十难，贫穷布施难①，豪贵学道难，弃命必死难，得睹佛经难，生值佛世难，忍色忍欲难，见好不求难，被辱不嗔难，有势不临难，触事无心难，广学博究难，除灭我慢难②，不轻未学难③，心行平等难，不说是非难，会善知识难，见性学道难④，随化度人难，睹境不动难，善解方便难。"

注释：

①布施：音译为"檀那"、"柁那"、"檀"。又称"施"。即以慈悲心而施福利于人之义。盖布施原为佛陀劝导优婆塞等之行法，其本义乃以衣、食等物施于大德及贫穷者；至大乘时代，则为"六波罗蜜"之一，再加上法施、无畏施二者，扩大布施之意义。亦即指施予他人以财物、体力、智慧等，为他人造福成智而求得累积功德，以致解脱之一种修行方法。《大乘义章》卷十二解释"布施"之义：以己财事分散于他，称为"布"；惙己惠人，

称为“施”。小乘布施之目的，在破除个人吝啬与贪心，以免除未来世之贫困，大乘则与大慈大悲之教义联结，用于超度众生。

②我慢：谓恃我，令心高举之烦恼。如《俱舍论》卷十九云：“于五取蕴，执我我所，令心高举，名为我慢。”《成唯识论》卷四云：“我慢者，谓倨傲，恃所执我，令心高举，故名我慢。”

③不轻未学难：佛尝言四种不可忽：一者火虽小不可忽，二者龙虽小不可忽，三者王子虽小不可忽，四者沙门虽小不可忽。因此不可轻视未学。

④见性：指彻见自心之佛性。黄檗断际禅师《宛陵录》：“即心是佛。上至诸佛，下至蠢动含灵皆有佛性，同一心体。所以达摩从西天来，唯传一法。直指一切众生本来是佛，不假修行。但如今识取自心，见自本性，更莫别求。”

译文：

佛陀世尊说：“人有二十难，贫穷的人行布施很难，豪贵的人学道很难，放弃珍贵的生命必然去死这样很难，能够看到佛经很难，生在佛出世很难，能够忍住男女之间的色欲很难，见到好事不贪求很难，被侮辱而不生嗔恨很难，有势力但不借助势力压人很难，遇到事情无心应付很难，广泛学习、广博研究很难，除灭我慢很难，不轻视未学佛法的人很难，心行慈悲平等很难，不说是非很难，遇到善知识很难，明心见性学道很难，随缘随份化度人很难，面对诸境界一心不动很难，善解方便教义和方便教化方式很难。”

第十三章　问道宿命

以下二章明持戒度。“持”有二义：一、止持，持戒者须止息一切恶事故；二、作持，须力行一切善故。戒者，一切德行之信条，能守此信条，做其所应做，止其所应止，是曰持戒。

本章问意重在宿命，而答意重在会道。知宿命者，不一定会至道；而会至道者，决定能知宿命。

沙门问佛：“以何因缘，得知宿命①，会其至道？”

佛言：“净心守志②，可会至道。譬如磨镜③，垢去明存④，当得宿命。”

注释：

①宿命：过去世之命运。又称“宿住”。即总称过去一生、无量生中之受报差别、善恶苦乐等情状。若能知此情状，称为“宿命通”。凡夫不知宿命，故常骄慢，不畏造恶果报，不精进于万善。

②净心：即指由持戒以止息身三、口四的七支业，纯为止恶行善而净心。然世有行善而不止恶者，其善不净，以七支业皆由心出，菩萨行即此心行故。凡人行为有三次序：一、审虑，二、决定，三、发动，故凡行为皆由意出，菩萨行以心为主，故表面虽似犯戒而心仍持戒者，仍可说持戒。反之，心不持戒，虽外面持戒

亦非持戒。故大乘戒以心为主，称为“心地戒”，顺此而行可会至道。守志：指菩萨求无上菩提的志念。

③磨：喻持戒。镜：喻本心。

④垢：喻烦恼。

译文：

有沙门问佛陀世尊：“以什么因缘能够得知宿命，了解真实法性的道理？”

佛陀世尊回答说：“清净其心，坚守菩提心志，这样可以了知真实法性的道理。这就像磨镜子，污垢除去之后，心地的光明就出现了，应当得宿命通。”

第十四章　请问善大

本章讲明善莫善于真修，大莫大于实证。持定共戒，在戒力未充时，依佛所说勉强力行，尚非真善，进至于得成坚固之定力，即不退转，是即“定共戒”，称为“行道守真”。如能常行菩萨道法，而守此禅定戒律相资之戒行，这样称为“最善”。志与道合者，徒有此志，尚未能有大德大智大力，必与无漏圣道相应，才称为“最大”，即是“道共戒”。

沙门问佛：“何者为善？何者最大？”

佛言：“行道守真者善，志与道合者大。”

译文：

有沙门问佛陀世尊：“什么样称为善？什么是最伟大的？”

佛陀世尊回答说：“奉行佛道，持守真如法性者为善，志向与真如法性之道合者为最伟大。”

第十五章　请问力明

本章明忍辱力大，灭垢得一切智为明。“多力”指能动他法，不为他法所动。佛是有最大力者，因此称为“十力尊”。世间凡夫皆随环境流转，不能自持，有大力者能由自力转一切法，乃至转尘垢世间为清净佛土。最明者，指三明，即三达智。

沙门问佛：“何者多力？何者最明？”

佛言：“忍辱多力①，不怀恶故，兼加安健。忍者无恶，必为人尊。心垢灭尽，净无瑕秽，是为最明。未有天地，逮于今日；十方所有，无有不见，无有不知，无有不闻，得一切智②，可谓明矣。”

注释：

①忍辱：音译“羼提”、“羼底”、“乞叉底”。意译“安忍”、“忍”。忍耐之意。“六波罗蜜”之一，“十波罗蜜”之一。即令心安稳，堪忍外在之侮辱、恼害等，亦即凡加诸身心之苦恼、苦痛，皆堪忍之。据《瑜伽师地论》卷五十七载，忍辱含不忿怒、不结怨、心不怀恶意等三种行相。佛教持重忍辱，尤以大乘佛教为最，以忍辱为“六波罗蜜”之一，乃菩萨所必须修行之德目。忍有三种：一耐怨害忍，亦名“生忍”。二安受苦忍，亦名“法忍”。三谛察法忍，亦名“第一义忍”。今是约耐怨害而入第一义。

②一切智：指了知内外一切法相之智。音译为“萨婆若”、“萨云然”。系“三智”之一。关于其义，《仁王护国般若波罗蜜多经》卷下：“满足无漏界，常净解脱身，寂灭不思议，名为一切智。”《瑜伽师地论》卷三十八“于一切界、一切事、一切品、一切时，智无碍转，名一切智”。即如实了知一切世界、众生界、有为、无为事、因果界趣之差别，及过去、现在、未来三世者，称为“一切智”。又一切智对于一切种智有总、别二相之义，若依总义，则总称“佛智”，义同“一切种智”。如《华严经·大疏》卷十六所载，如来以无尽之智，知无尽法，故称“一切智”。若依别义，则一切智为视平等界、空性之智，此即声闻、缘觉所得之智；一切种智为视差别界、事相之智，乃了知“平等相即差别相”之佛智。如《大智度论》卷二十七：“总相是一切智，别相是一切种智；因是一切智，果是一切种智；略说一切智，广说一切种智。一切智者，总破一切法中无明暗；一切种智者，观种种法门，破诸无明。（中略）佛自说一切智是声闻、辟支佛事，道智是诸菩萨事，一切种智是佛事；声闻、辟支佛但有总一切智，无有一切种智。”

译文：

沙门问佛陀世尊：“什么是力量大的？什么是最明了的？”

佛陀世尊说：“能够忍辱力量就大，这是因为忍辱能使人不怀恶心的缘故，兼加上其还能使人平安健康的缘故。修忍辱的行者没有恶心，必然为人所尊重。心里贪嗔痴等的污垢灭尽，心地净无瑕秽，这是最为明了的。三世十方诸所有，无有不见，无有不知，无有不闻，获得一切智，这可谓明了。”

第十六章　舍爱得道

本章明“六度”中的禅定度。在佛法中，大小诸乘均以修禅定为至要，修禅定者，即专注其心于一法中，久之心得统一之用。常人心散乱故不得安静神通，致心失其功用，不能止害兴利。能专心一致，可得禅定。另也说明人之心水本澄，即是至道；但因爱欲所搅，因此不能于一念中炳现十界影像。舍三界爱欲，见思垢尽，则能见道。

佛言：“人怀爱欲不见道者，譬如澄水，致手搅之，众人共临，无有睹其影者。人以爱欲交错，心中浊兴，故不见道。汝等沙门，当舍爱欲；爱欲垢尽，道可见矣。”

译文：

佛陀世尊说：“人因怀有爱欲而不能见道，这就像澄水，用手去搅动，这样众人在水前就没有人可以看到自己的影子了。人常常以爱欲交错生起，心中则变为浑浊，因此就见不到道。你们沙门，应当舍去爱欲，爱欲的污垢除尽后，道就可以见到了。”

第十七章　明来暗谢

本章明根本智，见道所得。深显无明无性，见道后即灭无明，依教法即文字般若，如信戒定观察即为观照般若，得到清净无漏亲证真如，则为实相般若。菩萨得此根本般若，始能起上行下化之后得般若。在未得根本智前为观照般若，信本体智得大用智，得真般若谓之见道。

佛言："夫见道者①，譬如持炬入冥室中，其冥即灭，而明独存。学道见谛②，无明即灭③，而明常存矣。"

注释：

①见道：又作"见谛道"、"见谛"。为修行之阶位。与修道、无学道合称为"三道"。即指以无漏智现观"四谛"，见照其理之修行阶位。见道以前者为凡夫，入见道以后则为圣者。其次，见道后更对具体之事相反复加以修习之位，即是修道，与见道合称"有学道"。相对于此，无学道又作"无学位"、"无学果"、"无学地"，意指既入究极之最高悟境，而达于已无所学之位。依小乘佛教，以修三贤、四善根等之准备修行（七方便）为始者，能生无漏智，而趋入见道。大乘则以初地为入见道，故称"菩萨之初地为见道"，第二地以上为修道，至第十地与佛果方可称"无学道"。密教以始生净菩提心之位，称为"见道"。以

无漏智明白判断道理者，称为“决择”（决断简择），见道为决择之一部分，故称为“决择分”。又悟入涅槃之境界或欲达到涅槃之圣道皆是正性，故特称“见道”为“正性”。又因所有之圣道皆令离烦恼，称为“离生”，见道令离异生（凡夫）之生，故特称“见道”为“离生”；是故见道又称“正性离生”、“正性决定”（决定必趣涅槃之意）。见道所断（又作“见道断”、“见所断”）之烦恼，略称“见惑”；修道所断（又作“修道断”、“修所断”）之烦恼，略称“修惑”。

②谛：审实不虚之义。指真实无误、永远不变之事实，即真理。《增一阿含经》卷十七载，如来所说之理法，真实不虚，称为“谛”。

③无明：为“烦恼”之别称。不如实知见之意；即暗昧事物，不通达真理与不能明白理解事相或道理之精神状态。亦即不达、不解、不了，而以愚痴为其自相。泛指无智、愚昧，特指不解佛教道理之世俗认识。为“十二因缘”之一。又作“无明支”。俱舍宗、唯识宗立无明为心所（心之作用）之一，即称作“痴”。

译文：

佛陀世尊说：“见道的行者，就像手持火炬进入暗室中，屋中黑暗立即就消灭了，而只有光明独存。学习佛道见到真谛之时，无明就立刻消灭，而心中光明智慧就常存了。”

第十八章　念等本空

本章是说后得智，因在根本智后而获得，因此称为“后得”。根本智是证道智体，后得智是所起智用。这里的法者，是非佛不成就之法。初欢喜地以上的菩萨仅能成就少分，此大乘不共般若所成就之法，只有佛与菩萨能够成就，因此文中说“吾法”。此法无念无行无言无修，然无念而未尝无念，无行而未尝无行，无言而未尝无言，无修而未尝无修，在常人视之，认为是犯矛盾律，这里并不是以任何学理定例方式来说，是超出言诠的不可思议境。也就是言语道断，心行处灭。

佛言：“吾法念无念念[①]，行无行行[②]，言无言言[③]，修无修修[④]；会者近尔，迷者远乎！言语道断[⑤]，非物所拘，差之毫厘，失之须臾。”

注释：

①无念：“无妄念”之意，指意识未存世俗之忆想分别，而符于真如之念。被视为“八正道”中之正念。《禅源诸诠集都序》卷二载，觉诸相空，心自无念，念起即觉，觉之即无，此即修行之妙法，故虽备修万行，唯以无念为宗。《传心法要》亦谓，一念不起，即十八界空，即身便是菩提华果，即心便是灵智。

②行无行行：初地菩萨万行齐修，上求佛道下度众生，一心

中万行精进以趋佛果，以菩提心为利济众生而起行故，虽然至果圆满但利人之行无尽。这里凡能所行都称为“行”，行由众缘起故一切本空皆无自性，故曰“行无行”。无行而万行具足，故曰“无行行”。

③言无言言：佛菩萨化导众生以言说为主，名字言说皆为众生思想而立，以破除众生谬妄思想故。然不能以之得佛菩萨无分别智，证清净诸法实相，以诸法实相离言说故。但佛为度生不能无言，故仍有言说，然言说中并无诸法实相，但有名言都无实义，因此说“言无言”。然破众生妄执时，仍有其方便之用，因此说“无言言”。

④修无修修：修指修习，即学习、练习的意思，无论什么事皆可以称为“修”。初地菩萨称为“修习位”，以虽达佛法而未练习成熟。佛果自位已无所修，但还教他人修。此修空无所得，因此说是无得不可思议智。虽无实体可得，然亦非无众缘所起种种修习之事，因此说“无修修”。

⑤言语道断：又作“语言道断”、“言语道过”、“名言道断”。谓言语之道断绝，即“言语思想所不能及”之意。旧译《华严经》卷五云：“远离取相真实观，得自在力决定见，言语道断行处灭。”《大智度论》卷五云：“言语已息，心行亦灭。”此语常与“心行处灭”一词连用。心行处灭，意指心行之处灭绝，谓远离概念思维之情境。

译文：

佛陀世尊说：“我的教法以无念为念，以无行为行，以无言

为言，以无修为修；领会明白的人与道很近，迷惑的人则与道很远！超越言语表达，非言语境界，此言语道断，心行处灭，不被物所拘，此中只要相差一毫一厘，很快就失去了与道相应。”

第十九章　假真并观

从本章开始到二十六章说明般若加行，佛开示教化，依教明理，依理起观，般若中之观照般若即由文字般若而修，在此过程中加以猛厉之修行，称为“加行”。本章明无常观与唯心识观，遣虚存实。

佛言：“观天地，念非常[①]；观世界，念非常；观灵觉[②]，即菩提。如是知识，得道疾矣！”

注释：

①非常：即无常，为“常住”之对称。即谓一切有为法生灭迁流而不常住。一切有为法皆由因缘而生，依生、住、异、灭四相，于刹那间生灭，而为本无今有、今有后无，故总称“无常”。据《大智度论》卷四十三举出两种无常，即：（一）念念无常，指一切有为法之刹那生灭。（二）相续无常，指相续之法坏灭，如人寿命尽时则死灭。《显扬圣教论》卷十四《成无常品》，举出无性无常、失坏无常、转异无常、别离无常、得无常、当有无常等六种；另举出刹那门、相续门、病门、老门、死门、心门、器门、受用门等八种无常。又《大乘阿毗达磨杂集论》卷六则明示十二种无常之相，即非有相、坏灭相、变异相、别离相、现前相、法尔相、刹那相、相续相、病等相、种种心行转相、资产兴衰相、器世成坏相。

另《入楞伽经》卷七《无常品》中载有外道之八种无常。

②观灵觉：即是观心即佛，观现前一念灵觉之性，即离我法二执。也是最细之无常，即尽未来际相续之常，亦即佛法常乐我净之常。其实庵摩罗识亦是生灭相续，不过其生灭尽未来际，均恒湛然相续故是常，此观即是观灵觉即菩提。由粗无常观则对世界无贪爱，由最细观则证佛果，因此说得道很快。

译文：

佛陀世尊说："观察天的寒暑代谢，观察地的陵谷递迁，念无常；观察迁流不住的三世，互对无定的十方世界，念无常；观现前灵觉真如，离我法二执，即是菩提性。像这样用心观察诸器世界之无常和了知真如心识，那么得道就很快了！"

第二十章　推我本空

上章讲的是无常观，此章说明的是无我幻化观。也是说明诸法无我之义。观身由"四大"——地水火风——所合成，分开"四大"各自有各自的名，如果执此是我，则我是"四大"合成；如果说"四大"是我，则处处是"四大"，也就无处非我，既无处非我则我与非我都不能成立。这是从生空来说诸法无我。本章通过四大观身，而入如幻法门。

佛言："当念身中四大①，各自有名，都无我者②；我既都无，其如幻耳③。"

注释：

①四大：为"四大种"之略称。又称"四界"。佛教之元素说，谓物质（色法）系由地、水、火、风等四大要素所构成。即：（一）本质为坚性，而有保持作用者，称为"地大"。（二）本质为湿性，而有摄集作用者，称为"水大"。（三）本质为暖性，而有成熟作用者，称为"火大"。（四）本质为动性，而有生长作用者，称为"风大"。积聚"四大"即可生成物质，故"四大"又称"能造之色"、"能造之大种"；被造作之诸色法，则称"四大所造"。又四大种之"大"，意即广大，具有下列三义：（一）四大种之体性广大，遍于一切色法，故有"体大"之义。（二）四大种之形相广大，

如大山、大海、大火、大风等，故有“相大”之义。（三）四大种之事用广大，如水、火、风三灾及任持大地之地大等，故有“用大”之义。而四大种之“种”，则以此“四大”为一切色法所依之性，具有能生、因等义，如父母为子女所依，然父母亦具有能生之因，故称为“种”；而由“四大”所产生（造）之物质（如五根、五境等），与“四大”之关系，如同亲子，而各自独立存在。元素之“四大”，因为具有生因、依因、立因、持因、养因，故称“能造之色”。

②无我：又作“非身”、“非我”。我，即永远不变（常）、独立自存。中心之所有主（主）、具有支配能力（宰），为灵魂或本体之实有者。主张所有之存在无有如是之我，而说无我者，称为“诸法无我”；观无我者，称为“无我观”。无我系佛教根本教义之一，于“三法印”中，即有“无我印”。通常分为人无我、法无我两种：（一）有情（生者）不外是由五取蕴（即构成凡夫生存的物心两面之五要素）假和合而成，别无真实之生命主体可言，称为“人无我”，又称“我空”。（二）一切万法皆依因缘（各种条件）而生（假成立者），其存在本来即无独自、固有之本性（自性）可言，称为“法无我”，又称“法空”。

③如幻：也为大品般若经所举十喻之一。幻，幻师以种种技法变现象、马、人物等，使人如实见闻，称为“幻”；然此幻相幻事皆空而非实，故以之比喻一切诸法皆空，犹如幻相般之无实。

译文：

佛陀世尊说：“应当念身中的地、水、火、风四大，各自有各自名，但都没有一个我的存在，我既然都没有，那么此身就如幻化一样。”

第二十一章　名声丧本

本章说明“五欲”中的名欲过患，对于好名的人，不仅没有益处，而且深有过患。

佛言：“人随情欲，求于声名①；声名显著，身已故矣。贪世常名，而不学道，枉功劳形。譬如烧香，虽人闻香，香之尽矣；危身之火，而在其后。”

注释：

①声名：即名欲，指贪求声名之欲。据《大明三藏法数》卷二十四载，名，即世间之声名。因声名能显亲荣己，故令人贪求乐着而不知止，此即为名欲。

译文：

佛陀世尊说：“人随顺情欲，追求于声名；虽然声名显著了，但是身体已经老了，快死了。贪图世间的常名，而不修学佛道，枉费了工夫和劳累了形体。这就如烧香，虽然人都闻到香味，但是香自身也就烧尽了；人追求声名也如此，声名显著了，而危害自身之火，紧随其后。”

第二十二章　财色招苦

本章专门说财色，因财色是人最贪着之物，举刀刃之蜜来比喻其中的厉害关系。本章仅举财色，也意有涵盖其他名、食、睡诸欲。

佛言："财色于人[①]，人之不舍；譬如刀刃有蜜，不足一餐之美。小儿舔之，则有割舌之患。"

注释：

①财色："五欲"中的两种。财欲、色欲、饮食欲、名欲、睡眠欲共称为"五欲"。即（一）财欲，财即世间一切之财宝。谓人以财物为养身之资，故贪求恋着而不舍。（二）色欲，色即世间之青、黄、赤、白及男女等色。谓人以色悦情适意，故贪求恋着，不能出离三界。（三）饮食欲，饮食即世间之肴膳众味。谓人必借饮食以资身活命，故贪求恋着而无厌。（四）名欲，名即世间之声名。谓人由声名而能显亲荣己，故贪求乐着而不知止息。（五）睡眠欲，谓人不知时节，怠惰放纵，乐着睡眠而无厌。

译文：

佛陀世尊说："财色对于人，人人不舍；这譬如刀刃上有蜂蜜，这仅是不能满足一顿饭的美味。如果小儿用舌头舔于此刀刃，则会有割舌的祸患。"

第二十三章　妻子甚狱

以上两章通诃五欲，从本章起以下四章，别诃色欲。要达无我观，必先离色欲始能出家证道果。人心所系主要是家属和家财。本章中妻子包括一切家属，舍宅包括一切财产。妻子来源于色欲，因色欲根深，从而于妻子没有远离的念头。因此说其束缚之固就如同牢狱。

佛言："人系于妻子舍宅①，甚于牢狱。牢狱有散释之期，妻子无远离之念。情爱于色，岂惮驱驰？虽有虎口之患，心存甘伏。投泥自溺②，故曰凡夫；透得此门，出尘罗汉。"

注释：

①妻子舍宅：此可扩充来说，欲界以男女眷属为妻子，种种宫殿为舍宅。色界以味禅为妻子，四禅天为舍宅。无色界以痴定为妻子，四空天为舍宅。二乘以一解脱味为妻子，偏真涅槃为舍宅。权教以游戏神通为妻子，出真涉俗为舍宅。透得空有两门，才能成就中道无生之果。

②投泥自溺：喻为色欲之苦。

译文：

佛陀世尊说："人被妻子、儿女、舍宅系缚住，这比牢狱系缚人还厉害。牢狱还有解散释放的时候，但是对于妻子儿女没有远离的念头。由于情感和爱情的缘故对于色贪恋不舍，怎么会害怕被其所驱驰呢？虽然有落入虎口的祸患，但心甘意愿地投到泥潭里，自己沉溺自己，因此称为凡夫。透得过对妻子、儿女、舍宅的情爱之门，方可称为出尘阿罗汉。"

第二十四章　色欲障道

本章讲色欲是诸欲中为害最大的，在修道上此为众生的重病。

佛言："爱欲莫甚于色，色之为欲①，其大无外。赖有一矣，若使二同，普天之人，无能为道者矣！"

注释：

①"爱欲"二句：凡爱着于青黄长短等色境，惑动于男女间之色情，均称为"色欲"。此处说的色欲主要指男女之间的淫欲。《圆觉经》载，诸世界一切种性，无论卵生、胎生、湿生、化生，皆因淫欲而延续种族生命。律典中以淫欲虽不恼众生，然能系缚修行者之心，故佛陀制戒禁之。经论中，比喻淫欲如火能烧心，称为"淫欲火"；或比喻淫欲伤身如病，称为"淫欲病"。《摩诃止观》卷四下："如禅门中所说，色害尤深，令人狂醉，生死根本良由此也。"

译文：

佛陀世尊说："爱欲中没有比对于女色的贪爱还有更深的，女色作为欲望没有别的比其大的。幸亏只有这样的一个色欲，如果有相同厉害的两个，那么普天之下，就没有人能够行道的了！"

第二十五章　欲火烧身

本章讲爱欲的过患，喻为习近爱欲，必有损净法身之患。

佛言："爱欲之人，犹如执炬，逆风而行，必有烧手之患。"

译文：

佛陀世尊说："对于纵欲贪爱的人，就像手执火炬，逆风而行走，必然有烧坏自己手的过患。"

第二十六章　天魔娆佛

在释迦应化事迹中,佛将成道时,有第六天天魔来扰佛。此魔主持欲界最胜妙五欲,因佛陀专在出离欲界,魔王嫉妒便献玉女于佛陀,以此来坏佛的道行,佛陀以幻化力示诸玉女身之不净,从而降服此魔。本章所说,不一定是佛陀成道过程中所遇的天魔。说明佛不被魔娆,还能化魔。也宣说了观女身之不净,能除淫意,从而自利利他。

天神献玉女于佛①,欲坏佛意。佛言:"革囊众秽②,尔来何为?去!吾不用。"天神愈敬,因问道意。佛为解说,即得须陀洹果③。

注释:

①天神:即魔王波旬,欲界第六天之他化自在天主。其常率眷属向人界作为佛道的障碍。但从大乘之法门来看,则是深位的菩萨,以大方便力现为魔王,教化众生。《楞严经》卷六中说:"若不断淫,必落魔道:上品魔王,中品魔民,下品魔女。"而《维摩诘经》的《不思议品》中说:"维摩诘语大迦叶:仁者,十方无量阿僧祇世界中作魔王者,多是住不可思议解脱菩萨,以方便力故,教化众生,现作魔王。"

②革囊众秽:此为观身不净。身之不净有五种:(1)子不

净，指父母之赤白二谛种子不净。（2）住处不净，胎内十月住于母之脏中，故不净。（3）自相不净，出生后于不净中起卧。（4）自性不净，自身中之骨髓、毛孔，臭如死狗。（5）究竟不净，命终后手足分散是为不净。

③须陀洹果：即四果中的初果，旧作“入流”、“逆流”。入流、预流，同一之义，指去凡夫初入圣道之法流。逆流者，指入圣位逆生死之暴流。是三界见惑断尽之位。

译文：

天神魔王波旬献美妙的玉女给佛陀，想使佛陀生起淫欲，破坏佛陀修道的意愿。佛陀世尊对此说：“这是皮囊里盛着的众污秽物，你送来有何作为呢？回去吧！我不会用的。”天神魔王波旬从而对佛陀世尊愈加恭敬，因此向佛陀世尊请问修学之道。佛陀就为其解说，天神魔王波旬即得须陀洹果。

第二十七章　无著得道

本经的“六度”次序与通常有所不同，大乘法中“六度”次序，一种是般若在后，一种是精进在后。本经的安排就是精进在后。在华严会上，文殊菩萨表大乘的般若智，普贤菩萨表大乘精进，而毗卢遮那表大乘圆满果。即大乘之境行果圆满表现。“六度”中般若在后表文殊智，精进在后表普贤行，本经精进在后是为华严义。学佛者由诵经闻法了诸法性相之诸法实相，获得文字般若智；而后由此精进始可得普贤万行。

本章初明精进的正体，为披甲精进，喻明学道要远离诸障，正念真如而精进，了达无为，方可得道。

佛言：“夫为道者，犹木在水①，寻流而行②。不触两岸③，不为人取④，不为鬼神所遮⑤，不为洄流所住⑥，亦不腐败⑦；吾保此木，决定入海⑧。学道之人，不为情欲所惑，不为众邪所娆，精进无为；吾保此人，必得道矣！”

注释：

①木：比喻“五蕴”的身心报体。水：比喻“六度”的法流水。

②寻流而行：喻持此五阴之身循道而行。

③两岸：比喻两重障碍：一是凡夫爱物，二是外道邪见。凡

夫因滞物而不能出离尘欲，虽有有欲脱尘修道的，但因为佛法难闻的缘故，而转生为外道邪见；不触此岸，即触彼岸。这即是“断常二见”，凡夫计断，外道计常。也可喻为“有空二见”，凡夫情爱之见是执有，外道虚无之见是执空。因此依佛法中道而行，而不触此两岸。

④不为人取：比喻不落人天道。

⑤不为鬼神所遮：比喻不落鬼神界。

⑥不为洄流所住：比喻不堕轮回。

⑦亦不腐败：比喻精进不退。

⑧海：比喻大圆觉无上菩提海。

译文：

佛陀世尊说：“修道的行者，犹如木头漂在水中，顺着水流而行。不碰触到两岸而被截止，也不被人所取走，不被鬼神所遮，也不被周旋的洄流所住，流动中也不腐败；我保证此木头必定会流入大海。学道的人不被情欲所迷惑，不被众邪知邪见所阻挠，精进无为，我保证此人必定得道！”

第二十八章　意马莫纵

本章诫意马难调，色祸宜避。凡夫意通第六意识和第七末那识，都有我法二执，烦恼不断，因此不可信。凡夫与色会能触动情爱之欲，有妨修道。证阿罗汉，离烦恼去我执，能如实知见，方可信自意。

佛言："慎勿信汝意①，汝意不可信；慎勿与色会，色会即祸生。得阿罗汉已，乃可信汝意。"

注释：

①意：这里意通第六意识和第七末那识。《唯识论》五曰："薄伽梵，处处经中说心、意、识。三种别义，集起名心，思量名意，了别名识。是三别义。"《俱舍论》四曰："集起故名心，思量故名意，了别故名识。心意识三名，所诠义虽异，而体是一如。"

译文：

佛陀世尊说："谨慎不要相信你的意念，你的意念是不可相信的；谨慎不要执着于色相上，执着于色相就会产生祸患。获得阿罗汉果位后，才可以相信你的意念。"

第二十九章　正观敌色

本章说明远女色预防过失，并说生善灭恶的方便。先是以莲花出淤泥不染正念自利，后以如母如姊如妹如子而度脱之，则为慈心利他，这样自利利他，恶念自然息灭。另从精进度来说，此为已成之恶当令息灭，未生之恶当令不生；已生之善助之增上，未生之善助令生长，这是精进的正行。

佛言："慎勿视女色，亦莫共言语。若与语者，正心思念：我为沙门，处于浊世，当如莲华①，不为泥污。想其老者如母，长者如姊，少者如妹，稚者如子。生度脱心，息灭恶念。"

注释：

①莲华：即莲花。印度古来即珍视此花。据印度史诗《摩诃婆罗多》所述，天地开辟之始，毗湿笯之脐中生出莲花，花中有梵天，结跏趺坐，创造万物；又毗湿笯及其配偶神皆以莲花为表征，或以莲花为"多闻天之七宝"之一。佛教亦珍视之，如佛及菩萨大多以莲花为座。据《除盖障菩萨所问经》卷九载，莲花出污泥而不染，妙香广布，令见者喜悦、吉祥，故以莲花比喻菩萨所修之十种善法。即：（一）离诸染污，谓菩萨修行，能以智慧观察诸境，而不生贪爱，虽处五浊生死流中亦无所染，譬如莲花之

出污泥而不染。（二）不与恶俱，菩萨修行灭恶生善，为守护身、口、意三业之清净，而不与丝毫之恶共俱，譬如莲花虽微滴之水而不停留。（三）戒香充满，菩萨修行，坚持诸戒律而无犯，以此戒能灭身口之恶，犹如香能除粪秽之气，譬如莲花妙香广布，遐迩皆闻。（四）本体清净，菩萨虽处五浊之中，然因持戒，得使身心清净无染着，譬如莲花虽处污泥中，然其体自然洁净而无染。（五）面相熙怡，菩萨心常禅悦，诸相圆满，使见者心生欢喜，譬如莲花开时，令诸见者心生喜悦。（六）柔软不涩，菩萨修慈善之行，然于诸法亦无所滞碍，故体常清净，柔软细妙而不粗涩，譬如莲花体性柔软润泽。（七）见者皆吉，菩萨善行成就，形相庄严美妙，见者皆获吉祥，譬如莲花芬馥美妙，见者及梦见者皆吉祥。（八）开敷具足，菩萨修行功成，智慧福德庄严具足，譬如莲花开敷，花果具足。（九）成熟清净，菩萨妙果圆熟而慧光发现，能使一切见闻者，皆得六根清净，譬如莲花成熟，若眼睹其色，鼻闻其香，则诸根亦得清净。（十）生已有想，菩萨初生时，诸天人皆悦乐护持，以其必能修习善行，证菩提果，譬如莲花初生时，虽未见花，然诸众人皆已生有莲花之想。

译文：

佛陀世尊说："谨慎不要观察女色，也不要与其共说话。若与其说话，应正心思念：我是沙门，处于浊世之中，应当像莲花一样，不被污泥所染。观想老者就像是自己母亲一样，比己年长的就像姐姐一样，比自己年少的就像妹妹一样，幼稚的就像自己女儿一样。心里生起度脱她的心，这样自然就息灭了邪恶的念头。"

第三十章　欲火远离

本章说应远离诸欲，而不被欲火所烧害。

佛言："夫为道者，如被干草①，火来须避②。道人见欲，必当远之。"

注释：

①干草：喻为六情根。

②火：喻为六尘境。

译文：

佛陀世尊说："修学道的人，像披着干草一样，遇火来必须回避。修道之人见欲，也是这样必当远离欲望。"

第三十一章　心寂欲除

本章说明身、口、意三业都是由心所造，应从心上止息，而不可以由身上强制止息。

佛言："有人患淫不止，欲自断阴。佛谓之曰：'若断其阴，不如断心。心如功曹，功曹若止，从者都息。邪心不止，断阴何益？'"

佛为说偈[1]：

欲生于汝意，意以思想生；
二心各寂静，非色亦非行。

佛言："此偈是迦叶佛说。"

注释：

①偈意为：与我执相应恒审思量的意，是不可信之意，这意也是由思想所产生的。思是五遍行心所中的思心所。想即为思之边际，从而想此是此法而非彼法，彼是彼法而非此法；以由思心所中活动造作，而成为恒审思量我法执之意。所以说欲生于汝意，意以思想生。二心各寂静指思心想心除我法执，不在相中有我法执，亦不由我法二执造一切业。非色亦非行者，指不由想心想像因此称为"非色"；不由思心造作因此称为"非行"。即为无色无行的意思。

译文：

佛陀世尊说："有人患上淫欲的毛病而不能停止，想通过自己断除男根来制止。佛陀世尊对他说：'如果要断除你自己的男根，不如断你自己的心。心就像掌管人事的功曹官，功曹官如果都停止了作业，那么其随从也就都停息了作业。淫欲的邪心如果不停止，那么断除阴根有什么用呢？"

佛陀为这人说偈为：

欲生于汝意，意以思想生；

二心各寂静，非色亦非行。

佛陀世尊说："此偈是迦叶佛所说的。"

第三十二章　我空怖灭

本章讲忧虑恐怖系于爱欲，指众生从无始以来，妄认“四大”为自己的身相，妄认为六尘缘影为自己的心相，执着贪恋而不肯暂舍，于是产生种种忧恼、种种恐怖。如果能断爱欲，忧怖则自除。

佛言：“人从爱欲生忧，从忧生怖；若离于爱，何忧何怖？”

译文：

佛陀世尊说：“人从爱欲生出忧虑，从忧虑生出恐怖；如果能离开爱欲，那有什么可以忧虑，有什么可以恐怖的呢？”

第三十三章　智明破魔

本章说明披甲精进相。学道之人的正觉心，要战胜无明烦恼之心，就像一人与万人战；如果没有坚固的信心，会把持不定，容易被恶意所转，因此举此喻来明之。

佛言："夫为道者，譬如一人与万人战①。挂铠出门，意或怯弱，或半路而退②，或格斗而死③，或得胜而还④。沙门学道，应当坚持其心，精进勇锐，不畏前境，破灭众魔，而得道果。"

注释：

①"譬如"句：专精学道之心，喻为一人。无始虚妄诸惑习气，喻为万人。

②半路而退：比喻中途转念。

③格斗而死：喻修行人不能奋勉，为烦恼所战胜失其菩提心。

④得胜而还：喻得道果。

译文：

佛陀世尊说："修学佛道的行者，譬如一人和万人作战。披着铠甲出门，意志或有怯弱的，或有半路而退的，或有格斗而死的，或有得胜而还的。沙门学道，应当坚持其心，精进勇锐，不畏各种境界，破灭内外众魔，从而获得道果。”

第三十四章　处中得道

本章明摄善精进，共有二章。前面所说披甲精进只能除恶，这里专明精进行中的所成善法。说明学道应以调和安适为主，须善调身心，缓急均不可。

沙门夜诵迦叶佛遗教经①，其声悲紧，思悔欲退。佛问之曰:“汝昔在家，曾为何业？”对曰:“爱弹琴！”佛言:“弦缓如何？”对曰:“不鸣矣！”“弦急如何？”对曰:“声绝矣！”“急缓得中如何？”对曰:“诸音普矣！”佛言:“沙门学道亦然，心若调适，道可得矣。于道若暴，暴即身疲；其身若疲，意即生恼；意若生恼，行即退矣；其行既退，罪必加矣。但清净安乐，道不失矣！”

注释:

①迦叶佛：又作“迦叶波佛”、“迦摄波佛”、“迦摄佛”。意译作“饮光佛”。乃释尊以前之佛，为过去七佛中之第六佛，又为现在贤劫千佛中之第三佛。传说为释迦牟尼前世之师，曾预言释迦将来必定成佛。遗教经：佛垂灭时之遗诫。释迦在迦叶佛时为护明菩萨，及迦叶灭度释迦成佛，故迦叶佛遗教经，释迦能传之。另沙门是上午乞食，下午听法，前半夜读诵经典，中夜养息，后夜修禅定，此应为晚上诵经。

译文:

沙门前半夜诵读迦叶佛的遗教经,其声音悲伤和紧张,见学道艰难,思悔想退却。佛陀世尊问这位沙门说:“你往昔在家里,曾经做过什么事情?”沙门回答说:“喜爱弹琴!”佛陀世尊再问他说:“弦太松的时候怎样?”沙门回答说:“琴就不响了!”“弦太紧的时候怎样?”沙门回答说:“声音太尖锐了,音乐就出不来!”“那么松紧适中怎样?”沙门回答说:“诸音调就准了,和谐了。音乐也就出来了!”佛陀世尊说:“沙门学道也是如此,心如果调适,道也就可以获得了。修道如果太猛,猛则会身疲;如果身疲,意就会生恼;意如果生恼,修行就会退步了;修行既然退步,那么罪过必然会增加。只要心地清净,安乐守道,道就不会丢失的!”

第三十五章　垢净明存

本章也是说摄善精进，喻明垢染不可不除，除去垢染即成清净。

佛言：“如人锻铁，去滓成器①，器即精好。学道之人，去心垢染，行即清净矣②！”

注释：

①滓：喻五阴。由凡夫至菩萨都是五阴诸法；众生五阴诸法是垢染的五阴诸法，佛菩萨五阴诸法是清净的五阴诸法。

②“去心”两句：即解行之心能将众生垢染五阴之心，锻炼成为清净五阴之心。

译文：

佛陀世尊说：“像人锻铁，去除渣滓而成器皿，器皿就会精好。学道之人，去除心地的垢染，所行就会清净了！”

第三十六章　展转获胜

本章说明利乐精进，以辗转明修学佛法之难得，予以警人，使不失良缘。

佛言："人离恶道①，得为人难；既得为人，去女即男难②。既得为男，六根完具难；六根既具，生中国难③；既生中国，值佛世难；既值佛世，遇道者难；既得遇道，兴信心难；既兴信心，发菩提心难④；既发菩提心，无修无证难。"

注释：

①恶道：为"善道"之对称。与"恶趣"同义。道，为通之义。即指生前造作恶业，而于死后趋往之苦恶处所。系对所趋之依身及器世界之总称，主要指地狱。在"六道"之中，一般以地狱、饿鬼、畜生三者称为"三恶道"，阿修罗、人间、天上则称为"三善道"。

②"既得"两句：同样生为人，依业报关系而分为男和女，因男子能做种种事业而女子不能，因此去女即男难。在《法华经》上卷四载，舍利弗不知龙女是大乘根器，宿习圆因而得成佛，以为例同报障女流，故说女有五障。然说此五障者，欲令女人知有此障，即当发菩提心，行大乘行，早求解脱。五障指：（一）不

得做梵天王，梵天于因中修持善戒，得获胜报而为天王。若女人身器欲染，则不得做梵天王。（二）不得做帝释，帝释勇猛少欲，修持善戒，报为天主。若女人杂恶多欲，则不得做帝释。（三）不得做魔王，魔王于“因位”十善具足，尊敬三宝，孝奉二亲，报生欲界他化自在天而做魔王。若女人轻慢嫉妒，不顺正行，则不得做魔王。（四）不得做转轮圣王，转轮圣王于因中行十善道，慈愍众生，报做轮王。若女人无有慈愍净行，则不得做转轮圣王。（五）不得做佛，如来行菩萨道，愍念一切，心无染着，乃得成佛。若女人之身口意业受情欲缠缚，则不得做佛。男女相从究竟来说幻化的，如《维摩诘经》之舍利弗与天女幻变。

③中国：这里指中央之国，与野蛮边地相对。中国表有圣贤教法之国，但不必是世出世间法兼具。

④菩提心：求无上菩提之心。详称“阿耨多罗三藐三菩提心”。又称“无上菩提心”、“无上道心”、“无上道意”，或略称“道心”、“道意”、“觉意”。此菩提心为一切诸佛之种子，是净法长养之良田，若发起此心，勤行精进，则得速成无上菩提。盖此菩提心乃大乘菩萨最初必发起之大心；生起此心称为“发菩提心”，略称“发心”、“发意”；最初之发心，则称“初发心”、“新发意”，为菩提之根本。《大智度论》卷四十一云：“菩萨初发心、缘无上道，我当作佛，是名菩提心。”此菩提心之内容，即“众生无边誓愿度，烦恼无尽誓愿断，法门无量誓愿知，佛道无上誓愿证”之四弘誓愿，前一为利他之愿心，后三为自利之愿心。要言之，此心即是二利之愿心，其体广大，其德无边。故诸经论广叹其德以劝发行者。旧译《华严经》卷五十九云：“菩提心者，则为

一切诸佛种子，能生一切诸佛法故。菩提心者，则为良田，长养众生白净法故。菩提心者，则为大地，能持一切诸世间故。菩提心者，则为净水，洗濯一切烦恼垢故。菩提心者，则为大风，一切世间无障碍故。菩提心者，则为盛火，能烧一切邪见爱故。菩提心者，则为净日，普照一切众生类故。菩提心者，则为明月，诸白净法悉圆满故。”

译文：

佛陀世尊说：“人要离开地狱、饿鬼、畜生诸恶道，得生为人很难；既得为人身，脱去女身而能成为男身很难；既得男身，眼耳鼻舌身意六根完备很难；六根既然完备，出生于具有圣贤教化的中央之国很难；既生于中央之国，遇到佛法住世很难；既遇到佛法住世，但遇通达佛道的善知识很难；既遇通达佛道的善知识，生起信心很难；既生起信心，发起菩提心很难；既发菩提心，获得无修无证的道果很难。”

第三十七章　念戒近道

本章讲持戒，能持戒者自身即是佛身。戒乘以定慧，乘戒齐进，大乘行始能成就。另明心近则近，心远则远，而不以形迹论远近。

佛言："佛子离吾数千里，忆念吾戒[①]，必得道果。在吾左右，虽常见吾，不顺吾戒，终不得道。"

注释：

①戒：音译"尸罗"。意指行为、习惯、性格、道德、虔敬。为"三学"之一，"六波罗蜜"之一，"十波罗蜜"之一。广义而言，凡善恶习惯皆可称之为"戒"，如好习惯称"善戒"（又作"善律仪"），坏习惯称"恶戒"（又作"恶律仪"），然一般限指净戒（具有清净意义之戒）、善戒，特指为出家及在家信徒制定之戒规，有防非止恶之功用。

译文：

佛陀世尊说："佛子虽然离开我数千里，常常忆念我所制定的戒律，必然获得道果。有的人在我左右，虽然常见到我，但不顺从我的戒律，最终不能得道。"

第三十八章　生即有灭

本章讲无常观，说明人命无常，在出息入息之间刹那刹那生灭。此中佛陀三问沙门，三答“无常”。最初答“数日间”虽然已听闻无常法，但是太粗未能明了；次答“饭食间”已观察微细，进了一步；最后答“呼吸间”最切佛意。于此人命无常时时观照可契于道。

佛问沙门：“人命在几间①？”
对曰：“数日间！”
佛言：“子未知道！”复问一沙门：“人命在几间？”
对曰：“饭食间！”
佛言：“子未知道！”复问一沙门：“人命在几间？”
对曰：“呼吸间②！”
佛言：“善哉，子知道矣！”

注释：

①命：命根，即有情之寿命。俱舍宗、唯识宗以之为心不相应行法之一，亦为“俱舍七十五法”之一，“唯识百法”之一。由过去之业所引生，有情之身心在一期（从受生此世以至死亡）相续之间，维持暖（体温）与识者，其体为寿；换言之，依暖与识而维持一期之间者，即称为“命根”。

②呼吸间：一期色心连持不断，称为“命根”，但这是依本识的种子假立而有，非有实法。出息虽存，入息难保，何况刹那刹那的念念生灭，次要沉思谛观而得。

译文：

佛陀世尊问沙门说：“人的生命在多长时间内？”

沙门回答说：“只是数日时间！”

佛陀世尊说：“你还是没有懂得道的奥义！”再问一沙门：“人的生命在多长时间内？”

沙门回答说：“只是一顿饭的时间！”

佛陀世尊说：“你还是没有懂得道的奥义！”再问一沙门：“人的生命在多长时间内？”

沙门回答说：“只是在一呼一吸之间！”

佛陀世尊说：“很好啊！你已经明白道了！”

第三十九章　教诲无差

前面以说三乘共教行果，五乘善恶通义，大乘不共胜行，都是别明其行果，以下三章是总明证果之法。即能信此教，能心解此理，能直心行道，可得阿罗汉果乃至佛果。本章说明对于佛陀所开示的教法都应该信顺，佛所说都是所明的一切法的真实相。不应妄分大小权实顿渐而生轻重之心。佛陀言教，不出权实，为实施权，开权显实。如《法华经》所说，三乘道实是一乘道。

佛言："学佛道者，佛所言说，皆应信顺①。譬如食蜜，中边皆甜，吾经亦尔。"

注释：

①信顺：指信受所闻之法而随顺之。信，音译"舍罗驮"。心所（心之作用）之名。为"七十五法"之一，亦为"百法"之一。为"不信"之对称。即对一对象，能令其心与心之作用产生清净之精神作用，故"唯信能入"为进入佛道之初步。俱舍宗立为"十大善地法"之一，唯识宗则立为善心所之一。反之，则称为"不信"，为俱舍宗"十大烦恼地法"之一、唯识宗则为"八大随烦恼"之一。《成唯识论》卷六："云何为信？于实、德、能，深忍、乐、欲，心净为性，对治不信，乐善为业。"

译文：

佛陀世尊说："修学佛道的行者，对于佛陀所有的言说，都应该信顺。这就像吃一盂中的蜜一样，中间和边上都是甜的，我所说的经典也是如此。"

第四十章　行道在心

本章明行道在心不在行，修行以心道为主。修行次第上应先明理，以正当理解而起之修行始为正行。这样可以避免身行而心不行。

佛言："沙门行道，无如磨牛[①]，身虽行道，心道不行。心道若行，何用行道？"

注释：

①磨牛：古印度用牛磨谷物之类，以布蒙住牛眼，让其拉磨并绕磨走，牛身虽然行道，但茫然不知其所行处。比喻修行虽然身行，但心迷茫不行。

译文：

佛陀世尊说："沙门修行学道不应该像那蒙眼转圈的磨牛一样，身体虽然行道，但心地里没有下功夫行道。心道如果行了，安坐不动已是行道，何必另外再用行道呢？"

第四十一章　直心出欲

本章明修行,此道为出世间道,诫人直心念道,脱离诸苦。

佛言:“夫为道者,如牛负重[①]。行深泥中[②],疲极不敢左右顾视;出离淤泥[③],乃可苏息[④]。沙门当观情欲,甚于淤泥。直心念道,可免苦矣[⑤]!

注释:

①如牛负重:太虚法师认为此喻义有三重:一、为道者未解脱生死烦恼之前,则所负为烦恼;二、已发菩提心而未能普度众生,则所负是众生;三、如未解圣理,未证圣行,则所负是圣教。

②深泥:喻烦恼生死海。

③出离淤泥:喻已得度,以此时自身智力已足退无明烦恼故。

④苏息:喻安乐。言学佛者能信教明理精进修行,则可得大觉悟证大涅槃。

⑤苦:音译“纳佉”、“诺佉”。指身心之苦恼感受。在现实生活中,对苦的感受,是释尊修行的原始动机。在释尊的根本教法中,苦谛也是“四圣谛”之一。此外,将苦灭除,趋向解脱,也是佛法的基本目标。“苦”有二义:一、三界分段生死苦;二、三乘变易生死苦。以此义,还未证得佛果前总须直道而行,圆觉果

位现前始脱离苦。

译文：

佛陀世尊说："修学道的行者，就像牛负重而行。行于深泥之中，为了出离，疲累之极也不敢左右顾视，出离淤泥后，才可以松一口气。沙门应当观情欲比之于淤泥还要危险。直心念道，可以免除痛苦啊！"

第四十二章　达世知幻

本章总结全经，即以佛智观察法界如梦如幻来总结，破众生法执。这里分为二：一是自初到涂足油，明了以佛智观世间法；二是从视方便门到四时木，明了以佛智观出世间法。

佛言："吾视王侯之位，如过隙尘①。视金玉之宝，如瓦砾。视纨素之服，如敝帛。视大千界②，如一诃子③。视阿耨池水④，如涂足油。视方便门，如化宝聚。视无上乘，如梦金帛。视佛道，如眼前华。视禅定，如须弥柱⑤。视涅槃⑥，如昼夕寤。视倒正⑦，如六龙舞⑧。视平等，如一真地⑨。视兴化，如四时木。"

注释：

①过隙尘：光线从门缝窗缝中射过，从中可以看到许多灰尘浮动，此为"过隙尘"。

②大千界：为古代印度人之宇宙观。古代印度人以四大洲及日月诸天为一小世界，合一千小世界为小千世界；合一千小千世界为中千世界；合一千中千世界为大千世界。今之俗语乃袭用佛教"大千世界"一词，转用于形容人间之纷纭诸相。小千、中千、大千并提，则称"三千大千世界"。

③诃子：就是芥子，原系芥菜之种子，颜色有白、黄、赤、青、

黑之分，体积微小，故于经典中屡用以比喻极小之物，如谓“芥子容须弥，毛孔收刹海”即为常见于佛典中之譬喻。又因芥子与针锋均为极微小之物，而以“芥子投针锋”比喻极难得之事，如《北本涅槃经》卷二谓，佛出世之难得犹如芥子投针锋。

④阿耨池：“阿耨达池”的简称，“无热”的意思，相传为阎浮提四大河之发源地。又作“阿耨大泉”、“阿那达池”、“阿那婆答多池”、“阿那婆踏池”。略称“阿耨”。意译“清凉池”、“无热恼池”。据《大毗婆沙论》卷十五与《俱舍论》卷十一所载，此池位于大雪山之北，香醉山以南，称为“无热恼池”，周围凡八百里，以金、银、琉璃、颇梨等四宝装饰岸边，其池金沙弥漫，清波皎镜，有龙王居之，名为阿耨达，池中能出清泠之水。池东为恒河出口，南为信度河，西为缚刍河，北为徙多河。

⑤须弥：即须弥山，意译作“妙高山”、“好光山”、“好高山”、“善高山”、“善积山”、“妙光山”、“安明由山”。原为印度神话中之山名，佛教之宇宙观沿用之，谓其为耸立于一小世界中央之高山。以此山为中心，周围有八山、八海环绕，而形成一世界（须弥世界）。此山为世界中心之山，不易动摇，以此比喻禅定。

⑥涅槃：意译为“灭”、“灭度”、“寂灭”、“安乐”、“无为”、“不生”、“解脱”、“圆寂”。涅槃原意是火的熄灭或风的吹散状态。佛教产生以前就有这个概念；佛教用以作为修习所要达到的最高理想境界。含义多种：息除烦恼业因，灭掉生死苦果，生死因果都灭，而人得度，故称“灭”或“灭度”；众生流转生死，皆由烦恼业因，若息灭了烦恼业因，则生死苦果自息，名为“寂灭”或“解脱”；永不再受三界生死轮回，故名“不生”；惑无不尽，德

无不圆，故又称“圆寂”；达到安乐无为，解脱自在的境界，称为“涅槃”。

⑦倒正：众生以妄心分别计度故有“倒正”。

⑧六龙舞：众生流转生死，是六根，安乐涅槃，也是六根。背觉合尘名为“倒”，而实无减；背尘合觉名为“正”，而实无增。就如六龙舞，不过是首尾相换而已。

⑨一真地：喻真如平等地，依此真如地后有四时兴化。

译文：

佛陀世尊说：“我看王侯的位子，就像通过缝隙的尘土一样。看金玉珍宝，就像瓦砾一样。看用洁白精致细绢所制成的衣服，就像破烂的普通丝织物一样。看大千世界，就像一个微小的芥子一样。看众江河源头的雪山水，就像涂足的油一样。看方便的法门，就像幻化的诸宝汇聚。看无上乘，就如梦中的金帛一样。看佛道，就像眼前的空花一样。看禅定，不过就如四宝四微合成须弥山的柱子一样。看涅槃，就如白天黑夜都醒着一样。看倒正，就如六龙舞动一样。看平等，就像一真实之地一样。看兴法教化，就如树木随着一年四季生长变化一样。”

延伸阅读书目

1.《大正藏》，第十七册，《四十二章经》。

2.《佛遗教经》、《佛说四十二章经》、《佛说八大人觉经》合定本，金陵刻经处。

3. 蕅益大师：《蕅益大师全集·四十二章经解》，台北：东初出版社，1991 年。

4. 太虚大师：《太虚大师全书》精第三册，《四十二章经讲录》，台湾善导寺佛经流通处出版，1980 年。

5. 宣化上人：《佛说四十二章经浅释》，北京：宗教文化出版社，2008 年。

6. 自立法师：《佛说四十二经讲记》，网络版。

7. 中国佛教协会编：《中国佛教·中国佛教经籍》，北京：东方出版社，1996 年。

8. 赖永海：《佛典辑要》，北京：中国人民大学出版社，2007 年。

9.《佛光大辞典》，北京：北京图书馆出版社，2004 年。

10. 丁福保：《佛学大词典》，北京：文物出版社，2002 年。

11.《中国百科全书（佛教篇）》，台南：中华佛教百科文献基金会，1994 年。

佛教十三经

楞伽经

赖永海 主编

赖永海 刘丹 译注

中華書局

总　序

佛教有三藏十二部经、八万四千法门，典籍浩瀚，博大精深，即便是专业研究者，用其一生的精力，恐也难阅尽所有经典。加之，佛典有经律论、大小乘之分，每部佛经又有节译、别译等多种版本，因此，大藏经中所收录的典籍，也不是每一部佛典、每一种译本都非读不可。因此之故，古人有“阅藏知津”一说，意谓阅读佛典，如同过河、走路，要先知道津梁渡口或方向路标，才能顺利抵达彼岸或避免走弯路；否则只好望河兴叹或事倍功半。《佛教十三经》编译的初衷类此。面对浩如烟海的佛教典籍，究竟哪些经典应该先读，哪些论著可后读？哪部佛典是必读，哪种译本可选读？哪些经论最能体现佛教的基本精神，哪些撰述是随机方便说？凡此等等，均不同程度影响着人们读经的效率与效果。为此，我们精心选择了对中国佛教影响最大、最能体现中国佛教基本精神的十三部佛经，认为举凡欲学佛或研究佛教者，均可从“十三经”入手，之后再循序渐进，对整个中国佛教作进一步深入的了解与研究。

“佛教十三经”的说法，由来有自。杨仁山、梅吉庆以及中国佛学院都曾选有“佛教十三经”，所选经典大同小异。上

述三家都选录的经典有:《金刚经》、《维摩诘经》、《法华经》、《楞伽经》、《楞严经》;被两家选录的经典有:《心经》、《胜鬘经》、《观经》、《无量寿经》、《圆觉经》、《金光明经》、《梵网经》、《坛经》。此外,《四十二章经》、《佛遗教经》、《解深密经》、《八大人觉经》、《大乘密严经》、《地藏菩萨本愿经》、《菩萨十住行道品经》、《大毗卢遮那成佛神变加持经》为一家所选录。本着以上所说的“对中国佛教影响最大、最能体现中国佛教基本精神”的原则,这次我们选择了以下十三部经典:《心经》、《金刚经》、《无量寿经》、《圆觉经》、《梵网经》、《坛经》、《楞严经》、《解深密经》、《维摩诘经》、《楞伽经》、《金光明经》、《法华经》、《四十二章经》。

佛教发展至今已有两千多年的历史,就其历史发展、思想内容说,有大乘、小乘之分。《佛教十三经》所收录之经典,除了《四十二章经》外,多为大乘经典。此中之缘由,盖因佛法之东渐,虽是大小二乘兼传,但是,小乘佛教在传入中国之后,始终成不了气候,且自魏晋以降,更是日趋式微;直到十三世纪以后,才有南传上座部佛教在云南一带的流传,且范围十分有限。与此相反,大乘佛教自传入中土后,先依傍魏晋玄学,后融汇儒家的人性、心性学说而蔚为大宗,成为与儒道二教鼎足而三、对中国社会各个方面产生着巨大影响的一股重要的社会思潮。既然中国佛教的主体在大乘,《佛教十三经》所收录的佛经自然以大乘经典为主。

对于大乘佛教,通常人们又因其思想内容的差异把它分为空、有二宗。空宗的代表性经典是“般若经”。中国所见之般若类经典，以玄奘所译之《大般若经》为最，有六百卷之多。此外还有各类小本“般若经”的编译与流传，其中以《金刚经》与《心经》最具代表性与影响力。

“般若经”的核心思想是“空”。但佛教所说的“空”，非一无所有之“空”，而是以“缘起”说“空”，亦即认为，世间的万事万物，都是条件（“缘”即“条件”）的产物，都会随着条件的变化而变化。条件具备了，它就产生了（“缘起”）；条件不复存在了，它就消亡了（“缘灭”）。世间的一切事物，都不是一成不变的，而是一个念念不住的过程，因此都是没有自性的，无自性故“空”。《金刚经》和《心经》作为般若经的浓缩本，“缘起性空”同样是其核心思想，但二者又进一步从“对外扫相”和“对内破执”两个角度去讲“空”。《金刚经》的“对外扫相”思想集中体现在“一切有为法，如梦幻泡影，如露亦如电，应作如是观”这个偈句上，对内破执则有“应无所住而生其心”这一点睛之笔。《心经》则是以“色不异空，空不异色；色即是空，空即是色；受想行识亦复如是”来对外破五蕴身，以“心无罣碍”来破心执。两部经典都从扫外相、破心著的角度去说“空”。

有宗在否定外境外法的客观性方面与空宗没有分歧，差别仅在于，有宗虽然主张“外境非有”，但又认为“内识非无”，倡“三界唯心”、“万法唯识”，认为一切外境、外法都是“内识”的变现。在印度佛教中，有宗一直比较盛行，但在中国佛教史上，唯有玄奘、窥基创立的“法相唯识宗”全力弘扬“有宗”的思想，并把《解深密经》等“六经十一论”作为立宗的根据，《佛教十三经》选录了对“唯识宗”影响较大的《解深密经》进行注译。

《解深密经》的核心思想在论证一切外境外法与识的关系，认为一切诸法乃识之变现，阿赖耶识是生死轮回的主体，是万物生起的种子。经中还提出了著名的“三性”、“三无性”问题，并深入地论述了一切虚妄分别相与真如实性的关系。

与印度佛教不尽相同，中国佛教的主流或主体不在纯粹的“空宗”或“有宗”，而在大乘佛教基本精神与中国传统文化（特别是儒家心性学说）汇集交融而成的“真常唯心”思想，这种“真常唯心”思想也可称之为“妙有”的思想。首先创立并弘扬这种“妙有”思想的是智者大师创建的天台宗。

天台宗把《法华经》作为立宗的经典依据，故又称“法华宗”。《法华经》的核心思想，是“开权显实，会三归一”，倡声闻乘、缘觉乘、菩萨乘同归一佛乘，主张一切众生悉有佛性。《法华经》是南北朝之后，中国佛教走向以大乘佛教为主流的重要经典依据，也是中国佛教佛性理论确立以一切众生悉有佛性、都能成佛为主流的重要经典依据。而《法华经》的“诸法实相”也成为中国佛教“妙有”思想的重要思想资源和理论依据。

中国佛教注重“妙有”之思想特色的真正确立，当在禅宗。慧能南宗把天台宗肇端的“唯心”倾向推到极致，作为标志，则是《坛经》的问世。《坛经》是中国僧人撰写的著述中唯一被冠以“经”的一部佛教典籍，其核心思想是“即心即佛”、“顿悟成佛”。《坛经》在把佛性归诸心性、把人变成佛的同时，倡导“即世间求解脱”，主张把入世与出世统一起来，而这种思想的经典根据，则是《维摩诘经》。

《维摩诘经》可以说是对中国佛教影响最大的一部佛经，

不论是作为中国佛教代表的禅宗，还是成为现、当代佛教主流的人间佛教，《维摩诘经》中的“心净则佛土净”及“亦入世亦出世”、“在入世中出世”的思想，都是其最为重要的思想资源和经典依据。尤其值得一提的是，贯穿于整部《维摩诘经》的一根主线——“不二法门”，更是整个中国佛教的方法论依据。

《楞伽经》也是一部对禅宗、唯识乃至整个中国佛教有着重大影响的佛经。《楞伽经》思想有两个重要特点，一是融汇了空、有二宗，既注重“二无我”，又讲“八识”、“三自性”；二是把“如来藏”和“阿赖耶识”巧妙地统合起来。因此之故，《楞伽经》既是“法相唯识宗”借以立宗的“六经”之一，又被菩提达摩作为“印心”的依据，并形成一代楞伽师和在禅宗发展史颇具影响的“楞伽禅”。

《楞严经》则是一部对中国佛教之禅、净、律、密、教都有着广泛而深刻影响的大乘经典。该经虽有真、伪之争，但内容十分宏富，思想体系严密，几乎把大乘佛教所有重要理论都囊括其中，故自问世后，就广泛流行。该经以理、行、果为框架，谓一切众生都有“菩提妙明元心”，但因不明自心清净，故流转生死，如能修禅证道，即可成就无上正等正觉。这一思想对中国佛教的各宗各派都产生了极其深刻的影响。

《圆觉经》是一部非常能够体现中国佛教注重“妙有”思想特色的佛经。该经主张一切众生都具足圆觉妙心，本当成佛，无奈为妄念、情欲等所覆盖，才于六道中生死轮回；如能顿悟自心本来清净，此心即佛，无须向外四处寻求。该经所明为大乘圆顿之理，故对华严宗、天台宗、禅宗都有十分重要的影响。

《金光明经》对中国佛教的影响，主要体现在其“三身”、“十地”思想、大乘菩萨行之舍己利他、慈悲济世思想、金光明忏法及忏悔思想以及天王护国思想。由于经中所说的诵持本经能够带来不可思议的护国利民功德，故长期以来被视为护国之经，在所有大乘佛教流行的地区都受到了广泛重视。

《无量寿经》是根据“十方净土”的思想建立起来的净土类经典，也是净土宗所依据的“三经”之一。经中主要叙述过去世法藏菩萨历劫修行成无量寿佛的经过，及西方极乐世界的种种殊胜。净土信仰自宋之后就成为与禅并驾齐驱的两大佛教思潮之一，到近现代更出现“家家阿弥陀，户户观世音”景象，故《无量寿经》在中国佛教史上的影响至为广泛和深远。

《梵网经》在佛教“三藏”中属“律藏”，是大乘戒律之一，在中国佛教大乘戒律中，《梵网经》的影响最大。经中主要讲述修菩萨的阶位（发趣十心、长养十心、金刚十心和体性十地）和菩萨戒律（十重戒和四十八轻戒），是修习大乘菩萨行所依持的主要戒律。另外，经中把“孝”与“戒”相融通、“孝名为戒”的思想颇富中国特色。

所以把《四十二章经》也收入《佛教十三经》，主要因为该经是我国最早译出的佛教经典，而且是一部含有较多早期佛教思想的佛经。经中主要阐明人生无常等佛教基本教义和讲述修习佛道应远离诸欲、弃恶修善及注重心证等重要义理，且文字平易简明，可视为修习佛教之入门书。

近几十年来，中国佛教作为中国传统文化的重要组成部分，以其特殊的文化、社会价值逐渐为人们所认识，研究佛教

者也日渐增多。而要了解和研究佛教，首先得研读佛典。然而，佛教名相繁复，义理艰深，文字又晦涩难懂，即便有相当文史基础和哲学素养者，读来也颇感费力。为了便于佛学爱好者、研究者的阅读和把握经中之思想义理，我们对所选录的十三部佛典进行了如下的诠释、注译工作：一是在每部佛经之首均置一"前言"，简要介绍该经之版本源流、内容结构、核心思想及其历史价值；二是在每一品目之前，都撰写了一个"题解"，对该品目之内容大要和主题思想进行简明扼要的提炼和揭示；三是采取义译与意译相结合的原则，对所选译的经文进行现代汉语的译述。这样做的目的，是希望它对原典的阅读和义理的把握能有所助益。当然，这种做法按佛门的说法，多少带有"方便设施"的性质，但愿它能成为"渡海之舟筏"，而不至于沦为"忘月之手指"。

赖永海

庚寅年春于南京大学

前　言

《楞伽经》，又称《大乘入楞伽经》，是一部大乘经典。“楞伽”二字，系梵音，意译为“难入”。所谓“难入”者，原指摩罗耶山陡峭险绝，为常人所难到；楞伽城本无门户，非神通者不可入。今以处表法，譬喻此经乃是微妙第一了义之教，非大乘利根之人，不可得入。

一 《楞伽经》的版本与译者

据有关史料记载，此《楞伽经》原有大、中、小三部。大部者有十万颂之多，如《天皇三宝录》称：在于阗南遮俱槃国中，具有《楞伽》等十本大经，各十万颂；中部者，有三万六千颂，如中土之诸梵本皆称有三万六千偈；小部者，有二说：唐法藏之《入楞伽心玄义》说“小本千颂有余”（详见《大正藏》第三十九册）；宋宝臣之《注大乘入楞伽经》称“略本四千颂”（详见《注大乘入楞伽经》卷一，《大正藏》第三十册）。本经在中土之译本，均取自小部。

此《楞伽经》在中土凡四译，现存三本，均收入《大正藏》

第十六卷中。其一是刘宋元嘉二十年（443）由印度僧人求那跋陀罗译出，全称《楞伽阿跋多罗宝经》，四卷，四品，但品名均为《一切佛语心品》，分之一、之二、之三、之四。此译之特点是比较质直，“语顺西音”、“文辞简古”，以至于“句读有不可读”，遂使“髦彦英哲，措解无由，愚类庸夫，强推邪解”（详见西门寺法藏撰《入楞伽心玄义》，《大正藏》第三十九册），故未能得到弘传。

其二是北魏宣武帝延昌年间由印度僧人菩提流支译出，全称《入楞伽经》，十卷，共十八品。鉴于求那译本之简古晦涩，菩提流支在翻译此本时力求畅达，故“加字混文”，“或致有错”，“遂使明明正理滞以方言”（同上），如把“阿赖耶识”与“如来藏”截然分开，称“如来藏识不在阿赖耶识中”等，就与原意多相背离。

现奉献给读者的这部《楞伽经》，是唐译本，译者署名是实叉难陀。实际上，西域僧人弥陀山、大福先寺僧人复礼等对此经之翻译用力颇勤，据有关资料记载，实叉难陀刚译出此经之初稿后，未来得及再作审校对勘，就奉敕回西域了，后由“尤善《楞伽》”之西域僧人弥陀山“奉敕共翻经沙门复礼、法藏等，再更勘译”（同上）。由于此译本几经校勘，加之采用以梵本对照前两个译本的方法，因此，义理方面较前二本更准确、完备，文字之表述也更加通畅、流利，受到佛教界的一致肯定和推崇，或曰此译本“文敷畅而义昭然，直使后来，力不劳而功必倍，当时称为大备”（宝臣撰《注大乘入楞伽经》卷一，《大正藏》第三十九册）。或曰“若论所译文之难易，则唐之七卷，文易义显，始末具备”（宗泐、如玘注《楞伽阿跋多罗宝经注解》卷一,《大正藏》第三十九册)。正因为这样,本书选择唐译七卷之《大乘入楞伽经》为底本。

本经唐译本的译者实叉难陀,又称"施乞叉难陀",华言"学喜",于阗人,生于公元652年,卒于公元710年。据史传记载,难陀精通大小乘,且旁通异学,于武周时,因武则天欲重译《华严经》,听说于阗有较完备之梵本,即遣使访求译经者,以此因缘,实叉难陀从于阗来到汉地。公元695年抵洛阳,先后在内廷大遍空寺、洛阳三阳宫佛授记寺、长安清禅寺等处翻译佛经。所译佛典有:《大方广佛华严经》(八十卷)、《大方广普贤所说经》(一卷)、《大方广如来不思议境界经》(一卷)、《大方广人如来智德不思议经》(一卷)、《文殊师利授记会》(《文殊师利授记经》三卷)、《地藏菩萨本愿经》(二卷)、《十善业道经》(一卷)、《大乘入楞伽经》(七卷)、《右绕佛塔功德经》(一卷)、《大乘四法经》(一卷)等。

据《开元释教录》说,他总译佛经十九部,一百零七卷,其中,以八十卷《华严经》和七卷《楞伽经》影响最大。就译述之风格说,难陀之译作与玄奘之"新译"迥然异趣。他重意译,强调简约顺畅,因此,其译作较流畅易读;加上他精通佛教义理,因此,其译本颇受佛教界推崇,如此七卷《楞伽经》,后来被佛教界公认为是内容最完备、义理最准确、行文最流畅之译本。

在具体版本上,本书采用金陵刻经处本。

二 《楞伽经》注疏

此经在唐代之前,似尚未引起特别注意,因此对它之注疏、

诠释和研究不多见。但自唐之后,研究者日多,注疏、诠释此经的著述有十几部,现先把对此经之注疏及与此经有关的著述罗列于下:

(一)《入楞伽心玄义》(一卷),唐·法藏撰,《大正藏》第三十九册。

(二)《注大乘入楞伽经》(十卷),宋·宝臣注,《大正藏》第三十九册。

(三)《楞伽阿跋多罗宝经注解》(八卷),明·宗泐、如玘同注,《大正藏》第三十九册。

(四)《楞伽经注》(卷二及卷五,残缺),唐·智俨注,《续藏经》第一编,第九十一套,第二册。

(五)《楞伽师资记》(一卷),唐·净觉集,《大正藏》第八十五册。

(六)《楞伽经集注》(四卷),宋·正受集记,《续藏经》第一编,第二十六套,第四册。

(七)《楞伽经纂》(四卷),宋·杨彦国纂,《续藏经》第一编,第九十一套,第二册。

(八)《楞伽经通义》(六卷),宋·善月述,《续藏经》第一编,第二十五套,第三册。

(九)《楞伽经玄义》(一卷),明·智旭撰述,《续藏经》第一编,第二十套,第一册。

(十)《楞伽经义疏》(九卷),明·智旭疏义,《续藏经》第一编,第二十六套,第一册、第二册。

(十一)《楞伽经合辙》(八卷),明·通润述,《续藏经》第一编，第二十六套，第五册。

（十二）《观楞伽经记》（八卷），明·德清笔记，《憨山老人梦游集》。

（十三）《楞伽补遗》（一卷），明·德清撰，《憨山老人梦游集》。

（十四）《楞伽经宗通》（八卷），明·曾凤仪，《续藏经》第一编，第二十六套，第三册、第四册。

（十五）《楞伽经参订疏》（八卷），明·广莫参订，《续藏经》第一编，第二十七套，第一册。

（十六）《楞伽经精解评林》（一卷），明·焦竑纂，《续藏经》第一编，第九十一套，第二册。

（十七）《楞伽经心印》（一卷），清·净挺著，《续藏经》第一编，第五十九套，第二册。

（十八）《楞伽经心印》（八卷），清·函昰疏，《续藏经》第一编，第二十七套，第一册、第二册。

此外，还有一些散见于各种论著中对《楞伽经》某一思想的论述和阐释，如有关法相唯识的理论，散见于《唯识论》之中，这些在此不一一列举。

在笔者所读过的《楞伽经》诸注疏、论著中，就义理而言，阐释较深入、透彻的，当推唐法藏所撰之《入楞伽心玄义》。此《玄义》通过"教起所因"、"藏部所摄"、"显教差别"、"教所被机"、"能诠教体"、"所诠宗趣"、"释经题目"、"部类传译"、"义理分齐"、"随文解释"等"十门"，对《楞伽经》之思想旨趣、教义特色等进行了分门别类的剖析和较为深刻、准确的概括和归纳，对于人们理解《楞伽经》颇有助益；另外，明宗泐、如玘同注之《楞伽阿跋多罗宝经注解》及宋宝臣的《注大乘入楞伽经》，虽然有些解释与经文原意不尽相符，但援据该博，诠释细密，对于阅读此经也多有帮助。

三 《楞伽经》的思想内容与特色

此经以楞伽城城主罗婆那王请佛往楞伽城说法为引子，以大慧菩萨问法为契机，引出如来之宣讲佛法。所讲佛法之大要者，无出“五法”、“三自性”、“八识”、“二无我”，而所有这些，又不外乎一心，能究此心，即能到达自证圣智所行境界，故宋译之各品皆冠之以“一切佛语心”。

就思想内容说，《楞伽经》具有一个明显的特点，即统合大乘佛教的空、有二宗。如果说，作为《楞伽经》“大要”之一的“二无我”显然属于大乘空宗的基本思想，那么，构成此经“大要”的另两个重要方面——“八识”、“三自性”，则无疑是传统佛教瑜伽行派的基本教义。在阅读《楞伽经》的时候，人们可以看到这样一种情形：此经一方面反复论述世间万有、一切诸法、种种名相，都是假名安立，如梦、如幻、如乾闼婆城，是人们妄想分别的结果，教导人们要远离有无、断常等虚妄分别见。

另一方面，此经又一再指出，所谓如梦、如幻，绝非一无所有，认为如果视诸法如梦、如幻为一无所有，那就会陷入外道的断灭之见，明确指出：“诸法无我，非如来藏法身常住之性。”（卷五。以下引文凡出自《楞伽经》者，不再注经名，只注明第几卷）要求人们在断除对一切外境外法的虚妄分别见的同时，必须以

“正智”去观察、思维、认识、体证此各种现象背后的真常实性，即“如来藏法身常住之性”，甚至于说“宁起我见，如须弥山，不起空见，怀增上慢”（卷四），当大慧菩萨问及为何不说“寂静空无之法，而说圣智自性事故”，佛说“我非不说寂静空法，堕于有见”，而是“于寂静法以圣事说”。所谓“于寂静法以圣事说”，亦即把诸法之无常与如来之常统一起来，把“空如来藏”与“不空如来藏”统一起来。为什么要这么做呢？《楞伽经》认为：由于众生无始时来，计著于有，为了使众生听了之后“不生恐怖，能如实证寂静空法，离惑乱相，入于唯识理，知其所见无有外法，悟三脱门，获如实印”（卷四）。所以如来随机说法，于空寂法以圣智自性说。在这里，人们可以看到，此经把“空”与“有”、“寂静法”与“唯识理”统一起来了。

《楞伽经》的另一个重要特点，是把“如来藏”与“阿赖耶识”也巧妙地统一起来。在传统佛教中，“真如”、“如来藏”、“阿赖耶识”三个概念之义蕴、内涵是不尽相同的。所谓“真如”乃指诸法之本体；而“如来藏”则是指众生本来藏有自性清净之如来法身；至于“阿赖耶识”，则是法相唯识学中一个核心概念，它作为产生一切诸法之种子，与作为不生不灭之“无为法”的“真如”是有着严格区别的，因此在唯识学中，“阿赖耶识”与“真如”没有也不能有直接的联系。

但是，在《楞伽经》中，不论“真如”、“如来藏”还是“阿赖耶识”都被糅合在一起了，经中屡屡言及“如来藏名藏识”（“藏识”即“阿赖耶识”），并且认为：“此如来藏藏识本性清净，客尘所染而为不净”，如来藏“为无始虚伪恶习所熏，名为藏识”（均见卷五)。《楞伽经》此一糅合"如来藏"与"阿赖耶识"的思想,以及认为"如来藏藏识"具有染净二重性的看法,对后来的中国佛教产生了极其深远的影响。

《楞伽经》还有一个重要特点,就是融会性相。佛教界(包括印度佛教与中国佛教)于性相上派别繁多,说法纷纭,大而言之,有"有相宗"、"无相宗"、"法相宗"、"实相宗"等等。"有相宗"如小乘,"无相宗"如"中观学派"、《般若经》,"法相宗"即法相唯识学及《解深密经》、《瑜伽师地论》等,"实相宗"如天台、华严及《密严》诸经、《宝性》诸论等等。《楞伽经》在这方面则是一部具有融摄汇通作用之经典。例如,小乘说七十五法,倡"人无我",不见"法无我";"无相宗"之般若学则扫一切相,破一切执,主诸法无自性,倡一切皆是空;"法相宗"之法相唯识学则建立"八识"、"三自性",倡外境非有,内识非无,主张"万法唯识";"实相宗"之《密严经》、《宝性论》等则倡一切诸法皆是如来藏之随缘显现,以"如来藏缘起"为一宗思想之纲骨。

再者,就"有"、"无"立论,小乘说"人无法有",般若学讲"人法二空",法相唯识学主"境无识有","实相宗"则认为相不尽故非有,性无碍故非无,故"非有非无"。《楞伽经》在这个问题上充当了一个"调和者"的角色,由于它既讲空又讲不空,统合了"空"与"有",既讲"如来藏",又谈"阿赖耶识",把"如来藏"与"阿赖耶识"统一起来,这样,性之与相在《楞伽经》中被融汇贯通起来了。

在佛性论方面,《楞伽经》也同样具有融摄、调和之特点。此特点之主要表现有二:一是融汇各宗、各种经典关于一阐提有无佛性的说法。在这个问题上，各个佛教宗派、各种佛教经典说法不一，因之导致佛教界在这个问题上长期争论不休。

大而言之，相宗及其所依据的佛教经典，如《瑜伽师地论》、《佛地经论》、《显扬圣教论》、《大乘庄严经论》等，把众生种性分为五类，即声闻乘种性、缘觉种性、如来乘种性、不定、无出世功德种性，认为有一类众生不具佛性，永远不能成佛，如断尽善根之一阐提；反之，另一类大乘经典，如《华严经》、《法华经》、《大般涅槃经》等，则主张一切众生包括断尽善根之一阐提，悉有佛性，都能成佛。

《楞伽经》在佛性问题上的说法十分圆通，它不但语及“五种种性说”，而且直接谈到一阐提能否成佛问题，但是其观点与相宗却迥然异趣：《楞伽经》首先分一阐提为二，指出一阐提有两种，即“菩萨一阐提”（亦即平常所说的“大悲一阐提”）和“舍善根一阐提”，当大慧菩萨问及“此中何者毕竟不入涅槃”时，佛说：是菩萨一阐提毕竟不入涅槃，非舍善根一阐提。为什么这么说呢？经中解释说：“舍善根一阐提，以佛威力故，或时善根生，所以者何？佛于一切众生无舍时故。”（卷二）明确地主张一阐提也具有佛性，也能成佛。

《楞伽经》对于一阐提的这一说法，对于中国佛教的佛性理论影响至深至广，以致可以这么说，“一切众生悉有佛性”的佛性理论之所以会成为中国佛教佛性理论的主流，与《楞伽经》的这一思想有着密切的关系。就连盛倡“一分无性”说的法相唯识宗创始人玄奘，也差点因为《楞伽经》的这一说法而放弃其“一分无性”说，只是因为其师戒贤的坚决反对而未果。

《楞伽经》在佛性问题上的融通性，还表现在对于声闻、缘觉二乘能否成佛问题的看法上。对于二乘能否成佛，佛教史上诸宗派、诸经典说法不一，或二乘不能成佛，如小乘；或曰“定性二乘”不能成佛，如无相宗、法相宗；或曰“定性二乘”也能回心入大，成菩萨作佛，如实相宗。《楞伽经》既语及佛为声闻授菩提记，但又说此是方便秘密说；既分阿罗汉为三种，即“趣寂”、“退菩提愿”、“佛所变化”，又说：声闻、缘觉“若彼能除一切过习，觉法无我，是时乃离三昧所醉，于无漏界而得觉悟。既觉悟已，于出世上上无漏界中，修诸功德，普使满足，获不思议自在法身”（卷三）。《楞伽经》中这种佛为声闻授记、二乘也能最终获如来法身的思想，后来也成为“一切众生悉有佛性”、都能成佛思想的重要经典根据之一。

另外，《楞伽经》关于“语”、“义”关系的论述，也颇具特色，并且对于禅宗产生了深刻的影响。《楞伽经》分佛法为二种，所谓“言说法及如实法”。“言说法”者，一谓随众生心为说种种诸方便教”；“如实法”者，“谓修行者于心所现，离诸分别，不堕一异、俱不俱”（卷四）。对于这两种法的相互关系，《楞伽经》首先指出：二者“不一不异”。说其“不一”，是因为“言说是生是灭，义不生灭”（卷五），言说非即是义；说其“不异”，是因为“言说”能显“义”，可以因“语”而入于“自证境界”。基于这种思想，《楞伽经》认为，一方面须有言说，因为“若不说者，教法则断。教法若断，则无声闻、缘觉、菩萨、诸佛。若总无者，谁说？为谁”（卷五）？所以，菩萨应该随宜说法；另一方面，由于言说非即是义，“诸法自性离于文字”，因此，菩萨不应执著语言文字，不应随言取义。若执著语言文字，则“如蚕作茧”，“自缚缚他”；若“随言取义”，则“死堕地狱之中”。其次，《楞伽经》进一步指出，“语”、“义”比较而言，“义”比“语”更为重要。例如，当大慧菩萨问何者是第一义时，佛说：非言语是第一义，亦非所说法是第一义，第一义者，唯是自心，因言而入，非即是言；第一义者，是圣智内自证境，非语言分别所能显示（详见卷三）。因此，“菩萨摩诃萨随于义，莫依文字。依文字者，堕于恶见”（卷五）。中国佛教史有许多高僧都主张“依义不依语”，至达磨东来，更倡“以心传心”、“不立文字”，此中受《楞伽经》的影响应该说是显而易见的。

最后，值得一提的是，虽然禅宗自称“教外别传”，但是，即使在后期禅宗中，其“扬眉瞬目”、“棒喝”、“机锋”等教学方法，在《楞伽经》中也可以找到它的雏形或根据。卷三有这样一段话：“大慧，非一切佛土皆有言说，言说者假安立耳。大慧，或有佛土瞪视显法，或现异相，或复扬眉，或动目睛，或示微笑、嚬呻、謦欬、忆念、动摇，以如是等显于法。如不瞬世界……但瞪视不瞬，令诸菩萨获无生法忍及诸胜三昧。”（《大正藏》第十六册）后期禅宗的许多教学方法，与《楞伽经》中所说的扬眉瞬目而显法，不唯表现方法相近，而且其理论依据也相通，即都以“以心传心”、“依义不依语”为根据。

总之，在众多大乘经典中，《楞伽经》最突出的特点在其融会贯通，它不仅融会了大小二乘，而且贯通了空有二宗；不仅糅合了如来藏系和唯识系的思想，而且融摄了性相二宗。在中国佛教中，它既是“法相唯识宗”依据的经典之一，同时也是禅宗初祖达磨传付慧可的重要经典，其对中国佛教的影响可见一斑。

鉴于此经在佛教史特别是中国佛教史上的重要作用，又由于此七卷本之篇幅适中，因此，在编纂此书时，除了删去那些重宣义理的“重颂”外，几乎保留了该经所有重要内容，以使读者对这部经典能有一个较完整的了解。

目　录

罗婆那王劝请品第一

本品为全经之序言，分为四节叙述楞伽经之缘起。此经开宗明义，指出“如来藏”境界乃是如来自心内证圣境，其本来具足、自然清净、法尔如是。

第一节显示楞伽城中大众具足菩萨十地之德，了知世间与出世间一切诸法皆涵摄于“五法三自性八识二空”这四妙门中。罗婆那王劝请佛陀入楞伽城中说自证清净之法；复请大慧菩萨而为启问之首。

第二节记述罗婆那王被如来神通点化，趋入“如来藏”证境，称为“楞伽王”。如来摧破外道和二乘异见，指出四妙门莫不皆于如来藏自性清净心所建立，强调楞伽经之教法即是远离虚妄分别而生智慧的法门，契此方能成就自证圣智。

第三节阐明如来既为顺古佛宣说“甚深观行现法乐”之深意，又为满楞伽王之所愿，更以慧眼观见城中众生根器成熟，欣然应机说法。

第四节佛陀阐释“内外三法”，明了“法”与“非法”都为虚妄，而佛心“皆离分别，已出一切分别戏论”，断除烦恼障与所知障，离能、所分别，得入涅槃；涅槃即是“一缘”，“一缘”即是“最胜三昧”，即是“自证圣智”、如来藏清净境界。

如是我闻，一时佛住大海滨摩罗耶山顶楞伽城中，与大比丘众及大菩萨众俱。其诸菩萨摩诃萨悉已通达五法三性[①]，诸识无我，善知境界自心现义，游戏无量自在三昧神通诸力[②]，随众生心现种种形，方便调伏，一切诸佛手灌其顶，皆从种种诸佛国土而来此会。大慧菩萨摩诃萨为其上首。

尔时，世尊于海龙王宫说法[③]，过七日已，从大海出，有无量亿梵释护世诸天龙等[④]，奉迎于佛。尔时如来，举目观见摩罗耶山楞伽大城，即便微笑而作是言："昔诸如来应正等觉，皆于此城说自所得圣智证法，非诸外道臆度邪见及以二乘修行境界，我今亦当为罗婆那王开示此法。"

尔时，罗婆那夜叉王，以佛神力，闻佛言音，遥知如来从龙宫出，梵释护世天龙围绕，见海波浪，观其众会，藏识大海境界风动，转识浪起，发欢喜心，于其城中高声唱言："我当诣佛请入此城，令我及与诸天世人，于长夜中，得大饶益。"作是语已，即与眷属乘花宫殿，往世尊所。到已，下殿右绕三匝，作众伎乐，供养如来，所持乐器，皆是大青因陀罗宝、琉璃等宝，以为间错，无价上衣，而用缠裹，其声美妙，音节相和，于中说偈而赞佛曰：

心自性法藏，无我离见垢；
证智之所知，愿佛为宣说。
善法集为身，证智常安乐；

变化自在者，愿入楞伽城。
过去佛菩萨，皆曾住此城；
此诸夜叉众，一心愿听法。

尔时，罗婆那楞伽王以都咤迦音歌赞佛已，复以歌声而说颂言：

世尊于七日，住摩竭海中；
然后出龙宫，安详升此岸。
我与诸采女，及夜叉眷属[⑤]，
输迦娑剌那，众中聪慧者。
悉以其神力，往诣如来所。
各下花宫殿，礼敬世所尊；
复以佛威神，对佛称己名；
我是罗刹王[⑥]，十首罗婆那。
今来诣佛所，愿佛摄受我；
及楞伽城中，所有诸众生。
过去无量佛，咸升宝山顶；
住楞伽城中，说自所证法。
世尊亦应尔，住彼宝严山；
菩萨众围绕，演说清净法。
我等于今日，及住楞伽众；
一心共欲闻，离言自证法。
我念去来世，所有无量佛；
菩萨共围绕，演说《楞伽经》。

此入楞伽典，昔佛所称赞；
愿佛同往尊，亦为众开演。
请佛为哀愍，无量夜叉众；
入彼宝严城，说此妙法门。
……

尔时，世尊闻是语已，即告之言："夜叉王，过去世中诸大导师，咸哀愍汝受汝劝请，诣宝山中，说自证法，未来诸佛，亦复如是。此是修行甚深观行现法乐者之所住处，我及诸菩萨哀愍汝，故受汝所请。"作是语已，默然而住。

时罗婆那王即以所乘妙花宫殿奉施于佛，佛坐其上。王及诸菩萨前后导从，无量采女歌咏赞叹，供养于佛，往诣彼城。到彼城已，罗婆那王及诸眷属，复作种种上妙供养；夜叉众中童男童女，以宝罗网，供养于佛；罗婆那王施宝璎珞，奉佛菩萨，以挂其颈。尔时，世尊及诸菩萨受供养已，各为略说自证境界甚深之法。时罗婆那王并其眷属，复更供养大慧菩萨，而劝请言：

我今诸大士⑦，奉问于世尊；
一切诸如来，自证智境界。
我与夜叉众，及此诸菩萨；
一心愿欲闻，是故咸劝请。
汝是修行者，言论中最胜；
是故生尊敬，劝汝请问法。

自证清净法，究竟入佛地；
离外道二乘，一切诸过失。

注释：

①五法：五法有多种，如“相名五法”、“理事五法”、“提婆五法”、“理智五法”等，此经所说之五法系“相名五法”。“相名五法”者，一“相”，二“名”，三“分别”，四“正智”，五“如如”。“相”者，世间森罗之万象；“名”者，诠释、称呼各种现象之名号；“分别”者，思量识别事理之谓，亦称“妄想”，指分别所变境像之能变心；“正智”者，亦即“圣智”，指能如实了知事物相状之智慧。以上四法均属有为法。“如如”者，由“正智”而证得之真如，此属无为法。此五法包摄有为、无为一切诸法。三性：三性有二种：一善、恶、无记之三性，二遍、依、圆之三性。此经所说之三性，指遍、依、圆三性。“遍”者，“遍计所执性”，指虚妄执著外境外法为实有；“依”者，即“依他起性”，指借助于各种因缘所生诸法；“圆”者，即“圆成实性”，指一切有为法之真如实性。

②三昧：亦称“三摩地”、“三摩提”、“三摩帝”等，意译为“定”或“正定”，亦即使心专注一处而不散乱。

③世尊：佛之名号之一。佛有十大名号：如来、应供、正遍知、明行足、善逝、世间解、无上士、调御丈夫、天人师、佛世尊（“世尊”即佛，合称“佛世尊”）。

④天龙：“诸天”与“龙神”之简称，天，即“梵天帝释”，龙，即“诸龙神”，“天龙八部”中之二众。

⑤夜叉：又译作“药叉”、“阅叉”或“夜乞叉”，印度神话中

一种小神灵，佛教中被列“天龙八部众”之一。

⑥罗刹：又称“罗刹娑”、“罗叉娑”，“恶鬼”之总名，译为“暴恶可畏”等。

⑦大士：“菩萨”之通称，有时又指“佛”或“声闻”等，意为有别于凡夫之道行高深之修行者。

译文：

我亲自听到佛是这样说的，在某一个时候，释迦牟尼佛住在大海边的摩罗耶山顶的楞伽城中，同众多大比丘、大菩萨在一起。这些大菩萨都已通达世间、出世间，有为、无为的一切诸法，明了诸识亦无常一之体性，善知一切外境外物都是自心之所变现，精于禅定，富有神通，能随众生之心变现各种形象，方便说教，随机摄化，一切诸佛为其灌顶授记。这些大菩萨从各个佛国而来，以大慧菩萨为上首。

其时，佛在海龙王宫说法，七日之后，从海中出来，有无数梵天、帝释、诸大护法天龙等，来奉迎佛。其时，佛举目看见了摩罗耶山顶的楞伽大城，便面带微笑地说：“过去诸佛都在此地演说自己以正智证涅槃之法。此法既非外道之所猜测臆度之邪见，亦非二乘所修行之境界，我现在也为罗婆那王开示此法。”

其时，罗婆那王借助于佛之神力，听到了佛所说的话，从很远的地方知道佛已从海龙王宫出来，现正为诸梵天、帝释及诸护法所簇拥围绕。时罗婆那王见海波浪起伏现象，观其会中大众的如来藏识真如性海也是这样，因于无明境界风动，转识浪起，不能发现无边德用，即起欢喜心，高声说道："我应当到佛那里去，请佛到此城来开示说法，使我及诸天、世人于长夜中，得大光明，得大利益。"说罢，即与诸眷属乘坐花宫殿前往佛之处所。到达之后，罗婆那王从宫殿上下来，并从右边环绕三周，以众伎乐供养于佛，所持乐器都是大青因陀罗宝（按，即帝释的青珠），其间杂以琉璃等宝，这些乐器都用上等的布料缠裹，其声美妙，音节和谐。罗婆那王于阵阵音乐声中唱说偈句赞颂佛，说：

诸佛所证真心自性，是诸法眼藏。
无人我、法我之执，远离一切妄见执著；
此种智慧唯佛世尊乃能证知，
愿世尊垂愍，为我等开示、宣说。
佛身集万善，于自证智境界恒常安乐；
变化自在，愿入楞伽城为我等说法。
过去世诸佛，也曾于此城中说法；
此间之夜叉诸部众，一心想听佛之演说。

其时，罗婆那楞伽王以都咤迦音歌颂佛后，又以歌声而说颂：

世尊于过去七日中，于龙宫宣说佛法；
后从龙宫出来，安详登上此岸。
我与众采女，以及诸多夜叉眷属等等，
还有归依的婆罗门童子输迦，是超拔于众的聪慧者。
都以其神力，来到如来佛处所。
大家从花宫殿下来后，各各礼拜于佛；

又借助佛之神力，称说自己名号；
我是十头罗刹王，今日来佛所，
愿佛为我及楞伽城中诸众生开示、说法；
过去无数佛，都曾在此楞伽城中说自己所证之法门。
希请世尊也能这样，在众多菩萨的簇拥下，
到摩罗耶山顶之楞伽城去演说最上清净法门。
我及住于楞伽城的广大信众，
今日一心想听闻佛讲说自证之清净法门。
想念过去世无数佛，曾在诸大菩萨的簇拥下，
于此地演说《楞伽经》。
这部入楞伽经典，被往昔诸佛所称赞。
愿佛同往尊，也为大众开示。
敬请佛慈悲哀怜无量夜叉众，
入楞伽城为我等说此妙法门。
……

世尊听到这些话后，即告诉罗婆那王："夜叉王，过去世诸佛，都哀怜于你，答应你的请求，来此楞伽城说自证法，未来诸佛，也会这样。这是个喜闻佛法、勤于修行之信众们的住所，我及诸菩萨哀怜于你，所以愿意接受你的请求。"说完此话，佛及诸菩萨等即默然而住。

当时罗婆那王即以所乘之妙花宫殿奉献于佛，佛坐于花宫殿上。罗婆那王及诸菩萨前呼后拥，众多采女歌咏赞叹，供养于佛，一起前往摩罗耶山顶的楞伽城中。抵达该城后，罗婆那王及诸眷属，又作种种上妙供养；夜叉众中童男童女，以宝罗网

供养于佛；罗婆那王又把宝瓔珞奉献于佛及诸菩萨，把宝瓔珞挂于佛及诸菩萨的项颈之上。其时，佛及诸菩萨受供养后，便简略讲说了各自所证境界之甚深法门。当时罗婆那王及其眷属，又特别地供养了大慧菩萨，并对他说：

我今众修行者，想请佛开示一切诸佛的自证智境界；
我及诸夜叉众，以及在座的众菩萨，
一心想听闻佛法，因此都请佛给予开示。
你是诸修行者中最善于谈论的，
因此大家都很敬佩你，希望你能向佛问法。
究竟什么是自证清净之法门？如何是入于佛的境界？
如何才算远离外道二乘？以及如何才能远离一切过失？

尔时，世尊以神通力，于彼山中复更化作无量宝山，悉以诸天百千万亿妙宝严饰。一一山上，皆现佛身，一一佛前，皆有罗婆那王及其众会十方所有一切国土，皆于中现；一一国中，悉有如来，一一佛前，咸有罗婆那王并其眷属，楞伽大城阿输迦园，如是庄严，等无有异。一一皆有大慧菩萨，而兴请问，佛为开示自证智境，以百千妙音说此经已，佛及诸菩萨皆于空中隐而不现。

罗婆那王唯自见身住本宫中，作是思惟：向者是谁？谁听其说？所见何物？是谁能见？佛及国城众宝山林，如是等物，今何所在？为梦所作？为幻所成？为复犹如乾闼婆城[①]？为翳所见？为炎所惑？为如梦中石女生子？为如烟焰旋火轮耶？复更思惟：一切诸法性皆如是，唯是自心分别境界，凡夫迷惑不能解了，无有能见，亦无所见，无有能说亦无所说。见佛闻法皆是分别，如向所见不能见佛，不起分别是则能见。

时楞伽王寻即开悟，离诸杂染，证唯自心，住无分别，往昔所种善根力故。于一切法得如实见，不随他悟，能以自智善巧观察，永离一切臆度邪解，住大修行，为修行师，现种种身，善达方便，巧知诸地上增进相，常乐远离心意意识，断三相续见，离外道执著，内自觉悟，入如来藏[②]，趣于佛地。

闻虚空中，及宫殿内喊出声言："善哉！大王，如汝所学，诸修行者应如是学，应如是见一切如来，应如是见一切诸法，若异见者，则是断见，汝应永离心意意识，应勤观察一切诸法，应修内行，莫着外见，莫堕二乘及以外道所修句义，所见境界及所应得诸三昧法，汝不应乐戏论谈笑，汝不应起围陀诸见[③]，亦不应着王位自在，亦不应住六定等中，若能如是，即是如实修行者行，能摧他论，能破恶见，能舍一切我见执著，能以妙慧转所依识，能修菩萨大乘之道，能入如来自证之地，汝应如是勤加修学，令所得法转更清净，善修三昧三摩钵底[④]，莫着二乘外道境界，以为胜乐，如凡修者之所分别。外道执我，见有我相及实求那而生取着；二乘见有无明缘行，于性空中乱想分别。楞伽王，此法殊胜，是大乘道，能令成就自证圣智，于诸有中受上妙生。楞伽王，此大乘行破无明翳，灭识波浪，不堕外道诸邪行中。楞伽王，外道行者执著于我，作诸异论，不能演说离执著见识性二义。善哉！楞伽王，汝先见佛思惟此义，如是思惟，乃是见佛。”

尔时，罗婆那王复作是念，愿我更得奉见如来，如来世尊于观自在，离外道法，能说自证圣智境界，超诸应化所应作事，住如来定，入三昧乐，是故说名大观行师，亦复名为大哀愍者，能烧烦恼分别薪尽，诸佛子众所共围绕，普入一切众生心中，遍一切处，具一切智，永离一切分别事相，我今愿得重见如来大神通力，以得见故，未得者得，已得不退，离诸分别，住三昧乐，增长满足如来智地。

注释：

①乾闼婆城：又译作“犍闼婆城”、“犍闼缚城”等，意为幻化之城。据传有一乐师名乾闼婆，他能以幻术作楼阁等，故后来佛经中以“乾闼婆城”喻幻有实无之物。

②如来藏：真如在烦恼中，谓之“如来藏”；真如出烦恼，谓之“法身”。此如来藏乃佛性之异名，按《佛性论》解释，此如来藏具有三义：一所摄义，亦即一切众生皆为真如佛性所摄；二隐覆义，亦即如来之性为烦恼所覆，众生不见，故名为“藏”；三能摄义，真如虽在烦恼之中，但含有如来一切功德。

③围陀：即“吠陀”，梵名 Veda。古印度婆罗门教根本圣典之总称。原意为“知识”，即婆罗门教基本文献的神圣知识宝库。这里泛指外道婆罗门。

④三摩钵底：又作“三摩钵提”、“三摩跋提”等，禅定之一种，《玄应音义》释曰：欲入定时，名“三摩钵底”，正在定中，名“三摩半那”。

译文：

其时，世尊以其神通之力，于该山中更变化出无数无量宝山，并且都以百千万亿妙宝庄严装饰，每一宝山又都有佛显现其顶，每一佛前都有罗婆那王及诸大众，十方世界一切国土也都于中显现；一一国中都有如来，一一佛前全有罗婆那王及其眷属，都有楞伽大城阿输迦园，都是那样富丽庄严毫无差异。同时都有大慧菩萨在向佛请问佛法，一一诸佛也都在演说开示自证智境界。以百千妙音声宣说完此经后，佛及诸菩萨都于空中隐而不见。

罗婆那王只见到自己身居本宫之中，他当下便想：刚才说法的是谁？又是谁听其说法？刚才所看到的一切究竟是什么？能见的又是谁？佛及诸国土大城众宝山林，这一切现在都哪里去了？难道是梦中所见吗？难道是幻化而成的吗？或者犹如幻有实无之乾闼婆城？或者眼睛有了毛病？或者为阳焰微尘的反映所迷惑？或者如梦中见石女生子？或者如烟焰旋火轮？旋即又想：世上一切诸法大概都是这样，本来实无其物，都是自心虚妄分别的结果，凡夫迷惑，不懂得这个道理。实际上，世上无有能见，也无所见，无有能说，也无所说。见佛听法都是虚妄分别，正如刚才所看到的，不能说是见到了佛，不起分别才能真正见到佛。

其时，罗婆那王当即开悟，弃除了一切杂染，证得诸法唯是自心所变现，住于无虚妄分别之境地，由于以往所种善根，得如实见一切法，了达外境即是自心，能以自智慧善巧观察，永离于一切邪见臆想，善于修行，为修行师，能于自身显种种色象，得种种大方便解，善知诸地精进之相，善观各种心识自体，断除三界相续身见，远离外道各种执著，以自智觉悟入于如来之藏，直趣佛地。

其时，听到虚空中及宫殿里都发出这样的声音："善哉！大王，像你所修学的，诸修行者都应该这样修学，应当这样见一切如来，应当这样见一切诸法，如若异此如实之见，即是断灭之见。自证之法，非心意识境界，故各种心识应当远离，应如理观察一切法性，应依智慧内修，莫着外见，莫着二乘外道所修句义境界，及二乘外道所得之诸三昧法。你不应乐戏论谈笑，也不应起吠陀外道之见，不应耽着王位自在，也不应住外道六邪定中，若能如此如实修行，即能摧破种种邪论恶见，能舍弃一切我见执著，能够以妙慧转识成智，入如来自证圣境。你应如此勤加修习，使所得之法更为清净，善修正定，由定发慧而至殊胜之位，莫着外道二乘境界，以为殊胜，如外道凡夫等修行者。外道执著于我，见有我相，及四大、蕴界处有实功能，而取着于色声香味触法；二乘见有十二因缘，不了性空，于中妄加分别。楞伽王，此法殊胜，是大乘道，能令成就自证圣智，于诸界中上品受生。楞伽王，此大乘行能灭无明惑，能除诸业障，不堕外道诸邪行中。楞伽王，外道行者执著于我，作种种异论，不能演说离见识性、法非法二义。善哉！楞伽王，能如是思维此义，乃是真见佛也。

其时罗婆那王又想重见如来，因为如来世尊于事理无碍之境，观达自在，离外道法，能说自证圣智境界，超诸化佛所作之事，住如来定，入三昧乐，所以称为大观行师，也称为大哀愍者，能烧断一切烦恼，断除一切分别妄想，众佛弟子所共围绕，善知一切众生之心，遍一切处，具一切智，永离一切分别事相，我今愿得重见于如来，以重见因缘，未得觉悟者即得觉悟，已得觉悟者，不复退转，远离一切虚妄分别，住三昧乐，智慧增长，进入如来地。

尔时，世尊知楞伽王即当证悟无生法忍[①]，为哀愍故，便现其身，令所化事还复如本。时十头王见所曾睹，无量山城悉宝庄严，一一城中皆有如来应正等觉，三十二相以严其身，自见其身遍诸佛前，悉有大慧、夜叉围绕，说自证智所行之法，亦见十方诸佛国土，如是等事悉无有别。

尔时，世尊普观众会，以慧眼观，非肉眼观，如师子王奋迅回盼，欣然大笑，于其眉间、髀胁、腰颈及以肩臂德字之中，一一毛孔皆放无量妙色光明，如虹拕晖[②]，如日舒光，亦如劫火猛焰炽然。时虚空中梵释四天[③]，遥见如来坐如须弥，楞伽山顶，欣然大笑。尔时，诸菩萨及诸天众咸作是念，如来世尊于法自在，何因缘故欣然大笑，身放光明，默然不动，住自证境，入三昧乐，如师子王，周回顾视，观罗婆那，念如实法。

尔时，大慧菩萨摩诃萨，先受罗婆那王请，复知菩萨众会之心，及观未来一切众生，皆悉乐著语言文字，随言取义，而生迷惑，执取二乘外道之行，或作是念，世尊已离诸识境界，何因缘故欣然大笑？

为断彼疑而问于佛，佛即告言："善哉！大慧，善哉！大慧，汝观世间愍诸众生，于三世中恶见所缠，欲令开悟而问于我，诸智慧人，为利自他，能作是问。大慧，此楞伽王曾问过去一切如来应正等觉[4]，二种之义，今亦欲问，未来亦尔。此二种义差别之相，一切二乘及诸外道皆不能测。"

尔时，如来知楞伽王欲问此义，而告之曰："楞伽王，汝欲问我，宜应速问，我当为汝分别解释，满汝所愿，令汝欢喜，能以智慧思惟观察，离诸分别，善知诸地，修习对治，证真实义，入三昧乐，为诸如来之所摄受，住奢摩他乐[5]，远离二乘三昧过失，住于不动善慧法云菩萨之地，能如实知诸法无我。"

……

注释：

①无生法忍：安住于无生无灭之理而不动心，亦即悟诸法不

生不灭之理。

②挓（zhā）：张开，伸开。

③梵释四天：指梵天、帝释天及四天王。四天王即居于须弥山腰之犍陀罗山的四个山头上的帝释天四将。

④应正等觉：即“应供”与“正等觉”。正等觉，又称“正遍知”，与“应供”均为佛之名号。

⑤奢摩他：又称“舍摩他”、“奢摩陀”，禅定七名之一，意为“止息”、“寂静”。

译文：

此时，世尊知道楞伽王马上就要证悟不生不灭法门，出于哀怜之心，便重现其身，连同刚才所变现之众多山城国土，也一并重新显现。其时，十首罗刹王重新见到刚才出现的一切景象：众多山城都十分富丽庄严，每一城中都有如来显现其中，每个如来都具三十二种相，而自己则出现于各个如来佛跟前，且每一如来佛之前都有大慧菩萨、夜叉等簇拥围绕，各各在说自证智所行之法门，又见十方诸佛国土，也都是这样毫无差别。

其时，世尊以其慧眼普观众会，突然如狮子王回头，欣然大笑，只见此时佛之眉间、髀胁、腰颈、肩臂各处的每一毛孔，都放出无量光明，如虹放彩，如日舒光，又如大火在炽热燃烧。其时，虚空中之梵天、帝释天及其四天王，遥见如来坐如须弥山，于楞伽山顶欣然大笑。其时众菩萨诸天众都在想：佛世尊于一切均坦然自在，今何故欣然大笑？通身放大光明，默默不动坐如须弥，住自证境地，入三昧妙乐，如狮子王四周环视，望着罗婆那王，念着如实之法。

此时，大慧菩萨受罗婆那王之请求，加之他洞悉在座诸菩萨之心思，深知未来一切众生都爱好执著于语言文字，常随言取义而生迷惑，执著于外道二乘之行，或者产生这样的念头：世尊已经远离诸识境界，是什么原因欣然大笑？

为了破其疑惑，所以就向佛提问佛法。佛随即说："善哉！大慧，善哉！大慧，你怜愍众生为三世恶见所缠绕，为了使他们开悟，特意向我问法。诸多有智慧之人，为了自利利他，能够作这样的提问。大慧，此楞伽王曾问过去一切如来应正等觉二种之义，现在你也提出这样的问题，今后的问法者也会提出这个问题。如来二种义差别之相，一切二乘及诸外道都不解其义。"

其时，如来知楞伽王欲问此义，便告诉他说："楞伽王，你欲问法，就快问吧，我会逐一为你解释的，满足你的愿望，使你欢喜，能够以智慧观察思维，远离一切虚妄分别，善知诸地境界，证得真实之义，入于禅定之乐，为诸如来之所摄受，安住于寂静之乐，远离二乘禅定的种种过失，住于诸佛菩萨之地，能如实知诸法本无自性。"

……

尔时，楞伽王蒙佛许已，即于清净光明如大莲花宝山顶上，从座而起，诸采女众之所围绕，化作无量种种色花，种种色香、末香、涂香，幢幡、幰盖、冠佩、璎珞①，及余世间未曾见闻种种胜妙庄严之具。又复化作欲界所有种种无量诸音乐器，过诸天龙乾闼婆等一切世间之所有者；又复化作十方佛土昔所曾见诸音乐器；又复化作大宝罗网遍覆一切佛菩萨上；复现种种上妙衣服，建立幢幡以为供养，作是事已，即升虚空高七多罗树，于虚空中复雨种种诸供养云，作诸音乐，从空而下。

即坐第二日电光明如大莲花宝山顶上，欢喜恭敬而作是言："我今欲问如来二义，如是二义我已曾问过去如来应正等觉，彼佛世尊已为我说，我今亦欲问于是义，唯愿如来为我宣说。世尊，变化如来说此二义，非根本佛，根本佛说三昧乐境，不说虚妄分别所行。善哉！世尊，于法自在，唯愿哀愍，说此二义，一切佛子心皆乐闻。"

尔时，世尊告彼王言："汝应问，我当为汝说。"

时夜叉王更着种种宝冠璎珞，诸庄严具以严其身，而作是言："如来常说，法尚应舍，何况非法。云何得舍此二种法？何者是法？何者非法？法若应舍，云何有二？有二即堕分别相中，有体无体，是实非实，如是一切皆是分别，不能了知阿赖耶识无差别相[②]，如毛轮住非净智境，法性如是，云何可舍？"

尔时，佛告楞伽王言："楞伽王，汝岂不见瓶等无常败坏之法，凡夫于中妄生分别，汝今何故不如是知法与非法差别之相？此是凡夫之所分别，非证智见。凡夫堕在种种相中，非诸证者。楞伽王，如烧宫殿、园林，见种种焰，火性是一，所出光焰由薪力故，长短大小各各差别。汝今云何不如是知法与非法差别之相？

“楞伽王，如一种子，生芽、茎、枝叶及以花果无量差别。外法如是，内法亦然。谓无明为缘，生蕴界处一切诸法，于三界中，受诸趣生，有苦乐好丑语默行止，各各差别；又如诸识，相虽是一，随于境界有上中下染净善恶种种差别。楞伽王，非但如上法有差别，诸修行者，修观行时，自智所行亦复见有差别之相，况法与非法而无种种差别分别？楞伽王，法与非法差别相者，当知悉是相分别故。

“楞伽王，何者是法？所谓二乘及诸外道，虚妄分别说有实等为诸法因，如是等法应舍应离。不应于中分别取相，见自心法性则无执著。瓶等诸物凡愚所取本无有体，诸观行人以毗钵舍那如实观察③，名舍诸法。楞伽王，何者是非法？所谓诸法无性无相永离分别，如实见者，若有若无如是境界彼皆不起，是名舍非法；复有非法，所谓兔角、石女儿等，皆无性相，不可分别，但随世俗说有名字，非如瓶等，而可取著，以彼非是识之所取，如是分别，亦应舍离。是名舍法与舍非法。

“楞伽王，汝先所问，我已说竟。楞伽王，汝言我于过去诸如来所已问是义，彼诸如来已为我说。楞伽王，汝言过去但是分别，未来亦然。我亦同彼。楞伽王，彼诸佛法，皆离分别，已出一切分别戏论，非如色相，唯智能证，为令众生得安乐故而演说法，以无相智，说名如来。是故如来以智为体，智为身故，不可分别。不可以所分别，不可以我、人、众生分别。何故不能分别？以意识因境界起取色形相，是故离能分别，亦离所分别。楞伽王，譬如壁上彩画众生，无有觉知，世间众生悉亦如是。无业无报，诸法亦然，无闻无说。

“楞伽王，世间众生犹如变化，凡夫外道不能了达。楞伽王，能如是见名为正见，若他见者名分别见，由分别故，取着于二。楞伽王，譬如有人于水镜中自见其像，于灯月中自见其影，于山谷中自闻其响，便生分别，而起取著，此亦如是。法与非法唯是分别，由分别故，不能舍离，但更增长，一切虚妄，不得寂灭。寂灭者，所谓一缘，一缘者是最胜三昧，从此能生自证圣智，以如来藏而为境界。”

注释：

①幰（xiǎn）：车帷。

②阿赖耶识：亦作“阿梨耶识”、“阿剌耶识”、“藏识”、“无没识”等，瑜伽行派所立心法“八识”的第八识，具有含藏一切诸法种子之义。

③毗钵舍那：又作“毗婆舍那”，意译为“观”，观见事理之谓。

译文：

其时，楞伽王承蒙佛之应允，即于清净光明如大莲花的宝山之顶，从座而起，为众多采女所围绕簇拥，顿时又化作无数种颜色之花，种种花香、末香、涂香以及幢幡、幰盖、冠佩、璎珞等种种世间所未曾见的装饰；又变化作欲界之各种乐器，超过于诸天龙神及乐神乾闼婆之所有者；更变化作十方佛土以前所曾见过的种种乐器；再复化作大宝罗网，盖覆于诸佛菩萨之上；又化作种种上妙衣服，并竖立起幢幡以为供养。做完这一切后，楞伽王即升至虚空，有七多罗树高。在虚空中又变化出种种彩云以作供养，并奏出种种音乐，音乐声自空中而下，环绕不息。

其时，楞伽王即坐于如大莲花之宝山顶上，极是欣悦恭敬地说："我今欲问如来二义，此二义我从前已经请教过过去诸佛，过去诸佛也已经为我解说过，我今所问仍是此如来二义，但愿世尊慈悲，更为解说。世尊，变化佛曾说，此二义不是根本佛所说，根本佛说三昧乐法门，不说虚妄分别法门。善哉！世尊于一切法自在无碍，但愿世尊悲怜我等，进一步宣说此如来二义，一切佛子都十分想听世尊演说。"

其时，世尊告诉楞伽王说："此二义你应当问，我也应当为你等宣说。"

当时夜叉王更着种种宝冠璎珞，用各种宝物庄严其身，并应声道："如来常说，一切法都应该舍去，更何况非法？为什么必须舍去一切法及非法呢？那么，何者是法？何者是非法呢？法如果应该舍弃，为什么有二法之分呢？有二法之分，即是虚妄分别之相，诸如有体无体，有实无实，都是一种虚妄分别，不能了知阿赖耶识无差别之相，就像毛轮住于不净之境一样，法性本来就是这样，如何舍弃？

其时，佛对楞伽王说："楞伽王，你难道不曾看见过瓶等无常之物吗？愚妄凡夫为假相所迷惑，于中虚妄分别此是瓶，彼是非瓶，你何不借此去理解何者为法？何者为非法？这是凡夫之所分别，非是圣智见。在凡夫眼里，有此种相、彼种相，智者不为各种假相所迷惑。楞伽王，譬如用火燃烧宫殿、园林，看到种种烟焰，但其火性是一，所出现的种种烟焰，是由各种长短大小不同之木料所产生的，你今何不借此去理解何者是法？何者是非法？

"楞伽王，如一颗种子，生芽、长枝、开花并结出种种果实。外法是这样，佛法也是如此。以无明为缘，生出五蕴、十二处、十八界等，一切诸法，于欲界、色界、无色界三界中，因缘而生，有苦乐、美丑、语默、行止诸种差别；又如诸识，相虽是一，所堕之境界有上、中、下、染净、善恶之种种差别。楞伽王，不但以上所言诸法有如是差别，就是修行者修各种观行时，由于各自之智慧、境界不同，所见亦各有差别，何况法与非法，岂能无种种差别？楞伽王，法与非法之差别，应知此均属相分别。

"楞伽王，何者是法？二乘及诸外道，虚妄分别说有实法存在，这是导致有种种法存在的主要原因。如此之种种法，均应舍离，不应该于中取分别之相。能洞见自心法性，则能做到无所执著。诸如瓶等事物，乃是凡愚之所虚妄分别执著，本无有体，诸修行者，如能以理如实观察，即为舍离诸法。楞伽王，何者非法？所谓诸法无自性、无形相，永远抛弃一切虚妄分别，如实观察诸法若有若无，达到这种境界，其余妄见皆不生起，这就叫舍离非法；此外，还有一种'非法'，亦即如兔角、石女儿等，皆无自性相，不可分别只是随世俗言说，而有其名，不像瓶等，看得见摸得着，以其不是诸识之所能取著，这种分别亦应该舍离。这就是舍离法与非法。

“楞伽王，你刚才所问的，我已经回答完了。楞伽王，你说你于过去诸如来处已经问过此义，彼诸如来曾为你作过解说。楞伽王，你所说的‘过去’本身，乃是一种‘分别’，说‘未来’亦是一样。我与过去诸佛并没有什么差别。楞伽王，诸佛所说之法，皆离分别，超出戏论，非如有色有相之物，只有圣智能够证知。为了使众生得到安乐，因而才演说。因其是无相之智，故称之为‘如来’，因此，如来者，以智为体；因以智为身，因此不可分别。既无能分别，亦无所分别，不可以众生相妄加分别。何以无能分别？因有意识而才有诸境界生起，而有色形诸相，因此，无能分别，亦无所分别。楞伽王，譬如壁上彩画之众生，无有觉知，世间的众生也是这样，无有‘业’，亦无‘果报’，一切诸法也是这样，不可闻不可说。

“楞伽王，世间众生犹如幻术所变，凡夫外道不识此理。楞伽王，能如是见，名为正见，否则，则是分别见，由虚妄分别，有二元之对待。楞伽王，譬如有人于水镜中自见其像，于灯月下自见其影，于山谷中自闻其声响，便生错觉，分别取著，以自心取自心，法与非法也是一样，实乃虚妄分别的产物，对此如不能舍离，只会更加增长虚妄之见，永远不得寂灭。若了达虚妄寂灭一缘，则是最胜三昧，由此能生自证圣智，以如来藏妙净明心而为境界。”

集一切法品第二之一

本品分为四节阐释如来藏的第一个方面:“五法”,其中“相”、“名”、“妄想分别”皆是由阿赖耶识所建立。破除一切妄想分别,“正智”即可显现;“正智”之用在于消妄离垢,了达实相。“如如”即是法尔如是的如来藏清净境界。

第一节主要记述大慧菩萨首先赞叹佛之德性,即是如来藏之德性。再向佛请问一百零八义,先问种种心识,再问种种见地,问题涵盖了有关“如来藏”之义理、修行次第、证量境界的方方面面。

第二节论述两大内容:首先遮蔽一百零八句之障碍;其次论述八识生灭之相状与关系。佛陀将八识略分为“现识”(即阿赖耶识、藏识)与“分别事识”(即前七识、诸转识),二者如同泥团与微尘、金与金具的关系。藏识与诸转识有三种相状,“真相”清净无染、没有生灭,“业相”与“转相”辗转相因、生灭不已。

第三节佛陀为治凡夫七种自性,而立佛菩萨七种境界,“心所行境界”、“智所行”次第升高,至“如来自证圣智所行境界”即至佛地,是为如来藏自性清净境界。佛菩萨的七种第一义,对应于凡夫的七种自性,因此《楞伽经》能含摄、成就世间与出世间而为上上法。

第四节论述“五法”中的“分别”(妄想)、“正智”与“如如”。本节特色在于“正智”转入“如如”之时,“离心意识”即离藏识（心）、末那识（意）、前六识（识），可见如来藏与“心”不一、与“藏识”亦不一。若说《楞伽》将如来藏与阿赖耶识糅合于一处，亦非简单之杂糅，不能思维得之，必须修证悟入。

尔时，大慧菩萨摩诃萨与摩帝菩萨，俱游一切诸佛国土，承佛神力，从座而起，偏袒右肩，右膝着地，向佛合掌曲躬恭敬而说颂言：

世间离生灭，譬如虚空花；
智不得有无，而兴大悲心。
一切法如幻，远离于心识；
智不得有无，而兴大悲心。
世间恒如梦，远离于断常；
智不得有无，而兴大悲心。
知人法无我，烦恼及尔焰；
常清净无相，而兴大悲心。
佛不住涅槃，涅槃不住佛；
远离觉不觉，若有若非有。
法身如幻梦，云何可称赞？
知无性无生，乃名称赞佛。
佛无根境相，不见名见佛；
云何于牟尼，而能有赞毁？
若见于牟尼，寂静远离生；
是人今后世，离着无所取。

尔时，大慧菩萨摩诃萨偈赞佛已，自说姓名：

我名为大慧，通达于大乘，
今以百八义，仰咨尊中上。

时世间解闻是语已[①]，普观众会而作是言：

汝等诸佛子，今皆恣所问，
我当为汝说，自证之境界。

尔时，大慧菩萨摩诃萨蒙佛许已，顶礼佛足，以偈问曰：

云何起计度？云何净计度？
云何起迷惑？云何净迷惑？
云何名佛子，及无影次第？
云何刹土化，相及诸外道？
解脱至何所？谁缚谁能解？
云何禅境界？何故有三乘？
彼以何缘生？何作何能作？
谁说二俱异？云何诸有起？
云何无色定[②]，及与灭尽定[③]？
云何为想灭？云何从定觉？
云何所作生？进去及持身？
云何见诸物？云何入诸地？
云何有佛子？谁能破三有[④]？
何处身云何？生复往何处？
云何得神通，自在及三昧？

三昧心何相？愿佛为我说。
云何名藏识⑤？云何名意识⑥？
云何起诸见？云何退诸见？
云何性非性？云何唯是心？
何因建立相？云何成无我？
云何无众生？云何随俗说？
云何得不起，常见及断见？
云何佛外道？其相不相违？
何故当来世，种种诸异部？
云何为性空？云何刹那灭？
胎藏云何起⑦？云何世不动？
云何诸世间，如幻亦如梦？
乾城及阳焰⑧，乃至水中月？
云何菩提分？觉分从何起？
……

注释：

①世间解：佛之十大尊号之一。

②无色定：此指外道之“四空定”，亦即虽空诸法，而不能见“我空”，故还流转于三世。

③灭尽定：又称“灭尽三昧”、“灭想受定”、“灭定”，意为指灭尽六识之心、心所之禅定。

④三有：“三界”之异名，此指三界生死之境界：一欲有，欲

界之生死；二色有，色界之生死；三无色有，无色界之生死。

⑤藏识：八识中第八之“阿赖耶识”之异名，意为含藏一切种子之识。

⑥意识：八识中的第六识，依意根而起，以法为境的认识。

⑦胎藏：具有隐覆、含藏二义。一隐覆义，如人隐于母胎之中，佛性隐于烦恼之中；二含藏义，如母胎含藏子体，佛性具足一切功德。此处指依如来藏而有生死，与生死胎为藏。

⑧阳焰：或作“扬焰”，原指春天时日光映浮尘，见微尘四处游动，即《庄子》书中所说之“野马尘埃”。佛经中常以此为喻，说渴鹿见阳焰，便生水想，竞相驰趋。

译文：

其时，大慧菩萨与摩帝菩萨一起游历诸佛国土，借助于佛之神力，从座而起，偏袒右肩，右膝着地，双手合掌，向佛鞠躬致敬，并说颂：

世间一切无生无灭，犹如虚空中之花，
智者不着有着无，而起大悲之心。
一切诸法如梦如幻，迷离于心意意识，
智者不着有着无，而起大悲之心。
世间一切常如梦幻，远离于恒常与断灭，
智者不着有着无，而起大悲之心。
懂得人法俱无自性，一切烦恼与惑障，
常清净而无自相，而起大悲之心。
佛不住于涅槃，涅槃也不住佛；

觉与不觉均悉远离，一切诸佛有而非有。
法身亦如梦如幻，怎么可以称颂呢？
识得无生无性之理，此乃真赞颂佛。
佛无诸根境之相，不见佛乃名真见，
如何能对释迦牟尼佛，有所赞毁呢？
若真能见到佛，则寂静远离于生灭，
此人当今后世，迷离执著一无所取。
其时，大慧菩萨以颂赞佛之后，自说姓名：
我名为大慧，通达于大乘，
今以百八义，请教于世尊。
世尊听了大慧菩萨的话后，普观众会并说：
佛门众弟子，今都来问我佛法，
我当为你等说，自证圣智境界。

其时，大慧菩萨蒙佛俯允，顶礼佛足，并以偈颂问于世尊：

妄计性是如何生起的，又应如何断灭？
无明惑染是如何生起的，又应如何断灭？
因何而名为佛子？无相法中因何而有次第？
何因有十方国土，及种种化相和诸外道？
解脱后去往何处？被谁所缚谁能解缚？
禅以何为境界？何故而有三乘之分？
诸法以何因缘而生？谁是能生因谁是所作果？
谁说一异俱不俱？色无色三界因何而起？
如何是小乘外道之四空定？如何是灭尽定？

如何灭想受定？如何从定得觉？
因如何生果？身又如何去住？
如何观见五法、三自性？如何趣入如来地？
因何有佛子？谁又是破三界生死者？
破三界生死者身又如何？既破三界又往何处生？
如何得种种神通，以及自在三昧？
三昧心是何相状？愿佛为我等解说。
何因名为藏识？又何故名为意识？
因何起诸法种种见？如何灭尽所见？
为何已有三乘五姓差别，又说一切唯是心？
因何建立种种相？又如何成立无我义？
如何说无众生寿者等，因何又随俗说有？
如何是不起常见？如何是不起断见？
为何佛与外道，其相多有不相违背者？
为何于未来，有十八部等种种差别？
如何是一切法其性本空？何因诸法刹那生灭？
如来藏如何生起诸法？世间诸法生灭体性何故不动？
为何说世间一切诸法，如幻又如梦？
又如乾闼婆城和阳焰微尘，乃至水中月？
何谓三十七菩提分？此等菩提分又是如何生起？
……

尔时，大慧菩萨摩诃萨白佛言：“世尊，何者是一百八句？”

佛言："大慧，所谓生句非生句，常句非常句，相句非相句，住异句非住异句，刹那句非刹那句，自性句非自性句，空句非空句，断句非断句，心句非心句，……文字句非文字句。大慧，此一百八句皆是过去诸佛所说。"

尔时，大慧菩萨摩诃萨复白佛言："世尊，诸识有几种生住灭？"

佛言："大慧，诸识有二种生住灭，非臆度者之所能知。所谓相续生及相生，相续住及相住，相续灭及相灭。诸识有三相，谓转相、业相、真相①。

"大慧，识广说有八，略则唯二，谓现识及分别事识。大慧，如明镜中现诸色像，现识亦尔。大慧，现识与分别事识②，此二识无异相互为因。大慧，现识以不思议熏变为因③，分别事识以分别境界及无始戏论、习气为因。大慧，阿赖耶识虚妄分别，种种习气灭即一切根识灭，是名相灭。大慧，相续灭者，谓所依因灭及所缘灭即相续灭。所依因者，谓无始戏论、虚妄习气；所缘者，谓自心所见分别境界。大慧，譬如泥团与微尘非异非不异，金与庄严具亦如是。大慧，若泥团与微尘异者，应非彼成而实彼成，是故不异。若不异者，泥团、微尘应无分别。

"大慧，转识藏识若异者④，藏识非彼因；若不异者，转识灭藏识亦应灭，然彼真相不灭。大慧，识真相不灭，但业相灭。若真相灭者，藏识应灭。若藏识灭者，即不异外道断灭论。大慧，彼诸外道作如是说，取境界相续识灭，即无始相续识灭。大慧，彼诸外道说相续识从作者生⑤，不说眼识依色光明和合而生，唯说作者为生因故，作者是何？彼计胜性丈夫自在时及行微尘为能作者。”

注释：

①转相、业相、真相：真相，如来藏心，在缠不染，不生不灭者，名“真相”。根本无明令如来藏海起诸识浪，动而作业，此即阿赖耶识极微细之相，名“业相”。依前业相转成能缘所缘之境，生七转识，名为“转相”。

②现识：“阿赖耶识”之异名，谓一切诸法皆依阿赖耶识而现起，故名。分别事识：八识中除阿赖耶识外之其他七识，即眼识、耳识、鼻识、舌识、身识、意识、末那识。与色、声、香、味、触、法诸境相对，而起虚妄分别，故名。

③不思议熏变：谓真如不可熏，而能受熏，真如受无明之熏习而生诸妄法，称为“不思议熏”。

④转识：唯识论所说八识，第八之阿赖耶识为本识，余七识为“转识”，亦即阿赖耶识转生之末识。

⑤作者：外道十六神我之一，以此神我为生因，作众事。

译文：

其时，大慧菩萨又对佛说：“世尊，何者是一百零八句？”

佛说:“大慧,一百零八句者,亦即生句与非生句,常句与非常句,相句与非相句,住异句与非住异句,刹那句与非刹那句,自性句与非自性句,空句与非空句,断句与非断句,心句与非心句,……文字句与非文字句。大慧,此一百零八句义都是过去诸佛之说。”

其时,大慧菩萨又对佛说:“世尊,诸识有几种生住灭?”

佛说:“大慧,诸识有二种生住灭。这二种生住灭不是凡夫及因位菩萨智慧所能认识的。二种生住灭者,所谓相续(“相续”即因果流转相续不断之意)生及相生,相续住及相住,相续灭及相灭。诸识有三相,即转相、业相和真相。

“大慧,识广说有八(即眼识、耳识、鼻识、舌识、身识、意识、末那识、阿赖耶识),略说有二,谓现识(即阿赖耶识)及分别事识(即前七识)。大慧,譬如镜中显现诸色相,现识也是这样。现识与分别事识二者无异,相互为因。大慧,现识以不思议熏变(即无明熏习真如而生妄法)为因;分别事识以虚妄分别境界及各种戏论、习气为因。大慧,阿赖耶识虚妄分别各种习气灭,即一切根识皆灭,此为相灭。大慧,所谓相续灭者,即所依之因、缘皆灭,此为相续灭。所依之因者,如无始戏论、虚妄习气等等;而所缘者,即自心所见之虚妄分别境界。大慧,譬如泥团与微尘,既非异又非不异;金与各种由金做成的器具也是一样。大慧,如果泥团与微尘异,那么,泥团应不是由微尘构成的,但实际上,泥团是由众多微尘构成的,所以说二者不异。如若不异,泥团与微尘应该毫无差别。

“大慧,藏识(即阿赖耶识)与诸转识(即八识中之前七识）若异，藏识则非是彼七转识之因；若不异者，转识灭后，藏识也应灭，但实际上，藏识之真实相不灭。大慧，藏识之真实相不灭，而其业相则有生灭。若藏识之真实相灭，则藏识也应灭。如果藏识之真实相灭，此则与外道之断灭论无异。大慧，彼诸外道见身命终时，四大离散，眼等六识不能取境，即以为无始相续识永灭，更无业报受生相续。大慧，彼诸外道说相续识从神我生，不说眼等诸识从色等因缘生，只认神我为生因，故名之为外道。造作者是谁呢？彼以胜妙天主、神我、大自在天及微尘为能作者。

“复次，大慧，有七种自性[①]：所谓集自性、性自性、相自性、大种自性、因自性、缘自性、成自性。

“复次，大慧，有七种第一义：所谓心所行、智所行、二见所行、超二见所行、超子地所行、如来所行、如来自证圣智所行[②]。大慧，此是过去、未来、现在一切如来应正等觉，法自性第一义心，以此心成就如来世间、出世间最上法，以圣慧眼入自、共相种种安立，其所安立不与外道恶见共。

“大慧，云何为外道恶见？谓不知境界自分别现，于自性第一义，见有见无，而起言说。大慧，我今当说，若了境如幻自心所现，则灭妄想、三有、苦及无知爱业缘。大慧，有诸沙门、婆罗门，妄计非有及有，于因果外显现诸物，依时而住；或计蕴界处[③]，依缘生住有已即灭。大慧，彼于若相续若作用、若生若灭、若诸有、若涅槃、若道、若业、若果、若谛，是破坏断灭论。何以故？不得现法故，不见根本故。

注释：

①七种自性：此有二解。一是宋宝臣在《注大乘入楞伽经》中对七种自性的诠释，认为此七种自性主要是阐明"染净二缘，真妄识体"，而释"集自性"为烦恼，谓烦恼体性能集善恶等业；既有集因，必有未来果报，故言"性自性"；既有苦果，必有形相，故言"相自性"；形相即从四大种子生，故言"大种自性"；而四大乃从因缘所成，故言"因自性"、"缘自性"、"成自性"。但是丁福保在《佛学大辞典》中认为此是指如来有七种不变之性（详见丁福保编《佛学大辞典》文物出版社 1984 年版，第五一九页），认为所谓"集自性"，即万善聚集之因；二"性自性"者，即万善聚之因各有自性存其内；三"相自性"者，即万善聚之因，各有相现于外；四"大种自性"者，"大种"即地、水、风、火四大之种子，此谓"四大各有自性"，今就圣报而言，即此大种自性乃足法性五蕴之果；五"因自性"者，即证圣果报之因；六"缘自性"，即证圣果报之助缘；七"成自性"者，即成就如来果德之性。笔者以为宝臣说较符合经文之本义，故取宝臣说。

②"所谓心所行"至"如来自证圣智所行"：心所行境界者，谓"发心菩萨"，缘第一义法性如来藏心，故名"心所行胜解行地菩萨"；智所行境界者，缘于真如，起十种智慧，故名"智所行初地菩萨"；正证真如，见人、法二种无我，故名"二见所行"；八地

菩萨，超二乘，过七地，故名“超二见所行”；十地菩萨超九地，九地又名“佛子地”，故名“超子地所行”。后二地即“佛地”。

③蕴界处：泛指一切诸法。蕴，指“五蕴”：色、受、想、行、识。处，指“十二处”：六根（眼、耳、鼻、舌、身、意）与六境（色、声、香、味、触、法）。界，指“十八界”，十二处加上眼识、耳识、鼻识、舌识、身识、意识。

译文：

“此外，大慧，有七种自性：所谓集自性（谓烦恼体性，能集善恶诸业，故名烦恼为‘集自性’）、性自性（既有集因，必有未来苦果性，故言‘性自性’）、相自性（既有苦果，必有形相，故言‘相自性’）、大种自性（形相从四大之种子生，故言‘大种自性’）、因自性、缘自性、成自性（既有四大，即从因缘所成，故言‘因自性’、‘缘自性’、‘成自性’）。

“此外，大慧，有七种第一义：所谓心所行境界，智所行境界，二见所行境界，超二见所行境界，超子地所行境界，如来所行境界，如来自证圣智所行境界。大慧，这是过去、未来、现在如来自性第一义心，以此第一义心成就世间、出世间最上之法，以佛智慧，建立各种自相、共相，而此自相、共相不同于外道之恶见。

“大慧，何谓外道之恶见呢？外道之恶见者，即不懂得种种境界乃是虚妄分别的结果，而于究竟真理、诸法实相上见有或见无，妄起言说。大慧，我今当说，若了知诸境如梦如幻，均是自心之所显现，则一切妄想、三界生死、一切诸苦及无知爱业诸缘，悉皆尽灭。大慧，有诸沙门、婆罗门，虚妄执著有及非有，于因果外计着各种事物的显现，依时而住，此皆外道之主张；或虚妄执著五蕴、十二处、十八界等，依因缘生住，无常变异，生已即灭，不了常住真心，这都是外道之看法。大慧，如认为相续之体始无后有，视蕴界人名为涅槃，目修道所得名为果，凡此等等，皆是破坏诸法因果相续之断灭见。为什么这么说呢？因他们不能如实观察的缘故，因不见根本的缘故。

“大慧，譬如瓶破不作瓶事，又如焦种不能生芽，此亦如是。若蕴界处，法已现当灭，应知此则无相续生，以无因故，但是自心虚妄所见。复次，大慧，若本无有识，三缘合生，龟应生毛，沙应出油，汝宗则坏，违决定义，所作事业悉空无益。大慧，三合为缘[①]，是因果性，可说为有，过、现、未来从无生有。此依住觉想地者，所有理教及自恶见熏习余气，作如是说。大慧，愚痴凡夫恶见所噬，邪见迷醉，无智妄称一切智说。

“大慧，复有沙门、婆罗门，观一切法，皆无自性，如空中云，如旋火轮，如乾闼婆城，如幻如焰，如水中月，如梦所见，不离自心，由无始来虚妄见故取以为外，作是观已，断分别缘，亦离妄心所取名义，知身及物并所住处一切皆是藏识境界，无能所取及生住灭，如是思惟恒住不舍。

“大慧，此菩萨摩诃萨不久当得生死涅槃二种平等，大悲方便，无功用行，观众生如幻如影，从缘而起，知一切境界离心无得，行无相道，渐升诸地，住三昧境，了达三界皆唯自心得，如幻定绝众影像成就智慧证无生法，入金刚喻三昧②，当得佛身恒住如如，起诸变化，力通自在。大慧，方便以为严饰，游众佛国，离诸外道，及心意识，转依次第，成如来身。

“大慧，菩萨摩诃萨欲得佛身，应当远离蕴界处心因缘所作生住灭法戏论分别，但住心量③，观察三有无始时来，妄习所起，思惟佛地无相无生自证圣法，得心自在，无功用行，如如意宝，随宜现身，令达唯心，渐入诸地。是故大慧，菩萨摩诃萨于自悉檀应善修学。

注释：

①三合：指根、境、识三事和合。

②金刚喻三昧：禅定之一种，此定如金刚，能摧破一切障碍，通达无碍。

③心量：心量有两种，一是凡夫之心量，心起妄想，各种度量执著；二是如来具证之心量，远离一切能缘所缘而住于无心之心。

译文：

“大慧，譬如瓶一旦破了，就不再是瓶；烧焦的种子，就不能再发芽，此中的道理也是这样。蕴界处诸法虽生即灭，应知此等诸法无自性故，只是自心虚妄分别的结果。此外，大慧，如果本无有识，三缘和合则生，那么龟应该生毛，沙也应该出油，如此，你所依据的理论就不能成立了，这与佛法之究竟义是相违背的，所做的事业也是徒劳无益的。实际上，龟本无毛，沙本无油，三缘体空，如何生果？又，大慧，外道说三缘和合，是因果性，可说为有，成过去、未来、现在三世诸法。此乃邪谬相承，及自恶见故作如是说。大慧，诸愚昧凡夫，为恶见所迷，不能自知愚痴，反而妄称此即是一切智说。

“大慧，又有沙门、婆罗门看到了一切诸法皆无自性，有如空中之云，又如飘忽不定之火焰，如幻有实无之乾闼婆城，如梦如幻如焰，如水中月，如梦中所见到的一切，均不离自心，由无始妄见熏习，取以为外，如此思维观察诸法，断除各种分别之见，也远离虚妄心所取的一切名义，了知自身及一切事物都是藏识之所显现，既无能取，亦无所取，更无各种生住灭，如此思维观察，锲而不舍。

“大慧，此大菩萨不久即可得生死涅槃平等无二之心，大悲方便之行，观众生如幻如影，从各种缘而生起，知一切境界离开自心即一无所得，行于实相无相之道，从诸地渐进而升，住于三昧乐之境界，了知三界皆唯是自心，得如幻三昧（了达一切诸法如幻之理的禅定），离绝众虚幻之影像，成就最上智慧，证得不生不灭之理，入于金刚喻三昧（指断除一切烦恼之禅定），证得佛身，常住于如如之境，具诸神通，变化自在。大慧，佛身以各种方便化现游众佛国，远离外道及心意识之展转转依，次第成就如来之身。

“大慧，大菩萨欲得佛身，应当远离蕴界处诸法，远离心因缘所生之各种生灭法，远离各种戏论及种种虚妄分别，但住于远离一切能缘所缘如来真证心量，观察三界无始以来为妄习所熏而起生死种种分别，思维无相无生之佛境界，自证圣法，得心自在无碍之功用，犹如如意宝珠，随宜现身，达于唯心之境，渐渐入于佛地。因此一切大菩萨于此法应当善于修学。

集一切法品第二之二

本品主要论述如来藏的第二个方面:“藏识”与“正智”以及如何修证如来藏,共九节。

第一节阐释“藏识”以及其与前七识的关系。藏识即“阿赖耶识”,前七识在藏识海中风熏浪起,从而建立众生与世间。

第二节讲述何为“圣智”,如何修证圣智以及用圣智来观察八识。证悟圣智须了达三相:“无影像相”、“一切诸佛愿持相”、“自证圣智所趣相”。外道皆堕入有无、常断等二边见中,不能彻底了解心的识量和自心境界。

第三节分三个方面教导如何“净心现流”,即净除自心上的妄见妄想。首先须知对于不同根器,理事分四渐、四顿;其次阐明佛陀法、报、化三身差别;第三方面通过明晰声闻二境界局限,以显楞伽义理超越三乘。

第四节与第五节都阐释了“常不思议自证圣智第一义境”,第四节通过与外道、小乘的比较来辨别此“第一义”境界的殊胜之处;第五节介绍五种种姓差别,菩萨一阐提不得成佛。

第六节明确何为“三自性”与“二无我”。五法中的“相”、“名”属于缘起自性,“分别”属于妄计自性,“正智”与“如如”属于圆成自性。唯有证得人空、法空之智,才能获如来身。

第七节论说对于人我、法我的两种错误见地:“建立”与“诽谤”。建立是为“增益”，诽谤则为“减损”，二者皆为妄想执著。至此佛陀总结：若能修证八识、五法、三自性、二无我，了知外道境界唯是自心所现，不堕二边，即是“圣智究竟”。

第八节说如来藏智的“四相”与“三义”。四相即空、无生、无二与无自性相；其中佛陀以七种空相明确如来藏之空为“深般若波罗蜜”。如来藏的三重本性即：如来藏本性清净、常恒不变、具足三十二相而自在与一切众生身中。以此四相、三义作为内涵的如来藏区别于外道种种“神我”妄见，是为接引众生入于空、无相、无缘的三解脱门之方便设教。

第九节开始讲述如何修证如来藏。总括说有四种观行方式作为菩萨修行的大方便，分别是善观自心所现、远离生住灭见、善知外法无性及专修自证圣智。而以菩萨修行次第来论，则分为三位：资粮位、加行位、修习位。本节阐释了以诸法因缘相作为地前菩萨的资粮位。

尔时，大慧菩萨摩诃萨复白佛言：“世尊，唯愿为我说心、意、意识、五法自性相众妙法门。此时，一切诸佛菩萨，入自心境，离所行相，称真实义诸佛教心①，唯愿如来为此山中诸菩萨众，随顺过去诸佛演说藏识海浪法身境界。”

尔时，世尊告大慧菩萨摩诃萨言：“有四种因缘眼识转。何等为四？所谓不觉自心现而执取故，无始时来取著于色虚妄习气故，识本性如是故，乐见种种诸色相故。大慧，以此四缘，阿赖耶识如瀑流水，生转识浪如眼识，余亦如是，于一切诸根微尘毛孔眼等，转识或顿生，譬如明镜现众色像；或渐生，犹如猛风吹大海水，心海亦尔，境界风吹起诸识浪，相续不绝。

“大慧，因所作相非一非异，业与生相，相系深缚，不能了知色等自性，五识身转[②]。大慧，与五识俱，或因了别差别境相有意识生，然彼诸识不作是念，我等同时展转为因，而于自心所现境界分别执著俱时而起，无差别相，各了自境。大慧，诸修行者，入于三昧，以习力微，起而不觉知，但作是念，我灭诸识，入于三昧，实不灭识而入三昧，以彼不灭习气种故，但不取诸境名为识灭。

“大慧，如是藏识，行相微细，唯除诸佛及住地菩萨，其余一切二乘外道，定慧之力，皆不能知，唯有修行如实行者，以智慧力了诸地相，善达句义，无边佛所，广集善根，不妄分别自心所见，能知之耳。大慧，诸修行人宴处山林，上中下修，能见自心，分别流注，得诸三昧，自在力通，诸佛灌顶，菩萨围绕，知心意意识所行境界，超爱业无明生死大海，是故汝等应当亲近诸佛菩萨，如实修行，大善知识。”

尔时，世尊重说颂言：

譬如巨海浪，斯由猛风起；
洪波鼓溟壑，无有断绝时。
藏识海常住，境界风所动；

种种诸识浪，腾跃而转生。
青赤等诸色，盐贝乳石蜜；
花果日月光，非异非不异。
意等七种识，应知亦如是；
如海共波浪，心俱和合生。
譬如海水动，种种波浪转；
……

尔时，大慧菩萨摩诃萨以颂问曰：

青赤诸色像，众生识显现；
如浪种种法，云何愿佛说。

尔时，世尊以颂答曰：

青赤诸色像，浪中不可得；
言心起众相，开悟诸凡夫。
而彼本无起，自心所取离；
能取及所取，与彼波浪同。
身资财安住，众生识所现；
是故见此起，与浪无差别。

注释：

①真实义诸佛教心：佛教言心，凡有四种：一者众生当前现实之人心，梵音称为“纥利陀耶”；二者缘虑心，佛教中所云之心所法；三者集起心，能聚诸法种子，起种种现行，指第八识即阿赖耶识，梵音曰“质多耶”；四者真实心，梵音为“乾栗陀耶”，即

此经所云之“真实义诸佛教心”。

②五识：瑜伽行派八识中的前五识，依眼、耳、鼻、舌、身五根而生，缘色、声、香、味、触五境之心识。此八识因能变现万法，又称之为“能变”，其中第八之阿赖耶识为“初能变”，第七之末那识为“次能变”，前六识为“三能变”。

译文：

其时，大慧菩萨又对佛说：“世尊，请为我等说心、意、意识及五法、三自性等众妙法门，这是一切诸佛菩萨入自心境界，离所行相之真实佛心，但愿世尊为此山中之诸菩萨，随顺过去诸佛，演说此如来藏识法身境界。”

其时，世尊告诉大慧菩萨及诸大菩萨说：“有四种因缘而眼识生。哪四种呢？一者不觉知外境是自心之所显现，而虚妄分别执著；二者从无始以来，为色之妄想所迷惑熏习；三者识之自性即在于思量、了别；四者喜乐见诸色相。大慧，正是由此四缘，故藏识大海生眼识等诸识浪。眼识是这样，耳、鼻、舌、身诸识也是如此，于一切根尘毛孔眼等诸转识顿生，譬如明镜一照，众色像顿时显现；或渐生，如风吹大海，波浪随着生起。如来藏心海也是如此，外境风吹，诸转识则起，造业受报，生死不绝。

“大慧，因（即第八之如来藏识）所作相（即余七转）既非一，亦非异。第八识所变现之根身境界（即生相），六、七二识执为实我实法，由此引起前五识之种种造业，感诸果报，生死不绝。这都是不明了色等诸尘皆是由妄心分别所现。大慧！眼等五识与色等五尘俱时，因为了别色等差别之相故意识生，所以应当了知，根尘诸境皆是众生自心妄识互为因果之所现。但诸识不知一切均是自心之所妄现，以为各自能了自分境界。因此分别各自境界，执著自识之名。大慧，有些修行者入于三昧时，以为诸识俱灭，不知诸识习气种子，依于藏识不灭，自以为已灭诸识，入于三昧境界，实则未入三昧境界，因为其所谓灭识，只是六识不取诸尘境界，而未灭习气种子。

"大慧，藏识生住异灭四相，甚微甚细，唯佛与住地菩萨方能了知，此外，修二乘及诸外道之禅定、智慧者，皆不能知。只有修习如实行者，以其智慧，方能了知诸地性相，善达种种句义，觉了无边佛所广集善根，不虚妄分别取著自心所见，是为能知。大慧，诸修行者晏处山林，上中下修，能见自心之两种生住灭，得无量自在力神通三昧，诸佛为其灌顶授记，知心、意、意识自心自体境界，离脱爱业无明生死大海，所以，你等应当亲近诸佛菩萨，如实修行。"

其时，佛重说偈颂道：

譬如巨海浪，乃由大风而起，
风高浪急，此伏彼起，水无断绝之时。
如来藏识亦如大海，因无明境界风，起各种识浪，
展转相生，无有断绝。
青赤诸颜色所起之眼识，珂贝等音声所起之耳识，
檀乳等芳香所起之鼻识，咸淡诸味所起之舌识，
如是七识，与之藏识，既非同，亦非异。
譬如水与波浪，日月与光明，非同非异，
七识与藏识非同非异亦是这样。

意等七种识，有如海波浪，

因风而水动，种种波浪转。

……

其时，大慧菩萨以偈颂问道：

为何青赤等色像，乃由眼竽诸识所显现；

如大海中所起的波浪，请世尊加以解说。

世尊当即以颂作答道：

青赤诸色像，如海中波浪，

均空无自性，故言不可得；

青赤诸色像，均依如来藏而起，

故亦非一无所有，应知此非一非异之道理。

然彼如来藏清净心本无有生起，

只是众生虚妄分别、虚妄执著；

一切能取及所取，与大海中之波浪毫无二致。

一切众生及以一切资生财物，乃是由众生之心识，虚妄分别所现。

因此，一切诸法，森罗万象，与大海中之波浪毫无差别。

“复次，大慧，菩萨摩诃萨若欲了知能取所取分别境界[①]，皆是自心之所现者，当离愦闹、昏滞、睡眠，初中后夜勤加修习，远离曾闻外道邪论及二乘法，通达自心分别之相。

“复次，大慧，菩萨摩诃萨住智慧心所住相已，于上圣智三相当勤修学。何者为三？所谓无影像相、一切诸佛愿持相、自证圣智所趣相。诸修行者获此相已，即舍跛驴智慧心相[②]，入菩萨第八地，于此三相修行不舍。大慧，无影像相者，谓由惯习，一切二乘外道相故得生起；一切诸佛愿持相者，谓由诸佛自本愿力所加持故，而得生起；自证圣智所趣相者，谓由不取一切法相，成就如幻三昧身，趣佛地智故而得生起。大慧，是名上圣智三种相，若得此相，即到自证圣智所行之处，汝及诸菩萨摩诃萨应勤修学。"

尔时，大慧菩萨摩诃萨知诸菩萨心之所念，承一切佛威神之力，白佛言："唯愿为说百八句差别所依圣智事自性法门，一切如来应正等觉，为诸菩萨摩诃萨堕自共相者，说此妄计性差别义门，知此义已，则能净治二无我观境，照明诸地，超越一切二乘外道三昧之乐，见诸如来不可思议所行境界。毕竟舍离五法自性，以一切佛法身智慧，而自庄严入如幻境，住一切刹兜率陀宫、色究竟天[③]，成如来身。"

佛言："大慧，有一类外道，见一切法随因而尽，生分别解，想兔无角，起于无见，如兔角无，一切诸法悉亦如是。复有外道，见大种求那尘等诸物[④]，形量分位，各差别已，执兔无角，于此而生牛有角想。大慧，彼堕二见，不了唯心，但于自心增长分别。大慧，身及资生器世间等，一切皆唯分别所现。大慧，应知兔角离于有无，诸法悉然，勿生分别。云何兔角离于有无？互因待故，分析牛角乃至微尘，求其体相终不可得，圣智所行远离彼见，是故于此不应分别。”

尔时，大慧菩萨摩诃萨复白佛言：“世尊，彼岂不以妄见起相比度观待妄计无耶？”

佛言：“不以分别起相待以言无。何以故？彼以分别为生因故。以角分别为其所依，所依为因离异不异，非由相待显兔角无。大慧，若此分别，异兔角者，则非角因，若不异者，因彼而起。大慧，分析牛角乃至极微，求不可得，异于有角言无角者，如是分别决定非理，二俱非有谁待于谁，若相待不成，待于有故言兔角无，不应分别，不正因故。有无论者，执有执无，二俱不成。

“大慧，复有外道，见色形状虚空分齐而生执著，言色异虚空起于分别。大慧，虚空是色，随入色种。大慧，色是虚空，能持所持建立性故。色空分齐应如是知。大慧，大种生时自相各别，不住虚空中，非彼无虚空。大慧，兔角亦尔，观待牛角言彼角无。大慧，分析牛角乃至微尘，又析彼尘，其相不现。彼何所待，而言无耶？若待余物，彼亦如是。大慧，汝应远离兔角牛角、虚空及色所有分别，汝及诸菩萨摩诃萨，应常观察自心所见分别之相，于一切国土为诸佛子说观察自心修行之法。”

尔时，世尊即说颂言：

心所见无有，唯依心故起；
身资所住影，众生藏识现。
心意及与识，自性五种法：
二无我清净，诸导师演说。
长短共观待，展转互相生；
因有故成无，因无故成有。
微尘分析事，不起色分别；
唯心所安立，恶见者不信。
外道非行处，声闻亦复然；
救世之所说，自证之境界。

注释：

①能取所取：亦称“能缘”、“所缘”。谓眼等心识，攀缘色等诸境。眼等诸识为能缘、能取，色等外境为所缘、所取。

②跛（bǒ）驴：喻未得无功用慧者。

③色究竟天：色界十八天之一，为色界之最高境界，故称“色究竟天”。

④大种：即地、水、风、火四大。此四大遍于一切诸法，故名“大”；能造一切诸法，故名“种”。

译文：

“此外，大慧，大菩萨若欲了知能取（眼等诸识攀缘色等外境）、所取（为眼等心识所攀缘之色等诸外境）的分别境界，皆是自心之所现者，应当远离愦闹、昏滞、睡眠诸障，勤加修习，远离曾所听闻之外道、二乘之法，了达诸法悉是自心分别之相。

“大慧，大菩萨若欲了达自心分别之相，应于圣智三相勤加修学。何谓三相？亦即无影像相、一切诸佛愿持相和自证圣智所趣相。诸修行者若获此相，即舍离跛驴智慧心相，入于菩萨第八地，于此三相修行不舍。大慧，所谓无影像相者，即由于惯习，外道二乘种种相生，此种相本为佛所呵斥，但为使其回心归正，故应观察修习；一切诸佛愿持相者，谓诸佛本发誓愿，住持世间，利乐有情，严净国土；自证圣智所趣相者，谓对一切法相皆不执著，得如幻三昧身，于诸佛地进趣修行。大慧，若修习此三相，即能到如来佛地，你及诸大菩萨应勤加修习。”

其时，大慧菩萨知道一切菩萨心中所想，承佛之威力，对佛说：“请佛为我等再说一百零八句差别所依，五法圣智事，三自性法门等。一切诸佛，为诸大菩萨堕自相、共相，说此妄计所执自性，知此妄计所执自性之义，即能清净人人无我、法无我境界，善解诸地，得超越一切外道声闻缘觉之三昧乐，见诸如来不可思议境界。彻底舍离五法自体行相，以佛智慧入于如幻三昧境界，住一生补处菩萨所居处，成就如来之身。”

佛说：“大慧，有一种外道，见一切法随因而灭，遂生分别想。兔本无角，起于无见，如兔角无，一切诸法也是这样。又有外道，见四大和合而能生物，一切根身尘境缘未散时，形量千差万别，故而生兔无角、牛有角之想。大慧，此堕虚妄分别之见，不明了万法唯是自心，但于自心妄加分别。大慧，一切众生及国土世间，一切正报及与依报，一切诸法皆是自心虚妄分别所现。大慧，应知兔角离于有无，诸法也是这样，勿生分别。为什么说兔角离于有无呢？此乃是相待而言，因牛有角，而兔则无角，相对待而言，故言兔角无。但牛角之有，乃至世间一切诸法，其自体性，都不可得，佛之智慧远离此种种有无之见，因此，于此不应妄加分别。”

其时，大慧菩萨又对佛说：“彼既离有见，不以作牛有角想，岂不又妄计无了吗？”

佛答道：“不以分别心来观待相而说无，为什么呢？彼妄见者，以虚妄分别为生因，以角之有无作为分别之依据，既以所依为因，即妄计有无，但是，分别与角，都无自性，离异不异，非由相待牛角而显兔角无。大慧，若此分别不同于兔角者，则不是兔角的因，若不异者，又是因兔角无而生起。大慧，分析牛角乃至各种事物，都无自性，都不可求。相对于有角而言无角，如此分别不合于道理。牛角兔角均无自性，都不可求，又是谁待于谁呢？相待既不能成立，待于有故言兔角无，不应妄加分别，非正因故。有无论谓有以无为因，无以有为因，二因既不正，言有言无、执有执我皆属戏论。

“大慧，又有外道见虚空无形相分齐，色相异于虚空，有形状质碍之变异，而生执著，言色异空，起妄分别。大慧，虚空即是色，以色大入于虚空故；色即是虚空，色与虚空互为能所，以依色分别虚空，依虚空分别色故。色与虚空之关系应如是知。大慧，四大所生，其相各异，不住于虚空，然四大中非无虚空，色性即是空。大慧，兔角也是这样，相对于牛角而言兔角无。大慧，分析牛角乃至世间万物，均无其自性，兔角又何所待而言无呢？若相对于其他事物言，也是如此。大慧，你应远离兔角牛角、虚空与色等种种分别，和诸大菩萨，应当善于观察自心所现之种种虚妄分别之相，于一切国土为诸佛子说观察自心修行之法。”

其时，世尊即说颂道：

一切诸法均无自性，唯由自心显现而起；
众生及一切器世间，都是藏识之所显现。
心、意及意识，自性及五法，
无人我、法我，诸佛如是说。
长短及各种互相对待之物，展转互相生；
因有故成无，因无故成有。
分析微尘及一切法，不起色与虚空之分别；
都是自心之所安立，一切恶见邪说都不可置信。
不可取外道及二乘之修行方法，
应学诸佛之所说所行之自证智法门。

尔时，大慧菩萨摩诃萨，为净心现流故而请佛言：“世尊云何净诸众生自心现流？为渐次净？为顿净耶？”

佛言：“大慧，渐净非顿，如庵罗果渐熟非顿，诸佛如来净诸众生自心现流，亦复如是，是渐净非顿；如陶师造器，渐成非顿，诸佛如来净诸众生自心现流，亦复如是，是渐而非顿；譬如大地生诸草木，渐生非顿，诸佛如来净诸众生自心现流，亦复如是，渐而非顿。大慧，譬如人学音乐书画，种种伎术，渐成非顿，诸佛如来净诸众生自心现流，亦复如是，是渐而非顿。譬如明镜，顿现众像而无分别，诸佛如来净诸众生自心现流，亦复如是，顿现一切无相境界而无分别；如日月轮一时遍照一切色像，诸佛如来净诸众生自心过习，亦复如是，顿为示现不可思议诸佛如来智慧境界；譬如藏识顿现于身及资生国土，一切境界，报佛亦尔，于色究竟天，顿能成熟一切众生令修诸行；譬如法佛顿现报佛及以化佛，光明照耀，自证圣境亦复如是，顿现法相而为照耀，令离一切有无恶见。

“复次，大慧，法性所流，佛说一切法自相共相，自心现习气因相，妄计性所执因相，更相系属种种幻事皆无自性，而诸众生种种执著取以为实，悉不可得。复次，大慧，妄计自性执著缘起自性起。大慧，譬如幻师以幻术力，依草木瓦石幻作众生若干色像，令其见者种种分别，皆无真实。大慧，此亦如是，由取著境界习气力故，于缘起性中，有妄计性种种相现，是名妄计性生。大慧，是名法性所流佛说法相。

“大慧，法性佛者，建立自证智所行离心自性相。大慧，化佛说施、戒、忍、进、禅定、智慧、蕴界处法，及诸解脱、诸识行相，建立差别，越外道见，超无色行。复次，大慧，法性佛非所攀缘，一切所缘一切所作相根量等相悉皆远离，非凡夫二乘及诸外道，执著我相所取境界。是故，大慧，于自证圣智胜境界相当勤修学，于自心所现分别见相当速舍离。

“复次，大慧，声闻乘有二种差别相，所谓自证圣智殊胜相，分别执著自性相。云何自证圣智殊胜相？谓明见苦、空、无常、无我诸谛境界，离欲寂灭故，于蕴界处若自若共外不坏相，如实了知，故心住一境。住一境已，获禅解脱三昧道果，而得出离，住自证圣智境界乐。未离习气及不思议变易死，是名声闻乘自证圣智境界相。菩萨摩诃萨虽亦得此圣智境界，以怜愍众生故，本愿所持故，不证寂灭门及三昧乐，诸菩萨摩诃萨于此自证圣智乐中，不应修学。

“大慧，云何分别执著自性相？所谓知坚湿暖动青黄赤白，如是等法非作者生，然依教理见自共相，分别执著，是名声闻乘分别执著相。菩萨摩诃萨于此法中，应知应舍离人无我见，入法无我相，渐住诸地。”

译文：

其时，大慧菩萨为净众生自心现流而问佛言：“世尊，如何净除众生心习现流？是渐净？还是顿净？”

佛说：“大慧，渐净非顿净。如庵罗果，渐熟非顿，诸佛如来净除众生心习现流，也是这样，是渐净非顿净；如陶匠造器，渐成非顿，诸佛如来净除众生心习现流，也是这样，是渐非顿；譬如大地生草木，渐生非顿生，诸佛如来净除众生心习现流，也是这样，是渐非顿。大慧，譬如人学音乐书画等种种技艺，渐成非顿成，诸佛如来净除众生心习现流，也是这样，是渐而非顿。另外，譬如明镜顿现众像而无分别，诸佛如来净除众生心习现流，也是这样，顿现一切无相境界而无分别；如日月一时遍照一切色像，诸佛如来净除众生心习现流，也是这样，顿为示现不可思议诸佛如来智慧境界；譬如藏识顿现一切众生及诸佛国土，报佛如来也是这样，顿能成熟一切众生，令其于色究竟天清净修行；譬如法身佛顿现报身佛及与化身佛，放大光明照诸世间，自证圣智境界也是这样，顿现法相而为照耀，令一切众生离于有无之恶见（以上所说净众生尽心习现流之四渐、四顿，乃是对不同根机而言，对钝根者渐净，对利根者顿净）。

“又，大慧，报身佛说一切自相、共相法，是自心本识习气因相，及妄计所执因相，更相系缚，种种幻事，众生虚妄执著，以为真实，实皆无自性，悉不可得。大慧，譬如幻术师以幻术用草木瓦石，幻化而成各种色像，令见者生种种分别，实际上皆不真实。大慧，自相、共相一切诸法也是这样，本无自性，依他缘而起，犹如幻事，而诸众生虚妄计度，执以为实，此即是妄计自性执著缘起自性而起，此即是报身佛所说法相。

“又，大慧，法性佛所说法者，离一切妄想心相，建立自证圣智所证境界。大慧，化佛广说六度：布施、持戒、忍辱、精进、禅定、智慧，及五蕴、十二处、十八界，及解脱、诸识行相，随宜建立诸法差别，超越外道恶见，超无色所行。又，大慧，法性佛远离一切攀缘妄念，远离一切所缘妄法，亦远离一切所作妄业，非凡夫二乘外道执著我相所取境界。所以，大慧，于自证圣智境界相当勤加修习，于自心所现的分别见相二分宜速远离。

“又，大慧，声闻乘有二种差别相，所谓自证圣智殊胜相和分别执著自性相。何谓声闻乘自证圣智殊胜相？谓达苦、空、无常、无我境界，厌离五欲，栖心寂灭，于蕴界处一切诸法，若自相若共相，不坏其相，未达法无我，然达人无我。如是了知，心住于一境。住一境已，遂获诸禅解脱三昧道果，而得出离，住自证圣智境界乐。但断现行烦恼，未断习气烦恼；但离分段生死，未断变易生死，此名声闻乘自证圣智境界相。大菩萨虽也得此圣智境界相，但以大悲本愿故，不入于涅槃，不取此三昧乐，大菩萨对此自证圣智乐不应修学。

“大慧，何谓分别执著自性相？谓知四大所造色等诸法，非如外道所言是神我等生，然取著于如来止啼授药等权便说，于自、共相妄想执著，此名声闻乘分别执著自性相。大菩萨于此法中应知、应舍，更入于人无我、法无我境界，由之渐进诸地。”

尔时，大慧菩萨摩诃萨白佛言：“世尊，如来所说常不思议自证圣智第一义境，将无同诸外道所说常不思议作者耶？”

佛言：“大慧，非诸外道作者得常不思议，所以者何？诸外道常不思议因自相不成，既因自相不成，以何显示常不思议。大慧，外道所说常不思议若因自相成彼则有常，但以作者为因相故，常不思议不成。大慧，我第一义常不思议，第一义因相成，远离有无，自证圣智所行相故有相，第一义智为其因故有因，离有无故非作者，如虚空涅槃寂灭法故常不思议。是故，我说常不思议，不同外道所有诤论。大慧，此常不思议，是诸如来自证圣智所行真理，是故菩萨当勤修学。

“复次，大慧，外道常不思议，以无常异相因故常，非自相因力故常。大慧，外道常不思议，以见所作法有已还无，无常已比知是常，我亦见所作法有已还无，无常已不因此说为常。大慧，外道以如是因相成常不思议，此因相非有，同于兔角故，常不思议唯是分别但有言说，何故彼因同于兔角，无自因相故。大慧，我常不思议以自证为因相，不以外法有已还无无常为因，外道反此，曾不能知常不思议自因之相，而恒在于自证圣智所行相外，此不应说。

“复次，大慧，诸声闻畏生死妄想苦而求涅槃[1]，不知生死涅槃差别之相，一切皆是妄分别有，无所有故，妄计未来诸根境灭以为涅槃，不知证自智境界转所依藏识为大涅槃。彼愚痴人说有三乘[2]，不说唯心无有境界。大慧，彼人不知去、来、现在诸佛所说自心境界，取心外境，常于生死轮转不绝。

“复次，大慧，去、来、现在诸如来说一切法不生，何以故？自心所见非有性故，离有无生故，如兔马等角，凡愚妄取，唯自证圣智所行之处，非诸愚夫二分别境。大慧，身及资生器世间等，一切皆是藏识影像，所取能取二种相现，彼诸愚夫，堕生住灭二见中故[3]，于中妄起有、无分别。大慧，汝于此义当勤修学。

注释：

①声闻：指听闻佛之言教，修习“四谛”法等而得觉悟，其修行的最高境界是得阿罗汉果。

②三乘：指引导众生到彼岸、得解脱的三种方法或途径。三乘在佛教中有种种之分，如大乘之三乘、小乘之三乘、大小合论之三乘以及与一乘相对之三乘，通常以声闻乘、缘觉乘、菩萨乘（或佛乘）说三乘。

③生住灭：亦即藏识之生住异灭四相。藏识之体无生灭，由于无明动念，而有生住异灭四相。四相前细后粗，最细者为生相，最粗者为灭相，中间是住相、异相。

译文：

其时，大慧菩萨对佛说：“世尊，如来所说常不思议自证圣智第一义境，不同于外道所说常不思议作者吗？”

佛说：“大慧，此自证圣智第一义境，不同于外道所说的作者得常不思议，为什么呢？外道以作者为常不思议因自相，此因自相不相应，以何显于常不思议境？若因自相相应，则是常，非常不思议境。大慧，我所说的第一义常不思议因自相成，由能所因相俱离有无，自证圣智所行相故有相而非别境，以第一义智其因故有因而非生灭。离有离无故非作者，譬如虚空、涅槃寂灭法，故常不思议。所以，我说如来自证圣智常不思议，不同于外道所说的常不思议。大慧，此常不思议是如来自证圣智所行真理，所以大菩萨应当勤加修学。

“此外，大慧，外道所说的常不思议，以无常变异为因，非是以自觉所行相为因，故是无常不思议，非是常不思议。大慧，外道所谓常不思议，以世间所作法生而还灭、有而还无，此属无常非是常。我也见世间所作法生而还灭、有而还无，说之为无常，不说之为常。大慧，外道以此等无常因相说常不思议，此因相本身即不真实，如同兔角，故其所说常不思议唯是妄想言说，为什么呢？其因相非是常因，如同兔角故。大慧，我所说的常不思议以自证圣智为因，不以外法之无常变易为因，外道则与此相反。实际上，如果不懂得自因之相离有无、超情识，而妄计在于自证圣智所行相外，如此之常不思议不应说。

“又，大慧，诸声闻畏怖生死轮回之苦而趣求涅槃，不知生死涅槃差别之相，实是虚妄分别的结果，妄以灰身灭智、诸根境灭为涅槃，不知证自智境、转染成净为大涅槃，彼愚痴人以生死异涅槃，为此愚夫说断生死入涅槃，故说三乘种性，彼愚痴人以为此三乘说为究竟义，不说一切唯心，心外无境。大慧，此诸声闻不知过去、未来、现在三世诸佛所说自心境界，取心外之境，常于六道轮回不绝。

“又，大慧，过去、未来、现在三世诸佛说一切法不生，因为一切诸法皆是自心虚妄分别所见，均无自性，离有生、无生二种见故，譬如兔、马之角，本无生灭、有无，愚痴凡夫妄取生灭、有无之见。唯有如来自智所证境界，一切法自体性不生，非愚夫有无分别境界。大慧，众生及其所依住之器世间，一切皆是藏识影像，能所二取之所变现，均无自性，彼诸愚夫为生住异灭种种现象所迷惑，于中妄起有无分别之见。因此，大慧，你等大菩萨应于一切法不生义中勤加修学。

“复次，大慧，有五种种性，何等为五？谓声闻乘种性，缘觉乘种性[①]，如来乘种性，不定种性，无种性。大慧，云何知是声闻乘种性？谓若闻说于蕴界处自相、共相，若知若证举身毛竖，心乐修习，于缘起相不乐观察，应知此是声闻乘种性。彼于自乘见所证已，于五、六地断烦恼结，不断烦恼习，住不思议死，正师子吼言：我生已尽，梵行已立，所作已办，不受后有，修习人无我，乃至生于得涅槃觉。

“大慧，复有众生求证涅槃，言能觉知我、人、众生、养者、取者，此是涅槃，复有说言见一切法因作者有，此是涅槃。大慧，彼无解脱，以未能见法无我故，此是声闻乘及外道种性，于未出中，生出离想，应勤修习，舍此恶见。

“大慧，云何知是缘觉乘种性？谓若闻说缘觉乘法，举身毛竖，悲泣流泪，离愦闹缘，无所染着，有时闻说现种种身，或聚或散神通变化，其心信受无所违逆，当知此是缘觉乘种性，应为其说缘觉乘法。

“大慧，如来乘种性所证法有三种，所谓自性无自性法，内身自证圣智法，外诸佛刹广大法。大慧，若有闻说此一一法及自心所现、身财建立阿赖耶识不思议境，不惊、不怖、不畏，当知此是如来乘性。大慧，不定种性者，谓闻说彼三种法时，随生信解，而顺修学。大慧，为初治地人而说种性，欲令其入无影像地作此建立。大慧，彼住三昧乐声闻，若能证知自所依识，见法无我净烦恼习，毕竟当得如来之身。”

尔时，世尊即说颂言：

预流一来果[②]，不还阿罗汉[③]；
是等诸圣人，其心悉迷惑。
我所立三乘，一乘及非乘；
为愚夫少智，乐寂诸圣说。
第一义法门，远离于二取；
住于无境界，何建立三乘？
诸禅及无量，无色三摩提；
乃至灭受想，唯心不可得。

“复次，大慧，此中一阐提何故于解脱中不生欲乐？大慧，以舍一切善根故。为无始众生起愿故。云何舍一切善根？谓谤菩萨藏，言此非随顺契经调伏解脱之说，作是语时，善根悉断不入涅槃。云何为无始众生起愿？谓诸菩萨以本愿方便，愿一切众生悉入涅槃，若一众生未涅槃者，我终不入。此亦住一阐提趣。此是无涅槃种性相。”

大慧菩萨言：“世尊，此中何者毕竟不入涅槃？”

佛言：“大慧，彼菩萨一阐提，知一切法本来涅槃，毕竟不入，非舍善根。何以故？舍善根一阐提，以佛威力故，或时善根生，所以者何？佛于一切众生无舍时故，是故菩萨一阐提不入涅槃。

注释：

①缘觉：或称“独觉”，即于无佛之世，观缘起法，独自觉悟。

②预流：声闻乘四果之一，或作“须陀洹果”。意为初入圣流，是四果中最低的一个果位。一来果：声闻乘四果之一，或作“斯陀含果”。得此果者虽已断欲界九品修惑之前六品，但尚余后三品之修惑，故尚须一往一来于天上人间受生，故名“一来果”。

③不还：声闻乘四果之一，或作“阿那含果”。得此果者已断尽“一来果”位，尚余之后三品修惑，不再来欲界受生，其后受生必在色界、无色界。阿罗汉：声闻乘四果之一，也作“不生”、“杀贼”等。此果已断尽一切见、修二惑，不再来三界受生，是声闻乘之最高果位。

译文：

“此外，大慧，有五种种性。哪五种种性呢？即声闻乘种性、缘觉乘种性、如来乘种性、不定种性、无种性。大慧，如何知是声闻乘种性？谓如闻说于五蕴、十二处、十八界一切诸法自相共相，听闻苦、集、灭、道四圣谛时，悲喜交集，喜乐修学，而对于缘起之相不乐观悟，应知此是声闻乘种性。达此声闻乘境界者，相当于菩萨第五、第六地，断现行烦恼而未断习气及所知障，未度不思议变易死。此等众生常自以为：我生已尽，道行已立，所作已办，日后不再轮回受报，达于人无我境界，乃至趣入涅槃境界。

“大慧，还有一类众生求证涅槃，妄计觉知我、人、众生、寿者等各各差别，谓此是涅槃；另有一类众生，说言一切诸法，因神我而有，谓此即是涅槃。大慧，此等众生不得解脱，因为都未能通达法无我。这是声闻乘及外道种性，于未出离苦海而自以为已超脱生死，你等应勤修习，舍此种种恶见，以期趣入如来种性。

“大慧，如何知是缘觉乘种性？谓若听闻缘起诸法，无量欢欣，喜乐修学，远离愦闹嘈杂的种种因缘，无所染着，或时闻说现种种身，或一身分为多身，或多身合为一身，神通变化，无碍自在。一心信受此缘起法，决不违背，当知此即是缘觉乘种性，应为其说缘觉乘法。

“大慧，如来乘种性所证法有三种，一是自性无自性法，二是内身自证圣智法，三是外诸佛刹广大法。所谓自性无自性法者，即三自性三无性秘密法；内身自证圣智法者，即佛所自证之一乘了义不思议真实法；外诸佛刹广大法者，即以大悲愿摄化众生、庄严净土，究竟到于一切智地法。大慧，若有闻说此法，及见自心所现之正依二报，建立阿赖耶识不思议境者，不惊、不怖、不畏，当知此即是如来乘种性。大慧，不定种性者，谓若闻说三乘法时，随生信人，顺学而成，其性可移而不固定，故称不定种性。大慧，为不定种性者而说是种性，令其知权趣实，证入第八无所有地，故说此种性。大慧，彼声闻乘种性，若能证知识性，见法无我，断烦恼结，最终当入佛地，得如来身。”

其时，世尊即说颂言：

预入圣流之须陀洹，一来天人受报之斯陀洹，
不再受生欲界之阿那舍，永无生死果报之阿罗汉，
如是声闻乘四圣人，其心皆悉迷惑。
我所立三乘一乘及非乘，
为愚夫愚妇随机方便说。
第一义法门，远离于有无，
安住于无所有境界，何有三乘之名？
如来所说诸禅三昧、灭尽定诸法，
为愚妄凡夫作如是说，离心不可得。

“此外，大慧，此中一阐提，何故没有追求解脱、入涅槃之欲望？大慧，因他已经断绝了一切善根的缘故，因他已发愿为济度一切众生出离生死苦海，众生不度尽，永不入涅槃的缘故（此指大悲阐提）。何谓断绝一切善根？即其诽谤大乘法藏，不随顺佛经诸解脱之说，善根断尽，不入于涅槃。何谓为无始众生发愿不入涅槃？谓诸菩萨曾发愿，欲济度一切众生入于涅槃，若有一众生未入涅槃，我即不入。就其不入涅槃说，此大悲菩萨也名为一阐提。此二种阐提即属于无种性者。”

大慧菩萨说：“世尊，此中何者是毕竟不入于涅槃者？”

佛说：“大慧，彼菩萨一阐提，了知一切法本来寂灭，与涅槃无异，是毕竟不入于涅槃者，并不是那种断尽善根一阐提者。为什么这样说呢？因为断善根阐提，以佛之威力，其后善根还生，为什么呢？佛对于一切众生都不会抛弃，所以，毕竟不入于

涅槃者，只有菩萨一阐提。

“复次，大慧，菩萨摩诃萨当善知三自性相。何者为三？所谓妄计自性、缘起自性，圆成自性。大慧，妄计自性从相生。云何从相生？谓彼依缘起事相种类显现，生计著故。大慧，彼计著事相，有二种妄计性生，是诸如来之所演说，谓名相计著相，事相计著相。大慧，事计著相者，谓计著内外法，相计著相者，谓即彼内外法中，计著自、共相，是名二种妄计自性相。大慧，从所依所缘起，是缘起性。何者圆成自性？谓离名相事相一切分别，自证圣智所行真如。大慧，此是圆成自性如来藏心。”

尔时，世尊即说颂言：

名相分别，二自性相；
正智真如，是圆成性。

“大慧，是名观察五法自性相法门，自证圣智所行境界，汝及诸菩萨摩诃萨当勤修学。

“复次，大慧，菩萨摩诃萨当善观察二无我相。何者为二？所谓人无我相、法无我相。大慧，何者是人无我相？谓蕴界处离我、我所，无知爱业之所生起，眼等识生取于色等而生计著；又自心所见身器世间，皆是藏心之所显现，刹那相续，变坏不停，如河流，如种子，如灯焰，如迅风，如浮云。躁动不安，如猿猴；乐不净处，如飞蝇；不知厌足，如猛火。无始虚伪习气为因，诸有趣中流转不息，如汲水轮，种种色身威仪进止，譬如死尸咒力故行，亦如木人因机运动，若能于此善知其相，是名人无我智。

“大慧，云何为法无我智？谓知蕴界处是妄计性，如蕴界处离我、我所，唯共积聚爱业绳缚，互为缘起，无能作者。蕴等亦尔，离自、共相，虚妄分别种种相现，愚夫分别非诸圣者，如是观察一切诸法离心、意、意识、五法自性，是名菩萨摩诃萨法无我智。得此智已，知无境界，了诸地相，即入初地，心生欢喜次第渐进，乃至善慧及以法云。诸有所作皆悉已办，住是地已，有大宝莲花王众宝庄严，于其花上有宝宫殿，状如莲花，菩萨往修幻性法门之所成就，而坐其上，同行佛子前后围绕，一切佛刹所有如来，皆舒其手，如转轮王子灌顶之法，而灌其顶，超佛子地，获自证法，成就如来自在法身。大慧，是名见法无我相，汝及诸菩萨摩诃萨应勤修学。”

译文：

“此外，大菩萨应当善知三自性相。何谓三自性相？即妄计自性、缘起自性和圆成自性。大慧，妄计自性从诸法之形相生。如何从诸法之形相生？谓其从因缘而起的现象中，起种种执著。此种执著于缘起事相之妄计性，更可分为二种，这就是诸佛所说的名相执著和事相执著。大慧，所谓事相执著者，即于内外法中起执著于自相、共相；所谓名相执著者，即于内外法中起诸如男女、衣瓶等等名相。此即是二种妄计自性相。大慧，诸法从因缘而生，此即名缘起自性。何谓圆成实性？谓离名相事相一切分别，自证圣智所行之真如境界，此即如来藏自性清净心。”

其时，世尊即说颂道：

名相分别，是妄计缘起二性相；

正智如如，即是圆成实性。

“大慧，以上所说即是五法、三自性法门，自证圣智所行境界，你等大菩萨应勤加修学。

“此外，大慧，大菩萨应当善于观察、了知二无我相。何谓二无我相？所谓人无我、法无我。大慧，何谓人无我？谓五蕴、十二处、十八界一切诸法，都无其主宰、实在之性。一切无知爱业之所生起，眼等诸识取著于色而虚妄执著，乃至一切可见之国土世间，都是如来藏自性清净心之所显现，刹那相续，念念不住，如河流、如种子、如灯焰、如猛风、如浮云。躁动不安，如猿猴；乐不净之处，如飞蝇；不知满足，转薪更炽，如猛火。为无始虚伪习业所熏，于三途六趣中轮转不息，如汲水轮，循环不停；种种色身如木人，因机关而动，如死尸，借咒术而起行。如能善知蕴界入诸法悉无有我，如木人死尸，是名无人我智。

“大慧，如何是法无我智？谓知蕴界处诸法是妄计性，如蕴界处空无我、我所，唯共积集烦恼业故，如以业爱之绳自缚，由因缘展转相生，实在是无我无作者，一切诸法也是这样，离自相共相，由虚妄分别，种种相现，愚夫妄加分别，非诸圣者之智见。这样观察一切诸法，远离一切心意识名相妄想，是名大菩萨法无我智。得此智慧，知人我皆妄，即入初地，由之次第渐进乃至十地。住此地后，有大宝宫殿莲花王座，于其花上有宝宫殿，其状如莲花，菩萨成就如幻三昧，坐其上而受佛位，同行菩萨前后围绕，一切诸佛从十方来，舒展手臂，以手摩顶授予佛位，如转轮王授太子王位，超菩萨地，获如来身。大慧，此是名见法无我相，你及诸大菩萨应当勤加修学。”

尔时，大慧菩萨摩诃萨复白佛言：“世尊，愿说建立诽谤相，令我及诸菩萨摩诃萨离此恶见，疾得阿耨多罗三藐三菩提，得菩提已，破建立常诽谤断见，令于正法不生毁谤。”

佛受其请，即说颂言：

身资财所住，皆唯心影像，
凡愚不能了，起建立诽谤，
所起但是心，离心不可得。

尔时，世尊欲重明此义，告大慧言：“有四种无有有建立，何者为四？所谓无有相建立相，无有见建立见，无有因建立因，无有性建立性，是为四。大慧，诽谤者，谓于诸恶见所建立法。求不可得，不善观察，遂生诽谤，此是建立诽谤相。

“大慧，云何无有相建立相？谓于蕴界处自相、共相本无所有，而生计著，此如是，此不异，而此分别从无始种种恶习所生，是名无有相建立相；云何无有见建立见？谓于蕴界处建立我、人、众生等见，是名无有见建立见；云何无有因建立因？谓初识前无因不生，其初识本无，后眼色明念等为因，如幻生，生已有，有还灭，是名无有因建立因；云何无有性建立性？谓于虚空、涅槃、非数灭无作性执著建立。大慧，此离性非性一切诸法，离于有无，犹如毛轮、兔、马等角，是名无有性建立性。

“大慧，建立诽谤皆是凡愚不了唯心而生分别，非诸圣者，是故汝等当勤观察，远离此见。大慧，菩萨摩诃萨善知心、意、意识、五法、自性、二无我相已，为众生故作种种身，如依缘起，起妄计性，亦如摩尼随心现色，普入佛会听闻佛说，诸法如幻、如梦、如影、如镜中花、如水中月，远离生灭及以断常，不住声闻辟支佛道，闻已成就无量百千亿那由他三昧，得此三昧已，遍游一切诸佛国土，供养诸佛，生诸天上，显扬三宝，示现佛身，为诸声闻菩萨大众说外境界皆唯是心，悉令远离有、无等执。”

……

译文：

其时，大慧菩萨又对佛说：“世尊，请为我等说建立诽谤相，使我及诸大菩萨离此恶见，速得无上正等正觉，得正觉后，于正法不生诽谤。”

佛接受大慧劝请，即说偈颂道：

众生及器世间依正诸法，都是自心之影像，

愚痴凡夫不识此理，起无中说有、有中说无之建立诽谤相，

此诸所起实在只是心之作用，离开自心一切了不可得。

其时，世尊为了重明此义，便对大慧说：“有四种于无中说有之‘建立’。哪四种呢？一是无有相建立相，二是无有见建立见，三是无有因建立因，四是无有性建立性。大慧，所谓诽谤相者，亦即于诸恶见所建立之法，不善于观察，不见诸法之实相，即言一切诸法皆无，此即是诽谤相。

“大慧，何谓无有相建立相？亦即蕴界处诸法之自相、共相，本无所有，却于此而生计著诸法之自相与共相，如此邪妄分别，乃由无始以来各种恶习所熏而成，此即是无有相建立相；如何是无有见建立见？亦即于蕴界处诸法建立我、人、众生、寿者等见，此即是无有见建立见；如何是无有因建立因？亦即初识本来非从因而生，后因眼色等而生如幻，生而有，有而还灭，念念不住，是名无有因建立因；如何是无有性建立性？亦即涅槃、虚空、非择灭三无为法，本来无有作法，而于此生计著，其实，此法离性、非性，离于有无。大慧，一切诸法犹如毛轮兔角，此是名无有性建立性。

“大慧，于无说有之‘建立’和于有说无之‘诽谤’，二者都是凡愚不了一切唯心所现而妄生分别，此非是圣者之见。因

此，你应当勤加观察，远离此二种恶见。大慧，大菩萨善知八识、五法、三自性、二无我，为利益众生，故现种种身，如依缘起性而起种种法，也如摩尼宝珠不作于心而随色变现，出现于各种佛会，听闻佛法，了知一切法如幻、如梦、如影、如镜中像、如水中月，远离生灭、断常等恶见，不住于声闻、缘觉二乘境界，成就无量百千亿三昧，既得三昧，遍游一切诸佛国土，供养诸佛，生诸天上，弘扬三宝，证正等觉，成如来身，为诸声闻菩萨大众说外道境界皆唯是自心所现，令悉远离有、无等执著。”

……

尔时，大慧菩萨摩诃萨复请佛言："愿为我说一切法空、无生、无二、无自性相，我及诸菩萨悟此相故，离有、无分别，疾得阿耨多罗三藐三菩提。"

佛言："谛听，当为汝说。大慧，空者即是妄计性句义。大慧，为执著妄计自性故，说空、无生、无二、无自性。大慧，略说空性有七种。谓相空、自性空、无行空、行空、一切法不可说空、第一义圣智大空、彼彼空。

"云何相空？谓一切法自相、共相空，展转积聚互相待故。分析推求无所有故，自他及共皆不生故。自、共相无生亦无住，是故名一切法自相空。

"云何自性空？谓一切法自性不生，是名自性空。

"云何无行空？所谓诸蕴本来涅槃，无有诸行，是名无行空。

“云何行空？所谓诸蕴由业及因和合而起，离我、我所，是名行空。

“云何一切法不可说空？谓一切法妄计自性无可言说，是名不可说空。

“云何第一义圣智大空？谓得自证圣智时，一切诸见过习悉离，是名第一义圣智大空。

“云何彼彼空？谓于此无彼，是名彼彼空，譬如鹿子母堂[①]，无象马牛羊等。我说彼堂空非无比丘众。大慧，非谓堂无堂自性，非谓比丘无比丘自性，非谓余处无象马牛羊。大慧，一切诸法自、共相，彼彼求不可得，是故说名彼彼空。是名七种空。大慧，此彼彼空，空中最粗，汝应远离。

“复次，大慧，无生者，自体不生而非不生，除住三昧，是名无生。大慧，无自性者以无生故密意而说。大慧，一切法无自性，以刹那不住故，见后变异故，是名无自性。云何无二相？大慧，如光影、如长短、如黑白，皆相待立，独则不成。大慧，非于生死外有涅槃，非于涅槃外有生死，生死涅槃无相违相，如生死涅槃，一切法亦如是，是名无二相。大慧，空、无生、无二、无自性相，汝当勤修学。”

尔时，世尊重说颂言：

我常说空法，远离于断常；
生死如幻梦，而业亦不坏。

虚空及涅槃，灭度亦如是；
愚夫妄分别，诸圣离有无。

尔时，世尊复告大慧菩萨摩诃萨言："大慧，此空、无生、无自性、无二相，悉入一切诸佛所说修多罗中，佛所说经皆有是义。大慧，诸修多罗随顺一切众生心说，而非真实在于言中，譬如阳焰诳惑诸兽，令生水想，而实无水，众经所说亦复如是，随诸愚夫自所分别，令生欢喜，非皆显示圣智证处真实之法。大慧，应随顺义，莫著言说。"

尔时，大慧菩萨摩诃萨白佛言："世尊，修多罗中说如来藏本性清净，常恒不断，无有变易，具三十二相，在于一切众生身中，为蕴界处垢衣所缠，贪恚痴等妄分别垢之所污染，如无价宝在垢衣中，外道说我是常作者，离于求那自在无灭。世尊所说如来藏义，岂不同于外道说我耶？"

佛言："大慧，我说如来藏不同外道所说之我。大慧，如来应正等觉，以性空、实际、涅槃、不生、无相、无愿等诸句义，说如来藏，为令愚夫离无我怖，说无分别、无影像处如来藏门，未来、现在诸菩萨摩诃萨，不应于此执著于我。大慧，譬如陶师于泥聚中，以人功、水杖、轮绳方便作种种器，如来亦尔，于远离一切分别相无我法中，以种种智慧方便善巧，或说如来藏，或说为无我，种种名字各各差别。大慧，我说如来藏，为摄著我诸外道众，令离妄见入三解脱，速得证于阿耨多罗三藐三菩提，是故诸佛说如来藏，不同外道所说之我，若欲离于外道见者，应知无我如来藏义。”

尔时，世尊即说颂曰：

士夫相续蕴，众缘及微尘：
胜自在作者，此但心分别。

注释：

①鹿子：人名，其母即毗舍佉优婆夷，信仰三宝，造立精舍供比丘安住，于中不养象马牛羊等。

译文：

其时，大慧菩萨又对佛说：“世尊，请为我等说一切法空、无生、无二、无自性相，我及诸菩萨悟得此相，离有、无分别，速得无上正等正觉。”

佛说：“你等好好听着，我当为你等演说。大慧，空者，即是妄计性法体（虚妄分别诸法，实无自性、自体），为执著于妄计性者说空、无生、无二、无自性。大慧，空性略说有七种。即相空、自性空、无行空、行空、一切法不可说空、第一义圣智大空、彼彼空。

“何谓相空？谓一切法因缘和合，展转而生，求其自相、共相均不可得，分析推求，无自体故，此即名一切自相空。

“何谓自性空？谓一切法均无自性，名自性空。

“何谓无行空？谓一切法本性常寂灭，无有诸行，是名无行空。

“何谓行空？谓五蕴诸法，从众缘而起，离我、我所，是名行空。

“何谓一切法不可说空？谓一切法从妄想所起，无自性、离言说，是名不可说空。

“何谓第一义圣智大空？谓诸佛得自觉圣智第一义时，一切妄想恶见习气悉皆远离，是名第一义圣智大空。

“何谓彼彼空？谓于此无彼，于彼无此，故名彼彼空。譬如鹿子母堂，无有象马牛羊等，我说其堂空，不是说其堂无比丘众。大慧，非指堂无堂自性，非谓比丘无比丘自性，非谓其他处无象马牛羊。大慧，一切法自相、共相，于此于彼求不可得，是故说名彼彼空。以上所说即是七种空。此七种空中，彼彼空最粗，你等应当远离。

“此外，大慧，所谓无生者，自体不生，非无因缘等生，住八地如幻三昧以上，称此为无生。大慧，无自性者，以自体不生故说无自性。大慧，一切法无自性，念念不住，因缘而起，故名无自性。何谓无二相？大慧，如光影、如长短、如黑白，皆相对待而得成立，无待而不能成立，无自体自性故。大慧，非于生死之外而有涅槃，一切法也是这样，此即是无二相。大慧，空、无生、无二、无自性相，此法你等当勤修学。”

其时，世尊重说颂道：

我常说一切诸法自性本空，远离断灭与真常；
生与死如梦亦如幻，都是愚痴者造业之结果。
生死之与涅槃，本来无二亦无别；

愚夫愚妇虚妄分别，一切诸佛离于有无。

其时，世尊又对大慧菩萨说："大慧，此空、无生、无自性、无二相，悉入一切诸佛所说经典之中，佛经中都有此义。大慧，佛经随顺一切众生心而说，但其真实义不在于文字言句之中。譬如春时阳焰，诱惑诸兽生水想，而实无水。众经所说也是这样，随诸众生之根机智慧，而有种种说法，为令各类众生皆得欢喜，方便趣入，并非佛经中所说的每句话，都是显示佛教真实义。大慧，你应当依义莫依于语言文字。"

其时，大慧菩萨对佛说："世尊，有些经中说言，如来藏本性清净，一切众生贪嗔痴中均有如来身，常无染垢，德相具足，如无价宝在垢衣中；外道说有恒常不变的神我，能造作众生五蕴等，遍诸趣中无有生灭，现在世尊所说如来藏义，岂不与外道所说相同？"

佛说："大慧，如来藏不同于外道所说之神我。大慧，如来以性空、实际、涅槃、不生、无相、无愿等义说如来藏，为令愚夫离无我之怖畏，于无所有境界说如来藏门。未来、现在诸大菩萨不应于此执为有我。大慧，如陶匠于泥水中，以轮绳、水杖、人功作种种器，如来也是这样，于法无我中，以随机摄化，方便说法，或说如来藏，或说无我，种种名称各各不同。大慧，我说如来藏，为摄化执著于我之诸外道，使其离于妄见，入三解脱，速得无上正等正觉。所以诸佛所说之如来藏，不同于外道所说之神我，若欲离于外道见者，应知无我、如来藏义。"

其时，世尊重说颂道：

外道计由神我故诸蕴相续不断，又计与生法为缘；

或计一切悉是胜妙自在天所作，此都是心量妄想。

尔时，大慧菩萨观未来一切众生，复请佛言："愿为我说具修行法，如诸菩萨摩诃萨成大修行。"

佛言："大慧，菩萨摩诃萨具四种法成大修行。何者为四？谓观察自心所现故，远离生住灭见故，善知外法无性故，专求自证圣智故。若诸菩萨成此四法，则得名为大修行者。大慧，云何观察自心所现？谓观三界唯是自心，离我、我所，无动作，无来去，无始执著过习所熏，三界种种色行名言系缚，身资所住分别随入之所显现，菩萨摩诃萨如是观察自心所现。

"大慧，云何得离生住灭见？所谓观一切法如幻梦生，自他及俱皆不生故，随自心量之所现故，见外物无有故，见诸识不起故，及众缘无积故，分别因缘起三界故，如是观时，若内若外一切诸法皆不可得，知无体实远离生见，证如幻性即时逮得无生法忍，住第八地，了心意意识五法自性二无我境，转所依止，获意生身[①]。"

大慧言："世尊，以何因缘名意生身？"

佛言："大慧，意生身者，譬如意去速疾无碍，名意生身。大慧，譬如心意于无量百千由旬之外，忆先所见种种诸物，念念相续疾诣于彼，非是其身及山河石壁所能为碍，意生身者亦复如是，如幻三昧力通自在诸相庄严，忆本成就众生愿故，犹如意去生于一切诸圣众中，是名菩萨摩诃萨得远离于生住灭见。大慧，云何观察外法无性？谓观察一切法如阳焰、如梦境、如毛轮，无始戏论种种执著，虚妄恶习为其因故，如是观察一切法时，即是专求自证圣智。大慧，是名菩萨具四种法成大修行。汝应如是勤加修学。”

尔时，大慧菩萨摩诃萨复请佛言：“愿说一切法因缘相，令我及诸菩萨摩诃萨了达其义，离有无见不妄执诸法渐生顿生。”

佛言：“大慧，一切法因缘生有二种，谓内及外。外者谓以泥团、水杖、轮绳、人工等缘和合成瓶，如泥瓶、缕迭、草席、种芽、酪酥，悉亦如是，名外缘前后转生。内者谓无明爱业等生蕴界处法，是为内缘起，此但愚夫之所分别。

“大慧，因有六种，谓当有因、相属因、相因、能作因、显了因、观待因。大慧，当有因者，谓内外法作因生果；相属因者，谓内外法作缘生果，蕴种子等；相因者，作无间相生相续果；能作因者，谓作增上而生于果，如转轮王；显了因者，谓分别生能显境相，如灯照物；观待因者，谓灭时相续断无妄想生。

“大慧，此是愚夫自所分别，非渐次生，亦非顿生。何以故？大慧，若顿生者，则作与所作无有差别，求其因相不可得故；若渐生者求其体相亦不可得，如未生子，云何名父？诸计度人言以因缘、所缘缘、无间缘、增上缘等[②]，所生能生互相系属，次第生者理不得成，皆是妄情执著相故。大慧，渐次与顿皆悉不生，但有心现身资等故，外自、共相皆无性故，惟除识起自分别见。大慧，是故应离因缘所作和合相中渐、顿生见。”

注释：

①意生身：指初地以上菩萨之受生，无碍自在，随意而生，名意生身。

②因缘、所缘缘、无间缘、增上缘：统称为“四缘”，指一切有为法借以生起的四类条件。因缘，指生起事物、造成业报之原因和条件，如六根为因，六尘为缘。无间缘，指诸法相续而生，次第无间。所缘缘，指诸法为心识之认识对象，为心之所缘虑。增上缘，指六根能照境发识，有增上之力用。

译文：

其时，大慧菩萨普观未来一切众生，又对佛说：“请佛为我等说诸大菩萨修行法。”

佛说：“大慧，大菩萨有四种修行方法。哪四种呢？一者善于观察自心所现诸法，二者远离生、住、异、灭等见，三者善知外法均无自性，四者专求自证圣智境界。若菩萨成就此四种法，则名为大修行者。大慧，如何观察自心所现？亦即观三界唯是自心，离我、我所，无动作，无去来，种种色行名言、根身器界，唯是无始过习所熏，明了一切法皆从自心起，皆从妄念起，大菩萨应如是观察自心所现。

“大慧，如何得离生、住、异、灭见？亦即观一切法如梦、如幻，自相、他相、共相悉皆不生；观诸法悉是自心量之所现，所见外物本无自性，诸识悉皆不生；观众因缘本无积聚，三界诸法因缘而有。如是观时，内外一切诸法皆无自性，悉不可得。知诸法无自体、自性，远离生见，证如幻性，得不生不灭智，住第八地，远离心、慧、意识、五法体相，得二无我境，获如意身。”

大慧问道：“世尊，如何名意生身？”

佛说：“大慧，意生身者，譬如意有迅疾、无碍、遍到三义一样，意生身者，即菩萨得如幻三昧，能现形十方以化众生。大慧，譬如心意于无量遥远之国土之外，忆念先前所见物事，念念相续，即可到达彼等物事，不是身体及山河石壁等所能障碍，意生身者也是这样。菩萨得如幻三昧，力通自在，诸相庄严，可随意现形十方，以化众生，如此是名菩萨得远离于生、住、灭见。大慧，如何观察外法无性？谓观察一切法，如阳焰、如梦境、如毛轮，为无始恶习之所熏，种种戏论之所执著，如是观察一切法时，即是专求自证圣智境界。大慧，菩萨具以上所说四种修行法，即成大修行者，你等应当勤加修学。”

其时，大慧菩萨又对佛说：“请为我等说一切法因缘相，令我及诸大菩萨了达其义，离有无见，不虚妄执著诸法渐生顿生。”

佛说：“大慧，一切法因缘生有二种：内因缘生和外因缘生。外因缘生者，如以泥团、水杖、轮绳、人工等缘和合而成瓶等，缕迭、草席、种芽、酪酥等也是这样，此等名外缘前后转生。内因缘生者，谓无明爱业等蕴界处诸法。此但是愚夫之虚妄分别。

“大慧，因有六种，谓当有因、相属因、相因、能作因、显了因和观待因。大慧，当有因者，谓内外法一并为因，而生果；相属因者，谓内外法一并为缘，而生果；相因者，谓互为果相，相续不断；能作因者，一切法均能作为成就自身之增上缘，如因转轮王，国人而得安乐；显了因者，谓能所因果互相发明，如灯照物；观待因者，长短高下互为因，因果关系亦然，因灭果起，相续不断，不见虚妄生法。

“大慧，此是愚夫虚妄分别，非渐次生，亦非顿生，为什么呢？大慧，若顿生者，则作与所作无有差别，求其因相不可得也；若渐生，求其体相亦不可得，如未生子时，如何名父？诸计度人所言以因缘、所缘缘、无间缘、增上缘等四缘所生法相互相系属，次第生者，皆不可得，皆是心量妄想执著相。大慧，渐次与顿全都不生，只是心现诸根身器界尔。一切外法自相、共相悉皆无性，只是虚妄识生，自心分别见尔。大慧，因此之故，应离因缘和合相中渐生、顿生之见。”

集一切法品第二之三

本品分九节继续论述修证如来藏的方方面面：

第一节阐释修证如来藏的加行位，即开示言说的分别相。

第二节讲述修证如来藏的修习位，即远离“一异、俱不俱、有无、非有无、常、无常”等四句。

第三节介绍四种禅定、涅槃真义及佛力加持。

第四节开始总结修证如来藏的相关义理，首先明了缘起性空，其次辨明常声如幻。

第五节进一步论述诸法如幻，无有特例；且阐明诸法无生故无性，外现为如幻，二者不矛盾。

第六节阐释名句文身只是作为义理的载体，不可执著；且有四种记论是为制服外道邪说而设，不是真理。

第七节介绍小乘声闻四种修果的差别。须陀洹有上中下三种境界，至此断贪欲；斯陀含果断妄想分别；阿那含果思惑、见惑皆断；阿罗汉烦恼障悉皆清净。而此四果仍是唯心所现，非为究竟。

第八节开示两种觉智、四大造色、五蕴体相与四种涅槃，最后明了只要分别意识灭尽，就是佛陀真涅槃。

第九节首先辨明妄想分别相，其次显露自证圣智境界，再契于根器而分别开示一乘与三乘法，最后譬喻二障譬如酒醉，一旦清醒，得入圣智一乘。

尔时，大慧菩萨摩诃萨复白佛言："世尊，愿为我说言说分别相心法门，我及诸菩萨摩诃萨善知此故，通达能说所说二义，疾得阿耨多罗三藐三菩提，令一切众生于二义中，而得清净。"

佛言："大慧，有四种言说分别相。所谓相言说，梦言说，计著过恶言说，无始妄想言说。大慧，相言说者，所谓执著自分别色相生；梦言说者，谓梦先所经境界，觉已忆念，依不实境生；计著过恶言说者，谓忆念怨仇先所作业；生无始妄想言说者，以无始戏论妄执习气生。是为四。"

大慧复言："世尊，愿更为说言语分别所行之相，何处何因云何而起？"

佛言："大慧，依头胸喉鼻唇颚齿舌和合而起。"

大慧复言："世尊，言语分别为异不异？"

佛言："大慧，非异非不异，何以故？分别为因起言语故，若异者分别不应为因；若不异者，语言不应显义，是故非异亦非不异。"

大慧复言："世尊，为言语是第一义[①]？为所说是第一义？"

佛告大慧："非言语是，亦非所说，何以故？第一义者，是圣乐处，因言而入，非即是言。第一义者是圣智内自证境，非言语分别智境。言语分别不能显示。大慧，言语者起灭动摇展转因缘生。若展转缘生，于第一义不能显示。第一义者，无自他相，言语有相不能显示；第一义者但唯自心，种种外想悉皆无有，言语分别不能显示。是故，大慧，应当远离言语分别。”

尔时，世尊重说颂言：

诸法无自性：亦复无言说；
不见空空义，愚夫故流转。
一切法无性，离言语分别；
诸有如梦化，非生死涅槃。
如王及长者，为令诸子喜；
先示相似物，后赐真实者。
我今亦复然，先说相似法；
后乃为其演，自证实际法。

注释：

①第一义：即最深奥、最究竟之义理。

译文：

其时，大慧菩萨又对佛说："世尊，请为我等说言说分别相心法门，使我及诸大菩萨善知此言说分别相，通达能说所说二义，速得无上正等正觉，令一切众生于此二义中而得解脱。"

佛说："大慧，有四种言说分别相：即相言说、梦言说、计著过恶言说、无始妄想言说。大慧，所谓相言说者，即是执著色等诸相而生；所谓梦言说者，即是依梦等不实境界而生；所谓计著过恶言说者，即是忆念、计著以往之所闻所作业而生；所谓无始言说相者，即是为无始戏论、烦恼种子熏习而生。此即是四种言说分别相。”

大慧又对佛说：“世尊，请为我等说言语分别所行之相，何处何因因何而起？”

佛说：“大慧，言说从头胸喉鼻唇颚齿舌和合而生。”

大慧又问：“世尊，言语分别为异为不异？”

佛说：“大慧，既非异，亦非不异。为什么这么说呢？因为言语是从分别而起的，若言说与分别异，则不应因分别而起言说；若言说与分别不异，分别并不显义，那么言说也应不显义，但言说是能显义的。因此，言说与分别既异又不异。”

大慧又问佛：“那么，言语是第一义呢？还是所说是第一义？”

佛对大慧菩萨说：“语言与所说均非第一义，为什么呢？第一义是自证圣智三昧乐处，因言而入，但非即是言说本身；第一义是自证圣智境界，非是语言分别智境界，言语分别不能显示第一义，因为言语生灭不定，从众缘生，属无常，故言语不能显示第一义。第一义者，无自他之相，言语乃是有相，故不能显示；第一义者，但唯证入自性真心，心外无法，外种种法悉皆无性，言语妄说岂能显示？所以，大慧，应当远离言语分别。”

其时，世尊重说颂道：

诸法无自性，亦无有言说；
不见性空无自性义，愚夫流转于生死。
一切法无性，离言说分别；

万有如梦如幻，生死涅槃无一定之相。
譬如大王、长者，为使诸子高兴，
先给予相似之物，后再赐予真实之宝。
我今也一样，先说相似法，
然后为你等演说，自证圣智法门。

尔时，大慧菩萨摩诃萨复白佛言："世尊，愿为我说离一异、俱不俱、有无非有无、常无常等[①]。一切外道所不能行，自证圣智者所行境界，远离妄计自相共相，入于真实第一义境，渐净诸地入如来位，以无功用本愿力故，如如意宝普现一切无边境界，一切诸法皆是自心所见差别，令我及余诸菩萨等，于如是等法，离妄计自性自共相见，速证阿耨多罗三藐三菩提，普令众生具足圆满一切功德。"

佛言："大慧，善哉！善哉！汝哀愍世间请我此义，多所利益，多所安乐。大慧，凡夫无智不知心量，妄习为因，执著外物分别一异、俱不俱、有无非有无、常无常等一切自性。大慧，譬如群兽为渴所逼，于热时焰而生水想，迷惑驰趣不知非水。愚痴凡夫亦复如是，无始戏论分别所熏[②]，三毒烧心，乐色境界，见生住灭取内外法，堕一异等执著之中。

"大慧，如乾闼婆城非城非非城，无智之人，无始时来，执著城种妄习熏故，而作城想，外道亦尔，以无始来妄习熏故，不能了达自心所现，著一异等种种言说。

“大慧，譬如有人梦见男女象马车步城邑园林种种严饰，觉已忆念彼不实事。大慧，汝意云何，如是之人是黠慧不？”

答言：“不也。”

“大慧，外道亦尔，恶见所噬不了唯心，执著一异有无等见。

“大慧，譬如画像无高无下，愚夫妄见作高下想，未来外道亦复如是，恶见熏习妄心增长，执一异等自坏坏他，于离有无，无生之论，亦说为无，此谤因果，拔善根本，应知此人分别有无起自他见，当堕地狱，欲求胜法，宜速远离。

“大慧，譬如翳目见有毛轮，互相谓言，此事希有，而此毛轮，非有非无，见不见故。外道亦尔，恶见分别执著一异俱不俱等，诽谤正法，自陷陷他。

“大慧，譬如火轮实非是轮，愚夫取著非诸智者，外道亦尔，恶见乐欲执著一异俱不俱等一切法生。

“大慧，譬如水泡似玻璃珠，愚夫执实奔驰而取，然彼水泡非珠非非珠，取不取故。外道亦尔，恶见分别习氣所熏，说非有为生坏于缘有。

“复次，大慧，立三种量已[3]，于圣智内证离二自性法，起有性分别。大慧，诸修行者，转心意识，离能所取，住如来地自证圣法，于有及无，不起于想。大慧，诸修行者，若于境界起有无执，则著我、人、众生、寿者。大慧，一切诸法自相、共相，是化佛说④，非法佛说。大慧，化佛说法但顺愚夫所起之见，不为显示自证圣智三昧乐境。

“大慧，譬如水中有树影现，彼非影非非影，非树形非非树形。外道亦尔，诸见所熏，不了自心，于一异等而生分别。

“大慧，譬如明镜无有分别，随顺众缘现诸色像，彼非像非非像而见像非像，愚夫分别而作像想。外道亦尔，于自心所现种种形像而执一异俱不俱相。

“大慧，譬如谷响依于风水人等音声和合而起，彼非有非无，以闻声非声故。外道亦尔，自心分别熏习力故，起于一异俱不俱见。

“大慧，譬如大地无草木处，日光照触焰水波动，彼非有非无，以倒想非想故，愚痴凡夫亦复如是，无始戏论恶习所熏，于圣智自证法性门中，见生住灭一异有无俱不俱性。

“大慧，譬如木人及以起尸，以毗舍阇机关力故，动摇运转，云为不绝，无智之人取以为实，愚痴凡夫亦复如是，随逐外道起诸恶见，著一异等虚妄言说。是故，大慧，当于圣智所证法中，离生住灭一异有无俱不俱等一切分别。

……

注释:

①一异:彼此皆同曰“一”;彼此皆异曰“异”,指偏于一端或把两端相互隔绝、对立。

②所熏:原指七转识熏习种子识,此指虚妄分别之戏论熏习心识,而见有外境外法。

③三种量:即“现量”、“比量”、“圣言量”。量,标准、尺度的意思,指判别真伪、是非的标准。现量,即感觉,是感觉器官对于具体事物的直接反映,尚未加入概念的思维分别活动,不能用语言表述。比量,即在现量的基础上,以一定的理由和事例为根据,由已知推论未知的论证形式。圣言量,是以自己所尊奉的圣典或圣人之言论为衡量是非的标准。

④化佛:即应身、报身、法身三身如来中的应身如来,亦称“化身佛”或“化佛”。

译文:

其时,大慧菩萨又对佛说:“世尊,请为我等说离一异、俱不俱、有无非有无、常无常等一切外道所不能行,世尊自证圣智所行之境界,远离妄计自相共相、入真实第一义境界。以无功用本愿力,了知诸渐进佛地,及一切诸法皆是自心虚妄分别所见等,令我及诸大菩萨于如是等法门,远离妄计自相共相见,速证无上正等正觉,普令一切众生具足圆满功德。”

佛说:“善哉!善哉!你哀怜世间众生,问我此义,多所安乐,多所饶益。大慧,凡夫无智,不知诸法是自心量妄习之所变现,执著、分别外法为一为异、为俱为不俱、为有为无、为常为无常等等。大慧，此譬如群兽为渴所逼，于阳焰而生水想，迷惑驰趣，不知此乃非水；愚痴凡夫也是这样，为无始戏论分别所熏，贪嗔痴三毒攻心，喜乐声色境界，见生、住、异、灭，取内外诸法，堕于一异等执著之中。

“大慧，如幻有实无之乾闼婆城非城非非城，无智凡夫无始时来，为城非城等种种妄习所熏，而作城想，外道也是这样，为无始妄习所熏，不能了达自心所现皆虚妄故，著一著异等种种言说。

“大慧，譬如有人梦见男女、象马、车步、城邑、园林等种种现象，醒后忆念梦中不实之事。大慧，你以为这样的人聪明吗？”

大慧答道：“不聪明。”

佛说：“大慧，外道也是这样，为恶见所熏，不了万法唯心，执著一异、有无等见。”

“大慧，譬如画像，本无高下，愚夫妄见，作高下想，外道也是这样，为恶见所熏，妄心增长，执一执异，自坏坏他，于离有无无生之论，也说为无，此坏因果之性，拔善根本，应知此种分别有无、起自他见之人，当堕地狱，若欲求取胜法，应速远离此各种分别执著。

“大慧，譬如眼有疾，见虚空中有毛轮，就对人说：你等看到了吗？此虚空中有青黄赤白等等色相。而彼毛轮本自无体，非有非无，既可见又不可见，外道也是这样，为恶见所熏，分别执著一异、俱不俱等，诽谤正法，自陷陷他。

“大慧，譬如火轮，实非是轮，愚夫取著，非圣智者。外道也是这样，为恶见所熏，执著一异、俱不俱等，一切诸法，由是而生。

“大慧，譬如水泡，似玻璃珠，愚夫以为即是玻璃珠，争相求取，然其水泡，非珠非非珠，既可取又不可取，外道也是这样，为恶见分别习气所熏，分别执著，说非有法从因缘生，又说实有法灭。

“此外，大慧，立现量、比量、圣言量，并认为实有自证圣智离二自体，此亦属虚妄分别。大慧，诸修行者，应灭心、意、意识，离能取、所取，入如来地，于有及无不生妄想。大慧，诸修行者若于自证圣智境界作有无想，则也执著于我、人、寿者、众生诸相。大慧，一切诸法自相共相，是化身佛所说。非法身佛所说，大慧，化身佛说法随顺于愚夫等无智之见，不都直接显示自证圣智三昧乐境。

“大慧，譬如水中有树影现，其非影非非影，非树非非树，外道也是这样，为习见所熏，不了万法唯是自心所现，于一异等而生分别执著。

“大慧，譬如明镜，随缘得见一切色像，彼非像又非非像，有缘得见无缘则不见，愚夫妄加分别，作像想，外道也是这样，于自心所现种种有形像，而执一异、俱不俱相。

“大慧，譬如山谷中之声响，依赖于风、水、人等，众缘和合，声响则起，彼声非有非无，以所闻之声非声故，外道也是这样，为习气所熏，自心分别，而起一异、俱不俱等见。

“大慧，譬如大地无草木处，日光与尘土和合，见似有水波动，其波非有非无，因想而异故；愚痴凡夫也是这样，为无始戏论恶习所熏，于圣智自证法中见生住异灭、一异、有无、俱不俱等。

“大慧，譬如木头人和死尸，借助于机关运转和咒术之力而得运行，愚痴之人以为真实，遂顺从外道，起诸恶见，执著于一异等虚妄言说。大慧，你等当于圣智所证法中，离生住异灭诸见，离有无、一异、俱不俱等一切分别。

……

“复次，大慧，有四种禅，何等为四？谓愚夫所行禅，观察义禅，攀缘真如禅，诸如来禅。大慧，云何愚夫所行禅？谓声闻、缘觉诸修行者，知人无我，见自他身骨锁相连皆是无常苦不净相，如是观察坚著不舍，渐次增胜至无想灭定[①]，是名愚夫所行禅。云何观察义禅？谓知自共相人无我已，亦离外道自他俱作，于法无我诸地相义，随顺观察，是名观察义禅。云何攀缘真如禅？谓若分别无我有二是虚妄念，若如实知，彼念不起，是名攀缘真如禅。云何诸如来禅？谓入佛地住自证圣智三种乐，为诸众生作不思议事，是名诸如来禅。”

……

尔时，大慧菩萨摩诃萨复白佛言：“世尊，诸佛如来所说涅槃，说何等法名为涅槃？”

佛告大慧：“一切识自性习气及藏识、意、意识见习转已，我及诸佛说名涅槃，即是诸法性空境界。复次，大慧，涅槃者，自证圣智所行境界，远离断常及以有无。云何非常？谓离自相共相诸分别故。云何非断？谓去来现在一切圣者自证智所行故。复次，大慧，大般涅槃不坏不死，若死者应更受生，若坏者应是有为，是故涅槃不坏不死，诸修行者之所归趣。复次，大慧，无舍无得故，非断非常故，不一不异故，说名涅槃。复次，大慧，声闻、缘觉知自共相舍离愦闹，不生颠倒，不起分别，彼于其中生涅槃想。

“复次，大慧，有二种自性相。何者为二？谓执著言说自性相，执著诸法自性相。执著言说自性相者，以无始戏论执著言说习气故起；执著诸法自性相者，以不觉自心所现故起。复次，大慧，诸佛有二种加持，持诸菩萨，令顶礼佛足请问众义。云何为二？谓令入三昧及身现其前，手灌其顶。大慧，初地菩萨摩诃萨蒙诸佛持力，故入菩萨大乘光明定；入已十方诸佛普现其前，身语加持，如金刚藏及余成就如是功德相。菩萨摩诃萨者是。

“大慧，此菩萨摩诃萨蒙佛持力，入三昧已，于百千劫集诸善根，渐入诸地，善能通达治所治相，至法云地处，大莲花微妙宫殿坐于宝座，同类菩萨所共围绕，首戴宝冠，身如黄金，瞻葡花色，如盛满月，放大光明，十方诸佛舒莲花手，于其座上，而灌其顶，如转轮王太子受灌顶已，而得自在，此诸菩萨亦复如是，是名为二。诸菩萨摩诃萨为二种持之所持故，即能亲见一切诸佛，异则不能。

“复次，大慧，诸菩萨摩诃萨入于三昧，现通说法，如是一切皆由诸佛二种持力。大慧，若诸菩萨离佛加持，能说法者，则诸凡夫亦应能说。大慧，山林草树城郭宫殿及诸乐器，如来至处，以佛持力尚演法音，况有心者？聋盲瘖哑离苦解脱。大慧，如来持力有如是等广大作用。”

大慧菩萨复白佛言：“何故如来以其持力，令诸菩萨入于三昧及殊胜地中，手灌其顶？”

佛言：“大慧，为欲令其远离魔业诸烦恼故，为令不堕声闻地故，为令速入如来地故，令所得法倍增长故。是故诸佛以加持力持诸菩萨。大慧，若不如是，彼菩萨便堕外道及以声闻魔境之中，则不能得无上菩提。是故如来以加持力摄诸菩萨。”

尔时，世尊重说颂言：

世尊清净愿，有大加持力；
初地十地中，三昧及灌顶。

注释：

①无想灭定：诸外道以无想天为修行之最高境界，为达此境界所修之灭一切心想之禅定。此禅定之特点，是灭诸心法，而达于无想无念。

译文:

“此外,大慧,有四种禅。哪四种呢?有愚夫所行禅,观察义禅,攀缘真如禅,诸如来禅。大慧,什么是愚夫所行禅?谓声闻、缘觉诸修行者,知人无我,见自己他人之身皆是无常、苦、不净,如是观察执著不舍,由此渐增进至灭一切心法、无想无念之境界,此则名为愚夫所行禅。如何是观察义禅?谓知自共相、人无我,并知外道之法悉皆不实,于法无我诸地行相,随顺观察,是名观察义禅。如何是攀缘真如禅?知人无我、法无我,是对治二种我见,本身亦不真实,不起二无我妄念,是名攀缘真如禅。如何是诸如来禅?谓得如来地自证圣智真实法身,常住寂灭,令诸众生得禅定乐、菩提乐、涅槃乐及得如来智慧法身不思议事,是名诸如来禅。”

……

其时,大慧菩萨又对佛说:“世尊,诸佛如来所说涅槃,说何等法,名为涅槃?”

佛对大慧说:“诸识等见习转已,是名涅槃,亦即是诸法性空境界。又,大慧,涅槃者,自证圣智所行境界,远离断常及有无等见。什么是非常?即离自共相之妄想分别。什么是非断?谓三世如来所证得故,是以非断。又,大慧,涅槃不坏不死,是诸修行者之所归趣。若有死则有生,而涅槃不更受生相续,故涅槃不死;若坏者应是有为法,而涅槃是无为法,故不坏。又,大慧,涅槃无烦恼可舍,无菩提可得,非断亦非常,不一亦不异,此是名涅槃。又,大慧,声闻、缘觉知自共相,烦恼障灭,不生颠倒,不起未来生死分别,彼于其中生涅槃想。

“此外，大慧，有二种自性相。哪二种呢？一是执著言说自性相；二是执著诸法自性相。执著言说自性相者，以无始以来妄想言说习气不断故，计著有言说自性相；执著诸法自性相者，以不觉诸法是自心所起，虚妄执著。又，大慧，诸佛有二种加持加诸菩萨，令其顶礼佛足请问众义。哪二种呢？谓令其入三昧，身现其前，手灌其顶，为其授记。大慧，初地大菩萨蒙诸佛加持之力，入于菩萨大光明定。入定之后，十方诸佛普现其前，以身语诸业加持，如金刚藏，华严会中住初地时及余成就初地功德相，菩萨亦如是加持。

“大慧，此大菩萨蒙佛神力，入三昧后，于百千劫积集善根故，渐入诸地，能达治所治相。至法云地者，坐于大莲花微妙宫殿之宝座上，同类菩萨众所围绕，头戴宝冠，身如黄金，瞻葡花色，如盛满月，放大光明，十方诸佛伸展莲花手，于其座上，而为其灌顶，如转轮圣王太子受记，得大自在，此菩萨也是这样，是名为二种加持。菩萨为二种加持力故，能亲见一切诸佛，若不如是则不能。

“又，大慧，大菩萨入于三昧，善说法要，皆由佛加持力故。若诸菩萨离佛加持而能说法者，则凡夫亦能说法。大慧，蒙佛加持之力，一切山林、草树、城郭、宫殿及诸乐器等无情物也能演唱法音，况有情众生？凡受佛加持者，一切盲聋哑者，都能获得解脱。大慧，如来加持之力有如此广大的作用。”

大慧又对佛说：“何故如来以其加持力令诸菩萨入于初地及十地中？”

佛说：“大慧，为欲令其远离二种过故，须加持初地；为令其不堕声闻地故，须加持十地；为诸菩萨速入如来地，为诸菩萨所得法加倍增长，故佛为诸菩萨加持。大慧，若不加持，彼菩萨堕外道及声闻地中，则不能得无上正等正觉，所以如来以加持力摄诸菩萨。”

其时，世尊重说颂：

如来世尊以其清净愿，为诸菩萨加持；
为令其远离二种过失加持初地，
为令其不堕于声闻加持十地。

尔时，大慧菩萨摩诃萨复白佛言：“世尊，佛说缘起是由作起非自体起，外道亦说，胜性自在时我微尘生于诸法，今佛世尊，但以异名说作缘起，非义有别。世尊，外道亦说，以作者故，于无生有，世尊亦说，以因缘故，一切诸法本无而生，生已归灭，如佛所说无明缘行，乃至老死，此说无因非说有因。世尊说言，此有故彼有，若一时建立，非次第相待者，其义不成，是故外道说胜，非如来也。何以故？外道说因不从缘生而有所生，世尊所说果待于因，因复待因，如是展转成无穷过，又，此有故彼有者，则无有因。”

佛言：“大慧，我了诸法唯心所现，无能取所取，说此有故彼有，非是无因及因缘过失。大慧，若不了诸法唯心所现，计有能取及以所取，执著外境若有若无，彼有是过，非我所说。”

大慧菩萨复白佛言:“世尊,有言说故,必有诸法,若无诸法,言依何起?”

佛言:“大慧,虽无诸法,亦有言说,岂不现见龟毛、兔角、石女儿等,世人于中皆起言说?大慧,彼非有非非有,而有言说耳。大慧,如汝所说,有言说故有诸法者,此论则坏。大慧,非一切佛土皆有言说,言说者,假安立耳。大慧,或有佛土瞪视显法,或现异相,或复扬眉,或动目睛,或示微笑、嚬呻、謦欬、忆念、动摇[①],以如是等而显于法。大慧,如不瞬世界、妙香世界及普贤如来佛土之中,但瞪视不瞬,令诸菩萨获无生法忍及诸胜三昧。大慧,非由言说而有诸法,此世界中蝇蚁等虫,虽无言说成自事故。”

尔时,世尊重说颂言:

如虚空兔角,及与石女儿;
无而有言说,妄计法如是。
因缘和合中,愚夫妄谓生;
不能如实解,流转于三有。

尔时,大慧菩萨摩诃萨复白佛言:“世尊所说常声,依何处说?”

佛言:“大慧,依妄法说。以诸妄法圣人亦现,然不颠倒。大慧,譬如阳焰、火轮、垂发、乾闼婆城梦幻境像,世无智者生颠倒解,有智不然,然非不现。大慧,妄法现时无量差别,然非无常。何以故?离有无故。云何离有无？一切愚夫种种解故，如恒河水，有见不见，饿鬼不见，不可言有；余所见故，不可言无。圣于妄法离颠倒见。

“大慧，妄法是常，相不异故，非诸妄法有差别相，以分别故而有别异，是故妄法其体是常。大慧，云何而得妄法真实？谓诸圣者，于妄法中不起颠倒，非颠倒觉，若于妄法有少分想，则非圣智。有少想者当知则是愚夫戏论，非圣言说。

“大慧，若分别妄法是倒非倒，彼则成就二种种性，谓圣种性、凡夫种性。大慧，圣种性者，彼复三种，谓声闻、缘觉、佛乘别故。大慧，云何愚夫分别妄法，生声闻乘种性？所谓计著自相共相。大慧，何谓复有愚夫分别妄法，成缘觉乘种性？谓即执著自共相时，离于愦闹。大慧，何谓智人分别妄法而得成就佛乘种性？所谓了达一切唯是自心分别所见，无有外法。大慧，有诸愚夫分别妄法种种事物，决定如是，决定不异，此则成就生死乘性。

“大慧，彼妄法中种种事物，非即是物，亦非非物。大慧，即彼妄法诸圣智者心，意、意识诸恶习气自性法转依故，即说此妄名为真如，是故真如离于心识，我今明了显示此句离分别者，悉离一切诸分别故。”

大慧菩萨白世尊言：“世尊所说妄法，为有为无？”

佛言：“如幻无执著相故，若执著相体是有者，应不可转则诸缘起，应如外道说作者生。

……

注释：

①謦欬（qǐng kài）：咳嗽。借指谈笑、谈吐。

译文：

其时，大慧菩萨又对佛说："世尊，如果世尊所说缘起，是由作起而非由心自体而起，外道亦说胜自在天而生诸法，今佛与外道所说只是名称有不同而已，非是义理有所别。世尊，外道说言以神我故，从无生有，世尊也说以因缘故，一切诸法本无而生，生后还灭，如佛所说无明缘行，乃至老死，此说无因，非说有因。世尊说言此有故彼有，若一时建立，非次相待而有，其义不能成立，所以，外道所说胜于世尊所说。为什么这么说呢？外道说因不从缘生，而有所生，世尊所说，果待于因，因又待于因，如是展转，成无穷过；又，此有故彼有，则是无因。"

佛说："大慧，我了达诸法非有无生，但唯心现，无能取所取，说此有故彼有非是无因及因缘过失。大慧，若不了达诸法唯心所现，执著能取所取，以外境为若有若无，此等过失，非我所说。"

大慧菩萨又对佛说："世尊，有言说，故必有诸法，若无诸法，言说依何而起？"

佛说："大慧，虽无诸法，也有言说，岂没听过龟毛、兔角、石女儿等，本无此等诸法，世人于中皆起言说？大慧，其非有亦非非有，只有言说而已。大慧，如果像你所说的，有言说必有诸法，此论则坏。大慧，非一切佛土皆有言说，言说者，假立而已。大慧，或有佛土，在扬眉瞬目、微笑频呻中而显法，如不瞬世界、妙香世界及普贤如来佛土中，但瞪视不瞬令诸菩萨获无生法忍及诸三昧。大慧，非由言说才有诸法，此世界中蝇蚁等虫，虽无言说，而事相宛然。”

其时，世尊重说颂道：

譬如虚空兔角，及与石女儿等；
实无而有言说，妄计法也是如此。
因缘和合之中，愚夫妄以为生；
不能如实理解，故流转于三界。

其时，大慧菩萨又对佛说：“世尊在其他经中所说的诸如十二因缘、常乐我净等，依何处说？”

佛说：“大慧，依妄法说，因为诸圣即依此妄法现，但不于妄法起有无等见，譬如阳焰、火轮、垂发、乾闼婆城、梦、幻、镜像等，无智之人生颠倒见，以为实法，有智之人不这样看，但此种种幻影、梦境非不现起。大慧，妄法现起时，有种种差别，但非无常。何故非无常呢？因为妄法离于有无，因为愚痴凡夫于离有无处起种种见解，如恒河水，饿鬼不见，不可言其有，其他众生见之，不可言无，所以圣人于虚妄法，悉离颠倒有无之见。

“大慧，虚妄法是常，因无各种异相可得，并非虚妄法本身有种种差别，而是因为各种妄想而有差别。所以一切妄法其体是常。大慧，如何才能得妄法之真实性相？即如诸圣者那样，不于妄法起颠倒见，也不起真实见，若于妄法中生心动念，则非圣者之智，于妄法生心动念者，则是凡夫戏论，非圣人见解。

“大慧，若于妄法起颠倒见与正见，则能生起二种种性，一是凡夫种性，二是圣种性。大慧，圣种性又有三种，即声闻、缘觉、佛乘。大慧，为何愚夫分别妄法能生声闻乘种性？亦即愚夫观察妄法，取自相共相，遂起声闻乘种性；那么何谓愚夫分别妄法而起缘觉乘种性？亦即执著诸法自相共相时，不乐愦闹，喜独自观察。大慧，何谓智者观察妄法而得成就佛乘种性？亦即智者在观察妄法时，能了达一切诸法唯是自心分别所见，此外更无别法。大慧，若有愚夫分别妄法，取种种性相，执著实我实法，此则起生死乘种性。

“大慧，彼妄法中种种事物，非即是物，亦非非物，离于有无，乃诸心识恶习转依之产物，亦即圣人转妄法为真如，所以真如离于心识。我今明确指出，如能了达此真如、妄法之若即若离之关系，即于一切都能明了通达。”

大慧菩萨又对佛说：“世尊所说妄法，为有为无？”

佛说：“此妄法如幻影，不可以有无计著，若执著有性相者，即是真实不可转，如此则诸缘起妄法，这与外道以有作者生一切法相类。”

……

“复次，大慧，见诸法非幻无有相似，故说一切法如幻。”

大慧言：“世尊，为依执著种种幻相，言一切法犹如幻耶？为异依此执著颠倒相耶？若依执著种种幻相言一切法犹如幻者，世尊，一切法悉皆如幻，何以故？见种种色相不无因故。世尊，都无有因，令种种色相显现如幻，是故世尊，不可说言依于执著种种幻相言一切法与幻相似。"

佛言："大慧，不依执著种种幻相言一切法如幻。大慧，以一切法不实，速灭如电，故说如幻。大慧，譬如电光见已即灭，世间凡愚悉皆现见一切诸法依自分别自共相现，亦复如是，以不能观察无所有故，而妄计著种种色相。"

尔时，世尊重说颂言：

非幻无相似，亦非有诸法；

不实速如电，如幻应当知。

尔时，大慧菩萨摩诃萨复白佛言："世尊，如佛先说，一切诸法皆悉无生[①]，又言如幻，将非所说前后相违。"

佛言："大慧，无有相违。何以故？我了于生即是无生，唯是自心之所见故。若有若无一切外法，见其无性本不生故。大慧，为离外道因生义故，我说诸法皆悉不生。大慧，外道群聚共兴恶见，言从有无生一切法，非自执著分别为缘。大慧，我说诸法非有无生，故名无生。大慧，说诸法者，为令弟子知依诸业摄受生死，遮其无有断灭见故。大慧，说诸法相犹如幻者，令离诸法自性相故，为诸凡愚堕恶见欲，不知诸法唯心所现，为令远离执著因缘生起之相，说一切法如幻如梦，彼诸愚夫执著恶见，欺诳自他，不能明见一切诸法如实住处。大慧，见一切法如实处者，谓能了达唯心所现。”

尔时，世尊重说颂言：

无作故无生，有法摄生死；

了达如幻等，于相不分别。

注释：

①无生：涅槃、虚空等无为法乃不生不灭，是为“无生”，观不生不灭之理而灭生灭之烦恼。

译文：

“此外，大慧，不可说幻是无，诸法也是这样，如幻并非无。”

大慧说：“世尊，是因为执著各种幻相说一切如幻？还是因为执著诸法颠倒相故言一切法如幻？世尊，并非一切都如幻，因为种种色相均不是无因而有的，若都无因而种种色相现，即可说一切如幻，所以世尊，不可说一切法都与幻相相似，如梦如幻。”

佛说：“不可因幻相有种种，诸法有种种，而说一切法如幻，而应以一切法当体不实，速起速灭，如电如光，所以说一切法如幻。大慧，譬如电光，一闪即逝，世间所见一切诸法，也是这样，本都是自心虚妄分别所见，而愚夫起自、共相执著，虚妄计著各种色相。”

其时，世尊重说颂：

诸法如幻并非一无所有，也并不是实有诸法；
诸法如电如光无自体性，所以说一切法如幻。

其时，大慧菩萨又对佛说：“世尊，如果像佛所说的，一切诸法悉皆不生，又说诸法如梦如幻，如此，岂不前后所说互相矛盾？”

佛说：“大慧，并不矛盾。为什么呢？因为生即是无生，所谓生者，唯是自心之虚妄显现尔，若有若无，一切外法，因其无性，故本不生。大慧，为离外道以神我为生因，我说诸法皆悉不生。大慧，外道谓从有无生一切法，不说自心分别执著因缘而生。大慧，我说诸法非从有无而生，故名无生。大慧，说诸法者，为令诸受化者，知一切法虽无作者，而业不亡，是故报受二种生死，破其邪见断灭戏论。大慧，说诸法相如梦如幻者，令离诸法自性相故，为诸凡愚堕于恶见，不知诸法唯心所现，为令远离执著因缘生起诸相，说一切法如梦如幻。彼诸愚夫执苦恶见，欺诳自他，不能明见一切法如实住处。所谓一切法如实住处者，即了达一切法唯心所现。”

其时，世尊重说颂：

以无作性故说无生，为遮断见故说有业摄生死；
了达诸法如幻如梦，不于诸法性相而起虚妄分别。

“复次，大慧，我当说名句、文身相[①]。诸菩萨摩诃萨善观此相，了达其义，疾得阿耨多罗三藐三菩提，复能开悟一切众生。大慧，名身者，谓依事立名，名即是身，是名名身；句身者，谓能显义决定究竟，是名句身；文身者，谓由于此能成名句，是名文身。复次，大慧，句身者，谓句事究竟；名身者，谓诸字名各各差别，如从阿字乃至呵字；文身者，谓长短高下。复次，句身者，如足迹，如衢巷中人畜等迹。名谓非色四蕴以名说故，文谓名之自相由文显故，是名名句文身。此名句文身相汝应修学。”

尔时，世尊重说颂言：

名身与句身，及字身差别；
凡愚所计著，如象溺深泥。

“复次，大慧，未来世中，有诸邪智恶思觉者，离如实法以见一异、俱不俱相，问诸智者，彼即答言：‘此非正问。’‘谓色与无常为异为不异，如是涅槃诸行，相所相，依所依，造所造，见所见，地与微尘，智与智者，为异为不异？’如是等不可记事，次第而问，世尊说此当止记答。愚夫无智，非能所知，佛欲令其离惊怖处，不为记说。大慧，不记说者，欲令外道永得出离作者见故。

“大慧，诸外道众计有作者，作如是说，命即是身，命异身异，如是等说，名无记论。大慧，外道痴惑说无记论，非我教中。大慧，我教中说离能、所取，不起分别。云何可止？大慧，若有执著能取、所取，不了唯是自心所见，彼应可止。大慧，诸佛如来以四种记论②，为众生说法。大慧，止记论者，我别时说，以根未熟且止说故。

“复次，大慧，何故一切法不生？以离能作、所作、无作者故。何以一切法无自性？以证智观自相、共相不可得故。何故一切法无来去？以自共相来无所从，去无所至故。何故一切法不灭？谓一切法无性相故，不可得故。何故一切法无常？谓诸相起无常性故。何故一切法常？谓诸相起即是不起，无所有故，无常性常，是故我说一切法常。

……

注释：

①名句：显示体为“名”，诠释义为“句”。如“诸行无常”，“诸行”二字是名，“无常”二字是句。《成唯识论》以诠释自性为“名”，以诠释差别为“句”。文身：名句所依之文字，二字以上者为“身”。

②四种记论：又称为“四答”。按《大智度论》说法，一者一向记，如问一切众生皆当死否？应肯定答之曰：一切众生皆当死；二分别记，如问一切死者皆当生否？应分别作答；三是反诘记，如问人为胜为劣？即应反问之，相对于什么而言？四舍置记，如问五蕴与有情人生是一或是异？此类问题不予作答。

译文：

“此外，大慧，我当为你解说显体释义及其所依文字之名句、文身之相。诸大菩萨善于观察此相，了达其义，速得无上正等正觉，后又能开悟一切众生。大慧，所谓名身者，亦即依事立名，如依瓶衣等物，立瓶衣等名，如名能诠自性，此谓名身；所谓句身者，亦即能显示该句之义理，如说“诸法无常”，显示“诸法无常”义，此即是句身；所谓文身者，由于此等文字能成名句，是名文身。此外，大慧，有文时必有名，但未必有句，但有句者，必有句及文；所谓名身者，亦即诸字名各各差别，如从阿字直至呵字；文身者，即音韵屈曲长短高下等。此外，句身者，如足迹，如街巷中人及象马诸牲畜之足迹，循其足迹即可找到人或畜；名身者，如受、想、行、识四蕴，非有形可见，故以名说；文身者，即是名之实性相，由文而显。如此即是所谓的名句文身。此名句文身相，你应修学。”

其时，世尊重说颂：

显体之名身与释义之句身，以及名句所依之文字；

愚痴凡夫虚妄计著，有如大象溺于污泥之中。

“此外，大慧，未来世中，有诸邪智恶觉观者，因邪见一异、俱不俱等，以一异、俱不俱等四句问于智者，智者即回答道：‘此非是正问。’邪智之人又问道：‘色与无常是异或是不异？涅槃与诸生死有为法是异或是不异？相与所相是异或是不异？依与所依是异或是不异？造与所造是异或是不异？见与所见是异或是不异？大地与微尘是异或是不异？智与智者是异或是不异？’凡此诸问，都属无记，世尊说都不应予以回答，因为愚夫无有智慧，这些问题不是他们所能了知的，佛为使他们离常断邪见，故不予作答。大慧，无记事，不作答，这是为了使外道反思而自得觉悟，永得出离造作者之邪见。

“大慧，外道众计有作者，认为命即是身。命与身为一为异，此皆属无记邪论。大慧，外道愚痴说无记邪论，这不是我佛效法之法。大慧，我佛法中说法远离能取、所取，于能、所取不起分别，所以我佛法中不予回答。大慧，若有执著能取、所取，不能了达诸法唯是自心所现，对于这种人，当以四种记论为其说法开示，视其根机，因时而异，我以四种记论置答。

“又，大慧，何故一切法不生？因为一切法离能作、所作，无有作者。何故一切法无自性？因为以圣智观察一切法均不可得。何故一切法无去来？因为一切之自相、共相均无所从来，去亦无所至。何故一切法不灭？因为一切法体空无自性，相不可得。何故一切法无常？因为一切相起即灭，无有常性。何故说一切法常？因为诸法本无生灭，起即不起，无常之性常，是故说一切法常。”

……

尔时，大慧菩萨摩诃萨复白佛言：“世尊，愿为我说，诸须陀洹、须陀洹果行差别相[①]，我及诸菩萨摩诃萨闻是义故，于须陀洹、斯陀含、阿那含、阿罗汉方便相[②]，皆得善巧，如是而为众生演说，令其证得二无我法，净除二障，于诸地相渐次通达，获于如来不可思议智慧境界，如众色摩尼，普令众生悉得饶益。”

佛言：“谛听，当为汝说。”

大慧言：“唯。”

佛言：“大慧，诸须陀洹、须陀洹果差别有三：谓下中上。大慧，下者于诸有中极七反生；中者三生五生；

上者即于此生而入涅槃。

“大慧，此三种人断三种结，谓身见、疑、戒禁取[3]，上上胜进得阿罗汉果。

“大慧，身见有二种，谓俱生及分别，如依缘起有妄计性。大慧，譬如依止缘起性，故种种妄计执著性生，彼法但是妄分别相，非有非无，非亦有亦无，凡夫愚痴而横执著，犹如渴兽妄生水想。此分别身见无智慧故久远相应，见人无我即时舍离。大慧，俱生身见，以普观察自他之身，受等四蕴无色相故，色由大种而得生故。是诸大种互相因故，色不集故，如是观已，明见有无即时舍离。舍身见故，贪则不生，是名身见相。

“大慧，疑相者，于所证法，善见相故，及先二种身见分别断故。于诸法中疑不得生，亦不于余生大师想为净不净，是名疑相。大慧，何故须陀洹不取戒禁，谓以明见生处苦相，是故不取，夫其取者，谓诸凡愚于诸有中贪著世乐，苦行持戒，愿生于彼。须陀洹人不取是相，惟求所证最胜无漏无分别法，修行戒品，是名戒禁取相。大慧，须陀洹人舍三结故，离贪嗔痴。”

大慧白言：“贪有多种，舍何等贪？”

佛言：“舍于女色缠绵贪欲，见此现乐生来苦故；又得三昧殊胜乐故，是故舍彼，非涅槃贪。

“大慧，云何斯陀含果？谓不了色相，起色分别，一往来已，善修禅行，尽苦边际而般涅槃，是名斯陀含。

“大慧，云何阿那含果？谓于过、未、现在色相起有无见，分别过恶，随眠不起，永舍诸结，更不还来，是名阿那含。

“大慧，阿罗汉者，谓诸禅三昧解脱力通悉已成就，烦恼诸苦分别永尽，是名阿罗汉。”

大慧言：“世尊，阿罗汉有三种，谓一向趣寂、退菩提愿、佛所变化。此说何者？”

佛言：“大慧，此说趣寂，非是其余。大慧，余二种人，谓已曾发巧方便愿，及为庄严诸佛众会，于彼示生。

“大慧，于虚妄处说种种法，所谓证果，禅者及禅，皆性离故，自心所见，得果相故。大慧，若须陀洹作如是念：我离诸结，则有二过，谓堕我见及诸结不断。复次，大慧，若欲超过诸禅无量色界者④，应离自心所见诸相。大慧，想受灭三昧，超自心所见境者不然，不离心故。

……

注释：

①须陀洹：全称“须陀般那”，又译作“入流”、“预流”，初入圣流之义，声闻乘四果之初果。

②斯陀含：又译作“一来”，声闻乘四果之一，因其只断欲界九地修惑中的前六品，尚余后三品，因此，得此果者还必须再于欲界之人间与天上受生一次，故名。阿那含：又译作“不还”或

"不来",因其已断尽欲界之修惑,不须再来欲界受生,其所受生当于色界和无色界,故称"不来"。

③身见:五见之一,因不能了达我及我所乃是五蕴和合之假相,执有实我。疑:十见之一,指对于佛教真理尚有存疑,接受佛教真理犹豫不决,小乘"预流"以上,菩萨初地以上,乃焉断疑者。戒禁取:五见之一,依仿非究竟之邪禁,学其各种做法,以为如此则可生天或入涅槃。

④无量:即慈、悲、喜、舍四无量心。

译文:

其时,大慧菩萨又对佛说:"世尊,请为我等说诸须陀洹、须陀洹果行相差别,使我及诸大菩萨,了知通达须陀洹、斯陀含、阿那含、阿罗汉因行果位之种种差别相,而为众生宣讲演说,令其证得二无我法(人无我、法无我),净除二障(烦恼障、所知障),渐渐通达菩萨诸地,进而入于如来所证境界,得佛法身,为利乐有情、饶益众生,请佛为说四果差别之相。"

佛说:"大慧,你等认真听着,我当为你等宣说。"

大慧说:"是的。"

佛说:"大慧,诸须陀洹、须陀洹果差别有三:即上、中、下三种。大慧,下者未断欲界之惑,须人间、天上七往返方能证得阿罗汉界;中者或三生、五生得阿罗汉果;上者即此一生得阿罗汉果。

"大慧,此三种人断除三种惑见:一者身见(于五蕴执有实我之邪见),二者疑见(疑佛说是否为正),三者戒禁取见(随顺外道之种种非理之戒禁并以之为最胜），以上上之智，断种种惑见，证得阿罗汉果。

“大慧，身见有二种，即俱生与分别，如依缘起而有妄计性。大慧，譬如依止缘起性，故种种妄计执著性生，非有非无，非亦有亦无，愚昧凡夫妄加执著，犹如渴兽于阳焰妄生水想，此即分别身见，执有我、我所，因无智慧的缘故，从无始世以来即与它相应。须陀洹能见人无我，即时可得舍此分别身。大慧，俱生身见者，即普观自身及与他身，受、想、行、识诸蕴与色俱有名无体，无自性相；观色蕴从四大种所造，展转相因而生。四大既无主宰，谁能合集以成色？色蕴如此，余四蕴亦然，如是观察，明见有无俱妄不实，五蕴无体，身见即断。

“大慧，疑相者，谓于所证之四圣谛法善见其相，断除先前所说的二种身见，于诸法中不生疑心，亦不生于尊者以为尊相，是净与不净，如此是名疑相。何故须陀洹不取戒禁取见？因为须陀洹不取未来受生之戒，知有生处即有诸苦故。取此戒禁取见者，盖由于诸愚痴凡夫，于三有中，求五欲乐，苦行修习，愿生彼处，须陀洹人不取未来受生处五欲乐，唯求所证最胜无漏四真谛理无分别法，方便受持，修行正戒，是名断戒禁取见。大慧，须陀洹人舍身见、疑见、戒禁取见三种惑障，离贪嗔痴三大根本烦恼。”

大慧对佛说：“贪有多种，舍哪一种贪？”

佛说：“大慧，舍于女色之贪，知此现时欲乐，来生必定受苦，须陀洹不取此种贪，以得三昧乐行故，非离涅槃贪（须陀洹不像菩萨，尚贪求涅槃）。

“大慧，如何是斯陀含果？谓不了色相自性，起色分别，故尚须一往来于人天，善修禅定智慧，至我见不生，诸苦尽除，而得涅槃，此是名斯陀含。

“大慧，如何是阿那含果？谓于过去、现在、未来三世诸法自性无实，见凡有生处即有诸苦，烦恼习不起，舍离诸惑，更不还生欲界，是名阿那含。

“大慧，阿罗汉者，修行四禅及三昧，了八解脱，分证十力，三明六通皆已成就，招致诸苦之烦恼业悉已断尽，是名阿罗汉。”

大慧说：“世尊，阿罗汉有三种，即趣寂定性罗汉、已退还发菩提心之不定种性罗汉、佛所变化示现罗汉，世尊所说，是指哪一种阿罗汉？”

佛说：“大慧，此说趣寂定性罗汉，非是其他二种阿罗汉。其他二种阿罗汉是指，退已还发大菩提心者，已曾发善巧广大行愿成熟有情佛所化者，为庄严诸佛国土及其眷属，于彼示生作阿罗汉者。

“大慧，于妄想众生处说种种法，断诸烦恼所证四果之禅者及诸禅三昧，本性皆离虚妄之故，唯自心量虚妄所见得果相而已。大慧，若须陀洹这样想：我已断除诸惑见，此则有二种失，即我见及诸惑见悉未断除。又，大慧，若欲超过声闻乘诸禅、四无量心及无色界四空定，得如来三昧者，应当远离自心所现诸相。大慧，声闻即以想受灭定为最高境界，若说它是超过自心量所现的境界，则是不对的，为什么呢？因它是不离心的缘故。

……

“复次，大慧，有二种觉智，谓观察智及取相分别执著建立智。观察智者，谓观一切法离四句不可得[1]。四句者，谓一异、俱不俱，有非有、常无常等。我以诸法离此四句，是故说言，一切法离。大慧，如是观法汝应修学。云何取相分别执著建立智？谓于坚湿暖动诸大种性，取相执著虚妄分别，以宗因喻而妄建立[2]，是名取相分别执著建立智，是名二种觉智相。菩萨摩诃萨知此智相，即能通达人、法无我，以无相智于解行地善巧观察，入于初地，得百三昧，以胜三昧力见百佛百菩萨，知前后际，各百劫事，光明照耀百佛世界，善能了知上上地相，以胜愿力变现自在，至法云地而受灌顶，入于佛地十无尽愿，成就众生种种应现无有休息，而恒安住自觉境界三昧胜乐。

“复次，大慧，菩萨摩诃萨当善了知大种造色。云何了知？大慧，菩萨摩诃萨应如是观，彼诸大种真实不生，以诸三界，但是分别，惟心所现，无有外物，如是观时，大种所造悉皆性离超过四句，无我、我所，住如实处，成无生相。

“大慧，彼诸大种云何造色？大慧，谓虚妄分别津润大种成内外水界，炎盛大种成内外火界，飘动大种成内外风界，色分段大种成内外地界，离于虚空，由执著邪谛，五蕴聚集，大种造色生。大慧，识者以执著种种言说境界，为因起故，于余趣中相续受生。大慧，地等造色有大种因，非四大种为大种因。何以故？谓若有法有形相者，则是所作，非无形者。大慧，此大种造色相外道分别非是我说。

“复次，大慧，我今当说，五蕴体相，谓色受想行识。大慧，色谓四大及所造色，此各异相，受等非色。大慧，非色诸蕴犹如虚空无有四数。大慧，譬如虚空，超过数相，然分别言，此是虚空，非色诸蕴，亦复如是，离诸数相，离有无等四种句故。数相者愚夫所说，非诸圣者，诸圣但说如幻所作，唯假施设，离异不异，如梦如像，无别所有。不了圣智所行境故，见有诸蕴分别现前，是名诸蕴自性相。大慧，如是分别，汝应舍离，舍离此已，说寂静法，断一切刹诸外道见，净法无我，入远行地③，成就无量自在三昧，获意生身，如幻三昧，力通自在，皆悉具足，犹如大地普益群生。

“复次，大慧，涅槃有四种。何等为四？谓诸法自性无性涅槃，种种相性无性涅槃，觉自相性无性涅槃，断诸蕴自、共相流注涅槃。大慧，此四涅槃是外道义，非我所说。大慧，我所说者，分别尔炎识灭名为涅槃。”

大慧言：“世尊，岂不建立八种识耶？“

佛言：“建立。”

大慧言：“若建立者，云何但说意识灭，非七识灭？”

佛言：“大慧，以彼为因及所缘故，七识得生。大慧，意识分别境界，起执著时，生诸习气，长养藏识，由是意俱我、我所执，思量随转无别体相，藏识为因、为所缘故，执著自心所现境界，心聚生起展转为因。大慧，譬如海浪自心所现境界风吹而有起灭，是故意识灭时，七识亦灭。

……

注释：

①四句：有“四句分别”、“四句指捡”、“四句执”、“四句成道”等，此指“四句执”，如诸法是常，诸法无常，诸法亦常亦无常，诸法非常非无常、有无、一异等类此。

②宗因喻：新因明用语，依宗（命题）、因（理由）、喻（譬喻）等三支成立之因明论式，称为“三支作法”。古因明五支作法，由宗、因，喻、合、结五支组成之推理论式。三支作法即将“合”支归摄于喻体，将“结”支归摄于宗支。

③远行地：菩萨十地中之第七地，此地菩萨住于纯无相观，远过于世间及二乘之有相行，故名。

译文：

“此外，大慧，有二种智，即观察智及取相分别执著建立智。观察智者，即观一切法离四句，皆不可得。所谓四句者，即诸如常、无常、亦常亦无常、非常非无常等。我以诸法离此四句，故说一切诸法皆不可得。大慧，如此观察诸法，你等应该修学。如何取相分别执著建立智？谓于地、水、风、火四大种相，虚妄分别，妄想执著，以宗因喻五分法，成于不实而妄建立，是名邪正二种觉智相。大菩萨知此智相即能通达人、法二种无我，以无相智于地前胜解行位，善巧观察，即入初地，得大乘光明等百三昧门，以彼胜力见百佛，乃至光明照烛百佛世界，善能了知离垢地相，以本愿力故，现种种神通，至第十地而受佛灌顶，入于佛地以十无尽愿，成就众生，各种应现，无有休息而常安住自觉境界三昧乐。

“又，大慧，大菩萨应当善于了知四大造色。如何了知？大慧，大菩萨应如是观察，彼诸大种真实不生，乃至三界但是妄心分别，唯是心之显现，无有外法。如是观察时，四大种所造悉皆离四句、无自性、无我、我所，住于如实之处而成就无生之相。

“大慧，彼诸大种如何造色？大慧，诸外道妄想有津润之性为水大种，生内外水界（内水如血、汗，外水如河、海等），有炎热之性为火大种，生内外火界（内火如体内热气，外火如自然之火），有飘动之性为风大种，生内外风界（内则气息运行，外则空气流动），有色质之性为地大种，生内外地界（内则皮肉筋骨，外则田地高原），外道妄计有坚、湿、暖、动四性离于虚空，由妄想执著，不了五蕴虚假积聚，本无有性，故言四大种造色。大慧，五蕴妄识，由迷真心执著种种言语境界，作业受生，于诸趣中相续不断。大慧，地等造色实乃妄心所现，非由四大种所造，为何这么说呢？因为若有法者，即有形相，即是所作，非离形相而有诸法。大慧，此大种造色乃是外道所说，非是我说。

“又，大慧，我今当说五蕴体相。五蕴者，即色、受、想、行、识。大慧，所谓色者，指四大及所造色，此各各异相：受、想、行、识诸蕴更非色法，无色法相，如同虚空，何有四种数相？

大慧，譬如虚空，离于诸相，而虚妄分别，此是虚空，彼是虚空。非色之受、想、行、识诸蕴，也是这样，因其离诸数相，离于有无。数相者，愚夫所说，非圣者说，圣者虽见五蕴，但了知此等诸蕴皆妄心分别所作，只是假名施设，相虽是有，而无其实，皆如影如幻，别无自体。不了如来所证境界，见有诸蕴，执著分别，常现在前，此即是妄想诸蕴自性相。大慧，这种分别你应当远离。舍离此等分别执著之后，说诸法实相，断一切外道邪见，了知诸法无我，入纯无相观之'远行地'，成就无量自在三昧，获意生身，达如幻三昧，神通自在，犹如大地，利益群生。

"此外，大慧，涅槃有四种。哪四种呢？谓以诸法体性为有性为无性的涅槃；以种种相为有为无的涅槃；觉悟自相为有性无性的涅槃；此三种是外道之所谓涅槃。此外，断五蕴六道中相续流注，以人无我为涅槃，此是二乘所谓涅槃。大慧，此四种涅槃非我所说。大慧，我所说者，分别所知境界识灭，名为涅槃。"

大慧说："世尊，岂不建立八种识吗？"

佛说："建立。"

大慧说："若建立者，如何但说意识灭，非七转识灭？"

佛说："大慧，以第八识为因及所依，前七识得生。大慧，前六识了境起执著时，生诸习气，熏习增长阿赖耶识，由是末那识执为我、我所，恒审思量，相续随转，无别体相。彼二种识，以阿赖耶识为因为所缘的缘故，观自心见境，妄想执著生种种心，犹如束竹互相为因。大慧，又如大海波浪，以自心所现境界为风吹，而有生灭，所以意识灭时，余七识亦灭。

……

“复次，大慧，我今当说妄计自性差别相，令汝及诸菩萨摩诃萨善知此义，超诸妄想，证圣智境，知外道法，远离能取、所取分别，于依他起种种相中，不更取著妄所计相。大慧，云何妄计自性差别相，所谓言说分别、所说分别、相分别、财分别，自性分别、因分别、见分别、理分别、生分别、不生分别、相属分别、缚解分别。大慧，此是妄计自性差别相。

“云何言说分别？谓执著种种美妙音词，是名言说分别。云何所说分别？谓执有所说事，是圣智所证境依此起说，是名所说分别。云何相分别？谓即于彼所说事中，如渴兽想，分别执著坚湿暖动等一切诸相，是名相分别。云何财分别？谓取著种种金银等宝而起言说，是名财分别。云何自性分别？谓以恶见如是分别此自性，决定非余，是名自性分别。云何因分别？谓于因缘分别有无，以此因相而能生故，是名因分别。云何见分别？谓诸外道恶见，执著有无、一异、俱不俱等，是名见分别。云何理分别？谓有执著我、我所相，而起言说，是名理分别。云何生分别？谓计诸法若有若无从缘而生，是名生分别。

“云何不生分别？谓计一切法本来不生，未有诸缘而先有体，不从因起，是名不生分别。云何相属分别？谓此与彼，递相系属，如针与线，是名相属分别。云何缚解分别？谓执因能缚，而有所缚，如人以绳方便力故，缚已复解，是名缚解分别。大慧，此是妄计性差别相，一切凡愚于中执著，若有若无。大慧，于缘起中，执著种种妄计自性，如依于幻见种种物，凡愚分别，见异于幻。大慧，幻与种种非异非不异。若异者，应幻非种种因；若一者，幻与种种应无差别。然见差别，是故非异非不异。大慧，汝及诸菩萨摩诃萨于幻有无不应生著。”

……

大慧菩萨摩诃萨复白佛言：“世尊，惟愿为说自证圣智行相及一乘行相，我及诸菩萨摩诃萨得此善巧，于佛法中不由他悟。”

佛言：“谛听，当为汝说。”

大慧言：“唯。”

佛言：“大慧，菩萨摩诃萨依诸圣教无有分别，独处闲静观察自觉，不由他悟，离分别见，上上升进入如来地，如是修行，名自证圣智行相。云何名一乘行相[①]？谓得证知一乘道故。云何名为知一乘道？谓离能取、所取分别，如实而住。大慧，此一乘道惟除如来，非外道、二乘、梵天王等之所能得。”

大慧白佛言：“世尊，何故说有三乘，不说一乘？”

佛言：“大慧，声闻、缘觉，无自般涅槃法故，我说一乘以彼但依如来所说，调伏远离，如是修行而得解脱，非自所得；又彼未能除灭智障及业习气，未觉法无我，未名不思议变易死，是故我说以为三乘。若彼能除一切过习，觉法无我，是时乃离三昧所醉，于无漏界而得觉悟已②。于出世上上无漏界中修诸功德，普使满足，获不思议自在法身。”

尔时，世尊重说颂言：

天乘及梵乘，声闻缘觉乘；
诸佛如来乘，诸乘我所说。
乃至有心起，诸乘未究竟；
彼心转灭已，无乘及乘者。
无有乘建立，我说为一乘；
为摄愚夫故，说诸乘差别。
解脱有三种，谓离诸烦恼；
及以法无我，平等智解脱。
譬如海中木，常随波浪转；
声闻心亦然，相风所飘激。
虽灭起烦恼，犹被习气缚；
三昧酒所醉，住于无漏界。
彼非究竟趣，亦复不退转；
以得三昧身，乃至劫不觉。
譬如昏醉人，酒消然后悟；
声闻亦如是，觉后当成佛。

注释：

①一乘：以成佛为唯一之教，认为一切众生都有佛性，都能

成佛。中国佛教性宗认为一乘是真实究竟之教，三乘是方便教，相宗与此相反，认为三乘是真实，一乘是方便。

②无漏界：即断除烦恼之境界。漏者，“烦恼”之异名，如贪嗔痴诸烦恼。无漏者，即离烦恼之义。

译文：

“此外，大慧，我今当说妄计自性差别相，令你及诸大菩萨善知此义，超诸妄想，证自智境，知外道法，远离能取、所取分别，于依他起种种相中，不再取著妄计相。大慧，如何是妄计自性差别相？所谓言说分别，所说分别，相分别，财分别，自性分别，因分别，见分别，理分别，生分别，不生分别，相属分别，缚解分别。大慧，此等均是妄计自性差别相。

“大慧，如何是言说分别？谓执著种种音声章句，以为有性，是名言说分别。如何是所说分别？计有五法、三自性等，是名所说分别。如何相分别？谓即于所说事中，计有诸如地、水、火、风四大诸相，是名相分别。如何是财分别？谓取著种种金银财宝，而起言说，是名财分别。如何自性分别？谓以恶见分别诸法自性，如地性坚、水性湿、火性热、风性动等等，是名自性分别。如何是因分别？谓于因缘而分有无，以有此因而生此法，是名因分别。如何见分别？谓如外道恶见，执著于有无、一异、俱不俱等，是名见分别。如何是理分别？于诸蕴中，计有我、我所，说虚妄法，是名理分别。如何是生分别？谓计著诸法若有若无，从缘而生，是名生分别。

“如何是不生分别？谓计著一切诸法，本来不生，无有体性，不从缘起，不自因生，是各不生分别。如何是相属分别？以有为诸法，俱是因果相续，如针与线，是名相属分别。如何是缚解分别？计有烦恼能缚众生，又以修道使众生解脱，如人先为绳子所缚，后松缚得解，是名缚解分别。大慧，此等都是凡夫妄分有无，生此分别。大慧，于缘起性中虚妄执著此种种分别，如依于幻术而见种种物事，凡夫愚人执此等虚幻物事为实有。大慧，幻有之与种种物事，非异非不异。若异者，幻术非是此等物事之因；若不异，幻化所现与种种物事应是无差别。但幻术与种种物事是不同的，因此二者非异非不异。大慧，你及诸大菩萨于有于无不应生执著。”

……

大慧菩萨又对佛说；“请世尊为我等说自证圣智行相及一乘行相，我及诸大菩萨识此行栢，于此中而得觉悟，不更由其他途径而得觉悟。”

佛说：“你等好好听着，我当为你等解说。”

大慧说：“是的。”

佛说：“大慧，大菩萨依圣教所言诸法无性，但妄想分别之义理，于闲静之处观照自觉，非由他悟，离妄想见，即能渐渐进入佛位，依此修行，是名自证圣智行相。如何是一乘行相？证知一乘道即名一乘行相。如何是一乘道？亦即能远离能取、所取，如实而住。大慧，此一乘道唯有如来善于了知，非二乘、梵天及诸外道所能了知。”

大慧对佛说：“世尊，何故如来说有三乘，不说一乘？”

佛说：“大慧，一乘者，知生死无自性，生死即是涅槃，声闻、缘觉二乘无自性涅槃法，但依厌离世间、调伏修行而求解脱，如来应二乘根机，是故不说一乘，而说三乘法。又，声闻、缘觉未断所知障及业习气，不觉法无我，未度生死变易死，是故我说三乘之法。彼等若能断除以上诸过习，觉法无我，其时乃离于涅槃想，于无漏界而得觉悟。觉悟之后，自知住有余地，进而精进修行，使诸功德圆满，其时即得如来自在法身。”

此时，世尊重说颂：

天乘、梵乘、声闻乘、缘觉乘、佛乘，
此等诸乘乃佛所说。
心动而计有诸乘，此悉未究竟；
若妄想心灭，即无诸乘及能乘之人。
无乘有乘者，我说为一乘；
为引导愚夫故，说诸乘差别。
解脱有三种，离烦恼者二乘解脱；
达法无我平等智者，如来真实解脱。
譬如海中木头，常随波浪翻转；
声闻之心亦然，随境相之风所飘游。
虽已灭烦恼又更起烦恼，犹如被习气所缚；
进而为涅槃所缚，住于无漏界。
此非究竟境界，但也不退更作凡夫；
自以为已得涅槃，乃至劫数不觉。
譬如昏醉之人，醒后方才觉悟；
声闻也是这样，觉悟之后，当能成佛。

无常品第三之一

本品继续总结修证如来藏的义理关键，分为七节：

第一节阐明修证过程中所得的三种意生身，以及内、外五无间业；只要破除虚妄，不离自心，皆能不堕地狱，甚至获得解脱。

第二节讲述诸佛体性，以明了如来自证圣智；接下来讲述度化众生的智慧，首先辨明四平等义，其次宣说两种密法，诸佛同如来皆以此密意度化众生。

第三节首先明辨诸法有无相，菩萨皆应远离而取中道；其次分析通达正法的两种通相：宗通与说通。前者是自证，后者才能化他，二者缺一不可。

第四节首先阐明何为虚妄分别，其如何而生，在何种法中生；其次分析“语”与“义”的差别，指明要依义而不依语。

第五节首先辨明“智”、“识”差别，要依智不依识；“智”有三种，以“知不生不灭智”为出世间上上智；其次讲外道依识不依智，且外道之“识”有九种转变，皆如海市蜃楼，非佛境界。

第六节首先阐述一切法的深密义与解脱义：诸法大体有十一种执著深密相，凡夫亦有三种深密缠缚，佛指出此皆是愚人妄想分别所致，如离妄想，密网自断。其次解决一切法无自性而妄想似乎有自性的矛盾，指出妄想也无自性，而圣智超越自性非自性，唯有修证悟得。再次解决凡夫妄想与如来圣智之间的矛盾，指明佛法以方便为究竟，对空说有，对有说空，不落有无常断。最后论述菩萨不应立“一切法不生”为宗，应明了“如实之法”与“言说法”的区别，随顺众生根器，因材施教。

第七节首先论证勿习世论，因其皆是妄想分别，执著能所；其次辨明佛的涅槃与外道涅槃的差别，唯有佛涅槃离种种妄想，唯心证量，最为究竟。

尔时，佛告大慧菩萨摩诃萨言：“今当为汝说意成身差别相①，谛听谛听，善思念之。”

大慧言：“唯。”

佛言：“大慧，意成身有三种。何者为三？谓入三昧乐意成身，觉法自性意成身，种类俱生无作行意成身。诸修行者入初地已②，渐次证得。

“大慧，云何入三昧乐意成身？谓三、四、五地入于三昧③，离种种心寂然不动，心海不起，转识波浪，了境心现，皆无所有，是名入三昧乐慧成身；云何觉法自性意成身？谓八地中了法如幻，皆无有相，心转所依，住如幻定及余三昧，能现无量自在神通，如花开敷，速疾如意，如幻、如梦、如影、如像，非四大造与造相似，一切色相具足庄严，普入佛刹了诸法性，是名觉法自性无作行意成身；云何种类俱生无作行意成身？谓了达诸佛自证法相，是名种类俱生无作行意成身。大慧，三种身相当勤观察。

……

尔时，大慧菩萨摩诃萨复白佛言："世尊，如世尊说五无间业[4]。何者为五？若人作已，堕阿鼻狱[5]。"

佛言："谛听，当为汝说。"

大慧言："唯。"

佛告大慧："五无间者，所谓杀母、杀父、杀阿罗汉、破和合僧、怀恶逆心出佛身血。

"大慧，何者为众生母？谓引生爱与贪喜俱如母养育。何者为父？所谓无明令生六处聚落中故，断二根本名杀父母。云何杀阿罗汉？谓随眠为怨，如鼠毒发，究竟断彼，是故说名杀阿罗汉。云何破和合僧？谓诸蕴异相和合积聚，究竟断彼名为破僧。云何恶心出佛身血？谓八识身妄生思觉，见自心外自相、共相，以三解脱无漏恶心，究竟断彼八识身佛，名为恶心出佛身血。大慧，是为内五无间。若有作者，无间即得现证实法。

"复次，大慧，今为汝说外五无间，令汝及余菩萨闻是义已，于未来世不生疑惑。云何外五无间？谓余教中所说无间，若有作者于三解脱不能现证，唯除如来诸大菩萨及大声闻，见其有造无间业者，为欲劝发令其改过，以神通力示同其事，寻即悔除证于解脱。此皆化现，非是实造，若有实造无间业者，终无现身而得解脱，唯除觉了自心所现身资所住，离我、我所分别执见，或于来世余处受生遇善知识离分别过，方证解脱。”

尔时，世尊重说颂言：

贪爱名为母，无明则是父；
识了于境界，此则名为佛。
随眠阿罗汉，蕴聚和合僧；
断彼无余间，是名无间业。

注释：

①意成身：亦作“意生身”。

②初地：此指菩萨十地中之第一地，即“欢喜地”，谓菩萨初得圣性、证人、法二空之理，生大欢喜心，故名。

③三、四、五地：此指菩萨十地中之第三“发光地”、第四“焰慧地”和第五“极难胜地”。

④五无间业：即感阿鼻地狱果报之业。造此种业有五种无间断之果报：一是趣果无间，自造业与受果报之间，无间隔生于他处；二者受苦无间，即受苦无间断；三者时无间，即受苦之时间无间断；四者命无间，受苦之命相续而无间断；五者形无间，阿鼻地狱广大无垠，无丝毫空隙处。

⑤阿鼻狱：也称“阿鼻地狱”。阿鼻，译作“无间”，阿鼻狱即处于最底层之地狱。

译文：

其时，佛对大慧菩萨说：“今当为你等说意成身差别相，你等好好听着，认真思维观察。”

大慧说:“是的。”

佛说:“大慧,意成身有三种,哪三种呢?谓入三昧乐意成身、觉法自性意成身、种类俱生无作行意成身。诸修行者入初地后,渐次证得。

“大慧,如何是入三昧乐意成身?谓于三、四、五地入于三昧,离种种分别妄想,寂然不动,心海不起转识波浪,知一切境界,唯自心所现,本无所有,是名入三昧乐意成身;如何觉法自性成身?谓八地菩萨,了知诸法如梦、如幻,皆无有相,心转所依,住如幻三昧及其他无量三昧,能现自在神通,如花开放,速疾如意,如幻、如梦、如影、如像,非四大所造,形相又似四大所造,一切色相具足无些许缺欠,普入佛刹,达诸法性如幻梦不实,此谓觉法自性意成身;如何种类俱生无作行意成身?谓至佛地,了达诸佛自证圣智境界,现各种相无须作意,如随意生自在无碍,是名种类俱生无作行意成身。大慧,此三种意成身义当勤修学。”

……

其时,大慧菩萨又对佛说:“如世尊所说五无间业,是哪五种?如果作了此业,定堕阿鼻地狱。”

佛说:“好好听着,当为你等讲说。”

大慧说:“是的。”

佛对大慧说:“五无间业者,所谓杀母、杀父、杀阿罗汉、破和合僧、怀恶逆心出佛身血。

“大慧,何谓众生母?亦即能引生贪爱之五蕴身,如生产、养育婴儿之母亲者。何谓众生父?所谓无明造业,生此受识名色六入之身者是。断除此痴爱生身之二根本者，名为杀父母。如何是杀阿罗汉？如惑眠伏于藏识中，微细不现，如鼠噬人，疮虽已愈，遇缘微发，究竟断此惑习，名杀阿罗汉。如何破和合僧？三宝中之僧乃五蕴和合之身，明了五蕴如幻不实，远离色受想行识五蕴异相和合成身之见，是名破和合僧。如何是恶心出佛身血？不明了五蕴诸法自相、共相悉是自心显现，虚幻不实，妄计有八识身，即有妄想觉知种种境界。觉境界者名为佛，以空、无相、愿三无漏智，断除八识妄觉污染，是名恶心出佛身血。大慧，以上所说是内五无间业，若有作此业者，迅即得自觉圣智，证得一乘道。

"又，大慧，今更为你等说外五无间，令你及诸菩萨闻是义后，于未来世不生疑惑。何谓外五无间呢？即各教中所说之五无间业，若有作此业者，不得三解脱，唯除佛菩萨及大声闻，见其作无间业者，为规劝诱导，令其除疑悔过，以神力变现其事，如阇王杀父，身生恶疾，悔过之后，终得解脱。此等皆是化现，非是实事，若有实造无间业者，则无现身得解脱之事。只有觉了自心所现之根身器界，离我、我所虚妄分别，或者于来世时，他处受生，遇到善知识，使得远离虚妄分别的过错，方能证得解脱。"

其时，世尊重说颂：

贪爱名为母，无明则是父；
断除二根本，此则名为佛。
弃除随眠诸惑，识破五蕴假身；
断除此等诸惑，是名无间之业。

尔时，大慧菩萨摩诃萨复白佛言："世尊，愿为我说诸佛体性。"

佛言："大慧，觉二无我，除二种障[①]，离二种死[②]，断二烦恼，是佛体性。大慧，声闻、缘觉得此法已，亦名为佛，我以是义但说一乘。"

尔时，世尊重说颂言：

善知二无我，除二障二恼，
及不思议死，是故名如来。

尔时，大慧菩萨摩诃萨复白佛言："世尊，如来以何密意，于大乘中唱如是言：'我是过去一切诸佛及说百千本生之事，我于尔时作顶生王、大象、鹦鹉、月光、妙眼，如是等。'"

佛言："大慧，如来应正等觉依四平等秘密意故，于大众中作如是言，我于昔时作拘留孙佛、拘那含牟尼佛、迦叶佛。云何为四？所谓字平等、语平等、身平等、法平等。云何字平等？谓我名佛，一切如来亦名为佛，佛名无别，是谓字等；云何语平等？谓我作六十四种梵音声语，一切如来亦作此语，迦陵频伽梵音声性[③]，不增不减，无有差别，是名语等；云何身平等？谓我与诸佛，法身色相及随形好等无差别，除为调伏种种众生，现随类身，是谓身平等；云何法平等？谓我与诸佛，皆同证得三十七种菩提分法[④]，是谓法等。是故如来应正等觉，于大众中作如是说。"

尔时，世尊重说颂言：

迦叶、拘留孙，拘那含是我，
依四平等故，为诸佛子说。

尔时，大慧菩萨摩诃萨复白佛言："世尊，如世尊说，我于某夜成最正觉，乃至某夜当入涅槃，于其中间不说一字，亦不已说，亦不当说，不说是佛说。世尊，依何密意作如是语？"

佛言："大慧，依二密法故作如是说。云何二法？谓自证法及本住法。云何自证法？谓诸佛所证，我亦同证，不增不减，证智所行，离言说相，离分别相，离名字相。云何本住法？谓法本性如金等在矿，若佛出世，若不出世，法住法位，法界法性皆悉常住。大慧，譬如有人行旷野中，见向古城平坦旧道，即便随入止息游戏。大慧，于汝意云何？彼作是道及以城中种种物耶？"

白言："不也。"

佛言："大慧，我及诸佛所证真如，常住法性亦复如是。是故说言始从成佛，乃至涅槃，于其中间不说一字，亦不已说，亦不当说。"

尔时，世尊重说颂言：

某夜成正觉，某夜般涅槃，
于此二中间，我都无所说。
自证本住法，故作是密语，

我及诸如来，无有少差别。

注释：

①二种障：即“烦恼障”和“所知障”。烦恼障，指以我执为主的诸烦恼，能障碍成就佛果。所知障，指以法执为主的诸惑见，能障碍觉悟。

②二种死：一是“分段生死”，指诸有漏之业，烦恼障所感之三界六道果报，此为一切凡夫之生死；二是“不思议变易生死”，即由诸无漏业，依所知障所感之净土果报，此为阿罗汉以上之圣者之生死。

③迦陵频伽：又作“歌罗频伽”、“迦兰频伽”等，译为“好声”，鸟名。据传这种鸟出自雪山，在壳中即能鸣叫，其号优雅悦耳。

④三十七种菩提分法：亦称“三十七道品”，是达到觉悟，趣向涅槃的三十七种修行方法，具体的可进一步分为“四念处”、“四正勤”、“四神足”、“五根”、“五力”、“七菩提分”、“八正道”。

译文：

其时，大慧菩萨又对佛说：“世尊，请为我等说诸佛体性。”

佛说：“大慧，觉了人、法二无我，断除烦恼、所知二障，离分段、变易二生死，断现行、习气二烦恼，此即为诸佛体性。大慧，声闻、缘觉得此法后，亦得为佛，我以是义，但说一乘。”

其时，世尊重说颂：

善知人、法二无我，断除烦恼、所知障，

迷离分段、变易死，如是则名之曰如来。

其时，大慧菩萨又对佛说："世尊，如来以何密意说言，'过去一切诸佛及百千本生之事，如说过去曾为顶生王、大象、鹦鹉、月光、妙眼仙人等等。'"

佛说："大慧，如来依四平等秘密意，于大众中作如是说，我于过去作拘留孙佛、拘那含牟尼佛、迦叶佛等。何谓四平等？所谓字平等、语平等、身平等、法平等。何谓字平等？谓我名佛，一切如来亦名为佛，佛名无别是为字平等。何谓语平等？谓我作六十四种梵音声语，一切如来亦作此种种声语，迦陵频伽（鸟名）音声不变，是名语平等。何谓身平等？谓我与诸佛法身色相及种种随好无差别，为调伏众生故现种种形相，是名身平等。何谓法平等？谓我与诸佛皆同证得三十七种菩提分法，是名法平等。以上所说四平等义，是故我于大众中作如是说。"

其时，世尊重说颂：

迦叶、拘留孙佛，拘那含佛即是我，
依四平等义，于大众中作如是说。

其时，大慧菩萨又对佛说："世尊，如世尊所说，某夜成正等觉，乃至某夜当入于涅槃，于其中间不说一字，既无已说，亦无当说，也不说为佛说，依何密意作此说法？"

佛说："大慧，依二密意，作此说法。哪二种法？即自证法及本住法。如何是自证法？谓诸佛所证者，亦即我之所证，二者不增不减，自证圣智所行境界，远离言说、分别、名字音相。如何是本住法？谓诸法之本性，如金在矿石之中，本来自有，非外造作加工而有，法之本性亦然，本自有之，非因佛出世说之而有所增，亦不因佛不出世说之，而有所减。大慧，譬如古旧城道，本来已有，不因今人行之始有，大慧，你以为如何？是行者作此城道及城中种种物吗？”

大慧说：“不是的。”

佛说：“大慧，我及诸佛所证真如，常住法性也是这样，所以说言，自始成佛到最终证得涅槃，其间不说一字，既无已说，也无当说。”

其时，世尊重说颂：

某夜成正觉，某夜入涅槃，
于此之中间，不曾说一字。
以自证、本住二种法，作此密意说，
我与诸如来，无有少差别。

尔时，大慧菩萨摩诃萨复白佛言：“世尊，愿说一切法有无相，令我及诸菩萨摩诃萨离此相，疾得阿耨多罗三藐三菩提。”

佛言：“谛听，当为汝说。”

大慧言：“唯。”

佛言：“世间众生多堕二见，谓有见、无见。堕二见故，非出出想。

“云何有见？谓实有因缘而生诸法，非不实有，实有诸法从因缘生，非无法生。大慧，如是说者，则说无因。云何无见？谓知受贪嗔痴已，而妄计言无。大慧，及彼分别有相，而不受诸法有，复有知诸如来、声闻、缘觉，无贪、嗔、痴性而计为非有，此中谁为坏者？”

大慧白言：“谓有贪、嗔、痴性后取于无，名为坏者。”

佛言：“善哉！汝解我问，此人非止无贪、嗔、痴名为坏者，亦坏如来、声闻、缘觉。何以故？烦恼内外不可得故，体性非异非不异故。大慧，贪、嗔、痴性若内若外皆不可得，无体性故，无可取故，声闻、缘觉及以如来本性解脱，无有能缚及缚因故。大慧，若有能缚及以缚因，则有所缚，作如是说名为坏者，是为无有相，我依此义密意而说。宁起我见，如须弥山，不起空见，怀增上慢①。若起此见，名为坏者，堕自共见乐欲之中，不了诸法惟心所现，以不了故，见有外法刹那无常展转差别蕴界处相。相续流转起已还灭，虚妄分别，离文字相，亦成坏者。”

尔时，世尊重说颂言：

有无是二边，乃至心所行，
净除彼所行，平等心寂灭。
不取于境界，非灭无所有，
有真如妙物，如诸圣所行。
本无而有生，生已而复灭，
因缘有及无，彼非住我法。
非外道非佛，非我非余众，
能以缘成有，云何而得无？

谁以缘成有，而复得言无？
恶见说为生，妄想计有无。
若知无所生，亦复无所灭，
观世悉空寂，有无二俱离。

尔时，大慧菩萨摩诃萨复请佛言：“世尊，惟愿为说宗趣之相，令我及诸菩萨摩诃萨善达此义，不随一切众邪妄解，疾得阿耨多罗三藐三菩提。”

佛言：“谛听，当为汝说。”

大慧言：“唯。”

佛言：“大慧，一切二乘及诸菩萨，有二种宗法相。何等为二？谓宗趣法相，言说法相。宗趣法相者，谓自证殊胜之相，离于文字语言分别，入无漏界，成自地行，超过一切不正思觉，伏魔外道，生智慧光，是名宗趣法相。言说法相者，谓说九部种种教法，离于一异、有无等相，以巧方便随众生心，令入此法，是名言说法相。汝及诸菩萨当勤修学。”

……

注释：

①增上慢：自认为已得增上之法，而起慢心，如未得谓得，未证谓证。

译文：

其时，大慧菩萨又对佛说："世尊，请为我等说一切法有无之相，令我及诸大菩萨知有无二见是虚妄故，疾速证得正等正觉。"

佛说："好好听着，我当为你说。"

大慧说："是的。"

佛说："大慧，世间众生多堕落于二见之中，即有见、无见。因堕于二见故，出离解脱之想则非实际。

"何谓有见？谓实有因缘而生诸法，因之与缘并非不真实的；谓实有诸法从因缘生，并非无法从因缘生。大慧，这样说者，不了万法唯心所现。如何是无见？谓先计贪嗔痴诸法为有，后灭之为无，此即为无见。大慧，如若有人这样说'无有诸法，以不见诸物故'；又有人见如来、声闻、缘觉等无贪、嗔、痴之性，故执无见，此二种人，谁者为违背佛法？"

大慧说："那种先妄计贪、嗔、痴性为有，后又计无者，是破坏佛法者。"

佛说："善哉！善哉！你很理解我的提问。此人不但先妄执贪、嗔、痴为有，后又计无者，是违背、破坏佛法，也坏三乘圣人。为什么这么说呢？因为烦恼无性、无体，内外不可得，非异非不异，不可取著；声闻、缘觉、如来三乘本性解脱，无能缚及缚因，若有能缚及其缚因烦恼，则有所缚之众生，这种说法，显然是违背佛法的，先取烦恼为有，俟灭之为无者，则是破有为无相，依于此义，我作此说：宁可起我见如须弥山，不起空见怀增上慢。若起空见，则是破坏佛法，因其堕入有无、自共相见解之中，不能了知诸法唯心所现。因不能了知诸法唯心所现，见有外法刹那生灭，无常展转，成差别蕴界处诸法相，相续流转，起后还灭，虚妄分别，离名字法，如此则是违背、破坏佛法。”

其时，世尊重说颂：

有无是二边，乃至心、心所行，
净除此分别见，则得平等寂灭心。
知贪爱诸境界，非是灭后方无，
万法悉是真如，此圣贤之境界。
本无而后生，生后还复灭，
因缘生灭有无，此均不住如来实相界。
法非佛生，亦非外道诸作者生，
既从妄缘生起，本无何须更无之？
谁以五蕴生之，既无何得破有为无？
外道说有生法，妄想计有无。
若知无所生，亦复无所灭，
诸法悉空寂，有无之见二俱离。

其时，大慧菩萨又对佛说：“世尊，请为我等说佛法宗趣之相，令我及诸大菩萨通达此义，不堕一切邪妄之见，速得无上正等正觉。”

佛说：“好好听着，我当为你等解说。”

大慧说：“是的。”

佛说：“大慧，一切二乘及诸菩萨，有二种宗法相。哪二种呢？亦即宗趣法相与言说法相。宗趣法相者，谓自觉圣智所证实法，远离文字虚妄分别，入真法界，成就如来自觉地行，超诸世间妄想惑见，制伏邪魔外道，生智慧光，此是名宗趣法相。言说法相者，谓说九部种种教法，离于一异、有无等分别相，方便善巧随顺众生，令人于此法门中而得解脱，是名言说法相。你及诸大菩萨应当勤加修学。”

……

尔时，大慧菩萨摩诃萨复白佛言：“世尊，愿为我说虚妄分别相，此虚妄分别，云何而生？是何而生？因何而生？谁之所生？何故名为虚妄分别？”

佛言：“大慧，善哉！善哉！汝为哀愍世间天人而问此义，多所利益，多所安乐，谛听，谛听，善思念之，当为汝说。”

大慧言：“唯。”

佛言：“大慧，一切众生于种种境不能了达自心所现，计能、所取，虚妄执著，起诸分别，堕有、无见，增长外道妄见习气，心、心所法，相应起时，执有外义种种可得，计著于我及以我所，是故名为虚妄分别。”

大慧白言：“若如是者，外种种义，性离有、无，起诸见相，世尊第一义谛亦复如是，离诸根量宗因譬喻。世尊何故于种种义言起分别？第一义中不言起耶？将无世尊所言乖理？一处言起，一不言故。世尊又说虚妄分别，堕有、无见，譬如幻事，种种非实，分别亦尔，有无相离，云何而说堕二见耶？此说岂不堕于世见？”

佛言："大慧，分别不生不灭，何以故？不起有无分别相故，所见外法皆无有故，了唯自心之所现故，但以愚夫分别自心种种诸法，著种种相，而作是说，令知所见皆是自心，断我、我所一切见著，离作、所作诸恶因缘，觉唯心故，转其意乐，善明诸地，入佛境界，舍五法自性诸分别见，是故我说虚妄分别、执著种种自心所现，诸境界生，如实了知，则得解脱。"

……

尔时，大慧菩萨摩诃萨复白佛言："世尊，如来说言，如我所说，汝及诸菩萨不应依语而取其义。世尊，何故不应依语取义？云何为语？云何为义？"

佛言："谛听，当为汝说。"

大慧言："唯。"

佛言："大慧，语者所谓分别习气而为其因，依于喉舌唇腭齿辅而出种种音声文字，相对谈说，是名为语。云何为义？菩萨摩诃萨住独一静处，以闻思修慧思惟观察，向涅槃道自智境界转诸习气，行于诸地种种行相，是名为义。复次，大慧，菩萨摩诃萨善于语、义，知语与义不一不异；义之与语，亦复如是。若义异语，则不应因语而显于义，而因语见义，如灯照色。大慧，譬如有人持灯照物，知此物如是在如是处。菩萨摩诃萨亦复如是，因语言灯入离言说自证境界。复次，大慧，若有于不生不灭自性涅槃三乘一乘五法诸心自性等中，如言取义，即堕建立及诽谤见，以异于彼起分别故，如见幻事计以为实，是愚夫见，非贤圣也。”

尔时，世尊重说颂言：

若随言取义，建立于诸法；
以彼建立故，死堕地狱中。
蕴中无有我，非蕴即是我；
不如彼分别，亦复非无有。
如愚所分别，一切皆有性；
若如彼所见，皆应见真实。
一切染净法，悉皆无体性；
不如彼所见，亦非无所有。

译文：

其时，大慧菩萨又对佛说：“世尊，请为我等讲说虚妄分别之相，此虚妄分别相是如何生的？是什么所生？是为什么而生的？是谁所生？为何名为虚妄分别？”

佛说：“大慧，你为哀愍世间天人，而作此问，问得好！好好听着，认真思考，我当为你解说。”

大慧说：“是的，世尊。”

佛言：“大慧，一切众生不能了达外种种境，乃是自心虚妄分别所现，计著能取、所取，起各种分别，堕有、无之见，增长外道妄见习气，心、心所法，相应而起，执著外道、世俗种种实我实法，所以称为虚妄分别。”

大慧对佛说：“如果是这样，外道、世俗种种执著，于离有、无之性，起各种境相，那么，世尊，第一义谛也是这样，离妄想诸根、三种量及五分论等，世尊何故于外道、世俗种种义言起分别？而于第一义中却不言起分别呢？大概不至于世尊所说的违背道理吧？不然为什么一处言起，一不言起？世尊又说外道、世俗之虚妄分别，是堕有、无之见，如幻非实，分别世俗之见与第一义谛也是一样，有无相离，世尊怎么也于此生二边分别见呢？此说岂不堕于世间颠倒见吗？”

佛说：“大慧，我不是说世俗法生妄想分别，第一义灭妄想分别，为什么这么说呢？因为不应起于有、无分别，一切所见外法皆幻有实无，都是自心之所显现，只因愚痴凡夫虚妄分别自心，执著种种外境外法，所以才那么说，目的是使他了达一切外境外法皆是自心所现，断除我、我所及其他一切执著，弃除作者及所作法等恶因缘，觉了一切诸法唯是自心，转心、意、识，明解诸地，入如来境，舍离五法、三自性等分别见，所以我说虚妄分别相及种种执著乃是自心所现，如能如实了知其义，则可以得到解脱。”

……

其后，大慧菩萨又对佛说：“世尊，如来说言，如我所说你及诸菩萨不应依语取义，世尊，何故不应依语取义？何谓语？何谓义？”

佛说：“好好听着，我当为你解说。”

大慧说：“好的。”

佛说：“所谓语者，乃是以妄想习气为因，以喉舌唇腭齿为缘，而发出种种声音、文字，相对谈说，是名为语。所谓义者，大菩萨静处独居，恒审思虑，思维观察，见人、法二空，趣向如来自证圣智境界，转诸习气恶见，在在处处修行胜相，至如来所证实法，是名为义。又，大菩萨应善知语、义，知其不一不异。若义异于语者，二者不相应，则语不应显义，但实际上语是显义的，如灯之照物。譬如有人持灯照物，后知此物是这样的，在这个地方，大菩萨也应这样看待语、义关系，因语言灯而入于义。但义非语，故不得言一。因此，大菩萨应因语入于离语言之自证境界。又，大慧，若有人于不生不灭等染净诸法，如言取义，计言说与义一者，是名建立；若认言语与义异者，是名诽谤，因其于彼起分别故，譬如所见种种幻事，此是愚夫见，非圣贤见。”

其时，世尊重说颂：

若随言取义，虚妄建立诸法；
因为计有实法，不免堕于地狱。
五蕴中无我，亦非五蕴即是我；
非如妄建立，亦非无所无。
若像愚夫之妄分别，一切语义皆有实性；
凡夫之所见，即为见真实。
一切染净诸法，皆悉无自性；
不像凡夫之所见，真实义不涉有无。

“复次，大慧，我当为汝说智识相，汝及诸菩萨摩诃萨，若善了知智识之相，则能疾得阿褥多罗三藐三菩提。大慧，智有三种，谓世间智、出世间智、出世间上上智。云何世间智？谓一切外道凡愚计有、无法。

云何出世间智？谓一切二乘著自、共相。云何出世间上上智？谓诸佛菩萨观一切法皆无有相，不生不灭，非有非无，证法无我，入如来地。

“大慧，复有三种智。谓知自相、共相智，知生灭智，知不生不灭智。复次，大慧，生灭是识，不生灭是智；堕相、无相及以有、无种种相因是识，离相、无相及有、无因是智；有积集相是识，无积集相是智；著境界相是识，不著境界相是智；三和合相应生是识，无碍相应自性相是智；有得相是识，无得相是智。证自圣智所行境界，如水中月，不入不出故。

……

“复次，大慧，诸外道有九种转变见。所谓形转变、相转变、因转变、相应转变、见转变、生转变，物转变、缘明了转变、所作明了转变，是为九。一切外道因是见故，起有无转变论。此中形转变者，谓形别异见，譬如以金作庄严具，环钏璎珞种种不同，形状有殊，金体无易，一切法变亦复如是。诸余外道种种计著，皆非如是，亦非别异，但分别故，一切转变，如是应知，譬如乳酪酒果等熟，外道言此皆有转变，而实无有。若有若无，自心所见，无外物故。如此皆是愚迷凡夫，从自分别习气而起，实无一法若生若灭，如因幻梦所见诸色，如石女儿说有生死。”

尔时，世尊重说颂言：

形处时转变，大种及诸根；
中有渐次生，妄想非明智。
诸佛不分别，缘起及世间；
但诸缘世间，如乾闼婆城。

译文：

“此外，大慧，我当为你说智慧相，你及诸大菩萨，若善了知智慧之相，则能速得无上正等正觉。大慧，智慧有三种，即世间智、出世间智、出世间上上智。何谓世间智？谓一切外道、凡愚计有计无，此是外道凡夫世间情见之智。何谓出世间智？如一切二乘人，计著五蕴、十二处、十八界一切诸法自相、共相，不达法空，行断生死，希求涅槃，此是求出世解脱之智慧。何谓出世间上上智？谓诸佛菩萨观一切法皆无有相，不生不灭，非有非无，证得人、法二空，入如来地，此即是出世间上上智。

“大慧，还有三种智，谓知诸法自相、共相之智慧，知诸法生灭之智慧，知诸法不生不灭之智慧。又，大慧，言生灭堕有相无相、有因无因，此是识非智；达不生不灭，离有相无相、有因无因，这才是智；积集种子起现行相是识，无积集种子起现行相是智；执著境界相是识，不执著境界相是智；三事和合相应而生是识，不借缘生，不因境起，无碍相应，性自神解是智；有所得相是识，无所得相是智。证自圣智所行境界者，觉诸境界悉皆无实，如镜中花、水中月，无出无人。

……

“此外，大慧，诸外道有九种转变见，所谓形转变、相转变、因转变、相应转变、见转变、生转变、物转变、缘明了转变、所作明了转变，此等是为九转变。一切外道依据这种见解，执有与无相互转变等种种说法。此中形转变者，因物体形相各别，譬如以金作各种物品、器具，环钏璎珞各不相同，形状各异，金之体性不变，一切法之转变也是这样。外道所说之种种转变，皆非一，亦非异，均只是妄想分别而已，一切诸法之转变，都应该这样去认识。譬如乳酪酒果之互相转变等，外道说此均有所变异，而实无有，若有若无一切诸法，都是自性之虚妄显现而已，并无真实之外物存在。认各种法为实有，有各种转变，此乃是愚迷凡夫，因妄想习气而起分别，实无有一法生，无有一法灭，就如梦幻所见各种色相，又如石女之生儿，本无有法，何得论于生灭转变？”

其时，世尊重说颂：

外道说四大造色，诸根生法及形相之种种转变；

二乘人计有中阴渐续生阴，此悉是妄想而非明智之见。

诸佛菩萨于缘起诸法及器间，不妄加分别；

一切世间从缘起者，如乾闼婆城幻而不实。

尔时，大慧菩萨摩诃萨复白佛言：“惟愿如来为我解说于一切法深密义及解义相，令我及诸菩萨摩诃萨善知此法，不堕如言取义，深密执著，离文字语言虚妄分别，普入一切诸佛国土，力通自在，总持所印，觉慧善住，十无尽愿，以无功用种种变现，光明照耀如日月摩尼，地、水、火、风住于诸地，离分别见，知一切法如幻如梦，入如来位，普化众生，令知诸法虚妄不实，离有、无品，断生、灭执，不著言说，令转所依。”

佛言：“谛听，当为汝说。大慧，于一切法如言取义，执著深密，其数无量。所谓相执著、缘执著、有非有执著、生非生执著、灭非灭执著、乘非乘执著、为无为执著、地地自相执著、自分别现证执著、外道宗有无品执著，三乘一乘执著。大慧，此等密执有无量种，皆是凡愚自分别执而密执著。此诸分别如蚕作茧，以妄想丝自缠、缠他，执著有、无，欲乐坚密。大慧，此中实无密、非密相，以菩萨摩诃萨见一切法住寂静故，无分别故，若了诸法唯心所见，无有外物皆同无相，随顺观察于若有若无分别密执，悉见寂静，是故无有密、非密相。大慧，此中无缚亦无有解，不了实者见缚解耳。何以故？一切诸法若有若无，求其体性不可得故。

“复次，大慧，愚痴凡夫有三种密缚，谓贪恚痴及爱来生与贪喜俱。以此密缚令诸众生续生五趣[①]。密缚若断，是则无有密、非密相。复次，大慧，若有执著三和合缘，诸识密缚次第而起。有执著故，则有密缚。若见三解脱，离三和合识，一切诸密皆悉不生。”

尔时，世尊重说颂言：

不实妄分别，是名为密相；
若能如实知，诸密网皆断。

凡愚不能了，随言而取义；

譬如蚕处茧，妄想自缠缚。

尔时，大慧菩萨摩诃萨复白佛言："世尊，如世尊说，由种种心，分别诸法，非诸法有自性，此但妄计耳。世尊，若但妄计，无诸法者，染净诸法将无悉坏。"

佛言："大慧，如是如是，如汝所说，一切凡愚分别诸法，而诸法性非如是有，此但妄执，无有性相，然诸圣者，以圣慧眼，见有诸法性。"

大慧白言："若诸圣人以圣慧眼，见有诸法性，非天眼、肉眼，不同凡愚之所分别，云何凡愚得离分别？不能觉了诸圣法故。世尊，彼非颠倒非不颠倒。何以故？不见圣人所见法故，圣见远离有、无相故，圣亦不如凡所分别如是得故，非自所行境界相故，彼亦见有诸法性相如妄执性而显现故，不说有因及无因故，堕于诸法性相见故。世尊，其余境界既不同此，如是则成无穷之失，孰能于法了知性相？世尊，诸法性相不因分别，云何而言以分别故而有诸法？世尊，分别相异，诸法相异，因不相似，云何诸法而由分别？复以何故凡愚分别不如是有，而作是言，为令众生舍分别故，说如分别所见法相无如是法。世尊，何故令诸众生离有，无见所执著法，而复执著圣智境界，堕于有见？何以故？不说寂静空无之法，而说圣智自性事故？"

佛言："大慧，我非不说寂静空法，堕于有见。何以故？已说圣智自性事故，我为众生无始时来计著于有，于寂静法以圣事说，令其闻已，不生恐怖，能如实证寂静空法，离惑乱相入唯识理，知其所见无有外法，悟三脱门②，获如实印，见法自性，了圣境界，远离有、无一切诸著。

“复次，大慧，菩萨摩诃萨不应成立一切诸法皆悉不生。何以故？一切法本无有故，及彼宗因生相故。复次，大慧，一切法不生，此言自坏，何以故？彼宗有待而生故。又彼宗即入一切法中不生，相亦不生故。又彼宗诸分而成故。又彼宗有，无法皆不生，此宗即入一切法中有、无相亦不生故，是故一切法不生，此宗自坏，不应如是立诸分多过故，展转因异相故，如不生，一切法空无自性亦如是。

“大慧，菩萨摩诃萨应说一切法如幻如梦，见、不见故，一切皆是惑乱相故，除为愚夫而生恐怖。大慧，凡夫愚痴堕有无见，莫令于彼而生惊恐，远离大乘。

……

“复次，大慧，愚痴凡夫无始虚伪恶邪分别之所幻惑，不了如实及言说法，计心外相著方便说，不能修习清净真实离四句法。”

大慧白言：“如是如是，诚如尊教。愿为我说如实之法及言说法，令我及诸菩萨摩诃萨于此二法而得善巧，非外道二乘之所能入。”

佛言："谛听，当为汝说。大慧，三世如来有二种法，谓言说法及如实法。言说法者，谓随众生心为说种种诸方便教；如实法者，谓修行者于心所现，离诸分别不堕一异、俱不俱品，超度一切心、意、意识，于自觉圣智所行境界，离诸因缘相应见相，一切外道、声闻、缘觉，堕二边者，所不能知，是名如实法。此二种法，汝及诸菩萨摩诃萨当善修学。"

尔时，世尊重说颂言：

我说二种法，言教及如实；
教法示凡夫，实为修行者。

注释：

①五趣：亦称"五道"，即一地狱，二饿鬼，三畜生，四人，五天。

②三脱门：即"三解脱门"，"三涅槃门"之异名，所谓空、无相、无作是也。

译文：

其时，大慧菩萨又对佛说："请如来为我等解说一切法深密义及解义相，令我及诸大菩萨善知此法，不堕依言取义之执著，离文字语言虚妄分别，入于一切诸佛国土，神通自在，觉慧善住，种种变化，光明照耀，譬如四大日月摩尼，自然而行，住于诸地，离种种分别见，善知一切诸法如梦如幻，入如来位，普化群生，令知诸法虚妄不实，离有无之见，断生灭之执，不执著言说，转生胜处。”

佛说：“好好听着，我当为你解说。大慧，于一切法如言取义，种种执著，所谓相执著、缘执著、有非有执著、生非生执著、灭非灭执著、乘非乘执著、为无为执著、地地自相执著、自分别现证执著、外道宗有无品执著、三乘一乘执著。大慧，此种种执著，皆是凡愚众生，自妄想执著，如蚕作丝，而自缠缚，以此执著转教他人，则是缚他。大慧，此中实无密、非密相（密相即相续相），若有者，诸大菩萨则不能见诸法寂静无分别，若了达诸法唯心所现，实无外物，皆同无相，随顺观察，则能于有、无一切诸法悉见寂静。所以无有密缚、非密缚相，不但本无缚相，亦无有解，不见诸法实义的人，只是妄见缚与解而已，因为一切诸法若有若无，求其体性，均不可得。

“此外，大慧，愚痴凡夫有三种密缚，即贪嗔痴、爱来生富乐果报以及贪喜俱行。因有这三种密缚，使得诸众生于五趣生死轮回，相续不断。密缚若断，则无有密、非密相。又，大慧，若有执著根、境、识缘和合生起诸法，诸识密缚则次第生起。因有执著，则有密缚，若离三和（根、境、识）合识，得三解脱门（空、无相、无作），则一切密缚皆悉不生。”

其时，世尊重说颂道：

本无实法妄作分别，是名为密缚；
若知诸法本幻，诸密缚尽皆断除。
凡愚不能了知诸法实相，随言而取义；
譬如蚕吐丝，作茧以自缚。

其时，大慧菩萨又对佛说："如果像世尊所说的，由于自心虚妄分别种种诸法、非诸法本有自性，但是愚夫妄计执著而已，那岂不是既无众生杂染烦恼，也无圣人清净涅槃？"

佛说："正是这样，正是这样。正如你刚才所说的，凡愚众生所虚妄计著的一切诸法，实本无其自性，只是众生虚妄执著而已，但诸圣人以圣慧眼，能知见诸法之真实性相。"

大慧说："如果诸圣人以圣慧眼能见诸法真实性相，非天眼、肉眼所能知见，不同于凡人之虚妄分别之见，那么，诸凡夫如何依真实性相，以舍妄归真？世尊，因为诸凡夫不见诸法真实性相，而真实性相离于有无，所以无所谓颠倒不颠倒；圣人之见非如凡夫虚妄分别，然其见有真实性相，又不说真实性相是因缘非因缘，因此也是有所得，所以与凡夫之妄计性没有什么差别；若说三界凡夫不同圣界，或说圣界不同三界凡夫，这都将导致无穷之过失，若是如此，谁能了知诸法之真实性相？世尊，诸法性相自有，非由虚妄分别而有，为何世尊说诸法是虚妄分别而有呢？又，是何道理说凡、愚分别诸法，而诸法非如是有？再者，因何而说为令众生舍离分别，而说分别所见法相，无如是实法？世尊何故令众生离有无见，而又执著圣智境界，堕于有见，为何不说空如来藏，非心行处寂灭之法，而说圣智所行真实自性事？"

佛说："我非不说空如来藏寂静之法，堕于有见，为什么这么说呢？我说圣智所行真实自性相，并不与真空自性相违背，只为人生无始世来，计著有、无，于如实空法以如实不空圣智事说之，使众生听后，不生断常之怖畏，也能如所证实法，离迷惑妄想，入唯识真实性，知其所见并非别法，悟空、无相及无作三解脱门，得如实法性，了圣人境界，远离有、无一切执著。

“此外，大慧，大菩萨不应立一切诸法皆悉不生，因为一切法本来无有，彼宗因生相也悉本来无有。大慧，若说一切法不生，则自坏不生之义，为什么这么说呢？因其所谓“生”，乃是有待而生的意思，若以此生义言不生，即是自坏不生义。又，所谓一切法不生者，此中包括世出世、常无常、生不生等，若言一切法不生，则此不生相自身也不生也；又，彼不生宗须借助于因、喻、合、结五分而成，故不能成立；又，彼不生宗，于有无法中皆不能建立，此宗即入一切法数中，因为有、无性相本来亦不生，既然如此，何处能立不生宗？所以，若立一切法不生宗，即是自坏不生义。因此，不应如此立宗，不应以五分论立宗，如此立宗有诸多过失，因为因之体性本来不生，于此之上更立不生宗，乃是展转为因，诸因异相，所以一切法体其性本来不生。不生既然是这样，所以一切法空无自性不应立宗。

“大慧，大菩萨应当说一切法如幻如梦，因为一切法体性皆离于有、无，一切法皆是迷惑妄想的产物，若说生与不生，愚痴凡夫则多堕于有无之见，而生惊怖，故不应立不生宗，以使愚夫免生惊怖，而远离大乘。

……

“此外，大慧，愚痴凡夫为无始虚伪所熏，恶习邪见之所迷惑，不能了知如实及言说法，计著心外境相，执著方便之说，不能修习清净真实离四句法。”

大慧说：“正是这样，正是这样，正如世尊之所教诲。请为我等说如实之法及言说法，使我及诸大菩萨于此二法而得善巧，非外道及二乘之所能入。”

佛说：“好好听着，我当为你解说。大慧，过去、现在、未来三世诸佛，有二种法，即言说法和如实法。言说法者，即为随顺众生根机而说种种方便教；如实法者，谓诸修行者，了达诸法唯心所现，离诸分别，不堕一异、俱不俱等分别执著。超越一切心识，于自觉圣智所证境界，离诸因缘及能、所取等各种相应见相，一切外道、声闻、缘觉所不能知者，此即是如实法。此二种法，你及诸大菩萨应当勤加修学。”

其时，世尊重说颂：

我说二种法，言说法与如实法；

言说法开示凡夫，如实法为修行者所奉持。

尔时，大慧菩萨摩诃萨复白佛言：“世尊，如来一时说卢迦耶陀咒术词论[①]，但能摄取世间财利，不得法利，不应亲近承事供养。世尊何故作如是说？”

佛言：“大慧，卢迦耶陀所有词论，但饰文句，诳惑凡愚，随顺世间虚妄言说，不如于义，不称于理，不能证入真实境界，不能觉了一切诸法，恒堕二边，自失正道；亦令他失轮回诸趣，永不出离。何以故？不了诸法唯心所见，执著外境增分别故。是故我说世论文句因喻庄严但诳愚夫，不能解脱生老病死忧悲等患。

“大慧，释提桓因广解众论[②]，自造诸论，彼世论者，有一弟子，现作龙身诣释天宫，而立论宗作是要言，憍尸迦，我共汝论，汝若不如，我当破汝千辐轮，我若不如，断一一头，以谢所屈。说是语已，即以论法摧伏帝释，坏千辐轮，还来人间。大慧，世间言论因喻庄严，乃至能现龙形，以妙文词迷惑诸天及阿修罗③，令其执著生、灭等见，而况于人？是故，大慧，不应亲近承事供养，以彼能作生苦因故。

“大慧，世论唯说身觉境界，大慧，彼世论有百千字句，后末世中恶见乖离，邪众崩散，分成多部，各执自因。大慧，非余外道能立教法，唯卢迦耶以百千句，广说无量差别因相，非如实理，亦不自知是惑世法。”

尔时，大慧白言：“世尊，若卢迦耶所造之论，种种文字因喻庄严，执著自宗非如实法，名外道者；世尊亦说世间之事，谓以种种文句言词广说十方一切国土、天人等众，而来集会，非是自智所证之法，世尊亦同外道说耶？”

佛言：“大慧，我非世说亦无来去，我说诸法不来不去。大慧，来者集生，去者坏灭，不来不去，此则名为不生不灭。大慧，我之所说，不同外道堕分别中，何以故？外法有、无，无所著故，了唯自心不见二取，不行相境，不生分别，入空、无相、无愿之门而得解脱故。

“大慧，我忆有时于一处住，有世论婆罗门来至我所，遽问我言：‘瞿昙④，一切是所作耶？’我时报言：‘婆罗门一切所作，是初世论。’又问我言：‘一切非所作耶？’我时报言：‘一切非所作，是第二世论。’彼复问言：‘一切常耶？一切无常耶？一切生耶？一切不生耶？’我时报言：‘是第六世论。’彼复问言：‘一切一耶？一切异耶？一切俱耶？一切不俱耶？一切皆由种种因缘而受生耶？’我时报言：‘是第十一世论。’彼复问言：‘一切有记耶？一切无记耶？有我耶？无我耶？有此世耶？无此世耶？有他世耶？无他世耶？有解脱耶？无解脱耶？是刹那耶？非刹那耶？虚空、涅槃及非择灭是所作耶[5]？非所作耶？有中有耶？无中有耶？’

“我时报言：‘婆罗门，如是皆是汝之世论，非我所说。婆罗门，我说因于无始戏论诸恶习气而生三有，不了唯是自心所见，而取外法，实无可得，如外道说，我及根、境三合生，我不如是。我不说因，不说无因，唯依妄心，似能所取，而说缘起，非汝及余取著我者之所能测。’大慧，虚空、涅槃及非择灭，但有三数本无体性，何况而说作与非作？大慧，尔时，世论婆罗门复问我言：‘无明爱业为因缘，故有三有耶？为无因耶？’我言：‘此二亦是世论。’又问我言：‘一切诸法皆入自相及共相耶？’我时报言：‘此亦世论，婆罗门，乃至少有心识流动分别外境，皆是世论。’

“大慧，尔时彼婆罗门复问我言：‘颇有非是世论者不？一切外道所有词论，种种文句因喻庄严，莫不皆从我法中出？’我报言：‘有，非汝所许，非世不许，非不说种种文句义理相应、非不相应。’彼复问言：‘岂有世许非世论耶？’我答言：‘有，但非于汝及以一切外道能知，何以故？以于外法虚妄分别生执著故，若能了达有、无等法，一切皆是自心所见，不生分别，不取外境，于自处住，自处住者是不起义，不起于何，不起分别。此是我法，非汝有也。’婆罗门，略而言之：随何处中心识往来死生求恋？若受、若见、若触、若住，取种种相，和合相续，于爱、于因而生计著，皆汝世论非是我法。

“大慧，世论婆罗门作如是问，我如是答，不问于我自宗实法，默然而去，作是念言：沙门瞿昙，无可尊重，说一切法无生、无相、无因、无缘，唯是自心分别所见，若能了此分别不生。大慧，汝今亦复问我是义，何故亲近诸世论者，唯得财利，不得法利？”

大慧白言：“所言财法，是何等义？”

佛言：“善哉！汝乃能为未来众生思惟是义，谛听谛听，当为汝说。大慧，所言财者，可触、可受、可取、可味，令著外境，堕在二边，增长贪爱生老病死、忧悲苦恼，我及诸佛说名财利，亲近世论之所获得。云何法利？谓了法是心，见二无我，不取于相，无有分别，善知诸地，离心、意、识，一切诸佛，所共灌顶，具足受行，十无尽愿，于一切法悉得自在，是名法利。以是不堕一切诸见、戏论、分别、常断二边。大慧，外道世论令诸痴人堕在二边，谓常及断，受无因论，则起常见，以因坏灭，则生断见，我说不见生住灭者，名得法利。是名财，法二差别相，汝及诸菩萨摩诃萨应勤观察。”

……

尔时，大慧菩萨摩诃萨复白佛言：“世尊，佛说涅槃，说何等法以为涅槃，而诸外道种种分别？”

佛言：“大慧，如诸外道分别涅槃，皆不随顺涅槃之相，谛听谛听，当为汝说。大慧，或有外道言，见法无常，不贪境界，蕴界处灭，心、心所法不现在前，不念过、现、未来境界，如灯尽，如种败，如火灭。诸取不起，分别不生，起涅槃想。

“大慧，非以见坏名为涅槃；或谓至方名得涅槃，境界想离犹如风止；或谓不见能觉、所觉名为涅槃；或谓不起分别常、无常见名得涅槃。或有说言分别诸相发生于苦，而不能知自心所现，以不知故怖畏于相，以求无相，深生爱乐执为涅槃；或谓觉知内外诸法自相共相、去来现在有性不坏，作涅槃想。

“或计我、人、众生，寿命及一切法无有坏灭，作涅槃想；复有外道，无有智慧，计有自性及以士夫求那转变作一切物以为涅槃；或有外道计福非福尽，或计不由智慧诸烦恼尽，或计自在是实作者以为涅槃；或谓众生展转相生，以此为因，更无异因，彼无智故不能觉了，以不了故执为涅槃；或计证于谛道虚妄分别以为涅槃；或计求那与求那者而共和合一性异性，俱及不俱执为涅槃；或计诸物从自然生，孔雀文彩棘针铦利，生宝之处出种种宝，如此等事是谁能作，即执自然以为涅槃。

“或谓能解二十五谛即得涅槃；或有说言能受六分，守护众生斯得涅槃；或有说言时生世间，时即涅槃；或执有物以为涅槃；或计无物以为涅槃；或有计著有物、无物为涅槃者；或计诸物与涅槃无别作涅槃想。

“大慧，复有异彼外道所说，以一切智大师子吼说，能了达唯心所现，不取外境，远离四句，住如实见，不堕二边，离能、所取，不入诸量，不著真实，住于圣智所现证法，悟二无我，离二烦恼，净二种障，转修诸地入于佛地，得如幻等诸大三昧，永超心、意及以意识，名得涅槃。

“大慧，彼诸外道虚妄计度，不如于理，智者所弃，皆堕二边，作涅槃想，于此无有，若住若出。彼诸外道皆依自宗而生妄觉，违背于理，无所成就，唯令心意驰散往来，一切无有得涅槃者，汝及诸菩萨宜应远离。”

注释：

①卢迦耶陀：又作“路迦耶底迦”、“路迦耶”等，译为“顺世”，外道之一种，又称“世论”。

②释提桓因：又作“释迦提婆因提”、“释迦因陀罗”等，帝释之异名，是位于须弥山顶之忉利天之主。为人时好布施，对乞于路旁之沙门、婆罗门常施予饮食、钱财等。

③阿修罗：又作“阿须罗”、“阿素罗”、“阿苏罗”等，意译为“非天”、亦即其果报似天而非天，是“天龙八部众”之一。

④瞿昙（qú tán）：“乔达摩”之旧称，亦称“释迦”、“甘蔗”、“日种”、“舍夷”，佛之姓也。

⑤非择灭：又称“非数灭”，佛教三无为法之一，意为非由智慧的拣择显示的寂灭。

译文：

其时，大慧菩萨又对佛说：“世尊，如来往昔曾说过，卢迦耶陀咒术词论，只能摄取世间财利，不能获得法利，不应亲近承事供养。世尊，何故作这种说法呢？”

佛说：“大慧，卢迦耶陀所有词论，只是修饰文句，迷惑凡愚，随顺世间种种虚妄言说，既不如义，又不称理，不能证入真实境界，不能觉了一切诸法但是妄见，常堕二边，自失正道，并令他人也离于正道，轮回于诸恶趣之中，不得出离。为什么呢？因为不明了一切诸法但是妄心所现，执著外境，更增虚妄分别之见，所以我说世论文句，虽因喻庄严，只是欺诳愚痴凡夫，不能解脱众生生、老、病、死及烦恼、忧悲。

“大慧，忉利天主释提桓因因广解众论，当时有一世论者的一个弟子现作龙身，去到帝释天宫，立一论宗并且说：憍尸迦（帝释之另称），我来与你辩论，你若辩不过我，我即毁掉你的千辐轮车，我若辩不过你，即以头相谢。说过这话之后，即以论法摧伏帝释，帝释当即于天中毁掉千辐轮车，并来到人间。大慧，世间言论因喻庄严，以文词惑众，帝释天尚且如此，何况人呢？因此，不应亲近承事供养，因它能作一切生死苦因。

“大慧，世论只说此身见闻觉知虚妄境界，其百千字句，后末之世分崩离析，分成多部，其源盖出于卢迦耶陀广说无量差别因相，悖于实理，又不自知是惑世法。”

其时，大慧说：“世尊，若卢迦耶陀所造之论，种种文字，因喻庄严，执著自宗之见，非如实之法，如果这则称为外道者，那么世尊亦说世间之事，也以种种文词广为宣说，十方国土，一切天人，都来集会听佛说法，此亦非自智所证之法，如此说来，世尊所说岂不同于外道之法吗？”

佛说：“大慧，我不说世论生灭法，我说诸法不来不去。大慧，所谓来者，亦即集生之义；所谓去者，亦即坏灭之义，不来不去，亦即不生不灭。大慧，我之所说不同外道堕妄想分别之中，因为我法远离外道所执之有、无之见，了达诸法唯自心之显现，无能取、所取，不生境相分别，入空、无相、无愿之门而得解脱。

“大慧，我回想起以前住于某处时，曾有一世论婆罗门来到我的住所，问我道：‘瞿昙（亦即释迦），一切诸法是所作吗？’我当时回答说：‘认为一切诸法是所作，这是初世论。’那婆罗门又问道：‘一切诸法是非所作吗？’我回答道：‘一切非所作是二世论。’他又问道：‘一切是常呢，还是一切是无常？一切法生呢，还是不生？’我回答道：‘说一切法常无常、生不生此是第六世论。’他又问道：‘一切是一呢，还是异？一切俱呢，还是不俱？一切皆由种种因缘而受生吗？’我回答道：‘此是第十一世论。’他又问道：‘一切有记呢，还是无记？有我呢，还是无我？有此世呢，还是无此世？有解脱呢，还是无解脱？一切法是刹

那生、刹那灭呢，还是非刹那生、刹那灭？虚空、涅槃及非择灭，是所作呢，还是非所作？有中阴呢，还是无中阴？'

"我当时回答道：'婆罗门，这些都是世论，非我所说，婆罗门，我说由于无始戏论、诸恶习气而生于三界，不能了达万法唯心而取著外法，而实无外法可得。'外道说我及根、境三和合生，我不这样说。我不说因，不说无因，唯依妄念而起能、所分别，假施缘起，本无实体，这些非你等取著于我者之所能知。大慧，虚空、涅槃及非择灭此三无为法，但有三名称，本无体性，如何谈说作与非作呢？大慧，其时婆罗门又问道：'无明、爱、业为因缘故有三界流转呢，还是本无因缘？'我回答道：'此二种说法也是世论。'他又问道：'一切诸法皆入自相、共相吗？'我回答道：'此亦是世论，婆罗门，只要稍有心识流动，分别外境，都是世论。'

"大慧，其时那婆罗门又问我道：'一切外道所有词论，种种文句，因喻庄严，莫不皆从我法中出，此外，还有非世论法吗？'我回答道：'有的。但此种法与你之世论法不同，但为世人所接受。并不是说除世论法外，就没有种种文句。这种法也不是不依义说，但非如世论建立法。'他又问道：'岂有为世所接受之词论文句而非世论？'我答言道：'这种法也许是你及一切外道所不能理解的。为什么呢？因为你及诸外道法，都于外法而起妄想，虚妄执著，若能了达有、无等法，一切皆是自心之所变现，不生分别，不取外境，能于自住处，不起有、无妄念分别，此是如来法，非你之世论法。'婆罗门，略而言之：不论何时何处，若有心识流动，于生死而有所追求爱恋，有受、有触、有见、有住，取种种相，于爱于因等而生计著，此皆是世论，非是我法。

“大慧，世论婆罗门这样问，我这样答，他并不问我宗如实之法，便默默地走开了，心中在想：沙门瞿昙，也不怎么样，说一切法无生、无相、无因、无缘，唯是自心分别所见，若能了达万法唯心，一切虚妄分别则不得生。大慧，你今也问我这样的问题，何故亲近诸世论者？此唯得财利，不得法利。”

大慧问道：“世尊所说的财利，其义如何？”

佛说：“善哉！你能为未来众生思维此义，好好听着，我当为你解说。大慧，所谓财利者，亦即那些可触、可受、可取、可嗅等有形有相之物，使人起外境想，堕于有、无二边，增长贪爱忧悲、生老病死种种苦恼，我及诸佛称这些为财利，乃亲近世论之所获得。何谓法利？法利者，了达万法唯心所现，见二无我，不取著于相，无有妄想分别，善知诸地，离心、意、识，具足修行十无尽愿，一切诸佛为其灌顶，于一切法悉得自在，此是名法利，获此法利，不堕一切恶见戏论分别妄想，亦不堕常断、有无二边。大慧，外道世论使诸痴人堕于常、断等二边，以无因论，则起常见；以因坏灭，则起断见，我说不见生住异灭者名得法利。这就是财、法二利之区别，你及诸大菩萨对此应当勤加观察思维。”

……

其时大慧菩萨又对佛说：“世尊，佛说涅槃，何等法是涅槃？而诸外道为何作种种分别？”

佛说：“大慧，外道所说之种种涅槃，皆不随顺涅槃之相，好好听着，我当为你解说。大慧，或有外道说，见法无常，不贪着境界，蕴界处灭，心、心所法等均不现前，不念过去、现在、未来种种境界，如灯尽，如种败，如火灭。诸取不起，分别不生，由此而起涅槃想。

“大慧，非以见灭坏分段生死为涅槃；或者以为人从“方”生，灭后还归入“方”，名为涅槃（方论者）；或者以为离境界想犹如风止名为涅槃（风仙论者）；或者以为不见能觉、所觉名为涅槃（如围陀论师）；或者以为不起常、无常分别见名为涅槃（伊赊那论师）；或者以为因不知诸法自心所现，故分别诸相而苦生，因此若能于相而起怖畏，以求无相，深生爱乐无相之想，此即为涅槃（如裸形论师）；或者以为觉知内外诸法自相、共相，过去、现在、未来有性不坏（如虚空、四大性），名为涅槃（毗世论师）。

“或者以为我、人、众生及寿者一切法无有坏灭名为涅槃（常见论师）；更有外道，无有智慧，以为有自性及种种功能转变名为涅槃（女人眷属论师）；或有外道以罪福俱尽为涅槃（苦行外道）；或有外道以不由智慧，诸烦恼尽为涅槃（净眼论师）：或有外道以大自在天真实能作众生生死者为涅槃（摩陀罗论师）；或者以为众生展转相生，此即是因，此外更无他因，不知无明爱业才是根本，认为一切物灭后，复归于彼，名为涅槃（尼犍子论师）。

“或者以为二十五谛从冥而生，自然四德，证于真实道谛，是为涅槃（僧佉论师）；或者以为摩醯首罗天为万物生因，堕四句见，执为涅槃（摩醯首罗论师）；或者以为万物从自然生，则以自然为涅槃（自然论师）；或者以明了二十五谛为涅槃（迦毗罗论师）；或者以为，若能受六德令万民安乐，安乐之性即是涅槃；或者以为万物由时而生，时即是涅槃（时论师）；或者以有性为涅槃；或者以无性为涅槃；或者以有、无二法为涅槃；或者以万物与涅槃无别为涅槃。

“大慧，又有不同以上诸外道所说的，以能了达万法唯是自心所现，不取外境，远离四句，住如实见，不堕二边，离能、所二取，住于圣智自证境界，悟二无我，离二烦恼，净二种障，于诸地勤加修行，后入于佛地，得如幻三昧，永超心、意、识，名为涅槃（此即如来真实涅槃）。

“大慧，以上所言诸外道之种种虚妄计度，皆堕二边，作涅槃想，此既违正理，为智者所不齿。彼种种说，皆依自宗，而生妄想分别，违背正理，终不能有所成就，唯有使众生心意驰骋散乱，终无一个真实得涅槃者，你及诸大菩萨应当尽速远离。”

无常品第三之余

本品阐明佛陀涅槃境界的相关义理，分为四节：

第一节论述如来觉性，即佛陀自性涅槃。如来正等正觉不是见闻觉知那种分别可以得到与想象；并且与五蕴非一非异，非因非果。

第二节从名号、言说、实义、善义者等角度阐释“不生不灭”就是空性，就是如来。正因为一切法无所有，要觉自心现量，离二妄想。

第三节辨别佛陀“不生不灭”与外道“不生不灭”的差异。如来是离有无、离生灭，不堕二道的无相境界，安住在微妙寂静之中，此种才堪最胜相、最胜行的佛陀涅槃。

第四节分析如来与外道所讲“无常”之不同。佛陀一一批驳了外道的七种无常，指出一旦堕于常断、恒变等二边，就是离心求法，皆是泡影。

尔时，大慧菩萨摩诃萨复白佛言：“世尊，愿为我说如来、应供、正等觉自觉性，令我及诸菩萨摩诃萨而得善巧自悟、悟他。”

佛言：“如汝所问，当为汝说。”

大慧言：“唯。世尊，如来、应供、正等觉为作非作？为果为因？为相所相？为说所说？为觉所觉？如是等为异不异？”

佛言：“大慧，如来、应、正等觉非作非非作，非果非因，非相非所相，非说非所说，非觉非所觉，何以故？俱有过故。大慧，若如来是作，则是无常，若是无常，一切作法应是如来。我及诸佛皆不忍可。若非作法，则无体性，所修方便悉空无益，同于兔角、石女之子，非作因成故。若非因非果，则非有非无，若非有非无，则超过四句。言四句者，但随世间而有言说。若超过四句，惟有言说，则如石女儿。大慧，石女儿者，惟有言说，不堕四句，以不堕故，不可度量，诸有智者，应如是知如来所有一切句义。

“大慧，如我所说，诸法无我，以诸法中无有我性，故说无我。非是无有诸法自性，如来句义应知亦然。大慧，譬如牛无马性，马无牛性，非无自性，一切诸法亦复如是。无有自相，而非有即有，非诸凡愚之所能知，何故不知？以分别故。一切法空，一切法无生，一切法无自性，悉亦如是。

“大慧，如来与蕴非异非不异。若不异者，应是无常，五蕴诸法是所作故。若异者，如牛二角有异不异，互相似故不异，长短别故有异，如牛右角异左，左角异右，长短不同，色相各别。然亦不异，如于蕴于界处等。一切法亦如是。

“大慧，如来者依解脱说，如来解脱非异非不异。

若异者，如来便与色相相应，色相相应即是无常；若不异，修行者见应无差别，然有差别，故非不异。如是智与所知，非异非不异，若非异非不异，则非常非无常，非作非所作，非为非无为，非觉非所觉，非相非所相，非蕴非异蕴，非说非所说，非一非异，非俱非不俱。以是义故，超一切量，超一切量故，惟有言说，惟有言说故，则无有生，无有生故，则无有灭，无有灭故，则如虚空。大慧，虚空非作非所作，非作非所作故，远离攀缘，远离攀缘故，出过一切诸戏论法，出过一切诸戏论法，即是如来。如来即是正等觉体，正等觉者，永离一切诸根境界。

……

译文：

其时，大慧菩萨又对佛说："世尊，请为我等说如来、应供、正等觉（应供、正等觉均是佛之尊号）自觉性，令我及诸大菩萨得此善巧，自悟、悟他。"

佛说："大慧，我将就你所问的，为你及诸大菩萨解说。"

大慧说："好的，世尊。如来、应供、正等觉是作法呢，还是非作法？是果呢，还是因？是相或是所相？是说还是所说？是觉或是所觉？如是等等，是一或是异？"

佛说："大慧，如来、应供、正等觉既非是作法，亦不是非作法，非果亦非因，非相亦非所相，非说亦非所说，非觉亦非所觉，为什么这么说呢？因为这样说都有过失。大慧，若如来是作法，则是无常，若如来是无常，一切作法应是如来。这是我及诸佛都不能同意的。若如来非是作法，则无有体性，那么，一切修行悉皆无益，如同兔角、石女之儿，因不是作法之因所成的缘故。若如来非因非果，则非相非所相，亦即非有非无；若非有非无，则非说非所说，则言超四句。夫随文句者，则随世间而有言说，若超四句而唯有言说，则如石女儿。大慧，石女儿者，唯有言说，不堕四句，以不堕四句故，不可度量，一切智者，应如此知如来一切句义。

“大慧，如我所说，诸法无我，因为诸法中无有我性，故说诸法无我，不是诸法中无有“自身之性”，如来之义，也是这样，如来无蕴界处生死之性，不是没有法身常住自性。大慧，譬如牛无马性，马无牛性，非牛无牛自性、马无马自性，一切诸法也是这样，无有诸法自相，而非没有法身常住之性，此中道理，非凡愚之所能知。为什么呢？因为愚痴凡夫执著于虚妄分别。一切法空，一切法无生，一切法无自性，也是这样，无法之自相，非无如来法身常住之性。

“大慧，如来与‘五蕴’法非异非不异，若不异者，则如来应是无常，因为‘五蕴’都是所作法。若异者，正如牛之双角，既异又不异，互相似，故不异，长短各不同，则异。如牛右角异于左角，左角异于右角，长短色相各不相同。但双角又不异，因为同是牛之角。如来与蕴界处非异非不异也是这样。

“大慧，如来者，依解脱而立言，如来与解说也是既非异又非不异。若异者，如来则如色相，同属无常；若不异者，则一切修行者均无差别，但实际上差别很大，因此二者非不异。与此相类似，如来觉智法身与所知之蕴界处，非异非不异。因为如来与‘五蕴’诸法非异非不异，故如来非常非无常，非作非所作，非有为非无为，非觉非所觉，非相非所相，非蕴非异蕴，非说非所说，非一非异，非俱非不俱。因此，如来真实法身，超出见闻觉知一切心量，唯有言说，无生无灭，犹如虚空。大慧，虚空非作非所作。因为虚空非作非所作，所以远离一切攀缘；因为远离一切攀缘，所以它超越一切妄想戏论；此超越一切妄想戏论者，即是如来，如来即是正等觉之体。所谓正等觉者，则是永离一切诸根境界。”

……

尔时，大慧菩萨摩诃萨复白佛言：“世尊，如佛经中分别摄取不生不灭，言此即是如来异名。世尊，愿为我说，不生不灭，此则无法，云何说是如来异名？如世尊说，一切诸法不生不灭，当知此则堕有无见。世尊，若法不生，则不可取，无有少法，谁是如来？惟愿世尊为我宣说。”

佛言：“谛听，当为汝说。大慧，我说如来，非是无法，亦非摄取不生不灭，亦非待缘，亦非无义，我说无生即是如来意生法身别异之名，一切外道、声闻、独觉、七地菩萨不了其义。大慧，譬如帝释地及虚空乃至手足，随一一物各有多名。非以名多而有多体，亦非无体。大慧，我亦如是，于此娑婆世界[①]，有三阿僧祇百千名号[②]，诸凡愚人虽闻虽说，而不知是如来异名，其中或有知如来者，知无师者，知导师者，知胜导者，知普导者，知是佛者，……如是等满足三阿僧祇百千名号，不增不减，于此及余诸世界中，有能知我如水中月，不入不出，但诸凡愚心没二边，不能解了，然亦尊重承事供养，而不善解名字句义，执著言教，昧于真实，谓无生，无灭是无体性，不知是佛差别名号。如因陀罗释揭罗等，以信言教，昧于真实，于一切法，如言取义，彼诸凡愚作如是言，义如言说，义说无异，何以故？义无体故。是人不了言音自性，谓言即义，无别义体。大慧，彼人愚痴，不知言说是生是灭，义不生灭。

“大慧，一切言说堕于文字，义则不堕，离有离无故，无生无体故。大慧，如来不说堕文字法，文字有无不可得故，惟除不堕于文字者。大慧，若人说法堕文字者，是虚诳说，何以故？诸法自性离文字故。是故，大慧，我经中说，我与诸佛及诸菩萨，不说一字，不答一字，所以者何？一切诸法离文字故，非不随义而分别说。大慧，若不说者，教法则断，教法断者，则无声闻、缘觉、菩萨、诸佛。若总无者，谁说？为谁？是故，大慧，菩萨摩诃萨不著文字，随宜说法，我及诸佛皆随众生烦恼解欲种种不同而为开演，令知诸法自心所见，无外境界，舍二分别，转心意识，非为成立圣自证处。

“大慧，菩萨摩诃萨随于义，莫依文字。依文字者，堕于恶见，执著自宗，而起言说，不能善了一切法相，文辞章句，即自损坏，亦坏于他，不能令人心得悟解。若能善知一切法相，文辞句义悉皆通达，则能令自身受无相乐，亦能令他安住大乘；若能令他安住大乘，则得一切诸佛、声闻、缘觉及诸菩萨之所摄受；若得诸佛、声闻、缘觉及诸菩萨之所摄受，则能摄受一切众生；若能摄受一切众生，则能摄受一切正法；若能摄受一切正法，则不断佛种；若不断佛种，则得胜妙处。大慧，菩萨摩诃萨生胜妙处，欲令众生安住大乘，以十自在力[3]，现众色像，随其所宜，说真实法。真实法者，无异、无别、不来、不去，一切戏论皆悉息灭。是故，大慧，善男子、善女人，不应如言执著于义。何以故？真实之法，离文字故。

“大慧，譬如有人以指指物，小儿观指不观于物，愚痴凡夫亦复如是，随言说指而生执著，乃至尽命终不能舍文字之指，取第一义。大慧，譬如婴儿应食熟食，有人不解成熟方便，而食生者则发狂乱。不生不灭亦复如是，不方便修则为不善，是故宜应善修方便，莫随言说而观指端。

“大慧，实义者微妙寂静是涅槃因，言说者与妄想合流转生死。大慧，实义者从多闻得，多闻者谓善于义非善言说。善义者不随一切外道恶见，身自不随，亦令他不随，是则名曰于义多闻。欲求义者，应当亲近；与此相违著文字者，宜速舍离。

注释：

①娑婆世界：亦称“堪忍世界”。堪忍，即堪忍苦难之意，佛教认为，此界苦难众多，住此界众生，须堪忍受种种苦难。另，堪忍还指菩萨为教化众生堪于忍受种种劳苦。

②阿僧祇（qí）：古印度数目名，一阿僧祇为一万万万万万万万万兆，意为“无数”。

③十自在：自在者，进退无碍之意。十种自在即是：一命自在，菩萨得长寿慧命，住持世间、无有障碍；二心自在，菩萨智慧方便，调伏自心，能入各种三昧，而无障碍；三资具自在，菩萨以无量珍宝，严饰世界，清净无碍；四业自在，菩萨能随诸业，应时示现，无障无碍；五受生自在，菩萨能随其心念，于诸世界受生示现，无障无碍；六解自在，菩萨能示现种种色身，演说妙法，无障无碍；七愿自在，菩萨能随诸愿，于诸刹中应时出现，成正等觉，无障无碍；八神力自在，菩萨神通广大，威力无量，能于世界中随机示现，无障无碍；九法自在，菩萨得大辩才，广演无边法门，无障无碍；十智自在，菩萨智慧具足，能于一念中现如来十力无畏，成正等觉，无障无碍。

译文：

其时，大慧菩萨又对佛说：“世尊，诸佛经中多有说言，不生不灭即是如来之异名者，请世尊为我等解说，不生不灭者，则是无法，如何却说即是如来异名？正如世尊所说过的，言一切诸法不生不灭，此则是堕有、无之见。世尊，若法不生，则无可取著，诸法皆无，谁是如来？请世尊为我等宣说。”

佛说：“好好听着，我当为你解说。大慧，我说如来是不生不灭之异名，非即是无法，亦非如你所说堕有、无见。我说无生即是如来觉法自性，意成法身之异号。但此不生不灭之义，凡愚外道、声闻、缘觉乃至七地菩萨皆不能了知。大慧，譬如帝释、虚空乃至手足，一一物各有多名，并非多名而有多体，亦非无体。大慧，我也是这样，于此娑婆世界（即堪忍世界）有无数无量百千名号，诸愚痴凡夫虽然闻说其名号，但不知是如来的异名，其中或有知者，如普导、如佛、如导师、如胜导、如梵王……如无灭、如无生、如性空、如真如、如实性、如法界、如涅槃、如佛性、如寂灭，……如是等满无数无量百千名号。称谓不同，然其体性唯一，无有增减，此间及余世界中，有利根者，能知如来法身随众生心现，如月现水中，实无去来。但诸凡夫堕二边见，不能如实了知，虽也承事供养，但不了名义，执著言说，昧于如来真实法身，而谓不生不灭同于无法，不知佛之种种名号乃随众生心现，如因陀罗释揭罗（帝释异名）等，以信言教，昧于真实，于诸法中随言取义。愚痴凡夫更是这样说：义如言说，二者无异，为什么呢？因为义无体性。这种人不知言语音声无有体性，所以说言说即义，无别自体。大慧，此种人不知言说有生灭，而义无生灭。

“大慧，一切言说堕于名字，而义则不堕名字，因为义离有、无，不受生，无身相。大慧，如来不说堕文字法，只以方便说教显真实义。大慧，若人说法堕文字言教者，是虚诳说，为什么呢？因为诸法真实性离于文字。所以，大慧，佛经中说，我与诸佛及诸菩萨，不说一字，不答一字。为什么这样呢？一切诸法性相离于文字，亦非不随真实之义，故假分别说以显义。大慧，若不说者，教法则坏，教法若坏，则无声闻、缘觉、菩萨、诸佛。若三乘圣人均无，那么，谁说法？为谁说？所以，大慧，大菩萨应当不著文字，随机说法，我及诸佛皆随众生心欲根机不同而方便说法，令其了达诸法乃是自心所现，无外境界，舍二分别，转灭妄识，并非借言教成立如来自觉圣智所证处。

“大慧，大菩萨应依于义，莫依于文字。依文字者，堕于恶见，执著自宗，而起言说，不能了达一切法相文字章句，既自损坏，亦坏他人，不能令人心得悟解。若能善知真实义，通达一切法相文字章句，则不但能使自己得无相乐，还能使他人安住大乘；若能使他人安住于大乘，则得一切诸佛、菩萨、声闻、缘觉之所摄受；若得一切诸佛、菩萨、声闻、缘觉之所报受，则能摄受一切众生；若摄受一切众生，则能摄受一切正法；若能摄受一切正法，则不断佛种；若不断佛种，则得生胜妙处。大慧，大菩萨得生胜妙处，欲令众生安住大乘，以十自在力现种种像，随众生之根机，说真实法。真实法者，离文字，无别异去来，一切戏论悉皆息灭。所以，大慧，善男子、善女人，不应执著于语言文字，因为一切真实之法离于语言文字。

“大慧，譬如有人以手指指物，小儿观指不观物，愚痴凡夫也是这样，随语言文字而起执著，乃至终生不能舍弃文字之“指”，而取真实义。大慧，譬如婴儿，应吃熟食，有人不知，而让其吃生食，则得疾病。不生不灭法门也是这样，不以方便善巧修行，则不能入此法门，所以应当善于方便修行，莫随语言文字而生执著，如不观于物而观指端。

“大慧，真实义者，离诸妄想，寂静微妙，由此而得涅槃；言说者，与妄想合，而流转生死。大慧，实义者，从多闻得，多闻而得其义，非善于言说。善其义者，不随顺一切外道恶见，非但自己不随顺，而且也使别人不堕恶见，这才是真正的多闻善义。应当亲近善求义者，与此相反之执语言文字者，应速远离。”

尔时，大慧菩萨摩诃萨承佛威神，复白佛言：“世尊，如来演说不生不灭，非为奇特。何以故？一切外道亦说作者不生不灭，世尊亦说虚空、涅槃及非数灭不生不灭；外道亦说作者因缘生于世间，世尊亦说无明爱业生诸世间，俱是因缘，但名别耳，外物因缘亦复如是。是故，佛说与外道说无有差别。外道说言，微尘、胜妙、自在、生主等如是九物不生、不灭，世尊亦说一切诸法不生不灭，若有若无，皆不可得。世尊大种不坏，以其自相不生、不灭，周流诸趣，不舍自性。世尊，分别虽稍变异，一切无非外道已说，是故佛法同于外道，若有不同，愿佛为演，有何所以佛说为胜？若无别异，外道即佛。以其亦说不生不灭故。世尊常说一世界中，无有多佛，如向所说，是则应有。”

佛言：“大慧，我之所说不生不灭，不同外道不生不灭、不生无常论。何以故？外道所说，有实性相不生不变，我不如是堕有，无品，我所说法，非有非无，离生离灭。云何非无？如幻梦色，种种见故。云何非有？色相自性非是有故，见不见故，取不取故。是故，我说一切诸法非有非无。若觉唯是自心所见，住于自性，分别不生，世间所作悉皆永息，分别者是凡愚事，非圣贤耳。

“大慧，妄心分别不实境界，如乾闼婆城，幻所作人。大慧，譬如小儿见乾闼婆城及以幻人商贾入出，迷心分别，言有实事，凡愚所见生与不生，有为无为，悉亦如是。如幻人生、如幻人灭，幻人其实不生、不灭。诸法亦尔，离于生灭。大慧，凡夫虚妄起生灭见，非诸圣人。言虚妄者，不如法性，起颠倒见。颠倒见者，执法有性，不见寂灭；不见寂灭故，不能远离虚妄分别。是故，大慧，无相见胜，非是相见，相是生因，若无有相，则无分别，不生不灭则是涅槃。大慧，言涅槃者，见如实处，舍离分别心、心所法，获于如来内证圣智。我说此是寂灭涅槃。”

……

译文：

其时，大慧菩萨承佛威神，又对佛说：“世尊，如来演说不生不灭法门，不为奇特。为什么这么说呢？因为一切外道亦说作者不生不灭，世尊也说虚空、涅槃、非择灭三无为法不生不灭；外道说作者因缘生于世间，世尊也说无明爱业生诸世间，都是因缘而生，只是称谓不同罢了。世尊所说和外道所说之外因缘生法也是这样。所以，佛之所说与外道说无有差别。外道说时间、方位、虚空、微尘、四大种、大梵天、胜妙天（梵pradhana）、大自在天、众生主等九物不生不灭，世尊亦说一切法不生、不灭，若有若无，皆不可得。世尊，大种不坏灭，周流诸趣，自性常住，不生不灭，世尊分别所说诸法，虽稍有异，实际上外道多已说过。所以说，佛法同于外道法，若有不同，请佛为解说，为什么佛法胜于外道法？若无不同，外道即是如来，因为外道亦说不生、不灭。世尊常说，一世界中，无有多佛，如上面所说的，则应是有。”

佛说：“大慧，我之所说不生、不灭，不同于外道所说之不生、不灭，不生无常论，区别在哪里呢？外道计著一切诸法有实相性，不生、不灭，如来所说不堕有、无，我所说法，非有非无，离生离灭。为什么非无？如幻影梦像，其影像非一无所有；为什么非有呢？影像实无自性，能所见取皆不可得，所以我说一切诸法非有非无，离有离无。若觉诸法唯是自心所见，住于自性，分别不生，世间一切诸法，皆悉寂静。妄想分别，是凡愚之所为，非圣贤也。

“大慧，妄心分别之不实境界，如乾闼婆城及幻化人，小儿见有乾闼婆城及众多商贾出入，妄心分别，言有其事，凡愚所见生与不生、有为无为也是这样，如幻人生，如幻人灭，幻人其实不生不灭。诸法也是这样，离于生灭。大慧，凡夫虚妄起生灭见，圣人不如是见。所谓虚妄者，不依真实义，而起颠倒见。

颠倒见者，执著诸法有自性，不见诸法自性本寂静；不见诸法自性本寂，不能离于虚妄分别。所以，大慧，如来以其无相见胜于外道之有相之见。有相之见，以不生不灭为受生因，若无有相，则无有虚妄分别，寂静常住，则是涅槃。大慧，所谓涅槃者，依真实见，舍分别想，离心、心所法，获如来自觉圣智所证境界，我说此即是寂灭涅槃。”

……

尔时，大慧菩萨摩诃萨复白佛言：“世尊，一切外道妄说无常，世尊亦言诸行无常是生灭法，未知此说是邪是正？所言无常复有几种？”

佛言：“大慧，外道说有七种无常，非是我法。何等为七？谓有说始起即舍是名无常，生已不生，无常性故；有说形处变坏是名无常；有说色即无常；有说色之变异是名无常，一切诸法相续不断，能令变异自然归灭，犹如乳酪前后变异，虽不可见，然在法中坏一切法；有说物无常；有说物无物无常；有说不生无常，遍住一切诸法之中。

“其中物、无物、无常者，谓能造、所造其相灭坏，大种自性本来无起；不生无常者，谓常与无常，有无等法，如是一切皆无有起，乃至分析至于微尘，亦无所见，以不起故，说名无生，此是不生无常相。若不了此，则堕外道生无常义，有物无常义；有物无常者，谓于非常、非无常处，自生分别。其义云何？彼立无常自不灭坏，能坏诸法，若无无常坏一切法，法终不灭，成于无有，如杖槌瓦石能坏于物，而自不坏，此亦如是。大慧，现见无常与一切法，无有能作、所作差别，云此是无常，此是所作。无差别故，能作、所作应俱是常，不见有因，能令诸法成于无故。

“大慧，诸法坏灭实亦有因，但非凡愚之所能了。大慧，异因不应生于异果，若能生者，一切异法应并相生，彼法此法能生所生应无有别，现见有别，云何异因生于异果？大慧，若无常性是有法者，应同所作自是无常，自无常故，所无常法皆应是常。大慧，若无常性住诸法中，应同诸法堕于三世，与过去色同时已灭，未来不生，现在俱坏，一切外道计四大种体性不坏，色者即是大种差别，大种造色，离异不异故，其自性亦不坏灭。

“大慧，三有之中能造、所造莫不皆是生住灭相，岂更别有无常之性，能生于物而不灭耶？始造即舍无常者，非大种互造，大种以各别故；非自相造，以无异故；非复共造，以乖离故。当知非是始造无常。形状坏无常者，此非能造及所造坏，但形状坏。其义云何？谓分析色乃至微尘，但灭形状长短等见，不灭能造、所造色体，此见堕在数论之中。色即是无常者，谓此即是形状无常，非大种性，若大种性亦无常者，则无世事，无世事者，当知则堕卢迦耶见，以见一切法自相生，唯有言说故。转变无常者，谓色体变非大种变，譬如以金作庄严具，严具有变而金无改，此亦如是。

“大慧，如是等种种外道，虚妄分别，见无常性，彼作是说，火不能烧诸火自相，但各分散，若能烧者，能造、所造则皆断灭。大慧，我说诸法非常无常，何以故？不取外法故，三界唯心故，不说诸相故，大种性处种种差别不生、不灭故，非能造，所造故，能取、所取二种体性一切皆从分别起故，如实而知二取性故，了达惟是自心现故，离外有、无二种见故，离有、无见则不分别能造、所造故。大慧，世间、出世间及出世间上上诸法，惟是自心非常、非无常，不能了达堕于外道二边恶见。大慧，一切外道不能解了此三种法，依自分别而起言说，著无常性。大慧，此三种法所有语言分别境界，非诸凡愚之所能知。”

尔时，世尊重说颂言：

始造即便舍，形状有转变；
色物等无常，外道妄分别。
诸法无坏灭，诸大自性住；
外道种种见，如是说无常。
彼诸外道众，皆说不生灭；
诸大性自常，谁是无常法？
能取及所取，一切唯是心；
二种从心现，无有我我所。

梵天等诸法，我说惟是心；
若离于心者，一切不可得。

译文：

其时，大慧菩萨又对佛说：“世尊，一切外道妄说无常，世尊也说诸行无常，是生灭法，不知此说是邪？是正？所说的无常，又有几种？”

佛说：“大慧，外道说有七种无常，非是我法。哪七种呢？一者四大造色，作已还舍，是名无常；二者形处转变，是名无常，谓四大所造色之长短、大小变化无常；三者色即无常，亦即各种形色变化无常；四者转变无常，一切诸法相续不断，迭相变化自然归灭，犹如乳变为酪，此种无常虽不可见，但在一切法中坏一切法；五者性无常；六者性无性无常；七者不生无常。

“此中，性、无性、无常者，指能造所造诸法虚妄不实，其相坏灭，大种自性，本来无起，无起即无灭，何有能造所造之实法言无常；不生无常者，指常与无常、有与无等，一切诸法皆无有起，乃至极小之微尘，也无所见，此即以不起名无常。其实，一切诸法，本来寂静，并非灭生名无常，不识于此，则堕外道无常义；所谓性无常者，此即于非常非无常处，妄生分别。其义是什呢？即其立一无常之性，自不坏灭，但能坏灭诸法。若无此无常性坏灭诸法，诸法则终不坏灭，犹如以杖击瓦，以石打物，瓦、物坏而杖石不坏，外道所谓性无常说也是这样。大慧，现见无常性与所作法，并无异体，无能作、所作之差别，妄言此是无常性，彼是所作法，因为无差别的缘故。能作、所作应俱是常，故无有一无常之性，能令诸法坏灭而成于无。

“大慧，诸法坏灭实也有因，但此非凡愚之所能知。大慧，异因不应变生异果，若异因能生异果，则一切诸法应是互相转生，这样，此法彼法应无有差别，怎可以说诸法能转变互生呢？大慧，若有法无常性为能生因，应同所作法一样同属无常，既然自己也属无常，怎能生起诸法呢？所无常法皆应是常。大慧，若无常性住诸法中，应同诸法一样堕于三世，与色一样，过去已灭，未来不生，现在俱灭。一切外道计四大种性不坏，而所造色坏。但实际上，所造色即是四大种性和合而有，既然四大种性不坏，色亦应是不坏。

“大慧，三界之中一切诸法，能造所造莫不皆是生住灭法，岂更别有无常之性，能生于物而自身不灭？始造即舍无常者（即外道所言之第一无常），非大种互造，大种其用各不相同，不能互造于色；亦非自造于色，因为大种性本自无生，不能独起以造于色。亦非共造，因四大种性自乖悖，如水火不相容，何能共造于色？因此，当知非是始造无常。形处转变无常者，此非所造坏，亦非所造坏，而是形状坏尔，亦即此种形处转变，只是其大小、长短形状之变更，非是能造所造体坏灭。持此种说法者堕于僧法世论之中。色即是无常者，此谓所造色无常，非大种性无常，若大种性亦无常，则无世事，这样便堕入虚迦耶见中。因彼妄见诸法自相生，唯有言说，无自性相。转变无常者，指色质变异，非大种体变异，如金作种种器具，器具有变，而金体无改。

“大慧，如是等种种外道，虚妄分别，见无常性。他们认为，火虽能烧四大所造色，但不能烧四大自相，说如果火能烧四大自相，一切能造所造则皆俱断灭。大慧，我所说，不同于外道之常无常见，为什么呢？因为一切外法皆是虚妄离于执取，三界唯是自心所现，不可妄分诸法自相，大种性不生不灭各种差别相，既非能造，亦非所造，能取、所取二种体性都是虚妄分别所生，了达诸法皆是自心所现，远离有、无二种分别见，不妄分别能造、所造。大慧，世间、出世间及出世间上上诸法，都是自心，无有外法，非常、非无常，若不能了达于此，则堕恶见。大慧，一切外道不能如实知此三种法，依自妄想，而计言说，计常无常。大慧，此三种法所有方便语言分别，亦非凡愚所能了知。”

其时，世尊重说颂：

刚产生出来又很快失灭，诸法之形状不断变化；
执著色和物等各种无常，外道于此作种种分别。
诸法各住自位无有坏灭，四大自性常住而不易；
外道所持之各种说法，都是如此以说无常。
那些外道众及种种说法，皆说大种性无生灭；
大种性既然是常，那么谁是无常法？
能取及所取皆是自心之显现，实无有我及我所。
梵天等一切诸法，我说都是心之体现；
如果离开了心，一切皆假相幻影了不可得。

现证品第四

本品主要阐释三乘修行次第的心识状态。首先明了三乘次第不同，在于“灭尽定”境界前后差别。声闻、缘觉及六地菩萨的灭尽定境界没有差别，七地菩萨常在定中，不用作意入定；八地菩萨则三界妄想全灭，任运无间。从初地到七地要如法修行，通达四无碍，唯有到了八地，才能不退转。其次明了修行次第只是方便施设，实际没有次第；就世俗谛则有次第，就胜义谛，则实无次第。前七地菩萨，分别识尚在，八地以上至成佛，已证无生法忍，悟实无有法所得，真正方便利他，涅槃寂静。

尔时，大慧菩萨摩诃萨复白佛言：“世尊，愿为我说一切声闻、缘觉入灭次第相续相，令我及诸菩萨摩诃萨，善知此已，于灭尽三昧①，乐心无所惑，不堕二乘及诸外道错乱之中。”

佛言：“谛听，当为汝说。大慧，菩萨摩诃萨至于六地及声闻、缘觉入于灭定，七地菩萨念念恒入，离一切法自性相故，非诸二乘。二乘有作，堕能、所取，不得诸法无差别相，了善、不善自相，共相，入于灭定，是故不能念念恒入。大慧，八地菩萨声闻、缘觉，心、意、意识分别想灭，始从初地乃至六地，观察三界一切唯是心、意、意识自分别起，离我、我所，不见外法种种诸相，凡愚不知，由无始来过恶熏习，于自心内变作能取、所取之相，而生执著。

“大慧，八地菩萨所得三昧，同诸声闻、缘觉涅槃，以诸佛力所加持故，于三昧门不入涅槃，若不持者，便不化度一切众生，不能满足如来之地，亦则断绝如来种性。是故，诸佛为说如来不可思议诸大功德，令其究竟不入涅槃。声闻、缘觉著三昧乐，是故于中生涅槃想。大慧，七地菩萨善能观察心、意、意识、我、我所执，生法无我，若生若灭、自相共相，四无碍辩善巧决定②，于三昧门而得自在，渐入诸地具菩提分法。

“大慧，我恐诸菩萨不善了知自相、共相，不知诸地相续次第，堕于外道诸恶见中，故如是说。大慧，彼实无有若生若灭，诸地次第三界往来，一切皆是自心所见，而诸凡愚不能了知，以不知故我及诸佛为如是说。大慧，声闻、缘觉至于菩萨第八地中，为三昧乐之所昏醉，未能善了惟心所见，自、共相习缠覆其心，著二无我，生涅槃觉，非寂灭慧。大慧，诸菩萨摩诃萨见于寂灭三昧乐门，即便忆念本愿大悲，具足修行十无尽句。是故，不即入于涅槃，以入涅槃不生果故，离能、所取故，了达惟心故，于一切法无分别故，不堕心意及以意识外法性相执著中故，然非不起佛法正因，随智慧行如是起故得于如来自证地故。

“大慧，如人梦中方便度河，未度便觉，觉已思惟向之所见，为是真实？为是虚妄？复自念言，非实非妄。如是但是见闻觉知，曾所更事分别习气，离有、无念，意识梦中之所现耳。大慧，菩萨摩诃萨亦复如是，始从初地而至七地，乃至增进入于第八，得无分别见，一切法如幻梦等，离能、所取，见心、心所广大力用勤修佛法，未证令证，离心、意、意识妄分别想，获无生忍，此是菩萨所得涅槃，非灭坏也。大慧，第一义中无有次第，亦无相续，远离一切境界分别，此则名为寂灭之法。"

注释：

①灭尽三昧：又作"灭尽定"、"灭受想定"，指心及心法一切俱亡之禅定，一般指证不还果以上之圣者，为假入涅槃之想而入此定。

②四无碍辩：亦作"四无碍智"、"四无碍解"，指菩萨说法之智慧辩才。就意业言，谓之"解"，就口业说，谓之"辩"。一者法无碍，二者义无碍，三者辞无碍，四者辩说无碍。

译文：

其时，大慧菩萨又对佛说："世尊，请为我等说一切声闻、缘觉入灭次第相续相，令我及诸大菩萨了达此相后，于心、心所法俱亡之灭尽定，心无所迷惑，不堕于二乘及诸外道之中。"

佛说："好好听着，我当为你解说。大慧，大菩萨至于六地以及声闻、缘觉断三界烦恼生死，皆能入于灭尽定，七地菩萨不同于二乘，念念恒入，无有间断。二乘有烦恼生死可断，堕于能取、所取，不得诸法无差别相，以觉诸法种种异相入于灭尽定，所以不能念念恒入。大慧，八地菩萨无出入相，恒在三昧，同于声闻、缘觉诸心识灭，证于涅槃。自初地至六地菩萨，虽未尽灭诸心识，但已正观三界，一切唯心，离我、我所，不见外法。凡愚不觉，无始以来过恶虚伪习气所熏，于自心变现能取、所取之相，故起执著。

“大慧，八地菩萨所得三昧，同诸声闻、缘觉之涅槃，因诸佛之加持，不入于涅槃，若无诸佛加持，便不能化度一切众生，不能达于如来之地，亦即断绝如来种性。所以，如来为其示现无量难思议功德，使八地菩萨不生入涅槃想。声闻、缘觉耽著三昧之乐，所以于中生涅槃想。大慧，七地菩萨，善观心识，断我、我所诸妄想分别，见法无我，了达诸法之生灭、自共相，于法、义、辞、辩说融通无碍，于三昧门而得自在，渐入诸地具足菩萨菩提分。

“大慧，我恐诸菩萨不善了知诸法自相、共相，不知诸地相续次第，堕于外道诸恶见中，所以才这么说。大慧，至实而论，并无有法或生或灭，也无菩萨诸地、三界往来，一切都是自心所见，而诸愚痴凡夫不能了知，因其不知，我及诸佛才作此方便说。大慧，声闻、缘觉至第八地，耽著于无生三昧，为其所醉，未能善了诸法唯心所见，为自、共相习气所熏，计著人、我二无我，生涅槃想，不见诸法本来寂灭。大慧，大菩萨虽达无生三昧乐境，本愿大悲，为化度一切众生，不入于涅槃，但非不起佛法正因，惟随于智慧如实修行，远离能取、所取境界，了达诸法唯是心现，于一切法不生分别，不执著于心识及心识外种种性相，如是入于如来自觉圣智所证境界。

“大慧，譬如人于梦中渡河，渡至河中便醒过来，发现身边并没有水，其时便想，刚才梦中所见是真？是妄？这实际上只是无始见闻觉知熏习不断，故堕有、无之念，只是心意识妄想显现而已。大慧，大菩萨也是这样，从初地到七地乃至第八地，得无分别见，了达一切诸法如梦、如幻，离能取、所取，了知心、心所广大力用，勤修佛法，未证令证，离诸心识分别妄想，悟诸法不生、不灭之理。这是菩萨所得涅槃，非坏灭也。大慧，第一义中言思路绝，既无十地对治，亦无次第相续，唯自觉智所证相应，此则名为寂灭。”

如来无常品第五

本品主要阐明如来的心识状态，即如来藏的状态。佛的本体是非常非无常，但如来自觉圣智所现证的清净法性为常，佛亲证境界远离虚妄分别，是法尔自然、本来具足的，故而恒常不变。

尔时，大慧菩萨摩诃萨复白佛言："世尊，如来、应、正等觉为常为无常？"

佛言："大慧，如来、应、正等觉非常非无常。何以故？俱有过故。云何有过？大慧，若如来常者，有能作过，一切外道说能作常；若无常者，有所作过，同于诸蕴为相所相，毕竟断灭而成无有，然佛如来实非断灭。大慧，一切所作如瓶衣等，皆是无常，是则如来有无常过，所修福智悉空无益；又诸作法应是如来，无异因故。是故，如来非常、非无常。复次，大慧，如来非常。若是常者，应如虚空不待因成。大慧，譬如虚空非常，非无常。何以故？离常无常，若一若异，俱不俱等诸过失故。复次，大慧，如来非常，若是常者，则是不生，同于兔、马、鱼、蛇等角。

"复次，大慧，以别义故，亦得言常。何以故？谓以现智证常法故。证智是常，如来亦常。大慧，诸佛如来所证法性、法住、法位，如来出世若不出世，常住不易，在于一切二乘外道所得法中，非是空无，然非凡愚之所能知。大慧，夫如来者，以清净慧内证法性而得其名，非以心，意、意识，蕴界处法妄习得名。一切三界皆从虚妄分别而生，如来不从妄分别生。大慧，若有于二，有常无常，如来无二，证一切法无生相故，是故非常亦非无常。大慧，乃至少有言说分别生，即有常无常过，是故应除二分别觉，勿令少在。”

译文：

其时，大慧菩萨又对佛说：“世尊，如来、应供、正等觉为常为无常？”

佛说：“大慧，如来非常、非无常。为什么呢？因为说如来常与无常俱有过失。为什么说如来常与无常俱有过失呢？大慧，若如来是常者，则同外道以神我是能作，为能作常；若如来是无常者，则同世间诸有为所作法，有相所相，毕竟坏灭而成于无，但如来法身实无断灭。大慧，一切所作法如瓶衣等物，皆是无常，若言如来是无常者，则如来与瓶衣等物一样终归坏灭，所修福慧庄严皆空无益；同时，诸所作有为法也应皆是如来，因为同是作因生。所以，如来非常、非无常。又，大慧，如来非是常，若如来是常者，应如虚空等，不待因而成。大慧，譬如虚空非常、非无常。为什么呢？因为虚空离常与无常，不堕一异、俱不俱、有无非有无、常无常四句过，不可言说。此外，如来非是常，若是常者，则是不生，如同兔、马、鱼、蛇等角，本来无生。

“此外，大慧，以别义之故，也得无常。为什么？若以离念明智证真常法而言，因证智是常，如来也是常，所以又应说如来是常。大慧，诸佛如来内证圣智，恒常清净不变，其若出世，若不出世，法性常如，法体不易，遍于一切二乘外道所得法中，不是空无，仅是愚痴凡夫不能了知而已。大慧，所谓如来者，乃是以清净智慧内证法性而得其名，非以心意识蕴界处诸法妄习得名。一切三界皆从虚妄分别而生，如来不从虚妄分别生。大慧，若有生死、涅槃二妄分别，则有常与无常，如来所证无生，无二法故，所以如来非常非无常。大慧，只要一有言说分别生，则有常、无常过，因此，应当断除二妄分别，不可堕二边见。”

刹那品第六

此品分四节辨明如来藏圣智境界与其他刹那生灭法的差异:

第一节演说“蕴界处”的生灭之相。本节提出“如来藏藏识”的概念,将如来藏与第八识结合起来,成为本经特色。“如来藏藏识”是佛陀境界,前七识不过在其基础上幻化演戏,如能看透,就“如观掌中菴摩勒果”,即成就如来。

第二节介绍五法、三自性、八识、二无我的差别相。此四法皆为大乘法门所摄,名、相、虚妄分别即属于遍计所执性和依他起性,正智和如如则是圆成实相。

第三节讲述三世诸佛如恒河沙。成佛者比恒河沙数量更多,非喻能及。佛又以七个关于恒河沙的譬喻,阐释如来藏平等正觉、不来不去之境。

第四节明晰诸法刹那生灭相。佛陀首先从蕴界处和八识角度论述一切有为法皆是有漏法,刹那生灭;无为无漏的出世间法和涅槃摄受的内证法则无有生灭。其次阐释三种六度波罗蜜,世间和出世间的六度还是生灭法,唯有出世间上上的六度圣智境界,是非刹那法。

尔时,大慧菩萨摩诃萨复白佛言:“世尊,惟愿为我说蕴界处生灭之相。若无有我,谁生谁灭?而诸凡夫依于生灭，不求尽苦，不证涅槃。”

佛言：“大慧，谛听谛听，当为汝说。大慧，如来藏是善不善因，能遍兴造一切趣生，譬如伎儿变现诸趣，离我、我所，以不觉故，三缘和合，而有果生。

外道不知执为作者，无始虚伪恶习所熏，名为藏识。生于七识无明住地，譬如大海而有波浪，其体相续，恒住不断，本性清净，离无常过，离于我论。其余七识，意、意识等，念念生灭，妄想为因，境相为缘，和合而生，不了色等，自心所现，计著名相起苦乐受，名相缠缚，既从贪生，复生于贪。若因及所缘，诸取根灭，不相续生，自慧分别苦乐受者，或得灭定，或得四禅[1]，或复善入诸谛解脱，便妄生于得解脱想，而实未舍未转如来藏中藏识之名，若无藏识，七识则灭。何以故？因彼及所缘而得生故，然非一切外道二乘诸修行者所知境界，以彼惟了人无我性，于蕴界处取于自相及共相故。

“若见如来藏五法自性诸法无我，随地次第而渐转灭，不为外道恶见所动，住不动地得于十种三昧乐门[2]，为三昧力诸佛所持，观察不思议佛法及本愿力，不住实际及三昧乐，获自证智，不与二乘诸外道共，得十圣种性道及意生智身，离于诸行。是故，大慧，菩萨摩诃萨欲得胜法，应净如来藏藏识之名。大慧，若无如来藏名藏识者则无生灭，然诸凡夫及以圣人悉有生灭。是故，一切诸修行者虽见内境，住现法乐，而不舍于勇猛精进。

“大慧，此如来藏藏识本性清净，客尘所染而为不净，一切二乘及诸外道，臆度起见，不能现证，如来于此分明现见，如观掌中菴摩勒果。大慧，我为胜鬘夫人，及余深妙净智菩萨说如来藏名藏识与七识俱起，令诸声闻见法无我。大慧，为胜鬘夫人说佛境界，非是外道二乘境界。大慧，此如来藏藏识是佛境界，与汝等比净智菩萨随顺义者所行之处，非是一切执著文字外道二乘所行处。是故，汝及诸菩萨摩诃萨于如来藏藏识当勤观察，莫但闻已便生足想。”

尔时，世尊重说颂言：

甚深如来藏，而与七识俱；
执著二种生，了知则远离。
无始习所熏，如像现于心；
若能如实观，境相悉无有。
如愚见指月，观指不观月；
计著文字者，不见我真实。
心如工技儿，意如和技者；
五识为伴侣，妄想观技众。

注释：

①四禅：亦作“四禅定”、“四静虑”，是佛教的四种最基本的禅定，其特点是已离欲界之惑障，能生色界之四禅天。

②不动地：大乘菩萨十地之第八地。《华严经》、《仁王经》说菩萨十地：一欢喜地，悟人、法二无我，初证圣果，能益自他，生大欢喜。二离垢地，远离一切犯戒之烦恼，使身心无垢清净。三发光地，断除修惑，显发智慧之光。四焰慧地，成就精进波罗蜜，智慧增盛。五难胜地，使“俗智”与“真智”合而相应，达此极难。六现前地，成就智慧波罗蜜，生无分别智，使最胜般若现前。七远行地，发大悲心，远离二乘之自度。八不动地，作无相观，不为一切烦恼所动。九善慧地，具足十力，能遍行十方说法。十法云地，成就“大法智”，具足无边功德，法身如虚空，智慧如大云。

译文：

其时，大慧菩萨又对佛说：“世尊，请为我等说蕴、界、处诸法生灭之相，若诸法中无我，那么，是谁生谁灭？而诸凡夫依于生灭不求尽苦，不证涅槃。若无有我，谁知苦尽，谁证涅槃？”

佛说：“大慧，好好听着，我当为你解说。大慧，如来藏是一切善、不善法之因，故能遍造六道生死法。譬如技儿能依咒术变现种种事物，离我、我所，如来藏遍造六道生死法，也是这样，因为不知如来藏无我，以根、麈、识三缘和合而有诸法生起；外道不知如来藏无我，以神我为作者，为无始恶习所熏，名如来藏为藏识，而与无明七识共俱。譬如大海，因风起浪，水相、波相相续不断。但如来藏自性本来清净，离于常与无常及我、我所；其余七识，念念生灭，妄想为因，境相为缘，而生三界生死法。不了知色等一切诸法，乃自心所现，执著名相，起诸烦恼，造善恶业，感苦乐报，既从贪生，生后又生贪欲，如因及缘，流转生死，无解脱期。若爱取诸根灭，不相续生，除自心妄想分别，不生苦乐受，这种修行者，或得心和心所部不起之‘灭定’，或得能离欲界惑障之四禅定，或入于四谛解脱。其时，便妄生得真解脱想，其实，尚未舍弃虚伪习气，未能转识成智，非真解脱。若无藏识，七识无依，习气亦灭，此乃真解脱。为什么呢？因为藏识是所依、所缘，其余诸识方得生。当然，此非外道二乘等修行者之境界，因为他们只见人无我，不达法无我，执著于蕴界处诸法之自、共相。

“若能如实知见五法体相、三自性、二无我，转识成智，不为外道恶见所动，住于不为一切烦恼所动之不动地，了十种如幻三昧，为彼三昧力所持，任运修行不思议的佛法及自己的本愿力，不住于三昧乐境，获自觉圣智，远超二乘及诸外道，证十地圣人之道，意生法身，离于功用诸三昧行。所以，大慧，大菩萨欲得胜净微妙佛法者，法转染成净，转识成智。大慧，若无藏识之名，则无生灭，然而诸凡夫及圣人悉有生灭，所以一切修行者，虽见自住境地，住现法乐三昧，但不舍方便进趣佛地。

“大慧，此如来藏藏识本性清净，为客尘所染，而为不净，一切二乘及诸外道，妄意起见，不能现证；如来现见此清净如来藏，如视掌中菴摩罗果。大慧，我为胜鬘夫人及诸深妙净智菩萨说如来藏名藏识，与余七识共起诸法，使诸声闻得见法无我。大慧，我此为胜鬘夫人所说是佛境界，非是外道二乘境界。大慧，此如来藏藏识是佛境界，以及像你这样的净智菩萨所修行的境界，是依义菩萨所行之处，不是一切执著文字的外道二乘之所行处。所以你及诸大菩萨于如来藏藏识应当勤加观察，三慧备修，不要一听便以自足。”

其时，世尊重说颂：

深绝微妙之如来藏，与意等七识一起；

执著于阿赖耶识而有二种生死，了达藏识无我则远离生灭。

为无始恶习所熏，就如诸法乃心之所显现；

若能这样如实观察，一切境皆悉虚幻不实。

如指指月，愚痴凡夫只观于指而不观月；

计著于语言文字者，不能洞见真实之法。

藏识受熏持种，如作技者，

末那执以为我，如和技者。

眼等五识取尘相资，犹如伴侣，

意识虚妄了别，如观技人。

尔时，大慧菩萨摩诃萨复白佛言：“世尊，愿为我说五法自性诸识无我差别之相，我及诸菩萨摩诃萨，善知此已，渐修诸地，具诸佛法，至于如来自证之位。”

佛言：“谛听，当为汝说。大慧，五法自性诸识无我，所谓名、相、分别、正智、如如。若修行者，观察此法，入于如来自证境界，远离常断、有无等见，得现法乐甚深三昧。大慧，凡愚不了五法自性诸识无我，于心所现，见有外物而起分别，非诸圣人。”

大慧白言：“云何不了而起分别？”

佛言："大慧，凡愚不知名是假立，心随流动见种种相，计我、我所，染著于色，覆障圣智，起贪、嗔、痴，造作诸业，如蚕作茧，妄想缠缚，堕于诸趣生死大海，如汲水轮，循环不绝，不知诸法如幻、如焰、如水中月，自心所见，妄分别起，离能、所取及生住灭，谓从自在时节微尘胜性而生，随名相流。

"大慧，此中相者，谓眼识所见，名之为色，耳、鼻、舌、身、意识得者，名之为声、香、味、触、法，如是等我说为相。分别者，设施众名，显示诸相，谓以象、马、步车、男女等名，而显其相，此事如是决定不异，是名分别。正智者，谓观其相，互为其客，识心不起、不断、不常，不堕外道二乘之地，是名正智。大慧，菩萨摩诃萨以其正智观察名相，非有非无，远离损益二边恶见，名相及识本来不起，我说此法名为如如。

"大慧，菩萨摩诃萨住如如已，得无照现境，升欢喜地，离外道恶趣，入出世法，法相淳熟，知一切法犹如幻等，证自圣智所行之法，离臆度见，如是次第乃至法云。至法云已，三昧诸力自在神通开敷满足，成于如来。成如来已，为众生故，如水中月普现其身，随其欲乐而为说法，其身清净，离心意识，被弘誓甲，具足满十无尽愿，是名菩萨摩诃萨入于如如之所获得。"

尔时，大慧菩萨摩诃萨复白佛言："世尊，为三性入五法中，为各有自相？"

佛言："大慧，三性、八识及二无我悉入五法，其中名及相是妄计性；以依彼分别心、心所法俱时而起，如日与光，是缘起性；正智如如不可坏故，是圆成性。大慧，于自心所现生执著时，有八种分别。起此差别相，皆是不实，唯妄计性。若能舍离二种我执，二无我智即得生长。大慧，声闻、缘觉、菩萨、如来自证圣智诸地位次，一切佛法悉皆摄入此五法中。

"复次，大慧，五法者，所谓相、名、分别、如如、正智。此中相者，谓所见色等，形状各别，是名为相；依彼诸相立瓶等名。此如是，此不异，是名为名；施设众名，显示诸相心，心所法，是名分别；彼名彼相毕竟无有，但是妄心展转分别，如是观察乃至觉灭，是名如如。大慧，真实决定究竟根本自性可得是如如相，我及诸佛随顺证入，如其实相，开示演说，若能于此随顺悟解，离断离常，不生分别，入自证处，出于外道二乘境界，是名正智。大慧，此五种法、三性、八识、二无我，一切佛法普皆摄尽。大慧，于此法中，汝应以自智善巧通达，亦劝他人，含其通达，通达此已，心则决定不随他转。"

尔时，世尊重说颂言：

五法三自性，及与八种识，
二种无我法，普摄于大乘。
名相及分别，二种自性摄，
正智与如如，是则因成相。

译文:

其时,大慧菩萨又对佛说:“世尊,请为我等讲解五法自性、二种无我差别之相,使我及诸大菩萨知此行相,渐修诸地,具足佛法,之后至于如来圣智自证境界。”

佛说:“好好听着,我当为你解说。大慧,所谓五法自性者,即一名、二相、三分别、四正智、五如如。若善达五法自性、二种无我,入于如来自证境界者,则远离常断、有无等分别见,得现法乐甚深三昧。大慧,愚痴凡夫不能了达五法自性、二种无我,于自心所见外物,而起虚妄分别,非圣者境界。”

大慧说:“如何是不能了达五法自性、二种无我,而起虚妄分别?”

佛说:“大慧,愚痴凡夫不知‘名’是假立,心随流动见有诸法,计著我及我所,执著于色等外法,覆障圣智,起贪、嗔、痴各种烦恼,造作诸业,如蚕作茧以自缚,堕于六道生死轮回之中,如汲水轮,循环不息;不知诸法如幻、如焰、如水中月,自心所现,而虚妄分别,不知离于能取、所取及生住灭,而妄心外缘,随顺自在,时、微尘、我等而生,随名相而流转。

“大慧,此中‘相’者,亦即眼识所见,名之为色;耳、鼻、舌、身、意识所得者,名为声、香、味、触、法,所有这些我统统称之为‘相’。所谓‘分别’者,施设种种名号,显示种种差别相,称之为象、马、步车、男女等,因有此等名称,即有象、马、步车男女等性相起,曰此是象、马,那是步车男女,计著如此种种名相,是名‘分别’。所谓‘正智’者,亦即以正智观察,物无当名之实;名无得物之功,自性本无,故俱互为客,如此观察,则不起分别心识，亦即不堕常断等外道二乘境界，此是名‘正智’。大慧，大菩萨以其正智观察名相，非有非无，远离二边恶见，名相及识，相自不起，我说此法即名‘如如’。

“大慧，大菩萨得入无相寂静境界，升欢喜地，离外道恶趣，入出世法中。此时，法相成熟，知一切法如幻如梦，证自觉圣智所行法门，离臆度妄想，如是逐渐增长至法云地；其时，三昧力具足，神通自在，功德圆满，成于如来。成如来后，为大悲本愿，如水中月普现种种身，为众生说法，其身清净，毫无垢染，离诸心识，成就往昔十无尽愿。此即是大菩萨如实修行五法、入如如地所得境界。”

其时，大慧菩萨又对佛说：“世尊，三自性入五法中，是三自性各有自相吗？”

佛说：“大慧，三自性、八识及二种无我，悉入于此五法中，其中，‘名’与‘相’是妄计所执自性；若以依彼分别心、心所法，必带名相一并生起，如日与光，同时而有，是名缘起自性；‘正智’、‘如如’，非是作法，不可坏灭，是圆成实性。大慧，执著于自心所现分别法，差别有八种，以分别诸相，此皆是虚妄不实，只是虚妄计著而已。若能舍去人、法二种我执，二无我智即得生长。大慧，声闻、缘觉、菩萨、如来自证圣智诸境界，一切佛法也都摄入此五法中。

“此外，大慧，五法者，所谓相、名、分别、如如、正智。此中‘相’者，即所见之‘色’等诸法，形状各别，此是名为‘相’；根据各种相状建立瓶、衣等名称，曰此是瓶，彼是衣等，此即为‘名’；施设众名，显示诸相，分别心、心法，此即是“分别”；其名其相毕竟无有，只是妄心展转虚妄分别，如是观察，乃至无有妄想觉知，是名‘如如’。大慧，只有自性可得，余皆虚幻，所以诸佛随顺证入，如其实相，为诸众生开示讲演，若能如此随顺悟解，离于断常等二边分别，入自证圣智境界，非二乘外道之所能得，此则是‘正智’。大慧，此五法、三自性、八识、二无我，普摄一切佛法。大慧，汝等应以自智善巧通达，也劝他人，使其也通达，既已通达，心则不随名相流转。”

其时，世尊重说颂：

名相等五法及遍计所执三自性，以及眼等八种识，
人无我和法无我二种无我法，普摄一切大乘法。
五法中的名、相及分别，为二种自性所摄，
正智与如如二种法，则属于圆成实。

尔时，大慧菩萨摩诃萨复白佛言：“世尊，如经中说，过去、未来、现在诸佛如恒河沙，此当云何？为如言而受？为别有义？”

佛告大慧：“勿如言受，大慧，三世诸佛非如恒沙，何以故？如来最胜超诸世间，无与等者非喻所及，唯以少分为其喻耳，我以凡愚诸外道等，心恒执著常与无常恶见，增长生死轮回，令其厌离，发胜希望，言佛易成，易可逢值；若言难遇如优昙华[①]，彼便退怯，不勤精进，是故我说如恒河沙；我复有时观受化者，说佛难值如优昙华。大慧，优昙钵华，无有曾见、现见、当见，如来则有已、现、当见。大慧，如是譬喻非说自法，

自法者内证圣智所行境界，世间无等过诸譬喻，一切凡愚不能信受。

“大慧，真实如来超心、意、意识所见之相，不可于中而立譬喻，然亦有时而为建立，言恒沙等，无有相违。大慧，譬如恒沙，龟、鱼、象、马之所践踏，不生分别，恒净无垢，如来圣智，如彼恒河，力通自在，以为其沙，外道龟，鱼竞来扰乱，而佛不起一念分别。何以故？如来本愿，以三昧乐普安众生，如恒河沙，无有爱憎，无分别故。

“大慧，譬如恒沙，是地自性，劫尽烧时，烧一切地，而彼地大不舍本性，恒与火大俱时生故，诸凡愚人，谓地被烧，而实不烧，火所因故。如来法身亦复如是，如恒河沙，终不坏灭。大慧，譬如恒沙，无有限量，如来光明亦复如是，为欲成就无量众生普照一切诸佛大会。大慧，譬如恒沙，住沙自性，不更改变而作余物，如来亦尔，于世间中不生不灭，诸有生因，悉已断故。大慧，譬如恒沙，取不知减，投不见增，诸佛亦尔，以方便智成熟众生，无减无增，何以故？如来法身无有身故。大慧，以有身故，而有灭坏，法身无身，故无灭坏。大慧，譬如恒沙，虽苦压治，欲求酪油，终不可得，如来亦尔，虽为众生众苦所压，乃至蠢动未尽涅槃，欲令舍离于法界中，深心愿乐，亦不可得，何以故？具足成就大悲心故。大慧，譬如恒沙，随水而流，非无水也，如来亦尔，所有说法莫不随顺涅槃之流，以是说言诸佛如来如恒河沙。大慧，如来说法，不随于趣。趣是坏义，生死本际不可得知，既不可知，云何说趣？大慧，趣义是断，凡愚莫知。”

大慧菩萨复白佛言：“若生死本际，不可知者，云何众生在生死中而得解脱？”

佛言：“大慧，无始虚伪过习因灭，了知外境自心所现，分别转依名为解脱，非灭坏也。是故，不得言无边际。大慧，无边际者，但是分别异名。大慧，离分别心无别众生，以智观察内外诸法，知与所知悉皆寂灭。大慧，一切诸法唯是自心分别所见，不了知故，分别心起，了心则灭。”

尔时，世尊重说颂言：

观察诸导师，譬如恒河沙，
非坏亦非趣，是人能见佛。
譬如恒河沙，悉离一切过，
而恒随顺流，佛体亦如是。

注释：

①优昙（tán）华：又名“优昙钵华”，世称三千年开一次花，遇佛出世时始开，此处譬喻极难遇到。

译文：

其时，大慧菩萨又对佛说："世尊，如经中说，过去、未来及现在诸佛如恒河沙，无量无数，应当如何对待这种说法？是依如来所说，我随顺执取，还是另有他义？请世尊为我讲说。"

佛告诉大慧："不要依言说随顺执取。大慧，三世诸佛，非如恒河沙，为什么呢？如来殊胜无上，超诸世间，世间无物可以比拟。我说恒河沙，只为借此略作比喻而已，因为愚痴凡夫及诸外道，常常执著常与无常诸恶见，增长生死轮回，为使其厌离生死，故说佛容易成就也像恒河沙那样很容易遇到，众生可以得到佛之教化；如果说遇佛如遇优昙钵花一样难，他便闻而却步，不精进学佛，所以我说诸佛如恒河沙，无量无数；有时我又对信受佛法者说遇佛如同遇优昙钵花一样难。大慧，优昙钵花，过去不曾见过，现在也未见到，将来也不会见到，如来则不论于过去、现在、未来都可以见到。因此，大慧，这样的譬喻，非说真实法。真实法者，内证圣智所行境界，世间无物可以比拟，非凡夫心识所见之相，故非愚痴凡夫之所能信受。

"大慧，如来法身，非诸心识所见之相，非是世间事物之所能比拟，但有时也以恒河沙作譬喻，此乃方便说，并不相矛盾。大慧，譬如恒河沙，为龟、鱼、象、马之所践踏，但并不因此而生分别，也不因此而生垢浊，诸佛之力，犹如恒河沙，外道龟鱼，竞相扰乱，而佛不起一念分别。为什么？诸佛如来大悲本愿，为诸众生普入三昧，皆得安乐，如恒河沙，无有爱憎等等分别。

"大慧，譬如恒河沙，是大地自性，劫尽大火，烧一切物，而其地性，丝毫不舍，常与火之大种并生。诸愚痴凡夫，说地被烧，而地实不能烧，因为火之大种，不离于地。大慧，如来法身，也是这样，如恒河沙，终不坏灭。大慧，譬如恒河沙，无数无量，如来光明，也是这样，为了成就无量众生，普照一切诸佛大会。大慧，譬如恒河沙，住沙自性，不更改变作它物，如来也是这样，于世间不生不灭，断绝一切生灭之因。大慧，譬如恒河沙，取不见减少，放不见增多，诸佛也是这样，以方便智慧成熟众生，无增亦无减。为什么呢？因为如来法身非是色身。大慧，若是色身，则有坏灭，因法身非是色身，所以无有坏灭。大慧，譬如恒河沙，如有人欲压其沙而得酥油，终不可得，因为沙中本无有油。大慧，如来也是这样，为众生烦恼所压，欲令其舍去自性法界、深心本愿，也不可得。为什么呢？因为如来本来无烦恼，大悲本愿本来具足。大慧，譬如恒河沙，随水而流动，如来也是这样，随顺涅槃之流，所以我说诸佛如来如恒河沙。大慧，如来说法虽随顺涅槃之流，并无去来之义，若如来有去义，则应是无常，生死本际不可得知，既不可得知，如何说去？大慧，去来是断义，凡愚不知诸法随涅槃而无去来。”

其时，大慧菩萨又对佛说：“若生死本际不可得知，为何说言众生在生死中而得解脱？”

佛说：“大慧，无始虚伪过习因灭，了知外境乃是自心所现，转一切分别妄想，是名解脱，并非断灭边。所以不得言无边也。大慧，无边际者，只是虚妄分别之异名尔。大慧，离开虚妄分别之心，无所谓众生，以佛法智慧观察，一切内外诸法，知与所知，悉皆寂灭。大慧，一切诸法只是自心分别所见，因不了知，于分别心起虚幻诸法，了知诸法是自心所见，则不妄生分别。”

其时，世尊重说颂：

观察诸佛如来，譬如恒河之沙，
不坏灭亦无来去，如此能见佛。
譬如恒河之沙，离一切之过失，
常常顺水而流，佛体也是这样。

尔时，大慧菩萨摩诃萨复白佛言：“世尊，愿为我说一切诸法刹那坏相，何等诸法名有刹那？”

佛言：“谛听，当为汝说。大慧，一切法者，所谓善法、不善法，有为法、无为法①，世间法、出世间法②，有漏法、无漏法③，有受法、无受法④。大慧，举要言之，五取蕴法以心、意、意识习气⑤，为因而得增长，凡愚于此而生分别，谓善不善，圣人现证三昧乐住，是则名为善无漏法。

“复次，大慧，善不善者，所谓八识，何等为八？谓如来藏名藏识，意及意识并五识身。大慧，彼五识身与意识俱，善不善相展转差别，相续不断，无异体生，生已即灭，不了于境自心所现，次第灭时别识生起，意识与彼五识共俱，取于种种差别形相，刹那不住，我说此等名刹那法。

“大慧，如来藏名藏识，所与意等诸习气俱，是刹那法；无漏习气非刹那法。此非凡愚刹那论者之所能知，彼不能知一切诸法，有是刹那、非刹那故，彼计无为同诸法坏，堕于断见。大慧，五识身非流转，不受苦乐非涅槃因，如来藏受苦乐，与因俱，有生灭，四种习气之所迷覆，而诸凡愚分别熏心，不能了知，起刹那见。大慧，如金、金刚佛之舍利，是奇特性，终不损坏，若得证法有刹那者，圣应非圣，而彼圣人未曾非圣，如金、金刚，虽经劫住，称量不减，云何凡愚不解于我秘密之说，于一切法作刹那想？”

大慧菩萨复白佛言：“世尊常说六波罗蜜若得满足⑥，便成正觉，何等为六？云何满足？”

佛言：“大慧，波罗蜜者差别有三，所谓世间、出世间、出世间上上。”

“大慧，世间波罗蜜者，诸凡愚者著我，我所，执取二边，求诸有身贪色等境，如是修行檀波罗蜜、持戒、忍辱、精进、禅定，成就神通，生于梵世。

“大慧，出世间波罗蜜者，谓声闻、缘觉执著涅槃希求自乐，如是修习诸波罗蜜。

“大慧，出世间上上波罗蜜者，谓菩萨摩诃萨于自心二法了知惟是分别所现，不起妄想，不生执著，不取色相，为欲利乐一切众生，而恒修行檀波罗蜜；于诸境界不起分别，是则修行尸波罗蜜；即于不起分别之时，忍知能取、所取自性，是则名为羼提波罗蜜；初中后夜勤修匪懈，随顺实解不生分别，是则名为毗梨耶波罗蜜；不生分别，不起外道涅槃之见，是则名为禅波罗蜜；以智观察心无分别，不堕二边，转净所依，而不坏灭获于圣智内证境界，是则名为般若波罗蜜。”

注释：

①有为法：因缘造作曰“为”，由因缘而生诸法，有生有灭，皆是有为法，如色法、心法等。无为法：即无因缘造作之法，不生不灭如涅槃、虚空、非择灭三无为法。

②世间法：欲界、色界、无色界三界中一切有情之众生及无情物，均属世间法。出世间法：一切超出世间之法，如菩萨十地中自第四地起即属出世间法，其中第四、第五地为声闻法，第六地为缘觉法，第七地为菩萨法，八地以上属佛乘法。

③有漏法：三界诸法均属有漏法。漏，即“烦恼”之别名。无漏法：无漏即离烦恼之清净法，如菩提、涅槃等。

④有受法：即领纳所触之心法。受，领纳之义。无受法：即非领纳外境之法。

⑤五取蕴法：五取蕴，即构成有情众生之“色、受、想、行、识”五要素，以取著烦恼而生，故名“取蕴”。取，取著之义。

⑥六波罗蜜：是大乘佛教修行的主要内容和方法，具体包括：布施、持戒、忍辱、精进、禅定、般若。波罗蜜，意译为“度”或“到彼岸”。

译文：

其时，大慧菩萨又对佛说：“世尊，请为我等说一切诸法刹

那坏相。哪种法名为刹那？”

佛说：“好好听着，我当为你解说。大慧，所谓一切法者，亦即包括一切顺正理益自他之善法和逆正理损自他之不善法，有生灭之有为法和无生灭之无为法，世间法与出世间法，有染污之有漏法与无染污之无漏法，有执取之受法与无执取之无受法。大慧，要而言之，五取蕴法，以诸心识习气而得生长，愚痴凡夫于此而生虚妄分别，谓善与不善，此是刹那，圣人现证三昧乐境，是则名为善无漏法，此则非刹那。

“此外，大慧，善不善法者所谓八识，哪八识呢？即如来藏名藏识，以及末那、意识、眼识、耳识、鼻识、舌识、身识。其中，眼、耳、鼻、舌、身五识取尘，意识造善恶业相，展转差别，善恶业相，相续不断，五识身生，此五识身念念不住。此五识不觉诸法乃自心所现，取种种尘，随取随灭，即时第六识生起，意识与前五识一起，取于种种形相差别，刹那不住，我说这些名刹那法。

“大慧，如来藏名藏识，与前七识，俱名刹那。无漏习气，熏如来藏藏识，离念相应，即非刹那，此非愚痴凡夫、刹那论者之所能知，他们不知诸法有刹那、非刹那之分，以无漏真如同于诸有为法，堕于断常、生灭等见。大慧，五识身无自性，不能流转六道，亦不知苦乐，亦非涅槃因；如来藏是常，随其染净熏习转变，以作依持，能令诸识知苦乐，与因一起，若生若灭。愚痴凡夫为四种习气之所迷覆，不知如来藏是常，起刹那见。大慧，如来藏就如金、金刚佛骨舍利，甚是奇特，终不坏灭。若一切诸法均属刹那者，则圣人非圣，实际上，圣人则是圣人，如金、金刚等，虽经久远，其量不减，愚痴凡夫不知我方便说之真实义，以为一切诸法均是刹那生灭，其实，无漏习气非刹那也。”

其时，大慧菩萨又对佛说：“世尊常说六波罗蜜若得满足，便成正觉，是哪六种波罗蜜？如何才是满足？”

佛说：“大慧，波罗蜜者，差别有三。所谓世间波罗蜜、出世间波罗蜜和出世间上上波罗蜜。

“大慧，世间波罗蜜者，亦即诸愚痴凡夫执著于我、我所，执取二边，求三有身，贪着于色、声、香、味、触境，如此修行布施、持戒、忍辱、精进、禅定、般若，得五神通世间之法，生于六欲梵世，是名世间波罗蜜。

“出世间波罗蜜者，如声闻、缘觉，欣趣涅槃，追求自我解脱，如此修行六度，是名出世间波罗蜜。

“出世间上上波罗蜜者，指大菩萨了知人、我二法唯是自心所现，不起妄想，不生执著，不取色相，为利益一切众生，而常修行布施波罗蜜；于诸境界不起分别，知法性无染，离五欲过，随顺修行持戒波罗蜜；知法性无苦，离诸嗔恼，随顺修行忍辱波罗蜜；时刻勤修，毫不懈怠，随顺修行精进波罗蜜；不生分别，不起外道之见，知法性常定，随顺修行禅定波罗蜜；以智慧观察不起妄心分别，不堕于二边之见，转染成净，随顺修行般若波罗蜜。此是名出世间上上波罗蜜。”

变化品第七

本品主要阐明如来的种种变化。在大慧菩萨的提问下,如来回答了诸般问题:法身佛为菩萨说法,化身佛为声闻授记;因声闻只断烦恼障,而菩萨能二障悉断永净。如来法性常净,非异前佛;其说法乃随顺众生方便,实则非着一字。如来藏藏识境界是善、不善的因,二乘凡愚没有证得,故而执著生灭、流转生死。金刚力士所护卫的是化身佛,法身佛境界不可思议,无需护卫;化身佛非从业生,乘愿而来,应机说法;法身佛才能代表圣智如如之境。唯有离一切妄想分别,才能证入如来藏清净之境。

尔时,大慧菩萨摩诃萨复白佛言:"世尊,如来何故授阿罗汉阿耨多罗三藐三菩提记?何故复说无般涅槃法众生得成佛道?又何故说从初得佛至般涅槃,于其中间不说一字?又言如来常在于定,无觉无观;又言佛事皆是化作;又言诸识刹那变坏;又言金刚神常随卫护,又言前际不可知,而说有般涅槃,又现有魔及以魔业,又有余报,谓旃遮婆罗门女孙陀利外道女,及空钵而还等事?世尊,既有如是业障,云何得成一切种智[①]?既已成于一切种智,云何不离如是诸过?"

佛言:"谛听,当为汝说。大慧,我为无余涅槃界故[②]，密勒令彼修菩萨行，此界他土有诸菩萨，心乐求于声闻涅槃，令舍是心进修大行，故作是说；又变化佛与化声闻而授记别，非法性佛。大慧，授声闻记是秘密说。大慧，佛与二乘无差别者，据断惑障解脱一味[③]，非谓智障[④]。智障要见法无我性，乃清净故。烦恼障者，见人无我，意识舍离，是时初断藏识习，灭法障解脱方得永净。

“大慧，我依本住法作是密语，非异前佛，后更有说，先具如是诸文字故。大慧，如来正知无有妄念，不待思虑，然后说法，如来久已断四种习[⑤]，离二种死，除二种障。

“大慧，意及意识眼识等七，习气为因，是刹那性，离无漏善，非流转法。大慧，如来藏者，生死流转及是涅槃苦乐之因，凡愚不知妄著于空。

“大慧，变化如来，金刚力士，常随卫护，非真实佛，真实如来离诸根量，二乘外道所不能知，住现法乐，成就智忍，不假金刚力士所护。一切化佛不从业生，非即是佛，亦非非佛，譬如陶师众事和合而有所作，化佛亦尔，众相具足而演说法，然不能说自证圣智所行之境。复次，大慧，诸凡愚人见六识灭，起于断见，不了藏识起于常见。大慧，自心分别是其本际，故不可得，离此分别，即得解脱，四种习断，离一切过。”

注释:

①一切种智:《大智度论》所说的“三智”之一。“三智”者,一、一切智,即声闻、缘觉之智,知一切法之总相,总相即空相;二、道种智、菩萨之智,亦即能从空入假,知诸法种种差别;三、一切种智,即佛智,能由空、假更入于“中”,了知诸法实相。

②无余涅槃:二种涅槃之一,与“有余涅槃”相对。所谓“有余涅槃”,指生死之因之惑业已断尽,但作为前世惑业造成的果报身还在;无余涅槃指生死之因果都尽,不再受生三界。

③惑障:即“烦恼障”,“二障”之一。二障者,烦恼障、所知障。烦恼障即是以我执为首的诸烦恼,能障涅槃。

④智障:即“所知障”。所知障即是以法执为首的诸烦恼,能障觉悟。

⑤四种习:即“四住烦恼”,三界见思之烦恼:一、欲界之一切见思烦恼,二、色界之一切见思烦恼,三、无色界之一切见思烦恼,四、三界之一切见思烦恼。

译文:

其时,大慧菩萨又对佛说:“世尊,如来何故为阿罗汉授无上正等正觉记?何故又说有无涅槃法之众生,不能成佛?又何故说从初得佛道至涅槃不说一字?又何故说如来常无觉无观?又说佛事皆是应化而作?又说诸识刹那变现?又何故说金刚力士常随从护卫?何故既言有众生得涅槃,却又说本际不可知?何故佛初成道时有诸魔扰乱事?何故旃遮婆罗门女孙陀利曾谤于佛?何故佛曾有乞不到食,空钵而回等事?世尊既有这等业障，为何得成佛智？既得佛智成佛了，为何又不离此种种过失？”

佛说：“好好听着，我当为你解说。大慧，我为那些自以为证涅槃便是成佛之声闻方便说与之授记，目的是让其进修菩萨行。凡是有菩萨心、乐求声闻涅槃者，我令其舍是心而进修大乘，所以方便说与授记，而且是化身佛给应化的声闻授记，并不是法性佛所给的授记。大慧，给声闻授记是方便说。大慧，佛典所言佛与二乘无差别者，只就断除烦恼障说，非指所知障。断除所知障，要见法无我性时，才会清净。烦恼障者，只见人无我，只有舍离七转识，断除诸法障碍藏识习气等，才是究竟清净。

“大慧，我依本然常住之法故作此说，非与前佛所说有异，虽然语言平等，但言语生灭无有自性。大慧，如来正知，无有妄念，不待思虑然后为众生说法，如来久已断三界之一切见思烦恼、二种生死（即分段生死和不思议变易生死），断除烦恼、所知二种惑障。

“大慧，意及意识、眼识等七种识，以妄想习气为因，是刹那无常性，离无漏善，不能往来六道，如来藏性常，能持生死流转，是涅槃、苦乐之因，凡夫不知，妄著于空。

“大慧，化身佛方便现众生相，有金刚力士随侍卫护，非法身佛，法身佛离一切形相，二乘外道所不能知，离一切妄想而现受法味之乐，智慧具足，不须金刚力士卫护。一切化身佛不从业生，非是真佛，然依真而起，也不离真佛。譬如陶匠以泥、水等而造器皿等，化身佛也是这样，众相具足而演说法，但不能自证圣智所行之境。又，大慧，愚痴凡夫见此身灭，不见未来生，故起断见，不知藏识念念流注，故起常见，自心妄分别想是其生死本际，所以说本际不可得。离开这种虚妄分别，即得解脱，四住烦恼俱断，远离一切过失。”

断食肉品第八

本品分为两个部分：大慧菩萨请问食肉的过失和佛陀开示断肉功德。大慧菩萨请问不吃肉的功德与吃肉的过失，以及佛教断肉与外道断肉的区别。佛陀列举了十五种不应食肉的因缘，为利益杀生、买卖食肉或者诽谤如来允许食肉都有罪过。“三净肉”或“十制肉”不过是佛陀过去的方便说，此经则明确表示食肉即断了大悲种姓，妨碍慈心、清净心生起，永世不得出离。断肉则无量功德，慈心具足，智慧乃生，才能渐次登上成佛阶梯。

尔时，大慧菩萨摩诃萨复白佛言：“世尊，愿为我说食不食肉功德过失，我及诸菩萨摩诃萨知其义已，为未来、现在报习所熏，食肉众生而演说之，令舍肉味求于法味，于一切众生起大慈心，更相亲爱如一子想，住菩萨地，得阿耨多罗三藐三菩提，或二乘地，暂时止息，究竟当成无上正觉。世尊，路伽耶等诸外道辈，起有、无见，执著断常，尚有遮禁，不听食肉，何况如来、应、正等觉，大悲含育，世所依怙，而许自他俱食肉耶？善哉！世尊，具大慈悲，哀愍世间等观众生犹如一子，愿为解说食肉过恶，不食功德，令我及诸菩萨等闻已奉行，广为他说。”

……

尔时，佛告大慧菩萨摩诃萨言："大慧，谛听谛听，善思念之，吾当为汝分别解说。大慧，一切诸肉有无量缘，菩萨于中当生悲愍，不应噉食[1]，我今当为汝说其少分。大慧，一切众生从无始来，在生死中轮回不息，靡不曾作父母，兄弟、男女、眷属，乃至朋友、亲爱、侍使，易生而受鸟兽等身，云何于中取之而食？大慧，菩萨摩诃萨观诸众生同于己身，念肉皆从有命中来，云何而食？大慧，诸罗刹等，闻我此说，尚应断肉，况乐法人？大慧，菩萨摩诃萨在在生处，观诸众生皆是亲属，乃至慈念如一子想，是故不应食一切肉。

"大慧，衢路市肆诸卖肉人，或将犬、马、人、牛等肉，为求利故而贩鬻之，如是杂秽，云何可食？大慧，一切诸肉皆是精血污秽所成，求清净人，云何取食？大慧，食肉之人，众生见之，悉皆惊怖，修慈心者，云何食肉？大慧，譬如猎师及旃陀罗捕鱼网鸟诸恶人等[2]，狗见惊吠，兽见奔走，空飞水陆一切众生，若有见之，咸作是念，此人气息犹如罗刹，今来至此，必当杀我，为护命故，悉皆走避。食肉之人，亦复如是。是故菩萨为修慈行，不应食肉。

"大慧，夫食肉者，身体臭秽，恶名流布，贤圣善人，不用亲狎，是故菩萨不应食肉。大慧，夫血肉者，众仙所弃，群圣不食，是故菩萨不应食肉。大慧，菩萨为护众生信心，令于佛法不生讥谤，以慈愍故，不应食肉。

“大慧，若我弟子贪噉于肉，令诸世人悉怀讥谤而作是言：云何沙门修清净行人，弃舍天仙所食之味，犹如恶兽食肉满腹，游行世间，令诸众生悉怀惊怖，坏清净行，失沙门道，是故当知佛法之中，无调伏行，菩萨慈愍，为护众生令不生于如是之心，不应食肉。大慧，如烧人肉，其气臭秽，与烧余肉，等无差别，云何于中有食不食？是故一切清净者，不应食肉。

“大慧，诸善男女，塚间树下，阿兰若处③，寂静修行，或住慈心，或持咒术，或求解脱，或趣大乘，以食肉故，一切障碍，不得成就，是故菩萨欲利自他，不应食肉。大慧，夫食肉者，见其形色，则已生于贪滋味心，菩萨慈念，一切众生犹如己身，云何见之，而作食想？是故菩萨不应食肉。

“大慧，夫食肉者，诸天远离，口气常臭，睡梦不安，觉已忧悚，夜叉恶鬼夺其精气，心多惊怖，食不知足，增长疾病，易生疮癣，恒被诸虫之所唼食④，不能于食，深生厌离。大慧，我常说言，凡所食噉作子肉想，余食尚然，云何而听弟子食肉？大慧，肉非美好，肉不清净，生诸罪恶，败诸功德，诸仙圣人之所弃舍，云何而许弟子食耶？若言许食，此人谤我。

“大慧，净美食者，应知则是粳米、粟米、大小麦、豆、酥油、石蜜，如是等类，此是过去诸佛所许，我所称说，我种姓中善男女心怀净信，久植善根，于身命财不生贪著，慈愍一切犹如己身，如是之人之所应食，非诸恶习虎狼性者心所爱重。

“大慧，过去有王名师子王，耽著肉味，食种种肉，如是不已，遂至食人，臣民不堪，悉皆离叛，亡失国位，受大苦恼。大慧，释提桓因处天王位，以于过去食肉，余习变身，为鹰而逐于鸽，我时作王，名曰尸毗，愍念其鸽，自割身肉，以代其命。大慧，帝释余习，尚恼众生，况余无惭常食肉者？当知食肉自恼、恼他，是故菩萨不应食肉。

“大慧，昔有一王，乘马游猎，马惊奔逸，入于山险，既无归路，又绝人居，有牝师子，与同游处，遂行丑行，生诸子息，其最长者，名曰班足，后得作王，领七亿家，食肉余习，非肉不食，初食禽兽，后乃至人，所生男女，悉是罗刹，转此身已，复生师子、豺、狼、虎、豹、雕、鹫等中，欲求人身，终不可得，况出生死涅槃之道？

“大慧，夫食肉者，有如是等无量过失，断而不食，获大功德，凡愚不知，如是损益，是故我今为汝开演，凡是肉者，悉不应食。大慧，凡杀生者，多为人食，人若不食，亦无杀事，是故食肉与杀同罪。奇哉！世间贪著肉味，于人身肉尚取食之，况于鸟兽有不食者？以贪味故，广设方便，置罗网罟，处处安施，水陆飞行，皆被杀害，设自不食，为贪价值，而作是事。

“大慧，世复有人心无慈愍，专行惨暴，犹如罗刹，若见众生其身充盛，便生肉想，言此可食。大慧，世无有肉非是自杀，亦非他杀，心不疑杀而可食者，以是义故，我许声闻食如是肉。

“大慧，未来之世，有愚痴人，于我法中而为出家，妄说毗尼[5]，坏乱正法，诽谤于我，言听食肉，亦自曾食。大慧，我若听许声闻食肉，我则非是住慈心者、修观行者、行头陀者、趣大乘者，云何而劝诸善男子及善女人于诸众生生一子想，断一切肉？大慧，我于诸处说遮十种、许三种者，是渐禁，断令其修学，今此经中自死、他杀，凡是肉者，一切悉断。大慧，我不曾许弟子食肉，亦不现许，亦不当许。大慧，凡是肉食，于出家人悉是不净。

“大慧，若有痴人谤言如来听许食肉，亦自食者，当知是人恶业所缠，必当永堕不饶益处。大慧，我之所有诸圣弟子尚不食于凡夫段食，况食血肉不净之食？大慧，声闻、缘觉及诸菩萨尚惟法食，岂况如来。大慧，如来法身非杂食身？大慧，我已断除一切烦恼，我已浣涤一切习气，我已善择诸心智慧，大悲平等，普观众生犹如一子，云何而许声闻弟子食于子肉，何况自食？作是说者，无有是处。”

注释：

①啖（dàn）食：吞食。

②旃（zhān）陀罗：又作“旃荼罗”、译为“屠夫”，亦即以屠宰为业者。男曰“旃陀罗”，女曰“旃陀利”。

③阿兰若：又作“阿兰那”、“阿练若”、“阿蘭若迦”等，意为无诤声，修空寂行者乐居之处，寺院之总称。

④唼（shà）食：吞食，咬。

⑤毗尼：又作“毗奈耶”、“毗那耶”等，律藏之梵名，佛教经、律、论三藏之一，佛所说的戒律。

译文：

其时，大慧菩萨又对佛说：“世尊，请为我等说不食肉之功德和食肉之过失，使我及诸大菩萨知其义后，为未来、现在那些想食肉众生分别说法，使他们舍弃肉欲，而求法味之乐，对一切众生起大悲心，更相亲爱，视诸众生如同一子，住菩萨地，得无上正等正觉，或于二乘地暂时留住，最后证得无上正等正觉。世尊，路加耶陀等外道起有、无之见，执著断常，尚有邪禁，不许食肉，何况如来大悲，世人得解脱之所依靠，岂允许自己或他人食肉？善哉！世尊，大慈大悲，哀愍世间，视一切众生如同一子，请为解说食肉过失及不食肉功德，使我及诸菩萨等，听闻之后，恭敬奉行，并广为他人讲说。”

……

其时，世尊对大慧菩萨说：“大慧，好好听着，我当为你等分别解说。大慧，一切肉有无量因缘，菩萨于中当生慈悲，不应啖食，我今为你等略作解说。大慧，一切众生从无始来，于生死中轮回不息，曾经互为父母、兄弟、男女、眷属，乃至亲朋好友，其中或生三恶道中而为畜生、禽兽等，如何可食畜生、禽兽等肉？大慧，大菩萨观众生如同己身，一切肉类皆从有情众生而来，如何可食？大慧，恶鬼听我这么一说，尚且不敢再食肉，何况喜乐佛法之人？大慧，大菩萨于一切生处，观一切众生皆是亲属，乃至大慈大悲，视之如同一子，所以不应食一切肉。

“大慧，街坊市场诸卖肉人，为求利益，贩卖犬、马、牛、羊等肉，此等秽杂之物，如何可食？大慧，一切肉皆是精血污秽所成，求清净之人，如何可食？大慧，食肉之人，众生见之，皆悉恐惧，修慈心人，怎能食肉？大慧，猎人及屠夫，捕鱼网鸟等诸恶人，狗见之惊吠，兽见之则四处奔命，天空、陆地、水中的一切生物，若有见这等人者，全都会产生恐怖，视这种人如恶鬼，一见这等人来到，就认为是来杀他的，为了活命，全都远走高飞，食肉之人，也是这样，所以菩萨为修慈悲之行，不应食肉。

“大慧，食肉之人，身体恶臭，恶名远扬，贤圣善人，不敢同他亲近，所以菩萨不应食肉。大慧，血肉之类，众仙人所不齿，诸圣贤所不食，所以菩萨不应食肉。大慧，菩萨为护卫众生信心，令其于佛法不生诽谤，以慈悲故，不应食肉。

“大慧，若我弟子食肉，令诸世人全都讥毁之，都会这样说：为何沙门修清净之人，不食天仙所食之物，而同恶兽一样，酒肉满腹，游走世间，令诸众生咸生怖畏，坏清净行，失沙门道，所以应当知道，佛法之中无三昧邪戒，菩萨慈悲，为护卫众生，不令生食肉之心，不应食肉。大慧，如烧人肉，与烧其他生物之肉一样，其气味恶臭无比，如何于中而生食想？所以，一切修清净行者，不应食肉。

“大慧，诸善男子善女人于墓间、林下、寺院等处修清净行时，或住慈心，或持咒术，或求解脱，或修大乘行，如果食肉，则种种修行均受障碍，不得成就，所以菩萨欲自利利他，均不应食肉。大慧，食肉者见肉之形色，则已生贪滋味之心。一切众生犹如己身，如何见之而生食想？所以菩萨不应食肉。

“大慧，食肉者，诸天神远而避之，口常恶臭，睡眠不安，醒后忧戚恐惧，夜叉恶鬼夺其精气，终日惶惶不安，食不知足，增长疾病，易生疮癣，常被毒虫所咬，眼前之众生见之尚避之不及，又何谈得上未来成就圣果？大慧，我常说凡所食者，当视同食亲子之肉，如何会允许弟子贪肉呢？大慧，肉非美好，肉不清净，食肉则会生诸罪恶，败诸功德，诸仙人圣者均不食肉，如何会允许弟子食肉？如果说我允许弟子食肉，此人是诽谤我。

“大慧，净美食者当是食粳米、粟米、大小麦、豆、酥油、石蜜等等，这些是过去诸佛所允许的，也是我常说可以吃的食物。我种姓中诸善男子善女人，心怀净信，久植善根，于身家性命、珠宝钱财等不生贪着，慈怜一切众生，视一切众生如同自身，唯许食诸圣人所应食者，其余的皆不允许。

“大慧，过去有王名狮子王，耽著于肉味，食种种肉，久而久之，遂至于食人肉，臣民不堪其苦，悉皆叛离，结果丢掉王位，受莫大苦恼。大慧，帝释处天王之位，因过去食肉，所余之恶习遂使他转生为鹰，它又追食于鸽，我当时为尸毗王，慈怜该鸽，便自割身上的肉喂鹰，以救鸽之性命。大慧，帝释所余之习气尚且使他转生为鹰，追食众生，何况其他无惭之常食肉者？当知食肉者自恼、恼他，所以菩萨不应食肉。

“大慧，过去有一位国王，乘马打猎，马受惊后跑入山林之中，既无归路，又绝人烟，当时有一头母狮子，便与它同处，遂有丑行，且生了许多子女，最大的名叫班足，后来作王，统领七亿家众，由于食肉余习，非肉不食，起初食禽兽，后甚至于食人肉，所生男女，都是罗刹，其身转生，又生于狮子、豺、狼、虎、豹、雕、鹫之中，欲求人身，终不可得，如此之人，又如何能出生死，得涅槃呢？

“大慧，食肉者有如此无量过失，所以断断不可食肉，不食肉者，能获大功德，凡愚不知此中之利害关系，我今为你等开示演说，凡是肉者，都不应食。大慧，凡杀生者多是为了给人吃，如果人不食肉，也就没有杀生之事，所以食肉与杀生同罪。奇哉！世间贪着于肉食之人，人肉尚且取而食之，何况鸟兽之肉？以贪着于肉味，想方设法，编造种种罗网、捕具，四处安放，水中陆上之众生，均遭杀戮，即使自己不食，为了牟利，有的人也常做这种事。

“大慧，世上又有人，无有慈心，专行惨暴，与罗刹无异，若见众生之身丰盈强盛，便生肉想，说这可以吃。大慧，世上不管是自杀或他杀或不明死因之肉，均不应食，因此，我没有允许声闻可以食肉这种事。

“大慧，未来之世有愚痴人，于我法中出家，妄说戒律，乱我正法，诽谤于我，说我允许食肉，自己也曾食肉。大慧，我若允许声闻食肉，我则无有慈心，非是修观行之人，非是行头陀者，非是欣趣大乘者，如何劝诸善男子、善女人视诸众生如同己子，断一切肉呢？大慧，我于各处所说之十种不许、三种允许者，是为了使人渐进断肉，渐进修学，现在此经所说的，则是不管自杀、他杀，凡一切肉皆不应食。大慧，我过去不曾允许弟子食肉，现在也不允许，将来仍然不会允许。大慧，凡是肉，对于出家人来说，都是不净。

“大慧，若有愚痴之人，诽谤如来允许食肉，自己也曾食肉，当知此人是为恶业所缠，必当永堕恶道轮回之中，永不得出离。大慧，我之所有诸圣弟子尚不食于欲界味香诸食，怎会食不净之血肉呢？大慧，声闻、缘觉尚且只以法为食，何况如来？大慧，如来法身非杂食身，我已断除一切烦恼，已经洗净一切习气，已经成就慈悲、圆明种智，普观一切众生犹如己子，如何会允许声闻弟子食己子之肉，更不会有自己食肉这等事？”

陀罗尼品第九

本品将此经功德化为陀罗尼咒，阐明受持、读诵、为人演说楞伽经咒的功德。陀罗尼意为“总持”，就是将全经大义归纳总结，以咒持诵则不但文义具足，且能令善法不失散，恶法不起力用。陀罗尼也用作此经护法，使道流通。楞伽咒为咒中之王，鬼神最为畏惧之咒，功德不可思议。

尔时，佛告大慧菩萨摩诃萨言：“大慧，过去、未来、现在诸佛，为欲拥护持此经者，皆为演说楞伽经咒，我今亦说，汝当受持。即说咒曰：……

“大慧，未来世中若有善男子、善女人，受持读诵，为他解说此陀罗尼，当知此人不为一切人与非人、诸鬼神等之所得便；若复有人卒中于恶，为其诵念一百八遍，即时恶鬼疾走而去。大慧，我更为汝说陀罗尼。即说咒曰：……

“大慧，若有善男子、善女人，受持读诵，为他解说此陀罗尼，不为一切天龙、夜叉、人、非人等诸恶鬼神之所得便，我为禁止诸罗刹故，说此神咒，若持此咒，则为受持入《楞伽经》，一切文句，悉已具足。”

译文:

其时,佛对大慧菩萨说:“大慧,过去、未来、现在三世诸佛,为了护佑持此《楞伽经》者,皆为演说楞伽经咒,我今亦说此楞伽经咒,望你好好受持。随后佛即说楞伽经咒道:……

“大慧,未来世中,若有善男子、善女人受持读诵此楞伽经咒,或为他人演说此楞伽经咒,当知此人不为一切人与非人及诸鬼神之所伤害,若有恶鬼神欲伤害于人,即念诵此楞伽经咒一百八遍,其时恶鬼等即迅速离去。大慧,我也为你演说陀罗尼咒,其时佛即说咒道:……

“大慧,若有善男子、善女人受持读诵此陀罗尼咒,或为他人演说,就不为一切天龙、夜叉、人、非人等诸恶鬼神之所伤害,我为制止诸恶鬼神,故说此神咒,若有人受持读诵此咒文句,即得名受持读诵此《楞伽经》。”

偈颂品第十之一

此品是以“偈颂”形式总结整部经文，据说寂护论师高度评价此品，认为其不止归纳全经，乃至整个大乘佛法之要义皆囊括之。佛陀授记此经真义将被龙树菩萨继承。本书所节选偈颂，强调只有明了四妙门：五法、八识、三自性和二无我，才能具备修证如来藏的基础。只有远离名、相、妄想分别，转化妄计自性与缘起自性，才能证得正智与如如，契入圆成实性。如来藏藏识乃法尔清净之自心圣智证量境界，不可思议，不可称量，不可言说；佛陀慈悲，化身无数，建立种种言说，只为度化众生，皆是方便，不可执实。

尔时，世尊欲重宣此修多罗中诸广义故而说偈言：

诸法不坚固，皆从分别生；
以分别即空，所分别非有。
由虚妄分别，是则有识生，
八九识种种[1]，如海众波浪。
……
分别见外境，是妄计自性；
由此虚妄计，缘起自性生。
邪见诸外境，无境但是心；
如理正观察，能所取皆灭。

如愚所分别，外境实非有；
习气扰浊心，似外境而转。
已灭二分别，智契于真如；
起于无影像，难思圣所行。
……
愿说佛灭后，谁能受持此？
大慧汝应知，善逝涅槃后，
未来世当有，持于我法者，
南天竺国中，大名德比丘。
厥号为龙树，能破有无宗；
世间中显我，无上大乘法。

得初欢喜地，往生安乐国；
众缘所起义，有无俱不可。
缘中妄计物，分别于有无；
如是外道见，远离于我法。
一切法名字，生处常随逐；
已习及现习，展转共分别。
若不说于名，世间皆迷惑；
为除迷惑故，是故立名言。

注释：

①八九识：第九识亦称“菴摩罗识”。《密严经》等经典以第

九识为纯净识，有些经论又以“真如”为第九识。一般认为，第九识是识实性，不生不灭，毫无染垢；前七识皆有生灭，如众波浪；第八阿赖耶识亦染亦净，亦生灭亦不生灭。

译文：

其时，世尊为了重宣此《楞伽经》中深广义理，乃重说偈：

诸法皆不真实，都是从虚妄分别而生；
若能了悟分别识空，则知诸法本来寂灭。
由于虚妄分别，因此而有诸识生，
阿赖耶识及诸转识，如海起波浪。
……
虚妄分别所见外境，即是遍计所执自性；
由此虚妄计度，缘起自性生。
邪妄见有外境外法，其实只是自心之所现；
依真实智慧正确观察，能取、所取皆悉断除。
愚痴凡夫所分别之外境，实际上幻而非真；
种种习气熏染于心，变现各种外境外法。
断除能取、所取二边分别，智慧契入于真如；
由此即生于无法相、不思议圣智所行境界。
……
愿世尊开示佛灭后，谁能受此大法？
大慧应知，佛灭后，
未来世当会有，信受奉持我教法的人，
于南印度国中，一名叫德比丘。

其号为龙树，他能破斥空、有二宗；
于世间中开显我的教法，是为无上大乘妙法。
他能登上欢喜地，往生于净土中；
众缘所示现的义理，说是有是无都是不对的。
在不实的因缘中妄执实在而分别有、无；
如此谓外道邪见，是远离我的教法。
一切为令众生得度所立的名字，于生时常随逐；
已习及现习，展转相共分别。
但如来若不说假名，众生都会迷惑，无法入佛知见；
为消除迷惑故，是故立名言。

延伸阅读书目

1.《楞伽阿跋多罗宝经》(四卷),刘宋·求那跋陀罗译,《大正藏》第十六册。

2.《入楞伽经》(十卷),元魏·菩提流支译,《大正藏》第十六册。

3.《楞伽阿跋多罗宝经注解》(八卷),明·宗泐、如玘注,《大正藏》第三十九册。

4.《入楞伽心玄义》(一卷),唐·法藏撰,《大正藏》第三十九册。

5.《注大乘入楞伽经》(十卷),宋·宝臣述,《大正藏》第三十九册。

6.《楞伽师资记》(一卷),唐·净觉撰,石峻等编《中国佛教思想资料选编》第二卷第四册。

7.《楞伽经通义》(六卷),宋·善月述,《续藏经》第一编,第二十五套,第三册。

8.《楞伽经义疏》(九卷),明·智旭疏义,《续藏经》第一编,第二十六套,第一册、第二册。

9.《大乘起信论》(一卷),梁·真谛译,《大正藏》第三十二册。

10.《大乘起信论讲义》,圆瑛述。

11.《宋高僧传》,宋·赞宁撰,中华书局 1978 年版。

12.《五灯会元》,宋·普济著,中华书局 1984 年版。

13.《中国佛教思想资料选编》(第二卷第三册、第四册),石峻等编。

14.《中国佛教》(二),中国佛教协会编,知识出版社1982年版。

15.《佛学大辞典》,丁福保编纂,文物出版社1984年版。

16.《宗教词典》,任继愈主编,上海辞书出版社1981年版。

17.《中国佛教史》(一、二、三),任继愈主编,中国社会科学出版社1988年版。

18.《季羡林学术论著自选集》,季羡林著,北京师范学院出版社1991年版。

19.《隋唐佛教史稿》,汤用彤著,中华书局1982年版。

20.《印度佛教史》,圣严编述,台北法鼓文化事业股份公司1999年版。

21.《印度佛学源流略讲》,吕澂著,上海人民出版社1979年版。

22.《中国佛学源流略讲》,吕澂著,中华书局1979年版。

23.《中国佛教史》,蒋维乔著,上海书店据1935年本影印。

24.《明清佛教》,郭朋著,福建人民出版社1982年版。

25.《佛教哲学》,方立天著,中国人民大学出版社1986年版。

26.《中国佛性论》,赖永海著,上海人民出版社1988年版。

佛教十三經

维摩诘经

赖永海 主编

高永旺 张仲娟 译注

中華書局

总　序

佛教有三藏十二部经、八万四千法门，典籍浩瀚，博大精深，即便是专业研究者，用其一生的精力，恐也难阅尽所有经典。加之，佛典有经律论、大小乘之分，每部佛经又有节译、别译等多种版本，因此，大藏经中所收录的典籍，也不是每一部佛典、每一种译本都非读不可。因此之故，古人有"阅藏知津"一说，意谓阅读佛典，如同过河、走路，要先知道津梁渡口或方向路标，才能顺利抵达彼岸或避免走弯路；否则只好望河兴叹或事倍功半。《佛教十三经》编译的初衷类此。面对浩如烟海的佛教典籍，究竟哪些经典应该先读，哪些论著可后读？哪部佛典是必读，哪种译本可选读？哪些经论最能体现佛教的基本精神，哪些撰述是随机方便说？凡此等等，均不同程度影响着人们读经的效率与效果。为此，我们精心选择了对中国佛教影响最大、最能体现中国佛教基本精神的十三部佛经，认为举凡欲学佛或研究佛教者，均可从"十三经"入手，之后再循序渐进，对整个中国佛教作进一步深入的了解与研究。

"佛教十三经"的说法，由来有自。杨仁山、梅吉庆以及中国佛学院都曾选有"佛教十三经"，所选经典大同小异。上述三家都选录的经典有:《金刚经》、《维摩诘经》、《法华经》、《楞伽经》、《楞严经》;被两家选录的经典有:《心经》、《胜鬘经》、《观经》、《无量寿经》、《圆觉经》、《金光明经》、《梵网经》、《坛经》。此外,《四十二章经》、《佛遗教经》、《解深密经》、《八大人觉经》、《大乘密严经》、《地藏菩萨本愿经》、《菩萨十住行道品经》、《大毗卢遮那成佛神变加持经》为一家所选录。本着以上所说的"对中国佛教影响最大、最能体现中国佛教基本精神"的原则,这次我们选择了以下十三部经典:《心经》、《金刚经》、《无量寿经》、《圆觉经》、《梵网经》、《坛经》、《楞严经》、《解深密经》、《维摩诘经》、《楞伽经》、《金光明经》、《法华经》、《四十二章经》。

佛教发展至今已有两千多年的历史,就其历史发展、思想内容说,有大乘、小乘之分。《佛教十三经》所收录之经典,除了《四十二章经》外,多为大乘经典。此中之缘由,盖因佛法之东渐,虽是大小二乘兼传,但是,小乘佛教在传入中国之后,始终成不了气候,且自魏晋以降,更是日趋式微;直到十三世纪以后,才有南传上座部佛教在云南一带的流传,且范围十分有限。与此相反,大乘佛教自传入中土后,先依傍魏晋玄学,后融汇儒家的人性、心性学说而蔚为大宗,成为与儒道二教鼎足而三、对中国社会各个方面产生着巨大影响的一股重要的社会思潮。既然中国佛教的主体在大乘,《佛教十三经》所收录的佛经自然以大乘经典为主。

对于大乘佛教,通常人们又因其思想内容的差异把它分为空、有二宗。空宗的代表性经典是"般若经"。中国所见之般

若类经典，以玄奘所译之《大般若经》为最，有六百卷之多。此外还有各类小本“般若经”的编译与流传，其中以《金刚经》与《心经》最具代表性与影响力。

“般若经”的核心思想是“空”。但佛教所说的“空”，非一无所有之“空”，而是以“缘起”说“空”，亦即认为，世间的万事万物，都是条件（“缘”即“条件”）的产物，都会随着条件的变化而变化。条件具备了，它就产生了（“缘起”）；条件不复存在了，它就消亡了（“缘灭”）。世间的一切事物，都不是一成不变的，而是一个念念不住的过程，因此都是没有自性的，无自性故“空”。《金刚经》和《心经》作为般若经的浓缩本，“缘起性空”同样是其核心思想，但二者又进一步从“对外扫相”和“对内破执”两个角度去讲“空”。《金刚经》的“对外扫相”思想集中体现在“一切有为法，如梦幻泡影，如露亦如电，应作如是观”这个偈句上，对内破执则有“应无所住而生其心”这一点睛之笔。《心经》则是以“色不异空，空不异色；色即是空，空即是色；受想行识亦复如是”来对外破五蕴身，以“心无罣碍”来破心执。两部经典都从扫外相、破心着的角度去说“空”。

有宗在否定外境外法的客观性方面与空宗没有分歧，差别仅在于，有宗虽然主张“外境非有”，但又认为“内识非无”，倡“三界唯心”、“万法唯识”，认为一切外境、外法都是“内识”的变现。在印度佛教中，有宗一直比较盛行，但在中国佛教史上，唯有玄奘、窥基创立的“法相唯识宗”全力弘扬“有宗”的思想，并把《解深密经》等“六经十一论”作为立宗的根据，《佛教十三经》选录了对“唯识宗”影响较大的《解深密经》进行注译。

《解深密经》的核心思想在论证一切外境外法与识的关系，认为一切诸法乃识之变现，阿赖耶识是生死轮回的主体，是万物生起的种子。经中还提出了著名的“三性”、“三无性”问题，并深入地论述了一切虚妄分别相与真如实性的关系。

与印度佛教不尽相同，中国佛教的主流或主体不在纯粹的“空宗”或“有宗”，而在大乘佛教基本精神与中国传统文化（特别是儒家心性学说）汇集交融而成的“真常唯心”思想，这种“真常唯心”思想也可称之为“妙有”的思想。首先创立并弘扬这种“妙有”思想的是智者大师创建的天台宗。

天台宗把《法华经》作为立宗的经典依据，故又称“法华宗”。《法华经》的核心思想，是“开权显实，会三归一”，倡声闻乘、缘觉乘、菩萨乘同归一佛乘，主张一切众生悉有佛性。《法华经》是南北朝之后，中国佛教走向以大乘佛教为主流的重要经典依据，也是中国佛教佛性理论确立以一切众生悉有佛性、都能成佛为主流的重要经典依据。而《法华经》的“诸法实相”也成为中国佛教“妙有”思想的重要思想资源和理论依据。

中国佛教注重“妙有”之思想特色的真正确立，当在禅宗。慧能南宗把天台宗肇端的“唯心”倾向推到极致，作为标志，则是《坛经》的问世。《坛经》是中国僧人撰写的著述中唯一被冠以“经”的一部佛教典籍，其核心思想是“即心即佛”、“顿悟成佛”。《坛经》在把佛性归诸心性、把人变成佛的同时，倡导“即世间求解脱”，主张把入世与出世统一起来，而这种思想的经典根据，则是《维摩诘经》。

《维摩诘经》可以说是对中国佛教影响最大的一部佛经，

不论是作为中国佛教代表的禅宗，还是成为现、当代佛教主流的人间佛教，《维摩诘经》中的“心净则佛土净”及“亦入世亦出世”、“在入世中出世”的思想，都是其最为重要的思想资源和理论依据。尤其值得一提的是，贯穿于整部《维摩诘经》的一根主线——“不二法门”，更是整个中国佛教的本体论和方法论依据。

《楞伽经》也是一部对禅宗、唯识乃至整个中国佛教有着重大影响的佛经。《楞伽经》思想有两个重要特点，一是融汇了空、有二宗，既注重“二无我”，又讲“八识”、“三自性”；二是把“如来藏”和“阿赖耶识”巧妙地统合起来。因此之故，《楞伽经》既是“法相唯识宗”借以立宗的“六经”之一，又被菩提达摩作为“印心”的依据，并形成一代楞伽师和在禅宗发展史颇具影响的“楞伽禅”。

《楞严经》则是一部对中国佛教之禅、净、律、密、教都有着广泛而深刻影响的大乘经典。该经虽有真、伪之争，但内容十分宏富，思想体系严密，几乎把大乘佛教所有重要理论都囊括其中，故自问世后，就广泛流行。该经以理、行、果为框架，谓一切众生都有“菩提妙明元心”，但因不明自心清净，故流转生死，如能修禅证道，即可成就无上正等正觉。这一思想对中国佛教的各宗各派都产生了极其深刻的影响。

《圆觉经》是一部非常能够体现中国佛教注重“妙有”思想特色的佛经。该经主张一切众生都具足圆觉妙心，本当成佛，无奈为妄念、情欲等所覆盖，才于六道中生死轮回；如能顿悟自心本来清净，此心即佛，无须向外四处寻求。该经所明为大乘圆顿之理，故对华严宗、天台宗、禅宗都有十分重要的影响。

《金光明经》对中国佛教的影响，主要体现在其“三身”、“十地”思想、大乘菩萨行之舍己利他、慈悲济世思想、金光明忏法及忏悔思想、以及天王护国思想。由于经中所说的诵持本经能够带来不可思议的护国利民功德，故长期以来被视为护国之经，在所有大乘佛教流行的地区都受到了广泛重视。

《无量寿经》是根据“十方净土”的思想建立起来的净土类经典，也是净土宗所依据的“三经”之一。经中主要叙述过去世法藏菩萨历劫修行成无量寿佛的经过，及西方极乐世界的种种殊胜。净土信仰自宋之后就成为与禅并驾齐驱的两大佛教思潮之一，到近现代更出现“家家阿弥陀，户户观世音”景象，故《无量寿经》在中国佛教史上的影响至为广泛和深远。

《梵网经》在佛教“三藏”中属“律藏”，是大乘戒律之一，在中国佛教大乘戒律中，《梵网经》的影响最大。经中主要讲述修菩萨的阶位（发趣十心、长养十心、金刚十心和体性十地）和菩萨戒律（十重戒和四十八轻戒），是修习大乘菩萨行所依持的主要戒律。另外，经中把“孝”与“戒”相融通、“孝名为戒”的思想颇富中国特色。

所以把《四十二章经》也收入《佛教十三经》，主要因为该经是我国最早译出的佛教经典，而且是一部含有较多早期佛教思想的佛经。经中主要阐明人生无常等佛教基本教义和讲述修习佛道应远离诸欲、弃恶修善及注重心证等重要义理，且文字平易简明，可视为修习佛教之入门书。

近几十年来，中国佛教作为中国传统文化的重要组成部分，以其特殊的文化、社会价值逐渐为人们所认识，研究佛教者也日渐增多。而要了解和研究佛教，首先得研读佛典。然而，佛教名相繁复，义理艰深，文字又晦涩难懂，即便有相当文史基础和哲学素养者，读来也颇感费力。为了便于佛学爱好者、研究者的阅读和把握经中之思想义理，我们对所选录的十三部佛典进行了如下的诠释、注译工作：一是在每部佛经之首均置一"前言"，简要介绍该经之版本源流、内容结构、核心思想及其历史价值；二是在每一品目之前，都撰写了一个"题解"，对该品目之内容大要和主题思想进行简明扼要的提炼和揭示；三是对原文中出现的佛教术语、佛教人物等专名词以及难认难理解的字词出注，以辅助理解经文；四是采取义译与意译相结合的原则，对所选译的经文进行现代汉语的译述。这样做的目的，是希望它对原典的阅读和义理的把握能有所助益。当然，这种做法按佛门的说法，多少带有"方便设施"的性质，但愿它能成为"渡海之舟筏"，而不至于沦为"忘月之手指"。

赖永海

庚寅年春于南京大学

前　言

《维摩诘经》是大乘佛教的权威性经典，思想内容极为丰富，被誉为“大乘佛教文献宝冠之珠”，在印度佛教和中国佛教中都占有极为重要的地位。自其问世以来，倾倒了无数高僧大德、名士清流。在印度佛教经典中，《维摩诘经》被广泛引用，其大乘教义得到最大限度的发挥；传入中国后，立即受到中国僧俗各界的推崇、喜爱，对中国的佛教、哲学、文学、艺术等产生了巨大而深远的影响。

一　《维摩诘经》的书名与内容

《维摩诘经》全称《维摩诘所说经》，亦名《维摩诘说不思议法门经》、《不可思议解脱经》、《佛说维摩诘经》、《说无垢称经》等。

本经的主人公为维摩诘居士，故名《维摩诘经》。维摩诘为梵语音译，意译为“净名”、“无垢称”，此指维摩诘“晦迹五欲，超然无染，清名遐布”，故《维摩诘经》又名《说无垢称经》、《无垢称经》。维摩诘是居住在毗耶离城的一位在家大菩萨，相传是金粟如来的化身，自东方妙喜国化生于此，以居士身份辅助佛陀摄化群生。《维摩诘经》描述了维摩诘为教化众生，方便示疾，从而说不可思议法、行不可思议教、令众生发不可思议心、成就众生不可思议解脱，其中所讲的内容微远幽深，穷理尽化，非小乘智力所测，非常人可思、可议，亦非世俗言语可以表述，故又名《不可思议解脱经》。维摩诘虽“深植善本”，“久于佛道”，“得无生忍，契入不二平等”，然为方便示教，饶益众生，广泛深入社会各个阶层，以其实际行为展示了大乘菩萨不乐涅槃、不离世间的慈悲精神。

《维摩诘经》是一部融摄空有，会通性相，贯通般若、瑜伽、涅槃、华严、法华等佛法诸门的大乘经典，思想内容极为丰富。最有特色之处表现在以下几个方面：

(1)不二法门

“不二法门”是贯穿本经的理论核心，本经所宣讲的大乘佛教法门皆依不二法门而建立。所谓“不二”或“不二法”即真如实相，一实之理，如如平等，而无彼此之别，因而，菩萨悟入此一实平等之理，即超越相对之差别，而入于绝对平等之境界，这就是入不二法门。因此，从宗教哲学的角度看，“不二法门”既是佛教的本体论，也是认识论、修行论和方法论。为了强调不二法门的重要性，《维摩诘经》特设一品以示彰显。实际上，《维摩诘经》对不二法门的理解与陈述散见于全经多处，特别是《见阿閦佛品》中维摩诘对实相、法身的表述则最集中体现了其对不二法门的理解。

（2）净土思想

《维摩诘经》的净土思想包括“器世间净土”与“唯心净土”两大类。《维摩诘经》凡有三会，分别说三种器世间净土，一是庵罗树园释迦牟尼佛神力所显现的释迦清净佛土，二是维摩诘居室中维摩诘所示现的香积净土，三是维摩诘以神力断取的妙喜世界。“唯心净土”是大乘佛教的一个基本思想，也是《维摩诘经》最重要、最具特色的思想之一。《维摩诘经》以“心净则佛土净”为不思议解脱的张本，确立了心净则行净，行净则众生净，众生净则佛土净的逻辑思维进路，对中国传统佛教乃至现当代人间佛教的影响也最大。《维摩诘经》虽然演说种种不同的净土，但落实到宗教实践上，则都是济世教化的大乘菩萨行。

（3）世间性空即是出世间

长期以来，人们强调佛教本质上是一种出世的宗教，是以超脱轮回、解脱成佛为目的；入世只是为达到出世解脱而实施的方便法门。《维摩诘经》认为，世间性空即是出世间，世间与出世间在本质上是不二的，二者并非事物的一体两面，而是即体即用，体用一如，圆融无碍。无论提倡出世还是注重入世都是达到解脱的方便法门，它们互为手段、互为目的、互为因果。因此，入世不只是达到出世的手段，入世本身也是目的。本经的入世精神主要表现在：一是发心即出家；二是一切即道场，菩萨所行处，无非道场；三是非道即佛道，“若菩萨行于非道，是为通达佛道”；四是一切烦恼皆是佛种。维摩诘本身就是一个为化度众生而深入世间的大悲菩萨，以其实际行为展示了大乘菩萨不乐涅槃、不离世间的慈悲精神。这种既出世又入世的菩萨精神，对整个中国佛教产生了极其深刻的影响。

二 《维摩诘经》的译本、译者与注疏

作为一部大乘佛教的重要经典，《维摩诘经》在中国佛教史上一直备受关注，自严佛调首译之后，又被多次重译。至于注释疏证，更是代不绝人。下面对《维摩诘经》的译本、作者及历代注疏作一简要介绍。

（一）译本

据有关资料记载，自汉以来，凡有七译，三存四阙。

1. 东汉严佛调译，《古维摩诘经》二卷，今佚。东汉灵帝中平五年（188），严佛调在洛阳译出。

2. 吴支谦译，《维摩诘经》二卷或三卷，今存。公元223年至建兴年间，于武昌译出。

3. 西晋竺叔兰译，《异维摩诘经》三卷，今佚。此经译出时间有两种说法：一是晋惠帝元康元年，即公元291年；一是元康六年，即公元296年。

4. 西晋竺法护译，《维摩诘所说法门经》二卷或一卷，今佚。西晋惠帝太安二年（303）于长安译出。

5. 东晋抵多蜜译，《维摩诘经》四卷，今佚。抵多蜜为西域沙门，生卒不详，译时不详。

6. 后秦鸠摩罗什译，《维摩诘所说经》三卷，今存。公元406年，于长安大兴善寺译出。

7. 唐玄奘译，《说无垢称经》六卷，今存。唐贞观年间

（627—649），于长安大慈恩寺译出。一说为唐高宗永徽元年（650）。

现存的支谦、罗什、玄奘三种译本，各有特色。支谦本译出时间较早，文字最为简古质朴，带有明显的"格义"色彩，在罗什本译出之前影响颇大；罗什本文笔顺畅、流传最广，后人讲解注疏，多据罗什本；玄奘本则最为缜密、精确。当然，也可能是他们所据梵文本不同。据经文勘校与思想梳理，此三种译本之间在义理上并无轩轾，然尤以罗什本的创造性和体系性为最，因此，罗什本的盛行也不仅仅是文风的问题。以上三译，均收于《大正藏》第十四册。

（二）译者

支谦，名越，字恭明，大月氏人，三国时期著名的佛经翻译家。其祖父于东汉灵帝时迁入，支谦一同前来。他自幼学习中外典籍，精通六种语言，曾受业于大乘学者支娄迦谶的弟子、同族学者支亮，精通大乘佛教理论，与支娄迦谶、支亮并称为"三支"。东汉末年，支谦避乱迁居东吴，吴主孙权拜其为博士，辅助太子孙亮。从吴黄武元年至建兴年中（222—253）三十年余间，支谦潜心从事佛典翻译事业，翻译出《阿弥陀经》、《维摩诘经》等大量的佛教经典（有三十部、三十六部、四十九部、八十八部、一百二十九部等多种说法）。鸠摩罗什翻译《维摩诘经》时，曾参考引用支谦的译本。

鸠摩罗什（343—413），意译为"童寿"，原籍天竺，出生于西域龟兹国（今新疆库车、新雅县之间），其祖上为婆罗门。罗什自幼聪敏，于七岁随他的母亲一同出家，游学天竺，遍访名师，博闻强记，辩才无碍，誉满五印。后来，龟兹王亲自来迎他回归故国，奉为国师。前秦苻坚闻其德，于建元十八年（382）遣将吕光率兵迎之。吕光于建元二十年（384）陷龟兹，遂迎罗什。然于途中闻苻坚被杀，遂割据凉州，自立为凉王。罗什于是随吕光至凉州。后来姚苌称帝长安，建立后秦，慕罗什高名，诚心邀请，而吕光父子忌妒他智谋过人，才华出众，不肯放他东行。罗什羁留凉州达十六、七年之久，无法弘传佛法。到了姚兴嗣位，于弘始三年（401）出兵西攻凉州，凉主吕隆兵败投降，罗什才被迎入关，东至长安，这时他已经五十八岁了。姚兴对罗什十分敬重，待以国师之礼。宗室显贵都信奉佛法，尽力维护，公卿以下莫不归心。罗什居于逍遥园，与僧肇、僧严等从事译经工作。姚兴使沙门八百余人前往受学，协助译经，自己也常亲临听讲，参与校译。罗什是中国佛教史上"四大译经家"（鸠摩罗什、真谛、玄奘、不空或义净）之一，共译有七十四部，三百八十四卷（一说三十五部，二百九十四卷）佛教经籍，他所译的主要是般若类经典及阐扬缘起性空思想的《中论》、《百论》、《十二门论》等中观学派著作，第一次有系统地介绍了根据般若经类而成立的大乘性空缘起之学。在译经的文体上，他凭借扎实的中文基础，一改过去朴拙的古风，使所译佛经内容卓拔、明白流畅、优雅可读，且对于后来的佛教文学产生了一定的影响。

玄奘，唐代高僧，俗姓陈，名祎，洛州缑氏县（今河南偃师）人，中国佛教法相唯识宗的创始人。据说，玄奘的译本最忠实于原典，在《维摩诘经》中很少见到唯识宗语汇与理论痕迹。玄奘还有虔诚的维摩诘信仰，《续高僧传》说他："年十一诵《维摩》、

《法华》,东都恒度便预其次。自尔卓然梗正,不偶朋流。”玄奘到了印度后,曾亲自礼拜维摩诘说法处。回到长安后,玄奘重新翻译了《维摩诘经》。玄奘翻译此经,贯彻了他一贯的翻译原则,寻求全本、忠于原典,立“五种不翻”:“一、秘密故,如陀罗尼;二、多义故,如‘薄伽梵’具六义;三、此无故,如阎净树,中夏实无此木;四、顺古故,如阿耨菩提,非不可翻,而摩腾以来常存梵音;五、生善故,如‘般若’尊重,智慧轻浅。”(法云编《翻译名义集》卷一)《说无垢称经》在文句上不作任何删节,其语句、结构、风格非常接近梵文,较之前人更加完备。

(三)注疏

《维摩诘经》在印度就受到了广泛的重视,众多大乘经论对其大加称引,《大智度论》、《释摩诃衍论》、《入大乘论》、《弥勒菩萨所问经论》、《广释菩提心论》等印度佛教典籍中,常常见到《维摩诘经》的身影。许多著名高僧都对它作过注疏,玄奘西行就带回来约公元6世纪印度瑜伽行派著名论师护法和南印度大乘佛教中观学派大论师清辨对《维摩诘经》的疏解。自《维摩诘经》在中土译出之后,许多颇具影响的高僧大德对其进行讲解和注疏,如罗什、僧肇、竺道生、(隋)慧远、吉藏、智顗、窥基等。《维摩诘经》的注疏,现存约三十余种,仅次于《金刚经》的注疏本,具有代表性的列举如下:

1.《注维摩诘经》十卷,后秦僧肇、罗什、道生等撰,收于《大正藏》第三十八册。此书是我国最早注解《维摩诘经》的著作,又因其对经文逐句注解,详加阐释,发挥玄旨,因而流传极为广泛,影响极大。同时,又因该书汇集了僧肇、罗什、道生等高僧对《维摩诘经》的理解，所以也是后世学者研究他们思想的重要典籍。

2.《维摩义记》四卷，每卷分本末二卷，亦作八卷，隋慧远撰，收于《大正藏》第三十八册。此书判《维摩诘经》为菩萨藏顿教之法，极为推崇。该书对《维摩诘经》的每一部分经义，先论宗旨，予以科判，再随句注解，因此该书对义理、事解都阐释得非常详尽。天台僧人可透赞之为“关中（僧肇等）、嘉祥（吉藏）不得抗衡”之作。智𫖮注疏此经也多采用慧远的《维摩义记》。

3.《维摩经玄疏》六卷，天台智𫖮撰，收于《大正藏》第三十八册。此书是智𫖮大师按天台宗“五重玄义”的释经定规来诠释《维摩诘经》之玄旨。本书与智𫖮大师的《维摩经文疏》为天台宗注解《维摩诘经》的代表性著作。

4.《维摩经略疏》十卷，天台智𫖮撰，湛然略，收于《大正藏》第三十八册。《维摩经略疏》是天台九祖湛然对智𫖮所撰《维摩经文疏》的整理删略而成。《维摩经文疏》为智𫖮应隋炀帝杨广之请所作，凡28卷，约36万余字，虽事理两圆，而不无繁广。湛然弊其文多，遂删略此书而成《维摩经略疏》。

5.《维摩经略疏垂裕记》十卷，宋代智圆述，收于《大正藏》第三十八册。

6.《净名玄论》八卷，吉藏撰，收于《大正藏》第三十八册。

7.《维摩经义疏》六卷，吉藏撰，收于《大正藏》第三十八册。

8.《说无垢称经疏》六卷，窥基撰，收于《大正藏》第三十八册。此书是窥基对玄奘所译《说无垢称经》的注释，也是唯一一本对玄奘译本的注释本。该书不可避免地带有浓厚的唯识学倾向，并对罗什译本提出诸多批判，但观点大多不成立。

此外，《维摩诘经》的注释本，还有以下几种：

《净名经集解关中疏》二卷，道液撰，收于《大正藏》第八十五册。

《净名经关中释抄》二卷，道液撰，收于《大正藏》第八十五册。

《维摩经文疏》二十八卷，又称《维摩罗诘经文疏》，智𫖮撰，收于《续藏经》第十八册。

《维摩经疏记》三卷，天台亮润撰，收于《续藏经》第十八册。

《维摩经略疏》五卷，吉藏撰，收于《续藏经》第十九册。

《维摩经疏记钞》二卷，道暹撰，收于《续藏经》第十九册。

《维摩经评注》十四卷，明代杨起元撰，收于《续藏经》第十九册。

《维摩经无我疏》十二卷，明代天台传灯撰，收于《续藏经》第十九册。

历代佛学巨擘对《维摩诘经》的解读、研究、诠释与创发，由此而汇成一股波澜壮阔、历时久远的《维摩诘经》思想潮流，并对中国佛教产生了极其广泛和深刻的影响。这种思潮，我们不妨称之为“维摩经学”。

三 《维摩诘经》结构

现存《维摩诘经》的三个译本，均分为十四品，各品译名大同小异，依《大正藏》列三译品目如下：

品目	支谦本	鸠摩罗什本	玄奘本
第一	佛国品	佛国品	序品
第二	善权品	方便品	显不可思议方便善巧品
第三	弟子品	弟子品	声闻品
第四	菩萨品	菩萨品	菩萨品
第五	诸法言品	文殊师利问疾品	问疾品
第六	不思议品	不思议品	不思议品
第七	观人物品	观众生品	观有情品
第八	如来种品	佛道品	菩提分品
第九	不二入品	入不二法门品	不二法门品
第十	香积佛品	香积佛品	香台佛品
第十一	菩萨行品	菩萨行品	菩萨行品
第十二	见阿闳佛品	见阿闳佛品	观如来品
第十三	法供养品	法供养品	法供养品
第十四	嘱累弥勒品	嘱累品	嘱累品

从篇章结构说，本经可分为序分、正宗分和流通分三大部分。欧阳竟无对该经的科判如下：

<table>
<tr><td>缘起分</td><td colspan="7"></td><td>《佛国品第一》</td></tr>
<tr><td rowspan="11">正宗分</td><td rowspan="9">境</td><td rowspan="6">利他</td><td rowspan="5">能利</td><td rowspan="4">密权</td><td>总叙</td><td></td><td></td><td>《方便品第二》</td></tr>
<tr><td rowspan="3">别叙</td><td rowspan="2">昔权</td><td>化小</td><td>《弟子品第三》</td></tr>
<tr><td>化大</td><td>《菩萨品第四》</td></tr>
<tr><td>今权</td><td></td><td>《问疾品第五》</td></tr>
<tr><td>显权</td><td colspan="3"></td><td>《不思议品第六》</td></tr>
<tr><td>所利</td><td colspan="4"></td><td>《观众生品第七》</td></tr>
<tr><td rowspan="2">自利</td><td>世俗事</td><td colspan="4"></td><td>《佛道品第八》</td></tr>
<tr><td>出世理</td><td colspan="4"></td><td>《入不二法门品第九》</td></tr>
<tr><td>总二利</td><td colspan="5"></td><td>《香积佛品第十》</td></tr>
<tr><td>行</td><td colspan="6"></td><td>《菩萨行品第十一》</td></tr>
<tr><td>果</td><td colspan="6"></td><td>《见阿闳佛品第十二》</td></tr>
<tr><td rowspan="2">流通分</td><td colspan="7">赞叹</td><td>《法供养品第十三》</td></tr>
<tr><td colspan="7">付授</td><td>《嘱累品第十四》</td></tr>
</table>

（选自《藏要》第二辑）

四 《维摩诘经》的思想价值

从某种意义上说，《维摩诘经》是一部对整个中国佛教，乃至中国文化影响极大的佛教经典，特别是对中国化色彩较浓的佛教宗派（如天台、禅宗）和中国文学的影响更是极为深刻。

《维摩诘经》传入中国之初，就受到了中土人士的普遍喜爱与重视，立即对社会各界产生极大的影响。魏晋玄学的产生正是受到《维摩诘经》之类的般若学的影响。对文学的影响也是显而易见的。负才傲俗的谢灵运作《维摩诘十譬赞》，极为推崇该经；王维以“维”为名，以“摩诘”为字，其诗多有维摩之意境，有“名字本皆是，此心还不知”之句；李白的诗句“金粟如来是后身”，在历史上也颇负盛名；白居易、苏轼、王安石、袁宏道乃至龚自珍等历代无数文士皆有相关诗文传世。现代佛教学者和文学研究者已有多部关于《维摩诘经》文学方面的研究专著。

当然，中国佛教内部也极为重视该经。南北朝时期的般若学、涅槃学派、地论学派以及隋唐以后天台、三论、法相、华严诸宗都十分崇奉《维摩诘经》，各宗领袖都结合宗义，写下了不少有关《维摩诘经》的注疏。被尊为秦人“解空第一”的僧肇便是受其影响而出家的。据《高僧传》记载，僧肇少年家贫以佣书为业，遂得历观经籍，亦爱好老、庄，但认为《道德经》“美则美矣，然栖神冥累之方，犹未尽善”，后来看到旧译《维摩诘经》，披寻玩味，始知所归，因而出家。僧肇后从鸠摩罗什重译《维摩诘经》，阐发般若学之奥旨，作《般若无知论》，并著《注维摩诘经》十卷。僧肇的《注维摩诘经》是研究僧肇思想的重要资料。

被汤用彤先生誉为“齐隋之间，推为泰斗”的净影慧远非常推崇《维摩诘经》。公元577年，北周武帝攻灭北齐，旋即宣布废除齐地佛教，惟慧远抗声争辩，后潜居汲郡西山，研诵《法华》、《维摩》等经，以期佛法不废，可见《维摩诘经》在慧远心目中的地位。慧远著《维摩义记》四卷，发挥《维摩诘经》之奥旨，显示地论宗“阿赖耶真识说”之特色，该书字句精妙，文理清晰，思想深湛，堪称一部小型佛教百科全书，对华严宗影响极大。

天台宗是第一个中国化佛教宗派，也是最具创造性和思辨性的佛教宗派。天台宗的理论核心即是一念心。所谓的“一念心”，即“一念无明法性心”。具有以下特点：一是此心即法性；二是此心包含色、心二义，“具一切因缘所生法”；三是此心具无明与法性，无明与法性同体相即，故称“一念无明法性心”。无明与法性同体相即，便是天台有名的“性具善恶”说。天台宗的这种观点，直接来源于《维摩诘经》的“唯心净土”和“如来种”等思想。所以，天台宗人及后世学者常常将《维摩诘经》置于和《法华经》同等重要的地位。天台智𫖮曾为该经作了两本有名的注疏，《维摩经玄疏》六卷与《维摩经文疏》二十八卷。《维摩诘经》对该宗的重要性可见一斑。

作为中国佛教代表，禅宗与《维摩诘经》的关系尤为特殊。《维摩诘经》的“文殊无言，净名杜口”是禅宗以心传心、不立文字的经典依据，其“心净则佛土净”的唯心净土思想更是禅宗“直指人心，见性成佛”的思想之源。

中国禅宗初祖达摩在《悟性论》中已经语及“直指人心，见性成佛，教外别传，不立文字”，其“二入四行”中的“称法行”更是直接引自《维摩诘经》：“性净之理，因之为法。此理众相斯空，无染无着，无此无彼。经云：‘法无众生，离众生垢故；法无有我，离我垢故。’智若能信解此理。应当称法而行。”（《佛祖历代通载》卷九）此处的“经”即指《维摩诘经》。禅宗二祖慧可发展了达摩的禅学思想，把“无所得”作为最高宗旨，消除世间和出世间的一切差别，“无明智慧等无异，当知万法即皆如”，“观身与佛不差别”，把无明与智慧、烦恼与涅槃、众生与佛等量齐观，统一于本体论意义的“真如”、“实相”、“如来藏”，体现了

《维摩诘经》的不二法门、一切皆如的大乘佛教思想。

四祖道信提出“佛即是心”，“是心是佛”，众生心本来是佛，“见佛性者，永离生死，名出世人。是故《维摩诘经》云：豁然还得本心”（《楞伽师资记》卷一）。如果能做到坐禅观心，豁然还得本心，也就见性成佛了。除了静坐观心，道信也提倡：“身心方寸，举足下足，常在道场，施为举动，皆是菩提。”（《楞伽师资记》卷一）这就把动静结合起来，走向了“动静不二”，实际上还没有跳出《维摩诘经》的思想内容。

五祖弘忍继承达摩以来的禅法，提出“守心”的禅法，认为一切众生本具不生不灭的清净之心，通过“守心”达到觉悟解脱。此不生不灭之心，即：“《维摩经》云：‘无自性，无他性；法本不生，今则无灭。’”守持此恒常清净之心，自然证悟解脱。与他的老师一样，弘忍也不把修行仅仅局限于静坐，“四仪皆是道场，三业咸为佛事；盖静乱之无二，乃语默之恒一”。行、住、坐、卧皆是道场，身、口、意的活动都是佛事。弘忍强调动静不二、语默不二，可见他受《维摩诘经》的影响是显而易见的。

由上可知，历代禅宗祖师对《维摩诘经》尊崇程度以及《维摩诘经》对他们的影响。然而，在他们那里，《维摩诘经》尚未提高到最重要的地位。到了慧能，情况发生了重要转变，《维摩诘经》成了慧能最为尊奉的佛教经典。基于《维摩诘经》的思想要义，慧能形成了“即心即佛”的心性论、顿悟成佛的修行论和“不离世间觉”的出世即入世的思想和方法等等。慧能《坛经》中引用《维摩诘经》的名言有七处：其一，“佛法是不二之法”（《行由品》）。其二，“《净名经》云：‘即时豁然，还得本心。’”（《般若品》）其三，“所以佛言：随其心净，即佛土净”（《疑问品》）。其四，“《净名经》云：‘直心是道场，直心是净土。’”其五，“只如舍利弗宴坐林中，却被维摩诘诃”。其六，“故经云：‘能善分别诸法相，于第一义而不动。’”其七，“无住为本”。（以上《定慧品》）这些内容基本涵盖了慧能佛学思想的全部要点，这不仅说明了慧能对《维摩诘经》推崇程度，同时也彰显了《维摩诘经》对六祖革命的重要性，从而使之成为“六祖革命”的经典依据，也因而奠定了其无可撼动的宗经地位。后期禅宗沿着《维摩诘经》与慧能的思想理路，很自然产生了“平常心是道”、“出世即入世”、“无证无修”等思想。

《维摩诘经》积极提倡大乘佛教慈悲普度、济世利他的入世精神，从而确立了佛教深入世间的基本方向，对近现代人间佛教的蓬勃开展，产生了极为深远的影响，也因此成为人间佛教理论建构与实践导向的重要经典依据。例如，太虚大师从佛教经典中探寻人间佛教的理论根据，尤为重视《维摩诘经》，对创造净土尤为发挥，强调自力创造，发挥其入世精神，致力于现实世界的改造，并作《维摩诘经讲义》、《维摩诘经别记》等。印顺法师则认为：“大乘的入世精神，应如《维摩诘经》……那样，普入各阶层”（《佛在人间》）。圣严法师的“心灵环保”更是直接源自《维摩诘经》的“心净则佛土净”。以上种种，不仅充分说明了《维摩诘经》历久弥新的思想价值，同样也展示了其强烈的现实意义。

目　录

卷　上

佛国品第一

本品记述释迦牟尼佛在毗耶离城外的庵罗树园与众集会，长者子宝积说偈赞佛并请佛为与会大众“说诸菩萨净土之行”，以此揭开了本次法会之序幕。本品论述了佛土的清净与否，完全取决于菩萨心之净与不净，并把“心净则佛土净”与“成就众生”统一起来，指出“众生之类，是菩萨佛土”，阐扬了菩萨取净土的目的是为了饶益众生，成就众生，使众生“起菩萨根”，“入佛智慧”，这就是建立佛国净土的基本内涵和“心净则佛土净”的终极旨归。

如是我闻①：一时②，佛在毗耶离庵罗树园③，与大比丘众④，八千人俱。菩萨三万二千⑤，众所知识⑥，大智本行⑦，皆悉成就，诸佛威神之所建立。为护法城，受持正法；能师子吼⑧，名闻十方；众人不请，友而安之；绍隆三宝⑨，能使不绝；降伏魔怨⑩，制诸外道⑪；悉已清净，永离盖缠⑫；心常安住，无碍解脱⑬；念定总持⑭，辩才不断；布施、持戒、忍辱、精进、禅定、智慧⑮，及方便力⑯，无不具足；逮无所得，不起法忍⑰；已能随顺，转不退轮⑱；善解法相⑲，知众生根；盖诸大众，得无所畏⑳；功德智慧，以修其心；相好严身，色像第一；舍诸世间，所有饰好；名称高远，逾于须弥[21]；深信坚固，犹若金刚[22]；法宝普照，而雨甘露；于众言音，微妙第一；深入缘起[23]，断诸邪见；有无二边[24]，无复余习；演法无畏，犹师子吼；其所讲说，乃如雷震；无有量，已过量[25]；集众法宝，如海导师。了达诸法深妙之义，善知众生往来所趣，及心所行[26]，近无等等佛自在慧、十力、无畏、十八不共[27]；关闭一切诸恶趣门[28]，而生五道以现其身[29]，为大医王[30]，善疗众病，应病与药，令得服行；无量功德皆成就，无量佛土皆严净[31]；其见闻者，无不蒙益，诸有所作，亦不唐捐[32]。如是一切功德，皆悉具足。

其名曰：等观菩萨、不等观菩萨、等不等观菩萨、定自在王菩萨、法自在王菩萨、法相菩萨、光相菩萨、光严菩萨、大严菩萨、宝积菩萨、辩积菩萨、宝手菩萨、宝印手菩萨、常举手菩萨、常下手菩萨、常惨菩萨、喜根菩萨、喜王菩萨、辩音菩萨、虚空藏菩萨、执宝炬菩萨、宝勇菩萨、宝见菩萨、帝网菩萨、明网菩萨、无缘观菩萨、慧积菩萨、宝胜菩萨、天王菩萨、坏魔菩萨、电德菩萨、自在王菩萨、功德相严菩萨、师子吼菩萨、雷音菩萨、山相击音菩萨、香象菩萨、白香象菩萨、常精进菩萨、不休息菩萨、妙生菩萨、华严菩萨、观世音菩萨、得大势菩萨、梵网菩萨、宝杖菩萨、无胜菩萨、严土菩萨、金髻菩萨、珠髻菩萨、弥勒菩萨、文殊师利法王子菩萨，如是等三万二千人。复有万梵天王尸弃等[33]，从余四天下来诣佛所[34]，而为听法。

复有万二千天帝，亦从余四天下，来在会坐。并余大威力诸天、龙神、夜叉、乾闼婆、阿修罗、迦楼罗、紧那罗、摩睺罗伽等㉟，悉来会坐。诸比丘、比丘尼、优婆塞、优婆夷㊱，俱来会坐。

注释：

①如是我闻：佛经开卷语，表信顺，意为这是我亲自听佛说的。僧肇《注维摩诘经》卷一："如是，信顺辞。夫信则言之理顺，顺则师资之道成；经无丰约，非信不传。"我，是阿难自称。此为方便义，别有究竟义说。

②一时：指佛陀说法之时，不确指具体时间，"不论长短假实，说此经竟，总谓为一时"。智颉认为此经属于方等时，为佛陀成道之后第十三年至第二十年之间所说。吉藏认为此经是佛成道之后第二十六年或第三十年所说。

③佛：指释迦牟尼佛。毗耶离：梵语音译，又作"毗舍离"、"吠舍厘"、"奢隶夜城"等，意译为"广严"，为古代印度大城，亦是释迦弘法的重镇之一。今称"毗萨尔"，位于恒河北岸，干达克河以东。庵罗树园：亦作"庵罗园"、"庵没罗林"、"庵婆梨园"、"庵婆罗园"等，为庵没罗女献给佛陀的园林，后为佛陀经常讲经说法的处所。庵没罗女为摩揭陀国频婆娑罗王之妃，生耆婆。

④比丘：梵语，指出家修行的成年男子，意含"乞士"、"破烦恼"、"净持戒"、"能怖魔"四义。在佛典翻译中，若汉语中没有与之相应的语汇，则一般都径取梵音。大比丘，一般指大阿罗

汉，本品末则说："八千比丘，不受诸法，漏尽意解。"

⑤菩萨：梵语之简译，全译为"菩提萨埵"，意为"觉有情"、"道众生"，指上求菩提、下化众生的大乘众。菩提，佛道名，为"觉"、"智"、"道"之义。萨埵，指"有情"、"众生"。

⑥知识：认识、熟知。"知识"原为朋友之异称，此处是众菩萨为广大众生所熟知。僧肇《注维摩诘经》卷一："大士处世，犹日月之经天；有目之士，谁不知识？"

⑦大智：广大之智慧，通达一切之事理，又称为"一切种智"、"佛智"。智有三种："一切智"、"道种智"、"一切种智"。"一切智"是指了知一切诸法空相的智慧，为声闻、缘觉所具有；"道种智"是指了知一切诸法种种差别假相的智慧，为菩萨所具有；"一切种智"是指能够了悟一切诸法空相与假相（自相）的智慧，为佛所具有。"大智"在这里是指"一切种智"，而不是"道种智"。僧肇《注维摩诘经》卷一："大智，一切种智也。此智以六度六通众行为本。"慧远《维摩义记》卷一："言大智者，是佛智也。佛慧深广，故名大智。"这种大智是由佛之威神教化建立，所以能够成就。本行：菩萨本来所修之行法，也是成就佛果的根本行法。慧远《维摩义记》卷一："菩萨所修，能为佛因，故名本行。"菩萨以成就众生为最终目标，故以"六度"、"四摄"诸行为本。"六度"即"布施"、"持戒"、"忍辱"、"精进"、"禅定"、"般若"；"四摄"即"布施摄"、"爱语摄"、"利行摄"、"同事摄"。

⑧师子吼："师子"即"狮子"。狮子为百兽之王，它的吼声能够摄伏、怖畏群兽。此喻诸菩萨演说佛法，能够灭除一切戏论，破除各种异见，摄伏种种异学。

⑨三宝：即佛、法、僧三宝。

⑩魔：梵语简译，全译为“魔罗”，意为“扰乱”、“障碍”、“破坏”、“能夺命”等，常常指代一切身心烦恼。一般说法有四种魔：烦恼魔、阴魔、死魔、天魔。

⑪外道：指佛教以外的其他宗教或思想流派。佛陀在世时，据说有九十六种外道。

⑫盖缠：即“五盖”和“十缠”的总称，泛指一切烦恼。盖，覆盖心性，使善法不生之义；“五盖”指贪欲、瞋恚、睡眠、掉悔、疑。缠，为缠缚之义，指缠缚修善之心，使其不能出离生死苦海，证入涅槃解脱；“十缠”指无惭、无愧、嫉、悭、悔、睡眠、掉举、昏沉、瞋忿、覆。

⑬无碍解脱：远离一切烦恼惑障，达到对于一切诸法都通达无碍、自由自在的解脱境界。无碍，即无障碍、无所罣碍。

⑭念定总持：念，指正念。定，为正定。总持，梵语音译为“陀罗尼”，谓持善不失，持恶不生之义。

⑮布施、持戒、忍辱、精进、禅定、智慧：即“六波罗蜜多”，为六种从生死此岸到达涅槃彼岸的途径或方法。

⑯方便力：方便之力用。“方便”指为度脱众生而运用种种善巧的方法和智慧，又称为“第七波罗蜜多”。

⑰不起法忍：即“无生法忍”，与“菩提”同义，指了悟诸法不生不灭的智慧。僧肇《注维摩诘经》卷一：“忍，即无生慧也，以能堪受实相，故以忍为名。得此忍，则无取无得，心相永灭，故曰：无所得，不起法忍也。”

⑱转不退轮：转动永不退失的佛法之轮。“轮”即佛法

之轮。

⑲善解法相：通晓诸法种种差别相状、本质及相互关系。一切诸法就其本质说，都是无自性之空性；从现象上看，则表现为种种相状差别，各具其特殊性。

⑳无所畏：即无所畏怖之意，根据境界差别而分为“佛无畏”和“菩萨无畏”，各有四种。佛四无畏：一切智无所畏、漏尽无所畏、说障道无所畏、说尽苦道无所畏；菩萨四无畏：总持无畏、决疑无畏、知根无畏、答报无畏。

㉑须弥：梵语音译，即“须弥山”，又作“苏迷庐山”、“须弥庐山”等，意译为“妙高山”、“好高山”、“善高山”、“妙光山”等。原为印度神话中的山名，后为佛教沿用。在佛教的世界观里，将其视为众山之王，高八万四千由旬，位于一小世界中央。

㉒金刚：即金中最刚之义。因其坚固锐利，能摧毁一切，而不会被毁坏，故借以喻菩萨之深信坚固不可破坏。

㉓缘起：梵语意译，亦称“缘生”，意谓一切事物和现象都处在普遍的因果联系之中，都依一定的条件而生起。缘，指一切事物和现象所依赖的原因和条件。起，就是依条件而生起。

㉔二边：指偏离中道而相互对立的两种极端或边际，由之而产生的见解，称为“边见”。例如，“生与死”、“短与长”、“有与无”等。

㉕无有量，已过量：没有限量，已经超过了可测量的限度。量，衡量，测量，引申为可以被认知、可以被测度的一定限量，包括时间、空间等物质存在形式的量度，也常指心境的量度。僧肇《注维摩诘经》卷一：“既得法身，入无为境，心不可以智求，形不

可以像取，故曰无量。六住已下，名有量也。”

㉖心所行：即心行，就是指众生的心理活动。僧肇《注维摩诘经》卷一：“六趣往来，心行美恶，悉知也。”

㉗佛自在慧：佛无所不知的自在智慧。十力：指佛具有的十种智力。一、“知觉处非处智力”，即知道事物之理与非理的智力，“处”，指道理所在处；二、“知三世业报智力”，即知一切众生三世因果业报的智力；三、“知诸禅解脱三昧智力”，即知诸禅定、八解脱、三三昧等智力；四、“知众生上下根智力”，即知各类众生根机优劣的智力；五、“知种种解智力”，即知各类众生种种知解的智力；六、“知种种界智力”，即知众生种种界别的智力；七、“知一切至所道智力”，即知一切众生善恶行为及其所趣向的智力；八、“知天眼无碍智力”，即以天眼彻知众生的生老病死及善恶业报的智力；九、“知宿命无漏智力”，即知众生宿命和如何证得无漏涅槃的智力；十、“知永断习气智力”，即知永远断除烦恼业障，不再流转生死的智力。菩萨也具有“十力”：“深心力”、“增上深心力”、“方便力”、“智力”、“愿力”、“行力”、“乘力”、“神变力”、“菩提力”、“转法轮力”。无畏：这里指佛之“四无畏”：一是“一切智无所畏”（又作“正等觉无所畏”、“诸法现等觉无畏”），佛具一切智慧而无所畏惧；二是“漏尽无所畏”（又作“一切漏尽智无畏”），佛已断尽一切烦恼而无所畏怖；三是“说障道无所畏”（又作“说障法无畏”），佛说明惑业等种种障碍修行之法而无所畏怖；四是“说尽苦道无所畏”（又作“说出道无畏”），佛演说戒、定、慧等出离苦道之正法而无所畏怖。十八不共：即“十八不共法”，指佛或菩萨具有十八种独特的智能功

德，即：一“身无失”，二“口无失”，三“念无失”，四“无异想”，五“无不定心”，六“无不知已舍心”，七“欲无减”，八“精进无减”，九“念无减”，十“慧无减”，十一“解脱无减”，十二“解脱知见无灭”，十三“一切身业随智慧行”，十四“一切口业随智慧行”，十五“一切意业随智慧行”，十六“智慧知过去世无碍”，十七“智慧知未来世无碍”，十八“智慧知现在世无碍”。不共，谓不与他法相同，独具、特有的意思。

㉘恶趣：又称“恶道”，即由恶业所感而趣向的处所。佛教中有“三恶趣”、“五恶趣”、“六恶趣”等说法。“三恶趣”指地狱、饿鬼、畜生，若再加上人、天、阿修罗，即为“六恶趣”。依上下文义，“诸恶趣”当指“五恶趣”。

㉙五道：即“五恶趣”，指地狱、饿鬼、畜生、人、天。僧肇《注维摩诘经》卷一：“法身无生，而无不生。无生，故恶趣门闭；无不生，故现身五道也。”

㉚大医王：医生中的圣者。佛、菩萨善能分别病相，知晓药性，治疗众病，故称之为“大医王”。

㉛佛土：诸佛度化之国土。僧肇说：“群生无量，所好不同，故修无量净土以应彼殊好也。”

㉜唐捐：虚耗，白费力气，徒劳无益。唐，空，徒然。捐，捐弃。

㉝梵天王尸弃：梵天天王，名叫尸弃。梵，为清净之义；梵天，为色界初禅天，因其寂静清净，远离淫欲，故名。尸弃，意为宝髻、顶髻、最上、火。梵天王尸弃深信正法，每逢佛出世，必最先来请佛转法轮，又常侍佛之右边，手持白拂。

㉞四天下：即四大部洲，分别为东胜神洲、南赡部洲（阎浮提）、西牛货洲和北俱卢洲。

㉟天、龙神、夜叉、乾闼（tà）婆、阿修罗、迦楼罗、紧那罗、摩睺（hóu）罗伽：合称"天龙八部"。僧肇《注维摩诘经》对"龙神"分而注之，"龙有两种：地龙、虚空龙"，"神受善恶杂报，见形胜人劣天，身微难见也"。梵文本和奘译本为"龙"。

㊱比丘、比丘尼、优婆塞、优婆夷：合称"四众"。比丘、比丘尼为出家受具足戒的男、女僧人；优婆塞、优婆夷为在家受持三皈五戒的在家男、女居士。

译文：

这是我亲自听佛说的：当时，佛在毗耶离城附近的庵罗树园里，与八千位大比丘聚在一起，这些大比丘都是无漏大阿罗汉。同时在场的还有三万二千位大菩萨，这些大菩萨都声名远播，为广大众生所熟知敬仰，他们的广大智慧和六度万行都已圆满成就，他们都恒常受到诸佛如来威德神力的护念加持。这些大菩萨已经成为护持佛法的坚固城池，接受并修持正法，承续慧命；这些大菩萨演说佛法的声音，就像狮子般的吼声，美音普闻，周遍十方；这些大菩萨都具有无限悲悯之心，无须众生的呼吁、请求，便能像朋友一样主动抚慰、拯救他们；这些大菩萨弘扬佛、法、僧三宝，使之绵延不绝；这些大菩萨降伏众魔障怨贼，制伏诸外道邪法；这些大菩萨都已完全清净，永离烦恼惑障的缠缚；这些大菩萨心常清净而毫无垢染，安住于自由自在的无碍境界；这些大菩萨正念、正定、总持无不圆满，无碍辩才源源不断；这些大菩萨具足布施、持戒、忍辱、精进、禅定、智慧六度功德，以及为随缘摄化众生而使用的一切善巧方法和手段；这些大菩萨已经远离一切颠倒执着，达到了“得无所得”的“无生法忍”境界；这些大菩萨能够随顺诸法实相演说佛法，运转法轮而不退失；这些大菩萨透彻理解诸法的相状、本质及相互关系，通晓一切众生的根机悟性；这些大菩萨超出大众之上，获得“总持”、“决疑”、“知根”、“答报”等菩萨四无畏；这些大菩萨以无量功德智慧修其身心；他们的妙相个个都庄严美好，形貌绝伦，堪称第一；因此，他们舍弃了世俗的所有装饰玩好；这些大菩萨的功德智慧闻名遐迩，响彻寰宇，超过了须弥山顶；他们深信佛法，信心坚固犹如金刚；他们闪耀法宝光芒普照一切，洒下甘露法雨润泽万物；他们说法的音声，在一切众生种种言语音声中最为清净微妙；他们深谙诸法缘起的真理，已经断除了各种邪见；他们已经断除了有边无边之边见，以及一切烦恼习气；这些大菩萨演说佛法，无所畏惧，如狮子吼；他们所讲说的微妙法义，如雷霆震，慑服众生；这些大菩萨的法身、法音与功德不受时间、空间的限制，超越于一切形、界之外而遍满一切法界，不可称量，也超出任何限量；他们如航海导师，引导众生从佛法的海洋里，采集到种种法宝。这些大菩萨都洞达佛法深奥玄妙之义理，悉知众生在六道轮回中的状况，以及心中种种善恶意念，具有了几近于佛的自在智慧、十力、四无畏、十八不共法；这些大菩萨虽然已经关闭了通往地狱、畜生等诸恶趣之门，而又投生于五道之中显现自身，成为大医王，善于治疗众生种种疾病，对症下药，使其服用痊愈；这些大菩萨已成就无量功德，无量佛土都因之而变得庄严清净；因此，凡是见到过这些菩萨，或听闻到他们说法教化的众生，无不获得巨大的利益，这些大菩萨的一切功德善行，都能使众生受益而不会落空。上面所说的种种功德、善行和智慧，这些大菩萨无不圆满具足。

他们名号分别是：等观菩萨、不等观菩萨、等不等观菩萨、定自在王菩萨、法自在王菩萨、法相菩萨、光相菩萨、光严菩萨、大严菩萨、宝积菩萨、辩积菩萨、宝手菩萨、宝印手菩萨、常举手菩萨、常下手菩萨、常惨菩萨、喜根菩萨、喜王菩萨、辩音菩萨、虚空藏菩萨、执宝炬菩萨、宝勇菩萨、宝见菩萨、帝网菩萨、明网菩萨、无缘观菩萨、慧积菩萨、宝胜菩萨、天王菩萨、坏魔菩萨、电德菩萨、自在王菩萨、功德相严菩萨、师子吼菩萨、雷音菩萨、山相击音菩萨、香象菩萨、白香象菩萨、常精进菩萨、不休息菩萨、妙生菩萨、华严菩萨、观世音菩萨、得大势菩萨、梵网菩萨、宝杖菩萨、无胜菩萨、严土菩萨、金髻菩萨、珠髻菩萨、弥勒菩萨、文殊菩萨，像这样的大菩萨凡三万二千人。此外，还有数以万计的大梵天天王，如尸弃等，也从各自的四大洲世界来到佛陀说法之处，恭听佛陀说法。又有一万二千位天帝从各自四大洲前来与会，入座恭听。还有其他具有大威神力的诸天、龙神、夜叉、乾闼婆、阿修罗、迦楼罗、紧那罗、摩睺罗伽等“天龙八部众”，都来参加法会，入座聆听佛陀说法。同时，诸位比丘、比丘尼、优婆塞、优婆夷也前来与会，入座听法。

彼时，佛与无量百千之众，恭敬围绕，而为说法，譬如须弥山王，显于大海；安处众宝师子之座，蔽于一切诸来大众。

尔时，毗耶离城有长者子，名曰宝积，与五百长者子，俱持七宝盖[①]，来诣佛所，头面礼足，各以其盖，共供养佛。佛之威神令诸宝盖，合成一盖，遍覆三千大千世界[②]。而此世界广长之相，悉于中现。又此三千大千世界，诸须弥山、雪山、目真邻陀山、摩诃目真邻陀山、香山、黑山、铁围山、大铁围山、大海江河、川流泉源，及日月星辰、天宫、龙宫、诸尊神宫，悉现于宝盖中。又十方诸佛[③]，诸佛说法，亦现于宝盖中。

尔时，一切大众睹佛神力，叹未曾有。合掌礼佛，瞻仰尊颜，目不暂舍。长者子宝积，即于佛前，以偈颂曰：

目净修广如青莲，心净已度诸禅定；
久积净业称无量，导众以寂故稽首。
既见大圣以神变[④]，普现十方无量土；
其中诸佛演说法，于是一切悉见闻。
法王法力超群生，常以法财施一切[⑤]；
能善分别诸法相，于第一义而不动[⑥]。
已于诸法得自在，是故稽首此法王[⑦]；
说法不有亦不无，以因缘故诸法生。
无我无造无受者，善恶之业亦不亡；
始在佛树力降魔，得甘露灭觉道成。
已无心意无受行，而悉摧伏诸外道；

三转法轮于大千，其轮本来常清净。
天人得道此为证[8]，三宝于是现世间；
以斯妙法济群生，一受不退常寂然。
度老病死大医王[9]，当礼法海德无边；
毁誉不动如须弥，于善不善等以慈。
心行平等如虚空，孰闻人宝不敬承；
今奉世尊此微盖，于中现我三千界。
诸天龙神所居宫，乾闼婆等及夜叉；
悉见世间诸所有，十力哀现是化变。
众睹希有皆叹佛，今我稽首三界尊[10]；
大圣法王众所归，净心观佛靡不欣！
各见世尊在其前，斯则神力不共法；
佛以一音演说法，众生随类各得解。
皆谓世尊同其语，斯则神力不共法；
佛以一音演说法，众生各各随所解。
普得受行获其利，斯则神力不共法；
佛以一音演说法，或有恐畏或欢喜。
或生厌离或断疑，斯则神力不共法；
稽首十力大精进，稽首已得无所畏。
稽首住于不共法，稽首一切大导师。
稽首能断众结缚[11]，稽首已到于彼岸[12]。
稽首能度诸世间，稽首永离生死道；
悉知众生来去相，善于诸法得解脱。

不著世间如莲华，常善入于空寂行；
达诸法相无罣碍，稽首如空无所依。

注释：

①宝盖：一种用珠宝装饰而成的彩伞，悬于法会讲座的上空，以示庄严华丽。

②三千大千世界：佛教的世界观念。按照佛教的说法，所谓“一须弥山、一日月、一四天下、一欲界天、一初禅天”为一世界；一千个这样的世界为一小千世界；一千个小千世界名为一中千世界；一千个中千世界名为一大千世界。一大千世界即一佛刹，内在包含大千、中千、小千世界，故又称“三千大千世界”。

③十方：佛教以东、南、西、北、东南、西南、西北、东北、上、下为“十方”。

④神变：即神通变化，佛菩萨为教化众生而以神通力变现出的各种不可思议景象。

⑤法财施：即“法施”和“财施”。“法施”亦称“法布施”、“法供养”，是指对佛法的宣扬与流布。“财施”则是向人布施、施舍钱财。

⑥第一义：即第一义谛，指最究竟的真理。

⑦法王：指释迦牟尼佛。佛于诸法自在，故称“法王”。

⑧天人：金陵刻经处版本为“大人”，属于误刻；《藏要》及其他版本为“天人”。

⑨大医王：指释迦牟尼佛。此处特指佛以法药利济群生，医治众生沉沦生死的大病患，故又称“大医王”。

⑩三界尊：三界中的至尊者。“三界”指欲界、色界、无色界。

⑪结缚：烦恼之异名。因烦恼能系缚人的心身使其不得解脱，故名“结缚”。

⑫彼岸：即涅槃彼岸。佛教视生死流转的情境为此岸；视超离生死，证得涅槃为彼岸。

译文：

那时，佛陀为恭敬围绕的无量百千与会大众开示说法，这种情形犹如须弥山王耸立于大海之上；佛陀庄重地安坐于众宝装饰的狮子座上，佛光闪耀，映蔽一切前来听法的大众。

其时，毗耶离城有一位长者的儿子，名叫宝积，他与五百名长者子一起，都手持用七宝装饰成的宝盖，来到佛陀说法的场所，都五体投地，以头面顶礼佛足，并把各自带来的宝盖供献给佛陀。佛陀的威德神力把这众多宝盖合拢成一个巨大无比的大宝盖，覆盖了整个三千大千世界。而此三千大千世界辽阔广大的形象也完全在宝盖中显现出来。而且，此三千大千世界的所有须弥山、雪山、目真邻陀山、摩诃目真邻陀山、香山、黑山、铁围山、大铁围山、大海江河、川流泉源，以及日月星辰、天宫、龙宫、诸尊神宫，悉数显现于宝盖之中。又有十方诸佛以及诸法说法的情形，也都显现其中。

其时，与会诸大众目睹了佛陀的神通威力后，都赞叹不已，称说从未曾见过这种景象。于是合掌顶礼佛陀，恭敬地瞻仰佛陀的尊颜，目光不肯暂时舍离。长者子宝积随即就在佛陀座前，用偈颂称赞佛陀道：

目净修广如青莲，心净已度诸禅定；
久积净业称无量，导众以寂故稽首。
既见大圣以神变，普现十方无量土；
其中诸佛演说法，于是一切悉见闻。
法王法力超群生，常以法财施一切；
能善分别诸法相，于第一义而不动。
已于诸法得自在，是故稽首此法王；
说法不有亦不无，以因缘故诸法生。
无我无造无受者，善恶之业亦不亡；
始在佛树力降魔，得甘露灭觉道成。
已无心意无受行，而悉摧伏诸外道；
三转法轮于大千，其轮本来常清净。
天人得道此为证，三宝于是现世间；
以斯妙法济群生，一受不退常寂然。
度老病死大医王，当礼法海德无边；
毁誉不动如须弥，于善不善等以慈。
心行平等如虚空，孰闻人宝不敬承；
今奉世尊此微盖，于中现我三千界。
诸天龙神所居宫，乾闼婆等及夜叉；
悉见世间诸所有，十力哀现是化变。
众睹希有皆叹佛，今我稽首三界尊；
大圣法王众所归，净心观佛靡不欣。
各见世尊在其前，斯则神力不共法；

佛以一音演说法，众生随类各得解。
皆谓世尊同其语，斯则神力不共法；
佛以一音演说法，众生各各随所解。
普得受行获其利，斯则神力不共法；
佛以一音演说法，或有恐畏或欢喜。
或生厌离或断疑，斯则神力不共法；
稽首十力大精进，稽首已得无所畏。
稽首住于不共法，稽首一切大导师；
稽首能断众结缚，稽首已到于彼岸。
稽首能度诸世间，稽首永离生死道；
悉知众生来去相，善于诸法得解脱。
不着世间如莲华，常善入于空寂行；
达诸法相无罣碍，稽首如空无所依。

尔时，长者子宝积说此偈已，白佛言："世尊！是五百长者子，皆已发阿耨多罗三藐三菩提心①，愿闻得佛国土清净，唯愿世尊，说诸菩萨净土之行。"佛言："善哉，宝积！乃能为诸菩萨，问于如来净土之行。谛听，谛听！善思念之，当为汝说。"于是宝积及五百长者子，受教而听。

佛言："宝积！众生之类，是菩萨佛土。所以者何？菩萨随所化众生，而取佛土；随所调伏众生，而取佛土；随诸众生，应以何国入佛智慧，而取佛土；随诸众生，应以何国起菩萨根，而取佛土。所以者何？菩萨取于净国，皆为饶益诸众生故。譬如有人，欲于空地，造立宫室，随意无碍；若于虚空，终不能成。菩萨如是，为成就众生故，愿取佛国；愿取佛国者，非于空也。

“宝积！当知，直心是菩萨净土[②]，菩萨成佛时，不谄众生来生其国；深心是菩萨净土[③]，菩萨成佛时，具足功德众生来生其国；菩提心是菩萨净土[④]，菩萨成佛时，大乘众生来生其国；布施是菩萨净土，菩萨成佛时，一切能舍众生来生其国；持戒是菩萨净土，菩萨成佛时，行十善道满愿众生来生其国；忍辱是菩萨净土，菩萨成佛时，三十二相庄严众生来生其国[⑤]；精进是菩萨净土，菩萨成佛时，勤修一切功德众生来生其国；禅定是菩萨净土，菩萨成佛时，摄心不乱众生来生其国；智慧是菩萨净土，菩萨成佛时，正定众生来生其国；四无量心是菩萨净土[⑥]，菩萨成佛时，成就慈悲喜舍众生来生其国；四摄法是菩萨净土[⑦]，菩萨成佛时，解脱所摄众生来生其国；方便是菩萨净土，菩萨成佛时，于一切法方便无碍众生来生其国；三十七道品是菩萨净土[⑧]，菩萨成佛时，念处、正勤、神足、根、力、觉、道众生来生其国[⑨]；回向心是菩萨净土[⑩]，菩萨成佛时，得一切具足功德国土；说除八难是菩萨净土，菩萨成佛时，国土无有三恶八难[⑪]；自守戒行、不讥彼阙是菩萨净土，菩萨成佛时，国土无有犯禁之名；十善是菩萨净土[⑫]，菩萨成佛时，命不中夭，大富梵行，所言诚谛，常以软语，眷属不离，善和诤讼，言必饶益，不嫉不恚，正见众生来生其国。

“如是，宝积！菩萨随其直心，则能发行；随其发行，则得深心；随其深心，则意调伏；随其调伏，则如说行；随如说行，则能回向；随其回向，则有方便；随其方便，则成就众生；随成就众生，则佛土净；随佛土净，则说法净；随说法净，则智慧净；随智慧净，则其心净；随其心净，则一切功德净。是故，宝积！若菩萨欲得净土，当净其心；随其心净，则佛土净⑬。”

注释：

①阿耨（nòu）多罗三藐三菩提：梵语音译，意译为“无上正等正觉”，即遍知一切真理的无上智慧，指佛智。

②直心：指正直、诚实而无虚假、无谄曲之心。

③深心：指深厚坚固的求法之心。

④菩提心：指求取无上正等正觉之心。

⑤三十二相：指佛陀具有的三十二种祥瑞美好之相。

⑥四无量心：即“慈、悲、喜、舍”四梵行。“慈无量心”，给人悦乐之心；“悲无量心”，救人苦难之心；“喜无量心”，见人离苦得乐而生喜悦之心；“舍无量心”，能舍以上三心之心，又对于一切众生，能舍弃怨亲分别而平等对待之心。

⑦四摄法：四种摄受众生的法门。一、“布施摄”，随众生的愿望而进行布施能惠施予人，包括法施与财施；二、“爱语摄”，随众生根性而善言慰抚他们；三、“利行摄”，能以身、口、意种种善行，利益众生；四、“同事摄”，谓亲近众生同其苦乐，

随其所乐而分别显现化身，从而饶益他们，成就他们。

⑧三十七道品：又称“三十七菩提分”、“三十七觉支”等，为追求智慧、悟道成佛的三十七种修行方法。“三十七道品”分为七大类：一是“四念处”，即身念处、受念处、心念处、法念处；二是“四正勤”，即已生恶令永断、未生恶令不生、未生善令生、已生善令增长；三是“四如意足”，即欲如意足、精进如意足、念如意足、思惟如意足；四是“五根”，即信根、精进根、念根、定根、慧根；五是“五力”，即信力、精进力、念力、定力、慧力；六是“七觉分”，即择法觉分、精进觉分、喜觉分、除觉分、舍觉分、定觉分、念觉分；七是“八正道”，即正见、正思惟、正语、正业、正命、正精进、正念、正定。

⑨念处、正勤、神足、根、力、觉、道：即四念处、四正勤、四神足、五根、五力、七觉分、八正道。

⑩回向心：把自己所修功德转而用于别处之心。“回向心”有三种：一是回己功德，普惠众生；二是回己修行，上求菩提；三是回己智慧，但求实际。“回向”，较为常见的意思是以自己所修善根功德，回转给众生，并使自己趋入菩提涅槃。《往生论注》下卷：“回向者，回己功德，普施众生。”

⑪三恶：三恶道，地狱、饿鬼、畜生。八难：为八种见闻佛法有障碍之处，分别为：地狱、饿鬼、畜生、北俱庐洲、长寿天、聋盲喑哑、世智辩聪、佛前佛后。

⑫十善：又称“十善道”、“十善业”，即身、口、意所产生的十种善行。其中，身业有三：不杀生、不偷盗、不邪淫；口业有四：不妄语、不两舌、不恶口、不绮语；意业有三：不贪欲、不瞋恚、

不邪见。与“十善”对应的称为“十恶”，即是杀生、偷盗、邪淫、妄语、两舌、恶口、绮语、贪欲、瞋恚、邪见。

⑬心净，则佛土净：自心的清净，则佛土自然清净。此句为本段的总纲，慧远认为本段的十三种修行次第乃是从初地菩萨至成佛之十三种阶位；吉藏则认为这是从初地菩萨至十地菩萨之过程。

译文：

其时，当长者子宝积唱诵完这首偈颂后，接着又对佛陀说：“世尊啊！这五百长者子，都已发起无上正等正觉之心，他们都希望能够听闻如何修得清净佛土，但愿世尊能为他们演说那些大菩萨修行净土的实践法门。”佛陀说：“真是太好了，宝积！你能为众菩萨向我询问修行净土的法门。请你们专心地听着，认真地思考，好好地记住，我现在就为你们解说菩萨的净土法门。”于是，宝积与五百长者子，都恭受教诲，仔细聆听。

佛陀说：“宝积啊！各种各样的众生世界，就是菩萨的清净佛土。为什么这么说呢？因为菩萨根据他们所要化度的众生而摄受相应的清净佛土；根据他们所要调伏的众生而摄受相应的清净佛土；根据各类众生将在什么样的国度才能进入佛智慧而摄受相应的清净佛土；根据各类众生将在什么样的国度才能萌生菩萨道根而摄受相应的清净佛土。菩萨为什么这么做呢？这是因为，菩萨建立清净佛土的目的，都是为了饶益、济度众生。譬如有人想在空旷的平地上建造宫室，完全可以自由随意而无障碍；但如果有人想在虚空中建立宫室，肯定不能成功。

菩萨建立佛国净土也是同样的道理，他们为了成就众生而发愿建立佛国净土；菩萨发愿建立佛国净土是以成就众生为基础，而不是从虚空中获取的。

“宝积啊！你应当知道，质朴诚实之心是菩萨净土，菩萨将来成佛时，一切正直不谄众生来生其佛国；深信坚固之心是菩萨净土，菩萨将来成佛时，一切具足种种功德的众生来生其佛国；大乘心是菩萨净土，菩萨将来成佛时，一切信仰大乘的众生来生其佛国；布施是菩萨净土，菩萨将来成佛时，一切能布施的众生来生其佛国；持戒是菩萨净土，菩萨将来成佛时，一切戒行清净、圆满成就十善道业的众生来生其佛国；忍辱是菩萨净土，菩萨将来成佛时，一切因忍辱修行而具有三十二种瑞相、庄严的众生来生其佛国；精进是菩萨净土，菩萨将来成佛时，一切勤修一切功德的众生来生其国佛；禅定是菩萨净土，菩萨将来成佛时，一切心注一境、摄心不乱的众生来生其佛国；智慧是菩萨净土，菩萨将来成佛时，一切觉悟大道、修得正定的众生来生其佛国；慈、悲、喜、舍‘四无量心’是菩萨净土，菩萨将来成佛时，一切圆满成就慈、悲、喜、舍‘四无量心’的众生来生其佛国；布施、爱语、利行、同事‘四摄法’是菩萨净土，菩萨将来成佛时，一切因受到菩萨‘四摄法’所摄化而获得解脱的众生来生其佛国；方便是菩萨净土，菩萨将来成佛时，一切修习方便法门、于一切法通达无碍的众生来生其佛国；‘三十七道品’是菩萨净土，菩萨将来成佛时，一切圆满修习‘四念处’、‘四正勤’、‘四神足’、‘五根’、‘五力’、‘七觉支’和‘八正道’的众生来生其佛国；回向心是菩萨净土，菩萨将来成佛时，获得一切功德圆满具足的佛国净土；演说消除八难是菩萨净土，菩萨将来成佛时，其国土没有三恶道及八种无缘听闻佛法的苦难；自己持守戒行、不讥讽他人犯戒是菩萨净土，菩萨将来成佛时，其国土不仅没有犯戒之人，就连违反禁戒的名声都不会有；十善法门是菩萨净土，菩萨将来成佛时，一切不夭折、大富大贵、行为清净、言语诚实、话语柔和、眷属不离、善于和解纠纷、发言必定饶益他人、不嫉妒、不瞋恚、见地正确的众生来生其佛国。

“正如上面所说的，宝积啊！菩萨因其质直之心，而能发愿、修行；随其愿行，而得深厚坚固的道心；随其有深厚坚固的道心，而能调伏其意念；随其意念的调伏，则能如佛法所说而修行；随其能如佛法所说而修行，则能将功德回向；随其将功德回向，则会有种种方便法门；随其有种种方便法门，则能济度成就无量众生；随着成就无量众生，则佛土自然清净；随着佛土的清净，则所演说的佛法自然清净；随着所说佛法的清净，则智慧清净；随着智慧的清净，则其心境自然清净；随着心境的清净，则一切功德自然清净。所以，宝积啊！如果菩萨想要建立佛国净土，首先应当清净其心；随其自心的清净，则佛土自然清净了。”

尔时，舍利弗承佛威神作是念：若菩萨心净则佛土净者，我世尊本为菩萨时，意岂不净？而是佛土，不净若此？

佛知其念，即告之言：“于意云何？日月岂不净耶？而盲者不见。”对曰：“不也，世尊！是盲者过，非日月咎。”“舍利弗！众生罪故，不见如来国土严净，非如来咎。舍利弗！我此土净，而汝不见。”

尔时，螺髻梵王语舍利弗[①]：“勿作是念，谓此佛土以为不净。所以者何？我见释迦牟尼佛土清净，譬如自在天宫[②]。”

舍利弗言：“我见此土，丘陵坑坎，荆棘沙砾，土石诸山，秽恶充满。”

螺髻梵王言：“仁者心有高下，不依佛慧，故见此土为不净耳！舍利弗！菩萨于一切众生悉皆平等，深心清净，依佛智慧，则能见此佛土清净。”

于是佛以足指按地，即时三千大千世界，若干百千珍宝严饰，譬如宝庄严佛无量功德宝庄严土。一切大众叹未曾有，而皆自见坐宝莲华。

佛告舍利弗：“汝且观是佛土严净！”

舍利弗言：“唯然，世尊！本所不见，本所不闻，今佛国土严净悉现。”

佛告舍利弗：“我佛国土，常净若此，为欲度斯下劣人故，示是众恶不净土耳！譬如诸天，共宝器食，随其福德，饭色有异。如是，舍利弗！若人心净，便见此土功德庄严。”

当佛现此国土严净之时，宝积所将五百长者子，皆得无生法忍；八万四千人，皆发阿耨多罗三藐三菩提心。佛摄神足，于是世界还复如故。求声闻乘者三万二千[③]，诸天及人，知有为法[④]，皆悉无常，远尘离垢，得法眼净[⑤]。八千比丘，不受诸法，漏尽意解[⑥]。

注释：

①螺髻梵王：色界天顶髻为螺形的梵王。

②自在天宫：为色界第四禅天主神自在天王的宫殿。

③声闻乘：指听闻佛法而悟道得解脱生死之人。声闻乘、缘觉乘、菩萨乘合称为“佛教三乘”，前二者属于小乘，菩萨乘属于大乘。

④有为法：指因缘和合而生的一切理法。

⑤法眼净：又作“清净法眼”、“净法眼”，指清净无垢、能观见诸法真理的慧眼、智慧。学佛之人初始悟道，也称为“法眼净”。僧肇《注维摩诘经》卷一：“法眼净，须陀洹道也。”

⑥漏尽意解：指断尽一切烦恼而证得阿罗汉果。漏，指烦恼。意，指心念。僧肇《注维摩诘经》卷一：“九十八结漏既尽，故意得解脱，成阿罗汉也。”

译文：

其时，舍利弗听了佛陀的这一番话之后，在蒙受佛陀威德神力加被之下，心里就产生了这样一个疑问：如果说菩萨心净则佛土净的话，那么我佛世尊当初做菩萨时，其心境意念难道不清净吗？但是这个佛土怎么会如此污浊不堪呢？

佛陀当即知道了舍利弗心中的疑问，便对他说道：“舍利弗！你怎么会这样想呢？日月难道不明亮清净吗？但是盲人却看不见日月的光明清净。”舍利弗回答说：“不是的，世尊！这是盲者的过失，不是日月的错误。”佛陀接着便说道：“舍利弗啊！众生因为受到自身烦恼、罪业的障碍，所以看不到如来佛土庄严清净，并不是如来的过失。舍利弗！我的佛土本是庄严清净的，只是你看不见罢了。”

其时，螺髻梵王对舍利弗说：“切勿有这样的想法，认为如来此佛土是污秽不净的。为什么呢？因为我所看见释迦牟尼佛的国土庄严清净，犹如自在天宫一般。”

舍利弗说：“不对啊！我明明看见这个世界上到处是丘陵坑坎、荆棘沙砾、土石诸山，充满各种污秽。”

螺髻梵王说：“那是因为你不依凭佛祖的智慧，心中还有高下净染等种种分别的缘故，所以你才看见这个世界污秽不净。舍利弗！菩萨对待一切众生，都怀有平等之心，心意深虔、坚固、清净，依凭佛之智慧，因此能够看到这个世界的庄严清净。”

于是，佛陀即以足指按地，顿时由无数百千精美珍宝庄严装饰的三千大千世界便显现在与会大众眼前，此三千大千世界的华丽庄严，犹如宝庄严佛的无量功德宝庄严世界一样。此时，一切与会大众都赞叹不已，称说从未曾见过这种情形，并且发现自己都端坐于莲花宝座之上。

这时，佛陀便对舍利弗说：“舍利弗！你且看看此佛土的庄严清净！”

舍利弗回答说：“是的，世尊！这样庄严清净的佛国净土真是我前所未见、前所未闻的，而现在佛国国土的庄严清净完全显现在眼前。”

佛陀又对舍利弗说：“我佛国国土，从来都是如此庄严清净的，只是为了济度那些劣质钝根的众生，才方便示现出这具有种种污秽不净的国土！犹如诸天神同在一宝器中饮食，但却因各自的福慧功德的不同而看到饭色的差异一样。就是这样啊，舍利弗！如果有人自心清净，他就能看到此佛国国土的功德具足、庄严清净。”

当佛陀示现此庄严清净国土之时，宝积所率领的五百长者子，都证得无生法忍；八万四千人都发起无上正等正觉之心。佛陀收回刚才按地的神足，于是世界又恢复到原来的样子。三万二千求声闻乘解脱的诸天及人众，由此了悟到一切有生灭的有为法都是缘起生灭、变化无常的，当下都断除了一切烦恼惑障，证得了清净法眼。八千比丘也都舍去了一切执着，断除一切烦恼惑障，内心获得解脱而证得阿罗汉果位。

方便品第二

本品叙述了长者维摩诘“深植善本”，“久于佛道”，“辩才无碍，游戏神通”，“善于智度，通达方便”，实际上已经达到了佛的境界，为了方便示教，摄化群生，以居士的身份居住在毗耶离城，以种种方便利益群生，济度天人。本品还记述了维摩诘为饶益众生，其以方便，现身有疾。因其患病，国王、大臣、长者、居士、婆罗门及诸王子并诸官属，数以千计人士都前去探视，于是维摩诘借此机会向众多前去探视的人广说大乘不可思议法门。

尔时，毗耶离大城中有长者，名维摩诘，已曾供养无量诸佛，深植善本，得无生忍；辩才无碍，游戏神通[①]；逮诸总持，获无所畏；降魔劳怨，入深法门；善于智度，通达方便；大愿成就，明了众生心之所趣，又能分别诸根利钝。久于佛道，心已纯淑，决定大乘[②]；诸有所作，能善思量；住佛威仪，心大如海；诸佛咨嗟，弟子、释、梵、世主所敬。欲度人故，以善方便，居毗耶离。

资财无量，摄诸贫民；奉戒清净，摄诸毁禁；以忍调行，摄诸恚怒；以大精进，摄诸懈怠；一心禅寂，摄诸乱意；以决定慧，摄诸无智。

虽为白衣[③]，奉持沙门清净律行[④]；虽处居家，不著三界；示有妻子，常修梵行[⑤]；现有眷属，常乐远离；虽服宝饰，而以相好严身；虽复饮食，而以禅悦为味[⑥]；若至博弈戏处，辄以度人；受诸异道，不毁正信；虽明世典[⑦]，常乐佛法。一切见敬，为供养中最。

执持正法，摄诸长幼；一切治生谐偶[⑧]，虽获俗利，不以喜悦；游诸四衢[⑨]，饶益众生；入治正法，救护一切；入讲论处，导以大乘；入诸学堂，诱开童蒙；入诸淫舍，示欲之过；入诸酒肆，能立其志。

若在长者，长者中尊，为说胜法；若在居士，居士中尊，断其贪著；若在刹利[⑩]，刹利中尊，教以忍辱；若在婆罗门[⑪]，婆罗门中尊，除其我慢；若在大臣，大臣中尊，教以正法；若在王子，王子中尊，示以忠孝；若在内官，内官中尊，化正宫女；若在庶民，庶民中尊，令兴福力；若在梵天[⑫]，梵天中尊，诲以胜慧；若在帝释[⑬]，帝释中尊，示现无常[⑭]；若在护世[⑮]，护世中尊，护诸众生。

注释：

①游戏神通：指能随意自在运用神通，济度众生。“神通”指一种超自然的、不可思议的功能和力量。佛、菩萨、阿罗汉具有六神通：天眼通、天耳通、神足通、他心通、宿命通、漏尽通。这里指维摩诘能任意运用种种神通在世间随缘度众。

②大乘：相对于声闻、缘觉等小乘的菩萨乘、佛乘，其特点是不以自度为终的，而把慈悲普度、成就佛道作为最终目标。大

乘与小乘主要有以下区别：第一、佛陀观不同。有些小乘部派（主要是上座部）认为，释迦牟尼是一位依靠自己的修行而觉悟的人，是历史上的教主，是唯一的佛；另外一些部派（如大众部）则相对神化了佛陀。大乘则完全把佛陀神格化，看作崇拜的偶像，提出了二身、三身，甚至十身的说法，并且认为三世十方还有无数佛。第二、修行目标不同。部派佛教修行的最高目标是成就阿罗汉果和辟支佛果，即指灭尽烦恼、超越生死、自我的解脱；大乘佛教认为这一目标不够高，修行的最高目标应该是成佛，建立佛国净土，至少做个“上求菩提，下化众生”的菩萨，即佛的候补者。第三、修行方法不同。小乘一般修三学（戒、定、慧）、八正道、四谛、十二因缘；大乘则兼修六度（六种度众生的方法，即持戒、禅定、智慧、精进、布施、忍辱）和四摄（布施、爱语、利行、同事）的菩萨行。大乘佛教强调以菩提为目标，提倡“普度众生”，因此大乘特别重视居士佛教，“小乘认为要实现自己的理想，非出家过禁欲生活不可；而大乘，特别在其初期，则以居家的信徒为主。并且有些事只有在家才具备条件去做，例如布施中的财施，出家人不许集财，就不能实行。因此，大乘一开始，很重视在家，不提倡出家”（吕澂《印度佛学源流略讲》），“大乘佛教的发展始终把在家居士的菩萨行视为关键因素，甚至有学者认为，小乘佛教是以僧侣为中心展开的，而大乘佛教则是从在家信徒中兴起的”（潘桂明《印度大乘佛教》）。池田大作也认为：“小乘佛教徒埋头于只有专门的出家僧侣才能理解的教义研究，把佛教当作一种封闭的宗教。而大乘教徒却不承认出家与在家的差别，他们把佛教作为一般化的、广为开放的宗教。”

(《我的佛教观》)居士佛教发端于原始佛教，但它真正成为一种潮流，则是在大乘佛教时期。第四、佛教理论。“在理论上，大乘主张我法俱空，一切皆空，小乘，特别是有部，局限于佛说的法都是实在的，是一种概念实在论。”(吕澂《印度佛学源流略讲》)鸠摩罗什《大乘大义章》卷下说：“有二种论，一者大乘论，说二种空：众生空、法空；二者小乘论，说众生空。”小乘佛教一般主张“我空法有”，否认“人我”的实在性，承认外境外法的存在；大乘佛教主张“我法二空”，不仅否认“人我”，也否认“法我”。大、小二乘都主张“空”，大乘空得更彻底些。吉藏《三论玄义》卷上谓小乘(《成实论》)中亦有“二空”说，大、小二乘的理论差别集中在对“空”的理解上，略有四点：一、“小乘析法明空，大乘本性空寂”；二、“小乘但明三界内人、法二空”，“大乘明三界内外人、法并空”；三、“小乘但明于空，未说不空；大乘明空，亦辨不空”，所谓“空者，一切生死；不空者，谓大涅槃”；四、“小乘名为但空，谓但住于空；菩萨名不可得空，空亦不可得也”。就是说，大乘佛教的唯心哲学更精致、更彻底。第五、佛法标准。小乘主张“三法印”，即“诸行无常、诸法无我、涅槃寂静”。大乘主张“一法印”，即“一实相印”。有学者为了打通大、小二乘，主张“一法印”即“三法印”，“三法印”即“一法印”。

③白衣：指在家世俗之人。古印度婆罗门和世俗之人多穿着白衣，故以“白衣”称之。出家沙门则穿缁衣或染衣，故沙门亦称为“缁衣”。

④沙门：梵语音译，又作“桑门”、“丧门”，意译为“息心”、“净志”等，泛指出家修道之人。

⑤梵行:“梵”为清净义,“梵行”即清净之行。

⑥禅悦:禅定中感受到的愉悦。

⑦世典:佛典之外的世俗典籍。

⑧治生谐偶:经营谋生。治生,即谋生。谐偶,和合,指倍数,表示多的意思,引申为顺利。

⑨四衢:城中四通八达的街道。衢,街道,大路。

⑩刹利:全称“刹帝利”,为古印度四种姓之一,是印度古代之王族。古印度统治者用种姓制度规范社会各个等级的社会职责:第一种姓“婆罗门”,是执掌宗教事务的僧侣和祭司,垄断了当时的社会文化和宗教大权,自诩为“人间之神”、“人中之神”;第二种姓“刹帝利”,是执掌军政大权的武士和军事贵族,是世俗王权的主要支柱;第三种姓“吠舍”,是从事社会生产活动的农民、手工业者和商人,是社会生产的主导力量;第四种姓“首陀罗”,是为以上三个种姓服务的奴隶,从事极其卑贱的工作。另有第五种姓“旃陀罗”,比首陀罗地位更加低贱,主要是狱卒、盗贼、屠夫、打猎、捕鱼之类的人。《摩登伽经》卷上云:“旃陀罗者,造作恶业,凶暴残害;欺诳众生,无慈愍心;以是因缘,名为卑贱。”

⑪婆罗门:古印度四种姓之一,位居四种姓之首,信奉婆罗门教。婆罗门编造婆罗门至上说,“婆罗门姓梵王口生,刹帝利姓梵天臂生,毗舍(吠舍)种姓梵天髀生,从于梵足乃生首陀罗”(《金刚针论》)。

⑫梵天:即色界之初禅天。此指梵天众生。

⑬帝释:又作“释提桓因”、“释迦提桓因陀罗”,为欲界忉

利天（即三十三天）之主神，居于须弥山顶的善见城。在古印度吠陀思想中，他被视为唯一的“大梵”。

⑭无常：指一切诸法都是因缘和合而成的，都处在不断地生灭变化之中，没有恒常不变的自性或实体。

⑮护世：指护世四天王。“四天王”为帝释的部属，居于须弥山半腰，分别护持一天下。东方为持国天王，南方为增长天王，西方为广目天王，北方为多闻天王。

译文：

当时，毗耶离大城中有一位德高望重的长者，名叫维摩诘，他曾经供养过无量诸佛，培植了深厚坚固的善根，获得了洞见诸法不生不灭的智慧，达到了无生法忍的菩萨境界；他辩才无碍，以种种神通游戏三界，济度天人；他掌握了一切修持法门，获得了佛菩萨才具有的四无所畏；他能够降伏魔怨惑障，深谙佛法玄奥的真谛；他善于用般若智慧度化众生，又通达教化众生的种种方便法门；于是，他圆满成就了度化众生的大悲宏愿，明了众生的心意趣向，又能善于分别众生的根机利钝。他很早以来就深入佛道，心智已极灵明纯净，坚定不移地尊奉大乘佛法，弘扬大乘精神；他的任何言行都十分严谨，经过缜密而细致的思考；他的任何举止都具备佛的庄严威仪，心智宽广如海；他受到诸佛如来的嘉美、赞叹和颂扬，也深受佛陀弟子、帝释、梵天及世间君王的崇敬。为了济度世人，维摩诘运用善巧方便法门，以居士身份居住在毗耶离城中。

维摩诘拥有无量的财富，经常周济贫穷无助的众生；他本人戒行清净，堪为典范，借此示教于那些毁坏禁戒之人；他以极深的忍辱修为，摄化、调伏瞋恚成性的众生；他勇猛精进，勤于修行，借此以警策、摄化懈怠懒散的众生；他具有极深的禅定功夫，一心不乱，借此以摄化心浮意躁、胡思乱想的烦恼众生；他以坚定的无上智慧，摄化愚痴无智、妄见邪智的众生。

维摩诘虽然身为白衣居士，却严谨持守出家沙门的清净戒律；他虽然居住在世俗社会的家庭中，却完全不执着于欲界、色界和无色界的尘俗世事；他虽然有妻子儿女，却恒常修习清净梵行；他虽然也有六亲眷属，却恒常享受着超越眷属羁绊的快乐；他虽然身着珍贵华美的服饰，却更以功德道行成就的吉瑞相好来庄严其身；他虽然也像常人一样饮水吃饭，却更以禅定的喜悦为滋味；如果他来到赌博、游戏的场所，都是为了度化沉迷其中的世人；他虽然也接受外道异端的学说，却从来不会影响其对佛法的纯正信仰；他虽然通晓世俗的学问典籍，却恒常爱好佛法。正因为这样，维摩诘深受一切众生的崇敬和爱戴，在接受供养者中居于首位。

维摩诘以长者的身份执持正法，处理世俗事务，摄护毗耶离城的男女老幼；他虽然像世俗之人那样从事一切谋生事业，且常常获得十分可观的利润，却从来不会因此而沾沾自喜；他经常游走于一切街头闹市，那是为了教化、饶益众生；他参与管理国家的世俗政务，那是为了救护一切众生；每当他到了公开讲论的地方，总以大乘法教化众生；每当他到了学校讲堂，总以真知正见开导学童；他甚至进入各种青楼妓院，那是为了显示淫欲的罪过；他也走进各种闹市酒馆，那是为了教化那些醉生梦死之徒，使他们确立正念、正智和正志。

维摩诘如果出现在长者之中，他受到长者们的尊敬，为他们宣说殊胜的佛法；如果出现在居士之中，他受到居士们的尊敬，能劝导他们断除贪欲和执着；如果出现在刹帝利之中，他受到刹帝利的尊敬，教导他们培养忍辱精神和亲和力；如果出现在婆罗门之中，他受到婆罗门的尊敬，教导他们破除自大和傲慢；如果出现在大臣之中，他受到大臣们的尊敬，教导他们奉守正法，依法辅政；如果出现在王子之中，他受到王子们的尊敬，教导他们忠孝的道理；如果出现在内官之中，他受到内官们的尊敬，教化宫女，使她们正直忠贞，遵守法律和伦理；如果出现在平民百姓之中，他受到平民百姓的尊敬，教导他们行善积德，培植福德善根；如果出现在诸梵天之中，他受到诸梵天的尊敬，为他们开示殊胜无比的佛法智慧；如果出现在帝释天之中，他受到帝释天的尊敬，为他们示现三界无常、缘起性空的佛法义理；如果出现在护法诸天王之中，他受到护法诸天王的尊敬，教导他们护持佛法及一切众生。

长者维摩诘，以如是等无量方便，饶益众生。其以方便，现身有疾。以其疾故，国王、大臣、长者、居士、婆罗门等，及诸王子，并余官属，无数千人皆往问疾。其往者，维摩诘因以身疾，广为说法：

“诸仁者，是身无常，无强、无力、无坚，速朽之法，不可信也；为苦为恼，众病所集。诸仁者，如此身，明智者所不怙[①]。

“是身如聚沫，不可撮摩；是身如泡，不得久立；是身如焰，从渴爱生；是身如芭蕉，中无有坚；是身如幻，从颠倒起；是身如梦，为虚妄见；是身如影，从业缘现[2]；是身如响，属诸因缘；是身如浮云，须臾变灭；是身如电，念念不住；是身无主，为如地；是身无我，为如火；是身无寿，为如风；是身无人，为如水；是身不实，四大为家[3]；是身为空，离我、我所[4]；是身无知，如草木瓦砾；是身无作，风力所转；是身不净，秽恶充满；是身为虚伪，虽假以澡浴衣食，必归磨灭；是身为灾，百一病恼；是身如丘井，为老所逼；是身无定，为要当死；是身如毒蛇，如怨贼，如空聚，阴界诸入所共合成[5]。

“诸仁者，此可患厌，当乐佛身。所以者何？佛身者，即法身也[6]。从无量功德智慧生，从戒、定、慧、解脱、解脱知见生，从慈、悲、喜、舍生，从布施、持戒、忍辱、柔和、勤行、精进、禅定、解脱、三昧、多闻、智慧诸波罗蜜生[7]，从方便生，从六通生[8]，从三明生[9]，从三十七道品生，从止观生[10]，从十力、四无所畏、十八不共法生，从断一切不善法、集一切善法生，从真实生，从不放逸生[11]，从如是无量清净法生如来身。诸仁者，欲得佛身，断一切众生病者，当发阿耨多罗三藐三菩提心。”

如是，长者维摩诘为诸问病者如应说法，令无数千人皆发阿耨多罗三藐三菩提心。

注释：

①不怙（hù）：不去依恃。怙，意为依靠、依恃。

②业缘：业感缘起、十二因缘，意为一切众生的生死流转，都是由众生的业因相感而缘生。善果为善业所缘起，恶果为恶业所缘起，业缘为善恶果报的因缘。业，梵语意译，音译为“羯磨”，为造作之义，泛指一切身心活动。佛教将“业”分为身、语、意三类：身业，指身体的行为；语业，也称“口业”，指言语；意业，指思想活动。《大毗婆沙论》中说：“三业者，谓身业、语业和意业。问此三业云何建立？为自性故，为所依故，为等起故。若自性者，应唯一业，所谓语业，语即业故；若所依者，应一切业皆名身业，以三种业皆依身故；若等起者，应一切业皆名意业，以三皆是意等起故。”佛教认为，善业是招感乐果的因缘，恶业是招感苦果的因缘。对于业的善恶性质及其果报，《成实论》卷七中说：“业报三种，善、不善、无记；从善、不善生报，无记不生。”“无记”就是非善非恶，没有后果产生。

③四大：古代印度哲学认为构成宇宙万物有四个最基本的因素，即地、水、风、火。人身由色、心二法构成，色法（色身）由“四大”构成。

④我、我所：我，指自我、自身；我所，指我所有的事物，广指一切法。佛教认为，一切众生都是五蕴和合的产物，并不存在一个恒常不变的实体或主宰者，因而是“人无我”；同样，自身之外的一切诸法，也都是因缘和合而成的产物，并不是恒常不变的实在，因而法也是“无我”；总之，无我我所，故应远离。

⑤阴界诸入：指五阴、十八界、十二入。五阴，又作“五

蕴”，指色、受、想、行、识。阴，荫覆之义；蕴，积聚、类别的意思。“色蕴”大致相当于物质现象，包括地、水、火、风“四大”和由“四大”所组成的“五根”（眼、耳、鼻、舌、身五种感觉器官）、“五境”（与五根相对应的五种感觉对象：色、声、香、味、触）以及所谓的“无表色”（指依身、口、意发动的善恶之业，生于身内的一种无形的色法。“受蕴”即感受，指在外界作用下产生的各种感受。一般分为“苦”、“乐”、“舍”（不苦不乐）三种不同的感受。“想蕴”相当于知觉或表象。人们通过对外境的接触而执取颜色、形状等种种相状，并形成种种名言概念，即为“想蕴”。“行蕴”相当于意志和行动，泛指一切身心活动。“识蕴”指意识或认识作用，“识”为“了别”之义。佛教认为众生的身体都是此五蕴和合而成的。十八界，指具有认识功能的“六识”（能依之识）、发生认识功能的“六根”（所依之根）、作为认识对象的“六境”（所缘之境）。界，为种类、种族义。“六识”即眼识、耳识、鼻识、舌识、身识、意识；“六根”即眼、耳、鼻、舌、身、意；“六境”即色、声、香、味、触、法。十二入，指“六根”（眼、耳、鼻、舌、身、意）和“六境”（色、声、香、味、触、法）“十二法”。“六根”与“六境”彼此互入而生感受，故称“十二入”；“六根”和“六境”为产生心和心所之处，故又称“十二处”。

⑥法身：又名“自性身”、“法性身”，即诸佛所证的真如法性之身，此法身以佛法成身或身具一切佛法，为佛法第一义谛，因而具有本体之意义。佛有“法、化、报”三身，此处法身应指报身。

⑦三昧：梵语音译，又作“三摩地”、“三摩提”，意译为

“定”、“正定”，是一种将心定于一处的禅定境界。波罗蜜：梵语音译，意译为“度”、“到彼岸”，指把众生从生死此岸度到涅槃彼岸的方法或途径。

⑧六通：六种神通，分别为天眼通、天耳通、神足通、他心通、宿命通、漏尽通。

⑨三明：即宿命明（明了自身及一切众生过去世种种生死因缘的智慧）、天眼明（明了自身及一切众生未来世种种生死因缘的智慧）、漏尽明（断尽一切烦恼的智慧）。

⑩止观：“止”即禅定，止散乱心，专注一境；“观”即智慧，观察一切真理。“止观”就是定慧双修的意思，是佛教两种最基本的修行方法。僧肇《注维摩诘经》卷五：“系心于缘谓之止，分别深达谓之观。止观，助涅槃之要法。”

⑪放逸：指放纵逸乐而不能勤修善法。

译文：

长者维摩诘，就是以如此种种无量善巧方便智慧，来饶益众生。现在，维摩诘又运用善巧方便法门，示现身患疾病。由于维摩诘身体患病的缘故，国王、大臣、长者、居士、婆罗门，以及诸位王子、百官臣僚等等，数以千计的人士都前去探视他的疾病。对于这些众多前来探视的众人，维摩诘就以自己身体患病为缘由，向他们广说大乘不可思议法门：

“诸位仁者大德啊，我们这血肉之身是由‘四大’、‘五蕴’和合而成，本无自性，是变化无常的，不够强壮，没有力量，也不坚固，只是转瞬就会朽坏的东西，不可相信依赖啊；这血肉之躯是诸苦、烦恼、各种疾病之渊薮。诸位仁者大德啊，这样的血肉之身，一切明智之士都不会去贪恋依赖的。

“这身体如同水面上聚集的浮沫，不可拈取搓摩；这身体如同水面上漂浮的气泡，不能长久存在；这身体如同阳光炙烤下产生的蜃影，是从烦恼和贪欲中产生；这身体如同芭蕉杆，中间空空，没有坚固的实体；这身体如同幻影，是由于无明颠倒而产生的妄想；这身体如同梦中镜象，是分别意识的虚无妄见；这身体如同影像，是过去所造之业因缘而起的显现；这身体如同空中回荡的声响，是各种因缘和合的产物；这身体如同天空浮云，瞬间即随风飘逝；这身体如同闪电，刹那不住；这身体没有恒常不变的主宰，就像大地没有永恒的主宰一样；这身体没有恒常不变的自性，就像燃烧的火一样；这身体没有长久的寿命，就像短暂的飘风一样；这身体并非人我，没有定体，就像水无定形一样；这身体并不真实，是地、水、风、火‘四大’临时寄居之所；这身体犹如虚空，既不是一个真我，也不是属于真我所有；这身体没有知觉灵性，就像草木瓦砾一样；这身体没有自主性的行为，只是随业力之风牵引而轮转生死；这身体污秽不净，充满污秽恶臭；这身体虚假不实，尽管每天都给它沐浴穿衣饮食加以保养，但它最终必定归于磨灭；这身体是诸多灾祸的汇集处，时刻受到众多病痛的苦恼；这身体如同丘之将颓、井之将枯，受到衰老朽坏的逼迫；这身体毫无定性，终归有一天要走向死亡；这身体如同毒蛇，如同怨贼，如同空荡荡的聚落，是由‘五蕴’、‘十八界’、‘十二入’共同组合而成的。

“诸位仁者大德啊，这血肉之身实在是灾患，确实应该厌离，应该欣乐于追求佛身。为什么这么说呢？所谓佛身，就是法身啊。此法身是从无量功德智慧中产生的，是从戒、定、慧、解脱、解脱知见中产生的，是从慈、悲、喜、舍‘四无量心’中产生的，是从布施、持戒、忍辱、柔和、勤行、精进、禅定、解脱、三昧、多闻、智慧等修行方法中产生的，是从种种方便法门中产生的，是从‘天眼通、天耳通、神足通、他心通、宿命通、漏尽通’六神通中产生的，是从‘宿命明、天眼明、漏尽明’三明中产生的，是从‘三十七道品’中产生的，是从止观中产生的，是从‘十力’、‘四无所畏’、‘十八不共法’中产生的，是从断一切不善法、集一切善法中产生的，是从真如实际中产生的，是从精进修持而不放逸中产生的，如来法身是从这一切无量清净法中产生的。诸位仁者大德，如果你们想要修得佛身，断除一切众生的病患苦恼，就应该发起无上正等正觉之心。”

就是这样，维摩诘为所有前去探视他病情的众生，如此这般演说佛法，令数以千计的探视者都发起无上正等正觉之心。

弟子品第三

佛陀遣声闻乘弟子舍利弗、大迦叶、大目犍连等十大弟子，乃至五百弟子前去探视维摩诘，众弟子皆因自己的小乘境界或小乘的修行方法而受维摩诘的呵斥，皆辞不堪前往维摩诘处问疾。

本品通过对众弟子的批评，着重阐释了大乘佛教的“禅定”、“法”、“说法”、“平等”、“法要”、“罪”与“律”、“在家”与“出家”、“法身”等重要思想，全面贬斥早期佛教的基本观念和主要实践，弘扬了大乘佛教的基本观念和宗教实践，突出了大乘佛教的地位和价值，对大乘佛教的整个开展，起到了理论先导的作用。

尔时，长者维摩诘自念：寝疾于床，世尊大慈，宁不垂愍？佛知其意，即告舍利弗[①]：“汝行诣维摩诘问疾。”

舍利弗白佛言：“世尊，我不堪任诣彼问疾。所以者何？忆念我昔，曾于林中宴坐树下[②]，时维摩诘来谓我言：‘唯，舍利弗！不必是坐，为宴坐也！夫宴坐者，不于三界现身意，是为宴坐；不起灭定而现诸威仪[③]，是为宴坐；不舍道法而现凡夫事，是为宴坐；心不住内，亦不在外，是为宴坐；于诸见不动，而修行三十七品，是为宴坐；不断烦恼而入涅槃，是为宴坐。若能如是坐者，佛所印可④。’时我，世尊！闻说是语，默然而止，不能加报，故我不任诣彼问疾。”

注释：

①舍利弗：又作“舍利子”，其母名“舍利”，故名。古印度摩揭陀国王舍城人，婆罗门种姓。佛陀的十大弟子之上首，因聪慧出众，在佛弟子中被誉为“智慧第一”。年少时跟从六师外道中的删阇耶毗罗胝子出家学道，仅七日七夜即贯通其教旨，会众二百五十人皆奉之为上首。佛陀成道后不就，五比丘之一的马胜比丘以佛陀所说因缘法示之，令了知诸法无我之理，遂归于佛门。

②宴坐：指安坐、静坐、坐禅。宴，安、息之义。

③灭定：指灭尽定、灭受想定。与无想定合称为“二无心定”，乃是在四无色定过程中，已完成第三无所有处定，住非想非非想处定中，为四禅中最高定境，是已得阿那含果位的圣者所修的禅定。灭尽，意为心念都灭，妄想全息。

④印可：即印证认可，指弟子修道成就时，其师对其道行予以承认或肯定。

译文：

其时，维摩诘暗自思忖：我这样卧病在床，世尊大慈大悲，难道不关怀怜悯，而不派人前来探视我吗？正当维摩诘出现这一念头时，佛陀即知道了他的心意，就对素有“智慧第一”之称的舍利弗说：“你前去维摩诘居士那里探视一下他的病情吧。”

舍利弗赶忙回答佛陀说："世尊，到维摩诘居士那里探视他病情的事情，我恐怕不能胜任。为什么呢？回忆往昔，我曾经在大树林里的一棵树下静坐，正好那时维摩诘居士来到那里，他便对我说：'喂，舍利弗！并不一定像你这样的坐着才是真正的禅坐！所谓禅坐，就是不在三界之中显现身心而超越形意，既无打坐的形式，也无打坐的念头，这才是真正的禅坐；不脱离灭尽定而显现种种威仪，行住坐卧皆在定境之中，这才是真正的禅坐；不舍弃道法而展现种种凡夫的世俗生活，这才是真正的禅坐；心不执着于烦恼妄想，也不行于境相，这才是真正的禅坐；不去刻意离弃各种邪见而能专心致志地修行三十七道品，这才是真正的禅坐；不断除烦恼而又能证入涅槃，这才是真正的禅坐。舍利弗，如果能够这样禅坐，才是佛祖所认可的啊。'世尊！当时我听了维摩诘居士的那些话后，默然停止了静坐，无言以对，所以，到维摩诘居士那里探视他病情的事情，我恐怕不能胜任。"

佛告大目犍连①："汝行诣维摩诘问疾。"

目连白佛言："世尊，我不堪任诣彼问疾。所以者何？忆念我昔入毗耶离大城，于里巷中，为诸居士说法，时维摩诘来谓我言：'唯，大目连！为白衣居士说法，不当如仁者所说。夫说法者，当如法说。法无众生，离众生垢故；法无有我，离我垢故；法无寿命，离生死故；法无有人，前后际断故；法常寂然，灭诸相故；法离于相，无所缘故；法无名字，言语断故；法无有说，离觉观故；法无形相，如虚空故；法无戏论[②]，毕竟空故[③]；法无我所，离我所故；法无分别，离诸识故；法无有比，无相待故；法不属因，不在缘故；法同法性[④]，入诸法故；法随于如[⑤]，无所随故；法住实际[⑥]，诸边不动故；法无动摇，不依六尘故；法无去来，常不住故；法顺空，随无相[⑦]，应无作[⑧]；法离好丑，法无增损，法无生灭，法无所归，法过眼耳鼻舌身心；法无高下，法常住不动，法离一切观行[⑨]。唯，大目连！法相如是，岂可说乎？夫说法者，无说无示；其听法者，无闻无得。譬如幻士为幻人说法，当建是意而为说法；当了众生根有利钝，善于知见[⑩]，无所罣碍，以大悲心，赞于大乘，念报佛恩，不断三宝，然后说法。'维摩诘说是法时，八百居士发阿耨多罗三藐三菩提心。我无此辩，是故不任诣彼问疾。"

注释：

①大目犍连：又作"目连"、"目犍连"，意为"采菽氏"。古印度摩揭陀国王舍城外拘律陀村人，婆罗门种姓。自幼与舍利弗交情甚笃，后同归佛门，成为佛陀十大弟子之一，有"神足第一"之誉。据《盂兰盆经》记载，目犍连曾为救母出离饿鬼道，而于七月十五僧自恣日供养十方大德僧众，遂为后世盂兰盆会的由来。

②戏论：指言不及义的妄说或违背真理、毫无意义的言论。这里泛指一切言语论说。僧肇："真境无言。凡有言论，皆是虚

戏。妙绝言境，毕竟空也。”（《注维摩诘经》卷二）

③毕竟空：一切之有为法与无为法，毕竟为空，名为“毕竟空”。“十八空”之一，意指诸法究竟不可得。《大智度论》卷三十一：“毕竟空者，以有为空、无为空，破诸法无有遗余，是名毕竟空。”

④法性：指一切诸法的真实体性，亦即一切现象的普遍本质或真实不变的本性、本体。法性，又作“真如法性”、“真法性”、“真性”等，与真如、实相、法界、法身、佛性等异名而同义。《大智度论》卷三十二：“法性者，法名涅槃，……如是一切世间法中皆有涅槃性。”《成唯识论述记》卷九：“性者，体义，一切法体，故名法性。”其卷二又曰：“性者，体也。诸法真理，故名法性。”

⑤如：即真如，意为世间出世间一切诸法的永恒不变的真实本质、本体和真理。《成唯识论》卷九：“真谓真实，显非虚妄。如谓如常，表无变易。谓此真实于一切法，常如其性，故曰真如。”《大乘起信论》等众多佛典也将“法性”与“真如”并称，《起信论义记》卷二：“法性者，名此真体普遍义。”法藏据《大智度论》认为：“在众生数中名为佛性，在非众生数中名为法性。”

⑥实际：指“真如”、“法性”。真如、法性为诸际极，故又名“实际”。

⑦无相：指一切诸法本性皆空，无言可表，也不显示任何真实相状。

⑧无作：无因缘造作。

⑨观行：有二义：一、观心的修行方法，即观心修行，鉴照自

心以明了本性；二、观法之行相，即先观事理，然后如理起行。

⑩善于知见：即指正知正见。知见，知识与见解。

译文：

佛陀又对素有“神通第一”之称的大目犍连说：“目犍连，你前去维摩诘居士那里探视一下他的病情吧。”

目犍连赶忙回答说：“世尊，到维摩诘居士那里探视他病情的事情，我恐怕不能胜任。为什么呢？回忆往昔，我曾经来到毗耶离城，在街巷里为白衣居士说法，当时，维摩诘居士来到那里，对我说：‘喂，大目犍连！要为这些白衣居士说法，不应当像你这样说法。为什么呢？演说佛法，应当契合佛法的真谛而演说。佛法的本质不着众生之相，因为它远离众生的颠倒妄想；佛法的本质不着自我之相，因为它远离一切对于自我的虚妄执着；佛法的本质没有寿命之相，因为它远离一切生死烦恼；佛法的本质没有与‘自我’相对的‘人相’，生死轮回中的不变主体，因为它恒常不变，没有前际后际的相续性可言；佛法的本质是恒常寂静的，因为它没有生灭之相；佛法的本质超越一切形相，因为它并非因缘而生，没有所缘的对象；佛法的本质没有名字可称呼，因为它超越一切语言文字的表达限度；佛法的本质不可言说，因为它是不能以分别心去思量观察的；佛法的本质是无形无相的，因为它如同虚空一样；佛法的本质是不可以随心所欲地妄加论议的，因为它是毕竟空寂的；佛法的本质没有我之所属、我之所有，因为它远离属于我的一切客观存在；佛法的本质是不可妄加分别的，因为它远离一切心识的了别；佛法的本质是不可以相互比对的，因为它是无所对待的；佛法的本质不是任何先在原因导致的结果，不依属于任何原因，因为它不是缘起法的范畴；佛法的本质与法性没有任何差别，因为它遍及一切诸法；佛法的本质随应不生不灭的真如，因为它本来就无所随应；佛法的本质住于湛然常寂的真如实际，因为它完全是不生不灭的；佛法的本质不为一切现象所动摇，因为它不依赖于现象界的色、声、香、味、触、法等六尘；佛法的本质是无来无去的，因为它既遍于诸法而又不住于任何迁流变化的具体事物；佛法的本质顺应空性，既无形相，亦无造作；佛法的本质既无好丑，亦无增减，无生无灭，无所归趣，超越了眼耳鼻舌身心诸根的感觉范围；佛法的本质无有高下，常住不动，超越了一切观心和修行的局限。喂，目犍连！佛法之性相就是这样的，又怎么能够讲说呢？所以，所谓说法，实际上是无说无示的；而听法者，无所听闻，亦无所得。就像魔术师为其所变化出来的幻人说法一样，说法者应当秉持这样的态度为众生说法；应当明了众生根机之利钝，通达正知正见，无所滞碍，并以同体大悲之心，赞颂宣扬大乘佛法，念念不忘报答佛祖教导之恩，弘扬佛教，使佛、法、僧三宝永不断绝。目犍连，只有具备了这些最基本的认知，然后才能演说佛法。’当维摩诘居士这样演说佛法时，在场的八百名居士发起无上正等正觉之心。我目犍连没有这样的辩才和见识，所以，到维摩诘居士那里探视他病情的事情，我恐怕不能胜任。”

佛告大迦叶①：“汝行诣维摩诘问疾。”

迦叶白佛言："世尊，我不堪任诣彼问疾。所以者何？忆念我昔，于贫里而行乞，时维摩诘来谓我言：'唯，大迦叶！有慈悲心而不能普，舍豪富从贫乞。迦叶，住平等法，应次行乞食②。为不食故③，应行乞食；为坏和合相故，应取抟食④；为不受故，应受彼食。以空聚想，入于聚落；所见色，与盲等；所闻声，与响等；所嗅香，与风等；所食味，不分别。受诸触，如智证；知诸法，如幻相；无自性，无他性⑤；本自不然，今则无灭。迦叶，若能不舍八邪⑥，入八解脱⑦，以邪相入正法；以一食施一切，供养诸佛，及众贤圣，然后可食。如是食者，非有烦恼，非离烦恼；非入定意，非起定意；非住世间，非住涅槃。其有施者，无大福，无小福；不为益，不为损。是为正入佛道，不依声闻。迦叶，若如是食，为不空食人之施也。'时我，世尊！闻说是语，得未曾有，即于一切菩萨，深起敬心，复作是念：斯有家名，辩才智慧乃能如是，其谁不发阿耨多罗三藐三菩提心？我从是来，不复劝人以声闻、辟支佛行⑧。是故不任诣彼问疾。"

注释：

①大迦叶：古印度摩揭陀国王舍城人，婆罗门种姓。佛陀的十大弟子之一，以苦行著称，在佛弟子中被誉为"头陀第一"。在灵山会上，受佛正法眼藏，传佛心印，被视为禅宗初祖。佛陀入灭后，成为教团领袖，于王舍城召集第一次经典结集。

②乞食：古印度原始佛教的生活制度。古印度比丘不能经营产业，也不储钱米，每日清晨出门托钵乞食。日中一餐，过午不食。

③不食：指涅槃。

④抟食：亦作“团食”，即把食物搓成团状而食之。

⑤无自性，无他性：一切诸法都是因缘和合而生，自身并没有永恒不变的本性；各种聚合在一起而形成某物的因缘条件，本身也没有永恒不变的自性。

⑥八邪：指与“八正道”相对应的八种邪道，即邪见、邪思惟、邪语、邪业、邪命、邪精进、邪念、邪定。

⑦八解脱：又作“八背舍”，指八种舍弃各种贪着之心而获得解脱的禅定。即：一、内有色想观外色解脱；二、内无色想观外色解脱；三、净解脱；四、空无边处解脱；五、识无边处解脱；六、无所有处解脱；七、非想非非想处解脱；八、灭尽定解脱。

⑧辟支佛：又作“缘觉”、“独觉”，指观悟“十二因缘”之理而独自悟道者，属于小乘。

译文：

佛陀又对素有“头陀第一”之称的大迦叶说：“大迦叶！你前去维摩诘居士那里探视一下他的病情吧。”

大迦叶赶忙回答说：“世尊，到维摩诘居士那里探视他病情的事情，我恐怕不能胜任。为什么呢？回忆往昔，我曾在贫民区里行乞，当时维摩诘居士前来对我说：‘喂，大迦叶！你有慈悲之心却不能普施于众人，不向富豪之家乞食而只向穷人乞食，

这种做法很不妥当。大迦叶，你应该坚持诸法平等的原则，慈悲一切众生，所以应该不分贫富贵贱，次第乞食。实际上，为了悟入食而不食之涅槃而应该平等乞食；为了破除因缘和合的幻相而应该平等取食；为了受而不受之涅槃而应该平等接受别人的食物。大迦叶，你应该秉持诸法本空的想法，进入村庄聚落，平等乞食；所见种种形色，如同盲人一无所见；所听到的种种声音，如同听到空谷回音；所嗅到的种种香味，如同嗅到清风；所吃食物的滋味也不要有所分别。你感受到的种种触觉而毫不动心，如同已证得漏尽智、无生智；应当知道世间一切诸法，如同梦幻假相；一切诸法既无永恒不变的自性，又无使其存在的他性；一切诸法本来就不是一种真实的存在，因而也无所谓消失灭亡。大迦叶，如果能不刻意舍弃八邪而又能进入八种解脱，从而以邪相进入正法；又能以一食遍施一切众生，供养十方诸佛及众圣贤，如果能做到这样，那你就可以进食了。如果能够以这样心境乞食、进食，那么就能够做到既无烦恼，又不离弃充满烦恼的世间；既无入定之念，又无出定之意；既不像众生一样住于生死轮回的世间，又不像小乘众一样离开世间而住于涅槃。至于那些供养你的施主，既不会因为其供养丰厚而得到大的福报，也不因其供养的薄寡而得到小的福报；既不增益福报，也不减损福报。这才是真正入于大乘佛道，而不是依循小乘声闻道。大迦叶，如果能这样乞食、进食，才不会辜负施主们的布施啊！’世尊！当时我听到维摩诘居士的这些话语，真是前所未闻的，当即对大乘道及一切大乘菩萨产生了深深的敬仰之心，同时又产生了这样的想法：维摩诘虽然是一位在家居士，但却具有如此出众的无碍辩才和卓越智慧，还有谁在听了他的说教之后，不会发起无上正等正觉之心呢？从那以后，我不再劝人修行声闻、缘觉之小乘道了。所以，到维摩诘居士那里探视他病情的事情，我恐怕不能胜任。”

佛告须菩提[①]：“汝行诣维摩诘问疾。”

须菩提白佛言：“世尊，我不堪任诣彼问疾。所以者何？忆念我昔，入其舍从乞食，时维摩诘取我钵，盛满饭，谓我言：‘唯，须菩提！若能于食等者，诸法亦等；诸法等者，于食亦等。如是行乞，乃可取食。若须菩提不断淫怒痴[②]，亦不与俱；不坏于身，而随一相；不灭痴爱，起于解脱；以五逆相[③]，而得解脱，亦不解不缚。不见四谛[④]，非不见谛；非得果，非不得果；非凡夫，非离凡夫法；非圣人，非不圣人；虽成就一切法，而离诸法相，乃可取食。若须菩提不见佛、不闻法，彼外道六师[⑤]：富兰那迦叶、末伽梨拘赊梨子、删阇夜毗罗胝子、阿耆多翅舍钦婆罗、迦罗鸠驮迦旃延、尼犍陀若提子等，是汝之师，因其出家，彼师所堕，汝亦随堕，乃可取食。若须菩提，入诸邪见，不到彼岸；住于八难，不得无难；同于烦恼，离清净法；汝得无诤三昧[⑥]，一切众生亦得是定；其施汝者，不名福田[⑦]；供养汝者，堕三恶道；为与众魔共一手，作诸劳侣，汝与众魔及诸尘劳[⑧]，等无有异；于一切众生而有怨心，谤诸佛，毁于法，不入众数，终不得灭度⑨。汝若如是，乃可取食。’时我，世尊！闻此茫然，不识是何言，不知以何答，便置钵欲出其舍。维摩诘言：‘唯，须菩提！取钵勿惧，于意云何？如来所作化人⑩，若以是事诘，宁有惧不？’我言：‘不也。’维摩诘言：‘一切诸法，如幻化相，汝今不应有所惧也。所以者何？一切言说，不离是相，至于智者，不著文字，故无所惧。何以故？文字性离，无有文字，是则解脱。解脱相者，则诸法也！’维摩诘说是法时，二百天子，得法眼净。故我不任诣彼问疾。”

注释：

①须菩提：梵语音译，意译为“善现”、“善见”、“空生”等，古印度舍卫国人，婆罗门种姓。佛陀十大弟子之一，善解般若空理，故有“解空第一”之誉。

②淫怒痴：即贪瞋痴。

③五逆：即五逆重罪，又作“五无间业”，指杀父、杀母、杀阿罗汉（杀已证阿罗汉果的圣者）、出佛身血（伤害佛陀、毁坏佛像等）、破和合僧（破坏僧团）。

④四谛：佛教所讲的四个真理，即苦谛、集谛、灭谛、道谛。“四谛”是全部佛教教义的总纲，是佛教对人生和世界的现状、原因、本质以及超越世俗痛苦的方法与境界的总的论述。苦谛，意为世俗世间的一切，本质上都是苦。佛教特别强调人生一切皆苦，这是其解脱理论的根本出发点。因为人生皆苦，所以才有求取解脱的必要性。佛教认为，人来到这个世上，从出生到

老死，时时刻刻都处在各种痛苦的煎熬之中。佛教所说的苦，种类繁多，有二苦（内苦和外苦）、三苦（苦苦、坏苦、行苦）、四苦（生苦、老苦、病苦、死苦）、八苦、十八苦乃至一百多种苦等不同的说法，其中最通常的说法为“八苦”。所谓“八苦”是指生、老、病、死、爱别离，怨憎会、求不得和五蕴盛等八种苦。集谛，旧译作“习谛”，主要是说明人生痛苦的生起及其根源。集，就是招聚、集合的意思，意为招聚、集合痛苦的原因。在佛教看来，人生痛苦的总根源在于无始以来的“无明”，即对佛法真理的愚昧无知，由于无明而执着于各种贪欲，便会生起种种烦恼，造下种种惑业，依业受报，即有轮回之苦。灭谛，意谓灭除烦恼与痛苦，即断灭一切惑业，消除世俗诸苦得以产生的一切原因，从而超脱生死轮回，证入无苦的涅槃解脱境界。“涅槃”又分为有余涅槃、无余涅槃、无住涅槃。道谛，“道”即道路，即灭苦之道，意为达到寂灭、实现解脱的途径与方法。“道谛”主要有八种，即“八正道”。

⑤外道六师：亦称“六师外道”，指佛陀时代中印度势力较大的六个反对婆罗门正统思想的派别及其代表人物。一、富兰那迦叶。伦理怀疑论者，对一切宗教及社会道德都表示怀疑和否定，认为善恶没有固定的标准，不过因社会习惯而得名。没有所谓的善，也没有所谓的恶，所以也就没有什么善恶果报，被佛教称之为“无因无缘论”。据说他为奴隶之子，将反抗的矛头直指占统治地位的婆罗门教和世俗统治者。二、末伽梨拘赊梨子。印度生命派（邪命外道）的创始人，原是耆那教的一个分支。相传他是个奴隶的儿子，出生在牛舍中。他主张世界万有由十

二种基本元素构成，即灵魂、地、水、火、风、空、得、失、苦、乐、生、死。这些元素的组合完全是机械的、偶然的，而一旦组合成功，即按照自己的必然规律运行。因此在社会学上，该派是极端必然论者，认为一切都是命定的，个人意志无能为力，无所谓努力解脱，也无所谓行善与作恶，只要经过八百四十万大劫，所有的人统统得到解脱。三、删阇(shé)夜毗罗胝子。据说是毗罗梨部族的思想家，古印度诡辩论的创始人。他认为诸如“有无它世”、“有无化生之有情”、“有无善恶业之异熟果”、“如来死后存在不存在”等一系列当时争论中的重大问题都不可断言，不加可否，凡事持怀疑论和不可知论的态度。佛教称他为“不死矫乱论”，耆那教称他为“怀疑论”。四、具有唯物论倾向的阿耆多翅舍钦婆罗。“顺世论”的先驱之一，主张唯有地、水、火、风四种元素（“四大”）才是世界统一的物质基础，是世界万物存在的最终原因，从而否定梵天创世等宗教创世说；他还主张肉体与精神的统一，灵魂是肉体的属性，不存在永恒的灵魂，从而否认有业报轮回；他反对婆罗门教的三大纲领，嘲笑祭祀行为，主张种姓平等。五、迦罗鸠驮迦旃延。古印度“七元素说”的创立者，认为世界的本源是地、水、火、风、苦、乐、灵魂等七种元素，它们是永恒自存的，既不能被创造，也不能创造，自性自尔；世界万物只是这七元素机械组合的产物，任何行为也只是通过元素间隙的运动，所以也根本没什么因果报应。六、尼犍陀若提子。吠舍的王族，“耆那教”创始人，耆那教尊之为“大雄”。他认为世界由“命”（灵魂）与“非命”（非灵魂）构成，主张业报轮回、灵魂解脱，宣扬非暴力主义和苦行主义，从而摆脱“业”的束缚，获得解脱。

⑥无诤（zhèng）三昧：谓住于空理而与他无诤之三昧。既解空理，物我俱忘，达到与世无诤境界的禅定。

⑦福田：谓可生福德之田。指种种善行可以获得福报，犹如农人耕田，日后必有收获，故名“福田”。

⑧尘劳：烦恼的异名。“尘”指污染，“劳”谓恼累，即能恼乱身心之烦恼。

⑨灭度：即涅槃。

⑩化人：指以神通变化显现之人。

译文：

佛陀又对素有“解空第一”之称的须菩提说：“须菩提，你前去维摩诘居士那里探视一下他的病情吧。”

须菩提赶忙回答道：“世尊，到维摩诘居士那里探视他病情的事情，我恐怕不能胜任。为什么呢？回忆往昔，我曾至维摩诘居士家里，向他乞食，当时维摩诘居士接过我的饭钵并盛满饭后，对我说道：‘喂，须菩提！如果你能以平等之心进行乞食，那么，你对一切诸法亦能平等对待；同样，如果你能以平等之心看待一切诸法，那么你对乞食亦能平等对待。须菩提，如果你能如此行乞，那么你才可以从我手中取食。须菩提，如果你能够不断淫欲、瞋怒和愚痴，同时又不会为淫欲、瞋怒和愚痴所缠缚；如果能够既不破除身见而又能体悟到诸法乃是平等一相；如果能够不断灭愚痴贪爱，而能获得慧明解脱；甚至犯了五逆重罪也能获得解脱，同时也既无解脱，亦无束缚。既没有对苦、集、灭、道的刻意追求，同时又不是没有对四圣谛的真切证悟；既不刻意去追求道果，但又不是没有证悟道果；既不在凡夫位，但又不离开凡夫法；既非刻意追求成圣成佛，但又不是没有达到贤圣的境界；虽然能够成就一切诸法，但又能不执着于一切诸法。须菩提，如果你能够达到这样的境界，你就可以从我手中取食。须菩提，如果你不曾遇见佛，亦不曾听闻佛法，而六师外道——富兰那迦叶、末伽梨拘赊梨子、删阇夜毗罗胝子、阿耆多翅舍钦婆罗、迦罗鸠驮迦旃延、尼犍陀若提子等，是你的老师，你跟随他们出家，那么，当他们堕入邪见恶道时，你也跟随他们堕入邪见恶道，如果这样，你就可以从我手中取食了。须菩提，如果你堕入各种邪见之中而不能到达涅槃彼岸；住于八难之中而又不能脱离困难之境；充满烦恼而远离清净法门；当你证得无诤三昧时，一切众生也都证得这种禅定；那些布施你的人不能获得福田；供养你的人堕入三恶道之中；你与众魔联手，做他们的同事和帮手，与众魔以及各种烦恼等同没有分别；你对于一切众生产生怨怼之心，毁谤诸佛，毁坏佛法，不能加入僧团，最终也不能证入涅槃而获得解脱。须菩提，如果你做到这样，那你就可以从我手中取食了。’世尊！当时我听了维摩诘居士的那些话语后，一片茫然，不知所措，不知道如何回答，便放弃饭钵打算离开维摩诘居士的家。这时，维摩诘居士又对我说：‘喂，须菩提！赶快接住饭钵，不用恐惧，你为什么要这样想呢？如果是如来神力所变化出的化身，用这样的话语来诘问你，难道你会感到恐惧吗？’我说：‘当然不会。’维摩诘居士又说：‘一切诸法，都是幻化的假相，你根本不应该感到恐惧。为什么呢？一切言说，都不过说幻化的假相，因此，有智慧的人，不会执着于语言文字，所以也就对语言文字无所畏惧。为什么呢？因为，一切语言文字，都不过是虚妄假名，无法表达诸法的本质，不着语言文字，直接契入诸法实相，这才是真正的解脱。解脱的本质就是一切诸法之实相啊！'当维摩诘居士这样说法的时候，二百位天子获得法眼净。所以，到维摩诘居士那里探视他病情的事情，我恐怕不能胜任。"

佛告富楼那弥多罗尼子①："汝行诣维摩诘问疾。"

富楼那白佛言："世尊，我不堪任诣彼问疾。所以者何？忆念我昔，于大林中，在一树下，为诸新学比丘说法，时维摩诘来谓我言：'唯，富楼那！先当入定，观此人心，然后说法。无以秽食置于宝器，当知是比丘心之所念；无以琉璃同彼水精，汝不能知众生根源，无得发起以小乘法②。彼自无疮，勿伤之也！欲行大道，莫示小径！无以大海内于牛迹，无以日光等彼萤火。富楼那，此比丘久发大乘心，中忘此意，如何以小乘法而教导之？我观小乘，智慧微浅，犹如盲人，不能分别一切众生根之利钝。'时维摩诘即入三昧，令此比丘自识宿命，曾于五百佛所植众德本，回向阿耨多罗三藐三菩提。即时豁然，还得本心。于是诸比丘，稽首礼维摩诘足。时维摩诘因为说法，于阿耨多罗三藐三菩提不复退转。我念声闻不观人根，不应说法，是故不任诣彼问疾。”

注释：

①富楼那弥多罗尼子：为迦毗罗婆苏（今迦毗罗卫）人，净饭王国师之子，属于婆罗门种姓。佛陀十大弟子之一，擅长义理，善于说法，故有“说法第一”之誉。

②小乘：意译为“狭小之车乘”，指运载狭劣根机者以达到小果之教法。大、小乘的最主要区别是：大乘倡慈悲普度，小乘重自我解脱；大乘以成佛为最终目标，小乘追求阿罗汉果、辟支佛果。详见前注。

译文：

佛陀又对素有“说法第一”之称的富楼那弥多罗尼子说：“富楼那，你前去维摩诘居士那里探视一下他的病情吧。”

富楼那赶忙回答道：“世尊，到维摩诘居士那里探视他病情的事情，我恐怕不能胜任。为什么呢？回忆往昔，我曾经在大森林中的一棵树下，为众多新学佛法的比丘们演说佛法，当时维摩诘居士来对我说：‘喂，富楼那！你应该先入定，观察一下他们的心意，然后再说法。千万不要把污秽的食物放置于珍贵的宝器之中，你应当知道这些比丘心中所想；千万不要把无价的琉璃宝混同于脆贱的水晶球，你既然还不知道众生的根机差别，就不要教授给他们小乘法门。他们的身体上本来没有毒疮，不要妄自伤害他们的身体！对于欲行大乘佛道者，就不要教授他们小乘法！不要企图把大海容纳于牛蹄印中，也不要将灼灼日光等同于微弱萤火。富楼那，这些比丘在很久以前就都已萌发大乘菩提心，只是由于某种因缘，中途暂时忘记了自己的心意，你怎么能用小乘法去教导他们呢？在我看来，小乘法智慧微小浅薄，犹如盲人一样，不能分别一切众生根机之利钝。’当时，维摩诘居士迅速进入三昧禅定，借助其神通力使这些比丘回忆起各自于过去世的种种因缘际遇，原来他们都曾在过去五百佛住世时广积善德，并将这些功德回向成就无上正等正觉。众比丘当即豁然开悟，又重新恢复当初萌发的大乘道心。于是，众比丘稽首顶礼维摩诘居士，以头面触其足。其时，维摩诘居士又向众比丘宣讲了大乘法要，使他们在追求无上正等正觉的道路上永不退转。世尊，我想像我这样的声闻小乘众，不能分辨众生根机智慧之优劣利钝，看来是不应该再妄加说法了，所以，到维摩诘居士那里探视他病情的事情，我恐怕不能胜任。”

佛告摩诃迦旃延[①]：“汝行诣维摩诘问疾。”

迦旃延白佛言：“世尊，我不堪任诣彼问疾。所以者何？忆念昔者，佛为诸比丘略说法要，我即于后敷演其义，谓无常义、苦义、空义、无我义、寂灭义。时维摩诘来谓我言：‘唯，迦旃延！无以生灭心行[②]，说实相法[③]。迦旃延！诸法毕竟不生不灭，是无常义；五受阴洞达空无所起[④]，是苦义；诸法究竟无所有，是空义；于我无我而不二，是无我义；法本不然，今则无灭，是寂灭义。’说是法时，彼诸比丘心得解脱，故我不任诣彼问疾。”

注释：

①摩诃：梵语音译，“大”之义。迦旃延：古印度阿槃提国人，婆罗门种姓。佛陀十大弟子之一，擅长论议，敷演道教，称“论议第一”。

②心行：心理活动。心为念念迁流者，故曰“心行”。

③实相：一切诸法的真实体相，又名“诸法实相”，是佛教所说的绝对真理。佛教认为，宇宙间一切事物都是因缘和合的产物，都没有永恒不变的自体，这就是“空”，“空”就是宇宙万有的“真性”，亦即诸法实相。《大涅槃经》卷四十：“无相之相，名为实相。”《中论·观法品》：“诸法毕竟空，不生不灭，名诸法实相。”实，谓真实。相，谓相状或本性。

④五受阴：亦作“五蕴”，指色、受、想、行、识五蕴。佛教认为一切众生都是由五蕴和合而成。

译文：

佛陀又对素有“论议第一”之称的大迦旃延说：“迦旃延，你前去维摩诘居士那里探视一下他的病情吧。”

迦旃延赶忙回答说：“世尊，到维摩诘居士那里探视他病情的事情，我恐怕不能胜任。为什么呢？回忆往昔，佛祖曾为众比丘讲说佛法大要，我就随后详细阐发这些佛法大要的涵义，其中内容涉及‘无常’、‘苦’、‘空’、‘无我’、‘寂灭’等义。这时维摩诘居士来对我说：‘喂，迦旃延！你不要以生灭分别心行来演说实相法。迦旃延！一切诸法毕竟不生不灭，这才是“无常”的真实义；洞达五蕴本空，无所从起，这才是“苦”的真实义；一切诸法毕竟空无所有，这才是“空”的真实义；“我”与“无我”二而不二，这才是“无我”的真实义；诸法本来就没有生起，现在也无所谓散灭，这才是“寂灭”的真实义。’当维摩诘居士这样说法时，在场诸比丘内心都获得了解脱，所以，到维摩诘居士那里探视他病情的事情，我恐怕不能胜任。”

佛告阿那律[①]：“汝行诣维摩诘问疾。”

阿那律白佛言：“世尊，我不堪任诣彼问疾。所以者何？忆念我昔，于一处经行[②]，时有梵王，名曰严净，与万梵俱，放净光明，来诣我所，稽首作礼问我言：‘几何？阿那律天眼所见[③]。’我即答言：‘仁者，吾见此释迦牟尼佛土，三千大千世界，如观掌中庵摩勒果[④]。’时维摩诘来谓我言：‘唯，阿那律！天眼所见，为作相耶？无作相耶？假使作相，则与外道五通等[⑤]；若无作相，即是无为[⑥]，不应有见。’世尊，我时默然，彼诸梵闻其言，得未曾有，即为作礼而问曰：‘世孰有真天眼者？’维摩诘言：‘有佛世尊，得真天眼，常在三昧，悉见诸佛国，不以二相[⑦]。’于是严净梵王，及其眷属五百梵天，皆发阿耨多罗三藐三菩提心，礼维摩诘足已，忽然不现。故我不任诣彼问疾。”

注释:

①阿那律:古印度迦毗罗卫国之释氏,佛陀的堂弟。佛陀十大弟子之一,因其曾在佛陀说法时睡觉,受佛呵责,遂立誓不眠,而罹眼疾,至于失明,后精进修行,心眼渐开,能见天上地下六道众生,故有“天眼第一”之誉。

②经行:在一定的地方盘旋走动的修行方式,其目的在于避免坐禅时发生昏沉或睡眠,又为养身疗病。

③天眼:“五眼”之一,为色界天人因修禅定而获得能见远近粗细一切诸色之眼。

④庵摩勒果:又称“庵婆罗果”,形似槟榔。

⑤外道五通:古印度外道修习禅定而获得的五种神通,即神足通、天眼通、天耳通、他心通、宿命通。

⑥无为:无因缘之造作,即真理的别名。

⑦二相:种种差别对待之相,如有无、男女等。奘译为“不作二相及种种相”。

译文:

佛陀又对有“天眼第一”之称的阿那律说:“阿那律,你前去维摩诘居士那里探视一下他的病情吧。”

阿那律赶忙回答说:“世尊,到维摩诘居士那里探视他病情的事情,我恐怕不能胜任。为什么呢?回忆往昔,我曾经正在某个道场‘经行’,这时有一位梵天王,名叫严净,与万数梵天一起，身体放射出清净明澈的光芒，来到我修行的场所，向我稽首顶礼，并问我道：'阿那律尊者，你的天眼能看到多大的范围呢？'我当即回答道：'仁者啊，我观看此释迦牟尼佛土的三千大千世界，就如同观看我手掌中的庵摩勒果一样。'这时，维摩诘居士来对我说：'喂，阿那律！你的天眼所看见的景象，究竟是有生灭造作的幻相呢？还是无生灭造作之实相呢？如果是有生灭造作的幻相，那天眼所见与外道五通中的天眼通所见也就一样了；如果是无生灭造作之实相，那就是无为法，而无为法是根本不可能被看见的。'世尊，我当时默然无语，不知道该如何回答，而那些梵天听了维摩诘居士这些话后，闻所未闻，随即向维摩诘居士顶礼，并问道：'世上究竟谁有真正的天眼呢？'维摩诘居士回答说：'释迦牟尼佛便证得了真正的天眼，世尊恒常处于三昧禅定之中，洞见十方世界无量诸佛国土，而不作有无、生灭等等分别对待。'于是，严净梵天王及其眷属五百梵天，都发起无上正等正觉之心，他们顶礼维摩诘居士，以头面触其足，然后就忽然消失了。所以，到维摩诘居士那里探视他病情的事情，我恐怕不能胜任。"

佛告优波离[1]："汝行诣维摩诘问疾。"

优波离白佛言："世尊，我不堪任诣彼问疾。所以者何？忆念昔者，有二比丘犯律行，以为耻，不敢问佛，来问我言：'唯，优波离！我等犯律，诚以为耻，不敢问佛，愿解疑悔，得免斯咎。'我即为其如法解说。时维摩诘来谓我言：'唯，优波离！无重增此二比丘罪，当直除灭，勿扰其心。所以者何？彼罪性不在内，不在外，不在中间，如佛所说：心垢故众生垢，心净故众生净。心亦不在内，不在外，不在中间。如其心然，罪垢亦然；诸法亦然，不出于如。如优波离以心相得解脱时②，宁有垢不？'我言：'不也。'维摩诘言：'一切众生心相无垢，亦复如是。唯，优波离！妄想是垢，无妄想是净；颠倒是垢，无颠倒是净；取我是垢③，不取我是净。优波离，一切法生灭不住，如幻如电；诸法不相待，乃至一念不住；诸法皆妄见，如梦、如焰、如水中月、如镜中像，以妄想生。其知此者，是名奉律；其知此者，是名善解。'于是二比丘言：'上智哉④！是优波离所不能及，持律之上而不能说⑤。'我答言：'自舍如来，未有声闻及菩萨，能制其乐说之辩。其智慧明达为若此也。'时二比丘，疑悔即除，发阿耨多罗三藐三菩提心，作是愿言：'令一切众生皆得是辩。'故我不任诣彼问疾。"

注释：

①优波离：又作"优婆离"、"邬波离"，意译为"近执"、"近取"，古印度迦毗罗卫国人，首陀罗种姓，曾为宫廷理发师。佛陀十大弟子之一，精于戒律，修持严谨，故有"持律第一"之誉。

②心相：指心的体相，心的清净本体。

③取我：执着于"我"。

④上智：最高的智慧。

⑤持律之上：严持戒律最上者，持戒第一。

译文：

佛陀又对素有“持戒第一”之称的优波离说：“优波离，你前去维摩诘居士那里探视一下他的病情吧。”

优波离赶忙回答道：“世尊，到维摩诘居士那里探视他病情的事情，我恐怕不能胜任。为什么呢？回忆往昔，有两个比丘犯了戒律，自己感到羞耻，不敢去问佛祖应该怎样忏悔消罪，便来问我说：‘喂，优波离尊者！我俩触犯了戒律，实在觉得十分羞耻，不敢请佛祖明示应该怎样忏悔消罪，希望您能解除我们的疑惑和悔恨，使我们免除罪过。’我随即按照佛教戒律为他们解说应该怎样忏悔消罪。这时维摩诘居士来对我说：‘喂，优波离！你不要再进一步增加这两位比丘的罪过了，你应该直接清除他们的负罪感，而不要再去扰乱他们的心。为什么呢？他们所犯罪过的本质既不在心内，也不在心外，同时也不在内外之间，这正如佛祖所说：因为心中有污垢罪孽，所以众生才有污垢罪孽；因为心中清净无染，所以众生也就清净无染。心的本质同样也是既不在内，也不在外，同时又不在内外之间。如同他们心的本质是既非内亦非外，同时不在内外之间一样，罪垢的本质也是如此；一切诸法的本质也都是这样，都无非是真如实相的体现。正如你优波离，当你以清净心体获得解脱时，此本来清净之心还有染垢吗？’我赶忙回答说：‘不会再有染垢了。’维摩诘居士接着说：‘一切众生心体本来清净无垢，也是这样的。喂，优波离！妄想是污垢，无妄想是清净；颠倒是污垢,无颠倒是清净;执着于我相是污垢,不执着于我相是清净。优波离,一切诸法生灭流变,念念不住,如同幻影,如同闪电;一切诸法生灭流变不待众缘,以至连一念刹那的瞬间亦不停驻;一切诸法都是人们虚妄之见,如同幻境,如同阳焰,如同水中月,如同镜中映像,都是由于众生的妄想分别而产生。懂得了这个道理,才能称为是真正的奉持戒律者;懂得了这个道理,才能称为是最善于解释佛教戒律者。'于是,那两位比丘感叹地说:'这才是上上智慧啊!这是优波离所不能企及的,他虽然是"持戒第一",但却说不出这种高深的道理。'我随即回答说:'除了如来世尊之外,没有哪位声闻弟子或其他大乘菩萨能够抗衡维摩诘居士的无碍辩才。维摩诘居士的智慧明达已经达到了这样的境界了。'当时,那两个比丘迅即消除了疑惑和悔恨,并发起无上正等正觉之心,还立下誓愿:'愿一切众生都能得维摩诘居士这样的无碍辩才。'所以,到维摩诘居士那里探视他病情的事情,我恐怕不能胜任。"

佛告罗睺罗[①]:"汝行诣维摩诘问疾。"

罗睺罗白佛言:"世尊,我不堪任诣彼问疾。所以者何?忆念昔时,毗耶离诸长者子,来诣我所,稽首作礼,问我言:'唯,罗睺罗,汝佛之子,舍转轮王位[②],出家为道。其出家者,有何等利?'我即如法为说出家功德之利。时维摩诘来谓我言:'唯,罗睺罗!不应说出家功德之利。所以者何?无利无功德,是为出家。有为法者[③],可说有利有功德;夫出家者,为无为法,无为法中，无利无功德。罗睺罗，夫出家者，无彼无此，亦无中间，离六十二见④，处于涅槃；智者所受，圣所行处；降伏众魔，度五道⑤，净五眼⑥，得五力⑦，立五根⑧；不恼于彼，离众杂恶；摧诸外道，超越假名⑨；出淤泥，无系著；无我所，无所受，无扰乱；内怀喜，护彼意；随禅定，离众过。若能如是，是真出家。’于是维摩诘语诸长者子：‘汝等于正法中，宜共出家。所以者何？佛世难值。’诸长者子言：‘居士，我闻佛言，父母不听，不得出家。’维摩诘言：‘然。汝等便发阿耨多罗三藐三菩提心，是即出家，是即具足。’尔时，三十二长者子皆发阿耨多罗三藐三菩提心。故我不任诣彼问疾。”

注释：

①罗睺罗：又作“罗怙罗”，意为覆障、障月，佛陀之子。佛陀十大弟子之一，素称“密行第一”。

②转轮王：又作“转轮圣王”，意为转动宝轮统驭四方的圣王。据说佛陀若不出家，当做转轮圣王，统治四天下；罗睺罗若不出家，则统治一天下。

③有为法：指因缘和合而生的一切理法。

④六十二见：指外道的六十二种见解。

⑤五道：指地狱道、饿鬼道、畜生道、人道、天道。梵文版本、奘译本为“超越五趣”。

⑥五眼：指肉眼（肉身凡夫之眼）、天眼（天人修行禅定所

得之眼)、慧眼(二乘洞见真空无相之眼)、法眼(菩萨彻见世间出世间一切法门之眼)、佛眼(如来之眼,能无所不知,无所不见之眼)。

⑦五力:指五种能维持修行、达到解脱的坚固力量,即信力、精进力、念力、定力、慧力。

⑧五根:指信根、精进根、念根、定根、慧根。

⑨假名:虚假的名称。名,指名称概念。假,谓方便设施,虚假不实。

译文:

佛陀又对素有“密行第一”之称的罗睺罗说:“罗睺罗,你前去维摩诘居士那里探视一下他的病情吧。”

罗睺罗赶忙回答道:“世尊,到维摩诘居士那里探视他病情的事情,我恐怕不能胜任。为什么呢?回忆往昔,毗耶离城中的众多长者子来到我的居所,向我稽首顶礼,并问我道:‘喂,罗睺罗,你是佛祖之子,舍弃了转轮圣王的王位,出家修道。那么,出家修道究竟有什么好处呢?’我即依照佛法为他们演说出家修道的功德利益。这时,维摩诘居士来对我说:‘喂,罗睺罗!你不应该对他们演说出家修道的功德利益。为什么呢?没有利益,没有功德,这才是真正的出家。对于有为法而言,可以说有利益,有功德;而出家却是无为法,无为法则没有利益,没有功德。罗睺罗,真正的出家修道者,既不执着于彼,也不执着于此,亦不执着于彼此之间,远离六十二种邪见,处于涅槃境界;这是一切智者圣贤所受持和奉行的正法;真正的出家修道者，能够降伏众魔，超度五道众生，清净五眼，证获五力，安立五根；真正的出家修道者，不为世间的烦恼所缠缚，远离一切恶念恶行；真正的出家修道者，能够摧毁一切外道邪说，超越一切假名设施；真正的出家修道者，出离生死烦恼的淤泥，无所系着；没有我，也没有我之所有，舍弃了对一切主客观的执着，无所感受与执取，心境自然平静而不为外界所扰乱；真正的出家修道者，内心怀着道法充满的喜悦，恒常随顺众生的心意；行住坐卧皆在定中，远离一切过失。如果能做到这样，才是真正的出家。'于是，维摩诘居士对诸位长者子说：'你们正值佛住世的正法时期，应该一起出家修道。为什么呢？因为佛陀住世的时代难以遇到啊。'诸位长者子说道：'居士，我们曾听佛祖说过，如果父母不同意，不得出家。'维摩诘居士回答说：'确实是这样。你们发起无上正等正觉之心，便就是出家了，便就是道行、戒行具足了。'当时，三十二位长者子皆发起了无上正等正觉之心。所以，到维摩诘居士那里探视他病情的事情，我恐怕不能胜任。"

佛告阿难[①]："汝行诣维摩诘问疾。"

阿难白佛言："世尊，我不堪任诣彼问疾。所以者何？忆念昔时，世尊身小有疾，当用牛乳，我即持钵，诣大婆罗门家门下立，时维摩诘来谓我言：'唯，阿难！何为晨朝持钵住此？'我言：'居士，世尊身小有疾，当用牛乳，故来至此。'维摩诘言：'止，止，阿难！莫作是语。如来身者，金刚之体，诸恶已断，众善普会，当有何疾？当有何恼？默往，阿难！勿谤如来，莫使异人闻此粗言，无令大威德诸天及他方净土诸来菩萨得闻斯语。阿难，转轮圣王，以少福故，尚得无病，岂况如来无量福会，普胜者哉！行矣，阿难！勿使我等受斯耻也。外道梵志若闻此语②，当作是念：何名为师？自疾不能救，而能救诸疾人？可密速去，勿使人闻。当知，阿难！诸如来身，即是法身，非思欲身③。佛为世尊，过于三界；佛身无漏④，诸漏已尽；佛身无为，不堕诸数⑤。如此之身，当有何疾？'时我，世尊！实怀惭愧，得无近佛而谬听耶？即闻空中声曰：'阿难，如居士言。但为佛出五浊恶世⑥，现行斯法，度脱众生。行矣，阿难！取乳勿惭。'世尊，维摩诘智慧、辩才为若此也，是故不任诣彼问疾。"

注释：

①阿难：全称"阿难陀"，意译为"欢喜"、"庆喜"，佛陀之堂弟。佛陀十大弟子之一，随侍佛陀二十余年，因多闻善记，故有"多闻第一"之誉。

②梵志：有三种含义：一、修习梵天之法，志求生于梵天的人；二、在家的婆罗门；三、指一切外道出家人。这里是指第三种意思。

③思欲身：三界之中有形的肉身。

④无漏："漏"即烦恼，"无漏"乃离烦恼得清净之意。

⑤数：指有分别、有限量的有情世界。

⑥五浊恶世：我们所居住的娑婆世界。五浊，减劫（人类

寿命次第减短的时代）中所起的五种滓浊，即劫浊、见浊、烦恼浊、众生浊、命浊。

译文：

佛陀又对素有“多闻第一”之称的阿难说：“阿难，你前去维摩诘居士那里探视一下他的病情吧。”

阿难赶忙回答道：“世尊，到维摩诘居士那里探视他病情的事情，我恐怕不能胜任。为什么呢？回忆往昔，世尊曾经身患小疾，需要饮用牛乳，于是我到一处大婆罗门家门前，持钵站立，这时，维摩诘居士前来对我说：‘喂，阿难！你一大早就拿着饭钵站在这里干什么呢？’我回答道：‘居士，世尊身有小疾，需要饮用牛乳，所以我一大早就来到这里化缘。’维摩诘居士道：‘停，停，阿难！不要说这样的话，如来之身乃是金刚不坏之体，诸恶已经断尽，众善普会，哪有什么疾病？哪有什么烦恼呢？闭嘴走开吧，阿难！不要毁谤如来，不要让外道异端听到你这种粗陋的话，不要让具有大威德的诸天以及从他方净土来的诸位菩萨听到这种话。阿难，转轮圣王仅凭微少的善根福报，尚且不会生病，何况如来具有无量福德，超过三界一切贤圣呢！赶快走开吧，阿难！不要让我们蒙受这样的耻辱。如果外道梵志听到这样的话，他们就会这样想：如来怎能称为一切众生的导师呢？自己有病尚且不能自救，又怎能去救度患病的众生呢？赶快悄悄地回去吧，不要让人听到这些话。阿难，你应当知道！诸如来身，就是法身，而不是三界有形的思欲身。佛祖为世间至尊，超过三界一切众生；佛身没有一切烦恼，种种烦恼早已断尽;佛身乃是无为之法,不会堕入生死之境。像这样的身体,还会有什么疾病呢?’世尊!当时我听了维摩诘居士的那些话后,深感惭愧,难道是我平时随侍佛祖身边而听错了话吗?随即我听到空中有一个声音说:‘阿难,事实正如维摩诘居士所说的一样。只是因为佛祖现身于五浊恶世之中,为了方便救度众生,才显现出与众生一样的形象。走吧,阿难!你尽可取乳回去,不必感到惭愧。’世尊,维摩诘居士的智慧、辩才达到了如此高深的境界,所以,到维摩诘居士那里探视他病情的事情,我恐怕不能胜任。”

如是五百大弟子,各各向佛说其本缘①,称述维摩诘所言,皆曰不任诣彼问疾。

注释:

①本缘:本来之因缘,指本来的身世因缘或事情的来龙去脉。

译文:

就这样,当时在座的五百大弟子,都各自向佛陀叙说了自己过去遭遇维摩诘的一些经历,称赞转述维摩诘所说的话,都说到维摩诘那里探视他病情的事情,恐怕不能胜任。

菩萨品第四

佛陀又遣弥勒、光严童子、持世、善德等大乘诸菩萨前去探视维摩诘，众菩萨亦以自己之道行、境界不及维摩诘而不敢前去问疾，皆辞不堪前往。

在本品中，维摩诘开导弥勒菩萨，从实相的角度来看，佛与众生是平等无二的，“诸佛知一切众生毕竟寂灭，即涅槃相”，“一切众生皆如也，一切法亦如也”，故众生皆如，众生与佛本无差别；维摩诘开示光严童子，菩萨说法教化众生，并非局限于特定的场所，真正的道场应该无处不在，菩萨所行处，无非道场；又，菩萨教化众生，要上至自在天宫，下至淫舍魔窟等无处不去，要使五欲具备者，都能成为菩萨，故维摩诘教化天女，使乐法乐，又向她们讲述了“无尽灯法门”，使成为菩萨者，再去普度其他一切众生，如是重重无尽，度尽一切众生；维摩诘劝告善德，“法施”为诸布施之首，高于其他一切布施，是度脱众生的根本法门，因此当为法施之会，供养一切众生。

于是佛告弥勒菩萨①：“汝行诣维摩诘问疾。”

弥勒白佛言：“世尊，我不堪任诣彼问疾。所以者何？忆念我昔，为兜率天王及其眷属说不退转地之行②，时维摩诘来谓我言：‘弥勒，世尊授仁者记，一生当得阿耨多罗三藐三菩提，为用何生得受记乎③？过去耶？未来耶？现在耶？若过去生，过去生已灭；若未来生，未来生未至；若现在生，现在生无住。如佛所说：比丘，汝今即时，亦生、亦老、亦灭。若以无生得受记者，无生即是正位[4]，于正位中，亦无受记，亦无得阿耨多罗三藐三菩提。云何弥勒受一生记乎？为从如生得受记耶？为从如灭得受记耶？若以如生得受记者，如无有生；若以如灭得受记者，如无有灭。一切众生皆如也，一切法亦如也，众圣贤亦如也，至于弥勒亦如也。若弥勒得受记者，一切众生亦应受记。所以者何？夫如者，不二不异。若弥勒得阿耨多罗三藐三菩提者，一切众生皆亦应得。所以者何？一切众生，即菩提相[5]。若弥勒得灭度者，一切众生亦当灭度。所以者何？诸佛知一切众生毕竟寂灭，即涅槃相，不复更灭。是故，弥勒无以此法诱诸天子，实无发阿耨多罗三藐三菩提心者，亦无退者。

"'弥勒，当令此诸天子[6]，舍于分别菩提之见。所以者何？菩提者，不可以身得，不可以心得。寂灭是菩提，灭诸相故[7]；不观是菩提，离诸缘故；不行是菩提，无忆念故；断是菩提，舍诸见故；离是菩提，离诸妄想故；障是菩提，障诸愿故；不入是菩提，无贪著故；顺是菩提，顺于如故；住是菩提，住法性故；至是菩提，至实际故；不二是菩提，离意法故；等是菩提，等虚空故；无为是菩提，无生住灭故；知是菩提，了众生心行故；不会是菩提，诸入不会故；不合是菩提，离烦恼习故；无处是菩提，无形色故；假名是菩提，名字空故；如化是菩提，无取舍故；无乱是菩提，常自静故；善寂是菩提，性清净故；无取是菩提，离攀缘故；无异是菩提，诸法等故；无比是菩提，无可喻故；微妙是菩提，诸法难知故。’世尊，维摩诘说是法时，二百天子得无生法忍，故我不任诣彼问疾。”

注释：

①弥勒：梵语音译，意译“慈氏”，“慈”为姓，其名“阿逸多”，因其历劫以来修习慈心三昧，以慈心教化众生，故又称“慈氏菩萨”。弥勒是佛陀的弟子，先于佛陀灭度，居于兜率天宫，在其寿命尽时（天寿四千岁，约人间五十六亿七千万年），将下生此世界，成佛于龙华树下，故其被称为“一生补处菩萨”（一生即可成佛的菩萨），又称“弥勒佛”。弥勒信仰主要包括上生信仰与下生信仰。所谓上生信仰，是指上生到兜率净土，弥勒上生到兜率天宫后，众生皆可发愿到此。所谓的下生信仰，就是弥勒菩萨于娑婆时间五十六亿七千万年，下生娑婆世界成佛，龙华树下讲法三次，度脱无量众生，建立人间的净土世界。《弥勒上生经》说：“阎浮提人岁数，五十六亿万岁，尔乃下生阎浮提，示成正觉，应化人间，使成净土。”

②兜率天：为欲界的第四天，乃弥勒菩萨所居处，修兜率净土者，日后便能往生兜率天。不退转地之行：获得不退转地的修行。不退转地，即无生法忍，菩萨所修十地之一。《大智度论》卷

五十:“无生法忍者,于无生灭诸法实相中信受、通达、无碍、不退,是名无生法忍。”

③受记:指从佛陀那里得到未来证果或成佛的预言、记别。

④正位:小乘所证的无为涅槃。僧肇《注维摩诘经》卷五:“正位,取证之位也。三乘同观无生。慧力弱者不能自出,慧力强者超而不证也。”罗什说:“实相常定故名正位。”(卷四)“观无生是取证法,不入正位明不证也。”(卷五)慧远《维摩义记》卷三:“声闻见证无为涅槃为入正位。”

⑤菩提相:觉悟的相状、境界。菩提,意为觉悟、智慧、佛道。

⑥天子:指天界之男子。

⑦灭诸相故:奘译为“一切有情、一切众生皆寂灭故”,更易理解。

译文:

于是,佛陀对弥勒菩萨说:“弥勒,你前去维摩诘居士那里探视一下他的病情吧。”

弥勒菩萨回禀佛陀说:“世尊,到维摩诘居士那里探视他病情的事情,我恐怕不能胜任。为什么呢?回忆往昔,我曾经为兜率天天王及其眷属演说如何修行,才能成就菩萨不退转地,这时维摩诘居士来对我说:‘弥勒,世尊曾为仁者你授记,预言你再过一生即可证得无上正等正觉,那么,你得到受记是哪一生呢?是过去生?是未来生?还是现在生呢?如果是过去生,那么过去生已经消逝了;如果是未来生,那么未来生还没有来到；如果是现在生，那么现在生刹那不住。正如佛祖所说：比丘啊，你就在当下的此刻，即处于亦生亦老亦灭的变化之中。如果你是以无生获得受记，无生本身即是正位，既已处于正位之中，则不会有受记这种事情，也不会证得无上正等正觉。为什么说弥勒菩萨你曾受记一生即可证得无上正等正觉呢？此受记是从真如生而得呢？还是从真如灭而得呢？如果是从真如生而得到受记，真如本无有生；若是从真如灭而得到受记，真如本无有灭。一切众生都是真如的体现，一切诸法也都是真如的体现，一切贤圣也都是真如的体现，至于弥勒菩萨你也是真如的体现。如果说弥勒菩萨你得到受记，一切众生也应该得到受记。为什么呢？因为真如是不二的，无有差异。如果弥勒菩萨你证得无上正等正觉，一切众生亦应证得无上正等正觉。为什么呢？因为一切众生皆有佛性。如果弥勒菩萨你得灭度，一切众生也应当得灭度。为什么呢？诸佛知道一切众生本性寂灭，皆具涅槃相，也就不必再证入涅槃。所以，弥勒菩萨，你不要以所谓的不退转地之行去引诱诸位天子，实际上，没有发起无上正等正觉之心者，也没有退转无上正等正觉之心者。

“‘弥勒菩萨，你应当让诸位天子舍弃对菩提的分别之见。为什么呢？所谓菩提，是不可以用色身求得，也不可以用分别心求得。寂灭是菩提，因为一切有情、一切法相本性寂灭的缘故；不观是菩提，因为远离了一切因缘对待的缘故；不行是菩提，因为没有一切作意起念的缘故；断灭是菩提，因为舍弃了一切虚妄邪见的缘故；远离是菩提，因为远离了种种妄想的缘故；障蔽是菩提，因为障蔽了一切欲望愿求的缘故；不入是菩提，因为没有贪恋执着的缘故；随顺是菩提，因为随顺于真如的缘故；安住是菩提，因为安住于万法真性的缘故；到达是菩提，因为到达于真如实际的缘故；不二是菩提，因为舍弃了意与法分别对待的缘故；等同是菩提，因为等同于虚空的缘故；无为是菩提，因为没有生、住、异、灭的缘故；智慧是菩提，因为了知一切众生心行的缘故；不会是菩提，因为内外六入不相会聚的缘故；不合是菩提，因为远离一切烦恼习气的缘故；无处是菩提，因为没有一切形色质碍的缘故；假名是菩提，因为名字自性本空的缘故；如化是菩提，因为无所取无所舍的缘故；无乱是菩提，因为恒常寂静的缘故；善寂是菩提，因为自性常清净的缘故；无取是菩提，因为远离一切攀缘的缘故；无异是菩提，因为一切诸法等无差异的缘故；无比是菩提，因为诸法等同，无可比喻的缘故；微妙是菩提，因为一切诸法难以了知的缘故。'世尊，当维摩诘居士这样说法之时，二百天子证得无生法忍，所以，到维摩诘居士那里探视他病情的事情，我恐怕不能胜任。"

佛告光严童子[①]："汝行诣维摩诘问疾。"

光严白佛言："世尊，我不堪任诣彼问疾。所以者何？忆念我昔，出毗耶离大城，时维摩诘方入城，我即为作礼而问言：'居士，从何所来？'答我言：'吾从道场来[②]。'我问：'道场者何所是？'答曰：'直心是道场，无虚假故；发行是道场，能办事故；深心是道场，增益功德故；菩提心是道场，无错谬故；布施是道场，不望报故；持戒是道场，得愿具故；忍辱是道场，于诸众生心无碍故；精进是道场，不懈怠故；禅定是道场，心调柔故；智慧是道场，现见诸法故；慈是道场，等众生故；悲是道场，忍疲苦故；喜是道场，悦乐法故；舍是道场，憎爱断故；神通是道场，成就六通故③；解脱是道场，能背舍故④；方便是道场，教化众生故；四摄是道场⑤，摄众生故；多闻是道场，如闻行故；伏心是道场，正观诸法故；三十七品是道场，舍有为法故；四谛是道场⑥，不诳世间故；缘起是道场，无明乃至老死皆无尽故⑦；诸烦恼是道场⑧，知如实故；众生是道场，知无我故；一切法是道场，知诸法空故；降魔是道场，不倾动故；三界是道场，无所趣故；师子吼是道场，无所畏故；力、无畏、不共法是道场，无诸过故；三明是道场，无余碍故；一念知一切法是道场⑨，成就一切智故。如是，善男子，菩萨若应诸波罗蜜教化众生，诸有所作，举足下足，当知皆从道场来，住于佛法矣。’说是法时，五百天人，皆发阿耨多罗三藐三菩提心，故我不任诣彼问疾。”

注释：

①光严童子：以大光明庄严身心的童子。童子，指青少年。

②道场：原指佛成道之处，后泛指修习佛法的场所。

③六通：指六神通，即天眼通、天耳通、宿命通、神足通、他心通、漏尽通。

④背舍：指“八背舍”。背舍，“解脱”之异名，意谓舍去贪

着与烦恼。

⑤四摄：指四摄法，即布施摄、爱语摄、利行摄、同事摄。

⑥四谛：佛教的四个真理。谛，真理义。详见前注。别译本为“谛”，奘译本为“一切谛实是妙菩提”。罗什注曰：“小乘中说四谛，大乘中说一谛。今言谛是则一谛。一谛实相也。”小乘佛教讲四谛，即苦、集、灭、道，大乘佛教重诸法实相，亦称“一谛”。

⑦无明乃至老死：即“十二因缘”，是佛教为解释现实人生痛苦的原因以及消除人生痛苦的方法而构建的一种理论。佛教认为众生都是一个念念不住的流转过程，分为彼此互为条件或因果联系的十二个环节，即无明、行、识、名色、六处、触、受、爱、取、有、生、老死。“十二因缘”与过去、现在、未来三世的轮回说联系在一起，即成“三世两重因果”：无明与行为“过去因”，识、名色、六处、触、受为“现在果”；爱、取、有为“现在因”，生、老死则为“未来果”。

⑧诸烦恼：梵文本、奘译本为“息诸烦恼”。

⑨一念知一切法：一念觉知一切世间出世间诸法。罗什说：“二乘以三十四心成道，大乘中唯以一念则豁然大悟，具一切智也。”（《注维摩诘经》卷四）

译文：

佛陀又对光严童子说：“你前去维摩诘居士那里探视一下他的病情吧。”

光严童子回禀佛陀说：“世尊，到维摩诘居士那里探视他病

情的事情，我恐怕不能胜任。为什么呢？回忆往昔，有一次，我出毗耶离大城，这时维摩诘居士正好入城，我便向他施礼并问道：'维摩诘居士，您从哪里来呢？'维摩诘居士回答说：'我从道场来。'我又问：'道场在哪里呢？'他回答道：'直心是道场，因为质直而不虚假的缘故；发行是道场，因为发心修行能够成就善业的缘故；深心是道场，因为深厚坚固之心能够增益功德的缘故；菩提心是道场，因为智慧之心不会犯错误的缘故；布施是道场，因为真正的布施不期望回报的缘故；持戒是道场，因为持戒清净一切誓愿均得满足的缘故；忍辱是道场，因为对于一切众生心无罣碍的缘故；精进是道场，因为精进修行永不懈怠的缘故；禅定是道场，因为调伏自心使其柔顺的缘故；智慧是道场，因为显现一切诸法之真实相状的缘故；慈是道场，因为平等对待一切众生的缘故；悲是道场，因为忍受疲劳痛苦去救度众生的缘故；喜是道场，因为乐在法中的缘故；舍是道场，因为舍弃了爱憎感情的缘故；神通是道场，因为成就了六种神通的缘故；解脱是道场，因为舍弃了一切烦恼业障的缘故；方便是道场，因为能随缘教化一切众生的缘故；四摄是道场，因为能摄化一切众生的缘故；多闻是道场，因为能如闻而行，由闻思修而入三摩地的缘故；伏心是道场，因为能调伏妄心，正观诸法的缘故；三十七道品是道场，因为能舍弃一切有为法的缘故；四谛是道场，因为展示佛法真谛而不欺诳世间众生的缘故；缘起是道场，因为可以明白无明至老死都是缘起无尽的缘故；诸烦恼是道场，因为由此可以体悟真如实相的缘故；众生是道场，因为由此可知一切众生乃是五蕴和合之假相，无我无自性的缘故；一切法是道场，因为由此可知一切诸法自性本空的缘故；降魔是道场，因为一切魔怨不能倾动道心的缘故；三界是道场，因为成道不在三界之外，远离一切所趣的缘故；狮子吼是道场，因为无所畏惧的缘故；力、无畏、不共法是道场，因为远离一切过失，无可指责的缘故；三明是道场，因为彻底断灭一切烦恼，扫除一切障碍的缘故；一念知一切法是道场，因为圆满成就一切智智的缘故。就像这样，善男子，你应当知道，菩萨如果能够依据诸波罗蜜教化众生，那么，其一切所作所为，举手投足都是从道场而来，皆安住于佛法之中。'当维摩诘居士这样演说佛法时，五百天人都发起无上正等正觉之心，所以，到维摩诘居士那里探视他病情的事情，我恐怕不能胜任。"

佛告持世菩萨[①]："汝行诣维摩诘问疾。"

持世白佛言："世尊，我不堪任诣彼问疾。所以者何？忆念我昔，住于静室，时魔波旬[②]，从万二千天女[③]，状如帝释[④]，鼓乐弦歌，来诣我所。与其眷属，稽首我足，合掌恭敬于一面立。我意谓是帝释，而语之言：'善来，憍尸迦[⑤]！虽福应有，不当自恣；当观五欲无常[⑥]，以求善本；于身命财，而修坚法。'即语我言：'正士[⑦]，受是万二千天女，可备扫洒。'我言：'憍尸迦，无以此非法之物，要我沙门释子[⑧]，此非我宜。'所言未讫，时维摩诘来谓我言：'非帝释也，是为魔来，娆固汝耳。'即语魔言：'是诸女等，可以与我，如我应受。'魔即惊惧，念：维摩诘，将无恼我？欲隐形去，而不能隐，尽其神力，亦不得去。即闻空中声曰：‘波旬，以女与之，乃可得去。’魔以畏故，俛仰而与[9]。

“尔时，维摩诘语诸女言：‘魔以汝等与我，今汝皆当发阿耨多罗三藐三菩提心。’即随所应而为说法，令发道意[10]。复言：‘汝等已发道意，有法乐可以自娱[11]，不应复乐五欲乐也[12]。’天女即问：‘何谓法乐？’答言：‘乐常信佛；乐欲听法；乐供养众；乐离五欲；乐观五阴如怨贼；乐观四大如毒蛇；乐观内入如空聚；乐随护道意；乐饶益众生；乐敬养师；乐广行施；乐坚持戒；乐忍辱、柔和；乐勤集善根；乐禅定不乱；乐离垢明慧；乐广菩提心；乐降伏众魔；乐断诸烦恼；乐净佛国土；乐成就相好故，修诸功德；乐庄严道场；乐闻深法不畏；乐三脱门[13]，不乐非时[14]；乐近同学[15]；乐于非同学中，心无恚碍；乐将护恶知识[16]；乐亲近善知识；乐心喜清净；乐修无量道品之法。是为菩萨法乐。’

“于是波旬告诸女言：‘我欲与汝，俱还天宫。’诸女言：‘以我等与此居士，有法乐，我等甚乐，不复乐五欲乐也。’魔言：‘居士，可舍此女？一切所有施于彼者，是为菩萨。’维摩诘言：‘我已舍矣，汝便将去，令一切众生，得法愿具足。’于是诸女问维摩诘：‘我等云何止于魔宫？’维摩诘言：‘诸姊，有法门名无尽灯[17]，汝等当学。无尽灯者，譬如一灯然百千灯，冥者皆明，明终不尽。如是，诸姊！夫一菩萨开导百千众生，令发阿耨多罗三藐三菩提心，于其道意，亦不灭尽；随所说法，而自增益一切善法，是名无尽灯也。汝等虽住魔宫，以是无尽灯令无数天子天女，发阿耨多罗三藐三菩提心者，为报佛恩，亦大饶益一切众生。’尔时，天女头面礼维摩诘足，随魔还宫，忽然不现。世尊，维摩诘有如是自在神力、智慧、辩才，故我不任诣彼问疾。”

注释：

①持世菩萨：亦称“宝雨菩萨”，能广作布施，护持救济世间众生。

②魔波旬：亦作“波旬”，意为杀生、恶者，欲界第六天他化自在天的魔王。

③天女：欲界天中的女子。此指欲界第六天他化自在天中的女子。

④帝释：即天帝，忉利天之主神。

⑤憍（jiāo）尸迦：帝释天的姓氏。

⑥五欲：指对色、声、香、味、触五境的贪着、欲求。

⑦正士：指追求正道的大士，“菩萨”之异称。

⑧要：同“邀”，引诱。释子：指佛门弟子。

⑨俛（fǔ）仰：多义词，意为低头抬头、身体屈伸、俯视仰望、应付周旋、时间短暂等。这里“俛仰”意为犹豫踌躇。俛，低头。仰，举首。

⑩道意：追求正道的意愿，即发起求无上正等正觉之心。

⑪法乐：指修习佛法而获得的快乐。

⑫五欲乐：指从色、声、香、味、触五境中所获得的世俗贪欲之乐。

⑬三脱门：亦作“三解脱门”，即三种证入涅槃而获得解脱的法门。一、空解脱门，谓了达诸法本空，皆无自性，则于诸法而得自在。二、无相解脱门，谓了知诸法本来无相，则离差别相而得自在。三、无愿解脱门，又作“无作解脱门”，谓知诸法幻有而无所愿求；无所愿求，则不造作生死之业；无生死之业，则无果报之苦而得自在。

⑭非时：指不应该在某时做某事。这里指在修行尚未圆满时便以小乘法门证取小乘果位。僧肇《注维摩诘经》卷四：“二乘入三脱门不尽其极，而中路取证，谓之非时。此大士之所不乐也。”

⑮同学：指与自己一起修习大乘佛法的同道。

⑯恶知识：即坏朋友，指无益于修行的朋友。知识，指朋友。下文“善知识”则指好朋友。

⑰无尽灯：“灯”喻佛法，灯灯相燃，无穷无尽；佛法辗转承续，流布无穷，永不断绝。

译文：

佛陀又对持世菩萨说：“你前去维摩诘居士那里探视一下他的病情吧。”

持世菩萨回禀佛陀道：“世尊，到维摩诘居士那里探视他病情的事情，我恐怕不能胜任。为什么呢？回忆往昔，我曾经在

静室之中修习禅定，当时魔王波旬带着一万二千名天女，化作帝释的形相，在鼓乐弦歌之中来到我的居所。魔王波旬和他的眷属稽首顶礼我足，随后恭敬地站在一旁，双手合十。我误以为他是帝释天王，就对他说：‘欢迎你，憍尸迦！虽然这是你应得的大福报，但你也不应该如此放纵自己啊；应该知道，色、声、香、味、触等欲望是幻化无常的，由此而求得善本；从世俗的色身、性命、财富之中，修得法身、慧命、法财这些坚实不坏之法。’于是，魔王波旬对我说：‘正士，请接受这一万二千名天女，她们可以洒扫庭院，侍奉左右。’我赶忙说：‘憍尸迦，不要用这种不合佛法的东西，来引诱我这沙门释子，这不适合我。’话音未落，维摩诘居士突然来到，并对我说：‘他不是帝释啊，而是来扰乱你修行的魔王波旬。’维摩诘居士随即对魔王波旬说：‘这些天女，可以都给我，像我这样的在家白衣可以接受。’当下魔王波旬大为惊惧，心里在想：难道维摩诘居士要对我发怒？于是，就想隐形逃走，但却无法隐形，使尽所有神力也无法逃走。这时，听到空中有一个声音说：‘波旬，你把天女给维摩诘居士，才能从这里离开。’魔王波旬由于十分畏惧，就十分恭敬地把那些天女送予维摩诘居士。

“其时，维摩诘居士对那些天女说：‘魔王波旬把你们送给了我，现在你们都应当发起无上正等正觉之心。’随即根据这些天女各自的根机而为她们演说佛法，使她们皆发求道之意。接着，维摩诘居士又对她们说：‘既然你们都已经发起求道之意，自有法乐可以自娱，不应当沉迷于五欲之乐。’那些天女便问：‘什么是法乐呢？’维摩诘居士回答道：‘所谓法乐，就是以恒常信佛为乐；以听闻佛法为乐；以供养僧众为乐；以脱离五欲为乐；以观“五蕴”如怨贼为乐；以观“四大”如毒蛇为乐；以观眼、耳、鼻、舌、身、意内六入如空荒聚落为乐；以随时护持求道之意为乐；以利益众生为乐；以恭敬供养师长为乐；以广行布施为乐；以坚定持戒为乐；以忍辱、柔和为乐；以勤植善根为乐；以禅定摄心不乱为乐；以远离垢染明达智慧为乐；以广大菩提心为乐；以降伏众魔为乐；以断除一切烦恼惑障为乐；以成就清净佛土为乐；以广修各种功德善行而成就相好庄严为乐；以庄严道场为乐；以听闻精深微妙的佛法而不惊恐畏惧为乐；以修习三解脱门为乐，而满足于在修行途中以小乘法门证得道果；以亲近修习佛法的同道为乐；以在非同道之中，而心无瞋恚罣碍为乐；以帮助、爱护恶知识为乐；以亲近善知识为乐；以喜爱清净为乐；以修习无量种种成就菩提的道法为乐。凡此诸乐，就是菩萨法乐。’

“于是，魔王波旬对众天女说：‘我想与你们一同返回天宫。’众天女说：‘你已经将我们送给这位居士，现在我们享有法乐，都感受到极大的快乐，不再沉迷于五欲之乐。’魔王波旬说：‘居士，你舍弃这些天女吧。若能将一切都慷慨地施予他人的人，这才是菩萨大士啊！’维摩诘居士说：‘我已经舍弃了，你可以带她们走了，愿使一切众生求法的愿望都能获得满足。’于是，众天女问维摩诘居士：‘我们今后居住在魔宫，应该如何修行呢？’维摩诘居士对众天女说：‘诸位姊妹，有一种法门名叫无尽灯法门，你们应当修学。所谓无尽灯法门，譬如以一盏灯点亮百千盏灯，一切冥暗之处都被照亮，灯灯相照，光明永远不会终尽，而它本身的亮光也不会减损。就是这样，诸位姊妹！菩萨教化众生也是这样，一位菩萨开导了百千众生，令他们发起无上正等正觉之心，而这位菩萨自己的菩提心终无有尽，也不会减损；而且会随着其演说佛法而自行增益一切善法，这就叫做无尽灯法门。你们虽然住在魔宫，却能以这种无尽灯法门使无数天子天女发起无上正等正觉之心，如此既能报答了佛恩，又能极大地饶益一切众生。'其时，众天女以头面顶礼维摩诘居士足，然后随魔王返回魔宫，倏忽之间就消失不见了。世尊，维摩诘居士有这样的自在神力和智慧辩才，所以，到维摩诘居士那里探视他病情的事情，我恐怕不能胜任。"

佛告长者子善德①："汝行诣维摩诘问疾。"

善德白佛言："世尊，我不堪任诣彼问疾。所以者何？忆念我昔，自于父舍设大施会②，供养一切沙门、婆罗门及诸外道、贫穷下贱、孤独乞人。期满七日，时维摩诘来入会中，谓我言：'长者子！夫大施会不当如汝所设。当为法施之会，何用是财施会为？'我言：'居士，何谓法施之会？''法施会者，无前无后，一时供养一切众生，是名法施之会。'曰：'何谓也？''谓以菩提，起于慈心③；以救众生，起大悲心；以持正法，起于喜心；以摄智慧，行于舍心。以摄悭贪，起檀波罗蜜④；以化犯戒，起尸罗波罗蜜⑤；以无我法，起羼提波罗蜜⑥；以离身心相，起毗梨耶波罗蜜⑦；以菩提相，起禅波罗蜜[8]；以一切智，起般若波罗蜜[9]。教化众生，而起于空；不舍有为法，而起无相；示现受生，而起无作。护持正法，起方便力；以度众生，起四摄法；以敬事一切，起除慢法；于身命财，起三坚法[10]；于六念中[11]，起思念法；于六和敬[12]，起质直心；正行善法，起于净命[13]；心净欢喜，起近贤圣；不憎恶人，起调伏心[14]；以出家法，起于深心；以如说行，起于多闻；以无诤法，起空闲处；趣向佛慧，起于宴坐；解众生缚，起修行地[15]；以具相好及净佛土，起福德业[16]；知一切众生心念，如应说法起于智业[17]；知一切法不取不舍，入一相门，起于慧业[18]；断一切烦恼、一切障碍、一切不善法，起一切善业；以得一切智慧、一切善法[19]，起于一切助佛道法。如是，善男子，是为法施之会。若菩萨住是法施会者，为大施主，亦为一切世间福田。’世尊，维摩诘说是法时，婆罗门众中二百人，皆发阿耨多罗三藐三菩提心。

“我时心得清净，叹未曾有，稽首礼维摩诘足，即解璎珞，价直百千，以上之。不肯取。我言：‘居士，愿必纳受，随意所与。’维摩诘乃受璎珞，分作二分，持一分，施此会中一最下乞人；持一分，奉彼难胜如来。一切众会，皆见光明国土难胜如来，又见珠璎在彼佛上，变成四柱宝台，四面严饰，不相障蔽。

“时维摩诘现神变已，又作是言：‘若施主等心施一最下乞人，犹如如来福田之相，无所分别；等于大悲，不求果报，是则名曰具足法施。’城中一最下乞人，见是神力，闻其所说，皆发阿耨多罗三藐三菩提心。故我不任诣彼问疾。”

注释：

①善德：奘译为“苏达多”，即须达多，意为善施。在其他经典中，“须达多”又号称“给孤独长者”，因此有人认为善德为“给孤独长者”之子。

②大施会：即无遮大会，一种不分一切对象广行布施的大会。

③谓以菩提，起于慈心：以无上菩提来引导众生生起慈无量心。奘译为“以无上菩提行相引发大慈”。

④檀波罗蜜：梵语音译，即布施度。檀，为“檀那”的略称，意为布施。波罗蜜，意为“度”，或“到彼岸”，谓度生死此岸而到涅槃彼岸之行法。

⑤尸罗波罗蜜：梵语音译，即持戒度。

⑥羼(chàn)提波罗蜜：梵语音译，即忍辱度。

⑦毗梨耶波罗蜜：梵语音译，即精进度。

⑧禅波罗蜜：梵语音译，即禅定度。

⑨般若波罗蜜：梵语音译，即智慧度。

⑩三坚法：指坚身、坚命、坚财三种坚法，即法身、慧命和法财。

⑪六念：即念佛、念法、念僧、念戒、念施、念天。若常持此“六念”，则能使人具足善的功德。

⑫六和敬：指僧伽和合团结的六条基本准则，分别为：一、身和敬（身和同住），二、口和敬（口和无争），三、意和敬（意和同事），四、戒和敬（戒和同修），五、见和敬（见和同解），六、利和敬（利和同均）。

⑬净命：即正命，指少欲知足、正当清净的生活方式。有时也指以清净之心为生命。

⑭调伏心：此处指众生生起的调伏之心。

⑮修行地：指修行的各阶段。奘译为“瑜伽师地”。

⑯福德业：指能生起福德的善行，如“六度”中的布施、忍辱、持戒等。

⑰智业：能分别诸法，知一切众生心念，谓之“智”；根据众生的不同根机而随机说法，开导众生，谓之“智业”。

⑱慧业：知诸法自性本空，而不取不舍，谓之“慧业”。

⑲一切智慧：指佛智、一切种智、一切智智。

译文：

佛陀又对长者子善德说：“你前去维摩诘居士那里探视一下他的病情吧。”

善德回禀佛陀道：“世尊，到维摩诘居士那里探视他病情的事情，我恐怕不能胜任。为什么呢？回忆往昔，我曾经在父亲的宅邸中设立了一个布施大会，供养一切出家沙门、婆罗门，以及诸外道、贫穷、下贱、孤独、乞人等，为期七日。当七日期满时，维摩诘居士来到布施大会上，对我说：‘长者子啊！布施大会不应当像你这样的做法。布施大会应当是法布施大会，这种

财布施大会有什么用呢？’我问：‘居士，什么叫法施大会呀？’维摩诘居士说：‘所谓法施大会，就是时间上不分先后，以佛法同时供养一切众生的圆满大会，就叫法施大会。’我问：‘这话是什么意思呢？’维摩诘居士说：‘这就是说，法布施大会以无上菩提来引导众生生起慈无量心；以救度众生来引导众生生起悲无量心；以秉持正法来引导众生生起喜无量心；以摄持一切的通达智慧来引导众生生起舍无量心。以摄伏悭吝贪欲来引导众生修行布施波罗蜜；以教化犯戒者来引导众生修行持戒波罗蜜；以无我法来引导众生修行忍辱波罗蜜；以远离身心行相引导众生修行精进波罗蜜；以菩提觉悟相引导众生修行禅定波罗蜜；以一切智引导众生修行般若波罗蜜。教化一切众生，来引导他们修行空解脱门；不舍弃有为法，来引导众生修行无相解脱门；示现作意受生，来引导众生修行无相解脱门。以摄受护持正法，来引导众生生起种种方便力；以度脱一切众生，来引导他们修行布施、爱语、利行、同事四摄法；以恭敬对待一切众生，来引导众生消除贡高我慢；以舍弃色身、性命和财富而证得法身、慧命和法财，来引导众生修行三坚法；以六种随念来引导众生发起正念；以六和敬来引导众生生起质直诚实之心；以正行善法来引导众生获得清净正命；以清净欢喜之心，来引导众生亲近贤圣；以不嫌憎恶人，来引导众生生起调伏之心；以出家修行，来引导众生生起深厚坚固的求道之心；以依照佛所说法精进修行，来引导众生对佛法博学多闻；以无诤法通达，来引导众生常居于清静空闲之处；以趣向佛之智慧，来引导众生静坐禅定；以解除众生的缠缚，来引导众生常处于修行地；

以显现庄严法相及清净佛土，来引导众生修行福德业；知道一切众生心念，随缘应机说法，来引导众生生起妙智业；知道一切诸法自性本空，不取不舍，入于一实相门，以此引导众生生起妙慧业；以断除一切烦恼、一切障碍、一切不善法，引导众生生起一切善业；以证得一切智智、一切善法，来引导众生修行一切助成佛道的种种法门。就是这样，善男子，这就是法施大会。如果菩萨能安住于这样的法施大会，他就是大施主了，也是世间一切众生的福田。'世尊，在维摩诘居士这样说法时，在场的婆罗门中有二百人都发起无上正等正觉之心。

"当时，我心得清净，赞叹这是未曾有过的事情，稽首顶礼维摩诘居士足，便即解下价值千金的璎珞，把它献给维摩诘居士。但维摩诘居士不肯接受。我说：'居士，请您务必收下，如果您不需要，请您收下后随意处置就是了。'于是，维摩诘居士收下璎珞，并把它分成两份，把其中一份布施给了大会中的一位最卑贱的乞丐；另一份奉献给那位难胜如来。当时，与会的一切大众，都亲眼看见光明国土中的难胜如来，又看见那宝珠璎珞在难胜如来头顶上，变成四柱宝台，宝台四面都精美装饰，相互映辉而不互相遮蔽。

"维摩诘居士在示现了神通变化之后，又说道：'如果施主以平等心布施一位最卑贱的乞丐，犹如供养如来所植福田一样，平等无分别；以平等不二的大悲心作布施，不希求得到福报，这就叫做具足法施。'城中最卑贱的乞丐看见了这样的神力，听了维摩诘居士所说的这些话后，都发起了无上正等正觉之心。所以，到维摩诘居士那里探视他病情的事情，我恐怕不能胜任。”

如是诸菩萨各各向佛说其本缘，称述维摩诘所言，皆曰不任诣彼问疾。

译文：

就这样，当时在座的各位菩萨，都各自向佛陀叙说了自己过去遭遇维摩诘的一些经历，称赞转述维摩诘所说的话，都说到维摩诘那里探视他病情的事情，恐怕不能胜任。

卷　中

文殊师利问疾品第五

佛陀又遣作为大乘菩萨智慧代表之文殊师利前去探视维摩诘。于是文殊菩萨和众多菩萨、佛大弟子及诸天人等，前往毗耶离城探视维摩诘。

本品通过文殊师利菩萨与维摩诘的往复论难，深入阐析了大乘佛教的“空”、“菩萨行”等大乘精义，宣扬了大乘菩萨“一切众生病，是故我病”的大悲精神。本品进一步指出，众生患病的根源在于攀缘（执着），攀缘为病本，若要断除攀缘就要做到无所得，无所得则无攀缘，无所得者，谓离内、外二见。众生应断除二见，菩萨亦应舍离于诸众生“起爱见大悲”，亦正如本经的基本思想，即从“无住本立一切法”。本品形象地展示了一个大悲菩萨的魅力，说明了菩萨的病与众生的病的区别，以及不厌离身、不乐涅槃的菩萨行；同时也划清了与众魔外道的区别，“众魔者乐生死，菩萨于生死而不舍；外道者乐诸见，菩萨于诸见而不动”。

尔时，佛告文殊师利[①]：“汝行诣维摩诘问疾。”

文殊师利白佛言：“世尊，彼上人者，难为酬对，深达实相，善说法要，辩才无滞，智慧无碍，一切菩萨法式悉知[②]，诸佛秘藏无不得入[③]，降伏众魔，游戏神通，其慧方便，皆已得度④。虽然，当承佛圣旨，诣彼问疾。”

于是众中诸菩萨、大弟子、释、梵、四天王，咸作是念：今二大士，文殊师利、维摩诘共谈，必说妙法。即时八千菩萨、五百声闻、百千天人，皆欲随从。于是文殊师利，与诸菩萨大弟子众，及诸天人，恭敬围绕，入毗耶离大城。

尔时，长者维摩诘心念：今文殊师利与大众俱来。即以神力，空其室内，除去所有，及诸侍者，唯置一床，以疾而卧。

文殊师利既入其舍，见其室空，无诸所有，独寝一床。时，维摩诘言：“善来，文殊师利！不来相而来，不见相而见。”文殊师利言：“如是，居士！若来已更不来，若去已更不去。所以者何？来者，无所从来；去者，无所至；所可见者，更不可见。且置是事。居士！是疾宁可忍不？疗治有损？不至增乎？世尊殷勤，致问无量。居士！是疾何所因起？其生久如？当云何灭？”

维摩诘言：“从痴有爱，则我病生。以一切众生病，是故我病。若一切众生得不病者，则我病灭。所以者何？菩萨为众生故，入生死；有生死，则有病。若众生得离病者，则菩萨无复病。譬如长者，唯有一子，其子得病，父母亦病；若子病愈，父母亦愈。菩萨如是，于诸众生，爱之若子。众生病，则菩萨病；众生病愈，菩萨亦愈。又言：‘是疾何所因起？’菩萨疾者，以大悲起。”

文殊师利言："居士此室，何以空无侍者？"

维摩诘言："诸佛国土，亦复皆空。"

又问："以何为空？"

答曰："以空空[⑤]。"

又问："空何用空[⑥]？"

答曰："以无分别空故空[⑦]。"

又问："空可分别耶[⑧]？"

答曰："分别亦空。"

又问："空当于何求？"

答曰："当于六十二见中求。"

又问："六十二见当于何求？"

答曰："当于诸佛解脱中求。"

又问："诸佛解脱当于何求？"

答曰："当于一切众生心行中求。又，仁所问：'何无侍者？'一切众魔及诸外道，皆吾侍也。所以者何？众魔者乐生死，菩萨于生死而不舍；外道者乐诸见，菩萨于诸见而不动。"

文殊师利言："居士所疾，为何等相？"

维摩诘言："我病无形不可见。"

又问："此病身合耶[⑨]？心合耶？"

答曰："非身合，身相离故；亦非心合，心如幻故。"

又问："地大、水大、火大、风大，于此四大，何大之病？"

答曰:“是病非地大,亦不离地大;水火风大,亦复如是。而众生病从四大起。以其有病,是故我病。”

注释:

①文殊师利:又作“曼殊室利”、“妙吉祥”,菩萨名。是大乘佛教中最以智慧著称的菩萨,与普贤菩萨同为佛陀的左右胁侍。由于他在所有菩萨中,是辅佐佛陀弘法的上首,因此也被称为“文殊师利法王子”。据大乘经典记载,文殊菩萨不仅是佛教中智慧的象征,而且还是过去世七佛之师,因此,其智慧被喻为三世诸佛成道之母,因而文殊菩萨又有“三世觉母妙吉祥”的尊号。另外,依《首楞严三昧经》记载,文殊菩萨在久远的过去世早已成佛,号称龙种上如来,为了协助释迦牟尼佛度化群生,方便示现为释迦牟尼佛二胁侍之一。

②法式:直译为“作法仪式”,意译为“法门”。罗什曰:“神通变化诸威仪。”奘译本、梵文本此句为:“一切菩萨所为事业皆已成办。”

③秘藏:诸佛妙法秘密所藏。

④得度:指通达、通晓。奘译“到……趣”。

⑤以空空:以空慧观照诸佛国土本性为空。前“空”为“空慧”之“空”,后“空”为“理空”或“法空”。

⑥空何用空:本性为空,为什么还要以空慧来观照呢?前“空”为“法空”或“理空”,后“空”为“空慧”。

⑦以无分别空故空:正是因为以无分别的空慧来观照,才能认识到诸法空性。前“空”为“空慧”,后“空”为“理空”或“法

空”。

⑧空：指慧空、法空。

⑨合：相关。

译文：

其时，佛陀对文殊师利菩萨说：“文殊师利，你到维摩诘居士那里去探视他的疾病吧。”

文殊菩萨回禀佛陀说：“世尊，维摩诘居士乃是上智之人，确实难以与之酬答应对，因为他深刻洞达诸法实相，善于演说佛法精要，雄辩滔滔圆应无滞，智慧高深通达无碍，一切菩萨法门无不了知，诸佛奥义秘藏无不遍入，能够降伏一切魔障，常以种种神通游化三界度脱天人，智慧方便，都已通达。虽然这样，我还是应当秉承佛祖的圣旨，前去探视他的病情。”

于是，会中的诸位菩萨、佛陀的大弟子、帝释天、梵天、四天王等，都这样想：如今，文殊菩萨与维摩诘这两位大士要在一起谈论佛法，必定会演说精妙的佛法。当下，八千位菩萨、五百位声闻弟子以及百千天人，都想随从文殊菩萨前往。于是，文殊菩萨在诸位菩萨、大弟子及诸天人的恭敬围绕下，进入毗耶离大城。

其时，长者维摩诘心想：现在文殊师利菩萨与诸大众一同前来，我得给他们腾出一些地方。于是，维摩诘运用神力，将室内清空，除去所有东西和侍从，只留下一张床，自己躺在床上示现染病的形象。

文殊菩萨进入维摩诘居室后，见室中空无所有，只有维摩诘独自躺在床上。这时，维摩诘开口说道："欢迎你啊，文殊师利菩萨！你是以不来之相而来到这里，以不见相而见到我了。"文殊菩萨答道："正是这样的，居士！如果已经来到，就不必再来，如果已经离去，就不必再去。为什么呢？所谓来者，本来就是无所从来；所谓去者，本来也无所可至；所谓可见者，刹那生灭，不可再见。暂且不谈这些。居士！您这病痛还可以忍受吗？经过治疗，病情好转了一些吗？不至于加重了吧？世尊极为关切，让我向您致以最高的慰问。居士！您这病是因何而起？已经病了多长时间了？又应当如何治疗才能痊愈？"

维摩诘答道："已经很久了，自从由于众生的无明愚痴而生起贪爱执着，我的疾病就产生了。因为一切众生都生病了，所以我也就生病了。如果一切众生的疾病能够痊愈，那么我的疾病也就痊愈了。为什么呢？菩萨为了救度众生脱离苦海而进入生死轮回之中；既有生死，便会患病。如果众生能够脱离病患，那么菩萨也就不会再患病了。譬如长者只有一个儿子，当他的儿子得病时，父母也就得病了；如果儿子的病痊愈了，父母的病也就痊愈了。菩萨也是这样，关爱一切众生，犹如父母关爱子女。众生得病，菩萨就会得病；众生病愈，菩萨也就病愈了。至于你又问我：'这病是因何而起？'菩萨的疾病，是从大悲心生起的。"

文殊菩萨又问道："居士，您这居室为何空无一物，也没有侍者呢？"

维摩诘答道："因为诸佛国土，也都同样是空的。"

文殊菩萨又问道："诸佛国土为什么是空的呢？"

维摩诘答道："因为以空慧观照诸佛国土本性为空。"

又问："既然本性为空，为什么还要以空慧来观照呢？"

答道："正是因为以无分别的空慧来观照，才能认识到诸法空性。"

又问："空本身可加以分别吗？"

答道："分别本身也是空的。"

又问："那么，空应当从哪里寻求呢？"

答道："应当从六十二种邪见中寻求。"

又问："六十二种邪见又应当于哪里寻求呢？"

答道："应当从诸佛解脱中寻求。"

又问："诸佛解脱应当从哪里寻求呢？"

答道："应当从一切众生迁流不息的心念中去寻求。另外，你刚才问我：'为什么这居室之中没有侍者？'实际上，一切魔鬼和诸外道都是我的侍者。为什么呢？因为一切魔鬼都沉溺于生死欲乐之中，而菩萨通达生死却永不厌离；一切外道都沉溺于种种邪见之中，而菩萨了知种种邪见却不为所动。"

文殊师利菩萨问道："居士，您的疾病有什么症状呢？"

维摩诘答道："我的疾病没有形相，不可看见。"

又问："您这病是身体上的呢？还是心理上的？"

答道："我这病不是身体上的，因为身体是五蕴和合的离散之相；也不是心理上的，因为心是刹那生灭的幻相。"

又问："地大、水大、火大、风大，在这'四大'中，您的疾病是哪一大引起的呢？"

答道："我这疾病不是地大引起的，但也不脱离地大；水、风、火三大，也是这样的。而众生的疾病都是由于‘四大’不调而引起的。由于众生患病，所以我也患病。”

尔时，文殊师利问维摩诘言：“菩萨应云何慰喻有疾菩萨？”

维摩诘言：“说身无常，不说厌离于身；说身有苦，不说乐于涅槃；说身无我，而说教导众生；说身空寂，不说毕竟寂灭；说悔先罪，而不说入于过去；以己之疾，愍于彼疾；当识宿世无数劫苦，当念饶益一切众生；忆所修福，念于净命，勿生忧恼，常起精进；当作医王，疗治众病。菩萨应如是慰喻有疾菩萨，令其欢喜。”

文殊师利言：“居士，有疾菩萨，云何调伏其心？”

维摩诘言：“有疾菩萨，应作是念：今我此病，皆从前世妄想颠倒诸烦恼生，无有实法，谁受病者？所以者何？四大合故，假名为身；四大无主，身亦无我。又此病起，皆由著我，是故于我不应生著。既知病本，即除我想及众生想，当起法想。应作是念：但以众法合成此身，起唯法起，灭唯法灭；又此法者，各不相知。起时不言我起，灭时不言我灭。彼有疾菩萨，为灭法想，当作是念：此法想者，亦是颠倒；颠倒者，即是大患，我应离之。

“云何为离？离我、我所。云何离我、我所？谓离二法[①]。云何离二法？谓不念内外诸法，行于平等。

云何平等？谓我等涅槃等。所以者何？我及涅槃，此二皆空。以何为空？但以名字故空。如此二法，无决定性；得是平等，无有余病；唯有空病，空病亦空。是有疾菩萨，以无所受而受诸受[②]；未具佛法，亦不灭受而取证也。设身有苦，念恶趣众生，起大悲心：我既调伏，亦当调伏一切众生。但除其病，而不除法，为断病本而教导之。

“何谓病本？谓有攀缘[③]。从有攀缘，则为病本。何所攀缘？谓之三界。云何断攀缘？以无所得。若无所得，则无攀缘。何谓无所得？谓离二见。何谓二见？谓内见、外见，是无所得。

“文殊师利！是为有疾菩萨调伏其心。为断老病死苦，是菩萨菩提。若不如是，己所修治，为无慧利。譬如胜怨[④]，乃可为勇；如是兼除老病死者，菩萨之谓也。彼有疾菩萨，应复作是念：如我此病，非真非有，众生病亦非真非有。

“作是观时，于诸众生，若起爱见大悲，即应舍离。所以者何？菩萨断除客尘烦恼[⑤]，而起大悲。爱见悲者，则于生死有疲厌心。若能离此，无有疲厌，在在所生[⑥]，不为爱见之所覆也。所生无缚[⑦]，能为众生，说法解缚。如佛所说：‘若自有缚，能解彼缚，无有是处；若自无缚，能解彼缚，斯有是处。’是故，菩萨不应起缚。

“何谓缚？何谓解？贪著禅味，是菩萨缚；以方便生[8]，是菩萨解。又，无方便慧缚[9]，有方便慧解；无慧方便缚，有慧方便解。何谓无方便慧缚？谓菩萨以爱见心，庄严佛土，成就众生，于空、无相、无作法中，而自调伏，是名无方便慧缚。何谓有方便慧解？谓不以爱见心，庄严佛土，成就众生，于空、无相、无作法中，以自调伏而不疲厌，是名有方便慧解。何谓无慧方便缚？谓菩萨住贪欲、瞋恚、邪见等诸烦恼，而植众德本，是名无慧方便缚。何谓有慧方便解？谓离诸贪欲、瞋恚、邪见等诸烦恼，而植众德本，回向阿耨多罗三藐三菩提，是名有慧方便解。

“文殊师利！彼有疾菩萨应如是观诸法。又复观身无常、苦、空、非我[10]，是名为慧；虽身有疾，常在生死饶益一切，而不厌倦，是名方便。又复观身，身不离病，病不离身，是病是身，非新非故，是名为慧；设身有疾，而不永灭，是名方便。

“文殊师利！有疾菩萨应如是调伏其心：不住其中，亦复不住不调伏心。所以者何？若住不调伏心，是愚人法；若住调伏心，是声闻法。是故，菩萨不当住于调伏、不调伏心，离此二法，是菩萨行[11]；在于生死不为污行，住于涅槃不永灭度，是菩萨行；非凡夫行，非贤圣行，是菩萨行；非垢行，非净行，是菩萨行；虽过魔行，而现降伏众魔[12]，是菩萨行；求一切智，无非时求，是菩萨行；虽观诸法不生，而不入正位，是菩萨行；虽观十二缘起，而入诸邪见⑬，是菩萨行；虽摄一切众生，而不爱著，是菩萨行；虽乐远离，而不依身心尽，是菩萨行；虽行三界，而不坏法性，是菩萨行；虽行于空，而植众德本，是菩萨行；虽行无相，而度众生，是菩萨行；虽行无作，而现受身，是菩萨行；虽行无起，而起一切善行，是菩萨行；虽行六波罗蜜，而遍知众生心、心数法⑭，是菩萨行；虽行六通，而不尽漏，是菩萨行；虽行四无量心，而不贪著生于梵世，是菩萨行；虽行禅定解脱三昧，而不随禅生，是菩萨行；虽行四念处，不毕竟永离身受心法，是菩萨行；虽行四正勤，而不舍身心精进，是菩萨行；虽行四如意足，而得自在神通，是菩萨行；虽行五根，而分别众生诸根利钝，是菩萨行；虽行五力，而乐求佛十力，是菩萨行；虽行七觉分，而分别佛之智慧，是菩萨行；虽行八正道，而乐行无量佛道，是菩萨行；虽行止观助道之法，而不毕竟堕于寂灭，是菩萨行；虽行诸法不生不灭，而以相好庄严其身，是菩萨行；虽现声闻、辟支佛威仪，而不舍佛法，是菩萨行；虽随诸法究竟净相，而随所应为现其身，是菩萨行；虽观诸佛国土永寂如空，而现种种清净佛土，是菩萨行；虽得佛道，转于法轮，入于涅槃，而不舍于菩萨之道，是菩萨行。”

注释：

①二法：有多义，此指一切诸法分为相对之二种，如内与外、

生与灭、常与断、净与染等。僧肇《注维摩诘经》卷五:“有我我所,则二法自生;二法既生,则内外以形;内外既形,则诸法异名;诸法异名,则是非相倾;是非相倾,则众患以成。若能不念内外诸法,行心平等者,则入空行,无法想之患,内外情尘也。”竺道生说:“内者,我也。外者,一切法也。此则相对为二矣,谓不念之行于平等为离也。”

②诸受:指内心对外界的各种领纳、感受。

③攀缘:攀取缘虑之意,指心对于外境的执着。

④胜怨:即战胜怨敌。怨,即怨敌、怨结、惑障。

⑤客尘烦恼:外来的烦恼,指心执着于外境而生起的烦恼。客,外在,外来。尘,污染,污秽。

⑥在在:处处,到处,随处。僧肇《注维摩诘经》卷五:“夫有所见,必有所滞;有所爱,必有所憎,此有极之道,安能致无极之用。若能离此,则法身化生,无在不在;生死无穷,不觉为远。何有爱见之覆,疲厌之劳乎?”

⑦缚:缠缚,“烦恼”之别名。因为烦恼能缠缚众生,不得自在,故名。

⑧方便生:方便受生。僧肇《注维摩诘经》卷五:“自既离生,方便为物,而受生者,则彼我无缚,所以为解也。”竺道生说:“欲济群生而生者,为方便生也。”

⑨方便慧:方便和智慧。“方便”是随缘应机的善行,“慧”是了悟诸法实相的智慧。此二者是获得解脱的两种重要方法,缺一不可。僧肇《注维摩诘经》卷五:“巧积众德,谓之方便;直达法相,谓之慧。二行俱备,然后为解耳。若无方便而有慧未免

于缚，若无慧而有方便亦未免于缚。”

⑩无常、苦、空、非我：指原始佛教的“四法印”，即诸行无常（无常）、诸法无我（非我）、涅槃寂静（空）、一切皆苦（苦）。

⑪菩萨行：即菩萨的行为。

⑫众魔：指四魔，即烦恼魔、五阴魔、死魔、天魔。

⑬入：梵文本与奘译本为“远离”。

⑭心、心数法：即心、心所法。心生万法，为万法之王，故称“心王”，“心王”是生命现象的主体。心所法，简称“心所”，是为心所有的各种心理活动和精神现象，共有五十一法，即遍行五（触、作意、受、想、思）、别境五（欲、胜解、念、定、慧）、善心十一（信、精进、惭、愧、无贪、无瞋、无痴、轻安、不放逸、行舍、不害）、烦恼六（贪、瞋、痴、慢、疑、恶见）、随烦恼二十（忿、恨、恼、覆、诳、谄、骄、害、嫉、悭、无惭、无愧、不信、懈怠、放逸、昏沉、掉举、失念、不正知、散乱）、不定四（悔、眠、寻、伺）。

译文：

其时，文殊菩萨向维摩诘问道：“菩萨应该如何去安慰、开导生病的菩萨呢？”

维摩诘答道：“应该说身体是变化无常的，而不说厌弃摆脱这身体；应该说有身体就有病苦诸患，而不说乐于证入涅槃；应该说身体没有自主自在的我，从而劝其教导众生；应该说身体是空寂的，而不劝其追求毕竟寂灭；应该说忏悔过去所犯之罪，而不说现在的疾病为过去之业果；应该推己及人，同体大悲，由自己的疾病，悲悯及他人的疾病；应当认识到自己在过去宿世无数劫中遭受到的苦难，由此应当念及饶益一切众生；应当回忆自己过去所修福业，念念广修清净命业，不要因疾病而生烦恼，应当恒常不断精进修行；应当做一个救治世人的良医，治疗众生的各种疾病。菩萨应该这样去安慰、开导生病的菩萨，使其心中欢喜。”

文殊菩萨又问道：“居士，生病的菩萨应当如何调伏其心？”

维摩诘答道：“生病的菩萨应当这样想：现在我所患的病，都是从前世妄想、颠倒、种种烦恼中产生的，身体中本来就没有真正的实体存在，那么谁会生病呢？为什么？因为这个身体乃是由‘四大’和合而成，假名为身体罢了；‘四大’中并没有真正主宰者，因此这身体也没有一个真实的自我存在。又，此病之所以产生，都是由于众生将这‘四大’和合之身体执着为自我，所以，对这色身我不应该有所执着。既然已经认识到了生病的根源，就应该摒除对‘我’及‘众生’的虚妄执见，而应当生起法的观念。应该这样想：我这个身体只是由诸法和合而成，身体只是随诸法的产生而产生，随诸法的消失而消失；而且诸法之间各自独立，互相不知不觉。生起时不说自己生起，消灭时也不说自己消灭。那些患病的菩萨，为了除灭诸法实有的观念，应该这样想：这种把诸法当作真实存在的观念，本身也是一种颠倒妄想；而颠倒妄想就是一种极大的病患，我应该远离它。

“那么，如何远离颠倒妄想呢？就是应当除灭对自我和自我所有这二者的执着。那么，如何除灭对自我和自我所有的执着呢？这就是说要远离二法。如何远离二法呢？就是应该不执着于一切内外诸法，以平等心观照一切。如何以平等心观照一切呢？就是应该把自我与涅槃同等看待。为什么呢？自我与涅槃，这二者本性皆空。为什么说二者本性皆空呢？因为二者本来都只是一种假名而非实有，所以为空。这二种法都没有自身内在的规定性；如果能够以平等心看待这二者，就不会有什么病患了；而只剩下执着于空的病患了，实际上空病本身也是空。所以，患病的菩萨，应该以无所受而受的态度来对待种种感受；当患病的菩萨还没有圆满具足佛法时，也不应刻意摒弃种种感受而去求取涅槃。当患病菩萨身受苦痛的时候，应该念及恶道中的苦难众生，发起大悲心：我既已调伏自心，又应当调伏一切众生的心意。只除灭众生的颠倒妄想之病，而不是除去诸法，应当为了断绝疾病的根源而教导众生。

“那么，什么是众生患病的根源呢？就是有所攀缘。有所攀缘，就是众生疾病的根源。攀缘什么呢？攀缘欲、色、无色三界。那么，如何断除攀缘呢？就是应该对外界无所取、无所得。如果对外界无取无得，就没有攀缘。那么，什么是无取无得呢？就是应该远离二见。什么是二见呢？就是内执着于自我，外执着于诸法，能够远离这两种执着边见，就是无所得。

“文殊师利！生病的菩萨就应该这样调伏其心。而且，为了断除众生的生老病死诸苦而调伏众生，这就是菩萨的觉悟之道。如果不是这样，那么自己所做的修行就没有任何智慧利益。譬如，只有战胜仇敌者，才能称得上‘勇’；同样，既能调伏自心，又能断除众生老病死苦者，才能称为菩萨。那些生病的菩萨，还应该这样想：正如我这疾病非真非有一样，众生的疾病也是非真非有的。

“当生病的菩萨作这样观照时，如果由于爱见众生而生起大悲之心，这也是应该舍离的。为什么呢？菩萨应该为了断除众生的客尘烦恼而生起大悲之心。如果由于爱见众生而生起大悲之心，就会对生死产生疲倦厌离之心。如果能够舍弃这种爱见，就永远不会对生死世间产生疲倦厌离之心，无论化生于何时何处，都能不为爱欲边见所障蔽。既然菩萨于生死没有缠缚，就能为众生说法，使他们解除缠缚。正如佛祖所说：如果自己有所缠缚，而能解除别人的缠缚，这是没有的事情；如果自己无所缠缚，就能解除他人的缠缚，这才符合事理。所以，菩萨不应该生起缠缚。

“那么，什么叫缠缚呢？什么叫解缚呢？贪恋执着于禅定的愉悦滋味，这就是菩萨的缠缚；为济度众生而方便受生，无所贪着，这就是菩萨的解缚。此外，如果没有济度众生的种种方便法门，而只有通达实相的智慧，这就是菩萨的缠缚，如果既能运用种种方便法门济度众生，又具有通达实相的智慧，这就是菩萨的解缚；反之，如果只有济度众生的方便法门，而没有通达实相的智慧，这也是菩萨的缠缚，如果既有通达实相的智慧，又具备济度众生的种种方便法门，就是菩萨的解缚。什么叫做‘没有方便只有智慧便是缠缚’呢？这就是说，如果菩萨以爱见之心，庄严佛土，成就众生，于空、无相、无作三解脱门中，自我调伏，这就叫做‘没有方便只有智慧便是缠缚’；什么叫做‘既有方便又有智慧就是解缚’呢？这就是说，如果菩萨不以爱见之心，庄严佛土，成就众生，于空、无相、无作三解脱门中，自我调伏，并且不对生死产生厌离之心，这就叫做‘既有方便又有智慧就是解缚’。什么叫做‘没有智慧只有方便也是缠缚’呢?这就是说,如果菩萨能够在贪欲、瞋恚、邪见等诸烦恼中,广植一切德本,这就叫做‘没有智慧只有方便也是缠缚’;什么叫做‘既有智慧又有方便就是解缚’呢?这就是说,如果菩萨能够远离贪欲、瞋恚、邪见等种种烦恼缠缚,修行各种德行,而且能够把这些功德回向于成就无上正等正觉,这就叫做‘既有智慧又有方便就是解缚’。

“文殊师利!那些生病的菩萨应该这样观照一切诸法。此外,还应该如此去观照自身的无常、苦、空和非我,这就叫做‘通达智慧’;虽然自己身患疾病,却常安住于生死之中饶益一切众生,而永不厌倦,这就叫做‘通达方便’。此外,还应当进一步去观照自身,身不离病,病不离身,身即是病,病即是身,生灭流转,无新无旧,这就叫做‘通达智慧’;假设身体患有疾病,而不追求毕竟寂灭,这就叫做‘通达方便’。

“文殊师利!生病的菩萨应该这样调伏其心:既不住于已经调伏的心境,也不住于未调伏的心境之中。为什么呢?因为如果住于未调伏的心境中,那就是凡夫愚人的做法;如果安住于已经调伏的心境,那就是声闻小乘的做法。所以,菩萨不应当安住于调伏、未调伏两种的心境中,超越这两种做法,这才是真正的菩萨行;处于生死之中而不被烦恼所污染,安住于涅槃境界而不永入寂灭,这才是真正的菩萨行;所作所为既不同于一般凡夫的行为,也不同于二乘圣贤的行为,这才是真正的菩萨行;所作所为既不是世间的染污行为,也不是出世的清净行为,这才是真正的菩萨行;虽然已经超越一切魔怨所行,而又显现降伏众魔之相，这才是真正的菩萨行；追求一切种智，绝不急于解脱而中途求证，这才是真正的菩萨行；虽然已经达到观照诸法不生不灭的境界，而不证入涅槃正位，这才是真正的菩萨行；虽然观悟到十二因缘的真谛，而又能入于种种邪见，这才是真正的菩萨行；虽然摄化护持一切众生，而又不对众生产生贪爱执着之心，这才是真正的菩萨行；虽然乐于远离生死世间，而又不追求毁身灭智，这才是真正的菩萨行；虽然示现受生于三界之中，而又不损坏法性的湛然常寂，这才是真正的菩萨行；虽然修行空解脱门，而又能于世间广植一切德本，这才是真正的菩萨行；虽然修行无相解脱门，而又能于世间广度一切众生，这才是真正的菩萨行；虽然修行无作解脱门，而又能示现受报身于生死世间，这才是真正的菩萨行；虽然修行无起之法，而又能生起一切善行，这才是真正的菩萨行；虽然修行六度法门，而又能遍知众生心和心数法，这才是真正的菩萨行；虽然修行六种神通，而又能不断尽烦恼，这才是真正的菩萨行；虽然修行慈、悲、喜、舍四无量心，而又不贪求生于清净梵天，这才是真正的菩萨行；虽然修行四禅、八解脱、三昧，而又不依随禅定力而相应受生，这才是真正的菩萨行；虽然修行四念处，而又不追求最终离弃身受心法，这才是真正的菩萨行；虽然修行四正勤，而又不舍弃身心的精进修行，这才是真正的菩萨行；虽然修行四如意足，而能获得自在神通，这才是真正的菩萨行；虽然修行五根，而又能善于分别众生的根机利钝，这才是真正的菩萨行；虽然修行菩萨五力，而更乐于追求佛之十力，这才是真正的菩萨行；虽然修行七觉支，而又能分别佛之智慧，这才是真正的菩萨行；虽然修行八正道，而更乐于践行无量佛道，这才是真正的菩萨行；虽然修行止观法门以助进佛道，而又不堕入永久寂灭，这才是真正的菩萨行；虽然修行诸法不生不灭的无相法门，而又能以美好形相庄严其身，这才是真正的菩萨行；虽然显现声闻、辟支佛的威严仪容，而又不舍弃大乘佛法的德相，这才是真正的菩萨行；虽然随顺诸法的清净实相，而又能随缘示现其身，这才是真正的菩萨行；虽然领悟到诸佛国土永远寂灭如同虚空，而又能方便示现出种种清净佛土，这才是真正的菩萨行；虽然已经证成佛果，转动法轮，证入涅槃，而又不舍弃慈悲度众的菩萨道，这才是真正的菩萨行。”

说是语时，文殊师利所将大众，其中八千天子，皆发阿耨多罗三藐三菩提心。

译文：

当维摩诘演说这些法语时，文殊菩萨所率领的大众之中，有八千位天子，都发起无上正等正觉之心。

不思议品第六

本品深入阐析了诸法不可思议、求法亦不可思议，诸佛妙法寂灭、无为、无染、无行处、无取舍、无处所、无相、不住、不可见闻觉知，应无所求而求；又，维摩诘通过显示“借座灯王”之神通，宣扬大乘佛教广窄相容、久暂互摄、须弥纳芥子、七日涵一劫等不可思议解脱法门。《维摩诘经》所宣扬的不可思议解脱，既非言象所测，亦非二乘所议，乃是“穷微尽化，体幽用玄，眇莽无为而无不为”之大机大用，“纵任无碍，尘累不能拘”之不可思议解脱。

尔时，舍利弗见此室中无有床座，作是念：斯诸菩萨大弟子众，当于何坐？长者维摩诘知其意，语舍利弗言：“云何仁者？为法来耶？为床座耶？”舍利弗言：“我为法来，非为床座。”

维摩诘言：“唯，舍利弗！夫求法者，不贪躯命，何况床座？夫求法者，非有色、受、想、行、识之求，非有界、入之求，非有欲、色、无色之求。唯，舍利弗！夫求法者，不著佛求，不著法求，不著众求。夫求法者，无见苦求，无断集求，无造尽证修道之求。所以者何？法无戏论。若言我当见苦、断集、证灭、修道，是则戏论，非求法也。唯，舍利弗！法名寂灭，若行生灭，是求生灭，非求法也；法名无染，若染于法，乃至涅槃，是则染著，非求法也；法无行处[①]，若行于法，是则行处，非求法也；法无取舍，若取舍法，是则取舍，非求法也；法无处所，若著处所，是则著处，非求法也；法名无相，若随相识，是则求相，非求法也；法不可住，若住于法，是则住法，非求法也；法不可见闻觉知，若行见闻觉知，是则见闻觉知，非求法也；法名无为，若行有为，是求有为，非求法也。是故，舍利弗！若求法者，于一切法应无所求。”说是语时，五百天子，于诸法中得法眼净。

注释：

①行处：指观行处，即观心修行之对象。梵文本与奘译本为“境界”。

译文：

其时，舍利弗看见这居室中没有床座，心里这样想：这些各位菩萨和大弟子们，应当坐在哪里呢？长者维摩诘立即知道了舍利弗的心意，就对舍利弗说：“仁者舍利弗，你在想什么呢？你是为了求法而来的呢？还是为了求床座而来的呢？”舍利弗答道：“我是为了求法而来的，不是为了求床座而来的。”

维摩诘说：“喂，舍利弗！求法者为了求法应该做到不贪恋身躯性命，何况床座呢？真正的求法者，没有对色、受、想、行、识五蕴的欲求，没有对十八界、十二入的欲求，也没有对欲界、色界、无色界三界的欲求。喂，舍利弗！真正的求法者，不执着于佛相而求佛，不执着于法相而求法，也不执着于僧相而求僧。真正的求法者，没有知苦之求，没有断集之求，也没有证灭以及为了断集证灭而修道之求。为什么呢？因为佛法是至真之道，没有虚夸不实的言论。如果说，我应当知苦、断集、证灭、修道，这就是虚妄不实的言论，并不是真正的求法。喂，舍利弗！法的名字是寂灭，如果修行生灭之法，那就是求生灭之法，并不是真正的求法；法的名字是无染，如果染着于求法，乃至染着于求涅槃，那就是求染着，并不是真正的求法；法的名字是无行处，如果心念对境相有所攀缘，那就是求行处，并不是真正的求法；法的名字是无取舍，如果对法有所取舍，那是求取舍，并不是真正的求法；法的名字是无处所，如果执着于法的处所，那就是执着于求处所，并不是真正的求法；法的名字是无相，如果追随事物的形相而去认识法，那就是求相，并不是真正的求法；法的名字是不可住，如果执着于法，那就是求执着法，并不是真正的求法；法的名字是不可见闻觉知，如果想要看见、听闻、察觉、认知法，那就是求见闻觉知，并不是真正的求法；法的名字是无为，如果修行有为法，那就是求有为法，并不是真正的求法。所以，舍利弗！如果是真正的求法者，就应该对一切诸法都无所求。”当维摩诘说这些话时，五百位天子都从诸法中证得清净法眼。

尔时，长者维摩诘问文殊师利：“仁者游于无量千万亿阿僧祇国[1]，何等佛土，有好上妙功德成就师子之座[②]？”

文殊师利言：“居士，东方度三十六恒河沙国[③]，有世界名须弥相，其佛号须弥灯王，今现在。彼佛身长八万四千由旬，其师子座，高八万四千由旬[④]，严饰第一。”于是，长者维摩诘现神通力，即时彼佛，遣三万二千师子之座[⑤]，高广严净，来入维摩诘室；诸菩萨、大弟子、释、梵、四天王等，昔所未见。其室广博，悉皆包容三万二千师子座，无所妨碍；于毗耶离城及阎浮提四天下[⑥]，亦不迫迮[⑦]，悉见如故。

尔时，维摩诘语文殊师利：“就师子座，与诸菩萨上人俱坐。当自立身，如彼座像。”其得神通菩萨，即自变形为四万二千由旬，坐师子座；诸新发意菩萨及大弟子，皆不能升。

尔时，维摩诘语舍利弗：“就师子座。”舍利弗言：“居士！此座高广，吾不能升。”维摩诘言：“唯，舍利弗！为须弥灯王如来作礼，乃可得坐。”于是新发意菩萨及大弟子，即为须弥灯王如来作礼，便得坐师子座。

注释：

①阿僧祇（qí）：意译为“无数”、“无量”数，古印度的数量单位。“一阿僧祇”等于一千万万万万万万万万万兆。

②师子之座：狮子的座位。“师子”即“狮子”，狮子为兽中之王，故比喻佛之座处为“狮子座”，后泛指高僧说法时的庄严

坐席。

③恒河沙：形容数量极多，好像恒河中的沙子一样。恒河，为印度的大河，发源于喜马拉雅山南麓，自东北向西南流动，最后注入孟加拉湾。

④由旬：古印度计算里程的单位，指一日行军之里程，约四十里。

⑤三万二千：梵文本为“三百二十万”，奘译本为“三十二亿”，益显其多。

⑥阎浮提：又称“南赡部洲”，四大部洲之一，即我们所居住的世界。

⑦迫迮（zé）：指局促，狭窄。迮，狭窄，逼迫。

译文：

其时，长者维摩诘问文殊菩萨：“你曾经游历过十方无量千万亿阿僧祇数的佛国国土，请问哪一佛土有最殊胜功德成就的狮子宝座呢？”

文殊菩萨答道：“居士，由此向东越过三十六个恒河沙数国度，有一个世界名为须弥相，这个世界的佛祖，名号为须弥灯王，如今尚在。那位佛祖身长八万四千由旬，其狮子座也高达八万四千由旬，庄严美饰，堪称第一。”于是，长者维摩诘运用其神通力，那须弥灯王佛当即遣送三万二千个高大宽广、庄严清净的狮子座到维摩诘的居室之中；这种情形都是各位菩萨、大弟子、帝释天、梵天、四天王等前所未见的。维摩诘的居室也顿时变得极其广阔博大，将这三万二千个狮子座全部容纳其中，也毫无妨碍；而这居室也没有使毗耶离城及阎浮提四天下变得窄小局促，所见一切都如同原来的样子。

其时，维摩诘对文殊菩萨说道："请坐狮子座吧，和各位菩萨上人一同就座。应当变化自己身形，与狮子座的大小相应。"那些已得神通的菩萨当即都变化身形为身高四万二千由旬，坐上狮子座；而那些新发意菩萨及大弟子们，都不能升座。

其时，维摩诘对舍利弗说："请坐狮子座吧。"舍利弗说："居士！这狮子座太高太大了，我不能升座。"维摩诘说："喂，舍利弗！向须弥灯王如来顶礼，就可以升座了。"于是，新发意菩萨和各大弟子即向须弥灯王如来顶礼，就都坐上了狮子座。

舍利弗言："居士！未曾有也。如是小室，乃容受此高广之座；于毗耶离城无所妨碍，又于阎浮提聚落城邑，及四天下、诸天、龙王、鬼神宫殿，亦不迫迮。"

维摩诘言："唯，舍利弗！诸佛菩萨有解脱，名不可思议。若菩萨住是解脱者，以须弥之高广内芥子中①，无所增减，须弥山王本相如故，而四天王、忉利诸天，不觉不知己之所入，唯应度者，乃见须弥入芥子中，是名不可思议解脱法门。又以四大海水入一毛孔，不娆鱼鳖鼋鼍水性之属②，而彼大海本性如故，诸龙、神、鬼、阿修罗等，不觉不知己之所入，于此众生亦无所娆。

"又，舍利弗！住不可思议解脱菩萨，断取三千大千世界，如陶家轮，著右掌中，掷过恒沙世界之外，其中众生不觉不知己之所往；又复还置本处，都不使人有往来想，而此世界本相如故。又，舍利弗！或有众生乐久住世而可度者，菩萨即演七日以为一劫③，令彼众生谓之一劫；或有众生不乐久住而可度者，菩萨即促一劫以为七日，令彼众生谓之七日。又，舍利弗！住不可思议解脱菩萨，以一切佛土严饰之事，集在一国，示于众生；又菩萨以一佛土众生置之右掌，飞到十方，遍示一切，而不动本处。又，舍利弗！十方众生供养诸佛之具，菩萨于一毛孔，皆令得见；又十方国土所有日月星宿，于一毛孔，普使见之。又，舍利弗！十方世界所有诸风，菩萨悉能吸著口中，而身无损，外诸树木，亦不摧折；又十方世界劫尽烧时，以一切火内于腹中，火事如故，而不为害；又于下方过恒河沙等诸佛世界，取一佛土举著上方，过恒河沙无数世界，如持针锋举一枣叶，而无所娆。又，舍利弗！住不可思议解脱菩萨，能以神通现作佛身，或现辟支佛身，或现声闻身，或现帝释身，或现梵王身，或现世主身，或现转轮圣王身；又十方世界所有众声，上中下音，皆能变之，令作佛声，演出无常、苦、空、无我之音，及十方诸佛所说种种之法，皆于其中，普令得闻。舍利弗！我今略说菩萨不可思议解脱之力，若广说者，穷劫不尽。”

注释：

①内：同“纳”。

②娆（rǎo）：烦忧，扰乱。

③演：同“延”。

译文：

舍利弗赞叹说：“居士！这真是未曾有过的事情。如此小的居室，竟然可以容纳这样高广宽大的宝座；对毗耶离大城却毫无妨碍，而对于阎浮提中的村落、城邑以及四天下、诸天、龙王、鬼神宫殿，也不会因此显得窄小和局促。”

维摩诘说：“喂，舍利弗！诸佛菩萨有一种解脱法门，名为不可思议。如果菩萨住于这种解脱境界，能将高广的须弥山纳入芥子之中，芥子也不会因此有所增大，须弥山也不会因此有所缩小，须弥山王的本相还是和原来一样，而四天王和忉利诸天也都不能察觉自己已被移入芥子之中，只有那些借此神通而应该得度者，才能看见须弥山王被纳入芥子之中，这就叫做不可思议解脱法门。另外，将四大海之水倒入一毛孔中，也丝毫不妨碍到鱼、鳖、鼋、鼍这些水生生物，而那些大海的本性还是和原来一样，那些龙、神、鬼、阿修罗等也都不能察觉自己已被移入毛孔之中，这些众生也同样不会受到妨碍。

“还有，舍利弗！住于不可思议解脱境界的菩萨，断取三千大千世界，犹如拿起制陶工人的转轮，置于右掌之中，然后将此三千大千世界掷出恒沙数世界之外，而这世界中的众生都不能察知自己之所往；然后菩萨又将这三千大千世界放置原处，都不会使其中的众生有往来的想法，而这个世界的本相还是和原来一样。还有，舍利弗！如果有些众生乐于久住世间，而且由此可以得度者，菩萨便演变七日成为一劫，使这些众生以为七日就是一劫时间；如果有些众生不愿意久住世间，而且由此可以得度者，菩萨便将一劫变为七日，使这些众生以为一劫就是七日时间。还有，住于不可思议境界的菩萨，能够将一切佛土的庄严饰物集中在一国佛土中，展示给众生；菩萨又能将一整个佛土的众生置于右掌之上，飞到十方世界，遍示一切众生，而此佛土众生如如不动，还在原处。还有，舍利弗！十方世界众生供养诸佛的一切庄严器物，菩萨能让其全部显现于一毛孔中，使众生都能看见；十方国土的所有日月星宿，菩萨也能让其全部显现于一毛孔中，使众生都能看见。还有，舍利弗！十方世界的所有诸风，菩萨都能全部吸入口中，而自己的身体毫无损坏，外界的各种树木也不会因此受到摧折；当十方世界劫尽燃烧时，菩萨还能把十方世界一切大火吸入腹中，大火在腹中燃烧如故，但不会对菩萨的身体造成伤害；菩萨还能从下方越过恒河沙数诸佛世界，断取任取一佛国国土，举到上方，越过恒河沙数无量世界，犹如以针尖挑举一片枣叶，而毫无障碍。还有，舍利弗！住于不可思议境界的菩萨，能以神通显现为佛身，或者显现为辟支佛身，或者显现为声闻身，或者显现为帝释身，或者显现为梵王身，或者显现为世间君主身，或者显现为转轮圣王身；另外，十方世界中的各种声音，上中下音，菩萨都能将其变成佛的声音，并让这种声音演说出无常、苦、空、无常、无我等佛教义理，以及十方世界一切诸佛所宣说的种种正法，都在这种声音演说之中，普令一切众生能够听闻。舍利弗！我现在只是简略地说说住于不可思议境界菩萨的不可思议解脱力，如果要详细地说，即使穷尽这一劫的时间也说不完。”

是时，大迦叶闻说菩萨不可思议解脱法门，叹未曾有，谓舍利弗：“譬如有人，于盲者前现众色像，非彼所见；一切声闻，闻是不可思议解脱法门，不能解了，为若此也。智者闻是，其谁不发阿耨多罗三藐三菩提心？我等何为？永绝其根，于此大乘，已如败种。一切声闻，闻是不可思议解脱法门，皆应号泣，声震三千大千世界；一切菩萨，应大欣庆，顶受此法。若有菩萨信解不可思议解脱法门者，一切魔众无如之何！”大迦叶说此语时，三万二千天子，皆发阿耨多罗三藐三菩提心。

尔时，维摩诘语大迦叶：“仁者！十方无量阿僧祇世界中作魔王者，多是住不可思议解脱菩萨，以方便力故，教化众生，现作魔王。又，迦叶！十方无量菩萨，或有人从乞手足耳鼻、头目髓脑、血肉皮骨、聚落城邑、妻子奴婢、象马车乘、金银琉璃、砗磲玛瑙、珊瑚琥珀、真珠珂贝、衣服饮食，如此乞者，多是住不可思议解脱菩萨，以方便力而往试之，令其坚固。所以者何？住不可思议解脱菩萨，有威德力，故行逼迫，示诸众生如是难事。凡夫下劣，无有力势，不能如是逼迫菩萨。譬如龙象蹴踏[1]，非驴所堪。是名住不可思议解脱菩萨智慧方便之门。”

注释：

①蹴（cù）踏：践踏。

译文：

这时，大迦叶听了维摩诘演说的菩萨不可思议解脱法门之后，赞叹这是前所未闻之法，便对舍利弗说：“譬如有人，在盲者眼前展现各种色相，而盲者却一无所见；一切声闻乘人，听到这样的不可思议解脱法门，却无法理解，正如盲者看不见色相一样啊。通达智慧者听到这种法门后，还会有谁不发起无上正等正觉之心呢？我们小乘众还能有何作为呢？我们永远断绝了大乘根器，对于大乘之道已经如同焦芽败种，永远无法修证了。一切声闻众听到这种不可思议解脱法门后，都应该号啕哭泣，哭声远震三千大千世界；而一切菩萨听到这种不可思议解脱法门，都应该欢欣相庆，顶礼受持这种法门。如果有菩萨信解此不可思议解脱法门，一切魔众都对他无可奈何！”当大迦叶说这话的时候，三万二千天子，皆发起无上正等正觉之心。

其时，维摩诘对大迦叶说：“仁者！十方无量数阿僧祇世界中为魔王者，多是住于不可思议解脱境界的菩萨，为了以其方便力教化众生，而现身为魔王。还有，大迦叶！十方世界无量菩萨，或者有人向他们乞讨，要求他们布施手足耳鼻、头目髓脑、血肉皮骨、聚落城邑、妻子奴婢、象马车乘、金银琉璃、砗磲玛瑙、珊瑚琥珀、真珠珂贝、衣服饮食，这样的乞讨者，多是住于不可思议解脱境界的菩萨，以其方便力去考验那些行布施的菩萨，使其修道之心坚固。为什么呢？因为住于不可思议解脱境界的菩萨，具有强大的威德之力，所以能够逼迫行布施的菩萨，来向众生展示如此难为之事。凡夫及下劣位者，没有强大的威德势力，不能这样来逼迫行布施的菩萨。譬如龙象践踏的气势，绝非驴子所能做到的。这就叫做住于不可思议解脱境界菩萨的智慧方便法门。”

观众生品第七

本品通过文殊菩萨与维摩诘的相互问答，阐述了应如何观待众生，如何解脱众生等重要问题。本品认为众生皆虚幻不实，如幻师见所幻人、如水中月、镜中像、热时焰、呼声响、空中云、水聚沫、水上泡等；在此基础上，本品阐释了大乘佛教的慈、悲、喜、舍之菩萨行，从而得出“从无住本立一切法”的结论。

本品还通过天女与舍利弗论辩男女之相，揭示男女无定相、众生如梦幻，破除小乘众对于“法”的执着，宣扬了实无所得的菩提智慧以及“从无住本立一切法”的般若思想。

概之，本经强调“无住为本”，“从无住本立一切法”，这是因为无住则无颠倒想，无颠倒想则无虚妄分别，无虚妄分别则无欲贪，无欲贪则无我执，无我执则不善不生，善法不灭。如此则正念当行，烦恼断除，众生得度，成就菩萨如来功德。

尔时，文殊师利问维摩诘言：“菩萨云何观于众生？”

维摩诘言：“譬如幻师，见所幻人，菩萨观众生为若此。如智者见水中月，如镜中见其面像，如热时焰，如呼声响，如空中云，如水聚沫，如水上泡，如芭蕉坚，如电久住，如第五大，如第六阴，如第七情，如十三入，如十九界[①]，菩萨观众生为若此。如无色界色，如焦谷芽，如须陀洹身见[②]，如阿那含入胎[③]，如阿罗汉三毒[④]，如得忍菩萨贪恚毁禁[⑤]，如佛烦恼习，如盲者见色，如入灭尽定出入息[⑥]，如空中鸟迹，如石女儿，如化人烦恼，如梦所见已寤[⑦]，如灭度者受身，如无烟之火，菩萨观众生为若此。”

文殊师利言：“若菩萨作是观者，云何行慈？”

维摩诘言：“菩萨作是观已，自念：我当为众生说如斯法，是即真实慈也。行寂灭慈，无所生故；行不热慈，无烦恼故；行等之慈，等三世故；行无诤慈，无所起故；行不二慈，内外不合故[⑧]；行不坏慈，毕竟尽故[⑨]；行坚固慈，心无毁故；行清净慈，诸法性净故；行无边慈，如虚空故；行阿罗汉慈，破结贼故[⑩]；行菩萨慈，安众生故；行如来慈，得如相故；行佛之慈，觉众生故；行自然慈，无因得故；行菩提慈，等一味故；行无等慈，断诸爱故；行大悲慈，导以大乘故；行无厌慈，观空无我故；行法施慈，无遗惜故；行持戒慈，化毁禁故；行忍辱慈，护彼我故；行精进慈，荷负众生故；行禅定慈，不受味故；行智慧慈，无不知时故；行方便慈，一切示现故；行无隐慈，直心清净故；行深心慈，无杂行故；行无诳慈，不虚假故；行安乐慈，令得佛乐故。菩萨之慈，为若此也。”

文殊师利又问：“何谓为悲？”

答曰：“菩萨所作功德，皆与一切众生共之。”

“何谓为喜？”

答曰:“有所饶益,欢喜无悔。”

“何谓为舍?”

答曰:“所作福佑,无所希望。”

文殊师利又问:“生死有畏,菩萨当何所依?”

维摩诘言:“菩萨于生死畏中,当依如来功德之力。”

文殊师利又问:“菩萨欲依如来功德之力,当于何住?”

答曰:“菩萨欲依如来功德力者,当住度脱一切众生。”

又问:“欲度众生,当何所除?”

答曰:“欲度众生,除其烦恼。”

又问:“欲除烦恼,当何所行?”

答曰:“当行正念。”

又问:“云何行于正念?”

答曰:“当行不生不灭。”

又问:“何法不生?何法不灭?”

答曰:“不善不生,善法不灭。”

又问:“善不善,孰为本?”

答曰:“身为本。”

又问:“身孰为本?”

答曰:“欲贪为本。”

又问:“欲贪孰为本?”

答曰："虚妄分别为本。"

又问："虚妄分别孰为本？"

答曰："颠倒想为本。"

又问："颠倒想孰为本？"

答曰："无住为本⑪。"

又问："无住孰为本？"

答曰："无住则无本。文殊师利，从无住本立一切法⑫。"

注释：

①如第五大，如第六阴，如第七情，如十三入，如十九界：世间只有四大、五阴、六情、十二入、十八界，因此，所谓"第五大"、"第六阴"、"第七情"、"十三入"、"十九界"等，皆为虚幻不实之物。

②须陀洹（huán）：声闻乘四种果位的初位，意为"入流"，即初入圣人之流；既已入圣，已断见惑，故不复有身见。声闻乘的四种果位，即须陀洹果、斯陀含果、阿那含果、阿罗汉果。斯陀含，声闻乘第二果位，意为"一来"，即修到此果位者，还未能完全断绝欲界思惑，仍需要在天界人间各受生一次。余二见下注。

③阿那含：声闻乘第三果位，意为"不还"，即修到此果位者，不再生于欲界，而生于色界、无色界；不再生于欲界，故不复有入胎之事。

④阿罗汉：声闻乘第四果位，意为"不生"，即修到此果位

者，已经解脱生死，断尽一切烦恼，所作已办，不受后有；已断尽一切烦恼，故不复有贪、瞋、痴三毒。

⑤得忍菩萨：即证得无生法忍的菩萨。心结永除，已不复有贪恚。僧肇《注维摩诘经》卷六："七住得无生忍，心结永除，况毁禁粗事乎？"

⑥灭尽定：又作"灭受想定"，指灭尽心、心所一切意识的禅定。声闻乘中证得阿那含果位者所修的禅定，入定时间可达七日，定中没有呼吸之事，故不复有出入息。

⑦寤（wù）：睡醒。

⑧内外不合：内外六入不相对待，因为本性皆空。罗什说："内外，内外入也。内外为二，相对为合。"僧肇说："内慈外缘，俱空无合。"（僧肇《注维摩诘经》卷六）内外，内外六入，我我所。合，相对。

⑨毕竟尽：法性。梵文、奘译为"毕竟住"。僧肇："无缘真慈，慈相永尽，何物能坏？"（僧肇《注维摩诘经》卷六）

⑩结贼：结，为"烦恼"之异名；烦恼能缠缚、妨害众生，故称"结贼"。

⑪无住：即无所执着。住，执着。

⑫从无住本立一切法：这句话玄奘译为："夫无住者，即无其本，亦无所住。由无其本、无所住故，即能建立一切法。""无住为本"是本经的核心思想，历代各宗对此理解颇有差异。

译文：

其时，文殊菩萨问维摩诘道："菩萨应当如何看待众生？"

维摩诘答道："譬如魔术师看待自己所变化出来的幻人，菩萨看待众生就是这样。如同智者看见水中之月，如同在镜子中看见自己的面相，如同天热时的阳焰蜃影，如同呼声的回响，如同空中的浮云，如同水中的聚沫，如同水上的气泡，如同芭蕉之心的坚实，如同闪电长久留住，如同第五大，如同第六阴，如同第七情，如同第十三入，如同第十九界，菩萨看待众生就是这样。如同无色界之色相，如同烧焦的谷种所发之芽，如同已证须陀洹果者之身见，如同已证阿那含果者之入胎受生，如同已证阿罗汉果者之贪、瞋、痴三毒，如同已证无生法忍菩萨之贪恚犯禁，如同已证佛果者之烦恼习气，如同盲人看见的色相，如同已入灭定者的呼吸，如同空中飞鸟的痕迹，如同石女的儿子，如同幻化之人的烦恼，如同梦中见到的梦醒，如同已证涅槃者的受身，如同无烟之火，菩萨看待众生就是这样。"

文殊菩萨问道："如果菩萨这样看待众生，那他们应该怎样修行慈心呢？"

维摩诘答道："菩萨在这样看待众生后，然后心里这样想：我应当为众生演说这样的法门，这就是真正的修行大慈。菩萨应当修行寂灭慈，因为一切诸法本无所生的缘故；修行不热慈，因为没有爱染烦恼的缘故；修行平等慈，因为过去、现在、未来三世平等的缘故；修行无诤慈，因为诤论无所生起的缘故；修行不二慈，因为内外六入不相对待的缘故；修行不坏慈，因为安住于终极法性的缘故；修行坚固慈，因为道心坚固不可毁坏的缘故；修行清净慈，因为一切诸法本性清净的缘故；修行无边慈，因为慈心如同虚空的缘故；修行阿罗汉慈，因为破除烦恼结贼的缘故；修行菩萨慈，因为安乐众生的缘故；修行如来慈，因为证得如如实相的缘故；修行佛之慈，因为觉悟众生的缘故；修行自然慈，因为无因自得的缘故；修行菩提慈，因为平等一味的缘故；修行无等慈，因为断除一切贪爱的缘故；修行大悲慈，因为以大乘佛法化导众生的缘故；修行无厌慈，因为观悟诸法皆空、无人无我的缘故；修行法施慈，因为布施佛法无所保留吝惜的缘故；修行持戒慈，因为化导毁禁犯戒的缘故；修行忍辱慈，因为护持对方和自我的缘故；修行精进慈，因为荷担众生的缘故；修行禅定慈，因为不受五欲之味诱惑的缘故；修行智慧慈，因为通达时宜而不于中途取证的缘故；修行方便慈，因为随缘示现一切的缘故；修行无隐慈，因为直心清净的缘故；修行深心慈，因为信心坚固，没有杂乱不纯行为的缘故；修行无诳慈，因为不虚假的缘故；修行安乐慈，因为欲使一切众生获得诸佛涅槃安乐的缘故。菩萨之行慈，就应该是这样。”

文殊菩萨又问：“那什么叫做悲呢？”

维摩诘答道：“菩萨把自己所做一切功德，都与一切众生共有。”

“那什么叫做喜呢？”

答道：“只要对众生有所饶益的事情，都能欢喜无悔地去做。”

“那什么叫舍呢？”

答道：“所做一切福德善业，都不希望得到回报。”

文殊菩萨又问：“对生死有怖畏的菩萨，应当依持什么呢？”

维摩诘答道：“菩萨在生死怖畏中，应当依持如来的功德之力。”

文殊菩萨又问道:“菩萨想要依持如来的功德之力,应当安住于何处呢?”

答道:“菩萨想要依持如来的功德之力,应当安住于度脱一切众生上。”

又问:“菩萨想要度脱众生,应当除掉他们身上的什么东西呢?”

答道:“菩萨想要度脱众生,应当除掉他们的烦恼。”

又问:“菩萨想要除掉众生的烦恼,应当修行什么呢?”

答道:“应当修行正念。”

又问:“如何修行正念呢?”

答道:“应当修行不生不灭。”

又问:“什么不生?什么不灭呢?”

答道:“不善法不生,善法不灭。”

又问:“善与不善,以什么为根本呢?”

答道:“以身体为根本。”

又问:“身体又以什么为根本呢?”

答道:“以贪欲为根本。”

又问:“贪欲又以什么为根本呢?”

答道:“以虚妄分别为根本。”

又问:“虚妄分别又以什么为根本呢?”

答道:“以颠倒妄想为根本。”

又问:“颠倒妄想又以什么为根本呢?”

答道:“以无住为根本。”

又问:“无住又是以什么为根本呢?”

答道:“无住就是没有根本。文殊师利,从无所住、无其本的基础上建立一切诸法。”

时,维摩诘室,有一天女,见诸大人,闻所说法,便现其身,即以天华,散诸菩萨、大弟子上。华至诸菩萨,即皆堕落,至大弟子,便著不堕。一切弟子神力去华,不能令去。

尔时,天问舍利弗:“何故去华?”

答曰:“此华不如法,是以去之。”

天曰:“勿谓此华为不如法。所以者何?是华无所分别,仁者自生分别想耳。若于佛法出家,有所分别,为不如法;若无所分别,是则如法。观诸菩萨华不著者,已断一切分别想故。譬如人畏时,非人得其便;如是弟子畏生死故,色声香味触得其便也;已离畏者,一切五欲无能为也。结习未尽①,华著身耳;结习尽者,华不著也。”

舍利弗言:“天止此室,其已久如?”

答曰:“我止此室,如耆年解脱②。”

舍利弗言:“止此久耶!”

天曰:“耆年解脱,亦何如久?”

舍利弗默然不答。

天曰:“如何耆旧,大智而默?”

答曰:“解脱者,无所言说,故吾于是不知所云。”

天曰:“言说文字,皆解脱相。所以者何?解脱者,不内不外,不在两间。文字亦不内不外,不在两间。是故,舍利弗!无离文字说解脱也。所以者何?一切诸法是解脱相。”

舍利弗言:“不复以离淫怒痴为解脱乎?”

天曰:“佛为增上慢人③,说离淫怒痴为解脱耳;若无增上慢者,佛说淫怒痴性,即是解脱。”

舍利弗言:“善哉!善哉!天女,汝何所得?以何为证?辩乃如是。”

天曰:“我无得无证④,故辩如是。所以者何?若有得有证者,则于佛法为增上慢。”

注释:

①结习:指烦恼习气。结,烦恼。习,习气。

②耆(qí)年:指六十岁以上的老人。这里是对舍利弗的尊称。

③增上慢:指未证得圣道而谓已证得的傲慢之心。增上,增强其向上之势。慢,傲慢。《俱舍论》卷十九:“于未证得殊胜德中,谓已证得,名增上慢。”

④无得无证:罗什说:“有为果言得,无为果言证。”(僧肇《注维摩诘经》卷六)

译文:

当时,在维摩诘的居室中,有一位天女,见到诸位菩萨大士,听闻他们演说佛法,便显现出其身形,并将天花散在各位菩萨和大弟子身上。当天花飘到各位菩萨身上时,便纷纷坠落到地上,而当天花飘落到众大弟子身上时,便都沾在他们的身上而不坠落下来。即使众大弟子使尽他们的一切神力,也不能拂去那些天花。

其时,天女便问舍利弗:“您为什么要拂去天花呢?”

舍利弗答道:“这些天花不如法,所以要去掉。”

天女说:“不要认为这些天花不如法。为什么呢?因为这花本身无所分别,仁者您自己妄生分别想而已。如果皈依佛法而出家,心中仍有分别,就是不如法;如果心中无所分别,那就是如法。您看诸位花不沾身的菩萨,那是因为他们都已经断除一切分别妄想的缘故。譬如人恐惧的时候,那些妖魔鬼怪就会乘机侵害;同样,你们这些大弟子因为畏惧生死,所以外界的色、声、香、味、触五欲就会趁机作祟;而那些已经无所畏惧者,一切五欲都对他无可奈何了。烦恼习气尚未除尽者,天花就会沾在身上;烦恼习气已经除尽者,天花就不会沾在身上。”

舍利弗说:“你待在这居室之中,已经多久了呢?”

天女答道:“我待在这居室的时间,和尊者您获得解脱的时间一样久。”

舍利弗道:“你待在这里竟然已经这么久了啊!”

天女问道:“尊者您获得解脱的时间,到底有多久呢?”

舍利弗默然不答。

天女说："尊者怎么啦，难道是因为具有大智慧而默然不语吗？"

舍利弗答道："因为解脱不可言说，所以我对此不知道该如何回答。"

天女说："言说文字，都具有解脱相。为什么呢？所谓解脱，既不在内，也不在外，又不在内外之间。言说文字也是这样，既不在内，也不在外，又不在内外之间。所以，舍利弗！不要离开言语文字而说解脱。为什么呢？因为一切诸法都具有解脱相。"

舍利弗问道："那么，难道不再以断除贪、瞋、痴三毒者当作解脱了吗？"

天女说："佛祖为教化增上慢者而演说断除贪、瞋、痴三毒才是解脱；而对于那些没有增上慢者，佛祖为他们演说贪、瞋、痴三毒的本性就是解脱。"

舍利弗道："好啊！好啊！天女啊，你究竟修得了什么道行？证取了什么果位？竟然具有这般的智慧辩才。"

天女道："我无修无证，所以才有如此的智慧辩才。为什么呢？如果有人自认为有所修有所证的话，那么对于佛法而言，就是增上慢了。"

舍利弗问天："汝于三乘①，为何志求？"

天曰："以声闻法化众生故，我为声闻；以因缘法化众生故，我为辟支佛；以大悲法化众生故，我为大乘。舍利弗！如人入薝蔔林②，唯嗅薝蔔，不嗅余香。

如是若入此室，但闻佛功德之香，不乐闻声闻、辟支佛功德香也。舍利弗！其有释、梵、四天王、诸天龙鬼神等，入此室者，闻斯上人讲说正法，皆乐佛功德之香，发心而出。舍利弗！吾止此室十有二年，初不闻说声闻、辟支佛法，但闻菩萨大慈大悲，不可思议诸佛之法。

"舍利弗！此室常现八未曾有难得之法。何等为八？此室常以金色光照，昼夜无异，不以日月所照为明，是为一未曾有难得之法；此室入者，不为诸垢之所恼也，是为二未曾有难得之法；此室常有释、梵、四天王、他方菩萨来会不绝，是为三未曾有难得之法；此室常说六波罗蜜、不退转法，是为四未曾有难得之法；此室常作天人第一之乐，弦出无量法化之声，是为五未曾有难得之法；此室有四大藏，众宝积满，周穷济乏，求得无尽，是为六未曾有难得之法；此室释迦牟尼佛、阿弥陀佛、阿閦佛、宝德、宝炎、宝月、宝严、难胜、师子响、一切利成，如是等十方无量诸佛，是上人念时，即皆为来，广说诸佛秘要法藏，说已还去，是为七未曾有难得之法；此室一切诸天严饰宫殿，诸佛净土，皆于中现，是为八未曾有难得之法。舍利弗！此室常现八未曾有难得之法，谁有见斯不思议事，而复乐于声闻法乎？"

注释：

①三乘：指声闻乘、缘觉乘、菩萨乘。

②薝蔔（zhān bo）林：即薝蔔树林。薝蔔，梵语音译，一种树木，开黄色花，香气馥郁。一说夏天开白花。

译文：

舍利弗问天女道："你对于佛法三乘，有什么志愿追求呢？"

天女道："如果遇到那些应以声闻四谛法教化的众生，我即为声闻；如果遇到那些应以十二因缘法教化的众生，我即为辟支佛；如果遇到那些应以慈悲大法教化的众生，我即为大乘。舍利弗！如同人们进入薝蔔林中，只嗅到薝蔔花香，闻不到其他香味一样。正如这样，如果人们进入此居室中，便只能闻到诸佛功德的香气，而不再乐于闻声闻、辟支佛功德的香气了。舍利弗！那些帝释天、梵天、四天王、诸天龙鬼神等进入此居室中，听闻维摩诘上人讲说大乘正法，都唯乐闻佛祖功德之香，发起无上正等正觉之心，然后离去。舍利弗！我待在这居室之中已有十二年，从来未曾听到维摩诘居士讲说声闻四谛法和辟支佛十二缘起法门，只是经常听到他宣讲菩萨大慈大悲不可思议诸佛正法。

"舍利弗！这居室之中，经常显现八种未曾有过的奇妙难得之法。有哪八种呢？这居室之中常有金色光明周遍照耀，昼夜无异，不假以日月所照之光而明，这是第一种未曾有难得之法；进入此居室者，都不再被世间的种种尘垢烦恼所侵扰，这是第二种未曾有难得之法；这居室之中常有帝释天、梵天、四天王以及十方世界的众多菩萨，络绎不绝前来相会，这是第三种未曾有难得之法；这居室之中经常演说六种波罗蜜和种种不退转法门，这是第四种未曾有难得之法；这居室之中经常演奏天界人间第一美妙的音乐，演化出无量百千法音，这是第五种未曾有难得之法；这居室之中有四大宝藏，积满各种珍宝，用以周济穷困，众生取之不尽，这是第六种未曾有难得之法；在这居室之中，释迦牟尼佛、阿弥陀佛、阿閦佛、宝德佛、宝炎佛、宝月佛、宝严佛、难胜佛、师子响佛、一切利成佛，如是等等十方无量诸佛，只要维摩诘上人心中想念，都会立即应其心念前来，广为宣说诸佛如来秘密法门，说完之后便又回去，这是第七种未曾有难得之法；这居室之中，一切诸天美丽庄严的宫殿以及十方诸佛净土，都会完全显现，这是第八种未曾有难得之法。舍利弗！这居室之中常常显现这八种未曾有难得之法，有谁看见这等不可思议的事情后，还会乐于求取声闻法呢？”

舍利弗言：“汝何以不转女身？”

天曰：“我从十二年来，求女人相了不可得，当何所转？譬如幻师化作幻女，若有人问：‘何以不转女身？’是人为正问不？”

舍利弗言：“不也。幻无定相，当何所转？”

天曰：“一切诸法，亦复如是，无有定相。云何乃问不转女身？”

即时天女以神通力，变舍利弗，令如天女；天自化身，如舍利弗，而问言：“何以不转女身？”

舍利弗以天女像而答言：“我今不知何转而变为女身。”

天曰："舍利弗！若能转此女身，则一切女人亦当能转。如舍利弗，非女而现女身，一切女人，亦复如是，虽现女身，而非女也。是故，佛说一切诸法，非男非女。"即时，天女还摄神力，舍利弗身还复如故。

天问舍利弗："女身色相，今何所在？"

舍利弗言："女身色相，无在无不在。"

天曰："一切诸法，亦复如是，无在无不在。夫无在无不在者，佛所说也。"

译文：

舍利弗问天女道："您为何不转变女身而成为男身呢？"

天女答道："我这十二年来，寻求自己原本的女人身相都找不到，还有什么女人身相可以转变的呢？譬如魔术师变化出虚幻的女子后，如果有人问她：'你为何不转变女身而成为男身呢？'这人问得对不对呢？"

舍利弗答道："不对。幻化之人本无定相，又怎么能转变女身成为男身呢？"

天女说："一切诸法，也都是这样的，本来就没有定相。怎么会问不转女身为男身呢？"

随即，天女运用神通之力，将舍利弗变为天女的模样；而天女自己则变身为舍利弗的形貌，并对舍利弗说："您为何不转变女身而成为男身呢？"

此时舍利弗以天女形相回答道："我现在甚至还不知道怎么变为女身。"

天女说："舍利弗！如果您自己能够转变这女身为男身，那么，一切女人也都可以转女身为男身。如同您舍利弗并非女人而显现女身，一切女人也是这样，虽然显现女身却并非女人。天底下的女人也都是这样，虽然现女人身相，但并非女人。所以，佛说一切诸法非男非女。"随即，天女收回神力，舍利弗的身体恢复了原来的样子。

天女问舍利弗道："您刚才所呈现的女人身相，现在到哪里去了？"

舍利弗答道："女人身相，既不存在又无所不在。"

天女说道："一切诸法也都是这样，既不存在又无所不在。既不存在又无所不在，这正是佛祖所说的正法。"

舍利弗问天："汝于此没，当生何所？"

天曰："佛化所生，吾如彼生。"

曰："佛化所生，非没生也。"

天曰："众生犹然，无没生也。"

舍利弗问天："汝久如当得阿耨多罗三藐三菩提？"

天曰："如舍利弗还为凡夫，我乃当成阿耨多罗三藐三菩提。"

舍利弗言："我作凡夫，无有是处。"

天曰："我得阿耨多罗三藐三菩提，亦无是处。所以者何？菩提无住处①，是故无有得者。"

舍利弗言："今诸佛得阿耨多罗三藐三菩提，已得当得，如恒河沙，皆谓何乎？”

天曰：“皆以世俗文字数故，说有三世，非谓菩提有去来今。”

天曰：“舍利弗！汝得阿罗汉道耶？”

曰：“无所得故而得。”

天曰：“诸佛菩萨，亦复如是，无所得故而得。”

尔时，维摩诘语舍利弗：“是天女已曾供养九十二亿诸佛，已能游戏菩萨神通，所愿具足，得无生忍，住不退转；以本愿故，随意能现，教化众生。”

注释：

①无住处：没有住处。僧肇《注维摩诘经》卷六：“菩提之道，无为无相，自无住处。”大珠慧海禅师《顿悟入道要门论》：“问：‘心住何处即住？’答：‘住无住处即住。’问：‘云何是无住处？’答：‘不住一切处，即是住无住处。’‘云何是不住一切处？’答：‘不住一切处者，不住善恶有无内外中间；不住空，亦不住不空；不住定，亦不住不定；即是不住一切处。只个不住一切处，即是住处也。’”

译文：

舍利弗问天女道：“你在这里去世以后，将会往生到哪里呢？”

天女答道：“佛祖化身应缘受生，我如同佛祖化身一样，随缘受生。”

舍利弗说:“佛祖化身应缘受生,并没有所谓的此死彼生啊。”

天女说:“众生也是这样,并没有所谓的死此生彼。”

舍利弗问天女道:“你还需要多长时间才能证得无上正等正觉?”

天女答道:“如果舍利弗退还为凡夫,我就能证得无上正等正觉了。”

舍利弗说:“我已经是阿罗汉了,要退还为凡夫,没有这种道理。”

天女答道:“我证得无上正等正觉,也同样没有这种道理。为什么呢?因为无上正等正觉没有住处,所以也没有证得无上正等正觉者。”

舍利弗又问道:“现在十方诸佛已证得无上正等正觉,以及过去已经证得和将来应当证得者,多如恒河沙数,这都是什么意思呢?”

天女答道:“这都是因为用世俗文字数目表达的缘故,所以才说有过去、现在、未来三世诸佛证得的说法,并不是说菩提有过去、现在、未来。”

天女问道:“舍利弗!您已经证得阿罗汉道果了吗?”

舍利弗答道:“我因为无所得而证得阿罗汉道果。”

天女说:“诸佛菩萨,也都是这样,因为无所得而证得菩提。”

其时,维摩诘告诉舍利弗:“这位天女已经供养过九十二亿十方诸佛，通达菩萨神通，任运无碍，所发愿行具足成就，已经证得无生法忍，安住于不退转地；因为其菩萨本愿的缘故，所以能够随意示现，教化一切众生。”

佛道品第八

本品通过文殊菩萨与维摩诘对论“云何通达佛道”及“何等为如来种”等问题，论述了众生身、一切烦恼皆为佛种的佛性论以及“菩萨行于非道，是为通达佛道”的修行论，从而将出世间与世间统一起来，突出了大乘佛教深入世间的基本方向，同时也凸显了大乘佛教的慈悲利他精神。《维摩诘经》所倡导的非道即佛道、烦恼即菩提、出世即入世等思想，其根据就是本经的理论核心——不二法门。

尔时，文殊师利问维摩诘言：“菩萨云何通达佛道？”

维摩诘言：“若菩萨行于非道，是为通达佛道。”

又问：“云何菩萨行于非道？”

答曰：“若菩萨行五无间[①]，而无恼恚；至于地狱，无诸罪垢；至于畜生，无有无明憍慢等过[②]；至于饿鬼[③]，而具足功德；行色、无色界道，不以为胜。示行贪欲，离诸染著；示行瞋恚，于诸众生无有恚碍；示行愚痴，而以智慧调伏其心。

“示行悭贪，而舍内外所有，不惜身命；示行毁禁，而安住净戒，乃至小罪犹怀大惧；示行瞋恚，而常慈忍；示行懈怠，而勤修功德；示行乱意，而常念定；示行愚痴，而通达世间出世间慧；示行谄伪，而善方便随诸经义；示行憍慢，而于众生犹如桥梁；示行诸烦恼，而心常清净；示入于魔，而顺佛智慧，不随他教。

“示入声闻，而为众生说未闻法；示入辟支佛，而成就大悲，教化众生；示入贫穷，而有宝手功德无尽；示入形残，而具诸相好，以自庄严；示入下贱，而生佛种性中，具诸功德；示入羸劣丑陋，而得那罗延身④，一切众生之所乐见；示入老病，而永断病根，超越死畏；示有资生，而恒观无常，实无所贪；示有妻妾婇女，而常远离五欲淤泥；现于讷钝⑤，而成就辩才，总持无失；示入邪济⑥，而以正济度诸众生；现遍入诸道，而断其因缘；现于涅槃，而不断生死。文殊师利！菩萨能如是行于非道，是为通达佛道。”

注释：

①五无间：指“五无间罪”或“五无间地狱”。五无间罪，指杀母、杀父、杀阿罗汉、破和合僧、出佛身血等“五逆罪”。此五种罪业能招感无间地狱之苦果，故又称“五无间业”。五无间地狱，又称即“阿鼻地狱”，为八大地狱之最苦处，众生随所造业堕此地狱，所受苦报永无间断。“五无间”指受苦无间、身形无间、罪器无间、众类无间、时间无间。僧肇《注维摩诘经》卷七：“什曰：‘五无间罪业也，地狱至饿鬼恶趣果报也。’肇曰：‘五逆罪必由恼恚生。此罪舍身必入地狱受苦无间也。菩萨示行五逆

而无恼恚,是由不以逆为逆,故能同逆耳。若以逆为逆者,孰敢同之。'”梵文本及奘译本为“五无间趣”。

②无明:又名“痴”或“痴愚”,意为不能明了事物的真实相状及不能通达真理,特指对佛法真理的愚昧无知。佛教认为,“无明”是无始以来就有的,是一切生死痛苦的总根源,由于无明而执着于各种贪欲,便会生起种种烦恼,造下种种惑业,依业受报,即有轮回之苦。

③饿鬼:“三恶道”之一。

④那罗延:天上力士的名字,或说为梵天之别名,或说为欲界之毗纽天。僧肇说:“那罗延,天力士名也。端正殊妙,志力雄猛。”

⑤讷钝:言语木讷,反应迟钝,意思是不善言说。

⑥邪济:外道,邪道。下文“正济”,指正道。济,济度,此处有“渡口”之意。奘译为“邪道”、“正道”。

译文:

其时,文殊师利菩萨问维摩诘道:“菩萨如何才能通达佛法正道?”

维摩诘答道:“如果菩萨修行非正道,就是通达佛法正道。”

文殊菩萨又问:“菩萨怎样修行非正道呢?”

维摩诘答道:“如果菩萨进入五无间道,而没有烦恼瞋恚;进入地狱道,而没有种种罪业污垢;进入畜生道,而没有无明、骄慢等过失;进入饿鬼道,而能具足一切功德;进入色、无色界道,而不以此为殊胜。虽然示现贪欲之相,而远离种种爱染执着；虽然示现瞋恚之相，而对一切众生毫无怨怼之意、侵害之心；虽然示现愚痴之相，而能以智慧调伏其心。

"虽然示现悭吝贪婪之相，而能舍弃身内身外一切所有，不惜身体和性命；虽然示现毁禁犯戒之相，而能安住于清净戒律，乃至对于小罪也怀有极大的畏惧；虽然示现瞋恚之相，而常怀慈悲忍让之心；虽然示现懈怠之相，而能勤修种种功德善行；虽然示现心意烦乱之相，而常常住心于定境；虽然示现愚痴之相，而能通达一切世间、出世间的智慧；虽然示现谄伪之相，而能通达方便，随顺经义；虽然示现骄慢之相，而能成为济度众生到达解脱彼岸的桥梁；虽然示现种种烦恼之相，而心常清净，究竟无染；虽然示现入于魔道，而能随顺佛法智慧，不依从其他学说。

"虽然示现入于声闻乘，而能为众生演说未曾听闻的大乘法；虽然示现入于辟支佛乘，而能成就菩萨大悲宏愿，教化众生；虽然示现贫穷之相，而有能出无尽珍宝的宝手，普济广施，功德无量；虽然示现残疾之相，而具有种种相好，庄严自身；虽然示现下贱之相，而生于佛之种性中，具足一切功德；虽然示现瘦弱丑陋之相，而具有那罗延那样威猛强壮的身体，一切众生都乐于见到；虽然示现衰老病患之相，而已经永断病根，超越了对死亡的畏惧；虽然示现有种种世间资生产业，而能恒常观照念世间无常，实际上一无所贪；虽然示现拥有妻妾婇女，而恒常远离五欲的淤泥；虽然示现木讷迟钝之相，而能成就无碍辩才，总持一切法门，无一遗漏；虽然示现入于邪道，而以正道救度一切众生；虽然示现为遍入六道诸趣，而实际上已经永远断绝一切趣生因缘；虽然示现入于涅槃之境，而不断灭生死。文殊师利！菩萨能够这样修行非正道，就是通达佛法正道。”

于是，维摩诘问文殊师利：“何等为如来种？”

文殊师利言：“有身为种，无明有爱为种，贪恚痴为种①，四颠倒为种②，五盖为种③，六入为种，七识处为种④，八邪法为种，九恼处为种⑤，十不善道为种，以要言之，六十二见及一切烦恼皆是佛种。”

曰：“何谓也？”

答曰：“若见无为入正位者，不能复发阿耨多罗三藐三菩提心。譬如高原陆地，不生莲华；卑湿淤泥，乃生此华。如是，见无为法入正位者，终不复能生于佛法；烦恼泥中，乃有众生起佛法耳。又如植种于空，终不得生；粪壤之地，乃能滋茂。如是，入无为正位者，不生佛法；起于我见如须弥山，犹能发于阿耨多罗三藐三菩提心，生佛法矣。是故，当知一切烦恼，为如来种。譬如不下巨海，不能得无价宝珠；如是，不入烦恼大海，则不能得一切智宝。”

尔时，大迦叶叹言：“好啊！好啊！文殊师利，快说此语！诚如所言，尘劳之俦⑥，为如来种。我等今者，不复堪任发阿耨多罗三藐三菩提心。乃至五无间罪，犹能发意，生于佛法，而今我等永不能发，譬如根败之士⑦，其于五欲不能复利。如是，声闻诸结断者，于佛法中，无所复益，永不志愿。是故，文殊师利，凡夫于佛法有反复[8]，而声闻无也。所以者何？凡夫闻佛法，能起无上道心，不断三宝；正使声闻终身闻佛法，力、无畏等[9]，永不能发无上道意。”

注释：

①贪恚（huì）痴：即贪、瞋、痴“三毒”。

②四颠倒：即四种颠倒妄见。“四颠倒”有两种：一、凡夫四颠倒（亦称“有为四颠倒”），指世俗凡夫以无常为常，以苦为乐，以无我为我，以不净为净；二、二乘四颠倒（亦称“无为四颠倒”），指声闻、缘觉二乘人把涅槃四德“常、乐、我、净”误认为“无常、无乐、无我、不净”。

③五盖：能盖覆人之心性使不生善的五种障碍：贪欲盖、瞋恚盖、睡眠盖、掉悔盖、疑惑盖。

④七识处：又作“七识住”，指七识安住之处。众生受生三界，其识所依住的七个处所：一是欲界的五道，二是色界的初禅天，三是色界的二禅天，四是色界的三禅天，五是无色界的空无边处，六是无色界的识无边处，七是无色界的无所有处。

⑤九恼处：即九种令人烦恼之处。僧肇《注维摩诘经》卷七：“什曰：‘爱我怨家，憎我知识，恼我己身。一世则三，三世为九，义云九结也。”罗什认为，此“九恼处”可分为过去、现在、未来三世，各世均有三恼：爱我怨家（爱恋不当爱的人）、憎我知识（憎恨应当敬重之人）、恼我己身（由自己之贪欲、过失所导致的苦恼），合三世则为九恼处。

⑥尘劳：“烦恼”的别称。俦（chóu）：类。

⑦根败：指根性已败坏，难以救治。

⑧反复：回报，报恩。“于佛法有反复”句，奘译为“能报佛恩”。僧肇《注维摩诘经》卷七：“凡夫闻法能续佛种，则报恩有反复也。声闻独善其身，不弘三宝，于佛法为无反复也。”

⑨正使：即使，假使，纵使。

译文：

于是，维摩诘问文殊菩萨道：“什么是如来种呢？”

文殊菩萨答道：“色身是如来种，无明贪爱是如来种，贪瞋痴‘三毒’是如来种，‘四颠倒’是如来种，‘五盖’是如来种，‘六入’是如来种，‘七识处’是如来种，‘八邪法’是如来种，‘九恼处’是如来种，‘十不善’道是如来种。要而言之，六十二种邪见以及一切烦恼都是如来种。”

维摩诘问道：“为什么这么说呢？”

文殊菩萨答道：“如果是已经洞见无为之理而证入涅槃正位者，就不能再发起无上正等正觉之心了。譬如在高原陆地上，是不能生长莲花的；而只有在低湿的淤泥中，才能生长出莲花。正是这样，已经洞见无为之理而证入涅槃正位者，终究不能再生起佛法，发起一切智心；而只有在烦恼淤泥之中，才会有众生生起佛法，发起一切智心。又如在空中播下种子，终究无法生长发芽；而只有在粪壤之地中播下种子，才能茁壮生长。正是这样，已经洞见无为之理而证入涅槃正位者，不能生起佛法，发起一切智心；而那些执着我见如须弥山者，还能发起无上正等正觉之心，生起佛法。所以，应当知道一切烦恼就是如来种。譬如不下大海，终究不能获取无价宝珠；正像这样，如果不进入烦恼大海，也就不能获取无价珍宝一切智智。”

其时，大迦叶赞叹道：“好啊！好啊！文殊师利，你这一番话说得太好了！确实如你所说，世间一切尘劳烦恼，皆是如来种。如今我们这些小乘众，再也不能发起无上正等正觉之心了。即使是犯了五无间重罪者，尚能发意，生起佛法，而如今我们这些声闻众却不能发意，生起佛法了，譬如五根已经败坏之人，对于五欲之乐再也不能享受了。正像这样，我们这些声闻众已经断尽了一切烦恼束缚，再也无法从佛法中获得利益，永远不可能再去志求诸佛妙法。所以，文殊师利，凡夫听闻佛法，能绍续佛种，报答佛恩，而我们这些声闻众却无此可能了。为什么呢？凡夫听闻佛法，能够发起无上道心，不使佛、法、僧三宝断绝；而我们声闻即使终身听闻佛法，知晓佛之十力、四无所畏等一切法门，却永远不能发起无上道意。”

尔时，会中有菩萨名普现色身，问维摩诘言：“居士！父母妻子、亲戚眷属、吏民知识，悉为是谁？奴婢僮仆、象马车乘，皆何所在？”于是，维摩诘以偈答曰：

智度菩萨母，方便以为父；
一切众导师，无不由是生。
法喜以为妻，慈悲心为女；
善心诚实男，毕竟空寂舍。
弟子众尘劳，随意之所转；
道品善知识，由是成正觉。

诸度法等侣，四摄为妓女；
歌咏诵法言，以此为音乐。
总持之园苑，无漏法林树；
觉意净妙华[①]，解脱智慧果。
八解之浴池，定水湛然满；
布以七净华[②]，浴此无垢人。
象马五通驰，大乘以为车；
调御以一心，游于八正路。
相具以严容，众好饰其姿；
惭愧之上服，深心为华鬘[③]。
富有七财宝，教授以滋息；
如所说修行，回向为大利。
四禅为床座，从于净命生；
多闻增智慧，以为自觉音。
甘露法之食，解脱味为浆；
净心以澡浴，戒品为涂香。
摧灭烦恼贼，勇健无能逾；
降伏四种魔，胜幡建道场。
虽知无起灭，示彼故有生；
悉现诸国土，如日无不见。
供养于十方，无量亿如来；
诸佛及己身，无有分别想。
虽知诸佛国，及与众生空；

而常修净土，教化于群生。
诸有众生类，形声及威仪；
无畏力菩萨，一时能尽现。
觉知众魔事，而示随其行；
以善方便智，随意皆能现。
或示老病死，成就诸群生；
了知如幻化，通达无有碍。
或现劫尽烧[④]，天地皆洞然；
众人有常想，照令知无常。
无数亿众生，俱来请菩萨；
一时到其舍，化令向佛道。
经书禁咒术，工巧诸技艺；
尽现行此事，饶益诸群生。
世间众道法，悉于中出家；
因以解人惑，而不堕邪见。
或作日月天，梵王世界主；
或时作地水，或复作风火。
劫中有疾疫，现作诸药草；
若有服之者，除病消众毒。
劫中有饥馑，现身作饮食；
先救彼饥渴，却以法语人。
劫中有刀兵，为之起慈悲；
化彼诸众生，令住无诤地。

若有大战阵，立之以等力；
菩萨现威势，降伏使和安。
一切国土中，诸有地狱处；
辄往到于彼，勉济其苦恼。
一切国土中，畜生相食啖[⑤]；
皆现生于彼，为之作利益。
示受于五欲，亦复现行禅；
令魔心愦乱，不能得其便。
火中生莲华，是可谓希有；
在欲而行禅，希有亦如是。
或现作淫女，引诸好色者；
先以欲钩牵，后令入佛智。
或为邑中主，或作商人导；
国师及大臣，以佑利众生。
诸有贫穷者，现作无尽藏[⑥]；
因以劝导之，令发菩提心。
我心憍慢者，为现大力士；
消伏诸贡高[⑦]，令住无上道。
其有恐惧众，居前而慰安；
先施以无畏，后令发道心。
或现离淫欲，为五通仙人[⑧]；
开导诸群生，令住戒忍慈。
见须供事者，现为作僮仆；

既悦可其意，乃发以道心。
随彼之所须，得入于佛道；
以善方便力，皆能给足之。
如是道无量，所行无有涯；
智慧无边际，度脱无数众。
假令一切佛，于无数亿劫；
赞叹其功德，犹尚不能尽。
谁闻如是法，不发菩提心；
除彼不肖人，痴冥无智者。

注释：

①觉意：即觉分、觉支，指“七觉支”。竺道生说：“七觉以开悟为道，无染为净，华之法者也。”

②七净华：七种清净的花，譬喻“七觉分”。罗什等则说为以下七种：戒净（戒行清净）、心净（心清净）、见净（见清净法性）、度疑净（见深断疑清净净）、分别道净（道非道知见净、道非道净、分别净）、行断知见净（行知见净、行净）、涅槃净（断知见净、断净、智净）。

③华鬘（mán）：美丽的头发。

④劫尽烧：指世界毁灭时燃烧的大火。佛教分世界的生灭变化为成、住、坏、空四劫，并认为在坏劫之末必起火灾，其时初禅天以下全部为劫火所烧，天地洞然。

⑤啖（dàn）：吃。

⑥无尽藏：无尽的宝藏。主要有二义：一是指含藏无穷尽

的功德，又作“无尽藏海”、“无尽法藏”，即真如法性之理海广阔无边，包藏一切万象。二是指寺院把信徒所供钱财贷与他人，以其所得的利息等用作寺院日常开支及救济世人。这里指无穷无尽的财富。

⑦贡高：自以为是、骄傲自大。

⑧五通：指五种神通。

译文：

其时，与会大众中有一位菩萨，名叫普现色身，问维摩诘道："居士！您的父母妻子、亲戚眷属、官吏平民、师长朋友，都是谁呢？您的奴婢僮仆、象马车乘，又都在哪里呢？”于是，维摩诘便以偈颂回答道：

智度菩萨母，方便以为父；
一切众导师，无不由是生。
法喜以为妻，慈悲心为女；
善心诚实男，毕竟空寂舍。
弟子众尘劳，随意之所转；
道品善知识，由是成正觉。
诸度法等侣，四摄为妓女；
歌咏诵法言，以此为音乐。
总持之园苑，无漏法林树；
觉意净妙华，解脱智慧果。
八解之浴池，定水湛然满；
布以七净华，浴此无垢人。

象马五通驰，大乘以为车；
调御以一心，游于八正路。
相具以严容，众好饰其姿；
惭愧之上服，深心为华鬘。
富有七财宝，教授以滋息；
如所说修行，回向为大利。
四禅为床座，从于净命生；
多闻增智慧，以为自觉音。
甘露法之食，解脱味为浆；
净心以澡浴，戒品为涂香。
摧灭烦恼贼，勇健无能逾；
降伏四种魔，胜幡建道场。
虽知无起灭，示彼故有生；
悉现诸国土，如日无不见。
供养于十方，无量亿如来；
诸佛及己身，无有分别想。
虽知诸佛国，及与众生空；
而常修净土，教化于群生。
诸有众生类，形声及威仪；
无畏力菩萨，一时能尽现。
觉知众魔事，而示随其行；
以善方便智，随意皆能现。
或示老病死，成就诸群生；
了知如幻化，通达无有碍。

或现劫尽烧，天地皆洞然；
众人有常想，照令知无常。
无数亿众生，俱来请菩萨；
一时到其舍，化令向佛道。
经书禁咒术，工巧诸技艺；
尽现行此事，饶益诸群生。
世间众道法，悉于中出家；
因以解人惑，而不堕邪见。
或作日月天，梵王世界主；
或时作地水，或复作风火。
劫中有疾疫，现作诸药草；
若有服之者，除病消众毒。
劫中有饥馑，现身作饮食；
先救彼饥渴，却以法语人。
劫中有刀兵，为之起慈悲；
化彼诸众生，令住无诤地。
若有大战阵，立之以等力；
菩萨现威势，降伏使和安。
一切国土中，诸有地狱处；
辄往到于彼，勉济其苦恼。
一切国土中，畜生相食啖；
皆现生于彼，为之作利益。
示受于五欲，亦复现行禅；
令魔心愦乱，不能得其便。

火中生莲华，是可谓稀有；
在欲而行禅，稀有亦如是。
或现作淫女，引诸好色者；
先以欲钩牵，后令入佛智。
或为邑中主，或作商人导；
国师及大臣，以佑利众生。
诸有贫穷者，现作无尽藏；
因以劝导之，令发菩提心。
我心骄慢者，为现大力士；
消伏诸贡高，令住无上道。
其有恐惧众，居前而慰安；
先施以无畏，后令发道心。
或现离淫欲，为五通仙人；
开导诸群生，令住戒忍慈。
见须供事者，现为作僮仆；
既悦可其意，乃发以道心。
随彼之所须，得入于佛道；
以善方便力，皆能给足之。
如是道无量，所行无有涯；
智慧无边际，度脱无数众。
假令一切佛，于无数亿劫；
赞叹其功德，犹尚不能尽。
谁闻如是法，不发菩提心；
除彼不肖人，痴冥无智者。

入不二法门品第九

“不二法门”是贯穿本经的理论核心。本经所宣讲的大乘佛教法门皆依不二法门而建立，所谓依不二之理则有不二之行；依不二之行，则有不可思议解脱法门。所谓“不二法”即真如实相，一实之理，如如平等，而无彼此之别，因而菩萨悟入此一实平等之理，即超越相对之差别，而入于绝对平等之境界，这就是入不二法门。本品通过维摩诘、文殊菩萨以及法自在菩萨等众菩萨对“入不二法门”的表述，显示入不二法门的不同层次与法门，表明法自在菩萨等以消除我、我所对待并非真入不二法门，唯有“文殊无言，净名杜口”为真入不二法门。

尔时，维摩诘谓众菩萨言：“诸仁者！云何菩萨入不二法门①？各随所乐说之。”

会中有菩萨名法自在，说言：“诸仁者！生、灭分别对待为二。法本不生，今则无灭；得此无生法忍，是为入不二法门。”

注释：

①不二法门：指通过无差别的认识而悟入“不二”之理的门径。二，指一切差异，缘起诸法；不二，指空性、法性、“一实之理”。法，指理体、心轨。“不二”即是“不二法”。

译文：

其时，维摩诘对众位菩萨说道："诸位仁者啊！什么是菩萨入不二法门呢？请诸位根据自己的喜好来说说吧。"

与会者中有位菩萨，名叫法自在，说道："诸位仁者！生与灭分别对待为二。诸法本来就没有所谓的生起，现在也没有所谓的消灭；证得这样的无生法忍，就是悟入不二法门。"

德守菩萨曰："我、我所为二。因有我故，便有我所；若无有我，则无我所，是为入不二法门。"

译文：

德守菩萨说："我与我之所有分别对待为二。因为执着于我，便产生了与我相对待的我之所有；如果能悟得没有真实自我的存在，当然也就没有我之所有了，这就是悟入不二法门。"

不眴菩萨曰："受、不受为二①。若法不受，则不可得②；以不可得，故无取无舍，无作无行，是为入不二法门。"

注释：

①受：取相，取执事理之相而产生妄惑感受。不受：不取相。

②不可得：即无所得，无所感受。此句遣不受。所谓无所得，就是体悟无相之真理，做到心中无所执着，无所分别，终日

受而未偿受也。《大智度论》卷十八说:“诸法实相中,受决定相不可得故,名无所得。”又,《涅槃经》卷十七说:“无所得者,则名为慧。有所得者,名为无明。”所以,无所得也就是空慧、无分别智。

译文:

不眴菩萨说:“对外界的感受与不感受分别对待为二。如果了知诸法本来就无从感受,便知诸法不可感受;因为诸法不可感受的缘故,无取无舍,无作无行,这就是悟入不二法门。”

德顶菩萨曰:“垢、净为二。见垢实性,则无净相,顺于灭相,是为入不二法门。”

译文:

德顶菩萨说:“垢染与清净分别对待为二。如果能体悟垢染之本性为空,也就没有所谓清净相了,随顺于无垢无净的寂灭相,这就是悟入不二法门。”

善宿菩萨曰:“是动、是念为二[1]。不动则无念,无念即无分别;通达此者,是为入不二法门。”

注释:

①动、念:心意初起为动,思惟运作为念。罗什注曰:“惑心微起名为动,取相深著名为念。”僧肇注曰:“情发为动,想我为

念也。”奘译为:“散动、思惟为二。”

译文:

善宿菩萨说:“心动与思考分别对待为二。如果心不动,就没有思维运作,没有思维运作便无分别取舍;通达这样的道理,就是悟入不二法门。”

善眼菩萨曰:“一相、无相为二①。若知一相即是无相,亦不取无相,入于平等,是为入不二法门。”

注释:

①一相:平等无差别之真如实相。无相:于一切相,离一切相,即是无相。实相即是无相,故常说:“实相无相,无相实相。”

译文:

善眼菩萨说:“一相与无相分别对待为二。如果了知一相即是无相,也不执着于无相,入于平等法性,这就是悟入不二法门。”

妙臂菩萨曰:“菩萨心、声闻心为二。观心相空如幻化者,无菩萨心,无声闻心,是为入不二法门。”

译文:

妙臂菩萨说:“菩萨心与声闻心分别对待为二。观照心相本空，如同幻化，既无菩萨心，也无声闻心，这就是悟入不二法门。”

弗沙菩萨曰：“善、不善为二。若不起善不善，入无相际而通达者，是为入不二法门。”

译文：

弗沙菩萨说：“善与不善分别对待为二。如果了知善与不善无所生起，入于无相实际而通达无碍，这就是悟入不二法门。”

师子菩萨曰：“罪、福为二。若达罪性，则与福无异；以金刚慧①，决了此相，无缚无解者，是为入不二法门。”

注释：

①金刚慧：即无坚不摧的金刚般智慧。此指通达实相之理的智慧。

译文：

师子菩萨说：“罪业与福报分别对待为二。如果明达罪业的本性为空，便知罪业与福报并无差别；以金刚智慧通达诸法本相，既无系缚，亦无解脱，这就是悟入不二法门。”

师子意菩萨曰:“有漏、无漏为二。若得诸法等,则不起漏不漏想,不著于相①,亦不住无相,是为入不二法门。”

注释:

①相:同“想”。

译文:

师子意菩萨说:“有烦恼与无烦恼分别对待为二。如果认识到一切诸法平等一如,也就不生起有烦恼与无烦恼之分别想,不执着于想,也不执着于无想,这就是悟入不二法门。”

净解菩萨曰:“有为、无为为二。若离一切数,则心如虚空;以清净慧,无所碍者,是为入不二法门。”

译文:

净解菩萨说:“有为法、无为法分别对待为二。如果了知二者法性平等,远离一切法数差别,则心如虚空;以清净智慧观照诸法,如如平等,圆融无碍,这就是悟入不二法门。”

那罗延菩萨曰:“世间、出世间为二。世间性空,即是出世间;于其中不入不出,不溢不散,是为入不二法门。”

译文：

那罗延菩萨说："世间、出世间分别对待为二。如果了知世间本性空寂，即是出世间；于此二者无入无出，无流无散，亦不执着，这就是悟入不二法门。"

善意菩萨曰："生死、涅槃为二。若见生死性，则无生死；无缚无解，不然不灭；如是解者，是为入不二法门。"

译文：

善意菩萨说："生死与涅槃分别对待为二。如果能洞见生死本性空寂，便既无生死，也无涅槃；无系缚，无解脱，无有生死流转，亦无涅槃寂灭；如果能这样理解生死与涅槃，就是悟入不二法门。"

现见菩萨曰："尽、不尽为二①。法若究竟，尽若不尽，皆是无尽相；无尽相即是空，空则无有尽不尽相，如是入者，是为入不二法门。"

注释：

①尽、不尽：慧远说："妄息名尽，真德常住名为不尽。"

译文：

现见菩萨说："尽与不尽分别对待为二。一切诸法，或者究竟尽，或者不尽，本性都是无尽之相；无尽相即是空，空就是没有尽与不尽的差别，能够这样悟入，就是悟入不二法门。”

普守菩萨曰：“我、无我为二。我尚不可得，非我何可得？见我实性者，不复起二，是为入不二法门。”

译文：

普守菩萨说：“我与无我分别对待为二。我尚且不可得，更何况非我？洞见我之实性即是空性，就不会再生起我与无我之分别见，这就是悟入不二法门。”

电天菩萨曰：“明、无明为二。无明实性即是明，明亦不可取；离一切数，于其中平等无二者，是为入不二法门。”

译文：

电天菩萨说：“明与无明分别对待为二。了知无明的本性就是明，明亦不可执取；如果远离一切法数，在二者之中如如观照，平等无二，这就是悟入不二法门。”

喜见菩萨曰：“色、色空为二。色即是空，非色灭空，色性自空；如是受、想、行、识，识空为二，识即是空，非识灭空，识性自空；于其中而通达者，是为入不二法门。”

译文：

喜见菩萨说："色与色空分别对待为二。色的本性即是空，并非色灭以后才是空，色的本性是自性空；受、想、行、识也都是这样，识与识空分别对待为二，识的本性即是空，并非识灭以后才是空，识的本性是自性空；能够通达其中的真谛，就是悟入不二法门。"

明相菩萨曰："四种异、空种异为二[①]。四种性即是空种性，如前际后际空，故中际亦空。若能如是知诸种性者，是为入不二法门。"

注释：

①四种异、空种异："四种异"指组成器世间的四大元素地、水、风、火四大种，各有特质；"空种异"则指空性之特质，有别于四大种。"四大"与"空"本质上是二而不二的关系。异，梵文为 anye 或 anyah，词义为"另外的"。本句奘译为："四界与空分别为二。"

译文：

明相菩萨说："地、水、风、火'四大'与空性分别对待为二。'四大'本性即空性，如同过去、未来的本性为空一样，现在的本性也是空；如果能这样去了知'四大'与空性本无差别，就是悟入不二法门。"

妙意菩萨曰："眼、色为二①。若知眼性，于色不贪、不恚、不痴，是名寂灭；如是耳声、鼻香、舌味、身触、意法为二；若知意性，于法不贪、不恚、不痴，是名寂灭；安住其中，是为入不二法门。"

注释：

①眼、色为二：眼为内根，色为外境，根境相合，而后识生。此二者也是二而不二的关系。

译文：

妙意菩萨说："眼与色分别对待为二。如果能认识到眼的本性为空，对于尘不贪染、不瞋恚、不痴迷，这就称为寂灭；正如这样，耳与声、鼻与香、舌与味、身与触、意与法分别对待为二；如果认识到意的本性为空，对于法不贪染、不瞋恚、不痴迷，这就称为寂灭；安住于寂灭之中，这就是悟入不二法门。"

无尽意菩萨曰："布施、回向一切智为二。布施性即是回向一切智性；如是持戒、忍辱、精进、禅定、智慧回向一切智为二；智慧性即是回向一切智性；于其中入一相者，是为入不二法门。"

译文：

无尽意菩萨说："布施与回向一切智分别对待为二。布施的本性就是回向一切智的本性；正如这样，持戒、忍辱、精进、禅定、智慧与回向一切智分别对待为二；智慧的本性就是回向一切智的本性；如果能于其中认识到它们的本性相同，无有差别，就是悟入不二法门。”

深慧菩萨曰：“是空，是无相，是无作为二。空即无相，无相即无作；若空、无相、无作，则无心、意、识①；于一解脱门，即是三解脱门者，是为入不二法门。”

注释：

①心、意、识：“心”为集起义，“意”为思量义，“识”为了别义，作用不同，其体则一。在唯识学中，“心”为阿赖耶识（第八识），“意”为末那识（第七识），“识”为前六识（即眼识、耳识、鼻识、舌识、身识、意识）。

译文：

深慧菩萨说：“空、无相、无作分别对待为二。空就是无相，无相就是无作；如果了知空、无相、无作本无差别，就没有心、意、识的妄想分别；这样，于任一解脱门解脱，即是于三解脱门解脱，了无差别，通达这个道理，就是悟入不二法门。”

寂根菩萨曰：“佛、法、众为二。佛即是法，法即是众；是三宝皆无为相，与虚空等，一切法亦尔；能随此行者，是为入不二法门。”

译文：

寂根菩萨说："佛、法、僧三宝，各各分别对待为二。佛就是法，法就是僧；这三宝都是无为相，与虚空等同，一切诸法也都是这样；能随顺这一真理而修行，就是悟入不二法门。"

心无碍菩萨曰："身、身灭为二①。身即是身灭，所以者何？见身实相者，不起见身及见灭身；身与灭身，无二无分别；于其中不惊、不惧者，是为入不二法门。"

注释：

①身：五蕴身。身灭：罗什认为是涅槃、法身；净慧认为，身无常有死为灭。慧远认为："身实相者，第一义空，于此空中，由来无身，亦无身灭。"故知身灭非谓法身，若是法身，何来惊惧。

译文：

心无碍菩萨说："有身与身灭分别对待为二。五蕴身就是身灭，为什么呢？因为洞达色身之实相者，就不会生起身见和身灭见；身与身灭，是无二无分别；在有身与身灭之间，不惊不惧者，就是悟入不二法门。"

上善菩萨曰："身、口、意善为二①。是三业皆无作相。身无作相，即口无作相；口无作相，即意无作相。是三业无作相，即一切法无作相。能如是随无作慧者，是为入不二法门。"

注释：

①善：律仪，禁戒。

译文：

上善菩萨说："身、口、意三种律仪各各分别对待为二。这三业都没有造作相。身无造作相，就是口无造作相；口无造作相，就是意无造作相。这三业都没有造作相，就是一切法都没有造作相。如果能够这样随顺无作智慧，就是悟入不二法门。"

福田菩萨曰："福行、罪行、不动行为二。三行实性即是空；空则无福行，无罪行，无不动行；于此三行而不起者，是为入不二法门。"

译文：

福田菩萨说："福行、罪行、不动行各各分别对待为二。三行的本性都是空；既然本性为空，那么福行、罪行、不动行三者之间就没有差别；能够对此三行不起妄念分别者，就是悟入不二法门。"

华严菩萨曰："从我起二为二①。见我实相者，不起二法；若不住二法，则无有识。无所识者，是为入不二法门。"

注释：

①从我起二：因有我执，便生起种种与我相对之物，故为二。奘译："一切二法皆从我起。"慧远说："五蕴和合，假名为我；我所造作，一切诸法，名为我起。"

译文：

华严菩萨说："因有我故，生起一切二法，此二者分别对待为二。如果洞见我之本性为空，也就不会生起二法；如果不执着于二法，也就没有了别。没有了别，也就无所了别，这就是悟入不二法门。"

德藏菩萨曰："有所得相为二①。若无所得，则无取舍；无取舍者，是为入不二法门。"

注释：

①有所得相：因为有所得的缘故，生起一切二法。奘译："一切二法有所得起。"僧肇说："得在于我，相在于彼。"慧远《维摩义记》说："有所得二，反举二相。造作善恶，得苦乐报，名为所得；所得之中，苦乐等异，名之为二。"智𫖮《维摩经文疏》卷二十六："有所得只是一法，那得为二？今言'有所得'，即对'无所得'；若生死为'有得'，即对涅槃为'无得'。"僧肇以我、有所得为二，慧远以有所得中相对待为二，智𫖮以有所得与无所得相对待为二。

译文:

德藏菩萨说:"有所得故,生起一切二法,此二者分别对待为二。如果了知诸法都无所得,也就没有取舍;于一切法无取无舍,就是悟入不二法门。"

月上菩萨曰:"暗与明为二[①]。无暗无明,则无有二。所以者何?如入灭受想定,无暗无明。一切法相,亦复如是。于其中平等入者,是为入不二法门。"

注释:

①暗、明:烦恼痴惑为"暗",智慧通达为"明"。

译文:

月上菩萨说:"暗与明分别对待为二。如果了知实相无暗无明,便知暗与明平等一如,没有差别。为什么呢?如果能够证入灭尽定的境界,也就没有暗与明的分别了。一切法相也都是这样。能于其中平等观照无有分别,这就是悟入了不二法门。"

宝印手菩萨曰:"乐涅槃、不乐世间为二。若不乐涅槃,不厌离世间,则无有二。所以者何?若有缚,则有解;若本无缚,其谁求解?无缚无解,则无乐厌,是为入不二法门。"

译文：

宝印手菩萨说："乐涅槃与不乐世间分别对待为二。如果知其本性，不乐于涅槃，不厌离世间，那么二者也就无所分别了。为什么呢？如果有生死系缚，才会求解脱；如果本来就无生死系缚，还怎么求涅槃解脱呢？如果通达既无生死系缚，又无涅槃解脱，不乐于涅槃，不厌离世间，这就是悟入不二法门。"

珠顶王菩萨曰："正道、邪道为二。住正道者，则不分别是邪是正。离此二者，是为入不二法门。"

译文：

珠顶王菩萨说："正道与邪道分别对待为二。如果安住于正道，就根本不会有邪道生起，也就没有所谓正道与邪道的分别了。远离对正道与邪道的虚妄分别，就是悟入不二法门。"

乐实菩萨曰："实、不实为二①。实见者尚不见实，何况非实？所以者何？非肉眼所见，慧眼乃能见②；而此慧眼，无见无不见，是为入不二法门。"

注释：

①实：真如、实际、实相、真谛。此处指诸法空性，不指法实性，法实性者，唯佛眼能见。不实：一切缘起诸法、世俗谛。

②慧眼：指智慧之眼，为二乘以上圣者所证，能观照诸法实相。此处与肉眼相对应，主语为菩萨，同时含摄、激发二乘。慧

远认为:“此实非肉眼见,唯慧眼见,天眼法眼不见空。”

译文:

乐实菩萨说:“实与不实分别对待为二。证见实相尚且无相可见,更何况虚假之相呢?为什么呢?所谓真实,并不是肉眼所能看得见,而是慧眼才能看得见;而慧眼观照一切诸法,是无所见、无所不见的,就是悟入不二法门。”

如是,诸菩萨各各说已,问文殊师利:“何等是菩萨入不二法门?”

文殊师利曰:“如我意者,于一切法,无言无说,无示无识,离诸问答,是为入不二法门[①]。”

于是,文殊师利问维摩诘:“我等各自说已,仁者当说,何等是菩萨入不二法门?”

时,维摩诘默然无言。文殊师利叹曰:“善哉!善哉!乃至无有文字语言,是真入不二法门。”

说是入不二法门品时,于此众中五千菩萨,皆入不二法门,得无生法忍。

注释:

①此句有所删略,奘译为:“汝等所言虽皆是善,如我意者,汝等此说犹名为二。若诸菩萨于一切法无言无说,无表无示,离诸戏论,绝于分别,是为悟入不二法门。”

译文:

就这样，诸位菩萨都一一宣说自己的看法，说完之后，同时问文殊菩萨道:“究竟什么是菩萨悟入不二法门呢?”

文殊菩萨说:“在我看来，对于一切诸法，无言语无讲说，无显示无识别，远离一切问答，这就是悟入不二法门。”

于是，文殊菩萨问维摩诘道:“我们都已经各自宣说了自己的看法，仁者啊，您应当说说，究竟什么是菩萨悟入不二法门呢?”

这时，维摩诘默然无言。文殊菩萨赞叹道:“好啊！好啊！达至没有一切文字语言分别的境地，才是真正悟入不二法门。”

在诸菩萨演说什么是悟入不二法门的时候，在这次与会的大众中，有五千位菩萨都悟入了不二法门，证得无生法忍。

卷　下

香积佛品第十

本品记述了维摩诘运用不可思议之神通力，向与会大众示现了上方世界的香积佛国，然后又派遣化身菩萨到众香国香积佛处请回香饭以食会众，借此演说菩萨行六度、四摄、十事善法，成就八法的菩萨悲心，并借助众香国诸菩萨对娑婆世界由鄙视到赞叹的转变，说明大乘菩萨舍己利他、与众生同甘苦共患难的无限悲心。

于是舍利弗心念：日时欲至[①]，此诸菩萨当于何食？

时，维摩诘知其意而语言："佛说八解脱，仁者受行，岂杂欲食而闻法乎？若欲食者，且待须臾，当令汝得未曾有食。"

时，维摩诘即入三昧，以神通力，示诸大众上方界分，过四十二恒河沙佛土，有国名众香，佛号香积，今现在。其国香气，比于十方诸佛世界人天之香，最为第一。彼土无有声闻、辟支佛名，唯有清净大菩萨众，佛为说法。其界一切，皆以香作，楼阁、经行、香地、苑园皆香。其食香气周流十方无量世界。时，彼佛与诸菩萨，方共坐食。有诸天子，皆号香严，悉发阿耨多罗三藐三菩提心，供养彼佛，及诸菩萨。此诸大众，莫不目见。

时，维摩诘问众菩萨："诸仁者！谁能致彼佛饭[2]？"以文殊师利威神力故，咸皆默然。

维摩诘言："仁此大众[3]，无乃可耻。"

文殊师利曰："如佛所言，勿轻未学[4]。"于是维摩诘不起于座，居众会前，化作菩萨，相好光明，威德殊胜，蔽于众会，而告之曰："汝往上方界分，度如四十二恒河沙佛土，有国名众香，佛号香积，与诸菩萨方共坐食，汝往到彼，如我词曰：'维摩诘稽首世尊足下，致敬无量，问讯起居，少病少恼，气力安不。愿得世尊所食之余，当于娑婆世界施作佛事[5]，令此乐小法者，得弘大道，亦使如来名声普闻。'"

时，化菩萨即于会前，升于上方，举众皆见其去。到众香界，礼彼佛足，又闻其言："维摩诘稽首世尊足下，致敬无量，问讯起居，少病少恼，气力安不。愿得世尊所食之余，欲于娑婆世界施作佛事，使此乐小法者，得弘大道，亦使如来名声普闻。"

彼诸大士，见化菩萨，叹未曾有："今此上人，从何所来？娑婆世界，为在何许？云何名为乐小法者？"即以问佛。佛告之曰："下方度如四十二恒河沙佛土，有世界名娑婆，佛号释迦牟尼，今现在。于五浊恶世，为乐小法众生，敷演道教[6]。彼有菩萨，名维摩诘，住不可思议解脱，为诸菩萨说法，故遣化来，称扬我名，并赞此土，令彼菩萨增益功德。”彼菩萨言:“其人何如，乃作是化，德力无畏，神足若斯？”佛言:“甚大！一切十方，皆遣化往，施作佛事，饶益众生。”

于是香积如来，以众香钵，盛满香饭，与化菩萨。时，彼九百万菩萨俱发声言:“我欲诣娑婆世界，供养释迦牟尼佛，并欲见维摩诘等诸菩萨众。”佛言:“可往！摄汝身香，无令彼诸众生起惑著心；又当舍汝本形，勿使彼国求菩萨者，而自鄙耻；又汝于彼，莫怀轻贱，而作碍想。所以者何？十方国土，皆如虚空。又诸佛为欲化诸乐小法者，不尽现其清净土耳。”

时，化菩萨既受钵饭，与彼九百万菩萨俱，承佛威神，及维摩诘力，于彼世界，忽然不现。须臾之间，至维摩诘舍。

时，维摩诘即化作九百万师子之座，严好如前，诸菩萨皆坐其上。时，化菩萨以满钵香饭与维摩诘。饭香普薰毗耶离城，及三千大千世界。时，毗耶离婆罗门、居士等，闻是香气，身意快然，叹未曾有。于是长者主月盖，从八万四千人，来入维摩诘舍；见其室中菩萨甚多，诸师子座高广严好，皆大欢喜；礼众菩萨及大弟子，却住一面。诸地神、虚空神，及欲色界诸天，闻此香气，亦皆来入维摩诘舍。

时，维摩诘语舍利弗等诸大声闻:“仁者，可食。如来甘露味饭，大悲所熏，无以限意食之，使不消也。”有异声闻念：是饭少，而此大众，人人当食。化菩萨曰：“勿以声闻小德小智，称量如来无量福慧；四海有竭，此饭无尽；使一切人食，抟若须弥[⑦]，乃至一劫，犹不能尽。所以者何？无尽戒、定、智慧、解脱、解脱知见，功德具足者所食之余[⑧]，终不可尽。”于是钵饭悉饱众会，犹故不儩[⑨]。其诸菩萨、声闻、天人，食此饭者，身安快乐，譬如一切乐庄严国诸菩萨也。又诸毛孔皆出妙香，亦如众香国土诸树之香。

注释：

①日时：中午。原始佛教制度，僧众日中一食，过午不食。

②致：取回。

③仁此大众：倒装句，这些（这里）众多仁者。仁，仁者。

④未学：尚未学成的菩萨。

⑤娑婆世界：意译为“堪忍世界”，指此世界众生堪忍诸苦。

⑥道教：此指佛道的教法。

⑦抟（tuán）：即把食物搓成团。

⑧戒、定、智慧、解脱、解脱知见：即“无漏五蕴”或“五分法身”，是佛及阿罗汉所具备的五种功德。此指香积佛之五分法身。僧肇《注维摩诘经》卷八：“如来具五分法身无尽功德，报应之饭如何可尽矣。”

⑨儩（sì）：完、尽的意思。

译文：

于是，舍利弗心中想道：中午快到了，这里诸位菩萨应当在哪里用餐呢？

其时，维摩诘立即知道了舍利弗的想法，便对他说："佛祖曾经宣说八解脱，仁者你已经信受奉行了，怎么还能怀着贪染饮食之心来听闻佛法呢？如果真想进食，请稍等片刻，我可以让你吃到从来未吃过的食物。"

这时，维摩诘立即进入三昧，运用神通力，向与会大众示现上方世界；越过四十二恒河沙数的佛土，有一佛国，名为众香，佛号香积，如今尚在。其国香气比其他十方诸佛世界人间、天上的香气更为殊胜，堪称第一。这个佛国没有声闻、辟支佛这样的称号，只有清净大菩萨众，香积佛为他们演说佛法。整个众香世界都是以妙香制成，楼阁、经行场所、香地、苑园都是以妙香制成。香积佛及众菩萨的食物香气周遍流溢十方无量世界。其时，香积佛与诸位菩萨正坐在一起进食。有众多天子，名字都叫香严，都已经发起无上正等正觉之心，供养香积佛与众位菩萨。这种种情景，维摩诘居室内的诸大众无不亲眼目睹。

其时，维摩诘问众位菩萨道："诸位仁者啊！你们中有谁能取回那位香积佛的饭食？"由于文殊菩萨威德神力的缘故，大家都默不作声。

维摩诘说道："这里众多仁者，竟然没有人前去取饭，你们难道不感到羞愧吗？"

文殊菩萨说道："正如佛祖所说，不要轻视那些初学者。"

于是，维摩诘不从床座上起身，就在会众面前，以神通力变化出一位菩萨；这位菩萨法相庄严，光明照耀，威德殊胜，映蔽一切与会大众；维摩诘对这位菩萨说："你前往上方世界，度过四十二恒河沙数的佛土，有一佛国，名为众香，那里的佛祖，名为香积，正在与诸位菩萨坐在一起用餐，你到那里，就这么说：'维摩诘稽首顶礼世尊双足，致以无量的敬意，问候您的起居，祝您无病无恼，身心康泰。希望能够得到世尊吃剩的饭食，以便在娑婆世界里布施举办佛事，让那些沉溺于小乘法的修行者，能够弘扬大乘佛道，也使世尊如来的名声普闻十方。'"

其时，这位化身菩萨立即在与会大众面前，飞升到上方，所有大众都亲眼看见他往上飞去。那位化身菩萨到了众香佛国，顶礼佛足，又听见他说道："维摩诘居士稽首顶礼世尊双足，致以无量的敬意，问候您的起居，祝您无病无恼，身心康泰。希望能够得到世尊吃剩的饭食，以便在娑婆世界里布施举办佛事，让那些喜乐小乘法的修行者，能够弘扬大乘佛道，也使世尊如来的名声普闻十方。"

众香世界的诸位大士看见化身菩萨，都赞叹前所未有："这位菩萨是从哪里来的？娑婆世界又在什么地方呢？怎么竟会有喜乐小乘法的修行者呢？"他们这样询问香积佛。香积佛告诉他们说："在此世界的下方，度过四十二恒河沙数佛土，有一佛土，名为娑婆世界，那里的佛祖，名为释迦牟尼，如今尚在。释迦牟尼佛在五浊恶世中为那些喜乐小乘法的众生，演说佛法。那里有位菩萨，名叫维摩诘，安住于不可思议解脱境界，现在正在为诸位菩萨说法，所以派遣这位化身菩萨前来，称扬我的名号，并赞颂我众香佛土，以此使那里的诸位菩萨增长功德。”众香世界的菩萨问道：“那位维摩诘居士是什么样的人呢？竟然能变化出这样一位化身菩萨，具足如此的威德神通之力？”香积佛说：“维摩诘居士的功德神通极大！十方世界一切国土，他都派遣化身前往，广作种种佛事，饶益一切众生。”

于是香积如来就以众香钵盛满香饭，交给化身菩萨。其时，那里的九百万位菩萨齐声说道：“我希望前往娑婆世界，供养释迦牟尼佛，并希望拜见维摩诘居士等诸位菩萨。”香积佛说：“去吧！收敛一下你们身上的香气，以免使那里众生生起痴惑贪着之心；还有，应当暂舍你们的本来身相，以免使那里求菩萨道的众生自惭形秽；还有，你们不要对娑婆世界怀有轻贱之意，由此产生有碍的想法。为什么呢？十方世界一切国土，都如同虚空一样。还有，诸佛世尊为了教化那些喜乐小乘法者，才没有完全显现佛土的清净庄严而已。”

这时，化身菩萨接受了以众香钵盛的香饭，与众香佛国九百万位菩萨一起，凭借着香积佛之威神和维摩诘之神通力，忽然从众香国消失了。片刻之间，就到了维摩诘的居室。

其时，维摩诘立即以神通力变化出九百万个狮子座，庄严美好如同前面的一样，众香佛国的诸位菩萨都坐在上面。这时，化身菩萨将满钵的香饭呈给维摩诘。这饭食的香气遍熏整个毗耶离大城，乃至整个三千大千世界。这时，毗耶离城中的婆罗门、居士等，闻到这种香气后，身心畅快，赞叹未曾有过这样的事情。于是，长者主月盖带领八万四千人，来到维摩诘的居室中；看见维摩诘居室中菩萨众多，诸狮子座高广庄严，都极为欢喜；他们顶礼众位菩萨和诸大弟子，然后站在一旁。诸位地神、虚空神，以及欲界、色界诸位天神，闻到这种香气，也都来到了维摩诘的居室中。

其时，维摩诘对舍利弗等诸声闻大弟子说："诸位仁者，请用饭吧。这是如来的甘露味饭，大悲心熏习成就，请不要怀着有限量的心意食用此饭，那样会使自己不能消受的。"其时，有些声闻弟子心想：这饭食这么少，而这里的大众人人都要吃，怎么能够呢？化身菩萨说："不要以声闻乘的小德小智，来测度如来的无量福慧；即使四大海水有枯竭的时候，这饭食永远没有吃完的时候；即使一切众生都来吃这饭食，每人所吃饭团如同须弥山王一样大，吃上一劫，仍然不能吃完。为什么呢？因为这饭食是无尽戒、定、智慧、解脱、解脱知见，五分法身功德具足的香积佛吃剩下的，所以这饭食是永远也吃不完的。"于是，这一钵香饭，让与会大众都吃饱之后，仍有富余。诸位菩萨、声闻、天人等，吃过这饭食后，都感到身心安乐，就像一切安乐庄严佛国中的诸位菩萨一样。而且，他们全身的毛孔都散发出美妙香气，也如同众香佛国中诸树上散发出的香气一样。

尔时，维摩诘问众香菩萨："香积如来以何说法？"

彼菩萨曰："我土如来，无文字说，但以众香，令诸天人，得入律行。菩萨各各坐香树下，闻斯妙香，即获一切德藏三昧[1]。得是三昧者，菩萨所有功德，皆悉具足。"

彼诸菩萨问维摩诘："今世尊释迦牟尼，以何说法？”

维摩诘言：“此土众生，刚强难化，故佛为说刚强之语，以调伏之。言：是地狱，是畜生，是饿鬼，是诸难处，是愚人生处。是身邪行，是身邪行报；是口邪行，是口邪行报；是意邪行，是意邪行报；是杀生，是杀生报；是不与取，是不与取报；是邪淫，是邪淫报；是妄语，是妄语报；是两舌，是两舌报；是恶口，是恶口报；是无义语，是无义语报；是贪嫉，是贪嫉报；是瞋恼，是瞋恼报；是邪见，是邪见报；是悭吝，是悭吝报；是毁戒，是毁戒报；是瞋恚，是瞋恚报；是懈怠，是懈怠报；是乱意，是乱意报；是愚痴，是愚痴报。是结戒，是持戒，是犯戒；是应作，是不应作；是障碍，是不障碍；是得罪，是离罪；是净，是垢；是有漏，是无漏；是邪道，是正道；是有为，是无为；是世间，是涅槃。以难化之人，心如猿猴故，以若干种法，制御其心，乃可调伏。譬如象马，㺜悷不调②，加诸楚毒，乃至彻骨，然后调伏。如是刚强难化众生，故以一切苦切之言，乃可入律。”

彼诸菩萨闻说是已，皆曰：“未曾有也！如世尊释迦牟尼佛，隐其无量自在之力，乃以贫所乐法，度脱众生。斯诸菩萨，亦能劳谦，以无量大悲，生是佛土。”

维摩诘言：“此土菩萨，于诸众生，大悲坚固，诚如所言。然其一世饶益众生，多于彼国百千劫行。所以者何？此娑婆世界，有十事善法③，诸余净土之所无有。何等为十？以布施，摄贫穷；以净戒，摄毁禁；以忍辱，摄瞋恚；以精进，摄懈怠；以禅定，摄乱意；以智慧，摄愚痴；说除难法，度八难者；以大乘法，度乐小乘者；以诸善根，济无德者；常以四摄，成就众生。是为十。”

彼菩萨曰：“菩萨成就几法，于此世界行无疮疣④，生于净土？”

维摩诘言：“菩萨成就八法，于此世界行无疮疣，生于净土。何等为八？饶益众生而不望报；代一切众生受诸苦恼，所作功德尽以施之；等心众生，谦下无碍；于诸菩萨，视之如佛；所未闻经，闻之不疑；不与声闻而相违背；不嫉彼供，不高己利，而于其中调伏其心；常省己过，不讼彼短，恒以一心求诸功德。是为八法。”

维摩诘、文殊师利于大众中说是法时，百千天人，皆发阿耨多罗三藐三菩提心，十千菩萨，得无生法忍。

注释：

①一切德藏三昧：指具足一切功德的三昧。“三昧”即“定”。僧肇说：“此三昧力，能生诸功德也。”

②恾悷（lǒng lì）：凶狠暴戾的意思。

③十事善法：十种行善的方法。

④疮疣（chuāng yóu）：比喻痛苦或灾祸。

译文：

其时，维摩诘问众香菩萨道："香积如来如何说法呢？"

众香世界的诸位菩萨回答道："我们国土香积如来，不用文字语言说法，只是以众香熏习，使诸天人身心安稳，合乎清净律行。菩萨各自坐于香树之下，闻到这种妙香，即可获得具足一切功德的三昧禅定。获得这种三昧禅定者，菩萨的所有功德，全都具足。"

众香世界的诸位菩萨问维摩诘道："这娑婆世界的世尊，释迦牟尼佛如何说法呢？"

维摩诘回答道："因为这里的众生桀骜不驯，刚强难化，所以释迦牟尼佛为他们演说各种刚强有力的法门来调伏他们。佛祖为他们演说：这是地狱、这是畜生、这是饿鬼、这是八难处、这是愚人所生之处。佛祖为他们演说：这是身邪行，这是身邪行的报应；这是口邪行，这是口邪行的报应；这是意邪行，这是意邪行的报应；这是杀生，这是杀生的报应；这是不与取，这是不与取的报应；这是邪淫，这是邪淫的报应；这是妄语，这是妄语的报应；这是两舌，这是两舌的报应；这是恶口，这是恶口的报应；这是无义语，这是无义语的报应；这是贪嫉，这是贪嫉的报应；这是瞋恼，这是瞋恼的报应；这是邪见，这是邪见的报应；这是悭悋，这是悭悋的报应；这是毁戒，这是毁戒的报应；这是瞋恚，这是瞋恚的报应；这是懈怠，这是懈怠的报应；这是乱意，这是乱意的报应；这是愚痴，这是愚痴的报应。佛祖为他们演说：这是结戒，这是持戒，这是犯戒；这是应作，这是不应作；这是障碍，这是不障碍；这是得罪，这是离罪；这是净，这是垢；这是有漏，这是无漏；这是邪道，这是正道；这是有为，这是无为；这是世间，这是涅槃。因为这世界刚强难化之人，心如猿猴，所以用若干种法门来制约他们的心意，然后才能调伏他们。譬如猛象与烈马，桀骜难驯，就要加以各种苦楚毒打，乃至痛彻骨髓，然后才能将其驯服。正如这样，对于刚强难化的众生，就要用一切痛苦哀切的语言来教化他们，才能使他们的身心合乎清净律行。”

众香世界的诸位菩萨听了维摩诘说完这番话后，都感叹地说：“这真是前所未闻啊！世尊释迦牟尼佛隐藏自己的无量自在威德神力，竟以智慧贫乏者所喜乐的法门来度脱众生。而这世界的诸位菩萨，也都能够勤劳谦让，以无量大悲心，生于此娑婆世界，助扬如来无上正法，利乐如是难化众生。”

维摩诘说：“这个世界的诸位菩萨，对于一切众生发起坚固的不可思议大悲心，正如诸位所说。然而他们一生饶益众生所得功德，多于其他世界中的菩萨百千劫饶益众生所得功德。为什么呢？这娑婆世界有十种善法，是其他净土所没有的。是哪十种善法呢？一是以布施摄持贫穷者；二是以清净持戒摄化毁禁犯戒者；三是忍辱摄化瞋恚者；四是以精进摄化懈怠者；五是以禅定摄化乱意者；六是以智慧摄化愚痴者，七是宣说消除苦难的法门来度化陷入八难者；八是以大乘佛法度化喜乐小乘者；九是以诸善根济度无德者；十是常以四摄法成就一切众生。这就是娑婆世界的十种善法。”

众香世界的诸位菩萨问道：“菩萨成就哪些法门，才能在这娑婆世界修行完美没有缺失，命终之后往生净土呢？”

维摩诘说："菩萨成就八种法门，才能在这娑婆世界修行完美没有缺失，命终之后往生净土。是哪八种法门呢？一是饶益众生而不望回报；二是代替一切众生承受种种苦恼，所作一切功德全都布施给众生；三是以平等心对待一切众生，谦恭无恼自在无碍；四是敬爱诸位菩萨，如同佛祖；五是对自己所未曾听闻的佛经，听到时深信不疑；六是不与声闻小乘法相违背；七是不嫉妒别人所受的供养，不炫耀自己的功德利益，而在其中调伏自己的心念；八是经常反省自己的过失，不指责别人的短处，恒常一心求取种种功德。这就是菩萨应当成就的八种法门。"

维摩诘与文殊菩萨在大众中演说这些佛法的时候，百千位天人都发起无上正等正觉之心，一万菩萨证得无生法忍。

菩萨行品第十一

本品的主要内容是关于菩萨的修行问题。尊者阿难赞叹香饭能作佛事，佛陀趁机为阿难等演说“入一切诸佛法门”；所谓“入一切诸佛法门”，是指诸佛的一切威仪进止、动作施为皆是佛事，乃至八万四千烦恼也都可以用作佛事。

本品又通过香积佛国诸菩萨向释迦牟尼问法，演绎出菩萨当修“不尽有为，不住无为”的“尽、无尽解脱法门”。所谓“不尽有为”是不离开世俗世界、世俗众生；所谓“不住无为”是不住于空，不以证空为归趣。“不尽有为，不住无为”展示了大乘菩萨应当不住涅槃、不离世间，地狱不空、誓不成佛的慈悲济世精神。

是时，佛说法于庵罗树园，其地忽然广博严事，一切众会，皆作金色！阿难白佛言：“世尊，以何因缘，有此瑞应？是处忽然广博严事，一切众会，皆作金色！”佛告阿难：“是维摩诘、文殊师利，与诸大众恭敬围绕，发意欲来，故先为此瑞应。”

于是维摩诘语文殊师利：“可共见佛，与诸菩萨礼事供养。”文殊师利言：“善哉，行矣！今正是时。”维摩诘即以神力，持诸大众并师子座，置于右掌，往诣佛所。到已著地，稽首佛足，右绕七匝[①]，一心合掌，在一面立。其诸菩萨，即皆避座，稽首佛足，亦绕七匝，于一面立。诸大弟子、释、梵、四天王等，亦皆避座，稽首佛足，在一面立。于是世尊如法慰问诸菩萨已，各令复坐，即皆受教。

众坐已定，佛语舍利弗："汝见菩萨大士自在神力之所为乎？"

"唯然，已见。"

"汝意云何？"

"世尊，我睹其为不可思议，非意所图，非度所测。"

尔时，阿难白佛言："世尊，今所闻香，自昔未有，是为何香？"

佛告阿难："是彼菩萨毛孔之香。"

于是舍利弗语阿难言："我等毛孔，亦出是香。"

阿难言："此所从来？"

曰："是长者维摩诘从众香国，取佛余饭，于舍食者，一切毛孔皆香若此。"

阿难问维摩诘："是香气住当久如？"

维摩诘言："至此饭消。"

曰："此饭久如当消？"

曰："此饭势力，至于七日，然后乃消。又，阿难！若声闻人未入正位[②]，食此饭者，得入正位，然后乃消；已入正位，食此饭者，得心解脱，然后乃消。若未发大乘意，食此饭者，至发意乃消；已发意，食此饭者，得无生忍，然后乃消；已得无生忍，食此饭者，至一生补处[③]，然后乃消。譬如有药，名曰上味，其有服者，身诸毒灭，然后乃消。此饭如是，灭除一切诸烦恼毒，然后乃消。”

阿难白佛言：“未曾有也！世尊！如此香饭，能作佛事。”

佛言：“如是，如是，阿难！或有佛土，以佛光明而作佛事，有以诸菩萨而作佛事，有以佛所化人而作佛事，有以菩提树而作佛事，有以佛衣服、卧具而作佛事，有以饭食而作佛事，有以园林、台观而作佛事，有以三十二相、八十随形好而作佛事，有以佛身而作佛事，有以虚空而作佛事。众生应以此缘得入律行。有以梦、幻、影、响、镜中像、水中月、热时焰[④]，如是等喻，而作佛事；有以音声、语言、文字而作佛事；或有清净佛土，寂寞无言，无说无示，无识、无作、无为而作佛事。如是，阿难！诸佛威仪进止，诸所施为，无非佛事。阿难！有此四魔[⑤]，八万四千诸烦恼门，而诸众生为之疲劳，诸佛即以此法而作佛事，是名入一切诸佛法门。

“菩萨入此门者，若见一切净好佛土，不以为喜，不贪不高；若见一切不净佛土，不以为忧，不碍不没；但于诸佛生清净心，欢喜恭敬，未曾有也。诸佛如来功德平等，为教化众生故，而现佛土不同。阿难！汝见诸佛国土，地有若干[⑥]，而虚空无若干也。如是，见诸佛色身有若干耳，其无碍慧无若干也。阿难！诸佛色身、威相、种性、戒、定、智慧、解脱、解脱知见、力、无所畏、不共之法、大慈、大悲、威仪、所行，及其寿命、说法教化、成就众生、净佛国土、具诸佛法，悉皆同等。是故名为三藐三佛陀⑦，名为多陀阿伽度⑧，名为佛陀。

“阿难！若我广说此三句义，汝以劫寿，不能尽受；正使三千大千世界，满中众生，皆如阿难多闻第一，得念总持，此诸人等，以劫之寿，亦不能受。如是，阿难！诸佛阿耨多罗三藐三菩提，无有限量，智慧辩才，不可思议。”

阿难白佛言：“我从今已往，不敢自谓以为多闻。”

佛告阿难：“勿起退意！所以者何？我说汝于声闻中为最多闻，非谓菩萨。且止，阿难！其有智者，不应限度诸菩萨也。一切海渊尚可测量，菩萨禅定智慧，总持辩才，一切功德，不可量也。阿难！汝等舍置菩萨所行⑨。是维摩诘一时所现神通之力，一切声闻、辟支佛，于百千劫尽力变化所不能作。”

注释：

①右绕七匝：“匝”亦即圈，意思是从右边起始环绕七圈。

②正位：此指声闻乘初果，得入无漏境。僧肇《注维摩诘经》卷九：“入无漏境，名入正位焉。”

③一生补处：指菩萨修行的一个阶位。菩萨到达此阶位后，只要再经一生的修行，就可成佛。

④热时焰：亦称“阳焰”，指阳光炙烤下产生的蜃影。此指虚幻不实的东西。

⑤四魔：指烦恼魔、欲魔、死魔、天魔。

⑥若干：不同性、差异性或多样性，直译为“不同”或“差别”。

⑦三藐三佛陀：梵语音译，意译为“正遍知”、“正等觉”。

⑧多陀阿伽度：梵语音译，意译为“如来”。

⑨舍置：这里的意思是“不必思量”、“不必测量”或“不应思惟”的意思。

译文：

这时候，世尊释迦牟尼佛正在庵罗树园说法，忽然间，庵罗树园变得广阔博大、庄严清净，一切会众全身都呈现金色。尊者阿难问佛陀道：“世尊，由于什么因缘而产生这样的祥瑞？这庵罗树园忽然变得广阔博大、庄严清净，一切会众全身都呈现金色！”佛陀告诉阿难：“这是维摩诘与文殊菩萨，在诸位大众的恭敬围绕之中，准备到我这里来，所以先有这样的祥瑞征兆。”

于是，维摩诘对文殊菩萨说道：“我们应当一起去拜见佛祖，与诸位菩萨一起去礼敬供养世尊。”文殊菩萨说道：“好啊，走吧！现在正是时候。”维摩诘当即以神通力，把与会诸大众及他们的狮子座都置于右掌之中，前往佛陀说法的庵罗树园。到了以后，维摩诘便将诸大众放在地上，稽首顶礼佛足，右绕佛陀七圈，恭敬合掌，站在一旁。其他诸位菩萨立即下狮子座，稽首顶礼佛足，也右绕佛陀七圈，站在一旁。诸位大弟子、帝释天、梵天、四天王等，也都下狮子座，稽首顶礼佛足，站在一旁。于是，世尊依照律仪慰问诸位菩萨，然后请他们坐回各自的狮子座，于是众人都受教而坐。

众人已经坐定后，佛陀对舍利弗说道："你看见菩萨大士自在神力的所作所为了吗？"

舍利弗回答道："是的，已经看见了。"

"那么，你看后有什么感想呢？"

"世尊，我亲眼目睹菩萨大士不可思议之作为，这不是我所意料和度量的。"

其时，尊者阿难问佛陀道："世尊，现在我所闻到的香味，是我从来未曾闻到过的，这是什么香味呢？"

佛陀告诉阿难说："这是那些菩萨毛孔中所散发出来的香味。"

于是，舍利弗对阿难说道："我们的毛孔也散发出这种香味哩。"

阿难问道："这香味是从哪里来的呢？"

舍利弗答道："这是长者维摩诘从众香国取来香积佛的剩饭，在维摩诘居室食用这饭者，一切毛孔中都散发出这样的香味。"

阿难问维摩诘道："这香味能保持多久呢？"

维摩诘答道："到这饭完全消化为止。"

阿难问道："这饭多长时间能完全消化呢？"

维摩诘答道："这饭的势力可以保持七日，然后就渐渐消化了。还有，阿难！如果是尚未证入无漏正位的声闻乘修行者，吃了此饭，到他证入无漏正位时，这饭的势力才会消失；已经证入无漏正位的声闻众，吃了此饭，到他证得阿罗汉果位时，这饭的势力才会消失。如果是还未发起大乘菩提心者，吃了此饭，到他发起大乘菩提心时，这饭的势力才会消失；已经发起大乘菩提心者，吃了此饭，到他证得无生法忍时，这饭的势力才会消失；已经证得无生法忍者，吃了此饭，到他成为一生补处菩萨时，这饭的势力才会消失。譬如有一种最好的良药，名叫上味，凡是服食了这种药的人，只有等到全身各种病毒都被清除以后，这药的势力才会消失。这香饭也是如此，只有等到灭尽一切烦恼病患以后，这饭的势力才会消失。”

阿难对佛陀说道：“这真是前所未闻啊！世尊！这样的香饭还能够用来作佛事。”

佛陀说道：“正是这样，正是这样，阿难！在十方世界之中，有的佛土以佛身光明来作佛事，有的佛土以诸菩萨来作佛事，有的佛土以佛之化身来作佛事，有的佛土以菩提树来作佛事，有的佛土以佛的衣服、卧具来作佛事，有的佛土以饭食来作佛事，有的佛土以园林、台观来作佛事，有的佛土以三十二种相、八十种好来作佛事，有的佛土以佛身来作佛事，有的佛土以虚空来作佛事。各个佛土中的众生各各随顺所缘，入于佛教清净律行。有的佛土以梦、幻、影、响、镜中像、水中月、热时焰，如是等等譬喻来作佛事；有的佛土以声音、语言、文字来作佛事；有的清净佛土以寂寞无言，无说无示，无识、无作、无为来作佛事。正是这样，阿难啊！诸佛一切威仪进止、动作施为，都是佛事。阿难！正是因为世间有这样的天魔、死魔、欲魔、烦恼魔四种魔怨和八万四千种烦恼门，而诸众生都受到这些魔怨烦恼的侵扰而心神交瘁，诸佛如来便以这些烦恼魔怨来作佛事，这就叫做入一切诸佛法门。

“菩萨悟入这种法门，如果看见一切清净美好的佛土，不心生喜乐，不贪着不自傲；如果看见一切不清净的佛土，也不心生忧愁，不罣碍不逃避；只是对十方一切诸佛生起欢喜恭敬的清净心，赞叹这是从未有过的事情。诸佛如来功德平等圆满，只是为了教化众生的缘故，而方便示现佛土的不同罢了。阿难！你看见的诸佛国土，土地有优劣不同，而其上虚空却没有差别。正如这样，你看见的诸佛色身虽然显现种种不同，而诸佛无碍福慧究竟圆满，毫无差别。阿难！诸佛之色身、威相、种性、戒、定、智慧、解脱、解脱知见、十力、四无畏、十八不共法、大慈、大悲、威仪、所行，以及住世寿命、说法教化、成就众生、清净佛土、具诸佛法等等，全部都是相同的。所以这就叫做正遍知，叫做如来，叫做佛陀。

“阿难！如果我要详加解说这三个称号的涵义，即使你的寿命长达一劫，恐怕也不能全部听受完；即使三千大千世界的所有众生都如同你阿难那样，最为博见多闻，获得卓越的忆念总持能力，这所有众生的寿命长达一劫，恐怕也不能全部听受完。正如这样，阿难！诸佛的无上正等正觉是没有限量的，诸佛的智慧辩才是不可思议的。”

阿难对佛陀说道：“世尊！我从今以后，不敢再自以为博知多闻了。”

佛陀对阿难说道：“切勿生起退转之意！为什么呢？我说你

最为博知多闻，是在声闻众当中，而不是在菩萨当中。且止前面所言和测度之心，阿难！那些有智慧者是不会去度量诸菩萨的功德智慧。一切大海的深度尚可测量，而菩萨的禅定智慧、总持辩才、一切功德，是不可限量的。阿难！你们不必思量菩萨所行。这维摩诘居士一时所示现的神通法力，是一切声闻、辟支佛历经千百劫的时间，使尽他们的一切神通变化，也不能做到的。”

尔时，众香世界菩萨来者，合掌白佛言：“世尊！我等初见此土，生下劣想，今自悔责，舍离是心。所以者何？诸佛方便，不可思议；为度众生故，随其所应，现佛国异。唯然，世尊！愿赐少法，还于彼土，当念如来。”

佛告诸菩萨：“有尽、无尽解脱法门[①]，汝等当学。何谓为尽？谓有为法。何谓无尽？谓无为法。如菩萨者，不尽有为，不住无为。

“何谓不尽有为？谓不离大慈，不舍大悲；深发一切智心，而不忽忘；教化众生，终不厌惓；于四摄法，常念顺行；护持正法，不惜身命；种诸善根，无有疲厌；志常安住，方便回向；求法不懈，说法无吝。勤供诸佛，故入生死[②]，而无所畏；于诸荣辱，心无忧喜；不轻未学，敬学如佛；堕烦恼者，令发正念；于远离乐，不以为贵；不著己乐，庆于彼乐。在诸禅定，如地狱想；于生死中，如园观想[③]；见来求者，为善师想；舍诸所有，具一切智想；见毁戒人，起救护想；诸波罗蜜，为父母想；道品之法，为眷属想。发行善根，无有齐限；以诸净国，严饰之事，成己佛土；行无限施，具足相好；除一切恶，净身口意；生死无数劫，意而有勇；闻佛无量德，志而不倦。以智慧剑，破烦恼贼；出阴界入④，荷负众生，永使解脱；以大精进，摧伏魔军；常求无念，实相智慧；行少欲知足，而不舍世法；不坏威仪，而能随俗；起神通慧，引导众生；得念总持，所闻不忘；善别诸根，断众生疑；以乐说辩⑤，演法无碍；净十善道，受天人福；修四无量，开梵天道；劝请说法，随喜赞善，得佛音声；身口意善，得佛威仪；深修善法，所行转胜；以大乘教，成菩萨僧；心无放逸，不失众善。行如此法，是名菩萨不尽有为。

“何谓菩萨不住无为？谓修学空，不以空为证；修学无相、无作，不以无相、无作为证；修学无起，不以无起为证。观于无常，而不厌善本；观世间苦，而不恶生死；观于无我，而诲人不倦；观于寂灭，而不永寂灭；观于远离⑥，而身心修善；观无所归，而归趣善法；观于无生，而以生法荷负一切；观于无漏，而不断诸漏；观无所行，而以行法教化众生；观于空无⑦，而不舍大悲；观正法位，而不随小乘；观诸法虚妄，无牢无人⑧，无主无相⑨，本愿未满，而不虚福德禅定智慧。修如此法，是名菩萨不住无为。

“又，具福德故，不住无为；具智慧故，不尽有为。大慈悲故，不住无为；满本愿故，不尽有为。集法药故[10]，不住无为；随授药故，不尽有为。知众生病故，不住无为；灭众生病故，不尽有为。诸正士菩萨，已修此法，不尽有为，不住无为，是名尽、无尽解脱法门。汝等当学。”

尔时，彼诸菩萨闻说是法，皆大欢喜，以众妙华，若干种色，若干种香，散遍三千大千世界，供养于佛，及此经法，并诸菩萨已，稽首佛足，叹未曾有，言：“释迦牟尼佛，乃能于此善行方便。”言已，忽然不现，还到彼国。

注释：

①尽、无尽："尽"指有生有灭的现象，即有为法；"无尽"即无生无灭，指无为法。

②故：故意，自愿。

③如园观：如同在园林景观中一样。

④出阴界入：梵文本译为"通晓阴界入"，奘译为"于蕴、界处求遍了知"。

⑤乐说辩：乐说辩才，"四辩"之一，指辩说法义，圆融无滞，为众生乐说自在。四辩，又作"四无碍辩"，即法无碍智、义无碍智、词无碍智、乐说无碍。"法无碍智"是通达诸法的名字，分别无滞；"义无碍智"是了知一切法之理，通达无碍；"词无碍智"是通晓各种言语，能随意演说；"乐说无碍"即是乐说辩才。

⑥观于远离：观照第一义谛，离于身心相，叫做"观远离"。

⑦空无：众生无我。

⑧无牢：指不坚牢，没有真实坚牢之性。

⑨无相：没有真实的相状。一般具其他二义：一、于一切相，离一切相，即是无相；二、“涅槃”的别名，因涅槃离一切虚妄之相。

⑩法药：指佛法为治疗众生疾苦之良药，故佛典中常以法药喻佛法。

译文：

其时，来自众香世界的诸位菩萨，都双手合十，恭敬地问释迦牟尼佛道：“世尊！我们刚看见这佛土的时候，产生了此土卑下低劣的想法，现在我们都后悔自责，舍弃了这种想法。为什么呢？诸佛境界方便善巧，真是太不可思议了；为了济度众生的缘故，诸佛随应众生的不同情况而示现种种不同的佛土。对啦，世尊！请您赐教些许佛法，让我们带回到众香世界，由于此佛法的缘故，我们恒常忆念如来。”

佛陀对诸位菩萨说道：“有‘尽、无尽解脱法门’，你们应当修习。什么是‘尽’呢？就是有为法。什么是‘无尽’呢？就是无为法。菩萨既不应该灭尽有为法，也不应当安住于无为法。

“什么是‘不灭尽有为法’呢？就是说，菩萨应该不离大慈，不舍大悲；深深发起一切智心，念念不忘；教化众生，永不厌倦；对于四摄法，恒常念持，随顺践行；护持佛教正法，不惜身体性命；培植种种善根，永无疲劳厌倦；常怀济世度生之宏愿，通达方便，将一切功德善行都回向给众生；追求正法永不懈怠，演说佛法毫不悭吝。殷勤供养诸佛，自愿入于生死而无所畏惧；对于各种荣辱，心无忧喜；不轻视初学者，尊敬学佛者如同尊敬佛祖；对于堕入烦恼中的众生，使他们发起正念；对于远离生死烦恼之乐，不以为珍贵；不贪着于自己的快乐，而能随喜于他人的快乐。在诸禅定中而不贪着，视如地狱之境；在生死中而不畏惧，视如观赏园林；遇见前来乞求于己者，视之为良师益友；舍弃自己一切所有，发愿追求一切智；看见那些毁禁犯戒之人，要生起救护的想法；将诸波罗蜜视为自己的父母；将三十七道品视为自己的眷属。发心修行善根，永无止境；以诸清净佛土庄严美饰，成就自己所居佛土；行无限量的布施，具足一切如来相好；断除一切恶业，清净身、口、意三业；经受无数劫的生死流转，心意始终勇猛无畏；听闻诸佛的无量功德，立志追求而永无倦意。以智慧之剑，破除烦恼之贼；已经超出五蕴、十八界、十二入的系缚，而能荷担众生，使他们得到永远的解脱；以勇猛精进，摧伏一切魔怨大军；恒常追求离妄无念的实相智慧；虽然常乐习行少欲知足的法门，而又不舍弃世间法；不毁坏自己的威仪，而又能随顺世俗的作为；发起神通智慧来引导众生；获得忆念总持，不会忘记所听闻的一切正法；善于分别众生的根机利钝，断除众生的疑惑；以乐说辩才，演说佛法圆融无碍；修行清净的十善道，受天人殊胜福报；修行慈、悲、喜、舍四无量心，打开通往梵天的道路；劝请诸佛如来为众生演说佛法，随喜赞叹，获得如同诸佛一样的美妙音声；清净身、口、意三业，获得如同诸佛一样的威仪；深入修行一切善法，所作修行日益殊胜；以大乘佛法，来成就修行菩萨道的僧众；心意清净平和而不放逸，不毁弃一切功德善行。修行这样的佛法，就叫做菩萨不灭尽有为法。

“什么是菩萨‘不安住于无为法’呢？就是说，菩萨修学空解脱门，而不以证见空性为究竟；修学无相、无作解脱门，而不以证见无相、无作为究竟；修学无起解脱门，而不以证见无起为究竟。观照诸法无常，而又不厌离众善根本；观照世间一切皆苦，而又不厌恶生死世间；观照众生无我，而又能诲人不倦；观照涅槃寂灭，而又不住于涅槃寂灭；观照远离究竟安乐，而又勤修身心善业；观照诸法无所从来，也无所归处，而又归心于善法；观照诸法毕竟不生不灭，而又能以生灭法荷担一切众生；观照清净无漏法，而又不断灭世间的种种烦恼；观照诸法空寂本无所行，而又能以修行方法教化众生；观照众生本性空无，而又不舍弃救度众生的大悲心；观照法体本空的正法位，而又不执着于空，堕入小乘；观照诸法虚妄不实，没有真实坚牢之性，无人无我，也没有真实的相状，只是因为菩萨本愿尚未圆满成就的缘故，而实心修行福德禅定智慧。修行这样的佛法，就叫做菩萨不安住于无为法。

“还有，为具足福德的缘故，菩萨不安住于无为法；为具足智慧的缘故，菩萨不灭尽有为法。因为大慈大悲的缘故，菩萨不安住于无为法；因为圆满本愿的缘故，菩萨不灭尽有为法。因为采集佛法良药的缘故，菩萨不安住于无为法；因为随缘施药，治疗众生疾病的缘故，菩萨不灭尽有为法。因为要了知众生疾病的缘故，菩萨不安住于无为法；因为要灭除众生疾病的缘故，菩萨不灭尽有为法。诸位菩萨大士，已经修行这种法门，既不灭尽有为法，也不安住于无为法，这叫做‘尽、无尽解脱法门’。你们应当修学这种法门。”

其时，众香世界的诸位菩萨听闻了释迦牟尼佛演说这样的法门，皆大欢喜，以无量种种颜色、种种香味的美妙香花洒遍三千大千世界，供养佛陀和这种法门，以及诸位菩萨，然后稽首顶礼佛足，赞叹这是从未有过的事情，并说："释迦牟尼佛，意能如此善行种种方便以济度群生啊"说完话后，忽然就不见了，回到了他们的众香世界。

见阿閦佛品第十二

阿閦(chù)佛,佛名。又作“阿閦鞞佛”、“阿閦婆”,意译为“无动佛”、“无瞋恚佛”,住于东方妙喜世界。依本品内容,先见释迦牟尼佛,后见阿閦佛,因为释迦牟尼佛恒常见到,而阿閦佛则为初见,故名“见阿閦佛品”以示彰显。

本品主要阐释“如来”、“实相”、“法身”、“法性”等重要范畴,以及维摩诘为化众生而来生此土的殊胜因缘,并由此衍化出种种微妙法义和庄严场景。

维摩诘在回答佛陀提出的“何等观如来”时说:“如自观身实相,观佛亦然。我观如来:前际不来,后际不去,今则不住”,“非有相,非无相,同真际,等法性”,说明如来法身(实相)无在而无不在,非有为,非无为,超越于万有之上,又寓于万法之中,是诸法之本原,解脱之根据。维摩诘以“无没生”回答舍利弗问“汝于何没而来生此”,说明一切诸法如同梦幻;进而通过佛告舍利弗,维摩诘乃是从清净之妙喜国来生此娑婆世界的大菩萨,说明大乘菩萨“虽生不净佛土,为化众生,而不与愚暗而共合”。于是与会大众都十分渴望能亲眼目睹妙喜世界、无动如来,维摩诘现神通力,以其右手,断取妙喜世界,呈现在与会诸大众面前,显示了维摩诘的不可思议神通以及妙喜佛土的清净庄严。

尔时，世尊问维摩诘："汝欲见如来，为以何等观如来乎？"

维摩诘言："如自观身实相，观佛亦然。我观如来：前际不来，后际不去，今则不住；不观色，不观色如，不观色性[①]；不观受、想、行、识，不观识如，不观识性；非四大起，同于虚空；六入无积[②]，眼耳鼻舌身心已过；不在三界，三垢已离[③]；顺三脱门[④]，具足三明[⑤]，与无明等。不一相，不异相；不自相，不他相；非无相，非取相；不此岸，不彼岸，不中流[⑥]，而化众生。观于寂灭，亦不永灭。不此不彼；不以此，不以彼；不可以智知，不可以识识。

"无晦无明；无名无相；无强无弱；非净非秽；不在方，不离方；非有为，非无为；无示无说。不施不悭；不戒不犯；不忍不恚；不进不怠；不定不乱；不智不愚；不诚不欺；不来不去；不出不入；一切言语道断[⑦]。

"非福田，非不福田；非应供养，非不应供养；非取非舍；非有相，非无相；同真际，等法性；不可称，不可量，过诸称量。非大非小；非见非闻；非觉非知；离众结缚；等诸智，同众生；于诸法无分别[⑧]；一切无失，无浊无恼；无作无起；无生无灭；无畏无忧，无喜无厌；无已有，无当有，无今有；不可以一切言说分别显示。世尊！如来身为若此，作如是观。以斯观者，名为正观；若他观者，名为邪观。"

注释：

①不观色，不观色如，不观色性：不观如来色而非色的色相，不观如来色相的如如实相，不观如来色相的非有非无之本性。此句异解颇多。一、竺道生说：“色者，色之事也；如者，色不异也；性者，无本为色也。”二、色相、色如、色性为凡夫、二乘、菩萨所观之相。三、色、色如、色性皆为如来之如实色也，观无所观，故不观。奘译为“我观如来色真如性，其性非色”。

②无积：并非“六入”感知积集而成。奘译为“不起”。

③三垢：即贪、瞋、痴三毒。

④三脱门：即空、无相、无作三解脱门。

⑤三明：即宿命明、天眼明、漏尽明。详见前注。

⑥中流：比喻结使烦恼。烦恼流于生死此岸与涅槃彼岸之间，故称“中流”。

⑦言语道断：指无法用语言文字来表达的究竟真理。道，方式。断，断绝。

⑧于诸法无分别：与一切诸法没有任何分别。于，同“与”。

译文：

其时，世尊问维摩诘道：“你想见如来，那么，你是怎样看待如来的呢？”

维摩诘答道：“如同观照自身实相，我观如来也是这样。我观如来：过去的如来不曾来到，将来的如来不会离去，现在的如来不会留住；我观如来：不观如来色而非色的色相，不观如来色相的如如实相，不观如来色相的非有非无之本性；不观如来的受、想、行、识，不观如来之识的如如实相，不观如来之识的非有非无之本性；如来并非‘四大’因缘而生，等同于同虚空；如来并非‘六入’积集而成，已经超过眼耳鼻舌身心的感知；如来不在三界之中，已经远离贪、瞋、痴三毒；随顺空、无相、无作三解脱门，具足天眼、宿命、漏尽三明，三明与无明等同。如来不是一相，也不是异相；不是自相，也不是他相；并非无相，也并非取相；既不在生死此岸，又不住于涅槃彼岸，也不处于两岸之间的中流，而方便教化众生。观照寂灭之境，而不永入寂灭。不在此处，也不在彼处；不以为在此处，也不以为在彼处；不能以智慧来理解，也不能以识来识别。

“我观如来：没有晦暗，也没有光明；没有名号，也没有形相；不是强大，也不是弱小；并非清净，也并非污秽；不在方所之内，又不远离方所；不是有为，也不是无为；无所显示，也无所言说。我观如来：既不布施，也不悭吝；既不持戒，也不犯戒；既不忍辱，也不瞋恚；既不精进，也不懈怠；既不禅定，也不昏乱；既无智慧，也不愚痴；既不诚实，也不欺诈；既不来，也不去；既不出，也不入；一切语言文字无法表达。

“我观如来：不是福田，也并非不是福田；不应当供养，也并非不应当供养；不可执取，也并非无法舍弃；没有形相，也并非没有形相；同于真际，等于法性；不可称名，不可度量，超过一切名称度量。我观如来：不是大，也不是小；不可看见，也不可听闻；不可感觉，也不可认知；远离一切烦恼结缚；等于一切智慧，同于一切众生；与一切诸法没有任何分别；没有任何过失、任何污浊、任何烦恼；没有造作，也没有生起；没有产生，也没有消灭；没有畏惧，没有烦忧，没有喜乐，也没有厌恶；没有过去已有，没有将来当有，也没有现在今有；不可以用一切语言、分别来显示。世尊！如来法身就是这样，应当这样去观照如来。能够这样去观照如来，就是正观；如果不是这样去观照如来，就是邪观。”

尔时，舍利弗问维摩诘：“汝于何没，而来生此？”

维摩诘言：“汝所得法，有没生乎[1]？”

舍利弗言：“无没生也。”

“若诸法无没生相，云何问言：‘汝于何没而来生此？’于意云何？譬如幻师，幻作男女，宁没生耶？”

舍利弗言：“无没生也。”

“汝岂不闻，佛说诸法如幻相乎？”

答曰：“如是。”

“若一切法如幻相者，云何问言：‘汝于何没而来生此？’舍利弗！没者为虚诳法，败坏之相；生者为虚诳法，相续之相。菩萨虽没，不尽善本；虽生，不长诸恶。”

是时，佛告舍利弗：“有国名妙喜，佛号无动，是维摩诘于彼国没，而来生此。”

舍利弗言：“未曾有也！世尊！是人乃能舍清净土，而来乐此多怒害处。”

维摩诘语舍利弗：“于意云何？日光出时，与冥合乎？”

答曰:“不也。日光出时,则无众冥。”

维摩诘言:“夫日何故行阎浮提?”

答曰:“欲以明照为之除冥。”

维摩诘言:“菩萨如是,虽生不净佛土,为化众生,不与愚暗而共合也,但灭众生烦恼暗耳。”

注释:

①没生:即死生,或指生灭。没,死、灭的意思。

译文:

其时,舍利弗问维摩诘道:“您是在哪里入灭以后,才转生到这里来的呢?”

维摩诘答道:“你所证得的佛法,有消失与生起吗?”

舍利弗说:“没有消失与生起啊。”

“既然诸法没有消失与生起,那你为什么还要问我:‘你是在哪里入灭以后,才转生到这里来的呢?’这是什么意思呢?譬如魔术师变幻出来的男男女女,难道他们有灭亡与出生吗?”

舍利弗说:“没有灭亡与出生啊。”

“你难道没有听过,佛祖说一切诸法如同幻相吗?”

舍利弗答道:“正是这样。”

“如果说一切诸法如同幻相,那你为什么还要问我:‘你是在哪里入灭以后,才转生到这里来的呢?’舍利弗!所谓消失或灭亡,不过是虚诳之法的败坏之相;所谓的生起或出生,也不过是虚诳之法的相续之相;菩萨虽然入灭,不会断尽功德善本；虽然受生，不会增长种种恶业。”

这时，佛陀告诉舍利弗：“有一个国度，名叫妙喜的，那里的佛祖名号为无动，这位维摩诘居士就是在那个国度入灭后，才转生到这里来的。”

舍利弗说道：“这真是未曾有过的事情啊！世尊！此人竟然能够舍去妙喜国的清净佛土，而来到这里，喜乐这个充满怨怒毒害的娑婆世界。”

维摩诘说道：“你这话是什么意思呢？譬如说，当日光出现时，它会与黑暗合在一起吗？”

舍利弗答道：“不会的。当日光出现时，黑暗也就消失了。”

维摩诘说：“那么太阳为什么运行于阎浮提世界呢？”

舍利弗答道：“欲以光明除去阎浮提世界的黑暗。”

维摩诘说：“菩萨也是这样，虽然为了教化众生而受生于不清净的佛土，却不会与愚痴暗昧共居同处，只是为了消灭众生的烦恼暗障罢了。”

是时，大众渴仰，欲见妙喜世界，无动如来，及其菩萨、声闻之众。佛知一切众会所念，告维摩诘言：“善男子！为此众会现妙喜国、无动如来，及诸菩萨、声闻之众，众皆欲见。”

于是维摩诘心念：吾当不起于座，接妙喜国，铁围山川，溪谷江河，大海泉源，须弥诸山，及日月星宿，天、龙、鬼、神、梵天等宫，并诸菩萨、声闻之众，城邑聚落，男女大小，乃至无动如来，及菩提树，诸妙莲华，能于十方作佛事者。三道宝阶，从阎浮提至忉利天[①]；以此宝阶，诸天来下，悉为礼敬无动如来，听受经法；阎浮提人，亦登其阶，上升忉利，见彼诸天。妙喜世界，成就如是无量功德。上至阿迦尼吒天[②]，下至水际[③]，以右手断取，如陶家轮，入此世界，犹得华鬘，示一切众。

作是念已，入于三昧，现神通力，以其右手，断取妙喜世界，置于此土。彼得神通菩萨及声闻众，并余天人，俱发声言："唯然！世尊！谁取我去？愿见救护！"无动佛言："非我所为，是维摩诘神力所作。"其余未得神通者，不觉不知己之所往。

妙喜世界虽入此土，而不增减；于是世界亦不迫隘，如本无异。

尔时，释迦牟尼佛告诸大众："汝等且观妙喜世界，无动如来！其国严饰，菩萨行净，弟子清白。"皆曰："唯然！已见。"

佛言："若菩萨欲得如是清净佛土，当学无动如来所行之道。"

现此妙喜国时，娑婆世界十四那由他人[④]，发阿耨多罗三藐三菩提心，皆愿生于妙喜佛土。释迦牟尼佛即记之曰："当生彼国。"

时妙喜世界，于此国土，所应饶益，其事讫已，还复本处，举众皆见。

佛告舍利弗："汝见此妙喜世界，及无动佛不？"

“唯然，已见。世尊！愿使一切众生得清净土，如无动佛；获神通力，如维摩诘。世尊！我等快得善利[5]，得见是人，亲近供养。其诸众生，若今现在，若佛灭后，闻此经者，亦得善利；况复闻已，信解受持，读诵解说，如法修行！若有手得是经典者，便为已得法宝之藏；若有读诵解释其义，如说修行，则为诸佛之所护念；其有供养如是人者，当知即为供养于佛；其有书持此经卷者，当知其室，即有如来；若闻是经，能随喜者，斯人则为趣一切智[6]；若能信解此经，乃至一四句偈，为他说者，当知此人，即是受阿耨多罗三藐三菩提记。”

注释：

①忉利天：位于须弥山之顶，帝释天居中，四方各有八天，合则三十三天，故忉利天亦称“三十三天”，属欲界第四天。

②阿迦尼吒天：意译为“色究竟天”，为色界十八天的最上层。

③水际：即水轮，成立世界的四轮之一。按照佛教的世界观构成，地下有空轮、风轮、水轮和金轮四个层次。在空轮之上有风轮，风轮之上，光音天的雨水造成深十一亿二万之水层，此水层即名“水轮”。

④那由他：古印度数目字，一那由他约相当于一亿。

⑤快：愉快，庆幸。

⑥趣：或作“取”，奘译为“摄受”。僧肇说：“斯人会得一

切智故言取。”

译文：

这时，大众都非常仰慕，希望见到妙喜世界、无动如来，以及那里的菩萨、声闻大众。佛陀知晓一切与会大众心里所想，就对维摩诘说道：“善男子啊！你就为这与会大众展现妙喜世界、无动如来，以及那里的诸位菩萨和声闻大众吧，大众都希望见见哩。”

于是，维摩诘心中想道：我应当不从座位起身，接引妙喜世界，妙喜世界的铁围山川、溪谷江河、大海泉源、须弥诸山，以及日月星宿，天、龙、鬼、神、梵天等的宫殿，还有诸位菩萨、声闻大众、城邑聚落、男女大小，乃至无动如来，以及菩提树、众妙莲华，举凡能在十方世界举办佛事者，都接引到这里来。妙喜世界有三道宝阶自然涌出，从阎浮提世界伸延至忉利天；凭借着这三道宝阶，诸天神可以下来，都是为了礼敬不动如来，听闻受持经法；阎浮提洲的人也可以登着这三道宝阶上升到忉利天，拜见那里的诸位天神。妙喜世界能成就这样的无量功德。上至阿迦尼吒天，下至水轮边际，我要以右手断取，如同制陶工人的转轮，置于右掌中，带到这个世界来，就好像手持花鬘一样，遍示一切与会大众。

维摩诘这样想了以后，就进入三昧禅定，显现神通威力，用他的右手断取妙喜世界，放置到这个世界中来。妙喜世界中获得神通的菩萨众，以及声闻众，还有其余的诸天、人，都大声喊道：“哎呀，世尊啊！谁把我们带走了？希望您快救救我们吧。”不动如来说道：“这不是我做的事，这是维摩诘居士的神力所作的。”而其余没有获得神通者，不能觉知自己已经被带到娑婆世界当中来了。

妙喜世界虽然被搬入这个娑婆世界当中，却无增无减；这个世界也不因此而拥挤迮迫，与原样没有任何差别。

其时，释迦牟尼佛对诸位大众说道：“你们且看妙喜世界和无动如来！这个国度庄严美好，菩萨们道行清净，弟子们清白无瑕。”大家都答应道：“确实是这样啊，世尊！我们都已经亲眼看见了。”

释迦牟尼佛说道：“如果菩萨想要得到这样的清净佛土，应当修学无动如来所修行的大乘菩萨道。”

当维摩诘显现妙喜世界时，娑婆世界中有十四亿人，发起无上正等正觉之心，都发愿往生到妙喜佛国。释迦牟尼佛当即为他们授记，说：“你们将来会往生到妙喜佛国。”

其时，妙喜世界在娑婆世界当中，完成了所应当饶益众生的任务后，维摩诘又将其放置到原处，所有大众都亲眼目睹。

释迦牟尼佛对舍利弗说道：“你看见这妙喜世界和无动如来了吗？”

舍利弗答道：“是的，我已经看见了。世尊啊！希望能使一切众生获得清净佛土，如同无动佛一样；获得神通力，如同维摩诘居士一样。世尊啊！我们真是非常幸运，能够获得如此巨大的利益，能够见到这样的人物，得以亲近供养他们。但愿一切众生，无论是现在，还是佛入灭以后，只要有缘听闻这部佛经者，也都能获得巨大的利益；更不用说，在听闻之后，能够信解、受持、读诵、解说这部佛经，并依照经义修行的人了！如果有人获得这部经典，就是已经获得了佛法的宝藏；如果有人能够读诵经文，解释经义，并依照经中所说精进修行，就会得到诸佛的护佑关怀；如果有人供养这样的人，应当知道这就是在供养佛祖；如果有人书写受持这部经卷，应当知道其室中就有如来；如果有人听闻这部佛经而能随喜赞叹，这人便会得到一切福德智慧；如果有人能够信奉受持这部经典，甚至以经中的一个四句偈颂，为他人解说，应当知道这人就是已经获得了成就无上正等正觉的授记。”

法供养品第十三

佛陀为天帝等称说《维摩诘经》之功德，指出“诸佛菩提，皆从此生”，若信解受持读诵供养此经，即是以法供养如来。佛陀又自述其为月盖王子时，秉承药王如来法供养之教，因信出家，精进修行，弘扬佛法，度化无数天人。佛陀特别强调法之供养，胜过其他一切供养，于诸供养中是最为重要、至高无上的，所以，应当以法供养，供养十方诸佛。如果能够做到“依于义不依语，依于智不依识，依了义经不依不了义经，依于法不依人”，即是“最上法供养”。

尔时，释提桓因于大众中①，白佛言：“世尊！我虽从佛及文殊师利，闻百千经，未曾闻此不可思议、自在神通、决定实相经典。如我解佛所说义趣，若有众生闻此经法，信解、受持、读诵之者，必得是法不疑，何况如说修行！斯人则为闭众恶趣，开诸善门，常为诸佛之所护念，降伏外学，摧灭魔怨，修治菩提，安处道场，履践如来所行之迹。世尊！若有受持、读诵，如说修行者，我当与诸眷属供养给事；所在聚落、城邑、山林、旷野，有是经处，我亦与诸眷属，听受法故，共到其所。其未信者，当令生信；其已信者，当为作护。”

佛言：“善哉！善哉！天帝，如汝所说，吾助尔喜。

此经广说过去、未来、现在诸佛，不可思议阿耨多罗三藐三菩提。是故，天帝！若善男子、善女人，受持、读诵、供养是经者，则为供养去、来、今佛。天帝！正使三千大千世界，如来满中，譬如甘蔗、竹苇、稻麻、丛林，若有善男子、善女人，或以一劫[2]，或减一劫[3]，恭敬尊重，赞叹供养，奉诸所安，至诸佛灭后，以一一全身舍利[4]，起七宝塔，纵广一四天下，高至梵天，表刹庄严[5]，以一切华香璎珞，幢幡妓乐，微妙第一，若一劫，若减一劫，而供养之。天帝！于意云何？其人植福宁为多不？”

释提桓因言：“甚多，世尊！彼之福德，若以百千亿劫，说不能尽。”

佛告天帝：“当知是善男子、善女人，闻是不可思议解脱经典，信解，受持，读诵，修行，福多于彼。所以者何？诸佛菩提，皆从此生。菩提之相[6]，不可限量，以是因缘，福不可量。”

注释：

①释提桓因：即帝释天，忉利天之主，居于须弥山顶。

②劫：表时间长度。佛教对“劫”有多种说法。《大智度论》分“劫”为大、中、小三劫，“小劫”指人寿一增（自人寿十岁起，每一百年增一岁，直到人寿为八万四千岁）一减（即从人寿八万四千岁起，每百年减一岁，直至减到人寿十岁）；二十小劫为一“中劫”；四中劫为一“大劫”。

③减：不足，不到，少于。依照经文本意，“减一劫”应该为“一劫多”，玄奘译为“一劫余”。

④舍利：指身骨。

⑤表刹：柱子或旗杆。玄奘译为“表柱”。

⑥相：相状。《大乘起信论》中说：“相大，谓如来藏具足无量性功德故。”

译文：

这时，天帝释提桓因在与会大众中，对佛陀说道：“世尊！我虽然从佛祖您和文殊菩萨这里听闻过百千部经典，却未曾听说过如此不可思议、自在神通、究竟表达实相的经典。按照我对佛祖所说法门的理解，如果有众生听闻此经法，能够信奉、理解、受持、读诵，那么他们必定能够得到此法真谛，无可置疑，更不用说按照经中所说去修行了！这样的人就是关闭了通往众恶趣之门，开启了诸善之门，常常得到诸佛的护持关怀，降伏一切外道邪说，催灭一切魔障怨敌，修行清净菩提之道，安然处于菩提道场，践行如来所行之路。世尊！如果有众生能够受持读诵此经，按照经中所说去修行，我将会和诸眷属一起供养服侍他们；所有村落、城市、山林、旷野，凡是受持宣讲这部经典的地方，我也将会和诸眷属，因为听受此法的缘故，一起到其处所。对于那些还没有信受此经的人，我将令他们生起信仰之心；对于那些已经信受此经的人，我将会护持他们。”

佛陀说道：“好啊！好啊！天帝，正如你所说，我也助益你的善行。这部经典广泛演说过去、未来、现在诸佛不可思议之无上正等正觉法门。因此，天帝啊！如果有善男子、善女人受持、读诵、供养这部经典，就是供养过去、未来、现在三世诸佛。天帝啊！即使三千大千世界，如来充满其中，譬如甘蔗、竹苇、稻麻、丛林一般，如果有善男子、善女人，或者以一劫，或者以近于一劫的时间，恭敬尊重，赞叹供养，供奉一切使诸佛安乐的美好资具，等到诸佛入灭以后，为供奉每一位如来的全身舍利，各各建造七宝塔，宝塔纵横广大等于一个四天下，高耸直至梵天，表刹华美庄严，并用一切最为美好的花、香、璎珞、幢幡、妓乐，或者以一劫，或者以近于一劫的时间，来供养诸佛全身舍利。天帝啊！你认为怎么样呢？这样的人种植的福德，算不算多呢？”

天帝释提桓因说道："很多啊，世尊！这人的福德，即使以百千亿劫的时间来陈说，也不能说尽。"

佛陀告诉天帝道："你应当知道，这些善男子、善女人，听闻这部不可思议解脱经典，信奉理解，领受忆持，宣读朗诵，依说修行，那么他们所获得的福德比那些人还要多。为什么呢？因为诸佛菩提，都是从此经义理中产生。菩提的功德不可限量，正因为这样，供养此法所获得的福德也是不可限量的。"

佛告天帝："过去无量阿僧祇劫时，世有佛，号曰药王如来、应供、正遍知、明行足、善逝、世间解、无上士、调御丈夫、天人师、佛、世尊。世界名大庄严，劫名庄严。佛寿二十小劫，其声闻僧三十六亿那由他，菩萨僧有十二亿。天帝！是时有转轮圣王，名曰宝盖，七宝具足，主四天下。王有千子，端正勇健，能伏怨敌。尔时，宝盖与其眷属，供养药王如来，施诸所安，至满五劫。过五劫已，告其千子：‘汝等亦当如我，以深心供养于佛。’于是千子受父王命，供养药王如来，复满五劫，一切施安。其王一子，名曰月盖，独坐思惟：宁有供养，殊过此者？以佛神力，空中有天曰：‘善男子！法之供养，胜诸供养。’即问：“何谓法之供养？”天曰：‘汝可往问药王如来，当广为汝说法之供养。’

“即时月盖王子，行诣药王如来，稽首佛足，却住一面，白佛言：‘世尊！诸供养中，法供养胜。云何名为法之供养？’佛言：‘善男子，法供养者，诸佛所说深经，一切世间难信难受，微妙难见，清净无染，非但分别思惟之所能得。菩萨法藏所摄，陀罗尼印印之[①]，至不退转，成就六度，善分别义，顺菩提法，众经之上。入大慈悲，离众魔事，及诸邪见；顺因缘法，无我、无人、无众生、无寿命，空、无相、无作、无起；能令众生坐于道场，而转法轮；诸天、龙神、乾闼婆等[②]，所共叹誉；能令众生入佛法藏，摄诸贤圣一切智慧，说众菩萨所行之道；依于诸法实相之义，明宣无常、苦、空、无我、寂灭之法；能救一切毁禁众生；诸魔外道及贪著者，能使怖畏；诸佛贤圣，所共称叹；背生死苦，示涅槃乐；十方三世，诸佛所说。若闻如是等经，信解、受持、读诵，以方便力，为诸众生分别解说，显示分明，守护法故，是名法之供养。又于诸法如说修行，随顺十二因缘，离诸邪见，得无生忍，决定无我，无有众生，而于因缘果报，无违无诤，离诸我所；依于义，不依语；依于智，不依识；依了义经，不依不了义经；依于法，不依人；随顺法相，无所入，无所归；无明毕竟灭故，诸行亦毕竟灭，乃至生毕竟灭故，老死亦毕竟灭。作如是观，十二因缘，无有尽相[③]，不复起相，是名最上法之供养。'"

佛告天帝："王子月盖，从药王佛闻如是法，得柔顺忍[④]，即解宝衣严身之具，以供养佛，白佛言：'世尊！如来灭后，我当行法供养，守护正法，愿以威神加哀建立，令我得降伏魔怨，修菩萨行。'佛知其深心所念，而记之曰：'汝于末后[⑤]，守护法城。'天帝！时王子月盖，见法清净，闻佛授记，以信出家，修习善法，精进不久，得五神通[⑥]，具菩萨道，得陀罗尼，无断辩才。于佛灭后，以其所得神通、总持、辩才之力，满十小劫，药王如来所转法轮，随而分布。月盖比丘，以守护法，勤行精进，即于此身，化百万亿人，于阿耨多罗三藐三菩提，立不退转；十四那由他人，深发声闻、辟支佛心；无量众生，得生天上。天帝！时王宝盖，岂异人乎？今现得佛，号宝焰如来。其王千子，即贤劫中千佛是也[⑦]。从迦罗鸠孙驮为始得佛[⑧]，最后如来，号曰楼至[⑨]。月盖比丘，则我身是。如是，天帝！当知此要，以法供养，于诸供养为上为最，第一无比。是故，天帝！当以法之供养，供养于佛。"

注释:

①陀罗尼印印之:总持一切法门的实相印所印证之。陀罗尼,为总持义,即能总摄一切佛法。印,即实相。也就是说,印上实相之印。

②乾闼婆:即乐神,“天龙八部”之一。

③无有尽相:无有相、无尽相。法本不生,今无可灭,叫做“无有尽相”。僧肇说:“灭无可灭,即是无尽义也。”依文中义,并不是指“十二因缘”辗转相生,无有穷尽。

④柔顺忍:菩萨修行阶位。初二三地为信忍,四五六地为顺忍,七八九地为无生忍。

⑤末后:如来涅槃之后,亦可指末法时代,依文义当指前者。奘译为“如来般涅槃后”。

⑥五神通:指天眼通、天耳通、神足通、宿命通、他心通。

⑦贤劫:指现在所处的大劫。过去的大劫叫“庄严劫”,未来的大劫叫“星宿劫”,贤劫即现在的大劫,因在此贤劫中,有一千尊佛出世,故称为“贤劫”,又名“善劫”。

⑧迦罗鸠孙驮:梵语音译,又作“拘留孙”等,乃过去七佛中之第四佛,现在贤劫千佛中之第一佛。

⑨楼至:梵语音译,意译为“爱乐佛”、“啼哭佛”,贤劫千佛中之最后一佛。

译文:

佛陀告诉天帝:“在过去无量阿僧祇劫之前,当时世上有位佛祖,号为药王如来、应供、正遍知、明行足、善逝、世间解、无

上士、调御丈夫、天人师、佛、世尊。药王如来的世界名为大庄严,当时的劫名为庄严。药王如来的寿命为二十小劫,他的声闻僧众多达三十六亿那由他,菩萨僧众多达十二亿。天帝!那时有位转轮圣王,名叫宝盖,他七宝具足,统治着四天下。转轮圣王宝盖有一千位王子,他们都端正勇健,能够降伏魔怨仇敌。其时,宝盖圣王与其眷属供养药王如来,布施一切使其安乐的美好资具,时间长达五劫。过了五劫以后,宝盖圣王告诉他的千位王子:'你们也应当像我一样,以深厚虔诚之心供养佛祖。'于是,千位王子遵守父王之命,供养药王如来,又满了五劫,布施一切使其安乐的美好资具。宝盖圣王有一个儿子,名叫月盖,有一次独坐思考:难道还会有比这种供养更加殊胜的供养吗?由于佛祖威神之力,空中有天神说道:'善男子啊!法的供养,胜过其他一切供养。'月盖王子于是问道:'什么叫做法的供养呢?'天神说道:'你可以去问药王如来,他会为你详细解说什么叫做法的供养。'

"月盖王子当即前往拜见药王如来,稽首顶礼佛足后,站在一旁,对佛祖说道:'世尊!在诸供养之中,法供养最为殊胜。那么,什么叫做法的供养呢?'佛祖说道:'善男子啊!所谓法供养,就是诸佛所说的义理精深的经典,一切世间众生对此难以相信难以接受,幽微精妙难以明见,清净无染,并不是世俗分别思维所能把握的。这些经典为菩萨法藏所含摄,由总持一切法门的实相印所印证,开示达至不退转法轮,成就六波罗蜜,善于分别经中精妙义理,随顺菩提觉悟之法,地位居于众经之上。这精深的佛经能使众生进入大慈大悲之境,远离众魔恶事和种种邪见；随顺因缘法理，辨析无我、无人、无众生、无寿命之真谛，深契空、无相、无作、无起诸解脱门；能使众生安住于菩提道场之中，而转动大法轮；诸天、龙、乾闼婆等八部众都对其赞叹称誉；能使众生进入佛法宝藏，含摄诸位圣贤的一切智慧，演说众菩萨所行之道；依持诸法实相的真实法义，明确宣扬无常、苦、空、无我、寂灭之真谛；能够拯救一切毁禁犯戒的众生；能够使诸魔、外道及贪恋执着的众生恐怖畏惧；诸佛圣贤都对其称颂赞叹；能够去除一切生死大苦，能够展示一切涅槃大乐；十方三世一切诸佛共同宣说。如果有人听闻这样的经典，能够信奉理解，受持读诵，并以方便力，为诸众生分别解说，清楚开示经中义理，因为守护正法的缘故，所以这就叫做法的供养。另外，如果能够依照经中所说来修行，随顺十二因缘，远离一切邪见，证得无生法忍，了悟到无我、无众生的真谛，而对于因缘果报之理，不违逆，不争议，远离对我、我所的执着；依从于佛法真义，而不依从于语言文字；依从于菩提智慧，而不依从于分别诸识；依从于了义经，而不依从于不了义经；依从于法性，而不依从于人我；随顺诸法实相，悟解诸法毕竟寂灭，无所从来，无所归处；由于无明毕竟寂灭的缘故，其他一切诸行也毕竟寂灭，乃至由于生毕竟寂灭的缘故，老死也毕竟寂灭。能够如此观照，十二因缘，无生无灭，从而不再生起种种妄想执着，这就叫做最上法的供养。'”

佛陀告诉天帝：“月盖王子，从药王如来那里听闻了这样的佛法，证得了柔顺忍辱，当即解下身上的宝衣和饰物，来供养药王佛，并对佛祖说道：‘世尊！如来入灭之后，我定当奉行法的供养，守护正法，希望世尊您威德神力加被成就，使我能够降伏魔障怨敌，修行菩萨之道。'药王如来知道月盖天子深心所想，便为他授记道：'你将在如来入灭以后，守护佛法之城。'天帝！这时月盖王子，证见法性清净，听闻佛祖授记，于是以虔诚信仰之心出家，修行种种善法，勇猛精进，不久便获得五种神通，具足菩萨道行，获得总持一切智慧的陀罗尼和滔滔不绝的无碍辩才。在药王如来入灭之后，月盖王子以其所获得的神通、总持和辩才之力，整整十小劫的时间，转动药王如来所转动的法轮，佛法随之而广为流布。月盖比丘为护持佛法，勤奋修行，勇猛精进，在一生之中度化百万亿人，使他们住于无上正等正觉，永不退转；度化十四那由他人，使他们深信坚固，发起声闻、辟支佛之道心；度化无量众生，使他们得生天上。天帝啊！那时的转轮圣王宝盖，难道是别人吗？现今他已证得佛果，其号为宝焰如来。宝盖圣王的千位王子，正是贤劫中的千位佛祖啊。从迦罗鸠孙驮为最早证得佛果，到最后一位如来，其号为楼至。而月盖比丘，正是我的前身啊。正如这样，天帝啊！你应当知道此法要，以法来作供养，在一切供养中是最为殊胜的，是至高无上的。因此，天帝啊！你应当以法的供养来供养十方诸佛。"

嘱累品第十四

佛陀以此法付嘱弥勒菩萨，令其广为流通传布，利益群生，并演说菩萨二相，令其远离初学菩萨之过失。弥勒菩萨聆听了释迦牟尼佛的教诲后，发誓广宣此经，并以神力加持信奉、受持、读诵此经者，与会的诸菩萨也都发愿广泛传布、弘扬本经，四大天王也都发誓护持本经，最后借释迦牟尼佛之口，点出此经之经名。

于是，佛告弥勒菩萨言："弥勒！我今以是无量亿阿僧祇劫所集阿耨多罗三藐三菩提法，付嘱于汝。如是辈经，于佛灭后，末世之中[1]，汝等当以神力，广宣流布于阎浮提，无令断绝。所以者何？未来世中，当有善男子、善女人，及天、龙、鬼、神、乾闼婆、罗刹等[2]，发阿耨多罗三藐三菩提心，乐于大法；若使不闻如是等经，则失善利；如此辈人，闻是等经，必多信乐，发希有心，当以顶受。随诸众生，所应得利，而为广说。

"弥勒！当知菩萨有二相。何谓为二？一者，好于杂句文饰之事[3]；二者，不畏深义，如实能入。若好杂句文饰事者，当知是为新学菩萨[4]；若于如是无染无著甚深经典，无有恐畏，能入其中，闻已心净，受持读诵，如说修行，当知是为久修道行。

“弥勒！复有二法，名新学者，不能决定于甚深法。何等为二？一者，所未闻深经，闻之惊怖生疑，不能随顺，毁谤不信，而作是言：‘我初不闻，从何所来？’二者，若有护持解说如是深经者，不肯亲近、供养、恭敬，或时于中，说其过恶。有此二法，当知是新学菩萨，为自毁伤，不能于深法中，调伏其心。

“弥勒！复有二法，菩萨虽信解深法，犹自毁伤，而不能得无生法忍。何等为二？一者，轻慢新学菩萨，而不教诲；二者，虽信解深法，而取相分别。是为二法。”

弥勒菩萨闻说是已，白佛言：“世尊！未曾有也！如佛所说，我当远离如斯之恶，奉持如来无数阿僧祇劫所集阿耨多罗三藐三菩提法。若未来世，善男子、善女人求大乘者，当令手得如是等经，与其念力⑤，使受持读诵，为他广说。世尊！若后末世，有能受持读诵、为他说者，当知是弥勒神力之所建立。”

佛言：“善哉！善哉！弥勒，如汝所说，佛助尔喜。”

于是一切菩萨，合掌白佛：“我等亦于如来灭后，十方国土，广宣流布阿耨多罗三藐三菩提法；复当开导诸说法者，令得是经。”

尔时，四天王白佛言：“世尊！在在处处，城邑聚落，山林旷野，有是经卷，读诵解说者，我当率诸官属，为听法故，往诣其所，拥护其人；面百由旬，令无伺求得其便者。”

是时，佛告阿难：“受持是经，广宣流布！”

阿难言：“唯！我已受持要者。世尊！当何名斯经？”

佛言：“阿难！是经名为《维摩诘所说》，亦名《不可思议解脱法门》。如是受持！”

佛说是经已，长者维摩诘、文殊师利、舍利弗、阿难等，及诸天、人、阿修罗，一切大众，闻佛所说，皆大欢喜，信受奉行⑥。

注释：

①末世：即末法时代。佛教将佛法住世分为正法、像法、末法三个时代。末法时代为佛法衰微的时代。

②罗刹：恶鬼名。

③杂句文饰：指种种华美词句绮丽修饰。

④新学菩萨：指新学佛道不久的菩萨。

⑤念力：指能破除障碍的专念之力，为“五力”之一。五力，即信力、精进力、念力、定力、慧力。

⑥信受奉行：《藏要》为“作礼而去”。

译文：

于是，佛陀告诉弥勒菩萨道：“弥勒！如今我将这无量数劫所集聚的无上正等正觉之大法付嘱给你。这样的经典，在我释迦牟尼佛入灭以后的末法时代，你们应当以神通力，在阎浮提世界广为宣扬流布，不要使它断绝隐灭。为什么呢？在未来的世界中，应当会有善男子、善女人，以及天、龙、鬼、神、乾闼婆、罗刹等，发起无上正等正觉之心，喜乐大乘佛法；如果他们不能听闻到这样的经典，就会失去殊胜善妙的重大利益；如果这些人能够听闻到这样的经典，必定更加虔信喜乐，发起此经难得稀有之心，当会恭敬顶礼信受此经。弥勒！你应当随顺众生所应当获得的利益，而为他们广为宣说。

“弥勒啊！你应当知道，菩萨有两种类型。是哪两种类型呢？第一，喜爱种种华美词句绮丽修饰；第二，不畏惧艰深义理，而能如实悟入佛法真谛。如果喜爱种种华美词句绮丽修饰，你应当知道这是新学佛道不久的菩萨；如果对于这样清净无染、无所执着、极为精深的经典，没有恐惧畏难，能够深入其中，听闻后获得心意清净，受持读诵，依照经中所说修行，你应当知道这是已经长久修习佛道的菩萨。

“弥勒啊！还有两种类型的菩萨，可称为新学菩萨，他们还不能完全领悟义理精深的佛法。是哪两种呢？第一，对于未曾听闻的深邃经典，听闻之后惊惧恐怖，产生疑惑，不能随顺佛法，甚至毁谤不信，而说这样的话：‘我从来不曾听闻过这样的经典，它究竟是从哪里来的呢？’第二，如果对于护持解说这样深邃经典的人，不肯亲近、供养、恭敬他们，或者时不时出言毁谤。如果有这两种类型的情况，你应当知道，这样的新学菩萨，是在自己毁伤自己，不能在精深佛法中调伏自心。

“弥勒啊！还有两种类型的菩萨，这些菩萨虽然已经信受悟解了精深的佛法，却仍然自我毁伤，因而不能证得无生法忍。是哪两种呢？第一，轻蔑新学菩萨，而且不肯教诲他们；第二，虽然已经信受悟解了精深的佛法，却执取世间诸相，心生种种分别。这是另外两种类型的菩萨。”

弥勒菩萨聆听了佛陀所说的这番话以后，就对佛陀说道：“世尊！这真是我从来未曾听闻过的说法啊！正如佛祖您所说的，我定当远离这样的过失，奉持如来无量数劫所集聚的无上正等正觉之大法。如果在未来的世界中，有善男子、善女人求学大乘佛法，我定当让他们手中都获得这样的经典，赋予他们忆持念诵之力，使他们能够受持读诵，为他人广为宣说。世尊！如果在佛灭后的末法时代，如果有人能够受持读诵，为他人宣说这部经典，应当知道这都是我弥勒菩萨神通威力所主持加护的。”

佛陀说道：“好啊！好啊！弥勒，正如你所说，我也助益你的善行。”

于是，一切菩萨都双手合掌，对佛陀说道：“我们也在如来入灭之后，在十方世界一切国土之中，广为宣扬流布无上正等正觉之大法；并开导诸位演说佛法者，使他们获得这样的经典。”

其时，四天王向佛陀说道：“世尊！任何地方，城市村落，山林旷野，只要读诵解说这经典的人，我定当率领官署，为了听法的缘故，往到其居所，护持读诵解说经典之人；在方圆二千里之内，不让一切图谋不轨者有机可乘。”

这时，佛陀对阿难说道：“你也应该受持这部经典，广为宣扬流布。”

阿难答道：“是！我已经受持了这部经典的精要。世尊！这部经典应当叫什么名字呢？”

佛陀说道：“阿难！这部经典名为《维摩诘所说经》，又名《不可思议解脱法门经》。这样领受护持吧！”

佛陀说完此经之后，长者维摩诘、文殊菩萨、舍利弗、阿难等，以及诸天、人、阿修罗，一切大众，聆听了佛陀的教诲之后，皆大欢喜，信受奉行。

附录一:

注维摩诘经序

僧肇

《维摩诘不思议经》者,盖是穷微尽化绝妙之称也。其旨渊玄,非言象所测;道越三空,非二乘所议;超群数之表,绝有心之境;眇莽无为而无不为,罔知所以然而能然者,不思议也。何则?夫圣智无知而万品俱照,法身无象而殊形并应,至韵无言而玄籍弥布,冥权无谋而动与事会。故能统济群方,开物成务,利见天下,于我无为,而惑者睹感照因谓之智,观应形则谓之身,觌玄籍便谓之言[①],见变动而谓之权。夫道之极者,岂可以形言权智而语其神域哉!然群生长寝,非言莫晓;道不孤运,弘之由人。是以如来命文殊于异方,召维摩于他土,爰集毗耶,共弘斯道。此经所明,统万行则以权智为主,树德本则以六度为根,济蒙惑则以慈悲为首,语宗极则以不二为门;凡此众说,皆不思议之本也。至若借座灯王,请饭香土,手接大千,室包乾象,不思议之迹也。然幽关难启,圣应不同;非本无以垂迹，非迹无以显本；本迹虽殊，而不思议一也；故命侍者标以为名焉。大秦天王，俊神超世，玄心独悟，弘至治于万机之上，扬道化于千载之下，每寻玩兹典②，以为栖神之宅；而恨支竺所出，理滞于文，常恐玄宗坠于译人。北天之运，运通有在也。以弘始八年③，岁次鹑火④，命大将军常山公、右将军安成侯与义学沙门千二百人⑤，于长安大寺，请罗什法师重译正本。什以高世之量，冥心真境；既尽环中，又善方言。时手执梵文，口自宣译；道俗虔虔，一言三复；陶冶精求，务存圣意；其文约而诣，其旨婉而彰；微远之言，于兹显然矣。余以暗短，时预听次；虽思乏参玄，然粗得文意；辄顺所闻，为之注解；略记成言，述而无作；庶将来君子，异世同闻焉。

注释：

①觌（dí）：看见。

②寻玩：推求玩味。

③弘始八年：公元406年。

④岁次：年份。鹑火：古代十二岁星之一。

⑤大将军常山公：姚显，后秦皇帝姚兴的弟弟。右将军安成侯：姚嵩，姚兴的弟弟。

附录二：

维摩诘所说经品目

欧阳竟无

《佛国品》第一，《方便品》第二，《弟子品》第三，《菩萨品》第四，《问疾品》第五，《不思议品》第六，《观众生品》第七，《佛道品》第八，《入不二法门品》第九，《香积佛品》第十，《菩萨行品》第十一，《见阿閦佛品》第十二，《法供养品》第十三，《嘱累品》第十四。

《维摩诘经》者，乃正法之常轨，大道之通途，世所称常识是也。于此能娴，可以共学，此犹不达，凡小盲魔，终古无见天日之期，亦大可哀也已。读是经者，应先判文，次后抉义。

最初序分为《佛国品》第一，最后流通为《法供养品》第十三、《嘱累品》第十四，是三易明，今且勿论，论正宗分。

正宗十一品，境居其九，行果各一。境居其九者，菩萨以自他利为境，而先利他，其能利者，方便是也。密谈方便而总叙，为《方便品》第二。密谈方便而别叙，叙其昔之化小，为《弟子品》第三；叙其昔之化大，为《菩萨品》第四；叙其今之普化，为《问疾品》第五。显示方便，俾得亲证而易趣入，为《不思议品》第六。其所利者，众生是也，为《观众生品》第七。菩萨利他，亦以自利，以俗谛事自利，为《佛道品》第八；以真谛理自利，为《入不二法门品》第九。别利叙已，继以总谈，为《香积佛品》第十。行果各一者，行为《菩萨行品》第十一，果为《见阿闳佛品》第十二。

其文如是，其事则文殊问疾，维摩显通。须弥得座，演不思议法门；香国得食，作无文字佛事；大士闻尽无尽法以去，维摩取妙喜世界以来；自始至终，无非现通；是故《维摩诘经》又名《不可思议解脱法门经》也。夫游于方之内者，数十寒暑，数十品类，千年历史，万里区宇，转展相律，不出其域，维彼觉人，超量过量，出乎其方，是故世出世间，一切离异，不可以世规出世，不可求出世于世，是则欲知法义先求常识者，舍《维摩诘经》何由哉？

《维摩经》义，姑以十谈。一者，神通义。本自无封，乌得有通？惟世间有封之实，斯菩萨有通之名，盖惟示以本然之义，救其不自然之封而已。封者，小不可容大，而维摩丈室容三万二千师子座，谓之为通。封者，坚不可入坚，而妙喜国土接入娑婆世界，谓之为通。封者，男不可女，女不可男，而舍利弗作天女形，天女象易舍利弗身，谓之为通。封者，天枢地维不可移易，而解脱人断取佛刹如陶家轮，谓之为通。虽今时地球星球之说但自绕动，且非赤手断取，而犹以为诞也。故夫封者，不可以理喻，征之以通，然后乃信。然无通也，一切有为，梦幻泡影。梦本无稽，幻原不碍，泡唯是假，影自重重。世界虚妄，但有名言，都无实事。知其无实事，云何有封？又焉往而不通哉？是故学佛，应知宇宙人生，无非幻化，法无定相，无不皆通。

二者，究竟义。经言：方便为究竟。《法华·方便品》：开示悟入佛之知见，为一切智智。此经《方便品》：厌离色身，求乐法身，从无量功德而生。无量功德即一切智智。以三身言，应是报、化，而言法身从功德生，何耶？法身是体，报、化是用，即用以显体，就能显而谈所显故也。诸佛得果，曰二转依，从无漏种起一切有为，而生四智，曰菩提所生得。清净法界，一切功德所依，佛、众共有而寂灭无为，要须菩提然后乃显，曰涅槃所显得。合能显所显，言四涅槃：自性涅槃是体所显，其三涅槃是用能显；有余、无余曰彼果断，以解脱用而显体也，《般若》所诠：我皆令入无余涅槃而灭度之，是也；无住涅槃曰彼果智，以功德用而显体也，《瑜伽》所诠：转依成满，入大涅槃，是也。凡此断智二用，皆为显现自性清净之体而发也。无用谈体，是为凌驾自欺；无体谈用，不堕于焦芽败类，即堕于苍莽无归也。《大涅槃经》：一切众生皆有佛性，要藉修习，然后乃见。是故众生虽有法身，要藉有为发生四智，然后乃显；是故经言法身从无量功德所生也，即能显而谈所显故也。是故学佛，应先发阿耨多罗三藐三菩提心，六度万行，成等正觉，而得涅槃。

三者，平等义。佛为增上慢人，说离淫怒痴为解脱耳；若无增上慢者，佛说淫怒痴即是解脱，此以不增谈平等也。菩萨观法，不见有法非菩提因，烦恼幻化，无处隐藏，无有聚集，法无二性，如烦恼性即菩提性，此以不二谈平等也。又复诸法但有名字，无决定性，有二比丘犯律疑悔，阿阇世王大逆恐怖，为说真相都已拔除，此以不定谈平等也。物性平等，法尔本然，对治但遏流，平等乃清源也。得是平等，纵横自在，入不思议法门。不知平等，我见须弥，长夜沦迷，无有出期。尘沙翳目[②]，玉屑障视，等无有异。是故学佛，应知诸法差别，本无所有，遍一切一味。

四者，圆满义。诸佛依二谛，为众生说法，般若真实义，瑜伽方便道，如车具两轮。所谓因缘法，即空即假名，分别中有空，空中有分别，是则契中道也。此经三十二通达佛道以说俗，而如来种为污下所生；三十一不二法门以说真，而无表无示遂尔默然。此经演一切法，先破后陈：先破以诠真，后陈以诠俗；先破来相见相，而后陈其问疾辨论；先破床座，而后陈其须弥灯王八万四千由旬师子之座；先破杂食，而后陈其香积法食；先破没生，而后陈其妙喜之没、堪忍之生。此经演尽无尽法，不住无为契世俗谛，不尽有为契第一义谛，此其所谓圆满中道义也。是故学佛，应以龙树、无着，并为一谈；争相争空，为不解事。

五者，大悲为人义。菩萨观于众生，如幻如化，如空中鸟迹，而众生自不谓然，执是实有，菩萨因此而起大悲。大悲切至，譬如一子，子病母病；如是众生有病，菩萨亦病。作大医王，多方疗治，于是有为人之学，建立以为大乘。生心动念，举足下足，皆是众生；六度三学，四梵五明，皆为众生；毫发善根，回向实际，回向菩提，而皆回向众生。众生有苦，我代其受；众生有亏，我给其求。为众生故，十王大业，入生死海；为众生故，示行烦恼，长劫阐提；为众生故，游于十方，随机度化。若问菩提，久稽一切智智；若谈解脱，发趣大般涅槃；此岂悲心微薄，但自清净之所乐为者哉？大悲所激奋者然也，故曰大悲为根本也。然佛世尊是菩萨成，非声闻得。是故学佛，须观沧海，莫贪牛迹；应图烈日，勿务萤光。

六者，破执义。对破，坏破，双征破，实事破。何谓对破？在家发心，即是出家；观罪性空，即是奉律；道法而现凡夫事，即是宴坐；离缘舍见，即是智慧。又复阴无所起，即是苦；究竟无有，即是空；于我无我不二，即是无我；本无所灭，即是寂灭。何谓坏破？以五逆相解脱，堕六师所堕，同惑离净，谤毁三宝，不到彼岸，终不灭度。何谓双征破？受记为过去耶？未来耶？现在耶？为如生耶？为如灭耶？天眼所见，为作相耶？无作相耶？何谓实事破？华著比丘身，移比丘以女身，施比丘以魔女。惟执之者凭空胶固，遂破之者险诞离奇，纯任精神，羌无迹象。若能不惊、不怖、不畏，而执破矣！世有众生，然后有佛；众生有执，然后有法；岸到筏销，执破法舍，直下本来，有何事哉！是故学佛，须知有八万四千烦恼，乃有八万四千法门，释迦四十九年，何尝说于一字？

七者，苦切义。有苦切之言，有苦切之事。云何苦切之言？猿猴跳梁，种种制御，然后驯习，象马㦬悷，楚毒彻骨，然后调伏；刚强难化众生，苦切之言，然后入律。是故教言，是三涂八难，是十恶六蔽，是碍无碍、罪无罪、漏无漏，如是种种等。云何苦切之事？难行苦行，须过量精神，然此精神，非安平有，而逼迫有。不可思议解脱菩萨，或作雪山夜叉，为说半偈，须食热血，逼而出之，令行坚固；或作乞者，从乞头目髓脑、妻子城邑，逼而出之，令行坚固。盖四摄之爱语同事，先以欲钩牵也。此经之苦切语、苦切事者，后置之于道也。是故学佛，须知是大丈夫事，非爱人以姑息，不谓菩萨行非人情。

八者，佛事无定义。此方教体，文字语言；他方佛刹，则不尽然。或以光明；或以化人；或以菩提树；或以佛衣服卧具、园林台观、及以佛身相好、虚空而作佛事；又或以梦幻影响、镜像水月而作佛事；又或以净土寂净，无说无示、无作无为而作佛事。而于此方教外别传，亦复拈华竖指，瞬目扬眉，顾鉴而咦，正不独维摩香饭为非常可怪事、惟一仅有之佛事也。诸佛威仪，无非佛事，即八万四千烦恼，佛亦以此而作佛事。是故学佛，须是直探龙骊[3]，触处皆能悟入。

九者，游诸佛刹义。维摩从妙喜没而来生此，文殊游于无量阿僧祇国。盖是大士事佛，意生化身，来往自如，与轮回异。若夫维摩入定，令所化人自识宿命，殖众德本，即时豁然，还得本心，则是分段生死，丧其忆力，入轮回趣。夫命终蜕脱，依一微尘，为中有身，缘至入胎，独入不迷，是生天趣；入住不迷，声闻生世；惟夫大乘，入住出三，毕竟朗然；惟夫凡夫，入住出三，毕竟迷闷。昧其实历之本事，而凭臆妄之推测，拨无三世充塞仁义，至可哀已！夫业取习气，异熟相续，理至切也；习气所嗜，各从其类，势至顺也。吉乘人天，凶入三涂；残忍自虎，盗窃化鼠；乖气所兆，人死为羊，和气发生，羊死为人；皆其自嗜，又何怪哉？是故学佛，不可有常见，不可有断见，充人之量，穷天地，亘万古，未有其极，而以数十寒暑自拘哉?!

十者，居士说法义。诸佛立法，视机深浅，初无一定。有以菩萨为僧，有以声闻为僧，有以菩萨、声闻杂而为僧。释迦于此土以声闻为僧，文殊、弥勒入声闻僧中次第而坐。而于一灯明国，但有菩萨僧，无声闻僧。若夫说法，则夜叉、罗刹，且得敷坐，授一四句偈。末世无知，乃倡讆言[4]：居士非僧类，无师范，不可说法。遂使大道唯属声闻，佛广流通而故缩塞，岂不悲哉！《维摩诘所说经》，与佛说某经某经，名称一致，但理不诬，世尊佛弟子等，四众等，有何别哉？是故学佛，要会其通，不可僻执，局于形迹。

上来十义，略谈常识，昧兹常识，或为无慧，恇罔迷盲[5]，倾倒神秘，不通一隙；或为邪慧，宇宙人生，世见陷阱，正见不生。长夜漫漫，何时旦欤？若能熟读此经，常识自足，而后深入诸门，读《大般若经》入般若门，读《华严经》入普贤门，读《楞伽》、《深密》诸经入瑜伽门，读《大涅槃经》入涅槃门，然后融会贯通，知释迦一代大乘之教。

（选自《藏要》第二辑）

注释：

①俾（bǐ）：使。

②翳（yì）：遮蔽。

③龙骊（lí）：黑色的龙，颔下有宝珠。

④讆（wèi）：虚伪，欺诈。

⑤恇（kuāng）：惊惧。

主要参考书目

《维摩诘经》，吴支谦译，《大正藏》第十四册。

《说无垢称经》，唐玄奘译，《大正藏》第十四册。

《注维摩诘经》，后秦僧肇撰，《大正藏》第三十八册。

《维摩义记》，隋慧远撰，《大正藏》第三十八册。

《维摩经玄疏》，隋智𫖮撰，《大正藏》第三十八册。

《维摩经略疏》，隋智𫖮撰，《大正藏》第三十八册。

《净名玄论》，隋吉藏撰，《大正藏》第三十八册。

《维摩经义疏》，隋吉藏撰，《大正藏》第三十八册。

《说无垢称经疏》，唐窥基撰，《大正藏》第三十八册。

《藏要》（第五册），欧阳竟无编，上海书店出版社，一九九一年版。

《佛光大辞典》，慈怡主编，佛光出版社，一九八八年版。

《佛学大辞典》，丁福保编纂，文物出版社，一九八四年版。

《佛教大辞典》，任继愈主编，江苏古籍出版社，二〇〇二年版。

《维摩诘经今译》，陈慧剑译注，东大图书股份有限公司，一九九〇年版。

《维摩诘经今译》，幼存、道生注译，中国社会科学出版社，一九九四年版。

《维摩诘经》，赖永海释译，佛光山宗务委员会，一九九七年版。

《维摩诘经新译》，陈引驰、林晓光译注，三民书局，二〇〇五年版。

《梵汉对勘维摩诘所说经》，黄宝生译注，中国社会科学出版社，二〇一一年版。

《汉魏两晋南北朝佛教史》，汤用彤著，中华书局，一九八三年版。

《中国佛教史》（第一卷），任继愈主编，中国社会科学出版社，一九八一年版。

《中国佛学源流略讲》，吕澂著，中华书局，一九七九年版。

《汉译佛教经典哲学》，杜继文著，江苏人民出版社，二〇〇八年版。

佛教十三经

法华经

赖永海 主编
王彬 译注

中華書局

总　序

佛教有三藏十二部经、八万四千法门，典籍浩瀚，博大精深，即便是专业研究者，用其一生的精力，恐也难阅尽所有经典。加之，佛典有经律论、大小乘之分，每部佛经又有节译、别译等多种版本，因此，大藏经中所收录的典籍，也不是每一部佛典、每一种译本都非读不可。因此之故，古人有“阅藏知津”一说，意谓阅读佛典，如同过河、走路，要先知道津梁渡口或方向路标，才能顺利抵达彼岸或避免走弯路；否则只好望河兴叹或事倍功半。《佛教十三经》编译的初衷类此。面对浩如烟海的佛教典籍，究竟哪些经典应该先读，哪些论著可后读？哪部佛典是必读，哪种译本可选读？哪些经论最能体现佛教的基本精神，哪些撰述是随机方便说？凡此等等，均不同程度影响着人们读经的效率与效果。为此，我们精心选择了对中国佛教影响最大、最能体现中国佛教基本精神的十三部佛经，认为举凡欲学佛或研究佛教者，均可从“十三经”入手，之后再循序渐进，对整个中国佛教作进一步深入的了解与研究。

“佛教十三经”的说法，由来有自。杨仁山、梅吉庆以及中国佛学院都曾选有“佛教十三经”，所选经典大同小异。上

述三家都选录的经典有:《金刚经》、《维摩诘经》、《法华经》、《楞伽经》、《楞严经》;被两家选录的经典有:《心经》、《胜鬘经》、《观经》、《无量寿经》、《圆觉经》、《金光明经》、《梵网经》、《坛经》。此外,《四十二章经》、《佛遗教经》、《解深密经》、《八大人觉经》、《大乘密严经》、《地藏菩萨本愿经》、《菩萨十住行道品经》、《大毗卢遮那成佛神变加持经》为一家所选录。本着以上所说的"对中国佛教影响最大、最能体现中国佛教基本精神"的原则,这次我们选择了以下十三部经典:《心经》、《金刚经》、《无量寿经》、《圆觉经》、《梵网经》、《坛经》、《楞严经》、《解深密经》、《维摩诘经》、《楞伽经》、《金光明经》、《法华经》、《四十二章经》。

佛教发展至今已有两千多年的历史,就其历史发展、思想内容说,有大乘、小乘之分。《佛教十三经》所收录之经典,除了《四十二章经》外,多为大乘经典。此中之缘由,盖因佛法之东渐,虽是大小二乘兼传,但是,小乘佛教在传入中国之后,始终成不了气候,且自魏晋以降,更是日趋式微;直到十三世纪以后,才有南传上座部佛教在云南一带的流传,且范围十分有限。与此相反,大乘佛教自传入中土后,先依傍魏晋玄学,后融汇儒家的人性、心性学说而蔚为大宗,成为与儒道二教鼎足而三、对中国社会各个方面产生着巨大影响的一股重要的社会思潮。既然中国佛教的主体在大乘,《佛教十三经》所收录的佛经自然以大乘经典为主。

对于大乘佛教,通常人们又因其思想内容的差异把它分为空、有二宗。空宗的代表性经典是"般若经"。中国所见之般

若类经典，以玄奘所译之《大般若经》为最，有六百卷之多。此外还有各类小本“般若经”的编译与流传，其中以《金刚经》与《心经》最具代表性与影响力。

“般若经”的核心思想是“空”。但佛教所说的“空”，非一无所有之“空”，而是以“缘起”说“空”，亦即认为，世间的万事万物，都是条件（“缘”即“条件”）的产物，都会随着条件的变化而变化。条件具备了，它就产生了（“缘起”）；条件不复存在了，它就消亡了（“缘灭”）。世间的一切事物，都不是一成不变的，而是一个念念不住的过程，因此都是没有自性的，无自性故“空”。《金刚经》和《心经》作为般若经的浓缩本，“缘起性空”同样是其核心思想，但二者又进一步从“对外扫相”和“对内破执”两个角度去讲“空”。《金刚经》的“对外扫相”思想集中体现在“一切有为法，如梦幻泡影，如露亦如电，应作如是观”这个偈句上，对内破执则有“应无所住而生其心”这一点睛之笔。《心经》则是以“色不异空，空不异色；色即是空，空即是色；受想行识亦复如是”来对外破五蕴身，以“心无罣碍”来破心执。两部经典都从扫外相、破心著的角度去说“空”。

有宗在否定外境外法的客观性方面与空宗没有分歧，差别仅在于，有宗虽然主张“外境非有”，但又认为“内识非无”，倡“三界唯心”、“万法唯识”，认为一切外境、外法都是“内识”的变现。在印度佛教中，有宗一直比较盛行，但在中国佛教史上，唯有玄奘、窥基创立的“法相唯识宗”全力弘扬“有宗”的思想，并把《解深密经》等“六经十一论”作为立宗的根据，《佛教十三经》选录了对“唯识宗”影响较大的《解深密经》进行注译。

《解深密经》的核心思想在论证一切外境外法与识的关系，认为一切诸法乃识之变现，阿赖耶识是生死轮回的主体，是万物生起的种子。经中还提出了著名的“三性”、“三无性”问题，并深入地论述了一切虚妄分别相与真如实性的关系。

与印度佛教不尽相同，中国佛教的主流或主体不在纯粹的“空宗”或“有宗”，而在大乘佛教基本精神与中国传统文化（特别是儒家心性学说）汇集交融而成的“真常唯心”思想，这种“真常唯心”思想也可称之为“妙有”的思想。首先创立并弘扬这种“妙有”思想的是智者大师创建的天台宗。

天台宗把《法华经》作为立宗的经典依据，故又称“法华宗”。《法华经》的核心思想，是“开权显实，会三归一”，倡声闻乘、缘觉乘、菩萨乘同归一佛乘，主张一切众生悉有佛性。《法华经》是南北朝之后，中国佛教走向以大乘佛教为主流的重要经典依据，也是中国佛教佛性理论确立以一切众生悉有佛性、都能成佛为主流的重要经典依据。而《法华经》的“诸法实相”也成为中国佛教“妙有”思想的重要思想资源和理论依据。

中国佛教注重“妙有”之思想特色的真正确立，当在禅宗。慧能南宗把天台宗肇端的“唯心”倾向推到极致，作为标志，则是《坛经》的问世。《坛经》是中国僧人撰写的著述中唯一被冠以“经”的一部佛教典籍，其核心思想是“即心即佛”、“顿悟成佛”。《坛经》在把佛性归诸心性、把人变成佛的同时，倡导“即世间求解脱”，主张把入世与出世统一起来，而这种思想的经典根据，则是《维摩诘经》。

《维摩诘经》可以说是对中国佛教影响最大的一部佛经，

不论是作为中国佛教代表的禅宗，还是成为现、当代佛教主流的人间佛教，《维摩诘经》中的“心净则佛土净”及“亦入世亦出世”、“在入世中出世”的思想，都是其最为重要的思想资源和经典依据。尤其值得一提的是，贯穿于整部《维摩诘经》的一根主线——“不二法门”，更是整个中国佛教的方法论依据。

《楞伽经》也是一部对禅宗、唯识乃至整个中国佛教有着重大影响的佛经。《楞伽经》思想有两个重要特点，一是融汇了空、有二宗，既注重“二无我”，又讲“八识”、“三自性”；二是把“如来藏”和“阿赖耶识”巧妙地统合起来。因此之故，《楞伽经》既是“法相唯识宗”借以立宗的“六经”之一，又被菩提达摩作为“印心”的依据，并形成一代楞伽师和在禅宗发展史颇具影响的“楞伽禅”。

《楞严经》则是一部对中国佛教之禅、净、律、密、教都有着广泛而深刻影响的大乘经典。该经虽有真、伪之争，但内容十分宏富，思想体系严密，几乎把大乘佛教所有重要理论都囊括其中，故自问世后，就广泛流行。该经以理、行、果为框架，谓一切众生都有“菩提妙明元心”，但因不明自心清净，故流转生死，如能修禅证道，即可成就无上正等正觉。这一思想对中国佛教的各宗各派都产生了极其深刻的影响。

《圆觉经》是一部非常能够体现中国佛教注重“妙有”思想特色的佛经。该经主张一切众生都具足圆觉妙心，本当成佛，无奈为妄念、情欲等所覆盖，才于六道中生死轮回；如能顿悟自心本来清净，此心即佛，无须向外四处寻求。该经所明为大乘圆顿之理，故对华严宗、天台宗、禅宗都有十分重要的影响。

《金光明经》对中国佛教的影响，主要体现在其“三身”、“十地”思想、大乘菩萨行之舍己利他、慈悲济世思想、金光明忏法及忏悔思想以及天王护国思想。由于经中所说的诵持本经能够带来不可思议的护国利民功德，故长期以来被视为护国之经，在所有大乘佛教流行的地区都受到了广泛重视。

《无量寿经》是根据“十方净土”的思想建立起来的净土类经典，也是净土宗所依据的“三经”之一。经中主要叙述过去世法藏菩萨历劫修行成无量寿佛的经过，及西方极乐世界的种种殊胜。净土信仰自宋之后就成为与禅并驾齐驱的两大佛教思潮之一，到近现代更出现“家家阿弥陀，户户观世音”景象，故《无量寿经》在中国佛教史上的影响至为广泛和深远。

《梵网经》在佛教“三藏”中属“律藏”，是大乘戒律之一，在中国佛教大乘戒律中，《梵网经》的影响最大。经中主要讲述修菩萨的阶位（发趣十心、长养十心、金刚十心和体性十地）和菩萨戒律（十重戒和四十八轻戒），是修习大乘菩萨行所依持的主要戒律。另外，经中把“孝”与“戒”相融通、“孝名为戒”的思想颇富中国特色。

所以把《四十二章经》也收入《佛教十三经》，主要因为该经是我国最早译出的佛教经典，而且是一部含有较多早期佛教思想的佛经。经中主要阐明人生无常等佛教基本教义和讲述修习佛道应远离诸欲、弃恶修善及注重心证等重要义理，且文字平易简明，可视为修习佛教之入门书。

近几十年来，中国佛教作为中国传统文化的重要组成部分，以其特殊的文化、社会价值逐渐为人们所认识，研究佛教

者也日渐增多。而要了解和研究佛教，首先得研读佛典。然而，佛教名相繁复，义理艰深，文字又晦涩难懂，即便有相当文史基础和哲学素养者，读来也颇感费力。为了便于佛学爱好者、研究者的阅读和把握经中之思想义理，我们对所选录的十三部佛典进行了如下的诠释、注译工作：一是在每部佛经之首均置一“前言”，简要介绍该经之版本源流、内容结构、核心思想及其历史价值；二是在每一品目之前，都撰写了一个“题解”，对该品目之内容大要和主题思想进行简明扼要的提炼和揭示；三是采取义译与意译相结合的原则，对所选译的经文进行现代汉语的译述。这样做的目的，是希望它对原典的阅读和义理的把握能有所助益。当然，这种做法按佛门的说法，多少带有“方便设施”的性质，但愿它能成为“渡海之舟筏”，而不至于沦为“忘月之手指”。

赖永海

庚寅年春于南京大学

前　言

《妙法莲华经》(通常略称为《法华经》)(*Saddharma Puṇḍ arīka Sūtra*)是大乘佛教的重要经典之一。本经以喻而立经名,*Saddharma* 译为"妙法",系指本经微妙而不可思议的深奥法义,或云"第一最胜之法";*Puṇḍ arīka* 则意为"莲花"。"莲花"在佛教中是最为常见的譬喻和形象,有"微妙香洁"的功德,而又以"微妙"之功德代表智慧,以"香洁"代表慈悲德行,以喻大乘菩萨智悲双运,为悲悯众生,而发弘愿,于五浊恶世中行难忍之行救度众生,却又不为五浊所染,如同莲花生于淤泥之中却不为所染,故有此名。本经在印度即受到广泛重视,传至中国后,更是盛行于世,其于中土盛兴之势,正如唐代道宣在《妙法莲华经弘传序》中所云:"自汉至唐六百余载,虽历群籍,四千余轴,受持盛者,无出此经。"可见其影响之大,以至于后世有人将其与《楞严经》、《华严经》并称,誉为"经中之王"。

一　《法华经》的成书及汉译本

通常认为,本经于大乘佛教初期即已形成(最晚不超过公元2世纪），属于大乘佛教的早期经典。《法华经》产生后，逐渐流传于印度、尼泊尔及中亚等广大地区。自18世纪以来，在克什米尔、尼泊尔和中国新疆、西藏等地已经发现本经各种写本四十余种，写经文字有梵文、藏文及和阗文等。这些写本的年代约为5～11世纪。

根据《开元释教录》记载，《法华经》约有六种汉译全本，其中最早的译本为三国时期支疆梁接所译的《法华三昧经》（255年）。但在六种译本中，三种已经佚失，而后世流传下来的尚有三种，按翻译时代先后顺序分别是：西晋竺法护据西域胡本译出的《正法华经》，后秦鸠摩罗什所译的《妙法莲华经》，隋代阇那崛多、达摩笈多共译的《添品妙法莲华经》。

《法华经》的诸译本中，后世通行并影响较大的译本是鸠摩罗什的译本，究其原因，主要是因为该译本不像罗什之前诸译本那样文辞艰涩，难以理解，另外也与罗什门下诸弟子及后世大德的广泛宣扬密不可分。正如唐代道宣所云："三经重沓、文旨互陈，时所崇尚，皆弘秦本。"（《妙法莲华经弘传序》）

以上三种译本中，内容也互有出入。如后世流通最广的罗什译本，我们现在看到的通行本为7卷28品，但罗什初译此经时原为7卷27品。后世补入的内容主要有几方面：一是南齐法献于高昌所得《提婆达多品》、二是隋阇那崛多等所译的《添品妙法莲华经》中的《普门品偈颂》、三是唐代玄奘大师所译的《药王菩萨咒》；在编入这些内容后，方才形成后世通行的流通本。在上述三种译本中，一些品目的顺序也略有不同。如晋译本和隋译本均将《嘱累品》列为全经的最后一品；而秦译本中，

《嘱累品》列在第二十二品，其后尚有《药王菩萨本事品》等六品，而将《普贤菩萨劝发品》作为全经的最后一品。

《法华经》诸译本的差别，可能主要是由于译经所依据的底本不同所致。《正法华经》根据梵文本翻译，但却为流行于西域的所谓“胡本”，《妙法莲华经》则是据西域龟兹文本所译，而隋代阇那崛多、达摩笈多等的翻译则是根据从印度传来的梵文本。

二 《法华经》的主要思想

《法华经》中包含着丰富的哲理思想及信仰体系。限于篇幅，我们在此仅从以下四个方面，对本经的重要思想进行归纳。

1. 开权显实，会三归一

本经始终贯穿着一条重要的主线，可归纳为“开权显实，会三归一”，这可以说是本经最为核心的思想。所谓“开权显实”，又称“开方便门，显真实义”；“权”即所谓“方便”、“权宜”之法，系指因为众生具有不同的根机，对于法义的堪受也存在差异，因而佛陀以种种权宜之法，如譬喻、语言等种种不同方式，引导初机众生，令其入于佛法之门，而走上修行解脱的道路。因此根据众生的不同根性，分别说声闻、缘觉、佛乘（即“三乘”）；但这种法义上的差别归根到底，是要引导众生契悟最为究竟的实相之境（即为与“权”相对之“实”，或与“方便”相对的“真实”），这才是佛陀真正的本怀，也就是说，唯有一佛乘才是佛陀的真实教义和归趣所在。正如本经《方便品》中所说的：“如来但以一佛乘故，为众生说法，无有余乘，若二若三。”

基于这一思想，在本经中，佛陀不仅给诸大菩萨授记成佛，也为诸声闻弟子（包括已证得阿罗汉果者）授记当得作佛。以一佛乘为真实究竟，毫无虚妄。从而令信仰者舍弃相对狭隘的“三乘”之见，以志求无上佛乘，证得诸法实相之究竟无上之智为修行的终极目的。

正是基于把体证诸法实相作为修行的最高目标的认识，《法华经》提出著名的“十如是”说，并指出“唯佛与佛乃能究尽诸法实相”，这意味着唯有志求佛道，并如理修行，才能达到佛陀证得的无上之智，了达一切诸法实相。而众生欲要达到这一究竟本质的境界，就必须发心修习成就无上佛道。

2. 开近显远、开迹显本的佛陀观

大乘佛教的佛陀观念中，最有影响的即为法身、报身、应身的“三身论”。在这一理论的形成过程中，《法华经》无疑起到重要的作用。《法华经》中虽未出现完整的“三身”概念，但经中对释迦牟尼佛的描述，实则已赋予释迦佛法身的意义。如《见宝塔品》中，释迦佛说《法华经》时，从地涌出的宝塔中，有过去久已成佛并且早已“灭度”的多宝如来，因愿力缘故，为释迦佛说《法华经》的真实性加以赞叹证明；并又有分布于十方诸佛国的释迦分身佛携同无量眷属侍者前来听法；《从地涌出品》中，在此“娑婆世界”地下涌出无量菩萨，都是释迦佛所教化的弟子，表示将于未来护持、弘传《法华经》，实现教化众生的弘愿。会中弥勒菩萨及大众遂起疑问，释迦如来成道四十余年，为什么能在此很短暂的时间内教化无量大众。在接下来的《如来寿量品》中，释迦佛向大众宣说，如来已于久远劫前早已成佛，但为方便教化众生，令入佛道，而示现灭度（应身）。佛陀常在此娑婆世界说法教化，亦于他方无量无边国土教化利导众生。如来寿命亦不可计数（“成佛已来无量无边百千万亿那由他劫”，“成佛已来，甚大久远，寿命无量阿僧祇劫，常住不灭”）。在《如来寿量品》中出现的佛身“常住不灭”的观念，实际上已经具有报身兼具法身的意义。

《法华经》中释迦久远成佛的思想，又被归纳成“开近显远”（示释迦应身寿命之近，显释迦法身寿量之远）、“开迹显本”（开示释迦应身及其说法，显释迦法身实相之理）。

3. 菩萨行及一切众生皆当成佛思想

在《法华经》的思想中，菩萨行的观念也得到充分地阐释，这些丰富的修习思想着重体现在《安乐行品》及《常不轻菩萨品》中。所谓“菩萨行”，是指志求佛果的众生（菩萨）为证佛果，而必须精勤修习的自利利他的各种方法。如在《常不轻菩萨品》中，记述了常不轻比丘随见四众悉皆礼拜赞叹，无论人们对他怎样轻骂侮慢，他都对众生礼敬如故，并预言众生皆当作佛。这可被认为是较早出现的“一切众生皆可成佛”思想。如东晋时期的竺道生，即对当时中土流行的所谓“一阐提人不得成佛”的思想提出异议，而提出“一阐提人亦当成佛”的观念，他之所以孤明先发地提出这一观点，实则与他对《法华经》真实思想的解悟不无关系。这一点可以从他所作《法华经疏》中看出。如在注疏《譬喻品》时有言：“闻一切众生，皆当作佛。”在《见宝塔品》的注疏中言：“既云三乘是一，一切众生，莫不是佛，亦皆泥洹。”由此也可看出《法华经》思想对他的影响。

4. 观世音菩萨的信仰

从佛教发展的历史角度看，在大乘佛教的菩萨信仰中，流传最广、影响最大的当属对观世音菩萨的信仰。而这一信仰的根本依据，则直接地溯源于《法华经》。在《法华经》中，对于菩萨行的修习方法多有论述，而菩萨行的宗旨所在，即是要救度一切苦难众生，帮助他们得到究竟的解脱；而由于众生种种因缘不同，菩萨救度众生的方式也随之千变万化。在《法华经》中，至少有两品的内容集中体现了这一思想，一是《妙音菩萨品》，二是《观世音菩萨普门品》，在这两品中，都出现了随应众生机缘差别而显示相应化身而为说法救度的观念。如《妙音菩萨品》中，妙音菩萨具"现一切色身三昧"，"妙音菩萨住是三昧中，能如是饶益无量众生"。而在《观世音菩萨普门品》中，则宣说了观世音菩萨以大威神力的缘故，能够救度众生脱于诸难。众生若闻称观世音菩萨名号，当得离诸苦难，并宣说观世音菩萨以各种应身普门示现救度众生的功德。《观世音菩萨普门品》成为《法华经》中最广为人知的篇章，以至于被单独列出作为独立的一部经典，并成为历代无数修学佛法的信士所必修的讽诵内容。

三 《法华经》的影响

《法华经》自产生以后，其丰富的义理及信仰模式为大乘佛教的发展提供了坚实的理论依据，其所产生的影响广泛而深远。在此，我们仅通过以下三个方面，对《法华经》的影响进行介绍。

1. 本经注疏

首先，历代围绕《法华经》而进行阐释的各种著作极为丰富。尤其在中国，早在六朝时期，古印度著名论师世亲著的《妙法莲华经论》即被译为汉文（此论元魏时先后两译：即勒那摩提译的《妙法莲华经论》和菩提流支译的《法华经论》）。这可说是中国最早流传的对《法华经》的疏论。之后，竺道生、昙影、道融、法云、法瑶、智顗、吉藏、窥基等诸多大德纷纷为其注释阐发。据初步统计，目前收录于《大正藏》及《卍续藏》中的各种《法华经》相关著作约有八十余种；由此也可见《法华经》所受到的重视程度，这也表明《法华经》的广泛影响。

2. 天台宗的形成和发展

《法华经》对后世的影响中，最显著的即是天台宗的产生。天台宗又称“法华宗”，是中国第一个大乘佛教宗派。这一宗派的创始人为隋代智顗（智者大师），并奉持《法华经》为根本经典。天台宗的创立，是中国佛教发展史上具有里程碑意义的重大事件，也是佛教完成中国化并走向成熟的标志之一。

由智者大师创立的天台宗教理中，最重要的即是“三谛圆融”的思想。这一思想的形成，直接来源于《法华经》中以“十如是”来阐释“诸法实相”的思想。在《法华经》的诸译本中，“十如是”的内容为鸠摩罗什译本中所独有。但之前罗什本人及其门下弟子，对于“十如是”并未予以特别的重视。直至慧思，才真正注意到“十如是”与“诸法实相”之间所存在的重要意义，他通过《法华经》的修习而证“法华三昧”；并依据本经中著名的“十如是”思想，提出颇具特色的“一心三观”等观法原则，形成了独特的禅法体系。后经过智者大师的发挥，形成了“三谛圆融”的实相义理理论，并由此创立了“一心三观”的圆顿观法。

智者大师对《法华经》极为推崇，他曾依据《法华经》作《妙法莲华经玄义》、《妙法莲华经文句》及《摩诃止观》等，阐释法华大义，这三部著作成为天台宗的重要经典，即著名的“天台三大部”。在他创立的“五时八教”的判教体系中，更是将《法华经》尊为至高的圆教一乘大法。由此亦可见《法华经》于天台宗的巨大影响。

天台宗形成之后，对东亚的日本及朝鲜半岛等地的佛教文明也产生了极大的影响。

唐代鉴真大师最早把天台教观弘传至日本。后来日本的最澄入唐求法，回国后再传天台教观，天台宗遂在日本成为一个独立而兼具“圆义”的宗派。其后日本佛教形成的诸多宗派中，几乎都与天台宗有着诸多关系。这些宗派中影响较大的当属日莲创立的“日莲法华宗”。

日莲（1222—1282）年轻时，曾游历研习包括《法华经》等诸经教义。但他对当时日本佛教的现状颇多不满，尤其是对净土、禅、真言、律诸宗大肆攻击，却唯独对《法华经》极为重视。尤其是经过十余年对天台教典的修学，最终认定在末法时代，唯有以弘扬释尊教义精髓之《法华经》，才能成为拯救末世众生的最根本的方式。日莲认为唯有《法华经》才是真正的佛教。他以《法华经》、《无量义经》、《观普贤经》等为依据，提出《无量义经》为《法华经》的“开经”，《观普贤经》则是《法华经》的“结经”，实则是以《法华经》为中心，尊为本宗的根本经典。并承袭了天台宗的“五时八教”之说，在法脉上，与智者大师亦有溯源。他主张释迦教化的精髓即为《法华经如来寿量品》，而于此品中包含的真理——“一念三千”即体现在“南无妙法莲华经”的七字中，因而提倡礼拜《法华经》、念诵“南无妙法莲华经”等为基本的修行方式。日莲本人一生亦以口诵、身行《法华经》等亲身经历以证《法华经》的真实性。

3. 修行方式的影响

《法华经》不仅把体证无相空慧的诸法实相作为佛法修学的最高目标，同样也极为注重实际的修学。《法华经》包含着极为丰富的佛教修行方法，如根据圣严法师的统计:《法华经》中约有六十种修行方式。《法华经》中丰富的修行方式，也对印度佛教和中国佛教诸宗派的修学理念，产生了重大的影响。

在菩萨信仰中，影响最大的当属观世音菩萨的信仰，而这一信仰与《法华经》有着密不可分的关系。虽然在《法华经》出现之前的大乘佛教经典中已经出现观世音菩萨的记载，但后世奉行的经典依据，却是源于本经中《观世音菩萨普门品》，本品在中国甚至成为一部独立的经典而得以广泛奉持。

在《法华经》的诸多信仰中，值得注意的另一个理念，即是礼拜、供养、读诵《法华经》所具有不可思议的功德。历代流传着很多修习《法华经》而产生的灵异记载，这些在如《高僧传》等著作中是经常见到的。日本佛教的法华信仰也极为普遍，成书于平安时代末期（不晚于1120年）的《今昔物语集》，收录了大量的佛教故事，很多题材都源自日本历史上真实存在的人物，或者民间广为流传的故事。值得注意的是，其中不少内容都与《法华经》有关，大多是通过读诵《法华经》而消灾免难的事迹。

这也从另一侧面反映了《法华经》的重要影响。

四　关于本经注译的几点说明

1. 版本。本书以《大正藏》为底本，参校《乾隆大藏经》，在此基础上，对其进行注释、翻译、解读。

2. 对于经中佛教名相的注释。目前海内外已经出版了一些佛教术语的词典著作，由于这些佛教词典所收录的名相及相关研究均较全面和准确，因此我们在对一些佛教名相进行注释时，主要参考了《佛光大字典》、《中华佛教百科全书》、《中国百科全书》（佛教篇）等著作的内容。我们对相关条目与经文中的名相仔细核对后，多有直接引用或稍加整理后引用的情况。由于条目较为分散，文中所引内容并未一一注出原文献出处，在此加以说明；另外其他主要参考资料可参见书后文献列表。本书注译者在此谨对引用成果的作者致以深深的谢意！

目　录

序品第一

本品主要叙述释迦牟尼佛宣说本经的缘起。逢此法会者有诸大比丘、菩萨众、天龙八部诸王及眷属等无量大众。世尊在耆阇崛山为大众宣说《无量义经》后，即入无量义三昧，瑞相纷现。如来眉际白毫相光，遍照诸方无量世界，并于光中现出十法界生佛事相。会中大众多有生疑，未知瑞相预示何者。弥勒菩萨为解众疑，即向文殊菩萨询问世尊因何因缘而现瑞相。文殊菩萨告弥勒菩萨云，无量劫前日月灯明如来，演说《法华经》时，亦现瑞相；乃至递次复有二万同号日月灯明如来。其最后佛未出家时，有八位王子，闻其父出家证得无上正觉，亦舍王位而出家修行。日月灯明如来座下有一位妙光菩萨，亦有八百弟子。他于如来灭度后，持《法华经》为众生演说，八位王子从其教习，皆于久远劫后证无上正觉。文殊菩萨言其往世曾为妙光菩萨，而弥勒菩萨即为八百弟子中的求名菩萨。以此为证，故文殊菩萨以今日呈现之瑞相推测，释迦牟尼佛当为大众宣说《妙法莲华经》这部教化菩萨法门的大乘经典。

本品为全经的首品，按照天台智者大师的科判，将本品归结为“迹门”的序分。

如是我闻①：

一时②，佛住王舍城耆阇崛山中③，与大比丘众万二千人俱[4]，皆是阿罗汉[5]，诸漏已尽[6]，无复烦恼，逮得己利，尽诸有结[7]，心得自在。其名曰：阿若憍陈如[8]、摩诃迦叶[9]、优楼频螺迦叶[10]、伽耶迦叶[11]、那提迦叶[12]、舍利弗[13]、大目犍连[14]、摩诃迦旃延[15]、阿㝹楼驮[16]、劫宾那[17]，憍梵波提[18]、离婆多[19]、毕陵伽婆蹉[20]、薄拘罗[21]、摩诃拘絺罗[22]、难陀[23]、孙陀罗难陀[24]、富楼那弥多罗尼子[25]、须菩提[26]、阿难[27]、罗睺罗[28]，如是众所知识大阿罗汉等。复有学、无学二千人。摩诃波阇波提比丘尼与眷属六千人俱[29]，罗睺罗母耶输陀罗比丘尼亦与眷属俱[30]。菩萨摩诃萨八万人[31]，皆于阿耨多罗三藐三菩提不退转[32]，皆得陀罗尼[33]，乐说辩才，转不退转法轮。供养无量百千诸佛，于诸佛所植众德本，常为诸佛之所称叹。以慈修身善入佛慧，通达大智，到于彼岸。名称普闻无量世界，能度无数百千众生。其名曰：文殊师利菩萨、观世音菩萨、得大势菩萨、常精进菩萨、不休息菩萨、宝掌菩萨、药王菩萨、勇施菩萨、宝月菩萨、月光菩萨、满月菩萨、大力菩萨、无量力菩萨、越三界菩萨[34]、跋陀婆罗菩萨、弥勒菩萨、宝积菩萨、导师菩萨，如是等菩萨摩诃萨八万人俱。

尔时，释提桓因与其眷属二万天子俱[35]。复有明月天子、普香天子、宝光天子、四大天王[36]，与其眷属万天子俱。自在天子、大自在天子，与其眷属三万天子俱。娑婆世界主梵天王[37]、尸弃大梵、光明大梵等，与其眷属万二千天子俱。有八龙王[38]，难陀龙王、跋难陀龙王、娑伽罗龙王，和修吉龙王、德叉迦龙王、阿那婆因多龙王、摩那斯龙王、优钵罗龙王等，各与若干百千眷属俱。有四紧那罗王[39]，法紧那罗王、妙法紧那罗王、大法紧那罗王、持法紧那罗王，各与若干百千眷属俱。有四乾闼婆王[40]，乐乾闼婆王、乐音乾闼婆王、美乾闼婆王、美音乾闼婆王，各与若干百千眷属俱。有四阿修罗王，婆稚阿修罗王、佉罗骞驮阿修罗王、毗摩质多罗阿修罗王、罗睺阿修罗王，各与若干百千眷属俱。有四迦楼罗王，大威德迦楼罗王、大身迦楼罗王、大满迦楼罗王、如意迦楼罗王，各与若干百千眷属俱。韦提希子阿阇世王[41]，与若干百千眷属俱。各礼佛足，退坐一面。

注释：

①如是我闻：又作“我闻如是”、“闻如是”。为经典之开头语。释尊于入灭之际，弟子阿难请问四事，其中所问第四事即“一切经首置何字？”佛陀答言：“一切经首置‘如是我闻’等言。”以与外道之经典区别。如是，系指经中所叙述之释尊之言行举止；我闻，则指经藏编集者阿难自言听闻于释尊之言行。又“如是”意为信顺自己所闻之法；“我闻”则为坚持其信之人。此即信成就、闻成就，又作“证信序”。意为此教法是我阿难亲自从佛陀那里听闻的，这是为了使听法的人生起信顺。

②一时：指佛说法的那时，非确指。

③王舍城：古代中印度摩揭陀国之都城。位于恒河中游巴特那市南侧比哈尔地方之拉查基尔。为频婆娑罗王、阿阇世王、韦提希夫人等在位时的都城。此城为佛陀传教中心地之一，城内有许多初期佛教的遗迹，如灵鹫山、竹林精舍及祇园精舍等。耆（qí）阇（shé）崛（jué）山：又译“阇崛”，意译为“灵鹫山”、“鹫峰山”，简称“灵山”、“灵岳”、“鹫峰”等，因山上有岩形似鹫头，又以山中多鹫，故得名。位于中印度摩揭陀国王舍城东北。释迦牟尼佛曾于此讲《般若》、《法华》、《金光明》、《无量寿》等诸多大乘经，遂成为佛教胜地。

④比丘：梵语音译。又作“苾刍”。意译为“乞士”、“乞士男”、“除士”、“薰士”、“破烦恼”、“除馑”、“怖魔”。乃“七众”之一。指出家得度，受具足戒之男子。据《大智度论》卷三载，“比丘”之语义有五种，即：（一）乞士（行乞食以清净自活者），（二）破烦恼，（三）出家人，（四）净持戒，（五）怖魔。其中，破恶（破烦恼）、怖魔、乞士，称为“比丘三义”，与“阿罗汉”一词语义中之杀贼、应供、无生等三义，合称为“因果六义”（比丘为因，阿罗汉为果）。

⑤阿罗汉：梵语，为“声闻四果”之一。略称“罗汉”。意译“应”、“应供”、“应真”、“杀贼”、“不生”、“无生”、“无学”。指断尽三界见、思之惑，证得尽智，而堪受世间大供养之圣者。此果位通于大、小二乘，然一般皆作狭义之解释，专指小乘佛教中所得之最高果位而言。据《俱舍论》卷二十四所举之意，阿罗汉乃“声闻四果”（四沙门果）之一，为小乘之极果。可分为二种，即：（一）阿罗汉向，指尚在修行阶段，而趋向于阿罗汉果者。（二）阿

罗汉果，指断尽一切烦恼，得尽智而受世间大供养之圣者。

⑥诸漏已尽：即指已经断除三界烦恼。漏，“烦恼”之异称。诸漏，即诸烦恼。总摄三界诸烦恼，称为“三漏”。

⑦有结：有，生死之果报；结，可招感果报之烦恼。谓贪、嗔、痴等诸烦恼，能束缚人，而使住于生死境界之中，不得出离，故称“有结”。

⑧阿若憍（jiāo）陈如：佛陀最初度化的五比丘之一。憍陈如为中印度迦毗罗城的婆罗门种，擅长占相之术，悉达多太子诞生第五日时，曾应召检瑞相，并预言太子必将成佛并救度人类。及太子出家修苦行时，憍陈如与另外四人受净饭王之托，陪伴太子至尼连禅河边前正觉山从事苦修，后见太子废苦行接受村女的乳糜，乃与其他四人离太子而去。至释尊成道以后，于鹿野苑见释尊之庄严威仪，又闻其说法，乃率先皈依佛。相传当时释尊初转法轮，即是为憍陈如等五比丘说法。憍陈如为五比丘中之首先得悟者。由于佛陀曾赞叹他已经开悟，因此后来僧团中人称呼他时，都在他的姓氏“憍如”之前，加上具有“已知者”意义的赞美之词“阿若”。此外，《增一阿含经》卷三《弟子品》云：“我声闻中第一比丘，宽仁博识，善能劝化，将养圣众，不失威仪，所谓阿若拘邻比丘是。初受法味，思惟四谛，亦是阿若拘邻比丘。”

⑨摩诃（hē）迦叶：佛陀十大弟子之一。又常作“大迦叶”。略作“迦叶”。在佛弟子中，有“头陀第一”的称号。据《佛本行集经》卷四十五《大迦叶因缘品》、《杂阿含经》卷四十一等记载，迦叶为王舍城摩诃娑陀罗村人，大富婆罗门尼拘卢陀羯波之

子。以诞生于毕钵罗树下，故取名“毕钵罗耶那”；又因出自大迦叶种，而称“大迦叶”。及长，娶毗耶离城婆罗门之女，夫妇二人相约不耽“五欲”之乐，不同室而眠。十二年后，父母俱亡，乃舍财宝，缠白叠无价之僧伽梨衣，与其妇一同出家剃发。不久，于多子神处（在王舍城至那荼陀村之间）遇见佛陀，蒙受教化。八日后，发正智，于脱却自身之僧伽梨以奉佛，并穿着佛陀所授之粪扫衣之际，证得阿罗汉果。据《四分律》卷五十四、《五分律》卷三十等所载，师自波婆城归来的途中，闻佛入涅槃之消息，遂至拘尸那城礼拜佛足。不久，师为令正法流通，乃集五百阿罗汉，以其本人为上首，在王舍城举行第一次佛法之结集。又据缅甸《佛传》云，今日之“佛灭纪元”，乃师劝当时之阿阇世王所制定。其后，师付法于阿难，着佛所授之粪扫衣，持已钵，登摩揭陀国鸡足山，敷坐入定，等待弥勒之出世。在中国，与迦叶尊者有关的“拈花微笑”之典故流传较广，迦叶尊者被认为“禅宗西土二祖”。师在俗时，以富裕闻名，然于出家后，少欲知足，常行头陀行。由于其人品、梵行为同辈所推崇，故被尊为教团之上首，亦深为佛陀所重。《增一阿含经》卷三《弟子品》云：“十二头陀难得之行，所谓大迦叶比丘是。”

⑩优楼频螺迦叶：为佛陀弟子“三迦叶”之一。优楼频螺系位于佛陀伽耶南方尼连禅河畔之地名，迦叶为其姓。又称“耆年迦叶”、“上时迦叶”。未皈依佛陀之前，与两位胞弟伽耶迦叶、那提迦叶皆信奉事火外道。以其头上结发如螺髻形，故又称“螺发梵志”。相传三兄弟领弟子千人住于摩揭陀国时，为有名望之长老，故四方归信云集。后佛陀示现种种神通度化，遂成为

佛弟子，将祭火器具皆投入尼连禅河。今印度山琦大塔塔门之浮雕中，即有佛陀教化“三迦叶”之事迹。

⑪伽耶迦叶：又作“哦耶迦叶”、“迦夷迦叶”、“竭夷迦叶”。为佛陀之弟子。“三迦叶”之一，即优楼频螺迦叶及那提迦叶之弟。生于印度摩揭陀国之伽耶近郊，为事火外道（拜火教徒）之师，有二百五十名弟子，后皆皈依佛陀，成为佛弟子。

⑫那提迦叶：又作“难提迦叶”、“曩提迦叶”、“捺地迦叶波”。略称“那提”。那提，意译“江”、“河”、“治恒”。故梵汉或并举为“江迦叶”、“河迦叶”、“治恒迦叶”。乃“三迦叶”之一。即优楼频螺迦叶之弟，伽耶迦叶之兄。初为事火外道，领三百弟子住尼连禅河下游。时，佛陀成道，游化苦行林，度其长兄，那提遂与其弟共率弟子归佛入道。

⑬舍利弗：有“智慧第一”之称。又作“舍利弗多”、“舍利弗罗”、“舍利弗怛罗”等。意译“鹙鹭子”、“鸲鹆子”。梵汉并译，则称“舍利子”、“舍梨子”。其母为摩揭陀国王舍城婆罗门论师摩陀罗之女，以眼似舍利鸟，乃名舍利；故“舍利弗”一词之语意即“舍利之子”之谓。舍利弗生于王舍城外那罗陀村，有七弟一妹。幼时，即与邻村之目犍连结交，尝相偕共诣只离渠呵山大祭，见群众杂沓，油然心生无常之感，遂相约出家学道。旋入删阇耶毗罗胝子的门下，七日七夜即会通其教旨，成为其门人二百五十人（一说五百人）中之上首。但舍利弗于内心仍未得安静。一日，见马胜比丘威仪端正、进止有方，乃问其所师何人，所习何法。马胜答已，并示“一切诸法本，因缘生无主，若能解此者，则得真实道”一偈，舍利弗顿得法眼净，乃径告目犍连，各率

弟子二百五十人，共受佛戒。皈依佛陀后，常随从佛陀，破斥外道，论究法义，代佛说法，主持僧事。领导僧团，多方翼赞佛化。舍利弗较佛陀早入灭，七日后荼毗，葬遗骨衣钵于祇园，须达多长者并为之建塔。在佛陀弟子之中，舍利弗与目犍连被称为佛陀门下的“双贤”，是佛陀弘法的左右手。佛陀曾说：“舍利子生诸梵行；目连比丘，长养诸梵行。此二人当于我弟子中最为上首，智慧无量，神足第一。”

⑭大目犍连：为佛陀十大弟子之一。又常作“摩诃目犍连”、“大目连”、“目连”等。意译“天抱”。被誉为“神通第一”。为古代印度摩揭陀国王舍城外拘律陀村人，婆罗门种。生而容貌端正，自幼即与舍利弗交情甚笃，同为删阇耶外道之弟子，各领徒众二百五十人。尝与舍利弗互约，先得悟解脱者必以相告，遂共竞精进修行。后舍利弗因逢佛陀弟子阿说示（又名马胜），而悟诸法无我之理，并告目犍连，目犍连遂率弟子一同拜谒佛陀，蒙其教化，时经一月，证得阿罗汉果。目犍连与舍利弗皈依佛陀后，共同精进修道，遂成诸弟子中之上首，辅翼佛陀之教化，有关其事迹，于经典中时有记载。如《杂阿含经》、《中阿含卷》、《增一阿含经》、《大智度论》等经论中，皆特称之为“神足第一”。据载，目犍连亦曾代替佛陀为众经说法。另据《盂兰盆经》载，目犍连曾为救母出离饿鬼道，而于七月十五僧自恣之日供养十方大德僧众，遂为后世盂兰盆会之由来。晚年在王舍域内行乞时，惨遭嫉恨佛陀教团之婆罗门徒执杖梵志，以瓦石击死，此系佛陀涅槃前之事。佛陀于竹林精舍门边建塔吊之。

⑮摩诃迦旃延：佛陀十大弟子之一。又作“摩诃迦多衍

那”、“摩诃迦底耶夜那”、“摩诃迦毡延”。或称“大迦旃延”、“迦旃延”。西印度阿槃提国人，其族姓及出家皈依佛陀之因缘有数说，据《佛本行集经》卷三十七《那罗陀出家品》载，师乃猕猴食聚落大迦旃延婆罗门之第二子，名那罗陀（又作“那罗迦”、“那罗摩纳”）。初入国都优禅耶尼城附近之频陀山中，从外舅阿私陀仙人学习吠陀之教。后阿私陀仙见释尊出生时之相好庄严，预言将来必能成佛，遂于命终遗言令其礼释尊为师。彼出家归佛后，从其本姓称“大迦旃延”，勤行不懈，证得阿罗汉果。佛陀灭度后，师尚存，仍从事教化，屡与外道论战，于佛陀弟子中，称“论议第一”。

⑯阿㝹楼驮：又作“阿尼卢陀”、“阿那律”、“阿难律”、“阿楼陀”。意译“无灭”、“如意”、“无障”、“无贪”、“随顺义人”、“不争有无”。乃佛陀十大弟子之一。古代印度迦毗罗卫城之释氏，佛陀之从弟。关于其身世，《起世经》卷十、《五分律》卷十五、《众许摩诃帝经》卷二等载为斛饭王之子，《佛本行集经》卷十一、《大智度论》卷三则载为甘露饭王之子。佛陀成道后归乡，阿那律与阿难、难陀、优波离等，即于其时出家为佛弟子。出家后之阿那律，修道精进，堪称模范。彼尝于佛说法中酣睡，为佛所呵责，遂立誓不眠，而罹眼疾，至于失明。然以修行益进，心眼渐开，终成佛弟子中“天眼第一”，能见天上地下六道众生。

⑰劫宾那：又作“劫庀那”、“劫譬那”、“劫比拏”。译为“房宿”。憍萨罗国人。世尊之弟子。能知星宿，众僧中第一，其名房宿，是廿八星宿中的第四。因其父母祷此星宿而有子，故立此名。另有一说，谓尊者欲从佛出家，途中遇雨，寄宿制陶器者

之家，忽有一比丘来此共宿，此比丘即佛化现，闻其说法，便得证果，故以立名，汉译名“知宿命”，吴译名“拘私”，唐译同此译。尊者善知天象，是当时唯一的天文学家，故为“知星宿第一”。

⑱憍梵波提：佛弟子之一。又作“憍梵跋提”、“笈房钵底”、“伽婆跋帝”、“伽梵波提”、“伽傍簸帝”、“迦为拔抵”、“憍恒钵”、“房钵底”。意译“牛迹”、“牛司”、“牛主”、“牛王”、“牛龄”、“牛相”。曾受舍利弗之指导。因其于过去世，摘一茎之禾，有数颗谷粒堕地，遂于五百世中受生牛身，故尚遗有牛之习性，食后常如牛之虚哺咀嚼，故有“牛相比丘”之称。由于其态度钝重，因而表现恬淡无争之宽宏气度。释尊怜悯其常遭人毁谤，而堕于众苦，乃命住忉利天宫尸利沙园修习禅定。佛陀入灭后，迦叶等诸尊者结集法藏时，遣人至天宫将其迎回，师始知世尊及舍利弗等已入灭，未久，亦归寂。

⑲离婆多：又作“隶婆哆”、“哩缚帝”、“离婆”等。意译“常作声”、“所供养”、“金”、“室星”、“适时”。佛弟子之一，为舍利弗之弟。常坐禅入定，心无错乱。因其父母祈离婆多星而得，故取此名。曾遭雨而止宿神祠，至深夜见有二鬼争尸而食，乃思人身之虚幻。复诣佛所，闻人身由四大假和合之理，遂出家入道。后游行陀婆国，遇寒雪，因无着革屣，脚为之冻伤；佛赞其少欲知足，尔后听许于寒地得着富罗（短靴）或革屣等。

⑳毕陵伽婆蹉：为佛陀弟子。又译“毕陵伽筏蹉”、“毕陵伽波蹉”等。略称“毕陵迦”、“毕陵”。梵汉并举作“毕邻陀子”。意译“余习”、“恶口”。“毕陵伽”为姓，“婆蹉”为名。依巴利文献《真谛解释》所载，师为舍卫城人、婆罗门种。初学隐

身咒术而闻名，后见佛而失咒力，遂出家为佛弟子。《增一阿含经》卷三《弟子品》谓其言语粗犷，不避尊贵。《大智度论》卷二载，毕陵曾渡恒河乞食，因骂恒河神，神至佛所告此事，佛使毕陵向恒河神忏谢。并谓其因五百世以来生婆罗门家，常自骄贵，轻贱余人，故为本来所习之口言而已。盖“余习”又有“恶口”之称，系基于此。

㉑薄拘罗：为佛弟子之一。又作“婆拘罗”、“波拘卢”、“缚矩罗”、“薄罗”。意译作“重姓”、“卖姓”、“善容”。幼时，继母五度杀害不果。出家之后，毕生无病苦，世寿一六〇，世称“长寿第一”。

㉒摩诃拘绨(chī)罗：摩陀罗次生一子，膝骨粗大，故名“拘绨罗”。秦言“大膝”。舍利弗舅，与姊舍利，论义不如。拘绨罗思维念言：非姊力也，必怀智人。寄言母口，未生乃尔，及生长大，当如之何？故出家做梵志，入南天竺，誓不剪爪，读十八种经。

㉓难陀：本为牧牛者，故称“牧牛难陀”。频婆娑罗王曾请佛陀及僧众三月安居，时牧牛者住于附近，日日送乳酪，如是三月而不懈怠；王甚嘉许，遂令之拜见佛陀。牧者以佛陀虽为一切智人，然出自王宫，岂知牧牛之事，故于参诣佛时，以牧牛之事请问。佛即以十一事为彼说牧牛之法，牧者始起恭敬心，并出家为佛弟子。

㉔孙陀罗难陀：本名“难陀”。为与牧牛难陀相区别，因其娶妻孙陀利，故以“孙陀罗难陀”名之。意译作“欢喜”、“嘉乐”。为净饭王第二子，释尊之异母弟。传其身长一丈五尺四

寸，容貌端正，具三十相（唯缺佛相中之白毫相，又耳垂较佛稍短）。佛陀于尼拘律园度其出家，然出家后犹难忘其妻，屡归妻处。后以佛陀之方便教诫，始断除爱欲，证阿罗汉果。于佛弟子中，被誉为“调和诸根第一”者。

㉕富楼那弥多罗尼子：佛陀十大弟子之一。或略作“富娄那”、“弥多罗尼子”。意译为“满慈子”、“满祝子”、“满愿子”。“满”是其名，“慈”是其母姓，从母得名，故称“满慈子”。“弥多罗”为其母之族名，有祝、愿之义，故称“满祝子”、“满愿子”。为迦毗罗婆苏（即迦毗罗卫）人，净饭王国师之子，属婆罗门种。容貌端正，自幼聪明，能解韦陀等诸论，长而厌俗，欲求解脱，遂于悉达多太子出城之夜，与朋友三十人同时于波梨婆遮迦法中出家，入雪山，苦行精进，终得四禅五通。及佛成道，于鹿野苑转法轮，师乃至佛所求出家受具足戒，后证得阿罗汉果。以其长于辩才，善于分别义理，后专事演法教化，因闻其说法而解脱得度者，多达九万九千人，故被誉为“说法第一”。据《杂阿含经》、《摩诃僧祇律》等所载，西方输卢那人凶恶弊暴，好嘲骂，师闻之，征得佛陀允许，乃前往教化其国，为五百优婆塞说法，建立五百僧伽蓝，令其具足夏安居等事，后于彼地入无余涅槃。

㉖须菩提：乃佛陀十大弟子之一。意译为“善业”、“善吉”、“善现”、“善实”、“善见”、“空生”。原为古代印度舍卫国婆罗门之子，智慧过人，然性恶劣，嗔恨炽盛，为亲友厌患，遂舍家入山林。山神导之诣佛所，佛陀为说嗔恚之过患，师自悔责忏罪。后得须陀洹果，复证阿罗汉果。系佛陀弟子中最善解空理者，被誉为“解空第一”。

㉗阿难：为佛陀十大弟子之一。全称“阿难陀”。意译为“欢喜”、“庆喜”、“无染”。系佛陀之堂弟，出家后二十余年间为佛陀之常随弟子，善记忆，对于佛陀之说法多能朗朗记诵，故誉为“多闻第一”。阿难天生容貌端正，面如满月，眼如青莲花，其身光净如明镜，故虽已出家，却屡遭妇女之诱惑，然阿难志操坚固，终得保全梵行。阿难于佛陀生前未能开悟，佛陀入灭时悲而恸哭；后受摩诃迦叶教诫，发愤用功而开悟。于首次经典结集会中被选为诵出经文者，对于经法之传持，功绩极大。初时，佛陀之姨母摩诃波阇波提欲入教团，阿难即从中斡旋，终蒙佛陀许可，对比丘尼教团之成立，功劳巨大。又据《付法藏因缘传》卷二载，佛陀传法于摩诃迦叶，摩诃迦叶后又传法于阿难，故阿难为付法藏之第二祖。阿难于佛陀入灭后二十年至二十五年间于殑伽河中游示寂，入寂前，将法付嘱于商那和修。

㉘罗睺（hóu）罗：佛陀十大弟子之一。系佛陀出家前之子。又作“罗护罗”、“罗怙罗”、“罗吼罗”、“曷罗怙罗”、“罗云”。意译作“覆障”、“障月”、“执日”。以其生于罗睺罗阿修罗王障蚀月时，又因六年处于母胎中，为胎所覆，故有“障月”、“覆障”之名。据《未曾有因缘经》载，佛陀成道后六年始还迦毗罗城，令罗睺罗出家受戒，以舍利弗为“和尚”、目犍连为“阿阇梨”，此即佛教有沙弥之始。其为沙弥时，有种种不如法，受佛训诫，后严守制戒，精进修道，得阿罗汉果，自古誉称“密行第一”。

㉙摩诃波阇波提比丘尼：又译作“摩诃钵剌阇钵底”、“摩诃卑耶和题”，或略称“波阇波提”，意译作“大爱道”、“大胜生主”、“大生主”、“大世主”。又称“波提夫人”。或称“摩诃簸

逻阇钵提瞿昙弥”，译作“大爱道瞿昙弥”、“瞿昙弥大爱”，或略称“瞿昙弥”，意为释迦族瞿昙姓之女。摩诃波阇波提为古印度天臂城善觉王之女，佛母摩诃摩耶之妹，释迦牟尼佛之姨母。释尊出生七日，母摩耶夫人即谢世，由姨母代为养育。释尊成道后第五年，净饭王命终，大爱道率耶输陀罗及五百释迦族女，请求随释尊出家，为佛门有比丘尼之始。彼出家后亲自统理比丘尼，住于精舍附近之尼院，为请求出家之女众授具足戒，助佛陀化导甚多。后于佛陀入灭之前三月，由于不忍见佛陀灭度，乃于毗舍离城结跏趺坐，由初禅天渐次入于四禅天而舍命。

㉚耶输陀罗比丘尼：又作“耶输多罗”、“耶惟檀”。意译作“持誉”、“持称”、“华色”。中印度迦毗罗城释种执杖之女，悉达多太子之正妃，罗睺罗之生母。一说为婆私吒族释种大臣摩诃那摩之女，或谓系天臂城善觉王之女，提婆之妹。相好端严，姝妙第一，具诸德貌。释尊成道五年后，与释尊之姨母摩诃波阇波提等五百名释迦族女，亦剃染受具足戒为比丘尼。

㉛菩萨摩诃萨：“菩萨”为“菩提萨埵”之略称。菩提萨埵，又作“菩提索多”、“冒地萨怛缚”，或“扶萨”。意译作“道众生”、“觉有情”、“大觉有情”、“道心众生”。意即求道求大觉之人、求道之大心人。菩提，觉、智、道之意；萨埵，众生、有情之意。与声闻、缘觉合称“三乘”。又为“十界”之一。即指以智上求无上菩提，以悲下化众生，修诸波罗蜜行，于未来成就佛果之修行者。亦即自利利他二行圆满、勇猛求菩提者。对于声闻、缘觉二乘而言，若由其求菩提（觉智）之观点视之，亦可称为菩萨；而特别指求无上菩提之大乘修行者，则称为“摩诃萨埵”、“摩诃

萨”、“菩萨摩诃萨”、“菩提萨埵摩诃萨埵”、“摩诃菩提质帝萨埵”等，以与“二乘”区别。

㉜阿耨多罗三藐三菩提：梵语音译。略称“阿耨三菩提”、“阿耨菩提”。意译“无上正等正觉”、“无上正等觉”、“无上正真道”、“无上正遍知”。“阿耨多罗”意译为“无上”，“三藐三菩提”意译为“正遍知”。乃佛陀所觉悟之智慧，含有平等、圆满之意。以其所悟之道为至高，故称“无上”；以其道周遍而无所不包，故称“正遍知”。大乘菩萨行之全部内容，即在成就此种觉悟。

㉝陀罗尼：意译“总持”、“能持”、“能遮”。即能总摄忆持无量佛法而不忘失之念慧力。换言之，陀罗尼即为一种记忆术。《大智度论》卷五、《佛地经论》卷五载，陀罗尼为一种记忆术，即于一法之中，持一切法；于一文之中，持一切文；于一义之中，持一切义；故由记忆此一法一文一义，而能联想一切之法，总持无量佛法而不散失。陀罗尼能持各种善法，能遮除各种恶法。盖菩萨以利他为主，为教化他人，故必须得陀罗尼，得此则能不忘失无量之佛法，而在众中无所畏，同时亦能自由自在的说教。有关菩萨所得之陀罗尼，诸经论所说颇多。及至后世，因陀罗尼之形式，类同诵咒，因此后人将其与咒混同，遂统称“咒”为“陀罗尼”。然一般仍以字句长短加以区分，长句者为陀罗尼，短句者为真言，一字二字者为种子。关于陀罗尼之种类，依《大智度论》分为四类：（一）闻持陀罗尼，得陀罗尼者耳闻之事不忘。（二）分别知陀罗尼，能区别一切邪正、好丑之能力。（三）入音声陀罗尼，闻一切言语音声，欢喜而不嗔。（四）字入门陀罗尼，听闻“阿罗波遮那”等四十二字门，即可体达诸法实相；盖以悉昙四十

二字门总摄一切言语之故。上述之前三者称为“三陀罗尼”。另《瑜伽师地论》中亦举出四陀罗尼，即：(一)法陀罗尼，能记忆经句不忘。(二)义陀罗尼，能理解经义不忘。(三)咒陀罗尼，依禅定力起咒术，能消除众生之灾厄。(四)忍陀罗尼，通达诸法离言之实相，了知其本性，忍法性而不失。

㉞三界：指众生所居之欲界、色界、无色界。此乃迷妄之有情在生灭变化中流转，依其境界所分之三阶级；系迷于生死轮回等生存界(即有)之分类，故称作“三有生死”，或单称“三有”。又“三界”迷苦之领域如大海之无边际，故又称“苦界”、“苦海”。(一)欲界，即具有淫欲、情欲、色欲、食欲等有情所居之世界。上自第六他化自在天，中包括人界之四大洲，下至无间地狱等二十处；因男女参居，多诸染欲，故称“欲界”。(二)色界，色为变碍之义或示现之义，乃远离欲界淫、食二欲而仍具有清净色质等有情所居之世界。此界在欲界之上，无有欲染，亦无女形，其众生皆由化生；其宫殿高大，系由色之化生，一切均殊妙精好。以其尚有色质，故称“色界”。此界依禅定之深浅粗妙而分四级，从初禅梵天，终至阿迦尼吒天，凡有十八天。(三)无色界，唯有受、想、行、识“四心”而无物质之有情所住之世界。此界无一物质之物，亦无身体、宫殿、国土，唯以心识住于深妙之禅定，故称“无色界”。此界在色界之上，共有四天(空无边处天、识无边处天、无所有处天、非想非非想处天)，又称“四无色”、“四空处”。

㉟释提桓因：忉利天之主，简称“释帝”，或“帝释”。忉利天又作“三十三天”。于佛教之宇宙观中，此天位于欲界六天之

第二天，系帝释天所居之天界，位于须弥山顶；山顶四方各八天城，加上中央帝释天所止住之善见城（喜见城），共有三十三处，故称“三十三天”。

㊱四大天王：佛教的护法神，又称“护世四天王”，是佛教二十诸天中的四位天神。根据佛教理论，世间一切有情众生都处在“三界”（即欲界、色界、无色界）之中轮回不已。其中欲界又有六天，称“六欲天”。“六欲天”的第一重天即是四天王天，一世界以须弥山为中心，围绕须弥山腰有四山头，为四天王及其随从之住所。四天王各居一山，护一天下（四天下即四大部洲，即东胜神洲、南赡部洲、西牛贺洲、北俱芦洲），故又称“护世四天王”。四大天王分别是：东方持国天王（名多罗吒，居须弥山腰东，黄金为地）、南方增长天王（名毗琉璃，居须弥山腰南，琉璃为地）、西方广目天王（名毗留博叉，居须弥山腰西，白银为地）、北方多闻天王（名毗沙门，居须弥山腰北，水晶为地）。

㊲娑婆世界：意译“忍”、“堪忍”、“能忍”、“忍土”。娑婆世界，即释迦牟尼佛进行教化之现实世界。此界众生安于“十恶”，忍受诸烦恼，不肯出离，故名为“忍”。又有诸佛菩萨行利乐时，堪受诸苦恼之义，表其无畏与慈悲。又译作“杂恶”、“杂会”。谓娑婆国土为“三恶”、“五趣”杂会之所。另“娑婆”一词原指阎浮提世界，后世遂成为一释迦佛所教化之三千大千世界，而总称百亿须弥山世界为“娑婆”，并以释尊为娑婆世界之本师。

㊳龙：音译“那伽罗惹”。为龙中威德特胜者，系对其眷属而称为王。诸龙王能兴云布雨，令诸众生之热恼消灭。传说释

尊诞生时，有难陀、跋难陀二龙王为其灌沐。

㊴紧那罗王：紧那罗，意译作“疑神”、“疑人”、“人非人”。原为印度神话中之神，后被佛教吸收为“八部众”之第七。此为紧那罗众中之王。

㊵乾闼婆：与下文的“阿修罗”、“迦楼罗”均属“天龙八部众”。

㊶韦提希：亦称“韦提希夫人”，又作“韦提”、“毗提希”、“鞞陀提”、“吠题呬”。为释迦牟尼佛住世之时，频婆娑罗王之妃，阿阇世王之母。《慧印三昧经》作“拔陀斯利”，谓其为毗提诃族人。一说谓其为憍萨罗国舍卫城波斯匿王之妹，即憍萨罗夫人。阿阇世王：为佛世时中印度摩揭陀国频婆娑罗王之子。略作“阇世王”。又作“阿阇多沙兜楼王”、“阿阇贳王”、“阿阇多设咄路王”、“阿社多设咄路王”。意译“未生怨王”、“法逆王”。其母名韦提希，故亦称“阿阇世韦提希子”。后弑父王自立，大张中印度霸权。其处母胎时，占师预言此子降生后将弑父，父王听占师预言，十分惊恐，遂自楼上将之投弃，然仅折断手指而未死，故又称“婆罗留支”（折指之义），并以其未生前即已结怨，而称之为“未生怨”。及长，立为太子，因听信提婆达多之唆使，幽禁父王于地牢中，欲致之死。即位后，并吞邻近诸小国，威震四方，奠定印度统一之基础。后因弑父之罪而遍体生疮，至佛前忏悔即平愈，遂皈依佛陀。佛陀灭度后，为佛教教团之大护法。摩诃迦叶于七叶窟结集经典时，阿阇世王为大檀越，供给一切之资具。

译文:

我从释迦牟尼佛那里亲闻这样的教言:

当时,释迦牟尼佛住在王舍城的耆阇崛山中,跟随世尊的有一万二千位大比丘,他们都已达到阿罗汉的果位,已经摒除了各种欲望,不再为各种烦恼所缠缚,并由此得到真正的利益,消除了令人流转生死的种种障碍,因此内心得到极大的自在。这些大比丘为:阿若憍陈如、摩诃迦叶、优楼频螺迦叶、伽耶迦叶、那提迦叶、舍利弗、大目犍连、摩诃迦旃延、阿㝹楼驮、劫宾那、憍梵波提、离婆多、毕陵伽婆蹉、薄拘罗、摩诃拘絺罗、难陀、孙陀罗难陀、富楼那弥多罗尼子、须菩提、阿难、罗睺罗等这些大众广知的大阿罗汉。另有未达阿罗汉果位的修行者及已断尽见思二惑的阿罗汉等二千人。佛陀的姨母摩诃波阇波提比丘尼及其眷属六千人也在此会中,以及佛陀尚为王子时的妻子、罗睺罗的母亲耶输陀罗比丘尼及其眷属。另有大菩萨八万人,这些大菩萨们皆已证得无上正等正觉之智而不再退转,并且都精通咒语,获得善于说法的辩才,常转无上正觉法轮,弘法利生。这些菩萨们曾经供养过无量无边诸佛,并在诸佛世界中种下无量功德善根,他们的修行常常受到诸佛的称扬赞叹。他们以慈悲之愿力修练身心,善于发启如诸佛平等无二的智慧,获得极大的般若智慧,并由此到达涅槃解脱的彼岸。他们的弘名传遍了无量无数的世界,而使得无量无边的芸芸众生得到救度。这些大菩萨是:文殊师利菩萨、观世音菩萨、得大势菩萨、常精进菩萨、不休息菩萨、宝掌菩萨、药王菩萨、勇施菩萨、宝月菩萨、月光菩萨、满月菩萨、大力菩萨、无量力菩萨、越三界菩萨、跋陀婆罗菩萨、弥勒菩萨、宝积菩萨、导师菩萨等大菩萨。像这样的大菩萨共有八万人。

当时，天界之王释提桓因及其眷属二万人也来此赴会。另有明月天子、普香天子、宝光天子、四大天王等各与其眷属一万天人前来赴会。另有自在天子、大自在天子，与其眷属三万天人也前来赴会。另有娑婆世界之主大梵天王、尸弃大梵、光明大梵等，也各自率领自己的眷属一万二千天人前来赴会。另有八大龙王，即：难陀龙王、跋难陀龙王、娑伽罗龙王，和修吉龙王、德叉迦龙王、阿那婆闼多龙王、摩那斯龙王、优钵罗龙王等，也各自率领数百千计的眷属前来赴会。另有四位紧那罗王，即：法紧那罗王、妙法紧那罗王、大法紧那罗王、持法紧那罗王等，也各自率领数百千计的眷属前来赴会。另有四位乾闼婆王：乐乾闼婆王、乐音乾闼婆王、美乾闼婆王、美音乾闼婆王等，也各自率领数百千计的眷属前来赴会。另有四位阿修罗王，即：婆稚阿修罗王、佉罗骞驮阿修罗王、毗摩质多罗阿修罗王、罗睺阿修罗王，各自率领数百千计的眷属前来赴会。另有四位迦楼罗王，即：大威德迦楼罗王、大身迦楼罗王、大满迦楼罗王、如意迦楼罗王，各自率领数百千计的眷属前来赴会。韦提希夫人的儿子阿阇世王与其数百千计的眷属等来赴此会。他们各自顶礼佛足后，便退坐一侧，俟佛说法。

尔时世尊[①]，四众围绕，供养、恭敬、尊重、赞叹，为诸菩萨说大乘经[②]，名《无量义》，教菩萨法，佛所护念。佛说此经已，结跏趺坐[③]，入于无量义处三昧，身心不动。是时，天雨曼陀罗华④、摩诃曼陀罗华、曼殊沙华、摩诃曼殊沙华，而散佛上及诸大众，普佛世界六种震动。尔时会中，比丘、比丘尼、优婆塞、优婆夷⑤，天、龙、夜叉、乾闼婆、阿修罗、迦楼罗、紧那罗、摩睺罗伽、人非人⑥，及诸小王、转轮圣王⑦，是诸大众得未曾有，欢喜合掌⑧，一心观佛。

尔时，佛放眉间白毫相光⑨，照东方万八千世界靡不周遍，下至阿鼻地狱⑩，上至阿迦尼吒天⑪，于此世界，尽见彼土六趣众生⑫；又见彼土现在诸佛，及闻诸佛所说经法；并见彼诸比丘、比丘尼、优婆塞、优婆夷诸修行得道者⑬；复见诸菩萨摩诃萨种种因缘⑭、种种信解⑮、种种相貌，行菩萨道⑯；复见诸佛般涅槃者⑰；复见诸佛般涅槃后，以佛舍利起七宝塔⑱。

注释：

①世尊：如来十号之一。即为世间所尊重者之意，亦指世界中之最尊者。

②大乘：音译“摩诃衍那”、“摩诃衍”。又作“上衍”、“上乘”、“胜乘”、“第一乘”。为“小乘”之相反词。乘，即交通工具之意，系指能将众生从烦恼之此岸载至觉悟之彼岸之教法而言。

③结跏趺（fū）坐：又作“结加趺坐”、“跏趺坐”、“加趺坐”、“跏坐”、“结坐”。即互交二足，结跏安坐。白伞盖大佛

顶念诵法要之“勇健坐”，即同于此。诸坐法中，“结跏趺坐”最安稳而不易疲倦。又称交一足为“半跏趺坐”、“半跏坐”、“半跏”、“贤坐”；称交二足为“全跏坐”、“本跏坐”、“全跏”、“大坐”、“莲华坐”。此为圆满安坐之相，诸佛皆依此法而坐，故又称“如来坐”、“佛坐”。其坐法即双膝弯曲，两足掌向上之形式，可分为降魔、吉祥二种：（一）先以右足压左股，后以左足压右股，二足掌仰于二股之上，手亦左手居上，称为“降魔坐”。天台、禅宗等显教诸宗多传此坐。（二）先以左足压右股，后以右足压左股，手亦右手压左手，称为“吉祥坐”。密宗亦称之为“莲花坐”。如来于菩提树下成正觉时，身安吉祥之坐，手作降魔印。此多于密教中行之，盖以右足表示佛界，左足表示众生界。以右足压左足，乃佛界摄取众生界，众生界归佛界之意，即表示生佛不二之义。多用于修法中之“增益法”或“息灾法”。

④曼陀罗华：音译又作“曼陀勒华”、“曼那罗华”、“曼陀罗梵华”、“曼陀罗帆华”。意为适意、成意、杂色等名。曼陀罗花为四种天花之一，乃天界之花名。花色似赤而美，见者心悦。玄奘译《称赞净土经》以之为上妙天华。《大智度论》卷九十九云：“天华中妙者，名曼陀罗。”属茄科，为一年生的草本毒草。印度、日本及中国皆有产。此植物茎高三、四尺，枝叶皆似茄子。叶无刺，绿色互生。夏秋之间开花，花冠为大形一瓣，作漏斗状，长凡三寸，端有五尖，裂片排列成褶襞形，其色白质。果实卵圆形。种子、壳、茎、叶均有毒，也供作药用。

⑤优婆塞、优婆夷：优婆塞意译为“近事”、“近事男”、“近善男”、“信士”、“信男”、“清信士”。即在家亲近奉事三宝、受

持五戒之男居士。优婆夷意译为“清信女”、“近善女”、“近事女”、“近宿女”、“信女”。即亲近三宝、受三归、持五戒、施行善法之女众。优婆塞、优婆夷为在家二众，亦各为“四众”或“七众”之一。

⑥“天、龙”句：为“天龙八部众”。据《舍利弗问经》说有：（一）天众，指梵天、帝释天、四天王等天神。果报殊胜，光明清净。（二）龙众，指八大龙王等水族之主。（三）夜叉众，又名“药叉”，指能飞腾空中的鬼神。（四）乾闼婆众，系帝释天的音乐神，以香为食。（五）阿修罗众，意译作“非天”、“无端正”、“无酒”。此神性好斗，常与帝释战。（六）迦楼罗众，又名“揭路荼”，即金翅鸟，身形巨大，其两翅相去三三六万里，取龙为食。（七）紧那罗众，又名“紧捺洛”，似人而有角，故又名“人非人”，乃是天伎神、歌神。（八）摩睺罗伽众，又名“莫呼落伽”，即大蟒神。此八部众受佛威德所化，而护持佛法。八部众中，以天、龙二众为上首，故标举其名，统称“天龙八部”。人非人：人与非人之并称。“非人”谓天龙八部、夜叉、恶鬼王众等。

⑦转轮圣王：佛教政治理想中之统治者。又译作“转轮王”、“转轮圣帝”、“轮王”等。意即旋转轮宝（相当于战车）之王。王拥有七宝（轮、象、马、珠、女、居士、主兵臣），具足四德（长寿、无疾病、容貌出色、宝藏丰富），统一须弥四洲，以正法御世，其国土丰饶，人民和乐。一般而言，轮王有四种，依所具轮宝之不同，而有优劣之分。由劣而胜，依次分为（1）铁轮王：掌须弥东西南北四洲中的南洲。（2）铜轮王：掌东、南二洲。（3）银轮王：掌东、南、西三洲。（4）金轮王：掌须弥四洲。据《大

毗婆沙论》载，唯有在增劫之世，人寿八万岁以上时，始有转轮王出世。

⑧合掌：又作“合十”。即合并两掌，集中心思，而恭敬礼拜之意。本为印度自古所行之礼法，印度人认为右手为神圣之手，左手为不净之手，故有分别使用两手之习惯；然若两手合而为一，则为人类神圣面与不净面之合一，故借合掌来表现人类最真实之面目。佛教沿用之，以表恭敬之意。

⑨白毫相：又作“毫眉”、“毫相”、“白毛相”、“眉间白毫相”、“白毫庄严面相”、“白毫毛光相”、“眉间白毫光相”、“眉间毫相”、“额上毫相功德满足相”。为如来“三十二相”之一。世尊在两眉之间有柔软细泽之白毫，引之则长一寻（或谓初生时长五尺，成道时长一丈五尺），放之则右旋宛转，犹如旋螺，鲜白光净，一似真珠，如日之正中，能放光明，称为“白毫光”。众生若遇其光，可消除业障、身心安乐。据《无上依经》卷下之说，此妙相系佛于因位时，见善众生修习“戒、定、慧”三学，而称扬赞叹之，遂感得此相，表示除却百亿那由他恒河沙劫生死罪之德。又《观佛三昧海经·观相品》谓，如来有无量之相好，然以此相为诸相中之最殊胜者。此外，具有此相者，不限于佛陀，最著名者，如《观无量寿经》所载，无量寿佛眉间之白毫如五须弥山，见其相者，自然得见八万四千之相好。另如菩萨像之中亦有白毫相，且有于其两眉间镶入白玉、水晶，以表此相者。

⑩阿鼻地狱：为“八热地狱”之一。阿鼻，又作“阿毗地狱”、“阿鼻旨地狱”。意译“无间地狱”。此地狱位于诸狱之最底层，有七重铁城、七层铁网，七重城内有剑林，下有十八鬲，周

匝七重皆是刀林。有十八狱卒。阿鼻四门于门阃上有八十釜，沸铜涌出，从门漫流。此即是受苦无间断的地狱，也是造极重罪的人死后所堕落的地方。

⑪阿迦尼吒天：乃“色界十八天”之一，“五净居天”之一。又作“阿迦腻吒天”、“阿迦尼师吒天”。意译“一究竟天”、“一善天”。位于第四禅天之最顶位，亦为“色界十八天”之最上天，为有形体之天处之究竟，故又称“质碍究竟天”、“色究竟天”。过此天则为无色界之天，仅有心识而无形体。

⑫六趣：为地狱趣、饿鬼趣、畜生趣、阿修罗趣、人趣、天趣之统称。趣是趋向之义，众生受报，皆由因趋果，故“六道”又名“六趣”。众生由业因之差别而有六所趣向之处，又称“六道”：一、地狱趣，八寒八热等之苦处也，此在地下，故曰地狱。二、饿鬼趣，常求饭食之鬼类生处也。与人趣杂处而不可见。三、畜生趣，新译曰“旁生趣”，即禽兽之生所也，多以人界为依所而眼可见。四、阿修罗趣，常怀嗔心而好战斗，大力神之生所也。以深山幽谷为依所而与人隔离。五、人趣，人类之生所也，分阎浮提等四大洲，但四大洲隔离，不得通力者不能到。六、天趣，身有光明，自然受快乐之众生，名为天，有欲界六所，谓之“六欲天”，色界无色界，皆为彼之生所。

⑬得道：又作“得度”。道，指三乘各断惑证理之智慧。得道，即“三乘”行戒、定、慧而证得道果。亦即得无漏之圣道，或菩萨之无生法忍、无上菩提佛果，故通常又与“成佛”一词并用，而称“成佛得道”。

⑭因缘：为“因”与“缘”之并称。因，指引生结果之直接

内在原因；缘，指由外来相助之间接原因。依此，因缘又有“内因外缘”、“亲因疏缘”之称。广义而言，因即意谓因与缘，包含内因与外缘。一切万有皆由因缘之聚散而生灭，称为“因缘生”、“缘生”、“缘成”、“缘起”。因此，由因缘生灭之一切法，称为“因缘生灭法”；而由因与缘和合所产生之结果，称为“因缘和合”。一切万有皆由因缘和合而假生，无有自性，此即“因缘即空”之理。若以烦恼为因，以业为缘，能招感迷界之果；以智为因，以定为缘，则能招感悟界之果。

⑮信解：起信生解之意。

⑯菩萨道：菩萨之修行之内容。即修“六度”（布施，持戒，忍辱，精进，禅定，般若）万行，圆满自利利他，成就佛果之道。故菩萨道乃成佛之正因，成佛乃菩萨道之结果；欲成佛，必先行菩萨道。

⑰般涅槃：通常作“涅槃”，又作“泥洹”、“泥曰”、“涅槃那”、“涅隶槃那”等。意译作“灭”、“寂灭”、“灭度”、“寂”、“无生”。与择灭、离系、解脱等词同义。原来指吹灭，或表吹灭之状态；其后转指燃烧烦恼之火灭尽，完成悟智（即菩提）之境地。此乃超越生死（迷界）之悟界，亦为佛教终极之实践目的。佛教大乘、小乘对涅槃之解释，异说纷纭。若依大乘较成熟的法相宗理论，则立四种涅槃。即：（一）本来自性清净涅槃，又称“自性清净涅槃”、“本来清净涅槃”、“性净涅槃”。谓一切法之实性即为真如之理。一切诸法虽为客尘烦恼所覆障，然本来自性清净，具有无量微妙功德，无生无灭，湛然如虚空，一切有情皆平等共有，与一切法不一不异，又离一切相而无有分别，且言

语、思虑皆泯绝，唯圣者始能自内证之。（二）有余依涅槃，略称“有余涅槃”。谓断尽烦恼障所显现之真如之理。烦恼障虽灭，然尚余欲界五阴之身而为所依，故称“有余依涅槃”。（三）无余依涅槃，略称“无余涅槃”。谓出离生死苦所显现之真理。即烦恼断尽，所余五阴之身亦灭，失去一切有为法之所依，自然归于灭尽，众苦永寂。（四）无住处涅槃，谓断所知障所显现之真理。即断智之障，则得生死、涅槃无差别之深智，于二者无有欣厌，不住生死，亦不住涅槃，唯常与大智大悲相辅，穷未来际，利乐有情，然虽起悲智二用而体性恒寂。以上四种涅槃之真如理体虽然有别，但其真正所显得者，则为后三种涅槃，因本来自性清净涅槃其性本寂，不由实相真如所显，而后三种涅槃则为灭尽烦恼、依身、所知障后，方显得者。

⑱七宝：即七种珍宝。又称“七珍”。指世间七种珍贵之宝玉。诸经说法不一，《阿弥陀经》、《大智度论》等经论中谓“七宝”即：（一）金。（二）银。（三）琉璃，又作“琉璃”、“毗琉璃”、“吠琉璃”等。属青玉类。（四）颇梨，又作“颇胝迦”，意译作“水精”（晶）。指赤、白等之水晶。（五）车渠，又作“砗磲”。经常与玛瑙混同，概指大蛤或白珊瑚之类。（六）赤珠，又称“赤真珠”。（七）玛瑙，深绿色之玉，但异于后世所称之玛瑙。但本经卷四则以金、银、琉璃、砗磲、玛瑙、真珠、玫瑰为“七宝”。

译文：

当时四众弟子围绕佛陀，纷纷以各种方式供养、顶礼、尊重、赞叹释迦牟尼佛，佛为会中诸菩萨宣讲大乘经典，经名称

《无量义经》，此为教化大乘菩萨的甚深法义，并且得到诸佛护持忆念。佛说完此经后，便结跏趺坐，入于无量义趣的三摩地定中，于身心皆入寂然不动的甚深境界。就在那时，天空中落下如雨一般密集的曼陀罗花、大曼陀罗花、曼殊沙花、大曼殊沙花等，散落在佛身上及法会中所有大众的身上，于诸佛世界发生六种震动之相。当时，参加法会的比丘、比丘尼、优婆塞、优婆夷等四众弟子，以及天、龙、夜叉、乾闼婆、阿修罗、迦楼罗、紧那罗、摩睺罗伽等天龙八部，还有人，非人，以及诸小王、转轮圣王，所有大众，过去从未遇见过如此祥瑞的景象，因此欢喜不已，纷纷合掌礼敬，以无比虔敬之心，专注地仰望着佛陀。

那时，佛陀从眉间放出白毫相光，遍照东方一万八千个世界，无不周遍。从下至阿鼻地狱，上至阿迦尼吒天范围的这些世界所有六道众生，都能全部地观照详尽；又观照见这些国土中的现在诸佛，并能听见诸佛所宣说的经教；又可观照到诸比丘、比丘尼、优婆塞、优婆夷及那些修行得道者；又可观照到诸大菩萨们的各种因缘、各种信解、各种相貌等，以及他们行菩萨道的方式；又可观照到已经入于涅槃的诸佛及诸佛涅槃后，以佛之舍利所建立的七宝佛塔。

尔时，弥勒菩萨作是念[①]：“今者世尊现神变相，以何因缘而有此瑞？今佛世尊入于三昧，是不可思议现希有事，当以问谁？谁能答者？”

复作此念：“是文殊师利法王之子，已曾亲近供养过去无量诸佛，必应见此希有之相，我今当问。”尔时，比丘、比丘尼、优婆塞、优婆夷，及诸天、龙、鬼、神等咸作此念："是佛光明神通之相，今当问谁？"

尔时，弥勒菩萨欲自决疑，又观四众比丘、比丘尼、优婆塞、优婆夷，及诸天、龙、鬼、神等众会之心，而问文殊师利言："以何因缘而有此瑞神通之相，放大光明照于东方万八千土，悉见彼佛国界庄严？"

于是弥勒菩萨欲重宣此义，以偈问曰[②]：

文殊师利，导师何故，眉间白毫，大光普照？
雨曼陀罗，曼殊沙华，栴檀香风[③]，悦可众心。
以是因缘，地皆严净，而此世界，六种震动。
时四部众，咸皆欢喜，身意快然，得未曾有。
眉间光明，照于东方，万八千土，皆如金色，
从阿鼻狱，上至有顶，诸世界中，六道众生，
生死所趣，善恶业缘，受报好丑，于此悉见。
又睹诸佛，圣主师子，演说经典，微妙第一。
其声清净，出柔软音，教诸菩萨，无数亿万。
梵音深妙，令人乐闻，各于世界，讲说正法。
种种因缘，以无量喻，照明佛法，开悟众生。
若人遭苦[④]，厌老病死，为说涅槃，尽诸苦际。
若人有福，曾供养佛，志求胜法，为说缘觉。
若有佛子，修种种行，求无上慧，为说净道。
文殊师利，我住于此，见闻若斯，
及千亿事，如是众多，今当略说。

我见彼土，恒沙菩萨，种种因缘，而求佛道。
或有行施，金银珊瑚，真珠摩尼[5]，砗磲玛瑙[6]，
金刚诸珍，奴婢车乘，宝饰辇舆[7]，欢喜布施，
回向佛道，愿得是乘，三界第一，诸佛所叹。
或有菩萨，驷马宝车，栏楯华盖，轩饰布施。
复见菩萨，身肉手足，及妻子施，求无上道。
又见菩萨，头目身体，欣乐施与，求佛智慧。
文殊师利，我见诸王，往诣佛所，问无上道，
便舍乐土，宫殿臣妾，剃除须发，而被法服。
或见菩萨，而作比丘，独处闲静，乐诵经典。
又见菩萨，勇猛精进，入于深山，思惟佛道。
又见离欲[8]，常处空闲，深修禅定，得五神通。
又见菩萨，安禅合掌，以千万偈，赞诸法王。
复见菩萨，智深志固，能问诸佛，闻悉受持。
又见佛子，定慧具足，以无量喻，为众讲法，
欣乐说法，化诸菩萨，破魔兵众，而击法鼓。
又见菩萨，寂然宴默，天龙恭敬，不以为喜。
又见菩萨，处林放光，济地狱苦，令入佛道。
又见佛子，未尝睡眠，经行林中，勤求佛道。
又见具戒，威仪无缺，净如宝珠，以求佛道。
又见佛子，住忍辱力，增上慢人[9]，
恶骂捶打，皆悉能忍，以求佛道。
又见菩萨，离诸戏笑，及痴眷属，亲近智者，

一心除乱，摄念山林，亿千万岁，以求佛道。
或见菩萨，肴膳饮食，百种汤药，施佛及僧；
名衣上服，价值千万，或无价衣，施佛及僧；
千万亿种，栴檀宝舍，众妙卧具，施佛及僧；
清净园林，华果茂盛，流泉浴池，施佛及僧；
如是等施[10]，种果微妙，欢喜无厌，求无上道。
或有菩萨，说寂灭法[11]，种种教诏，无数众生。
或见菩萨，观诸法性[12]，无有二相，犹如虚空。
又见佛子，心无所著，以此妙慧，求无上道。
文殊师利，又有菩萨，佛灭度后，供养舍利[13]。
又见佛子，造诸塔庙，无数恒沙[14]，严饰国界。
宝塔高妙，五千由旬，纵广正等，二千由旬[15]。
一一塔庙，各千幢幡[16]，珠交露幔，宝铃和鸣。
诸天龙神，人及非人，香华伎乐，常以供养。
文殊师利，诸佛子等，为供舍利，严饰塔庙。
国界自然，殊特妙好，如天树王，其华开敷。
佛放一光，我及众会，见此国界，种种殊妙。
诸佛神力，智慧希有，放一净光，照无量国。
我等见此，得未曾有，佛子文殊，愿决众疑。
四众欣仰[17]，瞻仁及我，世尊何故，放斯光明？
佛子时答，决疑令喜，何所饶益，演斯光明？
佛坐道场，所得妙法，为欲说此，为当授记。
示诸佛土，众宝严净，及见诸佛，此非小缘。

文殊当知，四众龙神，瞻察仁者，为说何等？

注释：

①弥勒菩萨：为“八大菩萨”之一。意译“慈氏”。未来世降生阎浮提世界，继释尊之后将会成佛的菩萨。佛教经典中亦常称之为“阿逸多”。弥勒原为释迦牟尼佛座下大弟子之一，由于他即将继释迦牟尼佛之后，在阎浮提世界成佛，所以习俗相沿，也称他为“弥勒佛”。因为弥勒菩萨现居兜率天，尽其一生之后，将到人间继释迦之后成佛，所以又称为“一生补处菩萨”。据佛典所载，弥勒菩萨现在兜率天的内院弘法，教化天众。相传兜率天上有五百亿天子，各以天福力，造作宫殿，发愿布施弥勒菩萨，庄严兜率天宫。因而使兜率天成为殊胜的国土。在经过兜率天之四千岁，亦即人间五十六亿七千万（一说五十七亿六千万）年之后，弥勒菩萨将降生到娑婆世界，而在华林园龙华树下成佛。并三会度生，转妙法轮。这三次度众法会，号称“龙华三会”。弥勒菩萨的信仰，是净土教的一型。此种信仰在印度、中亚、中国、日本、韩国等地都曾经流行。

②偈：有广狭二义。广义之偈，包括“十二部教”中之“伽陀”与“祇夜”。两者均为偈颂之体，然两者之意义互异：偈前无散文（长行），而直接以韵文记录之教说，称为“孤起偈”，即伽陀；偈前有散文，而尚以韵文重复其义者，称为“重颂偈”，即祇夜。然诸经论中或有混用此二者之情形。狭义之偈则单指梵语之 gāthā。音译“伽陀”、“伽他”、“偈陀”、“偈他”。意译“讽诵”、“偈颂”、“造颂”、“孤起颂”、“不重颂偈”、“颂”、“歌

谣”。为“九部教”之一,“十二部经”之一。此文体之语句,则称“偈语”。偈之种类极多,佛典中最常用者为两行十六音节(两句八音节)所组成,称“首卢迦”,又称“通偈”。

③栴檀:“栴檀那”的省称。即檀香。

④苦:音译作“豆佉”、“诺佉”、“纳佉”。泛指逼迫身心苦恼之状态。苦与乐乃相对性之存在,若心向着如意之对象,则感受到乐;若心向着不如意之对象,则感受到苦。“一切行皆苦”乃佛教根本思想之一,亦为“四法印”之一。苦之分类有多种,其大别如下:(一)二苦,起自一己身心之苦,称为“内苦”;受外界逼迫所产生之苦(如恶贼、天灾等),称为“外苦”。(二)三苦,对不如意之对象感受其苦,是为“苦苦”。对所爱者之毁坏感受其苦,是为“坏苦”。见世间一切无常而感受其苦,是为“行苦”。以上三者相当于苦、乐、舍(不苦不乐)之顺序。数论外道举三苦为:依内苦、依外苦(恶贼等)、依天苦(天灾等)。(三)四苦,指生苦(以有生,故有苦)、老苦、病苦、死苦四者。(四)八苦,生老病死等四苦,再加上爱别离苦、怨憎会苦、求不得苦、五阴炽盛苦。(五)十八苦,即老苦、死苦、忧苦、悲苦、苦苦、恼苦、大苦聚等七苦,再加上无明苦、行苦、识苦、名色苦、六入苦、触苦、受苦、爱苦、取苦、有苦、生苦等十一苦,合为“十八苦”。以上分类中以“八苦”之说最为常见。

⑤摩尼:又作“末尼”。意译作“珠”、“宝珠”。为珠玉之总称。一般传说摩尼有消除灾难、疾病,及澄清浊水、改变水色之德。又,音译为“真陀摩尼”、“振多摩尼”、“震多摩尼”,意译“如意宝”、“如意珠”,又作“如意摩尼”、“摩尼宝珠”、“末尼

宝”、“无价宝珠”。凡意有所求，此珠皆能出之，故称“如意宝珠”。

⑥砗磲（chēqú）：为“五宝”或“七宝”之一。又作“车渠”、“紫色宝”、“绀色宝”。音译作“麻萨罗揭婆”、“牟娑罗揭婆”、“牟沙罗”。据《增广本草纲目》卷四十六载，车渠乃海中大蛤，外壳上有似垄之纹，如车轮之渠，其壳内白皙如玉，故常被误作玉石类。后世多以白珊瑚及贝壳所制之物为砗磲。

⑦辇舆：古指用人拉动的大车。亦指后世由人抬动之轿子。

⑧离欲：指远离贪欲，或狭义指戒除淫欲。

⑨增上慢：即对于教理或修行境地尚未有所得、有所悟，却起高傲自大之心。如经论中常举示的未得谓得、未获谓获、未触谓触、未证谓证等，均属修行人生起增上慢之例。此外，将他人与自己比较而产生自负高傲之心，亦称为“增上慢”，即通常所谓的“贡高我慢”。“增上慢”，为《大毗婆沙论》、《俱舍论》等所说的“七慢”之一。又《法华论》卷下列举七种增上慢之心，详加解说，并分别以“法华七喻”配当、对治之，即：（一）颠倒求诸功德增上慢心，以“火宅喻”对治之。（二）声闻一向决定增上慢心，以“穷子喻”对治之。（三）大乘一向决定增上慢心，以“云雨喻”对治之。（四）实无谓有增上慢心，以“化城喻”对治之。（五）散乱增上慢心，以“系珠喻”对治之。（六）实有功德增上慢心，以“顶珠喻”对治之。（七）实无功德增上慢心，以“医师喻”对治之。

⑩施：“布施”之略称。音译为“檀那”、“柁那”、“檀”。意译为“财施”、“施颂”。即以慈悲心而施福利于人之义。盖布

施原为佛陀劝导优婆塞等之行法，其本义乃以衣、食等物施予大德及贫穷者；至大乘时代，则为“六波罗蜜”之一，再加上法施、无畏施二者，扩大布施之意义。亦即指施予他人以财物、体力、智慧等，为他人造福成智而求得累积功德，以致解脱之一种修行方法。

⑪寂灭：略作“灭”。即指度脱生死，进入寂静无为之境地。此境地远离迷惑世界，含快乐之意，故称“寂灭”为“乐”。

⑫法性：指诸法之真实体性。亦即宇宙一切现象所具有之真实不变之本性。又作“真如法性”、“真法性”、“真性”。又为“真如”之异称。法性乃万法之本，故又作“法本”。《大智度论》中即以一切法之总相、别相同归于法性，谓诸法有各各相（即现象之差别相）与实相。所谓各各相，例如蜡炙火溶，顿失以前之相，以其为不固定者，故分别求之而不可得；不可得故空（无自性），即说空为诸法之实相。对一切差别相而言，因其自性是空，故皆为同一，称之为“如”。一切相同归于空，故称“空”为“法性”。

⑬舍利：遗骨之意。意译“体”、“身”、“身骨”、“遗身”。通常指佛陀之遗骨，而称“佛骨”、“佛舍利”，其后亦指高僧死后焚烧所遗之骨头。如依《金光明经·舍身品》所言：“舍利者，是戒定慧之所熏修，甚难可得，最上福田。”

⑭恒沙：即恒河之沙。又作“恒边沙”、“恒水边流沙”、“江河沙”、“殑伽沙”、“恒沙”、“恒河沙数”等。恒河沙粒至细，其量无法计算。诸经中凡形容无法计算之数，多以“恒河沙”一词为喻。

⑮由旬：意译“合”、“和合”、“应”、“限量”、“一程”、“驿”等。又作“踰阇那”、“踰缮那”、“瑜膳那”、“俞旬”、“由延”。为印度计算里程之单位。即指公牛挂轭行走一日之旅程。另据《大唐西域记》卷二载，一由旬指帝王一日行军之路程。有关由旬之计数有各种不同说法，合中国的计量单位，每由旬有三十里、四十里、五十里、六十里的四种说法，但说四十里为一由旬者居多。

⑯幢（chuáng）幡：幢幡皆为旌旗之属。竿柱高秀，头安宝珠，以种种之彩帛庄严之者曰幢。长帛下垂者曰幡。又自幢竿垂幡曰幢幡。

⑰四众：指构成佛教教团之四种弟子众。又称“四辈”、“四部众”、“四部弟子”。即比丘、比丘尼、优婆塞、优婆夷；或仅指出家四众，即比丘、比丘尼、沙弥、沙弥尼。通常以前一种为最常见。

译文：

这时，弥勒菩萨生起这样的念头：“如今世尊现出神变之相，究竟是什么样的因缘而出现如此祥瑞之相？现在世尊已经进入甚深的禅定之中，这是常人难以达到的稀有奇特之事，应该向谁询问此因缘？谁又能回答这样的问题呢？”

弥勒菩萨转念又想：“那位文殊师利菩萨如同无上佛陀付法之王子，他曾亲近供养过去世中的无量无边的诸佛，必定曾见过如此稀有的瑞相，如今我可以去向他询问。”与此同时，法会上的比丘、比丘尼、优婆塞、优婆夷，以及天龙、鬼神等都产生这样的想法："佛陀的这种光明神通之瑞相，如今应当向谁去询问因缘？"

那时，弥勒菩萨非常希望消除自己的疑惑，又见到比丘、比丘尼、优婆塞、优婆夷等四众弟子，及诸天龙、鬼神等与会诸大众心存的疑惑，于是向文殊菩萨请问道："究竟是什么样的因缘，而使得佛陀如今现出如此祥瑞神通之相，放射出如此大光明，照耀于东方一万八千个诸佛国土，并且得以详尽地见到这些佛土中种种庄严之象？"

于是，弥勒菩萨想再次表达所言之意，而以偈颂形式发问道：

文殊师利，导师何故，眉间白毫，大光普照？
雨曼陀罗，曼殊沙华，栴檀香风，悦可众心。
以是因缘，地皆严净，而此世界，六种震动。
时四部众，咸皆欢喜，身意快然，得未曾有。
眉间光明，照于东方，万八千土，皆如金色，
从阿鼻狱，上至有顶，诸世界中，六道众生，
生死所趣，善恶业缘，受报好丑，于此悉见。
又睹诸佛，圣主师子，演说经典，微妙第一。
其声清净，出柔软音，教诸菩萨，无数亿万。
梵音深妙，令人乐闻，各于世界，讲说正法。
种种因缘，以无量喻，照明佛法，开悟众生。
若人遭苦，厌老病死，为说涅槃，尽诸苦际。
若人有福，曾供养佛，志求胜法，为说缘觉。
若有佛子，修种种行，求无上慧，为说净道。

文殊师利，我住于此，见闻若斯，
及千亿事，如是众多，今当略说。
我见彼土，恒沙菩萨，种种因缘，而求佛道。
或有行施，金银珊瑚，真珠摩尼，砗磲玛瑙，
金刚诸珍，奴婢车乘，宝饰辇舆，欢喜布施，
回向佛道，愿得是乘，三界第一，诸佛所叹。
或有菩萨，驷马宝车，栏楯华盖，轩饰布施。
复见菩萨，身肉手足，及妻子施，求无上道。
又见菩萨，头目身体，欣乐施与，求佛智慧。
文殊师利，我见诸王，往诣佛所，问无上道，
便舍乐土，宫殿臣妾，剃除须发，而被法服。
或见菩萨，而作比丘，独处闲静，乐诵经典。
又见菩萨，勇猛精进，入于深山，思维佛道。
又见离欲，常处空闲，深修禅定，得五神通。
又见菩萨，安禅合掌，以千万偈，赞诸法王。
复见菩萨，智深志固，能问诸佛，闻悉受持。
又见佛子，定慧具足，以无量喻，为众讲法，
欣乐说法，化诸菩萨，破魔兵众，而击法鼓。
又见菩萨，寂然宴默，天龙恭敬，不以为喜。
又见菩萨，处林放光，济地狱苦，令入佛道。
又见佛子，未尝睡眠，经行林中，勤求佛道。
又见具戒，威仪无缺，净如宝珠，以求佛道。
又见佛子，住忍辱力，增上慢人，
恶骂捶打，皆悉能忍，以求佛道。

又见菩萨，离诸戏笑，及痴眷属，亲近智者，
一心除乱，摄念山林，亿千万岁，以求佛道。
或见菩萨，肴膳饮食，百种汤药，施佛及僧；
名衣上服，价值千万，或无价衣，施佛及僧；
千万亿种，栴檀宝舍，众妙卧具，施佛及僧；
清净园林，华果茂盛，流泉浴池，施佛及僧；
如是等施，种果微妙，欢喜无厌，求无上道。
或有菩萨，说寂灭法，种种教诏，无数众生。
或见菩萨，观诸法性，无有二相，犹如虚空。
又见佛子，心无所著，以此妙慧，求无上道。
文殊师利，又有菩萨，佛灭度后，供养舍利。
又见佛子，造诸塔庙，无数恒沙，严饰国界。
宝塔高妙，五千由旬，纵广正等，二千由旬。
一一塔庙，各千幢幡，珠交露幔，宝铃和鸣。
诸天龙神，人及非人，香华伎乐，常以供养。
文殊师利，诸佛子等，为供舍利，严饰塔庙。
国界自然，殊特妙好，如天树王，其华开敷。
佛放一光，我及众会，见此国界，种种殊妙。
诸佛神力，智慧希有，放一净光，照无量国。
我等见此，得未曾有，佛子文殊，愿决众疑。
四众欣仰，瞻仁及我，世尊何故，放斯光明？
佛子时答，决疑令喜，何所饶益，演斯光明？
佛坐道场，所得妙法，为欲说此，为当授记。
示诸佛土，众宝严净，及见诸佛，此非小缘。

文殊当知，四众龙神，瞻察仁者，为说何等？

尔时，文殊师利语弥勒菩萨摩诃萨及诸大士[①]："善男子等，如我惟忖，今佛世尊欲说大法，雨大法雨，吹大法螺，击大法鼓，演大法义。诸善男子，我于过去诸佛曾见此瑞，放斯光已即说大法。是故当知，今佛现光亦复如是，欲令众生咸得闻知一切世间难信之法，故现斯瑞。

"诸善男子，如过去无量无边不可思议阿僧祇劫[②]，尔时有佛，号日月灯明如来、应供、正遍知、明行足、善逝、世间解、无上士、调御丈夫、天人师、佛世尊，演说正法，初善、中善、后善，其义深远，其语巧妙，纯一无杂，具足清白梵行之相[③]。为求声闻者[④]，说应四谛法[⑤]，度生老病死，究竟涅槃。为求辟支佛者[⑥]，说应十二因缘法[⑦]。为诸菩萨说应六波罗蜜[⑧]，令得阿耨多罗三藐三菩提，成一切种智。

"次复有佛，亦名日月灯明；次复有佛，亦名日月灯明；如是二万佛，皆同一字，号日月灯明，又同一姓，姓颇罗堕。弥勒当知，初佛后佛皆同一字，名日月灯明，十号具足[⑨]，所可说法初中后善。

"其最后佛未出家时，有八王子：一名有意，二名善意，三名无量意，四名宝意，五名增意，六名除疑意，七名向意，八名法意。是八王子，威德自在，各领四天下。

是诸王子，闻父出家得阿耨多罗三藐三菩提，悉舍王位亦随出家，发大乘意，常修梵行，皆为法师，已于千万佛所植诸善本。是时日月灯明佛，说大乘经，名《无量义》，教菩萨法佛所护念。说是经已，即于大众中结跏趺坐，入于无量义处三昧，身心不动。是时，天雨曼陀罗华、摩诃曼陀罗华、曼殊沙华、摩诃曼殊沙华，而散佛上及诸大众，普佛世界六种震动。尔时，会中比丘、比丘尼、优婆塞、优婆夷，天、龙、夜叉、乾闼婆、阿修罗、迦楼罗、紧那罗、摩睺罗伽、人非人，及诸小王、转轮圣王等，是诸大众得未曾有，欢喜合掌一心观佛。尔时，如来放眉间白毫相光，照东方万八千佛土靡不周遍，如今所见是诸佛土。”

“弥勒当知，尔时会中有二十亿菩萨乐欲听法。是诸菩萨见此光明普照佛土，得未曾有，欲知此光所为因缘。时有菩萨，名曰妙光，有八百弟子。是时日月灯明佛从三昧起，因妙光菩萨说大乘经，名《妙法莲华》，教菩萨法佛所护念，六十小劫不起于座。时会听者亦坐一处，六十小劫身心不动，听佛所说谓如食顷。是时众中，无有一人若身若心而生懈倦。日月灯明佛，于六十小劫说是经已，即于梵、魔[10]、沙门[11]、婆罗门[12]，及天、人、阿修罗众中，而宣此言：‘如来于今日中夜当入无余涅槃[13]。’

时有菩萨，名曰德藏，日月灯明佛即授其记，告诸比丘：‘是德藏菩萨，次当作佛，号曰净身多陀阿伽度阿罗诃三藐三佛陀。’佛授记已，便于中夜入无余涅槃。

“佛灭度后，妙光菩萨持《妙法莲华经》，满八十小劫为人演说。日月灯明佛八子，皆师妙光。妙光教化令其坚固阿耨多罗三藐三菩提。是诸王子，供养无量百千万亿佛已，皆成佛道。其最后成佛者，名曰然灯。八百弟子中有一人，号曰求名，贪著利养，虽复读诵众经而不通利，多所忘失，故号求名。是人亦以种诸善根因缘故，得值无量百千万亿诸佛，供养恭敬，尊重赞叹。

“弥勒当知，尔时妙光菩萨，岂异人乎？我身是也。求名菩萨，汝身是也。今见此瑞与本无异，是故惟忖，今日如来当说大乘经，名《妙法莲华》，教菩萨法佛所护念。”

尔时，文殊师利于大众中，欲重宣此义，而说偈言：

我念过去世，无量无数劫，
有佛人中尊，号日月灯明。
世尊演说法，度无量众生，
无数亿菩萨，令入佛智慧。
佛未出家时，所生八王子，
见大圣出家，亦随修梵行。
时佛说大乘，经名《无量义》，
于诸大众中，而为广分别。
佛说此经已，即于法座上，

跏趺坐三昧，名无量义处。
天雨曼陀华，天鼓自然鸣，
诸天龙鬼神，供养人中尊。
一切诸佛土，即时大震动，
佛放眉间光，现诸希有事。
此光照东方，万八千佛土，
示一切众生，生死业报处[14]。
有见诸佛土，以众宝庄严，
琉璃玻璃色，斯由佛光照。
及见诸天人，龙神夜叉众，
乾闼紧那罗，各供养其佛。
又见诸如来，自然成佛道，
身色如金山，端严甚微妙，
如净琉璃中，内现真金像。
世尊在大众，敷演深法义，
一一诸佛土，声闻众无数，
因佛光所照，悉见彼大众。
或有诸比丘，在于山林中，
精进持净戒，犹如护明珠。
又见诸菩萨，行施忍辱等，
其数如恒沙，斯由佛光照。
又见诸菩萨，深入诸禅定，
身心寂不动，以求无上道。

又见诸菩萨，知法寂灭相，
各于其国土，说法求佛道。
尔时四部众，见日月灯佛，
现大神通力，其心皆欢喜，
各各自相问，是事何因缘？
天人所奉尊，适从三昧起，
赞妙光菩萨：汝为世间眼，
一切所归信，能奉持法藏，
如我所说法，唯汝能证知。
世尊既赞叹，令妙光欢喜，
说是《法华经》，满六十小劫，
不起于此座，所说上妙法，
是妙光法师，悉皆能受持。
佛说是《法华》，令众欢喜已，
寻即于是日，告于天人众：
诸法实相义，已为汝等说，
我今于中夜，当入于涅槃。
汝一心精进，当离于放逸，
诸佛甚难值，亿劫时一遇。
世尊诸子等，闻佛入涅槃，
各各怀悲恼，佛灭一何速！
圣主法之王，安慰无量众：
我若灭度时，汝等勿忧怖，

是德藏菩萨，于无漏实相[15]，
心已得通达，其次当作佛，
号曰为净身，亦度无量众。
佛此夜灭度，如薪尽火灭，
分布诸舍利，而起无量塔。
比丘比丘尼，其数如恒沙，
倍复加精进，以求无上道。
是妙光法师，奉持佛法藏，
八十小劫中，广宣《法华经》。
是诸八王子，妙光所开化，
坚固无上道，当见无数佛。
供养诸佛已，随顺行大道，
相继得成佛，转次而授记。
最后天中天，号曰燃灯佛，
诸仙之导师，度脱无量众。
是妙光法师，时有一弟子，
心常怀懈怠，贪著于名利，
求名利无厌，多游族姓家，
弃舍所习诵，废忘不通利，
以是因缘故，号之为求名。
亦行众善业，得见无数佛，
供养于诸佛，随顺行大道，
具六波罗蜜，今见释师子，

其后当作佛，号名曰弥勒，
广度诸众生，其数无有量。
彼佛灭度后，懈怠者汝是，
妙光法师者，今则我身是。
我见灯明佛，本光瑞如此，
以是知今佛，欲说法华经。
今相如本瑞，是诸佛方便，
今佛放光明，助发实相义。
诸人今当知，合掌一心待，
佛当雨法雨，充足求道者。
诸求三乘人⑯，若有疑悔者，
佛当为除断，令尽无有余。

注释：

①文殊师利：为“八大菩萨”之一。音译作“文殊师利”、“曼殊室利”、“满祖室哩”，意译为“妙德”、“妙吉祥”、“妙乐”、“法王子”。又称“文殊师利童真”、“孺童文殊菩萨”。为我国佛教四大菩萨之一。与般若经典关系甚深。或谓其为已成之佛，如《首楞严三昧经》载，过去久远劫有龙种上如来，于南方平等世界成无上正等觉，寿四百四十万岁而入涅槃，彼佛即今之文殊师利法王子。或谓其为实在人物，如《文殊师利般涅槃经》谓，此菩萨生于舍卫国多罗聚落梵德婆罗门家，生时屋宅化如莲花，由其母之右胁出生，后至释迦牟尼佛所出家学道。此外，亦有说

文殊菩萨为诸佛菩萨之父母者。一般称文殊师利菩萨，与普贤菩萨同为释迦佛之胁侍，分别表示佛智、佛慧之别德。所乘之狮子，象征其威猛。

②阿僧祇(qí)：为印度数目之一，无量数或极大数之意。又作“阿僧伽”、“阿僧企耶”、“阿僧”、“僧只”。意译“不可算计”，或“无量数”、“无央数”。据称一阿僧祇有一千万万万万万万万万兆（万万为亿，万亿为兆）

③梵行：意译“净行”。即道俗二众所修之清净行为。以梵天断淫欲、离淫欲者，故称“梵行”；反之，行淫欲之法，即称“非梵行”。婆罗门将一生分为四期，其中第一期即称“梵行期”，于此期间，其生活遵守不淫之戒，并学吠陀、祭仪等。于佛教以不淫，受持诸戒，称为“梵行”。

④声闻：音译“舍罗婆迦”。又意译作“弟子”。为“二乘”或“三乘”之一。通常指听闻佛陀声教而证悟之出家弟子。

⑤四谛：为佛教基本核心理论之一。即指苦、集、灭、道四种正确无误之真理。此四者皆真实不虚，故称“四谛”、“四真谛”；又此四者为圣者所知见，故称“四圣谛”。其中，“苦”与“集”表示迷妄世界之“果”与“因”，而“灭”与“道”表示证悟世界之果与因；即世间有漏之果为“苦谛”，世间有漏之因为“集谛”，出世无漏之果为“灭谛”，出世无漏之因为“道谛”。四谛系佛陀成道之后，于鹿野苑为五比丘初转法轮之说，为佛教中之基本教义，并为生死解脱之唯一方法。后世虽以四谛为声闻之法，然除小乘教中有此生死解脱之说外，于大乘经典中亦有此“四谛”之说。

⑥辟支佛：梵语音译。意译作“缘觉”、“独觉”。又作“贝支迦”、“辟支”。为“二乘”之一，亦为“三乘”之一。乃指无师而能自觉自悟之圣者。据《大智度论》卷十八、《大乘义章》卷十七本载，有二义：（一）出生于无佛之世，当时佛法已灭，但因前世修行之因缘（先世因缘），自以智慧得道。（二）自觉不从他闻，观悟“十二因缘”之理而得道。

⑦十二因缘：十二种因缘生起之意。又作“二六之缘”、“十二支缘起”、“十二因缘起”、“十二缘起”、“十二缘生”、“十二缘门”、“十二因生”。即构成有情生存之十二条件（即十二有支）。《阿含经》所说根本佛教之基本教义，即：无明、行、识、名色、六处、触、受、爱、取、有、生、老死。此十二支中，前者为后者生起之因，前者若灭，后者亦灭。此说明诸有为法皆相依相待之关系。即一切事物皆具有相依性，皆由因、缘所成立，并由此可领悟无常、苦、无我之道理。

⑧六波罗蜜：全称“六波罗蜜多”。译作“六度”、“六度无极”、“六到彼岸”。“波罗蜜”译为“度”，为到彼岸之意。即为达成理想、完成之意。乃大乘佛教中菩萨欲成佛道所实践之六种德目。即（一）布施波罗蜜，又作“施波罗蜜”、“檀那波罗蜜”、“布施度无极”。有财施、法施（教以真理）、无畏施（除去众生恐怖，使其安心）三种，能对治悭贪，消除贫穷。（二）持戒波罗蜜，又作“戒波罗蜜”、“尸罗波罗蜜”、“戒度无极”。持守戒律，并常自省，能对治恶业，使身心清凉。（三）忍辱波罗蜜，又作“忍波罗蜜”、“羼提波罗蜜”、“忍辱度无极”。忍耐迫害，能对治嗔恚，使心安住。（四）精进波罗蜜，又作“进波罗

蜜”、“毗梨耶波罗蜜”、“精进度无极”。实践其他五德目时，上进不懈，不屈不挠，能对治懈怠，生长善法。（五）禅定波罗蜜，又作“禅波罗蜜”、“禅那波罗蜜”、“禅度无极”。修习禅定，能对治乱意，使心安定。（六）智慧波罗蜜，又作“慧波罗蜜”、“般若波罗蜜”、“明度无极”。能对治愚痴，开真实之智慧，即可把握生命之真谛。以上“六波罗蜜”，始于布施，而终于智慧，由此可知大乘菩萨之伟大胸襟。

⑨十号：如来、应供、正遍知、明行足、善逝、世间解、无上士、调御丈夫、天人师、佛世尊。

⑩魔：全称为“魔罗”。意译为“杀者”、“夺命”、“能夺”、“能夺命者”、“障碍”。又称“恶魔”。指夺取吾人生命，而妨碍善事之恶鬼神。

⑪沙门：音译“室罗末拏”、“舍啰摩拏”等。意译“勤劳”、“功劳”、“劬劳”、“勤恳”、“静志”、“净志”、“息止”、“息心”、“息恶”、“勤息”、“修道”、“贫道”、“乏道”。为出家者之总称，通于内、外二道。亦即指剃除须发，止息诸恶，善调身心，勤行诸善，期以行趣涅槃之出家修道者。

⑫婆罗门：意译“净行”、“梵行”、“梵志”、“承习”。印度四姓中，最上位之僧侣、学者阶级。为古印度一切知识之垄断者，自认为印度社会之最胜种姓。按其教义，此阶级由梵天之口生，颜貌端正，清净高洁，以习吠陀、司祭祀为业。依《摩奴法典》规定，四姓中婆罗门有六法，即学习吠陀、教授吠陀、为自己祭祀、为他人祭祀、布施、受施。故四姓中除最下之首陀罗族外，其余三姓皆得诵吠陀、自作祭祀，然为他人祭师、教他人吠

陀、受施等则仅限于婆罗门。婆罗门一生可分四期:(一)梵行期,八岁就师,其后十二年学吠陀,习祭仪。(二)家住期,返家结婚生子,祭祖灵,营俗务。(三)林栖期,年老则家产让子,栖居树林修苦行,专心思惟,入宗教生活。(四)遁世期,绝世俗之执着,被粗衣,持水瓶,游行遍历。遁世期婆罗门之行法,其后为佛教沿用者不少,如游行、乞食、雨安居等即是。

⑬无余涅槃:四种涅槃之一。为"有余涅槃"之对称。"九谛"之一。新译为"无余依涅槃"。依,指依身,即人之身体。无余依涅槃系指断烦恼障,灭异熟苦果五蕴所成之身,而完全无所依处之涅槃。

⑭业报:"业"与"报"并称。意为业之报应或业之果报。谓由身口意之善恶业因所必招感之苦乐果报。或指业因与果报。又作"业果"。此为佛教之重要基本观念。据《成实论》卷七载,业报有善、不善、无记三种,善得爱报,不善得不爱报,无记则不报;此即佛教所主张之必然业报法则。于此法则中,业不但为受身因缘,万物亦从业因生。盖于业与异熟、等流、离系、士用、增上等五种果之关系中,有漏之善、不善有异熟、等流之诸果,无记及无漏之业,则唯有等流、离系等果而无异熟果。又其中唯有漏之善、不善业所招之异熟果称为"业报"。

⑮实相:原义为本体、实体、真相、本性等;引申指一切万法真实不虚之体相,或真实之理法、不变之理、真如、法性等。此系佛陀觉悟之内容,意即本然之真实,举凡一如、实性、实际、真性、涅槃、无为、无相等,皆为实相之异名。以世俗认识之一切现象均为假相,唯有摆脱世俗认识才能显示诸法常住不变之

真实相状，故称“实相”。据南本《大般涅槃经》卷三十六、《大智度论》卷三十二之意，一切诸法之个别相（如地之坚相、水之湿相、火之热相）皆为虚妄，一一皆可破可坏；相对于此，无漏智所证之实相则离虚妄之诸相而平等一如，在妄情之中，实相悉皆不可得。在鸠摩罗什之翻译中，“实相”亦包含空之意义，龙树以来强调为佛教真谛之内容。而“诸法实相”之说，为大乘佛教之标帜（即法印），亦即相对于小乘佛教所立之“三法印”（无常、无我、涅槃），大乘佛教所立者称为“实相印”。一切诸法之真实相状，称为“诸法实相”，其内容虽依各宗而异，然自其各宗之立场判断，凡被视为最后而究竟者，俱以此语表示之。此实相之相状，一般认为不能以言语或心推测之。

⑯三乘：就众生根机之钝、中、利，佛应之而说声闻乘、缘觉乘、菩萨乘等三种教法。（一）声闻乘，闻佛声教而得悟道，故称“声闻”。其知苦断集、慕灭修道，以此“四谛”为乘。（二）缘觉乘，又作“辟支佛乘”、“独觉乘”。观“十二因缘”觉真谛理，故称“缘觉”。始观无明乃至老死，次观无明灭乃至老死灭，由此因缘生灭，即悟非生非灭，乃以此“十二因缘”为乘。（三）菩萨乘，又作“大乘”、“佛乘”、“如来乘”。求无上菩提，愿度一切众生，修“六度”万行，以此“六度”为“乘”。

译文：

这时，文殊师利菩萨对弥勒菩萨、诸菩萨及大众说：“善男子等，依照我的想法，如今释迦牟尼佛将要说大乘教法，就如同降下大法雨，如同吹响大法螺，如同捶击大法鼓一样，是为了宣示畅演甚深法义。诸位善男子，我在过去世中，也曾看到诸佛曾经现出这样的瑞相，在现出如此祥瑞稀有的光明之后，则会继之宣示无上之法。所以各位应当知道，如今佛陀现此祥瑞之光明，也意味着要宣示无上之法。这是为了让众生都能够听闻一切世间甚深难信的教法，因此先现出如此的祥瑞之相。

“各位善男子，正如往昔，于过去难以测计的无数无量劫中，出现一位古佛，佛号称作日月灯明如来，或称日月灯明应供、日月灯明正遍知、日月灯明明行足、日月灯明善逝、日月灯明世间解、日月灯明无上士、日月灯明调御丈夫、日月灯明天人师、日月灯明佛世尊，此佛为众生演说正法，从初期到中期，再到后期，法义意趣深远，说法时语言巧妙，纯一而无夹杂，具足清净梵行之相。日月灯明佛为求声闻乘的修行者宣说苦、集、灭、道等四谛之法，以使他们度脱生、老、病、死，进入究竟的涅槃解脱境界。又为求辟支佛乘者宣说十二因缘之法。又为求大乘的诸菩萨宣说六波罗蜜之法，以使他们证得无上正等正觉，而获得通达一切的一切种智。

“在这位日月灯明佛之后，又有一位佛，也有同样的名号，称作日月灯明佛；之后再有一位佛，名号也是日月明灯佛；如此依次共有两万位佛都是同一名号，称作日月灯明佛。以上诸佛又具有同样的姓氏，为颇罗堕。弥勒菩萨，你应当知道，从最初的那位佛，及之后的诸位佛，都有着相同的名号，称作日月灯明佛。诸佛都具有十种称号，他们演说佛法也都分初、中、后三个阶段。

“在如上两万位日月灯明佛中，最后那位佛陀在未出家时，有八位王子：第一位叫有意，第二位叫善意，第三位叫无量意，第四位叫宝意，第五位叫增意，第六位叫除疑意，第七位叫向意，第八位叫法意。这八位王子，都具足自在的威仪德行，各自统领四天下。诸王子听说他们的父亲出家修行并获得无上正等正觉之圣智后，全部都舍弃王位，跟随父王出家为僧，以大乘之发心愿力，修诸清净梵行，并成为福慧具足的大乘法师、这些王子已于成千上万的佛陀面前，种下无量的善根功德。那时，日月灯明佛演说大乘经典，经名叫《无量义经》。这是教化菩萨的法门，深受诸佛的护持和忆念。日月灯明佛说完《无量义经》后，便于大众中结跏趺坐，进入义趣无尽的甚深禅定之中，身心安稳不乱。就在那时，空中降下如雨般密集的曼陀罗花、大曼陀罗花、曼殊沙花、大曼殊沙花，散落在日月灯明佛及与会闻法的大众身上，与此同时，佛土大地也产生了六种震动。那时，法会中的比丘、比丘尼、优婆塞、优婆夷、天、龙、夜叉、乾闼婆、阿修罗、迦楼罗、紧那罗、摩睺罗迦、人、非人，以及诸小王、转轮圣王等大众往昔都未曾见此稀有之相，因而非常欢喜地合掌礼敬，全身心地注视着日月灯明佛。正在此时，日月灯明佛从其眉间放出白毫相光，遍照东方一万八千诸佛世界，诸世界无不映照于此光明之中，就如同现在大家所见到的那些佛土一样。

“弥勒菩萨，你应当知道，那时法会中有二十亿位菩萨，都极为希望闻佛说法。这些菩萨看见佛的白毫相光照耀东方诸佛土后，都是以前从未见到过的景象，因此也都怀着极大的愿望，想得知此稀有之相的因缘。那时，会中有一位菩萨，名叫妙光，他有八百位弟子，日月灯明佛从禅定之境中出定后，因为妙光菩萨的因缘而宣讲大乘经典，经名即为《妙法莲华经》。这是教化大乘菩萨的无上法门，常受诸佛的护持与忆念。日月灯明佛讲说《妙法莲华经》一共历时六十小劫，在如此漫长的时间里，日月灯明佛一直安坐于法座上，身心不乱。那时法会中的闻法者也同样各坐于本处，不起于座，历时六十小劫而身心不动，听闻日月灯明佛宣说妙法，由于大众皆全神贯注，六十小劫的漫长时间，感觉起来即如同吃饭那样短的工夫。当时，法会之中的大众，没有一人出现身体疲倦，心神懈怠的状况。日月灯明佛历经六十小劫而说完此经后，便对在座的梵天、魔众、沙门、婆罗门以及天人、人众、阿修罗等大众宣说道：'如来将于今天夜里入于无余涅槃。'

"那时，会中大众中有一位菩萨，名号为德藏。日月灯明佛即为他授记，告诉诸比丘们说：'这位德藏菩萨，将继我之后成就佛果，他的名号为净身、多陀阿伽度、阿罗诃、三藐三佛陀。'日月灯明佛完成授记后，便于半夜之时，入于无余涅槃。

"日月灯明佛灭度后，妙光菩萨便奉持《妙法莲华经》，于八十小劫的时间内，为众生演说开示。日月灯明佛的八位王子皆师从于妙光菩萨。在妙光菩萨的殷勤教化下，使得诸王子坚定了求证佛智的决心。这八位王子供养了无量百千万亿诸佛后，都证得佛的果位。其中最后一位成佛者，名号称为然灯。妙光菩萨的八百弟子中，有一位号称求名的人，此人贪求名闻利养，虽然读诵众多的经典，但却总是无法理解法义，对于读诵的经典多半都忘记了，所以称其为求名。但他也由于种种深厚的善根因缘，在无量无数的诸佛面前，供养、恭敬、尊重、赞叹。

“弥勒菩萨，你应当知道，那时的妙光菩萨是谁？他不是别人，正是我的前身。而那位求名菩萨正是你的前身。今天，我于此会中又见释迦牟尼佛所现如此瑞祥之相，与过去日月灯明佛说法时的瑞相毫无差别，所以，我推测如今如来将要宣说大乘经，经名号称《妙法莲华经》，这是教化大乘菩萨的法门，常得到诸佛的护持和忆念。”

这时，文殊师利菩萨想对大众再次宣说其义，即以偈颂形式宣说道：

我念过去世，无量无数劫，有佛人中尊，号日月灯明。

世尊演说法，度无量众生，无数亿菩萨，令入佛智慧。

佛未出家时，所生八王子，见大圣出家，亦随修梵行。

时佛说大乘，经名《无量义》，于诸大众中，而为广分别。

佛说此经已，即于法座上，跏趺坐三昧，名无量义处。

天雨曼陀华，天鼓自然鸣，诸天龙鬼神，供养人中尊。

一切诸佛土，即时大震动，佛放眉间光，现诸希有事。

此光照东方，万八千佛土，示一切众生，生死业报处。

有见诸佛土，以众宝庄严，琉璃玻璃色，斯由佛光照。

及见诸天人，龙神夜叉众，乾闼紧那罗，各供养其佛。

又见诸如来，自然成佛道，身色如金山，

端严甚微妙，如净琉璃中，内现真金像。

世尊在大众，敷演深法义，一一诸佛土，

声闻众无数，因佛光所照，悉见彼大众。

或有诸比丘，在于山林中，精进持净戒，犹如护明珠。

又见诸菩萨，行施忍辱等，其数如恒沙，斯由佛光照。

又见诸菩萨，深入诸禅定，身心寂不动，以求无上道。

又见诸菩萨，知法寂灭相，各于其国土，说法求佛道。

尔时四部众，见日月灯佛，现大神通力，

其心皆欢喜，各各自相问，是事何因缘？

天人所奉尊，适从三昧起，赞妙光菩萨：汝为世间眼，

一切所归信，能奉持法藏，如我所说法，唯汝能证知。

世尊既赞叹，令妙光欢喜，说是《法华经》，满六十小劫，

不起于此座，所说上妙法，是妙光法师，悉皆能受持。

佛说是《法华》，令众欢喜已，寻即于是日，告于天人众：

诸法实相义，已为汝等说，我今于中夜，当入于涅槃。

汝一心精进，当离于放逸，诸佛甚难值，亿劫时一遇。

世尊诸子等，闻佛入涅槃，各各怀悲恼，佛灭一何速！

圣主法之王，安慰无量众：我若灭度时，汝等勿忧怖，

是德藏菩萨，于无漏实相，心已得通达，

其次当作佛，号曰为净身，亦度无量众。

佛此夜灭度，如薪尽火灭，分布诸舍利，而起无量塔。

比丘比丘尼，其数如恒沙，倍复加精进，以求无上道。

是妙光法师，奉持佛法藏，八十小劫中，广宣《法华经》。

是诸八王子，妙光所开化，坚固无上道，当见无数佛。

供养诸佛已，随顺行大道，相继得成佛，转次而授记。

最后天中天，号曰燃灯佛，诸仙之导师，度脱无量众。
是妙光法师，时有一弟子，心常怀懈怠，贪著于名利，
求名利无厌，多游族姓家，弃舍所习诵，
废忘不通利，以是因缘故，号之为求名。
亦行众善业，得见无数佛，供养于诸佛，随顺行大道，
具六波罗蜜，今见释师子，其后当作佛，
号名曰弥勒，广度诸众生，其数无有量。
彼佛灭度后，懈怠者汝是，妙光法师者，今则我身是。
我见灯明佛，本光瑞如此，以是知今佛，欲说《法华经》。
今相如本瑞，是诸佛方便，今佛放光明，助发实相义。
诸人今当知，合掌一心待，佛当雨法雨，充足求道者。
诸求三乘人，若有疑悔者，佛当为除断，令尽无有余。

方便品第二

本品是《法华经》中最为核心的四品之一，又为“迹门”正宗分之首。揭示“开权显实，会三归一”之大乘教义。佛陀出定后，即对舍利弗等诸声闻众，盛赞诸佛权实二智深广无量难知难入，并且指出诸法实相惟成就佛果者方能证知，而其他一切二乘则无法得解，说明此系“第一希有难解之法”。诸已证声闻、辟支佛果者及发二乘心之大众均生起惊疑。舍利弗代众三请，佛陀三止，末后佛陀见因缘具足，即答应说法。当时会中有五千人等因不堪任受，即退出法会。世尊即为与会大众宣说“开权显实，会三归一”之理。言诸佛世尊唯以一大事因缘故出现于世，欲令众生开、示、悟、入佛之知见。因为众生根机不同，因而所能接受的方法亦有差异，因此诸佛世尊则以种种方便善巧的权宜之计，来度化众生；因此分别说为声闻、缘觉、菩萨等三乘，实无三乘之别，说二（乘）三（乘）实为方便之法，非为究竟；而唯有一佛乘是真实究竟妙法。唯时机成熟，方可直入本怀，宣示一乘之教。

按智者大师的科判，本品始至第九品《授学无学人记品》为“迹门”的正宗分。

本品系《法华经》中著名的“三周说法”的初周所关涉的内容，初周又称“法说周”。所谓“三周说法”，系指佛为令声闻、辟支佛乘者契悟一乘实相之理，而对上中下三种根机的大众反复进行的三次说法。初周说法系世尊为上根机者，而以“十如是”阐明诸法实相。开三乘之方便，以使悟一乘之真实。此初周说法时会中大众中仅有大智舍利弗一人得入悟解。

尔时，世尊从三昧安详而起①，告舍利弗：“诸佛智慧甚深无量，其智慧门难解难入，一切声闻、辟支佛所不能知。所以者何？佛曾亲近百千万亿无数诸佛，尽行诸佛无量道法，勇猛精进，名称普闻，成就甚深未曾有法。随宜所说，意趣难解。

“舍利弗，吾从成佛已来，种种因缘，种种譬喻，广演言教，无数方便引导众生，令离诸著。所以者何？如来方便知见波罗蜜②，皆已具足。舍利弗，如来知见广大深远，无量无碍，力无所畏，禅定解脱三昧，深入无际，成就一切未曾有法。舍利弗，如来能种种分别巧说诸法，言辞柔软悦可众心。舍利弗，取要言之，无量无边未曾有法，佛悉成就。

“止！舍利弗，不须复说。所以者何？佛所成就第一希有难解之法，唯佛与佛乃能究尽诸法实相，所谓诸法，如是相，如是性，如是体，如是力，如是作，如是因，如是缘，如是果，如是报，如是本末究竟等③。”

尔时，世尊欲重宣此义，而说偈言：

世雄不可量，诸天及世人，
一切众生类，无能知佛者。

佛力无所畏，解脱诸三昧，
及佛诸余法，无能测量者。
本从无数佛，具足行诸道，
甚深微妙法，难见难可了。
于无量亿劫，行此诸道已，
道场得成果，我已悉知见。
如是大果报，种种性相义，
我及十方佛，乃能知是事。
是法不可示，言辞相寂灭，
诸余众生类，无有能得解，
除诸菩萨众，信力坚固者。
诸佛弟子众，曾供养诸佛，
一切漏已尽，住是最后身，
如是诸人等，其力所不堪。
假使满世间，皆如舍利弗，
尽思共度量，不能测佛智。
正使满十方，皆如舍利弗，
及余诸弟子，亦满十方刹，
尽思共度量，亦复不能知。
辟支佛利智，无漏最后身，
亦满十方界，其数如竹林，
斯等共一心，于亿无量劫，
欲思佛实智，莫能知少分。

新发意菩萨，供养无数佛，
了达诸义趣，又能善说法，
如稻麻竹苇，充满十方刹，
一心以妙智，于恒河沙劫，
咸皆共思量，不能知佛智。
不退诸菩萨，其数如恒沙，
一心共思求，亦复不能知。
又告舍利弗，无漏不思议，
甚深微妙法，我今已具得，
唯我知是相，十方佛亦然。
舍利弗当知，诸佛语无异，
于佛所说法，当生大信力。
世尊法久后，要当说真实，
告诸声闻众，及求缘觉乘，
我令脱苦缚，逮得涅槃者，
佛以方便力，示以三乘教，
众生处处著，引之令得出。

注释：

①三昧：又作“三摩地”、“三摩提”、“三摩帝”。意译为“等持”、“定”、“正定”、“定意”、“调直定”、“正心行处”等。即将心定于一处（或一境）的一种安定状态。处于此状态时心不散乱，而保持安静，称为“三昧”。达三昧之状态时，即起正

智慧而开悟真理，故以此三昧修行而达到佛之圣境者，则称三昧“发得”或“发定”。

②方便：“十波罗蜜”之一。又作“善权”、“变谋”。指巧妙地接近、施设、安排等。乃一种向上进展之方法。诸经论中常用此一名词，归纳之，其意义可分为下列四种，即：（一）对真实法而言，为诱引众生入于真实法而权设之法门。故称为“权假方便”、“善巧方便”。即佛菩萨应众生之根机，而用种种方法施予化益。（二）对般若之实智而言，据昙鸾之《往生论注》举出，般若者，达如之慧；方便者，通权之智。以权智观照于平等实智所现之差别。（三）权实二智皆系佛菩萨为一切众生，而尽己身心所示化之法门。（四）为证悟真理而修之加行。

③“如是相”及以下几句：此为本经中著名的“十如是”，后天台宗智者大师就此发挥，成为天台宗的核心理论之一。

译文：

这时，世尊从甚深的禅定中安然出定，告诉舍利弗说：“诸佛的智慧极为深奥，无可测度；诸佛的智慧法门，从众生的角度上看，是很难深入了解的，即使一切已证得声闻、辟支佛果位的二乘之人也是无法知道。为什么如此说呢？那是由于佛陀曾亲近供养过百千万亿难以计数的无量诸佛，并随顺诸佛实践修习无量的成道法门，勇猛无畏，精进不怠，如此声名已经为广泛知晓，并成就了前所未有的深妙法门。佛陀随顺不同众生的根性，予以对机的说法，所演说的法义微妙难解。

“舍利弗，我从成佛以来，因种种的因缘，以种种的譬喻，广泛地宣讲教法，用无量的方便法门，来引导众生远离各种执着。为什么能够做到这样呢？那是由于如来已经具足各种引导众生到达彼岸的方便见地。舍利弗，如来佛的见地是如此广大深远，无量无数，无有障碍，如来具有十力、四种无畏、禅定和解脱定等皆深奥无边的、能够使得一切稀有难得的法门都能得到成就。舍利弗，如来佛通过分辨众生不同的根机，非常巧妙地宣说各种法门，以柔和细软之言辞，使得众生闻法后极为欢喜愉悦。舍利弗，取要言之，如来已成就了无量无边众生未曾遇见的稀有法门。

“停下来吧！舍利弗，你现在不必多言。为什么这样说呢？因为，如来所成就的最上稀有之法是如此地深奥难解，唯有已经达到圆满佛果的诸佛之间，方能觉证诸法最根本的实相，这即是所谓诸法所具有的十种真实无伪的如是，即如是相，如是性，如是体，如是力，如是作，如是因，如是缘，如是果，如是报，如是本末究竟等。”

这时，世尊为了对会中诸众再次宣说法义，即以偈颂形式说道：

世雄不可量，诸天及世人，一切众生类，无能知佛者。
佛力无所畏，解脱诸三昧，及佛诸余法，无能测量者。
本从无数佛，具足行诸道，甚深微妙法，难见难可了。
于无量亿劫，行此诸道已，道场得成果，我已悉知见。
如是大果报，种种性相义，我及十方佛，乃能知是事。
是法不可示，言辞相寂灭，诸余众生类，
无有能得解，除诸菩萨众，信力坚固者。

诸佛弟子众，曾供养诸佛，一切漏已尽，
住是最后身，如是诸人等，其力所不堪。
假使满世间，皆如舍利弗，尽思共度量，不能测佛智。
正使满十方，皆如舍利弗，及余诸弟子，
亦满十方刹，尽思共度量，亦复不能知。
辟支佛利智，无漏最后身，亦满十方界，其数如竹林，
斯等共一心，于亿无量劫，欲思佛实智，莫能知少分。
新发意菩萨，供养无数佛，了达诸义趣，又能善说法，
如稻麻竹苇，充满十方刹，一心以妙智，
于恒河沙劫，咸皆共思量，不能知佛智。
不退诸菩萨，其数如恒沙，一心共思求，亦复不能知。
又告舍利弗，无漏不思议，甚深微妙法，
我今已具得，唯我知是相，十方佛亦然。
舍利弗当知，诸佛语无异，于佛所说法，当生大信力。
世尊法久后，要当说真实，告诸声闻众，及求缘觉乘，
我令脱苦缚，逮得涅槃者，佛以方便力，
示以三乘教，众生处处著，引之令得出。

尔时，大众中有诸声闻漏尽阿罗汉，阿若㤭陈如等千二百人，及发声闻、辟支佛心比丘、比丘尼、优婆塞、优婆夷，各作是念："今者世尊，何故殷勤称叹方便而作是言？佛所得法甚深难解，有所言说意趣难知，一切声闻、辟支佛所不能及。佛说一解脱义，我等亦得此法到于涅槃，而今不知是义所趣。"

尔时，舍利弗知四众心疑，自亦未了，而白佛言："世尊，何因何缘，殷勤称叹诸佛第一方便，甚深微妙难解之法？我自昔来，未曾从佛闻如是说，今者四众咸皆有疑。唯愿世尊，敷演斯事，世尊何故殷勤称叹甚深微妙难解之法？"

尔时，舍利弗欲重宣此义，而说偈言：

慧日大圣尊，久乃说是法，
自说得如是，力无畏三昧，
禅定解脱等，不可思议法，
道场所得法，无能发问者，
我意难可测，亦无能问者，
无问而自说，称叹所行道，
智慧甚微妙，诸佛之所得。
无漏诸罗汉，及求涅槃者，
今皆堕疑网，佛何故说是？
其求缘觉者，比丘比丘尼，
诸天龙鬼神，及乾闼婆等，
相视怀犹豫，瞻仰两足尊，
是事为云何？愿佛为解说。
于诸声闻众，佛说我第一，
我今自于智，疑惑不能了，
为是究竟法？为是所行道？
佛口所生子，合掌瞻仰待，

愿出微妙音，时为如实说。
诸天龙神等，其数如恒沙，
求佛诸菩萨，大数有八万，
又诸万亿国，转轮圣王至，
合掌以敬心，欲闻具足道。

尔时，佛告舍利弗：“止！止！不须复说。若说是事，一切世间诸天及人皆当惊疑。”

舍利弗重白佛言：“世尊，唯愿说之，唯愿说之。所以者何？是会无数百千万亿阿僧祇众生曾见诸佛，诸根猛利，智慧明了，闻佛所说则能敬信。”

尔时，舍利弗欲重宣此义，而说偈言：

法王无上尊①，唯说愿勿虑，
是会无量众，有能敬信者。

佛复止舍利弗：“若说是事，一切世间天、人、阿修罗皆当惊疑，增上慢比丘将坠于大坑。”

尔时，世尊重说偈言：

止止不须说，我法妙难思，
诸增上慢者，闻必不敬信。

尔时，舍利弗重白佛言：“世尊，唯愿说之，唯愿说之。今此会中，如我等比百千万亿，世世已曾从佛受化。如此人等必能敬信，长夜安隐，多所饶益。”

尔时，舍利弗欲重宣此义，而说偈言：

无上两足尊②，愿说第一法，

我为佛长子，唯垂分别说。
是会无量众，能敬信此法，
佛已曾世世，教化如是等。
皆一心合掌，欲听受佛语，
我等千二百，及余求佛者。
愿为此众故，唯垂分别说，
是等闻此法，则生大欢喜。

尔时，世尊告舍利弗："汝已殷勤三请，岂得不说？汝今谛听，善思念之，吾当为汝分别解说。"说此语时，会中有比丘、比丘尼、优婆塞、优婆夷五千人等，即从座起，礼佛而退。所以者何？此辈罪根深重及增上慢，未得谓得，未证谓证，有如此失，是以不住。世尊默然而不制止。

注释：

①法王：此处为佛之尊称。王有最胜、自在之义，佛为法门之主，能自在教化众生，故称"法王"。

②两足尊：又作"无上两足尊"、"二足尊"。为佛之尊号，因佛具足"三十二相"、"八十种好"，成就尽智、无生智等无漏之无学法，及"十力"、"四无畏"等诸不共法，故此尊号有二义，即：（一）于天、人之中，所有两足生类中之最尊贵者。据《大乘本生心地观经》卷二《报恩品》、《大智度论》卷二十七等载，佛为无足、二足、四足、多足、有色、无色、有想、无想、非有想、非

无想等一切众生中之第一。（二）以两足喻为权实、戒定、福慧、解行等，佛即具足此两足，而游行法界，无所障碍。

译文：

佛说此义时，法会之中那些修行声闻乘并已经断尽烦恼的阿罗汉，如阿若憍陈如等一千二百人，及那些发心求声闻乘或辟支佛乘的比丘、比丘尼、优婆塞、优婆夷等四众弟子，各自都产生这样的念头："今天，世尊为什么要再三反复称扬赞叹这些方便法门，并且如此宣说，佛陀所宣示的法义是如此地深奥难解，而这些言说的旨趣又是如此地难以理解，以至于一切修习声闻乘或辟支佛乘的弟子都无法理解这些深奥的法义。佛陀以前所宣示的涅槃解脱法义，我们都已领会，并将修习渐达涅槃境界。可是如今如佛陀所说之意，我们却无法了解其旨趣所在。"

这时，舍利弗知道四众弟子心中的疑惑，并且他自己也未明佛陀所言之义旨，于是向佛陀问道："世尊，您今天为什么如此反复勤勉地称赞诸佛中最为方便、深奥微妙且难以入解的法门呢？我从往昔以来，跟随您学法修行至今，从来未曾听您这样说过。如今四众弟子对此都有疑惑。还恳请世尊为弟子们宣说此事，为什么世尊您要如此勤勉地赞扬赞叹极为深奥微妙难解之法门？"

这时，舍利弗想再重申他的意思，即以偈颂形式说道：

慧日大圣尊，久乃说是法，自说得如是，力无畏三昧，
禅定解脱等，不可思议法，道场所得法，无能发问者，

我意难可测，亦无能问者，无问而自说，
称叹所行道，智慧甚微妙，诸佛之所得。
无漏诸罗汉，及求涅槃者，今皆堕疑网，佛何故说是？
其求缘觉者，比丘比丘尼，诸天龙鬼神，及乾闼婆等，
相视怀犹豫，瞻仰两足尊，是事为云何？愿佛为解说。
于诸声闻众，佛说我第一，我今自于智，
疑惑不能了，为是究竟法？为是所行道？
佛口所生子，合掌瞻仰待，愿出微妙音，时为如实说。
诸天龙神等，其数如恒沙，求佛诸菩萨，大数有八万，
又诸万亿国，转轮圣王至，合掌以敬心，欲闻具足道。

这时，佛对舍利弗说：“停下来吧！停下来吧！你无须再三重复这些话。如果宣说此法，一切世间诸天和人都会惊异怀疑。”

舍利弗又再次对佛说：“世尊啊，恳请您宣说此法门吧！弟子殷勤恳请您宣说此法门吧！为什么我要如此再三反复劝请呢？那是由于赴会的无边无量众生，都是曾经得遇诸佛，因此具有极为聪慧的根性，他们的智慧也都十分通达，如果他们亲闻佛陀宣说的法义，就会产生无比虔敬的信心。”

这时，舍利弗为了想再表达自己的意思，即以偈颂形式说道：

法王无上尊，唯说愿勿虑，
是会无量众，有能敬信者。

佛又一次制止舍利弗说：“如果宣说此法，一切世间诸天和人、阿修罗都会惊异怀疑，尤其是那些怀有增上慢的比丘，将由

于不信、怀疑或诽谤的业报，而堕入地狱、饿鬼或畜生道中。”

这时，世尊又以偈颂形式复言道：

止止不须说，我法妙难思，
诸增上慢者，闻必不敬信。

这时，舍利弗又再一次向佛恳请说道：“世尊啊，请您为我们宣说吧！请您为我们宣说吧！今日在这个盛大法会中，像我们这样根性的弟子们足有百千万亿，都已累世随顺佛陀的教化。这样根性的弟子必然会对佛所说的妙法产生清净无伪的信仰，他们如果能够听闻佛陀宣说这样的妙法，将会在漫漫的长夜之中，身心安稳，得到无穷的益处。”

这时，舍利弗为了再次表达他的意思，又以偈颂形式说道：

无上两足尊，愿说第一法，
我为佛长子，唯垂分别说。
是会无量众，能敬信此法，
佛已曾世世，教化如是等。
皆一心合掌，欲听受佛语，
我等千二百，及余求佛者。
愿为此众故，唯垂分别说，
是等闻此法，则生大欢喜。

这时，世尊告诉舍利弗说：“你已经如此恳切请求三次，我又如何能够不宣此法呢？你现在可以仔细地聆听，并且好好地思维法义，我将为你们分别解说。”如来说此言时，法会中有五千位比丘、比丘尼、优婆塞、优婆夷等四众弟子，立即从其座位上站起来，对佛行礼之后，退出了法会。这是什么缘故呢？因为他们累世曾经种下的深重的罪根，且增上慢心极重，往往对于尚未获得的法，却自言已经得到；自己尚未证明的境界，却说自己已经证得，因为有如此的过失，所以不堪住听受法。世尊面对此景，默然无语而不加制止。

尔时，佛告舍利弗："我今此众无复枝叶，纯有真实[①]。舍利弗，如是增上慢人，退亦佳矣。汝今善听，当为汝说。"

舍利弗言："唯然，世尊，愿乐欲闻。"

佛告舍利弗："如是妙法，诸佛如来时乃说之，如优昙钵华时一现耳[②]！舍利弗，汝等当信佛之所说，言不虚妄。舍利弗，诸佛随宜说法，意趣难解。所以者何？我以无数方便、种种因缘、譬喻言辞演说诸法。是法非思量分别之所能解，唯有诸佛乃能知之。所以者何？诸佛世尊唯以一大事因缘故出现于世。

"舍利弗，云何名诸佛世尊唯以一大事因缘故出现于世？诸佛世尊，欲令众生开佛知见使得清净故出现于世[③]，欲示众生佛之知见故出现于世，欲令众生悟佛知见故出现于世，欲令众生入佛知见道故出现于世。舍利弗，是为诸佛以一大事因缘故出现于世。"

佛告舍利弗："诸佛如来但教化菩萨，诸有所作，常为一事，唯以佛之知见示悟众生。舍利弗，如来但以一佛乘故，为众生说法，无有余乘，若二若三。舍利弗，一切十方诸佛法亦如是。

“舍利弗，过去诸佛以无量无数方便、种种因缘、譬喻言辞，而为众生演说诸法，是法皆为一佛乘故。是诸众生从诸佛闻法，究竟皆得一切种智。舍利弗，未来诸佛当出于世，亦以无量无数方便、种种因缘、譬喻言辞，而为众生演说诸法，是法皆为一佛乘故。是诸众生从佛闻法，究竟皆得一切种智。舍利弗，现在十方无量百千万亿佛土中诸佛世尊，多所饶益安乐众生。是诸佛亦以无量无数方便、种种因缘、譬喻言辞，而为众生演说诸法，是法皆为一佛乘故。是诸众生从佛闻法，究竟皆得一切种智。舍利弗，是诸佛但教化菩萨，欲以佛之知见示众生故，欲以佛之知见悟众生故，欲令众生入佛之知见故。

“舍利弗，我今亦复如是。知诸众生有种种欲，深心所著，随其本性，以种种因缘、譬喻言辞、方便力而为说法。舍利弗，如此皆为得一佛乘、一切种智故④。舍利弗，十方世界中尚无二乘，何况有三？

“舍利弗，诸佛出于五浊恶世⑤，所谓劫浊、烦恼浊、众生浊、见浊、命浊。如是，舍利弗，劫浊乱时，众生垢重，悭贪嫉妒，成就诸不善根故，诸佛以方便力，于一佛乘分别说三。

“舍利弗，若我弟子，自谓阿罗汉、辟支佛者，不闻不知诸佛如来但教化菩萨事，此非佛弟子，非阿罗汉，非辟支佛。又舍利弗，是诸比丘、比丘尼，自谓已得阿罗汉，是最后身究竟涅槃，便不复志求阿耨多罗三藐三菩提，当知此辈皆是增上慢人。所以者何？若有比丘实得阿罗汉，若不信此法，无有是处。除佛灭度后，现前无佛。所以者何？佛灭度后，如是等经，受持读诵解义者，是人难得。若遇余佛，于此法中便得决了。舍利弗，汝等当一心信解受持佛语。诸佛如来言无虚妄，无有余乘，唯一佛乘。”

注释：

①无复枝叶，纯有真实：以“枝叶”喻“不堪承受大法之二乘之人”，以“贞实”喻“堪受大乘之人”。此指法华会上五千四众弟子因不堪受法而避席离开后，会中余下的都为堪受大法者。

②优昙钵华：花名。又作“优昙盋”。据《慧琳音义》卷八记载，此为祥瑞灵异之所感，乃天花，为世间所无，若如来下生，以大福德力故，能感得此花出现。又以其稀有难遇，世称三千年开花一度，值佛出世始开。

③开，与下文的“示”、“悟”、“入”：开，开发之意；即破除众生之无明，开如来藏，见实相之理。示，显示之意；惑障既除则知见体显，法界万德显示分明。悟，证悟之意；障除体显后，则事（现象）、理（本体）融通而有所悟。入，证入之意；谓事理既已融通，则可自在无碍，证入智慧海。

④一切种智：“三智”之一（“三智”指一切智、道种智与一切种智。这三智分别是声闻缘觉二乘、菩萨与佛陀的智慧）。又

作“佛智”。就广义言之,一切种智同于萨婆若(一切智)。然于“三智”中,相对一切智,则指惟佛能得之智。即能以一种智慧觉知一切道法、一切众生之因种,并了达诸法之寂灭相及其行类差别之智。

⑤五浊恶世:末法时代之五种恶劣的生存状态。在佛教的宇宙观里,是指减劫时所起的五种滓浊(污浊)。又名“五滓”。据《悲华经》卷五、《法苑珠林》卷九十八之说,“五浊”即指:(一)劫浊。减劫中,人寿减至三十岁时饥馑灾起,减至二十岁时疾疫灾起,减至十岁时刀兵灾起,世界众生无不被害。(二)见浊。正法已灭,像法渐起,邪法转生,邪见增盛,使人不修善道。(三)烦恼浊。众生多诸爱欲,悭贪斗诤,谄曲虚诳,摄受邪法而恼乱心神。(四)众生浊,又作“有情浊”。众生多诸弊恶,不孝敬父母尊长,不畏恶业果报,不作功德,不修慧施、斋法,不持禁戒等。(五)命浊,又作“寿浊”。往古之世,人寿八万岁,今时以恶业增加,人寿转减,故寿命短促,百岁者稀。五浊之中,以劫浊为总,以其余四浊为别。四浊中又以见浊、烦恼浊二者为浊之自体,而成众生浊与命浊二者。

译文:

等这些福薄的弟子退出法会后,释迦牟尼佛对舍利弗说:“现在留下的已不再有碎枝杂叶,全是有善根的堪受大法的众生。舍利弗,这些怀有甚深增上慢的人退出也是妥当的。现在你们可要仔细地听闻,我就为你们说此甚深法义。”

舍利弗说:“确实如此!世尊,我们都非常愿意听闻您宣说的法义。”

佛陀告诉舍利弗说：“这种妙法，诸佛出现于世的时候才会宣说，就如同优昙钵花一样，只是在很短促的时间才会出现。舍利弗，你们应当相信，佛所说的教法都是真实不虚的。舍利弗，诸佛随顺不同的因缘和众生宣说不同的法门，其旨趣是颇为深奥难解的。为什么如此说呢？我曾经以种种方便法门、种种因缘法、种种的比喻言辞来演说诸法。但今天我所宣说的这种法门并非通过思维忖度进行分别就能对其理解的，唯有诸佛才能真正知解这种法门的奥妙。为什么这么说呢？诸佛世尊都是因为一件大事的因缘才出现于世的。

“舍利弗，为什么说诸佛世尊只是因为一件大事才出现于世呢？诸佛世尊为了使众生开启如佛一般无二的智慧见地，让他们通过修证得到清净的果位，因为这个原因，诸佛才出现于世间；诸佛世尊为了向众生宣示与佛陀无二的智慧见地，而出现于世间；诸佛世尊为了使众生悟解与佛陀无二的智慧见地，而出现于世间；诸佛世尊为了使众生真正踏上与佛无二的智慧见地的道路，而出现于世间。舍利弗，如上所言，则是诸佛因为一件大事的因缘，而出现于世间。”

佛陀又对舍利弗说：“诸佛如来只是教化欲修菩萨道的众生，让他们真正明白，各种如法行事都最终归结到一个方面，即是唯有用佛陀所具有的知慧见地，去向众生显示并使之悟入与佛无二的境界。舍利弗，如来仅以此唯一的佛乘，来为众生说法，除此一佛乘之外，再没有什么其他的二乘、三乘。舍利弗，所有十方诸佛所说的法也都是如此。

“舍利弗，过去世中的诸佛以无数方便权宜之法，依照种种因缘、采用种种譬喻言辞等为众生演说了各种佛法，而这些佛法都是为了归结到最根本的一佛乘上。这些众生随从诸佛听闻佛法，最终将获得最圆满究竟的一切种智。舍利弗，未来世中的诸佛，以无数方便权宜之法，依照种种因缘、采用种种譬喻言辞等为众生演说了各种佛法，而这些佛法都是为了归结到最根本的一佛乘上。这些众生随从诸佛听闻佛法，最终将获得最圆满究竟的一切种智。舍利弗，现在世中十方无量无数的诸佛土中，诸佛世尊都是为了饶益众生，使众生得到安稳和快乐。如此众多的诸佛，以无数方便权宜之法，依照种种因缘、采用种种譬喻言辞等为众生演说了各种佛法，而这些佛法都是为了归结到最根本的一佛乘上。这些众生随从诸佛听闻佛法，最终将获得最圆满究竟的一切种智。舍利弗，无论是过去、现在、未来诸佛的宗旨就是教化菩萨，为了以与佛无二的知见指示众生，为了以与佛无二的知见觉悟众生，为了使众生证得与佛无二的知见，达到与佛无二的究竟果位。

“舍利弗，我如今也是这样。我深知众生有各种各样的欲望，并且这些欲望已深刻地植根在众生的心念之中，因此，我方根据众生不同的本性，以各种因缘，通过譬喻言辞及其他各种方便之机而为他们说法。舍利弗，我如此教化众生，也都是为了使他们能够最终达到唯一的佛乘，并最终获证与佛无二的智慧见地。舍利弗，十方世界中尚且没有二乘之分，哪里更还有什么三乘呢？

“舍利弗，诸佛出现于这样的五浊恶世，所谓五浊是指劫浊、烦恼浊、众生浊、见浊、命浊。舍利弗，如同劫浊大乱时，众生的罪垢非常严重，悭吝、贪婪、嫉妒等，都能种下不善之根。因此诸佛以其方便之力，把本仅一佛乘的佛法，分别敷演开讲宣示为三乘。

“舍利弗，如果我的弟子中，有人自称获证阿罗汉果者、或者自称获证辟支佛果者，却不曾听闻诸佛如来以方便法门教化菩萨的缘故，妄执二乘为究竟，那么，他们即非佛弟子，也非阿罗汉，也非辟支佛。另外，舍利弗，这些比丘、比丘尼自认为已证得阿罗汉果，并且此身已经获得究竟的涅槃，由于这种认识，而不再发心欣求无上正等正觉，你应当知道，这些人都是怀有增上慢的无知之徒。为什么这样说呢？如果有比丘确实已经证得阿罗汉的果位，但却于此妙法不加信受，这样的情形是绝对不可能出现的。除非在佛灭度后，于此世间不再有佛出现于世。为什么这样说呢？因为在佛灭度后，能够遇到像《妙法莲华经》这样的经典，并且能够受持、读诵、理解其义趣的人，是极为难得的。如果能遇到其他的佛陀，那么就能对此《妙法莲华经》之甚深法义有所理解。舍利弗，你们应当专心一意地信奉、理解、受持佛之言说。诸佛如来的言语，绝对没有丝毫的虚妄不实，除了唯一的佛乘，确实没有其余更多的他乘。”

尔时，世尊欲重宣此义，而说偈言：

比丘比丘尼，有怀增上慢，
优婆塞我慢，优婆夷不信，
如是四众等，其数有五千，

不自见其过，于戒有缺漏，
护惜其瑕疵，是小智已出，
众中之糟糠，佛威德故去。
斯人尠福德[1]，不堪受是法，
此众无枝叶，唯有诸真实。
舍利弗善听，诸佛所得法，
无量方便力，而为众生说。
众生心所念，种种所行道，
若干诸欲性，先世善恶业，
佛悉知是已，以诸缘譬喻，
言辞方便力，令一切欢喜。
或说修多罗，伽陀及本事，
本生未曾有，亦说于因缘，
譬喻并祇夜，优波提舍经。
钝根乐小法，贪著于生死，
于诸无量佛，不行深妙道，
众苦所恼乱，为是说涅槃。
我设是方便，令得入佛慧，
未曾说汝等，当得成佛道。
所以未曾说，说时未至故，
今正是其时，决定说大乘。
我此九部法，随顺众生说，
入大乘为本，以故说是经。

有佛子心净，柔软亦利根，
无量诸佛所，而行深妙道，
为此诸佛子，说是大乘经。
我记如是人，来世成佛道，
以深心念佛，修持净戒故。
此等闻得佛，大喜充遍身，
佛知彼心行，故为说大乘，
声闻若菩萨，闻我所说法，
乃至于一偈，皆成佛无疑。
十方佛土中，唯有一乘法，
无二亦无三，除佛方便说，
但以假名字，引导于众生。
说佛智慧故，诸佛出于世，
唯此一事实，余二则非真，
终不以小乘，济度于众生。
佛自住大乘，如其所得法，
定慧力庄严，以此度众生。
自证无上道，大乘平等法，
若以小乘化，乃至于一人，
我则堕悭贪，此事为不可。
若人信归佛，如来不欺诳，
亦无贪嫉意，断诸法中恶，
故佛于十方，而独无所畏。

我以相严身，光明照世间，
无量众所尊，为说实相印。
舍利弗当知，我本立誓愿，
欲令一切众，如我等无异。
如我昔所愿，今者已满足，
化一切众生，皆令入佛道。
若我遇众生，尽教以佛道，
无智者错乱，迷惑不受教。
我知此众生，未曾修善本，
坚著于五欲，痴爱故生恼，
以诸欲因缘，坠堕三恶道，
轮回六趣中，备受诸苦毒，
受胎之微形，世世常增长。
薄德少福人，众苦所逼迫，
入邪见稠林，若有若无等，
依止此诸见，具足六十二，
深著虚妄法，坚受不可舍，
我慢自矜高，谄曲心不实，
于千万亿劫，不闻佛名字，
亦不闻正法，如是人难度。
是故舍利弗，我为设方便，
说诸尽苦道，示之以涅槃。
我虽说涅槃，是亦非真灭，

诸法从本来，常自寂灭相。
佛子行道已，来世得作佛，
我有方便力，开示三乘法。
一切诸世尊，皆说一乘道，
今此诸大众，皆应除疑惑，
诸佛语无异，唯一无二乘。
过去无数劫，无量灭度佛，
百千万亿种，其数不可量，
如是诸世尊，种种缘譬喻，
无数方便力，演说诸法相，
是诸世尊等，皆说一乘法，
化无量众生，令入于佛道。
又诸大圣主，知一切世间，
天人群生类，深心之所欲，
更以异方便，助显第一义。
若有众生类，值诸过去佛，
若闻法布施，或持戒忍辱，
精进禅智等，种种修福慧，
如是诸人等，皆已成佛道。
诸佛灭度已，若人善软心，
如是诸众生，皆已成佛道。
诸佛灭度已，供养舍利者，
起万亿种塔，金银及玻璃，

砗磲与玛瑙，玫瑰琉璃珠，
清净广严饰，庄校于诸塔；
或有起石庙，栴檀及沉水，
木櫁并余材，砖瓦泥土等；
若于旷野中，积土成佛庙，
乃至童子戏，聚沙为佛塔，
如是诸人等，皆已成佛道。
若人为佛故，建立诸形像，
刻雕成众相，皆已成佛道。
或以七宝成，鍮鉐赤白铜，
白鑞及铅锡，铁木及与泥，
或以胶漆布，严饰作佛像，
如是诸人等，皆已成佛道。
彩画作佛像，百福庄严相，
自作若使人，皆已成佛道。
乃至童子戏，若草木及笔，
或以指爪甲，而画作佛像，
如是诸人等，渐渐积功德，
具足大悲心，皆已成佛道，
但化诸菩萨，度脱无量众。
若人于塔庙，宝像及画像，
以华香幡盖，敬心而供养；
若使人作乐，击鼓吹角贝，

箫笛琴箜篌，琵琶铙铜钹，
如是众妙音，尽持以供养；
或以欢喜心，歌呗颂佛德，
乃至一小音，皆已成佛道。
若人散乱心，乃至以一华，
供养于画像，渐见无数佛；
或有人礼拜，或复但合掌，
乃至举一手，或复小低头，
以此供养像，渐见无量佛，
自成无上道，广度无数众，
入无余涅槃，如薪尽火灭。
若人散乱心，入于塔庙中，
一称南无佛，皆已成佛道。
于诸过去佛，在世或灭度，
若有闻是法，皆已成佛道。
未来诸世尊，其数无有量，
是诸如来等，亦方便说法。
一切诸如来，以无量方便，
度脱诸众生，入佛无漏智，
若有闻法者，无一不成佛。
诸佛本誓愿，我所行佛道，
普欲令众生，亦同得此道。
未来世诸佛，虽说百千亿，

无数诸法门，其实为一乘。
诸佛两足尊，知法常无性，
佛种从缘起，是故说一乘。
是法住法位，世间相常住，
于道场知已，导师方便说。
天人所供养，现在十方佛，
其数如恒沙，出现于世间，
安隐众生故，亦说如是法。
知第一寂灭，以方便力故，
虽示种种道，其实为佛乘。
知众生诸行，深心之所念，
过去所习业，欲性精进力，
及诸根利钝，以种种因缘，
譬喻亦言辞，随应方便说。
今我亦如是，安隐众生故，
以种种法门，宣示于佛道。
我以智慧力，知众生性欲，
方便说诸法，皆令得欢喜。
舍利弗当知，我以佛眼观，
见六道众生，贫穷无福慧，
入生死险道，相续苦不断，
深著于五欲，如犛牛爱尾，
以贪爱自蔽，盲瞑无所见，

不求大势佛，及与断苦法，
深入诸邪见，以苦欲舍苦，
为是众生故，而起大悲心。
我始坐道场，观树亦经行，
于三七日中，思惟如是事：
我所得智慧，微妙最第一，
众生诸根钝，著乐痴所盲，
如斯之等类，云何而可度？
尔时诸梵王，及诸天帝释，
护世四天王，及大自在天，
并余诸天众，眷属百千万，
恭敬合掌礼，请我转法轮。
我即自思惟：若但赞佛乘，
众生没在苦，不能信是法，
破法不信故，坠于三恶道，
我宁不说法，疾入于涅槃！
寻念过去佛，所行方便力，
我今所得道，亦应说三乘。
作是思惟时，十方佛皆现，
梵音慰喻我：善哉释迦文，
第一之导师，得是无上法。
随诸一切佛，而用方便力，
我等亦皆得，最妙第一法，

为诸众生类，分别说三乘。
少智乐小法，不自信作佛，
是故以方便，分别说诸果，
虽复说三乘，但为教菩萨。
舍利弗当知，我闻圣师子，
深净微妙音，喜称南无佛。
复作如是念：我出浊恶世，
如诸佛所说，我亦随顺行。
思惟是事已，即趣波罗奈。
诸法寂灭相，不可以言宣，
以方便力故，为五比丘说，
是名转法轮，便有涅槃音，
及以阿罗汉，法僧差别名。
从久远劫来，赞示涅槃法，
生死苦永尽，我常如是说。
舍利弗当知，我见佛子等，
志求佛道者，无量千万亿，
咸以恭敬心，皆来至佛所，
曾从诸佛闻，方便所说法。
我即作是念：如来所以出，
为说佛慧故，今正是其时。
舍利弗当知，钝根小智人，
著相憍慢者，不能信是法。

今我喜无畏，于诸菩萨中，
正直舍方便，但说无上道。
菩萨闻是法，疑网皆已除，
千二百罗汉，悉亦当作佛。
如三世诸佛，说法之仪式，
我今亦如是，说无分别法。
诸佛兴出世，悬远值遇难，
正使出于世，说是法复难，
无量无数劫，闻是法亦难，
能听是法者，斯人亦复难。
譬如优昙华，一切皆爱乐，
天人所希有，时时乃一出；
闻法欢喜赞，乃至发一言，
则为已供养，一切三世佛，
是人甚希有，过于优昙花。
汝等勿有疑，我为诸法王，
普告诸大众，但以一乘道，
教化诸菩萨，无声闻弟子。
汝等舍利弗，声闻及菩萨，
当知是妙法，诸佛之秘要。
以五浊恶世，但乐著诸欲，
如是等众生，终不求佛道。
当来世恶人，闻佛说一乘，

迷惑不信受，破法堕恶道。
有惭愧清净，志求佛道者，
当为如是等，广赞一乘道。
舍利弗当知，诸佛法如是，
以万亿方便，随宜而说法，
其不习学者，不能晓了此。
汝等既已知，诸佛世之师，
随宜方便事，无复诸疑惑，
心生大欢喜，自知当作佛。

注释：

①尠（xiǎn）：同“鲜”，少。

译文：

这时，世尊想对大众再次宣说法义，即以偈颂形式说道：

比丘比丘尼，有怀增上慢，优婆塞我慢，优婆夷不信，
如是四众等，其数有五千，不自见其过，于戒有缺漏，
护惜其瑕疵，是小智已出，众中之糟糠，佛威德故去。
斯人尠福德，不堪受是法，此众无枝叶，唯有诸真实。
舍利弗善听，诸佛所得法，无量方便力，而为众生说。
众生心所念，种种所行道，若干诸欲性，先世善恶业，
佛悉知是已，以诸缘譬喻，言辞方便力，令一切欢喜。
或说修多罗，伽陀及本事，本生未曾有，

亦说于因缘，譬喻并祇夜，优波提舍经。
钝根乐小法，贪著于生死，于诸无量佛，
不行深妙道，众苦所恼乱，为是说涅槃。
我设是方便，令得入佛慧，未曾说汝等，当得成佛道。
所以未曾说，说时未至故，今正是其时，决定说大乘。
我此九部法，随顺众生说，入大乘为本，以故说是经。
有佛子心净，柔软亦利根，无量诸佛所，
而行深妙道，为此诸佛子，说是大乘经。
我记如是人，来世成佛道，以深心念佛，修持净戒故。
此等闻得佛，大喜充遍身，佛知彼心行，故为说大乘，
声闻若菩萨，闻我所说法，乃至于一偈，皆成佛无疑。
十方佛土中，唯有一乘法，无二亦无三，
除佛方便说，但以假名字，引导于众生。
说佛智慧故，诸佛出于世，唯此一事实，
余二则非真，终不以小乘，济度于众生。
佛自住大乘，如其所得法，定慧力庄严，以此度众生。
自证无上道，大乘平等法，若以小乘化，
乃至于一人，我则堕悭贪，此事为不可。
若人信归佛，如来不欺诳，亦无贪嫉意，
断诸法中恶，故佛于十方，而独无所畏。
我以相严身，光明照世间，无量众所尊，为说实相印。
舍利弗当知，我本立誓愿，欲令一切众，如我等无异。
如我昔所愿，今者已满足，化一切众生，皆令入佛道。
若我遇众生，尽教以佛道，无智者错乱，迷惑不受教。

我知此众生，未曾修善本，坚著于五欲，痴爱故生恼，
以诸欲因缘，坠堕三恶道，轮回六趣中，
备受诸苦毒，受胎之微形，世世常增长。
薄德少福人，众苦所逼迫，入邪见稠林，若有若无等，
依止此诸见，具足六十二，深著虚妄法，坚受不可舍，
我慢自矜高，谄曲心不实，于千万亿劫，
不闻佛名字，亦不闻正法，如是人难度。
是故舍利弗，我为设方便，说诸尽苦道，示之以涅槃。
我虽说涅槃，是亦非真灭，诸法从本来，常自寂灭相。
佛子行道已，来世得作佛，我有方便力，开示三乘法。
一切诸世尊，皆说一乘道，今此诸大众，
皆应除疑惑，诸佛语无异，唯一无二乘。
过去无数劫，无量灭度佛，百千万亿种，其数不可量，
如是诸世尊，种种缘譬喻，无数方便力，演说诸法相，
是诸世尊等，皆说一乘法，化无量众生，令入于佛道。
又诸大圣主，知一切世间，天人群生类，
深心之所欲，更以异方便，助显第一义。
若有众生类，值诸过去佛，若闻法布施，或持戒忍辱，
精进禅智等，种种修福慧，如是诸人等，皆已成佛道。
诸佛灭度已，若人善软心，如是诸众生，皆已成佛道。
诸佛灭度已，供养舍利者，起万亿种塔，金银及玻璃，
砗磲与玛瑙，玫瑰琉璃珠，清净广严饰，庄校于诸塔；
或有起石庙，栴檀及沉水，木樒并余材，砖瓦泥土等；
若于旷野中，积土成佛庙，乃至童子戏，

聚沙为佛塔，如是诸人等，皆已成佛道。
若人为佛故，建立诸形像，刻雕成众相，皆已成佛道。
或以七宝成，鍮鉐赤白铜，白鑞及铅锡，铁木及与泥，
或以胶漆布，严饰作佛像，如是诸人等，皆已成佛道。
彩画作佛像，百福庄严相，自作若使人，皆已成佛道。
乃至童子戏，若草木及笔，或以指爪甲，而画作佛像，
如是诸人等，渐渐积功德，具足大悲心，
皆已成佛道，但化诸菩萨，度脱无量众。
若人于塔庙，宝像及画像，以华香幡盖，敬心而供养；
若使人作乐，击鼓吹角贝，箫笛琴箜篌，琵琶铙铜钹，
如是众妙音，尽持以供养，或以欢喜心，
歌呗颂佛德，乃至一小音，皆已成佛道。
若人散乱心，乃至以一华，供养于画像，渐见无数佛；
或有人礼拜，或复但合掌，乃至举一手，或复小低头，
以此供养像，渐见无量佛，自成无上道，
广度无数众，入无余涅槃，如薪尽火灭。
若人散乱心，入于塔庙中，一称南无佛，皆已成佛道。
于诸过去佛，在世或灭度，若有闻是法，皆已成佛道。
未来诸世尊，其数无有量，是诸如来等，亦方便说法。
一切诸如来，以无量方便，度脱诸众生，
入佛无漏智，若有闻法者，无一不成佛。
诸佛本誓愿，我所行佛道，普欲令众生，亦同得此道。
未来世诸佛，虽说百千亿，无数诸法门，其实为一乘。
诸佛两足尊，知法常无性，佛种从缘起，是故说一乘。

是法住法位，世间相常住，于道场知已，导师方便说。
天人所供养，现在十方佛，其数如恒沙，
出现于世间，安隐众生故，亦说如是法。
知第一寂灭，以方便力故，虽示种种道，其实为佛乘。
知众生诸行，深心之所念，过去所习业，欲性精进力，
及诸根利钝，以种种因缘，譬喻亦言辞，随应方便说。
今我亦如是，安隐众生故，以种种法门，宣示于佛道。
我以智慧力，知众生性欲，方便说诸法，皆令得欢喜。
舍利弗当知，我以佛眼观，见六道众生，贫穷无福慧，
入生死险道，相续苦不断，深著于五欲，如犛牛爱尾，
以贪爱自蔽，盲瞑无所见，不求大势佛，及与断苦法，
深入诸邪见，以苦欲舍苦，为是众生故，而起大悲心。
我始坐道场，观树亦经行，于三七日中，思维如是事：
我所得智慧，微妙最第一，众生诸根钝，
著乐痴所盲，如斯之等类，云何而可度？
尔时诸梵王，及诸天帝释，护世四天王，及大自在天，
并余诸天众，眷属百千万，恭敬合掌礼，请我转法轮。
我即自思维：若但赞佛乘，众生没在苦，不能信是法，
破法不信故，坠于三恶道，我宁不说法，疾入于涅槃！
寻念过去佛，所行方便力，我今所得道，亦应说三乘。
作是思维时，十方佛皆现，梵音慰喻我：
善哉释迦文，第一之导师，得是无上法。
随诸一切佛，而用方便力，我等亦皆得，
最妙第一法，为诸众生类，分别说三乘。

少智乐小法，不自信作佛，是故以方便，
分别说诸果，虽复说三乘，但为教菩萨。
舍利弗当知，我闻圣师子，深净微妙音，喜称南无佛。
复作如是念：我出浊恶世，如诸佛所说，我亦随顺行。
思维是事已，即趣波罗奈。
诸法寂灭相，不可以言宣，以方便力故，为五比丘说，
是名转法轮，便有涅槃音，及以阿罗汉，法僧差别名。
从久远劫来，赞示涅槃法，生死苦永尽，我常如是说。
舍利弗当知，我见佛子等，志求佛道者，无量千万亿，
咸以恭敬心，皆来至佛所，曾从诸佛闻，方便所说法。
我即作是念：如来所以出，为说佛慧故，今正是其时。
舍利弗当知，钝根小智人，著相憍慢者，不能信是法。
今我喜无畏，于诸菩萨中，正直舍方便，但说无上道。
菩萨闻是法，疑网皆已除，千二百罗汉，悉亦当作佛。
如三世诸佛，说法之仪式，我今亦如是，说无分别法。
诸佛兴出世，悬远值遇难，正使出于世，说是法复难，
无量无数劫，闻是法亦难，能听是法者，斯人亦复难。
譬如优昙华，一切皆爱乐，天人所希有，时时乃一出；
闻法欢喜赞，乃至发一言，则为已供养，
一切三世佛，是人甚希有，过于优昙花。
汝等勿有疑，我为诸法王，普告诸大众，
但以一乘道，教化诸菩萨，无声闻弟子。
汝等舍利弗，声闻及菩萨，当知是妙法，诸佛之秘要。
以五浊恶世，但乐著诸欲，如是等众生，终不求佛道。

当来世恶人，闻佛说一乘，迷惑不信受，破法堕恶道。
有惭愧清净，志求佛道者，当为如是等，广赞一乘道。
舍利弗当知，诸佛法如是，以万亿方便，
随宜而说法，其不习学者，不能晓了此。
汝等既已知，诸佛世之师，随宜方便事，
无复诸疑惑，心生大欢喜，自知当作佛。

譬喻品第三

本品承接上品，进一步说明“开权显实，会三归一”之理。上智舍利弗悟解法义，世尊则于舍利弗授记未来当成就佛道，号“华光如来”。世尊又再次强调如来方便说法皆为引导众生趋向菩萨道修习故。并为中根机者宣说譬喻更明此义。而令诸有智者，以譬喻得解悟。故名《譬喻品》。世尊宣说“火宅四车”之譬喻，内容为：大宅起火，长者诸子于门内嬉戏，不肯从火宅中出来。长者为使诸子得免诸难，而以权宜之计告诉诸子说，门外有三车，可供娱乐，诸子为其所诱，竞相出离火宅。长者则不予三车，而赐给诸子更为华丽珍贵的大白牛车。此中以“长者”譬喻“如来”；以“家”譬喻“三界”；以“门”譬喻“一乘究竟佛乘”；以“五百人”譬喻“五道众生”；以“火”譬喻“五浊八苦”；以“三车”譬喻“三乘”；以“大白牛车”譬喻“一乘”。终不予三车，而赐以大白牛车之喻，显示开三乘之权，显一乘之实。本品中着重强调如来所言无有虚妄，初说三乘引导众生，然后但以大乘而度脱之。如来有无量智慧力无所畏诸法之藏，能予一切众生大乘之法，但由于众生根机差异，不尽能受。因此诸佛以方便力故，于一佛乘分别说三，从而进一步说明“三乘方便、一乘真实”之旨。

本品中的“火宅四车”之喻为著名的“法华七喻”之第一喻。

尔时，舍利弗踊跃欢喜，即起合掌，瞻仰尊颜，而白佛言：“今从世尊闻此法音，心怀踊跃，得未曾有。所以者何？我昔从佛闻如是法，见诸菩萨授记作佛，而我等不豫斯事，甚自感伤，失于如来无量知见。世尊，我常独处山林树下，若坐若行，每作是念：‘我等同入法性，云何如来以小乘法而见济度？是我等咎，非世尊也。所以者何？若我等待说所因成就阿耨多罗三藐三菩提者，必以大乘而得度脱；然我等不解方便随宜所说，初闻佛法，遇便信受思惟取证。’世尊，我从昔来终日竟夜每自克责，而今从佛闻所未闻未曾有法，断诸疑悔，身意泰然，快得安隐。今日乃知真是佛子，从佛口生，从法化生，得佛法分。”

尔时，舍利弗欲重宣此义，而说偈言：

我闻是法音，得所未曾有，
心怀大欢喜，疑网皆已除。
昔来蒙佛教，不失于大乘，
佛音甚希有，能除众生恼，
我已得漏尽，闻亦除忧恼。
我处于山谷，或在树林下，
若坐若经行，常思惟是事：
呜呼深自责，云何而自欺？
我等亦佛子，同入无漏法，
不能于未来，演说无上道；

金色三十二[1]，十力诸解脱[2]，
同共一法中，而不得此事；
八十种妙好[3]，十八不共法[4]，
如是等功德，而我皆已失。
我独经行时，见佛在大众，
名闻满十方，广饶益众生，
自惟失此利，我为自欺诳。
我常于日夜，每思惟是事，
欲以问世尊，为失为不失？
我常见世尊，称赞诸菩萨，
以是于日夜，筹量如此事。
今闻佛音声，随宜而说法，
无漏难思议，令众至道场。
我本著邪见，为诸梵志师[5]，
世尊知我心，拔邪说涅槃。
我悉除邪见，于空法得证，
尔时心自谓，得至于灭度，
而今乃自觉，非是实灭度。
若得作佛时，具三十二相，
天人夜叉众，龙神等恭敬，
是时乃可谓，永尽灭无余。
佛于大众中，说我当作佛，
闻如是法音，疑悔悉已除。

初闻佛所说，心中大惊疑，
将非魔作佛，恼乱我心耶？
佛以种种缘，譬喻巧言说，
其心安如海，我闻疑网断。
佛说过去世，无量灭度佛，
安住方便中，亦皆说是法。
现在未来佛，其数无有量，
亦以诸方便，演说如是法。
如今者世尊，从生及出家，
得道转法轮，亦以方便说。
世尊说实道，波旬无此事⑥，
以是我定知，非是魔作佛，
我堕疑网故，谓是魔所为。
闻佛柔软音，深远甚微妙，
演畅清净法，我心大欢喜，
疑悔永已尽，安住实智中。
我定当作佛，为天人所敬，
转无上法轮⑦，教化诸菩萨。

注释：

①三十二（相）：系转轮圣王及佛之应化身所具足之三十二种殊胜容貌与微妙形相。又作“三十二大人相”、“三十二大丈夫相”、“三十二大士相”、“大人三十二相”。《三藏法数》四十

八谓:(一)足安平相,足里无凹处者。(二)千辐轮相,足下有轮形者。(三)手指纤长相,手指细长者。(四)手足柔软相,手足之柔者。(五)手足缦网相,手足指与指间有缦网之纤纬交互连络如鹅鸭者。(六)足跟满足相,跟是足踵,踵圆满无凹处者。(七)足趺高好相,趺者足背也,足背高起而圆满者。(八)腨如鹿王相,腨为股肉,佛之股肉纤圆如鹿王者。(九)手过膝相,手长过膝者。(十)马阴藏相,佛之男根密藏体内如马阴也。(十一)身纵广相,头足之高与张两手之长相齐者。(十二)毛孔生青色相,一一毛孔,生青色之一毛而不杂乱者。(十三)身毛上靡相,身毛之头右施向上偃伏者。(十四)身金色相,身体之色如黄金也。(十五)常光一丈相,身放光明四面各一丈者。(十六)皮肤细滑相,皮肤软滑者。(十七)七处平满相,七处为两足下两掌两肩并顶中,此七处皆平满无缺陷也。(十八)两腋满相,腋下充满者。(十九)身如狮子相,身体平正威仪严肃如狮子王者。(二十)身端直相,身形端正无伛曲者。(二十一)肩圆满相,两肩圆满而丰腴者。(二十二)四十齿相,具足四十齿者。(二十三)齿白齐密相,四十齿皆白净而坚密者。(二十四)四牙白净相,四牙最白而大者。(二十五)颊车如狮子相,两颊隆满如狮子之颊者。(二十六)咽中津液得上味相,佛之咽喉中,常有津液,凡食物因之得上味也。(二十七)广长舌相,舌广而长,柔软细薄,展之则覆面而至于发际者。(二十八)梵音深远相,梵者清净之义,佛之音声清净而远闻也。(二十九)眼色如绀青相,眼睛之色如绀青者。(三十)眼睫如牛王相,眼毛殊胜如牛王也。(三十一)眉间白毫相,两眉之间有白毫,右旋常放光也。(三十二）顶成肉髻相，梵名“乌瑟腻”，译作“肉髻”，顶上有肉，隆起为髻形者。亦名“无见顶相”。以一切有情皆不能见故也。

②十力：指如来十力，唯如来具足之十种智力，即佛十八不共法中之十种。又作“十神力”。谓如来证得实相之智，了达一切，无能坏，无能胜，故称为“力”。十力即：（一）处非处智力，又作“知是处非处智力”、“是处不是力”、“是处非处力”。处，谓道理。谓如来于一切因缘果报审实能知，如作善业，即知定得乐报，称为“知是处”；若作恶业，得受乐报无有是处，称为“知非处”。如是种种，皆悉遍知。（二）业异熟智力，又作“知业报智力”、“知三世业智力”、“业报集智力”、“业力”。谓如来于一切众生过去、未来、现在三世业缘果报生处，皆悉遍知。（三）静虑解脱等持等至智力，又作“静虑解脱等持等至发起杂染清净智力”、“知诸禅解脱三昧智力”、“禅定解脱三昧净垢分别智力”、“定力”。谓如来于诸禅定自在无碍，其浅深次第如实遍知。（四）根上下智力，又作“知诸根胜劣智力”、“知众生上下根智力”、“根力”。谓如来于诸众生根性胜劣、得果大小皆实遍知。（五）种种胜解智力，又作“知种种解智力”、“知众生种种欲智力”、“欲力”。谓如来于诸众生种种欲乐善恶不同，如实遍知。（六）种种界智力，又作“是性力”、“知性智力”、“性力”。谓如来于世间众生种种界分不同，如实遍知。（七）遍趣行智力，又作“知一切至处道智力”、“至处道力”。谓如来于“六道”有漏行所至处、涅槃无漏行所至处如实遍知。（八）宿住随念智力，又作“知宿命无漏智力”、“宿命智力”、“宿命力”。即如实了知过去世种种事之力；如来于种种宿命，一世乃至百千万世，

一劫乃至百千万劫，死此生彼，死彼生此，姓名饮食、苦乐寿命，如实遍知。（九）死生智力，又作“知天眼无碍智力”、“宿住生死智力”、“天眼力”。谓如来借天眼如实了知众生死生之时与未来生之善恶趣，乃至美丑贫富等善恶业缘。（十）漏尽智力，又作“知永断习气智力”、“结尽力”、“漏尽力”。谓如来于一切惑余习气分永断不生，如实遍知。

③八十种（好）：为佛菩萨之身所具足之八十种好相。又称“八十随形好”、“八十随好”、“八十微妙种好”、“八十种小相”、“众好八十章”。佛、菩萨之身所具足之殊胜容貌形相中，显著者有三十二种，称为“三十二相”；微细隐密难见者有八十种，称为“八十种好”。两者亦合称“相好”。转轮圣王亦能具足三十二相，而八十种好则唯佛、菩萨始能具足。有关“八十种好”之顺序与名称，异说纷纭。据《大般若经》卷三八一载，“八十种好”指：（一）指爪狭长，薄润光洁。（二）手足之指圆而纤长、柔软。（三）手足各等无差，诸指间皆充密。（四）手足光泽红润。（五）筋骨隐而不现。（六）两踝俱隐。（七）行步直进，威仪和穆如龙象王。（八）行步威容齐肃如狮子王。（九）行步安平犹如牛王。（十）进止仪雅宛如鹅王。（十一）回顾必皆右旋如龙象王之举身随转。（十二）肢节均匀圆妙。（十三）骨节交结犹若龙盘。（十四）膝轮圆满。（十五）隐处之纹妙好清净。（十六）身肢润滑洁净。（十七）身容敦肃无畏。（十八）身肢健壮。（十九）身体安康圆满。（廿）身相犹如仙王，周匝端严光净。（廿一）身之周匝圆光，恒自照耀。（廿二）腹形方正、庄严。（廿三）脐深右旋。（廿四）脐厚不凹不凸。（廿五）皮肤无疥

癣。(廿六)手掌柔软，足下安平。(廿七)手纹深长明直。(廿八)唇色光润丹晖，(廿九)面门不长不短，不大不小如量端严。(卅)舌相软薄广长。(卅一)声音威远清澈。(卅二)音韵美妙如深谷响。(卅三)鼻高且直，其孔不现。(卅四)齿方整鲜白。(卅五)牙圆白光洁锋利。(卅六)眼净青白分明。(卅七)眼相修广。(卅八)眼睫齐整稠密。(卅九)双眉长而细软。(四十)双眉呈绀琉璃色。(四一)眉高显形如初月。(四二)耳厚广大修长轮埵成就。(四三)两耳齐平，离众过失。(四四)容仪令见者皆生爱敬。(四五)额广平正。(四六)身威严具足。(四七)发修长绀青，密而不白。(四八)发香洁细润。(四九)发齐不交杂。(五十)发不断落。(五一)发光滑殊妙，尘垢不着。(五二)身体坚固充实。(五三)身体长大端直。(五四)诸窍清净圆好。(五五)身力殊胜无与等者。(五六)身相众所乐观。(五七)面如秋满月。(五八)颜貌舒泰。(五九)面貌光泽无有颦蹙。(六十)身皮清净无垢，常无臭秽。(六一)诸毛孔常出妙香。(六二)面门常出最上殊胜香。(六三)相周圆妙好。(六四)身毛绀青光净。(六五)法音随众，应理无差。(六六)顶相无能见者。(六七)手足指网分明。(六八)行时其足离地。(六九)自持不待他卫。(七十)威德摄一切。(七一)音声不卑不亢，随众生意。(七二)随诸有情，乐为说法。(七三)一音演说正法，随有情类各令得解。(七四)说法依次第，循因缘。(七五)观有情，赞善毁恶而无爱憎。(七六)所为先观后作，具足轨范。(七七)相好，有情无能观尽。(七八)顶骨坚实圆满。(七九)颜容常少不老。(八十)手足及胸臆前，俱有吉祥喜旋德相(即卍字)。

④十八不共法：指佛之“十八不共法”。全称“十八不共佛法”。依大品《般若经》卷五《广乘品》载，“十八不共法”为：（1）诸佛身无失，佛自无量劫来，持戒清净，以此功德满足之故，一切烦恼皆尽，故于身无失。（2）口无失，佛具无量之智慧辩才，所说之法随众机宜而使皆得证悟之谓。（3）念无失，佛修诸甚深禅定，心不散乱，心于诸法无所著，得第一义之安稳。以上三法指身、口、意三业皆无过失。（4）无异想，佛于一切众生平等普度，心无简择。（5）无不定心，佛之行住坐卧常不离甚深之胜定，摄心住善法中，于诸法实相中不退失。（6）无不知已舍心，于苦等之受，佛念念之中觉知其生住灭等相，而住于寂静平等。（7）欲无减，佛具众善，常欲度诸众生，心无厌足。（8）精进无减，佛之身心精进满足，为度众生恒行种种方便，无有休息。（9）念无减，三世诸佛之法、一切智慧，相应满足，无有退转。（10）慧无减，指佛具一切智慧，又三世之智慧无碍故，于慧无缺减。（11）解脱无减，佛远离一切执着，具有为、无为二种解脱，一切烦恼之习悉尽无余，即于解脱无缺减。（12）解脱知见无减，佛知见诸解脱相，了了无暗障。（13）一切身业随智慧行。（14）一切口业随智慧行。（15）一切意业随智慧行。以上三项，乃佛造作身、口、意三业时，先观察得失，后随智慧而行，故无过失，皆能利益众生。（16）智慧知见过去世无阂无障。（17）智慧知见未来世无阂无障。（18）智慧知见现在世无阂无障。以上三者谓佛之智慧照知过去、未来、现在三世所有一切之事，皆通达无碍。

⑤梵志：音译“婆罗门”、“梵士”。意译“净裔”、“净行”。

又称“净行者”、“净行梵志”。婆罗门志求住无垢清净得生梵天，故有此称。另据《大智度论》等，亦可指一切外道之出家者。

⑥波旬：经典中又常作“魔波旬”。意译“杀者”、“恶物”、“恶中恶”、“恶爱”。指断除人之生命与善根之恶魔。为释迦在世时之魔王名。

⑦法轮：为对于佛法之喻称。以“轮”比喻“佛法”，其义有三：（一）摧破之义，因佛法能摧破众生之罪恶，犹如转轮圣王之轮宝，能辗摧山岳岩石，故喻之为“法轮”。（二）辗转之义，因佛之说法不停滞于一人一处，犹如车轮辗转不停，故称“法轮”。（三）圆满之义，因佛所说之教法圆满无缺，故以轮之圆满喻之，而称“法轮”。

译文：

这时，舍利弗极为欢喜，即站起身来，双手合掌，双目仰望凝视世尊，开口说道：“今天，我们从世尊这里听闻了如此微妙的法门，心中充满喜悦之情，这是从前没有出现过的。为什么这样说呢？我过去曾跟从佛陀，听闻过此稀有之法，又看到各位菩萨都蒙佛授记作佛，而我等二乘弟子却没有获得佛陀的授记，心中觉得十分悲伤，错失如来无量难测的智慧见地。世尊，我经常独自一人，在山林之中，或者静坐，或者经行漫步，常常产生这样的想法：‘我们这些弟子同样得入如来的智慧法性，为何如来佛以小乘法来度化我们呢？这都要归咎于我们的根性不够，并非因为世尊的偏心。为什么如此呢？如果我们这些修习小乘之人，能够达到大乘的根性，那么慈悲的佛陀必然会以大乘法门教习我等修行，而让我们修习大乘法而获得解脱；但是，我们未能了解佛陀以方便之法，随宜不同根器的众生相机说教，因此初闻佛陀方便说法时，便执其为究竟之法义而信奉受持，思维以求获得小乘的果位。’世尊，我从过去至今，日日夜夜，常常因此而自责，如今从佛这里听闻到过去从未听闻过的稀有妙法，方能断除了心中的诸多疑惑和悔意，达到身心愉快、安稳自得的状态。今天，我才知道自己为真正的佛弟子，这一切都是从佛陀亲口所宣的言教中产生的，也可以说是佛陀宣说的法义让我们发生这种变化，这才可算是真正得到了如来的清净妙法。”

这时，舍利弗想再次重述他所说的言意，即用偈颂说道：

我闻是法音，得所未曾有，心怀大欢喜，疑网皆已除。
昔来蒙佛教，不失于大乘，佛音甚希有，
能除众生恼，我已得漏尽，闻亦除忧恼。
我处于山谷，或在树林下，若坐若经行，
常思维是事：呜呼深自责，云何而自欺？
我等亦佛子，同入无漏法，不能于未来，演说无上道；
金色三十二，十力诸解脱，同共一法中，而不得此事；
八十种妙好，十八不共法，如是等功德，而我皆已失。
我独经行时，见佛在大众，名闻满十方，
广饶益众生，自惟失此利，我为自欺诳。
我常于日夜，每思维是事，欲以问世尊，为失为不失？
我常见世尊，称赞诸菩萨，以是于日夜，筹量如此事。
今闻佛音声，随宜而说法，无漏难思议，令众至道场。

我本著邪见，为诸梵志师，世尊知我心，拔邪说涅槃。
我悉除邪见，于空法得证，尔时心自谓，
得至于灭度，而今乃自觉，非是实灭度。
若得作佛时，具三十二相，天人夜叉众，
龙神等恭敬，是时乃可谓，永尽灭无余。
佛于大众中，说我当作佛，闻如是法音，疑悔悉已除。
初闻佛所说，心中大惊疑，将非魔作佛，恼乱我心耶？
佛以种种缘，譬喻巧言说，其心安如海，我闻疑网断。
佛说过去世，无量灭度佛，安住方便中，亦皆说是法。
现在未来佛，其数无有量，亦以诸方便，演说如是法。
如今者世尊，从生及出家，得道转法轮，亦以方便说。
世尊说实道，波旬无此事，以是我定知，
非是魔作佛，我堕疑网故，谓是魔所为。
闻佛柔软音，深远甚微妙，演畅清净法，
我心大欢喜，疑悔永已尽，安住实智中。
我定当作佛，为天人所敬，转无上法轮，教化诸菩萨。

尔时，佛告舍利弗："吾今于天、人、沙门、婆罗门等大众中说：我昔曾于二万亿佛所，为无上道故常教化汝，汝亦长夜随我受学，我以方便引导汝故生我法中。舍利弗，我昔教汝志愿佛道，汝今悉忘，而便自谓已得灭度。我今还欲令汝忆念本愿所行道故，为诸声闻说是大乘经，名《妙法莲华》，教菩萨法佛所护念。

"舍利弗，汝于未来世过无量无边不可思议劫，供养若干千万亿佛，奉持正法，具足菩萨所行之道，当得作佛，号曰华光如来、应供、正遍知、明行足、善逝、世间解、无上士、调御丈夫、天人师、佛世尊。国名离垢，其土平正清净严饰，安隐丰乐，天人炽盛。琉璃为地，有八交道，黄金为绳以界其侧，其傍各有七宝行树，常有华果。华光如来亦以三乘教化众生。

“舍利弗，彼佛出时虽非恶世，以本愿故说三乘法。其劫名大宝庄严。何故名曰大宝庄严？其国中以菩萨为大宝故。彼诸菩萨无量无边不可思议，算数譬喻所不能及，非佛智力无能知者。若欲行时，宝华承足。此诸菩萨非初发意，皆久植德本，于无量百千万亿佛所净修梵行，恒为诸佛之所称叹，常修佛慧，具大神通，善知一切诸法之门，质直无伪，志念坚固。如是菩萨充满其国。

“舍利弗，华光佛寿十二小劫，除为王子未作佛时。其国人民寿八小劫[①]。华光如来过十二小劫，授坚满菩萨阿耨多罗三藐三菩提记，告诸比丘：‘是坚满菩萨次当作佛，号曰华足安行多陀阿伽度阿罗诃三藐三佛陀，其佛国土亦复如是。’舍利弗，是华光佛灭度之后，正法住世三十二小劫，像法住世亦三十二小劫[②]。”

尔时，世尊欲重宣此义，而说偈言：

舍利弗来世，成佛普智尊，
号名曰华光，当度无量众。

供养无数佛，具足菩萨行，
十力等功德，证于无上道。
过无量劫已，劫名大宝严，
世界名离垢，清净无瑕秽，
以琉璃为地，金绳界其道，
七宝杂色树，常有华果实。
彼国诸菩萨，志念常坚固，
神通波罗蜜，皆已悉具足，
于无数佛所，善学菩萨道，
如是等大士[3]，华光佛所化。
佛为王子时，弃国舍世荣，
于最末后身，出家成佛道。
华光佛住世，寿十二小劫；
其国人民众，寿命八小劫；
佛灭度之后，正法住于世，
三十二小劫，广度诸众生；
正法灭尽已，像法三十二，
舍利广流布，天人普供养。
华光佛所为，其事皆如是，
其两足圣尊，最胜无伦匹，
彼即是汝身，宜应自欣庆。

注释：

①小劫：依《俱舍论》则人寿自八万岁，每百年减一年而至十岁，又人寿自十岁，每百年增一年而至八万岁，此增劫及减劫，一一名为小劫，依《大智度论》则合此一增一减而为“小劫”。

②像法：为正、像、末三时之一。像者，相似，如释迦牟尼佛入灭后五百年为正法时代，其后一千年间所行之法，与正法相似而非正法，故名“像法时代”。但在大乘佛教的理论中，由于有无量无数的诸佛净土，诸佛净土之三时长短亦有不同。

③大士：此处系为菩萨之另称。

译文：

这时，佛告诉舍利弗说：“今天，我于会中诸天、人、沙门、婆罗门等大众之前如此说：我曾经于两万亿佛以前的灯明佛那里，为了追求无上的成等正觉之道，经常教化你，你也在漫长的岁月中跟随我修学，我用种种方便法门引导你，明解我所宣说的一乘法义。舍利弗，我过去曾教化你发心发愿志求佛道，如今你却全然忘却，反而自以为已得到解脱。我今天还是希望你能回忆并记起当初所发成就佛道的本愿，所以为诸位声闻弟子说此大乘经典，名《妙法莲华经》。这是教化大乘菩萨的法门，常受诸佛的护持与忆念。

“舍利弗，你将于未来，经过无量无边的长久岁月，供养亿万诸佛，受持奉行正法，具足各种菩萨道的修习，从而证得佛果，名号称作华光如来，具足其他一切如来所具有的名号——应供、正遍知、明行足、善逝、世间解、无上士、调御丈夫、天人师、佛世尊。你成佛的国土名为离垢，国土平正，清净庄严，安稳丰乐，天人众多。大地以琉璃构成，有八交道，以黄金为界绳，两旁各有七宝行树，花果四季不衰。华光如来也以声闻、缘觉、菩萨三乘之法教化众生。

“舍利弗，当你成佛出世时，虽非浊恶之时，但因你曾发下的本愿之力，因而宣说三乘法门。你将来成佛时的劫名叫作大宝庄严。为什么叫大宝庄严呢？因为此佛国中，将以菩萨作为大宝。在此佛国中，有无量无边的菩萨，不可思议，用各种算数和譬喻都难以表述其数量之众，如果没有佛的智慧，是无法尽知其国土有多少菩萨的。此佛国中的众生，如果要行动时，就会有宝莲花在他的脚下展开承接其足。此佛土上的所有菩萨都不是初发心的修行者，而是在漫长的岁月中种下无量的善根福德，在无量百千万亿的诸佛国土中，修习清净梵行，生生世世受到诸佛的称扬赞叹，因为经常修习如佛无二般的真实智慧，皆都具有大神通之力，善于通达一切诸法的要义，真实无伪，行大乘道的志向和信念坚定不退。在那个佛土中，像这样的大菩萨充满其中。

“舍利弗，华光佛住世十二小劫，这一寿期不包括他在做王子时，尚未成佛的时间。该佛土的人民寿命为八小劫。华光佛在十二小劫过后，为坚满菩萨授记成佛，他将告诉诸位比丘们说：‘这位坚满菩萨将继我之后成佛，名号称作华足安行、多陀阿伽度、阿罗诃、三藐三佛陀。该佛的国土也像华光佛的国土一样。’舍利弗，这位华光佛灭度之后，正法时代为三十二小劫，像法时代也为三十二小劫。”

这时，世尊想对大众再次宣说法义，即以偈颂言：

舍利弗来世，成佛普智尊，号名曰华光，当度无量众。
供养无数佛，具足菩萨行，十力等功德，证于无上道。
过无量劫已，劫名大宝严，世界名离垢，清净无瑕秽，
以琉璃为地，金绳界其道，七宝杂色树，常有华果实。
彼国诸菩萨，志念常坚固，神通波罗蜜，皆已悉具足，
于无数佛所，善学菩萨道，如是等大士，华光佛所化。
佛为王子时，弃国舍世荣，于最末后身，出家成佛道。
华光佛住世，寿十二小劫；其国人民众，寿命八小劫；
佛灭度之后，正法住于世，三十二小劫，广度诸众生；
正法灭尽已，像法三十二，舍利广流布，天人普供养。
华光佛所为，其事皆如是，其两足圣尊，最胜无伦匹，
彼即是汝身，宜应自欣庆。

尔时，四部众比丘、比丘尼、优婆塞、优婆夷，天、龙、夜叉、乾闼婆、阿修罗、迦楼罗、紧那罗、摩睺罗伽等大众，见舍利弗于佛前受阿耨多罗三藐三菩提记，心大欢喜踊跃无量。各各脱身所著上衣以供养佛。释提桓因、梵天王等①，与无数天子，亦以天妙衣、天曼陀罗华、摩诃曼陀罗华等供养于佛。所散天衣住虚空中而自回转，诸天伎乐百千万种，于虚空中一时俱作，雨众天华。而作是言："佛昔于波罗奈初转法轮②，今乃复转无上最大法轮。"

尔时，诸天子欲重宣此义，而说偈言：

昔于波罗奈，转四谛法轮，
分别说诸法，五众之生灭；
今复转最妙，无上大法轮，
是法甚深奥，少有能信者。
我等从昔来，数闻世尊说，
未曾闻如是，深妙之上法，
世尊说是法，我等皆随喜。
大智舍利弗，今得受尊记，
我等亦如是，必当得作佛，
于一切世间，最尊无有上。
佛道叵思议，方便随宜说，
我所有福业，今世若过世，
及见佛功德，尽回向佛道。

注释：

①梵天王：指大梵天王，又称“梵王”，名为“尸弃”或“世主”。印度古传说中，为劫初时从光音天下生，造作万物，佛教中则以之与帝释天同为佛教之护法神。

②初转法轮：佛陀出家成道后之首度说法。系佛陀于鹿野苑为憍陈如等五比丘说“四圣谛”、“八正道”，示离爱欲及苦行之二边，而行中道之教。

译文：

这时，四众弟子即比丘、比丘尼、优婆塞、优婆夷，以及天龙八部诸天、龙神、夜叉、乾闼婆、阿修罗、迦楼罗、紧那罗、摩睺罗伽等大众，看见舍利弗在释迦牟尼佛前授记成佛，心中欢欣鼓舞，欢喜不已。他们各自脱下身上的上妙华衣，以供养佛陀。帝释天释提桓因、大梵天王等与其无数天子，也以其上妙的天衣以及曼陀罗花、大曼陀罗花等供养佛陀。他们供养的天衣在空中飘荡旋转，与此同时，百千万种天乐在虚空中一齐奏响，各种天花如雨般纷扬，并出现这样的音声："释迦牟尼佛往昔于波罗奈国初转四谛法轮，今天又再次弘转最上妙之大法轮。"

这时，诸天子为了再次表达他们的意思，即以偈颂言：

昔于波罗奈，转四谛法轮，分别说诸法，五众之生灭；
今复转最妙，无上大法轮，是法甚深奥，少有能信者。
我等从昔来，数闻世尊说，未曾闻如是，
深妙之上法，世尊说是法，我等皆随喜。
大智舍利弗，今得受尊记，我等亦如是，
必当得作佛，于一切世间，最尊无有上。
佛道叵思议，方便随宜说，我所有福业，
今世若过世，及见佛功德，尽回向佛道。

尔时，舍利弗白佛言："世尊，我今无复疑悔，亲于佛前得受阿耨多罗三藐三菩提记。是诸千二百心自在者，昔住学地，佛常教化言：'我法能离生老病死，究竟涅槃。'是学无学人，亦各自以离我见及有无见等，谓得涅槃。而今于世尊前闻所未闻，皆堕疑惑。善哉！世尊，愿为四众说其因缘，令离疑悔。”

尔时，佛告舍利弗：“我先不言诸佛世尊，以种种因缘、譬喻言辞、方便说法，皆为阿耨多罗三藐三菩提耶？是诸所说皆为化菩萨故。然舍利弗，今当复以譬喻更明此义，诸有智者，以譬喻得解。

“舍利弗，若国邑聚落有大长者，其年衰迈，财富无量，多有田宅及诸僮仆。其家广大，唯有一门，多诸人众，一百、二百乃至五百人，止住其中。堂阁朽故，墙壁隤落，柱根腐败，梁栋倾危。周匝俱时欻然火起，焚烧舍宅。长者诸子，若十、二十或至三十，在此宅中。长者见是大火从四面起，即大惊怖，而作是念：‘我虽能于此所烧之门安隐得出，而诸子等于火宅内乐著嬉戏，不觉不知，不惊不怖。火来逼身苦痛切己，心不厌患，无求出意。’

“舍利弗，是长者作是思惟：‘我身手有力，当以衣裓，若以机案，从舍出之。’复更思惟：‘是舍唯有一门，而复狭小。诸子幼稚未有所识，恋著戏处，或当堕落为火所烧。我当为说怖畏之事，此舍已烧，宜时疾出，无令为火之所烧害。’作是念已，如所思惟，具告诸子：‘汝等速出！’父虽怜愍善言诱喻，而诸子等，乐著嬉戏不肯信受，不惊不畏，了无出心，亦复不知何者是火、何者为舍、云何为失，但东西走戏视父而已。

“尔时，长者即作是念：‘此舍已为大火所烧，我及诸子若不时出，必为所焚。我今当设方便，令诸子等得免斯害。’父知诸子先心各有所好，种种珍玩奇异之物，情必乐著，而告之言：‘汝等所可玩好，希有难得。汝若不取，后必忧悔。如此种种羊车、鹿车、牛车今在门外，可以游戏，汝等于此火宅宜速出来，随汝所欲，皆当与汝。’尔时，诸子闻父所说，珍玩之物适其愿故，心各勇锐互相推排，竞共驰走争出火宅。

“是时，长者见诸子等安隐得出，皆于四衢道中露地而坐，无复障碍，其心泰然欢喜踊跃。时诸子等各白父言：‘父先所许玩好之具，羊车、鹿车、牛车愿时赐与。’舍利弗，尔时，长者各赐诸子等一大车。其车高广，众宝庄校，周匝栏楯①，四面悬铃；又于其上张设幰盖②，亦以珍奇杂宝而严饰之，宝绳交络垂诸华缨；重敷綩綖安置丹枕③；驾以白牛，肤色充洁，形体姝好，有大筋力，行步平正，其疾如风；又多仆从而侍卫之。所以者何？是大长者，财富无量，种种诸藏悉皆充溢。而作是念：‘我财物无极，不应以下劣小车与诸子等。今此幼童皆是吾子，爱无偏党。我有如是七宝大车，其数无量，应当等心各各与之，不宜差别。所以者何？以我此物周给一国，犹尚不匮，何况诸子？’是时，诸子各乘大车，得未曾有，非本所望。”

注释：

①栏楯（shǔn）：栏杆。纵者为栏，横者曰楯。

②幰（xiǎn）盖：遮尘的布幔。

③纨（wǎn）綖（yán）：蜿蜒曲折。

译文：

这时，舍利弗对释迦牟尼佛说："世尊，我如今已不再有什么疑惑了，今天我在佛前有幸蒙佛授记。可是在座的一千二百位声闻弟子，他们已经达到心自在解脱的程度，他们往昔住在初果、二果、三果的阶位上，佛常教化他们说：'我所宣说的法门，能使众生脱离生、老、病、死的痛苦，得到究竟涅槃的境界。'这些初果之上的有学弟子和已经证得四果阿罗汉位的无学弟子，也各自因为自己已消除了我执，以及消除对常见和断见的执着，而以为自己已得到涅槃。如今在世尊面前，听到这闻所未闻的无上妙法，都会陷入重重疑惑之中。伟大的世尊！恳请您为在座的比丘、比丘尼、优婆塞、优婆夷等四众弟子宣说其中的缘由，使他们都能远离疑惑与懊悔。"

这时，释迦牟尼佛对舍利弗说："我先前已经宣说过，诸佛世尊依照种种的因缘、采用种种的譬喻及言辞，来宣说方便法门，这都是为了教化菩萨的缘故。但是，舍利弗，我现在将再以譬喻的方式让大家更加明白此中的道理，在座各位有智慧的弟子就可以通过譬喻，而领会其中的奥旨。

"舍利弗，在某国家的某一城镇里，有一位长者，此人年寿已高，身体衰弱，财富无量，拥有众多的田地、宅院以及许多的童仆。他的家宅十分广大，但只开了一道院门，常有一二百人，有时甚至五百多人居住其中。他家的房子已经年久失修，堂阁破败，墙壁颓落，柱根腐朽，梁栋倾斜。有一天，房舍四周忽然同时起火，整个宅院陷入火海之中。这位长者的孩子，约有一、二十人或三十多人当时正好都在院内。长者发现大火从四面燃起，顿时大为惊恐，心想：'我虽然能从大火焚烧的院门中安全逃出，但是我的这些孩子不明事故，依然在火宅之中嬉戏玩耍，也不惊恐怖畏，丝毫没有感受到大火的危险。大火快烧到他们身边，痛苦已经迫近，但他们依然不知大难临头，根本没有要想逃离险境的意思。'

"舍利弗，那位长者又这么想：'自己身手有力，可以用衣、桌案掩护，从房中逃出。'但他又转念一想：'这座宅院只有一个门户，而且还很狭窄。诸子年幼无知，贪恋玩耍，不愿离开，有可能落于火中遭受焚烧。我应当给他们讲清恐怖的事情，告诉他们这座房舍已被火烧，让他们赶紧离开，不要被火所害。'这样想过之后，这位长者便如实告知诸子：'你们赶快逃离！'然而，父亲虽然非常怜悯，好言相劝，但孩子们因沉迷于玩耍之中，根本不相信父亲说的，没有丝毫地惊惧，没有一点想出去的意思，也不知什么是火，什么是舍，以及会失去什么，仍然东走西跑，打闹嬉戏，若无其事地望着他们的父亲。

"这时，长者心想：'这座宅院已为大火所烧，我和孩子们如果不及时逃出，必然会为火所焚。我现在应该以方便权宜之方法，使孩子们得免这场灾难。'父亲知道诸位儿子以前有各自的喜好，对于各种珍玩奇异之物肯定会非常喜欢，便告诉他们说:‘你们所喜欢的,非常稀有难得。如果你们不来拿,以后肯定会后悔的。现在,大门外有各种羊车、鹿车、牛车,可供玩耍游戏,你们应赶快从这火宅之中出来,到时,你们想要什么都能得到。’这时,孩子们听父亲说有珍玩之物,正合其心愿,于是各个心致高涨,他们互相拥挤,争先恐后地跑出火宅。

“此时,长者见诸子从火宅中安全逃出,在四条大道上露地而坐,他们已没有什么危险,心安坦然,无比欢喜。这时,诸子都对他们的父亲说:‘父亲先前曾答应给我们好玩的东西,如羊车、鹿车、牛车等,请您赶快给我们吧!’舍利弗,这时长者便给每个孩子一辆大车。此车高大气派,上面饰有各种珍宝,周围装有华丽的栏杆,四面悬挂着宝玲;又在车上覆盖着帏幔和宝盖,幔盖上装饰着奇珍异宝,宝绳纵横交错,绳上垂挂着各种花朵和缨子;车内铺着重重叠叠的垫褥,放置着红色的枕头;车以白牛驾驭,此牛肤色纯正洁白,形体优美,筋力强健,行走平稳,速度如风;还有许多仆从于旁侍卫。为什么会有这样富丽堂皇的牛车呢?因为这位长者拥有无量的财富,各种宝藏都充盈极满。于是他想:‘我的财物无量无数,不应该给这些孩子劣等的小车。如今这些幼童都是我的孩子,我对于他们的喜爱毫无偏袒。我既然有无数无量的七宝大车,就应该公平地分给他们,没有什么差别。为什么呢?以我的财富而言,即使把此种七宝大车送给一国之中所有的人,也是用不完的,何况这些孩子。’这时,这些孩子各自乘上华丽的大车,都是以前不曾见到过的,远远超出了他们本来的愿望。”

"舍利弗，于汝意云何？是长者等与诸子珍宝大车，宁有虚妄不？"

舍利弗言："不也，世尊。是长者但令诸子得免火难，全其躯命，非为虚妄。何以故？若全身命，便为已得玩好之具，况复方便于彼火宅而拔济之！世尊，若是长者，乃至不与最小一车，犹不虚妄。何以故？是长者先作是意：'我以方便令子得出。'以是因缘，无虚妄也。何况长者自知财富无量，欲饶益诸子等与大车！"

佛告舍利弗："善哉！善哉！如汝所言。舍利弗，如来亦复如是，则为一切世间之父；于诸怖畏、衰恼、忧患、无明暗蔽，永尽无余；而悉成就无量知见、力、无所畏，有大神力及智慧力，具足方便、智慧波罗蜜，大慈大悲，常无懈倦，恒求善事利益一切，而生三界朽故火宅，为度众生生老病死、忧悲苦恼、愚痴暗蔽、三毒之火[①]，教化令得阿耨多罗三藐三菩提。见诸众生为生老病死、忧悲苦恼之所烧煮，亦以五欲财利故受种种苦。又以贪著追求故现受众苦，后受地狱、畜生、饿鬼之苦，若生天上及在人间，贫穷困苦、爱别离苦、怨憎会苦，如是等种种诸苦。众生没在其中，欢喜游戏，不觉不知，不惊不怖，亦不生厌，不求解脱，于此三界火宅东西驰走，虽遭大苦不以为患。舍利弗，佛见此已便作是念：'我为众生之父，应拔其苦难，与无量无边佛智慧乐，令其游戏。'

“舍利弗，如来复作是念：‘若我但以神力及智慧力，舍于方便，为诸众生赞如来知见、力、无所畏者，众生不能以是得度。所以者何？是诸众生，未免生老病死、忧悲苦恼，而为三界火宅所烧，何由能解佛之智慧？’舍利弗，如彼长者，虽复身手有力而不用之，但以殷勤方便，勉济诸子火宅之难，然后各与珍宝大车；如来亦复如是，虽有力无所畏而不用之，但以智慧方便，于三界火宅拔济众生，为说三乘——声闻、辟支佛、佛乘，而作是言：‘汝等莫得乐住三界火宅，勿贪粗弊色声香味触也。若贪著生爱则为所烧。汝速出三界，当得三乘——声闻、辟支佛、佛乘。我今为汝保任此事，终不虚也。汝等但当勤修精进。’

“如来以是方便诱进众生，复作是言：‘汝等当知，此三乘法皆是圣所称叹，自在无系，无所依求。乘是三乘，以无漏根②、力③、觉④、道⑤、禅定⑥、解脱三昧等而自娱乐，便得无量安隐快乐。’

“舍利弗，若有众生，内有智性，从佛世尊闻法信受，殷勤精进，欲速出三界自求涅槃，是名声闻乘，如彼诸子为求羊车出于火宅。

“若有众生，从佛世尊闻法信受，殷勤精进求自然慧，乐独善寂，深知诸法因缘，是名辟支佛乘，如彼诸子为求鹿车出于火宅。

“若有众生，从佛世尊闻法信受，勤修精进，求一切智、佛智[7]、自然智、无师智，如来知见、力、无所畏，愍念安乐无量众生，利益天人度脱一切，是名大乘。菩萨求此乘，故名为摩诃萨，如彼诸子为求牛车出于火宅。

"舍利弗，如彼长者见诸子等，安隐得出火宅到无畏处，自惟财富无量，等以大车而赐诸子；如来亦复如是，为一切众生之父，若见无量亿千众生，以佛教门出三界苦、怖畏险道，得涅槃乐，如来尔时便作是念：'我有无量无边智慧、力、无畏等诸佛法藏。是诸众生皆是我子，等与大乘，不令有人独得灭度，皆以如来灭度而灭度之。是诸众生脱三界者，悉与诸佛禅定解脱等娱乐之具，皆是一相一种圣所称叹，能生净妙第一之乐。'

"舍利弗，如彼长者初以三车诱引诸子，然后但与大车宝物庄严安隐第一。然彼长者无虚妄之咎；如来亦复如是，无有虚妄。初说三乘引导众生，然后但以大乘而度脱之。何以故？如来有无量智慧力无所畏诸法之藏，能与一切众生大乘之法，但不尽能受。舍利弗，以是因缘，当知诸佛方便力故，于一佛乘分别说三。"

注释：

①三毒：指贪欲、嗔恚、愚痴（又称贪嗔痴、淫怒痴、欲嗔无明）三种烦恼。又作"三火"、"三垢"。一切烦恼本通称为"毒"，然此三种烦恼通摄三界，系毒害众生出世善心中之最甚者，能令有情长劫受苦而不得出离，故特称"三毒"。此三毒又

为身、口、意等三恶行之根源，故亦称“三不善根”，为根本烦恼之首。又按《大智度论》卷三十四分“三毒”为“正三毒”（贪欲、嗔恚、愚痴）与“邪三毒”（邪贪欲、邪嗔恚、邪见愚痴），以“邪三毒”者难度，“正三毒”者易度。

②根：此处系指“三十七道品”中之第四科——“五根”之略。指五无漏根。此五者对于降伏烦恼、引入圣道具有增上之作用，故称“五根”。即：（一）信根，信“三宝”、“四谛”等之道理者。（二）进根，又作“精进根”、“勤根”。勇猛修善法者。（三）念根，忆念正法者。（四）定根，使心止于一境而不散失者。（五）慧根，由定中观智所起，而了知如实之真理者。此五者皆为能生起一切善法之根本，故称为“五根”。又根有增上、出生等之义，上记五种能令人出生无漏圣道，故称为“五根”。另据《大乘义章》卷十六说明根之意义，即：此五种出生“出世圣道”之力偏强，故称为“根”；又此五种有依次对治不信、懈怠、放逸、掉举、无明烦恼等之作用，故称为“根”。“五根”与“三十七道品”中第五科之“五力”同体，“五力”为利根者所修，“五根”则为钝根者所修。

③力：为“三十七道品”中之第五科“五力”之略。即由信等“五根”之增长所产生之五种维持修行、达到解脱之力量。（一）信力，对“三宝”虔诚，可破除一切邪信。（二）精进力，修“四正勤”，可断除诸恶。（三）念力，修“四念处”以获正念。（四）定力，专心禅定以断除情欲烦恼。（五）慧力，观悟“四谛”，成就智慧，可达解脱。此五者均有破恶之力，故称为“五力”。其内容与五无漏根相同，为佛教之实践道。其实践上，系由前者循序

渐进至于后者。

④觉：为“三十七道品”中第六品之“七觉支”之略。又称“七等觉支”、“七遍觉支”、“七菩提分”、“七菩提分宝”、“七觉分”、“七觉意”、“七觉志”、“七觉支法”、“七觉意法”，略称“七觉”。觉，意谓菩提智慧；以七种法能助菩提智慧开展，故称“觉支”。七者即：（一）念觉支，心中明白，常念于禅定与智慧。（二）择法觉支，依智慧能选择真法，舍弃虚伪法。（三）精进觉支，精励于正法而不懈。（四）喜觉支，得正法而喜悦。（五）轻安觉支，又作“猗觉支”，指身心轻快安稳。（六）定觉支，入禅定而心不散乱。（七）舍觉支，心无偏颇，不执着而保持平衡。

⑤道：为“三十七道品”中第七品“八正道”之略。又作“八圣道”、“八支正道”、“八圣道分”、“八道行”、“八直行”、“八正”、“八道”、“八支”、“八法”、“八路”。乃“三十七道品”中，最能代表佛教之实践法门，即八种通向涅槃解脱之正确方法或途径。释尊转法轮时，所说离乐欲及苦行之二边，趋向中道者，即指此“八正道”。八者即：（一）正见，又作“谛见”。即见苦是苦，集是集，灭是灭，道是道，有善恶业，有善恶业报，有此世彼世，有父母，世有真人往至善处，去善向善，于此世彼世自觉自证成就。（二）正思惟，又作“正志”、“正分别”、“正觉”或“谛念”。即谓无欲觉、恚觉及害觉。（三）正语，又作“正言”、“谛语”。即离妄言、两舌、恶口、绮语等。（四）正业，又作“正行”、“谛行”。即离杀生、不与取等。（五）正命，又作“谛受”。即舍咒术等邪命，如法求衣服、饮食、床榻、汤药等诸生活之具。（六）正精进，又作“正方便”、“正治”、“谛法”、“谛治”。发愿已生之

恶法令断，未生之恶法令不起，未生之善法令生，已生之善法令增长满具。即谓能求方便精勤。（七）正念，又作“谛意”。即以自共相观身、受、心、法等四者。（八）正定，又作“谛定”。即离欲恶不善之法，成就初禅乃至四禅。“八圣道”乃众生从迷界之此岸度到悟界之彼岸所持之力，故以船、筏为譬，有“八道船”、“八筏”之称；又如车轮之辐、毂、辋相互助车转动，故亦譬称“八轮”。又此为圣者游行之所，故又作“八游行”、“八由行”。

⑥禅定：禅，译曰“思惟修”。新译曰“静虑”。思惟修者思惟所对之境，而研习之义；静虑者心体寂静，能审虑之义。定者，为梵语三昧之译，心定止一境而离散动之义。即一心考物为禅，一境静念为定也。故定之名宽，一切之息虑凝心名之，禅之名狭，定之一分也。盖禅那之思惟审虑，自有定止寂静之义，故得名为“定”，而三昧无思惟审虑之义，故得名为“禅”也。今总别合称而谓之“禅定”。然禅定虽皆为心之德，而欲界所属之心非有此德，属于色界，无色界之界之心德也。若色无色相对，则禅为色界之法，定为无色界之法，其中各有四等之浅深，故谓之“四禅四定”。此“四禅四定”为世间法，佛法外道凡夫圣者共通也，其他佛菩萨阿罗汉证得之诸无漏诸定为出世间法，非三界所属之心体所具，故欲得禅，则必离欲界之烦恼。欲得定，则必断欲界之烦恼，欲得无漏之诸定，则必绝无色界之烦恼。而此中禅在最初，不惟为诸定之根本，而发天眼天耳等之通力，亦依此禅。且禅有审虑之用，观念真理，必依于禅，故以禅为学道之最要者。

⑦佛智：佛特有之智慧。为最胜无上之智见，相当于一切

种智。唯识法相以佛智有大圆镜智、平等性智、妙观察智、成所作智等“四智”，密教则加法界体性智而成“五智”。

译文：

“舍利弗，你有什么想法？这位长者赐予诸子珍宝大车，是否属于欺骗虚妄呢？”

舍利弗回答说：“不是这样的，世尊。这位长者只是为了使诸子免于火焚之难，保全他们的性命，这不能叫做欺骗虚妄。为什么这么说呢？保全他们的性命，便已算是得到了玩好之具，何况还用方便权宜之策将他们从那座火宅之中救度出来呢！世尊，即使这位长者甚至不给最小的一个车，也不算是虚妄。为什么这么说呢？这位长者先前曾想到过：‘我以方便权宜之策使诸子出离火宅。’因为这个原因所以说这不是什么虚妄。何况这位长者自知有无量的财富，想要诸子得到好处，并毫无偏袒地给予他们如此美妙的大车。”

释迦牟尼佛告诉舍利弗说：“好！好！就像你所说的。舍利弗，如来也是如此，因为如来是所有世间一切众生的父亲；他已究竟地灭除一切的怖畏、衰恼、忧患和愚痴暗蔽；而全面成就了无量的知见、十种佛力、四种无畏，具有极大的神通力和智慧力，具足权巧方便法门和智慧解脱法门，大慈大悲，永无懈怠疲倦，恒求善事，为利益一切众生，而于此欲界、色界、无色界等三界火宅中降生，为了度化众生的生、老、病、死、忧悲、苦恼、愚痴、暗蔽，以及贪、嗔、痴三毒之火，以各种法门教化众生，使他们得到无上正等正觉之圣智。众生为生、老、病、死、忧悲、苦恼所烧煮，皆是因为贪着追求五欲的缘故，而承受到各种各样的苦。又因为贪着的缘故，不但现世受种种苦难，而且后世也会遭受地狱、畜生、饿鬼之苦，如果后世转生于天上或人间，也会遭受贫苦、爱别离、怨憎会等种种苦难。众生淹没在苦海之中，但却不知不觉，不惊不怖，也不感到厌倦，不求解脱，在此三界火宅之中东奔西跑，虽遭大苦而不以为患。舍利弗，佛看到这种状况后，便产生这样的想法：'我为众生之父，应拔其苦难，让他们获得无量无边的佛智，并在此美妙境界中欢乐游戏。'

"舍利弗，如来又这样想：'如果仅仅以佛的神通力和智慧力，而舍弃方便教化，于众生中赞叹如来的知见、十力、四种无畏，那样众生是不会因此而得到度脱的。为什么这样说呢？因为这些众生尚未免除生、老、病、死及忧悲苦恼等各种痛苦，而沉溺于三界火宅之中惨遭焚烧，他们怎能理解佛的智慧呢？'舍利弗，就像那位长者一样，他虽然身手有力，但却不用此力，只是以其方便权巧之法，尽力救度诸子免于火宅焚烧之难，然后再给每个人珍宝大车；如来也是如此，他虽然有十力和四种无畏，但也不用它们，而是以其种种智慧方便之法，在三界火宅之中救度众生，为他们分别讲说三乘法，即声闻乘、辟支佛乘、佛乘，对他们如此说：'你们切莫乐居三界火宅之中，切莫贪着于粗俗破敝的色、音、香、味、触等五欲之境。如果贪恋外境，爱欲不断，那就会被欲火焚烧。你们应当赶快离开三界火宅，这样你们都会得到三乘，即声闻乘、辟支佛乘、佛乘。我今天向你们担保，此事绝非虚妄，你们所要做的只是精勤地修行。'

"如来佛以这种权宜方便法门诱导众生脱离三界火宅之

后，又对他们说：‘你们应当知道，这三乘之法都是三世十方一切诸佛赞叹的法门，这些法通达一切，自在无碍，无所依求。如果乘于此三乘之车，自身修习清净的妙法，便可得到无量的安稳和快乐。这些清净的妙法有：五根、五力、七觉支、八正道、四禅、八定、八解脱、三昧。’

“舍利弗，如果有众生，具有一定的智慧，对于如来所说之法生起信心，勤勉修持，想迅速出离三界苦海，自我求得涅槃解脱。这就叫声闻乘，就像那位长者的孩子，为求羊车而出火宅一样。

“如果有众生，对于如来所说之法生起信心，勤勉修持，喜欢独自寂静修行，深知十二因缘的道理。这就叫辟支佛乘。就像那位长者的儿子为求鹿车而出离火宅一样。

“如果有众生，对于如来所说之法生起信心，勤勉修持，志求了达一切诸法实相的一切智、与佛无二之智慧、与佛无二本自具有的自然智、无师智，以及如来的知见、十力、四无所畏，大慈大悲之心，欲安乐一切众生，利益诸天及人，度脱三界六道的一切众生，这就称为大乘，菩萨追求大乘，所以称其为‘大’，就像那位长者的儿子为求牛车而出于火宅一样。

“舍利弗，就像那位长者见到诸子安全出离火宅，到达没有危险的地方，心想自己的财富无量无数，便平等地赐予诸子大白牛车；如来也是如此，他是一切众生的父亲，如果见到无量无边的众生，用诸佛的教法，使他们由此出离三界苦海，逃脱令人恐怖的险境，而得到涅槃解脱的快乐。如来佛又如此思维：‘我拥有无量无边的智慧，具足十种智力和四种无畏，以及其他许许多多的佛法宝藏。所有的众生皆是我的儿子，我应平等地给予他们大乘宝车，不能只让一部分人自我灭度，而应以如来的灭度使他们获得究竟的解脱。这些众生如果已经脱离三界，我将用诸佛的禅定、解脱等妙法神力当作娱乐之具给予他们，诸佛所有的妙法神力唯一的实相和唯一的佛智，常受诸佛的赞叹，能带给众生清净、微妙的无上之乐。'

"舍利弗，如来与那位长者一样，最初以三车引诱诸子出离火宅，后来却只给他们大车，其上以各种宝物尽情装饰、安稳舒适。这位长者如此做法，毫无虚妄的过错；如来也是没有虚妄。佛初说三乘之法引导众生，然后只用大乘度脱众生。为什么这样做呢？如来佛有无尽的智慧、十力、四无畏等佛法宝藏，能施予一切众生大乘之法，但是众生并非都是能够完全接受的。舍利弗，由于这种缘故，你该明白诸佛用方便之法，在本来唯一的佛乘法上，分别说声闻、缘觉、菩萨等三乘之法。"

佛欲重宣此义，而说偈言：

譬如长者，有一大宅，其宅久故，而复顿弊，
堂舍高危，柱根摧朽，梁栋倾斜，基陛隤毁①，
墙壁圮坼②，泥涂褫落③，覆苫乱坠④，
椽梠差脱⑤，周障屈曲，杂秽充遍。
有五百人，止住其中。
鸱枭雕鹫⑥，乌鹊鸠鸽⑦，蚖蛇蝮蝎⑧，蜈蚣蚰蜒⑨，
守宫百足⑩，鼬狸鼷鼠⑪，诸恶虫辈，交横

驰走。

屎尿臭处，不净流溢，蜣螂诸虫，而集其上。

狐狼野干，咀嚼践蹋，哜啮死尸[12]，骨肉狼藉。

由是群狗，竞来搏撮，饥羸慞惶[13]，处处求食。

斗诤摣掣[14]，啀喍嗥吠[15]，其舍恐怖，变状如是。

处处皆有，魑魅魍魉[16]，夜叉恶鬼，食啖人肉。

毒虫之属，诸恶禽兽，孚乳产生，各自藏护。

夜叉竞来，争取食之，食之既饱，

恶心转炽，斗诤之声，甚可怖畏。

鸠槃荼鬼，蹲踞土埵，或时离地，一尺二尺，

往返游行，纵逸嬉戏，捉狗两足，

扑令失声，以脚加颈，怖狗自乐。

复有诸鬼，其身长大，裸形黑瘦，

常住其中，发大恶声，叫呼求食。

复有诸鬼，其咽如针，复有诸鬼，首如牛头，

或食人肉，或复啖狗，头发蓬乱，

残害凶险，饥渴所逼，叫唤驰走。

夜叉饿鬼[17]，诸恶鸟兽，饥急四向，

窥看窗牖[18]，如是诸难，恐畏无量。

是朽故宅，属于一人。

其人近出，未久之间，于后舍宅，忽然火起。

四面一时，其炎俱炽，栋梁椽柱，

爆声震裂，摧折堕落，墙壁崩倒。
诸鬼神等，扬声大叫。
雕鹫诸鸟，鸠槃荼等[19]，周章惶怖，不能自出。
恶兽毒虫，藏窜孔穴。
毗舍阇鬼[20]，亦住其中，薄福德故，
为火所逼，共相残害，饮血啖肉。
野干之属，并已前死，诸大恶兽，竞来食啖。
臭烟烽㶿[21]，四面充塞。
蜈蚣蚰蜒，毒蛇之类，为火所烧，
争走出穴，鸠槃荼鬼，随取而食。
又诸饿鬼[22]，头上火燃，饥渴热恼，周章闷走。
其宅如是，甚可怖畏，毒害火灾，众难非一。
是时宅主，在门外立，闻有人言：汝诸子等，
先因游戏，来入此宅，稚小无知，欢娱乐著。
长者闻已，惊入火宅，方宜救济，令无烧害。
告喻诸子，说众患难，恶鬼毒虫，
灾火蔓延，众苦次第，相续不绝。
毒蛇蚖蝮，及诸夜叉，鸠槃荼鬼，野干狐狗，
雕鹫鸱枭，百足之属，饥渴恼急，甚可怖畏。
此苦难处，况复大火！诸子无知，
虽闻父诲，犹故乐著，嬉戏不已。
是时长者，而作是念：诸子如此，益我愁恼。
今此舍宅，无一可乐，而诸子等，耽湎嬉戏，

不受我教，将为火害！即便思惟，设诸方便，
告诸子等：我有种种，珍玩之具，妙宝好车，
羊车鹿车，大牛之车，今在门外，汝等出来。
吾为汝等，造作此车，随意所乐，可以游戏。
诸子闻说，如此诸车，即时奔竞，
驰走而出，到于空地，离诸苦难。
长者见子，得出火宅，住于四衢㉓，坐师子座，
而自庆言：我今快乐，此诸子等，生育甚难。
愚小无知，而入险宅，多诸毒虫，魑魅可畏，
大火猛炎，四面俱起；而此诸子，贪乐嬉戏，
我已救之，令得脱难，是故诸人，我今快乐。
尔时诸子，知父安坐，皆诣父所，而白父言：
愿赐我等，三种宝车，如前所许，诸子出来，
当以三车，随汝所欲，今正是时，唯垂给与。
长者大富，库藏众多，金银琉璃，砗磲玛瑙。
以众宝物，造诸大车，庄校严饰，周匝栏楯，
四面悬铃，金绳交络，真珠罗网，张施其上，
金华诸缨，处处垂下，众彩杂饰，周匝围绕，
柔软缯纩，以为茵蓐㉔，上妙细氎㉕，
价值千亿，鲜白净洁，以覆其上。
有大白牛，肥壮多力，形体姝好，
以驾宝车，多诸傧从，而侍卫之。
以是妙车，等赐诸子，诸子是时，欢喜踊跃，

乘是宝车，游于四方，嬉戏快乐，自在无碍。
告舍利弗，我亦如是，众圣中尊，世间之父。
一切众生，皆是吾子，深著世乐，无有慧心。
三界无安，犹如火宅，众苦充满，甚可怖畏，
常有生老，病死忧患，如是等火，炽然不息。
如来已离，三界火宅，寂然闲居，安处林野。
今此三界，皆是我有，其中众生，悉是吾子。
而今此处，多诸患难，唯我一人，能为救护。
虽复教诏，而不信受，于诸欲染，贪著深故，
以是方便，为说三乘，令诸众生，
知三界苦，开示演说，出世间道。
是诸子等，若心决定，具足三明[26]，
及六神通[27]，有得缘觉，不退菩萨[28]。
汝舍利弗，我为众生，以此譬喻，说一佛乘，
汝等若能，信受是语，一切皆当，成得佛道。
是乘微妙，清净第一，于诸世间，为无有上，
佛所悦可，一切众生，所应称赞，供养礼拜。
无量亿千，诸力解脱，禅定智慧，及佛余法，
得如是乘，令诸子等，日夜劫数，常得游戏，
与诸菩萨，及声闻众，乘此宝乘，直至道场。
以是因缘，十方谛求[29]，更无余乘，除佛方便。
告舍利弗，汝诸人等，皆是吾子，我则是父。
汝等累劫，众苦所烧，我皆济拔，令出三界。

我虽先说，汝等灭度，但尽生死，
而实不灭，今所应作，唯佛智慧。
若有菩萨，于是众中，能一心听，诸佛实法，
诸佛世尊，虽以方便，所化众生，皆是菩萨。
若人小智，深著爱欲，为此等故，说于苦谛，
众生心喜，得未曾有，佛说苦谛，真实无异。
若有众生，不知苦本，深著苦因，不能暂舍，
为是等故，方便说道，诸苦所因，贪欲为本，
若灭贪欲，无所依止，灭尽诸苦，名第三谛，
为灭谛故，修行于道，离诸苦缚，名得解脱。
是人于何，而得解脱？但离虚妄，
名为解脱，其实未得，一切解脱。
佛说是人，未实灭度，斯人未得，
无上道故，我意不欲，令至灭度。
我为法王，于法自在，安隐众生，故现于世。
汝舍利弗，我此法印，为欲利益，
世间故说，在所游方，勿妄宣传。
若有闻者，随喜顶受，当知是人，阿鞞跋致[30]。
若有信受，此经法者，是人已曾，
见过去佛，恭敬供养，亦闻是法。
若人有能，信汝所说，则为见我，
亦见于汝，及比丘僧，并诸菩萨。
斯法华经，为深智说，浅识闻之，迷惑不解。

一切声闻，及辟支佛，于此经中，力所不及。
汝舍利弗，尚于此经，以信得入，况余声闻！
其余声闻，信佛语故，随顺此经，非己智分。

又舍利弗，憍慢懈怠[31]，计我见者[32]，莫说此经。

凡夫浅识，深著五欲[33]，闻不能解，亦勿为说。
若人不信，毁谤此经，则断一切，世间佛种。
或复颦蹙[34]，而怀疑惑，汝当听说，此人罪报。
若佛在世，若灭度后，其有诽谤，如斯经典，
见有读诵，书持经者，轻贱憎嫉，而怀结恨，
此人罪报，汝今复听：其人命终，入阿鼻狱，
具足一劫，劫尽更生，如是展转，至无数劫。
从地狱出，当堕畜生，若狗野干，其影颌瘦[35]，
黧黮疥癞[36]，人所触娆，又复为人，之所恶贱，
常困饥渴，骨肉枯竭，生受楚毒，
死被瓦石，断佛种故，受斯罪报。
若作馲驼[37]，或生驴中，身常负重，加诸杖捶，
但念水草，余无所知，谤斯经故，获罪如是。
有作野干，来入聚落，身体疥癞，又无一目，
为诸童子，之所打掷，受诸苦痛，或时致死。
于此死已，更受蟒身，其形长大，五百由旬，
聋骙无足[38]，宛转腹行，为诸小虫，之所唼食，
昼夜受苦，无有休息，谤斯经故，获罪如是。

若得为人，诸根暗钝，矬陋挛躄[39]，盲聋背伛，
有所言说，人不信受，口气常臭，鬼魅所著，
贫穷下贱，为人所使，多病痟瘦[40]，无所依怙，
虽亲附人，人不在意，若有所得，寻复忘失，
若修医道，顺方治病，更增他疾，或复致死，
若自有病，无人救疗，设服良药，而复增剧，
若他反逆，抄劫窃盗，如是等罪，横罹其殃。
如斯罪人，永不见佛，众圣之王，说法教化。
如斯罪人，常生难处，狂聋心乱，永不闻法，
于无数劫，如恒河沙，生辄聋哑，诸根不具，
常处地狱，如游园观，在余恶道，如己舍宅，
驼驴猪狗，是其行处，谤斯经故，获罪如是。
若得为人，聋盲喑哑，贫穷诸衰，以自庄严，
水肿干痟，疥癞痈疽，如是等病，以为衣服，
身常臭处，垢秽不净，深著我见，增益嗔恚，
淫欲炽盛，不择禽兽，谤斯经故，获罪如是。
告舍利弗，谤斯经者，若说其罪，穷劫不尽。
以是因缘，我故语汝，无智人中，莫说此经。
若有利根，智慧明了，多闻强识，求佛道者，
如是之人，乃可为说。
若人曾见，亿百千佛，植诸善本，深心坚固，
如是之人，乃可为说。
若人精进，常修慈心，不惜身命，乃可为说。

若人恭敬，无有异心，离诸凡愚，独处山泽，
如是之人，乃可为说。
又舍利弗，若见有人，舍恶知识[41]，亲近善友[42]，
如是之人，乃可为说。
若见佛子，持戒清洁，如净明珠，求大乘经，
如是之人，乃可为说。
若人无嗔[43]，质直柔软，常愍一切，恭敬诸佛，
如是之人，乃可为说。
复有佛子，于大众中，以清净心，种种因缘，
譬喻言辞，说法无碍，如是之人，乃可为说。
若有比丘，为一切智，四方求法，合掌顶受，
但乐受持，大乘经典，乃至不受，余经一偈，
如是之人，乃可为说。
如人至心，求佛舍利，如是求经，得已顶受，
其人不复，志求余经，亦未曾念，外道典籍[44]，
如是之人，乃可为说。
告舍利弗，我说是相，求佛道者，穷劫不尽。
如是等人，则能信解，汝当为说，《妙法华经》。

注释：

①基陛（bì）隤（tuí）毁：指墙垣倒塌毁坏。“隤”指倒塌。

②圮（pǐ）坼（chè）：荒废的样子。

③褫（chǐ）落：废弛败落。

④覆苫(shàn):即覆盖。苫为遮盖之意。

⑤椽(chuán)梠(lǚ):椽指放在檩上架着屋顶的木条;梠为屋檐。

⑥鸱(chī)枭(xiāo):如类猫头鹰一类的鸟。鹫(jiù):即雕。

⑦鸠(jiū):一种类似山雀的鸟。

⑧蚖(yuán)蛇:泛指毒蛇。

⑨蚰(yóu)蜒(yán):此处泛指蜈蚣类。

⑩守宫:壁虎。

⑪鼬(yòu)狸:狐狸。

⑫哜(jì)啮(niè):咬、吃。

⑬羸(léi):瘦弱。慞惶:亦作"慞偟"。忙乱,慌张。

⑭摣(zhā)掣(chè):伸手拉扯。

⑮啀(ái)喍(chái):豺狼。

⑯魑(chī)魅(mèi)魍(wǎng)魉(liǎng):害人的鬼怪的统称。

⑰夜叉:"天龙八部众"之一。又作"药叉"、"悦叉"、"阅叉"、"野叉"。意译"轻捷"、"勇健"、"能啖"、"贵人"、"威德"、"祠祭鬼"、"捷疾鬼"。指住于地上或空中,以威势恼害人,或守护正法之鬼类。

⑱窗牖(yǒu):指窗户。

⑲鸠槃荼:又作"俱槃荼"、"究槃荼"、"弓槃荼"、"鸠满拏"、"槃查"。意译为"瓮形鬼"、"冬瓜鬼"、"厌魅鬼"。乃隶属于增长天的二部鬼类之一。又《圆觉经》称其为大力鬼王之

名。此鬼啖人精气，其疾如风，变化多端，住于林野，管诸鬼众。

⑳毗舍阇：又作“毗舍遮”、“辟舍柘”、“毕舍遮”。持国天所领鬼之名称。《慧苑音义》曰：“谓护持国土领二部鬼：一名毗舍阇，此云啖精鬼。二名乾闼婆，此云寻香也。”

㉑熢（péng）㶿（bó）：烟郁结的样子。

㉒饿鬼：为“三恶道”之一，又为“五趣”（五道）或“六趣”（六道）之一。因前生造恶业、多贪欲者，死后生为饿鬼，常苦于饥渴。又作“鬼道”、“鬼趣”、“饿鬼道”。

㉓四衢：指四通八达的大路，此处似又隐喻为“四衢道”，即指苦、集、灭、道“四谛”。乃佛陀成道后，初转法轮所说，为佛教基本教义，并为解脱生死所由之道。因小乘人依止于“四谛”之理，故用四衢道比喻之。

㉔茵（yīn）蓐（rù）：又作“茵褥”，指褥垫。

㉕㲲（dié）：以细毛布或棉布制成的大衣类披衣。

㉖三明：又作“三达”、“三证法”。达于无学位，除尽愚暗，而于三事通达无碍之智明。即：（一）宿命智证明，又作“宿住随念智作证明”、“宿住智证明”、“宿住智明”、“宿命明”、“宿命智”。即明白了知我及众生一生乃至百千万亿生之相状之智慧。（二）生死智证明，又作“死生智证明”、“天眼明”、“天眼智”。即了知众生死时生时、善色恶色，或由邪法因缘成就恶行，命终生恶趣之中；或由正法因缘成就善行，命终生善趣中等等生死相状之智慧。（三）漏尽智证明，又作“漏尽智明”、“漏尽明”、“漏尽智”。即了知如实证得“四谛”之理，解脱漏心，灭除一切烦恼等之智慧。（为“六神通”中的三种，即天眼通、宿命通、漏尽通，三者并称为“三明”）

㉗六神通：又作“六通”。指六种超人间而自由无碍之力。即：（一）神境通，又作“身通”、“身如意通”、“神足通”。即自由无碍，随心所欲现身之能力。（二）天眼通，能见六道众生生死苦乐之相，及见世间一切种种形色，无有障碍。（三）天耳通，能闻六道众生苦乐忧喜之语言，及世间种种之音声。（四）他心通，能知六道众生心中所思之事。（五）宿命通，又作“宿住通”，能知自身及六道众生之百千万世宿命及所作之事。（六）漏尽通，断尽一切三界见思惑，不受三界生死，而得漏尽神通之力。

㉘不退菩萨：于无上菩提得不退转之菩萨。退，乃谓退步、退堕之意，指退堕恶趣及二乘地（声闻、缘觉之位），即由所证得之菩萨地及所悟之法退失。反之，不再退转，至必能成佛之位，则为不退。不退位又作“不退转地”。有“三种不退”、“四种不退”之别，其位次则依诸宗而异。

㉙十方：此处为“十方世界”之略称，“十方”为四方、四维、上下之总称。即指东、西、南、北、东南、西南、东北、西北、上、下。佛教主张十方有无数世界及净土，又称为“十方世界”、“十方法界”、“十方净土”、“十方刹”等。

㉚阿鞞（bì）跋致：又作“阿毗跋致”，或作“阿惟越致”，译曰“不退转”。不退转成佛进路之义。是菩萨阶位之名。经一大阿僧祇劫之修行，则至此位。

㉛憍（jiāo）慢：指自高傲物之心态。

㉜我见：指执着有实我之妄见，亦即于非我之法，妄执为我。据《大乘起信论》载，此又分人、法二种：（一）人我见，即执着于色、受、想、行、识，以五蕴假合之身心为实我。（二）法

我见，即妄计一切法皆有其实在体性。又唯识宗以我见为四根本烦恼之一，谓其与第七末那识相应。此末那识系由无始以来虚妄之熏习力，缘于第八阿赖耶识之分，而有实我实法之见。

㉝五欲：有两种解释：（一）又作"五妙欲"、"妙五欲"、"五妙色"。指染着色、声、香、味、触等五境所起之五种情欲。即：色欲、声欲、香欲、味欲、触欲。又相对于欲界粗弊之五欲，称色界、无色界之五欲为"净洁五欲"。（二）指财欲、色欲、饮食欲、名欲、睡眠欲。

㉞颦（pín）蹙（cù）：皱眉皱额，比喻忧愁不乐。

㉟颏（kū）：秃貌。

㊱黧（lí）黮（dǎn）：黑色斑驳貌。

㊲馲（tuō）驼：即骆驼。

㊳騃（ái）：愚痴。

㊴矬（cuó）陋：短小丑陋。挛躄（bì）：手脚屈曲不能行动。

㊵痟（xiāo）瘦：消瘦。

㊶恶知识：为"善知识"之对称。又作"恶友"、"恶师"、"恶师友"。即说恶法与邪法，使人陷于魔道之恶德者。

㊷善友：为"善知识"之别称，指正直而有德行之友。

㊸嗔：又作"嗔恚"、"嗔怒"、"恚"、"怒"。心所（心的作用）之名。为"三毒"之一。系指对有情怨恨之精神作用。

㊹外道：指佛教以外的一切宗教。又称"外教"、"外学"、"外法"。原义为神圣可尊敬的隐遁者。这些隐遁者的思想，依佛教的观点来说，都是佛教以外的教法。因此意译作"外道"。此词原义并无贬斥意味，然至后世，渐用以指持异见邪说者，

“外道”一词遂成为具侮辱排斥意义的贬称。

译文：

释迦牟尼佛为了再次宣说以上法义，即以偈颂言道：

譬如长者，有一大宅，其宅久故，而复顿弊，
堂舍高危，柱根摧朽，梁栋倾斜，基陛隤毁，
墙壁圮坼，泥涂褫落，覆苫乱坠，
椽梠差脱，周障屈曲，杂秽充遍。
有五百人，止住其中。
鸱枭雕鹫，乌鹊鸠鸽，蚖蛇蝮蝎，蜈蚣蚰蜒，
守宫百足，狖狸鼷鼠，诸恶虫辈，交横驰走。
屎尿臭处，不净流溢，蜣螂诸虫，而集其上。
狐狼野干，咀嚼践蹋，哜啮死尸，骨肉狼藉。
由是群狗，竞来搏撮，饥羸慞惶，处处求食。
斗诤摣掣，啀喍嗥吠，其舍恐怖，变状如是。
处处皆有，魑魅魍魉，夜叉恶鬼，食啖人肉。
毒虫之属，诸恶禽兽，孚乳产生，各自藏护。
夜叉竞来，争取食之，食之既饱，
恶心转炽，斗诤之声，甚可怖畏。
鸠槃荼鬼，蹲踞土埵，或时离地，一尺二尺，
往返游行，纵逸嬉戏，捉狗两足，
扑令失声，以脚加颈，怖狗自乐。
复有诸鬼，其身长大，裸形黑瘦，
常住其中，发大恶声，叫呼求食。

复有诸鬼，其咽如针，复有诸鬼，首如牛头，
或食人肉，或复啖狗，头发蓬乱，
残害凶险，饥渴所逼，叫唤驰走。
夜叉饿鬼，诸恶鸟兽，饥急四向，
窥看窗牖，如是诸难，恐畏无量。
是朽故宅，属于一人。
其人近出，未久之间，于后舍宅，忽然火起。
四面一时，其炎俱炽，栋梁椽柱，
爆声震裂，摧折堕落，墙壁崩倒。
诸鬼神等，扬声大叫。
雕鹫诸鸟，鸠槃茶等，周章惶怖，不能自出。
恶兽毒虫，藏窜孔穴。
毗舍阇鬼，亦住其中，薄福德故，
为火所逼，共相残害，饮血啖肉。
野干之属，并已前死，诸大恶兽，
竞来食啖，臭烟熢焞，四面充塞。
蜈蚣蚰蜒，毒蛇之类，为火所烧，
争走出穴，鸠槃茶鬼，随取而食。
又诸饿鬼，头上火燃，饥渴热恼，周章闷走。
其宅如是，甚可怖畏，毒害火灾，众难非一。
是时宅主，在门外立，闻有人言：汝诸子等，
先因游戏，来入此宅，稚小无知，欢娱乐著。
长者闻已，惊入火宅，方宜救济，令无烧害。
告喻诸子，说众患难，恶鬼毒虫，

灾火蔓延，众苦次第，相续不绝。
毒蛇蚖蝮，及诸夜叉，鸠槃茶鬼，野干狐狗，
雕鹫鸱枭，百足之属，饥渴恼急，甚可怖畏。
此苦难处，况复大火！诸子无知，
虽闻父诲，犹故乐著，嬉戏不已。
是时长者，而作是念：诸子如此，益我愁恼。
今此舍宅，无一可乐，而诸子等，耽湎嬉戏，
不受我教，将为火害！即便思维，设诸方便，
告诸子等：我有种种，珍玩之具，妙宝好车，
羊车鹿车，大牛之车，今在门外，汝等出来。
吾为汝等，造作此车，随意所乐，可以游戏。
诸子闻说，如此诸车，即时奔竞，
驰走而出，到于空地，离诸苦难。
长者见子，得出火宅，住于四衢，坐师子座，
而自庆言：我今快乐，此诸子等，生育甚难。
愚小无知，而入险宅，多诸毒虫，魑魅可畏，
大火猛炎，四面俱起；而此诸子，贪乐嬉戏，
我已救之，令得脱难，是故诸人，我今快乐。
尔时诸子，知父安坐，皆诣父所，而白父言：
愿赐我等，三种宝车，如前所许，诸子出来，
当以三车，随汝所欲，今正是时，唯垂给与。
长者大富，库藏众多，金银琉璃，砗磲玛瑙。
以众宝物，造诸大车，庄校严饰，周匝栏楯，
四面悬铃，金绳交络，真珠罗网，张施其上，

金华诸缨，处处垂下，众彩杂饰，周匝围绕，
柔软缯纩，以为茵蓐，上妙细氎，
价值千亿，鲜白净洁，以覆其上。
有大白牛，肥壮多力，形体姝好，
以驾宝车，多诸傧从，而侍卫之。
以是妙车，等赐诸子，诸子是时，欢喜踊跃，
乘是宝车，游于四方，嬉戏快乐，自在无碍。
告舍利弗，我亦如是，众圣中尊，世间之父。
一切众生，皆是吾子，深著世乐，无有慧心。
三界无安，犹如火宅，众苦充满，甚可怖畏，
常有生老，病死忧患，如是等火，炽然不息。
如来已离，三界火宅，寂然闲居，安处林野。
今此三界，皆是我有，其中众生，悉是吾子。
而今此处，多诸患难，唯我一人，能为救护。
虽复教诏，而不信受，于诸欲染，贪著深故，
以是方便，为说三乘，令诸众生，
知三界苦，开示演说，出世间道。
是诸子等，若心决定，具足三明，
及六神通，有得缘觉，不退菩萨。
汝舍利弗，我为众生，以此譬喻，说一佛乘，
汝等若能，信受是语，一切皆当，成得佛道。
是乘微妙，清净第一，于诸世间，为无有上，
佛所悦可，一切众生，所应称赞，供养礼拜。
无量亿千，诸力解脱，禅定智慧，及佛余法，

得如是乘，令诸子等，日夜劫数，常得游戏，
与诸菩萨，及声闻众，乘此宝乘，直至道场。
以是因缘，十方谛求，更无余乘，除佛方便。
告舍利弗，汝诸人等，皆是吾子，我则是父。
汝等累劫，众苦所烧，我皆济拔，令出三界。
我虽先说，汝等灭度，但尽生死，
而实不灭，今所应作，唯佛智慧。
若有菩萨，于是众中，能一心听，诸佛实法，
诸佛世尊，虽以方便，所化众生，皆是菩萨。
若人小智，深著爱欲，为此等故，说于苦谛，
众生心喜，得未曾有，佛说苦谛，真实无异。
若有众生，不知苦本，深著苦因，不能暂舍，
为是等故，方便说道，诸苦所因，贪欲为本，
若灭贪欲，无所依止，灭尽诸苦，名第三谛，
为灭谛故，修行于道，离诸苦缚，名得解脱。
是人于何，而得解脱？但离虚妄，
名为解脱，其实未得，一切解脱。
佛说是人，未实灭度，斯人未得，
无上道故，我意不欲，令至灭度。
我为法王，于法自在，安隐众生，故现于世。
汝舍利弗，我此法印，为欲利益，
世间故说，在所游方，勿妄宣传。
若有闻者，随喜顶受，当知是人，阿鞞跋致。
若有信受，此经法者，是人已曾，

见过去佛，恭敬供养，亦闻是法。
若人有能，信汝所说，则为见我，
亦见于汝，及比丘僧，并诸菩萨。
斯法华经，为深智说，浅识闻之，迷惑不解。
一切声闻，及辟支佛，于此经中，力所不及。
汝舍利弗，尚于此经，以信得入，况余声闻！
其余声闻，信佛语故，随顺此经，非己智分。
又舍利弗，憍慢懈怠，计我见者，莫说此经。
凡夫浅识，深著五欲，闻不能解，亦勿为说。
若人不信，毁谤此经，则断一切，世间佛种。
或复颦蹙，而怀疑惑，汝当听说，此人罪报。
若佛在世，若灭度后，其有诽谤，如斯经典，
见有读诵，书持经者，轻贱憎嫉，而怀结恨，
此人罪报，汝今复听：其人命终，入阿鼻狱，
具足一劫，劫尽更生，如是展转，至无数劫。
从地狱出，当堕畜生，若狗野干，其影领瘦，
黧黮疥癞，人所触娆，又复为人，之所恶贱，
常困饥渴，骨肉枯竭，生受楚毒，
死被瓦石，断佛种故，受斯罪报。
若作馲驼，或生驴中，身常负重，加诸杖捶，
但念水草，余无所知，谤斯经故，获罪如是。
有作野干，来入聚落，身体疥癞，又无一目，
为诸童子，之所打掷，受诸苦痛，或时致死。
于此死已，更受蟒身，其形长大，五百由旬，

聋騃无足，宛转腹行，为诸小虫，之所唼食，
昼夜受苦，无有休息，谤斯经故，获罪如是。
若得为人，诸根暗钝，矬陋挛躄，盲聋背伛，
有所言说，人不信受，口气常臭，鬼魅所著，
贫穷下贱，为人所使，多病痟瘦，无所依怙，
虽亲附人，人不在意，若有所得，寻复忘失，
若修医道，顺方治病，更增他疾，或复致死，
若自有病，无人救疗，设服良药，而复增剧，
若他反逆，抄劫窃盗，如是等罪，横罹其殃。
如斯罪人，永不见佛，众圣之王，说法教化。
如斯罪人，常生难处，狂聋心乱，永不闻法，
于无数劫，如恒河沙，生辄聋哑，诸根不具，
常处地狱，如游园观，在余恶道，如己舍宅，
驼驴猪狗，是其行处，谤斯经故，获罪如是。
若得为人，聋盲喑哑，贫穷诸衰，以自庄严，
水肿干痟，疥癞痈疽，如是等病，以为衣服，
身常臭处，垢秽不净，深著我见，增益嗔恚，
淫欲炽盛，不择禽兽，谤斯经故，获罪如是。
告舍利弗，谤斯经者，若说其罪，穷劫不尽。
以是因缘，我故语汝，无智人中，莫说此经。
若有利根，智慧明了，多闻强识，求佛道者，
如是之人，乃可为说。
若人曾见，亿百千佛，植诸善本，深心坚固，
如是之人，乃可为说。

若人精进，常修慈心，不惜身命，乃可为说。
若人恭敬，无有异心，离诸凡愚，独处山泽，
如是之人，乃可为说。
又舍利弗，若见有人，舍恶知识，亲近善友，
如是之人，乃可为说。
若见佛子，持戒清洁，如净明珠，求大乘经，
如是之人，乃可为说。若人无嗔，质直柔软，
常愍一切，恭敬诸佛，如是之人，乃可为说。
复有佛子，于大众中，以清净心，种种因缘，
譬喻言辞，说法无碍，如是之人，乃可为说。
若有比丘，为一切智，四方求法，合掌顶受，
但乐受持，大乘经典，乃至不受，余经一偈，
如是之人，乃可为说。
如人至心，求佛舍利，如是求经，得已顶受，
其人不复，志求余经，亦未曾念，外道典籍，
如是之人，乃可为说。
告舍利弗，我说是相，求佛道者，穷劫不尽。
如是等人，则能信解，汝当为说，《妙法华经》。

信解品第四

信解为信奉解悟之意。本品中，须菩提等弟子以长者穷子的譬喻，表达他们对于佛陀宣说教法的领悟及信解。此喻大意是：一位长者之子从小逃离家乡，年长非常贫困，只好四处游行谋生；恰在一国中与非常富有的父亲相遇；其父虽然认出他为自己分别多年的儿子，也想相认，但其子却畏于其父的富足及权势意欲逃离；长者则以方便之力，暗中派遣二人诱其子，先雇佣他入家做仆人，做除粪等卑劣之事，再逐渐委以重任，使他逐渐除去心中畏惧自卑的心理；等机缘成熟时，方说出实情，与其子相认，并将家产尽数付予其子。此中“长者”喻“佛”，“穷子”喻“迷悟众生”，以“雇佣做活”喻“方便法”，以“二人”喻“二乘之教”，以“最终交付家产”喻“契悟实相”。中根之人，通过此喻而体悟到佛陀“开权显实”之理。此为“三周说法”之第二周，长者穷子喻为“法华七喻”之第二喻。

尔时，慧命须菩提、摩诃迦旃延、摩诃迦叶、摩诃目犍连[①]，从佛所闻未曾有法，世尊授舍利弗阿耨多罗三藐三菩提记，发希有心欢喜踊跃。即从座起，整衣服，偏袒右肩，右膝著地，一心合掌，曲躬恭敬，瞻仰尊颜而白佛言：“我等居僧之首，年并朽迈，自谓已得涅槃，无所堪任，不复进求阿耨多罗三藐三菩提。世尊往昔说法既久，我时在座，身体疲懈，但念空[②]、无相[③]、无作[④]，于菩萨法游戏神通、净佛国土、成就众生，心不喜乐。所以者何？世尊令我等出于三界得涅槃证。又今我等年已朽迈，于佛教化菩萨阿耨多罗三藐三菩提，不生一念好乐之心。我等今于佛前，闻授声闻阿耨多罗三藐三菩提记，心甚欢喜，得未曾有。不谓于今忽然得闻希有之法，深自庆幸获大善利，无量珍宝不求自得。

“世尊，我等今者，乐说譬喻以明斯义。譬若有人年既幼稚，舍父逃逝久住他国，或十、二十至五十岁。年既长大加复穷困，驰骋四方以求衣食，渐渐游行遇向本国。其父先来，求子不得，中止一城。其家大富，财宝无量，金银、琉璃、珊瑚、琥珀、玻璃珠等，其诸仓库悉皆盈溢，多有僮仆、臣佐、吏民，象马车乘牛羊无数，出入息利乃遍他国，商估贾客亦甚众多。时贫穷子游诸聚落，经历国邑，遂到其父所止之城。父母念子，与子离别五十余年，而未曾向人说如此事。但自思惟，心怀悔恨，自念老朽多有财物，金银珍宝仓库盈溢，无有子息，一旦终没，财物散失，无所委付。是以殷勤每忆其子，复作是念：‘我若得子委付财物，坦然快乐，无复忧虑。’

“世尊，尔时穷子佣赁，展转遇到父舍。住立门侧，遥见其父，踞师子床宝几承足，诸婆罗门、刹利居士皆恭敬围绕，以真珠璎珞价值千万庄严其身，吏民僮仆手执白拂侍立左右，覆以宝帐，垂诸华幡，香水洒地，散众名华，罗列宝物出内取与。有如是等种种严饰，威德特尊。穷子见父有大力势，即怀恐怖，悔来至此，窃作是念：'此或是王，或是王等，非我佣力得物之处，不如往至贫里肆力有地，衣食易得。若久住此，或见逼迫强使我作。'作是念已，疾走而去。

"时富长者于师子座，见子便识，心大欢喜，即作是念：'我财物库藏，今有所付。我常思念此子，无由见之，而忽自来，甚适我愿。我虽年朽，犹故贪惜。'即遣傍人急追将还。尔时使者疾走往捉，穷子惊愕称怨大唤：'我不相犯，何为见捉？'使者执之愈急，强牵将还。于时，穷子自念：'无罪而被囚执，此必定死。'转更惶怖，闷绝躄地。父遥见之，而语使言：'不须此人，勿强将来。以冷水洒面，令得醒悟。莫复与语。'所以者何？父知其子志意下劣，自知豪贵为子所难。审知是子，而以方便不语他人云是我子。使者语之：'我今放汝，随意所趣。'穷子欢喜，得未曾有，从地而起，往至贫里以求衣食。

"尔时，长者将欲诱引其子而设方便，密遣二人形色憔悴无威德者：'汝可诣彼，徐语穷子，此有作处，倍与汝值。穷子若许，将来使作。若言欲何所作？便可语之，雇汝除粪，我等二人亦共汝作。'时二使人即求穷子，既已得之，具陈上事。尔时，穷子先取其价，寻与除粪。其父见子，愍而怪之。又以他日于窗牖中，遥见子身羸瘦憔悴，粪土尘坌污秽不净，即脱璎珞细软上服严饰之具，更著粗弊垢腻之衣，尘土坌身，右手执持除粪之器，状有所畏，语诸作人：‘汝等勤作，勿得懈息。’以方便故得近其子，后复告言：‘咄！男子，汝常此作，勿复余去，当加汝价。诸有所须盆器、米、面、盐、醋之属，莫自疑难，亦有老弊使人，须者相给，好自安意。我如汝父，勿复忧虑。所以者何？我年老大，而汝少壮。汝常作时，无有欺怠、瞋恨、怨言，都不见汝有此诸恶如余作人。自今已后，如所生子。’即时长者，更与作字，名之为儿。尔时，穷子虽欣此遇，犹故自谓客作贱人。由是之故，于二十年中常令除粪。过是已后，心相体信，入出无难，然其所止犹在本处。

“世尊，尔时长者有疾，自知将死不久，语穷子言：‘我今多有金银珍宝，仓库盈溢。其中多少，所应取与，汝悉知之。我心如是，当体此意。所以者何？今我与汝便为不异，宜加用心，无令漏失。’尔时，穷子即受教敕，领知众物，金银珍宝及诸库藏，而无悕取一餐之意。然其所止故在本处，下劣之心亦未能舍。复经少时，父知子意渐已通泰，成就大志，自鄙先心。临欲终时，而命其子并会亲族、国王、大臣、刹利居士，皆悉已集，即自宣言：‘诸君当知，此是我子，我之所生。于某城中舍吾逃走，伶俜辛苦五十余年。其本字某，我名某甲。昔在本城怀忧推觅，忽于此间遇会得之。此实我子，我实其父。今我所有一切财物，皆是子有。先所出内，是子所知。’世尊，是时穷子闻父此言，即大欢

喜，得未曾有，而作是念：‘我本无心有所希求，今此宝藏自然而至。’

“世尊，大富长者则是如来，我等皆似佛子，如来常说我等为子。世尊，我等以三苦故⑤，于生死中受诸热恼，迷惑无知，乐著小法⑥。今日世尊令我等思惟蠲除诸法戏论之粪，我等于中勤加精进，得至涅槃一日之价。既得此已，心大欢喜，自以为足，便自谓言：‘于佛法中勤精进故，所得弘多。’然世尊先知我等心著弊欲，乐于小法，便见纵舍，不为分别：‘汝等当有如来知见宝藏之分。’世尊以方便力说如来智慧，我等从佛得涅槃一日之价，以为大得，于此大乘无有志求。我等又因如来智慧，为诸菩萨开示演说，而自于此无有志愿。所以者何？佛知我等心乐小法，以方便力随我等说，而我等不知真是佛子。今我等方知，世尊于佛智慧无所吝惜。所以者何？我等昔来真是佛子，而但乐小法。若我等有乐大之心，佛则为我说大乘法，于此经中唯说一乘。而昔于菩萨前毁訾声闻乐小法者⑦，然佛实以大乘教化。是故我等说本无心有所悕求，今法王大宝自然而至，如佛子所应得者，皆已得之。”

注释：

①慧命：又作“具寿”。意谓具寿命。乃对有德比丘之尊称。

②空：此处指诸法无自性之自性空。

③无相：有两意，一者于一切相，离一切相，即是无相。二者为涅槃的别名，因涅槃离一切虚妄之相。

④无作：指无因缘之造作。

⑤三苦：此系依苦之性质，分为苦苦、坏苦、行苦三种。（一）苦苦，有漏行蕴中，诸非可意之苦受法，逼恼身心之苦。（二）坏苦，诸可意之乐受法，生时为乐，坏时逼恼身心之苦。（三）行苦，除可意非可意以外所余之舍受法，为众缘所造，难免生灭迁流，故圣者观见之，于身心皆感逼恼，故称为“行苦”。一切有漏之行皆无常而生灭迁流，故皆为行苦所摄，则非可意之法有“苦苦”、“行苦”二种，可意之法则有“坏苦”、“行苦”二种。

⑥小法：指小乘之法。

⑦毁呰（zǐ）：指对他人为毁辱事。

译文：

这时，会众中的长老须菩提、摩诃迦旃延、摩诃迦叶、摩诃目犍连等大弟子们从释迦牟尼佛这里听闻到未曾得闻的法门，又见释迦牟尼佛为舍利弗尊者当于未来之世成佛的授记，而从内心生起稀有的愿力，无比欢喜地欢呼跳跃起来。他们从座而起，整理好各自的衣服，偏袒右肩，右膝着地，于胸前当心合掌，恭敬俯身致意，虔诚地仰视世尊的面容，并对世尊说：“我们作为众僧之首，都已年迈老朽，自以为已证得涅槃，不用再承担什么，也都不再积极进取，以求无上正等正觉之圣智。世尊过去说法的时间已相当长了，我们作为大弟子总是在座下听法，逐渐身体开始疲倦，精神也日益懈怠，我们一心只希求修行解脱的空、无人我相、无作等法门，而对于行菩萨道的法门，游戏神通、庄严净化佛国世界、教化普度一切众生等等，于心并不喜爱欣求。为什么这样呢？因为，世尊过去说法教化我等，让我们出离欲界、色界、无色界等三界苦宅，证得涅槃妙乐解脱。并且我们现在都已年老体弱，所以对世尊开示教化乘菩萨志求无上圣智的法门，已未生起丝毫的好乐之心。我们今天有幸在佛前得见世尊为声闻弟子授记当成无上佛果，心中极为欢喜，这是过去所未曾有过的欣喜。我们也不曾想到，如此殊胜的法门，今日却在未曾料到的情况下幸运地值遇。

“世尊啊！我们现在非常希望，能够向与会大从说一譬喻，以使大众理解此等法义。譬如有一位男子，年少无知时离开他的父亲，长期住在其他国家。如此到了十岁、二十岁以至五十岁。由于年纪已大，加之又很穷困，所以便四处游荡，以乞讨为谋生方式，渐渐辗转漂流，来到了自己原来的国度。他的父亲在他之前来到此国，他多年来寻找自己的儿子，但却无结果，所以在某一城中停住下来，安家落户。其父家中颇为富裕，拥有无量的财宝，黄金、白银、琉璃、珊瑚、琥珀、玻璃珠等，充满家中的仓库。又有很多童仆、臣佐、吏民受雇执事，象马、车乘、牛羊等更是多得难以数计、借出和收入的利息遍布其他国家，与其有生意往来的商家也颇为众多。这时，那位贫困潦倒的儿子走过很多城市乡村，经历本国，正好来到其父所居之城市。多年以来，父亲常常默默地思念自己的儿子，与儿子离别五十余年，但却从未向别人提起此事。只是自己暗暗地思虑，心中常常生起悔恨之意，又常常自感身体日益老朽，家中拥有大量的金银财宝，以至于仓库都要溢出来了，但却没有子嗣继承，一旦命终之后，所有的财物都将散失，无人可以继承。所以更加频繁地思念自己的儿子。他在思念儿子时，常常产生这样的念头：'我如果能够再找回儿子，将所有的家产都委托于他，那就会觉得坦然快活、不再有丝毫的忧虑了！'

"世尊，那时，这位穷子被雇作佣人，而在外辗转谋生，刚好来到他父亲的家宅。他站在院门旁，远远看见其父坐在高广的狮子座上，用珍宝几案垫在双脚之下，一些婆罗门、刹帝利居士等都恭敬地围绕在四周，其父身上装饰着价值千万的珍珠、璎珞，仆人们手持白拂，侍立左右，床上盖着宝帐，屋里悬挂着花幡，地上洒着香水，到处都盛放着奇花奇草，还安置了各种宝物，进出随时取用。如此种种的珍贵装饰，无不体现此宅主人所拥有的尊贵威严。那位穷子看到其父如此大的气势，心里觉得非常害怕，后悔来到这里。他暗自思忖到：'这家主人可能是国王，或者是与国王地位相当的人，这里并非是我可以受雇做工以得谋生的地方，不如到贫穷的地方去，那里出力之活好找，衣食也容易得到。如果我久留此地，有可能会受到威逼，强迫我为他做工。'如此想着，穷子即快步走开。

"此时那位富贵的长者坐在高广的狮子座上，看到贫子即认出那是自己失散多年的儿子，心里十分高兴，心想：'我的家产终于有了可以付托的人了！我常日夜思念儿子，却一直未能遇到，今天，他忽然自己来了，这真是遂合我的心愿！我虽然年纪老迈，但依然贪爱怜惜自己的儿子。'于是当即派人前去将儿子追回。当时派去的人一路急跑去追穷子，穷子感到十分惊慌，大声惊呼抱怨道：‘我并没有惹你，为何要抓我呢？’使者急于交差，更为强拉硬拖，强行把他带回来。当时这位穷子暗想：‘自己无罪而遭捕囚，看来会被处死。’于是更加觉得惶恐，以至于昏倒在地。其父在远处看到这种情形，便对使者说：‘我不需要找此人了，不要强行把他带来。把冷水洒在穷子的脸上，让他清醒过来。不要再与他说任何话。’为什么这样做呢？父亲知道自己的儿子志向低劣，对于自己所拥有的富豪，儿子会感到很难适应。考虑到这些，所以父亲决定用方便权宜之法，并不告诉别人这是他的儿子。使者见穷子苏醒过来，便对他说：‘我现在放你走，你愿意去哪儿就去哪儿吧。’穷子听后也感到从未有过的高兴，于是从地上起来，跑到贫穷的地方去谋生度日。

“那时，长者为了逐渐诱导其子，而计划了权宜方便之法，他暗地里派遣两个形色憔悴毫无威德气势的人，付嘱二人说：‘你们到他那里后，慢慢地告诉他，说这里要雇人干活，并可付给加倍的报酬。穷子如果同意，即可将其带来，让他在这里干活。如果他要问起干什么活，就说雇他清扫粪便，我们二人也同你一起干活。’这两人即去寻找那位穷子，找到他后，便按长者的吩咐向穷子叙说了一遍。穷子同意后，先拿了工钱，便来与二人一同扫除粪便。其父看见儿子后，既觉得怜悯，又觉得责怪。有一天，父亲透过窗户看见儿子的身躯，消瘦憔悴，满身粪渍尘土，污秽不净，当即脱下璎珞装饰的上好衣服和其他珍贵之物，又换上破旧的衣服，身上满是尘垢，右手拿着扫粪便的器具，装作畏畏缩缩的样子，来到除扫粪便的众人之中，对他们说:‘你们干活要勤快点,不要懈怠。’父亲便通过这种善巧的方式接近其子。后来,父亲又找到儿子,对他说:‘喂!年轻人,你常在这里干活,又不到其他地方去,应当要求增加你的工钱。以后,你所需要的盆器、米面、盐醋等东西都无须担心,我会让人给你送来,需要多少都可以,你可以放下心来。我就像你的父亲一样,不要再有什么忧虑了。为什么这样做呢?我年纪已经很大了,而你还年轻力壮。你平常干活时,从未有过欺骗、懈怠、恼恨和怨言等各种劣迹恶行,这与其他干活的人不同。从今以后,你就如同我的亲生儿子。’当时长者又给他起了名字,把他当做自己的儿子。当时,穷子虽然对遇到的这些事情觉得高兴,但还是认为自己是受雇劳作的贫贱之人。所以,在二十年当中,长者一直让他干着清除粪便的工作。经过长时间做工之后,穷子的内心与外表都不再拘束,能够自在大方地进出家门,但他所做的仍然是原来的工作,地位也未发生多少变化。

“世尊,有一天,那位长者忽然病倒,他自知死期不远,便对穷子说:‘我如今拥有大量的金银珍宝,仓库里都装得快溢满出来了。家中有多少财物,哪里需要支付开销,这些你都知道。我的这种心情,你应当明白。为什么呢?今天,我与你已没有什么差别,你应该更加用心,不要因大意而损失。’当时穷子按照长者的付嘱,安排各项开支费用,管理金银珍宝及各个仓库,却并不因此而要求其他的待遇。穷子虽然所做的事情有所改变,但仍然住在原来佣人的住处,下劣的心理仍然未能去除。又经过一段时间,父亲知道儿子的心理已经泰然自若,可以成就远大的志向,对于原有的下劣之心也已经反省认识。长者临终前，将他的儿子叫来，又召集了亲族、国王、大臣、刹帝利居士等前来，当众向他们宣布说：‘诸位应当知道，这位是我的儿子，系我亲生之子。当年曾在某城中离开我而出逃，孤单辛苦了五十余年。他原名叫某某，我名叫某甲。我过去曾在本城中满怀忧伤，四下寻觅，忽然在此遇见他。他确实是我的儿子，我确实是他的父亲。如今，我所有的一切财物都归我的儿子所有。先前家中的各项收支，我的儿子也都知道。’世尊，当时穷子听到其父所言，当即非常欢喜，叹为从未遇到之难得事，而产生这样的念头：‘我本来并没有打算追求这些，如今这些宝藏竟自然而得。’

“世尊，那位极为富有的长者就是如来，我们这些人都好像是佛的儿子，如来也常说视我们这些人为儿子。世尊，我们因为有苦苦、坏苦、行苦等三苦，所以在生死之中，常常受到五蕴如火般地的热恼逼迫，由于迷惑无知，热衷于追求小乘之法。今天，世尊让我们体认到，应当捐除昔日所修习的非究竟的法义，如同清扫粪便一般，我们曾于此小乘法中勤勉精进，只为获得涅槃一天的结果。已经达到这种境界后，便觉得满心欢喜，自以为已经足够，于是就对自己说：‘我们于佛法中精勤修行，获得的成就不少。’但是，世尊早已明了我等内心执着于低劣的欲望，热衷于小乘之法，所以，便听任我们修习小乘之法，而不为我们分别大小乘法之差异，你们应当知道，我们都具有与如来无二差别的智慧，世尊用种种善巧方便阐述如来的智慧，我们随从佛陀闻法修行，仅仅得到证入涅槃之少分境界，却以为达到极深的究竟果位，对于大乘佛法也未生起欣求的志向。我们又因为如来智慧的加持，为诸菩萨开示演说佛乘之法，而我们自身却对此无上佛道未生起志愿求道之心。为什么这样呢？世尊知道我们乐于沉迷于小乘非究竟法，因此以方便之力，随顺我等根机，为我们演说权宜之教，我们尚未认识到我们自己本来即是荷负如来法义的真正佛子。今天，我们方得明白，世尊对于无上佛智未曾有丝毫的不吝惜。为什么这么说呢？我等往昔以来本来即是荷负如来家业的真正佛子，却一心热衷于小乘之法。如果我们有欣求大乘之心，如来就会为我们敷演宣说大乘法义，于此《妙法莲华经》中说唯有一乘之理。昔日佛于诸菩萨前诃责修习声闻乘者热衷于小乘法，佛陀从究竟意义上，还是以大乘之法施行教化。所以我们才会说，原本无心志求佛道，而如今法王如来的无上妙法之宝不求自至，如同诸位佛子，只要是作为佛子应该得到的，如今都已经得到。”

尔时，摩诃迦叶欲重宣此义，而说偈言：

我等今日，闻佛音教，欢喜踊跃，得未曾有。
佛说声闻，当得作佛，无上宝聚，不求自得。
譬如童子，幼稚无识，舍父逃逝，
远到他土，周流诸国，五十余年。
其父忧念，四方推求，求之既疲，
顿止一城，造立舍宅，五欲自娱。
其家巨富，多诸金银，砗磲玛瑙，真珠琉璃，
象马牛羊，辇舆车乘，田业僮仆，人民众多，
出入息利，乃遍他国，商估贾人，无处不有。

千万亿众，围绕恭敬，常为王者，之所爱念，
群臣豪族，皆共宗重，以诸缘故，往来者众。
豪富如是，有大力势，而年朽迈，益忧念子，
夙夜惟念：死时将至，痴子舍我，
五十余年，库藏诸物，当如之何？
尔时穷子，求索衣食，从邑至邑，从国至国，
或有所得，或无所得，饥饿羸瘦，体生疮癣，
渐次经历，到父住城，佣赁展转，遂至父舍。
尔时长者，于其门内，施大宝帐，处师子座，
眷属围绕，诸人侍卫，或有计算，
金银宝物，出内财产，注记券疏。
穷子见父，豪贵尊严，谓是国王，若国王等，
惊怖自怪，何故至此？覆自念言：
我若久住，或见逼迫，强驱使作。
思惟是已，驰走而去，借问贫里，欲往佣作。
长者是时，在师子座，遥见其子，
默而识之，即敕使者，追捉将来。
穷子惊唤，迷闷躄地：
是人执我，必当见杀，何用衣食，使我至此？
长者知子，愚痴狭劣，不信我言，不信是父。
即以方便，更遣余人，眇目矬陋，无威德者：
汝可语之，云当相雇，除诸粪秽，倍与汝价。
穷子闻之，欢喜随来，为除粪秽，净诸房舍。

长者于牖，常见其子，念子愚劣，乐为鄙事，
于是长者，著弊垢衣，执除粪器，往到子所，
方便附近，语令勤作：既益汝价，并涂足油，
饮食充足，荐席厚暖，如是苦言，汝当勤作。
又以软语，若如我子。
长者有智，渐令入出，经二十年，执作家事，
示其金银，真珠玻璃，诸物出入，皆使令知。
犹处门外，止宿草庵，自念贫事，我无此物。
父知子心，渐已旷大，欲与财物，即聚亲族，
国王大臣，刹利居士，于此大众，说是我子，
舍我他行，经五十岁，自见子来，已二十年，
昔于某城，而失是子，周行求索，遂来至此。
凡我所有，舍宅人民，悉以付之，恣其所用。
子念昔贫，志意下劣，今于父所，大获珍宝，
并及舍宅，一切财物，甚大欢喜，得未曾有。
佛亦如是，知我乐小，未曾说言，汝等作佛，
而说我等，得诸无漏，成就小乘，声闻弟子。
佛敕我等，说最上道，修习此者，当得成佛。
我承佛教，为大菩萨，以诸因缘，
种种譬喻，若干言辞，说无上道。
诸佛子等，从我闻法，日夜思惟，精勤修习，
是时诸佛，即授其记，汝于来世，当得作佛。
一切诸佛，秘藏之法，但为菩萨，

演其实事，而不为我，说斯真要。
如彼穷子，得近其父，虽知诸物，心不希取。
我等虽说，佛法宝藏，自无志愿，亦复如是。
我等内灭，自谓为足，唯了此事，更无余事。
我等若闻，净佛国土，教化众生，都无欣乐。
所以者何？一切诸法，皆悉空寂，
无生无灭，无大无小，无漏无为。
如是思惟，不生喜乐，我等长夜，
于佛智慧，无贪无著，无复志愿，
而自于法，谓是究竟。
我等长夜，修习空法，得脱三界，
苦恼之患，住最后身，有余涅槃。
佛所教化，得道不虚，则为已得，报佛之恩。
我等虽为，诸佛子等，说菩萨法，
以求佛道，而于是法，永无愿乐。
导师见舍，观我心故，初不劝进，说有实利。
如富长者，知子志劣，以方便力，
柔伏其心，然后乃付，一切财物。
佛亦如是，现希有事，知乐小者，
以方便力，调伏其心，乃教大智。
我等今日，得未曾有，非先所望，
而今自得，如彼穷子，得无量宝。
世尊我今，得道得果，于无漏法，得清净眼。

我等长夜，持佛净戒，始于今日，得其果报。
法王法中，久修梵行，今得无漏，无上大果。
我等今者，真是声闻，以佛道声，令一切闻，
我等今者，真阿罗汉，于诸世间，
天人魔梵，普于其中，应受供养。
世尊大恩，以希有事，怜愍教化，利益我等，
无量亿劫，谁能报者？手足供给，
头顶礼敬，一切供养，皆不能报。
若以顶戴，两肩荷负，于恒沙劫，尽心恭敬，
又以美膳，无量宝衣，及诸卧具，种种汤药，
牛头栴檀，及诸珍宝，以起塔庙，宝衣布地，
如斯等事，以用供养，于恒沙劫，亦不能报。
诸佛希有，无量无边，不可思议，大神通力，
无漏无为，诸法之王，能为下劣，
忍于斯事，取相凡夫，随宜为说。
诸佛于法，得最自在，知诸众生，种种欲乐，
及其志力，随所堪任，以无量喻，而为说法。
随诸众生，宿世善根，又知成熟，未成熟者，
种种筹量，分别知已，于一乘道，随宜说三。

译文：

这时，摩诃迦叶为了再次宣说他们的言意，即以偈语形式说道：

我等今日，闻佛音教，欢喜踊跃，得未曾有。

佛说声闻，当得作佛，无上宝聚，不求自得。
譬如童子，幼稚无识，舍父逃逝，
远到他土，周流诸国，五十余年。
其父忧念，四方推求，求之既疲，
顿止一城，造立舍宅，五欲自娱。
其家巨富，多诸金银，砗磲玛瑙，真珠琉璃，
象马牛羊，辇舆车乘，田业僮仆，人民众多，
出入息利，乃遍他国，商估贾人，无处不有。
千万亿众，围绕恭敬，常为王者，之所爱念，
群臣豪族，皆共宗重，以诸缘故，往来者众。
豪富如是，有大力势，而年朽迈，益忧念子，
夙夜惟念：死时将至，痴子舍我，
五十余年，库藏诸物，当如之何？
尔时穷子，求索衣食，从邑至邑，从国至国，
或有所得，或无所得，饥饿羸瘦，体生疮癣，
渐次经历，到父住城，佣赁展转，遂至父舍。
尔时长者，于其门内，施大宝帐，处师子座，
眷属围绕，诸人侍卫，或有计算，
金银宝物，出内财产，注记券疏。
穷子见父，豪贵尊严，谓是国王，
若国王等，惊怖自怪，何故至此？
覆自念言：我若久住，或见逼迫，强驱使作。
思惟是已，驰走而去，借问贫里，欲往佣作。
长者是时，在师子座，遥见其子，

默而识之，即敕使者，追捉将来。
穷子惊唤，迷闷躄地：
是人执我，必当见杀，何用衣食，使我至此？
长者知子，愚痴狭劣，不信我言，不信是父。
即以方便，更遣余人，眇目矬陋，无威德者：
汝可语之，云当相雇，除诸粪秽，倍与汝价。
穷子闻之，欢喜随来，为除粪秽，净诸房舍。
长者于牖，常见其子，念子愚劣，乐为鄙事，
于是长者，著弊垢衣，执除粪器，往到子所，
方便附近，语令勤作：既益汝价，并涂足油，
饮食充足，荐席厚暖，如是苦言，汝当勤作。
又以软语，若如我子。
长者有智，渐令入出，经二十年，执作家事，
示其金银，真珠玻璃，诸物出入，皆使令知。
犹处门外，止宿草庵，自念贫事，我无此物。
父知子心，渐已旷大，欲与财物，即聚亲族，
国王大臣，刹利居士，于此大众，说是我子，
舍我他行，经五十岁，自见子来，已二十年，
昔于某城，而失是子，周行求索，遂来至此。
凡我所有，舍宅人民，悉以付之，恣其所用。
子念昔贫，志意下劣，今于父所，大获珍宝，
并及舍宅，一切财物，甚大欢喜，得未曾有。
佛亦如是，知我乐小，未曾说言，汝等作佛，
而说我等，得诸无漏，成就小乘，声闻弟子。

佛敕我等，说最上道，修习此者，当得成佛。
我承佛教，为大菩萨，以诸因缘，
种种譬喻，若干言辞，说无上道。
诸佛子等，从我闻法，日夜思惟，精勤修习，
是时诸佛，即授其记，汝于来世，当得作佛。
一切诸佛，秘藏之法，但为菩萨，
演其实事，而不为我，说斯真要。
如彼穷子，得近其父，虽知诸物，心不希取。
我等虽说，佛法宝藏，自无志愿，亦复如是。
我等内灭，自谓为足，唯了此事，更无余事。
我等若闻，净佛国土，教化众生，都无欣乐。
所以者何？一切诸法，皆悉空寂，
无生无灭，无大无小，无漏无为。
如是思惟，不生喜乐，我等长夜，于佛智慧，
无贪无著，无复志愿，而自于法，谓是究竟。
我等长夜，修习空法，得脱三界，
苦恼之患，住最后身，有余涅槃。
佛所教化，得道不虚，则为已得，报佛之恩。
我等虽为，诸佛子等，说菩萨法，
以求佛道，而于是法，永无愿乐。
导师见舍，观我心故，初不劝进，说有实利。
如富长者，知子志劣，以方便力，
柔伏其心，然后乃付，一切财物。
佛亦如是，现希有事，知乐小者，

以方便力，调伏其心，乃教大智。
我等今日，得未曾有，非先所望，
而今自得，如彼穷子，得无量宝。
世尊我今，得道得果，于无漏法，得清净眼。
我等长夜，持佛净戒，始于今日，得其果报。
法王法中，久修梵行，今得无漏，无上大果。
我等今者，真是声闻，以佛道声，令一切闻，
我等今者，真阿罗汉，于诸世间，
天人魔梵，普于其中，应受供养。
世尊大恩，以希有事，怜愍教化，
利益我等，无量亿劫，谁能报者？
手足供给，头顶礼敬，一切供养，皆不能报。
若以顶戴，两肩荷负，于恒沙劫，尽心恭敬，
又以美膳，无量宝衣，及诸卧具，种种汤药，
牛头栴檀，及诸珍宝，以起塔庙，宝衣布地，
如斯等事，以用供养，于恒沙劫，亦不能报。
诸佛希有，无量无边，不可思议，大神通力，
无漏无为，诸法之王，能为下劣，
忍于斯事，取相凡夫，随宜为说。
诸佛于法，得最自在，知诸众生，种种欲乐，
及其志力，随所堪任，以无量喻，而为说法。
随诸众生，宿世善根，又知成熟，未成熟者，
种种筹量，分别知已，于一乘道，随宜说三。

药草喻品第五

如来以草木之喻继续为中根之人宣示“开权显实”之教法，并指出如来所说皆真实不虚，唯以众生根性不同，而以诸智方便为其宣说，以使其相应得解。此草木之喻中，以“一云遍覆”、“一雨普润”喻“如来一相一味之教法”；以“三种草木”喻“众生根机差别”，即：“小草木者”喻“人天乘”，“中草木者”喻“声闻”、“缘觉乘”，“大草木者”喻“菩萨乘”。此喻续明如来以一实相法普润一切众生，众生随其根性所受不同，各得大小道果。此为法华“三周说法”的第二周，为“法华七喻”中的第三喻。

尔时，世尊告摩诃迦叶及诸大弟子：“善哉！善哉！迦叶，善说如来真实功德。诚如所言，如来复有无量无边阿僧祇功德，汝等若于无量亿劫说不能尽。迦叶当知，如来是诸法之王，若有所说，皆不虚也！于一切法以智方便而演说之，其所说法皆悉到于一切智地。如来观知一切诸法之所归趣，亦知一切众生深心所行，通达无碍。又于诸法究尽明了，示诸众生一切智慧。

“迦叶，譬如三千大千世界，山川溪谷土地，所生卉木丛林，及诸药草，种类若干，名色各异。密云弥布遍覆三千大千世界，一时等澍，其泽普洽。卉木丛林及诸药草，小根小茎小枝小叶，中根中茎中枝中叶，大根大茎大枝大叶，诸树大小，随上中下各有所受。一云所雨，称其种性而得生长华果敷实。虽一地所生，一雨所润，而诸草木各有差别。

“迦叶当知，如来亦复如是。出现于世如大云起；以大音声普遍世界天、人、阿修罗，如彼大云遍覆三千大千国土，于大众中而唱是言：‘我是如来、应供、正遍知、明行足、善逝、世间解、无上士、调御丈夫、天人师、佛世尊，未度者令度，未解者令解，未安者令安，未涅槃者令得涅槃。今世后世如实知之，我是一切知者、一切见者、知道者、开道者、说道者。汝等天、人、阿修罗众，皆应到此，为听法故。’

“尔时，无数千万亿种众生，来至佛所而听法。如来于时，观是众生诸根利钝、精进懈怠，随其所堪而为说法种种无量，皆令欢喜快得善利。是诸众生闻是法已，现世安隐，后生善处。以道受乐，亦得闻法；既闻法已，离诸障碍，于诸法中任力所能渐得入道。如彼大云，雨于一切卉木丛林及诸药草，如其种性具足蒙润各得生长。

“如来说法，一相一味①，所谓解脱相、离相、灭相，究竟至于一切种智。其有众生闻如来法，若持读诵，如说修行，所得功德不自觉知。所以者何？唯有如来知此众生种相体性，念何事，思何事，修何事，云何念，云何思，云何修，以何法念，以何法思，以何法修，以何法得何法。众生住于种种之地，唯有如来如实见之，明了无碍。如彼卉木丛林诸药草等，而不自知上中下性。

“如来知是一相一味之法，所谓解脱相、离相、灭相、究竟涅槃常寂灭相②，终归于空。佛知是已，观众生心欲而将护之，是故不即为说一切种智。

“汝等迦叶，甚为希有，能知如来随宜说法，能信能受。所以者何？诸佛世尊随宜说法难解难知。”

注释：

①一相一味：指实相一味之法。谓佛之说法虽随众生根机之差异而有“二乘”、“三乘”与“五乘”之分，然实质上为同一相、同一味，故称“一相一味”。

②寂灭相：即涅槃之相。以涅槃远离一切诸法之相，故称为“寂灭相”。

译文：

这时，世尊告诉摩诃迦叶及诸大弟子说：“好！好！迦叶善于演说如来的真实功德。就如迦叶所说的，如来有无量无边不可思议的功德，你们即使于无量亿劫之中不停地宣扬，也是说不尽的。迦叶！你应该知道，如来是诸法之王，凡是他说的，都是真实无虚的。他以充满智慧的方便善巧来演说一切法义。如来所说的法义，可以通达一切智慧的境地。如来可以观察到一切法的归趣，也了知一切众生的内心的思想，通达无碍。对于一切法义，如来也悉皆通达，因而能为众生开示一切智慧。

“迦叶！譬如在一切世界的山川、溪谷、大地中，所生长的花草林木及各种药草，有着不同的名称和形状。如果密云弥布，遮盖了所有这些世界，一时间降下大雨，雨水都能广泛地滋润到所有的地方。但大地上所生长的花草林木和诸种药草，因为各自不同的大小，有的根、茎、枝、叶小，有的根、茎、枝、叶中等，有的根、茎、枝、叶大，这些草木的大小，随着各自的大小，而分别只能领受到与之相应的雨水滋润。虽是因同样的云所降下的雨，但各自都按其不同的品性而得以生长、开花、结果。虽然是在同一土地上生长，受到同样的雨滋润，但各种不同的花草树木，却有着各种差别。

“迦叶！你应当知道，如来也是如此。如来出现于世间，就如同天空现起大云一般；如来以大音声，普令一切世间的天、人和阿修罗得闻，就如同大云遍布在一切世界，如来在大众之中如此说言：‘我是如来、应供、正遍知、明行足、善逝、世间解、无上士、调御丈夫、天人师、佛世尊。尚未得到救度的众生，我将使其灭度；尚未得到解脱的众生，我将使其解脱；尚未得到安稳的众生，我将使其安稳；尚未入于涅槃的众生，我将使其入于涅槃。如来对于今世和后世的一切因缘，皆真实通达，我是一切知者，一切见者，我是知道者、开道者、说道者。你们这些天、人、阿修罗等大众都应该到这里来，目的是为了听闻说法。’

“这时，无数种类的众生纷纷来到如来所安住的地方，听闻说法。如来当即观察这些众生的聪慧与愚钝、精进与懈怠等不同情况，并根据他们所能接受的程度，而为他们宣说不同的法义，都能够使众生欢喜信受，能够很快获益。这些众生听闻如来的说法后，现世可以安稳，后世可以转生各种善处。因为依法修行，而获得快乐，因此更欣于闻法；众生在闻法之后，即可远离各种烦恼障碍，在各种法门之中，依照各自的根机渐渐得以证道。就如同大云降雨，可以普遍滋润一切花草林木和各种药草，并按照其不同的特性，得到足够的润泽，而各自顺利地生长。

“如来所说之法，最终归趣为一相一味。一相即真如实相；一味即无所不知的佛智。即所谓解脱相、离相、灭相，究竟达到一切种智之境。如果有众生听闻如来所说之法后，受持、读诵，依法修行，那么他因此所得到的功德，对他自己而言，是很难觉知的。为什么这么说呢？因为唯有如来才能彻知众生的根机，相状及体性，知道他忆念何事、思维何事，修行何事；知道他为什么忆念、为什么思维、为什么修行；知道他用怎样的方法去忆念，用怎样的方法去思维，用怎样的方法去修习；知道他因为怎样的方法得到怎样的结果。众生所处的种种境界，唯有如来可以如实得见，明了无碍，如同那些花草林木及各种药草等，他们自己并不知道自己的上、中、下品性。

“如来深知此唯一实相、唯一佛智之法，即所谓的解脱相、离相、寂灭相、究竟涅槃常寂灭相，所有诸相从根本上都归于空相。如来悉知这些法义后，又观察到众生内心的各种欲念，为了护持此等无上妙法不致受到诽谤，因而并不即刻为众生宣说究竟的一切种智。

“迦叶你们这些众生，是非常稀有的，因为你们能够知晓如来随众生之根机，而为之宣说相应的不同法义，并且能够深信法义，能够受持法义。为什么这么说呢？因为诸佛随宜说法，是难解而难知的。”

尔时，世尊欲重宣此义，而说偈言：

破有法王[1]，出现世间，随众生欲，种种说法。
如来尊重，智慧深远，久默斯要，不务速说。
有智若闻，则能信解，无智疑悔，则为永失。
是故迦叶，随力为说，以种种缘，令得正见。
迦叶当知，譬如大云，起于世间，遍覆一切，
慧云含润，电光晃曜，雷声远震，令众悦豫，
日光掩蔽，地上清凉，叆叇垂布[2]，如可承揽。
其雨普等，四方俱下，流澍无量，率土充洽，
山川险谷，幽邃所生，卉木药草，大小诸树，
百谷苗稼，甘蔗蒲萄，雨之所润，
无不丰足，干地普洽，药木并茂。
其云所出，一味之水，草木丛林，随分受润，
一切诸树，上中下等，称其大小，
各得生长，根茎枝叶，华果光色。
一雨所及，皆得鲜泽，如其体相，
性分大小，所润是一，而各滋茂。
佛亦如是，出现于世，譬如大云，普覆一切。
既出于世，为诸众生，分别演说，诸法之实。
大圣世尊，于诸天人，一切众中，而宣是言：

我为如来，两足之尊，出于世间，犹如大云，
充润一切，枯槁众生，皆令离苦，
得安隐乐，世间之乐，及涅槃乐。
诸天人众，一心善听，皆应到此，觐无上尊。
我为世尊，无能及者，安隐众生，
故现于世，为大众说，甘露净法。
其法一味[3]，解脱涅槃，以一妙音，
演畅斯义，常为大乘，而作因缘。
我观一切，普皆平等，无有彼此，爱憎之心。
我无贪著，亦无限碍，恒为一切，
平等说法，如为一人，众多亦然。
常演说法，曾无他事，去来坐立，
终不疲厌，充足世间，如雨普润。
贵贱上下，持戒毁戒，威仪具足，及不具足，
正见邪见，利根钝根，等雨法雨，而无懈倦。
一切众生，闻我法者，随力所受，住于诸地。
或处人天，转轮圣王，释梵诸王，是小药草。
知无漏法，能得涅槃，起六神通，及得三明，
独处山林，常行禅定，得缘觉证，是中药草。
求世尊处，我当作佛，行精进定，是上药草。
又诸佛子，专心佛道，常行慈悲，
自知作佛，决定无疑，是名小树。
安住神通，转不退轮，度无量亿，

百千众生。如是菩萨，名为大树。
佛平等说，如一味雨，随众生性，
所受不同，如彼草木，所禀各异。
佛以此喻，方便开示，种种言辞，
演说一法，于佛智慧，如海一滴。
我雨法雨，充满世间，一味之法，随力修行，
如彼丛林，药草诸树，随其大小，渐增茂好。
诸佛之法，常以一味，令诸世间，
普得具足，渐次修行，皆得道果。
声闻缘觉，处于山林，住最后身，
闻法得果，是名药草，各得增长。
若诸菩萨，智慧坚固，了达三界，
求最上乘④，是名小树，而得增长。
复有住禅，得神通力，闻诸法空，心大欢喜，
放无数光，度诸众生，是名大树，而得增长。
如是迦叶，佛所说法，譬如大云，
以一味雨，润于人华，各得成实。
迦叶当知，以诸因缘，种种譬喻，
开示佛道，是我方便，诸佛亦然。
今为汝等，说最实事，诸声闻众，皆非灭度。
汝等所行，是菩萨道，渐渐修学，悉当成佛。

注释:

①破有法王:系指佛以无碍智之善巧方便,破有情万有实有之执着,令诸众生出离三界,了脱生死,故称"破有法王"。

②叆叇(àidài):云飘拂的样子。

③一味:指所有一切事(诸现象)理(本质)均平等无差别。通常指佛陀之教法而言。《法华玄义》云:"一味者,喻法华一乘之教也。如来说法,必称机宜。以其机有大小,故历四时三教,渐次调停,令其入大,然后高会灵山,纯谈一妙,开前四时三教之法,即是圆妙一乘,一乘之外,更无别法。"

④最上乘:指至高无上的教法,即圆顿教,亦即"一佛乘"。

译文:

这时,世尊为了再次宣说法义,即以偈颂说言:

破有法王,出现世间,随众生欲,种种说法。
如来尊重,智慧深远,久默斯要,不务速说。
有智若闻,则能信解,无智疑悔,则为永失。
是故迦叶,随力为说,以种种缘,令得正见。
迦叶当知,譬如大云,起于世间,遍覆一切,
慧云含润,电光晃曜,雷声远震,令众悦豫,
日光掩蔽,地上清凉,叆叇垂布,如可承揽。
其雨普等,四方俱下,流澍无量,率土充洽,
山川险谷,幽邃所生,卉木药草,大小诸树,
百谷苗稼,甘蔗蒲萄,雨之所润,
无不丰足,干地普洽,药木并茂。

其云所出，一味之水，草木丛林，随分受润，
一切诸树，上中下等，称其大小，
各得生长，根茎枝叶，华果光色。
一雨所及，皆得鲜泽，如其体相，
性分大小，所润是一，而各滋茂。
佛亦如是，出现于世，譬如大云，普覆一切。
既出于世，为诸众生，分别演说，诸法之实。
大圣世尊，于诸天人，一切众中，而宣是言：
我为如来，两足之尊，出于世间，犹如大云，
充润一切，枯槁众生，皆令离苦，
得安隐乐，世间之乐，及涅槃乐。
诸天人众，一心善听，皆应到此，觐无上尊。
我为世尊，无能及者，安隐众生，
故现于世，为大众说，甘露净法。
其法一味，解脱涅槃，以一妙音，
演畅斯义，常为大乘，而作因缘。
我观一切，普皆平等，无有彼此，爱憎之心。
我无贪著，亦无限碍，恒为一切，
平等说法，如为一人，众多亦然。
常演说法，曾无他事，去来坐立，
终不疲厌，充足世间，如雨普润。
贵贱上下，持戒毁戒，威仪具足，及不具足，
正见邪见，利根钝根，等雨法雨，而无懈倦。
一切众生，闻我法者，随力所受，住于诸地。

或处人天，转轮圣王，释梵诸王，是小药草。
知无漏法，能得涅槃，起六神通，及得三明，
独处山林，常行禅定，得缘觉证，是中药草。
求世尊处，我当作佛，行精进定，是上药草。
又诸佛子，专心佛道，常行慈悲，
自知作佛，决定无疑，是名小树。
安住神通，转不退轮，度无量亿，
百千众生。如是菩萨，名为大树。
佛平等说，如一味雨，随众生性，
所受不同，如彼草木，所禀各异。
佛以此喻，方便开示，种种言辞，
演说一法，于佛智慧，如海一滴。
我雨法雨，充满世间，一味之法，随力修行，
如彼丛林，药草诸树，随其大小，渐增茂好。
诸佛之法，常以一味，令诸世间，
普得具足，渐次修行，皆得道果。
声闻缘觉，处于山林，住最后身，
闻法得果，是名药草，各得增长。
若诸菩萨，智慧坚固，了达三界，
求最上乘，是名小树，而得增长。
复有住禅，得神通力，闻诸法空，心大欢喜，
放无数光，度诸众生，是名大树，而得增长。
如是迦叶，佛所说法，譬如大云，
以一味雨，润于人华，各得成实。

迦叶当知，以诸因缘，种种譬喻，
开示佛道，是我方便，诸佛亦然。
今为汝等，说最实事，诸声闻众，皆非灭度。
汝等所行，是菩萨道，渐渐修学，悉当成佛。

授记品第六

授记，又作“授决”、“受决”、“受记”、“受别”、“记别”、“记别”、“记说”、“记”。“十二部经”之一。本指分析教说，或以问答方式解说教理；转指弟子所证或死后之生处；后专指未来世证果及成佛名号之预言（又作“预记”），即佛对发大心的众生预先记名，未来于何时何地成佛，名号为何。

本品佛陀为摩诃迦叶等四大声闻授记未来当得成佛。摩诃迦叶号“光明如来”，须菩提号“名相如来”，大迦旃延号“阎浮那提金光如来”，大目犍连号“多摩罗跋栴檀香如来”。

尔时，世尊说是偈已，告诸大众唱如是言：“我此弟子摩诃迦叶，于未来世当得奉觐三百万亿诸佛世尊，供养恭敬，尊重赞叹，广宣诸佛无量大法，于最后身得成为佛，名曰光明如来、应供、正遍知、明行足、善逝、世间解、无上士、调御丈夫、天人师、佛世尊。国名光德，劫名大庄严。佛寿十二小劫，正法住世二十小劫，像法亦住二十小劫。国界严饰，无诸秽恶、瓦砾、荆棘、便利不净。其土平正，无有高下、坑坎、堆阜。琉璃为地，宝树行列，黄金为绳以界道侧，散诸宝华周遍清净。其国菩萨无量千亿，诸声闻众亦复无数，无有魔事。虽有魔及魔民，皆护佛法。”

尔时，世尊欲重宣此义，而说偈言：

告诸比丘，我以佛眼，见是迦叶，
于未来世，过无数劫，当得作佛。
而于来世，供养奉觐，三百万亿，
诸佛世尊，为佛智慧，净修梵行。
供养最上，二足尊已，修习一切，
无上之慧，于最后身，得成为佛。
其土清净，琉璃为地，多诸宝树，
行列道侧，金绳界道，见者欢喜。
常出好香，散众名华，种种奇妙，
以为庄严，其地平正，无有丘坑。
诸菩萨众，不可称计，其心调柔，
逮大神通，奉持诸佛，大乘经典。
诸声闻众，无漏后身，法王之子，
亦不可计，乃以天眼，不能数知。
其佛当寿，十二小劫，正法住世，二十小劫，
像法亦住，二十小劫，光明世尊，其事如是。

尔时，大目犍连、须菩提、摩诃迦旃延等，皆悉悚栗，一心合掌，瞻仰尊颜，目不暂舍，即共同声而说偈言：

大雄猛世尊，诸释之法王，
哀愍我等故，而赐佛音声。
若知我深心，见为授记者，
如以甘露洒，除热得清凉。

如从饥国来，忽遇大王膳，
心犹怀疑惧，未敢即便食，
若复得王教，然后乃敢食。
我等亦如是，每惟小乘过，
不知当云何，得佛无上慧？
虽闻佛音声，言我等作佛，
心尚怀忧惧，如未敢便食，
若蒙佛授记，尔乃快安乐。
大雄猛世尊，常欲安世间，
愿赐我等记，如饥须教食。

译文：

这时，世尊宣说偈语后，对参加法会的所有大众宣告说：“我的这位弟子摩诃迦叶，将在未来世中，能够得见供养三百万亿位诸佛，于诸佛面前能够悉心供养、恭敬、尊重、赞颂，广泛地宣说诸佛无量无边的广大法门，并且在其最后世中，证得佛果，名号为光明如来、应供、正遍知、明行足、善逝、世间解、无上士、调御丈夫、天人师、佛世尊。他成佛的国度名为光德，其所处的劫名叫作大庄严。光明佛的住世寿命为十二小劫，佛的正法流传于世二十小劫，像法流传于世也二十小劫。光明如来的佛国庄严华丽，没有污秽恶浊，也没有瓦砾和荆棘，没有大小便等不净之物。国内土地平正，没有高低差别，没有坑坑坎坎，没有土堆和小山。大地全部用琉璃铺成，七宝之树行行排列，以黄金制成的宝绳作为道路的分界，国土之中，到处飘扬着宝花，到处都是一片洁净。光明佛国之中，有无量千亿的菩萨大众，声闻弟子也是无量无数。这里没有魔障，没有烦恼，虽有魔王和魔民，但他们全都护持佛法。”

这时，世尊为了再次宣说法义，即以偈颂说言：

告诸比丘，我以佛眼，见是迦叶，
于未来世，过无数劫，当得作佛。
而于来世，供养奉觐，三百万亿，
诸佛世尊，为佛智慧，净修梵行。
供养最上，二足尊已，修习一切，
无上之慧，于最后身，得成为佛。
其土清净，琉璃为地，多诸宝树，
行列道侧，金绳界道，见者欢喜。
常出好香，散众名华，种种奇妙，
以为庄严，其地平正，无有丘坑。
诸菩萨众，不可称计，其心调柔，
逮大神通，奉持诸佛，大乘经典。
诸声闻众，无漏后身，法王之子，
亦不可计，乃以天眼，不能数知。
其佛当寿，十二小劫，正法住世，二十小劫，
像法亦住，二十小劫，光明世尊，其事如是。

这时，大目犍连、须菩提、摩诃迦旃延等弟子都深感震惊，他们虔诚地合起掌，目不转睛仰望着世尊，异口同声地说偈言：

大雄猛世尊，诸释之法王，哀愍我等故，而赐佛音声。

若知我深心，见为授记者，如以甘露洒，除热得清凉。
如从饥国来，忽遇大王膳，心犹怀疑惧，
未敢即便食，若复得王教，然后乃敢食。
我等亦如是，每惟小乘过，不知当云何，得佛无上慧？
虽闻佛音声，言我等作佛，心尚怀忧惧，
如未敢便食，若蒙佛授记，尔乃快安乐。
大雄猛世尊，常欲安世间，愿赐我等记，如饥须教食。

尔时，世尊知诸大弟子心之所念，告诸比丘："是须菩提，于当来世奉觐三百万亿那由他佛，供养恭敬，尊重赞叹，常修梵行，具菩萨道，于最后身得成为佛，号曰名相如来、应供、正遍知、明行足、善逝、世间解、无上士、调御丈夫、天人师、佛世尊。劫名有宝，国名宝生。其土平正，玻璃为地，宝树庄严，无诸丘坑、沙砾、荆棘、便利之秽，宝华覆地周遍清净。其土人民皆处宝台、珍妙楼阁。声闻弟子无量无边，算数譬喻所不能知。诸菩萨众无数千万亿那由他。佛寿十二小劫，正法住世二十小劫，像法亦住二十小劫。其佛常处虚空为众说法，度脱无量菩萨及声闻众。"

尔时，世尊欲重宣此义，而说偈言：

诸比丘众，今告汝等，皆当一心，听我所说。
我大弟子，须菩提者，当得作佛，号曰名相。
当供无数，万亿诸佛，随佛所行，渐具大道。

最后身得，三十二相，端正姝妙，犹如宝山。
其佛国土，严净第一，众生见者，无不爱乐。
佛于其中，度无量众。
其佛法中，多诸菩萨，皆悉利根，
转不退轮，彼国常以，菩萨庄严。
诸声闻众，不可称数，皆得三明，
具六神通，住八解脱，有大威德。
其佛说法，现于无量，神通变化，不可思议。
诸天人民，数如恒沙，皆共合掌，听受佛语。
其佛当寿，十二小劫，正法住世，二十小劫，
像法亦住，二十小劫。

译文：

此时，世尊知道诸大弟子心中的想法，于是对诸比丘宣示说："这位须菩提弟子在未来世中，能够得见供养三百万亿那由他数的诸佛，于诸佛面前能够悉心供养、恭敬、尊重、赞颂，常修习清净梵行，安住于修习菩萨道中，在其最后世中，证得佛果，名号为名相如来、应供、正遍知、明行足、善逝、世间解、无上士、调御丈夫、天人师、佛世尊。他成佛的劫名叫有宝，国土之名为宝生。国内土地平正，大地全部用玻璃铺成，七宝之树行行排列，没有坑坎和山丘，也没有沙土、石砾和荆棘，没有大小便等不净之物。宝花遍覆大地，处处清净无染。那国土中的众生，都安住在宝台之上，或者住于珍奇精妙的楼阁之中。声闻

弟子也是无量无数，无论如何计数或者用怎样的譬喻都无法测知。又有无数千万亿那由他数的菩萨众。名相如来的住世寿命为十二小劫，佛的正法流传于世二十小劫，像法流传于世也二十小劫。名相如来常常安住于虚空之中，为大众宣说佛法，并且使无量无数的菩萨众和声闻众得到灭度解脱。

这时，世尊为了再次宣说法义，即以偈颂说言：

诸比丘众，今告汝等，皆当一心，听我所说。
我大弟子，须菩提者，当得作佛，号曰名相。
当供无数，万亿诸佛，随佛所行，渐具大道。
最后身得，三十二相，端正姝妙，犹如宝山。
其佛国土，严净第一，众生见者，无不爱乐。
佛于其中，度无量众。
其佛法中，多诸菩萨，皆悉利根，转不退轮，
彼国常以，菩萨庄严。
诸声闻众，不可称数，皆得三明，具六神通，
住八解脱，有大威德。
其佛说法，现于无量，神通变化，不可思议。
诸天人民，数如恒沙，皆共合掌，听受佛语。
其佛当寿，十二小劫，正法住世，二十小劫，
像法亦住，二十小劫。

尔时，世尊复告诸比丘众："我今语汝，是大迦旃延，于当来世，以诸供具供养奉事八千亿佛，恭敬尊重。诸佛灭后，各起塔庙高千由旬，纵广正等五百由

旬，皆以金、银、琉璃、砗磲、玛瑙、真珠、玫瑰七宝合成，众华、璎珞、涂香、末香、烧香、缯盖、幢幡，供养塔庙。过是已后，当复供养二万亿佛，亦复如是。供养是诸佛已，具菩萨道，当得作佛，号曰阎浮那提金光如来、应供、正遍知、明行足、善逝、世间解、无上士、调御丈夫、天人师、佛世尊。其土平正，玻璃为地，宝树庄严，黄金为绳以界道侧，妙华覆地周遍清净，见者欢喜。无四恶道，地狱、饿鬼、畜生、阿修罗道，多有天、人、诸声闻众，及诸菩萨无量万亿，庄严其国。佛寿十二小劫，正法住世二十小劫，像法亦住二十小劫。”

尔时，世尊欲重宣此义，而说偈言：

诸比丘众，皆一心听，如我所说，真实无异。
是迦旃延，当以种种，妙好供具，供养诸佛。
诸佛灭后，起七宝塔，亦以华香，供养舍利。
其最后身，得佛智慧，成等正觉，国土清净。
度脱无量，万亿众生，皆为十方，之所供养。
佛之光明，无能胜者，其佛号曰，阎浮金光。
菩萨声闻，断一切有，无量无数，庄严其国。

译文：

这时，世尊又对诸比丘宣告说：“我今天告诉你们，这位大迦旃延，于未来世中，将用各种供养之物，承事供养八千亿位佛，所有供养承事均极为恭敬尊重。诸佛灭度后，大迦旃延都为其建立舍利塔庙，塔高一千由旬、长宽各有五百由旬，这些佛塔皆用黄金、白银、琉璃、砗磲、玛瑙、珍珠、玫瑰等七宝建造，并以各种鲜花、璎珞、泥香、末香、烧香以及用丝绸做成的宝盖、幢、幡等供养舍利塔庙。在此之后，大迦旃延还将再继续供养两万亿位佛，方式如同与供养前面的诸佛一样。供养这些佛之后，大迦旃延将具足菩萨道的修习，最终证得佛果，名号为阎浮那提金光如来、应供、正遍知、明行足、善逝、世间解、无上士、调御丈夫、天人师、佛世尊。国内土地平正，大地全部用琉璃铺成，七宝之树行行排列，以黄金制成的宝绳作为道路的分界。国土之中，上妙宝花覆盖于地，处处清净。见到这种美妙景象的众生，没有不生起欢喜之心的。在他的佛国中，没有四种恶道，即地狱、饿鬼、畜生、阿修罗，多有天众及人众，无量万亿的声闻众和菩萨众，使得这个佛国世界更加庄严。阎浮那提金光如来的住世寿命是十二小劫。他的正法流传于世二十小劫。像法也住世二十小劫。”

这时，世尊为了再次宣说法义，即以偈颂说言：

诸比丘众，皆一心听，如我所说，真实无异。
是迦旃延，当以种种，妙好供具，供养诸佛。
诸佛灭后，起七宝塔，亦以华香，供养舍利。
其最后身，得佛智慧，成等正觉，国土清净。
度脱无量，万亿众生，皆为十方，之所供养。
佛之光明，无能胜者，其佛号曰，阎浮金光。
菩萨声闻，断一切有，无量无数，庄严其国。

尔时，世尊复告大众："我今语汝，是大目犍连，当以种种供具供养八千诸佛，恭敬尊重。诸佛灭后，各起塔庙高千由旬，纵广正等五百由旬。皆以金、银、琉璃、砗磲、玛瑙、真珠、玫瑰七宝合成，众华、璎珞、涂香、末香、烧香、缯盖、幢幡，以用供养。过是已后，当复供养二百万亿诸佛，亦复如是。当得成佛，号曰多摩罗跋栴檀香如来、应供、正遍知、明行足、善逝、世间解、无上士、调御丈夫、天人师、佛世尊。劫名喜满，国名意乐。其土平正，玻璃为地，宝树庄严，散真珠华周遍清净，见者欢喜。多诸天、人、菩萨、声闻，其数无量。佛寿二十四小劫，正法住世四十小劫，像法亦住四十小劫。"

尔时，世尊欲重宣此义，而说偈言：

我此弟子，大目犍连，舍是身已，
得见八千，二百万亿，诸佛世尊。
为佛道故，供养恭敬，于诸佛所，
常修梵行，于无量劫，奉持佛法。
诸佛灭后，起七宝塔，长表金刹，
华香伎乐，而以供养，诸佛塔庙。
渐渐具足，菩萨道已，于意乐国，
而得作佛，号多摩罗，栴檀之香。
其佛寿命，二十四劫，常为天人，演说佛道。
声闻无量，如恒河沙，三明六通，有大威德。
菩萨无数，志固精进，于佛智慧，皆不退转。

佛灭度后，正法当住，四十小劫，像法亦尔。
我诸弟子，威德具足，其数五百，
皆当授记，于未来世，咸得成佛。
我及汝等，宿世因缘，吾今当说，汝等善听。

译文：

这时，释迦牟尼佛又再次向大众宣告说："我现在告诉你们，这位大目犍连弟子将在未来世中，将用各种供养之物，承事供养八千位佛，所有供养承事均极为恭敬尊重。诸佛灭度后，大目犍连都为其建立舍利塔庙，塔高一千由旬、长宽各有五百由旬。这些佛塔皆用黄金、白银、琉璃、砗磲、玛瑙、珍珠、玫瑰等七宝建造，并以各种鲜花、璎珞、泥香、末香、烧香以及用丝绸做成的宝盖、幢、幡等供养舍利塔庙。在此之后，目犍连还将再继续供养两万亿位佛，方式如同与供养前面的诸佛一样。那时，大目犍连将证得佛果，名号为多摩罗跋栴檀香如来、应供、正遍知、明行足、善逝、世间解、无上士、调御丈夫、天人师、佛世尊。当时劫名叫喜满，国名叫意乐。国内土地平正，琉璃为地，宝树庄严，到处飘散着珍珠之花，到处都非常清净，凡见此景象的众生无不生起欢喜之心。他的国土中，有很多的天、人类、菩萨、声闻等众，数量无可称计。多摩罗跋栴檀香如来住世寿命为二十四小劫，佛灭度后，佛的正法流行于世四十小劫，像法于世流行四十小劫。"

这时，世尊为了再次宣说法义，即以偈颂说言：

我此弟子，大目犍连，舍是身已，

得见八千，二百万亿，诸佛世尊。
为佛道故，供养恭敬，于诸佛所，
常修梵行，于无量劫，奉持佛法。
诸佛灭后，起七宝塔，长表金刹，
华香伎乐，而以供养，诸佛塔庙。
渐渐具足，菩萨道已，于意乐国，
而得作佛，号多摩罗，栴檀之香。
其佛寿命，二十四劫，常为天人，演说佛道。
声闻无量，如恒河沙，三明六通，有大威德。
菩萨无数，志固精进，于佛智慧，皆不退转。
佛灭度后，正法当住，四十小劫，像法亦尔。
我诸弟子，威德具足，其数五百，
皆当授记，于未来世，咸得成佛。
我及汝等，宿世因缘，吾今当说，汝等善听。

化城喻品第七

佛陀宣示与《法华经》的因缘：久远劫前为大通智胜如来第十六王子时，曾契佛意，而为众生演说《法华经》。大通智胜如来成佛后，诸方国土皆现瑞相，后十六王子皆舍弃王位，出家修道，最终皆成佛果。并再次强调“世间无有二乘而得灭度，唯一佛乘得灭度”。又对会中无量众生，说“化城之喻”，言为引导众生到达众宝所在之处，而众生于途中厌倦而欲生退心，方以虚设之化现城池，令疲劳之众暂时止歇。继之令诸子继续前行以达宝地。通过此喻明“三乘”是假，“一乘”是实；明“二乘”之法实为引导众生最终趋向究竟“一乘”的方便之法，而最终的结果是为令众生入证佛慧。

本品为“三周说法”之第三周之始，系为下根众生说宿世因缘，令其得悟。此中“化城喻”为“法华七喻”之第四喻。

佛告诸比丘：“乃往过去无量无边不可思议阿僧祇劫，尔时有佛，名大通智胜如来、应供、正遍知、明行足、善逝、世间解、无上士、调御丈夫、天人师、佛世尊。其国名好城，劫名大相。诸比丘，彼佛灭度已来甚大久远。譬如三千大千世界所有地种，假使有人磨以为墨，过于东方千国土乃下一点，大如微尘，又过千国土复下一点，如是展转尽地种墨。于汝等意云何？

是诸国土，若算师、若算师弟子，能得边际知其数不？”

“不也，世尊。”

“诸比丘，是人所经国土，若点不点，尽抹为尘，一尘一劫，彼佛灭度已来复过是数，无量无边百千万亿阿僧祇劫。我以如来知见力故，观彼久远犹若今日。”

尔时，世尊欲重宣此义，而说偈言：

我念过去世，无量无边劫，
有佛两足尊，名大通智胜。
如人以力磨，三千大千土[①]，
尽此诸地种，皆悉以为墨。
过于千国土，乃下一尘点，
如是展转点，尽此诸尘墨。
如是诸国土，点与不点等，
复尽抹为尘，一尘为一劫。
此诸微尘数，其劫复过是，
彼佛灭度来，如是无量劫。
如来无碍智[②]，知彼佛灭度，
及声闻菩萨，如见今灭度。
诸比丘当知，佛智净微妙，
无漏无所碍，通达无量劫。

注释：

①大千：即“大千世界”之略称。为古代印度人之宇宙观。

古代印度人以四大洲及日月诸天为一小世界，合一千小世界为“小千世界”；合一千小千世界为“中千世界”；合一千中千世界为“大千世界”。今之俗语乃袭用佛教“大千世界”一词，转用于形容人间之纷纭诸相。小千、中千、大千并提，则称“三千大千世界”。

②无碍智：自在无碍的智慧，即佛的智慧。

译文：

释迦牟尼佛告诉诸比丘说：“在过去无量无边不可思议阿僧祇劫前，有一位大通智胜如来，具足佛的十号之德，即应供、正遍知、明行足、善逝、世间解、无上士、调御丈夫、天人师、佛世尊。他出现的世界名叫好城，劫名叫大相。诸位比丘，那位大通智胜如来涅槃后，至今已有极其久远的年代。譬如有人将此三千大千世界所有国土，都磨成墨，每经过东方一千个国土时，洒下一点如微尘大小的墨滴；再过一千个国土，又洒下一点墨滴，按照这样的方式，把所有的墨都洒完。你们觉得如何？这些国土，如果让精于算术者及他的弟子们来测算，他们能够算出它们的数量吗？”

诸比丘回答说：“不可算尽，世尊。”

佛陀又说：“诸比丘，如果把此人所经国土中的土地，包括洒上墨滴的和没有洒上墨滴的，再全部磨为微粒之尘，一尘算作一劫，那位大通智胜如来自从涅槃以来所经过的劫数，要比如此众多的劫数更多出无量无边百千万亿阿僧祇劫。我以如来所具有的知见之力，观察那样久远之前的因缘，就如同观照今日情景一样。”

那时，释迦牟尼佛为了再次重复他宣说的法义，即以偈颂道：

我念过去世，无量无边劫，有佛两足尊，名大通智胜。
如人以力磨，三千大千土，尽此诸地种，皆悉以为墨。
过于千国土，乃下一尘点，如是展转点，尽此诸尘墨。
如是诸国土，点与不点等，复尽抹为尘，一尘为一劫。
此诸微尘数，其劫复过是，彼佛灭度来，如是无量劫。
如来无碍智，知彼佛灭度，及声闻菩萨，如见今灭度。
诸比丘当知，佛智净微妙，无漏无所碍，通达无量劫。

佛告诸比丘：“大通智胜佛寿五百四十万亿那由他劫[①]。其佛本坐道场破魔军已，垂得阿耨多罗三藐三菩提，而诸佛法不现在前。如是一小劫乃至十小劫，结跏趺坐，身心不动，而诸佛法犹不在前。尔时，忉利诸天先为彼佛，于菩提树下敷师子座[②]，高一由旬。佛于此座，当得阿耨多罗三藐三菩提。适坐此座时，诸梵天王雨众天华，面百由旬。香风时来，吹去萎华，更雨新者。如是不绝，满十小劫供养于佛；乃至灭度，常雨此华。四王诸天为供养佛，常击天鼓，其余诸天作天伎乐满十小劫，至于灭度亦复如是。诸比丘，大通智胜佛过十小劫，诸佛之法乃现在前，成阿耨多罗三藐三菩提。

“其佛未出家时，有十六子，其第一者名曰智积。

诸子各有种种珍异玩好之具。闻父得成阿耨多罗三藐三菩提，皆舍所珍，往诣佛所。诸母涕泣而随送之。其祖转轮圣王，与一百大臣及余百千万亿人民，皆共围绕随至道场，咸欲亲近大通智胜如来，供养恭敬，尊重赞叹。到已，头面礼足，绕佛毕已，一心合掌，瞻仰世尊，以偈颂。"曰：

大威德世尊③，为度众生故，
于无量亿劫，尔乃得成佛。
诸愿已具足，善哉吉无上，
世尊甚希有，一坐十小劫，
身体及手足，静然安不动。
其心常憺怕，未曾有散乱，
究竟永寂灭，安住无漏法。
今者见世尊，安隐成佛道，
我等得善利，称庆大欢喜。
众生常苦恼，盲瞑无导师，
不识苦尽道，不知求解脱，
长夜增恶趣，减损诸天众，
从冥入于冥，永不闻佛名。
今佛得最上，安隐无漏道，
我等及天人，为得最大利，
是故咸稽首，归命无上尊。

"尔时，十六王子偈赞佛已，劝请世尊转于法轮，咸作是言：‘世尊说法，多所安隐，怜愍饶益，诸天人民。’”

重说偈言：

世雄无等伦，百福自庄严，
得无上智慧，愿为世间说，
度脱于我等，及诸众生类，
为分别显示，令得是智慧。
若我等得佛，众生亦复然。
世尊知众生，深心之所念，
亦知所行道，又知智慧力，
欲乐及修福，宿命所行业，
世尊悉知已，当转无上轮。

注释：

①那由他：又作“那庾多”、“那由多”、“那术”、“那述”。数目名，当于此方之亿。亿有十万、百万、千万三等。故诸师定那由多之数不同。多相当于现在所指之“亿”数。

②师子座：即狮子座。又作“狮子床”。原指释迦牟尼之坐席。佛为人中狮子，故佛所坐之处（床、地等），总称“狮子座”。又坐此座说无为狮子吼法，故亦称“狮子座”。

③大威德：大威与大德。有伏恶之势曰“大威”，有护善之功曰“大德”。

译文：

释迦牟尼佛又告诉诸比丘说："大通智胜如来寿命长达五百四十万亿那由他劫。大通智胜佛在菩提道场中安坐入定，破除一切魔军的扰乱后，即可获得无上正等正觉之圣智，但那时诸佛法未出现于前。如此经过一小劫，以至十小劫，大通智胜如来始终结跏趺坐，身心不动，但诸佛法仍然未能出现于前。这时，忉利天的诸天人在菩提树下为大通智胜如来铺设狮子座，座高一由旬。佛将于此座上获得无上正等正觉。大通智胜佛刚坐到此狮子座上，诸梵天王降下如雨般众多的各色天花，散落在佛座四周一百由旬的范围内。阵阵香风时而扬起，吹去萎谢的花朵，又落下新的天花。如此持续不断，达十小劫，以天花供养于佛；甚至一直到大通智胜如来涅槃后，他们还是照常地散下天花。四大天王等为供养大通智胜如来，常击天鼓，其余诸天神常奏鸣天乐，亦持续达十小劫，一直到大通胜智如来灭度后也是如此。诸位比丘，大通智胜如来经过了十个小劫，诸佛法才出现于前，由此大通智胜如来方证得无上正等正觉。

"大通智胜如来未出家时，有十六位儿子。第一位儿子名叫智积。每位儿子各自都有种种珍贵奇异的玩具。他们听说父亲已证得无上正等正觉后，都放弃了自己所珍爱的宝物，前往佛住的场所。儿子们的母亲非常不舍，她们流着泪，一同为儿子们送行。他们的祖父即当时的转轮圣王，与一百位大臣及百千万亿众的民众，一周伴随他们来到大通智胜如来的道场，都希望能够亲近大通智胜如来，供养、恭敬、尊重、赞颂大通智胜如来。他们到达佛的道场后，全部五体投地，顶礼佛足，并恭敬绕佛后，全身心地恭敬合掌，注视着大通智胜如来，用偈颂赞佛。”道：

大威德世尊，为度众生故，于无量亿劫，尔乃得成佛。
诸愿已具足，善哉吉无上，世尊甚希有，
一坐十小劫，身体及手足，静然安不动。
其心常憺怕，未曾有散乱，究竟永寂灭，安住无漏法。
今者见世尊，安隐成佛道，我等得善利，称庆大欢喜。
众生常苦恼，盲瞑无导师，不识苦尽道，不知求解脱，
长夜增恶趣，减损诸天众，从冥入于冥，永不闻佛名。
今佛得最上，安隐无漏道，我等及天人，为得最大利，
是故咸稽首，归命无上尊。

“那时，十六位王子用偈颂赞叹大通智胜如来的功德后，即劝请如来为他们讲经说法，他们如此地说道：‘世尊演说无上妙法，令一切众生都能得到安稳，怜悯一切天人之众，饶益一切的天人之众。’”

又以偈颂再次说道：

世雄无等伦，百福自庄严，得无上智慧，愿为世间说，
度脱于我等，及诸众生类，为分别显示，
令得是智慧。若我等得佛，众生亦复然。
世尊知众生，深心之所念，亦知所行道，又知智慧力，
欲乐及修福，宿命所行业，世尊悉知已，当转无上轮。

佛告诸比丘：“大通智胜佛得阿耨多罗三藐三菩提时，十方各五百万亿诸佛世界六种震动[①]。其国中间幽

冥之处，日月威光所不能照，而皆大明。其中众生各得相见，咸作是言：‘此中云何忽生众生？’又其国界诸天宫殿，乃至梵宫，六种震动。大光普照遍满世界，胜诸天光。尔时，东方五百万亿诸国土中，梵天宫殿光明照曜倍于常明。诸梵天王各作是念：‘今者宫殿光明昔所未有，以何因缘而现此相？’”

是时诸梵天王，即各相诣共议此事。时彼众中，有一大梵天王，名救一切，为诸梵众而说偈言：

我等诸宫殿，光明昔未有，
此是何因缘，宜各共求之。
为大德天生？为佛出世间？
而此大光明，遍照于十方。

“尔时，五百万亿国土诸梵天王，与宫殿俱，各以衣祴盛诸天华，共诣西方推寻是相。见大通智胜如来，处于道场菩提树下，坐师子座，诸天、龙王、乾闼婆、紧那罗、摩睺罗伽、人非人等恭敬围绕，及见十六王子请佛转法轮。即时诸梵天王头面礼佛，绕百千匝，即以天华而散佛上，其所散华如须弥山；并以供养佛菩提树，其菩提树高十由旬。华供养已，各以宫殿奉上彼佛，而作是言：‘唯见哀愍饶益我等，所献宫殿，愿垂纳受。’”

时诸梵天王，即于佛前，一心同声，以偈颂曰：

世尊甚希有，难可得值遇，
具无量功德，能救护一切。

天人之大师，哀愍于世间，
十方诸众生，普皆蒙饶益。
我等所从来，五百万亿国，
舍深禅定乐，为供养佛故。
我等先世福，宫殿甚严饰，
今以奉世尊，唯愿哀纳受。

“尔时，诸梵天王偈赞佛已，各作是言：‘唯愿世尊，转于法轮，度脱众生，开涅槃道。’”

时诸梵天王，一心同声，而说偈言：

世雄两足尊，唯愿演说法，
以大慈悲力，度苦恼众生。

“尔时，大通智胜如来默然许之。”

注释：

①六种震动：指大地震动的六种相状。又称“六变震动”或“六反震动”，略称“六震”或“六动”。依佛典所载，在释尊诞生、成道、说法或如来出现时，大地皆有六种震动。

译文：

释迦牟尼佛告诉诸位比丘：“大通智胜如来证得无上正等正觉的果位时，十方各有五百万亿诸佛国土全都发生六种震动。在这些佛国之内，那些日月光明曾经无法照达的幽暗之处，也都被极大的光明所照耀。这些国土的众生各个都能见到，都如此地说道：‘这里为什么忽然出现如此众多的众生？’另外，在这些国土范围内诸天的宫殿乃至梵天的宫殿都发生六种震动。极大的光明普照整个世界，其光明的程度远远胜过诸天本具的光明。这时，东方五百万亿国土中，梵天的宫殿所发出光明的程度，远远胜过通常宫殿发出光明的多倍。诸梵天王都产生这样的念头：‘如今宫殿中的光明是过去从未有过的，是由于何种因缘而出现如此的瑞相呢？’”

这时诸梵天王即相互拜访，共同议论此事。此时，在他们当中，有一位大梵天王，名号为救一切，为诸梵天大众说偈语，道：

我等诸宫殿，光明昔未有，此是何因缘，宜各共求之。

为大德天生？为佛出世间？而此大光明，遍照于十方。

“那时，东方五百万亿国土中诸梵天王带着他们各自的宫殿，又用衣服盛满了天花，共同前往西方，去探寻这种光明的源头。他们见到大通智胜如来正安坐在菩提树下的狮子座上，诸天、龙王、乾闼婆、紧那罗、摩睺罗伽、人、非人等都非常恭敬地围绕在佛的周围，并看见十六位王子正在请佛说法。这时，诸梵天王立即以头面顶礼佛足，并恭敬地绕佛百千周，又以天花散在佛的身上，他们所散的天花犹如须弥山一般众多；他们又以天花来供养如来成道的菩提树，菩提树高十由旬。他们用天花供养之后，又各自以其所拥有的宫殿奉给大通智胜如来，并如此说道：‘恳请如来慈悲哀悯我们，让我们得到究竟的利益。我们所奉献的宫殿，还望您能够慈悲纳受。’”

这时，诸梵天王就在大通智胜如来的面前，异口同声地诵偈，说：

世尊甚希有，难可得值遇，具无量功德，能救护一切。

天人之大师，哀愍于世间，十方诸众生，普皆蒙饶益。

我等所从来，五百万亿国，舍深禅定乐，为供养佛故。

我等先世福，宫殿甚严饰，今以奉世尊，唯愿哀纳受。

“这时，诸梵天王诵偈赞佛后，又各自劝请道：‘恳请世尊能为我们讲经说法，让一切苦难的众生能够得到解脱，为众生开示灭除烦恼，入于究竟涅槃的法门！’”

那时，诸梵天王又一心同声地诵偈道：

世雄两足尊，唯愿演说法，

以大慈悲力，度苦恼众生。

“这时，大通智胜如来默许了他们的请求。”

“又诸比丘，东南方五百万亿国土诸大梵王，各自见宫殿光明照曜昔所未有，欢喜踊跃生希有心，即各相诣共议此事。时彼众中，有一大梵天王，名曰大悲，为诸梵众而说偈。”言：

是事何因缘，而现如此相？

我等诸宫殿，光明昔未有。

为大德天生？为佛出世间？

未曾见此相，当共一心求。

过千万亿土，寻光共推之，

多是佛出世，度脱苦众生。

“尔时，五百万亿诸梵天王，与宫殿俱，各以衣裓盛诸天华，共诣西北方推寻是相。见大通智胜如来，处于道场菩提树下，坐师子座，诸天、龙王、乾闼婆、紧那罗、摩睺罗伽、人非人等恭敬围绕，及见十六王子请佛转法轮。时诸梵天王头面礼佛，绕百千匝[1]，即以天华而散佛上，所散之华如须弥山，并以供养佛菩提树。华供养已，各以宫殿奉上彼佛，而作是言：'唯见哀愍饶益我等，所献宫殿，愿垂纳受。'"

尔时，诸梵天王即于佛前，一心同声，以偈颂曰：

圣主天中王，迦陵频伽声，
哀愍众生者，我等今敬礼。
世尊甚希有，久远乃一现，
一百八十劫，空过无有佛。
三恶道充满，诸天众减少，
今佛出于世，为众生作眼。
世间所归趣，救护于一切，
为众生之父，哀愍饶益者。
我等宿福庆，今得值世尊。

"尔时，诸梵天王偈赞佛已，各作是言：'唯愿世尊，哀愍一切，转于法轮，度脱众生。'"

时诸梵天王，一心同声，而说偈言：

大圣转法轮，显示诸法相，
度苦恼众生，令得大欢喜。
众生闻此法，得道若生天，

诸恶道减少，忍善者增益。

“尔时，大通智胜如来默然许之。”

注释：

①绕百千匝：即围着佛右绕（即顺时针方向行走）一圈、三圈，或百千圈，表示恭敬仰慕之意。又作“旋绕”、“绕佛”、“行道”。原为古代印度礼节之一，佛陀住世时即保留此仪礼，后更应用于修持上，或法会行道中。绕佛之次数不定，或仅一匝，或三匝、七匝，或百千匝、无数匝不等，其数随礼者之意而定。

译文：

释迦牟尼佛又说：“诸位比丘，东南方五百万亿国土中的所有梵天王，各自见到宫殿所发出光明的程度，是往昔从未见到过的，诸梵天王也都欢欣鼓舞，叹为稀有，也即相互拜访，共议此事。这时，他们之中有一大梵天王，名叫大悲，为诸梵众说偈语。”道：

是事何因缘，而现如此相？我等诸宫殿，光明昔未有。

为大德天生？为佛出世间？未曾见此相，当共一心求。

过千万亿土，寻光共推之，多是佛出世，度脱苦众生。

“那时，五百万亿国土中诸梵天王带着他们各自的宫殿，又用衣服盛满了天花，共同前往西北方，去探寻这种光明的源头。他们见到大通智胜如来正安坐在菩提树下的狮子座上，诸天、龙王、乾闼婆、紧那罗、摩睺罗伽、人、非人等都非常恭敬地围绕在佛的周围，并看见十六位王子正在请佛说法。这时，诸梵天王立即以头面顶礼佛足，并恭敬地绕佛百千周，又以天花散在佛的身上，他们所散的天花犹如须弥山一般众多；他们又以天花来供养如来成道的菩提树。他们用天花供养之后，又各自以其所拥有的宫殿奉给大通智胜如来，并如此说道：'恳请如来慈悲哀悯我们，让我们得到究竟的利益。我们所奉献的宫殿，还望您能够慈悲纳受。'"

这时，诸梵天王就在大通智胜如来的面前，异口同声地诵偈说：

圣主天中王，迦陵频伽声，
哀愍众生者，我等今敬礼。
世尊甚希有，久远乃一现，
一百八十劫，空过无有佛。
三恶道充满，诸天众减少，
今佛出于世，为众生作眼。
世间所归趣，救护于一切，
为众生之父，哀愍饶益者。
我等宿福庆，今得值世尊。

"这时，梵天王们以偈颂赞佛后，又一齐说道：'我们希望世尊能够哀悯一切众生，为我们转妙法轮，以使众生得到解脱。'"

于是，诸梵天王以同一心念，异口同声地宣诵偈言：

大圣转法轮，显示诸法相，度苦恼众生，令得大欢喜。
众生闻此法，得道若生天，诸恶道减少，忍善者增益。

"这时，大通智胜如来默然承许众梵天王的请求。"

“又诸比丘，南方五百万亿国土诸大梵王，各自见宫殿光明照曜昔所未有，欢喜踊跃生希有心，即各相诣共议此事。以何因缘我等宫殿有此光曜？”

时彼众中，有一大梵天王，名曰妙法，为诸梵众而说偈言：

我等诸宫殿，光明甚威曜，
此非无因缘，是相宜求之。
过于百千劫，未曾见是相，
为大德天生？为佛出世间？

“尔时，五百万亿诸梵天王，与宫殿俱，各以衣裓盛诸天华，共诣北方推寻是相。见大通智胜如来，处于道场菩提树下，坐师子座，诸天、龙王、乾闼婆、紧那罗、摩睺罗伽、人非人等恭敬围绕，及见十六王子请佛转法轮。时诸梵天王头面礼佛，绕百千匝，即以天华而散佛上，所散之华如须弥山，并以供养佛菩提树。华供养已，各以宫殿奉上彼佛，而作是言：‘唯见哀愍饶益我等，所献宫殿，愿垂纳受。’”

尔时，诸梵天王即于佛前，一心同声，以偈颂曰：

世尊甚难见，破诸烦恼者，
过百三十劫，今乃得一见。
诸饥渴众生，以法雨充满，
昔所未曾见，无量智慧者，
如优昙钵花，今日乃值遇。

我等诸宫殿，蒙光故严饰，

世尊大慈悲，唯愿垂纳受。

“尔时，诸梵天王偈赞佛已，各作是言：‘唯愿世尊，转于法轮，令一切世间诸天、魔、梵、沙门、婆罗门，皆获安隐而得度脱。’”

时诸梵天王，一心同声，以偈颂曰：

唯愿天人尊，转无上法轮，

击于大法鼓，而吹大法螺。

普雨大法雨，度无量众生，

我等咸归请，当演深远音。

“尔时，大通智胜如来默然许之。西南方乃至下方亦复如是。”

译文：

释迦牟尼佛又说道：“诸位比丘，南方五百万亿国土中的所有梵天王，各自见到宫殿所发出光明的程度，是往昔从未见到过的，诸梵天王也都欢欣鼓舞，叹为稀有，也即相互拜访，共议此事。是由于什么样的因缘，而使得我们的宫殿出现如此的光明。”

这时，他们之中有一大梵天王，名叫妙法，为诸梵众说偈语道：

我等诸宫殿，光明甚威曜，此非无因缘，是相宜求之。

过于百千劫，未曾见是相，为大德天生？为佛出世间？

“那时，五百万亿国土中诸梵天王带着他们各自的宫殿，又用衣服盛满了天花，共同前往北方，去探寻这种光明的源头。他们见到大通智胜如来正安坐在菩提树下的狮子座上，诸天、龙王、乾闼婆、紧那罗、摩睺罗伽、人、非人等都非常恭敬地围绕在佛的周围，并看见十六位王子正在请佛说法。这时，诸梵天王立即以头面顶礼佛足，并恭敬地绕佛百千周，又以天花散在佛的身上，他们所散的天花犹如须弥山一般众多，他们又以天花来供养如来成道的菩提树。他们用天花供养之后，又各自以其所拥有的宫殿奉给大通智胜如来，并如此说道：‘恳请如来慈悲哀悯我们，让我们得到究竟的利益。我们所奉献的宫殿，还望您能够慈悲纳受。’”

这时，诸梵天王就在大通智胜如来的面前，异口同声地诵偈说：

世尊甚难见，破诸烦恼者，过百三十劫，今乃得一见。

诸饥渴众生，以法雨充满，昔所未曾见，

无量智慧者，如优昙钵花，今日乃值遇。

我等诸宫殿，蒙光故严饰，世尊大慈悲，唯愿垂纳受。

“梵天王们用偈语赞颂佛陀之后，又异口同声地说：‘我们希望世尊能够于此转无上法轮，使所有世间的天众、魔众、梵众、沙门、婆罗门等都能获得安稳。’”

这时，诸梵天王以同一心念，异口同声地宣诵偈言：

唯愿天人尊，转无上法轮，击于大法鼓，而吹大法螺。

普雨大法雨，度无量众生，我等咸归请，当演深远音。

“这时，大通智胜如来默然承许众梵天王的请求。西南方诸国土，乃至下方诸国土，也都如此。”

“尔时，上方五百万亿国土诸大梵王，皆悉自睹所止宫殿，光明威曜昔所未有，欢喜踊跃生希有心，即各相诣共议此事。以何因缘我等宫殿有斯光明？”

时彼众中有一大梵天王[①]，名曰尸弃，为诸梵众而说偈言：

今以何因缘，我等诸宫殿，
威德光明曜，严饰未曾有？
如是之妙相，昔所未闻见，
为大德天生？为佛出世间？

“尔时，五百万亿诸梵天王，与宫殿俱，各以衣裓盛诸天华，共诣下方推寻是相。见大通智胜如来，处于道场菩提树下，坐师子座，诸天、龙王、乾闼婆、紧那罗、摩睺罗伽、人非人等恭敬围绕，及见十六王子请佛转法轮。时诸梵天王头面礼佛，绕百千匝，即以天华而散佛上，所散之华如须弥山，并以供养佛菩提树。华供养已，各以宫殿奉上彼佛，而作是言：‘唯见哀愍饶益我等，所献宫殿，愿垂纳受。’”

时诸梵天王，即于佛前，一心同声，以偈颂曰：

善哉见诸佛，救世之圣尊，
能于三界狱，勉出诸众生。

普智天人尊，哀愍群萌类，
能开甘露门，广度于一切。
于昔无量劫，空过无有佛，
世尊未出时，十方常暗冥，
三恶道增长，阿修罗亦盛，
诸天众转减，死多堕恶道。
不从佛闻法，常行不善事，
色力及智慧，斯等皆减少。
罪业因缘故，失乐及乐想，
住于邪见法，不识善仪则，
不蒙佛所化，常堕于恶道。
佛为世间眼，久远时乃出，
哀愍诸众生，故现于世间。
超出成正觉，我等甚欣庆，
及余一切众，喜叹未曾有。
我等诸宫殿，蒙光故严饰，
今以奉世尊，唯垂哀纳受。
愿以此功德，普及于一切，
我等与众生，皆共成佛道。

“尔时，五百万亿诸梵天王偈赞佛已，各白佛言：‘唯愿世尊，转于法轮，多所安隐，多所度脱。’”

时诸梵天王而说偈言：

世尊转法轮，击甘露法鼓，

度苦恼众生，开示涅槃道。
唯愿受我请，以大微妙音，
哀愍而敷演，无量劫习法。

“尔时，大通智胜如来，受十方诸梵天王及十六王子请，即时三转十二行法轮[②]。若沙门、婆罗门，若天、魔、梵及余世间，所不能转。谓是苦，是苦集，是苦灭，是苦灭道，及广说十二因缘法——无明缘行，行缘识，识缘名色，名色缘六入，六入缘触，触缘受，受缘爱，爱缘取，取缘有，有缘生，生缘老死忧悲苦恼。无明灭则行灭，行灭则识灭，识灭则名色灭，名色灭则六入灭，六入灭则触灭，触灭则受灭，受灭则爱灭，爱灭则取灭，取灭则有灭，有灭则生灭，生灭则老死忧悲苦恼灭。佛于天人大众之中说是法时，六百万亿那由他人，以不受一切法故，而于诸漏心得解脱，皆得深妙禅定、三明、六通，具八解脱。第二、第三、第四说法时，千万亿恒河沙那由他等众生，亦以不受一切法故，而于诸漏心得解脱。从是已后，诸声闻众无量无边不可称数。”

注释：

①大梵天王：指色界初禅天之大梵天。梵天王名尸弃，又称“娑婆世界主”、“世主天”。深信正法，每逢佛出世，必最先来请佛转法轮。

②十二行法轮：谓“四谛”各有示动证三行相，合成“十二

行相”。即三转法轮。按：此处所言之“三转法轮”并非通常所说的三论宗吉藏所立之判教名称中所言之“三转法轮”（即把释迦牟尼佛一生之教说分为三个阶段，即根本法轮、枝末法轮、摄末归本法轮）。

译文：

“这时，上方五百万亿国土中的所有梵天王，各自见到宫殿所发出光明的程度，是往昔从未见到过的，诸梵天王也都欢欣鼓舞，叹为稀有，也即相互拜访，共议此事。是由于什么样的因缘，而使得我们的宫殿出现如此的光明？”

这时，他们之中有一大梵天王，名叫尸弃，为诸梵众说偈语道：

今以何因缘，我等诸宫殿，威德光明曜，严饰未曾有？

如是之妙相，昔所未闻见，为大德天生？为佛出世间？

“那时，五百万亿国土中诸梵天王带着他们各自的宫殿，又用衣服盛满了天花，共同前往西北方，去探寻这种光明的源头。他们见到大通智胜如来正安坐在菩提树下的狮子座上，诸天、龙王、乾闼婆、紧那罗、摩睺罗伽、人、非人等都非常恭敬地围绕在佛的周围，并看见十六位王子正在请佛说法。这时，诸梵天王立即以头面顶礼佛足，并恭敬地绕佛百千周，又以天花散在佛的身上，他们所散的天花犹如须弥山一般众多；他们又以天花来供养如来成道的菩提树。他们用天花供养之后，又各自以其所拥有的宫殿奉给大通智胜如来，并如此说道：‘恳请如来慈悲哀悯我们，让我们得到究竟的利益。我们所奉献的宫殿，还望您能够慈悲纳受。'”

这时，诸梵天王就在大通智胜如来的面前，异口同声地诵偈说：

善哉见诸佛，救世之圣尊，能于三界狱，勉出诸众生。
普智天人尊，哀愍群萌类，能开甘露门，广度于一切。
于昔无量劫，空过无有佛，世尊未出时，十方常暗冥，
三恶道增长，阿修罗亦盛，诸天众转减，死多堕恶道。
不从佛闻法，常行不善事，色力及智慧，斯等皆减少。
罪业因缘故，失乐及乐想，住于邪见法，
不识善仪则，不蒙佛所化，常堕于恶道。
佛为世间眼，久远时乃出，哀愍诸众生，故现于世间。
超出成正觉，我等甚欣庆，及余一切众，喜叹未曾有。
我等诸宫殿，蒙光故严饰，今以奉世尊，唯愿垂纳受。
愿以此功德，普及于一切，我等与众生，皆共成佛道。

“这时五百万亿梵天王以偈颂赞佛之后，又对佛说：'我们恳切地希望，世尊能为我们转法轮，使一切众生得到安稳，得到解脱。'”

这时，诸梵天王们又以偈颂言道：

世尊转法轮，击甘露法鼓，度苦恼众生，开示涅槃道。
唯愿受我请，以大微妙音，哀愍而敷演，无量劫习法。

“这时，大通智胜如来接受来自十方的诸大梵天王和十六位王子的请求，即为他们三次宣说苦、集、灭、道的四谛义理。无论是沙门、婆罗门，还是天众、魔众、大梵天王，甚至世间其他一切众生，都无法演说如此上妙的法义。分别为：三界诸

苦、苦的原因、灭苦之后的境界以及灭苦的途径。又为他们广泛地演说十二因缘法——无明缘行，行缘识，识缘名色，名色缘六入，六入缘触，触缘受，受缘爱，爱缘取，取缘有，有缘生，生缘老死忧悲苦恼。如果无明灭则行灭；行灭则识灭；识灭则名色灭；名色灭则六入灭；六入灭则触灭；触灭则受灭；受灭则爱灭；爱灭则取灭；取灭则有灭；有灭则生灭；生灭则老、死、忧、悲等诸苦恼即可灭除。大通智胜佛在天人大众中演说此法时，有六百万亿那由他的众生，由于对一切法均无执着，而于深处贪、嗔、痴等诸烦恼的有漏心中，得到解脱，并得到甚深微妙的禅定，并具有三种明达、六种神通，还具足八种解脱。在佛陀进行第二、第三、第四次说法时，又有亿万恒河沙那由他数量的众生，由于对一切法均无执着，而于深处贪、嗔、痴等诸烦恼的有漏心中，得到解脱。从此以后，获得声闻果位的大众无量无边，不可计量。”

“尔时，十六王子皆以童子出家而为沙弥，诸根通利，智慧明了。已曾供养百千万亿诸佛，净修梵行，求阿耨多罗三藐三菩提。俱白佛言：‘世尊，是诸无量千万亿大德声闻，皆已成就。世尊，亦当为我等说阿耨多罗三藐三菩提法，我等闻已皆共修学。世尊，我等志愿如来知见，深心所念佛自证知。’尔时，转轮圣王所将众中八万亿人，见十六王子出家，亦求出家，王即听许。

“尔时，彼佛受沙弥请，过二万劫已，乃于四众之中，说是大乘经，名《妙法莲华》，教菩萨法佛所护念。

说是经已，十六沙弥为阿耨多罗三藐三菩提故，皆共受持讽诵通利。

“说是经时，十六菩萨沙弥皆悉信受，声闻众中亦有信解，其余众生千万亿种皆生疑惑。佛说是经，于八千劫未曾休废。说此经已，即入静室，住于禅定八万四千劫。是时，十六菩萨沙弥，知佛入室寂然禅定，各升法座，亦于八万四千劫，为四部众广说分别《妙法华经》。一一皆度六百万亿那由他恒河沙等众生，示教利喜，令发阿耨多罗三藐三菩提心。

“大通智胜佛过八万四千劫已，从三昧起，往诣法座安详而坐，普告大众：‘是十六菩萨沙弥，甚为希有！诸根通利，智慧明了，已曾供养无量千万亿数诸佛，于诸佛所常修梵行，受持佛智，开示众生令入其中。汝等皆当数数亲近而供养之。所以者何？若声闻、辟支佛及诸菩萨，能信是十六菩萨所说经法，受持不毁者，是人皆当得阿耨多罗三藐三菩提如来之慧。’”

佛告诸比丘：“是十六菩萨常乐说是《妙法莲华经》，一一菩萨所化六百万亿那由他恒河沙等众生，世世所生与菩萨俱，从其闻法悉皆信解。以此因缘，得值四百万亿诸佛世尊于今不尽。诸比丘，我今语汝，彼佛弟子十六沙弥，今皆得阿耨多罗三藐三菩提，于十方国土现在说法，有无量百千万亿菩萨、声闻以为眷属。其二沙弥东方作佛，一名阿閦在欢喜国[①]，二名须弥顶。东南方二佛，一名师子音，二名师子相。南方二佛，一名虚空住，二名常灭。西南方二佛，一名帝相，二名梵相。西方二佛，一名阿弥陀[2]，二名度一切世间苦恼。西北方二佛，一名多摩罗跋栴檀香神通，二名须弥相。北方二佛，一名云自在，二名云自在王。东北方佛名坏一切世间怖畏。第十六我释迦牟尼佛，于娑婆国土成阿耨多罗三藐三菩提。

“诸比丘，我等为沙弥时，各各教化无量百千万亿恒河沙等众生，从我闻法为阿耨多罗三藐三菩提。此诸众生，于今有住声闻地者，我常教化阿耨多罗三藐三菩提。是诸人等，应以是法渐入佛道。所以者何？如来智慧难信难解。尔时所化无量恒河沙等众生者，汝等诸比丘及我灭度后未来世中声闻弟子是也。我灭度后，复有弟子不闻是经，不知不觉菩萨所行。自于所得功德生灭度想，当入涅槃。我于余国作佛，更有异名，是人虽生灭度之想入于涅槃，而于彼土求佛智慧得闻是经——唯以佛乘而得灭度，更无余乘，除诸如来方便说法。诸比丘，若如来自知涅槃时到，众又清净，信解坚固，了达空法，深入禅定，便集诸菩萨及声闻众为说是经——世间无有二乘而得灭度，唯一佛乘得灭度耳！比丘当知，如来方便，深入众生之性。知其志乐小法[3]，深著五欲，为是等故说于涅槃，是人若闻则便信受。

“譬如五百由旬险难恶道，旷绝无人怖畏之处，若有多众，欲过此道至珍宝处。有一导师聪慧明达，善知险道通塞之相，将导众人欲过此难。所将人众中路懈退，白导师言：‘我等疲极而复怖畏，不能复进。前路犹远，今欲退还。’导师多诸方便，而作是念：‘此等可愍，云何舍大珍宝而欲退还？’作是念已，以方便力于险道中，过三百由旬化作一城，告众人言：‘汝等勿怖，莫得退还。今此大城，可于中止随意所作。若入是城，快得安隐！若能前至，宝所亦可得去。’是时疲极之众，心大欢喜叹未曾有：‘我等今者免斯恶道，快得安隐！’于是众人前入化城，生已度想，生安隐想。尔时，导师知此人众既得止息，无复疲倦，即灭化城，语众人言：‘汝等去来，宝处在近。向者大城，我所化作，为止息耳！’

“诸比丘，如来亦复如是，今为汝等作大导师，知诸生死烦恼恶道险难长远，应去应度。若众生但闻一佛乘者，则不欲见佛，不欲亲近，便作是念：‘佛道长远，久受勤苦，乃可得成佛。’知是心怯弱下劣，以方便力而于中道为止息，故说二涅槃。若众生住于二地，如来尔时即便为说：‘汝等所作未办，汝所住地近于佛慧。当观察筹量，所得涅槃非真实也。’但是如来方便之力，于一佛乘分别说三④；如彼导师为止息故化作大城，既知息已而告之言：‘宝处在近，此城非实，我化作耳！’”

注释：

①阿閦（chù）：即阿閦佛。如来名。具名“阿閦鞞”、“阿

閦婆”。译曰“无动”、“不动”。无嗔恚。往昔于去此东方千佛刹，出现于阿比罗提国之大目如来所发愿，修行后，成佛于东方，其国土名善快，现于其土说法。又依密教谓阿閦为金刚界五智如来中住于东方之如来。左手作拳，右手持梵函。黄金色。

②阿弥陀：为西方极乐世界之教主。又作“阿弥陀佛”、“无量寿佛”、“无量光佛”等。据《无量寿经》载，过去久远劫世自在王佛住世时，有一国王发无上道心，舍王位出家，名为“法藏比丘”，于世自在王佛处修行，熟知诸佛之净土，历经五劫之思虑而发殊胜之四十八愿。此后，不断积聚功德，而于距今十劫之前，愿行圆满，成阿弥陀佛，在离此十万亿佛土之西方，报得极乐净土。迄今仍在彼土说法，即净土门之教主，能接引念佛人往生西方净土，故又称“接引佛”。阿弥陀三尊像通常以观音菩萨及大势至菩萨为其胁侍，而与此二尊并称为“西方三圣”。弥陀信仰已经成为影响力最广的大乘净土信仰。

③此文“知其志乐小法”一句中，“知”有作“如”。

④分别说三：指如来为应契不同根性的众生，尤为钝根之人演一乘教，而分别说为三乘，使各自适于根机。

译文：

释迦牟尼佛又说道：“那时，十六位王子皆以童子之身出家为沙弥。他们的眼、耳、鼻、舌、身、意等六根极为通利，智慧明了。他们曾经供养过千万位佛陀，并且净修习梵行，一心志求无上正等正觉。他们齐声对大通智胜如来说：‘世尊，这些无量千万亿的大德，都已获得声闻果位。世尊也应该为我们宣说无上正等正觉之法，我们听闻之后，都会共同修学。世尊，我们祈愿得到与佛无二的正知正见，这是我们内心深处的强烈愿望，以如来的智慧应明了我们的愿望。’这时，转轮圣王所率的大众中，有八万亿众生见到十六位王子出家修行，也都要求出家，国王当即应允。

“这时大通智胜佛受诸沙弥众的请求，经过二万劫后，方于四众弟子中，演说这部大乘经典，名叫《妙法莲华经》，这是教化大乘菩萨的法门，常常得到诸佛的护持和忆念。佛陀演说完此经后，十六位沙弥，全部都欣然受持，念诵通达。

“大通智胜佛演说《妙法莲华经》时，十六位发菩萨心的沙弥完全信奉受持，声闻大众中也有信解其义，而其余千万亿类的众生均心生疑惑。大通智胜佛在八千劫的时间里，一直讲说此经，未曾中断。说完此经后，大通智胜佛便进入静室，安住于禅定中，又经历了八万四千劫。那时，十六位发菩萨心的沙弥知道大通智胜佛于静室，安住于禅定之中，于是就各自升上法座，在大通智胜佛安住禅定的八万四千劫中，为比丘、比丘尼及在家男、女居士等四部众广泛讲说《妙法莲华经》。他们每一位均度脱了六百万亿那由他恒河沙数的众生，为他们开示大乘教法，使他们得到欢喜和利益，使他们发起志求无上正等正觉的信心。

“经过八万四千劫之后，大通智胜佛从禅定中出定，来到他的法座上，安详而坐，对所有众生宣告道：‘这十六位发菩萨心的沙弥，是非常难得的法器，他们诸根通达，智慧明了，他们均已供养过无量亿位如来，并于诸佛之所，常修习梵行，秉持如佛一般的智慧，开示教导一切众生，使他们都能入于法义。所以，你们应当常常亲近他们，供养他们。为什么这么说呢？因为，如果声闻、辟支佛，以及诸大菩萨，能够相信这十六位菩萨所说的经典教法，并受持不生毁谤，他们都将获得与如来智慧无二的无上正等正觉的果位。'”

释迦牟尼佛告诉诸比丘说：“这十六位菩萨，常常乐意宣说这部《妙法莲华经》，他们每一位所教化的六百万亿那由他恒河沙数的众生，生生世世，都与这些菩萨在一起，跟随他们听闻法义，并且全都深心信解。因为这个缘故，这些众生能够得见四百万亿佛世尊，至今依然如此。诸位比丘，我现在告诉你们，那位大通智胜佛的弟子—— 十六位沙弥，如今皆已得到无上正等正觉，他们现在正在十方诸国土为众生宣说法义，有无量百千万亿菩萨乘声闻乘为他们的眷属。其中两位沙弥在东方作佛，一位名叫阿閦佛，在欢喜国；一位名叫须弥顶佛。又有两位在东南方作佛，一位名叫师子音佛，一位名叫师子相佛。南方也有两位佛，一位名叫虚空住佛，一位名叫常灭佛。西南方有两位佛，一位名叫帝相佛，一位名叫梵相佛。西方有两位佛，一位名叫阿弥陀佛，一位名叫度一切世间苦恼佛。西北方有两位佛，一位名叫多摩罗跋栴檀香神通佛，一位名叫须弥相佛。北方有两位佛，一位名叫云自在佛，一位名叫云自在王佛。东北方的佛名叫坏一切世间怖畏佛。第十六位即是我释迦牟尼佛，在此娑婆国土成就佛的无上正等正觉。

“诸位比丘，我们尚为沙弥时，各自都教化了无量百千万亿恒河沙数的众生，这些众生跟从我们听闻佛法，都是为了证得无上正等正觉。这些众生中有的已经证得声闻果位，我常教化他们要志求无上正等正觉。这些人将在此法的指引下，逐渐进入成佛的道路。为什么这么说呢？因为如来的智慧是如此的深奥微妙，难信难解。那时我所教化的无量恒河沙数的众生，就是你们这些比丘以及我灭度以后未来世中的声闻弟子。在我灭度之后，还会有弟子不听闻这部《妙法莲华经》，对大乘菩萨的法门不知不觉。这些小乘弟子自认为已修到一定的功德，由此而生起灭度的愿望，进入涅槃。我将在其他国土中成佛，也将有另外的佛号，这些小乘弟子虽然生起自我灭度的想法，但他们在另外的国土中又会求取佛智，如果听闻到这部大乘经典，唯有以佛乘而得到真正的灭度，除此之外，绝无其他的乘可获真正的灭度，除非如来用方便法门来宣说法义。诸位比丘，假使如来知道自己涅槃的时刻已到，座下所有大众也都心清意净，信解坚定，并能了达法空之理，而进入甚深的禅定。那么，如来就会召集一切菩萨及声闻大众，为他们讲说这部《妙法莲华经》。因为世间所有的众生均不可能通过二乘法而得到灭度，只有佛乘才是获得真实灭度的唯一途径！比丘们应当知道，如来以方便深入一切众生的本性，知道他们的志向在于小乘之法，深深地贪着于世俗的五种欲望，所以，佛便为这些人说小乘的灭度，他们听了便会相信接受。

“譬如有一段长达五百由旬的险难恶道，这里旷绝无人，险恶恐怖。如果众人想要经过这条道才能到达珍宝所藏之处。这时，有一位导师，他非常聪明，熟知这条险道的情况，于是，他试图引导众人走过这段险道。但是，他率领的这些人走到中途时，心生懈怠，想退回去。他们对导师说：‘我们疲惫不堪，又十分害怕，所以都不敢再向前走了。前面的路还很长，现在我们想退回去。’这位导师有着随机应变的方便法门，他想：‘这些人真是可怜，为何要舍弃大珍宝而后退呢？’想到这里，他只好以其方便权宜的神力，在险道中三百由旬的地方，化出一个虚幻的城市，然后对众人说：‘你们不要害怕，更不能后退。现在，这座大城市可以用来中途停留，你们可以随意行动。假如能进入此城，就可很快地得到安稳。到时，你们若想再继续前进到藏宝之处，也就再往前。’这时，身疲力倦的众人心中充满了从未有过的欢喜。他们说：‘我们现在终于可以避开这条险恶之道，马上就可以得到安稳了！’于是，众人继续前行，进入那座化城。此时，他们认为自己已经灭度，已经得到了安稳。那时，导师知道这些人已得到休息，不再疲倦了，于是，他又使出方便神力，灭掉那座化城，对大家说：‘你们应当再跟我向前走，藏宝之处就在附近。刚才那座城市是我变化出来的虚幻化城，只是为了能让你们从中休息而能继续前进罢了。’

“诸位比丘，如来也是如此。如来现在是你们的大导师，他熟知生死途中的各种烦恼恶道极其艰险、充满长久的苦难，所以应该走出这条险道，得到快乐安稳的解脱。但是，如果众生只听到唯一的佛乘之法，他们则不会想见到佛，也不想亲近佛。他们会如此想：‘成佛之道太遥远了，只有经过极其长久的勤苦修行才可成功。’佛知道众生的心念是非常怯弱、下劣的，所以，便以其方便权巧之力，为众生说两种涅槃。如果众生安住于这两种境界中，如来便又对他们说：‘你们所要做的尚未完成，你们现在所住的地方已经接近佛的智慧了。你们应当认真观察，仔细思量，你们现在所得到的涅槃并不是真实的涅槃，这只是如来佛的方便力量，于唯一的佛乘分别说出声闻、缘觉、菩萨三乘的法门；就好比那位引路的导师，为了让众人得到暂时的休息，而化现出大城，等他们休息之后，再告诉他们说：'宝藏就在附近，而这座城市并非真实，只是我变化出来的虚幻之城！'"

尔时，世尊欲重宣此义，而说偈言：

大通智胜佛，十劫坐道场，
佛法不现前，不得成佛道。
诸天神龙王，阿修罗众等，
常雨于天华，以供养彼佛。
诸天击天鼓，并作众伎乐，
香风吹萎华，更雨新好者，
过十小劫已，乃得成佛道。
诸天及世人，心皆怀踊跃，
彼佛十六子，皆与其眷属，
千万亿围绕，俱行至佛所，
头面礼佛足，而请转法轮，
圣师子法雨，充我及一切。
世尊甚难值，久远时一现，
为觉悟群生，震动于一切。
东方诸世界，五百万亿国，

梵宫殿光曜，昔所未曾有。
诸梵见此相，寻来至佛所，
散华以供养，并奉上宫殿，
请佛转法轮，以偈而赞叹。
佛知时未至，受请默然坐，
三方及四维，上下亦复尔，
散华奉宫殿，请佛转法轮。
世尊甚难值，愿以大慈悲，
广开甘露门，转无上法轮。
无量慧世尊，受彼众人请，
为宣种种法，四谛十二缘，
无明至老死，皆从生缘有，
如是众过患，汝等应当知。
宣畅是法时，六百万亿垓，
得尽诸苦际，皆成阿罗汉。
第二说法时，千万恒沙众，
于诸法不受，亦得阿罗汉。
从是后得道，其数无有量，
万亿劫算数，不能得其边。
时十六王子，出家作沙弥，
皆共请彼佛，演说大乘法：
我等及营从，皆当成佛道，
愿得如世尊，慧眼第一净。

佛知童子心，宿世之所行，
以无量因缘，种种诸譬喻，
说六波罗蜜，及诸神通事，
分别真实法，菩萨所行道，
说是《法华经》，如恒河沙偈。
彼佛说经已，静室入禅定，
一心一处坐，八万四千劫。
是诸沙弥等，知佛禅未出，
为无量亿众，说佛无上慧，
各各坐法座，说是大乘经，
于佛宴寂后，宣扬助法化。
一一沙弥等，所度诸众生，
有六百万亿，恒河沙等众。
彼佛灭度后，是诸闻法者，
在在诸佛土，常与师俱生。
是十六沙弥，具足行佛道，
今现在十方，各得成正觉。
尔时闻法者，各在诸佛所，
其有住声闻，渐教以佛道。
我在十六数，曾亦为汝说，
是故以方便，引汝趣佛慧。
以是本因缘，今说《法华经》，
令汝入佛道，慎勿怀惊惧。

譬如险恶道，迥绝多毒兽，
又复无水草，人所怖畏处，
无数千万众，欲过此险道，
其路甚旷远，经三百由旬。
时有一导师，强识有智慧，
明了心决定，在险济众难，
众人皆疲倦，而白导师言：
我等今顿乏，于此欲退还。
导师作是念：此辈甚可愍，
如何欲退还，而失大珍宝？
寻时思方便，当设神通力，
化作大城郭，庄严诸舍宅，
周匝有园林，渠流及浴池，
重门高楼阁，男女皆充满。
即作是化已，慰众言勿惧：
汝等入此城，各可随所乐。
诸人既入城，心皆大欢喜，
皆生安隐想，自谓已得度。
导师知息已，集众而告言：
汝等当前进，此是化城耳！
我见汝疲极，中路欲退还，
故以方便力，权化作此城。
汝等勤精进，当共至宝所，

我亦复如是，为一切导师，
见诸求道者，中路而懈废，
不能度生死，烦恼诸险道，
故以方便力，为息说涅槃，
言汝等苦灭，所作皆已办。
既知到涅槃，皆得阿罗汉，
尔乃集大众，为说真实法。
诸佛方便力，分别说三乘，
唯有一佛乘，息处故说二。
今为汝说实，汝所得非灭，
为佛一切智，当发大精进。
汝证一切智，十力等佛法，
具三十二相，乃是真实灭。
诸佛之导师，为息说涅槃，
既知是息已，引入于佛慧。

译文：

这时，释迦牟尼佛为了再次宣说法义，即以偈颂言：

大通智胜佛，十劫坐道场，佛法不现前，不得成佛道。
诸天神龙王，阿修罗众等，常雨于天华，以供养彼佛。
诸天击天鼓，并作众伎乐，香风吹萎华，
更雨新好者，过十小劫已，乃得成佛道。
诸天及世人，心皆怀踊跃，彼佛十六子，皆与其眷属，

千万亿围绕，俱行至佛所，头面礼佛足，
而请转法轮，圣师子法雨，充我及一切。
世尊甚难值，久远时一现，为觉悟群生，震动于一切。
东方诸世界，五百万亿国，梵宫殿光曜，昔所未曾有。
诸梵见此相，寻来至佛所，散华以供养，
并奉上宫殿，请佛转法轮，以偈而赞叹。
佛知时未至，受请默然坐，三方及四维，
上下亦复尔，散华奉宫殿，请佛转法轮。
世尊甚难值，愿以大慈悲，广开甘露门，转无上法轮。
无量慧世尊，受彼众人请，为宣种种法，四谛十二缘，
无明至老死，皆从生缘有，如是众过患，汝等应当知。
宣畅是法时，六百万亿垓，得尽诸苦际，皆成阿罗汉。
第二说法时，千万恒沙众，于诸法不受，亦得阿罗汉。
从是后得道，其数无有量，万亿劫算数，不能得其边。
时十六王子，出家作沙弥，皆共请彼佛，演说大乘法：
我等及营从，皆当成佛道，愿得如世尊，慧眼第一净。
佛知童子心，宿世之所行，以无量因缘，种种诸譬喻，
说六波罗蜜，及诸神通事，分别真实法，
菩萨所行道，说是《法华经》，如恒河沙偈。
彼佛说经已，静室入禅定，一心一处坐，八万四千劫。
是诸沙弥等，知佛禅未出，为无量亿众，说佛无上慧，
各各坐法座，说是大乘经，于佛宴寂后，宣扬助法化。
一一沙弥等，所度诸众生，有六百万亿，恒河沙等众。
彼佛灭度后，是诸闻法者，在在诸佛土，常与师俱生。

是十六沙弥，具足行佛道，今现在十方，各得成正觉。
尔时闻法者，各在诸佛所，其有住声闻，渐教以佛道。
我在十六数，曾亦为汝说，是故以方便，引汝趣佛慧。
以是本因缘，今说《法华经》，令汝入佛道，慎勿怀惊惧。

譬如险恶道，迥绝多毒兽，又复无水草，人所怖畏处，
无数千万众，欲过此险道，其路甚旷远，经三百由旬。
时有一导师，强识有智慧，明了心决定，在险济众难，
众人皆疲倦，而白导师言：我等今顿乏，于此欲退还。
导师作是念：此辈甚可愍，如何欲退还，而失大珍宝？
寻时思方便，当设神通力，化作大城郭，庄严诸舍宅，
周匝有园林，渠流及浴池，重门高楼阁，男女皆充满。
即作是化已，慰众言勿惧：汝等入此城，各可随所乐。
诸人既入城，心皆大欢喜，皆生安隐想，自谓已得度。
导师知息已，集众而告言：汝等当前进，此是化城耳！
我见汝疲极，中路欲退还，故以方便力，权化作此城。
汝等勤精进，当共至宝所，我亦复如是，为一切导师，
见诸求道者，中路而懈废，不能度生死，烦恼诸险道，
故以方便力，为息说涅槃，言汝等苦灭，所作皆已办。
既知到涅槃，皆得阿罗汉，尔乃集大众，为说真实法。
诸佛方便力，分别说三乘，唯有一佛乘，息处故说二。
今为汝说实，汝所得非灭，为佛一切智，当发大精进。
汝证一切智，十力等佛法，具三十二相，乃是真实灭。
诸佛之导师，为息说涅槃，既知是息已，引入于佛慧。

五百弟子受记品第八

佛陀为“说法第一”的富楼那弥多罗尼子授记，当于宝明劫善净国成佛，佛号“法明”；又授记一千二百位阿罗汉悉当成佛；特别为憍陈如及五百阿罗汉授记，当得成佛，悉具同一“普明”之号。

得闻授记的五百弟子又说“衣珠喻”：有人至亲友家中醉酒而卧，亲友以宝珠赠之，并乘其醉时将宝珠系于其衣中，其人酒醒之后流浪他乡，受尽贫苦，而未觉知于其衣中有大宝珠。后复与亲友相遇，乃得宝珠，利益无量。

此喻为“法华七喻”之第五喻。此喻中以“衣内明珠”喻“众生本具之佛性”；“怀珠未觉者”喻“为无明遮覆而未觉之二乘之人”，“亲友”喻“如来”。明“二乘”之人，往昔虽曾结下大乘法缘，但为无明所覆，未能觉悟，而乐于二乘小法，而今由于如来方便因缘开示，得入究竟一佛乘。

尔时，富楼那弥多罗尼子，从佛闻是智慧方便随宜说法，又闻授诸大弟子阿耨多罗三藐三菩提记，复闻宿世因缘之事，复闻诸佛有大自在神通之力。得未曾有，心净踊跃。即从座起到于佛前，头面礼足，却住一面，瞻仰尊颜，目不暂舍，而作是念：“世尊，甚奇特！所为希有！随顺世间若干种性，以方便知见而为说法，拔出众生处处贪著，我等于佛功德言不能宣！唯佛世尊，能知我等深心本愿。”

尔时，佛告诸比丘：“汝等见是富楼那弥多罗尼子不？我常称其于说法人中最为第一，亦常叹其种种功德，精勤护持助宣我法，能于四众示教利喜，具足解释佛之正法，而大饶益同梵行者。自舍如来，无能尽其言论之辩。汝等勿谓富楼那但能护持助宣我法，亦于过去九十亿诸佛所，护持助宣佛之正法，于彼说法人中亦最第一。又于诸佛所说空法明了通达，得四无碍智[1]，常能审谛清净说法无有疑惑，具足菩萨神通之力，随其寿命常修梵行。彼佛世人咸皆谓之实是声闻，而富楼那以斯方便，饶益无量百千众生，又化无量阿僧祇人令立阿耨多罗三藐三菩提。为净佛土故，常作佛事教化众生。

“诸比丘，富楼那亦于七佛说法人中而得第一，今于我所说法人中亦为第一，于贤劫中当来诸佛说法人中亦复第一，而皆护持助宣佛法。亦于未来护持助宣无量无边诸佛之法，教化饶益无量众生，令立阿耨多罗三藐三菩提。为净佛土故，常勤精进教化众生，渐渐具足菩萨之道。过无量阿僧祇劫，当于此土得阿耨多罗三藐三菩提，号曰法明如来、应供、正遍知、明行足、善逝、世间解、无上士、调御丈夫、天人师、佛世尊。其佛以恒河沙等三千大千世界为一佛土，七宝为地，地平如掌，无有山陵、溪涧、沟壑，七宝台观充满其中。诸天宫殿近处虚空，人天交接两得相见。无诸恶道，亦无女人。一切众生皆以化生，无有淫欲得大神通，身出光明，飞行自在。志念坚固，精进智慧，普皆金色三十二相而自庄严。其国众生常以二食：一者、法喜食②，二者、禅悦食③。有无量阿僧祇千万亿那由他诸菩萨众，得大神通四无碍智，善能教化众生之类。其声闻众算数校计所不能知，皆得具足六通、三明及八解脱④。其佛国土，有如是等无量功德庄严成就。劫名宝明，国名善净。其佛寿命无量阿僧祇劫，法住甚久。佛灭度后，起七宝塔遍满其国。”

尔时，世尊欲重宣此义，而说偈言：

诸比丘谛听，佛子所行道，
善学方便故，不可得思议。
知众乐小法，而畏于大智，
是故诸菩萨，作声闻缘觉，
以无数方便，化诸众生类。
自说是声闻，去佛道甚远，
度脱无量众，皆悉得成就，
虽小欲懈怠，渐当令作佛。
内秘菩萨行，外现是声闻，
少欲厌生死，实自净佛土。
示众有三毒，又现邪见相⑤，

我弟子如是，方便度众生。
若我具足说，种种现化事，
众生闻是者，心则怀疑惑。
今此富楼那，于昔千亿佛，
勤修所行道，宣护诸佛法。
为求无上慧，而于诸佛所，
现居弟子上，多闻有智慧，
所说无所畏，能令众欢喜，
未曾有疲倦，而以助佛事。
已度大神通，具四无碍智，
知诸根利钝，常说清净法，
演畅如是义，教诸千亿众，
令住大乘法，而自净佛土。
未来亦供养，无量无数佛，
护助宣正法，亦自净佛土。
常以诸方便，说法无所畏，
度不可计众，成就一切智。
供养诸如来，护持法宝藏，
其后得成佛，号名曰法明。
其国名善净，七宝所合成，
劫名为宝明。菩萨众甚多，
其数无量亿，皆度大神通，
威德力具足，充满其国土。

声闻亦无数，三明八解脱，
得四无碍智，以是等为僧。
其国诸众生，淫欲皆已断，
纯一变化生，具相庄严身，
法喜禅悦食，更无余食想，
无有诸女人，亦无诸恶道。
富楼那比丘，功德悉成满，
当得斯净土，贤圣众甚多。
如是无量事，我今但略说。

注释：

①四无碍智：即理无碍、义无碍、辞无碍、乐说无碍等“四种智”。

②法喜食：“二食”或“九食”之一。指佛法。行者由于听闻佛法，心生欢喜，而增长善根，资益慧命，犹如世间之食物。

③禅悦食：“二食”或“九食”之一。入于禅定，身心适悦，能长养肉体，资益慧命，一如食物之能长养肉体，存续精神，故称“禅悦食”。

④八解脱：谓依八种定力而舍却对色与无色之贪欲。又作“八背舍”、“八惟无”、“八惟务”。八者即：（一）内有色想观诸色解脱，为除内心之色想，于外诸色修不净观。（二）内无色想观外色解脱，内心之色想虽已除尽，但因欲界贪欲难断，故观外不净之相，令生厌恶以求断除。（三）净解脱身作证具足住，为

试练善根成满，弃舍前之不净观心，于外色境之净相修观，令烦恼不生，身证净解脱具足安住。（四）超诸色想灭有对想不思惟种种想入无边空空无边处具足住解脱，尽灭有对之色想，修空无边处之行相而成就之。（五）超一切空无边处入无边识识无边处具足住解脱，弃舍空无边心，修识无边之相而成就之。（六）超一切识无边处入无所有无所有处具足住解脱，弃舍识无边心，修无所有之相而成就之。（七）超一切无所有处入非想非非想处具足住解脱，弃舍无所有心，无有明胜想，住非无想之相并成就之。（八）超一切非想非非想处入想受灭身作证具足住解脱，厌舍受想等，入灭一切心心所法之灭尽定。此中前二者依初禅与第二禅，治显色之贪，第三依第四禅修净观，皆以无贪为性。第四至第七依次以四无色之定善为性，第八依有顶地，以灭有所缘心为性。又初二者各分为二，第三分为四，合谓“八胜处”。

⑤邪见：指不正之执见。系“八邪”行之一，“十恶”之一，“十随”眠之一，“五见”之一。以为世间无可招结果之原因，亦无由原因而生之结果，而谓恶不足畏，善亦不足喜等之谬见，即是邪见。盖俱舍家谓拨无因果为邪见；唯识家则主张拨无因果及四见以外之所有邪执，均称为“邪见”。

译文：

这时，富楼那弥多罗尼子，从释迦牟尼佛那里听闻诸佛以智慧及方便，随宜说法的情况，又听闻释迦牟尼佛为诸大弟子授记终成无上正等正觉，又听闻自己过去累世的因缘，又听闻诸

佛有自在无碍神通之力。这些都是他过去从未听闻到的，因而富楼那弥多罗尼子内心获得清净，欢喜不已。富楼那弥多罗尼子即从座位上站起来，来到释迦牟尼佛前，以其头面礼佛之足，然后退在一旁，目不转睛地凝望世尊的颜容，心里想到："世尊是如此奇特，他的行为也是如此稀有。他随顺世间众生的不同根性，用种种方便的法义为众生说法，而令众生从各种贪着之中拔除出离，我等无法用言语说尽诸佛的功德。唯有祈愿如来世尊了知我们的深心愿望。"

这时，释迦牟尼佛对法会中的比丘们说："你们看见这位富楼那弥多罗尼子了吗？我常说他在所有说法人中水平最高，称其为说法第一，我也时常赞叹他的各种功德，他精进修行，勤奋护持佛法，帮助我宣说佛法义理，能为四众开示教法，使之获得利益，生起欢喜之心，他能够充分地理解和阐释佛的正法，能够为一同修习梵行的人们带来众多的利益。除了如来之外，再没有谁能比得上富楼那弥多罗尼子流利雄辩的口才。你们不要认为富楼那弥多罗尼子只在此世护持并帮助我宣扬佛法，富楼那弥多罗尼子在过去九十亿位佛那里，都曾护持并宣扬佛的正法，并且在那时候，同样在诸多的说法诸众中，有着无与伦比的辩才，被称为说法第一。另外，富楼那弥多罗尼子对于诸佛所说的空寂之法，也能通达明了，获得了四种无碍智，他常常审察各类法相，做到清净说法，毫无疑惑，他又具足菩萨的神通之力，能尽其生生世世修习各种清净梵行。在诸佛世界中的人们，都认为他是一位声闻弟子，但这只是富楼那弥多罗尼子以这种方便的方式，又教化无量无数的众生，引导他们修行于证得无上正等正觉的道路。富楼那弥多罗尼子为了使佛土清净庄严，而常常以各种合于佛法的事行来教化众生。

“诸位比丘，富楼那弥多罗尼子在过去七佛出世时，在所有说法人中也是名列第一，如今在我释迦牟尼佛住世时的所有说法人中也是第一，在贤劫中未来出世的诸佛那里，他仍然是说法第一，在过去、现在的诸佛世界中，富楼那弥多罗尼子都能护持并协助如来宣说佛法。并且在未来世的诸佛世界中，同样护持并协助如来宣说佛法，令无量无边的众生得到饶益，使他们都能安住于志求无上正等正觉的道路上。富楼那弥多罗尼子为了庄严清净诸佛国土，精进努力，教化众生，逐渐具足了大乘菩萨道的功德。再过无量阿僧祇劫，富楼那弥多罗尼子将在此娑婆世界证得无上正等正觉，其佛名号为法明如来、应供、正遍知、明行足、善逝、世间解、无上士、调御丈夫、天人师、佛世尊。法明如来的国土由恒河沙数之多的三千大千世界组成，其佛国中，大地由七宝铺就，平坦如掌，没有山丘、溪涧、沟壑，七宝构成的楼台亭观，充满于他的佛国。诸天神的宫殿处在离地不远的虚空之中，人和天神相互接触，可以互相望见。在法明如来的佛国之中，没有地狱、饿鬼、畜生等三恶道，也没有女人。一切众生都是以化生的方式出生，所以没有淫欲，各个都具有大神通，身体具足光明，可以在空中自由自在地飞行。他们拥有坚求佛道的志向，信念坚定，精进修习佛法，因此身体皆充满金色光明，并具足三十二种非凡身相。其佛国土中的众生，有两种食物：一是法喜食，二是禅悦食。有无量无数的大菩萨众，各个都具有大神通力，具足四种无碍之智，善于教化一切众生。

其佛国中，声闻众的数量也难以计数，他们都具备六种神通、三种明达和八种解脱之法。法明佛的国土中有着如此无量无尽的功德，及由此而产生的庄严之相。法明佛住世的劫名叫宝明，国名叫善净。法明佛的住世寿命有无量阿僧衹劫，佛法流行于世的时间极其长久。佛灭度后，将建立起具足七种珍宝的舍利宝塔，遍满其佛国土。”

这时，释迦牟尼佛为了再次宣说法义，而以偈颂说言：

诸比丘谛听，佛子所行道，善学方便故，不可得思议。
知众乐小法，而畏于大智，是故诸菩萨，
作声闻缘觉，以无数方便，化诸众生类。
自说是声闻，去佛道甚远，度脱无量众，
皆悉得成就，虽小欲懈怠，渐当令作佛。
内秘菩萨行，外现是声闻，少欲厌生死，实自净佛土。
示众有三毒，又现邪见相，我弟子如是，方便度众生。
若我具足说，种种现化事，众生闻是者，心则怀疑惑。
今此富楼那，于昔千亿佛，勤修所行道，宣护诸佛法。
为求无上慧，而于诸佛所，现居弟子上，多闻有智慧，
所说无所畏，能令众欢喜，未曾有疲倦，而以助佛事。
已度大神通，具四无碍智，知诸根利钝，常说清净法，
演畅如是义，教诸千亿众，令住大乘法，而自净佛土。
未来亦供养，无量无数佛，护助宣正法，亦自净佛土。
常以诸方便，说法无所畏，度不可计众，成就一切智。
供养诸如来，护持法宝藏，其后得成佛，号名曰法明。
其国名善净，七宝所合成，劫名为宝明。菩萨众甚多，

其数无量亿，皆度大神通，威德力具足，充满其国土。
声闻亦无数，三明八解脱，得四无碍智，以是等为僧。
其国诸众生，淫欲皆已断，纯一变化生，具相庄严身，
法喜禅悦食，更无余食想，无有诸女人，亦无诸恶道。
富楼那比丘，功德悉成满，当得斯净土，贤圣众甚多。
如是无量事，我今但略说。

尔时，千二百阿罗汉心自在者作是念："我等欢喜，得未曾有。若世尊各见授记如余大弟子者，不亦快乎！"佛知此等心之所念，告摩诃迦叶："是千二百阿罗汉，我今当现前次第与授阿耨多罗三藐三菩提记。于此众中，我大弟子憍陈如比丘，当供养六万二千亿佛，然后得成为佛，号曰普明如来、应供、正遍知、明行足、善逝、世间解、无上士、调御丈夫、天人师、佛世尊。其五百阿罗汉，优楼频螺迦叶、伽耶迦叶、那提迦叶、迦留陀夷、优陀夷、阿嵬楼驮、离婆多、劫宾那、薄拘罗、周陀、莎伽陀等，皆当得阿耨多罗三藐三菩提，尽同一号，名曰普明。"

尔时，世尊欲重宣此义，而说偈言：

憍陈如比丘，当见无量佛，
过阿僧祇劫，乃成等正觉。
常放大光明，具足诸神通，
名闻遍十方，一切之所敬，

常说无上道，故号为普明。
其国土清净，菩萨皆勇猛，
咸升妙楼阁，游诸十方国，
以无上供具，奉献于诸佛。
作是供养已，心怀大欢喜，
须臾还本国，有如是神力。
佛寿六万劫，正法住倍寿，
像法复倍是，法灭天人忧。
其五百比丘，次第当作佛，
同号曰普明，转次而授记：
我灭度之后，某甲当作佛，
其所化世间，亦如我今日。
国土之严净，及诸神通力，
菩萨声闻众，正法及像法，
寿命劫多少，皆如上所说。
迦叶汝已知，五百自在者，
余诸声闻众，亦当复如是，
其不在此会，汝当为宣说。

译文：

这时，法会中有一千二百位已获证阿罗汉果位的大众，他们已经深心自在，都产生这样的念头："我们从来未曾有过如此的欢喜。如果世尊能够像授记这些大弟子们一样，分别对其他的大弟子予以授记，那不是让人非常欢喜吗？”释迦牟尼佛知道这些人心中的想法，于是对摩诃迦叶说：“这一千二百位阿罗汉弟子，我今天就当场为他们逐一授记终成无上正等正觉果位。在这些弟子中，我的大弟子憍陈如比丘，将在未来供养六万二千亿位佛，然后证得佛果，名号为普明如来、应供、正遍知、明行足、善逝、世间解、无上士、调御丈夫、天人师、佛世尊。另五百阿罗汉，如优楼频螺迦叶、伽耶迦叶、那提迦叶、迦留陀夷、优陀夷、阿嵬楼驮、离婆多、劫宾那、薄拘罗、周陀、莎伽陀等，都将终究证得无上正等正觉，他们成佛时都具足同一名号，叫作普明。”

这时，释迦牟尼佛为了再次宣说法义，而以偈颂说言：

憍陈如比丘，当见无量佛，过阿僧祇劫，乃成等正觉。
常放大光明，具足诸神通，名闻遍十方，
一切之所敬，常说无上道，故号为普明。
其国土清净，菩萨皆勇猛，咸升妙楼阁，
游诸十方国，以无上供具，奉献于诸佛。
作是供养已，心怀大欢喜，须臾还本国，有如是神力。
佛寿六万劫，正法住倍寿，像法复倍是，法灭天人忧。
其五百比丘，次第当作佛，同号曰普明，转次而授记：
我灭度之后，某甲当作佛，其所化世间，亦如我今日。
国土之严净，及诸神通力，菩萨声闻众，
正法及像法，寿命劫多少，皆如上所说。
迦叶汝已知，五百自在者，余诸声闻众，
亦当复如是，其不在此会，汝当为宣说。

尔时，五百阿罗汉于佛前得受记已，欢喜踊跃，即从座起，到于佛前，头面礼足，悔过自责："世尊，我等常作是念，自谓已得究竟灭度，今乃知之如无智者。所以者何？我等应得如来智慧，而便自以小智为足。世尊，譬如有人至亲友家，醉酒而卧。是时亲友官事当行，以无价宝珠系其衣里，与之而去。其人醉卧，都不觉知。起已游行，到于他国。为衣食故，勤力求索甚大艰难，若少有所得便以为足。于后亲友会遇见之，而作是言：'咄哉！丈夫，何为衣食乃至如是？我昔欲令汝得安乐，五欲自恣，于某年日月，以无价宝珠系汝衣里。今故现在，而汝不知，勤苦忧恼以求自活，甚为痴也！汝今可以此宝贸易所须，常可如意，无所乏短。'

"佛亦如是，为菩萨时，教化我等，令发一切智心；而寻废忘，不知不觉。既得阿罗汉道，自谓灭度，资生艰难得少为足，一切智愿犹在不失。今者世尊觉悟我等，作如是言：'诸比丘，汝等所得非究竟灭。我久令汝等种佛善根，以方便故示涅槃相，而汝谓为实得灭度。'世尊，我今乃知实是菩萨，得受阿耨多罗三藐三菩提记，以是因缘，甚大欢喜，得未曾有。"

尔时，阿若憍陈如等欲重宣此义，而说偈言：

我等闻无上，安隐授记声，
欢喜未曾有，礼无量智佛。
今于世尊前，自悔诸过咎，

于无量佛宝，得少涅槃分，
如无智愚人，便自以为足。
譬如贫穷人，往至亲友家，
其家甚大富，具设诸肴膳，
以无价宝珠，系著内衣里，
默与而舍去，时卧不觉知。
是人既已起，游行诣他国，
求衣食自济，资生甚艰难，
得少便为足，更不愿好者，
不觉内衣里，有无价宝珠。
与珠之亲友，后见此贫人，
苦切责之已，示以所系珠。
贫人见此珠，其心大欢喜，
富有诸财物，五欲而自恣。
我等亦如是，世尊于长夜，
常愍见教化，令种无上愿。
我等无智故，不觉亦不知，
得少涅槃分，自足不求余。
今佛觉悟我，言非实灭度，
得佛无上慧，尔乃为真灭。
我今从佛闻，授记庄严事，
乃转次受决，身心遍欢喜。

译文：

这时，五百位大阿罗汉，在释迦牟尼佛得到授记以后，无不欢喜雀跃，他们当即从座上站起，来到佛的面前，以其头面礼佛之足，深心忏悔而自我责备言：“世尊！我们过去常有这种念头，自认为已经证得到究竟的灭度。今天，我们才知道，我们这样的想法正如同没有智慧的人一样。为什么这么说呢？因为我们应当志求与如来无二一般的智慧，但我们却以如此的小智为满足。世尊，譬如有人到亲友家，喝醉酒后便睡着了。这时候，亲友因为官家之事要外出，他便将一颗无价宝珠塞进此人的衣服里，赠送给他此宝物之后，便离开了。那人因喝醉而卧床不起，对此毫无觉知。等他醒来之后，他又辗转到了其他国家。为了获得衣食，他辛勤努力操劳，生活十分艰难。如果稍微得到一点，他便感到很满足。后来，亲友碰巧又遇见了他，便对他说道：‘哎呀！你这个堂堂男儿，怎么会为了衣食而到这种地步呢？我以前为了让你得到安乐，能够随意地尽享五欲之福，于某年某月某日，把一颗无价宝珠系在你的衣服里，今天那宝珠还在那里，而你却不知不觉，如此辛勤忧恼，以求艰苦谋生，这真是太愚蠢了！你现在可以用此珍宝换取所需的一切，就可以常常诸事如意，再也不会贫穷了。’

“佛陀也是如此，您在往昔做菩萨时，曾教化我们发心志求无上正等正觉，我们虽然听闻，但很快又都荒废淡忘了，因此于此无上法义不知不觉。已经证得阿罗汉果后，便自以为得到了究竟的灭度，如同生活穷困的人，得一点就很满足，而先前所闻的志求无上智慧的愿力，还存在并未丧失。今天，世尊使我们觉悟，而如此说道：'诸比丘，你们所得到的涅槃，并非究竟的灭度。我过去长期以来，为了让你们种下成佛的善根，以方便之法，开示涅槃之相，但你们却以为是得到了究竟的灭度。'世尊，我们今天才终于知道自己实际上都是真正的菩萨，都曾被授记终将成就无上佛果，由于这个因缘，我们是如此欢喜，这是往昔从未曾有过的。"

这时，阿若憍陈如等为了再次宣说法义，而以偈颂说言：

我等闻无上，安隐授记声，欢喜未曾有，礼无量智佛。
今于世尊前，自悔诸过咎，于无量佛宝，
得少涅槃分，如无智愚人，便自以为足。
譬如贫穷人，往至亲友家，其家甚大富，具设诸肴膳，
以无价宝珠，系著内衣里，默与而舍去，时卧不觉知。
是人既已起，游行诣他国，求衣食自济，资生甚艰难，
得少便为足，更不愿好者，不觉内衣里，有无价宝珠。
与珠之亲友，后见此贫人，苦切责之已，示以所系珠。
贫人见此珠，其心大欢喜，富有诸财物，五欲而自恣。
我等亦如是，世尊于长夜，常愍见教化，令种无上愿。
我等无智故，不觉亦不知，得少涅槃分，自足不求余。
今佛觉悟我，言非实灭度，得佛无上慧，尔乃为真灭。
我今从佛闻，授记庄严事，乃转次受决，身心遍欢喜。

授学无学人记品第九

佛陀为弟子阿难、罗睺罗及有学、无学二千人授记成佛。阿难于未来妙音遍满劫时，于常立胜幡国成就佛果，号“山海慧自在通王如来”；又授记罗睺罗成佛，号“蹈七宝华如来”。又为会中有学、无学二千人授记，未来同时于十方国，各得成佛，皆同一号，名曰“宝相如来”。

尔时，阿难、罗睺罗而作是念：“我等每自思惟，设得受记，不亦快乎？”即从座起到于佛前，头面礼足，俱白佛言：“世尊，我等于此亦应有分。唯有如来，我等所归。又我等为一切世间天、人、阿修罗所见知识。阿难常为侍者，护持法藏。罗睺罗是佛之子。若佛见授阿耨多罗三藐三菩提记者，我愿既满，众望亦足。”尔时，学无学声闻弟子二千人，皆从座起，偏袒右肩，到于佛前，一心合掌，瞻仰世尊，如阿难、罗睺罗所愿，住立一面。

尔时，佛告阿难：“汝于来世当得作佛，号山海慧自在通王如来、应供、正遍知、明行足、善逝、世间解、无上士、调御丈夫、天人师、佛世尊。当供养六十二亿诸佛，护持法藏，然后得阿耨多罗三藐三菩提。教化二十千万亿恒河沙诸菩萨等，令成阿耨多罗三藐三菩提。国名常立胜幡，其土清净，琉璃为地，劫名妙音遍满。其佛寿命，无量千万亿阿僧祇劫，若人于千万亿无量阿僧祇劫中算数校计不能得知。正法住世倍于寿命，像法住世复倍正法。阿难，是山海慧自在通王佛，为十方无量千万亿恒河沙等诸佛如来，所共赞叹，称其功德。”

尔时，世尊欲重宣此义，而说偈言：

我今僧中说，阿难持法者，
当供养诸佛，然后成正觉，
号曰山海慧，自在通王佛。
其国土清净，名常立胜幡，
教化诸菩萨，其数如恒沙。
佛有大威德，名闻满十方，
寿命无有量，以愍众生故，
正法倍寿命，像法复倍是。
如恒河沙等，无数诸众生，
于此佛法中，种佛道因缘。

译文：

这时，阿难、罗睺罗也产生这样的念头：“我们常常暗自思维，如果能够得到释迦牟尼佛的授记，那不也是非常快乐的事情吗？”于是，阿难、罗睺罗二位尊者即从座位上站起来，来到佛的面前，以其头面礼佛之足，两位尊者一齐对佛说：“世尊，我们在这里也应当蒙受您的授记吧！唯有如来，方是我们唯一的皈依之处。另外，我们也是一切世间的天神、人和阿修罗所效法的善知识。阿难常为佛陀的侍者，长期护持一切法藏；罗睺罗是佛陀俗世的儿子。如果佛陀能为我们授记成就无上正等正觉，那不仅是满足了我们的愿望，对于法会上的大众，也将能满足他们的愿望。”这时，小乘初果、二果、三果等有学位以及四果位无学位上的声闻弟子二千人，都从座位上站立起来，偏袒右肩，来到佛的面前，一心合掌，仰望世尊，他们怀着与阿难、罗睺罗等同样的愿望，静静地伫立于一旁。

这时，释迦牟尼佛告诉阿难说：“你将于未来世成就佛果，名号为山海慧自在通王如来、应供、正遍知、明行足、善逝、世间解、无上士、调御丈夫、天人师、佛世尊。阿难将供养六十二亿位诸佛，护持诸佛一切法藏，然后即可证得无上正等正觉。阿难成佛之后，将教化二十千万亿恒河沙数之多的菩萨众，使他们证得无上正等正觉。阿难成佛后的佛国名叫常立胜幡，国土清净，以琉璃为地，当时的劫名叫妙音遍满。山海慧自在通王如来的住世寿命长达无量千万亿阿僧祇劫，即使有人用无量无尽的漫长年月去计算山海慧自在通王如来的佛寿，也是难以测计。山海慧自在通王如来灭度后，其正法流行于世的时间比佛的寿命还长一倍，而像法时代的时间则较正法时代更长一倍。阿难，这位山海慧自在通王佛受到十方界内无量亿恒河沙佛的共同赞叹，他们都称扬赞叹他的功德。”

这时，释迦牟尼佛为了再次宣说法义，即以偈颂说言：

我今僧中说，阿难持法者，当供养诸佛，

然后成正觉，号曰山海慧，自在通王佛。
其国土清净，名常立胜幡，教化诸菩萨，其数如恒沙。
佛有大威德，名闻满十方，寿命无有量，
以愍众生故，正法倍寿命，像法复倍是。
如恒河沙等，无数诸众生，于此佛法中，种佛道因缘。

尔时，会中新发意菩萨八千人，咸作是念："我等尚不闻诸大菩萨得如是记，有何因缘而诸声闻得如是决？"尔时，世尊知诸菩萨心之所念，而告之曰："诸善男子，我与阿难等，于空王佛所，同时发阿耨多罗三藐三菩提心。阿难常乐多闻，我常勤精进，是故我已得成阿耨多罗三藐三菩提，而阿难护持我法，亦护将来诸佛法藏，教化成就诸菩萨众。其本愿如是，故获斯记。"

阿难面于佛前，自闻授记及国土庄严，所愿具足，心大欢喜，得未曾有。即时忆念过去无量千万亿诸佛法藏，通达无碍如今所闻，亦识本愿。

尔时，阿难而说偈言：

世尊甚希有，令我念过去，
无量诸佛法，如今日所闻。
我今无复疑，安住于佛道，
方便为侍者，护持诸佛法。

译文：

这时，法会中有八千位刚刚发心修行菩萨的弟子都同时产生了这样的念头："我们还未曾听到诸大菩萨得到佛的授记，因为什么样的因缘，那些声闻乘弟子会得到成佛的授记呢？"这时，释迦牟尼佛知道这些菩萨内心的想法，便告诉他们说："诸位善男子！我与阿难，过去曾在空王佛那里，一同发愿志求无上正等正觉。阿难常常喜欢广泛听闻法义，而我则常常勤奋精进修习佛法，由于这种因缘，我今天已经成就无上正等正觉的佛果，而阿难护持我的法藏，也将护持未来诸佛的法藏，使一切菩萨大众蒙受教化，而得到成就，这是因为他本来就曾有的愿力，因此他现在得到成佛的授记。"

阿难面对着释迦牟尼佛，亲闻佛陀为他授记，并闻知未来成就佛国的庄严情况，他的愿望已经实现，因而心中充满欢喜，这种欢喜是过去从来未曾有过的。这时，他即忆念起过去无量千万亿诸佛的法藏，全部能够通达无碍，如今所听闻的，也了达过去本有的愿力。

这时，阿难以偈颂诵言道：

世尊甚希有，令我念过去，无量诸佛法，如今日所闻。

我今无复疑，安住于佛道，方便为侍者，护持诸佛法。

尔时，佛告罗睺罗："汝于来世当得作佛，号蹈七宝华如来、应供、正遍知、明行足、善逝、世间解、无上士、调御丈夫、天人师、佛世尊。当供养十世界微尘等数诸佛如来，常为诸佛而作长子，犹如今也。是蹈七宝华佛，国土庄严，寿命劫数，所化弟子，正法、像法，亦如山海慧自在通王如来无异，亦为此佛而作长子。过是已后，当得阿耨多罗三藐三菩提。”

尔时，世尊欲重宣此义，而说偈言：

我为太子时，罗睺为长子，
我今成佛道，受法为法子。
于未来世中，见无量亿佛，
皆为其长子，一心求佛道。
罗睺罗密行，唯我能知之，
现为我长子，以示诸众生，
无量亿千万，功德不可数，
安住于佛法，以求无上道。

译文：

这时，释迦牟尼佛又告诉罗睺罗说：“你将于未来之世，成就佛果，佛号为蹈七宝花如来、应供、正遍知、明行足、善逝、世间解、无上士、调御丈夫、天人师、佛世尊。你将供养十个世界微尘数之多的诸佛，并生生世世成为这些如来的长子，就像你在现世成为我的长子一样。蹈七宝花佛的国土非常庄严，寿命劫数，所教化的弟子，正法和像法的时间，也与山海慧自在通王如来没有差别，也将成为那位佛的长子。在此之后，你将证得无上正等正觉”。

这时，释迦牟尼佛为了再次宣说法义，即以偈颂说言：

我为太子时，罗睺为长子，我今成佛道，受法为法子。
于未来世中，见无量亿佛，皆为其长子，一心求佛道。
罗睺罗密行，唯我能知之，现为我长子，以示诸众生，
无量亿千万，功德不可数，安住于佛法，以求无上道。

尔时，世尊见学无学二千人，其意柔软，寂然清净，一心观佛，佛告阿难："汝见是学无学二千人不？"

"唯然，已见。"

"阿难，是诸人等，当供养五十世界微尘数诸佛如来[1]，恭敬尊重，护持法藏。末后同时于十方国各得成佛，皆同一号，名曰宝相如来、应供、正遍知、明行足、善逝、世间解、无上士、调御丈夫、天人师、佛世尊。寿命一劫，国土庄严，声闻、菩萨，正法、像法，皆悉同等。"

尔时，世尊欲重宣此义，而说偈言：

是二千声闻，今于我前住，
悉皆与授记，未来当成佛。
所供养诸佛，如上说尘数，
护持其法藏，后当成正觉。
各于十方国，悉同一名号，
俱时坐道场，以证无上慧。
皆名为宝相。国土及弟子，
正法与像法，悉等无有异。
咸以诸神通，度十方众生，

名闻普周遍，渐入于涅槃。

尔时，学、无学二千人②，闻佛授记，欢喜踊跃，而说偈言：

世尊慧灯明，我闻授记音，

心欢喜充满，如甘露见灌。

注释：

①微尘：即眼根所取最微细之色量。极微，为《俱舍论》卷十、卷十二所说色法存在之最小单位。以一极微为中心，四方上下聚集同一极微而成一团者，即称“微尘”。合“七极微”为“一微尘”，合“七微尘”为“一金尘”，合“七金尘”为“一水尘”。此外，诸经论亦每以“微尘”比喻量极小、以“微尘数”比喻数极多。

②学、无学：“学”系“有学”之略，又称“学人”。即指为断尽一切烦恼，而修学无漏之戒、定、慧，及择灭之理者。亦即佛弟子虽能知见佛法，然尚有烦恼未断，必须有待修行学习戒、定、慧等法，以断尽烦恼，证得漏尽，以其尚有法可修学，故称“有学”。有学共有十八类，称为“十八有学”或“十八学人”。据《中阿含经》卷三十《福田经》所举，即：随信行、随法行、信解、见至、身证、家家、一间、预流向、预流果、一来向、一来果、不还向、不还果、中般、生般、有行般、无行般、上流般等十八类。此外，于《成实论》等经论中，尚有不同之分类。无学，为“有学”之对称。指已达佛教真理之极致，无迷惑可断，亦无可学者。在小乘之“四向”“四果”中，前“四向”“三果”之圣者为有学，惟证得阿罗汉果之圣者，以其四智圆融无碍而无法可学，故称

为“无学”。亦称“无学果”、“无学位”。

译文:

这时,释迦牟尼佛观察到法会中的两千位小乘三果有学位和四果无学位的声闻弟子,发现他们各个柔和慈善,心意清净,都在全神贯注地看着自己,于是,佛就对阿难说:“你看见这千位有学和无学的声闻弟子了吗?”

阿难回答说:“是的,我看见了。”

佛又对阿难说:“阿难,这些人将供养五十个世界微尘数那么多的诸佛如来,皆悉极为恭敬、尊重,并拥护、受持这些佛的一切法藏。此后,他们将在十方国土同时成佛,并具有相同的佛号,都叫宝相如来、应供、正遍知、明行足、善逝、世间解、无上士、调御丈夫、天人师、佛世尊。他们成佛后的寿命都是一劫,各自的佛土一样庄严,国中的声闻、菩萨,以及佛灭度后的正法、像法时代等,时间都相同。”

这时,释迦牟尼佛为了再次宣说法义,即以偈颂说言:

是二千声闻,今于我前住,
悉皆与授记,未来当成佛。
所供养诸佛,如上说尘数,
护持其法藏,后当成正觉。
各于十方国,悉同一名号,
俱时坐道场,以证无上慧。
皆名为宝相,国土及弟子,
正法与像法,悉等无有异。

咸以诸神通，度十方众生，

名闻普周遍，渐入于涅槃。

这时，有学和无学位的二千位弟子，听闻释迦牟尼佛为他们授记，各个欢喜踊跃，并且异口同声地诵偈道：

世尊慧灯明，我闻授记音，

心欢喜充满，如甘露见灌。

法师品第十

此品名“法师”者，指奉持弘扬《法华经》者。

佛陀告药王菩萨及诸大士，凡听闻、随喜、供养、受持、解说《法华经》的众生，必当成就无上佛果。又指出诋毁《法华经》者罪业极重。

世尊以“高原穿凿求水”为喻：掘地若见干土，知离得水尚远；勤行掘土至转见湿土及泥，则知已近得水；此喻未闻、未解、未能修习《法华经》者，于佛道终为远离；而得以闻解思维修习者，则知得入成佛之道。

世尊又说弘扬《法华经》的方法，言欲为四众说《法华经》者，应当具备三种条件，即入如来室、着如来衣、坐如来座。入如来室即指说法者当于一切众生生起大慈悲心；着如来衣指说法者应具柔和忍辱心；坐如来座系指说法者当明一切法空，离一切相之理。

按智者大师之科判，本品开始至第十四品《安乐行品》等五品为“迹门”流通分。

尔时，世尊因药王菩萨①，告八万大士：“药王！汝见是大众中无量诸天、龙王、夜叉、乾闼婆、阿修罗、迦楼罗、紧那罗、摩睺罗伽、人与非人，及比丘、比丘尼、优婆塞、优婆夷，求声闻者，求辟支佛者，求佛道者，如是等类咸于佛前，闻《妙法华经》一偈一句，乃至一念随喜者，我皆与授记，当得阿耨多罗三藐三菩提。”

佛告药王：“又如来灭度之后，若有人闻《妙法华经》，乃至一偈一句一念随喜者，我亦与授阿耨多罗三藐三菩提记。若复有人，受持、读诵、解说、书写《妙法华经》乃至一偈，于此经卷敬视如佛，种种供养，华香、璎珞、末香、涂香、烧香、缯盖、幢幡、衣服、伎乐，乃至合掌恭敬。药王当知，是诸人等，已曾供养十万亿佛，于诸佛所成就大愿，愍众生故生此人间。

“药王！若有人问：‘何等众生于未来世当得作佛？’应示是诸人等于未来世必得作佛。何以故？若善男子、善女人，于《法华经》乃至一句受持、读诵、解说、书写，种种供养经卷，华香、璎珞、末香、涂香、烧香、缯盖、幢幡、衣服、伎乐，合掌恭敬，是人一切世间所应瞻奉，应以如来供养而供养之。当知此人是大菩萨，成就阿耨多罗三藐三菩提，哀愍众生愿生此间，广演分别《妙法华经》，何况尽能受持、种种供养者。药王当知，是人自舍清净业报，于我灭度后，愍众生故，生于恶世广演此经。若是善男子、善女人，我灭度后，能窃为一人说《法华经》乃至一句，当知是人则如来使，如来所遣行如来事，何况于大众中广为人说！

“药王！若有恶人以不善心，于一劫中现于佛前常毁骂佛，其罪尚轻。若人以一恶言，毁呰在家出家读诵《法华经》者，其罪甚重。药王！其有读诵《法华经》者，当知是人，以佛庄严而自庄严，则为如来肩所荷担，其所至方应随向礼，一心合掌，恭敬供养，尊重赞叹，华香、璎珞、末香、涂香、烧香、缯盖、幢幡、衣服、肴馔，作诸伎乐，人中上供而供养之，应持天宝而以散之，天上宝聚应以奉献。所以者何？是人欢喜说法，须臾闻之，即得究竟阿耨多罗三藐三菩提故。”

尔时，世尊欲重宣此义，而说偈言：

若欲住佛道，成就自然智，
常当勤供养，受持《法华》者。
其有欲疾得，一切种智慧，
当受持是经，并供养持者。
若有能受持，《妙法华经》者，
当知佛所使，愍念诸众生。
诸有能受持，《妙法华经》者，
舍于清净土，愍众故生此。
当知如是人，自在所欲生，
能于此恶世，广说无上法。
应以天华香，及天宝衣服，
天上妙宝聚，供养说法者。
吾灭后恶世，能持是经者，
当合掌礼敬，如供养世尊。
上馔众甘美，及种种衣服，

供养是佛子，冀得须臾闻。
若能于后世，受持是经者，
我遣在人中，行于如来事。
若于一劫中，常怀不善心，
作色而骂佛，获无量重罪。
其有读诵持，是《法华经》者，
须臾加恶言，其罪复过彼！
有人求佛道，而于一劫中，
合掌在我前，以无数偈赞，
由是赞佛故，得无量功德，
叹美持经者，其福复过彼！
于八十亿劫，以最妙色声，
及与香味触，供养持经者，
如是供养已，若得须臾闻，
则应自欣庆，我今获大利！
药王今告汝，我所说诸经，
而于此经中，《法华》最第一。

注释：

①药王菩萨：音译“鞞逝舍罗惹”。为施予良药，救治众生身、心两种病苦之菩萨。为阿弥陀佛二十五菩萨之一。

译文:

这时,释迦牟尼佛由于药王菩萨的因缘,对法会中的八万大士说:“药王!你看见法会的大众中,有无量无数的天众、龙王、夜叉、乾闼婆、阿修罗、迦楼罗、紧那罗、摩睺罗伽、人与非人,以及比丘、比丘尼、优婆塞、优婆夷等,有志求声闻果的声闻众,有志求辟支佛果的缘觉众,有志求佛道的菩萨众,所有这些不同种类的大众,今天在佛前听闻到《妙法莲华经》的一偈一句,甚至只是在一念间随喜赞叹信受此经的大众,我都为他们授记,他们皆当证得无上正等正觉。”

释迦牟尼佛告诉药王菩萨说:“另外,在如来灭度之后,如果有人听闻到《妙法莲华经》,甚至只是经中的一个偈颂、一个句子,或者于一念间随喜赞叹,我都为他们授记,他们皆当证得无上正等正觉。如果还有人能信受持行、阅读、读诵、解释,或者书写《妙法莲华经》,甚至只是其中的一个偈颂,或者有人将此经卷敬视如佛,用各种各样的供具进行供养,如花、香、璎珞、末香、涂香、烧香、缯盖、幢、幡、衣服、伎乐等,甚至仅仅合掌以示恭敬。药王,你应当知道,这些人曾在过去世中供养过十万亿位诸佛,并且在这些佛国中成就了所发的弘大誓愿。只因为他们悲悯众生的缘故,所以才转生到此人世间。

“药王!如果有人问:‘什么样的众生在未来世中将会成就佛果?’你应当为他们指出,这些人将于未来世必定成佛。为什么如此说呢?因为,若善男子、善女子对于《法华经》,甚至只是其中的一句,能够受持、读诵、解说、书写,或者用花、香、璎珞、末香、涂香、烧香、缯盖、幢、幡、衣服、伎乐等各种各样的供具供养此经，甚至只是合掌表示恭敬，那么，此人就是一切世间所有众生应该瞻仰尊奉的人，众生应该如同供养佛陀一样地恭敬供养他。你应当知道，这人就是大菩萨，已经成就了无上正等正觉，只因悲悯众生的缘故，而发愿生此世间，来广泛演说、讲解这部《妙法莲华经》，更何况能够于此经全部受持，并以种种供具进行供养。药王！你应当知道，此人自愿舍弃了这种清净的果报，在我灭度之后，为着悲愍众生的缘故，转生于这个恶业充满的世界，以广泛演说此经。如果这些善男子、善女子在我灭度之后，即使是私下为一人讲解《法华经》，甚至仅讲解一句，当知此人就是如来的使者，受到如来的派遣，执行如来的使命。更何况在大众之中广为宣说。

“药王！如果有位恶人，用不善之心，于某一劫中，现身于佛前，经常毁谤辱骂如来，此人由此获得的罪业尚属较轻。如果有人以一句恶言，毁谤讽刺读诵《法华经》的在家人和出家人，那么，他的罪业就非常重了。药王！如果有能读诵《法华经》的人，你应当知道，此人因为蕴含于本经中的诸佛的庄严功德而能令自身得到与佛无二的庄严，就好像如来将他荷担在肩上，无论他到什么地方，众生都应该向他致礼、一心合掌，恭敬供养，尊重、赞叹，并以花香、璎珞、末香、涂香、烧香、缯盖、幢、幡、衣服、肴馔，种种伎乐等人间最上等的供具来供养他，应以天上的宝物散在他的身上，应以天上的聚宝之物来奉献给他。为什么呢？因为此人喜欢说法，众生即使在很短的时间内听闻到他的说法，终究可以证得无上正等正觉。”

这时，释迦牟尼佛为了再次宣说法义，即以诵偈言道：

若欲住佛道，成就自然智，常当勤供养，受持《法华》者。

其有欲疾得，一切种智慧，当受持是经，并供养持者。

若有能受持，《妙法华经》者，当知佛所使，愍念诸众生。

诸有能受持，《妙法华经》者，舍于清净土，愍众故生此。

当知如是人，自在所欲生，能于此恶世，广说无上法。

应以天华香，及天宝衣服，天上妙宝聚，供养说法者。

吾灭后恶世，能持是经者，当合掌礼敬，如供养世尊。

上馔众甘美，及种种衣服，供养是佛子，冀得须臾闻。

若能于后世，受持是经者，我遣在人中，行于如来事。

若于一劫中，常怀不善心，作色而骂佛，获无量重罪。

其有读诵持，是《法华经》者，须臾加恶言，其罪复过彼！

有人求佛道，而于一劫中，合掌在我前，以无数偈赞，

由是赞佛故，得无量功德，叹美持经者，其福复过彼！

于八十亿劫，以最妙色声，及与香味触，供养持经者，

如是供养已，若得须臾闻，则应自欣庆，我今获大利！

药王今告汝，我所说诸经，而于此经中，《法华》最第一。

尔时，佛复告药王菩萨摩诃萨："我所说经典无量千万亿，已说、今说、当说，而于其中，此《法华经》最

为难信难解。药王！此经是诸佛秘要之藏，不可分布妄授与人。诸佛世尊之所守护，从昔已来未曾显说，而此经者，如来现在犹多怨嫉，况灭度后！

“药王当知，如来灭后，其能书持、读诵、供养、为他人说者，如来则为以衣覆之，又为他方现在诸佛之所护念。是人有大信力及志愿力、诸善根力。当知是人与如来共宿，则为如来手摩其头。药王！在在处处，若说若读若诵若书，若经卷所住处，皆应起七宝塔，极令高广严饰，不须复安舍利。所以者何？此中已有如来全身。此塔应以一切华香、璎珞、缯盖、幢幡、伎乐歌颂，供养恭敬，尊重赞叹。若有人得见此塔礼拜供养，当知是等皆近阿耨多罗三藐三菩提。

“药王！多有人在家出家行菩萨道，若不能得见闻、读诵、书持、供养是《法华经》者，当知是人未善行菩萨道。若有得闻是经典者，乃能善行菩萨之道。其有众生求佛道者，若见若闻是《法华经》，闻已信解受持者，当知是人得近阿耨多罗三藐三菩提。

“药王！譬如有人渴乏须水，于彼高原穿凿求之。犹见干土，知水尚远；施功不已，转见湿土，遂渐至泥，其心决定知水必近。菩萨亦复如是，若未闻未解未能修习是《法华经》者，当知是人去阿耨多罗三藐三菩提尚远；若得闻解思惟修习，必知得近阿耨多罗三藐三菩提。所以者何？一切菩萨阿耨多罗三藐三菩提皆属此经，此经开方便门，示真实相。是《法华经》藏深固幽远，无人能到，今佛教化成就菩萨而为开示。药王！若有菩萨闻是《法华经》惊疑怖畏，当知是为新发意菩萨。若声闻人闻是经惊疑怖畏，当知是为增上慢者。

“药王！若有善男子、善女人，如来灭后，欲为四众说是《法华经》者，云何应说？是善男子、善女人，入如来室，著如来衣，坐如来座，尔乃应为四众广说斯经。如来室者，一切众生中大慈悲心是；如来衣者，柔和忍辱心是；如来座者，一切法空是。安住是中，然后以不懈怠心，为诸菩萨及四众广说是《法华经》。

“药王！我于余国遣化人为其集听法众，亦遣化比丘、比丘尼、优婆塞、优婆夷听其说法。是诸化人，闻法信受，随顺不逆。若说法者在空闲处，我时广遣天、龙、鬼、神、乾闼婆、阿修罗等听其说法。我虽在异国，时时令说法者得见我身。若于此经忘失句逗，我还为说令得具足。”

尔时，世尊欲重宣此义，而说偈言：

欲舍诸懈怠，应当听此经，
是经难得闻，信受者亦难。
如人渴须水，穿凿于高原，
犹见干燥土，知去水尚远，
渐见湿土泥，决定知近水。
药王汝当知，如是诸人等，

不闻《法华经》，去佛智甚远！
若闻是深经，决了声闻法。
是诸经之王，闻已谛思惟，
当知此人等，近于佛智慧。
若人说此经，应入如来室，
著于如来衣，而坐如来座，
处众无所畏，广为分别说。
大慈悲为室，柔和忍辱衣，
诸法空为座，处此为说法。
若说此经时，有人恶口骂，
加刀杖瓦石，念佛故应忍。
我千万亿土，现净坚固身，
于无量亿劫，为众生说法。
若我灭度后，能说此经者，
我遣化四众，比丘比丘尼，
及清信士女，供养于法师，
引导诸众生，集之令听法。
若人欲加恶，刀杖及瓦石，
则遣变化人，为之作卫护。
若说法之人，独在空闲处，
寂寞无人声，读诵此经典，
我尔时为现，清净光明身。
若忘失章句，为说令通利。

若人具是德，或为四众说，
空处读诵经，皆得见我身。
若人在空闲，我遣天龙王，
夜叉鬼神等，为作听法众。
是人乐说法，分别无挂碍，
诸佛护念故，能令大众喜。
若亲近法师，速得菩萨道，
随顺是师学，得见恒沙佛。

译文：

这时，释迦牟尼佛又告诉药王菩萨说："我所说的经典有无量千万亿之多，有的是已经演说过的、有的是现在正在演说的、有的是未来将要演说的，在这难以计量的经典中，这部《法华经》是最难令人生起信心、最难以理解的。药王！这部经典是诸佛最奥秘、最重要的法藏，不能随意地传授于人。诸佛世尊共同守护此经，从过去以来，始终未曾向外显说。而由于演说此经的缘故，我于现在也招致了许多怨恨和嫉妒，更何况我灭度之后还将会有更多的诽谤。

"药王！你应当知道，在如来灭度之后，如果有人能书写、受持、读诵、供养此经，并为他人演说这部经，如来则以袈裟披覆在他的身上，他也会受到其他诸方佛土中现住于世的如来所给予的护持和忆念。这样的人具有因极大信心所付予的力量，以及志愿力和各种善根之力。你应当知道，这些人常与诸佛共处一起，为如来亲手摩顶加持。药王！不论在任何地方，如果有人演说、有人阅读、有人读诵、有人书写此《法华经》，凡是本经典存在的地方，皆应该建起七宝塔，所建之塔应极尽高广庄严的装饰，不需要再另外安放舍利。为什么呢？因为此宝塔中已经有如来的法身。众生应当以各种花香、璎珞、缯盖、幢、幡、伎乐、歌颂等各种方式对此塔进行供养、恭敬、尊重和赞叹。如果有人能够有机缘见到这座塔，并且对塔进行礼拜供养，当知这样的人皆已接近无上正等正觉的境界。

“药王！有许多人——无论在家或者出家修行菩萨道的人，如果不能见到、听闻、读诵、书写、受持、供养这部《法华经》，你应当知道，这些人并未圆满地修习菩萨道。如果能够听闻到这部经典，那才可算是能够善于修习圆满的菩萨道。有志求佛道的众生，若能够见到或听闻到这部《法华经》，并且在听闻之后产生信解受持，你应当知道这些人已经接近无上正等正觉之境界。

“药王！譬如有人处于干渴饥饿的时候，非常需要饮水，于是在高原上挖井求取。当他看到挖出来的全是干土时，肯定知道离水还远；于是他继续不断地挖掘，转而发现了湿土，逐渐地又看到了泥土，于是，他心里则会非常肯定地知道，水必定就在附近。菩萨也是如此，如果没有听闻、没有理解、没有修习这部《法华经》，你应当知道，这些人离无上正等正觉的境界尚远；如果能够听闻、理解、思维、修习此经，那样，你必当知道，这些人离无上正等正觉的境界已经相去不远。为什么这样说呢？因为一切菩萨志求的无上正等正觉，都包含于这部《法华经》中，此经开启一切方便权巧的法门，显示诸法实相之妙理。这部《法华经》藏是如此深奥幽远，没有人能够探究其义，现在，佛陀为了教化菩萨，使他们得以成就，因此才为他们分别开示。药王！如果有菩萨听闻这部《法华经》后，觉得惊奇、怀疑、畏惧，你应当知道，这些菩萨都是刚刚发心修习的菩萨。如果有修习声闻乘者听闻此经后，觉得惊奇、怀疑、畏惧，你应当知道，这些人都是怀有增上慢的人。

“药王！如果有善男子、善女人，在如来灭度之后，想为四众弟子讲说这部《法华经》，应该怎样去讲说呢？这些善男子、善女人，必须入住到如来的处所，穿上如来的衣服，坐上如来的宝座，如此这样才可为四众广说此经。所谓如来室，即是对一切众生生起大慈大悲之心；所谓如来衣、就是具足柔和忍辱之心；所谓如来座，就是体悟到诸法皆空的实相。安住于这些状态之中，然后再以丝毫无所懈怠之心，为诸菩萨及四众弟子，广泛宣说这部《法华经》。

“药王！我在其余的佛土，派遣我所变化的人为演说此经者召集听法之众，也会派遣我所变化的比丘、比丘尼、优婆塞、优婆夷等四众弟子去听他说法。我所变化的这些人，听闻他说法之后，便会深信不疑，随顺不逆。如果那位说《法华经》的人在偏僻空闲之处，我就会广为派遣天众、龙众、鬼神、乾闼婆、阿修罗等来听他说法。我虽然在其他佛国之中，但我会时时刻刻令说《法华经》的人见到我的法身。如果说法者忘记了《法华经》中的经文，我还会去为他解说，让他能够具足所有的经义。”

这时，释迦牟尼佛为了再次宣说法义，即以偈颂诵言：

欲舍诸懈怠，应当听此经，是经难得闻，信受者亦难。

如人渴须水，穿凿于高原，犹见干燥土，
知去水尚远，渐见湿土泥，决定知近水。
药王汝当知，如是诸人等，
不闻《法华经》，去佛智甚远！
若闻是深经，决了声闻法。
是诸经之王，闻已谛思维，当知此人等，近于佛智慧。
若人说此经，应入如来室，著于如来衣，
而坐如来座，处众无所畏，广为分别说。
大慈悲为室，柔和忍辱衣，诸法空为座，处此为说法。
若说此经时，有人恶口骂，加刀杖瓦石，念佛故应忍。
我千万亿土，现净坚固身，于无量亿劫，为众生说法。
若我灭度后，能说此经者，我遣化四众，比丘比丘尼，
及清信士女，供养于法师，引导诸众生，集之令听法。
若人欲加恶，刀杖及瓦石，则遣变化人，为之作卫护。
若说法之人，独在空闲处，寂寞无人声，
读诵此经典，我尔时为现，清净光明身。
若忘失章句，为说令通利。
若人具是德，或为四众说，空处读诵经，皆得见我身。
若人在空闲，我遣天龙王，夜叉鬼神等，为作听法众。
是人乐说法，分别无挂碍，诸佛护念故，能令大众喜。
若亲近法师，速得菩萨道，随顺是师学，得见恒沙佛。

见宝塔品第十一

本品系明地涌宝塔，以证《法华经》之真实。

佛陀说《法华经》时，于法会中从地涌出多宝佛塔，住于空中，并出音声赞叹释迦说《法华经》。众弟子未知因缘。

世尊乃为众弟子言其因缘，为往昔多宝如来曾发誓愿，当于说《法华经》者涌现宝塔，以证其实，故今日于此法华会上现出此瑞。欲见塔中多宝如来，当于十方分身说法之诸佛共还本处，方得开启此塔。世尊于诸方国土分身说法之化身咸归一处，多宝佛塔开启，众生得见多宝佛法相；多宝佛分其半座与世尊同坐；无量无数众多菩萨和眷属从地涌出，向多宝如来、释迦如来礼拜。世尊继言受持、读诵、演说、书写《法华经》，实为难得稀有，若有能作此者，则令诸佛欢喜护念。

尔时，佛前有七宝塔，高五百由旬，纵广二百五十由旬。从地涌出，住在空中，种种宝物而庄校之。五千栏楯，龛室千万[①]，无数幢幡以为严饰，垂宝璎珞、宝铃万亿而悬其上。四面皆出多摩罗跋栴檀之香[②]，充遍世界。其诸幡盖，以金、银、琉璃、砗磲、玛瑙、真珠、玫瑰七宝合成，高至四天王宫。三十三天雨天曼陀罗华供养宝塔[③]，余诸天、龙、夜叉、乾闼婆、阿修罗、迦楼罗、紧那罗、摩睺罗伽、人非人等千万亿众，以一切华香、璎珞、幡盖、伎乐供养宝塔，恭敬尊重赞叹。

尔时，宝塔中出大音声叹言："善哉！善哉！释迦牟尼世尊，能以平等大慧教菩萨法，佛所护念《妙法华经》为大众说。如是，如是，释迦牟尼世尊，如所说者，皆是真实。"

尔时，四众见大宝塔住在空中，又闻塔中所出音声，皆得法喜，怪未曾有，从座而起，恭敬合掌，却住一面。

尔时，有菩萨摩诃萨名大乐说，知一切世间天、人、阿修罗等心之所疑，而白佛言："世尊，以何因缘有此宝塔从地涌出？又于其中发是音声？"

尔时，佛告大乐说菩萨："此宝塔中有如来全身，乃往过去东方无量千万亿阿僧祇世界，国名宝净，彼中有佛，号曰多宝。其佛行菩萨道时，作大誓愿：'若我成佛，灭度之后，于十方国土有说《法华经》处，我之塔庙为听是经故，涌现其前为作证明，赞言善哉。'彼佛成道已，临灭度时，于天人大众中告诸比丘：'我灭度后，欲供养我全身者，应起一大塔。'其佛以神通愿力，十方世界在在处处，若有说《法华经》者，彼之宝塔皆涌出其前，全身在于塔中，赞言：'善哉！善哉！'大乐说，今多宝如来塔，闻说《法华经》故，从地涌出，赞言：'善哉！善哉！'"

注释：

①龛（kān）：指掘凿岩崖为室，以安置佛像之所。

②多摩罗跋：又作“多摩罗跋树”、“多摩罗树”。为樟科之一种。即我国所称之藿香（霍香）。灌木，花呈淡黄色，树皮含有肉桂般之香味，树叶亦可制香，可用为发汗、健胃等药，产于我国、南印度、锡兰等。

③三十三天：“六欲天”之一。又作“忉利天”。于佛教之宇宙观中，此天位居欲界第二天之须弥山顶上，四面各为八万由旬，山顶之四隅各有一峰，高五百由旬，由金刚手药叉神守护此天。中央之宫殿（善见城）为帝释天所住，城外周围有四苑，是诸天众游乐之处。城之东北有圆生树，花开妙香薰远，城之西南有善法堂，诸天众群聚于此，评论法理。四方各有八城，加中央一城，合为三十三天城。据《正法念经》卷二十五载，佛母摩耶夫人命终后登入此天，佛乃至忉利天为母说法三个月。“三十三天”及“焰摩天”之信仰，早于印度吠陀时代即已盛行。

译文：

这时，在释迦牟尼佛面前，出现七宝之塔，塔高五百由旬，宽二百五十由旬。此塔从下涌出，停住在虚空之中，有种种无价宝物庄严装饰此塔。在宝塔的四周，有五千栏杆，有千万个龛室，以及无数的幢、幡作为庄严之饰，还有珍贵的璎珞和亿万个宝铃垂挂于宝塔上。宝塔的四面皆发出多摩罗跋檀香味，香气充满了整个世界。塔上所有的宝幡、宝盖皆用黄金、白银、琉璃、砗磲、玛瑙、珍珠、玫瑰等七种宝物合成，这些宝幡、宝盖各个是如此地高耸，可达四大天王的宫殿。从三十三天，降下如雨一般密集的曼陀罗花，供养这座宝塔，其余一切天众、龙众、夜叉、乾闼婆、阿修罗、迦楼罗、紧那罗、摩睺罗伽以及人、非人等千万亿大众，用其所有一切妙花、妙香、璎珞、宝幡、宝盖以及种种伎乐供养宝塔，并恭敬、尊重、赞颂这座宝塔。

这时，宝塔中发出了宏亮的声音，赞叹道："善哉！善哉！释迦牟尼世尊，能以平等的大智慧，演说教化菩萨的法门，以十方诸佛所护持和忆念的《法华经》，为大众宣说。确实如此！确实如此！释迦牟尼世尊所说之言皆是真实不虚的。"

这时，法会中的比丘、比丘尼以及优婆塞、优婆夷等四众弟子，看见这座巨大的宝塔停留在空中，又听见塔中发出的声音，都感受到法喜充满，也为这往昔从未见到过的情景感到奇怪，于是，四众弟子们从各自座位上站起来，恭恭敬敬地合起双掌，退到一旁。

这时，有一位名叫大乐说的大菩萨，明白所有天、人和阿修罗等众生心中的疑惑，于是对释迦牟尼佛说道："世尊！是由于何种因缘，这些宝塔从地下涌出而留住于空中？为什么又会从宝塔之中发出如此的音声？"

这时，释迦牟尼佛告诉大乐说菩萨："这座宝塔之中有如来的全身舍利，于是忆念至过去世，经过东方无量无数阿僧祇世界，有一个佛土，国名叫宝净，佛国中有一位如来，名号叫作多宝。那位多宝如来在修行菩萨道时，曾发下弘大的誓愿：'如果我能够证得佛果，在我灭度之后，于十方所有国土之中，凡是有演说《妙法莲华经》的地方，我的塔庙将会因为听闻这部经的缘故，而从地下涌出并现于说法者的面前，为他作证赞叹。’这位多宝如来证得佛果后，在他临入涅槃时，在诸多天、人等大众面前，告诉所有的比丘们说：‘我灭度之后，欲供养我全身者，应建起一座大塔。’多宝如来以其神通和愿力，在十方世界中，任何一个有讲说《法华经》的地方，他的宝塔都会从地下涌出，现于说法者的面前，并且置身塔中，称赞这位宣说《法华经》的佛：‘善哉！善哉！’大乐说！今天，多宝如来的宝塔，因为我宣说《法华经》的缘故，所以从地下涌出，并赞叹道：‘善哉！善哉！’”

是时，大乐说菩萨以如来神力故，白佛言：“世尊！我等愿欲见此佛身。”

佛告大乐说菩萨摩诃萨：“是多宝佛有深重愿：‘若我宝塔为听《法华经》故出于诸佛前时，其有欲以我身示四众者，彼佛分身诸佛，在于十方世界说法，尽还集一处，然后我身乃出现耳！’大乐说，我分身诸佛，在于十方世界说法者，今应当集。”

大乐说白佛言：“世尊！我等亦愿欲见世尊分身诸佛礼拜供养。”

译文：

这时，大乐说菩萨因为如来神力加持的缘故，向释迦牟尼佛说道：“世尊！我们大家都希望能够瞻仰多宝如来的佛身。”

释迦牟尼佛告诉大乐说菩萨：“这位多宝如来有一个深重的大愿：‘假使我的宝塔，为听《法华经》的缘故，出现于诸佛面前时，如果有想让我以全身示现给法会中的四众弟子，那么这位佛就必须将他在十方世界中说法的所有分身佛全部集合在一处，然后，我的全身才出现于四众面前。'大乐说！我所有分身示现的诸佛如今都在十方各个世界中讲经说法，现在应当召集他们都来这里。"

大乐说菩萨对释迦牟尼佛说："世尊！我们也很想见到您的分身示现的诸佛，以使我们能礼拜、供养他们。"

尔时，佛放白毫一光，即见东方五百万亿那由他恒河沙等国土诸佛。彼诸国土皆以玻璃为地，宝树、宝衣以为庄严，无数千万亿菩萨充满其中，遍张宝幔宝网罗上。彼国诸佛以大妙音而说诸法，及见无量千万亿菩萨遍满诸国为众说法。南西北方、四维、上下，白毫相光所照之处，亦复如是。

尔时，十方诸佛各告众菩萨言："善男子，我今应往娑婆世界释迦牟尼佛所，并供养多宝如来宝塔。"时娑婆世界即变清净，琉璃为地，宝树庄严，黄金为绳以界八道。无诸聚落、村营、城邑，大海江河、山川林薮。烧大宝香，曼陀罗华遍布其地，以宝网幔罗覆其上，悬诸宝铃。唯留此会众，移诸天人置于他土。是时诸佛各将一大菩萨以为侍者，至娑婆世界，各到宝树下。一一宝树高五百由旬，枝叶华果次第庄严。诸宝树下皆有师子之座，高五由旬，亦以大宝而校饰之。尔时，诸佛各于此座结跏趺坐，如是展转遍满三千大千世界，而于释迦牟尼佛一方所分之身，犹故未尽。

时释迦牟尼佛，欲容受所分身诸佛故，八方各更变二百万亿那由他国，皆令清净，无有地狱、饿鬼、畜生及阿修罗，又移诸天人置于他土所化之国。亦以琉璃为地，宝树庄严。树高五百由旬，枝叶华果次第严饰，树下皆有宝师子座高五由旬，种种诸宝以为庄校。亦无大海江河及目真邻陀山①、摩诃目真邻陀山、铁围山②、大铁围山、须弥山等诸山王，通为一佛国土。宝地平正，宝交露幔遍覆其上。悬诸幡盖，烧大宝香，诸天宝华遍布其地。

释迦牟尼佛为诸佛当来坐故，复于八方各更变二百万亿那由他国，皆令清净，无有地狱、饿鬼、畜生及阿修罗，又移诸天人置于他土。所化之国，亦以琉璃为地，宝树庄严。树高五百由旬，枝叶华果次第庄严。树下皆有宝师子座高五由旬，亦以大宝而校饰之。亦无大海江河及目真邻陀山、摩诃目真邻陀山、铁围山、大铁围山、须弥山等诸山王，通为一佛国土。宝地平正，宝交露幔遍覆其上，悬诸幡盖，烧大宝香，诸天宝华遍布其地。

尔时，东方释迦牟尼佛所分之身，百千万亿那由他恒河沙等国土中诸佛，各各说法来集于此。如是次第十方诸佛，皆悉来集坐于八方。尔时，一一方四百万亿那由他国土，诸佛如来遍满其中。

是时诸佛各在宝树下坐师子座，皆遣侍者问讯释迦牟尼佛。各赍宝华满掬而告之言："善男子，汝往诣耆阇崛山释迦牟尼佛所，如我辞曰：'少病少恼，气力安乐，及菩萨、声闻众悉安隐不？'以此宝华散佛供养，而作是言：'彼某甲佛，与欲开此宝塔。'"诸佛遣使亦复如是。

尔时，释迦牟尼佛见所分身佛悉已来集，各各坐于师子之座，皆闻诸佛与欲同开宝塔。即从座起，住虚空中，一切四众起立合掌、一心观佛。于是释迦牟尼佛以右指开七宝塔户，出大音声，如却关钥开大城门。即时一切众会皆见多宝如来，于宝塔中坐师子座，全身不散如入禅定。又闻其言："善哉！善哉！释迦牟尼佛，快说是《法华经》。我为听是经故而来至此。"尔时四众等，见过去无量千万亿劫灭度佛说如是言，叹未曾有！以天宝华聚散多宝佛及释迦牟尼佛上。

尔时，多宝佛于宝塔中，分半座与释迦牟尼佛，而作是言："释迦牟尼佛，可就此座。"即时释迦牟尼佛，入其塔中，坐其半座，结跏趺坐。尔时，大众见二如来在七宝塔中师子座上结跏趺坐，各作是念："佛座高远，唯愿如来以神通力，令我等辈俱处虚空。"即时释迦牟尼佛，以神通力接诸大众皆在虚空，以大音声普告四众："谁能于此娑婆国土广说《妙法华经》？今正是时，如来不久当入涅槃，佛欲以此《妙法华经》付嘱有在。”

注释：

①目真邻陀山：目真邻陀，龙王名。取所住之龙王以名山。又作“目邻山”。

②铁围山：又作“铁轮围山”、“轮围山”、“金刚山”、“金刚围山”。佛教之宇宙观以须弥山为中心，其周围共有七山八海围绕，最外侧为铁所成之山，称“铁围山”。即围绕须弥四洲外海之山。或谓大中小三千世界，各有大中小之铁围山环绕。据《大毗婆沙论》卷一三三载，此世界之中央为须弥山，由四宝所成，其周围由健达罗乃至尼民达罗等七金山围绕，诸山之间各有一海，围绕尼民达罗山之第八海即碱海，阎浮四洲位于此海中。此碱海之周围有山，如墙绕之，故称“轮围”；又因其由铁所成，故称“铁围山”。

译文：

这时，释迦牟尼佛从眉间放出一道白毫相光，即刻照见东方五百万亿那由他条恒河中所有沙数之多的国土诸佛。所有这些国土皆以玻璃为地，以各种宝树和宝衣作为装饰，非常庄严和华丽，各佛国中，均有无数千万亿位菩萨住于其中，到处都是宝幔和宝网罗列其中。这些国土中的诸佛，都以洪亮微妙的声音演说佛法。并可见到无数亿菩萨遍满诸国，都在为大众演说佛法。其他南方、西方、北方、东南、西南、西北、东北、上方、下方，凡是释迦牟尼佛白毫相光所照耀的地方也都是如此。

这时，十方一切诸佛各自对其国中的菩萨们说：“善男子！我现在应该去娑婆世界释迦牟尼佛那里，并且供养多宝如来的舍利宝塔。”这时，娑婆世界顿时变得无比清净。玻璃铺成大地，七宝之树庄严华丽，以黄金做成的绳子，成为宽广道路的分界。没有聚落、村营、城邑，也没有大海、江河、山川、林薮。到处燃烧着巨大的宝香，曼陀罗花布满大地，并有宝网、宝幔覆盖其上，网幔之上悬挂着宝铃。唯独留下在法华会上听释迦牟尼佛说法的大众，其余的天众和人民全转移到其他国土去了。这时，十方诸佛，带着一位大菩萨作为侍者，来到这个娑婆世界，各自来到菩提树下。这些菩提树，均高五百由旬，菩提树的枝叶和花果，错落有致，非常庄严。每棵树下都有狮子座，座高五由旬，这些宝座也都用各种名贵的宝物装饰着。十方诸佛来到菩提树下后，各自在狮子座上结跏趺坐，如此树树相连，遍布整个三千大千世界。但释迦牟尼佛于一方所分身化现的诸佛是如此之难以计量，以至于仍未尽数归于此世间。

这时，释迦牟尼佛为了全部容纳所有分身示现的诸佛，又与八个方向各变出二百万亿那由他个国土，并使这些国土清净庄严，没有地狱、饿鬼、畜生以及阿修罗等四恶道众生，又把这些国土中的天、人众，暂时移至他方国土。所变现的国土，都以琉璃为地，用各种宝树来作庄严修饰。树高五百由旬，枝叶和花果依次严饰，美观大方。每棵树下均有一狮子宝座，座高五由旬，装饰着各种各样的珍宝，显得十分华丽庄严。这些国土之中，也没有大海、江河、目真邻陀山、大目真邻陀山、铁围山、大铁围山、须弥山及诸极高之山，统统形成一佛国土。充斥宝物的地面是如此地平坦周正，众宝交络的露幔覆盖在大地之上。除此之外，到处还悬挂着各种宝幡和宝盖，燃烧着各种巨大的宝香，还有天神们所散的宝花更是铺天盖地，非常美丽壮观。

释迦牟尼佛为了全部容纳所有分身示现的诸佛，又与八个方向各变出二百万亿那由他个国土，并使这些国土清净庄严，没有地狱、饿鬼、畜生以及阿修罗等四恶道众生，又把这些国土中的天、人众，暂时移至他方国土。所变现的国土，都以琉璃为地，用各种宝树来作庄严。树高五百由旬，枝叶和花果依次严饰，美观大方。每棵树下均有一狮子宝座，座高五由旬，装饰着各种各样的珍宝，显得十分华丽庄严。这些国土之中，也没有大海、江河、目真邻陀山、大目真邻陀山、铁围山、大铁围山、须弥山及诸极高之山，统统形成一佛国土。充斥宝物的地面是如此地平坦周正，众宝交络的露幔覆盖在大地之上。到处还悬挂着各种宝幡和宝盖，燃烧着各种臣大的宝香，还有天神们所散的宝花更是铺天盖地，非常美丽壮观。

这时，东方释迦牟尼佛所分身化现的诸佛，在百千万亿那由他恒河之沙数那么多的国土中说法教化众生，他们都来到释迦牟尼佛这里集会。如此这样，十方诸佛都全部集中于此，坐在多宝如来塔的四面八方。这时，每一方各有四百万亿那由他那样多的国土，都充满了诸佛如来。

这时，十方诸佛各在菩提宝树下，坐于狮子宝座之上，他们各个派遣侍者去问候释迦牟尼佛。诸佛各以宝花交于侍者，并嘱咐他们说："善男子！你到耆阇崛山释迦牟尼佛的道场，代我这样说：‘谨祝少些疾病，少些烦恼，气力充沛，安稳舒适！世尊座下的菩萨及声闻大众都能得到安稳吧？’并将这些宝花奉献于释迦牟尼佛前，作为供养，并言说道：‘某某佛愿请打开这座塔。’”十方诸佛都是如此派遣使者。

这时，释迦牟尼佛看见自己所分身化现的诸佛都已经集合，各个坐在狮子宝座上，也听到所有诸佛都希望打开多宝佛塔。于是，释迦牟尼佛即从座位上起来，安住于虚空之中，所有四众弟子都站起身来，恭敬合掌，一心凝望着释迦牟尼佛。

于是，释迦牟尼佛用他的右手指打开七宝佛塔的门户，发出巨大的声响，犹如以却关钥打开大城门一样。这时，所有大众都看见了多宝如来安坐在宝塔之中的狮子座上，佛身完整无缺，如同入于禅定一般安详自在。又听见多宝如来说道：“善哉！善哉！释迦牟尼佛请快点宣说《妙法莲华经》，我就是为了听你说这部经才来到这里的。”这时，四众弟子看见过去无量千万亿劫前已经灭度的多宝如来说出这样的话语，莫不慨叹这从未曾有的景象！他们将各种天宝和天花散在多宝如来和释迦牟尼佛的身上。

这时，多宝如来在宝塔中，将他所坐的狮子座让出一半给释迦牟尼佛，说道：“释迦牟尼佛！你可以坐到这个狮子座上。”于是，释迦牟尼佛进入多宝佛塔之中，在那半座上，结跏趺坐。这时，大众看见两位如来，在七宝塔中的狮子座上，结跏趺坐，各个都产生了这样的念头：“如来坐在又高又远的宝塔之中，还惟愿如来用大神通之力，让我们这些参加法会的大众都安坐在虚空中以便得见如来。”这时，释迦牟尼佛深知大众之心念，当即以其神通之力，令大众全部安住于虚空之中，并以宏亮深远的音声普告四众弟子们说：“谁能在这个娑婆世界中广泛宣说《妙法莲华经》？现在正是时候。因为我释迦牟尼佛不久将入涅槃，我想将这部《妙法莲华经》嘱托于此会中的有缘众生！”

尔时，世尊欲重宣此义，而说偈言：

圣主世尊，虽久灭度，在宝塔中，尚为法来，
诸人云何，不勤为法？
此佛灭度，无央数劫，处处听法，以难遇故。
彼佛本愿，我灭度后，在在所往，常为听法。
又我分身，无量诸佛，如恒沙等，来欲听法。
又见灭度，多宝如来，各舍妙土，及弟子众，
天人龙神，诸供养事，令法久住，故来至此。
为坐诸佛，以神通力，移无量众，令国清净。
诸佛各各，诣宝树下，如清净池，莲华庄严。
其宝树下，诸师子座，佛坐其上，
光明严饰，如夜暗中，燃大炬火。
身出妙香，遍十方国，众生蒙熏，喜不自胜。
譬如大风，吹小树枝，以是方便，令法久住。
告诸大众，我灭度后，谁能护持，读说斯经？
今于佛前，自说誓言，其多宝佛，
虽久灭度，以大誓愿，而师子吼。
多宝如来，及与我身，所集化佛，当知此意。

诸佛子等，谁能护法？当发大愿，令得久住。
其有能护，此经法者，则为供养，我及多宝。
此多宝佛，处于宝塔，常游十方，
为是经故，亦复供养，诸来化佛。
庄严光饰，诸世界者，若说此经，
则为见我，多宝如来，及诸化佛。
诸善男子，各谛思维，此为难事，宜发大愿，
诸余经典，数如恒沙，虽说此等，未足为难。
若接须弥，掷置他方，无数佛土，亦未为难。
若以足指，动大千界，远掷他国，亦未为难。
若立有顶，为众演说，无量余经，亦未为难。
若佛灭后，于恶世中，能说此经，是则为难。
假使有人，手把虚空，而以游行，亦未为难。
于我灭后，若自书持，若使人书，是则为难。
若以大地，置足甲上，升于梵天，亦未为难。
佛灭度后，于恶世中，暂读此经，是则为难。
假使劫烧，担负干草，入中不烧，亦未为难。
我灭度后，若持此经，为一人说，是则为难。
若持八万，四千法藏，十二部经①，为人演说，
令诸听者，得六神通②，虽能如是，亦未为难。
于我灭后，听受此经，问其义趣，是则为难。
若人说法，令千万亿，无量无数，恒沙众生，
得阿罗汉，具六神通，虽有是益，亦未为难。

于我灭后，若能奉持，如斯经典，是则为难。
我为佛道，于无量土，从始至今，广说诸经，
而于其中，此经第一，若有能持，则持佛身。
诸善男子，于我灭后，谁能受持，读诵此经？
今于佛前，自说誓言。
此经难持，若暂持者，我则欢喜，诸佛亦然。
如是之人，诸佛所叹，是则勇猛，是则精进，
是名持戒，行头陀者[3]，则为疾得，无上佛道。
能于来世，读持此经，是真佛子，住淳善地。
佛灭度后，能解其义，是诸天人，世间之眼。
于恐畏世，能须臾说，一切天人，皆应供养。

注释：

①十二部经：又称“十二分教”。系指一切经教的内容分为十二类，分别为：一、长行，以散文直说法相，不限定字句者，因行类长，故称“长行”。二、重颂，既宣说于前，更以偈颂结之于后，有重宣之意，故名“重颂”。三、孤起，不依前面长行文的意义，单独发起的偈颂。四、因缘，述说见佛闻法，或佛说法教化的因缘。五、本事，是载佛说各弟子过去世因缘的经文。六、本生，是载佛说其自身过去世因缘的经文。七、未曾有，记佛现种种神力不思议事的经文。八、譬喻，佛说种种譬喻以令众生容易开悟的经文。九、论议，指以法理论议问答的经文。十、无问自说，如阿弥陀经，系无人发问而佛自说的。十一、方广，谓佛说

方正广大之真理的经文。十二、记别或授记，是记佛为菩萨或声闻授成佛时名号的记别。此十二部中，只有“长行”、“重颂”与“孤起颂”是经文的格式，其余九种都是依照经文中所载之别事而立名。又小乘经中无“无问自说”、“方广”、“授记”三类，故仅有九部经。

②六神通：又作“六通”。指六种超人间而自由无碍之力。即：（一）神境通，又作“身通”、“身如意通”、“神足通”。即自由无碍，随心所欲现身之能力。（二）天眼通，能见六道众生生死苦乐之相，及见世间一切种种形色，无有障碍。（三）天耳通，能闻六道众生苦乐忧喜之语言，及世间种种之音声。（四）他心通，能知六道众生心中所思之事。（五）宿命通，又作“宿住通”，能知自身及六道众生之百千万世宿命及所作之事。（六）漏尽通，断尽一切三界见思惑，不受三界生死，而得漏尽神通之力。

③头陀：谓去除尘垢烦恼。“苦行”之一。又作“杜荼”、“杜多”、“投多”、“偷多”、“尘吼多”。意译为“抖擞”、“抖柬”、“斗薮”、“修治”、“弃除”、“沙汰”、“浣洗”、“纷弹”、“摇振”。意即对衣、食、住等弃其贪着，以修炼身心。亦称“头陀行”、“头陀事”、“头陀功德”。头陀行的具体内容有数种不同说，最为常见的为“十二头陀行”，即对日常生活所立如下之十二种修行规定，分别为：（一）在阿兰若处，离世人居处而住于安静之所。（二）常行乞食。（三）次第乞食，乞食时不分贫富之家，而沿门托钵。（四）受一食法，一日一食。（五）节量食，指不过食，即钵中只受一团饭。（六）中后不得饮浆，中食之后，不再饮浆。（七）着弊衲衣，穿着废弃布所作之褴褛衣。（八）但

“三衣”，除“三衣”外，无多余之衣。（九）冢间住，住于墓地。（十）树下止。（十一）露地坐，坐于露天之地。（十二）但坐不卧，即常坐。至后世，头陀行则转为巡历山野而能耐艰苦之行脚修行之意，或特指乞食之行法而言。

译文：

此时，释迦牟尼佛为了重新宣说法义，即以偈颂言道：

圣主世尊，虽久灭度，在宝塔中，尚为法来，
诸人云何，不勤为法？
此佛灭度，无央数劫，处处听法，以难遇故。
彼佛本愿，我灭度后，在在所往，常为听法。
又我分身，无量诸佛，如恒沙等，来欲听法。
又见灭度，多宝如来，各舍妙土，及弟子众，
天人龙神，诸供养事，令法久住，故来至此。
为坐诸佛，以神通力，移无量众，令国清净。
诸佛各各，诣宝树下，如清净池，莲华庄严。
其宝树下，诸师子座，佛坐其上，
光明严饰，如夜暗中，燃大炬火。
身出妙香，遍十方国，众生蒙熏，喜不自胜。
譬如大风，吹小树枝，以是方便，令法久住。
告诸大众，我灭度后，谁能护持，读说斯经？
今于佛前，自说誓言，其多宝佛，
虽久灭度，以大誓愿，而师子吼。
多宝如来，及与我身，所集化佛，当知此意。

诸佛子等，谁能护法？当发大愿，令得久住。
其有能护，此经法者，则为供养，我及多宝。
此多宝佛，处于宝塔，常游十方，
为是经故，亦复供养，诸来化佛。
庄严光饰，诸世界者，若说此经，
则为见我，多宝如来，及诸化佛。
诸善男子，各谛思维，此为难事，宜发大愿，
诸余经典，数如恒沙，虽说此等，未足为难。
若接须弥，掷置他方，无数佛土，亦未为难。
若以足指，动大千界，远掷他国，亦未为难。
若立有顶，为众演说，无量余经，亦未为难。
若佛灭后，于恶世中，能说此经，是则为难。
假使有人，手把虚空，而以游行，亦未为难。
于我灭后，若自书持，若使人书，是则为难。
若以大地，置足甲上，升于梵天，亦未为难。
佛灭度后，于恶世中，暂读此经，是则为难。
假使劫烧，担负干草，入中不烧，亦未为难。
我灭度后，若持此经，为一人说，是则为难。
若持八万，四千法藏，十二部经，为人演说，
令诸听者，得六神通，虽能如是，亦未为难。
于我灭后，听受此经，问其义趣，是则为难。
若人说法，令千万亿，无量无数，恒沙众生，
得阿罗汉，具六神通，虽有是益，亦未为难。
于我灭后，若能奉持，如斯经典，是则为难。

我为佛道，于无量土，从始至今，广说诸经，
而于其中，此经第一，若有能持，则持佛身。
诸善男子，于我灭后，谁能受持，读诵此经？
今于佛前，自说誓言。
此经难持，若暂持者，我则欢喜，诸佛亦然。
如是之人，诸佛所叹，是则勇猛，是则精进，
是名持戒，行头陀者，则为疾得，无上佛道。
能于来世，读持此经，是真佛子，住淳善地。
佛灭度后，能解其义，是诸天人，世间之眼。
于恐畏世，能须臾说，一切天人，皆应供养。

提婆达多品第十二

本品名中，提婆达多昔为佛陀之堂兄弟，于佛世时犯五逆重罪，破坏僧团，因此多被认为为极恶之人。但在本品中，佛陀言往昔为求《法华经》一偈，尽心布施，不惜身命。后舍身为奴役，尽力供养，而得阿私仙（提婆达多之前世）为其说《法华经》，以此因缘而于今成就佛果。因此提婆达多也是成就众生的善知识。世尊为提婆达多授记，当于未来成就佛果，号“天王如来”。此明示怨亲平等之理。

又因智积菩萨所问，文殊菩萨言于龙宫之中常说《法华经》，成就众生。智积菩萨言世尊以无量劫难行苦行，积功累德求菩提道，方得成就佛果，而为何说众生奉持《法华经》而能速证佛果。文殊菩萨则举龙女可速成佛。龙女现身赞佛；舍利弗疑言，女身垢秽有五障，而何以速得成佛。龙女乃献宝珠供养世尊，而于须臾之间成就佛果。此以身为畜女之龙女同样可以成佛。

以上二例，则显《法华经》神功，众生平等，无论怨亲、无论男女、无论人畜，凡奉持《法华经》者，皆可成佛。

尔时，佛告诸菩萨及天人四众：“吾于过去无量劫中，求《法华经》无有懈倦。于多劫中常作国王，发愿求于无上菩提，心不退转。为欲满足六波罗蜜，勤行布施，心无吝惜。象、马、七珍、国城、妻子、奴婢、仆从、头目髓脑、身肉手足，不惜躯命。时世人民寿命无量。为于法故，捐舍国位，委政太子，击鼓宣令：‘四方求法’谁能为我说大乘者，吾当终身供给走使。’时有仙人来白王言：‘我有大乘，名《妙法华经》。若不违我，当为宣说。’王闻仙言，欢喜踊跃，即随仙人供给所须。采果汲水，拾薪设食，乃至以身而为床座，身心无倦。于时奉事经于千岁，为于法故，精勤给侍，令无所乏。”

尔时，世尊欲重宣此义，而说偈言：

我念过去劫，为求大法故，
虽作世国王，不贪五欲乐，
捶钟告四方，谁有大法者，
若为我解说，身当为奴仆。
时有阿私仙[①]，来白于大王：
我有微妙法，世间所希有！
若能修行者，吾当为汝说。
时王闻仙言，心生大喜悦，
即便随仙人，供给于所须，
采薪及果蓏[②]，随时恭敬与，
情存妙法故，身心无懈倦。
普为诸众生，勤求于大法，
亦不为己身，及以五欲乐。
故为大国王，勤求获此法，
遂致得成佛，今故为汝说。

佛告诸比丘："尔时王者，则我身是；时仙人者，今提婆达多是③。由提婆达多善知识故，令我具足六波罗蜜，慈悲喜舍④，三十二相，八十种好，紫磨金色，十力，四无所畏⑤，四摄法⑥，十八不共神通道力，成等正觉⑦，广度众生，皆因提婆达多善知识故。"

告诸四众："提婆达多却后过无量劫，当得成佛，号曰天王如来、应供、正遍知、明行足、善逝、世间解、无上士、调御丈夫、天人师、佛世尊，世界名天道。时天王佛，住世二十中劫，广为众生说于妙法，恒河沙众生得阿罗汉果，无量众生发缘觉心，恒河沙众生发无上道心，得无生忍至不退转⑧。时天王佛般涅槃后，正法住世二十中劫。全身舍利起七宝塔，高六十由旬，纵广四十由旬。诸天人民悉以杂华、末香、烧香、涂香、衣服、璎珞、幢幡、宝盖、伎乐歌颂，礼拜供养七宝妙塔。无量众生得阿罗汉果，无量众生悟辟支佛，不可思议众生发菩提心至不退转。"

佛告诸比丘："未来世中，若有善男子、善女人，闻《妙法华经·提婆达多品》，净心信敬不生疑惑者，不堕地狱、饿鬼、畜生，生十方佛前，所生之处常闻此经。若生人天中受胜妙乐，若在佛前莲华化生。"

注释：

①阿私仙：又作"阿夷"、"阿私陀"、"阿斯陀"等。译曰

“无比端正”。

②蓏（luǒ）：草本植物的果实。

③提婆达多：又作“提婆达兜”、“揥婆达多”、“地婆达多”。或作“调达”。略称“提婆”、“达多”。意译作“天热”、“天授”、“天与”。为佛世时犯五逆罪，破坏僧团，与佛陀敌对之恶比丘。为释尊叔父斛饭王之子，阿难之兄弟（另有为甘露饭王、白饭王或善觉长者之子等异说）。幼时与释尊、难陀共习诸艺，其技优异，常与释尊竞争。佛陀成道后，随佛陀出家，于十二年间善心修行，精勤不懈。后因未能得圣果而退转其心，渐生恶念，欲学神通而得利养，佛陀不许，遂至十力迦叶处习得神通力，受摩揭陀国阿阇世太子之供养。由是，提婆愈加骄慢，欲代佛陀领导僧团，亦未得佛陀允许。此后提婆率五百徒众脱离僧团，自称大师，制定五法，以此为速得涅槃之道，遂破僧伽之和合。提婆于摩揭陀国王舍城拥有独立教团，受阿阇世之礼遇，势力渐大，佛陀曾屡次告诫比丘众，勿贪提婆之利养。后提婆教唆阿阇世弑父，并谋借新王之威势，为教法之王，阿阇世遂幽禁其父频婆沙罗王，而自登王位。提婆亦欲迫害佛陀，以五百人投石器击杀佛陀而未果。又于耆阇崛山投下大石，虽为金毗罗神接阻，然碎片伤佛足而出血。又趁佛陀入王舍城时，放狂象加害之，然象遇佛陀即归服，事亦不成。其时，舍利弗及目犍连劝谕提婆之徒众复归佛陀之僧团，阿阇世王亦受佛陀之教化，忏悔皈依。提婆仍不舍恶念，扑打莲华色比丘尼至死，又于十指爪中置毒，欲由礼佛足而伤佛陀，但佛足坚固如岩，提婆反自破手指，乃于其地命终。古来以破和合僧、出佛身血、放狂象、杀莲华色

比丘尼、十爪毒手等五事为提婆之五逆，又特称破僧、伤佛、杀比丘尼三事为三逆。经典中多载提婆所为，谓提婆于命终之后堕地狱中。

④慈悲喜舍：即“四无量心”。谓菩萨利他之心广大也。所缘众生既无量，而能缘之心亦无量也。

⑤四无所畏：此处系指佛之“四无所畏”即：（一）诸法现等觉无畏，又作“一切智无所畏”、“正等觉无畏”、“等觉无畏”。谓对于诸法皆觉知，住于正见无所屈伏，具无所怖畏之自信。（二）一切漏尽智无畏，又作“漏永尽无畏”、“漏尽无所畏”、“漏尽无畏”。谓断尽一切烦恼而无外难怖畏。（三）障法不虚决定授记无畏，又作“说障法无畏”、“说障道无所畏”、“障法无畏”。谓阐示修行障碍之法，并对任何非难皆无所怖畏。（四）为证一切具足出道如性无畏，又作“说出道无畏”、“说尽苦道无所畏”、“出苦道无畏”。即宣说出离之道而无所怖畏。

⑥四摄法：即菩萨摄受众生，令其生起亲爱心而引入佛道，以至开悟之四种方法。若依其原语直译，则称为“四种把握法”。“四摄法”又作“四摄事”、“四事摄法”、“四集物”，简称“四摄”、“四事”、“四法”。即（一）布施摄，又作“布施摄事”、“布施随摄方便”、“惠施”、“随摄方便”。即以无所施之心施受真理（法施）与施舍财物（财施）。谓若有众生乐财，则布施财；若乐法，则布施法，令起亲爱之心而依附菩萨受道。（二）爱语摄，又作“能摄方便爱语摄事”、“爱语摄方便”、“爱言”、“爱语”。谓依众生之根性而善言慰喻，令起亲爱之心而依附菩萨受道。（三）利行摄，又作“利行摄事”、“利益摄”、“令入方便”、

"度方便"、"利人"、"利益"。谓行身口意善行，利益众生，令生亲爱之心而受道。（四）同事摄，又作"同事摄事"、"同事随顺方便"、"随转方便"、"随顺方便"、"同利"、"同行"、"等利"、"等与"。谓亲近众生同其苦乐，并以法眼见众生根性而随其所乐分形示现，令其同沾利益，因而入道。

⑦等正觉：梵语"三藐三菩提"，译曰"等正觉"；又"三藐三佛陀"，译曰"等正觉者"、"遍知者"。如来十号之第三，觉即知也。觉知遍于一切，是遍也。觉知契于理，是正也。谓遍正觉知一切法也。又三世诸佛之觉知平等，故曰等，离邪妄故曰等。

⑧无生忍：谓观诸法无生无灭之理而谛认之，安住且不动心。又作"无生忍"、"谛察法忍"、"无生法忍"、"修习无生忍"。为"三忍"之一。

译文：

这时，释迦牟尼佛对各位菩萨以及天众、人众及四众弟子们说："我在过去无量劫中，为求得闻《法华经》，而精进不息，从未有过丝毫的懈怠和厌倦。在很多劫中，我常转生为人间的国王，发愿成就无上的佛果，这一心念从未退转。为了圆满布施、持戒、忍辱、精进、禅定、般若等六种婆罗蜜法门，我精勤地修行布施，心中没有丝毫的悭吝。在我行布施时，无论是象、马、七宝，还是国家城池；无论是妻子儿女，还是奴婢仆从，甚至连自己的头、眼、髓、脑、身子、肉、手、足等都能够布施出去，毫不吝惜自己的身躯性命。那时的人民寿命难以计量。我为了志求正法，舍弃了王位，把政事委托给太子，然后击鼓发布宣告：‘我要到四方求法，谁能为我说大乘佛法，我就终身侍奉供养他。’那时，有一位仙人来对国王说：‘我有大乘之法，名叫《妙法莲华经》，你如果能够不违背我的意愿，我就会为你宣说。’国王闻听此言，欢喜跳跃，当即跟随仙人，供给他一切所需。我为他采果、挑水、拾柴、做饭，甚至以自己的身体当作仙人的床座，于身心中从未出现厌倦之感。如此地侍奉他，经过了一千年，为了求得正法而殷勤奉事、供养这位仙人，使其衣食丰足，毫无匮乏。”

这时，释迦牟尼佛为了再次宣说法义，即以偈颂说言：

我念过去劫，为求大法故，虽作世国王，不贪五欲乐，
捶钟告四方，谁有大法者，若为我解说，身当为奴仆。
时有阿私仙，来白于大王：我有微妙法，
世间所希有，若能修行者，吾当为汝说。
时王闻仙言，心生大喜悦，即便随仙人，供给于所须，
采薪及果蓏，随时恭敬与，情存妙法故，身心无懈惓。
普为诸众生，勤求于大法，亦不为己身，及以五欲乐。
故为大国王，勤求获此法，遂致得成佛，今故为汝说。

释迦牟尼佛告诉诸比丘说：“那时的国王就是我的前身；那时的那位仙人就是今天的提婆达多。正是因为提婆达多作为我的善知识，才使我圆满具足六波罗蜜的修习；具足了大慈、大悲、大喜、大舍等四无量心的修习；具足了三十二种殊妙身相和八十种非凡的细微特征；具足了紫磨金色光明的身体；具足了十种智力和四种无畏；具足了布施、爱语、利行、同事等四种摄受众生之法；具足了唯佛独具的十八种不共之法；具足了无量

的神通道力，成就了无上正等正觉，从而普度众生，这一切成就都是因为随提婆达多这位善知识的缘故。”

释迦牟尼佛告诉四众弟子说：“提婆达多，此后经过无量劫后，当得成就佛果，名号叫天王如来、应供、正遍知、明行足、善逝、世间解、无上士、调御丈夫、天人师、佛世尊，他成佛的世界名叫天道。届时，天王佛将住世二十中劫，在此期间，天王佛将广为众生宣说无上妙法，使恒河沙数之多的众生得到阿罗汉果位，无量众生发心求缘觉果位；有恒河沙数之多的众生发起志求无上佛道的愿望，并获得无生法忍，达到了永不退转的境界。当天王佛入于涅槃之后，他正法继续住世二十中劫。佛的全身舍利置于七宝塔之中，塔高六十由旬，长宽均四十由旬。所有天、人众均以杂花、末香、烧香、涂香、衣服、璎珞、幢、幡、宝盖、伎乐、歌颂，礼拜供养这座七宝妙塔。有无量的众生证得阿罗汉果位，无量的众生证得辟支佛果位，还有不可思议多的众生发起菩提心，终究达到不退转的境界。”

释迦牟尼佛告诉诸比丘说：“在未来之世中，如果有善男子、善女子听闻《妙法莲华经》中的《提婆达多品》，并心念清净，恭敬信受，没有疑惑，这样的人将不会转生于地狱、饿鬼、畜生等恶道之中，并将转生于十方佛的面前，他们所转生的地方，也将常闻此经。如果这些人转生于人间或天上，他们就会享受各种殊胜而微妙的快乐，若转生于佛前，则在莲花中。”

于时，下方多宝世尊所从菩萨，名曰智积，白多宝佛：“当还本土。”

释迦牟尼佛告智积曰:“善男子,且待须臾。此有菩萨,名文殊师利,可与相见,论说妙法可还本土。”

尔时,文殊师利坐千叶莲华大如车轮,俱来菩萨亦坐宝莲华,从于大海娑竭罗龙宫自然涌出①,住虚空中,诣灵鹫山。从莲华下至于佛所,头面敬礼二世尊足。修敬已毕,往智积所,共相慰问,却坐一面。

智积菩萨问文殊师利:“仁往龙宫所化众生,其数几何?”

文殊师利言:“其数无量不可称计,非口所宣,非心所测。且待须臾②,自当证知。”

所言未竟,无数菩萨坐宝莲华从海涌出,诣灵鹫山,住在虚空。此诸菩萨皆是文殊师利之所化度,具菩萨行,皆共论说六波罗蜜。本声闻人,在虚空中说声闻行,今皆修行大乘空义。

文殊师利谓智积曰:“于海教化其事如是。”

尔时,智积菩萨以偈赞曰:

大智德勇健,化度无量众,
今此诸大会,及我皆已见。
演畅实相义,开阐一乘法,
广导诸众生,令速成菩提。

文殊师利言:“我于海中唯常宣说《妙法华经》。”

智积问文殊师利言:“此经甚深微妙!诸经中宝,世所希有!颇有众生勤加精进修行此经,速得佛不?”

文殊师利言："有娑竭罗龙王女，年始八岁，智慧利根；善知众生诸根行业，得陀罗尼，诸佛所说甚深秘藏悉能受持；深入禅定，了达诸法，于刹那顷发菩提心，得不退转，辩才无碍；慈念众生犹如赤子；功德具足心念口演；微妙广大慈悲仁让，志意和雅能至菩提。"

智积菩萨言："我见释迦如来，于无量劫难行苦行，积功累德求菩提道，未曾止息。观三千大千世界，乃至无有如芥子许非是菩萨舍身命处[③]，为众生故，然后乃得成菩提道。不信此女于须臾顷便成正觉。"

言论未讫，时龙王女忽现于前，头面礼敬，却住一面，以偈赞曰：

深达罪福相，遍照于十方，
微妙净法身，具相三十二，
以八十种好，用庄严法身，
天人所戴仰，龙神咸恭敬，
一切众生类，无不宗奉者。
又闻成菩提，唯佛当证知，
我阐大乘教，度脱苦众生。

时舍利弗语龙女言："汝谓不久得无上道，是事难信。所以者何？女身垢秽，非是法器[④]，云何能得无上菩提？佛道悬旷，经无量劫勤苦积行，具修诸度，然后乃成。又女人身，犹有五障：一者、不得作梵天王，二者、帝释，三者、魔王，四者、转轮圣王，五者、佛身。

云何女身速得成佛？”

尔时，龙女有一宝珠，价值三千大千世界，持以上佛，佛即受之。

龙女谓智积菩萨、尊者舍利弗言：“我献宝珠，世尊纳受，是事疾不？”

答言：“甚疾。”

女言：“以汝神力观我成佛，复速于此。”

当时众会皆见龙女，忽然之间变成男子，具菩萨行，即往南方无垢世界，坐宝莲华成等正觉，三十二相、八十种好，普为十方一切众生演说妙法。

尔时，娑婆世界菩萨、声闻、天龙八部、人与非人，皆遥见彼龙女成佛，普为时会人天说法，心大欢喜，悉遥敬礼。无量众生闻法解悟得不退转，无量众生得受道记。无垢世界六反震动，娑婆世界三千众生住不退地，三千众生发菩提心而得受记。智积菩萨及舍利弗，一切众会默然信受。

注释：

①娑竭罗：意译为“海”。“八大龙王”之一。依其所住之海而得名。龙宫居大海底，纵广八万由旬，七重宫墙，七重栏楯，七重罗网，七重行树，周匝皆以七宝严饰，无数众鸟和鸣。

②须臾：表时间短。即暂时、少顷之意。音译“牟呼栗多”。《俱舍论》卷十二载，牟呼栗多代表一昼夜的三十分之一，

相当于今日之四十八分钟。然经中“须臾”一词，不一定指此时限。有时视同“刹那”，而表示极短之时间。

③芥子：音译作“萨利杀跛”、“舍利娑婆”、“加良志”。原系芥菜之种子，颜色有白、黄、赤、青、黑之分，体积微小，故于经典中屡用以比喻极小之物。《金光明最胜王经》卷七中，将芥子与菖蒲、沉香等，共列为三十二味香药之一。又《大日经义释》卷七中载，以其性辛辣异常，多用于降伏障难之修法。在密教中，将白芥子置于火中燃烧，以为退除恶魔、烦恼，及加持祈祷之用。然以白芥子之不易得，古来多用罂子粟、蔓菁子或普通芥子代替。又自古传说，龙树菩萨曾在南天竺以白芥子七粒击开南天铁塔，取得《大日经》。一般既以芥子具有祛除魔障之神力，故于供养佛舍利之驮都法时，每以白芥子为不可少的供物之一。

④法器：此处系指能修行佛道者。

译文：

此时，来自下方跟随多宝佛的一位菩萨，他的名号叫智积，便对多宝佛说：“我们该返回本土了。”

释迦牟尼佛告诉智积菩萨说：“善男子，请再稍等片刻。这里有一位菩萨名叫文殊师利，你可和他见面，论说上妙之法，然后再回去吧。”

这时，文殊师利菩萨坐在大如车轮的千宝宝莲之上，与他同来的其他菩萨也坐在宝莲花之上，他们从大海之中的娑竭罗龙宫中自然涌出，安住于虚空之中，来到灵鹫山法华会场。他们从莲花上下来，来到佛的面前，以头面向两位世尊的双足敬礼。完成此敬礼之后，他们又去智积菩萨之处，互相问候，退坐一旁。

智积菩萨问文殊师利道："仁者！你到龙宫去教化了多少众生呢？"

文殊师利回答说："我在那里所教化的众生无量无数，不可计算，非口所能说出，非心所能测量。暂且稍等片刻，你将能够自己证知。"

文殊师利话语未落，有无量无数的菩萨坐在宝莲花之上，从大海之中涌出来，直奔灵鹫山，安住在虚空中。这些菩萨都是文殊师利菩萨所教化度脱的，他们各个具足菩萨行，都在一起讨论大乘六波罗蜜法门。他们原本都是修习声闻乘的弟子，在虚空中宣说声闻的修行，可是，他们如今都已修行大乘诸法皆空的法门。

文殊师利对智积说："我在海中教化众生的情况，就是如此。"

这时，智积菩萨以偈语称赞道：

大智德勇健，化度无量众，今此诸大会，及我皆已见。

演畅实相义，开阐一乘法，广导诸众生，令速成菩提。

文殊师利菩萨说："我在大海之中，只是经常宣说《妙法莲华经》。"

智积菩萨问文殊师利言："这部《妙法莲华经》极其深奥微妙！是一切佛经中的珍宝，是整个世间最稀有的东西！如果有众生依此经典勤奋、精进地修行，能不能很快证得佛果呢？"

文殊师利说："有一位娑竭罗龙王的女儿，年方八岁，聪明伶俐，富有智慧。她了知众生的因缘，得到陀罗尼的法门，对于诸佛所说的一切深奥玄秘的法藏都能信受持行；她还能深入禅定，了达诸法之法义，在一刹那间，发心求证无上智慧，达到不退转的境界，具足圆融无碍的辩才；她充满慈悲，关怀一切众生，视一切众生犹如赤子。她具足了一切功德，心里念法，口中说法，所说之法微妙广大；她还具足慈悲仁让之心地，富有柔和雅善之意志；必定能够证得无上正觉。"

智积菩萨说："我见释迦牟尼佛在无量劫中，修习难行的苦行，积聚功德，求证菩提之道，从未有过片刻的休息和停止。看看这大千世界，甚至就是像芥子那么大的地方，无不是他作为菩萨为众生而舍弃身命的处所，经过长期的修行，释迦牟尼佛才得以证成菩提之道。所以，我不相信这位龙女能在须臾间就能成就佛果。"

文殊、智积二人的辩论尚未结束，这时，龙王的女儿忽然出现在眼前。她恭敬地顶礼膜拜诸佛菩萨，然后退坐一旁，以偈语赞颂道：

深达罪福相，遍照于十方，微妙净法身，具相三十二，
以八十种好，用庄严法身，天人所戴仰，
龙神咸恭敬，一切众生类，无不宗奉者。
又闻成菩提，唯佛当证知，我阐大乘教，度脱苦众生。

这时，舍利弗尊者对龙女说："你说自己不久当成就无上的佛道，此事令人难以置信。为什么这么说呢？因为女身垢秽不净，不是成佛的法器，怎么会得到无上的正觉呢？成佛之道极

其遥远漫长，只有经过无量无数之劫的勤苦修行，圆满具足六度的功能，然后才能够成就佛道。另外，女人之身还有五种障碍：一是不能做大梵王；二是不能做帝释；三是不能做魔王；四是不能做转轮圣王；五是不能成佛。怎么说女身能够很快成佛呢？”

这时，龙女有一颗无比珍贵的宝珠，价值三千大千世界所有诸物，她取出呈献给佛陀，佛陀当即接受了她的供养。

龙女对智积菩萨及舍利弗尊者说：“我献宝珠，世尊纳受，这事是不是很快的？”

智积菩萨及舍利弗尊者回答说：“是非常快的。”

龙女又说：“依你的神通之力来观察我成就佛果，又比这更为迅速！”

当此之时，法会中的大众都看见龙女忽然之间变成男子之身，并圆满具足了菩萨的一切行门，当即前往南方的无垢世界，端坐于宝莲花之上，成就与诸佛无二的无上正觉，具足三十二种非凡身相和八十种细微妙相，为十方一切众生广泛演说无上妙法。

这时，身处这个娑婆世界中的菩萨、声闻、天龙八部众、人与非人等都远远看见这位龙女证得佛果，并普为当时法会中的人、天大众说法，心里十分欢喜，全都遥相敬礼。有无量的众生听闻龙女说法而得理解开悟，达到不退转的境界；又有无量的众生得到成佛的授记。当时，无垢世界出现了六种震动之瑞相。娑婆世界中的三千众生得住不退转的果位；又有三千众生发心志求无上正觉，并且得到成佛的授记。智积菩萨、舍利弗尊者以及法会中的一切众生无不默然信受。

劝持品第十三

劝持者，以愿力告众生当奉持《法华经》。本品的主要内容有：

药王菩萨、大乐说菩萨等二万菩萨大众发愿当以大忍力，于后恶世奉持、演说《法华经》。

已得授记的五百罗汉众、及八千有学、无学等，因此土弊恶，发愿当于他方国土奉持、演说《法华经》。

佛陀为摩诃波阇波提比丘尼授记，未来当得成佛，号“一切众生喜见如来”；又为六千有学、无学比丘尼授记。

佛陀又为耶输陀罗比丘尼授记，当成就佛，号“具足千万光相如来”。

八十万亿那由他菩萨摩诃萨于佛前发愿，将于如来灭度后，于十方世界护持奉持《法华经》者。

尔时，药王菩萨摩诃萨及大乐说菩萨摩诃萨，与二万菩萨眷属俱，皆于佛前作是誓言：“唯愿世尊不以为虑，我等于佛灭后，当奉持读诵说此经典。后恶世众生，善根转少，多增上慢，贪利供养，增不善根，远离解脱。虽难可教化，我等当起大忍力读诵此经，持说书写，种种供养，不惜身命。”

译文：

这时，药王大菩萨和大乐说大菩萨与其两万菩萨眷属，一起来到释迦牟尼佛的面前宣发誓言说："惟愿世尊不再有担心和忧虑，我们在佛灭度以后，定当奉持、读诵、讲说这部《妙法莲华经》。在以后的恶浊世界中的众生，善根逐渐转少，多有众生充斥增上慢心，贪图财名供养，他们的不善之根日益增多，距离解脱越来越远。虽然这些众生很难教化，但我们仍将以极大的忍耐之力，读诵此经，受持、讲说、书写此经，以种种供具供养此经，不惜捐弃自己的生身性命。"

尔时，众中五百阿罗汉得受记者白佛言："世尊，我等亦自誓愿，于异国土广说此经。"

复有学无学八千人得受记者，从座而起，合掌向佛，作是誓言："世尊，我等亦当于他国土广说此经。所以者何？是娑婆国中，人多弊恶，怀增上慢，功德浅薄，嗔浊谄曲，心不实故。"

译文：

这时，大众中有五百位刚得授记的阿罗汉，他们对释迦牟尼佛说："世尊！我们也各自发下誓愿，在其他国土中，广泛讲说这部《妙法莲华经》。"

又有小乘初果、二果、三果等有学位和四果无学位的八千位刚得到授记的弟子，也从座位上站立起来，向佛合掌致礼，并如此发下誓愿说："世尊！我们也将在其他国土广泛演说这部《妙法莲华经》。为什么呢？因为在这个娑婆国土中，人们大多数性情邪恶，心怀增上慢，功德浅薄，易恼怒，污浊不净，谄媚虚伪，这都是心中毫无诚实的缘故。”

尔时，佛姨母摩诃波阇波提比丘尼，与学无学比丘尼六千人俱，从座而起，一心合掌，瞻仰尊颜，目不暂舍。

于时，世尊告憍昙弥①：“何故忧色而视如来？汝心将无谓我不说汝名授阿耨多罗三藐三菩提记耶？憍昙弥，我先总说一切声闻皆已授记。今汝欲知记者，将来之世，当于六万八千亿诸佛法中为大法师，及六千学无学比丘尼俱为法师。汝如是渐渐具菩萨道，当得作佛，号一切众生喜见如来、应供、正遍知、明行足、善逝、世间解、无上士、调御丈夫、天人师、佛世尊。憍昙弥，是一切众生喜见佛，及六千菩萨，转次授记得阿耨多罗三藐三菩提。”

尔时，罗睺罗母耶输陀罗比丘尼作是念：“世尊于授记中，独不说我名？”

佛告耶输陀罗：“汝于来世百千万亿诸佛法中，修菩萨行，为大法师，渐具佛道。于善国中当得作佛，号具足千万光相如来、应供、正遍知、明行足、善逝、世间解、无上士、调御丈夫、天人师、佛世尊。佛寿无量阿僧祇劫。”

尔时，摩诃波阇波提比丘尼及耶输陀罗比丘尼，并其眷属，皆大欢喜，得未曾有。即于佛前，而说偈言：

世尊导师，安隐天人，
我等闻记，心安具足。

诸比丘尼说是偈已，白佛言："世尊！我等亦能于他方国土广宣此经。"

注释：

①憍昙弥：即佛陀之姨母摩诃波阇波提，亦为释种中一般女子之通称。又作"乔答弥"、"俱昙弥"、"瞿昙弥"、"瞿夷"、"裘夷"。憍昙，乃印度刹帝利种族之一姓；弥，为憍昙之女声。以摩诃波阇波提为佛陀之姨母，故称为"憍昙弥"。

译文：

这时，释迦牟尼佛的姨母摩诃波阇波提比丘尼和小乘初果、二果、三果等有学位和四果无学位的比丘尼共六千人，从各自的座位上起来，一心一意合掌致礼，目不转睛地注视着释迦牟尼佛的尊颜。

这时，释迦牟尼世尊对他们当中的憍昙弥说："你因为什么原因而面带忧郁之色看着我呢？在你的心中是不是认为我没有称说你的名字，因而没有为你授记成就无上佛果呢？憍昙弥，我先前总说一切声闻乘弟子，都已得到我的授记了。现在你想知道自己成佛的授记吗？你将于未来之世，当在六万八千亿位佛的说法之中为大法师，还有这六千位有学和无学位的比丘尼与你一起都成为法师。你在逐渐具足菩萨道后，终究成就佛果，名号为一切众生喜见如来、应供、正遍知、明行足、善逝、世间解、无上士、调御丈夫、天人师、佛世尊。憍昙弥，这位一切众生喜见如来和六千菩萨，依次相互授记，当证得无上正等正觉。”

这时，罗睺罗的母亲耶输陀罗比丘尼，心中产生这样的念头：“世尊在予诸弟子的授记中，怎么就唯独不提我的名字呢？”

释迦牟尼佛告诉耶输陀罗说：“你将于未来世中，在百千万亿位诸佛的教法中，修习菩萨行，作为大法师，并且渐渐具足成佛之道。终究于善国之中当得成就作佛，佛号为具足千万光相如来、应供、正遍知、明行足、善逝、世间解、无上士、调御丈夫、天人师、佛世尊。具足千万光相如来的住世寿命为无量阿僧祇劫。”

这时，摩诃波阇波提比丘尼和耶输陀罗比丘尼以及她们的眷属，都充满了极大的喜悦，这是往昔从未感受到的。她们即在佛陀的面前诵偈赞道：

世尊导师，安隐天人，
我等闻记，心安具足。

诸比丘尼说完此偈语后，又对佛说：“世尊，我们也将在其他国土之中，广泛宣说这部《妙法莲华经》。”

尔时，世尊视八十万亿那由他诸菩萨摩诃萨。是诸菩萨皆是阿惟越致，转不退法轮，得诸陀罗尼。即从座起，至于佛前，一心合掌，而作是念：“若世尊告敕我等持说此经者，当如佛教，广宣斯法。”复作是念：“佛今默然不见告敕[1]，我当云何？”

时诸菩萨敬顺佛意，并欲自满本愿，便于佛前作师子吼，而发誓言：“世尊！我等于如来灭后，周旋往返十方世界，能令众生书写此经，受持、读诵、解说其义、如法修行、正忆念，皆是佛之威力。唯愿世尊，在于他方遥见守护。”

即时，诸菩萨俱同发声，而说偈言：

唯愿不为虑，于佛灭度后，
恐怖恶世中，我等当广说。
有诸无智人，恶口骂詈等[2]，
及加刀杖者，我等皆当忍。
恶世中比丘，邪智心谄曲，
未得谓为得，我慢心充满，
或有阿练若[3]，纳衣在空闲，
自谓行真道，轻贱人间者，
贪著利养故，与白衣说法，
为世所恭敬，如六通罗汉。
是人怀恶心，常念世俗事，
假名阿练若，好出我等过，
而作如是言：此诸比丘等，
为贪利养故，说外道论议，
自作此经典，诳惑世间人，

为求名闻故[4]，分别于是经。
常在大众中，欲毁我等故，
向国王大臣，婆罗门居士[5]，
及余比丘众，诽谤说我恶，
谓是邪见人，说外道论议。
我等敬佛故，悉忍是诸恶，
为斯所轻言，汝等皆是佛，
如此轻慢言，皆当忍受之。
浊劫恶世中，多有诸恐怖，
恶鬼入其身，骂詈毁辱我，
我等敬信佛，当著忍辱铠，
为说是经故，忍此诸难事。
我不爱身命，但惜无上道，
我等于来世，护持佛所嘱。
世尊自当知，浊世恶比丘，
不知佛方便，随宜所说法，
恶口而颦蹙，数数见摈出，
远离于塔寺，如是等众恶，
念佛告敕故，皆当忍是事。
诸聚落城邑，其有求法者，
我皆到其所，说佛所嘱法。
我是世尊使，处众无所畏，
我当善说法，愿佛安隐住。

我于世尊前，诸来十方佛，
发如是誓言，佛自知我心。

注释：

①敕（chì）：原指帝王的诏书、命令。此处表佛陀尊贵之教示。

②詈（lì）：责骂。

③阿练若：梵语之音译。多作"阿兰若"，又作"阿练茹"、"阿兰那"、"阿兰攘"、"阿兰拏"。略称"兰若"、"练若"。译为"山林"、"荒野"。指适合于出家人修行与居住之僻静场所。又译为"远离处"、"寂静处"、"最闲处"、"无诤处"。即距离聚落一俱卢舍而适于修行之空闲处。其住处或居住者，即称"阿兰若迦"。

④名闻：指名声广闻于世间。与"名誉"同义。因名闻能显亲荣己，故常令凡夫贪求不已；然以欲求无尽而所冀难得，故求名闻之心愈强，则愈易增加苦恼。

⑤居士：音译"迦罗越"、"伽罗越"。意译"长者"、"家主"、"家长"。指印度四姓中吠舍种之富豪，或在家有道之士。经、律典籍中，常称吠舍种之富豪为"居士"。通常称居家有道之士为"居士"。佛教中之居士常与古来所称之长者混同，如慧远之《维摩义记》卷一载："居士有二，一广积资产，居财之士名为居士；二在家修道，居家道士名为居士。"后者即为佛教中之居士。如印度之维摩、贤护等常修佛道之在家菩萨，及我国梁代傅大士、北魏刘谦之、唐代李通玄等能通佛道之在家者。今则泛指在家修道之男子为居士，亦有称在家修道之女子为居士者。

译文:

这时,释迦牟尼佛又注视到八十亿那由他数众多的大菩萨。这些菩萨都是达到不退转位的大菩萨,他们转不退法轮,获得种种陀罗尼神咒。这些大菩萨们即从各自的座位上站起来,一起来到佛前,一心合掌致礼,心中这样想道:“如果世尊敕命我们受持、演说这部《妙法莲华经》,我们一定将会遵从佛的教诲,广为一切众生宣讲这部大乘之法。”他们又产生这样的念头:“佛现在默然不语,未有敕告,我们应当如何行事呢?”

当时,这些大菩萨们恭敬顺从佛陀的意思,并且希望各自圆满原来所发的大愿,于是,他们即在佛前发出威猛的誓愿:“世尊!我们将在如来灭度之后,周旋往返于十方世界,以使众生书写此经,让他们受持、读诵此经,并解说其义理,然后再根据经义去如法修行,并且有着正确无误地忆念,所有这些都依赖于佛的威神之力。唯愿世尊在其他的地方,遥遥守护我们及一切众生。”

这时,诸菩萨众一齐同时发声,而诵偈言:

唯愿不为虑,于佛灭度后,恐怖恶世中,我等当广说。
有诸无智人,恶口骂詈等,及加刀杖者,我等皆当忍。
恶世中比丘,邪智心谄曲,未得谓为得,我慢心充满,
或有阿练若,纳衣在空闲,自谓行真道,轻贱人间者,
贪著利养故,与白衣说法,为世所恭敬,如六通罗汉。
是人怀恶心,常念世俗事,假名阿练若,好出我等过,
而作如是言:此诸比丘等,为贪利养故,说外道论议,
自作此经典,诳惑世间人,为求名闻故,分别于是经。

常在大众中，欲毁我等故，向国王大臣，婆罗门居士，
及余比丘众，诽谤说我恶，谓是邪见人，说外道论议。
我等敬佛故，悉忍是诸恶，为斯所轻言，
汝等皆是佛，如此轻慢言，皆当忍受之。
浊劫恶世中，多有诸恐怖，恶鬼入其身，骂詈毁辱我，
我等敬信佛，当著忍辱铠，为说是经故，忍此诸难事。
我不爱身命，但惜无上道，我等于来世，护持佛所嘱。
世尊自当知，浊世恶比丘，不知佛方便，随宜所说法，
恶口而颦蹙，数数见摈出，远离于塔寺，
如是等众恶，念佛告敕故，皆当忍是事。
诸聚落城邑，其有求法者，我皆到其所，说佛所嘱法。
我是世尊使，处众无所畏，我当善说法，愿佛安隐住。
我于世尊前，诸来十方佛，发如是誓言，佛自知我心。

安乐行品第十四

安乐行系指演说《法华经》者所应具备的诸种行处，具备诸行处，则可得安乐说法及修持。

佛陀宣示后世发心演说《法华经》者，应当安住于四种行法中，即：

一、身安乐行：指安住菩萨行处及亲近处。行处即住忍辱地，柔和善顺而不猝暴，心亦不惊，又复于法无所行，而观诸法如实相，亦不行，不分别，即菩萨行处。其中住忍辱地、柔和善顺、心不猝暴，为事行；于法无分别而观诸法如实相，为理行。亲近处应远离权势等十事。

二、口安乐行：即不说人过等十事。

三、意安乐行：即离嫉谄等诸行。

四、誓愿安乐行：起生大慈悲心等，随因缘而演说，住于一乘真实等愿力行法。

又宣说《法华经》无量劫中难得一闻，于得见、受持、读诵甚为稀有；本品中的“髻中明珠”之喻，为“法华七喻”之第六喻。世尊以此喻《法华经》之稀有难得。此喻的内容为：转轮王讨伐小国，欲论功行赏，即随意赐予田宅、珍宝、象马车乘、奴婢等，但唯髻中明珠不予随意相赐，唯有末后以此珠赐有大功者。此中以“转轮圣王”喻“如来”，以“王所赐之诸物”喻“如来于四众中说方便法”，赐以禅定、解脱、无漏根力、有余涅槃等方便教法；而“髻中明珠”则喻《法华经》。末后以“明珠赐大功者”喻“机缘成熟”，则终将以此《法华经》之无上秘密之藏，赐予众生，令得入究竟一佛乘。

尔时，文殊师利法王子菩萨摩诃萨白佛言：“世尊，是诸菩萨甚为难有，敬顺佛故发大誓愿，于后恶世护持读说是《法华经》。世尊，菩萨摩诃萨，于后恶世，云何能说是经？”

佛告文殊师利：“若菩萨摩诃萨于后恶世欲说是经，当安住四法：一者、安住菩萨行处及亲近处，能为众生演说是经。

“文殊师利，云何名菩萨摩诃萨行处？若菩萨摩诃萨，住忍辱地，柔和善顺而不卒暴，心亦不惊，又复于法无所行，而观诸法如实相，亦不行，不分别①，是名菩萨摩诃萨行处。

“云何名菩萨摩诃萨亲近处？菩萨摩诃萨不亲近国王、王子、大臣、官长；不亲近诸外道、梵志、尼犍子等②，及造世俗文笔、赞咏外书，及路伽耶陀③、逆路伽耶陀者④；亦不亲近诸有凶戏、相叉相扑及那罗等种种变现之戏⑤；又不亲近旃陀罗⑥，及畜猪羊鸡狗，畋猎渔捕；诸恶律仪。如是人等，或时来者，则为说法，无所悕望⑦。又不亲近求声闻比丘、比丘尼、优婆塞、优婆夷，亦不问讯⑧。若于房中，若经行处⑨，若在讲堂中，不共住止。或时来者，随宜说法，无所悕求。

“文殊师利，又菩萨摩诃萨，不应于女人身取能生欲想相而为说法，亦不乐见。若入他家，不与小女、处女、寡女等共语，亦复不近五种不男之人以为亲厚[10]，不独入他家。若有因缘须独入时，但一心念佛。若为女人说法，不露齿笑，不现胸臆，乃至为法犹不亲厚，况复余事？不乐畜年少弟子、沙弥[11]、小儿，亦不乐与同师。常好坐禅，在于闲处修摄其心。文殊师利，是名初亲近处。

注释：

①分别：推量思维之意。又译作“思惟”、“计度”。即心及心所（精神作用）对境起作用时，取其相而思维量度之意。

②尼犍子：外道“四执”之一，外道“十六宗”之一，二十种外道之一。开祖为勒沙婆，中兴祖师为尼犍陀若提子，后世称之为“耆那教”。又作“尼犍陀外道”、“尼干陀外道”、“尼虔外道”、“乾陀外道”等。由于此一教派以修苦行及离世间之衣食束缚，期能远离烦恼（结）及三界之系缚，故又有“离系”、“无系”、“不系”、“无结”或“无继”等译名。又以此外道裸形不穿衣，故佛典中贬称之为“无惭外道”或“裸形外道”。又因此派谓现世所受之苦皆为宿作之因所引起，故又称“宿作因论师”或“诸因宿作宗”。

③路伽耶陀：又作“路迦耶底迦”。译作“顺世”。外道之名。随顺世间之凡情，计执是常是有等者。又作“顺世派”。为

古印度婆罗门教之支派，主张随顺世俗，倡导唯物论之快乐主义。此派与阿耆毗伽派同为古印度自由思想之代表学派。此派以唯物论之立场，主张地、水、火、风等四元素合成吾人身心，人若命终，“四大”亦随之离散，五官之能力亦还归虚空，故吾人死后一切归无，灵魂亦不存在。因此，此派否认轮回、业，也否认祭祀、供仪、布施之意义。于认识论上主张感觉论，于实践生活上主张快乐论。并反对婆罗门所主张之祭祀万能主义，而倾向于诡辩之思想。除“吾人身心系由四大和合而成”之主张，此派复认为世间一切之生物、无生物亦皆由“四大”所构成；“四大”可分析至“极微”（即物质之最小单位），而于极微之外，世间即无任何余物。并进而论定：人虽有精神作用，然所谓精神作用亦不过物质之结合所产生之状态而已，故人生之目的乃在于追求快乐。此一见解，于佛教所说“断、常”二邪见中，属于“常见外道”。

④逆路伽耶陀：又作“缚摩路伽耶陀”。意译作“左顺世”、“逆世间行”。谓行左道之顺世外道，为古代印度外道之一派。顺世外道主张最极端的唯物论见解，认为人生之目的乃在享受快乐，故被贬称为“左顺世”。

⑤那罗：译曰“力”、“伎戏”。《法华文句记》九曰：“那罗，此云力。即是掷力戏，亦是设筋力戏也。”

⑥旃陀罗：梵语之音译。又作“旃荼罗”、“栴荼罗”。意译为“严炽”、“暴厉”、“执恶”、“险恶人”、“执暴恶人”、“主杀人”、“治狗人”等。印度社会阶级种姓制度中，居于首陀罗阶级之下位者，乃最下级之种族，彼等专事狱卒、贩卖、屠宰、渔猎等

职。根据《摩奴法典》所载，旃陀罗系指以首陀罗为父、婆罗门为母之混血种。

⑦悕（xī）：意念，心愿。

⑧问讯：敬礼法之一。即向师长、尊上合掌曲躬而请问其起居安否。《大智度论》卷十，载有二种问讯法，若言是否少恼少患，称为“问讯身”；若言安乐否，称为“问讯心”。至后世之问讯，仅为合掌低头。

⑨经行：意指在一定的场所中往复回旋之行走。通常在食后、疲倦时，或坐禅昏沉瞌睡时，即起而经行，为一种调剂身心之安静散步。据《大比丘三千威仪经》卷上所载，适于经行之地有五，即闲处、户前、讲堂之前、塔下、阁下。另据《四分律》卷五十九所说，时常经行能得五利：（一）能堪远行，（二）能静思惟，（三）少病，（四）消食，（五）于定中得以久住。

⑩不男之人：指五种男根不具之人。略称“不男”，又作“五种不能男”、“五种不男”、“五种黄门”。依先天及后天等差别，有五种不男。据《十诵律》卷二十一所举，即：（一）生不能男，又作“生不男”、“生黄门”。即生而不能淫者。（二）半月不能男，又作“半不男”、“半月黄门”。即半月能淫，半月不能者。（三）妒不能男，又作“妒不男”、“妒黄门”。即见他人行淫而起淫心者。（四）精不能男，又作“变不男”、“变黄门”、“抱生黄门”、“触抱黄门”。即行淫时变失其男根者。（五）病不能男，又作“犍不男”、“犍黄门”、“形残黄门”。即因朽烂而截去男根者。《俱舍论》卷十五则分“黄门”为“扇搋”、“半择迦”二类。扇搋即无男根者，有“本性扇搋”、“损坏扇搋”之别。半择迦为

有男根而不具者，分“嫉妒”、“半月”、“灌洒”等三种。其中，本性扇搋相当生不男，损坏扇搋相当病不男，嫉妒半择迦相当妒不男，半月半择迦相当半月不男，灌洒半择迦相当精不男。

⑪沙弥：全称“室罗摩拏洛迦”、“室罗末尼罗”。又作“室罗那拏”。意译“求寂”、“法公”、“息恶”、“息慈”、“勤策”、“劳之少者”。即止恶行慈、觅求圆寂之意。为“五众”或“七众”之一。指佛教僧团（即僧伽）中，已受十戒，未受具足戒，年龄在七岁以上、未满二十岁之出家男子。同此，出家女子称“沙弥尼”。

译文：

这时，文殊师利菩萨对世尊说：“世尊，这些菩萨是非常难得的，他们由于敬重顺从于佛的缘故，而立下了弘大的誓愿，要在以后的五浊恶世中，护持、读诵、讲说这部《法华经》。世尊，大菩萨们在以后的五浊恶世之中，如何才能够讲说这部经典呢？”

佛告诉文殊师利说：“如果大菩萨们在以后的五浊恶世之中要讲说这部经典，应当安住于四种方法：首先，安住于菩萨行处及亲近处，则能够为众生演说此经。

“文殊师利，什么叫做大菩萨行处呢？如果大菩萨，安住于忍辱修行中，柔和善顺而不暴躁，内心平稳而不惊惧，同时又对一切事物和现象都无执着，而体悟到诸法的真如实相，即本性空寂，也不执着，对诸法亦平等而无分别，这就叫大菩萨行处。

“什么叫大菩萨亲近处呢？如果大菩萨不亲近国王、王子、大臣、长官；不亲近那些外道、修梵行的婆罗门、尼犍子等，不接触那些编造的世俗文字，不赞叹咏诵外道的书籍，以及路伽耶陀、逆路伽耶陀者；又不观看各种充满暴力凶杀情节的戏剧及相互打斗、力士角逐、魔术表演等演出；不亲近旃陀罗等，及专门从事畜养猪羊鸡狗和打猎捕鱼的人；不亲近那些执持邪恶准则的人。这些人等，如果他们有时前来听讲，那也可为他们说法；但除此之外，不可存有希求或攀缘之心。此外，又不宜与求声闻乘的四众，即修习小乘的比丘、比丘尼、优婆塞、优婆夷等，也不必见面对其问候。如果在房屋内，在房屋外，在讲堂上，都不应与他们共处同行。如果有时他们要来闻法，那就为他们随缘说法，但不能存有希求和攀缘之心。

“文殊师利，另外，大菩萨不应因为对女人的身体产生欲求，而为她们说法，也不应当乐意见到女人。如果到了别人的家里，不能与幼女、姑娘、寡妇等一起说话，也不能亲近五种非男之人，更不能与之深交，不能单独一人到别人家去。如果确实因需要不得不必须一个人到别人家中去时，就应当一心念佛。如果为女人说法，则不能露齿而笑，不能袒胸露腹，甚至像这样为了说法都不可与之亲近深交，更何况因为其他事情而与之交往呢？修习菩萨道者，还不应乐意收年少的弟子，不乐意收沙弥和小孩子；也不能乐意与这样的人一同随师修习。应当常常爱好坐禅，在空闲寂静的地方修行摄收心念。文殊师利，如上所说则是大菩萨的第一亲近之处。

“复次，菩萨摩诃萨观一切法空，如实相，不颠倒、不动、不退、不转，如虚空，无所有性，一切语言道断，不生、不出、不起，无名无相，实无所有，无量无边，无碍无障。但以因缘有，从颠倒生故说[①]。常乐观如是法相[②]，是名菩萨摩诃萨第二亲近处。”

尔时，世尊欲重宣此义，而说偈言：

若有菩萨，于后恶世，无怖畏心，
欲说是经，应入行处，及亲近处。
常离国王，及国王子，大臣官长，
凶险戏者，及旃陀罗，外道梵志。
亦不亲近，增上慢人，贪著小乘，三藏学者，
破戒比丘，名字罗汉，及比丘尼，好戏笑者。
深著五欲，求现灭度，诸优婆夷，皆勿亲近。
若是人等，以好心来，到菩萨所，为闻佛道，
菩萨则以，无所畏心，不怀悕望，而为说法。
寡女处女，及诸不男，皆勿亲近，以为亲厚。
亦莫亲近，屠儿魁脍，畋猎渔捕，为利杀害，
贩肉自活，衒卖女色，如是之人，皆勿亲近。
凶险相扑，种种嬉戏，诸淫女等，尽勿亲近。
莫独屏处，为女说法，若说法时，无得戏笑。
入里乞食，将一比丘，若无比丘，一心念佛。
是则名为，行处近处，以此二处，能安乐说。
又复不行，上中下法，有为无为，实不实法，
亦不分别，是男是女，不得诸法，
不知不见，是则名为，菩萨行处。

一切诸法，空无所有，无有常住，
亦无起灭，是名智者，所亲近处。
颠倒分别，诸法有无，是实非实，是生非生。
在于闲处，修摄其心，安住不动，如须弥山，
观一切法，皆无所有，犹如虚空，无有坚固，
不生不出，不动不退，常住一相，是名近处。
若有比丘，于我灭后，入是行处，
及亲近处，说斯经时，无有怯弱。
菩萨有时，入于静室，以正忆念，随义观法。
从禅定起，为诸国王，王子臣民，婆罗门等，
开化演畅，说斯经典，其心安隐，无有怯弱。
文殊师利，是名菩萨，安住初法，
能于后世，说《法华经》。

注释：

①颠倒：略作“倒”。谓违背常道、正理，如以无常为常，以苦为乐等反于本真事理之妄见。对于颠倒妄见之分类，诸经论所说有异。(一)二颠倒，即：(1)众生颠倒，众生不知真理，为烦恼所迷惑。(2)世界颠倒，众生迷失真性，住妄境界起诸倒见。所说出自《首楞严经》卷七、《大明三藏法数》卷八等。(二)三颠倒，又作“三倒”，即：(1)想颠倒，对于对象错误之想法。(2)见颠倒，错误之见解。(3)心颠倒，具有上述二种颠倒之心之自体即虚妄。(三)四颠倒，又作“四倒”，即：(1)有为

之四颠倒，凡夫不知此世（迷界）之真实相，而以无常为常，以苦为乐，以不净为净，以无我为我。（2）无为之四颠倒，声闻、缘觉虽对有为之四颠倒具有正见，然却误以为悟境是灭尽之世界，故不知悟界（涅槃）乃常、乐、我、净者。以上八种妄见合称“八颠倒”，或“八倒”。（四）七颠倒，指想倒、见倒、心倒、于无常常倒、于苦乐倒、于不净净倒、于无我我倒等七者。乃上记“三颠倒”与“四颠倒”之合称。此外，圆测于《仁王经疏》卷下列举常、乐、我、净等四颠倒，及贪、嗔、痴、过去因、未来果、现在因果等六颠倒，合为“十颠倒”。并主张以“四念处观”灭除“四颠倒”，以“三善根观”灭除贪嗔痴等三毒，而以“三世观”灭除过、现、未三世之执着。又《大集法门经》卷上谓，有为之“四颠倒”，复个别具有想、心、见等“三颠倒”，总为“十二颠倒”。

②法相：（一）指诸法所具本质之相状（体相），或指其意义内容（义相）。（二）指真如、实相。与“法性”同义。

译文：

“其次，大菩萨观察体悟到一切诸法皆为空幻假有，并且安住于这种境界中，不颠倒妄想，不为外境所动，不退失正法、不受生死轮回，如同虚空一般，无有执着，一切语言都并非真实的入道，无所谓生，无所谓出，无所谓起，即无名称，也无外相，一切均非实有，但却无量无边，无障无碍。一切诸法仅是因缘而起的缘起假有之相，因为颠倒妄想而生起诸法，所以才会如此宣说法义。常常乐于观察这种真实法相，这就是大菩萨的第二种亲近之处。”

这时,释迦牟尼佛为了再次宣说以上法义,即以偈颂说道:

若有菩萨,于后恶世,无怖畏心,
欲说是经,应入行处,及亲近处。
常离国王,及国王子,大臣官长,
凶险戏者,及旃陀罗,外道梵志。
亦不亲近,增上慢人,贪著小乘,三藏学者,
破戒比丘,名字罗汉,及比丘尼,好戏笑者。
深著五欲,求现灭度,诸优婆夷,皆勿亲近。
若是人等,以好心来,到菩萨所,为闻佛道,
菩萨则以,无所畏心,不怀悕望,而为说法。
寡女处女,及诸不男,皆勿亲近,以为亲厚。
亦莫亲近,屠儿魁脍,畋猎渔捕,为利杀害,
贩肉自活,衒卖女色,如是之人,皆勿亲近。
凶险相扑,种种嬉戏,诸淫女等,尽勿亲近。
莫独屏处,为女说法,若说法时,无得戏笑。
入里乞食,将一比丘,若无比丘,一心念佛。
是则名为,行处近处,以此二处,能安乐说。
又复不行,上中下法,有为无为,实不实法,
亦不分别,是男是女,不得诸法,
不知不见,是则名为,菩萨行处。
一切诸法,空无所有,无有常住,
亦无起灭,是名智者,所亲近处。
颠倒分别,诸法有无,是实非实,是生非生。
在于闲处,修摄其心,安住不动,如须弥山,

观一切法，皆无所有，犹如虚空，无有坚固，
不生不出，不动不退，常住一相，是名近处。
若有比丘，于我灭后，入是行处，
及亲近处，说斯经时，无有怯弱。
菩萨有时，入于静室，以正忆念，随义观法。
从禅定起，为诸国王，王子臣民，婆罗门等，
开化演畅，说斯经典，其心安隐，无有怯弱。
文殊师利，是名菩萨，安住初法，
能于后世，说《法华经》。

"又文殊师利，如来灭后，于末法中欲说是经[1]，应住安乐行。若口宣说，若读经时，不乐说人及经典过，亦不轻慢诸余法师，不说他人好恶长短，于声闻人亦不称名说其过恶，亦不称名赞叹其美，又亦不生怨嫌之心。善修如是安乐心故，诸有听者不逆其意。有所难问，不以小乘法答，但以大乘而为解说，令得一切种智。"

尔时，世尊欲重宣此义，而说偈言：

菩萨常乐，安隐说法，于清净地，而施床座，
以油涂身，澡浴尘秽，著新净衣，
内外俱净，安处法座，随问为说。
若有比丘，及比丘尼，诸优婆塞，及优婆夷，
国王王子，群臣士民，以微妙义，和颜为说。

若有难问，随义而答，因缘譬喻，敷演分别，
以是方便，皆使发心，渐渐增益，入于佛道。
除懒惰意，及懈怠想，离诸忧恼，慈心说法，
昼夜常说，无上道教，以诸因缘，
无量譬喻，开示众生，咸令欢喜。
衣服卧具，饮食医药，而于其中，无所悕望。
但一心念，说法因缘，愿成佛道，
令众亦尔，是则大利，安乐供养。
我灭度后，若有比丘，能演说斯，《妙法华经》，
心无嫉恚，诸恼障碍，亦无忧愁，及骂詈者，
又无怖畏，加刀杖等，亦无摈出，安住忍故。
智者如是，善修其心，能住安乐，如我上说。
其人功德，千万亿劫，算数譬喻，说不能尽。

注释：

①末法：正法绝灭之意。指佛法衰颓之时代。与“末世”、“末代”同义。乃“正、像、末”三时之一。教法住世有正法、像法、末法三期变迁。《大乘法苑义林章》卷六之本以教（教法）、行（修行）、证（证果）之具足或不具足，配于正、像、末三时之说，谓如来灭度后，教法住世，依教法修行，即能证果，称为“正法”。虽有教法及修行者，多不能证果，称为“像法”（像，相似之意）。教法垂世，人虽有秉教，而不能修行证果，称为“末法”。“末法之世”即称为“末世”。末法时代佛之正法衰颓而

僧风浊乱，其情状约如《法苑珠林》卷九十八“五浊部”所载：“佛涅槃后当有五乱，一者当来比丘从白衣学法，世之一乱。二者白衣上坐比丘处下，世之二乱。三者比丘说法不行承受，白衣说法以为无上，世之三乱。四者魔家比丘自生现在，于世间以为真道谛，佛法正典自为不明，诈伪为信，世之四乱。五者当来比丘畜养妻子奴仆治生，但共诤讼，不承佛教，世之五乱。”关于三时之时限，诸说不一，有谓佛陀入灭后正法有五百年，像法一千年；或谓正法、像法各一千年之后，方为末法时期，此时期历经一万年后，佛法则灭尽；或谓正法一千年，像法、末法各有五千年。然综观诸经论之说，大多以末法为一万年。

译文：

释迦牟尼佛又对文殊师利菩萨说：“文殊师利！如来灭度之后，在末法时代中，如果有人要演说这部《法华经》，就应当安住于安乐行的法门。如果用口宣讲或读诵此经时，不要总喜欢传说他人的过错或经典的过错，也不要轻慢其他法师，不要谈论他人的好恶长短。对于声闻小乘之人，也不应直呼其名，诉说他们的过失，也不能说出他们的名字，赞叹他们的好处；同时还不能产生怨恨、嫌弃的心念。如果能妥善地修习这种安乐心性，那么，一切前来听法者，就不会对说法者产生违逆之意。如果有所责难质问，也不应以小乘佛法回答他们，而应以大乘法为他们解说，令他们获得通达一切诸法实相的一切种智。”

这时，释迦牟尼佛为了再次宣说法义，即以偈颂说道：

菩萨常乐，安隐说法，于清净地，而施床座，

以油涂身，澡浴尘秽，著新净衣，
内外俱净，安处法座，随问为说。
若有比丘，及比丘尼，诸优婆塞，及优婆夷，
国王王子，群臣士民，以微妙义，和颜为说。
若有难问，随义而答，因缘譬喻，敷演分别，
以是方便，皆使发心，渐渐增益，入于佛道。
除懒惰意，及懈怠想，离诸忧恼，慈心说法，
昼夜常说，无上道教，以诸因缘，
无量譬喻，开示众生，咸令欢喜。
衣服卧具，饮食医药，而于其中，无所悕望。
但一心念，说法因缘，愿成佛道，
令众亦尔，是则大利，安乐供养。
我灭度后，若有比丘，能演说斯，《妙法华经》，
心无嫉恚，诸恼障碍，亦无忧愁，及骂詈者，
又无怖畏，加刀杖等，亦无摈出，安住忍故。
智者如是，善修其心，能住安乐，如我上说。
其人功德，千万亿劫，算数譬喻，说不能尽。

“又文殊师利，菩萨摩诃萨于后末世法欲灭时，受持读诵斯经典者，无怀嫉妒谄诳之心，亦勿轻骂学佛道者求其长短。若比丘、比丘尼、优婆塞、优婆夷，求声闻者，求辟支佛者，求菩萨道者，无得恼之令其疑悔，语其人言：‘汝等去道甚远，终不能得一切种智。所以者何？汝是放逸之人[①]，于道懈怠故[②]。’又亦不应戏

论诸法有所诤竞，当于一切众生起大悲想，于诸如来起慈父想，于诸菩萨起大师想，于十方诸大菩萨常应深心恭敬礼拜，于一切众生平等说法。以顺法故不多不少，乃至深爱法者，亦不为多说。

“文殊师利，是菩萨摩诃萨于后末世法欲灭时，有成就是第三安乐行者，说是法时无能恼乱，得好同学共读诵是经，亦得大众而来听受，听已能持，持已能诵，诵已能说，说已能书，若使人书，供养经卷，恭敬尊重赞叹。”

尔时，世尊欲重宣此义，而说偈言：

若欲说是经，当舍嫉恚慢，
谄诳邪伪心，常修质直行，
不轻蔑于人，亦不戏论法，
不令他疑悔，云汝不得佛。
是佛子说法，常柔和能忍，
慈悲于一切，不生懈怠心。
十方大菩萨，愍众故行道，
应生恭敬心，是则我大师。
于诸佛世尊，生无上父想，
破于憍慢心，说法无障碍。
第三法如是，智者应守护，
一心安乐行，无量众所敬。

注释:

①放逸:心所(心的作用)之名。略称“逸”。“俱舍七十五法”之一,“唯识百法”之一。即放纵欲望而不精勤修习诸善之精神状态。俱舍宗谓放逸系与一切染污心(不善心与有覆无记心)相应而起之心所,系属大烦恼地法。

②懈怠:心所之名。“俱舍七十五法”之一,“唯识百法”之一。为“勤”之对称。即指懒惰之状态。除意谓不积极修善行之精神作用外,并有积极行恶之含义。《成唯识论》卷六云:“云何懈怠?于善恶品修断事中,懒惰为性,能障精进,增染为业。谓懈怠者滋长染,故于诸染事而策勤者,亦名懈怠。”据《菩萨本行经》卷上载,懈怠为众行之累,居家而懈怠者,则衣食匮乏,产业不举;出家而懈怠者,则不能出离生死。俱舍宗视懈怠为遍通于一切污心(不善心与有覆无记心)所起心所(即大烦恼地法)之一;唯识宗则以此为二十随烦恼之一。二宗俱以懈怠有其别体,为勤(即精进)所对治。

译文:

释迦牟尼佛又对文殊菩萨说:“另外,文殊师利!大菩萨在未来的末法时期,佛法将在世间消亡时,凡是能受持、读诵这部经典者,都不应对他怀有嫉妒、谄媚、欺诳之心,也不能轻慢辱骂学习佛法的人,故意发现或诉说他们的长短之处。如果遇到比丘、比丘尼、优婆塞、优婆夷,追求声闻乘者,追求辟支佛乘者、追求菩萨乘者,都不应扰恼这些人,否则他们心中产生疑虑而生起后悔之心。例如对他们说:‘你们这些人距离佛道还差得太远，永远也不能获得无上种智。为什么这样说呢？因为你们都是些放纵沉溺的人，修行佛道会产生松懈和怠慢。’还有，就是不应视佛法为儿戏而随意妄论，如果有所争执，应当对一切众生生起大悲之心；对于十方如来，要把他们视为自己的慈父；对于诸菩萨，要把他们当做大师；对于十方世界中的一切菩萨，应当常常以挚诚心恭敬、礼拜；对于一切众生，要为他们无所分别地讲说佛法，应当顺应法义，根据众生的根机相机说法，不宜多说也不宜少说，即使遇到深心敬信佛法的人，也不能超过他的要机而讲说过多或过深的佛法。

“文殊师利！这些大菩萨在未来世的末法时期，佛法将在世间消亡时，有所要成就所必须依托的第三种安乐之行。如果依此，那么在讲说这部经典法义时，心志就不会烦恼散乱，能够得到好的同修，能够一起读诵这部经典；同时，还能吸引大众前来听闻，听闻后接受，接受后读诵，读诵后还能为他人解说，解说之外还能书写或让别人书写，并且供养经典，并对经典恭敬、尊重、赞颂。”

这时，释迦牟尼佛为了再次宣说法义，即以偈颂说道：

若欲说是经，当舍嫉恚慢，谄诳邪伪心，常修质直行，
不轻蔑于人，亦不戏论法，不令他疑悔，云汝不得佛。
是佛子说法，常柔和能忍，慈悲于一切，不生懈怠心。
十方大菩萨，愍众故行道，应生恭敬心，是则我大师。
于诸佛世尊，生无上父想，破于憍慢心，说法无障碍。
第三法如是，智者应守护，一心安乐行，无量众所敬。

“又文殊师利，菩萨摩诃萨于后末世法欲灭时，有持是《法华经》者，于在家、出家人中生大慈心，于非菩萨人中生大悲心①，应作是念：‘如是之人则为大失，如来方便随宜说法，不闻不知，不觉不问，不信不解。其人虽不问不信不解是经，我得阿耨多罗三藐三菩提时，随在何地，以神通力、智慧力，引之令得住是法中。’文殊师利，是菩萨摩诃萨于如来灭后，有成就此第四法者，说是法时无有过失，常为比丘、比丘尼、优婆塞、优婆夷、国王、王子、大臣、人民、婆罗门居士等，供养恭敬，尊重赞叹，虚空诸天为听法故亦常随侍。若在聚落、城邑、空闲林中，有人来欲难问者，诸天昼夜常为法故而卫护之，能令听者皆得欢喜。所以者何？此经是一切过去、未来、现在诸佛神力所护故。文殊师利，是《法华经》于无量国中，乃至名字不可得闻，何况得见受持读诵？

注释：

①大慈、大悲：指佛菩萨济度一切众生之大慈悲心而言。即广大无边之慈悲。“慈悲”二字，本即含有“摄受众生，拔苦与乐”之义，佛菩萨住于利他之心，拔除众生无边之苦，而予以喜乐。尤以佛更以无缘之大悲心而度化众生，故“大慈大悲”一般多用于佛及大菩萨之慈悲。又《大智度论》卷二十七以“大慈”为“与一切众生乐”，以“大悲”为“拔一切众生苦”。

译文：

释迦牟尼佛又对文殊师利菩萨说："另外，文殊师利！大菩萨于未来的末法时期，佛法将要在世间消亡之时，如果有奉行受持这部《法华经》的，对于在家弟子和出家弟子，都要生起大慈之心；对于非求菩萨道的众生，也要生起大悲之心；应该这样想：'这些未识佛法的众生，实在是损失惨重，对于如来为众生所说的方便法门，他们竟然无所闻、无所知、无所觉、无所问、无所信、无所解。这些人虽然对这部经典不问、不信、不解，但如果我能证得无上正等正觉，那么，无论我们在什么地方，我们都要运用神通力和智慧力，引导这些人安住于这样的无上法门之中。'文殊师利，这就是大菩萨在如来灭度之后，所要成就所依托的第四种安乐之行。如果依此，他们讲说此经法义时，就不会产生过失，而且还会常常受到比丘、比丘尼、优婆塞、优婆夷、国王、王子、大臣、民众、婆罗门居士等的供养与恭敬、尊重和赞颂，虚空中的各位天人，为了聆听这种妙法，也常会随行侍奉。如果在村落、城镇或寂静的山林中说法，有人前来质疑责难，诸位天人因为护持佛法的缘故，则会昼夜不离地守护在旁边，并能使前来听法的人都能生起欢喜之心。为什么会如此呢？因为这部经典是受到过去、未来、现在三世中一切如来的神力所保护的。文殊师利！这部《法华经》是如此地稀有，甚至在无量国土中，那些众生连此经的名字都难以听闻，更何况能够见到并受持、读诵此经？

"文殊师利，譬如强力转轮圣王，欲以威势降伏诸国，而诸小王不顺其命，时转轮王起种种兵而往讨罚。王见兵众战有功者，即大欢喜，随功赏赐，或与田宅、聚落、城邑，或与衣服严身之具，或与种种珍宝，金、银、琉璃、砗磲、玛瑙、珊瑚、琥珀，象马车乘、奴婢人民，唯髻中明珠不以与之。所以者何？独王顶上有此一珠，若以与之，王诸眷属必大惊怪。

“文殊师利，如来亦复如是，以禅定智慧力得法国土，王于三界。而诸魔王不肯顺伏，如来贤圣诸将与之共战。其有功者心亦欢喜，于四众中为说诸经令其心悦，赐以禅定、解脱、无漏根力诸法之财，又复赐与涅槃之城，言得灭度，引导其心令，皆欢喜，而不为说是《法华经》。

“文殊师利，如转轮王见诸兵众有大功者心甚欢喜，以此难信之珠久在髻中，不妄与人，而今与之。如来亦复如是，于三界中为大法王，以法教化一切众生，见贤圣军与五阴魔①、烦恼魔②、死魔共战有大功勋③，灭三毒，出三界，破魔网。尔时如来亦大欢喜，此《法华经》能令众生至一切智，一切世间多怨难信，先所未说而今说之。

“文殊师利，此《法华经》，是诸如来第一之说，于诸说中最为甚深，末后赐与；如彼强力之王，久护明珠今乃与之。文殊师利，此《法华经》，诸佛如来秘密之藏，于诸经中最在其上，长夜守护，不妄宣说。始于今日，乃与汝等而敷演之。”

注释：

①五阴魔：又称“五蕴魔”，为“四魔”之一。五阴系指色、受、想、行、识，因此五者与烦恼都能迷惑众生，故称为“魔”。

②烦恼魔：为“四魔”之一。烦恼能恼乱身心，障碍菩提，故名为魔。

③死魔：为“四魔”之一。断人生命而致死殁者，称为死魔。

译文：

“文殊师利！譬如拥有强大力量的转轮圣王，想要以威武之势降伏其他国家，而各国之王却不顺从他的命令，这时，转轮圣王就会发动他的军队前往讨伐。转轮圣王如果发现军队中有立下战功的人，就会非常欢喜，并且根据其战功的大小而予以赏赐，有的赐予田园家宅、村庄、城镇等；有的给予衣服等装饰之物；有的给予各种珍宝，如金银、玻璃、砗磲、玛瑙、珊瑚、琥珀以及象、马、车乘和奴婢、属民，但只有自己头上发髻中的一颗明珠却从来不给别人。为什么呢？因为只有转轮圣王头顶上有这样一颗明珠，如果把它拿来赏赐，转轮圣王的随从与眷属则必然会觉得非常惊异。

“文殊师利，如来也是这样，他运用禅定和智慧的力量，了达如同诸国土一般的各种法门，成为统领欲界、色界和无色界等三界的无上法王。但那些魔王并不肯顺从臣服，如来集结贤圣将帅与魔王交战。对于立下战功的人，如来也会非常欢喜，于是即在比丘、比丘尼、优婆塞、优婆夷等四众弟子当中，讲说各种经典法义，使他们内心感到喜悦，并由此让他们得到禅定之法、解脱之法、断尽烦恼的无漏力等各种如财富一般的佛法；又再赐予他们涅槃之城，告诉他们可证得灭度解脱；引导他们的心念，让他们获得极大的欢喜，但是，如来却并非为他们讲说这部《法华经》。

“文殊师利！这就如同转轮圣王，看见士兵立下大功勋，心中无比欢喜，但却把那颗难以置信的珍贵明珠，久藏于自己的发髻之中，从不轻易地赠予他人；而今日，把这颗稀有明珠取出赏赐给兵众。如来也是这样，他是欲界、色界、无色界等三界之中的无上法王，以佛法教化三界之内的一切众生，看见统率的的贤圣之军与色、受、想、行、识等五蕴之魔交战，与烦恼魔交战，与死亡魔交战，取得了很大的功勋，消灭了贪欲、嗔怒、愚痴等三毒，从欲界、色界、无色界等三界生死轮回中出离，破除了魔王的罗网。这时，如来也会极为欢喜。这部《法华经》，能够使众生获得通达一切的一切种智，但也是令世人因根机不足而抱怨难以信奉的经典。如来先前从未说过，现在方为众生演说这部经典。

“文殊师利！这部《法华经》是所有如来的第一说法，是所有佛法中最深奥微妙的，所以，直到最后才赐予众生；就像那位力量强大的转轮圣王，长久守护着自己的明珠，到了最后才赐予士兵一样。文殊师利！这部《法华经》是所有如来的秘密宝藏，在所有的佛经中，是居于首位的。如来在漫长岁月中，于此经都仔细小心地守护，从不轻易宣说，直到今天，才向你们演讲此经。”

尔时，世尊欲重宣此义，而说偈言：

常行忍辱，哀愍一切，乃能演说，佛所赞经。
后末世时，持此经者，于家出家，及非菩萨，
应生慈悲，斯等不闻，不信是经，则为大失。
我得佛道，以诸方便，为说此法，令住其中。
譬如强力，转轮之王，兵战有功，赏赐诸物，
象马车乘，严身之具，及诸田宅，聚落城邑，
或与衣服，种种珍宝，奴婢财物，欢喜赐与。
如有勇健，能为难事，王解髻中，明珠赐之。
如来亦尔，为诸法王，忍辱大力，智慧宝藏，
以大慈悲，如法化世，见一切人，受诸苦恼，
欲求解脱，与诸魔战，为是众生，
说种种法，以大方便，说此诸经。
既知众生，得其力已，末后乃为，
说是《法华》，如王解髻，明珠与之。
此经为尊，众经中上，我常守护，
不妄开示，今正是时，为汝等说。
我灭度后，求佛道者，欲得安隐，
演说斯经，应当亲近，如是四法。
读是经者，常无忧恼，又无病痛，颜色鲜白，
不生贫穷，卑贱丑陋，众生乐见，如慕贤圣，

天诸童子，以为给使，刀杖不加，毒不能害，
若人恶骂，口则闭塞，游行无畏，
如师子王，智慧光明，如日之照。
若于梦中，但见妙事，见诸如来，
坐师子座，诸比丘众，围绕说法。
又见龙神，阿修罗等，数如恒沙，
恭敬合掌，自见其身，而为说法。
又见诸佛，身相金色，放无量光，
照于一切，以梵音声，演说诸法。
佛为四众，说无上法，见身处中，合掌赞佛，
闻法欢喜，而为供养，得陀罗尼，证不退智。
佛知其心，深入佛道，即为授记，成最正觉：
汝善男子，当于来世，得无量智，佛之大道，
国土严净，广大无比，亦有四众，合掌听法。
又见自身，在山林中，修习善法，
证诸实相，深入禅定，见十方佛。
诸佛身金色，百福相庄严，
闻法为人说，常有是好梦。
又梦作国王，舍宫殿眷属，
及上妙五欲，行诣于道场，
在菩提树下，而处师子座，
求道过七日，得诸佛之智，
成无上道已，起而转法轮，

为四众说法，经千万亿劫，
说无漏妙法，度无量众生，
后当入涅槃，如烟尽灯灭。
若后恶世中，说是第一法，
是人得大利，如上诸功德。

译文：

此时，释迦牟尼佛为了重新宣说法义，即以偈颂言道：

常行忍辱，哀愍一切，乃能演说，佛所赞经。
后末世时，持此经者，于家出家，及非菩萨，
应生慈悲，斯等不闻，不信是经，则为大失。
我得佛道，以诸方便，为说此法，令住其中。
譬如强力，转轮之王，兵战有功，赏赐诸物，
象马车乘，严身之具，及诸田宅，聚落城邑，
或与衣服，种种珍宝，奴婢财物，欢喜赐与。
如有勇健，能为难事，王解髻中，明珠赐之。
如来亦尔，为诸法王，忍辱大力，智慧宝藏，
以大慈悲，如法化世，见一切人，受诸苦恼，
欲求解脱，与诸魔战，为是众生，
说种种法，以大方便，说此诸经。
既知众生，得其力已，末后乃为，
说是《法华》，如王解髻，明珠与之。
此经为尊，众经中上，我常守护，
不妄开示，今正是时，为汝等说。

我灭度后，求佛道者，欲得安隐，
演说斯经，应当亲近，如是四法。
读是经者，常无忧恼，又无病痛，颜色鲜白，
不生贫穷，卑贱丑陋，众生乐见，如慕贤圣，
天诸童子，以为给使，刀杖不加，毒不能害，
若人恶骂，口则闭塞，游行无畏，
如师子王，智慧光明，如日之照。
若于梦中，但见妙事，见诸如来，
坐师子座，诸比丘众，围绕说法。
又见龙神，阿修罗等，数如恒沙，
恭敬合掌，自见其身，而为说法。
又见诸佛，身相金色，放无量光，
照于一切，以梵音声，演说诸法。
佛为四众，说无上法，见身处中，合掌赞佛，
闻法欢喜，而为供养，得陀罗尼，证不退智。
佛知其心，深入佛道，即为授记，成最正觉：
汝善男子，当于来世，得无量智，佛之大道，
国土严净，广大无比，亦有四众，合掌听法。
又见自身，在山林中，修习善法，
证诸实相，深入禅定，见十方佛。
诸佛身金色，百福相庄严，
闻法为人说，常有是好梦。
又梦作国王，舍宫殿眷属，
及上妙五欲，行诣于道场，

在菩提树下，而处师子座，
求道过七日，得诸佛之智，
成无上道已，起而转法轮，
为四众说法，经千万亿劫，
说无漏妙法，度无量众生，
后当入涅槃，如烟尽灯灭。
若后恶世中，说是第一法，
是人得大利，如上诸功德。

从地涌出品第十五

他方国土诸大菩萨发愿，欲于此土护持《法华经》。世尊则宣示此娑婆世界已有众多菩萨和眷属护持演说此经。即时从地涌出众多菩萨，向多宝如来及释迦如来礼敬；世尊言此菩萨众皆是佛陀于娑婆世界所度化而发心者。弥勒及众遂起疑问，如来成道四十余年，何能于此少时教化无量大众，乃祈请世尊解众所疑。

按智者大师之科判，本品前半（至“已问斯事”句前）为“本门”之序分，后半（自“阿逸多”句下）为“本门”的流通分始。

尔时，他方国土诸来菩萨摩诃萨，过八恒河沙数，于大众中起立，合掌作礼，而白佛言：“世尊！若听我等于佛灭后，在此娑婆世界，勤加精进、护持、读诵、书写、供养是经典者，当于此土而广说之。”

尔时，佛告诸菩萨摩诃萨众：“止！善男子，不须汝等护持此经。所以者何？我娑婆世界，自有六万恒河沙等菩萨摩诃萨，一一菩萨各有六万恒河沙眷属，是诸人等能于我灭后，护持读诵，广说此经。”

佛说是时，娑婆世界三千大千国土地皆震裂，而于其中有无量千万亿菩萨摩诃萨同时涌出。是诸菩萨，身皆金色，三十二相，无量光明。先尽在此娑婆世界之下，此界虚空中住。是诸菩萨，闻释迦牟尼佛所说音声，从下发来。一一菩萨皆是大众唱导之首，各将六万恒河沙眷属，况将五万、四万、三万、二万、一万恒河沙等眷属者，况复乃至一恒河沙、半恒河沙、四分之一乃至千万亿那由他分之一，况复千万亿那由他眷属，况复亿万眷属，况复千万、百万乃至一万，况复一千、一百乃至一十，况复将五四三二一弟子者，况复单己乐远离行。如是等比，无量无边算数譬喻所不能知。

是诸菩萨从地出已，各诣虚空七宝妙塔多宝如来、释迦牟尼佛所。到已，向二世尊头面礼足，及至诸宝树下师子座上佛所，亦皆作礼，右绕三匝，合掌恭敬，以诸菩萨种种赞法而以赞叹，住在一面，欣乐瞻仰于二世尊。是诸菩萨摩诃萨从初涌出，以诸菩萨种种赞法而赞于佛，如是时间经五十小劫。是时释迦牟尼佛默然而坐，及诸四众亦皆默然五十小劫。佛神力故，令诸大众谓如半日。

尔时，四众亦以佛神力故，见诸菩萨遍满无量百千万亿国土虚空。是菩萨众中有四导师，一名上行，二名无边行，三名净行，四名安立行。是四菩萨于其众中，最为上首唱导之师。在大众前各共合掌，观释迦牟尼佛，而问讯言："世尊，少病少恼安乐行不？所应度者受教易不？不令世尊生疲劳耶？"

尔时，四大菩萨而说偈言：

世尊安乐，少病少恼，教化众生，得无疲倦？

又诸众生，受化易不？不令世尊，生疲劳耶？

尔时，世尊于菩萨大众中，而作是言："如是，如是，诸善男子，如来安乐，少病少恼；诸众生等易可化度，无有疲劳。所以者何？是诸众生，世世已来，常受我化，亦于过去诸佛供养尊重，种诸善根。此诸众生，始见我身，闻我所说，即皆信受入如来慧，除先修习学小乘者。如是之人，我今亦令得闻是经，入于佛慧。"

尔时，诸大菩萨而说偈言：

善哉善哉，大雄世尊，诸众生等，易可化度。

能问诸佛，甚深智慧，闻已信行，我等随喜。

于时，世尊赞叹上首诸大菩萨："善哉！善哉！善男子，汝等能于如来发随喜心。"

尔时，弥勒菩萨及八千恒河沙诸菩萨众，皆作是念："我等从昔已来，不见不闻如是大菩萨摩诃萨众，从地涌出，住世尊前，合掌供养，问讯如来。"

时弥勒菩萨摩诃萨，知八千恒河沙诸菩萨等心之所念，并欲自决所疑，合掌向佛，以偈问曰：

无量千万亿，大众诸菩萨，

昔所未曾见，愿两足尊说。

是从何所来？以何因缘集？

巨身大神通，智慧叵思议，

其志念坚固，有大忍辱力，

众生所乐见，为从何所来？
一一诸菩萨，所将诸眷属，
其数无有量，如恒河沙等。
或有大菩萨，将六万恒沙，
如是诸大众，一心求佛道。
是诸大师等，六万恒河沙，
俱来供养佛，及护持是经。
将五万恒沙，其数过于是，
四万及三万，二万至一万，
一千一百等，乃至一恒沙，
半及三四分，亿万分之一，
千万那由他，万亿诸弟子，
乃至于半亿，其数复过上。
百万至一万，一千及一百，
五十与一十，乃至三二一，
单己无眷属，乐于独处者，
俱来至佛所，其数转过上。
如是诸大众，若人行筹数，
过于恒沙劫，犹不能尽知。
是诸大威德，精进菩萨众，
谁为其说法，教化而成就？
从谁初发心？称扬何佛法？
受持行谁经？修习何佛道？

如是诸菩萨，神通大智力，
四方地震裂，皆从中涌出。
世尊我昔来，未曾见是事，
愿说其所从，国土之名号。
我常游诸国，未曾见是众，
我于此众中，乃不识一人，
忽然从地出，愿说其因缘。
今此之大会，无量百千亿，
是诸菩萨等，皆欲知此事。
是诸菩萨众，本末之因缘，
无量德世尊，唯愿决众疑。

尔时，释迦牟尼分身诸佛，从无量千万亿他方国土来者，在于八方诸宝树下，师子座上结跏趺坐。其佛侍者，各各见是菩萨大众，于三千大千世界四方，从地涌出，住于虚空，各白其佛言："世尊，此诸无量无边阿僧祇菩萨大众，从何所来？"尔时，诸佛各告侍者："诸善男子，且待须臾。有菩萨摩诃萨，名曰弥勒，释迦牟尼佛之所授记，次后作佛，已问斯事，佛今答之。汝等自当因是得闻。"

译文：

这时，从其他国土来到法会上的大菩萨们，其数量已超过八条恒河的沙粒总数，他们从大众中站立起来，合掌礼拜，对佛言道："世尊！请允许我们在您灭度之后，在这个娑婆世界勤奋修行，勤奋精进地护持、读诵、书写、供养这部经典，并在此国土中广泛演说此经法义。"

这时，佛告诉诸大菩萨说："先不必如此说！各位善男子，无需你们来护持这部经典。为什么这样说呢？因为在我教化的娑婆世界中，已经有六万恒河沙数之多大菩萨众，每一位菩萨又各有六万恒河沙数之多的眷属，这些大众能在我灭度之后，护持、读诵、广泛演说这部经典。"

释迦牟尼佛说此言时，娑婆世界三千大千国土的大地全都震动裂开，并从裂缝中，有无量千万亿的大菩萨，于一时间涌现出来。这些菩萨，身体均现金色，具足三十二种殊妙之相，身放无量光明。他们原先都在此娑婆世界的下边，下方世界的虚空之中安住。这些菩萨听到释迦牟尼佛言说的音声，便从下面一齐涌出。每一位菩萨都是教化众生的导师，各自率领六万恒河沙之多的眷属，有的率领五万、四万、三万、二万或一万恒河沙数之多的眷属，还有的菩萨率领了一恒河沙数那么多的眷属，或者半恒河沙数、四分之一恒河沙数、直至千万亿那由他分之一之多的眷属，更何况还有一些菩萨率领千万亿那由他众的眷属，还有率领亿万眷属；乃至更有率领千万、百万，甚至一万的眷属，更有一些菩萨则带领了一千、一百，甚至十位眷属，又有菩萨带领五位、四位、三位、二位或一位弟子，也有一些单身独行、乐于远离大众的菩萨。如此无量无边难以算数，难以以各种譬喻穷尽的菩萨众皆一时出现。

这些菩萨从地下涌出后，都到虚空中的七宝塔处，即多宝如来和释迦牟尼佛的所在之处。抵达之后，他们即向两位如来顶礼膜拜，又到从十方而来的菩提宝树下的狮子座前，向安坐在上面的诸佛一一作礼，右向绕佛三周，合掌恭敬，用菩萨的各种赞叹之辞赞颂如来，然后退立一旁，欢喜欣悦地凝视着多宝如来和释迦牟尼佛两位如来。这些大菩萨从开始由地下涌出，到以种种菩萨的赞叹之法赞颂诸如来，其间所经历时间，达五十小劫。这时，释迦牟尼佛默然而坐；其他的四众弟子也都默然而坐五十小劫。由于释迦牟尼佛神力的加持，五十小劫的时间，在四众弟子的感觉里，也仅相当于半天的时间。

与此同时，四众弟子也依仗于释迦牟尼佛的神力，看到诸菩萨遍布无量百千万亿国土的虚空之中。在所有菩萨众当中，有四位导师：第一位名叫上行，第二位名叫无边行，第三位名叫净行，第四位名叫安立行。这四位菩萨在那些大众中，是最为上首的菩萨，是化导众生的导师。他们在大众面前，一起合掌致礼，凝望着释迦牟尼佛，向佛问候说："世尊啊，您没有病痛，没有烦恼吧？您身心安稳快乐吧？所应该受到度化的众生都易于接受您的教法吧？他们没有使世尊感到疲劳吧？"

接着，四大菩萨又以偈颂问候道：

世尊安乐，少病少恼，教化众生，得无疲倦？
又诸众生，受化易不？不令世尊，生疲劳耶？

这时，释迦牟尼佛在诸位菩萨大众中如此说道："确实如此！确实如此！各位善男子，如来非常安乐，少病少忧，所有众生也很易于教化，所以我并不感觉疲劳。为什么这样说呢？因为所有这些众生，在生生世世中，时常接受我的教化，他们也在过去的诸佛面前恭敬尊重诸佛，种下了众多善根。所以，这些众生开始见到我的身相，听到我的说法，便立即信从接受，入于如来的无上智慧，除了那些原先修习小乘的众生。不过，对于这些众生，我现在也要让他们听闻到这部经典，令他们最终证入与如来无二一般的无上智慧。”

这时，诸大菩萨又以偈颂说道：

善哉善哉，大雄世尊，诸众生等，易可化度。

能问诸佛，甚深智慧，闻已信行，我等随喜。

当此之时，释迦牟尼佛赞扬这几位大菩萨说：“善哉！善哉！各位善男子，你们能对如来的功德生起随喜之心，真是难得！”

这时，弥勒菩萨和八千恒河沙数之多的菩萨众，都产生这样的念头：“我们从往昔以来，从来没有见到，也没有听说过如此众多的大菩萨众从地下涌出，并一齐住于世尊面前，合掌致礼，恭敬供养，向如来致以问候。”

这时，弥勒菩萨，已经了知八千恒河沙数之众的菩萨所想，并且也想解决自己的疑问，因此，弥勒菩萨即合掌向佛致礼，并以偈颂问言：

无量千万亿，大众诸菩萨，昔所未曾见，愿两足尊说。

是从何所来？以何因缘集？

巨身大神通，智慧叵思议，其志念坚固，

有大忍辱力，众生所乐见，为从何所来？

一一诸菩萨，所将诸眷属，其数无有量，如恒河沙等。

或有大菩萨，将六万恒沙，如是诸大众，一心求佛道。

是诸大师等，六万恒河沙，俱来供养佛，及护持是经。

将五万恒沙，其数过于是，四万及三万，二万至一万，

一千一百等，乃至一恒沙，半及三四分，亿万分之一，

千万那由他，万亿诸弟子，乃至于半亿，其数复过上。

百万至一万，一千及一百，五十与一十，乃至三二一，

单己无眷属，乐于独处者，俱来至佛所，其数转过上。

如是诸大众，若人行筹数，过于恒沙劫，犹不能尽知。

是诸大威德，精进菩萨众，谁为其说法，教化而成就？

从谁初发心？称扬何佛法？受持行谁经？修习何佛道？

如是诸菩萨，神通大智力，四方地震裂，皆从中踊出。

世尊我昔来，未曾见是事，愿说其所从，国土之名号。

我常游诸国，未曾见是众，我于此众中，

乃不识一人，忽然从地出，愿说其因缘。

今此之大会，无量百千亿，是诸菩萨等，皆欲知此事。

是诸菩萨众，本末之因缘，无量德世尊，唯愿决众疑。

这时，释迦牟尼佛各种化身示现的诸佛，从无量千万亿的他方国土中来到法会，并在遍布八方的各种宝树下的狮子座上，结跏趺坐。这些佛的侍者，也都见到了上述菩萨大众，于三千大千世界的四方地下涌出，并安住于虚空，于是，他们各自对其所侍奉的佛说："世尊，这些无量无边阿僧祇的菩萨大众，究竟从哪里来？"这时，诸化身示现的如来各自告诉他们的侍者说："各位善男子，请暂且稍等片刻，有位大菩萨，名叫弥勒，是释迦牟尼佛为他授记，将在他之后成就佛果。他已提出了这个

问题，释迦牟尼佛现在就要答复他，你们就可以亲自听到佛陀的解释。”

尔时，释迦牟尼佛告弥勒菩萨：“善哉！善哉！阿逸多，乃能问佛如是大事。汝等当共一心，被精进铠，发坚固意。如来今欲显发宣示诸佛智慧，诸佛自在神通之力，诸佛师子奋迅之力，诸佛威猛大势之力。”

尔时，世尊欲重宣此义，而说偈言：

当精进一心，我欲说此事，
勿得有疑悔，佛智叵思议。
汝今出信力，住于忍善中，
昔所未闻法，今皆当得闻。
我今安慰汝，勿得怀疑惧，
佛无不实语，智慧不可量，
所得第一法，甚深叵分别，
如是今当说，汝等一心听。

尔时，世尊说此偈已，告弥勒菩萨：“我今于此大众，宣告汝等。阿逸多！是诸大菩萨摩诃萨，无量无数阿僧祇从地涌出，汝等昔所未见者。我于是娑婆世界得阿耨多罗三藐三菩提已，教化示导是诸菩萨，调伏其心，令发道意。此诸菩萨，皆于是娑婆世界之下，此界虚空中住，于诸经典读诵通利，思惟分别，正忆念。阿逸多！是诸善男子等，不乐在众多有所说，常乐静处，勤行精进，未曾休息；亦不依止人天而住，常乐深智无有障碍，亦常乐于诸佛之法，一心精进求无上慧。”

尔时，世尊欲重宣此义，而说偈言：

阿逸汝当知，是诸大菩萨，
从无数劫来，修习佛智慧，
悉是我所化，令发大道心。
此等是我子，依止是世界，
常行头陀事，志乐于静处，
舍大众愦闹，不乐多所说。
如是诸子等，学习我道法，
昼夜常精进，为求佛道故。
在娑婆世界，下方空中住，
志念力坚固，常勤求智慧，
说种种妙法，其心无所畏。
我于伽耶城，菩提树下坐，
得成最正觉，转无上法轮，
尔乃教化之，令初发道心，
今皆住不退，悉当得成佛。
我今说实语，汝等一心信，
我从久远来，教化是等众。

尔时，弥勒菩萨摩诃萨及无数诸菩萨等，心生疑惑，怪未曾有，而作是念：“云何世尊于少时间，教化如是无量无边阿僧祇诸大菩萨，令住阿耨多罗三藐三菩提？”即白佛言：“世尊，如来为太子时，出于释宫去伽耶城不远[1]，坐于道场，得成阿耨多罗三藐三菩提。从是已来始过四十余年。世尊，云何于此少时大作佛事，以佛势力，以佛功德，教化如是无量大菩萨众当成阿耨多罗三藐三菩提？世尊，此大菩萨众，假使有人于千万亿劫数不能尽，不得其边。斯等久远已来，于无量无边诸佛所植诸善根，成就菩萨道，常修梵行。世尊，如此之事，世所难信。

“譬如有人，色美发黑，年二十五，指百岁人，言是我子，其百岁人亦指年少，言是我父，生育我等，是事难信。佛亦如是，得道已来其实未久，而此大众诸菩萨等，已于无量千万亿劫，为佛道故勤行精进，善入出住无量百千万亿三昧，得大神通，久修梵行，善能次第习诸善法，巧于问答。人中之宝，一切世间甚为希有。

“今日世尊方云得佛道时，初令发心，教化示导，令向阿耨多罗三藐三菩提。世尊得佛未久，乃能作此大功德事。我等虽复信佛随宜所说，佛所出言未曾虚妄，佛所知者皆悉通达。然诸新发意菩萨，于佛灭后，若闻是语或不信受，而起破法罪业因缘。唯然世尊，愿为解说除我等疑，及未来世诸善男子，闻此事已亦不生疑。”

尔时，弥勒菩萨欲重宣此义，而说偈言：

佛昔从释种[2]，出家近伽耶，
坐于菩提树，尔来尚未久。

此诸佛子等，其数不可量，
久已行佛道，住于神通力，
善学菩萨道，不染世间法③，
如莲华在水，从地而涌出，
皆起恭敬心，住于世尊前。
是事难思议，云何而可信？
佛得道甚近，所成就甚多，
愿为除众疑，如实分别说。
譬如少壮人，年始二十五，
示人百岁子，发白而面皱，
是等我所生，子亦说是父，
父少而子老，举世所不信。
世尊亦如是，得道来甚近，
是诸菩萨等，志固无怯弱，
从无量劫来，而行菩萨道，
巧于难问答，其心无所畏，
忍辱心决定，端正有威德，
十方佛所赞，善能分别说，
不乐在人众，常好在禅定，
为求佛道故，于下空中住。
我等从佛闻，于此事无疑，
愿佛为未来，演说令开解。
若有于此经，生疑不信者，

即当堕恶道，愿今为解说，
是无量菩萨，云何于少时，
教化令发心，而住不退地④？

注释：

①伽耶城：古代中印度摩揭陀国的都城，即今孟加拉巴特那市西南九十六公里处的伽耶市。为与佛陀伽耶区别，又称“婆罗门伽耶”。其附近颇多佛教遗迹，东面有尼连禅河，西南有伽耶山（象头山），南面有佛陀成道处佛陀伽耶。北面山丘上留存有古代佛教遗迹的岩窟，内有阿育王时代的刻铭。

②释种：释迦种族之意。释，乃“释迦”之略称，意译作“能仁”、“能”、“直”，为净饭王家之本姓，属刹帝利种，在印度为贵族，古来备受尊重，后世转称佛弟子为“释种”。

③世间法：指自惑业因缘所生之三界有情、非情等一切法，此等诸法皆为有漏无常。“四谛”中之“苦”、“集”二谛属世间法。一切世间法中，以利、衰、毁、誉、称、讥、苦、乐八者，特称为“八世间法”，又称“八风”。

④不退地：不退之位地。不退，音译“阿鞞率领”，谓不退堕于恶趣及二乘地，且所得之证法不退失。“不退”有三种、四种之别，其位次虽依诸宗而异，然一般皆指菩萨初地以上之位，即“三不退”中之“行不退”，“四不退”中之“证不退”。

译文：

此时，释迦牟尼佛告诉弥勒菩萨说：“善哉！善哉！阿逸

多，你能向佛请问这样大的问题。你们大家应当共同一心，披上精进的铠甲，发起坚固的意志。如来今天要显示宣说诸佛的无上智慧，以及诸佛的自在神通之力，诸佛的狮子奋迅之力，还有诸佛的威猛大势之力。”

这时，释迦牟尼佛想再次宣说此义，即以偈颂说道：

当精进一心，我欲说此事，勿得有疑悔，佛智叵思议。
汝今出信力，住于忍善中，昔所未闻法，今皆当得闻。
我今安慰汝，勿得怀疑惧，佛无不实语，智慧不可量，
所得第一法，甚深叵分别，如是今当说，汝等一心听。

释迦牟尼佛说完如上偈语之后，告诉弥勒菩萨说：“我在这里向你们这些参加法会的大众宣告。阿逸多！这些无量无数阿僧祇之众的大菩萨，从地下一齐涌出，你们在往昔的时候从未曾见到过。我在此娑婆世界证得无上正等正觉后，教化、开导这些菩萨调伏他们的心性，使他们发下志求无上智慧的誓愿。这些菩萨都在娑婆世界下方的虚空中安住，他们对于一切佛经，或读或诵，非常流利，并且认真地思维法义，有着正确的忆念。阿逸多！这些善男子们不喜欢在大众喧嚣的地方多说，常常乐于在清幽寂静的地方精进修行，一刻也未曾止息；他们也不依托于天上或人间而安住，他们常常喜欢深奥的智慧，没有任何障碍，也常常乐于修习诸佛之法门，他们一心精进地修习，志在证得无上的佛慧。”

这时，释迦牟尼佛想再次宣说此义，即以偈颂说道：

阿逸汝当知，是诸大菩萨，从无数劫来，
修习佛智慧，悉是我所化，令发大道心。

此等是我子，依止是世界，常行头陀事，
志乐于静处，舍大众愦闹，不乐多所说。
如是诸子等，学习我道法，昼夜常精进，为求佛道故。
在娑婆世界，下方空中住，志念力坚固，
常勤求智慧，说种种妙法，其心无所畏。
我于伽耶城，菩提树下坐，得成最正觉，转无上法轮，
尔乃教化之，令初发道心，今皆住不退，悉当得成佛。
我今说实语，汝等一心信，我从久远来，教化是等众。

这时，弥勒菩萨和无数菩萨众，又在内心生起疑惑，觉得从未听说过此事而感到奇怪，而产生这样的念头："为什么世尊能在如此短的时间内，教化无量无数阿僧祇之众的菩萨，并令他们皆证得无上正等正觉？"于是，弥勒菩萨又对佛说："世尊，如来往昔作为迦毗罗卫国净饭王的太子时，离开释姓的王宫，在距离伽耶城不远的地方，坐在菩提树下的道场中，证得了无上正等正觉。从那时以来，到现在只不过四十多年。世尊，您怎么能在如此短的时间里，大作佛事，运用佛的势力、佛的功德，教化如此无量无数的大菩萨众，并使他们在将来也证成无上正等正觉呢？世尊，这些菩萨的数量是如此众多，即使有人在千万亿劫中计数，也无法穷尽。这些菩萨从很久以来，在无量无数的诸佛世界中，种下了许多善根，成就菩萨道，常修清净梵行。世尊，这样的事情，世人难以置信。

"譬如有人，他的面貌姣好，头发乌黑，年纪仅有二十五岁，指着一位年已百岁的老人说这是他的儿子；那位百岁老人也指着这位年轻人说这是我的父亲，是他生养了我，这样的事情，实

在是令人难以置信。佛也是这样，自从证成佛果以来，其实时间并不太长，但这些菩萨大众已在无量千万亿劫中，为了志求佛道而精勤修行，他们善于在无量百千万亿的定境随意出入，他们有巨大的神通，长期修习清净梵行，善于依次修习各种善法，又善于巧妙地回答疑问。他们是人之中最为尊贵的，在一切世界中都是极其稀有的。

“今天，世尊却说您在证成佛果之后，才使他们开始发菩提心，教化示导，令他们趋向于无上正等正觉。世尊证得佛果的时间并不算久，竟能完成具有如此巨大功德的事情。我们虽然相信世尊根据众生的根机相宜说法，而且佛陀所说的话从来都是真实不虚的，佛所知晓的事情也是通达无误的。但是对于那些初发菩提心的菩萨，在佛灭度之后，若是听到这种说法，也许会有人不相信，不接受，从而产生破坏佛法罪业的因缘。正因为如此，世尊！恳请您为我们解释，消除我们的疑惑，并且能让未来世的诸善男子在听闻此事后也不会产生疑惑。”

这时，弥勒菩萨为了想再次宣说此义，即以偈颂说道：

佛昔从释种，出家近伽耶，坐于菩提树，尔来尚未久。
此诸佛子等，其数不可量，久已行佛道，住于神通力，
善学菩萨道，不染世间法，如莲华在水，
从地而涌出，皆起恭敬心，住于世尊前。
是事难思议，云何而可信？
佛得道甚近，所成就甚多，愿为除众疑，如实分别说。
譬如少壮人，年始二十五，示人百岁子，发白而面皱，
是等我所生，子亦说是父，父少而子老，举世所不信。

世尊亦如是，得道来甚近，是诸菩萨等，志固无怯弱，
从无量劫来，而行菩萨道，巧于难问答，其心无所畏，
忍辱心决定，端正有威德，十方佛所赞，善能分别说，
不乐在人众，常好在禅定，为求佛道故，于下空中住。
我等从佛闻，于此事无疑，愿佛为未来，演说令开解。
若有于此经，生疑不信者，即当堕恶道，愿今为解说，
是无量菩萨，云何于少时，教化令发心，而住不退地？

如来寿量品第十六

本品与前一品的内容紧密相连。佛应弥勒三请，而说如来已于久远劫前早已成佛，但为方便教化众生，令入佛道，而示现灭度。佛陀常在此娑婆世界说法教化，亦于他方无量无边国土教化利导众生。如来寿命亦不可计数。

本品中出现了“法华七喻”中的第七喻——医师救子喻。世尊宣说此譬喻以再次明示如来“开权显实”之教。此喻的内容为：一位良医因事至他国。其诸子误服毒药，良医还国则取好药以救诸子。诸子有尚未失心智者，服之而愈；而有些丧失心智者，则不敢服药；其父则以权宜之计，更往他国，并托人带言给诸子言已死于他国。诸子闻之，于悲痛之余，乃醒悟而服好药，毒除得以痊愈。父则又归来与诸子相见。此中以“医师”喻“如来”；以“诸子”喻“三乘人”；以“好药”喻“一佛乘”，宣示“会三归一”之理。

此品所宣示的如来法身常住不灭的观念是值得注意的。

尔时，佛告诸菩萨及一切大众：“诸善男子，汝等当信解如来诚谛之语。”复告大众：“汝等当信解如来诚谛之语。”又复告诸大众：“汝等当信解如来诚谛之语。”

是时菩萨大众，弥勒为首，合掌白佛言：“世尊，唯愿说之，我等当信受佛语。”如是三白已，复言：“唯愿说之，我等当信受佛语。”

尔时，世尊知诸菩萨三请不止，而告之言：“汝等谛听，如来秘密神通之力，一切世间天、人及阿修罗，皆谓今释迦牟尼佛出释氏宫，去伽耶城不远坐于道场，得阿耨多罗三藐三菩提。然善男子，我实成佛已来，无量无边百千万亿那由他劫。譬如五百千万亿那由他阿僧祇三千大千世界，假使有人抹为微尘，过于东方五百千万亿那由他阿僧祇国，乃下一尘，如是东行尽是微尘。诸善男子，于意云何？是诸世界，可得思惟校计，知其数不？”

弥勒菩萨等俱白佛言：“世尊！是诸世界无量无边，非算数所知，亦非心力所及。一切声闻、辟支佛以无漏智，不能思惟知其限数。我等住阿惟越致地，于是事中亦所不达。世尊，如是诸世界无量无边。”

尔时，佛告大菩萨众：“诸善男子！今当分明宣语汝等，是诸世界，若著微尘及不著者，尽以为尘，一尘一劫，我成佛已来，复过于此百千万亿那由他阿僧祇劫。自从是来，我常在此娑婆世界说法教化，亦于余处百千万亿那由他阿僧祇国导利众生。

“诸善男子！于是中间，我说燃灯佛等，又复言其入于涅槃，如是皆以方便分别。诸善男子！若有众生来至我所，我以佛眼观其信等诸根利钝，随所应度。处处自说名字不同、年纪大小，亦复现言当入涅槃，又以种种方便说微妙法，能令众生发欢喜心。诸善男子！如来见诸众生乐于小法，德薄垢重者，为是人说：‘我少出家，得阿耨多罗三藐三菩提。’然我实成佛已来久远若斯，但以方便教化众生令入佛道，作如是说。

“诸善男子！如来所演经典，皆为度脱众生，或说己身，或说他身，或示己身，或示他身，或示己事，或示他事，诸所言说皆实不虚。所以者何？如来如实知见三界之相，无有生死若退若出，亦无在世及灭度者，非实非虚，非如非异，不如三界见于三界。如斯之事，如来明见无有错谬。以诸众生有种种性、种种欲、种种行、种种忆想分别故，欲令生诸善根，以若干因缘、譬喻言辞、种种说法，所作佛事未曾暂废。如是我成佛已来甚大久远，寿命无量阿僧祇劫常住不灭。

“诸善男子！我本行菩萨道所成寿命，今犹未尽，复倍上数。然今非实灭度，而便唱言当取灭度，如来以是方便教化众生。所以者何？若佛久住于世，薄德之人不种善根，贫穷下贱贪著五欲，入于忆想妄见网中。若见如来常在不灭，便起憍恣而怀厌怠，不能生难遭之想、恭敬之心，是故如来以方便说：‘比丘当知，诸佛出世，难可值遇。’所以者何？诸薄德人，过无量百千万亿劫，或有见佛，或不见者，以此事故，我作是言：‘诸比丘，如来难可得见。’斯众生等闻如是语，必当生于难遭之想，心怀恋慕渴仰于佛，便种善根。是故如来虽不实灭而言灭度。

译文：

这时，释迦牟尼佛告诉诸位菩萨及一切大众说："各位善男子！你们应当相信和理解如来的真实之语。"又再次告诉大众说："你们应当相信和理解如来的真实之语。"此后，又第三次告诉大众说："你们应当相信和理解如来的真实之语。"

这时，以弥勒菩萨为首的诸菩萨大众，一齐恭敬合掌，对佛言道："世尊！恳请您为我们解说，我们一定相信、接受佛陀的教言。"如此反复说了三次，又说："恳请您为我们解说，我们一定相信、接受佛陀的教言。"

这时，释迦牟尼佛见诸菩萨已经三次不停地请法，就对他们说："你们可仔细地听闻，如来有秘密的神通之力，一切世间的天、人和阿修罗都以为，现在的这位释迦牟尼佛，从释迦族的王宫中出走，在离伽耶城不远的地方，坐于菩提树下的道场中，证得了无上正等正觉。但是，诸位善男子！实际上我自成佛以来，已历经无量无边百千万亿那由他劫的岁月。譬如有五百千万亿那由他阿僧祇数之多的三千大千世界，假使有人将如此众多的世界全部磨碎为微尘，然后向东方经过五百千万亿那由他阿僧祇数之多的国土，才扔下一粒微尘，这样一直向东行走，直到把这些微尘全部扔完。诸位善男子！你们是如何认为的？这些世界可以用思维、算数得知他们的数目吗？"

弥勒菩萨及其他众生同时对佛说："世尊！这些世界无量无边，是以算数所无法测知的，也并非心力所能穷及。一切声闻乘和缘觉乘的修行者，即使用其断尽烦恼的清净智慧来思维，也不能知道这些世界的确切数目。我们安住于不退转菩萨乘的境界中，但对这些世界的数目也是不能了知的。世尊！这些世界的确是无量无边的。”

这时，释迦牟尼佛告诉诸大菩萨众说：“各位善男子！我现在应当对你们明确宣示，如果所有这些世界，不论投有一粒微尘的世界，还是未投有一粒微尘的世界，如果把这些世界全部粉碎为微尘，假若一粒微尘代表一劫那么长的时间，那么，我自成佛以来，已经超过此数目百千万亿那由他阿僧祇劫。自从那时以来，我常在此娑婆世界说法教化，也曾在其他百千万亿那由他阿僧祇数之众的国土内教导众生，使他们得到利益和安乐。

“各位善男子！在如此极其久远的岁月中，我曾说燃灯佛等诸位如来的事迹，又曾说起他们入于涅槃的情况，这样的言说都只是方便法门而分别讲说的。各位善男子！假使有众生来到我的处所，我就用佛眼来观察他们的信、进、念、定、慧等五根，根据他们的根性利钝予以化度。人在不同的地方，说自己的名字均不相同，表现出的年纪大小也不一样，我也曾说我将要涅槃，还曾以种种方便法门，随机演说微妙佛法，能令众生生起欢喜心。各位善男子！如来观察到有些众生喜欢听闻修习小乘法，这些人德性浅薄，烦恼垢重，如来即对他们说：‘我年少时出家修行，最后证得了无上正等正觉。’但实际上，我自成佛以来，已经经历了如前所言的长久岁月，只是为了以方便法门随机教化众生，使他们入于佛道，所以方有如此地说法。

“各位善男子！如来所演说的经典，都是为了救度众生脱离诸苦，有时说自己之身相，有时说其他的身相；有时示现自己的身相，有时示现其他的身相；有时开示自己的事迹，有时开示他人的事迹，所有这些言说都是真实不虚的。为什么这样说呢？因为，如来能够如实地观察到欲界、色界、无色界等三界的真实相状；实际上并没有生死轮回，也无有入世和出世；既没有住世，也没有入灭；既非实有，也非虚无；即非一如，也非相异；不同于三界的众生，见到三界的相状，就妄执有实在的三界。诸如此类的事相，只有如来才能明白地测见，没有丝毫地错谬。因为众生有各种各样的习性、各种各样的欲望、各种各样的业行、各种各样的忆念和分别，如来为了让众生都能种下善根，即以各种各样的因缘、譬喻、言辞，演说各种各样的佛法。佛的教化从未有一刻暂废。就这样，我自成佛以来，已经历了极为久远的岁月，我的寿命已有无量阿僧祇劫，我常住于世，并未灭度。

“各位善男子！我于往昔修行菩萨道的因缘，并由此功德所成就的寿命，至今未尽，我此寿命的长久，比我现在已有的寿命更加长远。但是如今我并非真正地入于涅槃，只是言说我将要灭度，如来只是以这种方便说法来教化众生。为什么这样说呢？如果佛陀一直长久住于世间，那么，福德浅薄的人则不会想去种下善根，贫穷下贱的众生就会贪着于财、色、名、食、睡等五种欲乐，堕落在颠倒忆想的妄见罗网之中。他们如果见到如来常住于世，不入灭度，他们便会生出骄傲放纵的心性，从而感到厌倦，逐渐懈怠，不能生起难以值遇如来的想法，也难以生起对如来的恭敬之心，所以，如来佛以方便法门而如此言说：‘各位比丘，你们应当知道，诸佛出世，是非常难得方能相遇的。’为什么这样呢？因为，一些福德浅薄的人，经过无量百千万亿劫的时间，有的得见如来，有的未能见到如来，所以，我才这样说：‘各位比丘，如来是很难见到的。’这些众生听到这样的话以后，必会产生如来难遇的想法，于是他们就会心怀依赖、仰慕、渴望见到佛陀，这样，他们便种下了善根。所以，如来虽然没有真正的灭度，但仍用说如来将要灭度。

“又善男子！诸佛如来法皆如是，为度众生皆实不虚。譬如良医智慧聪达，明练方药，善治众病。其人多诸子息，若十、二十乃至百数。以有事缘，远至余国，诸子于后饮他毒药，药发闷乱宛转于地。是时其父还来归家。诸子饮毒，或失本心，或不失者，遥见其父皆大欢喜，拜跪问讯：‘善安隐归！我等愚痴误服毒药，愿见救疗更赐寿命。’

“父见子等苦恼如是，依诸经方求好药草，色香美味皆悉具足。捣筛和合与子令服，而作是言：‘此大良药，色香美味皆悉具足。汝等可服，速除苦恼，无复众患。’

“其诸子中不失心者，见此良药色香俱好，即便服之，病尽除愈。余失心者，见其父来，虽亦欢喜问讯求索治病，然与其药而不肯服。所以者何？毒气深入失本心故，于此好色香药而谓不美。

“父作是念：‘此子可愍，为毒所中，心皆颠倒。虽见我喜，求索救疗，如是好药而不肯服。我今当设方便令服此药。’

“即作是言：‘汝等当知，我今衰老，死时已至。是好良药今留在此，汝可取服，勿忧不差。’作是教已，复至他国，遣使还告：‘汝父已死。’是时诸子闻父背丧，心大忧恼而作是念：‘若父在者，慈愍我等能见救护。今者舍我远丧他国。自惟孤露，无复恃怙。’常怀悲感，心遂醒悟，乃知此药色香美味，即取服之，毒病皆愈。其父闻子悉已得差[①]，寻便来归，咸使见之。诸善男子，于意云何？颇有人能说此良医虚妄罪不？”

“不也，世尊。”

佛言：“我亦如是，成佛已来，无量无边百千万亿那由他阿僧祇劫；为众生故，以方便力言当灭度，亦无有能如法说我虚妄过者。”

尔时，世尊欲重宣此义，而说偈言：

自我得佛来，所经诸劫数，
无量百千万，亿载阿僧祇。
常说法教化，无数亿众生，
令入于佛道，尔来无量劫。
为度众生故，方便现涅槃，
而实不灭度，常住此说法。

我常住于此，以诸神通力，
令颠倒众生，虽近而不见。
众见我灭度，广供养舍利，
咸皆怀恋慕，而生渴仰心。
众生既信伏，质直意柔软，
一心欲见佛，不自惜身命。
时我及众僧，俱出灵鹫山，
我时语众生，常在此不灭，
以方便力故，现有灭不灭。
余国有众生，恭敬信乐者，
我复于彼中，为说无上法，
汝等不闻此，但谓我灭度。
我见诸众生，没在于苦恼，
故不为现身，令其生渴仰，
因其心恋慕，乃出为说法。
神通力如是，于阿僧祇劫，
常在灵鹫山，及余诸住处。
众生见劫尽，大火所烧时，
我此土安隐，天人常充满，
园林诸堂阁，种种宝庄严，
宝树多华果，众生所游乐，
诸天击天鼓，常作众伎乐，
雨曼陀罗华，散佛及大众。

我净土不毁，而众见烧尽，
忧怖诸苦恼，如是悉充满。
是诸罪众生，以恶业因缘，
过阿僧祇劫，不闻三宝名[②]。
诸有修功德，柔和质直者，
则皆见我身，在此而说法。
或时为此众，说佛寿无量，
久乃见佛者，为说佛难值。
我智力如是，慧光照无量，
寿命无数劫，久修业所得。
汝等有智者，勿于此生疑，
当断令永尽，佛语实不虚。
如医善方便，为治狂子故，
实在而言死，无能说虚妄；
我亦为世父，救诸苦患者，
为凡夫颠倒[③]，实在而言灭。
以常见我故，而生憍恣心，
放逸著五欲，堕于恶道中。
我常知众生，行道不行道，
随所应可度，为说种种法。
每自作是意，以何令众生，
得入无上慧，速成就佛身？

注释：

①差（chài）：病愈。

②三宝：系指为佛教徒所尊敬供养之佛宝、法宝、僧宝等三宝。又作“三尊”。佛，乃指觉悟人生之真象，而能教导他人之佛教教主，或泛指一切诸佛；法，为根据佛陀所悟而向人宣说之教法；僧，指修学教法之佛弟子集团。以上三者，威德至高无上，永不变移，如世间之宝，故称“三宝”。

③凡夫：音译作“必栗托仡那”，意译为“异生”。略称“凡”。指凡庸之人。就修行阶位而言，则未见四谛之理而凡庸浅识者，均称“凡夫”。《大日经疏》卷一载，凡夫以无明之故，随业受报，不得自在，堕于诸趣之中，遂产生种种类别之众生，故应正译为“异生”。然菩提流支、真谛、笈多等则各译为“毛道凡夫”、“婴儿凡夫”、“小儿凡夫”，婆罗有愚之义。又对四向四果之圣者而言，其余未见道者概称为“凡夫”；其中，俱舍宗以“四善根”为“内凡”，“三贤”为“外凡”，“三贤”以下为“底下凡夫”；大乘则以初地以前为“凡夫”，十住、十行、十回向（三贤）为“内凡”，十信为“外凡”。外凡以下称为“凡夫”。又对声闻、缘觉、菩萨及佛等四圣而言，凡生死流转于六道者，皆称为“六凡”，即地狱之有情以至天界众生皆是。

译文：

“另外，各位善男子！所有诸佛如来的法门都是如此，他们都是为了教化救度众生，如来的说法都是真实不虚的。譬如有一位良医，智慧通达，聪明绝顶，对于各种方药都已熟知，擅长治疗各种疾病。此人子女众多，比方说十个、二十个或者甚至上百个子女。这位良医因有些事情而远走他国，家中的儿子在他外出时，服下了其他人拿来的毒药，药性发作后，慌闷狂乱，在地上滚来滚去。正在这时，他的父亲回到家中。这些儿子服下了毒药，有的已失去了知觉，有的还比较清醒，他们远远望见父亲之后，都感到非常高兴，于是跪拜向他们的父亲问候，又说：‘父亲您平安归来，我们太愚痴了，不小心服用了毒药，愿您为我们治疗，再给我们一次生命吧！’

“父亲看见自己的儿子们如此痛苦悲伤，便根据医经中的方法，寻求最好的药草，无论是颜色和味道都非常美好。他把药草制作成药后，给他的儿子们服用，并且如此说道：‘这是绝好的良药，色香味都非常好，你们把这些药草服下，即可速除病痛，不会再有任何危险。’

“他的儿子们当中，有些人神志清醒，看见这般色香俱好的良药，便立即服了下去，他们的病痛便痊愈了。但那些中毒太深已经迷失昏昧的儿子，看见父亲回来，虽也欢喜问安，求父治病，可是，父亲给他们的药物，他们却不肯服下。为什么呢？因为毒气深入，使其心识已经丧失了，对于这种色香味美的好药，却不认为是好药。

“这位父亲心想：‘这些儿子真是可怜，他们中毒太深，理性已经迷乱颠倒，所以，虽然看见我回来也很高兴，也求我治病救命，但我给他们配出这么好的药，他们却不肯服下。看来，我现在只好采取方便权宜之法，使他们服下此药。’

“于是，这位父亲就对儿子们说：‘你们应当知道，我如今已经老了，身体衰弱，死期已到。这些上好的良药，现在就留在这儿，你们可以取而服之，不要担忧这病不会痊愈。’留下这番教诲之后，这位父亲又到其他国家去了，接着他又派一位使者回来，对儿子们说：‘你们的父亲已经去世了。’这些儿子听说自己的父亲已经去世，心中十分忧伤，心想：‘如果父亲在世，怜悯我们，能够给我们救护。如今，他离开我们，命丧他乡。我们现在孤苦伶仃，再也没有依靠了。’儿子们因为心中悲伤，感叹不已，心念慢慢地清醒过来，方知道父亲所留下的药物，色香味俱全，于是取来服下，所中之毒即袪除。他们的父亲听说儿子们都已痊愈，便立即从国外归来，孩子们又全都见到了自己的父亲。各位善男子！你们对此有何看法？是否有人会说这个良医犯了虚妄之罪呢？

众人齐声回答说：“我们不会这样认为，世尊。”

释迦牟尼佛接着说：“我也是如此，自成佛以来，已经历无量无边百千万亿那由他阿僧祇劫的岁月，为了救度众生的缘故，以方便法门权且说将要灭度，也同样不会有人说我犯了虚妄语之过失。”

这时，释迦牟尼佛为了再次宣说法义，即又以偈颂言道：

自我得佛来，所经诸劫数，无量百千万，亿载阿僧祇。
常说法教化，无数亿众生，令入于佛道，尔来无量劫。
为度众生故，方便现涅槃，而实不灭度，常住此说法。
我常住于此，以诸神通力，令颠倒众生，虽近而不见。
众见我灭度，广供养舍利，咸皆怀恋慕，而生渴仰心。
众生既信伏，质直意柔软，一心欲见佛，不自惜身命。

时我及众僧，俱出灵鹫山，我时语众生，
常在此不灭，以方便力故，现有灭不灭。
余国有众生，恭敬信乐者，我复于彼中，
为说无上法，汝等不闻此，但谓我灭度。
我见诸众生，没在于苦恼，故不为现身，
令其生渴仰，因其心恋慕，乃出为说法。
神通力如是，于阿僧祇劫，常在灵鹫山，及余诸住处。
众生见劫尽，大火所烧时，我此土安隐，天人常充满，
园林诸堂阁，种种宝庄严，宝树多华果，众生所游乐，
诸天击天鼓，常作众伎乐，雨曼陀罗华，散佛及大众。
我净土不毁，而众见烧尽，忧怖诸苦恼，如是悉充满。
是诸罪众生，以恶业因缘，过阿僧祇劫，不闻三宝名。
诸有修功德，柔和质直者，则皆见我身，在此而说法。
或时为此众，说佛寿无量，久乃见佛者，为说佛难值。
我智力如是，慧光照无量，寿命无数劫，久修业所得。
汝等有智者，勿于此生疑，当断令永尽，佛语实不虚。
如医善方便，为治狂子故，实在而言死，无能说虚妄；
我亦为世父，救诸苦患者，为凡夫颠倒，实在而言灭。
以常见我故，而生憍恣心，放逸著五欲，堕于恶道中。
我常知众生，行道不行道，随所应可度，为说种种法。
每自作是意，以何令众生，得入无上慧，速成就佛身？

分别功德品第十七

本品阐释信解如来法身常住的功德；又宣说了读诵、受持、书写、演说《法华经》等诸功德。

尔时，大会闻佛说寿命劫数长远如是，无量无边阿僧祇众生得大饶益。

于时，世尊告弥勒菩萨摩诃萨："阿逸多！我说是如来寿命长远时，六百八十万亿那由他恒河沙众生得无生法忍；复有千倍菩萨摩诃萨得闻持陀罗尼门；复有一世界微尘数菩萨摩诃萨得乐说无碍辩才；复有一世界微尘数菩萨摩诃萨得百千万亿无量旋陀罗尼；复有三千大千世界微尘数菩萨摩诃萨能转不退法轮；复有二千中国土微尘数菩萨摩诃萨能转清净法轮；复有小千国土微尘数菩萨摩诃萨，八生当得阿耨多罗三藐三菩提；复有四四天下微尘数菩萨摩诃萨，四生当得阿耨多罗三藐三菩提；复有三四天下微尘数菩萨摩诃萨，三生当得阿耨多罗三藐三菩提；复有二四天下微尘数菩萨摩诃萨，二生当得阿耨多罗三藐三菩提；复有一四天下微尘数菩萨摩诃萨，一生当得阿耨多罗三藐三菩提；复有八世界微尘数众生，皆发阿耨多罗三藐三菩提心[①]。”

佛说是诸菩萨摩诃萨得大法利时，于虚空中，雨曼陀罗华、摩诃曼陀罗华，以散无量百千万亿众宝树下师子座上诸佛，并散七宝塔中师子座上释迦牟尼佛及久灭度多宝如来，亦散一切诸大菩萨及四部众。又雨细末栴檀、沉水香等[②]。于虚空中，天鼓自鸣，妙声深远。又雨千种天衣，垂诸璎珞，真珠璎珞、摩尼珠璎珞、如意珠璎珞，遍于九方。众宝香炉烧无价香，自然周至供养大会。一一佛上，有诸菩萨执持幡盖，次第而上，至于梵天。是诸菩萨以妙音声歌无量颂赞叹诸佛。

尔时，弥勒菩萨从座而起，偏袒右肩[③]，合掌向佛，而说偈言：

佛说希有法，昔所未曾闻，
世尊有大力，寿命不可量。
无数诸佛子[④]，闻世尊分别，
说得法利者，欢喜充遍身。
或住不退地，或得陀罗尼，
或无碍乐说，万亿旋总持[⑤]。
或有大千界，微尘数菩萨，
各各皆能转，不退之法轮。
复有中千界，微尘数菩萨，
各各皆能转，清净之法轮。
复有小千界，微尘数菩萨，

余各八生在，当得成佛道。
复有四三二，如此四天下，
微尘诸菩萨，随数生成佛。
或一四天下[6]，微尘数菩萨，
余有一生在，当成一切智。
如是等众生，闻佛寿长远，
得无量无漏，清净之果报。
复有八世界，微尘数众生，
闻佛说寿命，皆发无上心。
世尊说无量，不可思议法，
多有所饶益，如虚空无边。
雨天曼陀罗，摩诃曼陀罗，
释梵如恒沙，无数佛土来，
雨栴檀沉水，缤纷而乱坠，
如鸟飞空下，供散于诸佛。
天鼓虚空中，自然出妙声，
天衣千万种，旋转而来下，
众宝妙香炉，烧无价之香，
自然悉周遍，供养诸世尊。
其大菩萨众，执七宝幡盖，
高妙万亿种，次第至梵天。
一一诸佛前，宝幢悬胜幡，
亦以千万偈，歌咏诸如来。

如是种种事，昔所未曾有，
闻佛寿无量，一切皆欢喜。
佛名闻十方，广饶益众生，
一切具善根，以助无上心。

注释：

①阿耨多罗三藐三菩提心：略称为“菩萨心”。又作“无上正真道意”、“无上菩提心”、“无上道心”、“无上道意”、“无上心”、“道心”、“道意”、“道念”、“觉意”。即求无上菩提之心。菩提心为一切诸佛之种子，净法长养之良田，若发起此心勤行精进，当得速成无上菩提。故知菩提心乃一切正愿之始、菩提之根本、大悲及菩萨学之所依。菩提心依种种缘而发，据《菩萨地持经》卷一载，发菩提心有四种缘，以如是四种缘为增上缘，欣乐佛之大智而发心，即：（一）见闻诸佛菩萨之不可思议神通变化。（二）虽未见神变，但闻说菩提及菩萨藏。（三）虽不闻法，但自见法灭之相，故护持正法。（四）不见法灭之相，但见浊世众生为烦恼所扰，而难得发心。另《发菩提心经论》卷上《发心品》载有四缘：（一）思惟诸佛，（二）观身之过患，（三）慈愍众生，（四）求最胜之果。《无量寿经宗要》以“四弘誓愿”作菩提心，且将之分为“随事发心”（由具体之事项而发）与“顺理发心”（由普通之真理而发）二种。《大乘义章》卷九对“发心”立三种之别：（一）相发心，见生死与涅槃之相，遂厌生死，发心求涅槃。（二）息相发心，知生死之本性寂灭，与涅槃无异；离差别相，始起平等之心。（三）真发心，知菩提之本性为自心，

菩提即心、心即菩提，而归于自己之本心。《摩诃止观》卷一谓，藏教、通教、别教，乃至圆教之菩萨各因推量生灭、无生、无量、无作之四谛理而发心，故称“推理发心”。《大乘起信论》则说信成就发心、解行发心、证发心等三种发心，于信成就发心所起之直心、深心、大悲心等三心，亦作“三种发心”。密宗主张，基于“菩提心论”行愿、胜义、三摩地等三种菩提心，而说四种发心：（一）信心，指对于求无上菩提毫无疑惑之心。以其为万行之基础，故又称“白净信心”。（二）大悲心，发白净信心后更立“四弘誓愿”。亦作“行愿心”、“行愿菩提心”。（三）胜义心，于诸教中选择殊胜之真实。亦作“深般若心”、“胜义菩提心”。（四）大菩提心，决定舍劣择胜之际，十方诸佛即现眼前证知，诸魔见此则退怯不前。亦作“三摩地菩提心”。以上四心虽一度区分，但本为一体，以至佛果间无须臾或离，此是为自行化他、世间出世间修诸尊之三密所得者，故称“有相菩提心”；然以本来有相即无相，如虚空离一切相，故与“无相菩提心”相契。

②沉水香：音译“阿伽嚧”、“阿伽楼”、“阿竭流”、“恶揭噜”。意译“不动”。略称“沉香”，又称“黑沉香”、“蜜香”。系采自热带所产瑞香科常绿乔木之天然香料。此香木材质甚重，为青白色。印度、波斯、暹罗、交趾及我国广东南部、海南岛等地均产之。其木朽败或伐采时，由中心木质部分渗出黑色树脂，即是沉香。其香浓郁，木心坚实，入水必沉，故称“沉水香”，可供药用，治疗风水肿毒。

③偏袒右肩：又作“偏露右肩”、“偏袒一肩”、“偏露一膊”。略称“偏袒”。为“通肩”一词之相对语。即披着袈裟时袒露右

肩，覆盖左肩。原为古代印度表示尊敬之礼法，佛教沿用之，即于比丘拜见佛陀或问讯师僧时，须偏袒，以从事拂床、洒扫等工作，故偏袒右肩即意谓便于服劳、听令使役，亦即以偏袒为敬礼之标帜。佛像中，有偏袒右肩形及通肩形，于密教胎藏界曼荼罗中台八叶院之天鼓雷音如来、宝幢如来、释迦院之释迦牟尼如来、阿难、迦旃延等均作偏袒右肩形。

④佛子：（一）指信顺佛之教法，而承其家业者，即欲成佛而使佛种不断绝者。乃大乘用为菩萨之美称。（二）指佛教徒受大乘菩萨戒者。（三）指佛弟子、佛教信者。（四）指一切众生。众生常依顺佛，佛之忆念众生，亦犹如父母之于子女；且众生本具成佛之性，故称“众生”为“佛子”。

⑤总持：即陀罗尼，译为“总持”。持善不失，持恶不使起之义，以“念”与“定慧”为体。菩萨所修之“念定慧”具此功德。

⑥四天下：指须弥山东南西北之四大洲。

译文：

这时，法华会上的大众听到释迦牟尼佛说如来寿命的劫数如此长远，无量无边阿僧祇众的众生均获得了极大的利益。

此时，释迦牟尼佛告诉弥勒菩萨说：“阿逸多！我在说此如来寿命如此长远时，有六百八十万亿那由他恒河沙数之多的众生已经证得了无生法忍的境界；又有较此千倍数量的大菩萨获得了陀罗尼法门；又有如一个世界粉为微尘之数那样众多的大菩萨得到了乐说无碍辩才；又有一世界微尘数的大菩萨获得了百千万亿乃至无量的旋陀罗尼门；又有三千大千世界粉为微尘之数那样多的大菩萨获得能转不退法轮的力量；又有二千中千世界国土粉为微尘之数的大菩萨得到转清净法轮的力量；又有一小千世界粉为微尘之数的大菩萨，在经历八次转生后将证得无上正等正觉；又有四个四大部洲粉为微尘之数的大菩萨，在经过四次转生后，将成就无上佛果；又有三个四大部洲粉为微尘之数的大菩萨由此经过三度转生将成就无上佛果；又有将两个四大部洲粉为微尘所得微尘总数那么多的大菩萨，由此经过二次转生将成就无上佛果；又有将一个四大部洲粉为微尘所得微尘总数那么多的大菩萨，由此经过一次转生将成就无上佛果；另外还有八个世界粉为微尘之数的众生由此发起志求无上正等正觉的弘大誓愿。”

释迦牟尼佛在宣说这些大菩萨众获得巨大的法利时，从虚空中如雨一般降下曼陀罗花和大曼陀罗花，飘落在无量百千万亿棵宝树下狮子座上诸位如来的身上；也飘落在七宝塔中狮子座上释迦牟尼佛和久已灭度的多宝如来的身上；也飘落在所有的大菩萨和四众弟子的身上。又落下如雨一般密集的细末栴檀香、沉水香等。在虚空中，天鼓自然奏响，绝妙的音声悠长久远。又落下如雨一般的千种天衣，天衣上垂挂着各种各样的璎珞，珍珠璎珞、摩尼珠璎珞、如意珠璎珞等，到处遍布。各种各样的宝香炉中，燃烧着珍贵无价的上品妙香，香味自然飘散，弥漫各处，供养这次法华大会。每一位如来的上边，都有很多菩萨手执宝幡和宝盖，依次飘然而上，直至梵天。这些菩萨以其微妙的声音，歌唱出无量的偈颂，赞叹诸佛如来。

这时，弥勒菩萨从座位上站立起来，袒露右肩，向释迦牟尼佛合掌致礼，然后以偈颂说道：

佛说希有法，昔所未曾闻，世尊有大力，寿命不可量。
无数诸佛子，闻世尊分别，说得法利者，欢喜充遍身。
或住不退地，或得陀罗尼，或无碍乐说，万亿旋总持。
或有大千界，微尘数菩萨，各各皆能转，不退之法轮。
复有中千界，微尘数菩萨，各各皆能转，清净之法轮。
复有小千界，微尘数菩萨，余各八生在，当得成佛道。
复有四三二，如此四天下，微尘诸菩萨，随数生成佛。
或一四天下，微尘数菩萨，余有一生在，当成一切智。
如是等众生，闻佛寿长远，得无量无漏，清净之果报。
复有八世界，微尘数众生，闻佛说寿命，皆发无上心。
世尊说无量，不可思议法，多有所饶益，如虚空无边。
雨天曼陀罗，摩诃曼陀罗，释梵如恒沙，无数佛土来，
雨栴檀沉水，缤纷而乱坠，如鸟飞空下，供散于诸佛。
天鼓虚空中，自然出妙声，天衣千万种，旋转而来下，
众宝妙香炉，烧无价之香，自然悉周遍，供养诸世尊。
其大菩萨众，执七宝幡盖，高妙万亿种，次第至梵天。
一一诸佛前，宝幢悬胜幡，亦以千万偈，歌咏诸如来。
如是种种事，昔所未曾有，闻佛寿无量，一切皆欢喜。
佛名闻十方，广饶益众生，一切具善根，以助无上心。

尔时，佛告弥勒菩萨摩诃萨："阿逸多！其有众生，闻佛寿命长远如是，乃至能生一念信解，所得功德无有限量。若有善男子、善女人，为阿耨多罗三藐三菩

提故，于八十万亿那由他劫，行五波罗蜜——檀波罗蜜[①]、尸罗波罗蜜[②]、羼提波罗蜜[③]、毗梨耶波罗蜜[④]、禅波罗蜜[⑤]，除般若波罗蜜[⑥]。以是功德比前功德，百分、千分、百千万亿分不及其一，乃至算数譬喻所不能知。若善男子、善女人有如是功德，于阿耨多罗三藐三菩提退者，无有是处。”

尔时，世尊欲重宣此义，而说偈言：

若人求佛慧，于八十万亿，
那由他劫数，行五波罗蜜。
于是诸劫中，布施供养佛，
及缘觉弟子，并诸菩萨众，
珍异之饮食，上服与卧具，
栴檀立精舍[⑦]，以园林庄严，
如是等布施，种种皆微妙，
尽此诸劫数，以回向佛道。
若复持禁戒，清净无缺漏，
求于无上道，诸佛之所叹。
若复行忍辱，住于调柔地，
设众恶来加，其心不倾动。
诸有得法者，怀于增上慢，
为此所轻恼，如是亦能忍。
若复勤精进，志念常坚固，
于无量亿劫，一心不懈息。

又于无数劫，住于空闲处，
若坐若经行，除睡常摄心，
以是因缘故，能生诸禅定，
八十亿万劫，安住心不乱。
持此一心福，愿求无上道，
我得一切智，尽诸禅定际。
是人于百千，万亿劫数中，
行此诸功德，如上之所说。
有善男女等，闻我说寿命，
乃至一念信，其福过于彼！
若人悉无有，一切诸疑悔，
深心须臾信[8]，其福为如此。
其有诸菩萨，无量劫行道，
闻我说寿命，是则能信受。
如是诸人等，顶受此经典：
愿我于未来，长寿度众生，
如今日世尊，诸释中之王，
道场师子吼，说法无所畏。
我等未来世，一切所尊敬，
坐于道场时，说寿亦如是。
若有深心者，清净而质直，
多闻能总持，随义解佛语，
如是诸人等，于此无有疑。

注释：

①檀波罗蜜：檀那波罗蜜、布施波罗蜜，是“六波罗蜜”或“十波罗蜜”之一。能对治悭贪，消除贫穷。

②尸罗波罗蜜：又称“尸波罗蜜”，“六波罗蜜”或“十波罗蜜”之一。持戒之行，能对治恶业，使心清凉。

③羼提波罗蜜：译曰“忍度”。“六波罗蜜”或“十波罗蜜”之一。忍辱之行，忍耐迫害，能对治嗔恚，使心安住。

④毗梨耶波罗蜜：即精进波罗蜜。“六波罗蜜”或“十波罗蜜”之一。勤行不懈，不屈不挠，能对治懈怠，生长善法。

⑤禅波罗蜜：又作“禅定波罗蜜”、“禅那波罗蜜”、“禅度无极”。“六波罗蜜”或“十波罗蜜”之一。修习禅定，使心安定。

⑥般若波罗蜜：即智慧波罗蜜，能对治愚痴，开真实之智慧。

⑦精舍：寺院之异名。为精行者所居，故曰精舍。

⑧深心：为“三心”之一。又称“深信”。此词于佛典中之语义，颇有异解。通常系指深求佛道之心，或指扫除犹疑不定而对佛法真实确信之心，或指乐集诸功德善行，又深信爱乐之心。

译文：

这时释迦牟尼佛对弥勒菩萨说：“阿逸多！如果有众生听说如来的寿命如此长久，甚至能在一念间产生信解，那么，他所获得的功德就无有限量。如果有善男子和善女子为求证无上正等正觉的缘故，在长达八十万亿那由他劫的岁月中修行五种波罗蜜法，即：布施波罗蜜、持戒波罗蜜、忍辱波罗蜜、精进波罗蜜、禅定波罗蜜，不包括般若波罗蜜。由此获得的功德，与前述听闻如来寿命长久而一念信解所得到的功德相比，那修持五种波罗蜜的功德尚无法企及信解功德的百分、千分，甚至百千万亿分中的一分，甚至用算数来推算，用譬喻来形容均无法穷尽。如果善男子、善女子具备了这样的功德，那么，他们最终将证得无上佛果而永不退转。”

这时，释迦牟尼佛为了再次宣说以上义理，即以偈语说道：

若人求佛慧，于八十万亿，那由他劫数，行五波罗蜜。
于是诸劫中，布施供养佛，及缘觉弟子，并诸菩萨众，
珍异之饮食，上服与卧具，栴檀立精舍，以园林庄严，
如是等布施，种种皆微妙，尽此诸劫数，以回向佛道。
若复持禁戒，清净无缺漏，求于无上道，诸佛之所叹。
若复行忍辱，住于调柔地，设众恶来加，其心不倾动。
诸有得法者，怀于增上慢，为此所轻恼，如是亦能忍。
若复勤精进，志念常坚固，于无量亿劫，一心不懈息。
又于无数劫，住于空闲处，若坐若经行，除睡常摄心，
以是因缘故，能生诸禅定，八十亿万劫，安住心不乱。
持此一心福，愿求无上道，我得一切智，尽诸禅定际。
是人于百千，万亿劫数中，行此诸功德，如上之所说。
有善男女等，闻我说寿命，乃至一念信，其福过于彼！
若人悉无有，一切诸疑悔，深心须臾信，其福为如此。
其有诸菩萨，无量劫行道，闻我说寿命，是则能信受。
如是诸人等，顶受此经典：愿我于未来，长寿度众生，
如今日世尊，诸释中之王，道场师子吼，说法无所畏。

我等未来世，一切所尊敬，坐于道场时，说寿亦如是。
若有深心者，清净而质直，多闻能总持，随义解佛语，
如是诸人等，于此无有疑。

"又阿逸多！若有闻佛寿命长远解其言趣，是人所得功德无有限量，能起如来无上之慧。何况广闻是经，若教人闻，若自持、若教人持，若自书、若教人书，若以华香、璎珞、幢幡、缯盖、香油、酥灯供养经卷，是人功德无量无边，能生一切种智。

"阿逸多！若善男子、善女人闻我说寿命长远，深心信解，则为见佛常在耆阇崛山，共大菩萨、诸声闻众围绕说法。又见此娑婆世界，其地琉璃坦然平正，阎浮檀金以界八道，宝树行列，诸台楼观皆悉宝成，其菩萨众咸处其中。若有能如是观者，当知是为深信解相。

"又复如来灭后，若闻是经而不毁呰起随喜心，当知已为深信解相，何况读诵受持之者！斯人则为顶戴如来。阿逸多！是善男子、善女人不须为我复起塔寺，及作僧坊，以四事供养众僧。所以者何？是善男子、善女人受持读诵是经典者，为已起塔，造立僧坊，供养众僧，则为以佛舍利起七宝塔，高广渐小至于梵天。悬诸幡盖及众宝铃，华香、璎珞、末香、涂香、烧香、众鼓伎乐、箫、笛、箜篌、种种舞戏[①]，以妙音声歌呗赞颂，则为于无量千万亿劫作是供养已。

“阿逸多！若我灭后，闻是经典，有能受持，若自书、若教人书，则为起立僧坊。以赤栴檀作诸殿堂三十有二，高八多罗树，高广严好，百千比丘于其中止，园林、浴池、经行、禅窟，衣服、饮食、床褥、汤药，一切乐具充满其中。如是僧坊、堂阁，若干百千万亿，其数无量，以此现前供养于我及比丘僧。是故我说如来灭后，若有受持读诵，为他人说，若自书、若教人书，供养经卷，不须复起塔寺及造僧坊供养众僧。

“况复有人能持是经，兼行布施、持戒、忍辱、精进、一心、智慧，其德最胜无量无边，譬如虚空东西南北、四维、上下无量无边。是人功德亦复如是无量无边，疾至一切种智。

“若人读诵受持是经，为他人说，若自书、若教人书，复能起塔及造僧坊，供养赞叹声闻众僧，亦以百千万亿赞叹之法赞叹菩萨功德，又为他人种种因缘随义解说此《法华经》，复能清净持戒，与柔和者而共同止，忍辱无嗔，志念坚固，常贵坐禅得诸深定，精进勇猛摄诸善法，利根智慧善答问难。阿逸多！若我灭后，诸善男子、善女人受持读诵是经典者，复有如是诸善功德，当知是人已趣道场，近阿耨多罗三藐三菩提，坐道树下。阿逸多！是善男子、善女人，若坐、若立、若行处，此中便应起塔，一切天人皆应供养如佛之塔。”

尔时，世尊欲重宣此义，而说偈言：

若我灭度后，能奉持此经，
斯人福无量，如上之所说，
是则为具足，一切诸供养。
以舍利起塔，七宝而庄严，
表刹甚高广，渐小至梵天，
宝铃千万亿，风动出妙音。
又于无量劫，而供养此塔，
华香诸璎珞，天衣众伎乐，
燃香油酥灯，周匝常照明。
恶世法末时，能持是经者，
则为已如上，具足诸供养。
若能持此经，则如佛现在，
以牛头栴檀，起僧坊供养，
堂有三十二，高八多罗树[②]，
上馔妙衣服，床卧皆具足，
百千众住处，园林诸浴池，
经行及禅窟，种种皆严好。
若有信解心，受持读诵书，
若复教人书，及供养经卷，
散华香末香，以须曼瞻卜[③]，
阿提目多伽[④]，薰油常燃之，
如是供养者，得无量功德，
如虚空无边，其福亦如是。

况复持此经，兼布施持戒，
忍辱乐禅定，不嗔不恶口，
恭敬于塔庙，谦下诸比丘，
远离自高心，常思惟智慧，
有问难不嗔，随顺为解说，
若能行是行，功德不可量！
若见此法师，成就如是德，
应以天华散，天衣覆其身，
头面接足礼，生心如佛想。
又应作是念，不久诣道树，
得无漏无为，广利诸人天。
其所住止处，经行若坐卧，
乃至说一偈，是中应起塔，
庄严令妙好，种种以供养。
佛子住此地，则是佛受用，
常在于其中，经行及坐卧。

注释：

①箜篌（kōnghóu）：古代来自西域的乐器名。一种拨弦乐器，弦数因乐器大小而不同，最少的五根弦，最多的二十五根弦，分卧式和竖式两种。琴弦一般系在敞开的框架上，用手指拨弹。

②多罗树：梵语音译。又作“岸树”、“高竦树”。盛产于印度、缅甸、锡兰、马德拉斯等海岸之砂地，树高约二十二公尺，

为棕榈科之热带乔木。其叶长广，平滑坚实，自古即用于书写经文，称为“贝多罗叶”；果熟则赤，状如石榴，可食。又此树干若中断，则不再生芽，故于诸经中多以之譬喻比丘犯波罗夷之重罪。

③须曼：花名。又作“须摩那”、“须曼那”、“苏摩那花”、“苏曼那花”、“须曼花”、“须曼那花”、“修摩那花”、“须末那花”。意译“悦意花”、“好意花”、“好喜花”、“善摄意花”、“称意花”。乃肉豆蔻之一种。属灌木，花为黄白色，有香气。瞻卜：又作“瞻波树”、“瞻博迦树”、“占婆树”、“瞻婆树”、“占博迦树”。意译为“金色花树”、“黄花树”。产于印度热带森林及山地，树身高大，叶面光滑，长六、七寸，叶里粉白，并有软毛；所生黄色香花，灿然若金，香闻数里，称为“瞻卜花”，又作“金色花”、“黄色花”。其树皮可分泌芳香之汁液，与叶、花等皆可制成药材或香料。以此花所制之香，即称为“瞻卜花香”。

④阿提目多伽：草名。译曰“善思夷华”。草形如大麻，赤华青叶，子可作油。亦能为香。

译文：

“另外，阿逸多！如果有人听到如来寿命长久，能理解其中的义趣，那么，此人所获得的功德无可限量，他必会开启与佛无二的无上智慧。何况有人能广泛地听闻此经，并教别人听闻，或者自己依持，或教别人修持，或者自己抄写，或者教别人抄写，或者以鲜花、妙香、璎珞、宝幢、宝幡、宝缯、宝盖、香油灯、酥油灯等供养这部经典，那么，此人的功德更是无量无边，并由此而证得佛果所具的一切种智。

“阿逸多！假如善男子、善女子听我说如来寿命长久，内心深信不疑，并了解其中义趣，那么他就能够看见佛陀常在灵鹫山上，同大菩萨和声闻弟子在一起，并在他们的环绕下，演说《法华经》。他又能看见，此娑婆世界的大地皆以琉璃铺成，地面平整周正，四面八方的大道由阎浮提的檀金作界，七宝之树，排列成行，所有的楼阁和观台皆由七宝造成，那些菩萨们都住在其中。假若有人能观察到这种境界，应当知道此人是对《法华经》有深心信解的。

“还有，在如来灭度之后，如果有人听到此经，不加诽谤，并产生欢喜之心，应当知道此人是对《法华经》有深心信解的，更何况有人能够读诵、受持！那他即是常由如来住于其顶。阿逸多！这些善男子、善女子已经可以无需再为我建立塔寺及建造僧房，也不必再以衣服、饮食、卧具、医药等四事供养僧众。为什么这样说呢？因为这些善男子、善女子受持、读诵这部经典，本身就相当于建立佛塔、僧房和供养僧众，这也相当于用佛舍利而建起七宝塔，这塔又高又广，由下而上，逐渐缩小，直达梵天。塔上悬挂着各种幡、盖以及宝铃，又有鲜花、妙香、璎珞、末香、涂香、烧香、众鼓、伎乐、竹箫、铜笛、箜篌，演奏种种的舞戏和微妙的音乐，来歌咏、赞叹、颂扬，这种供养持续无量千万亿劫，作了如此长久的供养。

“阿逸多！如果在我灭度之后，有人听到这部经典，能够坚信受持，或者自己抄写，或者教别人抄写，那他就相当于建立了僧房。这僧房用赤栴檀木造成，有三十二座殿堂，有八棵多罗树的高度，高广严饰。成百上千的比丘住在其中。内中尚有园林、浴池、经行的道路、坐禅的洞窟。衣服、饮食、床褥、汤药及其他乐器，无所缺乏。这样的僧房和楼阁的数量可达百千万亿座，数量之多，无法测计，这就相当于用如此众多的供具呈现在我的面前供养给我，以及供养诸比丘僧众。所以我说在如来灭度之后，若有人能受持、读诵此经，自己抄写或教他人抄写，供养经卷，那么就不必再建起塔庙、修造僧房、供养僧众来积累功德。

“更何况还有一些人，他们在受持此经的同时，还能兼行布施、持戒、忍辱、精进、禅定、智慧等六种波罗蜜之法，这些人的功德最为殊盛，可说是无量无边，如同虚空一样，东西南北、四维和上下都无量无边。这些人的功德也像这样一般无量无边，他们很快就会证得与佛无二的一切种智。

“如果有人读诵、受持此经，为他人解说，或者自己抄写，或者教别人抄写，与此同时还能建立佛塔、兴建僧房、供养并赞颂声闻僧众，并以百千万亿种赞叹的方式赞颂菩萨的功德；另外，他还能根据其他人的不同因缘，随顺经文义理，为他们权宜解说这部《法华经》。如果他还能清净持戒，与柔顺温和者共同修学，忍辱无嗔恨心，意志坚定、常以禅坐为重，获得深入的定境；又能勇猛精进，行诸善事；诸根慧利，善于答问诸难解之义。阿逸多！如果我灭度之后，善男子、善女人们能在受持、读诵此经的同时，还能有这样的诸善功德，应当知道，这些人已经走向成佛的道场，接近于无上正等正觉，已坐在终将成就佛果的菩提树下。阿逸多！在这些善男子、善女人坐、立或经过的地方，均应建塔，一切天、人都应供养，如同视之为佛塔一样。”

这时，释迦牟尼佛为了再次宣说以上义理，即以偈语说道：

若我灭度后，能奉持此经，斯人福无量，
如上之所说，是则为具足，一切诸供养。
以舍利起塔，七宝而庄严，表刹甚高广，
渐小至梵天，宝铃千万亿，风动出妙音。
又于无量劫，而供养此塔，华香诸璎珞，
天衣众伎乐，燃香油酥灯，周匝常照明。
恶世法末时，能持是经者，则为已如上，具足诸供养。
若能持此经，则如佛现在，以牛头栴檀，起僧坊供养，
堂有三十二，高八多罗树，上馔妙衣服，床卧皆具足，
百千众住处，园林诸浴池，经行及禅窟，种种皆严好。
若有信解心，受持读诵书，若复教人书，及供养经卷，
散华香末香，以须曼瞻卜，阿提目多伽，薰油常燃之，
如是供养者，得无量功德，如虚空无边，其福亦如是。
况复持此经，兼布施持戒，忍辱乐禅定，不嗔不恶口，
恭敬于塔庙，谦下诸比丘，远离自高心，常思维智慧，
有问难不嗔，随顺为解说，若能行是行，功德不可量！
若见此法师，成就如是德，应以天华散，
天衣覆其身，头面接足礼，生心如佛想。
又应作是念，不久诣道树，得无漏无为，广利诸人天。
其所住止处，经行若坐卧，乃至说一偈，
是中应起塔，庄严令妙好，种种以供养。
佛子住此地，则是佛受用，常在于其中，经行及坐卧。

随喜功德品第十八

本品题中“随喜”者，“随”谓随顺，即诚心信奉，丝毫没有违逆之意；“喜”谓欢喜，即没有怨恨、嫉妒等，从心底生起真实的欢喜心。本品阐释了随喜奉持《法华经》的种种功德。

尔时，弥勒菩萨摩诃萨白佛言：“世尊，若有善男子、善女人，闻是《法华经》随喜者，得几所福？”而说偈言：

世尊灭度后，其有闻是经，
若能随喜者[1]，为得几所福？

尔时，佛告弥勒菩萨摩诃萨：“阿逸多！如来灭后，若比丘、比丘尼、优婆塞、优婆夷，及余智者若长若幼，闻是经随喜已，从法会出至于余处，若在僧坊，若空闲地，若城邑、巷陌、聚落、田里，如其所闻，为父母、宗亲、善友知识随力演说；是诸人等闻已，随喜复行转教；余人闻已，亦随喜转教；如是展转至第五十。阿逸多，其第五十善男子、善女人随喜功德，我今说之，汝当善听。

“若四百万亿阿僧祇世界，六趣四生众生[2]——卵生、胎生、湿生、化生，若有形、无形、有想、无想、非有想非无想、无足、二足、四足、多足，如是等在众生数者，有人求福，随其所欲娱乐之具皆给与之，一一众生与满阎浮提金、银、琉璃、砗磲、玛瑙、珊瑚、琥珀诸妙珍宝，及象马车乘、七宝所成宫殿楼阁等。是大施主，如是布施满八十年已，而作是念：'我已施众生娱乐之具，随意所欲。然此众生皆已衰老，年过八十，发白面皱，将死不久，我当以佛法而训导之。'即集此众生，宣布法化，示教利喜。一时皆得须陀洹道③，斯陀含道④，阿那含道⑤，阿罗汉道。尽诸有漏，于深禅定皆得自在，具八解脱。于汝意云何？是大施主所得功德，宁为多不？"

弥勒白佛言："世尊！是人功德甚多，无量无边。若是施主，但施众生一切乐具，功德无量，何况令得阿罗汉果！"

佛告弥勒："我今分明语汝，是人以一切乐具，施于四百万亿阿僧祇世界六趣众生，又令得阿罗汉果，所得功德，不如是第五十人，闻《法华经》一偈随喜功德，百分、千分、百千万亿分不及其一，乃至算数譬喻所不能知。

"阿逸多！如是第五十人展转闻《法华经》随喜功德，尚无量无边阿僧祇，何况最初于会中闻而随喜者！其福复胜无量无边阿僧祇，不可得比。

"又阿逸多！若人为是经故，往诣僧坊，若坐若立，须臾听受，缘是功德转身所生，得好上妙象马车乘、珍宝辇舆及乘天宫。若复有人，于讲法处坐，更有人来，劝令坐听，若分座令坐，是人功德转身，得帝释坐处，若梵王坐处，若转轮圣王所坐之处。

“阿逸多！若复有人语余人言：‘有经名《法华》，可共往听。’即受其教，乃至须臾间闻，是人功德转身，得与陀罗尼菩萨共生一处，利根智慧，百千万世终不喑哑，口气不臭；舌常无病；口亦无病；齿不垢黑，不黄不疏，亦不缺落，不差不曲；唇不下垂，亦不褰缩，不粗涩，不疮胗，亦不缺坏，亦不喎斜，不厚不大，亦不黧黑，无诸可恶；鼻不匾㔸，亦不曲戾；面色不黑，亦不狭长，亦不窊曲，无有一切不可喜相。唇、舌、牙、齿悉皆严好，鼻修高直，面貌圆满，眉高而长，额广平正，人相具足。世世所生，见佛闻法，信受教诲。

“阿逸多！汝且观是劝于一人令往听法，功德如此，何况一心听说读诵，而于大众为人分别，如说修行！”

尔时，世尊欲重宣此义，而说偈言：

若人于法会，得闻是经典，
乃至于一偈，随喜为他说，
如是展转教，至于第五十，
最后人获福，今当分别之。
如有大施主，供给无量众，
具满八十岁，随意之所欲。
见彼衰老相，发白而面皱，

齿疏形枯竭，念其死不久，
我今应当教，令得于道果，
即为方便说，涅槃真实法，
世皆不牢固，如水沫泡焰，
汝等咸应当，疾生厌离心。
诸人闻是法，皆得阿罗汉，
具足六神通，三明八解脱。
最后第五十，闻一偈随喜，
是人福胜彼，不可为譬喻。
如是展转闻，其福尚无量，
何况于法会，初闻随喜者！
若有劝一人，将引听《法华》，
言此经深妙，千万劫难遇，
即受教往听，乃至须臾闻，
斯人之福报，今当分别说。
世世无口患，齿不疏黄黑，
唇不厚褰缺，无有可恶相，
舌不干黑短，鼻高修且直，
额广而平正，面目悉端严，
为人所喜见，口气无臭秽，
优钵华之香，常从其口出。
若故诣僧坊，欲听《法华经》，
须臾闻欢喜，今当说其福。

后生天人中，得妙象马车，
珍宝之辇舆，及乘天宫殿。
若于讲法处，劝人坐听经，
是福因缘得，释梵转轮座。
何况一心听，解说其义趣，
如说而修行，其福不可量！

注释：

①随喜：谓见他人行善，随之心生欢喜。《大智度论》卷六十一则谓，随喜者之功德，胜于行善者本人。“随喜”一词，亦引申为参与佛教仪式。于天台宗，为“五悔”（灭罪修行之忏法）之一，亦为五品弟子位之初品。

②四生：即指卵生、胎生、湿生、化生。指三界六道有情产生之四种类别。据《俱舍论》卷八载，即：（一）卵生，由卵壳出生者，称为“卵生”。如鹅、孔雀、鸡、蛇、鱼、蚁等。（二）胎生，又作“腹生”。从母胎而出生者，称为“胎生”。如人、象、马、牛、猪、羊、驴等。（三）湿生，又作“因缘生”、“寒热和合生”。即由粪聚、注道、秽厕、腐肉、丛草等润湿地之湿气所产生者，称为“湿生”。如飞蛾、蚊蚰、蠓蚋、麻生虫等。（四）化生，无所托而忽有，称为“化生”。如诸天、地狱中之有情，皆由其过去之业力而化生。以上四生，以化生之众生为最多。此外，又以“四生”或“四生众类”等语泛指一切之有情众生，或作为有情众生之别称。

③须陀洹：为声闻乘四果中最初之圣果。又称“初果”。即

断尽见惑之圣者所得之果位。全称“须陀般那”。又作“须氀多阿半那”、“窣路陀阿钵囊”、“窣路多阿半那”。旧译作“入流”、“至流”、“逆流”。新译作“预流”。入流，意指初入圣者之流；逆流，谓断三界之见惑已，方违逆生死之流。又初证圣果者，预入圣道之法流，故称“预流”。须陀洹分因果二位，自入见道初心至第十五心之间，为趋向须陀洹果之因位，称须“陀洹向”；见道之终，即第十六心之位，而对于前之向位则称“须陀洹果”，为声闻乘四圣位中之正果初位。又依《五教章通路记》卷五十，将预流果之人分为三类，即：（一）现般预流，乃三界修惑皆断尽，得“无学果”证般涅槃者。此属利根之机。（二）现进预流，由进修而断欲界修惑之前六品乃至九品，证“一来果”，并证“不还果”者。属中根之机。（三）受生预流，指于一、二生或七返人天往来受生者。属于根器较钝者。

④斯陀含：又作“沙羯利陀伽弥”。意译作“一来”、“一往来”。系沙门四果之第二。又分为“斯陀含向”与“斯陀含果”，即预流果（初果）之圣者进而更断除欲界一品至五品之修惑，称为“斯陀含向”，或“一来果向”；若更断除欲界第六品之修惑，尚须由天上至人间一度受生，方可般涅槃，至此以后，不再受生，称为“斯陀含果”，或“一来果”。以其仅余下品之贪嗔痴，故又称“薄贪嗔痴”、“薄地”。

⑤阿那含：旧译作“阿那伽弥”、“阿那伽迷”。略称“那含”。意译“不还”、“不来”、“不来相”。乃声闻四果中第三果之圣者。彼等已断尽欲界九品之惑，不再还来欲界受生。此阶位之圣者中，若九品之惑全部断尽，则称“阿那含果”；若断除

七品或八品，则称“阿那含向”；若断除七、八品，而所余之一、二品尚须对治成无漏之根，更须一度受生至欲界，称为“一间”。又于阿那含果中，复有五种不还、七种不还、九种不还等别。

译文：

这时，弥勒大菩萨对释迦牟尼佛说：“世尊啊，若有善男子、善女人听闻这部《法华经》之后，能够随喜赞叹，那么，他们能得多少福报呢？”弥勒又说偈颂：

世尊灭度后，其有闻是经，
若能随喜者，为得几所福？

释迦牟尼佛告诉弥勒菩萨说：“阿逸多！如来灭度之后，如果有比丘、比丘尼、优婆塞、优婆夷，及其他有智慧的人，或长或幼，听闻此经随喜赞叹后，他们从法会上出来，到其他地方，或在僧院、或在空地、或在城镇、街巷、村落、田间等，把自己的见闻，根据自己的能力，向父母、宗族讲说；这些人听闻之后，也都同样随喜，并又向其他人讲说；其他人听了之后，也能随喜并转教他人；如此反复至第五十次转教。阿逸多！这第五十次转教的善男子、善女人随喜《法华经》的功德，我现在就宣说一下，你应当仔细听。

“如果四百万亿阿僧祇之多的世界里的一切众生，如有分别处于天、人、阿修罗、畜生、饿鬼、地狱等六道众生，或以四种方式出生的众生，如卵生、胎生、湿生、化生；或者有形的众生、或者无形的众生、或者有想天的众生、或者无想天的众生，或者非有想的众生，或者非无想的众生；或者无足的众生，或者具二足、四足、多足的众生；如此等等众生中，如果有人为了求取福德，按照一切属于此范围的众生所具有的欲望，都满足他们的要求，给予他们所希望得到的用具，如对每一位众生，都赠予遍布整个阎浮提世界的金、银、琉璃、砗磲、玛瑙、珊瑚、琥珀等各种美妙的珍宝，以及象、马、车乘和用七宝所建成的宫殿、楼阁等。这样的大施主如此布施，长达八十年，然后，心中产生这样的念头：'我已经布施给这些众生各种享乐用具，满足了他们的种种欲求。但如今这些众生都已经衰老，都年过八十，头发斑白，满面皱纹，不久就要面临死期，现在，我应当以佛法来教化他们。'于是，他便召集这些众生，宣示佛法以指引教导他们，使他们生起欢喜心。很快证得小乘四圣的果位，即须陀洹果、斯陀含果、阿那含果、阿罗汉果。这些众生已经从一切烦恼中解脱出来，在各种深入的禅定之境中，都纷纷得到自在，获得了八种解脱之道。你是怎么看呢？这位大施主所得到的功德多不多呢？"

弥勒菩萨说："世尊！此人的功德非常多，可说是无量无边。如果这位施主仅仅布施给众生各种享乐用具，他所获得的功德已经无量，更何况让他们都证得阿罗汉果的功德！"

释迦牟尼佛告诉弥勒菩萨说："我现在明确地告诉你，此人以各种享乐用具布施给四百万亿阿僧祇世界中的六道众生，又教化令他们全部证得阿罗汉果，他由此获得的功德，不如上述第五十位因听闻《法华经》中的一个偈颂，并且随喜转教所获得的功德，甚至不及随喜转教功德的百分、千分、百千万亿分功德的一分，以至于用算数推算，用譬喻来说明，也无法知道此无量无边的功德。

“阿逸多！就是这第五十位人，辗转得闻《法华经》并且随喜转教，尚且获得无量无边阿僧祇的功德，更何况最初于法华会中，听闻此经而生随喜之心的人，他的功德又比那第五十位辗转得闻随喜者的功德更为众多，即使无量无边阿僧祇数，也无法比拟。

“另外，阿逸多！如果有人为了听闻这部经典，专程到僧院中去，或者坐着，或者站着，哪怕是在极短的时间内听受到这部经典，那么，因为这个功德，他来世转生时，便会拥有非常美妙的象、马、车乘、珍宝装饰的辇车，或者转生到天道，拥有七宝宫殿。如果另外有人在讲说《法华经》的地方坐着，这时又有其他人来，他便劝其也坐下听经，或者把自己的座位分出一部分让他坐，那么，他的功德可使他来世转生于天帝之所，或梵王之所，或转轮圣王之所。

“阿逸多！如果有人对其他人说：‘有一部《法华经》，我们可以一同去听讲。’其他人便接受其指点，甚至只在极短的片刻时间中听闻到此经，那么，此人的功德可使他来世与通达诸陀罗尼的菩萨众同生一处，六根聪利，颇具智慧，在之后的百千万世之中，始终不得喑哑之症，口中不臭；不会患上舌病和口病；牙齿不垢；不黑、不黄、不疏，也不缺落，不参差，不弯曲；唇不下垂，也不缩蹙，不粗涩，不生疮，不缺不坏，不歪斜，不厚大，不发黑，没有任何令人厌恶的地方；鼻子正直，不塌陷，不弯曲；脸色不黑，脸形不狭长，不凹陷，没有任何让人不喜欢的外相。总之，他会长得唇、舌、牙齿结实好看，鼻子高直，面貌圆润丰满，眉高而长，额宽而平，具备了一切美好的相貌。并且世世转生的地方，都能够得见佛陀，听受佛法，深心信仰，并接受佛陀的教诲。

“阿逸多！你暂且观察一下这种情况，劝一人前往听法，功德尚且如此，何况自己能一心一意地听说、读诵，并在大众中为大家分别解说，并按照法义如法修行。”

这时，释迦牟尼佛为了再次宣说以上法义，即以偈颂说道：

若人于法会，得闻是经典，乃至于一偈，随喜为他说，

如是展转教，至于第五十，最后人获福，今当分别之。

如有大施主，供给无量众，具满八十岁，随意之所欲。

见彼衰老相，发白而面皱，齿疏形枯竭，念其死不久，

我今应当教，令得于道果，即为方便说，涅槃真实法，

世皆不牢固，如水沫泡焰，汝等咸应当，疾生厌离心。

诸人闻是法，皆得阿罗汉，具足六神通，三明八解脱。

最后第五十，闻一偈随喜，是人福胜彼，不可为譬喻。

如是展转闻，其福尚无量，何况于法会，初闻随喜者！

若有劝一人，将引听《法华》，言此经深妙，千万劫难遇，

即受教往听，乃至须臾闻，斯人之福报，今当分别说。

世世无口患，齿不疏黄黑，唇不厚褰缺，无有可恶相，

舌不干黑短，鼻高修且直，额广而平正，面目悉端严，

为人所喜见，口气无臭秽，优钵华之香，常从其口出。

若故诣僧坊，欲听《法华经》，须臾闻欢喜，今当说其福。

后生天人中，得妙象马车，珍宝之辇舆，及乘天宫殿。
若于讲法处，劝人坐听经，是福因缘得，释梵转轮座。
何况一心听，解说其义趣，如说而修行，其福不可量！

法师功德品第十九

本品题中“法师”，系指受持、读诵、解说、书写《法华经》者。本品的主要内容是，佛陀宣说了受持、读诵、解说、书写《法华经》时，于眼、耳、鼻、舌、身、意诸根所获得的清净功德。

尔时，佛告常精进菩萨摩诃萨：“若善男子、善女人受持是《法华经》，若读、若诵、若解说、若书写，是人当得八百眼功德、千二百耳功德、八百鼻功德、千二百舌功德、八百身功德、千二百意功德。以是功德庄严六根皆令清净[①]。是善男子、善女人，父母所生清净肉眼，见于三千大千世界内外所有山林河海，下至阿鼻地狱，上至有顶[②]；亦见其中一切众生，及业因缘果报生处[③]，悉见悉知。”

尔时，世尊欲重宣此义，而说偈言：

若于大众中，以无所畏心，
说是《法华经》，汝听其功德。
是人得八百，功德殊胜眼，
以是庄严故，其目甚清净[④]。
父母所生眼，悉见三千界，
内外弥楼山，须弥及铁围，

并诸余山林，大海江河水，
下至阿鼻狱，上至有顶处，
其中诸众生，一切皆悉见。
虽未得天眼[5]，肉眼力如是。

注释：

①六根：又作“六情”。指六种感觉器官，或认识能力。为“十二处”之“内六处”，“十八界”之“六根界”。根，为认识器官之意。即眼根（视觉器官与视觉能力）、耳根（听觉器官及其能力）、鼻根（嗅觉器官及其能力）、舌根（味觉器官及其能力）、身根（触觉器官及其能力）、意根（思维器官及其能力）。前五种又称“五根”。“五根”乃物质上存在之色法，即“色根”。有二种之别，生理器官称为“扶尘根”，以“四大”为体，对取境生识仅起扶助作用；实际起取境生识作用者称为“胜义根”，以“四大”所生净色为性。对此，“意根”则为心之所依生起心理作用之心法，即“无色根”。据有部之说，前刹那之“六识”落谢于过去，意根即是引起次刹那“六识”之等无间缘。故“六识”之作用，须常以意根为所依（通依）。然前五识除依意根之外，另有特定之根为其所依（别依）；意识则仅依意根，并无其他特定之根。瑜伽行派等则由唯识义上说“六根”，主张“六根”、“六境”均为内识所变。又“六根”可视为我人之身心全体，如本经说读诵、书写经典，“六根”即可清净。

②有顶：音译作“阿迦尼吒”。天名。色界之第四处，本名“色究竟天”。此在有形世界之最顶，故称“有顶”（此外无色

界有无形之世界）。乃色界四禅天之第九天，为有形世界之最顶峰，故称“有顶”。此外，有顶天亦指无色界之第四天，即非想非非想处天，以其为三有（三界）之绝顶，故称“有顶”。

③果报：即由过去业因所招感之结果。又作“异熟”、“果熟”、“报果”、“应报”、“异熟果”。有二种：（一）总报，即由引业（总报业）而来之果报，如人之生存即由前生引业而来。（二）别报，即人人个别之果报，系由满业（别报业）而来，又称“满果”，如同生而为人，则有男、女、贫、富之分，此即为别报。就时间而言，则有三时业之三时报：（一）顺现报，即今生造业，今生报应之果报。又作“现报”。（二）顺生报，即今生造业，来生报应之果报。（三）顺后报，即今生造业，再来生报应之果报。“六道”中，人、天二道系由持“五戒”、“行十善”而得之果报，故称为“善果”。然此善果仍有迷惘烦恼，故又称为“颠倒善果”。严格言之，“果”与“报”之意义亦有差别，凡由同类因而生之等流果，称为“果”；凡由异熟因而生之异熟果，称为“报”。

④清净：离恶行之过失，离烦恼之垢染，云清净。清净可引发诸神通功德。

⑤天眼：“五眼”之一。为天趣之眼，故名“天眼”。

译文：

这时，释迦牟尼佛对常精进大菩萨说：“如果善男子、善女人受持这部《法华经》，或者研读，或者讽诵，或者讲解，或者抄写，那么，此人将会得到八百种眼功德，一千二百种耳功德，八百种鼻功德，一千二百种舌功德，八百种身功德，一千二百种意功德。因为这些功德的缘故，而使得眼、耳、鼻、舌、身、意六根悉皆庄严，六根清净无染。这些善男子、善女人，以父母所生的清净肉眼，就能观察到三千大千世界内外的所有山林与河海，向下可以看到最下层的阿鼻地狱，向上可以看到三界最高一层的有顶天；也能看见其中的一切众生，并能观察到他们的业报缘起，以及果报转生之处等，都能悉见悉知。”

这时，释迦牟尼佛为了再次宣说以上义理，即以偈语说道：

若于大众中，以无所畏心，说是《法华经》，汝听其功德。
是人得八百，功德殊胜眼，以是庄严故，其目甚清净。
父母所生眼，悉见三千界，内外弥楼山，须弥及铁围，
并诸余山林，大海江河水，下至阿鼻狱，上至有顶处，
其中诸众生，一切皆悉见。
虽未得天眼，肉眼力如是。

“复次，常精进！若善男子、善女人受持此经，若读、若诵、若解说、若书写，得千二百耳功德。以是清净耳，闻三千大千世界，下至阿鼻地狱，上至有顶，其中内外种种语言音声——象声、马声、牛声、车声，啼哭声、愁叹声，螺声、鼓声、钟声、铃声，笑声、语声，男声、女声、童子声、童女声，法声、非法声，苦声、乐声，凡夫声、圣人声，喜声、不喜声，天声、龙声、夜叉声、乾闼婆声、阿修罗声、迦楼罗声、紧那罗声、摩睺罗伽声，火声、水声、风声，地狱声、畜生声、饿鬼声，比丘声、比丘尼声，声闻声、辟支佛声、菩萨声、佛声。以要

言之，三千大千世界中，一切内外所有诸声，虽未得天耳，以父母所生清净常耳，皆悉闻知，如是分别种种音声而不坏耳根。”

尔时，世尊欲重宣此义，而说偈言：

父母所生耳，清净无浊秽，
以此常耳闻，三千世界声，
象马车牛声，钟铃螺鼓声，
琴瑟箜篌声，箫笛之音声，
清净好歌声，听之而不著，
无数种人声，闻悉能解了。
又闻诸天声，微妙之歌音，
及闻男女声，童子童女声，
山川险谷中，迦陵频伽声，
命命等诸鸟，悉闻其音声。
地狱众苦痛，种种楚毒声，
饿鬼饥渴逼，求索饮食声，
诸阿修罗等，居在大海边，
自共语言时，出于大音声。
如是说法者，安住于此间，
遥闻是众声，而不坏耳根。
十方世界中，禽兽鸣相呼，
其说法之人，于此悉闻之。
其诸梵天上，光音及遍净，
乃至有顶天，言语之音声，

法师住于此，悉皆得闻之。
一切比丘众，及诸比丘尼，
若读诵经典，若为他人说，
法师住于此，悉皆得闻之。
复有诸菩萨，读诵于经法，
若为他人说，撰集解其义，
如是诸音声，悉皆得闻之。
诸佛大圣尊，教化众生者，
于诸大会中，演说微妙法，
持此法华者，悉皆得闻之。
三千大千界，内外诸音声，
下至阿鼻狱，上至有顶天，
皆闻其音声，而不坏耳根，
其耳聪利故，悉能分别知。
持是《法华》者，虽未得天耳，
但用所生耳，功德已如是。

译文：

“另外，常精进！如果善男子、善女人受持这部《法华经》，或者研读，或者讽诵，或者讲解，或者抄写，那么，他就可由此获得一千二百种耳功德。依靠这种清净的耳根，他就可以听到三千大千世界中，下至无间地狱，上至有顶天的一切语言音声，如象声、马声、牛声、车声，啼哭声、愁叹声，螺声、鼓声、钟声、铃声，笑声、语声，男声、女声、童子声、童女声，法声、非法声，苦声、乐声，凡夫声、圣人声，喜声、不喜声，天声、龙声、夜叉声、乾闼婆声、阿修罗声、迦楼罗声、紧那罗声、摩睺罗伽声，火声、水声、风声，地狱声、畜生声、饿鬼声，比丘声、比丘尼声，声闻声、辟支佛声、菩萨声、佛声。总而言之，三千大千世界中，一切内外各种声音，虽然他没有获得天耳，但仅以父母所生的清净耳根，都能悉知悉闻，并能分别各种声音，但却令耳根受到破坏。”

这时，释迦牟尼佛为了重申以上义理，便又以偈颂格式说道：

父母所生耳，清净无浊秽，以此常耳闻，三千世界声，
象马车牛声，钟铃螺鼓声，琴瑟箜篌声，箫笛之音声，
清净好歌声，听之而不著，无数种人声，闻悉能解了。
又闻诸天声，微妙之歌音，及闻男女声，童子童女声，
山川险谷中，迦陵频伽声，命命等诸鸟，悉闻其音声。
地狱众苦痛，种种楚毒声，饿鬼饥渴逼，求索饮食声，
诸阿修罗等，居在大海边，自共语言时，出于大音声。
如是说法者，安住于此间，遥闻是众声，而不坏耳根。
十方世界中，禽兽鸣相呼，其说法之人，于此悉闻之。
其诸梵天上，光音及遍净，乃至有顶天，
言语之音声，法师住于此，悉皆得闻之。
一切比丘众，及诸比丘尼，若读诵经典，
若为他人说，法师住于此，悉皆得闻之。
复有诸菩萨，读诵于经法，若为他人说，
撰集解其义，如是诸音声，悉皆得闻之。

诸佛大圣尊，教化众生者，于诸大会中，
演说微妙法，持此法华者，悉皆得闻之。
三千大千界，内外诸音声，下至阿鼻狱，上至有顶天，
皆闻其音声，而不坏耳根，其耳聪利故，悉能分别知。
持是《法华》者，虽未得天耳，但用所生耳，功德已如是。

“复次，常精进！若善男子、善女人受持是经，若读、若诵、若解说、若书写，成就八百鼻功德。以是清净鼻根，闻于三千大千世界上下内外种种诸香，须曼那华香、阇提华香[①]、末利华香[②]、瞻卜华香、波罗罗华香[③]、赤莲华香、青莲华香、白莲华香、华树香、果树香、栴檀香、沉水香、多摩罗跋香、多伽罗香，及千万种和香、若末若丸若涂香，持是经者，于此间住悉能分别。

“又复别知众生之香，象香、马香、牛羊等香，男香、女香、童子香、童女香，及草木丛林香，若近若远所有诸香，悉皆得闻，分别不错。

“持是经者，虽住于此，亦闻天上诸天之香，波利质多罗[④]、拘鞞陀罗树香[⑤]，及曼陀罗华香、摩诃曼陀罗华香、曼殊沙华香[⑥]、摩诃曼殊沙华香，栴檀、沉水、种种末香，诸杂华香，如是等天香，和合所出之香，无不闻知。

“又闻诸天身香，释提桓因在胜殿上五欲娱乐嬉戏时香，若在妙法堂上为忉利诸天说法时香，若于诸

园游戏时香，及余天等男女身香，皆悉遥闻。如是展转乃至梵世，上至有顶诸天身香，亦皆闻之。并闻诸天所烧之香，及声闻香、辟支佛香、菩萨香、诸佛身香，亦皆遥闻，知其所在。虽闻此香，然于鼻根不坏不错。若欲分别为他人说，忆念不谬。”

尔时，世尊欲重宣此义，而说偈言：

是人鼻清净，于此世界中，
若香若臭物，种种悉闻知。
须曼那阇提，多摩罗栴檀，
沉水及桂香，种种华果香，
及知众生香，男子女人香，
说法者远住，闻香知所在。
大势转轮王，小转轮及子，
群臣诸宫人，闻香知所在。
身所著珍宝，及地中宝藏，
转轮王宝女，闻香知所在。
诸人严身具，衣服及璎珞，
种种所涂香，闻香知其身。
诸天若行坐，游戏及神变，
持是法华者，闻香悉能知。
诸树华果实，及酥油香气，
持经者住此，悉知其所在。
诸山深险处，栴檀树华敷，

众生在中者，闻香皆能知。
铁围山大海，地中诸众生，
持经者闻香，悉知其所在，
阿修罗男女，及其诸眷属，
斗诤游戏时，闻香皆能知。
旷野险隘处，师子象虎狼，
野牛水牛等，闻香知所在。
若有怀妊者，未辨其男女，
无根及非人⑦，闻香悉能知。
以闻香力故，知其初怀妊，
成就不成就，安乐产福子。
以闻香力故，知男女所念，
染欲痴恚心，亦知修善者。
地中众伏藏⑧，金银诸珍宝，
铜器之所盛，闻香悉能知。
种种诸璎珞，无能识其价，
闻香知贵贱，出处及所在。
天上诸华等，曼陀曼殊沙，
波利质多树，闻香悉能知。
天上诸宫殿，上中下差别，
众宝华庄严，闻香悉能知。
天园林胜殿，诸观妙法堂，
在中而娱乐，闻香悉能知。

诸天若听法，或受五欲时，
来往行坐卧，闻香悉能知。
天女所著衣，好华香庄严，
周旋游戏时，闻香悉能知。
如是展转上，乃至于梵世，
入禅出禅者，闻香悉能知。
光音遍净天[9]，乃至于有顶，
初生及退没，闻香悉能知。
诸比丘众等，于法常精进，
若坐若经行，及读诵经法，
或在林树下，专精而坐禅，
持经者闻香，悉知其所在。
菩萨志坚固，坐禅若读诵，
或为人说法，闻香悉能知，
在在方世尊，一切所恭敬，
愍众而说法，闻香悉能知。
众生在佛前，闻经皆欢喜，
如法而修行，闻香悉能知。
虽未得菩萨，无漏法生鼻，
而是持经者，先得此鼻相。

注释：

①阇提华：又作“阇帝花”、“阇底花”。意译为“生花”、

“实花”。属于亚热带常绿灌木之肉豆蔻类植物，或称“肉冠花”、“豆蔻花”、“金钱花”。其花色白而外缘为红色，富香气，叶为对生，呈卵状。产于尼泊尔及喜马拉雅山西北部高约600至1800公尺之地区。

②末利华：末利，又名“摩利”、“末罗”。译言“鬘”，因其花可以造鬘，故名。《慧苑音义》曰：“末利者，花名也。其花黄金色，然非末利之言即翻为黄色。”

③波罗罗：谓重生花也。

④波利质多罗：又曰“波利质罗”，波疑质姤。具名“波利耶怛罗拘陀罗”，忉利天上之树名。译言“香遍树”，又称曰“天树王”。

⑤拘鞞陀罗树：为黑檀树之一。又作“拘毗陀罗树”、“拘鞞罗树”。意译“地破树”。产于喜马拉雅山西麓，我国及缅甸亦有分布。

⑥曼殊沙华：曼殊沙，又译作“柔软花”、“白圆花”、“如意花”、“槛花”、“曼殊颜花”。其花大者，称为“摩诃曼殊沙花”。曼殊沙花为四种天花之一，乃天界之花名。其花鲜白柔软，诸天可随意降落此花，以庄严说法道场，见之者可断离恶业。

⑦无根：无男女之根者。

⑧伏藏：指埋藏于地中之宝物。

⑨光音：光音天，音译“阿波会提婆”。又作“阿波会天”、“阿会亘修天”、“阿波亘羞天”、“阿波罗天”、“阿波嘬罗遮天”。意译“光阴天”、“水无量天”、“无量水天”、“极光净天”、“极光天”、“光净天”、“遍胜光天”、“晃昱天”、“光曜天”。新

译“极光净天”、“遍胜光天”。乃色界天之一。即第二禅之第三天，位于无量光天之上，少净天之下。此界众生无有音声，而由定心所发之光明，以替代语言传达彼此之意，故称“光音天”。上品二禅天相应业之众生投生此界，得最胜之色，身长八由旬，寿八大劫，以喜悦为食，住于安乐，自然光明，具有神通，可乘空而行。遍净天：音译“首诃既那”、“首波讫栗那”、“羞讫”、“摩首”。又作“遍净天”、“无量净天”、“广善天”、“净难逮天”。为色界十八天之一。即第三禅中最上位之天。生此天者，受乐遍满，故称“遍净”。

译文：

“再次，常精进！如果善男子、善女人受持这部《法华经》，或者研读，或者讽诵，或者讲解，或者抄写，那么，此人将会成就八百种鼻功德。凭借这种清净的鼻根，就可以闻到三千大千世界上下内外的各种香气，如须曼那花香、阇提花香、末利花香、瞻卜花香、波罗罗花香、赤莲花香、青莲花香、白莲花香、花树香、果树香、栴檀香、沉水香、多摩罗跋香、多伽罗香，及千万种和香，或者为末香，或者为丸香，或者为涂香，受持这部经典的人，住在这里，对这些香味完全能够辨别。

“他还能够分别嗅到各种众生的香气，如象香、马香、牛香、羊香、男人香、女人香、童男香、童女香，以及草木丛林的香气，或远或近，所有的这些香，他都能够闻到并能正确辨别，不致出现任何差错。

“受持这部经典的人，虽然住在这里，也能闻到天上各种天界的香气，如波利质多罗、拘鞞陀罗树香，及曼陀罗花香、大曼陀罗花香、曼殊沙花香、大曼殊沙花香，栴檀香、沉水香、各种末香、各种杂花香。所有这些天界之香及混和在一起所散发的香气，他没有不能闻到并分别出的。

“他还能闻到诸天人身上的香气，如天帝释提桓因在华丽胜殿上享受五欲之乐和嬉戏时的香气；或在妙法堂上为忉利天中的所有天人说法时的香气；在各园林内游戏时的香气；还有其他或男或女的天人身上散发的香气，他也都能远远地闻到。像这样辗转甚至到了梵天，上至有顶天的天人身上散发出来的香气，他都能够闻到。并能闻到诸天人所烧的香，以及声闻香、辟支佛香、菩萨香、诸佛的香气，他都可以在很遥远的地方闻到，并且能够知道这些香气从何处散发出。虽然能够闻到如此众多的香气，但对鼻根却没有任何损坏，也不会发生任何错乱。如果想为别人分别解说，他便会清晰无误地回忆起这些香气。”

这时，释迦牟尼佛为了重申以上义理，便又以偈颂说道：

是人鼻清净，于此世界中，若香若臭物，种种悉闻知。
须曼那阇提，多摩罗栴檀，沉水及桂香，种种华果香，
及知众生香，男子女人香，说法者远住，闻香知所在。
大势转轮王，小转轮及子，群臣诸宫人，闻香知所在。
身所著珍宝，及地中宝藏，转轮王宝女，闻香知所在。
诸人严身具，衣服及璎珞，种种所涂香，闻香知其身。
诸天若行坐，游戏及神变，持是法华者，闻香悉能知。
诸树华果实，及酥油香气，持经者住此，悉知其所在。
诸山深险处，栴檀树华敷，众生在中者，闻香皆能知。

铁围山大海，地中诸众生，持经者闻香，悉知其所在，
阿修罗男女，及其诸眷属，斗诤游戏时，闻香皆能知。
旷野险隘处，师子象虎狼，野牛水牛等，闻香知所在。
若有怀妊者，未辨其男女，无根及非人，闻香悉能知。
以闻香力故，知其初怀妊，成就不成就，安乐产福子。
以闻香力故，知男女所念，染欲痴恚心，亦知修善者。
地中众伏藏，金银诸珍宝，铜器之所盛，闻香悉能知。
种种诸璎珞，无能识其价，闻香知贵贱，出处及所在。
天上诸华等，曼陀曼殊沙，波利质多树，闻香悉能知。
天上诸宫殿，上中下差别，众宝华庄严，闻香悉能知。
天园林胜殿，诸观妙法堂，在中而娱乐，闻香悉能知。
诸天若听法，或受五欲时，来往行坐卧，闻香悉能知。
天女所著衣，好华香庄严，周旋游戏时，闻香悉能知。
如是展转上，乃至于梵世，入禅出禅者，闻香悉能知。
光音遍净天，乃至于有顶，初生及退没，闻香悉能知。
诸比丘众等，于法常精进，若坐若经行，及读诵经法，
或在林树下，专精而坐禅，持经者闻香，悉知其所在。
菩萨志坚固，坐禅若读诵，或为人说法，闻香悉能知，
在在方世尊，一切所恭敬，愍众而说法，闻香悉能知。
众生在佛前，闻经皆欢喜，如法而修行，闻香悉能知。
虽未得菩萨，无漏法生鼻，而是持经者，先得此鼻相。

“复次，常精进！若善男子、善女人受持是经，若读、若诵、若解说、若书写，得千二百舌功德。若好若

丑，若美不美，及诸苦涩物，在其舌根，皆变成上味；如天甘露，无不美者。若以舌根，于大众中有所演说，出深妙声能入其心，皆令欢喜快乐。又诸天子、天女、释梵诸天，闻是深妙音声，有所演说言论次第，皆悉来听。

“及诸龙、龙女、夜叉、夜叉女、乾闼婆、乾闼婆女、阿修罗、阿修罗女、迦楼罗、迦楼罗女、紧那罗、紧那罗女、摩睺罗伽、摩睺罗伽女，为听法故，皆来亲近、恭敬、供养。

“及比丘、比丘尼、优婆塞、优婆夷、国王、王子、群臣眷属、小转轮王、大转轮王、七宝千子、内外眷属，乘其宫殿俱来听法。

“以是菩萨善说法故。婆罗门居士、国内人民，尽其形寿，随侍供养。又诸声闻、辟支佛、菩萨、诸佛，常乐见之。是人所在方面，诸佛皆向其处说法，悉能受持一切佛法，又能出于深妙法音。”

尔时，世尊欲重宣此义，而说偈言：

是人舌根净，终不受恶味，
其有所食啖，悉皆成甘露。
以深净妙声，于大众说法，
以诸因缘喻，引导众生心，
闻者皆欢喜，设诸上供养。
诸天龙夜叉，及阿修罗等，
皆以恭敬心，而共来听法。

是说法之人，若欲以妙音，
遍满三千界，随意即能至。
大小转轮王，及千子眷属，
合掌恭敬心，常来听受法。
诸天龙夜叉，罗刹毗舍阇①，
亦以欢喜心，常乐来供养。
梵天王魔王，自在大自在，
如是诸天众，常来至其所。
诸佛及弟子，闻其说法音，
常念而守护，或时为现身。

注释：

①毗舍阇：类似罗刹的鬼神之一。音译又作“毕舍遮”、“毗舍遮”、“臂舍柘”，意为食血肉鬼、啖人精气鬼或癫狂鬼。

译文：

“再次，常精进！如果善男子、善女人受持这部《法华经》，或者研读，或者讽诵，或者讲解，或者抄写，那么，他就可由此获得一千二百种舌功德。无论是好的味道，或是不好的味道；或是美味，或是恶劣的味道，甚至各种苦涩的味道，只要触及他的舌根，就会全部转变成上等妙味；如同天降的甘露，没有不美味的。如果以这样的舌根在大众中演说佛法，则可发出深远微妙的声音，能深入大众的心识中，令他们觉得非常欢喜快乐。另外，诸天人子、天人女、帝释天、大梵天以及诸天的天主，他们听到这种深远微妙的声音在演说佛法，全都会前来聆听。

“还有诸龙、龙女、夜叉、夜叉女、乾闼婆、乾闼婆女、阿修罗、阿修罗女、迦楼罗、迦楼罗女、紧那罗、紧那罗女、摩睺罗伽、摩睺罗伽女，这些众生为了听闻佛法的缘故，都来亲近此人，并对他表示恭敬和供养。

“甚至比丘、比丘尼、优婆塞、优婆夷、国王、王子、群臣、眷属；小转轮王、大转轮王，以及他们各自的一千位儿子，及里里外外的眷属等，都乘其宫殿，一齐前来听法。

“因为这位菩萨善于说法，所以，婆罗门居士以及国内的人民，都会尽其一生来跟随侍奉、供养法师。另外，各位声闻、辟支佛、菩萨、如来等也常常乐于见到这位菩萨。这位菩萨无论在什么地方，诸如来都会向其所在的地方说法。这位菩萨能够受持诸佛所宣说的一切教法，又能发出深奥微妙的法音。”

这时，释迦牟尼佛为了再次宣说以上义理，即以偈语说道：

是人舌根净，终不受恶味，其有所食啖，悉皆成甘露。
以深净妙声，于大众说法，以诸因缘喻，
引导众生心，闻者皆欢喜，设诸上供养。
诸天龙夜叉，及阿修罗等，皆以恭敬心，而共来听法。
是说法之人，若欲以妙音，遍满三千界，随意即能至。
大小转轮王，及千子眷属，合掌恭敬心，常来听受法。
诸天龙夜叉，罗刹毗舍阇，亦以欢喜心，常乐来供养。
梵天王魔王，自在大自在，如是诸天众，常来至其所。
诸佛及弟子，闻其说法音，常念而守护，或时为现身。

“复次，常精进！若善男子、善女人受持是经，若读、若诵、若解说、若书写，得八百身功德，得清净身，如净琉璃，众生喜见。其身净故，三千大千世界众生，生时死时，上下好丑，生善处、恶处，悉于中现。及铁围山、大铁围山、弥楼山[①]、摩诃弥楼山等诸山，及其中众生，悉于中现。下至阿鼻地狱，上至有顶，所有及众生，悉于中现。若声闻、辟支佛、菩萨、诸佛说法，皆于身中现其色像。”

尔时，世尊欲重宣此义，而说偈言：

若持《法华》者，其身甚清净，
如彼净琉璃，众生皆喜见。
又如净明镜，悉见诸色像，
菩萨于净身，皆见世所有，
唯独自明了，余人所不见。
三千世界中，一切诸群萌，
天人阿修罗，地狱鬼畜生，
如是诸色像，皆于身中现。
诸天等宫殿，乃至于有顶，
铁围及弥楼，摩诃弥楼山，
诸大海水等，皆于身中现。
诸佛及声闻，佛子菩萨等，
若独若在众，说法悉皆现。
虽未得无漏，法性之妙身，

以清净常体，一切于中现。

注释：

①弥楼山："七金山"之一。又称"尼民陀罗山"、"持地山"。此世界以须弥山为中心，周围有七金山，最外围之山即弥楼山。七金山之外围更有铁围山，与须弥山合为九山；九山之间复有八海，此称九山八海。

译文：

"再次，常精进！如果善男子、善女人受持这部《法华经》，或者研读，或者讽诵，或者讲解，或者抄写，那么，他就可由此获得八百种身功德，得到清净的身体，如同明净的玻璃一样，众生都喜欢见到他。由于此人的身体清净，所以，三千大千世界中所有众生，或者生时，或者死时，或者在天上，或者在地狱，或者美丽，或者丑陋，或者生善处，或者生恶道，所有这一切都会在此人清净的身体中显现出来。以及铁围山、大铁围山、弥楼山和大弥楼山等各种山，以及其中的所有众生，也都在此人清净的身体中呈现出来。下至阿鼻地狱，上至有顶天，所有诸天及其中的众生，都能在此人清净的身体中呈现出来。如果声闻、辟支佛、菩萨、诸佛等讲经说法，那么，他们说法的情景也会在此人清净的的身体中呈现出来。"

这时，释迦牟尼佛为了再次宣说以上义理，即以偈语说道：

若持《法华》者，其身甚清净，如彼净琉璃，众生皆喜见。

又如净明镜，悉见诸色像，菩萨于净身，
皆见世所有，唯独自明了，余人所不见。
三千世界中，一切诸群萌，天人阿修罗，
地狱鬼畜生，如是诸色像，皆于身中现。
诸天等宫殿，乃至于有顶，铁围及弥楼，
摩诃弥楼山，诸大海水等，皆于身中现。
诸佛及声闻，佛子菩萨等，若独若在众，说法悉皆现。
虽未得无漏，法性之妙身，以清净常体，一切于中现。

“复次，常精进！若善男子、善女人，如来灭后受持是经，若读、若诵、若解说、若书写，得千二百意功德。以是清净意根，乃至闻一偈一句，通达无量无边之义。解是义已，能演说一句一偈，至于一月、四月乃至一岁。诸所说法，随其义趣，皆与实相不相违背。若说俗间经书、治世语言、资生业等，皆顺正法。三千大千世界六趣众生，心之所行，心所动作，心所戏论，皆悉知之。虽未得无漏智慧，而其意根清净如此。是人有所思惟筹量言说，皆是佛法，无不真实，亦是先佛经中所说。”

尔时，世尊欲重宣此义，而说偈言：

是人意清净，明利无秽浊，
以此妙意根，知上中下法。
乃至闻一偈，通达无量义，
次第如法说，月四月至岁。

是世界内外，一切诸众生，
若天龙及人，夜叉鬼神等，
其在六趣中，所念若干种，
持《法华》之报，一时皆悉知。
十方无数佛，百福庄严相，
为众生说法，悉闻能受持。
思惟无量义，说法亦无量，
终始不忘错，以持《法华》故。
悉知诸法相，随义识次第，
达名字语言，如所知演说。
此人有所说，皆是先佛法，
以演此法故，于众无所畏。
持《法华经》者，意根净若斯，
虽未得无漏，先有如是相。
是人持此经，安住希有地，
为一切众生，欢喜而爱敬，
能以千万种，善巧之语言，
分别而说法，持《法华经》故。

译文：

“再次，常精进！如果善男子、善女人受持这部《法华经》，或者研读，或者讽诵，或者讲解，或者抄写，那么，他就可由此获得一千二百种意功德。有了这种清净的意根，即使仅听闻一首偈颂、一句经文，也能通达无量无边的佛法义理。在通达如此众多的法义后，哪怕只演说一句经文、一首偈颂，也能演讲一个月、四个月甚至一年。他所演说的所有法义，都能符合经文的义旨，与实相之理不相违背。如果讲说俗世间的经书，如治理国家的方法，或者为谋生方法等，也都能随顺佛法，不相违背。三千大千世界之中的所有六道众生，他们心中的想法，所起的心念，所生的虚妄言意，这位具有清净意根的菩萨也能完全知晓。虽然这位菩萨尚未获得无漏的智慧，可是由于他的意根是如此地清净无染。这位菩萨所思维、筹量、言说的一切，都是佛法，无不真实可靠，并且也是原先诸位如来于经中所说过的法义。”

这时，释迦牟尼佛为了再次宣说以上义理，即以偈语说道：

是人意清净，明利无秽浊，以此妙意根，知上中下法。

乃至闻一偈，通达无量义，次第如法说，月四月至岁。

是世界内外，一切诸众生，若天龙及人，夜叉鬼神等，

其在六趣中，所念若干种，持《法华》之报，一时皆悉知。

十方无数佛，百福庄严相，为众生说法，悉闻能受持。

思维无量义，说法亦无量，终始不忘错，以持《法华》故。

悉知诸法相，随义识次第，达名字语言，如所知演说。

此人有所说，皆是先佛法，以演此法故，于众无所畏。

持《法华经》者，意根净若斯，虽未得无漏，先有如是相。

是人持此经，安住希有地，为一切众生，欢喜而爱敬，

能以千万种，善巧之语言，分别而说法，持《法华经》故。

常不轻菩萨品第二十

本品题中，“常不轻菩萨”以其于一切众生常无轻视，并常尊重而得名。

佛陀宣说往昔为常不轻菩萨时与《法华经》的因缘。久远劫前于威音王如来法像法之中，常不轻比丘深达诸法实相、并见四众悉皆礼拜赞叹，言不敢轻视众生，因为一切众生皆当作佛；无论人们对他怎样轻骂侮慢，他都对众生礼敬如故。又能受持《法华经》，即得六根清净，神力广大，寿命增长，并广为宣说《法华经》。其后于无量诸佛值世，仍宣说《法华经》，令无量众生成就佛果。常不轻菩萨以累世供养、恭敬、尊重、赞叹的功德，终将成就无上佛果。并通过这些事例，劝说后世众生当于如来灭后，受持、读诵、解说、书写《法华经》，必当世世值佛，速成佛道。

尔时，佛告得大势菩萨摩诃萨①：“汝今当知，若比丘、比丘尼、优婆塞、优婆夷，持《法华经》者，若有恶口骂詈诽谤，获大罪报，如前所说；其所得功德，如向所说，眼耳鼻舌身意清净。

“得大势！乃往古昔，过无量无边不可思议阿僧祇劫，有佛名威音王如来、应供、正遍知、明行足、善逝、世间解、无上士、调御丈夫、天人师、佛世尊，劫名离衰，国名大成。其威音王佛，于彼世中，为天、人、阿修罗说法。为求声闻者，说应四谛法，度生老病死，究竟涅槃；为求辟支佛者，说应十二因缘法；为诸菩萨因阿耨多罗三藐三菩提，说应六波罗蜜法，究竟佛慧。

“得大势，是威音王佛，寿四十万亿那由他恒河沙劫，正法住世劫数如一阎浮提微尘，像法住世劫数如四天下微尘。其佛饶益众生已，然后灭度。正法、像法灭尽之后，于此国土复有佛出，亦号威音王如来、应供、正遍知、明行足、善逝、世间解、无上士、调御丈夫、天人师、佛世尊，如是次第有二万亿佛皆同一号。

“最初威音王如来既已灭度，正法灭后于像法中，增上慢比丘有大势力。尔时，有一菩萨比丘，名常不轻。得大势，以何因缘名常不轻？是比丘凡有所见，若比丘、比丘尼、优婆塞、优婆夷，皆悉礼拜赞叹，而作是言：‘我深敬汝等，不敢轻慢。所以者何？汝等皆行菩萨道，当得作佛。’

“而是比丘不专读诵经典，但行礼拜；乃至远见四众，亦复故往，礼拜赞叹而作是言：“我不敢轻于汝等，汝等皆当作佛。”四众之中，有生嗔恚心不净者，恶口骂詈言：‘是无智比丘，从何所来？自言我不轻汝，而与我等授记当得作佛？我等不用如是虚妄授记。’

“如此经历多年，常被骂詈不生嗔恚，常作是言：‘汝当作佛。’说是语时，众人或以杖木瓦石而打掷之。

避走远住，犹高声唱言：‘我不敢轻于汝等，汝等皆当作佛。’以其常作是语故，增上慢比丘、比丘尼、优婆塞、优婆夷，号之为常不轻。

“是比丘临欲终时，于虚空中，具闻威音王佛先所说《法华经》，二十千万亿偈悉能受持，即得如上眼根清净、耳鼻舌身意根清净。得是六根清净已，更增寿命二百万亿那由他岁，广为人说是《法华经》。

“于时，增上慢四众，比丘、比丘尼、优婆塞、优婆夷，轻贱是人为作‘不轻’名者，见其得大神通力、乐说辩力、大善寂力，闻其所说，皆信伏随从。是菩萨复化千万亿众令住阿耨多罗三藐三菩提，命终之后得值二千亿佛，皆号日月灯明。于其法中说是《法华经》。以是因缘复值二千亿佛，同号云自在灯王。于此诸佛法中受持读诵。为诸四众说此经典故，得是常眼清净、耳鼻舌身意诸根清净。于四众中说法心无所畏。得大势，是常不轻菩萨摩诃萨供养如是若干诸佛，恭敬尊重赞叹，种诸善根。于后复值千万亿佛，亦于诸佛法中说是经典，功德成就，当得作佛。

“得大势，于意云何？尔时常不轻菩萨，岂异人乎？则我身是。若我于宿世不受持读诵此经、为他人说者，不能疾得阿耨多罗三藐三菩提。我于先佛所受持读诵此经，为人说故，疾得阿耨多罗三藐三菩提。得大势，彼时四众，比丘、比丘尼、优婆塞、优婆夷，以嗔恚意轻贱我故，二百亿劫常不值佛、不闻法、不见僧。千劫于阿鼻地狱受大苦恼。毕是罪已，复遇常不轻菩萨教化阿耨多罗三藐三菩提。

“得大势！于汝意云何？尔时四众常轻是菩萨者，岂异人乎？今此会中跋陀婆罗等五百菩萨，师子月等五百比丘尼，思佛等五百优婆塞，皆于阿耨多罗三藐三菩提不退转者是。

“得大势？当知是《法华经》，大饶益诸菩萨摩诃萨，能令至于阿耨多罗三藐三菩提。是故诸菩萨摩诃萨，于如来灭后，常应受持、读诵、解说、书写是经。”

注释：

①得大势菩萨：即大势至菩萨。大势至，音译“摩诃娑太摩钵罗钵路”。意译作“得大势”、“大精进”。略称“势志菩萨”、“势至菩萨”。此菩萨以智慧光普照一切，令众生离三涂，得无上力；又彼行时，十方世界一切地皆震动，故称“大势至”。与观世音菩萨同为西方极乐世界阿弥陀佛之胁侍，世称“西方三圣”。《首楞严经》卷五《念佛圆通章》谓，大势至菩萨于因地时，以念佛心入无生忍，故今摄此娑婆世界之念佛众生，归入净土。又依《悲华经》卷三载，当阿弥陀佛入灭后，由观世音菩萨补其位；观世音入灭后，则由大势至补处成佛，掌握化权，号“善住珍宝山王如来”。关于其形像，据《观无量寿经》载，其天冠中有五百宝花，一一宝花又有五百宝台，每一宝台皆现十方诸佛之净妙国

土相；顶上之肉髻如钵头摩花，肉髻中安置一宝瓶；其余身相则与观世音菩萨大同小异。又据《阿唎多罗陀罗尼阿噜力品》载，二菩萨俱呈纯金色白焰光，右手执白拂，左手执莲花，大势至之身形较观世音小。于密教现图胎藏界曼荼罗中，位于观音院内列上方第二位，全身肉色，左手持开合莲花，右手屈中间三指，置于胸前，坐于赤莲花上。密号持轮金刚，三昧耶形为未开敷之莲花。

译文：

这时，释迦牟尼佛告诉得大势至菩萨说："你现在应当知道，如果比丘、比丘尼、优婆塞、优婆夷能够受持这部《法华经》，若有谁对他们恶言相加、辱骂诽谤，将会获得极大的罪报，如同前面所说的；而受持《法华经》者所得到的功德，如先前已说的，能获得眼、耳、鼻、舌、身、意等六根的清净。

"大势至菩萨！往昔过无量无边不可思议阿僧祇劫前，有一位佛陀，名号叫作威音王如来、应供、正遍知、明行足、善逝、世间解、无上士、调御丈夫、天人师、佛世尊，他所处的劫名叫离衰；他所居住的国土名叫大成。那位威音王佛，在他住世之时，为天、人和阿修罗等众生说法。他为求声闻果的人说苦、集、灭、道的四谛之法，以救度他们出离生、老、病、死等诸苦，达到究竟的涅槃境界；他为求辟支佛果的人讲十二因缘之法；为求无上正等正觉的菩萨道的人们宣讲布施、持戒、忍辱、精进、禅定、般若等六波罗蜜之法，这是最究竟的成佛智慧。

"大势至菩萨！这位威音王佛的住世寿命长达四十万亿那

由他恒河沙劫，威音王佛的正法住世劫数相当于一个阎浮提洲粉为微尘之数，威音王佛的像法住世的劫数，相当于四大部洲粉为微尘所得的微尘总数。那位如来使所有的众生获得真正的教益后，即进入涅槃。之后，此佛的正法、像法完全消亡之后，在那国土上又有一位佛陀出世，此佛的名号也叫威音王如来、应供、正遍知、明行足、善逝、世间解、无上士、调御丈夫、天人师、佛世尊。如此这样地依次辗转出世，一共有二万亿位佛，他们都有同一个名号。

“最初的那位威音王如来灭度之后，他的正法时期也已经终结，到了像法时代，怀有增上慢的比丘拥有强大的势力。那时，有一位修行菩萨道的比丘，名叫常不轻。大势至菩萨！你知道他为什么叫常不轻呢？这位比丘对一切他所遇到的人，无论是比丘、比丘尼，或是优婆塞、优婆夷，全都要礼敬叩拜，称扬赞叹，并且对他们说：‘我深心敬仰你们，不敢有所轻慢，为什么这样说呢？因为你们都在修行菩萨道，将会必定成就佛果。’

“这位常不轻比丘，并不是仅仅专一地读诵经典，只是遍行礼拜；甚至远远看见比丘、比丘尼、优婆塞、优婆夷等四众弟子，他也要特意走上前去，对他们行礼叩拜，称扬赞叹，并且说道：‘我不敢有所轻慢，你们未来必定成就佛果。’四众弟子中有人生起不清净的嗔恨心，恶言恶语地责骂他说：‘这个没有智慧的比丘，从什么地方跑到这里，自说什么我不敢轻慢你们，却为我们授记未来当得作佛。我们不需要这种虚妄的授记。’

“如此这样，经历了很多年，常不轻菩萨经常被人责骂，但他从来不生气发怒，仍然一如继往地这样说：‘你将来定当成就佛果。'他这样说时,其他人有时会用手杖、木条、瓦块、石头等打他。他只好躲避,跑到很远的地方,但依然高声说:'我不敢轻慢你们,你们皆当成佛!'因为这位比丘经常说这样的话,所以,怀有增上慢的比丘、比丘尼、优婆塞、优婆夷等便给他取了一个名字叫常不轻。

"这位比丘临终之时,在虚空中,完全听闻到威音王如来先前宣说的《法华经》,二十千万亿偈颂都能够完全受持,因而获得了如上所述的眼根清净、耳根清净、鼻根清净、舌根清净、身根清净、意根清净等。他获得这六根清净后,他的寿命又增加了二百万亿那由他岁,为大众广泛宣说这部《法华经》。

"这个时候,那些怀有增上慢的比丘、比丘尼、优婆塞、优婆夷,曾经轻贱此比丘并为他起名'常不轻'的人,见他获得了如此大神通力、乐说辩才及大清净力,因此,他们听闻这位比丘的说法,全部信受,并跟从他一起修行。这位常不轻菩萨又教化了千万亿众生,使他们都获得了无上正等正觉。常不轻菩萨命终之后,他又多次转生,遇到了二千亿位如来,这些如来的名号都叫日月灯明。他在这些如来弘法过程中,继续演说这部《法华经》。由于这个缘故,他又遇到了二千亿位如来,这些如来的名号都叫作自在灯王佛,在这些如来的弘法过程中,他仍然受持、读诵并为四众弟子演说这部经典。由于这个缘故,他又获得了眼根、耳根、鼻根、舌根、身根、意根等六根清净。他为四众弟子说法时,心中没有任何怖畏。大势至菩萨!这位常不轻菩萨,供养如此众多的如来,并且都极为恭敬、尊重、赞叹如来,种下了很多善根。此后,他又遇到了千万亿位如来,又在这些如来的弘法过程中，继续演说这部经典，终于令功德圆满，应当要证得佛果了。

“大势至菩萨！你是怎么样认为的？那时的常不轻菩萨是旁人吗？那时的常不轻菩萨就是我释迦牟尼佛的前身。如果我在往世无有受持、读诵这部经典，不为他人演说，那么，我就不会如此迅速地成就无上正等正觉。我在往昔诸如来那里，受持、读诵这部经典，并为他人演说，所以才能如此迅速地证得无上正等正觉。大势至菩萨！那时的四众弟子，即比丘、比丘尼、优婆塞、优婆夷，因为以嗔怒心轻视我的缘故，因此，他们在二百亿劫的岁月中，常常无法遇到如来，无法听闻佛法，无法得见僧众。并在长达一千劫的时间里，转生于阿鼻地狱中，遭受巨大的痛苦。等受完了这些罪报之后，他们又再次遇到常不轻菩萨，受他的教化，而走上志求无上正等正觉的道路。

“大势至菩萨！你是怎么样认为的？那时四众弟子中经常轻视这位菩萨的人，难道是旁人吗？他们就是今天法华会上的跋陀婆罗等五百位菩萨、师子月等五百位比丘、尼思佛等五百位优婆塞，他们如今已经在志求佛果的道路上，达到了不退转的境界。

“大势至菩萨！你应当知道，这部《法华经》对所有的大菩萨都有巨大的益处，能使他们成就无上正等正觉。所以，一切大菩萨在如来灭度之后，都应该时常受持、读诵、解说、书写这部经典。”

尔时，世尊欲重宣此义，而说偈言：

过去有佛，号威音王，神智无量，
将导一切，天人龙神，所共供养。
是佛灭后，法欲尽时，有一菩萨，名常不轻。
时诸四众，计著于法，不轻菩萨，往到其所，
而语之言：我不轻汝，汝等行道，皆当作佛。
诸人闻已，轻毁骂詈，不轻菩萨，能忍受之。
其罪毕已，临命终时，得闻此经，六根清净，
神通力故，增益寿命，复为诸人，广说是经。
诸著法众，皆蒙菩萨，教化成就，令住佛道。
不轻命终，值无数佛，说是经故，
得无量福，渐具功德，疾成佛道。
彼时不轻，则我身是。
时四部众，著法之者，闻不轻言，汝当作佛，
以是因缘，值无数佛，此会菩萨，五百之众，
并及四部，清信士女[①]，今于我前，听法者是。
我于前世，劝是诸人，听受斯经，第一之法，
开示教人，令住涅槃，世世受持，如是经典。
亿亿万劫，至不可议，时乃得闻，是《法华经》。
亿亿万劫，至不可议，诸佛世尊，时说是经。
是故行者，于佛灭后，闻如是经，勿生疑惑，
应当一心，广说此经，世世值佛，疾成佛道。

注释：

①清信士女：清信士、清信女。清信士，即优婆塞，译曰“信士”，又曰“清信士”。受“三归”、“五戒”得清净信心之男子。清信女，即优婆夷，译曰“信女”，又曰“清信女”。受“三归”、“五戒”具清净信心之女子。

译文：

这时，释迦牟尼佛为了再次宣说法义，即以偈颂说道：

过去有佛，号威音王，神智无量，
将导一切，天人龙神，所共供养。
是佛灭后，法欲尽时，有一菩萨，名常不轻。
时诸四众，计著于法，不轻菩萨，往到其所，
而语之言：我不轻汝，汝等行道，皆当作佛。
诸人闻已，轻毁骂詈，不轻菩萨，能忍受之。
其罪毕已，临命终时，得闻此经，六根清净，
神通力故，增益寿命，复为诸人，广说是经。
诸著法众，皆蒙菩萨，教化成就，令住佛道。
不轻命终，值无数佛，说是经故，
得无量福，渐具功德，疾成佛道。
彼时不轻，则我身是。
时四部众，著法之者，闻不轻言，汝当作佛，
以是因缘，值无数佛，此会菩萨，五百之众，
并及四部，清信士女，今于我前，听法者是。
我于前世，劝是诸人，听受斯经，第一之法，

开示教人，令住涅槃，世世受持，如是经典。
亿亿万劫，至不可议，时乃得闻，是《法华经》。
亿亿万劫，至不可议，诸佛世尊，时说是经。
是故行者，于佛灭后，闻如是经，勿生疑惑，
应当一心，广说此经，世世值佛，疾成佛道。

如来神力品第二十一

佛陀于大众前广现神力，现诸瑞相，向大众宣示指出：如来一切所有之法、如来一切自在神力、如来一切秘要之藏、如来一切甚深之事，皆于《法华经》中宣示显说。付嘱大众当于如来灭度后，对《法华经》一心受持、读诵、解说、书写及如法修行。

尔时，千世界微尘等菩萨摩诃萨从地涌出者，皆于佛前，一心合掌，瞻仰尊颜，而白佛言："世尊，我等于佛灭后，世尊分身所在国土，灭度之处，当广说此经。所以者何？我等亦自欲得是真净大法，受持、读诵、解说、书写而供养之。"

尔时，世尊于文殊师利等无量百千万亿旧住娑婆世界菩萨摩诃萨，及诸比丘、比丘尼、优婆塞、优婆夷、天、龙、夜叉、乾闼婆、阿修罗、迦楼罗、紧那罗、摩睺罗伽、人非人等，一切众前，现大神力，出广长舌上至梵世①，一切毛孔放于无量无数色光，皆悉遍照十方世界。众宝树下师子座上诸佛亦复如是，出广长舌，放无量光。释迦牟尼佛及宝树下诸佛，现神力时满百千岁，然后还摄舌相。一时謦欬②，俱共弹指③，是二音声，遍至十方诸佛世界，地皆六种震动。其中众生，天、龙、夜叉、乾闼婆、阿修罗、迦楼罗、紧那罗、摩睺罗伽、人非人等，以佛神力故，皆见此娑婆世界无量无边百千万亿众宝树下师子座上诸佛，及见释迦牟尼佛共多宝如来在宝塔中坐师子座，又见无量无边百千万亿菩萨摩诃萨，及诸四众恭敬围绕释迦牟尼佛。既见是已，皆大欢喜，得未曾有。

即时，诸天于虚空中高声唱言："过此无量无边百千万亿阿僧祇世界，有国名娑婆，是中有佛，名释迦牟尼，今为诸菩萨摩诃萨说大乘经，名《妙法莲华》，教菩萨法佛所护念。汝等当深心随喜，亦当礼拜供养释迦牟尼佛。"

彼诸众生闻虚空中声已，合掌向娑婆世界，作如是言："南无释迦牟尼佛！南无释迦牟尼佛！"以种种华香、璎珞、幡盖及诸严身之具、珍宝妙物，皆共遥散娑婆世界。所散诸物从十方来，譬如云集变成宝帐，遍覆此间诸佛之上。于时，十方世界通达无碍，如一佛土④。

尔时，佛告上行等菩萨大众："诸佛神力，如是无量无边不可思议。若我以是神力，于无量无边百千万亿阿僧祇劫，为嘱累故说此经功德，犹不能尽。以要言之，如来一切所有之法，如来一切自在神力，如来一切秘要之藏⑤，如来一切甚深之事，皆于此经宣示显说。是故汝等于如来灭后，应一心受持、读诵、解说、书写、如说修行；所在国土，若有受持、读诵、解说、书写、如说修行，若经卷所住之处，若于园中，若于林中，若于树下，若于僧坊，若白衣舍[6]，若在殿堂，若山谷旷野，是中皆应起塔供养。所以者何？当知是处即是道场，诸佛于此得阿耨多罗三藐三菩提，诸佛于此转于法轮，诸佛于此而般涅槃。”

尔时，世尊欲重宣此义，而说偈言：

诸佛救世者，住于大神通，
为悦众生故，现无量神力，
舌相至梵天，身放无数光，
为求佛道者，现此希有事。
诸佛謦欬声，及弹指之声，
周闻十方国，地皆六种动。
以佛灭度后，能持是经故，
诸佛皆欢喜，现无量神力。
嘱累是经故，赞美受持者，
于无量劫中，犹故不能尽。
是人之功德，无边无有穷，
如十方虚空，不可得边际。
能持是经者，则为已见我，
亦见多宝佛，及诸分身者，
又见我今日，教化诸菩萨。
能持是经者，令我及分身，

灭度多宝佛，一切皆欢喜。
十方现在佛，并过去未来，
亦见亦供养，亦令得欢喜。
诸佛坐道场，所得秘要法，
能持是经者，不久亦当得。
能持是经者，于诸法之义，
名字及言辞，乐说无穷尽，
如风于空中，一切无障碍。
于如来灭后，知佛所说经，
因缘及次第，随义如实说，
如日月光明，能除诸幽冥。
斯人行世间，能灭众生暗，
教无量菩萨，毕竟住一乘。
是故有智者，闻此功德利，
于我灭度后，应受持斯经，
是人于佛道，决定无有疑。

注释：

①广长舌：为佛“三十二大人相”之一。又作“广长轮相”。略称“长舌相”、“广长舌”、“舌相”。诸佛之舌广而长，柔软红薄，能覆面至发际，如赤铜色。此相具有两种表征：（一）语必真实。（二）辩说无穷，非余人所能超越者。《大智度论》卷八：“若人舌能覆鼻，言无虚妄，何况乃至发际？我心信佛必不妄语。”

②謦（qǐng）欬（kài）：咳嗽，利喉。

③弹指：即拇指与食指之指头强力摩擦，弹出声音；或以拇指与中指压覆食指，复以食指向外急弹。于印度，弹指有四义：（一）表示虔敬欢喜。据本经载，诸佛之謦欬声与弹指声普传至十方，大地皆起六种震动。（二）表示警告。据新译《华严经》卷七十九载，善财童子至弥勒菩萨之楼阁前，弹指出声，门即开启令其入内。（三）表示许诺。据《增一阿含经》卷二十八载，有二龙王请世尊准许彼等为优婆塞，世尊弹指允之。（四）时间单位。弹指所需之极短暂时间，称为“一弹指”或“一弹指顷”。关于“一弹指”时间之长短，诸说不一。如《大智度论》卷八十三谓，一弹指有六十念。《俱舍论》卷十二云：“如壮士一疾弹指顷六十五刹那，如是名为一刹那量。”此处系指第一种含义。

④佛土：佛所住之国土，佛所化之领土也。有净土、秽土、报土、法性土等之别。

⑤秘要：不妄示于人之切要法门，或指密教所修之加持、祈祷等法。

⑥白衣：原意白色之衣，转称“着白衣者”，即指在家人。印度人一般皆以鲜白之衣为贵，故僧侣以外者皆着用白衣，从而指在家人为白衣。佛典中亦多以“白衣”为在家人之代用语；相对于此，沙门则称为“缁衣”、“染衣”。

译文：

这时，一千世界微尘数之众的大菩萨众，从地下涌出，都在释迦牟尼佛面前专心一意地合掌，凝望佛陀的尊颜，对佛说

道:“世尊!我们在佛陀灭度之处,以及世尊分身诸佛于所教化国土中灭度之后,定当广泛演说这部经典。为什么呢?因为我们也想得到这种真实清净的无上法门,并受持、读诵、解说、书写、供养这部经典。”

这时,释迦牟尼佛在文殊师利菩萨等无量百千万亿过去曾住在娑婆世界的大菩萨面前,在各位比丘、比丘尼、优婆塞、优婆夷等四众弟子面前,在天、龙、夜叉、乾闼婆、阿修罗、迦楼罗、紧那罗、摩睺罗伽等天龙八部众面前,在一切人和非人面前,在一切大众面前,显示出大神通力,伸出广长之舌,向上直达梵天,佛陀身上的所有毛孔,都发放出无量无数的各色彩光,遍照十方世界的各个角落,无不周遍。在各种宝树下的狮子座上安住的各位分身示现诸佛也是如此,伸出广长之舌,放出无量的光明。释迦牟尼佛及坐在宝树下的各位分身示现诸佛显现神通力的时间,持续了百个千年后,然后才收回广长舌相。他们同时发出轻咳声,又同时发出弹指声,这两种声音响彻十方一切佛国世界,大地都发生了六种震动。那些世界中的众生,置身于法华会中的所有众生,如天、龙、夜叉、乾闼婆、阿修罗、迦楼罗、紧那罗、摩睺罗伽、人和各种非人等,依仗佛陀神力的缘故,都看见在此娑婆世界中,无量无边百千万亿的宝树下面的狮子座上安坐的各位如来,并看见了释迦牟尼佛和多宝如来在宝塔之中一齐坐在狮子座上,又看见了无量无边百千万亿位大菩萨众及四众弟子,恭恭敬敬地围绕着释迦牟尼佛。看见了这种景象之后,大众充满无比的喜乐,是以往从未有过的。

这时,诸天人在虚空之中高声说道:“从此再经历无量无边百千万亿阿僧祇世界，那里有一个名叫娑婆的国土，在那里，有一位如来，名号叫作释迦牟尼，现在正为诸大菩萨演说一部大乘经典，经名叫作《妙法莲华经》，那是教化菩萨的法门，为诸佛所护持和忆念。你们应当从心底生起随喜之意，也应当礼拜、供养释迦牟尼佛。”

所有那些众生听到虚空中传来的声音之后，都合掌面向娑婆世界，并且这样说道：“南无释迦牟尼佛！南无释迦牟尼佛！”大众又以各种鲜花、妙香、璎珞、宝幡、宝盖及各种装饰身体的用具及其他各类珍宝和上妙用物，远远地洒向娑婆世界。所散之物从十方世界汇集而来，犹如云一般聚集起来，形成了宝帐，广为覆盖在此土诸如来的上方。这时，十方世界，通达无碍，犹如一个佛土。

这时，释迦牟尼佛告诉上行菩萨等菩萨大众说：“诸佛神力如此无量无边，不可思议。如果以我的这种神力，在无量无边百千万亿阿僧祇劫的时间里，因为嘱托后世众生信受的缘故，而不断地讲述此经的功德，但依然是无法尽说的。总而言之，如来所拥有的一切教法，如来所具备的一切自在神力，如来所宣示的一切秘要法藏，如来所作的一切深妙法事，都在此经中得到宣讲和指示。所以，你们在如来灭度之后，应当一心一意地受持、读诵、解说、书写《法华经》，并如法修行。这部经典所在国土，只要受持、读诵、解说、书写、如法修行《法华经》；只要是这部经典所在的地方，或者在花园中、或者在丛林中、或者在树下、或者在僧院、或者在民宅、或者在殿堂、或者在山谷旷野之中，所有这些地方都应该建起宝塔供养。为什么呢？应该知道，这些地方就是道场，诸如来就是在这里证得无上正等正觉；诸如来就是在这里转动法轮；诸如来就是在这里证得涅槃。”

这时，释迦牟尼佛为了再次宣说法义，即以偈颂言道：

诸佛救世者，住于大神通，为悦众生故，现无量神力，
舌相至梵天，身放无数光，为求佛道者，现此希有事。
诸佛謦欬声，及弹指之声，周闻十方国，地皆六种动。
以佛灭度后，能持是经故，诸佛皆欢喜，现无量神力。
嘱累是经故，赞美受持者，于无量劫中，犹故不能尽。
是人之功德，无边无有穷，如十方虚空，不可得边际。
能持是经者，则为已见我，亦见多宝佛，
及诸分身者，又见我今日，教化诸菩萨。
能持是经者，令我及分身，灭度多宝佛，一切皆欢喜。
十方现在佛，并过去未来，亦见亦供养，亦令得欢喜。
诸佛坐道场，所得秘要法，能持是经者，不久亦当得。
能持是经者，于诸法之义，名字及言辞，
乐说无穷尽，如风于空中，一切无障碍。
于如来灭后，知佛所说经，因缘及次第，
随义如实说，如日月光明，能除诸幽冥。
斯人行世间，能灭众生暗，教无量菩萨，毕竟住一乘。
是故有智者，闻此功德利，于我灭度后，
应受持斯经，是人于佛道，决定无有疑。

嘱累品第二十二

佛陀付嘱诸菩萨当受持、读诵，广为宣说《法华经》，令一切众生得闻并如法修行。诸菩萨亦发愿当如教奉行。

尔时，释迦牟尼佛从法座起，现大神力。以右手摩无量菩萨摩诃萨顶[①]，而作是言："我于无量百千万亿阿僧祇劫，修习是难得阿耨多罗三藐三菩提法，今以付嘱汝等：汝等应当一心流布此法，广令增益。"如是三摩诸菩萨摩诃萨顶，而作是言："我于无量百千万亿阿僧祇劫，修习是难得阿耨多罗三藐三菩提法，今以付嘱汝等：汝等当受持读诵，广宣此法，令一切众生普得闻知。所以者何？如来有大慈悲，无诸悭吝，亦无所畏，能与众生佛之智慧、如来智慧、自然智慧。如来是一切众生之大施主，汝等亦应随学如来之法，勿生悭吝。于未来世，若有善男子、善女人，信如来智慧者，当为演说此《法华经》，使得闻知，为令其人得佛慧故。若有众生不信受者，当于如来余深法中示教利喜。汝等若能如是，则为已报诸佛之恩。"

时诸菩萨摩诃萨，闻佛作是说已，皆大欢喜。遍满其身，益加恭敬，曲躬低头，合掌向佛，俱发声言："如世尊敕，当具奉行。唯然，世尊，愿不有虑！"诸菩萨摩诃萨众如是三反，俱发声言："如世尊敕，当具奉行。唯然，世尊，愿不有虑！"

尔时，释迦牟尼佛令十方来诸分身佛各还本土，而作是言："诸佛各随所安，多宝佛塔还可如故。"说是语时，十方无量分身诸佛，坐宝树下师子座上者，及多宝佛，并上行等无边阿僧祇菩萨大众，舍利弗等声闻四众，及一切世间天、人、阿修罗等，闻佛所说，皆大欢喜。

注释：

①摩顶：指佛为付嘱大法，以手摩弟子之顶，或为预示当来作佛之授记。

译文：

此时，释迦牟尼佛从法座上起身，向大众显现大神通力。他以右手为无量无数的大菩萨摩顶，并对他们宣示教言说："我曾经在无量百千万亿阿僧祇劫的漫长岁月中，修习此稀有难得的无上正等正觉之法，如今我把此稀有法门嘱托给你们，你们应当一心守护，使这一法门得以广泛地流布，使其能够更加广泛地使信受此法的众生受益。"世尊如此反复三次为大菩萨们摩顶，并宣示道："我在无量百千万亿阿僧祇劫的漫长岁月中，修习此种稀有难得的无上正等正觉之法，如今我把此稀有妙法嘱托给你们，你们应当受持、读诵，并且广泛宣扬此妙法，令一切众生能够悉闻悉知。这是因为什么缘故呢？这都是由于如来出于大慈大悲、普度众生之愿力，丝毫没有任何的悭吝，也没有丝毫的畏惧，能够使众生开启与佛无二的智慧，使众生开启本具的智慧。正缘于此，如来可谓为一切众生的大施主，你们也应当随顺效法如来，不要产生丝毫的悭吝之心。于未来之世，如果遇到能够坚信如来智慧的善男子、善女子，则应为其演说这部《法华经》，让他们闻知此经，这是为了使他们获得如佛陀一般无二的智慧。如果有众生于此《法华经》尚未生起信奉受持之心，你们则应用诸佛所宣示的其他深广法门去教化他们，令他们得到真实的利益，并生起欢喜之心。你们如果确能按此行事，那就等同报答了诸佛的恩德。”

此时，会中诸位大菩萨闻知佛陀宣示的教言后，全都十分欢喜。全身充满欣喜之情，更加恭敬诸佛，纷纷弯腰低首，合掌向佛陀致敬，同声说言：“对于世尊的敕令，我们将会依教奉行，所以还请世尊不要再有顾虑。”诸位菩萨、大菩萨这样反复了三遍之后，又同声说道：“世尊的敕令，我们自当完全奉行，所以，还请世尊不要有什么顾虑。”

此时，释迦牟尼佛延请十方世界分身示现的诸佛各归其教化之国土，并且这样说道：“诸佛现在可以各随所安，回到各自安住的国土。多宝佛塔也可返还恢复原状。”释迦牟尼佛说此言时，十方无量无数的分身诸佛，在宝树下的狮子座上敷坐的诸佛和多宝佛，以及上行菩萨为首的无量无数的菩萨众，暨舍利弗等声闻乘的四众弟子，并及所有世间的天神、人、阿修罗等众生，得闻佛之言教，普皆欢喜。

药王菩萨本事品第二十三

佛陀宣说药王菩萨往昔闻法供养日月净明德佛的事迹。药王菩萨于久远劫前日月净明德如来住世时，为一切众生喜见菩萨。该菩萨精进修行苦行，得证一切色身三昧，以神通力焚身供养如来及《法华经》。复于后世又转生净德王家后并燃臂供养。

世尊又宣说受持《法华经》及本《药王菩萨本事品》的无量功德。

尔时，宿王华菩萨白佛言："世尊，药王菩萨云何游于娑婆世界？世尊，是药王菩萨，有若干百千万亿那由他难行苦行。善哉！世尊，愿少解说。"诸天、龙、神、夜叉、乾闼婆、阿修罗、迦楼罗、紧那罗、摩睺罗伽、人非人等，又他国土诸来菩萨，及此声闻众，闻皆欢喜。

尔时，佛告宿王华菩萨："乃往过去无量恒河沙劫，有佛号日月净明德如来、应供、正遍知、明行足、善逝、世间解、无上士、调御丈夫、天人师、佛世尊。其佛有八十亿大菩萨摩诃萨，七十二恒河沙大声闻众。佛寿四万二千劫，菩萨寿命亦等。彼国无有女人、地狱、饿鬼、畜生、阿修罗等及以诸难，地平如掌，琉璃所成。

宝树庄严，宝帐覆上，垂宝华幡，宝瓶香炉周遍国界。七宝为台，一树一台，其树去台尽一箭道。此诸宝树，皆有菩萨、声闻而坐其下。诸宝台上，各有百亿诸天作天伎乐，歌叹于佛，以为供养。

“尔时，彼佛为一切众生喜见菩萨及众菩萨、诸声闻众说《法华经》。是一切众生喜见菩萨乐习苦行，于日月净明德佛法中，精进经行，一心求佛。满万二千岁已，得现一切色身三昧。得此三昧已，心大欢喜，即作念言：‘我得现一切色身三昧，皆是得闻《法华经》力。我今当供养日月净明德佛及《法华经》。’即时入是三昧，于虚空中雨曼陀罗华、摩诃曼陀罗华、细末坚黑栴檀，满虚空中如云而下。又雨海此岸栴檀之香，此香六铢价值娑婆世界[①]，以供养佛。

“作是供养已，从三昧起，而自念言：‘我虽以神力供养于佛，不如以身供养。’即服诸香，栴檀、薰陆[②]、兜楼婆[③]、毕力迦[④]、沉水、胶香，又饮瞻卜诸华香油。满千二百岁已，香油涂身，于日月净明德佛前，以天宝衣而自缠身，灌诸香油，以神通力愿而自燃身，光明遍照八十亿恒河沙世界。

“其中诸佛同时赞言：‘善哉！善哉！善男子，是真精进，是名真法供养如来。若以华香、璎珞、烧香、末香、涂香、天缯、幡盖及海此岸栴檀之香，如是等种种诸物供养，所不能及。假使国城、妻子布施亦所不及。

善男子，是名第一之施，于诸施中最尊最上，以法供养诸如来故。’作是语已而各默然，其身火燃千二百岁，过是已后，其身乃尽。

“一切众生喜见菩萨作如是法供养已，命终之后，复生日月净明德佛国中。于净德王家，结跏趺坐，忽然化生，即为其父而说偈言：

大王今当知，我经行彼处，
即时得一切，现诸身三昧。
勤行大精进，舍所爱之身，
供养于世尊，为求无上慧。

“说是偈已，而白父言：“日月净明德佛，今故现在。我先供养佛已，得解一切众生语言陀罗尼。复闻是《法华经》，八百千万亿那由他甄迦罗[⑤]、频婆罗[⑥]、阿闳婆等偈。大王，我今当还供养此佛。”白已即坐七宝之台，上升虚空高七多罗树，往到佛所，头面礼足，合十指爪，以偈赞佛：

容颜甚奇妙，光明照十方，
我适曾供养，今复还亲觐。

“尔时，一切众生喜见菩萨说是偈已，而白佛言：‘世尊，世尊，犹故在世。’尔时，日月净明德佛告一切众生喜见菩萨：‘善男子，我涅槃时到，灭尽时至。汝可安施床座，我于今夜当般涅槃。’又敕一切众生喜见菩萨：‘善男子，我以佛法嘱累于汝，及诸菩萨大弟子，并阿耨多罗三藐三菩提法，亦以三千大千七宝世界诸宝树宝台，及给侍诸天，悉付于汝。我灭度后，所有舍利亦付嘱汝，当令流布广设供养，应起若干千塔。’如是日月净明德佛，敕一切众生喜见菩萨已，于夜后分入于涅槃。

“尔时，一切众生喜见菩萨见佛灭度，悲感懊恼，恋慕于佛，即以海此岸栴檀为䕋，供养佛身而以烧之。火灭已后，收取舍利，作八万四千宝瓶，以起八万四千塔，高三世界，表刹庄严，垂诸幡盖，悬众宝铃。

“尔时，一切众生喜见菩萨复自念言：“我虽作是供养，心犹未足，我今当更供养舍利。”便语诸菩萨大弟子，及天、龙、夜叉等一切大众：“汝等当一心念，我今供养日月净明德佛舍利。”作是语已，即于八万四千塔前，燃百福庄严臂，七万二千岁而以供养，令无数求声闻众、无量阿僧祇人发阿耨多罗三藐三菩提心，皆使得住现一切色身三昧。

“尔时，诸菩萨、天、人、阿修罗等，见其无臂，忧恼悲哀，而作是言：‘此一切众生喜见菩萨，是我等师，教化我者，而今烧臂，身不具足。’于时，一切众生喜见菩萨于大众中，立此誓言：‘我舍两臂，必当得佛金色之身。若实不虚，令我两臂还复如故。’作是誓已，自然还复，由斯菩萨福德智慧淳厚所致。当尔之时，三千大千世界六种震动，天雨宝华，一切人天得未曾有。”

注释：

①铢(zhū)：为古代称量轻重之器具名，指极轻极微之单位。

②薰陆：又作“君杜噜香树”、“君柱鲁香树”、“杜噜香树”。此树之树脂可制香，称为“薰陆香”，其形及香气颇似松脂。又其脂汁滴如乳头，故亦称“乳香”、“乳头香”。历来与安息、栴檀、龙脑、苏合、多揭罗等诸香等分和合，用于烧香供养。现今印度人常烧此香，清净室内。

③兜楼婆：又作“斗楼婆”、“兜楼波”、“兜娄婆”、“都噜婆”、“妒路婆”、“突婆”、“窣堵鲁迦”。意译“白茅香”、“茅香”、“香草”。即指苏合香。

④毕力迦：又作“必栗迦”，香名。译曰“目蓿香”，又曰“触香”。

⑤甄迦罗：古代印度数目之一。又作“矜羯罗”、“恒迦罗”。相当于千万亿。

⑥频婆罗：古代印度数量名。又作“频婆”、“频跋罗”、“毗婆诃”。意译为“十兆”。

译文：

这时，宿王华菩萨对释迦牟尼佛说：“世尊，药王菩萨是由于怎样的因缘来到这个娑婆世界游历的？世尊，这位药王菩萨曾经修习过若干百千万亿那由他难以修习的苦行。善哉！世尊，愿您为我们稍作解说。”法会上的天神、龙神、夜叉、乾闼婆、阿修罗、迦楼罗、紧那罗、摩睺罗伽等天龙八部及人与非人等，另外还有其他国土来的诸位菩萨，以及此方的声闻众等，也都十分欢喜。

这时，释迦牟尼佛告诉宿王华菩萨说："过去无量恒河沙数劫前，有一位佛的名号叫作日月净明德如来、应供、正遍知、明行足、善逝、世间解、无上士、调御丈夫、天人师、佛世尊。这位佛的国土中有八十亿位大菩萨，还有七十二条恒河沙数之众的大声闻弟子。日月净明德如来的住世寿命为四万二千劫，菩萨的寿命也是如此。那个佛国中没有女人，没有地狱、饿鬼、畜生等，也没有各种灾难，大地平坦，如同手掌一般，全都是琉璃铺成。宝树庄严，又有宝帐覆盖在上面，垂挂着宝花及宝幡；宝瓶与香炉遍布整个国土。七宝做成高台，每座台前各有一树，宝树与宝台相距一箭之地。这些宝树之下，有菩萨和声闻弟子安坐在下面。所有的宝台上，各有百亿天神演奏天乐，以歌咏赞叹佛陀作为供养。

"那时，日月净明德如来，为一切众生喜见菩萨及其他菩萨众，以及声闻众弟子演说《法华经》。这位一切众生喜见菩萨喜欢修习苦行，他在日月净明德如来的正法中，精进修行，一心志求佛果。经过一万两千年之后，终于证得现一切色身的禅定神力。获得这种禅定后，一切众生喜见菩萨心中生起极大的欢喜，于是这样说道：'我能获得变现一切色身的禅定神力，都是因为得闻《法华经》的力量所致。我现在应当供养日月净明德如来及《法华经》。'于是，他当即入于禅定之中，从虚空中，散下如雨一般的曼陀罗花、大曼陀罗花和细末坚黑栴檀香，布满整个虚空，如同密云一般落下。并且如雨一般洒下栴檀之香，这种香是如此地贵重，六铢之重的此香，其价值即等于娑婆世界，一切众生喜见菩萨以此来供养日月净明德如来。

“做完了这些供养之后，一切众生喜见菩萨出于禅定，暗自想道：‘我虽然以神力供养如来，犹觉不足，不如以我的身体来供养如来。’于是，他就服用各种妙香，如栴檀、薰陆、兜楼婆、毕力迦、沉水、胶香，又饮下瞻卜诸花香油。经过一千二百年，他又用香油涂抹身体，在日月净明德如来佛面前，用天上的宝衣缠绕自己的身体，再灌下各种香油，以神通力及愿力而燃烧自己的身体，发出的光明照遍了八十亿恒河沙数之多的世界。

“这些世界之中的诸佛都同声赞叹道：‘善哉！善哉！善男子，这才是真正的精进，这才叫作真正以法供养如来。如果以花、香、璎珞、烧香、末香、涂香、天缯、幡盖及海此岸的栴檀之香等种种物具供养，都比不上这种以身体进行供养的功德。即使以国土、城邑，以及妻、子进行布施，也无法比得上这种以身布施的功德。善男子，这种方式叫作第一布施，这在所有布施中最为尊贵，因为这是以法供养诸如来的缘故。’说完这些话后，诸如来便各个默然不语。一切众生喜见菩萨以燃烧身体供养如来的火焰持续了一千二百年，经过这样的时间后，他的身躯才全部焚烧而尽。

“一切众生喜见菩萨完成这种法供养后，他的一期生命即告完结，他又转生到日月净明德佛的佛土中。在一位名叫净德的国王家中，结跏趺坐，忽然化生，并对他托生的父亲说偈颂道：

大王今当知，我经行彼处，即时得一切，现诸身三昧。

勤行大精进，舍所爱之身，供养于世尊，为求无上慧。

“说完这些偈语之后，他又对父亲说：‘日月净明德佛，如今依然住于世间。我过去曾经供养这位如来，由此获得通晓一切众生语言的陀罗尼法门。我又听闻到这部《法华经》中的八百千万亿那由他甄迦罗、频婆罗、阿闳婆等偈颂。大王，我今应当再去供养这位日月净明德佛。’说完之后，他即坐到七宝台上，上升到虚空中，离地达七棵多罗树的高度，来到日月净明德佛的处所，他以头面顶礼佛足，双手合掌，以偈颂赞叹佛说：

容颜甚奇妙，光明照十方，
我适曾供养，今复还亲覲。

“这时，一切众生喜见菩萨说完这首偈之后，又对日月净明德佛说：‘世尊！世尊！您还如往昔一样住于世间！’这时，日月净明德佛告诉一切众生喜见菩萨说：‘善男子，我涅槃的时候到了，入灭的时刻即将来临。你现在可以安置法座，我将于今天夜里入于涅槃。’日月净明德佛又敕告一切众生喜见菩萨说：‘善男子，我把佛法嘱托给你，以及各位菩萨、各位大弟子，除了这获得无上正等正觉的法门外，我也把充满七宝的三千大千世界中的所有宝树、宝台，以及供给与侍奉的各位天众也都交付于你。我灭度之后，所得的全部舍利也交付嘱托于你，你应当把它们流通各处，广设供养，应当建起数千座塔。’日月净明德佛如此嘱托一切众生喜见菩萨之后，于夜间后分入于涅槃。

“那时，一切众生喜见菩萨见日月净明德佛灭度，悲伤懊恼不已，恋慕如来。他即用海此岸栴檀为薪柴，供养日月净明德佛的遗体后，再举火焚烧。火灭之后，他又收取佛的舍利，分盛在八万四千只宝瓶中，建起八万四千座佛舍利塔，每座塔都高达三个世界，塔刹非常庄严，上面垂挂着各种宝幡、宝盖，还悬挂着各种宝铃。

“这时，一切众生喜见菩萨又暗自想道：‘我虽然做了这些供养，但心中还是觉得尚未满足，我现在应当再供养佛的舍利。’于是，他对各位菩萨、大弟子及天神、龙神、夜叉等所有大众说：‘你们应当一心思维，我现在要供养日月净明德佛的舍利。’说完这话之后，一切众生喜见菩萨就在八万四千座舍利塔前，点燃自己因累积福德而外相庄严的双臂，持续燃烧了七万二千岁，以此作为对佛舍利的供养，并使无数志求声闻乘的弟子及无量阿僧祇的众生，都发起志求无上正等正觉的誓愿，使他们都能证得现一切色身的禅定之中。

“这时，诸位菩萨以及天神、人、阿修罗等，看见一切众生喜见菩萨失去了双臂，都感到非常忧愁悲伤，他们这样说道：‘这位一切众生喜见菩萨是我们的导师，是来教化我们的，他如今燃臂供佛，身体也伤残了。’这时，一切众生喜见菩萨在大众中立下如此的誓言：‘我虽失去了双臂，但必将得到佛的金色之身。如果此事真实不虚，就请让我的双臂恢复原状吧！’一切众生喜见菩萨发此誓愿后，他的双臂自然复原如初。这都是由于这位菩萨的福德与智慧非常深厚所致。这时，三千大千世界发生六种震动，自天上落下如雨一般密集的各种宝花，这是一切人、天大众过去都未曾得见的。”

佛告宿王华菩萨：“于汝意云何？一切众生喜见菩

萨，岂异人乎？今药王菩萨是也。其所舍身布施，如是无量百千万亿那由他数。宿王华，若有发心欲得阿耨多罗三藐三菩提者，能燃手指乃至足一指供养佛塔，胜以国城、妻子及三千大千国土、山林河池、诸珍宝物而供养者。若复有人，以七宝满三千大千世界，供养于佛及大菩萨、辟支佛、阿罗汉，是人所得功德，不如受持此《法华经》，乃至一四句偈。其福最多！

“宿王华，譬如一切川流江河诸水之中，海为第一；此《法华经》亦复如是，于诸如来所说经中，最为深大。又如土山、黑山、小铁围山、大铁围山及十宝山，众山之中须弥山为第一；此《法华经》亦复如是，于诸经中最为其上。又如众星之中，月天子最为第一；此《法华经》亦复如是，于千万亿种诸经法中，最为照明。又如日天子能除诸暗，此经亦复如是，能破一切不善之暗。又如诸小王中，转轮圣王最为第一；此经亦复如是，于众经中最为其尊。又如帝释，于三十三天中王；此经亦复如是，诸经中王。又如大梵天王，一切众生之父；此经亦复如是，一切贤圣学无学，及发菩萨心者之父。又如一切凡夫人中，须陀洹、斯陀含、阿那含、阿罗汉、辟支佛为第一；此经亦复如是，一切如来所说，若菩萨所说，若声闻所说，诸经法中最为第一。有能受持是经典者，亦复如是，于一切众生中亦为第一。一切声闻、辟支佛中，菩萨为第一；此经亦复如是，于一切诸经法中最为第一。如佛为诸法王，此经亦复如是，诸经中王。

“宿王华！此经能救一切众生者，此经能令一切众生离诸苦恼，此经能大饶益一切众生，充满其愿。如清凉池能满一切诸渴乏者，如寒者得火，如裸者得衣，如商人得主，如子得母，如渡得船，如病得医，如暗得灯，如贫得宝，如民得王，如贾客得海，如炬除暗；此《法华经》亦复如是，能令众生离一切苦、一切病痛，能解一切生死之缚。若人得闻此《法华经》，若自书，若使人书，所得功德，以佛智慧筹量多少不得其边。若书是经卷，华香、璎珞、烧香、末香、涂香、幡盖、衣服、种种之灯——酥灯、油灯、诸香油灯、瞻卜油灯、须曼那油灯、波罗罗油灯、婆利师迦油灯[①]、那婆摩利油灯供养[②]，所得功德亦复无量。

“宿王华！若有人闻是《药王菩萨本事品》者，亦得无量无边功德。若有女人闻是《药王菩萨本事品》能受持者，尽是女身后不复受。若如来灭后，后五百岁中，若有女人闻是经典如说修行，于此命终，即往安乐世界，阿弥陀佛大菩萨众围绕住处，生莲华中宝座之上，不复为贪欲所恼，亦复不为嗔恚、愚痴所恼，亦复不为憍慢嫉妒诸垢所恼，得菩萨神通、无生法忍。得是忍已，眼根清净，以是清净眼根，见七百万二千亿那由他恒河沙等诸佛如来。是时诸佛遥共赞言：‘善哉！善哉！善男子，汝能于释迦牟尼佛法中，受持、读诵、思惟是经，为他人说，所得福德无量无边。火不能焚，水不能漂，汝之功德，千佛共说不能令尽。汝今已能破诸魔贼，坏生死军，诸余怨敌皆悉摧灭。善男子，百千诸佛以神通力共守护汝。于一切世间天人之中无如汝者，唯除如来。其诸声闻、辟支佛乃至菩萨智慧禅定，无有与汝等者。’宿王华，此菩萨成就如是功德智慧之力。

“若有人闻是《药王菩萨本事品》，能随喜赞善者，是人现世，口中常出青莲华香，身毛孔中常出牛头栴檀之香，所得功德如上所说。是故，宿王华，以此《药王菩萨本事品》，嘱累于汝，我灭度后，后五百岁中，广宣流布于阎浮提，无令断绝，恶魔、魔民、诸天、龙、夜叉、鸠槃荼等得其便也。宿王华，汝当以神通之力守护是经。所以者何？此经则为阎浮提人病之良药。若人有病，得闻是经，病即消灭，不老不死。宿王华，汝若见有受持是经者，应以青莲华盛满末香供散其上。散已，作是念言：‘此人不久，必当取草坐于道场破诸魔军，当吹法螺，击大法鼓，度脱一切众生老病死海。’是故求佛道者，见有受持是经典人，应当如是生恭敬心。”

说是《药王菩萨本事品》时，八万四千菩萨得解一切众生语言陀罗尼。多宝如来于宝塔中，赞宿王华菩萨言：“善哉！善哉！宿王华，汝成就不可思议功德，乃能问释迦牟尼佛如此之事，利益无量一切众生。”

注释：

①婆利师迦：意译作“雨时生”、“雨时”、“夏生”、“夏至”、“雨”。又作“婆师花”、“婆利师花”、“婆师迦花”、“鞢师迦花”、“鞢栗沙迦花”、“婆栗史迦花”、“婆利史迦罗花”。产于印度，属木犀科植物，乃素馨之一种，花白色，甚香。花名之由来，乃因其花为雨期时所开；或因此花于夏时所生。

②那婆摩利：又作“那缚忙里迦”、“新摩利迦”。意译“如次第华”。为素馨类之蔓延植物。其枝蔓延，缠绕他物，叶少，其花小而白，可制香油、香水。与摩利迦、大摩利迦皆为同种之植物。

译文：

释迦牟尼佛对宿王华菩萨说：“你意下如何？一切众生喜见菩萨难道是旁人吗？他就是现在的药王菩萨。他如此舍弃身命行大布施，已有无量百千万亿那由他的次数。宿王华！如果有发愿欲求证得无上正等正觉的众生，能够点燃他的手指，甚至一只脚指，以供养佛塔，那么，他如此供养的功德，即胜过以国土、城邑、妻、子及三千大千世界的国土、山林、河池与各种珍宝进行供养的功德。如果又有人把七种珍宝布满三千大千世界，用以供养诸佛及大菩萨、辟支佛、阿罗汉，此人所获得的功德，不如受持这部《法华经》的功德，甚至不及仅仅受持此经中的一首四言偈颂所获得的功德。受持《法华经》的功德是最多的。

“宿王华！譬如一切川流江河等诸水之中，海为第一；这部

《法华经》也是如此，在诸如来所说的所有经典中，《法华经》是最为深奥博大的。又譬如，在土山、黑山、小铁围山、大铁围山以及十宝山等众山之中，须弥山最为第一；这部《法华经》也是如此，在所有的佛经中是最上乘的。又譬如，在群星之中，月亮为第一；这部《法华经》也是如此，在千万亿种经法之中，此经的光辉最为明亮。又譬如太阳能够破除一切黑暗；这部经典也是这样，它能穿破一切不善的黑暗。又譬如在诸国王之中，转轮圣王最为第一；此经也是如此，它在诸经中最为尊贵。又譬如天帝是三十三天中所有天神之王；此经也是如此，它是所有佛经中的王者。又譬如大梵天王，他是一切众生的父亲；此经也是如此，它是一切圣贤和证得小乘有学果和无学果的圣者，以及发愿修习菩萨道的众生之父。又譬如在一切凡夫之中，须陀洹、斯陀含、阿那含、阿罗汉、辟支佛位处第一；此经也是如此，在所有如来所说的、或者菩萨所说的、或者声闻所说的各种经法之中，此经位处第一；有能够受持这部经典的人也是这样，他在一切众生之中也是位居第一。在所有的声闻、辟支佛面前，菩萨位处第一；此经也是如此，在一切经法之中，此经最为第一。如同佛为一切佛法之王，此经也是如此，是一切经典中的王者。

"宿王华！这部经典能够救度一切众生。此经能够使一切众生离开各种苦恼，此经能为一切众生带来巨大的利益，使他们的愿望得到满足。譬如清凉的池水能够满足一切干渴困乏的人，如同寒者得火，如同裸者得衣，如同商人得到顾客，如同孩子得到母亲，如同渡河得船，如同病者遇到医生，如同黑暗中得到明灯，如同贫困者得到珍宝，如同人民遇到国王，如同商人得到海中的珠宝，如同火炬驱除黑暗；这部《法华经》也是这样，它能使众生远离一切痛苦、远离一切病痛，能够解除一切生死的束缚。如果有人能够听闻这部《法华经》，或者自己抄写，或者让他人抄写，他所获得的功德，即使以佛的智慧来测知其功德，也是难以穷尽的。如果抄写这部经卷之后，又能用鲜花、香料、璎珞、烧香、末香、涂香、宝幡、宝盖、衣服、各种油灯，如：酥灯、油灯、诸香油灯、瞻卜油灯、须曼那油灯、波罗罗油灯、婆利师迦油灯、那婆摩利油灯等各种供具来供养经卷，那么，他所获得的功德，也是无可计量的。

“宿王华！如果有人听闻《法华经》中的《药王菩萨本事品》，也可以获得无量无边的功德。如果有女人听闻此《药王菩萨本事品》后，能够受持，那么，在她此生的女身结束之后，生生世世将永远不受女人之身。如果在如来灭度之后，像法时代的五百岁中，如果有女人听闻到这部经典，并按经中所说如法修行，那么，她在此期生命终结之后，即可往生安乐佛土，在那个国土中，阿弥陀佛被众多大菩萨们围绕着，他从莲花中化生，在宝座上安坐，不再为贪欲所恼乱，也不再为嗔怒、愚痴所恼乱，也再不会被傲慢和嫉妒等尘垢所恼乱，获得了菩萨的神通，证得无生法忍。证得这种无生法忍的境界后，他的眼根变得清净无染，用这清净无染的眼根，他可以见到七百万二千亿那由他恒河沙数之众的如来。当此之时，这些如来各自从遥远的地方称赞道：‘善哉！善哉！善男子！你能在释迦牟尼佛的教法中，受持、读诵、思维这部《法华经》，为他人演说，你所获得的福德是无量无边的。大火不能烧毁，洪水不能漂没，你的功德，就是千佛共说也不能穷尽。你现已能破除各种魔贼，摧毁生死魔军，其他各种怨敌，也都能摧灭。善男子！百千诸佛以神通之力共同守护着你。在所有世间的一切天、人之中，没有能够比得上你的，除了如来之外。那些声闻、辟支佛甚至菩萨的智慧与禅定，都不能与你相比。’宿王华，这位菩萨所能成就是如此的功德和智慧之力。

“如果有人听闻到这篇《药王菩萨本事品》后能够随喜赞叹，此人在现世中，口中常常散发出青莲花般的香气；身上的毛孔中也能常常散发出牛头栴檀的香气，他所获得的功德，如同以上所说的一样。所以，宿王华！我要将这篇《药王菩萨本事品》嘱托于你，你应在我灭度之后，在像法的五百年中，让此篇《药王菩萨本事品》在阎浮提洲广泛流通，不要让它中断消失，而使得恶魔、魔民、某些天神、龙神、夜叉以及恶鬼等有机可趁。宿王华！你应当以神通之力守护此经。为什么呢？因为此经是阎浮提洲众生对治病苦的良药。如果有人患病，听闻到这部经典，疾病即可祛除，甚至不会衰老，不会死亡。宿王华！你如果看见有人受持这部经典，就应当以青莲花盛满末香，散布在他的身上进行供养。散毕之后要生起这样的念头：‘此人不久必将取吉祥草为座，坐于菩提道场之中，破除各路魔军，吹响大法螺，击响大法鼓，把一切众生从生、老、病、死的苦海之中度脱出来。’所以，对于志求佛道的人，如果看到有人受持这部经典，就应当这样对他生起恭敬之心。”

释迦牟尼佛讲说这篇《药王菩萨本事品》时，有八万四千菩萨获得了通晓一切众生语言的陀罗尼法门。多宝如来在宝塔中称赞宿王华菩萨说:“善哉!善哉!宿王华!你成就了不可思议的功德,因此才能向释迦牟尼佛询问此事的缘起,并使无量无边众生都由此获得利益。”

妙音菩萨品第二十四

妙音菩萨及众菩萨从净华宿王智佛国，来至此娑婆世界，供养、亲近、礼拜释迦牟尼佛。佛陀宣说妙音菩萨往昔的本事。妙音菩萨过去曾供养云雷音王佛，因而得此神力，并现种种身，为诸众生演说《法华经》，随诸众生应得度身而为说法。说本品时，无量菩萨得诸三昧。

尔时，释迦牟尼佛放大人相肉髻光明，及放眉间白毫相光，遍照东方百八万亿那由他恒河沙等诸佛世界。过是数已，有世界名净光庄严，其国有佛，号净华宿王智如来、应供、正遍知、明行足、善逝、世间解、无上士、调御丈夫、天人师、佛世尊，为无量无边菩萨大众恭敬围绕而为说法。释迦牟尼佛白毫光明遍照其国。

尔时，一切净光庄严国中，有一菩萨名曰妙音。久已植众德本，供养亲近无量百千万亿诸佛，而悉成就甚深智慧，得妙幢相三昧、法华三昧、净德三昧、宿王戏三昧、无缘三昧、智印三昧、解一切众生语言三昧、集一切功德三昧、清净三昧、神通游戏三昧、慧炬三昧、庄严王三昧、净光明三昧、净藏三昧、不共三昧、日旋三昧，得如是等百千万亿恒河沙等诸大三昧。释迦牟尼佛光照其身，即白净华宿王智佛言："世尊！我当往诣娑婆世界，礼拜亲近供养释迦牟尼佛，及见文殊师利法王子菩萨、药王菩萨、勇施菩萨、宿王华菩萨、上行意菩萨、庄严王菩萨、药上菩萨。"

尔时，净华宿王智佛告妙音菩萨："汝莫轻彼国生下劣想。善男子！彼娑婆世界，高下不平，土石诸山秽恶充满。佛身卑小，诸菩萨众其形亦小。而汝身四万二千由旬，我身六百八十万由旬。汝身第一端正，百千万福，光明殊妙。是故汝往，莫轻彼国若佛、菩萨及国土生下劣想。"

妙音菩萨白其佛言："世尊！我今诣娑婆世界，皆是如来之力、如来神通游戏、如来功德智慧庄严。"于是妙音菩萨不起于座，身不动摇而入三昧，以三昧力于耆阇崛山去法座不远，化作八万四千众宝莲华，阎浮檀金为茎，白银为叶，金刚为须①，甄叔迦宝以为其台②。

注释：

①金刚：音译作"伐阇罗"、"跋阇罗"、"跋折罗"、"缚日啰"、"伐折罗"、"跋日罗"。即金中最刚之义。经论中常以金刚比喻武器及宝石。以金刚比喻武器，乃因其坚固、锐利，而能摧毁一切，且非万物所能破坏。以金刚比喻宝石，乃取其最胜之义。

②甄叔迦宝：又作"紧祝迦宝"、"坚叔迦宝"。意译为"赤色宝"。宝石之一。与甄叔迦树之花相似而美，因系赤色，故有

此名。

译文：

这时，释迦牟尼佛从三十二种大人相中的肉髻中放出光明，又从两眉之间放出白毫相光，光明照遍东方一百八万亿那由他恒河沙数之众的诸佛世界。越过这些数目的世界，有一个佛国，名叫净光庄严，在那佛国中有一位佛，名号叫作净华宿王智如来、应供、正遍知、明行足、善逝、世间解、无上士、调御丈夫、天人师、佛世尊。净华宿王智如来被无量无边的菩萨大众恭敬围绕着，为他们宣说佛法。释迦牟尼佛的白毫相光照遍了其国。

这时，在一切净光庄严国中，有一位菩萨名叫妙音。他已在久远的岁月中，种下了许多善根，曾经供养、亲近过无量百千万亿诸佛，所以成就了甚深的智慧，证得了各种三昧禅境，如：妙幢相三昧、法华三昧、净德三昧、宿王戏三昧、无缘三昧、智印三昧、解一切众生语言三昧、集一切功德三昧、清净三昧、神通游戏三昧、慧炬三昧、庄严王三昧、净光明三昧、净藏三昧、不共三昧、日旋三昧，证得了这样的百千万亿恒河沙数之多的大三昧境界。释迦牟尼佛的光明照耀在妙音菩萨身上，妙音菩萨便对净华宿王智佛说："世尊！我应当前往娑婆世界，礼拜、亲近、供养释迦牟尼佛，并拜见文殊师利菩萨、药王菩萨、勇施菩萨、宿王华菩萨、上行意菩萨、庄严王菩萨、药上菩萨。"

这时，净华宿王智佛告诉妙音菩萨说："你不要轻视那个国土，不要对娑婆国土产生下劣的想法。善男子！那个娑婆世界高低不平，充满了各种土山、石山，充满了各种污秽恶浊。那里的佛陀，身相较小，诸菩萨大众的身形也很小。而你的身相高达四万二千由旬，我的身相高达六百八十万由旬。你的身相最为端正，具足了百千万种福相殊妙的光明。所以，你前往那个娑婆世界，切莫于娑婆世界生起轻视之心，也不要对那里的佛、菩萨及国土产生下劣的想法。”

妙音菩萨对净华宿王智佛说：“世尊！我现在前往娑婆世界，都是依仗如来的力量，依仗如来的神通游戏，依仗如来的功德智慧庄严。”于是，妙音菩萨未从座上起身，身体也无摇动，而入于禅定状态，依靠定力来到娑婆世界的耆阇崛山，在离释迦牟尼佛法座不远的地方，化出八万四千朵众宝而成的莲花，这些莲花以阎浮檀金为茎，以白银为叶，以金刚为花须，以甄叔迦宝石作为花台。

尔时，文殊师利法王子见是莲华，而白佛言：“世尊，是何因缘先现此瑞，有若干千万莲华，阎浮檀金为茎，白银为叶，金刚为须，甄叔迦宝以为其台？”

尔时，释迦牟尼佛告文殊师利：“是妙音菩萨摩诃萨，欲从净华宿王智佛国，与八万四千菩萨围绕，而来至此娑婆世界，供养、亲近、礼拜于我，亦欲供养听《法华经》。”

文殊师利白佛言：“世尊，是菩萨种何善本，修何功德，而能有是大神通力？行何三昧？愿为我等说是三昧名字，我等亦欲勤修行之。行此三昧，乃能见是菩萨色相大小、威仪进止。唯愿世尊，以神通力，彼菩萨来，令我得见。”

尔时，释迦牟尼佛告文殊师利：“此久灭度多宝如来，当为汝等而现其相。”

译文：

这时，文殊师利法王子见到这些莲花，即对释迦牟尼佛说：“世尊，是什么因缘而现出这样的祥瑞之相呢？那数千万朵莲花，都以阎浮檀金为茎，以白银为叶，以金刚为花须，以甄叔迦宝石作为花台。”

这时，释迦牟尼佛告诉文殊师利菩萨说：“这是妙音大菩萨，与围绕着的八万四千菩萨，想从净华宿王智佛的东方净光庄严佛国，到这个娑婆世界，供养、亲近、礼拜我，也是为了供养并听闻《法华经》。”

文殊师利菩萨对释迦牟尼佛说：“世尊，这位菩萨种下了何种善根？修习得到何种功德？而具足如此大的神通力呢？他证得的是怎样的禅定呢？恳请世尊为我们讲说这些禅定的名称，我们也想勤奋修习这种禅定，实践这种禅定。如此即能够看见这位菩萨身相大小及行住威仪。恳请世尊以神通力，在那位菩萨到来的时候，使我们能够看见。”

这时，释迦牟尼佛告诉文殊师利菩萨说：“这位久已灭度的多宝如来，将为你们现出妙音菩萨的身相。”

时多宝佛告彼菩萨：“善男子，来！文殊师利法王子欲见汝身。”

于时妙音菩萨于彼国没，与八万四千菩萨俱共发来。所经诸国六种震动，皆悉雨于七宝莲华，百千天乐不鼓自鸣。是菩萨目如广大青莲华叶，正使和合百千万月，其面貌端正复过于此。身真金色，无量百千功德庄严，威德炽盛，光明照曜，诸相具足，如那罗延坚固之身。入七宝台，上升虚空去地七多罗树，诸菩萨众恭敬围绕，而来诣此娑婆世界耆阇崛山。

到已，下七宝台，以价值百千璎珞，持至释迦牟尼佛所，头面礼足，奉上璎珞，而白佛言：“世尊！净华宿王智佛，问讯世尊：‘少病少恼，起居轻利，安乐行不？四大调和不？世事可忍不？众生易度不？无多贪欲、嗔恚、愚痴、嫉妒、悭慢不？无不孝父母、不敬沙门、邪见不善、心不摄五情不？世尊，众生能降伏诸魔怨不？久灭度多宝如来，在七宝塔中来听法不？’又问讯多宝如来：‘安隐少恼堪忍久住不？’“世尊！我今欲见多宝佛身，唯愿世尊，示我令见。”

尔时，释迦牟尼佛语多宝佛：“是妙音菩萨欲得相见。”

时多宝佛告妙音言：“善哉！善哉！汝能为供养释迦牟尼佛，及听《法华经》，并见文殊师利等，故来至此。”

尔时，华德菩萨白佛言：“世尊，是妙音菩萨种何善根，修何功德，有是神力？”

佛告华德菩萨：“过去有佛，名云雷音王多陀阿伽度阿罗诃三藐三佛陀，国名现一切世间，劫名喜见。妙音菩萨于万二千岁，以十万种伎乐供养云雷音王佛，并奉上八万四千七宝钵，以是因缘果报，今生净华宿王智佛国有是神力。华德！于汝意云何？尔时云雷音王佛所，妙音菩萨伎乐供养奉上宝器者，岂异人乎？今此妙音菩萨摩诃萨是。华德！是妙音菩萨，已曾供养亲近无量诸佛，久植德本，又值恒河沙等百千万亿那由他佛。

“华德，汝但见妙音菩萨其身在此，而是菩萨现种种身，处处为诸众生说是经典。或现梵王身，或现帝释身，或现自在天身，或现大自在天身，或现天大将军身，或现毗沙门天王身，或现转轮圣王身，或现诸小王身，或现长者身，或现居士身，或现宰官身，或现婆罗门身，或现比丘、比丘尼、优婆塞、优婆夷身，或现长者、居士妇女身，或现宰官妇女身，或现婆罗门妇女身，或现童男童女身，或现天、龙、夜叉、乾闼婆、阿修罗、迦楼罗、紧那罗、摩睺罗伽、人非人等身，而说是经。诸有地狱、饿鬼、畜生，及众难处，皆能救济。乃至于王后宫，变为女身而说是经。

“华德！是妙音菩萨，能救护娑婆世界诸众生者。是妙音菩萨，如是种种变化现身，在此娑婆国土为诸众生说是经典，于神通变化智慧无所损减。是菩萨以若干智慧明照娑婆世界，令一切众生各得所知，于十方恒河沙世界中亦复如是。若应以声闻形得度者，现声闻形而为说法；应以辟支佛形得度者，现辟支佛形而为说法；应以菩萨形得度者，现菩萨形而为说法；应以佛形得度者，即现佛形而为说法。如是种种随所应度而为现形，乃至应以灭度而得度者，示现灭度。华德，妙音菩萨摩诃萨成就大神通智慧之力，其事如是。"

尔时，华德菩萨白佛言："世尊！是妙音菩萨深种善根。世尊，是菩萨住何三昧，而能如是在所变现度脱众生？"

佛告华德菩萨："善男子！其三昧名现一切色身。妙音菩萨住是三昧中，能如是饶益无量众生。"

译文：

这时，多宝如来告诉妙音菩萨说："善男子，来吧！文殊师利法王子想见到你的身相。"

这时，妙音菩萨的身相在他所住的佛国中隐没不现，他与八万四千菩萨一起出发，前往娑婆世界。他们途中所经过的每一个佛国，大地都出现了六种震动，天空落下如雨一般的七宝莲花，百千种天乐，不用击奏，辄自然奏响。这位妙音菩萨的双目如同广大的青莲花叶，目光犹如百千万个月亮，他的面貌端正，更胜过这些妙相。他的身体是真金的颜色，无量百千种功德庄严，使得他的身上散发出炽盛的威德，他的身光发出遍照一切的光明，诸圆满之相无不具足，如同金刚力士那样的坚固身相。妙音菩萨端坐在七宝台上，上升到虚空之中，离地面有七棵多罗树的高度，在菩萨大众的恭敬围绕下，而来到这个娑婆世界的耆阇崛山。

妙音菩萨到达后，即从七宝台上下来，手持价值百千的璎珞，来到释迦牟尼佛面前，以头面顶礼佛足，奉上璎珞，并对佛说："世尊！净华宿王智佛向您问候，您没有病痛，没有烦恼吧？您的日常起居都顺利吗？您行、住、坐、卧安稳快乐吗？四大调和吗？世事可忍吗？众生容易救度吗？众生没有过多的贪欲、嗔怒、愚痴、嫉妒、悭慢吧？没有不孝敬父母、不恭敬沙门、充满邪见和不善之心、不能收摄喜、怒、爱、恶、欲等五种情感的众生吧？世尊！众生能降伏一切魔怨吗？久已灭度的多宝如来在七宝塔中也来听您说法吗？"妙音菩萨又向多宝如来问讯："能够身心安稳、无忧无恼吗？还能忍耐久住吧？"妙音菩萨又对释迦牟尼佛说："世尊，我现在也想见到多宝如来的身相，惟愿世尊开示，以便让我们得见多宝如来。"

这时，释迦牟尼佛对多宝佛说："这位妙音菩萨想与你相见。"

这时，多宝如来告诉妙音菩萨说："善哉！善哉！你能够为了供养释迦牟尼佛，以及听闻《法华经》，又为拜见文殊师利等菩萨的缘故，而来到此娑婆世界。"

这时，法会中有一位华德菩萨对佛说："世尊，这位妙音菩萨，他在往昔种下何等的善根，修习了何等的功德，而有这样的神力呢？”

释迦牟尼佛告诉华德菩萨说：“过去有一位佛陀，名号叫作云雷音王多陀阿伽度阿罗诃三藐三佛陀。国名叫作现一切世间，劫名叫作喜见。妙音菩萨在一万二千年当中，以十万种伎乐供养云雷音王佛，并奉献八万四千个七宝钵，由于这个因缘果报，他如今生在净华宿王智佛国，并具备了这样的神力。华德！你是怎样认为的？那时在云雷音王佛面前，以伎乐进行供养，并奉上宝物的人，难道是另一人吗？他就是现在的这位妙音大菩萨。华德！这位妙音菩萨已曾供养、亲近过无量位如来，长久以来已经种下善根，他又值遇如恒河沙那样众多的百千万亿那由他的如来。

“华德！你只看见妙音菩萨的身体在此，但是实际上，这位菩萨能现各种身相，到处为众生演说这部《法华经》。他或者现梵王的身相，或者现天帝的身相，或者现自在天的身相，或者现大自在天的身相，或者现天大将军的身相，或者现毗沙门天王的身相，或者现转轮圣王的身相，或者现各种小王的身相，或者现居士的身相，或者现长者的身相，或者现宰官的身相，或者现婆罗门的身相，或者现比丘、比丘尼、优婆塞、优婆夷的身相，或者现长者妇人、居士妇人的身相，或者现宰官妇人的身相，或者现婆罗门妇人的身相，或者现童男、童女的身相，或者现天神、龙神、夜叉、乾闼婆、阿修罗、迦楼罗、紧那罗、摩睺罗伽等天龙八部众以及人与非人等的身相，并且以这些不同示现的身相为相应的众生演说这部《法华经》。对于地狱、饿鬼、畜生等恶道及各种充满苦难的处所中的众生，他都能够救度。甚至在国王的后宫之中，示现女身讲说这部经典。

“华德！这位妙音菩萨能够救护娑婆世界所有的众生。这位妙音菩萨如此变化而现出不同的身相，在这个娑婆世界里，为一切众生演说这部《法华经》，但是他的神通力、他的变化力及他的智慧，却毫无损减。这位菩萨用他的种种智慧光明来照耀娑婆世界，使一切众生各自得到与其根机相应的佛法，他还在十方恒河沙数之众的他方世界中，也是这样来救度众生。如果有应该以声闻身相获得救度的众生，妙音菩萨就示现声闻身相而为其说法；如果有应该以辟支佛身相获得救度的众生，妙音菩萨就示现辟支佛身相而为其说法；如果应该以菩萨身相获得救度的众生，妙间菩萨就示现菩萨身相而为其说法；如果有应该以佛的身相而获得救度的众生，妙音菩萨便示现佛的身相而为其说法。如此各种各样的身相，都是随着所应救度的众生的不同身相，而相应地为他们显现，甚至遇到应以灭度相获得救度的众生，妙音菩萨还会示现灭度相。华德！妙音菩萨所成就的大神通与大智慧之力，就是这样的。”

这时华德菩萨对佛说：“世尊！这位妙音菩萨种下了深深的善根。世尊！这位菩萨安住于何种禅定，而能如此随意变化示现不同的身相来救度众生？”

释迦牟尼佛告诉华德菩萨说：“善男子！妙音菩萨安住的禅定境界，名叫现一切色身。妙音菩萨安住在这种禅定中，所以，能如先前所说的那样利益无量的众生。”

说是《妙音菩萨品》时，与妙音菩萨俱来者八万四千人，皆得现一切色身三昧。此娑婆世界无量菩萨，亦得是三昧及陀罗尼。

尔时，妙音菩萨摩诃萨，供养释迦牟尼佛及多宝佛塔已，还归本土。所经诸国六种震动，雨宝莲华，作百千万亿种种伎乐。既到本国，与八万四千菩萨围绕，至净华宿王智佛所，白佛言："世尊，我到娑婆世界饶益众生，见释迦牟尼佛，及见多宝佛塔礼拜供养；又见文殊师利法王子菩萨，及见药王菩萨、得勤精进力菩萨、勇施菩萨等；亦令是八万四千菩萨得现一切色身三昧。"

说是《妙音菩萨来往品》时，四万二千天子得无生法忍，华德菩萨得法华三昧。

译文：

释迦牟尼佛讲说这篇《妙音菩萨品》时，与妙音菩萨一同前来的八万四千位菩萨都证得了现一切色身三昧；这个娑婆世界中的无数菩萨也获得了这种三昧及陀罗尼的法门。

这时，妙音菩萨供养释迦牟尼佛及多宝佛塔后，便返回自己所在的国土。途中所经过的各个国土，大地都发生了六种震动，天空中降下如雨一般的宝莲花，并出现百千万亿种歌舞与妙乐。妙音菩萨回到本国后，在八万四千位菩萨的围绕下，来到净华宿王智佛面前，对佛说："世尊！我到娑婆世界去，使那里的众生蒙受利益；我已见到了释迦牟尼佛，又见到了多宝佛塔，并进行礼拜供养；我还见到了文殊师利法王子菩萨，又见到了药王菩萨、得勤精进力菩萨、勇施菩萨等；也使与我同行的八万四千位菩萨都获得现一切色身的禅定。”

释迦牟尼佛讲说这部《妙音菩萨来往品》时，有四万二千名天子证得无生法忍，华德菩萨则证得了法华三昧。

观世音菩萨普门品第二十五

佛陀为无尽意菩萨解说观世音菩萨的名号因缘，言观世音菩萨以大威神力缘故，能够救度众生脱于诸难。众生若闻称观世音菩萨名号，当得离诸苦难。并宣说观世音菩萨以各种应身普门示现救度众生的功德。

尔时，无尽意菩萨即从座起①，偏袒右肩，合掌向佛，而作是言：“世尊，观世音菩萨②，以何因缘名观世音？”

佛告无尽意菩萨：“善男子！若有无量百千万亿众生受诸苦恼，闻是观世音菩萨，一心称名，观世音菩萨即时观其音声皆得解脱。若有持是观世音菩萨名者，设入大火，火不能烧，由是菩萨威神力故。若为大水所漂，称其名号即得浅处。若有百千万亿众生，为求金、银、琉璃、砗磲、玛瑙、珊瑚、琥珀、真珠等宝入于大海，假使黑风吹其船舫，飘堕罗刹鬼国，其中若有乃至一人称观世音菩萨名者，是诸人等皆得解脱罗刹之难。以是因缘，名观世音。若复有人临当被害，称观世音菩萨名者，彼所执刀杖寻段段坏而得解脱。若三千大千国土满中夜叉、罗刹欲来恼人，闻其称观世音菩萨名者，是诸恶鬼尚不能以恶眼视之，况复加害？设复有人，若有罪、若无罪，杻械枷锁检系其身，称观世音菩萨名者，皆悉断坏即得解脱。若三千大千国土满中怨贼，有一商主将诸商人，赍持重宝经过险路，其中一人作是唱言：‘诸善男子，勿得恐怖！汝等应当一心称观世音菩萨名号，是菩萨能以无畏施于众生。汝等若称名者，于此怨贼当得解脱。’众商人闻俱发声言：‘南无观世音菩萨！’称其名故即得解脱。

“无尽意，观世音菩萨摩诃萨，威神之力巍巍如是。若有众生多于淫欲，常念‘恭敬观世音菩萨’便得离欲；若多嗔恚，常念‘恭敬观世音菩萨’便得离嗔；若多愚痴，常念‘恭敬观世音菩萨’便得离痴。无尽意，观世音菩萨有如是等大威神力，多所饶益，是故众生常应心念。若有女人设欲求男，礼拜供养观世音菩萨，便生福德智慧之男；设欲求女，便生端正有相之女，宿植德本，众人爱敬。无尽意，观世音菩萨有如是力。

注释：

①无尽意菩萨：又作“无尽慧菩萨”、“无量意菩萨”。“贤劫十六尊”之一。为密教金刚界曼荼罗三昧耶会外坛北方五尊中西端之菩萨。此菩萨因观一切事象之因缘果报皆为无尽，而发心上求无尽之诸佛功德，下度无尽之众生，故称“无尽意菩萨”。密号“定惠金刚”、“无尽金刚”。

②观世音菩萨：音译“阿缚卢枳低湿伐罗”。以慈悲救济众生为本愿之菩萨。又作“光世音菩萨”、“观自在菩萨”、“观世自在菩萨”、“观世音自在菩萨”、“现音声菩萨”、“窥音菩萨”。略称“观音菩萨”。别称“救世菩萨”、“莲华手菩萨”、“圆通大士”。另一梵名音译“阿唎耶跋卢枳羝铄筏啰”，为“圣观世音”之义。与大势至菩萨同为西方极乐世界阿弥陀佛之胁侍，世称“西方三圣”。凡遇难众生诵念其名号，菩萨即时观其音声前往拯救，故称“观世音菩萨”。又因其于理事无碍之境，观达自在，故称“观自在菩萨”。

译文：

这时，无尽意菩萨从座位上站起来，裸露右肩，合掌向释迦牟尼佛礼敬，这样说道：“世尊！观世音菩萨是因为怎样的因缘，而得名为观世音呢？”

释迦牟尼佛告诉无尽意菩萨说：“善男子！如果有无量百千万亿的众生，遭受到种种苦恼，如果听到观世音菩萨的名号，并且一心称念他的名号，观世音菩萨就会立即察觉到他们的音声，并且予以救度而使他们得到解脱。如果有人持诵观世音菩萨的名号，即使他陷入大火之中，大火也不能将其烧着，这是因为此菩萨有大威神力的缘故。如果有人被大水所淹，只要他称念观世音菩萨的名号，就能很快到达浅处。如果有百千万亿的众生，为了寻求金、银、琉璃、砗磲、玛瑙、珊瑚、琥珀、珍珠等宝物，乘船进入大海，即使遇到狂风，将他乘坐的船只吹到罗刹鬼国，如果其中有人，甚至仅有一人，称念观世音菩萨的名号，那么所有这些遇难的人都能解脱鬼国之难。由于这种因缘，所以就称其为观世音菩萨。如果有人，在他面临被害的时候，只要能称念观世音菩萨的名号，那么，意图谋害他的人手中的刀杖，就会应声折成碎段，使受害者从危难中得到解脱。如果在三千大千世界的国土中，到处都充满夜叉、罗刹等恶鬼，它们想要伤害众生，但如果这些恶鬼听到有人称念观世音菩萨的名号，他们不仅无法睁开眼睛看人，更何况加害于人？如果有人，无论是有罪或是无罪，如果手脚被戴上镣铐，全身被枷锁缚绑，只要他能称念观世音菩萨的名号，那么所有刑具都会自动断坏，使其从束缚中得到解脱。假如在三千大千世界国土中，到处都有谋财害命的盗贼，有一位商主，率领许多商人，携带贵重珍宝，经过危险的道路，其中有一位商人建议大家说：'各位善男子！大家不要感到恐慌！你们应当一心一意地称念观世音菩萨的名号，因为这位菩萨能将无畏神力布施于大家。你们如果称念他的名号，就能够解脱怨贼相害。'众商人听完他的话后，都大声念道：'南无观世音菩萨！'因为称念观世音菩萨名号的缘故，他们都摆脱了危难。

"无尽意菩萨！观世音菩萨有如此宏大的威德神力。如果众生怀有很多欲望，常念'恭敬观世音菩萨'便能远离欲望；如果众生怀有很多的嗔恨、愤怒，常念'恭敬观世音菩萨'，便能远离嗔恨、愤怒；如果众生多有愚痴，常念'恭敬观世音菩萨'，便能去除愚痴；无尽意菩萨，观世音菩萨有如此宏大的威德神力，为众生丰饶利益，所以众生常应心念。如果有女人想求男孩的，礼拜、供养观世音菩萨，就会生出福德智慧具足的男孩；

想要女孩的，便会生出端正相貌好的女孩。观世音菩萨广植德本，受众人的爱戴。无尽意菩萨，观世音菩萨就是有如此大的神力。

“若有众生恭敬礼拜观世音菩萨，福不唐捐，是故众生皆应受持观世音菩萨名号。无尽意，若有人受持六十二亿恒河沙菩萨名字，复尽形供养饮食、衣服、卧具、医药。于汝意云何？是善男子、善女人功德多不？”

无尽意言：“甚多！世尊。”

佛言：“若复有人受持观世音菩萨名号，乃至一时礼拜供养，是二人福，正等无异，于百千万亿劫不可穷尽。无尽意，受持观世音菩萨名号，得如是无量无边福德之利。”

无尽意菩萨白佛言：“世尊，观世音菩萨，云何游此娑婆世界？云何而为众生说法？方便之力，其事云何？”

佛告无尽意菩萨：“善男子，若有国土众生应以佛身得度者，观世音菩萨即现佛身而为说法；应以辟支佛身得度者，即现辟支佛身而为说法；应以声闻身得度者，即现声闻身而为说法；应以梵王身得度者，即现梵王身而为说法；应以帝释身得度者，即现帝释身而为说法；应以自在天身得度者，即现自在天身而为说法；应以大自在天身得度者[①]，即现大自在天身而为说法；应以天大将军身得度者，即现天大将军身而为说法；应以毗沙门身得度者，即现毗沙门身而为说法；应以小王身得度者，即现小王身而为说法；应以长者身得度者，即现长者身而为说法；应以居士身得度者，即现居士身而为说法；应以宰官身得度者，即现宰官身而为说法；应以婆罗门身得度者，即现婆罗门身而为说法；应以比丘、比丘尼、优婆塞、优婆夷身得度者，即现比丘、比丘尼、优婆塞、优婆夷身而为说法；应以长者、居士、宰官、婆罗门妇女身得度者，即现妇女身而为说法；应以童男童女身得度者，即现童男童女身而为说法；应以天、龙、夜叉、乾闼婆、阿修罗、迦楼罗、紧那罗、摩睺罗伽、人非人等身得度者，即皆现之而为说法；应以执金刚身得度者[2]，即现执金刚身而为说法。

"无尽意！是观世音菩萨成就如是功德，以种种形游诸国土度脱众生。是故汝等应当一心供养观世音菩萨。是观世音菩萨摩诃萨，于怖畏急难之中能施无畏，是故此娑婆世界皆号之为施无畏者。"

无尽意菩萨白佛言："世尊！我今当供养观世音菩萨。"即解颈众宝珠璎珞，价值百千两金而以与之，作是言："仁者，受此法施珍宝璎珞。"时观世音菩萨不肯受之。无尽意复白观世音菩萨言："仁者，愍我等故受此璎珞。"

尔时，佛告观世音菩萨："当愍此无尽意菩萨，及四众、天、龙、夜叉、乾闼婆、阿修罗、迦楼罗、紧那罗、摩睺罗伽、人非人等故，受是璎珞。”

即时观世音菩萨愍诸四众，及于天、龙、人非人等，受其璎珞。分作二分，一分奉释迦牟尼佛，一分奉多宝佛塔。

“无尽意，观世音菩萨，有如是自在神力，游于娑婆世界。”

注释：

①大自在天：梵语。音译作“摩醯首罗”、“莫醯伊湿伐罗”。又作“自在天”、“自在天王”、“天主”。传说为“噜捺罗天”之忿怒身，因其居住地之不同，又有“商羯罗”、“伊舍那”等异名。此天原为婆罗门教之主神湿婆，信奉此天者被称为“大自在天外道”，此派以天为世界之本体，谓此天乃一切万物之主宰者，又司暴风雷电，凡人间所受之苦乐悲喜，悉与此天之苦乐悲喜相一致。故此天喜时，一切众生均得安乐；此天嗔时，则众魔现，国土荒乱，一切众生均随其受苦；若世界毁灭时，一切万物将归入大自在天中。此盖为大自在天神格之表现；然除杀伤、暴恶等性格之外，此天亦具有救护、治疗之性格，而以吉祥神之面貌出现。初时，此天与那罗延天同列于梵天之下，其后，其神位渐次升高，而成为最高神格，于婆罗门教中，被视为“其体常住，遍满宇宙”，而有“以虚空为头，以地为身”的泛神论神格。然湿婆神进入佛教后，即成为佛教之守护神，称为“大自在天”，住在第四禅天。其像为三目、八臂，骑白牛，执白拂之天人形，有大威

力，能知大千世界雨滴之数，独尊于色界。

②执金刚：又云“持金刚”、“金刚手”。胎藏界三部中金刚部之诸众，标如来之智印，皆手执金刚，故云“执金刚”。

译文：

“如果众生能够恭敬、礼拜观世音菩萨，他的福报则不会落空，因此，众生都应当受持观世音菩萨的名号。无尽意菩萨！如果有人能受持六十二亿恒河沙数之众的菩萨名号，又能对这些菩萨终生供养，如饮食、衣服、卧具、医药等，你是怎样认为的？这样的善男子、善女子，他们的功德多吗？”

无尽意菩萨回答说：“他们的功德非常多！世尊！”

释迦牟尼佛说：“如果另有人受持观世音菩萨的名号，甚至在很短的时间内进行礼拜和供养，那么，他所获得的福报，与前面所说的善男子、善女子所获得的福报，完全相等，毫无差异，在百千万亿劫中，他们的福报也难以穷尽。无尽意菩萨！受持观世音菩萨的名号，就能够得到如此无量无边的福德利益。”

无尽意菩萨对佛说：“世尊！观世音菩萨为什么在此娑婆世界云游？又如何为众生说法？他教化众生的方便神力又是怎样的？”

释迦牟尼佛告诉无尽意菩萨说：“善男子，在一切国土中的众生，如果有应以佛身而获得救度的，观世音菩萨即现佛身为其说法；应以辟支佛身获得救度的，观世音菩萨即现辟支佛身为其说法；应以声闻身获得救度的，观世音菩萨即现声闻身为其说法；应以梵王身获得救度的，观世音菩萨即现梵王身为其说法；应以帝释身获得救度的，观世音菩萨即现帝释身为其说法；应以自在天身获得救度的，观世音菩萨即现自在天身为其说法；应以大自在天身获得救度的，观世音菩萨即现大自在天身为其说法；应以天上大将军身获得救度的，观世音菩萨即现天上大将军身为其说法；应以毗沙门身获得救度的，观世音菩萨即现毗沙门身为其说法；应以小王身获得救度的，观世音菩萨即现小王身为其说法；应以长者身获得救度的，观世音菩萨即现长者身为其说法；应以居士身获得救度的，观世音菩萨即现居士身为其说法；应以宰官身获得救度的，观世菩萨即现宰官身为其说法；应以婆罗门身获得救度的，观世音菩萨即现婆罗门身为其说法；应以比丘、比丘尼、优婆塞、优婆夷身获得救度的，观世音菩萨即现比丘、比丘尼、优婆塞、优婆夷身为其说法；应以长者之妇、居士之妇、宰官之妇、婆罗门之妇的身相获得救度的，观世音菩萨即现相应的妇女身为其说法；应以童男、童女身获得救度的，观世音菩萨即现童男、童女身为其说法；应以天神、龙神、乾闼婆、阿修罗、迦楼罗、紧那罗、摩睺罗伽、人和非人之身相获得救度的，观世音菩萨即现相应的身相为其说法；应以执金刚神身获得救度的，观世音菩萨即现执金刚神身为其说法。

“无尽意！这位观世音成就如此的功德，能够以各种身形，游历各个国土，救度那里的众生。所以，你们应当一心一意地供养观世音菩萨。这位观世音菩萨能在众生遇到恐惧与危难之时，把无畏布施给众生，所以，这个娑婆世界都称观世音菩萨为施无畏者。”

无尽意菩萨对释迦牟尼佛说:“世尊!我现在就应当供养观世音菩萨。”于是,无尽意菩萨解下颈上的宝珠与璎珞,价值可达百千两金,把它们奉献给观世音菩萨,并这样说道:“仁慈的大德!请接受我奉上的珍宝和璎珞,作为我们如法的供养吧!”这时,观世音菩萨不肯接受。无尽意菩萨又再次对观世音菩萨说:“仁慈的大德,请您出于悲悯我们的缘故,收下这些璎珞吧!”

这时,释迦牟尼佛对观世音菩萨说:“你应当出于悲悯这位无尽意菩萨以及四众弟子和天神、龙神、夜叉、乾闼婆、阿修罗、迦楼罗、紧那罗、摩睺罗伽、人与非人等的缘故,而接受这些璎珞!”

于是,观世音菩萨出于对四众弟子及天龙八部、人与非人等的悲悯,即收下这些璎珞。他又把这些璎珞分作两份,一份奉献给释迦牟尼佛,一份奉献给多宝佛塔。

释迦牟尼佛对无尽意菩萨说:“无尽意菩萨!观世音菩萨有如此的自在神力,所以他才能自由地游历于此娑婆世界。”

尔时,无尽意菩萨以偈问曰[①]:

世尊妙相具,我今重问彼,
佛子何因缘,名为观世音?
具足妙相尊,偈答无尽意:
汝听观音行,善应诸方所,
弘誓深如海,历劫不思议,
侍多千亿佛,发大清净愿。

我为汝略说，闻名及见身，
心念不空过，能灭诸有苦。
假使兴害意，推落大火坑，
念彼观音力，火坑变成池。
或漂流巨海，龙鱼诸鬼难，
念彼观音力，波浪不能没。
或在须弥峰，为人所推堕，
念彼观音力，如日虚空住。
或被恶人逐，堕落金刚山，
念彼观音力，不能损一毛。
或值怨贼绕，各执刀加害，
念彼观音力，咸即起慈心。
或遭王难苦，临刑欲寿终，
念彼观音力，刀寻段段坏。
或囚禁枷锁，手足被杻械，
念彼观音力，释然得解脱。
咒诅诸毒药，所欲害身者，
念彼观音力，还著于本人。
或遇恶罗刹，毒龙诸鬼等，
念彼观音力，时悉不敢害。
若恶兽围绕，利牙爪可怖，
念彼观音力，疾走无边方。
蚖蛇及蝮蝎，气毒烟火燃，

念彼观音力，寻声自回去。
云雷鼓掣电，降雹澍大雨，
念彼观音力，应时得消散。
众生被困厄，无量苦逼身，
观音妙智力，能救世间苦。
具足神通力，广修智方便，
十方诸国土，无刹不现身。
种种诸恶趣，地狱鬼畜生，
生老病死苦，以渐悉令灭。
真观清净观，广大智慧观，
悲观及慈观，常愿常瞻仰。
无垢清净光，慧日破诸暗，
能伏灾风火，普明照世间。
悲体戒雷震，慈意妙大云，
澍甘露法雨，灭除烦恼焰。
诤讼经官处，怖畏军阵中，
念彼观音力，众怨悉退散。
妙音观世音，梵音海潮音，
胜彼世间音，是故须常念。
念念勿生疑，观世音净圣，
于苦恼死厄，能为作依怙，
具一切功德，慈眼视众生，
福聚海无量，是故应顶礼。

尔时，持地菩萨即从座起，前白佛言："世尊！若有众生，闻是《观世音菩萨品》自在之业、普门示现神通力者，当知是人功德不少。"

佛说是普门品时，众中八万四千众生，皆发无等等阿耨多罗三藐三菩提心。

注释：

①按：此偈颂内容在鸠摩罗什译本中原无。如宋代遵式《释普门品重颂》说："重颂是隋炀大业中智者灭后，笈多所译，方入大部。"所谓的"笈多所译"，应是他和阇那崛多编译的《添品妙法莲华经》中移入罗什所译之《普门品》中，成为现在看到的通行本。据宋代闻达《法华经句解》卷八云："什师译本即无重颂，今此偈文是后来人以笈多本经中之偈入此本中，相承传诵。"

译文：

这时，无尽意菩萨又以偈颂重问道：

世尊妙相具，我今重问彼，佛子何因缘，名为观世音？
具足妙相尊，偈答无尽意：汝听观音行，善应诸方所，
弘誓深如海，历劫不思议，侍多千亿佛，发大清净愿。
我为汝略说，闻名及见身，心念不空过，能灭诸有苦。
假使兴害意，推落大火坑，念彼观音力，火坑变成池。
或漂流巨海，龙鱼诸鬼难，念彼观音力，波浪不能没。
或在须弥峰，为人所推堕，念彼观音力，如日虚空住。
或被恶人逐，堕落金刚山，念彼观音力，不能损一毛。
或值怨贼绕，各执刀加害，念彼观音力，咸即起慈心。

或遭王难苦，临刑欲寿终，念彼观音力，刀寻段段坏。
或囚禁枷锁，手足被杻械，念彼观音力，释然得解脱。
咒诅诸毒药，所欲害身者，念彼观音力，还著于本人。
或遇恶罗刹，毒龙诸鬼等，念彼观音力，时悉不敢害。
若恶兽围绕，利牙爪可怖，念彼观音力，疾走无边方。
蚖蛇及蝮蝎，气毒烟火燃，念彼观音力，寻声自回去。
云雷鼓掣电，降雹澍大雨，念彼观音力，应时得消散。
众生被困厄，无量苦逼身，观音妙智力，能救世间苦。
具足神通力，广修智方便，十方诸国土，无刹不现身。
种种诸恶趣，地狱鬼畜生，生老病死苦，以渐悉令灭。
真观清净观，广大智慧观，悲观及慈观，常愿常瞻仰。
无垢清净光，慧日破诸暗，能伏灾风火，普明照世间。
悲体戒雷震，慈意妙大云，澍甘露法雨，灭除烦恼焰。
诤讼经官处，怖畏军阵中，念彼观音力，众怨悉退散。
妙音观世音，梵音海潮音，胜彼世间音，是故须常念。
念念勿生疑，观世音净圣，于苦恼死厄，能为作依怙，
具一切功德，慈眼视众生，福聚海无量，是故应顶礼。

这时，持地菩萨即从座位上站起来，走上前对释迦牟尼佛说："世尊！如果有众生听到这篇《观世音菩萨普门品》，知道观音菩萨自在无碍的事迹，了解观音菩萨广开无量法门，示现各种神通之力救度众生，那么，我们就可以知道，此人所获得的功德的确不少。"

释迦牟尼佛演说这篇《普门品》时，参加法会的大众之中，有八万四千众生都发下志求无上正等正觉的誓愿。

陀罗尼品第二十六

《法华经》中出现的陀罗尼(咒语),几乎都集中于本品中,以陀罗尼护持《法华经》行者,或以此得名。

本品的内容:佛陀宣说受持、读诵、书写《法华经》者的功德。药王菩萨、勇施菩萨、毗沙门天王、持国天王、诸罗刹女等各自演说咒语,拥护受持、演说《法华经》者。

尔时,药王菩萨即从座起,偏袒右肩,合掌向佛,而白佛言:"世尊!若善男子、善女人,有能受持《法华经》者,若读诵通利,若书写经卷,得几所福?"

佛告药王:"若有善男子、善女人,供养八百万亿那由他恒河沙等诸佛,于汝意云何?其所得福,宁为多不?"

"甚多!世尊。"

佛言:"若善男子、善女人,能于是经乃至受持一四句偈,读诵解义,如说修行,功德甚多。"

尔时,药王菩萨白佛言:"世尊,我今当与说法者陀罗尼咒,以守护之。"即说咒曰:

安尔(一)曼尔(二)摩祢(三)摩摩祢(四)旨隶(五)遮梨第(六)赊咩(七)赊履多玮(八)膻

帝（九）目帝（十）目多履（十一）娑履（十二）阿玮娑履（十三）桑履（十四）娑履（十五）叉裔（十六）阿叉裔（十七）阿耆腻（十八）膻帝（十九）赊履（二十）陀罗尼（二十一）阿卢伽婆娑簸蔗毗叉腻（二十二）祢毗剃（二十三）阿便哆逻祢履剃（二十四）阿亶哆波隶输地（二十五）欧究隶（二十六）牟究隶（二十七）阿罗隶（二十八）波罗隶（二十九）首迦差（三十）阿三磨三履（三十一）佛陀毗吉利衺帝（三十二）达磨波利差帝（三十三）僧伽涅瞿沙祢（三十四）婆舍婆舍输地（三十五）曼哆逻（三十六）曼哆逻叉夜多（三十七）邮楼哆（三十八）邮楼哆憍舍略（三十九）恶叉逻（四十）恶叉冶多冶（四十一）阿婆卢（四十二）阿摩若那多夜（四十三）

“世尊，是陀罗尼神咒，六十二亿恒河沙等诸佛所说。若有侵毁此法师者，则为侵毁是诸佛已。”

时释迦牟尼佛赞药王菩萨言：“善哉！善哉！药王，汝愍念拥护此法师故，说是陀罗尼，于诸众生多所饶益。”

尔时，勇施菩萨白佛言：“世尊，我亦为拥护读诵受持《法华经》者，说陀罗尼。若此法师得是陀罗尼，若夜叉、若罗刹、若富单那[①]、若吉遮、若鸠槃荼、若饿鬼等，伺求其短，无能得便。”即于佛前，而说咒曰：

痤隶（一）摩诃痤隶（二）郁枳目枳（四）阿

隶(五)阿罗婆第(六)涅隶第(七)涅隶多婆第(八)伊缴(九)柅韦缴柅(十)旨缴柅(十一)涅隶墀柅(十二)涅犁墀婆底(十三)

"世尊!是陀罗尼神咒,恒河沙等诸佛所说,亦皆随喜。若有侵毁此法师者,则为侵毁是诸佛已。"

尔时,毗沙门天王护世者白佛言:"世尊,我亦为愍念众生拥护此法师故,说是陀罗尼。"即说咒曰:

阿梨(一)那梨(二)㝹那梨(三)阿那卢(四)那履(五)拘那履(六)

"世尊,以是神咒拥护法师,我亦自当拥护持是经者,令百由旬内无诸衰患。"

尔时,持国天王在此会中,与千万亿那由他乾闼婆众恭敬围绕,前诣佛所,合掌白佛言:"世尊!我亦以陀罗尼神咒,拥护持《法华经》者。"即说咒曰:

阿伽祢(一)伽祢(二)瞿利(三)乾陀利(四)旃陀利(五)摩蹬耆(六)常求利(七)浮楼莎柅(八)頞底(九)

"世尊,是陀罗尼神咒,四十二亿诸佛所说。若有侵毁此法师者,则为侵毁是诸佛已。

尔时,有罗刹女等,一名蓝婆,二名毗蓝婆,三名曲齿,四名华齿,五名黑齿,六名多发,七名无厌足,八名持璎珞,九名皋帝,十名夺一切众生精气。是十罗刹女,与鬼子母并其子及眷属,俱诣佛所,同声白佛言:

“世尊，我等亦欲拥护读诵受持《法华经》者，除其衰患。若有伺求法师短者，令不得便。”即于佛前，而说咒曰：

伊提履（一）伊提泯（二）伊提履（三）阿提履（四）伊提履（五）泥履（六）泥履（七）泥履（八）泥履（九）泥履（十）楼醯（十一）楼醯（十二）楼醯（十三）楼醯（十四）多醯（十五）多醯（十六）多醯（十七）兜醯（十八）㝹醯（十九）

“宁上我头上，莫恼于法师。若夜叉、若罗刹、若饿鬼、若富单那、若吉遮、若毗陀罗、若犍驮、若乌摩勒伽、若阿跋摩罗、若夜叉吉遮、若人吉遮、若热病[①]，若一日、若二日、若三日、若四日乃至七日若常热病，若男形、若女形、若童男形、若童女形，乃至梦中亦复莫恼。

即于佛前，而说偈言：

若不顺我咒，恼乱说法者，
头破作七分，如阿梨树枝[②]。
如杀父母罪，亦如压油殃，
斗秤欺诳人，调达破僧罪，
犯此法师者，当获如是殃。

诸罗刹女说此偈已，白佛言：“世尊！我等亦当身自拥护受持、读诵、修行是经者，令得安隐，离诸衰患，消众毒药。”

佛告诸罗刹女：“善哉！善哉！汝等但能拥护受持《法华》名者，福不可量；何况拥护具足受持供养经卷，华香、璎珞、末香、涂香、烧香、幡盖、伎乐，燃种种灯，酥灯、油灯、诸香油灯、苏摩那华油灯、瞻卜华油灯、婆师迦华油灯、优钵罗华油灯，如是等百千种供养者！皋帝，汝等及眷属，应当拥护如是法师。”

说是《陀罗尼品》时，六万八千人得无生法忍。

注释：

①富单那：为鬼神之一种。又作“富多那鬼”、“布怛那鬼”。意译作“臭鬼”、“臭饿鬼”。又称“热病鬼”。此鬼与乾闼婆皆为持国天之眷属，守护东方。依《护诸童子陀罗尼经》载，富多那鬼外形如猪，能使孩童在睡眠中惊怖啼哭。又据《慧琳音义》卷十二、卷十八所述，富单那鬼为饿鬼中福报最胜者，其易极为臭秽，能予人畜灾害。

⑦阿梨树：乃香树之名。阿梨，意译为“兰”。

译文：

这时，药王菩萨即从座位上起身，他袒露右肩，合掌向释迦牟尼佛致礼，并对佛说：“世尊！如果有善男子、善女子能够受持这部《法华经》，或者非常流利通达地读诵此经，或者抄写经卷，那么他们能得到多少福德呢？”

释迦牟尼佛告诉药王菩萨说：“如果有善男子、善女子供养与八百万亿那由他恒河沙数之多的如来，你如何认为？他获得的福报多吗？”

药王菩萨回答说：“当然是非常多的，世尊！”

释迦牟尼佛又说："如果有善男子、善女子受持此《法华经》中的内容，甚至只是受持其中的一句或四句偈颂，或者对其读诵、解释，并依照其义如法修行，那么，此人的功德也是非常多的。"

这时，药王菩萨对释迦牟尼佛说："世尊！我现在应当给演说《法华经》的法师说陀罗尼神咒，以便守护他们。"于是，药王菩萨即宣说如下神咒：

安尔（一）曼尔（二）摩祢（三）摩摩祢（四）旨隶（五）遮梨第（六）赊咩（七）赊履多玮（八）膻尸帝（九）目帝（十）目多履（十一）娑履（十二）阿玮娑履（十三）桑履（十四）娑履（十五）叉裔（十六）阿叉裔（十七）阿耆腻（十八）膻帝（十九）赊履（二十）陀罗尼（二十一）阿卢伽婆娑簸蔗毗叉腻（二十二）祢毗剃（二十三）阿便哆逻祢履剃（二十四）阿亶哆波隶输地（二十五）欧究隶（二十六）牟究隶（二十七）阿罗隶（二十八）波罗隶（二十九）首迦差（三十）阿三磨三履（三十一）佛陀毗吉利袠帝（三十二）达磨波利差帝（三十三）僧伽涅瞿沙祢（三十四）婆舍婆舍输地（三十五）曼哆逻（三十六）曼哆逻叉夜多（三十七）邮楼哆（三十八）邮楼哆憍舍略（三十九）恶叉逻（四十）恶叉冶多冶（四十一）阿婆卢（四十二）阿摩若那多夜（四十三）。

药王菩萨又对释迦牟尼佛说："世尊！这个陀罗尼神咒，是六十二亿恒河沙数之众的如来所宣说。如果有人侵扰诋毁这位演说《法华经》的法师，那他就等于侵扰诋毁这些如来。"

这时，释迦牟尼佛称赞药王菩萨说："善哉！善哉！药王，你怜悯、关照、拥护宣说《法华经》的法师，所以才说出这个陀罗尼神咒，这对于所有的众生也有很大的得益。”

这时，勇施菩萨对释迦牟尼佛说：“世尊！我也为拥护、读诵、受持《法华经》的人们，说一个陀罗尼神咒。如果这些法师得到了这个陀罗尼神咒，那么，夜叉鬼、罗刹鬼、富单那鬼、吉遮鬼、鸠槃茶鬼、饿鬼等，都不会有机会侵害损恼这些法师。”于是，勇施菩萨即在释迦牟尼佛面前宣说如下咒语：

痤隶（一）摩诃痤隶（二）郁枳目枳（四）阿隶（五）阿罗婆第（六）涅隶第（七）涅隶多婆第（八）伊緻（九）柅韦緻柅（十）旨緻柅（十一）涅隶墀柅（十二）涅犁墀婆底（十三）。

勇施菩萨又对释迦牟尼佛说：“世尊！这个陀罗尼神咒，是由恒河沙数之众的如来所宣说的，并且得到诸佛随喜赞叹。如果有人侵扰诋毁这些讲说《法华经》的法师，那么，他就相当于侵扰诋毁这恒河沙数之众的如来。”

这时，毗沙门天王对释迦牟尼佛说：“世尊！我也因为悲悯、关怀众生，及拥护受持《法华经》的法师的缘故，说一个陀罗尼神咒。”于是，毗沙门天王即说出如下咒语：

阿梨（一）那梨（二）㝹那梨（三）阿那卢（四）那履（五）拘那履（六）

毗沙门天王又对释迦牟尼佛说：“世尊，以这个神咒可以护持讲说《法华经》的法师。我也将亲自拥护受持这部经典的众生，使他们在一百由旬之内，没有任何衰退与祸患。”

那时，在法会中的持国天王，在千万亿那由他数的乾闼婆众的恭敬围绕下，也来到释迦牟尼佛的面前，合掌致礼，对佛说道：“世尊！我也以陀罗尼神咒来拥护受持《法华经》的法师。”

于是，持国天王即说出如下咒语：

阿伽祢（一）伽祢（二）瞿利（三）乾陀利（四）旃陀利（五）摩蹬耆（六）常求利（七）浮楼莎柅（八）頞底（九）。

持国天王又对释迦牟尼佛说："这个陀罗尼神咒，是由四十二亿位如来所宣说的。如果有谁侵扰诋毁这些受持《法华经》的法师，那他就如同侵扰诋毁这众多的如来。"

这时，有众罗刹女，第一位名叫蓝婆，第二位名叫毗蓝婆，第三位名叫曲齿，第四位名叫华齿，第五位名叫黑齿，第六位名叫多发，第七位名叫无厌足，第八位名叫持璎珞，第九位名叫皋帝，第十位名叫夺一切众生精气。这十位罗刹女与鬼子母等，以及她们的子女与眷属一同来到佛的面前，异口同声对佛说道："世尊！我们也想拥护那些读诵、受持《法华经》的法师，消除他们的衰退与祸患。如果有人寻找法师的短处，都不会有可乘之机。"于是众罗刹女等即在释迦牟尼佛前说出如下咒语：

伊提履（一）伊提泯（三）伊提履（三）阿提履（四）伊提履（五）泥履（六）泥履（七）泥履（八）泥履（九）泥履（十）楼醯（十一）楼醯（十二）楼醯（十三）楼醯（十四）多醯（十五）多醯（十六）多醯（十七）兜醯（十八）嵬醯（十九）

说完如上咒语，罗刹女等又继续说："我们宁愿诸恶鬼众在我们头上为所欲为，也不会让他们去扰乱受持《法华经》的法师。若持此咒，一切恶鬼，如夜叉鬼、罗刹鬼、饿鬼、富单那鬼、吉遮鬼、毗陀罗鬼、犍驮鬼、乌摩勒伽鬼、阿跋摩罗鬼、夜叉吉遮鬼、人吉遮鬼、热病鬼等都不能扰乱这些受持《法华经》的法师。若持此咒，在一日、二日、三日、四日甚至七日之中，如果常有热病鬼，或者男形，或者女形，或者童男形，或者童女形，都不能扰乱这些受持《法华经》的法师；若持此咒，甚至在梦中，都不能扰乱这些受持《法华经》的法师。”

罗刹女等又在释迦牟尼佛前说偈语道：

若不顺我咒，恼乱说法者，头破作七分，如阿梨树枝。

如杀父母罪，亦如压油殃，斗秤欺诳人，调达破僧罪，

犯此法师者，当获如是殃。

罗刹女们说完偈语之后，对释迦牟尼佛说：“世尊！我们也应当亲自拥护那些受持、读诵《法华经》，并按照《法华经》如法修行的法师，使他们身心得到安稳，远离各种衰退与祸患，消除各种有害的毒药。”

释迦牟尼佛告诉罗刹女们说：“善哉！善哉！你们只要能够拥护那些受持《法华经》名字的人，所获得的福报已不可限量；更何况拥护那些完全受持、供养《法华经》的人。这些供养经卷的人，或者以鲜花、香料、璎珞供养，或者以末香、涂香、烧香供养，或者以宝幡、宝盖、歌舞供养，或者点燃各种油灯供养，如酥油灯、油灯、诸香油灯、苏摩那花油灯、瞻卜花油灯、婆师迦花油灯、优钵罗花油灯进行供养，诸如此类等百千种方式来供养《法华经》的法师，皋帝！你们及你们的眷属，应当拥护这些法师。”

释迦牟尼佛说这篇《陀罗尼品》时，法会中有六万八千人获得了无生法忍。

妙庄严王本事品第二十七

佛陀宣说久远劫前，妙庄严王的两位王子度化其父的本事。两位王子遵母之命，于其父面前显示神通。妙庄严王受其所感，即与眷属俱诣云雷音宿王华智佛所，闻佛说法，并以珠瓔供养如来。云雷音宿王华智佛为妙庄严王授记，将于未来成佛，名号“娑罗树王佛”。王与夫人、二子及诸眷属出家修道，奉持修习《法华经》。佛陀指出，妙庄严王即如今的华德菩萨，净德夫人即如今光照庄严相菩萨，二子即今药王、药上菩萨。

尔时，佛告诸大众：“乃往古世，过无量无边不可思议阿僧祇劫，有佛名云雷音宿王华智多陀阿伽度阿罗诃三藐三佛陀，国名光明庄严，劫名喜见。彼佛法中有王，名妙庄严，其王夫人，名曰净德。有二子，一名净藏，二名净眼。是二子有大神力福德智慧，久修菩萨所行之道，所谓檀波罗蜜、尸罗波罗蜜、羼提波罗蜜、毗梨耶波罗蜜、禅波罗蜜、般若波罗蜜、方便波罗蜜、慈悲喜舍，乃至三十七品助道法[①]，皆悉明了通达。又得菩萨净三昧、日星宿三昧、净光三昧、净色三昧、净照明三昧、长庄严三昧、大威德藏三昧，于此三昧亦悉通达。

“尔时，彼佛欲引导妙庄严王，及愍念众生故，说是《法华经》。时净藏、净眼二子，到其母所，合十指爪掌白言：‘愿母往诣云雷音宿王华智佛所，我等亦当侍从亲近、供养、礼拜。所以者何？此佛于一切天人众中说《法华经》，宜应听受。’

“母告子言：‘汝父信受外道，深著婆罗门法，汝等应往白父与共俱去。’

“净藏、净眼合十指爪掌白母：‘我等是法王子，而生此邪见家。’

“母告子言：‘汝等当忧念汝父，为现神变。若得见者，心必清净，或听我等往至佛所。’

“于是二子念其父故，涌在虚空，高七多罗树，现种种神变，于虚空中行住坐卧，身上出水，身下出火，身下出水，身上出火，或现大身满虚空中，而复现小，小复现大，于空中灭忽然在地，入地如水，履水如地。现如是等种种神变，令其父王心净信解。

“时父见子神力如是，心大欢喜，得未曾有，合掌向子言：“汝等师为是谁？谁之弟子？”

“二子白言：‘大王，彼云雷音宿王华智佛，今在七宝菩提树下法座上坐，于一切世间天人众中广说《法华经》。是我等师，我是弟子。’

“父语子言：‘我今亦欲见汝等师，可共俱往。’

“于是二子从空中下，到其母所，合掌白母：‘父王今已信解，堪任发阿耨多罗三藐三菩提心。我等为父已作佛事，愿母见听于彼佛所出家修道。’”

尔时，二子欲重宣其意，以偈白母：

愿母放我等，出家作沙门，
诸佛甚难值，我等随佛学。
如优昙钵罗②，值佛复难是，
脱诸难亦难，愿听我出家。

注释：

①三十七道品：道品，为梵语之意译，又作“菩提分”、“觉支”，即为追求智慧，进入涅槃境界之三十七种修行方法。又称“三十七觉支”、“三十七菩提分”、“三十七助道法”、“三十七品道法”。循此三十七法而修，即可次第趋于菩提，故称为“菩提分法”。“三十七道品”可分七科如下：（一）四念处，又作“四念住”。（1）身念处，即观此色身皆是不净。（2）受念处，观苦乐等感受悉皆是苦。（3）心念处，观此识心念念生灭，更无常住。（4）法念处，观诸法因缘生，无自主自在之性，是为诸法无我。（二）四正勤，又作“四正断”。（1）已生恶令永断。（2）未生恶令不生。（3）未生善令生。（4）已生善令增长。（三）四如意足，又作“四神足”。（1）欲如意足，希慕所修之法能如愿满足。（2）精进如意足，于所修之法，专注一心，无有间杂，而能如愿满足。（3）念如意足，于所修之法，记忆不忘，如愿满足。（4）思惟如意足，心思所修之法，不令忘失，如愿满足。（四）五根，根，即能生之意，此五根能生一切善法。（1）信根，笃信正

道及助道法，则能生出一切无漏禅定解脱。（2）精进根，修于正法，无间无杂。（3）念根，乃于正法记忆不忘。（4）定根，摄心不散，一心寂定，是为定根。（5）慧根，对于诸法观照明了，是为慧根。（五）五力，力即力用，能破恶成善。（1）信力，信根增长，能破诸疑惑。（2）精进力，精进根增长，能破身心懈怠。（3）念力，念根增长，能破诸邪念，成就出世正念功德。（4）定力，定根增长，能破诸乱想，发诸禅定。（5）慧力，慧根增长，能遮止三界见思之惑。（六）七觉分，又作"七觉支"、"七觉意"。（1）择法觉分，能拣择诸法之真伪。（2）精进觉分，修诸道法，无有间杂。（3）喜觉分，契悟真法，心得欢喜。（4）除觉分，能断除诸见烦恼。（5）舍觉分，能舍离所见念着之境。（6）定觉分，能觉了所发之禅定。（7）念觉分，能思惟所修之道法。（七）八正道，又作"八圣道"、"八道谛"。（1）正见，能见真理。（2）正思惟，心无邪念。（3）正语，言无虚妄。（4）正业，住于清净善业。（5）正命，依法乞食活命。（6）正精进，修诸道行，能无间杂。（7）正念，能专心忆念善法。（8）正定，身心寂静，正住真空之理。

②优昙钵罗：又作"优昙跋罗"，又作"乌昙钵罗花"、"忧昙波花"、"邬昙钵罗花"、"优昙花"、"郁昙花"。略称"昙花"。意译作"灵瑞花"、"空起花"、"起空花"。据《慧琳音义》卷八记载，此为祥瑞灵异之所感，乃天花，为世间所无，若如来下生，以大福德力故，能感得此花出现。又以其稀有难遇，佛教诸经中以此花比喻难值佛出世。如《无量寿经》中载："无量亿劫难值难见，犹灵瑞华时时乃出。"盖因其花隐于壶状凹陷之花托中，故常被误以为无花植物，由此而产生各种传说。印度自

吠陀时代至今，用其粗叶作护摩木，亦即作为祭祀时之薪木。又在佛教，过去七佛成道之菩提树各有不同，优昙跋罗树为第五佛拘那含牟尼如来成道之树。本品为桑科中之隐花植物，产于喜马拉雅山麓、德干高原及斯里兰卡等地。树干高三公尺余，叶有二种，一平滑，另一粗糙，皆长十至十八公分，尖端细长。雌雄异花，花托大者如拳，小者如拇指，十余个聚生于树干，虽可食用而味不佳。

译文：

这时，释迦牟尼佛对法华会上的大众说："从现在往过去回溯，在无量无边不可思议阿僧祇劫前，有一位佛陀，他的名号叫作云雷音宿王华智多陀阿伽度阿罗诃三藐三佛陀，佛国名叫作光明庄严，劫名叫作喜见。在这位如来的正法时期，有一位国王，名叫妙庄严，国王的夫人名叫净德。妙庄严王有两个儿子，一个名叫净藏，一个名叫净眼。这两个儿子都有很大的神通力，具备福德与智慧，他们在相当长的时间内一直修行大乘菩萨道，即布施波罗蜜、持戒波罗蜜、忍辱波罗蜜、精进波罗蜜、禅定波罗蜜、般若波罗蜜、方便波罗蜜，还有大慈、大悲、大喜、大舍的四无量心，直至三十七品助道法，他们全都通达明了。净藏和净眼二位王子还证得了各种深妙禅定，如菩萨净妙定、日星宿妙定、净光妙定、净色妙定、净照明妙定、长庄严妙定、大威德藏妙定，对于这些禅定，二位王子也都能够全部通达。

"当时，那位云雷音宿王华智佛为了引导妙庄严王，并出于对一切众生悲悯关怀的缘故，即演说这部《法华经》。这时，净藏、净眼二位王子来到母亲的住所，双手合掌，对母亲说：‘我们恳请母亲前往云雷音宿王华智佛那里，我们也当跟随您一同前往，以便侍从、亲近、供养、礼拜这位如来。为什么呢？这位如来在一切天、人大众中演说《法华经》，所以我们应该前去听闻受教。’

“母亲告诉儿子说：‘你们的父亲信受外道，深深沉溺于婆罗门教法。你们应该前去禀告你们的父亲，让他与我们一同前往。’

“净藏、净眼双手合掌，对母亲说：‘我们是如来法王的弟子，竟然生在这个执持邪见的家庭。’

“母亲又告诉两位儿子说：‘你们应当为你们的父亲感到担忧，为你们的父亲考虑。你们可以为你们的父亲示现各种神通变化，如果让他看见，他的内心必定得到清净，或许会听从我们的劝告，与我们一同前往云雷音宿王华智佛的住所听闻佛法。’

“于是，两位王子出于对父亲的关怀，即升入空中距地面有七棵多罗树的高处，并示现出各种神变异象：他们在空中行走、站立、打坐、睡卧；或者身上出水，身下出火；或者身下出水，身上出火；或者示现出布满虚空的巨大身躯，而又再变化示现小身，又从小身再变为大身；或者在虚空中消失，而又忽然出现在地上；或者像入水一样隐没在地中，像走平地一般行走在水面。他们示现如此各种神变，让他们的父亲心地清净，而于佛法生起信解之心。

“这时，妙庄严王看见两个儿子有这样的神通力，心中十分欢喜，这是过去从未有过的。于是妙庄严王双手合掌对儿子

说：‘你们的师父是谁？你们是谁的弟子？’

“两位儿子回答说：‘父王！那位云雷音宿王华智佛，现在正在七宝菩提树下的法座上安坐，在一切世间的天、人大众中广泛演说《法华经》。云雷音宿王华智佛即是我们的师父，我们是他的弟子。’

“父亲又对儿子说：‘我现在也想拜见你们的师父，我们可以一同前往。’

“于是，两位王子从空中下来，来到他们母亲的住所，双手合掌，对母亲说：‘父王现在已经信解佛法，具足发起志求无上正等正觉誓愿的因缘。我们已经为父亲作了佛事，恳请母亲允许我们在那位如来的住所出家修道。’”

这时，两位王子为了再次重申他们的意思，即以偈颂对母亲说道：

愿母放我等，出家作沙门，
诸佛甚难值，我等随佛学。
如优昙钵罗，值佛复难是，
脱诸难亦难，愿听我出家。

“母即告言：‘听汝出家。所以者何？佛难值故。’

“于是二子白父母言：‘善哉，父母！愿时往诣云雷音宿王华智佛所亲近供养。所以者何？佛难得值，如优昙钵罗华，又如一眼之龟值浮木孔。而我等宿福深厚生值佛法，是故父母当听我等令得出家。所以者何？诸佛难值，时亦难遇。’

“彼时妙庄严王，后宫八万四千人，皆悉堪任受持是《法华经》。净眼菩萨于法华三昧久已通达。净藏菩萨已于无量百千万亿劫，通达离诸恶趣三昧，欲令一切众生离诸恶趣故。其王夫人，得诸佛集三昧，能知诸佛秘密之藏。

“二子如是以方便力善化其父，令心信解好乐佛法。

“于是妙庄严王与群臣眷属俱，净德夫人与后宫婇女眷属俱，其王二子与四万二千人俱，一时共诣佛所，到已，头面礼足，绕佛三匝，却住一面。

译文：

“母亲即告诉两位儿子说：‘我同意你们出家，为什么呢？这是因为能够遇到佛陀是极为不易的。’

“于是两位儿子对父母说：‘善哉！父亲！母亲！我们希望能够现在就前去拜访云雷音宿王华智佛的住所，并亲近、供养这位如来。为什么呢？因为与如来相遇是如此地难得，犹如优昙钵罗花很久方得一现；又如同独眼之龟，能够在大海上钻入漂浮木头上的小孔一样难得。但是由于我们往世已经积下深厚的功德，出生在如来出现于世的时际，因此恳请父亲母亲应允我们出家。为什么这样呢？因为诸佛难遇，随佛出家的时机也是极为难得。’

“那时，妙庄严王后宫的八万四千眷属，全都具足受持这部

《法华经》的因缘。净眼菩萨对于法华三昧，很久之前已经通达。净藏菩萨已在无量百千万亿劫的岁月中，通达了离诸恶趣三昧，这是为了想要使一切众生永离各种恶道的缘故。国王夫人净德也获得了诸佛集三昧，能够知晓诸佛的秘密法藏。

“两位王子以这样的方便之力，妥善地化导了他们的父亲，使他于内心生起信解，并且喜爱佛法。

“于是，妙庄严王与群臣及眷属一起，净德夫人与后宫嫔妃及眷属一起，两位王子与四万二千人一起，大家一齐前往拜访云雷音宿王华智如来的住所。到达后，他们以头面礼如来足，又绕佛三周，然后退下，站在一旁。

“尔时，彼佛为王说法示教利喜，王大欢悦。

“尔时，妙庄严王及其夫人，解颈真珠璎珞价值百千以散佛上，于虚空中化成四柱宝台。台中有大宝床，敷百千万天衣，其上有佛，结跏趺坐，放大光明。

“尔时，妙庄严王作是念：‘佛身希有端严殊特，成就第一微妙之色。’

“时云雷音宿王华智佛告四众言：‘汝等见是妙庄严王于我前合掌立不？此王于我法中作比丘，精勤修习助佛道法，当得作佛，号娑罗树王，国名大光，劫名大高王。其娑罗树王佛，有无量菩萨众，及无量声闻，其国平正功德如是。’

“其王即时以国付弟，与夫人、二子并诸眷属，于佛法中出家修道。

“王出家已，于八万四千岁常勤精进修行《妙法华经》。过是已后，得一切净功德庄严三昧，即升虚空高七多罗树，而白佛言：‘世尊，此我二子已作佛事，以神通变化转我邪心，令得安住于佛法中得见世尊。此二子者是我善知识，为欲发起宿世善根，饶益我故，来生我家。’

“尔时，云雷音宿王华智佛告妙庄严王言：‘如是，如是，如汝所言。若善男子、善女人种善根故，世世得善知识。其善知识，能作佛事示教利喜，令入阿耨多罗三藐三菩提。大王当知，善知识者是大因缘，所谓化导令得见佛，发阿耨多罗三藐三菩提心。大王，汝见此二子不？此二子已曾供养六十五百千万亿那由他恒河沙诸佛，亲近恭敬，于诸佛所受持《法华经》，愍念邪见众生，令住正见。’

“妙庄严王即从虚空中下，而白佛言：‘世尊，如来甚希有！以功德智慧故，顶上肉髻光明显照，其眼长广而绀青色，眉间毫相白如珂月，齿白齐密常有光明，唇色赤好如频婆果①。’

“尔时，妙庄严王赞叹佛如是等无量百千万亿功德已，于如来前一心合掌，复白佛言：‘世尊，未曾有也。如来之法，具足成就不可思议微妙功德，教诫所行安隐快善。我从今日不复自随心行，不生邪见、憍慢、嗔恚诸恶之心。’说是语已，礼佛而出。”

佛告大众：“于意云何？妙庄严王岂异人乎？今华德菩萨是。其净德夫人，今佛前光照庄严相菩萨是，哀愍妙庄严王及诸眷属故，于彼中生。其二子者，今药王菩萨、药上菩萨是。是药王、药上菩萨，成就如此诸大功德，已于无量百千万亿诸佛所植众德本，成就不可思议诸善功德。若有人识是二菩萨名字者，一切世间诸天人民亦应礼拜。”

佛说是《妙庄严王本事品》时，八万四千人远尘离垢，于诸法中得法眼净。

注释：

①频婆：即频婆树。意译“相思树”。其果实为鲜红色，称为“频婆果”、“频婆罗果”，以之为赤色之譬喻。

译文：

“这时，那位云雷音宿王华智佛为妙庄严王说法，开示得到利益和喜乐的教法，国王听后，非常欢喜快乐。

“这时，妙庄严王及其夫人便解下颈上的珍珠、璎珞，把这些价值百千金的珍宝散在云雷音宿王华智佛的身上。这时在虚空中，出现有四根柱子的宝台，台中有一大宝床，宝床上敷盖着百千万种天衣，宝床之上，有一位如来结跏趺坐，身放出耀眼的光明。

“这时，妙庄严王生起这样的念头：‘如来的身相是如此地稀有，端庄威严，奇特无比，成就了最为第一的微妙身相。’

“这时，云雷音宿王华智佛对四众弟子说：‘你们看见这位妙庄严王，在我面前合掌站立吗？这位国王将在我的正法时期内成为比丘，他精勤修习，助佛弘扬佛法，日后必将成佛，佛号为娑罗树王，国名叫大光，劫名叫大高王。这位娑罗树王佛，有无量的菩萨大众和无数的声闻弟子，他的佛国大地平坦方正。他的功德就是如此。’

“这位妙庄严王当即把国家交付给他的弟弟治理，然后与他的夫人、两位王子和所有眷属们，在云雷音宿王华智佛前出家修道。

“妙庄严王出家以后，经历八万四千年，始终勤奋精进，按照《妙法莲华经》进行修行。经过如此长期的修行之后，妙庄严王证得一切净功德庄严三昧。于是，妙庄严王即升在虚空中，距地面有七棵多罗树的高度，并对云雷音宿王华智佛说：‘世尊！我的这两个儿子，已经大作佛事，又用种种神通变化，使我的邪心得到转化，如今才得以安住于佛法之中，并能够得见世尊。这两位儿子是我的善知识，他们为了促发我往世种下的善根，使我得到受益，所以前来投生我家。’

“这时，云雷音宿王华智佛对妙庄严王说：‘确实是这样！确实是这样！就如你所说的。如果善男子、善女人因为种下善根的缘故，那么他们生生世世都能够遇到善知识，他们遇到的善知识能够大作佛事，教化众生获得利益和喜乐，让他们最终证入无上正等正觉。大王！你应当知道，善知识是一个非常重要的因缘，他能教化指导众生，使他们得见佛陀，并发起志求无上正等正觉的心愿。大王！你看见你的这两位儿子吗？您这两位儿子，已曾供养过六十五百千万亿那由他恒河沙之众的如来，在如此众多的如来面前亲近恭敬。在那些如来面前受持《法华经》，对那些执持邪见的众生生起悲悯之心，要使他们安住于佛法正见之中。'

"妙庄严王当即从虚空中下来，对云雷音宿王华智佛说：'世尊！如来是如此稀有，因为如来具足功德和智慧的缘故，头顶上的肉髻大放光明，照亮一切；如来的双眼宽广，呈绀青色；如来眉间的白毫相光，白如珂月；如来的牙齿，洁白整齐严密，常常呈现光明；如来的唇色鲜红，如同频婆果之色。'

"这时，妙庄严王对如来所具足的这些无量百千万亿种功德进行赞叹之后，在云雷音宿王华智佛面前，一心合掌，又对佛说：'世尊！过去从未有过如此！如来的教法具足成就不可思议的微妙功德，教戒众生如法所行，令众生得到安稳和快乐。我从今日起，不再随心所欲，也不再生起邪见之心，不生起骄慢之心，不生起嗔恨等各种恶劣之心。'说完这些话后，妙庄严王向云雷音宿王华智佛再次行礼，然后退了出去。"

释迦牟尼佛对法华会上的大众说："你们有怎样的想法？妙庄严王难道是旁人吗？他就是现在的华德菩萨。那位净德夫人就是现在佛前那位光照庄严相菩萨。她因为悲悯妙庄严王及其所有眷属，所以在那里转生。国王的两个儿子，就是现在的药王菩萨和药上菩萨。药王菩萨和药上菩萨成就了如此巨大的功德，他们已于过去无量百千万亿位如来那里种下了众多的善根，成就了不可思议的各种功德。如果有人能识得这两位菩萨的名字，那么一切世间的所有天、人大众，也应当对他们礼敬。”

释迦牟尼佛宣说这篇《妙庄严王本事品》时，有八万四千人远离了尘垢，在各种佛法中获得清净的法眼。

普贤菩萨劝发品第二十八

此为劝化众生当奉持《法华经》及获诸功德。

普贤启问：如来灭度后，如何能得《法华经》。佛陀乃宣示，众生于如来灭后，若能成就四法，当得是经。此四法为：一者、为诸佛护念，二者、植众德本，三者、入正定聚，四者、发救一切众生之心。普贤菩萨说陀罗尼，并发誓愿当于未来护持此经及受持众生。佛陀更明奉持《法华经》的功德及毁损此经的业报。

尔时，普贤菩萨以自在神通力[①]，威德名闻，与大菩萨无量无边不可称数，从东方来。所经诸国，普皆震动，雨宝莲华，作无量百千万亿种种伎乐。又与无数诸天、龙、夜叉、乾闼婆、阿修罗、迦楼罗、紧那罗、摩睺罗伽、人非人等，大众围绕，各现威德神通之力。

到娑婆世界耆阇崛山中，头面礼释迦牟尼佛，右绕七匝，白佛言："世尊，我于宝威德上王佛国，遥闻此娑婆世界说《法华经》，与无量无边百千万亿诸菩萨众共来听受，唯愿世尊，当为说之。若善男子、善女人，于如来灭后，云何能得是《法华经》？"

佛告普贤菩萨："若善男子、善女人成就四法，于如来灭后，当得是《法华经》：一者、为诸佛护念，二者、植众德本，三者、入正定聚，四者、发救一切众生之心。善男子、善女人，如是成就四法，于如来灭后必得是经。”

尔时，普贤菩萨白佛言：“世尊于后五百岁浊恶世中，其有受持是经典者，我当守护，除其衰患令得安隐，使无伺求得其便者。若魔、若魔子、若魔女、若魔民、若为魔所著者，若夜叉、若罗刹、若鸠槃荼、若毗舍阇、若吉遮、若富单那、若韦陀罗等诸恼人者②，皆不得便。

“是人若行若立读诵此经，我尔时乘六牙白象王，与大菩萨众俱诣其所，而自现身，供养守护，安慰其心，亦为供养《法华经》故。是人若坐思惟此经，尔时我复乘白象王现其人前。其人若于《法华经》有所忘失一句一偈，我当教之，与共读诵还令通利。尔时受持读诵《法华经》者，得见我身甚大欢喜，转复精进。以见我故，即得三昧及陀罗尼，名为旋陀罗尼、百千万亿旋陀罗尼、法音方便陀罗尼，得如是等陀罗尼。

“世尊！若后世后五百岁浊恶世中，比丘、比丘尼、优婆塞、优婆夷，求索者、受持者、读诵者、书写者，欲修习是《法华经》，于三七日中应一心精进。满三七日已，我当乘六牙白象，与无量菩萨而自围绕，以一切众生所喜见身，现其人前，而为说法示教利喜。亦复与其陀罗尼咒，得是陀罗尼故，无有非人能破坏者，亦不为女人之所惑乱，我身亦自常护是人。唯愿世尊，听我说此陀罗尼咒。

即于佛前，而说咒曰：

阿檀地（一）檀陀婆地（二）檀陀婆帝（三）檀陀鸠舍隶（四）檀陀修陀隶（五）修陀隶（六）修陀罗婆底（七）佛驮波膻祢（八）萨婆陀罗尼阿婆多尼（九）萨婆婆沙阿婆多尼（十）修阿婆多尼（十一）僧伽婆履叉尼（十二）僧伽涅伽陀尼（十三）阿僧祇（十四）僧伽波伽地（十五）帝隶阿惰僧伽兜略阿罗帝婆罗帝（十六）萨婆僧伽三摩地伽兰地（十七）萨婆达磨修波利刹帝（十八）萨婆萨埵楼驮㤭舍略阿㝹伽地（十九）辛阿毗吉利地帝（二十）

“世尊，若有菩萨得闻是陀罗尼者，当知普贤神通之力。若《法华经》行阎浮提有受持者，应作此念：‘皆是普贤威神之力。’若有受持、读诵、正忆念、解其义趣、如说修行，当知是人行普贤行，于无量无边诸佛所深种善根，为诸如来手摩其头。若但书写，是人命终当生忉利天上，是时八万四千天女作众伎乐而来迎之，其人即著七宝冠于婇女中娱乐快乐；何况受持、读诵、正忆念、解其义趣、如说修行！若有人受持、读诵、解其义趣，是人命终为千佛授手，令不恐怖、不堕恶趣，即往兜率天上弥勒菩萨所——弥勒菩萨有三十二相，大菩萨众所共围绕，有百千万亿天女眷属——而于中生。有如是等功德利益，是故智者应当一心自书，若使人书，受持、读诵、正忆念、如说修行。世尊！

我今以神通力故，守护是经，于如来灭后，阎浮提内广令流布，使不断绝。”

注释：

①普贤菩萨：又作“遍菩萨”。我国佛教四大菩萨之一。与文殊菩萨为释迦如来之胁士。即文殊驾狮子侍如来之左侧，普贤乘白象侍右侧。若以此二胁士表法，文殊师利显智、慧、证，普贤显理、定、行，共诠本尊如来理智、定慧、行证之完备圆满。文殊、普贤共为一切菩萨之上首，常助成宣扬如来之化导摄益。以此菩萨之身相及功德遍一切处，纯一妙善，故称“普贤”。

②韦陀罗：系可杀害人之恶鬼。又作“韦陀罗鬼”、“迷怛罗鬼”、“鞞陀路婆鬼”。意译作“厌魅”、“起尸鬼”、“起尸”、“死尸”。毗陀罗系诅咒时所使用之恶鬼名，或起尸之咒法，为佛陀所禁止。

译文：

这时，普贤菩萨，以自在无碍的神通之力及威德名望，与无量无边不可称数的大菩萨一起，从东方出发前来此法会。途中所经诸国，大地普皆震动，空中散下如雨一般密集的宝莲花，并奏响百千万亿种歌舞与音乐。还有天神、龙神、夜叉、乾闼婆、阿修罗、迦楼罗、紧那罗、摩睺罗伽天龙八部，以及人与非人等，他们围绕在普贤菩萨的周围，各自都示现出威德神通之力。

普贤菩萨率领这些大众来到娑婆世界的耆阇崛山中，以头面顶礼释迦牟尼佛足，又围绕释迦牟尼佛右绕七周，然后对佛说:“世尊,我在宝威德上王佛的国土中,遥闻此娑婆世界正在演讲《法华经》,于是,我便与无量无边百千万亿的菩萨大众一同前来听闻受持,还恳请世尊为我们演说这部经典。如果在如来灭度之后,善男子、善女人如何才能得到这部《法华经》呢?”

释迦牟尼佛告诉普贤菩萨说:“如果善男子、善女人能够成就四种方法,那么,在如来佛灭度之后,他们就可得到这部《法华经》。这四种法是:第一,得到诸佛的爱护与关怀;第二,培植根本的诸种福德;第三,入于正定;第四,发起救度一切众生的誓愿。善男子、善女人若能成就这四种法,那么,在如来灭度之后,他们也必定能够得到这部经典。”

这时,普贤菩萨对释迦牟尼佛说:“世尊,在您灭度之后末法时期的五百年里,在五浊恶世中,如果有受持这部经典的众生,我就会守护他,消除他的衰败与患祸,使他得到安稳,使得诸魔恶人没有可乘之机去损害他。如魔王、魔子、魔女、魔民、为魔所附着者、夜叉鬼、罗刹鬼、鸠槃茶鬼、毗舍阇鬼、吉遮鬼、富单那鬼、韦陀罗鬼等恼人的妖魔鬼怪,都没有机会去伤害受持《法华经》的众生。

“五浊恶世中受持《法华经》的人,不论他是在行走中读诵此经,或是站立读诵此经,我于其时就会骑着六牙白象王,与大菩萨众一起来到他的跟前,现出我的身相,供养守护他,安慰他的心灵,这也是为了供养《法华经》的缘故。此人如果在打坐中思维此经,那时,我也会骑乘白象王,现身在他的面前。此人如果对《法华经》中的一句一偈有所遗忘,我就将会去教他,与他一起读诵,使他恢复到通达流利的程度。那时,受持、读诵

《法华经》的人能够看到我的身相，就会极其欢喜，由此更加精进。因为看见我的缘故，他便会得到禅定及诸陀罗尼，如旋陀罗尼、百千万亿旋陀罗尼，法音方便陀罗尼。总而言之，他能够得到如此众多的陀罗尼。

"世尊！如果在后世末法时期的五百年间，在此恶浊之世中，有比丘、比丘尼、优婆塞、优婆夷，求索《法华经》者，受持《法华经》者，读诵《法华经》者，书写《法华经》者，他们如果想要按照《法华经》而修行，就应当在三个七日内，一心精进不怠。满二十一天后，我将骑乘六牙白象，在无数菩萨的围绕下，以一切众生所喜欢看见的身相，显现在他们的面前，为他们开示获得利益和喜乐的教法，又再给予他们陀罗尼神咒，他们因为获得此陀罗尼神咒的缘故，因此不再有非人鬼怪能够破坏他们，他们也不会被女人迷惑扰乱，我的法身也会常常亲自守护这些人。恳请世尊允许我说此陀罗尼咒。"

于是，普贤菩萨在释迦牟尼佛前宣说如下咒语：

阿檀地（一）檀陀婆地（二）檀陀婆帝（三）檀陀鸠舍隶（四）檀陀修陀隶（五）修陀隶（六）修陀罗婆底（七）佛驮波膻祢（八）萨婆陀罗尼阿婆多尼（九）萨婆婆沙阿婆多尼（十）修阿婆多尼（十一）僧伽婆履叉尼（十二）僧伽涅伽陀尼（十三）阿僧祇（十四）僧伽波伽地（十五）帝隶阿惰僧伽兜略阿罗帝婆罗帝（十六）萨婆僧伽三摩地伽兰地（十七）萨婆达磨修波利刹帝（十八）萨婆萨埵楼驮憍舍略阿㝹伽地（十九）辛阿毗吉利地帝（二十）。

普贤菩萨又对释迦牟尼佛说："世尊！如果有菩萨听到这

个陀罗尼神咒，那么他应该知道普贤菩萨的神通力量。如果《法华经》流行阎浮提洲，其中有受持《法华经》的人，就应该这样想：'这全靠普贤菩萨的威神之力。'如果有人受持、读诵《法华经》，并正确无误地忆念，理解经中的义趣，根据经中所说的方法修行，那么应当知道此人是在修行普贤行法门，这人必然已在无数位佛前，种下了很深的善根，并受到这些如来的摩顶授记。如果有人只是抄写《法华经》，那么，此人今生命终之后，将转生至忉利天上，那时，将有八万四千位天女，演奏起各种各样的歌舞音乐前来迎接他，此人便会戴上七宝冠，在众多的美女之中，享受各种快乐；更何况受持、读诵《法华经》，并正确忆念，理解其中义趣，根据经中所说的方法修行的人所获得的福德！如果有人受持、读诵《法华经》，并理解其中义趣，那么，此人命终时，会有上千位如来伸手相助，使他毫不恐惧，使他不会堕于诸恶道中，而是往生于兜率天中弥勒菩萨的处所。弥勒菩萨具足三十二种超凡脱俗的妙相，为大菩萨们所围绕，还有百千万亿的天女眷属也转生在那里。有如此的功德与利益，所以，有智慧的人应当专心致志地亲自抄写，或者让他人抄写此经，受持、读诵此经，正确忆念此经，并根据经中所说的方法修行。世尊！我现在以神通之力守护这部经典，在如来灭度后，将使此经在阎浮提洲内广泛流布，永无断绝。"

尔时，释迦牟尼佛赞言："善哉！善哉！普贤，汝能护助是经，令多所众生安乐利益，汝已成就不可思议功德，深大慈悲，从久远来发阿耨多罗三藐三菩提意，而能作是神通之愿守护是经。我当以神通力，守护能受持普贤菩萨名者。

“普贤！若有受持、读诵、正忆念、修习书写是《法华经》者，当知是人则见释迦牟尼佛，如从佛口闻此经典，当知是人供养释迦牟尼佛，当知是人佛赞善哉，当知是人为释迦牟尼佛手摩其头，当知是人为释迦牟尼佛衣之所覆。如是之人，不复贪著世乐，不好外道经书手笔，亦复不喜亲近其人及诸恶者，若屠儿、若畜猪羊鸡狗、若猎师、若衒卖女色。是人心意质直，有正忆念，有福德力。是人不为三毒所恼，亦不为嫉妒、我慢、邪慢、增上慢所恼。是人少欲知足，能修普贤之行。

“普贤！若如来灭后后五百岁，若有人见受持读诵《法华经》者，应作是念：‘此人不久当诣道场，破诸魔众，得阿耨多罗三藐三菩提，转法轮，击法鼓，吹法螺，雨法雨，当坐天人大众中师子法座上。’

“普贤，若于后世受持读诵是经典者，是人不复贪著衣服、卧具、饮食、资生之物[①]，所愿不虚，亦于现世得其福报。若有人轻毁之言：“汝狂人耳！空作是行，终无所获。”如是罪报当世世无眼。若有供养赞叹之者，当于今世得现果报。若复见受持是经者，出其过恶，若实若不实，此人现世得白癞病。若轻笑之者，当世世牙齿疏缺，丑唇平鼻，手脚缭戾[②]，眼目角睐[③]，身体臭秽，恶疮、脓血、水腹、短气诸恶重病。是故，普贤，若见受持是经典者，当起远迎当如敬佛。”

说是《普贤劝发品》时，恒河沙等无量无边菩萨得百千万亿旋陀罗尼，三千大千世界微尘等诸菩萨具普贤道。

佛说是经时，普贤等诸菩萨，舍利弗等诸声闻，及诸天、龙、人非人等，一切大会皆大欢喜，受持佛语，作礼而去。

注释：

①资生：衣食住之具，以资助人之生命者。

②缭（liáo）戾（lì）：回旋曲折。

③睐（lài）：瞳人不正。

译文：

这时，释迦牟尼佛称赞普贤菩萨说：“善哉！善哉！普贤！你能守护《法华经》，使许多地方的众生获得安乐与利益，你已成就了不可思议的功德。你具有大慈大悲的愿力，你从久远以来，发起求证无上正等正觉的誓愿，所以才能在今日发下这种种神通愿力要守护这部《法华经》。我将以神通之力，守护那些能受持普贤菩萨名号的众生。

“普贤！如果有人能受持、读诵、正确忆念、修习、书写这部《法华经》，就应当知道，此人就相当于亲身见到释迦牟尼佛，就如同是从佛的亲口宣说中得闻这部经典一样；也应当知道，此人就如同在供养释迦牟尼佛；也应当知道，此人为佛所赞叹；还应当知道，此人就相当于被释迦牟尼佛亲手摩顶加持；还应当知道，此人就等于被释迦牟尼佛用佛衣覆盖护持。这样的人，已经不再贪念于世俗的享乐，不会喜欢外道的经书抄本，也不会再去亲近外道信徒和其他造作恶业的人，如屠夫、畜养猪羊鸡狗的人、猎人、出卖色相的妓女等。此人心地质朴直率，有正确的心念，有福德的力。此人不为贪欲、嗔恨、愚痴等三毒所恼乱，也不再为嫉妒、我慢、邪慢、增上慢等所恼乱；此人少欲知足，能修习普贤行的法门。

“普贤！如来灭度之后的末法五百年间，如果有人见那些受持、读诵《法华经》的人，他就应该这样想：‘此人不久将往至道场，破除各类魔众，证得无上正等正觉，并转法轮、击法鼓、吹法螺、降法雨，此人必将在天、人大众之中高坐于狮子座上教化众生。’

“普贤！如果在后世有人受持、读诵这部经典，此人就不会再贪着于衣服、卧床、饮食等资生之物，他的望愿绝对不会落空，并且还能在现世获得福报。如果有人轻视诋毁他说：‘你真是个疯子，白白地作了这些修行，最终却是一无所获。’此人因为这种诋毁所获的罪报，将于之后生生世世中成为无眼的众生。如果有人供养和称赞受持《法华经》的人，那么，此人今生就可获得善报。如果有人见到受持这部经典的人，而去说出他过去造下的各种过失或恶行，无论其所说的这种恶行是真实的或是虚假的，这些中伤者现世就会患上白癞病。如果有人轻视讥笑受持《法华经》的人，那么，他将于生生世世中，牙齿缺漏，口唇丑陋，鼻子扁平，手脚弯曲，双眼歪斜，身上臭秽，并患恶疮、脓血、腹中积水、气喘等各种重病。所以，普贤！如果见到受持这部经典的人，就应当起身远迎，就像礼敬如来一样向他表示敬意。”

释迦牟尼佛演说这篇《普贤菩萨劝发品》时，恒河沙数等无量无边的菩萨获得了百千万亿旋陀罗尼法门，三千大千世界所有微尘数之众的菩萨都具足普贤道。

释迦牟尼佛说完此经时，普贤等各位菩萨、舍利弗等声闻弟子，以及诸天、龙神、人及非人等法会上的一切大众，都非常欢喜，他们受持佛陀的法语，向佛致礼后离开法会。

附录 《法华经》的主要结构

对于本经的结构，历代大德站在各自的悟解立场上，提出不同的科判。我们在此仅选择两种科判供读者参考，以便对于本经的主要结构和内容有所了解：

一、智者大师的科判：

按照隋代智者大师（智𫖮）对《法华经》所作科判，本经在结构上大体分为“迹门”和“本门”为两大部分：“迹门”自第一品《序品》至第十四品《安乐行品》结束；“本门”自第十五品《从地踊出品》至最终第二十八品《普贤菩萨劝发品》，亦大体上为十四品。

在这两大部分当中，每一部分又都可再细分为序分、正宗分和流通分等三分。可见下表（表格引自王雷泉《法华经导读》）：

序分	1.《序品》	迹门序分	迹门
正宗分	2.《方便品》	迹门正宗分	
	3.《譬喻品》		
	4.《信解品》		
	5.《药草喻品》		
	6.《授记品》		
	7.《化城喻品》		
	8.《五百弟子受记品》		
	9.《授学无学人记品》		

10.《法师品》
11.《见宝塔品》
12.《提婆达多品》 ├迹门流通分
13.《劝持品》
14.《安乐行品》
15.《从地涌出品》
（1）"以问斯事……因是得闻"前——本门序分
（2）"以问斯事……因是得闻"后
16.《如来寿量品》 ├本门正宗分
17.《分别功德品》
（1）前十九行（首）偈
（2）十九行（首）偈后 ├本门
18.《随喜功德品》
19.《法师功德品》
20.《常不轻菩萨品》
21.《如来神力品》
22.《嘱累品》
流通分┤ 23.《药王菩萨本事品》 ├本门流通分
24.《妙音菩萨品》
25.《观世音菩萨普门品》
26.《陀罗尼品》
27.《妙庄严王本事品》
28.《普贤菩萨劝发品》

二、太虚法师的科判：

此系唐代窥基大师将本经正宗分判为境、行、果三门。至明代憨山德清，则以开、示、悟、入四科于本经进行科判。太虚法师则依憨山之说，折衷吉藏、窥基之科判进行分科，科判结构如下（表格引自王雷泉《法华经导读》）：

<table>
<tr><td>序品第一</td><td colspan="3">总示法华教义行果</td></tr>
<tr><td>方便品第二</td><td colspan="2">初周法说</td><td rowspan="9">开信教</td></tr>
<tr><td>譬喻品第三</td><td colspan="2" rowspan="3">二周喻说</td></tr>
<tr><td>信解品第四</td></tr>
<tr><td>药草喻品第五</td></tr>
<tr><td>授记品第六</td><td colspan="2" rowspan="4">三周因缘说</td></tr>
<tr><td>化城喻品第七</td></tr>
<tr><td>五百弟子授记品第八</td></tr>
<tr><td>授学无学人记品第九</td></tr>
<tr><td>法师品第十</td><td></td><td></td></tr>
<tr><td>见宝塔品第十一</td><td></td><td></td><td rowspan="4">示解理</td></tr>
<tr><td>提婆达多品第十二</td><td></td><td></td></tr>
<tr><td>劝持品第十三</td><td></td><td></td></tr>
<tr><td>安乐行品第十四</td><td></td><td></td></tr>
<tr><td>从地涌出品第十五</td><td rowspan="7">正说法妙</td><td></td><td rowspan="7">悟修行</td></tr>
<tr><td>如来寿量品第十六</td><td></td></tr>
<tr><td>分别功德品第十七</td><td></td></tr>
<tr><td>随喜功德品第十八</td><td></td></tr>
<tr><td>法师功德品第十九</td><td></td></tr>
<tr><td>常不轻菩萨品第二十</td><td></td></tr>
<tr><td>如来神力品第二十一</td><td></td></tr>
<tr><td>嘱累品第二十二</td><td></td><td></td><td></td></tr>
<tr><td>药王菩萨本事品第二十三</td><td>证自利果</td><td></td><td></td></tr>
<tr><td>妙音菩萨品第二十四</td><td rowspan="4">证他利果</td><td></td><td rowspan="5">入证果</td></tr>
<tr><td>观世音菩萨普门品第二十五</td><td></td></tr>
<tr><td>陀罗尼品第二十六</td><td></td></tr>
<tr><td>妙庄严王本事品第二十七</td><td></td></tr>
<tr><td>普贤菩萨劝发品第二十八</td><td>证二利果</td><td></td></tr>
</table>

延伸阅读书目

隋·智𫖮《妙法莲华经玄义》二十卷,《大正藏》第三三册。

隋·智𫖮《妙法莲华经文句》二十卷,《大正藏》第三四册。

明·智旭《法华经论贯》一卷,《卍续藏》第五〇册。

民国太虚法师讲述《法华经讲演录》

李利安注译《白话法华经》,西安:三秦出版社,2002年第二版。

董群《法华经释译》(《中国佛教经典宝藏精选白话版》57册),台北:佛光出版社1996年。

张新民、龚妮丽《法华经今译》,北京:中国社会科学出版社,1994年。

潘桂明、吴忠伟著《中国天台宗通史》,南京:江苏古籍出版社,2001年。

平川彰等著、林保尧译《法华思想》(《中国佛教经典宝藏精选白话版》57册)台北:佛光出版社1998年。

田村芳朗、梅原猛著、释慧岳译《天台思想》(蓝吉富主编《世界佛学名著译丛》第30册)台中:华宇出版社,1988年。

赖永海主编《中国佛教百科全书》,上海:上海古籍出版社,2000年。

佛教十三经

无量寿经

赖永海 主编
陈林 译注

中华书局

总　序

佛教有三藏十二部经、八万四千法门，典籍浩瀚，博大精深，即便是专业研究者，用其一生的精力，恐也难阅尽所有经典。加之，佛典有经律论、大小乘之分，每部佛经又有节译、别译等多种版本，因此，大藏经中所收录的典籍，也不是每一部佛典、每一种译本都非读不可。因此之故，古人有“阅藏知津”一说，意谓阅读佛典，如同过河、走路，要先知道津梁渡口或方向路标，才能顺利抵达彼岸或避免走弯路；否则只好望河兴叹或事倍功半。《佛教十三经》编译的初衷类此。面对浩如烟海的佛教典籍，究竟哪些经典应该先读，哪些论著可后读？哪部佛典是必读，哪种译本可选读？哪些经论最能体现佛教的基本精神，哪些撰述是随机方便说？凡此等等，均不同程度影响着人们读经的效率与效果。为此，我们精心选择了对中国佛教影响最大、最能体现中国佛教基本精神的十三部佛经，认为举凡欲学佛或研究佛教者，均可从“十三经”入手，之后再循序渐进，对整个中国佛教作进一步深入的了解与研究。

“佛教十三经”的说法，由来有自。杨仁山、梅吉庆以及中国佛学院都曾选有“佛教十三经”，所选经典大同小异。上

述三家都选录的经典有:《金刚经》、《维摩诘经》、《法华经》、《楞伽经》、《楞严经》;被两家选录的经典有:《心经》、《胜鬘经》、《观经》、《无量寿经》、《圆觉经》、《金光明经》、《梵网经》、《坛经》。此外,《四十二章经》、《佛遗教经》、《解深密经》、《八大人觉经》、《大乘密严经》、《地藏菩萨本愿经》、《菩萨十住行道品经》、《大毗卢遮那成佛神变加持经》为一家所选录。本着以上所说的"对中国佛教影响最大、最能体现中国佛教基本精神"的原则,这次我们选择了以下十三部经典:《心经》、《金刚经》、《无量寿经》、《圆觉经》、《梵网经》、《坛经》、《楞严经》、《解深密经》、《维摩诘经》、《楞伽经》、《金光明经》、《法华经》、《四十二章经》。

佛教发展至今已有两千多年的历史,就其历史发展、思想内容说,有大乘、小乘之分。《佛教十三经》所收录之经典,除了《四十二章经》外,多为大乘经典。此中之缘由,盖因佛法之东渐,虽是大小二乘兼传,但是,小乘佛教在传入中国之后,始终成不了气候,且自魏晋以降,更是日趋式微;直到十三世纪以后,才有南传上座部佛教在云南一带的流传,且范围十分有限。与此相反,大乘佛教自传入中土后,先依傍魏晋玄学,后融汇儒家的人性、心性学说而蔚为大宗,成为与儒道二教鼎足而三、对中国社会各个方面产生着巨大影响的一股重要的社会思潮。既然中国佛教的主体在大乘,《佛教十三经》所收录的佛经自然以大乘经典为主。

对于大乘佛教,通常人们又因其思想内容的差异把它分为空、有二宗。空宗的代表性经典是"般若经"。中国所见之般

若类经典，以玄奘所译之《大般若经》为最，有六百卷之多。此外还有各类小本“般若经”的编译与流传，其中以《金刚经》与《心经》最具代表性与影响力。

“般若经”的核心思想是“空”。但佛教所说的“空”，非一无所有之“空”，而是以“缘起”说“空”，亦即认为，世间的万事万物，都是条件（“缘”即“条件”）的产物，都会随着条件的变化而变化。条件具备了，它就产生了（“缘起”）；条件不复存在了，它就消亡了（“缘灭”）。世间的一切事物，都不是一成不变的，而是一个念念不住的过程，因此都是没有自性的，无自性故“空”。《金刚经》和《心经》作为般若经的浓缩本，“缘起性空”同样是其核心思想，但二者又进一步从“对外扫相”和“对内破执”两个角度去讲“空”。《金刚经》的“对外扫相”思想集中体现在“一切有为法，如梦幻泡影，如露亦如电，应作如是观”这个偈句上，对内破执则有“应无所住而生其心”这一点睛之笔。《心经》则是以“色不异空，空不异色；色即是空，空即是色；受想行识亦复如是”来对外破五蕴身，以“心无罣碍”来破心执。两部经典都从扫外相、破心著的角度去说“空”。

有宗在否定外境外法的客观性方面与空宗没有分歧，差别仅在于，有宗虽然主张“外境非有”，但又认为“内识非无”，倡“三界唯心”、“万法唯识”，认为一切外境、外法都是“内识”的变现。在印度佛教中，有宗一直比较盛行，但在中国佛教史上，唯有玄奘、窥基创立的“法相唯识宗”全力弘扬“有宗”的思想，并把《解深密经》等“六经十一论”作为立宗的根据，《佛教十三经》选录了对“唯识宗”影响较大的《解深密经》进行注译。

《解深密经》的核心思想在论证一切外境外法与识的关系，认为一切诸法乃识之变现，阿赖耶识是生死轮回的主体，是万物生起的种子。经中还提出了著名的“三性”、“三无性”问题，并深入地论述了一切虚妄分别相与真如实性的关系。

与印度佛教不尽相同，中国佛教的主流或主体不在纯粹的“空宗”或“有宗”，而在大乘佛教基本精神与中国传统文化（特别是儒家心性学说）汇集交融而成的“真常唯心”思想，这种“真常唯心”思想也可称之为“妙有”的思想。首先创立并弘扬这种“妙有”思想的是智者大师创建的天台宗。

天台宗把《法华经》作为立宗的经典依据，故又称“法华宗”。《法华经》的核心思想，是“开权显实，会三归一”，倡声闻乘、缘觉乘、菩萨乘同归一佛乘，主张一切众生悉有佛性。《法华经》是南北朝之后，中国佛教走向以大乘佛教为主流的重要经典依据，也是中国佛教佛性理论确立以一切众生悉有佛性、都能成佛为主流的重要经典依据。而《法华经》的“诸法实相”也成为中国佛教“妙有”思想的重要思想资源和理论依据。

中国佛教注重“妙有”之思想特色的真正确立，当在禅宗。慧能南宗把天台宗肇端的“唯心”倾向推到极致，作为标志，则是《坛经》的问世。《坛经》是中国僧人撰写的著述中唯一被冠以“经”的一部佛教典籍，其核心思想是“即心即佛”、“顿悟成佛”。《坛经》在把佛性归诸心性、把人变成佛的同时，倡导“即世间求解脱”，主张把入世与出世统一起来，而这种思想的经典根据，则是《维摩诘经》。

《维摩诘经》可以说是对中国佛教影响最大的一部佛经，

不论是作为中国佛教代表的禅宗，还是成为现、当代佛教主流的人间佛教，《维摩诘经》中的“心净则佛土净”及“亦入世亦出世”、“在入世中出世”的思想，都是其最为重要的思想资源和经典依据。尤其值得一提的是，贯穿于整部《维摩诘经》的一根主线——“不二法门”，更是整个中国佛教的方法论依据。

《楞伽经》也是一部对禅宗、唯识乃至整个中国佛教有着重大影响的佛经。《楞伽经》思想有两个重要特点，一是融汇了空、有二宗，既注重“二无我”，又讲“八识”、“三自性”；二是把“如来藏”和“阿赖耶识”巧妙地统合起来。因此之故，《楞伽经》既是“法相唯识宗”借以立宗的“六经”之一，又被菩提达摩作为“印心”的依据，并形成一代楞伽师和在禅宗发展史颇具影响的“楞伽禅”。

《楞严经》则是一部对中国佛教之禅、净、律、密、教都有着广泛而深刻影响的大乘经典。该经虽有真、伪之争，但内容十分宏富，思想体系严密，几乎把大乘佛教所有重要理论都囊括其中，故自问世后，就广泛流行。该经以理、行、果为框架，谓一切众生都有“菩提妙明元心”，但因不明自心清净，故流转生死，如能修禅证道，即可成就无上正等正觉。这一思想对中国佛教的各宗各派都产生了极其深刻的影响。

《圆觉经》是一部非常能够体现中国佛教注重“妙有”思想特色的佛经。该经主张一切众生都具足圆觉妙心，本当成佛，无奈为妄念、情欲等所覆盖，才于六道中生死轮回；如能顿悟自心本来清净，此心即佛，无须向外四处寻求。该经所明为大乘圆顿之理，故对华严宗、天台宗、禅宗都有十分重要的影响。

《金光明经》对中国佛教的影响，主要体现在其“三身”、“十地”思想、大乘菩萨行之舍己利他、慈悲济世思想、金光明忏法及忏悔思想、以及天王护国思想。由于经中所说的诵持本经能够带来不可思议的护国利民功德，故长期以来被视为护国之经，在所有大乘佛教流行的地区都受到了广泛重视。

《无量寿经》是根据“十方净土”的思想建立起来的净土类经典，也是净土宗所依据的“三经”之一。经中主要叙述过去世法藏菩萨历劫修行成无量寿佛的经过，及西方极乐世界的种种殊胜。净土信仰自宋之后就成为与禅并驾齐驱的两大佛教思潮之一，到近现代更出现“家家阿弥陀，户户观世音”景象，故《无量寿经》在中国佛教史上的影响至为广泛和深远。

《梵网经》在佛教“三藏”中属“律藏”，是大乘戒律之一，在中国佛教大乘戒律中，《梵网经》的影响最大。经中主要讲述修菩萨的阶位（发趣十心、长养十心、金刚十心和体性十地）和菩萨戒律（十重戒和四十八轻戒），是修习大乘菩萨行所依持的主要戒律。另外，经中把“孝”与“戒”相融通、“孝名为戒”的思想颇富中国特色。

所以把《四十二章经》也收入《佛教十三经》，主要因为该经是我国最早译出的佛教经典，而且是一部含有较多早期佛教思想的佛经。经中主要阐明人生无常等佛教基本教义和讲述修习佛道应远离诸欲、弃恶修善及注重心证等重要义理，且文字平易简明，可视为修习佛教之入门书。

近几十年来，中国佛教作为中国传统文化的重要组成部分，以其特殊的文化、社会价值逐渐为人们所认识，研究佛教

者也日渐增多。而要了解和研究佛教，首先得研读佛典。然而，佛教名相繁复，义理艰深，文字又晦涩难懂，即便有相当文史基础和哲学素养者，读来也颇感费力。为了便于佛学爱好者、研究者的阅读和把握经中之思想义理，我们对所选录的十三部佛典进行了如下的诠释、注译工作：一是在每部佛经之首均置一“前言”，简要介绍该经之版本源流、内容结构、核心思想及其历史价值；二是在每一品目之前，都撰写了一个“题解”，对该品目之内容大要和主题思想进行简明扼要的提炼和揭示；三是采取义译与意译相结合的原则，对所选译的经文进行现代汉语的译述。这样做的目的，是希望它对原典的阅读和义理的把握能有所助益。当然，这种做法按佛门的说法，多少带有“方便设施”的性质，但愿它能成为“渡海之舟筏”，而不至于沦为“忘月之手指”。

赖永海

庚寅年春于南京大学

前 言

如所周知，净土思想产生于古代印度，甚至可溯源于古老的婆罗门教盛行时代（毗湿奴所在的天界可视为净土思想的萌芽），部派佛教大众系经典中大量的佛陀“本生”故事则是佛教净土思想的更直接的源头。当然，净土思想真正的流行乃是伴随着大乘佛教的兴起而开始的。大乘佛教将佛陀进一步被神化，并主张有无量诸佛，诸佛在其国土教化众生，众生若能发菩提心，广修菩萨道，即可成佛。大乘菩萨为度众生出离生死苦海，本着“自利利他”的精神，立下成就众生、建设特定净土的种种别愿，如《阿闳佛国经》中的阿闳佛二十愿，《弥勒菩萨所问本愿经》中的弥勒十善愿，《药师如来本愿功德经》中的药师佛十二愿，《药师琉璃光七佛本愿功德经》中的七佛药师四十四愿，《大方广佛华严经入不思议解脱境界普贤行愿品》中的普贤菩萨十愿，《悲华经》中的释迦牟尼佛五百愿和无诤念王、观世音、大势至、文殊等菩萨之愿，《文殊师利佛土严净经》中的文殊严净佛土之愿以及《无量寿经》中的阿弥陀佛四十八大愿等等，而这些本愿的实现即意味着佛国净土的建成，一佛一净土，因此便有了大乘佛教中无量无尽的佛、菩萨净土的种种说法。如《弥勒上生经》中的兜率天净土、《妙法莲华经》中的灵山净土、《华严经》中的莲华藏世界、《药师琉璃光如来本愿功德经》中的琉璃净土、《大宝积经》中的阿闳佛东方妙喜净土、《密严经》中的密严净土以及《无量寿经》中阿弥陀佛净土等等。

然而,凡此种种净土思想尽管在其故土印度生根发芽,但并没有产生太大影响,真正产生巨大影响并最终开花结果的是在中国。据史料记载,早在东汉时期,即有阿弥陀佛净土类经典传入中国。南北朝时期,弥勒净土与弥陀净土信仰盛行于世。进入隋唐之后,作为十方佛净土中最为殊胜者姿态出现的阿弥陀佛净土——西方极乐世界最终脱颖而出,并进而开出汉传佛教中渗透力最强、影响最广泛的一个宗派——净土宗。而在南宋以后,随着天台、华严等汉传佛教宗派的日渐衰落,更出现了诸宗导归净土的局面。“家家阿弥陀,户户观世音”,无疑正是弥陀净土信仰在中国民间社会产生极大影响之盛况的绝佳概括。佛教史家方立天甚至认为,阿弥陀佛乃是中国佛教信徒最为普遍的崇拜对象,弥陀净土信仰“成为包括后来禅宗在内的中国佛教重要宗派的共同的终极信仰”。

据统计,现存大乘经论中,与阿弥陀佛及其西方极乐净土相关的即有两百多部,约占整个大乘经论的三分之一。而其中最具代表性也最有影响的经论是所谓的净土“三经一论”,其中,“三经”分别为(1)《无量寿经》:以曹魏康僧铠所译的二卷本(简称《大经》、《双卷经》)为代表;(2)《观无量寿经》:以南朝宋畺良耶舍所译一卷本为代表;(3)《阿弥陀经》:以后秦鸠摩罗什所译一卷本为代表。“一论”指世亲菩萨造《无量寿经优婆提舍愿生偈》(即《往生论》、《净土论》)一卷,为元魏时期菩提流支所译。当然,“净土三经”的说法应该说最初始于日本净土宗,日本净土宗开祖法然上人将上述三经定为该宗的根本经典,并在日后成为日本净土教各宗派共同尊奉的正依经典。据学者研究,中国佛教将《无量寿经》、《观无量寿经》和《阿弥陀经》并称为“净土三经”,可能晚至明末清初。近代中国净土宗广为流传的还有“净土四经”或“净土五经”的说法。“净土四经”是指三经之外再加上《华严经·普贤行愿品》,“净土五经”则是四经之外再增加《楞严经·大势至菩萨念佛圆通章》。但无论是哪一种说法,本书所要释译的《无量寿经》都是净土宗诸经论中分量最重、最值得关注的一部经典。如近代净土宗大师印光在论及“净土五经”次第时即明确指出:“若论法门缘起,宜以《无量寿经》为首。”

一般认为,《无量寿经》在1—2世纪印度贵霜王朝时期即已流行于印度犍陀罗地区。在汉传佛教净土宗的基本经典中——无论是“净土三经”还是“净土四经”、“净土五经”,《无量寿经》都可谓篇幅最长、内容最全面的一经,净土宗的基本教义、教理以及大部分修行方法均可在此经中找到理论依据。因此,自佛法东传以来,《无量寿经》译本众多,注家不断,不仅中国,而且在韩国、日本等地也有多种注疏本流行。

对于本经的地位,清代居士彭绍升曾有评价云:“《无量寿经》者,如来称性之圆教,众生本具之化仪。”日本僧人道隐亦称此经为:“如来兴世之正说,奇特最胜之妙典;一乘究竟之极说,速疾圆融之金言；十方称赞之诚言，时机纯熟之真教也。”民国著名居士梅光羲更盛赞此经为“如来称性之极谈，众生本具之化仪；一乘之了义，万善之总门；净土群经百数十部之纲要，一大藏教之指归也”。衡诸本经在中国佛教发展史上的影响，上述评论未免溢美之辞有过实情，但也确实在一定程度上反映了《无量寿经》在净土宗诸重要经典乃至整个汉传经藏中不容忽视的重要性。也正因此，近世以来有不少教内人士将此经视为净宗“总纲”，盛誉之为“净宗第一经”。

由于《无量寿经》汉文译本众多，有“五存七欠”共计十二种之说，宋代以来又有多种会集本、节校本问世，在用语、详略乃至内容方面多有不同之处，且各译本之间的同异以及译者等问题在教界、学界亦多有异说，因此有必要首先对本经译本基本情形以及本书释译所取版本等问题作一简要说明。

一 《无量寿经》的译本

据《历代三宝记》、《开元释教录》等经录记载，自汉及宋，《无量寿经》汉文译本前后有十二种之多，一部经典有如此之多的异译本，这种情形在整个中国佛教译经史上也殊为少见。具体而言，现存在藏的异译本有五种，分别是：

1.《无量清净平等觉经》二卷（现为四卷），东汉月支僧人支娄迦谶译，收于《大正藏》第 12 册；

2.《佛说无量寿经》二卷，现行本据《开元释教录》所载为天竺三藏康僧铠于曹魏嘉平四年（252）所译，收于《大正藏》第 12 册；

3.《阿弥陀三耶三佛萨楼佛檀过度人道经》二卷，吴月氏优婆塞支谦译，收于《大正藏》第12册；

4.《无量寿如来会》（即《大宝积经》第五会）二卷，唐天竺三藏菩提流志译，收于《大正藏》第11册；

5.《大乘无量寿庄严经》三卷（或二卷），又作《大乘无量寿庄严王经》，略称《无量寿庄严经》、《庄严经》，北宋中印度那烂陀寺僧法贤译，收于《大正藏》第12册。

此外，各经录有记载但目前不存的译本还有：

1.《无量寿经》二卷，东汉安世高译；

2.《无量清净平等觉经》二卷，魏帛延译；

3.《无量寿经》二卷，西晋竺法护译；

4.《无量寿至尊等正觉经》一卷，东晋竺法力译；

5.《新无量寿经》二卷，刘宋佛驮跋陀罗译；

6.《新无量寿经》二卷，刘宋宝云译；

7.《新无量寿经》二卷，宋昙摩蜜多译。

以上即是传统所谓的汉译《无量寿经》的"五存七欠"或"五存七缺"说。不过，后世不少佛教史家对此说法有颇多质疑，特别是现代以来，坪井俊映、望月信亨、境野黄洋、中村元、香川孝雄等日本学者在对照经录、现存在藏各译本、敦煌文书、梵文原本以及藏文译本等进行勘定，推翻了《无量寿经》的汉文异译本有十二种的传统看法，认为许多译本是误将一经分属多位译者，进而被《历代三宝记》等经录误载所致。如坪井俊映认为："如现存的流志所译《无量寿如来会》，法贤译《无量寿庄严经》，这都是没有异议的。至于其他诸种译本，则异说纷纭莫定，所谓七缺与现存相互比较，大概多半是经录的误说或重记。”境野黄洋也认为：“所谓七缺异译的诸经，并非是原有的翻译，而是开元录在经录制作之时，无批判地纳入诸经，而造成了这样许多的经名译本。”具体而言，现行的曹魏康僧铠译本，在《出三藏记集》和梁《高僧传》中都没有记载，《开元释教录》以前隋、唐诸经录中都将该译本列为法护所译，《历代三宝记》则并载僧铠和法护两种译本。但此经的译语、译例与宋宝云所译的《佛本行经》等却非常接近。宝云译本已见诸《出三藏记集》卷二所载，可见从那时以来一向存在，到隋代才成缺本，今本或即宝云所译，被辗转误题为魏译本。另一现存的异译本《无量清净平等觉经》，依《开元录》题为支娄迦谶所译，而梁《高僧传》和《开元录》以前隋、唐诸经录中却均将它作为魏帛延译。但《出三藏记集》卷二又录有法护译《无量寿经》，一名《无量清净平等觉经》二卷，勘诸法护其他译籍，与此经译语、译例等又相当一致，因此该经或即原为法护译本亦未可知，如香川孝雄即明确认为该译本为法护所译。至于七部缺失的异译本，晋竺法护和宋宝云译本可能即是支娄迦谶和僧铠译本，前已论及，而东汉安世高译本、东晋竺法力译本在《出三藏记集》等古录中未列，仅据历来被视为“伪真淆乱”的《历代三宝记》的载录，误录的可能性颇高。又据《出三藏记集》卷二所载，刘宋佛驮跋陀罗和宝云两人皆于刘宋永初二年（421）扬都道场寺同时同处译出同名《新无量寿经》二卷，显然不合常理，望月信亨认为极有可能“最初二人共译，后来由宝云修正”。

根据中国佛教协会新编《中国佛教》对《无量寿经》版本情况的梳理，本经的藏文译本，由胜友、施戒与智军合译，经题为

《圣无量光庄严经》,现存于藏文大藏经“甘珠尔”部中。而其梵文原本,则于十九世纪中在尼泊尔被发现,英国宗教学家马克斯·缪勒和日本南条文雄于1882年予以刊行,与《阿弥陀经》一起编为《佛说无量寿经梵文和译支那译五译对照》。后来又译为英文,收于1894年出版的《东方圣书》第四十九卷中。此经的日文译本,有南条文雄、荻原云来、椎尾辨匡、河口慧海、寺本婉雅、青木文教、中村元等依据梵、汉、藏文本译出多种。当然,在古代,日本、韩国、越南等国一般均通行汉文译本,尤以曹魏康僧铠译的《无量寿经》在各国流传最广。

据相关学者研究,此经梵本和各种译本在叙述弥陀成佛的因果、净土依正二报、众生往生的行果等主体内容方面基本相同,仅部分细节互有出入,如序分中来会的听众数目以及正宗分、流通分中的某些段落,各本在文字详略、段落次第、偈颂长短等方面稍有出入。其中最为人们关注的是经中法藏菩萨在因地所发本愿的数目方面的差别,其中魏译、唐译皆为四十八愿,汉、吴两译皆为二十四愿,宋译为三十六愿,而藏译则有四十九愿,同时,这些愿文内容也不完全一致,次第亦不尽相同,但总体而言,汉吴二译,内容相近,愿目相同,似出自同一梵本;魏唐二译,同为四十八愿,内容大体相近,或出同一梵本;宋译三十六愿,可能出自另一梵本。因而近世学者据此推测,此经梵本原本就有数种。目前已发现的梵文抄本已有二十多种,其中包括在中国发现的中亚驴唇体文本。

二 《无量寿经》的会校与注疏

尽管《无量寿经》诸汉译本的基本框架与内容大体相同，但经题、本愿数量、次第以及部分内容等方面的差异，致使虔心学者往往难以适从，进而亦使得该经的流通受到较大影响，这就足以使一些虔诚的弥陀净土信仰者对于该经的不同译本进行校正会集，以期获得一个尽善尽美的经典依据。从宋代至今，《无量寿经》的会校本共有四种，分别为：

1.《大阿弥陀经》：南宋庐州龙舒人王日休校辑。王日休在比较《无量寿经》四种译本（缺唐译本）的基础上，认为诸译本或过于繁琐，或失于简略，或经义含混，因此本着取其所优，去其所劣的原则，用三年时间，苦心孤诣，完成《无量寿经》的校辑。王日休的会校本在后世产生了较大影响，被收入清《龙藏》和日本《大正藏》。晚明高僧莲池祩宏称其"简易明显，流通今世，利益甚大"，近代净土宗师印光亦认为王本"文义详悉，举世流通"。然而，该会校本亦非尽善，莲池祩宏、彭绍升等人认为其有自撰文句、取舍失当等弊病。

2.《无量寿经》：清居士彭绍升节校。该本只是在魏译的基础上对之作了一些技术性处理，而非诸译的会集本。

3.《摩诃阿弥陀经》：清居士邵阳魏源会集（原名《无量寿经》，后经正定王荫福居士校订，并改今名）。魏源首开以五种存世异译本进行会校之先河，并有见于王日休随意自撰经文之失，提出"无一字不有来历"的会集原则，但自身并没有将此原则贯彻始终，印光法师甚至指斥其"胆大心粗，不足为训"。

4.《佛说大乘无量寿庄严清净平等觉经》：民国居士郓城

夏莲居会集。夏莲居(1884—1965),本名夏继泉,字溥斋,号渠园。中年以后专修净业,改名“莲居”,又号“一翁”。早年曾任清末官员,后参与辛亥革命,被公推为山东省各界联合会会长,宣告山东独立。早年学儒,先程朱而后陆王,中年后,潜心内典,倾心于宗教文化事业。其有见于王、彭、魏三家会校本之疏失,发心重新会集《无量寿经》。1932年,自日本避难回国以后,掩关津门,万缘俱屏,历时三载,在五种古译本基础上,结合此前三家校本,详参互校,反复斟酌,数易其稿,最终完成《佛说大乘无量寿庄严清净平等觉经》。该会校本一经问世,便引起广泛反响。曾风靡一时,甚至出现了夏会本印行几百万册、人人争相诵读的盛况。尽管直至今天,在佛教界对于《无量寿经》诸译本能否会集、夏莲居会集本是否完全契合原经经旨等问题,仍然有不少争议甚至批评。但正如有学者指出的那样,夏会本文简义丰,词畅理圆,“与前三种会校本比较,后后胜于前前”,且在海内外流通最为广泛,有鉴于此,本书释译以该本为底本。

有关《无量寿经》的注疏,如前所述,该经诸异译本中以魏译本最为流行,因此近代以前的注经者,一般都以魏译本为底本。目前中国古代注疏仅存两种,分别为:

1.《无量寿经义疏》二卷,隋净影寺慧远撰,世称净影疏,是《无量寿经》最早的注疏,该疏对本经的三分科为后来的注经家所沿用。

2.《无量寿经义疏》一卷,唐嘉祥寺吉藏撰,世称嘉祥疏,此疏从三论宗的视角诠释净宗。

而目前已经佚失的重要注疏则有：

1. 灵裕的《无量寿经义疏》二卷；
2. 知玄的《无量寿经疏》三卷；
3. 法位的《无量寿经义疏》二卷；
4. 圆测的《无量寿经疏》三卷；
5. 大贤的《古迹记》一卷；
6. 义寂的《无量寿经疏》三卷；
7. 寂证的《无量寿经述义》三卷。

另有新罗国两家的注疏也曾广泛流通，即：

1.《无量寿经宗要》一卷，新罗国黄龙寺沙门元晓撰，世称海东疏。

2.《无量寿经连义述文赞》三卷，新罗国沙门璟兴撰，世称璟兴疏。

净影、吉藏、元晓、璟兴的注疏，历史上影响较大，被称为《无量寿经》四大注疏。而日本净土宗学僧，对《无量寿经》的注疏则至少有二十多种。有代表性的有望西楼了惠所撰《无量寿经钞》七卷，越前胜授寺峻谛所撰《无量寿经会疏》十卷，薏报导坊慧云所撰《无量寿经永安录》十三卷以及道隐所撰《无量寿经甄解》十八卷，等等。

另外还有针对《无量寿经》诸会校本的注疏多种，如针对彭绍升节校本的有彭绍升本人所撰的《无量寿经起信论》，民国丁福保所撰的《无量寿经笺注》；针对魏源会集本的有清王耕心所撰《摩诃阿弥陀经衷论》；而针对夏莲居会集本的注疏则有台中李炳南居士所撰的《佛说大乘无量寿庄严清净平等觉经眉注》以及北京黄念祖居士所撰的《佛说大乘无量寿庄严清净平等觉经解》。同时夏会本在当代尚有几种白话译释本，如文军注译的《白话无量寿经》，曹福今、张玉明译注的《无量寿经》以及释净空所撰的《大乘无量寿经简注易解》等等。

三 《无量寿经》的主要思想

《无量寿经》主要讲述阿弥陀佛在因地所发四十八大愿和为实现誓愿所做的功德，以及他本愿圆满、成就佛果后所建立的西方极乐净土世界的殊胜情形，同时指出了志求往生者所必需的种种修行法门，另外，该经对于娑婆世界剧恶极苦的真相亦作了大量描述，以引发众生的厌离之心。简言之，本经主要包括阿弥陀佛成佛的因果，净土依正二报以及众生往生的行果几部分。以下根据本经品次分述其主体内容如下：

（一）普贤妙德，本经缘起

第一品至第三品为全经“序分”，第一、二品为“通序”，主要介绍了释迦牟尼佛宣说本经的时间、地点、参加法会会众及其所具的普贤妙德，暗显普贤“十大愿王导归极乐”的根本宗旨。第三品为“别序”，以世尊放现瑞光，当机者阿难启问缘由，引出本经所出的根本因由，即“如来以无尽大悲，矜哀三界，所以出兴于世，光阐道教，欲拯群萌，惠以真实之利”，显示本经的殊胜。

（二）因地发愿，圆满成就

本经第四品至第十品，介绍阿弥陀佛于因地发心修道的因缘，即法藏比丘听闻世间自在王如来说法，发菩提心，捐弃国王王位,精进修行,日益增上。并在世间自在王如来示现二百一十亿诸佛国土以使其思维、抉择的基础上,法藏比丘称性发起四十八大愿,立誓普度众生,后经无央数劫的积功累德,圆满大愿,成立西方极乐世界,自致成佛,一号“阿弥陀”。

(三)极乐世界,依正庄严

本经第十一品至第三十二品,极力铺陈阿弥陀佛极乐世界的依正庄严。首先看依报:极乐净土自然以七宝合成,面积恢廓广大,不可极限,光明辉耀,微妙奇丽,清净庄严,超越十方一切世界。其中遍布种种宝树,或由一宝所成,或由多种宝物和合而成,无不依类各自成行,错落有致,发出殊胜微妙的光彩,清风送爽,随风奏乐,音调和雅。其堂舍楼观,也都由七宝自然变化而成。泉水池塘,环绕互通;泉池之水,清澈湛净,芬芳四溢;岸边之树,花果恒芳,光明璀璨;池中莲花,色彩斑斓,缤纷耀眼。泉水自然随顺净土众生的心意,可以随心所欲地变化深浅温凉,更能扬波启音,宣说种种妙法,使闻者都能听到自己愿闻的佛法。每到正午时分,就会自然吹起除垢兴善、具足众德的清风。风吹声起,又能发出演说各种觉悟成佛大法的音声,流溢散布种种温和雅正的妙香,德风触体,使人自然安乐和谐,调心适意。极乐世界又有漫天花雨,同样具足不可思议的种种功德。凡此种种,无不意在为十方世界往生者提供一个殊胜的道场,在此净土进德修业,断尽烦惑,圆证菩提。故而,西方净土的往生者,举手抬足,闻声嗅香,视色触影,无一不在修证破无明显般若的无上佛道。其次看正报:阿弥陀佛光明的殊胜,为十方诸佛所不能及,因此有阿弥陀佛十二光佛的种种说法,众生如能触见此光，无不“垢灭善生”，“命终皆得解脱”。在极乐净土，不仅佛寿无量、会众无量，而且会众寿命亦无量无尽。极乐世界所有菩萨的容貌、形相、气质，乃至于他们的神威功德、阶次品位、神通变化，都是十方世界一切天人远不能相比的。极乐净土中的一切生活日用，都能随其所愿，“应念现前，无不具足”。极乐净土的众生没有对家室的执着与留恋，唯一享有的是由清净之心所生发出的无上快乐，全都安住于正定之聚，注定要证得无上正等正觉。十方无量世界的一切诸佛，对于阿弥陀佛不可思议的无量功德交口称颂，而他方世界诸菩萨众，也都来到极乐世界，礼拜供养阿弥陀佛。西方极乐世界的菩萨，仰承阿弥陀佛神威之力的加持，能够用极短时间，往复于十方无边无量的佛国净土，供养诸佛。供佛所需的花、香、幢、幡等供品，能够随其心意，立时而至。他们的神通光明，可以达到“洞视、彻听八方、上下、去来、现在之事”的神通。而在诸圣众之中，观世音菩萨和大势至菩萨最尊第一，他们的威神光明，普照三千大千世界；他们利乐众生的功德，亦远在其他菩萨之上。弥陀净土的大菩萨无不愿力宏深，决定成就一生补处，也即能够一生而成佛。

（四）三辈往生，总示纲宗

本经第二十四品、第二十五品涉及到了本经根本宗旨所在，故需特别论及。第二十四品指出，往生极乐世界的众生，根据其信愿的深浅、发心的大小、持诵的多寡以及修习的勤惰等等分殊，分为各种不同的品类，即上辈往生者、中辈往生者和下辈往生者。值得注意的是，本品尽管将往生弥陀净土者分为三类，但有一个基本原则是唯一不变的，即若论其所以能够往生净土的关键原因，则莫不在于能“发菩提心，一向专念阿弥陀佛”，而这也正是本经的纲领主旨所在。也就是说，如若往生，则信、愿、持名这三个条件，缺一不可。“三辈往生”，为阿弥陀佛四十八大誓愿中第十八“十念必生愿”的成就，亦是所有誓愿中的核心及其最终落实。第二十五品则进一步详细阐述三辈往生的具体因行。即上辈往生者的正因在于：(一)受持本经，(二)求生净土，(三)发菩提心，(四)严守经戒，(五)饶益有情，(六)忆佛念佛。中辈往生者的正因在于：(一)修行十善，(二)昼夜念佛，(三)志心归依，(四)顶礼供养。下辈往生者的正因在于：(一)修行世俗善业，(二)忙里偷闲，一心清净，念佛往生。显然，这些皆是“发菩提心，一向专念阿弥陀佛”的具体展开。

(五)娑婆浊苦，回头是岸

本经第三十三品至四十二品，与此前极力描摹的极乐世界的依正庄严相对，主要讲述娑婆世界的种种秽恶，众生业障深重，“贪瞋痴”三毒炽盛，故由惑造业，苦报无尽，沉沦三途恶道苦海，痛不可言。众生之“恶”有五，即杀生恶、盗恶、邪淫恶、妄语恶、饮酒恶等“五恶”，由此“五恶”导致“五痛”、“五烧”之深痛剧苦。在此基础上，点出遭致痛苦的根本缘由，劝令众生深明因果不爽之理，生发厌离娑婆世界之心，并进一步远离各种恶业，自行正己端身，择善而从，对于净土法门，应当像贫穷的人得到珍宝一样的珍惜，受持思考，精勤奉行，以求生极乐世界。其中第四十品还提出，众生如果对如来果地的圆满智慧持怀疑态度，或者尽管坚定相信佛智圆满，但对自己的善根却不够自信，则虽可因其持续念佛不辍，以念佛的功德，结成往生极乐世界的善愿之力，最终得以往生西方极乐世界，但由于其心念犹疑不坚，以疑惑心修诸功德，最终只能往生于极乐净土的边地疑城中，五百年中不能见佛，不得听佛说法，不得自在。由此劝导人们，应当深信切愿，无论对于圆满佛智还是自身慧根，都莫生疑虑，一心求生净土。

（六）赞叹佛德，劝令流通

第四十三品至四十八品，为本经的“流通分”，主要目的就是要付嘱弟子令本经之教能流通远布于后代。首先指出，本经决非小乘，而是大乘第一解脱之道，任何以坚定不退信愿，奉行、演说本经之人，都将普授成佛之记，也即将来一定成佛。为避免佛陀灭度之后，众生重新生出疑惑，释迦牟尼佛以慈悲哀悯之心，特留本经在世流通一百年，由此凸显本经的非同寻常、无与伦比，以及本经所宣示的念佛往生法门的究竟方便和不可思议之殊胜。因此，佛陀反复叮咛、殷勤付嘱与会众生，务必全力守护本经，依教奉行，为人演说本经，广利众生，同时要精勤修行，坚定不移地受持此经，不可使它毁坏损失，不可妄自增添削减本经所教法门。对于此一经典，应当时时诵念，无有间断。本经最后一品，极力宣说列举闻听释迦牟尼佛说法之后，与会大众所获得的种种真实利益，以及三千大千世界所现出的种种神奇瑞相。

目　录

法会圣众第一

佛经分章序品的一般体例，通常由三部分构成，即所谓“三分”——“序分”、“正宗分”、“流通分”。“序分”相当于一部佛经的引言，主述该经之由来、因缘；“正宗分”为全经主体部分，主述全经宗旨；“流通分”则为全经总结，主述受持本经的利益，并由此劝众广为流传，使之流通久远。“序分”又可分为“通序”和“别序”两类，“通序”又称“证信序”，为一切佛经所共通，有固定的格式；而“别序”则作为“通序”转入“正宗分”的过渡，点明该经所出的特殊因缘，又称“发起序”。

这一品经文，属于全经“序分”中的“通序”部分，如大多佛经一样，也采用了“如是我闻。一时，佛在某处，与某大众俱”的固定格式，本经为“如是我闻。一时佛在王舍城耆阇崛山中，与大比丘众万二千人俱”，其中，用以论证佛经确凿无疑的六个要素（“六成就”）无一遗漏，即“如是”为“信成就”，指佛经内容皆为佛所亲言，如实不虚，此为阿难之信；“我闻”为“闻成就”，指阿难亲耳所闻，绝非辗转传闻；“一时”为“时成就”，指佛说该经的时间；“佛”为“主成就”，指说法者确定为佛；“在王舍城耆阇崛山中”为“处成就”，指说法的处所；“与大比丘众万二千人俱”为“众成就”，指听法的大众。“一切大圣。神通已达”以下则是进一步说明当时亲自参加释迦牟尼佛讲经说法大会的听众殊胜。

法会圣众第一:夏莲居会集各译本所加品名,以下各品皆同,不再出注。

如是我闻①。一时佛在王舍城耆阇崛山中②,与大比丘众万二千人俱③,一切大圣④。神通已达⑤。其名曰:尊者憍陈如、尊者舍利弗、尊者大目犍连、尊者迦叶、尊者阿难等⑥,而为上首;又有普贤菩萨、文殊师利菩萨、弥勒菩萨⑦,及贤劫中一切菩萨⑧,皆来集会。

注释:

①如是我闻:佛经开卷语。佛经基本皆以“如是我闻”开篇,大意为“以下都是我所亲闻的释迦牟尼佛亲言的开示”,又作“我闻如是”或“闻如是”,意与前同。“如是”,指经中所叙述的佛之言说、行止,泛指经中所有内容;“我闻”,则是指经藏编集者阿难自言听闻于佛之言行。又“如是”意为信顺自己所闻之法,“我闻”则为能持所信之人,此即佛经证信序“六成就”中的“信成就”和“闻成就”。佛经之所以都以“如是我闻”开篇,据说是在佛陀寂灭之前,回答了其弟子阿难四个问题,其中之一就是“一切经首,当置何字?”目的就是要后世众生对经典免生疑惑,佛陀的回答即是在结集经藏时,经的前面都以“如是我闻”开篇。其中“如是”表明佛经内容确实为佛陀亲口宣说,没有篡改增删,以令众人放心信仰,故为“信成就”;而“我闻”则是指在阿难于佛涅槃后结集经文为大众登座重说时,大众当时有三种疑惑:一种是错认为佛又复活了,另一种误认为阿难成佛

了，再一种是误以为他方世界的佛来到此土。“我闻”则正是针对上述疑惑，指出佛经内容只是我阿难从佛陀那里亲耳听闻的，以消除大众疑惑，故为“闻成就”。

②一时：佛经开篇习用语。直译为“那时”，意指佛陀为大众讲经说法之时。“一时”为佛经“六成就”中的“时成就”，故佛经开篇在“如是我闻”之后，一般都紧接着要说“一时”。王舍城：古印度佛教胜地，释迦牟尼传教中心之一。音译为“罗阅揭梨醯”、“罗阅祇”、“罗阅”、“曷罗阇利城”等。古印度摩揭陀国都城。释迦牟尼生前经常在此进行传教活动和居住。释迦牟尼寂灭后，弟子们曾在此举行佛教经藏的第一次结集。耆(qí)阇(shé)崛山：意译为“灵鹫山”，或称“鹫岭”、“鹫台”。“耆阇”为鹫之一种，羽翼稍黑，头部呈灰白色，毛稀少。据《玄应音义》卷七所述，此鸟有灵，知人死活，人欲死时，则群翔彼家，待其送林，飞下而食，故号“灵鹫”。此山为王舍城五山中最高大者，园林清净，圣人多居此处。佛亦常住于此，诸大乘经典亦多在此山中说。然四阿含及南方所传诸经典中，均未载此山，而多以给孤独园、迦兰陀竹园等为说法处。

③大比丘：年长德高的比丘，亦有解释为发大乘心，正菩萨道的比丘。所谓“比丘”，指年满二十岁，受过具足戒的男性出家人，女性出家人称为“比丘尼”。已受十戒，未受具足戒，年龄在七岁以上、未满二十岁之出家男子则称“沙弥”，女子称“沙弥尼”。国人常将比丘称为“僧人”或“和尚”，其实这三个词汇原意并不相同。“僧”是梵语的音译，全名为“僧伽”，指佛教僧团，是对出家众(团体)的称呼。“和尚”则是由梵语辗转讹译而来，

原意指有德望的出家人,或对自己的师父的尊称,故又译为“亲教师”。与“比丘”一词,含义并不相同。

④大圣:即前所谓“大比丘众”。

⑤神通:由修禅定与智慧而获得的超自然、无碍自在、神变不可思议之妙用。又称“神通力”、“神力”、“通力”、“通”。一般认为“神通”有神足通、天眼通、天耳通、他心通、宿命通、漏尽通六种:(1)神足通:又称“神境智证通”、“身如意通”、“神境通”、“如意通”、“身通”。即身体具有飞天入地,出入三界,变化自在的能力。(2)天眼通:又称“天眼智证通”、“天眼智通”。即洞见世间一切事物种种形色的能力。(3)天耳通:又称“天耳智证通”、“天耳智通”。即听闻世间一切声音的能力。(4)他心通:又称“他心智证通”、“知他心通”。即洞悉他人思想中各种善恶等事的能力。(5)宿命通:又称“宿住随念智证通”、“宿住智通”、“识宿命通”。即知晓自身及六道众生前世宿命及所做之事的能力。(6)漏尽通:又称“漏尽智证通”。即能断一切烦恼惑业,永远脱离生死轮回的能力。六神通的获得,各经所说有一定出入。《俱舍论》中说前五通凡夫亦可达到,只有阿罗汉、菩萨与佛才能得到第六通;《大智度论》中则说菩萨得五通,佛得六通;《成实论)中认为外道(即佛教以外的其他派别)亦可得五通,有所谓“五通仙人”。

⑥尊者:梵语音译为“阿梨耶”,指智、德兼备,为人所尊重者,是对阿罗汉的敬称。又作“圣者”、“贤者”、“具寿”、“慧命”、“净命”、“长老”。下座称上座为尊者,上座称下座为慧命。憍(jiāo)陈如:佛陀最初度化的五比丘之一。又作“阿若多憍陈

那”、“阿若憍邻”、“阿若俱邻”、“憍陈那”、“憍陈如”、“拘邻”、“居伦”等，或单称“陈如”。意译“初知”、“已知”、“了教”、“了本际”、“知本际”等。憍陈如为中印度迦毗罗城的婆罗门种，擅长占相之术，悉达多太子诞生第五日时，曾应召为其占相，并预言太子必将成佛并救度人类。太子出家修苦行时，憍陈如与另外四人受净饭王之托，陪伴太子至尼连禅河边前正觉山从事苦修，后见太子废苦行接受牧羊女的乳糜，乃与其他四人离太子而去。至释尊成道以后，于鹿野苑见释尊之庄严威仪，又闻其说法，乃率先皈依佛。在《增一阿含经》中佛陀称他为“我声闻中第一弟子”，并称赞他：“宽仁博识，善能劝化，将养圣众，不失威仪”。舍利弗：佛陀十大弟子之一，有“智慧第一”之称。又作“舍利弗多”、“舍利弗罗”、“舍利弗怛罗”、“奢利富多罗”、“设利弗呾罗”。意译“鹙鹭子”、“鸲鹆子”。梵汉并译，则称“舍利子”、“舍梨子”。其母为摩揭陀国王舍城婆罗门论师摩陀罗之女，以眼似鹙鹭，乃名“舍利”；“弗”意为“子”。所以“舍利弗”一词意即“舍利之子”。舍利弗自幼聪明颖悟，八岁就登外道的讲座，对大众说法。他十六岁到各国去游说，说法弘扬，辩论无双。学佛之后，七日之内即遍达佛法，智慧第一。舍利弗一生为僧伽长老崇敬，且屡为佛陀所赞美，后较佛陀早入灭。又据《法华经·譬喻品》所载，舍利弗得佛陀之记别，于未来世当得作佛，号“华光如来”。又现存之《阿毗达磨集异门足论》二十卷、《舍利弗阿毗昙论》三十卷，相传系舍利弗所讲说者。大目犍(jiān)连：佛陀十大弟子之一，又作“摩诃(hē)目犍连”、“目犍连”、“大目干连”、“大目连”、“目连”、“目揵连”、“目伽略”、

“匆伽罗”、“目犍连延”、“目犍罗夜那”、“没特伽罗”、“毛伽利耶夜那”。意译为“天抱”。被誉为“神通第一”。为古代印度摩揭陀国王舍城外拘律陀村人，婆罗门种。生而容貌端正，自幼即与舍利弗交情甚笃，同为删阇耶外道之弟子，各领徒众二百五十人。曾与舍利弗互约，先得悟解脱者必以相告，遂共竞精进修行。后舍利弗因逢佛陀弟子阿说示（又名马胜），而悟诸法无我之理，并告目犍连，目犍连遂率弟子一同拜谒佛陀，蒙其教化，时经一月，证得阿罗汉果。另据《盂兰盆经》载，目犍连曾为救母出离饿鬼道，而于七月十五僧自恣之日供养十方大德僧众，遂为后世盂兰盆会之由来。迦叶（shè）：全名“大迦叶”、“摩诃迦叶”，又作“迦叶波”、“迦摄波”，意为饮光。为佛陀十大弟子之一。生于王舍城近郊之婆罗门家。于佛成道后第三年为佛弟子，八日后即证入阿罗汉境地，为佛陀弟子中最无执着之念者。人格清廉，深受佛陀信赖。佛陀入灭后，成为教团之统率者，于王舍城召集第一次经典结集。后入鸡足山入定，以待弥勒出世，方行涅槃。禅宗以其为佛弟子中修无执着行之第一人，特尊为“头陀第一”；又以“拈花微笑”的故事，被视为传佛心印的初祖，因此也被视为禅宗初祖。阿难：佛陀十大弟子之一，具称“阿难陀”。意译作“庆喜”、“欢喜”或“无染”。中印度迦毗罗卫国人，出于刹帝利族，为佛陀的堂弟。阿难出家随侍世尊二十五年，佛所说的他都能够记得住，一个字不忘。所以《涅槃经》称阿难是“多闻士”，迦叶也称赞说：“佛法大海水，流入阿难心。”所以阿难被称为“多闻第一”。佛教经藏第一次结集时，由他负责诵出经藏，此后佛经为了取信于众，皆自称为阿难诵出。

⑦普贤:中国佛教四大菩萨之一,亦译“遍吉”,音译“三曼多跋陀罗”。代表德行,法号为“大行普贤”。汉传佛教相传四川峨嵋山为其显灵说法的道场,为释迦牟尼佛的右胁侍。以“理、定、行”三德著称,与“智、慧、证”三德著称的左胁侍文殊并称。其塑像多骑六牙白象。普贤菩萨是大乘佛教之行愿的象征。他曾经在过去无量劫中,行菩萨行、求一切智,修集了菩萨救护众生的无边行愿。因此,他也是大乘佛教徒在实践菩萨道时的行为典范。在《华严经》里,普贤菩萨劝人广修十大行愿,此即礼敬诸佛、称赞如来、广修供养、忏悔业障、随喜功德、请转法轮、请佛住世、常随佛学、恒顺众生、普皆回向等十项。普贤菩萨以此十愿为众生成就如来功德的主要法门。菩萨:为“菩提萨埵”的略称,又作“菩提索多”、“冒地萨怛缚”、“扶萨”;意译为“觉有情”、“道众生”、“道心众生”、“开士”。指志求佛果者。即求无上菩提,利益众生,修诸波罗蜜行,当来可成佛的大道心众生。“菩萨”有时亦被尊称为“大士”,音译为“摩诃萨埵”或“摩诃萨”。此外,由于菩萨是佛位的继承者,因此亦被尊称为“法王子”,音译“究摩罗浮多”,意译又作“童真”。文殊师利菩萨:或作“曼殊师利”、“妙吉祥”。是大乘佛教中最以智慧著称的菩萨,与普贤菩萨并为释迦牟尼佛的两大胁侍。由于他在所有菩萨中,是辅佐释尊弘法的上首,因此也被称为“文殊师利法王子”。依大乘经典所载,在所有大菩萨中,文殊菩萨不只是四大菩萨中“大智”的象征,而且,在过去世他曾为七佛之师。其锐利的智慧,被喻为三世诸佛成道之母。因而有“三世觉母妙吉祥”的尊号。而且,依《首楞严三昧经》所载,他在久远的过去

世早已成佛，号称“龙种上如来”。所以，其为释迦牟尼佛二胁侍之一，只不过一种慈悲度化的大权示现而已。据《放钵经》载，文殊菩萨对释迦牟尼佛也曾有教诲之谊。由于文殊菩萨是大乘佛法中智慧的象征，因此佛典里也有很多关于他以智慧开导行者的故事。他曾经以“仗剑迫佛”的权宜示现，来晓谕那些疑悔不安、不能悟入如幻深法的菩萨。也经常用反诘、否定、突兀的语言或行动，来警醒众生。在大乘佛教里，文殊菩萨开出的是重视第一义谛、不拘寻常格式的善巧法门。相传其显灵说法的道场在山西五台山，为释迦牟尼佛的左胁侍，其形象为顶结五髻，手持宝剑，表示智慧锐利，骑狮子，象征智慧威猛。弥勒菩萨：原为释迦牟尼佛座下大弟子之一，由于他即将继释迦牟尼佛之后，在阎浮提世界成佛，所以习俗相沿，也称他为“弥勒佛”。因为弥勒菩萨现居兜率天，尽其一生之后，将到人间继释迦之后成佛，所以又称为“一生补处菩萨”、“补处萨埵”、“弥勒如来”、“后生佛”、“未来佛”，意译“慈氏菩萨”，佛教经典中，佛陀亦常称之为“阿逸多”。据佛典所载，弥勒菩萨现在兜率天的内院弘法，教化天众。相传兜率天上有五百亿天子，各以天福力，造作宫殿，发愿布施弥勒菩萨，庄严兜率天宫，因而使兜率天成为殊胜的国土。中国寺院中所供奉的笑口常开、袒胸露腹的弥勒像，是根据五代时一位叫契此的僧人形象塑造的，民间认为他是弥勒的化身。

⑧贤劫：“劫”是印度人代表极长时间的用语，源于印度婆罗门教。一劫相当于人世间的四十三亿二千万年，分为四个阶段，即成、住、异、灭四劫。“贤劫”属于“住劫”。依佛典所载，现

在“住劫”有千佛等贤圣出世，救度众生，故称“贤劫”。因此，贤劫即指现在世、现在劫。

译文：

以下都是我所亲闻的释迦牟尼佛亲言的开示。那时，释迦牟尼佛在王舍城外的灵鹫山中说法，参会法众，盛大稀有，有一万二千大比丘共聚一堂。这些大比丘都是回小向大、行菩萨道的大圣人，并且都已修得了神足通、天眼通、天耳通、他心通、宿命通、漏尽通等六种神通。他们包括：作为法会上首的憍陈如长老、舍利弗长老、大目犍连长老、迦叶长老、阿难长老等；还有普贤菩萨、文殊师利菩萨、弥勒菩萨以及现在世的所有菩萨，也都来此共聆佛法。

德遵普贤第二

本品为第一品的延续，仍属于全经的“通序”部分，是对第一品“众成就”的补充，不但在数量方面列举了更多名目的圣众，以体现此次释迦牟尼佛法会场面的盛大，而且更重要的是对会众所具妙德的进一步说明。具体而言，就是说与会的诸大菩萨，都以普贤菩萨为德行楷模，共同尊重修持普贤菩萨的德行，即经中所谓“咸共遵修普贤大士之德，具足无量行愿，安住一切功德法中”。而这也是本品命名为“德遵普贤”的原因所在。普贤菩萨诸德行的根本宗旨，就是《华严经》所言的“十大愿王导归极乐”，即以十种广大行愿（“十大愿王”）——一者礼敬诸佛，二者称赞如来，三者广修供养，四者忏悔业障，五者随喜功德，六者请转法轮，七者请佛住世，八者常随佛学，九者恒顺众生，十者普皆回向——为依归，一门深入，长时薰修，最终导归极乐净土。

另外需要指出的是，本品以“又贤护等十六正士”开始，而与上一品分开，从经文文义看，似乎显得有些突兀，因为都是在说明此次法会“众成就”的组成。对此，有一种解释可供参考，即夏莲居居士将“十六正士”（十六位在家菩萨）置于本品之首，乃是特意而为，就是告诉读者本经法门不是专为出家人所设，更是以度在家居士为主，从而显示本经“普度众生”的深远之意。

又贤护等十六正士[1]，所谓善思惟菩萨、慧辩才菩萨、观无住菩萨、神通华菩萨、光英菩萨、宝幢菩萨、智上菩萨、寂根菩萨、信慧菩萨、愿慧菩萨、香象菩萨、宝英菩萨、中住菩萨、制行菩萨、解脱菩萨，而为上首[2]。

注释：

①贤护：为在家菩萨，八大或十六大菩萨之一。音译作“跋捺罗波罗菩萨”、“跋陀波罗菩萨”、“拔陂菩萨”、“跋陀和菩萨”、“发捺罗播逻菩萨”。又称“贤护长者”、“贤护胜上童真”、“善守菩萨”、“贤守菩萨”。在《摩诃般若波罗蜜经》与《无量寿经》之听闻众中，皆置贤护菩萨于首位。据《大宝积经》卷一〇九载，贤护为一富商之子，其所受之诸乐、果报，为忉利帝释天王所不及。据《八吉祥神咒经》载，若有急疾，呼贤护等八人名字，即得解脱。命终时，此八人飞往迎之。《思益经》说：众生只要听到他这个名字，就必定能得三菩提：自觉、觉他、觉行圆满。又据《大佛顶首楞严经》卷五所载，跋陀波罗入浴室而悟水因，证得无所有，基于此说，禅宗遂于浴室安置贤护尊者。正士：修行正法之士，即“菩萨”的异称，多指在家菩萨。

②“所谓”句：据《四童子经》、《佛名经》、《月灯三昧经》等经记载，善思惟、慧辩才、观无住、神通华、光英、宝幢、智上、寂根、愿慧、香象等十位都是他方世界的大菩萨，应化托生本土成为在家菩萨。他们都是来到这个世界听受佛的教诲，助佛弘化的。从贤护到香象共十人，都有经典作为根据。其余尚有六人在佛教经典中没有提及出处，但历代解经家一般认为，其余六人也都是

在他方世界成就的在家菩萨，来到此界听经并助佛弘化。

译文：

此次法会还包括贤护等十六位在家菩萨，他们是善思惟菩萨、慧辩才菩萨、观无住菩萨、神通华菩萨、光英菩萨、宝幢菩萨、智上菩萨、寂根菩萨、信慧菩萨、愿慧菩萨、香象菩萨、宝英菩萨、中住菩萨、制行菩萨、解脱菩萨，他们位居众在家菩萨的上首。

咸共遵修普贤大士之德①，具足无量行愿②，安住一切功德法中③。游步十方④，行权方便⑤，入佛法藏⑥，究竟彼岸⑦。

注释：

①大士：为“菩萨”之美称。音译作“摩诃萨埵”，又作“摩诃萨”，与“菩萨”同义。佛经中经常以“菩萨摩诃萨”连称。菩萨为自利利他、大愿大行之人，故有“大士”的美称。一般而言，摩诃萨埵如译成“大士”，则菩萨多译为“开士”，当然都是指菩萨而言。

②无量：佛经常用语。意为不可计量，指空间、时间、数量之无限量，亦指佛德的无限量。《摄大乘论释》云：“不可以譬类得知为无量。”行愿：“修行”与“誓愿”的并称，又称“愿行”。具体而言，本经中所谓“行”指“六度”“四摄”等大行；“愿”指“四弘誓”与“十大愿”等胜愿。愿以导行，行以满愿，互相依持。具

足:佛教习语。为“具备满足”的略称。

③安住:安稳住立,佛教中指修成某一功德不会退失。功德:行善所获之果报。“功”指行善;“德”指福德。法:音译为“达磨”、“达摩”、“驮摩”、“昙摩”、“昙无”、“昙”。(一)在佛教经典中,“法”为最重要的概念之一,其主要意思有两个,即“任持自性”和“轨生物解”。“任持自性”,是指能保持自体的自性(各自的本性)不改变;“轨生物解”,是指能轨范人伦,令人产生对一定事物理解的根据。就“任持自性”的意义而言,“法”是指具有自性的一切存在;就“轨生物解”的意义而言,“法”是指认识的标准、规范、法则、道理、教理、教说、真理、善行等。本经此处,是第一种用法。

④十方:佛教常用语。是四方、四维、上下的总称。具体而言即东、西、南、北为“四方”;东南、西南、东北、西北为“四维”。佛教主张十方有无数世界及净土,称为“十方世界”、“十方法界”、“十方净土”、“十方刹”等。又其中之诸佛及众生,则称为“十方诸佛”、“十方众生”。佛教一般用“十方”泛指一切地方。

⑤行权方便:意为随物所宜,因人而异,用一切善巧稳便的教化济度众生。权,为“方便”的别名,即为一时之需、因顺时宜而暂时用之的教法。方便,音译作“沤波耶”。“十波罗蜜”之一,为佛教习语。又作“善权”、“变谋”。指巧妙地接近、施设、安排等。意义可分为以下几种,即对真实法而言,为诱引众生入于真实法而权设的法门?故称为“权假方便”、“善巧方便”?即佛菩萨应众生之根机,而用种种方法施予化益?也可表示针对般若实智而言的通权之智。

⑥入佛法藏:契会证入佛法知见。法藏,佛陀所说之教法。因教法含藏多义,故称“法藏”。或指含藏这些教说的经典,因经典含藏众多法门,故称“法藏”。也有真如所含藏的种种功德的含义。

⑦彼岸:佛教习语。梵语“波罗”,意译为“彼岸”,此岸指有生有死的境界,彼岸则是指不生不灭的涅槃。

译文:

以上一切圣众,无论在家出家,全都以普贤菩萨为榜样,共同遵守修习其妙德,一切无量无边的殊胜行愿都已具足圆满,安住于一切如来无尽果德的本体,而绝无动摇。他们普遍周游于一切世界,随物所宜,因人而异,用一切善巧稳便的教化,济度众生,使之契会证入佛法知见,以脱离五浊恶世,达至如来涅槃果海。

愿于无量世界成等正觉[①],舍兜率,降王宫,弃位出家,苦行学道[②]。作斯示现[③],顺世间故。以定慧力,降伏魔怨[④],得微妙法,成最正觉[⑤]。天人归仰,请转法轮[⑥]。常以法音[⑦],觉诸世间[⑧],破烦恼城[⑨],坏诸欲堑[⑩],洗濯垢污,显名清白。调众生、宣妙理、贮功德、示福田[⑪]。以诸法药,救疗三苦[⑫]。升灌顶阶[⑬],授菩提记[⑭],为教菩萨,作阿阇黎[⑮],常习相应无边诸行,成熟菩萨无边善根[⑯],无量诸佛咸共护念。诸佛刹中,皆能示现。譬善幻师[⑰],现众异相,于彼相中,实无可得。此诸菩萨，亦复如是，通诸法性[18]，达众生相[19]，供养诸佛[20]，开导群生。化现其身，犹如电光，裂魔见网，解诸缠缚[21]。远超声闻、辟支佛地[22]，入空、无相、无愿法门[23]。善立方便，显示三乘[24]。于此中下，而现灭度[25]，得无生无灭诸三摩地[26]，及得一切陀罗尼门[27]。随时悟入华严三昧[28]，具足总持百千三昧[29]。住深禅定[30]，悉睹无量诸佛。于一念顷[31]，遍游一切佛土。得佛辩才[32]，住普贤行。善能分别众生语言，开化显示真实之际[33]。超过世间诸所有法，心常谛住度世之道[34]。于一切万物，随意自在，为诸庶类[35]，作不请之友[36]。受持如来甚深法藏[37]，护佛种性常使不绝[38]。兴大悲、愍有情、演慈辩、授法眼、杜恶趣、开善门[39]。于诸众生，视若自己，拯济负荷，皆度彼岸。悉获诸佛无量功德，智慧圣明，不可思议[40]。

注释：

①等正觉：亦称“等觉”。有两种含义：一是指菩萨的最高位置，大乘五十二阶位中，第五十一位，名为“等觉”，即十地位满，将证佛果之中间阶段，因其智慧功德，等似妙觉，故名“等觉”，又名“一生补处”，或“金刚心菩萨”；另一种含义就是指“佛”，为佛十号之一。“等”是平等，“觉”是觉悟，诸佛的觉悟，平等一如，故名“等觉”。本经此处的含义为后者。即对于凡夫的“不觉”而称“正觉”，对于声闻、缘觉二乘的“独觉”而称“等

觉”,合称为“等正觉”。

②从“舍兜率”开始直至“住深禅定,悉睹无量诸佛”:为释迦牟尼佛乃至一切诸佛示现成道的通常途径,共经历八种相状,即所谓“八相成道”。大乘八相成道说有两种,前者为《四教义》卷七所说,包括:下天、托胎、出生、出家、降魔、成道、转法轮、入涅槃,一般皆以此说为准。后者为《大乘起信论》所说,包括:从兜率天退、入胎、住胎、出胎、出家、成道、转法轮、入于涅槃。前后说之别,在于后者有“住胎”而无“降魔”。“八相成道说”始自无著世亲时代,而后一说则可能源自我国。本经所说“八相成道”,基本与前一种说法一致,其中,“舍兜率”为第一下天相,即从兜率天下降。兜率,为“兜率天”的略称,又作“都率天”、“兜术天”、“兜率陀天”、“兜率多天”、“兜师陀天”、“睹史多天”、“兜驶多天”,意译为“知足天”、“妙足天”、“喜足天”、“喜乐天”。佛教认为,众生有三种存在的界域,即欲界、色界、无色界。欲界是有淫食二欲的众生所住的世界,欲界中又包括六重天,即四王天、忉利天、夜摩天、兜率天、乐变化天、他化自在天。兜率天属于欲界六天中的第四天,位于夜摩天与乐变化天之间,距夜摩天十六万由旬,在虚空密云之上,纵广八万由旬。此天有内、外两院,兜率外院为天人所居,兜率内院则是即将成佛者(即补处菩萨)的居所,目前是弥勒菩萨的净土,弥勒在此宣说佛法,住满四千年后,即下生人间,成佛于龙华树下。当时释迦牟尼身为菩萨时,也是从兜率天下生人间而成佛的。因此,“舍兜率”被视为示现成佛的第一步。“降王宫”是降生于王宫之中,属于“八相成道”中的第二托胎、第三出生两相。“弃位出

家，苦行学道”是第四相。出家，即出离家庭生活，专心修沙门之净行；亦兼指出家修道者，与沙门、比丘同义。印度早在吠陀时代即有出家修行以求解脱者，后来婆罗门教徒承袭这种修行方法，多入山林闲寂之处专心修道。佛教则以释迦牟尼的出家学道为其滥觞，其后更以出家人组织教团。

③示现：诸佛、菩萨应众生的机缘而化现种种的身相，目的在于教化众生。

④以定慧力，降伏魔怨：是第五降魔相。定慧，即禅定与智慧，为佛教“戒、定、慧”三学中的两种法门。收摄止息散乱的心意为定；观照明察一切的事理为慧，所以又称“止观”。魔怨，扰乱、妨碍众生修行的外物或心境，如妨碍善事之恶鬼或烦恼、疑惑、迷恋等心理活动。

⑤得微妙法，成最正觉：是第六成道相。最正觉，即无上正等正觉，就是彻底明白宇宙人生的事理真相，成就最圆满的佛果。

⑥天人归仰，请转法轮：是第七转法轮相。天人，即欲界、色界、无色界诸天之人。转法轮，又作“转梵轮”，指佛陀宣说佛法。佛的教法，如车轮旋转，既能转凡成圣，度众生解脱苦海，亦能摧破众生一切烦恼障惑，所以称作“法轮”。

⑦法音：佛陀说法的声音。

⑧世间：泛指迁流变化的现象世界，略称为“世”，与“出世间”、“出世”相对，故与“三界”相应，包括欲界、色界、无色界。原意指可毁坏的，或可对治的、有为有漏的现象。关于世间之分类，有两种、三种之别。一般根据《俱舍论》将世间分为两类，

即:(一)有情世间,又作“众生世间”、“有情界”。泛指一切有情众生。(二)器世间,又作“物器世间”、“器世界”、“器界”、“器”。指有情众生居住、生存的外在环境,如山河大地、国土等。

⑨烦恼:也译作“惑”、“尘劳”、“染”等等,指扰乱身心,令人不得寂静安宁的种种心理作用。佛教认为,“烦恼”会障碍圣道,妨碍正确的智慧,故务必去除尽净方能成佛。另外,部派佛教将潜在的烦恼称为“随眠”,表面的烦恼称为“缠”。

⑩欲堑:佛教以贪欲深而难越,易使人堕落,比喻为堑(即深壕大沟),故称为“欲堑”。

⑪福田:佛教惯用语。指能生长福德的田地。即散播布施、供养等种子,则能结出福德的果实,所以用田地来比喻。如行布施时,接受布施者称为“福田”。福田又可分为很多种,如佛、佛弟子、修行者等必受尊敬者,称为“敬田”;父母及师长等必受报恩者,称为“恩田”;受怜悯之贫者、病者等,称为“悲田”。

⑫三苦:即佛教所谓苦苦、坏苦、行苦等三种苦。“苦苦”是身心受苦时所产生的苦恼;“坏苦”是偶尔出现的快乐转瞬即逝时所感受的苦;“行苦”是由于诸行无常,迁流不息,人们不得安定、无法支配所产生的苦恼。在三界之中,欲界三苦俱全,色界只有坏行二苦,无色界则只有行苦。

⑬灌顶:即以水灌于头顶,受灌者即获晋升一定地位之仪式。原为古代印度帝王即位及立太子的一种仪式,国师以四大海之水灌其头顶,表示祝福,并宣示王权的合法性。佛教亦仿效此法,称菩萨于十地中的第九地升入第十法云地时,诸佛以智水灌其顶,以为受法王职的证明,本经“灌顶阶”特指十地以

上的等觉阶位而言。

⑭授菩提记:佛授予众生将来必定成佛的记识。

⑮阿阇(shé)黎:音译又作“阿阇梨”、“阿舍梨”、“阿遮梨耶”、“阿遮利耶”等,意译为“轨范师”、“正行”、“应可行”、“教授”、“传授”。在印度古代,阿阇黎本为婆罗门教中教授弟子有关吠陀祭典规矩、行仪之师,此一名词后为佛教所采用,且在佛陀在世之时即已经普遍使用。小乘佛教指匡正弟子行为,堪为师范的高僧为阿阇黎;大乘圆顿戒则以释迦牟尼为“戒和尚”,称文殊为“羯磨阿阇黎”、弥勒为“教授阿阇黎”。密教虽也有以大日如来或诸佛菩萨为阿阇黎的情形,但狭义的阿阇黎则专指灌顶及传法灌顶的导师。

⑯善根:即善之根本,又称“善本”、“德本”。广义是指在身、口、意三业中的善因能生善果,故称“善根”。狭义是指产生诸善法的根本,即无贪、无瞋、无痴三者为善根之体,合称为“三善根”。不善根则为贪、瞋、痴等,即称“三不善根”,或称“三毒”。

⑰幻师:又作“幻士”、“幻人”、“幻术师”,即行幻术之人,类似今天的魔术师。佛教经论中经常用之为譬喻。

⑱法性:指诸法的真实体性,亦即宇宙一切现象所具有的真实不变的本性。又作“真如法性”、“真法性”、“真性”。又为“真如”之异称。法性乃万法之本,故又作“法本”。

⑲众生:佛教习语。又名“有情”,即一切有情识志虑的生物。一般而言,众生主要是指具无明烦恼,流转生死的迷界凡夫;但就广义而言,众生也可以含摄悟界的佛、菩萨等。

⑳供养：又作“供”、“供施”、“供给”、“打供”。意指供食物、衣服等予佛法僧三宝、师长、父母、亡者等。供养初以身体行为为主，后亦包含纯粹的精神供养，故有“身分供养”、“心分供养”之分。初期教团所受的供养以衣服、饮食、卧具、汤药等为主，称为“四事供养”。所行的供养除财供养之外，还有法供养，如以恭敬供养、赞叹供养、礼拜供养等精神的崇敬态度也称“供养”。

㉑缠缚：一般是指使众生沉沦三界生死苦海的一切烦恼纠结。具体而言，“缠”有三缠、八缠、十缠乃至五百缠等，“缚”有三缚、四缚等。其中，“十缠”为小乘说一切有部所倡，即无惭、无愧、嫉、悭、悔、眠、掉举、昏沉、忿、覆；“四缚”出于《俱舍论》等，即欲缚、有缚、无明缚、见缚。大乘唯识宗则立“八缠”、“三缚”，小乘“十缠”中除去忿、覆二缠，即为八缠；三缚则指贪、瞋、痴。

㉒声闻：指听闻佛陀之声教而依教修行的佛弟子。在原始佛教中，释迦牟尼在世时的弟子，不论在家或出家，都称为“声闻”。但到后世，声闻被限定为出家弟子。大乘佛教兴起之后，声闻与缘觉皆被大乘信徒贬为小乘。并认为声闻乘有下列特性：(1)以《阿含经》为所依；(2)观苦、集、灭、道四圣谛；(3)经三生六十劫之长远修行，期证阿罗汉果；(4)以灰身灭智为涅槃；(5)着重在个人证悟而不致力于济度众生。辟支佛：音译“钵剌医迦佛陀”、“毕勒支底迦佛”、“辟支迦佛”、“贝支迦佛”，又作“缘觉”、“独觉”、“因缘觉”。指独自悟道的修行者。即于现在身中，不禀佛教，无师独悟，性乐寂静而不事说法教化的圣者。

声闻与缘觉，称为“二乘”；声闻、缘觉再加上菩萨，则为“三乘”。

㉓空、无相、无愿：通往解脱之道的三种法门，佛教称为“三解脱门”，亦称为“三三昧”，略称“三脱门”或“三门”。修学时随依任何一门都可以永断烦恼，解脱生死，究竟成佛。具体而言，即：（一）空门：观一切法皆无自性，由因缘和合而生，当体即空；若能如此通达，则于诸法而得自在。（二）无相门：又称“无想门”。就是说既然一切法空，乃观男女一异等差别相实无可得；若能如此通达诸法无相，即可离差别相而得自在。（三）无愿门：又作“无作门”、“无欲门”。就是说若知一切法无相，则于三界之中无所愿求；若无愿求，则不造作生死之业；若无生死之业，则无果报之苦而得自在。

㉔三乘：即声闻乘、缘觉乘与菩萨乘。“乘”原意为运输工具，佛教由此用“三乘”比喻运载众生渡生死苦海至涅槃彼岸的三种法门。

㉕于此中下，而现灭度：这是八相成道中的第八般涅槃相。三乘法有上有中有下，对于中根下根的人才示现灭度相。中下，即指三乘中的声闻乘、缘觉乘，其中声闻乘为小乘，缘觉乘为中乘。灭度，音译为“涅槃”，意译为“圆寂”，即灭除烦恼，度脱生死。

㉖三摩地：又称“三昧”、“三摩提”、“三摩帝”，意译为“等持”、“正定”、“定意”、“调直定”、“正心行处”。即远离昏沉掉举，心专住一境，不受外界干扰。

㉗陀罗尼：意译“总持”、“能持”、“能遮”。即能总摄忆持无量佛法而不忘失的能力。因为陀罗尼能持忆各种善法，又能遮

除各种恶法，而菩萨以利他为主，为教化他人，所以必须获得陀罗尼，如此方能不忘失无量佛法，而在众人之中无所畏，同时亦能自由自在的说教。后世因陀罗尼的形式，与诵咒相似，因此后人将其与咒混同，甚至统称“咒”为“陀罗尼”。

㉘华严三昧：“佛华严三昧”的略称，又名“华严定”。为“华严十定”之一，是普贤菩萨所入的禅定。即以一真法界无尽缘起为宗旨，依此宗旨而修万行，庄严佛果，称为“华严”；一心修之，称为“三昧”。华严三昧是统摄法界，包容一切佛法的大三昧。

㉙具足总持百千三昧：即是指由华严三昧，以陀罗尼总摄忆持之力，而得百千三昧。总持，即陀罗尼。

㉚禅定：佛教的重要修持法。“禅”为“禅那”的简称，音译又作“驮衍那”，意译“静虑”、“思惟修”、“弃恶”。“禅”与“定”皆为令心专注于某一对象，而达于不散乱的状态。或谓“禅那”的音译为“禅”，意译为“定”，梵汉合称为“禅定”。禅的起源，可远溯自印度古奥义书时代。印度的圣者，常在森林树下静坐瞑想，此种静坐瞑想即称为“禅那”。在后来，婆罗门教、佛教、耆那教皆以静坐瞑想为修持方法，而佛教更以禅定作为专一心境、断除烦恼、求达涅槃的重要方法。印度早期佛教中，“八正道”之一的正定，或“三学”中的定学等，均以禅为修持的首要法门。大乘佛教兴起之后，禅的修持遂从自利转为利他，而成为菩萨行的“六波罗蜜”之一。及至传到中国，禅更由一种仅止于修持的方法，发展成为具有独特思想意义的宗派，此即菩提达磨所传“教外别传，不立文字”的禅宗。

㉛一念顷：佛教喻指极短的时间之内。

㉜辩才:善巧说法的能力。佛、菩萨为普度众生,具足种种能够迅速根据问者或听者的根机,来作最适合的启发与开导的辩才,如法无碍辩、义无碍辩、辞无碍辩、辩无碍辩等四无碍辩,亦有七辩、八辩、九辩等说法。

㉝真实之际:究竟至极的实相妙理,即佛的所知、佛的所见。

㉞谛住:即真实无妄地安住。度世之道:教化众生的理论与方法。

㉟庶类:指一切有情众生。

㊱不请之友:即是说不待众生的请求,主动来化度众生。

㊲受持:领受佛法,持久不忘。如来甚深法藏:指如来所说的一切经教,或可据《无量寿经甄解》所谓:“即闻持三世一切如来法藏也。多闻归一闻。一闻即是闻其名号。”则“如来甚深法藏”在本经中专指听闻弥陀名号、称念弥陀名号。

㊳佛种性:意指佛的本性或成佛的根本原因。有多种说法,一般指众生本来具足的佛性;也有以菩萨所行为成佛之因,故亦称“佛种”;也有以菩提心作为佛种;亦有以称佛名号为佛种性。后两种说法更合本经本意。

㊴大悲:即大悲心。佛教以救他人苦之心称为“悲”,佛、菩萨欲普度众生永脱苦海,故其悲心平等广大,故称“大悲”。法眼:佛教所谓“五眼”之一,“五眼”即肉眼、天眼、慧眼、法眼、佛眼。肉眼是肉身凡夫的眼,遇昏暗,遇阻碍,就不能见;天眼是天人的眼,远近昼夜,都能得见;慧眼是声闻的眼,能看破假相,识得真空;法眼是菩萨的眼,能彻了世间和出世间的一切法门;

佛眼是如来的眼，有了佛眼便兼有前面的四种眼，能无事不知，无事不见；法眼是智慧，能够抉择一切法门，所以法眼能够适应众生种种的根器，选择最善巧的方法。杜恶趣："杜"即杜绝，"恶趣"指地狱、饿鬼、畜生"三恶道"。

㊵不可思议：即不是凡夫众生的思惟、意识所能想像、理解的；同时也不是世间的语言、文字所能言喻表达的。

译文：

大菩萨们为度众生，发下大誓愿，到十方无量无尽的世间去示现成佛之道。按照释迦牟尼佛"八相成道"的成佛途径，舍弃兜率天宫之安乐，托胎降生于人世中的王宫；随后舍弃王位而出家，通过艰辛苦修来学道、悟道。所有这些，都是为了教化众生，令入佛道而随顺世间智薄障重的根机而作的示现。为此，还要在修行中运用"禅定"和"慧思"的方法，降伏障碍行善的魔怨，从而契会菩提妙智，成就无上圆满究竟的佛觉。如此，诸天神人共生崇奉敬仰之心，进而希望演说佛法，转佛心中之法，度入众生之心。他们便随时随地演说佛法，以启发引导三界一切众生觉悟，以破除众生身心之内烦恼的堡垒，摧溃诱使众生堕落六道的爱欲沟堑，涤除蒙蔽众生心灵的污垢，开显其本来纯净无染的真如之心。通过开佛知见、示佛知见以使众生悟佛知见、入佛知见；通过展示福田广大以使众生积累善功善德。用诸种佛法之无上妙药，来疗救众生沉沦三界生死苦海的厄难。德遵普贤的圣众都是升于灌顶之位，具有当得佛果的授记，为了教导其他初发心菩萨，他们率先垂范，时时修习无量无边的相应行德，去成熟他们无量无边的善根，使之圆满成就，从而受到无量诸佛的庇护和眷顾。这些大菩萨在十方的佛世界中都能示现种种应身与化身，如同一个无比善巧的幻师，幻现种种光怪陆离的形相，而这些形相原本为幻，所以就实而论，一无所有。这些与会的大菩萨也是这样，他们通晓彻知随缘不变的诸法实相，又能了达不变随缘而显现的种种差别相，上供诸佛，下化众生。他们能如闪电般迅速，化现无量之身，前往无量之土，如电光照物，平等普照，撕裂邪见业网，断离烦恼的缠缚。大菩萨们善巧方便，随机度生，故而远超声闻、缘觉二乘之上，进入无自性我执、无名相法执、无妄想取执的法门。他们随众生之宜善巧施设，示现通于一乘的声闻、缘觉、菩萨三乘教法。他们本不住生死，不住涅槃，但为了利益中、下根性众生而示现涅槃之相。大菩萨们已经修得无生无灭的各种三摩地，并获得能持善遮恶、使功德不失、一得永得的一切陀罗尼法门。他们随时悟入平等无二、真实无妄的佛华严三昧，具足一切陀罗尼和能令众生行之而断尘劳烦恼的一切三昧。他们能够安住于"寂""照"无碍的甚深禅定，一切诸佛皆为所见。并于一刹那间，遍游无量无边一切佛土。他们获得了同佛一样随机善巧宣说佛法的才能，不动摇地行持普贤菩萨归向极乐的愿行。他们对各类众生不同的语言了如指掌，并以各类众生本有的语言，开示究竟至极的真如实相。他们远远超越了世间一切依存于因果的"有为法"，达到了性空无相、平等一味的境界，并恒常安住于此"无为法"之上，救度一切世间众生。他们对待万事万物，都能随缘自在，通达无碍；对待一切众生，都能不待请求，主动化导。接受并保持如来深奥微妙的一切经教，并使众生能够发菩提心，修普贤行，称佛名号，长久不绝。他们兴发大慈大悲之心，哀悯六道苦海之中的有情众生，以慈悲之心为众生说法，使之获得了脱烦恼的正知正见，从而堵塞了堕入畜生、饿鬼、地狱的三途恶道，开启了进入菩提涅槃的善门。大菩萨们以众生之苦为己苦的同体之悲，肩负着救度一切众生出离苦海的重担，使众生无一例外地到达无余涅槃的彼岸。大菩萨们都得到一切诸佛无量无边的功德，其智慧行愿是如此地庄严伟大，的的确确难以想象和难以言表。

如是等诸大菩萨，无量无边，一时来集。又有比丘尼五百人、清信士七千人、清信女五百人、欲界天、色界天、诸天梵众①，悉共大会。

注释：

①清信士：指亲近三宝、受持五戒的在家男性佛教信徒，也即男居士，梵语为“优婆塞”。清信女：指亲近三宝、受持五戒的在家女性佛教信徒，也即女居士，梵语为“优婆夷”。梵众：修习梵行的大众，一般指僧侣。

译文：

上述这些大菩萨，其数无量无边，此一时间同赴法会。还有五百位比丘尼、七千位男居士、五百位女居士，以及欲界天、色界天等天上的天人大众，也全都来到这里参加法会。

大教缘起第三

本品属于“序分”中的“别序”部分,是由“通序”转入经文主体“正宗分”的过渡,点明本经所出的特殊因缘,亦称为“发起序”。

本品以如来放现瑞光开始,其所示现的瑞相光明被阿难看到,由此生发稀有无上的欢喜心,并向如来请法。世尊对阿难问法予以高度评价,认为阿难所问,对一切众生都具有无尽的利益,甚至“胜于供养一天下阿罗汉、辟支佛,布施累劫,诸天人民、蜎飞蠕动之类,功德百千万倍”,其之所以如此,乃在于阿难的问法引出了如来下面的一切经说,换言之,即引发了《无量寿经》的问世。

尔时世尊①,威光赫奕②,如融金聚。又如明镜,影畅表里。现大光明,数千百变。

注释:

①尔时:那时。即宣说本经的灵鹫山法会之时。世尊:对释迦牟尼佛的尊称,因佛为世人所共尊,故有此称。

②威光:具有神威之力的光明。因为佛的智慧光明具有能破除一切烦恼暗障的威力,所以称佛陀的光明是“威光”。赫奕:描摹佛陀威光的明耀强盛,“赫”为明耀,“奕”为强盛。

译文:

那一时刻,释迦牟尼佛放出雄猛有威,明耀强盛的光明,其光之明烈如同熔化的金子,聚汇在一起。又好似一面明镜,光芒外射,又畅显于镜中,内外映彻,通体光明。释迦牟尼佛所发出的神光,殊胜明耀,殊胜广大;其光之形色,交互回转,瞬息万变,无有穷极。

尊者阿难,即自思惟:“今日世尊,色身诸根①,悦豫清净②,光颜巍巍,宝刹庄严③。从昔以来,所未曾见,喜得瞻仰。”生希有心④,即从座起,偏袒右肩⑤,长跪合掌⑥,而白佛言⑦:“世尊,今日入大寂定⑧,住奇特法⑨,住诸佛所住导师之行、最胜之道,去来现在佛佛相念⑩,为念过去未来诸佛耶?为念现在他方诸佛耶?何故威神显耀,光瑞殊妙乃尔?愿为宣说。”

注释:

①色身诸根:指眼、耳、鼻、舌、身五根。眼是视根,耳是听根,鼻是嗅根,舌是味根,身是触根。“五根”为色根,再加上属于无色根的念虑之根“意根”,统称“六根”。

②悦豫:欢喜愉快。清净:远离烦恼、执着、分别。

③宝刹:这里指佛光中所呈现的佛国净土。庄严:佛教常用语。原意为装饰布列,佛教多指布列诸种宝物、鲜花、宝盖、幢、幡、璎珞等,以装饰严净道场或国土等。

④希有:佛教赞佛常用语。意为稀少难逢,无可堪匹。《金

刚经纂要刊定记》卷三称佛陀有四种希有，即:(一)时希有，谓佛陀之出世，非旷世所常有。(二)处希有，三千世界中，佛陀不出现于他处，唯降生于迦毗罗城。(三)德希有，佛陀乃具无量之福德智慧者，以其最尊，无人能比，故谓德希有。(四)事希有，佛陀一代所做，系以佛法普利众生，故为希有殊胜之事。

⑤偏袒右肩：又作“偏露右肩”，略称“偏袒”。即披着袈裟时袒露右肩，覆盖左肩。原为古代印度表示尊敬的礼节，佛教沿用之，比丘拜见佛陀或问讯师僧时，都必须偏袒右肩。一般认为，偏袒右肩可以方便从事拂床、洒扫等工作，所以象征便于服劳、听令使役，于是以偏袒右肩为礼敬尊重的标志。长跪：又称“胡跪”，指双膝跪地，小腿悬空，上身挺立，两脚趾头拄地，表示极为尊敬。

⑥合掌：佛教习用礼节，又名“合十”。左右十指，伸直合拢，置于胸前，表示一心诚敬。

⑦白：禀白。

⑧大寂定：又作“大涅槃”、“大灭度”。意指如来所入的禅定，这里专指念佛三昧。

⑨奇特法:《净影疏》认为，佛所得法，不是菩萨等人所能得到，世间所无，所以叫做“奇特法”，这里是指念佛法门。

⑩去来现在：指过去、未来、现在三世。即一个人现在生存的现世、出生以前生存的前世及命终以后生存的来世。又有以现在的一刹那为中心，及其前后合称为“三世”。也有以劫为单位，以贤劫为现在，以此而建立“三世”。佛佛相念：佛与诸佛之间互相忆念、心心相印。

译文：

阿难见佛现此稀有瑞相，放此空前殊胜的光明，便暗下思忖："今天世尊的色身所具眼耳鼻舌身诸根显得无比愉悦舒畅，妙相清净，容光尊胜，佛光中映现出诸佛庄严的国土。如此超情离见之殊胜妙境，乃是往昔跟随释迦牟尼佛以来，从所未见，真高兴今日有幸一睹此光明瑞相。"念及于此，内心油然而生前所未有的恭敬诚恳之情，便从座上起立，袒露右肩，以示对佛的极敬，两腿跪地，双手合十，向佛禀白："世尊，今日您进入到大涅槃境界，安住于世间所无的不可思议之法，这当是诸佛共行的教化众生之法、众生成佛之第一殊胜之道，自是过去、现在、未来世的诸佛光光相照、心心相印之法。但您是在忆念过去、将来的诸佛呢？还是在忆念现在世的他方佛国的诸佛呢？若非如此，您现在的威神何以会如此的强盛明耀？所放光明何以会如此的殊胜微妙呢？请您给我们说一说这其中的奥妙吧。"

于是世尊，告阿难言："善哉！善哉！汝为哀愍利乐诸众生故，能问如是微妙之义。汝今斯问，胜于供养一天下阿罗汉、辟支佛[①]，布施累劫[②]，诸天人民、蜎飞蠕动之类[③]，功德百千万倍。何以故？当来诸天人民，一切含灵，皆因汝问而得度脱故。阿难，如来以无尽大悲，矜哀三界，所以出兴于世。光阐道教[④]，欲拯群萌[⑤]，惠以真实之利。难值难见，如优昙华[⑥]，希有出现。汝今所问，多所饶益。阿难当知，如来正觉，其智难量，无有障碍。能于念顷，住无量亿劫，身及诸根，无有增减。所以者何？如来定慧，究畅无极。于一切法，而得最胜自在故⑦。阿难谛听，善思念之，吾当为汝分别解说。”

注释：

①一天下：是指“四天下”之一。佛经上说须弥山周围有四大洲，即南赡部洲、北俱卢洲、东胜神洲、西牛贺洲，为一日月所共照，所以称为“四天下”，一天下就是四大洲中的一个洲。阿罗汉：为“声闻四果”之一，又作“阿卢汉”、“阿罗诃”，略称“罗汉”，意译为“应供”、“应真”、“杀贼”、“不生”、“无生”、“无学”、“真人”。指断尽一切烦恼而得尽智，值得世人供养尊重的圣者。此果位通于大、小二乘，然一般皆作狭义解释，专指声闻弟子所得的最高果位。

②布施：音译为“檀那”、“柁那”、“檀”，又称“施”，意译为“财施”。即以慈悲之心而施福利于人。布施本义是以衣、食等实物施予大德及贫穷者；大乘佛教视之为“六度”之一，再加上法施、无畏施，从而扩大了布施的内涵，即指施予他人以财物、体力、智慧等，为他人造福成智而求得累积功德，以达到最终解脱的一种修行方法。

③蜎(yuān)飞蠕动：指形体细微渺小的生物，“蜎”指小飞虫，“蠕”指小爬虫。

④道教：有关成佛之道的教化，即佛教。

⑤群萌：泛指一切众生。“萌”本义为草木刚刚发芽的状

态，以此比喻众生道心初发，但尚为无明所覆。

⑥优昙华：又名“优昙钵华”，是多年生草，茎高四五尺，花作红黄色，产于喜马拉雅山麓及斯里兰卡等处，传说三千年开花一次，开时仅一现，故喻指难见而易灭的事。因其难以遭逢，故佛教视其开花为祥瑞，认为花开即有佛出世。华，即花。

⑦自在：指远离烦恼的系缚，身心自由通达，所作所为皆进退无碍。

译文：

于是释迦牟尼佛对阿难说道：“很好！很好！你有慈悲怜悯众生陷溺无边苦海，希望他们离苦得乐之心，方才能够问出这样殊胜微妙的问题来。你这一问的功德，胜过了供养一天之下的阿罗汉和辟支佛，也胜过了累劫布施一切人天各种生物，以至于小飞虫、小爬虫的功德千百万倍。为什么这样说呢？因为将来十方世界的一切含灵众生，全都能够因你的这一提问而得到究竟圆满的解脱。阿难，我以无有穷尽的大悲心，哀悯欲界、色界、无色界的一切众生，所以来到这个世界。弘阐佛教，意欲普度众生出离苦海，使他们真正地离苦得乐，得无上圆满的真实之利。佛法难闻、佛身难见，如同优昙花，稀有出现。所以你今天的提问，对一切众生都具有无尽之利益。阿难，你应当知晓，如来彻底觉悟宇宙人生的真相，其智慧非凡情所能称量测度，一切通达，没有障碍。如来能于一念之间，经历无量亿劫的时间，身根、眼根、耳根、鼻根、舌根都没有任何增减，不生不灭。为什么能够有如此智慧与能力呢？因为如来的禅定智慧，究竟畅达，没有极限。在一切法中，得到最为殊胜的大自在。阿难，你要真诚仔细地听法，深入善巧地理解，我现在就为你们将这一无比殊胜的法门分别解说。”

法藏因地第四

以下进入本经主体部分“正宗分”。本品揭明法藏比丘在因地发心修道的因缘。介绍了法藏比丘听闻世间自在王如来说法,发菩提心,捐弃国王王位的过程,他在信受、理解、领悟、记忆等各个方面具有超绝群伦的才干,同时又有着超凡绝俗的身行和志愿,从而得以精进修行,日益增上。本品最后以法藏礼赞世间自在王如来的一首偈颂作结,在盛赞佛的功德的同时,表达了自己愿望修得与佛一样的智慧去救度众生出离苦海的深宏誓愿,此偈颂可谓后文法藏比丘所发四十八大誓愿核心思想的一个扼要概括。另外,在偈颂的结尾,还进一步表达了法藏比丘以明确行动实践此一誓愿而具有的坚定不移的决心和百折不挠的信心。

法藏:这里是指阿弥陀佛成佛以前的法名。“法”是世间、出世间的一切万法。“藏”为含藏,自性中含藏一切万法,故称为“法藏”。因地:为“果地”的对称,“地”即阶位之意,指修行佛道的阶位。本品标题所谓“因地”,是相对法藏成佛的果地而言,所以从凡夫地初发心修学,到圆满成佛以前,这一段修学期间都叫因地。

佛告阿难:“过去无量不可思议、无央数劫[①],有佛出世,名世间自在王如来、应供、等正觉、明行足、善逝、世间解、无上士、调御丈夫、天人师、佛世尊[②]。在世教授四十二劫，时为诸天及世人民说经讲道。有大国主名世饶王。闻佛说法，欢喜开解，寻发无上真正道意，弃国捐王，行作沙门[③]，号曰法藏，修菩萨道[④]。高才勇哲，与世超异，信解明记，悉皆第一；又有殊胜行愿，及念慧力[⑤]，增上其心，坚固不动。修行精进，无能逾者。往诣佛所，顶礼长跪，向佛合掌，即以伽他赞佛[⑥]，发广大愿。”颂曰：

如来微妙色端严，一切世间无有等。
光明无量照十方，日月火珠皆匿曜[⑦]。
世尊能演一音声[⑧]，有情各各随类解。
又能现一妙色身，普使众生随类见。
愿我得佛清净声，法音普及无边界。
宣扬戒定精进门[⑨]，通达甚深微妙法。
智慧广大深如海，内心清净绝尘劳。
超过无边恶趣门，速到菩提究竟岸。
无明贪瞋皆永无[⑩]，惑尽过亡三昧力[⑪]。
亦如过去无量佛，为彼群生大导师。
能救一切诸世间，生老病死众苦恼。
常行布施及戒忍，精进定慧六波罗[⑫]。
未度有情令得度，已度之者使成佛。
假令供养恒沙圣[⑬]，不如坚勇求正觉。
愿当安住三摩地，恒放光明照一切。

感得广大清净居，殊胜庄严无等伦。
轮回诸趣众生类[14]，速生我刹受安乐[15]。
常运慈心拔有情，度尽无边苦众生。
我行决定坚固力，唯佛圣智能证知。
纵使身止诸苦中，如是愿心永不退。

注释：

①无央数劫：音译为“阿僧祇劫”，指无限长的时间。央，有极限的意思。

②如来、应供、等正觉、明行足、善逝、世间解、无上士、调御丈夫、天人师、佛世尊：佛的十种通用尊号。如来，乘如实之道而来以成正觉。应供，音译“阿罗汉”，应受人天的供养。等正觉，另译为“正遍知”，音译“三藐三佛陀”，真正遍知一切诸法。明行足，“宿命明”、“天眼明”、“漏尽明”等三明与圣行、梵行、天行、婴儿行、病行等五行悉皆具足。善逝，以一切智为大车，行八正道而入涅槃。世间解，能了解世间、出世间的一切事理。无上士：在一切众生中，至高无上。调御丈夫，以种种方便调御修行者，使出苦海、入涅槃。天人师，为一切天、人的导师。佛世尊，为一切世人所共同尊重的觉悟者。佛的十种尊号有不同的提法，有将无上士和调御丈夫合为一号，也有将世间解、无上士合为一号。本书根据《涅槃经》，将佛与世尊合为一号。

③沙门：原为出家人的通称，包括外道出家者。佛教盛行后，更多专指剃除须发，止息诸恶，调御身心，勤行诸善，以期证得涅槃境界的佛教僧侣。

④菩萨道：菩萨之修行，即修六度万行，圆满自利利他，成就佛果之道。“六度”是指六种行之可以从生死苦恼此岸得度涅槃安乐彼岸的法门，即布施、持戒、忍辱、精进、禅定、般若。其中，布施能度悭贪，持戒能度毁犯，忍辱能度嗔恚，精进能度懈怠，禅定能度散乱，般若能度愚痴。因“六度”包括了菩萨所修的一切行门，故又称“六度万行”。

⑤念慧力：由信、精进、念、定、慧等五无漏根的增长所产生的五种维持修行、达到解脱的力量，即“五力”。念、慧力为“五力”其中之二。“五力”分别为：(一)信力，即对佛法僧三宝虔诚信仰，可破除一切邪信。(二)精进力，修四正勤，可断除诸恶。(三)念力，修四念处以获正念。(四)定力，专心禅定以断除情欲烦恼。(五)慧力，观悟四谛，成就智慧，可达解脱。此“五力”是断烦恼、开智慧的基本条件。

⑥伽他：又作“伽陀”、“偈佗”、“偈”，意译为“偈颂”、“颂”、“孤起颂”、“不重颂偈”。广义指歌谣、圣歌，狭义则指于经文段落或全经之末，以句联结而成的韵文，内容不一定与前后文有关。

⑦日月火珠皆匿曜(yào)：佛光所照之处，日、月、火、明珠都黯然失色。“匿”是隐藏，“曜”是光明。

⑧一音声：佛宣说经教时的音声。佛教认为，佛陀的说教之声，是从离垢无染的自性中流出的微妙音声，所以一音中具足全部的性德，包含无边的妙用，每一众生都可得到与他相应的部分，欢喜开解。由于众生缘有深浅，根有利钝，所以于一音之中同听异闻。如果是人天根器，则闻佛说“五戒”、“十善”之

法;如果是声闻根器,则闻佛说“四谛”之法;如果是缘觉根器,则闻佛说“十二因缘”之法;如果是菩萨根器,则闻佛说“六度”等法,这就是下句所谓的“有情各各随类解”。

⑨戒定精进门:“戒定”指“戒、定、慧”三学;“精进”代指布施、持戒、忍辱、精进、禅定、般若六度,即菩萨修学的六个纲领。

⑩无明贪瞋(chēn):无明即“痴”,合起来就是贪瞋痴三种烦恼,因为贪瞋痴为一切烦恼之根本,能长劫毒害众生身心,故又名为“三毒”。

⑪惑尽过亡:“惑”指一切无明烦恼,“过”指过失、罪业。“惑尽过亡”即是说一切无明烦恼及由此而带来的过失、罪业都消失殆尽。三昧力:这里指“三毒永无”、“惑尽过亡”全因念佛三昧的力量。

⑫六波罗:“六波罗蜜”的简称,即布施、持戒、忍辱、精进、禅定、般若六度。

⑬恒沙圣:“恒沙”是指印度恒河中的细沙。释迦牟尼当年在世说法时多在恒河流域一带,所以常用恒河沙来比喻数量之多。“圣”指佛、菩萨、罗汉。

⑭轮回:又作“流转”、“轮转”等,音译“僧娑洛”。意指众生于六道中犹如车轮旋转,循环不已,流转无穷。印度婆罗门教、耆那教等都采用这种轮回说作为它们的根本教义之一。佛教沿用了这种理论并作了进一步的发展。佛教认为,众生今世不同的业力在来世可以获得不同的果报,贪瞋痴等烦恼可造成恶业,由恶业招感苦报。苦报之果,果上又起惑造新业,再感未来果报,往复流转,轮回不止。因此轮回贯通现在、过去和未来三

世，包摄六道（天上、人间、阿修罗、地狱、饿鬼、畜生）、四生（胎生、卵生、化生、湿生）。

⑮安乐：即身安心乐，西方极乐世界亦名“安乐国”、“安乐净土”。

译文：

释迦牟尼佛告诉阿难说：“在过去久远得不可思议的无尽数劫以前，有一尊佛出现于世间，名字叫作世间自在王如来，又叫应供、等正觉、明行足、善逝、世间解、无上士、调御丈夫、天人师、佛世尊。此佛在世弘法四十二劫之久，时时为诸天以及世间人众讲经说法，开示正道。当时，有一位大国王，名叫世饶王，他听过世间自在王如来说法后，顿然心开，深解实义，欢喜踊跃，随即发心求证无上大菩提心，舍弃国土与王位，跟随世间自在王佛出家修行，法名叫做法藏，修习六度四摄、自觉觉他的菩萨道。法藏比丘才能过于常人，心志广大坚强，明见自家心性，远非常人所能比及，在信受、理解、领悟、记忆等各个方面，皆为修行者之冠；又有超凡绝俗、希有难逢的行愿，兼之消除邪见、遮止妄惑的‘念力’和‘慧力’，以增长他的信心、愿心和行心，使他心念坚固没有动摇。他精进修行，不懈不怠，在所有的修行者中，没有一个人能超过他。法藏比丘来到世间自在王如来的住所，双膝跪在佛足前，双手合十，向佛稽首行礼，用偈颂来称颂世间自在王如来佛，并发下宏大的誓愿。”偈颂的内容是：

如来微妙色端严，一切世间无有等。

光明无量照十方，日月火珠皆匿曜。
世尊能演一音声，有情各各随类解。
又能现一妙色身，普使众生随类见。
愿我得佛清净声，法音普及无边界。
宣扬戒定精进门，通达甚深微妙法。
智慧广大深如海，内心清净绝尘劳。
超过无边恶趣门，速到菩提究竟岸。
无明贪瞋皆永无，惑尽过亡三昧力。
亦如过去无量佛，为彼群生大导师。
能救一切诸世间，生老病死众苦恼。
常行布施及戒忍，精进定慧六波罗。
未度有情令得度，已度之者使成佛。
假令供养恒沙圣，不如坚勇求正觉。
愿当安住三摩地，恒放光明照一切。
感得广大清净居，殊胜庄严无等伦。
轮回诸趣众生类，速生我刹受安乐。
常运慈心拔有情，度尽无边苦众生。
我行决定坚固力，唯佛圣智能证知。
纵使身止诸苦中，如是愿心永不退。

至心精进第五

本品承接上一品的偈颂，首先强调了在成佛如佛并救度众生的过程中，发无上菩提之心的重要性，接着进入主题，即要“至心精进”方能得成正果。“至心”就是至诚恳切、专一至极之心；“精进”就是精而不杂，进而不退，“至心精进”可谓修道成佛的不二法门，而且更重要的是要“精进不止”，如此无边海水亦可斗量，无论如何深广的誓愿亦得实现。同时，经文中连续用了“汝自思惟”、“汝自当知”、“汝应自摄”三个“自”字，说明成佛境界，深妙无比，非语言分别所能了知，唯当自心默契、自知自择。为此，世间自在王佛为法藏演说示现二百一十亿诸佛国土，以使法藏比丘抉择优劣，依闻而思，依思而修，成就最胜佛国净土。

法藏比丘说此偈已，而白佛言：“我今为菩萨道，已发无上正觉之心①，取愿作佛，悉令如佛。愿佛为我广宣经法，我当奉持，如法修行，拔诸勤苦生死根本，速成无上正等正觉。欲令我作佛时，智慧光明，所居国土，教授名字②，皆闻十方。诸天人民及蜎蠕类，来生我国，悉作菩萨。我立是愿，都胜无数诸佛国者，宁可得否？”

注释：

①无上正觉："为无上正等正觉"的略称，音译为"阿耨多罗三藐三菩提"，旧译为"无上正遍知"、"无上正遍道"。意指佛陀所觉悟的智慧，平等、圆满，周遍证知最究极的真理。

②教授名字："教授"这里指所教所授，即所教导与传授的经法义理。"名字"即"阿弥陀佛"这一名号。

译文：

法藏比丘颂完此偈后，就向世间自在王如来禀白道："我现在是在修行菩萨道，已经发了无上正等正觉的心，我愿精进不退，直到证得佛位，而且也让一切众生都能如此。希望世间自在王佛为我详细宣说经法，我一定如法依教，信奉受持，精进修行，拔除一切无休止造业的生、死之根，破除贪、瞋、痴等妄想烦恼，迅速地修成无上正等正觉的佛智慧。希望我成佛时，我的智慧光明、所居国土、我的教化以及名号，都是闻名十方。十方世界一切六道含灵众生，都来生于我的国土，全都成为菩萨。我立下这一个誓愿，一定要使我的佛国胜过和优于其他无数的佛国净土，不知我这个誓愿能否实现？"

世间自在王佛即为法藏而说经言："譬如大海，一人斗量，经历劫数，尚可穷底；人有至心求道，精进不止，会当克果[1]，何愿不得？汝自思惟，修何方便，而能成就佛刹庄严？如所修行，汝自当知，清净佛国，汝应自摄[2]。"

注释:

①会当克果:“会”,必将;“克”,获得;“果”,愿望的圆满,即佛果。整句意思是必将证得佛果。

②自摄:自行选择、摄取。

译文:

世间自在王如来听罢,便对法藏比丘说道:“譬如大海深广无量,一个人用斗去量,经过一定时劫的坚持不懈,也能够量尽见底;若有人坚定志愿,至心求道,精进不止,就决定可圆满本愿,有什么样的誓愿是不能实现的呢?你自己细心深入地想一想,修行哪一种方便法门,才能成就你所愿实现的庄严佛土呢?怎样契合本愿,如法修行,你自己应当知道,要如何建立如你所愿的清净佛土,也当由你自己去决定选择。”

法藏白言:“斯义宏深,非我境界①,唯愿如来,应正遍知,广演诸佛无量妙刹。若我得闻,如是等法,思惟修习,誓满所愿。”

注释:

①境界:本指疆域,佛教讲“境界”有两种意义:一指“十八界”中的“六境”(亦名六尘),包括色、声、香、味、触、法,是眼、耳、鼻、舌、身、意等六根展开活动的对象,相当于人们所说的外在世界。另一层含义是指学佛修行所达到的境地。此处“境界”的意思是指后者。

译文：

法藏比丘向佛禀白道："您所说的义理博大高深，这不是我目前的境界所能理解的，希望如来、应供、正遍知，给我广泛地演说示现诸佛无量胜妙净土的殊胜情形。若是我能得到您的开示，了解一切佛国净土的胜妙与差别，我誓当深入理解、精勤修行，圆满成就我所发的誓愿。"

世间自在王佛知其高明，志愿深广，即为宣说二百一十亿诸佛刹土功德严净，广大圆满之相，应其心愿，悉现与之。说是法时，经千亿岁。

译文：

世间自在王佛知道法藏比丘德行高尚，智慧明朗，志向远大，誓愿深广，便为他宣说了二百一十亿个佛国净土的种种功德、庄严洁净、广大圆满的无边妙相，还随顺法藏比丘的心愿，把这些佛国净土全部展现给他看。世间自在王佛给法藏比丘演说此法的时间，长达千亿年之久。

尔时法藏闻佛所说，皆悉睹见，起发无上殊胜之愿。于彼天人善恶，国土粗妙，思惟究竟，便一其心，选择所欲，结得大愿。精勤求索，恭慎保持，修习功德，满足五劫，于彼二十一俱胝佛土[①]，功德庄严之事，明了通达，如一佛刹。所摄佛国，超过于彼。

注释：

①俱胝（zhī）：印度数量词。又作“拘胝”、“俱致”、“拘梨”。圆测《解深密经疏》卷六列举三种不同传译：“一者十万，二者百万，三者千万。”此外，《华严经疏钞》卷十三又以之为“百亿”。在本经中如结合上文提及的“二百一十亿诸佛刹土”，则“俱胝”应为十亿。其实，经中所提及的这些数目，本不应作为实际数字看待，都是表示一切所有的佛国净土。本经之所以反复有“二百一十亿”、“二十一”这些数目，是因为佛法中常以七、十、十六、二十一等数字代表圆满。

译文：

那时，法藏比丘听完世间自在王佛所说的法，对于佛所示现的十方佛土的无边妙相，也眼见心明，便从世间自在王如来佛足下起身，立下无上殊胜大愿。对于他所看到的一切世界中天人的“善”与“恶”，以及国土的“粗”与“妙”，他都一一比较，对它们的因果得失，深入思维，达于“究竟”。于是便一其心志，决定选择出自己所希望、使众生普得最极真实之利的佛国净土，结成了大愿。立定大愿之后，法藏比丘便勇猛精进，勤奋求索，恭敬慎重，一心专注地奉持佛教，历时五劫，修习为成就佛国净土所必须的功德，对于那二百一十亿个佛国净土的功德庄严、因缘果报，就好像对于一个佛国净土一样，全都能够明了通达、全面透彻。因此之故，法藏比丘自己所修行摄取的佛国净土，远远超过了那二百一十亿个佛国净土。

既摄受已[1]，复诣世自在王如来所，稽首礼足[2]，绕佛三匝[3]，合掌而住，白言世尊："我已成就庄严佛土，清净之行。"

注释：

①摄受：指佛以慈悲心来摄取、护持众生。已：指结束。

②稽首礼足：是佛教最恭敬的礼节。"稽首"是头部着地或拜垫，"礼足"是将头接触佛足。

③绕佛三匝：为佛教礼仪之一。即围着佛按顺时针方向行走三圈，也有绕行一圈或百千圈的，皆表示对佛的恭敬仰慕之意。《三千威仪经》认为，绕佛必须做到：(一)低头视地；(二)不得蹈虫；(三)不得左右视；(四)不得唾地；(五)不得与人语话。原是古代印度的一种礼节，佛陀寂灭后，信徒们便对存放佛舍利的塔或佛像进行顺时针绕行礼拜。

译文：

法藏比丘在完成了摄取佛国净土的大愿之后，又返回到世自在王佛的居所，在佛足前稽首行礼，随即绕佛三圈，然后双手合十立在世间自在王佛面前，向佛禀白道："我已经成就了庄严净土，同时我也成就了最极清净的修行。"

佛言："善哉！今正是时，汝应具说，令众欢喜，亦令大众，闻是法已，得大善利。能于佛刹，修习摄受，满足无量大愿。"

译文：

世间自在王佛说道："很好！现在正是机缘成熟的时间，你应该具体宣演你那佛国净土的好处，普令大众心生法喜，也让十方大众听了之后，得到殊胜的法益。使他们能到你修行成就的佛国净土，修行摄受，满足他们成佛之愿，也满足你普度众生的大愿。"

发大誓愿第六

本品为全经最重要的一品，其中心是法藏宣说自己所发的四十八大誓愿。法藏菩萨成就阿弥陀佛，世人称为“大愿王”，之所以称其为“大愿王”，就是因为他在因地中所发的大愿无比殊胜，为他佛所不及。本经的主旨实际上就是紧紧围绕四十八大愿而展开的，四十八大愿可谓本经乃至整个净土宗的总纲领。

净影寺慧远《无量寿经义疏》、吉藏《无量寿经义疏》等又将阿弥陀佛四十八愿总括为三类，即：(一)摄净土愿，又作“摄土愿”、“求佛土愿”，是有关法藏希望所建净土种种殊胜庄严的情状，包括四十八愿中之第三十一、三十二愿；(二)摄法身愿，又作“摄佛身愿”、“求佛身愿”，为有关佛身成就的誓愿，包括四十八愿中的第十二、十三、十七愿；(三)摄众生愿，又作“利众生愿”、“摄生愿”，是法藏比丘在誓愿中为利益众生所作的承诺，包括余下的四十三愿。如进一步细分，“摄众生愿”又可分为四类，即摄净土天人愿、摄净土圣众愿、摄他方众生愿、摄他方菩萨愿。

另外，有关法藏所发的誓愿，由于本经译本众多，所以各译本数目种类也不尽相同。汉、吴两译同为二十四愿，且经中明言“便结得二十四愿经”，宋译则为三十六愿，魏唐两译则为四十八愿。《后出阿弥陀偈经》亦有“誓二十四章”的说法。但由于魏译本的流行，所以一般都以“四十八愿”来说阿弥陀佛因地誓愿，“二十四愿”说尽管在诸译本中占多数，反而不彰于世。夏莲居会集诸译众说，巧妙地以二十四为章，四十八为目，即将四十八愿整合到二十四段经文中，既符“誓二十四章”的古说，又合“四十八愿”的惯例，较好地解决了诸译本间的分歧。

法藏白言：“唯愿世尊，大慈听察。

译文：

法藏比丘向世间自在王禀白道：“世尊，希望您用大慈之心，听我陈说，鉴察我心。

“我若证得无上菩提，成正觉已，所居佛刹，具足无量不可思议功德庄严。无有地狱、饿鬼、禽兽、蜎飞蠕动之类。所有一切众生，以及焰摩罗界①，三恶道中，来生我刹，受我法化，悉成阿耨多罗三藐三菩提，不复更堕恶趣。得是愿，乃作佛；不得是愿，不取无上正觉。

一、国无恶道愿；二、不堕恶趣愿。

注释：

①焰摩罗界：焰摩罗王所统辖的世界，即地狱。“焰摩罗王”又译为“阎摩罗王”、“阎逻王”、“炎摩王”等，即世俗所谓的阎王。在六道轮回中，地狱最下劣、最惨苦，列为“三恶道”（地狱、饿鬼、畜生）之首。据说，造“五逆”、“十恶”的人，死后将受

地狱报应。地狱名目很多,如阿鼻地狱、十八地狱、火车地狱、八大地狱等。

译文:

“我如果证得了无上正等正觉,正式成佛,我所居住的佛国净土,圆满具足无量无边、不可思量、不可言说的种种殊胜功德和清净庄严。国土中没有地狱,没有饿鬼,没有禽兽乃至一切飞虫、爬虫。所有一切众生,乃至焰摩罗世界、三恶趣道中的众生,只要往生到我的佛国净土,接受我的教化,也能全部成就无上正等正觉,超出轮回苦海,不再堕入恶道之中。以上愿望能够成就,我方才成佛;若不能成就,我终不成佛。第一愿、国无恶道;第二愿,不堕恶趣。

“我作佛时,十方世界,所有众生,令生我刹,皆具紫磨真金色身①,三十二种大丈夫相②。端正净洁,悉同一类。若形貌差别,有好丑者,不取正觉。三、身悉金色愿;四、三十二相愿;五、身无差别愿。

注释:

①紫磨真金色身:“紫磨真金”就是赤金,是最上等的黄金,在此表佛身不变不坏。

②三十二种大丈夫相:又名“三十二大人相”、“三十二大士相”,简称“三十二相”、“大人相”、“四八相”、“大士相”、“大丈夫相”。是指转轮圣王及佛的应化身所具足之三十二种殊胜容貌

与微妙形相,与更微细隐密难见的“八十种好”合称“相好”。根据《三藏法数》,三十二相具体包括:一、足安平相,二、足千辐轮相,三、手指纤长相,四、手足柔软相,五、手足缦网相,六、足跟圆满相,七、足趺高好相,八、腨如鹿王相,九、手长过膝相,十、马阴藏相,十一、身纵广相,十二、毛孔青色相,十三、身毛上靡相,十四、身金光相,十五、常光一丈相,十六、皮肤细滑相,十七、七处平满相,十八、两腋满相,十九、身如狮子相,二十、身端正相,二十一、肩圆满相,二十二、口四十齿相,二十三、齿白齐密相,二十四、四牙白净相,二十五、颊车如狮子相,二十六、咽中津液得上味相,二十七、广长舌相,二十八、梵音清远相,二十九、眼色绀青相,三十、睫如牛王相,三十一、眉间白毫相,三十二、顶成肉髻相。

译文:

“我成佛之时,要使十方世界的一切众生在往生我的佛国净土后,都能具有紫磨真金色的不坏真身,都具有三十二种大丈夫相。国中全部众生的容貌端正,形色洁净,没有差别。如果国中众生的身容相貌有好坏、美丑的差别,我终不成佛。第三愿,身悉金色;第四愿,三十二相;第五愿,身无差别。

“我作佛时,所有众生,生我国者,自知无量劫时宿命,所作善恶,皆能洞视、彻听,知十方去来现在之事[①]。不得是愿,不取正觉。六、宿命通愿;七、天眼通愿;八、天耳通愿。

注释：

①“自知”四句：宿命，宿指宿世、过去世；命指生命、命运。宿命即一切众生在过去无数次的轮回中，曾经历的各式各样的生命形态。能够彻底了解宿命情况的，谓之“宿命通”，属于“六神通”之一。“六神通”包括：天眼通、天耳通、他心智通、宿命通、身如意通、漏尽通，本段经文即是介绍法藏誓愿一切众生要达到宿命通、天眼通、天耳通。天眼通指能彻见六道众生，死生苦乐之相以及世间一切远近粗细形色。天耳通指能听到障内障外六道众生苦乐忧喜以及远近粗细的一切语言与音声。

译文：

“我成佛之时，要使一切十方世界往生我佛国净土的众生，都能够自己知道自身过去无量劫中所造的一切善恶果报，对自己所行之善、所作之恶都能洞视、彻听，能知晓了解十方世界过去、将来、现在发生的所有事情。以上愿望如果不能得到实现，我终不成佛。第六愿，宿命通；第七愿，天眼通；第八愿，天耳通。

“我作佛时，所有众生，生我国者，皆得他心智通[①]。若不悉知亿那由他百千佛刹众生心念者[②]，不取正觉。九、他心通愿。

注释：

①他心智通：“六神通”之一，指能如实了知他人心中所思所想的神通力。

②那由他：印度数量词。又作“那庾多”、“那由多”、“那术”、“那述”。大体上与中国所说的“亿”相当，古时亿又分为十万、百万、千万三等，所以佛经上的“那由他”所表示的数目也就不等，通常表示数目非常巨大。本段经文中的“亿那由他百千”则进一步形容数量多到无法计算。

译文：

“我成佛之时，要使所有一切往生我佛国净土的众生，都获得知晓无量无边佛刹众生心之所想的‘他心智通’。假如我佛土中众生不能尽知无量无边佛刹众生的心念，我终不成佛。第九愿，他心通。

“我作佛时，所有众生，生我国者，皆得神通自在、波罗蜜多[①]。于一念顷，不能超过亿那由他百千佛刹，周遍巡历，供养诸佛者，不取正觉。十、神足通愿；十一、遍供诸佛愿。

注释：

①波罗蜜多：又作“波罗蜜”，意译为“到彼岸”、“度无极”、“事究竟”，简称为“度”。指自生死迷界的此岸而到达涅槃解脱的彼岸，通常指菩萨的修行而言，故有“六波罗蜜”即“六度”之说。有关“六度”，参见前注。

译文：

“我成佛之时，要使所有十方世界往生我佛国净土的众生，都能获得自在显现没有障碍的‘自在神通’，超达彼岸，没有障碍。如果在起念的一刹那，不能超抵无量无边佛国净土，周游遍巡诸佛国，供养众佛，我终不成佛。第十愿，神足通；第十二愿，遍供诸佛。

“我作佛时，所有众生，生我国者，远离分别，诸根寂静①。若不决定成等正觉，证大涅槃者②，不取正觉。十二、定成正觉愿。

注释：

①诸根寂静：“诸根”指眼、耳、鼻、舌、身、意六根。“寂静”，脱离一切烦恼为“寂”，杜绝一切苦患为“静”。六根寂静即是涅槃的本性。

②涅槃：意译为“灭度”、“寂灭”、“圆寂”等。“涅槃”原意是火的熄灭或风的吹散状态，佛教用指修证的最高境界，即经过修道，能够彻底地断除烦恼，具备一切功德，超脱生死轮回，入于“不生不灭”境界。其具体解释有很多，如：息除烦恼业因，灭掉生死苦果，生死因果全部灭尽，而人得度，故称“灭”或“灭度”；众生流转生死，皆由烦恼业因，若息灭了烦恼业因，则生死苦果自息，故名为“寂灭”或“解脱”；永不再受三界生死轮回，故名“不生”；惑无不尽，德无不圆，故又称“圆寂”，等等。

译文：

“我成佛之时，要使所有往生我佛国净土的众生，远离一切分别心，六根离烦杜患，清净安宁。若是不能决定成佛、契入涅槃实际理体，我终不成佛。第十二愿，定成正觉。

“我作佛时，光明无量，普照十方。绝胜诸佛，胜于日月之明千万亿倍。若有众生，见我光明，照触其身，莫不安乐，慈心作善，来生我国。若不尔者，不取正觉。十三、光明无量愿；十四、触光安乐愿。

译文：

“我成佛之时，要具足无尽无量的光明，普照十方上下一切处所。所放光明要绝对地胜过其他诸佛发出的光明，要胜过太阳和月亮的光明千万亿倍。一切见到我光明的众生，光芒照耀在他们身上的，莫不感到清净真实的极殊胜的身安心乐，自然会慈心行善，往生我佛国净土。以上愿望如果不能得到实现，我终不成佛。第十三愿，光明无量；第十四愿，触光安乐。

“我作佛时，寿命无量。国中声闻天人无数，寿命亦皆无量。假令三千大千世界众生①，悉成缘觉，于百千劫，悉共计校②，若能知其量数者，不取正觉。十五、寿命无量愿；十六、声闻无数愿。

注释:

①三千大千世界:佛经中说,以须弥山为中心,以铁围山为外郭,在同一日月照耀下的四大洲及其中的七山八海,称为一个小世界。其空间为自色界的初禅天至大地底下的风轮的范围,其间包括日、月、须弥山、四天王、三十三天、夜摩天、兜率天、乐变化天、他化自在天、梵世天等。积一千个这样的小世界,为一个"小千世界";积一千个"小千世界",为一个"中千世界";积一千个"中千世界",即为"大千世界"。此大千世界因由小、中、大三种千世界所集成,故称"三千大千世界"。按此推算,三千世界当包括十亿个小世界,而根据佛典,三千世界又是一佛所教化的领域,所以又称"一佛国"。

②计校(jiào):即计算度量。

译文:

"我成佛之时,寿命将无量无边。我佛国净土中的声闻、天人,他们的寿命也全都无量无边。假使三千大千世界的众生全都成为缘觉,用百千劫的时间来计算,他们的寿命与数量能够用数目来表示而非无量无边,我终不成佛。第十五愿,寿命无量;十六愿,声闻无数。

"我作佛时,十方世界无量刹中,无数诸佛,若不共称叹我名,说我功德国土之善者,不取正觉。十七、诸佛称叹愿。

译文:

“我成佛之时,那十方世界无量佛土中的无数众佛,若是不共同称颂我的名号,若是不共同演说我的功德和国土的善好,我终不成佛。第十七愿,诸佛称叹。

“我作佛时,十方众生,闻我名号,至心信乐,所有善根,心心回向①,愿生我国,乃至十念②。若不生者,不取正觉。唯除五逆③,诽谤正法。十八、十念必生愿。

注释:

①心心:意指心心相续、净念相继。回向:即回转趣向。意指回转自己所作的功德善根,趋向于所期望的目标。如趋向菩提至道,或趋向往生净土,或施与众生等。昙鸾《往生论注》卷下所谓:“回向者,回己功德,普施众生,共见阿弥陀如来,生安乐国。”正与本段经文所言回向意思相同,即用自己一切功德,实现一切众生往生极乐世界的终极目标。

②十念:有几种含义,有指原始及部派佛教所倡行的十种禅法的,即十种专念一对象以摄心、息妄想的方法,又作“十随念”。根据《增一阿含经》卷一载,包括念佛、念法、念僧、念戒、念施、念天、念休息、念安般、念身非常、念死等十念。而本经所谓“十念”则专指净土宗的“称名十念”,即以十念阿弥陀佛名号即可往生弥陀净土,为净土宗的重要教义。关于这种意义上的“十念”,净土宗内部也有不同解释,据昙鸾《往生论注》卷上,观所谓“十念”,即是忆念阿弥陀佛的总相及别相,又称念其名号,

不掺杂他想而专心持续，可由此往生极乐净土，故有“不必具足十念”之说。善导则将“十念”解释为连续称念阿弥陀佛名号十次即可往生极乐世界。而关于称念佛名的“念”也有不同解说，有的认为每称念“南无阿弥陀佛”六字一次，即称为一念，而有的则认为一口气连声称念阿弥陀佛不断，如此每一口气结束，称为“一念”，如此十口气称为“十念”。

③五逆：有大乘和小乘之别。小乘五逆是指杀父、杀母、杀阿罗汉、破和合僧、出佛身血这五种重罪，任犯其中一种，即堕无间地狱，故又名“无间业”。大乘五逆则指：(1)破坏塔寺，烧毁经像，夺取三宝之物；或教唆他人行这些事，而心生欢喜。(2)毁谤声闻、缘觉以及大乘法。(3)妨碍出家人修行，或杀害出家人。(4)犯小乘五逆罪之一。(5)主张所有皆无业报，而行十不善业；或不畏后世果报，而教唆他人行十恶等。《观无量寿经》中认为，犯五逆十恶重罪者，如在临终时遇到胜缘，也能往生极乐世界，而本经则认为五逆是被排除在往生净土可能性之外的。对此，有人解释为五逆仍可往生，但如果不仅身犯五逆重罪，还“诽谤正法”，则决定不能往生。也有不同解释，如善导认为，本经所谓五逆谤法不得往生，只是体现佛陀止恶扬善之意，属于方便之说。

译文：

“我成佛之时，十方世界的所有众生听到我的名号，发起至诚无上的信受之心和乐意往生之心，并将所种一切善根，以至诚至纯之心，念念相续地回向发愿求生我佛国净土，乃至在临

终前仅仅称念十句佛号亦得往生我佛国净土。若众生依此而行不得往生，我终不成佛。唯独那些犯了五逆之罪还诽谤佛法的人，不得往生。第十八愿，十念必生。

“我作佛时，十方众生，闻我名号，发菩提心，修诸功德，奉行六波罗蜜，坚固不退。复以善根回向，愿生我国。一心念我，昼夜不断。临寿终时，我与诸菩萨众迎现其前，经须臾间，即生我刹，作阿惟越致菩萨①。不得是愿，不取正觉。十九、闻名发心愿；二十、临终接引愿。

注释：

①阿惟越致：音译又作“阿鞞跋致”、“阿毗跋致”，意译为“不退转”。指在修行佛道的过程中，不退失既得的功德。是菩萨的阶位名，要经过一大阿僧祇劫的修行，才能到达此位。

译文：

“我成佛之时，十方世界的所有众生听到我的名号，发起殊胜的菩提心，精勤修行种种功德，奉行布施、持戒、忍辱、精进、禅定、般若六度，坚定不移，永不退转。然后用自己所修的一切善根回向发愿求生我佛国净土。专一其心，持念佛号，昼夜不断。在他临终之时，我与净土中的诸菩萨们便会一齐出现在这人之前，接引他往生，片刻之间，此人就得以往生我的佛国净土，成为圆满证得‘位’、‘行’、‘念’三不退转的阿惟越致大菩萨。以上愿望如果不能得到实现，我终不成佛。第十九愿，闻名发心；第二十愿，临终接引。

“我做佛时，十方众生，闻我名号，系念我国，发菩提心，坚固不退，植众德本，至心回向，欲生极乐，无不遂者。若有宿恶，闻我名字，即自悔过，为道作善，便持经戒，愿生我刹，命终不复更三恶道，即生我国。若不尔者，不取正觉。二十一、悔过得生愿。

译文：

“我成佛之时，十方世界的所有众生听闻我的名号，就至心向往，一心想念我的佛国净土，生发菩提心，坚定不移，永不退转，培植众德的根本，劝修种种功德，广种善根，并用至诚至纯之心来回向，发愿求生我佛国净土，没有不顺遂心愿的。如果有人在过去多生直到今世所造下极重恶业，听闻我的名号，能立刻悔改过失，誓不再犯，重归正道，广行善事，奉持经教，遵行戒律，发愿往生我的佛国净土，就能在命终之后不再堕于三恶道中，立即往生我的佛国净土。若此誓愿不得实现，我终不成佛。第二十一愿，悔过得生。

“我作佛时，国无妇女。若有女人，闻我名字，得清净信，发菩提心，厌患女身，愿生我国，命终即化男子，来我刹土。十方世界诸众生类，生我国者，皆于七宝池莲华中化生[①]。若不尔者，不取正觉。二十二、国无女人愿；二十三、厌女转男愿；二十四、莲华化生愿。

注释：

①莲华：即莲花。化生：佛教所谓“四生”之一，即无所依托，借业力而出生。凡化生者，不缺诸根支分，死亦不留其遗形，即所谓顿生而顿灭，故于四生中属最胜之生。所谓“四生”是指胎生、卵生、湿生、化生。胎生是在母胎内成体之后才出生的生命，如人类；卵生是在卵壳内成体之后才出生的生命，如鸟类；湿生是依靠湿气而受形的生命，如虫类；诸天和地狱以及劫初的人类属于化生。本段所谓“于七宝池莲华中化生”，特指超于胎卵湿化四生的化生，即不需要父母，不需要外缘，就是只需往生者的功德和弥陀的愿力相应，就自然化现而有身。

译文：

“我成佛之时，我的佛国净土中没有妇女。如果有女人听闻到我的名号，能生清净无染、无疑无垢、远离烦恼过恶的信心，发菩提心，厌恶女身，发愿求生我佛国净土，那么，在命终时，能立即化身为男子，往生我的佛国净土。十方世界的种种众生，往生我的佛国净土者，都能在七宝池的莲花中化生。若此誓愿不得实现，我终不成佛。第二十二愿，国无女人；第二十三愿，厌女转男；第二十四愿，莲花化生。

“我作佛时，十方众生，闻我名字，欢喜信乐，礼拜归命，以清净心，修菩萨行，诸天世人，莫不致敬。若闻我名，寿终之后，生尊贵家，诸根无缺，常修殊胜梵行①。若不尔者，不取正觉。二十五、天人礼敬愿；二十六、闻名得福愿；二十七、修殊胜行愿。

注释：

①梵行：指清净无欲、持戒断淫之行。“殊胜梵行”在此特指念佛法门。

译文：

“我成佛之时，十方世界的一切众生，听闻到我的名号，生出欢喜信乐之心，虔诚礼拜皈依，以无垢无染的清净之心，修习六度四摄自觉觉他的菩萨行，种种天界以及世间有情，无不对他礼敬有加。十方世界的一切众生，听闻到我的名号，则在其寿终之后，即使没有发愿往生，也可转生到尊贵人家，得眼、耳、鼻、舌、身、意六根不残不缺的福德果报，又能时时勤修清净离欲的殊胜之行。若上述誓愿不得实现，我终不成佛。第二十五愿，天人礼敬；第二十六愿，闻名得福；第二十七愿，修殊胜行。

“我作佛时，国中无不善名。所有众生，生我国者，皆同一心，住于定聚①，永离热恼②，心得清凉，所受快乐，犹如漏尽比丘③。若起想念④，贪计身者，不取正觉。二十八、国无不善愿；二十九、住正定聚愿；三十、乐如漏尽愿；三十一、不贪计身愿。

注释：

①定聚：即正定聚，佛教所谓“三聚”（正定聚、邪定聚、不定聚）之一，“正定聚”是指一定可以证悟的一类众生；“邪定聚”是指毕竟不能证悟的一类众生；“不定聚”是指介于正邪之间，可能证悟也可能不证悟的一类众生。

②热恼：因极端痛苦，而使身心焦热苦恼。

③漏尽比丘：“漏”即烦恼，“漏尽比丘”是指断尽烦恼，证得阿罗汉果位的比丘。

④起想念：生起分别、执着之心。

译文：

“我成佛之时，我佛国净土之中没有不善的名称。所有往生我佛国净土的众生，都同心向善，住于必定成佛不退转的正定之聚，永远不会有遍体如烧、心中如焚的苦恼，心境清凉爽快，其乐无比，如同断尽诸漏烦恼的阿罗汉。如果我的佛国净土中还有人生分别、执着之心，贪求留恋、执着计较自己的色身，我终不成佛。第二十八愿，国无不善；第二十九愿，住正定聚；第三十愿，乐如漏尽；第三十一愿，不贪计身。

“我作佛时，生我国者，善根无量，皆得金刚那罗延身[①]，坚固之力。身顶皆有光明照耀，成就一切智慧。获得无边辩才，善谈诸法秘要，说经行道，语如钟声。若不尔者，不取正觉。三十二、那罗延身愿。三十三、光明慧辩愿；三十四、善谈法要愿。

注释:

①金刚:即金中最刚之义。因其坚固、锐利,故能摧毁一切,且非万物所能破坏。佛教中经常用来比喻佛法坚固能摧毁一切。亦指"力士",或手持金刚杵的护法天神。中国寺院中的四大天王像,俗称"四大金刚"。那罗延:印度古代神祇,意译为"坚固力士"、"那罗天"、"那罗延金刚"、"那罗延力执金刚"、"钩锁力士"、"金刚力士"、"人中力士",或单称"力士"。据《慧琳音义》卷六称,那罗延为欲界诸天之一,是神力的象征,欲求神力之人承事供养,如果精诚祈祷,即可多获神力。关于其形像,《慧琳音义》卷四十一云:"此天多力,身缘金色,八臂,(乘)金翅鸟王,手持斗轮及种种器杖,每与阿修罗王战争也。""金刚那罗延身"是指佛的金刚不坏、雄猛有力之身。

译文:

"我成佛之时,往生我佛国净土的一切众生,皆具无量善根,都得到那罗延金刚的金刚不坏之身,具有坚牢无比的力量。身上头顶皆有光明照耀,具足成就圆满智慧,具有无边无碍、善巧说法的才能,能够契理契机地演说诸多佛法的秘义奥旨,行道说经时,声若洪钟,震破愚迷,清醒觉心。若上述誓愿不得实现,我终不成佛。第三十二愿,那罗延身;第三十三愿,光明慧辩;第三十四愿,善谈法要。

"我作佛时,所有众生,生我国者,究竟必至一生补处[①]。除其本愿,为众生故。被弘誓铠,教化一切有情,皆发信心，修菩提行，行普贤道。虽生他方世界，永离恶趣。或乐说法，或乐听法，或现神足，随意修习，无不圆满。若不尔者，不取正觉。三十五、一生补处愿；三十六、教化随意愿。

注释：

①一生补处：略称“补处”，原为“最后之轮回者”之义，即经过此生，来生决定可在世间成佛。所以“一生补处”也指菩萨的最高位——等觉菩萨。一般认为，弥勒为一生补处菩萨，据《弥勒上生经》等记载，弥勒菩萨现居于兜率天内院，待此生尽，则下生于人间，以补释迦牟尼之佛位。此词又作“一生所系”，即指仅此一生被系缚于迷界，来生即可成佛。

译文：

“我成佛之时，所有往生我佛国净土的众生，都能究竟证得一生补处等觉菩萨果位，决定一生成佛。除非他们愿意为了实现本愿，以宏深誓愿为铠甲，降临种种秽土，教化一切有情众生，使众生都能生发信奉佛教的清净信心，修习觉悟成佛之道，践行普贤由愿导行、自觉觉他之道。这些菩萨示现于他方世界、生死海中，也永远不会堕于畜牲、恶鬼、地狱等恶趣。他们或示现说法者之身，或示现听法者之身，或示现神足通等神通，无论以何种身份、方式修行教化，无不成就圆满。若上述誓愿不得实现，我终不成佛。第三十五愿，一生补处；第三十六愿，教化随意。

“我作佛时，生我国者，所须饮食、衣服、种种供具[1]，随意即至，无不满愿。十方诸佛，应念受其供养。若不尔者，不取正觉。三十七、衣食自至愿；三十八、应念受供愿。

注释：

①供具：指用来供养佛菩萨或佛、法、僧三宝的物品，常用共有六种，即花、涂香、水、烧香、饭食、灯明等，分别象征布施、持戒、忍辱、精进、禅定、般若等六度。后世把供在佛前的香、华、灯明、饮食等，称为“供物”，而专门盛放供物的器具则称为供具。佛教中，供奉衣服、饮食、卧具、汤药等，称为“四事供养”。供以花、香、璎珞、末香、涂香、烧香、缯盖、幢幡、衣服、伎乐等，称为“十种供养”。

译文：

“我成佛之时，往生我佛国净土的一切众生，所需要的饮食、衣服以及供佛所需的种种供物，随其意欲想念而即刻自然出现于前，无不满足于他们的愿望。供养十方世界的无量诸佛，也只在一念发动的刹那之间。若上述誓愿不得实现，我终不成佛。第三十七愿，衣食自至，第三十八愿，应念受供。

“我作佛时，国中万物，严净光丽，形色殊特，穷微极妙，无能称量。其诸众生，虽具天眼，有能辨其形色、光相、名数，及总宣说者，不取正觉。三十九、庄严无尽愿。

译文：

“我成佛之时，我佛国净土中的一切万物，都庄严清净，光鲜亮丽，形状、色彩无不殊胜奇特，精妙至极，难以言表。在我佛国净土中的一切众生，即使都具有了‘天眼’的神通，但如果居然有人能辨识这些殊特微妙之物的形貌、色彩、光泽、相状、名称、数量，甚至能将其形色、光相、名数全部宣说出来，我终不成佛。第三十九愿，庄严无尽。

“我作佛时，国中无量色树，高或百千由旬①，道场树高四百万里②。诸菩萨中，虽有善根劣者③，亦能了知。欲见诸佛净国庄严，悉于宝树间见，犹如明镜，睹其面相。若不尔者，不取正觉。四十、无量色树愿；四十一、树现佛刹愿。

注释：

①由旬：又作“踰阇那”、“瑜膳那”、“俞旬”、“由延”等。为印度计算里程单位。原意指公牛挂轭行走一日的路程，另据《大唐西域记》卷二载，一由旬指帝王一日行军的距离。有关由旬的实际长度有各种不同说法，大概在三十里至六十里之间，但说四十里为一由旬者居多。

②道场：广义的道场是指一切修行佛道的场所；狭义则指中印度菩提伽耶的菩提树下的金刚座上佛陀成道之处。本段经文

提及的"道场"专指阿弥陀佛讲经说法的场所。由于释迦牟尼于菩提树下的金刚座成佛,所以又把菩提树称为"道场树"。

③善根劣者:善根较为低下者,此处应指本经第二十四"三辈往生品"中的所谓"下辈往生"者。

译文:

"我成佛之时,在我佛国净土中有无尽无量色彩缤纷的宝树,高达数百由旬乃至数千由旬,更为殊胜的菩提树则高达四百万里。我佛国净土中的诸菩萨中,虽然有些善根较差,也能够了知这些宝树的功德庄严。要想看到十方诸佛种种国土的清净庄严,只需从宝树之间观看便能一览无遗,就像通过明洁的镜子,看到自己的面容一般清楚。若上述誓愿不得实现,我终不成佛。第四十愿,无量色树;第四十一愿,树现佛刹。

"我作佛时,所居佛刹,广博严净,光莹如镜,彻照十方无量无数、不可思议诸佛世界。众生睹者,生希有心。若不尔者,不取正觉。四十二、彻照十方愿。

译文:

"我成佛之时,我所居住的佛国净土广阔无边,庄严清净,如明镜一般彻亮晶莹,能遍照十方无边无量不可思议多的诸佛世界。十方世界一切众生,如能见到这种遍照十方世界不可思议的功德之相,必定生起无上殊胜稀有的菩提心。若此愿不得成就,我终不成佛。第四十二愿,彻照十方。

“我作佛时，下从地际，上至虚空，宫殿、楼观、池流、华树，国土所有一切万物，皆以无量宝香合成。其香普薰十方世界，众生闻者，皆修佛行。若不尔者，不取正觉。四十三、宝香普熏愿。

译文：

“我成佛之时，我那佛国净土当中，从地上到天空，彻上彻下，无论宫殿、楼观、池塘、溪流、花草、树木以及所有一切万物，全部都由无尽无量种类的宝香合成。其香遍熏十方诸佛世界，十方世界的众生只要闻到这些香味，必然全都修学佛所教导的种种殊胜清净之行。若此愿不得成就，我终不成佛。第四十三愿，宝香普熏。

“我作佛时，十方佛刹，诸菩萨众，闻我名已，皆悉逮得清净、解脱、普等三昧①。诸深总持②，住三摩地，至于成佛。定中常供无量无边一切诸佛，不失定意③。若不尔者，不取正觉。四十四、普等三昧愿；四十五、定中供佛愿。

注释：

①逮得：随即证得。清净：即清净三昧，指六根清净无染，远离一切执着而得自在的境地。解脱：即解脱三昧，指脱离一切烦恼缠缚而得自在的境地。普等三昧：“普”就是普遍，“等”

就是平等,意指同时普见一切诸佛的三昧。

②总持:参前“陀罗尼”注释。

③不失定意:即随时保持清净心,不为外境所转,这是八地菩萨以上才有的境界。

译文:

“我成佛之时,十方诸佛世界的一切菩萨,只要听到我的名号,就能立即证得清净三昧、解脱三昧、普等三昧。得到种种甚深陀罗尼,安住于正定,最后功德圆满,成就佛果。还能在住于正定中时时供养十方无量无边的一切诸佛,且不失定意。若上述誓愿不得实现,我终不成佛。第四十四愿,普等三昧;第四十五愿,定中供佛。

“我作佛时,他方世界,诸菩萨众,闻我名者,证离生法①,获陀罗尼,清净欢喜,得平等住②,修菩萨行,具足德本。应时不获一二三忍③,于诸佛法,不能现证不退转者,不取正觉。”四十六、获陀罗尼愿;四十七、闻名得忍愿;四十八、现证不退愿。

注释:

①离生法:永远出离三界生死轮回之法。

②平等住:远离高下、深浅、大小、亲疏、智愚、迷悟种种差别执着,是浅层次的平等。进而言之,则真如周遍,万法一如,心、佛、众生,三无差别,安住于真如实相、如来正觉中,于一切

万法不起分别，则是真实的“平等住”。

③一二三忍：“忍”有忍耐、安忍两层意思，即忍耐不如意的环境而不生嗔恚的心，安忍即心安住于理而不动摇。本经此处“忍”应为安忍之意。本段经文没有对三忍的具体名称作进一步解说，因而佛教内部历来众说纷纭，有的认为是《仁王经》所说“五忍”的前三忍，即“伏忍”、“信忍”和“顺忍”，有的认为是“伏忍”中的下中上三忍，善导认为一是喜忍，即念阿弥陀佛而生欢喜心者，二是悟忍，即念阿弥陀佛而悟解真理者，三是信忍，即念阿弥陀佛而心生正信者。当然，更多的人认为，应参照本经第十五“菩提道场”品来解释“一二三忍”，即该品中提出，往生极乐世界的人，都能听闻七宝树林发出的音声而得三种法忍，即音响忍、柔顺忍和无生法忍，愿文中的“一二三忍”也应是指如上三忍。

译文：

“我成佛之时，他方世界的众位菩萨，只要听到我的名号，就能证得永离六道生死之法，获得陀罗尼，安住于诸法实相，离垢无染，欢喜愉悦，入无差别境界，修菩萨行，具足一切佛果功德的根本。如果（听到我的名号）不能立刻获得音响忍、柔顺忍乃至无生法忍，在修持诸种佛法过程中，如果（听到我的名号）不能立刻圆满证得三不退转以成正觉的果位，我终不成佛。”

第四十六愿，获陀罗尼；第四十七愿，闻名得忍；第四十八愿，现证不退。

必成正觉第七

本品承接上一品，进一步以偈颂形式展开“四十八大誓愿”，所以可以视为上一品的总结。如果说“发大誓愿”是因，“必成正觉”则是其果。所谓“必成正觉”，即是必定证得无上菩提、无上正等正觉，必定成就佛果。“我建超世志，必至无上道。斯愿不满足，誓不成等觉”开头四句，可谓“四十八大愿”的基本纲骨。当然，大乘佛教的宗旨，在于自度度人，法藏“必成正觉”的偈颂，同样不仅追求自身成佛，更要立誓普度众生，出离三途恶道，成就圆满佛果。所以本品偈颂反复申说此意，如：“复为大施主，普济诸穷苦；令彼诸群生，长夜无烦恼”，“亦以大悲心，利益诸群品……消除三垢冥，明济众厄难。悉舍三涂苦，灭诸烦恼暗。开彼智慧眼，获得光明身”，等等。而后面一句“圆满昔所愿，一切皆成佛”，更是将使一切众生成佛作为其宏深誓愿的终极目标，尤其体现了弥陀净土思想的独特之处。

佛告阿难：“尔时法藏比丘说此愿已，以偈颂。”曰：

我建超世志，必至无上道。
斯愿不满足，誓不成等觉[①]。
复为大施主[②]，普济诸穷苦。
令彼诸群生，长夜无忧恼。
出生众善根，成就菩提果。

我若成正觉，立名无量寿。
众生闻此号，俱来我刹中。
如佛金色身，妙相悉圆满。
亦以大悲心，利益诸群品③。
离欲深正念，净慧修梵行。
愿我智慧光，普照十方刹。
消除三垢冥④，明济众厄难。
悉舍三途苦，灭诸烦恼暗。
开彼智慧眼，获得光明身。
闭塞诸恶道，通达善趣门。
为众开法藏，广施功德宝。
如佛无碍智，所行慈愍行。
常作天人师，得为三界雄⑤。
说法师子吼⑥，广度诸有情。
圆满昔所愿，一切皆成佛。
斯愿若克果，大千应感动。
虚空诸天神，当雨珍妙华⑦。

佛告阿难："法藏比丘，说此颂已，应时普地六种震动⑧，天雨妙华，以散其上，自然音乐空中赞言：决定必成无上正觉。"

注释:

①等觉:无上正等正觉,也可以释为佛的十大名号之一。

②施主:音译“檀越”、“陀那钵底”、“陀那婆”,又作“布施家”。即施予僧众衣食,或出资举行法会等的信众。据《增一阿含经》卷二十四称,施主惠施有五功德,即:(一)名闻四远,众人叹誉。(二)若至众中,不怀惭愧,亦无所畏。(三)受众人敬仰,见者欢悦。(四)命终之后,或生天上,为天所敬;或生人中,为人尊贵。(五)智慧远出众人之上,现身漏尽,不经后世。这里所谓的“大施主”则专指在世间示现作佛,给予一切众生究竟圆满的“财”、“法”、“无畏”三种布施,并最终能普度众生出离苦海,闻名得度,往生净土的阿弥陀佛。

③诸群品:“品”是品类。“诸群品”指上自等觉菩萨,下至地狱畜牲的一切众生。

④三垢冥:“三垢”就是贪、瞋、痴三毒。“冥”即无明,没有真实智慧,不明宇宙人生真相,为一切烦恼痛苦的根源。

⑤三界雄:对佛的另一种尊称,以佛为三界中的大雄,可折伏一切魔障。

⑥师子吼:又作“狮子吼”。即指如来说法能灭一切戏论、破各种异见,犹如狮子王咆吼,百兽悉皆慑伏。狮子为百兽之王,佛亦为人中至尊,称为“人中狮子”,故用此譬喻。又譬喻当佛说法时,菩萨起勇猛心求菩提,因而外道、恶魔生怖畏;犹如狮子吼时,小狮子亦增威,百兽怖伏。还譬喻佛在大众中演说佛法,心中毫无怖畏,好像狮子咆吼。

⑦雨(yù):由空中如雨降下。华:即花。

⑧六种震动：指大地震动的六种相状，又作“六变震动”、“六反震动”，略称“六震”、“六动”。《大品般若经》卷一依地动的方向，举出东涌西没、西涌东没、南涌北没、北涌南没、边涌中没、中涌边没等六相。《华严经》卷十六、《广博严净不退转轮经》卷一等则举出动、起、涌、震、吼、击(摇)等六相。《长阿含经》卷二又有：“一佛入胎时，二出胎时，三成道时，四转法轮时，五由天魔劝请将舍性命时，六入涅槃时”，大地震动之说，后被称为“六缘地动”，以配合“八相成道”说，即佛陀在入胎，出胎，出家，成道，转法轮，入灭之时，大地震动。总之，这里所提及的种种震动，皆非地震一类的灾难，而属于预示吉祥的祥瑞，故震动不仅不会带来惊恐，反而会使人愉悦安乐。

译文：

释迦牟尼佛告诉阿难说：“那时，法藏比丘说完以上誓愿之后，又用偈颂表达自己的心愿。”偈颂是：

我建超世志，必至无上道。
斯愿不满足，誓不成等觉。
复为大施主，普济诸穷苦。
令彼诸群生，长夜无忧恼。
出生众善根，成就菩提果。
我若成正觉，立名无量寿。
众生闻此号，俱来我刹中。
如佛金色身，妙相悉圆满。
亦以大悲心，利益诸群品。

离欲深正念，净慧修梵行。
愿我智慧光，普照十方刹。
消除三垢冥，明济众厄难。
悉舍三涂苦，灭诸烦恼暗。
开彼智慧眼，获得光明身。
闭塞诸恶道，通达善趣门。
为众开法藏，广施功德宝。
如佛无碍智，所行慈愍行。
常作天人师，得为三界雄。
说法师子吼，广度诸有情。
圆满昔所愿，一切皆成佛。
斯愿若克果，大千应感动。
虚空诸天神，当雨珍妙华。”

释迦牟尼对阿难说：“法藏比丘刚说完上述偈颂，果真立刻有瑞相产生：大地出现动、起、涌、震、吼、摇六种震动，天空中种种妙花，纷纷扬扬如雨而降，上空自然响起妙曼的音乐，似乎在赞说：‘法藏比丘定能成就无上正觉。’”

积功累德第八

任何美好的愿望都必须落实到实现愿望的行动，本品即是针对此前几品法藏所发誓愿，而进一步言其如何落实到行动的问题，这就是所谓的“积功累德”。法藏比丘发愿之后，便安住于真实智慧之中，勇猛无畏，精进修持，心志专一地庄严自己的净妙国土，这是“积功累德”的总纲。

具体而言，他心中不生贪、瞋、痴三毒，不执着色、声、香、味、触、法等六尘，一心所乐只是忆念过去诸佛所修的功德善根。他深入无上寂静以入无余涅槃的妙行，远离一切恶事之根本的虚妄。他不计较各种修行中的艰苦，清心寡欲，安乐自足，一心专求善法，普遍平等地利乐众生。他对于一切有情众生，常以慈悲、安忍为怀，善于护持身、口、意三业，不断地以布施、持戒、忍辱、精进、禅定、般若六度教导度化众生，等等。正是因为以上种种积功累德的因缘，所以能使无量无数众生，都发阿耨多罗三藐三菩提心，获得真实之利。

“阿难，法藏比丘于世自在王如来前，及诸天人大众之中，发斯弘誓愿已，住真实慧①，勇猛精进，一向专志庄严妙土。所修佛国，开廓广大，超胜独妙，建立常然②，无衰无变。

注释：

①真实慧：与真如实相相应、超情离妄、显现本真的智慧。

②建立常然：一经建立，便永远不会衰退改变，自然永恒。

译文：

“阿难，法藏比丘在世间自在王如来前，以及在诸天神人一切众生之中，发下以上宏大深广的誓愿后，安住于真实智慧之中，勇猛无所畏惧，精进修持，心志专一地庄严自己的净妙国土。其所修行成就的佛国净土，开通无碍，广大无边，殊胜超众，微妙无比，一经建立，永劫常然，不会衰减也不会变化。

“于无量劫，积植德行，不起贪瞋痴欲诸想，不著色声香味触法，但乐忆念过去诸佛所修善根[①]。行寂静行[②]，远离虚妄。依真谛门[③]，植众德本，不计众苦，少欲知足，专求白法[④]，惠利群生。志愿无倦，忍力成就[⑤]。

注释：

①忆念过去诸佛：忆，忆持不忘之义；念，明记不忘之义。深刻于心内，记忆而不忘失，称为“忆念”。一般系指念念不忘佛陀或诸佛之功德而言，忆念佛德，以求报答；忆念佛之所行，并依佛而行；忆念佛之所证，并依佛之所证。

②寂静行：是自行化他，为人演说，心里不起妄想分别，外不着六尘境界，内不起心动念的心行。它是如来所行的究竟清净的灭度法，也是诸大菩萨趋入无余涅槃的妙行。

③真谛："二谛"之一，又名"胜义谛"、"第一义谛"，即圣智所见的真实理性。离诸虚妄，故云"真"，其理永恒不变，故云"谛"。真谛与俗谛相对，顺凡俗迷情之法，称"俗谛"，或"世谛"。

④白法：即善法。古印度人用黑白代表善恶。《大乘义章》云："善法鲜净，名之为白。"

⑤忍力：是指"六度"中忍辱度的力用。法住认为忍有三种：(一)安苦忍，对于世间违缘的事，能忍，能受。(二)他不饶益忍，对于别人违害损伤自己，也能忍受。(三)法思维忍，对于一切法远离分别，安住自在。三种都能成就，称为"忍力成就"。

译文：

"在无数大劫的时间内，法藏比丘积累培植种种具足功德之行，心中不生贪、瞋、痴三毒等种种欲念，不执着色、声、香、味、触、法等六尘，一心所乐只是忆念过去诸佛所修的功德善根。他深入无上寂静以入无余涅槃的妙行，远离一切恶事之根本的虚妄。以第一义谛的法门，勤修万德的根本。在积功修行中，他不计较执着各种修行中的艰苦，清心寡欲，安乐自足，一心专求清白善法，普遍平等地利乐众生。对其所发圆满宏深的诸大誓愿，没有丝毫厌倦，以坚忍之力去促进其修行圆满。

"于诸有情，常怀慈忍，和颜爱语，劝谕策进。恭敬三宝[①]，奉事师长，无有虚伪谄曲之心[②]。庄严众行[③]，轨范具足[④]。观法如化[⑤]。三昧常寂。善护口业，不讥他过；善护身业，不失律仪；善护意业，清净无染。

注释：

①三宝：指为佛教徒所尊敬供养的佛宝、法宝、僧宝，又作“三尊”。佛指觉悟人生之真象，而能教导他人的一切诸佛；法为根据佛陀所悟而向人宣说的教法；僧指修学教法的佛弟子众。以上三者，威德至高无上，永不变移，如世间之宝，故称“三宝”。

②谄（chǎn）曲：“谄”是讨好巴结，“曲”是歪曲事实。

③众行：指六度万行等一切行止。

④轨范：轨则、范导。

⑤观法如化：用般若智慧观照世间一切万物，皆无自性，犹如梦幻泡影，幻化不真。

译文：

“法藏比丘对于一切有情众生，常以慈悲、安忍为怀，和颜悦色，劝导鞭策，以使上进。恭敬佛、法、僧三宝，敬养服侍教师长辈，完全没有虚情假意、阳奉阴违、阿谀谄曲之用心。用福德与智慧来庄严自己的六度万行，言传身教，皆成轨则范导。所观所照，一切诸法，皆同幻化，无可执着，绝除名相，没有烦恼，不生不灭，住于常寂甚深三昧。善于护持口业，从不讥讽谴责他人之过失；善于护持身业，从不违背冒犯戒律仪轨；善于护持意业，从不妄起分别执着之心，内心清净而无垢染。

“所有国城、聚落、眷属、珍宝，都无所著，恒以布施、持戒、忍辱、精进、禅定、智慧，六度之行，教化安立众生，住于无上真正之道。

译文：

“法藏比丘对于所有世间国家城池、聚落村寨、家亲眷属、金银珠宝都无所贪恋执着，时时不断地以布施、持戒、忍辱、精进、禅定、智慧六度教导度化众生，转恶为善，安住正道，建立大心，安住在无上真正之道，安住于涅槃道果。

“由成如是诸善根故，所生之处，无量宝藏，自然发应。或为长者居士，豪姓尊贵，或为刹利国王①，转轮圣帝②，或为六欲天主③，乃至梵王④。于诸佛所，尊重供养，未曾间断。如是功德，说不能尽。身口常出无量妙香，犹如栴檀、优钵罗华⑤，其香普薰无量世界。随所生处，色相端严，三十二相，八十种好，悉皆具足。手中常出无尽之宝，庄严之具，一切所须，最上之物，利乐有情。由是因缘，能令无量众生皆发阿耨多罗三藐三菩提心。”

注释：

①刹利：印度四种姓之一，为“刹帝利”的略称，意译“土田主”。即国王、大臣等统御民众、从事兵役的种姓，所以也称“王

种”。其权势颇大，阶级仅次于婆罗门，属于世俗统治者阶层。释迦牟尼即出身此一种姓。

②转轮圣帝：音译为“遮迦罗跋帝”、“遮加越”，意译为“转轮王”、“转轮圣王”、“轮王”、“飞行转轮帝”、“飞行皇帝”。即旋转轮宝之王，是佛教政治理想中之统治者。传说转轮王拥有轮、象、马、珠、女、居士、主兵臣等七宝，具足长寿、无疾病、容貌出色、宝藏丰富等四德，统一须弥四洲，以正法御世，其国土丰饶，人民和乐。

③六欲天主：即欲界六天之主。欲界六天分别是：四王天、忉利天、夜摩天、兜率天、化乐天以及他化自在天。欲界六天的共同特质是仍有欲乐。其中，四王天在须弥山的山腰，忉利天在须弥山顶，因两者皆依山而住，故名“地居天”，其余诸天则住于虚空密云之上，称“空居天”。

④梵王：即大梵天王，为色界初禅天之王，这里代指色界十八天之王。

⑤栴（zhān）檀：一种印度名贵香木，因有治病疗疾之效，又译为“与乐”。优钵罗华：花名。又作“乌钵罗”、“沤钵罗”、“优钵剌”，意译“青莲花”、“黛花”、“红莲花”。

译文：

“由于成就了如上所述的功德善根，法藏比丘转世投生之地，就会有无数的宝藏感通化现，自然开发。他或转世为年高财富的长者，或转世为守道自恬的在家居士，或转世为名门望族高官显贵，或转世为刹帝利种姓王侯之家，或转世为四洲之主的转轮圣帝，或转世为欲界六天的六天之王，乃至转世为色界诸天的大梵天王。每生每世，均到诸佛住所，尊重礼敬，诚心供养，永不间断。他所作的功德，无量无边，难以言尽。法藏比丘身体和口中时时发出无量奇妙的异香，其香如同栴檀（柱香）和优钵罗花（青、红莲花），其香遍熏于无量无边诸世界。法藏比丘无论转生于何处，都色相端正而威严，圆满具足三十二种大人相、八十种随行好。他手中随时能出无尽无量的宝物，用以庄严、供养诸佛的一切器具、一切世间稀有的无上妙宝，概莫能外地普作饶益，利乐有情。由于以上种种积功累德的因缘，能使无量无尽的有情众生，都能生发求取无上正等正觉的求道之心。”

圆满成就第九

本经从第四品至第八品，都在介绍法藏比丘于因地所发大愿以及为此誓愿得以实现而进行的积功累德的功行。从本品开始，则是对其果德圆满成就的阐说。本品首先通过释迦牟尼佛之口赞颂了法藏因圆果满，接着又对阿弥陀佛及其佛国净土的基本属性作了简要介绍，认为阿弥陀佛决非俗常所谓过去佛、现在佛、未来佛之类的概念所能概括，其佛国净土称为“极乐世界”，位于西方距离我们居住的南赡部洲百千十万亿之多的佛国之外。

佛告阿难：“法藏比丘，修菩萨行，积功累德，无量无边。于一切法，而得自在，非是语言分别之所能知。所发誓愿，圆满成就。如实安住，具足庄严，威德广大，清净佛土。”

译文：

释迦牟尼佛对阿难说：“法藏比丘，修菩萨所修六度万行，所积累的种种功德，无量无边。他对于世间出世间的一切所有种种的法，都通达自在，没有障碍，这种自在无碍的境界决非常人言语逻辑所能表达、晓知。他所发下的宏深誓愿，全部圆满成就。他所建佛国净土，殊胜妙乐，安住于诸法实相，果真是具足了一切庄严、威德、广大无际的清净佛土。”

阿难闻佛所说，白世尊言：“法藏菩萨成菩提者，为是过去佛耶？未来佛耶？为今现在他方世界耶？”

译文：

阿难听到释迦牟尼佛的这番话后，又向他禀白道：“法藏修菩萨道成就了大觉佛果，那他是过去佛？将来佛？还是现今示现在他方世界的佛呢？”

世尊告言：“彼佛如来①，来无所来，去无所去，无生无灭，非过现未来。但以酬愿度生②，现在西方，去阎浮提百千俱胝那由他佛刹③，有世界名曰极乐。法藏成佛，号阿弥陀。成佛以来，于今十劫，今现在说法，有无量无数菩萨、声闻之众，恭敬围绕。”

注释：

①彼佛如来：即指阿弥陀佛。

②酬愿：实现他过去所发的四十八大誓愿。

③阎浮提：即南赡部洲，指我们所住的娑婆世界。“阎浮”是树名，译为赡部，因为此洲的中心，有阎浮树的森林，因此称为赡部洲。赡部洲位于须弥山以南，故又称“南赡部洲”。古代印度认为，须弥山为世界中心，四周环海，海中有四大部洲，即在须弥山东边的叫“东胜身洲”，南边的叫“南赡部洲”，西边的

叫“西牛货洲”，北边的叫“北俱卢洲”。

译文：

世尊告诉他说：“这个佛如来，法身遍一切处，来无所从来，去无所从去，无所谓生也无所谓灭，决非俗常所谓过去、现在、未来之类的概念所能概括。只是为了实现他所许下的普度众生的誓愿，如今示现于西方，在距离我们居住的南赡部洲百千十万亿之多的佛国之外，有他的佛国净土称为‘极乐世界’。法藏比丘觉悟成佛，名为‘阿弥陀佛’。他成佛至今，已历时十劫，现在他正在西方极乐世界讲经说法，那里有无量无尽的菩萨和声闻弟子，恭敬地围绕在他的座下，听他说法。”

皆愿作佛第十

本品仅见于汉、吴两种古译本。主要有两个方面值得注意，首先，阿阇王子与五百个长者听佛说法后，便都引发了空前喜悦的欢喜心，并发成佛如佛的愿心，显示了本经对于修习佛道之人的重要性。另外，佛说阿阇王子与五百大长者等人，因为已于无量劫中行菩萨道，过去生中即佛弟子，故将来决定成佛，这就再次说明了一切诸法不离因缘，欲得佛果，必须广植善根。修佛之人，务必时时积功累德，“无数劫来”，亦当坚信不移。

佛说阿弥陀佛为菩萨求得是愿时，阿阇王子与五百大长者闻之①，皆大欢喜，各持一金华盖②，俱到佛前作礼，以华盖上佛已，却坐一面听经。心中愿言：“令我等作佛时，皆如阿弥陀佛。”佛即知之，告诸比丘：“是王子等，后当作佛。彼于前世住菩萨道，无数劫来，供养四百亿佛。迦叶佛时③，彼等为我弟子，今供养我，复相值也④。”时诸比丘闻佛言者，莫不代之欢喜。

注释：

①阿阇王子：佛陀在世时中印度摩揭陀国国王之子。

②华盖：以花装饰而成的伞盖。又佛教建筑中，如经幢、石

塔之顶上，有雕刻精细如伞状之盖，亦称“华盖”，又称“宝盖”。

③迦叶佛：又作“迦叶波佛”、“迦摄波佛”、“迦摄佛”，意译“饮光佛”。为过去七佛中的第六佛，现在贤劫千佛中的第三佛。出世于释迦牟尼佛之前，相传为释迦牟尼佛的因地本师，曾为释迦牟尼授记，预言将来必定成佛。依《长阿含经》卷一《大本经》载，迦叶佛出世于贤劫中，其时人寿二万岁。姓迦叶，于尼拘律树下成佛，有弟子二万人，而以提舍与婆罗婆二人为高足，执事弟子名善友。

④复相值：重逢，再次相遇。

译文：

在释迦牟尼佛讲说阿弥陀佛从菩萨因地，成就了所发的成佛誓愿时，阿阇王子与五百个长者听佛说法后，便都引发了空前喜悦的欢喜心，他们每人各持一把金华盖，一齐来到释迦牟尼佛前顶礼致敬，将华盖奉献给佛后，退下坐在一侧听佛演说经法。同时心生大愿：“如果有一天我们也成了佛时，我们也要像阿弥陀佛一样。”释迦牟尼佛立即知晓了他们的心愿，于是告诉众比丘说：“阿阇王子五百人等，以后一定都能成佛。他们在前世都修行菩萨道，经历无量无尽时劫，供养过四百亿佛，广积功德。在迦叶佛住世之时，他们曾是我的弟子，今天又来供养我，我们又同聚一堂，这是一个殊胜无比的因缘。”当时参加法会的比丘大众，听释迦牟尼佛所说，都为阿阇王子等五百比丘感到欣慰欢喜。

国界严净第十一

从本品开始，主要介绍西方极乐世界的依报庄严，即与阿弥陀佛圆满正报相应的极乐净土的种种殊胜美妙的外在环境。本品是泛说国土的庄严清净，超过了十方一切佛国净土世界。也就是"四十八大愿"中第一愿"国无恶道"、第三十九愿"庄严无尽"的体现。另外对于众生业因果报的不可思议、众佛圣力以及其所成就的十方诸佛世界的不可思议，进行了反复宣说。

佛语阿难："彼极乐界，无量功德，具足庄严。永无众苦、诸难、恶趣、魔恼之名[①]；亦无四时、寒暑、雨冥之异[②]，复无大小江海，丘陵坑坎，荆棘沙砾，铁围、须弥、土石等山[③]，唯以自然七宝、黄金为地[④]，宽广平正，不可限极。微妙奇丽，清净庄严，超逾十方一切世界。"

注释：

①众苦：指一切有情众生所遭受的种种苦恼，如佛教经常说的"八苦"。所谓"八苦"是指：一、生苦，即出生时所承受的痛苦；二、老苦，即年老体衰所承受的痛苦；三、病苦，即为种种病痛折磨所遭受的痛苦；四、死苦，即气绝命终时所遭受的痛苦；五、爱别离苦，即与所爱之人或物无奈分离所承受的痛苦；六、怨憎会苦，即与怨仇憎恶之人见面的痛苦；七、求不得苦，即所

求不遂的痛苦；八、五阴炽盛苦，即色受想行识等五阴的作用炽盛，生老病死等众苦聚集，盖覆真性，死此生彼，无休无止而所承受的痛苦。诸难：指不得遇佛、无法听闻佛法的种种障难。如“八难”，即地狱难、畜生难、饿鬼难、长寿天难、北郁单难、盲聋喑哑难、世智辩聪难、佛前佛后难。其中，地狱、畜生、饿鬼三途业障深重，不得会佛，众苦逼恼，不能修梵行，故称之为难。长寿天即色界第四禅中的无想天，外道修行多生其处，不求佛法，故称之为难。北郁单（即北俱卢洲）乐报殊胜，无诸苦事，贪着享乐而不受教化，是以圣人不出其中，故称之为难。盲聋喑哑诸根不具，纵生在有佛法之国亦不能睹圣闻法，故称之为难。世智辩聪者虽生在有佛法之国，却深陷邪见，仗着小聪明，不肯虚心修行，甚至还会毁谤佛法，故称之为难。佛前佛后者，生在佛出世前或是佛涅槃后，都见不到佛和听不到佛法，故称之为难。

②雨冥：雨指雨天，冥指阴天。

③铁围：即铁围山，又作“铁轮围山”、“金刚围山”、“金刚山”。指围绕须弥四洲外海，由铁所成之山。佛教的世界观以须弥山为中心，周围共有八山八海围绕，最外侧之山即称“铁围山”。须弥：即须弥山。详见前注。

④七宝：诸经所说的略有不同。《般若经》所说的七宝是金、银、琉璃、珊瑚、琥珀、砗（chē）磲（qú）、玛瑙。《法华经》所说的七宝是金、银、琉璃、砗磲、玛瑙、真珠、玫瑰。《阿弥陀经》所说的七宝是金、银、琉璃、玻璃、砗磲、赤珠、玛瑙。又，佛教中经常以数字“七”代表圆满，“七宝”也可以泛指无量珍宝。

译文：

释迦牟尼佛对阿难说："阿弥陀佛的极乐世界，具足无量功德庄严，一切美好，无所欠缺。那里永远没有种种三苦、八难、恶趣、魔烦等等的名称概念；国中没有春夏秋冬、酷热严寒、绵绵阴雨等等的气候变化，也没有大小江河海洋，丘陵坑坎、荆棘沙砾，以及铁围山、须弥山和土石山等等的地理差异，只有以自然生成的七种宝物和黄金为地，大地平坦整齐，宽广无垠，其微妙奇丽，清净庄严，超过了十方一切佛国净土世界。"

阿难闻已，白世尊言："若彼国土无须弥山，其四天王天及忉利天①，依何而住？"

注释：

①四天王天：指欲界六天中的第一重天，位于须弥山的山腰。忉利天：音译"多罗夜登陵舍"，是欲界六天的第二重天，位于须弥山顶；山顶四方各八天城，加上中央帝释天所居住的善见城(喜见城)，共有三十三处，故又称"三十三天"。四天王天与忉利天都在须弥山上，所以两天又称"地居天"。

译文：

阿难听说后，又向释迦牟尼佛请教："如果极乐世界没有须弥山，那这佛国净土中的四天王天以及忉利天又依凭什么而居处呢？"

佛告阿难："夜摩、兜率[①]，乃至色、无色界，一切诸天，依何而住？"

注释：

①夜摩、兜率：即夜摩天和兜率天，分别为欲界六天中的第三、第四重天，因夜摩天和兜率天及其以上诸天，都位于须弥山之上的虚空密云之中，所以都称为"空居天"。

译文：

释迦牟尼佛反问阿难道："我们这个世界，夜摩天、兜率天，乃至色界天、无色界里的一切诸天，他们又依凭什么而居处呢？"

阿难白言："不可思议业力所致。"

译文：

阿难回答说："因有不可思议的业力，致使诸天众神住于虚空。"

佛语阿难："不思议业，汝可知耶？汝身果报，不可思议，众生业报，亦不可思议。众生善根，不可思议，诸佛圣力，诸佛世界，亦不可思议。其国众生，功德善力，住行业地[①]，及佛神力，故能尔耳。"

注释:

①行业地:指阿弥陀佛大愿、大行、大业圆满成就的地方。

译文:

释迦牟尼佛对阿难说:"你可知道不可思议的业力吗?你自身因过去所行善恶而造的果报不可思议,众生的业报同样也不可思议。众生因行善而得的果报不可思议,众佛的圣力以及其所成就的十方诸佛世界,同样也不可思议。由于极乐世界中的众生有种种功德善力,又住于阿弥陀佛大愿、大行、大业成就之地,加上阿弥陀佛的无上本愿威神之力,所以不必依凭须弥等山也能自然安住。"

阿难白言:"业因果报,不可思议,我于此法,实无所惑。但为将来众生,破除疑网,故发斯问?"

译文:

阿难说道:"对于众生不可思议的业因果报,我其实并没有什么疑惑。但为了能让将来的众生破除迷网惑缚,所以才向您提出这一问题,请您开示。"

光明遍照第十二

上品“国界严净”品，主要宣演极乐世界的依报庄严，本品与下一品，则主要阐说阿弥陀佛的正报庄严。本品盛赞阿弥陀佛的光明，是法藏比丘第十三、十四大愿所应之果的展开。本品首先称颂阿弥陀佛光明的殊胜，为十方诸佛所不能及；其次说明其所以光明殊胜第一的原因，乃在于其前世求道时所行愿的功德殊胜第一；然后又一一列举了阿弥陀佛的十二光佛的具体名称，以进一步凸显其光明的无量殊胜；最后讲述了阿弥陀佛之光明的殊胜妙用，即众生如能触见此光，无不“垢灭善生”，“命终皆得解脱”，最终得以往生极乐世界。

佛告阿难：“阿弥陀佛威神光明，最尊第一，十方诸佛，所不能及。遍照东方恒沙佛刹，南西北方，四维上下[①]，亦复如是。若化顶上圆光，或一二三四由旬，或百千万亿由旬。诸佛光明，或照一二佛刹，或照百千佛刹，唯阿弥陀佛，光明普照无量无边无数佛刹。诸佛光明所照远近，本其前世求道，所愿功德大小不同。至作佛时，各自得之，自在所作，不为预计。阿弥陀佛，光明善好，胜于日月之明，千亿万倍。光中极尊，佛中之王。

注释:

①四维:指东南、西南、东北、西北。

译文:

释迦牟尼佛告诉阿难说:“阿弥陀佛威严神奇的光明至尊第一,十方世界的众佛没有一个能与其比肩。他的光明遍照东方如恒河中所有沙子一样多的佛国,同样也照遍南方、西方、北方、上方、下方如恒河中的所有沙子一样多的佛国。若论佛顶上化现的圆光,可能只是几由旬距离,也可以达到百千万亿由旬之远。至于十方世界诸佛的光明,近的只能照一二佛刹,远的则能照及百千佛刹,但唯独阿弥陀佛,其光明普照于无量无边的佛刹。诸佛光明所能照的距离远近,本是其前世求道时所行愿的功德大小不同所致。到了他们成佛之时,各自便以自己前世行愿功德的大小而得到相应的光明,这是自然成就的,不以其意志为转移。阿弥陀佛的光明贤善美好,胜过世间日月之光明千亿万倍。在所有的光明中,阿弥陀佛的光明是最为尊贵宏大的,这也是诸佛光明中的第一。

“是故无量寿佛,亦号无量光佛,亦号无边光佛、无碍光佛、无等光佛,亦号智慧光、常照光、清净光、欢喜光、解脱光、安隐光、超日月光、不思议光①。

注释:

①从“亦号无量光佛”开始到本段结尾:是盛赞阿弥陀佛殊

胜光明的十二种名称，也是阿弥陀佛因光明殊胜而得十二种称号，统称“十二光佛”。具体而言，无量光是指佛的智慧光明不可限量。无边光是指佛光普照，无边无际。无碍光是指佛的光明普照，没有障碍。无等光是指佛的光明无与伦比。智慧光是指佛的光明能破除一切众生的无明烦恼。常照光是指佛的光明在一切时一切处，没有间断地普照一切众生。清净光是指佛光能令众生断除贪瞋痴三毒烦恼，得到身心清净。欢喜光是指佛光普施一切众生，能使众生法喜充满。解脱光是指佛的光明能使众生解脱生死苦海，往生极乐净土。安稳光是指佛光能令众生在三界里得到真正的安乐。超日月光是指佛的光明远超世间一切光明，无比殊胜。不思议光是指佛的光明善好不可思议。安隐，即安稳。

译文：

“因此，无量寿佛也称为无量光佛、无边光佛、无碍光佛、无等光佛，亦号为智慧光、常照光、清净光、欢喜光、解脱光、安稳光、超日月光、不思议光。

“如是光明，普照十方一切世界。其有众生，遇斯光者，垢灭善生，身意柔软①。若在三途极苦之处②，见此光明，皆得休息，命终皆得解脱。若有众生，闻其光明、威神、功德，日夜称说③，至心不断，随意所愿，得生其国。”

注释:

①身意柔软:指身、心不再桀骜不驯,而是日趋温和,从而随顺于佛的教导。

②三途:指火途、血途和刀途。火途代表地狱道,血途代表畜生道,刀途代表饿鬼道,故“三途”也即“三恶道”。

③称说:这里特指称念佛名,即称念“南无阿弥陀佛”。

译文:

“如上所述的这种种光明,普照十方一切世界。有缘得遇阿弥陀佛佛光的一切众生,贪、瞋、痴三种毒垢便得以断灭,相应的善根得以增长,身、口、意三业得以柔顺易化。若有众生处在地狱道火途、畜生道血途、饿鬼道刀途这样的最极苦境地,只要见到阿弥陀佛的光明,也都能苦难消减,并在命终之后能得解脱。若有众生,能闻知阿弥陀佛的光明、威神、功德,又能以至诚之心,日夜称名诵念,念念不绝,就可以随其心意所愿,得以往生极乐世界。”

寿众无量第十三

本品承接上一品，继续表显阿弥陀佛的正报庄严。光明遍照，是身遍十方；寿众无量，是竖穷三际。本品可细分为三无量：一是佛寿无量，二是会众无量，三是会众寿命无量。这是依法藏比丘“四十八大誓愿”中第十五“寿命无量愿”、十六“声闻无数愿”而成就的。佛有三身，即法身、报身、应身。法身以真如理体为身，三际一如，故其寿命自然无始无终；而由于阿弥陀佛愿力独胜，超越诸佛，所以即使其由因缘感应而得的化身，寿命亦皆无量。而由于其愿力的宏深，欲度普天之下一切众生，故其法会会众亦当无量，同时因其殊胜愿力，所度众生寿数亦无量。

佛语阿难：“无量寿佛，寿命长久，不可称计。又有无数声闻之众，神智洞达①，威力自在，能于掌中持一切世界。我弟子中大目犍连，神通第一，三千大千世界，所有一切星宿众生②，于一昼夜，悉知其数。假使十方众生，悉成缘觉，一一缘觉，寿万亿岁，神通皆如大目犍连，尽其寿命，竭其智力，悉共推算，彼佛会中，声闻之数，千万分中不及一分。

注释：

①神智洞达：“神”即神通；“智”即智慧；“洞”指究竟通彻；

“达”指通达无碍。“能于掌中持一切世界”喻极乐世界诸菩萨众的自在无碍的威力不可思议。可与《维摩诘经》中所谓“菩萨以一佛土众生置之右掌，飞到十方，遍示一切，而不动本处”相参。

②星宿众生：如天上星宿一般多的众生，也有解作“一切星宿至上的众生”，皆可通，喻指无数众生。

译文：

释迦牟尼佛告诉阿难：“无量寿佛的寿命无量无尽，难以说清也无法计算。他的极乐世界有无数声闻大众，他们皆具神通智慧，通达透彻事理；皆具神威之力，任用自在无碍，能够用手握持一切世界。在我的弟子中，大目犍连号称‘神通第一’，能够在一昼夜之间，全部说清三千大千世界所有一切星宿及其一切众生的数目。假如让十方世界的一切众生，全都成为缘觉，每一位缘觉都有万亿岁的寿命，他们的神通都达到大目犍连的水平，然后尽他们的寿命，竭尽他们的神通智力，全都一起来共同推算极乐世界的声闻人数，他们所能计算出来的数目，达不到实际数目的千万分之一。

“譬如大海，深广无边，设取一毛，析为百分，碎如微尘，以一毛尘，沾海一滴，此毛尘水，比海孰多？

译文：

“譬如大海，其深其阔无边无际，再假如取一根毫毛，把它又分成一百份,碎成如微尘一般大小,以这样的小毛尘,去大海中沾一点水,这毛尘沾到的一滴水与整个大海的水相比,哪个为多? 哪个为少?

“阿难,彼目犍连等所知数者,如毛尘水;所未知者,如大海水。彼佛寿量,及诸菩萨、声闻、天人,寿量亦尔,非以算计譬喻之所能知。

译文:

“阿难,那些具有目犍连神通的无量数的缘觉,所共同推算出来的数目,就像这纤细毛尘上沾到的水一样;而其未能推算出来的的数目,就像那大海水。阿弥陀佛的寿命以及极乐世界上诸菩萨、声闻、天人的寿命、数量也是这样,不是用推算、比喻等方法所能够搞清楚的。”

宝树遍国第十四

本品及以下数品,再次宣说西方极乐世界的依报庄严,在阿弥陀佛的极乐净土,有种种的宝树。这些宝树,或由一宝所成,或由多种宝物和合而成,都依其类别各自成行,行与行之间距离相等而不杂乱,花朵果实的位置也错落有致。宝树发出殊胜微妙的光彩,清风送爽,随风奏乐,音调和雅。如此殊胜的诸多宝树,遍布于极乐世界的一切地方。本品所述,依“四十八愿”之第四十愿——“无量色树愿”而成就。

“彼如来国,多诸宝树。或纯金树、纯白银树、琉璃树、水晶树、琥珀树、美玉树、玛瑙树,唯一宝成,不杂余宝。或有二宝三宝,乃至七宝,转共合成。根茎枝干,此宝所成,华叶果实,他宝化作。或有宝树,黄金为根,白银为身,琉璃为枝,水晶为梢,琥珀为叶,美玉为华,玛瑙为果。其余诸树,复有七宝,互为根干枝叶华果。种种共成。各自异行,行行相值①,茎茎相望,枝叶相向,华实相当。荣色光曜,不可胜视。清风时发,出五音声②,微妙宫商③,自然相和。是诸宝树,周遍其国。”

注释:

①相值:距离相等。

②五音：指中国古代乐律的五个基本音阶，即宫、商、角(jué)、徵(zhǐ)、羽。再加上变宫和变徵，就是现代音乐的七音阶。

③宫商：即宫、商、角、徵、羽等五音的略称。

译文：

“在那西方极乐世界中，有许许多多各种各样的宝树。有的是纯黄金树、纯白银树、纯琉璃树、纯水晶树、纯琥珀树、纯美玉树、纯玛瑙树等，这些树都质地纯粹，皆由一宝所成，没有掺杂其他的珍宝。也有的宝树是用两种宝物或三种宝物乃至用七种宝物和合而成。根茎枝干是由某种珍宝构成，而花叶果实则又由其他珍宝合成。还有的一些宝树，则是黄金为根茎，白银为树干，琉璃为树枝，水晶为树梢，琥珀为树叶，美玉为花朵，玛瑙为果实。其余的宝树，又另有七宝，各为根、干、枝、叶、花、果，组成种种不同形色的七宝树。这些宝树，还依其类别各自成行，行与行之间距离相等而不杂乱，树干与树干彼此对望，枝叶与枝叶遥遥相向，花朵果实的位置也错落有致，彼此相当。繁茂的树木发出殊胜微妙的光彩，耀眼夺目，使人目不暇接，美不胜收。清净舒爽之风，应时而起，发出美妙动听的五音之声，无比微妙的音声自然相和。如此殊胜的诸多宝树，遍布于极乐世界的一切地方。”

菩提道场第十五

本品承接上品，专讲阿弥陀佛极乐净土众多宝树中的道场树，仍属“四十八愿”中第四十愿、第四十一愿有关道场菩提树的成就。本品首先描述了阿弥陀佛道场菩提树的高大、庄严之不可思议，其次表显由于阿弥陀佛大愿的不可思议，所成就佛土的殊胜不可思议，而使其道场菩提宝树亦具有能施之法益的不可思议功德。菩提宝树能演奏出似乎在宣说殊胜佛法的无量妙音，其音可远播遍及十方佛国净土，引发悲心。众生如能得以目睹菩提宝树，耳闻宝树所发妙音，嗅到宝树散发的香味，尝到了宝树所结果实的味道，接触到了宝树所放的光明，忆念宝树的种种功德，都能够使其六根清净无垢，远离烦恼祸患，安住于不退转之位，成就圆满佛果，证得音响忍、柔顺忍、无生法忍等三种法忍。

“又其道场，有菩提树，高四百万里，其本周围五千由旬，枝叶四布二十万里。一切众宝，自然合成，华果敷荣①，光晖遍照②。复有红绿青白，诸摩尼宝③，众宝之王，以为璎珞④，云聚宝鏁⑤，饰诸宝柱。金珠铃铎，周匝条间⑥。珍妙宝网，罗覆其上，百千万色，互相映饰，无量光炎，照耀无极。一切庄严，随应而现。微风徐动，吹诸枝叶，演出无量妙法音声。其声流布，遍诸佛国，清畅哀亮，微妙和雅，十方世界音声之中，最为第一。若有众生，睹菩提树，闻声，嗅香，尝其果味，触其光影，念树功德，皆得六根清彻，无诸恼患，住不退转，至成佛道。复由见彼树故，获三种忍⑦：一音响忍，二柔顺忍，三者无生法忍。”

注释：

①敷荣："敷"即铺设、展开，这里指四处开放。"荣"即繁茂旺盛。

②晖（huī）：同"辉"。

③摩尼：又作"末尼"，意译为"珠"、"宝珠"。为珠宝的总称。佛教认为宝珠有消除灾难、疾病以及澄清浊水、改变水色之神妙功效。

④璎珞：又作"缨珞"、"缨络"。即由珠玉、花等物编缀而成的装饰物，可挂在头、颈、胸或手脚等部位，系印度富贵人家之佩戴物。

⑤云聚宝锁（suǒ）："云聚宝"为一种印度珠宝的名称。由云聚宝所制作的链锁，称"云聚宝锁"。锁，同"锁"。

⑥周匝：即周遍环绕。"匝"为古代计算环绕圈数的单位。

⑦忍：即安忍，为"法忍"的略称，安住信受佛法真理谓之"法忍"。下文的"音响忍"：随顺佛菩萨说法的音声，而知诸法实相，安住于法。这里指往生极乐世界之人听闻七宝树林所发的音声，而悟解佛理。柔顺忍：指慧心柔软，心柔智顺，于实相之理不相乖违而能随顺真理。无生法忍：简称"无生忍"，即以

真实的智慧，安住在不生不灭的实相真理中。

译文：

“另外，在极乐世界演说佛法的道场，生长有菩提圣树，高达四百万里，其树身粗大，周长有五千由旬，枝叶向四方伸展，方圆二十万里。此树由一切宝物自然合成，花开繁茂，果实累累，所发光明，遍照四方。又由红、绿、青、白色的众宝之王——摩尼宝珠作为璎珞，并用云聚宝所作的钩锁串联起来，装饰在菩提树干之上。纯金与宝珠合成的铃铛，密密麻麻地悬挂在枝条之间。珍稀奇妙的宝网，覆盖在菩提圣树之上，百千万种光色交相辉映，自然发出无量的光芒，照耀之远无量无边。一切庄严之相，普应群机，变化不拘，随意而现。微风徐徐拂来，吹动菩提宝树上的千枝万叶，演奏出无量妙音，似乎在宣说殊胜佛法。这无量妙音传播出去，遍及十方佛国净土，清净通畅，引发悲心，音色明快响亮，安和雅正，微妙无比，在十方世界的一切音声中，无与伦比。如果有众生得以目睹菩提宝树，耳闻宝树所发妙音，嗅到宝树散发的香味，尝到了宝树所结果实的味道，接触到了宝树所放的光明，忆念宝树的种种功德，都能够使其眼、耳、鼻、舌、身、意等六根清净无垢，没有了种种烦恼所导致的祸患，从而能够安住于不退转之位，成就圆满佛果。又因为知见菩提宝树的缘故，还能够获得初地至八地大菩萨所证得的三种法忍：一是音响忍，二是柔顺忍，三是无生法忍。”

佛告阿难：“如是佛刹，华果树木，与诸众生，而作佛事，此皆无量寿佛，威神力故，本愿力故，满足愿故，明了、坚固、究竟愿故。”

译文：

释迦牟尼佛告诉阿难：“这西方极乐世界里的花果树木都是在做佛事，使众生破迷开悟，这些都是无量寿阿弥陀佛的威神力、本愿力所致，都是由于无量寿佛的宏大愿心圆满、明了、坚固、究竟的缘故。”

堂舍楼观第十六

本品仍为西方极乐世界的依报庄严的内容，着重介绍西方极乐世界的讲堂、住舍、楼观，是阿弥陀佛与菩萨们的居处环境。无量寿佛说法的讲堂，居住的精舍，以及一切楼观栏楯，都是由七宝自然变化而成，诸菩萨众所居住的宫殿也同佛一样，平等庄严。同时也介绍了居处其中的菩萨们修习佛道的基本情况以及修行所证的果位，他们在西方极乐世界的讲堂、住舍、楼观中，各自讲经、诵经，听经、受经，行经、思道、坐禅，随意自在，莫不欢喜。

“又无量寿佛讲堂精舍①，楼观栏楯②，亦皆七宝自然化成。复有白珠摩尼以为交络，明妙无比。诸菩萨众，所居宫殿，亦复如是。中有在地讲经、诵经者；有在地受经、听经者；有在地经行者③，思道及坐禅者；有在虚空讲诵受听者，经行、思道及坐禅者。或得须陀洹④，或得斯陀含⑤，或得阿那含、阿罗汉⑥。未得阿惟越致者，则得阿惟越致。各自念道、说道、行道，莫不欢喜。

注释：

①讲堂：讲经说法的场所。为佛寺七堂伽蓝之一，一般建

在正殿的后面，地位仅次于正殿。精舍：寺院的异称，为精进修行者所居，所以称为“精舍”。释迦牟尼在世时，在各地建有许多精舍，其中以王舍城竹林精舍与舍卫国祇园（祇洹）精舍，较为有名。后人曾将佛陀所常驻锡说法的五处精舍，称为“五精舍”，即：（1）舍卫城的给孤独园（祇园精舍）；（2）王舍城的灵鹫山精舍；（3）王舍城附近的竹林精舍；（4）毗舍离猕猴池的大林精舍；（5）庵罗树精舍。

②楼观栏楯（shǔn）：“楼”即楼宇，“观”即台榭，“栏楯”即栏杆，竖的叫栏，横的叫楯。

③经行：在一定的处所缓慢地往返步行，通常是在食后、疲倦时，或坐禅昏沉瞌睡时进行。据《大比丘三千威仪经》卷上所载，适于经行之地有五种，即空处、户前、讲堂之前、塔下、阁下。另据《四分律》卷五十九所说，时常经行能得五利，即：（一）能堪远行，（二）能静思惟，（三）少病，（四）消食，（五）于定中得以久住。关于经行的方法，据《十诵律》卷五十七所述，应直行，不急不缓；若不能直，当画地为相，随相直行。

④须陀洹：旧译为“入流”，新译为“预流”，是声闻乘四果中的初果名。就是从凡夫初入圣流，已断三界一切错误的见解（“见惑”）的果位。

⑤斯陀含：意译为“一来”。这是断欲界九品思惑中前六品的二果罗汉。修行证到此果位，还要来欲界再受生死一次，所以称“一来果”。

⑥阿那含：意译为“不来”，即不再来欲界受生死，这一果位须断尽三界见惑，及欲界九品思惑，方能证得。阿罗汉：印度语，

是小乘中最高的果位，也称“四果”。阿罗汉有三种意思，即一、杀贼：即断除三界一切见思烦恼；二、应供：应受一切人天的供养；三、无生：于一生中解脱生死，不会再来三界轮回受生。

译文：

释迦牟尼佛又对阿难说道：“无量寿佛说法的讲堂、修法的精舍，以及所有楼台馆舍乃至其栏杆，也都是由七宝自然化成。又有白珠摩尼所编织成的璎珞，交叉悬挂而成网络，互相辉映，无比光明美妙。而诸菩萨所居住的宫殿，也同样如此。在这些楼台馆舍之中，有的在地上行走中诵经，有的在禅习思定。也有的在虚空之中，讲经、诵经，听经、受经，行经、思道、坐禅。他们有的证得须陀洹果位，有的证得斯陀含果位，有的证得阿那含果位，有的证得阿罗汉果位。原来没有得到阿惟越致果位的，也证得了阿惟越致不退转果位。他们各自念道、说道、行道，无不欢喜非常。”

泉池功德第十七

本品还是介绍西方极乐世界外在环境的殊胜。上一品着重介绍阿弥陀佛与菩萨们的居处住所,本品则着重介绍这些居处住所的外在环境,特别是极乐世界的泉水池塘的非比寻常。首先介绍泉水池塘的形、量,它们环绕互通,其长宽深浅,各因等级不同而协调相称。泉池之水,清澈湛净,芬芳四溢;岸边之树,花果恒芳,光明璀璨;池中莲花,色彩斑斓,缤纷耀眼。同时,如此殊胜美妙的泉池,不仅可以随心所欲地变化深浅温凉,自然一一圆满净土众生的心意;更能扬波启音,宣说种种妙法,使闻者都能听到自己愿闻的佛法。池扬妙法,显示极乐世界无情说法的不思议功德。最后,本品还点出了阿弥陀佛净土思想中的一个重要特点,即十方世界来此往生者,全都是在七宝池的莲花里自然化生而非胎生,所以都能远离妄业惑报,具有清净无碍、寿限无极的妙身、妙体,从此不再有三途恶道、烦恼、苦难这些感受乃至说法,有的只是自然快乐的声音,因此才称极乐世界。这是阿弥陀佛“四十八大誓愿”中第二十四“莲华化生愿”、第二十八“国无不善愿”等功德所成就的。

“又其讲堂左右,泉池交流,纵广深浅,皆各一等①。或十由旬,二十由旬,乃至百千由旬。湛然香洁,具八功德②。岸边无数栴檀香树,吉祥果树③,华果恒芳,光明照耀，修条密叶，交覆于池，出种种香，世无能喻。随风散馥[4]，沿水流芬。

注释：

①皆各一等：指极乐世界泉池的大小、长宽、深浅都随人心意，协调相称。

②八功德：即八功德水，又称“八味水”、“八支德水”或“八定水”。是指佛教净土诸宝池中的水具有八种殊胜的功德：一澄净、二清冷、三甘美、四清软、五润泽、六安和、七除饥渴、八长养善根。另外，包围须弥山的七内海中也充满着八功德水，它具有：甘、冷、软、轻、清净、无臭、饮不伤喉、饮不伤腹等八特质。

③吉祥果：原产于印度，状似瓜篓，黄赤色，据传此果可以破除魔障，所以称为“吉祥果”。中国以石榴为吉祥果。

④馥（fù）：浓郁的香气。

译文：

“在阿弥陀佛的讲经殿堂左右两边，还有环绕互通的清泉池塘，这些泉池的长宽深浅，各因其等级不同而协调相称。有的是十由旬，有的是二十由旬，有的更达百千由旬。池中之水清澈湛净，芬芳四溢，皆具澄净、清冷、甘美、轻软、润泽、安和、除饥渴、长养诸根等八种功德。岸边有无数栴檀香树和吉祥果树，花果持久地散发出芬芳，放射出夺目光芒，修长的枝条和浓密的树叶，交叉延伸，覆盖在池水之上，散发出种种用世间语言难以描摹形容的奇香。这浓郁的妙香随风散布，沿水流淌。

“又复池饰七宝，地布金沙，优钵罗华、钵昙摩华、拘牟头华、芬陀利华[①]，杂色光茂，弥覆水上。若彼众生，过浴此水，欲至足者，欲至膝者，欲至腰腋，欲至颈者；或欲灌身，或欲冷者、温者、急流者、缓流者，其水一一随众生意。开神悦体，净若无形。宝沙映澈，无深不照。微澜徐回，转相灌注，波扬无量微妙音声。或闻佛法僧声、波罗蜜声、止息寂静声、无生无灭声、十力无畏声[②]；或闻无性无作无我声、大慈大悲喜舍声、甘露灌顶受位声[③]。得闻如是种种声已，其心清净，无诸分别，正直平等，成熟善根。随其所闻，与法相应。其愿闻者，辄独闻之；所不欲闻，了无所闻，永不退于阿耨多罗三藐三菩提心。

注释：

①优钵罗华、钵昙摩华、拘牟头华、芬陀利华：各种颜色的莲花。一般分别译为：青色的莲花、红色的莲花、黄色的莲花、白色的莲花。

②十力：指如来十力，只有如来方才具有的十种特殊智力，属于佛“十八不共法”中的十种。又称“十神力”。即指：一、知觉处非处智力，“处”意指道理，善因善果、恶因恶果之理称为“是处”，反之称为“非处”。即如来具有如实了知合理、不合理的一切道理的智力；二、知三世业报智力，即能知一切众生三世因果业报的智力；三、知诸禅解脱三昧智力，即能知各种禅定及

解脱三昧等次第深浅的智力;四、知诸根胜劣智力,即能知众生根性的胜劣与得果大小的智力;五、知种种解智力,即能知一切众生种种知解的智力;六、知种种界智力,即能普知众生种种境界不同的智力;七、知一切至所道智力,即能知一切众生行道因果的智力;八、知天眼无碍智力,即能以天眼见众生生死及善恶业缘而无障碍的智力;九、知宿命无漏智力,即知众生宿命及知无漏涅槃的智力;十、知永断习气智力,知一切烦恼惑业永断不生的智力。无畏:又作"无所畏",即无所怖畏恐惧之意。是指佛、菩萨说法时具有无所怖畏的自信,舒泰安稳。佛、菩萨的无畏有四种,称"四无畏"、"四无所畏"。即:一切智无所畏、一切漏尽无畏、说障道无所畏、说尽苦道无所畏。

③无性无作无我:"无性"之"性"指性体,意指一切诸法都没有实体。"无作"即无为,就是远离一切有为的造作。"无我","我"是自性、主宰的意思,"无我"是指一切诸法皆是因缘和合而生,皆无自性。大慈大悲喜舍:即慈、悲、喜、舍四无量心,又名"四等"、"四梵行",十二门禅中的四禅。(1)慈,与众生同乐之心。(2)悲,拔众生苦之心。(3)喜,见他人的离苦得乐,自心生起欢喜之心。(4)舍,如上三心,舍之而不执着之心,或怨亲平等,不起爱憎之心。甘露灌顶受位:"甘露"原指天人的长生不死药,佛教中比喻不生不灭的大法。"灌顶"参前注,即菩萨于十地中的第九地升入第十法云地时,诸佛以智水灌其顶,以为受法王职的证明。菩萨接受了佛的灌顶传位之法,就叫"灌顶受位"。

译文：

“又用七种宝物来装饰这些水池，用金沙铺地，优钵罗青莲花、钵昙摩红莲花、拘牟头黄莲花、芬陀利白莲花，异彩纷繁，缤纷耀眼，弥漫覆盖在池水之上。倘若极乐世界中的众生，涉水经过或在池水中沐浴，想让此水齐足深，这水就齐足深；想让此水齐膝深，水就齐膝深；想要齐腰深、齐腋深、齐颈深，或者想让水从头上流下，或者想让池水清凉，想让池水温热，想让池水急速流淌，想让池水缓慢流淌，池水都能随其所欲，如其所意。池水还具有令人心神爽朗，增长智力，令身体舒畅安乐的功效，其水清湛净洁得如若无物。池底的黄金宝沙，无论水有多深都能明澈地映照出来。轻波徐缓安和，辗转回护，流波轻漾，发出无量微妙悦耳的声音。似可听闻水中有诵念着佛、法、僧三宝之声，又似可听闻水中有演说诸波罗蜜之声、止观禅定之声、无生无灭之声、十力无畏之声，或者听闻无性无作无我之声、大慈大悲喜舍志声、甘露灌顶受位之声。种种微妙音声，听者无不心中清净无垢，不生贪妄执着分别之心，正直平等，善根由此自然成熟。对于所听闻到的妙法，都能同法相应，即时契会。想听到什么，就自行听到什么；不想听到什么，就什么也听不到，不受丝毫干扰，可谓从心所欲，求无上正等正觉之心，必能永不退转。

“十方世界诸往生者，皆于七宝池莲华中，自然化生，悉受清虚之身，无极之体①。不闻三途恶恼苦难之名，尚无假设②，何况实苦？但有自然快乐之音，是故彼国名为极乐。”

注释：

①清虚之身，无极之体：意即清净无碍的妙身，寿限无极的妙体。“清虚”指非血肉之躯，故清净无碍；“无极”指寿限无极，即所谓无量寿。

②假设：指虚拟假设的概念名相。

译文：

“十方世界的一切往生极乐世界的众生，全都在七宝池的莲花里自然化生，全部得清净无碍的妙身，寿限无极的妙体。从此不再知道三途恶道、烦恼、苦难这些说法，极乐世界中连这些虚拟假设的概念名相都没有，更何况实实在在的痛苦烦恼呢？这世界中有的只是自然快乐的声音，因此这个佛国名叫极乐世界。”

超世希有第十八

本品指出，西方极乐世界依正二报，都远超十方世界之上，稀有难得。当然，除“所处宫殿，衣服饮食，犹如他化自在天王”一段有关依报外，更主要的篇幅是有关正报的内容。特别是对极乐世界所有菩萨的容貌、形相、气质，以譬喻、比较的方法，进行了善巧方便的说明。至于他们的神威功德、阶次品位、神通变化，则更是十方世界一切天人所不能比，其间相差非千百万亿倍所能计量。

彼极乐国，所有众生，容色微妙，超世希有，咸同一类，无差别相。但因顺余方俗[①]，故有天人之名。

注释：

①余方俗：极乐世界之外他方世界的习俗。

译文：

阿弥陀佛极乐世界中的所有众生，容貌色相美妙至极，超越世间常态，稀有难得，形态相貌彼此相如，平等无二。只是为了顺随他方世界的习俗，方才借用天、人之类的名相以作区别。

佛告阿难：“譬如世间贫苦乞人，在帝王边，面貌形状，宁可类乎？帝王若比转轮圣王，则为鄙陋，犹彼乞人，在帝王边也。转轮圣王，威相第一，比之忉利天王，又复丑劣。假令帝释①，比第六天②，虽百千倍，不相类也。第六天王，若比极乐国中，菩萨声闻，光颜容色，虽万亿倍，不相及逮。

注释：

①帝释：即忉利天天主。

②第六天：即他化自在天，为欲界六天中的最上层之天。

译文：

释迦牟尼佛告诉阿难说："比如世间贫苦的乞丐，立于帝王身边，他们的容貌、形相、气质，怎么能同日而语呢？但若用帝王去比转轮圣王，则帝王的容貌、形相、气质自然又比转轮圣王粗鄙丑陋许多，这就如同乞丐与帝王相比一样。转轮圣王具足三十二相，威德、色相堪称第一，但与欲界第二天忉利天王相比，又难免显得丑陋低下。假如再让忉利天王去比欲界第六天他自在天王，则其威德色相纵使提升千百倍，也无法与后者相匹。而第六天王若与极乐世界中的菩萨、声闻相比，其容貌、形相、气质则又差了万亿倍之遥，是比不上的。

"所处宫殿，衣服饮食，犹如他化自在天王。至于威德、阶位、神通变化，一切天人，不可为比，百千万亿，不可计倍。阿难应知，无量寿佛极乐国土，如是功德庄严，不可思议。”

译文：

“这些菩萨、声闻住的宫殿，穿的衣服，吃的食物，都和欲界第六天他自在天王一样，随心所欲，应念现前。但论及他们的神威功德、阶次品位、神通变化，则十方世界一切天人都不能够与之相比，因为其间相差非千百万亿倍所能计量，而是不可计量的倍数。阿难，你应当知道，无量寿佛的极乐世界，具备如上所述的功德庄严，真实不可思议。”

受用具足第十九

本品开头所列“形貌端严，福德无量，智慧明了，神通自在”，皆可视为西方极乐世界诸菩萨众的种种受用，而如此种种殊胜受用，“一切丰足”，无不体现了阿弥陀佛极乐净土依正二报的“超世希有”。但本品更着重于从“福德无量”的角度，从衣食住行等生活状况的侧面，介绍极乐净土中的一切生活日用，都能随其所愿，“应念现前，无不具足”。特别是以饮食为例，说明“受用具足”的殊胜，甚至达到食而无食者，“以意为食”的境界，凸显极乐世界的不可思议功德。

“复次极乐世界，所有众生，或已生，或现生，或当生，皆得如是诸妙色身：形貌端严，福德无量，智慧明了，神通自在。受用种种，一切丰足。宫殿、服饰、香花、幡盖，庄严之具，随意所须，悉皆如念。

译文：

“另外，极乐世界的所有众生，或是已经往生的，或是现在往生的，或是将来应当往生的，都能得到前面所说的妙好色身：形态面貌端正庄严，福德没有限量，智慧明通透彻，神通自在无碍。各种所需器具，全都丰富充足。宫殿、服饰、香花、幡盖以及一切用以庄严佛土的器具，都能随其所念而随即出现，需要无不立时满足。

“若欲食时，七宝钵器①，自然在前；百味饮食，自然盈满。虽有此食，实无食者，但见色闻香，以意为食，色力增长，而无便秽；身心柔软，无所味著。事已化去，时至复现。

注释：

①钵器：佛教僧人饮食所用的餐具，为“比丘六物”之一。“比丘六物”是指为僧尼不可或缺的六种生活用具，并为佛制所允许私蓄。即：僧伽梨（九条乃至二十五条大衣）、郁多罗僧（七条中衣）、安陀会（五条下衣）等一组，以及钵、尼师坛（坐卧之具）、漉水囊（保护水中虫命之具）等六种。若略去后二者，一般称为“三衣一钵”。如果加上裁缝用具类的针、筒，则为八物。最初佛教出家者的特征是以“三衣一钵”为代表，故将“三衣一钵”视为神圣之物。至于六物、八物则是后来所增加的。僧尼生活中一切靠他人布施，主要是为了使出家人的欲望减少至最低限度，因此规定不可携带其他不必要的物品。

译文：

“想吃东西时，七宝合成的餐具自行来到面前；无量种类的美味佳肴，自然在碗中盛满。虽然显现这些食物，但实际并没有真正吃饭的人，只是看看这些食物的色泽、闻闻这些食物的香味，以意念为食，便无不自然饱足，从而达到增长色身的力量而不会产生污秽便溺；食后身心柔软，而又不会使人贪求执着于这些美味的效果。饱足之后，饮食、餐具全都自然消失，想饮食的时候，又立时而现。

“复有众宝妙衣、冠带、璎珞，无量光明，百千妙色，悉皆具足，自然在身。所居舍宅，称其形色。宝网弥覆，悬诸宝铃。奇妙珍异，周遍校饰，光色晃曜，尽极严丽。楼观栏楯，堂宇房阁，广狭方圆，或大或小，或在虚空，或在平地，清净安隐①，微妙快乐。应念现前，无不具足。”

注释：

①安隐：即安稳。

译文：

“又有众宝合成的珍妙衣服、帽子、衣带、璎珞，无不放出无尽无量的光明，显现千百万种的神妙色彩，具足庄严，这种神妙的衣裳服饰，也是随其所欲，无需剪裁，自然显现，穿着于身。极乐世界的一切众生所居住的房舍宅院，不论形状色彩，都协调匹配，称人心愿。宅舍之上，全都为各类珠宝连缀而成的网络所覆盖，其上悬挂无尽无量的珍宝铃铛。到处装饰着各种各样的奇珍异宝，光色交相辉映，晃动变化，明亮显曜，美轮美奂，极尽庄严美丽。楼观栏杆，堂宇房阁，或宽或窄，或方或圆，或大或小，或悬于虚空，或座于平地，无不清净而又安稳，令人无比畅快安乐。所有这些,同样也是随其所欲,立时显现,没有一样不是圆满具足的。”

德风华雨第二十

本品彰显西方极乐世界风、雨的功德，属于对弥陀净土依报庄严的进一步补充。经中介绍，极乐世界，每到正午时分，就会自然吹起除垢兴善、具足众德的清风。风吹声起，又能发出演说苦、空、无常、无我等等各种觉悟成佛大法的音声，流溢散布种种温和雅正的妙香，德风触体，使人自然安乐和谐，调心适意。极乐世界又有漫天花雨，同样具足不可思议的种种功德。

“其佛国土，每于食时[①]，自然德风徐起[②]。吹诸罗网，及众宝树，出微妙音，演说苦、空、无常、无我诸波罗蜜，流布万种温雅德香。其有闻者，尘劳垢习，自然不起。风触其身，安和调适，犹如比丘得灭尽定[③]。

注释：

①食时：是为戒律所规定的进食时间，即早晨到正午之间为食时。以日中之时斋食，故称“食时”；过午而食，则成“非时食”，违反了九十单堕的非时食戒。

②德风：风有除垢灭惑之德，故称之为“德风”。

③灭尽定：又名“灭受想定”，或“灭定”，是心与心所皆灭尽之定，从而见思烦恼无不断尽，为“九次第定”中的最后一定，也是阿罗汉方能证得的定功。

译文：

“阿弥陀佛的极乐世界，每到正午时分，就会自然徐徐吹拂除垢兴善的德风。风吹拂在那由众多宝物联缀合成的罗网以及宝树之上，便发出清净微妙的音声，演说苦、空、无常、无我等等各种觉悟成佛的大法，流溢散布着种种温和雅正而具足众德的妙香。闻到了这种种妙香的人，都能满心清净，烦恼、习气不得而生。风接触到人的身体，便会如同比丘证得灭尽定一般，安乐和畅，调心适意。

“复吹七宝林树，飘华成聚。种种色光，遍满佛土。随色次第，而不杂乱。柔软光洁，如兜罗绵①，足履其上，没深四指，随足举已，还复如初。过食时后，其华自没，大地清净，更雨新华。随其时节②，还复周遍。与前无异，如是六反。”

注释：

①兜罗绵：意译即“草木花絮”，这里是形容七宝树林飘花的纤细柔软。

②时节：古印度一昼夜分为六个时辰，即晨朝、日中、日没、初夜、中夜与后夜。因此，本段经文最后说“如是六反”，即花雨旋降旋停，一个昼夜要随时节变更而反复六次。

译文：

“风吹动七宝树林，漫天妙花，纷扬飘落，积聚成堆。缤纷夺目，遍满极乐佛土。各种色彩的花根据颜色的不同自然聚落，如锦如绘，色彩缤纷而不显丝毫凌乱。而且柔软光洁，如同细软花絮，脚踏其上，没脚深达四指，脚一抬起，又恢复原状，不留丝毫痕迹。过了正午，这些奇香妙花自然消失，大地上清净如初，新花又由天如雨而降。随着时辰的变更，循环往复地在整个极乐净土飘落、隐灭。像这样的情形，一个昼夜要反复六次。”

宝莲佛光第二十一

佛教以莲花为圣物，佛教净土宗更以莲宗为别名，阿弥陀佛极乐世界又称“莲刹”、“莲邦”，而念佛往生弥陀净土的人，都在莲花之中化生，因此莲花好像母胎，所以叫“莲胎”。凡此种种，皆显示了莲花与佛教特别是净土宗的特殊渊源。本品介绍西方极乐世界中莲花的殊胜功德。在弥陀佛国之中，宝莲遍满，皆具微妙色光，一一光中又化现无量诸佛，一一诸佛，演说佛法，安立无量众生，如此重重无尽，具有不可思议的无量功德，由此极显极乐世界具有华藏世界十玄妙门中的重重无尽玄门。

“又众宝莲华周满世界，一一宝华百千亿叶，其华光明，无量种色。青色青光，白色白光，玄黄朱紫，光色亦然。复有无量妙宝百千摩尼，映饰珍奇，明曜日月。彼莲华量，或半由旬，或一二三四，乃至百千由旬。一一华中，出三十六百千亿光；一一光中，出三十六百千亿佛。身色紫金，相好殊特。一一诸佛，又放百千光明，普为十方说微妙法。如是诸佛，各各安立无量众生于佛正道。”

译文：

“还有，在那极乐世界之中，遍布着各种由众宝所成的莲花，每一莲花，皆具百千亿叶，花体的光明，具有无数种颜色。青色的花放出青光，白色的花放出白光，玄、黄、朱、紫色的花，也都根据自身颜色放出相应的光。又有无量数的奇珍异宝、百千种摩尼珠，与这些宝莲相互辉映，彼此装饰，斑斓夺目，胜过日月。这些宝莲的大小，或是半由旬，或是一、二、三、四由旬，乃至百千由旬。每一朵花中，放出三十六百千亿种光；每一种光中，又示现出三十六百千亿尊佛。佛身都是紫磨真金色，相好无比，殊胜庄严。每一尊佛，又放出百千种光明，广为十方世界众生宣说微妙佛法。这些光中所示现的众佛，皆具无边真实妙用，各各安立众生于佛教的正道之上。”

决证极果第二十二

“决证极果”之“决”是决定，“证”即证得，“极果”是圆满佛果、无上正等正觉。本品主题即是往生极乐世界者，决定证得无上正等正觉。本品对于极乐世界具有总结性质，篇幅不长，但含义深远。极乐世界清净庄严，其根本境界，则在于“般若智慧”。弥陀净土可谓境智冥合，因果如如。往生西方极乐世界者，内无取舍分别，所以外感亦能远离分别之境。如此，则智、境无不清净平等。所以极乐净土没有日月、星辰、昼夜、晦明等现象，也没有岁月、劫数等说法，同样还没有对家室的执着与留恋。唯一享有的是由清净之心所生发出的无上快乐，全都安住于正定之聚，注定要证得无上正等正觉。本品为“四十八本愿”中第二十九“住正定聚愿”、第十二“定成正觉愿”的成就。

“复次阿难：彼佛国土，无有昏暗、火光、日月、星曜、昼夜之象，亦无岁月、劫数之名，复无住著家室[①]。于一切处，既无标示名号[②]，亦无取舍分别，唯受清净最上快乐。若有善男子、善女人[③]，若已生，若当生，皆悉住于正定之聚，决定证于阿耨多罗三藐三菩提。何以故？若邪定聚，及不定聚[④]，不能了知建立彼因故[⑤]。”

注释：

①住著家室：即执着与留恋于自己的家亲眷属。“住著”即执着、留恋。

②标示：即标志。

③善男子、善女人：原指佛教的“四众”弟子，即出家男女二众和在家男女二众，佛典中多指在家信佛男女，也可泛指一切信佛之人。净土宗更强调指听闻佛名生起信心，并持名念佛之男子、女人。

④正定之聚、邪定聚、不定聚：参前第六品“定聚”注释。

⑤彼因：即成立本品标题“决证极果”的原因，“决证”即决定证得，“极果”即圆满佛果、究竟成佛之果。

译文：

“阿难，接下来继续听我演说：在那阿弥陀佛的极乐净土，没有昏暗、火光、日月、星辰以及昼夜等现象，也没有岁月、劫数等说法，同样还没有对家亲眷属的执着与留恋。在所有的地方，既没有标志、名称，也没有取舍分别的行为，唯一享有的是由清净之心所生发出的最无上的快乐。十方世界之中具足信愿行的善男信女，或是过去往生极乐净土的，或是在将来应当往生极乐净土的，全都安住于正定之聚，注定要证得无上正等正觉。为什么这样说呢？因为若是住于邪定聚或者不定聚，就都不能彻底了知建立决定成佛的妙因所在。”

十方佛赞第二十三

本品首先叙述了十方无量世界的一切诸佛，对于阿弥陀佛不可思议的无量功德的交口称颂，这个是阿弥陀佛“四十八大愿”中第十七“诸佛称叹愿”的成就。接着，又对“诸佛称叹”的原因进行了说明，即他们一心要使十方世界的一切众生，都能听闻阿弥陀佛的名号，生发清净无垢的信心，信受乐持阿弥陀佛名号，皈依供养阿弥陀佛，乃至能发坚定不二的清净信心，将所积所累的所有功德善根，以至诚之心回向发愿，往生阿弥陀佛极乐净土。

“复次阿难：东方恒河沙数世界，一一界中如恒沙佛，各出广长舌相①，放无量光，说诚实言，称赞无量寿佛不可思议功德。南西北方，恒沙世界，诸佛称赞，亦复如是。四维上下，恒沙世界，诸佛称赞，亦复如是。

注释：

①广长舌相：略名“广长舌”。佛的“三十二相”之一，舌广而长，柔软红薄，出口能盖覆面部到发际。又《观佛三昧海经》卷一称：“如来广长舌相，莲华叶形，上色五画，五彩分明，舌下十脉，众光流出，舌相广长，遍覆其面。”广长舌相象征佛辩才无碍，所言决定真实，这是无量劫以来，没有妄语、绮语、两舌、恶

口等过失，口业清净而感得的果报。

译文：

“阿难，接下来继续听我演说：在东方如恒河沙数那么多的世界，每一个世界又有如恒河沙数一样多的佛，每尊佛都示现象征其言说真实可信的广长舌相，放出无量光明，说出真实不虚的言语，无不称颂无量寿佛不可思议的无量功德。在南方、西方、北方如恒河沙数一样多的世界里的一切佛，也毫无二致地交口称颂阿弥陀佛不可思议的无量功德。东南、西北、东北、西南、上方、下方等各个方向，也有如恒河沙数那么多的十方世界，其一切众佛，对于阿弥陀佛不可思议的无量功德的称颂，也同样别无二致。

“何以故？欲令他方所有众生，闻彼佛名，发清净心，忆念受持①，归依供养②，乃至能发一念净信，所有善根，至心回向，愿生彼国。随愿皆生，得不退转，乃至无上正等菩提。”

注释：

①忆念受持：“忆”是忆佛之功德，“念”是念佛之名号，“受持”是信受佛法、坚持念佛修持永不间断。

②归依：又作“皈依”。指归敬依靠佛、法、僧三宝。归依的梵语含有“救济”、“救护”之义，即依佛、法、僧三宝的功德威力，能加持、摄导归依之人，使其出离三途六道无边苦海而得最终

解脱。

译文：

“为什么会是这样的呢？因为他们一心要使十方世界的一切众生，都能听闻阿弥陀佛的名号，生发清净无垢的信心，对阿弥陀佛专一心志，忆佛念佛，信受乐持阿弥陀佛名号，皈依供养阿弥陀佛，乃至能发坚定不二的清净信心，将所积所累的所有功德善根，以至诚之心回向发愿，往生阿弥陀佛极乐净土。如其所愿坚定修行，便决定能够随其行愿而往生，并成就永不退转的阿惟越致果位，直至最终证得究竟圆满、无上正等正觉的佛的智慧。”

三辈往生第二十四

这一品主要是讲往生极乐世界的众生,根据其信愿的深浅、发心的大小、持诵的多寡以及修习的勤惰等等分殊,分为各种不同的品类,本经将此品类归纳为三大类,就是上辈往生者、中辈往生者和下辈往生者。《观无量寿经》说得比较详细,分为九品,佛教有“三辈九品”之说,就是把《无量寿经》和《观无量寿经》中有关往生极乐净土者的品类合起来讲的缘故。值得注意的是,本品尽管将往生弥陀净土者分为三类,但有一个基本原则是唯一不变的,即若论其所以能够往生的关键原因,则莫不在于能“发菩提心,一向专念阿弥陀佛”,而这也正是本经的纲领主旨所在。也就是说,如若往生,则信、愿、持名这三个条件,缺一不可。“三辈往生”,为阿弥陀佛“四十八大誓愿”中第十八“十念必生愿”的成就,亦是所有誓愿中的核心及其最终落实。

佛告阿难:“十方世界诸天人民,其有至心愿生彼国。凡有三辈[①]:其上辈者,舍家弃欲而作沙门,发菩提心,一向专念阿弥陀佛[②],修诸功德,愿生彼国。此等众生,临寿终时,阿弥陀佛,与诸圣众,现在其前,经须臾间,即随彼佛往生其国,便于七宝华中自然化生。智慧勇猛,神通自在。是故阿难,其有众生欲于今世见阿弥陀佛者,应发无上菩提之心,复当专念极乐国土,积集善根，应持回向。由此见佛，生彼国中，得不退转，乃至无上菩提。

注释：

①辈：辈分、等级、类别。这里主要是指类别。

②一向：佛教习语。指专向于一处，无杂念，无散乱之心，也即一心、专心。也可指全然、彻底。这里主要是第一层意思。专念：即专心忆念或专心称念。关于念佛法门，净土宗内部有不同解说，一般认为念佛即称念阿弥陀佛名号，也有认为念佛是忆念佛及佛土的功德或形象，也有认为两者兼综。

译文：

释迦牟尼佛告诉阿难说："十方世界的一切众生，其有至诚信心追求往生西方极乐世界的，可分为三等人：上等的往生者，要舍弃家庭，捐弃情欲，出家为僧，发菩提心，一心一意，专念阿弥陀佛名号，至死不渝，修行六度波罗蜜等各种功德，发愿往生西方极乐世界。这些众生，临到寿终之时，阿弥陀佛与极乐世界的菩萨圣众，便会出现在他的面前，转瞬之间，便能随阿弥陀佛往生西方极乐净土，在七宝池的莲花中自然化生。一化生便得到智慧勇猛、神通自在的果报。所以，阿难，如果有众生想在今生今世就能见到阿弥陀佛，就应该生发无上菩提之心，同时应当专心持念西方极乐世界，积累种种功德善根，并把所修功德回向往生西方极乐净土之愿。由此便可以在现世得见阿弥陀佛，往生于极乐世界，成就永不退转的阿惟越致果位，乃至证

得无上正等正觉。

“其中辈者，虽不能行作沙门，大修功德，当发无上菩提之心，一向专念阿弥陀佛。随己修行，诸善功德，奉持斋戒，起立塔像[①]，饭食沙门，悬缯然灯[②]，散华烧香，以此回向，愿生彼国。其人临终，阿弥陀佛化现其身，光明相好，具如真佛。与诸大众，前后围绕，现其人前，摄受导引，即随化佛往生其国，住不退转，无上菩提。功德智慧，次如上辈者也。

注释：

①塔像：“塔”指佛塔，“像”即佛像。“塔”是佛教的一种重要建筑类型，音译作“窣睹婆”、“窣堵婆”等，略译作“塔婆”、“佛图”、“浮图”、“浮屠”、“佛塔”等，意译为“高显处”、“功德聚”、“方坟”、“圆冢”、“大冢”、“塔庙”、“归宗”、“灵庙”等。原指为安置佛陀舍利等物，而以砖等构造而成的建筑物，后来又与不埋佛舍利的佛教建筑“支提”混同为一，泛指一切安置佛舍利、遗物以及诸佛菩萨像、佛陀足迹、祖师高僧遗骨、经文和各种法物等，而以堆土、石、砖、木等筑成，作为供养、礼拜、纪念的多层建筑物。佛塔的一般形制由台基、覆钵、平头、竿、伞五部分组成。早期的佛塔是一个半圆形的大土冢，如现存比较完整的印度桑奇大塔，中央是覆钵形塔体，塔顶上的方形平台和三层伞盖，塔的底部有基台和围栏，前面有阶梯上下。最外层还有绕塔围栏，供信徒环绕以作巡礼，围栏的四面各有一个牌坊状塔门。

汉传佛教的最具代表性的佛塔则主要是在覆钵式佛塔的基础上,与中国传统的楼阁式建筑结合而形成的楼阁式佛塔。楼阁式佛塔的特征是:每层之间的距离较大,塔的一层相当于楼阁的一层,各层面大小与高度,自下而上逐层缩小,整体轮廓为锥形。楼阁式塔的平面,唐代为方形,宋、辽、金时代为八角形,宋代还出现过六角形。明、清时代仍采用八角形和六角形。塔的位置最初在中国寺院中是处于中心地位的,唐代开始逐步发展为以佛殿为中心,塔被建于寺旁或寺后,还有的更另建塔院。

②悬缯(zēng)然灯:悬挂彩幡,点燃灯烛。缯,原意为绢帛类织物,这里指佛教礼佛的幡幢。然,同"燃",即点燃。

译文:

"中等的往生者,虽然不能出家为沙门,大修功德,但也应当发无上菩提之心,一心一意,专念阿弥陀佛名号,至死不渝。随自己的所能勉力修行,积功累德,如奉斋持戒,建佛塔、造佛像,以饭食供养出家僧众,在佛殿悬挂彩幡,点燃灯烛,献花焚香,等等,并用以上功德回向,发愿往生西方极乐世界。这些众生,在其寿命终了之时,阿弥陀佛会向他示现其化身,化身的光明相好与佛真身没有区别。又有极乐世界的菩萨圣众前后围绕在这化身佛旁,出现在这人面前,接纳导引,立刻便随阿弥陀佛的化身往生西方极乐世界,也可以得到阿惟越致不退转菩萨果位和正等正觉。但是这人的功德和智慧,则要略比上等的往生者略逊一等。

“其下辈者，假使不能作诸功德，当发无上菩提之心，一向专念阿弥陀佛。欢喜信乐，不生疑惑，以至诚心，愿生其国。此人临终，梦见彼佛，亦得往生。功德智慧次如中辈者也。

译文：

“下等的往生者，假使不能如上、中等的往生者一样行诸功德，也应当发无上菩提之心，一心一意，专念阿弥陀佛名号。能欢喜、信仰、爱好、修行这一法门，没有丝毫疑惑和动摇并以至诚之心，发愿求生西方极乐净土。这些众生，在其临终之时，便可梦见阿弥陀佛，也能够得以往生西方极乐净土。但其所成就的功德智慧，又要比中等的往生者差了一截。

“若有众生住大乘者，以清净心，向无量寿，乃至十念，愿生其国。闻甚深法，即生信解，乃至获得一念净心。发一念心念于彼佛，此人临命终时，如在梦中，见阿弥陀佛，定生彼国，得不退转无上菩提。”

译文：

“如果还有专一修习大乘菩萨道其他法门的众生，虽没有专门修习阿弥陀佛净土法门，但能以无垢清净之心，向慕无量寿佛，然后持名念佛，甚至只需十念，发愿往生极乐世界。这些众生，听到渊深的佛法教理，也能立即生发信仰和理解之心，以至于获得一心专念阿弥陀佛的净心。如果他用这一心专念的净心，诵念阿弥陀佛的名号，则在其命终之时，如同在梦中一样，得以见到阿弥陀佛，这也一定能够往生极乐世界，得永不退转的阿惟越致果位，证得无上正等正觉。”

往生正因第二十五

本品为上一品“三辈往生”的进一步补充。“三辈往生”品更注重往生之后的位次,而本品则着重说明往生的因行。此两品互作经纬,彼此涵摄,上品三辈往生者之所行,其实就是往生正因;而本品中所揭示的往生正因,其结果就是上品中的往生三辈。具体而言,上辈往生者的正因在于:(一)受持本经,(二)求生净土,(三)发菩提心,(四)严守经戒,(五)饶益有情,(六)忆佛念佛。中辈往生者的正因在于:(一)修行十善,(二)昼夜念佛,(三)志心归依,(四)顶礼供养。下辈往生者的正因在于:(一)修行世俗善业,(二)忙里偷闲,一心清净,念佛往生。最后,本品还指出,往生极乐世界之人,尽管其因行有如上种种差异,但往生之后皆属大乘,皆能证得阿惟越致不退转果位,都具有三十二种大人相的黄金色身,都必将成佛。

“复次阿难:若有善男子,善女人,闻此经典,受持读诵,书写供养,昼夜相续,求生彼刹,发菩提心,持诸禁戒,坚守不犯。饶益有情,所作善根,悉施与之,令得安乐。忆念西方阿弥陀佛,及彼国土。是人命终,如佛色相种种庄严,生宝刹中,速得闻法,永不退转。

译文：

“阿难，接下来继续听我说法：如果有善男信女，听说到这部《无量寿经》，能够信受、读诵、抄写、供养，无论白天黑夜，一刻不休地发愿往生西方极乐世界，发大菩提道心，奉持种种戒律，坚定恪守而无丝毫违犯。广做善事以利益众生，并将行善所积的一切功德善根，全无保留地奉献布施给一切众生，使他们离诸苦海而得安乐。同时又能发心忆念西方阿弥陀佛，追求往生极乐净土。则在其命终之时，便会有像佛一样庄严色相，往生于西方极乐净土，并立即能够听闻佛法，证得阿惟越致不退转菩萨果位。

“复次阿难：若有众生，欲生彼国，虽不能大精进禅定，尽持经戒，要当作善。所谓：一不杀生，二不偷盗，三不淫欲，四不妄言，五不绮语，六不恶口，七不两舌，八不贪，九不瞋，十不痴①。如是昼夜思惟，极乐世界阿弥陀佛，种种功德，种种庄严，志心归依，顶礼供养。是人临终，不惊不怖，心不颠倒，即得往生彼佛国土。

注释：

①“一不杀生”几句：为佛教所谓“十善”。“十善”以三种身业（不杀生、不偷盗、不淫欲）、四种语业（不妄语、不绮语、不恶口、不两舌）及三种意业（不贪欲、不嗔恚、不邪见）所组成的，又称“十善道”、“十善业道”、“十善根本业道”或“十白业道”。大乘佛教认为，“十善”是世间善行的总称，也是一切出世间善行

的基础。“不淫欲”又称“不邪淫”，指不与配偶之外的人行淫。“不妄言”指不说假话诓骗他人。“不绮语”指不说淫邪不正诱人为恶之语。“不恶口”即不恶语伤人。“不两舌”指不搬弄是非、离间他人。“不贪”即“不贪欲”，指对外物不起贪心。“不瞋”即“不嗔恚”，指对他人不生嗔怒恨恼之心。“不痴”即“不邪见”，指对事对理没有偏邪异见，不混淆是非，而能明白了解事理因果的真相。

译文：

“阿难，接下来继续听我说法：如果有众生想往生西方极乐世界，虽然不能在禅定等修习上勇猛精进，又不能完全奉行持守经教戒律，但务必要尽其所能断除恶业，修十善业。即所谓：一不杀生，二不偷盗，三不放纵淫欲，四不说假话，五不说奉承话，六不恶语伤人，七不搬弄是非，八不贪得无厌，九不憎忿怒恼，十不痴心妄想。依此十种善业为基础，集中精力，夜以继日地专心忆念阿弥陀佛的种种功德及其极乐净土的种种庄严，坚决信念，发心皈依，向佛虔心礼敬，悉心供养。在其临终之时，便不会惊慌恐怖，心神安定平和而不颠倒迷乱，立时往生西方极乐净土。

“若多事物[①]，不能离家，不暇大修斋戒[②]，一心清净，有空闲时，端正身心，绝欲去忧，慈心精进。不当瞋怒、嫉妒，不得贪餮悭惜[③]，不得中悔[④]，不得狐疑。要当孝顺，至诚忠信。当信佛经语深，当信作善得福。奉持如是等法，不得亏失。思惟熟计，欲得度脱，昼夜常念，愿欲往生阿弥陀佛清净佛国。十日十夜，乃至一日一夜，不断绝者，寿终皆得往生其国，行菩萨道。

注释：

①多事物：即俗间事务繁忙。

②不暇：没有空闲的时间。

③贪餮（tiè）：“贪”即贪婪。“餮”即饕餮，为传说中的一种凶恶贪食的野兽，多用于比喻凶恶贪婪或贪吃不厌的人。这里可解释为贪得无厌。

④中悔：即中途后悔，佛教代指先信后疑，信仰不坚固。

译文：

“如果有的众生因有诸多俗事缠身，不能够出家修行，又没有时间来大修斋戒而难得一心清净，那他应当一有空闲，便端身正意，断绝物欲诱惑，舍弃得失忧患，待人以慈悲之心，律己以精进修持。不憎怒忿恨，不生嫉妒之心，不贪得无厌、悭惜吝啬，不出尔反尔、中途反悔，不满腹狐疑、四下猜忌。要孝顺父母，诚心待人，恪尽职守，言出必果。要深信佛之经教义理深广，要深信行善得福的因果报应之理。至心奉持上面所说的诸条原则，不得有所亏失折扣。为了脱离生死苦海而深思熟虑，无论白天黑夜，时时忆念阿弥陀佛，发愿往生阿弥陀佛极乐净土。如此不停歇执持忆念十天十夜，甚至只要一天一夜，命终之后也一定可以往生西方极乐世界，修行菩萨道。

“诸往生者，皆得阿惟越致，皆具金色三十二相，皆当作佛。欲于何方佛国作佛，从心所愿。随其精进早晚，求道不休，会当得之，不失其所愿也。

译文：

“修行菩萨道往生西方极乐世界的人，都可证得阿惟越致不退转果位，都具有三十二种大人相的黄金色身，都必将成佛。想到哪一方佛国净土作佛，都可从心所愿。至于成佛之期，便要随其人精进努力的程度而有早晚之分，但只要求道不息，就决不会违失其成佛之本愿，一定能够成佛。

“阿难，以此义利故，无量无数不可思议无有等等、无边世界①，诸佛如来，皆共称赞无量寿佛所有功德。”

注释：

①无有等等：即没有差别等级。

译文：

“阿难，由于这个往生法门能将如此众多真实究竟的利益普施众生，所以无量无数、不可思议、没有等差、无边世界里的诸佛如来，都共同称颂无量寿佛所具有的功德。”

礼供听法第二十六

上两品主要讲极乐世界的菩萨，本品则是讲他方世界诸菩萨众，都来到极乐世界，礼拜供养阿弥陀佛。阿弥陀佛悯念来者，于是为他们宣演妙法，十方世界诸大菩萨无不欢喜听受，交口盛赞弥陀净土功德庄严。本品的主体是释迦牟尼佛以偈颂的形式展开，首先是诸大菩萨对于阿弥陀佛及其佛国净土的赞叹，并由此发往生之愿；其次是阿弥陀佛对众菩萨演说净土法门，要他们通达一切法的真如实相，了知一切法皆是空、无我，然后立大誓愿，专求净土，方能获得决定成佛不退转的授记。

“复次阿难！十方世界诸菩萨众，为欲瞻礼极乐世界无量寿佛，各以香华幢幡宝盖，往诣佛所，恭敬供养，听受经法，宣布道化[①]，称赞佛土功德庄严。”

尔时世尊即说颂曰：

东方诸佛刹，数如恒河沙。
恒沙菩萨众，往礼无量寿。
南西北四维，上下亦复然。
咸以尊重心，奉诸珍妙供。
畅发和雅音，歌叹最胜尊[②]。
究达神通慧，游入深法门。

闻佛圣德名[3]，安隐得大利。
种种供养中，勤修无懈倦。
观彼殊胜刹，微妙难思议。
功德普庄严，诸佛国难比。
因发无上心，愿速成菩提。
应时无量尊，微笑现金容。
光明从口出，遍照十方国。
回光还绕佛，三匝从顶入。
菩萨见此光，即证不退位。
时会一切众，互庆生欢喜。
佛语梵雷震，八音畅妙声[4]。
十方来正士，吾悉知彼愿。
志求严净土，受记当作佛。
觉了一切法，犹如梦幻响。
满足诸妙愿，必成如是刹。
知土如影像，恒发弘誓心。
究竟菩萨道，具诸功德本。
修胜菩提行，受记当作佛。
通达诸法性，一切空无我。
专求净佛土，必成如是刹。
闻法乐受行，得至清净处。
必于无量尊，受记成等觉。
无边殊胜刹[5]，其佛本愿力。

闻名欲往生，自致不退转。
菩萨兴至愿，愿己国无异。
普念度一切，各发菩提心。
舍彼轮回身，俱令登彼岸。
奉事万亿佛，飞化遍诸刹⑥。
恭敬欢喜去，还到安养国⑦。

注释：

①宣布道化："宣布"即宣扬传布，"道化"指以佛道来化导。

②最胜尊：即阿弥陀佛。

③圣德名：即阿弥陀佛的名号。

④八音：又作"八种清净音"、"八种梵音声"、"八梵"。谓如来所发音声，具有八种殊胜功德，能使众生闻即解悟。具体包括：(一)极好音，又作"最好声"、"悦耳声"。指一切诸天、二乘、菩萨，所发音声虽各有动听之处，但却未达最高境界，只有如来所发音声能使听闻者永无厌倦，甚至能由此契入佛道，为好中之最。(二)柔软音，又作"濡软声"、"发喜声"。指佛以慈善为心，所出音声巧顺物情，能使听者喜悦欢愉，皆舍刚强倔犟之心。(三)和适音，又作"和调声"、"和雅声"。指佛所发出的音声和雅协调，能使听者内心融和妥适，因声会理。(四)尊慧音，又作"入心声"。指如来所发出的音声能使听者心生尊重敬仰，同时还能慧悟佛理。(五)不女音，又作"无厌声"。指佛有大雄之德，所发出的音声具足四无畏，能使一切听者心生敬畏，天魔外道，无不归伏，决不会像女子的娇声。(六)不误音，又作分明

声。指佛智圆明，照了无碍，所发出的音声真实无谬，并使听者各获正见。（七）深远音，又作“深妙音”。指佛智幽深，行位高极，所发出的音声自近而远，彻至十方，远近皆宜，无不开悟深远佛理。（八）不竭音，又作“易了声”。指如来愿行无尽，妙义高远，所发出的音声使听者反复寻绎，回味无穷。

⑤殊胜刹：指极乐世界。

⑥飞化：即飞行游化。

⑦安养国：极乐世界的别名。

译文：

“阿难，接下来继续听我说法。十方世界的诸多菩萨大众，为了想瞻仰礼拜极乐世界的无量寿佛，都带着香花、幢幡、宝盖，来到极乐世界阿弥陀佛的住所，以无比恭敬之心供养阿弥陀佛，聆听接受阿弥陀佛讲授的经法，然后在十方世界宣传散布所闻经教，并以之化导众生，称颂极乐世界的功德庄严。”

释迦牟尼佛又随即口说一颂，以此偈颂称赞阿弥陀佛道：

东方诸佛刹，数如恒河沙。
恒沙菩萨众，往礼无量寿。
南西北四维，上下亦复然。
咸以尊重心，奉诸珍妙供。
畅发和雅音，歌叹最胜尊。
究达神通慧，游入深法门。
闻佛圣德名，安隐得大利。

种种供养中，勤修无懈倦。
观彼殊胜刹，微妙难思议。
功德普庄严，诸佛国难比。
因发无上心，愿速成菩提。
应时无量尊，微笑现金容。
光明从口出，遍照十方国。
回光还绕佛，三匝从顶入。
菩萨见此光，即证不退位。
时会一切众，互庆生欢喜。
佛语梵雷震，八音畅妙声。
十方来正士，吾悉知彼愿。
志求严净土，受记当作佛。
觉了一切法，犹如梦幻响。
满足诸妙愿，必成如是刹。
知土如影像，恒发弘誓心。
究竟菩萨道，具诸功德本。
修胜菩提行，受记当作佛。
通达诸法性，一切空无我。
专求净佛土，必成如是刹。
闻法乐受行，得至清净处。
必于无量尊，受记成等觉。
无边殊胜刹，其佛本愿力。
闻名欲往生，自致不退转。
菩萨兴至愿，愿己国无异。

普念度一切，各发菩提心。
舍彼轮回身，俱令登彼岸。
奉事万亿佛，飞化遍诸刹。
恭敬欢喜去，还到安养国。

歌叹佛德第二十七

上一品是讲十方世界诸菩萨众来到西方极乐世界礼佛、听法,本品则谈到极乐世界的菩萨众遍至十方,礼供诸佛,随即还归本土听闻妙法。西方极乐世界的菩萨,仰承阿弥陀佛神威之力的加持,能够用一顿饭的工夫,往复于十方无边无量的佛国净土,供养诸佛。供佛所需的花、香、幢、幡等供养之具,随其心意,立时而至。品末还介绍了诸天圣众供奉阿弥陀佛及其净土菩萨的胜因,即都是由于无量寿佛本愿功德加持以及他们在过去世中曾经供养无量诸佛如来,所积累的善根延续下来而无丝毫缺失减损的缘故,同时也是他们善于修习、摄取、成就佛法的缘故。

佛语阿难:"彼国菩萨,承佛威神,于一食顷,复往十方无边净刹,供养诸佛。华香幢幡,供养之具,应念即至,皆现手中。珍妙殊特,非世所有,以奉诸佛及菩萨众。

译文:

释迦牟尼佛对阿难说:"西方极乐世界的菩萨,仰承阿弥陀佛神威之力的加持,能够用一顿饭的工夫,往复于十方无边无量的佛国净土,供养诸佛。供佛所需的花、香、幢、幡等供养之具，随其心意，立时而至，出现于手中。这些供品珍贵、美妙，奇特超凡，绝非俗世所有，都被奉献给十方世界的一切诸佛及菩萨大众。

"其所散华，即于空中，合为一华，华皆向下。端圆周匝，化成华盖，百千光色，色色异香，香气普薰。盖之小者，满十由旬，如是转倍①，乃至遍覆三千大千世界。随其前后，以次化没。若不更以新华重散，前所散华终不复落。于虚空中共奏天乐，以微妙音歌叹佛德。

注释：

①转倍：不断倍增扩大。

译文：

"所有散下的香花，能立时在空中合成一花，所有花心全部向下，花边端正浑圆，完满周遍，化成一个硕大的华盖，华盖放射百千种缤纷斑斓的光色，每一种光色都放出不同的异香，香气遍熏十方世界。华盖中最小的也足有十由旬大，然后不断地自然倍增，直至能遍满覆盖三千大千世界。所有妙花都缓缓飘落，随着落下的先后顺序，渐次隐没。如果不再次在空中撒下新花，则前面所撒下的花就不会落下。在虚空之中，还有美妙天乐的合奏，并用极尽微妙的音声，歌颂着佛的殊胜功德。

"经须臾间，还其本国，都悉集会七宝讲堂。无量寿佛，则为广宣大教，演畅妙法。莫不欢喜，心解得道。即时香风吹七宝树，出五音声。无量妙华，随风四散，自然供养，如是不绝。一切诸天，皆赍百千华香①，万种伎乐②，供养彼佛，及诸菩萨声闻之众。前后往来，熙怡快乐③。此皆无量寿佛本愿加威，及曾供养如来，善根相续，无缺减故，善修习故，善摄取故，善成就故。”

注释：

①赍（jī）：携带，资助。这里指携带。

②伎（jì）乐：由乐人演奏、表演的音乐、舞剧等。伎，多指女性歌舞艺人，或泛指一切歌舞表演。

③熙怡：喜悦愉快。

译文：

“极乐世界的菩萨圣众在同时供养十方世界诸佛之后，转瞬之间，便又全都回到极乐世界，全部聚集于七宝所成的讲堂。无量寿佛在此为他们宣说大教，畅演妙法。菩萨们听闻阿弥陀佛的宣教之后莫不欢欣鼓舞，心开意解，悟入圣道。这时，便立时有香风吹拂七宝所成圣树，发出微妙和美的交响乐声。无数神奇美妙香花，一时随风四下散布，自然供养于佛。这样的神妙情景，相续不绝。一切诸天圣众，全都手捧百千种散发妙香的鲜花，演奏出万种器乐，来供养阿弥陀佛以及法会上的诸大菩萨和声闻大众。大众前后往来，熙熙攘攘，满心喜悦、欢欣。这都是由于无量寿佛本愿功德加持以及他们在过去世中曾经供养无量诸佛如来，所积累的善根延续下来而无丝毫缺失减损的缘故，同时也是他们善于修习佛法、善于摄取佛法、善于成就佛法的缘故。”

大士神光第二十八

本品开始介绍极乐世界大菩萨众的神通光明，其神通可以做到“洞视、彻听八方、上下、去来、现在之事”，其光明或至一寻、或达百由旬。而在诸圣众之中，特别提到了观世音菩萨和大势至菩萨，认为他们在极乐世界诸菩萨众中，最尊第一。他们的威神光明，普照三千大千世界；他们利乐众生的功德，亦远在其他菩萨之上。品末还特别介绍，世间的善男信女，如果有紧急危难恐怖之事，只要一心皈依、称念观世音菩萨，就无不能够得到迅速解脱。

佛告阿难：“彼佛国中诸菩萨众，悉皆洞视，彻听八方、上下、去来、现在之事。诸天人民，以及蜎飞蠕动之类，心意善恶，口所欲言，何时度脱，得道往生，皆豫知之①。又彼佛刹诸声闻众，身光一寻②，菩萨光明，照百由旬。有二菩萨，最尊第一，威神光明，普照三千大千世界。”

注释：

①豫知：预先知道。

②寻：中国古代的一种长度单位，相当于两臂伸开的长度。多以八尺为一寻，也有以七尺为一寻。

译文：

释迦牟尼佛对阿难说："西方极乐世界中的一切菩萨大众，都能够透彻明晰地照察、倾听到八方上下、过去未来现在的一切事情。对十方世界的诸天人民乃至于飞蝇爬虫之类一切有情众生心意的善与恶、想要说出的话以及何时能够度脱苦海、何时能够得道往生极乐世界等等问题，他们都能预先知晓。另外，西方极乐世界的诸声闻众，身上发出的光明可以照亮一旬之地；而菩萨的光明，则可照亮方圆百由旬之地。其中有两尊菩萨，最为尊贵，堪称第一，他们的威神光明普照三千大千世界。"

阿难白佛："彼二菩萨，其号云何？"佛言："一名观世音①，一名大势至②。此二菩萨，于娑婆界③，修菩萨行，往生彼国，常在阿弥陀佛左右。欲至十方无量佛所，随心则到。现居此界，作大利乐④。世间善男子，善女人，若有急难恐怖，但自归命观世音菩萨，无不得解脱者。"

注释：

①观世音：即"观世音菩萨"的简称，又作"光世音菩萨"、"观自在菩萨"、"观世自在菩萨"、"观世音自在菩萨"、"现音声菩萨"、"窥音菩萨"，略称"观音菩萨"，别称"救世菩萨"、"莲华手菩萨"、"圆通大士"。观世音菩萨以大慈大悲救济众生的行愿而闻名。据称，凡遇难众生诵念其名号，菩萨能即时观其音

声而前往施救，故称“观世音菩萨”；又因其遍观众生苦乐，能随其机缘，随宜示现不同身相，自在无碍地拔苦施乐，故又称“观自在菩萨”。观世音菩萨与大势至菩萨同为西方极乐世界阿弥陀佛之胁侍（观世音菩萨为左胁侍），世称“西方三圣”。在整个佛教菩萨信仰中，观世音菩萨是最为人们熟知的菩萨，泛传于印度、西域，乃至中国、西藏、日本、南海等地，有关其信仰史事亦为数最多，其中有不少混入了后世当地所兴起的民间信仰的内容。自西晋竺法护《法华经》译出后，中国亦大兴观世音信仰。自北魏以后，造观世音像之风益盛，今大同、龙门等地存有遗品甚多。隋唐以后，随着密教之传入，诸种观世音像亦被造立，如敦煌千佛洞的菩萨像，观世音像即居大半。相传其显灵说法的道场在我国浙江普陀山，其生日为阴历二月十九日，出家日为九月十九日，成道日为六月十九日。

②大势至：即“大势至菩萨”的简称。又译作“得大势菩萨”、“大势志菩萨”、“大精进菩萨”，或简称“势至”、“势志”。与观世音菩萨同为阿弥陀佛的胁侍（大势至菩萨为右胁侍），亦为“西方三圣”之一。相对于观音的代表慈悲，大势至菩萨象征智慧。《观无量寿经》云：“以智慧光普照一切，令离三涂，得无上力，是故号此菩萨名大势至。”依《楞严经》所载，大势至菩萨在因地所修的是念佛三昧，因此，他也以念佛法门教导众生，他开示的法门是：“都摄六根，净念相继，得三摩地，斯为第一。”这种法门，在后世也成为我国净土修行者的重要准则。

③娑婆界：意译“忍”、“堪忍”、“能忍”、“忍土”。即是指释迦牟尼进行教化的我们人类所在的现实世界。这一世界的

众生安于十恶,忍受贪、嗔、痴等种种烦恼,不肯出离,刚强难化,故名为忍。娑婆国土为三恶五趣杂会之所,所以又译作“杂恶”、“杂会”。“娑婆”一词原指我们人类所居住的阎浮提,后世逐渐成为释迦牟尼佛所教化的“三千大千世界”的代称,并以释迦牟尼佛为娑婆世界的本师。

④大利乐:即大利益,大安乐。

译文:

阿难问道:“这两尊菩萨的名号是什么呢?”释迦牟尼佛答道:“一尊名叫观世音菩萨,一尊名叫大势至菩萨。这两尊菩萨在娑婆世界修菩萨行,往生极乐世界时,便常常随侍于阿弥陀佛左右。他们如果想去十方无量佛国,都能随心所欲,立时到达。现在他们居住于我们所在的娑婆世界,教化众生远离恶趣,求生弥陀净土。世间的善男信女,如果有紧急危难恐怖之事,只要一心皈依、称念观世音菩萨,无不能够得到解脱。”

愿力宏深第二十九

本品承接上一品，继续介绍西方极乐世界诸菩萨的功德，特别指出，弥陀净土的大菩萨无不愿力宏深，决定成就一生补处，也即能够一生而成佛。虽生极乐世界，也不舍弃他方世界六道众生，自愿示现于六道轮回的生死世间，为度化一切众生往生净土，而宣说弘扬德威并具的佛法。当然，尽管他们示现与五浊恶世众生同类的色身，但他们从修行之始直到成佛，都不会遭受真实的恶趣之苦。如此辗转救度，令无量众生皆得解脱，往生成佛。而西方极乐世界尽管往生者无量无边，但其人数规模，并不为之增加，堪称恒常不变的一真法界。因此，品末又盛赞了阿弥陀佛的恩德深广无极。本品所述，为阿弥陀佛“四十八大誓愿”中第三十五“一生补处愿”及三十六“教化随意愿”的成就。

“复次阿难：彼佛刹中，所有现在，未来，一切菩萨，皆当究竟一生补处。唯除大愿，入生死界①，为度群生，作师子吼。擐大甲胄②，以弘誓功德而自庄严。虽生五浊恶世③，示现同彼，直至成佛，不受恶趣。生生之处，常识宿命。

注释：

①入生死界：指轮回于有生有死的六道之中。

②擐(huàn)大甲胄:"擐"即穿,原意为身披铠甲。这里是比喻众菩萨严持戒律,示现无畏勇猛的德相。也有解为比喻诸菩萨以誓愿为铠甲,护卫本身慧命。

③五浊:又作"五滓"。指减劫(人类寿命次第减短的时代)中所起之五种滓浊,也即末法时代一切众生的五种恶劣的生存状态。具体为:一、命浊,是众生因烦恼丛集,心身交瘁,寿命短促;二、众生浊,是世人每多弊恶,心身不净,不达义理;三、烦恼浊,是世人贪于爱欲,嗔怒诤斗,虚诳不已;四、见浊,是世人知见不正,不奉正道,异说纷纭,莫衷一是;五、劫浊,是生当末世,饥馑疾疫刀兵等相继而起,生灵涂炭,永无宁日。

译文:

"阿难,接下来继续听我说法。西方极乐世界中所有现在往生的、未来往生的一切菩萨,都决定能证得究竟'一生补处'的果位。除非他们发下宏大誓愿,自愿示现于六道轮回的生死世间,为度化众生,而宣说弘扬德威并具的佛法。这些大菩萨,身披宏深誓愿的铠甲,以修行宏深誓愿的功德而自行庄严。虽投生于五浊恶世,示现与五浊恶世众生同类的色身,但他们从修行之始直到成佛,都不会遭受真实的恶趣之苦。他们生生于现世,却都能知晓过去将来的一切宿命。

"无量寿佛意欲度脱十方世界诸众生类,皆使往生其国,悉令得泥洹道①。作菩萨者,令悉作佛。既作佛已,转相教授,转相度脱。如是辗转,不可复计。十方世界，声闻菩萨，诸众生类，生彼佛国，得泥洹道，当作佛者，不可胜数。彼佛国中，常如一法，不为增多。所以者何？犹如大海，为水中王，诸水流行，都入海中，是大海水，宁为增减？

注释：

①泥洹(huán)：为“涅槃”的异译，又名“灭度”，指灭尽烦恼和度脱生死的境界。

译文：

“无量寿佛为了度脱十方世界的一切众生，使他们都能往生西方极乐世界，使他们都证得涅槃之道。修行菩萨道的，令他们全部成佛。成佛之后，又都重回世间去教化众生，使众生度脱三界生死苦海。像这样辗转教化、辗转度脱，没有尽期，得度众生的数量，也无法数计。因此，十方世界的声闻、菩萨以及一切众生，其往生西方极乐世界、证得涅槃之道，必当成佛的人数，数不胜数，不可计量。西方极乐世界是恒常不变的一真法界，往生极乐净土的人数再多，其人数也不会有所增加。这是什么缘故呢？这种情形犹如大海，大海为众水之归、水中之王，江河湖渠中的所有水都同归于海，但这大海的水，难道会为此而有所增减吗？

“八方上下，佛国无数，阿弥陀国，长久广大，明好快乐，最为独胜。本其为菩萨时，求道所愿，累德所至。

无量寿佛，恩德布施八方上下，无穷无极，深大无量，不可胜言。”

译文：

“十方世界的佛国净土无量无尽，而阿弥陀佛的佛国净土，恒久长存，广大无边，清净光明，美好庄严，快乐适意，在无量无尽的诸佛国净土之中最为殊胜。这都是阿弥陀佛于因地做菩萨时求道所发弘深大愿，并于无量时劫积功累德的殊胜所造成的。无量寿佛以此恩德普施十方世界，功德无法穷尽没有极限，深广宏大，无可计量，难以言表。”

菩萨修持第三十

本品继续承续上一品，对西方极乐世界诸大菩萨中的功德进行解说。本品着重介绍弥陀净土菩萨自觉觉他的胜妙修行之道。其中包括：一、菩萨自利德行；二、菩萨利他德行；三、德行圆满境界。菩萨自利德行是指他们的禅定、智慧、神通、威德，无一不是圆满具足，对于诸佛如来所说的深秘玄奥的陀罗尼法，也都究竟契入，修行七觉圣道，并修佛果地上照真达俗的五眼神通。菩萨利他德行则又包括两个方面：（一）辩才无碍，善解方便，演说正法，度诸有情；（二）遍游佛刹，舍离执着，大悲心起，普利众生。德行圆满境界则指诸大菩萨们了知世间一切诸法皆是虚妄，平等空寂。故能于三界之中，平等勤修，最终"究竟一乘，至于彼岸"。

"复次阿难：彼佛刹中，一切菩萨，禅定、智慧、神通、威德，无不圆满。诸佛密藏①，究竟明了。调伏诸根②。身心柔软③，深入正慧，无复余习④，依佛所行，七觉圣道⑤，修行五眼⑥，照真达俗。肉眼简择，天眼通达，法眼清净，慧眼见真，佛眼具足，觉了法性。

注释：

①密藏：是法身如来所说的深秘玄奥的真实语。《二教论》

云:“法佛谈话谓之密藏,言秘奥实说。”也有将“密藏”解为能总持一切善法的陀罗尼。如《僧史略》称:“密藏者,陀罗尼法也。是法秘密,非二乘境界诸佛菩萨,所能游履也。”这即是说,诸佛“密藏”深善隐密,不是小乘圣人所能明了和实践的。

②调伏诸根:“调”即调和,“伏”即制伏。“调伏诸根”是指调和控御身口意三业,制伏除灭诸恶烦恼,使六根清净无染。

③身心柔软:指身心柔和而随顺于正道,与刚强倔犟、桀骜不驯相对。

④余习:又作“残习”、“余气”、“习气”。指虽能断除烦恼,但仍然存在残余习气。大乘佛教认为,二乘不能断除余习,只有佛能断除。

⑤七觉圣道:即佛教所谓的“七觉支”与“八圣道”。“七觉支”全名“七等觉分”或“七遍觉支”,又称“七菩提分”、“七觉分”、“七觉意”、“七觉”等。“三十七道品”分为七科时,此七法位列第六。所谓“觉支”,意指到达开悟之前的修行项目。“七觉支”即是指趣向菩提的七种修行法。在三十七菩提分法的七种修行道中,七觉支被认为是最高层次的修行法。具体而言,包括:1. 择法觉支:择即拣择,指以智慧观察诸法时,能简别真伪,不谬取虚伪法。2. 精进觉支:即对于所修法,努力精进不懈。也就是修诸道法时,能觉了且息止无益的苦行,而于真正法中,专心一意,无有间歇。3. 喜觉支:喜谓欢喜,心契悟于真法而得欢喜时,能觉了此法是否从颠倒法生,因此而住于真正的法喜。4. 除觉支:除谓断除,即断除诸见、烦恼时,能觉了、能弃除虚伪法,并增长真正的善根。5. 舍觉支:舍是舍离,即舍离

所见与所执着之境时,能觉了且永不追忆虚伪不实之法。6. 定觉支:定指禅定,即发禅定时,能觉了诸禅不生烦恼妄想。7. 念觉支:念是忆念,即修诸道法时,能忆念而令定慧均等,不昏沉、不浮动。"八圣道"即"八正道",亦称"八支正道"、"八支圣道"。意谓达到佛教最高理想境地(涅槃)的八种方法和途径。具体包括:1. 正见:正确的见解,亦即坚持佛教四谛的真理;2. 正思惟:又称"正志",即根据四谛的真理进行思维、分别;3. 正语:即说话要符合佛陀的教导,不说妄语、绮语、恶口、两舌等违背佛陀教导的话;4. 正业:正确的行为。一切行为都要符合佛陀的教导,不做杀生、偷盗、邪淫等恶行;5. 正命:过符合佛陀教导的正当生活;6. 正方便:又称"正精进",即毫不懈怠地修行佛法,以达到涅槃的理想境地;7. 正念:念念不忘四谛真理;8. 正定:专心致志地修习佛教禅定,于内心静观四谛真理,以进入清净无漏的境界。佛教也和其他宗教一样,认为只有自己的教义才是真理,其他宗教及各派哲学都是邪见。因而把"正见"当作最根本、最重要的一道,而其余七道则都是在正见的基础上进行精进不懈的修行。"八正道"最初是针对婆罗门教和耆那教的苦行主义和"六师"中一些派别的享乐主义而提出的,佛陀提倡不苦不乐的中道,因此原始佛教也把"八正道"称为"中道"。

⑥五眼:即指肉眼、天眼、慧眼、法眼、佛眼。佛教认为,只有佛才能圆满具足五眼。详参本经"德遵普贤"品相关注释。

译文:

"阿难,接下来继续听我说法:西方极乐世界中的一切菩

萨，其禅定、智慧、神通、威德，无一不是圆满具足的。对于诸佛如来所说的深秘玄奥的陀罗尼法，也都究竟契入，无不洞达明了。他们调和、制伏身、口、意诸业，以离垢去恶。身心清净柔软而随顺正道，深入于如来的真实智慧，不再有烦恼断后的残余习气，依照阿弥陀佛的教化，修行慧（择法）觉、精进觉、喜觉、念觉、轻安觉、定觉、行舍觉七种觉悟；修行正见、正思惟、正语、正业、正命、正精进、正念、正定八种圣道；修行肉眼、天眼、法眼、慧眼、佛眼等佛果地五眼，照见诸法实相，洞达宇宙万法。'肉眼'只能分别现前色相；'天眼'能彻见远近、内外、前后、上下种种色相，得见十方恒沙世界众生的死生业果；'法眼'能遍观世间、出世间的一切诸法，及知一切众生的种种心理行为；'慧眼'能彻照宇宙人生万有的事实真相；'佛眼'无所不见，具足一切眼的圆满功用，对一切事理因果都通达明了，觉了诸法实性而不起分别。

"辩才总持①，自在无碍。善解世间无边方便。所言诚谛②，深入义味③。度诸有情，演说正法，无相无为④，无缚无脱，无诸分别，远离颠倒⑤。于所受用，皆无摄取，遍游佛刹，无爱无厌，亦无希求不希求想，亦无彼我违怨之想。

注释：

①辩才总持：即总持辩才，指具足种种善权说法的才能。"总持"亦可解为持念一切善法不失的陀罗尼，则"辩才总持"意

指获得辩才陀罗尼。

②诚谛:即诚恳真实

③义味:义即义理,味即意趣。

④无相:意指一切诸法皆无自性,本性为空,无形相可得,故称“无相”。另据北本《大般涅槃经》卷三十“师子吼菩萨品”载,涅槃无色相、声相、香相、味相、触相、生相、住相、坏相、男相、女相等十相,故涅槃又称“无相”。无为:即无造作。又作“无为法”,指非由因缘所造作,离生灭变化而绝对常住之法。原为“涅槃”的异名,后世在“涅槃”以外又立种种无为,于是产生“三无为”、“六无为”、“九无为”等说。如小乘各部派中,说一切有部立择灭无为、非择灭无为、虚空无为,合为“三无为”。大众部等则于“三无为”之外,立空无边处、识无边处、无所有处、非想非非想处等四无色处,及缘起支性(十二缘起之理)、圣道支性(八圣道之理)等,总为“九无为”。大乘唯识宗在“三无为”外,别立不动无为、想受灭无为、真如无为,合为“六无为”,等等。佛教认为,真如、法性、法界、实相等皆为无为法,而涅槃乃一切无为法中的最殊胜者。

⑤颠倒:佛教术语。略称“倒”。意指违背常道、正理,如以无常为常,以苦为乐等反于本真事理的妄见。对于颠倒的分类,诸经论所说有二颠倒、三颠倒、四颠倒、七颠倒、八颠倒、十颠倒、十二颠倒等多种说法,兹不具述。

译文:

“极乐世界的诸大菩萨,无不具足种种辩才,自在圆通,无障无碍，清楚了知一切众生的根性与好恶，随其根机，善巧说法。所说之法真切笃实，深入于义理法味。为济度一切有情众生，宣说如下正法：无假有之相，无造作之为，无烦恼之缚，无涅槃之想，无法界理体诸虚妄分别，远离一切颠倒妄想。极乐世界诸大菩萨对于一切受用之物，都不执着，遍游十方佛国世界，从无喜爱或厌恶的两执之念；没有希求、不希求的念头；也没有人我之分，更无亲疏恩怨的考量。

“何以故？彼诸菩萨，于一切众生，有大慈悲利益心故，舍离一切执著，成就无量功德，以无碍慧，解法如如①。善知集灭②，音声方便③，不欣世语，乐在正论。知一切法，悉皆空寂。生身烦恼，二余俱尽④。于三界中，平等勤修，究竟一乘⑤，至于彼岸。决断疑网，证无所得⑥，以方便智⑦，增长了知。从本以来，安住神通。得一乘道，不由他悟。”

注释：

①如如：即如于真如，指不动、寂默、平等不二、不起颠倒分别的自性境界。

②集灭：即佛教“四谛”中的“集、灭”二谛，这里用此二谛代指“苦、集、灭、道”四谛。具体地说，苦谛，苦即三界轮回生死逼恼之义，凡是有为有漏之法莫不皆含苦性，故佛经中说有无量众苦，如佛教所谓“三苦”、“八苦”等说。集谛，集是积聚感招之意。说一切众生，无始以来，由贪瞋痴等烦恼，造积善恶业因，

能招感三界生死等苦果。灭谛，又名“尽谛”，为息灭、灭尽之意，灭尽三界内之烦恼业因以及生死果报，称为“灭”，也称“了脱生死”，从此不再受三界内的生死苦恼，达到涅槃寂灭境界，即为解脱。道谛，道即道路，指达到寂灭解脱的方法和道路。原始佛教认为道谛是指八正道。以后大、小乘又各有发展，如前文提及的“七觉支”、“八圣道”等“三十七道品”。

③音声方便：意指“四谛”的教法乃是诸佛的善权方便而说，不能执着文句。

④二余：即生身的苦报与烦恼的业因的余习。其中，生身是苦果，烦恼是业因。若再加业之残余，则为“三余”。

⑤一乘：又称“一佛乘”，是与“三乘”相对的教法。三乘教法认为众生在修习佛法时，有声闻、缘觉、菩萨等三种差别，而一乘教法则认为声闻乘与缘觉乘的教法只是一种权巧方便，并不是佛陀的本怀。佛陀为一大事因缘出世的目的，是在引导一切众生终皆成佛。因此，以成佛为最终归趋的一乘教法才是佛陀弘法的真正意趣所在。这种主张是《法华经》最主要的特色所在。《法华经》指出：“诸佛以方便力，于一佛乘分别说三。……十方佛土中，唯有一乘法，无二亦无三。”并且以羊车、鹿车、牛车比喻“三乘”，而以大白牛车比喻“一乘”。可见该经的主张，显然以为“三乘法”仅是方便法门，唯有“一乘法”才是真实之教。关于“一乘法”的深意，后世天台、华严、唯识、真言等宗，各有独特的主张，兹不具述。

⑥无所得：又称“无所有”，略称“无得”，为“有所得”的对称。即指体悟无相之真理，内心无所执着，无所分别。反之，执

着诸法差别之相，堕入有无边邪之见，则称“有所得”。诸法均由因缘所生，本无自性，以无自性，故无决定相可得，称为“无所得”。此即不堕于生灭、常断、一异、来去等四双八计之中道正观。《大智度论》卷十八云：“诸法实相中，受决定相不可得故，名无所得。”又菩萨永断一切生死，出离三界，住于一切智，乃无所得大乘之至极，故菩萨亦称无所得。

⑦方便智：又作“权智”，为“实智”的对称。意指行善巧方便之智。据《大乘义章》卷十九云：“知一乘真实之法，名为实智。了知三乘权化之法，名方便智。”

译文：

“这又是什么缘故呢？这是因为极乐世界的诸大菩萨，对于一切众生都有大慈悲利益之心，他们舍离了一切执着，成就了无量无尽的功德，以圆融周遍通达无碍的佛智，解知一切万法真如实相。深刻了知苦、集、灭、道四谛之真理，以众生能领会的音声‘方便’教化，不喜世间无义空谈，而乐于讲求正真佛法。诸大菩萨们了解世间、出世间一切诸法皆是虚妄。毕竟无所有，平等空寂。生身的苦报与烦恼两种余习都已断尽。因此而于欲界、色界、无色界等三界之中，平等勤修，探究成佛的唯一正确之道，最终到达涅槃彼岸。他们坚决断除疑惑之迷网的束缚，证无所得的空慧，用方便善巧之智，增长了知三乘权化之法。他们自性本具智慧神通，故能安住不移；他们所证得的一乘佛果，也是他们自心开悟的结果，决不是从外面悟得的。”

真实功德第三十一

本品承接上一品，继续解说西方极乐世界诸菩萨众自利利他的殊胜妙德。先以十五种譬喻来说明西方极乐世界菩萨们自利利他的真实功德。并在此基础上，从正面直接陈述菩萨们的真实功德：他们心地正直，安住一乘法中，随机权便地教化众生，从无厌怠和疲倦，他们奉持戒律，表里如一，故其所说佛法，皆使众生心悦诚服。他们内心纯净冲和，远离妄想、分别，引导众生舍离种种贪爱执着，他们威光奕奕，内心清凉自在，法喜充满；他们化度众生勇猛精进，大雄无畏。因此他们时时得到十方世界一切诸佛的交口称颂，达到了究竟圆满的果地。

“其智宏深，譬如巨海；菩提高广，喻若须弥。自身威光，超于日月；其心洁白，犹如雪山；忍辱如地①，一切平等；清净如水，洗诸尘垢；炽盛如火，烧烦恼薪；不著如风，无诸障碍；法音雷震，觉未觉故；雨甘露法，润众生故；旷若虚空，大慈等故；如净莲华，离染污故；如尼拘树②，覆荫大故；如金刚杵③，破邪执故；如铁围山，众魔外道不能动故④。

注释：

①忍辱如地：即忍辱之心，犹如大地，平等无分别。《往生

论注》释“心业无分别”云:“如地负荷,无轻重之殊。”即是说,大地承载万物,无论轻重,都一体负荷,无所拣择,没有分别,以比喻菩萨忍辱之德,远离一切彼我、恩怨、违顺之别。

②尼拘树:即尼拘律树,又称“尼拘类树”、“尼拘屡树”、“尼拘卢陀树”、“尼拘陀树”或“诺瞿陀树”等,意译为“无节”、“纵广”、“多根”。桑科植物。多产于印度、斯里兰卡、缅甸等南亚地区。其形状类似榕树,树干端直高大,叶呈长椭圆形,叶端为尖形,枝叶繁茂,覆地广大。有下垂的气根,达地后复生根而向四周扩张生长。果实似无花果,大如拇指头,内含无数的小种子。材质坚硬耐老,多用于建筑物的支柱或各种器具的横木等。过去七佛中,第六迦叶佛据传在此树下成佛,并以此树为道场树。

③金刚杵:原为古代印度的一种兵器,由于坚固锐利,故冠以金刚之名。密教中,金刚杵象征摧灭烦恼之菩提心,为帝释天、执金刚神、大力金刚、金刚手诸尊的执持物,也是密教行者修法所用的法器。最初金刚杵尖端非常锐利,用为佛教法具后,其形状已改变许多。有金、银、铜、铁、石、水晶、檀木、人骨等多种质料,长八指、十指、十二指、十六指、二十指不等,形状有独股、二股、三股、四股、五股、九股、人形杵羯磨金刚、塔杵、宝杵等,而以独股、三股、五股最为常见,分别象征独一法界、三密三身、五智五佛等。独股杵、三股杵、五股杵、宝杵、塔杵合称“五种杵”。

④外道:佛教习语。又称“外教”、“外学”、“外法”。原意为神圣可尊敬的隐遁者,这些隐遁者的思想,依佛教的观点来说,

都是佛教以外的教法，因此意译作“外道”。此词原义并无贬斥意味，然至后世，渐用以指持异见邪说者的贬称。泛指佛教以外的一切宗教。相当于儒家所谓的异端。有关外道之种类，一般多指《杂阿含经》卷四十六、《陀罗尼集经》卷一等所列举的富兰那迦叶、末迦利瞿舍黎子、删阇耶毗罗胝子、阿耆多枳舍钦婆罗、迦罗拘陀迦旃延、尼干陀若提子等六师外道，以及正统婆罗门思想的六派哲学，即数论派、瑜伽派、胜论派、正理派、弥曼差学派、吠檀多派。

译文：

“极乐世界的菩萨们的智慧深邃宏远，犹如辽阔无际的大海；其菩提觉悟之心，犹如须弥山一般的崇高伟大；他们身上所散发的威德光明，远超日月之辉；他们的清净无垢之心，如同圣洁纯白的雪山；他们的含垢忍辱之心，又像厚德载物的大地，平等无差地包容一切；他们戒定慧的清净修行，能如清水一样洗除种种的尘劳垢染；他们的智慧炽盛猛利，能够如烈火烧薪般的断除万般烦恼孽障；他们从不执着，遍行于诸世界，皆能如风行空一样的自在无碍；他们宣说佛法的法音，如雷霆远震，觉醒那些尚未觉悟的群迷众生；他们的教法犹如甘露滋润大地万物一样，普润众生心田；他们的心量平等慈悲，犹如虚空之宽广无际，普遍平等地荫庇一切众生；他们如同出污泥而不染的莲花一样置身秽土，不舍众生，以远离五欲六尘、烦恼执着的清净之道化导众生；他们的慈悲胸怀犹如枝叶繁茂的尼拘树，荫庇众生永离热恼，得清凉自在；他们深具般若妙智，犹如无坚不摧的金刚杵,断除众生烦恼、邪见等一切不正情执;他们的信心、愿力坚定不移,如牢不可破的铁围山一样,一切邪魔外道皆不能动摇。

"其心正直,善巧决定。论法无厌,求法不倦;戒若琉璃,内外明洁;其所言说,令众悦服。击法鼓,建法幢,曜慧日,破痴暗。淳净温和,寂定明察。为大导师,调伏自他。引导群生,舍诸爱著,永离三垢[1],游戏神通。

注释:

①三垢:即"贪、瞋、痴"三毒。

译文:

"极乐世界的菩萨们心地正直,安住一乘法中,随机应缘,行权方便,所教所化,真实不二。为人讲论佛法心无厌怠,自己追求佛法不知疲倦;奉持戒律,明净清洁,譬如琉璃,表里如一;意业离垢无染,德表威仪具足,故其所说佛法,皆使众生心悦诚服。慧法远播,犹如击鼓,醒众远闻;威德摧邪,如建法幢,降魔得胜;智慧觉迷,如日遍照,尽破痴暗愚迷。内心纯净无染,冲淡谦和,远离妄想、分别,事无巨细,莫不明察。所以堪当众生的大导师,调伏抑制自、他之心。引导众生,舍离种种贪爱执着,彻底抛弃贪、瞋、痴三垢,运任于神通之中,自在无碍。

“因缘愿力，出生善根，摧伏一切魔军①。尊重奉事诸佛，为世明灯，最胜福田，殊胜吉祥，堪受供养。赫奕欢喜，雄猛无畏。身色相好，功德辩才，具足庄严，无与等者。常为诸佛所共称赞，究竟菩萨诸波罗蜜，而常安住不生不灭诸三摩地，行遍道场，远二乘境。

注释：

①魔军：喻指种种烦恼。如据《佛本行集经》卷二十五载，欲贪、不欢喜、饥渴寒热、爱着、睡眠、惊怖恐畏、狐疑惑、嗔恚忿怒、竞利争名、愚痴无知、自誉矜高、恒常毁他人等为十二种魔军。后期大乘经论也有类似说法，如《大智度论》卷五认为，欲、忧愁、饥渴、爱、眠睡、怖畏、疑、含毒、虚妄之名闻利养、自高慢他等，为十魔军。

译文：

“极乐世界的菩萨们因为过去、今生的因缘和愿力，故能生出一切善根，降伏一切邪魔外道及一切烦恼。他们尊重奉事诸佛的教法，成为世间众生破暗觉迷的明灯，成为世间众生最为殊胜的福田，如此殊胜吉祥的智慧功德，自当得到世间众生的悉心供养。他们威光赫赫，神采奕奕，内心清凉自在，法喜充满；他们化度众生勇猛精进，大雄无畏。身色形相，殊胜妙好，功德无边，辩才无碍，具足庄严，如此种种，无与伦比。他们时时得到十方世界一切诸佛的交口称颂，达到了究竟圆满的果地，而常安住于不生不灭的涅槃正定之中，在一切道场中遍修所有功行，永远不会落入声闻、缘觉二乘的境界。

“阿难！我今略说，彼极乐界，所生菩萨，真实功德，悉皆如是。若广说者，百千万劫，不能穷尽。”

译文：

“阿难，我这里只是简略地介绍，那极乐世界中菩萨们的真实功德，大体就如我以上所说。若要广为详说，即使花百千万劫的时间，也不能巨细靡遗地说尽。”

寿乐无极第三十二

本品经文继续反复陈说西方极乐世界中的诸大菩萨众的殊胜功德,他们遍行十方供养诸佛,广阅经藏,慧根猛利,法喜充满。外表看上去安闲宽缓,不急不躁,内心却念念相继,精进不已。他们的志向坚定,于法无疑,自度度他,决定解脱。由以上种种殊胜功德智慧,劝谕大众以弥陀净土菩萨为楷模,发心往生西方极乐世界。所以在品末又述及此净土的种种殊胜善好,认为它在十方世界之中,可谓无与伦比,以此进一步加固闻法众生的往生愿心。

佛告弥勒菩萨、诸天人等:"无量寿国,声闻菩萨,功德智慧,不可称说。又其国土微妙、安乐,清净若此,何不力为善,念道之自然。

译文:

释迦牟尼佛又对弥勒菩萨和与会的天人大众说道:"西方极乐世界中的声闻、菩萨功德智慧无量无尽,无以言表。他们的佛国净土精微美妙,安逸和乐,清净异常,其殊胜庄严,同样无量无尽,无以言表。你们何不勉力行善,真信发愿念佛求生净土,自然就能得生那个极乐净土。

“出入供养[1]，观经行道，喜乐久习。才猛智慧，心不中回[2]，意无懈时。外若迟缓，内独驶急。容容虚空[3]，适得其中。中表相应，自然严整。检敛端直[4]，身心净洁，无有爱贪。志愿安定，无增缺减，求道和正，不误倾邪[5]。随经约令[6]，不敢蹉跌，若于绳墨[7]。咸为道慕，旷无他念，无有忧思。自然无为，虚空无立，淡安无欲[8]。作得善愿，尽心求索。含哀慈愍，礼义都合，苞罗表里，过度解脱[9]。自然保守，真真洁白。志愿无上，净定安乐。一旦开达明彻，自然中自然相[10]，自然之有根本[11]，自然光色参回[12]，转变最胜。郁单成七宝[13]，横揽成万物。光精明俱出，善好殊无比。著于无上下，洞达无边际。

注释：

①出入供养：“出”指遍行十方世界供养他方一切诸佛；“入”返回极乐世界供养本师阿弥陀佛。

②中回：即“中悔”，指信仰不坚固，先信后疑。也可解为中途退转。

③容容：和同、宽容。

④检敛：检点行为，收敛身心。

⑤不误倾邪：不误于倾邪，也即不为倾邪所误。“误”指迷惑，“倾邪”指一切邪知邪见。

⑥随经约令：即随顺佛的经典、教诫，约束自己的心行。“随”即随顺，“经”即佛之经教，“约”即约束，“令”即诫令。

⑦绳墨：木工取直的工具，后借以比喻法度、规矩。

⑧淡安：即淡泊安宁。

⑨过度：即自度度他之意。意指自行脱离生死烦恼，同时又使人脱离生死烦恼。

⑩中：契合。自然相：自性本然之实相。

⑪根本：真如自性之本体。

⑫参回："参"即参差交错，"回"即回转交融。

⑬郁单："郁单越"的简称，即北俱卢洲，为须弥四洲之一，也是须弥四洲中果报最殊胜的一洲。据《俱舍论》卷十一等所载，北俱卢洲位于须弥山北之碱海中，洲形正方，每边各长二千由旬，状如盒盖，由七金山与大铁围山所围绕，黄金为地，昼夜常明。其地具有平等、寂静、净洁、无刺等四德。该洲人民面形正方，面色相同，身高都高达一丈四尺，生活平等安乐。此洲器物多为金银、琉璃、水晶所成，物皆共有，也没有盗贼、恶人以及争斗诉讼等事情发生。此洲人民都居住于林树之下，男女异处而居，无有婚姻，若起淫欲，共相娱乐。女子怀妊，七八日即产子，置之道路，四方来者皆共育养，予以指头吮之，乳汁自出。七日之后即长大，如阎浮提人之二十岁，寿足千年。命终之后，即生忉利天或他化自在天。诸经论有关此洲的记载极多，所载者不尽一致，但都以此洲为四洲之最胜处。

译文：

"极乐世界的声闻、菩萨等，出入无碍地往来于十方世界供养阿弥陀佛及一切诸佛，阅读经藏，修行佛法，持之以恒，法喜

充满。他们慧根猛利，才能卓世，信念坚定，永不退转，不懈不怠，一往直前。外表看上去安闲宽缓，不急不躁，内心却念念相继，精进不已。心广无边，似若虚空无物，故能广容万物，无物而成其容万物之量，适得空有俱泯，不落两边，从容中道。因此得于中而形于外，表里如一，自然相应，不假安排，严整有度。他们时时检点行为以使端正，刻刻收敛意念以使正直，由身及心，殊胜净洁，而无爱欲贪染。他们的志向、誓愿，坚定不移，而无忽增、忽减、忽过、忽缺之失；他们和平中正，以求无上至道，不会为一切邪知邪见所迷惑。他们依照佛的经典教诫来约束自己的身口意三业，所以他们的思想、行为都不会失足逾界，如同木工严格遵循墨线而施斧锯，不敢有毫厘之差。他们所仰慕的，皆是正真至道，其心旷达深远，而无丝毫妄想杂念，于世无虑，于法无疑，故无忧虑之思搅扰牵缠。他们于无为法中，自然安住，心如虚空，开广无际，离垢无染，无法可立，淡泊安宁，无妄念贪欲。以此结成大愿，精进修行，以求成就。他们心怀慈悲哀悯，符契世间道德，所行之事，所达之理，莫不融洽圆满，自度度他，均得出离生死，彻底解脱。他们任运自然，保守绝待真心，无垢无染。他们还有上求下化、至高无上的心愿，故能住于清净寂定之中，安然自适，任运常乐。如此日积月累，便能在一刹那之间豁然开悟，明彻了达自性本然之实相，顿见真如自性之根本，自然出生无量光明色相，相参互入，回转交融，千变万化，超逾十方众宝，殊胜难言。就如同那北俱卢洲的一切万物，皆由自然七宝所成，因为阿弥陀佛大愿加持，十方虚空之中，万物自然涌现，光明、精妙、明净之一切妙相，一时并现；其殊胜善好，在十方世界之中无与伦比。所证之理体，本来平等，无有高下；智契之真谛，没有边际，不可穷竭。

“宜各勤精进，努力自求之，必得超绝去，往生无量清净阿弥陀佛国。横截于五趣，恶道自闭塞。无极之胜道，易往而无人。其国不逆违，自然所牵随。捐志若虚空，勤行求道德。可得极长生，寿乐无有极。何为著世事，譊譊忧无常①。”

注释：

①譊譊（náo）：争竞喧闹之意。

译文：

“你们应各自精进勤修，努力自为，求生净土，彻证本心，圆满佛智，如此必能超脱轮回，断除生死，往生无量清净的阿弥陀佛净土。娑婆五趣，一时顿绝，六道轮回之门，自然永闭。净土法门，胜德深广，究极方便，然而于秽土修行、信愿往生的人却少之又少。西方净土对于十方众生从来不逆不违，其所以信愿往生的人少之又少，实因秽土中人，久在烦恼缠缚之中，而无厌离之心的缘故。若能捐除烦恼，志如虚空，一法不立，无垢无染，精进修行，求得正道而不失去，便可以获得真正的长生不死，寿命与快乐皆无有极限。明晓此理，为什么还要贪着世间俗事俗利，没完没了地争竞喧闹，为世间本属无常的烦恼琐事所牵扰折磨呢？”

劝谕策进第三十三

本品承接上品，进一步劝谕众生发往生极乐净土之愿，念佛往生，故名“劝谕策进”。上一品着重讲述西方极乐世界的殊胜超绝，净定安乐，以令大众生欣慕向往之心，从而发愿往生。本品则由上一品“何为著世事，譊譊忧无常”转入，着重讲述娑婆世界的种种秽恶，众生业障深重，贪瞋痴三毒炽盛，故由惑造业，苦报无尽，沉沦三途恶道苦海，痛不可言。由此劝谕众生，生发厌离娑婆世界之心，并进一步远离各种恶业，择善而从，精勤修行，求生极乐世界。

“世人共争不急之务①，于此剧恶极苦之中，勤身营务，以自给济。尊卑、贫富、少长、男女，累念积虑，为心走使②。无田忧田，无宅忧宅。眷属财物，有无同忧③。有一少一，思欲齐等。适小具有，又忧非常④，水火盗贼，怨家债主，焚漂劫夺，消散磨灭。心悭意固，无能纵舍。命终弃捐，莫谁随者？贫富同然，忧苦万端。

注释：

①不急之务：无关紧要的琐事俗务。

②为心走使：即为妄惑贪欲之心所驱使。

③有无同忧：即有也忧、无也忧，患得患失。意指没有的时

候处心积虑，操心如何据为己有；得到了又忧心忡忡，思前想后，担心人去财空。

④非常：意外的灾祸。即指本经下文提到的“水火盗贼，怨家债主，焚漂劫夺，消散磨灭”等。

译文：

“世间的人们都在为那些无关紧要的俗事而蝇营狗苟，在痛苦不堪的五恶世间之中，辛勤劳作，经营生计，以求自给，以度余生。芸芸众生之中无论尊卑、贫富、长幼、男女，无不在愚痴贪欲之心的驱使之下，苦心积虑，忧念重重，奔波劳碌，身心难安。没有田地的操心如何得到田地，没有房屋的烦恼如何得到房屋，家眷、亲属、财产、珍宝，种种身外之物，没有的时候处心积虑，盘算钻营，必欲据为己有；得到了又忧心忡忡，思前想后，担心人去财空。总之是欲壑难填，患得患失。得到了一些，又得陇望蜀，而与他人看齐。刚刚拥有了一些，立时又担心遭遇意外的横祸天灾，比如火灾焚烧，水灾漂流，强盗劫夺，贼人偷窃，冤家复仇，债主逼帐，凡此种种，皆可于顷刻之间，使所得财富，荡然无存。悭吝之心，贪婪之念，不会随财物消散磨灭而泯灭，相反会愈发的放不下、舍不得。但是在命终之时，全部都将烟消云散，哪一样可以带走呢？无论贵贱贫富，于此概莫能外，个中忧苦，万端无尽。

“世间人民，父子兄弟，夫妇亲属，当相敬爱，无相憎嫉。有无相通，无得贪惜。言色常和，莫相违戾。或时心诤，有所恚怒，后世转剧，至成大怨。世间之事，更相患害。虽不临时[1]，应急想破。人在爱欲之中，独生独死，独去独来，苦乐自当，无有代者。善恶变化，追逐所生[2]，道路不同，会见无期。何不于强健时，努力修善，欲何待乎？

注释：

①临时：意指立即显现于当时。

②追逐所生：指所生之处果报追随不舍，根据善恶业因，感得善恶果报，丝毫不爽。

译文：

“世间人民，包括父子、兄弟、夫妇、亲属等等，都应当相互尊敬友爱，不可彼此憎恨嫉妒；都应当互帮互助，互通有无，受不贪求，施不吝惜；都应当说话和气，和颜悦色，不可背逆乖戾。一时生起争讼之心，心里不免嗔恚忿怒，恶意积累，愈演愈烈，最终难免结成深仇大恨。世间若冤冤相报，因果回环，互为祸害，终无了时。报应即使不立即显现于当时，但因果相生，从来不爽，决当报应于后世。众生应当及早参透此理。世人沉溺在情爱贪欲之中，却不知生是孤身来，死时独自去，无人相随，无人能代，苦乐之果报，都是自作自受，亦无人能代。善与恶的因果报应，千变万化，因生果随，丝毫不爽。作业不同，善恶有别，善有善报，恶有恶报，辗转六道之中，故临终之别，终无重逢之期。何不趁此强健在世之时，精勤努力，修行善道，除此之外，还要等什么解脱之道呢?

“世人善恶自不能见,吉凶祸福,竞各作之。身愚神暗,转受余教[①]。颠倒相续,无常根本。蒙冥抵突[②],不信经法。心无远虑,各欲快意。迷于嗔恚,贪于财色,终不休止,哀哉可伤!

注释:

①余教:泛指一切不能使人了脱生死、往生极乐的外道邪说。

②蒙冥抵突:意指心不明、眼不亮,一味胡冲乱闯,而与实相事理相违逆。

译文:

“世间之人愚痴冥顽,不明何者为恶,何者是善,各逞己意,妄加分别,竞相造作恶业,身心愚昧,精神昏暗,不正信因果,不信受经法,反而接受其他的外道邪说。如此颠倒之见,相续不绝,即成为沉溺生死无常轮回的根本所在。眼暗心迷,却一味胡冲乱闯,难免触事违逆,事理淆乱。不信受佛教经法,心无远虑,一心追求当下快意、即时之乐。为嗔恚之气所迷惑,贪婪执着于财色,肆无忌惮,无休止地造业,没有终了之时,实在是可悲、可怜!

“先人不善,不识道德,无有语者[①],殊无怪也。死生之趣，善恶之道，都不之信，谓无有是。更相瞻视，且自见之。或父哭子，或子哭父，兄弟夫妇，更相哭泣。一死一生，迭相顾恋；忧爱结缚，无有解时。思想恩好，不离情欲，不能深思熟计，专精行道，年寿旋尽，无可奈何！惑道者众，悟道者少。各怀杀毒，恶气冥冥。为妄兴事，违逆天地，恣意罪极，顿夺其寿，下入恶道，无有出期。

注释：

①语（yù）：告知，告诫。

译文：

“祖上不知行善积德，不懂道德功业，不以善恶因果报应之理教导后辈，如此世代恶业相袭，痴顽无知，就没有什么可奇怪的了。对生死轮回之理，善恶报应之道，完全不能相信奉受，甚至视若无物。这个道理如果仔细观察，从自家身边也不难见到。在临终死别之际，或父死子哭，或子死父哭，兄弟、夫妇等亲属死别之时，莫不相互哭泣。生生死死之际，亲人之间无不彼此眷恋难舍，昔日恩爱，化为今日忧苦，如绳纠结，自相牵缠，无有解脱之时。思念生前的恩爱友善，其实无不源于情欲的支配。如果对此不能深思熟虑，精勤专一地修行佛道，则人之生命转瞬即尽，到时只能徒感无可奈何了！世间不理解佛法正道的人很多，而真正觉悟得道的人很少。各人心怀残伤他人的毒念，恶气炽盛，冥冥昧昧，由此妄心造作种种事端，违逆天心人意，肆无忌惮地造罪，乃至罪大恶极，果报显现之时，必将顿时之间夺其阳寿，堕入地狱、饿鬼、畜生三恶道，所受报应，无有穷极。

“若曹当熟思计，远离众恶，择其善者，勤而行之。爱欲荣华，不可常保，皆当别离，无可乐者。当勤精进，生安乐国。智慧明达，功德殊胜。勿得随心所欲，亏负经戒，在人后也。”

译文：

“你们应当深思熟虑，以远离各种恶业，择善而从，精勤修行。当知世间荣华富贵不可长久保持，一切浮华终将离你而去，根本不能给人带来真正的快乐。你们应当勤奋精进，求生极乐世界。如得往生净土，则智慧明了通达，成就殊胜功德。千万不要随心所欲，辜负佛之经教戒行，落于他人之后。”

心得开明第三十四

本品在前两品释迦牟尼佛从正反两方面讲述众生当厌离六道、欣悦净土道理的基础上，指出弥勒领会佛陀深善教诲，心开意解，认为与会会众都能承蒙世尊慈悲之恩，闻法解脱，出离于六道轮回之忧苦。佛陀由此进一步为弥勒等会众垂训说法，要求大众应当断惑念佛，知苦修善，以自利利他精神，精进勤苦，转相拯济，如此则能往生极乐净土，得往生净土的种种之利，如寿乐无极、受用随意等等。切忌疑惑反悔，自造罪业，以免往生到西方极乐净土边地的七宝疑城，在五百年中，承受不得见佛、法、僧三宝，不得闻听佛法等等的恶果。

弥勒白言："佛语教戒，甚深甚善，皆蒙慈恩解脱忧苦。佛为法王①，尊超群圣。光明彻照，洞达无极，普为一切天人之师。今得值佛②，复闻无量寿声③，靡不欢喜，心得开明。"

注释：

①法王：佛的尊称。"王"有最胜、自在之义，佛为法门之主，能自在教化众生，故称"法王"。后来也引申为对菩萨、阎王及西藏、日本之某些佛教领袖的称呼。这里指前者，即"佛"。

②值：即遇到、适逢之意。

③无量寿声：指佛陀在此次法会中宣说的有关阿弥陀佛及其净土的经教，也可指阿弥陀佛的名号本身。

译文：

弥勒菩萨向释迦牟尼佛禀白道："佛陀所说教诫，十分深刻非常善巧，我等会众都蒙佛慈悲之恩，得闻佛法要旨，以解脱于六道轮回之忧苦。佛为法王，智慧慈悲超过诸天圣人，至尊至上。佛法光明，彻照十方，洞达无极，因此堪为一切有缘众生的大导师。今日于此有幸见佛说法，殊为难得，又得听闻有关无量寿佛的名号，大家没有一个不欢欣鼓舞的，我们因此得以心开意解，明了自性本具佛智。"

佛告弥勒："敬于佛者，是为大善，实当念佛，截断狐疑，拔诸爱欲，杜众恶源。游步三界，无所挂碍，开示正道，度未度者。

译文：

释迦牟尼佛对弥勒菩萨说："恭敬佛的人，皆是有大善根的人，都应当诚心念佛，断除疑惑猜忌，拔除贪爱执着，杜绝种种恶念得生的源头。即使奔走游化于三界秽土，也能无所牵挂，无所障碍，向众生开示演说佛法正道，度化那些还未得度化的有情众生。

"若曹当知十方人民，永劫以来，辗转五道，忧苦不绝。生时苦痛，老亦苦痛，病极苦痛，死极苦痛。恶臭不净，无可乐者。宜自决断，洗除心垢，言行忠信，表里相应。人能自度，转相拯济。至心求愿，积累善本。虽一世精进勤苦，须臾间耳。后生无量寿国，快乐无极，永拔生死之本，无复苦恼之患，寿千万劫，自在随意。宜各精进，求心所愿，无得疑悔，自为过咎，生彼边地①，七宝城中②，于五百岁受诸厄也。”

注释：

①边地：位于西方极乐世界边隅的一个地方，又名“胎宫”，往生到那里的人，五百岁间不得见闻三宝。详参本经第四十“边地疑城”品。

②七宝城：即“七宝狱”，由七宝建成的牢狱。详参本经第四十一“惑尽见佛”品。

译文：

“你们应当知道，十方世界的人民，从无量劫以来，辗转轮回于天、人、畜生、饿鬼和地狱五道，沉沦生死，烦忧苦痛，自始不绝。诞生之时有‘生苦’之痛，衰老之时有‘老苦’之痛，病患之时有‘病苦’之痛，寿终之际有‘死苦’之痛。身体臭恶而不清净，实在无乐可言。你们应当自下决心，洗涤心中的垢染，言语行为皆当忠诚守信，表里如一。如此方能自行度脱，由自度转而拯救济度他人。一心求愿往生净土，积功累德，断恶修善。虽一生一世精进修行十分勤苦，但这一生之苦，较之一个人的生生世世，只犹如片刻之间。此生之勤苦，使后世得以往生无量寿国，享受无穷无尽的快乐，拔除生死根本恶因，远离苦病烦恼之患，寿命长达千万时劫，自在神通，诸事随心所欲。你们应各自精进勤修，一心净土，对于所求所愿，不要疑惑反悔，自造罪业，以免往生到西方极乐净土边地的七宝疑城，在五百年中，承受不得见佛、法、僧三宝，不得闻听佛法等等的厄运。”

弥勒白言：“受佛明诲，专精修学，如教奉行，不敢有疑。”

译文：

弥勒菩萨向佛禀白说：“今天我们领受了佛明白完备的教诲，定当专一学习，精进修行，按佛的教导诚心奉行，不敢生出丝毫怀疑。”

浊世恶苦第三十五

本品承接第三十三“劝谕策进”品，更加细致梳理讲述娑婆世界的种种秽恶痛苦。本品提出，“恶”有“五恶”，即杀生恶、盗恶、邪淫恶、妄语恶、饮酒恶。由此“五恶”，导致“五痛”、“五烧”之苦。具体而言，造作“五恶”之人，在现世之中，由王法惩治其罪，使其身遭厄难，称为“五痛”；其于未来世三途恶道辗转受报，其痛苦情状，犹如烈火焚身，称为“五烧”。本品意在劝诫众生明了世间一切事实真相，认清现实环境，断恶离苦，奉持“五善”，从而离苦得乐。

佛告弥勒：“汝等能于此世，端心正意，不为众恶，甚为大德。所以者何？十方世界善多恶少，易可开化。唯此五恶世间①，最为剧苦。我今于此作佛，教化群生，令舍五恶，去五痛②，离五烧③，降化其意④。令持五善⑤，获其福德。何等为五？

注释：

①五恶：五戒所反对的五种恶行，即杀生，偷盗，邪淫，妄语，饮酒。

②五痛：指因造作五恶，而在现世之中所遭受的厄难、苦痛。

③五烧:指因造作五恶,而在来世所遭受的沉沦鬼、畜、地狱三恶道的苦报。

④降化其意:降伏转化众生贪瞋痴等一切的恶念。

⑤五善:奉持五戒之行,即不杀生、不偷盗、不邪淫、不妄语、不饮酒。

译文:

释迦牟尼佛告诉弥勒菩萨说:"你们能于此浊世之中正心诚意,不行种种恶业,堪称'大德'。为什么这样说呢?十方诸佛世界善多恶少,容易开导教化,唯有此五恶世间,痛苦最为深重最大最多。我现在此作佛,教化众生,令他们舍弃五恶,除去五痛,永离五烧,降伏转化众生的贪瞋痴等一切的恶念。教他们受持五善(五戒),教他们如何获得福德。这五恶、五痛、五烧、五善都包括了什么呢?

"其一者,世间诸众生类,欲为众恶,强者伏弱,转相克贼,残害杀伤,迭相吞啖[①]。不知为善,后受殃罚。故有穷乞、孤独、聋盲、喑哑、痴恶、尪狂[②],皆因前世不信道德、不肯为善。其有尊贵、豪富、贤明、长者、智勇、才达,皆由宿世慈孝,修善积德所致。世间有此目前现事,寿终之后,入其幽冥,转生受身,改形易道,故有泥犁、禽兽、蜎飞蠕动之属[③]。譬如世法牢狱,剧苦极刑,魂神命精,随罪趣向。所受寿命,或长或短,相从共生,更相报偿。殃恶未尽,终不得离,辗转其中,累劫难出。

难得解脱，痛不可言。天地之间，自然有是，虽不即时暴应[4]，善恶会当归之。

注释：

①吞啖（dàn）：即吞食。

②尪（wāng）狂："尪"有瘸跛、孱弱等意。"狂"即疯狂、疯癫。

③泥犁：又作"泥黎"、"泥梨"，意即地狱。该处没有任何喜乐之类，是十界之中最恶劣的境界。

④暴应：即即时而至的报应。暴，有急猛突然之义。

译文：

"第一，世间的普罗大众，为了满足自己的种种欲望而造作种种恶业，强者欺凌弱者，强者又有更强者欺凌他，辗转相欺，残害伤杀，弱肉强食，大的吞食小的，吞食者又被更大的所吞，无有穷竭。这都是由于不懂得相互为善的道理，造作恶业必将受到灾殃的惩罚。所以，这世间就有贫穷乞丐，有幼失父母，有老无儿女，有聋有瞎，有哑有痴，有恶毒，有残废，有疯狂，凡此种种，无一不是因为前世不信因果报应，不积功德，不行善业而所遭受的惩罚。另一方面，世间也有人尊贵，有人豪富，有人贤明，有人寿长，有人智勇双全，有人才精艺深，这都是由于他们在前世行慈尽孝、修善积德所得的善果。世间有此触目可见的果报之事，更有寿终之后下到冥界后不可见的尤为深剧的果报，在冥界转生投胎又随其业力而受色身，改变了原来的形相，在六道之中轮回转世，因此，便有地狱、禽兽、飞蝇、爬虫之类的不同身形。这就犹如世间的牢狱一样，受到剧苦极刑的惩罚，他们的神魂精魄，随着与自己前生所造的罪业如影随形。所得到的寿命无论长短，过去的冤家债主总是互相追随，世世同生一处，定将前世的怨仇债务，一一报偿，丝毫不爽。只要所作的殃恶未能偿尽，则业因报身终不能离，如此辗转往复于恶趣之中，累世不得解脱，其中深痛剧苦，难以言表。天地之间，因果之事自然如影随形，有其因必有其果，分毫不爽，有时虽不即时报应，但善因善果，恶因恶果，因缘会合时，无不兑现。

“其二者，世间人民不顺法度，奢淫骄纵，任心自恣。居上不明，在位不正，陷人冤枉，损害忠良，心口各异，机伪多端。尊卑中外①，更相欺诳，嗔恚愚痴，欲自厚己。欲贪多有，利害胜负，结忿成仇，破家亡身。不顾前后。富有悭惜，不肯施与。爱保贪重，心劳身苦。如是至竟，无一随者。善恶祸福，追命所生，或在乐处，或入苦毒。又或见善憎谤，不思慕及，常怀盗心，悕望他利②，用自供给，消散复取。神明克识③，终入恶道，自有三途无量苦恼，辗转其中，累劫难出，痛不可言。

注释：

①中外：即亲疏，与前“贵贱”连称，意指无论亲疏贵贱。“中”指自己人、家中人。“外”指外人。

②悕（xī）望：即“希望”。

③神明克识(zhì):“神明”这里指与人并生的司人善恶的神灵,因其与人并生,又称“俱生神”。晋译《华严经》曰:“如人从生,有二种天,常随侍卫。一曰同生,二曰同名。天常见人,人不见天。”《药师经》曰:“有俱生神,具书罪福,与阎魔王。”又本经《嘉祥疏》曰:“一切众生皆有神,一名同生,二名同名。同生女在右肩上书其作恶,同名男在左肩上书其作善。”“克”即必定,“识”指记录。

译文:

“第二,世间人民不遵守法律规则,奢侈淫乐,骄横放纵,为一己私欲而为所欲为。身居上位的官僚不能明察下情,律己正身,反而心行不正地诬陷他人,使人蒙受冤屈,陷害忠良之士,阿谀权贵,口是心非,投机取巧,诡诈虚伪。这世间无论尊卑上下,内外亲疏,都概莫能外地互相欺瞒诳骗,以嗔痴二毒,助长贪心。为了占有更多的利益,不惜以利相侵,互相算计谋害,损人肥己,于是结忿成仇,甚至家破人亡。这都是不顾前因后果的报应之理而造成的恶果。世间那些富有者,无不对财物悭吝贪惜,不肯施舍财物于人。爱欲坚牢,贪心深重,终生身心劳苦,就这样一直到死。到了寿命终尽之时,财物一样也不能带走。唯有一生所造的善恶祸福之业力,却如影随形地追随他到下一个轮回往生之处,或者作善得福而能于乐处往生,或者作恶得祸而入苦毒恶道。还有人见人之善,不仅没有见贤思齐的敬慕之心,反而憎恶心起,妄加诽谤,胸中常怀侵夺盗取之心,企图以他人之财物供己享用,挥霍完了,又重去盗取。凡此种种罪业，当然逃不脱神明的功过记录，必将堕入三恶道，遭受三途恶道的无量苦恼，如此反复辗转于三恶道之中，旷劫累世也难以脱出，其深痛剧苦，难以言表。

“其三者，世间人民，相因寄生，寿命几何？不良之人，身心不正，常怀邪恶，常念淫泆[1]，烦满胸中，邪态外逸，费损家财，事为非法。所当求者，而不肯为。又或交结聚会，兴兵相伐，攻劫杀戮，强夺迫胁。归给妻子[2]，极身作乐[3]。众共憎厌，患而苦之。如是之恶，著于人鬼，神明记识，自入三途。无量苦恼，辗转其中，累劫难出，痛不可言。

注释：

①淫泆（zhí）：“淫”即邪淫，“泆”即放荡。

②归给（jǐ）：拿来供给，意指取悦。

③极身：纵情而不知疲倦。

译文：

“第三，世间人民，由于相互之间的宿业因缘而出生于世，寿命能有多长？不良之人，身心不正，常怀邪恶狠毒之心，常沉溺于淫欲放荡，烦恼愤懑充塞胸中，淫邪放荡之丑态溢于言表，挥霍耗损家中财产，以造作非法不义勾当。应当努力追求的正业，反而视若无物，不肯亲力而为。或者是交结狐朋，聚集邪徒，动刀动枪，互相攻伐，侵掠杀戮，武力胁迫，强取豪夺。如此种种恶行所得不义之财,拿来给自家妻妾儿女享用,不知疲倦地寻欢作乐。世间人众对此憎恶讨厌,以其为灾星祸源并遭受痛苦。这些恶人,罪恶昭彰,人鬼共愤,神明自会记录下他的罪行,命终之后必然会堕入三恶道以受无量苦恼。如此反复辗转恶道之中,累劫难得出离,其深痛剧苦,难以言表。

"其四者,世间人民不念修善。两舌、恶口、妄言、绮语。憎嫉善人,败坏贤明,不孝父母,轻慢师长,朋友无信,难得诚实。尊贵自大,谓己有道,横行威势,侵易于人,欲人畏敬,不自惭惧,难可降化,常怀骄慢,赖其前世,福德营护。今世为恶,福德尽灭,寿命终尽,诸恶绕归。又其名籍,记在神明,殃咎牵引,无从舍离,但得前行,入于火镬①,身心摧碎,神形苦极。当斯之时,悔复何及。

注释:

①火镬(huò):"火"指狱火,"镬"指镬汤。据《观佛三昧海经》卷五载,阴间有镬汤地狱,即以锅镬煮沸汤,置罪人于其中,以惩其生前罪行。此地狱共有十八镬,每一镬纵广皆四十由旬,有七重之铁网,其内充满沸铁。有五百罗刹,以大石炭烧其铜镬,其火焰焰相承,在地狱六十日(即此娑婆世界的十二万年)而不灭。系众生毁佛戒法、杀生祠祀、为食肉焚烧山野而伤害众生、烧煮生类等所招感而得的果报。

译文：

“第四，世间人民不愿修善积德，却一门心思拨弄是非，恶语伤人，假话连篇，淫辞艳语，诱人行邪。他们还憎恨嫉妒善人的才德，中伤败坏贤明之人的名声，不孝敬父母，轻视慢待老师，与朋友交而无信，真诚信实，难得一见。他们还夸伐自大，妄称自己有道在身，横行霸道，仗势欺人，企图以此来使他人对自己畏惧敬重，俯首听命，可谓不知羞惭，不知戒慎恐惧，桀骜不驯，难以降伏教化，常怀自大傲慢之心，而浑不自知这只是依靠前生所修福德的庇护，方才没有立时报应而已。他今生今世作恶多端，前世辛勤修得的福德终归消耗殆尽，待到命终之时，种种恶业必将缠随着他一并归去。神明昭彰，他的名姓籍贯，无一例外地被登记在册，其所造灾殃罪业，无一例外地牵引缠随着他，根本无计脱身，只要往前走，就必然进入到狱火汤镬之中，身心被摧毁破碎，精神肉体痛苦不堪。到了这个时候，自然追悔莫及了。

“其五者，世间人民徙倚懈怠[①]，不肯作善，治身修业。父母教诲，违戾反逆，譬如怨家，不如无子。负恩违义，无有报偿。放恣游散，耽酒嗜美，鲁扈抵突[②]，不识人情，无义无礼，不可谏晓。六亲眷属，资用有无，不能忧念。不惟父母之恩[③]，不存师友之义。意念身口，曾无一善。不信诸佛经法，不信生死善恶。欲害真人[④]，斗乱僧众，愚痴蒙昧，自为智慧。不知生所从来，死所趣向，不仁不顺，希望长生。慈心教诲，而不肯信，苦口与语，无益其人。心中闭塞，意不开解。大命将终，悔惧交至。不豫修善，临时乃悔，悔之于后，将何及乎？

注释：

①徙倚：意为徘徊、逡巡。这里意指心无定见，不思进取。

②鲁：粗鲁无知。扈(hù)：跋扈自大。抵突：即胡冲乱撞，妄作冥行。参见第三十三“劝谕策进”品之“蒙冥抵突”注释。

③惟：思虑。

④真人：已证得真理的人，即指阿罗汉与佛。

译文：

“第五，世间人民，心无定见，不思进取，懈怠懒惰，苟安自利，不为善行，不思修身，不务正业。父母谆谆教诲，一概违背忤逆，形同冤家对头，有此儿女，实不如无。他们辜负父母养育之恩，违背世间礼义，对父母的种种恩德，全无报答之心。他们恣肆放荡，游乐散漫，好酒贪杯，嗜好美味，粗鲁无知，骄扬跋扈，胸无大志，妄作冥行，不近人情，毫无礼义，无法劝导，也难以理喻。他们对家亲眷属的生活日用所需，全然不顾，对于父母之恩师友情义，从不感念。他们心常念恶，口常言恶，身常行恶，可谓无善可言。他们不信奉诸佛的经教法言，不信生死轮回，善恶有报。甚至还有犯五逆重罪杀害阿罗汉的念头，离间僧众以使之争斗，蒙昧无知，反而自以为聪明。不知道生从何处而来，死后又到何方去，为人处事，不知仁爱和顺，却痴心梦想着长生不老。以慈悲之心教诲他,也不肯相信;苦口婆心劝勉他,也无动于衷。他们的心因痴愚冥顽而闭塞不通,自然对善意良言不能心开意解。到了生命将要终结之时,后悔恐惧交相迭至。不早作准备,修善积德,死到临头方生后悔,可为时已晚,怎么能追悔得及呢?

"天地之间,五道分明。善恶报应,祸福相承。身自当之,无谁代者。善人行善,从乐入乐,从明入明。恶人行恶,从苦入苦,从冥入冥。谁能知者?独佛知耳。教语开示,信行者少。生死不休,恶道不绝。如是世人,难可具尽。故有自然三途,无量苦恼,辗转其中,世世累劫,无有出期,难得解脱,痛不可言。如是五恶、五痛、五烧,譬如大火,焚烧人身,若能自于其中一心制意,端身正念,言行相副,所作至诚,独作诸善,不为众恶,身独度脱,获其福德,可得长寿泥洹之道。是为五大善也。"

译文:

"天地之间,五道(天、人、饿鬼、畜生、地狱)生死流转,因果分明。行善作恶,皆得其果,为善得福,作恶遭罚,丝毫不爽。这些祸福果报,均由本人承当,他人无可替代。善人行善,乐于行善,必得乐果;明达乐施,自可层楼更进,前景光明。恶人作恶,由苦而入,苦上加苦;愚痴作业,必更愚痴。因果报应不爽的所以然之理有谁能知？唯独只有佛能知其根源。佛宣说教化之语，开显真实事相，对此信受不疑而依此笃行的人实在太少。所以世间生死轮回永无休止，辗转于三途恶道者络绎不绝。像这样的世间人众，一言难尽。所以才有三恶道的无量苦恼，众生辗转其中，旷劫累世，难得解脱，其间深痛剧苦，难以言表。这样的五恶、五痛、五烧，犹如大火焚身，若有人能在五痛五烧之中，专心一志，克制贪瞋痴诸恶，端正其行为思想，言行一致，诚意笃行，专行善事，不做恶事，其人之身便独得度脱，得到相应的福德，获得真正长生不死的涅槃之道。这才是真实的五大善啊。”

重重诲勉第三十六

上一品着重揭明“五恶”、“五痛”、“五烧”辗转相生之祸。本品承接上品，进一步指出，造作恶因，必得恶果，或者今世就得现报，先遭重病灾殃折磨，求生不得，求死不能，或者在其寿终之后，堕入三途恶道之中，忧惧痛苦，酷烈惨毒，自业之火，焦灼烧身。宿世的冤家债主还将再次聚首，互相伤害残杀。恶因恶果，所谓天网恢恢，疏而不失，以使闻经大众心生戒惧警惕，不敢胡作妄为。在此基础上，奉劝众生应当自行端正己身，不要顺逐嗜好欲望，要专一心志，精进修行。

佛告弥勒：“吾语汝等，如是五恶、五痛、五烧，辗转相生，敢有犯此，当历恶趣。或其今世，先被病殃[①]，死生不得，示众见之。或于寿终，入三恶道，愁痛酷毒，自相燋然[②]，共其怨家，更相杀伤。从小微起，成大困剧。皆由贪著财色，不肯施惠；各欲自快，无复曲直；痴欲所迫，厚己争利；富贵荣华，当时快意；不能忍辱，不务修善；威势无几，随以磨灭。天道施张，自然纠举。茕茕忪忪[③]，当入其中。古今有是，痛哉可伤。

注释：

①被（pī）：同“披”，意指遭受。

②自相燋(zhuó)然:意指被自己的恶业所招感的烈火焦灼烧身。燋,即灼烧。

③茕茕(qióng):孤独无靠的样子。忪忪(zhōng):惊惶失措、心悸不安的样子。

译文:

释迦牟尼佛对弥勒说:"我告诉了你们五恶、五痛、五烧辗转相生的道理,若还有人敢于犯此五恶,将来必定堕入恶道,长劫受苦,很难出离。有的今世就得现报,先遭重病灾殃折磨,求生不得,求死不能,让世人都能见到恶有恶报的后果。有的则是在其寿终之后,堕入三途恶道之中,忧惧痛苦,酷烈惨毒,自业之火,焦灼烧身,宿世的冤家债主还将再次聚首,互相伤害残杀。这些怨恨往往都是从微不足道的业因而起,愈演愈烈,最终酿成重灾大祸。凡此种种,都因缘有自:贪财恋色,不肯布施;只求一己之乐,不管是非曲直;甘受愚痴贪婪之心驱使,损人利己,不择手段;富贵荣华家业,满足一时快意;不愿忍辱精进,不能修善积德,纵有威权重势,旋即便磨灭殆尽。因果报应的天理,自然施立,昭彰不爽,自会审察裁决其人所为。无论其显得如何孤独无靠,失措惊惶,当入恶道,就决定随业堕入三恶道。古往今来,其例多有,何等痛心,何等感伤!

"汝等得佛经语,熟思惟之,各自端守,终身不怠。尊圣敬善,仁慈博爱,当求度世,拔断生死众恶之本,当离三涂、忧怖苦痛之道。若曹作善[①],云何第一?当自端心，当自端身，耳目口鼻，皆当自端。身心净洁，与善相应。勿随嗜欲，不犯诸恶，言色当和，身行当专。动作瞻视，安定徐为。作事仓卒[2]，败悔在后。为之不谛[3]，亡其功夫。”

注释：

①若曹：同“尔曹”，意指你们。

②卒：同“猝”，仓促。

③谛：慎重妥帖。

译文：

“你们于此得到佛的教诲，就应当深加思考，细心体会，各自端正心意，如教奉行，终身不得懈怠。应当尊重圣贤，敬重善知识，仁爱慈悲，博施济众，当求济度世间众生永脱虚妄生死之道，拔除断灭生死和各种恶的根源，以脱离三途恶道的忧愁、恐怖和苦痛。你们做善事，首先要做的是什么呢？首先应当自行端正己身，耳、目、口、鼻，都当自行端正。身心洁净，方可与善相应。绝对不要顺逐嗜好欲望，造下诸种恶业，语言面貌应当敦厚和蔼，修行应当专一心志。一举一动，一言一行，都应当安祥静定，从容不迫。如果做事张皇失措，必将导致失败与后悔的结果。若所行不能做到真切笃实，那下再大的功夫也都是徒劳。”

如贫得宝第三十七

上一品主说恶因必得恶果,本品则着重说明善因善果之理。经中反复陈说广修善行方能得到福报,可谓苦口婆心。并提出了修善的具体方法,就是要广修“六度”,不违教诫,要忍辱包容,精进不舍,以慈悲之心,专一修行。要守斋持戒,务使身心清净。对于这一法门,应当像贫穷的人得到珍宝一样的珍惜,受持思考,精勤奉行,并向一切众生如实转述,如有违犯,定要深自忏悔,自行改过。如此而行,必能使天下和顺太平,众生不断提升境界,最终证得无上佛果。

“汝等广植德本①,勿犯道禁,忍辱精进,慈心专一。斋戒清净②,一日一夜,胜在无量寿国为善百岁。所以者何?彼佛国土,皆积德众善,无毫发之恶。于此修善,十日十夜,胜于他方诸佛国中,为善千岁。所以者何?他方佛国,福德自然,无造恶之地。唯此世间,善少恶多,饮苦食毒③,未尝宁息。

注释:

①德本:功德之根本,有两种解释,一是指“六度”为一切功德之根本,二是指称念阿弥陀佛名号为一切功德之本。

②斋戒:广义指清净身心,谨防身心懈怠。其中,清除心的

不净叫做“斋”，禁身的过非叫做戒。狭义则专指“八关斋戒”，或特指过午不食的戒法。“八关斋戒”又称“八关戒斋”、“八支斋戒”、“八分斋戒”、“八关斋”、“八戒斋”、“八戒”、“八禁”、“八所应离”。指在家二众于六斋日受持一日一夜的出家戒律。六斋日，即阴历每月八日、十四日、十五日、二十三日，以及月底二日。由于学佛目的在于出离生死，所以佛教认为，在家二众应当在六斋日中的任何一天，到僧团中与出家人一齐过出家生活，受持不杀生、不盗、不淫、不妄语、不饮酒、不香华鬘严身歌舞观听、不坐卧高广严丽的床座、不非时食即过午不食等八戒，以长养出世善根。

③饮苦食毒：“饮”、“食”都是譬喻用法。“苦”是“三苦”、“八苦”等种种苦难、痛苦。“毒”是贪、嗔、痴等三毒烦恼。这里主要是表明众生每日受苦造业从未间断。

译文：

“你们应当广修六度，培植功德之本，不可违犯教诫戒律。要忍辱包容，精进不舍，以慈悲之心专一修行。要守斋持戒，务使身心清净。若能在此秽土依此修行一天一夜，所获的功德胜过在无量寿国里行善百年。什么缘故呢？在西方极乐世界中，都是积功累德无量之人，所以没有丝毫造作恶业的因缘。而在我们这个五浊恶世之中，修习善行十天十夜，则胜过在其他诸佛国中修善千年。这又是什么缘故呢？因为他方佛国福德自然而有，没有造作恶业的余地。只有我们这个世间，善少恶多，饮八苦水，食三毒味，没有安宁休止的时候。

"吾哀汝等，苦心诲喻，授与经法。悉持思之，悉奉行之。尊卑、男女、眷属、朋友，转相教语，自相约检，和顺义理，欢乐慈孝。所作如犯，则自悔过。去恶就善，朝闻夕改。奉持经戒，如贫得宝。改往修来，洒心易行①，自然感降，所愿辄得。佛所行处②，国邑丘聚，靡不蒙化，天下和顺：日月清明，风雨以时，灾厉不起③，国丰民安，兵戈无用，崇德兴仁，务修礼让，国无盗贼，无有怨枉，强不凌弱，各得其所。

注释：

①洒（xǐ）心易行：洒，为"洗"的古字。"洒心"即洗涤心中污垢烦恼；"易行"即转恶为善，改邪归正。

②佛所行处：指佛所到之处。这里泛指佛法所流行、推行之处。

③灾厉："灾"指各种自然灾害，"厉"指疫疠。

译文：

"我哀悯你们，所以才苦口婆心地开示教导，传授给你们离苦得乐的方法。你们当受持思考，精勤奉行。对于我的教导，无论尊卑、男女还是你的亲眷、朋友，对于一切众生都要如实转述，还要时时自相约束、反省、检点，使言行举止合顺于我的经法教义，以使众生皆得欢喜安乐，上慈下孝。所作所为如有违犯经戒的地方，定要深自忏悔，自行改过。远离恶业，亲近善行，发现过失，立即改正。奉行经典中的教诫，就像贫穷的人得到珍宝一样的珍惜。改正以往的恶行，修行善因以为将来积德，涤除心中的污垢，改正行为中的错失，如此则自然感应到佛力加持，凡所求愿，都能圆满获得。佛法所推行之处，大到国家、都市，小到乡镇、村落，一体众生无一例外地蒙受教化，天下由此一派祥和顺泰：日清月明，风调雨顺，灾害不生，疾疫不起，国家丰足，人民安乐，兵将解甲，刀枪入库，尊崇道德，兴施仁政，人民讲信修睦，礼让谦和，社会安定和谐，没有盗贼，亦无怨屈，强不欺弱，众不暴寡，人人各得其所，安居乐业。

“我哀汝等，甚于父母念子。我于此世作佛，以善攻恶，拔生死之苦，令获五德①，升无为之安②。吾般泥洹③，经道渐灭④，人民谄伪，复为众恶，五烧五痛，久后转剧。汝等转相教诫，如佛经法，无得犯也。”

注释：

①五德：即不杀生、不偷盗、不邪淫、不妄语、不饮酒等五善。

②升无为之安：意指提升境界，最终证得无上佛果。

③般泥洹：又作“般涅槃”。本意为熄灭或吹熄的状态。佛教中指当烦恼火熄灭之后，即至于智慧完成而臻于觉悟之境，故佛教以达到此一境界为最后目的。

④经道渐灭：“经道”指佛法，“渐灭”即逐渐消失。这里是指佛法在佛灭后的末法时期就会逐渐消失。

译文：

“我对你们的哀悯关切，胜过世间父母对于儿女的慈爱关怀。我在此五浊恶世上示现成佛，传授种种善法，以对治一切烦恼恶习，彻底拔除生死轮回之苦，教导众生修行五善、成就五德，不断提升境界，最终证得无上佛果。我圆寂之后，佛法经教势将逐渐湮灭，那时，人心谄曲伪诈，又会造作种种恶业，五烧五痛，愈演愈烈。你们务必要将我的经教辗转相告，互相劝导勉励，如佛在经上所说的理论和方法修学，依教奉行，决不可以违犯。”

弥勒菩萨，合掌白言：“世人恶苦，如是如是。佛皆慈哀，悉度脱之。受佛重诲，不敢违失。”

译文：

弥勒菩萨合掌顶礼，向释迦牟尼佛禀白道：“世间人民造作五恶，感得五痛、五烧的苦报，一切皆如我佛所言。佛以大慈大悲之心哀悯众生，普度一切众生出离苦海，得到解脱。我等接受佛陀深刻的教诲，决不敢有丝毫违背、忘失。”

礼佛现光第三十八

本品讲述阿弥陀佛及释迦牟尼佛以慈悲之心和无边法力加持与会大众，使在法会中听法的每一个人，都亲自耳闻目睹极乐世界的依正庄严。以“三转法轮”的说法，为了使众生信受佛法，有“示相转”、“劝修转”、“引证转”三转，本品属于“引证转”，或称“证转”、“作证转”，就是拿出确切证据给与会大众看，西方极乐世界、弥陀净土，确确实实地存在，绝非虚无缥缈的存在。同时，本品中还反复指出了面向西方，恭敬顶礼，口中称念“南无阿弥陀佛”的净土法门，这对后世净土宗教仪式的影响不可忽视。

佛告阿难：“若曹欲见无量清净平等觉①，及诸菩萨、阿罗汉等所居国土，应起西向，当日没处，恭敬顶礼，称念南无阿弥陀佛②。”

注释：

①无量清净平等觉：即阿弥陀佛。本经汉代译本称无量寿佛为“无量清净平等觉”，或“无量清净觉”。

②南无：又作“南牟”、“那谟”、“南谟”、“那摩”等，意译为“礼敬”、“归敬”、“归依”、“归命”、“信从”。印度礼仪，低头合掌，口称“南无”，即表示致敬。原意含救我、度我、屈膝之意。

佛教中多使用于佛、菩萨的名号或佛教经典之前，表示对佛、菩萨以及佛法的归依、信顺和尊崇。如“南无阿弥陀佛”、“南无三宝”等。

译文：

释迦牟尼佛告诫阿难说：“你们如果想见无量寿佛以及西方极乐世界诸菩萨、阿罗汉等所居住的净土，应当起身朝向西方，面对日落之处，恭敬地顶礼，称念‘南无阿弥陀佛’。”

阿难即从座起，面西合掌，顶礼白言：“我今愿见极乐世界阿弥陀佛，供养奉事，种诸善根。”顶礼之间，忽见阿弥陀佛，容颜广大，色相端严，如黄金山，高出一切诸世界上。又闻十方世界，诸佛如来，称扬赞叹阿弥陀佛种种功德，无碍无断。

译文：

阿难立刻从座位上站起来，面向西方，合掌顶礼，并发愿道：“我今愿见极乐世界阿弥陀佛，供养侍奉阿弥陀佛，以此培植我的种种善根。”顶礼之间，阿弥陀佛忽然示现在他的面前。阿弥陀佛容颜广大，色相端正庄严，如黄金山一样，高出一切诸世界之上。又听到十方世界的诸佛如来，都在称颂赞叹阿弥陀佛的种种功德，称颂赞叹之声遍满虚空，没有阻隔，久久不断。

阿难白言：“彼佛净刹，得未曾有，我亦愿乐生于彼土。”世尊告言：“其中生者，已曾亲近无量诸佛，植众德本。汝欲生彼，应当一心归依瞻仰。”

译文：

阿难禀白道：“今日得见极乐世界清净庄严，都是我从来见所未见、闻所未闻的，我也乐意往生极乐世界。”世尊告诉他说：“西方极乐世界的往生者，过去都曾亲近、供养过无量诸佛，培植积累了种种福德善根。你想往生西方极乐世界，就应当一心一意地皈依和瞻仰阿弥陀佛。”

作是语时，阿弥陀佛即于掌中放无量光，普照一切诸佛世界。时诸佛国，皆悉明现，如处一寻①。以阿弥陀佛殊胜光明，极清净故，于此世界所有黑山、雪山、金刚、铁围大小诸山②，江河、丛林、天人宫殿，一切境界，无不照见。譬如日出，明照世间，乃至泥犁、溪谷、幽冥之处③，悉大开辟，皆同一色。犹如劫水弥满世界④，其中万物，沉没不现，滉瀁浩汗⑤，唯见大水。彼佛光明，亦复如是，声闻菩萨，一切光明，悉皆隐蔽，唯见佛光，明曜显赫。

注释：

①一寻：寻为古代长度单位，相当于两臂伸开的长度，多以八尺为一寻。这里用来形容距离非常近。

②黑山：又称“黑岭”，位于今阿富汗东部，喀布尔河支流卡瓦河及毕齐河上游处。据《大慈恩寺三藏法师传》卷二载，玄奘西游印度，从迦毕试国进入滥波国时，即曾跋涉峻峭峰岩而越过黑山。雪山：多指位于印度半岛北边的喜马拉雅山脉的总称，又称“大雪山”。因四时皆为雪所覆盖，故有此称。印度视此山为神圣山脉，经常为其国神话与传说的题材，佛典中也屡见其名。也有以雪山为葱岭西南兴都库什山脉的总称者。金刚：即金刚铁围山，指围绕整个世界的铁围山。也有解作须弥山。

③泥犁：即地狱。

④劫水：是佛经上所说的世界坏灭时所起的大三灾之一的水灾。据说，坏劫来临时，水由地下水轮涌出，大雨倾盆而下，雨滴甚粗，或如车轴，或如巨杵，这一灾害经历多年而不止，第二禅天以下，全部将被浸没而败坏。

⑤滉瀁(yǎng)浩汗：指水深广，浩瀚无际。“滉瀁”有深广的意思，“浩汗”即浩瀚。

译文：

释迦牟尼佛正说此话的时候，阿弥陀佛就在手掌中放出无量光明，普照一切诸佛世界。这时候，诸佛国都全部显现出来，如在眼前一寻之处。由于阿弥陀佛殊胜的光明，极其清净，所以整个世界，一时朗现：所有的黑山、雪山、金刚山、铁围山等大大小小的山，乃至所有的江河、丛林、天人宫殿等等一切境界，无一例外地照现出来。如同太阳升起，佛的光明普照世间，乃至于地狱、溪谷、幽冥之处，全都开明朗现，世上一切事物无不耀现出同样的金色光芒。就好像劫水弥漫于整个世界，其中的万物沉没不现，浩瀚无际，只能看见大水。阿弥陀佛的光明亦是这样，声闻、菩萨的一切光明，全都隐蔽不现，唯见佛光明耀无比，显赫非凡。

此会四众、天龙八部、人非人等①，皆见极乐世界，种种庄严。阿弥陀佛，于彼高座，威德巍巍，相好光明。声闻菩萨，围绕恭敬。譬如须弥山王②，出于海面，明现照耀。清净平正，无有杂秽，及异形类，唯是众宝庄严，圣贤共住。

注释：

①天龙八部：略称“八部众”，指天神、龙、蛇等护持佛法的八种神族。即天、龙、夜叉、乾闼婆、阿修罗，迦楼罗、紧那罗、摩睺罗伽。“八部众”中，以天、龙二众为上首，故标举其名，统称“天龙八部”。“八部众”不能为凡人肉眼所看到，所以又称“冥众八部”。人非人：即“天龙八部”中的紧那罗众，又称“疑神”、“疑人”。原为印度神话中之神，后被佛教所吸收。据《华严经探玄记》卷二载，此神形貌似人，然顶有一角，人见而起疑，故译为“疑人”、“疑神”。因其具有美妙的音声，能歌善舞，又称“歌神”、“乐神”。

②须弥山王：即须弥卢山王，为佛教十山王之一，因其高于其他诸山，故称“山王”。此山由纯宝所成，大威德天皆住其中；

比喻法云地之菩萨，具足如来之力，成就无畏。

译文：

在此法会中的四众弟子、天龙八部、人非人等，都亲眼见到了极乐世界的种种庄严。阿弥陀佛端坐在他的高座之上，威严肃穆，功德巍巍，瑞相光明。声闻、菩萨弟子十分恭敬地拥立在他的身边。好像须弥山王，高高地升出于海面之上，散出无量光明，照耀四方。那里清净安稳，宽广平正，没有杂乱的污秽之物，也没有异形怪物，全由各种宝物庄严修饰，唯有圣人与贤者居住在一起。

阿难及诸菩萨众等，皆大欢喜，踊跃作礼，以头著地，称念南无阿弥陀三藐三佛陀[①]。诸天人民，以至蜎飞蠕动，睹斯光者，所有疾苦，莫不休止，一切忧恼，莫不解脱。悉皆慈心作善，欢喜快乐。钟磬琴瑟，箜篌乐器，不鼓自然皆作五音。诸佛国中，诸天人民，各持花香，来于虚空，散作供养。

注释：

①三藐三佛陀：又作“三藐三没驮”、“三耶三佛”、“三耶三佛陀”，意译为“正遍知”、“正等觉”、“正等觉者”。为如来十号之一。所以“南无阿弥陀三藐三佛陀”即“南无阿弥陀佛”之意。

译文：

阿难及诸菩萨见到阿弥陀佛及其极乐世界，都生大欢喜心，争相顶礼膜拜，五体投地，口中称念“南无阿弥陀三藐三佛陀”。诸天界人民，以至飞蝇爬虫等一切众生，凡见到阿弥陀佛的殊胜光明者，所有的疾病痛苦，莫不消失，一切的忧愁烦恼，无不解脱。人人都生发慈悲之心，行善积德；各个法喜充满，欢欣快乐。钟、磬、琴、瑟、箜篌等乐器，不鼓不弹不吹不奏便自然地发出交响动人的音乐。十方诸佛世界中的诸天人民，也各持鲜花、供香，来到虚空之中，虔诚恭敬地供养佛。

尔时，极乐世界，过于西方百千俱胝那由他国，以佛威力，如对目前，如净天眼，观一寻地，彼见此土，亦复如是。悉睹娑婆世界，释迦如来，及比丘众，围绕说法。

译文：

那时，极乐世界虽远在西方百千俱胝那由他国度之外，以佛的威神之力加持，如同近在眼前，又如同以清净的天眼，观看一寻以外的地方那样清晰明了。极乐世界上的圣众看我们的娑婆世界也是如此清晰明了，他们也看到了释迦牟尼如来佛，以及与会的比丘大众，拥绕着释迦牟尼佛，听说佛法。

慈氏述见第三十九

本品与上一品的目的一样，都是引证除疑，只是本品着重从阿难、弥勒对于耳闻目睹西方极乐世界种种境界之后的亲口证实，来证明佛言无妄，弥陀净土的依正庄严真实不虚。在本品中，释迦牟尼佛与阿难、弥勒一问一答，对于极乐净土的种种殊胜的真实性都作了确定无疑的回答。最后，通过佛陀提问、弥勒作答的形式，引出了一个作为下一品主题的问题，即是：是什么因缘，造成西方极乐世界中的人有的胎生，有的化生呢？

尔时，佛告阿难，及慈氏菩萨①："汝见极乐世界，宫殿、楼阁、泉池、林树，具足微妙、清净庄严不②？汝见欲界诸天③，上至色究竟天④，雨诸香华，遍佛刹不？"

注释：

①慈氏菩萨：即"弥勒菩萨"的意译。据《弥勒上生经》、《弥勒下生经》所载，弥勒出生于婆罗门家庭，后为佛弟子，先佛入灭，以菩萨身为天人说法，住于兜率天。据传此菩萨欲成熟一切众生，由初发心即不食肉，因此而名为慈氏。而根据《大日经疏》卷一，又认为慈氏菩萨是因为在佛四无量中的"慈"为第一无量，是从如来种姓中所生，能使一切世间不断佛种，所以称为"慈氏"。释迦牟尼曾作预言为之授记，当弥勒在兜率天四千年

（约人间五十七亿六千万年）寿尽时，将下生此世，在龙华树下成佛，分三会说法。以其代释迦牟尼佛说教之意，又称其为“一生补处菩萨”、“补处菩萨”、“补处萨埵”；到那时必将成佛，所以亦称“弥勒佛”、“弥勒如来”。中国一般寺庙供奉的笑口常开胖弥勒像为五代时的契此和尚，因契此和尚传说为弥勒化身，因此而为后人塑像供奉。往生兜率天的弥勒净土信仰，自古与阿弥陀信仰同为佛教徒所重。

②不（fǒu）：同“否”。下文皆同。

③欲界诸天：即四王天、忉利天、夜摩天、兜率天、乐变化天、他化自在天。欲界六天的共同特质是仍有欲乐，是有淫食二欲的众生所住的世界。

④色究竟天：又作“碍究竟天”、“一究竟天”、“一善天”、“无结爱天”、“无小天”。是色界四禅天的最顶位，色界十八天的第十八天，五净居天之一。此天为修最上品四禅者所生之处，其果报在有色界中为最胜，所以称“色究竟天”。

译文：

那时，释迦牟尼对阿难以及弥勒菩萨说道：“你们看见极乐世界的宫殿、楼阁、泉池、林树等一切景物，是否都无一例外的穷微尽妙、清净庄严？你们看见欲界诸天，上至色究竟天，降香花之雨，那花遍散十方佛国净土了吗？”

阿难对曰：“唯然已见。”

译文:

阿难回答说:“您所说的一切,我们确实都看见了。”

“汝闻阿弥陀佛大音宣布一切世界,化众生不?”

译文:

释迦牟尼佛又问道:“你们是否听到阿弥陀佛说法的声音,周遍散布十方一切世界,以教化众生没有?”

阿难对曰:“唯然已闻。”

译文:

阿难回答说:“是的,我们确实都听到了。”

佛言:“汝见彼国净行之众[1],游处虚空,宫殿随身,无所障碍,遍至十方供养诸佛不?及见彼等念佛相续不?复有众鸟,住虚空界,出种种音,皆是化作,汝悉见不?”

注释:

①净行之众:即具足清净行持的大众。这里指极乐世界的菩萨们。

译文:

释迦牟尼佛又说:“你们看见极乐世界清净修行的菩萨们,

游行于空之中，他们所居住的宫殿亦紧随身后，没有任何障碍，他们如此飞行，遍至十方世界，供养诸佛了吗？你们看到他们念佛相续不断了吗？还有各种飞鸟，行于虚空之中，鸣叫出种种悦耳动听的声音，这些都是阿弥陀佛的变化所为，你们全都看见了吗？”

慈氏白言：“如佛所说，一一皆见。”

译文：

弥勒菩萨禀白道：“如佛所说，我们确实都一一看见了。”

佛告弥勒：“彼国人民有胎生者①，汝复见不？”

注释：

①胎生：本意为四生（胎生、卵生、化生、湿生）之一，即由母胎而生。劫初的人类，男女未分，所以都是化生，后来因为发生淫情，生出男女二根，才变为胎生。本经所谓胎生，则与此不同，主要是要说明因疑惑心而念佛往生极乐世界的众生，最初只能往生到极乐净土的边地的莲胎之中，不能见佛闻法。本经下一品对此情形进行了更为详尽的介绍。

译文：

释迦牟尼佛又向弥勒菩萨发问道：“西方极乐世界的人民中有的是胎生的，你看到了吗？”

弥勒白言："世尊，我见极乐世界人住胎者，如夜摩天①，处于宫殿。又见众生，于莲华内结跏趺坐②，自然化生，何因缘故？彼国人民，有胎生者，有化生者？"

注释：

①夜摩天：意译为"善时分"、"善时"、"善分"、"妙善"、"妙时分"、"妙唱"、"唱乐"等。欲界六天之第三天。据《正法念处经》卷三十六、《立世阿毗昙论》卷六、《佛地经论》卷五、《慧苑音义》卷上等所载，此天界光明赫奕，无昼夜之分，居于其中，时时刻刻享受不可思议的欢乐。

②结跏趺(fū)坐：又作"结加趺坐"、"结跏跗坐"、"跏趺正坐"、"跏趺坐"、"加趺坐"、"跏坐"、"结坐"。即互交二足，结跏安坐。在诸坐法中，结跏趺坐最安稳而不易疲倦，因此佛教认为是圆满安坐之相，诸佛皆依此法而坐，所以又称"如来坐"、"佛坐"。其坐法即双膝弯曲，两足掌向上，又可分为"降魔坐"、"吉祥坐"两种：(一)先以右足压左股，后以左足压右股，二足掌仰于二股之上，手亦左手居上，称为"降魔坐"。天台、禅宗等显教诸宗多传此坐。(二)先以左足压右股，后以右足压左股，手亦右手压左手，称为"吉祥坐"，密宗亦称之为"莲花坐"。如来于菩提树下成正觉时，身安吉祥之坐，手作降魔印。吉祥坐多见于密教，是以右足表示佛界，左足表示众生界。以右足压左足，乃佛界摄取众生界，众生界归佛界之意，即表示生佛不二。

译文：

弥勒菩萨回答说："世尊，我看见极乐世界有胎生的人，犹如夜摩天人住在宫殿中一样快乐。但又看见往生极乐净土的众生，都在莲花内结跏趺坐而自然化生，那是什么因缘？西方极乐世界中的人又是什么因缘造成有的胎生，有的化生呢？"

边地疑城第四十

本品承接上一品，回答弥勒有关往生极乐净土的众生，都应在莲花内结跏趺坐而自然化生，那为什么自己又亲眼看到西方极乐世界中，还有一些人尽管极享福乐，但仍属胎生的疑问。本品指出，众生尽管善恶因业，能造成六道轮回或往生极乐净土的因果报应，但由于对如来果地的圆满智慧持怀疑态度；或者尽管坚定相信佛智圆满，但对自己的善根却不够自信，则虽可因其持续念佛不辍，以念佛的功德，结成往生极乐世界的善愿之力，最终得以往生西方极乐世界，但由于其心念犹疑不坚，以疑惑心修诸功德，最终只能往生于极乐净土的边地疑城中，五百年中不能见佛，不得听佛说法，不得自在。从而由此劝导人们，应当深信切愿，无论对于圆满佛智还是自身慧根，都莫生疑虑，一心求生净土。

需要指出的是，本品所谓在“边地疑城”中的“胎生”，并非果然由结胎而生，其实仍是在莲花中自然化生的，只是由于他们在七宝疑城中不能出离，所居住的房舍宅院只在地上，不能随心所欲地变化高低大小。在五百年之中，不能见到阿弥陀佛，也没有机会听闻佛的经教，不能见到菩萨、声闻圣众。智慧不够开通明达，对于佛法经典又知之不多，不能心开意解，法喜之心难得生起，所以称为“胎生”。

佛告慈氏："若有众生，以疑惑心修诸功德，愿生彼国，不了佛智、不思议智、不可称智、大乘广智、无等无伦最上胜智①，于此诸智，疑惑不信，犹信罪福，修习善本，愿生其国。复有众生，积集善根，希求佛智、普遍智、无等智、威德广大不思议智②，于自善根，不能生信，故于往生清净佛国③，意志犹豫，无所专据，然犹续念不绝，结其善愿为本，续得往生。

注释：

①佛智：佛所具有的智慧。《大智度论》云："佛智慧有二种：一者无上正智，名阿耨多罗三藐三菩提，二者一切种智，名萨般若。"而唯识法相则将佛智分为"大圆镜智"、"平等性智"、"妙观察智"、"成所作智"等四智，密教则再加上"法界体性智"而成五智。不思议智：意指佛的智慧深不可测，难以思议。唐海东元晓《无量寿经宗要》认为"不思议智"即是"成所作智"。不可称智：佛的智慧不是言语所能尽述的。《无量寿经宗要》认为"不可称智"即"妙观察智"。大乘广智：佛的智慧深妙无差别，能够普度无边有情，同登彼岸，同证无上菩提，所以《无量寿经宗要》认为"大乘广智"即平等性智。无等无伦最上胜智：即佛的智慧至高无上，究竟圆满，无与伦比，所以《无量寿经宗要》认为与大圆镜智相应。

②普遍智：即上段经文提及的"大乘广智"。无等智：即上段经文提及的"无等无伦最上胜智"。威德广大不思议智：即上段经文提及的"不可称智"与"不思议智"。

③清净佛国：即阿弥陀佛佛国净土，也即西方极乐世界。

译文：

释迦牟尼佛对弥勒菩萨说道："如果有的众生用疑惑的态度去修称念佛号等种种功德，发愿往生西方极乐世界，但他们不能明了佛智、不思议智、不可称智、大乘广智、无等无伦最上胜智的奥妙，对于这些如来果地上的圆满智慧持怀疑而不相信的态度，但他们还相信五逆十恶等重罪以及五戒十善等福业，能造成六道轮回或往生极乐净土的因果报应，因而修习为善功德，发愿往生极乐世界。还有一类众生，积累功德善根，希望求得佛智、普遍智、无等智、威德广大不思议智，但对自己的善根却不够自信，因此，对于是否能往生西方极乐世界，犹疑不定，心志不专，但他仍然能够持续念佛不辍，以念佛的功德，结成其往生极乐世界的善愿之力，所以还是能够往生西方极乐世界。

"是诸人等，以此因缘，虽生彼国，不能前至无量寿所。道止佛国界边①，七宝城中。佛不使尔②，身行所作，心自趣向。亦有宝池莲华，自然受身，饮食快乐，如忉利天。于其城中，不能得出，所居舍宅在地，不能随意高大。于五百岁，常不见佛，不闻经法，不见菩萨声闻圣众。其人智慧不明，知经复少，心不开解，意不欢乐。是故于彼，谓之胎生。

注释:

①道止:本意为半途而废之意。这里指停留。

②佛不使尔:指上述往生之路只到极乐世界边上的七宝城中的后果,并不是阿弥陀佛所造成的。

译文:

"上述两类人,以他们的因缘福报虽得以往生西方极乐世界,但不能直接前往阿弥陀佛的住所。他们的往生之路只到极乐世界边上的七宝城中。这并不是阿弥陀佛刻意而为,根本原因在于他们自身的行为和内心的取向不够坚定。他们也是从宝池莲花中自然化生,饮食方面的快乐,和忉利天人一样。但他们在七宝疑城中不能出离,所居住的房舍宅院只在地上,不能随心所欲地变化高低大小。在五百年之中,不能见到阿弥陀佛,也没有机会听闻佛的经教,不能见到菩萨、声闻圣众。这些人的智慧不开通明达,对于佛法经典又知之不多,不能心开意解,法喜之心难得生起。由于以上这些原因,所以称他们为'胎生'。

"若有众生,明信佛智,乃至胜智[①],断除疑惑,信己善根,作诸功德,至心回向,皆于七宝华中,自然化生,跏趺而坐。须臾之顷,身相、光明、智慧、功德,如诸菩萨,具足成就。弥勒当知,彼化生者,智慧胜故。其胎生者,五百岁中,不见三宝[②],不知菩萨法式,不得修习功德,无因奉事无量寿佛。当知此人,宿世之时[③],无有智慧,疑惑所致。"

注释：

①胜智：指本品前面提及的四种殊胜智慧，即不思议智、不可称智、大乘广智、无等无伦最上胜智。

②不见三宝：这里指见不到阿弥陀佛，也听不到阿弥陀佛说法，同时也见不到极乐世界的诸大菩萨。也即本品前面所说的“常不见佛，不闻经法，不见菩萨声闻圣众”的意思。

③宿世：即前生、前世、过去世之意。宿世的生存状态，称为“宿命”；宿世的习性，称为“宿习”；宿世所结的因缘，称为“宿因”、“宿缘”。宿世所造之业，称为“宿业”、“宿行”。根据宿世业因而感得的果报，称为“宿报”。

译文：

“如果有众生能明确坚定地信奉佛的圆满智慧，乃至四种殊胜智慧，断除对佛智圆满的所有疑惑，同时也坚信自己的善根，勤修六度万行，做种种功德善事，并将所修功德全心全意地回向所愿，往生极乐净土，就可以在七宝莲花中自然化生，结跏趺而坐。片刻之间，身色相好、光明、智慧、功德，如同诸菩萨一样，具足成就。弥勒，你们应当知道，这些化生者之所以能得化生，是因为他们的智慧殊胜，超过上述胎生者的缘故。那些胎生者，在五百年中不得见佛法僧三宝，不得见菩萨修行作法的方法，不得修习种种功德，没有奉事无量寿佛的因缘。应当知道，这是因为这些人在前世的时候，缺乏必要智慧，怀疑佛德圆满智慧以及自身善根，方才往生到边地疑城之中。”

惑尽见佛第四十一

本品承接上一品，继续奉劝众生应当断除疑惑，坚定信心，以求往生极乐，得见弥陀。本品开首以王子被囚之喻，说明往生到西方极乐世界边地疑城的众生，也同被囚的王子一样。虽能往生净土，但犹如转轮圣王的犯罪王子们在七宝狱的园苑宫殿中禁闭一样，不得自在。所以只会以此为苦，而不会欣喜快乐。只有认识到自己往生边地、久处莲胎的根源，深刻地忏悔、自责，希望出离边地疑城，等到过去世的一切疑惑全部断尽之后，方才能够出离此地，得见阿弥陀佛，听佛说法。最后，本品又借弥勒的疑问，回答了能否往生极乐世界的根据，即众生应当以“信”为根本，信佛智圆满，信自根清净；同时又应以“愿”为前提，当诚心发愿，求生极乐世界；信愿具足，还要辅之以不执着、无分别的“无相”智慧，得到最终的解脱。

“譬如转轮圣王①，有七宝狱，王子得罪，禁闭其中。层楼绮殿②，宝帐金床，栏窗榻座，妙饰奇珍，饮食衣服，如转轮王。而以金锁③，系其两足。诸小王子，宁乐此不？”

注释：

①转轮圣王：另作“转轮王”、“转轮圣帝”、“轮王”、“飞行转

轮帝”、“飞行皇帝”。即旋转轮宝之王，是佛教政治理想中的统治者。详参本经第八“积功累德”品“转轮圣帝”注释。

②绮殿：以绮罗锦缎装饰而成的宫殿。这里喻指装饰得富丽堂皇的宫殿。

③鏁（suǒ）：同“锁”。这里指锁链。

译文：

释迦牟尼佛继续说道：“譬如转轮圣王有七宝狱，如果有王子犯了罪，就被禁闭在里面。楼阁重重，宫殿华丽，里面的宝帐、金床、栏杆、窗户、卧榻、坐椅，都用珍奇异宝装饰而成，饮食服饰，也同转轮王本人一样的规格。但他的双脚，却被金锁锁住。这些被禁闭的小王子，会喜欢这样吗？”

慈氏白言：“不也，世尊！彼幽縶时[1]，心不自在。但以种种方便，欲求出离。求诸近臣，终不从心。轮王欢喜，方得解脱。”

注释：

①幽縶（zhí）：即幽禁。“縶”本义为拴住马足的绳索，转义为拘禁、束缚。

译文：

弥勒菩萨回答道：“不会喜欢的，世尊！王子被禁闭于七宝狱时，失去自由，他们的精神不会自在。只能采用种种办法，以求从其中出来。他求助于转轮王身边的近臣,终究不能如愿,只有等到转轮王高兴的时候,才能得到解脱。"

佛告弥勒:"此诸众生,亦复如是。若有堕于疑悔,希求佛智,至广大智,于自善根,不能生信,由闻佛名,起信心故,虽生彼国,于莲华中,不得出现。彼处华胎,犹如园苑宫殿之想。何以故?彼中清净,无诸秽恶,然于五百岁中,不见三宝,不得供养奉事诸佛,远离一切殊胜善根[①]。以此为苦,不生欣乐。若此众生,识其罪本[②],深自悔责,求离彼处,往昔世中,过失尽已,然后乃出,即得往诣无量寿所,听闻经法,久久亦当开解欢喜,亦得遍供无数无量诸佛,修诸功德。汝阿逸多[③]!当知疑惑,于诸菩萨为大损害,为失大利,是故应当明信诸佛无上智慧。"

注释:

①一切殊胜善根:这里专指得见阿弥陀佛以及极乐世界的诸大菩萨,并得闻阿弥陀佛说法等善根。

②罪本:指前面经文所说的对如来果地的圆满智慧持怀疑态度,或者对自己的善根不够自信这两种导致往生边地、久处莲胎的疑惑。

③阿逸多:一般认为"阿逸多"即弥勒的字号,如鸠摩罗什《维摩经注》云:"弥勒,姓也。阿逸多,字也。南天竺婆罗门

子。”但也有认为并非弥勒，而是与其同时的释迦牟尼佛的另一弟子。

译文：

释迦牟尼告诉弥勒菩萨说：“这些往生到西方极乐世界边地疑城的众生，也同被囚的王子一样。他们对于佛智心存疑窦而生后悔，或者有求佛智乃至广大智之心，但又对自己的善根不能坚信不移，那么尽管由于听闻阿弥陀佛的名号而生起信心的缘故，得以往生西方极乐世界，但在莲花之中却不能出现。他们身处莲花的胎胞之中，犹如转轮圣王的犯罪王子们在七宝狱的园苑宫殿中禁闭一样。为什么呢？因为他们莲花的胎胞虽然无比清净而无秽垢染污，但是在五百年之久的实践中，不能见到佛、法、僧三宝，不能供养侍奉十方诸佛，无缘修习一切殊胜善根。他们只会以此为苦，而不会因此欣喜快乐。但如果这些往生边地疑城的众生，能够认识到自己往生边地、久处莲胎的根源，深刻地忏悔、自责，希望出离边地疑城，等到过去世的一切疑惑全部断尽之后，就能够出离此地，立时便得以来到阿弥陀佛的住所，听闻阿弥陀佛讲经说法，久而久之，其心也将得到开悟，心生欢喜，也将能够普遍无碍地供养十方无量诸佛，修行种种功德。弥勒！你应当明白，疑惑对于诸菩萨来说，损害甚大，只要有此疑惑，那种不退成佛的殊胜利益就不能成就，所以，应当明确坚定地相信诸佛的无上智慧。”

慈氏白言：“云何此界一类众生，虽亦修善，而不求生？”佛告慈氏：“此等众生，智慧微浅，分别西方，不及天界，是以非乐，不求生彼。”慈氏白言：“此等众生，虚妄分别，不求佛刹，何免轮回？”

译文：

弥勒菩萨又问道：“为什么我们这个世界中有这样一类众生，他们虽也肯修善积德，但却不求往生西方极乐世界？”释迦牟尼佛告诉慈氏：“这一类众生，由于智慧太过浅薄，以为西方极乐世界不如天界，以为到西方极乐世界得不到真实快乐，所以不求往生西方极乐世界。”弥勒菩萨接着又问道：“这一类的众生，以其愚痴妄加判断，不追求佛国净土，他们凭什么才得脱离轮回之苦呢？”

佛言：“彼等所种善根，不能离相，不求佛慧，深著世乐，人间福报，虽复修福，求人天果。得报之时，一切丰足，而未能出三界狱中。假使父母、妻子、男女、眷属，欲相救免，邪见业王①，未能舍离，常处轮回而不自在。汝见愚痴之人，不种善根，但以世智聪辩，增益邪心，云何出离生死大难②？复有众生，虽种善根，作大福田③，取相分别④，情执深重，求出轮回，终不能得。若以无相智慧⑤，植众德本，身心清净，远离分别，求生净刹，趣佛菩提，当生佛刹，永得解脱。”

注释：

①邪见业王：即为邪见之业所主宰。“邪见业”指邪知邪见、分别执着所造之业。“王”喻指主宰。

②生死大难：这里指沉沦六道轮回、生死苦海之中。

③大福田：本经这里特指持名念佛。

④取相：执着于事理的外相。

⑤无相智慧：“无相”就是不执着，对世法、佛法都不起执着、分别之心。而由无执着的清净心生起的智慧便是“无相智慧”。

译文：

释迦牟尼佛回答道：“这一类众生对所修的善根，著相难忘，不求佛的性相无碍的真实智慧，深深执着于世俗的快乐，贪图于世间的福报享受，所以他们虽然修福，所求的却是人天福报。得报的时候，一切所需都能满愿，但是终究不能出离三界牢狱。假如他们的父母、妻子、家亲眷属想要救他免除轮回之苦，但是因为他们的邪知邪见、分别、执着，根深蒂固，主宰着他们，使他们无法舍离，所以，这些人仍时时处在轮回之中，永远不会得到自在。你们看那些愚痴之人，他们从不修善积德培植善根，只凭着世俗人认为的智慧聪明和能言善辩，攫取世俗利益，助长邪知邪见，这样的人，怎么能够脱离生死轮回的苦海呢？还有一类众生，虽也修善积德，培植善根，做了能够得到大福报善业，但他们往往惑于取相，分别、执着的情执过于深重，这样，纵然有心出离轮回苦海，也是终不能成功。如果以不执着、无分别的‘无相’智慧，广修福德，培植善根，身心清净，无垢无染，远离妄想、分别、执着，一心追求往生净土，发求得佛觉悟的无上菩提之心，如此则决定往生西方极乐世界，得到最终的解脱。”

菩萨往生第四十二

本经此前所论往生极乐世界者，或有所谓上中下三辈往生者，或有所谓疑惑未能断尽而往生边地疑城者，凡此种种往生者的身份，都属于众生往生，本品则进一步说明菩萨往生情状，可以视为本经前面内容的一个重要补充。十方世界无量无尽菩萨，发心趣向念佛成佛的净土法门，精进修行，决定往生西方极乐世界。由此凸显净土法门，圣凡齐收，利钝悉被，从而达到普劝众生，求生极乐的功效。

另外，本品通过罗列众多佛国的无量菩萨的踊跃往生，无疑能使普罗大众产生仿效之心，对此简便易行的念佛法门更易生起信向之愿；而动辄以千亿万亿计的菩萨往生数据，也无疑为他们的修行给予鼓舞和激励。还需指出的是，本品还具名列举了远照佛刹、宝藏佛刹、无量音佛刹等十三个佛刹，其具体方位、含义尚无确解，如《无量寿经会疏》说："十三次序，为出世前后，为约方所，其义未明。"所以本经注释也不作深究，可理解为这十三所佛刹只是无量佛国刹土中的略例。因此品末最后有"十方世界诸佛名号及菩萨众，当往生者，但说其名，穷劫不尽"的说法。

弥勒菩萨白佛言："今此娑婆世界，及诸佛刹不退菩萨[1]，当生极乐国者，其数几何？"

注释：

①不退：即不再退转的意思。佛教一般有三种不退，一、即位不退，证到圆教的初信位，破了见惑，进入圣人的境界，便永远不再退回到以前凡夫的地位；二、行不退，证到圆教的十信位，破了思惑与尘沙惑，此时专门济度一切众生，永远不会再退回到以前二乘的地位；三、念不退，证到圆教的初住位，不但证悟了自己的灵性，而且得到无生法忍，此时的心便安住在这种真实智慧的念头上，永远不会再退失。

译文：

弥勒菩萨又向释迦牟尼佛请教道："现在我们这娑婆世界，以及在其他的诸佛国土上证得永不退转果位的菩萨，将来会有多少往生西方极乐世界呢？"

佛告弥勒："于此世界，有七百二十亿菩萨，已曾供养无数诸佛，植众德本，当生彼国。诸小行菩萨[1]，修习功德，当往生者，不可称计。不但我刹诸菩萨等，往生彼国，他方佛土，亦复如是。从远照佛刹，有十八俱胝那由他菩萨摩诃萨[2]，生彼国土；东北方宝藏佛刹，有九十亿不退菩萨，当生彼国；从无量音佛刹、光明佛刹、龙天佛刹、胜力佛刹、师子佛刹、离尘佛刹、德首佛刹、仁王佛刹、华幢佛刹，不退菩萨当往生者，或数十百亿，或数百千亿，乃至万亿。其第十二佛名无上华，彼有无数诸菩萨众，皆不退转，智慧勇猛，已曾供养无量诸佛，具大精进，发趣一乘[3]，于七日中，即能摄取百千亿劫大士所修坚固之法。斯等菩萨，皆当往生。其第十三佛名曰无畏，彼有七百九十亿大菩萨众，诸小菩萨及比丘等，不可称计，皆当往生。十方世界诸佛名号及菩萨众，当往生者，但说其名，穷劫不尽。”

注释：

①小行菩萨：指不退位以下的菩萨。《无量寿经钞》云：“小行等者，十信菩萨名为小行，对不退故。”这就是说相对前所提及的不退菩萨名为大行菩萨，十信菩萨称为小行菩萨。所谓“十信”全称“十信心”，略称“十心”。是指菩萨五十二阶位中的最初十位，为信顺佛之教法而不疑的位次。其名称、顺序，诸经所说不一，如《菩萨璎珞本业经》卷上说是信心、念心、精进心、慧心、定心、不退心、回向心、护法心、戒心、愿心。《仁王经》卷上说是信心、精进心、念心、慧心、定心、施心、戒心、护心、愿心、回向心。《大佛顶首楞严经》卷八所说大略同于《璎珞经》，唯回向心与护法心前后次序相反。后来中国佛教中天台宗多依《璎珞经》说法，法相宗则多依《仁王经》的说法。

②摩诃萨：“摩诃萨埵”的略称，“摩诃”为“大”的意思，“萨埵”为“众生”、“心”的意思，“摩诃萨埵”意译为“大心”、“大众生”、“大有情”，指有作佛之大心愿的众生，亦即大菩萨。

③发趣一乘：意指发心趣向念佛成佛的净土法门。

译文：

释迦牟尼佛回答弥勒菩萨说："在我们这个世界，有七百二十亿菩萨，已曾供养过无量诸佛，培植积累了无量的功德善本，将来决定往生极乐世界。至于那些小功行菩萨，也在精进不懈地修习功德，也将往生极乐世界，其人数之多，不可计量。不但是我们这世界的无数菩萨将往生极乐世界，他方诸佛世界的菩萨也一样要往生极乐世界。单从远照佛国往生极乐世界的，就有十八俱胝那由他大菩萨往生极乐世界；东北方的宝藏佛国，有九十亿的大菩萨将往生极乐世界；从无量音佛国、光明佛国、龙天佛国、胜力佛国、师子佛国、离尘佛国、德首佛国、仁王佛国、华幢佛国中将往生西方极乐世界的不退菩萨，有的有数十百亿，有的有数百千亿，甚至达到万亿。除了上述十一个佛国外，第十二个佛国名无上花佛国，那里也有无数的菩萨，都证得了阿惟越致不退转的菩萨果位，他们无不智慧勇猛，已曾供养了无量诸佛，在修学上都具足大精进之功，发心趣向一乘成佛法门，在七天之中，即能摄受大菩萨历经百千亿劫所修的不退转法。这些菩萨都将得以往生西方极乐净土。第十三个佛国名叫无畏佛国，其佛国有七百九十亿大菩萨众，至于其他小行菩萨以及比丘等更是多得不可计数，都将决定往生。十方世界诸佛的名号，以及他们佛国中将要往生西方极乐世界的菩萨众，多得不可计数，单说其名号，历尽一劫也说不完。"

非是小乘第四十三

本品以下诸品经文,都属于本经的“流通分”。进入“流通分”,就意味着本经进入了收尾阶段,主要就是要付嘱弟子令本经之教能流通远布于后代。弥陀净土信仰向来被称为“易行道”,所谓“易行”是指众生一向专念“南无阿弥陀佛”名号,乘阿弥陀佛本誓愿力,即得往生西方极乐净土,而又由于到了彼佛净土之后,所见所闻,都是阿弥陀佛说法教化的设施,耳濡目染,无非念佛、念法、念僧,所以容易成就菩提,且能直至位阶不退。如此方便简易的法门,又有如此殊胜的果德,所以反而难以令人生信,故此净土法门又被视为“难信之法”。本品主旨即在于说明,弥陀净土念佛法门,决非小乘,而是大乘第一解脱之道,无疑是依法修行者增进信心的一剂强心针。故经文中反复强调“不生退屈谄伪之心”、“不应疑悔”云云,都是出于坚定信仰、增进信心,以广流通的目的。

佛告慈氏:“汝观彼诸菩萨摩诃萨,善获利益。若有善男子、善女人,得闻阿弥陀佛名号,能生一念喜爱之心,归依瞻礼,如说修行,当知此人为得大利,当获如上所说功德。心无下劣①,亦不贡高②,成就善根,悉皆增上③。当知此人非是小乘,于我法中,得名第一弟子。

注释：

①心无下劣：不以自心为低下卑劣之意。这里可理解为不对自身善根缺乏自信。

②贡高：傲慢自大之意。这里可理解为不能坚定相信佛智圆满。

③增上：佛教习语。意指加强力量以使事物更形强大。

译文：

释迦牟尼佛告诉弥勒菩萨："你看这些十方世界的大菩萨，往生于西方极乐世界，可谓善巧获得念佛往生的真实利益。若有具足信愿行的善男子、善女人，得以听闻阿弥陀佛名号，便能生发出一念喜爱之心，皈依、礼敬阿弥陀佛，依佛所说如法修行，应当知道，这样的人是得了一念往生的大利，将获得如上所说的那些功德。他们心不自卑，也不骄慢自大，积累福德，成就善根，都不断增益。应当知道，这样的人决非小乘中人，在我的教法中，称得上第一等的弟子。

"是故告汝、天人、世间、阿修罗等①，应当爱乐修习，生希有心，于此经中，生导师想。欲令无量众生，速疾安住得不退转，及欲见彼广大庄严，摄受殊胜佛刹，圆满功德者，当起精进，听此法门。为求法故，不生退屈谄伪之心②，设入大火，不应疑悔。何以故？彼无量亿诸菩萨等，皆悉求此微妙法门，尊重听闻，不生违背。多有菩萨，欲闻此经而不能得。是故汝等，应求此法。"

注释:

①阿修罗:"六道"之一,意译为"非天"、"非同类",因其有天之福而无天之德,似天而非天。又译作"无端",因其容貌丑陋,国中男丑女美。为印度最古诸神之一,属于战神一类,性好斗,常与帝释天(因陀罗神)争斗不休,宫殿在须弥山北,大海之下。

②退屈谄伪:"退屈"指中途退缩、后悔之心。"谄伪"指谄曲奸佞,虚伪不实。

译文:

"因此之故,我告诉你们天人、阿修罗等参加法会的大众,应当喜欢乐于修习这个念佛成佛法门,并生稀有难得之心,将我现在所授的经典,视为出离苦海、一生平等成佛的导师。凡想让十方世界无量众生得以最快速度安住于决定不退转的果位,以及想要见到阿弥陀佛所摄受的广大、庄严、殊胜、微妙的极乐世界,想要圆满成就以上功德者,都应当发精进之心,顺从依持这念佛往生的净土法门。为求此正法,不应自生退转、畏缩、谄曲、虚妄之心,即使身入大火之中,也不应生起任何疑惑、后悔之心。为什么呢?因为那往生净土的无量亿的诸菩萨众,全都希求这个微妙的念佛法门,都能够对此法门尊重、依顺和听闻受持,不生违逆背犯之心。另外还有许多菩萨希望听闻此经,而无此因缘难遂其愿。所以,你们这些有缘大众,应当努力追求这念佛往生净土的无上法门。"

受菩提记第四十四

本品主题在于指出，任何以坚定不退信愿，奉行、演说本经之人，都将普授成佛之记，也即将来一定成佛。本品起首即普劝众生，应当欢喜、信受此一法门，摄取、受持此一法门，并广向他人宣说，使他人也能以欢喜之心修习此一念佛往生法门。一切善男子、善女人，如果能够对此一念佛往生法门，不管是过去已求得，或是现在正在求，抑或来日将要求得，都可以获得往生净土的殊胜利益。而如果不能听闻阿弥陀净土法门，就有在修行无上正等正觉佛智的道路上，退失无上菩提心行的可能。因此，众生皆当书写、供养、受持、读诵本经，演说、劝令他人听闻本经，从而得到将来决定觉悟成佛的预记。

“若于来世，乃至正法灭时[①]，当有众生，植诸善本，已曾供养无量诸佛，由彼如来加威力故，能得如是广大法门。摄取受持，当获广大一切智智[②]。于彼法中，广大胜解[③]，获大欢喜，广为他说，常乐修行。诸善男子，及善女人，能于是法，若已求、现求、当求者，皆获善利。汝等应当安住无疑，种诸善本，应常修习，使无疑滞，不入一切种类珍宝成就牢狱[④]。

注释：

①正法：有两层含义：一指真正之法，亦即佛陀所说之法，又作“白法”、“净法”，或称“妙法”。二指三时（正法、像法、末法）之一。佛陀入灭后，教法住世，依之修行即能证得正果，所以称为“正法”。本经这里指后者。所谓“三时”是指将释迦牟尼佛寂灭之后的佛法住世的时期划分为正法、像法及末法三个时期。如果将历代佛法的施行，分为教（教义）、行（实践）、证（开悟）三方面来衡量，则正法时期即指教、行、证具现的时期。像法时期是虽无得证者，但仍存教、行的时期。至于末法时期则是仅存教法而缺乏行、证的佛教衰微期。经过这三个时期之后，即进入教、行、证均无的法灭时代。

②一切智智：为佛智的异名。意为一切智中最殊胜者，即佛陀自证的究竟圆满、尽知一切的真实智慧。

③广大胜解：意指广泛、彻底地理解。

④一切种类珍宝成就牢狱：泛指诸天、二乘、懈慢国、边地疑城等极尽世俗之乐但不能彻底解脱的种种境界。“珍宝”喻指其中之乐，“牢狱”喻指未得究竟解脱而不自在。

译文：

“如果在将来之世，乃至到佛陀正法衰落后的像法、末法时代，应当有众生培植福德善本，宿世已曾供养过无量诸佛，由于佛如来的威神之力的加持，使他们能够修得如我当前所说的这个广大念佛法门。如能欢喜、信受此一法门，摄取、受持此一法门，即可获得究竟圆满真实智慧。对于此一法门有殊胜根本的

理解，生大欢喜，以此广向他人宣说，使他人也能以欢喜之心修习此一法门。一切善男子、善女人，如果能够对此一念佛往生法门，不管是过去已求得，或是现在正在求，抑或来日将要求得，都可以获得往生净土的殊胜利益。你们应当对此法门坚信不疑，积功累德；应当时常修习，使心中没有疑惑、滞碍，不堕入于一切种类的由种种珍宝修砌而成的牢狱。

“阿逸多！如是等类大威德者，能生佛法广大异门[①]，由于此法不听闻故，有一亿菩萨，退转阿耨多罗三藐三菩提。若有众生，于此经典，书写、供养、受持、读诵，于须臾顷为他演说，劝令听闻，不生忧恼，乃至昼夜思惟彼刹，及佛功德，于无上道，终不退转。彼人临终，假使三千大千世界满中大火[②]，亦能超过[③]，生彼国土。是人已曾值过去佛[④]，受菩提记，一切如来，同所称赞。是故应当专心信受、持诵、说行。”

注释：

①广大异门：泛指弥陀净土法门以外的一切大乘法门。

②三千大千世界满中大火：即指坏劫“三灾”之一的“劫火”。佛教认为，现实世界要经历成、住、坏、空四劫，在坏劫之末，会起火灾、水灾、风灾，当火灾发生时，七日并出，山崩地裂，海枯石烂，大火从地狱烧到色界的初禅天，初禅天以下世界都将化为灰烬。

③超过：即超越解脱。

④值：遇到。

译文：

“弥勒！如上所述的所有净土法门之外的菩萨们虽能开显佛法中的种种大乘法门，但由于未能听闻此阿弥陀净土法门的缘故，有一亿个这样的菩萨在修行无上正等正觉佛智的道路上，退失了无上菩提的心行。倘若有人对于我今宣说的经典，能书写、供养、受持、读诵，哪怕仅用片刻的时间为他人演说，劝令他人听闻此经，不生忧愁烦恼，乃至于不分昼夜地思惟、想念西方极乐世界，以及阿弥陀佛的功德的，这样的人在修成无上佛道的道路上决定不会退转。这些人在临终之时，即使三千大千世界中到处都是劫火灾难，他们也能出离三界，往生西方极乐世界。因为这些人在过去世的过去佛那里，领受过将来决定觉悟成佛的预记，并得到一切诸佛如来的称赞。因此之故，你们应当专心信受、持诵、宣说、奉行此经。”

独留此经第四十五

本品特为避免佛陀灭度之后，众生重新生出疑惑而宣说。本品认为，在将来世中，经道都将灭尽。释迦牟尼佛以慈悲哀悯之心，特留本经在世流通一百年。如有众生得遇此一经典，愿意依教奉行，发愿求生极乐净土，就都可得到度脱。佛示现于此一世间，可谓千载难逢，难得一遇。佛所宣说的经法，亦是千载难逢，难得听闻。而能遇到正知正见的善知识的正确引导，同样殊为难得。由此可见，佛、法、僧三宝之于净土信仰的极端重要性。而佛陀灭度之后“独留此经”，亦愈发凸显本经的无与伦比，以及本经所宣示的念佛往生法门的究竟方便和不可思议之殊胜。

“吾今为诸众生说此经法，令见无量寿佛，及其国土一切所有。所当为者，皆可求之，无得以我灭度之后①，复生疑惑。

注释：

①灭度：音译为“涅槃”，意译为“圆寂”，即灭除烦恼，度脱生死。

译文：

“我今日为一切众生宣说此一经法，就是希望能使一切众生能够见到阿弥陀佛，以及西方极乐世界的种种殊胜庄严。你们所应当做的，都可随顺此一经法一一求得，不要等到我灭度之后，重新生出疑惑。

“当来之世①，经道灭尽，我以慈悲哀愍，特留此经止住百岁。其有众生，值斯经者，随意所愿，皆可得度。如来兴世，难值难见。诸佛经道，难得难闻。遇善知识②，闻法能行，此亦为难。若闻斯经，信乐受持，难中之难，无过此难。若有众生得闻佛声③，慈心清净，踊跃欢喜，衣毛为起④，或泪出者，皆由前世曾作佛道，故非凡人。若闻佛号，心中狐疑，于佛经语，都无所信，皆从恶道中来，宿殃未尽，未当度脱，故心狐疑，不信向耳。”

注释：

①当来之世：这里指释迦牟尼佛示现灭度之后的正法、像法、末法三个时期之后的教、行、证均无的法灭时代，所以本品下文接着讲“经道灭尽”。

②善知识：又作“知识”、“善友”、“亲友”、“胜友”、“善亲友”，音译作“迦罗蜜”。指正直而有德行，能教导正道之人。反之，教导邪道之人，称为“恶知识”。据智顗《摩诃止观》卷四载，善知识有三种，即：(一)外护，指从外护育，使能安稳修道。(二)同行，指行动与共，相互策励。(三)教授，指善巧说法。而

《华严经》卷三十六“离世间品”则更有十种善知识之说。

③佛声:这里当指称念阿弥陀佛名号的声音。

④衣毛为起:指遍体毛孔开张,汗毛竖立。

译文:

“在将来世中,经道都将灭尽,我以慈悲哀悯之心,特留此经在世流通一百年。如有众生得遇此一经典,愿意依教奉行,发愿求生极乐净土,都可得到度脱。佛示现于此一世间,可谓千载难逢,难得一遇。佛所宣说的经法,同样千载难逢,难得听闻。能遇到正知正见的善知识的正确引导,闻法之后又能依教奉行,也是殊为难得。如果能听到这部经,并真正相信,欢喜受持,那更是难中之难,没有比这更难得的了。倘若有众生听到阿弥陀佛的名号,能生起慈悲之心、清净之心,同时内心踊跃欢喜,甚而遍体汗毛竖立,乃至感动落泪,这些众生都是在前世曾经依佛道进行修行的人,所以都是非凡之人。如果听到阿弥陀佛的名号,心中生起狐疑,对佛经上的话都不相信,则这些人都应是从三途恶道中来,过去的殃灾习气还未了尽,不应该得到度脱,所以他们心存狐疑,不相信念佛往生不退成佛的真实法门。”

勤修坚持第四十六

本品承接上一品，反复叮咛、殷勤付嘱与会众生，务必全力守护本经，依教奉行，为人演说本经，广利众生——使世间一切有情众生脱离苦海，免遭六道辗转轮回，同时要精勤修行，坚定不移地受持此经，不可使他毁坏损失，不可妄自增添削减本经所教法门。对于此一经典，应当时时诵念，无有间断，等等。总之，如来佛法尽在本经之中，众生应当随顺佛陀教诲，追从如来所行，行解相资，修善种福，一念专求往生西方极乐世界。

佛告弥勒："诸佛如来无上之法[①]，十力无畏[②]，无碍无著，甚深之法，及波罗蜜等菩萨之法，非易可遇。能说法人，亦难开示。坚固深信，时亦难遭。我今如理宣说如是广大微妙法门，一切诸佛之所称赞。付嘱汝等，作大守护。为诸有情长夜利益[③]，莫令众生沦堕五趣，备受危苦。应勤修行，随顺我教。当孝于佛，常念师恩。当令是法，久住不灭。当坚持之，无得毁失。无得为妄，增减经法。常念不绝[④]，则得道捷[⑤]。我法如是，作如是说。如来所行，亦应随行。种修福善，求生净刹。"

注释:

①无上之法:即究竟涅槃之法。如《大智度论》卷五十五云:"如阿毗昙中说,有上法者,一切有为法,及虚空非智缘尽。无上法者,智缘尽所得涅槃,是故知无法胜涅槃者。"

②十力无畏:详参本经第十七"泉池功德"品之"十力无畏"注释。

③长夜:比喻轮回六道生死苦海。也即下文"沦堕五趣,备受危苦"之意。

④常念不绝:有两层含义,首先是指常念本经,如本经"往生正因"品所谓"闻此经典,受持读诵,书写供养,昼夜相续,求生彼刹。""受菩提记"品亦有"于此经典,书写、供养、受持、读诵"等,皆是这一层含义。另一层含义则是称念"南无阿弥陀佛"名号不绝,这也是本经的最终落脚点。

⑤道捷:即修道成道的捷径。净土信仰以持名念佛之法为弥陀大愿之本,认为最易下手,最易成就,所以称为"易行法"。

译文:

释迦牟尼佛对弥勒菩萨说:"诸佛如来的无上涅槃大法及十力、四无所畏,自在通达,无所执着,义理深奥,还有菩萨的六波罗蜜等超出世间之法,皆是难逢难遇的大法。虽有善能说法之人,于此超情离见、不可思议之甚深法门,亦难于用语言文字而为开示。坚心深信这念佛往生的难信之法的人,在当今也是难逢难遇。我现在契合义理而宣说这广大微妙的净土法门,为十方世界一切诸佛所交口称赞。我今日将此法门付嘱给你们,你们要当全力守护本经,依教奉行,为人演说,广利众生。为了让世间一切有情众生能获得脱离长夜黑暗苦海的利益,为了不让众生沉沦堕入六道轮回,遭受艰辛苦难的煎熬,你们应精勤修行,受持、读诵、为人演说,随顺我的教法。应当孝敬佛法,时刻铭记导师的恩德。应当让这净土法门久住世间而不湮灭。应当坚定不移地受持此经,不可使它毁坏损失。同时,不可妄自增添削减我的经教法门。对于此一经典,应当时时诵念,无有间断,果能如此,便是得到了成佛捷径。我的法门即是如此,我也是如实地讲说给你们。如来所行之道,你们也应随之而行。修善种福,一念专求往生西方极乐世界。”

福慧始闻第四十七

本品以偈颂的形式,对经文主旨进行了总结。偈颂为七言,共八首,可分为三层意思。即(一)坚心受持本经之人,决定往生西方极乐世界;(二)慨叹佛法难闻难见,佛智难明,佛果难知,听闻净土法门而能信乐受持,更是难中之难,由此点出他力解脱的念佛法门的必要性;(三)念佛法门为往生极乐净土的唯一津梁,不但自己信受本经,称念佛号,而得度脱生死,往生极乐,更当以大乘慈悲普度精神,广泛弘扬本经,劝人念佛,出离生死,如此方是真正的"真善友",也即同于如来的善知识。

尔时世尊而说颂曰:

若不往昔修福慧,于此正法不能闻。
已曾供养诸如来,则能欢喜信此事。
恶骄懈怠及邪见,难信如来微妙法。
譬如盲人恒处暗,不能开导于他路。
唯曾于佛植众善,救世之行方能修。
闻已受持及书写,读诵赞演并供养。
如是一心求净方,决定往生极乐国。
假使大火满三千,乘佛威德悉能超。
如来深广智慧海,唯佛与佛乃能知。
声闻亿劫思佛智,尽其神力莫能测。

如来功德佛自知，唯有世尊能开示。
人身难得佛难值，信慧闻法难中难。
若诸有情当作佛，行超普贤登彼岸。
是故博闻诸智士，应信我教如实言。
如是妙法幸听闻，应常念佛而生喜。
受持广度生死流①，佛说此人真善友②。

注释：

①生死流：指沉沦于六道轮回、生死苦海的一切众生。

②善友：即“善知识”。详参本经第四十五“独留此经”品“善知识”注释。

译文：

于是，世尊宣说了这样的偈颂：

若不往昔修福慧，于此正法不能闻。
已曾供养诸如来，则能欢喜信此事。
恶骄懈怠及邪见，难信如来微妙法。
譬如盲人恒处暗，不能开导于他路。
唯曾于佛植众善，救世之行方能修。
闻已受持及书写，读诵赞演并供养。
如是一心求净方，决定往生极乐国。
假使大火满三千，乘佛威德悉能超。
如来深广智慧海，唯佛与佛乃能知。
声闻亿劫思佛智，尽其神力莫能测。

如来功德佛自知，唯有世尊能开示。
人身难得佛难值，信慧闻法难中难。
若诸有情当作佛，行超普贤登彼岸。
是故博闻诸智士，应信我教如实言。
如是妙法幸听闻，应常念佛而生喜。
受持广度生死流，佛说此人真善友。

闻经获益第四十八

本品为全经最后一品，如同进入最后高潮的大团圆结尾，本品极力宣说列举闻听释迦牟尼佛说法之后，与会大众所获得的种种真实利益，以及三千大千世界所现出的种种神奇瑞相。与会大众，莫不欢欣喜悦，法喜充满，信受乐行本经所示的弥陀净土法门。

尔时世尊说此经法，天人世间有万二千那由他亿众生，远离尘垢，得法眼净①；二十亿众生，得阿那含果；六千八百比丘，诸漏已尽，心得解脱；四十亿菩萨，于无上菩提住不退转，以弘誓功德而自庄严；二十五亿众生，得不退忍②；四万亿那由他百千众生，于无上菩提未曾发意，今始初发，种诸善根，愿生极乐，见阿弥陀佛。皆当往生彼如来土，各于异方次第成佛③，同名妙音如来。

注释：

①法眼净：又作“净法眼”、“清净法眼”。指具有观见真理等诸法而无障碍、疑惑之眼。吉藏《维摩经略疏》卷四认为，小乘于初果见四圣谛之理，大乘于初地得“真无生法”，均称为“法眼净”。

②不退忍：念念皆无退转，相当于“三不退”中的“念不退”。详参本经第四十二“菩萨往生”品的“不退”注释。

③异方：指十方世界。

译文：

在释迦牟尼佛宣说这一经法的时候，天界和世间有一万二千那由他亿众生得以远离尘世垢土，获得了见知四真谛的法眼净；有二十亿众生证得阿那含果位；六千八百名比丘永脱三界，心开意解，证得阿罗汉果位；四十亿菩萨在修行无上菩提的道路上得阿惟越致不退转果位，他们以四十八大誓愿利益众生的功德来庄严自己；二十五亿众生获得了念念皆无退转的“不退转忍”果位；有四万亿那由他百千众生，原先并未发心成就无上佛果，听佛说此法门之后，才开始发心念佛往生之道，由此广行善事，积功累德，培植善根，发愿往生西方极乐净土，亲见阿弥陀佛。他们也将全部往生阿弥陀佛的极乐净土，将来各自在十方世界，陆续成佛，都被称为“妙音如来”。

复有十方佛刹若现在生，及未来生，见阿弥陀佛者，各有八万俱胝那由他人，得授记法忍，成无上菩提。彼诸有情，皆是阿弥陀佛宿愿因缘，俱得往生极乐世界。

译文：

又有许许多多十方佛土中或是现在往生或是未来往生西

方极乐世界以见阿弥陀佛陀佛的众生，每个佛国各有八万俱胝那由他的众生，蒙佛授记，得无生法忍，终将证得无上菩提之道。那些有情众生，全都因为阿弥陀佛在宿世中所立大愿功德的缘故，一定得以往生到极乐世界。

尔时三千大千世界六种震动①，并现种种希有神变，放大光明，普照十方。复有诸天，于虚空中，作妙音乐，出随喜声。乃至色界诸天，悉皆得闻，叹未曾有。无量妙花纷纷而降。尊者阿难、弥勒菩萨、及诸菩萨声闻、天龙八部、一切大众，闻佛所说，皆大欢喜，信受奉行。

注释：

①六种震动：详参本经第七“必成正觉”品相关注释。

译文：

这时，三千大千世界出现六种震动，并出现种种稀有难逢的神奇变化，放出盛大光明，普照十方世界。又有诸天天人在虚空中演奏美妙绝伦的音乐，发出随喜赞叹的声音。甚至色界诸天的天人也全都得到，赞叹这是前所未有的奇迹。无量无计的妙花此时纷纷而降。阿难长老、弥勒菩萨以及参加法会的诸菩萨、声闻、天龙八部等一切大众，听闻佛所说经法之后，莫不欢喜，并且真正地相信、接受，切实地依照本经的教诲修行。

延伸阅读书目

佛教经典：

《无量清净平等觉经》，后汉支娄迦谶译，《大正藏》第 12 册

《佛说无量寿经》，曹魏康僧铠译，《大正藏》第 12 册

《阿弥陀三耶三佛萨楼佛檀过度人道经》，吴支谦译，《大正藏》第 12 册

《无量寿如来会》，唐菩提流志译，《大正藏》第 11 册

《大乘无量寿庄严经》，北宋法贤译，《大正藏》第 12 册

相关译释：

黄念祖居士《佛说大乘无量寿庄严清净平等觉经解》，台北自印，1993 年

净空法师《大乘无量寿经简注易解》，南京古鸡鸣寺印，2004 年

文军《白话无量寿经》，三秦出版社，1998 年

李淼等主编《宝积经 · 胜鬘经 · 无量寿经 · 心经》，时代文艺出版社，2001 年

研究专著：

陈扬炯《中国净土宗通史》，江苏古籍出版社，2002 年

望月信亨《中国净土教理史》，中国佛教文化研究所印，印行时间未详

肯尼斯 · 田中《中国净土思想的黎明》，上海古籍出版社，

2008 年

刘长东《晋唐弥陀净土信仰研究》,巴蜀书社,2000 年

中国佛教协会编《中国佛教》第三辑,东方出版中心,1989 年

吴信如《净土奥义》,中国藏学出版社 2004 年

魏磊《净土宗教程》,宗教文化出版社,1998 年

英武、正信《净土宗大意》,巴蜀书社,2004 年

印顺法师《初期大乘佛教之起源与开展》,台湾正闻出版社,1994 年

印顺法师《净土新论》,台湾正闻出版社,2000 年

觉醒《佛教净土观》,宗教文化出版社,2003 年

坪井俊映《净土三经概说》,载张曼涛主编:《净土典籍研究》(《现代佛教学术丛刊》第 68 册),台湾大乘文化出版社,1979 年

学术论文:

方立天《弥陀净土理念:净土宗与其他重要宗派终极信仰的共同基础》,载自《学术月刊》,2004 年第 11 期

姚长寿《净土三经与净土五经》,载自《佛教文化》,1990 年第 2 期

香川孝雄《〈无量清净平等觉经〉汉译考》,载自《佛教文化》,1990 年第 2 期

魏磊《净宗第一经》,载自《佛教文化》,1995 年第 2 期

专业词典:

丁福保编《佛学大词典》,上海书店,1991 年

《中华佛教百科全书》,中华佛教百科文献基金会(台北),1994 年

《佛光大辞典》,佛光出版社,1989 年

佛教十三经

金刚经 心经 坛经

赖永海 主编

陈秋平 尚荣 译注

中華書局

图书在版编目(CIP)数据

佛教十三经:精装典藏全套装/赖永海主编;陈秋平等译注.—北京:中华书局,2013.12(2025.3重印)

ISBN 978-7-101-09870-9

Ⅰ.佛… Ⅱ.①赖…②陈… Ⅲ.佛经-汇编 Ⅳ.B942

中国版本图书馆CIP数据核字(2013)第281972号

书　　名	佛教十三经(精装典藏全套装)(全十册)
主　　编	赖永海
译　　注	陈秋平　尚　荣　陈　林　戴传江　刘鹿鸣 赵锭华　高永旺　刘　丹　王　彬　徐　敏等
责任编辑	刘胜利　舒　琴
装帧设计	毛　淳
责任印制	陈丽娜
出版发行	中华书局 (北京市丰台区太平桥西里38号　100073) http://www.zhbc.com.cn E-mail:zhbc@zhbc.com.cn
印　　刷	河北新华第一印刷有限责任公司
版　　次	2013年12月第1版 2025年3月第9次印刷
规　　格	开本/880×1230毫米　1/32 印张106¾　字数1700千字
印　　数	30001-33000册
国际书号	ISBN 978-7-101-09870-9
定　　价	529.00元

总　序

佛教有三藏十二部经、八万四千法门，典籍浩瀚，博大精深，即便是专业研究者，用其一生的精力，恐也难阅尽所有经典。加之，佛典有经律论、大小乘之分，每部佛经又有节译、别译等多种版本，因此，大藏经中所收录的典籍，也不是每一部佛典、每一种译本都非读不可。因此之故，古人有"阅藏知津"一说，意谓阅读佛典，如同过河、走路，要先知道津梁渡口或方向路标，才能顺利抵达彼岸或避免走弯路；否则只好望河兴叹或事倍功半。《佛教十三经》编译的初衷类此。面对浩如烟海的佛教典籍，究竟哪些经典应该先读，哪些论著可后读？哪部佛典是必读，哪种译本可选读？哪些经论最能体现佛教的基本精神，哪些撰述是随机方便说？凡此等等，均不同程度影响着人们读经的效率与效果。为此，我们精心选择了对中国佛教影响最大、最能体现中国佛教基本精神的十三部佛经，认为举凡欲学佛或研究佛教者，均可从"十三经"入手，之后再循序渐进，对整个中国佛教作进一步深入的了解与研究。

"佛教十三经"的说法，由来有自。杨仁山、梅吉庆以及中国佛学院都曾选有"佛教十三经"，所选经典大同小异。上述三家都选录的经典有:《金刚经》、《维摩诘经》、《法华经》、《楞伽经》、《楞严经》; 被两家选录的经典有:《心经》、《胜鬘经》、《观经》、《无量寿经》、《圆觉经》、《金光明经》、《梵网经》、《坛经》。此外,《四十二章经》、《佛遗教经》、《解深密经》、《八大人觉经》、《大乘密严经》、《地藏菩萨本愿经》、《菩萨十住行道品经》、《大毗卢遮那成佛神变加持经》为一家所选录。本着以上所说的"对中国佛教影响最大、最能体现中国佛教基本精神"的原则,这次我们选择了以下十三部经典:《心经》、《金刚经》、《无量寿经》、《圆觉经》、《梵网经》、《坛经》、《楞严经》、《解深密经》、《维摩诘经》、《楞伽经》、《金光明经》、《法华经》、《四十二章经》。

佛教发展至今已有两千多年的历史,就其历史发展、思想内容说,有大乘、小乘之分。《佛教十三经》所收录之经典,除了《四十二章经》外,多为大乘经典。此中之缘由,盖因佛法之东渐,虽是大小二乘兼传,但是,小乘佛教在传入中国之后,始终成不了气候,且自魏晋以降,更是日趋式微; 直到十三世纪以后,才有南传上座部佛教在云南一带的流传,且范围十分有限。与此相反,大乘佛教自传入中土后,先依傍魏晋玄学,后融汇儒家的人性、心性学说而蔚为大宗,成为与儒道二教鼎足而三、对中国社会各个方面产生着巨大影响的一股重要的社会思潮。既然中国佛教的主体在大乘,《佛教十三经》所收录的佛经自然以大乘经典为主。

对于大乘佛教,通常人们又因其思想内容的差异把它分为空、有二宗。空宗的代表性经典是"般若经"。中国所见之般

若类经典，以玄奘所译之《大般若经》为最，有六百卷之多。此外还有各类小本“般若经”的编译与流传，其中以《金刚经》与《心经》最具代表性与影响力。

“般若经”的核心思想是“空”。但佛教所说的“空”，非一无所有之“空”，而是以“缘起”说“空”，亦即认为，世间的万事万物，都是条件（“缘”即“条件”）的产物，都会随着条件的变化而变化。条件具备了，它就产生了（“缘起”）；条件不复存在了，它就消亡了（“缘灭”）。世间的一切事物，都不是一成不变的，而是一个念念不住的过程，因此都是没有自性的，无自性故“空”。《金刚经》和《心经》作为般若经的浓缩本，“缘起性空”同样是其核心思想，但二者又进一步从“对外扫相”和“对内破执”两个角度去讲“空”。《金刚经》的“对外扫相”思想集中体现在“一切有为法，如梦幻泡影，如露亦如电，应作如是观”这个偈句上，对内破执则有“应无所住而生其心”这一点睛之笔。《心经》则是以“色不异空，空不异色；色即是空，空即是色；受想行识亦复如是”来对外破五蕴身，以“心无罣碍”来破心执。两部经典都从扫外相、破心著的角度去说“空”。

有宗在否定外境外法的客观性方面与空宗没有分歧，差别仅在于，有宗虽然主张“外境非有”，但又认为“内识非无”，倡“三界唯心”、“万法唯识”，认为一切外境、外法都是“内识”的变现。在印度佛教中，有宗一直比较盛行，但在中国佛教史上，唯有玄奘、窥基创立的“法相唯识宗”全力弘扬“有宗”的思想，并把《解深密经》等“六经十一论”作为立宗的根据，《佛教十三经》选录了对“唯识宗”影响较大的《解深密经》进行注译。

《解深密经》的核心思想在论证一切外境外法与识的关系，认为一切诸法乃识之变现，阿赖耶识是生死轮回的主体，是万物生起的种子。经中还提出了著名的“三性”、“三无性”问题，并深入地论述了一切虚妄分别相与真如实性的关系。

与印度佛教不尽相同，中国佛教的主流或主体不在纯粹的“空宗”或“有宗”，而在大乘佛教基本精神与中国传统文化（特别是儒家心性学说）汇集交融而成的“真常唯心”思想，这种“真常唯心”思想也可称之为“妙有”的思想。首先创立并弘扬这种“妙有”思想的是智者大师创建的天台宗。

天台宗把《法华经》作为立宗的经典依据，故又称“法华宗”。《法华经》的核心思想，是“开权显实，会三归一”，倡声闻乘、缘觉乘、菩萨乘同归一佛乘，主张一切众生悉有佛性。《法华经》是南北朝之后，中国佛教走向以大乘佛教为主流的重要经典依据，也是中国佛教佛性理论确立以一切众生悉有佛性、都能成佛为主流的重要经典依据。而《法华经》的“诸法实相”也成为中国佛教“妙有”思想的重要思想资源和理论依据。

中国佛教注重“妙有”之思想特色的真正确立，当在禅宗。慧能南宗把天台宗肇端的“唯心”倾向推到极致，作为标志，则是《坛经》的问世。《坛经》是中国僧人撰写的著述中唯一被冠以“经”的一部佛教典籍，其核心思想是“即心即佛”、“顿悟成佛”。《坛经》在把佛性归诸心性、把人变成佛的同时，倡导“即世间求解脱”，主张把入世与出世统一起来，而这种思想的经典根据，则是《维摩诘经》。

《维摩诘经》可以说是对中国佛教影响最大的一部佛经，

不论是作为中国佛教代表的禅宗，还是成为现、当代佛教主流的人间佛教，《维摩诘经》中的“心净则佛土净”及“亦入世亦出世”、“在入世中出世”的思想，都是其最为重要的思想资源和经典依据。尤其值得一提的是，贯穿于整部《维摩诘经》的一根主线——“不二法门”，更是整个中国佛教的方法论依据。

《楞伽经》也是一部对禅宗、唯识乃至整个中国佛教有着重大影响的佛经。《楞伽经》思想有两个重要特点，一是融汇了空、有二宗，既注重“二无我”，又讲“八识”、“三自性”；二是把“如来藏”和“阿赖耶识”巧妙地统合起来。因此之故，《楞伽经》既是“法相唯识宗”借以立宗的“六经”之一，又被菩提达摩作为“印心”的依据，并形成一代楞伽师和在禅宗发展史颇具影响的“楞伽禅”。

《楞严经》则是一部对中国佛教之禅、净、律、密、教都有着广泛而深刻影响的大乘经典。该经虽有真、伪之争，但内容十分宏富，思想体系严密，几乎把大乘佛教所有重要理论都囊括其中，故自问世后，就广泛流行。该经以理、行、果为框架，谓一切众生都有“菩提妙明元心”，但因不明自心清净，故流转生死，如能修禅证道，即可成就无上正等正觉。这一思想对中国佛教的各宗各派都产生了极其深刻的影响。

《圆觉经》是一部非常能够体现中国佛教注重“妙有”思想特色的佛经。该经主张一切众生都具足圆觉妙心，本当成佛，无奈为妄念、情欲等所覆盖，才于六道中生死轮回；如能顿悟自心本来清净，此心即佛，无须向外四处寻求。该经所明为大乘圆顿之理，故对华严宗、天台宗、禅宗都有十分重要的影响。

《金光明经》对中国佛教的影响，主要体现在其“三身”、“十地”思想、大乘菩萨行之舍己利他、慈悲济世思想、金光明忏法及忏悔思想、以及天王护国思想。由于经中所说的诵持本经能够带来不可思议的护国利民功德，故长期以来被视为护国之经，在所有大乘佛教流行的地区都受到了广泛重视。

《无量寿经》是根据“十方净土”的思想建立起来的净土类经典，也是净土宗所依据的“三经”之一。经中主要叙述过去世法藏菩萨历劫修行成无量寿佛的经过，及西方极乐世界的种种殊胜。净土信仰自宋之后就成为与禅并驾齐驱的两大佛教思潮之一，到近现代更出现“家家阿弥陀，户户观世音”景象，故《无量寿经》在中国佛教史上的影响至为广泛和深远。

《梵网经》在佛教“三藏”中属“律藏”，是大乘戒律之一，在中国佛教大乘戒律中，《梵网经》的影响最大。经中主要讲述修菩萨的阶位（发趣十心、长养十心、金刚十心和体性十地）和菩萨戒律（十重戒和四十八轻戒），是修习大乘菩萨行所依持的主要戒律。另外，经中把“孝”与“戒”相融通、“孝名为戒”的思想颇富中国特色。

所以把《四十二章经》也收入《佛教十三经》，主要因为该经是我国最早译出的佛教经典，而且是一部含有较多早期佛教思想的佛经。经中主要阐明人生无常等佛教基本教义和讲述修习佛道应远离诸欲、弃恶修善及注重心证等重要义理，且文字平易简明，可视为修习佛教之入门书。

近几十年来，中国佛教作为中国传统文化的重要组成部分，以其特殊的文化、社会价值逐渐为人们所认识，研究佛教

者也日渐增多。而要了解和研究佛教，首先得研读佛典。然而，佛教名相繁复，义理艰深，文字又晦涩难懂，即便有相当文史基础和哲学素养者，读来也颇感费力。为了便于佛学爱好者、研究者的阅读和把握经中之思想义理，我们对所选录的十三部佛典进行了如下的诠释、注译工作：一是在每部佛经之首均置一“前言”，简要介绍该经之版本源流、内容结构、核心思想及其历史价值；二是在每一品目之前，都撰写了一个“题解”，对该品目之内容大要和主题思想进行简明扼要的提炼和揭示；三是采取义译与意译相结合的原则，对所选译的经文进行现代汉语的译述。这样做的目的，是希望它对原典的阅读和义理的把握能有所助益。当然，这种做法按佛门的说法，多少带有“方便设施”的性质，但愿它能成为“渡海之舟筏”，而不至于沦为“忘月之手指”。

赖永海

庚寅年春于南京大学

目　录

金刚经

金剛般若波羅蜜經

如是我聞。一時佛在舍衛國。祇樹給孤獨園。與大比丘衆千二百五十人俱。尔時世尊食時。著衣持鉢。入舍衛大城乞食。於其城中。次第乞已。還至本處。飯食訖。收衣鉢。洗足已。敷座而坐。時長老須菩提。在大衆中。即從座起。偏袒右肩。右膝著地。合掌恭敬。而白佛言。希有世尊。如來善護念諸菩薩。善付囑諸菩薩。世尊。善男子善女人。發阿耨多羅三藐三菩提心。云何應住。云

前　言

《金刚经》全称为《能断金刚般若波罗密经》，是初期大乘佛教的代表性经典之一，也是般若类佛经的纲要书。在中国佛教界，《金刚经》流行得极为普遍，如三论、天台、贤首、唯识等宗派，都各有注疏。尤其是自唐宋以来盛极一时的禅宗，更与《金刚经》有深厚的渊源。宋代，出家人的考试，有《金刚经》一科，也让我们从中看出《金刚经》的弘通之盛！

《金刚经》以空慧为主要内容，探讨了一切法无我之理，篇幅适中，不过于浩瀚，也不失之简略，因此历来弘传甚广，特别为惠能以后的禅宗所重视。传说惠能就因此经中的“应无所住而生其心”一句经文而开悟。

一　经题的含义

“能断金刚般若波罗密经”是本经总题。“经”字是通名，佛所说的佛法都称为经。“经”字前的九个字，是本经所独有的，这是别名。“金刚”是比喻。金刚即印度的金刚石，它最光明，最坚硬，也最珍贵。金刚石做的刀子可以裁玻璃，硬度最高。它能破坏一切，而不被一切所破坏。所以它最坚最利，而没有能破坏它的东西。也有些人解释金刚为真金久炼而成刚，具有坚固、光明、锐利三义。又有一些古德，不把“金刚”二字作譬喻解释，而是指金刚心，具足金刚观智，力用坚强，能破根本无明，得超生死此岸，而到达涅槃彼岸的金刚心。

“般若”又作“波若”、“般罗若”、“钵剌若”，意译为“慧”、“智慧”、“明”、“黠慧”，即修习八正道、诸波罗密等，而显现之真实智慧。明见一切事物及道理之高深智慧，即称般若。菩萨为达彼岸，必修六种行，亦即修六波罗密。其中因为诸佛皆由般若而成就，因此般若波罗密在六度波罗密中起关键作用，也因此称般若为诸佛之母，成为其他五波罗密之根据，而居于最重要之地位。

“波罗密”是梵语，译为“到彼岸”，也可译作“度无极”。彼岸者，对此岸说。烦恼是此岸，菩提是彼岸；生死是此岸，涅槃是彼岸；凡夫是此岸，诸佛是彼岸。简单来说就是众生通过修行而从烦恼轮回中解脱，并到达涅槃寂静的彼岸。到彼岸并不是说已经到了涅槃彼岸，而是说修学而能从此到彼，所以重在从此到彼的行法。

“经”，梵语作“修多罗”。本义是线，线有贯穿、摄持不令散失的作用。如来随机说法，后由结集者聚集诵出佛陀之遗法，再用线把它编集起来，佛法才能流传到现在。“经”也译为“契经”，契者合也，上契诸佛之理，下契众生之机，具有贯、摄、常、法四义。贯者，贯穿所应知义理；摄者，摄化所应度众生；常者，三世不能易其说；法者，十界所应遵其轨。

结合以上各名相的分析，“金刚般若波罗密经”有两种不同的解说：一是玄奘等所解释的，认为烦恼的微细分，到成佛方能断净，深细难断，如金刚的难于破坏一样。但是般若是能断的智慧，金刚如所断的烦恼，所以译为“能断金刚（的）般若”。另一种解说是以鸠摩罗什为主，以金刚比喻般若。般若能破坏一切戏论妄执，不为妄执所坏；他的坚、明、利，如金刚一样。金刚是贵重的宝物，以譬喻实相般若是诸法之尊。它坚固不为一切所坏，来譬喻观照般若不被一切爱见所侵犯。金刚能裁切玻璃，作用猛利，来譬喻般若能断众生种种疑惑。

总而言之，此经经名的全部含义即是以金刚般的无坚不摧、无障不破的般若智慧对治一切虚妄执著，达到对实相的理解，得到解脱，到达彼岸。

二 《金刚经》的译者

鸠摩罗什三藏法师（343—413），天竺人，翻译成汉语是“童寿”的意思。其父亲鸠摩罗炎，在即将继任相位时毅然出家，离开天竺，来到了龟兹国（今新疆库车），并被聘为国师。但却被国王的妹妹逼婚，于是，就有了鸠摩罗什和弗沙提婆两兄弟。罗什七岁时，他母亲却出了家，且还带着他一起出家，游历各地。罗什初学小乘佛学，后来研习《中论》、《百论》、《十二门论》等大乘佛典，使其誉满西域，名被东土，引起了中国北方政权的注意。

后秦弘始三年（401）姚兴攻灭后凉，亲迎罗什入长安，迎来了他生命中最辉煌的时期。不过这时，罗什已经五十八岁了。

姚兴笃信佛教，对罗什非常尊敬，以国师礼待，安排他入住逍遥园西明阁，并组织了规模宏大的译场，请罗什主持译经事业，还遴选八百佛门俊彦，一同参与翻译佛经。随后的十余年间，罗什悉心从事讲法和译经事业，奠定了其在中国佛教史上的不朽基业。

罗什的译作侧重于般若类经，特别是龙树空宗一系的作品，译有《摩诃般若波罗密经》、《小品般若波罗密经》、《金刚般若经》等般若类经，《中论》、《百论》、《十二门论》、《大智度论》等中观派论典，还有《阿弥陀经》、《法华经》、《维摩诘经》等大乘重要经典，《坐禅三昧经》、《禅法要解》、《首楞严三昧经》等大乘禅经，《十诵律》、《十诵比丘戒本》、《梵网经》等大小乘戒律，以及其他一些大小乘经典。罗什的译作，《出三藏记集》载为三十五部，二百九十四卷，《开元释教录》列为七十四部，三百八十四卷，实际现存三十九部，三百十三卷。罗什本人的著作不多，据《梁高僧传》记载，罗什曾作《实相论》、《注维摩经》等，均佚。现存有他给姚兴的两封书信，还有答慧远之十八问而写的作品，称作《鸠摩罗什法师大义》，共三卷。

罗什对中国佛教之影响，从他的译籍在历史上受重视的程度就可知，他的译籍，大部分成为了中国佛教各宗立宗的经典依据。所译的大品和小品《般若经》、《维摩诘经》、《金刚经》，成为般若学的要典，后来《维摩诘经》和《金刚经》又为禅僧所重，《成实论》为成实宗所宗，《阿弥陀经》、《弥勒成佛经》成为净土宗的要籍，《中论》、《百论》、《十二门论》为三论宗所依据的论著，《法华经》成为天台宗最重要的经典，《十住毗婆沙》也是华严宗所重的经论之一，所译出的其他禅经和戒律类经典也产生了一定的影响。鸠摩罗什全面译介了根据般若类经而建立的大乘空宗经典，从而推动了般若学的传播，被誉为四大译经家之一，素有“译界之王”的美称。是中国佛经的播种者，于佛法东传居功厥伟。

另一方面，其译经的最大贡献是准确而又系统地向中国佛教界介绍了印度佛教。在这之前，般若学形成六家七宗，其原因之一是译经不完备而造成对般若空观理解的差别。自佛教入传，汉译佛经日多，但所译多滞文格义，不与原本相应，罗什精熟梵文，博览印度佛教和其他宗教古籍，加之曾在姑藏（今甘肃武威）居住长达十八年，而有机会通晓汉语。加上他具有深湛的佛教造诣，所以，译文能契合佛教经典的精义。此外，他的翻译多采用意译，避免了直译的生硬，具有汉语的阅读趣味，文体简洁晓畅。同时，如果西域本音有译不正确者，则以天竺语订正；汉译如有错误者，则另以恰当的语言加以厘定；不能意译的术语，则大半采取音译。因此罗什的译经事业除了奠定了中国翻译文学的基础，还开展了中国佛教文化的新境界。

罗什在译经的同时，注重僧才的培养。参与译经的弟子中，有所谓“四圣”（即道生、僧肇、道融和僧叡）、“八俊”（四圣之外又加道恒、昙影、慧观、慧严）和“十哲”（八俊之外再加僧契和道标）之称。这些人在佛教的译经工作和弘法度众方面，皆有极大的贡献。其中又以僧肇和道生的影响最大，分别在般若学和涅槃学方面作出了重大贡献。罗什在翻译上的成就，与当时参加译场的这些弟子分不开，他们既精教理，兼善文辞，执笔承旨，各展所长，故能相得益彰。

弘始十五年（413）八月十九日，罗什自知世缘将尽，向僧众告别，自言个人才德不足，忝为佛经传译，愿其所译经典能流传后世，发扬光大，并在大众面前发愿，若其所译经典无误，愿荼毗后舌头不焦烂。

翌日，鸠摩罗什圆寂于长安，遗体于逍遥园荼毗后，果然舌头如生，不曾毁损。一代大师，愿力难测。罗什圆寂后，僧肇、道融、僧叡仍留在长安继续弘化，道生等其他弟子则迁移南方，使得鸠摩罗什的大乘佛法得以传至江南，广为弘扬。

三 《金刚经》的译注本

此经最初由姚秦天竺三藏鸠摩罗什于弘始四年（402）所译。以后相续出现了五个不同的译本。这五个译本有：（1）元魏天竺三藏菩提流支所译的《金刚般若波罗密经》；（2）南朝陈天竺三藏真谛所译的《金刚般若波罗密经》；（3）隋大业年中三藏达摩笈多所译的《金刚能断般若波罗密经》；（4）唐三藏法师玄奘奉诏所译的《能断金刚般若波罗密多经》，此译本实为《大般若波罗密多经》中的第九会“金刚能断分”；（5）唐义净所译的《佛说能断金刚般若波罗密多经》，此译本为最后一次重译，译于公元702年。另外，还有藏文、满文译本。在短短的三百年间，先后有六个汉译本及其他译本，这足见此经在中国佛教中的地位及其所受到的重视。

《金刚经》梵文本在中国、日本、巴基斯坦、中亚等地都有发现，中国吐鲁番等地还出土了和阗、粟特等文字的译本。近世又有德、英、法等多种译本。1837 年修尔笃根据藏译本首次把《金刚经》译成德文，1881 年马克斯·穆勒将汉文、日文和藏文译本加以校订，译成英文，并收入于《东方圣书》第四十九卷。1957 年爱德华·康芝又再次译成英文，收入于《罗马东方丛书》中。达尔杜根据梵文并对照中国满文译本，译为法文。日本宇井伯寿、中村元等曾多次译成日文。

《金刚经》一问世，在印度就受到了广泛的重视，历代高僧对《金刚经》的著述极多。著名的印度佛教僧人、哲学家都曾对它作过注疏。除了世亲有《金刚般若波罗密经论》三卷，尚有无著的《金刚般若论》二卷，功德施作了《金刚般若波罗密经破取着不坏假名论》，印度瑜珈行派的创始人弥勒造八十偈阐释《金刚经》等等。另有师子月、月宫等亦撰有论释，但无汉译。中国从东晋、隋唐、清末民初直至近现代，各家撰述不绝，为它注疏者不下数百家，较重要的有：后秦僧肇《金刚经注》一卷；晋慧远《金刚般若波罗密经疏》一卷；隋吉藏《金刚般若疏》四卷（一作六卷），智颉《金刚般若波罗密经疏》一卷；唐慧净《金刚经注疏》三卷，智俨《金刚经略疏》二卷，窥基《金刚般若波罗密经赞述》二卷，惠能《金刚般若波罗密经解义》二卷、《金刚经口诀》一卷，宗密《金刚经疏论纂要》二卷；宋子璇《金刚经同刊守记》四卷；清徐槐廷《金刚般若波罗密经疏》二卷；近人丁福保《金刚经笺注》，江味农《金刚经讲义》等。

《金刚经》之众译本中，以后秦鸠摩罗什译本流传最广，自古至今，有目共睹。这里所选的也是鸠摩罗什的汉译本。综合过去的意见，可归纳出三点原因来说明为何罗什译本能代代相传，长盛不衰。

第一是从宗教立场出发，以译者的身份着手来解释。传说鸠摩罗什从七佛以来，就当佛的翻译法师，佛的经典要流通到不同语言的国土去，鸠摩罗什都为他当翻译人。因此他的法缘深厚，跟众生结缘甚多。

第二是从翻译的境界来说明。首先，持此观点者认为鸠摩罗什所译的《金刚经》，千锤百炼，于佛法精义，拿捏得分毫不差。鸠摩罗什的翻译能做到古代翻译所规定的信、达、雅，而且兼而有之，非常难得。

第三则从版本的不同来分析。《金刚经》诸译本所依版本不同，乃是自古以来的公论，之所以有不同的本子，是因佛法弘布四方，分流分派之所致。鸠摩罗什译本特别流行，反映了佛法入华的过程中，中国人的文化选择。中国人与中观学家所提倡的大乘空宗特别有缘，所以鸠摩罗什所译的《金刚经》也就受到千年之久的青睐和欢迎。

四　本经的纲要

《金刚经》全文没有出现一个“空”字，但通篇讨论的是空的智慧。一般认为前半部说众生空，后半部说法空。经文开始，由号称佛陀十大弟子中“解空第一”的须菩提发问：“当众生立定志向要达到无上圆满的佛陀觉智时，应该将发心的目标定在哪里？如果在实践过程中心不能安住，应该如何降伏？”即如何使心灵平和地安住在终极关怀，如何在走向终极目标的过程中，对各种错误认识和患得患失心理进行克服？《金刚经》就是围绕佛陀对此问题的解答而展开的。

“一切有为法，如梦幻泡影，如露亦如电，应作如是观”，就是解答这些问题的精髓。其意思是指世间的一切物质和现象都是空幻不实的，如梦幻泡影，实相者则是非相。因此修行者应该“远离一切诸相”而“无所住”，即放弃对现实世间的执著或眷恋，以般若慧契证空性。

此经主要通过非此非彼有无双遣的重重否定，指出世界上的一切事物都是虚幻不实的，要成就无上智觉，就得破除一切执著，扫除一切法相。“凡所有相皆是虚妄”，世上的一切事都如梦、如幻，如水面的气泡，如镜中的虚影，如清晨的露珠，日出即散，如雨夜的闪电，瞬息即逝。世上的一切都是因缘和合而成，并无自性，所谓“缘起性空”。因此，我们平时看到的一切事物的形相，实际都不是它们真正的形相，事物真正的形相（实相）是“无相”。这样，世界上一切都不值得执著，这就叫“无住”。在修行实践中，能真正认识到无相之实相，能做到于世界万物都无念无系的“无住”，就可以得到真正的解脱。

为了使人们真正做到“扫相破执”、“无相无住”，《金刚经》进一步说明，大乘菩萨在自觉觉他的修行过程中，其终极目标定位在和一切众生共同成就佛果的广大境界。但是根据缘起论，凡因条件关系而形成的事物，都不存在绝对不变的实体（自性）。因此，要以空观的智慧，破除在“我”、“众生”、“佛”之间的人为分别。故要尽己所能广度众生，但不要执著于“我”在帮助众生中具有多大的功德。唯心量大者，才有大格局，方能成就大事业。

《金刚经》说凡所有相，皆是虚妄。实相，是世界的真实，事物的本来面目。唯有以般若观照实相，即对此名相采取不住、不执、不取的如实态度，才能认识真相。故经中说："凡所有相，皆是虚妄；若见诸相非相，则见如来。"释迦牟尼的色身有三十二种端庄的特征，但是不能依据这三十二相来认识如来，因为三十二相只不过是外在的虚妄之相，如果执著于这三十二相，就不能认识如来的真实面目（法身），因为真正的法身是无相的。

要如何不执著呢？《金刚经》云："应无所住而生其心。"如上所述，唯有不住相、不偏执，才能把握实相。《金刚经》中以布施为例，讨论了如何在日常生活中做到"不住相"。世人在布施时，每施一东西，即作功德想，于是施恩图报，算计此布施行为将积累多少的功德。但实际上，应以"三轮体空"的精神去布施，也就是要对能布施的我、受布施的人和所布施的财物不产生任何的执著，方能证得离相无住、性空无所得的道理。

虽应不执著于外相，但也不能否定"相"的存在。即是肯定"性空"，也不否定"幻有"。"空"，是破除一切名相执著所呈现的真实，并非人们所误解的虚无。"性空"，是说一切法都没有实在的自性，故无相、无住，才能把握真谛。"幻有"，是凭借条件关系而暂时存在的现象，故在空的基础上随缘生起一切法，这就是俗谛。所谓"肯定一切存在的存在，否定一切存在的自性"即是此意。如何把握真俗二谛的关系，《金刚经》是这样说的："佛说般若，即非般若，是名般若。"即佛所说的般若等佛法，是出于广度众生的目的而在文字层面的权且施设，并非实相般若本身，众生藉此文字般若入门，到彻底觉悟佛法时，则一切名相皆可舍弃。

在迈向解脱的过程，《金刚经》强调般若智慧是佛门修行解脱的最高智慧，“一切诸佛及诸佛阿耨多罗三藐三菩提法，皆从此经出”，承诺如果有人能够虔诚信受此部经，即使奉持其中四句偈等，又能够为他人宣说，必能“成就第一希有功德”、“果报不可思议”。

法会因由分第一

此经在翻译成汉语时，并没有分章分段，后经梁昭明太子分为三十二分，并给每一章标上标题，表明每一章的所讲重点。佛经一般可分为三大段，即序分、正宗分、流通分。此段经文是序分，叙述这部经集会之因由（缘起）。序分，又可分两部分，即通序和别序。通序，是结集者的叙述语，通于其他经典，别的经典也有这样的意义。通序也表明此经可以确信无疑了，所以又称为"证信序"。别序，亦名"发起序"，叙述此经有其一定的发起之由，以为正宗之前导。自"如是我闻"至"千二百五十人俱"，为通序；自"尔时"至"敷座而坐"，为别序。总而言之，此部分经文主要说明了此经的缘起，表明佛说法的时间、地点及说法的因缘等。

如是我闻①：

一时，佛在舍卫国祇树给孤独园②，与大比丘众千二百五十人俱③。尔时，世尊食时着衣持钵④，入舍卫大城乞食⑤。于其城中次第乞已⑥，还至本处。饭食讫，收衣钵，洗足已，敷座而坐⑦。

注释：

①如是我闻：又作"我闻如是"、"闻如是"等。为经典之开

头语，是佛经五种证信之一。释尊在《涅槃经》中曾对“多闻第一”的阿难尊者说，其一生所说之经藏，须于卷首加上“如是我闻”一语，以表示此下所诵的内容乃直接从佛陀处所亲闻。“如是”指经中所述之内容，即经中所说之佛语；“我闻”指经藏编集者阿难自言听闻于释尊之言行。又“如是”意为信顺自己所闻之法；“我闻”则为坚持其信之人。佛教以“信”为第一，信佛法则能入佛教，理解佛法，得受佛法之功德利益；以信则言如是，不信则言不如是，所以先使众生信受经言，因而于经首置如是语。《大智度论》卷二认为佛教徒应依止经典中的法，法并非仅指佛所说者，除佛陀所说者外，也有由佛弟子、仙人、诸天及化人等所说的法。为令信顺此等为正法，并使佛灭度后，法永远不失，永远正确地传于后世，故释尊对阿难言，须于经典卷首加上“如是我闻”一语。

②佛：梵语 Buddha 之音译，“佛陀”之略，又作“佛驮”、“休屠”、“浮陀”、“浮屠”、“浮图”、“浮头”、“没驮”、“勃陀”、“馞陀”、“步他”等。意译“觉者”、“知者”、“觉”，即觉悟真理者之意。亦即具足自觉、觉他、觉行圆满，如实对于宇宙事理无所不知觉，成就无上正等正觉之大圣者，乃佛教修行之最高果位。“佛”一般用作对佛教创始人释迦牟尼的尊称（释迦牟尼佛有如来、应供、正遍知、明行足、善逝、世间解、无上士、调御大夫、天人师、佛世尊十大名号）。大乘佛教兴起后，“佛”还泛指一切觉行圆满者和一切佛法真谛的化身，宣称过去世有七佛、然灯佛等，未来将出现弥勒佛。从佛身说，有报身佛、法身佛、应身佛。此处所指的佛是释迦牟尼佛。舍卫国：译为“闻者”、

“闻物”、“丰德”、“好道”、“无物不有”、“多有”等。为中印度古王国名，其国本名为“憍萨罗国”，为别于南方之憍萨罗国，故以城名为国号。因此城多出名人，多产胜物，故称“闻物国”。又有别名叫“舍婆提城”、“尸罗跋提”、“舍罗婆悉帝夜城”等。据英国考古学家康林罕（A. Cunningham）推定，此国即今天拉布提河（Rapti）左岸之沙赫玛赫（Sahet Mahet），接近于尼泊尔之奥都（Oudh）北方约九十余公里处。近年在该处发掘铭刻有“舍卫”字样之巨大佛像、《大唐西域记》卷六所说周长约五公里之城壁，及记述布施祇园精舍田地之铜板等，都一一地证明了此处即舍卫国故址。释迦牟尼成佛后，居留此处说法二十五年，较住于其他诸国长久。祇（qí）树给孤独园：又称“祇园精舍”或“给孤独园”，为佛陀说法遗迹中最著名者。据说舍卫城须多达长者，好行布施，人誉为“给孤独长者”。皈依佛陀后，希望佛来舍卫城度其国人，因而欲觅一地作为释迦牟尼在舍卫国说法、驻留的场所。传说祇陀太子之花园颇为合适作为精舍，乃欲购之，然为太子所拒。祇陀太子为令长者却步，遂以黄金铺满花园为出售之条件，给孤独长者即以黄金铺地买下园林。太子感动于其诚心，遂将园中所有林木也捐献给佛陀。因二人共同成就此一功德，故称“祇树给孤独园”。

③比丘：又名“苾刍”、“备刍”、“比呼”等。指男子出家进入佛教教团，满二十岁以上且受具足戒的修行僧，女子出家受具足戒者称为“比丘尼”。乃“五众”之一，“七众”之一。比丘原语是从“求乞”一词而来，也可以解释为破烦恼者之意。《大智度论》卷三列比丘语义为乞士、破烦恼、出家人、净持戒及怖魔

等五义。其中，破恶（破烦恼）、怖魔、乞士，称为“比丘三义”，与“阿罗汉”一词语义中之杀贼、应供、无生等三义，合称为“因果六义”（比丘为因，阿罗汉为果）。在印度，比丘或沙门的生活形态必须遵守一定的戒律，护持“三衣一钵”，乞食自活，住于阿兰若处，少欲知足，离诸世俗烦恼，精进修道，以期证得涅槃。千二百五十人：指一千二百五十位先事外道，后承佛之化导，而证得圣果者。因感恩于佛陀的度化，遂发愿每次法会都常随不离，协助佛陀弘法利生，成为佛陀的“常随众”。根据《过去现在因果经》，这千二百五十人指耶舍长者子师徒五十人、优楼频螺迦叶师徒五百人、那提迦叶师徒二百五十人、伽耶迦叶师徒二百五十人、舍利弗师徒一百人、目犍连师徒一百人，共一千二百五十人。

④世尊：因佛是世人所共尊的人，因此称佛为“世尊”，音译为“薄伽梵”或“婆伽梵”。意译作“世尊”之外，亦直译作“有德”、“有名声”等。即富有众德、众佑、威德、名声、尊贵者之意，亦指世界中之最尊者。在古印度，一般用为对尊贵者之敬称，并不限用于佛教；若于佛教，则特为释迦牟尼佛之尊称，属于佛的十大尊号之一。钵：梵语“钵多罗”的简称，为“比丘六物”之一。钵是比丘的盛饭器，以泥或铁制成，圆形、稍扁、底平、口略小。译作“应器”，或“应量器”。“应”有三应，一色相应，钵要灰黑色，令不起爱染心；二体相应，钵体粗质，使人不起贪意；三大小相应，不过量也，乞食不过七家，令人不恣口腹。

⑤乞食：“十二头陀行”之一。乃印度僧人为资养色身而乞食于人的一种行仪，是一种清净的正命。又作“团堕”（即取置

食物于钵中之义)、“分卫”、“托钵”、“行乞”等。其原始意义有二,即《大乘义章十五》所云:“专行乞食。所为有二:一者为自,省事修道。二者为他,福利世人。”自利是为杜绝俗事,方便修道;利他则为福利世人,予众生种福机会。

⑥次第乞:也是“十二头陀行”之一。即指佛心平等,不择贫富,不拣净秽,不受别请,挨户依序托钵而乞食。修行者借助这样的行为,可培养平等心,以消除烦恼。

⑦敷座:铺座跏趺而坐,安住于正念中。所谓坐如钟、行如风、卧如弓、立如松,是佛教行、住、坐、卧“四威仪”之一。修行者平常生活中身体端直是很重要的,因为正确的坐姿不至于使人容易散乱、疲劳和昏沉。佛教对坐的方式、作用有详细的规定,“结跏趺坐”即是其中一例。

译文:

我曾经听佛这样说:

当时,佛住在舍卫国的祇树给孤独园里,与一千二百五十位大比丘在一起。有一天上午,临吃饭之时,世尊穿上袈裟,拿着饭钵,缓步走进舍卫城去乞食。佛在舍卫城中慈悲平等,不分贫富不分贵贱,挨家挨户地托钵、乞食后,便返回给孤独园中。吃过了饭,将袈裟和钵具收拾好,洗净了双足,铺好座位后,便跏趺而坐。

善现启请分第二

此下为正宗分，直至后偈“应作如是观”为止，是开始这部经的大意。首先是“启请”部分，作为此经当机者的须菩提长老以语言启白世尊，请求说法。须菩提先是恭敬、赞扬世尊之德，之后便向佛请教两个问题，即应当心住于何处或应当怎样安心，及如何降伏妄心，以免损害其菩提心。佛听了须菩提的提问后，赞许须菩提的请示，并准备回答长老的提问。从经文结构而言，我们称此部分为“许说”。

时，长老须菩提在大众中①，即从座起，偏袒右肩②，右膝着地③，合掌恭敬而白佛言④：“希有⑤，世尊！如来善护念诸菩萨⑥，善付嘱诸菩萨。世尊，善男子、善女人⑦，发阿耨多罗三藐三菩提心⑧，云何应住⑨？云何降伏其心⑩？”

佛言：“善哉！善哉！须菩提，如汝所说，如来善护念诸菩萨，善付嘱诸菩萨。汝今谛听，当为汝说。善男子、善女人发阿耨多罗三藐三菩提心，应如是住，如是降伏其心。”

“唯然，世尊。愿乐欲闻。”

注释:

①长老:又称“上座”、“上首”、“首座”、“耆年”、“耆宿”、“耆旧”、“老宿”、“长宿”、“住位”等。是对年齿长、法腊高,且有智能威德的大比丘之尊称。《长阿含·众集经》列举三种长老:一是年耆长老,指入佛道经年之僧;二是法长老,指精通教法之高僧;三是作长老,为世俗假名之长老。禅家称住持之僧为“长老”。须菩提:又称“苏补底”、“须扶提”、“须浮帝”、“薮浮帝修”、“浮帝”、“须枫”等。意译为“善业”、“善吉”、“善现”、“善实”、“善见”、“空生”等。原来是古印度舍卫国鸠罗长者之子,为佛十大弟子中之最善解空理者,所以有“解空第一”的称号。也是大乘诸部般若经(如此经)中,佛陀在解说空义时的当机者。

②偏袒右肩:又作“偏露右肩”、“偏袒一肩”、“偏露一膊”等,略称“偏袒”。为“通肩”一词之相对语。即披着袈裟时袒露右肩,覆盖左肩。在古印度,请法时“偏袒右肩”是最尊重的礼节,佛教沿用之,即于比丘拜见佛陀或问讯师僧时及从事拂床、洒扫等工作,须偏袒右肩,所以偏袒右肩即意谓便于服劳、听令使役,也是表示比丘恭敬尊者的相貌。

③右膝着地:是印度的俗礼。右是正道,左为邪道,袒右跪右,以表示顺于正道,也显示劝请正法,去邪从实,应依谦卑之礼。另一方面,膝也象征般若智,地则象征实相;右膝着地,正表示般若与实相互相应合。

④合掌:又名“合十”。乃印度自古所行之礼法,佛教沿用之。印度人认为右手为神圣之手,左手为不净之手,故有分别使

用两手之习惯；然若两手合而为一，则为人类神圣面与不净面之合一，故借合掌来表现人类最真实之面目。合掌即合并两掌置于胸前，集中心思，因而也表示吾心专一之敬礼法及皈向中道。双掌合一，也可解释为表示方便权巧与实相究竟是一而不二，大小乘皆可融通。又十指表十法界；合十，表示结合十法界存于一心之中，也即是表示事理一如，权实圆融。

⑤希有：谓事之甚少者、无相类者。尤指如来之示现及其一代教法，故有“希有大法王”、“希法”之称。若能了知诸佛妙法，生尊重不思议心者，亦称为“希有人”。佛陀有四种“希有”，即：一、时希有，表示佛陀之出世，非旷世所常有；二、处希有，佛陀不出现于三千世界中的他处，唯降生于迦毗罗卫城；三、德希有，佛陀具有无量的福德智慧，所以是最尊贵的，无人能比；四、事希有，佛陀一生都以佛法普利众生，为希有殊胜之事。

⑥如来：佛十种尊号之一。音译作“多陀阿伽陀”、“多他阿伽度”、“多陀阿伽度”、“怛萨阿竭”、“怛他哦多”、“多阿竭”等。即是真如，乘真如之道而成正觉之故，所以名为“如来”。又，乘真如之道来三界垂化之故，谓之“如来”。又，如诸佛而来，故名“如来”。又，“如来”之称呼，亦为诸佛之通号。护念：谓诸佛、菩萨、诸天善神等对于修善众生或佛弟子加以护持摄受，使之不致遭受障碍。又佛菩萨经常如影随形地护念行者，使恶魔等无法障害，故称“影护护念”。又为众生证明教法之确实，使其生信而脱离苦患，受无穷利益，此称“证诚护念”。在此，可以把护念解释为摄受，对于久学的菩萨，佛能善巧的摄受他，使他契入甚深的佛道，得如来护念的究竟利益。菩萨：音译“菩提萨埵”，

又作“菩提索多”、“冒地萨怛缚”、“扶萨”等。旧译为“大道心众生”、“道众生”等，新译为“大觉有情”、“觉有情”等。指唯有大觉悟的众生能发无量大愿，上求无上菩提，下而利益众生；修诸波罗密行，将来要入佛果位。与声闻、缘觉并称为“三乘”。

⑦善男子、善女人：指良家之男子、女子。经典中对在家的信男、信女，每用善男子、善女人的称呼。善者，是对信佛、闻法、行善业者之美称。窥基《阿弥陀经通赞》认为善男子、善女人是梵语优婆塞、优婆夷之译，指持五戒之男子、女人。此外，大乘经典中，呼菩萨时，多称“善男子”，呼比丘时，多呼其名。然有时亦以“善男子”称呼比丘。

⑧发阿耨（nòu）多罗三藐三菩提心：“阿耨多罗三藐三菩提”，是梵语之音译，意指完成之人，故一般译为“无上正等正觉”、“无上正等觉”、“无上正遍知”等。“阿耨多罗”意译为“无上”，表示佛陀所证悟的道是圆满无上的；“三藐三菩提”意译为“正遍知”，表明周遍证知最究竟之真理，而且平等开示一切众生，令其达到涅槃。发阿耨多罗三藐三菩提心，即发起宏大深远的誓愿，以崇高、伟大、无上、究竟的佛果为目标。

⑨云何应住：当住于何处或应当怎样安住。住，即不违法性的住于正。凡发大菩提心者，在动静、语默、来去、出入、待人接物一切中，如何能使菩提心不生变悔，不堕于凡外，常安住于菩提心而不动？所以问“云何应住”。

⑩云何降伏其心：降伏离于邪，也就是以威力降伏妄心，云何降伏其心，即怎样止灭妄心、杂念。众生心中，有种种的颠倒戏论，有各式各样的妄想杂念，这不但障碍修行，也是菩提心不

易安住的大病。要把颠倒戏论一一消除，所以问“云何降伏其心”。

译文：

这时，众僧中德高年长的须菩提长老，从自己的座位上站了起来，他斜披袈裟，偏袒着右肩，以右膝跪在地上，双手合十，虔诚恭敬地向佛行礼并对佛说道：“世间希有难得的世尊！佛善于护持眷念诸菩萨，善于付嘱指导诸菩萨。世尊，倘若有善男子和善女人，发愿成就无上正等正觉的菩提心，那么他们应如何使这个菩提心常住不退呢？如果他们起了妄念的时候，又要怎样去降伏他的妄心呢？”

佛陀嘉许说：“很好！很好！须菩提，正如你所说的那样，佛善于护持眷念诸菩萨，善于付嘱指导诸菩萨。你们现在认真地细心静听，我将为你们宣说。善男子、善女人，发愿成就无上正等正觉的菩提心，就应该如此这般地保住菩提心，就应该要这样去降伏妄念心。”

菩提回答说：“好的，佛陀。我们都乐意欢喜地聆听您的教诲。”

大乘正宗分第三

此段简单地示说了如何降心离相，把须菩提所问的“云何应住”、“云何降伏其心”这两件事，再细说明。佛陀回答须菩提的问题，指出最重要的就是要发“四心”：一、广大心的平等观，不拣择优劣亲疏，灭度一切众生之类，令其降伏凡圣九流的分别心；二、最胜心，使众生皆断除烦恼，了生脱死，而入无余涅槃。但灭度众生的菩萨大悲心行，必须与般若无相相应，要这样降伏其心，安住其心。发悲愿为本的菩提心，才能成就名副其实的菩萨；三、无对待心，视一切众生平等无差别，因为众生本就是“性空”的；四、无颠倒心，菩萨心无四相，即没有我、人、众生、寿者四相之分别计较。又菩萨若能用般若妙智，照了性空本无四相，名降伏其心，否则非菩萨。

佛告须菩提：“诸菩萨摩诃萨应如是降伏其心①：所有一切众生之类，若卵生，若胎生，若湿生，若化生②；若有色，若无色③；若有想④，若无想⑤，若非有想非无想⑥，我皆令入无余涅槃而灭度之⑦。如是灭度无量无数无边众生，实无众生得灭度者。何以故？须菩提，若菩萨有我相、人相、众生相、寿者相⑧，即非菩萨。”

注释：

①摩诃萨：即“摩诃萨埵”之略，乃“菩萨”或“大士”之通称。摩诃，意译作“大”；萨埵，乃有情、众生之义。摩诃萨埵即为“大心”，或大有情、大众生，指发大心愿成就佛果的众生，亦即大菩萨。“大”有三种：愿大、行大、度众生大，即谓此大众生于世间诸众生中为最上，不退其大心，故称“摩诃萨埵”。摩诃萨埵具备了七个条件：一、具大根，二、有大智，三、信大法，四、解大理，五、修大行，六、经大时，七、证大果。

②卵生、胎生、湿生、化生：即四生，指产生三界六道有情的四种类别。卵生是离开母体时，还不是完成的身形，仅是一个卵。须经一番保护孵化，才能脱卵壳而出，如鸟类；胎生，又作腹生。其最初的自体，必须保存在母胎中，等到身形完成，才能离母体而出生，如人类；湿生，又作“因缘生”、“寒热合生”。即由粪聚、注道、腐肉、丛草等润湿地之湿气所产生者，如蚊及水中极细虫等；化生是说这类有情，不须要父母外缘，凭自己的生存意欲与业力，就会忽然产生出来，如诸天和地狱的众生。

③有色、无色：从众生自体的物质说，有两类，即有色的，如欲界与色界的众生，是有物质形体的众生，包括欲界六道众生及色界四禅天。无色的，是无色界众生。是没有男女之欲与物质形体，但仍存有识心，如无色界的四空天。

④有想：从众生的有没有情识说，有“有想”、“无想”与“非有想非无想”三种众生。有想，指具有感觉、认识、意志、思考等意识作用；或指具有此等作用之有情众生。有想，又指有想天，是有想众生居住的地方。在一切的天中，除了色界无想天与

无色界非想非非想天之外，其他都是有想天。

⑤无想：指全无想念之状态。或指入灭尽定，证得无想果者。或为“无想天”之略称。无想天在色界，生此天者，念想灭尽，仅存色身及不相应行蕴，故称“无想天”。

⑥非有想非无想：指住在无色界非想非非想处的众生。即没有下界众生粗想的烦恼，所以是非有想或非想，但还有细想的烦恼，故又名“非无想”或“非非想”。

⑦无余涅槃：涅槃，又译作“泥日”、“泥洹”、“涅槃那”等，意译为“灭”、“灭度”、“寂灭”、“安乐”、“无为”、“不生”、“解脱”、“圆寂”。涅槃的字义，有消散的意思，即苦痛的消除而得自在。也就是灭生死之因果，渡生死之瀑流，达到智悟的菩提境界。“无余涅槃”为“有余涅槃”之对称，一个修行者证得阿罗汉果，这时业报之因已尽不受后有，但还有业报身心的存在，故称“有余涅槃”；及至连酬报过去世业因的身心皆已灰灭，而完全无所依处，便达至“无余涅槃”。

⑧我相、人相、众生相、寿者相：“相”即形相或状态之意，指诸法的形像状态，表现在外而想象于心的形相。在佛典中，曾以“相”来描述诸法的各类相状、发展过程，乃至于真如的功德等等。“我相”意指我的相状，凡夫误认为外在的我为实相而执著之。“人相”谓众生妄计在六道轮回的自体为真实存在的外在相状。“众生相”谓众生把依五蕴和合而生的自体当成真实存在的外在相状。“寿者相”谓执著众生的从生到死，有一期的生命相续，可以传之长久。这四相实际上都是由一个“我相”所开展出来，所以，佛教特别注重破除“我执”。

译文:

佛告诉须菩提说:“诸大菩萨应该要这样修持降伏迷妄的心:无论是依卵壳而出世的众生,还是由母胎而出生的众生;无论是因潮湿而出生的众生,还是无所依托而仅借其业力得以出现的众生;又无论是欲界与色界中有物质形体的众生,还是无色界中没有物质形体的众生;无论是有心识活动的众生,还是一切没有心识活动的众生,以及说不上有无心识活动的各类众生,我都要使他们达到脱离生死轮回的涅槃境界,断尽他们的烦恼、永绝诸苦,让他们获得最终的解脱。但是,虽然这样度化了无数的众生,然而,实际上却没有任何一个众生得到救度断除了烦恼。为什么这么说呢?须菩提,如果菩萨在心中还存有自我的相状、他人的相状、众生的相状、寿命的相状,那他就不成其为菩萨了。”

妙行无住分第四

本分通过布施统摄利他的"六度行"来说明住心的方法。本经发菩提心，以大悲度众生为首，这与通过布施使他人离苦得乐，尤为吻合。菩萨行布施（六度）利他时，心应无所住而行布施。这即是说：不要住于"六尘"而行布施。有住即是住相，就是一种取著自性的执见，对诸法会产生虚妄分别，为境所转而不能自在解脱；若不住相，就不为"六尘"所动；不为"六尘"所动，则是心能达至清净。总而言之，若能离相而了达三轮体空，内不住能施我相，外不住受施人相，中间不住所施财法等相，那么菩萨虽专为求福而布施，而福德就好似十方虚空似的不可思量。

"复次，须菩提，菩萨于法应无所住①，行于布施②。所谓不住色布施，不住声、香、味、触、法布施③。须菩提，菩萨应如是布施，不住于相。何以故？若菩萨不住相布施，其福德不可思量④。须菩提。于意云何？东方虚空可思量不⑤？"

"不也，世尊。"

"须菩提，南、西、北方、四维、上下虚空可思量不⑥？"

"不也，世尊。"

“须菩提，菩萨无住相布施福德，亦复如是不可思量。须菩提，菩萨但应如所教住。”

注释：

①法：音译为“达磨”、“达摩”、“驮摩”、“昙摩”、“昙无”、“昙”等。一切的事物，不论大的小的，有形的或是无形的，都叫做“法”，不过有形的叫做“色法”，无形的叫做“心法”。应无所住：意即不论处于何境，此心皆能无所执著，而自然生起。心若有所执著，犹如生根不动，则无法有效掌握一切。

②布施：音译为“檀那”、“柁那”、“檀”等，又称“施”。即以慈悲心而施福利予人之义，使他离苦得乐。“布施”有三种，一是财施，即以财物去救济疾病贫苦的人；二是法施，即以正法去劝人修善断恶；三是无畏施，即不顾虑自己的安危去令众生离诸怖畏。其中又以“法布施”为最，所以云：“诸供养中，法布施最。”

③色、声、香、味、触、法：即“六尘”，指色尘、声尘、香尘、味尘、触尘、法尘，又名“六处”、“六境”、“六贼”。色，指物质现象，为眼根所对、眼识所缘的境；声，一切声、音、乐，为耳根的认识对象；香，一切物品乃至男女身体所有之气息，为鼻根所感觉的对象；味，饮食馔肴美味和辛辣等味，为舌根所感觉的对象；触，冷暖寒热及硬软细滑等感觉，为身根的认识对象；法，即是识心所想及的心法，为意根所能意识的对象。

④福德：指过去世及现在世所行的一切善行，及由于一切善行所得之福报。

⑤虚空：虚无形质，空无障碍，故名。指一切诸法存在之场所、空间。有周遍、不动、无尽、永恒等四义。

⑥四维：即“四隅”，指东南、西南、东北、西北四个方向。一般是以四维加四方，称为“八方”；若再加上、下二方，则合称为“十方”。

译文：

佛继续说道：“再者，须菩提，菩萨对于万法，都应该无所执著，以不执著的心态来施行布施。即不应执著于形色而布施，亦不应执著于声音、香气、味道、触觉、意识而行布施。须菩提，菩萨就应该这样去布施，即不执著于诸相而修行布施。这是什么缘故呢？因为菩萨如果能这样不执著于诸相而布施，那么因布施而获得的福德就不可思议和无法估量。须菩提，你意下如何？东方的虚空可以想象和度量吗？”

须菩提回答：“不可度量的，佛陀。”

佛又问：“须菩提，那么南方、西方、北方、东南、西南、东北、西北及上下方的虚空，可以想象和度量吗？”

须菩提回答：“不可度量的，佛陀。”

佛说：“须菩提，菩萨不执著于诸相布施而进行布施的福德，也和十方虚空一样不可想象和度量。须菩提，菩萨就应该是这样不执著于诸相，自然能令妄心不起，真正安住于清净的菩提本心。”

如理实见分第五

本分的主旨是破妄相。世间的一切一切造作迁流变化的种种相，都是因缘生法，因缘会遇便产生种种相，因缘离散种种相便灭，如幻如化，虚妄不实。佛陀探讨佛陀外现的"三十二相"、"八十随形好"，巍巍的丈六金身，就是如来的实相吗？须菩提领略这句话的深意，因此回答曰："不可以身相（色身）得见如来"。佛的身相，只不过是假名和合的妄相，所以，佛说的身相，即"四大"、"五蕴"和合相续之假相，即非有身相的实性。唯有从观察诸法的随缘生灭，从无常为门而悟入诸法无性空，才能彻见如来法身。其实不但佛相如此，世间一切的所有相，皆是假合变幻。离相即无所谓性，离性即无所谓相；如果对相有了执著，便产生种种的障碍。若见诸相，如能识"凡所有相"皆是虚而不实，妄而非真，必无执相迷真之失。证法，即"见法"，"见法即见佛"。佛之所以为佛，即在究竟圆觉缘起空寂的中道；离此正觉，更没有什么奇特！如能悟彻缘起法相的空寂，便能领悟"见缘起即见法，见法即见佛"的真义。

"须菩提，于意云何？可以身相见如来不[①]？"

"不也，世尊。不可以身相得见如来。何以故？如来所说身相即非身相。"

佛告须菩提："凡所有相皆是虚妄。若见诸相非相，即见如来。”

注释：

①身相：身之相貌，此指佛的特殊妙好之相。

译文：

佛问：“须菩提，你意下如何？可以依如来具足相好的身体相貌来认识如来的真实本性吗？”

须菩提回答：“不可以，世尊。不可以依如来具足相好的身体相貌来认识如来的真实本性。为什么呢？因为如来所具足相好的身体相貌，并非是真实存在的身相。”

佛陀告诉须菩提：“一切诸相都是虚妄不实的。若能悟得诸相皆虚妄不实，就能证见如来了。”

正信希有分第六

前几段经文说明了“甚深极甚深，难通达极难通达”的离一切相的现见法性，这种甚深妙法自然不易令人生起实信。所以，须菩提才会启问如来：未来世中，众生是否能在听闻甚深的法门后生起真实信心？佛陀因此接着说出这段“正信希有”的经文。实信，在声闻法中，即证须陀洹，得四不坏信——“四证净”；大乘在见道净心地。这是般若相应的证信，非泛泛的信仰可比。后世众生也能有此正信，只不过必须要有“戒足”、“慧目”；如不持戒、不修福、不习禅慧，即不能于这甚深法门，得如实信了！信为功德母，诸佛菩萨，起初修道至证道，皆从一个“信”字入手也。众生有此一念信根，即种了未来的善果，故此一念信心，其福德即不可思量。实信者，是必须由智能了达无所得法，修无所得行，证无所得果，然后才圆满了彻第一谛，所以是稀有难得的。要了悟第一谛，就不应取法，也不应取非法。佛陀用了舟筏来作比喻，说明渡河须用筏，到岸不须船，表达舍法破法执之意。这与禅录所云，“汝无拄杖子，我给你拄杖子；你有了拄杖子，我夺却你的拄杖子”，是同一义的。

须菩提白佛言：“世尊，颇有众生得闻如是言说章句，生实信不[①]？”

佛告须菩提：“莫作是说。如来灭后，后五百岁[②]，有持戒修福者，于此章句能生信心，以此为实。当知是人不于一佛、二佛、三、四、五佛而种善根③，已于无量千万佛所种诸善根。闻是章句乃至一念生净信者④。须菩提，如来悉知悉见，是诸众生得如是无量福德。何以故？是诸众生无复我相、人相、众生相、寿者相，无法相亦无非法相⑤。何以故？是诸众生，若心取相，则为著我、人、众生、寿者；若取法相，即著我、人、众生、寿者。何以故？若取非法相，即著我、人、众生、寿者，是故不应取法，不应取非法。以是义故，如来常说汝等比丘知我说法如筏喻者⑥。法尚应舍，何况非法。”

注释：

①实信：是与智慧相应的证信，非泛泛的信仰。信必须具备信实、信德、信能三条件。

②后五百岁：《大集经》说有五个五百岁，此“后五百岁”，即指第五个五百年。第一与第二个五百年合起来是一千年的“正法时期”；第三与第四个五百年合起来是一千年的“像法时期”；第五个五百年又叫“末法初期”，末法将历时一万年。

③善根：即善之根本，又称“善本”、“德本”。指能生出善法的根本。无贪、无嗔、无痴三者为善根之体，合称为“三善根”。贪、嗔、痴三者则为三不善根，或称“三毒”。又善法为得善果之根本，所以称为“善根”。

④净信：清净之信心。

⑤法相、非法相：法相，指诸法所具本质之相状（体相），或指其意义内容（义相）；非法相，即一切存在现象绝对断灭的相状。法相通常指执“五蕴”、“十二处”、“十八界”等诸法为实有，是一种“有病”，无法相，即离诸法的自性执而得法空。非法相指执著诸法皆空，是一种“空病”，无非法相，即离我法二空的空相执而得空。此处之“法相”则有所专指，是指执著般若波罗密法为实有不变的有为法，也是属于一种“有病”；“非法相”则专指外道执著诸法皆无、涅槃亦无的“断灭空见”。

⑥筏喻：出自于《中阿含·大品阿梨咤经》，经中佛为阿梨咤比丘说筏喻。筏是竹筏，交通不便或水浅的地方，竹筏可用作交通工具。利用竹筏，即能由此岸到彼岸。到了彼岸，竹筏当然舍去了，谁还把他带着走！以此比喻佛之教法如筏，既至涅槃彼岸，正法亦当舍弃。所以经中云：“法尚应舍，何况非法。”

译文：

须菩提向佛陀问道：“世尊，后世的芸芸众生听闻您今日所宣说的微妙内容，能不能因此而生起真实的信心？”

佛陀回答须菩提说：“你不必有这样的疑虑。在我灭度后的第五个五百年，会有持守戒律、广修福德的人，能从这些经义中产生真实信心，以此经义为真实所依。应当知道这些人不只曾经于一佛、二佛、三佛、四佛、五佛处种下了众善根前缘，而是已于无量千万佛处积集深厚的善根。因此，听到了这些微妙经义，便会在一念之间产生清净的信心。须菩提，如来完全确知确信，这些善根众生将会得到无可估量的福报和功德。为什么这么说呢？是因为这些善根众生，不再妄执有自我的相状、他人的相状、众生的相状、寿命的相状，也不在有法相和非法相的分别执著了。这是什么缘故呢？如果众生心念中执取于相状，也就执著于自我的相状、他人的相状、众生的相状、寿命的相状；若众生执著种种法相，亦会有自我的相状、他人的相状、众生的相状、寿命的相状的执著。什么原故呢？如果众生心念中执著于无法相，那也会执著于自我的相状、他人的相状、众生的相状、寿命的相状，所以既不应执著任何法相，也不应执著于非法相。正因为如此，如来才经常告诫你们这些比丘，我所说的法，就像船筏之譬喻一样。佛法尚且应该舍去，何况那些与佛法相违背的非法。”

无得无说分第七

此分主要是要破除我们对佛相、法相的执著而说“无得无说”。如来借用“如来已证得了无上正等正觉吗”和“如来真的说过什么法吗”两个问题来详解并破解凡夫以为物可得、法可说的执著。佛所说的及所证的法，是没有定性可以取著的或可说的。凡是心有所取，口有所说，一切都是自性空的，所以名为“非法”；一切法非法的无为空寂，也还是不可取不可说，所以又说“非非法”。因此说“无得”，以破事、理二障；讲“无说”，以破语言文字之障。有智慧者，即言语离言语，即名相离名相，知得即无得，知说即无说，可谓悟中道第一义谛。一切圣贤都是因证离一切言说，平等一味的无为法而悟道，但是所修虽同而所悟不同，所以虽同依此修证，但浅深不等，才会显现差别。总而言之，无为法离一切戏论，在证觉中都无可取可说，而三乘圣者的差别，却依无为法而施设。

“须菩提，于意云何？如来得阿耨多罗三藐三菩提耶？如来有所说法耶？”

须菩提言：“如我解佛所说义，无有定法名阿耨多罗三藐三菩提，亦无有定法如来可说。何以故？如来所说法皆不可取①，不可说，非法、非非法。所以者何？一切圣贤皆以无为法而有差别②。”

注释：

①取：有执取、执持二义，亦与“执著”同义，即对所喜欢的境界执取追求。取也是烦恼的异名。

②圣贤：“圣人”与“贤人”之并称。圣，即具有正理的意思，指证见谛理，舍去凡夫之性，发无漏智而证理断惑，属见道的人。贤，即善和之意，指见道以前，调伏自己的心而远离恶的行为的人；谓凡夫离恶而未发无漏智，不证理亦未断惑，是见道以前的修行人。无为法：又称“无为”，与“有为法”对称。指非由因缘所造作，离生灭变化而绝对常住之法。

译文：

佛陀又问：“须菩提，你意下如何？如来已证得了无上正等正觉吗？如来真的说过什么法吗？”

须菩提回答说：“就我所了解佛所说法的义理，没有固定的法可以叫做无上正等正觉，也没有固定的法为是如来所宣说的。什么缘故呢？因为如来所说的法义都不可以执取，也不能用语言诠释，它不是佛法，也不是非佛法。为什么呢？一切贤圣皆因为在所了知的无为法方面，因证悟的深浅不同而有深浅的差别。”

依法出生分第八

这一段以"般若是三世诸佛母，一切善法功德皆依此而生出"为主轴来阐述。经文说明如果有人对于本经，不要说受持全部所得的功德，就是受持其中四句偈，或为他人说其中四句偈，他所得的功德，比用满三千大千世界七宝做布施的人，要超过千倍万倍而不可计算的。这是为什么呢？因为受持是自利，为他人说是利他，能于此甚深法门自利利他，功德当然不可思议。因此说"法布施"能启发人的正知正见，健全人的品德，引导他向上增进以及解脱、成佛，由此而可得彻底的安乐，所以"法布施"的功德更加圆满，更不可思议。《般若经》说般若是诸佛之母，一切三世诸佛皆从般若波罗密多出生而显现正等觉。没有般若，即没有佛及菩萨、二乘，就是世间的人天善法也不可得。因此经文赞叹般若，进而说明"法布施"的无有穷尽功德。但是，所说的佛法，即是非佛法，因为般若能生出佛法，但是般若并非佛法。毕竟空中，却是人法都不可得的。假使就此执为实有佛法，那就错了！

"须菩提，于意云何？若人满三千大千世界七宝①，以用布施，是人所得福德宁为多不？"

须菩提言："甚多，世尊。何以故？是福德即非福德性②，是故如来说福德多。"

“若复有人于此经中，受持乃至四句偈等[3]，为他人说，其福胜彼。何以故？须菩提，一切诸佛及诸佛阿耨多罗三藐三菩提法皆从此经出。须菩提，所谓佛法者即非佛法。”

注释：

①三千大千世界：古代印度人的宇宙观。“世”指时间，“界”指空间。又作“一大三千大千世界”、“一大三千世界”、“三千世界”等。指由小、中、大等三种“千世界”所成的世界。古代以须弥山为中心，周围环绕四大洲及八山八海，称为“一小世界”。合一千个小世界为“小千世界”，合一千个小千世界为“中千世界”，合一千个中千世界为“大千世界”。因为这中间有三个千的倍数，所以大千世界，又名为“三千大千世界”。然据正确推定，所谓三千世界实则为十亿个小世界，而三千大千世界实为千百亿个小世界，与一般泛称无限世界、宇宙全体之模糊概念实有差距。佛典的宇宙观认为，三千世界是一个佛所教化的领域，所以也称为“一佛国”。七宝：即七种珍宝，又称“七珍”，指世间七种珍贵之宝玉。诸经说法不一，《般若经》所说的“七宝”是金、银、琉璃、珊瑚、琥珀、砗磲、玛瑙。《法华经》所说的“七宝”是金、银、琉璃、砗磲、玛瑙、真珠、玫瑰。《阿弥陀经》所说的“七宝”是金、银、琉璃、玻璃、砗磲、赤珠、玛瑙。《大智度论》所说的“七宝”是金、银、琉璃、颇梨（水晶）、砗磲、赤珠、玛瑙。

②福德性：即真正、超越、无相的福德，亦即自性中的智慧

福德。

③偈（jì）：又名为“首卢迦”，是印度人对于经典文字的计算法。音译“伽陀”、“伽他”、“偈陀”、“偈他”等。意译“讽诵”、“偈颂”、“造颂”、“孤起颂”、“不重颂偈”、“颂”、“歌谣”等。汉译经典中，多处提及偈颂，但各经却没有一致的说法。《百论疏》卷上指出偈有两种，一种称“通偈”，即首卢迦，为梵文三十二音节构成；一种称“别偈”，由四言、五言、六言、七言，皆以四句而成。在禅宗，禅僧开悟时，也常有人将其悟境以偈颂的形式表现出来。

译文：

佛说：“须菩提，你意下如何？如果有人将充满三千大千世界的所有七种珍宝，全部拿来进行布施，你认为此人因此而获得的福德果报多不多呢？”

须菩提回答道：“很多，佛陀。为什么说福德多呢？因为这样的世间福德本身是空性的，而非无相的福德，所以如来从这个意义上说此人所获得的福德果报多。”

佛又说：“如果又有一人，能够虔诚信受此部经，即使奉持其中四句偈等，又能够为他人解说，那么此人所获得的福德果报更要胜过布施充满三千大千世界的所有七种珍宝的人。什么缘故呢？须菩提，因为十方一切诸佛及诸佛具有的无上正等正觉的法，皆从此经缘生的。须菩提，所谓的佛法，其本性并非实有，故非佛法。”

一相无相分第九

本段借声闻四果为喻，破除有惑可断，有果可证的妄念，进一步说明“般若实相”，即非有相非无相，非一非异相，离一切相，即是实相。从世俗角度而言，“我得须陀洹”……“我得阿兰那行”，都是可以分别言说的。但从胜义谛观察时，“预流果”等本性无实故，所以决不应该执取实我与实法而作此念。也就是说如果有了“我能证得预流果”等念头，这就有了能证的人，所证的果，就是执我了。总而言之，此段从胜义谛的立场，大力驳斥有惑可断、有果可证的求取，以破除众生的取著。

“须菩提，于意云何？须陀洹能作是念①，我得须陀洹果不？”

须菩提言：“不也，世尊。何以故？须陀洹名为入流，而无所入，不入色、声、香、味、触、法，是名须陀洹。”

“须菩提，于意云何？斯陀含能作是念②，我得斯陀含果不？”

须菩提言：“不也，世尊。何以故？斯陀含名一往来，而实无往来，是名斯陀含。”

“须菩提，于意云何？阿那含能作是念③，我得阿那含果不？”

须菩提言：“不也，世尊。何以故？阿那含名为不来，而实无不来，是故名阿那含。”

“须菩提，于意云何？阿罗汉能作是念④，我得阿罗汉道不？”

须菩提言：“不也，世尊。何以故？实无有法名阿罗汉。世尊，若阿罗汉作是念，我得阿罗汉道，即为著我、人、众生、寿者。世尊，佛说我得无诤三昧⑤，人中最为第一，是第一离欲阿罗汉。世尊，我不作是念，我是离欲阿罗汉。世尊，我若作是念，我得阿罗汉道，世尊则不说须菩提是乐阿兰那行者⑥。以须菩提实无所行，而名须菩提，是乐阿兰那行。”

注释：

①须陀洹（huán）：旧译为“入流”、“至流”、“逆流”、“沟港”等，新译为“预流”，是声闻四果中之初果，已断除三界一切见惑，初得法眼者。全称“须陀般那”，又称“须氀多阿半那”、“窣路陀阿钵囊”、“窣路多阿半那”等。有三种意义：一、入流，是初入圣人之流的意思；二、逆流，是断三界之见惑，逆生死之流的意思；三、预流，是初证圣果，预入圣者之流的意思。得此果位者，再经七番生死，必入涅槃。

②斯陀含：又译为“一来果”，也作“沙羯利陀伽弥”。意译为“一来”、“一往来”，是声闻四果中之二果。又分为“斯陀含向”与“斯陀含果”，“斯陀含向”或称“一来果向”，即初果之圣者进而更断除欲界修所断惑中前五品；若更断除欲界第六品之

修惑，还须一往天上、一来人间受生，方得究竟，至此以后，不再受生，称为“斯陀含果”，或“一来果”，“一来”就是“一度往来”之义。

③阿那含：旧译“不来”、“阿那伽弥”、“阿那伽迷”等，意译“不还”、“无还”、“无来”、“不来”、“不来相”。从名相上看，无来果可以有无来的概念，是声闻四果中之三果。又可分为“阿那含向”和“阿那含果”，若断尽欲界九品之惑，则称“阿那含果”；若断除七品或八品，则称“阿那含向”。修到此果位者，未来当生于色界无色界，不再来欲界受生死，所以叫做“不还”。

④阿罗汉：又作“阿卢汉”、“阿罗诃”、“阿啰呵”、“阿黎呵”、“遏啰曷帝”等，略称“罗汉”、“啰呵”。意译为“应供”、“应真”、“杀贼”、“不生”、“无生”、“无学”、“真人”等。是声闻四果中之四果，属声闻乘中的最高果位。又可分为“阿罗汉向”和“阿罗汉果”，尚在修行阶段，而趋向于阿罗汉果者称“阿罗汉向”；阿罗汉果则指断尽一切烦恼，解脱生死，不受后有，而应受世间大供养之圣者。约阿罗汉的恩德说，阿罗汉应受天上人间的供养，为世间作大福田，名为“应供”；约他的断德说，阿罗汉杀尽一切烦恼之贼，故曰“杀贼”；约其智德说，阿罗汉彻证无生寂灭性，解脱生死不受后有，故谓之“无生”。广义而言，也泛指大、小乘佛教中之最高果位，也为如来的十种称号之一。

⑤无诤三昧：谓住于空理而与他无诤之三昧。诤，即诤论，为“烦恼”之异名。在佛弟子中，“解空第一”的须菩提最通解空理，故于众弟子中所得之无诤三昧，最为第一。无诤三昧，从外在表现来说，即不与他诤执，处处随顺众生。觉得人世间已

够苦了，我怎么再与他诤论，加深他的苦迫呢？如从“无诤三昧”的证境来说，由于通达法无自性，一切只是相依相缘的假名，所以自不烦恼、无欲无念、不起争辩、争胜之心的一种精神状态。无诤，就是能令诸有情不生贪嗔痴等烦恼之智慧，而且有止息他人烦恼之力，也指离烦恼之法。三昧，又名“三摩提”，或“三摩地”，意译为“正定”，即将心定于一处（或一境）的一种安定状态。

⑥阿兰那：原意为“树林”，意译为“寂静处”、“空闲处”、“无诤处”、“远离处”等，指适合修行与居住的场所。“乐阿兰那行”者，即是乐于在山林中寂居静修的人；喜欢在清净的山林修清净行、无诤行的修行人。“阿兰那”也意为寂静，即身体寂静，烦恼调伏。玄奘译《金刚经》时，将此处译为“无诤住”。

译文：

佛又问：“须菩提，你有什么看法？你认为证得须陀洹圣果的修行者，会生起‘我已证得须陀洹果位’这样的心念吗？”

须菩提回答说：“不会的，世尊。为什么呢？须陀洹的意思是入圣流，而实际又是无所入的，不执著于色、声、香、味、触、法六尘，证悟对五欲六尘无有执著的境界，因此才叫作须陀洹。”

佛接着问：“须菩提，你有什么看法？你认为证得斯陀含圣果的修行者，会生起‘我已证得斯陀含果位’这样的心念吗？”

须菩提回答说：“不会的，世尊。为什么呢？斯陀含的意思是一往来，而实际又是无所往来的，心中已没有往来不往来的分别，因此才叫作斯陀含。”

佛又问："须菩提，你有什么看法？你认为证得阿那含圣果的修行者，会生起'我已证得阿那含果位'这样的心念吗？"

须菩提回答说："不会的，世尊。为什么呢？阿那含的意思是不来，而实际又是无所不来的，心中已没有来不来的分别，因此才叫作阿那含。"

佛继续问："须菩提，你有什么看法？你认为证得阿罗汉圣果的修行者，会生起'我已证得阿罗汉果位'这样的心念吗？"

须菩提回答说："不会的，世尊。为什么呢？因为实际上并没有什么法叫阿罗汉。世尊，如果阿罗汉生起'我已证得阿罗汉果位'的心念，那么，就执著于自我的相状、他人的相状、众生的相状、寿命的相状。世尊，佛说我已证得无诤三昧，是人中第一，亦为罗汉中第一离欲的阿罗汉。世尊，我不起这样的念头，说我是一位远离各种欲望的阿罗汉。世尊，如果我生起'我已证得阿罗汉果位'的念头，那么世尊就不会说我是个乐于在山林中寂居静修的阿兰那行者。正因为须菩提并不存有修行的执著心念，只是假名为须菩提，所以才称为是欢喜修阿兰那行的修行者。"

庄严净土分第十

庄严佛土不可取相是此段的主旨。在然灯佛所，虽得无上菩提之果，实则自悟自修，于法实无所得。佛设此问，要在表明法无所得，是空法相。接着佛陀探讨了无菩萨庄严或发心庄严刹土之理，说明所谓“庄严净土”，并非就是凡夫眼中所见的色相庄严，而是指那无形无相的法性庄严。依中观者说，佛土与佛土庄严，如幻如化，是缘起的，空无自性的，所以说“胜义谛”中是非庄严。然而无自性空，并不破坏缘起施设，世出世法一切是宛然而有的，所以随顺世俗说，称之为庄严而已。因此菩萨不应该对“六根”所接触的“六尘”生起执著心，反而应该于无任何所缘执著而生起离一切边执的清净心。正因离一切边执，经文中所谓的大身，真正观察乃是以“五蕴”假合所形成的身体，所以所谓的“大”也是不存在的。

佛告须菩提：“于意云何？如来昔在然灯佛所[①]，于法有所得不？”

“不也，世尊。如来在然灯佛所，于法实无所得。”

“须菩提，于意云何？菩萨庄严佛土不[②]？”

“不也，世尊。何以故？庄严佛土者则非庄严，是名庄严。”

“是故，须菩提，诸菩萨摩诃萨应如是生清净心[③]，不应住色生心，不应住声、香、味、触、法生心，应无所住而生其心。须菩提，譬如有人身如须弥山王[④]，于意云何？是身为大不？”

须菩提言：“甚大，世尊。何以故？佛说非身是名大身。”

注释：

①然灯佛：音译“提和竭罗”、“提洹竭”等，又作“燃灯佛”、“普光佛”、“锭光佛”。为于过去世为释迦菩萨授记成佛的本师。锭光本为提和卫国圣王的太子，国王临终前将国家付托给太子。但太子知世间之无常，复将国家授于其弟，自己却出家为沙门，后终成佛果，也就是然灯佛。据说释迦在过去修菩萨行时，有一天，见城中市容整饬，街道洁净，问起路人，才知是预备欢迎然灯佛的。于是买得金色莲花，至诚而欢喜的去供养然灯佛。见到佛及弟子的威仪，从心灵深处生起虔诚的敬信。进城的必经道上，有一滩的水，他就伏在地上，散开自己的头，掩盖污泥，让佛踏过。佛知他信证法性，得无生忍，所以就替他授记曰：“过后九十一劫，等你修满三阿僧祇时，你应当作佛，号释迦牟尼。”

②庄严佛土：庄严，有庄盛严饰之意，即布列种种宝物、鲜花、宝盖、幢、幡、璎珞等，以装饰严净道场或国土等。将浊恶世界净化，即庄严佛土，这是以愿力为本的。菩萨立大愿，集合同行同愿的道伴，实践“六度”万行功德、“四摄”的善行，并以之回向，庄严成时之依报国土，谓之“庄严佛土”。

③清净心：指无疑净信之心、远离烦恼之无垢心、自性清净之心。《胜鬘宝窟》曰："清净心，净者信也。起净信之心，又不杂烦恼心，名为净心。"这里指"诸菩萨摩诃萨应如是生清净心，不应住色生心，不应住声、香、味、触、法生心"，即指应该无执于任何所缘的境界、超越能所对待、有无分别，而生起离一切边执的清净心。

④须弥山王：即是须弥山，音译为"苏迷卢山"、"须弥卢山"、"须弥留山"、"修迷楼山"等，意译作"妙高山"、"好光山"、"好高山"、"善高山"、"善积山"、"妙光山"、"安明由山"等。原为印度神话中之山名，佛教之宇宙观沿用之，谓其为耸立于一小世界中央之高山。以此山为中心，外围有八大山、八大海顺次环绕，而形成一世界（须弥世界）。须弥山高出水面八万四千由旬，水面之下亦深达八万四千由旬。须弥山顶有三十三天宫，为帝释天所居住之处，四王天则居于山腰四面。此山是由金、银、琉璃、水晶四宝所成，花果繁盛，香风四起，无数之奇鸟，相和而鸣，诸鬼神住于其中。因此山高出众山之上，故称"山王"。

译文：

佛陀再问须菩提："你有怎样的看法？如来往昔在然灯佛前，有没有得到什么成佛的妙法？"

须菩提回答："没有的，世尊。如来往昔在然灯佛前，实际未得到任何妙法。"

佛陀接着问："须菩提，你有怎样的看法？菩萨有没有庄严清净佛土呢？”

须菩提回答：“没有的，世尊。为什么呢？因为所谓庄严佛土，非胜义中存在实有的庄严，不过是庄严的外在名相罢了。”

佛说：“所以，须菩提，诸位大菩萨都应当像这样生起清净心，不应该对眼识所见的种种色法生起执著心，也不应于声、香、味、触及法等尘境生起执著心，应该于无任何所缘执著而生起离一切边执的清净心。须菩提，譬如有一个人身体像须弥山王那样高大，你有什么看法？他的身体是不是很高大？”

须菩提回答：“很大，世尊。为什么呢？佛说的并不是实有的身体，只不过假借一个名，称之为大身而已。”

无为福胜分第十一

上文用一个三千大千世界的七宝布施来较量，这里就用恒河沙数的大千世界的七宝布施来比勘，并认为布施如此多的七宝的福德没有持此经的福德胜。多做善事即多增福德，少做善事即少增福德，这是一种有为、有相的福德，是一个著相福德和有漏的果报。受持本经，体悟般若无住真理，就是无为的福德，是出世无漏的善法功德。依世俗的心理，布施如此多的七宝的功德当然是很多了，但是“法布施”的功德更是其福德如虚空不可限量。为何呢？因为受持此经者，能观照般若妙行而让自己见性成佛。进而如果能为他人说，他人受持，则他人也能观照般若妙行而见性成佛。“法布施”能度尽无量无数无边众生，使众生皆见性成佛，所以其福德胜于布施无量七宝的福德。

“须菩提，如恒河中所有沙数①，如是沙等恒河，于意云何？是诸恒河沙宁为多不？”

须菩提言：“甚多，世尊。但诸恒河尚多无数，何况其沙！”

“须菩提，我今实言告汝：若有善男子、善女人，以七宝满尔所恒河沙数三千大千世界，以用布施，得福多不？”

须菩提言：“甚多，世尊。”

佛告须菩提："若善男子、善女人，于此经中乃至受持四句偈等，为他人说，而此福德胜前福德。"

注释：

①恒河：为印度五大河之一，又作"恒迦河"、"恒伽河"、"殑伽河"等，意为"由天堂而来"。在地理上，它是亚洲的大河流之一，上游在喜马拉雅山南坡，中途汇集百川，经过印度、孟加拉而进入印度洋。其两岸人口稠密，经济繁荣，交通发达，物产丰富，故印度人民对恒河有着深厚的感情，将两岸约1500公里之地视为神圣的朝拜地区，于河岸两旁建筑无数寺庙，各教教徒常至此巡礼。至释迦佛陀应世，恒河两岸更是佛陀及弟子教化活动之重要区域。恒河沙粒至细，其量无法计算，诸经中凡形容无法计算之数，多以"恒河沙"一词为喻。

译文：

佛说："须菩提，像恒河中所有的无可计数的沙数，假如这条河中的每一粒沙子又成一条恒河，你有什么看法？所有恒河中的尘沙加在一起，你认为那沙子算不算多呢？"

须菩提回答："非常多，世尊。仅仅是恒河之沙那么多的恒河已是无可计数，何况所有河中的沙子的数量呢。"

佛说："须菩提，我今天实实在在地以真实语向你宣说，如果有善男子、善女人，用遍满上述所有恒河沙数那么多的三千大千世界的七宝，来进行布施，他们所获得的福报功德多不多？"

须菩提回答:“非常多,世尊。”

佛进一步告诉须菩提:“如果有善男子、善女人,能对此经信受奉持,甚至只是受持其中的四句偈,并向他人讲解演说,其所获得的福德胜过前面所说以满恒河沙数那么多的三千大千世界的七宝作布施的福德。”

尊重正教分第十二

此分更深入阐明正法流布的广大。先表明随说是经之处，这个地方，就应为天、人、阿修罗所当恭敬尊重的。接着表明如果能完全受持此经，则生清净心，清净心中，无相无住，即能成就第一殊胜稀有的功德，此般若经典（不必定作经卷看）所在的地方，就等于佛世有佛，及佛灭不久有受尊重的弟子在那里。有此般若经典在，即为佛在处，即为佛与上首弟子在处，也就即等于具足了三宝，佛法住世。正因为般若甚深微妙法，是三世诸佛之母，所以，经典所在之处，即应恭敬尊重，要像供养佛塔庙一样地恭敬供养。

“复次，须菩提，随说是经乃至四句偈等，当知此处一切世间天、人、阿修罗①，皆应供养如佛塔庙②，何况有人尽能受持、读诵。须菩提，当知是人成就最上第一希有之法。若是经典所在之处，即为有佛，若尊重弟子③。”

注释：

①世间：音译作“路迦”。指被烦恼缠缚的三界及有为、有漏诸法之一切现象。又因“世”有迁流之义、破坏之义、覆真之义，“间”为间隔之义，所以与“世界”一语同义，包含“有情

世间”与“器世间”两种。有情世间，又作“众生世间”、“有情界”。器世间，又作“物器世间”、“器世界”、“器界”、“器”，指一切有情众生居住的山河大地、国土等。相对于含有世俗意味之“世间”而言，超越世间者，则称“出世间”（出世）。天、人、阿修罗：合称为“三善道”。天，音译作“提婆”，又名“素罗”，有光明、自然、清净、自在、最胜等义。与天上、天有、天趣、天道、天界、天上界等同义。指在迷界之“六趣”中，最高最胜之有情，或指这些天人所居住的处所。天界可分为“欲界”、“色界”、“无色界”。欲界六天，皆有饮食男女之欲；色界十八天，多习禅定，无男女之欲，但还有色身；无色界四天，禅功更深，色身已无。人，世间的生存者，欲界所属之有情，思虑最多者，过去曾修中品善之因，故今世召感人道之果。阿修罗，又作“阿须罗”、“阿须伦”、“阿苏罗”、“阿素罗”等。为“六道”之一，也是“天龙八部”及“十界”之一。义为“不端正”，言其男性容貌丑陋，但女性相貌却端正。又译为“非天”，说明其果报胜似天而无天之德。阿修罗原为古印度神祇之一，属于战斗一类之鬼神，经常被视为恶神，而与帝释天争斗不休，因此后世亦称战场为“修罗场”或“修罗战”。佛教沿用其传说，并说其皈依佛法。

②供养：供给资养之义，又作“供”、“供施”、“供给”、“打供”等。即以饮食、衣服等物供给佛法僧“三宝”、父母、师长、亡者等。总括供养物之种类、供养方法与供养对象等，有各种不同之分类。初期教团所受之供养以衣服、饮食、卧具、汤药等为主，称为“四事供养”。“五种供养”有涂香（持戒）、花鬘（布施）、焚香（精进）、饮食（禅定）、燃灯（智慧），另加阏伽（净

水[忍辱]),即为“六种供养”。花、香、璎珞、末香、涂香、烧香、缯盖、幢幡、衣服、伎乐则合称“十种供养”。塔:又作“塔婆”、“兜婆”、“偷婆”、“浮图”等。原指为安置佛陀舍利等物,而以木、砖等构造成的覆钵型建筑物,但后世却与“支提”混同,而泛指于佛陀降世、成道、转法轮、般涅槃等处,以堆土、石、砖、木等筑成,作为供养礼拜之建筑物。其实两者是有差别的,凡有佛陀舍利者,称为“塔”;无佛陀舍利者,称为“支提”。庙:佛典中的庙,与中国传统意义上的庙不同,而相当于梵语之“窣堵波”,即塔。

③弟子:意译“所教”,即就师而受教者。佛陀在世时之声闻等,乃至佛陀入灭后之比丘、比丘尼、优婆塞、优婆夷等,皆称为佛弟子。就佛而言,声闻、菩萨虽皆为弟子,但因声闻道时人之形仪最亲顺于佛,故特称为“弟子”。此处指受天、人、阿修罗等尊重的佛的大弟子,如舍利弗、目犍连、阿难等。

译文:

佛接着又说:“再次,须菩提,能够观机随缘的向他人宣说此经,甚至只是讲解经中的四句偈而已,那么应当知道此讲经之处,一切世间所有的天、人、阿修罗,都应该前来护持、恭敬供养,就如同供养佛塔庙宇一样,更何况有人能够完全信受奉行、诵读这部经。须菩提,当知此人已成就最无上第一稀有的无上菩提。这部经典所在之处,那里就会有佛,也就有尊重佛的弟子在那里。”

如法受持分第十三

此分以较量内身施和法施的功德。先示说如法受持般若的第一义谛,佛陀以假、空、真三句,涵盖佛法之精要。此三句是:如来说般若波罗密,即非般若波罗密,是名般若波罗密;如来说微尘,非微尘,是名微尘;如来说三十二相,即是非相,是名三十二相。

须菩提已深深领悟般若妙理,认为此经不仅示现为弟子们受持而已,所以当机请示佛陀总结经名,以便于后人受持奉行。佛陀说明此经名为《金刚般若波罗密》后,随即说金刚般若波罗密,即非有般若波罗密可得的。世间的名相只不过是世俗共许的符号,是随顺世俗,以名句文身为表示而已!同理,说法也是如此,什么也不是语言可说的,何况离相的金刚般若。同样的理由,组成世界的微尘,并没有自性可得,依之而集成的世界,当然也不会实有自性了!所以又说:如来说世界,即非世界。而幻化的世界宛然,所以又是名世界。如来说的三十二相亦是如此,是没有自相可得的,不过是如幻如化的庄严身相,名为三十二相罢了。通过般若、微尘和三十二相说明了世界的性空与假名!

之前是以充满三千大千世界的七宝布施,再以充满恒河沙数三千大千世界的七宝布施,如今又以恒河沙数的身命布施,层层深入地比较受持本经及为人说法的功德。七宝为外施,身命为内施,虽然内施的福德倍胜于外施,但终究不及受持此经的福德。身命布施，除了出于同情的悲心而外，也有为了追求真理——求法而不惜舍身的。身命布施的功德，虽比外财施大得多，但还是暂时的不究竟的救济。持经法施，不但能拯拔堕落的人格，开发锢蔽者的智慧，还能断自他生死，究竟解脱。所以，比身命布施的功德，要多到无可计算了！

尔时，须菩提白佛言："世尊，当何名此经？我等云何奉持？"

佛告须菩提："是经名为《金刚般若波罗密》，以是名字，汝当奉持。所以者何？须菩提，佛说般若波罗密，即非般若波罗密，是名般若波罗密。须菩提，于意云何？如来有所说法不？"

须菩提白佛言："世尊，如来无所说。"

"须菩提，于意云何？三千大千世界所有微尘①，是为多不？"

须菩提言："甚多，世尊。"

"须菩提，诸微尘，如来说非微尘，是名微尘。如来说世界非世界，是名世界。须菩提，于意云何？可以三十二相见如来不②？"

"不也，世尊。不可以三十二相得见如来，何以故？如来说三十二相即是非相，是名三十二相。"

"须菩提，若有善男子、善女人，以恒河沙等身命布施，若复有人，于此经中乃至受持四句偈等，为他人说，其福甚多。”

注释：

①微尘：即眼识所能看到的最微细者。在佛教而言，极微是指物质存在之最小单位。以一极微为中心，合七极微为一微尘，合七微尘为一金尘，合七金尘为一水尘。又，微尘之量虽小，然其数甚多，故经典中经常以“微尘”比喻量极小，以“微尘数”比喻数极多。

②三十二相：是转轮圣王及佛之应化身所具足之三十二种殊胜容貌与微妙形相。又作“三十二大人相”、“三十二大丈夫相”、“三十二大士相”、“大人三十二相”等。略称为“大人相”、“四八相”、“大士相”、“大丈夫相”等。此“三十二相”，不限于佛。具有此相者，在家必为转轮圣王，出家则必定会证得无上菩提。此处指如来具有三十二种显著特征、殊胜的容貌。依《大智度论》卷四所载，“三十二相”即：（一）足下安平立相、（二）足下二轮相、（三）长指相、（四）足跟广平相、（五）手足指缦网相、（六）手足柔软相、（七）足趺高满相、（八）腨如鹿王相、（九）垂手过膝相、（十）阴藏相、（十一）身广长等相、（十二）毛上向相、（十三）一孔一毛生相、（十四）金色相、（十五）大光相、（十六）细薄皮相、（十七）七处隆满相、（十八）两腋下隆满相、（十九）上身如狮子相、（廿）大直身相、（廿一）肩圆好相、（廿二）四十齿相、（廿三）齿齐相、（廿四）牙白相、（廿五）狮子颊相、（廿六）味中得上味相、（廿七）广长舌相、（廿八）梵声相、（廿九）真青眼相、（卅）牛眼睫相、（卅一）顶髻相、（卅二）眉间毫相。

以上三十二相，行百善乃得一妙相，故称为“百福庄严”。

译文：

这时候，须菩提向佛陀请示：“世尊，我们应当怎样称呼这部经？我们又应该怎样受持奉行这部经呢？”

佛告诉须菩提：“这部经就取名为《金刚般若波罗密经》，以此名称，你应当奉持。为什么呢？须菩提，因为佛所说的般若波罗密，并不是实有的般若波罗密，而在名相上称之为般若波罗密。须菩提，你认为如何？如来有所说过什么法吗？”

须菩提回答道：“世尊，如来没有说过什么法。”

佛再问：“须菩提，你是怎么想的？你认为三千大千世界里所有的微尘，算不算多呢？”

须菩提答：“非常多，世尊。”

佛说：“须菩提，所有的微尘，如来说它不是微尘，才假名叫做微尘。如来说世界即是非世界，并非实有世界，只是假名为世界而已。须菩提，你认为如何？是否可以通过如来色身的三十二种殊妙相貌来认识真正的如来？”

须菩提答：“不可以，世尊。不可以通过如来色身的三十二种殊妙相貌而见如来的真实面目。为什么呢？如来所说的三十二相并非是三十二种真实形相，只是因缘和合的假名三十二相。”

佛说：“须菩提，如果有善男子、善女人，以恒河沙数那样多的身体和生命来布施，又如果再有人，能信受奉持这部经，甚至只是经中的四句偈而已，并广为他人宣说，他得到的福报功德就更多了。”

离相寂灭分第十四

“离相”是此段的主题。离相即离一切幻相。世间一切相，皆是幻化之相。凡夫不知这个幻相是虚而不实的，所以执著取舍，处处为幻相所惑。若能识破幻相非相，则外尘不入，真性便能呈现，所谓生灭灭已，寂灭现前者也。

须菩提先是极力赞叹深法的难闻，使他们注意而受持这离相妙悟的般若。听闻了这深妙法门者，都能成就第一稀有功德，这是因为他们能离一切妄相而清净信心，即离戏论而显得心自清净，是如实相而知的证信，即清净增上意乐或不坏信，这是更显难得了！之后的众生，也能在听闻此经后成就第一稀有功德。此乃因为他们信解受持这金刚般若经后，已没有我等四相的取执了。这可见不问时代的正法、像法，不问地点的中国、边地，能否信解般若，全在众生自己是否已多见佛、多闻法、多种善根，是否能离四相而定。

闻经后能不生惊疑怖畏而入般若海，这是第一稀有者。为什么呢？因为已透彻了解如来所说的离相第一般若波罗密。要不落怀疑，不生邪见，不惊、不怖、不畏，必须心无所著，而有了般若智慧才能心无所著。般若为诸度之先导，诸度（后五度）若无般若，皆不到彼岸，所以如来说第一波罗密。然而，第一波罗密，即是无可取、无可说，也即是第一不可得，波罗密不可得。惟其离相不可得，所以为诸法的究极本性，为万行的宗导，而被十方诸佛赞叹为“第一波罗密”。

上文偏说布施，而此处又特别赞叹忍辱，借用行大忍辱说明离我法执。生忍、法忍、无生忍是菩萨发大心，行广大难行，度无边众生，学无量佛法所必学习的。菩萨唯有修大忍，才能度化众生，完成成佛大事。菩萨修此忍力，能受得苦难，看得彻底，站得稳当，以无限的悲愿熏心，般若相应，能不因种种而引起自己的烦恼，退失自己的本心。但是忍辱波罗密要与般若相应，才能了悟能忍的我，所忍的境与忍法，都不可得，所以即非忍辱波罗密。能如此，才能名为“忍波罗密”。佛陀进一步举过去的本生来证明自己在过去生中，被歌利王分割身体的故事，说明当时自己并没有我等四相，所以心不产生嗔恨而能大悲，能大忍！要利益众生，就应该行不执取法相、人相的无住布施。所以如来接着说：如来说的一切相，即是非相；说的一切众生，即非众生。通达非相非众生，所以能布施，所以能忍辱。

菩萨修菩萨行，唯有除灭四相，才可以契会无实无虚。若心不住于色等法而行布施，那就如明目人在日光朗照的地方，能见种种的形色。这说明布施要与般若相应，不著一切，即能利益众生，趋入佛道，庄严无上的佛果。总括地说，将来如有善男子、善女人，能受持、读诵这般若妙典，那即为如来的大智慧眼，在一切时、一切处、一切事中，完全明确地知道、见到，能常为如来所护持，他的功德是无量无边的。

尔时，须菩提闻说是经，深解义趣，涕泪悲泣而白佛言：“希有，世尊。佛说如是甚深经典，我从昔来所得慧眼[1]，未曾得闻如是之经。世尊，若复有人得闻是经，信心清净[2]，即生实相[3]，当知是人成就第一希有功德。世尊，是实相者，即是非相，是故如来说名实相。世尊，我今得闻如是经典，信解受持不足为难[4]。若当来世后五百岁，其有众生得闻是经，信解受持，是人即为第一希有。何以故？此人无我相、无人相、无众生相、无寿者相。所以者何？我相即是非相，人相、众生相、寿者相即是非相。何以故？离一切诸相即名诸佛。”

佛告须菩提：“如是，如是。若复有人得闻是经，不惊不怖不畏，当知是人甚为希有。何以故？须菩提，如来说第一波罗密，即非第一波罗密[5]，是名第一波罗密。

“须菩提，忍辱波罗密[6]，如来说非忍辱波罗密，是名忍辱波罗密。何以故？须菩提，如我昔为歌利王割截身体[7]，我于尔时无我相、无人相、无众生相、无寿者相。何以故？我于往昔节节支解时，若有我相、人相、众生相、寿者相，应生嗔恨[8]。

“须菩提，又念过去于五百世作忍辱仙人，于尔所世无我相、无人相、无众生相、无寿者相。是故，须菩提，菩萨应离一切相，发阿耨多罗三藐三菩提心。不应住色生心，不应住声、香、味、触、法生心，应生无所住心[9]。若心有住，即为非住。是故，佛说菩萨心不应住色布施。须菩提，菩萨为利益一切众生故，应如是布施。如来说一切诸相即是非相，又说一切众生即非众生。

“须菩提，如来是真语者、实语者、如语者、不诳语者、不异语者。须菩提，如来所得法，此法无实无虚。须菩提，若菩萨心住于法而行布施，如人入暗即无所见。若菩萨心不住法而行布施，如人有目，日光明照，见种种色。

“须菩提，当来之世，若有善男子、善女人，能于此经受持读诵，即为如来以佛智慧悉知是人，悉见是人，皆得成就无量无边功德。”

注释：

①慧眼：指智慧之眼。为声闻、缘觉二乘人所证得的眼。为“三眼”之一、“五眼”之一。慧能起观照，所以名为眼。了知诸法平等、性空之智慧，故称“慧眼”。因慧眼能照见诸法真相，所以能度众生至彼岸。

②信心：信受所闻所解之法而无疑心，亦即远离怀疑之清净心。是离戏论而显的清净心，是如实相而知的证信，即清净增上意乐或不坏信。信心乃为入道之初步，故置于“信、进、念、定、慧”等五根之首，主旨概为信仰“佛、法、僧”三宝及因果之理。

③实相：原义为本体、实体、真相、本性等，指一切万法真实不虚之体相，或真实之理法、不变之理、真如、法性等。实，就是真实不虚；相，谓事物的本性或相状。宇宙间一切事物都是因缘（条件）组成、变化无常的，都没有永恒的、固定不变的自

体，以世俗观念认识的一切现象均为假相，这就包含“空”之意义。这种空就是宇宙万有的“真性”，亦即诸法实相。诸法实相为万有的本性，所以又叫“法性”，此法性真实常住不变，所以又名“真如”。此外还有“真谛”、“中道”、“涅槃”、“实际”、“实性”、“法身”、“法界”、“佛性”、“如来藏”、“般若”等种种异名。此实相之相状，一般认为不得以言语或心推测之。

④信解：闻佛之说法初信之，后解之，谓之信解。亦指修行之阶位，为“七圣”之一。钝根者见此经能信之，利根者读此经能解之，合谓之“信解”。又信者能破邪见，解者能破无明。

⑤第一波罗密：即自生死迷界之此岸而至涅槃解脱之彼岸。“波罗密”又作“波罗密多”、“波啰弭”多。意译为“到彼岸”、“度无极”、“度”、“事究竟”。到彼岸的方法，总括而言，有“六波罗密”、“十波罗密”、“四波罗密”等分别。其中以“六波罗密”，为诸部般若经之说。“六波罗密”中最殊胜的就是“般若波罗密”，故称“第一波罗密”。“般若波罗密”意译为“慧到彼岸”、“智度”、“明度”、“普智度无极”。即以智慧照见世间的实相，为度生死此岸而至涅槃彼岸之船筏，故谓之“波罗密”。“般若波罗密”为“六波罗密”之根本，一切善法之渊源，故又称“诸佛之母”。其他“五度”（布施、持戒、忍辱、精进、禅定），都要以般若为前导，不然即如盲行。

⑥忍辱波罗密：梵语为“羼提”，意译为“安忍”、“忍”等。忍，是能忍之心；辱，是所忍的境。忍不但忍辱，还忍苦耐劳，即认透确定事理。忍有三种，对于人事方面的毁誉，皆能安然顺受，不生嗔恚之心，叫“生忍”；忍受身心的劳苦病苦，以及风雨

寒热等苦，能处之泰然，叫“法忍”；菩萨修行“六度”时，了知一切诸法无我、本然不生的空理，将真智安住于理而不动，叫“无生忍”，无生忍即般若慧。菩萨修此忍力，即能不为一切外来或内在的恶环境、恶势力所屈伏。所以，忍是内刚而外柔，能无限的忍耐，而内心能不变初衷，最终达成理想的目标。佛法劝人忍辱，是劝人学菩萨，是无我大悲的实践，非奴隶式的忍辱。

⑦歌利王：又作“哥利王”、“羯利王”、“迦梨王”、“迦陵伽王”、“羯陵伽王”、“迦蓝浮王”等。意译作“斗诤王”、“恶生王”、“恶世王”、“恶世无道王”等。佛陀于过去世修行时，歌利王为乌苌国的国王。他的行为非常凶暴恶劣，臣民们都很害怕他，唯恐避之不及。一次，国王带了宫女们，入山去打猎。宫女们趁国王休息时，就自由游玩。在深林中，当她们见到一位仙人在坐禅时，对他生起很大信心，仙人也就为他们说法。国王一觉醒来，不见一人，到各处去寻找，见他们围着仙人在谈话，心中生起嗔恨心并责问仙人，且不分青红皂白地用刀砍下仙人的手脚，看他是否能忍。当时，仙人毫无怨恨，神色不变，不但不嗔恨，反而对国王生起大悲心。这仙人，即释迦牟尼佛的前生。

⑧嗔恨：又作“嗔恚”、“嗔怒”、“恚”、“怒”。“三毒”之一，也是六根本烦恼之一。对于苦与产生苦的事物，厌恶憎恚，谓之“嗔”。嗔恨能使身心热恼，起诸恶业。

⑨无所住心：即其心无住。无住，即无著、不执著。无所住是不滞住善恶、是非、空有、断常、迷悟等等对待的两边，连中道亦不住。

译文:

这时候,须菩提听闻了这部经,深刻领会了其中的真谛,禁不住感激涕零地对佛说:“太稀有了,世尊。佛陀宣说了如此甚深微妙的经典,这是从我见道得慧眼以来,未曾听到过的如此殊胜的经典。世尊,如果有人听闻了这样的经义,而能生起清净的信心,即能证悟万法实相,应该知道此人已经成就了最殊胜稀有的功德。世尊,这个真如实相,并不是真实的真如实相,所以如来佛才说它假名为实相。世尊,我今日能够亲闻佛陀讲这部经典,理解其义并受持此经不算难得稀有。如果到了后世的最后一个五百年中,有众生听闻这微妙经义,并能信受奉持,此人才是非常稀有难得的。为什么呢?因为此人已没有对自我相状、他人相状、众生相状和寿命相状产生执著。为什么是这样呢?因为他已经了悟我相本非真实,人相、众生相、寿者相也一样本非真实。为什么呢?远离一切对虚妄之相的执著,就可以称之为佛了。”

佛告诉须菩提说:“是这样的,是这样的。如果有人听闻这部经典,而能够不惊疑、不恐怖、不生畏惧,应当知道这人是非常殊胜稀有的。为什么呢?须菩提,如来所说的第一波罗密,实即并非实有的第一波罗密,只是假名的第一波罗密。

“须菩提,所谓的忍辱波罗密,如来说并非实有的忍辱波罗密,只是假名的忍辱波罗密。为什么呢?须菩提,比如我过去被歌利王用刀支解身体,我在当时就没有心存自我的相状、他人的相状、众生的相状和寿命的相状。为什么这样说呢?如果我当时被节节支解时,在心中执著我的相状、他人的相状、众生的相状和寿命的相状，就必定会生起嗔恨的心。

“须菩提，我回想起我在过去五百世做忍辱仙人时，那时，我就不执著于自我的相状、他人的相状、众生的相状和寿命的相状。所以，须菩提，菩萨应该舍离所有一切的相状，生发无上正等正觉的菩提心。不应该执著于色尘而产生心念，不应该执著于声、香、味、触、法诸尘而产生心念，应当生起无所执著的清净心。如果心中有所执著，就无法无住而生其心了。所以，佛说菩萨的心念不应该执著于色相而布施。须菩提，菩萨为了利益一切的众生，应当如此进行布施。如来说一切所有的形相都是因缘聚合的假名形相，又说一切所有的众生也不是真实的众生。

“须菩提，如来是讲真话的人，讲实话的人，讲真理的人，而不是说谎话的人、不是讲怪异话的人。须菩提，如来所证得的法，既非实有又非虚无。须菩提，如果菩萨心里执著于法相而行布施，就会好像人进入黑暗中什么也看不到。如果菩萨心里不执著于法相而行布施，就好像人有双眼，在日光的照耀下，能一清二楚地看见各种色法一样。

“须菩提，未来之世，如果有善男子、善女人，能对这部经信受奉行和诵念受持，如来凭佛无碍的智慧可以悉知这种人，也可以悉见这种人，一定能成就无量无边无尽的功德。”

持经功德分第十五

此段第四次运用较量法，深一层地显示信解受教般若经教的功德的不可思议。持经功德即胜于身命布施，因为用等于恒河沙数的身命布施，仍不如听闻此经典，能生信心，随顺般若而不违逆。信为道元功德母，佛法大海，惟信得入；信是入道初基，由信而解，由解而行，由行而证，所以其功德超胜。单是“信顺”的功德即如此，那么更进一步的书写、受持、读诵、为他人演说，功德当然就更大了！

本经有不可思议、不可称量的无边功德。但如来不为小乘行者说这样大功德的妙法，因为好乐小法的人，住著在我见、人见、众生见、寿者见，不能于此般若深法，听受乃至为人解说的。唯发大乘心者，及发最上乘心者，能领受信解，广为人说，因而就能为了救度众生而信受转化，即能荷担如来无上大法，广度众生，绍隆佛种的责任！这里并非贬低“乐小法者”，声闻者能得无我，这是佛教所共许的，因此此处说“乐小法者”住于我见，是针对他们不能大悲利他而说，是一种方便说。

如来接着说此经所在的地方，即等于佛塔所在之处。佛示现涅槃后遗有八大佛塔，因此说佛塔本是供养佛身的；佛说的教典，是佛证觉后而开示的，所以也被称为“法身”。所以，但有此经所在之处，就等于有佛塔了，为了尊敬法身，一切天、人、阿修罗，都应当尊敬供养。

“须菩提，若有善男子、善女人，初日分以恒河沙等身布施，中日分复以恒河沙等身布施，后日分亦以恒河沙等身布施①，如是无量百千万亿劫以身布施②。若复有人闻此经典，信心不逆，其福胜彼，何况书写、受持、读诵、为人解说！

“须菩提，以要言之，是经有不可思议、不可称量无边功德③。如来为发大乘者说④，为发最上乘者说。若有人能受持、读诵、广为人说，如来悉知是人，悉见是人，皆得成就不可量、不可称、无有边、不可思议功德。如是人等，即为荷担如来阿耨多罗三藐三菩提。何以故？须菩提，若乐小法者⑤，著我见、人见、众生见、寿者见，则于此经不能听受、读诵、为人解说。

“须菩提，在在处处，若有此经，一切世间天、人、阿修罗所应供养，当知此处即为是塔，皆应恭敬作礼围绕⑥，以诸华香而散其处。”

注释：

①初日分、中日分、后日分：犹言一天中的上午、中午、晚上三个时段。约十点钟以前为初日分，十点到下午二点为中日分，二点钟以后是后日分。

②劫：古代印度的时间单位，佛教沿用之。泛指极长的时间。音译为“劫波”、“劫跛”、“劫簸”、“羯腊波”等。意译为“分别时分”、“分别时节”、“长时”、“大时”、“时”等。在印度，

通常以一劫为梵天的一日，即人间的四亿三千二百万年。佛教则视之为不可计算的极长时间，故经论中多以譬喻故事喻显之。佛教对于“时间”的观念，以劫为基础，来说明世界生成与毁灭的过程。

③功德：音译作“惧囊”、“麌囊”、“求那”等。功，是指福利之功能，德，则指此功能为善行之德。德者得也，修功有所得，故曰“功德”。即意指功能福德，亦谓行善所获之果报。又世人拜佛诵经布施供养等，都叫“功德”。

④大乘：音译为“摩诃衍那”、“摩诃衍”等。又作“上衍”、“上乘”、“胜乘”、“第一乘”等。乘即交通工具之意，指能将众生从烦恼之此岸载至觉悟之彼岸之教法而言。不以个人之觉悟为满足，而以救度众生为目的，一如巨大之交通工具可载乘众人，故称为“大乘”。以此为宗旨之佛教，即是大乘佛教。

⑤小法：即指小乘法。佛之说法，实际并无二致，只因弟子发心不同，致使浅者见浅，深者为深，而有大小乘之别。

⑥作礼围绕：佛在世时，弟子来见佛，大都绕佛一匝或三匝，然后至诚顶礼。在古印度，环绕佛塔右行三匝或更多匝，是一种表示虔诚恭敬的礼仪。此作礼围绕的习俗亦随佛教的传播，而在世界各地沿用至今。

译文：

佛说：“须菩提，如果有善男子、善女人，上午以恒河沙数那样多的身体来布施，中午也以恒河沙数那样多的身体来布施，下午也同样以恒河沙数那样多的身体来布施，如此经百千

万亿劫都没有间断过以身体来布施。如果又有一个人，听闻了此经典，生起不退的信心，他所得的福德胜过前述以身命布施的人，更何况抄写经文、信受奉行、阅读背诵、为他人解说呢！

“须菩提，简而言之，此经具有不可思议、不可估量、无边无际的功德。如来本为发大乘菩萨道心的人而说，为发最上佛乘的众生而说。如果有人能信受持行、阅读背诵、广为他人宣说，如来可以悉知这个人，也可以悉见这个人，一定能成就不可衡量、不可称计、无边无际、不可思议的功德。这样的人，就担当得起如来无上正等正觉的家业。为什么呢？须菩提，一般乐于小乘佛法的人，会执著于自我相状、他人相状、众生相状和寿命相状，对于此经典他们不会听闻信受、阅读背诵、广为他人宣说。

“须菩提，无论何时何地，只要有这部经典，一切世间的天神、人类、阿修罗都应该于此虔诚供养。应当知道此经所在之处即等于是佛塔的所在地，就应恭恭敬敬围绕示礼，以各种芳香的花朵和细香散于其四周，虔诚地供养。”

能净业障分第十六

我们于生活当中,有许多潜在而未发的过去所造的恶业,一遇因缘,就会感受应得的果报。但是读诵般若经者,因受持此经的功德力,所有过去应堕恶道的罪业,在现世却轻受了。这是为何呢?此乃因为持诵此经,洞知一切皆是幻相,皆是虚妄,并能了悟四相的空性,进而能断烦恼障。因此则不再随境转业,而能境随人转了。有了强有力的智慧和愿力,是可以使业变质的。所以说深入般若,虚妄净尽,故曰“能净业障”。

接下来,如来以自己经历的事实,证明受持本经的功德。受持读诵,所得功德,乃属无为之慧,能了悟性空法门,或者得离相生清净心。这样的功德的殊胜,当然要比释尊供养诸佛的功德,超胜得不可计算了。

总结而言,如来显示此经,为发菩提心的一条轨道。而且与般若经的般若相应的大悲妙行,甚深广大,是不可以心思言议的。所以,听闻、受持乃至为人解说等所得的果报,也出于常情的想像以外,不可思议!

“复次,须菩提,善男子、善女人受持读诵此经,若为人轻贱,是人先世罪业应堕恶道[①],以今世人轻贱故,先世罪业则为消灭,当得阿耨多罗三藐三菩提。

“须菩提,我念过去无量阿僧祇劫[②],于然灯佛前,得值八百四千万亿那由他诸佛[3]，悉皆供养承事无空过者。若复有人于后末世，能受持读诵此经所得功德，于我所供养诸佛功德，百分不及一，千万亿分乃至算数、譬喻所不能及。

“须菩提，若善男子、善女人于后末世，有受持读诵此经，所得功德，我若具说者，或有人闻心则狂乱，狐疑不信。须菩提，当知是经义不可思议，果报亦不可思议[4]。”

注释：

①业：音译为“羯磨”。最早见于印度的古奥义书，是婆罗门教、耆那教等都袭用的术语。佛教中一般解释为”造作“。意谓行为、所作、行动、作用、意志等身心活动，或单由意志所引生之身心生活。若与因果关系结合，则指由过去行为延续下来所形成的力量。此外，“业”亦含有行为上善恶苦乐等因果报应思想，及前世、今世、来世等轮回思想。一般而言，业分身、语、意等三业，以身体之行动与言语表现其意志者，即是身业、语业；内心欲行某事之意志称为“意业”。业生灭相续，必感苦乐等果，果是业果，结果的因即是业因。业虽由人的身口意所造，但受烦恼的支配。若造善恶之业，其后必招感相应之苦乐果报。以有业因，故招感业果；非善非恶之无记业则无招果之力。佛教所说的恶业（罪业）有不同的说法，其中有“五恶业”和“十恶业”。“五恶业”即杀生、偷盗、邪淫、妄语和饮酒，反之，则称“五善”。“十恶业”则包含杀生、偷盗、邪淫、妄语、两舌、恶口、

绮语、贪欲、嗔恚和邪见。离以上十恶，则为“十善”。恶道：为“善道”之对称，与“恶趣”同义，即顺着恶行而趋向的道途。即指生前造作恶业，而于死后往生的苦恶处所。在“六道”之中，一般把阿修罗、人间、天上称为“三善道”，地狱、饿鬼、畜生则称为“三恶道”。

②阿僧祇：印度数目之一，又作“阿僧伽”、“阿僧企耶”、“阿僧”、“僧祇”等，意谓无量数或无穷极之数。此词多用于计量劫数，而计量劫数时，有“小阿僧祇劫”与“大阿僧祇劫”两种。

③那由他：数目名。又作“那庾多”、“那由多”、“那术”、“那述”等。指极大之数，有说是相等于今天的百亿，也有说是千亿，或更大之数。

④果报：由过去业因所招感的结果。又作“异熟”、“果熟”、“报果”、“应报”、“异熟果”等。由于过去的业因造成现在的结果，所以叫做“果”，又因为这果是过去的业因所招感的酬报，所以又叫做“报”。譬如米麦的种子是因，农夫之力或雨露之润等是缘。当来年米麦成熟时，对于之前的米麦种子而言，则是果，对于过去农夫之力、雨露等而言，则为报。

译文：

佛接着又说：“再次，须菩提，如果有善男子、善女人能对这部经信受奉行和讽诵受持，反而受人轻贱，这个人前世所造的罪业本应该堕入恶道，因为现世被世人所轻贱，他前世的罪业就因此而消除，他也可以证得无上正等正觉。

“须菩提，我想起过去无量无尽的劫前，在然灯佛前，曾遇到过八百四千万亿那由他的佛，我全都一一亲承供养，一个也没有错失过。如果有人于未来之世，能够受持读诵此经，他所得到的功德，和我过去供养诸佛的功德相比，我不及他百分之一，千万亿分之一乃至数字、譬喻都无法达到的无数分之一。

“须菩提，如果有善男子、善女人在未来世中，能够受持读诵此经，他所得到的功德，我如果一一具体细说，也许有的人听到后会心慌意乱，狐疑而不相信。须菩提，应当了解此经的内容意义是不可思议的，所得到的果报也是不可思议的。”

究竟无我分第十七

此段须菩提再次请示“云何应住”、“云何降伏其心”的道理，问题虽与前文相似，但实质上是不同的。之前是就未明理而发世俗菩提心者的请问及如来的答复，如今却已经了悟于心，所以这是就发胜义菩提心者的请问及如来的答复。

首先，既然已发胜义菩提心，就能从毕竟空中，起无缘大悲以入世度生。但菩萨度众生时，是“无有众生实灭度者”的。为何？因为菩萨无有我、人、众生、寿者四相的差别心，所以能离一切相，虽度众生，但却不著度相。所以，虽然灭度一切众生，事实上无众生可度，因为众生本自具足真如法性的缘故。

接着佛陀通过本身过去的经历，示说了自己以无分别无所得的心去供养然灯佛，得到了无漏福德，所以然灯佛才与释迦佛授记。所以如来才会说在胜义毕竟空中，一切法绝无自性的，在一定的因缘条件下就会发生改变，所以说一切法即非一切法，只是假名为一切法而已。就如佛说的“长大人身”，只是通达法性毕竟空而从缘幻成的，实没有大身的真实性。“菩萨”也一样是缘成如幻的，所以，佛说一切法——有漏的、无漏的、有为的、无为的、世间的、出世间的无我，都没有菩萨实性可说。

同理，如果菩萨有了“我当庄严佛土”的念头，这就有了能庄严的人及所庄严的法，而无法了知本无实性的庄严佛土可得，只是缘起假名的庄严罢了。菩萨之所以为菩萨，是因为能以般若通达我法的无性空，体达菩提离相，我法俱空。

尔时，须菩提白佛言："世尊，善男子、善女人发阿耨多罗三藐三菩提心，云何应住？云何降伏其心？"

佛告须菩提："善男子、善女人发阿耨多罗三藐三菩提心者，当生如是心。我应灭度一切众生，灭度一切众生已，而无有一众生实灭度者。何以故？须菩提，若菩萨有我相、人相、众生相、寿者相，即非菩萨。所以者何？须菩提，实无有法发阿耨多罗三藐三菩提心者。须菩提，于意云何？如来于然灯佛所，有法得阿耨多罗三藐三菩提不？"

"不也，世尊。如我解佛所说义，佛于然灯佛所，无有法得阿耨多罗三藐三菩提。

佛言："如是如是。须菩提，实无有法如来得阿耨多罗三藐三菩提。须菩提，若有法如来得阿耨多罗三藐三菩提者，然灯佛则不与我授记[①]，汝于来世当得作佛，号释迦牟尼[②]。以实无有法得阿耨多罗三藐三菩提，是故然灯佛与我授记，作是言，汝于来世当得作佛，号释迦牟尼。何以故？如来者，即诸法如义。若有人言如来得阿耨多罗三藐三菩提，须菩提，实无有法佛得阿耨多罗三藐三菩提。

"须菩提，如来所得阿耨多罗三藐三菩提，于是中无实无虚。是故如来说一切法皆是佛法。须菩提，所言一切法者，即非一切法，是故名一切法。须菩提，譬如人身长大。”

须菩提言：“世尊，如来说人身长大则为非大身，是名大身。”

“须菩提，菩萨亦如是。若作是言，我当灭度无量众生，即不名菩萨。何以故？须菩提，实无有法名为菩萨。是故佛说一切法无我、无人、无众生、无寿者。须菩提，若菩萨作是言，我当庄严佛土③，是不名菩萨。何以故？如来说庄严佛土者，即非庄严，是名庄严。须菩提，若菩萨通达无我法者，如来说名真是菩萨。”

注释：

①授记：又作“授决”、“受决”、“受记”、“受别”、“记别”、“记说”、“记”等。本指分析教说，或以问答方式解说教理；后来转指弟子所证或死后之生处；再后来却专指诸佛对发大心的众生预先记名，某世证果，及其国土、名号，而予以记别。最著名的例子有释尊于过去世得然灯佛之授记；法藏比丘得世自在王佛授记，而成阿弥陀佛；及弥勒曾经受释尊之授记。

②释迦牟尼：又作“释迦文尼”、“奢迦夜牟尼”、“释迦牟曩”、“释迦文”等。略称“释迦”、“牟尼”、“文尼”等。牟尼，意译为“能仁”、“能忍”、“能寂”、“寂默”、“能满”、“度沃焦”。乃佛教创始人。本名悉达多，姓乔答摩（瞿昙），诞生于迦毗罗卫国城东的蓝毗尼园。因其为释迦族，成道后被尊称为“释

迦牟尼”，意为“释迦族出身之圣人”。其他称号有“佛陀”（觉者）、“世尊”、“释尊”等。

③佛土：又作“佛国”、“佛国土”、“佛界”、“佛刹”。指佛所住之国土，或佛教化之国土。不仅指净土，亦有可能是秽土、报土、法性土等。庄严佛土，就是化秽土而成净土。

译文：

这时候，须菩提向佛陀请示道：“世尊，善男子、善女人已经发心求无上正等正觉，他们的心念该如何安住？应如何降伏他们的迷妄心呢？”

佛告诉须菩提说：“善男子、善女人中凡发心求无上正等正觉者，应当生起这样的心志。我应该度化一切众生，如此灭度了一切众生，而实际上并没有一个众生被度脱。为什么呢？须菩提，如果菩萨执著自我的相状、他人的相状、众生的相状和寿命的相状，就不是真正的菩萨。为什么这样呢？须菩提，实际上并没有一种法名为发心求无上正等正觉者。须菩提！你认为如何？如来在然灯佛那里，有没有得到一种法叫做无上正等正觉的？”

须菩提回答道：“没有的，世尊。依据我对佛陀所讲的教义的理解，佛陀在然灯佛那里，并没有什么佛法可以得到无上正等正觉的。

佛答复说：“是这样，是这样。须菩提，实际上并没有什么佛法可以使如来得到无上正等正觉的。须菩提，如果有佛法使如来得到无上正等正觉，然灯佛就不会为我授记：你在来世必当成佛，名释迦牟尼。正因为并没有佛法使如来得到无上正等正觉，所以然灯佛才会为我授记，并这样说：你在来世必当成佛，名号为释迦牟尼。为什么呢？所谓如来，即是诸法的本义，一切诸法体性空寂。如果有人说如来证得了无上正等正觉果位，须菩提，实际上并没有佛法使佛可证得无上正等正觉。

“须菩提，如来所证得的无上正等正觉，于彼中既不是实有，也不是虚无。所以，如来说一切诸法都是佛法。须菩提，所说的一切法，都不是一切法，所以才叫做一切假名的法。须菩提，譬如说人的身形高大。”

须菩提回答说：“世尊，如来说人的身形高大，实际上不是真实的身形高大，只是假名的高大身形。”

佛说：“须菩提，菩萨也是如此。如果菩萨这样说：我应当灭度无量的众生，就不能叫做菩萨。为什么呢？须菩提，实际上没有一个法名为菩萨。所以佛说一切诸法都没有自我的相状、他人的相状、众生的相状、寿命的相状。须菩提，如果菩萨这么说：我应当清净庄严佛土，就不能叫做菩萨。为什么呢？如来说清净庄严佛土，就不是清净庄严，只是假名的清净庄严。须菩提，如果菩萨能够透彻无我的真理，如来就说他是真正的菩萨。”

一体同观分第十八

可能有人会疑惑，佛既然说诸法皆空，那么成佛是不是即空无所知。须菩提知道佛的智慧，究竟圆明，彻底洞见，超胜一切，所以对佛陀针对“五眼”的诘问都一一答复说：“有。”

佛陀接着用“恒河沙”来形容如来的知见圆明。佛对众多国土中所有的一切众生，他们的每一心行，如来以佛知见，悉能知见。每一众生的心念，刹那生灭，念念不住，每一众生即起不可数量的心念。然而佛能彻底明见，佛何以有此慧力？因为所说的诸心，即是缘起无自性的非心，假名为心而无实体可得的。之后佛说出了《金刚经》的名句之一“过去心不可得，现在心不可得，未来心不可得”。如说心在过去，过去即灭无，哪里还有心可得？若心在现在，现在念念不住，哪里还有实心可得？倘使说心在未来，未来即未生，这怎么有未来心可得？于三世中求心自性不可得，惟是如幻的假名，所以说诸心非心。

“须菩提，于意云何？如来有肉眼不[①]？”

“如是，世尊，如来有肉眼。”

“须菩提，于意云何？如来有天眼不[②]？”

“如是，世尊，如来有天眼。”

“须菩提，于意云何？如来有慧眼不[③]？”

“如是，世尊，如来有慧眼。”

“须菩提，于意云何？如来有法眼不[4]？”

“如是，世尊，如来有法眼。”

“须菩提，于意云何？如来有佛眼不[5]？”

“如是，世尊，如来有佛眼。”

“须菩提，于意云何？如恒河中所有沙，佛说是沙不？”

“如是，世尊，如来说是沙。”

“须菩提，于意云何？如一恒河中所有沙，有如是沙等恒河，是诸恒河所有沙数佛世界，如是宁为多不？”

“甚多，世尊。”

佛告须菩提：“尔所国土中所有众生，若干种心如来悉知[6]。何以故？如来说诸心皆为非心，是名为心。所以者何？须菩提，过去心不可得，现在心不可得，未来心不可得。”

注释：

①肉眼：乃“五眼”之一。指人之肉眼。凡夫以此肉眼可分明照见色境，但肉眼受种种障碍而不通达，据《大智度论》卷三十三载，肉眼能清晰照见近处之景物，至于远处的东西则无法看见；照见眼前之景物时，但无法同时照见背后的东西；能照见外在者，却无法照见内在的东西；白昼时能照见诸物，黑夜中则没办法看见。

②天眼：“五眼”之一。为天趣之眼，故名。一般人修行禅

定也可得到天眼。天眼能洞见内外、粗细、前后、远近、明暗、上下，但仍有理障。天眼有两种，一种是从福报得来，谓为生得或报得之天眼，如天人；一种则是从修行得来，谓为修得之天眼。

③慧眼：为“五眼”之一。指智慧之眼，二乘圣贤照见诸法平等、性空之智慧，故称“慧眼”，因其照见诸法真相，故能度众生至彼岸。但慧眼因所知障故，有智无悲，虽胜天眼，犹不及法眼能悲智并用。

④法眼：为“五眼”之一。指彻见一切法之实相，了知俗谛万有之智慧眼。是菩萨为适应机缘，度化众生，故以清净法眼遍观诸法，知一切众生之方便门，故能令众生修行证道。

⑤佛眼：为“五眼”之一。指诸佛照破诸法实相，而慈心观众生之眼。佛名“觉者”，觉者之眼就叫做佛眼，即能照见诸法实相之眼。诸佛也同时具有肉、天、慧、法四眼的作用，所以无所不见、无事不知不闻，一切皆见。

⑥若干种心：即指依各种情形对“心”的分类，如真心、妄心、贪心、痴心、嗔心等。心，又作“心法”、“心事”。泛指所有的精神现象，即通常所说的心、意、识。佛教对于心与物之存在，乃主张心与物为相辅相成之关系，不论任何一方皆不能单独存在，所以说色心不二。

译文：

佛问：“须菩提，你认为如何？如来是否有肉眼？”

须菩提答：“是的，世尊，如来有肉眼。”

“须菩提，你认为如何？如来是否有天眼？”

“是的，世尊，如来有天眼。”

“须菩提，你认为如何？如来是否有慧眼？”

“是的，世尊，如来有慧眼。”

“须菩提，你认为如何？如来是否有法眼？”

“是的，世尊，如来有法眼。”

“须菩提，你认为如何？如来是否有佛眼？”

“是的，世尊，如来有佛眼。”

佛又问：“须菩提，你认为如何？像恒河中所有的沙粒，佛说这所有的沙是沙吗？”

须菩提回答：“是的，世尊，如来说是沙。”

佛继续问：“须菩提，你认为如何？譬如一条恒河中所有的沙粒，每一个沙粒又是一条恒河，这么多恒河的所有的沙都是佛土，它的数目是不是很多呢？”

须菩提答：“很多，世尊。”

佛告诉须菩提：“你所处的这么多国土中的所有众生，所有种种不同的心念如来都完全知晓。为什么呢？如来说的种种的心，都并非是真正的心，只是假名称之为心。为什么这样说呢？须菩提，过去的心是不可得到的，现在的心也是不可得到的，未来的心也一样是不可得到的。”

法界通化分第十九

此段第六次以七宝布施说明布施得福的原因，即要以三心不可得之无住心为“因”，用七宝作“缘”，如是布施，才能得福甚多。假如以执著的心为因，用满大千世界的七宝为缘，布施于人，那么就会认为福德有实在自性，因此佛也不会说他得福德多。但如果能破此执见，布施者能与般若相应，不取相施而布施一切，则能竖穷三际，横遍十方，圆成无量清净无漏福德，因此佛才会说他得到很多的福德。

“须菩提，于意云何？若有人满三千大千世界七宝以用布施，是人以是因缘得福多不[①]？”

“如是，世尊，此人以是因缘得福甚多。”

“须菩提，若福德有实，如来不说得福德多。以福德无故，如来说得福德多。”

注释：

①因缘：“因”与“缘”的并称。“因”是产生结果的直接内在原因；“缘”是相资助的外在间接条件。一切万有皆由因缘之聚散而生灭。因此，由因缘生灭的一切法，称为“因缘生灭法”；而由因与缘和合所产生之结果，称为“因缘和合”。一切存在的现象和物质都是由因缘和合而成的假有，所以并没有自性，这便

是“因缘即空”之理。

译文：

佛问：“须菩提，你意下如何？如果有人用充满三千大千世界的七种珍宝来行布施，这个人因这布施的因缘而得到的福报多不多呢？”

须菩提回答：“是的，世尊。这个人因这布施的因缘而得到的福报非常多。”

佛又说：“须菩提，如果福德是真实存在的体性，如来就不会说得到的福德很多。正因为并没有真实存在的福德，所以如来说得到的福德很多。”

离色离相分第二十

此分说明如来的圆满报身，有相皆是虚妄，离诸相才能见性，也才能见得如来。色身，是诸法和合的一合相；诸相——如三十二相，是色身上某一部分的特殊形态。这里如来说一切身相，都是无为所显的，是缘起假名而毕竟无自性的，哪里有圆成实体可得？所以，即非具足身相，而只是假名施设的。总而言之，如来以“见身无住、离色离相”，铲除吾人对诸佛的色身生起贪著。

“须菩提，于意云何？佛可以具足色身见不①？”

“不也，世尊，如来不应以具足色身见。何以故？如来说具足色身，即非具足色身，是名具足色身。”

“须菩提，于意云何？如来可以具足诸相见不②？”

“不也，世尊。如来不应以具足诸相见。何以故？如来说诸相具足即非具足，是名诸相具足。”

注释：

①具足色身：指有形质之身，即肉身。反之，无形者称为法身，或智身。此词虽被广泛用来指肉身而言，但佛典中亦多用以指佛、菩萨的相好身。也就是指具足圆满报身佛的总相，即佛、菩萨的三十二相。

②具足诸相：指圆满报身佛的别相。“诸相”指如来的各种相貌特征，即三十二相、八十种细微殊好特征结合起来的殊胜容貌形相。因此，具足诸相即指报身佛的身体相貌各部分完美齐备，而且每一相中也有无量相好具足。

译文：

佛又问；“须菩提，你意下如何？佛可以依圆满庄严的色身形相来证见吗？”

须菩提回答说：“不可以，世尊。如来不能依圆满庄严的色身来证见。为什么呢？如来说的完美的色身形相，不是真实不变的色身形相，只是假名为色身而已。”

佛紧接着又问：“须菩提，你意下如何？如来可以依所具备的种种圆满妙相来证见吗？”

须菩提回答说：“不可以，世尊。如来不能依种种的圆满妙相来证见。为什么呢？因为如来所说的圆满诸相不是真实的相貌，只不过是假名为圆满诸相而已。”

非说所说分第二十一

破除人们所执的见相，使人洞知缘生事理，以免执有执空之病，而令发菩提心，是《金刚经》的主旨。之前的部分破除对于佛身的见相，此处欲破除佛语的见相，希望众生能破除执见及所知诸障，悟入般若妙境。通常，众生听闻到声音，看到文字，就以为佛陀在说法。其实，从法身理体之处来看，哪里有可说的法、能说的人？佛陀说法是随缘说法而不著法相的，说法亦是缘生，缘生体空，所以说法即“无法可说”。但说法又必须随俗假说，令众生从言说中体达无法可说，这即名为说法了。

但是，如果身相非身相，说法亦非说法，二者甚深之义，末世众生闻之，深恐狐疑不信，所以证大阿罗汉果，“解空第一”的须菩提才会再次请示：“众生于未来世说是法，生信心不？”佛陀的答案是肯定的，大乘根器众生必能在听闻此经后生起信心。听闻佛法而能生净信者，即大菩萨，所以说彼非众生，又非不众生。如从五蕴和合生的众生说，众生无我，常是毕竟空，不过惑业相续，随作随受，于众生不可得中而成为众生。虽然众生非实而有，但却也是假名存在，所以说“是名众生”。

“须菩提，汝勿谓如来作是念，我当有所说法，莫作是念。何以故？若人言如来有所说法即为谤佛，不能解我所说故。须菩提，说法者无法可说，是名说法。”

尔时，慧命须菩提白佛言[1]："世尊，颇有众生于未来世闻说是法，生信心不？"

佛言："须菩提，彼非众生非不众生。何以故？须菩提，众生众生者，如来说非众生，是名众生。"

注释：

①慧命：指法身以智慧为生命。如色身必赖饮食来延续生命，而法身必赖智慧以长养。智慧之命夭伤，则法身之体亡失。慧命又意谓具寿命，乃佛教尊称有德之长老、比丘，表示道德智能圆满，所以言"慧命须菩提"。

译文：

佛说："须菩提，你不要认为如来有这样的意念：我应当有所说法，你不要如此生心动念。为什么呢？如果有人说如来有所说法的念头即是毁谤佛陀，因为他不能了解我所说的真谛。须菩提，所谓说法，实际并没有什么法可说，只是假名其为说法。"

这时候，道德智能圆满的须菩提当机启问佛说："世尊，如果有众生在未来之世听闻您说的法，能够生起信心吗？"

佛回答说："须菩提，他们既不是众生，又非不是众生。为什么呢？须菩提，众生之称作众生，如来说他们并非真实的众生，只是假名为众生而已。"

无法可得分第二十二

色身非色身，相好非相好，说法无所说，众生非众生，旨在示说一切皆空，破除众生的一切执取。如今又说如来“无有少法可得”，同样是为了破除众生的执著。观待世俗名言，佛陀确实获得了“共”与“不共”的智慧，如“十力”、“四无畏”，同时也具足各种相好与功德。但如果从胜义谛观之，所谓无上菩提，亦是因缘和合，无不是依如虚空的空性而约义施设，所以仍是“无所得”的。如果说“有所得”，那是因为仍执情未忘，能所未破之故。

另，须菩提在此提出这样的问题，实因他已彻悟，只是仰承佛意而问，所以佛陀才会回答：“如是如是”，以印证之。

须菩提白佛言：“世尊，佛得阿耨多罗三藐三菩提，为无所得耶？”

佛言：“如是如是。须菩提，我于阿耨多罗三藐三菩提，乃至无有少法可得，是名阿耨多罗三藐三菩提。”

译文：

须菩提向佛禀问：“世尊，佛证得无上正等正觉佛智，也就是没有得到正等正觉佛智吗？”

佛说："正是，正是。须菩提，我对于无上正等正觉佛智，甚至没有一点法可得，只是假名称之为无上正等正觉而已。"

净心行善分第二十三

此段说明一切法性本来平等，无有高下，以平等清净心，不著四相，而修一切善法，便契无有自体可得，亦不执以为实，而得无上正等正觉。

诸法平等，不仅指轮涅平等，也指显现和空性平等、世俗和胜义平等，在圣不增，在凡不减，无有高下之殊。一切法之所以有高下，乃由于众生分别执著之妄见而产生。实则一切法性平等，何有高下，既无高下，何有无上菩提法，只是假名为无上菩提法而已。

如果众生能以般若空慧，修习一切自利利他的善法，积集无边福德，并通达三轮体空，不取著四相，便能圆证无上遍正觉。法性如空，一切众生有成佛的可能，成佛也如幻如化，都无所得。然而，不加功用，不广集资粮，不发菩提心，不修利他行，还是不会成佛的！

“复次，须菩提，是法平等无有高下，是名阿耨多罗三藐三菩提。以无我、无人、无众生、无寿者修一切善法[①]，即得阿耨多罗三藐三菩提。须菩提，所言善法者，如来说即非善法，是名善法。”

注释:

①善法:与“恶法”对称。指合乎于“善”的一切道理,即合理益世之法。一般以五戒、十善为世间之善法,三学、六度为出世间之善法,二者虽有深浅之差异,但皆为顺理益世之法,故称“为善法”。

译文:

佛继续说:“再者,须菩提,诸法是绝对平等的,没有上下高低的分别,所以才名为无上正等正觉。只要不执著于自我的相状、他人的相状、众生的相状、寿命的相状的妄想分别心去修持一切善法,那么即可证得无上正等正觉。须菩提,所谓的善法,如来说它并不是真实的善法,只是假名为善法而已。”

福智无比分第二十四

上文言明了无修而修，无得而得，实相平等，此段再举“七宝聚”布施福德与持经功德较量。虽然以山王宝聚布施，仍属有为善法，有相的布施纵使如山高、如海深，山崩海枯之时，福智亦是有尽。但受持四句，是无为善法，能生无相般若妙慧而悟无上菩提法。除自利，还能令他人开发无漏善根，同样可以离相而证无上菩提法，所以是福慧双修的法施。因此受持此经乃至四句所结的无漏福德，胜于用七宝布施之有漏福德，是数、言无法表达衡量的。

“须菩提，若三千大千世界中所有诸须弥山王，如是等七宝聚，有人持用布施。若人以此般若波罗密经乃至四句偈等，受持读诵，为他人说，于前福德百分不及一，百千万亿分乃至算数、譬喻所不能及。”

译文：

佛进一步说：“须菩提，如果有三千大千世界中所有的须弥山王这么多的七种珍宝，有人用这些珍宝来做布施。然而如果有人以这部《金刚般若波罗密经》乃至只是其中的四句偈，加以信受奉行和讽诵受持，并广为他人宣说，则前者以七宝布施所得的福德不及后者所得福德的百分之一，百千万亿分之一乃至数字、譬喻都无法说清楚的无数分之一。”

化无所化分第二十五

此段进一步论断“空性”和“假名”。“化”者，以法度生也；“无所化”者，以平等心度平等众，外不见所度的众生，内不见能度的我，能所俱忘，自然是化无所化。如来说“无众生可度”，表示佛不起心动念，而能随机缘以度众生。如果有了“度众生”的念头，便落能所、能度、我相、人相、众生相和寿者相的执取，也就四相具足而无法了悟生死。众生只不过为五蕴积聚，是缘生法，缘生性空，若有度生之念，岂非不了缘生，执五蕴法为实有，那如来不是执有我等四相了吗？

可是凡夫并不能透彻了知这一点，以为有个真实的“我”而取妄执之念头。从空义而言，凡夫，是不见实相的异生；烦恼未断，生死未得解脱，依此而施设的假名而已。

“须菩提，于意云何？汝等勿谓如来作是念，我当度众生。须菩提，莫作是念。何以故？实无有众生如来度者，若有众生如来度者，如来则有我、人、众生、寿者。

“须菩提，如来说有我者[①]，即非有我，而凡夫之人以为有我[②]。须菩提，凡夫者，如来说即非凡夫，是名凡夫。”

注释：

①我：通常佛教中所说的“我”，大抵可分为“实我”、“假我”、“真我”三类。“有常”、“一”、“主”、“宰”等义之实在我体，称为“实我”，乃凡夫所迷妄执情的我。假我为“真我”之对称。以佛教的立场而言，所谓“我”者，实际上并无“我”之存在，仅由五蕴和合所成之身，假名为我而已，故称“假我”。真我意指真实之我，就是诸法平等的真性，不但诸佛已依此得到了归趣，即一切众生也是依此为最后的归趣，所谓“真我与佛无差别，一切有情所归趣”。

②凡夫：指未见“四圣谛”之理而凡庸浅识之人，也就是指迷惑事理和尚流转于生死大海的平常人。

译文：

佛再次询问：“须菩提，你认为如何呢？你不要认为如来有这样的意念：我应当度化众生。须菩提，不要如此生心动念。为什么呢？因为实在没有众生让如来度化，如果真有众生让如来度化，那么如来就落入自我、他人、众生和寿者相状的执著之中。

“须菩提，我虽口称有我，实际上并不是真实的我，但是凡夫却以为有一个真实的我。须菩提，所谓的凡夫，如来说他并不是真实的凡夫，只是假名为凡夫而已。”

法身非相分第二十六

此段再次通过“以三十二相观如来否”来破三十二法相，教人不可住如来相。眼见心想的三十二相，一落有相执著，就无法见如来了。这一问题在上文已探讨，也已知不可以三十二相见如来，为什么这里须菩提的第一次回答却说“以三十二相观如来”呢？有学者认为须菩提第一次的回答是从众生立场所见作答，是就化身角度作答。众生一般都以为化身佛有三十二相的，所以须菩提也就说“以三十二相观如来”。第二次的回答却从彻悟者立场回答，不但法身不可以三十二相见，化身也是不可以三十二相见的。因为，法身是缘起无性的，法身所有的相好，也是无性缘起的。从法身现起的化身，有三十二相，也还是缘起无性的。因此假使可以三十二相见如来，转轮王也有三十二相，那岂不混淆转轮王也是如来吗？只有心无分别，才能见庄严清净法身。进一步地说，如果以色见（以三十二相色相见如来），声求（从六十美妙梵音中见如来），这是走入邪道，非正见，故不能正见如来的。《华严经》云：“色身非是佛，音声亦复然，不了彼真性，是人不见佛。”

“须菩提，于意云何？可以三十二相观如来不？”

须菩提言：“如是如是，以三十二相观如来。”

佛言：“须菩提，若以三十二相观如来者，转轮圣王即是如来[1]。”

须菩提白佛言：“世尊，如我解佛所说义，不应以三十二相观如来。”

尔时，世尊而说偈言：

若以色见我，以音声求我，
是人行邪道，不能见如来。

注释：

①转轮圣王：又作“转轮王”、“飞行转轮帝”、“转轮圣帝”、“轮王”或“飞行皇帝”等，是佛教政治理想中的统治者。依佛典所载，与佛一样具有三十二相，为世间第一有福之人，具足“四德”（大富、端正姝好、无疾病、长寿），成就“七宝”（轮、象、马、珠、女、居士、主兵臣）。常乘轮宝巡视所统一的须弥四洲，以“十善法”治世的大帝王，故称“转轮圣王”。转轮王出现时，天下太平，人民安乐，没有天灾人祸。转轮圣王出现之说盛行于释尊时代，《大智度论》卷二十五即以转轮圣王之“七宝”及其治化，与佛之“七觉支”等并举。又将佛陀说法称作“转法轮”，比拟转轮圣王之转轮宝。

译文：

佛又问：“须菩提，你认为如何？可以依三十二种殊妙身相来证见如来吗？”

须菩提答：“是的，是的，可以依三十二种殊妙身相来证见如来。”

佛说："须菩提，若能依三十二种殊妙身相来证见如来，那么转轮圣王就是如来。"

须菩提对佛陈白："世尊，如依据我对佛陀所说之佛法的理解，是不应该依三十二种殊妙身相来证见如来。"

这时候，佛陀以偈说道：

若想凭色相见我，若以声音寻求我。

此人修行邪魔道，必不能证见如来。

无断无灭分第二十七

本段叙述般若法，非断非常，不可用断常之见思量，而且般若法本是不生不灭的，不可用生灭之法来论议，因此般若法体无断无灭。真正的“空”是超越有、无二边，无实无虚的中道，不是什么都没有才叫“空”，而是即有即空、即空即有的真空妙有。如果著相，那是“有见”，但以为一切相皆不取，那又落入“空见”，而成断灭。故如来于此，叮咛再三，令人不落于“断灭空见”。虽说不可以三十二相观如来，但“假名”的圆满身相仍相好宛然。证无上遍正觉是果，发菩提心而广大修行是因，因果是必然相称的。如成佛而没有功德的庄严身相，那必是发心不正，恶取偏空，破坏世谛因果而落于断灭见了。总而言之，发菩提心者，非但不应取法，亦不应取非法；双离空有，方归中道，才不落入断见。我们应抱持“肯定一切存在的存在，否定一切存在的自性”的态度。

“须菩提，汝若作是念，如来不以具足相故，得阿耨多罗三藐三菩提。须菩提，莫作是念，如来不以具足相故，得阿耨多罗三藐三菩提。须菩提，汝若作是念，发阿耨多罗三藐三菩提心者，说诸法断灭[①]，莫作是念。何以故？发阿耨多罗三藐三菩提心者，于法不说断灭相。”

注释：

①断灭：又作“断见”。主张众生在死后，生命即完全断灭、空无的看法。有七种断灭，所以又称作“七种断灭论”、“七断灭论”。这种看法，与“常见”相对，持常见者主张世界为常住不变，人类的自我不灭，人类死后自我亦不消灭，且能再生而再以现状相续，即说我为常住。佛教既不偏于常见，亦不偏于断见，而主张远离有、无两边，而取中道。“断、常”二见，俱非中道。

译文：

佛又说：“须菩提，你如果有这样的念头，如来不以具足三十二种殊妙相的缘故，才能证得无上正等正觉。须菩提，你不应当有这样的念头，认为如来不以具足三十二种殊妙相的缘故，才能证得无上正等正觉。须菩提，你如果有这样的念头，发无上正等正觉菩提心者，就会说一切诸法都是断灭空性，你不应当有这样的念头。为什么呢？发无上正等正觉菩提心者，对一切法不说断灭相，不著法相，也不著断灭相。”

不受不贪分第二十八

此段再次以菩萨用满沙界的宝施为比喻较量无我福胜，显示证得无生法忍的菩萨，心中不著相布施，能通达无我之法。因此“得忍菩萨”的无漏功德，胜过“宝施菩萨”的有漏福德。发大心以充满恒河沙世界的七宝作布施，所得的功德必然是极大的；但如另有菩萨，能悟知一切法无我性，得无我忍，那所有功德即胜前菩萨的功德。忍即智慧的别名，得无生法忍的菩萨之功德所以殊胜，因他于所作布施不驰求、不贪著福德，能知道是无性的缘起，不执取福德为实的。不受福德并非说没有福德，而是说不执为实有，不执为己有，深知福德不应贪著的。知一切法无我，则破法执；知人无我，则破我执；二执既破，即证无生法忍，所得必是无漏功德。

“须菩提，若菩萨以满恒河沙等世界七宝持用布施，若复有人知一切法无我，得成于忍，此菩萨胜前菩萨所得功德。何以故？须菩提，以诸菩萨不受福德故。”

须菩提白佛言：“世尊，云何菩萨不受福德？”

“须菩提，菩萨所作福德，不应贪著[①]，是故说不受福德。”

注释:

①贪著:即贪爱执著。属于“六烦恼”(根本烦恼)之一,“三毒”、“五盖”、“十恶”之一。欲求五欲、名声、财物等而无厌足之精神作用,即染著五欲之境而不离。凡夫对于自己所好之物,生起染污之爱著心,逐而引生种种的苦恼。

译文:

佛又说:“须菩提,如果菩萨用满恒河沙数那么多的七种珍宝来布施,倘若又有人透彻一切法都是无自性的,便能证得无生法忍,那么这位菩萨所获得的福报功德胜过前面所说的那位菩萨。为什么呢?须菩提,这是因为所有的菩萨都不领受有为福报功德的。”

须菩提向佛提问:“世尊,为什么说菩萨不领受有为福报功德?”

佛回答说:“须菩提,菩萨对他所作的福报功德,不应贪求而生起贪著执取,所以才说菩萨不领受有为福报功德。”

威仪寂净分第二十九

如来，梵语“多陀阿伽度”，汉译“如来”，也可译“如去”。“来”和“去”两个观念，是就世俗的动静为相而说的。所以如来现身人间，一样地来去出入，一样地行住坐卧，这种种显现在众生眼识前现量成立，在世俗中毫无疑问应当承认。而从胜义实相分析，来去坐卧都不过性空如幻，哪有来者去者可得？所以，不可以行住坐卧处见如来，因为如来虽现威仪之相，而实是性空如幻，来无所从，去无所至；虽是寂静之体，而随现威仪之相的。如来说法身者，本来常住，无所出现而来，亦无所入灭而去，为方便众生计，住于世间若坐若卧而行教化，故名“如来”也。

“须菩提，若有人言如来若来，若去，若坐，若卧，是人不解我所说义。何以故？如来者，无所从来，亦无所去，故名如来。”

译文：

佛说：“须菩提，如果有人说，如来也是有来、有去、有坐、有卧等相，这个人就是没有透彻我所说的佛法义旨。为什么呢？所谓如来，实在是无所来处，也无所去处，所以才称之为如来。”

一合理相分第三十

本段以微尘、世界聚散，以明世界与微尘，是不一不异的，以显法界平等之义。世尊的本意，是要人彻底了解世间所有，大而世界，小至微尘，莫非虚妄，当体即空，不必也不可执著贪恋。所有缘生之相，都只不过是假名而已。

世界可碎为微尘，微尘可和合而成一个世界。缘起为一的世界，能分分的分析为微尘；而缘起别异的微尘，能相互和集为一世界。能成的极微——分，是无性缘起的；所成的世界——有分，即全部，也是无自性的。因此如来所说的三千大千世界，也是无性缘起而没有自性的，仅是假名的世界。依佛法而言，凡是因缘合散的，即不是实有，而是无常、无我、性空与非有的假有。如来虽也说世界的“一合相”——全体，那只是约缘起假名的和合似一，称为“一合相”，而不是有“一合相”的实体——离部分或先于部分的全体可得。但虽然观察到自相有的微尘不成立，也不能以为物质世界仅是自心的产物，这并不符合佛陀的缘起观。佛说微尘，虽是缘起如幻，相依相缘的极微众，但世俗谛中是有的，是可以说的。只是凡夫不了此义，以为世界是实有的，而贪著不舍，造种种业，流浪生死而不自觉。

“须菩提，若善男子、善女人，以三千大千世界碎为微尘，于意云何？是微尘众宁为多不？”

须菩提言:“甚多,世尊。何以故?若是微尘众实有者,佛即不说是微尘众。所以者何?佛说微尘众即非微尘众,是名微尘众。世尊,如来所说三千大千世界,即非世界,是名世界。何以故?若世界实有者,即是一合相①。如来说一合相,即非一合相,是名一合相。”

“须菩提,一合相者,即是不可说,但凡夫之人贪著其事。”

注释:

①一合相:指一个由众多极微分子合成的有形物质。以佛教之观点言之,世间的一切法,皆为一合相。世界也是由无数的微尘集合而成的,故也称世界为一合相;人体是由四大五蕴合成,因此人身也是一合相。

译文:

佛问:“须菩提,如果有善男子、善女人,把三千大千世界都捣碎成粉末微尘,你有什么看法?这些微尘多不多呢?”

须菩提回答说:“非常多,世尊。为什么呢?如果实际上这些微尘都是真实存在的,佛就不会说这微尘很多了。这是什么缘故呢?佛陀所说的很多微尘,实际上并不是真说很多微尘,只是一个假名的微尘而已。世尊,如来所说的三千大千世界,并不是真实的世界,只是假名为世界而已。为什么呢?如果世界是真实存在的,那只是一种聚合的形相。如来说一个聚合的形相，并不是一个真实的聚合的形相，只是假名为聚合的形相。”

佛说：“须菩提，所谓一个聚合的形相，妙不可言喻。可是一些凡夫俗子却偏偏要贪恋执著有个真实的聚合的形相。”

知见不生分第三十一

此段总结全经之义，即示说如来教法的“空无我”特色。经典一开始，须菩提便请示：“云何应住？云何降伏其心？”至此结归则曰“应如是知，如是见，如是信解”，即是首尾照应。又，前文说我等“四相”，这里说“四见”，“相”和“见”是同是异？其实相者，法所现也；见者，心所取也。

凡夫不悟般若妙理，不能降伏妄念之心，所得知见，外不能离“六尘”、内不能断缘影，知见愈多，就越堕于能知、所知之障中。因此无法明了无所知而又无所不知；无所见却又无所不见的真谛。众生因无明而不知一切法并不如此实性而有，没有彻见法空性。由于无明而执我、执我所。佛说我见，不过随众生的倒想而假说，使人知我本无我，我见即本非我见而契悟无分别性，并非实有自我可见。人见、众生见、寿者见亦是如此。

最后，佛陀结劝受行，毋入宝山空手归，务当依此起修。在这知见或信解一切法时，都不应该执有诸法的自性相而起戏论分别。不但不生法相，连不生法相的非法相也不生，方是正知正见正信解者。一切法相无自性，不过随俗施设假名为法相而已。

“须菩提，若人言佛说我见、人见、众生见、寿者见，须菩提，于意云何？是人解我所说义不？”

“不也，世尊，是人不解如来所说义。何以故？世尊说我见、人见、众生见、寿者见，即非我见、人见、众生见、寿者见，是名我见、人见、众生见、寿者见。”

“须菩提，发阿耨多罗三藐三菩提心者，于一切法，应如是知，如是见，如是信解，不生法相。须菩提，所言法相者，如来说即非法相，是名法相。”

译文：

佛问：“须菩提，如果有人说佛陀宣说自我相状、他人相状、众生相状和寿命相状。须菩提，你有怎样的看法呢？你认为这个人透彻了佛所说的佛法义旨吗？”

须菩提回答：“没有，世尊，这个人没有透彻佛所说的佛法义旨。为什么呢？佛说自我相状、他人相状、众生相状和寿命相状，都不是真实存在的自我相状、他人相状、众生相状和寿命相状，只是假名的自我相状、他人相状、众生相状和寿命相状。”

佛说：“须菩提，发无上正等正觉菩提心的人，对于一切万法，应当这样去认知，应当这样去见解，应当这样去信仰理解，心中不生起任何的法相。须菩提，所谓的法相，如来说它并非是真实存在的法相，只是假名的法相。”

应化非真分第三十二

如来再次较德显胜，结劝自受化他。这里所说的七宝，要比之前所说还要多很多，但却因为著相获福，是有为有漏之福德，受享有时。惟无漏之出世福德，受享无穷。

大乘为利他的法门，所以尤需要将此般若大法，为他人演说，辗转教化，才能弘广正法，不违如来出世启教的本愿。此经开章也说度无边众生入无余涅槃，且更为人演说，以行不住相之法施，令众生闻而悟解入无余涅槃。但是要如何演说？要不取于相而演说，虽依文字般若而说，不取名字相，言说相，心缘相；要能安住于一切法性空（如如的正见）中，能不为法相分别所倾动。能内心不违实相，外顺机宜，依世俗谛假名宣说，而实无所说，才能如如不动而说法。

一切有为法，如梦然，梦时觉有，醒时则无也。如幻为幻事，幻现种种事物，而实无有种种事物也。如水中所起水泡然，阳光映照有如摩尼，心生贪著，而实非摩尼也。如阴影然，物在影在，物无影无，物既是空非有，影亦是假非真也。如雾露然，空中清净，则雾涌腾，不久消灭，即非常有也。如电然，突现突灭，突此突彼，非常非遍也。此六者，喻一切法的无常无实。所以，是无常无实的，即因为一切法是缘起性空的。这六者的无常无实，空无自性，其实一切法在佛菩萨的圣见观察中，也都无非是无常无实无自性的。我们执一切法为真常不空，也等于小儿的执梦为实等。

从经典结构说，全经的最后一段，从“佛说是经已”到“信受奉行”是经文的流通分，乃是结经之常仪。闻佛所说，明白菩萨发心修行的宗要与次第，感到佛法的稀有，因此皆大欢喜。欢喜，即信受佛说以及悟入深义的现象。能深刻信解，所以都能奉行佛说，自利利他，流通到将来。

“须菩提，若有人以满无量阿僧祇世界七宝持用布施，若有善男子、善女人发菩提心者，持于此经乃至四句偈等，受持读诵，为人演说，其福胜彼。云何为人演说？不取于相，如如不动①？何以故？一切有为法，如梦幻泡影，如露亦如电，应作如是观。”

佛说是经已，长老须菩提及诸比丘、比丘尼、优婆塞、优婆夷②，一切世间天、人、阿修罗，闻佛所说，皆大欢喜，信受奉行③。

注释：

①如如：又作“真如”、“如实”，是“五法”之一。指正智所契合的真理，即不变不异一切存在的本体。诸法虽各有差别，然此真如法性，乃是平等不二的，故称之为“如”。此“真如”乃是万有诸法之真实本体，万法不离真如，因此，万法彼此也是平等一如的，所以又叫作“如如”。

②比丘、比丘尼：为出家受具足戒者之通称。男曰比丘，女曰比丘尼。比丘又作“苾刍”、“备刍”、“比呼”等。据《大智

度论》卷三记载，比丘有五种语义，即乞士（行乞食以清净自活者）、破烦恼、出家人、净持戒和怖魔。乃“五众”之一，“七众”之一。指出家得度，受具足戒之男子。至于比丘尼又作“苾刍尼”、“备刍尼”、“比呼尼”等。意为乞士女、除女、熏女等。指出家得度受具足戒之女子。比丘原语是从“求乞”一词而来，也可以被解释为破烦恼者。优婆塞、优婆夷：此二词原为印度各宗教所通用的名称，原义为侍奉者、服事者，指侍奉或服事出家修行者。佛教取之以作为男性及女性在家佛教徒之专用语。优婆塞意译为“近事”、“近事男”、“近善男”、“信士”、“信男”、“清信士”等。即在家皈依佛法僧“三宝”、受持“五戒”、施行善法之男居士。优婆夷意译为“清信女”、“近善女”、“近事女”、“近宿女”、“信女”等。即亲近“三宝”、受持“五戒”、施行善法之女众。比丘、比丘尼、优婆塞、优婆夷合称佛的四众弟子。若再加上式叉摩那、沙弥、沙弥尼则为佛之七众弟子。

③皆大欢喜，信受奉行：为佛经结束语中的习惯用语。表示大家听了本经，感到佛法的稀有，都能法喜充满，信受如来所说的法，并切实奉行如来所说的法。

译文：

佛说：“须菩提，如果有人以遍满无数世界的七种珍宝进行布施，又如果有善男子、善女人发了殊胜的无上菩提心，受持这部经乃至只是其中的四句偈，加以信受奉行和讽诵受持，并广为他人宣说，他所获得的福报功德要远远超过那位以遍满无数世界的七种珍宝进行布施的人。应当如何为他人宣说此经呢？那就应当不执著于一切相，安住于一切法性空而不为法相分别所倾动？为什么呢？一切世间的有为诸法，皆如梦如幻、如泡如影、如露也如电，应作如是的观照。”

佛已经圆满宣说这部经，须菩提长老及在场的众多比丘、比丘尼、优婆塞、优婆夷，一切世间的天、人、阿修罗等，听闻了佛陀说法之后，无不法喜充满，信受和切实奉行如来所说的法。

心经

前　言

《般若波罗密多心经》，简称《心经》，是一部几乎家家都念诵，人人皆知的佛经。这同阿弥陀佛、观世音菩萨两句圣号一样的普遍于人间。这部《心经》，从汉译佛经流通方面观之，可说是“风行天下”，并且持诵者亦多，其普及程度非常的广。虽然言简文略，全文仅仅二百六十字，但含义却极广博而精深。它在一代圣教中的地位，算是一部很重要而负有声望的经典；六百卷般若经当中，最简括切要、提纲挈领者，当推《心经》了。

一　经题的含义

“般若波罗密多心经”，为经的总题，前七字是别题，只限用于本经，经字是通题，通于佛所说的一切经。译为白话就是教人依照“般若”妙法修行，便可度脱烦恼的生死苦海，达到究竟安乐的涅槃彼岸（波罗密），而亲证不生不灭之真“心”实相的一部“经”典。

“般若”是梵语，义为“智慧”。为何不直译之，而仍用梵语呢？世人往往以为聪明就是智慧，若翻译之则与彼混滥，而失却

“般若”二字的殊胜意义。为了表示这种智慧的殊胜性，所以沿用原音，而不直译为智慧；此即五不翻中尊重不翻，及四例翻经的翻字不翻音[①]。

般若与世间有漏智所成的有为之法是有别的。般若是自性中本具的一种无漏智，完全由真心流露出来的，是离过绝非，是正常，是真实，是纯净无染，是唯正无邪，并且没有穷尽的。人们能够用它，非但能令自己断惑证真，离苦得乐，且能普度众生同超生死苦海，同登安乐彼岸。

般若有三种：第一种是文字般若。文字虽非般若，但语言文字能诠般若之理，又能生般若，故称之为般若。凡是佛所说的一切教法，或是佛弟子所说的一切言教，不论是声教或是文字所印刷的经典，都称为文字般若。第二种是观照般若。所谓观照般若即是观察照见一切实相真理的智慧，指清净无漏之慧。此慧能照见一切有为或无为法皆无相，都是空寂的，故称观照般若。第三种是实相般若。所谓实相般若，指真如之理，为般若之实性，乃众生所本具，非寂非照，离一切虚妄之相。实相即诸法如实相，不可以“有”、“无”等去叙述他，也不可以“彼此”、“大小”等去想象他，实相是离一切相，包括言语相、文字相、心缘相，而无可取着的。

“波罗密多”也是梵语，译为“度”或“到彼岸”。通常指

① 五种不翻是：(1)多含不翻(如佛之尊号)、(2)秘密不翻(如神咒)、(3)尊重不翻(如般若等)、(4)顺古不翻(如阿耨多罗三藐三菩提等)、(5)此方无，不翻(如庵摩罗果等)。四例翻译是：(1)翻字不翻音(般若二字及一切神咒等)、(2)翻音不翻字(卍字等)、(3)音字俱翻(完全译成汉语之经典)、(4)音字俱不翻(非但音不翻，字亦不翻)。

菩萨之修行而言，即菩萨通过自己修行，同时又度化他人的“事业”，由生死之此岸到达涅槃之彼岸，故称“到彼岸”。因此般若波罗密即照了诸法实相，而穷尽一切智慧之边际，度生死此岸至涅槃彼岸之菩萨大慧。众生被三惑烦恼所迷，以致沉沦生死苦海，现在如果想求度脱的话，就不得不借仗般若去灭除烦恼，以了脱生死的痛苦，获得究竟涅槃的安乐！所谓乘般若船渡过三重烦恼之流，顿超生死众苦的此岸，直上涅槃安乐的彼岸。

至于“多”字，古译只有“波罗密”，没有“多”字，后来翻译的人，竟加一“多”字。“多”字在梵文中是一种语尾词，如文言中的“矣”字。也有人将“多”字解释为“定”。因菩萨修行，必须定慧均等，不偏不倚。定心若生法爱，则必用慧照以策进之。慧心若生智爱，则必用定力以扶助之。

《心经》的“心”字，含有两种意义：一是说因般若为诸佛之母，此经又是大般若经的心要，浓缩了六百卷大般若经的要义，不但展示了大般若经的中心思想，同时阐明般若真空的妙理，可以说是般若的核心，故称心。二是指真心。此真心，是万法之始，众义之宗；亦是诸佛所证，众生所迷。大般若经所诠的毕竟空，以及本经所说的诸法空相，亦皆是显示此真心。众生执著于真心，认为是真实的我，或是真实的法。《心经》的目的就是要让我们舍妄趣真，向内寻求，令智慧的种子萌芽，进而让智慧开花结果，觉悟无上正等正觉。

“经”字梵语是“修多罗”，译名“契经”，简称为“经”。“契”就是契理、契机的意思，谓上契诸佛所证的真理，下契众生之机宜。“经”字含有五种不同意义，即出生义、泉涌义、显示义、绳墨义、鬘结义。此外，因为经典能够将佛陀的一代时教，如线贯珠，令其不散失；又能摄持所应教度的众生，令其不堕落；佛经所说的道理，是真常不变的，不因时间的迁流而转变；佛法放诸四海皆准，不因地理环境的不同而不适应，因此经字还含有贯、摄、常、法等义。

简而言之，如果我们因闻观世音菩萨所宣说的“般若波罗密多”的法门，进而实践之，必定能够启发般若正智，照见五蕴皆空，不生执著，而离四相，破我执；又能运用观照般若，照见诸法空相，真空不空，以无所住的心，修诸波罗密，即可以远离一切颠倒梦想，究竟涅槃，证得清净真心，成就佛果无上菩提，故本经名为《般若波罗密多心经》。

二 《心经》的译者

玄奘法师是唐朝时人，俗姓陈，名祎。因玄奘法师精通三藏，所以也被称为三藏法师。

法师刚年满十岁，慈父见背，成为孤儿。因此，便前往洛阳净士寺，投靠其哥哥长捷法师。长捷法师不特学丰德长，且为当时负有盛名的人物；每设法会，弘经布教时，都能吸引不少人前来闻法。法师因得闻佛理，并对佛法产生浓厚兴趣，遂立志在净士寺出家，改法号为玄奘。

玄奘法师自出家后，便专心研究佛学，直至年满二十岁时，在成都受了具足戒后，才离开兄长，到处游学。由于对当时宗派太多，传授各异，且经典不完备，翻译意义亦各异，深感困惑，便决心前往印度求学。于是他学习西域和印度各国的语言，积极地筹谋出国留学的计划。最终于贞观三年（629），偷度玉门关，冒禁孤征，踏上了西游取法的艰辛路途。

一路颇多艰险，单骑匹马向着四顾茫茫的沙漠迈进。翻过了峻岭、翻越了雪山、渡过了险津，在粮食短缺，水草难觅的情况下，终于在贞观五年（631）进入印度，开始遍历印度诸国，广学圣教。最后到那烂陀寺，从当时负有盛誉的佛学泰斗戒贤论师学习唯识，以及瑜伽师地论等大乘经典。玄奘法师曾多次代表那烂陀寺参加当时流行的宗教辩论大会，且均获胜利。自此，声望日隆，进升为那烂陀寺的副主讲，成为全印度佛学界的名学者。

玄奘法师留学印度十余载，可说名满五印，当时五印盟主戒日王等，十八大国国王，皆奉为国师，礼遇之隆，供养之厚，尊敬之诚，已无以复加，并一致恳留，希望玄奘法师永不要回国。但玄奘法师不为所动，只念念不忘留学初衷，乃为完备中土佛教经典之使命，要将所学贡献于祖国。于是于贞观十九年（645）饮誉归来，并带回游历三十多国，巡礼佛迹，遍访名师所获得的梵本佛经六百五十七部。回来后，在唐太宗、唐高宗父子给予的种种奖励和帮助下从事译经事业，召集全国富有学问修养的高僧专事翻译，共同展开史无前例的译经伟业。

玄奘法师先后翻译的佛经共七十五部，总计一千三百余卷，著名的有大般若经、解深密经、瑜伽师地论等，本经是七十五部经中，文字最简短，义理最精简的一部。而六百卷大般若经，却是他翻译事业中最巨大的杰作。至于论著，玄奘法师也写了《本成唯识论》、《大唐西域记》等。

玄奘法师是中国佛经翻译界的权威者，强调严谨的翻译态度，忠于原文，又清晰明白，在中国翻译事业上，有空前的成就。他在六十八岁那一年，翻完《大般若波罗密多经》后，因积劳成疾而圆寂。玄奘法师一生在学问上力求真实，在宗教上悲悯众生，无论任何险阻，都能够不屈不挠，献身护教。他的著作、学术思想与言论，不但在唐代放射出无比的光芒，而且一直照耀到现在，甚至未来。

三 《心经》的译注

《般若波罗密多心经》一卷，全称《摩诃般若波罗密多心经》，一般简称为《般若心经》或《心经》。最早的一本是现存的《摩诃般若波罗密大明咒》一经，相传是后秦鸠摩罗什所译，但是梁代《出三藏记集》卷四和隋朝《法经录》卷四都将它列入失译录，所以很难说定此经就是鸠摩罗什所译。

本书所选的是玄奘法师的译本，为通常流行本，译于贞观二十三年（649），知仁笔受。除了玄奘法师的译本及相传为鸠摩罗什的译本外，本经前后还有其他不同的译本。其中包括：第一，唐阙宾国三藏般若、利言等译出的《般若波罗密多心经》。第二，唐摩竭陀国三藏法月译出的《普遍智藏般若波罗密多心经》。第三，唐三藏法成所译的《般若波罗密多心经》。第四，唐三藏智慧轮翻译的《般若波罗密多心经》。第五，宋西天三藏施护所译出的《圣佛母般若波罗密多经》。第六，唐义净完成的《佛说般若波罗密多心经》译本。第七，敦煌发现的译本《唐梵翻对字音般若波罗密多心经》。敦煌本将梵文以汉字音译，由史坦因发现于敦煌石窟，与玄奘本相当，为佛教学术之重要资料。

然诸译本中，玄奘译本、鸠摩罗什译本、义净法师译本和敦煌本为“小本”，只有正文；其余为“广本”，有序、正、流通三分。现存此经的梵文，有在尼泊尔发现的广本和日本保存的各种传写模刻的小本两类。1884年，马克斯·穆勒（Max Muller）与南条文雄共同校订广、小两类梵本，1894年，穆勒更再次将之英译出版并编入《东方圣书》。此外，1864年，英国佛教学学者比尔（Samuel, Beal）亦将玄奘所译之《心经》译成英文出版。

本经之注疏本极多，相传有二百余种，仅中国撰述者即有四十余种。比较重要者有：唐新罗僧人圆测《般若波罗密多心经赞》一卷，慧净《般若波罗密多心经疏》一卷（发现于敦煌），窥基《般若波罗密多心经幽赞》二卷，法藏《般若波罗密多心经略疏》一卷，明旷《般若波罗密多心经略疏》一卷，宋智圆《般若波罗密多心经疏》一卷等；印度方面有提婆《般若波罗密多心经注》一卷；日本则有空海《般若波罗密多心经秘键》二卷，最澄《般若波罗密多心经释》一卷，真兴《般若波罗密多心经略释》一卷，宗纯《般若波罗密多心经注》一卷等。

四　本经的纲要

心，其中的意义指心脏，有精要、心髓等意义。《心经》将内容庞大的般若经浓缩，说尽了《大品般若》六百卷的义理，成为表现“般若皆空”精神之简洁经典。

《心经》的本文虽只有二百六十个字，但此中包含很多重要的佛教教理与修行方法，例如五蕴归空就是一种悟入本心的方法。又如“色不异空”、“空不异色”与“色即是空，空即是色”，这三者分别与佛教的假、空及中观有关。又此中所说的十二因缘及四圣谛都是佛教的重要教理。其中讲到“空”是不生不灭、不垢不净、不增不减更是佛教的名言。此外，《心经》中论及六尘、六根、十二处及十八界等佛学中常见的名词。因此，二百多个字的《心经》，其中所含的义理非常深奥。

本经在组织上大致可分为以下几个部分：（一）总纲分，此分总的摄持心经主要含义。经文从“观自在菩萨”到“度一切苦厄”，是说菩萨修甚深观照法门，照见诸法皆空，重点是在破除众生的我执，我执一除，自然度一切苦厄，出生死苦海，证无上菩提。下面即是依此深入分析怎样“度一切苦厄”。（二）色空分，此分说明五蕴诸法，与真如空性，无二无别。经文从“舍利子，色不异空”至“亦复如是”，是说一切诸法是非有非空的，此段是恐众生闻“空”便起“断灭见”，所以先阐述了空有之关系。（三）本体分，此分说明本来之体性，实无生灭、垢净、增减等相，无相之相，即是本来的面目。经文从“舍利子，是诸法空相”到“不增不减”，在交代空有关系之后，便解释什么是空相。（四）妙用分，此分由体起用，空一切相。经文从“是故空中”至“无智亦无得”，旨在阐明依诸法空相广破一切执见。（五）果德分，此分证果。通过以上所说的明体、起用、空相，而证明解脱之果德。经文从“以无所得故”到“得阿耨多罗三藐三菩提”，破除一切执见之后，则能证得无上菩提、涅槃的佛果。（六）证知分，此分说明由证果而明白了知。经文从“故知般若波罗密多”至“真实不虚”，是在赞叹般若之伟大，从而回归全经主题，说明以般若观照一切法空即能度一切苦厄，其道理是真实不虚的。（七）秘密分，此分是以密咒表达不可思议的心地。经文从“故说般若波罗密多咒”至“菩提萨婆诃”，规劝大众普学般若，以度苦厄、证涅槃、成菩提。

从这里不难发现，虽然《心经》只有短短的二百六十个字，但其文句简约而却能涵盖般若甚深广大之义，得其心要，因此历代都将其视为《摩诃般若波罗密多经》的精粹。

观自在菩萨[1]，行深般若波罗密多时[2]，照见五蕴皆空[3]，度一切苦厄[4]。

注释：

①观自在菩萨：先从字面上来解释，“观”字，非眼观之观，乃心观之观。即是以自心观照身心世界之境，破除一切执著。“自在”，即一切都不再是挂碍，一切都已安然，对于万事万物产生随缘的态度，对一切的外境外缘也就能随意而自由自在。“菩萨”，即“菩提萨埵”之略称，意思为求大觉之人、求道之大心人。即指以智慧上求无上菩提，以悲下化众生，修诸波罗密行，于未来成就佛果之修行者。亦即自利利他二行圆满、勇猛求成佛者。观自在菩萨，合起来说，就是能观照自心，不为世间或出世间的万物所动，心中常能住寂，又能以智慧悲悯众生，自己已经得到解脱无碍，并能使他人也得解脱无碍自在的觉有情。从菩萨名号来解释，观自在菩萨，又作“观世音菩萨”。以慈悲救济众生为本愿之菩萨，即闻众生悲苦之音而进行予乐拔苦的救济工作。观世音菩萨与娑婆众生特别有缘，随类现身，寻声救苦，这是菩萨历劫度生的悲愿，因此观世音圣号来得格外普遍，同时也可说是因为这位菩萨的悲心救苦，利生事业之深入人心的一种表征。以菩萨有大智故，于一切事理悉皆通达无碍，所以称“观自在”；有大悲故，能够随类现身，寻声救苦，所以称“观世音”。

②般若波罗密多：又作“般若波罗密”、“般罗若波罗密”。意译作“慧到彼岸”、“智度”、“明度”、“普智度无极”等。为

“六波罗密”之一,“十波罗密”之一。“般若”译为“智慧”,即明见一切事物及道理之高深智慧。“波罗密”译为“度”或“到彼岸”,通常指菩萨之修行而言,即菩萨通过自行化他之事,由生死之此岸到达涅槃之彼岸,故称“到彼岸”。因此般若波罗密即观照诸法实相,而穷尽一切智慧之边际,度生死此岸至涅槃彼岸之菩萨大慧。菩萨为达彼岸,必修六种行,即修“六波罗密”。其中之“般若波罗密”,被称为“诸佛之母”,成为其他“五波罗密”之根据,而居于最重要之地位。

③照见:照是观照,见即彻见。即以般若智慧体察一切事物皆是因缘和合的。五蕴:又作“五阴”、“五众”、“五聚”等。蕴是积集、类别的意思。佛教将包括个人身心与身心环境的一切物质与精神分成五种“聚集”,故称为“五蕴”。五蕴就是色蕴、受蕴、想蕴、行蕴、识蕴。(一)色蕴:色就是一般所说肉体或物质,其语义即为物质或肉体的积集。(二)受蕴:受是领纳义,即肉体对境之感受与精神之知觉等的感受作用。(三)想蕴:即对于已受境界,重加分别想象。亦即对外境而在心中想象事物种种相貌形状之作用。(四)行蕴:行是迁流造作义,前灭后生,念念不停,所以叫做行,即意志与心之作用。(五)识蕴:识是了别义,即了别和识知所缘所对的事物。这里说五蕴皆空,意谓不论物质现象(相当于色)或精神现象(受、想、行、识)均属因缘所生法,无固定不变之自性,唯有假名,而无实体。

④苦厄:苦,是苦恼,能逼恼身心。厄,是灾厄,即指祸患险难。这里指若能照见五蕴都是空的,就能登至彼岸,自可度脱一切烦恼生死之苦厄。

译文：

观世音菩萨，修习深妙般若，功行到了极其深妙的时候，观照彻见五蕴都是因缘和合的，并没有自性，当体即空，除去了造业受苦的根源而无有烦恼，因而得以度脱一切烦恼生死之苦厄。

舍利子①，色不异空，空不异色，色即是空，空即是色②，受、想、行、识，亦复如是。

注释：

①舍利子：即舍利弗，是此经的当机者，又作“舍利弗多”、“舍利弗罗”、“舍利弗怛罗”、“舍利弗多罗”、“奢利富多罗”、“奢利弗多罗”、“奢唎补怛罗”、“设利弗呾罗”等。是佛陀十大弟子之一。其母为摩伽陀国王舍城婆罗门论师之女，出生时以眼似舍利鸟，所以命名为“舍利”；故舍利弗之名，即谓“舍利之子”。舍利弗自幼形貌端严，年少时修习诸技艺，通晓四吠陀。十六岁时即能挫伏他人之论议，诸族弟皆归服于他。幼时，即与邻村之目犍连结交，后因一次参加只离渠呵山的大祭，见到群众杂沓，油然心生无常之感，遂相约投六师外道中之删阇耶毗罗胝子出家学道。仅七日七夜即会通其教旨，成为其门人二百五十人中之上首，然舍利弗犹深憾未能尽得解脱。其时，佛陀成道未久，住于王舍城竹林精舍，弟子马胜比丘着衣持钵，入城中乞食。舍利弗见其威仪端正，行步稳重，遂问所师何人，所习何法。马胜比丘乃以佛陀所说之因缘法示之，令舍利弗了知诸法无我之

理。舍利弗旋即与目犍连各率弟子二百五十人同时到竹林精舍皈依佛陀。皈依佛陀后，常随从佛陀，破斥外道，论究法义，代佛说法，主持僧事，领导僧团，多方翼赞佛化。在佛陀弟子之中，舍利弗与目犍连被称为佛陀门下的“双贤”，是佛陀弘法的左右手。而舍利弗复以聪明胜众，被誉为佛弟子中“智慧第一”。舍利弗一生为僧伽长老崇敬，且屡为佛陀所赞美。后较佛陀早入灭，七日后荼毗，葬遗骨衣钵于祇园，须达多长者还为他建了一座塔。

②“色不异空”四句：“色”即物质，“异”字除作各异的解释外，还可作“离”字解。“空”指虚空、真空。“空”的意思并不是说没有色就是空，或者说色灭为空，因为空并不是空无所有，不是虚无。缘起假象谓之“色”，缘生无性谓之“空”；所谓色虽分明显现而无实体，故说“色不异空”；虽无实体，而分明显现，故说“空不异色”。“空”与“色”本来就是不可分析为二的。色身借四大和合而成，自体就是空，一切色法皆借众缘而生起，本无自性，莫不当体即空；四大若离散，则复归空无，故说“色即是空”。人间之物质、身体本系空无实体，而由地、水、火、风四大和合而成，故称“空即是色”。括要而说，因缘起而性空——“色不异空”，依性空而缘起——“空不异色”；缘起无自性当体即性空——“色即是空”，性空为缘起所依即是缘起之本体——“空即是色”。所谓五蕴皆空，意谓不论物质现象（相当于色）或精神现象（受、想、行、识）均属因缘所生法，无固定不变之自性；若以其为实有自性，则是虚妄分别，故色之本质为空。也就是说五蕴与空是不异，而且相即。

译文：

舍利弗！世间存在的色本来就与空不是异质的，作为存在之底蕴的空也与任何物质形式没有什么不同。那么，物质的本体就是空，空的现象就是物质。人的受、想、行、识也应该看作是这种“色”与“空”的统一。

舍利子，是诸法空相[①]，不生不灭，不垢不净，不增不减[②]。

注释：

①诸法空相：“诸法”又作“万法”。现代语称之为存在、一切现象等。此处指五蕴诸法，也包含之后的六根、六识、十二因缘、四谛等。“空相”指诸法皆空之相状，或指真空之体相。因缘生之法，无有自性，即空之相状。《大智度论》卷六云：“因缘生法，是名空相，亦名假名，亦说中道。”这里意谓色、受、想、行、识五蕴等诸法，皆是缘起性空的一种现象，当体即是空相，所以说诸法空相。

②“不生不灭”三句：这是在讲一切事物的空的状态，其状态是什么呢？即：不生、不灭、不垢、不净、不增、不减。为什么是不生、不灭、不垢、不净、不增、不减？因为在空性中，是不存在生、灭、垢、净、增、减的，一旦我们体证了这种空性，内心也就不存在生、灭、垢、净、增、减等的分别，自然也就达到了一种没有妄想执著的心境。世间一切事物与现象，实相理体真常不变，并不能特意使其生，也不能破坏而使其灭；亦不是以般若照

见后才谓之生（本来不生），亦非般若未照见前就没有所谓的灭（本来不灭），所以说不生不灭。实相理体本来空寂，并非可以染之使其垢，治之使其净；也不因被恶的因缘所染而变为垢，或为善的因缘所熏习而成净，而本来无所谓净或垢，所以说不垢不净。实相理体本自圆满，无法加之使其增，损之使其减，所以说不增不减。

译文：

舍利弗！这些五蕴等一切诸法，是因缘和合的，当体即是空相，本来没有所谓缘聚为生，和缘尽为灭；不因被恶的因缘所染而变为垢，亦不为善的因缘所熏习而成净，也不是悟时为增，迷时为减的虚妄之相。

是故，空中无色，无受、想、行、识；无眼、耳、鼻、舌、身、意①；无色、声、香、味、触、法②；无眼界，乃至无意识界；无无明，亦无无明尽，乃至无老死，亦无老死尽③；无苦、集、灭、道④，无智亦无得⑤。

注释：

①眼、耳、鼻、舌、身、意：即“六根”，又作“六情”。指六种感觉器官，或认识能力。根，为认识器官之意。眼根指视觉器官及其能力；耳根指听觉器官及其能力；鼻根指嗅觉器官及其能力；舌根指味觉器官及其能力；身根指触觉器官及其能力；意根指思维器官及其能力。前五种又称“五根”。五根乃物质上存

在之色法，即色根。意根则为心之所依生起心理作用之心法，即无色根。

②色、声、香、味、触、法：即“六尘”，又作“六贼”。色尘即眼所见的一切对象，眼根对于色尘而生眼识。声尘即耳所闻的一切对象，耳根对于声境而生耳识。香尘即鼻所嗅的一切对象，鼻根对于香境而生鼻识。味尘即舌所尝的一切对象，舌根对于味境而生舌识。触尘即身所觉触的一切对象，身根对于触境而生身识。法尘即意所缘的一切对象，意根对于法境而生意识。尘即染污之义，谓能染污情识，而使真性不能显发。众生以“六识”缘“六尘”而遍污“六根”，此“六尘”在心之外，故称“外尘”。此“六尘”犹如盗贼，能劫夺一切之善法，故称“六贼”。“六根”与“六尘”的相互作用使众生生出了种种虚妄分别心，造作种种业因，感受种种果报。

③“无无明”四句：“无”作“空”字解（谓无明空，乃至老死空）。“尽”即灭尽的意思。“乃至”二字是超略词，略去了“十二因缘”中间的行、识、名色、六入、触、受、爱、取、有、生，只例了无明和老死。“十二因缘”包括：（1）无明，就是不明，乃一切烦恼的总称。于缘起性空无所明了，因而妄生一切执著，此谓“无明”。（2）行是造作义，指一切行为，即依无明所造的善恶业。（3）识就是业识，此识随业受报，为过去业力所驱，挟持所造善恶种子而来投胎。（4）名色，名指心识，色指形体。由于一念爱染投入母体为名，成胎后为色。所谓心物和合而成胎，胎相初成叫做“名色”。（5）“六入”即“六根”。在母胎十个月的中间，由名色渐渐成长到六根完备，于出胎后对六尘境有互相涉入

的作用，故名“六入”。（6）触即接触。根、尘和合而成触。指出胎后六根与一切外境之接触。（7）受即领受。根境相对于违顺二种境界上，生起苦乐二种感觉谓之“受”，此即为对境所起的一种情绪。（8）爱即贪爱。对于五尘欲境，心生贪著，此即为对境所起的一种贪染心。（9）取即妄取，追取。遇喜欢之乐境则念念贪求，必尽心竭力以求得之而后已，遇所憎之苦境则念念厌离，必千方百计以图舍之而后已，此即为爱染欲境的一种趋求。（10）有即业。即有因有果，由前际因（爱取），生后际果（生老死），业力牵引，因果不亡，遂演成三界轮回的事实来。此为所作业力感报的一种规定。（11）生即受生。以现在所造之业为因，依因感果，必招来世受生，此即为未来受报的一种活动。（12）老死即老耄和死亡。诸根衰败叫做老，身坏命终谓之死。有生就不能不死，四大和合的身躯自然从少至老，无常转变必至于死，此即为未来受报的一种结果。无明与行二者为过去因，识、名色、六入、触、受，此五者为现在果。爱、取、有三者为现在因，生、老死二者为未来果。前因今果，今因后果，如是辗转依因再感果，果上再造因，因果不昧，前后相继不断，生死轮回无尽。吾人如顺着生死潮流，则无明缘行，乃至生缘老死，于是乎永受生死，这叫作“流转门”。反之能逆了生死潮流，则无明灭，乃至老死灭，于是乎获得解脱，就是“还灭门”。解脱是要有般若智慧，有了般若智慧，则自然不会愚痴（无明），也就不会有错误的行为（行），没有行为上的不良作为，则自然没有不好的潜能（种子）随识流转，乃至不会有五蕴、六根、触、受、爱、取、有、生、老死等，这便是出世的解脱。而在空性中，是没有实在的有情在生死中流转，也没有实在的有情在涅槃中解脱，所以说是“无无明，亦无无明尽，乃至无老死，亦无老死尽”。

④苦、集、灭、道：即佛教所说的“四圣谛”。佛成道后，至鹿野苑为五贤者作第一次说法，是为佛转法轮之初，故称“初转法轮”。此次说法的内容就是“四谛之教”。所以“四圣谛”是释尊最初所说的法。谛，谓审实不虚之义，即指苦、集、灭、道四种正确无误之真理。此四者皆真实不虚，故称“四谛”、“四真谛”；又此四者为圣者所知见，故称“四圣谛”。苦，即苦圣谛。指圣者如实审察三界有漏之苦果（有情及器世间）。对于凡夫而言，现实生活的一切现象（有漏法）可以说都是苦的。生、老、病、死之四苦，加上怨憎会、爱别离、求不得、五取蕴苦之四苦，即为八苦。集，即集圣谛，又作“习谛”、“苦习圣谛”、“苦集谛”等。集是集起，有原因及理由的意思，即指事物集起的原因。也就是关于世间众生沉沦生死、遭受苦果的原因。苦之根源为渴爱，以渴爱之故，形成“来世”与“后有”。渴爱之核心乃由无明生起之虚妄我见，若有渴爱，便有生死轮回。灭，即灭圣谛，又作“苦灭谛”、“苦尽谛”、“苦灭圣谛”、“爱灭苦灭圣谛”等。灭，灭尽、息灭之义。指灭息苦之根本，即永断无明、欲爱等一切烦恼，从相续不断之苦中获得解脱与自由，亦即涅槃境界。道，即道圣谛、趣苦灭道圣谛、苦灭道圣谛、苦出要谛等，是指灭除烦恼。达苦灭之境而依之修行的方法，分为八部分而成为神圣的“八正道”。所谓“八正道”，即正见、正思惟、正语、正业、正命、正精进、正念、正定。其中，苦与集表示迷妄世界之果与因，而灭与道表示证悟世界之果与因；即世间有漏之果

为“苦谛”，世间有漏之因为“集谛”，出世无漏之果为“灭谛”，出世无漏之因为“道谛”。

⑤无智亦无得：“智”即是“般若”，亦即是智慧、能知的妙智。“智”为能求的心；“得”为所证的佛果或者所求的境界。能空诸法之智与空智所得之法空，二者俱不可得，便是无智亦无得。这里是说明菩萨之修（智）证（得），当要离相无住，即不著所修之行，也不取所证之果，一有所住即是执著，便成法缚。一再存有能观之“智想”，与所得之“空想”，仍是一种法执，未契般若真空妙义，所以亦要空之。其实以般若观照，并没有修习的事，因此也就没有什么可以证得。所以不见有知的大智，也就没有所证的果德，若是以有所得的心去求，就已经不是真空。

译文：

因此从根本上看，这个空之中并没有物质之色，并没有感受、想象、意志和意识；也没有作为认知活动依据的眼耳鼻舌身意官能，也不存在那作为六种认识官能的对象的色、声、香、味、触、法，也没有能见之眼根，乃至于没有别尘境之意根；也没有作为认知所得的六种意识。没有无明，也没有灭尽的无明，甚至于没有老死，也没有灭尽的老死。也即没有知苦、断集、修道、证灭的圣教实践过程；没有根本的般若智慧，也没有凭借此智慧所证的佛果或者所求的境界。

以无所得故，菩提萨埵①，依般若波罗密多故，心无挂碍②。无挂碍故，无有恐怖。远离颠倒梦想③，究竟涅槃④。三世诸佛⑤，依般若波罗密多故，得阿耨多罗三藐三菩提⑥。

注释：

①菩提萨埵：即菩萨，又作“菩提索多”、“菩提索埵”、“摩诃菩提质帝萨埵”等。意译为“道众生”、“大道心众生”、“大觉有情”、“觉有情”等，又译作“开士”、“始士”、“高士”、“大士”等。“菩提”有觉、智、道之意；“萨埵”有众生、有情之意。菩萨有上求菩提（自利）、下化众生（利他）两种任务。因此菩提萨埵即指以智上求无上菩提，以悲下化众生，修诸波罗密行，将来可成佛之大心众生。亦即自利利他二行圆满、勇猛求菩提者。菩萨所修之行，称作“菩萨行”。

②挂碍：“挂”即牵挂或被网罩的意思，比喻为无明烦恼蔽覆真心，如被罗网罩着不得自由；“碍”即妨碍或是阻滞的意思，比喻为众生对事物的执著，阻碍正道，不得前进。意谓由于物欲等无明牵挂妨碍，所以不得自在的意思。

③远离颠倒梦想：指永远脱离令人忧悲苦恼不已的颠倒与梦想，而得解脱。“颠倒”意谓众生将因缘和合的现象认为是真实的。“梦想”指在梦中之幻想，是一种虚妄不实的。一切梦境皆为幻现，而非实事，而梦中人错认为真。凡夫无知，被无明所迷，于是产生颠倒执著，妄造恶业，进而继续轮回生死。众生应以般若起观照，让自己从无明中解脱出来，让实相得以显现，如梦初醒，这就是远离颠倒梦想的意思。

④涅槃：又作“泥洹”、“泥曰”、“涅槃那”、“涅隶盘那”、

“抳缚南”、“匿缚喃”等。意译作“灭”、“寂灭”、“灭度”、“寂”、“无生”等。在印度的原语应用上，是指火的熄灭或风的吹散，如灯火熄灭了称为“灯焰涅槃”。印度其他宗教很早就采用此词作为最高的理想境界，并非是佛教专有的名词。唯这名词一出现在佛教经典上，便给它以新的内容，到现在差不多变成佛教特有而庄严的名词了。涅槃具有“灭”义，指的是消灭烦恼灾患，这说明灭是以灭尽烦恼与苦为义；烦恼与苦消灭，就会出现寂静、安稳、快乐的境界。玄奘法师译涅槃为“圆寂”。具足一切福德智慧叫做“圆”；永离一切烦恼生死叫做“寂”。即福慧皆达到圆满无缺（圆），三惑烦恼彻底清除，完全度脱生死（寂），永远不再被烦恼生死所困扰，而获得一种纯善纯美的庄严解脱。涅槃有两种：一者有余涅槃，二者无余涅槃。前者诸根的身依还存在，饥时要吃，寒时要穿，四大不调时也会生病；唯由于烦恼之漏已尽，六根所反映的种种好丑境界，不会令其起执著爱憎之心，可是残余的身尚存在，故称“有余涅槃”。至于无余涅槃与前者所区别的，是在寿命已尽，肉体消灭，现在的身受心受的牵引因已断，对于未来更达到了灰身泯智的境界。

⑤三世诸佛：“三世”指过去、现在、未来三者，此处含有“十方三世”的意思。三世诸佛即统称全宇宙中所有的佛；统指出现于三世的一切佛。即过去、现在、未来等十方三世之众多诸佛。所以又作“一切诸佛”、“十方佛”、“三世佛”。在佛教成立的当时，释迦牟尼佛被称为“现在佛”，在释迦牟尼佛以前的一切佛被称为“过去佛”，在释迦牟尼佛以后成佛的被称为“未来佛”。

⑥阿耨多罗三藐三菩提：略称“阿耨三菩提”、“阿耨菩提”等。“阿耨多罗”意译为“无上”，指所悟之道为至高无上，“三藐三菩提”意译为“正遍知”，表示所悟之道周遍而无所不包。因此“阿耨多罗三藐三菩提”可译为“无上正等正觉”，乃佛陀所觉悟之智慧，是真正平等觉知一切真理的无上智慧。佛陀从一切邪见与迷执中解脱出来，圆满成就无上智慧，周遍证知最究极之真理，而且平等开示一切众生，令其到达最高的、清净的涅槃。另外，又音译为“阿耨多罗三藐三佛陀”，意谓成就阿耨多罗三藐三菩提之人，系为佛陀之尊称。

译文：

由于并不存所证之果，所以菩萨依止般若波罗密多的胜妙法门修行，而不再有牵挂滞碍。因为没有牵挂滞碍，所以不再有恐怖畏惧。因而远离了关于一切事物的颠倒和幻想，达到了究竟的涅槃。十方三世的所有佛世尊，也都是如此依止般若波罗密多的胜妙法门修行，而证得无上正等正觉圆满佛果。

故知般若波罗密多，是大神咒，是大明咒，是无上咒，是无等等咒①，能除一切苦，真实不虚。

注释：

①“故知”五句：此一段赞誉般若的功能。“故知”二字，总结前面说的般若功用，引起后面所说的般若利益。就是说因般若波罗密多而能够了脱生死苦恼，驱除烦恼魔障，所以“是大神

咒，是大明咒，是无上咒，是无等等咒”。咒，原作“祝”，是向神明祷告，令怨敌遭受灾祸，或欲祛除厄难、祈求利益时所诵念之密语。印度古吠陀中即有咒术。这里指真言密咒，又称“神咒”、“密咒”或“咒文”，意即不能以言语说明的特殊灵力之秘密语。咒也叫“总持”，音译为“陀罗尼”，指能“总持”一切善法令其不失去，“总持”一切恶法令其不生起。咒是有力量的语言，能成就除恶生善的事实。咒有“善咒”、“恶咒”之别。如为人咒病或为防护己身者，即为“善咒”；咒诅他人令罹灾害者即为“恶咒”。佛陀禁止习此等咒术以谋生，但允许为治病或护身而持咒。“大神咒”即是说般若智慧有大神力，神有妙力之义，能令受持者，驱除烦恼魔，解脱生死苦。“大明咒”是说般若智慧有大光明，无所遮蔽，如同日光照世。能照彻一切皆空，令受持者破除疑痴，照见无明虚妄。“无上咒”，是说般若智慧能令受持者，直趋无上涅槃，是出世间无有一法能出其上，若依此修行，便能证得无上的佛果；“无等等咒”是说般若智慧能令受持者，成就无上菩提，是没有什么能与它相等同，般若法是佛的修行心要，是圣中之圣。修般若法，能无牵无挂，不但明心见性，还可以此证佛果，尽除一切众生所受的苦厄灾难。所以说，般若法门“真实不虚”。

译文：

所以，确知般若波罗密多是一种大神力的咒，是一种具有大光明的咒，是一种至高无上的咒，是一种绝对无与伦比的咒，它能解除世间一切众生的苦难，这是的的确确的事实。

故说般若波罗密多咒，即说咒曰：

揭谛，揭谛，波罗揭谛，波罗僧揭谛，菩提萨婆诃[①]。

注释：

①“揭谛”五句：此为梵文咒语。本经前面，从“观自在菩萨”始，至“真实不虚”为显说般若，此段咒语则为密说般若。“揭谛”有“去”或“度”之意，这也就是般若的甚深功能，能度众生去到彼岸；重复“揭谛”二字，无非是表示自度又能度他人的意思。“波罗”可译为“彼岸”；“波罗揭谛”就是“度到彼岸去”的意思。至于“僧揭谛”的“僧”，是指“众”、“总”或“普”等，那么“波罗僧揭谛”的意思便是“普度众人一起到彼岸去”。“菩提”则译为“觉”、“智”、“知”、“道”，即无上佛果。“萨婆诃”有“速疾”之意，表示依此心咒，便能急速得成大觉，成就无上的菩提。由于咒语有其特殊意义，因此咒为“五不翻”中“秘密不翻”。

译文：

所以，在这里宣说般若波罗密多的总持法门，也就是宣说如下的咒语：

揭谛，揭谛，波罗揭谛，波罗僧揭谛，菩提萨婆诃。

延伸阅读书目

丁福保编纂:《佛学大辞典》。北京:文物出版社,2002 年。

王月清:《金刚经》。南京:江苏古籍出版社,2001 年。

任继愈主编:《佛教大辞典》。南京:江苏古籍出版社,2003 年。

印顺法师:《般若经讲记》。台北:正闻出版社,1992 年。

江味农:《金刚经讲义》。安徽:黄山书社,2006 年。

星云大师:《金刚经讲话》。台北:佛光文化事业,1997 年。

释竺摩:《金刚经讲话》。槟城:三慧讲堂印经会,2003 年。

星云大师监修,慈怡主编:《佛光大辞典》。北京:北京图书馆出版社,2004 年。

洪修平主编:《儒佛道哲学名著选编》。南京:南京大学出版社,2006 年。

斌宗法师:《般若波罗密多心经要释》。台中:瑞成书局,1978 年。

演培法师:《般若波罗密多心经讲记/心经十二讲》。台北市:天华出版公司,1988 年。

继程法师:《心经的智慧》。槟城:佛教文摘社,2004 年。

圆瑛大师:《般若心经讲义》。台北市:文殊文化公司,1989 年。

蓝吉富主编:《中华佛教百科全书》。台南:中华佛教百科文献基金会,1994 年。

坛经

前　言

作为禅宗的宗经宝典,《六祖坛经》(亦称《坛经》)在中国佛教中占有特别重要的地位。它是绝无仅有的一本被称作是“经”的由中国僧人撰述的佛典。因为根据佛教的传统,只有记叙佛祖释迦牟尼言教的著作才能被称为“经”,佛的弟子及后代佛徒的著作只能被称为“论”。以《坛经》冠名惠能(也作慧能)的言教,足见“六祖革命”后,中国佛教的变革风习,也足见《坛经》在中国佛教史上的地位之高,惠能禅宗影响之大。

一 《坛经》书名

关于《坛经》一名的缘由,“坛”原是指《坛经》的作者——禅宗六祖惠能于唐仪凤元年(676)出家受戒的戒坛,此戒坛原为南北朝刘宋时,印度僧人求那跋陀罗三藏创建,并立碑预言:“后当有肉身菩萨,于此受戒。”至梁天监元年(502),又有智药三藏从西竺国航海归来,带回菩提树一株种植于戒坛之畔,预言:“后一百七十年,有肉身菩萨,于此树下开演上乘,度无量众,真传佛心印法主也。”其后一如谶语所言,作为禅宗创始人的惠能于此阐扬佛法，将此“戒坛”更赋予了“法坛”的意义。惠能对当时的传统禅学进行了一系列根本性的变革，其影响之深，变化之巨，致使佛教史上誉称之为“六祖革命”。由此我们可知《坛经》之名中的“坛”乃取“法坛”之意；而“经”意是由于惠能门徒“视能如佛”；惠能之法语，如同佛经，因此名为《坛经》。

二 《坛经》作者

惠能（636—713），唐代人，是中国佛教史上一位富于传奇色彩的人物。关于“惠能”一名的由来，据载：惠能刚出生时，曾有二异僧造谒，专为之安名，上惠下能：“惠者，以法惠施众生；能者，能作佛事”。这预示着惠能是因弘法而来，今后必将大兴佛法、惠施众生。“惠能”亦作“慧能”，二者通用。佛教在使用上，“惠”是“施”义，“慧”则是“智”义，以“法”“惠济众生”，属“六度”中的布施，以“法”“慧施众生”，则是“六度”中的般若。

惠能俗姓卢，据大多数《坛经》本子中“本贯范阳”及《神会语录》载惠能“先祖范阳人也”可知，惠能祖籍范阳，即今河北、北京一带。父亲卢行瑫，母亲李氏。父亲原本为官，唐武德三年（620）被“左降迁流岭南”而贬为新州（今广东新兴）百姓。惠能三岁时遭父丧之劫难，从此家境“艰苦贫辛”，稍长，不得不“于市卖柴”，靠每日砍柴鬻柴维持生计。虽则身处贫贱，却早早地显示出卓尔不群、异于常人的风范。《曹溪大师别传》中说他“虽处群辈之中，介然有方外之志”，显示了一代弘法大师的高远超迈的宏阔气象。

关于惠能出家的典故，历来有“闻经悟道”的记载：一日，惠能市集卖柴，偶听一客诵读《金刚经》，一闻便悟，经人指点后前往蕲州黄梅县（今湖北黄梅西北）东山寺参拜五祖弘忍大师，并开宗明义声称自己远来，“惟求作佛，不求余物”，显示出不凡的根器和超越常人的智慧。受到五祖明为叱责，实为考炼的问难：“汝是岭南人，又是獦獠，若为堪作佛！”惠能以“人虽有南北，佛性本无南北。獦獠身与和尚不同，佛性有何差别”慨然作答，深契五祖弘忍之心，认定惠能根性大利，定下传授衣钵之心念。

“得传法衣”是惠能一生重要的事件，这缘于惠能所作的偈颂：“菩提本无树，明镜亦非台。本来无一物，何处惹尘埃。”相比较于弘忍的上首弟子，当时已是教授师的上座神秀所作“身是菩提树，心如明镜台。时时勤拂拭，勿使惹尘埃”的“未见本性”的偈颂而言，前者深契心性常清净的旨趣，明了“一切万法，不离自性”的道理，令弘忍大为赞赏，是夜三更，五祖弘忍密召惠能，为其演说《金刚经》并密授衣法。由于六祖惠能的根器非凡，五祖弘忍的慧眼独具，导致了惠能成为禅宗六祖、行化曹溪、大开“东山法门”，创立了中国佛教史上影响最大的禅宗“南宗”，并对中国传统思想、社会生活、文化艺术等领域发生了重大的影响。

法衣的付予标志着尚未出家的惠能已经承继了禅宗传法衣钵，得到了禅宗宗主的地位，从而成为了第六代祖师。在广州法性寺，惠能以“风幡之议”为契机，在公众面前亮相，从此一鸣惊人，一举奠定其作为一代宗师的地位。

唐高宗仪凤元年（676）正月十五日，惠能在法性寺正式出家受戒，时年三十九岁。印宗法师为之剃发并请律师授戒。唐玄宗先天二年（713）八月，惠能示寂于新州国恩寺，春秋七十有六。是年十一月，六祖惠能大师的遗体被弟子迎回曹溪宝林禅寺，即今天的南华禅寺，寺内六祖殿现供奉有六祖惠能肉身像。

唐宪宗于元和十一年（816）下诏追谥惠能为“大鉴禅师”；北宋太平兴国元年（976），宋太宗加谥惠能为“大鉴真空禅师”；宋仁宗时，惠能又被追谥为“大鉴真空普觉禅师”。后来，宋神宗又追谥惠能为“大鉴真空普觉圆明禅师”。

惠能在中国禅宗的发展史上是一个划时代的人物，在佛教中国化过程中起到里程碑的作用，在中国思想文化史上是一个具有重大影响的历史人物。

三 《坛经》的内容与结构

《坛经》一书是六祖惠能在黄梅得法之后回到南方，于曹溪宝林寺住持期间，应韶州韦刺史的邀请，在韶州大梵寺讲堂为僧俗一千余人说法，门人对其说法内容进行的记录和整理。全书叙述了惠能学佛的缘由和行历，概括了惠能的主要思想，记载了其圆寂前对禅宗宗旨的总结，主要描述了惠能如何由一个不识文字的砍柴少年最终成为一代禅宗宗师的过程，通过这一脉络，阐明了禅宗的具体传承、南宗的禅法，以及南宗对般若、定慧、坐禅、顿渐、一行三昧、无相、无住、无念等问题的解释。

全书内容分为三部分：首先是惠能自述生平，基本反映惠能出身贫苦、黄梅得法、南归传禅的主要事迹；其次是惠能弘法所说内容，即其如何以空融有、直了心性、顿悟成佛的禅学思想和禅法特色；最后是惠能弟子对大师的请益以及他与弟子的问答。印顺法师在《中国禅宗史》中总结道："惠能在大梵寺，'说摩诃般若波罗密法，授无相戒'。传说由弟子法海记录，为《坛经》主体部分。这在惠能生前，应该已经成立了。等到惠能入灭，于是惠能平时所接引弟子的机缘，临终前后的情形，有弟子集录出来，附编于被称为《坛经》的大梵寺说法部分之后，也就泛称为《坛经》。这完成了《坛经》的原型，可称为'曹溪原本'。《坛经》的内容历代有所增删，尤其是最后部分多为在后来流传过程中所添加的内容，多是惠能弟子和以后的禅宗门人所作，但我们认为这些是对于惠能在大梵寺所说禅法的补充、延伸和发展，是为了迎合禅宗后来发展需要而产生的，是惠能后学在丰富和发展南宗禅法过程中集体智慧的积淀，也是符合禅宗基本思想内容的。从某种意义上讲，我们所称的惠能的《坛经》更适于称之为禅宗的《坛经》。"

《坛经》的主要思想可以概括为"即心即佛"的佛性论，"顿悟见性"的修行观，"自性自度"的解脱观。

四 《坛经》的版本与注疏

《坛经》自问世以来，由于其通俗易懂而得以风行天下，在广为流传的过程中经常有传抄讹误的现象发生，加之惠能门人和后学基于各种意图不断地进行修订和补充，导致《坛经》在其长期的流传过程中出现了许多不同的版本。

日本学者石井修道曾总结了十四种《坛经》版本；宇井伯寿《禅宗史研究》归纳了二十种《坛经》版本；杨曾文表列了近三十

种《坛经》版本。柳田圣山所编的《六祖坛经诸本集成》收集中日两国十一个不同的版本等等。但是在众多的版本中，经过专家学者的梳理，有了大致相同的看法。

郭朋认为“真正独立的《坛经》本子仍不外乎敦煌本（法海本）、惠昕本、契嵩本、宗宝本这四个本子，其余，都不过是这四种本子中的一些不同翻刻本或传抄本而已”。

日本学者田中良昭在《坛经典籍研究概史》一文中认为：目前，《坛经》的版本系统，依驹泽大学禅宗史研究会所刊行之《惠能研究》，约可以分为五种：一、敦煌本；二、惠昕本；三、契嵩本；四、承继敦煌本系古本与契嵩本而再编的德异本；五、主要承接契嵩本而再编的宗宝本。

洪修平认为“根据我们的研究，现有《坛经》真正有代表性的其实只有敦煌本、惠昕本和契嵩本三种，因为德异本和宗宝本实际上都是属于契嵩本系统的。但由于宗宝本是明代以来的通行本，所以……仍然把它作为一个独立的本子”。

王月清在其注评的《六祖坛经》一书中认为《坛经》在流传过程中，内容不断变化，迄今异本不下十几种，其中最有代表性的有：1. 敦煌本，2. 惠昕本，3. 契嵩本，4. 德异本和曹溪原本，5. 宗宝本。本文从此说，分别介绍这五个版本的概况：

1. 敦煌本。

敦煌本是现存最早的《坛经》版本，由于下署“兼受无相戒弘法弟子法海集记”，故而又称“法海本”。郭朋认为：“比较起来，法海本坛经，基本上确可以说是惠能语录。敦煌写本是《坛经》版本中的主要系统之一，存世的敦煌写本共有六种：旅顺博物馆藏敦煌写经本残片（旅本）；敦煌斯坦因本（斯本）；北京图书馆藏敦煌写本（北本）；敦煌县博物馆本（敦博本）；方广锠发现北京图书馆藏敦煌写本残片（方本）；西夏文写本残片（西夏本）。

2. 惠昕本。

惠昕本分上下两卷共十一门，约一万四千余字。该本大约改编于晚唐或宋初，胡适称之为“人间第二最古的《坛经》”，由于它最早发现于日本京都兴圣寺，又称“兴圣寺本”。兴圣寺的惠昕本题为《六祖坛经》，从前面的“依真小师邑州罗秀山惠进禅院沙门惠昕述”的署名可知此本的编者为晚唐（或说宋初）的惠昕和尚，并且他说明了在编纂时对《坛经》有所削删。

3. 契嵩本。

全称《六祖大师法宝坛经曹溪原本》，约成书于宋仁宗至和三年（1056），一卷计十品，约两万余字，由宋代高僧契嵩改编。现存的是明代的本子，故也称“明藏本”或“曹溪原本”，从宋代工部侍郎郎简所作的《六祖坛经序》中的记载，我们知道这已经不是契嵩改编的那个本子了，为了指称明确，与其他的明藏本区别开来，我们仍约定俗成地称之为契嵩本。序中也介绍了这个本子是契嵩辛辛苦苦觅来的如实记载六祖大师言论的古本，后由工部侍郎郎简出资模印。

4. 德异本和曹溪原本。

这两个本子基本上是源出于契嵩本，德异本题名为《六祖大师法宝坛经》，也是一卷十品，从序言中推断刊行于元至元二十七年（1290）。其编撰缘起为：在元代末年，僧人德异声称自已发现了《坛经》古本并着手刊印。杨曾文说:“从明代开始,被称为‘曹溪古本’的,也就是德异本。而德异本,很可能就是契嵩本。”即德异从通上人处得到的“古本”,很有可能是真正的契嵩改编本,假如德异在改编时没再增删,那么这个德异本可能就是契嵩本。

5. 宗宝本。

宗宝本几乎是明代以后唯一的流行本,从内容上看,也是属于契嵩改编本这个系统,全本一卷十品,共计约两万多字。约成于元世祖至元二十八年(1291),为元代光孝寺僧人宗宝改编。宗宝将三种《坛经》版本合校,编订了一个新的版本,题名为《六祖大师法宝坛经》,编撰者宗宝在跋文中声明他对《坛经》错讹之处进行了改正,简略之处进行了增补,还明确提到附加了惠能与弟子的问答。根据校对可以看出,宗宝对《坛经》的改动主要在:首先,将古本中四个字的章节名称改为两个字;其次,将古本第一章分为两章,将第九章、第十章合并为一章,在有些章节内,也有部分移动、分割的现象。还有就是对正文有所增加和删减。这些改动当然引起了一些反对和批评,更由于它是明以后最流行的版本,具有不可取代的地位,故而引来的抨击更加强烈。但是我们认为由于宗宝所改编的本子具有品目齐整、语言流畅、通俗易懂、文学色彩浓、可读性强等优点而导致后来流行天下,这对《坛经》深入人心和社会推广都起到了莫大的功效,现在已经成为我们普遍认可的《坛经》版本了,本着尊重历史发展的态度,我们认为宗宝本的学术价值是巨大的。

比较这几个不同的《坛经》版本,我们可以看到,随着时间顺序的推近,《坛经》的字数不断在增加,从唐代的法海本有一万二千字左右到北宋的契嵩本和元代的宗宝本的二万以上的字数,时间越晚,字数越多,这说明了《坛经》在其发展流布中,被惠能门人和惠能后学不断添加增改,最终得以形成现在的面貌。这一点在惠昕和宗宝的序言中都有所交待,其实早在惠能去世后不久,就有修改或篡改《坛经》的现象出现。我们认为历代的篡改这一史实是确凿无疑的,但是,惠能门人及惠能后学出于对禅宗发展的推动、对禅宗南宗地位提升的需要,对《坛经》进行的增改,在今天看来都是合乎情理的,是历史的必然。它们已经成为禅宗禅学不可缺少的有机组成部分,值得我们今天去学习和研究。

另外,关于《坛经》的注疏,历来很多。比较重要的有契嵩的《法宝坛经赞》、天柱的《注法宝坛经海水一滴》五卷、袁宏道的《法宝坛经节录》、李贽的《六祖法宝坛经解》、亘璇的《法宝坛经要解》、益淳的《法宝坛经肯窾》五卷、青峦的《法宝坛经讲义》一卷、丁福保的《六祖法宝坛经笺注》一册等。近年来流行的是中华书局1983年出版的郭朋的《坛经校释》。

五 《坛经》与中国文化

"《坛经》不仅是中国思想史上一个重要的转换期,同时也是佛教对现代思想界一个最具有影响力的活水源头,它代表了中国佛教一种特殊的本质所在,也表现了中国文化,或者说中国民族性中一份奇特的生命智慧"。确实,作为禅宗的宗经宝典的

《坛经》对中国佛教乃至整个中国文化的发展和变化都产生了广泛和深远的影响。

从佛教发展内部而言，首先惠能在中国佛教史上引发了“六祖革命”，而产生的禅宗经过发展和壮大，最终成为中国佛教的代表。其次，《坛经》的思想对中国佛教思想的内在理路和架构也影响重大，包括了把传统佛教的真如佛变为心性佛、把传统佛教的佛度师度变为注重自性自度、把传统佛教强调修禅静坐变为注重道由心悟、把传统佛教强调经教变为注重不立文字和把传统佛教强调出世间求解脱变为注重即世间求解脱。

《坛经》中强调在世间求解脱的主张引发了传统佛教的人间化、生活化，并将世间法和佛法相结合、相统一。太虚大师的“人间佛教”正是遥接了这一主导思想顺势而起的。“人间佛教”即主张做人即是作佛，世间法皆是佛法，这正是与《坛经》思想相契合的，也正是《坛经》思想对中国佛教的影响在近代的表现。

除此，《坛经》也对中国传统思想文化有着一定的影响。《坛经》是中国佛学儒学化的代表作，它的最大特点是把佛性心性化、人性化。将印度佛教的真如、佛性、法性、如来等原本具有抽象本体性质的真心转变为众生当下鲜活的现实人心，建立了一个以当前现实人心为基础的心性本体论体系。《坛经》的心性论思想表明了惠能禅宗强调本自清净的自心圆满具足，其最终落实点是在自我的心性上，《坛经》中的心性问题直接导引了宋明理学的开端，启发了宋明儒学心性本体论的建构，促使儒家学说在宋明时期的自我转化和自我突破，使得中国传统哲学出现一次重大转折。

在中国文化艺术方面,《坛经》的影响作用亦不可忽视。作为中国古代文化之冠冕的诗、书、画所以特别注重“意境”、“气韵”,其中一个重要原因,是深受佛教注重“顿悟”的思维方式的影响。诗与禅都重视内心体验,重视启示与象征,都追求言外之旨、象外之意。另外,从历史来看,自唐代禅宗确立之后,禅就在诗歌创作中,在士人的心灵生活中产生了巨大影响。

书法可以说是中国人从最高境界落实到人伦日用、从抽象思维回归到形象世界的最直接途径和第一手段。禅与书法的关系,有学者认为是一种体用关系:禅为书之体,是书法的创作源泉;书为禅之用,是禅的最恰当的表现方式之一,二者的关系非常紧密。其实禅对书法艺术的影响是多方面、多向度的,有禅僧写书者,有书家习禅者;有艺术流派对禅宗形式上的借用和模仿,也有在书法创作品评上,与禅的审美意境和审美追求内在同构和互通,更有将禅定之意作为书家确立的书法创作心态和创作要旨。

禅宗哲学思想和思维方式也对中国绘画的创作和审美产生了深刻的影响。中国古代的画家常运用这样禅意的思维方式于绘画创作。另外,就绘画史而言,自唐代始,即有王维开创的文化画,王维本人潜心向佛并进一步以佛理禅趣入画,开创了中国禅意画之先河。到了明代,禅对中国绘画史产生了形式上最直接的影响,其结果就是董其昌南北宗论的提出,他倡导了中国历史上第一个绘画流派说。这一明显受禅宗南北宗之划分的影响而产生的理论,为中国书画的发展提供了新的理论基础,在以后产生了深远的影响。

佛教是一个注重形象宣传和教化功能的宗教，自汉代传入中土以来，为了进一步弘扬佛法，传播教义，与中国的文化艺术相结合，共同创生了宏大绚烂的佛教艺术文化。这一创造过程同时也是对中国文化艺术进行渗透、影响和改变的过程。

行由品第一

本品记叙了惠能大师在曹溪宝林寺时，应韶州刺史韦璩之邀于大梵寺为众生讲述自己的生平及得法因缘。通过讲述“闻经得悟”、黄梅参拜五祖等事由，暗示了南宗禅法与《金刚经》及“东山法门”的渊源。通过“人虽有南北，佛性本无南北，獦獠身与和尚不同，佛性有何差别”，宣扬了南宗禅门的佛性理论，即“一切众生，悉有佛性”。记载了五祖弘忍欲传衣钵，命众人作偈，惠能因一首“菩提本无树，明镜亦非台。本来无一物，何处惹尘埃”的偈颂深契五祖心意，从而三更受法，得传衣钵。五祖亲送渡江，惠能又提出了“迷时师度，悟了自度”的主张，这些都揭示了南宗禅法扫相破执、直指心源、不落阶级、顿悟成佛的特质。接着惠能遵循五祖“不宜速说”的付嘱，隐于猎人队中凡一十五载。后于广州法性寺因“风幡之议”而为世人瞩目，从此开坛说法，弘化一方。

时①，大师至宝林②，韶州韦刺史与官僚入山③，请师出。于城中大梵寺讲堂④，为众开缘说法⑤。

师升座次⑥，刺史官僚三十余人，儒宗学士三十余人，僧尼、道俗一千余人，同时作礼，愿闻法要。

大师告众曰：“善知识⑦，菩提自性⑧，本来清净，但用此心，直了成佛⑨。善知识！且听惠能行由得法事意。

“惠能严父，本贯范阳[10]，左降流于岭南[11]，作新州百姓[12]。此身不幸，父又早亡，老母孤遗，移来南海[13]，艰辛贫乏，于市卖柴。时有一客买柴，使令送至客店，客收去，惠能得钱，却出门外，见一客诵经[14]，惠能一闻经语，心即开悟[15]。遂问客诵何经，客曰《金刚经》[16]。复问从何所来，持此经典。客云，我从蕲州黄梅县东禅寺来[17]。其寺是五祖忍大师在彼主化[18]，门人一千有余。我到彼中礼拜，听受此经。大师常劝僧俗，但持《金刚经》，即自见性[19]，直了成佛。惠能闻说，宿昔有缘[20]，乃蒙一客，取银十两与惠能，令充老母衣粮，教便往黄梅，参礼五祖。”

注释：

①时：佛教经典中一开始往往有简略的序，介绍佛说法的时间、地点、人物等，“时”即表示说法的时间，并非确指。《坛经》依照佛家典籍的格式，以“时”表明六祖惠能说法的时间。

②宝林：即宝林寺，位于广东曲江南三十五公里曹溪山，今称“南华寺”、“南华古寺”、“南华禅寺”。南朝梁时由天竺僧智药建立。唐高宗仪凤年间（676—678），惠能主持弘法，学徒云集，法道大振，今存有六祖惠能肉身像。

③刺史：官名。汉代设置。隋时改刺史为太守。宋时刺史与太守已无区别。清时用作“知州”的别称。这里的刺史指韶州

刺史韦璩。

④大梵寺：位于广东曲江。《广东通志》记载："韶州府曲江县，报恩光孝寺，在河西。唐开元二年（714），僧宗锡建，名开元寺，又更名大梵寺，为刺史韦璩请六祖说《坛经》处。宋崇宁三年（1104），诏诸州建崇宁寺，政和中改天宁寺。绍兴三年（1133），专奉徽宗香火，赐额曰报恩光孝寺。"可知此寺为僧宗锡建于唐玄宗开元二年（714），是刺史韦璩请六祖惠能宣说《坛经》之处。

⑤开缘说法：将说佛教教义以开导众人。

⑥升座：在说法的座位上落座。

⑦善知识：指正直有德、导人正道，教众生远离恶法修行善法的人。上至佛、菩萨，下至人、天，不论以何种姿态出现，凡能引导众生舍恶修善、入于佛道者，均可称为"善知识"。教导邪道之人称为"恶知识"。善知识可以用来称呼出家的僧人，也可以用来称呼未出家的佛教徒。

⑧菩提：意译"觉"、"智"等。断绝世间烦恼而达到涅槃智慧可通称为"菩提"。菩提为佛教的根本理念。佛教主要即在说明菩提之内容，及证取菩提的实践修行方法。佛教的礼拜对象，即为获得菩提的觉者，即佛陀。

⑨但用此心，直了成佛：禅宗认为人心先天就蕴涵着佛教的全部道理，是本来具足的，只要如实的运用此心，本来呈现，就能直接成就佛道。

⑩范阳：地名。唐代置郡，今天的北京大兴、宛平一带。

⑪岭南：指五岭以南的广大地区，约是今天广东一带。

⑫新州：今广东新兴。

⑬南海：今属广东佛山一带。

⑭诵经：指诵读佛教经典，此为功德。

⑮开悟：开启了人心本有的佛教智慧，觉悟了佛教根本的教义教理。

⑯《金刚经》：佛教经典。全称《能断金刚般若波罗密经》，简称《金刚经》，最早由后秦鸠摩罗什译出，一卷。卷末四句偈文："一切有为法，如梦幻泡影，如露亦如电，应作如是观。"被称为一经之精髓，意为世界上一切事物都是空幻不实，认为应"远离一切诸相"而"无所住"，即对现实世界不执著、不留恋。由于此经以空慧为体，说一切法无我之理，篇幅适中，不过于浩瀚，也不失之简略，故历来弘传甚盛，特别为惠能以后的禅宗所重。

⑰蕲州黄梅县东禅寺：蕲州指今天的湖北蕲春。黄梅县是今湖北黄梅西北地区。东禅寺位于湖北黄梅西南。《湖广通志》记载："黄州府黄梅县，东禅寺在黄梅县西南一里。"又称"莲华寺"、"东渐寺"。为禅宗五祖弘忍之道场，当时门下僧众达七百余人。五祖于该寺半夜密传衣钵于六祖惠能。寺内尚存六祖当年之簸糠池、坠腰石等遗迹。

⑱五祖忍大师：即中国禅宗五祖弘忍。弘忍（602—675），唐代僧人，湖北黄梅人，俗姓周。七岁从四祖道信出家，得其心传。道信入寂后继承师席，在黄梅双峰山的东面冯茂山建东山寺，弘忍发扬禅风，以悟彻心性之本源为旨，守心为参学之要。时称其禅学为"东山法门"。唐高宗上元二年（675）示寂（即于传法后四年），世寿七十四。敕谥"大满禅师"。弘忍门下甚

众，著名弟子有神秀、惠能等。弘忍将禅贯彻到日常生活，认为行住坐卧都是成佛的行为和活动，这一点对惠能以及《坛经》的思想影响很大。主化：即主持教化。

⑲见性：即指“识性”，指彻见自心之佛性，为禅家之语。

⑳宿昔有缘：前世结下的缘分。

译文：

当时，惠能大师来到广东南华山宝林寺，韶州刺史韦璩与他的僚属们一道进山，请惠能大师到位于城中的大梵寺讲堂为大众演说佛法大义。

大师于说法的座位上落座，刺史及官员们三十多人，儒学学士三十多人，出家比丘、比丘尼及在家信众一千多人，都来参加盛会，大家一齐向大师行礼致敬，希望聆听大师演说佛法的精要。

大师告诉众人说：“善知识们，人心先天具有成佛的觉悟本性，本来清净没有污染，只要用这个清净的本心，就可以直接开悟成佛。各位善知识们，请先听听我讲述我求法得道的因缘和经历！

“我惠能的父亲，原籍范阳，后来因事遭贬被流放到岭南地区，从而成为新州的普通百姓。惠能自幼不幸，父亲很早离开人世，留下我们孤儿寡母相依为命，后来又迁移到南海这地方，由于家境贫寒，惠能只得每日进山打柴，担到集市卖掉，以此维持生计，勉强度日。有一天，有一位客人买了惠能的柴，并让送至客房，送达后，客人收了柴，惠能得到钱，刚走到门外，就见到一位客人正在诵读佛经，惠能一听客人所诵的经文，心中立刻顿然开悟。就请教这位客人所诵的是什么经典，客人告之是《金刚经》。惠能又问客人从什么地方来，如何获得这部经典？客人说，我从蕲州黄梅县东禅寺来，五祖弘忍大师在那里主持并弘扬佛法教化众生，门下弟子达一千多人。我到东禅寺拜谒五祖弘忍大师，并听闻领授了这部佛经。弘忍大师常常劝诫僧人和在俗的人，指示只要依《金刚经》所讲的修行，就能自己识见自心佛性，直接了悟成佛。惠能听了客人的这番话，觉得自己与佛法宿世有缘，正好承蒙一位客人取了十两银子给他，嘱咐他用来安顿老母，充当其衣食生活之所需，然后去黄梅县东禅寺，参拜五祖大师。”

惠能安置母毕，即便辞违，不经三十余日，便至黄梅，礼拜五祖。

祖问曰：“汝何方人，欲求何物？”

惠能对曰：“弟子是岭南新州百姓，远来礼师，惟求作佛①，不求余物。”

祖言：“汝是岭南人，又是獦獠②，若为堪作佛？”

惠能曰：“人虽有南北，佛性本无南北③，獦獠身与和尚不同④，佛性有何差别？”五祖更欲与语，且见徒众总在左右，乃令随众作务⑤。

惠能曰：“惠能启和尚，弟子自心常生智慧⑥，不离自性，即是福田⑦。未审和尚教作何务？”

祖云："这獦獠根性大利[8]，汝更勿言，著槽厂去[9]。"

惠能退至后院，有一行者[10]，差惠能破柴踏碓[11]。

经八月余，祖一日忽见惠能，曰："吾思汝之见可用，恐有恶人害汝，遂不与汝言，汝知之否？"

惠能曰："弟子亦知师意，不敢行至堂前，令人不觉。"

注释：

①作佛：即成佛。《法华经·譬喻品》曰："具足菩萨所行之道，当得作佛。"断妄惑、开真觉，根除无明烦恼，开启真实觉悟。

②獦獠：是对当时生活在南方以行猎为生的少数民族的侮称。如此称呼表示轻蔑的意思，意指惠能是未开化、无知识的蛮夷。

③佛性：即佛陀之本性，或指成佛之可能性。又作"如来性"、"觉性"。为"如来藏"之异名。《涅槃经》有云："一切众生悉有佛性，如来常住无有变易。"

④和尚：指德高望重之出家人，又作"和上"。意译"亲教师"、"力生"、"近诵"、"依学"、"大众之师"。和尚为受戒者之师表，故华严、天台、净土等宗皆称为"戒和尚"。后世沿用为弟子对师父之尊称。

⑤随众作务：随同大家一起劳动、做活。

⑥智慧：明白一切事相叫做智；了解一切事理叫做慧。决断曰智，简择曰慧。俗谛曰智，真谛曰慧。《大乘义章九》曰："照见名智，解了称慧，此二各别。知世谛者，名之为智，照第一义者，

说以为慧，通则义齐。”

⑦不离自性，即是福田：指认识自我的本心就像在福田播种，其收获的成果就是成就佛道，并不需要通过随众作务这样的苦修来达成。自性，指自体之本性。诸法各自具有真实不变、清纯无杂的个性，称为“自性”。福田，指人们做善事犹如在大地里播种庄稼而有收获一样，能够得到福报。这里是以田为喻，故名福田。“田以生长为义，农夫播种于田亩，必有秋收之利。人若行善，能得福慧之报。”佛教中认为凡敬侍佛、僧、父母、悲苦者，即可得福德、功德。

⑧根性大利：“能生为根，数习为性。”根为能生之义，善恶之习惯曰“性”，人性有生善业或恶业之力，故称“根性”。大利，大好，非常好。这里指惠能禀赋极高。

⑨槽厂：马房、马棚，指养马的地方。

⑩行者：又称“行人”、“修行人”，泛指一般佛道之修行者，是修行佛法的通称。也指居住佛寺但留着头发修行的人。《释氏要览》卷上云指未剃度而在丛林内服诸劳役的带发修行者，即未出家而住于寺内帮忙杂务者。有剃发者，亦有未剃发而携家带眷者。

⑪踏碓：发明于西汉，是去秕、脱壳的粮食加工工具。

译文：

惠能安置好老母亲后，便辞别老母北上奔赴黄梅。不到三十天的时间，惠能便抵达了黄梅，见到了五祖弘忍大师并向他致礼参拜。

五祖问道:“你是哪里人,到我这里想求得什么?”

惠能答对道:“弟子我是岭南新州的一名普通老百姓,远道而来,礼拜师父,只想觉悟成佛,别无他求。”

五祖大师说:“你是岭南人,又是未开化的獦獠,怎么能成佛呢?”

惠能说:“虽然人有南方和北方的地区差别,但人的佛性却没有南方和北方的不同。我这个獦獠之身虽然和大师不一样,但我们都具有的成佛本性却有什么不同呢?”五祖还想和惠能继续交谈下去,因为看到众多弟子围在左右,便让惠能和大家一起先去干活。

惠能说:“惠能禀告大师,弟子内心常生出智慧之念,认为不离自我本性便是成就福田,不知道大师还要让我干什么?”

五祖说:“想不到你这獦獠根基很不错,禀赋很高!你不必多说了,先到后院马棚里干活去吧。”

惠能退下来到后院,有一个行者,分派惠能干劈柴舂米的活。

如此,惠能一连干了八个多月,一天,五祖突然看到惠能,便说:“我考虑到你的见解是很可用的,恐怕有坏人嫉妒而要加害于你,所以那天没有与你深谈,你明白我的用意吗?”

惠能说:“弟子也知道师父的用心,所以从来不敢到前堂大殿上去,以免被别人察觉。”

祖一日唤诸门人总来:“吾向汝说,世人生死事大,汝等终日只求福田,不求出离生死苦海[①]。自性若迷,福何可救？汝等各去，自看智慧，取自本心般若之性[②]，各作一偈[③]，来呈吾看，若悟大意，付汝衣法[④]，为第六代祖。火急速去，不得迟滞。思量即不中用[⑤]，见性之人，言下须见。若如此者，轮刀上阵[⑥]，亦得见之。”

众得处分，退而递相谓曰：“我等众人，不须澄心用意作偈[⑦]，将呈和尚，有何所益？神秀上座[⑧]，现为教授师[⑨]，必是他得；我辈谩作偈颂，枉用心力。”余人闻语，总皆息心，咸言：“我等已后依止秀师[⑩]，何烦作偈。”

神秀思惟[⑪]：诸人不呈偈者，为我与他为教授师，我须作偈，将呈和尚。若不呈偈，和尚如何知我心中见解深浅。我呈偈意，求法即善，觅祖即恶，却同凡心夺其圣位奚别？若不呈偈，终不得法，大难大难。

五祖堂前，有步廊三间，拟请供奉卢珍画《楞伽经变相》及《五祖血脉图》[⑫]，流传供养[⑬]。神秀作偈成已，数度欲呈，行至堂前，心中恍惚，遍身汗流，拟呈不得。前后经四日，一十三度，呈偈不得。

秀乃思惟：不如向廊下书著，从他和尚看见，忽若道好，即出礼拜，云是秀作。若道不堪，枉向山中数年，受人礼拜，更修何道？

是夜三更，不使人知，自执灯，书偈于南廊壁间，呈心所见。偈曰：

身是菩提树，心如明镜台。
时时勤拂拭，勿使惹尘埃。

秀书偈了，便却归房，人总不知。秀复思惟：五祖明日见偈欢喜，即我与法有缘，若言不堪，自是我迷，宿业障重[14]，不合得法，圣意难测[15]。房中思想，坐卧不安，直至五更。

注释：

①生死苦海：佛教认为人都处于天、人、阿修罗、饿鬼、畜生、地狱等六道迷界中生死相续、永无穷尽的轮回中。与“涅槃”相对称。生死苦海，指各种苦难的世界，亦即生死轮回之三界六道。众生沉沦于三界之苦恼中，渺茫无际，犹如沉没于大海难以出离，故以广大无边的海来比喻。

②般若：梵文音译。又作“波若”、“般罗若”、“钵刺若”。意译为“慧”、“智慧”。明见一切事物及道理的高深智慧，即称“般若”。

③偈(jì)：译为“颂”。颂者，美歌也。泛指一种略似于诗的有韵文辞，不问三言四言乃至多言，通常四句一偈。通用于佛教经律论。

④衣法：指衣与法。禅宗传承，师传法于弟子都以付授的袈裟为表征，传衣即传法之义。内传心法以印证宗门的佛心宗旨，外传僧衣以表示师承的信实无虚。衣，指出家人的袈裟。法，正法，指传正法之信征。

⑤思量即不中用：表明禅宗认为若要明白本心，通过思考分析是没有用的，是不能达到的。思量，即思虑度量事理的意思。

⑥轮刀上阵：指上阵作战，舞刀飞转如旋转的车轮一般。

⑦澄心：使心绪澄静平定，集中凝虑。

⑧神秀上座：唐代禅僧（605—706），五祖弘忍弟子之一。汴州尉氏人，俗姓李。身长八尺，龙眉秀目，有巍巍威德，少览经史，博学多闻。至蕲州双峰东山寺，参谒五祖求道。弘忍深为器重，令为教授师，因居五祖门中第一位，有神秀上座之名。弘忍示寂后神秀师迁江陵当阳山传法，道誉大扬。禅门中将之与惠能称为“南能北秀”。禅宗北宗，与南宗的“顿悟”说不同，其教法力主渐悟之说，故而禅史有“南顿北渐”之称。神龙二年（706）神秀示寂，寿一〇二，敕号“大通禅师”，为禅门谥号最早者。上座，指寺院僧职的名称。唐以前上座是寺院之首，唐以后上座为禅宗寺院住持之下的职位。

⑨教授师：是专门负责教授弟子威仪、作法的轨范师，专门给受具足戒的僧人教授有关行住坐卧等威仪的作法。

⑩依止：即依存而止住的意思。依赖于有力、有德者之处而不离，亦称为“依止”。

⑪思惟：即思考推度。思考真实的道理，称为“正思惟”，系“八正道”之一；反之，则称“邪思惟”（不正思惟），乃“八邪”之一。

⑫供奉：官名。指被朝廷或皇家聘用的官员，多为擅长文学、美术等各种技艺的人。《楞伽经》：为佛教经典。全名《楞伽阿跋多罗宝经》或《入楞伽经》，四卷本，南朝刘宋求那跋陀罗译，收于《大正藏》第十六册。楞伽，山名。阿跋多罗，“入”之意思。意谓佛陀入此山所说之宝经，本经宣说世界万有皆由心所

造，人认识的对象不在外界而在内心。《楞伽经》对中国禅宗的影响颇大。变相：指依经典之记载，描绘佛的本生故事，或净土庄严、地狱相状等图画，用以宣传教义。又作“变像”、“变绘”，略称“变”。变，乃变动、转变之意，即将种种真实之动态，以图画或雕刻加以描绘。

⑬供养：奉养的意思，对上含有亲近、奉事、尊敬的意思，对下含有同情、怜惜、爱护的意思。又作“供”、“供施”、“供给”、“打供”，意指供食物、衣服等予“佛法僧”三宝、师长、父母、亡者等。供养初以身体行为为主，后亦包含纯粹的精神供养，故有身分供养、心分供养之分。

⑭宿业障重：又称“宿作业”。佛教说宿业是指过去世所造的善恶业因。障，指烦恼，烦恼能障碍圣道，故名“障”。“宿业障重”即指过去世所作的恶业烦恼深重，影响人认识本心。

⑮圣意：这里指弘忍的心意。

译文：

一天，弘忍大师召集所有的弟子，说：“世人如何解脱生死是很重要的问题，你们整天只知持戒修善追求人天福报，而不知修慧，脱离生死苦海。你们自我本有的佛性如果迷失了，做功德、求福田又哪里能救你们脱离苦海呢？你们各自回去，运用自己的智慧观照本心自性，各自做一首体认佛法的偈来送给我看。如果有谁能明白佛法大意，我就传给他衣钵和教法，他将成为第六代祖师。你们赶快回去做，不得迟缓拖延。费心思考分析是没有用的，因为能体认自我本心、识见真如佛性的人，只言片语就能显现出。像这样的人，即使在战场上将刀挥得如轮子飞舞似的刹那瞬息之间，也能见悟得悟。”

众人听了吩咐后，退回来相互议论道：“我们这样的人，没必要静心思索花费心力来作偈，呈给大师看了，有什么用处？神秀上座现在是教授师，第六代祖师之位一定是他的；我们这些人冒昧轻易地作偈实在是白白浪费精力。”大家听了这话，都打消了作偈的念头，都说：“我们以后追随着神秀禅师就行了，何必费心作偈呢？”

神秀心中思虑：大家都不作偈呈交大师，是因为我是他们的教授师，我则必须作一首偈呈交师父。如果不作偈呈交，五祖大师怎么知道我对佛法的见地是深还是浅。我作偈呈交五祖，如果是为了求法，那就是好的，如果是为了获取六祖的位子，那就不对，同凡夫俗子的费尽心机去谋求圣位有什么差别呢？但如果不作偈呈交，终究不能得法，真是太难了，太难了！

五祖大师的堂前有三间走廊，本来准备请供奉卢珍在这里画《楞枷经变相》和《五祖血脉图》，用来永久流传、受人供养的。神秀作好偈以后，好几次想呈送给五祖，一走到大堂前，就紧张得心中恍惚，全身流汗，想呈交偈子总不成功。前前后后过了四天，共十三次想呈送，都始终没有勇气交上去。

神秀心中又想：不如我把所作的偈写到堂前走廊里，任由五祖大师看到，如果猛地称赞这个偈好，我就出来向五祖大师致敬行礼，说明这是我神秀作的。如果五祖大师说这个偈实在不行，那就算我白白在山中修行这么多年，枉受大家礼敬，还再修什么道呢？

当天夜里三更时分，神秀不让别人知道，悄悄地自己持着灯烛，将作好的偈子写在南廊的墙壁上，表明了他对佛法的体认。偈是这样说的：

身是菩提树，心如明镜台。

时时勤拂拭，勿使惹尘埃。

神秀写完偈，便回到自己的房中，全寺上下都不知道这件事。神秀又想：明天五祖看到偈后，如果心生欢喜就说明我与佛法有缘。如果说实在不行，那就是我自心仍迷，前世罪业太过深重，不该得到佛法，五祖的圣意真是难以预料。神秀在房中思考，坐卧不安，一直折腾到五更时分。

祖已知神秀入门未得，不见自性。天明，祖唤卢供奉来，向南廊壁间绘画图相，忽见其偈。报言："供奉却不用画，劳尔远来。经云：凡所有相，皆是虚妄[①]。但留此偈，与人诵持。依此偈修，免堕恶道[②]。依此偈修，有大利益。"令门人炷香礼敬[③]，尽诵此偈，即得见性。

门人诵偈，皆叹善哉[④]。

祖三更唤秀入堂，问曰："偈是汝作否？"

秀言："实是秀作，不敢妄求祖位。望和尚慈悲[⑤]，看弟子有少智慧否？"

祖曰："汝作此偈，未见本性，只到门外，未入门内。如此见解，觅无上菩提[⑥]，了不可得。无上菩提，须得言下识自本心，见自本性。不生不灭[⑦]，于一切时中[⑧]，念念自见[9]，万法无滞，一真一切真，万境自如如[10]。如如之心，即是真实[11]。若如是见，即是无上菩萨之自性也。汝且去一两日思惟，更作一偈，将来吾看汝偈，若入得门，付汝衣法。”

神秀作礼而出，又经数日，作偈不成，心中恍惚，神思不安，犹如梦中，行坐不乐。

复两日，有一童子[12]，于碓坊过[13]，唱诵其偈。惠能一闻，便知此偈未见本性。虽未蒙教授，早识大意。遂问童子曰：“诵者何偈？”

童子曰：“尔这獦獠不知。大师言：‘世人生死事大。’欲得传付衣法，令门人作偈来看。若悟大意，即付衣法，为第六祖。神秀上座，于南廊壁上，书无相偈，大师令人皆诵，依此偈修，免堕恶道。依此偈修，有大利益。”

惠能曰：“我亦要诵此，结来生缘。上人[14]，我此踏碓，八个余月，未曾行到堂前，望上人引至偈前礼拜。”

童子引至偈前礼拜。惠能曰：“惠能不识字，请上人为读。”

时有江州别驾[15]，姓张，名日用，便高声读。惠能闻已，遂言：“亦有一偈，望别驾为书。”

别驾言：“汝亦作偈，其事希有。”

注释：

①凡所有相，皆是虚妄：出自《金刚经》，意为世界上一切现象都是虚幻不实的。相，指能为人们所感觉到的一切有形体的事物和现象。虚，即无实。妄，是不真。虚妄即虚假、非真实的意思。

②恶道：为"善道"的对称，与"恶趣"同义，即指生前造作恶业，而在死后所去往的苦恶处所，主要指地狱。在"六道"之中，一般以地狱、饿鬼、畜生三者称为"三恶道"，阿修罗、人间、天上则称为"三善道"。

③炷香：即烧香、燃香。礼敬：又作"敬礼"，即礼拜恭敬的意思。

④善哉：称赞之辞，为契合我意的称叹之语。古印度在开会议决之际，表示赞成时皆用此语；又释尊或其他诸佛在赞同其弟子的意见时，也发此语。

⑤慈悲：与乐曰慈，慈爱众生并给予快乐；拔苦曰悲，同感其苦，怜悯众生并拔除其苦。二者合称为"慈悲"。佛陀之悲就是以众生苦为己苦的同心同感状态，故称"同体大悲"；又因其悲心广大无尽，故称"无盖大悲"。

⑥无上菩提：指至高无上的觉悟。菩提有三等，佛、缘觉、声闻，各于其果所得的觉智，称为"菩提"。此中佛所得的菩提，无有过之者，为无上究竟，故称"无上菩提"。

⑦不生不灭：生灭，指生起与灭尽，与"生死"同义。离因缘而永久不变的常住存在为无为法，无生无灭、不生不灭。依因缘和合而有，叫做"生"；依因缘分散而无，叫做"灭"。有生有

灭，是有为法，不生不灭，是无为法。“不生不灭”乃“生灭”的相对词，是“常住”的别名，也是永生的意思。凡佛经均不外此意。

⑧于一切时中：指在过去、现在和未来的一切时间，即时时刻刻。一切时，指从无始以来相续无穷的时间，称为“一切时”。无论何时，包括过去、现在、未来所有的时间，都称为“一切时”。

⑨念念自见：佛教认为事物和现象变化之迅速莫过于人的心念的起灭。念念者，刹那的意思，意谓极其短暂之时间。

⑩万境自如如：即指万事万物都真实平等，没有分别。万境，指一切的境界，即人们感觉和思维的一切事物和现象。如如，即“如于真如”。是不动、寂默、平等不二、不起颠倒分别的自性境界，即如理智所证得的真如，故而称“如如”。

⑪真实：离迷情、绝虚妄称为“真实”。与“方便权假”对应。身口各异，言念无实，称为“虚伪”。若表里如一，更无虚妄，则为“真实”。

⑫童子：对寺院中尚未正式出家的青少年的称呼。

⑬碓坊：舂米的房间。

⑭上人：上德之人。是对智德兼备而可为众僧及众人师者的高僧的尊称。《释氏要览》卷上谓内有智德，外有胜行，在众人之上者为“上人”。后逐渐成为对出家僧人的尊称。这里是惠能对童子的尊称。

⑮别驾：官名。汉代设立，为州长官的辅佐。因随从州官出巡辖境时，别乘驿车随行而得名。

译文:

五祖本来已经了解神秀是还未真正入道,还不能识见自心自性的。天亮后,五祖请来供奉卢珍,带到南边廊下,准备请他绘制壁画,猛地看到神秀书写的这个偈,便向卢珍宣称道:“供奉,不用再画了,劳驾你远道而来。佛经上说:凡是一切有形体相状的东西都是虚幻不真实的。只留下这首偈,让人们念诵持奉,依照这个偈去修行,可以避免坠入恶道;依照这个偈的道理去修行,会有很大的利益。”于是,五祖让门下弟子们焚香敬礼,都来念诵这首偈,可以识见自性。

弟子们依照五祖大师的话去念诵这个偈,都心生欢喜称赞不已。

五祖当天夜里三更时分把神秀叫到堂上,问道:“偈是你作的吗?”

神秀回答道:“确实是神秀我作的,不敢奢望求取第六代祖师的位置,只希望师父发发慈悲,衡量弟子我是否还有一点智慧?”

五祖大师说:“你作的这个偈,还没有认识到本性,你只到了门外,还没有登堂入室。依照这样的见解,要想获得无上的觉悟,是不可能的。所谓无上的觉悟,是必须当下识心见性。认识到本心佛性没有生起和毁灭,于任何时候、在每一念中,即时时刻刻、在在处处都能清楚明白地了知。一切事物现象相互融通而无滞碍,事物本性真实因而一切万法真实不虚,如实呈现。体现真如佛性,自心如实呈现,就是真实。如果有了这样的见解就是体证无上觉悟的本性。你姑且先回去再思考一两天，作一个新的偈给我看。如果重写的偈表明你真的入门了，我就将衣钵传给你。”

神秀向五祖行礼后退出来。又过了几天，偈仍然没能作成，心中整天恍恍惚惚，精神不安，犹如在梦中一般，行住坐卧都闷闷不乐。

又过了两天，有一个童子，从碓坊前经过，口中唱诵着神秀所作的偈。惠能一听就知道这首偈还没有认识到本心自性。惠能虽然从未蒙受过点化指导，但心中早已认识了佛法的大意。于是就问童子：“你念的是什么偈啊？”

童子说：“你这獦獠有所不知。五祖弘忍大师说：‘世上众生脱离生死苦海是亟待解决的大问题。’他要传授衣钵和教法，让弟子们各写一个偈给他看。如果谁悟得佛法大意，就传衣钵给他，让他成为第六代祖师。上座师神秀在南廊墙壁上，写了这首无相偈，五祖弘忍大师让弟子们都念诵这首偈，依照这首偈修行，可以避免坠入恶道；依照这首偈修行，会有大受益。”

惠能说：“我也要念诵这首偈，为来生结缘。上人，我在这里踏碓舂米，已经八个月了，从来没有走到堂上去，希望上人能带领我到偈前去礼敬膜拜。”

童子便带惠能到偈前去礼拜。惠能说：“惠能我不识字，请上人为我读一遍。”

当时，有位叫张日用的江州别驾在场，便高声诵读了神秀的偈。惠能听了以后便说：“我也有一偈，希望别驾为我写下来。”

别驾说：“你也写？这件事真是稀奇少有。”

惠能向别驾言："欲学无上菩提，不得轻于初学。下下人有上上智，上上人有没意智[①]。若轻人，即有无量无边罪[②]。"

别驾言："汝但诵偈，吾为汝书。汝若得法，先须度吾[③]，勿忘此言。"

惠能偈曰：

菩提本无树，明镜亦非台。

本来无一物，何处惹尘埃。

书此偈已，徒众总惊，无不嗟讶，各相谓言："奇哉，不得以貌取人，何得多时使他肉身菩萨[④]。"

祖见众人惊怪，恐人损害，遂将鞋擦了偈，曰："亦未见性。"众以为然。

次日祖潜至碓坊，见能腰石舂米，语曰："求道之人，为法忘躯，当如是乎！"

乃问曰："米熟也未[⑤]？"

惠能曰："米熟久矣，犹欠筛在[⑥]。"

祖以杖击碓三下而去[⑦]。惠能即会祖意。三鼓入室。

祖以袈裟遮围[⑧]，不令人见。为说《金刚经》，至"应无所住而生其心"[⑨]，惠能言下大悟"一切万法不离自性"。遂启祖言："何期自性，本自清净；何期自性，本不生灭；何期自性，本自具足[⑩]；何期自性，本无动摇；何期自性，能生万法。"

祖知悟本性，谓惠能曰："不识本心，学法无益。若识自本心，见自本性，即名丈夫、天人师、佛⑪。"

三更受法，人尽不知，便传顿教及衣钵⑫。云："汝为第六代祖，善自护念，广度有情⑬，流布将来，无令断绝。听吾偈。"曰：

有情来下种，因地果还生。

无情既无种，无性亦无生。

祖复曰："昔达磨大师⑭，初来此土，人未之信，故传此衣，以为信体，代代相承。法则以心传心，皆令自悟自解。自古佛佛惟传本体，师师密付本心。衣为争端，止汝勿传，若传此衣，命如悬丝，汝须速去，恐人害汝。"

惠能启曰："向甚处去？"

祖云："逢怀则止，遇会则藏⑮。"

惠能三更领得衣钵，云："能本是南中人，素不知此山路，如何出得江口？"

五祖言："汝不须忧，吾自送汝。"

注释：

①没意智：即指愚钝、没有智慧或智慧被埋没的意思。意智，即思量之意。

②无量：指不可计量之意。指空间、时间、数量之无限，亦指佛德之无限。无边：指广大而无边际也。

③度：渡过之意。指从此处渡经生死迷惑之大海，而到达

觉悟彼岸。出家为觉悟之第一步，故称出家为“得度”，即从生死此岸到解脱涅槃的彼岸。

④肉身菩萨：菩萨，指据大乘佛教教义修行而能够于未来成就佛道的修行者。肉身菩萨，指生身菩萨，即以父母所生之身而至菩萨修行阶位的人。肉身菩萨于入寂后可得全身舍利。所谓舍利，据《法苑珠林》卷四十所载，舍利即身骨，为有别于凡夫死人之骨，故保留梵名。可分为三种：一、骨舍利，白色；二、发舍利，黑色；三、肉舍利，赤色。全身舍利系于高僧或大善知识示寂后，其身躯虽经年代久远，时空变迁，却未腐朽溃烂，常保原形而栩栩如生。

⑤米熟也未：禅家讲“劈柴担水，无非妙道”，此处以舂米为喻，暗示询问惠能悟道了没有，思维是否成熟了。

⑥犹欠筛在：此处以筛子筛米为喻，暗示惠能称自己思虑早已成熟，就差五祖弘忍大师点化开示或验证肯定了。

⑦祖以杖击碓三下而去：此处指五祖弘忍大师暗示惠能是夜三更来见。

⑧袈裟：比丘的法衣，解释为不正色、坏色、染色等意义，因为出家比丘所穿的法衣，都要染成浊色，故袈裟是依染色而立名的。又因其形状为许多长方形割截的小布块缝合而成，有如田畔，故又名“割截衣”或“田相衣”，亦称“福田衣”。

⑨应无所住而生其心：为《金刚经》中之名句，与《心经》中“空即是色”义同。意即不论处于何境，此心皆能无所执著，而自然生起。心若有所执著，犹如生根不动，则无法有效掌握一切。故不论于何处，心都不可存有丝毫执著，才能随时任运自在，而

如实体悟真理。

⑩具足:“具备满足”的略称。

⑪丈夫:又译作“士夫”,指成年男子,或诸根圆具的男子。人中之最胜者为丈夫,是勇进正道修行不退者。此处是“调御丈夫”的简称,“调御丈夫”是佛十大名号之一,意为佛能调御一切可度之丈夫,使入修道也。天人师:为如来十大名号之一。又作“天人教师”,谓佛陀为诸天与人类之教师,示导一切应作不应作、是善是不善,若能依教而行,不舍道法,能得解脱烦恼之报,故称“天人师”。

⑫顿教:指顿悟成佛的教法。以说法内容分,长时间修行而后到达悟的教法,称为“渐教”;迅即证得佛果、成就菩提之教法,称为“顿教”。衣钵:指“三衣”及“一钵”。三衣,指九条衣、七条衣、五条衣三种袈裟。钵,乃修行僧之正式食器,为出家众所有物中最重要者。受戒时,“三衣一钵”为必不可少之物,亦为袈裟、铁钵之总称。禅宗之传法即传其衣钵于弟子,称为“传衣钵”,因此亦引申为师者将佛法大意传授于后继者。

⑬有情:旧译为“众生”,即生存者之意。关于“有情”与“众生”,有说“有情”系指人类、诸天、饿鬼、畜生、阿修罗等有情识的生物。而草木金石、山河大地等为非情、无情之物。“众生”包括“有情”及“无情”二者。另一说则认为“有情”即是“众生”之异名,二者乃一体而异名,皆包括有情之生物及无情之草木等。

⑭达磨:指菩提达磨(? —535),为我国禅宗初祖,西天第二十八祖。梁武帝普通元年(520)泛海至广州番禺,武帝

遣使迎至建业，然而与武帝语不相契，遂渡江至魏，于嵩山少林寺面壁坐禅，传法给弟子慧可，授袈裟及《楞伽经》四卷。入寂后葬于熊耳山上林寺。梁武帝尊称师为“圣胄大师”；唐代宗赐“圆觉大师”之谥号。

⑮怀：指怀集县，今天的广西梧州。会：指四会县，今天的广东新会。

译文：

惠能对张别驾说：“想要参习无上的菩提觉道，不应该轻视初学佛法的人。下下等的人中会有上上等的智慧，上上等的人中也有愚钝没智慧的。如果轻视别人，就犯下了不可估量的罪过。”

张别驾便说：“你就说你的偈吧，我为你写。你如果得了法，一定要先来度我，请千万别忘了这句话。”

惠能的偈说道：

菩提本无树，明镜亦非台。
本来无一物，何处惹尘埃。

张别驾把这首偈写完以后，弟子众人全部惊讶不已，没有一个不唏嘘感叹的，互相说道：“真是奇迹啊，人不应该以貌取人，什么时候他竟成了肉身菩萨。”

五祖看见大家惊讶嗔怪，唯恐有人要起心加害惠能，便用鞋将偈擦掉，说：“这首偈也没有见得本心。”于是大家都认为是这样的。

第二天，五祖悄悄地来到碓坊，看见惠能弯腰拴着一块大石头正费力地舂米，说道："求佛道的人，为了佛法忘却自身，正应当像这样啊！"

便问道："米熟了没有？"

惠能说："米早就熟了，就差筛子筛一下了！"

五祖弘忍大师用柱杖在碓石上敲了三下走了，惠能立刻明白了五祖的心意。在当天晚上三更时分来到了五祖的房里。

五祖用自己的袈裟把门窗遮围起来，不让人看见。为惠能讲解《金刚经》，当讲到"应无所住而生其心"时，惠能当下开悟，明白了"一切万法不离自性"的道理。惠能于是禀告五祖说："想不到自我的本性原本是清净的；想不到自我的本性原本是不生不灭的；想不到自我的本性原本是自我具足的；想不到自我的本性原本是没有动摇的，想不到自我的本性是能解释产生一切万法的。"

五祖弘忍大师知道惠能已悟得了本性，便对惠能说："不能认识本心，学习佛法是没有用的。如果认识了自我本性，识见了自己的本心，这样的人就可称为大丈夫、天人师和佛。"

五祖弘忍三更时分传授惠能佛法，人们都不知道。于是五祖把禅宗顿悟法门和衣钵传给了惠能，说："你现在是第六代祖师，请善自珍重，好自护念，广度天下有情众生，将来广泛流布本门教法，不使它中断失传。听我的偈吧。"偈说：

有情来下种，因地果还生。

无情即无种，无性亦无生。

五祖弘忍大师又说："当年达磨大师刚刚由印度来中土传扬佛法的时候，人们都不相信他，所以传下这件袈裟作为信物，用来代代相传，以为表证。顿教法门则是以心传心，心心印证，都要自己求证得解脱。自古以来诸佛所传都是以真谛为根本，祖师代代相承也都是密付教法，识见本心。衣钵实在是争夺的祸端，到你这儿就不要再传了，如果再传这件袈裟，你的性命就如同系千钧于一发，时刻都有危险。你必须赶快离开，恐怕有人要加害于你。”

惠能问五祖弘忍大师：“往哪里去呢？”

五祖说：“遇到带‘怀’字的地方就停下来，碰到带‘会’字的地方就隐居起来。”

惠能于三更时分领受了衣钵，说道：“惠能我原本是南方人，平日里不了解这里的山路，怎么能离开到江口去呢？”

五祖说：“你不需要担忧，我会亲自送你的。”

祖相送直至九江驿[①]。祖令上船，五祖把橹自摇。惠能言：“请和尚坐，弟子合摇橹[②]。”祖云：“合是吾渡汝。”惠能云：“迷时师度，悟了自度，度名虽一，用处不同。惠能生在边方，语音不正，蒙师传法，今已得悟，只合自性自度。”祖云：“如是如是。以后佛法，由汝大行，汝去三年，吾方逝世。汝今好去，努力向南，不宜速说，佛法难起。”

惠能辞违祖已[③]，发足南行。两月中间，至大庾岭[④]，逐后数百人来，欲夺衣钵。

一僧俗姓陈，名惠明。先是四品将军，性行粗糙，极意参寻[⑤]，为众人先，趁及惠能。惠能掷下衣钵于石上，曰："此衣表信，可力争耶。"

能隐草莽中，惠明至，提掇不动。乃唤云："行者行者，我为法来，不为衣来！"

惠能遂出，盘坐石上。惠明作礼云："望行者为我说法。"惠能云："汝既为法而来，可屏息诸缘[⑥]，勿生一念，吾为汝说。"

明良久。惠能云："不思善，不思恶，正与么时，那个是明上座本来面目[⑦]。"

惠明言下大悟。复问云："上来密语密意外[⑧]，还更有密意否？"

注释：

①九江驿：今江西九江。一说，为湖北黄梅的一个驿站名。

②合：应该，理应。

③辞违：辞别，告辞。

④大庾岭：在今江西大庾南、广东南雄北，是"五岭"之一。相传汉武帝时，有庾姓将军筑城于此，因名"大庾岭"，又称"庾岭"。

⑤参寻：追踪寻找。

⑥屏息诸缘：指屏息凝神，排除一切杂念。诸缘，指人心所追求、迷恋的一切现象。

⑦本来面目：禅林用语。乃人人本具、不迷不悟之面目，即自己的自性，离开了一切的烦恼和染污，就是自己的本来面目。

⑧密语密意：指佛陀真实、秘密之言语与教示。密意，隐藏的旨意，即佛特殊的意趣。密意所说之语，称为“密语”。

译文：

五祖一直把惠能送到九江驿。五祖让惠能上船，五祖抓起橹亲自摇起来。惠能说：“师父请坐，应该弟子摇橹。”五祖说：“应该是我度你到彼岸。”惠能说：“我迷悟时师父度我，我开悟时应当自己度自己，同样是度，但师父度我和我度自我，用起来却不一样。惠能我生长在边远地方，连语言发音都不正确，承蒙师父传授教法，现在已经得悟，应该以自己本心自己度自己了。”五祖说：“是这样！是这样！今后佛法要由你广为流布了。你离开后三年，我才会离开人世。你今天善自珍重，好生离去，奋力向南方走，不适宜过早讲说顿教法门，因为这些年内佛法很难兴盛起来。”

惠能辞别了五祖之后，拼命往南走。不到两个月，抵达了大庾岭。这时，后面跟随追踪而来的有几百人，都想来抢夺衣钵。

一个僧人俗姓陈，叫惠明，以前是四品将军，性格行为比较粗鲁，正极力地追踪寻找，他跑到众人的前面，赶上了惠能。惠能将衣钵扔在石头上，说：“这件袈裟象征着佛法，难道是可以武力来争夺的吗？”

惠能于是隐藏在草丛中。惠明追来后，石头上的袈裟却怎么也拿不起来，袈裟纹丝不动，于是就大喊道：“行者，行者，我是为佛法来的，不是为袈裟来的！”

于是惠能便出来了，盘腿坐在石头上。惠明向他行礼并说："恳望行者为我宣讲佛法。"惠能说："你既然是为了佛法而来，可以去除止息心中一切想法，不要生一点杂念，我为你讲说佛法。"

惠明进行了长时间的静默。惠能说："不要有意识地思量善，不要有意识地思量恶，在这种状态下，惠明上座你的本来面目是什么呢？"

惠明听了立刻大悟，又问："除了刚才所说的密语密意之外，还有什么密意吗？"

惠能云："与汝说者，即非密也。汝若反照，密在汝边。"

明曰："惠明虽在黄梅，实未省自己面目。今蒙指示，如人饮水，冷暖自知。今行者即惠明师也。"

惠能曰："汝若如是，吾与汝同师黄梅。善自护持。"

明又问："惠明今后向甚处去？"

惠能曰："逢袁则止，遇蒙则居[①]。"

明礼辞。

惠能后至曹溪[②]，又被恶人寻逐。乃于四会，避难猎人队中，凡经一十五载。时与猎人随宜说法[③]。猎人常令守网，每见生命，尽放之。每至饭时，以菜寄煮肉锅。或问，则对曰：但吃肉边菜。

一日思惟：时当弘法[4]，不可终遁。遂出至广州法性寺[5]，值印宗法师讲《涅槃经》[6]。时有风吹幡动[7]，一僧曰风动，一僧曰幡动，议论不已。

惠能进曰："不是风动，不是幡动，仁者心动[8]。"

一众骇然。印宗延至上席，征诘奥义。见惠能言简理当，不由文字。宗云："行者定非常人。久闻黄梅衣法南来，莫是行者否？"

惠能曰："不敢。"

宗于是作礼，告请传来衣钵，出示大众。宗复问曰："黄梅付嘱[9]，如何指授？"

惠能曰："指授即无，惟论见性，不论禅定解脱[10]。"

宗曰："何不论禅定解脱？"

能曰："为是二法，不是佛法。佛法是不二之法[11]。"

宗又问："如何是佛法不二之法？"

惠能曰："法师讲《涅槃经》，明佛性是佛法不二之法。如高贵德王菩萨白佛言[12]：'犯四重禁[13]，作五逆罪[14]，及一阐提等[15]，当断善根佛性否？'佛言：'善根有二：一者常，二者无常。'佛性非常非无常，是故不断，名为不二；一者善，二者不善，佛性非善非不善，是名不二。蕴之与界[16]，凡夫见二，智者了达其性无二，无二之性即是佛性。"

注释：

①逢袁则止，遇蒙则居：指示惠明遇到地名中有“袁”字的地方就可以停下来，遇到地名中有“蒙”字的地方则可以居住下来。袁指袁州，蒙指袁州蒙山，今天的江西宜春，惠明后来居住在这里。

②曹溪：位于韶州（今广东曲江东南）之河，发源于狗耳岭，西流与溱水合，以经曹侯冢故，又称“曹侯溪”。梁天监元年（502）天竺婆罗门三藏智药到曹溪口，饮其水而知此源为胜地，乃劝村人建寺，复因其地似西国之宝林山，故称“宝林寺”。智药预言，一百七十年后有肉身菩萨于此开演无上法门，得道者如林。六祖惠能在此弘法，故也称“曹溪大师”，后来也成为禅宗南宗的代称。

③随宜说法：顺应众生不同能力、根器，顺应不同时间、地点各施以适当之教法，进行宣说佛法，以达完全效果称为“随宜所说”、“随宜说法”。说法，即宣说佛法，以化导利益众生。

④弘法：弘通正法。

⑤广州法性寺：又作“制旨寺”、“制止道场”，今称为“光孝寺”，位于广州西北部。东晋时，罽宾僧始造立寺宇，号“王园寺”。南朝时，真谛住此翻译经典，慧恺、僧宗等亦跟随来此，一时译经风盛。唐贞观年间，称为“乾明法性寺”。唐高宗仪凤元年（676），六祖惠能至本寺，开“东山法门”。宋以后改为“广孝寺”。

⑥印宗法师（627—713）：唐代僧，吴郡人。于广州法性寺宣讲《涅槃经》，遇六祖惠能大师，始悟玄理，而以惠能为传法

师，八十七岁示寂。《涅槃经》：全称《大般涅槃经》，为北凉昙无谶译，四十卷。《涅槃经》主要宣扬佛身常在和“一切众生，悉有佛性”的思想。

⑦幡：乃旌旗之总称。原为武人在战场上用以统领军旅、显扬军威之物，佛教则取之以显示佛菩萨降魔之威德，与“幢”同为佛菩萨之庄严供具。幡之形状，一般是由三角形的幡头、长方形的幡身、置于幡身左右的幡手，及幡身下方的幡足构成，有大有小。幡通常是布制，然亦有金铜制、杂玉制、纸制等类。

⑧仁者：乃对人之敬称，或单称“仁”。

⑨付嘱：原为付托、寄托之意。在佛经中，被引申为佛陀付托弘法布教的使命。禅宗常用以指嘱托袈裟等物，并转而表示师父以佛法的奥义授予弟子，故“付嘱”乃成禅宗的传统用语。

⑩禅定：禅，为梵语“禅那”之略，译曰“思惟修”、“静虑”。定，为梵语“三昧”之译，心定止一境而离散动之义。“禅”与“定”皆为令心专注于某一对象，而达于不散乱的状态。解脱：指由烦恼束缚中解放，而超脱迷苦之境地。以能超度迷妄之世界，故又称“度脱”；以得解脱，故称“得脱”。广义言之，摆脱世俗任何束缚，于宗教精神上感到自由，均可用以称之。佛教以“涅槃”与“解脱”表示实践道之终极境地。

⑪不二之法：独一无二之法门。不二，又作“无二”、“离两边”，指对一切现象应无分别，或超越各种区别。

⑫高贵德王菩萨：具名“光明遍照高贵德王菩萨”。《涅槃经疏》十九曰：“光明遍照，论外化广。高贵德王，辨内行深。”

⑬四重禁：指比丘极严重之四种禁制，全称“四重禁戒”，

略作“四重”，又作“四重罪”、“四波罗夷罪”。即：一、杀生；二、偷盗；三、邪淫；四、妄语。

⑭五逆罪：即五重罪，指罪大恶极，极逆于理者，有大乘五逆、小乘五逆之分。小乘五逆（单五逆）指：害母、害父、害阿罗汉、恶心出佛身血、破僧等五者。大乘五逆（复五逆）即：破坏塔寺，烧毁经像，夺取三宝之物，或教唆他人行此等事，而心生欢喜；毁谤声闻、缘觉以及大乘法；妨碍出家人修行，或杀害出家人；犯小乘五逆罪之一；主张所有皆无业报，而行十不善业或不畏后世果报，而教唆他人行十恶等。

⑮一阐提：是不信佛法之义，即指断绝一切善根、无成佛之性、无法成佛者。

⑯蕴之与界：即指“五蕴”与“十八界”。五蕴，即类聚一切有为法之五种类别。一、色蕴，即一切色法之类聚；二、受蕴，苦、乐、舍、眼触等所生之诸受；三、想蕴，眼触等所生之诸想；四、行蕴，除色、受、想、识外之一切有为法，亦即意志与心之作用；五、识蕴，即眼识等诸识之各类聚。十八界，即十八种类自性各别不同，又作“十八持”。即眼、耳、鼻、舌、身、意等六根（能发生认识之功能），及其所对之色、声、香、味、触、法等六境（为认识之对象），以及感官（六根）缘对境（六境）所生之眼、耳、鼻、舌、身、意等六识，合为“十八种”，称为“十八界”。界为种类、种族之义。

译文：

惠能说：“和你说了的，就不是秘密。你如果能够凭借智慧

返观本心，妙法就在你那一边。”

惠明说：“惠明虽然一直在黄梅修行，其实从未醒悟认识自己本来面目。今天承蒙指示，就像人喝水一样，是凉是热只有自己知道。从今以后，你就是我惠明的师父了！”

惠能说：“你如果是这么想，那我和你都共同以五祖弘忍为师吧，今后好好护念修持。”

惠明又问：“惠明我今后应该往哪里去？”

惠能说：“碰到带‘袁’字的地方就可以停下来，遇到带‘蒙’的地方就可以住下来。”

惠明于是行礼并辞行。

惠能后来来到了曹溪山，又被恶人追赶。于是在四会这个地方，不得不混迹于猎人的队伍里，一晃就是十五年。这段时间里，他常常根据猎人们的不同情况，适时地给他们讲佛法。猎人们经常让他在捕兽的网边看守，每当看到有动物落入网中，惠能都将它们放生。每次到了吃饭的时候，惠能总是把蔬菜放在肉锅里煮熟了吃。有时被问到为什么这样做，惠能就回答：我只吃肉锅里的菜。

终于有一天，惠能思虑：该是弘法的时候了，不能一直这样隐遁下去。于是惠能离开四会来到广州法性寺，正好碰上印宗法师在讲《涅槃经》。这时一阵风吹着旌旗开始飘动，有一个僧人说这是风在动，一个僧人说这是旗在动，于是争论不休。

惠能这时进来说：“不是风在动，也不是旗在动，是诸位的心在动。”

在场的僧人都惊讶不已。印宗法师于是将惠能请到上席就座，向他提问求证佛法深奥的大意。惠能所说的都简单明白，句句如理，不拘泥于文字。印宗说："行者一定不是寻常的人。我早就听说得传黄梅弘忍大师衣钵教法的人来到了南方，是不是就是你呢？"

惠能说："不敢当。"

印宗于是向惠能行礼，请求惠能将五祖弘忍大师所传的袈裟取出来展示给大家看。印宗又问："黄梅五祖弘忍大师所传付的衣钵教法究竟是如何说的？"

惠能说："并没有说什么，只是探究如何明心见性，而不提倡通过修禅习定得解脱。"

印宗问："为什么不提倡修禅习定得解脱呢？"

惠能说："因为修禅习定求解脱是有分别、有对待的法，不是佛法。佛法是不二之法。"

印宗又问："什么是佛法的不二之法呢？"

惠能说："法师你讲《涅槃经》，知道识见佛性是佛法的不二之法。比如光明普照高贵德王菩萨对佛说：'犯了杀生、盗窃、邪淫、撒谎的四种根本戒；犯了杀父、杀母、杀阿罗汉、分裂僧团和伤害佛身体的五逆罪，还有不信佛法，断绝一切善根，不解成佛的一阐提等等，应当是断绝佛性和善根了吧？'佛说：'善根有两种，一个是永恒不变的，另一个是转瞬易逝的。'佛性既不是永恒不变也不是转瞬即逝的，所以善根是不断灭的，这就是佛法的不二之法。五戒十善是善，五逆十恶是不善，而佛性是既不是善也不是不善，这就是佛法的不二之法。五蕴十八界，凡夫俗子看到的是差别，智慧之人了解通达它的本性是

无差别的，这无差别的本性就是佛性。”

印宗闻说，欢喜合掌[①]，言：“某甲讲经[②]，犹如瓦砾；仁者论义，犹如真金。”于是为惠能剃发[③]，愿事为师。惠能遂于菩提树下，开东山法门[④]：

“惠能于东山得法，辛苦受尽，命似悬丝。今日得与使君、官僚、僧尼、道俗同此一会，莫非累劫之缘[⑤]，亦是过去生中供养诸佛，同种善根，方始得闻如上顿教、得法之因。教是先圣所传，不是惠能自智。愿闻先圣教者，各令净心，闻了各自除疑，如先代圣人无别。”

一众闻法，欢喜作礼而退。

注释：

①合掌：又作“合十”，即合并两掌，集中心思，而恭敬礼拜之意。本为印度自古所行之礼法，佛教沿用之。

②某甲：可以指他人也可以指自己。这里指自己。讲经：讲说经典。即公开宣讲、演说佛典之义理、内涵。有时，亦称有关佛法之专题演讲为讲经。举行讲经的场所，称为“讲席”、“讲筵”、“讲肆”、“讲座”等，讲说者称为“讲师”、“讲主”、“讲士”、“讲匠”。

③剃发：又作“薙发”、“削发”、“祝发”、“落剃”、“落饰”、“落发”、“净发”、“庄发”，即出家皈依佛门时，剃除发、鬚而成为僧、尼。此系佛弟子为去骄慢，且别于外道，或避免世俗之虚饰，而行剃发。

④东山法门：指五祖的法门，因五祖弘忍禅师住在蕲州黄梅之黄梅山，其山在县之东部，因而叫做“东山”。禅宗四祖道信、五祖弘忍，都住在黄梅东山，引接学人。

⑤累劫之缘：指积累许多劫所结下的缘分。累劫，指累叠众多的劫量。

译文：

印宗听了这些讲说之后，心中欢喜，恭敬地合掌礼拜，说：“我对佛教经典的讲解就像砖瓦土块一样毫无价值；而仁者您谈论佛法大义，就如同纯金一样令人珍惜。”于是为惠能削发剃度，并希望拜惠能为师。惠能于是就在菩提树下，开讲五祖弘忍传授下来的佛教教法：

“惠能自从在弘忍大师那里得传教法，受尽了辛苦，生命总是危在旦夕。今天能够和韦刺史、各位官员、诸位僧尼道俗在这里相聚于法会，是许多劫以来积下的缘分成就的，也是过去世中供养礼敬佛菩萨，一同种下了善根，才有了今天听闻佛门无上的顿教法门和我获得这些教法的因由。此顿教法门都是历代佛祖所传授下来的，并不是我惠能个人的智慧。如果希望倾听先圣教谕的，都各自让自己内心清净，听了教谕之后，各自去除心中痴疑惑障，那样就和先圣前贤们没什么区别了。”

所有人听了教法，内心欢喜，礼拜之后退了出去。

般若品第二

本品讲述应韦刺史的请益，惠能大师为众人开示“摩诃般若波罗密多”即“大智慧度”的意思，“摩诃”为“大”，“般若”即“智慧”，“波罗密”为“到彼岸”，从而阐述了般若智慧的本意。还进一步指出“凡夫即佛，烦恼即菩提”、“前念迷即凡夫，后念悟即佛”、“前念著境即烦恼，后念离境即菩提”的宗趣，即不开悟，佛是众生，一念开悟，众生是佛，一切佛法都在人自心之中，要在自心之中当下顿见真如本性。

次日，韦使君请益[①]，师升座，告大众曰：“总净心念‘摩诃般若波罗密多[②]’。”复云：“善知识！菩提般若之智，世人本自有之，只缘心迷，不能自悟，须假大善知识，示导见性。当知愚人智人，佛性本无差别，只缘迷悟不同，所以有愚有智。吾今为说摩诃般若波罗密法，使汝等各得智慧，志心谛听，吾为汝说。

“善知识！世人终日口念般若，不识自性般若，犹如说食不饱。口但说空，万劫不得见性[③]，终无有益。

“善知识！摩诃般若波罗密是梵语[④]，此言大智慧到彼岸。此须心行[⑤]，不在口念。口念心不行，如幻、如化、如露、如电。口念心行，则心口相应。本性是佛，离性无别佛。何名摩诃？摩诃是大，心量广大，犹如虚空[6]，无有边畔，亦无方圆大小，亦非青黄赤白，亦无上下长短，亦无嗔无喜，无是无非，无善无恶，无有头尾。诸佛刹土[7]，尽同虚空。世人妙性本空，无有一法可得。自性真空[8]，亦复如是。

“善知识！莫闻吾说空，便即著空。第一莫著空；若空心静坐，即著无记空[9]。

“善知识！世界虚空，能含万物色像，日月星宿，山河大地，泉源溪涧，草木丛林，恶人善人，恶法善法，天堂地狱，一切大海，须弥诸山[10]，总在空中。世人性空，亦复如是。

“善知识！自性能含万法是大，万法在诸人性中。若见一切人恶之与善，尽皆不取不舍，亦不染著，心如虚空，名之为大，故曰‘摩诃’。

注释：

①请益：本为《礼记》、《论语》中的用语，即学人请示老师教诲的意思。佛教中指高僧大德对弟子讲法，先有所予，弟子复有所请教，称之为“请益”。

②摩诃般若波罗密多：梵语。摩诃，是“大”的意思。般若，指智慧之意。波罗密，即“到彼岸”。全译为“大智慧度”，意谓乘此大智慧则能由生死苦海渡到涅槃彼岸。

③万劫：指经历世界之成坏一万次，即言时间极长。劫，是指分别世界成坏之时的量名，为古印度表示时间的最大单位。

④梵语：又称“天竺语”，古印度之标准语。古印度人认为自己所说的语言，乃是禀承大梵天王所说而来的，故称“梵语”。相对于一般民间所用之俗语，梵语又称“雅语”。

⑤心行：心内之作用、活动、状态、变化，如自心之喜爱、喜好，心之对象，心之作用所及范围，心之志向、心愿、性向、决心等，于心所起之分别意识、妄想、计较等。

⑥虚空：“虚”与“空”都是“无”的别名。虚无形质，空无障碍，故名“虚空”。佛教中往往以虚空譬喻广大无边，譬喻无变易的常性以及无碍、无分别、容受之义。

⑦刹土：指国土。刹，即梵语“差多罗”，意译为“土田”。

⑧真空：真如之理体，远离一切迷情所见之相，杜绝“有”“空”之相对，故称“真空”。以其非假，故称“真”；以其离相，故称“空”。

⑨无记空：于善不善皆不可记别的空。

⑩须弥诸山：指须弥山及其外围的八个山。须弥山意译作“妙高山”，此山是由金、银、琉璃、水晶四宝所成，所以称“妙”，诸山不能与之相比，所以称“高”。又高有八万四千由旬，阔有八万四千由旬，为诸山之王，故得名“妙高”。此山为一小世界的中心，周围有八山、八海环绕，其外围的八个山就是持双、持轴、檐木、善见、马耳、象鼻、持边、铁围，而形成一世界须弥世界。

译文：

第二天，韦刺史请惠能大师继续讲法，大师于讲坛上就座，

对大家说:“大家都清净自心,念诵‘摩诃般若波罗密多’。”又说:“善知识!菩提般若智慧,世上的人本来都有,只是由于自性蒙昧迷惑,而不能自我开悟,必须借助于极富有智慧的大善知识的开示引导,才能见到自己的本性。我们应该知道愚人和智人,他们的佛性都是没有差别的,只是由于迷惑和开悟的状态不同,所以才有了愚智之分。我今天为你们说摩诃般若波罗密法,使你们各自都得到智慧,用心仔细倾听,我来为你们讲。

“善知识!世上的人们整天嘴里念诵般若,寻找智慧,却没有认识到自我本性中存在的般若智慧,这就好比嘴里说各种食物是不能使人肚子饱的。寻求般若智慧如果只是嘴上空说,虽历经万劫,也是永远不能明心见性,终究对学法是没有增益的。

“善知识!摩诃般若波罗密是梵语,意思是大智慧到彼岸。这必须要内心体认,而不是口头上说。嘴上说而内心不体认,一切将如同梦幻泡影,如露如电,转瞬即逝全都是空。口中念诵,内心体认,才能心口一致,相互契合。人的清净本性就是佛,离开自性没有别的成佛的可能。什么叫摩诃呢?摩诃是大的意思,人心广大无限,就像虚空一样,没有形质,没有障碍,没有边际,不是方形圆形,没有大小,没有青黄赤白之色,也没有上下长短,没有嗔怒欢喜,没有善恶对错,没有开端和尽头等。佛性境界,都等同于虚空。世上之人的本性其体本空,含一切万法,不舍一切法。所谓自我本性为真空妙有,也是这个道理。

“善知识!不要听我谈论空,便立刻又执著于对空的追求。首先是不要执著于空;如果一味什么也不想地坐在那里,虽无善恶分别,但又落入虚妄的无记空了!

“善知识！世界虚空，却能包含万事万物，各种现象：日月星辰，山河大地，泉源溪涧，草木丛林，恶人善人，恶法善法，天堂地狱，所有的大海，须弥山及其周围的山，都全部含纳于虚空之中。世人的自性真空，也是这样的。

“善知识！能含藏一切万法，这就是大。万法存在个人的自性本心之中。如果看到一切人的善和恶，都能够不生取舍之心，也不被沾染，不起执著，心如同虚空一样，这样就称之为大，所以称为‘摩诃’。

“善知识！迷人口说，智者心行。又有迷人，空心静坐，百无所思，自称为大。此一辈人，不可与语，为邪见故①。

“善知识！心量广大，遍周法界②。用即了了分明，应用便知一切。一切即一，一即一切，去来自由，心体无滞，即是般若。

“善知识！一切般若智，皆从自性而生，不从外入，莫错用意，名为真性自用。一真一切真。心量大事③，不行小道。口莫终日说空，心中不修此行。恰似凡人自称国王，终不可得，非吾弟子。

“善知识！何名般若？般若者，唐言智慧也④。一切处所，一切时中，念念不愚，常行智慧，即是般若行。一念愚即般若绝，一念智即般若生。世人愚迷，不见般若。口说般若，心中常愚。常自言我修般若，念念说空，不识真空。般若无形相，智慧心即是，若作如是解，即名般若智。

“何名波罗密？此是西国语，唐言到彼岸，解义离生灭。著境生灭起⑤，如水有波浪，即名为此岸；离境无生灭，如水常通流，即名为彼岸，故号波罗密。

“善知识！迷人口念，当念之时，有妄有非。念念若行，是名真性⑥。悟此法者，是般若法，修此行者，是般若行。不修即凡，一念修行，自身等佛。

“善知识！凡夫即佛⑦，烦恼即菩提⑧。前念迷即凡夫，后念悟即佛。前念著境即烦恼，后念离境即菩提。

注释：

①邪见：指不正之执见。凡是不合正法的外道之见都可叫做“邪见”。

②法界：为“十八界”之一。广义泛指有为、无为之一切诸法，称为“法界”。法界又称“法性”、“实相”。法界之义有多种，以二义释之：一就事，一约理。就事而言，法者诸法也，界者分界也。诸法各有自体，而分界不同故名“法界”。约理而言，法相华严之释意，指真如之理性而谓之法界。或谓之真如法性、实相、实际，其体一也。

③心量大事：指开发真如心量，是转迷开悟的大事。心量，指心起妄想，对外境起种种度量。大事，指转迷开悟之事。

④唐言：就是指汉语。

⑤著境生灭起：指由于人们追求一切外在的现象，产生了行为、语言、思想方面的“错误”行动，继而引起生死轮回。境，指人的感觉和思维器官所感知和认识的对象，泛指一切认知对象。

⑥真性：不妄不变之真实本性，乃人本具之心体。佛教主张人所具之真性与佛菩萨之真性本无二致。不妄叫“真”，不变叫“性”。

⑦凡夫：略称“凡”，指凡庸之人，迷惑事理和流转生死的平常人。就修行阶位而言，则未见四谛之理而凡庸浅识者，均称“凡夫”。

⑧烦恼：又作“惑”。烦是扰义，恼是乱义，扰乱有情故名“烦恼”，使有情之身心发生恼、乱、烦、惑、污等精神作用之总称。一般以“贪、嗔、痴”三惑为一切烦恼之根源。

译文：

“善知识！执迷不悟的人终日口头空说，智慧开悟的人用心体认。还有一种愚迷蒙昧的人，绝弃思考，死心静坐，什么一切都不思考，自己妄称这就是大。这一种人，不能与他谈法，因为他持不正的执见。

“善知识！自性本心广博浩大，含藏遍布一切对象和常物。其功用便是能使一切清楚明白，运用它便能体认一切。一切都在本心，本心含藏一切，去来自由，无所滞碍，这就是般若之智。

“善知识！一切般若知识，都是从自性中生发出来的，而不是从外在附加进去的。千万不能体会错了用心和含意，才能称为体用真正的自我本性。以此本性真实不虚，则观一切万法皆是真实不虚。转迷开悟的大事，不能用空心静坐这些小道来获得。嘴上不要整天说空而心中不修行体认。就好比平头百姓称自己为王，但他终究成不了王，这种人不属于我的弟子。

“善知识！什么叫作般若？般若，汉语就是智慧的意思。在在处处，时时刻刻，心心念念都不痴迷愚昧，而能常起用智慧观照，这就是修行般若。任何一个念头转入迷愚，般若智慧便立刻灭绝，一个念头开悟，般若智慧又立刻生起。世上的人愚迷不悟，都无法体认般若智慧。嘴上谈论着般若，心中却时时愚迷不悟。常常自己称自己在修行般若，但时时都说空且执著于空，而不能识见真空。般若智慧没有形态相状，人的智慧之心就是般若，如果作这样的理解，就是般若智慧。

“什么是波罗密？这是印度语，汉语意思是到彼岸，解释它的意思就是离生死。执著于外境一切事物现象，就会产生生灭的心念，如同水生起了波浪，这种情形称为此岸；不执著于外境一切事物现象，就无生灭，如同通流无碍的水一样自然，这称为彼岸，所以叫波罗密。

“善知识！愚迷不悟的人口中念诵的时候，就产生了妄念和是非之心。如果时时刻刻能够心行，就称为不妄不变的真性。悟到的这个法就是般若法，修这个法的就是般若行。不修就是凡夫俗子，一念修行，自身就与佛等同无异。

“善知识！凡夫俗子就是佛，烦恼就是菩提，二者本无差别。前一念痴迷愚昧则就是凡夫，后一念转迷得悟则当下就是佛。前一念执著于外境则就是烦恼，后一念超离外境则当下是佛。

“善知识！摩诃般若波罗密，最尊最上最第一，无住无往亦无来[①]，三世诸佛从中出[②]。当用大智慧，打破五蕴烦恼尘劳[③]，如此修行，定成佛道，变三毒为戒定慧[④]。

“善知识！我此法门[⑤]，从一般若生八万四千智慧。何以故？为世人有八万四千尘劳。若无尘劳，智慧常现，不离自性。悟此法者，即是无念[⑥]。无忆无著，不起诳妄，用自真如性[⑦]，以智慧观照，于一切法，不取不舍，即是见性成佛道。

“善知识！若欲入甚深法界及般若三昧者[⑧]，须修般若行，持诵《金刚般若经》，即得见性。

注释：

①无住：指无固定之实体；或指心不执著于一定对象，不失其自由无碍之作用者，又称“不住”。法无自性，无自性故，无所住着，随缘而生。住，意为住着之所。

②三世诸佛：三世为过去世、现在世、未来世，三世诸佛即过去、现在、未来等三世之众多诸佛，统称“全宇宙中之诸佛”。又作“一切诸佛”、“十方佛”、“三世佛”。在佛教成立的当时，释迦牟尼佛称为“现在佛”，在释迦牟尼佛以前的一切佛称为

"过去佛",在释迦牟尼佛以后成佛的称为"未来佛"。统指出现于三世的一切佛。

③尘劳:为"烦恼"的异称。贪嗔等烦恼,能染污心,犹如尘垢能使身心劳惫,谓为"尘劳"。

④三毒:指"贪、嗔、痴"三种烦恼。贪是贪爱五欲,嗔是嗔恚无忍,痴是愚痴无明,一切烦恼本通称为"毒",然此三种烦恼,系毒害众生出世善心中之最甚者,故特称"三毒"。为根本烦恼之首。贪毒引取无厌之心,嗔毒引起恚忿之心,痴毒引起迷暗之心。

⑤法门:即佛法、教法。佛所说,而作为世间之准则者,称为"法";此法既为众圣入道的通处,又为如来圣者游履之处,故称为"门"。

⑥无念:即无妄念之意,"正念"的异名,指意识没有存有世俗的忆想分别,而符合真如之念。

⑦真如:真实而永远不变者,故称之为"真如"。真,真实不虚妄之意。如,不变其性之意,即指遍布于宇宙中真实的本体,为一切万有之根源。又作"如如"、"如实"、"法界"、"法性"、"实际"、"实相"、"如来藏"、"法身"、"佛性"、"自性清净身"、"一心"、"不思议界"。

⑧般若三昧:得到智慧的正定功夫。

译文:

"善知识!摩诃般若波罗密,最尊贵,最至上,最第一位,它随缘而起,无来无往。过去世、现在世、未来世,三世诸佛,都

是从这里产生的。应当运用这个大智慧，破斥消除人的烦恼，这样来修行，一定能成就佛道，将贪、嗔、痴三毒转化为戒、定、慧三学。

“善知识！我这个法门，能由这个无上般若智慧生出八万四千智慧。这是什么原因呢？由于世上的人原本有八万四千烦恼。如果没有烦恼，智慧时常显现，就不离自我本性。悟到了这个法门，就是正念。不迷恋，不执著，不产生狂妄之心，运用自己本具佛性，以智慧审视观察，对于一切事物现象，不执著不舍弃，就是明心见性，成就佛道。

“善知识！如果要想深入研究佛法和般若三昧，必须修行般若，奉持念诵《金刚般若波罗密经》，就能明白本心，体见本性。

“当知此经功德[1]，无量无边。经中分明赞叹，莫能具说。此法门是最上乘，为大智人说，为上根人说。小根小智人闻，心生不信。何以故？譬如天龙下雨于阎浮提[2]，城邑聚落，悉皆漂流，如漂枣叶。若雨大海，不增不减。若大乘人，若最上乘人，闻说《金刚经》，心开悟解，故知本性自有般若之智，自用智慧，常观照故，不假文字。譬如雨水，不从天有，元是龙能兴致，令一切众生、一切草木、有情无情，悉皆蒙润。百川众流，却入大海，合为一体。众生本性般若之智，亦复如是。

“善知识！小根之人，闻此顿教，犹如草木根性小者，若被大雨，悉皆自倒，不能增长。小根之人，亦复如是。元有般若之智，与大智人更无差别，因何闻法不自开悟？缘邪见障重③，烦恼根深，犹如大云覆盖于日，不得风吹，日光不现。般若之智亦无大小，为一切众生自心迷悟不同。迷心外见，修行觅佛，未悟自性，即是小根；若开悟顿教，不执外修，但于自心常起正见，烦恼尘劳，常不能染，即是见性。

“善知识！内外不住，去来自由，能除执心，通达无碍。能修此行，与般若经本无差别④。

“善知识！一切修多罗及诸文字⑤，大小二乘⑥，十二部经⑦，皆因人置，因智慧性，方能建立。若无世人，一切万法本自不有。故知万法本自人兴，一切经书，因人说有。缘其人中有愚有智，愚为小人，智为大人。愚者问于智人，智者与愚人说法，愚人忽然悟解心开，即与智人无别。

注释：

①功德：意指功能福德，亦谓行善所获的果报。德，得也。

②阎浮提：原本系指印度之地，后则泛指人间世界，就是我们现在所住的娑婆世界。阎浮，是树的名称。提，是洲的意思。

③障：又作“碍”，全称“障碍”、“覆蔽”的意思，指障害涅槃、菩提，遮害出离的烦恼，是“烦恼”的异名。

④般若经：说般若波罗密之理的经典总名。旧译“般若波罗密经”，新译为“般若波罗密多经”，有数十部。

⑤修多罗：指佛教经典。

⑥大小二乘：一曰大乘，二曰小乘。大乘乃大人之乘，小乘者，小人之乘。大乘是菩萨的法门，以救世利他为宗旨；小乘是声闻、缘觉的法门，以修身自利为宗旨。若从经藏里的经本分之，四阿含等罗汉系经典为小乘，华严等菩萨系经典为大乘。

⑦十二部经：乃佛陀所说法，依其叙述形式与内容分成之十二种类，又作“十二分教”、“十二分圣教”、“十二分经”，乃指佛经体例上的十二种类别。在中国佛教中，十二部经泛指一切佛典。

译文：

“要知道这部经的功德，是无量无边的。经中有对此赞叹的内容，说得明明白白，这里不再一一细说。这个法门是最上乘的，是专为有大智慧的人说的，是为上等根器的人说的。小根器禀性、小智慧的人听了，心中反会生出不信。这是什么缘故呢？比如天龙降大雨在我们居住的这个世界，城池村落，全部会被雨水冲垮，如同树叶一般随波漂流。如果大雨是落在大海之中，则大海不会有丝毫增减损益。像大乘根器的人，像最上乘根器的人，听到《金刚经》就会开悟。所以我们知道本性中原本就含有般若智慧，自己运用智慧，时常审视观察，遍照明了一切，不需要借助任何文字。好比雨水，并不是天上本有才下落于世，而是龙能兴云致雨，使一切众生，一切草木，有情和无情，都蒙受润泽。一切河流，都归大海，合为一个整体。众生本性的般若智慧，也是这样。

“善知识！小根器禀性的人；听说了顿教教法，如同根浅枝弱的草木，一旦被大雨冲刷，全部自己倒伏在地，不能再生长了。小根器的人也是如此，原本具有般若智慧，与大根器大智慧的人，别无二样，为什么听说佛法却不能自己开悟呢？只因为错误的见解障碍深重，烦恼根植于心中太深，好像浓重的乌云遮蔽了太阳，又得不到风的吹动，阳光无法显现出来。般若智慧也是没有大小之分的，只是因为一切众生自己心中迷障和开悟的程度不一样。愚迷的人只见心外，向外求法，苦觅佛道，没有悟得自我本性，这就是小根器小禀性的人。如果顿悟法门，不用心外修行，只要自我本心中时常升起正确见地，一切烦恼不能浸染，这就是认识自我本性。

“善知识！对内境和外境都不能执著，来去自由，能够去除执著之心，就能通达而无阻碍。能够如此修行，所达到的境界就和《般若经》所说的无差别。

“善知识！一切经典和文字，大乘小乘经典，十二部经，都是因为人而设置的，因为人本自具有智慧之性，所以佛法能够建立。如果没有世人，一切事物和现象原本也都不能呈现。由此可知一切事物现象原本是由人所兴现的，一切经文佛典，因人讲说而存在，为人而设的。由于世界上的人中有愚迷的，也有智慧的，愚迷的是小根器的人，智慧的是大根器的人。愚迷的人向智慧的人请教，智慧的人给愚迷的人说法，愚迷的人忽然开解得悟，随即他的境界就与智慧的人没有差别了。

“善知识！不悟即佛是众生；一念悟时，众生是佛。

故知万法尽在自心，何不从自心中，顿见真如本性？

“《菩萨戒经》云[①]：‘我本元自性清净，若识自心见性，皆成佛道。’《净名经》云[②]：‘即时豁然，还得本心。’

“善知识！我于忍和尚处，一闻言下便悟，顿见真如本性。是以将此教法流行，令学道者顿悟菩提，各自观心，自见本性。若自不悟，须觅大善知识，解最上乘法者[③]，直示正路。是善知识有大因缘[④]，所谓化导令得见性。一切善法[⑤]，因善知识能发起故。三世诸佛，十二部经，在人性中本自具有，不能自悟，须求善知识，指示方见。若自悟者，不假外求。若一向执谓须他善知识方得解脱者，无有是处。何以故？自心内有知识自悟。若起邪迷，妄念颠倒[⑥]，外善知识虽有教授，救不可得。若起正真般若观照，一刹那间，妄念俱灭。若识自性，一悟即至佛地[⑦]。

“善知识！智慧观照，内外明彻，识自本心。若识本心，即本解脱。若得解脱，即是般若三昧，即是无念。何名无念？若见一切法，心不染著，是为无念。用即遍一切处，亦不著一切处。但净本心，使六识出六门[⑧]，于六尘中无染无杂[⑨]，来去自由，通用无滞，即是般若三昧，自在解脱，名无念行。若百物不思，当令念绝，即是法缚，即名边见[⑩]。

注释：

①《菩萨戒经》：佛教戒律书。姚秦鸠摩罗什译《梵网经·菩萨心地戒品第十》，此经主要讲述大乘佛教的“十重戒”和“四十八轻戒”。

②《净名经》：《维摩诘经》的通称和异名。玄奘将《维摩诘经》译为《无垢称经》，玄奘以后则皆以《净名经》称之。

③解最上乘法者：指懂得禅宗教义的人。

④因缘：为“因”与“缘”之并称。因，指引生结果之直接内在原因。缘，指由外来相助之间接原因。凡一事一物之生，本身的因素叫做“因”，旁助的因素叫做“缘”。例如稻谷，种子为因，泥土、雨露、空气、阳光、肥料等为缘，由此种种因缘和合而谷子得以生长。

⑤善法：为“恶法”之对称，指合乎于善的一切道理，即指五戒、十善、三学、六度。

⑥妄念：指虚妄的心念，即无明或迷妄的执念。因凡夫之迷心不知一切法的真实义，遍计构画颠倒而产生错误的思考。据大乘起信论载，妄念能搅动平等之真如海，而现出万象差别之波浪，若能远离，则得入觉悟之境界。

⑦佛地：通教十地之第十位。谓第九地之菩萨最后顿断烦恼所知二障之习气而成道之位也，即达到成佛的地位。

⑧六识：指眼、耳、鼻、舌、身、意等六种认识作用，即以眼、耳、鼻、舌、身、意等六根为依，对色（显色与形色）、声、香、味、触、法（概念及直感的对象）等六境，产生见、闻、嗅、味、触、知等了别作用的眼识、耳识、鼻识、舌识、身识、意识等。识、境、根三

者必须同时存在。六门：眼、耳、鼻、舌、身、意六根也叫“六门”。

⑨六尘：指色尘、声尘、香尘、味尘、触尘、法尘等六境，又作“外尘”、“六贼”。众生以“六识”缘“六境”而遍污“六根”，能昏昧真性，故称为“尘”。此六尘在心之外，故称“外尘”。此六尘犹如盗贼，能劫夺一切善法，故称“六贼”。

⑩边见：“五见”之一。偏于一边、不合中道、执断执常的见解名为“边见”。

译文：

“善知识！不得开悟时，佛就是众生；一念得悟时，众生都是佛。由此可知，一切都存在于自我本心之中，为什么不从自我本心中当下得悟识见真如本心呢？

“《菩萨戒经》中说：‘自己的本性原来就是清净的，如果识见本心，明见心性，都能成就佛道。’《净名经》说：‘当下豁然开悟，就能够得以识见本心。’

“善知识！我在弘忍大和尚那里，一听到佛法便开悟，顿悟识见真如本性。故而我将这顿教教法流布行化，让学道的人都开悟顿见佛法的无上智慧，各自观照本心，识见本性。如果自己不能开悟，必须找寻大的善知识，找寻能理解最上乘佛法的人，直接指示正确的开悟之路。作为善知识，他们都与佛法有很大的因缘，通过所谓的教化和引导，令人得见自我本性。一切正确的道理，都是由于善知识们发起流布的。过去、现在和未来的一切佛，十二部经，在人的本性中是本来具备的，如果不能自我开悟，必须求助于善知识，通过他们的指导开示识见本心。如果能够自我开悟，是不需求助于外力的。如果总是执著，声称必须依赖别的善知识，才能得到解脱，这样一点不正确。这是什么缘故？是因为自己心中原本具足一切智慧。如果自我生起邪见愚迷，被虚妄心念颠倒，外在的善知识尽管有所教导指授，也不可能救得了你。如果生起真正的般若智慧进行观照，瞬间刹那，虚妄心念全部寂灭。如果识见自我本性，一下开悟便达到佛的境地。

“善知识！运用智慧观察映照，心内心外通明透彻，识见自我本心。如果识见自我本心，就是根本解脱。如果得到解脱，就是般若三昧，就是无念。什么叫做无念？如果识见一切事物现象，本心不执著、不被染污，就叫做无念。运用时能遍及一切地方处所，又不执著于任何一处。只要使本心清净无染，使眼识、耳识、鼻识、舌识、身识、意识六识从眼、耳、鼻、舌、身、意六门中空去，在色、声、香、味、触、法六尘中不被浸染，不被扰杂，来去自由，运用通达无所滞碍，就是般若三昧，就是解脱得大自在，称之为无念修行。如果任何事物都不思虑，一任心念绝灭，又是执著于法，为法所缚了，这叫作偏于一边的恶见，落于片面了。

“善知识！悟无念法者，万法尽通；悟无念法者，见诸佛境界；悟无念法者，至佛地位。

“善知识！后代得吾法者，将此顿教法门，于同见同行，发愿受持[①]，如事佛故，终身而不退者，定入圣位[②]。然须传授从上以来默传分付[③]，不得匿其正法。若不同见同行，在别法中，不得传付，损彼前人，究竟无益。恐愚人不解，谤此法门，百劫千生，断佛种性[④]。

“善知识！吾有一无相颂[⑤]，各须诵取。在家出家，但依此修。若不自修，惟记吾言，亦无有益。听吾颂。”曰：

说通及心通，如日处虚空；
唯传见性法，出世破邪宗。
法即无顿渐，迷悟有迟疾；
只此见性门，愚人不可悉。
说即虽万般，合理还归一；
烦恼暗宅中，常须生慧日。
邪来烦恼至，正来烦恼除；
邪正俱不用，清净至无余。
菩提本自性，起心即是妄；
净心在妄中，但正无三障[⑥]。
世人若修道，一切尽不妨；
常自见己过，与道即相当。
色类自有道[⑦]，各不相妨恼；
离道别觅道，终身不见道。
波波度一生，到头还自懊；
欲得见真道，行正即是道。
自若无道心，暗行不见道；
若真修道人，不见世间过。

若见他人非，自非却是左；
他非我不非，我非自有过。
但自却非心，打除烦恼破；
憎爱不关心，长伸两脚卧。
欲拟化他人，自须有方便；
勿令彼有疑，即是自性现。
佛法在世间，不离世间觉；
离世觅菩提，恰如求兔角。
正见名出世，邪见是世间；
邪正尽打却，菩提性宛然。
此颂是顿教，亦名大法船；
迷闻经累劫，悟则刹那间。

师复曰："今于大梵寺说此顿教，普愿法界众生言下见性成佛。"时韦使君与官僚、道俗闻师所说，无不省悟。一时作礼，皆叹："善哉！何期岭南有佛出世！"

注释：

①发愿：又作"发大愿"、"发愿心"、"发志愿"、"发无上愿"，发起誓愿的意思。受持：指受者以信力领受于心，持者以念力忆而不忘。

②圣位：三乘人证得菩提之果位，指断尽见惑之初果圣者。

③默传：即"默传心印"。于禅宗，师家教导弟子不以言语或文字直言明示，而以心传心，令其自悟佛法奥义，见性成佛。

默，指知解，并非是“绝无一言”。

④断佛种性：断绝佛性，永远不能成佛。

⑤无相：为“有相”的对称，即无形相的意思。于一切相，离一切相，即是无相。因为涅槃超离一切虚妄之相，所以“无相”也是“涅槃”的别名。

⑥三障：三种障碍，又作“三重障”，指障碍圣道之烦恼障、业障、异熟障（果报障）。

⑦色类：有各种物质形体的众生，一般指世间的一切人。

译文：

“善知识！领悟了无念法门的人，就通达了一切法；领悟了无念法门的人，就识见佛的境界；领悟了无念法门的人，就达到了佛的果位。

“善知识！后代得到我所授法门的人，需要将这顿教法门，和与他见地相同、立志同修的人，一起发起誓愿领受护持，如同奉礼敬佛一样，一生不消退信力，因这个缘故，必定能达到佛的圣位。然而必须传付指授从佛祖以来的以心传心的默传教法，不得隐匿宗门正法。如果不与见地相同、行法相同的人一起同修，在信奉外教的人之中，不可传法付嘱，这样对先圣前贤有损，终究是没有好处的。因为愚昧痴妄的人不能理解，反会毁谤这个法门，这样的人就会百劫千生永远断了佛性的种子，不能成佛了。

“善知识！我有一个无相颂，大家各自都要念诵记取。无论在家居士还是出家僧人，须依照这个颂去修。如果自己不依此修行，仅仅是记住我的话，也是没有用处的。诸位听我的颂。”颂词说：

说通及心通，如日处虚空；
唯传见性法，出世破邪宗。
法即无顿渐，迷悟有迟疾；
只此见性门，愚人不可悉。
说即虽万般，合理还归一；
烦恼暗宅中，常须生慧日。
邪来烦恼至，正来烦恼除；
邪正俱不用，清净至无余。
菩提本自性，起心即是妄；
净心在妄中，但正无三障。
世人若修道，一切尽不妨；
常自见己过，与道即相当。
色类自有道，各不相妨恼；
离道别觅道，终身不见道。
波波度一生，到头还自懊；
欲得见真道，行正即是道。
自若无道心，暗行不见道；
若真修道人，不见世间过。
若见他人非，自非却是左；
他非我不非，我非自有过。
但自却非心，打除烦恼破；
憎爱不关心，长伸两脚卧。

欲拟化他人，自须有方便；
勿令破有疑，即是自性现。
佛法在世间，不离世间觉；
离世觅菩提，恰如求兔角。
正见名出世，邪见是世间；
邪正尽打却，菩提性宛然。
此颂是顿教，亦名大法船；
迷闻经累劫，悟则刹那间。

大师又说："今天在大梵寺所说的这个顿教教法，衷心愿望普天下的众生听闻之后能明心见性，成就佛道。"当时韦刺史与官员们、僧人和在家俗众听了大师所讲，没有不觉悟明白的。当时都向惠能大师行礼致敬，都感叹道："太好了！谁料想岭南这个地方有真佛出现了！"

疑问品第三

本品通过韦刺史的疑问，阐述了何为“功德”，“见性是功，平等是德”、“内心谦下是功，外行于礼是德”、“不离自性是功，应用无染是德”等，指明了怀有世俗功利目的的行为和举措，即使规模再大，也非解脱层面的真功德，而是一种执著攀缘的求福行为。“功德须自性内见，不是布施供养之所求也”。针对韦刺史对于念佛往生西方极乐世界的疑问，惠能大师反问其“东方人造罪，念佛求生西方；西方人造罪，念佛求生何国”？强调心中自有净土，心净则佛土净。接着通过譬喻和进一步的解说使得众生体悟到佛向性中作，莫向身外求，成佛的唯一方法就是见性，念念见性则西方就在眼前。

一日，韦刺史为师设大会斋①。斋讫，刺史请师升座，同官僚士庶肃容再拜②，问曰：“弟子闻和尚说法，实不可思议。今有少疑，愿大慈悲，特为解说。”

师曰：“有疑即问，吾当为说。”

韦公曰：“和尚所说，可不是达磨大师宗旨乎？”

师曰：“是。”

公曰：“弟子闻达磨初化梁武帝③，帝问云：‘朕一生造寺度僧，布施设斋④，有何功德？’达磨言：‘实无功德。’弟子未达此理，愿和尚为说。”

师曰："实无功德，勿疑先圣之言。武帝心邪，不知正法。造寺度僧，布施设斋，名为求福，不可将福便为功德。功德在法身中，不在修福。"

师又曰："见性是功，平等是德。念念无滞，常见本性，真实妙用，名为功德。内心谦下是功，外行于礼是德。自性建立万法是功，心体离念是德。不离自性是功，应用无染是德。若觅功德法身，但依此作，是真功德。若修功德之人，心即不轻，常行普敬。心常轻人，吾我不断，即自无功。自性虚妄不实，即自无德。为吾我自大，常轻一切故。善知识！念念无间是功，心行平直是德。自修性是功，自修身是德。善知识！功德须自性内见，不是布施供养之所求也，是以福德与功德别。武帝不识真理，非我祖师有过。"

注释：

①大会斋：在大法会中兼用斋饭。

②士庶：士族和庶族。这里指广大信众。

③梁武帝（464—549）：南朝兰陵人，姓萧名衍，字叔达。在位期间，笃信佛教，有"皇帝菩萨"之称。天监十八年（519）从钟山草堂寺慧约受菩萨戒；当时名僧僧伽婆罗、法宠、僧迁、僧旻、法云、慧超、明彻等，皆受其礼敬，并在首都建康建了大寺七百余所，僧尼讲众常聚万人。武帝一生精研佛教教理，固持戒律，四次舍身同泰寺，自讲涅槃、般若、三慧等经；著有《涅槃

经》、《大品经》、《净名经》、《三慧经》等之义记数百卷。后因侯景起兵反叛，攻陷建康，于太清三年（549）饿死于台城。在位四十八年，世寿八十六。

④布施：即以慈悲心而施福利于人的意思。为“六波罗密”之一，再加上法施、无畏施二者，扩大布施之意义。亦即指施予他人以财物、体力、智慧等，为他人造福成智而求得累积功德，以致解脱的一种修行方法。

译文：

一天，韦刺史为惠能大师举行大法会兼施斋饭。斋饭完毕后，刺史请大师登上讲坛开讲，自己同其他官员及广大信众，整肃仪容，两次庄重行礼致敬，问道：“弟子听大师说法，实在微妙，令人无法心思口议。现在还有一点疑问，希望大师慈悲为怀，特地为我解说开示。”

惠能大师说：“有疑惑就问吧，我自会给你解说。”

韦刺史说：“请问大师您所说的是达磨大师的宗旨吗？”

惠能大师回答：“是的。”

韦刺史说：“弟子听说，达磨大师最初度化梁武帝，武帝问：‘我一生中建造寺庙，敕度僧人，布施舍予，广设斋会，这有什么样的功德？’达磨说：‘实在是没什么功德。’弟子我不能理解这个道理，希望大师为我解说。”

惠能大师说：“实在是没什么功德的，请不要怀疑先圣前贤的话。梁武帝心中生起邪见，不能理解正法。建造寺庙，敕度僧人，布施舍予，广设斋会，这个叫作求获福报，却不可以把求福认为是功德。身具一切佛法，功德自存其中，而不在于行善求获福报。”

惠能大师又说：“明心见性就是功，平等无二就是德。每一刹那都无所滞碍，时常照见本心自性，真实不虚，发挥妙用，这就是功德。内心谦虚处下就是功，外行合乎于理就是德。自我本性合藏万法就是功，自心本体超离俗念妄想就是德。不离开自心本性是功，运用自心本性而无所浸染是德。如果寻求功德的本性，只要依照这些来做，就是真正的功德。如果是修功德的人，心中就不会产生轻视，而始终奉行广泛的敬心。心中时常轻视他人，自我的执见不能断灭，就自然是没有功的。自我心性如果虚妄不真实，就自然是没有德的。是因为一贯以自我为大，我执太重，时常轻视一切的缘故。善知识！时时刻刻，念念之间无有中断就是功，依平常心顺直而行就是德。自我修行本性是功，自我修行身行是德。善知识！功德必须在自心本性中识见，而不是通过布施舍予，供养奉侍来求得的，所以福德与功德是有区别的。梁武帝正是不能认识到这个真理，这并非是达磨祖师言行有错误。”

刺史又问曰：“弟子常见僧俗，念阿弥陀佛[①]，愿生西方[②]。请和尚说，得生彼否？愿为破疑！”

师言：“使君善听，惠能与说。世尊在舍卫城中，说西方引化，经文分明，去此不远。若论相说里数，有十万八千，即身中十恶八邪[③]，便是说远。说远为其下根，说近为其上智。

“人有两种，法无两般，迷悟有殊，见有迟疾。迷人念佛求生于彼；悟人自净其心。所以佛言：‘随其心净即佛土净[4]。’

“使君东方人，但心净即无罪。虽西方人，心不净亦有愆[5]。东方人造罪，念佛求生西方；西方人造罪，念佛求生何国？

“凡愚不了自性，不识身中净土，愿东愿西；悟人在处一般。所以佛言：随所住处恒安乐。使君心地但无不善，西方去此不遥。若怀不善之心，念佛往生难到[6]。今劝善知识，先除十恶，即行十万；后除八邪，乃过八千。念念见性，常行平直，到如弹指，便睹弥陀[7]。”

注释：

①阿弥陀佛：意译“无量”。为西方极乐世界的教主。此佛光明无量、寿命无量，故称“阿弥陀佛”。

②西方：又称“西方极乐净土”，略称“西方”，即阿弥陀佛之极乐净土，指西方极乐世界。

③十恶：即一、杀生；二、偷盗；三、邪淫；四、妄语；五、两舌，即说离间语、破语；六、恶口，即恶语、恶骂；七、绮语，即杂秽语、非应语、散语、无义语。乃从染心所发者；八、贪欲，即贪爱、贪取、悭贪；九、嗔恚；十、愚痴。八邪：即反于“八正道”者。一邪见、二邪思惟、三邪语、四邪业、五邪命、六邪方便、七邪念、八邪定。

④随其心净即佛土净：出自《维摩诘经·佛国品》，只要心地清净便是佛国净土。

⑤愆：罪过。

⑥往生：往弥陀如来的极乐净土，谓之“往”，化生于彼土莲花中，谓之“生”。谓命终时生于他方世界。通常又以“往生”为“死”之代用词。

⑦便睹弥陀：是往生西方极乐世界的象征。

译文：

韦刺史又问：“弟子常常看到出家人和在家人，口中念诵阿弥陀佛名号，希望往生西方。请大师讲讲，能够往生到那里吗？希望大师为我们破斥疑惑。”

大师说：“韦刺史好好听着，惠能我向你解说。释迦牟尼当年在舍卫城里，说到接引度化到西方极乐世界时，经文中说得清楚明白，西方极乐世界离现世并不遥远。但如果论相状来说里数，则有十万八千里之远，若从自性上说，就是身心中有十恶八邪的障碍，所以说遥远不可及。说它远是针对根器下等的人而言，说近则针对的是具有上等智慧的人。

“人固然有这两种之分，但佛法却没有这样的两种分别，只是因为愚迷和开悟的不同，所以识见本心就有快慢之别。愚迷的人称名念佛，祈求往生西方极乐；开悟的人则自我清净本心。所以佛说：‘自我本心清净，也就是佛土清净。’

“韦刺史你是东方人，只要自心清净便没有罪业。尽管是西方人，若自心不清净也是有罪业的。东方人造罪业，还可以称名念佛祈求往生西方；西方人若造罪业，称名念佛又求往哪一方呢？

“凡夫愚迷不能了达自我本性，不能识见自身中存有净土，希望往生东方、往生西方；而了悟的人，在哪里都一样，别无二致。所以佛说：依随你所在的地方而保持恒久安乐。韦刺史心中只要没有不善之念，西方极乐世界就离此并不遥远。如果心中怀有不善之念，即使称名念佛也无法往生西方极乐。现在我奉劝诸位善知识，先消除十恶，那么你就已经行了十万里；再除去八邪，你就又过了八千里。时时刻刻明见本性，如常直了修行，到西方极乐世界便容易得有如弹指一挥间，便能够亲见阿弥陀佛。”

“使君但行十善[①]，何须更愿往生？不断十恶之心，何佛即来迎请？若悟无生顿法，见西方只在刹那；不悟念佛求生，路遥如何得达？惠能与诸人移西方于刹那间，目前便见，各愿见否？”

众皆顶礼云[②]：“若此处见，何须更愿往生？愿和尚慈悲，便现西方，普令得见。”

师言：“大众！世人自色身是城[③]，眼耳鼻舌是门。外有五门，内有意门。心是地，性是王。王居心地上，性在王在，性去王无。性在身心存，性去身心坏。佛向性中作，莫向身外求。

“自性迷即是众生，自性觉即是佛。慈悲即是观音，喜舍名为势至。能净即释迦，平直即弥陀。

“人我是须弥[4]，邪心是海水，烦恼是波浪，毒害是恶龙，虚妄是鬼神，尘劳是鱼鳖，贪嗔是地狱[5]，愚痴是畜生。

“善知识！常行十善，天堂便至[6]；除人我，须弥倒；去邪心，海水竭；烦恼无，波浪灭；毒害除，鱼龙绝。自心地上觉性如来，放大光明，外照六门清净，能破六欲诸天[7]。自性内照，三毒即除，地狱等罪，一时销灭，内外明彻，不异西方。不作此修，如何到彼？”

大众闻说，了然见性。悉皆礼拜，俱叹善哉！唱言：“普愿法界众生，闻者一时悟解。”

注释：

①十善：即“十善业”，乃身口意三业中所行之十种善行为。反之，身口意所行之十种恶行为，称为“十恶”；远离十恶，不犯十恶，则谓之“十善”。

②顶礼：即两膝、两肘及头着地，以头顶敬礼，承接所礼者双足。向佛像行礼，舒二掌过额、承空，以示接佛足。又叫作“头顶礼敬”、“头面礼足”、“头面礼”。其义同于“五体投地”、“接足礼”。印度最上之敬礼，以我所高者为顶，彼所卑者为足；以我所尊，敬彼所卑者。

③色身：指有形质之身，即肉身。由四大等色法所组成的肉身。反之，无形者称为“法身”，或“智身”。

④人我是须弥：佛教认为世人由于自我的“我执”、“法执”造下了须弥山一般高的罪业，“人我是须弥”就是人我之执犹如高山障碍的正道。

⑤地狱：译为“不乐”、“可厌”、“苦具”、“苦器”、“无有”等，“六道”中最苦的地方。其依处在地下，因谓之地狱。凡所处的地方，只有苦受而没有喜乐的环境，皆可比喻为地狱。

⑥天堂：又作“天宫”，与“地狱”对称。指天众所住的天上宫殿，即善人死后，依其善业所至受福乐的处所。凡所处的地方，能有随心享乐的环境，皆可比喻为天堂。

⑦六欲诸天：欲界有六重天，谓之“六欲天”：一、四王天（有持国、广目、增长、多闻四王，故名“四王天”）；二、忉利天；三、夜摩天；四、兜率天；五、乐变化天；六、他化自在天。

译文：

惠能大师继续说道：“韦刺史只要奉行十善，又何必要再去往生西方极乐世界呢？如果不断灭十恶之心，又有什么佛来迎请接引你往生西方呢？如果悟了没有生灭的顿教教法，亲见西方极乐世界，只不过是瞬间就能达到的；不能开悟而称名念佛，但求往生，路有十万八千里之远，又如何能达到呢？惠能我能给诸位在一瞬之间搬来西方极乐世界，眼下便能看到。各位是否希望看到？”

众人都向大师行大礼，说：“如果在这里能见，哪还需要再发愿往生西方呢？希望大师慈悲为怀，立刻就显现出西方来，让大家都得以看到。”

惠能大师说："各位，世上的人的肉身就如同一座城池，眼睛耳朵鼻子舌头等好像是城门。外面有五个门，里面还有一个意念门。自心好比土地，自性好比帝王。帝王居于自心这块土地上，自性在，帝王在，自性无，帝王无。自性存在，身心存在；自性缺失，身心大坏。作佛要向自性中去求得，切不要向身外去求索。

"自我本性愚迷时，佛也是众生；自我本性觉悟时，众生就是佛。能以慈悲为怀，当下就成观音；能乐于施舍，现在就是大势至菩萨。能自性清净就是释迦牟尼，能平等直了就是阿弥陀佛。

"有人我二执时，障碍升起如同须弥山，邪见心念如同无尽大海，烦恼生起就如同波浪涌动，歹毒害人之心像凶猛的恶龙，虚假妄念如同鬼魅，在尘劳中奔波如同鱼鳖，心存贪欲嗔怒就是身陷地狱，愚昧无知就堕入了畜生道。

"善知识！时常奉行十善，天堂便在眼前；拔除人我之执，须弥障碍轰然倒塌；去除贪心，欲念之海顿然枯竭；烦恼不生如同波浪不兴；心中毒害之心消除如同恶龙鱼鳖尽绝。自性心地上觉悟如来佛性，放大光明，生大智慧，将外在的眼、耳、鼻、舌、身、意六门照耀清净，把欲界的六重天全部照破。自我本性向内映照，贪、嗔、痴三毒当即灭除，应该堕入地狱受苦的罪业也顷刻除尽，内外通明透彻，就与西方极乐世界没有差别。不这样修行，怎么能到达彼岸的西方极乐世界？"

大家听了惠能大师所说，立刻识见本性。向大师礼敬致拜，都感叹、称赞，高声唱诵道："但愿普天下听到此法的众生，立刻都能开悟。"

师言："善知识！若欲修行，在家亦得，不由在寺。在家能行，如东方人心善；在寺不修，如西方人心恶。但心清净，即是自性西方。"

韦公又问："在家如何修行？愿为教授！"

师言："吾与大众说《无相颂》，但依此修，常与吾同处无别。若不依此修，剃发出家，于道何益？"颂曰：

心平何劳持戒[1]？行直何用修禅？
恩则孝养父母，义则上下相怜。
让则尊卑和睦，忍则众恶无喧。
若能钻木出火，淤泥定生红莲。
苦口的是良药，逆耳必是忠言。
改过必生智慧，护短心内非贤。
日用常行饶益[2]，成道非由施钱。
菩提只向心觅，何劳向外求玄。
听说依此修行，西方只在目前。

师复曰："善知识！总须依偈修行，见取自性，直成佛道。时不相待，众人且散，吾归曹溪。众若有疑，却来相问。"

时，刺史、官僚、在会善男信女，各得开悟，信受奉行。

注释：

①持戒："六度"之一，即护持戒法的意思，与"破戒"相对称。

②饶益：予人富裕、丰足法益的意思。

译文：

惠能大师说："善知识！如果想修行，在家中也是可以的，不一定必须到寺庙里。如果在家中也能坚持修行，恰如身处东方的人却能心存善行；即使身在寺中却不奉行修行，那就如同身在西方极乐却心存恶念。只要内心清净，就是在自性中得见西方极乐世界。"

韦刺史又问："在家又怎样修行呢？希望能给我们教化指授。"

大师说："我给大家说一个《无相颂》，只要依照这个颂修行，就是经常和我在一起。如果不依照这个颂修行，即使剃度出家为僧，其对于修道又有什么用处呢？"颂词说：

心平何劳持戒？行直何用修禅？
恩则孝养父母，义则上下相怜。
让则尊卑和睦，忍则众恶无喧。
若能钻木出火，淤泥定生红莲。
苦口的是良药，逆耳必是忠言。
改过必生智慧，护短心内非贤。
日用常行饶益，成道非由施钱。
菩提只向心觅，何劳向外求玄。
听说依此修行，西方只在目前。

大师又说："善知识！大家都必须依照偈颂修行，各自识见获取本性，直接成就佛道。佛法修行不可拖延。大家就这样先散了吧，我这就回曹溪山了。大家如果有疑问，就来问我好了。”

当时，韦刺史与官员们，大法会上的善男信女们，都有所开悟，对惠能大师的教法深信不疑，遵守奉行。

定慧品第四

本品讲述了惠能大师认为南宗禅法之法门，是以“定、慧”为本，并用灯与光之关系喻示定慧一体、体用一如，“定是慧体，慧是定用”，“即慧之时定在慧，即定之时慧在定”。主张修行之时不可定慧两分，偏执一端。接着指出本宗法门以“无念为宗、无相为体、无住为本”，外离一切相叫做无相，对所有外境均不沾染叫做无念，对于一切时间善恶好坏、不思酬爱、视为空幻的人之本性即是无住。力倡“于一切行住坐卧，常行一直心”，教人自识本心、自见本性。

师示众云：“善知识！我此法门，以定慧为本。大众勿迷，言定慧别，定慧一体，不是二。定是慧体，慧是定用，即慧之时定在慧，即定之时慧在定。若识此义，即是定慧等学。诸学道人，莫言先定发慧、先慧发定各别。作此见者，法有二相。口说善语，心中不善，空有定慧，定慧不等。若心口俱善，内外一如，定慧即等。自悟修行，不在于诤；若诤先后，即同迷人。不断胜负，却增我法，不离四相①。

“善知识！定慧犹如何等？犹如灯光。有灯即光，无灯即暗，灯是光之体，光是灯之用。名虽有二，体本同一。此定慧法，亦复如是。”

师示众云："善知识！一行三昧者[②]，于一切处行住坐卧，常行一直心是也。《净名经》云：直心是道场[③]，直心是净土[④]。莫心行谄曲[⑤]，口但说直，口说一行三昧，不行直心。但行直心，于一切法勿有执著。迷人著法相[⑥]，执一行三昧，直言常坐不动，妄不起心，即是一行三昧。作此解者，即同无情，却是障道因缘。

"善知识！道须通流，何以却滞？心不住法，道即通流。心若住法，名为自缚。若言常坐不动是，只如舍利弗宴坐林中[⑦]，却被维摩诘诃[⑧]。

"善知识！又有人教坐，看心观静，不动不起，从此置功。迷人不会，便执成颠，如此者众。如是相教，故知大错。"

注释：

①四相：我、人、众生、寿者。

②一行三昧：是一种实相念佛教法。修习这种禅定时，要以法界（即真如、实相）为观想对象，专心念佛，即可以见到佛，离开心没有别的佛。神秀北宗禅倡导这种禅定，强调静坐安心。惠能反对守心看净，并对"一行三昧"作了新的解释。三昧，又作"三摩地"、"三摩提"、"三摩帝"，意译为"等持"、"定"、"正定"、"正受"、"定意"、"调直定"、"正心行处"等，即将心定于一处或一境的一种安定状态。又一般俗语形容妙处、极致、蕴奥、诀窍等之时，皆以"三昧"称之，即套用佛教用语而转意，当

然已与原义迥然有别。

③道场：一般所谓的道场，系指修习佛法的场所，故“道场”可作为“寺院”的别名。又作“菩提道场”、“菩提场”，专指中印度菩提伽耶的菩提树下之金刚座上佛陀成道之处。这里指的是禅宗所谓的成就菩提动机的发心、修行等。

④净土：全称“清净土”、“清净国土”、“清净佛刹”。又作“净刹”、“净界”、“净国”、“净方”、“净域”、“净世界”、“净妙土”、“妙土”、“佛刹”、“佛国”，指以菩提修成的清净处所为佛所居之所。对此而言，众生居住之所，有烦恼污秽，故称“秽土”、“秽国”。

⑤谄曲：谄媚不正。

⑥法相：与“法性”同义。诸法所具本质之相状，或指其意义内容。又指真如、实相。

⑦舍利弗：佛陀十大弟子之一。舍利弗归佛后，常随从佛陀，辅翼圣化，为诸弟子中之上首；复以聪明胜众，被誉为佛弟子中“智慧第一”。宴坐：坐禅或静坐的意思。

⑧维摩诘：菩萨名。略称“维摩”，为佛陀的在家弟子，乃中印度毗耶离城之长者。虽在俗尘，然精通大乘佛教教义，其修为高远，虽出家弟子犹有不能及者。

译文：

惠能大师开示众人说：“善知识！我所讲的法门，以定、慧为根本。大家不要迷误，认为定、慧二者有别，定和慧是一体的，不是二分的。禅定是智慧的本体，智慧是禅定的功用，就在智慧显现的时候，定存在于慧中，在入定的时候慧存在于定中。如果了解了这个道理，就是定、慧平等同体。各位学习佛道的人，不要说须先禅定再生发智慧，或先生发智慧才能禅定，认为二者有别。有这种观点的，就是认为佛法也有两种相状。嘴上说着善语，心中没有善意，徒有定慧的虚名，定慧却不是一体之学。如果心存善意，口出善言，心口相应，内外如一，定、慧即成一体。自我开悟依此修行，不在于争执名相，如果执著于争执定、慧孰先孰后，即与愚迷之人等同无异。不断绝胜负高下的心念计较，就会不断加重我执，无法超离对'我、人、众生、寿者'四相的执著。

"善知识！定、慧的关系好比什么呢？好比灯光。有灯就有光，没有灯即是黑暗，灯是光的本质，光是灯的功用。两者名称虽不同，本质却是同一的。定、慧关系之理，也是如此。"

大师开示众人说："善知识！一行三昧，就是无论何时何地，无论或行或住，或坐或卧，都直接依照本心修行。《净名经》说：直现本心就是佛的处所，直现本心就是西方极乐世界。不要心中进行谄媚邪曲，口中却说直心，口中宣称一行三昧，却不奉行直心。要奉行平直心念，对一切事物现象没有执著。愚迷的人执著于法相，执著于一行三昧，直接宣称只要经常静坐不动，妄念不从心中起，这就是一行三昧。作这样解释的人，就和无情草木一样，是障碍修道的。

"善知识！道必须是通达流动的，为什么却是滞塞的呢？心中不执著于法，道便通达。心中若执著于法，这叫做为法所缚。如果说应该常常静坐而不动，那么只会像舍利弗当年在树林中长久静坐，却被维摩诘呵斥一样。

“善知识！有人教人静坐，守着心，观看静，身体不动，长久不起，根据这个来建立功德。愚迷的人不能体会定慧的道理，一再执迷，乃成颠倒虚妄，像这样的人有很多。像这样的教导，是大错特错的。”

师示众云：“善知识！本来正教，无有顿渐，人性自有利钝。迷人渐修，悟人顿契，自识本心，自见本性，即无差别。所以立顿渐之假名。

“善知识！我此法门，从上以来，先立无念为宗，无相为体，无住为本。无相者，于相而离相；无念者，于念而无念；无住者，人之本性。于世间善恶好丑，乃至冤之与亲，言语触刺欺争之时，并将为空，不思酬害①，念念之中，不思前境。若前念今念后念，念念相续不断，名为系缚②。于诸法上，念念不住，即无缚也。此是以无住为本。

“善知识！外离一切相，名为无相。能离于相，即法体清净。此是以无相为体。

“善知识！于诸境上，心不染，曰无念。于自念上，常离诸境，不于境上生心；若只百物不思，念尽除却，一念绝即死，别处受生，是为大错，学道者思之！若不识法意，自错犹可，更误他人；自迷不见，又谤佛经。所以立无念为宗。

“善知识！云何立无念为宗？只缘口说见性迷人，于境上有念，念上便起邪见。一切尘劳妄想，从此而生。自性本无一法可得，若有所得，妄说祸福，即是尘劳邪见。故此法门立无念为宗。善知识！无者，无何事？念者，念何物？无者，无二相，无诸尘劳之心。念者，念真如本性，真如即是念之体，念即是真如之用。真如自性起念，非眼耳鼻舌能念。真如有性，所以起念。真如若无，眼耳色声当时即坏。

“善知识！真如自性起念，六根虽有见闻觉知，不染万境，而真性常自在。故经云：能善分别诸法相，于第一义而不动③。”

注释：

①酬害：报复。酬，报答。

②系缚：又作“结缚”，拘束之意。指众生之身心为烦恼、妄想或外界事物所束缚而失去自由，长时间流转于生死之中。是“烦恼”的别名，因烦恼如绳子能系缚身心，使人不得自在。

③第一义：至高无上的真理。以名究竟之真理，是为最上，故云“第一”。

译文：

惠能大师说：“善知识！原本真正的教法，没有顿渐之分，人性本来有聪明和愚钝罢了。愚钝的人渐次修行，聪明的人顿时契悟，自我识见本心，自我识见本性，就没有顿悟渐悟的差别了。所以顿悟渐悟只是权且设立的假名而已。

“善知识！我所宣讲的法门，从佛祖以来，一直是首先立无念为宗旨，以无相为本体，以无住为本根。所谓无相，基于一切相状而超离一切相状；所谓无念，生起心念而不执著于心念；所谓无住，乃是人的本性。对于世间一切善恶好丑，甚至冤家对头，亲朋好友，在言语上发生攻击、刺伤、欺谎、论争的时候，一并将这些看成空幻，不去思索报复伤害，时时刻刻，不追思拘泥于以前，这就是以无住为本。如果对于过去、现在、将来的心念，念念相续，思量不断，这叫作自我系缚。相反，对于一切法相，念念之间毫不执著，就是没有系缚，这就是以无住为本。

“善知识！超离一切外在形相，叫作无相。能超离于形相，就是自性法体清净。这就是以无相为本体。

“善知识！在世间万事万物中不被浸染，叫作无念。在自我心念上，时常超离一切事物现象，不在所遇到的事物现象上生执著心；假如只是什么都不思维，心念除去灭尽，一念断绝就是死，以为还可以到别的地方再去受生，这是极大的错误，参学佛道的人应该仔细思维！如果不能识见佛法大义，自己错误迷妄也就罢了，偏偏还要再去劝行他人；自己迷误不能识见本性，又毁谤了佛教经典。因此要立无念为宗旨。

“善知识！为什么说要立无念为宗旨呢？只因为口头上声称识见本性的愚迷之人，在事物上生执著心念，产生邪见。一切尘世错误妄想，从此而生。自我本性本来并不是可以通过某种具体方法能够获得的，如果有所得，就胡乱声称是祸福果报，这是世俗邪见。所以这个法门立无念为宗旨。善知识！无，无的是什么？念，念的又是什么？无是没有差别对立的二分之相，没有执迷尘世之心。念是心念与佛性相一的自我本性，真正的如来佛性是心念的本体，心念是真如佛性的效用。真如佛性由自我本性中升起心念，并非是眼睛、耳朵、鼻子、舌头等感觉器官能起心念。真如佛性是自我本具的自我之性，从中能够生起心念。如果真如佛性不是自我本具，那么眼睛、耳朵等六种感觉器官就应该是坏死的。

“善知识！自我真如本性生起心念，六种感觉器官虽然能看见、听到、觉察、了解，但不被外在一切事物现象所浸染，真如本性就是永恒自在的。所以佛经上说：真如佛性能够正确地了知各种事物和现象，在根本上是没有生灭，不会动摇的。”

坐禅品第五

本品记载惠能大师对何为“坐禅”所作的解释:“外于一切善恶境界,心念不起,名为坐;内见自性不动,名为禅”。阐述了南宗禅对“禅定”的定义:“外离相为禅,内不乱即定”,“外禅内定,是为禅定”。认为坐禅并不是守心看净,一味枯坐,而是要对外不执著,对内止散乱,禅定与般若智慧是内外一体的。最后还强调了要明心见性,自修自行,自成佛道的道理。

师示众云:“此门坐禅[①],元不著心[②],亦不著净,亦不是不动。若言著心,心元是妄,知心如幻,故无所著也。若言著净,人性本净;由妄念故,盖覆真如,但无妄想,性自清净。起心著净,却生净妄,妄无处所,著者是妄。净无形相,却立净相,言是工夫,作此见者,障自本性,却被净缚[③]。

“善知识!若修不动者,但见一切人时,不见人之是非善恶过患,即是自性不动[④]。

“善知识!迷人身虽不动,开口便说他人是非长短好恶,与道违背。若著心著净,即障道也。”

师示众云:“善知识!何名坐禅?此法门中,无障无碍,外于一切善恶境界,心念不起,名为坐;内见自性不动，名为禅。善知识！何名禅定？外离相为禅⑤，内不乱为定。外若著相，内心即乱。外若离相，心即不乱。本性自净自定，只为见境思境即乱。若见诸境心不乱者，是真定也。

“善知识！外离相即禅，内不乱即定。外禅内定，是为禅定。《菩萨戒经》云：我本元自性清净。善知识！于念念中，自见本性清净，自修、自行，自成佛道。”

注释：

①坐禅：结跏趺坐，不起思虑分别，系心于某一对象，称为“坐禅”。

②元：通“原”。

③净缚：指被所要观想的“净相”所束缚。

④自性不动：指自体之本性。诸法各自有不变不改之性，是名“自性”。这里指不从主观上分辨和计较是非曲直。

⑤外离相：指自心对外在事物和现象都不执著。

译文：

惠能大师开示众人说：“我这个法门所讲的坐禅，原本不是执著于固守本心，也不是执著于一味看净，更不是枯坐不动。如果说执著心念，心念原本也是虚妄，了解了心念的虚妄，所以也就没有什么可执迷固守的。如果说执著于追求本性清净，那么人的本性原本就是清净的；由于虚妄心念的缘故，掩盖遮蔽了自我真如本性，一旦没有了虚妄邪见，本性就又自我清净了。

生起执心追求所谓的清净，却又生起对清净本身执著的妄念，这种妄念本来是无处着落和无所适从的，一旦清净产生执著之心时，它便有了生起的处所。清净本来是没有形相的，却给清净设定一个形相，硬说符合这一形相的才是修行的功夫，持这样见解的人，障碍迷惑了自我的本性，其实是被所谓的清净执迷束缚了。

“善知识！如果修‘不动’行，心不生起，那么看任何人的时候，都对他的是非善恶能视而不见，心念不随之扰动，这就是自我本性真正寂然不动。

“善知识！愚迷的人身体虽然在那里纹丝不动，但一开口就是议论别人的是非长短和好坏，这与修道是正好相违背的。这与执著于守心看净一样，也是障碍修道的。”

惠能大师开示众人说：“善知识！什么叫坐禅？我这个法门中，没有阻碍，遍达自在，对于一切外在的善恶境界，不起心动念，这叫作坐；能识见内在自我本性寂然不动，这叫作禅。善知识！什么叫禅定？超离外境外相就是禅，内心不散乱叫作定。如果执著于外境外相，内心必定散乱。如果超离外境外相，内心就不散乱。人的本性原是本自清净，本自安定的，只是因为遇见外境因而思虑执著于外境，所以内心就散乱了。如果能见到一切外境而内心不散乱的，这才是真正的定。

“善知识！超离外境外相就是禅，内心不散乱就是定。外禅内定就是禅定。《菩萨戒经》说：自我本性原本清净。善知识！时时刻刻识见自我本性清净，自我修持，自我心行，自然成就佛道。”

忏悔品第六

本品记述惠能为来山听法的四方士庶讲授"自性五分法身香"、"无相忏悔"、"自心四弘誓愿"、"无相三归依戒"以及"一体三身自性佛"等法。自性五分法身香分为戒香、定香、慧香、解脱香、解脱知见香，倡导修行之人自心戒定慧，自心解除攀缘系缚，求得解脱。接着传授无相忏悔，界定了"忏悔"的定义，忏即说出前罪，悔即断除后过。讲说了"自心众生无边誓愿度，自心烦恼无边誓愿断，自性法门无尽誓愿学，自性无上佛道誓愿成"的自心四弘誓愿。授"无相三归依戒"，变以往的归依佛、法、僧三宝而为归依觉、归依正、归依净，力倡归依自性，而非外力，所谓"自性不归，无归依处"。最后为大众讲说何为"清净法身佛"、何为"圆满报身佛"、何为"千百亿化身佛"的一体三身自性佛法门，三身佛都在自性，不在身外，从自性生，不从外得，佛性本具，即心即佛。

时，大师见广韶洎四方士庶[①]，骈集山中听法[②]，于是升座告众曰："来，诸善知识！此事须从自性中起[③]。于一切时，念念自净其心，自修自行，见自己法身，见自心佛，自度自戒，始得不假到此。既从远来，一会于此，皆共有缘。今可各各胡跪[④]，先为传自性五分法身香[⑤]，次授无相忏悔[⑥]。"

众胡跪。师曰:“一戒香,即自心中,无非、无恶、无嫉妒、无贪嗔、无劫害,名戒香。二定香,即睹诸善恶境相,自心不乱,名定香。三慧香,自心无碍,常以智慧观照自性,不造诸恶。虽修众善,心不执著,敬上念下,矜恤孤贫,名慧香。四解脱香,即自心无所攀缘⑦,不思善,不思恶,自在无碍,名解脱香。五解脱知见香,自心既无所攀缘善恶,不可沉空守寂,即须广学多闻,识自本心,达诸佛理,和光接物,无我无人,直至菩提,真性不易,名解脱知见香。

“善知识!此香各自内熏⑧,莫向外觅。

“今与汝等授无相忏悔,灭三世罪⑨,令得三业清净⑩。

注释:

①广韶:广州和韶州。

②骈集:汇聚,集聚。

③此事:这里指明心见性的顿悟解脱。

④胡跪:又作“胡跽”。古时印度、西域地方总称为“胡”,胡跪乃指一般胡人跪拜的敬仪。

⑤五分法身香:指戒香、定香、慧香、解脱香、解脱知见香。这五分香,皆从自性上说,皆从功德上修,也就是从自证自性法身来成如如佛。香,是以智慧火烧那抽象无价真香。

⑥无相忏悔:忏,乃“忍”的意思,即请求他人忍罪。悔,追

悔，悔过，即追悔过去之罪。禅宗主张不注重忏悔的形式和仪式，强调个人的心性明净，称之为“无相忏悔”。

⑦攀缘：攀取缘虑、心随外境而转的意思，指心执著于某一对象的作用。如老人攀杖而起，谓之“攀缘”。又如猿攀木枝，忽而在彼，忽而在此，谓之“攀缘”。

⑧内熏：“外熏”的对称。众生心中，皆有本觉之真如，此本觉之真如熏习无明，使妄心厌恶生死的痛苦，而祈求涅槃之快乐，此情形谓之“内熏”。至于佛菩萨的一切教法，以及行者自身的修行，都叫做“外熏”。

⑨三世：乃过去世、现在世与未来世的总称。现在世与未来世合称为“现当二世”。

⑩三业：身口意三处之所作的身业、口业、意业。身业即身之所作，如杀生、偷盗、邪淫、酗酒等事；口业即口之所语，如恶口、两舌、绮语、妄语等言语；意业即意之所思，如贪、嗔、痴等动念。

译文：

当时，惠能大师看到广州和韶州及来自各地的士庶百姓，都汇集在曹溪山听讲佛法，于是便开坛讲法，向众人说道：“来，各位善知识！修行佛道这等大事必须从自我本性上着手。在任何时候，时刻自我清净本心，自我修持，自我心行，识见自己的智慧法身，识见自心的佛性，自我度脱，自我持戒，到此才不算虚度。既然从大老远赶来，一齐会聚在这里，都是有缘的。现在大家各自可以胡跪，我先给你们传授自性五分法身香，再传授无相忏悔。”

大家都胡跪着。惠能大师说:“第一是戒香,就是自我本心中没有是非,没有善恶,没有嫉妒心,没有贪欲嗔怒,没有劫心毒害,这叫做戒香。第二是定香,就是看到一切善恶的外境外相,自心不散乱,这叫做定香。第三是慧香,自心通达没有障碍,时常用智慧观照自性,不造作一切恶业。虽然修行一切善业,自心却不生执著,敬重长辈,体念晚辈,怜悯抚恤孤苦贫困,这叫做慧香。第四是解脱香,就是自心没有对外物生追求攀依之心,不思量善,不思量恶,自由自在,无所挂碍,这叫做解脱香。第五是解脱知见香,自心既没有对善恶生攀缘之心,也不能陷入虚空,固守枯寂,就是说需要广泛学习,多多听取教诲,识见自我本心,通达一切佛教真理,待人接物和光同尘,没有人我之执,直接达到无上觉悟,真我本性没有改变,这叫做解脱知见香。

“善知识!这种五分法身香大家各自在自我内心中点燃熏习,千万不要向外寻求。

“现在我给你们传授无相忏悔,以除灭过去、现在、未来三世的罪业,使大家获得身业、口业、意业三业的清净。

“善知识!各随我语,一时道:弟子等,从前念、今念及后念,念念不被愚迷染。从前所有恶业、愚迷等罪,悉皆忏悔,愿一时销灭,永不复起。

“弟子等,从前念、今念及后念,念念不被骄诳染。从前所有恶业、骄诳等罪,悉皆忏悔,愿一时销灭,永不复起。

“弟子等，从前念、今念及后念，念念不被嫉妒染，从前所有恶业、嫉妒等罪，悉皆忏悔，愿一时销灭，永不复起。善知识！已上是为无相忏悔。

“云何名忏？云何名悔？忏者，忏其前愆。从前所有恶业：愚迷骄诳嫉妒等罪，悉皆尽忏，永不复起，是名为忏。悔者，悔其后过。从今以后，所有恶业，愚迷骄诳嫉妒等罪，今已觉悟，悉皆永断，更不复作，是名为悔，故称忏悔。凡夫愚迷，只知忏其前愆，不知悔其后过。以不悔故，前愆不灭，后过又生；前愆既不灭，后过复又生，何名忏悔？

“善知识！既忏悔已，与善知识发四弘誓愿①，各须用心正听：自心众生无边誓愿度，自心烦恼无边誓愿断，自性法门无尽誓愿学，自性无上佛道誓愿成。

“善知识！大家岂不道众生无边誓愿度，恁么道②，且不是惠能度。

“善知识！心中众生，所谓邪迷心、诳妄心、不善心、嫉妒心、恶毒心，如是等心，尽是众生，各须自性自度，是名真度。

“何名自性自度？即自心中邪见烦恼愚痴众生，将正见度③。既有正见，使般若智打破愚痴迷妄众生，各各自度。邪来正度，迷来悟度，愚来智度，恶来善度。如是度者，名为真度！

注释:

①四弘誓愿:一切菩萨初发心时,必发此四种广大之愿,故又称“总愿”。又作“四弘愿”、“四弘行愿”、“四弘愿行”、“四弘誓”、“四弘”。有关“四弘愿”的内容与解释,散见于诸经论,然而各经所举颇有出入。中国佛教一般采用《六祖坛经》之说,即:一、众生无边誓愿度,谓菩萨誓愿救度一切众生。二、烦恼无边誓愿断,谓菩萨誓愿断除一切烦恼。三、法门无尽誓愿学,谓菩萨誓愿学知一切佛法。四、无上佛道誓愿成,谓菩萨誓愿证得最高菩提。此“四弘誓愿”可配于苦、集、灭、道四谛。

②恁么道:这样说。

③正见:系“八正道”之一,“十善”之一。为“邪见”之对称,即远离或有或无的邪见,而采取持平正中的见解。

译文:

“善知识!大家都各自跟随我念诵,立即说:弟子们以前、现在、将来的每一个念头,都不被愚昧迷惑所沾染,以前所有造作的恶业、愚昧、迷惑等等罪过,全部都忏悔,希望立即销毁灭断,永远不再重新生起。

“弟子们,以前、现在、将来的每一个念头,都不被骄狂傲妄沾染,以前所造作的恶业、骄狂傲妄等罪过,全部都忏悔,希望立刻销毁灭断,永远不再重新生起。

“弟子们,以前、现在、将来的每一个念头,都不被嫉妒沾染。以前所造作恶业、嫉妒等罪过,全部都忏悔,希望立刻销毁灭断,永远不再重新生起。善知识!以上就是无相忏悔。

“什么叫做忏？什么叫做悔？所谓忏，就是坦白承认自己以前所造下的罪业。以前所有的恶业：愚昧迷惑、骄狂傲妄、嫉妒等等罪过，全部都坦白承认，永远都不再重犯，这叫做忏。所谓悔，反思改悔以断除今后会造的罪业。从今以后，所有恶业、愚昧迷惑、骄狂傲妄、嫉妒等等罪过，现在都已觉知开悟，全部都将永远断绝，更不会再次造作，这就叫做悔，所以称为忏悔。凡夫俗子愚昧迷惑，只知道忏说坦白他以前所造罪业，而不知道反思改悔以绝除他今后会造罪业。由于不懂得悔改的缘故，前面的罪业还未灭尽，后面的罪过又新生起；前面的罪业既然不能灭尽，后面的罪过已然重又生起，这叫什么忏悔呢？

“善知识！既然忏悔已经传授完毕，现在再和你们发四弘愿，大家各自需要正心诚意，用心听取：自心众生无边誓愿度，自心烦恼无边誓愿断，自性法门无尽誓愿学，自性无上佛道誓愿成。

“善知识！大家不是都说‘众生无边誓愿度’吗？这样说，并不是我惠能来度。

“善知识！心中的众生，就是我们所说的邪迷之心、诳妄之心、不善之心、嫉妒之心、恶毒之心等等，像这样的心，都是众生，大家必须各自运用本性自我度脱，这就叫真度。

“什么叫自性自度？就是自我本心中邪迷妄见、烦恼愚痴等众生，都用正确的知见将它们度脱。有了正见，让般若智慧打破愚痴迷妄众生，各各自性自度。以正见度脱邪见生起，以觉悟度脱迷妄疑惑，以智慧度脱愚迷障碍，以善良心念度脱邪恶心念。这样的度，叫做真度！

“又烦恼无边誓愿断。将自性般若智除却虚妄思想心是也。又法门无尽誓愿学，须自见性，常行正法，是名真学。又无上佛道誓愿成，既常能下心，行于真正，离迷离觉，常生般若，除真除妄，即见佛性；即言下佛道成。常念修行是愿力法[①]。

“善知识！今发四弘愿了，更与善知识授无相三皈依戒[②]。善知识！皈依觉，两足尊[③]；皈依正，离欲尊；皈依净，众中尊！从今日去，称觉为师，更不皈依邪魔外道，以自性三宝常自证明。劝善知识，皈依自性三宝。佛者，觉也；法者，正也；僧者，净也。自心皈依觉，邪迷不生，少欲知足，能离财色，名两足尊。自心皈依正，念念无邪见，以无邪见故，即无人我贡高[④]，贪爱执著，名离欲尊。自心皈依净，一切尘劳爱欲境界，自性皆不染著，名众中尊。

“若修此行，是自皈依。凡夫不会，从日至夜，受三归戒；若言皈依佛，佛在何处？若不见佛，凭何所归？言却成妄。

“善知识！各自观察，莫错用心，经文分明言自皈依佛，不言皈依他佛。自佛不归，无所依处。

“今既自悟，各须皈依自心三宝[⑤]。内调心性，外敬他人，是自皈依也。

“善知识！既皈依自三宝竟，各各志心。吾与说一体三身自性佛[⑥]，令汝等见三身，了然自悟自性。总随我道：于自色身，皈依清净法身佛[⑦]；于自色身，皈依圆满报身佛[⑧]；于自色身，皈依千百亿化身佛[⑨]。善知识！色身是舍宅，不可言归。向者三身佛，在自性中，世人总有。为自心迷，不见内性，外觅三身如来，不见自身中有三身佛。汝等听说，令汝等于自身中，见自性有三身佛。此三身佛，从自性生，不从外得。

注释：

①愿力：又作“本愿力”、“大愿业力”、“宿愿力”、“誓愿之力”、“本愿之力”，指菩萨在“因位”所发本愿之力用至果位而显其功。

②无相三皈依戒：指自心的皈依，并不皈依和信奉外在的崇拜对象。三皈依，又作“三归”、“三自归”、“三归戒”、“趣三皈依”，即归投、依靠“三宝”，并请求救护，以解脱一切苦厄，即指皈依佛、皈依法、皈依僧。“皈依”一词，含有救护、趣向的意思。

③两足尊：又作“无上两足尊”、“二足尊”，是佛的尊号。因佛具足“三十二相”、“八十种好”，成就尽智、无生智等无漏之无学法，及“十力”、“四无畏”等诸不共法，故此尊号有二义，即于天、人之中，所有两足生类中之最尊贵者。又以两足言喻“戒、定、慧”等功德，佛即具足此两足，而游行法界，无所障碍。

④贡高：傲慢自大，自认为高人一等。

⑤三宝：又作“三尊”，系指为佛教徒所尊敬供养之佛宝、法宝、僧宝等“三宝”。一切之佛，即佛宝；佛所说之法，即法宝；奉行佛所说之法的人，即僧宝。佛者觉知之义，法者法轨之义，

僧者和合之义。

⑥一体三身自性佛：指皈依自己色身内，自性具足之法身、报身、化身等三身佛。

⑦法身佛：法性之体名法身，法性有觉知之德，故名“佛”。

⑧报身：指佛的果报身，“三身”之一。亦即菩萨初发心修习，至十地之行满足，酬报此等愿行之果身，称为“报身”。如阿弥陀佛、药师如来、卢舍那佛等，皆为报身佛。

⑨化身：“三身”之一，与报身、法身合称“三身”，又名“应化身”、“变化身”，为众生变化种种形的佛身。

译文：

“另外，烦恼无边誓愿断，就是运用自性般若智慧除去虚妄思想之心。法门无尽誓愿学，必须自我识见本性，时常心行正确的教法，这叫做真正的佛法修行。无上佛道誓愿成，就是要经常深入到心中，在心中按真正的佛法修心，不执著于愚迷也不执著于觉悟，常常生起般若智慧，不落于真实也不落于虚妄，就可识见佛性；就是立刻成就佛道。常常心念修行四弘愿，这就是发挥愿力的方法。

“善知识！现在我们发过四大弘愿了，再给大家讲授无相三皈依戒。善知识！皈依正确的觉悟，就会有福报和智慧二者都圆满具足的尊严；皈依了正确的知见，就会有超离恶欲的尊严；皈依了清净，就会有在众生中受到敬重的尊严！从今日开始，以觉悟为师父，而不要归附邪魔外道，以自我本性中的佛、法、僧三宝时常印证明悟自我。奉劝诸位善知识，皈依自我本性中的三宝。佛就是觉悟；法就是正见；僧就是清净。自我本心皈依正确觉悟，邪见迷障不再生起，减少欲望，能知满足，能超离财富和美色，这叫做两足尊。自我本心皈依正见，时时刻刻没有邪恶愚见，由于没有邪见的原故，就没有人我之执，妄自尊大和贪爱执著，这叫做离欲尊。自我本心皈依清净，一切尘世烦恼，爱憎欲望境界，自我本性都不沾染执著，这叫做众中尊。

“如果以此修行，就是自我皈依奉持。凡夫俗子不懂这个道理，从白天到黑夜，受所谓的三归戒；如果说皈依佛，那么佛在哪里？如果说见不到佛，那又依据什么皈依？这样说法成了妄语。

“善知识！各各自己观察，不要错用了心，佛经上明明白白地讲到‘自皈依佛’，没有讲到‘皈依他佛’。自我本心的佛不去皈依，就没有可以皈依的地方了。

“今天既然自我开悟，各自须要皈依自我本心中的三宝。对内调适心性，对外尊重他人，这就是自我皈依了。

“善知识！既然皈依自我三宝完毕，各自专心。我给你们说一体三身自性佛，让你们能识见自性三身，全然明了自我开悟自我本性。请全部跟随我念诵：于自色身，皈依清净法身佛；于自色身，皈依圆满报身佛；于自色身，皈依千百亿化身佛。善知识！肉体色身只是住宅房屋，不能说是最终皈依处所；从来法身、报身、化身这三身佛都是在自我本性中的，世上的人均都本自具有。只是因为自我本心迷误，不能识见内在本性，向外寻求三身佛，而不能识见自我身中有三身佛。你们听我讲说，会让你们在自身中识见自我本性中自有的三身佛。这个三身佛从自我本性中生发，而不是从外面寻得的。

“何名清净法身佛？世人性本清净，万法从自性生。思量一切恶事，即生恶行；思量一切善事，即生善行。如是诸法在自性中，如天常清，日月常明，为浮云盖覆，上明下暗。忽遇风吹云散，上下俱明，万象皆现。世人性常浮游，如彼天云。

“善知识！智如日，慧如月，智慧常明。于外著境，被妄念浮云盖覆自性，不得明朗。若遇善知识，闻真正法，自除迷妄，内外明彻，于自性中万法皆现。见性之人，亦复如是；此名清净法身佛。

“善知识！自心皈依自性，是皈依真佛。自皈依者，除却自性中不善心、嫉妒心、谄曲心、吾我心、诳妄心、轻人心、慢他心、邪见心、贡高心，及一切时中不善之行；常自见己过，不说他人好恶，是自皈依。常须下心，普行恭敬，即是见性通达，更无滞碍，是自皈依。

“何名圆满报身？譬如一灯能除千年暗，一智能灭万年愚。莫思向前，已过不可得，常思于后，念念圆明，自见本性，善恶虽殊，本性无二。无二之性，名为实性，于实性中，不染善恶，此名圆满报身佛。

“自性起一念恶，灭万劫善因①。自性起一念善，得恒沙恶尽②。直至无上菩提，念念自见，不失本念，名为报身。

“何名千百亿化身？若不思万法，性本如空。一念思量，名为变化。思量恶事，化为地狱，思量善事，化为天堂；毒害化为龙蛇，慈悲化为菩萨；智慧化为上界[③]，愚痴化为下方[④]。自性变化甚多，迷人不能省觉。念念起恶，常行恶道；回一念善，智慧即生。此名自性化身佛。

“善知识！法身本具，念念自性自见，即是报身佛；从报身思量，即是化身佛；自悟自修自性功德，是真皈依。皮肉是色身，色身是舍宅，不言皈依也。但悟自性三身，即识自性佛。

“吾有一无相颂，若能诵持，言下令汝积劫迷罪，一时销灭。”颂曰：

迷人修福不修道，只言修福便是道。
布施供养福无边，心中三恶元来造[⑤]。
拟将修福欲灭罪，后世得福罪还在。
但向心中除罪缘，名自性中真忏悔。
忽悟大乘真忏悔，除邪行正即无罪。
学道常于自性观，即与诸佛同一类。
吾祖惟传此顿法，普愿见性同一体。
若欲当来觅法身，离诸法相心中洗。
努力自见莫悠悠，后念忽绝一世休。
若悟大乘得见性，虔恭合掌至心求。

师言："善知识！总须诵取，依此修行。言下见性，虽去吾千里，如常在吾边。于此言下不悟，即对面千里，何勤远来？珍重好去！"一众闻法，靡不开悟，欢喜奉行。

注释：

①善因：即招感善果的业因。

②恒沙：即恒河之沙。恒河是印度大河，两岸多细沙，恒河沙粒至细，其量无法计算。诸经中凡形容无法计算之数，多以"恒河沙"一词为喻。

③上界：与"下界"对称，又称"天上界"，"六道"之一，即包括无色界、色界、欲界等诸天。位于诸天中，上方之位者称"上界"。如色界天为欲界天的上界。

④下方：指三涂，即地狱、饿鬼、畜生之"三恶道"。

⑤三恶：指人之贪、嗔、痴三种恶心。人有此三恶，难以教化。也指地狱、饿鬼、畜生等"三恶道"之略称。

译文：

"什么是清净法身佛呢？世上的人们自性本来清净，一切万法都从自我本性中生起。思虑一切邪恶之事，就生出邪恶行为；心中思虑一切善好之事，就会生起善好的行为。像这样的一切法都存在于自我本性中，如同天空永远清湛，日月永远光明，而被浮云覆盖后，上面虽明亮，下面世间却顿入黑暗。忽然遇到风起吹动，浮云驱散，则上下全部通明透彻，一切景象全部显现。世上人们的自我本性常呈浮动飘游的状态，就好像在天空中时常盖覆的浮云。

“善知识！智就像太阳，慧就像月亮，智慧就像日月永放光明。执著于外境，就被妄念一般的浮云遮盖罩覆了自我本性，不能得到通明朗照。如果遇到善知识，听闻了真正的佛法，自我除却愚迷痴妄，内外通明透彻，在自我本性中世间万法全部显现。能识见本性的人，就是这样；这叫做清净法身佛。

“善知识！自我本心归于自我本性，就是皈依了真正的佛。自我皈依的人，除去自我本性中的不善之心、嫉妒之心、谄曲之心、吾我心、诳妄心、轻人心、慢他心、邪见心、贡高心，以及时时刻刻的不善的行为；常常自我识见自己的罪过，不议论他人的好坏善恶，就是自我皈依。常常立下决心，一切都奉行恭敬，就是识见本性，通达无碍，更无滞塞，就是自我皈依。

“什么叫做圆满报身？比如一盏灯除却千年的黑暗，一个智慧灭尽了万年的愚迷。不要总是思虑以前，过往的过错已不能得以重新更正，应该时常思虑今后，时时刻刻保持圆融明彻，自我识见本性，善与恶虽然不同，但它们本性没有差别。没有差别的本性，叫做实性，在实性中，不沾染执著善恶分别，这叫做圆满报身佛。

“自我本性中生起一恶念，就能断灭万劫所修善因。自我本性中生起一善念，就能使得恒河沙一样多的恶业消失灭尽。直接成就无上菩提，时时刻刻自见本心，不失见性本念，叫做报身。

“什么叫做千百亿化身？如果不去思虑一切事物现象，本性原来就如同虚空。思虑一个念头，这就是变化。思虑恶的事，自我本性变成地狱，思虑善的事，自我本性变为天堂；起毒害心时变成龙蛇，生慈悲心时变成菩萨；生智慧时达到上界诸天的境界，犯痴愚时沦为下方恶道的境地。自我本性变化是非常多的，愚迷之人不能够内省觉悟。时时生起恶念，常常践行恶道；当一个善念回转，智慧则又立刻生起。这叫做自性化身佛。

“善知识！法身佛本来具足在自我本性中，时时自己识见自我本性，就是报身佛；从报身佛去思量变化，就是化身佛；自我觉悟、自我修行自我本性功德，这是真正的皈依。人的皮肉是色身，色身如同房屋宅舍，不能说是皈依色身这个处所。只要能悟到自我本性中存在三身佛，就是识见了自我本性的佛。

“我有一个无相颂，如果能念诵奉持，立刻能让你累世所积累的恶劫迷罪，一刹那之间消失灭尽。”颂是：

迷人修福不修道，只言修福便是道。
布施供养福无边，心中三恶元来造。
拟将修福欲灭罪，后世得福罪还在。
但向心中除罪缘，名自性中真忏悔。
忽悟大乘真忏悔，除邪行正即无罪。
学道常于自性观，即与诸佛同一类。
吾祖惟传此顿法，普愿见性同一体。
若欲当来觅法身，离诸法相心中洗。
努力自见莫悠悠，后念忽绝一世休。
若悟大乘得见性，虔恭合掌至心求。

惠能大师说："善知识！全部都要念诵记取，依照这个颂去修行。当下识见本性，你们即使离我有千里之遥，也好像时时都未离开我身边。如果当下不能开悟，即使我们面对面，也好似远隔千里，更何苦辛勤远道而来呢？好好自我珍重都回去吧！"大家听闻了佛法，没有不开悟的，内心欢喜，信奉修行。

机缘品第七

本品记叙了六祖惠能大师听到比丘尼无尽藏诵《大涅槃经》后为之解说，并提出“诸佛妙理，非关文字”，表明了南宗禅“不立文字”的思想。接着记叙了惠能得法后，各方学者前往请益的事由，通过惠能大师对僧法海、僧法达、僧智通、僧智常、僧志道以及行思禅师、怀让禅师、永嘉玄觉禅师、智隍禅者和僧方辩等一系列弟子的机缘对话、教化开示，侧面阐扬了南宗禅的诸多思想旨趣：如“成一切相即心，离一切相即佛”，“于相离相，于空离空”，“说似一物即不中”等。

师自黄梅得法，回至韶州曹侯村，人无知者。有儒士刘志略，礼遇甚厚。志略有姑为尼，名无尽藏，常诵《大涅槃经》。师暂听，即知妙义，遂为解说。尼乃执卷问字。

师曰：“字即不识，义即请问。”

尼曰：“字尚不识，焉能会义？”

师曰：“诸佛妙理，非关文字。”

尼惊异之。遍告里中耆德云[①]：“此是有道之士，宜请供养。”

有魏武侯玄孙曹叔良及居民，竞来瞻礼。时，宝林古寺自隋末兵火，已废。遂于故基重建梵宇[②]，延师居之，俄成宝坊[3]。

师住九月余日，又为恶党寻逐，师乃遁于前山，被其纵火焚草木，师隐身挨入石中得免。石今有师趺坐膝痕，及衣布之纹，因名“避难石”。师忆五祖怀会止藏之嘱，遂行隐于二邑焉。

注释：

①耆德：年高德重者。

②梵宇：佛寺的别称，即佛寺。

③宝坊：寺院的美称。

译文：

惠能大师从黄梅五祖弘忍大师那里得受衣法之后，来到韶州曹侯村，没有人知道他的事。当时有个儒士叫刘志略，礼敬待遇惠能大师非常殷勤。刘志略有个姑姑出家做比丘尼，法名无尽藏，经常念诵《大涅槃经》。惠能大师稍微一听就知道经中所说的玄妙义理，就给无尽藏解说经义。无尽藏于是手拿经卷请教惠能经中的文字。

惠能说：“说到字我是不认识的，如果有义理方面的疑问尽可以问。”

尼姑无尽藏说：“字尚且不认识，怎么能体会经文要义呢？”

惠能大师说：“一切佛法的微言大义，都是与文字无关的。”

尼姑无尽藏听后十分惊讶。告诉了乡里全部的年高德重的长者，说：“这是个有道行的人，应该请来好好供养。”

有魏武侯的玄孙曹叔良和附近的居民，争相涌来瞻仰礼敬惠能大师。当时，有一个古老的宝林寺，自从隋朝末年遭遇兵火战乱，已经毁废很久了。于是便在旧地址上重新建盖寺庙，请惠能大师居寺住持，顷刻之间，那里便成了佛法圣地。

惠能大师住了九个多月，又被恶党们寻找追踪，惠能大师于是就隐藏在前山，又遭遇恶党们放火烧山加害，大师将身体隐藏在石头中间才幸免于难。今天石头上还有惠能大师结跏趺坐时膝盖的印痕和衣服上的布纹，因此给石头命名为“避难石”。大师想起五祖“逢怀则止，遇会则藏”的叮嘱，便到怀集、四会两个县的境内隐藏了起来。

僧法海，韶州曲江人也。初参祖师。

问曰：“即心即佛，愿垂指谕。”

师曰：“前念不生即心①，后念不灭即佛；成一切相即心②，离一切相即佛③。吾若具说，穷劫不尽。听吾偈。”曰：

即心名慧，即佛乃定；
定慧等持，意中清净。
悟此法门，由汝习性④；
用本无生，双修是正。

法海言下大悟，以偈赞曰：

即心元是佛，不悟而自屈；
我知定慧因，双修离诸物。

僧法达，洪州人，七岁出家，常诵《法华经》。来礼祖师，头不至地。

师诃曰："礼不投地，何如不礼？汝心中必有一物，蕴习何事耶？"

曰："念《法华经》已及三千部⑤。"

师曰："汝若念至万部，得其经意，不以为胜，则与吾偕行。汝今负此事业，都不知过。听吾偈。"曰：

礼本折慢幢⑥，头奚不至地；
有我罪即生，亡功福无比。

师又曰："汝名什么？"

曰："法达。"

师曰："汝名法达，何曾达法？"复说偈曰：

汝今名法达，勤诵未休歇；
空诵但循声，明心号菩萨。
汝今有缘故，吾今为汝说；
但信佛无言，莲华从口发。

达闻偈，悔谢曰："而今而后，当谦恭一切。弟子诵《法华经》，未解经义，心常有疑。和尚智慧广大，愿略说经中义理。"

师曰："法达！法即甚达，汝心不达。经本无疑，汝心自疑。汝念此经，以何为宗？"

达曰："学人根性暗钝，从来但依文诵念，岂知宗趣！"

注释:

①前念不生:念,指意念,又指刹那的时间。过去者称“前念”,相续者称“后念”。前念、后念指心在瞬间的变化。前念不生即指前一个念头已经过去,不要再留恋它的再生,对自己的思维活动不要执著。下文的“后念不灭”,指将要出现的念头任其出现,不必故意限制压抑自己的认识活动。

②成一切相即心:就是说外在一切事物和现象都是心的派生物。相,形相或状态的意思;相对于性质、本体等而言,即指诸法之形象状态。

③离一切相即佛:自心不为外在的一切事物和现象所干扰就达到了觉悟。

④习性:又名“习种性”,即以前研习所修成的性。

⑤《法华经》:《妙法莲华经》的略称。《经中法·师品》曰:“是法华经藏,深固幽远,无人能到。”《同安乐·行品》曰:“此法华经,诸佛如来秘密之藏,于诸经中最在其上。”

⑥礼本折慢幢(chuáng):指礼本来就是消除傲慢心理的。幢,又作“宝幢”、“天幢”、“法幢”,为旗之一种,用以庄严佛菩萨及道场。谓圆桶状者为“幢”,长片状者为“幡”。慢幢比喻骄傲高慢之心如说法时高耸之幢。

译文:

僧人法海,是韶州曲江人氏。一开始他参礼六祖惠能大师。

问:“即心即佛是什么意思,希望您能给予指示教谕。”

惠能大师说:“对已生之念不留恋即是心,对将生之念任其显现就是佛;能成万法一切相的是心,能离万法一切相的是佛。我若是给你具体详细地说,可能穷尽无数劫的时间也说不完,你听我的偈吧。”偈说:

即心名慧,即佛乃定;
定慧等持,意中清净。
悟此法门,由汝习性;
用本无生,双修是正。

法海立刻全部开悟,用一首偈来感慨赞叹:

即心元是佛,不悟而自屈;
我知定慧因,双修离诸物。

僧人法达,洪州人。七岁时出家为僧,常常念诵《法华经》。他来礼拜六祖惠能大师,行礼时头却不触到地面。

惠能大师斥责他说:“行礼头不触地,还不如不行礼。你心中肯定执著着一个事物,平时都修行什么?”

法达说:“我念诵《法华经》已经达到三千部了!”

六祖惠能大师说:“你如果念到上万部,得悟经文的大义,却仍然不以为了不起,那么你可以和我一起修行。你现在以这个事业自负自傲,都还不知道自己的罪过。听我的偈吧。”偈说:

礼本折慢幢,头奚不至地;
有我罪即生,亡功福无比。

惠能大师又说:“你叫什么名字?”

法达回答说:“我叫法达。”

惠能大师说："你名字叫法达，你哪里通达佛法了？"又说一个偈道：

汝今名法达，勤诵未休歇；
空诵但循声，明心号菩萨。
汝今有缘故，吾今为汝说；
但信佛无言，莲华从口发。

法达听了偈后，后悔不已，向惠能大师谢罪说："从今以后，我应该对一切保持谦恭的态度。弟子念诵《法华经》，并没有体解佛经大义，心中常常生起疑惑。大师具有无边广大的智慧，希望大致为我讲说经文义理。"

惠能大师说："法达！佛法本是十分通达的，你的本心愚迷就不能达到了。佛经原本不存在疑惑，你的自心生起疑惑。你念这个佛经，认为什么是它的宗旨啊？"

法达说："我根器禀性晦暗愚钝，从来只知道依照文字念诵经文，我哪里还知道经文的宗旨和旨趣啊！"

师曰："吾不识文字，汝试取经诵一遍，吾当为汝解说。"法达即高声念经，至《譬喻品》[①]。师曰："止！此经元来以因缘出世为宗[②]。纵说多种譬喻，亦无越于此。何者因缘？经云：'诸佛世尊，唯以一大事因缘，出现于世。'一大事者，佛之知见也[③]。

"世人外迷著相，内迷著空。若能于相离相，于空离空，即是内外不迷。若悟此法，一念心开，是为开佛知见。

"佛，犹觉也。分为四门：开觉知见，示觉知见，悟觉知见，入觉知见。若闻开示，便能悟入，即觉知见，本来真性而得出现。

"汝慎勿错解经意：见他道开示悟入，自是佛之知见，我辈无分。若作此解，乃是谤经毁佛也。彼既是佛，已具知见，何用更开？汝今当信佛知见者，只汝自心，更无别佛。盖为一切众生，自蔽光明，贪爱尘境④，外缘内扰，甘受驱驰，便劳他世尊，从三昧起，种种苦口⑤，劝令寝息，莫向外求，与佛无二，故云开佛知见。吾亦劝一切人，于自心中，常开佛之知见。世人心邪，愚迷造罪，口善心恶，贪嗔嫉妒，谄佞我慢⑥，侵人害物，自开众生知见⑦。若能正心，常生智慧，观照自心，止恶行善，是自开佛之知见。

"汝须念念开佛知见，勿开众生知见，开佛知见，即是出世。开众生知见，即是世间。汝若但劳劳执念，以为功课者，何异犛牛爱尾⑧？"

注释：

①《譬喻品》：经名。《法华经》二十八品中之第三品，出于经的第二卷。

②出世："出世间"的略称，即超越世俗、出离世尘的意思，指诸佛出现于世间成佛，以教化众生；也指跳出世间不再受生死。

③佛之知见:《法华经·方便品》曰:“开佛知见。”即指佛的智慧。知见,指依自己的思虑分别而立的见解。与智慧有别,智慧是般若的无分别智,为离思虑分别之心识。

④尘境:指心的对象,为六尘之心所对者,即色、声、香、味、触、法等六境。

⑤种种苦口:根据不同的情况,利用不同的方法来教化。

⑥我慢:视“我”为一己之中心,由此所执之“我”而形成骄慢心。

⑦众生知见:指会导致凡夫生起烦恼的见解。

⑧犛(lí)牛爱尾:出自《法华经·方便品》。人们不舍自己的欲望,正像犛牛爱自己的尾巴一样。

译文:

惠能大师说:“我不认识字,你先把佛经拿来念诵一遍,我会给你讲解的。”法达立刻大声念诵经文,念到《譬喻品》的时候,惠能大师说:“停,这部经原本是以如来以何因缘出现于世间为宗旨的。纵然说了许多种比喻,也不超越这个宗旨。什么是因缘?佛经上说:‘一切佛菩萨,都是为了一件大事的因缘才出现在世间的。’这种大事就是佛的真知正见。

“世上的人在外就执著于外境相状,对内又执著于虚妄空寂。如果能在一切相上又超离一切相,在一切空中又超离一切空,那就是对内对外都不执迷。如果悟到这个法门,一念之间,顿然开悟,这就是开悟佛的知见。

“佛,就是觉悟。分为四门:开启觉知之见,显示觉知之见，证悟觉知之见，契入觉知之见。如果听到开示，就能契悟证入，这就是觉知见，本来具有的真如佛性因而得以显现。

“你千万慎重不要错误理解了佛经的大义：听他讲开、示、悟、入四门觉知见，认为这本是佛的知见，与我们这样的人没有关系。如果作这样的理解，那就是诽谤经典毁誉佛祖。佛既然已经是佛了，已经具足知觉正见，还用再开悟做什么？你今天应该正信所谓佛知见，只是在你自己心中，更没有其他的佛。因为一切众生，自我遮蔽智慧光明，贪欲爱憎尘世俗境，外缘浸染，内妄滋扰，因而自甘为此一切尘劳驱策奔驰，更加劳烦我佛世尊，从禅定开始，苦口婆心，劝诫众生使之息心止念，不要向心外妄求，就能和佛没有分别，所以说是开悟佛的知见。我也劝告所有人，在自我本心中，常常开悟佛的知见。世上的人心易生邪念，愚昧执迷，造作业罪。嘴上说善，心中行恶，贪欲嗔怒、嫉妒、谄媚、虚妄、自我、傲慢、害人害物，这都是自己开悟众生世俗的知见。如果能端正本心，常常生起智慧，观察审照自我本心，止断恶念，奉行善心，就是自己开悟佛的知见了。

“你必须心心念念、时时刻刻开悟佛的知见，不要开众生的世俗知见，开悟佛的知见，就是超凡出世。开了众生的知见，就是堕入世间。你如果只是辛辛苦苦白白地执迷众生知见，却仍然以为是在修道立功德，这与犛牛爱护自己的长尾巴，执迷贪恋有什么区别呢？”

达曰：“若然者，但得解义，不劳诵经耶？”

师曰：“经有何过，岂障汝念！只为迷悟在人，损益由己。口诵心行，即是转经[①]；口诵心不行，即是被经转。听吾偈。”曰：

心迷法华转[②]，心悟转法华。
诵经久不明，与义作仇家。
无念念即正，有念念成邪。
有无俱不计，长御白牛车[③]。

达闻偈，不觉悲泣，言下大悟，而告师曰：“法达从昔已来，实未曾转法华，乃被法华转。”再启曰：“经云：诸大声闻乃至菩萨，皆尽思共度量，不能测佛智。今令凡夫但悟自心，便名佛之知见，自非上根，未免疑谤。又经说三车[④]，羊鹿牛车与白牛之车，如何区别？愿和尚再垂开示。”

师曰：“经意分明，汝自迷背。诸三乘人[⑤]，不能测佛智者，患在度量也。饶伊尽思共推，转加悬远。佛本为凡夫说，不为佛说。此理若不肯信者，从他退席。殊不知坐却白牛车，更于门外觅三车。况经文明向汝道：唯一佛乘，无有余乘，若二若三，乃至无数方便，种种因缘、譬喻言词，是法皆为一佛乘故。汝何不省！三车是假，为昔时故；一乘是实，为今时故。只教汝去假归实，归实之后，实亦无名。应知所有珍财，尽属于汝，由汝受用；更不作父想[⑥]，亦不作子想[⑦]，亦无用想[⑧]，是名持《法华经》。从劫至劫，手不释卷，从昼至夜，无不念时也。”

达蒙启发，踊跃欢喜。以偈赞曰：

经诵三千部，曹溪一句亡。
未明出世旨，宁歇累生狂？
羊鹿牛权设，初中后善扬⑨。
谁知火宅内⑩，元是法中王⑪。

师曰："汝今后方可名念经僧也。"

达从此领玄旨，亦不辍诵经。

注释：

①转经：读诵经典。完整诵读一部经者，称"真读"。仅读诵其初、中、后之数行，或仅翻页拟作读经状，均称为"转经"，又称"转读"。

②心迷法华转：心中不明白经义，只是口中念诵《法华经》，这就等于被《法华经》所"转"，没有真正地诵念经文，所以没有"转经"。

③长御白牛车：《法华经》以"白牛车"比喻一佛乘，即获得了佛的智慧。《坛经》讲的"白牛车"和"一佛乘"，实为借用这些名称来表达禅宗的教义。

④三车：羊车、鹿车、牛车，次第譬喻声闻乘、缘觉乘、大乘者。羊车是形容声闻乘只能自度，不能度他，好像一辆小小的羊车不能装载货物；鹿车是形容缘觉乘能自度兼度亲属，好像一辆鹿车能载少许的货物；牛车是形容菩萨乘不但自度且能普度众生，好像一辆大牛车能运载许多的货物。

⑤三乘人：声闻乘、缘觉乘、菩萨乘。"声闻乘"又名"小

乘”，可证阿罗汉果；“缘觉乘”又名“中乘”，可证辟支佛果；“菩萨乘”又名“大乘”，可证无上佛果。

⑥更不作父想：“父”指《法华经》中讲的“大宝长者”，他曾把财物分给儿子们。这里的意思是所有的财宝（佛性）都是自己本有的，不要认为是大富长者（即代表佛）的。

⑦亦不作子想：子，指大富长者的儿子，这里指众生。这句话的大意是不要认为财富（佛性）是他人的。

⑧亦无用想：所要表达的是父想、子想、用想都不应作意，即连想也不要想。虽说禅宗的立场是不必到自身之外寻求佛性，但也进一步认为连向自心寻找佛的念头也应破除，因为这样将限制自己的认识活动，也是一种执著。

⑨初中后善：初善、中善、后善。初善，指羊车，譬喻声闻乘；中善，指鹿车，比喻缘觉乘；后善，即牛车，比喻为大乘者。

⑩火宅：比喻迷界众生所居住的三界。语出《法华经·七喻》中的火宅喻。众生生存于三界中，受各种迷惑之苦，然犹不自知其置身苦中，譬如屋宅燃烧，而宅中稚儿仍不知置身火宅，依然嬉乐自得。譬喻三界之生死，譬如火宅也。

⑪法中王：指经过长时间修梵行，并证得无上菩提的修行者。

译文：

法达说：“要是这样，只要能理解佛法大义，就不要念诵佛经了吗？”

惠能大师说：“佛经有什么过错，难道妨碍你念诵了吗！只

是由于愚迷和开悟在于你个人,损失和增益全由你自己。口中念诵经文,内心奉行,这样才是运转起用佛经;口中念诵,心中不奉行,这是被佛经所牵引运转了。听我的偈。”偈说:

心迷法华转,心悟转法华。
诵经久不明,与义作仇家。
无念念即正,有念念成邪。
有无俱不计,长御白牛车。

法达听了偈后,不觉地悲伤哭泣,立刻大悟,转而告诉惠能大师说:“法达从过去以来,实在是从没有转运起用过法华经义,而是被法华经文牵引运转着。”又禀告说:“佛经中说,一切大声闻乃至菩萨全部思索度量,也不能揣测佛的智慧。现在凡夫俗子们,只要开悟自我本心,便说是佛的知见,不是上等根器的人,难免会对此说法有疑惑和毁谤。另外佛经上说了三种车乘,羊车、鹿车、牛车,还有一种白牛车,如何区别这些呢?希望大师再给予开示。”

惠能大师说:“佛经中的意思非常清楚明白,是你自己迷惑,背道而驰。那些三乘人,不能揣测佛的智慧,其错误就在于用思维去揣测度量。任凭他们费尽心思一起推测,反而离佛的智慧越来越远。佛本来是为凡夫俗子们宣讲教法的,不是为佛自己说的。如果不肯相信这个道理的人,任他退场出去,不要听了。竟然不知道自己坐上了白牛车,却还在门外找寻羊车、鹿车和牛车。况且经文明明白白地向你说了:只有唯一的佛乘,没有别的教乘,如果有第二个、第三个,甚至无数个方便法门,各种各样的因缘际会、譬喻比方、言语词句,这些方便法门都是为了说明这一佛乘。你怎么不省悟！所谓羊、鹿、牛车是假设，是为过去愚迷众生作的比喻；大白牛车是真实的，是为了当今人而设的。这只是要教导你去除假相回归真实，回归真实之后，真实本身也没有了，也不应该执著。你应该知道珍宝、财富，都是属于你的，由你享用。不要想这个财产是你父亲的，也不要想这个财产是你儿子的，也不要想这是财富，这样才是叫作奉持《法华经》。如果这样，就如同在前一劫到后一劫的漫长时间里，在任何时间，都手不释卷，从早到晚都在念诵心行《法华经》。”

法达受到启发，高兴得手舞足蹈，用一首偈来赞叹：

经诵三千部，曹溪一句亡。
未明出世旨，宁歇累生狂？
羊鹿牛权设，初中后善扬。
谁知火宅内，元是法中王。

惠能大师说：“你从今以后才可以被称为念经僧人。”

法达从此领受了《法华经》玄深的教旨，同时也没有停止念诵佛经。

僧智通[①]，寿州安丰人，初看《楞伽经》，约千余遍，而不会三身四智[②]。礼师求解其义。

师曰：“三身者，清净法身，汝之性也；圆满报身，汝之智也；千百亿化身，汝之行也。若离本性，别说三身，即名有身无智[③]。若悟三身无有自性[④]，即名四智菩提。听吾偈。”曰：

自性具三身，发明成四智。
不离见闻缘，超然登佛地。
吾今为汝说，谛信永无迷。
莫学驰求者，终日说菩提。

通再启曰："四智之义，可得闻乎？"

师曰："既会三身，便明四智，何更问耶？若离三身，别谈四智。此名有智无身，即此有智，还成无智。"复说偈曰：

大圆镜智性清净，平等性智心无病，
妙观察智见非功，成所作智同圆镜。
五八六七果因转[5]，但用名言无实性[6]，
若于转处不留情，繁兴永处那伽定[7]。

通顿悟性智[8]，遂呈偈曰：

三身元我体，四智本心明；
身智融无碍，应物任随形。
起修皆妄动，守住匪真精；
妙旨因师晓，终亡染污名。

注释：

①智通：唐代禅僧，生卒年不详。据《景德传灯录》卷十载，师参礼归宗智常求法，一夕突大呼："我已大悟也。"次日，智常问之，答："师姑天然是女人作。"智常许之。后居五台山法华寺，自称"大禅佛"。示寂前举偈云："举手攀南斗，回身倚北辰，

出头天外看，谁是我般人？”

②四智：指四种智慧。法相宗所立如来的“四智”。凡夫有八识，至如来转为“四智”。一大圆镜智，转第八识者；二平等性智，转第七识者；三妙观察智，转第六识者；四成所作智，转第五识者。

③有身无智：禅宗认为离开了人的自我本性，一切都是虚幻不真实的。因为“四智”不离本性，若离本性而说“三身”，所谈的就只能是不起智用的空洞名言概念，不是真正的“三身”。

④三身无有自性：“三身”是从一个自我的本性而生的，并非说“三身”中各有一个自性。

⑤五八六七果因转：五，指八识中之前五识，眼、耳、鼻、舌、身对于色、声、香、味、触之“五尘”，能起五种识。八，指第八识，又名“阿赖耶识”。六，则指“八识”中之第六识，即意识。七，是“八识”中之第七识，即末那识。前五识及第八识，属于果。第六识、第七识，属于因。前五识和第八识必需到成就佛果时才能转为所作智和大圆镜智，所以叫做“果上转”。第六识和第七识却能在未成就佛果前就能转为“妙观察智”和“平等性智”，因而叫做“因中转”。

⑥实性：“真如”的异名。

⑦那伽定：意译为“龙”，有“定”的意思。龙定止于深渊曰“那伽定”。

⑧通顿悟性智：即认识、理解了关于从自性上谈“三身”和“四智”的理论。

译文：

僧人智通，寿州安丰人氏，最初看《楞枷经》，大约看了一千多遍，却还不领会三身四智的意思。前来礼敬惠能大师请求开解大义。

惠能大师说："三身，即清净的法身，这是你的本性；圆满的报身，这是你的智慧；千百亿的化身，这是你的行为。如果说脱离了自性，另外讲三身，这叫作有身无智。如果悟到了三身却没有自性，这叫做四智菩提。听我的偈。"偈说：

自性具三身，发明成四智。
不离见闻缘，超然登佛地。
吾今为汝说，谛信永无迷。
莫学驰求者，终日说菩提。

智通又问："四智的道理，可以听您讲讲吗？"

惠能大师说："既然领会了三身之意，就明了四智的意义，何必再问呢？如果脱离了三身，再谈什么四智，这叫做有智无身，就是本身具有这个智慧，表现出来的却是没有智慧。"又说偈：

大圆镜智性清净，平等性智心无病，
妙观察智见非功，成所作智同圆镜。
五八六七果因转，但用名言无实性，
若于转处不留情，繁兴永处那伽定。

智通立刻顿悟了在自性上谈三身四智的道理，便呈上自作的偈：

三身元我体，四智本心明；

身智融无碍，应物任随形。
起修皆妄动，守住匪真精；
妙旨因师晓，终亡染污名。

僧智常，信州贵溪人[①]。髫年出家，志求见性。一日参礼。

师问曰："汝从何来，欲求何事？"

曰："学人近往洪州白峰山礼大通和尚[②]，蒙示见性成佛之义，未决狐疑。远来投礼，伏望和尚慈悲指示。"

师曰："彼有何言句，汝试举看？"

曰："智常到彼，凡经三月，未蒙示诲。为法切故，一夕独入丈室[③]，请问如何是某甲本心本性。大通乃曰：'汝见虚空否？'对曰：'见！'彼曰：'汝见虚空有相貌否？'对曰：'虚空无形，有何相貌？'彼曰：'汝之本性，犹如虚空，了无一物可见，是名正见；无一物可知，是名真知。无有青黄长短，但见本源清净，觉体圆明，即名见性成佛，亦名如来知见。'学人虽闻此说，犹未决了，乞和尚开示。"

师曰："彼师所说，犹存见知，故令汝未了。吾今示汝一偈。"曰：

不见一法存无见[④]，大似浮云遮日面。
不知一法守空知[⑤]，还如太虚生闪电。
此之知见瞥然兴，错认何曾解方便[⑥]。

汝当一念自知非，自己灵光常显现。

常闻偈已，心意豁然，乃述偈曰：

无端起知见，著相求菩提[7]，
情存一念悟，宁越昔时迷[8]。
自性觉源体，随照枉迁流，
不入祖师室，茫然趣两头。

智常一日问师曰："佛说三乘法[9]，又言最上乘，弟子未解，愿为教授。"

师曰："汝观自本心，莫著外法相。法无四乘[10]，人心自有等差。见闻转诵是小乘，悟法解义是中乘，依法修行是大乘。万法尽通，万法俱备，一切不染，离诸法相，一无所得，名最上乘[11]。乘是行义，不在口争，汝须自修，莫问吾也。一切时中，自性自如。"

常礼谢执侍，终师之世。

注释：

①信州：今江西上饶。贵溪：今江西贵溪。

②大通和尚：五祖弘忍大师弟子神秀上座的谥号。

③丈室：即禅寺中住持之居室或客殿，今转为禅林住持或对师父的尊称。俗称"方丈"或"方丈和尚"。

④不见一法存无见：不见一法，指上文大通和尚讲的"了无一物可见"。这里指连"无见"都不应该存在心中，这样将有碍于明心见性。

⑤不知一法守空知：不知一法，指上文大通和尚讲的“了无一物可知”，“守空知”就是一种执著，认为真有“无一物可知”。

⑥错认何曾解方便：错以无知无见为真实。追求“无见”、“空知”也是一种对外在一切现象的执著。

⑦著相：执著于相状。这里指对“存无见”和“守空知”的执著。

⑧情存一念悟，宁越昔时迷：“悟”本是修行所追求的境界，但如果内心存在一个“无”的念头，或自以为悟了，正好说明没有觉悟，反而是处在“迷”的情况。

⑨三乘：指声闻、缘觉和菩萨三乘。

⑩四乘：三乘加上一乘（佛乘）就是四乘。

⑪最上乘：指大白牛车，比喻得佛乘者。《金刚经》说如来为发大乘者，为发最上乘者。

译文：

僧人智常，信州贵溪人。幼年时就出家为僧了，立志求得识见本性。一天他来参拜礼敬惠能大师。

惠能大师问：“你从哪里来，想求做什么？”

智常说：“弟子我不久前到洪州白峰山礼敬大通和尚，承蒙开示识见本性、成就佛道的教义，但是还没有解决我心中的狐疑。大老远地跑来礼敬大师，乞望大师慈悲指授开示我。”

惠能大师说：“你在大通和尚那里参礼，有些什么对话，你先列举一些我来给你看看。”

智常说：“智常我到大通和尚那里，大约住了三个月，仍没有受到开示和教诲。因为求法心切的缘故，一天傍晚我一个人来到方丈室，向大通和尚请教什么是我的本心本性。大通和尚说：‘你看到虚空吗？’我回答说：‘看到了。’大通和尚问：‘你看到虚空有相貌吗？’我回答说：‘虚空没有相状，怎么会有相状形貌呢？’大通和尚说：‘你的自我本性，就如同虚空，没有一个事物可以识见，这叫做正见；没有一个事物可以认知，这叫做真知。没有青黄长短，只见本源清净，智慧本体圆明，就叫做识见本性成就佛道，也叫做如来知见。’我虽然听到这种说法，但仍然并未了解，恳请大师开示。”

惠能大师说：“那位大师所说的，仍然存在着知见，所以让你没有了达，我现在给你一个偈吧。”偈说：

不见一法存无见，大似浮云遮日面。
不知一法守空知，还如太虚生闪电。
此之知见瞥然兴，错认何曾解方便。
汝当一念自知非，自己灵光常显现。

智常听了偈后，心意豁然领悟，便叙述了自作的偈：

无端起知见，著相求菩提，
情存一念悟，宁越昔时迷。
自性觉源体，随照枉迁流，
不入祖师室，茫然趣两头。

智常有一天问惠能大师：“佛说有声闻、缘觉和菩萨三乘教法，却又说了最上乘的成佛方法，对于这一点弟子还没有开解，希望您为我指授教化。”

惠能大师说：“你观照自心，不要执著外境外相。佛法本来是没有四乘之分的，是因为人自己心中有等差。能够听讲佛经并转而念诵的是小乘法，解说佛法义理的是中乘法，依照佛法修行的是大乘法。一切教法都能通达，一切教法都自具备，一切都不被沾染，超离一切法相，且一无所得，这叫作最上乘。乘是修行的意思，不在于口头上争论，你需要自己修行，不要问我了。时时刻刻，自我本性如如不动。"

智常礼拜致谢并从此侍奉惠能大师直至去世。

僧志道，广州南海人也[①]。请益曰："学人自出家，览《涅槃经》十载有余，未明大意，愿和尚垂诲。"

师曰："汝何处未明？"

曰："'诸行无常[②]，是生灭法；生灭灭已，寂灭为乐[③]。'于此疑惑。"

师曰："汝作么生疑？"

曰："一切众生皆有二身，谓色身法身也[④]。色身无常，有生有灭；法身有常，无知无觉。经云：生灭灭已，寂灭为乐者，不审何身寂灭？何身受乐？若色身者，色身灭时，四大分散[⑤]，全然是苦，苦不可言乐。若法身寂灭，即同草木瓦石，谁当受乐？又法性是生灭之体，五蕴是生灭之用；一体五用，生灭是常。生则从体起用，灭则摄用归体。若听更生，即有情之类，不断不灭。若不听更生，则永归寂灭，同于无情之物。如是，则一切诸法被涅槃之所禁伏[⑥]，尚不得生，何乐之有？"

师曰："汝是释子，何习外道断常邪见[7]，而议最上乘法？据汝所说，即色身外别有法身，离生灭求于寂灭。又推涅槃常乐，言有身受用。斯乃执吝生死，耽著世乐。汝今当知佛为一切迷人，认五蕴和合为自体相[8]，分别一切法为外尘相，好生恶死，念念迁流，不知梦幻虚假，枉受轮回[9]，以常乐涅槃，翻为苦相，终日驰求。佛愍此故，乃示涅槃真乐，刹那无有生相，刹那无有灭相，更无生灭可灭，是则寂灭现前。当现前时，亦无现前之量，乃谓常乐。此乐无有受者，亦无不受者，岂有一体五用之名？何况更言涅槃禁伏诸法，令永不生，斯乃谤佛毁法。听吾偈。"曰：

无上大涅槃，圆明常寂照。
凡愚谓之死；外道执为断；
诸求二乘人，目以为无作；
尽属情所计，六十二见本[10]。
妄立虚假名，何为真实义？
惟有过量人，通达无取舍。
以知五蕴法，及以蕴中我，
外现众色象，一一音声相，
平等如梦幻，不起凡圣见；
不作涅槃解，二边三际断[11]。
常应诸根用，而不起用想；
分别一切法，不起分别想。
劫火烧海底，风鼓山相击，

真常寂灭乐，涅槃相如是。

吾今强言说，令汝舍邪见，

汝勿随言解，许汝知少分。

志道闻偈大悟，踊跃作礼而退。

注释：

①广州南海：即今天的广东佛山。

②诸行无常：世间一切现象与万物经常转变不息。这是佛法之根本大纲。与诸法无我、涅槃寂静，同为“三法印”之一。

③寂灭为乐：远离迷惑世界之境地。此境地对处于生死流转不安的迷界众生而言，含有快乐之意，故称“寂灭为乐”。寂灭，是“涅槃”的语译。

④色身：指有色有形之身，广指肉身而言。但佛典中多用以指佛、菩萨的相好身，即相对于无色无形的法身，称有色有形的身相为“色身”。法身：又名“自性身”，或“法性身”，即指佛所说的正法、佛所得之无漏法，及诸佛所证的真如法性之身。

⑤四大分散：人们的肉身，就是由地、水、火、风之坚、湿、暖、动等性所构成的。此四大种性如果不调和，肉身就会散坏，即人的肉体将生病或死亡。

⑥涅槃：又译作“泥日”、“泥洹”、“涅槃那”等。意译为“灭”、“灭度”、“寂灭”、“安乐”、“无为”、“不生”、“解脱”、“圆寂”等。涅槃的字义，有消散的意思，即苦痛的消除而得自在。也就是灭生死之因果，渡生死之瀑流，达到智悟的菩提境界。

⑦断常：即断见和常见。断有灭绝之意，持此见者坚持人死之后身心断灭不复再生的邪见；常即永恒存在，持此见者坚持身心常住永恒不灭的邪见。

⑧五蕴：指构成一切有为法的五种要素，即色蕴、受蕴、想蕴、行蕴、识蕴。蕴，意指积集，旧译作“阴”、“众”、“聚”，故“五蕴”又称“五阴”、“五众”、“五聚”。

⑨轮回：又作“流转”、“死”、“生死轮回”、“生死相续”、“轮回转生”、“轮回”、“轮转”等。谓众生由惑业之因（贪、嗔、痴三毒）而招感“三界”、“六道”之生死轮转，恰如车轮之回转，永无止尽，故称“轮回”。印度婆罗门教、耆那教等都采用这种理论作为它们的根本教义之一。佛教沿用了这个原则并作了进一步的发展，注入自己的教义。

⑩六十二见：指外道的六十二种错误的见解。这里泛指一切错误的观点。

⑪二边三际：“二边”是指有、无二边；“三际”指过去、现在、未来三时，或指外、内、中间三处。

译文：

僧人志道，广州南海人。向惠能大师请教：“弟子自从出家以来，阅读《涅槃经》已经有十多年了，都没有明白经文大意，希望大师给予教诲。”

惠能大师问：“你是哪里不明白？”

志道说：“经中有这一句，‘诸行无常，是生灭法；生灭灭已，寂灭为乐’。我对这一句疑惑不解。”

惠能大师说："你有什么疑惑？"

志道说："一切众生都有色身法身这二身。色身是变化的，有生也有死；法身是永恒的，无知也无觉。佛经上说：生灭灭已，寂灭为乐，我不知道是哪一个身寂灭？哪一个身受乐？如果是色身，那么色身坏灭的时候，由地、水、火、风四大和合组成的色身全部分散了，这是苦，既然苦就不可以说是乐。如果法身寂灭，就如同草木瓦石一样，谁来承当受乐呢？另外，法性是生灭的本体，五蕴是生灭的功用；一个主体五种功用，生灭应该是永恒不变的。生就是从本体中生起作用，灭就是摄这五种用而归还法。如果听任其再生，那么所有有情，不会断灭。如果不任其再生，那就永远归于寂灭，等同于草木瓦石等无情之物。这样，那么一切法都被涅槃禁伏，尚且不能得再生，又有什么乐处呢？"

惠能大师说："你是佛门弟子，怎么学习外道断灭和永恒的那类偏见，并以此来议论最上乘佛法？根据你所说的，就是说色身之外还有法身，超离生灭，求得寂灭。又说涅槃常乐，都是说有一个身在受用。你这乃是执著于生死，沉迷于世间享乐。你现在应该知道，一切执迷的人，都把五蕴和合作为自体的实相，区分一切法为外在现象，贪求生存，厌恶死亡，不知道世间一切都是梦幻虚假，徒劳无益，空受轮回，反而把永恒极乐的涅槃认作为苦相，整天追逐寻求世俗欲念。佛正是由于怜悯他们的原故，才显示涅槃的真正极乐，瞬间没有了生的相状，瞬间没有了灭的相状，更没有生灭这个相状可以灭，则真正的寂灭出现在眼前。即便当它出现眼前时，也没有'出现'这个量显现，这叫作常乐。这个乐没有承受者，也没有不承受者，哪里有所谓的一个本体五种功用的说法？何况还说涅槃禁伏住了一切万法，使这些一切永远不得再生，这实在是诽谤佛，毁谤佛法。听我的偈吧。”偈说：

无上大涅槃，圆明常寂照。
凡愚谓之死；外道执为断；
诸求二乘人，目以为无作；
尽属情所计，六十二见本。
妄立虚假名，何为真实义？
惟有过量人，通达无取舍。
以知五蕴法，及以蕴中我，
外现众色象，一一音声相，
平等如梦幻，不起凡圣见；
不作涅槃解，二边三际断。
常应诸根用，而不起用想；
分别一切法，不起分别想。
劫火烧海底，风鼓山相击，
真常寂灭乐，涅槃相如是。
吾今强言说，令汝舍邪见，
汝勿随言解，许汝知少分。

志道听了偈后大彻大悟，欢喜踊跃，行礼退下了。

行思禅师[①]，生吉州安城刘氏，闻曹溪法席盛化，径来参礼。

遂问曰："当何所务，即不落阶级？"

师曰："汝曾作什么来？"

曰："圣谛亦不为[2]。"

师曰："落何阶级？"

曰："圣谛尚不为，何阶级之有？"

师深器之，令思首众。一日，师谓曰："汝当分化一方，无令断绝。"

思既得法，遂回吉州青原山，弘法绍化。谥弘济禅师。

怀让禅师[3]，金州杜氏子也。初谒嵩山安国师[4]，安发之曹溪参扣。让至礼拜。

师曰："甚处来？"

曰："嵩山。"

师曰："什么物，恁么来？"

曰："说似一物即不中[5]。"

师曰："还可修证否？"

曰："修证即不无[6]，污染即不得。"

师曰："只此不污染，诸佛之所护念。汝既如是，吾亦如是。西天般若多罗谶[7]：'汝足下出一马驹，踏杀天下人[8]。'应在汝心，不须速说！"

让豁然契会，遂执侍左右一十五载，日臻玄奥。后往南岳，大阐禅宗。

注释:

①行思禅师(671—740):吉州安城人,俗姓刘。幼年出家,从六祖惠能学法。与南岳怀让并称二大弟子,同嗣六祖法脉。后住吉州青原山静居寺,故号“青原行思”。门徒云集,禅风大振。其后又自此法系衍出云门、曹洞、法眼等三系。

②圣谛:即指圣者所知一切寂静的境界,乃佛教之根本大义,所以又称“第一义”、“真谛”。谛,即真实不虚的道理。

③怀让禅师(677—744):金州安康人。惠能圆寂后,得嗣其法并于南岳般若寺观音台弘教传禅。到他的弟子马祖道一时,怀让一系禅宗兴盛起来,被称为“南岳一系”。其后又自此法系衍出沩仰和临济两系。

④安国师:弘忍的弟子之一,曾常住于嵩山。

⑤说似一物即不中:禅宗认为,人的本心和本性是离言绝相的,明心见性的禅境体验不能以言语来确切描述。不中,即不行,不可以。

⑥修证:即指修行与证悟。

⑦西天:指天竺。般若多罗:又称“璎珞童子”。是禅宗所立西天二十八祖中之第二十七祖。东天竺人,婆罗门种。约二十岁遇二十六祖不如蜜多,受付嘱而成为西天第二十七祖。谶(chèn):指预言。

⑧“汝足下”两句:指怀让门下出现马祖道一之后,禅宗将更加的兴盛。

译文：

行思禅师，生于吉州安城刘氏家中，听说曹溪惠能大师流布佛法，影响广大，就直接来参拜惠能大师。

行思禅师便问："应当怎么做，就不会落入有阶级的渐修？"

惠能大师说："你曾经做什么呢？"

行思禅师说："我连圣谛也不修。"

惠能大师说："那落到哪个阶级了？"

行思禅师说："连圣谛都不修，哪还会有什么阶级存在？"

惠能大师十分器重他，让行思做了首座。一天，惠能大师说："你应当单独教化一方，不要让佛法断绝。"

行思领受了教法，就回到吉州青原山，弘传佛法，广为教化。谥弘济禅师。

怀让禅师，金州杜氏的儿子。最初拜嵩山慧安国师，慧安国师让他到曹溪山来参拜惠能大师。怀让禅师来到曹溪山并礼拜惠能大师。

惠能大师说："从哪里来？"

怀让禅师说："嵩山。"

惠能大师说："是什么东西，怎么来的？"

怀让禅师说："说像一个东西就不是了。"

惠能大师说："还可以修行证悟吗？"

怀让禅师说："修行证悟就不是无，受到浸染就不可得了。"

惠能大师说："具有不受污染这一点，是所有佛所共同护念的。你就是这样，我也是这样。西天竺的般若多罗法师曾经预言：'在你的门下将要出现一匹小马驹，他的智慧可以征服天下人。'这个预言将应证在你身上,等待时机,不必过早地说出来。"

怀让豁然契悟,便侍奉惠能大师身边十五年,越来越修证到玄妙深奥的境界。后来去了南岳衡山,大力阐扬禅宗。

永嘉玄觉禅师[①],温州戴氏子,少习经论,精天台止观法门[②]。因看《维摩经》,发明心地。偶师弟子玄策相访,与其剧谈,出言暗合诸祖。

策云:"仁者得法师谁?"

曰:"我听方等经论,各有师承。后于《维摩经》,悟佛心宗,未有证明者。"

策云:"威音王已前即得[③],威音王已后,无师自悟,尽是天然外道。"

曰:"愿仁者为我证据。"

策云:"我言轻,曹溪有六祖大师,四方云集,并是受法者。若去,则与偕行。"

觉遂同策来参。绕师三匝,振锡而立。

师曰:"夫沙门者[④],具三千威仪,八万细行[⑤]。大德自何方而来[⑥],生大我慢?"

觉曰:"生死事大,无常迅速。"

师曰:"何不体取无生,了无速乎?"

曰:"体即无生,了本无速。"

师曰:"如是!如是!"

玄觉方具威仪礼拜，须臾告辞。

师曰："返太速乎？"

曰："本自非动，岂有速耶？"

师曰："谁知非动？"

曰："仁者自生分别。"

师曰："汝甚得无生之意。"

曰："无生岂有意耶？"

师曰："无意谁当分别？"

曰："分别亦非意。"

师曰："善哉！少留一宿。"

时谓"一宿觉"。后著《证道歌》，盛行于世。

注释：

①永嘉玄觉禅师：即《永嘉证道歌》的作者，温州永嘉人，俗姓戴，字明道，号永嘉玄觉。八岁出家，博探三藏，尤通天台止观。后于温州龙兴寺侧岩下自构禅庵，独居研学，常修禅观。偶因左溪玄朗之激励，遂起游方之志，与东阳玄策共游方寻道。至韶阳时，谒曹溪惠能，与惠能相问答而得其印可，惠能留之一宿，翌日即归龙兴寺，时人称之"一宿觉"。其后，学者辐凑，号真觉大师。玄朗赠书招之山栖，师复书辞退。后趺坐入寂，世寿四十九。法嗣有惠操、惠特、等持、玄寂等人。著作有《禅宗永嘉集》十卷（庆州刺史魏靖辑）、《证道歌》一首、《禅宗悟修圆旨》一卷等。

②天台止观法门：天台，即天台宗，乃中国佛教宗派之一。因注重《法华经》，所以也称“法华宗”。天台宗主张“定”（止）、“慧”（观）为修行的主要内容，所以用“止观法门”概括天台宗的理论和实践。

③威音王：又作“寂趣音王佛”。乃过去庄严劫最初之佛名。“威音王已前”为禅宗僧人常用语，用以指点学人自己本来面目之语句，意同“父母未生以前”、“天地未开以前”等语。盖威音王佛乃过去庄严劫最初的佛名，故以之表示无量无边的久远之前。

④沙门：意译为“勤息”、“勤劳”、“功劳”、“勤恳”、“静志”、“息止”、“息心”、“息恶”、“修道”、“乏道”、“贫道”等，即勤修佛道和息诸烦恼的意思，为出家修道者的通称，即指剃除须发，止息诸恶不善，调御身心，勤修诸善，以期证得涅槃境界。

⑤三千威仪，八万细行：为佛弟子持守日常威仪的做法。僧人的动作有威德有仪则，称为“威仪”；戒律之外的各种微细的仪则规定，称为“细行”。“三千”、“八万”喻数量之多，并非实数。综合而言，“三千威仪，八万细行”指有关比丘行、住、坐、卧“四威仪”中，所应注意的细行。

⑥大德：印度对佛菩萨或高僧的敬称。比丘中之长老，也称“大德”。中国，不以“大德”一词称佛菩萨，而作为对高僧的敬称。

译文：

永嘉玄觉禅师，温州戴氏的儿子，小时候学习经论，精通天

台宗的止观教义。因为看了《维摩经》，认识了自心本性。偶然，惠能大师的弟子玄策来访，和他大谈佛理，永嘉玄觉所说的话都与佛祖的真义隐隐相合。

玄策说："你师从何人而得法？"

永嘉玄觉说："我听大乘经典，都各有师承关系。后来在读《维摩经》时，开悟佛心宗，还没有得到人印证我的见解。"

玄策说："在威音王佛以前，无师自通是可以的，在威音王佛之后，没有师承传授而自我开悟，自然全部是外道。"

永嘉玄觉说："希望你能为我印证。"

玄策说："我人微言轻，不足以为你印证。曹溪山有六祖惠能大师，四面八方的人都云集在他那里，并且都是受得正法的。你如果想去，我就和你同行。"

永嘉玄觉便随同玄策来参礼六祖惠能大师。玄觉绕着惠能走了三圈，举着锡杖一振，站在那里不动。

惠能大师说："出家人，应该具有三千威仪、八万细行等种种戒律仪轨。大德你是从哪里来，对我生起如此大的傲慢和不敬？"

玄觉说："人的生死才是大事，且无常交替迅速，变化很快。"

惠能大师说："为什么不体悟领受无生无死，明了这无常迅速的道理呢？"

玄觉说："体悟的就是无生无死，明了的就是无常迅速。"

惠能说："是这样！是这样！"

玄觉这才整肃仪容向惠能大师礼敬参拜，一会儿便向大师告辞欲走。

惠能大师说:“你这就返回,太快了吧?”

玄觉说:“本来就没有动与不动,哪里有快和不快?”

惠能大师说:“谁能知道不是动呢?”

玄觉说:“这是您自己生起了分别之心。”

惠能大师说:“你已经十分了解无生无死的道理了。”

玄觉说:“无生无死难道还有意义吗?”

惠能大师说:“没有意义谁能分别它呢?”

玄觉说:“分别本身也没有意义。”

惠能大师说:“好啊!小住一晚吧。”

当时称之为“一宿觉”。后来永嘉玄觉作了《证道歌》,流传盛行于世间。

禅者智隍,初参五祖,自谓已得正受①。庵居长坐②,积二十年。师弟子玄策,游方至河朔,闻隍之名,造庵问云:“汝在此作什么?”

隍曰:“入定③。”

策云:“汝云入定,为有心入耶,无心入耶?若无心入者,一切无情草木瓦石,应合得定;若有心入者,一切有情含识之流,亦应得定。”

隍曰:“我正入定时,不见有有无之心。”

策云:“不见有有无之心,即是常定,何有出入?若有出入,即非大定④!”

隍无对。良久,问曰:“师嗣谁耶?”

策云:“我师曹溪六祖。”

隍云:“六祖以何为禅定?”

策云:“我师所说,妙湛圆寂,体用如如⑤,五阴本空⑥,六尘非有⑦。不出不入,不定不乱。禅性无住,离住禅寂。禅性无生,离生禅想。心如虚空,亦无虚空之量。”

隍闻是说,径来谒师。

师问云:“仁者何来?”

隍具述前缘。

师云:“诚如所言,汝但心如虚空,不著空见,应用无碍,动静无心,凡圣情忘,能所俱泯⑧,性相如如⑨,无不定时也。”

隍于是大悟,二十年所得心,都无影响。其夜河北士庶闻空中有声云:“隍禅师今日得道!”隍后礼辞,复归河北,开化四众⑩。

注释:

①正受:是“禅定”的异名。正,即定心而离邪念。受,指无念无想而纳法在心。因此正受即远离邪想而领受所缘之境的状态。即入定时,以定力使身、心领受平等安和之相。

②庵:以草木覆盖而成之简陋小屋。乃出家者、退隐者远离村落所居之房舍,以作为修行之处。

③入定:入于禅定的意思,即摄驰散之心,入安定不动之精神状态。有时得道者的示寂,也称为“入定”。这里指前者。

④大定：为佛的三德（大定、大智、大悲）之一，佛心澄明寂静叫做“大定”。以大定可断除一切妄惑，故又称“大定”为“断德”。这里可以被看成是禅宗的禅定理论。

⑤体用：指诸法之体性与作用。

⑥五阴：与“五蕴”同。

⑦六尘：指色尘、声尘、香尘、味尘、触尘、法尘等六境，又作“外尘”、“六贼”。尘即染污的意思，以“六识”缘“六境”而遍污“六根”，能昏昧真性，故称为“尘”。此“六尘”在心之外，故称“外尘”。此“六尘”犹如盗贼，能劫夺一切之善法，故称“六贼”。

⑧能所：即“能”与“所”的并称。自动之法（主体）叫做“能”，被动之法（客体）叫做“所”。例如能见物的“眼”，称为“能见”；为眼所见的“物”，称为“所见”。又譬如“六根”对“六尘”，“六根”是“能缘”，“六尘”为“所缘”。总之，“能”与“所”具有相即不离与体用因果的关系，故称“能”“所”一体。

⑨性相如如：指体性与相状。不变而绝对的真实本体，或事物的自体称为“性”；差别变化的现象和相状称为“相”。性与相其实无异，仅名称有别。说性即说相，说相即说性。如说火性即说热相，说热相即说火性。如如，是不动、寂默、平等不二、不起颠倒分别的自性境界。如理智所证得的真如叫作“如如”。

⑩四众：指构成佛教教团的四种弟子众，又称“四辈”、“四部众”、“四部弟子”。有两种含义：其一指出家之四众，即比丘、比丘尼、沙弥、沙弥尼。其二指僧俗四众，即比丘、比丘尼、优婆塞、优婆夷。

译文：

智隍禅师，最初参拜五祖弘忍，自己宣称已经得到了正宗传授。智隍居住在庵室里长期打坐，累计二十年了。惠能大师的弟子玄策，游历到河北一带，听说了智隍的名声，便造访智隍的庵室，问："你在这里干什么？"

智隍回答说："入定。"

玄策问："你说入定，是有心念入定呢，还是无心念入定呢？如果是无心念入定的，一切的草木瓦石无情众生，应该都能达到入定；如果是有心念入定的，一切含有意识的有情众生之类，也应该能达到入定。"

智隍说："当我真正入定时，看不到我有'有无'的心念。"

玄策说："看不到'有无'的心念，就是常定，怎么又有出入之分呢？如果有出有入，那就不是真正的定了！"

智隍无言以对。过了很久，问玄策："你师承的是谁啊？"

玄策说："我的师父是曹溪山六祖惠能大师。"

智隍问："六祖惠能大师认为什么是禅定？"

玄策说："我师父说，法身圆融玄妙湛然常寂，性相体用一如，五蕴和合，本来是空，六尘也不是真实存在。既不出，也不入，不执于定，不生散乱心。禅的本性是不执无滞的，要住禅寂。禅性无生，要超离执著禅的念想。心如同虚空一样，不存在对虚空的度量。"

智隍听到这样说法，直接来拜谒六祖惠能大师。

惠能大师问："你从哪里来？"

智隍把遇到玄策的因缘全部描述了一遍。

惠能大师说："正像玄策说的那样，你只要心如虚空一般，又不执著于对空的妄见，自如应用，没有滞碍，对于动静，不生其心，世俗和圣境全部两忘，主观和客观对象能够一齐泯绝，性相如一，就无时无刻不在禅定之中，没有不禅定的时刻了。"

智隍于是大彻大悟，二十年修行所得的执著之心，刹那间都没有留下影响。那天夜里黄河以北的官吏和百姓都听到空中有声音说："智隍禅师今天得成佛道了！"智隍后来礼敬告辞，又回到了黄河以北，开示教化大众。

一僧问师云："黄梅意旨[①]，甚么人得？"

师云："会佛法人得。"

僧云："和尚还得否？"

师云："我不会佛法[②]。"

师一日欲濯所授之衣，而无美泉。因至寺后五里许，见山林郁茂，瑞气盘旋，师振锡卓地，泉应手而出。积以为池，乃跪膝浣衣石上。忽有一僧来礼拜，云："方辩是西蜀人。昨于南天竺国，见达磨大师，嘱方辩速往唐土：吾传大迦叶正法眼藏[③]，及僧伽梨[④]，见传六代，于韶州曹溪，汝去瞻礼。方辩远来，愿见我师传来衣钵。"

师乃出示。次问："上人攻何事业？"

曰："善塑。"

师正色曰："汝试塑看。"

辩罔措。过数日，塑就真相，可高七寸，曲尽其妙。

师笑曰："汝只解塑性，不解佛性。"

师舒手摩方辩顶。曰："永为人天福田。"

有僧举卧轮禅师偈曰⑤：

卧轮有伎俩，能断百思想。
对境心不起，菩提日日长。

师闻之，曰："此偈未明心地。若依而行之，是加系缚。"

因示一偈曰：

惠能没伎俩，不断百思想；
对境心数起，菩提作么长？

注释：

①黄梅意旨：这里指五祖弘忍的教法。

②我不会佛法：这一句话强调禅宗自证自悟，主张徒弟不能从老师那里获得什么现成的东西。

③大迦叶：是"摩诃迦叶波"的简称，佛十大弟子之一，有"头陀第一"、"上行第一"等称号。大迦叶是王舍城摩诃娑陀罗村人，大富婆罗门尼拘卢陀羯波之子。以诞生于毕钵罗树下，故取名"毕钵罗耶那"；又因出自大迦叶种，而称"大迦叶"。出家不久后，遇见佛陀，蒙受教化。八日后，发正智，脱却自身僧伽梨以奉佛，并穿着佛陀所授之粪扫衣，证得阿罗汉果。大迦叶在俗时，以富裕闻名，然于出家后，少欲知足，常行头陀行。又，古

来以大迦叶为付法藏第一祖，尤以“拈花微笑”的故事，为禅家所传颂，并据此尊大迦叶为禅宗天竺初祖。正法眼藏：亦名“清净法眼”。“正法眼”指佛的心眼彻见正法；“藏”的意思为深广而万德含藏。禅宗用正法眼藏来称其教外别传的心印。

④僧伽梨：为“三衣”之一。即九条以上的衣服。因必须割截后才能制成，所以称为“重衣”、“复衣”、“重复衣”。又因其条数多，所以称为“杂碎衣”。一般是在外出及其他庄严仪式时穿，如入王宫、聚落、乞食，及升座说法、降伏外道等时候穿，故称“入王宫聚落衣”。又以其为诸衣中最大者，故称“大衣”。

⑤卧轮禅师：此禅师事迹不详。

译文：

有一个僧人问惠能大师：“黄梅五祖弘忍大师的衣钵，什么人得到了？”

惠能大师说：“领会佛法的人得到了。”

僧人问：“大师您得到了吗？”

惠能大师说：“我不明白佛法。”

有一天，惠能大师想洗涤一下五祖弘忍大师所传的袈裟，可是周围没有上好的清泉。因此大师来到寺庙后面五里远的地方，看到这里山林葱郁茂密，有祥瑞之气笼罩盘旋，惠能大师举起锡杖在地上一戳。泉水立刻涌了出来。积成了一个水池，惠能大师便跪在石头上洗着袈裟。忽然有一个僧人来礼敬参拜，说：“我方辩是西蜀人。昨天在南天竺国，见到达磨大师，他嘱咐我赶快到唐国来，达磨大师说他所传大迦叶的真正教法及法衣，现在传到第六代祖，目前在韶州曹溪山，你去瞻仰礼拜他。方辩我远道而来，希望能得见达磨祖师所传之袈裟。”

惠能大师取出袈裟展示给他看。随后问：“你擅长什么事呢？”

方辩说：“擅长雕塑。”

惠能严肃地说：“你试着雕给我看看。”

方辩一时迷惘无措。过了几天，雕好了一尊佛像，高七寸，曲尽其妙，十分逼真。

惠能大师笑着说：“你只理解了雕塑之特性，不理解佛性。”

惠能大师用手抚摩方辩的头顶说：“希望你生生世世都成为人天种福之田。”

有一个僧人展示了卧轮禅师的一首偈：

卧轮有伎俩，能断百思想。
对境心不起，菩提日日长。

惠能大师听了说：“这个偈还没有明见自性。如果按照这个偈来修行，是更增加了束缚。”

因此开示了一个偈，说：

惠能没伎俩，不断百思想；
对境心数起，菩提作么长？

顿渐品第八

本品讲述了神秀、惠能两宗分别于曹溪、荆南盛化，世称为南能北秀，于是有了南北二宗顿渐之分。两位宗主虽然不分彼此，但弟子们却起了爱憎之心，北宗神秀与南宗惠能门下徒众生起分歧争议。北宗门徒志诚潜来听法，为惠能察觉，针对北宗"住心观净，长坐不卧"长期打坐的禅法，惠能批判了北宗禅的弊病，认为常坐拘身，于理无益，后向志诚开示南宗禅法，使之当下契悟，并教示戒定慧行相，认为戒定慧为自我本性先天具有。接着交代了北宗门人托志彻前来行刺六祖惠能，而为大师教化开悟一事。还有神会前来参礼，由开始的逞能自傲到后来对六祖礼拜悔谢的事由。

时，祖师居曹溪宝林，神秀大师在荆南玉泉寺[①]。于时两宗盛化，人皆称南能北秀，故有南北二宗顿渐之分。而学者莫知宗趣。师谓众曰："法本一宗，人有南北；法即一种，见有迟疾。何名顿渐？法无顿渐，人有利钝，故名顿渐。"

然秀之徒众，往往讥南宗祖师："不识一字，有何所长？"

秀曰："他得无师之智[②]，深悟上乘，吾不如也。且吾师五祖，亲传衣法，岂徒然哉？吾恨不能远去亲近，虚受国恩。汝等诸人毋滞于此，可往曹溪参决。”一日，命门人志诚曰[3]：“汝聪明多智，可为吾到曹溪听法。若有所闻，尽心记取，还为吾说。”

志诚禀命至曹溪，随众参请，不言来处。时祖师告众曰：“今有盗法之人，潜在此会。”志诚即出礼拜，具陈其事。师曰：“汝从玉泉来，应是细作[4]。”

对曰：“不是。”

师曰：“何得不是？”

对曰：“未说即是，说了不是。”

师曰：“汝师若为示众？”

对曰：“常指诲大众，住心观静，长坐不卧。”

师曰：“住心观静，是病非禅。长坐拘身，于理何益？听吾偈。”曰：

生来坐不卧，死去卧不坐；
一具臭骨头，何为立功课[5]？

注释：

①荆南玉泉寺：古本作“荆南当阳山玉泉寺”。《景德传灯录》作“荆州当阳山度门寺”。

②无师之智：无师而独自觉悟的佛智，指非借他力，不待他人教而自然成就之智慧。如佛所证得之智慧，非由师教或外力而得；又如缘觉（独觉）圣者，观诸法因缘生灭，不待师教而证成觉智。

③志诚：即志诚禅师，吉州太和人。年少时于荆南当阳山玉泉寺事奉神秀禅师。

④细作：奸细，间谍。

⑤“一具”两句：人应当明心见性、一觉悟即证得佛地，不需要在臭皮囊上强下功夫，而执著于禅坐形式，长时间不躺卧地约束身体坐禅而不卧。

译文：

那时，惠能大师在曹溪山宝林寺，神秀大师在荆南玉泉寺。故而当时两大宗派兴盛教化，被人们称为“南能北秀”，有南宗北宗、顿教渐教的分别。然而学道修禅的人们并不知道他们的宗义和旨趣。惠能大师对众人说：“佛法本是一种宗义，因为传法之人有南北，才有了南宗北宗的区分；佛法就是一种，只是识见悟性有快有慢，才有了顿悟渐悟的区分。什么叫顿悟渐悟？佛法本身没有顿悟渐悟之分，人的根器有敏锐和愚钝才有顿悟渐悟之分，所以称之为顿渐。”

然而神秀大师的弟子门人，往往讥讽南宗六祖惠能大师：“不识一个字，能有什么过人之处呢？”

神秀大师说：“惠能得到了不需要师父传授而自悟自通的智慧，深入见悟最上乘智慧，我比不上他。并且我师父五祖弘忍大师亲自传授衣钵和教法给他，难道是白费气力的吗？我只恨不能远道去与他多交流，在这里白白地受领国家对我的恩宠。你们不要总是滞留在我的身边，可以前往曹溪山参访学习。”神秀大师这天对弟子志诚说：“你聪明而且智慧多多，可以为我去曹溪山听惠能大师的教法。如果听到什么，尽力地记住，回来再告诉我。”

志诚奉命来到曹溪山，跟随着大众向惠能大师参学请益，没有说明自己是从哪里来的。当时，惠能大师向大众宣告说：“今天有偷听教法的人，潜藏在这里。”志诚立刻出来礼敬参拜，全部陈述了来这里的因由。惠能大师说：“你从玉泉寺来，那就是奸细了。”

志诚说：“我不是。”

惠能大师说：“何以见得你不是？”

志诚说：“我没有说明来意可以说是奸细，表明来意就不能算是了。”

惠能大师说：“你师父神秀大师是如何开示大众的？”

志诚说：“师父常常指授教诲大众守住本心，观想清净，长期静坐，不要睡觉。”

惠能大师说：“住心观静，这是错误的，这不是修禅。常期静坐，拘束身体，对参悟佛法真意并没有什么帮助。听我的偈吧。”偈说：

生来坐不卧，死去卧不坐；
一具臭骨头，何为立功课？

志诚再拜曰：“弟子在秀大师处，学道九年，不得契悟[1]。今闻和尚一说，便契本心。弟子生死事大，和尚大慈，更为教示。”

师云：“吾闻汝师教示学人戒定慧法，未审汝师说戒定慧行相如何[2]？与吾说看。”

诚曰：“秀大师说：诸恶莫作名为戒，诸善奉行名为慧，自净其意名为定。彼说如此，未审和尚以何法诲人？”

师曰：“吾若言有法与人，即为诳汝。但且随方解缚，假名三昧。如汝师所说戒定慧，实不可思议；吾所见戒定慧又别。”

志诚曰：“戒定慧只合一种，如何更别？”

师曰：“汝师戒定慧接大乘人，吾戒定慧接最上乘人，悟解不同，见有迟疾。汝听吾说，与彼同否？吾所说法，不离自性。离体说法，名为相说[3]，自性常迷。须知一切万法，皆从自性起用，是真戒定慧法。听吾偈。”曰：

心地无非自性戒，
心地无痴自性慧，
心地无乱自性定，
不增不减自金刚，
身去身来本三昧。

诚闻偈，悔谢，乃呈一偈曰：

五蕴幻身，幻何究竟？
回趣真如，法还不净。

师然之。复语诚曰：“汝师戒定慧，劝小根智人；吾戒定慧，劝大根智人。若悟自性，亦不立菩提涅槃，亦不立解脱知见；无一法可得，方能建立万法。若解此意，亦名佛身，亦名菩提涅槃，亦名解脱知见。见性之人，立亦得，不立亦得。去来自由，无滞无碍。应用随作，应语随答，普见化身，不离自性，即得自在神通④，游戏三昧⑤，是名见性。”

志诚再启师曰：“如何是不立义？”

师曰：“自性无非、无痴、无乱，念念般若观照，常离法相，自由自在，纵横尽得，有何可立？自性自悟，顿悟顿修，亦无渐次，所以不立一切法。诸法寂灭，有何次第？”

志诚礼拜，愿为执侍，朝夕不懈。

注释：

①契悟：与本心契合而开悟，对本心的认识和体验。

②戒定慧行相：行相原指行事的相状，即一切心在认识对象时的状态。这里可以简单地解释为“具体内容”，即戒定慧的具体内容。

③相说：即执著于虚幻不实的现象的讲说，不是具有真理性的讲说。是一种住相之谈。

④神通：神为“不测”的意思，通为“无碍”的意思。不可测又无碍的力量，即所谓的“神通”或“通力”。一般讲神通有神足通、天眼通、天耳通、他心通、宿命通、漏尽通六种。

⑤游戏三昧：佛菩萨游于神通，化人以自娱乐，叫做“游

戏”。“三昧”乃“三摩地”的意思，为“禅定”的异称，即将心专注于一境。游戏三昧者，犹如无心之游戏，心无牵挂，任运自如，得法自在。即言获得空无所得者，进退自由自在，毫无拘束。

译文：

志诚两次礼拜惠能大师说：“弟子我在神秀大师那里，参学已有九年，没有得到契证开悟。今天听大师您这么一说，就契合了本心。弟子认为解脱生死是件大事，希望大师慈悲为怀，再给我一些教化开示。”

惠能大师说：“我听说你师父教授开示弟子戒定慧法，不清楚你师父是如何说戒定慧的相状的？你给我说说看。”

志诚说：“神秀大师说，一切恶行不要造作叫做戒，一切善念全都奉行叫做慧，自己清净意念叫做定。神秀大师是那样说的，不清楚大师您用什么教法教诲大众？”

惠能大师说：“我如果说有教法给你，那就是骗你。只是根据不同情况，方便说法，解除束缚，借用修行三昧的假名。像你师父说的戒定慧，实在是不可思议；我所认识的戒定慧和他不同。”

志诚说：“戒定慧只应该有一种，怎么还有分别？”

惠能大师说：“你师父的戒定慧接引大乘根器的人，我的戒定慧接引上乘根器的人，领悟理解不尽相同，识见自我心性有快有慢。你听我说的和他说的相同吗？我所说的教法，不离开自我本性。离开自性本体说法，叫做执著相状上说法，自己的心念常常愚迷。要知道一切事物和现象，都从自性中生起运用，这是真正的戒定慧法。听我的偈吧。”偈所说：

心地无非自性戒，

心地无痴自性慧，

心地无乱自性定，

不增不减自金刚，

身去身来本三昧。

志诚听了偈以后悔悟拜谢，便呈上一个偈说道：

五蕴幻身，幻何究竟？

回趣真如，法还不净。

惠能大师称许肯定。又告诉志诚说：“你师父所说的戒定慧，是劝诫小根器的人；我所说的戒定慧，是劝诫大根器的人。如果开悟了自我本性，也就不用再立菩提涅槃，也不用立对解脱的认识和见解；没有一个法可以得，才能建立一切法。如果理解了这个本意，就叫做佛，也叫做菩提涅槃，也叫做解脱知见。识见本性的人，立这些名也能得法，不立这些名也能得法。去来自由，没有滞留、没有妨碍。应用自如，随缘运作，根据语言随机答对，全部识见一切化身而又不离自我本性，这就得到随缘变化、自在无碍的神通，到达了游戏三昧的境界，叫做识见本性。”

志诚再次拜谢大师并禀告说：“什么是不立之义？”

大师说：“自我本性没有是非、没有愚痴、没有散乱，时时运用智慧观照，常常超离法相，自由自在，或纵或横全部都有所得，有什么佛法可以立呢？自己开悟自我本性，顿悟顿修，也没有渐次顺序，所以不需要立任何佛法。一切法都寂灭了，还有什么次第顺序呢？”

志诚礼拜惠能大师，愿意侍奉大师，早晚不停歇。

僧志彻，江西人，本姓张，名行昌，少任侠。自南北分化，二宗主虽亡彼我，而徒侣竞起爱憎。时北宗门人，自立秀师为第六祖，而忌祖师传衣为天下闻，乃嘱行昌来刺师。

师心通，预知其事，即置金十两于座间。时夜暮，行昌入祖室，将欲加害。师舒颈就之，行昌挥刃者三，悉无所损。

师曰："正剑不邪，邪剑不正，只负汝金，不负汝命。"

行昌惊仆，久而方苏，求哀悔过，即愿出家。师遂与金，言："汝且去，恐徒众翻害于汝。汝可他日易形而来，吾当摄受[①]。"行昌禀旨宵遁，后投僧出家，具戒精进[②]。

一日，忆师之言，远来礼觐。师曰："吾久念汝，汝来何晚？"

曰："昨蒙和尚舍罪，今虽出家苦行，终难报德，其惟传法度生乎！弟子常览《涅槃经》，未晓常无常义[③]，乞和尚慈悲，略为解说。"

师曰："无常者，即佛性也；有常者，即一切善恶诸法分别心也。"

曰："和尚所说，大违经文。"

师曰："吾传佛心印，安敢违于佛经？"

曰："经说佛性是常，和尚却言无常；善恶之法乃至菩提心，皆是无常，和尚却言是常，此即相违，令学人转加疑惑。"

师曰："《涅槃经》，吾昔听尼无尽藏读诵一遍，便为讲说，无一字一义不合经文。乃至为汝，终无二说。"

曰："学人识量浅昧，愿和尚委曲开示。"

师曰："汝知否？佛性若常，更说什么善恶诸法、乃至穷劫无有一人发菩提心者？故吾说无常，正是佛说真常之道也。又，一切诸法若无常者，即物物皆有自性，容受生死，而真常性有不遍之处。故吾说常者，正是佛说真无常义。佛比为凡夫外道执于邪常，诸二乘人于常计无常，共成八倒[④]。故于涅槃了义教中[⑤]，破彼偏见，而显说真常真乐真我真净。汝今依言背义，以断灭无常，及确定死常，而错解佛之圆妙最后微言，纵览千遍，有何所益？"

行昌忽然大悟，说偈曰：

因守无常心，佛说有常性；
不知方便者，犹春池拾砾。
我今不施功，佛性而现前；
非师相授与，我亦无所得。

师曰："汝今彻也，宜名志彻。"

彻礼谢而退。

注释：

①摄受：又叫做“摄取”，原指以慈悲心去摄取众生。这里是说愿意度化并接受志彻为徒。

②具戒：谓比丘、比丘尼之具足戒也，指比丘、比丘尼所应受持之戒律，比丘二百五十戒，比丘尼五百戒。因与沙弥、沙弥尼所受十戒相比，戒品具足，故称“具足戒”。依戒法规定，受持具足戒即正式取得比丘、比丘尼之资格。

③常无常：世间一切之法，生灭迁流，刹那不住，谓之“无常”；反之则谓之“常”，即指永恒不变，真实不虚假。在此处的对话中，行昌所讲的是《涅槃经》的经文，而惠能则是依据禅宗教义对《涅槃经》重新解释。

④八倒：指凡夫所迷执的八种颠倒的错误见解。对生死的无常、无乐、无我、无净，执定为常、乐、我、净者，是凡夫的“四倒”；对涅槃的常、乐、我、净，执定为无常、无乐、无我、无净，是二乘人的“四倒”。这两种“四倒”合起来就是“八倒”。

⑤了义教：“了义”指直接、完全显了述尽佛法道理，而“不了义”则指教法之未能如实诠显理趣之方便说。二者合称为“二义”。了义教，即指如实诠显全部理趣之教法，如诸大乘经说生死、涅槃无异者。

译文：

僧人志彻，江西人，原来姓张，名字叫行昌，少年时候喜好行侠仗义。自从南宗北宗产生分化之后，两派宗主神秀大师和惠能大师虽然不分彼此、没有争胜，然而他们的弟子徒众却竞相生起爱憎之心。当时，北宗弟子们，自封神秀大师为禅宗第六代祖师，又忌讳天下人都知道的惠能大师得传衣钵之事，便嘱咐行昌来行刺惠能大师。

惠能大师事先预测到了这件事，便放了十两黄金在座位上。那天天黑了，行昌潜入惠能大师的房间，准备加害大师。大师伸出脖子给他砍，行昌砍了三刀，都一点没有损伤到惠能大师。

大师说："正义之剑不会邪恶，邪恶之剑不能正义，我只该给你金钱，不欠你性命。"

行昌惊恐万状，扑倒在地，很久才苏醒过来，哀求能够悔过自新，当即愿意出家为僧。大师便给了他金钱，说："你暂时先去，我担心我的弟子们反过来要加害你。你可以在其他时间乔装打扮再来，我自当接受你为徒。"行昌领受大师旨意连夜离开。后来投奔僧人剃度出家，接受戒规，精进修行。

有一天，想起了惠能大师的话，远道而来拜见大师。大师说："我念叨你很久了，你为什么这么晚才来？"

行昌说："上次承蒙大师饶恕我的罪过。现在我虽然出家苦苦修行，终究难以报答大恩大德，唯有随您传法度众生。弟子我常常阅览《涅槃经》，不明白常、无常的教义。恳请大师慈悲，简单为我解说。"

大师说："无常，就是佛性；常，就是对一切善恶法的分别心。"

行昌说:“大师,你说的与经文大相径庭。”

惠能大师说:“我传授佛法心印,怎么敢违背佛经呢?”

行昌说:“经文上说佛性是常,大师您却说佛性是无常;一切善恶事物,甚至无上觉悟,都是无常,大师您却说是常,这不是与经文相背吗?这使得我更加增添了疑惑。”

大师说:“《涅槃经》,我曾经听尼姑无尽藏比丘尼念诵过,我给她讲说经文大义,没有一点不符合佛经的。刚才给你讲的,也是同样的道理,不会有别的说法。”

行昌说:“我见识浅薄,希望师父开示。”

惠能大师说:“你知道吗?如果佛性是常,为什么还要说善恶诸法,以至于还说从来没有人发菩提觉悟之心?所以我说佛性无常,是说佛性真实常在。还有,如果说一切事物无常,是说万事万物都有自己的体性,用以承受生死,而真实存在的佛性也有不能遍及的地方。所以我说的常,正是佛说的无常。佛知道世俗人和外道将无常看作真实存在,而声闻和缘觉二乘人,把佛性看作无常。所以出现了常、乐、我、净、非常、非乐、非我、非净八种颠倒妄想见。《涅槃经》的教义是破斥这些断见,指出什么是真常、真乐、真我、真净四德。你依据经文文字却违背经文经义,以有断灭的现象为无常,而以确定僵死为常,错误地理解佛陀最后开示的妙谛。这样纵使念经千遍,又有何用?”

行昌豁然开悟,说了偈子:

因守无常心,佛说有常性;
不知方便者,犹春池拾砾。
我今不施功,佛性而现前;

非师相授与，我亦无所得。

惠能大师说："你现在彻底开悟了，你就改名叫志彻吧。"

志彻行礼致谢后便退下。

有一童子，名神会[①]，襄阳高氏子。年十三，自玉泉来参礼。

师曰："知识远来艰辛，还将得本来否？若有本则合识主，试说看！"

会曰："以无住为本，见即是主。"

师曰："这沙弥争合取次语[②]！"

会乃问曰："和尚坐禅，还见不见？"

师以柱杖打三下，云："吾打汝痛不痛？"

对曰："亦痛亦不痛。"

师曰："吾亦见亦不见。"

神会问："如何是亦见亦不见？"

师云："吾之所见，常见自心过愆，不见他人是非好恶，是以亦见亦不见。汝言亦痛亦不痛如何？汝若不痛，同其木石；若痛，则同凡夫，即起恚恨。汝向前见、不见是二边，痛、不痛是生灭。汝自性且不见，敢尔弄人？"

神会礼拜悔谢。

师又曰："汝若心迷不见，问善知识觅路。汝若心悟，即自见性，依法修行。汝自迷不见自心，却来问吾见与不见。吾见自知，岂代汝迷？汝若自见，亦不代吾迷。何不自知自见，乃问吾见与不见？”

神会再礼百余拜，求谢过愆，服勤给侍，不离左右。

一日，师告众曰：“吾有一物，无头无尾，无名无字，无背无面，诸人还识否？”

神会出曰：“是诸佛之本源，神会之佛性。”

师曰：“向汝道无名无字，汝便唤作本源佛性。汝向去有把茆盖头③，也只成个知解宗徒④。”

祖师灭后，会入京洛，大弘曹溪顿教，著《显宗记》⑤，盛行于世，是为荷泽禅师。

师见诸宗难问，咸起恶心，多集座下，愍而谓曰：“学道之人，一切善念恶念，应当尽除。无名可名，名于自性；无二之性，是名实性。于实性上建立一切教门，言下便须自见。”诸人闻说，总皆作礼，请事为师。

注释：

①神会：在早期禅宗史上，神会（668—760）是位举足轻重的人物，为荷泽宗之祖。襄阳人，俗姓高。年幼时学习五经、老庄、诸史，后来投国昌寺颢元出家。十三岁时，参谒六祖惠能。惠能示寂后，参访四方，跋涉千里。开元二十年（732）设无遮大会于河南滑台大云寺，与山东崇远论战。竭力攻击神秀一门，确立南宗惠能系之正统传承与宗旨。并于天宝四年（745）著《显宗记》，定南惠能为顿宗，北神秀为渐教，“南顿北渐”之名由是

而起。神会示寂于上元元年（760），世寿九十三，敕谥“真宗大师”。

②沙弥：指佛教僧团中，已受十戒，未受具足戒，年龄在七岁以上、未满二十岁之出家男子。意译为“息慈”，即息恶和行慈的意思；又译作“勤策”，即为大僧勤加策励的对象。沙弥有三类：七至十三岁，名“驱乌沙弥”，谓其只能驱逐乌鸟。十四至十九岁，名“应法沙弥”，谓正合沙弥的地位。二十至七十岁，名“名字沙弥”，谓在此年龄内，本来应居比丘位，但以缘未及，故尚称“沙弥”的名字。

③向去有把茆（huì）盖头：向去，即从偏位向于正位，而从正位向于偏位叫作却来。茆，即茅草，把茆盖头就是取茅草建草庵以作栖身处。

④知解宗徒：指通过文字来修行的人，即以学习和理解经典文字为修行的僧人。

⑤《显宗记》：全称《荷泽大师显宗记》，全一卷，唐代荷泽神会著，收于《景德传灯录》卷三十。据传本书是作者在天宝四年（745），于滑台为北宗禅者攻击时所著，主要叙述南宗顿悟之旨，并论述传衣在禅宗传承中的重要性。全篇只有六百六十字。内容大体以《金刚般若经》之“般若空智、应无所住而生其心”为立足点，并承继僧肇之《般若无知论》、《涅槃无名论》，以及六祖惠能《法宝坛经》中《定慧品第四》之思想。

译文：

有一个童子，名叫神会，襄阳高家的子弟。十三岁时，从神

秀主持的玉泉寺来到曹溪山向惠能大师致礼。

惠能大师说:“善知识远道而来,辛苦非常,还能识见事物的本来面目吗?如果认识事物的本来面目,就应该识见本体,你先说说看。”

神会说:“事物的本来面目无所住,永远不会静止,认识本身就是主体。”

惠能大师说:“这个小师父怎么说话如此轻率!”

神会说:“大师你坐禅,识见佛性了吗?”

惠能大师用禅杖打了神会三下子,问:“我打你,痛还是不痛?”

神会说:“也痛也不痛。”

惠能大师说:“那我见了,也没有见。”

神会问:“什么叫做也见了,也没见?”

惠能大师说:“我说见是说常见自己的过错,不见他人的是非好恶,这是说见到了,也没见到。那你说也痛也不痛是什么意思?你如果不痛,你就是和草木瓦石一样没有知觉;你如果说痛,那你就和凡夫俗子一样,会生起怨恨之心。见与不见是两种偏见,痛和不痛是可以生灭的有为法。你还没识见本心,怎敢捉弄他人?”

神会礼拜表示悔过。

惠能大师又说:“如果心念愚迷,不能识见本性,就必须找善知识教示。如果心念开悟,识见自性,就依此修行。现在你自己迷误,不能认识真心,反来问我是否识见佛性。我是否识见佛心,我自己心知肚明,难道这能代替你不迷误?反之亦然,你如果能够识见自性也代替不了我的迷误。为何不去自我识见、自我认识，却在这里问我有没有识见佛性？”

神会再次向惠能大师致礼多达一百多次，请求饶恕，并勤勉地做杂务和服侍大师，不离大师身边。

有一天，惠能大师告诉大家：“我有一样东西，没头没尾，没名没字，没背面，没正面，大家知道是什么吗？”

神会起立说道：“是一切佛的本源，是神会的佛性。”

大师说：“对你说了没名没字，你却还要把他叫做本源佛性。你以后即便当了住持，也只能成为一个知解宗徒。”

惠能大师圆寂后，神会到了京师长安与洛阳，大力弘扬惠能大师的顿教法门，著有《显宗记》，盛行于世，这就是著名的荷泽禅师。

惠能大师看到各宗派之间互相为难指责，弟子们都生起邪恶之心，所以经常召集门人弟子，宽厚怜悯地对大家说：“修行佛道的人，一切善念、恶念，都应该全部除掉。没有什么名相可以指称自我本性；独具无二、没有分别的自性叫做实性。在实性的基础上建立一切教派法门，都必须立刻就能自我识见。”所有人听了，全都行礼，请求惠能大师教化指授他们。

护法品第九

本品记叙了武则天、唐中宗派遣内侍薛简拟请六祖惠能大师至宫中供养，大师以老疾上表托辞的事由。其后，应薛简的请求，大师予以开示，为他辨析了北宗所一味强调的坐禅之弊病，认为“道由心悟，岂在坐也”，指明诸法空寂、无生无灭，获得佛法的真正途径还在于自性体悟，进而指出“烦恼即菩提”，表明即世间求解脱、不离生死证涅槃的思想主旨。昭示世人立足当下，肯定人生。这对后来近代“人间佛教”具有很深远的内在指导意义。最后交代了薛简表奏、朝廷奖谕的事宜。

神龙元年上元日①，则天中宗诏云②：“朕请安秀二师③，宫中供养。万机之暇，每究一乘④。二师推让云：‘南方有能禅师，密授忍大师衣法，传佛心印，可请彼问。’今遣内侍薛简，驰诏迎请，愿师慈念，速赴上京。”

师上表辞疾，愿终林麓。

注释：

①神龙元年上元日：神龙为唐中宗年号，正月十五日为上元。

②则天中宗：指太后武则天和唐中宗李显。

③安秀二师：“安”指慧安国师，是弘忍的弟子，曾受到武则

天和唐中宗的重视。因常住嵩山，故又称“嵩山慧安”。《景德传灯录》卷四有传。“秀”指北宗神秀大师。

④一乘：即指佛乘，又作“一佛乘”、“一乘教”、“一乘究竟教”、“一乘法”、“一道”等。乘为“交通工具”之意，此处指成佛之教法。佛教教义乃唯一之真理，以其能教化众生悉皆成佛，故称为“一乘”。

译文：

唐中宗神龙元年正月十五日，太后武则天和唐中宗下诏说：“我迎请嵩山慧安和荆南玉泉寺的神秀两位大师到宫里来，诚心供养。于日理万机之中，每有空暇，就向两位大师请教，研究佛法。两位大师十分谦让，都推举惠能大师。说：‘南方有位惠能大师从五祖弘忍大师那里秘密得受了衣钵和教法，得传了佛法的心印，可以迎请他来宫中向他请教。’现在我派遣内侍薛简传达诏书来迎请大师，望大师慈悲为怀，立即赶赴京城。”

惠能大师上呈了表章，以身体有疾病为理由推辞了延请，并表示自己愿意永远生活于山林之中，直到终老。

薛简曰：“京城禅德皆云：‘欲得会道，必须坐禅习定；若不因禅定而得解脱者，未之有也。’未审师所说法如何？”

师曰：“道由心悟，岂在坐也？经云：‘若言如来若坐若卧，是行邪道。’何故？无所从来，亦无所去，无生无灭，是如来清净禅[1]；诸法空寂，是如来清净坐。究竟无证，岂况坐耶？”

简曰：“弟子回京，主上必问。愿师慈悲，指示心要，传奏两宫，及京城学道者。譬如一灯，然百千灯，冥者皆明，明明无尽。”

师云：“道无明暗，明暗是代谢之义。明明无尽，亦是有尽，相待立名。故《净名经》云：‘法无有比，无相待故。’”

简曰：“明喻智慧，暗喻烦恼。修道之人，倘不以智慧照破烦恼，无始生死，凭何出离？”

师曰：“烦恼即是菩提，无二无别。若以智慧照破烦恼者，此是二乘见解，羊鹿等机[2]；上智大根，悉不如是。”

简曰：“如何是大乘见解？”

师曰：“明与无明[3]，凡夫见二；智者了达，其性无二。无二之性，即是实性。实性者，处凡愚而不减，在贤圣而不增；住烦恼而不乱，居禅定而不寂。不断不常，不来不去，不在中间，及其内外。不生不灭，性相如如，常住不迁，名之曰道。”

简曰：“师说不生不灭，何异外道？”

师曰：“外道所说不生不灭者，将灭止生，以生显灭，灭犹不灭，生说不生。我说不生不灭者，本自无生，今亦不灭，所以不同外道。汝若欲知心要，但一切善恶，都莫思量，自然得入清净心体，湛然常寂，妙用恒沙。”

简蒙指教，豁然大悟。礼辞归阙，表奏师语。

注释：

①如来清净禅：“如来禅”的简称，《楞伽经》所说“四种禅”之一。由如来直传之禅或如来所得之禅定，即入于如来地，证得圣智三种乐，为利益众生而示现不思议之广大妙用者。另也是“五种禅”（五味禅）之一。宗密将禅分为五种，其中“最上乘禅”称为如来清净禅（略称“如来禅”），又称“一行三昧”、“真如三昧”。此禅之旨趣，系顿悟自心本来清净无有烦恼，具足无漏之智性，且此种清净心与佛无异，此心即佛。

②二乘见解，羊鹿等机：二乘即指声闻乘与缘觉乘。羊、鹿指羊车和鹿车。这里指二乘发心度化的众生较少。详见第七品“三车”注。

③明与无明：明，是智慧、学识。因此，“无明”的语意就是无智。无明是烦恼之别称，即不如实知见，暗昧事物之意。

译文：

薛简说：“京城里的禅师大德都说：‘想要领会佛道，必须要坐禅习定；如果不凭藉修禅习定而能够得到解脱，这样的人还没出现过。’不知道大师您所讲说的教法是什么样子的？”

惠能大师说：“得成佛道要靠自心开悟，怎么会是在于长期打坐呢？佛经上说：‘如果说佛似乎在坐或似乎在卧，那么就是在修行邪道。'这是什么原因呢?既没有所来之处,也没要去的地方,没有生成也没有毁灭,这是佛的清净禅;一切事物现象虚幻空寂,这是佛的清净坐。最终的究竟解脱是没有办法印证的,更何况长期打坐。"

薛简说:"弟子我回到京城,太后皇上必然问起大师的教法心要,希望大师慈悲为怀,给我指点开示要旨心得,我好表奏太后皇上两宫,以及京城参学佛道的人士。这好比一盏灯点燃千百万盏灯,晦暗都得到光明。灯灯光明没有穷尽。"

惠能大师说:"佛道没有光明黑暗的区分,光明和黑暗的意义是相互代谢,互为依存。说光明处处没有尽头,其实也终究是有尽头的。光明和黑暗二者是互为对立、互为条件一对概念范畴。所以《净名经》说:'佛法没有事物可与比拟,没有事物可以与之相对应的。'说的就是这个道理。"

薛简说:"光明比喻智慧,黑暗比喻烦恼。修行佛道的人如果不用智慧观照破斥烦恼,无始以来的生死靠什么来超离呢?"

惠能大师说:"烦恼就是菩提,不是两种东西,它们本质相同,没有分别。如果要用智慧观照破斥烦恼,那这就是声闻和缘觉二乘的见解,是《法华经》上说的乘坐羊车和鹿车的人的见解;有上智和大根器的人,都不是这样理解的。"

薛简说:"什么是大乘的见解呢?"

惠能大师说:"光明智慧和愚迷黑暗,凡夫俗子看到的是两种东西的不同性质;智慧了达的人则明白他们在本质上是没有区别的。这种没有区别、平等一致的本性就是真实佛性。真实佛性,处于凡俗愚迷境地时不会减少,处于贤明圣达的境地时不会增加；处于烦恼中而不散乱，处于禅定中而不寂灭。没有断绝没有永恒，没有来处没有去处，也不停留在中间状态，也不存在于内部和外部。没有生成和毁灭，本性和相状真实如一，永恒存在没有变化，叫做佛道。”

薛简说：“大师所说的没有生成和毁灭，与外道有什么不同之处？”

惠能大师说：“外道所讲的没有生成毁灭，是用毁灭来止断生成，用生成来显示毁灭，这种毁灭等于没有毁灭，生成也可以说没有生成。我说的没有生成没有毁灭，是本来就没有生成，现在也不存在毁灭，所以是与外道不同的。你如果想要知道心得要旨，只要一切善和恶都不去思维度量它，自然而然悟入清净本心，湛然明净，永恒静寂，其妙用之多，犹如恒河之沙。”

薛简受到了指点教化，豁然开悟。礼敬辞别惠能大师而回归宫中，上表报奏了惠能大师的教说。

其年九月三日，有诏奖谕师曰：“师辞老疾，为朕修道，国之福田。师若净名，托疾毗耶[①]，阐扬大乘，传诸佛心，谈不二法。薛简传师指授如来知见，朕积善余庆，宿种善根，值师出世，顿悟上乘，感荷师恩，顶戴无已。并奉磨衲袈裟[②]，及水晶钵，敕韶州刺史修饰寺宇，赐师旧居为国恩寺。”

注释：

①毗耶：即是毗耶离城，乃维摩诘居士之居处。

②磨衲袈裟：袈裟之一种。相传乃高丽所产，以极精致之织物制成。磨，即指紫磨，属于绫罗类。

译文：

这一年的九月三日，朝廷下诏褒奖赞誉惠能大师，说："大师以年老多病辞去召请，一心修行佛道，这是国家的福报啊。大师就如同维摩诘居士一样，推脱有病而居住于毗耶离城中，从而大力弘扬大乘佛法，传授一切佛的心印，宣讲佛性平等无二的教法。薛简已经上表奏明了大师所传授的佛智见解，往昔积累的善行使我有了今天的福报，是前世种下的善根，正逢大师出世行化，令我立刻顿悟佛法上乘。承受大师的恩泽，十分感激，致礼不已。同时奉送磨衲袈裟和水晶钵，命令韶州刺史维修整饰寺庙殿宇，赐名大师的旧居为国恩寺。"

付嘱品第十

本品主要记叙的是惠能临终说法的内容，是惠能对自己禅法的总结和概述。惠能先举出阴、界、入三科法门，即五阴、十二入、十八界，目的在于破除我执。接着以三十六对法阐明佛教中道观。经中强调了“出没即离两边”、“外于相离相，内于空离空”、“二道相因，生中道义”等禅宗宗旨。记载了惠能自知不久灭度，敦促建造墓塔，与徒众说“真假动静偈”。在回答弟子所询问衣钵传授之事时，指明今后世人当以《坛经》为正法，善自护持。还向众弟子讲解了一相三昧、一行三昧。预示了圆寂后会出现有人来盗取首级的劫难，开示了众人禅宗传授禅宗心印的法统及历代祖师的谱系。并再次强调了明心见性、自性真佛的宗旨。最后交代了一些惠能大师灭度后，弟子们处理善后的事情。

师一日唤门人法海、志诚、法达、神会、智常、智通、志彻、志道、法珍、法如等，曰：“汝等不同余人，吾灭度后[①]，各为一方师。吾今教汝说法，不失本宗。

“先须举三科法门[②]，动用三十六对，出没即离两边。说一切法，莫离自性。忽有人问汝法，出语尽双，皆取对法，来去相因。究竟二法尽除[③]，更无去处。

“三科法门者，阴界入也。阴是五阴，色、受、想、行、识是也。入是十二入，外六尘，色、声、香、味、触、法，内六门，眼、耳、鼻、舌、身、意是也。界是十八界，六尘、六门、六识是也。自性能含万法，名含藏识。若起思量，即是转识④。生六识，出六门，见六尘，如是一十八界，皆从自性起用。

注释：

①灭度：即涅槃、圆寂、迁化之意。通过修行而灭障度苦，证得果位，也就是永灭因果，开觉证果。

②三科：指“五蕴”、“十二处”和“十八界”，或译“五阴”、“十二入”、“十八界”。从这三方面观察人及世界，依愚夫迷悟之不同情况，破除我执，从而认识“无我”之理。

③二法：分诸法为二种。或分为色、心，或分为染、净，有为、无为，有漏、无漏等。与“二相”意思相同。

④转识：转，意即转变、改转。唯识家认为在“八识”之中，除第八识外，其余的眼、耳、鼻、舌、身、意、末那等“七识”都称为“转识”。此“七识”总称为“七转识”、“前七转”等。前七识以阿赖耶识为所依，缘色、声等境而转起，能改转苦、乐、舍等“三受”，转变善、恶、无记等“三性”，故称为“七转识”。

译文：

一天，惠能大师叫来了弟子法海、志诚、法达、神会、智常、智通、志彻、志道、法珍、法如等，对他们说：“你们几个和其他人不一样，等我去世以后，你们各自要作教化一方的宗师。我现在教你们应当如何说法，才不会失去本宗宗旨。

“说法时首先必须列举出三科法门，使用三十六对相对法，言语一经说出口就要脱离两端，不落实处。讲说一切法的时候均不能离开自性。若突然有人问你佛法，说出来的话语要全部是对应成双的，全部要取相对的方法，言语来去要前后相应、互为因果。最后把生灭、有无二法全部扫除干净，再没有什么可以落执的处所。

“三科法门，就是阴、界、入。阴是五阴，即色、受、想、行、识。入就是十二入，就是身外六尘：色、声、香、味、触、法，身内六门：眼、耳、鼻、舌、身、意。界是十八界，就是六尘、六门和六识。自我本性能够含藏一切事物和现象，这叫做含藏识。如果生起分别思量，就是转识。生起眼识、耳识、鼻识、舌识、身识、意识这六识，六识通过眼、耳、鼻、舌、身、意六门认识了色、声、香、味、触、法六尘，这样就是十八界，全部是从自性中生起和产生作用的。

“自性若邪，起十八邪；自性若正，起十八正。若恶用即众生用，善用即佛用；用由何等，由自性有。

“对法外境，无情五对：天与地对，日与月对，明与暗对，阴与阳对，水与火对，此是五对也。

“法相语言十二对[①]：语与法对，有与无对[②]，有色与无色对，有相与无相对[③]，有漏与无漏对[④]，色与空对[⑤]，动与静对，清与浊对，凡与圣对，僧与俗对，老与少对，大与小对，此是十二对也。

“自性起用十九对：长与短对，邪与正对，痴与慧对，愚与智对，乱与定对，慈与毒对，戒与非对，直与曲对，实与虚对，险与平对，烦恼与菩提对，常与无常对，悲与害对，喜与嗔对，舍与悭对，进与退对，生与灭对，法身与色身对，化身与报身对，此是十九对也。”

师言：“此三十六对法，若解用，即道贯一切经法，出入即离两边。”

注释：

①法相：指诸法所具本质之相状（体相），或指其意义内容（义相）。概括一切有生灭变化的现象，也包括永恒的无生灭变化的现象。

②有与无对：有，即存在、生存的意思，用于显示诸法的存在，又有实有、假有、妙有等之别。如三世实有；因缘和合而生即假有；圆成实性其体遍常而无生灭，所以说是妙有。无，即与“有”相对，意谓非存在。佛教认为所谓“有”或“无”之二边（即‘偏有’或‘偏无’之一方）皆为谬误；唯有超越“有”与“无”之相对性，始属绝对之真如。

③有相与无相对：“有相”和“无相”是对称。有相，系指差别有形之事相。又具有生灭迁流之相者，亦称。无相，则指一切诸法无自性，本性为空，无形相可得。

④有漏与无漏对：“漏”乃流失、漏泄之意；为“烦恼”之异名。人类由于烦恼所产生之过失、苦果，使人在迷妄的世界中流转不停，难以脱离生死苦海，故称为“有漏”；若达到断灭烦恼之

境界，则称为“无漏”。

⑤色与空对：色，为物质存在之总称。空，意译“空无”、“空虚”、“空寂”、“空净”、“非有”，指一切存在之物中，皆无自体、实体、我等。

译文：

“自性如果邪恶执迷，就会生起十八种邪念；自性如果端正，就会生起十八种正念。恶念起用就是众生之用，善念起用就是佛之用；被恶念所用还是被善念所用，这由什么来决定，都是由自性决定其所用。

“所谓三十六对法，外界无情的事物有五对：天与地相对，太阳和月亮相对，光明与黑暗相对，阴和阳相对，水和火相对，这是无情的五对。

“事物的本性、相状和语言方面有十二对：语言与佛法相对、有与无相对、有色与无色相对、有相与无相相对、有漏与无漏相对、色与空相对、动与静相对、清澈与浑浊相对、凡人与圣人相对、僧人与俗人相对、老与少相对、大与小相对，这是法相语言的十二对。

“自性中生起的作用有十九对：长与短相对、邪见与正见相对、愚痴与聪慧相对、愚笨与智慧相对、乱与定相对、慈悲与毒害相对、戒与非相对、直与曲相对、真实与虚妄相对、险与平相对、烦恼与菩提相对、常与无常相对、悲与害相对、欢喜与嗔怒相对、施舍与吝啬相对、前进与后退相对、生起与寂灭相对、法身与色身相对、化身与报身相对，这是自性起用的十九对。”

惠能大师说:“这三十六对相对法的教法,如果能够理解运用,就能贯通一切佛法与经典,与人交谈时,进退都能不执两边、脱离两个极端。”

“自性动用,共人言语,外于相离相,内于空离空。若全著相,即长邪见。若全执空,即长无明。执空之人有谤经,直言不用文字。既云不用文字,人亦不合语言;只此语言,便是文字之相。又云,直道不立文字,即此不立两字,亦是文字。见人所说,便即谤他言著文字,汝等须知自迷犹可,又谤佛经;不要谤经,罪障无数。

“若著相于外,而作法求真;或广立道场,说有无之过患,如是之人,累劫不得见性。但听依法修行,又莫百物不思,而于道性窒碍。若听说不修,令人反生邪念。但依法修行无住相法施。汝等若悟,依此说,依此用,依此行,依此作,即不失本宗。

“若有人问汝义,问有将无对,问无将有对;问凡以圣对,问圣以凡对。二道相因①,生中道义②。

“如一问一对,余问一依此作,即不失理也。设有人问:何名为暗?答云:明是因,暗是缘,明没即暗。以明显暗,以暗显明,来去相因,成中道义。余问悉皆如此。汝等于后传法,依此转相教授,勿失宗旨。”

注释:

①二道:指相对的两个方面,如“有”与“无”,“凡”与“圣”。

②中道:即离开二边之极端、邪执,为一种不偏于任何一方之中正之道。又作“中路”,或单称“中”。中道系佛教之根本立场。

译文:

“自性启动并生发作用的时候,和别人一起言论,对外在事物不执著它的相状,对内在心念不执著于空无。如果全部执著于外在的相状,就增长邪见。如果执著于空无,就增长无明愚痴。执著虚妄空无的人常常会诽谤佛教经典,说不需要文字。既然说不需要文字,那么就不该有语言文字;只是这样的语言,就是落入文字之相。又说直行佛道要不立文字,就是‘不立’这两个字,本身就是文字。看到别人所说的,就立刻诽谤别人的言语是执著于文字,你们知道自己愚迷也就罢了,还来诽谤佛经;千万不要诽谤佛经,那样的话,罪过障碍会多得无法计数。

“如果执著于外在境相,便会造作种种方法去求取佛道;或者广泛地建立道场,宣讲有无的得失,像这样的人,永远不能识见自己的本性。像这样的人要听从正法依止修行,还有不要什么都不想,而障碍佛道本性使之窒断。如果只是听说而不去修行,反而会使人生起邪念。所以必须依照佛法修行,不执著于相,并以此讲说佛法。你们如果能够开悟,依照这个讲说,依照这个运用,依照这个修行,依照这个作为,就不会迷失本门宗旨。

“如果有人问你佛法的意义，问有就用无来对，问无就用有来对；问凡人就用圣人来对，问圣人就用凡人来对。在对立二相的因缘转化中，持中道的本义。

“像这样一问一答，其余的问题也全部按照这样来作答，就不会失去中道教义。假设有人问什么是暗？回答：光明是本源，黑暗是条件，光明消失则黑暗顿生。以光明来凸显黑暗，以黑暗来凸显光明，来去互为因果，成就中道意义。其余的提问全部都是这样解答。你们在以后的传法过程中，依据这个相互转告，相互教化指授，不要失去本门宗旨。”

师于太极元年壬子，延和七月[①]，命门人往新州国恩寺建塔，仍令促工。次年夏末落成。七月一日，集徒众曰：“吾至八月，欲离世间。汝等有疑，早须相问，为汝破疑，令汝迷尽。吾若去后，无人教汝。”

法海等闻，悉皆涕泣；惟有神会，神情不动，亦无涕泣。

师云：“神会小师[②]，却得善不善等，毁誉不动，哀乐不生。余者不得，数年山中，竟修何道？汝今悲泣，为忧阿谁？若忧吾不知去处，吾自知去处，吾若不知去处，终不预报于汝。汝等悲泣，盖为不知吾去处。若知吾去处，即不合悲泣。法性本无生灭去来，汝等尽坐，吾与汝说一偈，名曰《真假动静偈》。汝等诵取此偈，与吾意同；依此修行，不失宗旨。”

众僧作礼，请师说偈。偈曰：

一切无有真，不以见于真；
若见于真者，是见尽非真。
若能自有真，离假即心真；
自心不离假，无真何处真？
有情即解动，无情即不动；
若修不动行，同无情不动。
若觅真不动，动上有不动；
不动是不动，无情无佛种。
能善分别相，第一义不动；
但作如此见，即是真如用。
报诸学道人，努力须用意；
莫于大乘门，却执生死智。
若言下相应，即共论佛义；
若实不相应，合掌令欢喜。
此宗本无诤，诤即失道意；
执逆诤法门，自性入生死。

注释：

①“师于”二句：公元712年。这一年唐睿宗改元太极元年，五月又改元延和元年，唐玄宗即位后，又于当年八月改元先天元年。

②小师：系指受具足戒未满十年之僧人，若满十年则称

住位。

译文:

惠能大师在唐睿宗太极元年,即壬子年,也就是延和元年的七月,命令弟子前往新州国恩寺建塔,还命令人去催促施工。第二年夏天快结束的时候,塔建成竣工了。七月一日,惠能大师召集弟子门人,对他们说:“我到八月,将要离开人世。你们有什么疑问,要早点来问,我为你们破除疑惑,让你们愚迷尽除。我如果去世以后,就没有人再指导你们了。”

法海等弟子听说以后,全部都痛哭流涕;只有神会,神色表情丝毫没有变动,也没有哭泣流泪。

惠能大师说:“神会虽是个小禅师,却能得悟善与不善平等无差,不被诋毁称誉所动摇,不生起哀伤和喜乐。其他人都没能做到,十几年在山中修行,究竟修了什么道?你们现在悲伤哭泣,是为了谁忧伤?如果是伤心我不知往哪里去,其实我自己知道我的去处,我如果不知道去处,是不会向你们事先通报的。你们悲伤哭泣,都是因为不知道我的去处。如果知道我的去处,就不该悲伤。佛法本性本来没有生灭来去,你们都全部坐下,我给你们说一个偈,名称为《真假动静偈》。你们念诵听取这个偈,就能和我的心意相同;依照这个偈修行,就不会迷失宗门旨趣。”

所有僧人都行礼,请惠能大师作偈。偈子说:

一切无有真,不以见于真;
若见于真者,是见尽非真。

若能自有真，离假即心真；
自心不离假，无真何处真？
有情即解动，无情即不动；
若修不动行，同无情不动。
若觅真不动，动上有不动；
不动是不动，无情无佛种。
能善分别相，第一义不动；
但作如此见，即是真如用。
报诸学道人，努力须用意；
莫于大乘门，却执生死智。
若言下相应，即共论佛义；
若实不相应，合掌令欢喜。
此宗本无诤，诤即失道意；
执逆诤法门，自性入生死。

时，徒众闻说偈已，普皆作礼。并体师意，各各摄心，依法修行，更不敢诤。乃知大师不久住世，法海上座，再拜问曰："和尚入灭之后，衣法当付何人？"

师曰："吾于大梵寺说法，以至于今，抄录流行，目曰《法宝坛经》。汝等守护，递相传授，度诸群生。但依此说，是名正法。今为汝等说法，不付其衣。盖为汝等信根淳熟，决定无疑，堪任大事。然据先祖达磨大师，付授偈意，衣不合传。"偈曰：

吾本来兹土，传法救迷情[①]；

一华开五叶[2]，结果自然成。

注释：

①迷情：指迷惑之众生（有情）。

②一华开五叶：唐末五代时期，从青原行思一系之下形成了曹洞宗、云门宗和法眼宗；从南岳怀让一系之下形成沩仰宗和临济宗，这五个宗派被合称为“禅宗五家”，“五叶”即指这五个宗派。另一说五叶表示五代，指菩提达磨以下的慧可、僧璨、道信、弘忍和惠能五位禅宗祖师。

译文：

当时，弟子门人们听完了偈，全都行礼。并且各自体会惠能大师的意思，收拾本心，依照这个法门修行，不再相互争辩了。由于知道了惠能大师停驻人世的时间不多了，法海上座在此礼拜惠能大师，问道：“大师入灭之后，衣钵和教法应该传给谁？”

惠能大师说：“我在大梵寺说法，直到现在，所演说的内容已经被抄录下来并广为流布风行，其名目叫作《法宝坛经》。你们好好守护，次第相互流传指授，去度化人群众生。依照这个说法的就是真正的佛法。我现在为你们说法，不再付嘱袈裟，就是因为你们都已经信根淳熟，正定而没有疑惑，可以堪当弘法的大任了。而且根据祖师达磨大师付嘱所传授的偈子的含义，衣钵袈裟是不应该传下去的。”偈子说：

吾本来兹土，传法救迷情；

一华开五叶，结果自然成。

师复曰：“诸善知识！汝等各各净心，听吾说法。若欲成就种智①，须达一相三昧，一行三昧②。若于一切处而不住相，于彼相中不生憎爱，亦无取舍，不念利益成坏等事，安闲恬静，虚融澹泊，此名一相三昧。若于一切处，行住坐卧，纯一直心，不动道场，真成净土，此名一行三昧。若人具二三昧，如地有种，含藏长养，成熟其实，一相一行，亦复如是。

“我今说法，犹如时雨，普润大地。汝等佛性，譬诸种子，遇兹沾洽，悉得发生。承吾旨者，决获菩提；依吾行者，定证妙果。听吾偈。”曰：

心地含诸种，普雨悉皆萌，
顿悟华情已，菩提果自成。

师说偈已，曰：“其法无二，其心亦然。其道清净，亦无诸相。汝等慎勿观静，及空其心。此心本净，无可取舍，各自努力，随缘好去。”

尔时徒众作礼而退。

注释：

①种智：为“一切种智”之略称。即佛了知一切种种法之智慧。唯佛有一切种智，声闻、缘觉等仅有总一切智。

②一相三昧，一行三昧：禅定之名。“一相”指平等无差别

之真如相。“三昧”即将心定于一处（或一境）的一种安定状态。因此“一相三昧”指主观上对一切现象没有偏执，不生憎恨或爱意，也没有取舍之心，不念利益成坏等事，而能够安闲恬静，虚融澹泊。“一行三昧”的，与“一相三昧”的意义并无大区别，只是前者是从不执著与“相”上讲，后者是从不执著于禅修时的身体姿势上讲。

译文：

惠能大师又说：“各位善知识！你们各自清净心念，听我讲说佛法。如果要成就佛的智慧，必须达到一相三昧和一行三昧。如果在一切境相之中而能不执著于一切境相，对于那些相状不生起憎恶爱欲，也没有取得和舍弃，不考虑利益关系、成功失败等事情，安闲恬静，虚融淡泊，这叫做一相三昧。如果在一切处所，行住坐卧，直了心性，不需要借助外在道场，当下成就真实净土，这叫做一行三昧。如果人具有这两个三昧，就如同大地中含有种子，经过孕含、蓄藏、生长和培养，果实得以成熟。一相三昧和一行三昧，也是这样。

“我现在说法，好像及时雨，普遍润泽大地。你们的佛性，好像一粒粒的种子，遇到时雨滋润都能发芽生长。继承我的宗旨的人，肯定能证获菩提智慧；依照我的教法修行的人，肯定能证悟佛道妙果。听我的偈吧。”偈说：

心地含诸种，普雨悉皆萌。
顿悟华情已，菩提果自成。

惠能大师说完偈，说：“佛法不是二法，本心也是如此。佛道本是清净的，没有一切相状。你们千万要慎重，不要执著观静和空寂其心。本心原是本来清净的，没有取舍的，各自回去努力，随顺因缘好好去吧。”

当时弟子门人行礼后都退下了。

大师七月八日，忽谓门人曰：“吾欲归新州，汝等速理舟楫。”

大众哀留甚坚。

师曰：“诸佛出现，犹示涅槃，有来必去，理亦常然。吾此形骸，归必有所。”

众曰：“师从此去，早晚可回？”

师曰：“叶落归根，来时无口[①]。”

又问曰：“正法眼藏，传付何人？”

师曰：“有道者得，无心者通。”

又问：“后莫有难否？”

师曰：“吾灭后五六年，当有一人来取吾首。听吾记曰：头上养亲，口里须餐；遇满之难，杨柳为官[②]。”

又云：“吾去七十年，有二菩萨[③]，从东方来，一出家，一在家，同时兴化，建立吾宗；缔缉伽蓝[④]，昌隆法嗣。”

问曰：“未知从上佛祖应现已来，传授几代？愿垂开示。”

师云：“古佛应世，已无数量，不可计也。今以七佛为始，过去庄严劫：毗婆尸佛、尸弃佛、毗舍浮佛。今贤劫：拘留孙佛、拘那含牟尼佛、迦叶佛、释迦文佛，是为七佛。已上七佛，今以释迦文佛首传：第一摩诃迦叶尊者，第二、阿难尊者，第三、商那和修尊者，第四、优波毱多尊者，第五、提多迦尊者，第六、弥遮迦尊者，第七、婆须蜜多尊者，第八、佛驮难提尊者，第九、伏驮蜜多尊者，第十、胁尊者，十一、富那夜奢尊者，十二、马鸣大士，十三、迦毗摩罗尊者，十四、龙树大士，十五、迦那提婆尊者，十六、罗睺罗多尊者，十七、僧伽难提尊者，十八、伽耶舍多尊者，十九、鸠摩罗多尊者，二十、阇耶多尊者，二十一、婆修盘头尊者，二十二、摩拏罗尊者，二十三、鹤勒那尊者，二十四、师子尊者，二十五、婆舍斯多尊者，二十六、不如蜜多尊者，二十七、般若多罗尊者，二十八、菩提达磨尊者，二十九、慧可大师，三十、僧璨大师，三十一、道信大师，三十二、弘忍大师，惠能是为三十三祖。从上诸祖，各有禀承。汝等向后，递代流传，毋令乖误。"

注释：

①来时无口：无口，即没有讲什么话，此即无法可说之意。禅宗强调传心法要，是要靠自证自悟的，佛也是以无言传教。这里是指六祖惠能一生都没说过什么法。

②"头上"四句：这是一个禅宗的故事。在开元十年（722），新罗僧人金大悲想取六祖惠能肉身舍利的头回国供奉，

就雇用了一名叫张净满的孝子去偷。张净满为金大悲办此事也是为了糊口和孝养父母。可是张净满不但无法成功盗取六祖的头，反而被官府捉拿归案。当时审问此案的县令名叫杨佩，州刺史名叫柳无忝。这个故事正好符合了这四句谶语。

③二菩萨：即指一出家、一在家的两位菩萨。其实这也是六祖圆寂前的悬记（预言）。但到底这两位菩萨指谁，有许多不同的说法。有人说出家的菩萨是指马祖道一禅师，在家菩萨则指庞蕴居士。也有说出家者为黄檗禅师，而在家者指的是裴休。胡适却认为另个悬记是《曹溪大师别传》的作者伪造的。

④伽蓝：全译为“僧伽蓝摩”，又作“僧伽蓝”，意译“众园”；又称“僧园”、“僧院”，意译为“园”。原指可供建设众僧居住之房舍（毗诃罗）的用地，后转为包括土地及建筑物的寺院总称。

译文：

七月八日，惠能大师忽然与弟子说：“我要回新州，你们赶快准备船只。”

弟子门人苦苦哀求，坚决挽留。

惠能大师说：“一切佛出现，都会指示涅槃，有来就会有去，道理本应就是这样。我这具躯体形骸，也该回去了。”

弟子们说：“大师从今天走了以后，早晚还会回来吗？”

惠能大师说：“落叶归根，我一生没有讲什么话。”

弟子又问：“佛教正法，大师将传授交付给哪一个？”

惠能大师说：“证悟了佛道的人会得到，无执著心的人会通达领会。”

弟子又问:“以后是不是会有劫难啊?”

惠能大师说:“我去世后五六年,应该会有一个人前来取我的首级。听我的偈记:头上养亲,口里需餐。遇满之难,杨柳为官。”

惠能大师又说:“我去世后七十年,有两位菩萨,从东方来,一位是出家僧人,一位是在家居士,他们同时大兴教化,建立宗派;修建寺庙,昌盛兴隆佛法宗门。”

弟子们问:“不知从最初佛祖应身现化以来,已经共计传授了多少代?希望大师给予开示。”

惠能大师说:“从远古的佛应身出世,已经无数无量,不可计算了。现在就以七佛为开始吧,在过去世的庄严劫中:有毗婆尸佛、尸弃佛、毗舍浮佛。今贤劫:拘留孙佛、拘那含牟尼佛、迦叶佛、释迦文佛,这是被称作七佛的。以上的七佛,现在以释迦牟尼佛为首传,依次传递:第一、摩诃迦叶尊者,第二、阿难尊者,第三、商那和修尊者,第四、优波毱多尊者,第五、提多迦尊者,第六、弥遮迦尊者,第七、婆须蜜多尊者,第八、佛驮难提尊者,第九、伏驮蜜多尊者,第十、胁尊者,十一、富那夜奢尊者,十二、马鸣大士,十三、迦毗摩罗尊者,十四、龙树大士,十五、迦那提婆尊者,十六、罗睺罗多尊者,十七、僧伽难提尊者,十八、伽耶舍多尊者,十九、鸠摩罗多尊者,二十、阇耶多尊者,二十一、婆修盘头尊者,二十二、摩拏罗尊者,二十三、鹤勒那尊者,二十四、师子尊者,二十五、婆舍斯多尊者,二十六、不如蜜多尊者,二十七、般若多罗尊者,二十八、菩提达磨尊者,二十

九、慧可大师，三十、僧璨大师，三十一、道信大师，三十二、弘忍大师，惠能就是三十三祖。从以上各位祖师，都各有禀受继承。你们今后一代一代的传授流布下去，不要有讹误。"

大师先天二年癸丑岁[①]，八月初三日，于国恩寺斋罢[②]，谓诸徒众曰："汝等各依位坐，吾与汝别。"

法海白言："和尚留何教法，令后代迷人得见佛性？"

师言："汝等谛听，后代迷人，若识众生，即是佛性；若不识众生，万劫觅佛难逢。吾今教汝识自心众生，见自心佛性。欲求见佛，但识众生，只为众生迷佛，非是佛迷众生。自性若悟，众生是佛；自性若迷，佛是众生。自性平等，众生是佛；自性邪险，佛是众生。汝等心若险曲，即佛在众生中。一念平直，即是众生成佛。我心自有佛，自佛是真佛。自若无佛心，何处求真佛？汝等自心是佛，更莫狐疑。外无一物而能建立，皆是本心生万种法。故经云：'心生种种法生，心灭种种法灭。'吾今留一偈，与汝等别，名自性真佛偈。"后代之人，识此偈意，自见本心，自成佛道。"偈曰：

真如自性是真佛，邪见三毒是魔王。
邪迷之时魔在舍，正见之时佛在堂。
性中邪见三毒生，即是魔王来住舍。
正见自除三毒心，魔变成佛真无假。

法身报身及化身，三身本来是一身。
若向性中能自见，即是成佛菩提因。
本从化身生净性，净性常在化身中。
性使化身行正道，当来圆满真无穷。
淫性本是净性因，除淫即是净性身。
性中各自离五欲，见性刹那即是真。
今生若遇顿教门，忽悟自性见世尊。
若欲修行觅作佛，不知何处拟求真？
若能心中自见真，有真即是成佛因。
不见自性外觅佛，起心总是大痴人。
顿教法门今已留，救度世人须自修，
报汝当来学道者，不作此见大悠悠。

注释：

①先天二年：先天是唐玄宗之年号，先天二年即公元713年，是年十二月始改元开元。

②国恩寺：又名“龙山寺”，唐朝时建于广西肇庆府新兴县南思龙山。

译文：

唐玄宗先天二年，八月初三，惠能大师在国恩寺用完斋后，告诉所有弟子门人说：“你们各自按位子坐好，我跟你们道别。”

法海说：“大师留下什么教法，让后代愚迷的人们能得以识见佛性？”

惠能大师说：“你们仔细听好，后代愚迷的人，如果识见众生，就是识见佛性；如果不识见众生，永远寻佛却终难求到。我现在教你们如何识见自心众生，识见自心佛性。要想求得识见佛，只有识见众生，因为是众生不能识见于佛，不是佛不得识见众生。自我本性如果开悟得见，众生都是佛；自我本性如果执迷不悟，那么佛就是众生。自我心性平等无二，众生是佛；自我心性邪恶危险，那么佛是众生。你们的心如果险曲不正，那就是佛沦于众生之中。如果一念平等正直，那就是众生就都成佛了。我的本心中本自有佛，自性之佛才是真佛。自心中如果没有佛心，到那里去求真佛？你们的自己的本心就是佛，不要再怀疑了。自心之外面没有一物能够建立，因为万事万物都是本心所生发。所以佛经中说：‘心生种种法生，心灭种种法灭。’我今天留一个偈，和你们作别，这个偈叫做自性真佛偈。后代的人识见这个偈的真意，自己识见本心，自我成就佛道。”偈中说道：

真如自性是真佛，邪见三毒是魔王。
邪迷之时魔在舍，正见之时佛在堂。
性中邪见三毒生，即是魔王来住舍。
正见自除三毒心，魔变成佛真无假。
法身报身及化身，三身本来是一身。
若向性中能自见，即是成佛菩提因。
本从化身生净性，净性常在化身中。
性使化身行正道，当来圆满真无穷。

淫性本是净性因，除淫即是净性身。
性中各自离五欲，见性刹那即是真。
今生若遇顿教门，忽悟自性见世尊。
若欲修行觅作佛，不知何处拟求真？
若能心中自见真，有真即是成佛因。
不见自性外觅佛，起心总是大痴人。
顿教法门今已留，救度世人须自修，
报汝当来学道者，不作此见大悠悠。

师说偈已，告曰："汝等好住，吾灭度后，莫作世情悲泣雨泪，受人吊问，身著孝服，非吾弟子，亦非正法。但识自本心，见自本性，无动无静，无生无灭，无去无来，无是无非，无住无往。恐汝等心迷，不会吾意，今再嘱汝，令汝见性。吾灭度后，依此修行，如吾在日。若违吾教，纵吾在世，亦无有益。"复说偈曰：

兀兀不修善①，腾腾不造恶②，
寂寂断见闻③，荡荡心无著④。

师说偈已，端坐至三更，忽谓门人曰："吾行矣！"奄然迁化⑤。

于时异香满室，白虹属地，林木变白，禽兽哀鸣。

注释：

①兀兀不修善：指岿然不动，连善也不追求。兀兀，即高大

不动的样子。

②腾腾不造恶：指逍遥自在却不有意去做坏事。腾腾，自在无所为的样子。

③寂寂断见闻：指宁静寂寥无见无闻。寂寂，安静祥和的样子。

④荡荡心无著：胸中坦荡无念无求。荡荡，心中平平坦坦而无所住。

⑤迁化：迁者迁移，化者化灭，通谓人之死。在佛教指僧侣之示寂。或谓有德之人于此土教化众生之缘已尽，而迁移于他方世界度化众生。与涅槃、圆寂、灭度、顺世、归真等同义。

译文：

惠能大师说完偈以后，告诉大家："你们住留世间、好好珍重，我去世之后，不要像世间人那样的悲伤哭泣，泪如雨下，接受别人的吊唁慰问，身穿孝服，这样不是我的弟子，也不合真正的佛法。只要识见自我本心本性，没有动也没有静，没有生起也没有毁灭，没有来也没有去，没有是也没有非，没有住也没有往。我担心你们迷误，不能体会我的真意，现在再次叮嘱你们，让你们识见本心。我去世后，依照这个修行，就好像我在的时候一样。如果违背了我的教法，纵然我在世，也没有什么益处。"再说偈：

兀兀不修善，腾腾不造恶，

寂寂断见闻，荡荡心无著。

惠能大师说完偈以后，端坐着直到三更天，忽然告诉弟子门人说:“我去了!”便溘然长逝。

当时奇异的香味溢满室内,一道白虹接天贯地,山林树木霎时变白,禽鸟野兽鸣叫哀嚎。

十一月,广、韶、新三郡官僚,洎门人僧俗,争迎真身[①],莫决所之。乃焚香祷曰:香烟指处,师所归焉。

时香烟直贯曹溪。

十一月十三日,迁神龛并所传衣钵而回。

次年七月出龛,弟子方辩以香泥上之。

门人忆念取首之记,仍以铁叶漆布[②],固护师颈入塔;忽于塔内白光出现,直上冲天,三日始散。

韶州奏闻,奉敕立碑,纪师道行。师春秋七十有六,年二十四传衣,三十九祝发[③],说法利生,三十七载。嗣法四十三人,悟道超凡者莫知其数。达磨所传信衣,中宗赐磨衲宝钵,及方辩塑师真相,并道具,永镇宝林道场。留传《坛经》,以显宗旨,兴隆三宝,普利群生者。

注释:

①真身:这里指六祖惠能的肉身舍利。

②铁叶漆布:惠能的弟子们想到有人会来偷去其头的预言,所以就用铁皮和漆布把惠能肉身颈项的部分牢牢的包裹起来。

③祝发:与剃发、薙发同,即出家落发之谓。祝,切断之意。

译文：

十一月，广州、韶州、新州三州的官员僚属，以及惠能的门人弟子、僧人、俗人，都争着要迎取惠能大师的真身回去供奉，一时间不能决定给谁。于是就烧香祷告说道：香的烟所飘向的地方就是惠能大师所要归去的处所。

当时香烟直飘往曹溪山的方向。

十一月十三日，惠能大师的神位遗体以及所传下来的衣钵都被搬迁回了曹溪山。

第二年七月，惠能大师的肉身遗体被搬出神龛，弟子方辩用香泥包裹了遗体。

弟子门人想着有人要盗取惠能大师首级的事情，于是便先用薄铁片和漆布，加固保护惠能大师的脖子，然后才请入墓塔内。忽然墓塔里面有白色光芒出现，直接冲上天空，三天后才散去。

韶州刺史将惠能大师的事迹上奏皇上后，奉命给惠能大师树立石碑，以纪录大师道行。大师享年七十六，二十四岁得传法衣，三十九岁剃度出家，讲说佛法，惠施众生，共三十七年。得到大师亲传的弟子四十三人，因大师指点悟道超离凡尘的人不计其数。达磨大师所传的表信袈裟，唐中宗所赐予的磨衲袈裟和水晶钵，以及方辩为惠能大师所塑的真相以及佛法用具等等，永远镇守宝林寺道场。《法宝坛经》广为流布，显扬顿教宗门旨意，兴盛昌隆佛、法、僧三宝，普遍利化一切众生。

延伸阅读书目

丁福保编纂:《佛学大辞典》。北京: 文物出版社, 2002 年。

任继愈主编:《佛教大辞典》。南京: 江苏古籍出版社, 2003 年。

星云大师监修, 慈怡主编:《佛光大辞典》。北京: 北京图书馆出版社, 2004 年。

王月清:《六祖坛经》。南京: 江苏古籍出版社, 2002 年。

郭朋:《坛经校释》。北京: 中华书局, 1983 年。

潘桂明:《坛经全译》。成都: 巴蜀出版社, 2000 年。

魏道儒:《白话坛经》。西安: 三秦出版社, 1992 年。

杨曾文:《敦煌新本六祖坛经》。上海: 上海古籍出版社, 1993 年。

蓝吉富主编:《中华佛教百科全书》。台南: 中华佛教百科文献基金会, 1994 年。

佛教十三经

解深密经

赖永海 主编
赵锭华 译注

中華書局

总　序

佛教有三藏十二部经、八万四千法门，典籍浩瀚，博大精深，即便是专业研究者，用其一生的精力，恐也难阅尽所有经典。加之，佛典有经律论、大小乘之分，每部佛经又有节译、别译等多种版本，因此，大藏经中所收录的典籍，也不是每一部佛典、每一种译本都非读不可。因此之故，古人有“阅藏知津”一说，意谓阅读佛典，如同过河、走路，要先知道津梁渡口或方向路标，才能顺利抵达彼岸或避免走弯路；否则只好望河兴叹或事倍功半。《佛教十三经》编译的初衷类此。面对浩如烟海的佛教典籍，究竟哪些经典应该先读，哪些论著可后读？哪部佛典是必读，哪种译本可选读？哪些经论最能体现佛教的基本精神，哪些撰述是随机方便说？凡此等等，均不同程度影响着人们读经的效率与效果。为此，我们精心选择了对中国佛教影响最大、最能体现中国佛教基本精神的十三部佛经，认为举凡欲学佛或研究佛教者，均可从“十三经”入手，之后再循序渐进，对整个中国佛教作进一步深入的了解与研究。

“佛教十三经”的说法，由来有自。杨仁山、梅吉庆以及中国佛学院都曾选有“佛教十三经”，所选经典大同小异。上

述三家都选录的经典有:《金刚经》、《维摩诘经》、《法华经》、《楞伽经》、《楞严经》;被两家选录的经典有:《心经》、《胜鬘经》、《观经》、《无量寿经》、《圆觉经》、《金光明经》、《梵网经》、《坛经》。此外,《四十二章经》、《佛遗教经》、《解深密经》、《八大人觉经》、《大乘密严经》、《地藏菩萨本愿经》、《菩萨十住行道品经》、《大毗卢遮那成佛神变加持经》为一家所选录。本着以上所说的"对中国佛教影响最大、最能体现中国佛教基本精神"的原则,这次我们选择了以下十三部经典:《心经》、《金刚经》、《无量寿经》、《圆觉经》、《梵网经》、《坛经》、《楞严经》、《解深密经》、《维摩诘经》、《楞伽经》、《金光明经》、《法华经》、《四十二章经》。

佛教发展至今已有两千多年的历史,就其历史发展、思想内容说,有大乘、小乘之分。《佛教十三经》所收录之经典,除了《四十二章经》外,多为大乘经典。此中之缘由,盖因佛法之东渐,虽是大小二乘兼传,但是,小乘佛教在传入中国之后,始终成不了气候,且自魏晋以降,更是日趋式微;直到十三世纪以后,才有南传上座部佛教在云南一带的流传,且范围十分有限。与此相反,大乘佛教自传入中土后,先依傍魏晋玄学,后融汇儒家的人性、心性学说而蔚为大宗,成为与儒道二教鼎足而三、对中国社会各个方面产生着巨大影响的一股重要的社会思潮。既然中国佛教的主体在大乘,《佛教十三经》所收录的佛经自然以大乘经典为主。

对于大乘佛教,通常人们又因其思想内容的差异把它分为空、有二宗。空宗的代表性经典是"般若经"。中国所见之般

若类经典，以玄奘所译之《大般若经》为最，有六百卷之多。此外还有各类小本“般若经”的编译与流传，其中以《金刚经》与《心经》最具代表性与影响力。

“般若经”的核心思想是“空”。但佛教所说的“空”，非一无所有之“空”，而是以“缘起”说“空”，亦即认为，世间的万事万物，都是条件（“缘”即“条件”）的产物，都会随着条件的变化而变化。条件具备了，它就产生了（“缘起”）；条件不复存在了，它就消亡了（“缘灭”）。世间的一切事物，都不是一成不变的，而是一个念念不住的过程，因此都是没有自性的，无自性故“空”。《金刚经》和《心经》作为般若经的浓缩本，“缘起性空”同样是其核心思想，但二者又进一步从“对外扫相”和“对内破执”两个角度去讲“空”。《金刚经》的“对外扫相”思想集中体现在“一切有为法，如梦幻泡影，如露亦如电，应作如是观”这个偈句上，对内破执则有“应无所住而生其心”这一点睛之笔。《心经》则是以“色不异空，空不异色；色即是空，空即是色；受想行识亦复如是”来对外破五蕴身，以“心无罣碍”来破心执。两部经典都从扫外相、破心著的角度去说“空”。

有宗在否定外境外法的客观性方面与空宗没有分歧，差别仅在于，有宗虽然主张“外境非有”，但又认为“内识非无”，倡“三界唯心”、“万法唯识”，认为一切外境、外法都是“内识”的变现。在印度佛教中，有宗一直比较盛行，但在中国佛教史上，唯有玄奘、窥基创立的“法相唯识宗”全力弘扬“有宗”的思想，并把《解深密经》等“六经十一论”作为立宗的根据，《佛教十三经》选录了对“唯识宗”影响较大的《解深密经》进行注译。

《解深密经》的核心思想在论证一切外境外法与识的关系，认为一切诸法乃识之变现，阿赖耶识是生死轮回的主体，是万物生起的种子。经中还提出了著名的“三性”、“三无性”问题，并深入地论述了一切虚妄分别相与真如实性的关系。

与印度佛教不尽相同，中国佛教的主流或主体不在纯粹的“空宗”或“有宗”，而在大乘佛教基本精神与中国传统文化（特别是儒家心性学说）汇集交融而成的“真常唯心”思想，这种“真常唯心”思想也可称之为“妙有”的思想。首先创立并弘扬这种“妙有”思想的是智者大师创建的天台宗。

天台宗把《法华经》作为立宗的经典依据，故又称“法华宗”。《法华经》的核心思想，是“开权显实，会三归一”，倡声闻乘、缘觉乘、菩萨乘同归一佛乘，主张一切众生悉有佛性。《法华经》是南北朝之后，中国佛教走向以大乘佛教为主流的重要经典依据，也是中国佛教佛性理论确立以一切众生悉有佛性、都能成佛为主流的重要经典依据。而《法华经》的“诸法实相”也成为中国佛教“妙有”思想的重要思想资源和理论依据。

中国佛教注重“妙有”之思想特色的真正确立，当在禅宗。慧能南宗把天台宗肇端的“唯心”倾向推到极致，作为标志，则是《坛经》的问世。《坛经》是中国僧人撰写的著述中唯一被冠以“经”的一部佛教典籍，其核心思想是“即心即佛”、“顿悟成佛”。《坛经》在把佛性归诸心性、把人变成佛的同时，倡导“即世间求解脱”，主张把入世与出世统一起来，而这种思想的经典根据，则是《维摩诘经》。

《维摩诘经》可以说是对中国佛教影响最大的一部佛经，

不论是作为中国佛教代表的禅宗，还是成为现、当代佛教主流的人间佛教，《维摩诘经》中的“心净则佛土净”及“亦入世亦出世”、“在入世中出世”的思想，都是其最为重要的思想资源和经典依据。尤其值得一提的是，贯穿于整部《维摩诘经》的一根主线——“不二法门”，更是整个中国佛教的方法论依据。

《楞伽经》也是一部对禅宗、唯识乃至整个中国佛教有着重大影响的佛经。《楞伽经》思想有两个重要特点，一是融汇了空、有二宗，既注重“二无我”，又讲“八识”、“三自性”；二是把“如来藏”和“阿赖耶识”巧妙地统合起来。因此之故，《楞伽经》既是“法相唯识宗”借以立宗的“六经”之一，又被菩提达摩作为“印心”的依据，并形成一代楞伽师和在禅宗发展史颇具影响的“楞伽禅”。

《楞严经》则是一部对中国佛教之禅、净、律、密、教都有着广泛而深刻影响的大乘经典。该经虽有真、伪之争，但内容十分宏富，思想体系严密，几乎把大乘佛教所有重要理论都囊括其中，故自问世后，就广泛流行。该经以理、行、果为框架，谓一切众生都有“菩提妙明元心”，但因不明自心清净，故流转生死，如能修禅证道，即可成就无上正等正觉。这一思想对中国佛教的各宗各派都产生了极其深刻的影响。

《圆觉经》是一部非常能够体现中国佛教注重“妙有”思想特色的佛经。该经主张一切众生都具足圆觉妙心，本当成佛，无奈为妄念、情欲等所覆盖，才于六道中生死轮回；如能顿悟自心本来清净，此心即佛，无须向外四处寻求。该经所明为大乘圆顿之理，故对华严宗、天台宗、禅宗都有十分重要的影响。

《金光明经》对中国佛教的影响，主要体现在其“三身”、“十地”思想、大乘菩萨行之舍己利他、慈悲济世思想、金光明忏法及忏悔思想、以及天王护国思想。由于经中所说的诵持本经能够带来不可思议的护国利民功德，故长期以来被视为护国之经，在所有大乘佛教流行的地区都受到了广泛重视。

《无量寿经》是根据“十方净土”的思想建立起来的净土类经典，也是净土宗所依据的“三经”之一。经中主要叙述过去世法藏菩萨历劫修行成无量寿佛的经过，及西方极乐世界的种种殊胜。净土信仰自宋之后就成为与禅并驾齐驱的两大佛教思潮之一，到近现代更出现“家家阿弥陀，户户观世音”景象，故《无量寿经》在中国佛教史上的影响至为广泛和深远。

《梵网经》在佛教“三藏”中属“律藏”，是大乘戒律之一，在中国佛教大乘戒律中，《梵网经》的影响最大。经中主要讲述修菩萨的阶位（发趣十心、长养十心、金刚十心和体性十地）和菩萨戒律（十重戒和四十八轻戒），是修习大乘菩萨行所依持的主要戒律。另外，经中把“孝”与“戒”相融通、“孝名为戒”的思想颇富中国特色。

所以把《四十二章经》也收入《佛教十三经》，主要因为该经是我国最早译出的佛教经典，而且是一部含有较多早期佛教思想的佛经。经中主要阐明人生无常等佛教基本教义和讲述修习佛道应远离诸欲、弃恶修善及注重心证等重要义理，且文字平易简明，可视为修习佛教之入门书。

近几十年来，中国佛教作为中国传统文化的重要组成部分，以其特殊的文化、社会价值逐渐为人们所认识，研究佛教

者也日渐增多。而要了解和研究佛教，首先得研读佛典。然而，佛教名相繁复，义理艰深，文字又晦涩难懂，即便有相当文史基础和哲学素养者，读来也颇感费力。为了便于佛学爱好者、研究者的阅读和把握经中之思想义理，我们对所选录的十三部佛典进行了如下的诠释、注译工作：一是在每部佛经之首均置一“前言”，简要介绍该经之版本源流、内容结构、核心思想及其历史价值；二是在每一品目之前，都撰写了一个“题解”，对该品目之内容大要和主题思想进行简明扼要的提炼和揭示；三是采取义译与意译相结合的原则，对所选译的经文进行现代汉语的译述。这样做的目的，是希望它对原典的阅读和义理的把握能有所助益。当然，这种做法按佛门的说法，多少带有“方便设施”的性质，但愿它能成为“渡海之舟筏”，而不至于沦为“忘月之手指”。

赖永海

庚寅年春于南京大学

前　言

《解深密经》在浩瀚的佛经中是一部十分独特的经典，唐代的窥基法师将其称为“经中之论”。其原因是本经的组织、论说方式、论说主题极类似论的形式。本经对一切经律进行了抉择，并从境、行、果的角度对佛法进行了十分深入的阐释。

一　经名与版本

“解深密”是梵文“珊地涅暮折那”的意译。“深密”原梵本有三义：两物相续义，骨节相连义，深密义。两物相续为指烦恼相续；骨节相连义是指烦恼结缚犹如人骨节一样坚固。玄奘大师取其深密义，意为本经能够解释佛法的深奥隐秘义和佛果的甚深境界、功德秘密，从而称为“解深密”。另外梵文中还有解脱意思，“解深密”也就含有深密解脱的意思。

本经的版本，据圆测疏说，本经有两种，一种是广本，有十万颂，一种是略本，一千五百颂。这是略本。本经在历史上曾有多个译本，在刘宋元嘉年间（424—453），中印度僧人求那跋陀罗法师在润州江宁县东安寺译出本经的最后两品，名为《相续解脱经》，二卷。元魏延昌三年（514），北印度的菩提流支法师在洛阳少林寺完整译出本经，名为《深密解脱经》，五卷，开为十一品。南朝陈天嘉二年（561），西印度僧人真谛法师在建造寺译出本经的前两品，名为《佛说解节经》，一卷。玄奘大师（600—664）于唐贞观二十一年（647）五月十八日至七月十三日在弘福寺将此经重新译出，名为《解深密经》，五卷，并由沙门大乘光笔受。玄奘大师在印度曾三次聆听戒贤三藏讲《瑜伽师地论》，回国后译出《瑜伽师地论》一百卷，其中《瑜伽师地论》中第七十五——七十八卷中内含《解深密经》除序品外的七品。在这些译本中，玄奘法师的译本最为完善，他所译的译本文义明净，后世流传的多是奘师译的《解深密经》，本译注亦以此本为底本。另在藏文大藏经《丹珠尔》中，有藏译《圣解深密经》。

二　本经的内容

本经的内容，共有八品，除序品外，是按境、行、果的形式组成的。序品讲在有十八种圆满相的如来净土中，如来具足二十一种功德，以如来为主，具足十三种功德的诸大声闻众、具足十大功德的诸菩萨众来参加此次解深密法会。这是明教起因缘。后在圣教正说分中，《胜义谛相品》、《心意识相品》、《一切法相品》、《无自性相品》此四品称为胜义了义之教，明所观境；《分别瑜伽品》称为瑜伽了义之教，《地波罗蜜多品》称为地波罗蜜多了义之教，两者辩所观行；《如来成所作事品》称为如来成所作事了义之教，显所得果。因观行者，要藉胜境，依境起行，由行得果。太虚法师曾总结为："第二至第五明境深密，第六至第七明行深密，第八明果深密，所以境行果即全经之大纲。”

本经所观境中再作两分，分为真俗境和有无性境。其中《胜义谛相品》明真谛境，《心意识相品》明世俗境。《一切法相品》明三性境，《无自性相品》明三无性境。《胜义谛相品》抉择了一切法，所谓的一切法分为有为法和无为法，是“诸圣者以圣智、圣见离名言故，现正等觉，即于如是离言法性，为欲令他现等觉故”，假立名相而说有为和无为，这是“一切法无二相”的原因。同时胜义谛相无相所行、不可言说、绝诸表示、绝诸诤论，超过一切寻思境相，另外胜义谛微细甚深超过诸行一异性相，具有遍于一切的一味相。《心意识相品》属世俗谛，此品揭示了心意识的秘密之义，在有情或卵生或胎生或湿生或化生身分生时，这最初的一切种子心识，因执持身的缘故称为“阿陀那识”，因对身摄受藏隐同安危也称为“阿赖耶识”，因此识色、声、香、味、触等积集滋长也称为“心”。以阿陀那识为依止、为建立，眼、耳、鼻、舌、身、意等六识身转。在意识与其他五识的关系中，其他五识身转时，不管是一识还是二、三、四、五识俱转时都唯有一分别意识随之而转。而要成为于心意识一切秘密善巧的菩萨行者，则需于内各别如实不见阿陀那、不见阿陀那识，不见阿赖耶、不见阿赖耶识，不见积集、不见心，及不见其他“六根”、“六境”、“六识”等，本经对此总结说：“阿陀那识甚深细，一切种子如暴流，我于凡愚不开演，恐彼分别执为我。”

有无性境中《一切法相品》属三性境，此品广明一切法相三性道理，即遍计所执相，依他起相，圆成实相。这是从认知角度将一切法相分为了这三种。对于三相的了知，本品介绍：通过相名相应可以了知遍计所执相。通过依他起相上的遍计所执相执而可以了知依他起相本身。而在依他起相上不执着于遍计所执相，那么圆成实相也可以了知。本品还介绍，在诸法依他起相上，如实了知遍计所执相，就能如实了知一切无相之法，如果如实了知了依他起相，就能如实了知一切杂染相法，如果能如实了知圆成实相，就能如实了知一切清净相法。而若能于依他起相上如实了知无相之法，就能断灭杂染相法，若能断灭杂染相法，就能证得清净相法。这也就是菩提道的清净过程，《无自性相品》属三无性境，本经依“三种无自性性，密意说言一切诸法皆无自性”，所谓的三种无自性性是相无自性性，生无自性性，胜义无自性性。其中一分胜义无自性性是由依他起相而立，一分胜义无自性性是依圆成实相而立。立三种无自性的原因是由于在依他起性和圆成实性上增益遍计所执自性，本品密意宣说了惟有一乘妙清净道的原理，但承认有种姓的差别，承认一向趣寂声闻种姓终不能成佛。本品还提出了义与不了义的三时教法。认为本经属第三时，以“显了相转正法轮，第一甚奇、最为希有”，是无上无容，是真了义的。

本经的观行部分，一是《分别瑜伽品》，瑜伽，意译作“相应”，本品以观行说为瑜伽。本品讲顺法而行得胜果的过程，也是诠瑜伽。本品对奢摩他、毗钵舍那的含义、分类，奢摩他、毗钵舍那、心的关系进行了详细的阐释，并从禅观中的唯识所现，推而广之日常中也是唯识所现，而成立一切唯识的道理。揭示了缘别法奢摩他、毗钵舍那，缘总法奢摩他、毗钵舍那的奥妙，还提到修奢摩他、毗钵舍那的菩萨应该知法知义，有五种相可以了知于法，可以通过十种义或五种义或四种义或三种义了知于义。本品分析了修奢摩他，毗钵舍那中的因、果、业和障碍，内心的散动，及菩萨十地中的对治障。本品宣说了大乘总空性相，这也是唯识与中观的争论焦点。在此品中还解释了菩萨依奢摩他、毗钵舍那勤修行证得阿耨多罗三藐三菩提的全过程：于见道前修真如观舍离一切粗细相，见道登地后，以三种所缘境事作意，依“以楔出楔方便遣内相”，“一切随顺杂染分相皆悉除遣，相除遣故粗重亦遣”，如炼金法陶炼其心，直至证得阿耨多罗三藐三菩提。

另一属观行的是《地波罗蜜多品》，对于菩萨道的过程，上品止观中略说或总说，此中依地起度而广说或别说。本品对菩萨十地十一分圆满过程、菩萨十地得名、所对治、功德殊胜、所具有的随眠，特别对六种波罗蜜多进行了广解，对波罗蜜多的戒定慧所摄，资粮所摄，五相修学，六波罗蜜多的次第，各自品类差别，诸相违事，间杂染法，非方便行，清净相，因果义利等等广论其中奥义。本品还宣说了声闻乘、大乘惟是一乘的密意。

显所得果是《如来成所作事品》，在本品中讲了法身之相，如来化身生起相，如来化身善巧，如来言音差别（其中有契经四事，九事，二十九事，有调伏七相，本母十一相），如来心生起相，化身有心无心，如来所行境界差别相，成佛转轮涅槃无二相，如来于有情为缘差别，如来法身三乘解脱身差别相，如来菩萨威德住持有情相，明净秽二土差别相等。本品还宣说了契经、调伏、本母不共外道陀罗尼义。

三　本经的注疏

本经在历史上的注疏有:《解深密经疏》十一卷,令因法师撰;《解深密经疏》四十卷,圆测法师撰;《解深密经疏》十卷,玄范法师撰;《解深密经疏》三卷,元晓法师撰;《解深密经疏》若干卷,憬兴法师撰,但是现仅存的是圆测法师的疏。另因《瑜伽师地论》中内含《解深密经》中除序品外的七品,因此在《瑜伽师地论》的注疏中也含有《解深密经》的疏,而《瑜伽师地论》的注疏现存的也仅有窥基的《瑜伽师地论略纂》十六卷和遁伦法师撰的《瑜伽论记》四十八卷,可惜的是窥基的《略纂》现保存下来的只到《瑜伽师地论》的第六十六卷,而有关《解深密经》的注疏部分是在第七十五到七十八卷,因此其《解深密经》疏也遗失。近代有欧阳竟无居士,因遗失的《瑜伽论记》后半部分复出,录其文于经下,其中的序品用亲光法师的《佛地经论》补充之,这样形成十卷的《解深密经注》,由金陵刻经处刊行。另外,在藏文大藏经《丹珠尔》中有无著菩萨的《解深密经释》,文约义丰,有待从藏译汉。韩镜清居士还将《瑜伽师地论摄决择分所引解深密经慈氏品略解》(智藏论师造)一书,译藏为汉。本经也是唯识与中观的了义之争中的焦点,宗喀巴大师曾在中观的立场上作《依止〈解深密经〉辨了不了义》(已由法尊法师藏译汉),可参阅。

完整版圆测法师的《解深密经疏》在中土的流传,颇费一番周折。此疏在中土曾失传,后经杨仁山居士从日本寻回,在金陵刻经处刊刻印行,但此版本仍缺失四十卷的后五卷和《地波罗蜜多品》的品题疏文,后观空法师依据晚唐吐蕃的著名译师法成所译的藏文本还译为汉文。因圆测法师本人是朝鲜人，对此赵朴初先生在金陵刻经处完整版的测疏序文中说道："余维'深密'法门，传于弥勒，授于戒贤，译于玄奘，述于圆测，宝藏于东瀛，译存于西藏，上下千百年，广员数万里，合印、汉、藏、朝、日无数大德之力，展转授受，始得幸存天壤。"

另外，近代太虚大师撰有《解深密经纲要》，论全经大义和纲要和《解深密经—如来成所作事品讲录》，讲如来的果地功德。还有演培法师以白话文作《解深密经语体释》，是引进入解深密门的佳作。巨赞法师曾作《〈解深密经·无自性相品〉述意》，对《无自性相品》有精到的阐释。还有精治唯识的韩清净居士撰《瑜伽师地论披寻记》，也为论中所引的《解深密经》作了注疏，当代济群法师也精治《解深密经》，著有《〈解深密经〉要义说》、《〈解深密经〉与唯识思想》、《解深密经讲义》等文。

四 本经的历史地位与本译注的特点

《解深密经》不仅是"经中之论"而且是唯识宗立宗的经典，其中提出了诸法唯识，一切种子心识、三性三无性，一向趣寂声闻种姓终不能成佛、三时判教，瑜伽禅观等唯识立宗的重要内容。唯识宗把《大方广佛华严经》、《解深密经》、《楞伽经》、《如来出现功德庄严经》（未译）、《阿毗达磨经》（未译）、《厚严经》（未译）等六经作为立宗依据，而《解深密经》在其中是最重要的。本经除序品外，被《瑜伽师地论》中的《摄抉择分》全文引用，显示了瑜伽行派对此经的推崇，因此，本经是学习唯识宗思想必读的经典。另外，在诸经中，本经是对大乘禅观的奥义分析最为细致、最为系统的一部经典，是欲深入禅观者极重要的依据经典。

本《解深密经》注译，版本选用《藏要》本，此本是魏本、宋本、陈本、番本的校对本，可谓善本。注解和译文等主要依据的是圆测法师的《解深密经疏》，测疏对经文分析详尽，所引经论众多，是现代研究《解深密经》最重要的参考文本。另对其中有难解之处，多有参照其他异译本和《解深密经注》等，对近现代大德相关的著作多有参照。标点主要参照了北京慈氏学会的现代标点本，略有几处改动。本书的注译，尤其是对一些佛教名相的注释，参照或直接引用《佛光大词典》、《中华佛教百科全书》、《中国百科全书》（佛教篇）等，特此说明。另，本注译后有一较详细的附录，主要以图表等形式归纳诸品的内容要点和次第。这也是将古代的科判转化为现代可理解形式的一种尝试，希望对读者的理解经文能有所助益。

目　录

卷　一

序品第一

本品是序品，讲述举行此次法会的背景。此次法会是在佛陀主持的净土宫殿中举行的，佛陀具足有二十一种殊胜的功德。来参加法会的有无量回心向大乘的大声闻众，这些大声闻众具足十三种德相。还有无量登地的大菩萨众也来参加法会，诸菩萨众具足十大功德。此次法会以解甚深义密意菩萨等十位大菩萨为首。

如是我闻[①]。

一时[②]，薄伽梵住最胜光曜七宝庄严[③]，放大光明普照一切无边世界，无量方所妙饰间列，周圆无际其量难测，超过三界所行之处[④]，胜出世间善根所起[⑤]，最极自在净识为相[⑥]，如来所都，诸大菩萨众所云集[⑦]，无量天、龙、药叉、健达缚、阿素洛、揭路荼、紧捺洛、牟呼洛伽人非人等常所翼从[⑧]，广大法味喜乐所持[⑨]，现作众生一切义利[⑩]，蠲除一切烦恼缠垢[⑪]，远离众魔[⑫]，过诸庄严，如来庄严之所依处，大念慧行以为游路[⑬]，大止妙观以为所乘[⑭]，大空、无相、无愿解脱为所入门[⑮]，无量功德众所庄严大宝华王众所建立大宫殿中[⑯]。

是薄伽梵最清净觉[17]，不二现行[18]，趣无相法[19]，住于佛住[20]，逮得一切佛平等性[21]，到无障处[22]，不可转法[23]，所行无碍[24]，其所安立不可思议[25]，游于三世平等法性[26]，其身流布一切世界，于一切法智无疑滞，于一切行成就大觉，于诸法智无有疑惑，凡所现身不可分别，一切菩萨正所求智[27]，得佛无二住胜彼岸，不相间杂如来解脱妙智究竟[28]，证无中边佛地平等[29]，极于法界[30]，尽虚空性，穷未来际。

与无量大声闻众俱[31]，一切调顺皆是佛子[32]，心善解脱、慧善解脱、戒善清净[33]，趣求法乐，多闻、闻持、其闻积集[34]，善思所思、善说所说、善作所作[35]，捷慧、速慧、利慧、出慧、胜决择慧、大慧、广慧及无等慧慧宝成就[36]，具足三明[37]，逮得一切现法乐住[38]，大净福田、威仪寂静无不圆满[39]，大忍柔和成就无减，已善奉行如来圣教。

复有无量菩萨摩诃萨众从种种佛土而来集会[40]，皆住大乘[41]，游大乘法，于诸众生其心平等，离诸分别及不分别种种分别[42]，摧伏一切众魔怨敌，远离一切声闻、独觉所有作意，广大法味喜乐所持[43]，超五怖畏[44]，一向趣入不退转地[45]，息一切众生一切灾横而现在前。其名曰：解甚深义密意菩萨摩诃萨，如理请问菩萨摩诃萨，法涌菩萨摩诃萨，善清净慧菩萨摩诃萨，广慧菩萨摩诃萨，德本菩萨摩诃萨，胜义生菩萨摩诃萨，观自在菩萨摩诃萨，慈氏菩萨摩诃萨，曼殊室利菩萨摩诃萨等而为上首。

注释：

①如是我闻：每部佛经开头的常用语句。第一次佛教典籍的结集时，经文部分由阿难尊者诵出，阿难尊者在诵每部经前均说“如是我闻”，以表示此下所诵乃直接从佛陀处所亲闻，并表示没有增减异分的过失。“如是”指经中内容，表信顺之义，信顺所闻之法，“我闻”是能持之人；“如是”表信成就，“我闻”表闻成就。

②一时：指佛陀在听众根基成熟、听说相会时，开说此经。

③薄伽梵：佛的十号之一，意译“有德”、“能破”、“世尊”、“尊贵”。即有德而为世所尊重者之意。在印度用于有德之神或圣者之敬称。据佛地论，含有二义：一具自在、炽盛、端严、名称、吉祥、尊贵六德；二能破烦恼魔、蕴魔、死魔、天魔四魔。因此名世皆尊重且能总摄诸德，因此经首皆置此名。最胜光曜：是七宝严饰的宫殿所发出的庄严光芒。七宝：即七种珍宝，《大智度论》指金、银、吠琉璃、赤真珠、玛瑙、车渠、颇胝迦等为七宝。《法华经》卷四以金、银、琉璃、车渠、玛瑙、真珠、玫瑰为七宝。此句彰显佛净土的名圆满，显色圆满。

④三界：欲界、色界、无色界为“三界”，欲界是指有食欲、淫欲、睡眠欲之处，即地狱、饿鬼、畜生、阿修罗、人间及六欲天。色界指有净妙色法之处，即四禅天。无色界指无有色法之处，或说尚存微细色法之处，即四无色天包括空无边处天、识无

边处天、无所有处天、非非想天，或说尚存微细色法之处。此句彰显佛净土的处所圆满。

⑤善根：即善之根本。又称“善本”、“德本”。指能生出善法的根本。将善以树根为喻，故名“善根”。如依《俱舍论》所说，则善根是指行者入见道位时，能生无漏智的根本。此句彰显佛净土的因圆满。

⑥净识：即如来大圆镜智相应净识。此句彰显佛净土的果圆满。

⑦大菩萨：菩萨，以智上求无上菩提，以悲下化众生，修诸波罗蜜行，于未来成就佛果之修行者。深行的菩萨，于菩萨位中已达不退位，称为大菩萨；尚在退位者，则为小菩萨。故若以初住以上不退位为大菩萨，则在十信位者为小菩萨；若以初地以上为大菩萨，则地前是小菩萨。此句彰显佛净土的辅翼圆满。

⑧天、龙、药叉、健达缚、阿素洛、揭路荼(tú)、紧捺洛、牟呼洛伽人非人：天，指梵天、帝释天、四天王等天神。果报殊胜，光明清净。龙，指八大龙王等水族之主。药叉，旧称“夜叉”，指能飞腾空中的鬼神。健达缚，系帝释天的音乐神，以香为食。阿素洛即“阿修罗”，意译作非天、无端正、无酒。此神性好斗，常与帝释战。“揭路荼”，即金翅鸟，身形巨大，其两翅相去三三六万里，取龙为食。“紧捺洛”，似人而有角，故又名“人非人”，又称“天伎神”、“歌神”。“牟呼洛伽”，即大蟒神。此八部众皆系佛之眷属，受佛威德所化，而护持佛法。因此在大乘经典中，彼等也往往是佛陀说法时的会众。“人非人”，天龙八部的总称。在

这里是佛净土中所化现的，非为三界所摄。此句彰显佛净土的眷属圆满。

⑨法味喜乐所持：意为佛在圆满净土中，得无漏，能说能受大乘法味，生大喜乐。此为彰显佛净土的任持圆满。

⑩众生：一般指迷界有情，五蕴等众缘假合而生，故称“众生”，广义也包括佛菩萨。此句彰显佛净土的事业圆满。

⑪蠲（juān）除：消除、远离的意思。烦恼缠垢：烦恼即名“缠垢”，数起现行的烦恼为缠，而自性染污为垢。烦恼有一百二十八个根本烦恼，欲界四谛各有十，色无色界四谛除嗔各九，合有一百一十二。缠有三缠，八缠，十缠之说，其中三缠为“贪，嗔，痴”，八缠为“无惭、无愧、嫉、悭、悔、眠、掉举、昏沉”，这里加上“忿、覆”构成十缠。又此处也摄所知障，所知障，覆蔽所知境界，障智不令生之无知性，其执遍计所执诸法萨迦耶见以为上首，含摄所有无明、法爱、恚等诸心心所法，及所发业并所得果，以此障碍菩提。本惑名缠，而随惑为垢。此句彰显佛净土的摄益圆满。

⑫魔：梵语 mâra，巴利语同。全称为“魔罗”。意译为“杀者”、“夺命”、“能夺”、“能夺命者”、“障碍”。旧译作“磨”，至南朝梁武帝时始改为“魔”字。《瑜伽师地论》举四魔说，即烦恼魔、蕴魔、死魔、天魔。常说的魔王波旬，住于欲界第六他化自在天之高处，为破坏正教之神。此句彰显佛净土的无畏圆满。

⑬大念慧行：是大念、大慧、大行的合称。分别为闻所成慧、思所成慧、修所成慧的意思，指听闻佛法，记持如义，思量得解，按理修习而趣向佛教真理。大则指缘于大乘佛法。游路，

意为按此“念慧行”而趣入佛净土。此句彰显佛净土的路圆满。

⑭止：又名“奢摩他”。主指对法义的专注思维，连续不断，身起轻安乃至心起轻安。观：又名“毗钵舍那”，是指在止（奢摩他）基础上，对由止所缘的法义影像进行观察、思维、抉择等深层的意识活动。本经有《分别瑜伽品》广论此止观之义。有解“止”为“三摩地”，“观”为般若智慧的。此句彰显佛净土的乘圆满。

⑮大空、无相、无愿解脱：此即为三解脱门，遍计所执生法无我为空，缘此空三摩地，为空解脱门。相有十种：色、声、香、味、触、男女、生、老、病、死。而涅槃没有此等相称为无相，缘此无相三摩地称为“无相解脱门”。愿是求愿，观三界苦而无所求愿，无所造作名“无愿”，缘此无愿三摩地为“无愿解脱门”。此三解脱门是修所生慧，唯通无漏，不通有漏。《瑜伽师地论》卷七十四云“三种解脱门亦由三自性而得建立，谓由遍计所执自性故立空解脱门，由依他起自性故立无愿解脱门，由圆成实自性故立无相解脱门”。此句彰显佛净土的门圆满。

⑯大宝华王：宝红莲花，在所有花中最为殊胜，称为花王，极难得为大，是无量功德众善所起，是佛的依处。此句彰显佛净土的依持圆满。

⑰最清净觉：为佛陀于一切有为、无为所应觉境正开觉，一切所应觉境净妙圆满正开觉，于一切如所有性、尽所有性正开觉。此句讲佛的总德。

⑱不二现行：指佛陀远离有障、无障；内处、外处；生死、涅槃此等两边，具有于所知一向无障转的功德。现行，“实现”、

“现在发生作用”之义。此句讲佛陀的第一德。

⑲无相：有三种含义：真如（远离有无两种）；无住涅槃（不住生死涅槃）；三乘涅槃（无色、声、香、味、触、男女、生、老、病、死等十种相）等义。最胜清净能入于真如之境。此句讲佛陀的第二功德。

⑳佛住：住佛所住，无所住处，即安住无住涅槃，具有无功用佛事不休息住功德，即不用功用作一切事。又解为随众生其所应，正安住圣天梵住，或解为于空大悲善安住，或解为住大悲一切时观世间。此句讲佛陀的第三功德。

㉑一切佛平等性：显示佛陀获得一切诸佛相似事业殊胜功德，即所依的法身、意乐的应身、作业的化身，如是三身与一切十方三世如来平等无异。此句讲佛陀的第四功德。

㉒无障：佛陀修一切障对治功德，已证得解脱一切烦恼所知二障智及已永断一切障。此句讲佛陀的第五功德。

㉓不可转法：讲佛陀降服外道的功德，意为佛陀的教证二法，不为一切外道所能动转，也没有余法能胜过。此句讲佛陀的第六功德。

㉔无碍：讲佛陀生在世间不为世法所碍的功德，即行于世间不被世间利、衰、毁、誉、称、讥、苦、乐八法所染污；在作利益安乐有情事业中，不被高下所拘碍；行于诸境，不被诸魔境所障碍。此句讲佛的第七功德。

㉕安立：讲佛陀安立正法的功德。此为佛陀的第八功德。

㉖三世平等法性：讲佛陀的授记功德，佛陀能游涉于三世平等法性中，能对过去、未来的曾转、当转的事情就像发生在现在

一样，而予以授记。也意为佛陀获得三世诸佛相同的利益有情的事业。此句讲佛陀的第九功德。

㉗正所求智：讲佛陀无量所依调伏有情加行功德，即佛智是无量菩萨之所依。另解为佛陀成就佛种不断方便殊胜功德，以此佛智是诸菩萨所求。此句讲佛陀的第十五功德。

㉘不相间杂如来解脱妙智：指佛陀胜解现在前时，随诸众生所乐而显现，这是说明佛陀虽然证得一切佛平等性智，但具有随众而显现的分殊功德。也指一切如来自受用身各各不同，妙智显现不同，诸佛净土也不相同，在法会中，现种种身，诸菩萨所受用法乐各不相同，但皆到究竟。此句讲佛陀的第十七功德。

㉙无中边：此是说三种佛身方处无分限的功德。佛的法身不可分方所，受用身、变化身也是如此。没有一法在法身之外，也没一众生界出应化两身外。此句讲佛的第十八功德。

㉚极于法界：极清静法界的意思，即穷尽生死际而常现利益安乐一切有情。法界指意识所缘的一切境界，“十八界”之一。法界的“法”，原有“轨持”之意。即一切事物都能保持各自的特性，互不相繁，且能让人理解其究为何物。“界”，有“种族”、“分齐”之意，即分门别类的不同事物，各守其不同的界限。

㉛大声闻众：在《瑜伽师地论》中说，从他听闻正法言，又能另他闻正法声，而称为“声闻”。大声闻在佛地论中认为有四义，一是利根波罗蜜多种性声闻，二是无学果，三是如实义不定种性回心向大，四数量众多。众，梵语为僧伽，即和合众，理事二和称为“众”。

㉜调顺：在《大智度论》中“调顺”有三个方面的意思，一是心调顺，指对待别人的恭敬与打骂，心里等同无异，对于珍宝与瓦石看成相同，对于被别人持刀斫身和用旃檀香涂身，视为等同；二是利钝根本烦恼已断；三是对待六情众生，应贪不贪应嗔不嗔应疑不疑而守护众生。佛子：此经将声闻称为“佛子”，也有唯菩萨称为佛子的，在《大智度论》中将菩萨与声闻通称为佛子，意为皆从口生法生，包括须陀洹、斯陀含、阿那含、阿罗汉、入正位的菩萨。此文中讲大声闻众的十三德，这里是第一心善调顺德，第二绍隆佛种德。

㉝心善解脱、慧善解脱、戒善清净：指离三界贪，离贪心得解脱。此处解脱的烦恼指履心的爱烦恼。慧善解脱指离一切染污无明，离无明慧得解脱。此处解脱的烦恼是履慧的见烦恼。不能于一切解脱，有残结使，退法阿罗汉不名好解脱。戒善清静有三种解释，一是具足六支，名戒善净，六支指住净尸罗；善自防守别解律仪；轨则具足；所行皆悉具足；于微细罪，见大怖畏；受学学处。二是得无漏戒称为“善清静”。三是住无学位，回向大乘，自分戒净，修菩萨戒为“善清静”。此处说第三心慧解脱德，第四戒善清静德。

㉞多闻、闻持、其闻积集：对于无量经典，经典中初中后分皆能听受称为“多闻”。对于所闻义能够忆持，令其不忘失称为“闻持”。反复地研习文义，令其坚住，称为“其闻积集”。此为第六闻持积集德。

㉟善思所思、善说所说、善作所作：指身、语、意三业清净。此为第七三业随智德。

㊱捷慧、速慧、利慧、出慧、胜决择慧、大慧、广慧及无等慧：指八慧。对于佛法迅速了知称为“捷慧”；没有滞碍称为“速慧”；对于微细义能通解，知尽其所有，如所有名为“利慧”；对于出世间法善于了知称为“出慧”；对于出世间诸离欲法能了知称为“胜决择慧”；将此慧长时间串习称为“大慧”；将此慧用于无量无边所行境称为“广慧”；其余诸慧不能与此慧相等，此慧最胜称为“无等慧”。此是第八诸慧差别德。

㊲三明：指住随念智证通明，死生智证通明，漏尽智证通明即宿命明、天眼明、漏尽明，相当于六通中宿命通、天眼通、漏尽通。在六通中，神足通、天耳通、他心通仅是神通而不是能达无漏智慧的明，后三通既是神通又是明。直知过去宿命事称为“宿命通”，而知过去因缘行业称为明；直知死此生彼称为“天眼通”，知行因缘际会不失称为明；直知尽结使，不知更生不生称为“漏尽通”，若知漏尽更不复生称为“明”。这三种明是大阿罗汉和辟支佛所证得的。这是说第九具足三明德。

㊳现法乐住：色界“四等持”之一，禅定七名之一。《俱舍论》讲即依净、无漏之四根本静虑而得现前之法乐。现法乐住唯指色界四静虑（四禅），不通于近分及无色界，这是因为静虑（禅定）中有两种乐，一种是受乐，一种是轻安乐。前三静虑两种乐都有，第四静虑虽只有轻安乐，但此轻安乐比前三静虑的二乐势用更为广大。近分定时势用不广大，唯心边生，不是极其充悦而不称为乐住，无色界中因没有这样的乐受，也不称为乐住。这是说第十现法乐住德。

㊴福田：指大声闻众断除了贪恚等诸烦恼尽，因永离了烦

恼，如良田去除了稊稗，能够迅速地生长广大果，因此被称为众生的福田。这是第十一胜净福田德。

㊵菩萨摩诃萨：梵语全称为“菩提萨埵摩诃萨埵”，菩提是“觉”的意思，萨埵是“有情”的意思，摩诃义为“大”。大有三义：愿大、行大、利益众生大，登地以上的诸大菩萨可称为“菩萨摩诃萨”。

㊶大乘：音译“摩诃衍那”、“摩诃衍”，乘，即交通工具之意，系指能将众生从烦恼之此岸载至觉悟之彼岸的教法而言，能化众生及求菩提。也有解为依法性真如为大乘的。菩萨摩诃萨有十大，此句讲菩萨精进大，安住大乘，拔济有情，令离生死。

㊷分别：劫名分别，梵音为“劫腊波”，翻译为“分别”。以分分差别名分别，是有为之法，时劫所摄。无有时劫分分差别，名不分别，是无为法，非时劫所摄。分别与不分别是两所缘境。种种分别指能分别心，缘前面的分别与不分别境。这句是说诸大菩萨断除了一切劫与非劫分别，不分别劫与非劫，能长时修行无厌，一切长时犹如一念，平等而转。此句讲菩萨摩诃萨时大。

㊸法味喜乐：大乘“十二部经”名大法，真如解脱等为味，此说大菩萨以大乘法味喜乐为食，长养菩萨戒、定、慧、解脱、解脱知见五分法身。此句讲菩萨摩诃萨主持大。

㊹五怖畏：不活畏、恶名畏、死畏、恶趣畏、怯众畏称为“五怖畏”。此五怖畏，在菩萨证得清静意乐地时皆已远离。此句讲菩萨摩诃萨清净大。

㊺不退转地：在菩萨地的前七地仍然有加行功用运转，八

地以上则得无加行功用运转，一向趣入不退转地。此句讲菩萨摩诃萨证得大。

译文：

这部经典是我亲自听佛陀说的。

当时，佛陀住在具有最胜光曜的七宝所庄严的净土宫殿中。此净土宫殿放大光明普照一切无边世界。宫殿的无量方所中，众多妙饰间列其中。宫殿方圆无边无际难以测量，超过了三界的所行之处。这是由佛陀的超出世间善根所起。宫殿以最极自在的净识为相。宫殿由佛陀如来所住持，常有无量的大菩萨众云集，无量的天、龙、药叉、健达缚、阿素洛、揭路荼、紧捺洛、牟呼洛伽等天龙八部众作为佛陀的眷属辅翼云集，都以广大法味喜乐为所持。净土宫殿能现为众生作一切义利，消除了一切烦恼缠垢，远离了众魔，超过诸种庄严，是如来妙庄严的所依处。大念慧行是通向此宫殿的道路，大止妙观是所乘的工具，大空、无相、无愿解脱为所入之门。无量功德众所庄严的大宝华王众是此净土宫殿的依持处。

这时，佛陀达到了最清净觉。现量行持不二境界，趣无相法，住于佛住，达到了一切佛的平等性，到无障处，不被余法所转，所行无碍，其所安立不可思议，佛陀能游涉于三世平等法性中，其身流布一切世界，于一切法智善于决定而无疑滞，于一切行成就大觉，妙善了达一切法智无有疑惑，以非虚妄分别而随有情示现其身。佛陀的智慧是一切菩萨的所依所求之处，获得了诸佛的无二平等法身。如来解脱随缘所显现的妙智不相间杂，都已圆满究竟，证得了远离中间、边地相的佛地平等法性的功德，极尽了清净法界，获得了尽虚空性的法界智慧功德，并且此功德穷尽未来际没有间断。

来参加佛陀法会的有无量大声闻众，他们一切调顺都是佛子，心善解脱、慧善解脱、戒善清净，趣求法乐，具足多闻，对于所闻之义能够忆持不忘，研习文义使所闻积集，善思所思、善说所说、善作所作；成就捷慧、速慧、利慧、出慧、胜决择慧、大慧、广慧及无等慧等慧宝，具足三明，达到了一切现法乐处，断除了贪恚等诸烦恼，能成为众生的福田，威仪寂静无不圆满，成就大忍柔和功德，并无减退，已身善于奉行如来圣教。

还有无量的大菩萨众从种种佛土而来，到此净土宫殿集会，这些大菩萨众都精进地安住大乘，游习于大乘法，对诸众生其心平等，远离了一切劫与非劫分别，也不分别劫与非劫，一切长时，犹如一念，平等而转，能够摧伏一切众魔怨敌，远离了一切声闻、独觉所有作意，以大乘的广大法味喜乐为所持，超离了五种恐怖畏惧，一向趣入不退转地；能够息灭众生一切有情众生的一切灾横，获得地位现前。这些大菩萨的名字是：解甚深义密意菩萨摩诃萨，如理请问菩萨摩诃萨，法涌菩萨摩诃萨，善清净慧菩萨摩诃萨，广慧菩萨摩诃萨，德本菩萨摩诃萨，胜义生菩萨摩诃萨，观自在菩萨摩诃萨，慈氏菩萨摩诃萨，曼殊室利菩萨摩诃萨等大菩萨众作为上座。

胜义谛相品第二

胜义谛相，胜义与世俗相对，胜指胜智，义指义境。以真如理为胜智的境义称为“胜义”。谛有两方面的意思，一方面是不舍离于所说义之义，谛在这里与语言有关，另一方面是观察以上所说义到究竟清净义称为“谛”，这里含有清净真如的意思。相是体相、相状的意思。本品即是讲胜义谛的真如有离言等五种自体相状。本品与后面三品共同组成“境、行、果”中的所观“境”。所观境就是指佛教行者所观照的对象，这里有“世俗境”和“胜义境”之分（后面四、五两品分为有性境和无性境）。大乘佛教中所观“境”面对的是一切法，一切法包括了有为法和无为法，本品开始就分析了一切法，指出一切法中的有为法和无为法都是假名安立的，一切法的本质是无二，即非有为非无为。这就是“胜义谛境”所讨论的问题。但是要怎样来表示“胜义谛”呢？本品认为胜义谛相超过了我们一切的意识寻思境界，其无相所行，不可言说，绝诸表示，不是通过诤论来获得的，是圣者的内证境界。“胜义谛相”奥义微细甚深，其与一切行相的关系，既不是相同也非不同，超过或“一”（相同）或“异”（不同）的行相境界，此中的偈颂说明：要真正了知“胜义谛相”的奥义，获得解脱，须要勤修止观。这也就是第六品所说的。本品还说“胜义谛相”于一切处中是同一味相。于如在蕴处所获得的胜义谛相和于其他处如“缘起”、“食”、“四谛”、“三十七道品”等处所获得的“胜义谛相”是相同的。

尔时，如理请问菩萨摩诃萨即于佛前问解甚深义密意菩萨摩诃萨言[①]:“最胜子！言一切法无二[②]。一切法无二者，何等一切法？云何为无二？”

解甚深义密意菩萨谓如理请问菩萨曰:“善男子！一切法者，略有二种：所谓有为、无为[③]。是中有为，非有为、非无为，无为，亦非无为、非有为[④]。”

如理请问菩萨复问解甚深义密意菩萨言:“最胜子！如何有为，非有为、非无为，无为，亦非无为、非有为？”

解甚深义密意菩萨谓如理请问菩萨曰:“善男子！言有为者，乃是本师假施设句[⑤]。若是本师假施设句，即是遍计所集言辞所说[⑥]，若是遍计所集言辞所说，即是究竟种种遍计言辞所说，不成实故，非是有为。善男子！言无为者，亦堕言辞，设离有为无为少有所说，其相亦尔。然非无事而有所说，何等为事？谓诸圣者以圣智圣见离名言故现正等觉，即于如是离言法性，为欲令他现等觉故，假立名相谓之有为。

“善男子！言无为者，亦是本师假施设句。若是本师假施设句，即是遍计所集言辞所说，若是遍计所集言辞所说，即是究竟种种遍计言辞所说，不成实故，非是无为。善男子！言有为者，亦堕言辞，设离无为有为少有所说，其相亦尔。然非无事而有所说，何等为事？谓诸圣者以圣智圣见离名言故现正等觉，即于如是离言法性，为欲令他现等觉故，假立名相谓之无为。”

尔时，如理请问菩萨摩诃萨复问解甚深义密意菩萨摩诃萨言：“最胜子！如何此事彼诸圣者以圣智圣见离名言故现正等觉，即于如是离言法性，为欲令他现等觉故假立名相，或谓有为、或谓无为？”

解甚深义密意菩萨谓如理请问菩萨曰：“善男子！如善幻师或彼弟子住四衢道[⑦]，积集草叶、木、瓦砾等现作种种幻化事业[⑧]，所谓象身、马身、车身、步身、末尼、真珠、琉璃、螺贝、璧玉、珊瑚、种种财谷库藏等身[⑨]。若诸众生愚痴顽钝恶慧种类[⑩]，无所知晓[⑪]，于草叶木瓦砾等上诸幻化事，见已闻已作如是念：此所见者，实有象身，实有马身、车身、步身、末尼、真珠、琉璃、螺贝、璧玉、珊瑚、种种财谷库藏等身，如其所见，如其所闻，坚固执着、随起言说‘唯此谛实，余皆愚妄’，彼于后时应更观察。

“若有众生非愚非钝善慧种类有所知晓[⑫]，于草叶木瓦砾等上诸幻化事，见已闻已作如是念：此所见者，无实象身，无实马身、车身、步身、末尼、真珠、琉璃、螺贝、璧玉、珊瑚、种种财谷库藏等身，然有幻状迷惑眼事，于中发起大象身想，或大象身差别之想，乃至发起种种财谷库藏等想，或彼种类差别之想，不如所见，不如所闻，坚固执着随起言说‘唯此谛实，余皆愚妄’，为欲表知如是义故，亦于此中随起言说，彼于后时不须观察。

“如是若有众生是愚夫类、是异生类，未得诸圣出世间慧，于一切法离言法性不能了知，彼于一切有为无为见已闻已作如是念：此所得者，决定实有有为无为，如其所见，如其所闻，坚固执着随起言说‘唯此谛实，余皆愚妄’，彼于后时应更观察。

“若有众生非愚夫类，已见圣谛、已得诸圣出世间慧，于一切法离言法性如实了知，彼于一切有为无为见已闻已作如是念：此所得者，决定无实有为无为，然有分别所起行相，犹如幻事迷惑觉慧，于中发起为、无为想，或为无为差别之想，不如所见，不如所闻，坚固执着随起言说‘唯此谛实，余皆痴妄’，为欲表知如是义故，亦于此中随起言说，彼于后时不须观察。

“如是善男子！彼诸圣者于此事中，以圣智圣见离名言故现正等觉，即于如是离言法性，为欲令他现等觉故，假立名相谓之有为、谓之无为。”

尔时，解甚深义密意菩萨摩诃萨欲重宣此义而说颂曰：

佛说离言无二义，甚深非愚之所行，
愚夫于此痴所惑，乐着二依言戏论。
彼或不定或邪定[13]，流转极长生死苦，
复违如是正智论，当生牛羊等类中。

注释：

①如理请问菩萨：这是第一位发问的菩萨，因他顺理发问，故称为“如理请问菩萨”。解深密义菩萨：因能解释甚深义理密意而得名。又名“宝冠顶菩萨”，“宝观顶”是佛的名号，该菩萨是此佛的弟子。解深密义菩萨回答了如理请问菩萨的提问。

②法：音译为“达摩”。意义较为复杂。主要有两种意思，一是“任持自性”的意思、一是“轨生物解”的意思。任持自性，意指能保持自体的自性（各自的本性）不改变；轨生物解，指能轨范人伦，令人产生对一定事物理解之根据。这里主要是前一种意义。

③“略有二种”数句：法略说分“有为法”和“无为法”；非略非广分为五种：心法、心所有法、色法、心不相应行法、无为法；广说有百法。有为、无为：《瑜伽师地论》中说，有生灭的依因缘和合作用的称为“有为”，反之称为“无为”，《大智度论》中有说有所得为“有为”，无所得为“无为”，有说取相是“有为”，不取相是“无为”。在此经中，以三性来分“有为”与“无为”，有三种“有为”与“无为”，第一种是遍计所执有为和无为，坚固执着实有有为法与无为法；第二种是唯依依他起相分有为无为，这里意思为决定没实有有为法与无为法；第三种是讲有为法即是依他起性，无为法即是圆成实性。在此处文中，有为法无为法是从第三种说法来说的。后文有解释。

④“是中有为”数句：这里所说的“有为法”是依他起性的有为法，不是遍计所执的有为法和无为法，所说的“无为法”是圆成实性意义上的无为法，不是遍计所执性的无为法和有为法。

⑤本师假施设句:“本师”此处是指佛陀如来,“假施设句”指为了说明某一道理而假立施设的语句。

⑥遍计:周遍计度,也有译师翻译成“分别”。

⑦幻师:在真谛《金光明经》中认为,幻师是阿赖耶识无始以来的能造虚妄。弟子:比喻“七识”。《瑜伽师地论》卷八十四中也说八识为师。四衢道有解为“四谛”或“四念处”或“四识住”(识住于色、受、想、行四蕴)。

⑧积集草叶、木、瓦砾等:比喻诸种子积集在本识中。草叶细软可比喻善种,木石等粗强的可比喻为恶种。此句可譬喻说因善恶种子生出诸果来。

⑨象身、马身、车身、步身、末尼、真珠、琉璃、螺贝、璧玉、珊瑚、种种财谷库藏等身:象身、马身、车身、步身可喻为“因缘”或“有情”;而末尼等可喻为“果”或“无情”。

⑩愚痴顽钝恶慧种类:愚痴可喻无明体,顽钝可喻痴用,恶慧可喻诸见。

⑪无所知晓:可比喻恶慧(诸见)用。

⑫非愚非钝善慧种类有所知晓:非愚非钝,是指起悟近缘,无痴善根。善慧种类有所知晓比喻地前加行位中分证能取所取空性或地上了知胜义无二的道理。

⑬不定或邪定:三定聚众生中的两聚。三定聚指:正定聚、邪定聚、不定聚。《大智度论》卷八十四讲:“能破颠倒者,称为正定;不能破颠倒者,称为邪定;得因缘能破,不得因缘则不能破者,称为不定。”

译文：

这时，如理请问大菩萨（菩萨名）即在佛前问解甚深义密意大菩萨（菩萨名）说：“佛子，佛陀常说‘一切法无二’，在这‘一切法无二’中，什么是一切法？怎么说是无二的？”

解甚深义密意大菩萨回答如理请问大菩萨说：“善男子！一切法简单来说有两种：一种是有为法，一种是无为法。这里所说的有为法非有为、非无为；所说的无为法，也非无为、非有为。

如理请问菩萨再问解甚深义密意菩萨说：“佛子，如何说所说的有为法非有为、非无为；所说的无为法，也非无为、非有为？”

解深义密意菩萨回答如理请问菩萨说：“善男子！讲说有为法，这是本师佛陀假立施设的语句，如果是佛陀假立施设的，也就是说周遍计度的所集言辞所说，如果是周遍计度的所集言辞所说，也就是说毕竟所有种种言说都是周遍计度的，不是实有，故不存在实有的有为。善男子！说无为，也是言辞遍计的。另外如果离开了有为法、无为法外，还有如‘非有为非无为’等少许说法的话，这类说法和有为法、无为法一样也是遍计名言所说，不是实有的。但是佛陀如来也不是无事而说。那么是为了什么事呢？这是因为诸圣者因圣智、圣见现正等正觉，而此圣智、圣见无法用名言来表达，但为了使其他众生也能够明白这离言的真如法性，假立名相而说有为。”

“善男子！说无为也是本师佛陀假施设的语句，如果是佛陀假立施设的，也就是说周遍计度所集言辞所说，如果是周遍计度所集言辞所说，也就是说毕竟所有种种言说都是周遍计度的，不是实有的，因此不是存在实有的无为。善男子！说有为，也是言辞遍计，另外，如果离开了无为法和有为法，还有如‘非无为非有为’的等少许说法的话，这类说法和无为法有为法一样也是遍计名言所说，不是实有的。但是佛陀如来也不是无事而说。那么是为了什么事呢？这是因为诸圣者因圣智、圣见现正等正觉，而此圣智、圣见无法用名言来表达，但为了使其他众生也能够明白这离言的真如法性，假立名相而说无为。”

这时，如理请问大菩萨再问解甚深义密意大菩萨说：“佛子！为什么说诸圣者因圣智、圣见现正等正觉，而此圣智、圣见是无法用名言来表达的，但为了使其他众生也能够明白这离言的真如法性，假立名相而说有为无为？”

解甚深义密意菩萨对如理请问菩萨说：“善男子！这好像一位幻化功能高超的幻化师或幻化师的弟子住在四街道中，积集了草叶、木、瓦砾等物，变现作种种幻化事业，将它们都幻化成象身、马身、车身、步身、末尼、真珠、螺贝、璧玉、珊瑚、种种财谷库藏等身。如果有众生是愚痴、顽钝、恶慧的种类，对幻境无所知晓，于由草叶、木、瓦砾等幻化出来的现象，看到听到后认为：这里所看到的，真实有象身，真实有马身、车身、步身、末尼、真珠、琉璃、螺贝、璧玉、珊瑚、种种财谷库藏等身，坚固执着所看到所听到的，从而说‘只有这是真实的，其余的都是愚妄的’。这类众生以后还需要作进一步观察来认识幻相。

“如果有众生不是愚痴也非顽钝，是具有善慧的种类，对幻境有所知晓，对由草叶、木、瓦砾等幻化出来的现象，看到听到后认为：这里所看到的，不是实际有象身，不是实际有马身、车身、步身、末尼、真珠、琉璃、螺贝、璧玉、珊瑚、种种财谷库藏等身，是由于幻状迷惑眼睛的缘故，从而于幻境中生起大象身想，或种种大象身的差别想，乃至发起其他种种财谷库藏等想或者这些的种类差别想。事实上并非是眼所看到的，耳所听到的，对此坚固执着，而说：'只有这样才是真实的，其他的都是愚妄的'。为了表达这种意义，而在其中随起言说。这类众生因如实了解幻相，所以后面就不须再作观察了。

"如果有众生是愚夫种类，是异生类，没有得到诸圣者的出世间智慧。对一切法的离言法性不能了知。他对于一切有为法无为法，见到听到的，会作这样想：这些所看到听到的有为法无为法决定是实有的。坚固执着所看到所听到的，从而说'只有这是真实的，其余的都是愚妄的'。这类众生以后还需要做进一步观察来认识真相。

"如果有众生不是愚夫种类，已见到圣谛，已得到了诸圣出世间的智慧。对一切法的离言法性都如实了知。那么他对于一切有为法无为法，见到听到的，会作这样想：这些所看到听到的有为法无为法决定不是实有的。但因有分别而产生了种种行相，这犹如幻事迷惑觉慧一样。在这里面发起有为无为的想法，或有为无为差别的想法。事实上并非是眼所看到的，耳所听到的，对此坚固执着，而说：'只有这样才是真实的，其他的都是愚妄的'。为了表达这种意义，而在其中随起言说。这类众生因如实了解了真相，所以后面就不须再作观察了。

"正因为这样，善男子，那些圣者在此事中，以无法用名言来表达的圣智、圣见现正等觉，但为了使其他众生也能够明白此离言的真如法性，而假立名相而说有为，无为的。”

这时，解甚深义密意大菩萨想重新宣说这道理，以颂的形式来说：

佛说离言无二义，甚深非愚之所行，
愚夫于此痴所惑，乐着二依言戏论。
彼或不定或邪定，流转极长生死苦，
复违如是正智论，当生牛羊等类中。

尔时，法涌菩萨摩诃萨白佛言[①]：“世尊！从此东方过七十二殑伽河沙等世界[②]，有世界名具大名称，是中如来号广大名称，我于先日从彼佛土发来至此。我于彼土曾见一处，有七万七千外道并其师首同一会坐，为思诸法胜义谛相，彼共思议、称量、观察遍寻求时[③]，于一切法胜义谛相竟不能得，唯除种种意解、别异意解、变异意解互相违背共兴诤论[④]，口出矛矟[⑤]，更相矟刺，恼坏既已，各各离散。

“世尊！我于尔时，窃作是念：如来出世甚奇希有！由出世故，乃于如是超过一切寻思所行胜义谛相亦有通达作证可得[⑥]。”

说是语已，尔时世尊告法涌菩萨摩诃萨曰：“善男子！如是如是，如汝所说，我于超过一切寻思胜义谛相现正等觉，现等觉已，为他宣说、显现开解、施设照了。

何以故？我说胜义是诸圣者内自所证[7]，寻思所行是诸异生展转所证[8]，是故法涌，由此道理当知胜义超过一切寻思境相。

“复次法涌，我说胜义无相所行，寻思但行有相境界[9]。是故法涌，由此道理当知胜义超过一切寻思境相。

“复次法涌，我说胜义不可言说[10]，寻思但行言说境界。是故法涌，由此道理当知胜义超过一切寻思境相。

“复次法涌，我说胜义绝诸表示[11]，寻思但行表示境界。是故法涌，由此道理当知胜义超过一切寻思境相。

“复次法涌，我说胜义绝诸诤论[12]，寻思但行诤论境界。是故法涌，由此道理当知胜义超过一切寻思境相。

“法涌当知，譬如有人尽其寿量习辛苦味，于蜜、石蜜上妙美味不能寻思、不能比度、不能信解[13]，或于长夜由欲贪胜解、诸欲炽火所烧然故，于内除灭一切色声香味触相妙远离乐不能寻思、不能比度、不能信解[14]，或于长夜由言说胜解乐著世间绮言说故，于内寂静圣默然乐不能寻思、不能比度、不能信解[15]，或于长夜由见闻觉知表示胜解乐著世间诸表示故，于永除断一切表示萨迦耶灭究竟涅槃不能寻思、不能比度、不能信解[16]，法涌当知，譬如有人于其长夜，由有种种我所摄受诤论胜解乐著世间诸诤论故，于北拘卢洲无我所、无摄受、离诤论不能寻思、不能比度、不能信解[17]。

如是法涌，诸寻思者于超一切寻思所行胜义谛相不能寻思、不能比度、不能信解。”

尔时，世尊欲重宣此义而说颂曰：

内证无相之所行，不可言说绝表示，
息诸诤论胜义谛，超过一切寻思相。

注释：

①法涌菩萨：第二个发问的菩萨，此菩萨住居八地，依法身上起，法辩用而不竭，犹如涌泉。也有翻译成“昙无竭”、“法盛”、“法上”。

②殑（jìng）伽河：即为恒河。

③思议、称量、观察：思义就是外道所说的现量，称量就是比量，观察就是圣言量，此句讲外道依此三量遍寻求时，对于胜义谛相竟不能得。

④种种意解、别异意解、变异意解：种种意解，指以为用种种诸法以为胜义而没有别的真如；别异意解，指离诸法外，别有胜义；变异意解，指认为胜义不是常住的是变化的。

⑤穳（zuàn）：意为小矛，古代的一种击刺兵器，也可作动词，意为“刺”。

⑥寻思：寻思即用分别为体。是故不证无相真如。本经说寻思是通说寻、伺都名寻思。因都有推求思量的意思。

⑦内自所证：是说圣者用无分别智缘真如境，内证自体。玄奘法师认为是正智亲证自体不变而缘，如自证分。而无分别相分是后得智变影而缘。

⑧展转：此说寻思所行即是凡夫众生依他言说，而不是内自所证，因此称为“展转”。

⑨有相境界：相的行处是指“十八界”。相即“六尘”，行即“六识”，处即“六根”，此根尘识只是觉观境。但是真如不是觉观境。此中无相的解释，与中观唯识不同，清辩宗认为通约三性说无所得，护法等宗只遣遍计所执。

⑩不可言说：大乘中有四种不可言说的道理：一离损益等而不可说。如《大智度论》中，说火应烧舌。二现量境故名不可说。玄奘法师认为：“诸部皆云，说诸法言多是表诠。但比量中异法喻言唯是遮诠。大乘亦尔。”这是说诸法自相不可言说，若诠释共相，就要遮除余法。“随其所应，破诸妄执，我等皆妄，谁复为真？毕竟空，心言路绝，分别戏论皆不能行，唯诸圣贤内智所证示正道理。”三名义相对互为客的原因而不可言说。四一切法无所得而不可言说。如《金刚般若波罗蜜多经》说“如来所说法，皆不可取，不可说。何以故？一切圣人皆以无为法而有差别。”又如《维摩诘经》中维摩诘“默然无言”明不二法门。

⑪胜义绝诸表示：此说胜义谛理不是见、闻、觉、知四种境界之所表示。因见、闻、觉、知都是有漏戏论所摄。《大智度论》第四十卷说：“眼识所知名为所见，耳识所知名为所闻，鼻舌身三识所知名为所觉，意识所缘名为所知。”

⑫诤论：指有我、我所见，于五蕴中执有真我。但是真如离我我所，不是我见等诤论烦恼所行之处。因此说“绝诸诤论”。

⑬“于蜜、石蜜上妙美味”句：这可谓出家上味胜乐喻。喻在家久在生死，恒习在世间忧苦粗味，对于出家乐妙梵行味不能

寻思、比度、信解。

⑭“于内除灭一切色声香味触”句：这可谓远离五欲妙乐喻，是四种乐中的远离乐。

⑮“于内寂静圣默然乐”句：这可谓贤圣默然寂静乐喻，是四种乐中的寂静乐。

⑯“于永除断一切表示萨迦耶灭”句：这可谓绝诸表示寂乐喻，是四种乐中菩提乐。

⑰“于北拘卢洲无我所”句：这可谓离诸诤论觉乐喻。是四种乐中菩提乐。

译文：

这时，法涌大菩萨对佛陀说：“世尊！从这里向东方过相当于七十二条恒河所有沙数量的世界，有一个世界名字叫做具大名称，那里有位称号为‘广大名称’的如来，我前几天从那佛的国土出发来到这里。我在那里曾看到一地方，有七万七千外道为了思考诸法的胜义谛相和他们的师长聚坐在一起。他们在共同思议、称量、观察周遍寻求一切法的胜义谛相时，对于一切法的胜义谛相竟不能得，只是产生互相违背的种种意解、别异意解、变异意解，并造成了彼此之间的诤论，甚至恶语相向，互相烦恼之后，各各离去。

“世尊！当我看到这种现象时，私下想到：如来出世是非常稀有的！由于如来出世的缘故，对于超过一切寻思所行的胜义谛相，就有通达作证的因缘了。”

在法涌菩萨说完此话后，这时佛陀告诉法涌菩萨摩诃萨说:“善男子!是的,是的,正像你所说的,我已获得了对超离一切寻思的胜义谛相的了知,成就了无上正等正觉,我成正觉后,为他人宣说、显现开解、施设照了此离一切寻思的胜义谛相。为什么说胜义谛相超过一切寻思境相呢?我说胜义谛相是圣者们内自所证的,而寻思是凡夫们依他言说展转所证的,因此法涌,从这个道理可以知道所谓的胜义谛相是超过一切寻思境相的。

“还有法涌,我说胜义谛相是无相境界,而寻思所行的是有相境界。因此法涌,从这个道理可以知道所谓的胜义谛相是超过一切寻思境相的。

“还有法涌,我说胜义谛相是不可以言说的,而寻思所行的是言说境界。因此法涌,从这个道理可以知道所谓的胜义谛相是超过一切寻思境相的。

“还有法涌,我说胜义谛相是不可以表示的,而寻思所行的是表示境界。因此法涌,从这个道理可以知道所谓的胜义谛相是超过一切寻思境相的。

“还有法涌,我说胜义谛相远离诸种诤论,而寻思所行的是诤论境界。因此法涌,从这个道理可以知道所谓的胜义谛相是超过一切寻思境相的。

“法涌,下面这些譬喻的道理你是应该知道的。譬如有人尽其一生常常品尝的是辛苦的味道,因此对于蜜糖,石蜜(冰糖)的上妙美味是没法通过寻思来了解的,也没法通过比较来了解的,也是没法真正信解这种妙味的。或者有人在生死长夜中胜解贪欲,乐著信解贪欲,常处在被诸贪欲炽火所燃烧的境界中，因此对远离外在散乱，同时于内灭除一切色声香味触相的妙远离乐是没法通过寻思来了解，也没法通过比较来了解，也是没法真正信解这种妙乐的。或者有人在生死长夜中胜解言说，执着言说，乐于世间的绮语，因此对远离外在散乱的内在寂静圣默妙乐没法通过寻思来了解，也没法通过比较来了解，也没法真正信解这种妙乐。或者有人胜解见闻觉知表示，执着世间诸表示，因此对于永远除断一切表示的萨迦耶见到达究竟涅槃的境界是没法通过寻思来了解，也没法通过比较来了解，也没法真正信解这种境界。譬如有人在生死长夜中，胜解有种种我所，种种摄受，种种诤论，乐著世间诤论，因此对北拘卢洲的无我所、无摄受、离诤论的境界是没法通过寻思来了解，也没法通过比较来了解，也没法真正信解这种境界。正是这样，法涌，乐著于寻思的人对于超过一切寻思所行的胜义谛相是不能通过寻思来了解的，也没法通过比较来了解，也没法真正信解这种境界。”

这时，佛陀为了重新宣说胜义谛相的道理而说颂为：

内证无相之所行，不可言说绝表示，
息诸诤论胜义谛，超过一切寻思相。

尔时，善清净慧菩萨摩诃萨白佛言：“世尊甚奇，乃至世尊善说，谓世尊言胜义谛相微细甚深，超过诸法一异性相[①]，难可通达。世尊！我即于此曾见一处，有众菩萨等正修行胜解行地，同一会坐，皆共思议胜义谛相与诸行相一异性相。于此会中，一类菩萨作如是言‘胜义谛相与诸行相都无有异’，一类菩萨复作是言‘非胜义谛相与诸行相都无有异，然胜义谛相异诸行相’，有余菩萨疑惑犹豫，复作是言‘是诸菩萨谁言谛实、谁言虚妄？谁如理行、谁不如理’？或唱是言‘胜义谛相与诸行相都无有异’，或唱是言‘胜义谛相异诸行相’②。世尊！我见彼已，窃作是念：此诸善男子愚痴顽钝、不明不善、不如理行，于胜义谛微细甚深超过诸行一异性相不能解了。”

说是语已，尔时世尊告善清净慧菩萨摩诃萨曰：“善男子！如是如是！如汝所说，此诸善男子愚痴顽钝、不明不善、不如理行，于胜义谛微细甚深超过诸行一异性相不能解了。何以故？善清净慧！非于诸行如是行时，名能通达胜义谛相③，或于胜义谛而得作证④。何以故？善清净慧！若胜义谛相与诸行相都无异者，应于今时一切异生皆已见谛，又诸异生皆应已得无上方便安隐涅槃，或应已证阿耨多罗三藐三菩提。若胜义谛相与诸行相一向异者，已见谛者于诸行相应不除遣，若不除遣诸行相者，应于相缚不得解脱，此见谛者于诸相缚不解脱故，于粗重缚亦应不脱⑤，由于二缚不解脱故，已见谛者应不能得无上方便安隐涅槃⑥，或不应证阿耨多罗三藐三菩提。

“善清净慧！由于今时非诸异生皆已见谛，非诸异生已能获得无上方便安隐涅槃，亦非已证阿耨多罗三藐三菩提，是故‘胜义谛相与诸行相都无异相’不应道理。若于此中作如是言‘胜义谛相与诸行相都无异’者，由此道理当知一切非如理行、不如正理。善清净慧！由于今时非见谛者于诸行相不能除遣，然能除遣，非见谛者于诸相缚不能解脱，然能解脱，非见谛者于粗重缚不能解脱，然能解脱，以于二障能解脱故，亦能获得无上方便安隐涅槃，或有能证阿耨多罗三藐三菩提，是故‘胜义谛相与诸行相一向异相’不应道理。若于此中作如是言‘胜义谛相与诸行相一向异’者，由此道理当知一切非如理行、不如正理。

“复次善清净慧！若胜义谛相与诸行相都无异者，如诸行相堕杂染相，此胜义谛相亦应如是堕杂染相。善清净慧！若胜义谛相与诸行相一向异者，应非一切行相共相名胜义谛相。善清净慧！由于今时胜义谛相非堕杂染相，诸行共相名胜义谛相，是故‘胜义谛相与诸行相都无异相’不应道理，‘胜义谛相与诸行相一向异相’不应道理。若于此中作如是言‘胜义谛相与诸行相都无有异’或‘胜义谛相与诸行相一向异’者，由此道理当知一切非如理行、不如正理。

“复次善清净慧！若胜义谛相与诸行相都无异者，如胜义谛相于诸行相无有差别，一切行相亦应如是无有差别，修观行者于诸行中如其所见、如其所闻、如其所觉、如其所知不应后时更求胜义。若胜义谛相与诸行相一向异者，应非‘诸行唯无我性、唯无自性之所显现是胜义相’，又应俱时别相成立，谓杂染相及清净相。善清净慧！由于今时一切行相皆有差别、非无差别，修观行者于诸行中如其所见、如其所闻、如其所觉、如其所知复于后时更求胜义，又即‘诸行唯无我性、唯无自性之所显现名胜义相’，又非俱时染净二相别相成立，是故‘胜义谛相与诸行相都无有异’或‘一向异’不应道理。若于此中作如是言‘胜义谛相与诸行相都无有异’或‘一向异’者，由此道理当知一切非如理行、不如正理。

“善清净慧！如螺贝上鲜白色性，不易施设与彼螺贝一相异相。如螺贝上鲜白色性，金上黄色亦复如是。如箜篌声上美妙曲性，不易施设与箜篌声一相异相，如黑沈上有妙香性，不易施设与彼黑沈一相异相，如胡椒上辛猛利性，不易施设与彼胡椒一相异相，如胡椒上辛猛利性，诃梨涩性亦复如是，如蠹罗绵上有柔软性[⑦]，不易施设与蠹罗绵一相异相，如熟酥上所有醍醐，不易施设与彼熟酥一相异相，又如一切行上无常性、一切有漏法上苦性、一切法上补特伽罗无我性，不易施设与彼行等一相异相[⑧]，又如贪上不寂静相及杂染相，不易施设此与彼贪一相异相，如于贪上，于嗔痴上当知亦尔[⑨]。如是，善清净慧！胜义谛相不可施设与诸行相一相异相。

“善清净慧！我于如是微细极微细、甚深极甚深、难通达极难通达、超过诸法一异性相胜义谛相现正等觉，现等觉已，为他宣说、显示开解、施设照了。”

尔时，世尊欲重宣此义而说颂曰：

行界胜义相，离一异性相，
若分别一异，彼非如理行。
众生为相缚，及为粗重缚，
要勤修止观⑩，尔乃得解脱。

注释：

①一异：彼此皆同为一，彼此皆异为异。都为偏于一方的思想。《中论》中因缘品有说：“不生亦不灭，不常亦不断，不一亦不异，不来亦不去。”嘉祥法师疏中说：“不一不异，治外道计执一异障。”《大智度论》卷二十有说：‘诸圣人，破吾我相，灭一异相。’

②“或唱是言”二句：这是第三师计。是对于以上二说，犹豫不决，不是别有计。

③通达：知胜义称为“通达”。

④作证：能得涅槃及菩提果称为“作证”。

⑤于诸相缚不解脱故，于粗重缚亦应不脱：对于这二缚，玄奘法师介绍印度有两种看法。一种看法是以一切有漏相分为“相缚”，而能缘见分贪等诸惑为“粗重缚”。一种看法是相缚即末那识以为自性，末那识名为相缚。粗重缚有两种，一种是以六识中的惑称为粗重。一种是烦恼所知二障势力使诸有漏五蕴

等法无所堪任，而说此为粗重缚。《显扬圣教论》中说两者是依他起：相缚为缘起于粗重缚，粗重缚为缘又能生相缚。

⑥安隐涅槃：宗镜录中说："安隐快乐者，则寂静妙常。世事永息者，则攀援心断。"涅槃，原是印度语，具称"涅槃那"，其意义包括有灭、寂、寂灭、寂静、灭度。在印度的原语应用上，是指火的熄灭或风的吹散，如灯火熄灭了称为"灯焰涅槃"。《般涅槃经》，说涅槃具足法身、般若、解脱的三德，具足常、乐、我、净的四德，具足常、恒、安、清凉、不老、不死、无垢、快乐如甜酥之具八味的八德。

⑦蠹（dù）罗绵：传说是蒲柳华。

⑧"不易施设与蠹罗绵一相异相"以下六句：此为理事一异喻。

⑨"如螺贝上鲜白色性"至"于嗔痴上当知亦尔"数句：以上有十种比喻。究其次第是约六境说。初二约色，次一约声，次一约香，二约味，次二约触，后二约法。

⑩止：梵音名"奢摩他"，翻译为"止"，体即定。止息散乱，名之为止。观：梵音"毗钵舍那"，翻译为"观"。体即是慧，审察诸法，名之为观。后文"分别瑜伽品"有详论。

译文：

这时，善清净慧大菩萨对佛说："佛陀是极为稀有的，佛陀的善说也是极为稀有的。佛陀所说的胜义谛相微细甚深，超过诸法一异性相的道理很难通达。世尊！我在这里曾看到一处，有许多菩萨修行胜解行地，他们聚坐在一起，大家共同思

量议论胜义谛与诸行相的一异性相问题。在这会中，有一类菩萨认为：‘胜义谛相与诸行相都无有异。’有一类菩萨认为：“胜义谛相与诸行相不是都无有异，应该说胜义谛相与诸行相是不同的。”还有些菩萨疑惑犹豫，认为：‘这些菩萨谁说的是真实的呢？这些谁说的是虚幻呢？谁说的是如理的，谁说的是不如理的呢？’或说‘胜义谛相与诸行相都无有异，’或说‘胜义谛相与诸行相是不同的’，佛陀！我见到这种情况，私下想：这些善男子愚痴顽钝、不明不善、不如理行，对于胜义谛相微细甚深，超过诸行一异性相的奥义不能了解。”

当善清净慧大菩萨说完这话后，那时佛陀告诉善清净慧大菩萨说：“善男子！是这样的！是这样的！正像你所说的，这些善男子愚痴顽钝、不明不善、不如理行，对于胜义谛相微细甚深，超过诸行一异性相的奥义不能了解。为什么呢？善清净慧！不是通过执着于胜义谛相与诸行相是一相还是异相的方式，来通达胜义谛相，或者以此来证明胜义谛相的。为什么呢？善清净慧！如果胜义谛相和诸行相是一的话，那么现在一切轮回的众生都应见到道谛了，一切轮回的凡夫都应该获得无上方便的安隐涅槃了，或者说都已证得了无上正等正觉了。如果胜义谛相与诸行相始终是异的话，那么已经见到道谛的行者对诸行相就不用除遣了，如果不除遣诸行相的话，那么就不能从相缚中解脱出来，那么这所谓的见到道谛的人因不能从相缚中解脱，当然也就不能从粗重缚中解脱出来，而因不能从此二缚中解脱，那么已经见到道谛的行者也就不能获得无上方便安隐涅槃了，或者说也就不应证得无上正等正觉了。

“善清净慧！因为现在轮回的凡夫都没见到道谛，也没有获得无上方便安隐的涅槃，也没证得无上正等正觉，因此‘胜义谛相与诸行相都无有异’的看法是没有道理的。如果对这问题说‘胜义谛相与诸行相都无有异’，那么由上面道理可以知道这一切都是不如理行，与正理违背的。善清净慧！由于现见到道谛的行者对于诸行相能除遣，而不是不能除遣，现见到道谛的行者对于粗重缚能够解脱，而不是不能解脱，由于能够从这二障中解脱的原因，也就能够获得无上方便的安隐涅槃，或者说可以证得无上正等正觉。因此说‘胜义谛相与诸行相一向异相’是没有道理的。如果对这问题说‘胜义谛相与诸行相一向异相’，那么由以上道理可以知道这一切都是不如理行，与正理违背的。

“还有善清净慧！如果胜义谛相和诸行相都无异，像诸行相都是堕入杂染相的，那么胜义谛相也应堕入杂染相。善清净慧！如果胜义谛相和诸行相一向是异的，那么不应说一切行相的共相称为胜义谛相。善清静慧！由于事实上胜义谛相是不会堕入杂染相中的，而诸行的共相名为胜义谛相，因此说‘胜义谛相和诸行相都无异相’是没有道理的，同样‘胜义谛相和诸行相一向异相’也是没有道理的。如果对这问题说‘胜义谛相与诸行相都无有异’，或者‘胜义谛相和诸行相一向异’，那么由以上道理可以知道这一切说法都是不如理行，与正理违背的。

“还有善清净慧！如果胜义谛相和诸行相都无异，那么像胜义谛相和诸行相没有差别一样，一切行相也应像这样没有差别，修观行者在修行中对诸行相如其所见、如其所闻、如其所觉、如其所知后就不应该进一步寻求胜义谛相了。如果胜义谛相和诸行相始终一向异的话，应该不是‘以诸行唯无我性，唯无自性所显现的是胜义相’来说明胜义谛相的，胜义谛相与诸行相应该分别独立成立，即杂染相和清净相独立成立。善清净慧！由于现实中一切行相都有差别而不是没有差别，修观行者在修行时对诸行相如其所见、如其所闻、如其所觉、如其所知后，是更要进一步去寻求胜义谛相，另外也是以‘诸行唯无我性，唯无自性所显现的是胜义相’来说明胜义谛相的，杂染相和清静相也不是分别独立成立的。因此说，‘胜义谛相和诸行相无有异’或‘一向异’是没有道理的。如果对这问题说：‘胜义谛相与诸行相无有异’，或者‘胜义谛相和诸行相一向异’，那么由以上道理可以知道这一切说法都是不如理行，与正理违背的。

“善清净慧！像螺贝上所显示的鲜白色特性，不能施设说此鲜白色性和螺贝是一相还是异相。像螺贝上的鲜白色性一样，其他颜色金色、黄色也是这样的。像对箜篌奏出乐曲所听到的美妙性，不能施设说此美妙性和箜篌的乐曲声是一相还是异相。像对黑色沉香所嗅到的妙香性，不能施设说此妙香性和黑色沉香是一相还是异相。像对胡椒所尝到的辛猛味性，不能施设说此辛猛味性和胡椒是一相还是异相，诃梨涩性也是这样的。像对蠹罗绵所触到的柔软性，不能施设说这柔软性与蠹罗绵是一相还是异相。像从熟酥中所提炼出来的最上层的醍醐，不能施设说这醍醐与熟酥是一相还是异相。又一切行的无常性，一切有漏法的苦性、一切法的补特伽罗无我性，不能施设说它们各自与一切行，一切有漏法，一切法是一相还是异相。又如心烦恼贪的不寂静相和杂染相，不能施设说与贪是一相或异相，像对于贪来说一样，对于其他心烦恼嗔、痴也可以推知是如此的。正是这样的原因，善清净慧！胜义谛相不可施设说与诸行相是一相还是异相。

"善清净慧！我对如此微细极微细、甚深极甚深、难通达极难通达、超过诸法一异性相胜义谛相现正等觉，现正等觉后，为其他众生宣说，显现开解，施设照了。"

这时，佛陀为了重新宣说这道理而说颂为：

行界胜义相，离一异性相，
若分别一异，彼非如理行。
众生为相缚，及为粗重缚，
要勤修止观，尔乃得解脱。

尔时，世尊告长老善现曰[①]："善现！汝于有情界中，知几有情怀增上慢、为增上慢所执持故记别所解[②]？汝于有情界中，知几有情离增上慢记别所解？"

尔时，长老善现白佛言："世尊！我知有情界中，少分有情离增上慢记别所解[③]。世尊！我知有情界中，有无量无数不可说有情怀增上慢，为增上慢所执持故记别所解[④]。

"世尊！我于一时住阿练若大树林中[⑤]，时有众多苾刍亦于此林依近我住[⑥]，我见彼诸苾刍于日后分展转聚集[⑦]，依有所得现观[⑧]，各说种种相法记别所解。于中一类由得蕴故、得蕴相故、得蕴起故、得蕴尽故、得蕴灭故、得蕴灭作证故记别所解[9]。如此一类由得蕴故，复有一类由得处故、复有一类得缘起故[10]，当知亦尔。复有一类由得食故、得食相故、得食起故、得食尽故、得食灭故、得食灭作证故记别所解[11]，复有一类由得谛故、得谛相故、得谛遍知故、得谛永断故、得谛作证故、得谛修习故记别所解[12]，复有一类由得界故、得界相故、得界种种性故、得界非一性故、得界灭故、得界灭作证故记别所解[13]，复有一类由得念住故、得念住相故、得念住能治所治故、得念住修故、得念住未生令生故、得念住生已坚住不忘、倍修增广故记别所解[14]。如有一类得念住故，复有一类得正断故、得神足故、得诸根故、得诸力故、得觉支故[15]，当知亦尔。复有一类得八支圣道故、得八支圣道相故、得八支圣道能治所治故、得八支圣道修故、得八支圣道未生令生故、得八支圣道生已坚住不忘、倍修增广故记别所解[16]。

“世尊！我见彼已，便作是念：此诸长老依有所得现观，各说种种相法记别所解，当知彼诸长老一切皆怀增上慢，为增上慢所执持故，于胜义谛遍一切一味相不能解了。是故世尊甚奇乃至世尊善说，谓世尊言胜义谛相微细最微细、甚深最甚深、难通达最难通达遍一切一味相。世尊！此圣教中修行苾刍于胜义谛遍一切一味相尚难通达，况诸外道？”

尔时，世尊告长老善现曰：“如是如是，善现！我于微细最微细、甚深最甚深、难通达最难通达遍一切一味相胜义谛现正等觉，现等觉已，为他宣说、显示开解、施设照了。何以故？善现！我已显示于一切蕴中清净所缘是胜义谛，我已显示于一切处、缘起、食、谛、界、念住、正断、神足、根、力、觉支、道支中清净所缘是胜义谛，此清净所缘于一切蕴中是一味相、无别异相。如于蕴中，如是于一切处中、乃至一切道支中是一味相、无别异相。是故善现，由此道理当知胜义谛是遍一切一味相。

“复次善现！修观行苾刍通达一蕴真如、胜义、法无我性已，更不寻求各别余蕴、诸处、缘起、食、谛、界、念住、正断、神足、根、力、觉支、道支真如胜义法无我性，唯即随此真如、胜义、无二智为依止故，于遍一切一味相胜义谛审察趣证。是故善现，由此道理当知胜义谛是遍一切一味相。

“复次善现！如彼诸蕴展转异相，如彼诸处、缘起、食、谛、界、念住、正断、神足、根、力、觉支、道支展转异相，若一切法真如、胜义、法无我性亦异相者，是则真如、胜义、法无我性亦应有因，从因所生，若从因生应是有为，若是有为应非胜义，若非胜义应更寻求余胜义谛。善现！由此真如、胜义、法无我性不名有因非因所生，亦非有为是胜义谛，得此胜义更不寻求余胜义谛，唯有常常时、恒恒时，如来出世、若不出世，诸法法性安立、法界安住。是故善现，由此道理当知胜义谛是遍一切一味相。善现！譬如种种非一品类异相色中，虚空无相、无分别、无变异、遍一切一味相，如是异性异相一切法中，胜义谛遍一切一味相当知亦尔。”

尔时，世尊欲重宣此义而说颂曰：

此遍一切一味相，胜义诸佛说无异，
若有于中异分别，彼定愚痴依上慢⑰。

注释：

①善现：须菩提尊者的意译名。

②增上慢：是慢、过慢、慢过慢、我慢、增上慢、卑慢、邪慢七慢中之一。慢以恃己于他高举为性。增上慢，在《法华经》中所说的，未得谓得未证谓证名增上慢。

③少分有情：圆测疏中认为此处指初地已上菩萨，如实了知一味相法空胜义，不生起起法增上慢。不是指二乘和凡夫等。

④为增上慢所执持故：圆测疏中认为，此“增上慢”是凡夫和有学圣者所起。

⑤阿练若处：又称“阿兰若处”，指适合于出家人修行与居住之僻静场所。又译为“远离处”、“寂静处”、“最闲处”、“无诤处”。即距离聚落一俱卢舍而适于修行之空闲处。其住处或居住者，即称“阿练若处”。

⑥苾刍（bìchú）：即为“比丘”的音译。有五义：一是乞士，乞食而清净活命；二是破烦恼；三是出家人号；四是清净持戒；

五是怖魔。

⑦日后分：指六时中的日没时，约下午四点。印度分一昼夜为六时，即昼三时、夜三时。晨朝、日中、日没为昼三时，初夜、中夜、后夜为夜三时。晨朝即上午八时顷，日中为正午十二时顷，日没为下午四时顷；初夜即午后八时顷，中夜为子夜十二时顷，后夜为晨四时顷。

⑧有所得现观：现观，《瑜伽师地论》讲决定义为现观，《俱舍论》则说对诸谛境现见分明。此处有所得现观是指这些比丘，依初法轮所说十三法门，如言执义。不了解无所得一味法句胜义，从而起增上慢，便自认为证得究竟胜义。

⑨得蕴故、得蕴相故、得蕴起故、得蕴尽故、得蕴灭故、得蕴灭作证：蕴，积集之义，谓许多物事聚集一起，系指有为法而言，此处指五蕴。得蕴者，是总显所证五蕴法门；得蕴相者，是指得蕴自性差别相；蕴起故，得蕴尽此二句显生灭无常见；得蕴灭，得蕴灭作证此二句如次显示灭道二谛，断苦集谛得灭谛故，由道断蕴作证灭。此段分别从五蕴、处、缘生、四食、四谛、十八界六种善巧所观境界来说。

⑩处：旧译作“入”。心、心所生长门之义。心王、心所以处为所依，缘处而生长，若离处，则不得生长。“六根”、“六境”合为“十二处”。亦即指以“六根”为所依、“六境”为所缘，根与境为能生长心、心所作用之处所，故称“十二处”或“十二入”。缘起：即“十二因缘”，具有：“此有故彼有，此生故彼生；此无故彼无，此灭故彼灭”的意义。

⑪食：牵引、长养、持续之意。即牵引、养育众生之肉身或

圣者之法身，而使之存在，并永远保持其状态以及触等精神作用（心、心所）之饮食。三界中能长养肉身之食物，称作“世间食”；长养悟智（法身）之食物，称“出世间食”。世间食有四种：段食、触食、思食、识食。出世间食有禅悦食、法喜食、愿食、念时、解脱食。

⑫谛：即为“四谛”。谛是指真实不虚的道理意思。在《瑜伽师地论》二十七卷中说：“是如是实非不如实。是无颠倒非是颠倒。故名为谛。”

⑬界：这里指“十八界”。界本身有层、根基、成分、要素、领域、种族、分界等含义。“十八界”指眼界、色界、眼识界、耳界、声界、耳识界、鼻界、香界、鼻识界、舌界、味界、舌识界、身界、触界、身识界、意界、法界、意识界。事实上就是把宇宙诸法分析成为“六根”、“六境”和“六识”所组成。

⑭念住：即“四念住”，“三十七道品”中之一科。指集中心念于一点，防止杂念妄想生起，以得真理之四种方法。以身、受、心、法四境为所缘，并以四境的自相及一切法的共相分别来观身不净、受是苦、心无常、法无我，以次第对治净、乐、常、我等四颠倒之观法。此文中提到六句，念住，念住相二句同蕴初两句，后面说念住能治所治是说明四念住能对治四颠倒，“得念住修故、得念住未生令生故、得念住生已坚住不忘、倍修增广句”三句是以四种修来说明四念住。《显扬圣教论》说有七种修意同此：一已生善法、二令住、三不忘、四令修满、五令倍修、六令增长、七令广大。其中已生者是已得，令住是闻慧。令不忘是思慧。令修满是修慧。

⑮正断：即“四正断”或称“无为四正勤”。（一）为除断已生之恶，而勤精进。（二）为使未生之恶不生，而勤精进。（三）为使未生之善能生，而勤精进。（四）为使已生之善能更增长，而勤精进。以一心精进，行此四法，故称四正勤。神足：即“三十七道品”中的“四神足”。又称“四如意足”。“如意”是指如意自在的神通。从其“不测”这点来说，又称为“神”，此种通以定为其依止的脚足，故称“定”为“如意足”或“神足”。四神足系由欲求（欲）、心念（心）、精进（勤）、观照（观）四法之力，引发种种神用而产生之三摩地（定）。诸根：“三十七道品”中的“五无漏根”，有信根、精进根、念根、定根、慧根。诸力：即“三十七道品”中的五力，指由信等五根之增长所产生之五种维持修行、达到解脱之力量，即信力、精进力、念力、定力、慧力。觉支：即“三十七道品”的“七觉支”，有念觉支、择法觉支、精进觉支、喜觉支、安觉支、定觉支、舍觉支。

⑯八支圣道：即“三十七道品”中的“八正道”：正见、正思维、正语、正业、正命、正精进、正念、正定。

⑰上慢：即为增上慢。

译文：

这时，佛陀问长老须菩提说：“须菩提！你在有情界中，知道有多少有情怀有增上慢，并由于被增上慢所影响而执持记别自己所解的？你在有情界中，知道有多少有情远离增上慢执持记别自己所解的？

这时，长老须菩提对佛陀说：“世尊！我知道有情界中有少部分有情远离了增上慢执持记别自己所解。世尊！我知道有情界中有无量无数不可说的有情怀有增上慢，并因增上慢执持记别自己所解。”

“世尊！我有一段时间住在寂静的阿练若大树林中，那时有很多的比丘也依近我而住，我看到那些比丘在日后时分展转聚集，依照有所得的现观，说种种相法并执着于自己所得的见解。他们其中一类获得了对蕴、蕴相、蕴起、蕴尽、蕴灭、蕴灭作证相法的了解，并由此执着于自己所得的见解。这样一类是得到了对蕴的了解，还有的一类是获得了对处的了解，还有一类是获得了对缘起的了解，也象上面对蕴的执着一样，由此执着于自己所得的见解。还有一类获得了对食、食相、食起、食尽、食灭、食灭作证的了解，并由此执着于自己所得的见解。还有一类获得了对谛、谛相、谛遍知、谛永断、谛作证、谛修习的了解，并由此执着于自己所得的见解。还有一类获得了对界、界相、界种种性、界非一性、界灭、界灭作证的了解，并由此执着于自己所得的见解。还有一类获得了念住、念住相、念住能治所治、念住修故、念住未生令生、念住生已坚住不忘、倍修增广的了解，并由此执着于自己所得的见解。正像有一类获得念住的了解一样，还有一类获得了对正断、神足、诸根、诸力、觉支的了解，并由此执着于自己所得的见解。还有一类获得了对八支圣道、八支圣道相、八支圣道能治所治、八支圣道修、八支圣道未生令生、八支圣道生已坚住不忘、倍修增广的了解，并由此执着于自己所得的见解。

“世尊！我看到他们，便想到：这些长老依照有所得现观，各说种种相法记别自己所解，应该知道这是由于诸位长老一切皆怀增上慢，并被增上慢所执持的原因，而对胜义谛遍一切一味相不能明了。因此世尊佛陀是极为殊胜的，佛陀的言说也是极为殊胜的。世尊所说的胜义谛相是微细最微细、甚深最甚深、难通达、最难通达的，是遍一切一味相。世尊！在这如来圣教中修行的比丘对胜义谛遍一切一味相尚难以通达，何况是诸外道呢？”

这时，佛陀告诉长老须菩提说：“是这样的，是这样的，须菩提！我对微细最微细、甚深最甚深、难通达最难通达的遍一切一味相胜义谛已经现成正等正觉，我自己现成正等正觉后，为其他众生宣说，显示开解，施设照了。什么原因呢？须菩提！我已经显示了一切蕴中清净所缘是胜义谛，我已显示了一切处、缘起、食、谛、界、念住、正断、神足、根、力、觉支、道支中清净所缘是胜义谛，这里清净所缘于一切蕴中是一味相、没有其他异相。像在蕴中一样，其他在一切处中、乃至一切道支中也是一味相、没有异相。因此须菩提，由此道理应该知道胜义谛是遍一切一味相的。

“还有须菩提！修观行的比丘通达一蕴的真如、胜义、法无我性后，就不会再去寻求其他诸蕴、诸处、缘起、食、谛、界、念住、正断、神足、根、力、觉支、道支的真如、胜义法无我性。仅随这通达的真如、胜义、无二智为依止，对遍一切一味相的胜义谛审察趣证。因此须菩提，由此道理应该知道胜义谛相是遍一切一味相的。

“还有须菩提！像那诸蕴展转呈不同相一样，那诸处、缘起、食、谛、界、念住、正断、神足、根、力、觉支、道支也展转呈不同相，假如一切法真如、胜义、法无我性也呈不同相的话，那么真如、胜义、法无我性也应该是有原因的，是有原因才生起的，如果是有原因才生起的那么应该是有为，如果是有为应该不是胜义的，如果不是胜义的那么应该寻求其他胜义谛。须菩提！由此道理可知真如、胜义、法无我性不说是有因生或非因所生，也不说有为是胜义谛，获得得这胜义后就不须再去寻求其他的胜义谛了，只存在常常时、恒恒时，不管如来出世或不出世，诸法法性都是这样安立的、法界都是这样安住的。须菩提！譬如在不是同一品类的不同的色中，虚空是无相、无分别、无变异、遍一切色中都是一味相的，而在异性异相一切法中，胜义谛遍一切一味相也应该知道是类似相同的。”

这时，佛陀为了重新宣说此义而说颂为：

此遍一切一味相，胜义诸佛说无异，
若有于中异分别，彼定愚痴依上慢。

心意识相品第三

心意识：在佛教中，心、意、识是三者相互并提的。其义有通义和别义。以别义来说，心是梵语“质多”(citta)的意译，意思是集起；意是梵语“末那”(manas)的意译，是思量的意思，识是梵语“毗若南”(vijñâna)的意译，是了别的意思。如《成唯识论》中说“集起名心，思量名意，了别名识，是三别义。”通义，则是三者其体为一，这也如《俱舍论》卷四中说“心意识三名所诠，义虽有异，而体是一”。本经义趣在于通义。相：指体相、相状的意思。本品题目就是指心意识的体相或相状。本品是所观境中的世俗谛境，不过本品不是从“五蕴”“十二处”“十八界”来广讲，而是揭示心意识深层体相的秘密。唯识所说的一切唯识的思想，本品是极重要的依据。本品讲有情生命开始的时候，最初的一切种子心识执着于五根与名相分别，这样展转和合，获得生命的增长广大和成熟。这最初的一切种子心识由于执持身的缘故，称为“阿陀那识”，另方面此识对身摄受并藏隐同安危，由这样的原因也称为“阿赖耶识”，此识又是色、声、香、味、触等积集滋长，也称为“心”。因此，在本经中一切种子心识、阿陀那识、阿赖耶识、心这四者是等同的。其他眼、耳、鼻、舌、身、意等六识是依止此阿陀那识而建立。其中，意识与其他五识的关系也具奥妙：当其他五识身转时，不管是一识还是二、三、四、五识俱转时都唯有一分别意识随之而转，而不是五识单独的活动。因此在本品中，意识相较于其他五识，跟阿陀那识的关系更为特殊。本品举了“大暴水流喻”和“善净镜面喻”来说明以阿陀那识为依止建立，五识身转的情况。而要成为于心意识一切秘密善巧的菩萨行者，则需于内各别如实不见阿陀那、不见阿陀那识，不见阿赖耶、不见阿赖耶识，不见积集、不见心，及不见其他“六根”、“六境”、“六识”等，本品对此总结说：“阿陀那识甚深细，一切种子如暴流，我于凡愚不开演，恐彼分别执为我。”

尔时广慧菩萨摩诃萨白佛言[①]：“世尊！如世尊说于心意识秘密善巧菩萨[②]，于心意识秘密善巧菩萨者，齐何名为于心意识秘密善巧菩萨？如来齐何施设彼为于心意识秘密善巧菩萨？”

说是语已，尔时世尊告广慧菩萨摩诃萨曰：“善哉！善哉[③]！广慧！汝今乃能请问如来如是深义，汝今为欲利益安乐无量众生，哀愍世间及诸天人阿素洛等[④]，为令获得义利安乐故发斯问[⑤]。汝应谛听[⑥]！吾当为汝说心意识秘密之义。

“广慧！当知于六趣生死[⑦]，彼彼有情堕彼彼有情众中，或在卵生、或在胎生、或在湿生、或在化生身分生起[⑧]。于中最初一切种子心识成熟[⑨]，展转和合[⑩]，增长广大[⑪]，依二执受：一者有色诸根及所依执受，二者相名分别言说戏论习气执受[⑫]。有色界中具二执受，无色界中不具二种。

“广慧！此识亦名阿陀那识[13]。何以故？由此识于身随逐执持故。亦名阿赖耶识[14]。何以故？由此识于身摄受藏隐同安危义故。亦名为心[15]。何以故？由此识色、声、香、味、触等积集滋长故。

“广慧！阿陀那识为依止、为建立故六识身转[16]，谓眼识，耳、鼻、舌、身、意识。此中有识，眼及色为缘生眼识，与眼识俱随行同时同境有分别意识转[17]，有识耳鼻舌身及声香味触为缘生耳鼻舌身识，与耳鼻舌身识俱随行同时同境有分别意识转。

“广慧！若于尔时一眼识转，即于此时唯有一分别意识与眼识同所行转，若于尔时二、三、四、五诸识身转，即于此时唯有一分别意识与五识身同所行转。广慧！譬如大暴水流，若有一浪生缘现前唯一浪转，若二若多浪生缘现前有多浪转，然此暴水自类恒流无断无尽。又如善净镜面，若有一影生缘现前唯一影起，若二若多影生缘现前有多影起，非此镜面转变为影，亦无受用灭尽可得。如是广慧，由似暴流阿陀那识为依止为建立故，若于尔时有一眼识生缘现前，即于此时一眼识转，若于尔时乃至有五识身生缘现前，即于此时五识身转。

“广慧！如是菩萨虽由法住智为依止为建立故[18]，于心意识秘密善巧，然诸如来不齐于此施设彼为于心意识一切秘密善巧菩萨。广慧！若诸菩萨于内各别如实不见阿陀那[19]、不见阿陀那识，不见阿赖耶、不见阿赖耶识，不见积集、不见心，不见眼、色及眼识，不见耳、声及耳识，不见鼻、香及鼻识，不见舌、味及舌识，不见身、触及身识，不见意、法及意识，是名胜义善巧菩萨，如来施设彼为胜义善巧菩萨。广慧！齐此名为于心意识一切秘密善巧菩萨，如来齐此施设彼为于心意识一切秘密善巧菩萨。”

尔时，世尊欲重宣此义而说颂曰：

阿陀那识甚深细，一切种子如暴流[20]，

我于凡愚不开演，恐彼分别执为我。

注释：

①广慧菩萨：此菩萨以广慧立名。此慧无量无边所行境故，名为广慧。

②善巧：如实了知称为“善巧”。

③善哉！善哉：称赞德之美。《大智度论》中说，言可信并能问于佛，能断除大众的疑惑，使大众能获大利益而称为“善哉”。

④世间：《大智度论》中提到有三世间：一器世间，二五蕴世间，三众生世间。这里指五蕴众生。

⑤义利安乐：《佛地论》中认为：现益称为乐，当益称为利。世间称为乐，出世称为利。离恶称为乐，摄善称为利，福德称为乐。智慧称为利。

⑥谛听：心专一境。《瑜伽师地论》第八十三卷说："言谛听者，谓如是相法劝令审听。"

⑦六趣：也称"六道"。有地狱趣、饿鬼趣、畜生趣、阿修罗趣、人趣、天趣。趣是趣向之义，众生受报，皆由因趣果，故"六道"又名"六趣"。

⑧卵生："四生"之一，指破卵壳而出生者，如鹅、雁、命命鸟等，佛经中载有卵生之人，例如《俱舍论》卷八之世罗与邬波世罗兄弟；胎生："四生"之一，即由母胎而生，如人类在母胎之内完成身体之后才出生。劫初的人类，男女未分，所以都是化生，后来因为发生淫情，生出男女二根，才变为胎生。湿生：亦作"因缘生"，"四生"之一，由湿气而生之意，如蟋蟀、飞蛾、蚊虫、蠓蚋、麻生虫等及某类人、龙等，以彼等依粪聚、注道、秽厕、腐肉、陈粥、丛草、池沼、江河等润湿之地出生。化生："四生"之一，为无所依托而自然借业力生出者，此有一切之天众、地狱之有情、中有之有情及某类人。人与傍生趣各具"四生"。这里"四生"摄"六趣"，"六趣"对中有有情未摄。

⑨最初一切种子心识成熟：指各趣生受生位中，最初结生一切种子心识成熟。最初结生的时候种识成熟，成为羯罗蓝，称为"结生"。结生时，父母贪爱俱极，最后决定时各出一滴浓厚精血，二精血和合。住在母胎中，合为一段，正象熟乳凝结的时候，而此处是一切种子异熟所摄，并执受所依的阿赖耶识，和合依托于此。这羯罗蓝，有诸根大种，只与身根和根所依的大种俱生。这羯罗蓝，是识最初依托的地方，也叫"肉心"。识最初依托于此，最后也从这里舍离。

⑩展转和合：有以识为缘，根大种等展转和合和识与羯罗蓝展转和合两种解释。

⑪增长广大：也有两种解释，一种是由前面展转和合的力量使羯罗蓝等渐增长位，根大种等也增长广大。一种因和合的原因名色渐渐增长广大。

⑫二执受：指受生位，有异熟识执受二种为所缘境。一者执受五根；二者执相名分别。《瑜伽师地论》说，阿赖耶识由二种所缘境转，一是了别内执受，二是了别外无分别器相。了别内执受是指了别遍计所执自性妄执习气，及诸色根根所依处；了别外无分别器相是指阿赖耶识一切时没有间断像灯焰内执受膏烛，外发光明一样，缘内执受同时缘外器相。对于执受，圆测法师认为有两义，"一者赖耶执根依处，为自所依；二者执持种子，为自所摄"。

⑬阿陀那识：梵语"阿陀那"。真谛法师翻译成"无解"，玄奘法师翻译成"执持"。因此识随逐于身，执受色根使其不失坏而说此识名为执持。《摄大乘论》中有二义来解释阿陀那识：一是指执受色根令不坏故，二是指执受自体取彼生。《成唯识论》认为阿陀那识有执持、执受、执取三义："以能执持诸法种子，及能执受色根依处，亦能执取结生相续。故说此识。"在此经中是阿赖耶识的别名，是第八识。旧译中指第七识。

⑭阿赖耶识：梵语"阿赖耶"。翻译为"藏"。藏有三义：一者能藏，二者所藏，三者执藏。此经中讲此识摄受有根身为所依止，并同所依身藏隐同安危而称为藏。小乘部派佛教只建立眼识、耳识、鼻识、舌识、身识、意识等"六识"；中观派中也立

“六识”，如清辩法师在《中观心论》中说：“离六识外。无别阿赖耶识。”瑜伽行派却认为在此“六识”的深处，有不断地生死轮回、经常都有持续活动的根本性的心，并称之为“阿赖耶识”。而最先提到此阿赖耶识的就是此《解深密经》。

⑮心：梵语“质多”。有三义，一是集起义，集诸法种，起诸法。二是积集，有两方面的意思，一是诸法种子所积集，指种种法熏习种子所积集；二是指外六境界积集滋长。三是采集，指采集种种所缘境。此经中是第二义积集的意思。

⑯六识：眼识、耳识、鼻识、舌识、身识、意识为六识。指眼、耳、鼻、舌、身、意等六根对境所产生的六种认知作用。眼识指眼根对色境时，即产生眼识；但能见色，未起分别。耳识指耳根对声境时，即产生耳识；但能闻声，未起分别。鼻识指鼻根对香境时，即产生鼻识；但能闻香，未起分别。舌识指舌根对味境时，即产生舌识；但能尝味，未起分别。身识指身根对触境时，即产生身识；但能觉触，未起分别。意识指意根对法境时，即产生意识。此意识与前五识之最大差别，在于能对五境分别善恶好丑。

⑰分别意识转：眼识生起的时候，必然有一分别意识同时随行，同缘一境。

⑱法住智：《瑜伽师地论》卷九十四中说：“谓如有一听闻随顺缘生缘起，无倒教已。于缘生行因果分位。住异生地，便能如实。以闻思修所成作意，如理思惟。能以妙慧，悟入信解，苦真是苦，集真是集，灭真是灭，道真是道，诸如是等。如其因果安立法中所有妙智，名法住智。”指凡夫依教法而生起的智慧。

经中是说地前菩萨虽然因法住智而能了知心意识中的世俗差别，但是未能证解心意识的秘密胜义。

⑲于内各别：阿陀那等诸法体上，都有自相共相的道理。对于其中自相现量境称为“内”。诸法自相各附自体称之“各别”。如实不见：指如实了知阿陀那等自相，离诸分别称为“不见”。而不是无分别称为“不见”。真谛法师认为，此是指地上菩萨依胜义谛，由根本智。对内各别于真如境上证知，如实不见阿陀那用，如实不见阿陀那体，赖耶及心体用差别。

⑳种子：原指植物种子，借喻为现象生起之根据。即世间的种种行为在发生过后尚有余势潜在地存留着，并成为未来行为生起的原因，或影响未来的行为。换言之，初期佛教将促使善恶业及其果报连续不绝的潜在功能，譬喻为种子。部派佛教时代，经量部、化地部等部派，认为种子是支持人类生存的力量。大乘瑜伽行派则以之构成及维持阿赖耶识，并以之为生起现行的功能。此说为唯识思想之重要概念。

译文：

这时，广慧大菩萨对佛陀说：“世尊！像世尊所说的心意识秘密善巧菩萨，对于这位心意识秘密善巧菩萨为何称为心意识秘密善巧菩萨？佛陀如来为何施设说其为心意识秘密善巧菩萨？”

说完这话后，这时，佛陀回答广慧大菩萨说：“很好啊！很好啊！广慧！你如今能够问如来这样的深义，你如今是为了利益和安乐无量的众生，哀愍世间和诸天人、阿修罗等众生，为了能够使诸众生获得义利与安乐而发此问的。你应该谛听！我应当为你说心意识秘密的道理。

“广慧！你应该知道，在六趣轮回的生死中，种种有情众生堕入种种有情众生的过程中，或以卵生，或以湿生，或以化身生，在这出生的最初中，一切种子心识先成熟，然后展转和合，并增长广大，此识依据两种执受：一种是有色诸根和诸根所依的执受，第二种是对名相的分别言说戏论习气持受。在有色界中具有这两种执受，而无色界中则不具有这两种执受。

“广慧！这识也叫阿陀那识。为什么这么说呢？这是因为此识对身体随逐执持的缘故，所以称为阿陀那识。同时这识也称为阿赖耶识，为什么这么说呢？这是因为此识能对身体摄受，藏隐同安危的缘故。同时这识也称为心。为什么这么说呢？这是因为此识是色、声、香、味、触等境界积集滋长的缘故。

“广慧！以阿陀那识为依止，为建立而有六识身，这六识身为眼识、耳识、鼻识、舌识、身识、意识。这里有识，因眼和所缘色而生眼识，跟这眼识同时同境的有分别意识随转。类似还有识，因耳、鼻、舌、身和所缘的声、香、味、触而生耳识、鼻识、舌识、身识，与耳识、鼻识、舌识、身识同时同境也有分别意识随转。

“广慧！如果有眼识转，那么即在此时有一分别意识和眼识同所行所转，如果当时有二、三、四、五种诸识身转，那么也惟有一分别意识与五识身同所转。广慧，这就像大瀑布的水流一样，如果有一浪缘现前生起，那么就只一浪转，如果有多浪缘现前生，那么就有多浪转，但是这大瀑水流自体是恒常流动无断无尽的。这又像一清净的镜面，如果有一影缘现前生，那么只有一影生起，如果有两个或多个影缘现前生，那么镜面也有多影生起。这里并不是镜面转变为影，也没受用灭尽可得。正是这样的，广慧，以像瀑流一样的阿陀那识为依止而建立诸识，如果有一眼识缘现前生起，那么此时只是一眼识随转，如果这时有二、三、四乃至五识身缘现前就有五识身随转。

“广慧！这样菩萨虽然以法住智为依止，为建立的缘故，而对心意识秘密有了善巧的了解，但是诸如来不因为达到这样的认识就施设其为于心意识一切秘密善巧菩萨。广慧！如果诸菩萨对内各别如实的不见阿陀那、不见阿陀那识，不见阿赖耶、不见阿赖耶识，不见积集、不见心，不见眼、色及眼识，不见耳、声及耳识，不见鼻、香及鼻识，不见舌、味及舌识，不见身、触及身识，不见意、法及意识，这才称为胜义善巧菩萨，如来才施设其为胜义善巧菩萨。广慧！这样才能称为于心意识一切秘密善巧菩萨。这样如来才施设其为于心意识一切秘密善巧菩萨。”

这时，世尊想重新宣说此义而说颂为：

阿陀那识甚深细，一切种子如暴流，

我于凡愚不开演，恐彼分别执为我。

卷　二

一切法相品第四

一切法相：这里一切法略说有三种：一者有为法，二者无为法，三者不可说法。《大智度论》中说有色法、心法、心所法、心不相应行法、无为法等，广说有百法等。此品说三性（遍计所执性、依他起性、圆成实性）是一切法的体性相状，称为“一切法相”，讲法相三性的道理，属于所观的有性境。本品是唯识宗三性思想的依据，从认知的角度将一切法相分为三种，即遍计所执相、依他起相、圆成实相。遍计所执相是指一切法假名安立的自性，依他起相是指一切法的缘生自性，圆成实相是指一切法的平等真如。本品举了“眩翳过患喻”和“清净颇胝迦宝喻”来说明此三相。通过相名相应可以了知遍计所知相，以依他起相上的遍计所执相为缘，可以了知依他起相，以依他起相上遍计所执相无执以为缘故，可以了知圆成实相。同时，三相的了知与菩提道的清净过程直接相关：在诸法依他起相上，如果能如实了知遍计所执相，就能如实了知一切无相之法，如果能如实了知依他起相，就能如实了知一切杂染相法，如果能如实了知圆成实相，就能如实了知一切清净相法。而若能于依他起相上如实了知无相之法，就能断灭杂染相法，若能断灭杂染相法，就能证得清净相法。

尔时德本菩萨摩诃萨白佛言[①]:“世尊!如世尊说于诸法相善巧菩萨,于诸法相善巧菩萨者,齐何名为于诸法相善巧菩萨?如来齐何施设彼为于诸法相善巧菩萨?”

说是语已,尔时世尊告德本菩萨曰:“善哉!德本!汝今乃能请问如来如是深义,汝今为欲利益安乐无量众生,哀愍世间及诸天、人、阿素洛等,为令获得义利安乐故发斯问。汝应谛听!吾当为汝说诸法相。

“谓诸法相略有三种。何等为三?一者遍计所执相[②],二者依他起相[③],三者圆成实相[④]。云何诸法遍计所执相?谓一切法假名安立自性差别,乃至为令随起言说。云何诸法依他起相[⑤]?谓一切法缘生自性,则此有故彼有,此生故彼生,谓无明缘行乃至招集纯大苦蕴。云何诸法圆成实相[⑥]?谓一切法平等真如[⑦],于此真如,诸菩萨众勇猛精进为因缘故、如理作意无倒思惟为因缘故乃能通达,于此通达渐渐修习,乃至无上正等菩提方证圆满[⑧]。

“善男子!如眩翳人眼中所有眩翳过患[⑨],遍计所执相当知亦尔,如眩翳人眩翳众相,或发毛轮、蜂蝇、苣藤[⑩],或复青黄赤白等相差别现前,依他起相当知亦尔,如净眼人远离眼中眩翳过患,即此净眼本性所行无乱境界,圆成实相当知亦尔。

“善男子!譬如清净颇胝迦宝[⑪],若与青染色合,则似帝青、大青末尼宝像，由邪执取帝青、大青末尼宝故惑乱有情，若与赤染色合，则似琥珀末尼宝像，由邪执取琥珀末尼宝故惑乱有情，若与绿染色合，则似末罗羯多末尼宝像[12]，由邪执取末罗羯多末尼宝故惑乱有情，若与黄染色合，则似金像，由邪执取真金像故惑乱有情。

“如是德本！如彼清净颇胝迦上所有染色相应，依他起相上遍计所执相言说习气当知亦尔，如彼清净颇胝迦上所有帝青、大青、琥珀、末罗羯多、金等邪执，依他起相上遍计所执相执当知亦尔[13]，如彼清净颇胝迦宝，依他起相当知亦尔，如彼清净颇胝迦上所有帝青、大青、琥珀、末罗羯多、真金等相，于常常时于恒恒时无有真实、无自性性，即依他起相上由遍计所执相于常常时于恒恒时无有真实、无自性性，圆成实相当知亦尔。

“复次德本！相名相应以为缘故，遍计所执相而可了知，依他起相上遍计所执相执以为缘故，依他起相而可了知，依他起相上遍计所执相无执以为缘故，圆成实相而可了知。

“善男子！若诸菩萨能于诸法依他起相上，如实了知遍计所执相，即能如实了知一切无相之法，若诸菩萨如实了知依他起相，即能如实了知一切杂染相法，若诸菩萨如实了知圆成实相，即能如实了知一切清净相法。善男子！若诸菩萨能于依他起相上如实了知无相之法，即能断灭杂染相法，若能断灭杂染相法，即能证得清净相法。

“如是德本！由诸菩萨如实了知遍计所执相、依他起相、圆成实相故，如实了知诸无相法、杂染相法、清净相法，如实了知无相法故，断灭一切杂染相法，断灭一切染相法故，证得一切清净相法。齐此名为于诸法相善巧菩萨，如来齐此施设彼为于诸法相善巧菩萨。”

尔时，世尊欲重宣此义而说颂曰：

若不了知无相法，杂染相法不能断，
不断杂染相法故，坏证微妙净相法。
不观诸行众过失，放逸过失害众生，
懈怠住法动法中，无有失坏可怜愍。

注释：

①德本菩萨：此菩萨以无量劫来种植富智两种德本为因立号。

②遍计所执相：本经中以“谓一切法假名安立自性差别，乃至为令随起言说”来说明遍计所执相。《摄大乘论》第四卷讲：“云何成遍计所执，何因缘故名遍计所执？无量行相意识遍计，颠倒生相，故名遍计所执。自相实无，唯有遍计所执可得。是故说名遍计所执。”无著菩萨对此的解释是：“无量行相者，谓种种我法境界影像，一云依他因缘我法，一云所执我法。意识遍计者，谓即意识说名遍计。颠倒生相者，谓乱识所取能取义相生

因：一云遍计所执境义，相生颠倒乱识之因；一云所执无量行相，与依他起相见生因，故名遍计所执者。谓即遍计所执义相，名为遍计所执自性。自相实无，唯有遍计所执可得者。谓于实无我及法中，唯有遍计所执影像相貌可得。故名遍计所执。”世亲菩萨的解释是：“无量行相者，所谓一切境界行相。意识遍计者，谓即意识说名遍计。颠倒生相者，谓是能生虚妄颠倒所缘境相。自相实无者，实无彼体。唯有遍计所执可得者，唯有乱识所执可得。”《瑜伽师地论》卷七十四曾列举遍计所执的五种业：（一）能生依他起自性，（二）即于彼性能起言说，（三）能生补特伽罗执，（四）能生法执，（五）能摄受彼二种执习气粗重。

③依他起相：本经中以“谓一切法缘生自性，则此有故彼有，此生故彼生，谓无明缘行乃至招集纯大苦蕴”来说明依他起性。《摄大乘论》中说：“若依他起自性，实唯有识，似义显现之所依止。云何成依他起？何因缘故名依他起？从自熏习种子所生依他缘起，故名依他起。生刹那后无有功能自然住故，名依他起。”《唯识三十颂》中说：“依他起自性，分别缘所生。”护法论师解释为依他众缘而得生起，称为“依他起”。

④圆成实相：本经中以“谓一切法平等真如”来说明圆成实相。《摄大乘论》中说：“由无变异性故，又由清净所缘性故，一切善法最胜性故，由最胜义，名圆成实。”

⑤依他起：因缘生的一切烦恼、业、生杂染都是从缘生的因此称为“依他”。泛说依他有二种：一种杂染；一种清净。《成唯识论》说有漏无漏皆依他起，都是依他众缘而得起。本经说染

非净。在《摄大乘论》中通过十一识来说明依他起:“此中何者依他起相,谓阿赖耶识为种子,虚妄分别所摄诸识。此复云何?谓身身者受者识,彼所受识、彼能受识、世识、数识、处识、言说识、自他差别识、善趣恶趣死生识,此中若身身者受者识,彼所受识、彼能受识、世识、数识、处识、言说识。此由名言熏习种子,若自他差别识,此由我见熏习种子。若善趣恶趣死生识,此由有支熏习种子。”这样称为“依他起相”。

⑥圆成实:在《辩中边论》中认为圆成实性有二种,分无为与有为。无为总摄真如涅槃,因没有变异,所以称为“圆成实”;有为总摄一切圣道,因于境无倒也称为“圆成实”。在《摄大乘论》中,圆成实性有四种:“云何应知圆成实自性,应知宣说四清净法:一者自性清净,谓真如空实际无相胜义法界;二离垢清净,谓即此离一切障垢;三者得此道清净,谓一切菩提分法波罗蜜多等;四者生此境清净,谓诸大乘妙正法教,由此法教清净缘故,非遍计所执自性,最净法界等流性故,非依他自性。如是四法,总摄一切清净法尽。”

⑦真如:在本经提到七种真如:流转真如、相真如、了别真如、安立真如、邪行真如、清净真如、正行真如。《成唯识论》卷九称:“真谓真实,显非虚妄;如谓如常,表无变异。谓此真实于一切位常如其性,故曰真如。”中观派以性空为如(真如),亦名诸法实相。《大智度论》卷三十二称:“诸法实相,常住不动。”瑜伽行派主要以“法无我”、“圣智行”为真如。唯识家以“唯识实性”为真如,《大乘起信论》曰:“一切法从本已来,离言说相,离名字相,离心缘相,毕竟平等,无有变异,不可破坏,唯是一心,故

名真如。”

⑧“诸菩萨永猛精进”五句：此显胜用，于真如修观，诸菩萨众在资粮位中勇猛精进，在加行位中无倒思惟，由此在见道位中能够通达。住修道位渐渐修集，至究竟位中方证圆满。《瑜伽师地论》中说有三用：“一证得清净用；二解脱二缚用；三引发功德用。”以上三性具有不即不离之关系。若以蛇、绳、麻三物为喻，则愚人（能遍计）于黑夜中见绳，信以为真蛇（实我相之遍计所执性），遂心生恐怖；后经觉者（佛、菩萨）教示，而知非蛇（生空），仅为似蛇之绳（指依他起性之假有）。且更进一步了解实际所执着之绳（实法相之遍计所执性）亦不具实体之意义（法空），其本质为麻（圆成实性）；绳（依他起性）仅为因缘假合，由麻而成之形态。

⑨翳（yì）：目疾引起的障膜。

⑩苣藤（jùshèng）：即胡麻、芝麻。

⑪颇胝（zhī）迦宝：又称“水玉”、“白珠”。《俱舍论》中说妙高山王由四宝所成：金、银、吠琉璃、颇胝迦。这颇胝迦，应当为赤色。又日轮下面有颇胝迦宝是火珠所成，月轮下面有颇胝迦宝是水珠所成。因此颇胝迦宝具众色。这里是为白色。

⑫末罗羯多：一种说法称此宝为“煞色宝”，因由此宝能煞一切色尽坏的缘故。

⑬依他起相上遍计所执相执：前喻说执种子故，能生依他似色等相。这里指由现执，执彼为实。这两喻显遍计所执相。

译文：

这时德本大菩萨对佛陀说："世尊！像世尊所说的于诸法相善巧菩萨，对于这位于诸法相善巧菩萨，怎样才称为于诸法相善巧菩萨呢？如来为何施设其为于诸法相善巧菩萨？"

说这话后，这时，佛陀告诉德本菩萨说："很好啊！德本！你现能请问如来这样的深义，你现为了能够利益安乐无量的众生，哀愍世间和诸天、人、阿素洛等众生，为了能够使诸众生获得义利安乐而发此问。你应谛听！我应当为你说诸法相。

"所谓的诸法相略有三种。哪三种呢？第一种是遍计所执相，第二种是依他起相，第三种是圆成实相。什么是诸法的遍计所执相呢？遍计所执相是指一切法通过假名来安立自性差别，乃至为了能够随起言说而假名安立。什么是诸法的依他起相呢？依他起相是指一切法由缘而生的自性，就是指'此有故彼有，此生故彼生'，是指如十二缘起中的，由无明而缘行乃至由此而招集纯大苦蕴的缘生性。什么是诸法圆成实相呢？圆成实相是说一切法平等真如，诸菩萨众只有通过勇猛精进，如理作意，无倒思惟为因缘才能通达真如，通达后渐渐修习，到达获得无上正等菩提时才圆满获证此真如。

"善男子！如眩翳人眼中有类毛轮等的眩翳错觉过患一样，遍计所执相应该知道也是这样的，如眩翳人的有诸多眩翳相，或显发为毛轮、蜂蝇、苣藤等，或以青、黄、赤、白等颜色差别相现前，依他起相应该知道也是如此，如无眼疾的净眼人远离眼中眩翳过患一样，净眼的本性所行不会产生杂乱不实的境界，应该知道圆成实相也是如此的。

“善男子！譬如清净的颇胝迦宝，如果与青染色合，则像帝青色末尼宝、大青色末尼宝像，由于邪执取帝青色末尼宝、大青色末尼宝的缘故从而惑乱了有情，如果和赤染色合，则像琥珀摩尼宝像，由于邪执取琥珀末尼宝的原因从而惑乱了有情；如果和绿染色合，则像末罗羯多末尼宝像，由于邪执取末罗羯多末尼宝的原因从而惑乱了有情，如果和黄染色合，则似金像，由于邪执取真金像的原因从而惑乱了有情。

“是这样的，德本！就像那清净颇胝迦上所有相应的染色一样，依他起相上的遍计所执相的言说习气应当知道也是这样的。就像对那清净颇胝迦宝上的所有帝青、大青、琥珀、末罗羯多、金等的邪执一样，依他起相上的遍计所执相执应当知道也是这样的。就像那清净颇胝迦宝一样，依他起相应当知道也是这样的。就像那清净颇胝迦宝上所有的帝青、大青、琥珀、末罗羯多、真金等相，于常常时于恒恒时无有真实、无自性性一样，在依他起相上由遍计所执相于常常时于恒恒时没有真实、无自性性，圆成实相应当知道也是这样的。

“还有德本！从相与名相应以为缘，遍计所执相可以了知；从依他起相上的遍计所执相执着以为缘，依他起相可以了知；从依他起相上遍计所执相无执以为缘，圆成实相可以了知。

“善男子！如果诸菩萨能在诸法依他起相上，能够如实了知遍计所执相，那么就能如实了知一切无相之法；如果诸菩萨能够如实了知依他起相，那么就能如实了知一切杂染相法；如果诸菩萨能够如实了知圆成实相，那么就能如实了知一切清净相法。善男子！如果诸菩萨能够在依他起相上如实了知无相之法，那么就能断灭杂染相法；如果能够断灭杂染相法，那么就能证得清净相法。

“是这样的，德本！由于诸菩萨如实了知遍计所执相、依他起相、圆成实相的缘故，诸菩萨就如实了知了诸无相法、杂染相法、清净相法，由如实了知无相法的缘故，诸菩萨就断灭一切杂染相法，由断灭一切染相法的缘故，诸菩萨就证得一切清净相法。达到这样才称名为于诸法善巧菩萨，达到这样如来才施设彼为于诸法相善巧菩萨。”

这时，世尊想重新宣说此义而说颂为：

若不了知无相法，杂染相法不能断，
不断杂染相法故，坏证微妙净相法。
不观诸行众过失，放逸过失害众生，
懈怠住法动法中，无有失坏可怜愍。

无自性相品第五

自性，指自体之本性。即诸法各自具有真实不变、清纯无杂之个性，称为自性。《十八空论》说“自性有两义，一无始，二因”。又显识论亦举出不杂、不变二义。另在《楞伽阿跋多罗宝经》卷一，将自性分为七种，即：集性自性、性自性、相性自性、大种性自性、因性自性、缘性自性、成性自性。本经将一切法之性相分为遍计所执性、依他起性、圆成实性三种。本品是所观的无性境，与上品相对。太虚大师曾将第二品《胜义谛相品》判为明般若真空之理，第三《心意识相品》和第四《一切法相品》判为明唯识法相之义，而本品判为明真俗不二，空有圆融，回归中道。这也颇有道理。本品与唯识宗立宗关系密切，三种无自性性，五种种性，三时判教等都在本品中有所提出或提及。本品讲的三种无性性是：相无性性、生无性性、胜义无自性性。此与上品所说的三性密切相关，但不是一一对应关系。相无自性性是指遍计所执相，假名安立为相，因此说相无性性。生无性性是指依他起相，诸法依他缘力而有，不是自然有，因此说依他无性性。胜义无自性性则特别一些，分为两分来说：一分是指因缘生法的依他起相中不存在胜义的自性，因此说为胜义无自性性；一分是诸法的圆成实相称为“胜义无自性性”。在胜义无自性性中空有关系得到了圆融。这与中观的一切法空诠释有所不同。另外说有三种无自性性，不是因为三种自性别别成立，而是由于在依他起性和圆成实性上增益遍计所执自性的情况下来说三种无性性。本品还约修行位次来说三种无自性性：佛陀先为十信前种解脱分善根位，资粮位上行者宣说生无自性性，后对加行位、通达位、修习位行者宣说相无自性性及胜义无自性性，众生依此而行能获得遍解脱烦恼、业、生三种杂染（这也说明了在迈入解脱道时，首先最能受益的是对缘生法的了解，从而悟缘起达性空）。一切声闻、独觉、菩萨都共此一妙清净道，同此一究竟清净，本品就此密意宣说只有一乘，而不是说没有种性差别，宣说了一向趣寂声闻种姓终不能成佛，这也为唯识宗的五种种性说提供了依据。本品就诸蕴、十二处、十二有支、四食、十八界、四圣谛、三十七道品广说了三种无自性性。还举了毗湿缚药、杂彩画地、熟酥、虚空四喻来说明以此三种无自性性而说的诸法皆无自性，无生无灭，本来寂静，自性涅槃无自性性的了义言教，遍于一切不了义经中能够安处、显发、增胜的特性。在品末提出辨别了义与不了义的著名的三时判教，认为本经属第三时，以“显了相转正法轮，第一甚奇、最为希有”，是无上无容，是真了义的。这也是唯识宗立本宗为了义的依据。

尔时，胜义生菩萨摩诃萨白佛言[①]：“世尊！我曾独在静处，心生如是寻思：世尊以无量门曾说诸蕴所有自相、生相、灭相、永断、遍知，如说诸蕴，诸处、缘起、诸食亦尔，以无量门曾说诸谛所有自相、遍知、永断、作证、修习，以无量门曾说诸界所有自相、种种界性、非一界性、永断、遍知，以无量门曾说念住所有自相、能治所治及以修习、未生令生、生已坚住不忘、倍修增长广大，如说念住，正断、神足、根、力、觉支亦复如是，以无量门曾说八支圣道所有自相、能治所治及以修习、未生令生、生已坚住不忘、倍修增长广大②，世尊复说一切诸法皆无自性、无生无灭、本来寂静、自性涅槃③。未审世尊依何密意作如是说：一切诸法皆无自性、无生无灭、本来寂静、自性涅槃。我今请问如来斯义，惟愿如来哀愍解释，说‘一切法皆无自性、无生无灭、本来寂静、自性涅槃’所有密意。”

尔时，世尊告胜义生菩萨曰：“善哉！善哉！胜义生！汝所寻思甚为如理。善哉！善哉！善男子！汝今乃能请问如来如是深义，汝今为欲利益安乐无量众生，哀愍世间及诸天人阿素洛等，为令获得义利安乐故发斯问。汝应谛听！吾当为汝解释所说‘一切诸法皆无自性、无生无灭、本来寂静、自性涅槃’所有密意。

“胜义生！当知我依三种无自性性，密意说言一切诸法皆无自性。所谓相无自性性、生无自性性、胜义无自性性。善男子！云何诸法相无自性性？谓诸法遍计所执相。何以故？此由假名安立为相，非由自相安立为相，是故说名相无自性性。云何诸法生无自性性？谓诸法依他起相。何以故？此由依他缘力故有，非自然有，是故说名生无自性性。云何诸法胜义无自性性？

谓诸法由生无自性性故，说名无自性性，即缘生法亦名胜义无自性性。何以故？于诸法中若是清净所缘境界，我显示彼以为胜义无自性性。依他起相非是清净所缘境界，是故亦说名为胜义无自性性[④]。复有诸法圆成实相亦名胜义无自性性。何以故？一切诸法法无我性名为胜义[⑤]，亦得名为无自性性，是一切法胜义谛故，无自性性之所显故，由此因缘名为胜义无自性性。

“善男子！譬如空华，相无自性性当知亦尔，譬如幻像，生无自性性当知亦尔，一分胜义无自性性当知亦尔，譬如虚空，惟是众色无性所显，遍一切处，一分胜义无自性性当知亦尔，法无我性之所显故，遍一切故。

“善男子！我依如是三种无自性性，密意说言一切诸法皆无自性。胜义生！当知我依相无自性性，密意说言一切诸法无生无灭、本来寂静、自性涅槃。何以故？若法自相都无所有，则无有生，若无有生则无有灭，若无生无灭则本来寂静，若本来寂静则自性涅槃，于中都无少分所有更可令其般涅槃故，是故我依相无自性性，密意说言一切诸法无生无灭、本来寂静、自性涅槃。

“善男子！我亦依法无我性所显胜义无自性性，密意说言一切诸法无生无灭、本来寂静、自性涅槃。何以故？法无我性所显胜义无自性性，于常常时于恒恒时，诸法法性安住无为，一切杂染不相应故。于常常时于恒恒时，诸法法性安住故无为，由无为故无生无灭，一切杂染不相应故，本来寂静自性涅槃。是故我依法无我性所显胜义无自性性，密意说言一切诸法无生无灭、本来寂静、自性涅槃。”

注释：

①胜义生菩萨：胜义就是所证之境，胜智之境称为“胜义”。生是指能证智缘胜义而生这样称之为生。从其立号称为“胜义生”。

②“世尊以无量门曾说诸蕴”至“倍修增长广大”数句：以上分说蕴教、四谛教、诸界、四念住、八圣道。

③自性涅槃：涅槃原是印度语，具称“涅槃那”，其意义包括有灭、寂、寂灭、寂静、灭度。在印度的原语应用上，是指火的熄灭或风的吹散，如灯火熄灭了称为“灯焰涅槃”。《大般涅槃经》，说涅槃具足法身、般若、解脱的三德，具足常、乐、我、净的四德，具足常、恒、安、清凉、不老、不死、无垢、快乐如甜酥之具八味的八德。《成唯识论》总结有四种涅槃：“一本来自性清净涅槃，谓一切法相真如理，虽有客染而本性净。一切有情平等共有。与一切法不一不异，离一切相一切分别，寻思路绝名言道断，唯真圣者自内所证。其性本寂故名涅槃；二有余依涅槃，谓即真如出烦恼障，虽有微苦所依未灭，而障永寂故名涅槃；三无余依涅槃，谓即真如出生死苦，烦恼既尽余依亦灭，众苦永寂故名涅槃；四无住处涅槃，谓即真如出所知障，大悲般若常所辅翼，由斯不住生死涅槃利乐有情穷未来际用而常寂故名涅槃。一切

有情皆有初一。二乘无学容有前三。唯我世尊可言具四。”此处的自性涅槃就是自性清净涅槃，指“佛如、众生如”的法尔真实如是之理。

④“于诸法中若是清净所缘境界”以下四句：此中文句较为难解，因从文义的逻辑上似乎是矛盾的，因先说“若是清净所缘境界，我显示彼以为胜义无自性性”，后又说“非是清净所缘境界，是故亦说名为胜义无自性性”。演培法师曾认为其中有多字，前面的“胜义无自性性”中“无自性性”几字多余。然就其文中语气来说，玄奘法师翻译并非是多余字，这里的主要的矛盾在于理解依他起相为什么称为胜义无自性性，这里的胜义无自性性含义是什么。本来此段就是就是讲此原因的，综合看此段的文义思路，是说清静所缘的境界，佛陀显示为胜义，并且此胜义是无自性性的，而依他起相不是清净所缘，因此是没有胜义自性性的。也就是说从依他起相中去看是找不到胜义的自性，所以说依他起相也是一分胜义无自性性。这在《显扬胜教论》卷十六中曾提到：“依他起性，由异相故，亦得建立为胜义无性，何以故？由无胜义性故。”这里也说是因没有胜义自性性的原因而说依他起相是胜义无自性性的。对于为什么于依他起相说胜义无自性性，而不对遍计所执相说胜义无自性性。宗喀巴大师在《依止〈解深密经〉辩了不了义》文中对此解释道：“谓缘依他起上遍计执空，数数修习，能净诸障，如是亦缘有法依他，疑彼亦是清净所缘，故是胜义。遍计执上无彼疑故，无彼疑过。”这主要是说修观上会对依他起怀疑为清净所缘，而遍计所执是不会的，从而说依他起没有胜义自性性。

⑤法无我：无我是佛教的根本教义之一，无我分为人无我和法无我。人无我是指人是由五蕴假和合而成，没有常恒自在的主体——我（灵魂）的存在；法无我则是指一切法都由种种因缘和合而生，不断变迁，没有常恒的主宰者。本经以三种无性性来说无我。

译文：

这时，胜义生大菩萨对佛说："世尊！我曾经独自在静处，心里这样寻思：佛陀曾经以无量法门宣说诸蕴的自相、生相、灭相、永断、遍知，佛陀如说诸蕴一样，对诸处、缘起、诸食的自相、生相、灭相、永断、遍知也作以宣说。佛陀也曾经以无量法门宣说诸谛的所有自相、遍知、永断、作证、修习。也曾以无量法门宣说诸界的所有自相、种种界性、非一界性、永断、遍知，也曾以无量法门宣说念住所有自相、能治所治及以修习、未生令生、生已坚住不忘、倍修增长广大，如对说念住一样，也对正断、神足、根、力、觉支也作这样的宣说。佛陀也曾经以无量法门宣说八支圣道所有自相、能治所治及以修习、未生令生、生已坚住不忘、倍修增长广大。佛陀还宣说一切诸法皆无自性、无生无灭、本来寂静、自性涅槃。但不知佛陀是依照什么密意作这样说的：一切诸法皆无自性、无生无灭、本来寂静、自性涅槃。我今请问如来这里面的奥义，希望如来能哀愍众生解释'一切法皆无自性、无生无灭、本来寂静、自性涅槃'的所有密意。"

这时，佛陀告诉胜义生菩萨说："很好啊！很好啊！胜义生！你所寻思的很有道理。很好啊！很好啊！善男子，你现在能请问如来这样的深义，你现今为了利益安乐无量众生，哀慈怜愍世间及诸天、人、阿素洛等，为了让他们获得义利安乐而发此问。你应仔细谛听！我将为你解释我所说的‘一切诸法皆无自性、无生无灭、本来寂静、自性涅槃’的所有密意。

“胜义生！应当知道我是依三种无自性性的密意来说一切诸法皆无自性。这三种无自性性是指相无自性性、生无自性性、胜义无自性性。善男子！为什么说诸法相无自性性呢？这是因为诸法是遍计所执相的缘故。为什么呢？这是由假名安立为相而不是由自相安立为相来说名相无性性。为什么说诸法生无自性性呢？这是说诸法是依他起相的缘故。为什么呢？这是因为诸法是依他缘力才有的，而不是自然有的，因此说是生无自性性。为什么说诸法胜义无自性性？是由于诸法生无自性性，而说名无自性性，也就是说缘生法也称为胜义无自性性。为什么呢？在诸法中如果是清净所缘的境界，我显示其为胜义无自性性。依他起相不是清净所缘境界，因此也可名为胜义无自性性。还有诸法圆成实相也称为胜义无自性性。为什么呢？一切诸法的法无我性称为胜义，也称名为无自性性。由于一切法胜义谛的原因，是无自性性所显的缘故，由此因缘称为胜义无自性性。

“善男子！好像空花，相无自性性应该知道也是这样的，好像幻像，生无自性性应该知道也是这样的，一分胜义无自性性也应该知道是这样的。好像虚空，只是众色无性所显，遍一切处，一分胜义无自性性应该知道也是这样的。因为是法无我性所显现的，所以遍一切处。

“善男子！我依这样三种无自性性，密意说言一切诸法都没有自性。胜义生！应该知道我依相无自性性，密意说言一切诸法无生无灭，本来寂静，自性涅槃。为什么呢？如果自相都无所有，那么就没有生，如果没有生那么就没有灭，如果无生无灭那么本来寂静，如果本来寂静，那么自性就是涅槃，对于其中没有少分所有可以使自性趋入涅槃，因此我依照相无自性性，密意说一切诸法无生无灭，本来寂静、自性涅槃。

“善男子！我也依照法无我性所显胜义无自性性，密意说言一切诸法无生无灭，本来寂静、自性涅槃。为什么呢？法无我性所显胜义无自性性，于常常时，于恒恒时，诸法的法性安住无为，一切杂染不相应的缘故。由于常常时、恒恒时，诸法法性安住的原因而呈现无为，由于是无为的，因此也就是无生无灭，一切杂染与此不相应的缘故，本来寂静，自性涅槃。因此我依法无我性所显的胜义无自性性，密意说一切诸法无生无灭、本来寂静、自性涅槃。”

“复次胜义生！非由有情界中诸有情类，别观遍计所执自性为自性故，亦非由彼别观依他起自性及圆成实自性为自性故，我立三种无自性性，然由有情于依他起自性及圆成实自性上增益遍计所执自性故，我立三种无自性性。由遍计所执自性相故，彼诸有情于依他起自性及圆成实自性中随起言说，如如随起言说，如是如是由言说熏习心故、由言说随觉故、由言说随眠故，于依他起自性及圆成实自性中执着遍计所执自性相。

如如执着，如是如是于依他起自性及圆成实自性上执着遍计所执自性，由是因缘生当来世依他起自性。由此因缘，或为烦恼杂染所染、或为业杂染所染、或为生杂染所染[①]，于生死中长时驰骋、长时流转，无有休息，或在那洛迦、或在傍生、或在饿鬼、或在天上、或在阿素洛、或在人中受诸苦恼。

“复次胜义生！若诸有情从本已来未种善根、未清净障、未成熟相续、未多修胜解、未能积集福德、智慧二种资粮[②]，我为彼故，依生无自性性宣说诸法，彼闻是已，能于一切缘生行中，随分解了无常无恒是不安隐变坏法已，于一切行心生怖畏、深起厌患，心生怖畏深厌患已，遮止诸恶，于诸恶法能不造作，于诸善法能勤修习，习善因故未种善根能种善根、未清净障能令清净、未成熟相续能令成熟，由此因缘多修胜解，亦多积集福德、智慧二种资粮。

“彼虽如是种诸善根，乃至积集福德、智慧二种资粮，然于生无自性性中，未能如实了知相无自性性及二种胜义无自性性，于一切行未能正厌、未正离欲、未正解脱、未遍解脱烦恼杂染、未遍解脱诸业杂染、未遍解脱诸生杂染，如来为彼更说法要，谓相无自性性及胜义无自性性，为欲令其于一切行能正厌故、正离欲故、正解脱故、超过一切烦恼杂染故、超过一切业杂染故、超过一切生杂染故。彼闻如是所说法已，于生无自性性中能正信解相无自性性及胜义无自性性，拣择思惟，如实通达，于依他起自性中能不执着遍计所执自性相，由言说不熏习智故、由言说不随觉智故、由言说离随眠智故能灭依他起相[③]，于现法中智力所持，能永断灭当来世因，由此因缘于一切行能正厌患、能正离欲、能正解脱、能遍解脱烦恼、业、生三种杂染。

“复次胜义生！诸声闻乘种姓有情，亦由此道、此行迹故证得无上安隐涅槃，诸独觉乘种姓有情、诸如来乘种姓有情，亦由此道、此行迹故证得无上安隐涅槃。一切声闻、独觉、菩萨皆共此一妙清净道，皆同此一究竟清净，更无第二。我依此故，密意说言惟有一乘，非于一切有情界中无有种种有情种姓，或钝根性、或中根性、或利根性有情差别。

“善男子！若一向趣寂声闻种姓补特伽罗[④]，虽蒙诸佛施设种种勇猛加行方便化导，终不能令当坐道场证得阿耨多罗三藐三菩提。何以故？由彼本来惟有下劣种姓故，一向慈悲薄弱故，一向怖畏众苦故。由彼一向慈悲薄弱，是故一向弃背利益诸众生事，由彼一向怖畏众苦，是故一向弃背发起诸行所作。我终不说一向弃背利益众生事者、一向弃背发起诸行所作者当坐道场能得阿耨多罗三藐三菩提，是故说彼名为一向趣寂声闻。若回向菩提声闻种姓补特伽罗，我亦异门说为菩萨。何以故？彼既解脱烦恼障已[⑤]，若蒙诸佛等觉悟时，于所知障其心亦可当得解脱[6]，由彼最初为自利益修行加行脱烦恼障，是故如来施设彼为声闻种姓。

注释：

①烦恼杂染：指身见、边见及贪嗔痴等一切烦恼能染污真性，令不清净。包括一切之烦恼与随烦恼。业杂染：指由烦恼所生，或以烦恼为助缘所生之一切身语意三业，种种造作，染污真性。生杂染：因烦恼及业而有生，由此生苦，更有老病死苦、爱别离苦、求不得苦、怨憎会苦等，皆能染污真性，令不清净。

②善根：又称“善本”、“德本”。指能生出善法的根本。将善以树根为喻，故名善根。如依《俱舍论》所说，则善根是指行者入见道位时，能生无漏智的根本。相续：即法之前后连续无间断之意。《俱舍论》卷四说：“何名相续？谓因果性三世诸行。”卷三十说：“业为先后色心起，中无间断，名为相续。”胜解：又作“信解”。心所之名。为“俱舍七十五法”中“十大地法”之一，“唯识百法”中属“五别境”之一，指殊胜了解之义。即于所缘之境起印可的精神作用（即作出确定之判断）。资粮：指长养、资益菩提因的诸善法。诸经论多说资粮有福德、智慧二种之别，如《金光明最胜王经》卷六说：“我常拥护令彼众生离苦得乐，能成福智二种资粮。”《大宝积经》卷五十二中说：“菩萨摩诃萨修行般若波罗蜜多故，善能通达二种资粮，何者是耶？谓福及智。舍利子，云何名为福德资粮？所谓布施体性福所作事、尸罗体性福所作事、诸修体性福所作事及大慈定大悲方便。（中略）复次舍利子，云何菩萨摩诃萨智德资粮善巧？舍利子，是

菩萨摩诃萨修行般若波罗蜜多时，由住如是如是因缘法故，摄取于智，是故名曰智德智粮。”

③随眠：小乘中，说一切有部以贪、嗔、痴等根本烦恼为随眠；经部将烦恼的现行称为“缠”，将其种子称为“随眠”。大乘唯识家亦将眠伏于阿赖耶识中的烦恼种子，称为随眠。

④补特伽罗：就是通常说的“众生”的别名，还有译为“数取趣”、“众数者”等。这是指轮回转生之主体而言。数取趣，意为数度往返六趣轮回者。乃外道“十六知见”之一。即“我”之异名。或单指人之意而言。佛教主张无我说，故不承认有生死主体之真实补特伽罗（胜义之补特伽罗），但为解说权便之故，而将人假名为补特伽罗（世俗之补特伽罗）。

⑤烦恼障：与所知障并称为“二障”。《成唯识论》卷九谓，扰乱众生身心，妨碍至涅槃之一切烦恼，称为“烦恼障”。至于虽不令起业而不生于三界（迷界），然能覆盖所知之境界而妨碍正智产生之一切烦恼，则称“所知障”（智障）。此二障均属萨迦耶见，而依据百二十八之根本烦恼为体。其中，由于执著有“真实之人”、“真实之众生”，遂执着于“我的存在”（我执），此即为烦恼障；至于执著有“实体万法”之法执，即为所知障；以上即是同一烦恼之二面观。故烦恼障以我执为根本，所知障以法执为根本。若由作用之特征而言，烦恼障乃障碍涅槃，而所知障乃障碍菩提；此即言，烦恼障为障碍涅槃之正障，而所知障为给与正障力量之兼障，故仅有所知障并无障碍涅槃之能力。

⑥所知障：指对一切所知及菩提的障碍。又名“智障”或“智碍”。“二障”之一。如《佛地经论》卷七中说：“所知障者，

谓执遍计所执诸法萨迦耶见以为上首，所有无明、法爱、恚等诸心心所法，及所发业并所得果皆摄在中，皆以法执及无明为根本故。”《成唯识论》卷九说：“所知障者，谓执遍计所执诸法萨迦耶见而为上首，见、疑、无明、爱、恚慢等，覆所知境，无颠倒性，能障菩提，名所知障。（中略）此障但与不善、无记二心相应，论说无明唯通不善无记性故；痴、无痴等不相应故；烦恼障中，此障必有，彼定用此为所依。”

译文：

“还有胜义生！我不是因为有情界中诸有情众生，离开依他起自性和圆成实自性，别观遍计所执自性为自性，也不是有情众生，离开遍计所执自性，别观依他起自性和圆成实自性为自性，而立三种无自性性的。而是有情在依他起自性和圆成实自性上增益遍计所执自性的原因，我才立三种无自性性的。由于有遍计所执自性相的缘故，诸有情众生在依他起自性和圆成实自性中随起言说，如如随起言说，如是如是由言说熏习心的原因，由言说而说随觉，由言说而说随眠的原因，在依他起自性和圆成实自性上执着遍计所执性自性，由于这样的原因，生来世依他起自性。由此因缘，或被烦恼杂染所染、或被业杂染所染、或被生杂染所染，在生死中长时驰骋、长时流转，无有休息，或在那洛迦、或在傍生、或在饿鬼、或在天上、或在阿素洛、或在人中受诸苦恼。

“还有胜义生！如果诸有情从本以来就没有种善根、没有清净障、没能成熟相续、没能多修胜解、没能积集福德、智慧二种资粮，就这种情况，我就为其依生无自性性来宣说诸法。这类有情听闻这道理以后，能对于一切缘生行中，随分开解无常无恒的道理，对一切缘生行法认为都是不安隐的，会变坏的法。于是对一切行心里生起怖畏、深起厌患。心里生起怖畏深厌患后，就遮止诸恶，对于诸恶法就能够不造作，对于诸善法能够勤加修习，因修习善的原因，未种善根能种善根、未清净障能令清净、未成熟相续能令成熟，由于这些因缘而能够多修胜解，也能多积集福德、智慧二种资粮。

“这些有情众生，虽然种了诸种善根，甚至积集了福德、智慧二种资粮，但在生无自性性中，不能如实了知相无自性性和二种胜义无自性性，对一切行不能正厌，不能正离欲，不能正解脱，不能遍解脱烦恼杂染、不能遍解脱诸业杂染，不能遍解脱诸生杂染，如来就进一步为他宣说相无自性性和胜义无自性性的法要，为了能够使其有情能对一切行能够正厌、正离欲、正解脱、超过一切烦恼杂染故、超过一切业杂染故、超过一切生杂染的原因。这类有情听闻这样说法后，在生无自性性中能够正信解相无自性性和胜义无自性性，拣择思维，如实通达，在依他起自性中能不执着遍计所执自性相。由言说的不熏习智、言说的不随觉智、言说的离眠智的原因能灭依他起相，以这种智力持住现法，能永断灭当来世的因，由此的因缘对一切行能够正厌患、能够正离欲、能够正解脱、能够遍解脱烦恼、业、生三种杂染。

“还有胜义生！不仅诸声闻乘种姓有情是由此道，由此行迹而证得无上安隐涅槃的，而且诸独觉乘种姓有情、诸如来乘种姓的有情，也是由此道，此行迹证得无上安隐涅槃。一切声闻、独觉、菩萨都是同此妙清净道，都同此一究竟清净，而没有第二种。我依照这个道理，密意说佛法只有一乘，但不是说一切有情界中没有种种有情种姓如钝根性、中根性、利根性有情的差别。

“善男子！如果是一向趣寂声闻种姓的补特伽罗，虽然蒙诸佛施设种种勇猛加行方便的化导，但终究不能使其坐道场证得阿耨多罗三藐三菩提。为什么呢？由于其本来只有下劣种性的缘故，一向慈悲薄弱，一向怖畏众苦。由于其一向慈悲薄弱的缘故，所以一向弃背利益诸众生事，由于其一向怖畏众苦的缘故，所以一向弃背发起诸行所作。我终不说一向弃背利益众生事的有情、一向弃背发起诸行所作的有情，能够坐道场得阿耨多罗三藐三菩提。由于这样，说这类有情为一向趣寂声闻。如果是回向菩提的声闻种姓的补特伽罗，我也异门说为菩萨。为什么呢？因为其已经解脱烦恼障了，如果蒙佛化导觉悟时，对于其心的所知障也可以解脱，由彼最初是因为了自利益而修行，并通过加行解脱烦恼障，所以如来施设这类有情为声闻种姓。

“复次胜义生！如是于我善说、善制法、毗奈耶最极清净意乐所说善教法中[①]，诸有情类意解种种差别可得。

“善男子！如来但依如是三种无自性性，由深密意于所宣说不了义经，以隐密相说诸法要，谓一切法皆无自性、无生无灭、本来寂静、自性涅槃。于是经中，若诸有情已种上品善根、已清净诸障、已成熟相续、已多修胜解、已能积集上品福德智慧资粮，彼若听闻如是法已，于我甚深密意言说如实解了，于如是法深生信解，于如是义以无倒慧如实通达，于此通达善修习故，速疾能证最极究竟，亦于我所深生净信，知是如来应正等觉于一切法现正等觉。

“若诸有情已种上品善根、已清净诸障、已成熟相续、已多修胜解，未能积集上品福德智慧资粮，其性质直②，是质直类，虽无力能思择废立，而不安住自见取中。彼若听闻如是法已，于我甚深秘密言说虽无力能如实解了，然于此法能生胜解、发清净信，信此经典是如来说，是其甚深显现、甚深空性相应，难见难悟，不可寻思，非诸寻思所行境界、微细详审聪明智者之所解了，于此经典所说义中自轻而住，作如是言‘诸佛菩提为最甚深，诸法法性亦最甚深，惟佛如来能善了达，非是我等所能解了，诸佛如来为彼种种胜解有情转正法教，诸佛如来无边智见，我等智见犹如牛迹’，于此经典虽能恭敬为他宣说、书写护持、披阅流布、殷重供养、受诵温习，然犹未能以其修相发起加行③，是故于我甚深密意所说言辞不能通达，由此因缘，彼诸有情亦能增长福德智慧二种资粮，于彼相续未成熟者亦能成熟。

“若诸有情广说乃至未能积集上品福德智慧资粮，

性非质直，非质直类，虽有力能思择废立，而复安住自见取中。彼若听闻如是法已，于我甚深密意言说不能如实解了，于如是法虽生信解，然于其义随言执着，谓一切法决定皆无自性、决定不生不灭、决定本来寂静、决定自性涅槃，由此因缘，于一切法获得无见及无相见，由得无见、无相见故，拨一切相皆是无相，诽拨诸法遍计所执相、依他起相、圆成实相。何以故？由有依他起相及圆成实相故，遍计所执相方可施设。若于依他起相及圆成实相见为无相，彼亦诽拨遍计所执相，是故说彼诽拨三相。虽于我法起于法想，而非义中起于义想，由于我法起法想故及非义中起义想故，于是法中持为是法，于非义中持为是义，彼虽于法起信解故福德增长，然于非义起执着故退失智慧，智慧退故退失广大无量善法。

“复有有情从他听闻，谓法为法、非义为义，若随其见，彼即于法起于法想、于非义中起于义想，执法为法、非义为义，由此因缘当知同彼退失善法。

“若有有情不随其见，从彼欻闻‘一切诸法皆无自性、无生无灭、本来寂静、自性涅槃’便生恐怖[④]，生恐怖已，作如是言‘此非佛语，是魔所说’，作此解已，于是经典诽谤毁骂，由此因缘获大衰损、触大业障[⑤]。

“由是缘故，我说若有于一切相起无相见、于非义中宣说为义，是起广大业障方便，由彼陷坠无量众生，令其获得大业障故。

“善男子！若诸有情未种善根、未清净障、未熟相续、无多胜解、未集福德智慧资粮，性非质直，非质直类，虽有力能思择废立，而常安住自见取中，彼若听闻如是法已，不能如实解我甚深密意言说，亦于此法不生信解，于是法中起非法想，于是义中起非义想，于是法中执为非法，于是义中执为非义，唱如是言‘此非佛语，是魔所说’，作此解已，于是经典诽谤毁骂、拨为虚伪，以无量门毁灭摧伏如是经典，于诸信解此经典者起怨家想，彼先为诸业障所障，由此因缘复为如是业障所障，如是业障初易施设，乃至齐于百千俱胝那庾多劫无有出期⑥。

“善男子！如是于我善说善制法毗奈耶最极清净意乐所说善教法中，有如是等诸有情类意解种种差别可得。”

尔时，世尊欲重宣此义而说颂曰：

一切诸法皆无性，无生无灭本来寂，
诸法自性恒涅槃，谁有智言无密意？
相生胜义无自性，如是我皆已显示，
若不知佛此密意，失坏正道不能往。
依诸净道清净者，惟依此一无第二，
故于其中立一乘，非有情性无差别。
众生界中无量生，惟度一身趣寂灭，

大悲勇猛证涅槃，不舍众生甚难得。
微妙难思无漏界，于中解脱等无差，
一切义成离惑苦，二种异说谓常乐。

注释：

①毗奈耶：三藏之一，谓佛所说之戒律。译曰“灭”，或“律”，新译曰“调伏”。戒律灭诸过非，故云灭，如世间之律法，断决轻重之罪者，故云律，调和身语意之作业，制伏诸要行，故云调伏。

②性质直：即是信的意思。《维摩诘经》说：“直心是道场”，说直心就是信心。《大智度论》中也说：“佛法海中信能入故。”因此质直即是信心。

③“于此经典虽能恭敬为他宣说”二句：此处讲“十法行”，《大般若经》中说“十法行”为：“佛告阿难，受持此经，有十法行：一者书写；二者供养；三者施他；四者谛听；五者披读；六者受持；七者广说；八者讽诵；九者思惟；十者修习。”《显扬圣教论》也详说：“一于菩萨藏法，若多若少尊重恭敬，书持法行；二若劣若胜，诸供养具，供养法行；三若自书已，由矜愍心施他法行；四若他发意恭敬尊重，以微妙声，宣扬阐赞，由宗仰故，谛听法行；五发净信解恭敬重心披读法行；六为欲修习法随法行，从师受已，讽诵法行；七既讽诵已为坚持故，以广妙音温习法行；八悲愍他故，传授与彼，随其广略开演法行；九独处闲静极善研寻称理观察思惟法行；十如所思惟修行奢摩他毗钵舍那为欲趣入，乃至为令诸所求义成就法行。”本文中没列听闻、思惟、修习。

④欻（xū）：忽然的意思。

⑤业障："三障"之一，"四障"之一。又作"业累"。意思是众生于身、口、意所造作之恶业能蔽障正道，故称业障。另据北本《涅槃经》卷十一、《大毗婆沙论》卷一一五、《俱舍论》卷十七等，谓一切恶业中，以五无间业为业障，余一切恶业非为业障，无碍于圣道之修行。所谓五无间业，即：（一）害母，（二）害父，（三）害阿罗汉，（四）破和合僧，（五）恶心出佛身血。然而《普贤行愿品》〈忏悔业障〉文中之'业障'，则不限于五无间业，而是指一切不善业而言。后世一般佛教徒所谓的业障，亦多指所有不善业，而非仅指五无间业。

⑥俱胝那庾多：表数量，《俱舍论》第十二卷引经说："有一无余数始为一，十一为十，十十为百，十百为千，十千为万，十万为洛叉，十洛叉为度洛叉，十度洛叉为俱胝，十俱胝为末陀，十末陀为阿庾多，十阿庾多为大阿庾多，十大阿庾多为那庾多，如是展转满六十数。"

译文：

"还有胜义生！这样，在我善说和善制的法藏和毗奈耶藏中，在我最极清净意乐所说善教法中，诸有情类的意解还是有种种差别的。

"善男子！如来只是依这样生无自性性，相无自性性，胜义无自性性三种无自性性，用甚深密意的方式宣说不了义经，其中以隐密相宣说诸法要为：一切法皆无自性、无生无灭、本来寂静、自性涅槃。对于这类经中，如果诸有情众生已种上品善根、已清净诸障、已成熟相续、已多修胜解、已能积集上品福德智慧资粮，那么他如果听闻到这样的法后，对我甚深密意言说能够如实解了，对这样法深生信解，并以无倒慧如实通达法义。因为能够通达并善于修习的缘故，速疾能够证得最极究竟，同时对我也深生净信，知道如来应正等觉对一切法现正等觉。

“如果诸有情众生已种上品善根、已清净诸障、已成熟相续、已多修胜解，但是未能积集上品福德智慧资粮，其性质直具足信心，是质直类众生，虽然没有能力去思择废立圣教的道理，但是不安住于自见取中。他如果听闻这样的教法后，对我的甚深秘密言说，虽然无力如实解了，然而对于此法能生胜解、发清净信，相信此经典是如来所说，是其甚深义的显现，是与甚深空性相应的，难见难悟，不可寻思，不是诸寻思所行的境界、是微细详审的聪明智者才能解了的，对经典所说奥义，这类有情自轻己智不能解了经义而住。作这样的言说：‘诸佛所有能证菩提真俗二智的菩提法最为甚深，诸法的法性也最为甚深，只有佛如来能善了达，不是我等所能解了的，诸佛如来为了那些具有种种胜解的有情转正法教，诸佛如来具有无量无边像海一样的智慧，而我等众生智慧犹如象牛走过留下足迹中的浅水。’这类有情对此经典虽然能恭敬为他人宣说、书写护持、披阅流布、殷重供养、受诵温习，但是还不能依此修行发起加行，因此对于我所说的甚深密意言辞不能通达。由于这种因缘，这类有情也能增长福德智慧二种资粮，虽然现在相续没有成熟，但是以后还是会成熟。

“如果诸有情在上品善根、清净诸障、成熟相续、多修胜解，积集上品福德智慧资粮这五事中缺一乃至全无，性不质直，不具足信心，不是质直类，虽然有能力思择废立，但是安住在自见取中。他如果听闻了这样的教法后，对于我甚深密意言说不能如实解了，对于这样的教法虽然生起信解，然而对于其中的奥义随言执着，认为一切法决定皆无自性、决定不生不灭、决定本来寂静、决定自性涅槃。由于这样的因缘，对于一切法获得无见和无相见，由于获得无见、无相见的原因，拨一切相都是无相，而诽拨诸法具有遍计所执相、依他起相、圆成实相。为什么呢？因为有依他起相及圆成实相的缘故，遍计所执相才可以施设。如果有情对于依他起相及圆成实相见为无相，那么其也诽拨遍计所执相，因此说其诽拨三相。虽对于我法中生起法想，但是对于非正义中也生起正义想。由于对我教法起法想和对非正义中起正义想的缘故，于是对我的教法持为是法，对于非正义中也执为是正义，其虽然对于法起信解因此福德增长，但是对于非正义起执着，因此退失智慧。因智慧退失的原因也就退失了广大无量善法。

“还有有情从他人那听闻，说此法是法，此非正义是正义的，如果跟随他的见解，这类有情也对于此法起法想，此非正义中起正义想，认为执著之法是法，非正义为正义，由此的因缘应当知道这类有情同以上的情形一样退失善法。

“还有有情不随其见，从他忽然听闻：‘一切诸法皆无自性、无生无灭、本来寂静、自性涅槃’便生起恐怖，生恐怖后，便作这样的言说：‘这不是佛陀的教法，是魔所说的’。作这样见解后，于是对这类经典诽谤毁骂，由此因缘而获大衰损，触犯大的业障。

“由于这样的缘故，我说如果有情对于一切相起无相见，在非正义中宣说为正义，是会引发广大业障方便，由此会陷坠无量众生，使他们获得大业障。

“善男子！如果有类有情未种善根、未清净诸障、未能成熟相续、无多胜解、未能集福德和智慧资粮，性非质直，不具足信心，非质直类，虽然有能力思择废立，但常安住自见取中，此类众生虽然听闻这样的法后，不能如实解了我甚深密意言说，对于此法也不生信解，在这法中生起非法想，在正义中生起非正义想，对于法中执为非法，对于正义的执为非正义，并作这样的言论：‘这不是佛所说的，是魔所说的’，作这样的见解后，于是对经典进行诽谤毁骂、认为经典是虚伪的，以无量的方式来毁灭摧伏这样的经典，对诸信解这经典者起怨家想，这类众生是因为被先世诸业障所障，由此因缘现世更为这样的业障所障，这样的业障开始时比较容易施设，但是所受苦果百千俱胝那庾多劫没有出期。

“善男子！在我善说和善制的法藏和毗奈耶藏中，在我最极清净意乐所说善教法中，诸有情类的意解是有这样种种差别可得的。”

这时，世尊想重新宣说这道理而说颂为：

一切诸法皆无性，无生无灭本来寂，
诸法自性恒涅槃，谁有智言无密意？
相生胜义无自性，如是我皆已显示，
若不知佛此密意，失坏正道不能往。

依诸净道清净者，惟依此一无第二，
故于其中立一乘，非有情性无差别。
众生界中无量生，惟度一身趣寂灭，
大悲勇猛证涅槃，不舍众生甚难得。
微妙难思无漏界，于中解脱等无差，
一切义成离惑苦，二种异说谓常乐。

尔时，胜义生菩萨复白佛言："世尊！诸佛如来密意语言甚奇希有，乃至微妙最微妙、甚深最甚深、难通达最难通达！如是我今领解世尊所说义者，若于分别所行遍计所执相所依行相中，假名安立以为色蕴，或自性相、或差别相，假名安立为色蕴生、为色蕴灭及为色蕴永断、遍知或自性相、或差别相，是名遍计所执相，世尊依此施设诸法相无自性性。若即分别所行遍计所执相所依行相，是名依他起相，世尊依此施设诸法生无自性性及一分胜义无自性性。如是我今领解世尊所说义者，若即于此分别所行遍计所执相所依行相中，由遍计所执相不成实故，即此自性无自性性、法无我真如、清净所缘是名圆成实相，世尊依此施设一分胜义无自性性。

"如于色蕴，如是于余蕴皆应广说，如于诸蕴，如是于十二处一一处中皆应广说，于十二有支一一支中皆应广说，于四种食一一食中皆应广说，于六界、十八界一一界中皆应广说。

“如是我今领解世尊所说义者，若于分别所行遍计所执相所依行相中，假名安立以为苦谛、苦谛遍知或自性相、或差别相，是名遍计所执相，世尊依此施设诸法相无自性性。若即分别所行遍计所执相所依行相是名依他起相，世尊依此施设诸法生无自性性及一分胜义无自性性。如是我今领解世尊所说义者，若即于此分别所行遍计所执相所依行相中，由遍计所执相不成实故，即此自性无自性性、法无我真如、清净所缘是名圆成实相，世尊依此施设一分胜义无自性性。

“如于苦谛，如是于余谛皆应广说，如于圣谛，如是于诸念住、正断、神足、根、力、觉支、道支中一一皆应广说。

“如是我今领解世尊所说义者，若于分别所行遍计所执相所依行相中，假名安立以为正定，及为正定能治所治、若正修未生令生、生已坚住不忘、倍修增长广大或自性相或差别相，是名遍计所执相，世尊依此施设诸法相无自性性。若即分别所行遍计所执相所依行相，是名依他起相，世尊依此施设诸法生无自性性及一分胜义无自性性。如是我今领解世尊所说义者，若即于此分别所行遍计所执相所依行相中，由遍计所执相不成实故，即此自性无自性性、法无我真如、清净所缘是名圆成实相，世尊依此施设诸法一分胜义无自性性。

译文:

这时,胜义生菩萨再对佛陀说:“世尊!诸佛如来密意语言甚奇稀有,乃至微妙最微妙、甚深最甚深、难通达最难通达!这样我现在领解世尊所说的教义,如果对于在分别所行遍计所执相所依行相中,假名安立以为色蕴,或自性相、或差别相,假名安立为色蕴生、为色蕴灭及为色蕴永断、遍知或自性相、或差别相,是名遍计所执相,世尊依此施设诸法相无自性性。若即分别所行遍计所执相所依行相,是名依他起相,世尊依此施设诸法生无自性性及一分胜义无自性性。这样我今领解佛陀所说的教义中,如果在此分别所行遍计所执相所依行相中,由于遍计所执相不成实故,就此自性无自性性、法无我真如、清净所缘称为圆成实相,佛陀依此施设一分胜义无自性性。

“像对于色蕴一样,这样对于余蕴也都应该广说,像对于诸蕴一样,对待十二处一一处中也都应广说,于十二有支一一支中也都应广说,于四种食一一食中也都应广说,于六界、十八界一一界中也都应广说。

“正如这样我所领解佛陀所说的教义中,对于在分别所行遍计所执相所依行相中,假名安立以为苦谛、苦谛遍知或自性相、或差别相,称为遍计所执相,佛陀依此而施设诸法相的无自性性和一分胜义无自性性。正如这样我所领解佛陀所说的教义中,对于这里的分别所行遍计所执相所依行相中,由于遍计所执相不成实的原因,即此自性无自性性、法无我真如、清净所缘称为圆成实相,世尊依此施设一分胜义无自性性。

“像对于苦谛一样,这样对于余谛也都应该广说,像对于圣谛一样，对待诸念住、正断、神足、根、力、觉支、道支中一一也都应该广说。

“正如这样我所领解佛陀所说的教义中，如果在分别所行遍计所执相所依行相中，假名安立以为正定，及为正定能治所治、若正修未生令生、生已坚住不忘、倍修增长广大或自性相或差别相，称为遍计所执相，佛陀依此施设诸法相的无自性性。而对于分别所行遍计所执相的所依行相，称为依他起相，佛陀依此施设诸法生无自性性和一分胜义无自性性。正如这样我所领解佛陀所说的教义中，对于此分别所行遍计所执相所依行相中，由于遍计所执相不成实的原因，而此自性无自性性、法无我真如、清净所缘称为圆成实相，佛陀依此施设诸法的一分胜义无自性性。

“世尊！譬如毗湿缚药[①]，一切散药、仙药方中皆应安处，如是世尊依此诸法皆无自性、无生无灭、本来寂静、自性涅槃、无自性性了义言教，遍于一切不了义经皆应安处。

“世尊！如彩画地，遍于一切彩画事业皆同一味，或青、或黄、或赤、或白，复能显发彩画事业，如是世尊依此诸法皆无自性广说乃至自性涅槃无自性性了义言教，遍于一切不了义经皆同一味，复能显发彼诸经中所不了义。

“世尊！譬如一切成熟珍馐，诸饼果内投之熟酥更生胜味，如是世尊依此诸法皆无自性广说乃至自性涅槃无自性性了义言教，置于一切不了义经生胜欢喜。

“世尊！譬如虚空，遍一切处皆同一味，不障一切所作事业，如是世尊依此诸法皆无自性广说乃至自性涅槃无自性性了义言教，遍于一切不了义经皆同一味，不障一切声闻、独觉及诸大乘所修事业。”

说是语已，尔时世尊叹胜义生菩萨曰：“善哉！善哉！善男子！汝今乃能善解如来所说甚深密意言义，复于此义善作譬喻，所谓世间毗湿缚药、杂彩画地、熟酥、虚空。胜义生！如是如是，更无有异，如是如是，汝应受持！”

尔时，胜义生菩萨复白佛言：“世尊初于一时在婆罗痆斯仙人堕处施鹿林中[2]，惟为发趣声闻乘者[3]，以四谛相转正法轮[4]，虽是甚奇、甚为希有，一切世间诸天人等先无有能如法转者，而于彼时所转法轮，有上有容[5]，是未了义，是诸诤论安足处所。

“世尊在昔第二时中，惟为发趣修大乘者[6]，依一切法皆无自性、无生无灭、本来寂静、自性涅槃，以隐密相转正法轮[7]，虽更甚奇、甚为希有，而于彼时所转法轮，亦是有上、有所容受，犹未了义[8]，是诸诤论安足处所。

“世尊于今第三时中，普为发趣一切乘者，依一切法皆无自性、无生无灭、本来寂静、自性涅槃无自性性，以显了相转正法轮[9]，第一甚奇、最为希有，于今世尊所转法轮[10]，无上无容，是真了义，非诸诤论安足处所。

“世尊！若善男子或善女人，于此如来依‘一切法皆无自性、无生无灭、本来寂静、自性涅槃’所说甚深了义言教，闻已信解、书写、护持、供养、流布、受诵、温习、如理思惟、以其修相发起加行，生几所福？”

说是语已，尔时世尊告胜义生菩萨曰：“胜义生！是善男子或善女人，其所生福无量无数，难可喻知。吾今为汝略说少分：如爪上土比大地土，百分不及一，千分不及一，百千分不及一，数、算、计、喻、邬波尼杀昙分亦不及一[11]，或如牛迹中水比四大海水，百分不及一，广说乃至邬波尼杀昙分亦不及一。如是于诸不了义经闻已信解，广说乃至以其修相发起加行所获功德，比此所说了义经教闻已信解所集功德，广说乃至以其修相发起加行所集功德，百分不及一，广说乃至邬波尼杀昙分亦不及一。”

说是语已，尔时胜义生菩萨复白佛言：“世尊！于是解深密法门中当何名此教？我当云何奉持？”

佛告胜义生菩萨曰：“善男子！此名胜义了义之教，于此胜义了义之教汝当奉持！”

说此胜义了义教时，于大会中，有六百千众生发阿耨多罗三藐三菩提心[12]，三百千声闻远尘离垢[13]，于诸法中得法眼净[14]，一百五十千声闻永尽诸漏心得解脱[15]，七十五千菩萨得无生法忍[16]。

注释：

①毗湿缚药：此药有多种功能。如果把此药放到诸合诸药草皆有神验。

②婆罗痆(nà)斯仙人堕处：在《大严经》中说，一生补处菩萨，将下生时，有天子下阎浮提告诉这里辟支佛说，应该舍此土，因为十二年后，当有菩萨降神入胎。这时，波罗奈国的五百辟支佛，听闻天语后，从座上而起，踊在虚空，高七多罗树，作火烧身，入于涅槃，只有舍利从空降下，因此此地称为“仙人堕处”。也有说，从前有五百仙人，飞行空中，到此地遇退因缘，一时堕落。

③声闻乘：“三乘”之一。指听闻佛陀声教而证悟之出家弟子。《大乘法苑义林章》卷二谓声闻者，“声”谓音声，引申为佛陀之说法，“闻”谓听闻。乘，为运载之意，指能乘载众生至彼岸者；即指佛陀之教法。若修行者闻佛说法，信受精进而修行者，名曰“声闻”。此即声闻原本之字义。原始佛教圣典中，释迦在世时的弟子，不论在家或出家，皆称为“声闻”。但至后世，声闻被限定为出家弟子。大乘佛教兴起之后，声闻与缘觉皆被大乘教徒贬为小乘。并认为声闻乘有下列特性：(1)以《阿含经》为所依；(2)观“苦、集、灭、道”四圣谛；(3)经三生六十劫之长远修行，期证阿罗汉果；(4)以灰身灭智为涅槃；(5)着重在个人证悟而不致力济度众生。

④四谛：四谛即“苦、集、灭、道”四谛，谛谓真实不虚，如来亲证。苦谛，苦即三界轮回生死逼恼之义，凡是有为有漏之法莫不皆含苦性，总有“三苦、八苦”。三苦，从其逆缘逼恼，正

受苦时，从苦生苦，名“苦苦”；从其顺缘，安乐离坏时而生苦恼，名“坏苦”；生老病死刹那变异而生苦恼，即名“行苦”。八苦即生、老、病、死、爱别离、怨憎会、求不得和五盛阴苦。外有寒热饥渴等逼恼之身苦，内有烦恼之心苦，所有诸苦皆归苦谛所摄。集谛，集谓积聚二十五有苦果之因，一切众生，无始以来，由贪嗔痴等烦恼，造积善恶业因，能招感三界生死等苦果。灭谛，又名“尽谛”，灭谓灭二十五有，寂灭涅槃，尽三界结业烦恼，永无生死患累。道谛，道谓修戒定慧通向涅槃之道，总有七科：（一）四念处，二四正断或四正勤，（三）四神足或四如意足，（四）五根，（五）五力，（六）七觉支或七菩提分，（七）八圣道或八正道。此为三十七菩提助道品法。转正法轮：此轮是法所成以法为自性，因此称为法轮。此法为能令他身中生起圣道，称为“转”。经部的诸教诸道，都名“法轮”。此处指初转法轮。

⑤有上有容：指此法轮，隐空说有，是不了义。虽然具显生死涅槃因果，和说人空。但未能显法空的道理。所以此教还有超出其的胜教，还有容胜教，还有容他破。

⑥大乘：音译“摩诃衍那”、“摩诃衍”。为小乘之相反词。乘，即交通工具之意，系指能将众生从烦恼之此岸载至觉悟之彼岸之教法而言。大乘义为不以个人之觉悟（如小乘行者）为满足，而以救度众生为目的，一如巨大之交通工具可载乘众人，故称为“大乘”。据菩萨善戒经所说之“大乘”，要义如下：根据“十二部经”中之最上者毗佛略（方等）之教法（法大），发菩提心（心大），领解其教法（解大），以清净心（净大），具足菩萨之福德与慧德（庄严大），经过三大阿僧祇劫之修行（时大），

具足相好而得无上菩提（具足大），此即大乘法门之核心要义。

⑦隐密相转正法轮：如《金刚般若经》中说："此经为发大乘者说，为发最上乘者说，依一切法皆无自性"等，本经认为显示的是第二无相法轮。诸部般若宗明无相，说一切法皆无自性乃至自性涅槃。初法轮时隐空说有，这里第二隐有说空，因此说以隐密相转正法轮，亦名秘密。在《大般若经》中也说："无生无灭等，即是诸佛秘密之教。"

⑧未了义：本经认为诸般若说无相等，而不分别三无自性及三自性有无之义，因此说为不了义。真谛法师认为：大乘异于小乘故不了，犹有统为一乘因此有上。因与小乘不同的缘故，而与小乘斗诤，可为一乘所破，因此有难。

⑨显了相转正法轮：本经以三种无自性性宣说菩提法要，具足显示有性无性。因此说以显了相转正法轮。

⑩世尊所转法轮：即"三转法轮"，玄奘法师认为：第一时初转法轮，在波罗奈鹿园仙人集处，转四谛法轮，是法轮希有，不可思议；第二时转法轮，如《大般若经》，有四处十八会，初之六会和第十五会在王舍城鹫峰山说；第七、八、九、十一、十二、十三、十四这七会在室罗筏誓多林给孤独园说；第十会，在他化自在天王宫说；第十六会，在王舍城竹林园白鹭池说。第三时转法轮，在两处说，一者净土，二者秽土，通说本经、法华及华严等为第三者，即鹫峰山和七处八会。

⑪邬波尼杀昙分：指数极，是古印度最大数的末数名。

⑫阿耨多罗三藐三菩提：意译为"无上正等正觉"，"阿耨多罗"意译为"无上"，"三藐三菩提"意译为"正遍知"。乃佛陀

所觉悟之智慧；含有平等、圆满之意。以其所悟之道为至高，故称“无上”；以其道周遍而无所不包，故称“正遍知”。大乘菩萨行之全部内容，即在成就此种觉悟。

⑬远尘离垢：尘指已经生起的未究竟智，其能障碍现观，指我慢及见所断一切烦恼；垢指我慢和见所断一切烦恼二品的粗重。见所断诸烦恼缠得离系称为“远尘”，由彼随眠得离系故，说名“离垢”。

⑭法眼净：如实现证诸佛法道理。小乘于初果见四圣谛之理，大乘于初地得“真无生法”，均称为“法眼净”。

⑮永尽诸漏心得解脱：永尽诸漏，得慧解脱；永离定障，得心解脱。佛陀讲授此甚深大乘，能证得二乘利益。这是因为如来说教有其两种，一种是显了；一种是秘密。如果是依显了则只证大果，而有秘密则故通大小二种胜利。

⑯无生法忍：《大智度论》讲：“于无生灭诸法实相中，信受通达，无碍不退，是名无生忍。”无生忍有两种。一者初地菩萨，名得无生忍。如《大智度论》中说：“有二种忍，一者柔顺忍；二者无生忍。”柔顺忍在十回向，无生忍即初地已上。第二种是八地已上得诸法无生忍。

译文：

“世尊！这就像具有神验的毗湿缚药，于一切的散药、仙药方中应都能安处。同样，世尊依于诸法无自性、无生无灭、本来寂静、自性涅槃、无自性性而说的了义言教，遍于一切不了义经中应都能安处。

“世尊！如作为彩画的地，遍于一切以此作彩画的作品中都是同一味的，或是青色、或是黄色、或是赤色、或是白色，而且此彩画地能把彩画作品显发出来。同样，世尊依此诸法皆无自性而广说的了义言教，乃至依自性涅槃、无自性性而说的了义言教，遍于一切不了义经中，皆是同一味的，而且其还能显发出诸经中的所不了义。

“世尊！譬如在一切做熟的珍馐，诸饼果内投入熟酥，会使其味道增胜。同样，世尊依此诸法皆无自性而广说的了义言教，乃至依自性涅槃、无自性性而说的了义言教，置于一切不了义经中，能够产生胜欢喜。

“世尊！譬如虚空，遍一切处都是同一味的，不障碍一切所作的事业。同样，世尊依此诸法皆无自性而广说的了义言教，乃至依自性涅槃、无自性性而说的了义言教，遍于一切不了义经皆同一味，同时不障碍一切声闻、独觉、和诸大乘所修的事业。”

在胜义生菩萨说这话后，这时世尊赞叹胜义生菩萨说：“很好啊！很好啊！善男子！你今天能够善解如来所说的甚深密意言义，并能够对此义以世间的毗湿缚药、杂彩画地、熟酥和虚空来善作譬喻。胜义生！是这样的，是这样的，更没有不同的，是这样的，是这样的，你应该受持！”

这时，胜义生菩萨再对佛陀说：“世尊初于某个适当的时候，在婆罗痆斯仙人堕处的施鹿林中，专为发趣声闻乘的行者，以四谛相而转正法轮，虽然此甚为奇特、甚为稀有，先前一切世间诸天人等都没有能够以此法而转的，但是那时所转法轮，还有比其更上的，还有更容胜教，有容他破，是不了义的，是诸诤论的安足处所。

“世尊在往昔第二时中，专为发趣修大乘的行者，依一切法皆无自性、无生无灭、本来寂静、自性涅槃，以隐密相而转正法轮，虽然更为奇特，甚为稀有，但那时所转法轮，还有比其更上的，还可以有所容受，还不是了义的，是诸诤论的安足处所。

“世尊在现在第三时中，普为发趣一切乘的行者，依一切法皆无自性、无生无灭、本来寂静、自性涅槃无自性性，以显了相转正法轮，这是第一甚奇的、最为稀有的、现在世尊所转的法轮，是无上无容的，是真了义的，不是诸诤论的安足处所。

“世尊！如果有善男子或善女人，对于如来依‘一切法皆无自性、无生无灭、本来寂静、自性涅槃’所说的甚深了义言教，听闻后产生信解、书写、护持、供养、流布、受诵、温习、如理思惟这些甚深了义言教，并以其修相而发起加行，这样其能生多少福？”

胜义生菩萨说完这话后，这时佛陀告诉胜义生菩萨说：“胜义生！这善男子或善女人，其所生的福无量无数，难可喻知。我今为你略说少分：这就像手上的土与大地土相比，百分不及其一，千分不及其一，百千分不及其一，数、算、计、喻、邬波尼杀昙分也不及其一；或者就像牛走过留下的足迹水与四大海水相比，百分不及其一，广说乃至邬波尼杀昙分也不及其一。同样，对于诸不了义经听闻后产生信解，广说书写、护持乃至以其修相发起加行所获的功德，比对这里所说的了义经教听闻后产生信解所集的功德，广说书写、护持乃至以其修相发起加行所集的功德，百分不及一，广说乃至邬波尼杀昙分也不及其一。”

当佛陀说完这话后，这时胜义生菩萨再对佛陀说：“世尊！在这解深密法门中，此称为什么教授？我应当奉持什么？

佛陀告诉胜义生菩萨说：“善男子！此称为胜义了义之教，对于此胜义了义之教你应当奉持！”

在佛陀说这胜义了义教时，于大会中，有六百千众生发阿耨多罗三藐三菩提心，三百千声闻远尘离垢，于诸法中得法眼净，一百五十千声闻永尽诸漏心而得解脱，七十五千菩萨得无生法忍。

卷　三

分别瑜伽品第六

本品属于“境、行、果”中的“行”。本品完整而细致地讲解了大乘禅修的密意，在诸经中有关大乘止观禅修的讨论，本经的此品可谓最为详尽，最为系统。瑜伽：意译作“相应”，据《成唯识论述记》卷二本说，“相应”五义：（一）与境相应，谓不违一切法之自性。（二）与行相应，谓与定慧等行相应。（三）与理相应，谓安立非安立等二谛之理。（四）与果相应，谓能得无上之菩提果。（五）与机相应，谓既得圆果，利生救物，赴机应感，药病相应。然而本品以观行说为瑜伽。本品即讲顺法而行得胜果的过程，也是诠释瑜伽。因广明正观瑜伽之义，因此称为“分别瑜伽”。

本品讲大乘禅观是以法假安立和菩提心愿为依为住的。与大乘禅观有关的有四种所缘境事，所听闻、所了知的所知事在心境中形成同分影像，对此同分影像只是行寂静心，令心安住，如此称为无分别所缘境事，这为奢摩他所缘（此体现了奢摩他含义）；而对此同分影像进行观察审定功德过失，则称为有分别影像，此为毗钵舍那所缘（此体现了毗钵舍那的含义）。另事边际所缘境事、所作成办所缘境事是奢摩他毗钵舍那俱缘的。本品具体解释了奢摩他（止）、毗钵舍那（观）的含义，认为达到大乘奢摩他时需要具备有所闻思，身心达到轻安为前提，而毗钵舍那是在奢摩他基础上再对心境中三摩地影像进行思择，寻思伺察。未获得“身心轻安”前提下，则称为随顺奢摩他和随顺毗钵舍那。本品在讲解奢摩他、毗钵舍那、心、识的关系中提出了诸毗钵舍那三摩地所行的影像与心无异，之所以有此心见到影像，实质是心生时相似有影像显现，并非离心外有影像。本品推而广之，在日常中，非定中，心所行影像也与心无异，唯是识，这也是成立一切唯识的依据。

本品广泛而详细地分析了奢摩他、毗钵舍那的种类：有一向修奢摩他，一向修毗钵舍那和两者俱转；有依法和不依法两种，相应为利根与钝根；因闻思程度和广度的不同分为缘别法和缘总法奢摩他毗钵舍那，及缘小总法、缘大总法、缘无量总法奢摩他毗钵舍那，其中“若缘总法修奢摩他、毗钵舍那所有妙慧，是名为智”，“若缘别法修奢摩他、毗钵舍那所有妙慧，是名为见”；有以有寻有伺、无寻惟伺、无寻无伺三种三摩地分类的奢摩他和毗钵舍那。本品解释了在修奢摩他、毗钵舍那时掉举、沉没等障碍时所对治而修的止相、举相、舍相。对于修奢摩他、毗钵舍那所缘的内容，本品提到应该知法知义，其中应有五相知于法，有十义、五义、四义、三义知于义，并揭示了大乘禅观所作的工作是真如作意除遣诸法相、义相，空除遣三摩地所行影像相的密义，还宣说了大乘的总空性相的甚深义。对于奢摩他、毗钵舍那所摄范围，本品介绍说无量声闻、菩萨、如来无量种胜三摩地都是此奢摩他、毗钵舍那所摄。修奢摩他、毗钵奢那以清净的戒，清净的闻思所得的正见为因，以善清净心、善清净慧和世出世间所有的善法是其果，而能解脱相缚和粗重缚是其做作的业。分析了修奢摩他、毗钵奢那时所遇的“五系”和“五盖”的障碍和除遣这些障碍后奢摩他、毗钵奢那才可以称为“圆满清净”。还分析了奢摩他、毗钵奢那现在前时的五种心散动和诸地对治障。品末总结了菩萨依奢摩他、毗钵舍那勤修行证得阿耨多罗三藐三菩提的全过程：于见道前修真如观舍离一切粗相、细相，见道登地后，以三种所缘境事作意，以楔出楔的方便除遣内相，这样一切随顺杂染分相都除遣后，粗重相也得到除遣，像炼金法一样陶练其心，直至证得阿耨多罗三藐三菩提。品最后介绍了菩萨善知心生、心住、心出、心增、心灭、方便等六处就能引发菩萨所有广大威德，以及在无余依涅槃界中无余永灭的二种受：所依粗重受和彼果境界受。

尔时，慈氏菩萨摩诃萨白佛言[①]：“世尊！菩萨何依、何住于大乘中修奢摩他、毗钵舍那？”

佛告慈氏菩萨曰：“善男子！当知菩萨法假安立及不舍阿耨多罗三藐三菩提愿为依、为住，于大乘中修奢摩他、毗钵舍那。”

慈氏菩萨复白佛言：“如世尊说四种所缘境事：一者有分别影像所缘境事[②]，二者无分别影像所缘境事[③]，三者事边际所缘境事[④]，四者所作成办所缘境事[⑤]。于此四中，几是奢摩他所缘境事？几是毗钵舍那所缘境事？几是俱所缘境事？”

佛告慈氏菩萨曰：“善男子！一是奢摩他所缘境事，谓无分别影像，一是毗钵舍那所缘境事，谓有分别影像，二是俱所缘境事，谓事边际、所作成办。”

慈氏菩萨复白佛言：“世尊！云何菩萨依是四种奢摩他毗钵舍那所缘境事，能求奢摩他、能善毗钵舍那？”

佛告慈氏菩萨曰：“善男子！如我为诸菩萨所说法假安立，所谓契经、应诵、记别、讽诵、自说、因缘、譬喻、本事、本生、方广、希法、论议[6]，菩萨于此善听善受、言善通利、意善寻思、见善通达，即于如是善思惟法独处空闲作意思惟，复即于此能思惟心[7]，内心相续作意思惟[8]，如是正行多安住故，起身轻安及心轻安[9]，是名奢摩他，如是菩萨能求奢摩他。

“彼由获得身心轻安为所依故，即于如所善思惟法内三摩地所行影像观察胜解，舍离心相[10]，即于如是三摩地影像所知义中[11]，能正思择、最极思择、周遍寻思、周遍伺察[12]，若忍、若乐、若慧、若见、若观[13]，是名毗钵舍那，如是菩萨能善毗钵舍那。”

慈氏菩萨复白佛言：“世尊！若诸菩萨缘心为境，内思惟心乃至未得身心轻安所有作意，当名何等？”

佛告慈氏菩萨曰：“善男子！非奢摩他作意，是随顺奢摩他胜解相应作意[14]。”

“世尊！若诸菩萨乃至未得身心轻安，于如所思所有诸法内三摩地所缘影像作意思惟，如是作意，当名何等？”

“善男子！非毗钵舍那作意，是随顺毗钵舍那胜解相应作意。”

注释：

①慈氏菩萨：即弥勒菩萨，依《弥勒上生经》、《弥勒下生经》所载，弥勒出生于婆罗门家庭，后为佛弟子，先佛入灭，以菩萨身为天人说法，住于兜率天。据传此菩萨欲成熟诸众生，由初发心即不食肉，以此因缘而名为“慈氏”。《大日经疏》卷一谓慈氏菩萨系以佛四无量中之慈为首，此慈从如来种姓中生，能令一切世间不断佛种，故称为“慈氏”。

②有分别影像所缘境事：意为对于听闻或所受的教授的所知事作意思维，使此所知事起胜解，使所知事相似现前，此为所知事的同分影像，修观行者于此同分影像中，观察审定功德过失，这样称为“有分别影像”。《瑜伽师地论》中详细解释为：“云何有分别影像，谓如有一或听闻正法，或教授教诫为所依止，或见或闻或分别故，于所知事同分影像，由三摩呬多地毗钵舍那行，观察简择极简择遍寻思遍伺察。所知事者，谓或不净，或慈愍，或缘性缘起，或界差别，或阿那波那念，或蕴善巧，或界善巧，或处善巧，或缘起善巧，或处非处善巧，或下地粗性上地静性，或苦谛集谛，灭谛道谛。是名所知事。此所知事或依教授教诫，或听闻正法为所依止，令三摩呬多地作意现前。即于彼法而起胜解，即于彼所知事而起胜解。彼于尔时，于所知事，如现领受胜解而转，虽彼所知事非现领受和合现前，亦非所余彼种类物，然由三摩呬多地胜解领受相似作意领受，彼所知

事相似显现，由此道理名所知事同分影像。修观行者，推求此故，于彼本性所知事中，观察审定功德过失，是名有分别影像。《显扬圣教论》中说："有分别影像者，谓所知事同分三摩地所行观境。"

③无分别影像所缘境事：是指对于以上所说的所知事的同分影像，修观者受取后不再观察简择遍寻思遍伺察，而只是对此所缘影像，以奢摩他行寂静其心，令心安住，《瑜伽师地论》中说："云何无分别影像，谓修观行者，受取如是影像相已。不复观察简择极简择遍寻思遍伺察。然即于此所缘影像，以奢摩他行寂静其心，即是九种行相令心安住，谓令心内住等住，安住近住，调伏寂静，最极寂静，一趣等持，彼于尔时成无分别影像所缘。即于如是所缘影像，一向一趣安住其念，不复观察简择极简择遍寻思遍伺察，是名无分别影像。即此影像亦名影像，亦名三摩地相，亦名三摩地所行境界，亦名三摩地口，亦名三摩地门，亦名作意处，亦名内分别体，亦名光影，如是等类当知名为所知事同分影像诸名差别。"《显扬圣教论》中说："无分别影像者，谓所知事同分三摩地所行心境。"

④事边际所缘境事：指尽所有性，如所有性。此事边际所缘境在大乘禅观中，见道登初地时证得。《瑜伽师地论》中详说为："云何事边际性，谓若所缘尽所有性如所有性。云何名为尽所有性，谓色蕴外更无余色，受想行识蕴外更无有余受想行识，一切有为事皆五法所摄，一切诸法界处所摄，一切所知事四圣谛摄，如是名为尽所有性。云何名为如所有性，谓若所缘是真实性是真如性，由四道理具道理性，谓观待道理、作用道理、证成道

理、法尔道理。如是若所缘境尽所有性如所有性，总说为一事边际性。”

⑤所作成办所缘境事：指修观者对诸缘影像所有作意都得圆满，以此便得转依，一切粗重皆息灭，超过了对所知事的影像境界，而对所知事生起了无分别现量智。在《瑜伽师地论》声闻地中是这样详说的：“云何所作成办，谓修观行者，于奢摩他毗钵舍那，若修若习若多修习为因缘故，诸缘影像所有作意皆得圆满。此圆满故便得转依，一切粗重悉皆息灭，得转依故超过影像，即于所知事有无分别现量智见生。入初静虑者得初静虑时，于初静虑所行境界，入第二第三第四静虑者，得第二第三第四静虑时，于第二第三第四静虑所行境界，入空无边处，识无边处，无所有处，非想非非想处者，得彼定时，即于彼定所行境界。如是名为所作成办。”此处为大乘禅观，证得阿耨多罗三藐三菩提，得所作成满所缘。另《显扬圣教论》中解释为：“所作成办者，谓转依及依此无分别知。”

⑥契经：广义来说，契经是指十二分教全体的十二部经而言。所谓“经”的文学形式，就是简洁地将要点叙述下来的散文集。十二分教中是指以长行缀缉略说所应说义。应诵：也作“应颂”，其本意是“可以唱出来的”，但在文学形式里是指用韵文来重复散文所叙述的作品。也就是说散文与韵文（偈）兼而有之的佛的说法形式。所谓应颂是“对应着散文的颂（韵文）”，所谓重颂则是“重复散文内容所说的颂”。记别：本意是“问答体的解说文章”，后来又进一步解为“对简单的作详细解说”的意思。这个意思用记说或记别来代表比较妥当。在大乘

佛教，则不只是前述这样的文章形式，而且还指佛对弟子们未来命运的一种预言。也就是“成佛的预言”才称为“受记”或“授记”。也有了义经称为记别的，记别开示深密意的缘故。讽诵：这是一种只有韵文的文学形式，如法句经、长老偈、长老尼偈等都是其中一例。自说：主要是指佛的自说。佛陀通常都是应别人的请求而说法，自说是未经他人请求而自己说出来的。自说原本就不是文章形式，本是指“自说教法”的意思，在形式上散文韵文都有。因缘：这是指说法时，在某种因缘条件下，说出一种序文式的故事。这就是（1）经典一般所说的因缘；（2）有一些偈所说的因缘故事；（3）制定戒律戒条的因缘。譬喻：其本意是“英雄行为的故事”，与因果业报说有关系。可是佛陀的“英雄式行为的故事”叫做“本生”。而本生实际上也是譬喻的一种，本生也可以称为“菩萨譬喻”。一般是把佛弟子前生的故事叫做“譬喻”。本事：宣说佛弟子等过去世的故事，就是本事。本生：这是佛陀前生的故事。方广：大乘佛教出现后，用这个名称来称呼大乘经。因能利益安乐一切有情，宣说广大甚深法缘故称为“方广”。希法：这是指佛所宣说的声闻、诸大菩萨及如来等最极稀有甚奇特法。论议：这是指与略说不同的广说，是一种详细注释的说法，并不一定是佛所说的，无有颠倒地解释一切深隐诸相。

⑦复即于此能思惟心：此明所缘境，闻思二慧相应之心，为所缘境。奢摩他中摄心令住一境，是故缘心为境。

⑧内心相续作意思惟：指系心于内所缘境界，于外所缘不流散。

⑨轻安：据说一切有部之说，轻安有“身轻安”、“心轻安”二种，心堪忍之性与五识相应者，称为“身轻安”；与意识相应者，称为“心轻安”。据《成唯识论述记》卷六卷末所载，轻安分为“有漏轻安”、“无漏轻安”二种，有漏轻安远离烦恼之粗重，无漏轻安远离有漏之粗重，共使身心通畅温和，随所缘之境安适以转，共在定位。《瑜伽师地论》说：“若能于内九种住心，如是名为内心安住正奢摩他。”这九种住心是：“于内摄心令住、等住、安住、近住、调顺、寂静、最极寂静、专注一趣、平等摄持。”

⑩舍离心相：圆测法师认为是舍离奢摩他所缘心相，说心相是指即心是相，因此称为“心相”。此处舍离的心相与下文中的毗钵舍那所缘心相应是不同的。

⑪三摩地影像所知义：此为所观境。

⑫能正思择：指对于净行所缘境界，或于善巧所缘境界，或于净惑所缘境界，能正思择，尽所有性。最极思择：对于彼所缘境界，最极思择如所有性。周遍寻思：对于彼所缘境界，由慧俱行有分别作意，取彼相状，周遍寻思。周遍伺察：对于彼所缘境界，审谛推求，周遍伺察。以上见之于《瑜伽师地论》。

⑬忍：忍解。乐：受乐。慧：分别。见：推求。观：观察。

⑭随顺：这里指顺从佛理，顺从教授，不违逆。胜解：指信解。心所之名。为“俱舍七十五法”中“十大地法”之一，“唯识百法”中“五别境”之一。殊胜之了解之义。即于所缘之境起印可之精神作用（即作出确定之判断）。《俱舍论》卷四中说：“胜解，谓能于境印可。”《成唯识论》卷五讲：“云何胜解？于决定境印持为性，不可引转为业，谓邪正等教理证力于所取境审决印

持，由此异缘，不能引转，故犹豫境胜解全无，非审决心亦无胜解，由斯胜解非遍行摄。有说心等取自境时无拘碍，故皆有胜解，彼说非理。此谓胜解于决定之境审决时，始能称其为胜解。若于犹豫之境，心存疑问，无法审决，则无胜解，故非遍行。”

译文：

这时，弥勒菩萨问佛陀说：“世尊！菩萨以什么为依，以什么为住于大乘中修奢摩他、毗钵舍那？”

佛陀告诉弥勒菩萨说：“善男子！应该知道菩萨以法假安立和不舍阿耨多罗三藐三菩提的菩提心愿为依、为住，于大乘中修奢摩他、毗钵舍那。”

弥勒菩萨又问佛陀说：“像世尊所说的四种所缘境事：一是有分别影像所缘境事，二是无分别影像所缘境事，三是事边际所缘境事，四是所作成办所缘境事。在这四种境事中，哪几种是奢摩他所缘境事？哪几种是毗钵舍那所缘境事？哪几种是俱所缘境事？”

佛陀告诉弥勒菩萨说：“善男子！无分别影像是奢摩他所缘境事，有分别影像是毗钵舍那所缘境事，事边际所缘境事和所作成办所缘境事是奢摩他和毗钵舍那俱所缘境事。”

弥勒菩萨再问佛陀说：“世尊！为什么说菩萨依这四种奢摩他、毗钵舍那所缘境事能够求得奢摩他和善能进入毗钵舍那？”

佛陀对弥勒菩萨说：“善男子！像我为诸菩萨所说法假安立十二分教，如契经、应诵、记别、讽诵、自说、因缘、譬喻、本事、本生、方广、希法、论议等，菩萨对此善听、善受、言善通利、意善寻思、见善通达，对于这些善思维法，独处于空闲的地方，作意思维，还能对此闻思二慧所现的能思维心（所缘），内心（能缘）相续作意思维，因这样正行能多安住的原因，身体获得轻安和心获得轻安，这称为奢摩他，菩萨依这样做称为能求奢摩他。

“彼菩萨因为获得了身心轻安为依止，就对善思惟法所形成的内三摩地所行影像（所缘），观察胜解，舍离奢摩他的心相，即在这样的三摩地影像所知义中，能正思择、最极思择、周遍寻思、周遍伺察，像忍解、像乐受、像慧分别、像见推求、像观察，称为毗钵舍那，菩萨依这样做称为能善毗钵舍那。”

弥勒菩萨再问佛陀说；“世尊！如果诸菩萨缘心为境，内心相续作意思惟，但没有达到身心轻安之前，这种作意，应该称为什么呢？”

佛陀告诉弥勒菩萨说：“善男子！这不是奢摩他作意，是随顺奢摩他胜解相应作意。”

“世尊！如果诸菩萨未达到身心轻安之前，对所思所有诸法内三摩地所缘影像作意思惟，这种作意，应该称为什么呢？”

“善男子！这不是毗钵舍那作意，是随顺毗钵舍那胜解相应作意。”

慈氏菩萨复白佛言：“世尊！奢摩他道与毗钵舍那道，当言有异？当言无异？”

佛告慈氏菩萨曰：“善男子！当言非有异、非无异。何故非有异？以毗钵舍那所缘境，心为所缘故。何故非无异？有分别影像非所缘故。”

慈氏菩萨复白佛言：“世尊！诸毗钵舍那三摩地所行影像，彼与此心当言有异？当言无异？”

佛告慈氏菩萨曰：“善男子！当言无异。何以故？由彼影像唯是识故。善男子！我说识所缘，唯识所现故[①]。”

“世尊！若彼所行影像，即与此心无有异者，云何此心还见此心？”

“善男子！此中无有少法能见少法[②]，然即此心如是生时，即有如是影像显现。善男子！如依善莹清净镜面，以质为缘还见本质，而谓我今见于影像，及谓离质别有所行影像显现，如是此心生时，相似有异三摩地所行影像显现。”

“世尊！若诸有情自性而住、缘色等心所行影像[③]，彼与此心亦无异耶？”

“善男子！亦无有异，而诸愚夫由颠倒觉，于诸影像不能如实知唯是识，作颠倒解。”

慈氏菩萨复白佛言：“世尊！齐何当言菩萨一向修毗钵舍那？”

佛告慈氏菩萨曰：“善男子！若相续作意唯思惟心相。”

“世尊！齐何当言菩萨一向修奢摩他？”

“善男子！若相续作意唯思惟无间心。”

“世尊！齐何当言菩萨奢摩他毗钵舍那和合俱转？”

“善男子！若正思惟心一境性。”

“世尊！云何心相？”

“善男子！谓三摩地所行有分别影像，毗钵舍那所缘。”

“世尊！云何无间心？”

“善男子！谓缘彼影像心，奢摩他所缘。”

“世尊！云何心一境性？”

“善男子！谓通达三摩地所行影像唯是其识，或通达此已，复思惟如性。”

注释：

①唯识所现：此指识所缘境，只是识上所现影像，而没有别体。

②无有少法能见少法：指无作用，一切法作用作者皆不成。指依他起，似心生时，就有如是影像显现。

③“若诸有情”句：是说有情众生，不是因闻思而修入定，而是自性住中，日常如眼缘色所生的心影像。

译文：

弥勒菩萨再问佛陀说：“世尊！奢摩他道和毗钵舍那道应该说有不同？还是应该说没有不同？”

佛陀对弥勒菩萨说："善男子！应该说不是不同、也不是相同。为什么说不是不相同呢？这是因为毗钵舍那所缘境是心所缘，而奢摩他也是心所缘。为什么说不是没有不同呢？这是因为奢摩他没有所缘毗钵舍那所缘的分别影像。"

弥勒菩萨再问佛陀说："世尊！诸毗钵舍那三摩地所行影像，其与此心应该说有不同？还是说没有不同？"

佛陀对弥勒菩萨说："善男子！应该说没有不同。为什么这么说呢？这是因为诸毗钵舍那三摩地所行影像唯是识。善男子！我说识所缘境，唯是识所显现的。"

"世尊！如果毗钵舍那所行影像，即和此心没有不同，那为何说此心还见此心？"

"善男子！这里没有少法（此心）见到少法（此心）这种关系的存在，但是此心这样生的时候，就有如是的影像显现。善男子！这就像依平滑、光亮、洁净的善莹清净镜面，以自己的本质为缘还在镜中见到本质一样，从而称说我今见到影像，并认为离开我本质还有所行影像的显现，像这清净镜面成像的道理一样，此心生时，相似有不同于心的三摩地所行影像显现（事实上还是不离开心的）。

"世尊！如果诸有情自性而住、缘色等产生的心所行影像，其和此心也没有不同吗？"

"善男子！也是没什么不同的，但是诸愚昧的凡夫由于颠倒觉，对诸影像不能如实知道唯是识的道理，而作颠倒解。"

弥勒菩萨问对佛陀说："世尊！怎样说菩萨是一向修毗钵舍那？"

佛陀对弥勒菩萨说:“善男子!如果相续作意只是思维心相,这是一向修毗钵舍那。”

“世尊!怎样说菩萨是一向修奢摩他?”

“善男子!如果相续作意只是思维无间心,这是一向修奢摩他。”

“世尊!怎样说菩萨是奢摩他毗钵舍那和合俱转?”

“善男子!如果正思惟心一境性,这时说奢摩他毗钵舍那和合俱转。”

“世尊!怎样是心相呢?”

“善男子!心相是指三摩地所行有分别影像,这是毗钵舍那所缘。”

“世尊!怎样是无间心呢?”

“善男子!无间心就是缘彼影像心,这是奢摩他所缘。”

“世尊!怎样是心一境性呢?”

“善男子!心一境性是指通达三摩地所行影像唯是其识的道理,或者通达这道理后,再思维如性。”

慈氏菩萨复白佛言:“世尊!毗钵舍那凡有几种?”

佛告慈氏菩萨曰:“善男子!略有三种:一者有相毗钵舍那,二者寻求毗钵舍那,三者伺察毗钵舍那。云何有相毗钵舍那?谓纯思惟三摩地所行有分别影像毗钵舍那。云何寻求毗钵舍那?谓由慧故[①],遍于彼彼未善解了一切法中为善了故,作意思惟毗钵舍那。云何伺察毗钵舍那?谓由慧故,遍于彼彼已善解了一切法中为善证得极解脱故，作意思惟毗钵舍那。”

慈氏菩萨复白佛言：“世尊！是奢摩他凡有几种？”

佛告慈氏菩萨曰：“善男子！即由随彼无间心故，当知此中亦有三种。复有八种：谓初静虑乃至非想非非想处各有一种奢摩他故②。复有四种，谓慈、悲、喜、舍四无量中各有一种奢摩他故③。”

慈氏菩萨复白佛言：“世尊！如说依法奢摩他毗钵舍那，复说不依法奢摩他毗钵舍那。云何名依法奢摩他毗钵舍那？云何复名不依法奢摩他毗钵舍那？”

佛告慈氏菩萨曰：“善男子！若诸菩萨随先所受所思法相，而于其义得奢摩他毗钵舍那，名依法奢摩他毗钵舍那，若诸菩萨不待所受所思法相，但依于他教诫教授，而于其义得奢摩他毗钵舍那，谓观青瘀及脓烂等、或一切行皆是无常、或诸行苦、或一切法皆无有我、或复涅槃毕竟寂静如是等类奢摩他毗钵舍那，名不依法奢摩他毗钵舍那。由依止法得奢摩他毗钵舍那故，我施设随法行菩萨是利根性，由不依法得奢摩他毗钵舍那故，我施设随信行菩萨是钝根性。”

注释：

①慧：心所名。指简择事理之精神作用。为“七十五法”之一，“百法”之一。智与慧虽为通名，然二者实相对。达于有为之事相为“智”，达于无为之空理为“慧”。《唯识论》卷九曰：“云

何为慧？于所观境简择为性，断疑为业。谓观得失俱非境中，由慧推求，得决定故。”《俱舍论》卷四曰：“慧谓于法有简择。”由闻法而来之慧，称作“闻慧”；由思考而来之慧，称作“思慧”；由修行而来之慧，称作“修慧”；以上三者合称“闻思修三慧”。三慧加上与生俱来之“生得慧”，合称“四慧”。此三毗钵舍那中的慧，智藏论师解为：有相者，谓闻所生。寻求者，谓思所生。伺察者，谓修所生。

②复有八种：指四静虑和四无色定。四静虑，又作“四禅定”、“四禅”。指用以治惑、生诸功德之四种根本禅定。亦即指色界中之初禅、第二禅、第三禅、第四禅，故又称“色界定”。谓能断结，及能正观方名静虑。禅，“禅那”的略称，意译为“静虑”，即由寂静，善能审虑，而如实了知之意，故四禅又称“四静虑”、“四定静虑”。此四禅之体为“心一境性”，其用为“能审虑”，特点为已离欲界之感受，而与色界之观想、感受相应。四无色定，指四种无色界之定。即空无边处定、识无边处定、无所有处定、非想非非想处定。乃思惟空无边处等四无色界所得之定。故又称“四空处定”、“四空定”。(1)空无边处定：又名“空处定”。谓超越第四静虑，灭眼识相应之色想，耳等四识相应之有对想，及所有不善想，乃至障定的一切想，唯思惟“空无边之相”而安住之。(2)识无边处定：又名“识处定”。谓超越空无边处，更思惟“识无边之相”而安住之。(3)无所有处定：又名“少处定”。谓超识无边处，破其识相，更思惟“无所有之相”而安住之。(4)非想非非想处定：又名“非有想非无想定”。谓超无所有处，更思惟“非想非非想之相”而安住之。此“非想非非

想定”无明胜之想，故异于灭尽定，又非无想，故不同于无想定。

③四无量：佛陀，菩萨为普度无量众生，令离苦得乐，所应具有之四种精神。其中缘无量众生，思惟令彼等得乐之法，而入“慈等至”，称为“慈无量”；缘无量众生，思惟令离苦之法，而入“悲等至”，称为“悲无量”；思惟无量众生能离苦得乐，于内心深感喜悦，而入“喜等至”，称为“喜无量”；思惟无量众生一切平等，无有怨亲之别，而入“舍等至”，称为“舍无量”。《显扬圣教论》中认为，慈以无嗔善根为体，悲以不害善根为体，喜以不嫉善根为体，舍以无贪无嗔善根为体，都是怜愍众生之法。

译文：

弥勒菩萨再问佛陀说：“世尊！毗钵舍那有几种呢？”

佛陀对弥勒菩萨说：“善男子！略有三种：第一种是有相毗钵舍那，第二种是寻求毗钵舍那，第三种是伺察毗钵舍那。什么是有相毗钵舍那？是有情纯思维三摩地所行的有分别影像的毗钵舍那称为有相毗钵舍那。什么是寻求毗钵舍那？这是指由于慧的原因，遍于那些有情尚未解了的一切法中，为了能够解了这些尚未解了的法，而作意思惟的毗钵舍那，称为寻求毗钵舍那。什么是伺察毗钵舍那呢？这是指由于慧的原因，遍于那些有情已经解了的一切法中，为了能够证得极解脱的原因，作意思惟的毗钵舍那称为伺察毗钵舍那。”

弥勒菩萨问佛陀说：“世尊！这奢摩他有几种？”

佛陀对弥勒菩萨说：“善男子！随以上所说的三种毗钵舍那心相的无间心缘故，应该知道也有相应的三种奢摩他。另外，还有八种，所谓初禅，二禅，三禅，四禅，空无边处定，识无边处定，无所有处定，非想非非想处定各有一种奢摩他。还有四种，所谓慈无量心，悲无量心，喜无量心，舍无量心四种无量心中各有一种奢摩他。”

弥勒菩萨再问佛陀说：“世尊！有说依法奢摩他毗钵舍那，还有说不依法奢摩他毗钵舍那。那么什么是依法奢摩他毗钵舍那呢？什么是不依法奢摩他毗钵舍那呢？”

佛陀对弥勒菩萨说：“善男子！如果菩萨由先闻慧所受所思十二教法相，而于其义中得奢摩他毗钵舍那，说为依法奢摩他毗钵舍那，如果菩萨不待所受所思的法相，只是依于他人的教诫和教授，从其义中得到奢摩他毗钵舍那，如观察尸体的青瘀及脓烂等不净相，或者观察一切行都是无常、或诸行皆苦、或一切法皆无有我、或涅槃毕竟寂静等等奢摩他毗钵舍那，这样称为不依法奢摩他毗钵舍那。由于依止法得奢摩他毗钵舍那的缘故，我施设随法行菩萨是利根性，由于不依止法得奢摩他毗钵舍那的缘故，我施设随信行菩萨是顿根性。”

慈氏菩萨复白佛言：“世尊！如说缘别法奢摩他毗钵舍那，复说缘总法奢摩他毗钵舍那，云何名为缘别法奢摩他毗钵舍那？云何复名缘总法奢摩他毗钵舍那？”

佛告慈氏菩萨曰：“善男子！若诸菩萨缘于各别契经等法[①]，于如所受所思惟法修奢摩他毗钵舍那，是名缘别法奢摩他毗钵舍那，若诸菩萨即缘一切契经等法，集为一团、一積、一分、一聚作意思惟[②]，此一切法随顺真如、趣向真如、临入真如，随顺菩提、随顺涅槃、随顺转依及趣向彼、若临入彼③，此一切法宣说无量无数善法，如是思惟修奢摩他毗钵舍那，是名缘总法奢摩他毗钵舍那。”

慈氏菩萨复白佛言：“世尊！如说缘小总法奢摩他毗钵舍那，复说缘大总法奢摩他毗钵舍那，又说缘无量总法奢摩他毗钵舍那。云何名缘小总法奢摩他毗钵舍那？云何名缘大总法奢摩他毗钵舍那？云何复名缘无量总法奢摩他毗钵舍那？”

佛告慈氏菩萨曰：“善男子！若缘各别契经乃至各别论义为一团等作意思惟，当知是名缘小总法奢摩他毗钵舍那，若缘乃至所受所思契经等法为一团等作意思惟，非缘各别，当知是名缘大总法奢摩他毗钵舍那，若缘无量如来法教、无量法句文字、无量后后慧所照了为一团等作意思惟④，非缘乃至所受所思，当知是名缘无量总法奢摩他毗钵舍那。”

慈氏菩萨复白佛言：“世尊！菩萨齐何名得缘总法奢摩他毗钵舍那？”

佛告慈氏菩萨曰：“善男子！由五缘故当知名得：一者于思惟时刹那刹那融销一切粗重所依⑤，二者离种种想，得乐法乐⑥，三者解了十方无差别相、无量法光⑦，四者所作成满相应净分无分别相恒现在前，五者为令法身得成满故，摄受后后转胜妙因⑧。”

慈氏菩萨复白佛言:“世尊!此缘总法奢摩他毗钵舍那,当知从何名为通达?从何名得?”

佛告慈氏菩萨曰:“善男子!从初极喜地名为通达,从第三发光地乃名为得。善男子!初业菩萨亦于是中随学作意,虽未可叹不应懈废。”

注释:

①缘于各别:有两解释:缘十二部类的一一部,名为“缘别”。另一种解释是于一一部,各有多种,谓有十二各别义故,故言各别,非十二部别名为各别。

②積(zì):(一)堆。

③转依:转所依之意。又作“所依已转”、“变住”。转,转舍、转得之义;依,指使染净迷悟等诸法得以成立之所依。转依,即转舍劣法之所依,而证得胜净法之所依。

④无量如来法教、无量法句文字、无量后后慧:此三无量是从能说人,显所说教;说名句文,指教体;约能缘智,显所缘教这三方面来说。

⑤一切粗重所依:世亲解释为烦恼障及所知障,无始时来熏习种子,说为粗重。这二障聚因由缘总法修止观智力,念念销融。

⑥法乐:离教证真一味,名为法乐。

⑦法光:指法光明,一种说法是:能诵经者闻此法光于心中现。一种说是能记名句文身,能缘之心分明。

⑧“由五缘故”至“摄受后后转胜妙因”数句:这五缘就是

《摄大乘论》中所说的五修所得五种果。彼对应修说，因此称为“果”，这里说止观，称为“缘”。《摄大乘论》讲：“谓诸菩萨于地地中，修奢摩他、毗钵舍那，由五相修。何等为五？谓集总修，无相修，无功用修，炽盛修，无喜足修。”

译文：

弥勒菩萨对佛说：“世尊！有说缘别法奢摩他、毗钵舍那，还有说缘总法奢摩他、毗钵舍那，那么什么是缘别法奢摩他、毗钵舍那？什么是缘总法奢摩他、毗钵舍那？”

佛陀对弥勒菩萨说：“善男子！如果诸菩萨缘于各别契经等法，如所受所思惟法修奢摩他、毗钵舍那，称为缘别法奢摩他、毗钵舍那，如果诸菩萨即缘一切契经等法，集为一团、一堆、一分、一聚作意思维，此一切法随顺真如、趣向真如、临入真如，随顺菩提、随顺涅槃、随顺转依及趣向彼、若临入彼，此一切法宣说无量无数善法，这样思惟修奢摩他、毗钵舍那，称为缘总法奢摩他、毗钵舍那。”

弥勒菩萨又问佛陀说：“世尊！有说缘小总法奢摩他、毗钵舍那，还有说缘大总法奢摩他、毗钵舍那，又有说缘无量总法奢摩他、毗钵舍那。那么什么是缘小总法奢摩他、毗钵奢那？什么是缘大总法奢摩他、毗钵奢那？什么又是缘无量总法奢摩他、毗钵舍那？”

佛陀对弥勒菩萨说：“善男子！如果缘各别契经乃至各别论义为一团等作意思惟，应该知道这称做缘小总法奢摩他、毗钵舍那，如果俱缘十二分教乃至所受所思契经等法为一团等作意思维，不是缘各别，应该知道这被称做缘大总法奢摩他、毗钵舍那，如果缘无量如来法教、无量法句文字、无量后后慧所照了为一团等作意思维，非仅缘一类十二分教乃至所受所思契经等法，应该知道这被称做缘无量总法奢摩他、毗钵舍那。”

弥勒菩萨再问佛陀说：“世尊！菩萨怎样才能说得缘总法奢摩他、毗钵舍那呢？”

佛陀告诉弥勒说：“善男子！由具五种缘可以称名为得：一是在思惟时，刹那刹那融销一切粗重所依；二是离种种想，得乐法乐；三是解了十方无差别相无量法光；四是所作成满相应净分的无分别相恒现在前；五是为了使法身获得成满，而摄受能够后后转为圆满殊胜的妙因。”

弥勒菩萨再问佛陀说：“世尊！这缘总法奢摩他、毗钵舍那，应该知道从什么时候开始称为通达？从时候开始称为得？”

佛陀对弥勒菩萨说：“善男子！从初极喜地开始称为通达，从第三发光地开始称为得。善男子！初发心菩萨也应该从中随学作意，虽然未能通达和得，但是不应懈怠和废弃。”

慈氏菩萨复白佛言：“世尊！是奢摩他毗钵舍那，云何名有寻有伺三摩地？云何名无寻惟伺三摩地？云何名无寻无伺三摩地？”[①]

佛告慈氏菩萨曰：“善男子！于如所取寻伺法相，若有粗显领受观察诸奢摩他毗钵舍那，是名有寻有伺三摩地，若于彼相，虽无粗显领受观察，而有微细彼光明念领受观察诸奢摩他毗钵舍那[②]，是名无寻惟伺三摩地，若即于彼一切法相，都无作意领受观察诸奢摩他毗钵舍那，是名无寻无伺三摩地。

“复次善男子！若有寻求奢摩他毗钵舍那，是名有寻有伺三摩地③，若有伺察奢摩他毗钵舍那，是名无寻惟伺三摩地④，若缘总法奢摩他毗钵舍那，是名无寻无伺三摩地⑤。”

慈氏菩萨复白佛言：“世尊！云何止相？云何举相？云何舍相？”

佛告慈氏菩萨曰：“善男子！若心掉举或恐掉举时⑥，诸可厌法作意及彼无间心作意，是名止相，若心沉没或恐沉没时，诸可欣法作意及彼心相作意，是名举相，若于一向止道、或于一向观道、或于双运转道二随烦恼所染污时，诸无功用作意及心任运转中所有作意，是名舍相。”

注释：

①寻：为粗略推求诸法名义的思惟作用，通于定、散及无漏。伺：细心伺察诸法名义的思惟作用，不遍于一切心，不起于一切时，其性虽迟钝，但深入推度名身等，与“寻”同有等起语言之作用。《成唯识论》卷七说：“寻谓寻求，令心忽遽于意言境粗转为性；伺谓伺察，令心忽遽于意言境细转为性。此二俱以安不安住身心分位所依为业，并用思慧一分为体，于意言境不深推度及深度义类别故。”

②光明念：有依闻慧来解释光明的。《瑜伽师地论》说："谓如所闻已得究竟不忘念法，名法光明。"其还有依三慧来解释光明的："法光明者，谓如有一随其所受所思所触，观察诸法，或复修习随念佛等。"

③有寻有伺三摩地：这是约地前四寻思来说，指加行位中，暖顶善根。寻求自义自性差别，名为寻求。因此称为"有寻有伺三摩地"。

④无寻惟伺三摩地：指忍，世间第一法二种善根。如实了知名等四境，称为"伺察"。因此称为"无寻惟伺三摩地"。

⑤无寻无伺：此指在地上，总缘诸法，作真如观，离诸寻伺，称为"无寻无伺"。

⑥掉举：指浮动不安之心理状态。如《俱舍论》卷四说："令心不静。"

译文：

弥勒菩萨再问佛陀说："世尊！在这奢摩他毗钵舍那中，怎样称为有寻有伺三摩地？怎样称为无寻惟伺三摩地？怎样称为无寻无伺三摩地？"

佛陀告诉弥勒菩萨说："善男子！对于所取的寻伺法相，如果有粗显领受观察诸奢摩他毗钵舍那，称为有寻有伺三摩地，若对于所取的寻伺法相，虽然没有了粗显领受观察，但是还有微细彼光明念领受观察诸奢摩他毗钵舍那，称为无寻惟伺三摩地，如果对于彼止观所缘的一切法相，都无作意领受观察诸奢摩他毗钵舍那，称为无寻无伺三摩地。

“还有善男子！如果是有寻求奢摩他毗钵舍那，则称为有寻有伺三摩地，如果是有伺察奢摩他毗钵舍那，则称为无寻惟伺三摩地，如果是缘总法奢摩他毗钵舍那，则称为无寻无伺三摩地。”

弥勒菩萨再问佛陀说：“世尊！哪什么是止相？什么是举相？什么是舍相呢？”

佛对弥勒菩萨说：“善男子！如果菩萨修观行时心掉举或恐掉举时，诸可厌法作意及彼无间心作意，称名止相，如果心沉没或恐沉没时，诸可欣法作意和其心相作意，称为举相，如果一向修止道或者一向修观道，或于止观双运道时昏沉、掉举二随烦恼所染污时，诸无功用作意及心任运转中的所有作意，称为舍相。”

慈氏菩萨复白佛言：“世尊！修奢摩他毗钵舍那诸菩萨众知法知义。云何知法？云何知义？”

佛告慈氏菩萨曰：“善男子！彼诸菩萨由五种相了知于法：一者知名，二者知句，三者知文，四者知别，五者知总。云何为名？谓于一切染净法中，所立自性想假施设。云何为句？谓即于彼名聚集中，能随宣说诸染净义依持建立。云何为文？谓即彼二所依止字。云何于彼各别了知？谓由各别所缘作意。云何于彼总合了知？谓由总合所缘作意。如是一切总略为一名为知法，如是名为菩萨知法。

“善男子！彼诸菩萨由十种相了知于义：一者知尽

所有性，二者知如所有性，三者知能取义，四者知所取义，五者知建立义，六者知受用义，七者知颠倒义，八者知无倒义，九者知杂染义，十者知清净义。

“善男子！尽所有性者，谓诸杂染清净法中，所有一切品别边际，是名此中尽所有性。如五数蕴、六数内处、六数外处，如是一切。

“如所有性者，谓即一切染净法中所有真如①，是名此中如所有性。此复七种：一者流转真如，谓一切行无先后性，二者相真如，谓一切法补特伽罗无我性及法无我性，三者了别真如，谓一切行惟是识性，四者安立真如，谓我所说诸苦圣谛，五者邪行真如，谓我所说诸集圣谛，六者清净真如，谓我所说诸灭圣谛，七者正行真如，谓我所说诸道圣谛。当知此中，由流转真如、安立真如、邪行真如故一切有情平等平等，由相真如、了别真如故一切诸法平等平等，由清净真如故一切声闻菩提、独觉菩提、阿耨多罗三藐三菩提平等平等，由正行真如故，听闻正法、缘总境界、胜奢摩他毗钵舍那所摄受慧平等平等。

“能取义者，谓内五色处，若心、意、识及诸心法，所取义者，诸外六处。又能取义，亦所取义。

“建立义者，谓器世界，于中可得建立一切诸有情界。谓一村田、若百村田、若千村田、若百千村田，或一大地至海边际，此百、此千、若此百千，或一赡部洲，此百、此千、若此百千，或一四大洲，此百、此千、若此百千，或一小千世界，此百、此千、若此百千，或一中千世界，此百、此千、若此百千，或一三千大千世界②，此百、此千、若此百千，或此拘胝、此百拘胝、此千拘胝、此百千拘胝③，或此无数、此百无数、此千无数、此百千无数④，或三千大千世界无数百千微尘量等，于十方面无量、无数诸器世界⑤。

“受用义者，谓我所说诸有情类，为受用故摄受资具⑥。

“颠倒义者，谓即于彼能取等义，无常计常，想倒、心倒、见倒⑦，苦计为乐、不净计净、无我计我，想倒、心倒、见倒。无倒义者，与上相违、能对治彼，应知其相。

“杂染义者，谓三界中三种杂染：一者烦恼杂染，二者业杂染，三者生杂染。清净义者，谓即如是三种杂染所有离系菩提分法。

“善男子！如是十种当知普摄一切诸义。

注释：

①真如：指宇宙万有的真实性，或本来的状态。见前释。

②三千大千世界：古代印度人之宇宙观。又作“一大三千大千世界”、“一大三千世界”、“三千世界”。谓以须弥山为中心，周围环绕四大洲及九山八海，称为“一小世界”，乃自色界之初禅天至大地底下之风轮，其间包括日、月、须弥山、四天王、三

十三天、夜摩天、兜率天、乐变化天、他化自在天、梵世天等。此一小世界以一千为集，而形成一个小千世界，一千个小千世界集成中千世界，一千个中千世界集成大千世界，此大千世界因由小、中、大三种千世界所集成，故称“三千大千世界”。

③拘胝：又作“俱胝”、“俱致”、“拘梨”。意译为“亿”。《俱舍论》中说：十一为十，十十为百，十百为千，十千为万，十万为洛叉，十洛叉为度洛叉，十度洛叉为俱胝，十俱胝为末陀，十末陀为阿庾多。圆测疏中也谈到：“拘胝传释有三：一者十万，二者百万，三者千万。”也有以百亿来解的。

④无数：是指阿僧祇数，《大智度论》中说，天人中能知算数极数不复能知，称为“一阿僧祇”。

⑤“或三千大千世界”两句：此明十方界量，一三千世界，二无数百千三千世界，三微尘量等十方无量三千世界。以上总为十段：一村田量，二大地量，三瞻部洲量，四四洲量，五小千界量，六中千界量，七大千界量，八拘胝界量，九无数界量，十微尘界量。

⑥摄受资具：《瑜伽师地论》第二卷说：“云何十种身资具。一食，二饮，三乘，四衣，五庄严具，六歌笑舞乐，七香鬘涂末，八什物之具，九照明，十男女受行。”还有七种摄受事：“云何七种摄受事。一自父母事，二妻子事，三奴婢仆使事，四朋友官僚兄弟眷属事，五田宅邸肆事，六福业事及方便作业事，七库藏事。”

⑦想倒、心倒、见倒：想倒者，谓于无常苦不净无我中。起常乐净我妄想分别。心倒者，谓即于彼所执着中贪等烦恼。见倒者，谓即于彼妄想所分别中。忍可欲乐建立执着。

译文：

弥勒菩萨再问佛陀："世尊！修奢摩他毗钵舍那诸菩萨众应该知法知义。那么什么是知法？什么是知义呢？"

佛陀对弥勒菩萨说："善男子！诸菩萨通过五种相了知于法，一是知名，二是知句，三是知文，四是知别，五是知总。什么是名呢？是指一切染净诸法中，所假安立的自性想称为名。什么是句呢？是指在以上诸名的聚集中，能够随宣说诸染净的差别义，并依于此义，摄持所诠，使不失落而建立的称为句。什么是文呢？就是名和句所依止的字称为文。为什么要对于名、句、文各别了知？这是因为名句文有各别所缘作意的缘故。为什么要对名、句、文总合了知？这是要总合所缘作意的缘故。这样一切总的简略的称为一个名字为知法，这样称为菩萨知法。

"善男子！诸菩萨通过十种相了知于义：一是知尽所有性，二是知如所有性，三是知能取义，四是知所取义，五是知建立义，六是知受用义，七是知颠倒义，八是知无倒义，九是知杂染义，十是知清静义。

"善男子！尽所有性是指诸杂染清净法中，所有一切品类差别摄法周尽，这样称为尽所有性，如五蕴、六内处、六外处等等一切像这样类别的。

"如所有性是指一切染净法中所有一味真如平等法性，这真如也就被称为一切染净法中的如所有性。这里有七种真如：第一种是流转真如，一切行无先后性称无为流转真如；第二种是相真如，一切法补特伽罗无我性和法无我性称为相真如；第三种是了别真如，一切行惟是识性称为了别真如；第四种是安立真如，我所说的诸苦圣谛是安立真如；第五种是邪行真如，我所说的诸集圣谛是邪行真如；第六种是清净真如，我所说的诸灭圣谛是清净真如；第七种是正行真如，我所说的诸道圣谛是正行真如。应该知道在这其中，由于流转真如、安立真如、邪行真如的原因，因此一切有情平等平等；由于相真如、了别真如的原因，因此一切诸法平等平等，由于清净真如的原因，一切声闻所证悟的菩提，缘觉所证悟的菩提，佛陀所证悟的阿耨多罗三藐三菩提平等平等，由正行真如的原因，听闻正法缘总境界胜奢摩他毗钵舍那所摄受慧平等平等。

“眼、耳、鼻、舌、身内五根、还有心、意、识和诸心法相应的心所是能取义，所取义是指色处、声处、香处、味处、法处等外六处。另外前面说的能取义也可以被心与心所所缘，因此也是所取义。

“建立义是指器世界，一切诸有情界可以依止器世界而建立。这具体指一个村庄城镇及其田地，一百个村庄城镇及其田地、一千个村庄城镇及其田地、百千个村庄城镇及其田地，或者一个到海边际的大地，类似的一百个大地、类似的一千个大地、类似的百千个大地，或者一个南赡部洲，一百个类似的南赡部洲、一千个类似的南赡部洲、百千类似的南赡部洲，或者一个由东胜神洲、南赡部洲、西牛货洲、北俱卢洲组成的四大部洲，一百个类似的四大部洲、一千个类似的四大部洲、百千个类似的四大部洲，或者一小千世界，类似的一百个小千世界、类似的一千个小千世界、类似的百千个小千世界，或者一个中千世界，类似的一百个中千世界、类似的百千个中千世界，或者一个三千大千世界，类似的一百个三千大千世界、类似的一千个三千大千世界、类似的百千个三千大千世界，或类似的一亿个三千大千世界、类似的百亿个、千亿个、百千亿个，或者类似的无数个、类似的百无数个、千无数个、百千无数个，或者三千大千世界无数百千世界极微尘量等的十方无量无数诸器世界。

“受用义是指我所说的诸有情类，为受用的缘故摄受资具。

“颠倒义是指在以上能取等义中，无常的计常，想倒、心倒、见倒，把苦计为乐、不净计为净、无我计为我，想倒、心倒、见倒。而无倒义是指与颠倒义相违，并能够对治颠倒义，应该知道其相。

“杂染义是指三界中的三种杂染：第一种是烦恼杂染，第二种是业杂染，第三种是生杂染。清净义就是指离系三种杂染的菩提分法。

“善男子！应该知道，这样的十种义普摄一切诸义。

“复次善男子！彼诸菩萨由能了知五种义故名为知义。何等五义？一者遍知事，二者遍知义，三者遍知因，四者得遍知果，五者于此觉了。

“善男子！此中遍知事者，当知即是一切所知，谓或诸蕴、或诸内处、或诸外处，如是一切。

“遍知义者，乃至所有品类差别所应知境，谓世俗故、或胜义故，或功德故、或过失故，缘故，世故，或生、或住、或坏相故，或如病等故，或苦、集等故，或真如、实际、法界等故，或广、略故，或一向记故、或分别记故、或反问记故、或置记故，或隐密故、或显了故，如是等类，当知一切名遍知义。

“遍知因者，当知即是能取前二菩提分法，所谓念住或正断等。

“得遍知果者，谓贪恚痴永断毗奈耶及贪恚痴一切永断诸沙门果[1]，及我所说声闻、如来若共不共、世出世间所有功德，于彼作证。

“于此觉了者，谓即于此作证法中诸解脱智广为他说、宣扬开示。善男子！如是五义当知普摄一切诸义。

“复次善男子！彼诸菩萨由能了知四种义故名为知义。何等四义？一者心执受义，二者领纳义，三者了别义，四者杂染清净义。善男子！如是四义当知普摄一切诸义。

“复次善男子！彼诸菩萨由能了知三种义故名为知义。何等三义？一者文义，二者义义，三者界义。

“善男子！言文义者，谓名身等。义义当知复有十种：一者真实相，二者遍知相，三者永断相，四者作证相，五者修习相，六者即彼真实相等品类差别相，七者所依、能依相属相，八者即遍知等障碍法相，九者即彼随顺法相，十者不遍知等及遍知等过患、功德相。言界义者，谓五种界：一者器世界，二者有情界，三者法界[2]，四者所调伏界[3]，五者调伏方便界[4]。善男子！如是五义当知普摄一切义。”

慈氏菩萨复白佛言:“世尊！若闻所成慧了知其义，若思所成慧了知其义，若奢摩他毗钵舍那修所成慧了知其义，此何差别？”

佛告慈氏菩萨曰:“善男子！闻所成慧，依止于文，但如其说，未善意趣，未现在前，随顺解脱，未能领受成解脱义，思所成慧，亦依于文，不惟如说，能善意趣，未现在前，转顺解脱，未能领受成解脱义，若诸菩萨修所成慧，亦依于文、亦不依文，亦如其说、亦不如说，能善意趣，所知事同分三摩地所行影像现前，极顺解脱，已能领受成解脱义。善男子！是名三种知义差别。”

慈氏菩萨复白佛言:“世尊！修奢摩他毗钵舍那诸菩萨众知法、知义，云何为智？云何为见？”

佛告慈氏菩萨曰:“善男子！我无量门宣说智、见二种差别，今当为汝略说其相：若缘总法修奢摩他毗钵舍那所有妙慧，是名为智，若缘别法修奢摩他毗钵舍那所有妙慧，是名为见。”

注释:

①毗奈耶：梵文音译，调伏，灭的意思。此处指伏断烦恼。沙门果：即指“预流果、一来果、不还果、阿罗汉果”四沙门果。此正断烦恼。

②法界：指意识所缘对象之所有事物。为“十八界”之一。

据《俱舍论》卷一载，受、想、行三蕴与无表色、无为法，称为法界；于“十二处”之中，则称为“法处”。然十八界中其他之十七界亦称为“法”，故广义泛指有为、无为之一切诸法，亦称为“法界”。就字义而言，界有“种族生本”之义。

③所调伏界：指菩萨思惟十方无量世界有情种种行种种性。

④调伏方便界：指菩萨思惟十方无量世界所化有情调伏方便。如说秘密之法，说显了之法，摄受方便，折伏方便等等。

译文：

“还有善男子！那菩萨由于能够了知五种义而称为义。哪五种义呢？第一种是遍知事，第二种是遍知义，第三种是遍知因，第四种是遍知果，第五种是于此觉了。

“善男子！这里遍知事应该知道就是指一切所知，如诸蕴、诸内处，诸外处等等这样的一切。

“遍知义还知道所有品类差别所应知境，如世俗的、或胜义的，或功德的、或过失的，缘的，世的，或生的、或住的、或坏相的，或如病等，或苦、集等，或真如、实际、法界等，或广、略，或一向记、或分别记故、或反问记、或搁置的，或隐密的、或显了的如是等等，应当知道这一切，如此称为遍知义。

“遍知因，应该知道就是能取前面二者（遍知事，遍知义）的菩提分法，如四念住或四正勤等菩提分法。

“遍知果是对于贪、恚、痴永调伏及贪、恚、痴一切烦恼永断的诸沙门果，和我所说的声闻、如来共与不共、世出世间所有功德，去证得这些果位和功德，称为遍知果。

“于此觉了是指将上面所说的作证法中诸解脱智，广向其他有情宣说、宣扬开示。善男子！应当知道，这样五义普摄一切诸义。

“还有善男子！诸菩萨因能够了知四种义的原因而称为知义。哪四种义呢？第一种是心执受义；第二种是领纳义；第三种是了别义；第四种是杂染清净义。善男子！应该知道，这样的四义普摄一切诸义。

“还有善男子！诸菩萨因能够了知三种义的原因而称为知义。哪三种义呢？第一种是文义；第二种是义义；第三种是界义。

“善男子！说文义是指名、身等。而义义应该知道其中还有十种：第一种是真实相；第二种是遍知相；第三种是永断相；第四种是作证相；第五种是修习相；第六种是指真实相等的品类差别相；第七种是所依、能依相的属相；第八种就是遍知等的障碍法相；第九种就是遍知等的随顺法相；第十种是不遍知等及遍知等过患功德相。说界义有五种界：第一种是器世界；第二种是有情界；第三种是法界；第四种是所调伏界；第五种是调伏方便界。善男子！应该知道这样五义普摄一切义。”

弥勒菩萨再问佛陀说：“世尊！对于闻所成慧了知其义，思所成慧了知其义，奢摩他毗钵舍那修所成慧了知其义，这其中有什么差别？”

佛陀对弥勒菩萨说：“善男子！闻所成慧是指依止于文，只是就其文而取义，而不能通达圣教意趣，缘境时不能使所闻义的同分影像显现在前，只是随顺解脱，没能领受成解脱义；思所成慧也是依于文，但不只是就其文而取义，而是能通达圣教意趣，但缘境时不能使所闻义的同分影像显现在前，能转顺解脱，但不能领受成解脱义；如果菩萨修所成慧，依于文也可不依于文，可以就其文取义，也可不只是就其文而取义，能通达圣教意趣，所知事的同分三摩地所行影像现前，极顺解脱，已能领受成解脱义。善男子！这就是三种知义的差别。”

弥勒菩萨再问佛陀：“世尊！修奢摩他毗钵舍那的诸菩萨众应该知法、知义，那什么是智？什么是见呢？”

佛陀告诉弥勒菩萨说：“善男子！我通过无量门来宣说智与见的差别，现应当给你略说其相：如果缘总法修奢摩他毗钵舍那所有的妙慧称为智，如果缘别法修奢摩他毗钵舍那的所有妙慧称为见。”

慈氏菩萨复白佛言：“世尊！修奢摩他毗钵舍那诸菩萨众，由何作意？何等、云何除遣诸相？”

佛告慈氏菩萨曰：“善男子！由真如作意，除遣法相及与义相。若于其名及名自性无所得时，亦不观彼所依之相，如是除遣。如于其名，于句、于文、于一切义当知亦尔，乃至于界及界自性无所得时，亦不观彼所依之相，如是除遣。”

“世尊！诸所了知真如义相，此真如相亦可遣不？”

“善男子！于所了知真如义中都无有相，亦无所得，当何所遣？善男子！我说了知真如义时，能伏一切法义之相，非此了达，余所能伏。”

“世尊！如世尊说浊水器喻、不净镜喻、挠泉池喻[①]，不任观察自面影相，若堪任者与上相违。如是若有不善修心，则不堪任如实观察所有真如，若善修心，堪任观察。此说何等能观察心？依何真如而作是说？”

“善男子！此说三种能观察心，谓闻所成能观察心、若思所成能观察心、若修所成能观察心，依了别真如作如是说[②]。”

“世尊！如是了知法义菩萨为遣诸相勤修加行，有几种相难可除遣？谁能除遣？”

“善男子！有十种相，空能除遣。何等为十？一者了知法义故，有种种文字相，此由一切法空能正除遣[③]，二者了知安立真如义故[④]，有生灭住异性[⑤]、相续随转相，此由相空及无先后空能正除遣，三者了知能取义故，有顾恋身相及我慢相，此由内空及无所得空能正除遣，四者了知所取义故，有顾恋财相，此由外空能正除遣，五者了知受用义，男女承事、资具相应故，有内安乐相、外净妙相，此由内外空及本性空能正除遣，六者了知建立义故，有无量相，此由大空能正除遣，七者了知无色故，有内寂静解脱相，此由有为空能正除遣，八者了知相真如义故，有补特伽罗无我相、法无我相、若惟识相及胜义相，此由毕竟空、无性空、无性自性空及胜义空能正除遣，九者由了知清净真如义故，有无为相、无变异相，此由无为空、无变异空能正除遣，十者即于彼相对治空性作意思惟故，有空性相，此由空空能正除遣[6]。”

“世尊！除遣如是十种相时，除遣何等？从何等相而得解脱？”

“善男子！除遣三摩地所行影像相，从杂染缚相而得解脱，彼亦除遣[7]。

“善男子！当知就胜说如是空，治如是相，非不一一治一切相。譬如无明，非不能生乃至老死诸杂染法，就胜但说能生于行，由是诸行亲近缘故，此中道理当知亦尔。”

尔时，慈氏菩萨复白佛言：“世尊！此中何等空是总空性相？若诸菩萨了知是已无有失坏，于空性相离增上慢。”

尔时，世尊叹慈氏菩萨曰：“善哉！善哉！善男子！汝今乃能请问如来如是深义，令诸菩萨于空性相无有失坏。何以故？善男子！若诸菩萨于空性相有失坏者，便为失坏一切大乘。是故汝应谛听！谛听！当为汝说总空性相。善男子！若于依他起相及圆成实相中，一切品类杂染、清净遍计所执相毕竟远离性，及于此中都无所得[8]，如是名为于大乘中总空性相[9]。”

注释:

①浊水器喻、不净镜喻、挠泉池喻:这三个比喻,圆测法师认为可以按三慧次第来解:“净水之器照象虽得,犹不及镜,故喻闻慧。净镜虽明,无澄静性,故喻思慧。水性调柔,有澄静性,故喻修慧。或可一一通喻三慧。”

②了别真如:即七真如中的了别真如,圆测疏中解释此真如有两种,一种是一切行唯是识性称为真如,这就是世俗的唯识观。第二种是唯识之性称为唯识性,这就是胜义唯识观。菩萨在地前是观唯识相,初地已上菩萨则观唯识性。这里通说两种观。

③一切法空:在《大般若经》中,一切法空指如“五蕴”、“十二处”、“十八界”,有色无色,有见无见,有对无对,有漏无漏,有为无为等这一切法,由一切法空。圆测法师认为在本经中,摄一切能诠的教法,以依文字而显一切法空。

④安立真如:即“七真如”中的安立真如,“四谛”中的苦圣谛。

⑤生灭住异性:指显示诸法生灭变迁之生、住、异、灭等四相。法相宗认主张“四相假立,过未无体”。就刹那而言,有为法依因缘之力,由本无而今有,乃属暂有还无者,为表示异于无为而假立四相。以本无今有,故称有位为“生”,暂停于生位即称“住”,住位前后之变异即称“异”,以暂有还无,故称灭时为“灭”。

⑥“有十种相”至“此由空空能正除遣”数句:《大般若经》中讲二十空:“菩萨摩诃萨大乘相者。谓内空、外空、内外空、空

空、大空、胜义空、有为空、无为空、毕竟空、无际空、散空、无变异空、本性空、自相空、共相空、一切法空、不可得空、无性空、自性空、无性自性空，是名菩萨摩诃萨大乘相。”另外《大般若经》中，《大智度论》也说十八空，与二十空比较，合二十空中的散空无变异空为散无散空，合自相空和共相空为自共相空。本经只有十七空。对比二十空，少散空、自性空，合二十空中的自相和共相为一相空。对比十八空，少自性空，在此经中归入一切法空。

⑦“除遣三摩地所行影像相”三句：对此圆测法师介绍了三种说法：一种是“观空除遣遍计所执十种相时，空观心中仍有依他似空影像。随空心现，从此空观入于证智。更除似空影像相分，相分既除，即从一切杂染相缚种子解脱。执解脱心亦皆远离。故言彼亦除遣”。第二种说法是“如上所说除十相时，唯能除遣三摩地所行依他影像相分，由能除遣定影像故，即解脱有漏相缚，由彼解脱相缚力故，能缘见分亦能除遣。或可现行相缚解脱力故，彼相缚种亦得解脱”。第三种是“如上所说除遣十相，即是依定所现影像所起遍计所执相也。谓由三摩地有影像现，后散心中，依彼影像，即随妄情，有所执相。故观空时，能除如是所执之相。除执相故，从杂染相而得解脱。由解脱故，彼能执心亦名除遣”。

⑧此中都无所得：这里“此中”的所指，多有不同的解释，总有三种：第一种是清辩法师认为此中都无所得是显依他起及圆成实二性的空义，这样三性都无所得而称为总空性相；第二种是护法法师等认为三性中只是遣除遍计所执性，而不是其他二性，

这里所说的在依他起相及圆成实相中，一切品类染净所执毕竟远离性，是说明依他起和圆成实二性中远离所执，只是遣所执以显空性，而说此中都无所得是为了止滥，是说这总空性一切十相都无所得而不是像前十六空各遣一相；第三种是智藏论师的观点，对于“一切品类杂染、清净遍计所执相毕竟远离性”，其认为是在依他起能相中分别计执为杂染，而在圆成实能相中分别计执为清净，这样为遍计所执能相，由能相空性故空，“此中都无所得”则是指依他起自性中、遍计所执自性都不可得，同时认为空性圆满至极成就性即是圆成实自性，而对于总空性相其用世俗谛和胜义谛来摄三性。对于“此中都无所得”的不同理解，也是中观和唯识争论的焦点。就文义来说，“此中”一种是近指杂染清净遍计所执相的“远离性”，这与唯识的见解近；一种是指前的“依他起相及圆成实相”，这与中观的见解近。

⑨总空性相：此总空性与前十七空的差别，一种解释是“体无差别，总别有异”。一种解释是“总空性是遣所执性，而前十七空除遣影像”，因此有差别。

译文：

弥勒菩萨再问佛陀说：“世尊！修奢摩他毗钵舍那的菩萨众，怎么作意？除遣什么相，怎样来除遣？”

佛陀告诉弥勒菩萨说：“善男子！修奢摩他毗钵舍那应通过真如作意，来除遣法相和义相。如果对于其名和名的自性无所得时，也不观其所依之相，这样来除遣。像对于名一样，对于句子、对于文、对于一切义应当知道都是这样，界和界自性

都无所得，也不观界所依之相，这样除遣。

“世尊！诸所了知的真如义相，即前面所说的真如作意所缘真如，这真如相可以除遣吗？”

“善男子！所了知真如义中没有相也无所得，这里能除遣什么呢？善男子！我说了知真如义能伏一切法相和义相，其他一切诸法皆不能伏此了达的真如。”

“世尊！您曾所说过浊水器的比喻、不净镜的比喻、扰泉池的比喻，在这些比喻中，通过器皿中浑浊的水、不洁净的镜面、扰动后的清泉池，我们都不能观察自己的本来影相，如果可以的话，就和以上所说的浑浊等就相违了。因此，如果不善于修心的话，则不堪任如实地来观察所有真如，如果善于修心的话，就堪任观察。那么，这里所的说能观察心是什么？是依什么样的真如而说的？”

“善男子！这里说的是三种能观察心，分别为闻所成能观察心、思所成能观察心、修所成能观察心，是依了别真如而作如此说的。”

“世尊！这样了知法义菩萨为遣除诸相勤修加行，有几种相可以除遣？什么能够来除遣？”

“善男子！有十种相可以被除遣，空能够除遣这十种相。十种相具体是哪几种呢？第一种，因了知法义的缘故而有种种文字相，这由一切法空能正除遣；第二种，因了知安立真如义的缘故，有生、灭、住、异四种性和相续的随转相，这由相空和无先后空能正除遣；第三种，因了知能取义的缘故，有顾恋身相和我慢相，这由内空和无所得空能正除遣；第四种，因了知所取义的缘故，有顾恋财物相，这由外空能正除遣；第五种，因了知受用义，男女承事，受用资具的缘故，而有内安乐相、外净妙相，这由内外空及本性空能正除遣；第六种，因了知建立义的缘故，有无量相，这由大空能正除遣，第七种，了知无色的缘故，有内寂静解脱相，这由有为空能正除遣；第八种，因了知相真如义的缘故，有补特伽罗无我相，法无我相，还有如唯识相和胜义相，这由毕竟空、无性空、无性自性空及胜义空能正除遣；第九种，因了知清净真如义的缘故，有无为相和无变异相，这由无为空、无变异空能正除遣；第十种，由于彼相对治，空性作意思惟的缘故而有空性相，这由空空能正除遣。"

"世尊！以上所说的除遣十种相时，是从除遣哪一种心相来说的呢？是从什么相中而得解脱的呢？"

"善男子！以上所说的除遣十种相时，是除遣三摩地所行的影像相（即是在禅定中影像相），是从杂染缚相中而得解脱，杂染缚相也随之除遣。"

"善男子！应该知道就胜来说以上十种相除遣中，是某种空治某种相，但不是说各个空不能治一切相，这就象十二缘起中的无明不是不能生识乃至老等诸杂染法，就胜来说是无明生行，这是由于诸行与无明亲近的缘故。此处十种相除遣的道理应该知道也是这样的。"

这时，弥勒菩萨再问佛陀："世尊！这里面什么样的空是总空性相呢？如果诸菩萨了知了这总空性相便无损减恶取空失，也在空性相上远离了未证谓证的增上慢过。"

这时，佛陀对弥勒菩萨赞叹道："很好啊！很好啊！善男子！你现在能够问如来这样的深义，使诸菩萨对于空性相没有增益、损减、恶取空的过失。为什么呢？善男子！因为如果菩萨对于空性相有增益、损减、恶取空的过失，便为失坏一切大乘。因此你应谛听！谛听！现在就为你说总空性相。善男子！如果在依他起相和圆成实相中，对一切品类杂染的遍计所执相和一切品类的清净遍计所执相的毕竟远离性能都了知，而且于其中都无所得，这称为大乘中的总空性相。

慈氏菩萨复白佛言："世尊！此奢摩他毗钵舍那能摄几种胜三摩地？"

佛告慈氏菩萨曰："善男子！如我所说无量声闻、菩萨、如来有无量种胜三摩地，当知一切皆此所摄。"

"世尊！此奢摩他毗钵舍那以何为因？"

"善男子！清净尸罗、清净闻思所成正见以为其因①。"

"世尊！此奢摩他毗钵舍那以何为果？"

"善男子！善清净心、善清净慧以为其果。复次善男子！一切声闻及如来等所有世间及出世间一切善法，当知皆是此奢摩他毗钵舍那所得之果。"

"世尊！此奢摩他毗钵舍那能作何业？"

"善男子！此能解脱二缚为业，所谓相缚及粗重缚②。"

"世尊！如佛所说五种系中，几是奢摩他障？几是毗钵舍那障？几是俱障？”

“善男子！顾恋身、财是奢摩他障，于诸圣教不得随欲是毗钵舍那障，乐相杂住、于少喜足当知俱障，由第一故不能造修，由第二故所修加行不到究竟。”

“世尊！于五盖中[③]，几是奢摩他障？几是毗钵舍那障？几是俱障？”

“善男子！掉举恶作是奢摩他障，惛沉睡眠、疑是毗钵舍那障，贪欲、嗔恚当知俱障。”

“世尊！齐何名得奢摩他道圆满清净？”

“善男子！乃至所有惛沉、睡眠正善除遣，齐是名得奢摩他道圆满清净。”

“世尊！齐何名得毗钵舍那道圆满清净？”

“善男子！乃至所有掉举、恶作正善除遣，齐是名得毗钵舍那道圆满清净。”

“世尊！若诸菩萨于奢摩他毗钵舍那现在前时，应知几种心散动法？”

“善男子！应知五种：一者作意散动，二者外心散动，三者内心散动，四者相散动，五者粗重散动。善男子！若诸菩萨舍于大乘相应作意，堕在声闻、独觉相应诸作意中，当知是名作意散动。若于其外五种妙欲诸杂乱相所有寻思随烦恼中[④]，及于其外所缘境中纵心流散，当知是名外心散动。若由惛沈及以睡眠、或由沉没、或由爱味三摩钵底、或由随一三摩钵底诸随烦恼之所染污[5]，当知是名内心散动。若依外相，于内等持所行诸相作意思惟，名相散动。若内作意为缘生起所有诸受，由粗重身计我起慢，当知是名粗重散动。”

“世尊！此奢摩他毗钵舍那从初菩萨地乃至如来地，能对治何障？”

“善男子！此奢摩他毗钵舍那，于初地中对治恶趣烦恼业、生、杂染障，第二地中对治微细误犯现行障，第三地中对治欲贪障，第四地中对治定爱及法爱障，第五地中对治生死涅槃一向背趣障，第六地中对治相多现行障，第七地中对治细相现行障，第八地中对治于无相作功用及于有相不得自在障，第九地中对治于一切种善巧言辞不得自在障，第十地中对治不得圆满法身证得障。善男子！此奢摩他毗钵舍那于如来地对治极微细、最极微细烦恼障及所知障，由能永害如是障故，究竟证得无著无碍一切智见，依于所作成满所缘建立最极清净法身。”

注释：

①尸罗：有行为、习惯、性格、道德、虔敬等诸义。为六波罗蜜中之“戒行”，乃佛陀所制定，令佛弟子受持，以为防过止恶之用。《大智度论》卷十三中说“尸罗，好行善道，不自放逸，是名尸罗。或受戒行善，或不受戒行善，皆名尸罗”。

②相缚：有两种解释：一种是指相分由于是有漏相而使见

分不得自在，此说即相为缚称为“相缚”。另一种是指第七末那识为相缚体，由于第七识，使其他眼等识，对于所缘相不得自在。此说相之缚称为“相缚”。粗重缚：一种说法是有漏法上无堪任性称为“粗重缚”；一种说法是二障种子通名粗重。

③五盖：盖，覆盖之意。谓覆盖心性，令善法不生之五种烦恼。即：（一）贪欲盖执着贪爱五欲之境，无有厌足，而盖覆心性。（二）嗔恚盖于违情之境上怀忿怒，亦能盖覆心性。（三）昏眠盖又作“睡眠盖”。昏沉与睡眠，皆使心性无法积极活动。（四）掉举恶作盖，又作“掉戏盖”、“调戏盖”、“掉悔盖”。心之躁动（掉），或忧恼已作之事（悔），皆能盖覆心性。（五）疑盖，于法犹豫而无决断，因而盖覆心性。

④寻思随烦恼：随烦恼指随根本烦恼而起之烦恼，与“根本烦恼”相对称。又作“随惑”、“枝末惑”。据《俱舍论》卷二十一载，随烦恼有二义，一是指随心生起而恼乱有情之一切烦恼。二是指依根本烦恼而起之其他烦恼。

⑤三摩钵底：意译“等至”、“正受”、“正定现前”。指由远离昏沉、掉举等，而使身心达于平等安和之境。即身心安和之状态，为三摩地之进境。有关“三摩钵底”与“三摩地”（等持）之差别，《大毗婆沙论》卷一六二中列举数种说法，有说等持以一物为体，等至以五蕴为体。有说等持为一刹那，等至则相续。有说诸等持即等至，而等至非是等持，如无想等至、灭尽等至即属之。有说亦有等持非是等至，如不定心相应等持即属之。又依《俱舍论》光记卷六所载，三摩地通于定、散及善、恶、无记等三性，唯有心平等，持心趣向于境，故称“等持”。三摩钵底则

通于“有心定”与“无心定”二种，唯在定，不通于散。此外，亦有说三摩钵底即禅定之异名者。

译文：

弥勒菩萨再问佛陀说：“世尊！这奢摩他和毗钵舍那能够摄几种胜三摩地？”

佛陀告诉弥勒菩萨说：“善男子！像我所说的无量声闻、菩萨、如来有无量种胜三摩地，应该知道这一切都是属于此奢摩他和毗钵舍那所摄。”

“世尊！这奢摩他和毗钵舍那是以什么为因的呢？”

“善男子！奢摩他和毗钵舍那是以清净尸罗（戒）和清净闻思所成的正见为因的。”

“世尊！这奢摩他和毗钵舍那是以什么为果的呢？”

“善男子！奢摩他和毗钵舍那是以善清净心和善清净慧为其结果的。还有善男子！一切声闻和如来等的所有世间和出世间的一切善法，应当知道这都是奢摩他毗钵舍那所得的果。”

“世尊！这奢摩他毗钵舍那能作什么业呢？”

“善男子！奢摩他毗钵舍那以解脱二缚为业，二缚是指相缚和粗重缚。”

“世尊！像佛所说的五种系缚中，什么是奢摩他障，什么是毗钵舍那障？什么是俱障？”

“善男子！顾恋身体、财物是奢摩他障，对于诸圣教不得随欲是毗钵舍那障，乐于在热闹繁杂的地方与群众住在一起，得少而为乐、为知足应该知道是俱障，由于乐于相互杂居则不能修习，由于得少而乐足则所修的加行会不到究竟。”

“世尊！在五盖中，什么是奢摩他障？什么是毗钵舍那障？什么是俱障？”

“善男子！掉举、恶作是奢摩他障，昏沉、睡眠、犹疑是毗钵舍那障，贪欲、嗔恚应该知道是俱障。”

“世尊！怎么样才能称为奢摩他道圆满清净？”

“善男子！不仅掉举、恶作的障碍已除遣，而且所有昏沉、睡眠的障碍也善于除遣，这样称得上奢摩他道圆满清净。”

“世尊！怎么样才能称为毗钵舍那道圆满清净？”

“善男子！不仅昏沉、睡眠、犹疑的障碍已除遣，而且所有掉举、恶作的障碍也善于除遣，这样称得上毗钵舍那道圆满清净。”

“世尊！如果菩萨于修奢摩他毗钵舍那现在前时，应该知道有几种心散动法？”

“善男子！应该知道有五种：第一种是作意散动；第二种是外心散动；第三种是内心散动；第四种是相散动；第五种是粗重散动。善男子！如果菩萨舍于大乘的相应作意堕在声闻独觉的相应诸作意中，应该知道称为作意散动。如果对于外在的色、声、香、味、触五种妙欲和诸繁闹杂乱相中所有寻思随烦恼中，和在外所缘境中纵心流散，应当知道称为外心散动。如果内心昏沉、睡眠或者沉没、或者贪爱三摩钵底或者被一三摩钵底的诸随烦恼如放逸、懈怠等所污染，应当知道这些称为内心散动。如果依外相，对内等持的所行诸相作意思惟称为相散动，如果对内作意为缘生起所有诸觉受时，因我见我慢的粗重的种子，起我想起我慢想。应当知道这称为粗重散动。”

“世尊！这奢摩他毗钵舍那从菩萨初地乃至到如来地，能分别对治什么障？”

“善男子！这奢摩他毗钵舍那，在初地中对治恶趣烦恼业、生、杂染障，在第二地中对治微细误犯现行障，在第三地中对治欲贪障，在第四地中对治定爱及法爱障，在第五地中对治生死涅槃一向背趣障，在第六地中对治相多现行障，在第七地中对治细相现行障，在第八地中对治于无相作功用及于有相不得自在障，在第九地中对治于一切种善巧言辞不得自在障，在第十地中对治不得圆满法身证得障。善男子！这奢摩他毗钵舍那于在如来地对治的是极微细、最极微细烦恼障及所知障，因能永害这样障的原因，究竟证得了无着无碍的一切智见，依于所作成满所缘建立了最极清净的法身。”

慈氏菩萨复白佛言：“世尊！云何菩萨依奢摩他毗钵舍那勤修行故，证得阿耨多罗三藐三菩提？”

佛告慈氏菩萨曰：“善男子！若诸菩萨已得奢摩他毗钵舍那，依七真如，于如所闻、所思法中由胜定心[①]，于善审定、于善思量、于善安立真如性中内正思惟[②]，彼于真如正思惟故，心于一切细相现行尚能弃舍，何况粗相[③]。

“善男子！言细相者，谓心所执受相，或领纳相、或了别相、或杂染清净相、或内相、或外相、或内外相、或谓我当修行一切利有情相、或正智相、或真如相、或苦集灭道相、或有为相、或无为相、或有常相、或无常相、或苦有变异性相、或苦无变异性相、或有为异相相、或有为同相相、或知一切是一切已有一切相、或补特伽罗无我相、或法无我相，于彼现行，心能弃舍。彼既多住如是行故、于时时间从其一切系盖散动善修治心，从是已后，于七真如有七各别自内所证通达智生，名为见道。由得此故，名入菩萨正性离生，生如来家，证得初地，又能受用此地胜德。彼于先时由得奢摩他毗钵舍那故，已得二种所缘：谓有分别影像所缘及无分别影像所缘。彼于今时得见道故，更证得事边际所缘，复于后后一切地中进修修道，即于如是三种所缘作意思惟，譬如有人以其细楔出于粗楔，如是菩萨依此以楔出楔方便遣内相故④，一切随顺杂染分相皆悉除遣，相除遣故粗重亦遣⑤，永害一切相、粗重故，渐次于彼后后地中，如炼金法陶炼其心，乃至证得阿耨多罗三藐三菩提，又得所作成满所缘。善男子！如是菩萨于内止观正修行故，证得阿耨多罗三藐三菩提心。”

注释：

①如所闻：闻慧所依。闻指听闻，即是指耳根发生耳识闻言教。所思法中：是指思慧所依，思即思虑。意为数发生智慧思择法。由胜定心：是修慧所依。修指修习，胜定发生智慧修对治的意思。

②善审定：指闻所成慧。善思量：指思所成慧。善安立：指修所成慧。

③粗相：一切散位所现诸相，或可一切染污所现诸相，或可欲界下地诸相。

④以楔出楔：这里有几种不同解释，在《瑜伽师地论》中说，影像比喻细楔，本质比喻粗楔。身轻安比喻为细楔，身粗重比喻为粗楔，这样以细楔遣除粗楔。在《显扬圣教论》中也认为是通过一思惟三摩地所行影像相缘故，除遣诸法的根本性相，使其不复现。《摄大乘论》说圣道比喻细楔，杂染种子比喻粗楔。世亲菩萨认为一切总相缘智，用以楔出楔的道理，除遣阿赖耶识中一切障粗重。《梁论》中说，以粗楔遣细楔，比喻十地中以胜智遣劣智，像世间破木的时候，先用细楔，后用粗楔。修观的行人破烦恼也是这样。

⑤相：指相缚。指所缘之相分拘碍能缘见分之心，使不得自在，不了境相如幻。粗重：指粗重缚，其性无堪任，非调柔细轻，故谓粗重。即其性刚强深重，能缚有情身心于生死，或使之不了如幻者，皆称为“粗重缚”。

译文：

弥勒菩萨再问佛陀说：“世尊！为什么说菩萨依奢摩他毗钵舍那勤修行缘故可以证得阿耨多罗三藐三菩提？”

佛陀告诉弥勒菩萨说：“善男子！如果诸菩萨已得奢摩他毗钵舍那，依据七真如，在如所闻、所思法中，由胜定心，在善审定、善思量、善安立的真如性中内正思惟。诸菩萨对真如正思惟的缘故，心对于一切细相现行尚能弃舍，何况粗相。

“善男子！说细相是指对于心所执受相、或者领纳相、或者了别相、或者杂染清净相、或者内相、或者外相、或者内外相、或者谓我当修行一切利有情相、或者正智相、或者真如相、或者苦集灭道相、或者有为相、或者无为相、或者有常相、或者无常相、或者苦有变异性相、或者苦无变异性相、或者有为异相相、或者有为同相相、或者知一切是一切已有一切相、或者补特伽罗无我相、或者法无我相这些现行心能弃舍。诸菩萨多作这样的行持后，时时对一切系缚、盖障、散动障善巧地修治心，从这以后，对于七真如有七种各别自内所证的通达智生起，这称为见道。因得见道的原因称为菩萨正性离生，生如来家中，证得初地，又能受用这地的胜德。诸菩萨因为先前修得奢摩他毗钵舍那的缘故，已经得到有分别影像所缘和无分别影像所缘二种所缘，诸菩萨因现得见道的缘故，更是证得事边际所缘，再在以后一切地中进修修道，即对于这样三种所缘作意思惟，这犹如有人利用细楔将粗楔取出一样，菩萨也是这样用以楔出楔的方便遣除内相后，一切随顺杂染分相也除遣，因相缚除遣的缘故，粗重缚也除遣了，这样永害一切相缚、粗重缚后，渐渐在菩萨的后后地中，像炼金法一样陶炼其心，一直到证得阿耨多罗三藐三菩提，获得所作成满所缘。善男子！菩萨因这样于内观正修行的缘故而证得阿耨多罗三藐三菩提心。”

慈氏菩萨复白佛言：“世尊！云何修行引发菩萨广大威德？”

“善男子！若诸菩萨善知六处，便能引发菩萨所有广大威德：一者善知心生，二者善知心住，三者善知心出，四者善知心增，五者善知心减，六者善知方便。

“云何善知心生？谓如实知十六行心生起差别，是名善知心生。十六行心生起差别者：一者不可觉知坚住器识生，谓阿陀那识①，二者种种行相所缘识生，谓顿取一切色等境界分别意识，及顿取内外境界觉受②，或顿于一念瞬息须臾现入多定见多佛土、见多如来分别意识③，三者小相所缘识生，谓欲界系识，四者大相所缘识生，谓色界系识，五者无量相所缘识生，谓空识无边处系识，六者微细相所缘识生，谓无所有处系识，七者边际相所缘识生，谓非想非非想处系识，八者无相识生，谓出世识及缘灭识，九者苦俱行识生，谓地狱识，十者杂受俱行识生，谓欲行识，十一喜俱行识生，谓初、二静虑识，十二乐俱行识生，谓第三静虑识，十三不苦不乐俱行识生，谓从第四静虑乃至非想非非想处识，十四染污俱行识生，谓诸烦恼及随烦恼相应识，十五善俱行识生，谓信等相应识，十六无记俱行识生，谓彼俱不相应识。

“云何善知心住？谓如实知了别真如。

“云何善知心出？谓如实知出二种缚，所谓相缚及粗重缚，此能善知，应令其心从如是出。

“云何善知心增？谓如实知能治相缚、粗重缚心，彼增长时、彼积集时亦得增长、亦得积集[④]，名善知增。

“云何善知心减？谓如实知彼所对治相及粗重所杂染心，彼衰退时、彼损减时此亦衰退、此亦损减，名善知减。

“云何善知方便？谓如实知解脱、胜处及遍处[⑤]，或修、或遣。

“善男子！如是菩萨于诸菩萨广大威德，或已引发、或当引发、或现引发。”

慈氏菩萨复白佛言：“世尊！如世尊说于无余依涅槃界中一切诸受无余永灭，何等诸受于此永灭？”

“善男子！以要言之，有二种受无余永灭。何等为二？一者所依粗重受、二者彼果境界受[⑥]。所依粗重受当知有四种：一者有色所依受、二者无色所依受、三者果已成满粗重受、四者果未成满粗重受[⑦]。果已成满受者，谓现在受，果未成满受者，谓未来因受。彼果境界受亦有四种：一者依持受，二者资具受，三者受用受，四者顾恋受。于有余依涅槃界中，果未成满受一切已灭，领彼对治明触生受，领受共有，或复彼果已成满受，又二种受一切已灭，惟现领受明触生受[⑧]。于无余依涅槃界中，般涅槃时此亦永灭，是故说言于无余依涅槃界中一切诸受无余永灭。”

尔时，世尊说是语已，复告慈氏菩萨曰：“善哉！善哉！善男子！汝今善能依止圆满最极清净妙瑜伽道请问如来，汝于瑜伽已得决定最极善巧，吾已为汝宣说圆满最极清净妙瑜伽道，所有一切过去、未来正等觉者已说、当说皆亦如是，诸善男子若善女人皆应依此勇猛精进，当正修学。”

尔时，世尊欲重宣此义而说颂曰：

于法假立瑜伽中，若行放逸失大义，
依止此法及瑜伽，若正修行得大觉。
见有所得求免难，若谓此见为得法，
慈氏彼去瑜伽远，譬如大地与虚空。
利生坚固而不作，悟已勤修利有情，
智者作此穷劫量，便得最上离染喜。
若人为欲而说法，彼名舍欲还取欲，
愚痴得法无价宝，反更游行而乞丐。
于诤喧杂戏论着，应舍发起上精进，
为度诸天及世间，于此瑜伽汝当学。

尔时，慈氏菩萨复白佛言：“世尊！于是解深密法门中，当何名此教？我当云何奉持？”

佛告慈氏菩萨曰：“善男子！此名瑜伽了义之教，于此瑜伽了义之教汝当奉持。”

说此瑜伽了义教时，于大会中有六百千众生发阿耨多罗三藐三菩提心，三百千声闻远尘离垢，于诸法中得法眼净，一百五十千声闻诸漏永尽，心得解脱，七十五千菩萨获得广大瑜伽作意⑨。

注释：

①阿陀那识：梵语“阿陀那”，玄奘法师翻译为“执持”。有三义，第一是执持色根所依，第二是执持种子，第三是执持取生相续结。

②“二者种种行相”四句：这里说有漏意识。

③“或顿于一念瞬息须臾”句：这里说无漏意识。

④“彼增长时、彼积集时”句：现行转增名称增长，熏成种子称为积集。也有解释为初增长时称为增长，数数重起称为积集。

⑤解脱、胜处及遍处：此说八解脱、八胜处、十遍处，八解脱指八种由浅入深的禅观行法门。依此八种禅定力量可断三界烦恼，证得解脱，故名“八解脱”。又名“八背舍”。即依八种禅定力以背弃五欲境，且舍离其贪着之执心，故名。八胜处指即观欲界之色处（色与相），制伏之而去除贪心之八阶段。胜处，谓制胜烦恼以引起佛教认识之所依处。十遍处是禅定修持法之一，是一种可远离三界烦恼的禅观。即观六大及四显色各遍满一切处而无间隙。又作“十遍”、“十遍入”、“十遍处定”、“十一切入”、“十一切处”。

⑥所依粗重受：指依内六根缘内身中六根及境，诸有漏受。是指依六根或者是二种粗重障所随的原因。彼果境界受：指谓外六境，这能与六根为增上果。

⑦有色所依受：指五识身相应受、无色所依受：指意识相应受。有色所依受、无色所依受也就是身心二受。果已成满受：指过去无明行等所生的现在果受。果未成满受：指与业烦恼相

应，能够感生未来因受。

⑧有两种解释：一种是说有余依涅槃中只灭未来的因受，但还有其他的三受在。只是说无漏受为明触所生受，因此有三受。第二种是说无学人身中所有的受通漏无漏，总的称为明触所生受。因此是说在有余依中，前所依粗重受、彼果境界受此二受一切已灭，只有唯有无学人明触所生受存在。

⑨广大瑜伽作意：人法二空名为“广大”，止观二道，名为“瑜伽”。此说菩萨获得缘二空性止观作意。也有解释为菩萨得无生法忍。

译文：

弥勒菩萨再问佛陀说：“世尊！怎样修行能够引发菩萨的广大威德？”

“善男子！如果诸菩萨善知六处便可以引发菩萨所有的广大威德，这六处是：第一善知心生；第二善知心住；第三善知心出；第四善知心增；第五善知心减；第六善知方便。

“怎样是善知心生呢？善知心生是指如实地知道十六种行心生起的差别。十六种行心生起的差别具体是：第一种是不可以被觉知的坚住执持器世间的识生，这是指阿陀那识；第二种是所缘为种种行相的识生，指顿取一切色等境界的分别意识和顿取内外境界的觉受，或者是顿于一念瞬息须臾间，现入多定见多佛土、见多如来的分别意识；第三种是指所缘为小相的识生，这是欲界的系识；第四种是所缘为大相的识生，这是色界的系识；第五种是所缘为无量相的识生，这是空识无边处的系识；第六种是所缘为微细相的识生，这是无所有处系识；第七种是所缘为边际相的识生，这是非想非非想处的系识；第八种是无相识生，这是出世识和缘灭识；第九种是与纯苦俱行的识生，这是地狱识；第十种与杂受俱行的识生，这是欲界的行识；第十一种是与喜俱行的识生，这是初禅、二禅识，第十二种是与乐俱行的识生，这是三禅识；第十三种是与不苦不乐的俱行识生，这是指从四禅乃至到非想非非想处识；第十四种是与染污俱行的识生，这是诸烦恼及随烦恼相应识；第十五种是与善俱行的识生，这是信等善法相应识；第十六种是与无记俱行的识生，这是与善染俱不相应识。

“怎样是善知心住？善知心住是指能够如实了别真如。

“怎样是善知心出？善知心出是指能够如实了知相缚和粗重缚二种缚，由能知心可以善知，这样可以使无分别智的相应心从二缚出。

“怎样是善知心增？善知心增是指如实地知道当相缚和粗重缚增长时、积集时，能治二缚的心相应慧也得增长，也得积集，这样称为善知增。

“怎样是善知心减？善知心减是指如实地知道所对治的相缚和粗重缚杂染心衰退、损减时，与此杂染心相应的对治见也衰退、损减。这样称为善知心减。

“怎样是善知方便？善知方便是指如实知道解脱、胜处及遍处，或者修习，或者除遣。

“善男子！通过如此，菩萨对诸菩萨的广大威德或者已经引发、或者将来应当引发、或者于现在引发。”

弥勒菩萨再对佛陀说:"世尊!像您说过,无余依涅槃界中一切诸受无余永灭,那么,怎样的诸受在无余依涅槃中永灭呢?"

"善男子!精要地说,有二种受无余永灭。是哪二种呢?第一种是所依粗重受,第二种是彼果境界受。所依的粗重受应该知道有四种:第一种是有色所依受;第二种是无色所依受;第三种是果已成满粗重受;第四种是果未成满粗重受。果已成满受是指现在受,果未成满受是指未来因受。那果境界受也有四种:第一种是依持受;第二种是资具受;第三种是受用受;第四种是顾恋受。在有余依涅槃界中,果未成满受一切已灭,领受彼对治业烦恼尽后的明触生受,领受共有的境界受;或再有彼果成满受;或者又有所依粗重受和彼果境界受一切已灭,只现领受明触所生受。在无余依涅槃界中,在涅槃圆寂时明触所生受也随之永灭,因此说在无余依涅槃界中一切诸受无余永灭。"

这时,佛陀说完这些后,再对弥勒菩萨说:"很好啊!很好啊!善男子!你今能善于依止圆满、最极清净的妙瑜伽道来请问如来,你已经对于瑜伽道得决定最极善巧,我已经为你宣说了圆满、最清净的妙瑜伽道,所有一切过去、未来的正等觉者已经说的、应当要说的与我现在所说的没有不同。诸善男子和善女人都应依此说而勇猛精进,都应当依此说来正修学。"

这时,佛陀想重新宣说此教义而说颂为:

于法假立瑜伽中,若行放逸失大义,
依止此法及瑜伽,若正修行得大觉。
见有所得求免难,若谓此见为得法,

慈氏彼去瑜伽远，譬如大地与虚空。
利生坚固而不作，悟已勤修利有情，
智者作此穷劫量，便得最上离染喜。
若人为欲而说法，彼名舍欲还取欲，
愚痴得法无价宝，反更游行而乞丐。
于诤喧杂戏论着，应舍发起上精进，
为度诸天及世间，于此瑜伽汝当学。

这时，弥勒菩萨再问对佛陀："世尊！在这解深密法门中，这称为什么教授？我应该奉持什么呢？"

佛陀告诉弥勒菩萨说："善男子！此教授称之为瑜伽了义之教，对此瑜伽了义之教你应当奉持。"

当佛陀讲说这瑜伽了义教时，在大会中，有六百千的众生发起了阿耨多罗三藐三菩提心，三百千的声闻远尘离垢，在诸法中获得了法眼净，一百五十千声闻诸漏永尽，心得解脱，七十五千菩萨获得广大瑜伽作意。

卷　四

地波罗蜜多品第七

地波罗蜜多：地原义为土地，以能生为义。还有所依的意思。《大乘义章》十二说："能生曰地。"《佛地论》中说，地是所依、所行、所摄。波罗蜜多，译为到彼岸。指由布施等力，能从生死此岸到达涅槃彼岸，故称为到彼岸。由于此品广说地及波罗蜜多义，故名地波罗蜜多品。本品仍是所观行。上品止观品中对菩萨道的过程是略说或总说，偏向于菩萨道的心识真如，空作意说；本品是广说或者是别说，偏向于菩萨道的具体事说。本品首先广明诸地，详说了菩萨十地和十一分圆满过程，菩萨十地得名、所对治、功德殊胜、菩萨生最为殊胜的因缘、行广大愿、妙愿、胜愿的四因缘。第二是广明波罗蜜多。菩萨有六种所应学事：布施、持戒、忍辱、精进、静虑、智慧到彼岸即六波罗蜜多，前三种是增上戒学所摄，精进遍于增上戒学、心学、慧学，静虑是增上心学所摄，智慧到彼岸是增上慧学所摄。本品介绍了五相修学波罗蜜多：先是猛利信解，后以十法行闻思修，勤护菩提心，亲近善知识，无间地勤修善品。六种波罗蜜多中，前三种能饶益有情，而后三种则能对治一切烦恼。六波罗蜜多还有四波罗蜜多作为助伴，方便波罗蜜多是前三者的助伴，愿波罗蜜多是精进波罗蜜多的助伴，力波罗蜜多是静虑波罗蜜多的助伴，智波罗蜜多是般若波罗蜜多的助伴。六种波罗蜜多的次第是由于前前能引发后后。本品分析了六种波罗蜜多各自的品类差别，波罗蜜多称为波罗蜜多的原因（因具有无染着、无顾恋、无罪过、无分别、正回向等五相特征），诸相违事和能获得大财富等的多果异熟。其中在行持波罗蜜多时，有四种间杂染法：无悲加行，不如理加行，不常加行，不殷重加行。若菩萨只是以财物饶益众生而未能将众生安置善处则称为“非方便行”。波罗蜜多具有于此诸法不求他知等的总的清净相，六种波罗蜜多各自还有七种清净相。波罗蜜多具有四种最胜威德。一切波罗蜜多以大悲为因，可爱果异熟和饶益一切有情为果，圆满菩提为大义利。本品中解释了无自性性离诸文字，自内所证，但又不可离开于文字来说，以这样的密义来说般若波罗蜜多能取诸法无自性性。还就如何称为波罗蜜多及波罗蜜多的深浅分别了波罗蜜多、近波罗蜜多、大波罗蜜多。第三解释了依地起度所对治的害伴随眠、羸劣随眠、微细随眠等的随眠障和地上对治随眠分为皮粗重断、肤粗重断、骨粗重断三过程的情况。第四宣说了声闻乘、大乘惟是一乘的密意。

尔时，观自在菩萨白佛言：“世尊！如佛所说菩萨十地，所谓极喜地、离垢地、发光地、焰慧地、极难胜地、现前地、远行地、不动地、善慧地、法云地[①]，复说佛地为第十一。如是诸地几种清净？几分所摄？”

尔时，世尊告观自在菩萨曰：“善男子！当知诸地四种清净，十一分摄。

“云何名为四种清净能摄诸地？谓增上意乐清净

摄于初地[2]，增上戒清净摄第二地[3]，增上心清净摄第三地[4]，增上慧清净于后后地转胜妙故[5]，当知能摄从第四地乃至佛地。善男子！当知如是四种清净普摄诸地。

“云何名为十一种分能摄诸地？谓诸菩萨先于胜解行地[6]，依十法行极善修习胜解忍故[7]，超过彼地证入菩萨正性离生[8]。

“彼诸菩萨由是因缘此分圆满，而未能于微细毁犯误现行中正知而行，由是因缘于此分中犹未圆满，为令此分得圆满故，精勤修习便能证得。

“彼诸菩萨由是因缘此分圆满，而未能得世间圆满等持、等至及圆满闻持陀罗尼[9]，由是因缘于此分中犹未圆满，为令此分得圆满故，精勤修习便能证得。

“彼诸菩萨由是因缘此分圆满，而未能令随所获得菩提分法多修习住，心未能舍诸等至爱及与法爱，由是因缘于此分中犹未圆满，为令此分得圆满故，精勤修习便能证得。

“彼诸菩萨由是因缘此分圆满，而未能于诸谛道理如实观察，又未能于生死涅槃弃舍一向背趣作意[10]，又未能修方便所摄菩提分法，由是因缘于此分中犹未圆满，为令此分得圆满故，精勤修习便能证得。

“彼诸菩萨由是因缘此分圆满，而未能于生死流转如实观察，又由于彼多生厌故未能多住无相作意，由是因缘于此分中犹未圆满，为令此分得圆满故，精勤修习便能证得。

“彼诸菩萨由是因缘此分圆满，而未能令无相作意无缺无间多修习住，由是因缘于此分中犹未圆满，为令此分得圆满故，精勤修习便能证得。

“彼诸菩萨由是因缘此分圆满，而未能于无相住中舍离功用，又未能得于相自在，由是因缘于此分中犹未圆满，为令此分得圆满故，精勤修习便能证得。

“彼诸菩萨由是因缘此分圆满，而未能于异名、众相、训词差别、一切品类宣说法中得大自在[11]，由是因缘于此分中犹未圆满，为令此分得圆满故，精勤修习便能证得。

“彼诸菩萨由是因缘此分圆满，而未能得圆满法身现前证受，由是因缘于此分中犹未圆满，为令此分得圆满故，精勤修习便能证得。

“彼诸菩萨由是因缘此分圆满，而未能得遍于一切所知境界无著无碍妙智妙见，由是因缘于此分中犹未圆满，为令此分得圆满故，精勤修习便能证得。

“由是因缘此分圆满，此分满故于一切分皆得圆满。善男子！当知如是十一种分普摄诸地。”

注释：

①十地：地，是住处、住持、生成的意思。即住其位为家，

并于其位持法、育法、生果之意。“十地”即指十个菩萨行的重要阶位。

②增上意乐清净：净信为先，择法为先，对于诸佛法所有胜解，印解决定，称为“菩萨增上意乐”。《瑜伽师地论》第四十八中说菩萨极喜住有十种心意乐，已得意乐清净。这十种是：“于一切师长尊重福田，不行虚诳意乐；二者、于同法菩萨忍辱柔和易可共住意乐；三者、胜伏一切烦恼及随烦恼众魔事业心自在转意乐；四者、于一切行深见过失意乐；五者、于大涅槃深见胜利意乐；六者、于诸妙善菩提分法常勤修习意乐；七者、即于彼修为随顺故乐处远离意乐；八者，于诸世间有染尊位利养恭敬无所顾恋意乐；九者、远离下乘趣证大乘意乐；十者、欲作一切有情一切义利意乐。如是十种无倒意乐依心而转。是故说为意乐清净。”

③增上戒：指戒定慧“三学”中的戒学。戒可修善，并防止身、口、意所作之恶业。

④增上心：指戒定慧“三学”中具有增上势力的定学，因为能增进“心”之学，所以称增上心学。

⑤增上慧：指戒定慧“三学”中的慧学。能断除烦恼，显发本性，称为“慧学”。

⑥胜解行地：资粮位、加行位、见道位、修道位、究竟位五位之内，依前二位起深信解，名胜解行地。

⑦十法行：受持经典的方法，可使菩萨成熟有情，也是地前菩萨主要修习的方法。具体为：一书写，二供养，三施他，四若他诵读专心谛听，五自披读，六受持，七正为他开演文义，八讽

诵，九思惟，十修习行。在《瑜伽论记》中对此十法行之功用有分讲:“如是十行皆有资义名福。第九是加行道是思。第十是净障道者是修。寻此文相。第九方名加行。故可谓前八唯生得善也。”因此“十法行”的功德甚大。

⑧正性离生：见道的异名。所谓“正性”，系指无漏圣道。“离生”指断除由“分别”而生起的烦恼。无漏圣道能离见惑，而称为正性离生。

⑨等持：梵音“三摩地”，译为“等持”，因离沉浮称为“等”，持心令住一境，名为“等持”。等至：梵音为“三摩钵底”，这里译为“等至”。等的意思如前等持，至为至极，寂静到极处的意思称为等至。陀罗尼：意为总持，念慧为体。《大智度论》卷五云:“何以故名陀罗尼？云何陀罗尼？答曰：陀罗尼，秦言能持，或言能遮。能持者，集种种善法，能持令不散不失。（中略）能遮者，恶不善根心生，能遮令不生，若欲作恶罪，持令不作，是名陀罗尼。”而据《佛地经论》卷五所述，可知陀罗尼是一种记忆法，即于一法之中，持一切法；于一文之中，持一切文；于一义之中，持一切义；依记忆此一法、一文、一义，总持无量佛法。然此陀罗尼略有四种。第一种是法陀罗尼，指闻持佛之教法而不忘。二者义陀罗尼，指于诸法无量之义趣总持不忘。三者咒陀罗尼，指菩萨能依禅定起咒术为众生除患；四者能得菩萨忍陀罗尼，指安住法之实相而忍持不失。

⑩未能于生死涅槃弃舍一向背趣作意：指未得弃舍一向背生死，一向取涅槃二种作意。《成唯识论》说“未得生死涅槃无差别道”。

⑪于异名、众相、训词差别、一切品类宣说法中得大自在：异名，指法无碍境；众相，指义无碍境；训词差别，指词无碍境；一切品类宣说法中得大自在，指乐说无碍境。

译文：

这时，观自在菩萨对佛陀说："世尊！佛陀所说过菩萨有十地，即极喜地、离垢地、发光地、焰慧地、极难胜地、现前地、远行地、不动地、善慧地、法云地，还说佛地是第十一地，这样诸地由几种清净所摄？几分所摄？"

这时，佛陀告诉观自在菩萨说："善男子！应该知道诸地由四种清净所摄和十一分所摄。"

"怎么说四种清净能摄诸地？这是说增上意乐清净摄初地，增上戒清净摄第二地，增上心清净摄第三地，由于增上慧清净在以后诸地中转更为胜妙的缘故，应该知道增上慧清净能摄从第四地到佛地。善男子！应当知道这样的四种清净普摄诸地。

"怎么说十一种分能摄诸地？这是因为诸菩萨先前在胜解行地，依照十法行，极善修习，获得胜解忍，从而超过胜解行地，证入菩萨正性离生。

"此类诸菩萨由于这样的因缘，获得此初地正性离生分圆满，但还不能在微细毁犯、误现行中正知而行，由于这样的因缘于此分中还没有圆满，为了能使此分得圆满，精勤修习便能证得。

"此类诸菩萨由于这样的因缘此分圆满，但还不能得到世间圆满等持、等至和圆满闻持陀罗尼，由于这样的原因此分没有圆满，为了能使此分得圆满，精勤修习便能证得。

“此类诸菩萨由于这样的因缘此分圆满，但还不能使随所获得菩提分法多修习住，心还不能舍离等至爱和法爱，由于这因缘此分中还没有圆满，为了能使此分得圆满，精勤修习便能证得。

“此类诸菩萨由于这样的因缘此分圆满，但还不能对于诸谛道理如实观察，也还不能对于生死涅槃弃舍一向背趣作意，又未能修方便所摄的菩提分法，由于这样的原因此分还未圆满，为了能够使此分得圆满，精勤修习便能证得。

“此类诸菩萨由于这样的因缘此分圆满，但还不能在生死流转中如实观察，又由于彼诸菩萨多生厌的缘故，不能多住无相作意，由于这样的原因此分还没有圆满，为了能够使此分圆满，精勤修习便能证得。

“此类诸菩萨由于这样的因缘此分圆满，但还不能使无相作意无缺无间地多修习住，由于这样的原因此分还没有圆满，为了能够使此分圆满，精勤修习便能证得。

“此类诸菩萨由于这样的因缘此分圆满，但还不能够在无相住中舍离功用，又还不能够于相获得自在，由于这样的原因此分还没有圆满，为了能够使此分圆满，精勤修习便能证得。

“此类诸菩萨由于这样的因缘此分圆满，但还不能够在异名、众相、训词差别等一切品类宣说法中得大自在，由于这样的原因此分还没有圆满，为了能够使此分圆满，精勤修习便能证得。

“此类诸菩萨由于这样的因缘此分圆满，但还不能够获得圆满法身的现前证受，由于这样的原因此分还没有圆满，为了能够使此分圆满，精勤修习便能证得。

“此类诸菩萨由于这样的因缘此分圆满，但还不能获得遍于一切所知境界无着无碍的妙智妙见，由于这样的原因此分还没有圆满，为了能够使此分圆满，精勤修习便能证得。

“此类诸菩萨由于这样的因缘此分圆满，由于这分圆满，一切分都得以圆满。善男子！应当知道这样十一种分普摄诸地。”

观自在菩萨复白佛言：“世尊！何缘最初名极喜地？乃至何缘说名佛地？”

佛告观自在菩萨曰：“善男子！成就大义，得未曾得出世间心，生大欢喜，是故最初名极喜地，远离一切微细犯戒[1]，是故第二名离垢地，由彼所得三摩地及闻持陀罗尼，能为无量智光依止，是故第三名发光地，由彼所得菩提分法烧诸烦恼，智如火焰，是故第四名焰慧地，由即于彼菩提分法方便修习最极艰难方得自在，是故第五名极难胜地，现前观察诸行流转，又于无相多修作意方现在前，是故第六名现前地，能远证入无缺无间无相作意，与清净地共相邻接，是故第七名远行地，由于无相得无功用，于诸相中不为现行烦恼所动，是故第八名不动地，于一切种说法自在，获得无碍广大智慧，是故第九名善慧地，粗重之身广如虚空，法身圆满譬如大云皆能遍覆，是故第十名法云地，永断最极微细烦恼及所知障，无著无碍于一切种所知境界现正等觉故，第十一说名佛地。”

观自在菩萨复白佛言：“于此诸地，有几愚痴，有几粗重为所对治？”

佛告观自在菩萨曰：“善男子！此诸地中有二十二种愚痴，十一种粗重为所对治。谓于初地有二愚痴：一者执著补特伽罗及法愚痴、二者恶趣杂染愚痴及彼粗重为所对治，于第二地有二愚痴：一者微细误犯愚痴、二者种种业趣愚痴及彼粗重为所对治，于第三地有二愚痴：一者欲贪愚痴、二者圆满闻持陀罗尼愚痴及彼粗重为所对治②，于第四地有二愚痴：一者等至爱愚痴、二者法爱愚痴及彼粗重为所对治，于第五地有二愚痴：一者一向作意弃背生死愚痴、二者一向作意趣向涅槃愚痴及彼粗重为所对治，于第六地有二愚痴：一者现前观察诸行流转愚痴、二者相多现行愚痴及彼粗重为所对治，于第七地有二愚痴：一者微细相现行愚痴、二者一向无相作意方便愚痴及彼粗重为所对治，于第八地有二愚痴：一者于无相作功用愚痴、二者于相自在愚痴及彼粗重为所对治，于第九地有二愚痴：一者于无量说法无量法句文字后后慧辩陀罗尼自在愚痴、二者辩才自在愚痴及彼粗重为所对治，于第十地有二愚痴：一者大神通愚痴、二者悟入微细秘密愚痴及彼粗重为所对治，于如来地有二愚痴：一者于一切所知境界极微细著愚痴、二者极微细碍愚痴及彼粗重为所对治③。善男子！由此二十二种愚痴及十一种粗重故安立诸地，而阿耨多罗三藐三菩提离彼系缚。”

观自在菩萨复白佛言：“世尊！阿耨多罗三藐三菩提甚奇希有，乃至成就大利大果，令诸菩萨能破如是大愚痴罗网，能越如是大粗重稠林，现前证得阿耨多罗三藐三菩提。”

观自在菩萨复白佛言：“世尊！如是诸地几种殊胜之所安立？”

佛告观自在菩萨曰：“善男子！略有八种：一者增上意乐清净，二者心清净，三者悲清净，四者至彼岸清净，五者见佛供养承事清净，六者成熟有情清净，七者生清净④，八者威德清净。善男子！于初地中所有增上意乐清净乃至威德清净，后后诸地乃至佛地所有增上意乐清净乃至威德清净，当知彼诸清净展转增胜，惟于佛地除生清净。又初地中所有功德于上诸地平等皆有，当知自地功德殊胜。一切菩萨十地功德皆是有上，佛地功德当知无上。”

观自在菩萨复白佛言：“世尊！何因缘故，说菩萨生于诸有生最为殊胜？”

佛告观自在菩萨曰：“善男子！四因缘故：一者极净善根所集起故，二者故意思择力所取故，三者悲愍济度诸众生故，四者自能无染除他染故。”

观自在菩萨复白佛言：“世尊！何因缘故，说诸菩萨行广大愿、妙愿、胜愿？”

佛告观自在菩萨曰：“善男子！四因缘故：谓诸菩萨能善了知涅槃乐住，堪能速证，而复弃舍速证乐住，无缘、无待发大愿心，为欲利益诸有情故，处多种种长时大苦，是故我说彼诸菩萨行广大愿、妙愿、胜愿。”

注释：

①远离一切微细犯戒：世亲解释为“性戒成就，非如初地思择护戒。性戒成故，诸犯戒垢已远离故”。

②欲贪愚痴：这是能障胜定和修慧。往昔多与欲贪俱，与贪欲同体，名欲贪愚。是所知障之一。

③于一切所知境界极微细着愚痴：此中微所知障。极微细碍愚痴，此中一切任运烦恼障种。

④生清净：谓诸菩萨为利有情受种种生。故《瑜伽论》四十八讲了诸菩萨生的五种：一者除灾生；二者随类生；三者大势生；四者增上生；五者最后生。

译文：

观自在菩萨再问佛陀说：“世尊！以什么因缘最初地名为极喜地？还有后面诸地如何得名，乃至最后为什么说名为佛地。”

佛陀告诉观自在菩萨说：“善男子！成就大义，得未曾得的出世间心，生大欢喜，这样的缘故最初地称名为极喜地；远离了一切微细犯戒，由这样的原因，第二地称名为离垢地；由于彼菩萨所得的三摩地和闻持陀罗尼，能为无量智光所依止，由这样的原因，第三地称名为发光地；由于彼菩萨所得的菩提分法烧诸烦恼，智如火焰，由这样的原因，第四地名称为焰慧地；由于彼菩萨对于彼菩提分法方便修习，经最极艰难方得自在，由这样的原因，第五地称名为极难胜地；彼菩萨能现前观察诸行的流转，又对于无相，须多修作意才现在前，由这样的原因，第六地称名为现前地；彼菩萨能远证入无缺、无间、无相作意，与清净地共相邻接，由这样的原因第七地称名为远行地；彼菩萨于无相得无功用，在诸相中不被现行烦恼所动，由这样的原因第八地称名为不动地；彼菩萨于一切种说法自在，获得无碍广大智慧，由这样的原因第九地名称为善慧地；虽然因我法二执所障的粗重之身广如虚空，但彼菩萨法身圆满时，就像天上广大无边的云一样都能覆盖，这样的原因第十地称名为法云地；那菩萨永远断除了最极微细的烦恼障和所知障，对于一切种的所知境界无着无碍，现正等觉，由这样的原因，第十一地称名为佛地。”

观自在菩萨再问佛陀：“在这菩萨诸地中，所对治的愚痴有几种？所对治的粗重有几种？”

佛陀告诉观自在菩萨说：“善男子！在这诸地中有所对治的愚痴有二十二种、所对治的粗重有十一种。在初地时，所对治的愚痴有二种：第一种是执着于补特伽罗及法的愚痴；第二种是恶趣杂染愚痴。另外与此二愚痴相应的粗重（种子习气）是所对治的。在第二地时，所对治的愚痴有二种：第一种是微细误犯的愚痴；第二种是种种业趣愚痴。另外与此二愚痴相应的粗重（种子习气）是所对治的。在第三地时，所对治的愚痴有二种：第一种是欲贪愚痴；第二种是圆满闻持陀罗尼愚痴。另外与此二愚痴相应的粗重（种子习气）是所对治的。在第四地时，所对治的愚痴有二种：第一种是等至爱愚痴；第二种是法爱愚痴。另外与此二愚痴相应的粗重（种子习气）是所对治的。在第五地时，所对治的愚痴有二种：第一种是一向作意弃背生死愚痴；第二种是一向作意趣向涅槃愚痴。另外与此二愚痴相应的粗重（种子习气）是所对治的。在第六地时，所对治的愚痴有二种：第一种是现前观察诸行流转愚痴；第二种是相多现行愚痴。另外与此二愚痴相应的粗重（种子习气）是所对治的。在第七地时，所对治的愚痴有二种：第一种是微细相现行愚痴；第二种是一向无相作意方便愚痴。另外与此二愚痴相应的粗重（种子习气）是所对治的。在第八地时，所对治的愚痴有二种：第一种是于无相作功用愚痴；第二种是于相自在愚痴。另外与此二愚痴相应的粗重（种子习气）是所对治的。在第九地时，所对治的愚痴有二种：第一种于无量说法陀罗尼，无量法句、文、字陀罗尼，后后慧辩陀罗尼自在的愚痴；第二种是辩才自在愚痴。另外与此二愚痴相应的粗重（种子习气）是所对治的。在第十地时，所对治的愚痴有二种：第一种是大神通愚痴；第二种是悟入微细秘密愚痴。另外与此二愚痴相应的粗重（种子习气）是所对治的。在如来地时，所对治的愚痴有二种：第一种是对于一切所知境界极微细着愚痴；第二种是极微细碍愚痴。

另外与此二愚痴相应的粗重（种子习气）是所对治的。善男子！因为有这二十二种愚痴和十一种粗重，所以安立了诸地，但是阿耨多罗三藐菩提则离系了这些愚痴和粗重的系缚。”

观自在菩萨再对佛陀说：“世尊！阿耨多罗三藐三菩提真是甚奇稀有啊！其能够成就大利大果，能够使诸菩萨能够破这样的大愚痴罗网，能穿越如是大粗重的稠林，现前证得阿耨多罗三藐三菩提，这真是稀有啊！”

观自在菩萨再问佛陀说：“世尊！这些菩萨诸地中几种殊胜可以安立？”

佛陀告诉观自在菩萨说：“善男子！这里略说有八种殊胜可以安立：第一种是增上意乐清净；第二种是心清净；第三种是悲清净；第四种是至彼岸清净；第五种是见佛供养承事清净；第六种是成熟有情清净；第七种是生清净；第八种是威德清净。善男子！在初地中具有增上意乐清净乃至威德清净的所有清净，以后诸地一直到佛地，都具有从增上意乐清净乃至威德清净的所有清净，其中惟除佛地没有生清净。应当知道各地的清净是展转增胜的，后地超胜前一地的清净。又初地中所有功德在初地以上诸地中平等都具有，还应当知道十地各自具有各自的功德殊胜。一切菩萨的十地功德都有比其地更殊胜的，佛地功德应当知道是无上的，没有再比其更殊胜的。”

观自在菩萨再问佛陀说：“世尊！以什么因缘说菩萨生于诸有情众生中是最为殊胜的？”

佛陀告诉观自在菩萨说：“善男子！这里面有四种因缘：第一种是极净善根所集起的缘故（势力而生）；第二种是故意

思择力所取的缘故（愿力而生）；第三种是悲愍济度众生的缘故；第四种是自己已经能够无染，但能除他染的缘故。”

观自在菩萨再问佛陀说：“世尊！以什么因缘说诸菩萨行广大愿、妙愿、胜愿？”

佛告诉观自在菩萨说：“善男子！这是以四因缘的缘故，因诸菩萨能善了知涅槃乐住，并堪能速证；但舍弃速证涅槃乐住；以无缘、无待发大愿心；为了能够利益诸有情的缘故，而处于许多种种长时的大苦。因此我说彼诸菩萨行广大愿，妙愿、胜愿。”

观自在菩萨复白佛言：“世尊！是诸菩萨凡有几种所应学事？”

佛告观自在菩萨曰：“善男子！菩萨学事略有六种：所谓布施、持戒、忍辱、精进、静虑、智慧到彼岸[①]。”

观自在菩萨复白佛言：“世尊！如是六种所应学事，几是增上戒学所摄？几是增上心学所摄？几是增上慧学所摄？”

佛告观自在菩萨曰：“善男子！当知初三但是增上戒学所摄，静虑一种但是增上心学所摄，慧是增上慧学所摄，我说精进遍于一切。”

观自在菩萨复白佛言：“世尊！如是六种所应学事，几是福德资粮所摄？几是智慧资粮所摄？”

佛告观自在菩萨曰：“善男子！若增上戒学所摄者，

是名福德资粮所摄，若增上慧学所摄者，是名智慧资粮所摄，我说精进、静虑二种遍于一切。”

观自在菩萨复白佛言：“世尊！于此六种所学事中，菩萨云何应当修学？”

佛告观自在菩萨曰：“善男子！由五种相应当修学：一者最初于菩萨藏波罗蜜多相应微妙正法教中猛利信解，二者次于十种法行以闻、思、修所成妙智精进修行，三者随护菩提之心，四者亲近真善知识②，五者无间勤修善品。”

观自在菩萨复白佛言：“世尊！何因缘故，施设如是所应学事但有六数？”

佛告观自在菩萨曰：“善男子！二因缘故：一者饶益诸有情故，二者对治诸烦恼故。当知前三饶益有情，后三对治一切烦恼。前三饶益诸有情者，谓诸菩萨由布施故，摄受资具饶益有情，由持戒故，不行损害、逼迫、恼乱饶益有情，由忍辱故，于彼损害、逼迫、恼乱堪能忍受饶益有情。后三对治诸烦恼者，谓诸菩萨由精进故，虽未永伏一切烦恼，亦未永害一切随眠，而能勇猛修诸善品，彼诸烦恼不能倾动善品加行，由静虑故永伏烦恼，由般若故永害随眠。”

观自在菩萨复白佛言：“世尊！何因缘故，施设所余波罗蜜多但有四数？”

佛告观自在菩萨曰：“善男子！与前六种波罗蜜多

为助伴故。谓诸菩萨于前三种波罗蜜多所摄有情，以诸摄事方便善巧而摄受之安置善品，是故我说方便善巧波罗蜜多与前三种而为助伴。

“若诸菩萨于现法中烦恼多故，于修无间无有堪能，羸劣意乐故，下界胜解故，于内心住无有堪能，于菩萨藏不能闻、缘、善修习故，所有静虑不能引发出世间慧，彼便摄受少分狭劣福德资粮，为未来世烦恼轻微心生正愿，如是名愿波罗蜜多。由此愿故，烦恼微薄，能修精进，是故我说愿波罗蜜多与精进波罗蜜多而为助伴。

“若诸菩萨亲近善士、听闻正法、如理作意为因缘故，转劣意乐成胜意乐，亦能获得上界胜解，如是名力波罗蜜多。由此力故，于内心住有所堪能，是故我说力波罗蜜多与静虑波罗蜜多而为助伴。

“若诸菩萨于菩萨藏已能闻、缘、善修习故，能发静虑，如是名智波罗蜜多，由此智故堪能引发出世间慧，是故我说智波罗蜜多与慧波罗蜜多而为助伴。”

观自在菩萨复白佛言：“世尊！何因缘故，宣说六种波罗蜜多如是次第？”

佛告观自在菩萨曰：“善男子！能为后后引发依故，谓诸菩萨若于身财无所顾吝，便能受持清净禁戒，为护禁戒便修忍辱，修忍辱已能发精进，发精进已能办静虑，具静虑已便能获得出世间慧。是故我说波罗蜜多如是次第。”

注释：

①布施、持戒、忍辱、精进、静虑、智慧到彼岸：即“六度”，布施（檀波罗蜜或檀那波罗蜜），总有财施、法施和无畏施三种，谓菩萨由修布施，能对治悭吝贪爱烦恼，与众生利乐；持戒（尸波罗蜜或尸罗波罗蜜），包括出家、在家、大乘、小乘一切戒法和善法，谓菩萨由修一切戒法和善法，能断身口意一切恶业；忍辱（羼提波罗蜜），谓菩萨由修忍度，能忍受一切有情骂辱击打及外界一切寒热饥渴等之大行，即能断除嗔恚烦恼；精进（毗梨耶波罗蜜），谓菩萨精励身心，精修一切大行，能对治懈怠，成就一切善法；静虑（禅度波罗蜜或禅那波罗蜜），也称“禅定”、“三昧”、“三摩地”、定，谓思维真理，定止散乱，心一境性，调伏眼耳等诸根，会趣寂静妙境，有“四禅”、“八定”及“一切三昧”等；智慧到彼岸（般若波罗蜜），谓通达诸法体性本空之智及断除烦恼证得真性之慧，能对治痴昧无知（无明）。

②善知识：指教示佛法之正道，令得胜益之师友。善知识相圆满有八个方面：一者住戒；二者多闻；三者具证；四者哀愍；五者无畏；六者堪忍；七者无倦；八者善词。

译文：

观自在菩萨再问佛陀说：“世尊！这些发广大愿的诸菩萨总有几种所应学事？”

佛陀告诉观自在菩萨说：“善男子！菩萨应学的事略说有六

种，就是布施、持戒、忍辱、精进、静虑、智慧到彼岸。”

观自在菩萨再问佛陀说：“世尊！这六种所应学事中，哪几种是增上戒学所摄？哪几种是增上心学所摄？哪几种是增上慧学所摄？”

佛陀告诉观自在菩萨说：“善男子！应当知道前三种只是增上戒学所摄，静虑一种是增上心学所摄，智慧到彼岸是增上慧学所摄，我说精进遍于增上戒学、增上心学、增上慧学中。”

观自在菩萨再问佛陀说：“世尊！这六种所应学事中，哪几种是福德资粮所摄？哪几种是智慧资粮所摄？”

佛陀告诉观自在菩萨说：“善男子！如是增上戒学所摄的属于福德资粮所摄，如是增上慧学所摄的属于智慧资粮所摄，我说精进、静虑二种所学遍于集积福德资粮和智慧资粮之中。”

观自在菩萨再对佛陀说：“世尊！这六种所学事中，菩萨怎样来修学？”

佛陀告诉观自在菩萨说：“善男子！这里应当修学五种相应：第一种相应是最初对于集大乘法要的菩萨藏，与诸度（波罗蜜）相应的微妙正法教，起猛利信解；第二种相应是以闻、思、修所成妙智精进地修行：书写、供养、施他、若他诵读专心谛听、自披读、受持、正为他开演文义、讽诵、思惟、修习等十法行；第三种是时时护念菩提心；第四种是亲近真善知识；第五种是无间地勤修善品。

观自在菩萨再对佛陀说：“世尊！以什么原因施设这样的所学事只有六种？”

佛陀告诉观自在菩萨说：“善男子！这里有两种原因才如此

施设的：第一种是饶益诸有情的缘故；第二种是对治烦恼的缘故。应该知道，前面三种是饶益有情的，后面三种是对治一切烦恼的。说前面三种饶益诸有情，是指诸菩萨由于行布施，能够使众生获得资具，从而饶益有情；由于持戒能够不行损害、逼迫、恼乱其他众生，从而饶益有情；由忍辱的缘故，菩萨在受损害、逼迫、恼乱时堪能忍受，以此饶益有情。说后面三种对治诸烦恼，是指诸菩萨由于精进的原因，虽然未能永伏一切烦恼，也未能永害一切随眠，但能勇猛修习诸善品，使诸烦恼不能倾动善品的加行；由静虑禅定的缘故，而能永伏烦恼；由般若智慧的缘故而能永害随眠。”

观自在菩萨再对佛陀说：“世尊！以什么原因施设所余的波罗蜜多只有四种？”

佛陀告诉观自在菩萨说：“善男子！这是由于有四种波罗蜜多能作为前面六种波罗蜜多助伴的缘故。菩萨们在行施前面三种波罗蜜多，摄受有情时，常常以诸摄事的方便善巧来安置善品，因此我说方便善巧波罗蜜多是前面三种波罗蜜多的助伴。

“如果菩萨们在现实中烦恼多，不能无间隙地修习善法，意乐也较羸劣，只是对欲界和散位处有所胜解，不能获得心一境性的内心安住，由于对菩萨藏不能听闻，不能缘虑，不能善修习，所有静虑不能引发出世间慧，那菩萨便只能获得少分狭劣的福德资粮，但是为了能够使于未来世烦恼变轻微，心里生起正愿，这样称名为愿波罗蜜多。由这样生起愿波罗蜜多的缘故，这类菩萨烦恼减为微薄，能够修习精进波罗蜜多，因此我说愿波罗蜜多是精进波罗蜜多的助伴。

“如果菩萨们能够亲近善士，听闻正法，如理作意，以此为因缘，这样就会转低劣的意乐成为殊胜的意乐，也就能获得能内一心的上界胜解，这样称为力波罗蜜多。由于力波罗蜜多的缘故，内心能够安住心一境性，因此我说力波罗蜜多是静虑波罗蜜多的助伴。”

“如果菩萨们对菩萨藏已经有所听闻、有所缘虑、能善修习，能发静虑，这样称名为智波罗蜜多，由于获得了智波罗蜜多，就能够引发出世间慧，因此我说智波罗蜜多是慧波罗蜜多的助伴。”

观自在菩萨再问佛陀说：“世尊！是以什么原因来宣说这样的六种波罗蜜多次第的？”

佛陀告诉观自在菩萨说：“善男子！这是由于前面的波罗蜜多能够引发后面的波罗蜜多，并能作为后面波罗蜜多的依止。展开来说，如果诸菩萨对于身财没有顾吝，那就能受持清净禁戒，而为了护持禁戒便须修忍辱，修忍辱后就能发起精进，发精进后就能够成办静虑，而具备了静虑后便能获得出世间慧。因此，我以这样的次第来宣说波罗蜜多。”

观自在菩萨复白佛言：“世尊！如是六种波罗蜜多，各有几种品类差别？”

佛告观自在菩萨曰：“善男子！各有三种。施三种者：一者法施，二者财施，三者无畏施，戒三种者：一者转舍不善戒，二者转生善戒，三者转生饶益有情戒[1]，忍三种者：一者耐怨害忍，二者安受苦忍，三者谛察法忍[2]，精进三种者：一者被甲精进[3]，二者转生善法加行精进，三者饶益有情加行精进，静虑三种者：一者无分别寂静、极寂静、无罪故、对治烦恼众苦乐住静虑[4]，二者引发功德静虑，三者引发饶益有情静虑[5]，慧三种者：一者缘世俗谛慧，二者缘胜义谛慧，三者缘饶益有情慧。”

观自在菩萨复白佛言：“世尊！何因缘故，波罗蜜多说名波罗蜜多？”

佛告观自在菩萨曰：“善男子！五因缘故：一者无染着故，二者无顾恋故，三者无罪过故，四者无分别故，五者正回向故。无染著者，谓不染著波罗蜜多诸相违事；无顾恋者，谓于一切波罗蜜多诸果异熟及报恩中[6]，心无系缚；无罪过者，谓于如是波罗蜜多无间杂染法，离非方便行；无分别者，谓于如是波罗蜜多不如言词执着自相；正回向者，谓以如是所作、所集波罗蜜多，回求无上大菩提果。”

“世尊！何等名为波罗蜜多诸相违事？”

“善男子！当知此事略有六种：一者于喜乐欲财富自在诸欲乐中深见功德及与胜利，二者于随所乐纵身语意而现行中深见功德及与胜利，三者于他轻蔑不堪忍中深见功德及与胜利，四者于不勤修著欲乐中深见功德及与胜利，五者于处愦闹世杂乱行深见功德及与胜利，六者于见闻觉知言说戏论深见功德及与胜利[⑦]。”

“世尊！如是一切波罗蜜多何果异熟？”

“善男子！当知此亦略有六种：一者得大财富，二者往生善趣[⑧]，三者无怨无坏多诸喜乐，四者为众生主，五者身无恼害，六者有大宗叶[⑨]。”

“世尊！何等名为波罗蜜多间杂染法？”

“善男子！当知略由四种加行[⑩]：一者无悲加行故，二者不如理加行故，三者不常加行故，四者不殷重加行故。不如理加行者，谓修行余波罗蜜多时，于余波罗蜜多远离失坏。”

“世尊！何等名为非方便行？”

“善男子！若诸菩萨以波罗蜜多饶益众生时，但摄财物饶益众生便为喜足，而不令其出不善处安置善处，如是名为非方便行。何以故？善男子！非于众生惟作此事名实饶益。譬如粪秽若多若少终无有能令成香洁，如是众生由行苦故其性是苦，无有方便但以财物暂相饶益可令成乐，惟有安处妙善法中，方可得名第一饶益。”

注释：

①“一者法施”三句：即为律仪戒、摄善法戒、饶益有情戒。一律仪戒，指诸菩萨所受七众别解脱戒；二摄善法戒，指诸菩萨受别解脱后，所有一切为大菩提，由身语意积集诸善，总说名为

摄善法戒；三饶益有情戒，指诸菩萨于诸有情能引义利。

②谛察法忍：堪能审谛观察诸法。即法思胜解忍，指诸菩萨于一切法能正思择、善安胜解。

③被甲精进：谓诸菩萨加行，其心勇悍，先擐誓甲。

④无分别寂静：指离一切虚妄分别以及粗重。《瑜伽师地论》中说："远离一切分别，能生身心轻安。"极寂静：指远诸爱味，泯一切相。无罪：《瑜伽师地论》中说"远离憍举"，"远离六度随烦恼"。对治烦恼众苦乐住：指由此定能治烦恼苦，神通自在，得现法乐。

⑤"一者无分别"至"三者引发饶益"三句：对这三种静虑，世亲论师曾归纳为：一是安住静虑，由此能安现法乐住。二引发静虑，由此能引六种神通。三成所作事静虑，依此成立所作利有情事。

⑥异熟：指依善恶业因而得的果报。梵语 vipâka（毗播迦），原义为食物的调理，后用于指煮熟、消化或果物生熟成长等状态的转化，或指异常的结果。旧译果报，新译异熟。由于因有善有恶，果则具非善非恶之无记性，系与因异类而成熟者，故称"异熟"。《俱舍论》卷二中说："所造业至得果时，变而能熟，故名异熟。果从彼生，名异熟生。彼所得果与因别类，而是所熟，故名异熟。"

⑦"当知此事略有六种"数句：以上六事，分别可指违施障事，违戒度事，违忍度事，违精进事，违定度事，违慧度事。

⑧善趣：《大智度论》卷三十中说，六道中，地狱、畜生、饿鬼等，属于恶趣；天、人、阿修罗等，属于善趣。此为通说。《俱舍

论》卷十八则以人、天二者为善趣。

⑨此中由布施力故得大财富；由持戒故往生善趣；由忍辱故无怨无坏，多诸欢喜；由勤精进故得大尊贵，为众生主；由静虑故伏除烦恼，故能感得身无怨害；由般若故广解五明，得大宗叶。叶指施族，大宗叶为广大宗族的意思。

⑩加行：旧译作“方便”。即加功用行之意。乃针对正行之预备行。据《成唯识论》卷九、《大乘法苑义林章》卷二末之说，接近见道的四善根之位，特称加行，然亦广通资粮位。

译文：

观自在菩萨再问佛陀说：“世尊！这样的六种波罗蜜多，各有几种品类差别？”

佛陀告诉观自在菩萨说：“善男子！六种波罗蜜多各自有三种品类差别。布施波罗蜜多有三种：第一种是法施；第二种是财施；第三种是无畏施。持戒波罗蜜多有三种：第一种是舍去不善戒；第二种是生起诸善的戒；第三种是饶益有情的戒。忍辱波罗蜜多有三种：第一种是耐怨害忍；第二种是安受苦忍；第三种是谛察法忍；精进波罗蜜多有三种：第一种是披甲精进；第二种是转生善法加行精进；第三种是饶益有情加行精进。静虑波罗蜜多有三种：第一种是因为达到无分别寂静，远离诸爱味，泯一切相的极寂静，远离我慢、我爱、我见的随烦恼得清净的无罪境界，从而对治诸烦恼众苦，获得现法乐住的静虑；第二种是能引发菩萨诸种功德的静虑；第三种是能引发饶益有情的静虑。慧波罗蜜多有三种：第一种是缘世俗谛慧；第二种是缘胜义谛慧；第三种是缘饶益有情慧。”

观自在菩萨再问佛陀说：“世尊！以什么原因说波罗蜜多为波罗蜜多（到彼岸）呢？”

佛陀告诉观自在菩萨说：“善男子！以五种因缘而称为波罗蜜多：第一种是无染着；第二种是无顾恋；第三种是无罪过；第四种是无分别；第五种是正回向。无染着是指不染着与波罗蜜多诸相违的事；无顾恋是指在一切波罗蜜多所带来的诸异熟果报和报恩的果报中，心中没有被其系缚；没有罪过是指行持波罗蜜多时，没有间杂染法，远离非方便行；无分别是指行持波罗蜜多时，不去如他言词所说的执着自相；正回向是指行持如上所说的波罗蜜多，所集诸波罗蜜多的功德，都回求无上大菩提果。”

“世尊！哪些行为是与波罗蜜多诸相违的事？”

“善男子！应该知道这些事简略说来有六种：第一种是喜欢欲境、喜乐于财富、喜乐于自在，在诸种欲乐中，反而深见功德和胜利；第二种是在随其所乐中，放纵身、语、意的行为，在这样的的现行中，反而深见功德和胜利；第三种是在被他人轻蔑中不堪忍受，对此反而深见功德和胜利；第四种是不精勤修习，耽于欲乐，对于这其中反而深见功德和胜利；第五种是处于世间愦闹的场所，行世间杂乱事时，对这种情形时，反而深见功德和胜利；第六种是对于世间的见、闻、觉知、言说戏论反而深见功德和胜利。”

“世尊！那么这一切的波罗蜜多会得到什么样的异熟果报呢？”

“善男子！应该知道这里略有六种：第一种是会获得巨大的财富；第二种是以后能够往生人、天等善趣；第三种是没有怨敌，行事不会被破坏，常被人所喜乐；第四种是为众生主；第五种是身没有恼害；第六种是广解五明，得大宗叶的异熟果报。”

“世尊！什么称为波罗蜜多的间杂染法？”

“善男子！应当知道波罗蜜多的间杂染法略有四种加行：第一种是没有悲心的加行；第二种是不如理的加行，第三种是不常常用功的加行；第四种是心不殷重的加行。其中不如理加行是指修行某波罗蜜多时，远离了或失坏了其他的波罗蜜多。”

“世尊！那怎样称为非方便行？”

“善男子！如果诸菩萨以波罗蜜多饶益众生的时候，只是施予财物去饶益众生，便以此喜足了，而没有努力使众生远离那些不善处，安置众生于善处，这样称为非方便行。为什么这么说呢？善男子！对众生只是作些财物上施予的事情不是真正的饶益。譬如粪秽无论是增多一些或减少一些，终不能使粪秽成为香洁的。同样的对于众生，由于诸行本质是苦的，所以众生性也是苦的，若其他没有方便，而只是施予世间的财物，那只能暂时地饶益有情，使其成乐。只有将众生安处在妙善法中，才称得上第一饶益。”

观自在菩萨复白佛言：“世尊！如是一切波罗蜜多有几清净？”

佛告观自在菩萨曰：“善男子！我终不说波罗蜜多除上五相有余清净，然我即依如是诸事，总别当说波罗蜜多清净之相。

“总说一切波罗蜜多清净相者，当知七种。何等为七？一者菩萨于此诸法不求他知，二者于此诸法见已不生执著，三者即于如是诸法不生疑惑：谓为能得大菩提不？四者终不自赞毁他有所轻蔑，五者终不憍傲放逸，六者终不少有所得便生喜足，七者终不由此诸法于他发起嫉妒悭吝。

“别说一切波罗蜜多清净相者，亦有七种。何等为七？谓诸菩萨如我所说七种布施清净之相随顺修行：一者由施物清净行清净施[①]，二者由戒清净行清净施[②]，三者由见清净行清净施[③]，四者由心清净行清净施[④]，五者由语清净行清净施[⑤]，六者由智清净行清净施[⑥]，七者由垢清净行清净施[⑦]，是名七种施清净相[⑧]。

“又诸菩萨能善了知制立律仪一切学处，能善了知出离所犯，具常尸罗、坚固尸罗、常作尸罗、常转尸罗、受学一切所有学处[⑨]，是名七种戒清净相。

“若诸菩萨于自所有业果异熟深生依信，一切所有不饶益事现在前时不生愤发，亦不反骂、不嗔、不打、不恐、不弄、不以种种不饶益事反相加害，不怀怨结，若谏诲时不令恚恼，亦复不待他来谏诲，不由恐怖、有染爱心而行忍辱，不以作恩而便放舍，是名七种忍清净相。

“若诸菩萨通达精进平等之性，不由勇猛勤精进故自举凌他，具大势力，具大精进，有所堪能，坚固勇猛，于诸善法终不舍轭，如是名为七种精进清净之相。

“若诸菩萨有善通达相三摩地静虑、有圆满三摩地静虑、有俱分三摩地静虑、有运转三摩地静虑、有无所依三摩地静虑、有善修治三摩地静虑、有于菩萨藏闻缘修习无量三摩地静虑[10]，如是名为七种静虑清净之相。

“若诸菩萨远离增益、损减二边，行于中道，是名为慧，由此慧故，如实了知解脱门义，谓空、无愿、无相三解脱门，如实了知有自性义，谓遍计所执、若依他起、若圆成实三种自性，如实了知无自性义，谓相、生、胜义三种无自性性，如实了知世俗谛义，谓于五明处[11]，如实了知胜义谛义，谓于七真如，又无分别离诸戏论纯一理趣多所住故、无量总法为所缘故、及毗钵舍那故，能善成办法随法行，是名七种慧清净相。”

观自在菩萨复白佛言：“世尊！如是五相各有何业？”

佛告观自在菩萨曰：“善男子！当知彼相有五种业，谓诸菩萨无染著故，于现法中，于所修习波罗蜜多，恒常殷重勤修加行无有放逸，无顾恋故，摄受当来不放逸因，无罪过故，能正修习极善圆满、极善清净、极善鲜白波罗蜜多，无分别故，方便善巧波罗蜜多速得圆满，正回向故，一切生处波罗蜜多及彼可爱诸果异熟皆得无尽，乃至无上正等菩提。”

观自在菩萨复白佛言："世尊！如是所说波罗蜜多，何者最广大？何者无染污？何者最明盛？何者不可动？何者最清净？"

佛告观自在菩萨曰："善男子！无染着性、无顾恋性、正回向性最为广大，无罪过性、无分别性无有染污，思择所作最为明盛，已入无退转法地者名不可动，若十地摄、佛地摄者名最清净。"

注释：

①施物清净：非不净物等而行惠施，称为施物清净。

②戒清净：息除诸恶等而行惠施，称为戒清净。

③见清净：不计度我能行施为我所等而行惠施，称为见清净。

④心清净：以怜爱心等而行惠施，称为心清净。

⑤语清净：舒颜含笑先言问讯等而行惠施，称为语清净。

⑥智清净：皆如实知等而行惠施，称为智清净。

⑦垢清净：远离懈怠贪嗔痴等垢而行惠施，名为垢清净。

⑧以上七种清净相，各有十相，如在《瑜伽师地论》中说施物清净有十相：一广大施，谓众多差别故；二平等施，谓无增无减故；三应时施，谓当彼所乐故；四上妙施，谓色等具足故；五清净施，谓非不净物所杂秽故；六如法施，谓无罪相应故；七随乐施，谓随求者所爱乐故；八利益施，谓随彼所宜故；九或顿或渐施，谓观求者故；十无间施，谓无断绝故。

⑨具常尸罗：指不弃舍诸学处。坚固尸罗：指谓不毁犯诸

学处。常作尸罗：指于学处无穿穴。常转尸罗：指穿穴已复还净。受学一切所有学处：指具随学的诸处。

⑩善通达相三摩地静虑：善通达俗谛相定。圆满三摩地静虑：缘彼圆满真如境定。俱分三摩地静虑：通缘真俗二境之定。运转三摩地静虑：指加行智相应定，唯是有漏作意运转所依之定。无所依三摩地静虑：根本智相应定，无异境相可为依止所依之定。善修治三摩地静虑：后得智相应定。指能善修治种种诸行所依之定。于菩萨藏闻缘修习无量三摩地静虑：明加行定，指于大乘菩萨藏教，以闻慧为缘，修习无量诸静虑。

⑪五明：是印度古代的五类学术，即声明、因明、医方明、工巧明和内明。其内容如《大唐西域记》卷二说：声明，释训诂字，诠目疏别。工巧明，伎术机关，阴阳历数。医方明，禁咒闲邪，药石针艾。因明，考定正邪，研核真伪。内明，究畅五乘，因果妙理。

译文：

观自在菩萨再问佛陀说："世尊！这样一切波罗蜜多有几种清净相？"

佛陀告诉观自在菩萨说："善男子！我终不说波罗蜜多除了以上所说的无染着、无顾恋、无罪过、无分别、正回向等五种相外还有其他的清净相，然而，我还是依于这五种相事来总说和别说波罗蜜多的清净相。

"总的来说一切波罗蜜多的清净相，应当知道有七种。是哪七种呢？第一种是菩萨对于诸波罗蜜多法不求他人知道；第二种是对于诸波罗蜜多法见后不生执着；第三种是对于诸波罗蜜多法不会产生‘行持这样的波罗蜜多法能得大菩提吗’的疑惑；第四种是终不会自赞毁他，对于他人有所轻蔑；第五种终不骄傲放逸；第六种终不少有所得便生喜足；第七种终不因自己具有诸波罗多蜜法而对其他有情发起嫉妒和悭吝。

“分别说一切波罗蜜多的清净相，也有七种。是哪七种呢？这是说诸菩萨按我下面所说七种布施清净相随顺修行：第一种是以清净之物布施而行清净施；第二种是持戒清净而行清净施；第三种见清净而行清净施；第四种是心清净而行清净施；第五种是语清净而行清净施；第六种是以如实知的智清净而行清净施；第七种是以远离懈怠、贪、嗔、痴等的垢清净而行清净施；这样称为七种施清净相。

“又诸菩萨能善巧地了知佛陀制立的一切律仪戒的学处；能善巧地了知怎样去遵守这一切学处，并能避免违犯他，而且还了知如果违反后应该怎样进行忏悔所犯；具常尸罗，虽尽寿命也不舍弃所学处；坚固尸罗，不毁犯诸学处；常作尸罗，于学处没有违犯；常转尸罗，如有违犯也能恢复清净；受学一切所有的学处。这称为七种戒清净相。

“如果诸菩萨对于自己所有的异熟业果深生依信，一切所有不饶益事现在前时不生愤发；也不反骂，也不嗔恨，也不打，不恐吓，不弄，不因为种种不饶益事反相加害；不怀怨结，被他损恼时，也没有怨嫌；如果有菩萨的怨家前来谏诲的，应即便受谢而不能使其生恼；如果有菩萨怨家损害菩萨了，菩萨应该亲自速往怨家处求忏谢，而不是等待他来谏诲；菩萨也不是因为恐怖害怕他或有贪爱染心而行忍辱；菩萨不是以一度饶益众生便以为恩足，从而舍弃其他的饶益事。这称为七种忍清净相。

“如果诸菩萨通达精进平等之性；不因为勇猛精进的缘故而自举凌他；具大势力；具大精进；有所堪能；坚固勇猛；对于诸善法不曾懈废，终不舍弃，这样称为七种精进清净之相。

“如果诸菩萨有善通达三摩地静虑；有圆满三摩地静虑；有俱分三摩地静虑，有运转三摩地静虑；有无所依三摩地静虑；有善修治三摩地静虑；有对于菩萨藏闻缘修习无量三摩地静虑，这样七种称为静虑清净相。

“如果诸菩萨远离增益、损减两边，行于中道称名为慧；由于有这慧的缘故，如实了知解脱门义，空、无愿、无相称为三解脱门；如实了知有自性义，遍计所执性、依他起性、圆成实性称为三种自性；如实了知无自性义，相无自性、生无自性、胜义无自性称为三种无自性性；如实地了知世俗谛义，五明处称为世俗谛义；如实了知胜义谛义，七真如称为胜义谛义；又因能够无分别，离诸戏论纯一理趣多所住的缘故和无量总法为所缘的原因和毗钵舍那，能够善成办随法行，称为七种慧清净相。”

观自在菩萨再问佛陀说：“世尊！以上无染着、无顾恋、无罪过、无分别、正回向五种相有什么业呢？”

佛陀告诉观自在菩萨说：“善男子！应该知道这些五相有五种业：诸菩萨因无染着的缘故，在现法中修习波罗蜜多时，恒常殷重勤修加行，没有放逸；诸菩萨因无顾恋的缘故，能获得将来不放逸的因；诸菩萨因无罪过的缘故，能正修习极善圆满、极善清净、极善鲜白的波罗蜜多；诸菩萨因无分别的缘故，使方便善巧波罗蜜多速得圆满；诸菩萨因正回向的缘故，于一切菩萨所生处，波罗蜜多和由波罗蜜多所带来的美好诸果异熟无穷无尽，乃至可以获得无上正等菩提。”

观自在菩萨再问佛陀说：“世尊！这里所说波罗蜜多，什么最为广大？什么是无污染的？什么是最明盛的？什么是不可动的？什么是最清净的？”

佛陀告诉观自在菩萨说：“善男子！无染着性、无顾恋性、正回向性的波罗蜜多最为广大；无罪过性、无分别性的波罗蜜多无有染污；思择所作的波罗蜜多最为明盛；已入无退转法地的波罗蜜多为不可动；十地所摄、佛地所摄的波罗蜜多是最清净的。”

观自在菩萨复白佛言：“世尊！何因缘故，菩萨所得波罗蜜多诸可爱果及诸异熟常无有尽，波罗蜜多亦无有尽？”

佛告观自在菩萨曰：“善男子！展转相依生起修习无间断故。”

观自在菩萨复白佛言：“世尊！何因缘故，是诸菩萨深信爱乐波罗蜜多，非于如是波罗蜜多所得可爱诸果异熟？”

佛告观自在菩萨曰：“善男子！五因缘故：一者波罗蜜多是最增上喜乐因故，二者波罗蜜多是其究竟饶益一切自他因故，三者波罗蜜多是当来世彼可爱果异熟因故，四者波罗蜜多非诸杂染所依事故，五者波罗蜜多非是毕竟变坏法故。”

观自在菩萨复白佛言：“世尊！一切波罗蜜多各有几种最胜威德？”

佛告观自在菩萨曰：“善男子！当知一切波罗蜜多各有四种最胜威德：一者于此波罗蜜多正修行时，能舍悭吝、犯戒、心愤、懈怠、散乱、见趣所治，二者于此正修行时，能为无上正等菩提真实资粮，三者于此正修行时，于现法中，能自摄受饶益有情，四者于此正修行时，于未来世，能得广大无尽可爱诸果异熟。”

观自在菩萨复白佛言：“世尊！如是一切波罗蜜多何因？何果？有何义利？”

佛告观自在菩萨曰：“善男子！如是一切波罗蜜多大悲为因，微妙可爱诸果异熟、饶益一切有情为果，圆满无上广大菩提为大义利。”

观自在菩萨复白佛言：“世尊！若诸菩萨具足一切无尽财宝，成就大悲，何缘世间现有众生贫穷可得？”

佛告观自在菩萨曰：“善男子！是诸众生自业过失。若不尔者，菩萨常怀饶益他心，又常具足无尽财宝，若诸众生无自恶业能为障碍，何有世间贫穷可得？譬如饿鬼为大热渴逼迫其身，见大海水悉皆涸竭，非大海过，是诸饿鬼自业过耳。如是菩萨所施财宝犹如大海，无有过失，是诸众生自业过耳，犹如饿鬼自恶业力令无有水。”

观自在菩萨复白佛言:“世尊!菩萨以何等波罗蜜多取一切法无自性性?”

佛告观自在菩萨曰:“善男子!以般若波罗蜜多能取诸法无自性性。”

“世尊!若般若波罗蜜多能取诸法无自性性,何故不取有自性性[①]?”

“善男子!我终不说以无自性性取无自性性[②],然无自性性离诸文字、自内所证,不可舍于言说文字而能宣说,是故我说般若波罗蜜多能取诸法无自性性。”

观自在菩萨复白佛言:“世尊!如佛所说波罗蜜多、近波罗蜜多、大波罗蜜多,云何波罗蜜多?云何近波罗蜜多?云何大波罗蜜多?”

佛告观自在菩萨曰:“善男子!若诸菩萨经无量时修行施等成就善法,而诸烦恼犹故现行未能制伏,然为彼伏,谓于胜解行地软中胜解转时[③],是名波罗蜜多。复于无量时修行施等渐复增上成就善法,而诸烦恼犹故现行,然能制伏,非彼所伏,谓从初地已上,是名近波罗蜜多。复于无量时修行施等转复增上成就善法,一切烦恼皆不现行,谓从八地已上,是名大波罗蜜多。”

注释:

①何故不取有自性性:此句此是设难说,如果取无自性性,

也是执着,那么应该有所执(有自性性了),这样的话为什么不说取有自性性。另外一种解释是,假如般若能够取诸法的无自性性,那么也应能够取有自性性。因为一真如具有性和无性义两种义,或者说三种无自性性,也有无性和有性二义,为什么不取有性义?

②我终不说以无自性性取无自性性:此句有两种解释:一种是终不说以有执着无自性性取无自性性,因此说取有自性性。另一种是说终不说以无自性性取无自性性,因无自性性离名言,因此同样也不说取有自性性。

③胜解行地软中胜解转:指胜解行地中,地前所修还未成上品,是软品中的中品胜解转的时候。

译文:

观自在菩萨再问佛陀说:"世尊!以什么原因说菩萨所得的波罗蜜多可爱果和诸异熟果报常常没有穷尽,同样波罗蜜多也没有穷尽?"

佛陀告诉观自在菩萨说:"善男子!这是由于展转相依生起,修习无间断的缘故。"

观自在菩萨再问佛陀说:"世尊!是什么原因使诸菩萨不对这样美好的波罗蜜多所生成的诸果异熟深信爱乐,而是深信爱乐波罗蜜多本身?"

佛陀告诉观自在菩萨说:"善男子!对于此,这有五种因缘:第一种,波罗蜜多是最增上喜乐的因;第二种,波罗蜜多是其究竟饶益一切自他的因;第三种,波罗蜜多是为当来世彼可爱果异熟的因；第四种，波罗蜜多是非诸杂染所依事；第五种，是波罗蜜多不是毕竟变坏法。”

观自在菩萨再问佛陀说：“世尊！一切波罗蜜多各有几种最胜威德？”

佛陀告诉观自在菩萨说：“善男子！应当知道一切波罗蜜多各有四种最胜威德：第一种，正修行此波罗蜜多时，能够舍弃悭吝、犯戒、心愤、懈怠、散乱、智慧所对治的邪见；第二种，正修行此波罗蜜多时，能成为无上正等菩提的真实资粮；第三种，正修行此波罗蜜多时，在现世法中就能够摄受自他，饶益有情；第四种，正修行此波罗蜜多时，于未来世能够得到广大无尽可爱的诸果异熟。”

观自在菩萨再问佛陀说：“世尊！这样一切波罗蜜多以什么为因？以什么为果？有什么义利？”

佛陀告诉观自在菩萨说：“善男子！这样的一切波罗蜜多是以大悲为因的，是以微妙可爱诸果异熟和饶益一切有情为结果的，是以圆满无上广大菩提为大义利的。”

观自在菩萨再问佛陀说：“世尊！如果诸菩萨具足一切无尽的财宝，并且成就了大悲，那为何世间现有的众生还有贫穷的现象呢？”

佛陀告诉观自在菩萨说：“善男子！这是诸众生自己业力的过失。如果不是这样的话，菩萨常常怀饶益他的心，又常常具足无尽的财宝，如果诸众生没有自己的恶业能为障碍，怎么会有世间的贫穷现象呢？譬如饿鬼被大热渴逼迫其身，看见大海水都涸竭了，这不是大海的过错，这是诸饿鬼自己业力的缘故。

正像如此，菩萨所施的财宝犹如大海一样，对于众生的贫穷现象并没有过失，这是诸众生自己业力的缘故，犹如饿鬼因自己恶业力的缘故，而使大海没有水。”

观自在菩萨再对佛陀说：“世尊！菩萨以哪种波罗蜜多取一切法无自性性？”

佛陀告诉观自在菩萨说：“善男子！以般若波罗蜜多能取诸法无自性性。”

“世尊！如果般若波罗蜜多能取诸法的无自性性，（就有所取，这样的话）为什么不取有自性性？”

“善男子！我最终不说以无自性性取无自性性（因无自性性离名言不可说取，若说取，则成为有执着的无自性性，与本义不符），虽然无自性性是离诸文字、自内所证的，但也是不可以离开言说文字而能宣说的，因此我宣说般若波罗蜜多能取诸法无自性性。”

观自在菩萨再问佛陀说：“世尊！像佛所说的波罗蜜多、近波罗蜜多、大波罗蜜多，什么是波罗蜜多？什么是近波罗蜜多？什么是大波罗蜜多？”

佛陀告诉观自在菩萨说：“善男子！如果诸菩萨经过无量时间修行布施等诸波罗蜜多，成就了善法，但是诸烦恼还是能够现行，不能制伏，反而被烦恼所伏，到胜解行地中软品位的中品胜解转时，称为波罗蜜多。再在无量时间里，修行布施等诸波罗蜜多，渐渐再增上成就善法，诸烦恼仍能现行，但是能制伏烦恼，不被烦恼所伏，这是指从初地以上称为近波罗蜜多。再在无量时间里，修行布施等波罗蜜多，转复增上成就善法，一切烦恼皆不现行，这是指从八地以上称为大波罗蜜多。”

观自在菩萨复白佛言：“世尊！此诸地中烦恼随眠可有几种[1]？”

佛告观自在菩萨曰：“善男子！略有三种。一者害伴随眠，谓于前五地。何以故？善男子！诸不俱生现行烦恼[2]，是俱生烦恼现行助伴[3]，彼于尔时永无复有，是故说名害伴随眠。二者羸劣随眠，谓于第六第七地中，微细现行若修所伏不现行故。三者微细随眠，谓于第八地已上，从此已去一切烦恼不复现行，惟有所知障为依止故。”

观自在菩萨复白佛言：“世尊！此诸随眠，几种粗重断所显示[4]？”

佛告观自在菩萨曰：“善男子！但由二种：谓由在皮粗重断故，显彼初二，复由在肤粗重断故，显彼第三，若在于骨粗重断者，我说永离一切随眠，位在佛地。”

观自在菩萨复白佛言：“世尊！经几不可数劫能断如是粗重？”

佛告观自在菩萨曰：“善男子！经于三大不可数劫、或无量劫，所谓年、月、半月、昼夜、一时、半时、须臾、瞬息、刹那量劫不可数故。”

观自在菩萨复白佛言：“世尊！是诸菩萨于诸地中，所生烦恼当知何相？何失？何德？”

佛告观自在菩萨曰："善男子！无染污相。何以故？是诸菩萨于初地中，定于一切诸法法界已善通达，由此因缘，菩萨要知方起烦恼非为不知，是故说名无染污相。于自身中不能生苦，故无过失。菩萨生起如是烦恼，于有情界能断苦因，是故彼有无量功德。"

观自在菩萨复白佛言："甚奇世尊！无上菩提乃有如是大功德利，令诸菩萨生起烦恼尚胜一切有情、声闻、独觉善根，何况其余无量功德？"

观自在菩萨复白佛言："世尊！如世尊说若声闻乘、若复大乘惟是一乘，此何密意？"

佛告观自在菩萨曰："善男子！如我于彼声闻乘中，宣说种种诸法自性，所谓五蕴、或内六处、或外六处如是等类，于大乘中即说彼法同一法界、同一理趣，故我不说乘差别性。于中或有如言于义妄起分别，一类增益、一类损减[5]，又于诸乘差别道理谓互相违，如是展转递兴诤论，如是名为此中密意。"

尔时，世尊欲重宣此义而说颂曰：

诸地摄想所对治[6]，殊胜生愿及诸学，
由依佛说是大乘，于此善修成大觉，
宣说诸法种种性，复说皆同一理趣，
谓于下乘或上乘，故我说乘无异性。
如言于义妄分别，或有增益或损减，
谓此二种互相违，愚痴意解成乖诤。

尔时，观自在菩萨摩诃萨复白佛言："世尊！于是解深密法门中，此名何教？我当云何奉持？"

佛告观自在菩萨曰："善男子！此名诸地波罗蜜多了义之教，于此诸地波罗蜜多了义之教汝当奉持！"

说此诸地波罗蜜多了义教时，于大会中，有七十五千菩萨皆得菩萨大乘光明三摩地⑦。

注释：

①随眠："烦恼"或"烦恼"种子的异名。小乘中，说一切有部以贪、嗔、痴等根本烦恼为随眠；经部将烦恼的现行称为"缠"，将其种子称为"随眠"。大乘唯识家亦将眠伏于阿赖耶识中的烦恼种子，称为随眠。

②不俱生现行烦恼：见道所断分别烦恼。

③俱生烦恼：一切烦恼，略有两种：一者俱生烦恼，与生俱来之先天性烦恼；一种是分别起烦恼。分别起烦恼即是见所断惑；俱生烦恼就是修所断惑。

④粗重：由烦恼障，所知障二障种势分力使令有漏身无所堪能，称为粗重，也称为"习气"。

⑤增益：对于如来说的三乘教门，如文执义。闻说三乘，定执着三乘一向各异，称为"增益"。损减：听闻一乘总皆成佛，定执只有一乘，称为"损减"。

⑥想：名的意思，因名从想起。

⑦大乘光明三摩地：指此定能显发照了大乘理、教、行、果的智光明。

译文:

观自在菩萨再问佛陀说:“世尊!在菩萨诸地中烦恼随眠可以有几种?”

佛陀告诉观自在菩萨说:“善男子!这里略说有三种烦恼随眠。第一种是害伴随眠,这在前五地中都具有,为什么呢?善男子!诸不俱生的现行烦恼是俱生烦恼的现行助伴,在前五地中永不再有了,五地中具有的烦恼随眠称为害伴随眠。第二种是羸劣随眠,在第六第七地中,有微细烦恼现行,如果菩萨观修的话就能制伏不让其现行。第三种是微细随眠,这是指第八地以上,从此已去一切烦恼不再现行了,只有所知障作为依止了。”

观自在菩萨再问佛陀说:“世尊!这诸种随眠,是由几种粗重断所显示出来的?”

佛陀告诉观自在菩萨说:“善男子!这有两种:因皮粗重断的缘故显第一和第二种随眠;再由在肤粗重断的缘故,显第三种随眠,我说永离一切随眠,这是位于佛地的。”

观自在菩萨再问佛陀说:“世尊!时间上来说要经过多少不可数劫能断这样的粗重?”

佛陀告诉观自在菩萨说:“善男子!这要经过三大不可数劫,或无量劫,指年、月、半月、昼夜、一时、半时、须臾、瞬息、刹那量劫不可数的时间。”

观自在菩萨再问佛陀说:“世尊!这些菩萨们在诸地中所生的烦恼应当知道是什么相?有何过失?有何功德呢?”

佛陀告诉观自在菩萨说:“善男子!这些菩萨们在诸地中所

生的烦恼是无染污相。为什么呢？这是因为诸菩萨在初地中就决定对一切诸法的法界已善通达，由这样的因缘，当烦恼初生起时，菩萨是知道烦恼生起的，而不是不知，因此称为无染污相。烦恼虽然生起，但在自身中不会生苦，因此没有过失。菩萨生起这样烦恼时，反而成为有情界能断苦的因，因此说菩萨生起这样的烦恼有无量功德。”

观自在菩萨再对佛陀说：“真是奇妙世尊！无上菩提乃有这样殊胜的大功德利益，即使是令诸菩萨生起烦恼尚胜过一切有情、声闻、独觉的善根，何况菩萨的其余无量功德呢？”

观自在菩萨再问佛陀说：“世尊！像您所说的，或所谓的声闻乘，或所谓的大乘这些实际上只是一乘，这里有什么密意吗？”

佛告诉观自在菩萨说：“善男子！如我在那些声闻乘中所宣说的种种诸法自性，如五蕴、或内六处、或外六处如是等等种类，在大乘中就说那些法同一法界、同一理趣，因此我不说乘的差别性。在这其中或许有如言取义而妄起分别的，一类取义，会定执三乘一向是各自不同，从而增益；一类取义，会定执只有一乘，从而损减。同时又会于诸乘的差别道理认为是互相违背的。这样会展转兴起诤论。（如此，我宣说或所谓的声闻乘，或所谓的大乘这些实际上只是一乘，）这样称为此中的密意。

这时，佛陀为了重新宣说此义而说颂为：

诸地摄想所对治，殊胜生愿及诸学，
由依佛说是大乘，于此善修成大觉，
宣说诸法种种性，复说皆同一理趣，

谓于下乘或上乘，故我说乘无异性。

如言于义妄分别，或有增益或损减，

谓此二种互相违，愚痴意解成乖诤。

这时，观自在菩萨摩诃萨再问佛陀说："世尊！在这解深密法门中，这称为什么教授？我应当奉持什么？"

佛陀告诉观自在菩萨说："善男子！这称为诸地波罗蜜多了义之教，对于这诸地波罗蜜多了义之教你应当奉持！"

当佛陀宣说这诸地波罗蜜多了义教时，在大会中，有七十五千菩萨都获得了菩萨大乘光明三摩地。

卷　五

如来成所作事品第八

如来，佛十号之一，佛之尊称。《大智度论》中说，乘如实道，来成正觉，为如来。成所作事，指依境行成办如来现身智等化身事业。本品属所得果，讲述如来的果地功德境界。在本品中，如来法身是由修诸地波罗蜜多善修出离，转依成满后而得，如来化身是方便善巧示现的。本品对如来的言音教化归纳了三类，即契经、调伏、本母。契经指义摄事来显示诸法，有四事、九事、二十九事之分，其中二十九事依杂染四事、世间清净四事、出世间清净二十一事来说，这是一个完整的道次第。调伏即为戒律及相应法。本母以“决了、分别、显示诸法”有十一相，其中第七相即是有名的《解深密经》的四种道理：观待道理、作用道理、证成道理、法尔道理。其中证成道理实是因明之学。在总结契经、调伏、本母时，本品提出了不共外道的陀罗尼义，其以“一切皆无作用，亦都无有补特伽罗”为核心。本品讲如来为何有利益众生的心生生起，这是由于先前修习方便般若加行力的缘故。本品还宣说明了化身有心无心，如来所行境界差别相，成佛转轮涅槃无二相，如来于有情为缘差别，如来法身三乘解脱身差别相，如来菩萨威德住持有情相，净秽二土差别相等。

尔时，曼殊室利菩萨摩诃萨白佛言[①]：“世尊！如佛所说如来法身，如来法身有何等相？”

佛告曼殊室利菩萨曰：“善男子！若于诸地波罗蜜多善修出离，转依成满[②]，是名如来法身之相。当知此相二因缘故不可思议，无戏论故、无所为故，而诸众生计著戏论、有所为故。”

“世尊！声闻、独觉所得转依名法身不？”

“善男子！不名法身。”

“世尊！当名何身？”

“善男子！名解脱身。由解脱身故，说一切声闻、独觉与诸如来平等平等，由法身故，说有差别。如来法身有差别故，无量功德最胜差别，算数、譬喻所不能及。”

曼殊室利菩萨复白佛言：“世尊！我当云何应知如来生起之相？”

佛告曼殊室利菩萨曰：“善男子！一切如来化身作业，如世界起一切种类，如来功德众所庄严，住持为相。当知化身相有生起，法身之相无有生起。”

曼殊室利菩萨复白佛言：“世尊！云何应知示现化身方便善巧？”

佛告曼殊室利菩萨曰：“善男子！遍于一切三千大千佛国土中，或众推许增上王家，或众推许大福田家，同时入胎、诞生、长大、受欲、出家、示行苦行、舍苦行已成等正觉，次第示现，是名如来示现化身方便善巧。”

注释：

①曼殊室利菩萨：即文殊菩萨，也称“妙吉祥”。具不可思议微妙功德，最胜吉祥，故称“妙吉祥”。

②转依：转所依之意。又作“所依已转”、“变住”。转，转舍、转得之义；依，指使染净迷悟等诸法得以成立之所依。转依，即转舍劣法之所依，而证得胜净法之所依。如唯识宗所说，由修圣道，断灭烦恼障、所知障，而证得涅槃、菩提之果，此二果即称为“二转依果”，或“二转依妙果”，此乃修习之最殊胜境界。所断除之烦恼、所知二障，即是所转舍之法；所证得之涅槃、菩提二果，即是所转得之法。《成唯识论》卷九对“转依”之解释有二说：（一）依，乃染净法之所依，即指“依他起性”；转，乃转舍“依他起性”上之“遍计所执性”，而转得“依他起性”中之“圆成实性”。此系从三性上说明人之思想应如何自世间转向出世间，对于缘起现象不应执为实我、实法，而应见到唯识真性。（二）依，指生死与涅槃所依之唯识真如；转，乃灭除依于唯识真如之生死，而证得依于唯识真如之涅槃。此系直接从对唯识真如之迷悟的认识上，说明如何自生死苦而达涅槃乐。此种转依，均通过阿赖耶识中种子之消长生灭来实现，转舍烦恼障种子即转得涅槃果，转舍所知障种子即转得菩提果。

译文：

这时，曼殊室利大菩萨（文殊菩萨）问佛陀说：“世尊！对于佛所说的如来法身，这如来法身有什么样的相呢？”

佛陀告诉曼殊室利菩萨说：“善男子！菩萨如果于诸地波罗

蜜多善修出离，获得涅槃菩提果即转依成满，称为如来法身相。应该知道，这如来法身由二种因缘来说是不可思议的，这二种因缘是无戏论和无所为，与此相反，诸众生是计着戏论且有所为的。”

“世尊！声闻、独觉所得的转依称为法身吗？”

“善男子！声闻、独觉所得的转依不称为法身。”

“世尊！那应当称为什么身呢？”

“善男子！声闻、独觉所得的转依称为解脱身。由解脱身的缘故，说一切声闻、独觉和诸如来平等平等，由法身的缘故，而说其中有差别。如来法身与二乘解脱身有差别，差别在于如来法身有最胜的无量功德，这是二乘的解脱身通过数目、譬喻来形容都是不能及的。”

曼殊室利菩萨再问佛陀说：“世尊！我应当怎样知道如来生起相？”

佛陀告诉曼殊室利菩萨说：“善男子！一切如来的化身作业，就像世界由种种的业起种种事而摄持众生。如来化身也是这样，如来行无量种类功德庄严摄持众生作为化相。应当知道化身相有生起，法身相没有生起。”

曼殊室利菩萨再问佛陀说：“世尊！应该知道什么样是如来示现化身的方便善巧？”

佛陀告诉曼殊室利菩萨说：“善男子！如来化身遍于一切三千大千佛的国土中，在众生推许的增上王家，或者众生所推许的大福田家，如来化身同时入胎、诞生、长大、受欲、出家、示行苦行、舍苦行后成等正觉，次第示现，这样称为如来示现化身的方便善巧。”

曼殊室利菩萨复白佛言：“世尊！凡有几种一切如来身所住持言音差别，由此言音所化有情未成熟者令其成熟，已成熟者缘此为境速得解脱？”

佛告曼殊室利菩萨曰：“善男子！如来言音略有三种：一者契经，二者调伏，三者本母。”

“世尊！云何契经？云何调伏？云何本母？”

“曼殊室利！若于是处，我依摄事显示诸法是名契经，谓依四事，或依九事，或复依于二十九事。

“云何四事？一者听闻事，二者归趣事，三者修学事，四者菩提事[①]。

“云何九事？一者施设有情事，二者彼所受用事，三者彼生起事，四者彼生已住事，五者彼染净事，六者彼差别事，七者能宣说事，八者所宣说事，九者诸众会事[②]。

“云何名为二十九事？谓依杂染品有摄诸行事，彼次第随转事，即于是中作补特伽罗想已于当来世流转因事，作法想已于当来世流转因事，依清净品有系念于所缘事，即于是中勤精进事，心安住事，现法乐住事[③]，超一切苦缘方便事，彼遍知事，此复三种：颠倒遍知所依处故、依有情想外有情中邪行遍知所依处故、内离增上慢遍知所依处故，修依处事，作证事，修习事，令彼坚固事④，彼行相事⑤，彼所缘事⑥，已断未断观察善巧事⑦，彼散乱事⑧，彼不散乱事⑨，不散乱依处事⑩，修习劬劳加行事⑪，修习胜利事⑫，彼坚牢事⑬，摄圣行事，摄圣行眷属事，通达真实事，证得涅槃事，于善说法、毗奈耶中世间正见超升一切外道所得正见顶事，及即于此不修退事⑭，于善说法毗奈耶中不修习故说名为退，非见过失故名为退。

“曼殊室利！若于是处，我依声闻及诸菩萨显示别解脱及别解脱相应之法是名调伏⑮。”

“世尊！菩萨别解脱几相所摄？”

“善男子！当知七相：一者宣说受轨则事故⑯，二者宣说随顺他胜事故⑰，三者宣说随顺毁犯事故⑱，四者宣说有犯自性故⑲，五者宣说无犯自性故⑳，六者宣说出所犯故㉑，七者宣说舍律仪故㉒。”

注释：

①“一者听闻事”至“四者菩提事”四句：《显扬圣教论》中说闻为听闻十二分教；归趣中三最胜归依指谓佛、法、僧三种归趣；修学中三学指戒、定、慧等三学。菩提指三菩提即声闻菩提、独觉菩提、无上正等菩提。

②“一者施设有情事”至“九者诸众会事”数句：“有情事”指五取蕴；“受用事”指十二处；“生起事”指十二缘生；“生已住事”指四食；“染净事”指四圣谛；“差别事”指无量界；“能宣说事”指佛和诸佛弟子；“所宣说事”指四念住等的菩提分法；“众

会事”指八众：一、刹帝力众，二、婆罗门众，三、长者众，四、沙门众，五、四大天王众，六、三十三天众，七、焰摩天众，八、梵天众。

③现法乐住事：指四事定。谓得六神通已于现世中安乐而住。

④令彼坚固事：是指真见道。又有一种解说，谓由获得见道为缘，永不退转为异生故名为令彼见道坚固事。

⑤彼行相事：即有相见道。

⑥彼所缘事：是说有相见道之所缘境事。

⑦已断未断观察善巧事：指有相见道，已断见所断的烦恼，于修所断烦恼尚未断时的所有观察。

⑧彼散乱事：指修道时，不依闻思二慧断除三界修所断烦恼的加行远道。

⑨彼不散乱事：指住定时，所有其他心、心所等皆不散乱。

⑩不散乱依处事：指专持正定行相，因作为慧依处的缘故所以称为依处。

⑪修习劬（qú）劳加行事：谓断除欲界修所断烦恼的无间道和解脱道。

⑫修习胜利事：指断除色界修所断烦恼的无间道及解脱道。

⑬彼坚牢事：指断除无色界修所断烦恼之无间道，亦即金刚喻定。

⑭“谓依杂染品有摄诸行事”至“及即于此不修退事”数句：以上 二十九事，前四事是依杂染品说为四：一、说五蕴，二、

说十二缘生，三、说我执，四、说法执。有系念于所缘事者以下是第二依清净品说有二十五事，其中分二：第一宣说“四种世间清净事者”，即说闻慧、说思慧、说加行定、说四事定。超一切苦缘方便事以下，是第二说二十一种出世间清净事，这又分为六：一、明依一事说顺解脱分，二、明依四事说顺决择分，三、明依四事说见道，四、明依六事说修道，五、明依四事说无学道，六、明依二事说殊胜及非殊胜。

⑮别解脱：是七众所受律仪戒法皆名别解脱。其中差别，即二乘所受唯于身语七支安立为体，菩萨则总于身等三业安立为体。一切有部的诸教典中认为八众初受律仪时之表色别别弃舍各种恶故，而立别解脱及业道名。

⑯宣说受轨则事：宣说受戒轨则。

⑰宣说随顺他胜事：指如果有违犯四种重罪，则其定被他胜烦恼所制伏。他胜处法共有四种，如《瑜伽师地论》中说：“若诸菩萨，为欲贪求利养恭敬，自赞毁他。及性悭吝故，于诸有情不施财法。由忿恨故捶打有情，发粗恶言，谤菩萨藏，宣说邪法等四种他胜处法。”其论还说断命、不与取、邪淫、妄语、酤酒及说他过失等也是他胜处。

⑱宣说随顺毁犯事：此指前说重罪以外其他轻罪，如《梵网经》所说四十八种轻罪及《瑜伽师地论》所说各种轻罪。

⑲宣说有犯自性：宣说有犯自性相，有犯自性指有犯有所违越罪。

⑳宣说无犯自性：即宣说无制罪，如果彼心增上狂乱，或重苦受之所逼切，或未曾受净戒律仪，这样一切都无违犯。《瑜伽

师地论》中还加上了加初修业者。

㉑宣说出所犯：即宣说发露忏罪及出所犯之法。

㉒宣说舍律仪：即宣说舍律仪相。

译文：

曼殊室利菩萨再问佛陀说："世尊！如来的言音能使所化有情未成熟者令其成熟，已成熟者能够缘此如来言音为境速得解脱，那么总共有几种这样的一切如来身所住持的言音差别呢？"

佛告曼殊室利菩萨说："善男子！如来言音略有三种：第一种是契经；第二种是调伏；第三种是本母。"

"世尊！什么是契经？什么是调伏？什么是本母呢？"

"曼殊室利！对于此，我依摄事来显示诸法称为契经，这里有依于四事或者依于九事或者依于二十九事等几类之分。

"四事是哪四种事呢？这第一种是听闻事；第二种是归趣事；第三种是修学事；第四种是菩提事。

"九事是哪九种事呢？第一种是施设有情事；第二种是彼所受用事，第三种是彼生起事，第四种是彼生已住事，第五种是彼染净事，第六种是彼差别事，第七种是能宣说事，第八种是所宣说事，第九种是诸众会事。

"为什么说名为二十九事？这二十九事是指依杂染品有摄诸行事；次第随转事；众生在杂染和次第随转事中生补特伽罗想后成为当来世流转的因事（我执想）；作法想后成为当来世流转因事（法执想）；依清净品有系念于所缘事；在系念所缘

事中勤精进事；心安住事；现法乐住事；超一切苦缘的方便事；彼遍知事，这里再有三种遍知事：遍知颠倒所依处事、遍知依有情想，于外有情中起邪行的所依处事、遍知内离增上慢的所依处事；修依处事；作证事；修习事；令彼坚固事；彼行相事；彼所缘事；善巧观察已断未断烦恼事；彼散乱事；彼不散乱事；不散乱的依处事；修习劬劳加行事；修习胜利事；彼坚牢事；摄圣行事；摄圣行眷属事；通达真实事；证得涅槃事；在善说法中、毗奈耶（调伏法）中，以世间的正见超升一切外道所得正见，成为顶上之事；及即于此不修退事，因在善说法、毗奈耶（调伏法）中不修习的缘故称为退，没能见到过失称为退。

"曼殊室利！若是这样的，我给声闻和诸菩萨们所显示别解脱及别解脱相应法称为调伏。"

"世尊！菩萨别解脱有几相所摄？"

"善男子！这里应当知道有七相所摄：第一种是宣说受戒的轨则事；第二种是宣说违犯重罪的随顺他胜事；第三种宣说违犯轻罪的随顺毁犯事；第四种是宣说有犯自性；第五种是宣说无犯自性；第六种是宣说发露忏悔及出所犯之法；第七种是宣说舍去戒律仪相。"

"曼殊室利！若于是处，我以十一种相决了、分别、显示诸法，是名本母。何等名为十一种相？一者世俗相，二者胜义相，三者菩提分法所缘相，四者行相，五者自性相，六者彼果相，七者彼领受开示相，八者彼障碍法相，九者彼随顺法相，十者彼过患相，十一者彼胜利相。

“世俗相者当知三种：一者宣说补特伽罗故，二者宣说遍计所执自性故，三者宣说诸法作用事业故。

“胜义相者，当知宣说七种真如故。

“菩提分法所缘相者，当知宣说遍一切种所知事故。

“行相者，当知宣说八行观故。云何名为八行观耶？一者谛实故，二者安住故，三者过失故，四者功德故，五者理趣故，六者流转故，七者道理故，八者总别故。谛实者，谓诸法真如。安住者，谓或安立补特伽罗，或复安立诸法遍计所执自性，或复安立一向、分别、反问、置记[①]，或复安立隐密、显了记别差别。过失者，谓我宣说诸杂染法有无量门差别过患。功德者，谓我宣说诸清净法有无量门差别胜利。理趣者，当知六种：一者真义理趣[②]，二者证得理趣，三者教导理趣，四者远离二边理趣，五者不可思议理趣[③]，六者意趣理趣。流转者，所谓三世、三有为相及四种缘。道理者，当知四种：一者观待道理，二者作用道理，三者证成道理，四者法尔道理。观待道理者，谓若因若缘能生诸行及起随说，如是名为观待道理[④]。作用道理者，谓若因若缘能得诸法，或能成办，或复生已作诸业用，如是名为作用道理。证成道理者，谓若因若缘能令所立、所说、所标义得成立，令正觉悟，如是名为证成道理[⑤]。又此道理略有二种：一者清净，二者不清净。由五种相名为清净，由七种相名不清净。云何由五种相名为清净？一者现见所得相，二者依止现见所得相，三者自类譬喻所引相，四者圆成实相，五者善清净言教相。现见所得相者，谓一切行皆无常性、一切行皆是苦性、一切法皆无我性，此为世间现量所得，如是等类是名现见所得相。依止现见所得相者，谓一切行皆刹那性、他世有性、净不净业无失坏性，由彼能依粗无常性现可得故，由诸有情种种差别依种种业现可得故，由诸有情若乐若苦、净不净业以为依止现可得故，由此因缘于不现见可为比度，如是等类是名依止现见所得相。自类譬喻所引相者，谓于内外诸行聚中，引诸世间共所了知所得生死以为譬喻，引诸世间共所了知所得生等种种苦相以为譬喻，引诸世间共所了知所得不自在相以为譬喻，又复于外引诸世间共所了知所得衰盛以为譬喻，如是等类当知是名自类譬喻所引相。圆成实相者，谓即如是现见所得相、若依止现见所得相、若自类譬喻所得相，于所成立决定能成，当知是名圆成实相。善清净言教相者，谓一切智者之所宣说，如言涅槃究竟寂静，如是等类当知是名善清净言教相。善男子！是故由此五种相故，名善观察清净道理，由清净故应可修习。”

曼殊室利菩萨复白佛言：“世尊！一切智者相[6]，当知有几种？”

佛告曼殊室利菩萨曰：“善男子！略有五种：一者

若有出现世间，一切智声无不普闻，二者成就三十二种大丈夫相，三者具足十力，能断一切众生一切疑惑，四者具足四无所畏宣说正法，不为一切他论所伏，而能摧伏一切邪论，五者于善说法毗奈耶中，八支圣道、四沙门等皆现可得。如是生故、相故、断疑网故、非他所伏能伏他故、圣道沙门现可得故，如是五种当知名为一切智相。

“善男子！如是证成道理由现量故、由比量故、由圣教量故[7]，由五种相名为清净。

“云何七种相名不清净？一者此余同类可得相，二者此余异类可得相，三者一切同类可得相，四者一切异类可得相，五者异类譬喻所得相，六者非圆成实相，七者非善清净言教相[8]。若一切法意识所识性，是名一切同类可得相。若一切法相、性、业、法、因果异相[9]，由随如是一一异相决定展转各各异相，是名一切异类可得相[10]。善男子！若于此余同类可得相及譬喻中，有一切异类相者，由此因缘，于所成立非决定故，是名非圆成实相；又于此余异类可得相及譬喻中，有一切同类相者，由此因缘于所成立不决定故，是名非圆成实相。非圆成实故，非善观察清净道理，不清净故不应修习。若异类譬喻所引相，若非善清净言教相，当知体性皆不清净。

“法尔道理者，谓如来出世、若不出世，法性安住、法住、法界[11]，是名法尔道理。

“总别者，谓先总说一句法已，后后诸句差别分别究竟显了。

“自性相者，谓我所说有行有缘所有能取菩提分法，谓念住等，如是名为彼自性相。

“彼果相者，谓若世间、若出世间，诸烦恼断及所引发世出世间诸果功德，如是名为得彼果相。

“彼领受开示相者，谓即于彼以解脱智而领受之，及广为他宣说开示，如是名为彼领受开示相。

“彼障碍法相者，谓即于修菩提分法能随障碍诸染污法，是名彼障碍法相。

“彼随顺法相者，谓即于彼多所作法，是名彼随顺法相。

“彼过患相者，当知即彼诸障碍法所有过失，是名彼过患相。

“彼胜利相者，当知即彼诸随顺法所有功德，是名彼胜利相。”

注释：

①一向：即“一向记”。如有问：“一切生者决定灭耶？佛法僧良福田耶？”这样的问应一向记，此义是决定的缘故。分别：即“分别记”。如有问：“一切灭者定更生耶？佛法僧宝唯一有耶？”这样的问应分别记，此义是不定的缘故。反问：即“反问

记”。如有问:“菩萨十地为上为下?佛法僧宝为胜为劣?”这样的等问应反问记:“汝望何问?”置记:即“默置记”,如有问:‘实有性我为善为恶?石女儿色为黑为白?”这样的问应默置记,不应记,因为应记的话会增长戏论。

②真义理趣:《显扬圣教论》由离二边理趣解释“真义理趣”,离二边理趣者略有六种:一、远离于不实有而妄执为真实有之增益边;二、远离于真实有而妄执为不实有之损减边;三、远离执常边;四、远离执断边;五、远离受用欲乐边;六、远离受用自苦边。

③不可思议理趣:《显扬圣教论》说有六种不可思议事:一、我不可思议,二、有情不可思议,三、世间不可思议,四、一切有情业报不可思议,五、证静虑者及静虑境界不可思议,乃至诸佛及诸佛境界不可思议。

④观待道理:在《瑜伽师地论》中说有两种观待,一、生起观待,二、施设观待。“生起观待者,谓由诸因诸缘势力,生起诸蕴。此蕴生起要当观待诸因诸缘。施设观待者,谓由名身、句身、文身,施设诸蕴。此蕴施设,要当观待名身、句身、文身。是名于蕴生起观待,施设观待。即此生起观待、施设观待,生起诸蕴施设诸蕴,说名道理。”

⑤证成道理:《瑜伽师地论》通过三量来说证成道理:“谓于一切蕴皆是无常,或众缘所生,或苦、空、无我等义,由三量故,谓由至教量故、由现量故、由比量故,如实观察。诸有智者于证成道理,心正喜悦,由三量故,能于诸蕴皆无常性,或众缘生性,或苦性、空性及无我性安置成立。如是等名证成道理。”

⑥一切智：《瑜伽师地论》中说，一切智是证知一切之智。于一切界、一切事、一切品、一切时智无碍转称名为“一切智”。

⑦现量：又称“真现量”，乃指对境时无任何分别筹度之心，各各逼附自体，显现分明，照了量知。亦即由五官能力直接觉知外界之现象者；此一觉知乃构成知识之最基础来源。比量：乃由既知之境比附量度，而能正确推知未现前及未知之境。圣教量：为一切智所说之言教，或从其闻，或随其法，其中又分：不违圣言，佛自说经教，辗转流布，不违正法、正义；能治杂染，善修此法，能永调伏贪痴等烦恼；不违法相，不于一切离言法中建立言说。

⑧“云何七种相”至“七者非善清净言教相”数句：此经所说七种相中，前五种相即是《因明正理门论》所说六不定中前五种，《因明正理门论》中第六相是违决定。

⑨若一切法相、性、业、法、因果异相：相比量，指由现在，或先所见随其所有相状相属，推度境界。业比量，指以作用比业所依。法比量，指以此相邻相属法，比余相邻相属法。因果比量，指以因果展转相比。在《瑜伽师地论》中说，比量指与思择俱，已思、应思所有境界。这里有五种：一、相比量，二、体比量，三、业比量，四、法比量，五、因果比量。

⑩一切异类可得相：此处指一切法、相、性、业等互相观待，彼此不同，因此称为“一切异类”。例如声上的所闻性等只是声上有，非是宗法上有，因此其名因。彼所闻声，只是宗法上有，没有同喻。因之异类如闪电上有非所闻相，称为“一切异类可得相”。

⑪法性：是诸缘起，无始时来，理成就性，称为“法性”。法住：如成就性，以无颠倒文句安立，是名“法住”。法界：由法住，以彼法性为因，是故说彼名为“法界”。

译文：

“曼殊室利！若是这样的，我以十一种相决了、分别、显示诸法，称名为本母。十一种相是哪些呢？第一种是世俗相；第二种是胜义相；第三种是菩提分法所缘相；第四种是行相；第五种是自性相；第六种是彼果相；第七种是彼领受开示相；第八种是彼障碍法相；第九种是彼随顺法相；第十种是彼过患相；第十一种是彼胜利相。

“世俗相应该知道有三种：第一种是宣说补特伽罗；第二种是宣说遍计所执自性；第三种是宣说诸法作用事业。

“胜义相应该知道是指宣说七种真如。

“菩提分法所缘相应当知道是宣说遍一切种所知事。

“行相应当知道是指宣说八行观。怎么称为八行观呢？八行观是指：第一种是谛实；第二种是安住；第三种是过失；第四种是功德；第五种是理趣；第六种流转；第七种是道理；第八种是总别。谛实指诸法真如。安住指安立补特伽罗或安立诸法遍计所执自性，或安立一向、分别、反问、置记，或安立隐密、显了记别差别。过失指我所宣说的诸杂染法有无量门的差别过患。功德是指我宣说的诸清净法有无量门的差别胜利。理趣应该知道还分六种：第一种是真义理趣；第二种是证得理趣；第三种是教导理趣；第四种是远离二边理趣；第五种是不可思议理趣；第六种是意趣理趣。流转是指三世、三世有为相和四种缘。道理应当知道再分为四种：第一种是观待道理；第二种是作用道理；第三种是证成道理；第四种是法尔道理。观待道理是指诸因诸缘的势力，生起诸行，诸行生起时要观待诸因诸缘，以及对此随起言说时要以名身、句身、文身等观待诸行而起，这样称为观待道理。作用道理是指诸因诸缘具足而能得诸法或者能成办或诸法生起后能有诸业用，这样称为作用道理。证成道理是指对于诸因诸缘能够使所安立的宗义，所说立义的依据，解释先所说的立义获得成立，由此还能令人生起正确的觉悟。又证成道理略有二种：第一种是清净；第二种是不清净。这里有五种相称为清净，有七种相称为不清净。是由哪五种相称为清净呢？第一种是现见所得相；第二种是依止现见所得相；第三种是自类譬喻所引相；第四种是圆成实相；第五种是善清净言教相。现见所得相是指一切行都是无常性；一切行都是是苦性；一切法都是无我性。这些是世间的现量可以见到的，因此如是等类称为现见所得相。依止现见所得相是指一切行都是刹那性；他世有性；净不净业没有失坏。由现见粗的无常性，可以推出一切行都是微细生灭的刹那性；由现见诸有情种种差别都是依于过去的种种业，可以推出因现在所作的业能所引发未来世果的存在；由现见诸有情因依止净不净业的缘故而有或乐或苦，可以推出净不净业不会失坏性。由于这些原因，对于不可见相可以通过现见所得相来比量推度了知，如是等类称名为依止现见所得相。所谓的自类譬喻所引相，是指在内在有情和外在非有情的诸行所汇聚中，内有情中，引以诸世间都所了知的内有情生命都有生死作为譬喻；引以诸世间都所了知内有情都有生等种种苦相作为譬喻；引以诸世间共所了知的内有情所得不自在以为譬喻；又再在外非有情中，引诸世间共所了知的所得有衰盛以为譬喻。像这样等类，应当知道称为自类譬喻所引相。圆成实相是指按如上所说的现见所得相、依止现见所得相、自类譬喻所得相，对于所要成立的道理决定能成，应该知道这样称为圆成实相。善清净言教相是指一切智者所宣说的，如说涅槃究竟寂静，这样的言教应当知道称为善清净言教相。善男子！这样五种相称为善观察清净道理。因为是清净的，应予以修习。”

曼殊室利菩萨再问佛陀说：“世尊！以上提到的一切智者相，应该知道的有几种呢？”

佛陀告诉曼殊室利菩萨说：“善男子！一切智者的相略说有五种：第一种是如果有一切智者出现世间，其一切智的名声天上天下无不普闻，第二种是成就三十二种大丈夫相，第三种是具足十力，能断一切众生的一切疑惑；第四种是具足四无所畏宣说正法，不被一切他论所伏，而且能够摧伏一切邪论；第五种是在其善说法、毗奈耶（调伏法）中，八支圣道、四沙门果等都现前可获得。这样的出生、相、断疑网、非他所能伏他、圣道沙门现可得五种相应当知道称为一切智相。

“善男子！这样的证成道理由现量、比量、圣教量的缘故，由五种相称为清净。

“哪七种相称为不清净呢？第一种是此余同类可得相；第二种是此余异类可得相；第三种是一切同类可得相；第四种是

一切异类可得相；第五种是异类譬喻所得相；第六种是非圆成实相，第七种是非善清净言教相。一切法的意识所识性称为一切同类可得相；一切法的相、性、业、法、因果互相观待彼此不同，随着这些的一一异相决定展转后的各各异相，称为一切异类可得相。善男子！如在以上的同类可得相和譬喻中，有一切异类相，由于这样的原因，对所要成立的道理非决定的缘故，这样称为非圆成实相。又在以上说的余异类可得相和譬喻中，有一切同类相，由于这样的原因，对于所要成立的道理不决定的缘故，这样称为非圆成实相。因为是非圆成实的缘故，所以不是善观察清净道理，因不清净的缘故不应该修习。像异类譬喻所引相如果不是善清净言教相，应该知道体性都不清净。

“所谓的法尔道理是指不管如来出世或不出世，法性安住、法住、法界，这样称为法尔道理。

“总别是指先总说一句法，后面诸句差别、分别地究竟显了前面的总句。

“自性相是指我所说的有缘境的行相和能缘的自体，所有能取的菩提分法，如四念住等，这些称为彼自性相。

“彼果相是指于世间中或出世间中，依与前所说的菩提分法的自性相，断诸烦恼和由断烦恼所引发的世出世间诸果的功德，这称为得彼果相。

“彼领受开示相是指对于前说的断烦恼和由断烦恼所引发的世出世间功德，以解脱智领受之，并广为他人宣说开示，这样称为领受开示相。

“彼障碍法相是指在修菩提分法时，能随作障碍的诸染污法，称为彼障碍法相。

“彼随顺法相是指对于菩提分法能够多所作法，称为彼随顺法相。

“对于彼过患相，应该知道，就是指诸障碍修菩提分法的诸染污法的所有过失称为彼过患相。

“对于彼胜利相，应该知道，就是指随顺法的所有功德称为彼胜利相。”

曼殊室利菩萨白佛言：“惟愿世尊为诸菩萨略说契经、调伏、本母不共外道陀罗尼义，由此不共陀罗尼义，令诸菩萨得入如来所说诸法甚深密意。”

佛告曼殊室利菩萨曰：“善男子！汝今谛听！吾当为汝略说不共陀罗尼义，令诸菩萨于我所说密意言辞能善悟入。善男子！若杂染法、若清净法，我说一切皆无作用，亦都无有补特伽罗，以一切种离所为故，非杂染法先染后净，非清净法后净先染。凡夫异生于粗重身执著诸法、补特伽罗自性、差别[①]，随眠妄见以为缘故计我我所，由此妄谓我见、我闻、我嗅、我尝、我触、我知、我食、我作、我染、我净如是等类邪加行转，若有如实知如是者，便能永断粗重之身，获得一切烦恼不住，最极清净，离诸戏论，无为依止，无有加行。善男子！当知是名略说不共陀罗尼义。”

尔时，世尊欲重宣此义复说颂曰：

一切杂染清净法，皆无作用数取趣，
由我宣说离所为，染污清净非先后，
于粗重身随眠见，为缘计我及我所，
由此妄谓我见等，我食我为我染净。
若如实知如是者，乃能永断粗重身，
得无染净无戏论，无为依止无加行。

注释：

①异生：由执各种异见而生。粗重身：示痴所缘境，意为有漏五蕴是由二障所引的，粗重随行，因此称为“粗重身”。

译文：

曼殊室利菩萨对佛陀说：“希望世尊能为诸菩萨略说契经、调伏、本母三者不共外道的总持陀罗尼义，由这不共总持陀罗尼义可以使菩萨得入如来所说的诸法甚深密意。”

佛陀告诉曼殊室利菩萨说：“善男子！你现在谛听！我应当为你略说不共陀罗尼义，使诸菩萨对我所说的密意言辞能善悟入。善男子！对于杂染法、对于清净法我说一切皆没有作用，也没有补特伽罗，因一切种离所为的缘故。杂染法不是先染后可转净的，清净法也不是后转净先前是染垢的。凡夫众生于有漏五蕴的粗重身起执着诸法、补特伽罗有自性差别，这是由于凡夫众生以随眠种子和妄见以为缘而遍计有我和我所，并由此妄见而认为有我见、我闻、我嗅、我触、我知、我食、我作、我染、我净这样等类的邪加行转。如果能如实地知道这样的道理，便能永断烦恼的粗重之身，获得一切烦恼不住，最极清净，离诸戏论，无为依止，无有加行。善男子！应当知道这是略说不共陀罗尼义。”

这时，世尊佛陀想重新宣说以上教义再说颂为：

一切杂染清净法，皆无作用数取趣，
由我宣说离所为，染污清净非先后，
于粗重身随眠见，为缘计我及我所，
由此妄谓我见等，我食我为我染净。
若如实知如是者，乃能永断粗重身，
得无染净无戏论，无为依止无加行。

尔时，曼殊室利菩萨摩诃萨复白佛言：“世尊！云何应知诸如来心生起之相？”

佛告曼殊室利菩萨曰：“善男子！夫如来者，非心意识生起所显，然诸如来有无加行心法生起，当知此事犹如变化。”

曼殊室利菩萨复白佛言：“世尊！若诸如来法身远离一切加行[①]，既无加行，云何而有心法生起？”

佛告曼殊室利菩萨曰：“善男子！先所修习方便般若加行力故有心生起。善男子！譬如正入无心睡眠，非于觉悟而作加行，由先所作加行势力而复觉悟；又如正在灭尽定中，非于起定而作加行，由先所作加行势力还从定起。如从睡眠及灭尽定心更生起，如是如来由先修习方便般若加行力故，当知复有心法生起。”

曼殊室利菩萨复白佛言：“世尊！如来化身当言有心、为无心耶[2]？”

佛告曼殊室利菩萨曰：“善男子！非是有心、亦非无心。何以故？无自依心故，有依他心故[3]。”

曼殊室利菩萨复白佛言：“世尊！如来所行、如来境界，此之二种有何差别？”

佛告曼殊室利菩萨曰：“善男子！如来所行，谓一切种如来共有不可思议无量功德，众所庄严清净佛土。如来境界，谓一切种五界差别。何等为五？一者有情界，二者世界，三者法界，四者调伏界，五者调伏方便界。如是名为二种差别。”

曼殊室利菩萨复白佛言：“世尊！如来成等正觉、转正法轮、入大涅槃，如是三种当知何相？”

佛告曼殊室利菩萨曰：“善男子！当知此三皆无二相，谓非成等正觉、非不成等正觉，非转正法轮、非不转正法轮，非入大涅槃、非不入大涅槃。何以故？如来法身究竟净故，如来化身常示现故。”

曼殊室利菩萨复白佛言：“世尊！诸有情类但于化身见闻奉事生诸功德，如来于彼有何因缘？”

佛告曼殊室利菩萨曰：“善男子！如来是彼增上所缘之因缘故，又彼化身是如来力所住持故。”

曼殊室利菩萨复白佛言：“世尊！等无加行，何因缘故如来法身为诸有情放大智光，及出无量化身影像？声闻、独觉解脱之身无如是事？”

佛告曼殊室利菩萨曰：“善男子！譬如等无加行从日月轮水火二种颇胝迦宝放大光明，非余水火颇胝迦宝，谓大威德有情所住持故，诸有情业增上力故；又如从彼善工业者之所雕饰末尼宝珠出印文像，不从所余不雕饰者。如是缘于无量法界方便般若极善修习，磨莹集成如来法身，从是能放大智光明，及出种种化身影像，非惟从彼解脱之身有如斯事。”

曼殊室利菩萨复白佛言：“世尊！如世尊说，如来、菩萨威德住持，令诸众生于欲界中生刹帝力、婆罗门等大富贵家，人身、财宝无不圆满，或欲界天、色、无色界一切身财圆满可得。世尊！此中有何密意？”

佛告曼殊室利菩萨曰：“善男子！如来菩萨威德住持，若道、若行于一切处能令众生获得身财皆圆满者，即随所应为彼宣说此道此行，若有能于此道此行正修行者，于一切处所获身财无不圆满。若有众生于此道行违背轻毁，又于我所起损恼心及嗔恚心，命终已后于一切处所得身财无不下劣。曼殊室利！由是因缘当知如来及诸菩萨威德住持，非但能令身财圆满，如来菩萨住持威德，亦令众生身财下劣。”

注释：

①法身：佛的自性真身。是大小乘诸家通用的名称。因此随诸家所说而有种种不同内容。小乘诸部对佛所说之教法及其所诠之菩提分法、佛所得之无漏功德法等，皆称为“法身”。如小乘家立戒、定、慧、解脱、解脱知见的“五分法身”。大乘则除此之外，别以佛之自性真如净法界，称为“法身”，谓法身即无漏无为、无生无灭。此处有的以如来圆满受用身者为解释。

②化身：乃佛为利益地前凡夫等众生而变现种种形相之身。

③自依心：指见分心，自已缘虑是依见分种子而生起故。依他心：指相分心，依见分心而得生起，不作缘虑故。

译文：

这时，曼殊室利大菩萨再问佛陀说：“世尊！诸如来心生起之相是如何的？”

佛陀告诉曼殊室利菩萨说：“善男子！如来心的生起不是心意识生起所显的，然而如来有无加行的心法生起，应当知道这事犹如变化一样。”

曼殊室利菩萨再问佛陀说：“世尊！如果诸如来法身远离一切加行，既然没有加行，那为什么说有心法生起？”

佛陀告诉曼殊室利菩萨说：“善男子！这是由于先前所修习方便般若加行力的缘故而有心自然生起。善男子！这好像正入无心睡眠的人，不是在睡眠中作觉醒的加行，而是由于睡前所作的加行势力而使其觉醒；这又像有情正在灭尽定中，其在定中不作起定的加行，是由于入灭尽定之前所作的加行势力使其从灭尽定出。像从睡眠和灭尽定中的心再生起一样，如来由于先前修习的方便般若加行力的缘故，应当知道再有心法生起。”

曼殊室利菩萨再问佛陀说：“世尊！如来的化身应当说是有心的还是无心的？”

佛陀告诉曼殊室利菩萨说：“善男子！这既不是有心也不是无心。为什么这么说呢？这是因为没有自依心，而有依他心的缘故。”

曼殊室利菩萨再问佛陀说：“世尊！如来所行和如来境界，这二种有什么差别？”

佛陀告诉曼殊室利菩萨说：“善男子！如来所行是指一切种如来共有的不可思议的无量功德，众所庄严清净的佛土。如来境界是指一切种的五界差别。是哪五种呢？第一种是有情界；第二种是世界；第三种是法界；第四种是调伏界；第五种是调伏方便界。这样称为二种差别。”

曼殊室利菩萨再问佛陀说：“世尊！如来成等正觉，转正法轮，入大涅槃这样三种应当知道是什么相呢？”

佛陀告诉曼殊室利菩萨说：“善男子！应当知道这三种都是无二相，是非成等正觉、非不成等正觉，非转正法轮、非不转正法轮，非入大涅槃、非不入大涅槃。为什么呢？这是由于如来法身究竟清净，而如来化身常示现的原因。”

曼殊室利菩萨再问佛陀说：“世尊！诸有情众生只是看到如来的化身，听闻佛法，对于如来化身供养、奉事等从而生诸功德，那么如来对彼众生有何因缘呢？”

佛陀告诉曼殊室利菩萨说：“善男子！如来具有作有情众生增上所缘的因缘，而且那能使有情众生生出诸功德的如来化身是如来力所住持的。”

曼殊室利菩萨再问佛陀说：“世尊！如来法身和声闻独觉的解脱身都没有加行，那么是什么原因如来法身能为诸有情放大智光，并能出无量的化身影像，而声闻、独觉解脱身则没有？”

佛陀告诉曼殊室利菩萨说：“善男子！这譬如日月轮的水火二种颇胝迦宝与其他水火颇胝迦宝一样是没有加行的，但是日月轮的水火二种颇胝迦宝能放出大光明，而其他水火颇胝迦宝则不能放出大光明，这是因为日月轮中有大威德的有情所住持的缘故，还有世间诸有情殊胜增上业力的因缘，能感得光明。又譬如能从经过具有善巧技术的工匠雕饰过的末尼宝珠会现出印文的像出来，而其余的末尼宝珠则显不出来。如来法身正是如此，其之前缘于无量法界方便般若极善修习，才磨莹集成如来法身，从这样的如来法身能放出大智光明，和现种种化身影像，因此，于二乘解脱身则见不到这样的功德事。”

曼殊室利菩萨再问佛陀：“世尊！像世尊所说，因如来、菩萨威德住持的缘故，能使诸众生在欲界中生于刹帝力、婆罗门等的大富贵家，人身和财宝无不圆满，或者生于欲界天，色界天，无色界天中，可得一切身财圆满。世尊！这里面有什么密意？”

佛陀告诉曼殊室利菩萨说：“善男子！如来、菩萨威德住持，如能按教授的若道、若行而奉行的话，则能使得众生于一切处中获得身财皆圆满。就是说，如来随众生所应而宣说此道此行，众生如果听了后能按此道此行正修行的话，那么其生于一切处所获身财无不圆满。假使有众生不仅不按此道此行修行，而且违背轻毁此道此行，并对我生起损恼心和嗔恚心，此类众生命终以后再生于一切处所得身财都是下劣不圆满的。曼殊室利！由这样的因缘，应当知道如来和诸菩萨威德住持，不但能使众生所得身财圆满，而且如来菩萨住持威德，也能使众生所得身财下劣。”

曼殊室利菩萨复白佛言："世尊！诸秽土中何事易得、何事难得？诸净土中何事易得、何事难得？”

佛告曼殊室利菩萨曰："善男子！诸秽土中八事易得，二事难得。何等名为八事易得？一者外道，二者有苦众生，三者种姓家世兴衰差别，四者行诸恶行[①]，五者毁犯尸罗[②]，六者恶趣，七者下乘，八者下劣意乐加行菩萨[③]。何等名为二事难得？一者增上意乐加行菩萨之所游集[④]，二者如来出现于世。曼殊室利！诸净土中与上相违，当知八事甚为难得，二事易得。”

尔时，曼殊室利菩萨摩诃萨白佛言："世尊！于是解深密法门中此名何教？我当云何奉持？”

佛告曼殊室利菩萨摩诃萨曰："善男子！此名如来成所作事了义之教，于此如来成所作事了义之教汝当奉持！”

说是如来成所作事了义教时，于大会中有七十五千菩萨摩诃萨皆得圆满法身证觉⑤。

注释：

①行诸恶行：未受律仪的补特伽罗所有罪行都称为“行诸恶行”。

②毁犯尸罗：已受律仪的补特伽罗所有违犯戒律者都称为“毁犯尸罗”。

③下劣意乐：地前所有初发低劣心称为“下劣意乐”。

④增上意乐加行菩萨：指初地以上的菩萨。

⑤法身证觉：此处指获得十地因圆满法身，尚未获得微妙正遍觉果圆满法身。

译文：

曼殊室利菩萨再问佛陀说：“世尊！诸秽土中什么事易得、什么事难得？诸净土中什么事易得、什么事难得？”

佛陀告诉曼殊室利菩萨说：“善男子！诸秽土中有八事易得而二事难得。是哪八事呢？第一种是外道；第二种是有苦众生；第三种是种姓家世兴衰差别；第四种是行诸恶行；第五种是毁犯尸罗；第六种是恶趣；第七种是下乘；第八种是下劣意乐加行菩萨。是哪二事难得呢？第一种是具有增上意乐加行的众菩萨游集；第二种是如来出现于世。曼殊室利！在诸净土中刚好与秽土中相违，应当知道也有相应的八事甚为难得，而二事易得。”

这时，曼殊室利大菩萨再问佛陀说："世尊！在这解深密法门中，此称为什么教授？我应当奉持什么？"

佛陀告诉曼殊室利大菩萨说："善男子！此教授称为如来成所作事了义之教，对于这如来成所作事了义之教你应当奉持！"

在佛陀宣说此如来成所作事了义教时，在大会中，有七十五千大菩萨都获得了圆满法身证觉。

附 录

《解深密经》总纲：

- 解深密经
  - 境——胜义了义之教
    - 胜义谛相品（胜义境）般若真空
    - 心意识相品（世俗境）、一切法相品（有性境）——唯识法相
    - 无自性相品（无性境）空有双融，回归中道
  - 行
    - 瑜伽了义之教　　分别瑜伽品
    - 地波罗蜜多了义之教　　地波罗蜜多品
  - 果　如来成所作事了义之教　　如来成所作事品

序品第一

如来净土十八圆满	如来二十一德	声闻众十三德	菩萨众十大
显色圆满，	于所知一向无障转功德；	心善调顺德；	精进大；
形色圆满，	有无无二相真如最胜清净能入功德；	绍隆佛种德；	因大；
分量圆满，	无功用佛事不休息住功德；	心慧解脱德；	所缘大；
方所圆满，	法身中所依意乐作业无差别功德；	戒善清净德；	时大；
因圆满，	修一切障对治功德；	求法乐德；	无染大；
果圆满，	降伏外道功德；	闻持积集德；	作意大；
主圆满，	生在世间不为世法所碍功德；	三业随智德；	住持大；
辅翼圆满，	安立正法功德；	诸慧差别德；	清净大；
眷属圆满，	授记功德；	具足三明德；	证得大；
任持圆满，	一切世界示现受用变化身功德；	现法乐住德；	业大。
事业圆满，	断疑功德；	胜净福田德；	

续表

如来净土十八圆满	如来二十一德	声闻众十三德	菩萨众十大
摄益圆满,	令入种种行功德;	威仪寂静德;	
无畏圆满,	当来法生遍智功德;	忍辱柔和德。	
住处圆满,	如其胜解示现功德;		
路圆满,	无量所依调伏有情加行功德;		
乘圆满,	平等法身波罗蜜多成满功德;		
门圆满,	随其胜解示现差别佛土功德;		
依持圆满。	三种佛身方处无分限功德;		
	穷生死际常现利益安乐一切有情功德;无尽功德;		
	究竟功德。		

胜义谛相品第二

1. 一切法无二

			一切法无二的原因	
一切法	有为法	非有为	言有为 乃是本师假施设句。 若是本师假施设句, 即是遍计所集言辞所说, 若是遍计所集言辞所说, 即是究竟种种遍计言辞所说,不成实故,非是有为。	诸圣者以圣智圣见离名言故现正等觉,即于如是离言法性,为欲令他现等觉故,假立名相谓之有为
		非无为	言无为者,亦堕言辞。 (设离有为无为少有所说,其相亦尔。)	

续表

<table>
<tr><td colspan="2"></td><td></td><td colspan="2">一切法无二的原因</td></tr>
<tr><td rowspan="2"></td><td rowspan="2">无为法</td><td>非无为</td><td>言无为者，
亦是本师假施设句。
若是本师假施设句，
即是遍计所集言辞所说，
若是遍计所集言辞所说，
即是究竟种种遍计言辞所说，不成实故，非是无为。</td><td rowspan="2">诸圣者以圣智圣见离名言故现正等觉，即于如是离言法性，为欲令他现等觉故，假立名相谓之无为。</td></tr>
<tr><td>非有为</td><td>言有为者，亦堕言辞，
（设离无为有为少有所说，其相亦尔。）</td></tr>
</table>

2. 胜义超过一切寻思境相

胜　义	寻　思
无相所行	但行有相境界
不可言说	但行言说境界
绝诸表示	但行表示境界
绝诸诤论	但行诤论境界
由此道理当知胜义超过一切寻思境相。	

3. 胜义谛微细甚深超过诸行一异性相

	假　设	推　论	相违和结论
约三五过破一异执	若胜义谛相与诸行相都无异者，	应于今时一切异生皆已见谛，又诸异生皆应已得无上方便安隐涅槃，或应已证阿耨多罗三藐三菩提。	由于今时非诸异生皆已见谛，非诸异生已能获得无上方便安隐涅槃，亦非已证阿耨多罗三藐三菩提，是故“胜义谛相与诸行相都无异相”不应道理。

续表

	假 设	推 论	相违和结论
	若胜义谛相与诸行相一向异者	已见谛者于诸行相应不除遣,若不除遣诸行相者,应于相缚不得解脱,此见谛者于诸相缚不解脱故,于粗重缚亦应不脱,由于二缚不解脱故,已见谛者应不能得无上方便安隐涅槃,或不应证阿耨多罗三藐三菩提。	由于今时非见谛者于诸行相不能除遣,然能除遣,非见谛者于诸相缚不能解脱,然能解脱,非见谛者于粗重缚不能解脱,然能解脱,以于二障能解脱故,亦能获得无上方便安隐涅槃,或有能证阿耨多罗三藐三菩提,是故"胜义谛相与诸行相一向异相"不应道理。
约净共相。破一异执。	若胜义谛相与诸行相都无异者	如诸行相堕杂染相,此胜义谛相亦应如是堕杂染相。	由于今时胜义谛相非堕杂染相,诸行共相名胜义谛相,是故"胜义谛相与诸行相都无异相"不应道理。
	若胜义谛相与诸行相一向异者	应非一切行相共相名胜义谛相。	由诸行共相名胜义谛相,"胜义谛相与诸行相一向异相"不应道理。
约行无别及无我等。破一异执。	若胜义谛相与诸行相都无异者	如胜义谛相于诸行相无有差别,一切行相亦应如是无有差别,修观行者于诸行中如其所见、如其所闻、如其所觉、如其所知不应后时更求胜义。	由于今时一切行相皆有差别、非无差别,修观行者于诸行中如其所见、如其所闻、如其所觉、如其所知复于后时更求胜义,是故"胜义谛相与诸行相都无有异"不应道理。
	若胜义谛相与诸行相一向异者,	应非'诸行唯无我性、唯无自性之所显现是胜义相',又应俱时别相成立,谓杂染相及清净相。	又即'诸行唯无我性、唯无自性之所显现名胜义相',又非俱时染净二相别相成立,是故'胜义谛相与诸行相"一向异"不应道理。

十喻说

	十喻色	
色	螺贝白色一异喻	如是， 胜义谛相不可施设与诸行相一相异相。
	金与黄色一异喻声	
声	箜篌声曲一异喻香	
香	黑沉与妙香一异喻味	
味	胡椒辛味一异喻	
	诃梨淡味一异喻触	
触	绵与柔软一异喻	
	熟酥醍醐一异喻法	
法	理事一异喻	
	烦恼性相一异喻	

4. 胜义谛遍一切一味相

- 胜义谛遍一切一味相
  - 种种相法记别所解，为增上慢所执持故，于胜义谛遍一切一味相不能解了。
    - 六种善巧所观境界。记别所解。
      - 一明五蕴。二类处缘生。三明四食。四明四谛。五明十八界。
    - 道品三十七法
      - 念住（四念住）正断（四正断）神足（四神足）诸根（五根）诸力（五力）觉支（七觉支）八圣道
  - 清净所缘显一味相
  - 三遍义（真如、胜义、法无我性）以辨一味
  - 离三过释一味相

心意识相品第三

1. 心意识秘密之义

①阿陀那识，阿赖耶识，心的含义

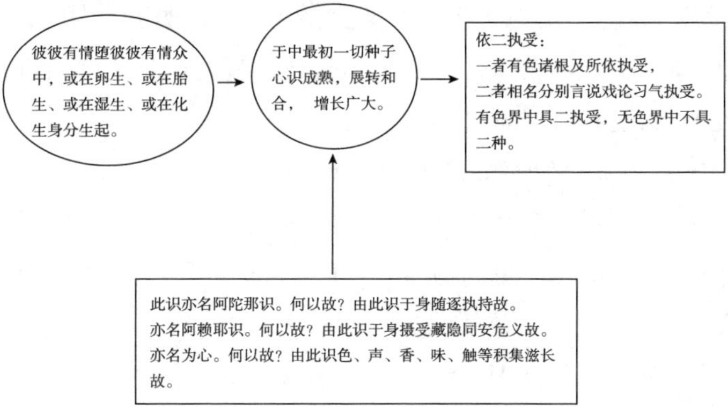

②阿陀那识与六识，五识与意识的关系

	根	境	识	意识与五识关系	意识随转的特性
阿陀那识为依止、为建立故六识身转	眼	色	眼及色为缘生眼识，	眼识俱随行同时同境有分别意识转	若于尔时一眼识转，即于此时唯有一分别意识与眼识同所行转，若于尔时二、三、四、五诸识身转，即于此时唯有一分别意识与五识身同所行转。
	耳	声	耳及声为缘生耳识	耳识俱随行同时同境有分别意识转	
	鼻	香	鼻以香为缘生鼻识	鼻识俱随行同时同境有分别意识转	
	舌	味	舌以味所缘生舌识	舌识俱随行同时同境有分别意识转	
	身	触	身以触为缘生身识	身识俱随行同时同境有分别意识转	
	意				

③以阿陀那识为依止，诸识随转的譬喻：

原文：譬如大暴水流，若有一浪生缘现前唯一浪转，若二若多浪生缘现前有多浪转，然此暴水自类恒流无断无尽。又如善净镜面，若有一影生缘现前唯一影起，若二若多影生缘现前有多影起，非此镜面转变为影，亦无受用灭尽可得。如是广慧，由似暴流阿陀那识为依止为建立故，若于尔时有一眼识生缘现前，即于此时一眼识转，若于尔时乃至有五识身生缘现前，即于此时五识身转。（译文略）

④心意识一切秘密善巧菩萨的得名

原文：若诸菩萨于内各别如实不见阿陀那、不见阿陀那识，不见阿赖耶、不见阿赖耶识，不见积集、不见心，不见眼、色及眼识，不见耳、声及耳识，不见鼻、香及鼻识，不见舌、味及舌识，不见身、触及身识，不见意、法及意识，是名胜义善巧菩萨，如来施设彼为胜义善巧菩萨。广慧！齐此名为于心意识一切秘密善巧菩萨，如来齐此施设彼为于心意识一切秘密善巧菩萨。（译文略）

一切法相品第四

1. 三种法相

名　义	眩翳过患喻	清净颇胝迦宝喻	
一者遍计所执相	谓一切法假名安立自性差别，乃至为令随起言说。	眩翳人眼中所有眩翳过患。	如彼清净颇胝迦上所有染色相应，依他起相上遍计所执相言说习气当知亦尔，如彼清净颇胝迦上所有帝青、大青、琥珀、末罗羯多、金等邪执，依他起相上遍计所执相执当知亦尔。

续表

名 义	眩翳过患喻	清净颇胝迦宝喻	
二者依他起相	谓一切法缘生自性，则此有故彼有，此生故彼生，谓无明缘行乃至招集纯大苦蕴。	如眩翳人眩翳众相，或发毛轮、蜂蝇、苣藤，或复青黄赤白等相差别现前。	如彼清净颇胝迦宝，依他起相当知亦尔。
三者圆成实相	谓一切法平等真如，于此真如，诸菩萨众勇猛精进为因缘故、如理作意无倒思惟为因缘故乃能通达，于此通达渐渐修习，乃至无上正等菩提方证圆满。	如净眼人远离眼中眩翳过患，即此净眼本性所行无乱境界。	如彼清净颇胝迦上所有帝青、大青、琥珀、末罗羯多、真金等相，于常常时于恒恒时无有真实、无自性性，即依他起相上由遍计所执相于常常时于恒恒时无有真实、无自性性，圆成实相当知亦尔。

2. 三相的了知

原文：相名相应以为缘故，遍计所执相而可了知，依他起相上遍计所执相执以为缘故，依他起相而可了知，依他起相上遍计所执相无执以为缘故，圆成实相而可了知。

若诸菩萨能于诸法依他起相上，如实了知遍计所执相，即能如实了知一切无相之法，若诸菩萨如实了知依他起相，即能如实了知一切杂染相法，若诸菩萨如实了知圆成实相，即能如实了知一切清净相法。善男子！若诸菩萨能于依他起相上如实了知无相之法，即能断灭杂染相法，若能断灭杂染相法，即能证得清净相法。（译文省）

无自性相品第五

1. 依三种无自性性，密意说言一切诸法皆无自性

三种无自性性	三性	名义	譬喻
相无自性性	遍计所执相	谓诸法遍计所执相。 由假名安立为相，非由自相安立为相，是故说名相无自性性。	譬如空华，相无自性性当知亦尔
生无自性性	依他起相	谓诸法依他起相。 此由依他缘力故有，非自然有，是故说名生无自性性。	譬如幻像，生无自性性当知亦尔，
胜义无自性性	依他起相	谓诸法由生无自性性故，说名无自性性，即缘生法亦名胜义无自性性。 何以故？于诸法中若是清净所缘境界，我显示彼以为胜义无自性性。依他起相非是清净所缘境界，是故亦说名为胜义无自性性。	譬如幻像，一分胜义无自性性当知亦尔，
	圆成实相	复有诸法圆成实相亦名胜义无自性性。何以故？一切诸法法无我性名为胜义，亦得名为无自性性，是一切法胜义谛故，无自性性之所显故，由此因缘名为胜义无自性性。	譬如虚空，惟是众色无性所显，遍一切处，一分胜义无自性性当知亦尔，法无我性之所显故，遍一切故。

2. 立三种无自性性的原因

原文：非由有情界中诸有情类，别观遍计所执自性为自性故，亦非由彼别观依他起自性及圆成实自性为自性故，我立三种无自性性，然由有情于依他起自性及圆成实自性上增益遍计所执自性故，我立三种无自性性。（译文省）

3. 一乘妙清净道的原理

若诸有情从本已来
未种善根、
未清净障、
未成熟相续、
未多修胜解、
未能积集福德、智慧二种资粮。

佛陀为彼依生无自性性宣说诸法，

彼闻是已，能于一切缘生行中，
随分解了无常无恒是不安隐变坏法已，
于一切行心生怖畏、深起厌患，
心生怖畏深厌患已，遮止诸恶，
于诸恶法能不造作，
于诸善法能勤修习，
习善因故
　未种善根能种善根、(十信前种解脱分善根位）
　未清净障能令清净、(十信位)
　未成熟相续能令成熟，(十解位）
由此因缘多修胜解，（十行位）
亦多积集福德、智慧二种资粮。（十回向位）

彼虽如是种诸善根，乃至积集福德智慧二种资粮，然于生无自性性中，未能如实了知相无自性性及二种胜义无自性性，于一切行
未能正厌、
未正离欲、
未正解脱、
未遍解脱烦恼杂染、
未遍解脱诸业杂染、
未遍解脱诸生杂染

如来为彼更说法要，谓相无自性性及胜义无自性性

为欲令其于一切行能
正厌故、
正离欲故、
正解脱故、
超过一切烦恼杂染故、
超过一切业杂染故、
超过一切生杂染故。

彼闻如是所说法已，
于生无自性性中能正信解相无自性性及胜义无自性性，拣择思惟，如实通达，
于依他起自性中能不执着遍计所执自性相，
由言说不熏习智故、
由言说不随觉智故、
由言说离随眠智故
能灭依他起相，于现法中智力所持，能永断灭当来世因，
由此因缘于一切行
能正厌患、（加行道）
能正离欲、（无间道）
能正解脱、（解脱道）
能遍解脱烦恼、业、生三种杂染。

4. 密意说言惟有一乘

原文："复次胜义生！诸声闻乘种姓有情，亦由此道、此行迹故证得无上安隐涅槃，诸独觉乘种姓有情、诸如来乘种姓有情，亦由此道、此行迹故证得无上安隐涅槃。一切声闻、独觉、菩萨皆共此一妙清净道，皆同此一究竟清净，更无第二。我依此故，密意说言惟有一乘，非于一切有情界中无有种种有情种姓，或钝根性、或中根性、或利根性有情差别。"（译文略）

5. 一向趣寂声闻种姓

原文："善男子！若一向趣寂声闻种姓补特伽罗，虽蒙诸佛施设种种勇猛加行方便化导，终不能令当坐道场证得阿耨多罗三藐三菩提。何以故？由彼本来惟有下劣种姓故，一向慈悲薄弱故，一向怖畏众苦故。由彼一向慈悲薄弱，是故一向弃背利益诸众生事，由彼一向怖畏众苦，是故一向弃背发起诸行所作。我终不说一向弃背利益众生事者、一向弃背发起诸行所作者当坐道场能得阿耨多罗三藐三菩提，是故说彼名为一向趣寂声闻。（译文略）

6. 诸有情意解种种差别

如来但依如是三种无自性性，由深密意于所宜说不了义经，以隐密相说诸法要，谓一切法皆无自性、无生无灭、本来寂静、自性涅槃 。

于是经中，若诸有情已种
上品善根、
已清净诸障、
已成熟相续、
已多修胜解、
已能积集上品福德智慧资粮，
彼若听闻如是法已，
于我甚深密意言说如实解了，
于如是法深生信解，
于如是义以无倒慧
如实通达，
于此通达善修习故，
速疾能证最极究竟，
亦于我所深生净信，
知是如来应正等觉于一切法现正等觉。

若诸有情已种
上品善根、
已清净诸障、
已成熟相续、
已多修胜解，
未能积集上品福德智慧资粮，
其性质直，
是质直类，
虽无力能思择废立，
而不安住自见取中。
彼若听闻如是法已，于我甚深秘密言说虽无力能如实解了，然于此法能生胜解、发清净信，
信此经典是如来说，
是其甚深显现、甚深空性相应，难见难悟，不可寻思，非诸寻思所行境界、微细详审聪明智者之所解了，于此经典所说义中自轻而住，

若诸有情
广说
乃至
未能积集上品福德智慧资粮，
性非质直，
非质直类，
虽有力能思择废立，
而复安住自见取中。
彼若听闻如是法已，
于我甚深密意言说不能如实解了，
于如是法虽生信解，
然于其义随言执着，

若诸有情
未种善根、
未清净障、
未熟相续、
无多胜解、
未集福德智慧资粮，
性非质直，
非质直类，
虽有力能思择废立，
而常安住自见取中
彼若听闻如是法已，
不能如实解我甚深密意言说，亦于此法不生信解，于是法中起非法想，于是义中起非义想，于是法中执为非法，于是义中执为非义，

7. 了义与不了义的三时教法

初时	婆罗痆斯仙人堕处施鹿林中，惟为发趣声闻乘者，以四谛相转正法轮，虽是甚奇、甚为希有，一切世间诸天人等先无有能如法转者，而于彼时所转法轮，有上有容，是未了义，是诸诤论安足处所。
第二时	惟为发趣修大乘者，依一切法皆无自性、无生无灭、本来寂静、自性涅槃，以隐密相转正法轮，虽更甚奇、甚为希有，而于彼时所转法轮，亦是有上、有所容受，犹未了义，是诸诤论安足处所。
第三时	普为发趣一切乘者，依一切法皆无自性、无生无灭、本来寂静、自性涅槃无自性性，以显了相转正法轮，第一甚奇、最为希有，于今世尊所转法轮，无上无容，是真了义，非诸诤论安足处所。

分别瑜伽品第六

1. 大乘中修奢摩他、毗钵舍那的依住

菩萨法假安立及不舍阿耨多罗三藐三菩提愿为依、为住，于大乘中修奢摩他、毗钵舍那。

2. 四种所缘境事

<table>
<tr><th>四种所缘境事</th><th>奢摩他毗钵舍那所缘</th><th>修道次第上所缘</th></tr>
<tr><td>一者有分别影像所缘境事,</td><td>毗钵舍那所缘</td><td rowspan="2">通地前地后</td></tr>
<tr><td>二者无分别影像所缘境事</td><td>奢摩他所缘</td></tr>
<tr><td>三者事边际所缘境事</td><td rowspan="2">奢摩他、毗钵舍那俱所缘</td><td>见道登初地时证得,后后地中以分别影像所缘境事,无分别影像所缘境事,事边际所缘境事三种所缘作意思惟</td></tr>
<tr><td>四者所作成办所缘境事</td><td>证得阿耨多罗三藐三菩提,得所作成满所缘。</td></tr>
</table>

3. 奢摩他的含义与次第

佛陀为诸菩萨所说法假安立,所谓契经、应诵、记别、讽诵、自说、因缘、譬喻、本事、本生、方广、希法、论议。 → 菩萨于此善听善受、言善通利、意善寻思、见善通达, → 即于如是善思惟法独处空闲作意思惟,复即于此能思惟心,内心相续作意思惟,

如是正行多安住故,起身轻安及心轻安, → 菩萨能求奢摩他

4. 毗钵舍那的含义与次第

由以上奢摩他所获得的身心轻安为所依 → 于如所善思惟法内三摩地所行影像观察胜解。 → 舍离心相 → 即于如是三摩地影像所知义中，能正思择、最极思择、周遍寻思、周遍伺察，若忍、若乐、若慧、若见、若观。 → 菩萨能善毗钵舍那

5. 未能得轻安的随顺奢摩他，毗钵舍那胜解相应作意

随顺奢摩他胜解相应作意	诸菩萨缘心为境，内思惟心乃至未得身心轻安所有作意
随顺毗钵舍那胜解相应作意	诸菩萨乃至未得身心轻安，于如所思所有诸法内三摩地所缘影像作意思惟

6. 奢摩他、毗钵舍那，心，识的关系

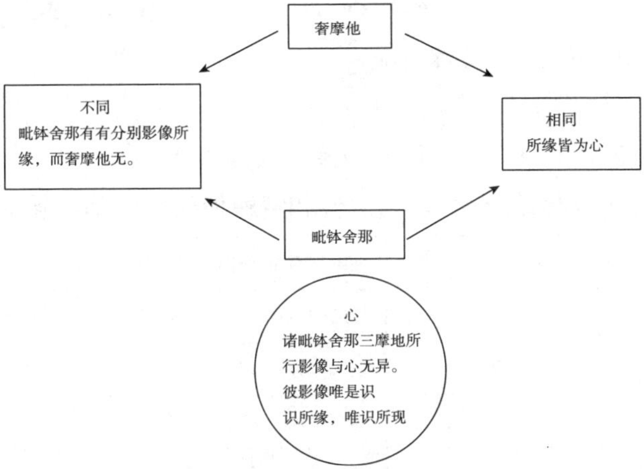

7. 诸毗钵舍那三摩地所行影像与心无异，为何此心还见此心的奥秘

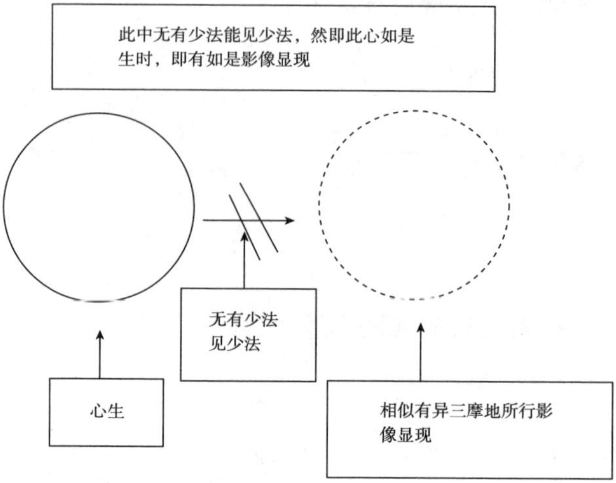

8. 有情日常自性而住、缘色等心所行影像与心、识关系

诸有情自性而住、缘色等心所行影像与心，无有异，而诸愚夫由颠倒觉，于诸影像不能

如实知唯是识，作颠倒解。

（以上三项是佛陀说一切唯识的道理）

9. 一向修毗钵舍那，奢摩他和奢摩他毗钵舍那俱转的含义

菩萨一向修毗钵舍那	相续作意唯思惟心相
菩萨一向修奢摩他	相续作意唯思惟无间心
菩萨奢摩他毗钵舍那和合俱转	正思惟心一境性
心相	三摩地所行有分别影像，毗钵舍那所缘
无间心	缘彼影像心，奢摩他所缘
心一境性	通达三摩地所行影像唯是其识，或通达此已，复思惟如性

10. 毗钵舍那和奢摩他的分类

毗钵舍那	有相毗钵舍那	纯思惟三摩地所行有分别影像毗钵舍那。
	寻求毗钵舍那	由慧故，遍于彼彼未善解了一切法中为善了故，作意思惟毗钵舍那。
	伺察毗钵舍那	由慧故，遍于彼彼已善解了一切法中为善证得极解脱故，作意思惟毗钵舍那。
奢摩他	三种	随有相毗钵舍那的奢摩他 随寻求毗钵舍那的奢摩他 随伺察毗钵舍那的奢摩他
	八种	初静虑（初禅） 第二静虑（二禅） 第三静虑（三禅） 第四静虑（四禅） 空无边处定 识无边处定 无所有处定 非想非非想处定
	四种	慈无量 悲无量 喜无量 舍无量

11. 依法奢摩他毗钵舍那和不依法奢摩他毗钵舍那

	名 义	修奢摩他毗钵舍那的根性
依法奢摩他毗钵舍那	若诸菩萨随先所受所思法相，而于其义得奢摩他毗钵舍那	由依止法得奢摩他毗钵舍那故，我施设随法行菩萨是利根性，
不依法奢摩他毗钵舍那	若诸菩萨不待所受所思法相，但依于他教诫教授，而于其义得奢摩他毗钵舍那，谓观青瘀及脓烂等、或一切行皆是无常、或诸行苦、或一切法皆无有我、或复涅槃毕竟寂静如是等类奢摩他毗钵舍那，	由不依法得奢摩他毗钵舍那故，我施设随信行菩萨是钝根性。

12. 缘别法奢摩他毗钵舍那和缘总法奢摩他毗钵舍那

	名义		
缘别法奢摩他毗钵舍那	若诸菩萨缘于各别契经等法，于如所受所思惟法修奢摩他毗钵舍那，是名缘别法奢摩他毗钵舍那。		
缘总法奢摩他毗钵舍那	若诸菩萨即缘一切契经等法， 集为一团、一积、一分、一聚作意思惟，此一切法随顺真如、趣向真如、临入真如，随顺菩提、随顺涅槃、随顺转依及趣向彼、若临入彼，此一切法宣说无量无数善法，如是思惟修奢摩他毗钵舍那，是名缘总法奢摩他毗钵舍那。	知菩萨得缘总法奢摩他毗钵舍那的五缘： 一者于思惟时刹那刹那融销一切粗重所依； 二者离种种想，得乐法乐； 三者解了十方无差别相、无量法光； 四者所作成满相应净分无分别相恒现在前； 五者为令法身得成满故，摄受后后转胜妙因。	菩萨于缘总法奢摩他毗钵舍那： 从初极喜地名为通达， 从第三发光地乃名为得

另有缘小总法、缘大总法、缘无量总法奢摩他毗钵舍那：

缘小总法奢摩他毗钵舍那	若缘各别契经乃至各别论义为一团等作意思惟，当知是名缘小总法奢摩他毗钵舍那
缘大总法奢摩他毗钵舍那	若缘乃至所受所思契经等法为一团等作意思惟，非缘各别，当知是名缘大总法奢摩他毗钵舍那
缘无量总法奢摩他毗钵舍那	若缘无量如来法教、无量法句文字、无量后后慧所照了为一团等作意思惟，非缘乃至所受所思，当知是名缘无量总法奢摩他毗钵舍那

13. 奢摩他、毗钵舍那中的三摩地

有寻有伺三摩地	于如所取寻伺法相，若有粗显领受观察诸奢摩他毗钵舍那，是名有寻有伺三摩地。	若有寻求奢摩他毗钵舍那，是名有寻有伺三摩地。
无寻惟伺三摩地	若于彼相，虽无粗显领受观察，而有微细彼光明念领受观察诸奢摩他毗钵舍那是名无寻惟伺三摩地。	若有伺察奢摩他毗钵舍那，是名无寻惟伺三摩地。
无寻无伺三摩地	若即于彼一切法相，都无作意领受观察诸奢摩他毗钵舍那，是名无寻无伺三摩地。	若缘总法奢摩他毗钵舍那，是名无寻无伺三摩地。

14. 修奢摩他、毗钵舍那中的止相、举相、舍相

	所对治	作 意
止相	心掉举或恐掉举	诸可厌法作意及彼无间心作意，是名止相
举相	心沉没或恐沉没	诸可欣法作意及彼心相作意，是名举相
舍相	若于一向止道、或于一向观道、或于双运转道二随烦恼所染污时，	诸无功用作意及心任运转中所有作意，是名舍相

15. 修奢摩他、毗钵舍那诸菩萨众的知法知义

修奢摩他、毗钵舍那诸菩萨众知法

- 一者知名：谓于一切染净法中，所立自性想假施设。
- 二者知句：谓即于彼名聚集中，能随宣说诸染净义依持建立。
- 三者知文：谓即名、句二所依止字。
- 四者知别：谓由各别所缘作意。
- 五者知总：谓由总合所缘作意。

- 修奢摩他、毗钵舍那诸菩萨众知义
  - 彼诸菩萨由十种相了知于义
    - 一者知尽所有性：诸杂染清净法中，所有一切品别边际，是名此尽所有性。
    - 二者知如所有性：即一切染净法中所有真如，是名此中如所有性。（此中有七种真如，见下图）
    - 三者知能取义：内五色处，若心、意、识及诸心法。
    - 四者知所取义：诸外六处。又能取义，亦所取义。
    - 五者知建立义：器世界，于中可得建立一切诸有情界。
    - 六者知受用义：所说诸有情类，为受用故摄受资具。
    - 七者知颠倒义：即于彼能取等义，无常计常，想倒、心倒、见倒，苦计为乐、不净计净、无我计我，想倒、心倒、见倒。
    - 八者知无倒义：与颠倒义相违、能对治彼。
    - 九者知杂染义：三界中三种杂染，一者烦恼杂染，二者业杂染，三者生杂染。
    - 十者知清净义：即三种杂染所有离系菩提分法。
  - 彼诸菩萨由能了知五种义故名为知义
    - 一者遍知事：即是一切所知，谓或诸蕴、或诸内处、或诸外处，如是一切。
    - 二者遍知义：乃至所有品类差别所应知境，谓世俗故、或胜义故，或功德故、或过失故，缘故，世故，或生、或住、或坏相故，或如病等故，或苦、集等故，或真如、实际、法界等故，或广、略故，或一向记故、或分别记故、或反问记故、或置记故，或隐密故、或显了故如是等类，当知一切名遍知义。
    - 三者遍知因：即是能取前二者的菩提分法，所谓念住或正断等。
    - 四者得遍知果：谓贪恚痴永毗奈耶及贪恚痴一切永断的诸沙门果，及佛陀所说声闻、如来若共不共、世出世间所有功德，对于这些果位和功德去作证。
    - 五者于此觉了：谓即于此作证法中诸解脱智广为他说、宣扬开示。

- 修奢摩他、毗钵舍那诸菩萨众知义
  - 彼诸菩萨由能了知四种义故名为知义。
    - 一者心执受义，
    - 二者领纳义，
    - 三者了别义，
    - 四者杂染清净义。
  - 彼诸菩萨由能了知三种义故名为知义三义
    - 一者文义：谓名身等
    - 二者义义，复有十种：
      - 一者真实相，
      - 二者遍知相，
      - 三者永断相，
      - 四者作证相，
      - 五者修习相，
      - 六者即彼真实相等品类差别相，
      - 七者所依、能依相属相，
      - 八者即遍知等障碍法相，
      - 九者即彼随顺法相，
      - 十者不遍知等及遍知等过患、功德相。
    - 三者界义。五种界：
      - 一者器世界，
      - 二者有情界，
      - 三者法界，
      - 四者所调伏界，
      - 五者调伏方便界。

16. 闻所成慧了、思所成慧、奢摩他毗钵舍那修所成慧了知其义的差别

闻所成慧	依止于文，但如其说，未善意趣，未现在前，随顺解脱，未能领受成解脱义，
思所成慧	亦依于文，不惟如说，能善意趣，未现在前，转顺解脱，未能领受成解脱义
修所成慧	亦依于文、亦不依文，亦如其说、亦不如说，能善意趣，所知事同分三摩地所行影像现前，极顺解脱，已能领受成解脱义。

17. 修奢摩他、毗钵舍那中的智与见

智	若缘总法修奢摩他毗钵舍那所有妙慧，是名为智。
见	若缘别法修奢摩他毗钵舍那所有妙慧，是名为见。

18. 修奢摩他毗钵舍那诸菩萨众的作意和除遣诸相

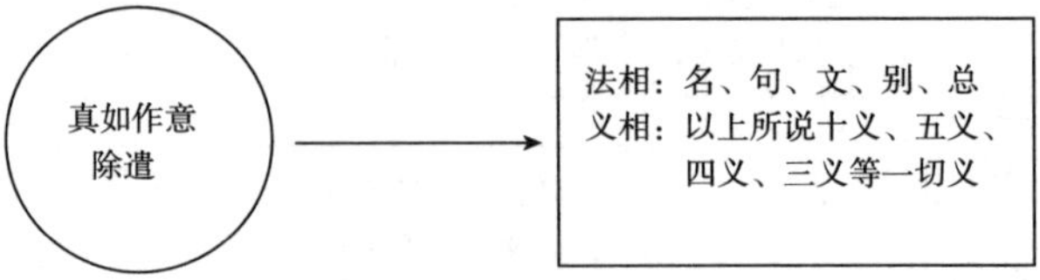

除遣的总原则：
1、对于诸法相、义相的名和名自性无所得，
2、也不观彼所依之相，如是除遣。
具体为：
如于其名，于句、于文、于一切义当知亦尔，乃至于界及界自性无所得时，亦不观彼所依之相，如是除遣。
另：
所了知真如义中都无有相，亦无所得。
了知真如义时，能伏一切法义之相，非此了达，余所能伏。

19. 菩萨善修心与观察心

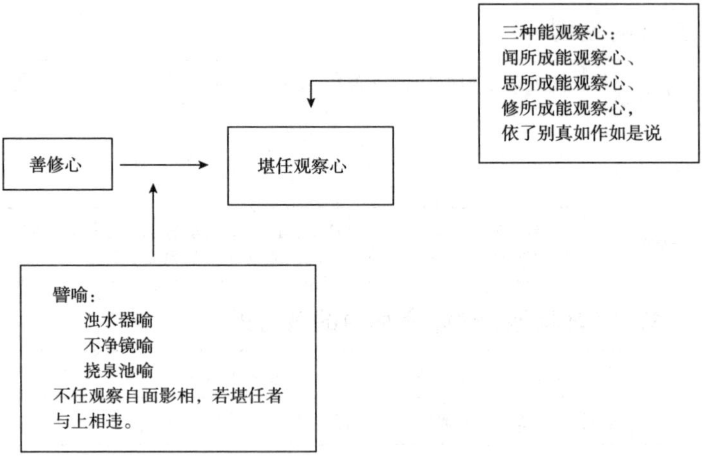

20. 了知法义菩萨遣除诸相的原理

①空能除遣十种相

了知的十种法义	十种相	空能除遣
一者了知法义	有种种文字相	一切法空
二者了知安立真如义	有生灭住异性、相续随转相	相空、无先后空
三者了知能取义	有顾恋身相及我慢相,	内空、无所得空
四者了知所取义	有顾恋财相,	外空
五者了知受用义	男女承事、资具相应故,有内安乐相、外净妙相	内外空、本性空
六者了知建立义	有无量相	大空
七者了知无色	有内寂静解脱相	有为空
八者了知相真如义	有补特伽罗无我相、法无我相、若唯识相及胜义相	毕竟空、无性空、无性自性空及胜义空
九者由了知清净真如义	有无为相、无变异相	无为空、无变异空
十者即于彼相对治空性作意思惟	有空性相	空空

以上就胜来说以上十种相除遣，是某种空治某种相，但不是说各个空不能治一切相，这就象十二缘起中的无明不是不能生识乃至老等诸杂染法，就胜来说是无明生行，这是由于诸行亲近的缘故。

②略图

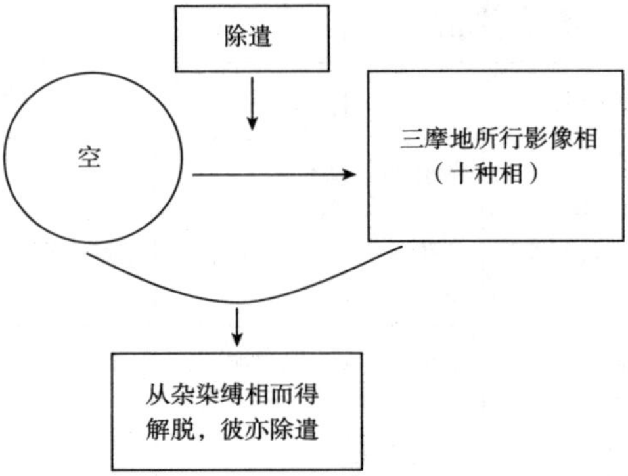

21. 大乘总空性相

原文：若于依他起相及圆成实相中，一切品类杂染、清净遍计所执相毕竟远离性，及于此中都无所得，如是名为于大乘中总空性相。

译文：如果在依他起相和圆成实相中，对一切品类杂染的遍计所执相和一切品类的清净遍计所执相毕竟的远离性，而且于其中都无所得，这称为大乘中的总空性相。

22. 奢摩他、毗钵舍那的因、果、业

因	果	业
清净尸罗、清净闻思所成正见以为其因。	善清净心、善清净慧以为其果。 一切声闻及如来等所有世间及出世间一切善法，当知皆是此奢摩他毗钵舍那所得之果。	能解脱相缚和粗重缚二缚为业。

23. 奢摩他、毗钵舍那的障与圆满清净

<table>
<tr><td rowspan="3"></td><td colspan="4">障</td><td rowspan="3">圆满清净</td></tr>
<tr><td colspan="2">五种系中</td><td colspan="2">五盖中</td></tr>
<tr><td>障</td><td>俱障</td><td>障</td><td>俱障</td></tr>
<tr><td>奢摩他</td><td>顾恋身、财</td><td rowspan="2">乐相杂住、于少喜足当知俱障，由第一故不能造修，由第二故所修加行不到究竟。</td><td>掉举恶作</td><td rowspan="2">贪欲嗔恚</td><td>乃至所有惛沉、睡眠正善除遣</td></tr>
<tr><td>毗钵舍那</td><td>于诸圣教不得随欲</td><td>惛沉睡眠、疑</td><td>乃至所有掉举、恶作正善除遣</td></tr>
</table>

24. 奢摩他、毗钵舍那现在前时的五种心散动

一者作意散动	若诸菩萨舍于大乘相应作意，堕在声闻、独觉相应诸作意中，当知是名作意散动。
二者外心散动	若于其外五种妙欲诸杂乱相所有寻思随烦恼中，及于其外所缘境中纵心流散，当知是名外心散动。
三者内心散动	若由惛沈及以睡眠、或由沉没、或由爱味三摩钵底、或由随一三摩钵底诸随烦恼之所染污，当知是名内心散动。
四者相散动	若依外相，于内等持所行诸相作意思惟，名相散动。
五者粗重散动	若内作意为缘生起所有诸受，由粗重身计我起慢，当知是名粗重散动。

25. 奢摩他、毗钵舍那从初菩萨地乃至如来地的对治障

菩萨十地和佛地	奢摩他、毗钵舍那对治障
初地	对治恶趣烦恼业、生、杂染障
第二地	对治微细误犯现行障，
第三地	对治欲贪障
第四地	对治定爱及法爱障
第五地	对治生死涅槃一向背趣障
第六地	对治相多现行障
第七地	对治细相现行障
第八地	对治于无相作功用及于有相不得自在障
第九地	对治于一切种善巧言辞不得自在障
第十地	对治不得圆满法身证得障

续表

菩萨十地和佛地	奢摩他、毗钵舍那对治障
如来地	对治极微细、最极微细烦恼障及所知障由能永害如是障故，究竟证得无着无碍一切智见，依于所作成满所缘建立最极清净法身。

26. 菩萨依奢摩他毗钵舍那勤修行证得阿耨多罗三藐三菩提的过程

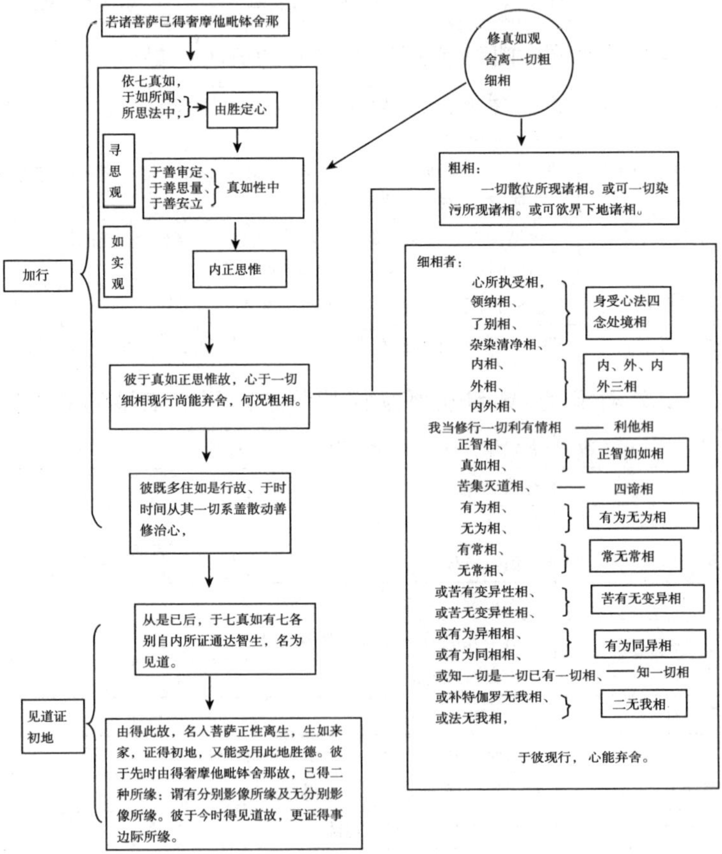

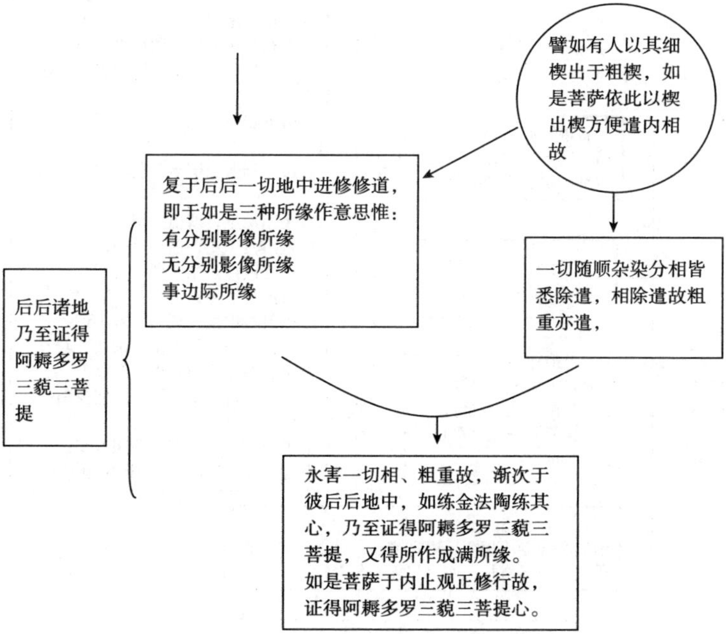
譬如有人以其细楔出于粗楔，如是菩萨依此以楔出楔方便遣内相故
复于后后一切地中进修修道，即于如是三种所缘作意思惟：
有分别影像所缘
无分别影像所缘
事边际所缘
一切随顺杂染分相皆悉除遣，相除遣故粗重亦遣，
后后诸地乃至证得阿耨多罗三藐三菩提
永害一切相、粗重故，渐次于彼后后地中，如练金法陶练其心，乃至证得阿耨多罗三藐三菩提，又得所作成满所缘。
如是菩萨于内止观正修行故，证得阿耨多罗三藐三菩提心。

27. 菩萨善知六处能引发菩萨所有广大威德

- 善知六处
  - 一者善知心生
    谓如实知十六行心生起差别，是名善知心生。
    - 一者不可觉知坚住器识生，谓阿陀那识，
    - 二者种种行相所缘识生，谓顿取一切色等境界分别意识，及顿取内外境界觉受，或顿于一念瞬息须臾现入多定见多佛土、见多如来分别意识，
    - 三者小相所缘识生，谓欲界系识，
    - 四者大相所缘识生，谓色界系识，
    - 五者无量相所缘识生，谓空识无边处系识，
    - 六者微细相所缘识生，谓无所有处系识，
    - 七者边际相所缘识生，谓非想非非想处系识，
    - 八者无相识生，谓出世识及缘灭识，
    - 九者苦俱行识生，谓地狱识，
    - 十者杂受俱行识生，谓欲行识，
    - 十一喜俱行识生，谓初、二静虑识，
    - 十二乐俱行识生，谓第三静虑识，
    - 十三不苦不乐俱行识生，谓从第四静虑乃至非想非非想处识，
    - 十四染污俱行识生，谓诸烦恼及随烦恼相应识
    - 十五善俱行识生，谓信等相应识，
    - 十六无记俱行识生，谓彼俱不相应识。
  - 二者善知心住
    谓如实知了别真如。
  - 三者善知心出
    谓如实知出二种缚，所谓相缚及粗重缚，此能善知，应令其心从如是出。
  - 四者善知心增，
    谓如实知能治相缚、粗重缚心，彼增长时、彼积集时亦得增长、亦得积集，名善知增。
  - 五者善知心减，
    谓如实知彼所对治相及粗重所杂染心，彼衰退时、彼损减时此亦衰退、此亦损减，名善知减。
  - 六者善知方便
    谓如实知解脱胜处及与遍处或修、或遣。

28. 无余依涅槃界中无余永灭的二种受

<table>
<tr><td rowspan="4">一者所依粗重受</td><td>一者有色所依受</td><td rowspan="8">于有余依涅槃界中：果未成满受一切已灭，领彼对治明触生受，领受共有，或复彼果已成满受，又二种受一切已灭，惟现领受明触生受。</td></tr>
<tr><td>二者无色所依受</td></tr>
<tr><td>三者果已成满粗重受</td></tr>
<tr><td>四者果未成满粗重受</td></tr>
<tr><td rowspan="4">二者彼果境界受</td><td>一者依持受</td></tr>
<tr><td>二者资具受，</td></tr>
<tr><td>三者受用受</td></tr>
<tr><td>四者顾恋受</td></tr>
</table>

地波罗蜜多品第七

1. 菩萨十地十一分圆满过程

十地	名称	圆满	未圆满	四种清净所摄
初地	极喜地	菩萨先于胜解行地，依十法行极善修习胜解忍故，超过彼地证入菩萨正性离生。	未能于微细毁犯误现行中正知而行。	增上意乐清净
第二地	离垢地	能于微细毁犯误现行中正知而行。	未能得世间圆满等持、等至及圆满闻持陀罗尼。	增上戒清净
第三地	发光地	能得世间圆满等持、等至及圆满闻持陀罗尼。	未能令随所获得菩提分法多修习住，心未能舍诸等至爱及与法爱。	增上心清净

续表

十地	名称	圆满	未圆满	四种清净所摄
第四地	焰慧地	能令随所获得菩提分法多修习住，心能舍诸等至爱及与法爱。	未能于诸谛道理如实观察，又未能于生死涅槃弃舍一向背趣作意，又未能修方便所摄菩提分法。	
第五地	极难胜地	能于诸谛道理如实观察，又能于生死涅槃弃舍一向背趣作意，又能修方便所摄菩提分法。	未能于生死流转如实观察，又由于彼多生厌故未能多住无相作意。	
第六地	现前地	能于生死流转如实观察，又由于彼不多生厌故能多住无相作意。	未能令无相作意无缺无间多修习住。	
第七地	远行地	能令无相作意无缺无间多修习住。	未能于无相住中舍离功用，又未能得于相自在，	增上慧清净
第八地	不动地	能于无相住中舍离功用，又能得于相自在。	未能于异名众相、训词差别一切品类宣说法中得大自在，	
第九地	善慧地	能于异名众相、训词差别一切品类宣说法中得大自在。	未能得圆满法身现前证受。	
第十地	法云地，	能得圆满法身现前证受。	未能得遍于一切所知境界无着无碍妙智妙见。	
（第十一地）	（佛地）	能得遍于一切所知境界无着无碍妙智妙见。	一切分皆得圆满	

2. 菩萨十地得名、所对治、功德殊胜

十地	名称	得名	所对治的愚痴和粗重	殊胜安立、功德递增
初地	极喜地	成就大义，得未曾得出世间心，生大欢喜。	一者执着补特伽罗及法愚痴、二者恶趣杂染愚痴 及彼粗重为所对治。	一者增上意乐清净，二者心清净，三者悲清净，四者至彼岸清净，五者见佛供养承事清净，六者成熟有情清净，七者生清净，八者威德清净。（佛地没有生清净） 诸地乃至佛地诸清净展转增胜 初地中所有功德于上诸地平等皆有，当知自地功德殊胜。
第二地	离垢地	远离一切微细犯戒。	一者微细误犯愚痴、二者种种业趣愚痴 及彼粗重为所对治。	
第三地	发光地	由彼所得三摩地及闻持陀罗尼，能为无量智光依止。	一者欲贪愚痴、二者圆满闻持陀罗尼愚痴 及彼粗重为所对治。	
第四地	焰慧地	由彼所得菩提分法烧诸烦恼，智如火焰。	一者等至爱愚痴、二者法爱愚痴 及彼粗重为所对治。	
第五地	极难胜地	由即于彼菩提分法方便修习最极艰难方得自在。	一者一向作意弃背生死愚痴 二者一向作意趣向涅槃愚痴 及彼粗重为所对治。	
第六地	现前地	现前观察诸行流转，又于无相多修作意方现在前。	一者现前观察诸行流转愚痴、二者相多现行愚痴 及彼粗重为所对治。	
第七地	远行地	能远证入无缺无间无相作意，与清净地共相邻接	一者微细相现行愚痴、二者一向无相作意方便愚痴 及彼粗重为所对治。	
第八地	不动地	由于无相得无功用，于诸相中不为现行烦恼所动	一者于无相作功用愚痴、二者于相自在愚痴 及彼粗重为所对治。	
第九地	善慧地	于一切种说法自在，获得无碍广大智慧，	一者于无量说法无量法句文字后后慧辩陀罗尼自在愚痴、二者辩才自在愚痴 及彼粗重为所对治。	
第十地	法云地，	粗重之身广如虚空，法身圆满譬如大云皆能遍覆	一者大神通愚痴、二者悟入微细秘密愚痴 及彼粗重为所对治。	
（第十一地）	（佛地）	永断最极微细烦恼及所知障，无着无碍于一切种所知境界现正等觉	一者于一切所知境界极微细着愚痴、二者极微细碍愚痴 及彼粗重为所对治。	

3. 菩萨生于诸有生最为殊胜的四因缘

一者极净善根所集起故，二者故意思择力所取故，

三者悲愍济度诸众生故，四者自能无染除他染故。

4. 菩萨能行广大愿、妙愿、胜愿的四因缘

谓诸菩萨能善了知涅槃乐住，堪能速证；而复弃舍速证乐住；

无缘、无待发大愿心；为欲利益诸有情故，处多种种长时大苦。

5. 菩萨六种所应学事（六波罗蜜多）

<table>
<tr><th></th><th>戒、心、慧学所摄</th><th>资粮所摄</th><th>五相修学</th><th colspan="2">所应学事的原因</th></tr>
<tr><td>布施</td><td rowspan="3">增上戒学所摄</td><td rowspan="3">福德资粮</td><td rowspan="7">一者最初于菩萨藏波罗蜜多相应微妙正法教中猛利信解，
二者次于十种法行以闻、思、修所成妙智精进修行，
三者随护菩提之心，
四者亲近真善知识，
五者无间勤修善品。</td><td>摄受资具饶益有情。</td><td rowspan="3">饶益有情</td></tr>
<tr><td>持戒</td><td>不行损害、逼迫、恼乱饶益有情。</td></tr>
<tr><td>忍辱</td><td>于彼损害、逼迫、恼乱堪能忍受饶益有情。</td></tr>
<tr><td>精进</td><td>增上戒学、增上心学、增上慧学俱摄</td><td rowspan="2">福德资粮智慧资粮俱摄</td><td rowspan="2">虽未永伏一切烦恼，亦未永害一切随眠，而能勇猛修诸善品，彼诸烦恼不能倾动善品加行。</td><td rowspan="4">对治一切烦恼</td></tr>
<tr><td>静虑</td><td>增上心学所摄</td></tr>
<tr><td rowspan="2">智慧到彼岸</td><td rowspan="2">增上慧学所摄</td><td rowspan="2">智慧资粮所摄</td><td>永伏烦恼</td></tr>
<tr><td>永害随眠</td></tr>
</table>

续表

<table>
<tr><th></th><th>四波罗蜜多助伴</th><th>六波罗蜜多次第</th><th>六波罗蜜多各自品类差别</th><th>波罗蜜多诸相违事</th><th>波罗蜜多果异熟</th></tr>
<tr><td rowspan="3">布施</td><td rowspan="9">方便波罗蜜多</td><td rowspan="18">后后引发依，菩萨若于身财无所顾吝，
↓
受持清净禁戒，
↓
为护禁戒便修忍辱，
↓
修忍辱已能发精进，
↓
发精进已能办静虑，
↓
具静虑已便能获得出世间慧。</td><td>一者法施</td><td rowspan="3">一者于喜乐欲财富自在诸欲乐中深见功德及与胜利</td><td rowspan="3">一者得大财富</td></tr>
<tr><td>二者财施</td></tr>
<tr><td>三者无畏施</td></tr>
<tr><td rowspan="3">持戒</td><td>一者转舍不善戒</td><td rowspan="3">二者于随所乐纵身语意而现行中深见功德及与胜利，</td><td rowspan="3">二者往生善趣</td></tr>
<tr><td>二者转生善戒</td></tr>
<tr><td>三者转生饶益有情戒</td></tr>
<tr><td rowspan="3">忍辱</td><td>一者耐怨害忍</td><td rowspan="3">三者于他轻蔑不堪忍中深见功德及与胜利，</td><td rowspan="3">三者无怨无坏多诸喜乐</td></tr>
<tr><td>二者安受苦忍</td></tr>
<tr><td>三者谛察法忍</td></tr>
<tr><td rowspan="3">精进</td><td rowspan="3">愿波罗蜜多</td><td>一者被甲精进</td><td rowspan="3">四者于不勤修着欲乐中深见功德及与胜利</td><td rowspan="3">四者为众生主</td></tr>
<tr><td>二者转生善法加行精进</td></tr>
<tr><td>三者饶益有情加行精进</td></tr>
<tr><td rowspan="3">静虑</td><td rowspan="3">力波罗蜜多</td><td>一者无分别寂静极寂静无罪故对治烦恼众苦乐住静虑，</td><td rowspan="3">五者于处愦闹世杂乱行深见功德及与胜利，</td><td rowspan="3">五者身无恼害</td></tr>
<tr><td>二者引发功德静虑，</td></tr>
<tr><td>三者引发饶益有情静虑</td></tr>
<tr><td rowspan="3">智慧到彼岸</td><td rowspan="3">智波罗蜜多</td><td>一者缘世俗谛慧</td><td rowspan="3">六者于见闻觉知言说戏论深见功德及与胜利。</td><td rowspan="3">六者有大宗叶</td></tr>
<tr><td>二者缘胜义谛慧</td></tr>
<tr><td>三者缘饶益有情慧</td></tr>
</table>

6. 波罗蜜多的间杂染法

略由四种加行：一者无悲加行故，二者不如理加行故，三者不常加行故，四者不殷重加行故。不如理加行者，谓修行余波罗蜜多时，于余波罗蜜多远离失坏。

7. 波罗蜜多的非方便行

若诸菩萨以波罗蜜多饶益众生时，但摄财物饶益众生便为喜足，而不令其出不善处安置善处，如是名为非方便行。

8. 波罗蜜多清净相

总说一切波罗蜜多清净相：

一者菩萨于此诸法不求他知，
二者于此诸法见已不生执着，
三者即于如是诸法不生疑惑：谓为能得大菩提不？

别说一切波罗蜜多清净相

一者由施物清净行清净施，　五者由语清净行清净施，
二者由戒清净行清净施，　六者由智清净行清净施，
三者由见清净行清净施，　七者由垢清净行清净施，
四者由心清净行清净施，　是名七种施清净相。

善了知制立律仪一切学处，　常作尸罗，
能善了知出离所犯，　常转尸罗，
具常尸罗，　受学一切所有学处，
坚固尸罗，　是名七种戒清净相。

若诸菩萨于自所有业果异熟深生依信，　亦复不待他来谏诲；
一切所有不饶益事现在前时不生愤发；
亦不反骂、不嗔、不打、不恐、不弄、
不以种种不饶益事反相加害；　不由恐怖、有染爱心而行忍辱；
不怀怨结；　不以作恩而便放舍；
若谏诲时不令恚恼；　是名七种忍清净相。

若诸菩萨通达精进平等之性；　有所堪能；
不由勇猛勤精进故自举凌他；　坚固勇猛；
具大势力；　于诸善法终不舍轭；
具大精进；　如是名为七种精进清净之相。

四者终不自赞毁他有所轻蔑，
五者终不憍傲放逸，
六者终不少有所得便生喜足，
七者终不由此诸法于他发起嫉妒悭吝。

若诸菩萨有善通达相三摩地静虑； 有无所依三摩地静虑；
有圆满三摩地静虑； 有善修治三摩地静虑；
有俱分三摩地 有于菩萨藏闻缘修习无量三摩地静虑；
有运转三摩地静虑； 如是名为七种静虑清净之相。

若诸菩萨远离增益、损减二边，行于中道，是名为慧；
由此慧故，如实了知解脱门义，谓空、无愿、无相三解脱门；
如实了知有自性义，谓遍计所执、若依他起、若圆成实三种自性；实了知无自性义，谓相、生、胜义三种无自性性，如实了知世俗谛义，谓于五明处；
如实了知胜义谛义，谓于七真如；
又无分别离诸戏论纯一理趣多所住故、无量总法为所缘故、及毗钵舍那故；
能善成办法随法行；
是名七种慧清净相。

9. 波罗蜜多五相

五 相	名 义	所行业	在波罗蜜多中特点
无染着	不染着波罗蜜多诸相违事	于现法中，于所修习波罗蜜多，恒常殷重勤修加行无有放逸，	最为广大
无顾恋	于一切波罗蜜多诸果异熟及报恩中，心无系缚	摄受当来不放逸因	最为广大
无罪过	于如是波罗蜜多无间杂染法，离非方便行	能正修习极善圆满、极善清净、极善鲜白波罗蜜多。	无染污

续表

五　相	名　义	所行业	在波罗蜜多中特点
无分别	于如是波罗蜜多不如言词执着自相	方便善巧波罗蜜多速得圆满。	无染污
正回向	以如是所作、所集波罗蜜多，回求无上大菩提果	一切生处波罗蜜多及彼可爱诸果异熟皆得无尽，乃至无上正等菩提。	最为广大（另在位次上，思择所作最为明盛，已入无退转法地者名不可动，若十地摄、佛地摄者名最清净。）

10. 一切波罗蜜多各有四种最胜威德

一者于此波罗蜜多正修行时，能舍悭吝、犯戒、心愤、懈怠、散乱、见趣所治，

二者于此正修行时，能为无上正等菩提真实资粮，

三者于此正修行时，于现法中，能自摄受饶益有情，

四者于此正修行时，于未来世，能得广大无尽可爱诸果异熟。

11. 波罗蜜多的因、果、义利

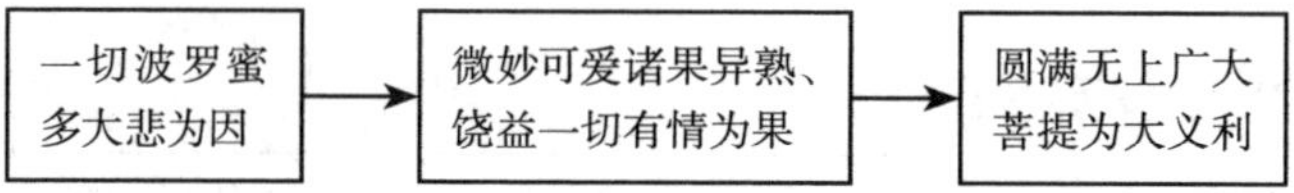

12. 般若波罗蜜多能取诸法无自性性

原文“善男子！我终不说以无自性性取无自性性，然无自性性离诸文字、自内所证，不可舍于言说文字而能宣说，是故我说般若波罗蜜多能取诸法无自性性。”

译文：“善男子！我最终不说以无自性性取无自性性（因无自性性离名言不可说取，若说取，则成为有执着的无自性性，与本义不符），虽然无自性性是离诸文字、自内所证的，但也不可

以离开言说文字而能宣说的，因此我宣说般若波罗蜜多能取诸法无自性性。”

13. 三种波罗蜜多

波罗蜜多分类	分时	名义
波罗蜜多	胜解行地软中胜解转时	若诸菩萨经无量时修行施等成就善法，而诸烦恼犹故现行未能制伏，然为彼伏，谓于胜解行地软中胜解转时，是名波罗蜜多。
近波罗蜜多	初地以上	复于无量时修行施等渐复增上成就善法，而诸烦恼犹故现行，然能制伏，非彼所伏，谓从初地已上，是名近波罗蜜多。
大波罗蜜多	八地以上	复于无量时修行施等转复增上成就善法，一切烦恼皆不现行，谓从八地已上，是名大波罗蜜多。

14. 菩萨十地、佛地和随眠（种子）

菩萨十地和佛地	随眠	粗重断
前五地	害伴随眠：诸不俱生现行烦恼，是俱生烦恼现行助伴，彼于尔时永无复有，是故说名害伴随眠。	皮粗重断
第六地、第七地	羸劣随眠：微细现行若修所伏不现行故。	
第八地、第九地、第十地	微细随眠：从此已去一切烦恼不复现行，惟有所知障为依止故。	肤粗重断
佛地	骨粗重断，永离一切随眠。	

15. 菩萨深信爱乐波罗蜜多，而不深信爱乐波罗蜜多所得果的五种原因

一者波罗蜜多是最增上喜乐因故，

二者波罗蜜多是其究竟饶益一切自他因故，

三者波罗蜜多是当来世彼可爱果异熟因故，
四者波罗蜜多非诸杂染所依事故，
五者波罗蜜多非是毕竟变坏法故。

16. 如来宣说声闻乘、大乘惟是一乘的密意

原文："善男子！如我于彼声闻乘中，宣说种种诸法自性，所谓五蕴、或内六处、或外六处如是等类，于大乘中即说彼法同一法界、同一理趣，故我不说乘差别性。于中或有如言于义妄起分别，一类增益、一类损减，又于诸乘差别道理谓互相违，如是展转递兴诤论，如是名为此中密意。"

译文："善男子！象我在那些声闻乘中所宣说的种种诸法自性，如五缊、或内六处、或外六处如是等等种类，在大乘中就说那些法同一法界、同一理趣，因此我不说乘的差别性。在这其中或许有如言取义而妄起分别的，一类取义，会定执三乘一向是各自不同，从而增益；一类取义，会定执只有一乘，从而损减。同时又会于诸乘的差别道理认为是互相违背的。这样会展转兴起诤论。（如此，我宣说或所谓的声闻乘，或所谓的大乘这些实际上只是一乘，）这样称为此中的密意。

第八如来成所作事品：

1. 如来法身

若于诸地波罗蜜多善修出离，转依成满，是名如来法身之相。当知此相二因缘故不

可思议，无戏论故、无所为故，而诸众生计着戏论、有所为故。

2. 如来化身

遍于一切三千大千佛国土中，或众推许增上王家，或众推许大福田家，同时入胎、

诞生、长大、受欲、出家、示行苦行、舍苦行已成等正觉，次第示现，是名如来示

现化身方便善巧。

3. 如来言音

如来言音	契经	调伏	本母
名义	若于是处，我依摄事显示诸法是名契经	若于是处，我依声闻及诸菩萨显示别解脱及别解脱相应之法是名调伏。	若于是处，我以十一种相决了分别显示诸法，是名本母。
所摄	四事：一者听闻事， 二者归趣事， 三者修学事， 四者菩提事。 九事：一者施设有情事， 二者彼所受用事， 三者彼生起事， 四者彼生已住事， 五者彼染净事， 六者彼差别事， 七者能宣说事， 八者所宣说事， 九者诸众会事。 二十九事：如下图。	别解脱七相所摄： 一者宣说受轨则事， 二者宣说随顺他胜事， 三者宣说随顺毁犯事， 四者宣说有犯自性， 五者宣说无犯自性， 六者宣说出所犯， 七者宣说舍律仪。	十一种相： 一者世俗相， 有三种： 一者宣说补特伽罗， 二者宣说遍计所执自性， 三者宣说诸法作用事业， 二者胜义相， 三者菩提分法所缘相， 四者行相， 有八相： 一者谛实， 二者安住， 三者过失， 四者功德， 五者理趣， 有六种： 一者真义理趣， 二者证得理趣， 三者教导理趣， 四者远离二边理趣， 五者不可思议理趣，

续表

			六者意趣理趣， 六者流转， 七者道理， 一者观待道理， 二者作用道理， 三者证成道理， 五种相名为清净： 一者现见所得相， 二者依止现见所得相， 三者自类譬喻所引相， 四者圆成实相， 五者善清净言教相。 七种相名不清净： 一者此余同类可得相， 二者此余异类可得相， 三者一切同 类可得相， 四者一切异类可得相， 五者异类譬喻所得相， 六者非圆成实相， 七者非善清净言教相。 四者法尔道理， 八者总别， 五者自性相， 六者彼果相， 七者彼领受开示相， 八者彼障碍法相， 九者彼随顺法相， 十者彼过患相， 十一者彼胜利相。

4. 如来所说契经二十九事

一依杂染品说有四事	摄诸行事	说五蕴事
	彼次第随转事	十二缘生事
	即于是中作补特伽罗想已于当来世流转因事	说我执事
	作法想已于当来世流转因事	说法执事

- 二依清净品有二十五事
  - 依四事说世间清净事
    - 系念于所缘事 ------ 说闻慧
    - 即于是中勤精进事 ------ 说思慧
    - 心安住事 ------ 说加行定
    - 现世乐住事 ------ 说四事定
  - 依二十一事说出世间清净事
    - 超一切苦缘方便事依一事说顺解脱分
    - 依四事说顺决择分
      - 彼遍知事分三
        - 遍知颠倒所依处故
        - 遍知依有情想于外有情生起诸邪行所依处故
        - 遍知内离增上慢所依处故
      - 修依处事
      - 作证事
      - 修习事
    - 依四事说见道
      - 令彼坚固事
      - 彼行相事
      - 彼所缘事
      - 已断未断观察善巧事
    - 依六事说修道
      - 彼散乱事
      - 彼不散乱事
      - 不散乱依处事
      - 解除修习劬劳事
      - 修习胜利事
      - 彼坚牢事
    - 依四事说无学道
      - 摄圣行事
      - 摄圣行眷属事
      - 通达真实事
      - 证得涅槃事
    - 依二事说殊胜及非殊胜
      - （第一事）
      - 及即于此不修退事（第二事）

（此图引自观空法师从藏译汉补译的《解深密经疏》）

5.《解深密经》中的四种道理

四种道理	观待道理	作用道理	证成道理	法尔道理
原文	若因若缘能生诸行及起随说，如是名为观待道理。	若因若缘能得诸法，或能成办，或复生已作诸业用，如是名为作用道理。	若因若缘能令所立、所说、所标义得成立，令正觉悟，如是名为证成道理。	如来出世、若不出世，法性、安住、法住、法界，是名法尔道理

续表

四种道理	观待道理	作用道理	证成道理	法尔道理
译文	诸因诸缘的势力，生起诸行，诸行生起时要观待诸因诸缘，以及对此随起言说时要以名身、句身、文身等观待诸行而起，这样称为观待道理	诸因诸缘具足而能得诸法或者能成办或诸法生起后能有诸业用，这样称为作用道理。	对于诸因诸缘能够使所安立的宗义，所说立义的依据，解释先所说的立义获得成立，由此还能令人生起正确的觉悟。这样称为证成道理。	不管如来出世或不出世，法性、安住、法住、法界，这样称为法尔道理。

6. 证成道理的五相清净和七相不清净

现见所得相	谓一切行皆无常性、一切行皆是苦性、一切法皆无我性，此为世间现量所得，如是等类是名现见所得相。
依止现见所得相	谓一切行皆刹那性、他世有性、净不净业无失坏性，由彼能依粗无常性现可得故，由诸有情种种差别依种种业现可得故，由诸有情若乐若苦、净不净业以为依止现可得故，由此因缘于不现见可为比度，如是等类是名依止现见所得相。
自类譬喻所引相	谓于内外诸行聚中，引诸世间共所了知所得生死以为譬喻，引诸世间共所了知所得生等种种苦相以为譬喻，引诸世间共所了知所得不自在相以为譬喻，又复于外引诸世间共所了知所得衰盛以为譬喻，如是等类当知是名自类譬喻所引相。
圆成实相	谓即如是现见所得相、若依止现见所得相、若自类譬喻所得相，于所成立决定能成，当知是名圆成实相。
善清净言教相	谓一切智者之所宣说，如言涅槃究竟寂静，如是等类当知是名善清净言教相。
一切同类可得相	若一切法意识所识性，是名一切同类可得相。
一切异类可得相	由随如是一一异相决定展转各各异相，是名一切异类可得相。

续表

非圆成实相	若于此余同类可得相及譬喻中，有一切异类相者，由此因缘，于所成立非决定故，是名非圆成实相；
	又于此余异类可得相及譬喻中，有一切同类相者，由此因缘于所成立不决定故，是名非圆成实相。

7. 一切智者相

略有五种：

一者若有出现世间，一切智声无不普闻，

二者成就三十二种大丈夫相，

三者具足十力，能断一切众生一切疑惑，

四者具足四无所畏宣说正法，不为一切他论所伏，而能摧伏一切邪论，

五者于善说法毗奈耶中，八支圣道、四沙门等皆现可得。

7. 契经、调伏、本母不共外道陀罗尼义（三藏总持义）

原文：善男子！若杂染法、若清净法，我说一切皆无作用，亦都无有补特伽罗，以一切种离所为故，非杂染法先染后净，非清净法后净先染。凡夫异生于粗重身执着诸法、补特伽罗自性、差别，随眠妄见以为缘故计我我所，由此妄谓我见、我闻、我嗅、我尝、我触、我知、我食、我作、我染、我净如是等类邪加行转，若有如实知如是者，便能永断粗重之身，获得一切烦恼不住，最极清净，离诸戏论，无为依止，无有加行。善男子！当知是名略说不共陀罗尼义。善男子！应当知道这是略说不共陀罗尼义。

译文：对于杂染法、对于清净法我说一切皆没有作用，也没

有补特伽罗，因一切种离所为的缘故。杂染法不是先染后可转净的，清净法也不是后转净先前是染垢的。凡夫众生于有漏五蕴的粗重身起执着诸法、补特伽罗有自性差别，这是由于凡夫众生以随眠种子和妄见以为缘而遍计有我和我所，并由此妄见而认为有我见、我闻、我嗅、我触、我知、我食、我作、我染、我净这样等类的邪加行转。如果能如实地知道这样的道理，便能永断烦恼的粗重之身，获得一切烦恼不住，最极清净，离诸戏论，无为依止，无有加行。

8. 如来心生起的原因

原文：善男子！先所修习方便般若加行力故有心生起。善男子！譬如正入无心睡眠，非于觉悟而作加行，由先所作加行势力而复觉悟；又如正在灭尽定中，非于起定而作加行，由先所作加行势力还从定起。如从睡眠及灭尽定心更生起，如是如来由先修习方便般若加行力故，当知复有心法生起。”

译文：善男子！这是由于先前所修习方便般若加行力的缘故而有心自然生起。善男子！

这好像正入无心睡眠的人，不是在睡眠中作觉醒的加行，而是由于睡前所作的加行势力而使其觉醒；这又像有情正在灭尽定中，其在定中不作起定的加行，是由于入灭尽定之前所作的加行势力使其从灭尽定出。像从睡眠和灭尽定中的心再生起一样，如来由于先前修习的方便般若加行力的缘故，应当知道再有心法生起。

9. 如来境界五界

一者有情界，二者世界，三者法界，四者调伏界，五者调伏方便界。

10. 秽土八事易得

一者外道，二者有苦众生，三者种姓家世兴衰差别，四者行诸恶行，五者毁犯尸罗，六者恶趣，七者下乘，八者下劣意乐加行菩萨。

秽土二事难得

一者增上意乐加行菩萨之所游集，二者如来出现于世。

延伸阅读书目

1.《藏要》第一辑,《解深密经》。

2.《大正藏》第十六册,《深密解脱经》,《解深密经》,《佛说解节经》,《相续解脱地波罗蜜了义经》,《相续解脱如来所作随顺处了义经》。

3.《大正藏》第三十册,《瑜伽师地论》。

4.《大正藏》第三十一册,《显扬圣教论》,《成唯识论》。

5. 圆测法师,《解深密经疏》,金陵刻经处版,佛陀教育基金会版,《卍新纂续藏经》版第21册。

6. 欧阳竟无居士编,《解深密经注》,金陵刻经处。

7. 太虚大师,《太虚大师全书》精第7册《解深密经纲要》,《解深密经— 如来成所作事品讲录》,台湾善导寺佛经流通处出版,财团法人印顺文教基金会, 1980。

8. 演培法师,《谛观全集》第七册,《解深密经语体释》,台湾天华出版事业有限公司, 1986。

9. 巨赞法师,《现代佛学》1959年1月号(总101);1959年2月号(总102),《〈解深密经·无自性相品〉述意》。

10. 济群法师,《内明》第246期,《〈解深密经〉与唯识思想》;《〈解深密经〉要义说》,《解深密经讲义》,网络版。

11. 韩清净居士,《瑜伽师地论披寻记》,网络九校版。

12. 智藏论师造,韩镜清居士译藏为汉,《瑜伽师地论摄决择分所引解深密经慈氏品略解》。

13. 宗喀巴大师着,法尊法师译,《宗喀巴大师集》(第四卷),《依止〈解深密经〉辨了不了义》,民族出版社, 2003。

14.《佛光大词典》电子版。

15.《中华佛教百科全书》电子版。

16.《中国百科全书》(佛教篇)电子版。

17.《丁福保佛学大词典》电子版。

佛教十三经

楞严经

赖永海 主编

刘鹿鸣 译注

中華書局

总 序

佛教有三藏十二部经、八万四千法门，典籍浩瀚，博大精深，即便是专业研究者，用其一生的精力，恐也难阅尽所有经典。加之，佛典有经律论、大小乘之分，每部佛经又有节译、别译等多种版本，因此，大藏经中所收录的典籍，也不是每一部佛典、每一种译本都非读不可。因此之故，古人有“阅藏知津”一说，意谓阅读佛典，如同过河、走路，要先知道津梁渡口或方向路标，才能顺利抵达彼岸或避免走弯路；否则只好望洋兴叹或事倍功半。《佛教十三经》编译的初衷类此。面对浩如烟海的佛教典籍，究竟哪些经典应该先读，哪些论著可后读？哪部佛典是必读，哪种译本可选读？哪些经论最能体现佛教的基本精神，哪些撰述是随机方便说？凡此等等，均不同程度影响着人们读经的效率与效果。为此，我们精心选择了对中国佛教影响最大、最能体现中国佛教基本精神的十三部佛经，认为举凡欲学佛或研究佛教者，均可从“十三经”入手，之后再循序渐进，对整个中国佛教作进一步深入的了解与研究。

“佛教十三经”的说法，由来有自。杨仁山、梅吉庆以及中国佛学院都曾选有“佛教十三经”，所选经典大同小异。上

述三家都选录的经典有:《金刚经》、《维摩诘经》、《法华经》、《楞伽经》、《楞严经》;被两家选录的经典有:《心经》、《胜鬘经》、《观经》、《无量寿经》、《圆觉经》、《金光明经》、《梵网经》、《坛经》。此外,《四十二章经》、《佛遗教经》、《解深密经》、《八大人觉经》、《大乘密严经》、《地藏菩萨本愿经》、《菩萨十住行道品经》、《大毗卢遮那成佛神变加持经》为一家所选录。本着以上所说的"对中国佛教影响最大、最能体现中国佛教基本精神"的原则,这次我们选择了以下十三部经典:《心经》、《金刚经》、《无量寿经》、《圆觉经》、《梵网经》、《坛经》、《楞严经》、《解深密经》、《维摩诘经》、《楞伽经》、《金光明经》、《法华经》、《四十二章经》。

佛教发展至今已有两千多年的历史,就其历史发展、思想内容说,有大乘、小乘之分。《佛教十三经》所收录之经典,除了《四十二章经》外,多为大乘经典。此中之缘由,盖因佛法之东渐,虽是大小二乘兼传,但是,小乘佛教在传入中国之后,始终成不了气候,且自魏晋以降,更是日趋式微;直到13世纪以后,才有南传上座部佛教在云南一带的流传,且范围十分有限。与此相反,大乘佛教自传入中土后,先依傍魏晋玄学,后融汇儒家的人性、心性学说而蔚为大宗,成为与儒道二教鼎足而三、对中国社会各方面产生着巨大影响的一股重要的社会思潮。既然中国佛教的主体在大乘,《佛教十三经》所收录的佛经自然以大乘经典为主。

对于大乘佛教,通常人们又因其思想内容的差异把它分为空、有二宗。空宗的代表性经典是"般若经"。中国所见之般

若类经典，以玄奘所译之《大般若经》为最，有六百卷之多。此外还有各类小本“般若经”的编译与流传，其中以《金刚经》与《心经》最具代表性与影响力。

“般若经”的核心思想是“空”。但佛教所说的“空”，非一无所有之“空”，而是以“缘起”说“空”，亦即认为，世间的万事万物，都是条件（“缘”即“条件”）的产物，都会随着条件的变化而变化。条件具备了，它就产生了（“缘起”）；条件不复存在了，它就消亡了（“缘灭”）。世间的一切事物，都不是一成不变的，而是一个念念不住的过程，因此都是没有自性的，无自性故“空”。《金刚经》和《心经》作为般若经的浓缩本，“缘起性空”同样是其核心思想，但二者又进一步从“对外扫相”和“对内破执”两个角度去讲“空”。《金刚经》的“对外扫相”思想集中体现在“一切有为法，如梦幻泡影，如露亦如电，应作如是观”这个偈句上，“对内破执”则有“应无所住而生其心”这一点睛之笔。《心经》则是以“色不异空，空不异色；色即是空，空即是色；受想行识亦复如是”来对外破五蕴身，以“心无罣碍”来破心执。两部经典都从扫外相、破心著的角度去说“空”。

有宗在否定外境外法的客观性方面与空宗没有分歧，差别仅在于，有宗虽然主张“外境非有”，但又认为“内识非无”，倡“三界唯心”、“万法唯识”，认为一切外境、外法都是“内识”的变现。在印度佛教中，有宗一直比较盛行，但在中国佛教史上，唯有玄奘、窥基创立的“法相唯识宗”全力弘扬“有宗”的思想，并把《解深密经》等“六经十一论”作为立宗的根据，《佛教十三经》选录了对“唯识宗”影响较大的《解深密经》进行注译。

《解深密经》的核心思想在论证一切外境外法与识的关系，认为一切诸法乃识之变现，阿赖耶识是生死轮回的主体，是万物生起的种子。经中还提出了著名的“三性”、“三无性”问题，并深入地论述了一切虚妄分别相与真如实性的关系。

与印度佛教不尽相同，中国佛教的主流或主体不在纯粹的“空宗”或“有宗”，而在大乘佛教基本精神与中国传统文化（特别是儒家心性学说）汇集交融而成的“真常唯心”思想，这种“真常唯心”思想也可称之为“妙有”的思想。首先创立并弘扬这种“妙有”思想的是智者大师创建的天台宗。

天台宗把《法华经》作为立宗的经典依据，故又称“法华宗”。《法华经》的核心思想，是“开权显实，会三归一”，倡声闻乘、缘觉乘、菩萨乘同归一佛乘，主张一切众生悉有佛性。《法华经》是南北朝之后，中国佛教走向以大乘佛教为主流的重要经典依据，也是中国佛教佛性理论确立以一切众生悉有佛性、都能成佛为主流的重要经典依据。而《法华经》的“诸法实相”也成为中国佛教“妙有”思想的重要思想资源和理论依据。

中国佛教注重“妙有”之思想特色的真正确立，当在禅宗。慧能南宗把天台宗肇端的“唯心”倾向推到极致，作为标志，则是《坛经》的问世。《坛经》是中国僧人撰写的著述中唯一被冠以“经”的一部佛教典籍，其核心思想是“即心即佛”、“顿悟成佛”。《坛经》在把佛性归诸心性、把人变成佛的同时，倡导“即世间求解脱”，主张把入世与出世统一起来，而这种思想的经典根据，则是《维摩诘经》。

《维摩诘经》可以说是对中国佛教影响最大的一部佛经，

不论是作为中国佛教代表的禅宗，还是成为现、当代佛教主流的人间佛教，《维摩诘经》中的“心净则佛土净”及“亦入世亦出世”、“在入世中出世”的思想，都是其最为重要的思想资源和经典依据。尤其值得一提的是，贯穿于整部《维摩诘经》的一根主线——“不二法门”，更是整个中国佛教的方法论依据。

《楞伽经》也是一部对禅宗、唯识乃至整个中国佛教有着重大影响的佛经。《楞伽经》思想有两个重要特点，一是融汇了空、有二宗，既注重“二无我”，又讲“八识”、“三自性”；二是把“如来藏”和“阿赖耶识”巧妙地统合起来。因此之故，《楞伽经》既是“法相唯识宗”借以立宗的“六经”之一，又被菩提达摩作为“印心”的依据，并形成一代楞伽师和在禅宗发展史颇具影响的“楞伽禅”。

《楞严经》则是一部对中国佛教之禅、净、律、密、教都有着广泛而深刻影响的大乘经典。该经虽有真伪之争，但内容十分宏富，思想体系严密，几乎把大乘佛教所有重要理论都囊括其中，故自问世后，就广泛流行。该经以理、行、果为框架，谓一切众生都有“菩提妙明元心”，但因不明自心清净，故流转生死，如能修禅证道，即可成就无上正等正觉。这一思想对中国佛教的各宗各派都产生了极其深刻的影响。

《圆觉经》是一部非常能够体现中国佛教注重“妙有”思想特色的佛经。该经主张一切众生都具足圆觉妙心，本当成佛，无奈为妄念、情欲等所覆盖，才于六道中生死轮回；如能顿悟自心本来清净，此心即佛，无须向外四处寻求。该经所明为大乘圆顿之理，故对华严宗、天台宗、禅宗都有十分重要的影响。

《金光明经》对中国佛教的影响，主要体现在其“三身”、“十地”思想、大乘菩萨行之舍己利他、慈悲济世思想、金光明忏法及忏悔思想、以及天王护国思想。由于经中所说的诵持本经能够带来不可思议的护国利民功德，故长期以来被视为护国之经，在所有大乘佛教流行的地区都受到了广泛重视。

《无量寿经》是根据“十方净土”的思想建立起来的净土类经典，也是净土宗所依据的“三经”之一。经中主要叙述过去世法藏菩萨历劫修行成无量寿佛的经过，及西方极乐世界的种种殊胜。净土信仰自宋之后就成为与禅并驾齐驱的两大佛教思潮之一，到近、现代更出现“家家阿弥陀，户户观世音”景象，故《无量寿经》在中国佛教史上的影响至为广泛和深远。

《梵网经》在佛教“三藏”中属“律藏”，是大乘戒律之一，在中国佛教大乘戒律中，《梵网经》的影响最大。经中主要讲述修菩萨的阶位（发趣十心、长养十心、金刚十心和体性十地）和菩萨戒律（十重戒和四十八轻戒），是修习大乘菩萨行所依持的主要戒律。另外，经中把“孝”与“戒”相融通、“孝名为戒”的思想颇富中国特色。

所以把《四十二章经》也收入《佛教十三经》，主要因为该经是我国最早译出的佛教经典，而且是一部含有较多早期佛教思想的佛经。经中主要阐明人生无常等佛教基本教义和讲述修习佛道应远离诸欲、弃恶修善及注重心证等重要义理，且文字平易简明，可视为修习佛教之入门书。

近几十年来，中国佛教作为中国传统文化的重要组成部分，以其特殊的文化、社会价值逐渐为人们所认识，研究佛教

者也日渐增多。而要了解和研究佛教，首先得研读佛典。然而，佛教名相繁复，义理艰深，文字又晦涩难懂，即便有相当文史基础和哲学素养者，读来也颇感费力。为了便于佛学爱好者、研究者的阅读和把握经中之思想义理，我们对所选录的十三部佛典进行了如下的诠释、注译工作：一是在每部佛经之首均置一“前言”，简要介绍该经之版本源流、内容结构、核心思想及其历史价值；二是在每一品目之前，都撰写了一个“题解”，对该品目之内容大要和主题思想进行简明扼要的提炼和揭示；三是采取意译与音译相结合的原则，对所选译的经文进行现代汉语的译述。这样做的目的，是希望它对原典的阅读和义理的把握能有所助益。当然，这种做法按佛门的说法，多少带有“方便设施”的性质，但愿它能成为“渡海之舟筏”，而不至于沦为“忘月之手指”。

赖永海

庚寅年春于南京大学

前　言

“开悟的《楞严》，成佛的《法华》。”这句禅门话语道出了《楞严经》在中国佛教中的特殊地位和影响。本经自唐代中叶译出后便开始流行，宋代之后更是盛行于僧俗、禅教之间，成为汉传大乘佛教的最核心经典之一，是一部对中国佛教之禅、净、教、律、密都有着广泛而深刻影响的大乘经典。

《楞严经》以禅定修习之见、修、行、果为框架，以首楞严大定为中心，系统讲述了见地抉择、禅修法门、菩萨阶位以及七趣因果和五十阴魔等佛法大义，其禅观体系组织得十分严密巧妙，义理宏深，内容丰富，一经在手，见修齐备，因而被誉为佛教“教观之总纲”，素有“佛教全书”之称；其教理和禅观思想，对宋代之后的中国佛教发展产生了极其深刻的影响。元代天如惟则法师称之为：“《首楞严经》者，诸佛之慧命，众生之达道，教网之宏纲，禅门之要关也。”明代高僧蕅益智旭在《阅藏知津》中称赞：“此经为宗教司南，性相总要，一代法门之精髓，成佛作祖之正印。”

《楞严经》对于修行开悟、明了宇宙人生实相真理具有特别的意义，是能够使人入门悟道的一部书，也是抱本修行直至证果都需要带在身边的一部书。明代憨山德清大师言："不知《法华》，则不知如来救世之苦心；不知《楞严》，则不知修心迷悟之关键。"由于经中对于破妄显真、破魔显正以及禅定中出现的种种魔事境界作了非常细致的讲述，故本经历来被公认为是一部禅修宝典、破魔大全。

从唐末五代以来，丛林就盛行"楞严法会"，宋元以后，楞严咒逐步成为丛林早课的中心内容，而《楞严经》的流传和讲习也随之更普遍了。

《楞严经》在唐代译出不久，就流传到了日本、韩国。在藏文《甘珠尔》中有由汉译藏的《大佛顶首楞严经》第十品以及《魔鬼第九》两本，实即本经第九、第十两卷，据学者考证，为西藏前弘期（约当唐代）的译品。清乾隆年间，章嘉呼图克图主持，由衮波却将全经重译成藏文，并刊成汉、满、藏、蒙四体合璧的《首楞严经》全帙。

一　本经之翻译和流通

《楞严经》是在唐代中叶于广州制旨寺（今光孝寺）译成汉语，并随后开始流通。唐代著名的佛经目录学家智升将其列入《开元释教录》（编于唐开元十八年［730］，是经录中集大成者，宋藏以下诸藏皆依准之）中。自北宋初年第一部雕刊汉文大藏经《开宝藏》起，直至清朝乾隆年间刊刻的《龙藏》，无一例外地将其列入"正藏"加以流通。

关于《楞严经》的传译情况，早在本经流传之初就有不同说法，由此也引起了后世关于本经的真伪之争。智升在《开元释教录》卷九中记载，罗浮山沙门释怀迪“因游广府，遇一梵僧（原注：未得其名），赍梵经一夹，请共译之，勒成十卷，即《大佛顶万行首楞严经》是也。迪笔受经旨兼缉缀文理。其梵僧传经事毕，莫知所之。有因南使，流经至此”。在同书的卷十二、卷十七则简略记为“大唐循州沙门怀迪共梵僧于广州译，新编入录”、“大唐沙门怀迪于广州译”。这就引起了一些学者的误解。智升在其后专门补充译经史迹的《续古今译经图记》中则有了详细记载：“沙门般剌蜜帝，唐云‘极量’，中印度人也。怀道观方，随缘济度，展转游化，达我支那。乃于广州制旨道场居止。众知博达，祈请亦多。利物为心，敷斯秘赜。以神龙元年（705）龙集乙巳五月己卯朔二十三日辛丑，遂于灌顶部诵出一品《大佛顶如来密因修证了义诸菩萨万行首楞严经》一部十卷。乌苌国沙门弥伽释迦语，菩萨戒弟子前正谏大夫同中书门下平章事清河房融笔受，循州罗浮山南楼寺沙门怀迪证译。其僧传经事毕，泛舶西归。有因南使，流通于此。”这一记载，颇为全面，不但补充了《开元释教录》中情况不明的“梵僧”详情，而且增加了弥迦译语、怀迪证译和房融笔受等译经经过。智升在《续古今译经图记》中关于《楞严经》传译的补充资料，被其后的佛教目录家所采用。在稍后释圆照撰写的《贞元新定释教目录》中，关于《楞严经》的传译完全采用了《续古今译经图记》的说法，而不再沿用《开元释教录》的说法。

关于本经的流通主要有三种说法。一是智升《续古今译经图记》记载:“有因南使,流通于此。”即有南方的使者来奏入朝廷而得以流通。二是宋代长水子璿《首楞严义疏注经》中说:“房融入奏,又遇中宗初嗣,未暇宣布,目录缺书。时禅学者因内道场得本传写,遂流此地。大通(即神秀禅师)在内,亲遇奏经,又写随身,归荆州度门寺。有魏北馆陶沙门慧振搜访灵迹,常慕此经,于度门寺遂遇此本,初得科判。”这是说,房融奏入武则天朝廷,随后唐中宗初登基,故没来得及宣布,恰好神秀禅师在内道场接受供养,看到后传写,带到了荆州度门寺。沙门慧振正在寻找此经,在度门寺遇到此本,就作科判流通。这个“因内道场”传出的说法与智升的记载是一致的。三是宋代赞宁《宋高僧传·惟悫传》记载:天宝末,惟悫于京师“受旧相房公融宅请。未饭之前,宅中出经函云:‘相公在南海知南铨,预其翻经,躬亲笔受《首楞严经》一部,留家供养。今筵中正有十僧,每人可开题一卷。’悫坐居第四,舒经见富楼那问生起义,觉其文婉,其理玄,发愿撰疏,疏通经义”。这是说,惟悫法师在房融家供斋时,遇到了当初房融笔受留家供养的一部《楞严经》,恰好读到了卷四,见其义理玄婉而发愿撰疏,这是注疏《楞严经》之始。《惟悫传》也提到了惟悫作疏的另外一个说法:“一说《楞严经》初是荆州度门寺神秀禅师在内时得本,后因馆陶沙门慧震于度门寺传出,悫遇之,著疏解之。后有弘沇法师者,蜀人也,作义章开释此经,号《资中疏》,其中亦引震法师义例。”这里说惟悫法师作注疏的起因是遇到了慧震(即慧振)法师从度门寺传出的《楞严经》，而且还提到蜀中弘沇法师作《资中疏》也因此本。《楞严经》流通的三种说法，其实是一致的，奏入朝廷而由内道场传出也好，留家供养而传出也好，都是房融参加译经笔受本这同一来源。

由上述可知，虽然本经的翻译和流通在早期流传之初有不同说法，但从智升《续古今译经图记》之后，观点趋向一致，并不存在实质性的不同观点。因此，真正引发后世关于《楞严经》真伪之争的焦点更在文义，而不在传译。但由于《楞严经》在见地抉择和禅修法门方面的非凡价值，这些争论并未影响僧俗两界对此经的喜爱和崇信。到了近代，可能是受疑古风气的影响，一些学者重启《楞严经》真伪之争，如梁启超、吕澂等人。梁氏仅凭文中"十种仙"等片语即断语经伪，十分轻率，未免有出风头之嫌疑。而以吕澂为代表的学宗唯识者，主要还是对以《楞严经》、《起信论》为代表的汉传佛教的禅观和义理有看法，或者以为《楞严经》是一种真常唯心论的学说，将之硬归为是与印度外道"梵我"的学理相同，并重新从翻译和流通的史实上、或个别文句上大做文章，以便得出《楞严经》是伪造的结论来。其深层次背景则是试图以印度佛教之正统性来否定汉传佛教之合法性，与日本学者试图以小乘经典来得出"大乘非佛说"的结论如出一辙。但无论从论证方法，还是分析结论，都难于尽信，谁也拿不出真凭实据，不过是各执己见而已。更有少数研究者，以盛唐时期文学发达、佛学兴盛为理由，直接说《楞严经》是房融所造，此种说法就如同说有一位文学家伪造了一部最高深的数学经典一样，颇为可笑，令人难以置信。以《楞严经》义理之缜密、定境之高深、辨魔之细致，乃是大乘菩萨地之甚深境界，绝非一个尚不识初禅、二禅，也未得初果、二果，更遑论菩萨地境界的文学之士所能想、所能知，读懂尚难，更何谈撰造！要之，《楞严经》论义多为直接就禅观之见修而说，故颇有不同于他经的特别说法，诸如七大、四加行、十仙趣等，加之兼有密部内容，破邪见、破邪魔甚力，其所立名相、义理以及论证方式自难以中观或唯识的学说来衡量。近代学者据中观或唯识义而排《楞严》、非《起信》，间生诬谤，或不免偏执之嫌。

二　历代注疏

《楞严经》自唐中叶译出以来，备受各宗的推崇，历代注疏甚多，其数量之大，大概只有《金刚经》、《法华经》等少数经典可比。早期的唐代注疏三家，早已失传。现存注疏都是宋代以后的著作，大半是属于贤首、天台、禅宗三家。明末清初钱谦益《楞严经疏解蒙钞》卷一“古今疏解品目”列举自唐至明历代注疏55家，并对其中三十余种作了简略评述，同时判别注家之学派分属。在《蒙钞》的基础上，清代达天通理法师《楞严经指掌疏》中列举历代注疏增至68家（其中唐4家、宋20家、元4家、明34家、清6家），也作了简评，时间下限为清乾隆中期。近代以来，关于《楞严经》注疏和讲义不下十余种。《大正藏》、《卍续藏经》收录自宋代至清末的《楞严经》注疏56种。兹列举其中主要者如下（评语多依据

《楞严经指掌疏》)：

唐代：

崇福寺惟悫法师疏(已佚。"崇福"有本作"兴福"。惟悫于唐至德初年得房融家笔授经函,发愿撰疏,勒成三卷。为此经疏解之祖)。

魏北馆陶沙门慧振科判(已佚。"慧振"或作"慧震"。为此经科判之祖)。

蜀资中弘沇法师疏(已佚。用天台宗三观义解此经之始)。

长庆道巘(yǎn)师《说文》(巘师为赵州禅师法嗣,《说文》别标一宗,为用禅宗话语解经之始)。

宋代：

永明延寿禅师《宗镜录》引释(禅师会三宗学者,撰《宗镜录》百卷,折衷法门,会归心要,多取证于《楞严》。所引古释,即悫、振、沇三家之说)。

携李洪敏法师《证真钞》(已佚,略见于《楞严义海》诸录)。

长水子璿《义疏》(法师传贤首教观,尤精于《楞严》,时称"楞严大师"。依贤首五教及慧振科判,采集悫、沇、敏、节诸家之解,释通此经,奉为准绳,在后世《楞严经》注疏中最为著称,被誉为"百代心宗之祖")。

孤山智圆《疏》并《谷响钞》(用天台宗三止三观解释此经。间有未明,又撰《谷响钞》释疏)。

吴兴仁岳《集解》并《熏闻记》(岳师力扶孤山,张皇台观，集崇福以下诸解）。

北峰宗印《释题》（依天台宗观点，总括一经大义，解释名题）。

桐州法师怀坦（近本讹为思坦）《集注》（敷演台观，辅翼圆、岳，开张本宗而已）。

王安石《定林疏解》（文公罢相，归老钟山之定林，著《首楞严疏解》。略诸师之详，而详诸师之略）。

温陵戒环《要解》（戒环法师一生掩关，深悟玄理，其解释观点精到，不泥执一家，识见有大过人者）。

元代：

天如惟则《会解》（遵其师中峰明本国师之嘱而为本经作集解。列唐宋九师，附已为十，故为十家会解。而不录其师中峰明本之解，以为禅有禅解，经有经义，不欲混为一门，以长后人狂解）。

明代：

携李真界《纂注》（《蒙钞》谓其为《会解》支流）。

憨山德清《悬镜》并《通议》（憨山大师深探楞严教观，后居东海那罗延窟，枯坐三年，一夕海湛空澄，发悟楞严观境，遂信笔述《悬镜》一卷，词富理圆，包罗观网。晚年在南岳应门人之请又著《通议》十卷以释全经）。

紫柏真可《解》（师每言“此方真教体，清净在音闻”，约文拈义，时有提唱，剪截葛藤，超然于笺注之表，片文只字，学者珍之。此则偶见笔札者也）。

莲池袾宏《摸象记》（大师专修净业，不居禅讲。因见时师注疏，辨驳太甚，故自制《摸象记》，意言彼此皆如盲摸象，不必定执己是而他非也）。

交光真鉴《正脉》（师自叙从《楞严》发悟，故注本经。扫拂台观，排抵《会解》，流传幽朔，惊动江左。是明代《楞严经》注疏中影响最大者。清代及近代的《楞严经》注疏受《正脉》影响颇深）。

幽溪传灯《玄义》并《圆通疏》（《圆通疏》力扶台宗，专依《会解》，与《正脉》函矢相攻，未免伤于袒护）。

蕅益智旭《玄义》并《文句》（此师律仪清肃，心眼孤明。所著《玄义》并《文句》与长水、吴江宗旨印合）。

庐陵曾凤仪《楞严宗通》（遍采宗门公案，配释经文）。

二楞通润《合辙》（语句尖新，世多乐习。借禅门棒喝之谈，资讲筵排演之口，杂拈公案，多引机缘，接引宗徒，随喜教诲，于是经不无少补）。

钱谦益《疏解蒙钞》（盖谓取诸家疏解而钞之，上取崇福以下诸师五十余家，而以长水为司南。仍复网罗多家，衷其得失，搜剔之心良苦，是《楞严经》集解中的佼佼者。一册在手，诸家备览，为后世研《楞严》提供莫大方便）。

丹霞函昰（xià）《直指》（以禅门见地解《楞严》。多提持向上，启发悟门）。

陆西星《说约》并《述旨》（陆为明清际著名的道教内丹家，开内丹东派，晚年参禅，注《楞严》、《楞伽》，俨然会通三教之意也）。

清代：

巴蜀居士刘道开《楞严贯摄》（居士自言其注疏观点《正脉》取六、《合辙》取四，实则主要以《正脉》为主，是辑录《正脉》文句而串讲《楞严》之佳作）。

慈云续法《灌顶疏》（此经自流传以来，译释咒语则为第一人）。

法界溥畹《宝镜》（二十年玩味，午夜参究，遍搜诸注精英，直探本经之旨，然取《正脉》文意为多）。

达天通理《指掌疏》并《悬示》（师为清代最为著名的注经法师。本注遍采诸家而多有新见，是清代注经中的佼佼者）。

千华戒润《贯珠》（以全部经文贯珠于释文之中以便初学，对文句疏解极有益）。

近代：

太虚《摄论》并《研究》（闭关三年之心得，《楞严》一悟之亲证。于经文玄义多有发明）。

谛闲《大佛顶经序指味疏》（一生常讲《楞严》，取天如《会解序文》而疏释之）。

圆瑛《楞严经讲义》（积毕生心血而为疏解，近代以来号为"《楞严》独步"。折衷诸家而多依《正脉》，兼取《贯摄》、《宝镜》、《指掌》等，于文句消解极有益）。

成观《楞严经义贯》（戒润《贯珠》之后的又一个现代贯珠解，即以原经文贯珠于白话译文中，于消文颇有益）。

三 经题“大佛顶如来密因修证了义诸菩萨万行首楞严”

《楞严经》全称《大佛顶如来密因修证了义诸菩萨万行首楞严经》，又名《中印度那烂陀大道场经》，于“灌顶部”录出别行，属于密部。然本经虽属密部，其对汉传佛教的影响主要还在显教。按照古来注家的观点，此经题即代表了本经的宗旨和始终因果的玄妙深义。

“大佛顶”，指心自性之理体，即本经所言“常住真心、性净明体”，也即是如来藏心。“佛顶”是佛身三十二相中之无见顶相，喻指此“如来藏心”为无上至妙最胜之顶法。由此心体，含吐十界，弥纶万有，“随缘不变，融四科而惟是本真；不变随缘，妙七大而各周法界”（达天通理《指掌疏悬示》）。经中言：“一切众生无始以来生死相续，皆由不知常住真心、性净明体，用诸妄想。此想不真，故有轮转。”谓一切众生都有“常住真心、性净明体”，但因不明本有真心，用诸妄想，故流转生死；若能觉悟自心，返妄归真，即可成就无上菩提。因此，众生的流转与还灭，皆以“常住真心、性净明体”为根本，迷则迷此，悟则悟此，乃至世界相续、业果相续，也是如此。“大佛顶”三字，全示本经正体，所喻之“常住真心、性净明体”乃是本经的根本宗旨所在。在密部的诠释中，“大佛顶”则以佛顶出无为心佛所宣说的“悉怛多般怛啰无上宝印”为代表，即佛顶化佛所宣说的楞严咒。

又就“大佛顶”之理体而言，即是三德秘藏，为一心三大之异称。“大”即法身，周遍法界，含摄森罗，竖穷三际，横亘十方，超言思之表，绝朕兆之机，无可得以称，强名之为“大”，即体大；“佛”即般若，觉照为义，本无垢染及诸妄想，自性清净，本来觉照，故名为“佛”，即用大；“顶”即解脱，一门超出，至尊无上，故称为“顶”，即相大。此三大皆归一心，即本如来藏妙真如性，亦即是当人常住真心、性净明体。

“如来密因、修证了义、诸菩萨万行、首楞严”，即因“常住真心、性净明体”之圆理，谓之“如来密因”；起行圆修，举二十五圆通法门，拣选耳根圆通为最初方便，进而建立坛场轨则，专修楞严咒，谓之“修证了义”；由此断惑证真，历五十五位菩萨行阶位之圆行，谓之“诸菩萨万行”；然始终修证，总归首楞严大定。故“如来密因、修证了义、诸菩萨万行、首楞严”即说明了本经始终修证之总纲。《指掌疏》云：“在迷为如来密因，在悟为修证了义；在因为菩萨万行，在果为首楞严王。一经要妙，不出此宗。”（《玄义》卷上）蕅益智旭《楞严经玄义》云：“依此成自行因果，故名如来密因、修证了义；即此为化他因果，故名诸菩萨万行、首楞严。”（《玄义》卷上）《楞严经》中言：“有三摩提，名大佛顶首楞严王，具足万行，十方如来一门超出妙庄严路。”虽然真心本然、性净圆明，而迷者不觉，故须修如幻三摩提禅定以返本归元，故经中大开修证之门，曲示圆通之路，抉择始终迷悟真妄因果，建立楞严大定法门，历菩萨万行而断惑证真；虽多方抉择，无非显示见性之源，广演楞严大定。故本经修证总纲实以圆通妙定为始终，显说以耳根圆通法门为方便，密说则为楞严大定。

“如来密因”，指诸佛之因心，觉证之真因，即是如来藏妙真如心。此心为四科七大的根本实性，具足三如来藏全体大用，不仅是因性，也即是果性。经中言众生迷悟有二种根本：“一者无始生死根本，则汝今者与诸众生用攀缘心为自性者”，此是迷本；“二者无始菩提涅槃、元清净体”，此是悟本，即是如来藏心，也即是“如来密因”。文中从卷一阿难请定开始，至卷四“身意轻安，得未曾有”，从破妄和显真两个方面详细抉择。

“修证了义”，观、行为“修”，解、悟为“证”，而“了义”指圆修。《正脉》解释“了义”有二义：一者，用根不用识。盖用识，则以生灭为本修因，如蒸沙做饭，毕竟不成常住菩提，故非了义；用根，则以不生灭性为因地心，如依金作器，决定能成无上菩提，故为了义。又依此特选耳根圆通法门。二者，从性起修，因赅果海。盖依密因无修证的本觉果海中，不妨幻修幻证，修而无修，非事相之染修，证而无证，故称“了义”。本经又列密部修证，安立道场，顶光说咒，建立楞严大定法门，也称“了义”。文中自卷四后半请华屋之门开始，直至卷七前半楞严咒功德，诸天神等护咒。

“诸菩萨万行”，指分证诸圣五十五菩萨位，即十信、十住、十行、十回向、四加行、十地以至等觉，历位所修，行应无量。文中自卷七后半阿难请说修行阶位，至卷八结经名前。

“首楞严”，即大定总名，能圆统诸定，故文中又称“首楞严王”。《涅槃经》中佛自释“首楞严”意为“一切事究竟坚固”，即是如来藏心本觉妙定，也称为“佛性”、“般若”、“狮子吼”等。又名“金刚三昧”，也是究竟坚固之义。又译“健相三昧”，能究竟诸法实相，所住至处，无能坏伏。蕅益智旭结合经文解释为，“言‘一切事’者，所谓五阴六入十二处十八界及七大也；言‘毕竟坚固’者，所谓皆非因缘、非自然、非和合、非不和合，本如来藏常住妙明、不动周圆、妙真如性，皆悉清净本然，周遍法界也。”《正脉》解释“首楞严”为三义：一、此是妙定，以自性本具，天然不动，不假修成，纵在迷位动中，其体本然。二、此是圆定，此定不独取自心不动，乃统万法万事，皆悉本来不动。三、此是大定，此定纵在迷位尚本不曾动摇，开解起行之后直至历位成佛，终无退出。憨山德清《通议》则以“一心三观”解释“首楞严”，谓此大定之体，总之而为“一心”，别之而为“三观”。一心，即如来藏清净真心。依此心体有三种名：一空如来藏，二不空如来藏，三空不空如来藏。此心体本来清净，一法不立，是故名空；具有恒沙称性功德，故名不空；即此二体，但是一心，故名空不空。依此义故建立三观，由此三观还证一心，故称大定之总名。自阿难请问三观，佛答直指一心，全经所演修证因果始终，无非令其成此楞严大定。

蕅益大师言：“经中取大佛顶性德及首楞严修德，合成三昧之名，总显全性起修、全修在性之妙，而以具足万行二句，别显三昧功能旨趣。”

四　本经的结构和主要内容

本经的科判，诸家大同小异。如下表：

《楞严经》科判表

<table>
<tr><td>科分</td><td colspan="2"></td><td colspan="2"></td><td></td><td>卷数</td></tr>
<tr><td colspan="6">序分</td><td></td></tr>
<tr><td rowspan="16">正宗分</td><td rowspan="16">正说妙定</td><td rowspan="16">一、依常住真心以开圆解（如来密因）</td><td colspan="2">七处征心</td><td>一心不在身内；二心不在身外；三心不潜根里；四心不随明暗开合；五心不是思维体，随与外境相合而有；六心不在中间；七不能以一切无著名之为心</td><td rowspan="2">卷一</td></tr>
<tr><td colspan="2">二种根本</td><td>一者无始生死根本
二者无始菩提涅槃元清净体</td></tr>
<tr><td colspan="2">十番显见</td><td>一显见是心；二显见不动；
三显见不灭；四显见不失；五显见无还；六显见不杂；七显见无碍；八显见不分；九显见超情；十显见离见</td><td rowspan="3">卷二</td></tr>
<tr><td colspan="2">二见剖妄</td><td>别业妄见、同分妄见</td></tr>
<tr><td colspan="2">性相辨析</td><td>因缘自然、和合非合</td></tr>
<tr><td rowspan="2">四科七大无非藏性</td><td>四科</td><td>五阴：色、受、想、行、识
六入：眼、耳、鼻、舌、身、意
十二处：眼色处、耳声处、鼻香处、舌味处、身触处、意法处
十八界：眼色识界、耳声识界、鼻香识界、舌味识界、身触识界、意法识界</td><td rowspan="3">卷三</td></tr>
<tr><td>七大</td><td>地大、水大、火大、风大、空大、根大、识大</td></tr>
<tr><td colspan="2">阿难明心说偈</td><td>妙湛总持不动尊……</td></tr>
<tr><td colspan="2" rowspan="3">审除细惑</td><td>如来藏本净，为何忽起迁流？</td><td rowspan="8">卷四</td></tr>
<tr><td>五大如何周遍圆融？</td></tr>
<tr><td>三种相续：世界、众生、业果</td></tr>
<tr><td colspan="2" rowspan="3">开三如来藏</td><td>空如来藏</td></tr>
<tr><td>不空如来藏</td></tr>
<tr><td>空不空如来藏</td></tr>
<tr><td colspan="2" rowspan="2">性相抉择</td><td>妄起无因，歇即菩提</td></tr>
<tr><td>因缘自然，和合不合</td></tr>
</table>

续表

<table>
<tr><td>科分</td><td colspan="2"></td><td></td><td colspan="3"></td><td>卷数</td></tr>
<tr><td rowspan="14"></td><td rowspan="14"></td><td rowspan="14">二、依常住真心以起圆行（修证了义，首楞严）</td><td rowspan="14">选根直入</td><td colspan="2" rowspan="2">华屋示门二义决定</td><td>决定以因同果澄浊入涅槃义</td><td rowspan="7"></td></tr>
<tr><td>决定从根解结脱缚入圆通义</td></tr>
<tr><td colspan="2" rowspan="4">六根结解</td><td>六根功德</td></tr>
<tr><td>六根清净</td></tr>
<tr><td>随拔一根</td></tr>
<tr><td>六解一亡</td></tr>
<tr><td colspan="2" rowspan="2">释二疑</td><td>根性断灭疑：击钟验常</td></tr>
<tr><td>别有结元疑：决定根元</td><td rowspan="7">卷五</td></tr>
<tr><td colspan="2">说偈重明</td><td></td></tr>
<tr><td colspan="2">缩巾示解</td><td></td></tr>
<tr><td rowspan="4">二十五圆通</td><td>六尘圆通</td><td>1. 声尘圆通（憍陈那等五比丘）
2. 色尘圆通（优波尼沙陀尊者）
3. 香尘圆通（香严童子）
4. 味尘圆通（药王、药上菩萨）
5. 触尘圆通（跋陀婆罗菩萨）
6. 法尘圆通（摩诃迦叶尊者）</td></tr>
<tr><td>五根圆通</td><td>7. 眼根圆通（阿那律陀尊者）
8. 鼻根圆通（周利槃特迦尊者）
9. 舌根圆通（憍梵钵提尊者）
10. 身根圆通（毕陵伽婆蹉尊者）
11. 意根圆通（须菩提尊者）</td></tr>
<tr><td>六识圆通</td><td>12. 眼识圆通（舍利弗尊者）
13. 耳识圆通（普贤菩萨）
14. 鼻识圆通（孙陀罗难陀尊者）
15. 舌识圆通（富楼那尊者）
16. 身识圆通（优波离尊者）
17. 意识圆通（大目犍连尊者）</td></tr>
<tr><td>七大圆通</td><td>18. 火大圆通（乌刍瑟摩明王）
19. 地大圆通（持地菩萨）
20. 水大圆通（月光童子）
21. 风大圆通（琉璃光法王子）
22. 空大圆通（虚空藏菩萨）
23. 识大圆通（弥勒菩萨）
24. 根大圆通（大势至菩萨）</td></tr>
</table>

续表

科分							卷数
		三、依正助两行以分圆位（诸菩萨万行、首楞严）			耳根圆通	25. 耳根圆通（观世音菩萨） 如教观修：解六结，明三空	卷六
						圆通妙用：三十二应、十四无畏、四不思议	
				文殊选择		研判诸圣圆通	
						独选耳根圆通	
						重说偈颂	
			道场加行	前行除障		四种清净明诲	
				建立道场			卷七
				正修三昧			
				重说神咒		正说神咒	
						功德利益	
						会众护咒	
			染缘起遍成轮回	众生颠倒			
				世界颠倒		十二类生：胎、卵、湿、化、有色、无色、有想、无想、非有色、非无色、非有想、非无想	
			净缘起历成诸位	三种渐次		一修习，除去助因；二真修，刳其正性；三增进，违其现业	
				干慧地		（欲习初干，未与如来法流水接。）	
				五十五位真菩提路		十信：信心住、念心住、精进心、慧心住、定心住、不退心、护法心、回向心、戒心住、愿心住 十住：发心住、治地住、修行住、生贵住、方便具足住、正心住、不退住、童真住、法王子住、灌顶住 十行：欢喜行、饶益行、无嗔恨行、无尽行、离痴乱行、善现行、无著行、尊重行、善法行、真实行 十回向：救护一切众生离众生相回向、不坏回向、等一切佛回向、至一切处回向、无尽功	

续表

<table>
<tr><th>科分</th><th colspan="2"></th><th colspan="2"></th><th></th><th>卷数</th></tr>
<tr><td rowspan="12"></td><td rowspan="3"></td><td rowspan="2"></td><td rowspan="2"></td><td></td><td>德藏回向、随顺平等善根回向、随顺等观一切众生回向、真如相回向、无缚解脱回向、法界无量回向
四加行：暖地、顶地、忍地、世第一地
十地：欢喜地、离垢地、发光地、焰慧地、难胜地、现前地、远行地、不动地、善慧地、法云地
等觉：</td><td rowspan="12">卷八</td></tr>
<tr><td>妙觉位</td><td></td></tr>
<tr><td>四、承三法既备问名受持（经）</td><td colspan="2">本经五名</td><td>1. 大佛顶悉怛多般怛啰无上宝印，十方如来清净海眼
2. 救护亲因，度脱阿难，及此会中性比丘尼，得菩提心，入遍知海
3. 如来密因，修证了义
4. 大方广妙莲华王，十方佛母陀罗尼咒
5. 灌顶章句，诸菩萨万行首楞严</td></tr>
<tr><td rowspan="9">助说七趣五阴魔</td><td rowspan="9">五、因释余疑广辨七趣</td><td colspan="2" rowspan="2">升堕总说</td><td>内分外分</td></tr>
<tr><td>情想升堕</td></tr>
<tr><td colspan="2" rowspan="2">地狱趣因果</td><td>十习因：淫习、贪习、慢习、嗔习、诈习、诳习、怨习、见习、枉习、讼习</td></tr>
<tr><td>六交报：见报、闻报、嗅报、味报、触报、思报</td></tr>
<tr><td colspan="2">鬼趣因果</td><td>怪鬼、魃鬼、魅鬼、蛊毒鬼、疠鬼、饿鬼、魇鬼、魍魉鬼、役使鬼、传送鬼</td></tr>
<tr><td colspan="2">畜生趣因果</td><td>枭类、咎类、狐类、毒类、蛔类、食类、服类、应类、休类、循类</td></tr>
<tr><td colspan="2">人趣因果</td><td>顽类人、愚类人、庸类人、狠类人、微类人、柔类人、劳类人、文类人、明类人、达类人</td></tr>
<tr><td colspan="2">仙趣因果</td><td>地行仙、飞行仙、游行仙、空行仙、天行仙、通行仙、道行仙、照行仙、精行仙、绝行仙</td></tr>
</table>

续表

科分							卷数
			天趣因果	欲界天	四天王天、忉利天、焰摩天、兜率陀天、乐变化天、他化自在天		
				色界天	初禅天	梵众天、梵辅天、大梵天	卷九
					二禅天	少光天、无量光天、光音天	
					三禅天	少净天、无量净天、遍净天	
					四禅天	福生天、福爱天、广果天、无想天	
					五不还天	无烦天、无热天、善见天、善现天、色究竟天	
				无色界天	四空天	空无边处天、识无边处天、无所有处天、非想非非想处天	
			四种阿修罗		鬼趣摄修罗（卵生） 人趣摄修罗（胎生） 天趣摄修罗（化生） 畜生摄修罗（湿生）		
		六、无问自说预明禅境	色阴魔境		（1）身能出碍；（2）身彻拾虫；（3）精魄离合、闻空说法；（4）境变佛国；（5）虚空成七宝色；（6）黑暗中能见物；（7）身同草木；（8）上见佛国下见地狱；（9）遥见遥闻；（10）妄见妄说		
			受阴魔境		（1）责已悲生——悲魔入心； （2）扬已齐佛——狂魔入心； （3）定偏多忆——忆魔入心； （4）慧偏多狂——知足魔入心； （5）历险生忧——忧魔入心； （6）觉安生喜——喜魔入心； （7）见胜成慢——慢魔入心； （8）慧安自足——轻清魔入心； （9）着空毁戒——空魔入心； （10）着有恣淫——淫魔入心		
			想阴魔境		（1）贪求善巧——怪鬼来扰； （2）贪求经历——魃鬼来扰； （3）贪求契合——魅鬼来扰； （4）贪求辨析——蛊毒魇鬼来扰； （5）贪求冥感——疠鬼来扰； （6）贪求静谧——大力鬼来扰；		

续表

科分					卷数
				(7)贪求宿命——山川土地鬼神来扰； (8)贪求神力——天地大力精魅来扰； (9)贪求深空——麟凤龟鹤精怪来扰； (10)贪求长寿——遮文茶、毗舍遮来扰	
			行阴魔境	(1)二无因论；(2)四遍常论；(3)四一分常论；(4)四有边论；(5)四不死矫乱论；(6)十六有相论；(7)八无相论；(8)八俱非论；(9)七断灭论；(10)五现涅槃论	卷十
			识阴魔境	(1)因所因执；(2)能非能执；(3)常非常执；(4)知无知执；(5)生无生执；(6)归无归执；(7)贪非贪执；(8)真非真执；(9)定性声闻执；(10)定性缘觉执	
			五阴生因	五种妄想：坚固妄想、虚明妄想、融通妄想、幽隐妄想、虚无妄想。	
			五阴修断	五阴边际	
				灭除次第	
流通分					

关于各卷内容，见各卷译文前的提要，此不赘言。

又，明代蕅益大师《楞严经玄义》对于本经的经题和全文大意有一个文辞优美的简短总结，可与上述科判合参：

【解释经题】大佛顶者，即心自性之理体也。随缘不变，融四科而惟是本真；不变随缘，妙七大而各周法界。喻冰水之始终，惟是湿性；譬太虚之群相，不拒发挥。十界一心，事造与理具遍摄遍含；一境三谛，横辨与竖历非并非别。依此成自行因果，故名如来密因修证了义；即此为化他因果，故名诸菩萨万行首楞严。

【全经提要】因果妙修，全归性具；化他力用，宁隔体宗。二本明而金沙立辨，二义决而华屋有门。圆通既陈，信方便之无非圣性；圆根既选，知耳门之独利此方。明诲殷勤，戒乘俱急；道场安立，显密互资。无渐次而立渐次，能历之正助圆彰；即位次而非位次，所历之转依如幻。精研七趣，只因迷此大佛顶理而妄受轮回，谁达空华无别体；详辨五魔，本求悟此大佛顶理而中途成惑，那知妄想作根原。

【结赞本经】是诚一代时教之精髓，成佛作祖之秘要，无上圆顿之旨归，三根普被之方便，超权小之殊胜法门，摧魔外之实相正印也。

五　关于本经的白话译注

本白话译注采用的经文底本是近代圆瑛法师《楞严经讲义》所用底本，又参考了长水子璿《首楞严义疏注经》所用底本，字句不同处又参考了《中华大藏经》本（底本为《赵城金藏》本）、《房山石经》石碑拓本、《高丽大藏经》初雕本、《永乐北藏》本、《龙藏》本等。

《楞严经》文辞优美，议论精妙，具有很高的文学价值，故有所谓“自从一读楞严后，不看人间糟粕书”之说。可想而知，本经的白话翻译，难度是极大的。本白话翻译在经文文义及玄义上主要参考了钱谦益集解《宗镜录》、长水疏、孤山疏、温陵解、惟则疏等宋元多家注疏之《楞严经疏解蒙钞》，以及晚明莲池大师、蕅益大师、憨山大师的注疏和玄义；而在消文上，则主要参考了长水疏、《正脉》、《贯摄》、《宝镜疏》、《指掌疏》、《楞严经讲义》、《楞严经义贯》等。白话译文是在导师赖永海先生和杨维中教授合译的《楞严经译注》的基础上进行的。

与其他经有所不同的是,《楞严经》译文特别古雅简练,因此本经的消文历代都是难点,虽然注疏甚多,但许多文义依然难解。明代《楞严经正脉》之所以很快流行,也与其消文比较细致有关,其后又有《贯摄》、《宝镜疏》、《指掌疏》以及《贯珠》等,依据《正脉》,折中多家,把消文工作推进一步。近代圆瑛法师《楞严经讲义》则对本经作了最细致的消文,逐句讲解,《讲义》主要依据《正脉》、《贯摄》、《宝镜疏》、《指掌疏》等,又参考多家,是历代以来《楞严经》文句消解最细致的,所以,面世以来即大受欢迎。近年又有成观法师作《楞严经义贯》(2006年出版),发愿把本经文句作彻底之疏解,"俾令大家对这部稀有的宝典,于每一字、每一句、乃至每一行,都能得到较清楚及确定、满意的理解;也就是作者发心志在廓清所有的盲点与疑惑不清之处,普令皆解如来真实义",因此,《义贯》对于本经消文无疑有很大帮助。虽然如此,由于本经文义难度所致,在此次白话翻译中依然有许多文句要参酌多家,反复玩味,最后才落笔,其间艰辛,不可以语言道也。

以前笔者认为把文言佛经转译为现代汉语白话文,有两种思路:一是把白话本看作是对原文的解释性翻译,尽可能在文义上使原文清楚明白;二是把白话本也看作一种独立的译本,只是为了随顺读者的阅读习惯而把文言转为白话,并不刻意追求把原文文义说得更清楚一些,故在文句、文义、文气上都尽可能与原文一致,保持一个简洁优美的文本。两种翻译形式各有千秋,但总的来说笔者颇倾向于后一种。然而此次《楞严经》的白话译文却需要按照第一种翻译形式，即是一种针对原文的解释性翻译，需要增加许多解释性的文句，这自然是由于本经文句难度所决定的。虽然如此，本白话译文的翻译原则还是忠实表达原文，使得增加解释的文句能够与相应的原文对应，而避免出现译文能够看懂，却无法与原文对得上的问题。

又，字词注释主要参考了《中华佛教百科全书》、《佛光大辞典》、《佛学大辞典》等，注音主要参考了《汉语大词典》、《辞海》、《一切经音义》等，有关参考文献见书末，在此一并致谢。

目　录

卷 一

卷一内容是本经的发起以及三番破识、十番显见等，这三个内容又是通过佛陀从顶上、面门和胸前卍字的三次放光而逐次宣说的。

本经的发起是由于阿难尊者的一段因缘。序分中说，在七月十五解夏自恣日这一天，按照印度的习俗，民众普遍供养僧众，阿难因故没参加集体应供，单独外出托钵乞食，结果途中遭遇摩登伽女的大幻术，险些毁戒失身，佛派文殊菩萨持咒解救了阿难，文殊菩萨把阿难和摩登伽女带到佛前，阿难恳请佛陀慈悲开示，佛于是宣说了这部《楞严经》。这个发起因缘，按照传统注疏的解释，喻示了本经的几个重要主题：（一）破魔。从开始文殊菩萨持楞严咒帮助阿难破除魔障，到中间抉择正见以摧破邪见，至最后佛陀特别讲说五十阴魔，使得本经成为了著名的破魔大全。（二）禅定修习。阿难遭魔的原因是由一向求多闻而未能实修禅定，故在境界面前无力破除，因此请佛陀详细开示能够成就菩提的“妙奢摩他、三摩、禅那最初方便”，佛告诉阿难“有三摩提，名大佛顶首楞严王，具足万行，十方如来一门超出，妙庄严路”，开启了本经详细讲述禅定修习法门，并分为抉择真见、圆通法门、楞严咒、菩提道次第等科而详细解说，使得本经成为了著名的禅修宝典。（三）护戒。阿难因为遭魔而险些破了不淫欲戒，幸得楞严咒以破除，因此本经特别强调持清净戒律，而且本经历来被认为对于护戒具有重要意义。

在回答阿难提出的禅定法门最初方便中，佛陀首先抉择正见——“如来密因”，即“一切众生从无始来，生死相续，皆由不知常住真心，性净明体，用诸妄想，此想不真，故有轮转”。随后通过辨析真妄而破除妄识，逐步显示此常住真心之真见。分为三个内容：(一)破妄显真。佛七次征问阿难“心在何处”，从而辨析说明：一心不在身内；二心不在身外；三心不潜根里；四心不随明暗开合；五心不是思维体，随与外境相合而有；六心不在中间；七不能以一切无著名之为心。此即是《楞严经》脍炙人口的“七处征心”。(二)抉择一切众生的二种根本：“一者无始生死根本”，即众生无始以来都以妄想攀缘心为自心性，这是众生流转生死的根本原因；“二者无始菩提涅槃元清净体”，即众生本具的常住真心、妙明心体，这是众生解脱的根本原因。以上两个内容，有的注家也以“三番破识”来解释。(三)十番显见。“见”即“见性”，眼根能看见之所依根性。在眼根为“见性”，在耳根为“闻性”，实际上即是觉性。通过十个方面的层层递进抉择，显示心之真性：一显见是心；二显见不动；三显见不灭；四显见不失；五显见无还；六显见不杂；七显见无碍；八显见不分；九显见超情；十显见离见。其中一、二在卷一。

如是我闻[①]。一时[②]，佛在室罗筏城祇桓精舍[③]，与大比丘众千二百五十人俱[④]，皆是无漏大阿罗汉[⑤]。佛子住持[⑥]，善超诸有[⑦]，能于国土，成就威仪。从佛转轮，妙堪遗嘱，严净毗尼[⑧]，弘范三界[⑨]，应身无量，度脱众生，拔济未来，越诸尘累。其名曰大智舍利弗、摩诃目犍连、摩诃拘絺罗、富楼那弥多罗尼子、须菩提、优波尼沙陀等而为上首[10]。复有无量辟支无学[11]，并其初心[12]，同来佛所，属诸比丘[13]，休夏自恣[14]；十方菩萨[15]，谘决心疑[16]，钦奉慈严[17]，将求密义。即时如来敷座宴安[18]，为诸会中宣示深奥。法筵清众得未曾有，迦陵仙音遍十方界[19]。恒沙菩萨来聚道场，文殊师利而为上首。

注释：

①如是我闻：意为如此的教法是我阿难亲自从佛陀那里听闻的。这是为了使听法的人生起信顺。据佛教经论上记载，释迦牟尼佛将要入灭的时候，阿难请问四事：“一佛灭度后，诸比丘等以何为师？二诸比丘依何住？三恶性比丘云何共居？四一切经首置何字？”佛回答说：“一依四念处住。二以戒为师。三默摈恶性比丘。四一切经首置‘如是我闻’等言。”（《大智度论》卷二）又佛经篇首的通序具备六项内容：如是、我闻、说法的时间、说法人、地点、听众等，这称为“六事成就”。即：“如是”，是信成就；“我闻”，是闻成就；“一时”，是时成就；“佛”，是主成就；“室罗筏城祇桓精舍”，是处成就；“与大比丘众千二百五十人俱”，是众成就。此六事是所有佛经通用的序分，故称“通序”；又因其乃证实该经确为佛说，诚属可信，故又称“证信序”。

②一时：指佛说法的那时，不能定指何时，唯以机教相投，师资会合之际，总名“一时”。

③室罗筏(fá)城：即舍卫城(Sravasti)，北憍萨罗国(Kosala)之都城。佛陀在世时，波斯匿王统治此国。佛陀在此前后居止二十五年，留有许多佛教胜迹。祇桓(qí huán)精舍：即“祇树给孤独园”之略称，也称“祇园精舍”(Jetavana)，在舍卫城之南。此精舍是由给孤独长者以金布地购买祇陀太子之园而建精舍，供养佛陀及弟子，而祇陀太子也以园中之树供养，故合称“祇树给孤独园”。佛陀曾于此度过许多雨季，讲说了《阿含经》、《弥勒下生经》、《弥勒上生经》、《阿弥陀经》、《文殊般若经》、《金刚般若经》等诸多大小乘经典。“祇桓精舍”与王舍城的“竹林精舍”并称为佛教早期的两大精舍。

④比丘：梵文 bhiksu 的音译，又译“苾刍”等，意译作“乞士”、“除士”等，指受了具足戒的男性出家者。又比丘语义有五种：一、乞士（行乞食以清净自活者）；二、破恶（破烦恼）；三、出家人；四、净持戒；五、怖魔。（《大智度论》卷三）又“大比丘”指已证得阿罗汉道的比丘僧。千二百五十人：佛陀的常随众，共一千二百五十五人，这里是取整数而言。

⑤无漏：漏，即是烦恼之异名。贪、嗔等烦恼，日夜由眼、耳等六根门漏泄不止，故称为“漏”。又烦恼能令人落入三恶道，也称为“漏”。因此称有烦恼之法为“有漏”；称离烦恼垢染之清净法为“无漏”，如涅槃、菩提及一切能断除三界烦恼之法，均为无漏。阿罗汉：梵文 arhat 的音译，其义为：一、应，应断烦恼、应受供养、应不复受分段生，通常只说应供；二、杀贼，能断三界见思惑，杀烦恼之贼；三、无生，烦恼不再生起，不再来三界受生。阿罗汉为小乘之最高果位，然通于三乘。又阿罗汉分为

"慧解脱"和"俱解脱"两种,慧解脱阿罗汉是依慧力证入法性,无明等障得解脱;俱解脱阿罗汉则同时获得定、慧解脱,故灭尽定之力,使贪爱等障也得解脱,获得三明六通等殊胜功德。经中的"大阿罗汉",通常即指俱解脱阿罗汉。

⑥佛子:指能绍继佛法,拔济众生。《法华经》卷二:"真是佛子,从佛口生,从法化生,得佛法分,堪绍佛种。"这里是指大阿罗汉们。住持:持佛法藏,令法久住。

⑦诸有:指迷界之万象差别。可分三有、四有、七有、九有、二十五有等。三有,即欲有、色有、无色有,义同"三界"。一、欲有,欲界天、人、阿修罗、畜生、饿鬼、地狱,各随其业因而受果报,称为"欲有";二、色有,色界四禅诸天,虽离欲界粗染之身,而有清净之色,称为"色有";三、无色有,无色界四空诸天,虽无色质为碍,亦随所作之因,受其果报,称为"无色有"。

⑧毗尼:梵文 Vinaya 的音译,新译"毗奈耶",佛教戒律之总称。

⑨三界:即欲界、色界、无色界。

⑩舍利弗:释迦牟尼佛的十大弟子之一,以"智慧第一"著称。摩诃目犍连:"摩诃"即"大"之义,释迦牟尼佛的十大弟子之一,以"神通第一"著称。摩诃拘絺罗:即舍利弗的舅父长爪梵志,在佛的弟子中,以四辩才著称。富楼那弥多罗尼子:又称"富楼那",意译为"满慈子",释迦牟尼佛的十大弟子之一,以"说法第一"著称。须菩提:意为"空生"、"善现",释迦牟尼佛的十大弟子之一,以"解空第一"著称。优波尼沙陀:意为"尘性",因悟尘性是空而得道。

⑪辟支：辟支佛，梵文 pratyeka-buddha 的音译，意译为“缘觉”、“独觉”，指无师而能自觉自悟的圣者。有二义：一、独觉辟支佛，出生于无佛之世，但因前世修行的因缘，自以智慧得道；二、因缘觉辟支佛，不从他闻而自出智慧，借飞花落叶等因缘而觉悟得道。（《大智度论》卷十八）无学：“有学”之对称，又称“无学位”。若已知佛之教法，但未断惑，尚有所学者，称为“有学”。若已解脱一切烦恼，证尽智、无生智，更无可学的阿罗汉果，则称为“无学”。又缘觉及佛亦断尽一切烦恼，无可学，故亦称“无学”。

⑫初心：初发心学佛者。

⑬属（zhǔ）：会合，聚集。

⑭休夏：即解夏，七月十五日结束夏安居。佛制比丘每年四月十六日至七月十五日进行夏安居，即固定在某处静修而不外出乞食行化。夏安居三月期满当日，僧众齐集，当众作自我检讨，或听任他人来检举自己的过失，此谓“自恣”（恣，音 zì，恣任，听任，任凭）。举行自恣仪式的这一天，称为“自恣日”。

⑮菩萨：梵文 bodhi-sattva 音译，“菩提萨埵”的略称，新译为“觉有情”。菩提，觉、智、道之意；萨埵，众生、有情之义，即求大觉的有情众生，大道心有情。

⑯谘（zī）：同“咨”，征询。

⑰钦（qīn）：恭敬。慈严：喻慈母严父。

⑱如来：梵文 tathagata，音译“多陀阿伽陀”等。意为由真理而来（如实而来），由真如而成正觉，故尊称佛陀为“如来”。又作“如去”，为佛十号之一。

⑲迦陵仙音：迦陵频伽，印度的仙鸟，音声和雅美妙，以其比喻佛之妙音。

译文：

这部经是我亲自听佛讲的。有一天，佛在舍卫城的祇园精舍，与大比丘众一千二百五十人在一起，都是已断除一切生死烦恼、证得无漏果位的大阿罗汉。这些大比丘乃是真佛子，住持如来正法，善于出离三界，能于此娑婆国土，三业无亏，六尘不染，成就种种清净威仪。他们从佛受教，智慧深妙，堪能继承佛的遗愿，转正法轮，度化众生；各戒行严净，堪为三界众生之师范；他们示现各种应化之身，度生济世，利益未来世的众生，超越尘累而得解脱。其中，大智舍利弗、大目犍连、大拘缔罗、富楼那弥多罗尼子、须菩提、优波尼沙陀等为上首弟子。当时，适值夏安居期满之日，还有许多缘觉众及初发心的学人也来到佛的住所，会合到比丘僧团中，参加夏安居期满的自恣法会；十方世界的菩萨也前来亲近佛陀，咨决心中疑问，都恭敬奉事如来，想要探求佛法之深义奥旨。其时佛陀展坐具安详趺坐，为与会大众开示佛法奥旨。法席大众同沾法益，得未曾有。佛说法的声音像迦陵频伽鸟的鸣叫声一样柔和美妙，遍至十方。无数的菩萨都闻声前来参加法会，其中，以文殊师利菩萨而为上首。

时波斯匿王①，为其父王讳日营斋②，请佛宫掖③，自迎如来，广设珍馐无上妙味，兼复亲延诸大菩萨④。

城中复有长者居士同时饭僧⑤，伫佛来应⑥。佛敕文殊分领菩萨及阿罗汉应诸斋主⑦。唯有阿难先受别请⑧，远游未还，不遑僧次⑨，既无上座及阿阇黎⑩，途中独归。

注释：

①波斯匿王：中印度憍萨罗国国王，与释迦牟尼同时代人，住舍卫城，为佛教僧团的大外护。

②讳日：即忌日，逝世纪念日。

③宫掖（yē）：即指皇宫。掖，偏殿或后宫，宫掖即指正宫与后宫等，统指皇宫。

④延：邀请，迎接。

⑤长者：印度一般指豪族、巨富，或年高德劭者为长者。居士：居财之士或居家有道之士，后指归依佛门的在家众。古来常与所称之长者混同。

⑥伫（zhù）：等候。

⑦敕（chì）：令也。

⑧阿难：又译“阿难陀”，意为“庆喜”等。系佛陀的堂弟，出家后二十余年间为佛的侍者，对于佛的说法多能明记，故在佛的十大弟子中被誉为“多闻第一”。佛入灭之后结集三藏时，阿难诵出经藏。阿难是本经的当机者。

⑨遑（huáng）：及，赶上。

⑩上座：对出家比丘戒腊超过十夏或二十夏者的尊称。阿阇（shé）黎：梵文 **acarya**，意为“轨范师”，即教授弟子使行为端

正合宜，而自身又堪为师范楷模，故又称“导师”。

译文：

那天正是波斯匿王之父的逝世纪念日，波斯匿王为超荐其父王，特地在宫中举办了盛大的斋会，准备了丰盛的美味佳肴，亲自到佛的住所恭迎佛陀到宫中应供，同时也亲自恭迎诸大菩萨一起来应供。其时，舍卫城的许多长者居士也同时设斋，大家都热切地等候佛陀及诸大菩萨、阿罗汉前来应供。佛即命文殊菩萨率领与会的诸大菩萨和阿罗汉，分别到各处去应供。只有阿难一人，自恣之前先受别请，远出没有回来，未能赶上僧众应供的行列，没有上座比丘和亲教师同行，途中独自一人归来。

其日无供，即时阿难执持应器①，于所游城，次第循乞。心中初求最后檀越以为斋主②，无问净秽③，刹利尊姓及旃陀罗④，方行等慈⑤，不择微贱，发意圆成一切众生无量功德。阿难已知，如来世尊诃须菩提及大迦叶⑥，为阿罗汉心不均平，钦仰如来开阐无遮，度诸疑谤，经彼城隍⑦，徐步郭门⑧，严整威仪，肃恭斋法。

注释：

①应器：应量器，梵文 patra，音译“钵多罗”，略称“钵”。其材料、颜色、大小均有定制，为如法之食器，应受人天供养所用之食器，又为应腹分量而食之食器，故称“应量器”。

②檀越：即施主。檀，即梵文“檀那”，布施之义；越，超

越，布施获福而超越贫穷，故称施主为“檀越”。

③净秽：指净家和秽家。净家，指高种姓之家。秽家，指低种姓之家以及娼优家、屠户、卖酒家、妓院等。

④刹利尊姓：古印度是一个严分种姓的社会，分为婆罗门、刹帝利、吠舍、首陀罗四种姓。“刹利”即“刹帝利”种姓，是王者贵族种姓。旃（zhān）陀罗：是首陀罗种姓中的贱族，意为“屠者”、“恶人”。

⑤方：法也，效法。

⑥诃须菩提及大迦叶（shè）：过去须菩提乞食，舍去贫家，专乞富家。因为怕富家堕落了善根，让他们继续种福田。大迦叶则专乞贫家，不乞富家。因为怜悯贫家，让他们多种福田，好转贫为富。如来为此曾责备他们二人，身为阿罗汉应当以平等心对待一切，不应当心不均平，分别乞食。大迦叶，意为“饮光”，释迦牟尼佛的十大弟子之一，以“头陀第一”著称。佛陀入灭后，于王舍城主持召集第一次经典结集。

⑦城隍（huáng）：城墙和护城河、城壕。此处指城边。

⑧郭门：外城门。郭，外城。

译文：

这天阿难因没有参加应供，即捧持钵器，于所经过的城中，按户依次乞食。阿难心想，今天托钵，但求最后一家尚未供佛菩萨的施主作为斋主，而不论施主是净家，还是秽家，是属于刹帝利尊姓之族，还是属于旃陀罗低贱之族，效法佛陀平等慈悲，不拣择种姓微贱之家，让他们都有种福修善的机会，发心圆成一切众生的无量功德。阿难知悉佛曾呵责须菩提和大迦叶身为阿罗汉，行乞时心仍存有舍贫就富和舍富就贫之差别，十分钦敬佛陀的无量慈心和平等胸襟，从而避免了诸多无端猜疑和诽谤，想着想着，不知不觉已走到城边，于是阿难整肃威仪，谨遵乞食的律仪，徐步进城。

尔时，阿难因乞食次，经历淫室，遭大幻术。摩登伽女以娑毗迦罗先梵天咒摄入淫席①，淫躬抚摩，将毁戒体。如来知彼淫术所加，斋毕旋归。王及大臣、长者居士，俱来随佛愿闻法要。于时，世尊顶放百宝无畏光明②，光中出生千叶宝莲，有佛化身③，结跏趺坐④，宣说神咒。敕文殊师利将咒往护。恶咒销灭，提奖阿难及摩登伽，归来佛所。

注释：

①摩登伽女：下贱种姓之卖淫女，名“钵吉蹄”。娑毗迦罗：古印度的黄发外道，善咒术。

②世尊：梵语 bhagavat，音译“薄伽梵”，又译作“婆伽婆”等，意译作“世尊”，如来十号之一。《大乘义章》卷十二说：“佛备众德，为世钦重，故号世尊。”即为世间所尊重者之意，亦指世界中之最尊者。在印度一般用为对尊贵者之敬称，即“富有众德、众佑、威德、名声、尊贵者”之意，若于佛教，则特为佛陀之尊称。

③化身：指佛菩萨为教化救济众生而变化示现各种形相之

身。关于佛身，有一身、二身、三身，乃至十身之说；依三身说，佛有法身、报身、化身。

④跏趺（jiā fū）：佛教的禅定坐法。即互交二足，足心向上。

译文：

这时，阿难不择贵贱次第乞食，不料经过一娼妓之家，遭遇了大幻术。被摩登伽女用娑毗迦罗先梵天咒迷惑，趁阿难迷迷糊糊时将他掳入寝室，之后百般诱惑、抚摩，眼看就要毁失戒体。佛陀已知阿难被幻术所迷，用斋之后，立即赶回精舍。波斯匿王和众大臣及诸长者居士也跟着佛陀回到精舍，十分希望能够聆听佛陀为他们开示说法。此时，佛陀头顶放出百宝色的无畏光明，光中生出千叶宝莲，莲花中有尊化身佛，结跏趺坐，宣说楞严神咒。于是佛陀敕令文殊师利菩萨持神咒前去救护阿难。神咒一至，恶咒顿时就失效了，阿难方才清醒，文殊菩萨就把阿难和摩登伽女一起带回佛的住所。

阿难见佛，顶礼悲泣，恨无始来一向多闻，未全道力①。殷勤启请十方如来，得成菩提②，妙奢摩他、三摩、禅那最初方便③。于时，复有恒沙菩萨及诸十方大阿罗汉、辟支佛等俱愿乐闻，退坐默然，承受圣旨。

注释：

①道力：即定慧之力。

②菩提：梵文 bodhi 的音译，意为“觉道”。

③奢摩他：梵文 samatha，意为“止”，亦云“寂静”。三摩：此处“三摩”后略字，诸家解释不同，或云略“提”字，或云略“地”字，或云略“钵底”字。今结合长水子璿《首楞严经疏》、蕅益智旭《楞严经文句》及《楞严经疏解蒙钞》等观点，译文采用“三摩钵提（钵底）”（samatha），意为“观”、“等至”。禅那：梵文 dhyana，意为“静虑”。本经所言“妙奢摩他、三摩、禅那”，是经中首楞严大定的进修次第和纲要，诸注家多会合《圆觉经》三法、《涅槃经》三相或天台宗三观而予解释。

译文：

阿难见到佛，顶礼佛足，悲伤啜泣，悔恨从无始以来，只求广记多闻，而未修定慧，道力不够，遭此邪咒的迷惑。于是殷勤启请佛陀慈悲开示，为大家讲说十方如来成就菩提及修习深妙的奢摩他、三摩钵提、禅那等止观法门的最初方便。其时，在座的众多菩萨及十方大阿罗汉、缘觉等也一起恳请佛陀慈悲开示，并围坐在佛陀的四周，静静地等待着聆听法要。

尔时，世尊在大众中，舒金色臂摩阿难顶，告示阿难及诸大众：“有三摩提①，名大佛顶首楞严王②，具足万行，十方如来一门超出，妙庄严路。汝今谛听③。”阿难顶礼，伏受慈旨。④

注释：

①三摩提：梵文 samadhi，又译“三摩地”，或“三昧”，意为“定”、“等持”。

②首楞严：梵文 surangama，意为一切事究竟坚固，本经则指首楞严三昧、首楞严大定，乃是佛的定境界。

③谛（dì）：仔细，如实。

④按，此段文字原在“故我在堂得远瞻见”后，依圆瑛法师《讲义》观点，当是错简，应在“退坐默然，承受圣旨”之后，故移此。

译文：

其时，世尊在大众中，伸出金色手臂，摩阿难头顶，告诉阿难及与会大众：“有三摩提，名大佛顶首楞严王，乃三昧之王，总摄一切修行法门，是十方如来一门超出生死苦海，证得涅槃圣果的妙庄严路。你现在仔细谛听。”阿难向佛屈身顶礼，领受佛陀的慈悲教旨。

佛告阿难：“汝我同气①，情均天伦。当初发心，于我法中见何胜相，顿舍世间深重恩爱？”阿难白佛：“我见如来三十二相胜妙殊绝②，形体映彻，犹如琉璃。常自思惟，此相非是欲爱所生。何以故？欲气粗浊，腥臊交遘③，脓血杂乱，不能发生胜净妙明紫金光聚④，是以渴仰，从佛剃落。”佛言：“善哉！阿难。汝等当知，一切众生从无始来，生死相续，皆由不知常住真心，性净明体，用诸妄想，此想不真，故有轮转⑤。汝今欲研无上菩提，真发明性，应当直心酬我所问⑥。十方如来同一道故，出离生死，皆以直心。心言直故，如是乃至终始地位，中间永无诸委曲相。阿难，我今问汝，当汝发心，缘于如来三十二相，将何所见？谁为爱乐？”阿难白佛言：“世尊，如是爱乐，用我心目，由目观见如来胜相，心生爱乐，故我发心，愿舍生死。”佛告阿难：“如汝所说，真所爱乐，因于心目。若不识知心目所在，则不能得降伏尘劳⑦。譬如国王为贼所侵，发兵讨除，是兵要当知贼所在。使汝流转，心目为咎⑧。吾今问汝：唯心与目，今何所在？”

注释：

①同气：同一祖宗之血脉气质。

②三十二相：又称“三十二大丈夫相”、“三十二大人相”。佛菩萨之应化身所具有的不同于凡俗众生的三十二种殊胜妙相，如“足下平满”、“垂手过膝”、“顶成肉髻”等，是福、慧两种功德之表征。

③遘（gòu）：合也。

④紫金光聚：佛的三十二大人相之一为“身金色相”，肤体柔软细滑如紫磨金色。

⑤轮转：即生死轮回。

⑥酬：有版本作“讲”（chóu），答也。

⑦尘劳：烦恼之异称。宗密《圆觉经疏钞》解释为二义：一、

“尘”为“六尘”，由其境界令心起烦恼劳倦；二、“尘”指染污心，“劳”指勤苦，烦恼能染污心且令勤苦。

⑧咎（jiù）：过错。

译文：

佛告诉阿难：“你我同一血脉，情同手足。当初你于佛法中见有何殊胜之处，所以决定舍去世间的深重恩爱，而出家修行？”阿难对佛说：“我当初看到如来三十二相妙好庄严，世间无与伦比，身体如同琉璃，晶莹凝润，光彩映彻。我私下就想，这种庄严妙相，绝非世间爱欲所生。为什么呢？世间粗浊爱欲所成的肉身，父精母血腥臊交合、脓血杂乱而成，不能生出如此胜妙清净的紫金光身相，所以十分渴求仰慕，就跟随佛陀剃发出家。”佛说：“善哉！阿难。你们应当知道，一切众生，从无始以来，一直在六道中轮回，在生死中流转，都因为不知常住真心，这是吾人本具的清净光明之性体，却沉迷于妄想分别之中，导致种种虚妄假相并误以为真，故有轮回流转。你现在要想修习无上菩提，真实开发明悟自心的清净本性，应当直心回答我提出的问题。十方如来，同出一道，都以直心而超越生死。正因为心直言直，表里如一，自初始发心，至终证成妙果，中间没有任何迂曲不实之心态。阿难，我现在问你，你当初发心出家，是因为看到如来三十二妙相，那么，你当时是用什么去看的？爱乐之想又是从何而起的呢？”阿难回答道：“世尊，这种爱乐，是用我的心和眼。由眼观见如来的胜妙之相，心中生起爱乐，因而发心出家，愿能舍离生死流转。”佛告诉阿难：“如你所说，真正生起爱乐乃因你的心和眼，因此，如果不知心和眼之所在，就不能降伏烦恼尘劳。这有如一个国王被贼寇侵扰，要发兵讨除，首先应当知道贼寇之所在。一切凡俗众生所以在六道中轮回，在生死中流转，乃因心和眼之误导。我现在问你，你可知心和眼在何处？”

阿难白佛言：“世尊！一切世间十种异生①，同将识心居在身内②。纵观如来，青莲花眼，亦在佛面。我今观此，浮根四尘③，只在我面，如是识心，实居身内。”佛告阿难：“汝今现坐如来讲堂④，观祇陀林今何所在⑤？”“世尊，此大重阁清净讲堂在给孤园，今祇陀林实在堂外。”“阿难，汝今堂中，先何所见？”“世尊，我在堂中，先见如来，次观大众，如是外望，方瞩林园⑥。”“阿难，汝瞩林园，因何有见？”“世尊，此大讲堂户牖开豁⑦，故我在堂得远瞻见。”

注释：

①异生：旧译为“凡夫”，新译为“异生”。凡夫轮回六道，受种种别异之果报；又凡夫起变异而生邪见造恶，故称“异生”。“十种异生”通常指卵生、胎生、湿生、化生、有色生、无色生、有想生、无想生、非有想生、非无想生。

②识心：指六识或第八识。

③浮根四尘：浮根，即浮尘根，又作“扶根”、“扶尘根”、“扶根尘”。小乘有部等将眼、耳、鼻、舌、身五根分为“扶尘

根”与“胜义根”，扶尘根即指眼球、耳穴、鼻柱等可见部分，具有扶持助成之功能，皆为色、香、味、触四尘所成之器官，其体粗显，本身无感觉认识作用；胜义根则以扶尘根为所依处，取外界之境，而于内界发起识，其体清净微妙，非肉眼所能见，乃四大种所造极微之集合。四尘，与四大种俱生的四种色法，指色尘、香尘、味尘及触尘。

④讲堂：佛教早期僧团中，佛陀在世时已设有讲堂，供大众集会讲法之用。据《分别功德论》卷二载，须达多长者为祇园精舍建有七十二座讲堂。

⑤祇陀林：即祇园中的树林，是祇陀太子所布施。

⑥瞩（zhǔ）：看。

⑦牖（yǒu）：窗户。

译文：

阿难回答佛说："世尊！一切世间的十类众生，识心都居于身体之内，至于眼睛，即使是世尊的青莲花眼，也长在脸面之上；我自己浮根四尘之眼根，自然是长在面上，而我能知觉的识心，实居于身体之内。”佛问阿难："你现在坐在如来讲堂内，观看祇陀林，是在何处？”阿难答："世尊，这个大重阁清净讲堂在给孤独园中，那么祇陀林当在讲堂之外。”佛又问："阿难，你在讲堂中，先见到了什么？”阿难答："世尊，我在讲堂中，首先看见如来，其次看见与会大众，再往外望，才看到园林。”佛说："阿难，你看到园林，是在什么条件下才得看见？”阿难答道："世尊，此大讲堂的门窗都开着，所以我在讲堂中可以看见远处的园林。”

尔时，世尊在大众中，舒金色臂摩阿难顶，告示阿难及诸大众："有三摩提，名大佛顶首楞严王，具足万行，十方如来一门超出，妙庄严路。汝今谛听。"阿难顶礼，伏受慈旨。[1]

注释：

①按，此段依圆瑛法师《楞严经讲义》的观点，当是错简，在前文"退坐默然，承受圣旨"之后。此处不译。

佛告阿难："如汝所言，身在讲堂，户牖开豁，远瞩林园。亦有众生在此堂中，不见如来，见堂外者？"阿难答言："世尊，在堂不见如来，能见林泉，无有是处！""阿难，汝亦如是。汝之心灵，一切明了。若汝现前所明了心，实在身内，尔时先合了知内身；颇有众生先见身中，后观外物？纵不能见心肝脾胃，爪生发长[1]，筋转脉摇，诚合明了，如何不知？必不内知，云何知外？是故应知，汝言觉了能知之心，住在身内，无有是处。"

注释：

①爪（zhǎo）：指甲。

译文：

佛告诉阿难："如你所说，身在讲堂中，门窗开着，就能望见外面的园林。那么，是否有人身在讲堂，能看见堂外的园林，却看不见如来呢？”阿难答道：“身在堂中，能看见堂外的林泉，却看不见堂内的如来，无有此理！”佛说：“阿难，你就是这样啊。你的心灵，内外一切明了。若是你的灵明之心实在身内，就应先能了知身内；可有哪个人是先见身内之物，后见身外之物？纵然不能看见自己体内的心肝脾胃，但体外爪生发长，筋骨转动，血脉跳动，总该明见了知吧，为何却不知呢？如果灵明之心不能观知身内，又如何能观知外物呢？所以你应知道，你所说的能知能觉之心居于身内，是没有道理的。”

阿难稽首而白佛言：“我闻如来如是法音，悟知我心实居身外。所以者何？譬如灯光然于室中，是灯必能先照室内，从其室门，后及庭际。一切众生，不见身中，独见身外，亦如灯光居在室外，不能照室。是义必明，将无所惑，同佛了义，得无妄耶？”

译文：

阿难顶礼并对佛说：“我听了如来的法音，明白了心识实居身外，不在身内。为什么这样呢？譬如灯烛，燃于室内，必然先照室内，然后从其门窗，照及室外、庭院。一切众生，不见身内，独见身外，这有如灯光位于室外，不能照及室内。这个道理显然分明，不再有所疑惑，与佛所说的义理相同，应该不会错吧？”

佛告阿难：“是诸比丘，适来从我室罗筏城循乞抟食[1]，归祇陀林。我已宿斋[2]，汝观比丘，一人食时，诸人饱不？”阿难答言：“不也，世尊！何以故？是诸比丘，虽阿罗汉，躯命不同。云何一人能令众饱？”佛告阿难：“若汝觉了知见之心，实在身外，身心相外，自不相干，则心所知，身不能觉；觉在身际，心不能知。我今示汝兜罗绵手[3]，汝眼见时，心分别不？”阿难答言：“如是，世尊！”佛告阿难：“若相知者，云何在外？是故应知，汝言觉了能知之心，住在身外，无有是处。”

注释：

①抟（tuán）食：也作“团食”，古印度、西域以手团食而食，又译“段食”。

②宿（sù）斋：即结斋。宿，止。

③兜罗绵手：佛的三十二相之一。兜罗绵是古印度所产的一种质地柔软的细香绵，此喻佛手之柔软。

译文：

佛告诉阿难：“这些比丘刚才跟随我到舍卫城乞食后回到祇陀林。我今已用过斋，你看看这些比丘，一人吃饭，其他人也都会饱吗？”阿难答：“不会的，世尊！为什么呢？这些比丘，虽然是阿罗汉，但各有自己的身体。怎么会一人吃饭，众人皆饱呢？”佛对阿难说：“如果你的能知能觉之心确实在身外，身与心各自分开，互不相干，则心有所知，身不能觉知；身有所觉，心也不能觉知。现在我把手伸给你看，你眼见手时，心里同时觉知分别了吗？”阿难答："是的，世尊！”佛对阿难说："既然眼见手时，心能同时感觉到，身心互知，怎么能说心在身外呢？所以你应知道，你所说的能知能觉的心居于身外，是没有道理的。”

阿难白佛言："世尊，如佛所言，不见内故，不居身内；身心相知，不相离故，不在身外。我今思惟，知在一处。”佛言："处今何在？”阿难言："此了知心，既不知内，而能见外，如我思忖①，潜伏根里②。犹如有人，取琉璃碗合其两眼③，虽有物合，而不留碍，彼根随见，随即分别。然我觉了能知之心，不见内者，为在根故；分明瞩外无障碍者，潜根内故。”佛告阿难："如汝所言，潜根内者犹如琉璃，彼人当以琉璃笼眼，当见山河，见琉璃不？”"如是，世尊。是人当以琉璃笼眼，实见琉璃。”佛告阿难："汝心若同琉璃合者，当见山河，何不见眼？若见眼者，眼即同境，不得成随。若不能见，云何说言此了知心潜在根内，如琉璃合？是故应知，汝言觉了能知之心潜伏根里，如琉璃合，无有是处。”

注释：

①忖（cǔn）：思量，揣度。

②根里：根指眼根，即肉眼之内。

③琉璃碗：类似玻璃眼镜。碗，有版本作“椀”（wǎn）。

译文：

阿难对佛说："世尊，如您所说，心不能见体内，所以心不在身内；又因身与心能相互感知，不相离的缘故，所以心也不在身外。我现在思考，悟知心在什么地方了。"佛问："在什么地方？"阿难说："此能知能觉之心，既然不知体内，却能见到身外，那么我思维，应是潜藏在眼根之内。就好比有人拿透明的琉璃碗罩在眼上，虽然有东西盖在眼睛上，却不会阻碍视线，眼根随便看什么，心里随即能觉知分别。那么，这能知能觉之心不能看见身内之心肝脾胃等，是因为潜藏于眼根之内；能分明瞻视外境而无障碍，因为心潜在眼根内，而眼根犹如琉璃碗，不相妨碍之故。"佛又问阿难："如你所说，心潜藏于眼根之内，而眼根好比琉璃碗无有障碍，那么，当有人用琉璃碗罩在眼外，看见外面的山河，试问，此时能同时看见琉璃碗吗？"阿难答道："是的，世尊。此人用琉璃碗罩住眼睛时，确实能看见琉璃碗。"佛对阿难说："如果你的心潜在眼根，如同琉璃笼眼一样，当看见山河之时，为何看不见眼根？如果看见山河时能同时看见眼根，则眼根即等同于所见的外境，而不是能见之根，而说眼根随见，心随即分别，不能成立。如果不能同时看见眼根，又怎么能说此能知能觉之心潜藏于眼根之内，如同琉璃碗合眼一样呢？所以你应知道，你所说的能知能觉之心潜藏于眼根之内，如同琉璃碗合眼，是没有道理的。"

阿难白佛言："世尊，我今又作如是思惟，是众生身，腑藏在中[①]，窍穴居外[②]。有藏则暗，有窍则明。今我对佛，开眼见明，名为见外；闭眼见暗，名为见内。是义云何？”佛告阿难：“汝当闭眼见暗之时，此暗境界为与眼对？为不对眼？若与眼对，暗在眼前，云何成内？若成内者，居暗室中，无日月灯，此室暗中，皆汝焦腑③。若不对者，云何成见④？若离外见，内对所成，合眼见暗，名为身中，开眼见明，何不见面？若不见面，内对不成。见面若成，此了知心及与眼根，乃在虚空，何成在内？若在虚空，自非汝体，即应如来今见汝面，亦是汝身。汝眼已知，身合非觉，必汝执言身、眼两觉，应有二知，即汝一身，应成两佛。是故应知，汝言见暗，名见内者，无有是处。”

注释：

①腑藏：即五脏六腑。藏，同“脏”，指五脏。

②窍穴：此处指七窍之孔穴。

③焦腑：“焦”指三焦，“腑”指六腑。这里喻指身内。腑，有版本作“府”。焦府，六府之一，为命之府。

④若不对者，云何成见：凡眼睛看见，必定要眼根与外境相对，暗境也是一个对境。此为世间共许。因此，如果暗境不与眼相对，则所见无有，能见也就一无所见而不能成立了。

译文：

阿难又对佛说：“世尊，我现在又有这样的想法，众生的身体，五脏六腑在内，七窍等在外。有脏腑在身内则有暗境，有窍穴通身外则有明境。现在我在佛面前，开眼见到明境，此为见外；闭眼见到暗境，此为见内。不知这个道理可以成立吗？”佛告诉阿难道：“当你闭眼见到暗境之时，此暗境是与眼相对的外境？还是不相对？如果与眼相对，暗境就在眼前，怎么能说是见内呢？如果眼前的暗境可以称为见内，那假如你居于暗室中，没有日月和灯的光明，则此室中的暗境都成了你身内的三焦六腑。如果暗境不与眼相对，所见不存在，又怎么能成其为‘看见’呢？如果离开眼对外境的外对之见，即开眼见明之见外，则成眼对内境的内对之见，即合眼见暗之见内，此时合眼见到暗境，称为是看到了身中的脏腑，即合眼见到身内之物，那么，当开眼见到明境之时，为何看不见自己的脸面呢？如果开眼见不到自己的脸面，那么合眼内对时见到身中脏腑等物也不能成立。假如说开眼能够看见自己的脸面，则此能知能觉之心及眼根等，应是处于身外的虚空之中，怎么能是在内呢？如果是在虚空之中，自然就不是你的身体了。如果你认为离体的知觉不妨还是你的身体，那样的话，即如现在如来看见你面，如来的身体也成为你的身体。你在虚空的眼睛已有知觉，所见的身体应该没有知觉，而如果你一定认为身与眼二者各有知觉，那就应有两个独立的知觉之体，如此说来，则你阿难一人之身有两个知觉之体，应该能成就为两尊佛了。所以你应知道，你所说的见暗称为见内，是没有道理的。”

阿难言：“我常闻佛开示四众[①]，由心生故，种种法生，由法生故，种种心生。我今思惟，即思惟体，实我心性，随所合处，心则随有，亦非内、外、中间三处。”

注释：

①四众：指构成佛教教团之四种弟子众，即出家二众比丘、比丘尼，在家二众优婆塞、优婆夷，合称“四众”。

译文：

阿难又说：“我常听世尊开示四众，因为心生的缘故，而有种种法生；因为法生的缘故，而有种种心生。我现在想，这个能思维的自体，实为我的心性，随其与外境相合而随有种种心出生；也就是心的所在之处，然并不是在身体的内、外、中间三处。”

佛告阿难：“汝今说言‘由法生故，种种心生，随所合处，心随有者’；是心无体，则无所合。若无有体而能合者，则十九界因七尘合①，是义不然。若有体者，如汝以手，自挃其体②，汝所知心，为复内出？为从外入？若复内出，还见身中；若从外来，先合见面。”阿难言：“见是其眼，心知非眼，为见非义。”佛言：“若眼能见，汝在室中，门能见不③？则诸已死，尚有眼存，应皆见物；若见物者，云何名死？阿难，又汝觉了能知之心，若必有体，为复一体？为有多体？今在汝身，为复遍体？为不遍体？若一体者，则汝以手挃一肢时，四肢应觉。若咸觉者，挃应无在。若挃有所，则汝一体自不能成。若多体者，则成多人，何体为汝？若遍体者，同前所挃。若不遍者，当汝触头，亦触其足，头有所觉，足应无知，今汝不然。是故应知，随所合处，心则随有，无有是处。”

注释：

①十九界因七尘合：六根（眼、耳、鼻、舌、身、意）、六尘（色、声、香、味、触、法）、六识（眼识、耳识、鼻识、舌识、身识、意识）合之为“十八界”。六尘外更加一本无其体的第七尘乃是无体虚名，而以第七尘合十八界而成十九界则更是同于龟毛兔角，不能成立。

②挃（zhì）：挠捏，触摸。

③门能见不：《楞严经正脉》解释“门能见不”，乃是以“门为室眼”作为比喻，圆瑛法师《楞严经讲义》等诸家多有引用。然此解释颇为曲折。成观法师《楞严经义贯》的解释：以眼与心一起才能见门，若只用眼而不用心，则视而不见。

译文：

佛告诉阿难：“你现在说‘因为法生的缘故，而有种种心生，随其与外境相合而随有种种心出生’；如果是这样的话，应知这个心其实本来没有自体，既无自体，则也没有所谓的心与外境相合。如果心没有自体而又能与外境相合，则岂不是想用本无其体的第七尘与十八界相合而成十九界，这种说法不能成立。如果心有自体，那么你自己用手去触捏自己的身体，这种能知觉之心是从身体内出？还是从身体外入？如果是从体内而出的，应当先见到身中脏腑；如果是从体外而来，就应先见到自己的脸面。”阿难说：“‘见’是眼的功能，心的功能为知觉而非眼见，今以心说‘见’，似于理不合。”佛说：“如果仅有眼便能见，那么你在室内，门能够看见吗？若不用心而眼便能见的话，那么已死之人，其眼尚存，应该都能见物；如果他还能见物的话，又怎能叫作死人呢？还有，阿难，你那能知能觉之心，如果必有自体，那么是一个体？还是有多个体？现在能知能觉之心在你身，此心体之知觉是遍布全身？还是不遍布全身？如果心之自体是一个体，那么你用手触捏一肢时，四肢应该都有感觉。如果四肢同时都有感觉，那么触捏处应当无法确定位置所在。如果触捏处有确定位置所在，那么你认为心是‘一体’的说法就不能成立。如果心之自体是多个体，则成了多个人，那么哪一个体是你呢？如果说心之自体遍布全身，与前面所说的心是‘一体’道理相同，是错误的。如果心之自体不遍布全身，那么当你触捏头时，同时也触捏脚，应该是头有知觉而脚没有知觉，但实际情形并不是这样。所以你应知道，你所说的心体随其与外境相合而随有种种心出生，是没有道理的。”

阿难白佛言：“世尊，我亦闻佛与文殊等诸法王子谈实相时①，世尊亦言‘心不在内，亦不在外’。如我思惟，内无所见，外不相知。内无知故，在内不成；身心相知，在外非义。今相知故，复内无见，当在中间。”

佛言："汝言中间，中必不迷，非无所在。今汝推中，中何为在？为复在处？为当在身？若在身者，在边非中，在中同内。若在处者，为有所表？为无所表？无表同无，表则无定。何以故？如人以表，表为中时，东看则西，南观成北。表体既混，心应杂乱。"

注释：

①法王子：以佛为法王，菩萨为佛之真子，故称"法王子"。实相：一切万法真实不虚之体相，或究竟真实之理体，大乘或谓之为空性，或谓之为清净心体，然皆以无相之相论之。

译文：

阿难对佛说："世尊，我曾听过您与文殊菩萨等诸大士谈论诸法实相，当时您曾说过'心不在内，也不在外'。由此我想，若说心在身内，则于身内一无所见；若说心在身外，则又会落得身心不相知，于理不合。见不到身内，故说心在身内不成立；身心又相知，故说心在身外也没有道理。现在既然身心相知，而且心又见不到身内，所以，心既不在身内，也不在身外，应该是在中间吧。"佛说："你说心在中间，既是中间，必然不是迷昧无所，不是没有一个确定的处所。现在你推想在中间，这中间的确定处所又在哪里呢？是在身外的某一处呢？还是在身上呢？若是在身上，那么是在身体的边缘处？还是在身体中？如果是在身体的皮肤边缘处，就不能说是在中间；如果是身体中，那就同于前面所说的'在内'了。如果是在身外的某一处所，那么该处是可以用方位来标示？还是不可以用方位来标示？如果没有标示，那就等同于没有方位处所，也就谈不上中间所在了；如果有所标示，也同样没有一个固定的中间之处。为什么这样说呢？比如有人在某处立一标示，称此为中，但如果从东边看去，它则为西，从南边看去，它则成北。所立方位标示既是混乱不定，心之处所也应是杂乱不定。”

阿难言：“我所说中，非此二种。如世尊言，眼色为缘①，生于眼识。眼有分别，色尘无知，识生其中，则为心在。”佛言：“汝心若在根尘之中②，此之心体为复兼二？为不兼二？若兼二者，物体杂乱，物非体知，成敌两立，云何为中？兼二不成，非知、不知，即无体性，中何为相？是故应知，当在中间，无有是处。”

注释：

①眼色：六根对六尘为缘而产生六识。故此处“眼色”指六根之眼根对六尘之色尘而产生眼识。

②根尘：即“六根”与“六尘”之并称。尘，又称“境”。

译文：

阿难说：“我所说的中间，不是指这两种。如世尊所说的，眼根与色尘相互为缘，产生眼识。眼根有分别之功能，而色尘乃无知觉之物，识生于根尘相接之中，则是心的所在之处。”佛说：“你所说的心若是在根尘之中间，那么这个心之体是同时兼有根与尘二者之性呢？还是不兼有二者之性？如果同时兼有二者之性，则色尘无知之物与眼根有知之体，混合杂乱；也就是说，尘非有知，根体有知，则知与不知，成为敌对，两相对立，这时你所说的心体，一半有知，一半无知，敌对而立，怎么能够称为中间呢？所以说同时兼有二者之性不能成立，如果不兼有二者之性，则这个心体既非根之有知，也非尘之无知，即落于无有体性，则你所谓的心在中间，究竟以何为相呢？所以你应知道，你所说的心在根尘中间，是没有道理的。”

阿难白佛言：“世尊，我昔见佛与大目连、须菩提、富楼那、舍利弗四大弟子共转法轮①，常言觉知分别心性，既不在内，亦不在外，不在中间，俱无所在，一切无著，名之为心。则我无著，名为心不？”佛告阿难：“汝言觉知分别心性，俱无在者，世间虚空水陆飞行②，诸所物象，名为一切，汝不著者，为在？为无？无则同于龟毛兔角③，云何不著？有不著者，不可名无。无相则无，非无则相，相有则在，云何无著？是故应知，一切无著，名觉知心，无有是处。”

注释：

①转法轮：“法轮”是对于佛法的喻称。“转法轮”最初指佛之说法，后泛指佛法之宣扬流行。

②世间虚空水陆飞行：“世间”指山河大地等，“虚空”指虚空界。水、陆、飞行，分别指水中、陆地、空中的生物种类。“世

间虚空”是依报，“水陆飞行”是正报，依、正二报，品类差殊，所有物象，名为一切。

③龟毛兔角：龟之毛，兔之角，喻子虚乌有。

译文：

阿难又对佛说：“我从前见佛与大目犍连、须菩提、富楼那、舍利弗四大弟子宣讲佛法的时候，常说此能知觉分别的心性，既不在内，也不在外，也不在中间，任何处所都无所在，一切皆无住着，乃称之为心。那么，这个一切无着的心境，可以称作就是心吗？”佛告诉阿难：“如果你所说的能知觉分别的心性，于一切处无所住着，然而世间虚空、水陆飞行等所有物象，称为世间的一切，你的心都不住着，那么，此心是离一切物象，别有心体存在，但不去住着一切？还是说此心是离一切物象，本无心体存在，故称为不着一切？如果此心体本不存在，那就如同龟毛兔角，仅是假名而已，怎么还能说着与不着呢？如果此心于不着一切物象之外，别有心体所在，则不可称为无着。若此心完全没有体相，本无所有，也就没有什么着与不着；若此心不是虚无则应有体相，有体相则应有所在住着之处，怎么能说是无着呢？所以你应知道，你所说的于一切处无所住着之心境，名为能知觉之心性，是没有道理的。”

尔时，阿难在大众中即从座起，偏袒右肩，右膝著地，合掌恭敬而白佛言：“我是如来最小之弟，蒙佛慈爱，虽今出家，犹恃憍怜，所以多闻，未得无漏，不能折伏娑毗罗咒，为彼所转，溺于淫舍，当由不知真际所诣[①]。唯愿世尊，大慈哀愍，开示我等奢摩他路[②]，令诸阐提[③]，隳弥戾车[④]。”作是语已，五体投地，及诸大众，倾渴翘伫，钦闻示诲。

注释：

①诣（yì）：至也，符也。又有版本作“指”。

②奢摩他：梵文 samatha 之音译，意为“止”。常与毗钵舍那（梵语 vipasyana，意为“观”）并用。

③阐提：即“一阐提”，梵文 icchantika 之音译，意为“断善根、不具信之人”。

④隳：通“堕”（duò），堕落。弥戾车：梵文 Mleccha 之音译，又译“蔑戾车”、“弥离车”等，意为边地之卑贱无知种族。按，此句意为，令诸阐提断善根者、堕落边地之无知邪见者等，皆生起正信。“隳弥戾车”下似有缺文。

译文：

这时，阿难在大众中即从座位而起，偏袒右肩，右膝跪地，合掌恭敬对佛说：“我是如来最小的兄弟，蒙佛陀慈爱，得以出家修行。虽然出家了，还倚仗着佛的怜爱，只图多闻广记，未能精修禅定而证得无漏圣果，所以不能折服娑毗罗咒术，为其魔咒所迷惑，几乎陷溺于淫舍之中，这都是由于我不知道真心所在而造成的。唯愿世尊发大慈心，哀怜悯念我等，为我们开示奢摩他正定之路，使一切众生，包括那些断善根者、堕落于边地的无知邪见之辈，都能舍弃一切邪知见，生起正信。”说罢，阿难五体投地，虔诚礼拜，与会诸大众也都以仰慕诚敬之心，渴望着聆听佛陀的教诲。

尔时，世尊从其面门放种种光，其光晃耀，如百千日，普佛世界六种震动①，如是十方微尘国土一时开现。佛之威神令诸世界合成一界，其世界中所有一切诸大菩萨，皆住本国，合掌承听。

注释：

①六种震动：指大地震动的六种相，此代表六识妄心将破。《大品般若经》卷一序品，依地动之方向，举出东涌西没、西涌东没、南涌北没、北涌南没、边涌中没、中涌边没等六相。《华严经》卷十六则举出动、起、涌、震、吼、击等六相，各相复分小、中、大等三种，故计有动、遍动、等遍动，起、遍起、等遍起，涌、遍涌、等遍涌，震、遍震、等遍震，吼、遍吼、等遍吼，击、遍击、等遍击等十八相。

译文：

那时，佛陀从其面门放出种种光，光明晃耀，有如百千日之光芒，普遍十方的诸佛世界都发生六种震动，十方微尘数之多的国土顿时都显现出来。佛以其威神力，使微尘数的世界合成一世界，此一大世界中的所有一切诸大菩萨，都不离本住国土，合掌恭听佛陀说法。

佛告阿难："一切众生从无始来种种颠倒，业种自然，如恶叉聚①。诸修行人不能得成无上菩提，乃至别成声闻、缘觉②，及成外道、诸天魔王及魔眷属③，皆由不知二种根本，错乱修习；犹如煮沙，欲成嘉馔④，纵经尘劫⑤，终不能得。

注释：

①恶叉聚：印度一种树，所结果实皆三粒同一蒂。喻惑、业、苦三者必同聚。

②声闻、缘觉：同为佛教中的小乘。又称"二乘"，是相对大乘而言。声闻，由听闻佛说法而悟道。缘觉，自观十二因缘而成道者。

③外道：指佛教之外的其他宗教派别或思潮，如佛陀时代的六师外道等。诸天：佛教把世间分为三界——欲界、色界、无色界，其中，欲界有六天，色界有四禅十八天，无色界有四天；此外尚有日天、月天、韦驮天等诸天神，这些总称为诸天。魔王：天魔之王，即欲界第六天之他化自在天主，其名为"波旬"。

④馔（zhuàn）：食物。

⑤尘劫：尘沙数之劫，即无数劫。

译文：

佛对阿难说："一切众生，从无始以来，不识本心，而生种种颠倒妄想，业习种子自然感果，由惑造业，由业招果，惑、业、苦三者不相舍离，如恶叉聚果一样。诸修行人之所以不能得成无上菩提，乃至只能证果声闻、缘觉，甚至堕入外道、诸天以及魔王及诸魔眷属，就是因为不懂得二种根本而盲修瞎练。这有如欲煮沙而想成为佳肴一样，纵然经过微尘数劫的时间，终究不能得成正果。

“云何二种？阿难，一者无始生死根本，则汝今者与诸众生用攀缘心为自性者①；二者无始菩提涅槃元清净体②，则汝今者识精元明③，能生诸缘，缘所遗者。由诸众生，遗此本明，虽终日行④，而不自觉，枉入诸趣⑤。

注释：

①攀缘心：即前七转识，表现为妄想知觉之心。第七识恒缘第八识而成我执染污意，第六意识遍缘五尘落谢之影像，五识缘外尘。

②涅槃：梵文 nirvana 之音译，又作“泥洹”等，意译作“灭”、“寂灭”、“灭度”、“无生”，指烦恼之火灭尽，完成悟智（即菩提）的境地。此为超越生死（迷界）之悟界，也是佛教终极的实践目的，故被列为三法印之一，称“涅槃寂静”。小乘有“有余涅槃”、“无余涅槃”二义，大乘又有“自性涅槃”、“无住涅槃”等义。

③识精：第八识之精明体。精，多指识体之觉性精微明妙。

④行：造作，流迁。

⑤诸趣：通常指六趣，即天、人、阿修罗、畜生、饿鬼、地狱等六道。趣，所往，造业所往之果报。

译文：

“那么，是哪二种根本呢？阿难，一者是无始以来一切众生在生死中流转的根本，就如你现前与所有众生那样，是以攀缘心为自心性；二者是无始以来一切众生本具的真性菩提、性净涅槃之本来清净体，就是你现前与所有众生本具的识精元明之体，此体本自元明清净，但因众生无明妄动而生起诸缘识，攀缘驰逐外境不休，反把此妙明本心迷失遗忘了。由于众生迷失这本然妙明心体，虽终日依此造作诸行，但日用而不知，不能觉悟此妙明本心，结果堕入六道生死流转之中而枉受轮回。

“阿难，汝今欲知奢摩他路，愿出生死，今复问汝。”即时如来举金色臂，屈五轮指①，语阿难言：“汝今见不！”阿难言：“见。”佛言：“汝何所见？”阿难言：“我见如来举臂屈指，为光明拳②，耀我心目。”佛言：“汝将谁见？”阿难言：“我与大众，同将眼见。”佛告阿难：“汝今答我，如来屈指为光明拳，耀汝心目，汝目可见，以何为心，当我拳耀③？”阿难言：“如来现今征心所在④，而我以心推穷寻逐，即能推者，我将为心。”佛言：“咄⑤！阿难，此非汝心！”阿难矍然⑥，避座合掌，起立白佛：“此非我心，当名何等？”佛告阿难：“此是前尘虚妄相想，惑汝真性。由汝无始至于今生，认贼为子⑦，失汝元常，故受轮转。”

注释：

①五轮指：如来手指端有千辐轮相，故称“轮指”；又五指各对应地、水、火、风、空轮，故称“五轮指”。

②光明拳：此言如来之拳有光芒，或如来拳放光芒。若按禅宗观点，则如来举拳，拷问对此何心，此有特殊的接引意义。

③当：对也。即当面对光明拳时，眼可以看见，而此时的心是什么！“汝今见不！”用感叹号，其意非在眼见，乃在心见。圆瑛法师《楞严经讲义》中以禅宗观点解释此段说：“世尊举手擎拳，原欲以无言之道，向上一着，接引阿难，令向见色，闻声处，亲见自己本来面目也。奈阿难直指不会，只得再加曲指，重行审问：‘汝何所见？’一审也。‘汝将谁见？’二审也。世尊则循循善诱，阿难则处处胶着，不能认见为心，而反认见属眼，世尊见其始终不悟，只得落草盘根，更征之曰：‘汝目可见，以何为心，当我拳耀？’此三审也。”

④征：询问，质询。

⑤咄（duō）：呵斥声。

⑥矍（jué）然：惊异状。

⑦贼：即六识，劫夺自性法财，有如贼人。

译文：

“阿难，你现在欲知正定之路，愿出生死轮回，我再问你。”这时如来举起金色手臂，屈五轮指为拳，对阿难说道：“你看见了吗！”阿难说：“看见了。”佛说：“你看见什么？”阿难说：“我看见如来举臂屈指，成为光明拳，照耀我的心目。”佛说：“你用什么见呢？”阿难说：“我与大众都是以眼而见。”佛告诉阿难：“你现在回答我，如来屈指为光明拳，照耀你的心目。你以眼睛看见，但对着光明拳时，你的心在哪里呢？”阿难说：“世尊现在询问我心之所在，我便用心极力推究追寻，我以为这个能推究的应该就是我的心。”佛听后喝道：“咄！阿难，这不是你的心！”阿难闻言惊惧，离座起立合掌，对佛说：“这不是我的心，又应叫作什么呢？”佛告诉阿难：“你所说的心，实是现前尘境的虚妄相上所生起的分别妄想，正是此颠倒妄想，迷惑了你的真心本性。由于你从无始以来至于今生，一直认贼为子，迷失了你的本元常住真心，故而枉受轮回之苦。”

阿难白佛言：“世尊，我佛宠弟，心爱佛故，令我出家。我心何独供养如来，乃至遍历恒沙国土，承事诸佛及善知识，发大勇猛，行诸一切难行法事，皆用此心。纵令谤法，永退善根，亦因此心。若此发明不是心者，我乃无心，同诸土木。离此觉知，更无所有，云何如来说此非心？我实惊怖，兼此大众无不疑惑。唯垂大悲，开示未悟。”

译文：

阿难对佛说：“世尊，我是佛的宠弟，因为心中爱佛的缘故，才随佛陀出家。我不但是以此心供养如来，乃至遍历无数国土，奉事诸佛及善知识，发大勇猛去做一切难行法事，用的都是此心。纵使诽谤佛法，或永断善根，也因此心所致。如果如来阐明这是颠倒妄想而不是真心，我岂不成了无心之人，同于泥塑木雕。离此能知能觉的心，我更没有其他的心了，为什么如来说这不是我的真心？这实在令我惊恐惶怖，就连在座大众对此也无不疑惑。唯愿世尊大悲垂示，开示我等未悟之辈。”

尔时，世尊开示阿难及诸大众，欲令心入无生法忍[①]，于师子座摩阿难顶而告之言[②]：“如来常说：诸法所生，唯心所现，一切因果、世界、微尘，因心成体。阿难，若诸世界一切所有，其中乃至草叶缕结[③]，诘其根元[④]，咸有体性；纵令虚空，亦有名貌，何况清净妙净明心，性一切心[⑤]，而自无体？若汝执吝分别觉观所了知性[⑥]，必为心者，此心即应离诸一切色、香、味、触诸尘事业，别有全性。如汝今者，承听我法，此则因声而有分别；纵灭一切见闻觉知，内守幽闲，犹为法尘分别影事。我非敕汝执为非心，但汝于心微细揣摩。若离前尘有分别性，即真汝心。若分别性离尘无体，斯则前尘分别影事。尘非常住，若变灭时，此心则同龟毛兔角，则汝法身同于断灭，其谁修证无生法忍？”即时，阿难与诸大众默然自失。佛告阿难：“世间一切诸修学人，现前虽成九次第定[⑦]，不得漏尽成阿罗汉，皆由执此生死妄想，误为真实。是故汝今虽得多闻，不成圣果。”

注释：

①无生法忍：无生法，远离生灭之真如实相理体。忍，即智。真智安住于真如理而不动，谓之“无生法忍”。

②师子座：师子，即“狮子”。师子座，即佛的法座位，喻佛无畏说法犹如狮子。摩顶：佛以手摩弟子顶，有三义：一是授记，二是安慰，三是加持。此处为后二义。

③缕（lǚ）结：如丝麻之类。

④诘（jié）：追问，质问，推究。

⑤性一切心：性，此处作动词，义为赋予体性。能令一切法得其体性之心。

⑥吝（lìn）：吝惜，不舍。觉观：新译为“寻伺”。觉，即寻，心之粗相。观，即伺，心之细相。

⑦九次第定：四禅（初禅、二禅、三禅、四禅）、四定（空无边处定、识无边处定、无所有处定、非想非非想处定）、灭尽定，次第而进，故名“九次第定”。四禅四定属凡夫定，灭尽定则是小乘圣者所证。

译文：

这时，世尊将要开示阿难及与会诸大众，令他们都悟入无生法忍，就在狮子座上伸手摩阿难顶，告诉他说：“如来常说：一切诸法之生起，唯心所现；一切因果，以及大至整个世界，小至微尘，也都是依此真心而成体性。阿难，如所有世界的一切事物，其中乃至草叶、缕结，追根究底，也都有其体性；纵然是虚空，也有其名称形貌，何况这清净妙明真心，能令一切法得其所依体性，怎么会自己没有体性呢？如果你固执不舍，认定这个能分别寻伺的了知性就是你的真心，那么，此心就应该即使是离开一切色、香、味、触等六尘事相造作，而别有完全独立的体性。就如你现在听我说法，则因为听到了说法声音才有了心的分别，离开声音外尘则能分别的心毕竟无体；纵使你令六根不缘外尘而止灭一切见闻觉知，让心内守幽闲寂静的境界，这仍然属于独头意识对法尘所做的分别尘影之事，而非你的真心。我不是一定要你承认执此缘尘的分别心不是真心，但你对于这个心应细细揣摩。如果离开现前六尘境相而仍有分别觉知之性，即真正是你的心；然而，如果分别觉知之性，离开六尘境相就没有体性了，那它不过是现前六尘的分别尘影之事，是虚幻而不是真心。六尘境相不是常住不变的，如果六尘变灭时，这个分别觉知之心失去所缘境相而不复存在，如同徒具假名的龟毛兔角，那么这时你的法身也同样断灭不存，又是谁去修证无生法忍呢？”这时，阿难与诸大众无语可对，默然自有所失，然而还是不识真心。佛对阿难说：“世间一切修学佛法的人，即使现前已经成就九次第定，仍未得诸漏灭尽而成就阿罗汉果位，其原因在于执着此作为生死根本的分别妄想识心，误以为是真实之常住真心，所以你虽然多闻广记，却仍未能成就圣果。”

阿难闻已，重复悲泪，五体投地，长跪合掌而白佛言：“自我从佛发心出家，恃佛威神，常自思惟，无劳我修，将谓如来惠我三昧[①]，不知身心本不相代，失我本心，虽身出家，心不入道，譬如穷子，舍父逃逝[②]。今日乃知，虽有多闻，若不修行，与不闻等，如人说食，终不能饱。世尊，我等今者二障所缠③，良由不知寂常心性。惟愿如来哀愍穷露，发妙明心，开我道眼。”即时如来，从胸卍字涌出宝光④，其光晃昱⑤，有百千色，十方微尘普佛世界一时周遍，遍灌十方所有宝刹诸如来顶，旋至阿难及诸大众。告阿难言：“吾今为汝建大法幢⑥，亦令十方一切众生，获妙微密性净明心，得清净眼⑦。”

注释：

①三昧："定"的梵文 sumadhi 音译，有"三昧"、"三摩地"二词，其中"三昧"是早期译名，并一直沿用，后来比较多地用来指称大乘定境；"三摩地"是在玄奘新译之后才普遍使用。

②譬如穷子，舍父逃逝："穷子"比喻六识妄心，"父"比喻本心真性。父家有无尽珍宝而穷子却外出流浪，不知返回。

③二障：指烦恼障与所知障。以诸我执烦恼能障涅槃，故称"烦恼障"；以诸法执无明能障菩提，故称"所知障"。又障正知见之惑名为理障，即所知障；而令生死相续之惑为事障，即烦恼障。

④胸卍字：卍为佛胸前的吉祥相，佛三十二相之一，意为"吉祥海云"、"吉祥喜旋"。古来鸠摩罗什、玄奘等师译为"德"字，菩提流支则译为"万"字，武则天始制定此字，读音为"万"，意为"吉祥万德之所集"。

⑤昱（yù）：明耀。

⑥法幢（chuáng）：幢者，幢幡、旌旗之类。猛将建幢旗以

示胜利，故以法幢比喻佛菩萨说法能摧邪显正，降伏魔军，高树正法。

⑦清净眼：即大开圆解之智慧眼。

译文：

阿难听了佛陀这些话后，又悲感流泪，五体投地，合掌长跪，对佛说："自从我跟随佛陀发心出家以来，依恃佛的威神，心里经常有这样一种想法，以为不需要我自己精勤修行，如来也会惠赐我三昧定力，却不知彼此身心不能相互替代，故迷失了自己的本心，身虽出家，心不入道；譬如一个穷子，不知父家有无尽珍宝却逃出流浪，不知返回。现在我懂得，虽听闻许多佛法，若不精勤修行，与不闻一样，如人说食，终不能饱。世尊，我们现在被二障所缠缚，实在是由于不懂得寂湛真常的妙明心性。唯愿如来哀悯我们如穷子一样孤露无依，显发我等妙明真心，开启我等道眼。"这时，如来从胸前卍字，涌出无量宝光，其光明耀炽盛，有百千种颜色，一时普照十方微尘数的诸佛世界，遍灌十方所有宝刹中的诸如来顶，然后又回旋来灌照阿难及与会诸大众。佛告诉阿难说："我现在为你建立大法幢，也使十方世界一切众生都能获得妙明微密的自性清净圆明本心，得清净道眼。"

"阿难，汝先答我见光明拳，此拳光明，因何所有？云何成拳？汝将谁见？"阿难言："由佛全体阎浮檀金①，赩如宝山②；清净所生，故有光明。我实眼观五轮指端，屈握示人，故有拳相。”佛告阿难：“如来今日实言告汝，诸有智者要以譬喻而得开悟。阿难，譬如我拳，若无我手，不成我拳，若无汝眼，不成汝见。以汝眼根，例我拳理，其义均不？”阿难言：“唯然，世尊。既无我眼，不成我见，以我眼根③，例如来拳，事义相类④。”佛告阿难：“汝言相类，是义不然。何以故？如无手人，拳毕竟灭，彼无眼者，非见全无。所以者何？汝试于途询问盲人：‘汝何所见？’彼诸盲人必来答汝：‘我今眼前唯见黑暗，更无他瞩。’以是义观，前尘自暗，见何亏损？”阿难言：“诸盲眼前，唯睹黑暗，云何成见？”佛告阿难：“诸盲无眼，唯观黑暗，与有眼人处于暗室，二黑有别？为无有别？”“如是，世尊，此暗中人与彼群盲，二黑校量，曾无有异。”“阿难，若无眼人全见前黑，忽得眼光，还于前尘见种种色，名眼见者；彼暗中人全见前黑，忽获灯光，亦于前尘见种种色，应名灯见。若灯见者，灯能有见，自不名灯。又则灯观，何关汝事？是故当知，灯能显色，如是见者，是眼非灯；眼能显色，如是见性，是心非眼。”

注释：

①阎浮檀金：指流经阎浮树间之河流所产之沙金。其色赤黄兼带紫焰气，为金中之最高贵者。

②赩（xì）：大红色。

③以我眼根：有版本无此四字。参见《楞严经疏解蒙钞》所

引释文。

④类：类似，相同。

译文：

佛继续说道："阿难，前面我伸臂举拳，你回答说眼睛看见光明拳，那么，这拳的光明因何而有？为何成拳？你因何而见？"阿难说："由于世尊全身如阎浮檀金色一般，光艳无比，有如大宝山；这是由清净心所生，故有光明。再者，我实以眼睛看见世尊的五轮指，伸臂屈握而成拳相。"佛告诉阿难："如来现在如实告诉你，凡有智慧的人，应以譬喻而得开悟。阿难，比如我这个拳相，若无我手，就不成我的拳相，若无你眼，就不成你的所见。以你眼根之能见，类比我拳相之屈握，二者道理相同吗？"阿难说："是的，世尊。若无我眼，就不成我的所见。以我眼根来类比如来拳相，二者的道理相同。"佛告诉阿难："你说二者道理相同，其实不然。为什么呢？比如无手的人，拳相完全没有了；而那些没有眼的盲人，并不是全无其'见'。原因何在呢？你试着在路上询问那些盲人：'你们看见什么了？'那些盲人一定回答说：'我眼前只见一片黑暗，别无所见。'以此道理来看，是眼前的尘境自暗，见性又何曾亏缺呢？"阿难说："那些盲人眼前只见黑暗，怎么能成有所见呢？"佛对阿难说："那些盲人没有眼睛，只看到黑暗，这与有眼人处于暗室中，眼前也是一片黑暗，二者是有区别？还是没有区别？"阿难说："是的，世尊，处于暗室中的有眼人与那些盲人，二者所见黑暗相比较，原来并无不同。"佛说："阿难，若那些盲人，原本眼前全见黑暗，忽然眼睛得到光明，见到眼前尘境中的种种色相，如果这就称为‘眼见’的话，那么，那些处于暗室中的有眼人也是眼前全见黑暗，忽然获得灯光，见到眼前尘境中的种种色相，类似的就应该称为‘灯见’了。如果能够称为‘灯见’的话，灯既然自能有所见，自然就不能称为无情之物的‘灯’，而应该属于有情之物了。再说，既然是灯在看见种种色相，又何关你的事呢？所以应当知道，灯的作用只是显现种种色相，而能够看见种种色相的，是眼而不是灯；同样，眼的作用也只是显现种种色相，而能够看见种种色相的见性，是心而不是眼。”

阿难虽复得闻是言，与诸大众，口已默然，心未开悟，犹冀如来慈音宣示[①]，合掌清心，伫佛悲诲。尔时，世尊舒兜罗绵网相光手[②]，开五轮指，诲敕阿难及诸大众：“我初成道，于鹿园中[③]，为阿若多五比丘等及汝四众言[④]：一切众生不成菩提及阿罗汉，皆由客尘烦恼所误。汝等当时因何开悟，今成圣果？”时侨陈那起立白佛：“我今长老，于大众中独得解名，因悟‘客尘’二字成果。世尊，譬如行客，投寄旅亭，或宿或食，宿食事毕，俶装前途[⑤]，不遑安住[⑥]；若实主人，自无攸往[⑦]。如是思惟，不住名客，住名主人，以不住者名为客义。又如新霁[⑧]，清旸升天[⑨]，光入隙中，发明空中诸有尘相，尘质摇动，虚空寂然。如是思惟，澄寂名空，摇动名尘，以摇动者名为尘义。”佛言：“如是！”

注释：

①冀（jì）：希望。

②兜罗绵网相光手：兜罗绵，西域细绵。佛手柔软，加以指间缦网相连，似此绵。

③鹿园：即鹿野苑，在波罗奈国，佛成道后最初为五比丘讲法的初转法轮处。

④阿若多五比丘等：当初悉达多太子出家后，其父净饭王乃遣憍陈如等五人伴随太子学道。佛陀成道后，前往波罗奈国鹿野苑，为五比丘讲法，初转法轮，始有佛教僧团。五比丘之名，诸经记载不一。据《佛本行业经》，五比丘为憍陈如、跋提梨迦、摩诃那摩、波沙菠、阿奢踰时。阿若多，即憍陈如，又译“憍陈那”、“阿若憍陈如”等，意为“解本际”，故下文憍陈那云“于大众中独得解名”。又阿若多是佛陀弟子中最早出家证果的，故下文称“我今长老”。

⑤俶（chù）装：整理行装。俶，整也。

⑥遑（huáng）：闲暇，安闲。

⑦攸（yōu）：住所。

⑧霁（jì）：雨止天晴。

⑨旸（yáng）：日出，天晴，明亮。

译文：

阿难虽然听了佛的这番教言，和与会大众一样，口中默然无语，心里却未开悟，还希望如来再宣示慈音，都合掌清心，等待佛陀继续给予慈悲教诲。这时，世尊伸出兜罗绵网相光手，展开五轮指，教诲指示阿难和与会大众说："我初成道时，在鹿野苑为阿若多等五比丘及四众弟子说法：一切众生所以不能成就菩提及证得阿罗汉果，都是由于妙明真心为客尘烦恼覆盖所误。你们当时因什么而开悟，证得了圣果？"这时憍陈那站起来对佛说："我现在作为长老，在大众中独得'解本际'之名，是因为悟了'客尘'二字而证得圣果。世尊，譬如路上行客，投宿旅舍，或食或宿，食宿完毕，又整装前行，不会常住下来；若是旅舍的主人，自然不会行往他方。我这样思考，不能常住的称为客人，能够常住的称为主人，因此凡是不能常住的就称为'客'的含义。又如雨后初晴，太阳照耀天空，阳光照入缝隙中，可以看到虚空中尘埃飞扬的景象，微尘摇动不停，而虚空则寂然不动。我这样想，澄明寂静的称为虚空，摇动不止的称为微尘，因此凡是摇动不止的就称为'尘'的含义。"佛赞许憍陈那说："是的！"

即时如来于大众中，屈五轮指，屈已复开，开已又屈，谓阿难言："汝今何见？"阿难言："我见如来百宝轮掌，众中开合。"佛告阿难："汝见我手众中开合，为是我手有开有合？为复汝见有开有合？"阿难言："世尊宝手众中开合，我见如来手自开合，非我见性有开有合[①]。"佛言："谁动谁静？"阿难言："佛手不住，而我见性尚无有静，谁为无住？"佛言："如是。"如来于是从轮掌中飞一宝光在阿难右，即时阿难回首右盼；又放一光在阿难左，阿难又则回首左盼。佛告阿难："汝头今日何因摇动？"阿难言："我见如来出妙宝光，来我左右，故左右观，头自摇动。”“阿难，汝盼佛光，左右动头，为汝头动？为复见动？”“世尊，我头自动，而我见性尚无有止，谁为摇动？”佛言：“如是。”于是如来普告大众：“若复众生，以摇动者名之为‘尘’，以不住者名之为‘客’。汝观阿难，头自动摇，见无所动；又汝观我，手自开合，见无舒卷。云何汝今以动为身，以动为境，从始洎终[2]，念念生灭，遗失真性，颠倒行事；性心失真，认物为己，轮回是中，自取流转。”

注释：

①有开有合：有版本作“自开自合”。

②洎（jì）：至，到。

译文：

这时如来在大众中屈五轮指，屈后复开，开后又屈，对阿难说：“你现在见到什么？”阿难说：“我见如来百宝轮拳，在大众中又开又合。”佛对阿难说：“你见我手在众中开合，究竟是我的手有开有合，还是你的见性有开有合？”阿难答道：“世尊宝手在大众中开合，我见如来的手自开自合，并不是我的见性有开有合。”佛说：“二者谁动谁静？”阿难说：“佛的宝手开合不住，而我的见性，静相尚不可得，又哪来开合不住的动相呢？”佛说：“是的。”如来于是从轮掌中飞出一道宝光，照在阿难右边，阿难这时便回首看右边；如来又放一道宝光，照于阿难左边，阿难又回首看左边。佛对阿难说：“你的头因何左右摇动？”阿难说:“我见如来手中放出奇妙宝光,照射在我的左右两边,所以左顾右盼,头自然就左右摇动了。”佛说:“阿难啊,你顾盼佛光,头左右摇动,那么,究竟是你的头在动,还是你的见性在动?”阿难说:“世尊,只是我的头在动,而我的见性,尚且没有静止之相,哪来的摇动之相呢?”佛说:“是的。”于是如来普告大众说:“如果已有众生明白了以摇动不止的称为‘尘’,以不能常住的称为‘客’,就应进一步明了不动、常住的含义。你们看阿难,头虽左右摇动,而见性并无所动;又看我的手,虽自开自合,而见性并无舒卷开合。既然如此,为什么你们还以变迁不停为实身,以变化无常为实境,一生从始到终之中,总是处于念念生灭的状态,遗失真性,颠倒行事;既令自性真心失其本真,又妄认内外诸物为己,在颠倒中轮回,自取生死流转,未能获得解脱。”

卷　二

卷二接“十番显见”之“三～十”：三显见不灭；四显见不失；五显见无还；六显见不杂；七显见无碍；八显见不分；九显见超情；十显见离见。“十番显见”的辨析过程细腻缜密，层层深入，极其精彩。明代交光法师《楞严经正脉疏》评论说：“初番显其脱根、脱尘，迥然灵光独耀；二番显其离身、离境，凝然本不动摇；三番显其尽未来际，究竟常住不灭；四番显其从无始来，虽颠倒而不失；五番显其无往无还，挺物表而常住；六番显其不杂不乱，超象外以孤标；七番显其观大观小，转物自在无碍；八番显其无是无非，见真妄情自息；九番显其诸情不堕，远越外计、权宗；十番显其自相亦离，转入纯真无妄。显见至此，可谓显之至矣！”其中第五番的“明还日轮，……暗还黑月，通还户牖，壅还墙宇，缘还分别，顽虚还空，郁𡋯还尘，清明还霁”，即是著名的“八还辨见”；而第六番之“见吾不见”、第十番之“见见之时，见非是见，见犹离见，见不能及”，特别为禅宗所重视，成为了著名的禅宗公案而被参究。

“十番显见”以常情中眼根之“见性”（又称“见精”）为出发点来辨析，最终抉择胜义中的妙明真心正见，这其中以“三种月”比喻见地抉择中的三种见，对于理解禅宗“指月”的参究理路极为有益。如下图：

妙觉明心——见性（见精）—— 妄心

真月　　　　第二月　　　　　　水中月

真如性心　　带妄之真（觉性）　虚妄

“十番显见”之后，接着讲述了众生世界的两种业缘：“别业妄见”和“同分妄见”。

“十番显见”起初于动静中抉择静性，于生灭中抉择不生灭性，于颠倒中抉择不变性，进而于“三种月”中抉择真月，从而揭示真性绝待，无有一切大小、是非等差别相，妙明真心与一切山河大地之不一不异、即相离相，最后过渡到抉择妙明真心之非因非缘、非自然性，非和合生及不和合，从而引出正见抉择中的另外一个重要论题：五阴、六入、十二处、十八界等一切有为法诸幻化相，“因缘和合，虚妄有生，因缘别离，虚妄名灭”，本来皆是如来藏妙真如性。本卷讨论了“五阴本如来藏妙真如性”。

尔时，阿难及诸大众，闻佛示诲，身心泰然，念无始来失却本心，妄认缘尘分别影事，今日开悟，如失乳儿，忽遇慈母。合掌礼佛，愿闻如来显出身心真妄虚实，现前生灭与不生灭二发明性。

译文：

这时，阿难及与会大众听了佛的开示教诲，身心泰然，回想自己从无始以来迷失了本具的妙明真心，妄认所缘六尘境而产生种种虚妄分别尘影之事为真实，今日蒙佛教诲，始得开悟，就像一时失乳的幼儿忽然遇到了慈母一般。大家合掌礼佛，诚愿听闻如来进一步开显出身心的真与妄、虚与实，以及现前身心的生灭与不生灭，由此二者开发显明身心中什么是虚妄生灭的无常性，什么是真实不生灭的真常性。

时波斯匿王起立白佛："我昔未承诸佛诲敕，见迦旃延、毗罗胝子[①]，咸言'此身死后断灭，名为涅槃'。我虽值佛，今犹狐疑：云何发挥证知此心不生灭地？今此大众诸有漏者，咸皆愿闻。"佛告大王："汝身现在[②]，今复问汝：汝此肉身为同金刚常住不朽？为复变坏？""世尊！我今此身终从变灭。"佛言："大王！汝未曾灭，云何知灭？""世尊！我此无常变坏之身虽未曾灭，我观现前，念念迁谢，新新不住，如火成灰，渐渐销殒[③]。殒亡不息，决知此身，当从灭尽。"佛言："如是，大王！汝今生龄已从衰老，颜貌何如童子之时？""世尊！我昔孩孺[④]，肤腠润泽[⑤]；年至长成，血气充满；而今颓龄，迫于衰耄[⑥]，形色枯悴，精神昏昧，发白面皱，逮将不久，如何见比充盛之时！"

注释：

①迦旃延：意为"剪发"，印度外道六师之一，主张一切皆是自在天所造。毗罗胝(zhī)子：意为"不作"，披发灰身的苦行外道，外道六师之一，主张苦乐等报，现在无因，未来无果。

②在：有版本作"存"。

③殒(yǔn)：损毁，死亡。

④孺（rú）：幼儿。

⑤腠：肌肉之纹理。

⑥耄（mào）：年七十曰耄。

译文：

这时波斯匿王站起来对佛说："我过去没有接受佛陀教诲的时候，曾见外道论师迦旃延和毗罗胝子等，都说'我们这个身体死后即断灭坏尽，称之为涅槃'。我现在虽然有幸听闻佛陀说法，但心中仍有疑问：究竟如何发挥佛所说的道理而证知此心的不生不灭常住真性境地？现在与会大众，那些还未断尽烦恼的有漏学人，都希望聆听世尊您的教诲。"佛告诉国王说："你现今身体健在，我且问你：你这个肉身，是同金刚一样常存不朽呢？还是要日渐变坏？"波斯匿王回答说："世尊！我现在这个身体，终归是要变坏散灭的。"佛说："大王！你现在还未坏灭，怎么知道日后终将变坏散灭呢？"波斯匿王说："世尊！我这个无常而随时变坏的身体，虽然现在还未坏灭，但我观察现前这个身体，念念迁流，新新不住，如同火灭成灰，渐渐消亡。这个坏灭消亡的过程从不停息，因此我决定了知此身将会坏死灭尽。"佛说："是的，大王！你现在的年龄已走向衰老，你的面容形貌与童年时候相比如何？"波斯匿王答道："世尊！我孩童之时，肌肤细嫩润泽；及至成年，血气充满；而今到了衰颓的年龄，迫近衰老，形貌和肤色都已枯槁憔悴，精神昏昧，发白面皱，恐将不久于人世了，如何能与壮盛之年相比！"

佛言："大王，汝之形容应不顿朽？"王言："世尊！变化密移，我诚不觉，寒暑迁流，渐至于此。何以故？我年二十，虽号年少，颜貌已老初十岁时；三十之年又衰二十；于今六十又过于二，观五十时，宛然强壮。世尊，我见密移，虽此殂落①，其间流易，且限十年。若复令我微细思惟，其变宁唯一纪、二纪②，实为年变；岂唯年变，亦兼月化；何直月化，兼又日迁。沉思谛观，刹那刹那③，念念之间，不得停住。故知我身终从变灭。"

注释：

①殂（cú）落：凋零。

②一纪：古代以十二年为一纪。

③刹那：须臾，念顷，时之最少者，即一个心念起动之间。

译文：

佛说："大王，你的形体容貌，应该不是突然衰老的吧？"波斯匿王答道："世尊！这变化微密潜移，我实在不曾觉察到，随着岁月寒来暑往的流迁，渐渐到了今天这个老衰之相。为什么呢？当我二十岁时，虽说是年少，但容颜相貌已老成于十岁时；三十岁时又老成于二十岁时；现在我已六十二岁了，回看五十岁时，身体还是很强壮。世尊，我见身体随岁月暗自迁移，虽已日趋衰老，其间的迁流变易，权且以十年为限来观察即见明显变化。如果我再细细思维观察，则其变化岂止是十年二十年一变，实则是每年都在变；岂止是每年在变，而且每月都在变化；岂止是每月在变化，又有每日的变迁。进一步深入思维，如实观察，实在是刹那刹那、念念之间都在变化，没有一时一刻停住不变。所以可以知道，我这个身体终归是要变坏散灭的。”

佛告大王：“汝见变化，迁改不停，悟知汝灭；亦于灭时，汝知身中有不灭耶[①]？”波斯匿王合掌白佛：“我实不知。”佛言：“我今示汝不生灭性。大王，汝年几时见恒河水？”王言：“我生三岁，慈母携我谒耆婆天[②]，经过此流，尔时即知是恒河水。”佛言：“大王，如汝所说，二十之时衰于十岁，乃至六十，日月岁时，念念迁变，则汝三岁见此河时，至年十三，其水云何？”王言：“如三岁时，宛然无异；乃至于今，年六十二，亦无有异。”佛言：“汝今自伤发白面皱，其面必定皱于童年；则汝今时观此恒河，与昔童时观河之见，有童耄不？”王言：“不也，世尊！”佛言：“大王，汝面虽皱，而此见精[③]，性未曾皱。皱者为变，不皱非变；变者受灭，彼不变者元无生灭，云何于中受汝生死？而犹引彼末伽梨等[④]，都言此身死后全灭！”王闻是言，信知身后舍生趣生，与诸大众踊跃欢喜，得未曾有。

注释：

①汝知：有版本作“知汝”。

②耆（qí）婆天：意为“命天”，即长寿天。此天为帝释天左

右之侍卫。西域诸国风俗，皆事长命天神，子生三岁，即谒此天之庙，以求长命百岁。

③见精：即见性，眼根能见之精妙觉性。

④末伽梨：古印度六师外道之一，主张众生的苦乐不由因缘，自然产生，死后一切皆灭。

译文：

佛告诉波斯匿王："你看到了身体变化，变迁不停，因而悟知你的身体终将坏灭；但在你身体变化坏灭的同时，你是否知道身中还有不灭的东西存在吗？"波斯匿王合掌禀告佛说："我实不知。"佛说："我现在为你抉择显示生灭身中的不生灭性。大王，你多大年龄时看见恒河水？"波斯匿王说："我三岁时，母亲带我去拜谒耆婆天，经过恒河，那时就知道了恒河水。"佛说："大王，如你所说，二十岁时比十岁要衰老些，乃至到六十岁，其间的每年每月每日每时，身体都在念念流迁变化着；但是，你在三岁时见到的恒河水，与你十三岁又见到的恒河水，二者有什么不同吗？"波斯匿王答道："与三岁时见到的全然无异；甚至到今天我六十二岁时所见到的恒河水，也没有什么不同。"佛说："你现在感伤自己发白面皱，面容当然比童年时更皱一些了；但是，你现在看见恒河，与童年时看见恒河，这个'见性'也有老幼变化的区别吗？"波斯匿王说："没有区别，世尊！"佛说："大王，你的面容虽然变皱，但这个'见精'，其本性却未曾有过起皱变化。能皱的属于变化，不皱的属于不变；变化的终将坏灭，而那个不变的本来就属于不生灭性，怎么会在身中随着你身体的生死而生灭呢？而你却还引用外道末伽梨他们的说法，说什么这个身体死后全都消灭不存了呢！”波斯匿王听了佛陀的这番开示后，才确然知道这个身体死后，虽舍此生，仍趣他生，并非全然断灭；因此和诸大众都欢喜踊跃，得到从未曾有的法喜。

阿难即从座起，礼佛合掌，长跪白佛：“世尊，若此见闻必不生灭，云何世尊名我等辈遗失真性，颠倒行事？愿兴慈悲，洗我尘垢。”即时如来垂金色臂，轮手下指，示阿难言：“汝今见我母陀罗手①，为正？为倒？”阿难言：“世间众生以此为倒，而我不知谁正谁倒。”佛告阿难：“若世间人以此为倒，即世间人将何为正？”阿难言：“如来竖臂，兜罗绵手上指于空，则名为正。”佛即竖臂，告阿难言：“若此颠倒，首尾相换，诸世间人一倍瞻视；则知汝身与诸如来清净法身，比类发明，如来之身名正遍知②，汝等之身号性颠倒。随汝谛观，汝身佛身称颠倒者，名字何处号为颠倒？”

注释：

①母陀罗手：意译为“印相”、“契印”，即结印之手。

②正遍知：音译作“三藐三普提”，佛十号之一。新译为“正等觉”、“正等正觉”。

译文：

这时，阿难即从座起，合掌礼佛，长跪对佛说：“世尊，如果见性是不生不灭的，那世尊为什么呵斥我等遗失真性，颠倒行事？愿佛大兴慈悲，以甘露法水洗涤我等的心头尘垢。”这时如来垂下金色手臂，五轮手指向地面，对阿难说：“你现在看我的结印之手，是正还是倒？”阿难答道：“世间众生都以此为倒，但我不知道何者为正，如何为倒？”佛告诉阿难：“如果世间人以此为倒，那世间人认为怎样才是正呢？”阿难说：“如果如来竖起手臂，把手向上指向天空，世间人则称此为正。”佛随即竖起手臂，告诉阿难说：“若把手臂上下颠倒一下，不过是首尾相换而已，本无所谓正倒，而世间人却执着这样为正，那样为倒，这不过是一种颠倒妄想的双重迷执；类比就可以明白，你的五蕴身与如来清净法身的关系也是这样，如来法身叫作正遍知，你们的生身叫作性颠倒，然二者实同一真性，差别仅在于迷悟之间。请你们详审观察，你的身与如来清净身相比而称为颠倒，既称颠倒之名，那么，究竟是颠倒在什么地方？”

于时阿难与诸大众瞪瞢瞻佛①，目睛不瞬，不知身心颠倒所在。佛兴慈悲，哀愍阿难及诸大众，发海潮音遍告同会：“诸善男子，我常说言，色心诸缘及心所使②，诸所缘法，唯心所现。汝身汝心，皆是妙明真精，妙心中所现物。云何汝等遗失本妙，圆妙明心，宝明妙性，认悟中迷！晦昧为空，空晦暗中，结暗为色，色杂妄想，想相为身。聚缘内摇，趣外奔逸，昏扰扰相，以为心性。

一迷为心，决定惑为色身之内。不知色身，外泊山河虚空大地，咸是妙明真心中物。譬如澄清百千大海，弃之，唯认一浮沤体[③]，目为全潮，穷尽瀛渤[④]。汝等即是迷中倍人，如我垂手，等无差别，如来说为可怜愍者！”

注释：

①瞪瞢（méng）：睁眼楞视貌。此处意为直视。

②心所使：即心所有法。因是受心王所驱使者，所以称为“心所使”，共有五十一个。

③沤（ōu）：水中浮泡。

④瀛（yíng）渤（bó）：瀛，海也；渤，海之旁出。

译文：

此时，阿难及与会诸大众各瞠目结舌，目不转睛望着佛，不知身心究竟颠倒在何处。佛见阿难及诸大众皆茫然不知所对，实堪哀怜，兴大慈悲，发海潮音，普告阿难及与会诸大众：“诸善男子，我经常说，色法、心法以及能生二法的诸缘，乃至一切的心所有法和心不相应行法，都是妙明真心所现的幻影。包括你们的身、你们的心等所造作的一切，也都是这个妙明真精妙心的所现之物。你等为何遗失了这个本妙、圆妙之妙明真心，清净坚固之妙性，反而在妙明本悟中妄认虚妄分别之一点迷情？由于这一点迷情妄动而无明生起，迷失了圆明妙性而转为晦暗昏昧的顽空之相，顽空相中由于妄想迷情的缘故，暗相凝结而幻化出地水风火四大等物质色法，进而妄想心揽取少分的四大幻色而杂合，妄想坚执显相而假合为五蕴根身。既有妄身而集聚心识诸缘，内缘五尘落谢的影子，计度分别，摇动不休；外缘五尘诸境之法，趣向外境，奔驰纵逸，于是就把这个由妄想迷情而生起的昏扰扰相误认为是自己的心性。一旦迷执这个昏扰扰相为自心，决定会迷执妄认心在色身之内。殊不知，这个五蕴色身，乃至色身之外的一切山河虚空大地，皆是妙明真心中所现之物，无一超出自心之外。譬如虽有澄清的百千大海却弃之不顾，而唯认得一个浮沤水泡，以为这即是穷尽了一切海水的大海全潮。你们就是这样的迷而又迷之人，与我前面垂手举手，而你们却妄起颠倒迷执没有什么两样。本无所谓正与倒却定要妄分正与倒，本来没有身心内外却认妄为真，所以如来说你们是最可怜悯的人！”

阿难承佛悲救深诲，垂泣叉手而白佛言：“我虽承佛如是妙音，悟妙明心，元所圆满，常住心地[①]。而我悟佛现说法音，现以缘心，允所瞻仰[②]，徒获此心，未敢认为本元心地。愿佛哀愍，宣示圆音，拔我疑根，归无上道。”

注释：

①心地：心为万法之本，能生一切诸法，故曰“心地”。修行者依心而近行，故曰“心地”。

②允：信，诚。

译文：

阿难承蒙佛的慈悲救拔和深切教诲，合掌悲泣而对佛说："我虽然承蒙佛如此妙音开示，悟得妙明真心乃是本自圆满的常住心地，但是，我还是用这缘虑分别之心悟解佛现说法音，由此生起净信仰慕，因此对于妙明心只是获得了分别意识的解悟而已，实未真正证得此心，所以未敢认其为自己的本元心地。唯愿佛哀悯，更为宣示圆妙法音，拔我疑根，使我归向无上道。"

佛告阿难："汝等尚以缘心听法，此法亦缘，非得法性①。如人以手，指月示人，彼人因指，当应看月。若复观指，以为月体，此人岂唯亡失月轮，亦亡其指。何以故？以所标指为明月故。岂唯亡指，亦复不识明之与暗。何以故？即以指体为月明性，明暗二性无所了故。汝亦如是。若以分别我说法音为汝心者，此心自应离分别音有分别性②。譬如有客寄宿旅亭，暂止便去，终不常住，而掌亭人都无所去，名为亭主。此亦如是。若真汝心，则无所去，云何离声无分别性？斯则岂唯声分别心；分别我容，离诸色相，无分别性。如是乃至分别都无，非色非空，拘舍离等昧为冥谛③，离诸法缘无分别性。则汝心性各有所还，云何为主？"

注释：

①法性：诸法的本性。这种诸法的本性，在有情方面，叫做

“佛性”；在无情方面，即叫做“法性”。“法性”也就是“实相”、“真如”、“法界”、“涅槃”的别名。

②分别性：分别是推量思维之意，即心及心所（精神作用）对境起作用时，取其相而思维量度之。“分别性”即心能够思维的特性、性质。

③拘舍离：意译为“牛舍”，古印度外道六师之一。冥谛：为古代印度六派哲学中之数论哲学派所立二十五谛之第一谛，是为万物之本源，冥漠无谛，故曰“冥谛”，又作“冥性”、“冥初”，以此作为诸法生灭变异之根本原因。又以此为诸法之实性，故又称“冥性”、“自性”。

译文：

佛告诉阿难：“你们尚且以缘虑之第六意识心听我说法，这个法音也是所缘尘境，仍然属于缘生法，并不是不生灭之法性。就如有人用手指月给别人看，那人应循着手指去看月亮。如果仅看手指而以为这就是月亮，此人岂止是亡失了月亮，也同时亡失了手指的含义。为什么呢？因为他把作为标示的手指当作了明月。又岂止是亡失了手指的含义，也不能认识明与暗的含义。为什么呢？因为他以手指形体当作月亮的明性，对于明、暗二性都没有了知的缘故。阿难，你也是如此。如果将能分别我说法声音的分别之心当作是自己的真心，此心就应该在即使离开所分别的说法声音之时，仍然具有能分别之自性。譬如有客人寄宿于旅店，暂住几日便会离去，终究不会常住，而掌管旅店的人却不会离去，因此称作店主人。心也是如此。如果它真是你的真心，就应该常住不去，没有生灭来去，然而却为什么离开了所分别的声音就没有了能分别之自性呢？如此则不但是对声音的分别心；其他比如能分别我容貌的分别心，离开那些所分别的容貌色相，也没有能分别之自性。如此乃至分别心完全没有的非色非空的寂静境界——拘舍离等外道错误地认为这是造物最初之冥谛，如果离开所缘之幽寂法尘，也没有能分别之自性。如此则你所认为的分别心性，缘境而有，随境而灭，各有所还灭之处，怎能称为是心性之主呢？”

阿难言：“若我心性各有所还①，则如来说妙明元心，云何无还？惟垂哀愍，为我宣说。”佛告阿难：“且汝见我，见精明元，此见虽非妙精明心，如第二月，非是月影。汝应谛听，今当示汝无所还地。阿难，此大讲堂洞开东方，日轮升天，则有明耀；中夜黑月，云雾晦暝，则复昏暗；户牖之隙②，则复见通；墙宇之间，则复观壅③；分别之处，则复见缘；顽虚之中，遍是空性；郁𡋯之象④，则纡昏尘⑤；澄霁敛氛⑥，又观清净。阿难，汝咸看此诸变化相，吾今各还本所因处。云何本因？阿难，此诸变化，明还日轮。何以故？无日不明，明因属日，是故还日。暗还黑月，通还户牖，壅还墙宇，缘还分别，顽虚还空，郁𡋯还尘，清明还霁，则诸世间一切所有不出斯类。汝见八种，见精明性，当欲谁还？何以故？若还于明，则不明时，无复见暗。虽明暗等种种差别，见无差别。诸可还者，自然非汝，不汝还者，非汝而谁？则知汝心，本妙明净，汝自迷闷，丧本受轮，于生死中，常被漂溺，是故如来，名可怜愍。”

注释：

①还：经文中有“还灭”、“还归”、“归因”、“归结”等多种意思，当以“还灭”为正义。

②牖（yǒu）：窗户。

③壅（yōng）：堵塞，阻挡。

④郁垺（bó）：气结曰“郁”，尘飞曰“垺”。游气随尘土飞扬。

⑤纡（yū）：萦回，围绕。

⑥霁（jì）：明朗，晴朗。

译文：

阿难说：“如果我的心性都随着所缘外境而随处发生、随处还灭，各有所还灭之处，那么如来所说的妙明真心为什么没有还灭？唯愿佛垂示哀悯，为我们宣说。”佛告诉阿难：“就如现前你看见我，是因为见精的妙明本元作用，此‘见’虽然不是本元心地的妙精明心，但也有如捏住眼睛所见的第二月，并不是月亮的影子。你现在注意听，我为你们开演无所还去的本元心地。阿难，这座大讲堂门开东方，太阳升起时就有明亮光耀之相；夜半黑月时，或云雾朦胧时，就变为昏暗之相；从窗户的缝隙中，能够看到光线通达之相；墙宇之间则只能看到壅塞之相；从眼前有可分别物之处，能够看到种种事物的差别之相；

而在空无所有之中看到的则全部是虚空之相；尘雾飞扬，就看到一片混沌之相；雨过天晴，则显现出一片清净之相。阿难，你们都看到了这些变化之相，我现在各自还归它的本来起因。什么是本来的起因呢？阿难，这些变化，明亮还归于太阳。为什么呢？没有太阳就不会有明亮，明亮因而起于太阳，因此归因于太阳。同理，昏暗归因于看不到月亮的黑夜，通达归因于门窗，壅塞归因于墙壁，差异的物象归因于分别，空无所有归因于虚空，混沌归因于尘土，清明归因于雨后的晴天，如此则世间的一切现象都不出这八种类别。而你能够看见这八种现象的见精明性，又应当归因于谁呢？为什么如此问呢？如果归因于明，那么没有光明之时，就应该见不到黑暗。虽然有明暗等种种差别，但见性却并无差别。那些可以还灭的，自然不是你的见性；而不会还灭的，不是你的真性又是什么？如此看来，你的心本来妙觉明净，你自己却迷惑不知，丧失了本妙真心而遭受轮回，常常漂流在生死的大海之中，因此如来说你们实在是可怜人。”

阿难言：“我虽识此见性无还，云何得知是我真性？”佛告阿难：“吾今问汝，今汝未得无漏清净，承佛神力，见于初禅[①]，得无障碍；而阿那律见阎浮提如观掌中庵摩罗果[②]；诸菩萨等见百千界，十方如来穷尽微尘清净国土，无所不瞩；众生洞视不过分寸。阿难，且吾与汝观四天王所住宫殿，中间遍览水陆空行，虽有昏明种种形像，无非前尘分别留碍，汝应于此分别自他。今吾将汝择于见中，谁是我体？谁为物象？阿难，极汝见源，从日月宫，是物非汝；至七金山③，周遍谛观，虽种种光，亦物非汝；渐渐更观云腾鸟飞，风动尘起，树木山川，草芥人畜，咸物非汝。阿难，是诸近远诸有物性，虽复差殊，同汝见精清净所瞩；则诸物类自有差别，见性无殊，此精妙明，诚汝见性。

注释：

①初禅：四禅之一。修行者初离欲界而心感喜受，身感乐受，故称“离生喜乐”。

②阿那律：佛陀十大弟子之一，以“天眼第一”著称。阿那律出家后，曾于佛说法时酣睡，为佛所呵责，遂立誓不眠而罹眼疾，至于失明。然以修行益进，心眼渐开，最终成为佛弟子中天眼第一，能见到天上、地下六道众生的相状。阎浮提：又译“赡部洲”，即佛教中所说人类世界所居住的娑婆世界。庵摩罗果：又作“菴摩罗果”。“庵”与“菴”同。印度药果之名。《玄应音义》卷二十一说：“阿末罗，旧言庵摩罗，亦作阿摩勒。其叶似小枣，花亦白小，果如胡桃，其味酸而甜，可入药分。经中言如观掌中者也。”

③七金山：位于须弥山及铁围山间的七座山，其山悉由金宝所成，故有此称。

译文：

阿难说：“我虽然认识到了此见性没有还灭，但又如何得知这就是我的真性呢？”佛告诉阿难说：“我现在问你，你并未证得无漏清净的圣果，只是承佛的神力，见到初禅的境界，得以没有障碍；而阿那律观见阎浮提，就如同观看掌中的庵摩罗果一样；诸菩萨能观见成百上千的世界，十方如来穷尽微尘数那样多的清净国土，没有看不到之处；而众生的肉眼观看范围却不过是分寸之地。阿难，我与你一起观看四天王所住的宫殿，遍观其间水居、陆居、空行的一切存在，虽然有或明或暗的种种形像，但无一不是因眼前尘境而妄起的分别之相，你应该从中分别出何为自性，何为他物。现在我引导你从能见和所见之中，抉择出谁是我的自性之体？谁为物象？阿难，尽你所能来周遍观察，从远处的日月宫殿来看，是物而不是你的见性；再看围绕须弥山的七金山，周遍细看，虽有种种光芒，也是物而不是你的见性；你再逐渐观看云腾鸟飞、风动尘起、树木山川、草芥人畜等等，这些都是物而不是你的见性。阿难，这些远近所有物象，虽然千差万别，但都是见精的清净瞩望之境；因此这些物类自有差别，而见性却没有差别，这个见精妙净明体，确实就是你的见性。

“若见是物，则汝亦可见吾之见。若同见者，名为见吾；吾不见时，何不见吾不见之处？若见不见，自然非彼，不见之相。若不见吾不见之地，自然非物，云何非汝？又则汝今见物之时，汝既见物，物亦见汝，体性纷杂，则汝与我并诸世间，不成安立。阿难，若汝见时，是汝非我，见性周遍，非汝而谁？云何自疑汝之真性，性汝不真，取我求实？

译文：

“如果见性是一物，那么你应该能够看见我的见性。如果由于你我见到同样的东西，就叫看见了我的见性；那么，我不看物时，你为何看不见我不见物时的见性所在之处呢？如果你能够见到我不见物时的见性所在之处，则你所看到的自然就不是我见性不见物时的相状，因为此时是无能见所见之对待的无所见之相，而你这时则出现了能见与所见相对待的有所见之相。如果你见不到我不见物时的见性所在之地，见性自然就不是外物，既然不是外物，怎么不是你的真性呢！再说，如果见性是一物，那么你现在见物之时，你既然看见了物，物也应该看见你，这样一来，无情之物与有情见性之物，二者体性纷然杂乱，那你之见与我之见以及世间一切事物，都无法安立了。阿难，如果你见物时，是你的见性在见，而不是我的见性在见，既然见性周遍，但它既不属于物，也不属于我，那么，这个见性不是你的真性而是谁的呢？为什么你自己怀疑你的真性，真性在你而不敢认为真，反而取我言说以求证实呢？”

阿难白佛言：“世尊，若此见性必我非余，我与如来观四天王胜藏宝殿，居日月宫，此见周圆，遍娑婆国①；退归精舍，只见伽蓝②，清心户堂，但瞻檐庑③。世尊，此见如是，其体本来周遍一界，今在室中唯满一室；为复此见缩大为小，为当墙宇夹令断绝？我今不知斯义所在，愿垂弘慈，为我敷演。”

注释：

①娑婆国：即“娑婆世界”，即释迦牟尼进行教化之现实世界。娑婆，堪忍之义。

②伽蓝：全译为“僧伽蓝摩”，意译“众园”，又称“僧园”、“僧院”。原意指僧众所居之园林，然一般用以称僧侣所居之寺院、堂舍。

③檐庑（wǔ）：代指房屋。檐，屋檐。庑，堂下周围的走廊、廊屋。

译文：

阿难对佛说：“世尊，如果此见性本来周遍，必定是我真性而非其他，我与如来同观四天王胜藏宝殿，在日月宫中，此见性能够周遍观察娑婆世界所有国土；但回到精舍却只见到伽蓝，进入讲堂清心静坐却只见到屋檐和走廊等。世尊，见性是不是这样，见性之体本来可以周遍一个世界，现今在室中却只能见到一室；到底是这个见性由大缩小，还是被墙宇隔断了呢？我不知其中的道理所在，唯愿佛陀慈悲，为我开演解说。”

佛告阿难：“一切世间大小、内外诸所事业，各属前尘[1]，不应说言见有舒缩。譬如方器，中见方空。吾复问汝，此方器中所见方空，为复定方，为不定方？若定方者，别安圆器，空应不圆；若不定者，在方器中，应无方空。汝言不知斯义所在，义性如是，云何为在？阿难，若复欲令入无方圆，但除器方，空体无方。不应说言，更除虚空方相所在。若如汝问，入室之时，缩见令小，仰观日时，汝岂挽见，齐于日面？若筑墙宇，能夹见断，穿为小窦，宁无续迹？是义不然。一切众生从无始来，迷己为物，失于本心，为物所转，故于是中，观大观小。若能转物，则同如来，身心圆明，不动道场，于一毛端遍能含受十方国土。”

注释：

①前尘：现前的六尘境相。

译文：

佛告诉阿难：“一切世间的大小、内外等等所有事相变化，各属于现前的六尘境象，不能说见性有扩大缩小。譬如方形的器皿，从中可以看见方形的虚空。我现在问你，从方形器皿中所见的方形虚空，是一定为方形？还是不一定为方形？如果说一定为方形，那么另外安放一个圆形器皿，则里面的空间就不应再变成圆的；如果不一定为方形，那么，方形器皿中就应该没有确定的方形空间。你说不知这个道理所在，实际上见性的道理性质就是这样，如同方器见方、圆器见圆而虚空实无方圆，见性在大见大、在小见小而见性实无大小，为什么还要问其所在呢？阿难，如果要让虚空入于无有方圆之相，但除去的器皿方圆即可，而虚空的体性则本无方圆。不应说，拿走器皿之外还有一个虚空的方圆相所在之处要去除。如果像你所问的那样，进入室内时，便收缩见性使其变小；那么仰观太阳时，你岂不要将见性拉长到太阳的表面呢！如果筑起墙宇，就能隔断见性；那么在墙上穿一个小洞，见性为何没有接续的痕迹呢？事实却不然。一切众生从无始以来，迷失自己真性而误认心所变现之境为心外实有之物，将心属物，认物为己，失却了本心，以致心随物转，触处成障，因此在外物中观大观小，妄起分别。若悟万物都是真心显现，则心够转物，就同于如来，身心即是法界，圆明周遍，而为寂然不动的道场，就可以于一毛端遍能含受十方国土。”

阿难白佛言：“世尊，若此见精必我妙性，今此妙性现在我前，见必我真，我今身心复是何物？而今身心分别有实，彼见无别分辨我身。若实我心，令我今见，见性实我，而身非我，何殊如来先所难言‘物能见我’？惟垂大慈，开发未悟。”

译文：

阿难对佛说：“世尊，如果此见精必定是我的妙明真性，那现在这妙明真性就显现在我眼前；这见性既然必定是我的真实本性，那我现在的身心又是何物呢？而今身心的能分别作用真实存在，那见性却没有分别的功能作用以分辨我的身心。如果见性确实是我的真心，现前显现令我能见到它，而它却不能分辨我，难道说见性是真实的我，而能分别的身心反而不是我？这何异于如来先前所驳斥的‘物能见我’的观点呢？唯愿世尊发大慈悲，启发我等未悟之人。”

佛告阿难："今汝所言，见在汝前，是义非实。若实汝前、汝实见者，则此见精既有方所，非无指示。且今与汝坐祇陀林，遍观林渠及与殿堂，上至日月，前对恒河。汝今于我师子座前，举手指陈是种种相，阴者是林，明者是日，碍者是壁，通者是空。如是乃至草树纤毫，大小虽殊，但可有形，无不指著。若必其见，现在汝前，汝应以手确实指陈何者是见！阿难当知，若空是见，既已成见，何者是空？若物是见，既已是见，何者为物？汝可微细披剥万象，析出精明净妙见元，指陈示我，同彼诸物，分明无惑。"

译文：

佛告诉阿难："你所说的，见性在你眼前，这个道理是错误的。如果见性确实在你面前，你确实可以见到，那么此见精既然有方所，就不应该没有标示。那么，我现在与你坐在祇陀林中，周遍观察这些树林、河渠与殿堂，上至日月，前对恒河。你就在我的狮子座前，举手指出这种种的物象，阴暗的是树林，明亮的是太阳，阻碍的是墙壁，通达的是虚空。如此类举乃至草木纤毫微细之物，大小虽然不同，只要是有形相的，都可以指陈出来。如果见性必定能够显现在你面前，你应该用手确实指陈出哪个是见性！阿难，你应当知道，如果说空是见性，既然已成为见性，那什么是空呢？如果说物是见性，物既然已成了见性，什么又是物呢？你可以细致剖析世间万象，从中分析出精明净妙的见元，指陈给我，就如同指陈其他物象一样，历历分明，毫无疑惑。”

阿难言：“我今于此重阁讲堂，远泊恒河，上观日月，举手所指，纵目所观，指皆是物，无是见者。世尊，如佛所说，况我有漏初学声闻，乃至菩萨亦不能于万物象前剖出精见，离一切物别有自性。”佛言：“如是，如是。”

译文：

阿难说：“我在这重阁讲堂中，远望恒河，上观日月，举手所指，放眼所观，所见的都是物象，没有一样是这个见性，所以无法指称出。世尊，如佛所说的，不要说我这样的有漏初学声闻，乃至菩萨也不能在万物象前剖析出精妙的见性，剖析出一个离开一切物象之外而别有自性的见性。”佛说：“是这样，是这样。”

佛复告阿难：“如汝所言，无有见精[①]，离一切物别有自性；则汝所指是物之中，无是见者。今复告汝，汝与如来，坐祇陀林，更观林苑，乃至日月，种种象殊，必无见精受汝所指。汝又发明，此诸物中何者非见？”阿难言：“我实遍见此祇陀林，不知是中何者非见。何以故？若树非见，云何见树？若树即见，复云何树？如是乃至，若空非见，云何见空？若空即见，复云何空？我又思惟，是万象中，微细发明，无非见者。”佛言：“如是，如是。”

注释：

①见精：有版本作“精见”。

译文：

佛又告诉阿难：“正像你所说的，并无见性能够离开一切物象之外而别有自性；然则你所指陈的这些物象之中也无此见性。我再告诉你，你与如来坐在祇陀林的讲堂中，又观察林苑，乃至日月等种种不同的物象，必定没有见性由你指陈而显示出来。那么，现在你再进一步观察阐明，这种种物象之中又有哪一个不属于见性呢？”阿难说：“我如实周遍观察了这祇陀林中的一切物象，不知其中哪一个不属于见性。为什么呢？如果树不属于见性，为何能看见树呢？如果树就是见性，又为何说是树呢？如此类推，乃至如果空不是见性，为何能看见空呢？如果空就是见性，又为何说是空呢？我又思考，这万象之中，如果细微地观察明辨，没有哪一个不属于见性的。”佛说：“是这样，是这样。”

于是，大众非无学者闻佛此言，茫然不知是义终始，一时惶悚[①]，失其所守。如来知其魂虑变慑[②]，心生怜愍，安慰阿难及诸大众：“诸善男子，无上法王是真实语，如所如说，不诳不妄，非末伽梨四种不死矫乱论议③。汝谛思惟，无忝哀慕④。”

注释：

①惶悚（sǒng）：惶恐。

②魂虑变慑（shè）：神魂惊变而不安，思虑忧慑而不定。

③末伽梨四种不死矫乱论议：为印度古代外道所执六十二见之一，对于不死的问题，自己并非如实了知却矫乱回答他人。此类外道共四种，故又称“四种不死矫乱论”、“四不死矫乱论”。四种是：一、就善恶业报之问题，随一己所理解者而答复他人。二、就他世有无之问题，随问者之所见而答以如是如是。三、就善不善法之问题，答以非善非恶。四、取他人之见解而作为问题之答案。

④忝（tiǎn）：有愧于。

译文：

这时，与会大众中尚未证得无学位的人，听佛所说，都茫然不知义理的始终来由，一时间心中惶恐不安，不知所从。如来知道他们六神无主，思绪不定，心生怜悯，安慰阿难及诸大众说：“诸位善男子，无上法王是真实语者，如其所证，如实而说，不诳语，不妄语，并非像末伽梨外道所说的四种不死矫乱诡辩理论。你们应如实思维，不要辜负了佛对你们的哀悯和你们对圣道的仰慕。”

是时文殊师利法王子愍诸四众，在大众中即从座起，顶礼佛足，合掌恭敬，而白佛言：“世尊，此诸大众，不悟如来发明二种精见、色空，是、非是义。世尊，若此前缘色空等象，若是见者，应有所指；若非见者，应无所瞩。而今不知是义所归，故有惊怖，非是畴昔善根轻鲜。唯愿如来大慈发明，此诸物象与此见精元是何物，于其中间无‘是’、‘非是’。”

译文：

这时，文殊师利法王子哀悯四众，在大众中即从座位起来，顶礼佛足，合掌恭敬而对佛说：“世尊，此诸大众不悟如来发明精见、色空二者究竟是‘是义’，即指‘色空等物象是见性’，还是‘非是义’，即指‘色空等物象不是见性’。世尊，如果前缘色空等是见性，应该有相状可以指陈；如果前缘色空等不是见性，应该没有什么东西可以被看到。而今与会大众不知义理的究竟，故有惊怖，不是这些大众往昔的善根浅薄。唯愿如来发大慈悲，启发指明这些色空物象与此见精原本是什么样的存在，为什么在中间没有‘是义’与‘非是义’的区别。”

佛告文殊及诸大众：“十方如来及大菩萨，于其自住三摩地中，见与见缘并所想相，如虚空华本无所有。此见及缘元是菩提妙净明体，云何于中有‘是、非是’？文殊，吾今问汝，如汝文殊，更有文殊是文殊者？

为无文殊？”“如是，世尊。我真文殊，无是文殊。何以故？若有是者，则二文殊。然我今日非无文殊，于中实无是非二相。”

译文：

佛告诉文殊菩萨以及诸大众：“十方如来及大菩萨们在他们自己所安住的禅定境界中，能见之见性与见性所缘之六尘境相以及意识妄想相等，都如同病眼所见的虚空幻花，本来就是不存在的。此见性及所缘尘境原本都是菩提妙净明体所现之物，还说什么二者之中有‘是义’与‘非是义’的区别呢？文殊啊，我现在问你，比如像你文殊，现在在你之外又有一位文殊，他是文殊、还是不是文殊呢？还是说根本就没有另外的这个文殊？”文殊菩萨回答：“是的，世尊！我是真文殊，没有另外的那个文殊。为什么呢？如果另外又有一位文殊也是文殊，那么就有两个文殊了。然而我现在也不是说没有一个真文殊，但是其中实在是没有“是文殊、不是文殊”两种虚妄戏论之相。”

佛言：“此见妙明，与诸空尘，亦复如是。本是妙明无上菩提净圆真心①，妄为色空及与闻见。如第二月，谁为是月？又谁非月？文殊，但一月真，中间自无是月非月。是以汝今观见与尘，种种发明，名为妄想，不能于中出‘是’、‘非是’。由是真精妙觉明性，故能令汝出‘指’、‘非指’。”

注释：

①按，对于“妙明真心”的用词，本经各处多有不同，如云“菩提妙净明体”、“妙明无上菩提净圆真心”、“真精妙觉明性”等，分别显示真性之妙德无尽，其实真义完全相同。妙，法身德；净，无垢涅槃德；明，常照般若德。三德圆明，故称“妙明”。又云“觉”者、般若德；言“精”者，微妙不测。

译文：

佛说：“此妙明见性与诸前尘色空，二者的关系也是如此，无是义无非义，但一体真。本来都是妙明无上菩提净圆真心，由于最初一念无明妄动，致使由真起妄，妄现为所见的色空与能闻能见的见性。譬如捏目所见的第二月，随后又加以虚妄分别哪个是真月？哪个不是真月？文殊啊，只有一月是真，其中自然没有‘是真月’与‘非真月’的虚妄分别。因此，你现在观察见性与色空尘境，由此而有的种种阐发明辨，都是虚妄想相，不能从中超出‘是’与‘非是’。若悟了见性与尘境都是真精妙觉明性真心，则能使你超出‘指陈’、‘非指陈’的二法分别妄想境界。”

阿难白佛言：“世尊，诚如法王所说，觉缘遍十方界，湛然常住，性非生灭；与先梵志娑毗迦罗所谈冥谛[①]，及投灰等诸外道种[②]，说有真我遍满十方，有何差别？世尊亦曾于楞伽山为大慧等敷演斯义[③]：‘彼外道等常说自然[④]，我说因缘，非彼境界。’我今观此觉性自然，非生非灭，远离一切虚妄颠倒，似非因缘，与彼自然。云何开示，不入群邪，获真实心，妙觉明性？”

注释：

①娑毗迦罗：又作“劫毗罗”。译为“黄发”、“金头”或“龟种”。印度古仙人名，为数论派之祖。因其须发面色皆黄赤，故号为“黄赤色仙人”。

②投灰：指苦行外道，为求解脱或达到某种愿望而采取折磨自己的修行方式。

③楞伽山：《慧苑音义》谓楞伽山在南天竺南界，近海岸，佛陀在此讲说《楞伽经》。大慧：《楞伽经》会上的上首菩萨。

④自然：六师外道中之末伽梨、阿耆多等执自然无因论，否认万物依因缘所生。佛教批判此种观点。

译文：

阿难对佛说：“世尊，诚如法王您所说，觉明能缘的见性充遍十方界，湛然常住，其性本不生灭；这种说法，与从前梵志娑毗迦罗外道所谈的冥谛，以及投灰等诸外道种姓者所说的‘真我遍满十方’的观点，有什么差别呢？世尊也曾经在楞伽山为大慧菩萨等广为开演这个义理：‘那些外道等常说自然论，认为一切事物，自然而生，自然而灭，无因无缘，我则宣说诸法因缘生、因缘灭的甚深义理，这不是外道所能了知的境界。’我现今观思这明觉见性，也是自然，非生非灭，远离一切虚妄颠倒，好像不是从因缘而有，而同于外道所说的自然论。应如何开发阐示，方能使众生不堕入诸外道的邪见网中，并获得真实心地、妙觉明性呢？”

佛告阿难：“我今如是开示方便，真实告汝，汝犹未悟，惑为自然！阿难，若必自然，自须甄明[①]，有自然体。汝且观此妙明见中，以何为自？此见为复以明为自？以暗为自？以空为自？以塞为自？阿难，若明为自，应不见暗；若复以空为自体者，应不见塞。如是乃至诸暗等相以为自者，则于明时，见性断灭，云何见明？”

注释：

①甄（zhēn）：鉴明。

译文：

佛告诉阿难：“我现在如此方便开示，将真性如实之相告诉你，你却仍然未能了悟，反而迷惑认为其同于自然论！阿难，如果见性必定是自然，自须甄别察明，当有一个自然之体存在。你且观察此妙明见性之中，究竟是以什么作为自体？此见性难道是以‘明’为自体？还是以‘暗’为自体？是以‘空’为自体？还是以‘塞’为自体？阿难，如果是以‘明’为自体，应该不能见到‘暗’；如果是以‘空’为自体，应该不能见到‘塞’。如此乃至以诸如‘暗’等相为自体，那么在‘明’时，见性应该就断灭了，又怎么能见到‘明’呢？”

阿难言："必此妙见，性非自然。我今发明是因缘生，心犹未明，咨询如来，是义云何合因缘性？"佛言："汝言因缘，吾复问汝：汝今因见，见性现前。此见为复因明有见，因暗有见，因空有见，因塞有见？阿难，若因明有，应不见暗；如因暗有，应不见明。如是乃至因空因塞，同于明暗。复次，阿难，此见又复缘明有见，缘暗有见，缘空有见，缘塞有见？阿难，若缘空有，应不见塞；若缘塞有，应不见空。如是乃至缘明缘暗，同于空塞。当知如是精觉妙明，非因非缘，亦非自然，非不自然，无非不非，无是非是；离一切相，即一切法。汝今云何于中措心，以诸世间戏论名相而得分别①？如以手掌撮摩虚空②，只益自劳，虚空云何随汝执捉？"

注释：

①戏论：谓错误无意义的言论，即违背真理、不能增进善法而无意义的言论。名相：名，指事物之名称，能诠显事物之本体。相，指事物之相状。以名能诠显事物之相状，故称"名相"。

②撮（cuō）：抓取。

译文：

阿难又说："这妙明见性，既然其性决定不属自生，我现在想应当是从因缘生，但心中还是未能明了，请问如来，这个见性真常不生不灭的义理为何合于因缘性？"佛说："你说见性当是因缘而生，我再问你：你现在是因为见到了明、暗、空、塞等境相，见性的作用才现前。那么，此见性是因为有‘明相’为生因而有见性作用的生起，还是因为有‘暗相’为生因才有能见生起？是因为‘空相’才有，还是因为‘塞相’才有？阿难，如果是因为有‘明相’为生因才有见性作用的生起，那么见性就应该不能看到‘暗相’；如果因为有‘暗相’才有，就应该不能看到‘明相’。如此类推，乃至以‘空相’、‘塞相’为生因的情况同于因有‘明’、‘暗’二相的道理。还有，阿难，此见性是因为缘于‘明相’而有见性作用的生起，还是因为缘于‘暗相’而有能见生起？是缘于‘空相’而有，还是缘于‘塞相’而有？阿难，如果是因为缘于‘空相’而有能见生起，应该不能看到‘塞相’；如果是因为缘于‘塞相’而有能见生起，应该不能看到‘空相’。如此类推，缘于‘明相’、‘暗相’的情况同于缘‘空’、‘塞’二相的道理。你应当了知，这精觉妙明的见性，非是因生，非是缘生，也非是自然而有；也不能说不是因缘，或不是自然；本没有非与不非，也没有是与非是；它出离一切妄情计度之相，又圆融一切法，全体法界，不一不异。你怎么在这妙明真性中，仍依识情妄想用心，以世间的戏论名相而去分别真性呢？如同以手掌去捉摩虚空，不过徒自劳苦，虚空怎么会随你去执捉到呢？”

阿难白佛言：“世尊，必妙觉性非因非缘，世尊云何常与比丘宣说见性具四种缘？所谓因空、因明、因心、因眼，是义云何？”佛言：“阿难，我说世间诸因缘相，非第一义[1]。阿难，吾复问汝：诸世间人说‘我能见’，云何名见？云何不见？”阿难言：“世人因于日月灯光见种种相，名之为见。若复无此三种光明，则不能见。”“阿难，若无明时名不见者，应不见暗！若必见暗，此但无明，云何无见？阿难，若在暗时不见明故，名为不见；今在明时不见暗相，还名不见。如是二相，俱名不见。若复二相自相陵夺，非汝见性于中暂无。如是则知，二俱名见，云何不见？

注释：

①第一义：指究竟真理。

译文：

阿难对佛说：“世尊，如果妙明觉性必定是非因非缘，世尊为何常给比丘宣说见性具有四种缘呢？所谓因空、因明、因心、因眼而有见性，道理何在？”佛说：“阿难，我所宣说的世间法乃是因缘聚合而生之相，非是第一义。阿难，我再问你：通常世间人说‘我能见’，什么叫作‘见’，什么叫‘不见’呢？”阿难回答：“世人因为有日、月、灯三种光明而见到种种相状，称之为‘见’。如果没有这三种光明，就不能见到，称之为‘不见’。”佛说：“阿难，如果没有光明时，就称为‘不见’，那就应该也见不到‘暗’。如果说没有日月灯光时也一定能见到‘暗’，那么这只能说仅是没有光明而已，怎么能说没有‘见’呢？阿难，如果在暗时，因为不见光明的缘故，称为‘不见’；那么现在在明时，不见暗相，同样应该称为‘不见’。这样一来，无论‘明’、

‘暗’二相都称为‘不见’。如果‘明’、‘暗’二相交互出现，相互中断，但此时并不会是你的见性在其中有所中断而暂时消失。如此可知，两种情况都应该称为‘见’，怎么能称为‘不见’呢？

“是故，阿难，汝今当知，见明之时，见非是明；见暗之时，见非是暗；见空之时，见非是空；见塞之时，见非是塞。四义成就。汝复应知：见见之时，见非是见，见犹离见，见不能及，云何复说因缘、自然及和合相？汝等声闻狭劣无识，不能通达清净实相。吾今诲汝，当善思惟，无得疲怠妙菩提路①。”

注释：

①怠（dài）：懒惰，松弛。

译文：

“因此，阿难，你现在应当知道，看见明相之时，见性非是因明而有；看见暗相之时，见性非是因暗而有；看见空相之时，见性非是因空而有；看见塞相之时，见性非是因塞而有。见性究竟离于明、暗、空、塞四缘的义理成立。你更应了知：当修行人以观行力照见‘见性’之时，能见之观照本身还不是‘见性’，见性乃是完全超离于能见与所见，见性不是能见与所见之二法分别观照所能及，怎么又说见性属于因缘、自然及和合相呢？你们声闻众，见地狭小，心志拙劣，无有甚深智慧，不能通达清净实相。我现在教诲你们，应当善自思维，不要在胜妙的菩提大道上疲怠。”

阿难白佛言：“世尊，如佛世尊为我等辈宣说因缘及与自然、诸和合相与不和合，心犹未开；而今更闻‘见见非见’，重增迷闷。伏愿弘慈，施大慧目，开示我等觉心明净。”作是语已，悲泪顶礼，承受圣旨。

译文：

阿难对佛说：“世尊，如佛世尊为我等辈宣说见性不属于因缘、自然以及诸和合相、不和合相等义理，我们心中仍未悟解；而现在又听佛宣说‘见见非见’的义理，更增加了迷惑。恳请世尊您发大慈悲，赐予我们大智慧眼目，开示我等悟解觉心明净。”说了这些话后，阿难悲感垂泪，顶礼佛陀，等待接受佛陀的教诲。

尔时，世尊怜愍阿难及诸大众，将欲敷演大陀罗尼，诸三摩提妙修行路①，告阿难言：“汝虽强记，但益多闻，于奢摩他微密观照，心犹未了。汝今谛听，吾当为汝分别开示，亦令将来诸有漏者获菩提果。

注释：

①陀罗尼：即咒语，梵文意译为“总持”。

译文：

这时，世尊怜悯阿难及诸大众，将要广为开演大陀罗尼、诸大定的胜妙修行之路，告诉阿难说："你虽强于记忆，但只是增益见闻而已，对于奢摩他定中的微密观照，心中尚未了悟。你现在仔细听，我将为你抉择分别，演说开示，也使将来诸有漏学人能获得菩提果。

"阿难，一切众生轮回世间，由二颠倒分别见妄，当处发生，当业轮转。云何二见？一者众生别业妄见[①]，二者众生同分妄见[②]。

注释：

①别业：与"总业"相对之语。指众生殊别的业因，随众生感各异之果。妄见：虚妄不实的见解。

②同分：此处为"众同分"之略称，指有情众生之共性或共因。

译文：

"阿难，一切众生轮回世间的原因，是由于二种颠倒分别妄见而生出种种妄相所致，随一念心动而当处发生，循妄造业而当业轮转。哪两种妄见呢？一是众生的别业妄见，二是众生的同业妄见。

"云何名为别业妄见？阿难，如世间人目有赤眚[①]，夜见灯光，别有圆影，五色重叠。于意云何？此夜灯明所现圆光，为是灯色，为当见色？阿难，此若灯色，则非眚人何不同见？而此圆影，唯眚之观。若是见色，见已成色，则彼眚人见圆影者，名为何等？复次，阿难，若此圆影，离灯别有，则合傍观屏帐几筵有圆影出；离见别有，应非眼瞩，云何眚人目见圆影？是故当知，色实在灯，见病为影，影见俱眚，见眚非病。终不应言是灯是见，于是中有非灯非见。如第二月，非体非影。何以故？第二之观，捏所成故。诸有智者不应说言：此捏根元，是形非形，离见非见。此亦如是，目眚所成，今欲名谁是灯是见？何况分别非灯非见？

注释：

①眚（shěng）：眼睛生白翳之病状。

译文：

“什么叫别业妄见呢？阿难，譬如世间有人眼中长了赤翳，夜晚见到灯光之时，看到灯的周边另有一个五彩重叠的圆影光晕。应该如何认识这种现象呢？这灯光周边的圆影光晕，是灯光本身的色彩呢？还是病眼妄见所成的颜色呢？阿难，这圆晕如果是灯光本身的颜色，那么没有眼翳病的人为何不能同样见到圆晕呢？而实际上这圆晕仅仅只是眼翳病人所看到的。如果说这圆晕是眼翳病人妄见所成的颜色，既然能见之性已经成为圆晕的颜色，那么，眼翳病者所见到的圆晕又是什么呢？再者，阿难，如果说这圆晕离开灯而另有存在，那么观看旁边的屏风、衣帐、几案等都应该有圆晕出现；如果说离开病眼妄见而别有圆晕存在，就应该不是患翳病眼所见，怎么能说仅是眼翳病人才见到圆晕呢？因此应当知道，光色确实是由灯发出，由于眼翳而使得眼见误观为圆影光晕，圆晕和见病都是由于眼翳所致，但能了知眼翳的见性之体却并没有病误。因此，究竟言之，不应该说圆晕是灯色，还是见色，并进而在其中分别圆晕非是离灯别有，非是离妄见别有。就如前面所说的第二月，既不是月体本身，也不是月亮的影子。为什么呢？第二月的观见，是由于捏目所观成。那些有智慧的人就不应当说：这个由于捏目之根元病误而所见的第二月，是真月形或非是真月形，离开见性别有，或非离开见性别有。这看见圆晕的道理，也是如此，本来就是眼翳病目所造成，现在怎么能称名论说圆晕是灯色，还是见色？更何况去分别圆晕非是离灯别有，非是离见别有呢？

“云何名为同分妄见？阿难，此阎浮提除大海水，中间平陆有三千洲，正中大洲，东西括量，大国凡有二千三百，其余小洲在诸海中，其间或有三两百国，或一或二至于三十、四十、五十。阿难，若复此中有一小洲，只有两国，惟一国人同感恶缘，则彼小洲当土众生，睹诸一切不祥境界：或见二日，或见两月，其中乃至晕适佩玦、彗孛飞流、负耳虹蜺[①]，种种恶相。但此国见，彼国众生本所不见，亦复不闻。

注释:

①晕适佩玦(jué):环匝曰“晕”,薄蚀曰“适”。佩玦,近日月灾气之状也。彗孛飞流:星之灾象。星芒偏指曰“彗”,四出曰“孛”,横去曰“飞”,下注曰“流”。负耳虹蜺(ní):单是日之灾象,夹日而成负耳,映日而成虹蜺。

译文:

“什么叫同分妄见呢?阿难,这阎浮提内,除大海水外,中间的平原陆地有三千洲,正中间的大洲从东到西计算共有两千三百个大国,其余的小洲都在诸海之中,其间或有二三百个国家,或有一个,或有两个,乃至或有三十、四十、五十个国家。阿难,如果这阎浮提中有一个小洲,只有两个国家,其中一个国家的人共同感招恶缘,那么,在这个小洲上居住的众生,就看到一切不祥的境界:或者看见两个太阳,或者看见两个月亮,其中乃至看见了日食、月食、日月上出现了如同佩玦一样的光环,彗星陨落,流星飞逝,出现像耳环一样的虹彩,如此等等种种恶相。唯有这个国家的众生见到这些恶相,其他国家的众生,本来就没有看见,同时也没有听闻。

“阿难,吾今为汝,以此二事,进退合明。阿难,如彼众生别业妄见,瞩灯光中所现圆影,虽现似境,终彼见者目眚所成。眚即见劳[①],非色所造。然见眚者,终无见咎。例汝今日以目观见山河国土及诸众生[②],皆是无始见病所成;见与见缘,似现前境,元我觉明见所缘眚。觉见即眚。本觉明心，觉缘非眚；觉所觉眚，觉非眚中。此实见见③，云何复名觉闻知见？是故汝今见我及汝并诸世间十类众生，皆即见眚，非见眚者。彼见真精，性非眚者，故不名见④。

注释：

①劳："见劳"、"劳相"，"劳"，动也，烦劳、繁复之动，如云昏扰扰之纷乱动相。《义贯》云："劳，病也。""见劳"，即见病之义。

②例：动词，类比。

③此实见见：真实地证见了见性之体、本觉明心，离于能见所见，寂而常照，照而常寂。如前文云"见见之时，见非是见"。

④故不名见：此与前文"见见之时，见非是见"互参。"此实见见"是进一步说明"见见之时"；"故不名见"则是进一步说明"见非是见"。

译文：

"阿难，我现在以别业妄见圆晕和同业妄见灾祥的这两种事例，为你说明见性真妄的道理。阿难，像前述那些众生的别业妄见，观看灯光而出现环绕灯光的圆影，即便好像是实有的外境，但到底还是观看者眼睛翳障所成的幻影。而眼翳所见的光色就是见病妄发劳相，即是能见之性动扰于尘境而有的动扰扰昏乱相，并非是灯色所造。然而能觉观眼翳病相的见性之体，终究没有见病的过咎。以此类比你今日眼观山河国土及诸多众生，不过都是你无始以来见病所成的妄境；能见的见性与所缘的外境，像似实有现前外境，却都似有实无，原是我们本觉妙明真心忽然一念妄动，所产生的能见妄见与所缘妄境。本觉明心一念妄动而起见分之妄见，就如同眼中生出翳障一样，是无明不觉的根由。本觉明心、觉照能缘的见性本自无病，然见性妄动而起能觉，觉于所觉，就如同眼生翳病而妄见幻影，而真觉之体则不在能所眚病之中。这无能所的真觉见性方是真实见见，怎么能说是见闻觉知的妄见呢？因此，你现在所看见的我、你，以及种种世间的十类众生，都是见带眚病的妄见，并不是照见眚病妄见的真觉见性。此见性真觉精妙，其真性不堕于能见所见的眚病之中，所以就不能名之为见。

"阿难，如彼众生同分妄见，例彼妄见别业一人，一病目人，同彼一国。彼见圆影眚妄所生，此众同分所现不祥，同见业中瘴恶所起，俱是无始见妄所生。例阎浮提三千洲中，兼四大海，娑婆世界，并洎十方诸有漏国，及诸众生，同是觉明无漏妙心，见闻觉知，虚妄病缘，和合妄生，和合妄死。若能远离诸和合缘及不和合，则复灭除诸生死因，圆满菩提不生灭性，清净本心，本觉常住。

译文：

"阿难，众生的同分妄见，可以类比一个人的别业妄见，一个眼生翳障的人观见妄境的道理，同理适用于一国人的共业所见。这个眼有翳障的人所见的圆影，既是因眼病妄见而生；

那么，这一国人所共同见到的不祥灾象，同样是由共业中的瘴厉恶缘而生起，二者都是无始以来的妄见所生。同理类推，阎浮提三千洲中以及四大海、娑婆世界，并至十方诸有漏国土及诸众生，同样是由这本觉圆明无漏妙心之体上，因一念妄动而生起见闻觉知的虚妄分别见病，缘于外境，于是和合妄生，和合妄死。如果能够远离诸和合缘和不和合缘，就可以灭除一切生死的因，从而圆满菩提的不生灭性，也就是清净本心，也名为本觉常住。

“阿难，汝虽先悟本觉妙明，性非因缘非自然性，而犹未明如是觉元，非和合生及不和合[①]。阿难，吾今复以前尘问汝：汝今犹以一切世间妄想和合诸因缘性，而自疑惑证菩提心和合起者。则汝今者妙净见精，为与明和，为与暗和？为与通和，为与塞和？若明和者，且汝观明，当明现前，何处杂见？见、相可辨，杂何形像？若非见者，云何见明？若即见者，云何见见？必见圆满，何处和明？若明圆满，不合见和。见必异明，杂则失彼，性、明名字[②]；杂失明、性，和明非义。彼暗与通，及诸群塞，亦复如是。

注释：

①和合：此段中，先论“和”，次论“合”，所以首先要清楚“和”与“合”之同异。“和”者，杂和也，融和也，如水与泥和在

一起;“合”者,相合也。

②按,如水土相和,则失彼水、土本名,转名为泥。

译文:

“阿难,你虽然已经悟知本觉妙明的真心,其真性本来就不是因缘所生,也并非自然所成,但你仍然未能明了这个本觉明元妙心也并非和合以及不和合而生。阿难,我现在还用前面所说的眼见四种尘境问你:你现今还是以一切世间诸法都是妄想和合的诸因缘性而生起的道理,而自生疑惑,那证得菩提心也应是和合而起。如果是这样,那么,你现在的妙净见精,是与‘明’和呢,还是与‘暗’和?是与‘通’和呢,还是与‘塞’和?如果是与‘明’和,那观见明相之时,当明相显现出来的时候,究竟在何处杂和‘见性’呢?当见明相之时,见性和明相仍可分别辨明其各自原来的形像,如果二者是杂和,应该是个什么形像呢?如果说杂和后的形像不是‘见性’,那样的话,见性没有了,如何去见明相呢?如果说杂和后的形像即是‘见性’,那样的话,明相没有了,又如何去见其所见的明相呢?如果说见性本自周遍圆满,则在何处与‘明’和呢?如果说明相本自周遍圆满,就不应仍能与见性相和。如果说见性必定异于明相,杂和就应当失去各自本有的属性,这样也就失去了‘见性’、‘明相’的名义;若因杂和而失去了明相、见性的名义,再说见与明和就失去了意义。其他如见与暗、通以及塞和,也是这个道理。

“复次,阿难,又汝今者妙净见精,为与明合,为与暗合？为与通合，为与塞合？若明合者，至于暗时，明相已灭，此见即不与诸暗合，云何见暗？若见暗时，不与暗合，与明合者，应非见明。既不见明，云何明合，了明非暗？彼暗与通，及诸群塞，亦复如是。

译文：

“其次，阿难，你现在的妙净见精，是与‘明’合呢，还是与‘暗’合？是与‘通’合呢，还是与‘塞’合？如果是与‘明’合，待到‘暗’时，明相已经消失了，这时见性就应该不与‘暗’合，怎么能够看到暗呢？如果看见‘暗’时，可以不与‘暗’合，那么与‘明’合时，就应该不是见到‘明’。既然不是见到‘明’，又怎么能说与‘明’合，怎么能了知这是‘明’而不是‘暗’呢？其他如见与‘暗’、‘通’以及‘塞’合，也是这个道理。”

阿难白佛言：“世尊，如我思惟，此妙觉元与诸缘尘及心念虑非和合耶？”佛言：“汝今又言觉非和合，吾复问汝：此妙见精非和合者，为非明和？为非暗和？为非通和？为非塞和？若非明和，则见与明必有边畔。汝且谛观，何处是明？何处是见？在见在明，自何为畔？阿难，若明际中，必无见者，则不相及，自不知其明相所在，畔云何成？彼暗与通，及诸群塞，亦复如是。

译文：

阿难对佛说："世尊，依我的思维，难道这妙觉元明的见性与所缘尘境及心之念虑功能是处于非和合状态吗？"佛说："你现在又说，这本觉妙性并非和合相。我现在问你：如果这本觉妙明的见性并非和合相，是不与'明'和，还是不与'暗'和？是不与'通'和，还是不与'塞'和？如果是不与'明'和，那么在'见性'与'明相'之间就必然有边界。你不妨仔细观察，哪个范围是'明相'？哪个范围是'见性'？属于'见性'还是属于'明相'，自哪里作为边界呢？阿难，如果在'明相'的边际之内，一定没有'见性'，那么，'明相'与'见性'就不相及，自然就无法知晓那明相的所在，边界如何建立呢？其他如非与'暗'、'通'以及'塞'和，也是如此。

"又妙见精非和合者，为非明合？为非暗合？为非通合？为非塞合？若非明合，则见与明性相乖角，如耳与明了不相触。见且不知明相所在，云何甄明合非合理？彼暗与通，及诸群塞，亦复如是。

译文：

"还有，如果这本觉妙明的见性不是和合相，是不与'明'合，还是不与'暗'合？是不与'通'合，还是不与'塞'合？如果是不与'明'合，那么，'见性'与'明相'相互对立，永远不相接触，就如同耳朵与'明'永远不相接触一样。见性尚且不知明相所在的地方，又怎么来甄别'见'与'明'是和合相还是非和合相呢？其他如非与‘暗’、‘通’以及‘塞’合，也是如此。

“阿难，汝犹未明一切浮尘，诸幻化相，当处出生，随处灭尽，幻妄称相，其性真为妙觉明体。如是乃至五阴、六入，从十二处至十八界，因缘和合，虚妄有生，因缘别离，虚妄名灭。殊不能知生灭去来，本如来藏常住妙明，不动周圆妙真如性。性真常中，求于去来、迷悟、生死[①]，了无所得。

注释：

①生死：有版本作“死生”。

译文：

“阿难，你还未明白世间一切虚浮不实的尘境，所有虚假幻化之境相，都是当缘聚处出生，随缘散处灭尽，不过是幻化虚妄之相而作种种的假名分别，其真实体性乃是妙觉圆明之体。如此乃至五阴、六入、十二处、十八界，都是因缘和合而有虚妄境相之假名为生，因缘离散而有虚妄境相之假名为灭。世间众生实在是不懂得这些虚妄境相的生灭去来，原本其真实体性乃是不生不灭、常住妙明的如来藏性，也即是常寂不动、周遍法界的妙真如性。在这真常妙性中去寻求生灭去来、迷悟生死的诸幻化相，了不可得。

“阿难，云何五阴本如来藏妙真如性？

“阿难，譬如有人以清净目观晴明空，唯一晴虚，迥无所有。其人无故，不动目睛，瞪以发劳，则于虚空别见狂花，复有一切狂乱非相。色阴当知，亦复如是。阿难，是诸狂花非从空来，非从目出。如是，阿难，若空来者，既从空来，还从空入；若有出入，即非虚空。空若非空，自不容其花相起灭。如阿难体，不容阿难。若目出者，既从目出，还从目入；即此花性，从目出故，当合有见。若有见者，去既花空，旋合见眼。若无见者，出既翳空[1]，旋当翳眼；又见花时，目应无翳，云何晴空号清明眼？是故当知，色阴虚妄，本非因缘，非自然性。

注释：

①翳（yì）：遮蔽，障碍；目疾引起的障膜。

译文：

“阿难，为什么说五阴本是如来藏妙真如性呢？

“阿难，譬如有人以清净明亮的眼睛去看明朗的晴空，唯见碧空万里，更无他物。假若这个人没什么缘由，目不转睛地直视天空，瞪眼成劳，就在虚空中看见狂花飞舞，或又看见一些奇形怪状的乱相。当知色阴，也是如此。阿难，眼前这些狂花乱相，既不是从空中来的，也不是从眼睛产生出来。因为是这样，阿难，如果说是从空中来的，既然是从空中出来，最后还会回入空中；如果有来去出入，那就不是虚空了，虚空是没有来去出入的。而如果虚空不是空的，便是实体，自然不能容纳这些狂花之相在其中生灭去来了。正如你阿难的身体中，不容再有一个阿难的身体。如果说是从眼中来的，既然是从眼中出来，最后还会回入眼中；此花既从眼出，眼以能见为性，此花也应有见性，也应该能看见东西。如果此花真有见性，能看见东西，出去时既为花于空中，旋归眼时应当见到眼睛。如果此花没有见性，不能看见东西，出去时既然成为空中翳障，旋归眼时也应当成为眼中翳障；那样的话，当眼睛又见到狂花时，狂花翳障已从眼中出去而为花于空中，这时眼睛应该没有翳障，应该可以被称为清明眼；可是却为什么眼见狂花被称为翳眼，而必见晴空万里才被称作清明眼呢？因此应当知道，色阴是虚妄而无自性，本非因缘所生，也非无因缘而自有的自然性。

“阿难，譬如有人手足宴安，百骸调适，忽如忘生，性无违顺。其人无故，以二手掌于空相摩，于二手中，妄生涩滑、冷热诸相。受阴当知，亦复如是。阿难，是诸幻触，不从空来，不从掌出。如是，阿难，若空来者，既能触掌，何不触身？不应虚空，选择来触。若从掌出，应非待合。又掌出故，合则掌知，离即触入，臂腕、骨髓应亦觉知入时踪迹。必有觉心，知出知入，自有一物，身中往来，何待合知要名为触？是故当知，受阴虚妄，本非因缘，非自然性。

译文：

“阿难，譬如有人四肢舒畅，身体调和，忽然间好像忘了自身的存在，心中没有了诸如苦乐顺逆等感受。这个人随便之间，以二手掌相互摩擦，就在两手掌间妄生涩滑、冷热等相。当知所谓受阴，也是如此。阿难，这种种幻触，既不是从虚空中来，也不是自手掌中生出的。阿难，这种种幻触如果是从虚空中来的，那它既然能够触及手掌，为什么不触及身体的其他部分呢？不应说虚空能够有选择地来触及。如果是从手掌中生出的，那就应该不必等到两手相合摩擦后才产生。又，如果幻触是从掌中生出，那么两掌合时知道幻触从掌出，两手分开时，也应该知道幻触从掌入，那臂腕、骨髓也应觉知幻触进入时的踪迹。如果有一个这样的能觉知之心，知道幻触之出与入，就应该自成一物，在身中进出往来，又何须等到两掌相互摩擦产生感受后才称名为‘触’呢？因此应当知道，受阴是虚妄而无自性，本非因缘所生，也非无因缘而自有的自然性。

“阿难，譬如有人，谈说酢梅[①]，口中水出；思踏悬崖，足心酸涩。想阴当知，亦复如是。阿难，如是酢说，不从梅生，非从口入。如是，阿难，若梅生者，梅合自谈，何待人说？若从口入，自合口闻，何须待耳？若独耳闻，此水何不耳中而出？想踏悬崖，与说相类。是故当知，想阴虚妄，本非因缘，非自然性。

注释:

①酢(cù):有版本作“醋”。“酢”为“醋”的异体字。

译文:

“阿难,譬如有人一谈说酸梅时,口中就生出口水来;一想到脚踏悬崖时,脚掌心就会感到酸涩。当知所谓想阴,也是这样。阿难,因谈酸梅而生出口水,这水既不是由酸梅所生,也不是由外从口而入。所以,阿难,如果是酸梅所生,那么,梅应该自己谈说而生出水来,何必等人来谈说才生出水来?如果是自外从口而入,自当口闻,又何须等耳朵听闻后口中才生出水呢?而如果唯有耳朵才能听闻,此水又为何不从耳中生出?至于一想脚踏悬崖就足底酸楚,此中道理与此相类似。因此应当知道,想阴是虚妄而无自性,本非因缘所生,也非无因缘而自有的自然性。

“阿难,譬如暴流,波浪相续,前际后际,不相逾越。行阴当知,亦复如是。阿难,如是流性,不因空生,不因水有,亦非水性,非离空、水。如是,阿难,若因空生,则诸十方无尽虚空,成无尽流,世界自然俱受沦溺。若因水有,则此暴流,性应非水,有、所有相,今应现在。若即水性,则澄清时,应非水体。若离空、水,空非有外,水外无流。是故当知,行阴虚妄,本非因缘,非自然性。”

译文：

“阿难，譬如滚滚流水，后浪推前浪，前际后际相续，不相超越。当知行阴，也是这样。阿难，这滚滚流水的流动性，并不是从虚空中生出，也不是因水而有，也不是水的本性如此，但又不是离开虚空与水而别有存在。因此，阿难，如果这瀑流是虚空所生，那么十方无尽虚空，就会成为无尽的水流汪洋，世界自然界都将为滚滚流水所淹没。如果这瀑流因水而有，那么，瀑流之性体，必与水各异，则能生相与所生相两者各自之体相，今应呈现在眼前，但实际上并非如此。若说瀑流奔流的流动性就是水的本性，那么，当水止不流、澄清静止时，应该就不是水的自体了。如果说离开虚空与水另有瀑流，应该知道，虚空之外了无一物，而水之外更无瀑流。因此应当知道，行阴是虚妄而无自性，本非因缘所生，也非无因缘而自有的自然性。

“阿难，譬如有人取频伽瓶①，塞其两孔，满中擎空，千里远行，用饷他国。识阴当知，亦复如是。阿难，如是虚空非彼方来，非此方入。如是，阿难，若彼方来，则本瓶中，既贮空去，于本瓶地应少虚空。若此方入，开孔倒瓶，应见空出。是故当知，识阴虚妄，本非因缘，非自然性。”

注释：

①频伽瓶：以形状似频伽鸟而得名。瓶，喻业识；两空，喻理事二端；所盛的虚空，喻空性。

译文:

“阿难,譬如有人拿一个频伽瓶,将其两端之孔塞起来,瓶中盛的尽是虚空,他远行千里,以此盛满虚空的瓶馈送他人。当知识阴也是这样。阿难,这个瓶中的虚空,并不是自远方带来,也不是从此方装进去的。所以,阿难,如果是从远方带来的,则此瓶中既然在远方盛走了一部分虚空,那么,该地方理应少却被盛走的那部分虚空。如果此虚空是从本地装进去的,那么,当开口倒瓶时,就应该看到原先的虚空从瓶中被倒出来。因此应当知道,识阴是虚妄而无自性,本非因缘所生,也非无因缘而自有的自然性。”

卷 三

本卷中，继续讨论“六入、十二处、十八界、七大”等，皆本来是如来藏妙真如性，“本非因缘，非自然性”。此中，“五阴、六入、十二处、十八界、七大”涵盖了根、尘、识，世间的一切有为法，也就是说，实际是抉择一切有为法之“性真相妄”。一切有为法就其相而言，都是虚妄幻化之相，因缘和合而有，因缘消散而亡；就其性而言，则为妙觉明体，皆本于如来藏妙真如性。就其性而言，本非因缘所生；就其相而言，也非无因缘而自有的自然性。故一切法性相圆融无碍，无有少法可得，也无少法可舍，如是乃至一切迷悟、去来、生死、涅槃等皆本来是如来藏妙真如性，“一切世间诸所有物皆即菩提妙明元心，心精遍圆，含裹十方”。这是本经抉择正见的甚深要义，也是圆悟如来密因、圆修菩萨万行、圆证楞严大定之枢要。

又通常“蕴（阴）、处、界”称为“三科”，本经加“六入”，则合称“四科”。

又“七大”即地、水、风、火、空、根（见）、识，这是本经的特别讲法。传统称“六大”，其中地、水、风、火、空“五大”属色法，识大则属心法，本经加“根大（见大）”而称“七大”。“大”指周遍法界。“根大”，指六根的功能作用，也称“见大”，是举见根代表其余诸根，意思还是指根大。蕅益大师言，“见大”是旧科之名，新科则名“根大”。

又本卷最后阿难所说的“妙湛总持不动尊，首楞严王世希有”之赞佛偈，后来被列入汉传佛教早课中而普遍流传。

“复次，阿难，云何六入本如来藏妙真如性？

“阿难，即彼目睛瞪发劳者①，兼目与劳同是菩提瞪发劳相。因于明、暗二种妄尘，发见居中，吸此尘象，名为见性。此见离彼明暗二尘，毕竟无体。如是，阿难，当知是见，非明、暗来，非于根出，不于空生。何以故？若从明来，暗即随灭，应非见暗。若从暗来，明即随灭，应无见明。若从根生，必无明、暗。如是见精，本无自性。若于空出，前瞩尘象，归当见根。又空自观，何关汝入？是故当知，眼入虚妄，本非因缘，非自然性。

注释：

①劳：此处“劳”字有二义，劳倦、疲劳是比喻之意，真正的含义是扰动、昏扰之相。下同。

译文：

“其次，阿难，为什么说六入本是如来藏妙真如性呢？

“阿难，如前所说，眼睛瞪视虚空而发生劳累错觉，就会看见空花乱飞，实际上，与此同样的道理，就连眼根与因劳累所见的狂花，都是菩提自性一念妄动所成的劳扰虚妄之相。因于明暗两种虚妄尘境，引发眼睛的能见功能在其中吸收相应的境相，这种功能就称为见的性能。这个见的性能离开了明暗两种妄尘，毕竟没有独立的自体存在。这样，阿难，应当知道，此见的性能不是从明、暗来，也不是由眼根而出，也不是虚空自己生出。为什么呢？假如它是从明而来，暗时就应当随即谢灭，就应该看不见暗，但实际上，明和暗都是可以看到的。假如它是从暗而来，明时就应当随即谢灭，就应该看不见明，实际上也非如此。假如此见的性能是从眼根产生，那即使完全没有明、暗二境，单独的眼根也应该有所见，但实际上眼根离开了明暗二尘等外境而并不能有所见。这样看来，此能见之精，本来就没有自性。假如此见的性能是从虚空产生，既然前面可以看见境相，回转过来也应该看见自己的眼睛，实际也不是这样。再说，如果此见的性能真的是从虚空产生，即是虚空自己能有所观见，与你的眼根又有什么关系呢？因此应当知道，眼入是虚妄而无自性，本非因缘所生，也非无因缘而自生的自然性。

“阿难，譬如有人以两手指急塞其耳，耳根劳故，头中作声。兼耳与劳同是菩提瞪发劳相。因于动、静二种妄尘，发闻居中，吸此尘象，名听闻性。此闻离彼动、静二尘，毕竟无体。如是，阿难，当知是闻，非动、静来，非于根出，不于空生。何以故？若从静来，动即随灭，应非闻动。若从动来，静即随灭，应无觉静。若从根生，必无动、静。如是闻体，本无自性。若于空出，有闻成性，即非虚空。又空自闻，何关汝入？是故当知，耳入虚妄，本非因缘，非自然性。

译文：

“阿难，譬如有人用两手指急速塞住两耳孔，久之耳根疲劳，头脑中嗡嗡作声。实际上，这耳根与劳倦所听到的嗡嗡声音，都是菩提自性一念妄动所成的劳扰虚妄之相。因于动、静两种虚妄尘境，引发耳根的听闻功能在其中吸收相应的境相，称之为听闻性。此听闻性离开了动、静两种尘象，毕竟没有独立的自体。因此，阿难，应当知道，这听闻性不是从动、静来，也不是由耳根而出，也不是虚空自己生出。为什么呢？假如此听闻性是从静而来，则动时就应当随即谢灭，就应该听不到动的声音，但实际上，动和静时的声音都可以听到。假如此听闻性是从动而来，则静时应当随即谢灭，就应该不能感觉到静境，实际上也非如此。假如此听闻性是从耳根产生，那即使完全没有动、静二境，单独的耳根也应该有所闻听，但实际上耳根离开了动、静二尘等外境而并不能有所闻听。如此看来，此听闻性自体，本来就没有自性。假如此听闻性是从虚空产生，如此一来，虚空既然具有听闻性，也就成为根性，既成为根性，也就不再是虚空了。再说，虚空既然自己能有所闻听，又与耳根有什么关系呢？因此应当知道，耳入是虚妄而无自性，本非因缘所生，也非无因缘而自生的自然性。

“阿难，譬如有人急畜其鼻，畜久成劳，则于鼻中闻有冷触。因触分别通、塞、虚、实，如是乃至诸香、臭气。兼鼻与劳同是菩提瞪发劳相。因于通、塞二种妄尘，发闻居中，吸此尘象，名嗅闻性。此闻离彼通、塞二尘，毕竟无体。当知是闻，非通、塞来，非于根出，不于空生。何以故？若从通来，塞则闻灭，云何知塞？如因塞有，通则无闻，云何发明香、臭等触？若从根生，必无通、塞。如是闻机，本无自性。若从空出，是闻自当回嗅汝鼻。空自有闻，何关汝入？是故当知，鼻入虚妄，本非因缘，非自然性。

译文：

"阿难，譬如有人急速抽搐鼻子，久之鼻根疲劳，就在鼻中产生冷气冲入的感觉。因为有了这种触觉，便分别出鼻子的通与塞、虚与实，以及香与臭等气味。实际上，这鼻根与劳倦产生的冷触，都是菩提自性一念妄动所成的劳扰虚妄之相。因于通、塞两种虚妄尘境，引发鼻根的嗅闻功能在其中吸收相应的境相，称之为嗅闻性。此嗅闻性离开了通、塞两种尘象，毕竟没有独立的自体。应当知道，这嗅闻性不是从通、塞来，也不是由鼻根而出，也不是虚空自己产生。为什么呢？假若此嗅闻性是因通而来，则鼻塞时感知的功能就应消失，为何仍能知晓鼻塞呢？假如此嗅闻性是因鼻塞而来，则鼻通时就当没有嗅闻的功能，为何仍能辨明香、臭等感受呢？假如此嗅闻性是从鼻根生出，那即使完全没有通、塞两种境相，单独的鼻根也应该有所嗅闻，但实际上鼻根离开了通、塞两种境相就不能有所嗅闻。这样看来，嗅闻性本来就没有自性。假如此嗅闻性是从虚空所生出，那它就应当能回转过来嗅到自己的鼻子。即便如此，这是虚空自己有嗅觉，与你的鼻根又有什么相干呢？因此应当知道，鼻入是虚妄而无自性，本非因缘所生，也非无因缘而自生的自然性。

“阿难，譬如有人以舌舐吻，熟舐令劳。其人若病，则有苦味，无病之人，微有甜触。由甜与苦，显此舌根，不动之时，淡性常在。兼舌与劳同是菩提瞪发劳相。因甜苦、淡，二种妄尘，发知居中，吸此尘象，名知味性。此知味性，离彼甜苦及淡二尘，毕竟无体。如是，阿难，当知如是，尝苦淡知，非甜苦来，非因淡有，又非根出，不于空生。何以故？若甜苦来，淡则知灭，云何知淡？若从淡出，甜即知亡，复云何知甜苦二相？若从舌生，必无甜淡及与苦尘。斯知味根，本无自性。若于空出，虚空自味，非汝口知。又空自知，何关汝入？是故当知，舌入虚妄，本非因缘，非自然性。

译文：

“阿难，譬如有人用舌舔自己的嘴唇，久之舌根疲劳。这个人若有病，就有苦味；若无病，就会略微感觉有甜味。因为有了甜与苦之味觉，方显出舌根的尝觉功能，而舌根不动的时候，非甜非苦的淡性常在。但实际上，这舌根与因舌疲劳所产生的甜苦味觉，都是菩提自性一念妄动所成的劳扰虚妄之相。因于甜苦有味和淡之无味的两种虚妄尘境，引发舌根的味觉功能在其中吸收相应的境相，称之为知味性。此知味性离开了甜苦、淡两种虚妄尘境，毕竟没有独立的自体。因此，阿难，你应当知道，这能够尝甜苦、淡的知味性，不是从甜苦来，也不是从淡性而来，不是从舌根生出，也不是虚空自己产生。为什么呢？假如此知味性是从甜苦来，则感受无味时，这个味觉就应消失，何以仍能感受到淡味呢？假如此知味性是从淡性产生出来，则尝到甜味时，这个味觉也应消失，为何仍能感受到甜苦两种味道呢？假如此知味性是由舌根产生，那即使完全没有甜苦、淡两种境相，单独的舌根也应该有所味觉，但实际上舌根离开了甜苦、淡等两种境相就不能有所味觉。这样看来，知味性本来就没有自性。假如此知味性是由虚空所生出的，那虚空自己能够觉知味道，并不是非得经过口、舌不可。况且，既是虚空自己有所知味，又与你的舌根有什么相干呢？因此应当知道，舌入是虚妄而无自性，本非因缘所生，也非无因缘而自生的自然性。

“阿难，譬如有人以一冷手触于热手，若冷势多，热者从冷；若热功胜，冷者从热。如是以此合觉之触，显于离知。涉势若成，因于劳触。兼身与劳同是菩提瞪发劳相。因于离、合二种妄尘，发觉居中，吸此尘象，名知觉性。此知觉体，离彼离合、违顺二尘，毕竟无体。如是，阿难，当知是觉，非离合来，非违顺有，不于根出，又非空生。何以故？若合时来，离当已灭，云何觉离？违、顺二相，亦复如是。若从根出，必无离、合、违、顺四相[①]，则汝身知，元无自性。必于空出，空自知觉，何关汝入？是故当知，身入虚妄，本非因缘，非自然性。

注释：

①四相：离、合二尘各有违、顺二相，故成四相——离违相、离顺相、合违相、合顺相。

译文：

“阿难，譬如有人用一只冷的手去接触另一只热的手，若冷势多，热手的温度便跟着下降；若热势多，冷手的温度便跟着上升。这样，以此二手相合时有了触觉，对显出二手离开后依然有觉知存在，能够知道是离开了。二手冷热交涉后，因而身根产生触久劳倦妄相。实际上，这身根与劳倦妄相，都是菩提自性一念妄动所成的劳扰虚妄之相。因于离、合的两种虚妄尘境，引发身根的知觉功能在其中吸收相应的境相，称之为知觉性。此知觉之体离开了离合、违顺两种虚妄尘境，毕竟没有独立的自体。因此，阿难，你应当知道，这个知觉性，不是从离合来，也不是从违顺而来；不是从身根生出，也不是虚空自己产生。为什么呢？如果此知觉性是由身根相合接触而来，当其离开时，触觉就应随之消失，又何以仍能知晓身根与外尘相离呢？对于违、顺二相，也是这个道理。如果此知觉性是从身根产生，那即使完全没有离、合、违、顺四种境相，单独的身根也应该有所知觉，但实际上身根离开了离合、违顺等境相就不能有所触觉，由此可见，你身根的知觉性本来就没有自性。如果此知觉性是从虚空产生的，虚空自己具有触觉功能，与你的身根又有什么关系呢？因此应当知道，身入是虚妄而无自性，本非因缘所生，也非无因缘而自生的自然性。

“阿难，譬如有人劳倦则眠，睡熟便寤。览尘斯忆，失忆为忘。是其颠倒生、住、异、灭。吸习中归，不相逾越，称意知根。兼意与劳同是菩提瞪发劳相。因于生、灭二种妄尘，集知居中，吸撮内尘，见闻逆流，流不及地①，名觉知性。此觉知性离彼寤寐、生灭二尘，毕竟无体。如是，阿难，当知如是觉知之根，非寤寐来，非生灭有，不于根出，亦非空生。何以故？若从寤来，寐即随灭，将何为寐？必生时有，灭即同无，令谁受灭？若从灭有，生即灭无，谁知生者？若从根出，寤、寐二相随身开合，离斯二体，此觉知者同于空花，毕竟无性。若从空生，自是空知，何关汝入？是故当知，意入虚妄，本非因缘，非自然性。

注释：

①流不及地：意根是以过去之五尘为所缘，以思忆为能缘的。如此便有忘失等现象，故而眼、耳、鼻、舌、身等五根的感觉内容并不能全部及于意根之地。

译文：

“阿难，譬如有人劳倦了就睡眠，睡足了就醒来。回想所见境相尘影称为回忆，若失去印象、不能记忆称为忘记。这些忽眠忽醒、或忆或忘都是意根颠倒而有的生、住、异、灭之相。收摄此忆忘、生灭等习气，全归心内，熏习不断，次第迁流，前后不杂，称为意知根。实际上，意知根与所生的颠倒知觉劳相，都是菩提自性一念妄动所成的劳扰虚妄之相。因于生、灭两种虚妄尘境，意根与前五根的觉知功能集聚在心内，吸摄内在的法尘于意根之中；前五根取外尘境的见闻觉知等，刹那流入意地，意识逆流返缘五根的落谢尘影，乃至缘于思不及处，称为意根的觉知性。此觉知性离开了寤与寐、生与灭两种虚妄尘境，毕竟没有独立的自体。因此，阿难，你应当知道，这个觉知性的根源，不是从寤寐来，也不是从生灭而有；不是从意根生出，也不是虚空自己产生。为什么呢？如果此觉知性是从寤而来，那么寐时就应当随即谢灭，又怎么知道是寐呢？如果一定是意念生起时才有，那么意念谢灭时就应该等同于没有意识，又是谁在领受意念的生灭呢？如果此觉知性是意念谢灭时才有，那么意念生起时即是灭相已经没有了，又是谁在知道意念生起呢？如果此觉知性是从意根生出，寤、寐二相乃是随着身体而开合的，离开了身体的开合二相，此觉知功能就等于空花，毕竟没有独立的自性。如果此觉知性是从虚空中生出来的，便是虚空自己具有觉知功能，与你的意根又有什么关系呢？因此应当知道，意入是虚妄而无自性，本非因缘所生，也非无因缘而自生的自然性。

“复次，阿难，云何十二处本如来藏妙真如性？

“阿难，汝且观此祇陀树林及诸泉池。于意云何？此等为是色生眼见？眼生色相？阿难，若复眼根生色相者，见空非色，色性应销，销则显发一切都无；色相既无，谁明空质？空亦如是。若复色尘生眼见者，观空非色，见即销亡，亡则都无，谁明空色？是故当知，见与色空，俱无处所。即色与见二处虚妄，本非因缘，非自然性。

译文：

“其次，阿难，为什么说十二处本是如来藏妙真如性呢？

“阿难，你现在看祇陀园中的树林和泉池。你以为这些到底是色尘生出眼根能见之性？还是眼根生出所见的色相？阿难，如果是眼根生出色相，则当眼睛观见虚空时，没有色相，这时眼根能生色相功能的色性应该消亡，如此则所显发出来的一切色相都应该没有了；色相既然消亡，同是色法的眼根也应消亡，又是谁来观见明了虚空呢？眼根生出虚空也是同样道理。如果认为是色尘生出眼见，则当眼睛观看虚空时，没有了色相，则能生出眼见的色尘也应没有了，所生出的眼见即消亡，如此能生与所生都没有了，又是谁来明了虚空与色相呢？因此应当知道，眼根能见之性与色相、虚空，都没有定在的处所。也就是说，色处和眼处二处都是虚妄而无自性，本非因缘所生，也非无因缘而自生的自然性。

“阿难，汝更听此祇陀园中，食办击鼓，众集撞钟，钟鼓音声，前后相续。于意云何？此等为是声来耳边？耳往声处？阿难，若复此声来于耳边，如我乞食室罗筏城，在祇陀林则无有我；此声必来阿难耳处，目连、迦叶应不俱闻，何况其中一千二百五十沙门，一闻钟声，同来食处。若复汝耳往彼声边，如我归住祇陀林中，在室罗城则无有我；汝闻鼓声，其耳已往击鼓之处，钟声齐出，应不俱闻，何况其中象马牛羊种种音响。若无来往，亦复无闻。是故当知，听与音声俱无处所。即听与声二处虚妄，本非因缘，非自然性。

译文：

“阿难，你再听听祇陀园里，过堂吃饭时击鼓，集合大众时撞钟，钟鼓音声，前后相续，你怎样认识呢？你能听到此等钟鼓之声，究竟是声音来到你耳边呢？还是你耳根的听觉去往钟声所在之处？阿难，如果是声音来到你耳边，那么譬如我往室罗筏城乞食，此时在祇陀林就不会有我身在，因为我只有一个身体，在此处就不能去彼处；同样的道理，此声之体亦只有一个，若说这声音一定是来入阿难你的耳处，目犍连和大迦叶应不能同时听到，更何况在林中的一千二百五十比丘，一听钟鼓声都来到集会处。如果是你耳根的听觉去往声音处，那么如同我乞食回到祇陀林中，室罗筏城就不会有我身在；你听到鼓声，耳根听觉既然已去往击鼓之处，就不能去往撞钟之处，那么当钟鼓齐鸣之时，应该不能同时听到，更何况还有象马牛羊等种种音响夹杂其中。如果说根本没有声音与听觉的来往，声音也不来，听觉也不往，那就没有声音能被听到了。因此应当知道，听觉和声音都没有定在的处所。也就是说，耳处和声处二处都是虚妄而无自性，本非因缘所生，也非无因缘而自生的自然性。

“阿难，汝又嗅此炉中旃檀[①]。此香若复然于一铢，室罗筏城四十里内同时闻气。于意云何？此香为复生旃檀木？生于汝鼻？为生于空？阿难，若复此香生于汝鼻，称鼻所生，当从鼻出，鼻非旃檀，云何鼻中有旃檀气？称汝闻香，当于鼻入，鼻中出香，说闻非义。若生于空，空性常恒，香应常在，何藉炉中爇此枯木[②]？若生于木，则此香质，因爇成烟，若鼻得闻，合蒙烟气！其烟腾空，未及遥远，四十里内云何已闻？是故当知，香鼻与闻俱无处所。即嗅与香二处虚妄，本非因缘，非自然性。

注释：

①旃（zhān）檀：香木名。

②爇（ruò）：燃烧。

译文：

“阿难，你现在再闻此炉中所燃的旃檀香。这种香仅点燃一铢，室罗筏城内就会香气四溢，方圆四十里同时可以闻到香味。你怎样认识呢？此香味到底是生于旃檀木？生于你的鼻根？还是生于虚空中？阿难，如果此香味是从鼻根产生，既然称言为鼻根所生，则应当是从鼻而出，可鼻根不是旃檀木，怎么鼻中会有旃檀香的气味？既然称言是你闻到香味，就应当从鼻吸入才对，如果说鼻中放出香气，而又称言为闻香，这样讲不符合‘闻’的本义。若说此香味是从虚空中生出，而虚空的本性是恒常不变，那么香味也应常在不灭，何必还要通过炉中燃的旃檀木才有香味呢？如果说香味是由旃檀木产生，而此香木质，因燃烧而成烟，如果说鼻得闻香味，合当蒙受烟气！况且烟气腾空，并没有传到多远的地方，而室罗筏城方圆四十里内的人为什么却都能闻到此味呢？因此应当知道，香味、鼻根与嗅觉都没有定在的处所。也就是说，鼻处和香处二处都是虚妄而无自性，本非因缘所生，也非无因缘而自生的自然性。

“阿难，汝常二时，众中持钵，其间或遇酥酪醍醐①，名为上味。于意云何？此味为复生于空中？生于舌中？为生食中？阿难，若复此味生于汝舌，在汝口中只有一舌，其舌尔时已成酥味，遇黑石蜜应不推移。若不变移，不名知味；若变移者，舌非多体，云何多味一舌之知？若生于食，食非有识，云何自知？又食自知，即同他食，何预于汝，名味之知？若生于空，汝瞰虚空，当作何味？必其虚空若作咸味，既咸汝舌，亦咸汝面，则此界人同于海鱼。既常受咸，了不知淡，若不识淡，亦不觉咸，必无所知，云何名味？是故当知，味、舌与尝俱无处所。即尝与味，二俱虚妄，本非因缘，非自然性。

注释：

①酥酪（lào）醍醐（tí hú）：都是牛羊等乳精制而成。所谓

从牛出乳，从乳出酪，从酪出生酥，从生酥出熟酥，从熟酥出醍醐，而醍醐最为上味。

译文：

“阿难，你常于早晨、中午二时与大众一起托钵至各处乞食，有时会得到酥、酪、醍醐等种种上等滋味。你怎么认识？这些味觉到底是生于虚空中？或生于舌根中？还是生于食物中呢？阿难，若说此味觉是生于你的舌头，可你口中只有一个舌头，如果它此时已成为酥的味道，再遇到黑石蜜糖，味道就不应该转移。假若味道没有变化，那舌头就不能称为知味；假若味道变化了，舌头又不是多个，怎么多种味一个舌头就能了知其不同味道呢？如果说这个味觉是生于食物中，食物没有知觉分别，又怎么能自知味道呢？况且，如果食物自知味道，就如同他人吃饭一样，与你有何相干，又怎能称为你的舌头有尝味的知觉呢？如果说这个味觉生于虚空，那你尝一尝虚空，当是什么味道？如果虚空必定是咸味，它既然能够咸了你的舌，也应同时咸了你的面孔，那这个世界的人就应该全同海鱼一样了。既然常常受着咸味，就应彻底不知道淡味，可如果不识知淡味，也就不会知觉咸味了；这样连咸淡都无所知觉，怎么能称为知味呢？因此应当知道，味、舌根与尝都没有定在的处所。也就是说，尝与味二处都是虚妄而无自性，本非因缘所生，也非无因缘而自生的自然性。

“阿难，汝常晨朝以手摩头。于意云何？此摩所知，谁为能触？能为在手？为复在头？若在于手，头则无知，云何成触？若在于头，手则无用，云何名触？若各各有，则汝阿难应有二身。若头与手一触所生，则手与头当为一体，若一体者，触则无成；若二体者，触谁为在？在能非所，在所非能，不应虚空与汝成触。是故当知，觉、触与身俱无处所。即身与触，二俱虚妄，本非因缘，非自然性。

译文：

“阿难，你时常在晨起时用手摩自己的头。你以为如何？这个摩触所生的触觉，何处是能觉知所在？能觉知的触觉是在手？还是在头？若是在手，那单是手就有触觉了，头则没有触的知觉，怎么还要手摩头才成为摩触呢？若是在头，那单是头就能有触觉了，手则没有用处，怎么能够称为摩触呢？若头与手各自都有一个知觉体，那你一人应有两个身体才是。若头与手的知觉为同一触觉觉知体所生，那头与手应当是一体，若真的为一体，就没有能触和所触的区分，能所既泯，对待斯绝，也就不成其为触了；若说手与头是二体，那触觉觉知究竟应在谁处呢？若在能摩之手，即非属于所摩之头；若在所摩之头，即非属于能摩之手，那说头与手的知觉是同一触觉就不合道理了，总不应说是虚空来给你作所触之尘境吧！因此，应当知道，触觉、接触与身体都无真实的处所。也就是说，身处与触处二处都是虚妄而无自性，本非因缘所生，也非无因缘而自生的自然性。

“阿难，汝常意中所缘善、恶、无记三性生成法则[1]。此法为复即心所生？为当离心，别有方所？阿难，若即心者，法则非尘，非心所缘，云何成处？若离于心，别有方所，则法自性为知？非知？知则名心，异汝非尘，同他心量？即汝即心，云何汝心更二于汝？若非知者，此尘既非色、声、香、味、离、合、冷、暖及虚空相，当于何在？今于色、空都无表示，不应人间更有空外？心非所缘，处从谁立？是故当知，法则与心俱无处所。则意与法，二俱虚妄，本非因缘，非自然性。

注释：

①善、恶、无记：此三者合称“三性”。善，指其性安稳，能于现在世、未来世中，给与自他利益之白净法。恶，即能招感苦果或可厌毁之不善法，及恶思之所作。无记，即非善非不善者，因其不能记为善或恶，故称“无记”。

译文：

“阿难，你常在意根中攀援五尘落谢影像而生起善、恶、无记三性，进而生成法尘之轨则。此法尘应是意根之心中所生？还是离心以外别有一个所生之处？阿难，如果法尘是从心中生出，此法就不是外尘，故不是心之所缘；心所缘的对象才叫作‘处’，因而此法尘怎么能成为‘意处’呢？若说此法尘离开自心另有所生之处，那么法尘的自性是觉知性呢？还是非觉知性呢？

如果是有觉知性就应叫作心，此时法尘既异于你心，又不是外尘，那岂不是同于他人的心量了吗？如果认为离于心且有知觉之法尘是你的心，为何你的心更分为了两个呢？如果是无有觉知性，则此法尘既无色声香味四尘，又无离合冷暖之触尘以及虚空之相，法尘究竟应在何处呢？此法尘在五尘色法、虚空之中都无所显示，你该不会认为人世间更有虚空之外作为法尘的处所吧？色法有内外之别，虚空岂有内外！此法尘既然不是心之所缘，非心非境，法处从何建立呢？因此应当知道，法则与心都没有定在的处所。也就是说，意与法二处都是虚妄而无自性，本非因缘所生，也非无因缘而自生的自然性。

“复次，阿难，云何十八界本如来藏妙真如性？

“阿难，如汝所明，眼、色为缘，生于眼识。此识为复，因眼所生，以眼为界？因色所生，以色为界？阿难，若因眼生，既无色空，无可分别，纵有汝识，欲将何用？汝见又非青黄赤白，无所表示，从何立界？若因色生，空无色时，汝识应灭，云何识知是虚空性？若色变时，汝亦识其色相迁变，汝识不迁，界从何立？从变则变，界相自无；不变则恒，既从色生，应不识知虚空所在。若兼二种，眼、色共生，合则中离，离则两合，体性杂乱，云何成界？是故当知，眼、色为缘生眼识界，三处都无。则眼与色及色界三，本非因缘，非自然性。

译文：

“其次，阿难，为什么说十八界本是如来藏妙真如性呢？

“阿难，像你所知道的，眼根与色尘相互为缘而生出眼识。那么此眼识，是依眼根所生而以眼所见为识之界？还是依色尘所生而以所见色法为识之界呢？阿难，若是依眼根而生，既然没有作为识所缘对象的色相和虚空，没有可以被分别的对象，纵然你有眼识，又如何起作用呢？你的见性中又没有青黄赤白等差别相，无从表示你所见的范畴，如此则从何处确立眼识之界呢？如果说眼识是依色尘而生，那么当眼见虚空无任何色相时，你的眼识应当随即谢灭，这样能识别色相的主体谢灭了，又怎么识知辨别这个虚空性呢？如果色尘变迁时，你也识知色相的变迁，可你的眼识并不随色法变迁，则色与识一变一不变，无有对待之相，又从何建立眼识界呢？但若说眼根随着色尘变迁而变迁，二者都在变动，界相自然无从建立；若说眼识不随色相变迁而为恒常存在，既然是从色尘而生，应当不能识知虚空的所在。然而事实不然，眼识确能识知虚空所在，故眼识并非无觉知性。如果说眼识是兼眼根与色尘二者共同生成，那么，当眼根与色尘相合时，和合生出识之中界，离出根境之外；如此则此识之中界必然是根境‘两合’而成，都会造成体性杂乱，怎么能成立为一个界呢？因此，应当知道，眼根、色尘为缘生眼识界，三处推究都无所得。也就是说，眼根、色境及眼识三界都是依如来藏自体而起的虚妄暂有的现象，本非因缘所生，也非无因缘而自生的自然性。

“阿难，又汝所明，耳、声为缘生于耳识。此识为复因耳所生，以耳为界？因声所生，以声为界？阿难，若因耳生，动、静二相既不现前，根不成知；必无所知，知尚无成，识何形貌？若取耳闻，无动、静故，闻无所成，云何耳形？杂色触尘，名为识界？则耳识界复从谁立？若生于声，识因声有，则不关闻；无闻则亡声相所在。识从声生，许声因闻而有声相，闻应闻识！不闻非界，闻则同声？识已被闻，谁知闻识？若无知者，终如草木。不应声、闻杂成中界。界无中位，则内外相复从何成？是故当知，耳、声为缘生耳识界，三处都无。则耳与声及声界三，本非因缘，非自然性。

译文：

“阿难，又如你所知道的，耳根和声尘相互为缘生出耳识。那么此耳识是依耳根所生而以耳所闻为界？还是依声尘所生而以所闻声尘为界？阿难，若是依耳根而生，则声尘须具有运动和静止两种状态，才能形成耳识，动、静两种相状若不现前，单独耳根不能成其听觉；必定没有所闻知的对象，听觉尚不能成立，更何谈耳识是什么形貌呢？若耳识是从耳听闻而来，那当没有动、静两种声尘之时，听闻无所成立，怎么能生耳识呢？若说是有形的耳朵能生耳识，可肉耳属于身根的色相，身根的对象应是触尘，因此怎么能把耳朵杂上身根色相与触尘，称为能生耳识之界呢？若以上都不能成立，则耳识界又从何处成立呢？若耳识产生于声尘，耳识因声音而有，则与能闻的耳根无关；若无耳根之能闻，则所闻的声相便亡失其所在，既然没有声尘所在，耳识从何而立呢？若一定说耳识从声尘而生，就应当许可声尘本身具有听闻性，并因听闻性而有所闻的声相，如此则声尘于听闻之时也应该能听到耳识！然而岂有无情之声尘反过来听闻有情之识的？如果此声尘的听闻性并不能听闻到耳识，当然就不能成立耳识界；倘若能够听闻到耳识，那么耳识岂不是同于声尘了吗？进而，耳识既然已被听闻，识已成境，则没有能觉知之识，又是谁来觉知此闻识呢？如果说没有能觉知闻识的，那人岂不是等同于草木了。也不应说声尘与能闻之耳根相杂合而成为中间的耳识界。因为所谓杂合的中界并不成立，这样，既然耳识界并没有中界之位可得，则内根外尘之界相又从何而成呢？因此，应当知道，耳根与声尘互相为缘生耳识的说法，从三处推究都无所得。也就是说，耳根、声境、耳识三界都是依如来藏真如自体而起的虚妄作用，本非因缘所生，也非无因缘而自生的自然性。

“阿难，又汝所明，鼻、香为缘生于鼻识。此识为复因鼻所生，以鼻为界？因香所生，以香为界？阿难，若因鼻生，则汝心中以何为鼻？为取肉形双爪之相？为取嗅知动摇之性？若取肉形，肉质乃身，身知即触，名身非鼻，名触即尘，鼻尚无名，云何立界？若取嗅知，又汝心中以何为知？以肉为知，则肉之知元触非鼻。以空为知，空则自知，肉应非觉，如是则应虚空是汝；

汝身非知，今日阿难应无所在。以香为知，知自属香，何预于汝？若香臭气必生汝鼻，则彼香、臭二种流气不生伊兰及旃檀木[①]。二物不来，汝自嗅鼻，为香为臭？臭则非香，香应非臭；若香、臭二俱能闻者，则汝一人应有两鼻，对我问道有二阿难，谁为汝体？若鼻是一，香、臭无二，臭既为香，香复成臭，二性不有，界从谁立？若因香生，识因香有，如眼有见，不能观眼；因香有故，应不知香。知即非生，不知非识。香非知有，香界不成；识不知香，因界则非从香建立。既无中间，不成内外，彼诸闻性毕竟虚妄。是故当知，鼻、香为缘生鼻识界，三处都无。则鼻与香及香界三，本非因缘，非自然性。

注释：

①伊兰：又作"伊罗"、"鷖罗"、"堙罗那"等，树名。花可爱，气味甚恶，其恶臭及四十里。经论中多以伊兰喻烦恼，以旃檀之妙香比菩提。

译文：

"阿难，又如你所知道的，鼻根与香尘互相为缘生出鼻识。此鼻识是依鼻根所生而以鼻所闻为界？还是依香尘所生而以所闻香尘为界？阿难，如果因于鼻根而生，则你心中是以什么为鼻呢？是以如双垂爪的肉形为鼻？还是以嗅知香尘之性能为鼻？若取双垂爪的肉形为鼻，然肉质之鼻乃属身根，其觉知对象是触尘，应该称为身根而不是鼻根，这样，鼻根之名尚且得不到，又如何立鼻识界呢？若取嗅知为鼻，则你心中是以什么为嗅知呢？如果以肉形之鼻为能嗅知者，但肉形之鼻的觉知本来属于身根之触觉而不是鼻之嗅觉。如果以虚空为能嗅知者，则是虚空自己具有觉知，而肉形之鼻应该没有感觉，这样的话，则应该说虚空就是你的身体；进而，若你的身体没有觉知，那今天阿难你就应该无处可以存在了。如果以香尘为能嗅知者，则此觉知之性属于香尘，与你何干？如果香、臭气味都是从你鼻根生出，则这两种香、臭的流动气味应该不须生于伊兰树和旃檀木。这两种气味不来的时候，你自己闻鼻中，其中气味是香还是臭？是臭味就不应是香味，是香味就不应是臭味；如果香臭两种气味都能嗅到，则你一人应有两个鼻子，这样的话，向我问道的就应有两个阿难，那么哪个是你的真体呢？如果说鼻只是一个，鼻根又同时生出香、臭二气，则香、臭已混和为一，无有二性了，这样的话，臭既可成为香，香又可成为臭，香臭二性不能确定，则鼻识界从何建立呢？如果鼻识因于香尘而生，鼻识因香尘而有；如同眼有能见的功能却不能自观其眼；同样的道理，鼻识既然从香尘而生，也应该不能自己觉知其香味才是。若是鼻识能够觉知香味，就不能说香尘生出鼻识；若是鼻识不能觉知香味，那就不能叫作鼻识了。若香尘不能被鼻识所觉知，则香界就不能成立；若鼻识不能觉知香尘，则产生鼻识的因界就不是从香尘而建立。既然没有中间的鼻识界可得，也就不能成立内根外尘二界和合生识，那么能闻、所闻之性即是究竟虚妄的了。因此应当知道，鼻、香为缘生鼻识界的说法，向三处推究都不能确立，所以，鼻根、香境、鼻识都是虚妄暂有的现象。也就是说，鼻根、香境、鼻识三界都是依如来藏自体而起的功能、作用，本非因缘所生，也非无因缘而自生的自然性。

“阿难，又汝所明，舌、味为缘生于舌识。此识为复因舌所生，以舌为界？因味所生，以味为界？阿难，若因舌生，则诸世间甘蔗、乌梅、黄连、石盐、细辛、姜、桂①，都无有味。汝自尝舌，为甜为苦？若舌性苦，谁来尝舌？舌不自尝，孰为知觉？舌性非苦，味自不生，云何立界？若因味生，识自为味，同于舌根，应不自尝，云何识知是味非味？又一切味非一物生，味既多生，识应多体；识体若一，体必味生，咸淡甘辛和合俱生，诸变异相同为一味，应无分别。分别既无，则不名识，云何复名舌味识界？不应虚空生汝心识！舌、味和合，即于是中元无自性，云何界生？是故当知，舌、味为缘生舌识界，三处都无。则舌与味及舌界三，本非因缘，非自然性。

注释：

①细辛：多年生草本植物，性温，味辛。

译文：

“阿难，如你所知道的，舌根与舌尘为缘而生出舌识。此舌识是依舌根所生而以舌尘为界？还是依味尘所生而以所尝味觉为界？阿难，如果舌识是舌根所生，则诸世间的甘蔗、酸梅、黄连、食盐、细辛、生姜、肉桂等都应该没有味了。那你就尝尝自己的舌头，其味是甜，还是苦？若说舌性是苦味，谁来尝知舌性是苦味呢？如果舌不能自己尝自己，又是谁来知觉苦味呢？若说舌性没有苦等诸味，而味自己也不会从舌根生出，如此则舌中了无味觉，如何成立舌识界呢？如果舌识因于味尘而生，则舌识自身即为味尘，同于前述舌根应不能自尝其舌的道理一样，味尘也不能识知味尘，又如何能识知是有味，还是无味呢？再者，一切诸味有许多种类，但并不是从一个物体中生出，味既然是从多种物体中产生，而你认为舌识生于味尘，那么多种味尘生出的舌识相应地也应有多体了；如果你认为舌识之体只有一个，且其体必然从味尘而生，这样，能生之味也只能有一种，如此，则咸、淡、甘、辛等味只能和合在一起产生，这多种味混合变异，就呈现为同一味道，应该没有什么味的差别。味的分别既然没有了，就不能称其为识，又如何称名为舌味识界呢？总不能认为是从虚空中生出你的心识吧！因此，舌根与味尘和合，在其中本来就没有自性，识界从何处建立呢？因此应当知道，舌、味为缘生舌识，向三处推究都不能确定，三者都是虚妄暂有的现象。也就是说，舌根、味境、舌识三界都是依如来藏自体而有的功能、作用，本非因缘所生，也非无因缘而自生的自然性。

“阿难，又汝所明，身、触为缘生于身识。此识为复因身所生，以身为界？因触所生，以触为界？阿难，若因身生，必无离合二觉观缘，身何所识？若因触生，必无汝身，谁有非身知合离者？阿难，物不触知，身知有触。知身即触，知触即身。即触非身，即身非触。身、触二相元无处所，合身即为身自体性，离身即是虚空等相。内、外不成，中云何立？中不复立，内、外性空，则汝识生，从谁立界？是故当知，身、触为缘生身识界，三处都无。则身与触及身界三，本非因缘，非自然性。

译文：

“阿难，又如你所理解的，身根和触尘为缘而生出身识。此识是依身根所生而以身体觉受为界？还是因于触尘所生而以所觉触尘为界？阿难，如果身识是依身根而生，假使说没有了身体与外界的离、合二相以及依此产生的觉、观两种心理活动等缘，又如何生起身识呢？如果身识是依触尘而生，那应该是不须你的身体就能产生身识，但哪有人能不须身体就能觉知离、合呢？阿难，如果此识以根尘共为界限而生识，物必不能自触而生知，须与身合方知有触，此为共生。如果因触而知觉有身，则此知觉即是从触尘而生；如果因身而知觉有触，则此知觉即是从身而生。如果此知觉是从触尘所生，则非从身出；如果此知觉是从身根所出，则非从触尘生。如此，身与触尘二相互夺，不能成立二者对立共生之处所，则能生者不可得，怎么能生识呢？且此知在身在触尘之二相，原无一定的处所，如果此知离于触尘而合于身根，则即为身根自己的体性功能，而不需要有外境了；如果离于身而合于触尘，则离身之触不过即是虚空相，无有内根，从何而立！内之身根和外之触尘不能成立，中间所生之身识又从何处建立呢？中间的身识不能成立，则内、外的根和尘都不能成立，又从何处建立身识界呢？因此，应当知道，身根和触尘为缘而生身识界，向三处推究都不能成立，三者同是虚妄暂有的现象。也就是说，身根、触尘、身识三界都是依如来藏真如自体而起的功能、作用，本非因缘所生，也非无因缘而自生的自然性。

“阿难，又汝所明，意、法为缘生于意识。此识为复因意所生，以意为界？因法所生，以法为界？阿难，若因意生，于汝意中必有所思，发明汝意，若无前法，意无所生；离缘无形，识将何用？又汝识心与诸思量兼了别性，为同为异？同意即意，云何所生？异意不同，应无所识。若无所识，云何意生？若有所识，云何识意？唯同与异二性无成，界云何立？若因法生，世间诸法不离五尘，汝观色法及诸声法、香法、味法及与触法，相状分明，以对五根，非意所摄。汝识决定依于法生，汝今谛观法法何状？若离色空、动静、通塞、合离、生灭，越此诸相，终无所得。生则色空诸法等生，灭则色空诸法等灭。所因既无，因生有识，作何形相？相状不有，界云何生？是故当知，意、法为缘生意识界，三处都无。则意与法及意界三，本非因缘，非自然性。”

译文：

“阿难，又如你所理解的，意根与法尘互相为缘生出意识。此意识是依意根所生而以意所思维为界？还是依法尘所生而以所思法尘为界？阿难，如果意识是依意根而生出，则在你的意根中必定有所思的法尘存在，来发明你的想象，如果没有所思的法尘对象，意识就不能生起；离于所缘法尘则意根无形可得，根尘双泯，意识又如何起作用呢？再者，你的识心与诸思量、了别性是相同的？还是相异的？如果是相同的，意识若等同于意根则即是意根，怎么还说意根生出意识呢？如果是不相同的，意识异于诸思量、了别性，则应该像无知的外尘一样无所识知。假如的确是无所识知的，那怎能说是意根生识呢？假如你认为是有所识知，则意根与识心都具有了别性，怎么可以分出何者是意根的了别性，何者是意识的了别性呢？所以，意根与识心无论是相同或相异，意根与意识二者的自性都无法成立，又怎么能由此建立意识界呢？如果说意识是依法尘而生出，那么，世间一切诸法都不离色、声、香、味、触五尘，而你观察色法、声法、香法、味法以及触法，都是相状分明，以对应于五尘各自相应的五根，并不是意根所摄之法。如果说你的意识决定是依于法尘而生，你现在仔细观察法尘之法到底是什么相状？如果离开了色与空、动与静、通与塞、合与离、生与灭，超越了这些相状，终无所得，没有自体。法尘若生则与五尘一同生，若灭则与五尘一同灭。所因的法尘既然无有自体，因此而生出的意识，又作何形相呢？相状尚且没有，则意识界又以何建立呢？因此应当知道，意根和法尘为缘而生意识的说法，向三处推究都不能成立。也就是说，意根、法尘、意识三界都是虚妄暂有的现象，都是依如来藏真如自体而起的功能、作用，本非因缘所生，也非无因缘而自生的自然性。”

阿难白佛言：“世尊，如来常说和合因缘，一切世间种种变化皆因四大和合发明[①]。云何如来因缘、自然二俱排摈？我今不知斯义所属，惟垂哀愍，开示众生中道了义、无戏论法。”

注释：

①四大：地、水、火、风。此四者广大，造作生出一切之色法（物质），故名“四大”。

译文：

阿难对佛说：“世尊，如来常说因缘和合生一切法，一切世间的种种变化都是由于地、水、火、风四大和合而显发出现。究竟是什么原因，如来现在将因缘和自然二种生因都排除在外？我今不知其中的义理所在，恳请如来哀悯，再为我等一切众生开示中道了义、无戏论的法义。”

尔时，世尊告阿难言：“汝先厌离声闻、缘觉诸小乘法，发心勤求无上菩提，故我今时为汝开示第一义谛。如何复将世间戏论、妄想因缘而自缠绕？汝虽多闻，如说药人，真药现前，不能分别，如来说为真可怜愍。汝今谛听，吾当为汝分别开示，亦令当来修大乘者通达实相。”阿难默然承佛圣旨。

译文：

这时，世尊告诉阿难：“你先前厌离声闻、缘觉等小乘法，发心勤求无上菩提。因此，我现在为你开示大乘妙法第一义谛。可是你为何又被这些世间戏论、分别妄想因缘之法而缠绕自心呢？你虽广见多闻，却如同一个口说药名的人，真药出现在眼前，却反而不能辨别认识，如来说这种人真可怜悯。你现在仔细听，我将为你分别法义，开示精要，也让将来修习大乘法的人通达实相。”阿难默然，准备领受佛宣示法要。

“阿难，如汝所言‘四大和合发明世间种种变化’。阿难，若彼大性，体非和合，则不能与诸大杂和，犹如虚空不和诸色。若和合者，同于变化，始终相成，生灭相续。生死死生，生生死死，如旋火轮，未有休息。阿难，如水成冰，冰还成水。

译文：

“阿难，如你所说的‘四大和合产生了世间种种变化’。阿难，如果四大之体性不是和合而成，那就不能与四大之相杂和，这样就是性在相外，如同虚空不与一切种类的色相和合一样。如果四大之体性是和合而成的，就同于四大之相的变化不住，即生住异灭的始终相成，前后相续。生了死，死了生，生生死死，如同旋转的火轮没有止息。阿难，这四大之性与相的关系就像水结成冰，冰又化成水一样。

“汝观地性：粗为大地，细为微尘，至邻虚尘[1]，析彼极微，色边际相，七分所成，更析邻虚，即实空性。阿难，若此邻虚析成虚空，当知虚空出生色相。汝今问言：由和合故，出生世间诸变化相。汝且观此一邻虚尘用几虚空和合而有？不应邻虚合成邻虚。又邻虚尘析入空者，用几色相合成虚空？若色合时，合色非空。若空合时，合空非色。色犹可析，空云何合？汝元不知，如来藏中，性色真空，性空真色，清净本然，周遍法界；随众生心，应所知量，循业发现。世间无知，惑为因缘及自然性，皆是识心分别计度，但有言说，都无实义。

注释：

①邻虚尘：新译曰“极微”。色法之最极少分，邻似虚空者，即已接近虚空的微尘，此为色法之根本。

译文：

“你且观察地大之性：粗的为大地，细的为微尘，析解微尘作七分，七分之一称为极微尘，进一步析解极微尘作七分，到达了色尘的边际，称为邻虚尘；这样分析至于邻虚尘，再析解细分下去，色尘名义失去，依如来权教所说，即是真实的虚空之性。

阿难，如果此邻虚尘可以析解成虚空，同理应当可知虚空能够生出色法之相。你现在问的意思：由于和合的缘故，产生了世间的种种变化之相。你试观察这一邻虚尘，用了多少虚空和合而成？不应该是邻虚尘合成了邻虚尘吧。又如果说是邻虚尘不断析解而成了虚空，那么，究竟是用多少邻虚尘色相合成了虚空？若是色相与色相相合，合成之物仍是色法，不会成为虚空。若是虚空与虚空相合，合成之物仍是虚空而不是色法。色法还可以析解，而虚空无相又怎么能相合呢？你原本不知，如来藏性中，性具之色即是真空，而性具之空即是真色，此如来藏本然清净，周遍于法界；随着众生之心性的不同，以及相应知量的大小，因循众生的业感不同而显发呈现不同的差别外境。世间无知的人，迷惑本性而误认为是因缘性以及自然性，这些都是众生识心的分别计度妄想，仅仅只是言说戏论，并没有真实的意义。

"阿难，火性无我，寄于诸缘。汝观城中未食之家，欲炊爨时[①]，手执阳燧[②]，日前求火。阿难，名和合者，如我与汝一千二百五十比丘，今为一众。众虽为一，诘其根本，各各有身，皆有所生氏族名字，如舍利弗，婆罗门种[③]，优楼频螺[④]，迦叶波种[⑤]，乃至阿难，瞿昙种姓[⑥]。阿难，若此火性因和合有，彼手执镜于日求火，此火为从镜中而出？为从艾出？为于日来？阿难，若日来者，自能烧汝手中之艾，来处林木皆应受焚。若镜中出，自能于镜出然于艾，镜何不镕？纡汝手执尚无热相，云何融泮？若生于艾，何藉日镜光明相接，然后火生？汝又谛观，镜因手执，日从天来，艾本地生，火从何方游历于此？日镜相远，非和非合，不应火光无从自有。汝犹不知如来藏中性火真空，性空真火，清净本然，周遍法界，随众生心，应所知量。阿难，当知世人一处执镜，一处火生，遍法界执，满世间起。起遍世间，宁有方所？循业发现。世间无知，惑为因缘及自然性，皆是识心分别计度，但有言说，都无实义。

注释：

①爨（cuàn）：烧火煮饭。

②阳燧：古代利用取火的铜镜。

③婆罗门：印度四姓中，最上位之僧侣、学者阶级。

④优楼频螺：佛陀弟子的三迦叶之一，“迦叶”为其姓。

⑤迦叶波：又作“迦摄波”。佛弟子名，古佛名，童子名，仙人名，律部名。此处指种姓。

⑥瞿昙：为印度刹帝利种中之一姓，瞿昙仙人之苗裔，即释尊所属之本姓。又作“乔答摩”、“瞿答摩”、“俱谭”、“具谭”，意译作“地最胜”、“泥土”、“地种”、“暗牛”、“牛粪种”、“灭恶”。

译文：

“阿难，火性没有自体，它是寄托于众缘才显现。你观察一下城中还未用餐的人家，将要烧火做饭时，手中拿着阳燧在太阳下求取火种。阿难，所谓和合的意思，就如同我和你们一千二百五十位比丘，现在合为一个大众集体。虽是一个大众集体，但究其根本，却各有自己的身体，都有所出生的氏族名字，如舍利弗是婆罗门种姓，优楼频螺是迦叶波种姓，乃至阿难为瞿昙种姓。阿难，如果此火性因和合而有，那人手拿阳燧镜在阳光下求火，那么，这个火是从镜中而生出呢？还是从艾草中而生出？或者是从太阳中而来呢？阿难，如果火是从太阳而来的，那么既然自能烧着手中的艾草，所经过之处的林木也应该都被焚烧。如果是从镜中生出，那么既然能从镜中出火点燃艾草，镜子为何却没被熔化呢？执镜之手尚且没有热的感觉，怎能熔化镜子呢？如果火是从艾草中生出，为何还要借助于日光与阳燧镜光明相接才生出火呢？你再仔细观察，镜子拿在手中，日光从天空来，艾草由地长出，那么，火究竟是从何方游历到这里的？太阳与镜子相距很远，既不能相和，也不能相合，总不应该说火是无因无缘自然而有的吧。你原本不知，如来藏中，性具之火即是真空，而性具之空即是真火。此如来藏本然清净，周遍于法界，并且随着众生之心性以及相应知量的大小而显现。阿难，当知世间人在一处执镜求火，就有一处火生出；假如是遍法界的人都持镜求火，那么整个世间都应有火生起。火既然遍世间到处都有生起，怎能说都有一定的所来处所呢？火只是因循众生的业感不同而显现的。世间无知的人，迷惑本性而误认为是因缘性以及自然性，这些都是众生识心的分别计度妄想，仅仅只是言说戏论，并没有真实的意义。

“阿难，水性不定，流息无恒。如室罗城迦毗罗仙、斫迦罗仙及钵头摩、诃萨多等诸大幻师①，求太阴精，用和幻药。是诸师等于白月昼手执方诸②，承月中水。此水为复从珠中出？空中自有？为从月来？阿难，若从月来，尚能远方令珠出水，所经林木皆应吐流。流则何待方诸所出？不流，明水非从月降。若从珠出，则此珠中常应流水，何待中宵承白月昼？若从空生，空性无边，水当无际，从人洎天皆同陷溺，云何复有水陆空行？汝更谛观，月从天陟③，珠因手持，承珠水盘本人敷设，水从何方流注于此？月珠相远，非和非合，不应水精无从自有。汝尚不知，如来藏中性水真空，性空真水。清净本然，周遍法界，随众生心，应所知量。一处执珠，一处水出，遍法界执，满法界生。生满世间，宁有方所？循业发现。世间无知，惑为因缘及自然性，皆是识心分别计度，但有言说，都无实义。

注释：

①迦毗罗仙：数论外道之祖，称“黄发外道”。斫迦罗仙：为“圆轮外道”。钵头摩：为“莲花池外道”。诃萨多：为“事水外道”，均是古印度外道之师，都善幻术。

②方诸：水晶珠。为古人于月夜使用方术求取水的器具，状如珠子。

③陟（zhì）：由低处向高处走。与“降”相对。

译文:

“阿难,水性不定,流动止息无常态。就如室罗筏城中的迦毗罗仙、斫迦罗仙及钵头摩、诃萨多等大幻师,欲求取太阴精用以和合制作幻药。这些幻师于月明如白昼之时,手执方诸承接月中之水。此水是从水晶珠中生出?还是空中自然而有?还是从月亮来的呢?阿难,如果此水是从月亮来的,月亮既然尚能于如此遥远的地方使珠出水,那月光所经过的林木都应该有水流出。若有水流出则何必再依靠水晶珠出水呢?若林木之中并无水流出,就表明了此水不是从月中降下的。如果此水是从水晶珠中生出,则此珠应该常常有水流出,何必等到午夜月明之时呢?如果此水是从空中生出,虚空无有边际,那所出的水也应当无有边际,这样,从人间到天上都应被洪水淹没,怎么还会有水、陆、空行的生命呢?你再仔细观察一下,月从天空升起,水晶珠以手执持,承接水晶珠出水的水盘本是人为安放设置的,那么,水是从何方流注于这个盘中呢?月亮与水晶珠相距很远,不能和合,总不应说所求的水精是无所从来、自然而有的吧。你原本不知,如来藏性中,性具之水即是真空,而性具之空即是真水。此如来藏本然清净,周遍于法界,并且随着众生之心性以及相应知量的大小而显现。阿难,当知世间人在一处执珠求水,就有一处水生出;假如是遍法界的人都持珠求水,那么整个世间都应有水生起。水既然遍世间到处都有生起,怎能说都有一定的所来处所呢?水只是因循众生的业感不同而显现的。世间无知的人,迷惑本性而误认为是因缘性以及自然性,这些都是众生识心的分别计度妄想,仅仅只是言说戏论，并没有真实的意义。

“阿难，风性无体，动静不常。汝常整衣，入于大众，僧伽梨角动及旁人，则有微风拂被人面。此风为复出袈裟角？发于虚空？生彼人面？阿难，此风若复出袈裟角，汝乃披风，其衣飞摇，应离汝体。我今说法，会中垂衣，汝看我衣，风何所在？不应衣中有藏风地。若生虚空，汝衣不动，何因无拂？空性常住，风应常生；若无风时，虚空当灭。灭风可见，灭空何状？若有生灭，不名虚空；名为虚空，云何风出？若风自生被拂之面，从彼面生，当应拂汝；自汝整衣，云何倒拂？汝审谛观，整衣在汝，面属彼人，虚空寂然，不参流动，风自谁方鼓动来此？风、空性隔，非和非合，不应风性无从自有。汝宛不知，如来藏中，性风真空，性空真风，清净本然，周遍法界，随众生心，应所知量。阿难，如汝一人微动服衣，有微风出，遍法界拂，满国土生，周遍世间，宁有方所？循业发现。世间无知，惑为因缘及自然性，皆是识心分别计度，但有言说，都无实义。

译文：

“阿难，风性没有自体，动静无常。你常常整理僧衣，进入大众，若袈裟衣角飘动触到旁边的人，则有微风吹拂这人的脸面。此风可是从袈裟衣角中生出？还是发自虚空？还是生于他人脸面？阿难，此风如果是从袈裟衣角中生出，那你就等于把风披在身上，这样袈裟衣飞动飘摇时，应该吹离你的身体而飞去才是。我现在说法，在法会中垂下僧衣，你看我的僧衣垂下不动之际，此时风在何处呢？不应说于静止时衣中有藏风之地吧。如果风是从虚空中生出，若你的僧衣不动时，为何虚空没有产生风来拂面呢？再说，虚空之性常住，风应该时时生出才是；反过来说，若无风之时，虚空也应该消亡才对。风之消亡可以看见，而虚空的消亡又该是什么样子呢？虚空如果有了生灭，就不能称为虚空；既然称为是虚空，就不应有生灭，没有能生与所生，如此则为何说风于此生出呢？如果风是自己从被拂人的脸面生出来的，既是从他的脸面生出的，应当顺着吹拂到你；然而，自然是你自己在整衣，从他面上生出风来吹拂你的袈裟又拂触其人，这岂不是倒拂？你仔细观察，整理僧衣的是你，然衣中无风，被拂之面是属于他人，彼面亦不生风，虚空寂静不参与任何流动，空亦不生风，风究竟是从何方鼓动而来此处的呢？风与虚空二者体性隔异，不能和合，总不应说风性是无所从来、自然而有的吧！你原本不知，如来藏中，性具之风即是真空，而性具之空即是真风，此如来藏本然清净，周遍于法界，并且随着众生之心性以及相应知量的大小而显现。阿难，像你一人微微动一下衣服，就有微风生出；假如遍法界的人都拂动衣服，那么整个国土都应有风生出。风既然遍世间到处都有生起，怎能说都有一定的所来处所呢？风只是因循众生的业感不同而显现的。世间无知的人，迷惑本性而误认为是因缘性以及自然性，这些都是众生识心的分别计度妄想，仅仅只是言说戏论，并没有真实的意义。

“阿难，空性无形，因色显发。如室罗城去河遥处，诸刹利种及婆罗门、毗舍、首陀兼颇罗堕、旃陀罗等新立安居[①]，凿井求水。出土一尺，于中则有一尺虚空；如是乃至出土一丈，中间还得一丈虚空。虚空浅深，随出多少。此空为当因土所出？因凿所有？无因自生？阿难，若复此空无因自生，未凿土前，何不无碍？惟见大地，迥无通达[②]。若因土出，则土出时，应见空入。若土先出，无空入者，云何虚空因土而出？若无出入，则应空、土，元无异因；无异则同，则土出时，空何不出？若因凿出，则凿出空，应非出土。不因凿出，凿自出土，云何见空？汝更审谛，谛审谛观，凿从人手，随方运转，土因地移，如是虚空因何所出？凿、空虚实，不相为用，非和非合，不应虚空无从自出。若此虚空性圆周遍，本不动摇，当知现前地水火风，均名五大，性真圆融，皆如来藏，本无生灭。阿难，汝心昏迷，不悟四大元如来藏。当观虚空，为出？为入？为非出入？汝全不知，如来藏中，性觉真空，性空真觉。清净本然，周遍法界，随众生心，应所知量。阿难，如一井空，空生一井，十方虚空，亦复如是，圆满十方，宁有方所？循业发现。世间无知，惑为因缘及自然性，皆是识心分别计度，但有言说，都无实义。

注释：

①毗舍：指商人。首陀：指农夫。颇罗堕：泛指各种工匠。旃陀罗：指屠夫。

②迥（jiǒng）：全然。

译文：

“阿难，虚空之空大种性无有形相，随着色尘对待烘托之缘而显现发明。就如室罗筏城距离河流很远，城中的王族、婆罗门教士、商人、农夫以及工匠、屠夫等安立新居后，就掘井求水。若掘出一尺的土，其中就有一尺的虚空；这样乃至掘出一丈的土，中间就有一丈的虚空。其地下虚空的浅深，与掘出泥土的多少而相应。此空到底是由于土所出呢？还是由凿而有呢？此空是由所出之土生出的呢？还是由开凿之力凿出的呢？还是无因而自己生出？阿难，如果此空是无因自生的，则还未凿土掘井之前，为何地中不现出通达无碍的空相呢？唯见大地之中全无通达之相。如果此空是因土而出，则挖出土时，应该看见有虚空进入才对。如果土先挖出，却并无虚空进入，怎么能说虚空是因土而出呢？如果此空本来无有出入，则虚空与土二者应该没有差别；没有差别则是相同，那么土被挖出之时，虚空为何不同时出来呢？若是因凿而出现虚空，就应该开凿出空而不是挖出土来。如果不是因为开凿而生出虚空，开凿只是挖出土来，为何却见到空呢？你再仔细如实观察，开凿是由人手完成，随其方向，运转施工，土从地中移出，这样的话，虚空究竟是从何处产生的呢？凿是实有，空是虚无，一虚一实，不能互相为用，非和非合，总不能说虚空是无所从来、自然而有的吧！如果虚空之性圆融周遍，本不动摇，则虚空与现前的地水火风都称为五大，其体性真实圆满，都是如来藏妙真如性，本来没有生灭。阿难，你的心昏迷，不悟四大本来都是如来藏妙真如性的作用显现。你应当观察虚空究竟是出？是入？还是非出非入？你全然不知，如来藏中，性觉即是真空，而性空即是真觉。此如来藏本然清净，周遍于法界，并且随着众生之心性以及相应知量的大小而显现。阿难，如一井之土被挖出，便有与一井等量的虚空，十方虚空，也是如此。虚空圆融遍满十方，岂有一定之方所呢？虚空只是随着众生的业感不同而显现的。世间无知的人，因迷惑而将其认作因缘和合而生，或当作无因自生的自然之性，这些都是众生识心分别计度的结果，仅仅只是言说戏论，并没有真实的意义。

“阿难，见觉无知，因色空有。如汝今者，在祇陀林，朝明夕昏，设居中宵，白月则光，黑月便暗，则明、暗等，因见分析。此见为复与明暗相并太虚空，为同一体？为非一体？或同非同？或异非异？阿难，此见若复与明与暗及与虚空元一体者，则明与暗二体相亡，暗时无明，明时无暗。若与暗一，明则见亡，必一于明，暗时当灭。灭则云何见明、见暗？若明、暗殊，见无生灭，一云何成？若此见精与暗与明非一体者，汝离明暗及与虚空，分析见元，作何形相？离明离暗及离虚空，是见元同龟毛兔角。明、暗、虚空，三事俱异，从何立见？明、暗相背，云何或同？离三元无，云何或异？分空分见，本无边畔[①]，云何非同？见暗见明，性非迁改，云何非异？汝更细审，微细审详，审谛审观：明从太阳，暗随黑月，通属虚空，壅归大地，如是见精，因何所出？见觉、空顽，非和非合，不应见精无从自出。若见、闻、知，性圆周遍，本不动摇，当知无边不动虚空，并其动摇地、水、火、风，均名六大，性真圆融，皆如来藏，本无生灭。阿难，汝性沉沦，不悟汝之见、闻、觉、知本如来藏。汝当观此见、闻、觉、知，为生？为灭？为同？为异？为非生灭？为非同异？汝曾不知，如来藏中，性见觉明，觉精明见。清净本然，周遍法界，随众生心，应所知量。如一见根，见周法界，听、嗅、尝触、觉触、觉知，妙德莹然，遍周法界，圆满十虚，宁有方所？循业发现。世间无知，惑为因缘及自然性，皆是识心分别计度，但有言说，都无实义。

注释：

①畔：界限，疆界。

译文：

“阿难，见性本无能所分别之知，只因色空等外尘为缘，方有见闻觉知显发。就如你现在所住的祇陀林，早晨光明，傍晚昏暗，假设在夜半之时，有月亮则有光明，无月亮便见昏暗，则明、暗等现象,因为见性而分辨明析。此见性与明、暗以及太虚空究竟是同为一体呢?还是并非一体?或者是既同又不同?或者是既异又非异呢?阿难,此见性如果与明、暗以及虚空本来同为一体,那么,明与暗二体更相消亡,不能共存,暗时无明,明时无暗。此见性若与暗同为一体,明时则见性消亡;若说见性一定是与明同为一体,暗时就应谢灭。见性既然谢灭则怎么能够见明、见暗呢?如果说明与暗虽有差别,而见性却并无生灭,那见性与明暗同为一体的义理怎么能成立呢?如果此见性与明暗等并非是一体,那么,你试着离开明暗及虚空等尘境,而去分析此见性,看看它到底是什么形相呢?如果离于明、离于暗以及离于虚空等尘境,这个能见之性原来如同龟毛兔角一样,虚妄无实,无有自体。明、暗、虚空三种尘境都离开,没有了所见外境,又如何成立见性呢?明、暗二者之性本相反,互相陵替,怎能说见性与明暗二者有时而同?若离开明、暗、虚空三者,原无独立之见性,怎能说见性与三者有时而异呢?若分析虚空和分析见性,本来各自都没有边畔疆界,怎可说见性与虚空非混同一体呢?见性能够见暗见明,而见性却并无迁改变化,又怎能说见性与明、暗非相异呢?你再仔细审量,细微地研究,如实观察:明跟从太阳,暗随从黑月,通属于虚空,塞归于大地,如此则见性究竟是从何处所出呢?见性有觉知,虚空则顽钝,体性各异,非和非合,总不能说见性是无所从来、自然而出的吧。因而,见、闻、觉、知之性,圆满周遍,本不动摇,当知其与无边际、无动摇的虚空和地、水、火、风,都称为六大种性;其体性真实圆融,都是如来藏妙真如性,本来没有生灭。

阿难，你心性沉沦，不悟你的见、闻、觉、知功能都是如来藏妙真如性的作用显现。你应当观察此见、闻、觉、知功能是有生？是有灭？与尘境是相同？还是相异？或是非生灭？或是非同异呢？你原本不知，如来藏中，性具之见性即是本明的觉体，本觉之性即是妙明真见。此如来藏本然清净，周遍于法界，并且随着众生之心性以及相应知量的大小而显现。就像这一见根，其见觉性周遍法界，则耳根之听觉性、鼻根之嗅觉性、舌根之尝觉性、身根之触觉性、意根之知觉性，妙德明通，周遍法界，圆满遍在于十方虚空，怎么会有一定的所来处所呢？它只是随着众生的业感不同而显现。世间无知的人，因迷惑而将其认作因缘和合而有，或当作无因自生的自然之性，这些都是众生识心的分别计度的结果，仅仅只是言说戏论，并没有真实的意义。

“阿难，识性无源，因于六种根尘妄出。汝今遍观此会圣众，用目循历。其目周视，但如镜中，无别分析；汝识于中，次第标指，此是文殊，此富楼那，此目犍连，此须菩提，此舍利弗。此识了知，为生于见？为生于相？为生虚空？为无所因，突然而出？阿难，若汝识性生于见中，如无明暗及与色空，四种必无，元无汝见；见性尚无，从何发识？若汝识性生于相中，不从见生，既不见明，亦不见暗，明暗不瞩，即无色空；彼相尚无，识从何发？若生于空，非相非见。非见无辨，自不能知明暗色空；非相灭缘，见闻觉知无处安立。处此二非，空则同无，有非同物，纵发汝识，欲何分别？若无所因，突然而出，何不日中别识明月？汝更细详，微细详审：见托汝睛，相推前境，可状成有，不相成无，如是识缘因何所出？识动、见澄，非和非合；闻、听、觉、知，亦复如是。不应识缘，无从自出。若此识心本无所从，当知了别，见闻觉知，圆满湛然，性非从所，兼彼虚空、地、水、火、风，均名七大，性真圆融，皆如来藏，本无生灭。阿难，汝心粗浮，不悟见、闻、发明、了知，本如来藏。汝应观此六处识心为同为异？为空为有？为非同异？为非空有？汝元不知，如来藏中，性识明知，觉明真识。妙觉湛然，遍周法界，含吐十虚，宁有方所？循业发现。世间无知，惑为因缘及自然性，皆是识心分别计度，但有言说，都无实义。”

译文：

“阿难，识性并无根源，依凭于六种根、尘而虚妄显现。你现在遍观此会的圣众，用眼睛依次观览。你的眼睛周遭环视一遍，但只如同镜中所现一般，眼识没有别作分析；而你的意识却于其间依次标名指相，这是文殊，这是富楼那，这是目犍连，这是须菩提，这是舍利弗。此识的了别觉知之性，是生于见根眼睛？还是生于尘相？还是生于虚空呢？或者是无因突然而自生？阿难，如果你的识性是生于见根之中，假若明、暗以及色尘、虚空等四种尘相完全没有的话，就根本不会有你的见性；见性尚且不存在，又从何处发生眼识呢？如果你的识性生于尘相之中，而不是从见根中生出，那么因为没有见根，则既不能见明，也不能见暗，若明暗诸相都不能瞩视，也就没有色尘和虚空能被看到；外境诸相尚且没有，此识从何处发生呢？如果此识性生于虚空，既非尘相，又非见根。若非见根则无有能辨之性，自然无法知道明、暗、色、虚空；若非尘相则所缘之境即灭，见闻觉知就无处安立了。处在这样非见性、非尘相的情况下，虚空则等同于无，如何能生识？即使你认为虚空还是有，但此有并不能同于一般有具体形相存在的物象之有，又如何能生识？纵使能生发你的识性，识体终究是空无一物，又将如何作分别了知呢？如果此识是无因而突然生出，为何不能在日中之时另外看到明月呢？你再仔细审量，细微观察：能见作用依托眼睛扶尘根，所见尘相推属现前所对外境，可见相状的称为有相的色尘，不见相状的称为无相的虚空，这样的话，生识之缘究竟从何处而有呢？识之性有分别作用，属动；见之性无分别，属澄寂之性，体性各异，二者非和非合；闻、听、觉、知等五根之性，也是这样。总不能说识性之缘是无所从来、自然而出的吧。如果此识心本无所从来，非和合而有，当知此了别之识与见、闻、觉、知之性，都是圆满湛然，其性不是从因缘所生，故此识心连同虚空、地、水、火、风及根大，统名七大；其体性真实圆融，都是如来藏性妙真如性，本来没有生灭。阿难，你心粗浮，不悟见、闻以及发明、了知之识，本来就是如来藏性的作用显现。你应当观察眼、耳、鼻、舌、身、意六处识心是同是异？是空是有？还是非同非异？或者是非空非有？你原本不知，如来藏中，性具之识即是妙明真知，本觉之明即是真识。此如来藏本然清净，周遍于法界，含吐包裹十方虚空，怎么会有一定的所来处所呢？它只是随着众生的业感不同而显现。世间无知的人，因迷惑而将其认作因缘和合而生，或当作无因自生的自然之性，这些都是众生识心分别计度的结果，仅仅只是言说戏论，并没有真实的意义。”

尔时，阿难及诸大众蒙佛如来微妙开示，身心荡然，得无罣碍①。是诸大众各各自知，心遍十方，见十方空如观手中所持叶物。一切世间诸所有物皆即菩提妙明元心，心精遍圆，含裹十方。反观父母所生之身犹彼十方虚空之中吹一微尘，若存若亡；如湛巨海，流一浮沤，起灭无从。了然自知，获本妙心，常住不灭。礼佛合掌，得未曾有。于如来前，说偈赞佛：

妙湛总持不动尊②，首楞严王世希有。
销我亿劫颠倒想，不历僧祇获法身③。
愿今得果成宝王，还度如是恒沙众。
将此深心奉尘刹，是则名为报佛恩。
伏请世尊为证明，五浊恶世誓先入。
如一众生未成佛，终不于此取泥洹④。
大雄大力大慈悲，希更审除微细惑。
令我早登无上觉，于十方界坐道场。
舜若多性可销亡⑤，烁迦罗心无动转⑥。

注释：

①罣（guà）碍：牵挂。因事或因他人罪案而受牵连。

②妙湛总持不动尊：妙湛，指佛之法身遍满一切处。总持，佛之报身具般若智，能总一切法，持无量义。不动尊，指佛之应身。

③僧祇："阿僧祇"之略称，意译"无数"。印度数目之一，指极大、不可数之数目。

④泥洹（huán）：即涅槃。

⑤舜若多性："舜若多"指虚空之实体，"舜若多性"即虚空性。

⑥烁迦罗心："烁迦罗"为金刚、坚固之意。"烁迦罗心"即坚固心。

译文：

这时，阿难及诸大众听了佛的微妙开示，身心空彻荡然，一点罣碍也没有。与会大众各都觉悟到真心遍满十方虚空，亲见十方虚空，如同观看手中所持贝叶一样。一切世间的所有物象都是此菩提妙明元心之所变现，此心体周遍圆满，含裹十方世界。反观父母所生的这个身体，犹如十方虚空之中吹起的一点微尘，若存若亡；又如澄澄湛湛、无边无际的大海之中所漂流的一个小小的水泡，沉浮起灭不定。大众如是觉悟，了然自知已证获本觉妙心，悟到其为常住的不生不灭之心。大众恭敬礼拜释迦牟尼佛，得以听闻前所未有的妙法。大众于是一同说偈赞叹佛德：

妙湛总持不动尊，首楞严王世希有。
销我亿劫颠倒想，不历僧祇获法身。
愿今得果成宝王，还度如是恒沙众。
将此深心奉尘刹，是则名为报佛恩。
伏请世尊为证明，五浊恶世誓先入。
如一众生未成佛，终不于此取泥洹。
大雄大力大慈悲，希更审除微细惑。
令我早登无上觉，于十方界坐道场。
舜若多性可销亡，烁迦罗心无动转。

卷 四

本卷接着讨论一切法与如来藏性之关系，并引出了更为精彩的正见抉择。首先由佛的十大弟子中说法第一的富楼那尊者提出了两个问题：一是，如果世间一切法都是如来藏，是本来清净的无为法，为何忽然生出山河大地等一切有为相，而且次第迁流，终而复始？二是，地水火风空“五大”皆周遍法界，然“五大”之性互相陵灭，如水火不容，为何二者都可以周遍？

第一个问题，是令初学者相当迷惑不解的问题，也是令哲学家困惑难解的问题，也是学修悟解必须参究的问题。经中佛陀解释了无明惑业之依真起妄，并详细讲说了世界、众生、业果三种相续生起的原因和过程。古来注家多以《大乘起信论》之“三细”（业相、转相、现相）、“六粗”（智相、相续相、执取相、计名字相、起业相、业系苦相）来解释，所谓“无明不觉生三细，境界为缘长六粗”。此问题，经中其后还要多次反复讲说，这是本经十分重要的义理内容。第二个问题中，佛陀由此开示了如来藏三义：非一切法之空如来藏，即一切法之不空如来藏，“离即离非，是即非即”之空不空如来藏。佛陀通过这两个问题的回答，为说三种相续之因，开示五大圆融之故，显明性相无碍之理，而又会归三如来藏于一心。对此，台家以一心三观性具义解释，贤首家以本具真如心解释，而楞严家则以本具楞严大定发挥。而富楼那又从佛和众生等不同角度对这两个问题继续提问，佛陀以种种比喻回答，并提出了本经关于修证的重要原则——“歇即菩提”。

至此，本经由抉择正见逐步转入修证法门。随后阿难尊者提问，佛陀宣说了发菩提心之初心二决定义：第一义是，因地发心须以不生不灭之真如性为本修因，由此说“五浊”义，所谓一决定以因同果，澄五浊方可入涅槃；第二义是，决定捐弃诸有为相，审知烦恼根本和根尘颠倒之处，所谓二决定从根解结，脱缠缚乃入圆通。生死根本是六识，然六识须依六根而起，故六根为烦恼根本。根尘颠倒之处在六根，故修楞严大定，依不生灭心为本修因，选择下手功夫就是从根起修，从根解结，这是本经所讲的圆修法门。

接着讲说六根功德优劣，选择耳根为圆通根，从耳根解结，一根若返源，六根成解脱。并详细分析六根生起由来，提倡只选择一根，一门深入，“随拔一根，脱黏内伏，伏归元真”，其他五根随之圆满解脱。

又本卷所讲的耳根、舌根、意根一千二百功德，眼根、鼻根、身根八百功德，在《法华经》、《大乘庄严经论》中也有类似讲法。

尔时，富楼那弥多罗尼子在大众中即从座起，偏袒右肩，右膝着地，合掌恭敬，而白佛言：“大威德世尊，善为众生敷演如来第一义谛。世尊常推说法人中，我为第一。今闻如来微妙法音，犹如聋人逾百步外聆于蚊蚋，本所不见，何况得闻？佛虽宣明，令我除惑，今犹未详斯义究竟无疑惑地。世尊，如阿难辈虽则开悟，习漏未除；我等会中登无漏者，虽尽诸漏，今闻如来所说法音，尚纡疑悔。世尊，若复世间一切根、尘、阴、处、界等，皆如来藏清净本然，云何忽生山河大地诸有为相，次第迁流，终而复始？又如来说，地水火风，本性圆融，周遍法界，湛然常住。世尊，若地性遍，云何容水？水性周遍，火则不生。复云何明，水、火二性俱遍虚空，不相陵灭？世尊，地性障碍，空性虚通，云何二俱周遍法界？而我不知是义攸往，唯愿如来宣流大慈，开我迷云及诸大众。”作是语已，五体投地，钦渴如来无上慈诲。

译文：

这时，富楼那尊者即在大众中从座位上起来，偏袒右肩，右膝着地，合掌恭敬礼佛而对佛说：“大威德世尊，您最善于为众生详细解说如来的第一义谛。世尊常推重我为说法人中的第一。但我现在听了您的微妙讲解法音，却犹如聋人在百步外听蚊虫的叫声，本来就不能见到，更何况能听得到呢？佛虽然宣明法义，令我等除去疑惑，但我现在仍未明白第一义谛的究竟道理，未达到无疑惑的境地。世尊，如阿难等辈虽然开悟，习气烦恼尚未除尽；就是大会中像我一样证得无漏果位的阿罗汉众，虽然有漏烦恼已尽，现在听了如来所说法音，还纡绕在疑悔之中。世尊，如果世间一切根、尘、阴、处、界等，都是如来藏妙真如性、清净本然，为何忽然生出山河大地等种种有为相？而且它们次第迁流，终而复始？又如佛所常说，地水火风四大的本性是圆融无碍，周遍法界，湛然常住。世尊，如果地性周遍法界，怎么可以容水呢？水性周遍法界，火则不能产生。又如何明了水、火二性都遍满虚空，怎么不相互陵夺、消灭呢？世尊，地性具障碍相，空性具虚通相，为何又说二性都遍满法界呢？然而我实不知此义理的归属所在，唯愿佛以大慈悲教诲我及会中诸大众，拨开我们心中的迷云。”富楼那说完这些话后，五体投地，礼敬佛陀，渴望佛赐予无上慈悲的教诲。

尔时，世尊告富楼那及诸会中漏尽无学诸阿罗汉：“如来今日普为此会宣胜义中真胜义性，令汝会中定性声闻①，及诸一切未得二空、回向上乘阿罗汉等②，皆获一乘寂灭场地、真阿练若、正修行处③。汝今谛听，当为汝说。”富楼那等钦佛法音，默然承听。

注释：

①定性声闻：指沉空滞静、不肯回小向而趋止涅槃化城的钝根声闻乘人。

②二空：人空、法空。人空，又称“我空”、“生空”，即人我空无之真理。凡夫之人妄计色、受、想、行、识等五蕴是我，强立主宰，引生烦恼，造种种业。佛为破除此一妄执，故说五蕴无我之理，谓我仅为五蕴之假和合，并无常一之主宰。声闻、缘觉等二乘之人闻之而证入无我之理，称为“人空”。法空，即诸法空无之真理。二乘之人未达法空之理时犹计五蕴之法为实有者，佛为破除此一妄执，故说般若深慧，令彼等彻见五蕴自性皆空。菩萨闻之而入诸法皆空之理，称为“法空”。

③一乘：即指佛乘。

译文：

这时，佛告诉富楼那以及会中已断除烦恼的无学阿罗汉说："如来今天普为此会大众宣说胜义法中的真胜义性，让你们会中的定性声闻，以及一切还未证得人、法二空却回心向上乘的阿罗汉们，都能获得一乘寂灭道场、真正的阿练若寂静处、正修行处。你们现在仔细听着，我将为你们宣说。"富楼那等钦仰佛陀的法音，都肃然恭敬地聆听。

佛言："富楼那，如汝所言，清净本然，云何忽生山河大地？汝常不闻如来宣说'性觉妙明，本觉明妙'？"富楼那言："唯然，世尊。我常闻佛宣说斯义。"佛言："汝称觉明，为复性明，称名为觉？为觉不明，称为明觉？"富楼那言："若此不明，名为觉者，则无所明。"

译文：

佛说："富楼那，如你所问的，如来藏性清净本然，为何忽然生出山河大地？你不是时常听到如来宣说'性觉妙明，本觉明妙'吗？"富楼那回答："是的，世尊。我常听佛宣说此理。"佛问："你说'觉明'，是其性本然自明而称之为'觉'呢？还是性不自明，而须觉其不明，而称之为'明觉'呢？"富楼那回答："若此真觉本无明相不用明之，没有能觉与所明就称名为'觉'，则没有因所明而觉了。"

佛言:“若无所明,则无明觉。有所非觉,无所非明,无明又非觉湛明性。性觉必明,妄为明觉。觉非所明,因明立所;所既妄立,生汝妄能。无同异中,炽然成异;异彼所异,因异立同;同异发明,因此复立无同无异。如是扰乱,相待生劳,劳久发尘,自相浑浊,由是引起尘劳烦恼。起为世界,静成虚空。虚空为同,世界为异,彼无同异,真有为法。

译文:

佛说:“如你说的,若无能觉与所明,则没有因明而觉之明觉,必有所明方可称为明觉。然而,真觉本无能所,若有所明则就不是真觉了;若无所明则就不是明觉了,没有明觉当然就不是本性真觉的觉湛明性。本性真觉本然自明,不须更以明明之,若必要有所觉明,则这‘要有所明’的一念就是妄念,妄念动而转本然妙明为明觉,此真觉便被当作妄觉了。‘真觉’并不是所明之境,因为‘要有所明’的妄念作用而妄立了所明对象;所明对象既然妄立,就产生了虚妄能见功能。这样,在无有同异分别的本然清净之体中,突然显现出了种种差别异相的境界;异于这些差别异相,因对异相之境又妄立了同相;同相与异相互相显发彰明,因此又妄立了无同无异的有情含藏识。本然清净的如来藏性因为如此妄念一动的扰乱,便在同与异的相互对待中转生粗识劳虑,劳虑相续而引发尘相,由妄境引发妄心,妄心又分别妄境,分别计度,假立名言,以致自相心水浑浊不清,由此引起尘劳烦恼。这样,动起有相之处结为世界,静而无相之处结成虚空。虚空即是同相，世界便是异相，那无同无异相结成有情根识，乃是真有为法。

“觉明空昧，相待成摇，故有风轮执持世界①。因空生摇，坚明立碍。彼金宝者②，明觉立坚，故有金轮保持国土。坚觉宝成，摇明风出，风金相摩，故有火光，为变化性。宝明生润，火光上蒸，故有水轮含十方界。火腾水降，交发立坚。湿为巨海，干为洲潬③。以是义故，彼大海中火光常起，彼洲潬中江河常注。水势劣火，结为高山；是故山石击则成焰，融则成水。土势劣水，抽为草木；是故林薮遇烧成土④，因绞成水。交妄发生，递相为种，以是因缘，世界相续。

注释：

①风轮：为大地四轮之一，乃世界之最底部。世界之成必先立于虚空之上，称为“空轮”，依此空轮而上，生风轮、水轮、金轮，合称“四轮”。

②金宝：即金轮。

③潬（tān）：水中沙堆。

④薮（sǒu）：聚集。

译文：

“真觉之体起妄明，遂有晦昧顽空生起，妄明与晦昧之空相待，妄明动摇于内，风大生起于外，从微至著，积成风轮，执持世界，故世界初依风轮而得安立。又因空昧与妄明相待而生动摇，妄明坚执晦昧空体，遂结暗成色，凝成地大质碍之相。那些金宝，都是明觉体上一分坚执而凝结所立的坚碍之相，故有金轮形成，保持国土。坚执妄觉所立的金宝既成，摇动妄明所感的风大又出，风与金相互摩擦而有火光生起，成为变化性。金宝之体明净而生润泽之性，火光上升蒸发金轮，融结而有水轮，含受十方世界。火性上腾，水性下降，二者相交而生发成立坚碍之相。湿的成为巨海，干的成为洲滩。正因为这样，在大海中常有火光升起，洲滩上常有江河流注。水势劣于火，就结为高山；因此，山石相击会产生火花，融化则变成水。土势劣于水，就抽拔而为草木；因此，林木、草丛遇火烧即成土灰，因绞榨则有汁水。这样，妄心与妄境交互作用而发生种种境相，递相为因种，辗转而相生，因为这样的诸种因缘，便形成了世界的相续迁流，成住坏空，终而复始。

“复次，富楼那，明妄非他，觉明为咎，所妄既立，明理不逾。以是因缘，听不出声，见不超色。色、香、味、触，六妄成就，由是分开，见、觉、闻、知。同业相缠，合离成化。见明色发，明见想成，异见成憎，同想成爱，流爱为种，纳想为胎。交遘发生[①]，吸引同业，故有因缘，生羯罗蓝、遏蒲昙等[②]。胎卵湿化，随其所应。卵唯想生，胎因情有，湿以合感，化以离应。情、想、合、离，更相变易。所有受业，逐其飞沉，以是因缘，众生相续。

注释：

①遘（gòu）：合也。

②羯罗蓝：意译作“凝滑”、“和合”、“杂秽”、“胞胎”、“膜”。为胎内五位之一，托胎以后初七日间的状态，即父母两精初和合之凝结者，胚、胎之义。遏（è）蒲昙：意译作“疱”、“肿物”。指胎内五位之一，乃托胎后第二个七日之胎儿状，即于凝酪中生疱结之位，故称“疱”或“水泡”。

译文：

“其次，富楼那，须明了此妄起之因并非其他，而是在性觉本然自明之体上，却欲有所觉明，妄立所明与能觉，成为过咎所在，所明之妄相相分既已成立，能明之妄见见分于理上就不逾越所见的业相范围，而有所局限了。因为这样的因缘，听不出声尘范围，见不出色尘范围。于是，色、声、香、味、触、法等六种妄相相分得以成就；由此遂于一精明之体，区分出见、闻、嗅、尝、觉、知等六种妄见见分作用。胎生与卵生二类众生，因父母与自己三者业同，故互相缠缚而投胎托生。湿生与化生二类众生，因己业力，或合湿成形为湿生，或离旧赴新为化生。以胎生之人道来说，中阴身投胎之时，于同业有缘父母交合处见到一点微明的色境现出，中阴身乘光趋赴，刹那便至，明见妄境，便成欲爱妄想；男见父、女见母就生憎恨心，男见母、女见父就生爱心，流注此想爱于父精母血之中，为受生种子，父母方面纳受此想爱，得成为胎。父母交媾发生时，吸引同业有缘的中阴身来入胎，因此以想爱为亲因，以父母交合为助缘，而生羯罗蓝、遏蒲昙等胎相。胎卵湿化四生，都是随其业缘所感应而生。卵生唯因妄想多而受生，胎生是因情爱多而受生，湿生是因自己的情想与湿气相合而产生，化生是随其业缘所感应，离此托彼而产生。有情众生于累劫之中，情、想、合、离四种受生处于交互更易之中，并非一定。所有的受生业报，都是随逐众生的善恶业因而有，善业则飞升，恶业则沉堕，因为这样的诸种因缘，便形成了众生的相续受生，胎卵湿化，流转不息。

“富楼那，想爱同结，爱不能离，则诸世间父母子孙相生不断，是等则以欲贪为本。贪爱同滋，贪不能止，则诸世间卵、化、湿、胎，随力强弱，递相吞食，是等则以杀贪为本。以人食羊，羊死为人，人死为羊，如是乃至十生之类[①]，死死生生，互来相啖[②]，恶业俱生，穷未来际，是等则以盗贪为本。汝负我命，我还汝债，以是因缘，经百千劫，常在生死。汝爱我心，我怜汝色，以是因缘，经百千劫，常在缠缚。唯杀、盗、淫三为根本，以是因缘，业果相续。

注释：

①十生：即十类众生：卵、胎、湿、化、有想、无想、有色、无色、非有想、非无想。

②啖（dàn）：食也。

译文：

“富楼那，一切众生因过去世的想念恩爱因缘，以同想成爱欲，同为结缚，故受生时流爱为种，则深结生缘；爱欲之贪互相缠结，不能舍离，因而诸世间的父母子孙世世相生，延续不断，此类众生是以受生时的爱欲之贪为其生死的根本。由有贪爱而有身命，既有身命则同需滋养其命，因而贪求不止；为贪故杀，食其血肉，用来滋养己命，由此诸世间中的卵生、化生、湿生、胎生四类生物，随其力量的强弱，以强食弱，互相吞食，此类众生是以杀贪为其生死的根本。因为人食羊，羊死后转生为人，人死后又转生为羊，如此乃至十生之类都是这样，死死生生，互相吞食，恶业伴随而生，冤冤相对，尽未来际，此类众生是以盗贪为其生死的根本。你欠我命，我还你债，以此因缘，虽经百千劫数，常处在生死苦海之中。你爱我心，我怜你色，以此因缘，虽历百千劫数，常处在情爱缠缚中而不得解脱。所以，众生只是以杀、盗、淫三种贪习种子为其生死轮回的根本，以此因缘，业果相续不断。

“富楼那，如是三种，颠倒相续，皆是觉明，明了知性，因了发相；从妄见生，山河大地，诸有为相，次第迁流；因此虚妄，终而复始。”

译文：

“富楼那，如此的世界、众生、业果三种相续，乃是颠倒之相，都是由真觉妙明而起妄明，由妄明而起虚妄的了知性，因了知性而发生种种境界相；从此妄见生起山河大地等种种有为相的粗境，次第生灭，迁流不息；因为这样的颠倒虚妄，三种相续生灭流转，终而复始。”

富楼那言：“若此妙觉，本妙觉明，与如来心不增不减，无状忽生山河大地诸有为相；如来今得妙空明觉，山河大地有为习漏，何当复生？”佛告富楼那：“譬如迷人，于一聚落[①]，惑南为北，此迷为复因迷而有，因悟而出[②]？”富楼那言：“如是迷人，亦不因迷，又不因悟。何以故？迷本无根，云何因迷？悟非生迷，云何因悟？”佛言：“彼之迷人，正在迷时，倏有悟人指示令悟[③]。富楼那，于意云何？此人纵迷，于此聚落，更生迷不？”“不也，世尊。”“富楼那，十方如来亦复如是。此迷无本，性毕竟空。昔本无迷，似有迷觉；觉迷迷灭，觉不生迷。亦如翳人见空中华，翳病若除，华于空灭。忽有愚人，于彼空华所灭空地，待华更生。汝观是人为愚为慧？”富楼那言：“空元无华，妄见生灭。见华灭空，已是颠倒，敕令更出，斯实狂痴，云何更名如是狂人为愚为慧？”佛言：“如汝所解，云何问言：‘诸佛如来妙觉明空，何当更出山河大地？’又如金矿杂于精金，其金一纯，更不成杂；如木成灰，不重为木。诸佛如来菩提涅槃，亦复如是。

注释：

①聚落：即村落。

②所出：有版本为“而出”。

③倏（shū）：疾行貌。

译文：

富楼那又问佛：“如果此妙觉，是本然妙觉觉明之体，与如来的清净妙心一样不增不减，却无因无故忽然生出山河大地等有为法诸相；如来现在已经证得此妙性真空明觉，那么，山河大地等诸有为习漏，何时又当无状复生呢？”佛告诉富楼那：“譬如一个迷失方向的人，在一村落误认南方为北方，这个迷是因迷而有的呢？还是因悟而产生的呢？”富楼那回答：“这个迷人，既不是因迷而有了迷，也不是因悟而生出迷。为什么呢？迷本自无有根源，没有来由，怎么会因迷而有了迷呢？悟与迷相背，既然为悟就不会生迷，怎么会因悟而产生迷呢？”佛说：“那个迷人正在迷的时候，忽然有一个悟了的人指示方向，令他悟知。富楼那，你的看法如何？此人纵然在此聚落迷失，经此指示，还再生迷吗？”富楼那回答：“不会的，世尊。”佛说：“富楼那，十方如来也是如此，悟后不复更生妄迷。这个迷实无本体根源，其性是毕竟空。从前本没有迷，忽起妄念而似有了迷觉；一旦觉悟所迷则迷觉即灭，觉悟后也不会再生出迷觉。又如眼睛患翳病的人看见空中幻花，翳病若除去，空中幻花自然谢失了。忽然有一个愚人，眼病好后，仍在空中花谢灭之处等待空花重新出现。你看此人是愚昧？还是智慧呢？”富楼那回答：

“空中本来就没有花，因翳病迷妄而看见有花生灭。看到花在空中谢灭，已属颠倒之见，还要让花再次出现，这实在是痴狂，怎么还要说这样的狂人是愚昧、还是智慧呢？”佛说：“那你既然这样理解，为什么还要问：‘诸佛如来已证妙觉明空，何时又当再出生山河大地呢？’又如金矿中杂有精金，将其炼成纯金之后，就不会再混同杂质了；又如将木烧成灰，就不会再恢复成木了。诸佛如来证得菩提涅槃果位，也是如此。

“富楼那，又汝问言：地水火风本性圆融，周遍法界，疑水火性不相陵灭；又征虚空及诸大地，俱遍法界，不合相容。富楼那，譬如虚空，体非群相，而不拒彼诸相发挥。所以者何？富楼那，彼太虚空，日照则明，云屯则暗，风摇则动，霁澄则清，气凝则浊，土积成霾[①]，水澄成映。于意云何？如是殊方诸有为相，为因彼生？为复空有？若彼所生，富楼那，且日照时，既是日明，十方世界同为日色，云何空中更见圆日？若是空明，空应自照，云何中宵云雾之时，不生光耀？当知是明，非日非空，不异空日。真妙觉明，亦复如是。汝以空明，则有空现；地水火风各各发明，则各各现；若俱发明，则有俱现。云何俱现？富楼那，如一水中现于日影，两人同观水中之日，东西各行，则各有日随二人去，一东一西，先无准的。不应难言：此日是一，云何各行？各日既双，云何现一？宛转虚妄，无可凭据。

注释：

①霾（mái）：飞沙蔽天、日色无光貌。

译文：

“富楼那，你又问我：地水火风四大的本性圆融无碍，性体周遍法界，你仍疑惑水火二性相克，为何不会相互陵灭；又征问虚空和大地一通一碍，都遍满法界，似乎不应当相容并存。富楼那，譬如虚空之体无相，非是万物诸相，但却不排斥万物诸相在其中发挥作用。原因是什么呢？富楼那，那太虚空有日照就显现光明相，乌云屯积就显现黑暗相，风吹时就有动相，雨后天晴就有清朗之相，地气凝聚就现出浊重之相，尘土飞扬就现出阴霾之相，水澄清就会映现诸相。你怎么看待这些呢？这些‘明’等七种不同的有为相，是从‘日’等七缘所生呢？还是虚空自有呢？如果是从‘日’等七缘所生，富楼那，那么就以日照为例，既然显现的是日的光明相，则十方世界应当同是日的光明色，为何在虚空中又可以见到一个圆日呢？如果是虚空自有光明，虚空应恒常自照，为何半夜及云雾迷漫之时，不生出光明呢？由此应知，此明相不是定属于日，也不是定属于虚空，但却不离虚、日而有。真妙觉明之如来藏心与诸有为相的关系，也是如此。你若循感空之业而去觉明，则有空相显现；若循地、水、火、风各不同的业而去显发觉明，则有各不同的四大相显现；若诸业一起发明，则诸相一齐显现。怎样一齐显现呢？富楼那，如在一处水中映现出日影，两人同时观察水中日影，然后各自分别向东西两个方向行走，则各有一个日影随着二人而去，一随东行，一随西行，事先并没有确定的所行之处。你不应当问难说：此日影只是一个，为何各有一日影随二人同行？各自随行的日影是两个，为何水中只显现一个呢？这样宛转说一说二，其实都是虚妄计执，并没有真实的凭据。

“观相元妄，无可指陈，犹邀空华，结为空果，云何诘其相陵灭义？观性元真，惟妙觉明；妙觉明心，先非水火，云何复问不相容者？

译文：

“由此观七大相状本来虚妄，似有非实，无有实体可以指陈，犹如求其空花再结成空果，直是妄上加妄，怎么还诘问如来藏中所现诸大为何不相互陵灭的道理呢？观七大之本元真性，唯一妙觉圆明真心；此妙觉圆明如来藏心中，本来就没有地水火风空等诸大，但循业而发起显现诸大之相，怎么还要追问相互之间是否不相容呢？

“富楼那，汝以色空相倾相夺于如来藏，而如来藏随为色空，周遍法界；是故于中风动、空澄、日明、云暗。众生迷闷，背觉合尘，故发尘劳，有世间相。我以妙明不灭不生，合如来藏，而如来藏唯妙觉明，圆照法界；是故于中，一为无量，无量为一，小中现大，大中现小。不动道场，遍十方界，身含十方，无尽虚空；于一毛端，现宝王刹[①]，坐微尘里，转大法轮。灭尘合觉，故发真如妙觉明性。

注释：

①宝王刹：指佛的刹土，即三千大千一佛世界。

译文：

“富楼那，你以为色和空于如来藏中互不相容、互相倾夺，而如来藏则循业随缘显发为色、空等境相，并且周遍法界；因此在其中才有风的摇动、空的澄寂、日的光明、云的昏暗等诸相。众生迷昧于藏性、昏闷于无明，不通诸法虚妄不实之义，背离本有妙明真觉，而与虚妄尘相相合，故此循业显发尘劳之相，形成世间诸相。我以妙觉圆明不生不灭之体为始觉因，契合本觉如来藏性，而如来藏性唯是妙净本觉圆明真心，圆照一真法界；因此，在此如来藏性中，‘一’即具足无量法，无量法即包容于‘一’中，一多无碍；小者可以显现大者，大者容摄具足小者，小大无碍。此如来藏性如如不动道场，遍满十方世界，法身含藏十方无尽虚空；在一微小的毫毛端上，化现出广大的宝王刹土；坐于一介微尘里，转大法轮，教化无量众生。因为息灭了尘劳妄想而合于清净寂静的本觉，所以能够显发真如的妙觉明性，一切无碍。

“而如来藏本妙圆心，非心非空，非地非水，非风非火，非眼非耳、鼻、舌、身、意，非色非声、香、味、触、法，非眼识界，如是乃至非意识界。非明、无明、明无明尽，如是乃至非老非死，非老死尽。非苦非集，非灭非道，非智非得。非檀那非尸罗①，非毗梨耶非羼提②，非禅那非般刺若③，非波罗蜜多。如是乃至非怛闼阿竭④，非阿罗诃、三耶三菩⑤，非大涅槃，非常非乐非我非净⑥。

注释：

①檀那：即“布施”。尸罗：即“持戒”。

②毗梨耶：即“忍辱”。羼提：即“精进”。

③禅那：即“禅定”。般刺若：即“般若”。统称为“六度”。

④怛闼（dá tà）阿竭：即“如来”。

⑤阿罗诃：即“应供”，佛十号之一。三耶三菩：即“阿耨多罗三藐三菩提”，意为“正遍知”，佛十号之一。

⑥常、乐、我、净：大乘涅槃与如来法身所具足之四德。又称“涅槃四德”。

译文：

“而此如来藏本觉妙净圆明真心，非是识心，非是空，非是地、水、风、火，非是眼、耳、鼻、舌、身、意，非是色、声、香、味、触、法，非是眼识界乃至非是意识界等十八界。非是明，非是无明，非是明、无明尽；如此乃至非是老，非是死，非是老、死尽等十二因缘。非是苦、集、灭、道四谛，非是智，非是得。非是布施、持戒、忍辱、精进、禅定、般若等六度。如此乃至非是如来、应供、正遍知，非是大涅槃，非是常、乐、我、净。

“以是俱非世、出世故，即如来藏元明心妙，即心即空，即地即水即风即火，即眼即耳、鼻、舌、身、意，即色即声、香、味、触、法，即眼识界，如是乃至即意识界。即明、无明、明无明尽；如是乃至即老即死，即老死尽。即苦即集即灭即道，即智即得。即檀那即尸罗，即毗梨耶即羼提，即禅那即般剌若，即波罗蜜多。如是乃至即怛闼阿竭，即阿罗诃、三耶三菩，即大涅槃，即常即乐即我即净。以是俱即世、出世故，即如来藏妙明心元，离即离非，是即非即；如何世间三有众生及出世间声闻、缘觉[①]，以所知心测度如来无上菩提，用世语言入佛知见？譬如琴、瑟、箜篌、琵琶[②]，虽有妙音，若无妙指，终不能发。汝与众生，亦复如是。宝觉真心各各圆满，如我按指，海印发光[③]；汝暂举心，尘劳先起，由不勤求无上觉道，爱念小乘，得少为足。”

注释：

①声闻：为二乘之一、三乘之一。指听闻佛陀声教而证悟之出家弟子。缘觉：又作“独觉”、“缘一觉”、“因缘觉”。为二乘之一、三乘之一。指独自悟道之修行者。即于现在身中，不禀佛教，无师独悟，性乐寂静而不事说法教化之圣者。声闻与缘觉，称为二乘；若共菩萨，则为三乘。

②瑟（sè）：拨弦乐器。箜篌（kōng hóu）：古代拨弦乐器名。

③海印：佛所得之三昧。如于大海中印现一切之事物，湛

然于佛之智海中印现一切之法。

译文：

“因为全然不是世间、出世间之一切诸法的缘故，那么此如来藏本然元明真心妙觉，即是识心，即是空，即是地、水、风、火，即是眼、耳、鼻、舌、身、意，即是色、声、香、味、触、法，即是眼识界乃至即是意识界等十八界。即是明，即是无明，即是明、无明尽；如此乃至即是老，即是死，即是老、死尽等十二因缘。即是苦、集、灭、道四谛，即是智，即是得。即是布施、持戒、忍辱、精进、禅定、般若等六度。如此乃至即是如来、应供、正遍知，即是大涅槃，即是常、乐、我、净。因为全然即是世间、出世间之一切诸法的缘故，那么此如来藏妙明本元真心，离即离非即，是即、是非即；为何世间的三界众生以及出世间的声闻、缘觉，还要以所知的意识分别心来妄自测度如来无上正觉的境界，用世间的语言分别来悟入佛之知见呢？譬如琴、瑟、箜篌、琵琶等乐器，虽能发出美妙的声音，但若无妙指去弹，妙音终究不能发出。你与众生，也是如此。宝觉妙明真心，一切有情各圆满具足，唯佛有妙智，发其妙用，如世尊一按手指，即入海印三昧而发出定光，一切十方世界万象皆显现其中；而你们随举一念心，即落入意识分别之中，尘劳烦恼随之而起，这都是由于你们不勤求无上觉道，贪爱小乘果位，得少为足的缘故。”

富楼那言：“我与如来宝觉圆明真妙净心，无二圆满，而我昔遭无始妄想，久在轮回，今得圣乘，犹未究竟。世尊诸妄一切圆灭，独妙真常；敢问如来：一切众生何因有妄，自蔽妙明，受此沦溺？”

译文：

富楼那说：“我与如来同样具有宝觉圆明真妙净心，圆满具足，无二无别；但我过去由于无始以来的无明妄想缠绕，故久在轮回生死之中，现在虽证得圣道，但犹未得究竟。世尊您已圆满灭除一切妄惑、妄业、妄报，独得妙觉真常净心；敢问如来：一切众生是什么原因而有了无始的无明妄惑，自己遮蔽了妙明真心，而枉受此轮回之苦呢？”

佛告富楼那：“汝虽除疑，余惑未尽。吾以世间现前诸事今复问汝：汝岂不闻室罗城中演若达多①？忽于晨朝以镜照面，爱镜中头，眉目可见，嗔责己头，不见面目，以为魑魅②，无状狂走。于意云何？此人何因无故狂走？”富楼那言：“是人心狂，更无他故。”

注释：

①演若达多：人名。

②魑魅（chī mèi）：古谓能害人的山泽之神怪。亦泛指鬼怪。

译文：

佛告诉富楼那：“你虽破除了疑结，但仍有一些微细惑未能除尽。我再以世间现前的一些事例来问你：你难道没有听说过室罗筏城中演若达多的事情吗？有一日早晨，演若达多忽然用镜子自照其面，喜爱镜中的头面，眉目清晰可见，觉得非常可爱，因此怒责自己的头，为何看不见自己的面目，以为是魑魅作怪，惊吓得无故发狂乱跑。你看这事如何？此人是什么原因而无故发狂乱跑呢？”富楼那回答说：“这人是自心发狂，再没什么其他原因。”

佛言：“妙觉明圆，本圆明妙。既称为妄，云何有因？若有所因，云何名妄？自诸妄想，展转相因，从迷积迷，以历尘劫，虽佛发明，犹不能返。如是迷因，因迷自有；识迷无因，妄无所依，尚无有生，欲何为灭？得菩提者，如寤时人说梦中事，心纵精明，欲何因缘取梦中物？况复无因，本无所有。如彼城中演若达多，岂有因缘自怖头走？忽然狂歇，头非外得；纵未狂歇，亦何遗失？

译文：

佛说：“妙觉圆明的真心，本自圆满明妙。既然称其为妄心，怎么会有生因呢？若有所生因，又怎么称其为妄呢？自无始来的无明妄想，辗转为因，从迷生迷，历经尘沙劫数，虽有佛的启发说明，仍不能返迷归悟。这个迷的原因，实因迷自身而有，乃是忽起无明而心迷，由生妄想，从迷生迷，妄认为有；如果识得迷本无生因，妄心也没有实体为所依，纯属如虚空花一样的幻现，则此迷尚且本来没有所生之处，又要灭除什么呢？得证菩提圣果的人，就如醒来的人讲说梦中的事，心中虽然清明，能说出梦中境相，但要用什么因缘方法才能把梦中所见之物取来示人呢？更何况妄心本来无因，妄体本无所有。正如那个城中的演若达多，难道有真实的因缘让他自己害怕自己的头而狂走吗？如果忽然狂心顿歇下来，方知自己的头仍在，并非从外而得，镜子里的头面非是真实；其实，即使在其狂心未歇之时，他的头也从来没有遗失过。

“富楼那，妄性如是，因何为在？汝但不随分别世间、业果、众生三种相续，三缘断故，三因不生，则汝心中演若达多狂性自歇，歇即菩提。胜净明心，本周法界，不从人得，何藉劬劳肯綮修证[①]！譬如有人于自衣中系如意珠，不自觉知，穷露他方，乞食驰走。虽实贫穷，珠不曾失。忽有智者指示其珠，所愿从心，致大饶富，方悟神珠非从外得。”

注释：

①劬（qú）：劳苦。肯綮（qìng）：筋骨结合处。比喻要害或关键。

译文：

“富楼那，无明妄想之性即是如此不可得，哪有什么生起的原因呢？你只要不随妄境而起分别之心，不去分别世间、业果、众生三种相续，三种能缘的心既断，三相续之因不再生起，则你心中的演若达多狂性自然停歇，歇即得菩提。殊胜清净的妙明真心，本然周遍法界，乃是自己本有家珍，不从外得，何须劳苦身心、苦苦追寻无明妄想之因而断除之修证！譬如有人在自己衣服之中本来系着一颗如意宝珠，但自己却不知道，贫穷流落在他方，到处驰走乞讨。他虽然实在是贫穷，可衣中宝珠却未曾失掉。忽然有一位智者给他指示如意宝珠的所在和妙用，能够实现所有心中所愿，达于大富饶，这时，此人方才悟得宝珠本有而不是从外面得来的。”

即时，阿难在大众中顶礼佛足，起立白佛：“世尊现说杀、盗、淫业三缘断故，三因不生，心中达多狂性自歇，歇即菩提，不从人得；斯则因缘皎然明白，云何如来顿弃因缘？我从因缘心得开悟。世尊，此义何独我等年少有学声闻，今此会中大目犍连及舍利弗、须菩提等，从老梵志，闻佛因缘，发心开悟，得成无漏。今说菩提不从因缘，则王舍城拘舍梨等所说自然，成第一义。惟垂大悲，开发迷闷。”

译文：

这时，阿难在大众中顶礼佛足，起立对佛说：“世尊现在说由于杀、盗、淫三种业缘断除，三相续之因不再生起，心中的演若达多狂性自然停歇，歇即自得菩提，不从他人而得；这就是显然明白地讲因缘法，为什么如来又忽然弃舍因缘呢？我就是从听佛开示因缘才心得开悟。世尊，此义何独我等年轻的有学声闻为然，现在此会中的大目犍连及舍利弗、须菩提等，都是先从老梵志学道之后，得闻佛说的因缘法之理才发明心地而开悟，证得无漏圣果的。现在您说菩提不从因缘生，那王舍城的拘舍梨等外道所说的'自然'的道理，岂不成了第一义谛了。唯愿世尊垂示大悲，开启发明我心中的迷惑。"

佛告阿难："即如城中演若达多，狂性因缘若得除灭，则不狂性自然而出；因缘、自然，理穷于是。阿难，演若达多，头本自然，本自其然，无然非自，何因缘故怖头狂走？若自然头，因缘故狂，何不自然，因缘故失？本头不失，狂怖妄出，曾无变易，何藉因缘？本狂自然，本有狂怖，未狂之际，狂何所潜？不狂自然，头本无妄，何为狂走？若悟本头，识知狂走，因缘、自然俱为戏论。是故我言：三缘断故，即菩提心。

译文：

佛告诉阿难："就如城中的演若达多，狂性之无明因缘若得除灭，则不狂之觉性就自然而现出；你所谓的因缘、自然，其理穷究不过如此。阿难，演若达多的头本来自然就有，本身即是自然的样子，无时而不自然，是以什么因缘才怖畏自己无头而狂走呢？如果本是自然的头，由于照镜子的因缘怀疑头失去而发狂，那么为何自然本有的头，没有因照镜子的因缘而真的失去呢？本有的头并没有失去，不过是因狂怖而生出来的妄想；无论狂起狂歇，其头曾无丝毫变易，又何须凭借此因缘呢？如果说发狂本是自然，本来就有狂怖存在着，那他尚未发狂之时，狂性潜藏于何处呢？如果说不发狂本是自然，其头本来不是虚妄的存在，他为何又会发狂而狂走呢？如果领悟此头本来未失，识知狂走乃是虚幻妄想，与头实不相干，如此则知因缘、自然之说都是戏论。因此我说：三种能缘之心既断，三因不生，即得本具之菩提心。

“菩提心生，生灭心灭，此但生灭。灭、生俱尽，无功用道。若有自然，如是则明自然心生、生灭心灭，此亦生灭。无生灭者，名为自然。犹如世间诸相杂和成一体者，名和合性；非和合者，称本然性。本然非然，和合非合，合然俱离，离合俱非，此句方名无戏论法。

译文：

“菩提心生起，生灭心除灭，此还仅是凡情生灭之见，非是真菩提心的不生不灭境界。生灭心之‘灭’与菩提心之‘生’二者都无着，才是无功用道。但此时也不可作自然想，若仍有任运自然之心，这样则分明有自然心生、生灭心灭的对待分别，这仍属生灭境界，不是真的无功用道。灭、生俱尽的无生灭境界才叫作自然。犹如世间各种事相杂和构成一个整体，称名为和合性；而非和合性称名为本然性。本然与非本然、和合与非和合以及和合与本然都离而不执，乃至‘离’与‘合’之念也遣除不着，到此句言语道断、心行处灭，方得名为无戏论法。

“菩提涅槃，尚在遥远，非汝历劫辛勤修证。虽复忆持十方如来十二部经清净妙理，如恒河沙，只益戏论。汝虽谈说因缘、自然，决定明了，人间称汝多闻第一；以此积劫多闻熏习，不能免离摩登伽难。何须待我佛顶神咒，摩登伽心淫火顿歇，得阿那含[①]，于我法中，成精进林，爱河干枯，令汝解脱？是故阿难，汝虽历劫忆持如来秘密妙严，不如一日修无漏业，远离世间憎爱二苦。如摩登伽，宿为淫女，由神咒力，销其爱欲，法中今名性比丘尼。与罗睺罗母耶输陀罗同悟宿因[②]，知历世因，贪爱为苦，一念熏修无漏善故，或得出缠，或蒙授记。如何自欺，尚留观听？”

注释：

①阿那含：意译为“不来”，小乘四果中的第三果。

②罗睺（hóu）罗：佛陀出家前的儿子。后出家，在佛陀十大弟子中密行第一。耶输陀罗：佛陀出家前的妻子，罗睺罗的生母。佛陀成道五年后，与佛陀姨母摩诃波阇波提等五百名释迦族女，也出家受具足戒成为比丘尼。

译文：

“阿难，你细惑未除，距离菩提、涅槃还很遥远，这不是你历劫辛勤修行、但求多闻所能证得。你虽能忆持十方如来所说十二部经中如恒河沙数的清净妙理，但只不过是增益戏论而已。你虽然谈说因缘、自然之理，决定明了其义，人间称赞你多闻第一；然以此累劫的多闻熏习，不能免离摩登伽女的淫欲之难。若仅多闻即有功，何须依靠我的佛顶神咒来解救你，才使摩登伽女的淫念顿歇，并证得阿那含果，于我佛法中成为精进林，爱河干枯，不再缠缚你，使你得到解脱呢？因此，阿难，你虽历劫以来忆持如来秘密妙严的法义，不如用一日之功去勤修圆顿无漏法门，以远离世间的憎、爱二苦。如摩登伽女从前本是淫女，由于咒之神力，消除了其爱欲，于如来法中出家证道，现在名为性比丘尼。她与罗睺罗之母耶输陀罗同悟宿世之因，知晓历世受生之因，皆因贪、爱心重而成苦业。她们一念觉悟，熏修无漏善法，一个出离爱欲缠缚而解脱生死，一个蒙佛授记而当来作佛。阿难，你为何以戏论之法自欺，还留恋于见闻分别而不能超越呢？”

阿难及诸大众闻佛示诲，疑惑销除，心悟实相[①]，身意轻安，得未曾有。重复悲泪，顶礼佛足，长跪合掌而白佛言：“无上大悲清净宝王，善开我心，能以如是种种因缘方便提奖，引诸沉冥出于苦海。世尊，我今虽承如是法音，知如来藏妙觉明心遍十方界，含育如来十方国土清净宝严妙觉王刹。如来复责多闻无功，不逮修习。我今犹如旅泊之人，忽蒙天王赐予华屋，虽获大宅，要因门入。惟愿如来不舍大悲，示我在会诸蒙暗者，捐舍小乘，毕获如来无余涅槃本发心路[②]；令有学者，从何摄伏畴昔攀缘[③]，得陀罗尼，入佛知见。”作是语已，五体投地，在会一心，伫佛慈旨。

注释：

①实相：一切事物真实、常住不变的本性，平等、最高的真理。

②无余涅槃：即“无余依涅槃”，身、智都灰灭的涅槃境界。

③畴昔：往日，从前。

译文：

阿难及会中大众听了佛的开示教诲，心中的疑惑消除，当即悟得实相，身心获得了从未曾有的轻安。阿难再次感极而泣，顶礼佛足，长跪合掌对佛说：“无上大悲的清净宝王，善巧开启我心，能以如此种种因缘方便提携、奖诱，引导一切沉沦、暗冥的众生出离苦海。世尊，我今虽然承听了如此微妙的法音，知道了如来藏妙觉明心遍于十方世界，含藏孕育如来十方国土的清净宝严妙觉王刹。如来又呵责我仅是多闻无有破障之功，不如修习圆顿无漏道业。我今犹如漂泊的旅人，忽蒙天王赐予华丽的房屋，虽获大宅，仍要得门而入。唯愿如来不舍大悲，指示我及在会的迷昧之众，舍弃小乘，毕竟获得如来证得无余涅槃的发心修行之路；让有学之众明了从何处入手摄伏从往以来的攀缘意识心，证得陀罗尼总持法门，悟入佛之知见。”说完此语，阿难五体投地礼拜佛，在会中专心一致地等待佛的慈悲开示。

尔时，世尊哀愍会中缘觉、声闻于菩提心未自在者，及为当来佛灭度后末法众生发菩提心，开无上乘妙修行路，宣示阿难及诸大众：“汝等决定发菩提心，于佛如来妙三摩提不生疲倦，应当先明发觉初心二决定义。云何初心二义决定？

译文：

这时，世尊哀悯会中那些对于菩提妙心仍未证得自在的缘觉、声闻，也为未来世、佛灭度后末法时代的众生发起菩提心，开显最上乘的圆妙修行之路，即对阿难及大众宣示说：“你们决定不疑地发起菩提心，对于修习如来不可思议妙三摩提，立志勤求，不生疲倦，既然这样，就应当首先明了发菩提心之初心的两种决定义。什么是发菩提心之初心的两种决定义呢？

“阿难，第一义者：汝等若欲捐舍声闻，修菩萨乘，入佛知见，应当审观因地发心与果地觉，为同为异？阿难，若于因地以生灭心为本修因，而求佛乘不生不灭，无有是处。以是义故，汝当照明诸器世间，可作之法皆从变灭。阿难，汝观世间可作之法，谁为不坏？然终不闻烂坏虚空。何以故？空非可作，由是始终无坏灭故。则汝身中，坚相为地，润湿为水，暖触为火，动摇为风。由此四缠，分汝湛圆妙觉明心，为视为听为觉为察，从始入终，五叠浑浊。

译文：

“阿难，第一项决定义是：你们若想舍弃声闻小乘法而修大乘菩萨法，证入佛之知见，就应当审察因地所发之心与果地所证之觉是相同呢？还是相异呢？阿难，如果在因地以生灭心作为本修因，而企求证入佛境之不生不灭，那是不可能的。因为这个道理，你应当用智慧来观照明察一切有相世间，凡是可造作之法都要变迁灭坏。阿难，你观察世间可造作之法，哪一个是不变坏的呢？然而终究没有听说过虚空会变坏。为什么呢？因为虚空不是可造作变化的，由此从始至终都不会变坏。然则你身中，坚固之相属地大，润湿之相属水大，暖触之相属火大，摇动之相属风大。由此四大缠结组成身体，妄有六根，分开了你湛然圆遍的妙觉明心，不生不灭与生灭和合成阿赖耶识，识精元明，映在六根门头，在眼为视，在耳为听，在鼻、舌、身为觉，在意为察；这样，从一精明之始，入六和合之终，心、色和合而成五阴浑浊之体，五重浑浊而成浊相。

“云何为浊？阿难，譬如清水，清洁本然，即彼尘土灰沙之伦，本质留碍，二体法尔性不相循。有世间人，取彼土尘，投于净水，土失留碍，水亡清洁，容貌汩然①，名之为浊。汝浊五重，亦复如是。

注释：

①汩（gǔ）然：搅浑，引申为混浊。

译文：

“什么叫作‘浊’呢？阿难，譬如清水，其性本然清洁，而尘土、灰沙之类本质上是质碍，这两种物体本来其性各不相同。世间有人若取一撮尘土投入净水中，土就失去了其质碍，水也失去了其清洁，相状浑浊扰动，称之为‘浊’。你心中的五重浊相，也是如此。

“阿难，汝见虚空遍十方界，空、见不分。有空无体，有见无觉，相织妄成，是第一重，名为劫浊。汝身现抟四大为体，见闻觉知，壅令留碍，水火风土，旋令觉知，相织妄成，是第二重，名为见浊。又汝心中忆识诵习，性发知见，容现六尘，离尘无相，离觉无性，相织妄成，是第三重，名烦恼浊。又汝朝夕生灭不停，知见每欲留于世间，业运每常迁于国土，相织妄成，是第四重，名众生浊。汝等见闻元无异性，众尘隔越，无状异生，性中相知，用中相背，同、异失准，相织妄成，是第五重，名为命浊。

译文：

“阿难，你看见虚空遍满十方世界，虚空与见性交织不分。虚空未分为四大，故有虚空而无四大质体；见性未分为六根，故有见性而无六根的知觉作用，空、见二者相互交织，妄成劫初时分，即是五浊的第一重，名为劫浊。你这个身体现在抟取四大假合为体，由是分一精明而成见、闻、觉、知等六精，壅蔽觉性而成留碍，如眼只能见、耳只能听等，各有局碍；而水、火、风、地四大本无觉知，被此精明转以为境，令生觉受，知与无知二者相互交织，根尘相对而生六识，妄成身见等六十二见，扰乱真性，即是五浊的第二重，名为见浊。又你心中回忆过去、识别现在、诵习未来等境；六识之性托于六根发为见、闻、嗅、尝、觉、知等六种妄觉，容现六尘之境；六识若离六尘境界则识相不可得；六尘若离六识妄觉则尘性不可得；妄觉与妄尘相互交织，妄成缘尘想念，劳扰不休，即是五浊的第三重，名为烦恼浊。又你的生命从早到晚生灭不停，依我执的知见，每每想恒久留住于世间，无奈被业力运转，却常常迁移流转于六道不同的国土之间，妄身与妄心欲留而常迁，相互交织，妄成生死往来之相，即是五浊的第四重，名为众生浊。你们的见闻觉知等六精，原是同一性体，无差异性，然而因为揽尘结为六根而各开门户，无故将同一性体隔为六精知见，故有差异产生，以性体而论，性中六精的觉知相通相知，似同而非异；以用而论，一体既成六用，相互违背，则又异而非同；六精之同异失去定准，一同一异相互交织，妄成六根结滞的生命体，即是五浊的第五重，名为命浊。

“阿难，汝今欲令见闻觉知远契如来常乐我净，应当先择死生根本，依不生灭圆湛性成。以湛旋其虚妄灭生，伏还元觉；得元明觉无生灭性，为因地心，然后圆成果地修证。如澄浊水，贮于静器，静深不动，沙土自沉，清水现前，名为初伏客尘烦恼。去泥纯水，名为永断根本无明。明相精纯，一切变现，不为烦恼，皆合涅槃清净妙德。

译文：

“阿难，你现在欲令见、闻、觉、知等六根之性，将来证悟契合如来常、乐、我、净之果德，应当先抉择生死根本，即虚妄生灭的第六意识攀缘心，依不生灭的圆妙湛然真性作为修行初因，才能证成。即依不生灭的湛然真性，以观照而旋伏其虚妄生灭之识心，止伏向外攀缘的六识心，回光返照本源心性，还归元明觉性；证得元明觉性之无生灭性作为因地修行之心印，然后即可圆满成就果地的修证。比如要澄清浊水，须将水贮存在静止的容器中，使其静止深沉不动，沙土自然沉淀，清水现前，此名为初伏客尘烦恼。去掉沉淀的泥土而得到纯净之水，此名为永断根本无明。如此修证，清净明相已达精纯，一切变现大用，入生死苦海度化众生，都不会再起为烦恼，都契合于涅槃的清净妙德。

“第二义者，汝等必欲发菩提心，于菩萨乘生大勇猛，决定弃捐诸有为相，应当审详烦恼根本。此无始来发业润生，谁作谁受？阿难，汝修菩提，若不审观烦恼根本，则不能知虚妄根尘何处颠倒；处尚不知，云何降伏，取如来位？阿难，汝观世间解结之人，不见所结，云何知解？不闻虚空被汝隳裂，何以故？空无形相，无结解故。则汝现前眼、耳、鼻、舌及与身、心，六为贼媒，自劫家宝。由此无始众生世界生缠缚故，于器世间不能超越。

译文：

“第二项决定义是，你们决定要发菩提心，对于菩萨乘生起大勇猛心，决定弃舍一切的生灭有为相，就应当详细审察烦恼的根本所在。此烦恼根本无始以来发起现行的业用，滋润中阴受生，这其中，是谁在作业？谁在受报？阿难，你发心修证无上菩提，若不审察烦恼根本，就不能知道虚妄的六根、六尘是从何处生起颠倒；颠倒起处尚且不知，如何降伏烦恼，而取证如来果位呢？阿难，你观察世间解结之人，如果不见结的所在，怎么知道如何解开呢？从未听闻虚空被你毁破撕裂，为什么呢？因为虚空无形相，本来无结，也不需解。则你现前的眼、耳、鼻、舌、身、意六根为贼作媒介，自劫家宝。由此从无始以来于众生有情世界妄生缠缚的原因，而于器世间妄生罣碍，不能超越。

“阿难，云何名为众生世界？世为迁流，界为方位。汝今当知，东、西、南、北、东南、西南、东北、西北、上、下为界，过去、未来、现在为世。方位有十，流数有三。一切众生织妄相成，身中贸迁，世、界相涉。而此界性，设虽十方，定位可明，世间只目东西南北，上、下无位，中无定方。四数必明，与世相涉，三四四三，宛转十二。流变三叠，一十百千。总括始终，六根之中各各功德有千二百。

译文：

"阿难，什么叫众生世界呢？'世'是时间的迁流，'界'是空间的方位。你现在应当知道，东、西、南、北、东南、西南、东北、西北、上、下为'界'，过去、未来、现在为'世'，方位的数有'十'，迁流的数有'三'。一切众生都是由四大与六精相互交织虚妄而成，身中变化迁流，时间与空间相互涉入。而此空间方位'界'的性质，虽然设立十方以明确定位，但世间人只注意东、西、南、北四个方位，上、下及四隅没有固定的方位。四个正位之数明确界定，与三世相互涉入，三世涉四方，四方涉三世，宛转相乘，得'十二'之数。这样，演算流变三叠，乘数由十而百而千，依此推演。总括始终，六根之中各自功德应有一千二百。

"阿难，汝复于中克定优劣。如眼观见，后暗前明，前方全明，后方全暗，左右旁观三分之二。统论所作，功德不全，三分言功，一分无德，当知眼唯八百功德。如耳周听，十方无遗，动若迩遥，静无边际，当知耳根圆满一千二百功德。如鼻嗅闻，通出入息，有出有入，而阙中交。验于鼻根，三分阙一，当知鼻唯八百功德。如舌宣扬，尽诸世间、出世间智，言有方分，理无穷尽，当知舌根圆满一千二百功德。如身觉触，识于违顺，合时能觉，离中不知。离一合双，验于身根，三分阙一，当知身唯八百功德。如意默容十方三世一切世间、出世间法，唯圣与凡无不包容，尽其涯际，当知意根圆满一千二百功德。

译文：

“阿难，你再于六根中衡定优劣。如眼睛的观看，后面看不见为暗，前面看见为明，前方全部是明，后方全部是暗，左右旁观能看到三分之二。统论眼根所作的功德不全，三分说为功德，一分没有功德，当知眼根只有八百功德。耳根之闻，周遍听闻十方而无遗漏，动而有声则不论远近，静而无声则无有边际，当知耳根圆满具足一千二百功德。鼻根的功用是嗅闻和通出入息，虽然有出有入，但缺出入息交接转换的中间。勘验鼻根功用，三分缺一，当知鼻根只有八百功德。舌根具有语言宣扬的功用，能穷尽所有世间、出世间的智慧，其言辞虽有方域之分，所含义理却无穷无尽，当知舌根圆满具足一千二百功德。身根的功用是觉知触尘，能识知所触外境是相违、或相顺于己情，身根与触尘相合时才有觉知作用，相离时便不能觉知。根、尘相离时只有身根一种作用，相合时则有两种作用，勘验身根功用，三分缺一，当知身根只有八百功德。意根默观容现十方三世一切世间、出世间诸法，不论圣凡境界，无不包容，尽其边际，当知意根圆满具足一千二百功德。

“阿难，汝今欲逆生死欲流，返穷流根，至不生灭；当验此等六受用根，谁合谁离？谁深谁浅？谁为圆通？谁不圆满？若能于此悟圆通根，逆彼无始织妄业流，得循圆通，与不圆根，日劫相倍。我今备显六湛圆明本所功德，数量如是。随汝详择其可入者，吾当发明，令汝增进。十方如来于十八界一一修行，皆得圆满无上菩提，于其中间亦无优劣。但汝下劣，未能于中圆自在慧，故我宣扬，令汝但于一门深入；入一无妄，彼六知根一时清净。”

译文：

“阿难，你现在想要逆生死欲流，返溯穷究生死欲流的根源，达到不生灭的境地；那么，应当勘验此六受用根，哪个是与境相合而有知？哪个是与境相离而有知？再进而勘验，哪个深隐难测？哪个浅显易明？再最后抉择，哪个是圆通根？哪个是不圆满？如果你能于此悟得圆通根，依此圆通根做逆流功夫，逆彼无始以来妄心与妄境虚妄交织而成的生死业流，那么，若得依循圆通根修行，与循着不圆通根修行相比，迟速之别，几有一日与一劫相比的差距。我现在为你完全显示了六根湛然圆明之性本来所具功德的数量，随你详细选择其中可契入修行的一根作为门径，我当为你再作阐发，令你渐次深入，增进修行。十方如来于十八界都曾一一作为修行门径，都证得圆满了无上菩提，于其中的诸法门也无优劣之分。只是你根器下劣，未能于十八界中随举一法门中都能圆满证得自在智慧，故此我才宣扬选择圆通根，使你只于一门深入；若能深入一根而证得无妄真觉之地，则六知根即可一时皆得清净。”

阿难白佛言：“世尊，云何逆流、深入一门，能令六根一时清净？”佛告阿难：“汝今已得须陀洹果，已灭三界众生世间见所断惑，然犹未知根中积生无始虚习，彼习要因修所断得；何况此中，生住异灭分剂头数①！今汝且观现前六根，为一为六？阿难，若言一者，耳何不见？目何不闻？头奚不履？足奚无语？若此六根决定成六，如我今会与汝宣扬微妙法门，汝之六根谁来领受？”阿难言：“我用耳闻。”

注释：

①分剂：有版本作“分齐”。

译文：

阿难对佛说：“世尊，如何逆流，深入一根门，而能使六根一时皆得清净？”佛告诉阿难：“你现今已证得须陀洹果，已灭除了三界众生世间中的见所断惑，入见道位，然而还不知诸根中历生积集的无始以来的虚妄习气，这些习气要在修道位中，才能断得；这些尚属我执无明，更何况在此菩提修证中，还有法执无明之生、住、异、灭四相，其分剂、头数还很多！现在你且观察现前的六根，究竟是一，还是六呢？阿难，若说六根是一，耳为什么不能见？眼为什么不能听？头为什么不能走？足为什么不能言呢？若此六根决定成六，那我现在于会中向你们宣扬微妙法门，你们的六根中是哪一根来领受呢？”阿难回答：“我是用耳来听闻的。”

佛言："汝耳自闻，何关身、口？口来问义，身起钦承。是故应知，非一终六，非六终一；终不汝根，元一元六。阿难，当知是根，非一非六，由无始来颠倒沦替，故于圆湛，一六义生。汝须陀洹，虽得六销，犹未亡一。如太虚空参合群器，由器形异，名之异空；除器观空，说空为一。彼太虚空云何为汝成同、不同？何况更名是一、非一？则汝了知六受用根，亦复如是。

译文：

佛说："你的耳若自能听闻，则与你的身、口又有何关呢？可是在听闻的过程中，还有口来请问法义，身起钦承礼拜，身、口、耳诸根配合默契。所以应当知道，六根不是一，而终究有各别六用；也不是六，而终究有一体之性；终不能说你的六根，本来是一或本来是六。阿难，你应当知道这根，既不是一，也不是六，乃是由于无始以来妄起无明颠倒以及真妄交合沦替，故而在圆明湛然真性之体上，妄起一体与六根的对待分别义。阿难，你证得须陀洹果，虽然六根不取六尘，而得六消；犹迷六根为一体，故未亡一。譬如太虚空中放置各种器皿，由于器皿具有诸如方、圆等各种不同形状，虚空也就随不同形状器皿而称之为方空、圆空等异空之名；若除去器皿后再观察虚空，就说虚空乃是一相。而太虚空怎会因你放置或除去器皿而成不同或同？如此则见异见同已属妄见，何况更妄立名言，而说'虚空'与'异空'是一、还是非一，岂不是妄上加妄？则你应了知，六受用根也是如此。

“由明、暗等二种相形，于妙圆中黏湛发见，见精映色，结色成根。根元目为清净四大，因名眼体，如蒲萄朵，浮根四尘，流逸奔色。由动、静等二种相击，于妙圆中黏湛发听，听精映声，卷声成根。根元目为清净四大，因名耳体，如新卷叶，浮根四尘，流逸奔声。由通、塞等二种相发，于妙圆中黏湛发嗅，嗅精映香，纳香成根。根元目为清净四大，因名鼻体，如双垂爪，浮根四尘，流逸奔香。

译文：

“由明、暗等两种色尘互相形显，而于妙觉圆湛性中，‘黏起’湛性，而发为妄觉见精，此见精对映色尘，能所交织，遂揽结色尘成胜义根。此根初成时原只名为清净四大所成，因此胜义根所成的浮尘根名为眼体，形状如葡萄粒，此浮尘根由四大、四尘所成，于是众生聚见于眼，见精托根而出，循色流逸，终日奔逐于色尘之境。由动、静等两种声尘互相攻击，而于妙觉圆湛性中，‘黏起’湛性，而发为妄觉听精，此听精对映色尘，能所交织，遂揽卷声尘成胜义根。此根初成时原只名为清净四大所成，因此胜义根所成的浮尘根名为耳体，形状如新卷荷叶，此浮尘根由四大、四尘所成，循声流逸，终日奔逐于声尘之境。由通、塞等两种香尘互相显发，而于妙觉圆湛性中，‘黏起’湛性，而发为嗅精，此嗅精对映色尘，遂揽纳香尘成胜义根。此根初成时原只名为清净四大所成，因此胜义根所成的浮尘根名为鼻体，形状如双爪下垂，此浮尘根由四大、四尘所成，终日流逸奔逐于香尘之境。

“由恬、变等二种相参，于妙圆中黏湛发尝，尝精映味，绞味成根。根元目为清净四大，因名舌体，如初偃月，浮根四尘，流逸奔味。由离、合等二种相摩，于妙圆中黏湛发觉，觉精映触，抟触成根。根元目为清净四大，因名身体，如腰鼓颡，浮根四尘，流溢奔触。由生、灭等二种相续，于妙圆中黏湛发知，知精映法，揽法成根。根元目为清净四大，因名意思，如幽室见，浮根四尘，流逸奔法。

译文：

“由恬淡、变味等两种味尘互相参对，而于妙觉圆湛性中，‘黏起’湛性，而发为尝精，此尝精对映色尘，遂揽纳味尘成胜义根。此根初成时原只名为清净四大所成，因此胜义根所成的浮尘根名为舌体，形状如初偃月，此浮尘根由四大、四尘所成，终日流逸奔逐于味尘之境。由离、合等两种触尘相摩相交，而于妙觉圆湛性中，‘黏起’湛性，而发为觉精，此觉精对映色尘，遂抟取触尘成胜义根。此根初成时原只名为清净四大所成，因此胜义根所成的浮尘根名为身体，形状如腰鼓的鼓腔，此浮尘根由四大、四尘所成，终日流逸奔逐于触尘之境。由生、灭等两种法尘交互相续，而于妙觉圆湛性中，‘黏起’湛性，而发为知精，此知精对映色尘，遂揽取法尘成胜义根。此根初成时原只名为清净四大所成，因此胜义根所成的浮尘根名为意思，如人在幽室见物，此浮尘根由四大、四尘所成，终日流逸奔逐于法尘之境。

“阿难，如是六根，由彼觉明，有明明觉，失彼精了，黏妄发光。是以汝今离明离暗，无有见体；离动离静，元无听质；无通无塞，嗅性不生；非变非恬，尝无所出；不离不合，觉触本无；无灭无生，了知安寄？汝但不循动、静、合、离、恬、变、通、塞、生、灭、明、暗，如是十二诸有为相；随拔一根，脱黏内伏，伏归元真，发本明耀。耀性发明，诸余五黏应拔圆脱。

译文：

“阿难，如此六根，本由妙觉圆明真心，一念妄觉欲有所明，遂转本觉为妄明妄觉，失去了本有的真精明了之性，真性黏妄尘而发见分之光；原是一精明，因揽尘结根，六根既成，分一精而为见等六用。因此，你现在若离于明、暗二尘，就没有能见之见性妄体聚结成根；离于动、静，就没有能听之听性妄体；离于通、塞，嗅性妄体就不会产生；离于变味、淡味，尝性妄体就无处生出；离于离、合，觉触性妄体就不存在；离于灭、生，知性妄体在何处寄存呢？只要你不依循动、静、合、离、恬、变、通、塞、生、灭、明、暗等十二种有为尘相，不顺流奔尘；随择一根而拔脱于外尘，脱离黏执妄尘，内伏反照自性，伏归本元真心，则本有智光显发明耀。明耀之本有性光一旦显发，其余五根黏尘之妄也随应着一根之拔解归元而都圆成解脱。

“不由前尘所起知见，明不循根，寄根明发，由是六根互相为用。阿难，汝岂不知今此会中，阿那律陀无目而见，跋难陀龙无耳而听，殑伽神女非鼻闻香，骄梵钵提异舌知味，舜若多神无身觉触，如来光中映令暂见，既为风质，其体元无；诸灭尽定得寂声闻，如此会中摩诃迦叶，久灭意根，圆明了知，不因心念。

译文：

“不随着现前的十二种外尘所起妄知妄见，真觉妙明的大用不依循根元，但只寄托于胜义、浮尘二根而显发出明觉的功能作用，由此六根可以互相为用，如眼也可听、耳也可见等。阿难，你难道不知，现在此会中阿那律陀眼虽盲却能看见，跋难陀龙虽无耳却能听见。殑伽神女不是用鼻闻香，骄梵钵提虽舌异于常人也能知常人之味，舜若多神虽无身体却能觉触，借助于如来放光的映现而暂时可见，其身体的性质像风一样，本来没有实在的存在；那些住灭尽定、证得灭谛涅槃、成阿罗汉的声闻乘人，譬如此会中的大迦叶，久已灭除了意根，而能圆明了知诸法，不必依凭意识之心念。

“阿难，今汝诸根若圆拔已，内莹发光，如是浮尘及器世间诸变化相，如汤销冰，应念化成无上知觉。阿难，如彼世人聚见于眼，若令急合，暗相现前，六根黯然，头足相类。彼人以手循体外绕，彼虽不见，头足一辨，知觉是同。缘见因明，暗成无见；不明自发，则诸暗相永不能昏。根、尘既销，云何觉明不成圆妙？”

译文：

“阿难，你现在六根若圆满拔脱了黏执妄尘，内心的莹明觉性显发智光，心光融镕，洞彻表里，如此则虚妄浮尘以及物质世间种种变化相悉皆消殒，就像热水融化冰雪一样，应念化成无上正知正觉。阿难，就如世间人聚集见性功能于眼根，若让他急合其眼，暗相显现，这时六根黯然浑沦，头、足像是类似。这人若以手顺着身体外绕摸触，他虽然看不见，但对于是头是足一摸即能分辨，能辨知是头是足的知觉与开眼看见而分辨头足的知觉是相同的。由于见性起作用必因有光明，黑暗时似乎成了没有见性作用了；然而若是在合眼不明时自有觉性展发知觉的功能，则所有的暗相永远也不能使见性昏暗无觉。世间根、尘未消之人，见性尚不因明暗外缘而暗昧，那么，根、尘既已消尽，真觉元明之心怎会不成其圆通妙用呢？”

阿难白佛言：“世尊，如佛说言：‘因地觉心欲求常住，要与果位名目相应。’世尊，如果位中，菩提、涅槃、真如、佛性、庵摩罗识、空如来藏、大圆镜智，是七种名；称谓虽别，清净圆满，体性坚凝，如金刚王常住不坏。若此见听离于明、暗、动、静、通、塞，毕竟无体，犹如念心离于前尘，本无所有；云何将此毕竟断灭以为修因，欲获如来七常住果？世尊，若离明、暗，见毕竟空，如无前尘，念自性灭；进退循环，微细推求，本无我心及我心所，将谁立因，求无上觉？如来先说湛精圆常，违越诚言，终成戏论。云何如来真实语者？惟垂大慈，开我蒙吝。”

译文：

阿难对佛说：“世尊，如佛所说：‘因地所发之觉心欲求达于不生灭常住境地，要与果位所证之真觉心在名目意义上相应。’世尊，就如果位中有菩提、涅槃、真如、佛性、庵摩罗识、空如来藏、大圆镜智等七种名称；称谓虽然不同，其含义都是清净圆满、体性坚固凝然，犹如金刚王宝一样常住不坏。如果六根之见性、听性、嗅性、尝性、觉触性、知性等离开明、暗、动、静、通、塞等十二尘相，毕竟无有自体，犹如识心，乃是前尘分别影事，离于现前尘境，本来无有自体；为何将此毕竟断灭的见性、听性等作为因地修因，想依此修行而获证如来七种名目的常住果位呢？世尊，若离于明、暗二尘，见性毕竟空，若无前尘，识心之自性即灭；如此进退循环，微细推求，本来就不存在我识心和我心处所，将什么立为因地本修因以求无上正觉呢？如来先前宣说湛然不动、精一不杂、圆满周遍、常住不灭之真性，与此处言性无自体不同，好像是自语相违，违背诚实之言，终成戏论。怎么能相信如来是真实语者呢？唯愿如来再赐大慈，开启我的蒙昧执着。”

佛告阿难：“汝学多闻，未尽诸漏。心中徒知颠倒所因，真倒现前，实未能识。恐汝诚心犹未信伏，吾今试将尘俗诸事，当除汝疑。”即时，如来敕罗睺罗击钟一声，问阿难言：“汝今闻不？”阿难、大众俱言：“我闻。”钟歇无声，佛又问言：“汝今闻不？”阿难、大众俱言：“不闻。”时罗睺罗又击一声，佛又问言：“汝今闻不？”阿难、大众又言：“俱闻。”佛问阿难：“汝云何闻？云何不闻？”阿难、大众俱白佛言：“钟声若击，则我得闻。击久声销，音响双绝，则名无闻。”如来又敕罗睺击钟，问阿难言：“汝今声不？”阿难、大众俱言：“有声。”少选声销，佛又问言：“尔今声不？”阿难、大众答言：“无声。”有顷，罗睺更来撞钟。佛又问言：“尔今声不？”阿难、大众俱言：“有声。”佛问阿难：“汝云何声？云何无声？”阿难、大众俱白佛言：“钟声若击，则名有声，击久声销，音响双绝，则名无声。”

译文：

佛告诉阿难：“你学偏于多闻，但未除尽一切习漏。心中只知迷真执妄为颠倒之因，而疑常为断的真颠倒现前，你实在未能识得。恐怕你还未能诚心信服，我现在试着以世间易懂的事作例子，当可断除你的疑惑。”这时，佛让罗睺罗击钟一声，问阿难说：“你现在听到了吗？”阿难及大众回答：“我听到了。”过了一会儿，声音消失了，佛又问：“你现在听到钟声了吗？”阿难及大众都回答：“没有听到。”这时罗睺罗又击钟一声，佛又问：“你现在听到了吗？”阿难及大众又回答：“都听到了。”佛问阿难:“你怎样叫作听到?怎样叫作没听到?”阿难及大众一齐回答:“钟敲起来,有声音,我们就听到了。敲过后,声音和回响消失,我们就听不到了。”佛又让罗睺罗击钟,问阿难:“现在有声音吗?”阿难及大众回答:“有声音。”过了一会儿,声音消散,佛又问:“现在有声音吗?”阿难及大众回答:“没有声音。”过了一会儿,罗睺罗又来撞钟。佛又问:“现在有声音吗?”阿难及大众都回答:“有声音。”佛问阿难:“你怎样叫作有声?怎样叫作无声?”阿难及大众一齐对佛说:“钟敲起来,有声音,就叫作有声,敲过后,声音和回响消失,就叫作无声。”

佛语阿难及诸大众:“汝今云何自语矫乱?”大众、阿难俱时问佛:“我今云何名为矫乱?”佛言:“我问汝闻,汝则言闻。又问汝声,汝则言声。唯闻与声,报答无定,如是云何不名矫乱?阿难,声销无响,汝说无闻;若实无闻,闻性已灭,同于枯木,钟声更击,汝云何知?知有知无,自是声尘或无或有,岂彼闻性为汝有无?闻实云无,谁知无者?是故,阿难,声于闻中自有生灭,非为汝闻声生声灭,令汝闻性为有为无。汝尚颠倒,惑声为闻,何怪昏迷,以常为断?终不应言,离诸动、静、闭、塞、开、通,说闻无性。

译文:

佛对阿难及诸大众说:“你们现在怎么自语颠倒错乱?”大

众及阿难同时问佛:“我们怎么颠倒错乱呢?”佛说:“我问你们‘听到了吗’,你们回答‘听到了’。又问你们‘有声音吗’,你们回答‘有声音’。究竟是‘听’还是‘声’,回答无定,这样答话怎么不叫作颠倒错乱呢?阿难,声响消散,你说没有听到;如果确实没有听到,就连听闻之性也已消失了,应该如同枯木一样,那么再次击钟有声产生时,你怎么知道呢?知有或知无,当然是声尘的或有或无,难道那听闻之性也随着或有或无吗?如果听闻之性确实是随着声响消散而没有了,那么又是谁知道无声的呢?因此,阿难,声音在听闻过程中自然有生灭,但并不是你听到了声音生、声音灭,就使你的听闻之性也随着为有为无。你尚且颠倒迷惑而错认声尘的有无为听闻之性的有无,更何怪昏迷而误以常住之听闻性为断灭。终不能说,离开声尘之动、静、闭、塞、开、通等,就说听闻没有体性。

“如重睡人,眠熟床枕,其家有人于彼睡时捣练舂米。其人梦中闻舂捣声,别作他物,或为击鼓,或为撞钟。即于梦时自怪其钟为木石响。于时忽寤,遄知杵音,自告家人,我正梦时,惑此舂音将为鼓响。阿难,是人梦中岂忆静、摇、开、闭、通、塞?其形虽寐,闻性不昏。纵汝形销,命光迁谢,此性云何为汝销灭!

译文:

“譬如有一沉睡的人在床熟睡,其家有人在他睡着时捣布或舂米。此人于梦中听到舂米声或捣布声,将其当作别的事情,或者以为是敲鼓，或者以为是撞钟。就在梦中他还奇怪这钟声怎么像木石的声响。正在这时忽然醒了，马上知道原来是舂捣的声音，就告诉家人，我正在做梦的时候，误将舂米的声音认为是鼓响。阿难，此人梦中难道还忆想声尘之静、摇、开、闭、通、塞吗？其身虽然睡眠，听闻之性并不昏昧。实在说，纵然你的形体消灭，命光谢灭，此听闻之性怎么会随着你形体的消灭而消灭呢！

“以诸众生从无始来循诸色声，逐念流转，曾不开悟，性净妙常，不循所常，逐诸生灭。由是生生杂染流转。若弃生灭，守于真常，常光现前，根、尘、识心应时销落。想相为尘，识情为垢，二俱远离，则汝法眼应时清明，云何不成无上知觉？”

译文：

“因为一切众生从无始以来随顺色、声等尘境而念念流迁，从未开悟性明清净圆妙常住真心，不知随顺本有常住的妙明真性，随逐种种生灭之识心，因此生生世世在六道杂染法中流转轮回。若能离弃生灭之识心，内守真常清净之性，真常之心光便会显现，则六根、六尘、六识一时消融脱落。想之所缘妄相为尘境，识之分别执情为心垢，二者都远离，则你的法眼即得清明，怎能不成就无上正知正觉呢？”

卷 五

本卷继续讨论六根之结、解。首先由十方诸佛共同宣说：轮转生死结根，唯在六根；证得菩提涅槃，也在六根。也就是说，六根是令众生流转生死以及解脱证果之关键。为什么呢？佛陀开示阿难说：六根、六尘同一根源，结缚、解脱本源无二，故举根即摄尘、识。接着，佛陀以华巾依次绾成六个结为例，以六结比喻六根，向大众讲说了“解结因次第，六解一亦亡”之理。众生从真起妄，由同一根元而妄有六结，解结之时也须次第而解；初解三结证人空，次解二结证法空，最后解第一结而证无生法忍。同时，解结当从“结心”开始，比喻选择六根中最圆通之根，一门深入，随拔一根，六根解脱。对于六结次第，诸注疏又以“动结、静结、根结、觉结、空结、灭结”作了详细解释。

随后阿难又请问何根是圆通本根，佛陀即请会中的大菩萨和大阿罗汉们说说自己最初成道的方便因缘及所选择的圆通法门，于是有二十五位圣者宣说了初发心时依何方便法而获圆通，即是本经著名的二十五圆通法门。“二十五”由六根、六尘、六识等十八界再加七大组成，各有一位圣者因之悟道。二十五圆通法门的宣说次第，以“声尘圆通”居先，“耳根圆通”殿后，这暗示了本经二十五圆通法门中，以选择耳根圆通法门最为当机。

又第二十四大势至菩萨根大圆通所讲说的念佛法门，是宋代之后净土宗的普遍流行法门，这段经文也以《大势至菩萨念佛圆通章》为题而成为净土宗的重要经典。

阿难白佛言："世尊，如来虽说第二义门，今观世间解结之人，若不知其所结之元，我信是人终不能解。世尊，我及会中有学声闻亦复如是，从无始际与诸无明俱灭俱生，虽得如是多闻善根，名为出家，犹隔日疟[1]。唯愿大慈，哀愍沦溺，今日身心云何是结？从何名解？亦令未来苦难众生得免轮回，不落三有。"作是语已，普及大众五体投地，雨泪翘诚[2]，伫佛如来无上开示。

注释：

①疟（nüè）：病名，疟疾。

②翘诚：犹虔诚。

译文：

阿难对佛说："世尊，如来虽已宣说第二决定义门，但现在观察世间解结之人，如果不知道结的根源，我相信这人终不能解开此结。世尊，我及会中的有学声闻也是如此，从无始以来即与诸无明俱生俱灭，虽然有这个多闻的善根，名为出家，但如同隔日就复发的疟疾一样，暂似解脱，依然被缚，未得究竟解脱。唯愿佛以大慈悲心哀悯沉沦众生，为我们指示现在身心中何处是结？从何处下手解结？也使未来世的苦难众生得免生死轮回，不落三界六道。"说完这些话，阿难与大众五体投地，悲感垂泪，虔诚期待如来的无上开示。

尔时世尊，怜愍阿难及诸会中诸有学者，亦为未来一切众生为出世因，作将来眼；以阎浮檀紫金光手摩阿难顶。即时十方普佛世界六种震动，微尘如来住世界者，各有宝光从其顶出，其光同时于彼世界来祇陀林，灌如来顶。是诸大众，得未曾有。

译文：

这时世尊，怜悯阿难及会中的有学位弟子，也为未来世一切众生开示修证出世的因地心，作将来修行大乘的眼目；佛即用阎浮檀紫金光手摩阿难的头顶。就在这时，十方所有的佛世界都发生六种震动，微尘数的如来住于其佛国中，各有宝光从头顶发出，这些宝光从各佛国同时照射到祇陀林，灌释迦如来之顶。会中大众得见如此殊胜的景象，真是从未有过。

于是阿难及诸大众，俱闻十方微尘如来异口同音告阿难言：“善哉，阿难！汝欲识知俱生无明，使汝轮转，生死结根，唯汝六根，更无他物。汝复欲知无上菩提，令汝速证安乐解脱、寂静、妙常，亦汝六根，更非他物。”阿难虽闻如是法音，心犹未明，稽首白佛：“云何令我生死轮回、安乐妙常，同是六根，更非他物？”佛告阿难：“根、尘同源，缚、脱无二，识性虚妄，犹如空华。阿难，由尘发知，因根有相，相、见无性，同于交芦[①]。是故汝今知见立知，即无明本；知见无见，斯即涅槃、无漏真净，云何是中更容他物？”

注释：

①交芦：相交而立的束芦。芦是植物名，即芦苇。

译文：

这时，阿难及会中大众都听到十方微尘数的如来异口同声告诉阿难：“善哉，阿难！你想识知俱生无明，使你轮回流转，生死结的根元，唯是你的六根，更无他物。你还想识知无上菩提，使你速证安乐、解脱、寂静、妙常之无余涅槃，也是你的六根，更不是他物。”阿难虽然听了如此法音，心中仍然未能明白，顶礼佛陀说：“为什么令我生死轮回和安乐解脱的，同样是六根，更不是他物呢？”佛告诉阿难：“六根、六尘同一根源，结缚、解脱本源无二，识性本来虚妄，犹如空中幻花。阿难，由于六尘而发起六根知见，因六根知见而显六尘之相，六尘相分与六根知见都没有独立的自体性，相互依存，就像相交而立的束芦一样。所以你现在，于本性本明的真知见上更立六根分别知见，此即是无明的根本；若了知六根知见虚妄不实、本来无见，此即是无上涅槃的无漏真净境界，怎么还能说在六根根源之中容有他物呢？”

尔时，世尊欲重宣此义而说偈言：

真性有为空，缘生故如幻；

无为无起灭，不实如空华。
言妄显诸真，妄真同二妄；
犹非真非真，云何见所见？
中间无实性，是故若交芦；
结解同所因，圣凡无二路。
汝观交中性，空有二俱非；
迷晦即无明，发明便解脱。
解结因次第，六解一亦亡；
根选择圆通，入流成正觉。
陀那微细识，习气成暴流；
真非真恐迷，我常不开演。
自心取自心，非幻成幻法；
不取无非幻，非幻尚不生，
幻法云何立？是名妙莲华，
金刚王宝觉；如幻三摩提，
弹指超无学。此阿毗达磨，
十方薄伽梵，一路涅槃门。

于是，阿难及诸大众闻佛如来无上慈诲，祇夜、伽陀①，杂糅精莹，妙理清彻，心目开明，叹未曾有。

注释：

①祇夜：十二部经之一。旧译为“重颂”、“重颂偈”。新译为“应颂”。伽陀：十二部经之一。意为偈颂。

译文：

这时，世尊为了重复解释此意而说偈颂：

真性有为空，缘生故如幻；
无为无起灭，不实如空华。
言妄显诸真，妄真同二妄；
犹非真非真，云何见所见？
中间无实性，是故若交芦；
结解同所因，圣凡无二路。
汝观交中性，空有二俱非；
迷晦即无明，发明便解脱。
解结因次第，六解一亦亡；
根选择圆通，入流成正觉。
陀那微细识，习气成暴流；
真非真恐迷，我常不开演。
自心取自心，非幻成幻法；
不取无非幻，非幻尚不生，
幻法云何立？是名妙莲华，
金刚王宝觉；如幻三摩提，
弹指超无学。此阿毗达磨，
十方薄伽梵，一路涅槃门。

于是，阿难及大众听闻了佛的无上慈悲教诲，以及糅合精义的重颂总结，都感到文句精彩而莹明，义理清楚透彻，大众心眼洞开，感叹得到未曾有的法音。

阿难合掌顶礼白佛："我今闻佛无遮大悲，性净妙常真实法句，心犹未达六解一亡舒结伦次。惟垂大慈，再愍斯会及与将来，施以法音，洗涤沉垢。"

译文：

阿难合掌向佛顶礼并对佛说："我今日听闻佛以无遮大悲心所演说的性净妙常真实法句，但心中仍未明了六解一亡的解结次第。唯愿如来普施大慈，再次悯念此会大众以及未来世的众生，施以甘露法音，以洗涤我们心中的沉垢。"

即时，如来于师子座，整涅槃僧①，敛僧伽梨②，揽七宝几，引手于几，取劫波罗天所奉华巾③，于大众前绾成一结，示阿难言："此名何等？"阿难、大众俱白佛言："此名为结。"于是如来绾叠华巾又成一结，重问阿难："此名何等？"阿难、大众又白佛言："此亦名结。"如是伦次绾叠华巾，总成六结。一一结成，皆取手中所成之结，持问阿难："此名何等？"阿难、大众亦复如是次第酬佛："此名为结。"佛告阿难："我初绾巾，汝名为结。此叠华巾先实一条，第二、第三，云何汝曹复名为结？"阿难白佛言："世尊，此宝叠华，缉绩成巾④，虽本一体，如我思惟：如来一绾，得一结名；若百绾成，终名百结；何况此巾只有六结，终不至七，亦不停五。云何如来只许初时，第二、第三，不名为结？"

注释：

①涅槃僧：意译作“裙”。十三资具衣之一。

②僧伽梨：为三衣之一，即九条以上之衣，为外出及其他庄严仪式时着之。

③劫波罗天：意为时分天。

④缉绩：缉，指析麻捻接成线。绩，指缉麻。

译文：

此时，如来在狮子座上整理好裙衣，敛了敛袈裟，把七宝几案拉至座前，伸手拿起放在几案上的劫波罗天所奉献的叠华巾，在大众中将华巾绾了一个结，拿给阿难看，问道：“这个叫什么？”阿难及大众都回答说：“这个叫结。”于是，佛接着绾叠华巾又成一结，又问阿难：“这个叫什么？”阿难及大众又回答说：“这个也叫结。”佛这样依次绾叠华巾，总共绾成六个结。每绾成一个结，佛都拿着手中绾好的结问阿难：“这个叫什么？”阿难及大众也是这样依次回答佛：“这个叫结。”佛告诉阿难：“我第一次绾巾，你叫它结。这个叠华巾最初其实只是一条，第二次、第三次绾结后，为何你们仍然叫它结呢？”阿难回答说：“世尊，这个宝叠华巾是织绩而成，虽然本是一条，但我这样想：如来绾一次，得名一个结；如果绾一百次，最后称为一百结；何况此巾现在只有六个结，没到七个，也没停在五个。为什么如来只许可初次所绾的叫作结，第二次、第三次等所绾的就不叫作结呢？”

佛告阿难：“此宝华巾，汝知此巾元止一条，我六绾时，名有六结。汝审观察：巾体是同，因结有异？于意云何？初绾结成，名为第一；如是乃至第六结生，吾今欲将第六结名，成第一不？”“不也，世尊。六结若存，斯第六名，终非第一。纵我历生尽其明辩，如何令是六结乱名？”佛言：“如是！六结不同，循顾本因，一巾所造，令其杂乱，终不得成。则汝六根，亦复如是：毕竟同中，生毕竟异。”

译文：

佛告诉阿难：“此宝花巾，如你所知，原本只是一条，我绾了六次，即名为有六个结。你仔细观察：巾体本是同一个，是否因绾了结而巾体有所差异呢？你的意思如何呢？初次绾成的结，称为第一结；这样依次绾结到第六结绾成，我现在想把第六结称为第一结，可以吗？”阿难说：“不行，世尊。六结若都存在，这第六结的名称终不是第一结。纵然竭尽我历生的聪明辩才，怎么能使这六结的名称错乱呢？”佛说：“是这样！六结虽然不同，追溯其本因，原是一巾所成，想使其名称杂乱，终究也不可能成立。你现在的六根，也是如此：于一相尚不得的毕竟同体性中，而生出毕竟异的六相根境。”

佛告阿难：“汝必嫌此六结不成，愿乐一成，复云何得？”阿难言：“此结若存，是非锋起①，于中自生，此结非彼，彼结非此。如来今日，若总解除，结若不生，则无彼此，尚不名一，六云何成？”佛言：“六解一亡，亦复如是。由汝无始心性狂乱，知见妄发，发妄不息，劳见发尘。如劳目睛，则有狂华，于湛精明无因乱起。一切世间，山河大地、生死、涅槃，皆即狂劳颠倒华相。”

注释：

①锋起：指争论纷然，如兵戈竞斗。

译文：

佛接着说：“你一定嫌此六结各异，不欲其成，而乐意依然成为一巾，又怎样才能得到呢？”阿难说：“六结如果同时存在，则是非蜂起，其中自然就会产生此结不是彼结、彼结不是此结等争论。如来现在如果把所有的结都解除，结没有了，就没有彼此的区分，一结的名称尚且不可得，六结的名目又怎么能成立呢？”佛说：“六解一亡，也是这样的道理。由于你无始以来心性狂乱，即真心妙性中横起无明狂惑扰乱，随起业识，转为见分，而产生虚妄的知见，妄执心外诸法，相续不断，知见妄执劳虑转深，妄生尘相。譬如瞪眼盯视空中，眼睛疲劳而在湛净清明的虚空中看见狂花幻相，无因乱起。一切世间诸相，无情之山河大地，有情之生死、涅槃，都是狂心劳病所见的虚妄颠倒的空花之相。”

阿难言：“此劳同结，云何解除？”如来以手将所结巾偏掣其左[①]，问阿难言：“如是解不？”“不也，世尊。”

旋复以手偏牵右边，又问阿难："如是解不？""不也，世尊。"佛告阿难："吾今以手左右各牵，竟不能解。汝设方便，云何解成？"阿难白佛言："世尊，当于结心，解即分散。"

注释：

①掣（chè）：牵曳，牵引。

译文：

阿难说："此狂劳同根结，应怎么解除呢？"如来用手将所绾结的花巾偏掣左边，问阿难："这样能解开吗？"阿难说："不能，世尊。"随后佛又用手偏掣花巾的右边，问阿难："这样能解开吗？"阿难说："不能，世尊。"佛告诉阿难："我现在用手各从左右牵拉，竟然都不能解开。你想一个办法，怎样才能成功解开？"阿难回答佛说："世尊，应当从结的中心去解，这样结就散开了。"

佛告阿难："如是，如是。若欲除结，当于结心。阿难，我说佛法从因缘生，非取世间和合粗相；如来发明世、出世法，知其本因，随所缘出；如是乃至恒沙界外一滴之雨，亦知头数。现前种种，松直、棘曲，鹄白、乌玄[①]，皆了元由。是故，阿难，随汝心中选择六根，根结若除，尘相自灭，诸妄销亡，不真何待！"

注释：

①鹄(hú)白：鹄，通称天鹅，往往呈白色。乌玄：指乌鸦，往往呈黑色。

译文：

佛告诉阿难："是这样，是这样。如想解结，当从结心入手。阿难，我说佛法从因缘生，不过，此因缘并不取世间四大和合而成种种境相的粗因缘，而是以不生灭性为因，次第解结修证，还归本源心地的出世间法的细因缘；如来阐明世间法、出世间法，了知其所依之如来藏妙真如心的究竟本因，随其所遇因缘而出生染净十界诸法；这样即便是恒河沙世界之外遥远的天空中所下一滴一滴的雨水，也能知道其数量。现前的种种境相，如松树为什么是直的，荆棘为什么是弯曲的，天鹅为什么是白的，乌鸦为什么是黑的等，如来都了知其本末缘由。所以，阿难，随你心中详察，选择六根中的圆通根而一门深入，根结若解开，尘相自然息灭，妄想也都消亡，妄尽真显，不证得真如妙心，更有何待！"

"阿难，吾今问汝，此劫波罗巾六结现前，同时解萦[①]，得同除不？""不也，世尊。是结本以次第绾生，今日当须次第而解。六结同体，结不同时，则结解时，云何同除？"佛言："六根解除，亦复如是。此根初解，先得人空；空性圆明，成法解脱；解脱法已，俱空不生；是名菩萨从三摩地得无生忍。"

注释：

①萦（yíng）：回旋缠绕。

译文：

佛问阿难道："阿难，我现在问你，此劫波罗巾现有六结，同时去解结，可以一齐解开吗？"阿难回答："不可以，世尊。这些结本来是按照次第一一绾成，现在也应该按照次第一一解开。六结虽是同一巾体，但不是同时绾成，怎么解结时能一齐解开呢？"佛说："六根根结的解除，也是这样。六根初始解结，破除我执，先证得人我空；空性圆明，破除法执，证成法解脱；得法解脱后，进而人空、法空之二空亦空，解除最后的根结；这称为菩萨从三摩地证得无生法忍的解结次第。"

阿难及诸大众蒙佛开示，慧觉圆通，得无疑惑；一时合掌，顶礼双足，而白佛言："我等今日身心皎然，快得无碍，虽复悟知一六亡义，然犹未达圆通本根。世尊，我辈飘零，积劫孤露，何心何虑预佛天伦，如失乳儿，忽遇慈母。若复因此际会道成，所得密言，还同本悟，则与未闻无有差别。惟垂大悲，惠我秘严，成就如来最后开示。"作是语已，五体投地，退藏密机，冀佛冥授。

译文：

阿难及大众承蒙佛的开示，慧觉圆通，再无疑惑；于是，阿难合掌顶礼佛足，而对佛说："我们今日都身心清净，畅快通利，虽然已悟知‘一门深入，六根齐脱’的道理，然而还未通达圆通本根的修行道理。世尊，我们历劫飘零在生死苦海之中，孤露无依，何曾想到能做佛的法眷弟子，得以随佛出家，犹如失去乳哺的孩儿忽然遇到了慈母。如果因此难遇的因缘际会而能证成菩提道果，则是大幸；所听闻的解结等密言，若还是同于悟知而未通达发起行证，则与未听闻没有差别。唯愿世尊垂示大悲，惠赐我等秘严妙法，成就如来的最后开示。”阿难说完此语，五体投地，退归本位，藏其密机，心中默默祈祷佛陀不必显说，愿能密授。

尔时，世尊普告众中诸大菩萨及诸漏尽大阿罗汉："汝等菩萨及阿罗汉，生我法中，得成无学。吾今问汝：最初发心，悟十八界，谁为圆通？从何方便，入三摩地？"

译文：

这时，世尊普告会中所有的大菩萨以及诸漏已尽的阿罗汉说："你们菩萨及阿罗汉们，于佛法中已经证得圣道无学果位。我现在问你们，最初发菩提心，悟知十八界，哪一个法门为圆通本根？从什么方便法门入手起修，证入三摩地？"

时憍陈那五比丘即从座起，顶礼佛足而白佛言："我在鹿苑及于鸡园，观见如来，最初成道，于佛音声悟明四谛。佛问比丘，我初称解，如来印我名阿若多。

妙音密圆，我于音声得阿罗汉。佛问圆通，如我所证，音声为上。”

译文：

这时憍陈那等五比丘即从座而起，顶礼佛足而对佛说：“我在鹿野苑、鸡园修行时，看见如来，最初成道后三次为我们讲说四圣谛法，我因听到了佛的音声而悟明四谛。当时佛问比丘谁已得解，唯我最先称解知，如来为我印证，并给我命名为阿若多。佛所说的微妙法音其体微密，其用周遍圆融，我于音声为本修因，证得阿罗汉果位。佛问什么法门最为圆通，如我所证，以音声为最上。”

优波尼沙陀即从座起，顶礼佛足而白佛言：“我亦观佛，最初成道。观不净相，生大厌离，悟诸色性。以从不净、白骨、微尘，归于虚空，空、色二无，成无学道。如来印我名尼沙陀①。尘色既尽，妙色密圆，我从色相得阿罗汉。佛问圆通，如我所证，色因为上。”

注释：

①尼沙陀：“优波尼沙陀”之略，译曰“近少”、“微细”等。古印度形容极少之数量名称。

译文：

优波尼沙陀即从座而起，顶礼佛足而对佛说：“我也见佛，最初成道。佛陀教我修不净观，由观身之不净相而生起大厌离心，了悟诸色法的因缘性。从观身体不净开始，进而观皮肉瘀烂分散留下白骨，进而观白骨化为微尘，归于虚空，进而观空、色二法皆空无自性，由此证得无学圣道。如来为我印证，并给我命名为优波尼沙陀。观中外尘色法既已空尽，真性妙色其体微密，其用周遍圆融，我从观色相为本修因，证得阿罗汉果位。佛问什么法门最为圆通，如我所证，以色尘为最上。”

香严童子即从座起，顶礼佛足而白佛言：“我闻如来教我谛观诸有为相。我时辞佛，宴晦清斋，见诸比丘烧沉水香，香气寂然来入鼻中。我观此气，非木、非空、非烟、非火，去无所著，来无所从，由是意销，发明无漏。如来印我得香严号。尘气倏灭，妙香密圆。我从香严得阿罗汉。佛问圆通，如我所证，香严为上。”

译文：

香严童子即从座而起，顶礼佛足而对佛说：“我闻听佛的慈诲，教我如实观察一切有为相之因缘性。我那时就辞别佛陀，隐迹宴居于清净斋室，见比丘们烧沉水香，无形无象的香气悄然飘来，入我鼻中。我观察此香气，非从木发，非从空出，非从烟有，非从火生；去无所着，来无所从，缘起如幻，一切不可得，由此因缘当下心意消泯，发明无漏之智，得证圣果。如来印可我，得香严名号。香尘之气倏灭，真性妙香妙密圆通。我从观香尘而证得阿罗汉果位。佛问什么法门最为圆通，如我所证，以香尘为最上。”

药王、药上二法王子，并在会中五百梵天，即从座起，顶礼佛足而白佛言：“我无始劫为世良医，口中尝此娑婆世界草、木、金、石，名数凡有十万八千，如是悉知苦、酢、咸、淡、甘、辛等味，并诸和合、俱生、变异，是冷是热，有毒无毒，悉能遍知。承事如来，了知味性非空非有，非即身心、非离身心，分别味因，从是开悟。蒙佛如来印我昆季药王、药上二菩萨名，今于会中为法王子，因味觉明，位登菩萨。佛问圆通，如我所证，味因为上。”

译文：

药王、药上菩萨二位法王子以及在会中的同行眷属五百梵天即从座而起，顶礼佛足而对佛说：“我从无始劫以来皆为世间的良医，亲口尝此娑婆世界的草、木、金、石等类药物，名称数目达十万八千之多。这样我尽知所有药物的苦、酸、咸、淡、甘、辛等味，以及众味共成、直接采用、炼制炮制等药物调制方法，以及寒性热性、有毒无毒等药性，我全部熟知。后来我们承事如来修习佛法，了知味性非空非有，既不属于身心，也未离开身心，由此反观分别味尘之本因，豁然开悟。承蒙如来印可，赐以我们兄弟药王、药上二菩萨名号，在此会中，为法王子。我们以味尘为本修因而心地妙觉圆明，证得菩萨果。佛问什么法门最为圆通，如我所证，以味尘为最上。”

跋陀婆罗并其同伴十六开士即从座起[①]，顶礼佛足而白佛言："我等先于威音王佛闻法出家，于浴僧时随例入室，忽悟水因；既不洗尘，亦不洗体，中间安然，得无所有。宿习无忘，乃至今时从佛出家，令得无学。彼佛名我跋陀婆罗，妙触宣明，成佛子住。佛问圆通，如我所证，触因为上。"

注释：

①跋陀婆罗：贤护菩萨之梵名，十六大菩萨之一，系在家菩萨。

译文：

跋陀婆罗及其同伴十六位开士即从座而起，顶礼佛足而对佛说："我们从前在威音王佛时，闻法出家，值僧众沐浴日，随例入于浴室，就在入水触身之际，忽然悟知水触身觉之因缘；水性既不洗尘垢，也不洗身体，于根尘中间，水性安然，了不可得；触觉之性也是如此，得无所有。我因为微妙的感触而开悟，至今未忘，我们现今从佛出家，得为无学果位。当时威音王佛为我取名跋陀婆罗，我因微妙触觉发悟觉明，证得佛子住的菩萨位。佛问什么法门最为圆通，入我所证，以触尘为最上。"

摩诃迦叶及紫金光比丘尼等，即从座起，顶礼佛足而白佛言："我于往劫，于此界中，有佛出世，名日月灯，我得亲近，闻法修学。佛灭度后，供养舍利，然灯续明，以紫光金涂佛形像[1]；自尔已来，世世生生，身常圆满紫金光聚。此紫金光比丘尼等即我眷属，同时发心。我观世间六尘变坏，唯以空寂，修于灭尽，身心乃能度百千劫，犹如弹指。我以空法成阿罗汉，世尊说我头陀为最，妙法开明，销灭诸漏。佛问圆通，如我所证，法因为上。”

注释：

①按，“以紫光金涂佛形像”，或作“紫金光”，误也。

译文：

大迦叶及紫金光比丘尼等，即从座而起，顶礼佛足而对佛说：“我在过去劫的时候，当时在此娑婆世界中有一位佛出世，名号为日月灯佛，我得以亲近，闻法修学。日月灯佛灭度后，我就供养舍利，于佛像和舍利前，燃灯续明不绝，并用紫光金涂佛形像；自那时以来，生生世世，我的身体常常充满紫金光芒。此紫金光比丘尼等就是我的眷属，与我同时发心。我观察世间六尘的迁变坏灭，终归寂灭；唯以观六尘当体空寂而修灭尽定，正入定时，身心乃能度过百千劫，犹如一弹指间。我以修空观灭尽法尘而证得阿罗汉果位，世尊称赞我修头陀行最为第一，因此得以微妙法性开显明现，息灭了一切有漏烦恼。佛问什么法门最为圆通，如我所证，以法尘为最上。”

阿那律陀即从座起，顶礼佛足而白佛言：“我初出家，常乐睡眠，如来诃我为畜生类。我闻佛诃，啼泣自责，七日不眠，失其双目。世尊示我乐见照明金刚三昧。我不因眼，观见十方，精真洞然，如观掌果。如来印我成阿罗汉。佛问圆通，如我所证，旋见循元，斯为第一。”

译文：

阿那律陀即从座而起，顶礼佛足而对佛说：“我最初出家时，常乐睡眠，如来呵责我就如畜生类一样。我听了佛的呵责后，涕泣自责，七日七夜没有睡眠，双目因而失明。世尊于是教我修行乐见照明金刚三昧。我不依眼根，而依见精真性心光，洞达无碍，故观见十方世界，如观掌中果。如来印可我，得成阿罗汉果位。佛问什么法门最为圆通，如我所证，旋转出流黏尘的妄见而返归见性，依循元明之真见，此为第一。”

周利槃特迦即从座起①，顶礼佛足而白佛言：“我阙诵持，无多闻性。最初值佛，闻法出家，忆持如来一句伽陀，于一百日，得前遗后，得后遗前。佛愍我愚，教我安居，调出入息。我时观息，微细穷尽，生住异灭，诸行刹那；其心豁然，得大无碍，乃至漏尽，成阿罗汉，住佛座下，印成无学。佛问圆通，如我所证，反息循空，斯为第一。”

注释：

①周利槃特迦：为十六罗汉中第十六尊。又作“注荼半托迦”等，意译为“小路”。与兄同为佛陀弟子，禀性鲁钝愚笨，凡学习之教法，诵过即忘，故时人称之为“愚路”。其后，佛陀教示简短之“拂尘除垢”一语，令其于拂拭诸比丘之鞋履时反复念诵，遂渐除业障，某日忽然开悟而证得阿罗汉果。

译文：

周利槃特迦即从座而起，顶礼佛足而对佛说：“我生来就缺乏读诵记忆的能力，没有广学多闻的习性。最初遇到佛陀，听闻佛法后就出家了，背诵如来的一句偈颂，在一百天内，忆前忘后，忆后忘前。佛陀怜悯我的愚钝，教我安居静处，观察调顺鼻中的出入息。我在那时依教观息，功夫纯熟，对于出入息的最微细之处，诸如息的生、住、异、灭以及四相迁行的刹那变化等相，穷尽无余；心地豁然明通，得证大无碍，乃至诸漏断尽，成阿罗汉果位，在佛座下，蒙佛印可成就无学圣位。佛问什么法门最为圆通，如我所证，反观息相，循顺心空，此为第一。”

憍梵钵提即从座起，顶礼佛足而白佛言：“我有口业，于过去劫轻弄沙门，世世生生有牛呞病[①]。如来示我一味清净心地法门，我得灭心，入三摩地。观味之知，非体非物，应念得超世间诸漏；内脱身心，外遗世界，远离三有，如鸟出笼；离垢销尘，法眼清净，成阿罗汉。如来亲印，登无学道。佛问圆通，如我所证，还味旋知，斯为第一。”

注释：

①牛呞（shī）病：指人把食物吃进胃里又吐了出来，犹如牛反刍一样的病症。呞，即牛反刍。

译文：

憍梵钵提即从座而起，顶礼佛足而对佛说：“我有口业，在过去劫的时候，见一位年老比丘没有牙齿吃饭，轻慢嘲笑他如牛吃草，由此口业，生生世世感得牛舌之报，患有牛呞病，即有如同牛一样反刍的毛病。如来教我修习一味清净心地法门，我得灭除分别识心，进入正定。我于定中正观尝味的觉知，非从舌根自体中生出，非从具有甜苦等味的外物中生出，在此当下一念间顿时悟入，得以超越世间诸有漏；内而脱落身心，外而遗弃世界，能所双亡，远离三界，解脱缠缚，如鸟出笼；脱离能取之心垢，消灭所取之尘相，得法眼净而见道，成就阿罗汉果。如来亲自印可我，登无学道位。佛问什么法门最为圆通，如我所证，还观味尘，旋转觉知，此为第一。”

毕陵伽婆蹉即从座起[①]，顶礼佛足而白佛言：“我初发心从佛入道，数闻如来说诸世间不可乐事。乞食城中，心思法门，不觉路中毒刺伤足，举身疼痛。我念有知，知此深痛；虽觉觉痛，觉清净心无痛痛觉。我又思惟，如是一身，宁有双觉？摄念未久，身心忽空，三七日中诸漏虚尽，成阿罗汉，得亲印记，发明无学。佛问圆通，如我所证，纯觉遗身，斯为第一。”

注释：

①毕陵伽婆蹉：比丘，舍卫城人、婆罗门种。

译文：

毕陵伽婆蹉即从座而起，顶礼佛足而对佛说：“我初发心，随佛落发出家学道，常听佛说世间无常苦空等诸不可乐事，即依教修观。一日进城乞食途中，心里观思法义，不小心路上脚被毒刺刺伤，毒入身中，全身疼痛起来。我念身中有觉知，能感觉到这个剧痛；虽然能觉知者感觉到疼痛，但我本觉清净心却不因为身体疼痛感觉而疼痛。我进而思维，这一个身中难道有两个觉知吗？这样，我就收摄痛念归于无痛之本觉清净心而观修，观修不久，身心忽然脱落，觉得内外完全空掉了；于是我继续观修二十一日，一切烦恼习漏销镕空尽，成就阿罗汉果位，佛陀亲自印可我，证得无学圣位。佛问什么法门最为圆通，如我所证，纯观本觉，遗弃身觉，此为第一。”

须菩提即从座起，顶礼佛足而白佛言：“我旷劫来，心得无碍，自忆受生如恒河沙。初在母胎，即知空寂，如是乃至十方成空，亦令众生证得空性。蒙如来发性觉真空，空性圆明，得阿罗汉，顿入如来宝明空海，同佛知见，印成无学；解脱性空，我为无上。佛问圆通，如我所证，诸相入非，非所非尽，旋法归无，斯为第一。”

译文：

须菩提即从座而起，顶礼佛足而对佛说：“我从久远劫以来，就已意根解空，心得无碍，自能忆知舍生受生如恒河沙数之多。今生初在母胎时，即能了知身心本自空寂，这样乃至出胎之后，由人空而悟法空，十方世界皆成空相，随佛出家，也宣说空义，令众生证得空性。承蒙如来显发性觉真空，性空真觉，空觉之性圆满明澈，皆归如来藏圆明妙真如心，得证阿罗汉果位，顿入如来宝明觉性，真空性海，同于佛之知见，如来印可我，证得无学圣位；得真解脱而妙证性空，我为无上。佛问什么法门最为圆通，如我所证，诸有为相皆入于空，能空与所空亦皆空尽，旋转有为诸法，复归第一义空，此为第一。”

舍利弗即从座起，顶礼佛足而白佛言：“我旷劫来，心见清净，如是受生如恒河沙，世、出世间种种变化，一见则通，获无障碍。我于中路逢迦叶波兄弟相逐[1]，宣说因缘，悟心无际，从佛出家，见觉明圆，得大无畏，成阿罗汉，为佛长子。从佛口生，从法化生。佛问圆通，如我所证，心见发光，光极知见，斯为第一。”

注释：

①迦叶波：又作“迦摄波”，佛弟子名。

译文：

舍利弗即从座而起，顶礼佛足而对佛说："我从久远劫以来，就已清净，这以后舍生受生如恒河沙数之多，世间、出世间无量差别诸法的种种变化，我一见就通达，眼识明利，获无障碍。一日，我于路途遇到迦叶波三兄弟相随，宣说佛所讲的因缘法义，我一闻便悟明心之无边，随即从佛出家，心见觉性得以明澈圆满，获得大无畏智慧，成就阿罗汉果位，成为佛的首座弟子。我因听闻佛说而悟心，是从佛口生，依佛教法长养慧命，是从法化生。佛问什么法门最为圆通，如我所证，心见清净而显发本有智光，智光极处而悟得见觉明圆，此为第一。"

普贤菩萨即从座起①，顶礼佛足而白佛言："我已曾与恒沙如来为法王子，十方如来教其弟子菩萨根者修普贤行，从我立名。世尊，我用心闻，分别众生所有知见；若于他方恒沙界外有一众生心中发明普贤行者，我于尔时乘六牙象，分身百千，皆至其处，纵彼障深，未得见我，我与其人暗中摩顶，拥护安慰，令其成就。佛问圆通，我说本因，心闻发明，分别自在，斯为第一。"

注释：

①普贤菩萨：又曰"普贤萨埵"、"普贤大士"。普贤是具足无量行愿、普现于一切佛刹的大乘圣者。在娑婆世界，他与文殊菩萨并为释迦牟尼的两大胁侍。在我国，则是四大菩萨（观音、文殊、地藏、普贤）之一。

译文：

普贤菩萨即从座而起，顶礼佛足而对佛说："我已曾给恒河沙数如来做法王子，十方如来教其弟子中具有菩萨根器者所修的普贤行，即是从我立名。世尊，我用心闻，去分别众生的所有知见；如果在恒河沙数世界之外，有一众生显明妙真如心而入普贤行门，我这时就乘六牙白象，分出百千化身，到各发心者的面前，纵使那人业障深重，未能见到我，我也给他暗中摩顶，消其惑业，拥护安慰，使他成就普贤胜行。佛问什么法门最为圆通，我说本修因，心闻发明本有智光，随念分别、普应群机而得大自在，此为第一。"

孙陀罗难陀即从座起①，顶礼佛足而白佛言："我初出家，从佛入道，虽具戒律，于三摩地心常散动，未获无漏。世尊教我及拘絺罗②，观鼻端白。我初谛观，经三七日，见鼻中气出入如烟，身心内明，圆洞世界，遍成虚净，犹如琉璃；烟相渐销，鼻息成白，心开漏尽，诸出入息化为光明，照十方界，得阿罗汉，世尊记我当得菩提。佛问圆通，我以销息，息久发明，明圆灭漏，斯为第一。"

注释：

①孙陀罗难陀：即难陀，佛之小弟。译曰"艳喜"，容姿端正，具三十相，与佛相比，唯缺白毫相及耳垂肩相。佛成道后度其出家，证阿罗汉果。

②拘絺（chī）罗：佛陀的弟子之一。又作"摩诃俱絺罗"，随

佛陀出家后，得阿罗汉果，证得五蕴皆空之理，故称“悟空”。

译文：

孙陀罗难陀即从座而起，顶礼佛足而对佛说：“我最初出家跟佛入道时，虽然具足戒律无所缺犯，而于禅定观修，心常散动，因此未能以定力断除惑业而获得无漏。世尊教我和拘絺罗观想鼻端气息之白相。我初时谛观，经过了二十一天，观见鼻中气息出入如烟一样；身心内明，圆满洞彻世界，遍成虚明清净，犹如琉璃一样；进而，烟相渐渐消散，鼻中出入息成为纯白光相，于是，如来藏心开显，诸漏尽除，所有出入息都化为光明，遍照十方世界，证得阿罗汉果位，世尊印可授记我当会证得菩提正觉。佛问什么法门最为圆通，我以观鼻端白而消泯出入息相，消息既久而发明如来藏妙明圆觉心，灭尽诸漏，此为第一。”

富楼那弥多罗尼子即从座起，顶礼佛足而白佛言：“我旷劫来，辩才无碍，宣说苦、空，深达实相；如是乃至恒沙如来秘密法门，我于众中微妙开示，得无所畏。世尊知我有大辩才，以音声轮教我发扬。我于佛前助佛转轮，因师子吼成阿罗汉，世尊印我说法无上。佛问圆通，我以法音降伏魔怨，销灭诸漏，斯为第一。”

译文：

富楼那弥多罗尼子即从座而起，顶礼佛足而对佛说：“我从久远劫以来，就已辩才无碍，宣说苦、空妙理，深达诸法实相；

这样乃至于恒河沙数如来的秘密法门，我都能于大众中作微妙开示，无所畏惧。世尊知我有大辨才，教我以言语音声发扬佛法。我于佛前代佛说法宣化，辅助佛陀转正法轮，因说法如狮子吼而成就阿罗汉果位，世尊印可我说法无上。佛问什么法门最为圆满，我以舌识法音降伏一切魔怨，消灭诸漏，入于圆通，此为第一。”

优波离即从座起[①]，顶礼佛足而白佛言：“我亲随佛逾城出家，亲观如来六年勤苦，亲见如来降伏诸魔，制诸外道，解脱世间贪欲诸漏。承佛教戒，如是乃至三千威仪、八万微细，性业、遮业[②]，悉皆清净，身心寂灭，成阿罗汉。我是如来众中纲纪，亲印我心，持戒修身，众推为上。佛问圆通，我以执身，身得自在；次第执心，心得通达，然后身心一切通利，斯为第一。”

注释：

①优波离：佛陀十大弟子之一。出身首陀罗种，实为佛陀广开门户，四姓平等摄化之第一步，修持严谨，被誉为“持律第一”。

②性业、遮业：有些业其体性本身就是恶的，如杀、盗、淫、妄等，称为“性业”，制止不作称为“性戒”。有些业，其本身并不一定是恶，如饮酒、荤食、垦土等，但会成为造恶或犯戒的因缘，故佛制戒“遮止”，这些业称为“遮业”，制止勿犯称为“遮戒”。

译文：

优波离即从座而起，顶礼佛足而对佛说：“我亲随佛半夜越城出家，亲观如来苦行六年，亲见如来降伏诸魔，制服外道，解脱世间的贪欲烦恼等诸漏。承蒙佛教授我小乘众戒律，如是渐次增进，至大乘菩萨戒法的三千威仪、八万细行，大小乘戒的性业和遮业，我都受持清净无缺，身心诸漏寂灭，成就阿罗汉果位。我是如来弟子众中的律法纲纪，蒙佛亲自印可我心戒清净，持戒修身，众中推为最上。佛问什么法门最为圆通，我以身识执持戒律制身，令身离染，身得自在；其次以身识执持心戒，心得通达，然后身心一切通利，入于圆通，此为第一。”

大目犍连即从座起①，顶礼佛足而白佛言：“我初于路乞食，逢遇优楼频螺、伽耶、那提三迦叶波，宣说如来因缘深义，我顿发心，得大通达。如来惠我袈裟著身，须发自落。我游十方，得无罣碍；神通发明，推为无上，成阿罗汉。宁唯世尊，十方如来叹我神力，圆明清净，自在无畏。佛问圆通，我以旋湛，心光发宣，如澄浊流，久成清莹，斯为第一。”

注释：

①大目犍（jiān）连：常作“摩诃目犍连”，佛十大弟子之一，以“神通第一”著称。

译文：

大目犍连即从座而起，顶礼佛足而对佛说："我当初未出家时，在路上乞食，遇到优楼频螺、伽耶、那提三迦叶波兄弟，正在宣说佛因缘法的深义，我一闻偈顿时发明本心，意识圆通，神通引发，得大通达。即投佛出家，佛予慈惠，呼'善来比丘'，我即袈裟着身，须发自落，成为比丘。我以神通游于十方世界，毫无罣碍；神通展发自在无碍，大众中推为无上，成就阿罗汉果位。不仅是世尊，十方世界的如来都赞叹我的神通力，圆明清净，自在无畏。佛问什么法门最为圆通，我以旋转虚妄分别之意识，还归湛然圆明的常住真心，心光显发周遍，如澄清浊流，久之而成清净莹明的如来藏性，入于圆通，此为第一。"

乌刍瑟摩于如来前①，合掌顶礼佛之双足，而白佛言："我常先忆久远劫前，性多贪欲。有佛出世名曰空王，说多淫人成猛火聚，教我遍观百骸四肢诸冷暖气，神光内凝，化多淫心成智慧火。从是诸佛皆呼召我名为火头。我以火光三昧力故，成阿罗汉，心发大愿，诸佛成道，我为力士，亲伏魔怨。佛问圆通，我以谛观身心暖触，无碍流通，诸漏既销，生大宝焰，登无上觉，斯为第一。"

注释：

①乌刍瑟摩：明王名。译曰"不净洁"、"秽迹"、"火头"

等，有转不净为清净之德。

译文：

乌刍瑟摩在佛前，合掌顶礼佛的双足而对佛说：“我常回忆，久远劫以前身为凡夫时，习性贪爱淫欲。那时有佛出世名叫空王如来，说多淫欲的人，生时炽然欲火，死后业火，故成猛火聚，于是教我遍观全身百骸四肢的冷暖气息，神光反观内照，凝合身内暖触火大，工夫精纯则得火光三昧，转化多淫心成为智慧火。从此诸佛皆称呼我名为火头。我以火光三昧之力，成就阿罗汉果位，心中即发大愿，诸佛成道之时，我做金刚力士，拥护佛法，亲自降伏各种魔怨。佛问什么法门最为圆通，我以谛观身心暖触火大，使得火大气息在身内无碍流通，证入三昧，消除诸漏，生起智慧大宝焰，登无上正觉，此为第一。”

持地菩萨即从座起[①]，顶礼佛足而白佛言：“我念往昔普光如来出现于世，我为比丘，常于一切要路、津口、田地险隘，有不如法，妨损车马，我皆平填，或作桥梁，或负沙土。如是勤苦，经无量佛出现于世。或有众生于阛阓处要人擎物[②]，我先为擎，至其所诣，放物即行，不取其直。毗舍浮佛现在世时，世多饥荒，我为负人，无问远近，惟取一钱。或有车牛被于泥溺，我有神力为其推轮，拔其苦恼。时国大王延佛设斋，我于尔时，平地待佛。毗舍如来摩顶谓我：‘当平心地，则世界地一切皆平。’我即心开，见身微尘与造世界所有微尘，等无差别，微尘自性，不相触摩，乃至刀兵，亦无所触。我于法性，悟无生忍，成阿罗汉，回心今入菩萨位中。闻诸如来宣妙莲花，佛知见地，我先证明，而为上首。佛问圆通，我以谛观身界二尘，等无差别，本如来藏，虚妄发尘，尘销智圆，成无上道，斯为第一。”

注释：

①持地菩萨：佛为母说法，上忉利天时，此菩萨为作三道之宝阶。

②阛阓（huán huì）：街市。

译文：

持地菩萨即从座而起，顶礼佛足而对佛说：“我忆念过去世普光如来出现于世的时候，我为比丘，常于一切往来重要道路、水陆交通之津口、田地之险隘处等地方，若有不合法度、可能妨碍和损害车马之处，我都给填平，或者架造桥梁，或者背来沙土对其修补。这样勤苦劳作，修桥补路，历经了无量佛出现于世，常行不退。或有众生在街市处要别人搬运东西，我就先给他搬运，送到要去的地方，放下东西就走，不取任何报酬。毗舍浮佛出现在世的时候，世间多有饥荒，乞食为难，我便做荷负之人，给人背东西，无论远近，只取一钱的报酬，聊以活命。如有车和牛马陷于泥淖，我就用神力为他推车轮，拔除他们的苦恼。有一天国王设斋请佛应供，我在那时就预先平整地面等待佛。毗舍浮如来摩顶对我说：‘当平治心地，则世界大地一切皆平。’我一听后，即刻心开悟解，见自身中地大之微尘与所造世界的所有微尘，无有差别；内外地大微尘的自性皆为如来藏性心法，性色真空，不相接触和摩擦，乃至外地大之刀兵加于内地大之身体，也不会触伤。我从地大法性本无自性而悟得无生法忍，成就阿罗汉果位，又回小乘心，今入大乘菩萨位中。听闻诸如来所共宣说的妙莲花如来藏心地法门，乃是佛之知见地，我先已证悟明了，成为会中的上首。佛问什么法门最为圆通，我以谛观内身、外界二尘自性平等而无有差别，本是如来藏性而循业虚妄显发为外尘，尘相若消则本有智光圆明，成就无上圣道，此为第一。”

月光童子即从座起①，顶礼佛足而白佛言：“我忆往昔恒河沙劫，有佛出世，名为水天，教诸菩萨修习水观，入三摩地。观于身中，水性无夺。初从涕唾，如是穷尽津液精血，大小便利，身中旋复，水性一同。见水身中与世界外，浮幢王刹，诸香水海，等无差别。我于是时初成此观，但见其水，未得无身。当为比丘，室中安禅。我有弟子窥窗观室，唯见清水，遍在室中，了无所见。童稚无知，取一瓦砾，投于水内，激水作声，顾盼而去。我出定后，顿觉心痛，如舍利弗遭违害鬼。我自思惟，今我已得阿罗汉道，久离病缘，云何今日忽生心痛，将无退失？尔时，童子捷来我前，说如上事。我则告言：汝更见水，可即开门，入此水中，除去瓦砾。童子奉教。后入定时，还复见水，瓦砾宛然，开门除出。我后出定，身质如初。逢无量佛，如是至于山海自在通王如来，方得亡身，与十方界诸香水海，性合真空，无二无别。今于如来得童真名，预菩萨会。佛问圆通，我以水性，一味流通，得无生忍，圆满菩提，斯为第一。”

注释：

①月光童子：又作“月光菩萨”，为佛陀时代王舍城长者申日之子。

译文：

月光童子即从座而起，顶礼佛足而对佛说：“我忆念过去恒沙数劫以前，有佛出世名叫水天佛，他教授诸菩萨修习水观，入三摩地。观想自身中的水大自性相同并不相倾夺。最初从涕唾开始，这样渐次观察，乃至穷尽津液精血、大小便利等，身中水大循环往复，流通不息，其相不一，水性则一同。观见在身中的水与在世界外诸如华藏世界海中浮幢王刹等所有香水海的水，无有差别。我在那时初步成就此观，定中但见其水为身，而未证得无身。当时我为比丘，在室中安住禅修水观。我有个小弟子从窗中偷看，只见室内遍满清水，并无其他。童子幼稚无知，就拿了一块瓦砾投于水中，激起水响声，左右看了看就走了。我出定后，顿时觉得心痛，如同舍利弗遭遇违害鬼所击，出定感觉头痛一样。我自己想，现在我已证得阿罗汉果，很久就已离开了病缘，为何今日忽然有了心痛呢？莫非要退失道果吗？

这时，那个童子跑来我跟前，说了刚才的事。我就告诉他：你再看见水的时候，可立即开门进入水中，拿出那块瓦砾。童子遵守我的话。我又入定后，那个童子仍旧看见满室的水，瓦砾依然在那，他开门入水取走了瓦砾。我出定后，身体恢复如初。这样值遇无量的佛，跟随修学，直至山海自在通王如来时，我方证得无自身相，与十方世界香水海的水，皆是性合真空，同一藏性，性水真空，性空真水，无二无别。现今在世尊的座下，我得到童真的名字，预列于菩萨之会。佛问什么法门最为圆通，我以观察水性一味流通，证得无生法忍，圆满无上菩提，此为第一。”

琉璃光法王子即从座起，顶礼佛足而白佛言：“我忆往昔经恒沙劫，有佛出世，名无量声，开示菩萨本觉妙明，观此世界及众生身，皆是妄缘风力所转。我于尔时观界安立，观世动时，观身动止，观心动念，诸动无二，等无差别。我时觉了此群动性，来无所从，去无所至，十方微尘，颠倒众生，同一虚妄；如是乃至三千大千一世界内所有众生，如一器中贮百蚊蚋①，啾啾乱鸣，于分寸中鼓发狂闹。逢佛未几，得无生忍，尔时心开，乃见东方不动佛国，为法王子，事十方佛，身心发光，洞彻无碍。佛问圆通，我以观察风力无依，悟菩提心，入三摩地，合十方佛，传一妙心，斯为第一。”

注释：

①蚋（ruì）：蚊类虫，体形似蝇而小。

译文：

琉璃光法王子即从座而起，顶礼佛足而对佛说："我忆念过去恒河沙数劫以前，有佛出世，名叫无量声佛，开示菩萨众如来藏本觉妙明法门，观照此世界及众生身体，都是妙明性体上一念无明妄动之妄缘，而有无明风力所转而起世界众生。我那时就观察十方世界的安立，皆由风力执持，观察三世时间的流动，观察身体的动止，观察心动念起之时，皆是风动作用所推，这些动相虽多，从自性而言，唯是风性，因此诸动相的自性无二无别，没有差别。我当时觉察明了，这诸动相之自性，来无所从，去无所至，当体全空，无有实性，十方微尘世界以及一切颠倒众生，同一虚妄；这样乃至三千大千世界每一世界内的所有众生，如同装在一个容器里的百只蚊子，啾啾乱叫，在很小的方寸空间里鼓发狂闹。值逢无量声佛不久，我证得无生法忍，即时本觉真心开显，乃得亲见东方不动佛国，在不动佛会下为法王子，遍事十方诸佛，身心发光，内外洞彻无碍，如净琉璃。佛问什么法门最为圆通，我以观察风力无依无体而悟入菩提心，得入正定，契合十方诸佛所传微妙心印，此为第一。"

虚空藏菩萨即从座起，顶礼佛足而白佛言："我与如来定光佛所[①]，得无边身。尔时，手执四大宝珠，照明十方微尘佛刹，化成虚空。又于自心现大圆镜，内放十种微妙宝光，流灌十方尽虚空际。诸幢王刹，来入镜内，涉入我身，身同虚空，不相妨碍。身能善入微尘国土，广行佛事，得大随顺。此大神力，由我谛观：四大无依，妄想生灭，虚空无二，佛国本同，于同发明，得无生忍。佛问圆通，我以观察虚空无边，入三摩地，妙力圆明，斯为第一。”

注释：

①定光佛：即燃灯佛。在过去世为释迦菩萨授记的佛陀。

译文：

虚空藏菩萨即从座而起，顶礼佛足而对佛说：“我与世尊您，往昔曾同在定光佛所，供养承事，证得无边虚空身。那时，我手执四大智慧宝珠，照明十方微尘数的佛刹，一一化为虚空。又于自己本觉真心现出大圆镜智，内放十种微妙宝光，流灌十方法界，尽虚空边际。华藏世界海中诸浮幢王刹，都被摄入此智，无一不在大圆镜智照耀中，由此涉入我身，而我身同于虚空，彼此不相妨碍。我身化身无量，善于进入微尘数的国土，广行佛事，得恒顺众生的大自在。我有这样的大神通力，是由谛观地、水、火、风四大无体，随众生妄想而有生灭，当体击空，与虚空无二，佛国以四大为能依，所以佛国也空，即于空性，发明如来藏性，悟明性觉真空，性空真觉，证得无生法忍。佛问什么法门最为圆通，我以观察虚空无边而得入正定，种种微妙神力圆满明澈，自在展发，此为第一。”

弥勒菩萨即从座起[①]，顶礼佛足而白佛言："我忆往昔经微尘劫，有佛出世，名日月灯明。我从彼佛而得出家，心重世名，好游族姓。尔时，世尊教我修习唯心识定，入三摩地。历劫已来，以此三昧事恒沙佛，求世名心歇灭无有。至然灯佛出现于世[②]，我乃得成无上妙圆识心三昧，乃至尽空，如来国土，净秽有无，皆是我心变化所现。世尊，我了如是唯心识故，识性流出无量如来，今得授记，次补佛处。佛问圆通，我以谛观十方唯识，识心圆明，入圆成实[③]，远离依他及遍计执[④]，得无生忍，斯为第一。"

注释：

①弥勒菩萨：意译作"慈氏"。在未来世降生阎浮提世界，继释尊之后将会成佛的菩萨，现住兜率天。

②然灯佛：即燃灯佛。见前注。

③圆成实：即"圆成实性"。于人空、法空上所显现的圆满成就的诸法实性，名为"圆成实性"。

④依他：即"依他起性"，指一切存在都是因缘和合而生，依赖他缘而生起。遍计执：即"遍计所执性"，指对种种由因缘而生起的存在周遍计度，从而妄执其为实体的存在。

译文：

弥勒菩萨即从座而起，顶礼佛足而对佛说："我忆念过去微尘数劫以前，有佛出世，名叫日月灯明佛，我跟从彼佛而出家，心好世间名闻利养，喜欢游走豪族大姓之家。那时，日月灯明佛教我修习唯心识定，得入三摩地。从那时起的历劫以来，以此三昧，奉事恒河沙数佛，追求世间名闻之心渐渐停歇息灭。直到燃灯佛出现于世，我才证得无上妙圆的识心三昧，彻悟万法唯识所现，乃至尽虚空的如来国土，有的国土有净有秽，有的无净无秽，有的有净无秽，都是我的识心变化所现。世尊，我因为了知这些国土净秽唯是心识所现的缘故，故由识性流出无量如来，现在得到世尊授记，次补佛位。佛问什么法门最为圆通，我以谛观十方世界一切依正染净都是唯识所现，了知三界唯心，万法唯识，识心不二，一体圆明，即证入圆成实性，远离依他起性和遍计所执性，证得无生法忍，此为第一。”

大势至法王子与其同伦五十二菩萨即从座起[①]，顶礼佛足而白佛言：“我忆往昔恒河沙劫，有佛出世，名无量光。十二如来相继一劫，其最后佛名超日月光，彼佛教我念佛三昧。譬如有人，一专为忆，一人专忘，如是二人，若逢不逢，或见非见。二人相忆，二忆念深，如是乃至从生至生，同于形影，不相乖异。十方如来怜念众生，如母忆子，若子逃逝，虽忆何为？子若忆母，如母忆时，母子历生，不相违远。若众生心，忆佛念佛，现前当来，必定见佛。去佛不远，不假方便，自得心开。如染香人，身有香气，此则名曰香光庄严。我本因地，以念佛心入无生忍；今于此界，摄念佛人归于净土。佛问圆通，我无选择，都摄六根，净念相继，得三摩地，斯为第一。”

注释：

①大势至：此菩萨以智慧光普照一切，令众生离三涂，得无上力；又彼行时，十方世界一切地皆震动，故称“大势至”。与观世音菩萨同为西方极乐世界阿弥陀佛之胁侍，世称“西方三圣”。

译文：

大势至法王子与其同伴五十二位菩萨即从座而起，顶礼佛足而对佛说：“我忆念过去恒河沙数劫以前，有佛出世，名叫无量光佛。此劫中先后有十二位佛相继出世，最后一位佛名叫超日月光佛，彼佛教我修习念佛三昧。譬如有亲友二人，一人专心忆念此亲友，另一人则专于世务而忘却此亲友，这样两人即使相逢，也同于未逢，即使相见，也同于未见。如果二人互相忆念，二人的忆念就转深，这样乃至生生世世，都会形影相依，不相背离。十方如来怜念众生，就如母亲忆念儿子，如果儿子逃走不回家，母亲虽日夜忆念又有何用？儿子忆念母亲，如果能像母亲想念儿子一样恳切，则母子生生世世不会远离。众生若心中，常忆佛念佛，现在或将来，必定见到佛。如果众生能够恳切地忆佛念佛，命终之后蒙佛接引而往生极乐，则去佛不远，这样就不须假借其他方便，既得往生极乐，自得心地开悟。如同染香的人，身上自然就染有香气，忆佛念佛虽然还未成佛，但也染有佛的气分，这就叫香光庄严。我在本修因地，以念佛心而证入无生法忍；现在于此娑婆世界，摄受念佛的人同归净土。佛问什么法门最为圆通，我无其他选择，都摄六根，净念相继，得入正定，此为第一。”

卷　六

本卷接着讲说第二十五观音菩萨耳根圆通法门。二十五圆通法门中，前二十四圆通都是略说，而对于第二十五观音菩萨耳根圆通法门，则给予详细叙说，显示了本经对于耳根圆通法门以及观音法门的重视。首先由观音菩萨讲述了证入耳根圆通的修行过程："从闻思修，入三摩地。初于闻中，入流亡所，所入既寂，动、静二相了然不生。如是渐增，闻、所闻尽，尽闻不住，觉、所觉空，空觉极圆，空、所空灭，生灭既灭，寂灭现前。忽然超越世、出世间，十方圆明。"这段经文所述的禅观方法，对于悟道证果极为重要，受到了禅宗的高度重视。历代注家多配合六结来解释，所谓解六结，明三空。首先从耳根的闻性入手起修，做入流照性、回光返照功夫，渐次解除"动、静、根、觉、空、灭"六结，六结尽解，一根拔除，六根解脱，入一真无妄之地，证得金刚三昧；由此与十方佛如来同一慈力，成就三十二应身、十四种无畏功德、四种不可思议无作妙德，兴起利他妙行。又本经所举三十二应身，与《法华经·普门品》所举三十三应身意趣不同，《普门品》是佛说，机在持名拔苦；本经是观音菩萨自说，机在妙应圆通之理。

对此二十五圆通法门，佛陀在之前和之后都说法门平等，无有优劣之差别，所谓"最上"是指对机而言。针对阿难及未来众生的根机，文殊菩萨奉佛之命，说偈评判二十五圆通，独选观音菩萨的耳根圆通法门于此界众生最为当机。至此，本经二十五圆通法门圆满。

随后阿难又请问“安立道场，远诸魔事”，“救护众生末劫”之事，佛陀即宣说“修行三决定义”，即戒定慧“三学”，从闻、思、修，入三摩地，严持四重戒为基，建立坛场专修楞严咒为正行，以证如来藏心楞严大定。并首先详细讲解了其心不淫、不杀、不偷、不妄语之四种“决定清净明诲”。

尔时，观世音菩萨即从座起[1]，顶礼佛足而白佛言：“世尊，忆念我昔无数恒河沙劫，于时有佛出现于世，名观世音。我于彼佛发菩提心，彼佛教我，从闻思修，入三摩地。

注释：

①观世音菩萨：以慈悲救济众生为本愿之菩萨。又作“观自在菩萨”、“观音菩萨”，与大势至菩萨同为西方极乐世界阿弥陀佛之胁侍，世称“西方三圣”。

译文：

这时，观世音菩萨即从座而起，顶礼佛足而对佛说：“世尊，忆念我往昔于无数恒河沙劫以前，那时有一位佛出现于世，名叫观世音如来。我跟从这位尊佛发菩提心，彼佛教导我，从闻、思、修，入三摩地。

“初于闻中[①]，入流亡所，所入既寂，动、静二相了然不生。如是渐增，闻、所闻尽，尽闻不住，觉、所觉空，空觉极圆，空、所空灭，生灭既灭，寂灭现前。忽然超越世、出世间，十方圆明，获二殊胜：一者，上合十方诸佛本妙觉心，与佛如来同一慈力；二者，下合十方一切六道众生，与诸众生同一悲仰。

注释：

①按，“闻”者，意在“闻性”，返闻闻自性，这是本经的特别教授。闻性非耳识，更非意识，乃在前所抉择之根性，六根之根元性，亦称“觉性”、“圆觉性”。若以“闻、思、修”三慧而论，此属于“思慧”。

译文：

“最初于耳根闻性中，返闻照性而入闻性之流，亡失所闻的声尘；所入的声尘既寂止，能闻的耳根也寂静，动、静两种声尘相完全寂止不生。这样渐修增进，能闻之根和所闻之声尘皆灭尽不生；能闻所闻皆灭尽，根尘脱落，解根结，证我空，湛一无边之境现前，但也于此不住不着，则能觉之智与所觉之湛一境皆归空寂；智境息灭，空觉究竟圆满，能空之空也空，能空所空皆归寂灭，一切生灭法皆灭尽，则本有寂灭妙常觉性自然现前。刹那之间，忽然超越一切世间、出世间，十方世界周遍圆满，无非本有自性光明，获得两种殊胜妙用：一者，上合十方诸佛的本觉妙心，与如来同一慈悲心和神通力；二者，下合十方一切六道众生的心性，与诸众生同一悲苦和渴仰。

“世尊，由我供养观音如来[①]，蒙彼如来授我如幻闻熏闻修金刚三昧[②]，与佛如来同慈力故，令我身成三十二应，入诸国土。

注释：

①观音如来：观世音菩萨因地中的本师。

②如幻闻熏闻修金刚三昧：如幻，指依本起因地之如来藏因而修，故能观与所观皆如幻如化，不假功用。闻熏闻修，指由本觉闻性入流内熏而熏起始觉修智。金刚三昧，即金刚喻定，等觉菩萨于等觉后心所起之大定，此处亦特指楞严大定，以其究竟坚固，不可摧坏，犹如金刚，故称“金刚三昧”。

译文：

“世尊，由于我供养观音如来，承蒙观音如来传授我如幻闻熏闻修金刚三昧，证得与如来同一慈悲心和神通力的缘故，令我成就三十二种应化身，随机赴感，遍入一切世界国土。

“世尊，若诸菩萨入三摩地，进修无漏，胜解现圆，我现佛身而为说法，令其解脱。若诸有学，寂静妙明，胜妙现圆，我于彼前现独觉身而为说法，令其解脱。若诸有学，断十二缘，缘断胜性，胜妙现圆，我于彼前现缘觉身而为说法，令其解脱。若诸有学，得四谛空，修道入灭，胜性现圆，我于彼前现声闻身而为说法，令其解脱。若诸众生欲心明悟，不犯欲尘，欲身清净，我于彼前现梵王身而为说法，令其解脱。

译文：

“世尊，如果有菩萨已入正定，进修无漏道业，胜解将现圆满之时，我就现佛身而为说法，令他得到解脱。如果有二乘有学，志求独觉者，身心寂静，妙慧明通，殊胜妙慧将现圆满之时，我就在他面前现独觉身而为说法，令他得到解脱。如果有缘觉有学，志求缘觉道，观修断除了十二因缘之流转，流转因缘断除而胜性显现，殊胜妙性将现圆满之时，我就在他面前示现缘觉身而为说法，令他得到解脱。如果有声闻有学在见道位中，证得断四谛下惑之见惑空，进而入修道位证择灭无为，灭谛无生之性将现圆满之时，我就在他面前示现声闻身而为说法，令他得到解脱。如果有众生希望心明开悟，持守戒律，不犯淫欲，使得贪欲之身得以离欲清净，我就在他面前示现梵王身而为说法，令他得到解脱。

“若诸众生欲为天主，统领诸天，我于彼前现帝释身而为说法[①]，令其成就。若诸众生欲身自在，游行十方，我于彼前现自在天身而为说法[②]，令其成就。若诸众生欲身自在，飞行虚空，我于彼前现大自在天身而为说法[③]，令其成就。若诸众生爱统鬼神，救护国土，我于彼前现天大将军身而为说法[④]，令其成就。若诸众生爱统世界，保护众生，我于彼前现四天王身而为说法[5]，令其成就。若诸众生爱生天宫，驱使鬼神，我于彼前现四天王国太子身而为说法，令其成就。

注释：

①帝释：即忉利天天主，名“释提桓因”，居须弥山之顶善见城。

②自在天：指欲界最高之第六天，他化自在天之天主。

③大自在天：指色界之最高天天主，又称“摩醯首罗天”。

④天大将军：指欲界天之天将。

⑤四天王：欲界四大天王，即东方持国天王、南方增长天王、西方广目天王、北方多闻天王。

译文：

“如果有众生想当天主以统领诸天，我就在他面前现帝释身而为说法，使他如愿成就。如果有众生希望此身自在，能够游行十方国土，我就在他面前现自在天身而为说法，使他如愿成就。如果有众生希望此身自在，能够在虚空中飞行，我就在他面前现大自在天身而为说法，使他如愿成就。如果有众生喜欢统领鬼神以救护世间国土，我就在他面前现天大将军身而为说法，使他如愿成就。如果有众生喜欢统领世界，保护众生，我就在他面前现四天王身而为说法，使他如愿成就。如果有众生喜欢生在天宫中，并能驱使鬼神，我就在他面前现四天王国太子身而为说法，使他如愿成就。

“若诸众生乐为人王，我于彼前现人王身而为说法，令其成就。若诸众生爱主族姓，世间推让，我于彼前现长者身而为说法，令其成就。若诸众生爱谈名言，清净自居，我于彼前现居士身而为说法，令其成就。若诸众生爱治国土，剖断邦邑①，我于彼前现宰官身而为说法，令其成就。若诸众生爱诸数术，摄卫自居②，我于彼前现婆罗门身而为说法，令其成就。若有男子好学出家，持诸戒律，我于彼前现比丘身而为说法，令其成就。若有女人好学出家，持诸禁戒，我于彼前现比丘尼身而为说法，令其成就。

注释：

①剖断邦邑：于大邦或小邑，剖析决断种种讼案。

②摄卫：调摄卫生，行气养生。

译文：

“如果有众生喜欢成为人间的国王治理国家，我就在他面前现国王身而为说法，使他如愿成就。如果有众生喜欢做一家族之主，以得到人们的尊重，我就在他面前现长者身而为说法，使他如愿成就。如果有众生喜欢讨论道理，身常清净，以道自居，我就在他面前现居士身而为说法，使他如愿成就。如果有众生喜欢治理国家，剖断各级政务，我就在他面前现宰官身而为说法，使他如愿成就。如果有众生喜欢诸种数术，调理身心，摄卫自居，我就在他面前现婆罗门身而为说法，使他如愿成就。如果有男子好学出家，持守戒律，我就在他面前现比丘身而为说法，使他如愿成就。如果有女人好学出家，持守戒律，我就在她面前现比丘尼身而为说法，使她如愿成就。

“若有男子乐持五戒，我于彼前现优婆塞身而为说法①，令其成就。若有女子五戒自居，我于彼前现优婆夷身而为说法②，令其成就。若有女人内政立身，以修家国，我于彼前现女主身及国夫人、命妇大家而为说法，令其成就。若有众生不坏男根，我于彼前现童男身而为说法，令其成就。若有处女爱乐处身，不求侵暴，我于彼前现童女身而为说法，令其成就。若有诸天乐出天伦，我现天身而为说法，令其成就。

注释：

①优婆塞：意为近事男，能发菩提心，受持佛教在家五戒的男子。

②优婆夷：意为近事女，发菩提心，受持佛教在家五戒的女子。

译文：

“如果有男子乐意受持五戒，我就在他面前现优婆塞身而为说法，使他如愿成就。如果有女子乐意受持五戒，我就在她面前现优婆夷身而为说法，使她如愿成就。如果有女人内主家政立其身，以修家国之基，我就在她面前现女主身及国夫人身、命妇大家身而为说法，使她如愿成就。如果有众生不近女色，保守童贞，我就在他面前现童男身而为说法，使他如愿成就。如果有处女爱乐处女之身，不希望受异性的侵犯，我就在她面前现童女身而为说法，使她如愿成就。如果有诸天人乐意出离天趣，我就现天身而为说法，使他们如愿成就。

“若有诸龙乐出龙伦，我现龙身而为说法，令其成就。若有药叉乐度本伦①，我于彼前现药叉身而为说法，令其成就。若乾闼婆乐脱其伦②，我于彼前现乾闼婆身而为说法，令其成就。若阿修罗乐脱其伦③，我于彼前现阿修罗身而为说法，令其成就。若紧那罗乐脱其伦④，我于彼前现紧那罗身而为说法，令其成就。若摩呼罗伽乐脱其伦⑤，我于彼前现摩呼罗伽身而为说法，令其成就。若诸众生乐人修人，我现人身而为说法，令其成就。若诸非人，有形、无形，有想、无想，乐度其伦，我于彼前皆现其身而为说法，令其成就。

注释：

①药叉：梵语 yaksa，又译作“夜叉”，天龙八部众之一，通常与“罗刹”并称。意译“轻捷”、“勇健”，指住于地上或空中，以威势恼害人，或守护正法之鬼类。

②乾闼婆：又作“健达缚”等，八部众之一，意译为“食香”、

“寻香行”，指与紧那罗同奉侍帝释天而司奏雅乐之神，又作“寻香神”、“乐神”、“执乐天”。

③阿修罗：略称“修罗”，为六道之一，八部众之一，十界之一。意译为“非天”、“不端正”。此神性好斗，有天福而无天德，常与帝释战。

④紧那罗：又名“紧捺洛”，八部众之一。似人而有角，故又名“人非人”，乃是天伎神、歌神。新译曰“歌神”，即乐神名。

⑤摩呼罗伽：又名“莫呼落伽”，八部之一，即大蟒神。

译文：

“如果有诸龙乐意出离龙趣，我就现龙身而为说法，使他们如愿成就。如果有药叉乐意脱离药叉类，我就在他面前现药叉身而为说法，使他如愿成就。如果有乾闼婆乐意脱离其本类，我就在他面前现乾闼婆身而为说法，使他如愿成就。如果有阿修罗乐意脱离其本类，我就在他面前现阿修罗身而为说法，使他如愿成就。如果有紧那罗乐意脱离其本类，我就在他面前现紧那罗身而为说法，使他如愿成就。如果有摩呼罗伽乐意脱离其本类，我就在他面前现摩呼罗伽身而为说法，使他如愿成就。如果诸众生乐意保持人身并修行人道，我就现人身而为说法，使他们如愿成就。如果一切非人之类——有形与无形、有想与无想，乐意脱离其本类，我就在他们面前现相应之身而为说法，使他们如愿成就。

“是名妙净三十二应[①]，入国土身，皆以三昧闻熏闻修无作妙力，自在成就。

注释：

①妙净：随类各应曰“妙”，所现身相不着于相曰净。又妙者不可思议，净者无所染着。

译文：

“这就是妙净三十二应化身，能入十方一切国土，随类各应，无刹不现，都是以金刚三昧，本觉闻熏、始觉闻修，所成就的无作妙用神力，自在得以成就。

“世尊，我复以此闻熏闻修金刚三昧无作妙力，与诸十方三世六道一切众生同悲仰故，令诸众生于我身心获十四种无畏功德。一者，由我不自观音，以观观者，令彼十方苦恼众生，观其音声，即得解脱。二者，知见旋复[1]，令诸众生设入大火，火不能烧。三者，观听旋复，令诸众生大水所漂，水不能溺。

注释：

①旋复：回转，回还。

译文：

“世尊，我又以此闻熏闻修金刚三昧无作妙力，与十方三世六道一切众生同一悲仰的缘故，故而能令一切众生于我身心中，获得十四种无畏功德。第一，由我不自去观世间的声音，却返观能观者，返观闻性而起无作妙力大用，故令十方世界的苦恼众生，若一心称念我名号，我观其称名声音，妙应感通，寻声救苦，使其即刻获得解脱。第二，我既已旋复缘尘妄见，返观闻性而起无作妙力，故令十方众生即使入于大火，若一心称念我名号，火就不能烧害他们。第三，我既已旋复缘尘观听妄闻，返观闻性而起无作妙力，故令十方众生即使被大水所漂，若一心称念我名号，水就不能淹溺他们。

“四者，断灭妄想，心无杀害，令诸众生入诸鬼国，鬼不能害。五者，熏闻成闻，六根销复，同于声听，能令众生临当被害，刀段段坏，使其兵戈，犹如割水，亦如吹光，性无摇动。六者，闻熏精明，明遍法界，则诸幽暗，性不能全，能令众生，药叉、罗刹、鸠槃茶鬼①，及毗舍遮、富单那等②，虽近其旁，目不能视。七者，音性圆销，观听返入，离诸尘妄，能令众生，禁系枷锁，所不能著。

注释：

①鸠槃茶鬼：即厌魅鬼。

②毗舍遮：啖精气鬼，谓其啖人精气及五谷之精气。富单那：主热病鬼。

译文：

“第四，我既已旋复缘尘妄想，返观闻性而起无作妙力，心无杀害之念，全超鬼神心行，故令十方众生即使误入罗刹鬼国，若一心称念我名号，鬼就不能加害他们。第五，我因返闻照性，熏彼妄闻而成就真闻性，六根同时消妄复真，全身泯于无形，同于声听之无形，以此所证金刚三昧之力，能令众生临当被杀害之时，若一心称念我名号，刀杖触身，忽然折断为一段一段，不能伤身；纵使刀兵不自折断，使其如同割水、砍光一样，不能伤及身体丝毫，本性则毫无摇动。第六，我以返闻熏修，得复本精妙明，发本明耀，遍照法界，则诸幽隐暗昧之性不能自全，这样，能令众生，若一心称念我名号，使药叉、罗刹、鸠槃茶鬼，以及毗舍遮、富单那等，虽近在身旁，尚不能目视。第七，音声之动静二性悉皆消灭，观照能闻之性，返入本觉闻性，脱离妄尘，根尘双泯，内无系缚，外绝拘束，我以此妙力加被众生，能令众生，若一心称念我名号，任何禁系枷锁，不能着身。

“八者，灭音圆闻，遍生慈力，能令众生，经过险路，贼不能劫。九者，熏闻离尘，色所不劫，能令一切多淫众生，远离贪欲。十者，纯音无尘，根境圆融，无对、所对，能令一切忿恨众生，离诸嗔恚。十一者，销尘旋明，法界身心，犹如琉璃，朗彻无碍，能令一切昏钝性障，诸阿颠迦，永离痴暗。十二者，融形复闻，不动道场，涉入世间，不坏世界，能遍十方供养微尘诸佛如来，各各佛边为法王子，能令法界无子众生，欲求男者，诞生福德智慧之男。

译文：

“第八，声音寂灭而解脱根尘，圆满证得闻性，外无敌对，咸归一心，故能遍生慈力，我以此妙力加被众生，能令众生，经过危险之路时，若一心称念我名号，盗贼就不敢劫夺他们。第九，返熏闻性，脱离尘染，色尘所不能劫夺，我以此妙力加被众生，能令一切淫欲心重的众生，若一心称念我名号，就可远离贪欲。第十，纯一妙音闻性，绝离所对声尘，根境圆融，没有了能对与所对的对立差别，内外清净一如，息灭差别纷争，我以此妙力加被众生，能令一切忿怒、嗔恨心重的众生，若一心称念我名号，就可脱离所有嗔恨和忿怒。第十一，消除所缘妄尘，旋复妙明真性，自性光明便显现出来，外之法界、内之身心，犹如琉璃一样，内外明彻，无有障碍，我以此妙力加被众生，能令一切生性昏昧愚钝的众生，乃至诸阿颠伽，若一心称念我名号，永远脱离愚痴暗昧。第十二，消融四大幻形，旋复一真闻性，证入妙明真心之本有寂灭不动道场，成一圆融清净宝觉，身相圆融，称体起用，而能涉入世间，随类现身，不坏世界之因果等相，并能遍至十方供养如微尘数的诸佛，于各佛座下做法王子，我以此妙力加被众生，能令法界中没有子嗣的众生，欲求生男者，若一心称念我名号，便诞生有福德智慧的男孩。

“十三者，六根圆通，明照无二，含十方界，立大圆镜、空如来藏，承顺十方微尘如来秘密法门，受领无失。能令法界无子众生，欲求女者，诞生端正、福德、柔顺、众人爱敬、有相之女。十四者，此三千大千世界百亿日月，现住世间诸法王子有六十二恒河沙数，修法垂范，教化众生，随顺众生，方便智慧，各各不同。由我所得圆通本根，发妙耳门，然后身心微妙含容，周遍法界。能令众生，持我名号，与彼共持六十二恒河沙诸法王子，二人福德正等无异。世尊，我一名号，与彼众多名号无异，由我修习得真圆通。是名十四施无畏力，福备众生。

译文：

“第十三，六根圆通，互用无碍，成一清净妙明宝觉，因其明觉与照用无二，立大圆镜，因其含容十方世界，立空如来藏，能够承顺十方世界微尘数如来的一切秘密法门，受领无失。我以此妙力加被众生，能令法界中没有子嗣的众生，欲求生女者，若一心称念我名号，便诞生端正、福德、柔顺、众人爱敬、妙相具足的女孩。第十四，此三千大千世界、百亿日月世界的范围中，现在住于世间的法王子大菩萨有六十二恒河沙数之多，他们修行佛法，亲作模范，教化众生，随顺众生，方便智慧各不同。由于我证得圆通本根，发明耳门自在妙用，能令一身应无量身，一心应无量心，微妙含容，周遍法界，自在无碍，具足万圣法门。我以此妙力加被众生，能令众生，若持我名号，与另外一人同时持念六十二恒河沙数诸法王子大菩萨的名号，二人所得福德，完全等同，无二无别。世尊，单单持念我一名号，与同时持念众多菩萨的名号，毫无差异，这是由于我修习耳根圆通法门，证得了真圆通。这就是十四种施无畏力，福德荫庇周备普及一切众生。

“世尊，我又获是圆通，修证无上道故，又能善获四不思议无作妙德。一者，由我初获妙妙闻心，心精遗闻，见闻觉知不能分隔，成一圆融清净宝觉，故我能现众多妙容，能说无边秘密神咒。其中，或现一首、三首、五首、七首、九首、十一首，如是乃至一百八首、千首、万首、八万四千烁迦罗首[①]；二臂、四臂、六臂、八臂、十臂、十二臂、十四、十六、十八、二十至二十四，如是乃至一百八臂、千臂、万臂、八万四千母陀罗臂[②]；二目、三目、四目、九目，如是乃至一百八目、千目、万目、八万四千清净宝目。或慈，或威，或定，或慧，救护众生，得大自在。二者，由我闻思脱出六尘，如声度垣[③]，不能为碍，故我妙能现一一形，诵一一咒，其形其咒能以无畏施诸众生，是故十方微尘国土皆名我为施无畏者。三者，由我修习本妙圆通，清净本根，所游世界皆令众生舍身珍宝，求我哀愍[④]。四者，我得佛心，证于究竟，能以珍宝种种供养十方如来，傍及法界六道众生，求妻得妻，求子得子，求三昧得三昧，求长寿得长寿，如是乃至求大涅槃得大涅槃。佛问圆通，我从耳门圆照三昧，缘心自在，因入流相，得三摩地，成就菩提，斯为第一。世尊，彼佛如来叹我善得圆通法门，于大会中授记我为观世音号。由我观听，十方圆明，故观音名遍十方界。”

注释：

①烁迦罗：即金刚，坚固不坏。

②母陀罗臂：以手显示法印，因臂各有手，手各有印，故名之。

③垣（yuán）：指墙、城墙。

④愍（mǐn）：悯也，怜悯，哀怜。

译文：

“世尊，我因获得此真实圆通，修证无上圣道，故而又自然获得四种不可思议、无功用行的神妙德用。第一，我因当初获得妙妙闻性真如心，心精妙觉脱离了能闻所闻，见、闻、觉、知等功能不再被六根分隔，成为一圆融无碍的清净宝觉，神通妙用不可思议，故我能示现无数的妙相容貌，能说无边的秘密神咒。其中，或者示现一首、三首、五首、七首、九首、十一首，乃至一百零八首、千首、万首、八万四千金刚首；二臂、四臂、六臂、八臂、十臂、十二臂、十四臂、十六臂、十八臂、二十臂，至二十四臂，乃至一百零八臂、千臂、万臂、八万四千手印臂；二目、三目、四目、九目，乃至一百零八目、千目、万目、八万四千清净宝目。这些化身妙相，或现慈悲，或现威武，或现禅定，或现智慧，为救护众生，任运示现，得大自在。第二，由于我此闻、思、修入三摩地，而得脱出六尘，就如声音能穿越垣墙而不被其所阻碍一样，因此，我能现妙用，任运随缘，能显现种种不同的身形，能诵种种不同的神咒，所现身形、所说咒语能以无畏力将所有无畏施予众生，因此，十方微尘数国土的众生都称我为施无畏者。第三，由于我修习本妙圆通，已得清净本根，于六尘境，无有染着，悉能舍施，故于所游化的世界，皆能令众生破除悭贪无明，乐意施舍自身所有的珍宝，求我哀悯摄受度脱。第四，我得诸佛因地本心如来藏，依之修行，证于究竟，因而能以种种珍宝供养十方如来，并旁及法界中的六道众生，求妻者得妻，求子者得子，求三昧者得三昧，求长寿者得长寿，这样乃至求大涅槃者得大涅槃。佛问什么法门最为圆通，我是从耳根法门返闻自性，圆照一心本源而得正定，并能发起妙力度生，随缘应化，心得自在；因耳根入流照性，证得三摩地，成就菩提果，此为第一。世尊，当时观世音如来赞叹我善得圆通法门，并在大会中为我授记，号为观世音。由我本觉妙心之不可思议的观听妙用，于十方世界都圆明自在，循声救苦，普施无畏，因此，观世音的名号遍闻于十方世界。”

尔时世尊，于师子座，从其五体同放宝光，远灌十方微尘如来及法王子诸菩萨顶；彼诸如来亦于五体同放宝光，从微尘方来灌佛顶，并灌会中诸大菩萨及阿罗汉。林木池沼皆演法音，交光相罗，如宝丝网。是诸大众，得未曾有，一切普获金刚三昧。即时天雨百宝莲华，青黄赤白，间错纷糅[①]，十方虚空成七宝色。

此娑婆界大地山河俱时不现，唯见十方微尘国土合成一界，梵呗咏歌[2]，自然敷奏[3]。

注释：

①糅（róu）：混杂，混和。

②梵呗（bài）：指佛教歌赞或诵经声。

③敷（fū）：布也。

译文：

这时世尊，即于狮子座上，五体同时放出宝光，远灌十方微尘数如来及法王子诸菩萨的头顶；十方如来也于五体同放宝光，从微尘数方向来灌世尊的头顶，同时也灌会中诸大菩萨及阿罗汉的头顶。同时，林中的树木、泉池皆演法音，光芒相互交织，如同宝丝网一般。此会中的大众，感叹惊喜，得未曾有，并于此时都得到了金刚三昧。就在这时，又有无数量的青、黄、赤、白等色的百宝莲花，从天而降，缤纷间错，一瞬间，十方虚空变成金、银、琉璃、砗磲、赤珠、玛瑙、琥珀七宝的颜色。此娑婆世界的山河大地忽然同时看不见了，唯见十方微尘数的国土合成一个世界，梵呗歌咏，自然敷奏。

于是如来告文殊师利法王子：“汝今观此二十五无学、诸大菩萨及阿罗汉，各说最初成道方便，皆言修习真实圆通。彼等修行，实无优劣、前后差别。我今欲令阿难开悟，二十五行，谁当其根；兼我灭后，此界众生入菩萨乘，求无上道，何方便门得易成就？”

译文：

于是，佛告诉文殊师利法王子说：“你现在看这二十五位无学、诸大菩萨及阿罗汉，各自叙说了最初成道的方便法门，都言依此修习可获真实圆通。他们的修行方法，实在没有优劣之分或前后差别。我现在欲令阿难开悟，请你说一说在此二十五种修行方便中，哪一种最适合阿难的根机；同时，我灭度之后，此世界的众生，欲入菩萨乘，发心求无上佛道，哪一个方便法门最容易成就？”

文殊师利法王子奉佛慈旨，即从座起，顶礼佛足，承佛威神，说偈对佛：

觉海性澄圆，圆澄觉元妙；
元明照生所[①]，所立照性亡。
迷妄有虚空，依空立世界；
想澄成国土，知觉乃众生。
空生大觉中，如海一沤发；
有漏微尘国，皆依空所生。
沤灭空本无，况复诸三有？
归元性无二，方便有多门；
圣性无不通，顺逆皆方便；
初心入三昧，迟速不同伦。

色想结成尘，精了不能彻；
如何不明彻，于是获圆通。
音声杂语言，但伊名句味；
一非含一切，云何获圆通？
香以合中知，离则元无有；
不恒其所觉，云何获圆通？
味性非本然，要以味时有；
其觉不恒一，云何获圆通？
触以所触明，无所不明触；
合离性非定，云何获圆通？
法称为内尘，凭尘必有所；
能所非遍涉，云何获圆通？
见性虽洞然，明前不明后；
四维亏一半，云何获圆通？
鼻息出入通，现前无交气；
支离匪涉入，云何获圆通？
舌非入无端，因味生觉了，
味亡了无有，云何获圆通？
身与所触同，各非圆觉观；
涯量不冥会，云何获圆通？
知根杂乱思，湛了终无见；
想念不可脱，云何获圆通？
识见杂三和，诘本称非相；

自体先无定，云何获圆通？
心闻洞十方，生于大因力；
初心不能入，云何获圆通？
鼻想本权机，只令摄心住；
住成心所住，云何获圆通？
说法弄音文，开悟先成者；
名句非无漏，云何获圆通？
持犯但束身，非身无所束；
元非遍一切，云何获圆通？
神通本宿因，何关法分别？
念缘非离物，云何获圆通？
若以地性观，坚碍非通达；
有为非圣性，云何获圆通？
若以水性观，想念非真实，
如如非觉观，云何获圆通？
若以火性观，厌有非真离；
非初心方便，云何获圆通？
若以风性观，动寂非无对；
对非无上觉，云何获圆通？
若以空性观，昏钝先非觉；
无觉异菩提，云何获圆通？
若以识性观，观识非常住；
存心乃虚妄，云何获圆通？

诸行是无常，念性元生灭；
因果今殊感，云何获圆通？
我今白世尊，佛出娑婆界，
此方真教体，清净在音闻。
欲取三摩提，实以闻中入。
离苦得解脱，良哉观世音！
于恒沙劫中，入微尘佛国，
得大自在力，无畏施众生。
妙音观世音，梵音海潮音，
救世悉安宁，出世获常住。
我今启如来，如观音所说，
譬如人静居，十方俱击鼓，
十处一时闻，此则圆真实。
目非观障外，口鼻亦复然，
身以合方知，心念纷无绪。
隔垣听音响，遐迩俱可闻。
五根所不齐，是则通真实。
音声性动静，闻中为有无；
无声号无闻，非实闻无性。
声无既无灭，声有亦非生；
生灭二圆离，是则常真实。
纵令在梦想，不为不思无；
觉观出思惟，身心不能及。

今此娑婆国，声论得宣明。
众生迷本闻，循声故流转。
阿难纵强记，不免落邪思。
岂非随所沦，旋流获无妄？
阿难汝谛听，我承佛威力，
宣说金刚王，如幻不思议，佛母真三昧。
汝闻微尘佛，一切秘密门，
欲漏不先除，畜闻成过误。
将闻持佛佛，何不自闻闻？
闻非自然生，因声有名字，
旋闻与声脱，能脱欲谁名？
一根既返源，六根成解脱。
见闻如幻翳，三界若空华。
闻复翳根除，尘销觉圆净。
净极光通达，寂照含虚空。
却来观世间，犹如梦中事。
摩登伽在梦，谁能留汝形？
如世巧幻师，幻作诸男女；
虽见诸根动，要以一机抽，
息机归寂然，诸幻成无性。
六根亦如是，元依一精明，
分成六和合，一处成休复，
六用皆不成，尘垢应念销，成圆明净妙。

余尘尚诸学，明极即如来。
大众及阿难，旋汝倒闻机，
反闻闻自性，性成无上道，圆通实如是。
此是微尘佛，一路涅槃门，
过去诸如来，斯门已成就。
现在诸菩萨，今各入圆明。
未来修学人，当依如是法。
我亦从中证，非唯观世音。
诚如佛世尊，询我诸方便，
以救诸末劫，求出世间人。
成就涅槃心，观世音为最。
自余诸方便，皆是佛威神。
即事舍尘劳，非是长修学，浅深同说法。
顶礼如来藏，无漏不思议。
愿加被未来，于此门无惑，方便易成就。
堪以教阿难，及末劫沉沦，
但以此根修，圆通超余者。
真实心如是。

注释：

①所："能、所"二法对待之时，主动之法谓为"能"，被动之法谓为"所"；又某一动作之主体称为"能"，其动作之客体（对象），称为"所"。

译文：

文殊师利法王子奉佛慈命，即从座而起，顶礼佛足，承佛的威神加持，说偈回答佛：（偈略。）

于是，阿难及诸大众，身心了然，得大开示，观佛菩提及大涅槃，犹如有人因事远游，未得归还，明了其家所归道路。普会大众，天龙八部、有学二乘、及诸一切新发心菩萨，其数凡有十恒河沙，皆得本心，远尘离垢，获法眼净。性比丘尼闻说偈已，成阿罗汉。无量众生皆发无等等阿耨多罗三藐三菩提心。

译文：

于是，听了文殊师利菩萨的精妙开示，阿难及大众身心了然明朗，再来观察佛菩提及大涅槃的修证之路，犹如有人因事远游他乡，虽然还未回家，可是已经明了回家的道路。会中所有大众，天龙八部、有学的二乘人，以及一切初发心菩萨，其数量有十恒河沙之多，都悟得本有真心，远尘离垢，获得法眼净。性比丘尼听了偈语之后，证得阿罗汉果位。此外，无量的众生同时皆发无等等的阿耨多罗三藐三菩提心。

阿难整衣服，于大众中合掌顶礼，心迹圆明，悲欣交集，欲益未来诸众生故，稽首白佛：“大悲世尊，我今已悟成佛法门，是中修行得无疑惑。常闻如来说如是言：'自未得度，先度人者，菩萨发心；自觉已圆，能觉他者，如来应世。'我虽未度，愿度末劫一切众生。世尊，此诸众生去佛渐远，邪师说法如恒河沙。欲摄其心，入三摩地，云何令其安立道场，远诸魔事，于菩提心得无退屈？"

译文：

阿难整理好衣服，于大众中合掌顶礼佛足，心迹圆明，悲喜交集，为了利益未来世的诸众生，又稽首禀告佛："大悲世尊，我今已悟成佛的修行法门，依此法门修行已无疑惑，决定信解。常听如来说过这样的话：'自己未得度，先度他人者，是菩萨发心；自觉悟已圆，能觉他人者，是如来应世。'我虽然还未得度，但愿度脱末劫的一切众生。世尊，末法中的众生，距离佛在世的时间渐渐久远，那时邪师说法，如恒河沙一样多。如果末法时有修行人想要收摄身心，得入正定，怎样让他们如法安立道场，才能远离各种魔障之事，而于菩提心不会退转呢？"

尔时，世尊于大众中称赞阿难："善哉！善哉！如汝所问，安立道场，救护众生末劫沉溺。汝今谛听，当为汝说。"阿难、大众唯然奉教。

译文：

这时，世尊在大众称赞阿难："善哉！善哉！如你所问，怎样安立道场，以救护众生末劫之时不沉溺苦海。你现在仔细听，我即为你解说。”阿难及大众，唯然应诺，恭敬地准备聆听教言。

佛告阿难：“汝常闻我毗奈耶中[1]，宣说修行三决定义，所谓：摄心为戒，因戒生定，因定发慧，是则名为三无漏学。

注释：

①毗奈耶：梵文 Vinaya 之音译，又译“毗尼”，佛所说之戒律，意为“灭”、“调伏”。

译文：

佛于是对阿难说：“你常听我在律中，宣说修行的三种决定义，所谓：摄心为戒，因戒生定，因定发慧，这称为三无漏学。

“阿难，云何摄心，我名为戒？若诸世界六道众生，其心不淫，则不随其生死相续。汝修三昧，本出尘劳，淫心不除，尘不可出；纵有多智，禅定现前，如不断淫，必落魔道，上品魔王，中品魔民，下品魔女。彼等诸魔亦有徒众，各各自谓成无上道。我灭度后末法之中，多此魔民，炽盛世间，广行贪淫，为善知识，令诸众生落爱见坑，失菩提路。汝教世人，修三摩地，先断心淫，是名如来先佛世尊第一决定清净明诲。

译文：

“阿难，如何摄心，我称之为戒呢？如果一切世界的六道众生，其心没有淫念，则不会随着生死之流相续轮转。你修习正定，本为出离尘劳烦恼，淫心不除，尘劳就不能出；纵然多有智慧，或者是禅定现前，若不断除淫心，必定堕落于魔道，上品成为魔王，中品成为魔民，下品成为魔女。这些众魔也有许多徒众，各都说自己已成就无上道果。我灭度后的末法之中，这类魔民非常多，盛行世间，广作淫欲之邪法而冒充善知识，宣扬其邪说而使众生落入爱欲邪见的深坑之中，失掉了菩提正路。你将来教导世人，修学三摩地，必须先断除淫心，这是现前如来及过去诸佛世尊所共说的第一决定清净明诲。

“是故，阿难，若不断淫，修禅定者，如蒸砂石欲其成饭，经百千劫只名热砂。何以故？此非饭本，砂石成故。汝以淫身，求佛妙果，纵得妙悟，皆是淫根；根本成淫，轮转三涂，必不能出，如来涅槃，何路修证？必使淫机，身心俱断，断性亦无，于佛菩提斯可希冀。如我此说，名为佛说；不如此说，即波旬说。

译文：

“因此，阿难，如果不断除淫念而去修禅定，就如蒸砂石想成为饭，即使经过百千劫，也只是热砂而已，并不能成为饭。

为什么呢？因为砂石不是蒸饭的原料。你以淫欲之身，想求佛所证的妙果，纵然得到一些奇妙解悟，也都是以淫心为根本所发的解悟；修行本因之根本成为淫欲染污心，则轮转于畜生、饿鬼、地狱三途中，必定不能出离，更何况是如来涅槃佛果，什么道路才能修证呢？必要使淫行发动在身之因缘、心之动机都断除了，乃至最终能断之念也断除，断性也无，求证佛果菩提才有希望。如我此说，称为佛说；不如此说，即是魔说。

“阿难，又诸世界六道众生，其心不杀，则不随其生死相续。汝修三昧，本出尘劳，杀心不除，尘不可出；纵有多智，禅定现前，如不断杀，必落神道，上品之人为大力鬼，中品则为飞行夜叉、诸鬼帅等，下品当为地行罗刹。彼诸鬼神亦有徒众，各各自谓成无上道。我灭度后末法之中，多此鬼神，炽盛世间，自言食肉得菩提路。阿难，我令比丘食五净肉，此肉皆我神力化生，本无命根。汝婆罗门，地多蒸湿，加以砂石，草菜不生；我以大悲神力所加，因大慈悲，假名为肉，汝得其味。奈何如来灭度之后，食众生肉，名为释子！汝等当知，是食肉人纵得心开，似三摩地，皆大罗刹，报终必沉生死苦海，非佛弟子。如是之人，相杀相吞，相食未已，云何是人得出三界？汝教世人修三摩地，次断杀生，是名如来先佛世尊第二决定清净明诲。

译文：

“阿难，又一切世界的六道众生，其心没有杀念，则不会随着生死之流相续轮转。你修习正定，本为出离尘劳烦恼，杀心不除，尘劳就不能出；纵然多有智慧，或者是禅定现前，若不断除杀心，必定堕落于神道，上品之人成为大力鬼，中品则为飞行夜叉及各种鬼帅等，下品当为地行罗刹鬼。这些鬼神也有许多徒众，各都说自己已成就无上道果。我灭度后的末法之中，这类鬼神非常多，盛行世间，自称吃肉可得菩提正路。阿难，我许可比丘吃五净肉，此肉都是我神力化生，本来没有命根。由于你们婆罗门所居之地天气潮湿，地多砂石，草木蔬菜不能生长；我以大悲神力加持、以大慈悲幻化，假名为肉，让你们暂得滋味，滋养身命。奈何如来灭度之后，你们竟然食众生肉而仍称为释子！你们应当知道，这些食肉的人，纵然得到一些心开意解，也不过是相似三摩地，其实都成为大罗刹鬼，福报享尽后必定还沉沦于生死苦海之中，不是佛弟子。这些人互相杀害，互相吞食，没有尽期，怎么能说这些人得以解脱出离三界呢？你将来教导世人，修学三摩地，其次要断除杀生，这是现前如来及过去诸佛世尊所共说的第二决定清净明诲。

“是故，阿难，若不断杀，修禅定者，譬如有人自塞其耳，高声大叫，求人不闻，此等名为欲隐弥露。清净比丘及诸菩萨，于歧路行，不踏生草，况以手拔？云何大悲，取诸众生血肉充食？若诸比丘不服东方丝棉绢帛，及是此土靴履裘毳、乳酪醍醐[1]，如是比丘于世真脱，酬还宿债，不游三界。何以故？服其身分，皆为彼缘，如人食其地中百谷，足不离地。必使身心于诸众生若身、身分，身心二涂，不服不食，我说是人真解脱者。如我此说，名为佛说；不如此说，即波旬说。

注释：

①裘（qiú）：皮毛衣。毳（cuì）：毛皮或毛织品所制衣服。

译文：

“因此，阿难，如果不断除杀生而去修禅定，就如有人自己将耳朵塞起来，高声大叫却想让别人听不到，这叫作欲盖弥彰。持戒清净的比丘及诸菩萨在小路上行走时，脚尚不踏生草，何况用手拔除呢？为何自称心怀大悲，却还要吃众生的血肉呢？如果有比丘不穿东方的丝棉绢帛，以及此国土中的皮靴、狐裘、鸟兽细毛织就之衣和乳酪醍醐等，这样的比丘在世间才能真得解脱，偿还宿债，不再流转三界。为什么呢？因为穿着其身分，便与它们有了不解之缘，正如劫初的人吃了地中所生的百谷，足就不能离地了。因此，修行人必定要从身心两方面对于众生的身体和身分都不穿不吃，我说这样的人是真正的解脱者。如我此说，称为佛说；不如此说，即是魔说。

“阿难，又复世界六道众生，其心不偷，则不随其生死相续。汝修三昧，本出尘劳，偷心不除，尘不可出；纵有多智，禅定现前，如不断偷，必落邪道，上品精灵，中品妖魅，下品邪人，诸魅所著。彼等群邪亦有徒众，各各自谓成无上道。我灭度后，末法之中，多此妖邪，炽盛世间，潜匿奸欺，称善知识，各自谓已，得上人法，诙惑无识，恐令失心，所过之处，其家耗散。

译文：

“阿难，又一切世界的六道众生，其心没有偷念，则不会随着生死之流相续轮转。你修习正定，本为出离尘劳烦恼，偷心不除，尘劳就不能出；纵然多有智慧，或者是禅定现前，若不断除偷心，必定堕落于邪道，上品成为精灵，中品成为妖魅，下品成为邪人，心性邪僻，故被妖魅所附着。这些众邪也有许多徒众，各都说自己已成就无上道果。我灭度后的末法之中，这类妖邪非常多，盛行世间，居心险恶，潜藏奸诈欺骗，自称为善知识，各自都说自己得到了无上大法，诱惑无知之人，故作恐慌妄言令人失去理智，所经过之处，使人家财耗散。

“我教比丘，循方乞食，令其舍贪，成菩提道。诸比丘等不自熟食，寄于残生，旅泊三界，示一往还，去已无返。云何贼人，假我衣服，裨贩如来，造种种业，皆言佛法，却非出家具戒比丘为小乘道，由是疑误无量众生堕无间狱。若我灭后，其有比丘发心决定修三摩提，能于如来形像之前，身然一灯，烧一指节，及于身上爇一香炷，我说是人无始宿债一时酬毕，长揖世间，永脱诸漏，虽未即明无上觉路，是人于法已决定心。若不为此舍身微因，纵成无为，必还生人，酬其宿债，如我马麦正等无异①。汝教世人，修三摩地，后断偷盗，是名如来先佛世尊第三决定清净明诲。

注释：

①马麦：据《兴起经》记载，释迦于过去毗婆尸佛时，曾为一外道。当时，有国王宴请毗婆尸佛及其僧众，佛及僧食后回归时，替一有病未出席的比丘带一份饭菜。佛及僧众经过此外道所居住的山林时，外道闻见香味而生嫉妒心，便说道："秃头沙门应吃马料，不必吃香喷喷的饭菜。"释迦成佛后，舍卫国的阿耆达王请佛及五百比丘至其住所供斋三月。佛及众僧抵达王宅后，魔鬼当即入宫迷惑国王，国王于是忘却了供斋的事情。又适逢此城饥荒，无从乞食，恰有马师将一半的马料供养佛及众僧。九十日后，王方才醒悟，向佛忏悔。舍利弗请问因缘，释迦佛便讲述了这一因果。

译文：

"我教导比丘，随方乞食，令他们舍弃贪心，成菩提道。诸比丘们不自己烧煮食物，以此知身是幻，悟世无常，不过聊寄此残生旅行漂泊在三界之中而已，此生往还一次，犹如在旅舍停泊一下，若出离三界就不再返回。为何有些贼人，身着如来所制出家人的衣服，却为了谋取利益而贩卖佛法，造种种恶业，皆言这是最上一乘佛法；反过来却毁谤真正出家受具足戒的比丘是小乘道，由此疑惑、误导了无量众生造作恶业，堕入无间地狱。我灭度后，如有比丘发心，决定要修三摩提，能在如来形像前，身中燃一灯，烧一手指节，以及在身上燃一炷香，我说此人无始劫来的宿债一时间酬还完毕，永辞世间，脱离有漏，而出生死，虽然未能即时明了无上觉路，但是此人对于佛法已具有决定信心。如果不做这一点点舍身的微小因，纵然证得一些无漏无为，必定还来生于人间，偿还宿债，就如我在毗兰邑中食马麦的果报一样。你将来教导世人，修学三摩地，后须断除偷盗心，这是现前如来及过去诸佛世尊所共说的第三决定清净明诲。

“是故阿难，若不断偷，修禅定者，譬如有人水灌漏卮[①]，欲求其满，纵经尘劫，终无平复。若诸比丘，衣钵之余，分寸不蓄，乞食余分，施饿众生；于大集会合掌礼众，有人捶詈[②]，同于称赞；必使身心二俱捐舍，身肉骨血与众生共；不将如来不了义说回为己解，以误初学，佛印是人得真三昧。如我所说，名为佛说；不如此说，即波旬说。

注释：

①漏卮（zhī）：底上有孔的酒器。

②詈（lì）：骂，责备。

译文：

“因此，阿难，如果不断除偷盗心而去修禅定，就如有人将水灌入一个漏瓶却想让瓶灌满，纵然经过尘沙劫，终究没有灌满之时。如果诸比丘们，除了自己的三衣一钵之外，分毫不蓄，乞食所剩余也布施给饥饿的众生；于大众集会中，合掌礼拜大众；有人打骂自己，看作等同于称赞；必定要使自己的身心二者都能捐舍，身体的血肉、骨髓都可以与众生共用；不以佛的不了义说来回护自己的错误见解，以免贻误初学，如果有比丘这样断尽偷心，直心诚实，佛印可这人能得真三昧。如我所说，称为佛说；不如此说，即是魔说。

“阿难，如是世界六道众生，虽则身心无杀、盗、淫，三行已圆，若大妄语，即三摩提不得清净，成爱见魔，失如来种。所谓未得谓得，未证言证。或求世间尊胜第一，谓前人言：我今已得须陀洹果、斯陀含果、阿那含果、阿罗汉道、辟支佛乘、十地地前诸位菩萨，求彼礼忏，贪其供养。是一颠迦[①]，销灭佛种，如人以刀断多罗木[②]，佛记是人永殒善根，无复知见，沉三苦海，不成三昧。

注释：

①一颠迦：见前“一阐提”。

②多罗木：贝多罗树，其叶可用来写经，称为“贝叶”。

译文：

“阿难，如此一切世界的六道众生，虽然身心都没有杀、盗、淫三业，慈行、舍行、梵行三行都已圆满，但若是犯大妄语，则于三摩地仍不得清净，必定成为贪爱名利、妄生邪见的爱见魔，失掉如来种性。所谓大妄语是指：未得道而说已得道；未证果而说已证果。或者为了贪求世间的名闻，使众生尊崇他为世间殊胜第一，对面前人说：我现在已证得须陀洹果、斯陀含果、阿那含果、阿罗汉道，辟支佛乘，十地及其地前诸位菩萨，以此求取别人向他礼拜、忏悔，贪图别人供养。这类人乃是一颠迦，消灭了成佛之种，就如有人用刀砍断了多罗木一样，永不会再活，佛说这种人永远断除了善根，不会再有正知正见，要堕落三途苦海，决对不能成就真实三昧。

"我灭度后，敕诸菩萨及阿罗汉，应身生彼末法之中，作种种形，度诸轮转。或作沙门、白衣居士、人王、宰官、童男、童女，如是乃至淫女、寡妇、奸偷、屠贩，与其同事，称赞佛乘，令其身心入三摩地。终不自言'我真菩萨、真阿罗汉'，泄佛密因，轻言未学；唯除命终，阴有遗付。云何是人惑乱众生，成大妄语？汝教世人，修三摩地，后复断除诸大妄语，是名如来先佛世尊第四决定清净明诲。

译文：

"我灭度后，命诸菩萨和阿罗汉以应化身而生于末法之中，现作种种身形，救度众生出离轮回流转。他们随类化作沙门、白衣居士、国王、宰官、童男，童女，如此乃至淫女、寡妇、奸偷、屠夫、小贩等，与众生同事，称赞佛法，令众生身心觉悟，入于正定。他们终不会自己说‘我是真菩萨，我是真阿罗汉’，泄露佛之密因，轻易泄露密言于晚学之人；除非命终时，方才暗中有所遗嘱。这些爱见魔人为何妖言惑众而成大妄语呢？你将来教导世人，修学三摩地，又还要断除各种大妄语，这是现前如来及过去诸佛世尊所共说的第四决定清净明诲。

“是故，阿难，若不断其大妄语者，如刻人粪为旃檀形，欲求香气，无有是处。我教比丘直心道场，于四威仪一切行中，尚无虚假，云何自称得上人法？譬如穷人妄号帝王，自取诛灭，况复法王，如何妄窃？因地不真，果招纡曲[①]，求佛菩提，如噬脐人[②]，欲谁成就？若诸比丘心如直弦，一切真实，入三摩提，永无魔事，我印是人成就菩萨无上知觉。如我所说，名为佛说；不如此说，即波旬说。

注释：

①纡（yū）：屈曲，曲折。

②噬（shì）：咬。

译文：

“因此，阿难，如果不断除大妄语而去修禅定，就如用人粪刻成檀香形状，想求得香气，无有是处。我常教比丘直心是道场，于行、住、坐、卧四种威仪等一切行为中，尚不能有丝毫虚假，怎么能够妄自尊大，说自己已得上人法呢？譬如穷人妄称自己为帝王，自招诛族灭门的灾祸，何况法王至尊，怎么可以妄自窃居呢？因地不真，果招迂曲，以此因地不真之心而求证佛果菩提，如人用嘴来咬自己的肚脐一样，谁能够成就呢？如果有比丘心如弓弦之直，一切行为悉皆真实，这样证入三摩地，永无魔事障碍，我印可此人成就菩萨道的无上正觉。如我所说，称为佛说；不如此说，即是魔说。”

卷　七

“楞严咒”是《楞严经》最重要的内容之一，是本经的正修法门。其宣说因缘在卷一就出现了，是为了解救阿难脱离魔难而由佛顶化佛宣说的。本卷则因阿难为了救度末世一切众生能够深入禅定，远离魔事，于菩提心不退转，而请问佛陀如何安立道场，修习“楞严咒”。佛特别指出如果持四种清净律仪而仍有宿习未能灭除，可持诵“楞严咒”，并详细讲解了末世时期如何建立符合清净轨则之专修道场以及行持仪轨。随后，阿难又请佛重新宣说“楞严咒”，于是佛从顶髻涌出百宝光，光中涌出千叶宝莲，有化身佛坐于其中，宣说了“楞严神咒”。又为会众宣示了此神咒的持诵功德，以及对诸佛和诸众生分别所具有的十种无上法力。会中无数金刚、梵王、天帝释、四大天王、天龙八部、天神地祇以及金刚藏王菩萨等听了佛的讲述，纷纷表示愿意护持诵持此咒的无量众生。

“楞严咒”全称“佛顶光明摩诃萨怛多般怛啰无上神咒”、“佛顶光聚悉怛多般怛啰秘密伽陀微妙章句”，简称“佛顶光聚般怛啰咒”、“楞严咒”，其中“摩诃萨怛多般怛啰”意为“大白伞盖”。此咒长达四百三十九句，三千六百二十字，分为五会，在汉传佛教中被称为咒中之王。“楞严咒”历来被认为对于除魔、护戒、禅定证果以及增益功德、种种成就等具有不可思议的功德利益。自唐末《楞严经》译出之后，以持诵“楞严咒”为内容的楞严法会即开始流行，宋代之后尤盛。后来“楞严咒”被列入汉传佛教日课，成为丛林早课的首要内容，其对汉传佛教的重要性不言而喻。

本卷后部分中，阿难又请问从凡夫开始到大涅槃的菩萨行修证阶位，佛讲说了修此真三摩地应当先认识众生和世界二种颠倒生起之因，颠倒灭除，即是真三摩地。由此二颠倒有十二类众生（胎、卵、湿、化、有色、无色、有想、无想、非有色、非无色、非有想、非无想）颠倒之相。

“阿难，汝问摄心，我今先说入三摩地修学妙门。求菩萨道，要先持此四种律仪，皎如冰霜，自不能生一切枝叶，心三口四①，生必无因。阿难，如是四事，若不遗失，心尚不缘色香味触，一切魔事，云何发生？若有宿习，不能灭除，汝教是人一心诵我佛顶光明摩诃萨怛多般怛啰无上神咒。斯是如来无见顶相，无为心佛，从顶发辉，坐宝莲华，所说心咒。且汝宿世与摩登伽历劫因缘，恩爱习气，非是一生及与一劫，我一宣扬，爱心永脱，成阿罗汉。彼尚淫女，无心修行，神力冥资，速证无学。云何汝等在会声闻，求最上乘，决定成佛？譬如以尘，扬于顺风，有何艰险？

注释：

①心三口四：心之贪、嗔、痴三恶业，口之妄语、绮语、两舌、恶口四恶业。

译文：

“阿难，你问如何摄心，我现在先说入三摩地的修学妙门。求菩提道的人，要先持此四种律仪为根本，使身心皎洁如冰霜，自然就不会生出一切枝叶，诸如心三之贪嗔痴、口四之妄语、绮语、两舌、恶口，就一定没有生起之因了。阿难，此四种律仪若能持守，心尚不攀缘色、香、味、触等尘境，一切魔事怎么会发生呢？如果有宿世的习气惑业种子不能一时灭除，你教这人一心诵念我所说的佛顶光明摩诃萨怛多般怛啰无上神咒。这是如来无见顶相、无为心佛从顶上发光，坐宝莲花上所说的心咒。且如你在过去世与摩登伽女有历劫的因缘，恩爱习气不是一生一世及一劫的积累，即使这样，我此神咒一宣扬，摩登伽女的爱心习气永远解脱，成就阿罗汉果位。摩登伽尚且是一个淫女，无心修行，但依神咒之力的暗中加持，速证无学果位。怎么你们会中的声闻，求最上乘佛法，依此神咒之力，难道还不能决心成佛吗？宿世习气遇到神咒，就如将微尘在顺风中扬撒一样，应时散尽，还有什么艰险呢？

“若有末世，欲坐道场，先持比丘清净禁戒，要当选择戒清净者第一沙门，以为其师。若其不遇真清净僧，汝戒律仪必不成就。戒成已后，著新净衣，然香闲居，诵此心佛所说神咒一百八遍，然后结界，建立道场，求于十方现住国土无上如来，放大悲光，来灌其顶。阿难，如是末世清净比丘，若比丘尼、白衣檀越[①]，心灭贪淫，持佛净戒，于道场中，发菩萨愿，出入澡浴，六时行道。如是不寐，经三七日，我自现身，至其人前，摩顶安慰，令其开悟。”

注释：

①檀越：梵语音译，施主。

译文：

“若有末世的修行者，欲坐道场修行大定，首先应当受持比丘清净禁戒，并且要选择持戒清净的第一沙门作为授戒师。如果没遇到真清净僧，你所受戒律必定不能成就真实戒体。无漏戒体成就以后，穿上新净衣服，燃香闲居静坐，诵此心佛所说的神咒一百零八遍，然后结界，建立修道的坛场，祈求十方世界现住国土的无上如来都放大悲光，来灌他的顶。阿难，在末法之世，这样的持戒清净比丘以及比丘尼、白衣施主，心灭贪淫等念，持守佛制一切净戒，于道场中发菩萨大愿，出入道场必须沐浴洁身，昼夜六时行持道法。这样不眠不休精进修行，经过三个七日，我自会现身，到其人面前，为其摩顶安慰，令他开悟。”

阿难白佛言：“世尊，我蒙如来无上悲诲，心已开悟，自知修证无学道成。末法修行，建立道场，云何结界，合佛世尊清净轨则？”佛告阿难：“若末世人愿立道场，先取雪山大力白牛，食其山中肥腻香草，此牛唯饮雪山清水，其粪微细。可取其粪和合旃檀，以泥其地。若非雪山，其牛臭秽，不堪涂地。别于平原，穿去地皮，五尺以下取其黄土，和上旃檀、沉水、苏合、熏陆、郁金、白胶、青木、零陵、甘松及鸡舌香[1]，以此十种，细罗为粉，合土成泥，以涂场地。

注释：

①沉水：即沉香。苏合：即苏合香。熏陆：即熏陆香。郁金：即郁金香。白胶：即枫香脂。青木：即青木香。甘松：能和合众香。鸡舌：即丁香。

译文：

阿难对佛说："世尊，我蒙如来无上慈悲教诲，心已开悟，自知如此修证，无学道果定可成就。然而末法时期修行，如何结界以建立道场才符合世尊的清净轨则？"佛告诉阿难："如果末世之修行人，愿意建立道场，先找雪山的大力白牛，此牛只吃山中的肥腻香草，只饮雪山的清水，其粪微细而无臭秽。可取此大力白牛的粪与旃檀和合成泥，以此涂抹地面。若不是雪山白牛，其粪臭秽，不能用来涂地。因在别处平原上，挖掘地面至五尺深，然后取五尺以下的黄土，把旃檀、沉水、苏合、熏陆、郁金、白胶、青木、零陵、甘松及鸡舌香等十种香，合在一起细磨并细罗为粉，和上黄土合成泥，以涂抹地面。

"方圆丈六，为八角坛。坛心置一金、银、铜、木所造莲华，华中安钵，钵中先盛八月露水，水中随安所有华叶。取八圆镜，各安其方，围绕华钵。镜外建立十六莲华，十六香炉。间华铺设，庄严香炉。纯烧沉水，无令见火。取白牛乳，置十六器，乳为煎饼，并诸砂糖、油饼、乳糜、苏合、蜜姜、纯酥、纯蜜，于莲华外各各十六，围绕华外，以奉诸佛及大菩萨。每以食时，若在中夜，取蜜半升，用酥三合，坛前别安一小火炉，以兜楼婆香煎取香水[①]，沐浴其炭，然令猛炽，投是酥蜜于炎炉内，烧令烟尽，享佛菩萨。

注释：

①兜楼婆香：一种香名。或译为“香草”、“白茅香”。

译文：

“坛方圆一丈六尺，呈八角形。坛心放置一个用金、银、铜、木所造的莲花，在莲花中安置一钵，钵中先盛上八月的露水，水中随意安放所有花叶。再取八面圆镜，安放在八角坛的八方，镜子围绕着花钵。圆镜之外，再放置十六个莲花和十六个香炉，香炉与花交错安置，庄严香炉。香炉内纯烧沉水香，勿使见到火光。再取雪山白牛乳，安放十六个器皿，然后煎牛乳做成饼，并将饼和砂糖、油饼、乳糜、苏合、蜜姜、纯酥、纯蜜等，各分盛于十六个器皿中，使其围绕在莲花外面，以供养诸佛及大菩萨。每日日中受食之时，以上述供品供养佛菩萨。如果受食在中夜，则取蜜半升，再加酥三合，坛前另外安置一个小火炉，以兜楼婆香煎成香水来洗所用木炭，待炭干后，投于炉内使其猛烈燃烧，此时将酥和蜜也投入炉火中，烧至烟尽，用烟来供养佛、菩萨。

“令其四外，遍悬幡华，于坛室中四壁，敷设十方如来及诸菩萨所有形像。应于当阳张卢舍那、释迦、弥勒、阿闳、弥陀[1]，诸大变化观音形像，兼金刚藏，安其左右；帝释、梵王、乌刍瑟摩并蓝地迦、诸军茶利与毗俱胝、四天王等[2]，频那夜迦[3]，张于门侧，左右安置。又取八镜覆悬虚空，与坛场中所安之镜方面相对，使其形影重重相涉。

注释：

①阿閦（chù）：即东方阿閦佛，译义为“无动”或“不动佛”。《维摩经·阿閦佛品》中说“国名妙喜，佛号无动”。

②梵王：即大梵天王。乌刍瑟摩：明王名，即火头金刚。蓝地迦：即青面金刚。军茶利：即解怨结金刚。毗俱胝：即毗俱胝菩萨，准提观音。

③频那夜迦：又译“毗那夜迦”，即大圣欢喜天，象头人身。或以频那、夜迦为猪头、象鼻二使。

译文：

“八角坛外面的四周，悬挂满各色幡、花，于坛室内四壁上，敷设十方如来及诸菩萨的圣像。在壁面的向阳正位处悬挂卢舍那佛、释迦牟尼佛、弥勒佛、阿閦佛、阿弥陀佛，观世音菩萨的诸多变化形像以及金刚藏菩萨，安置于左右两边；将帝释天、大梵天王、乌刍瑟摩、蓝地迦、诸军茶利、毗俱胝、四大天王等像，以及频那、夜迦，张贴于门两侧，左右分置。又取八面镜子覆悬在虚空中，与坛中八面圆镜彼此相对，使镜中影形交相互照，重重无尽。

“于初七中，至诚顶礼十方如来、诸大菩萨、阿罗汉号，恒于六时，诵咒围坛，至心行道。一时常行一百八遍。第二七中，一向专心发菩萨愿，心无间断。我毗奈耶先有愿教。第三七中，于十二时，一向持佛般怛啰咒。至第七日，十方如来一时出现，镜交光处，承佛摩顶，即于道场，修三摩地；能令如是末世修学，身心明净，犹如琉璃。阿难，若此比丘本受戒师，及同会中十比丘等，其中有一不清净者，如是道场，多不成就。从三七后，端坐安居，经一百日。有利根者，不起于座得须陀洹；纵其身心圣果未成，决定自知成佛不谬。汝问道场，建立如是。”

译文：

“在第一个七日中，至诚顶礼十方如来、诸大菩萨、阿罗汉的名号，六时之中，不间断地诵咒绕坛，以至诚心经行诵咒。一个时辰持诵楞严心咒一百零八遍。第二个七日中，一意专心发菩萨愿，心无间断。我在毗奈耶中已先有关于发愿的教言。第三个七日中，昼夜十二时一心持诵佛顶般怛啰神咒。至第七日，十方如来就会于镜光交映处同时出现，此修行人亲承佛摩顶，即在道场中修习三摩地；能使那些末法中的修行者，身心明净，如同琉璃一样。阿难，如果这位比丘原本的受戒师，或同入坛行道的十位比丘中，其中有一人持戒不清净，这样的道场就不能成就。从第三个七日之后，修行者端坐安居，经过一百日，如果是利根，不起座位就证得须陀洹果；纵然此人身心尚未证成圣果，但是其心明净，自己知道决定能够成佛，绝无错谬。你问建立道场之事，如此就是。”

阿难顶礼佛足而白佛言：“自我出家，恃佛憍爱，求多闻故，未证无为。遭彼梵天邪术所禁，心虽明了，力不自由，赖遇文殊，令我解脱。虽蒙如来佛顶神咒，冥获其力，尚未亲闻。惟愿大慈，重为宣说，悲救此会诸修行辈，末及当来在轮回者，承佛密音，身意解脱。”于时会中一切大众普皆作礼，伫闻如来秘密章句。

译文：

阿难顶礼佛足而对佛说：“自我出家以来，仗佛骄爱，只求多闻而未能实证无为圣果，因而道力微薄。遭受梵天邪术的控制后，心里虽然明了清醒，但道力不全，不能自由，幸赖文殊密诵神咒，使我解脱魔难。我虽蒙如来佛顶神咒的解救，暗中获其加持力，但尚未亲耳闻听。唯愿大慈世尊，再为宣说此咒，大悲救拔此会的诸修行者，以及将来末法时在轮回苦海中的众生，承佛密咒音声的加持，身心俱得解脱。”这时，会中的一切大众，一齐向佛顶礼，恭听佛陀宣说秘密章句。

尔时，世尊从肉髻中涌百宝光，光中涌出千叶宝莲，有化如来坐宝华中，顶放十道百宝光明，一一光明皆遍示现十恒河沙，金刚密迹，擎山持杵，遍虚空界。大众仰观，畏爱兼抱，求佛哀佑，一心听佛无见顶相，放光如来，宣说神咒：

南无萨怛他苏伽多耶阿啰诃帝三藐三菩陀写一萨怛他佛陀俱胝瑟尼钐二南无萨婆勃陀勃地萨跢鞞弊三南无萨多南三藐三菩陀俱知喃四娑舍啰婆迦僧伽喃五南无卢鸡阿罗汉跢喃六南无苏卢多波那喃七南无娑羯唎陀伽弥喃八南无卢鸡三藐伽跢喃九三藐伽波啰底波多那喃十南无提婆离瑟赧十一南无悉陀耶毗地耶陀啰离瑟赧十二舍波奴揭啰诃娑诃娑啰摩他喃十三南无跋啰诃摩泥十四南无因陀啰耶十五南无婆伽婆帝十六嚧陀啰耶十七乌摩般帝十八娑醯夜耶十九南无婆伽婆帝二十那啰野拏耶二十一槃遮摩诃三慕陀啰二十二南无悉羯唎多耶二十三南无婆伽婆帝二十四摩诃迦啰耶二十五地唎般剌那迦啰二十六毗陀啰波拏迦啰耶二十七阿地目帝二十八尸摩舍那泥婆悉泥二十九摩怛唎伽拏三十南无悉羯唎多耶三十一南无婆伽婆帝三十二多他伽跢俱啰耶三十三南无般头

摩俱啰耶三十四南无跋阇啰俱啰耶三十五南无摩尼俱啰耶三十六南无伽阇俱啰耶三十七南无婆伽婆帝三十八帝唎茶输啰西那三十九波啰诃啰拏啰阇耶四十跢他伽多耶四十一南无婆伽婆帝四十二南无阿弥多婆耶四十三哆他伽多耶四十四阿啰诃帝四十五三藐三菩陀耶四十六南无婆伽婆帝四十七阿刍鞞耶四十八跢他伽多耶四十九阿啰诃帝五十三藐三菩陀耶五十一南无婆伽婆帝五十二鞞沙阇耶俱卢吠柱唎耶五十三般啰婆啰阇耶五十四跢他伽多耶五十五南无婆伽婆帝五十六三补师毖多五十七萨怜捺啰剌阇耶五十八跢他伽多耶五十九阿啰诃帝六十三藐三菩陀耶六十一南无婆伽婆帝六十二舍鸡野母那曳六十三跢他伽多耶六十四阿啰诃帝六十五三藐三菩陀耶六十六南无婆伽婆帝六十七剌怛那鸡都啰阇耶六十八跢他伽多耶六十九阿啰诃帝七十三藐三菩陀耶七十一帝瓢南无萨羯唎多七十二翳昙婆伽婆多七十三萨怛他伽都瑟尼钐七十四萨怛多般怛嚂七十五南无阿婆啰视耽七十六般啰帝扬歧啰七十七萨啰婆部多揭啰诃七十八尼揭啰诃羯迦啰诃尼七十九跋啰瑟地耶叱陀你八十阿迦啰蜜唎柱八十一般唎怛啰耶佇揭唎八十二萨啰婆槃陀那目叉尼八十三萨啰婆突瑟吒八十四突悉乏般那你伐啰尼八十五赭都啰失帝南八十六羯啰诃

娑诃萨啰若阇八十七毗多崩娑那羯唎八十八阿瑟吒冰舍帝南八十九那叉刹怛啰若阇九十波啰萨陀那羯唎九十一阿瑟吒南九十二摩诃揭啰诃若阇九十三毗多崩萨那羯唎九十四萨婆舍都嚧你婆啰若阇九十五呼蓝突悉乏难遮那舍尼九十六毖沙舍悉怛啰九十七阿吉尼乌陀迦啰若阇九十八阿般啰视多具啰九十九摩诃般啰战持一百摩诃叠多一百一摩诃帝阇二摩诃税多阇婆啰三摩诃跋啰槃陀啰婆悉你四阿唎耶多啰五毗唎俱知六誓婆毗阇耶七跋阇啰摩礼底八毗舍嚧多九勃腾罔迦十跋阇啰制喝那阿遮一百十一摩啰制婆般啰质多十二跋阇啰擅持十三毗舍啰遮十四扇多舍鞞提婆补视多十五苏摩嚧波十六摩诃税多十七阿唎耶多啰十八摩诃婆啰阿般啰十九跋阇啰商羯啰制婆二十跋阇啰俱摩唎一百二十一俱蓝陀唎二十二跋阇啰喝萨多遮二十三毗地耶乾遮那摩唎迦二十四啒苏母婆羯啰跢那二十五鞞嚧遮那俱唎耶二十六夜啰菟瑟尼钐二十七毗折蓝婆摩尼遮二十八跋阇啰迦那迦波啰婆二十九嚧阇那跋阇啰顿稚遮三十税多遮迦摩啰一百三十一刹奢尸波啰婆三十二翳帝夷帝三十三母陀啰羯拏三十四娑鞞啰忏三十五掘梵都三十六印兔那么么写三十七诵咒者至此句称弟子某甲受持

乌鈝三十八唎瑟揭拏三十九般剌舍悉多四十萨

怛他伽都瑟尼钐一百四十一虎餅四十二都嚧雍四十三瞻婆那四十四虎餅四十五都嚧雍四十六悉耽婆那四十七虎餅四十八都嚧雍四十九波罗瑟地耶三般叉拏羯啰五十虎餅一百五十一都嚧雍五十二萨婆药叉喝啰刹娑五十三揭啰诃若阇五十四毗腾崩萨那羯啰五十五虎餅五十六都嚧雍五十七者都啰尸底南五十八揭啰诃娑诃萨啰南五十九毗腾崩萨那啰六十虎餅一百六十一都嚧雍六十二啰叉六十三婆伽梵六十四萨怛他伽都瑟尼钐六十五波啰点阇吉唎六十六摩诃娑诃萨啰六十七勃树娑诃萨啰室唎沙六十八俱知娑诃萨泥帝啸六十九阿弊提视婆唎多七十吒吒罂迦一百七十一摩诃跋阇嚧陀啰七十二帝唎菩婆那七十三曼茶啰七十四乌餅七十五莎悉帝薄婆都七十六么么七十七印兔那么么写七十八至此句准前称名，若俗人称弟子某甲

啰阇婆夜七十九主啰跋夜八十阿祇尼婆夜一百八十一乌陀迦婆夜八十二毗沙婆夜八十三舍萨多啰婆夜八十四婆啰斫羯啰婆夜八十五突瑟叉婆夜八十六阿舍你婆夜八十七阿迦啰蜜唎柱婆夜八十八陀啰尼部弥剑波伽波陀婆夜八十九乌啰迦婆多婆夜九十剌阇坛茶婆夜一百九十一那伽婆夜九十二毗条怛婆夜九十三苏波啰拏婆夜九十四药叉揭啰诃九十五啰叉私揭啰诃九十六毕唎多揭啰诃九

十七毗舍遮揭啰诃九十八部多揭啰诃九十九鸠槃茶揭啰诃二百补单那揭啰诃二百一迦吒补单那揭啰诃二悉乾度揭啰诃三阿播悉摩啰揭啰诃四乌檀摩陀揭啰诃五车夜揭啰诃六醯唎婆帝揭啰诃七社多诃唎南八揭婆诃唎南九嚧地啰诃唎南十忙娑诃唎南二百十一谜陀诃唎南十二摩阇诃唎南十三阇多诃唎女十四视比多诃唎南十五毗多诃唎南十六婆多诃唎南十七阿输遮诃唎女十八质多诃唎女十九帝钐萨鞞钐二十萨婆揭啰诃南二百二十一毗陀夜阇瞋陀夜弥二十二鸡啰夜弥二十三波唎跋啰者迦讫唎担二十四毗陀夜阇瞋陀夜弥二十五鸡啰夜弥二十六茶演尼讫唎担二十七毗陀夜阇瞋陀夜弥二十八鸡啰夜弥二十九摩诃般输般怛夜三十嚧陀啰讫唎担二百三十一毗陀夜阇瞋陀夜弥三十二鸡啰夜弥三十三那啰夜拏讫唎担三十四毗陀夜阇瞋陀夜弥三十五鸡啰夜弥三十六怛埵伽嚧茶西讫唎担三十七毗陀夜阇瞋陀夜弥三十八鸡啰夜弥三十九摩诃迦啰摩怛唎伽拏讫唎担四十毗陀夜阇瞋陀夜弥二百四十一鸡啰夜弥四十二迦波唎迦讫唎担四十三毗陀夜阇瞋陀夜弥四十四鸡啰夜弥四十五阇耶羯啰摩度羯啰四十六萨婆啰他娑达那讫唎担四十七毗陀夜阇瞋陀夜弥四十八鸡啰夜弥四十九赭咄啰婆耆你讫唎担五十毗陀夜阇瞋陀夜

弥二百五十一鸡啰夜弥五十二毗唎羊讫唎知五十三难陀鸡沙啰伽拏般帝五十四索醯夜讫唎担五十五毗陀夜阇瞋陀夜弥五十六鸡啰夜弥五十七那揭那舍啰婆拏讫唎担五十八毗陀夜阇瞋陀夜弥五十九鸡啰夜弥六十阿罗汉讫唎担毗陀夜阇瞋陀夜弥二百六十一鸡啰夜弥六十二毗多啰伽讫唎担六十三毗陀夜阇瞋陀夜弥六十四鸡啰夜弥跋阇啰波你六十五具醯夜具醯夜六十六迦地般帝讫唎担六十七毗陀夜阇瞋陀夜弥六十八鸡啰夜弥六十九啰叉罔七十婆伽梵二百七十一印兔那么么写七十二至此依前称弟子名

婆伽梵七十三萨怛多般怛啰七十四南无粹都帝七十五阿悉多那啰剌迦七十六波啰婆悉普吒七十七毗迦萨怛多钵帝唎七十八什佛啰什佛啰七十九陀啰陀啰八十频陀啰频陀啰瞋陀瞋陀二百八十一虎鈝八十二虎鈝八十三泮吒八十四泮吒泮吒泮吒泮吒八十五娑诃八十六醯醯泮八十七阿牟迦耶泮八十八阿波啰提诃多泮八十九婆啰波啰陀泮九十阿素啰毗陀啰波迦泮二百九十一萨婆提鞞弊泮九十二萨婆那伽弊泮九十三萨婆药叉弊泮九十四萨婆乾闼婆弊泮九十五萨婆补丹那弊泮九十六迦吒补丹那弊泮九十七萨婆突狼枳帝弊泮九十八萨婆突涩比㗚讫瑟帝弊泮九十九萨婆什婆唎弊泮三百萨

婆阿播悉摩啰弊泮三百一萨婆舍啰婆拏弊泮二萨婆地帝鸡弊泮三萨婆怛摩陀继弊泮四萨婆毗陀耶啰誓遮啰弊泮五阇夜羯啰摩度羯啰六萨婆啰他娑陀鸡弊泮七毗地夜遮唎弊泮八者都啰缚耆你弊泮九跋阇啰俱摩唎十毗陀夜啰誓弊泮三百十一摩诃波啰丁羊乂耆唎弊泮十二跋阇啰商羯啰夜十三波啰丈耆啰阇耶泮十四摩诃迦啰夜十五摩诃末怛唎迦拏十六南无娑羯唎多夜泮十七毖瑟拏婢曳泮十八勃啰诃牟尼曳泮十九阿耆尼曳泮二十摩诃羯唎曳泮三百二十一羯啰檀迟曳泮二十二蔑怛唎曳泮二十三唠怛唎曳泮二十四遮文茶曳泮二十五羯逻啰怛唎曳泮二十六迦般唎曳泮二十七阿地目质多迦尸摩舍那二十八婆私你曳泮二十九演吉质三十萨埵婆写三百三十一么么印兔那么么写三十二至此句依前称弟子某人

突瑟吒质多三十三阿末怛唎质多三十四乌阇诃啰三十五伽婆诃啰三十六嚧地啰诃啰三十七婆娑诃啰三十八摩阇诃啰三十九阇多诃啰四十视毖多诃啰三百四十一跋略夜诃啰四十二乾陀诃啰四十三布史波诃啰四十四颇啰诃啰四十五婆写诃啰四十六般波质多四十七突瑟吒质多四十八唠陀啰质多四十九药叉揭啰诃五十啰刹娑揭啰诃三百五十一闭隶多揭啰诃五十二毗舍遮揭啰诃五十三部多揭啰诃五

十四鸠槃茶揭啰诃五十五悉乾陀揭啰诃五十六乌怛摩陀揭啰诃五十七车夜揭啰诃五十八阿播萨摩啰揭啰诃五十九宅袪革茶耆尼揭啰诃六十唎佛帝揭啰诃三百六十一阇弥迦揭啰诃六十二舍俱尼揭啰诃六十三姥陀啰难地迦揭啰诃六十四阿蓝婆揭啰诃六十五乾度波尼揭啰诃六十六什伐啰堙迦醯迦六十七坠帝药迦六十八怛隶帝药迦六十九者突托迦七十尼提什伐啰毖钐摩什伐啰三百七十一薄底迦七十二鼻底迦七十三室隶瑟蜜迦七十四娑你般帝迦七十五萨婆什伐啰七十六室嚧吉帝七十七末陀鞞达嚧制剑七十八阿绮嚧钳七十九目佉嚧钳八十羯唎突嚧钳三百八十一羯啰诃揭蓝八十二羯拏输蓝八十三惮多输蓝八十四迄唎夜输蓝八十五末么输蓝八十六跋唎室婆输蓝八十七毖栗瑟吒输蓝八十八乌陀啰输蓝八十九羯知输蓝九十跋悉帝输蓝三百九十一邬嚧输蓝九十二常伽输蓝九十三喝悉多输蓝九十四跋陀输蓝九十五娑房盎伽般啰丈伽输蓝九十六部多毖跢茶九十七茶耆尼什婆啰九十八陀突嚧迦建咄嚧吉知婆路多毗九十九萨般嚧诃凌伽四百输沙怛啰娑那羯啰四百一毗沙喻迦二阿耆尼乌陀迦三末啰鞞啰建跢啰四阿迦啰蜜唎咄怛敛部迦五地栗剌吒六毖唎瑟质迦七萨婆那俱啰八肆引伽弊揭啰唎药叉怛啰刍九末啰视吠帝钐

娑鞞钐十悉怛多钵怛啰四百十一摩诃跋阇嚧瑟尼钐十二摩诃般赖丈耆蓝十三夜波突陀舍喻阇那十四辮怛隶拏十五毗陀耶槃昙迦嚧弥十六帝殊槃昙迦嚧弥十七般啰毗陀槃昙迦嚧弥十八跢侄他十九唵二十阿那隶四百二十一毗舍提二十二鞞啰跋阇啰陀唎二十三槃陀槃陀你二十四跋阇啰谤尼泮二十五虎𤙖都嚧瓮泮二十六莎婆诃二十七

译文：

这时，世尊从肉髻中涌出百宝光，光中又涌出千叶宝莲，有化身如来坐于宝莲花中，顶上放出十道百宝光明，一一光中皆普遍示现十恒河沙数的金刚密迹，擎山持杵，遍布于虚空界。大众仰观此景，既惊畏又欢爱，求佛哀怜护佑，一心恭听佛无见顶相中放光如来宣说神咒：（咒语略。）

“阿难，是佛顶光聚悉怛多般怛啰秘密伽陀微妙章句，出生十方一切诸佛。十方如来因此咒心，得成无上正遍知觉。十方如来执此咒心，降伏诸魔，制诸外道。十方如来乘此咒心，坐宝莲华，应微尘国。十方如来含此咒心，于微尘国转大法轮。十方如来持此咒心，能于十方摩顶授记；自果未成，亦于十方蒙佛授记。

译文：

“阿难，这个佛顶光聚悉怛多般怛啰秘密伽陀微妙章句，能出生十方一切诸佛。十方如来因此咒心而成就无上正遍知正等觉。十方如来持此咒心，降伏一切魔，制伏一切外道。十方如来依此咒心，坐宝莲花中，应化微尘数国土，随类现身，救度众生。十方如来含此咒心，能于微尘数国土转大法轮，宣说佛法，教化众生。十方如来持此咒心，能于十方国土，为菩萨及其他众生摩顶授记，必定成佛；即使众生自己未能成就果位，持此咒心，也会蒙十方如来为其授记，圆成佛果。

“十方如来依此咒心，能于十方拔济群苦：所谓地狱、饿鬼、畜生、盲聋喑哑，怨憎会苦、爱别离苦、求不得苦、五阴炽盛，大小诸横，同时解脱；贼难、兵难、王难、狱难，风、火、水难，饥渴、贫穷，应念销散。十方如来随此咒心，能于十方事善知识，四威仪中供养如意，恒沙如来会中推为大法王子。十方如来行此咒心，能于十方摄受亲因，令诸小乘闻秘密藏不生惊怖。十方如来诵此咒心，成无上觉，坐菩提树，入大涅槃。十方如来传此咒心，于灭度后，付佛法事，究竟住持，严净戒律，悉得清净。若我说是佛顶光聚般怛啰咒，从旦至暮，音声相联，字句中间亦不重叠，经恒沙劫终不能尽。亦说此咒名如来顶。

译文：

“十方如来依此咒心，能于十方世界拔济各种苦难：所谓地狱、饿鬼、畜生、盲聋喑哑等，怨憎会苦、爱别离苦、求不得苦、五阴炽盛苦等八苦，大、小一切横灾，都同时解脱；众生所遇到的贼难、兵难、王法难、牢狱难，以及风、火、水难，饥渴无食、贫穷等，都应其所念咒心皆得消散。十方如来随此咒心威力，能于十方世界承事诸善知识，并于行、住、坐、卧四威仪中能够随愿供养善知识，于恒河沙数诸佛法会中被推为大法王子。十方如来行此咒心，能于十方世界摄受历劫以来的同行眷属，使诸小乘学人听闻如来的秘密藏，不生惊怖。十方如来诵此咒心，得成无上正觉，从始坐菩提树下成道，到终入大涅槃。十方如来传此咒心，于灭度之后，所付嘱佛法之事，得以究竟住持，严持戒律，悉得清净。如果我完整地叙说此佛顶光聚般怛啰咒的密义及其功用威力，即使从早到晚声音相续，字字句句皆不重复，经恒河沙劫，仍然不能穷尽。因此，此咒也可称为至尊至胜的‘如来顶咒’。

“汝等有学，未尽轮回，发心至诚，取阿罗汉，不持此咒而坐道场，令其身心远诸魔事，无有是处。阿难，若诸世界随所国土所有众生，随国所生桦皮、贝叶、纸素、白氎书写此咒[①]，贮于香囊，是人心昏未能诵忆，或带身上，或书宅中，当知是人尽其生年，一切诸毒所不能害。

注释：

①贝叶：即贝多罗叶，印度人用来以写经文。白氎（dié）：细毛布，色白。

译文：

“你们有学声闻弟子，轮回未尽，若发至诚心求证阿罗汉果位，如不诵持此咒而坐于道场修行，欲使身心远离诸魔的扰乱，是不可能的。阿难，如果一切世界中，随所在国土中的所有众生，以其国中所生的桦树皮、贝叶、白纸、白氎等书写此咒，藏于香囊，即使这人心中昏昧，不能诵记此咒，只要将此咒带在身上，或者书写置于住宅中，当知此人尽有生之年，一切诸毒都不能加害于他。

“阿难，我今为汝更说此咒，救护世间，得大无畏，成就众生出世间智。若我灭后，末世众生有能自诵，若教他诵，当知如是诵持众生，火不能烧，水不能溺，大毒、小毒所不能害。如是乃至龙天、鬼神、精祇、魔魅所有恶咒皆不能著，心得正受。一切咒诅、厌蛊、毒药[①]，金毒、银毒，草木虫蛇，万物毒气，入此人口成甘露味。一切恶星并诸鬼神、磣心毒人[②]，于如是人不能起恶；频那夜迦、诸恶鬼王并其眷属，皆领深恩，常加守护。

注释：

①厌蛊（gǔ）：以巫术致灾祸于人。厌，厌魅，以咒术驱使死尸去杀害怨敌，梵文为“毗陀罗”，其义为起尸鬼。蛊，传说一种人工培育的毒虫。

②碜（chěn）：指混入异物。

译文：

“阿难，我现在再为你说此咒，能够救护世间一切众生，使其于厄难或魔扰时得大无畏，并使其断尽迷惑，得到出世间智。若我灭度后，末世中的众生若能自己诵持，或者教他人诵持此咒，当知这些诵持的人，火不能烧，水不能溺，一切大毒如瘟疫、小毒如毒蛇等，都不能侵害。这样乃至龙天、鬼神、精祇、魔魅的所有恶咒都不能近其身，心得三昧正受。一切咒诅、厌蛊、毒药，金毒、银毒，以及草、木、虫、蛇等万物的一切毒气，入此人口反而变为甘露妙味。一切恶星以及恶鬼恶神、狠毒的人，对这个诵咒的人不能生起恶念；频那夜迦、诸恶鬼王及其眷属，皆因领受佛化深恩，时常守护这些诵持此咒的众生。

“阿难，当知，是咒常有八万四千那由他恒河沙俱胝金刚藏王菩萨种族[1]，一一皆有诸金刚众而为眷属，昼夜随侍。设有众生于散乱心，非三摩地，心忆口持，是金刚王常随从彼诸善男子，何况决定菩提心者！此诸金刚菩萨藏王，精心阴速，发彼神识，是人应时心能记忆八万四千恒河沙劫，周遍了知，得无疑惑。从第一劫乃至后身，生生不生药叉、罗刹及富单那、迦吒富单那、鸠槃茶、毗舍遮等[②]，并诸饿鬼，有形、无形、有想、无想，如是恶处。是善男子，若读若诵，若书若写，若带若藏，诸色供养，劫劫不生，贫穷下贱，不可乐处。此诸众生，纵其自身不作福业，十方如来所有功德，悉与此人。由是得于恒河沙阿僧祇、不可说不可说劫，常与诸佛同生一处，无量功德，如恶叉聚，同处熏修，永无分散。

注释：

①那由他：万亿。俱胝：百亿。

②富单那：臭恶鬼。迦吒富单那：奇臭恶鬼。鸠槃茶：啖精气鬼。毗舍遮：食血肉鬼。

译文：

“阿难，你应当知道，此咒常有八万四千那由他的恒河沙数俱胝的金刚藏王菩萨种族，其一一菩萨都有许多金刚众眷属，昼夜跟随侍卫诵持此咒的众生。假如有众生，于散乱心而不是入于正定，心忆此咒，口念此咒，此金刚藏王菩萨就会常常跟随护卫这些善男子，更何况那些发决定不疑菩提心的人呢！这些金刚藏王菩萨以同体如来藏精心，暗中加持行者，速疾开发众生的神识慧根，使得这人应时心开，能记忆八万四千恒河沙劫以来的事情，周遍了知，没有任何疑惑。从初发心持咒的第一劫起，直至成佛之前的最后身，生生世世都不会生于药叉、罗刹及富单那、迦吒富单那、鸠槃茶、毗舍遮等，以及所有的饿鬼，有形无形、有想无想之类，等等这些恶处。这些善男子，若能读、能诵此咒，若能书、能写此咒，或者佩带身上，或者藏于家中，并用诸妙色香花灯等供养，则任何劫数时间都不会生于贫穷下贱等不可乐之处。这些诵持此咒的众生，即使自己未修福业，十方如来的所有功德都会给予此人。因此，他们得以在恒河沙阿僧祇不可说不可说劫的时间之中，常与诸佛同生一处，无量功德也如恶叉聚果一样不分离，常与诸佛同处熏修，永无分散。

“是故能令破戒之人，戒根清净；未得戒者，令其得戒；未精进者，令得精进；无智慧者，令得智慧；不清净者，速得清净；不持斋戒，自成斋戒。阿难，是善男子持此咒时，设犯禁戒于未受时，持咒之后，众破戒罪无问轻重，一时销灭；纵经饮酒，食啖五辛种种不净，一切诸佛、菩萨、金刚、天仙、鬼神不将为过。设著不净破弊衣服，一行一住悉同清净。纵不作坛，不入道场，亦不行道，诵持此咒，还同入坛行道功德，无有异也。若造五逆无间重罪①，及诸比丘、比丘尼四弃、八弃②，诵此咒已，如是重业，犹如猛风吹散沙聚，悉皆灭除，更无毫发。阿难，若有众生，从无量无数劫来，所有一切轻重罪障，从前世来未及忏悔，若能读诵、书写此咒，身上带持，若安住处、庄宅、园馆，如是积业，犹汤销雪；不久皆得悟无生忍。

注释：

①五逆：指五种极恶之行为，即杀父、杀母、杀阿罗汉、出佛身血、破和合僧。

②四弃：即杀、盗、淫、妄四重罪，若犯此即永弃于佛法外，故名为“弃罪”。八弃：为比丘尼八重罪，即于四弃外再加“触弃、八弃、覆弃、随弃”四者。

译文：

“所以，诵持此咒，能使破戒之人戒根恢复清净；未得戒之人，使其得戒；未精进之人，使其精进；无有智慧之人，使得智慧；身心不清净之人，速得清净；不持斋戒之人，自然成就斋戒。阿难，这些善男子持此咒时，未受持之前所犯的一切破戒之罪，无论轻重，持咒之后，一时消灭；纵然曾经饮酒，吃过五辛等种种不净的东西，因诵此咒，一切诸佛、菩萨、金刚、天仙、鬼神等都不以为过。假如他穿着不干净的破烂衣服，但他的一行一住皆同清净。纵然他不作坛，不入道场，也没有入坛场行道，诵持此咒后，所得功德仍与入坛行道相同，没有任何差别。若诵持此咒以前造下了五逆无间重罪，以及比丘四弃、比丘尼八弃罪，诵此咒后，如此重罪业就如狂风吹散沙堆一样，全部灭除，更无毫发得留。阿难，若有众生从无量无数劫以来所有一切轻重罪障，从前世以来还未能忏悔，若能读诵、书写此咒，将其带在身上，或安放在住所、庄宅、园馆之中，以此神咒之力，这些前世积业就如热汤消融冰雪一样，皆得消灭；不久，此持咒之人皆可得悟无生法忍。

“复次，阿难，若有女人未生男女欲求孕者，若能至心忆念斯咒，或能身上带此悉怛多般怛啰者，便生福德智慧男女；求长命者，即得长命；欲求果报速圆满者，速得圆满；身命色力，亦复如是。命终之后，随愿往生十方国土，必定不生边地、下贱[①]，何况杂形[②]？

注释：

①边地：指不能见闻佛法的边隅之地。

②杂形：指地狱、恶鬼、畜生三恶道。

译文：

“其次，阿难，若有女人未生男女而欲求怀孕，若能以至诚心记诵此咒，或者能将此悉怛多般怛啰神咒带在身上，便能生出福德、智慧双全的男女；求长寿者，即得长寿；欲求果报速疾圆满者，快速得到圆满；若求身体健康、精力充沛者，也是如此。其人命终之后，随自己的愿力往生十方任何国土，必定不会转生在边地及下贱之处，更何况生于三恶道之杂形众生呢？

“阿难，若诸国土州县、聚落，饥荒、疫疠，或复刀兵、贼难、斗诤，兼余一切厄难之地，写此神咒安城四门、并诸支提，或脱阇上，令其国土所有众生奉迎斯咒，礼拜恭敬，一心供养；令其人民各各身佩，或各各安所居宅地，一切灾厄悉皆销灭。阿难，在在处处国土众生，随有此咒，天龙欢喜，风雨顺时，五谷丰殷，兆庶安乐；亦复能镇一切恶星随方变怪，灾障不起，人无横夭，杻械枷锁不著其身，昼夜安眠，常无恶梦。

译文：

“阿难，若诸国土的州、县、村落，遭遇饥荒或瘟疫，或起战争刀兵灾难、暴乱贼寇之难、相互斗争之难，以及其余一切有厄难之地，只要书写此咒安放在城的四门以及各支提上，或悬于幢幡上，让国土中的所有众生都迎奉此咒，恭敬礼拜，一心供养；让每一个市民都佩带此咒，或将其各自安放在所居的住宅中，所有一切灾祸厄难就会全部消除。阿难，在在处处的所有国土及一切众生，随有此神咒之处，天龙八部便会欢喜，风雨顺时，五谷丰殷，百姓安乐；同时，此咒也能镇压一切随方变怪的恶星，使灾害、障碍不起，人们没有横祸夭亡，杻械枷锁不加于身，昼夜安睡，常无恶梦。

“阿难，是娑婆界有八万四千灾变恶星，二十八大恶星而为上首；复有八大恶星以为其主，作种种形，出现世时能生众生种种灾异；有此咒地，悉皆销灭，十二由旬成结界地，诸恶灾祥，永不能入。是故如来宣示此咒，于未来世保护初学诸修行者入三摩提，身心泰然，得大安稳；更无一切诸魔、鬼神，及无始来冤横宿殃，旧业陈债，来相恼害。汝及众中诸有学人及未来世诸修行者，依我坛场，如法持戒，所受戒主逢清净僧，持此咒心，不生疑悔，是善男子于此父母所生之身，不得心通，十方如来，便为妄语。”

译文：

“阿难，这个娑婆世界有八万四千灾变恶星，其中以二十八大恶星而为上首统领；又有八大恶星为众灾星之主，能化作种种形状，出现于世时给众生带来种种灾异；若有此咒之地，一切灾异悉皆消灭，十二由旬以内成为结界之地，所有恶象、灾祸、妖祥永远不能侵入。因此，如来宣示此咒，于未来世末法时代保护初学佛法的诸修行人能够入三摩提，身心泰安，得大安稳；更不会有一切诸魔、鬼神，以及无始以来的冤家、横祸、宿业、灾殃等旧债陈债来恼害，使得三摩地不能成就。你和会中诸有学人及未来世诸修行人，若能依我所说建立坛场，如法持戒清净，所受戒的戒师遇到了真实的清净僧，一心诵持此咒心，于此法不生半点疑悔，这样的善男子依其父母所生之身，若不能证得心地圆通，十方如来便是以妄语欺诳众生。”

说是语已，会中无量百千金刚，一时佛前合掌顶礼而白佛言：“如佛所说，我当诚心保护如是修菩提者。”尔时，梵王并天帝释、四天大王[①]，亦于佛前同时顶礼而白佛言：“审有如是修学善人，我当尽心至诚保护，令其一生所作如愿。”复有无量药叉大将、诸罗刹王、富单那王、鸠槃茶王、毗舍遮王、频那夜迦、诸大鬼王及诸鬼帅，亦于佛前合掌顶礼："我亦誓愿护持是人，令菩提心速得圆满。"复有无量日月天子、风师、雨师、云师、雷师并电伯等，年岁巡官、诸星眷属，亦于会中顶礼佛足而白佛言："我亦保护是修行人，安立道场，得无所畏。"复有无量山神、海神、一切土地，水、陆、空行，万物精祇并风神王、无色界天，于如来前同时稽首而白佛言："我亦保护是修行人，得成菩提，永无魔事。"

注释：

①四天大王：有版本作"四大天王"。

译文：

佛说完这段开示后，会中有无量百千金刚，同时在佛前合掌顶礼，然后对佛说："如佛所说，我等当诚心保护这些修行菩提道的众生。"这时，大梵天王和帝释天、四大天王也在佛前同时顶礼，对佛说："果然有这样的修学善人，我等会尽心至诚保护，使他们一生中凡有所作都能如愿。"又有无数药叉大将、诸罗刹王、富单那王、鸠槃茶王、毗舍遮王、频那夜迦、诸大鬼王及诸鬼帅等，也在佛前合掌顶礼，对佛说："我等也发愿护持这样的修学人，使其菩提心速得圆满。"又有无数日月天子、风师、雨师、云师、雷师及电伯，以及年岁巡官、诸星眷属等，也在会中顶礼佛足而对佛说："我等也发愿保护这样的修学人，使其安置道场，得无所畏。"又有无数山神、海神、一切土地神，以及一切水居、陆居、空居之神，万物精祇及风神王、无色界天等，也在佛前同时稽首而对佛说:“我等也发愿保护这样的修学人,使其得成菩提,永不遭受魔事。”

尔时,八万四千那由他恒河沙俱胝金刚藏王菩萨,在大会中即从座起,顶礼佛足而白佛言:“世尊,如我等辈所修功业,久成菩提,不取涅槃,常随此咒,救护末世修三摩提正修行者。世尊,如是修心求正定人,若在道场及余经行,乃至散心游戏聚落,我等徒众常当随从,侍卫此人;纵令魔王、大自在天求其方便,终不可得;诸小鬼神去此善人十由旬外,除彼发心乐修禅者。世尊,如是恶魔、若魔眷属,欲来侵扰是善人者,我以宝杵殒碎其首,犹如微尘,恒令此人所作如愿。”

译文:

这时,八万四千那由他恒河沙俱胝的金刚藏王菩萨,在大会中即从座而起,顶礼佛足而对佛说:“世尊,如我等所修得的功业,久已成就菩提,然而不入涅槃,常跟随此咒,救护末世之中修三摩地、诵持此咒的正修行人。世尊,这样诵持此咒而修心求证正定的人,若在道场专修或在别处经行,乃至以散乱心游化村落,我及徒众都会时常跟随保护这人;即使魔王、大自在天想伺察这些修行人的漏洞而破坏修行,也终究不能得手;那些小鬼神远离此修行善人十由旬之外,除非他也愿意发心修习禅定。世尊,这些恶魔及其眷属,若有敢来侵扰这些修行善人的,我就用宝杵打碎其头颅,使成微尘,常使这些修行人所做如愿成就。”

阿难即从座起，顶礼佛足而白佛言：“我辈愚钝，好为多闻，于诸漏心未求出离；蒙佛慈诲，得正熏修，身心快然，获大饶益。世尊，如是修证佛三摩提，未到涅槃，云何名为干慧之地？四十四心，至何渐次，得修行目？诣何方所，名入地中？云何名为等觉菩萨？”作是语已，五体投地，大众一心，伫佛慈音，瞪瞢瞻仰。尔时，世尊赞阿难言：“善哉！善哉！汝等乃能普为大众及诸末世一切众生，修三摩提、求大乘者，从于凡夫，终大涅槃，悬示无上正修行路。汝今谛听，当为汝说。”阿难、大众合掌刳心①，默然受教。

注释：

①刳（kū）心：指摒弃杂念。刳，挖空。

译文：

阿难即从座而起，顶礼佛足而对佛说：“我辈愚钝，喜好多闻广学，对于诸微细烦恼有漏心未求出离；承蒙佛慈悲教诲，得熏修三摩地的正法，身心快然，得大利益。世尊，如此修证佛法三摩地，未到达涅槃果地之前，为什么称为干慧地？四十四心，须经过怎样的次第，才得到修行悟道的眼目？到什么境地才叫作证入十地中？什么境界叫作等觉菩萨？”说完这些话后，阿难五体投地礼佛，会中大众一心期盼佛的慈音开示，眼睛瞻仰凝视着佛陀。这时，世尊称赞阿难："善哉！善哉！你等乃能普为大众及末世时的一切修三摩地、求大乘佛法的众生，指示始从凡夫发心，终至大涅槃果地的无上正修行路。你现在仔细听，我将为你宣说。"阿难、大众合掌净心，静听教诲。

佛言："阿难，当知妙性圆明，离诸名相，本来无有世界、众生；因妄有生，因生有灭，生灭名妄，灭妄名真，是称如来无上菩提及大涅槃二转依号。阿难，汝今欲修真三摩地，直诣如来大涅槃者，先当识此众生、世界二颠倒因；颠倒不生，斯则如来真三摩地。

译文：

佛说："阿难，你应当知道，妙性圆明，离一切名相，本来无有世界、众生；因无明妄动而有世界、众生的生起，因生而有灭，生、灭二相称为虚妄，灭除虚妄就称为真，这又称作如来无上菩提和大涅槃二转依果之名号。阿难，你现在想要修习真三摩地，直达如来大涅槃果位，首先应当识知这众生和世界两种颠倒生起的原因；颠倒不生起，这即是如来的真三摩地。

"阿难，云何名为众生颠倒？阿难，由性明心，性明圆故，因明发性，性妄见生，从毕竟无，成究竟有。此有所有，非因所因；住所住相，了无根本。本此无住，建立世界及诸众生。迷本圆明，是生虚妄；妄性无体，非有所依。将欲复真，欲真已非真真如性。非真求复，宛成非相。非生非住，非心非法，展转发生，生力发明，熏以成业，同业相感；因有感业，相灭相生，由是故有众生颠倒。

译文：

“阿难，什么叫作众生颠倒？阿难，由于性觉妙明之真心，其性明觉圆照之故，因为要在本明的觉体上妄有所明，于是发生了业识之性，识性妄动而能见之妄见发生，就这样，从毕竟无相之真，转成究竟有相之妄。此能有之妄识与所有之妄境，既非能因，也非所因；能住相与所住相，了无根本之自体，二皆虚妄。本于此虚妄无住的无明业识，而建立了世界以及各类众生。众生无始以来迷失了本然圆满妙真如心，因此生起了虚妄的惑业；惑业之妄性本是虚妄而无自体，没有所依之初始因。将欲离妄复真，但此舍妄复真之念本身就是妄想，而不是真实的真如性。以非真实的生灭妄心去求回复不生不灭的真如心，是妄上加妄，宛然成为非真实的、无常生灭的尘劳妄相。此非相中，无明非真有生相，业识非真有住相，见分非真心之相，相分非实法之相，本来皆是虚妄，因为无明力而辗转发生，生力渐渐显著，由惑以起业，相互熏习而成业相，同业相感润生；因有相感之业，相灭相生，由此故有众生颠倒。

“阿难，云何名为世界颠倒？是有所有，分段妄生①，因此界立；非因所因，无住所住，迁流不住，因此世成。三世、四方和合相涉，变化众生成十二类。是故世界因动有声，因声有色，因色有香，因香有触，因触有味，因味知法。六乱妄想成业性故，十二区分，由此轮转。是故世间声、香、味、触，穷十二变，为一旋复。乘此轮转颠倒相故，是有世界卵生、胎生、湿生、化生、有色、无色、有想、无想、若非有色、若非无色、若非有想、若非无想。

注释：

①分段：即分段生死，指凡夫轮回六道，受分分段段果报之身。

译文：

"阿难，什么叫作世界颠倒呢？能有之无明与所有之众生根身，由无明妄力揽尘结根，故有分段受生之妄身产生，因此内外之界相成立；无始无明本是虚妄，非是始因，却执为妄有之所因，妄有本来虚妄无有能住之体，却宛若有所住之相，迁流不住，因此虚妄之三世成就。因而有了过去、现在、未来三世与东、南、西、北四方的分别，三世与四方和合相涉，变化出十二类不同的众生。因此，世界因无明风动而有声尘生，因声尘黏着湛明之体而有色尘生，因色尘而有香尘起，因香尘而有触尘生，因触尘而有味着生，因味着而有知觉生，于是诸识转生。六乱妄想熏成业性之故，而有十二类众生的区分，由此六道轮转，无有停息。所以，世间众生依于对于声、色、香、味、触、法六尘颠倒执着之轻重及其惑业成熟之先后，而次第感报，穷尽了十二类众生之变迁，成为一个轮转旋复。乘此轮转的颠倒行相而有世界的十二类众生：卵生、胎生、湿生、化生、有色、无色、有想、无想、若非有色、若非无色、若非有想、若非无想。

“阿难，由因世界虚妄轮回，动颠倒故，和合气成八万四千飞沉乱想，如是故有卵羯逻蓝①，流转国土，鱼鸟龟蛇，其类充塞。

注释：

①羯逻蓝：义为“凝滑”，为胎之初位，处胎初七日。

译文：

“阿难，由于世界中有虚妄之想辗转不息而成轮回性，以想动为颠倒惑因故，和合业气而成八万四千飞沉乱想，由此便有卵羯逻蓝生成，流转各处国土，形成如鱼、鸟、龟、蛇等类生命，充塞世间。

“由因世界杂染轮回，欲颠倒故，和合滋成八万四千横竖乱想，如是故有胎遏蒲昙①，流转国土，人畜龙仙，其类充塞。

注释：

①遏蒲昙：胎皰，在胎第二个七日之相。

译文：

“由于世间中有情爱杂染辗转不息而成轮回性，以爱欲为颠倒惑因故，和合精血滋润而成八万四千横竖乱想，由此便有胎遏蒲昙生成，流转各处国土，形成如人、畜、龙、仙等类生命，充塞世间。

“由因世界执著轮回，趣颠倒故，和合暖成八万四千翻覆乱想，如是故有湿相蔽尸①，流转国土，含蠢蠕动，其类充塞。

注释：

①蔽尸：软骨、肉团等，原指为胎内五位之第三位，此指为湿生之初相。

译文：

“由于世间中有执着辗转不息而成轮回性，以趣奔尘境为颠倒惑因故，和合暖湿之气而成八万四千翻覆乱想，由此便有湿相蔽尸生成，流转各处国土，形成含蠢蠕动等类生命，充塞世间。

“由因世界变易轮回，假颠倒故，和合触成八万四千新故乱想，如是故有化相羯南①，流转国土，转蜕飞行，其类充塞。

注释：

①羯南：硬肉，又为“众”、“类”之义。

译文：

“由于世间中有变易辗转不息而成轮回性，以假托因依为颠倒惑因故，和合触业而成八万四千种新旧乱想，由此便有化相羯蓝生成，流转各处国土，形成转变蜕化身形而后飞行等类生命，充塞世间。

“由因世界留碍轮回，障颠倒故，和合著成八万四千精耀乱想，如是故有色相羯南，流转国土，休咎精明①，其类充塞。

注释：

①休：吉。咎（jiù）：凶。

译文：

“由于世间中的有色类众生有超越色法质碍、求取光明色相之妄想，辗转不息而成轮回性，以障蔽妄想为颠倒惑因故，和合种种求明着之业而成八万四千精耀乱想，由此便有色相羯南生成，流转各处国土，形成如星辰吉凶形相以及日月之精、星辰之明形相等类生命，充塞世间。

“由因世界销散轮回，惑颠倒故，和合暗成八万四千阴隐乱想，如是故有无色羯南，流转国土，空散销沉，其类充塞。

译文：

“由于世间中的无色类众生有灭色归空、消散其形之妄想，辗转不息而成轮回性，以迷惑妄想为惑因故，和合暗相而成八万四千阴隐乱想，由此便有无色羯南生成，流转各处国土，形成空、散、消、沉等类生命，充塞世间。

“由因世界罔相轮回，影颠倒故，和合忆成八万四千潜结乱想，如是故有想相羯南，流转国土，神鬼精灵，其类充塞。

译文：

“由于世间的有想类众生贪求灵通，妄执若有若无、仿佛不实之影像，缘想不息而成轮回性，以谬执法尘之影妄想为惑因故，和合忆想而成八万四千潜结乱想，由此便有想相羯南生成，流转各处国土，形成神鬼精灵等类生命，充塞世间。

“由因世界愚钝轮回，痴颠倒故，和合顽成八万四千枯槁乱想，如是故有无想羯南，流转国土，精神化为土、木、金、石，其类充塞。

译文：

“由于世间的无想类众生摒除知识，贪求无想的愚昧暗钝妄想，辗转不息而成轮回性，以痴昧颠倒为惑因故，和合冥顽而成八万四千枯槁乱想，由此便有无想相羯南生成，流转各处国土，其精神化为土、木、金、石等类，充塞世间。

“由因世界相待轮回，伪颠倒故，和合染成八万四千因依乱想，如是故有非有色相成色羯南，流转国土，诸水母等以虾为目，其类充塞。

译文：

“由于世间的非有色众生，本非有色故须借物以成色，色与无色相待假借，辗转不休而成轮回性，以伪假为颠倒惑因故，和合耽染之业而成八万四千因依乱想，由此便有非有色相而成色羯南生成，流转各处国土，如水母等以水沫成身、以虾为眼目，互相依托而生存，种种寄生物类，其类繁多，充塞世间。

“由因世界相引轮回，性颠倒故，和合咒成八万四千呼召乱想，由是故有非无色相无色羯南，流转国土，咒诅厌生，其类充塞。

译文：

“由于世间的非无色类众生，系以音声呼召引发神识，引之不已而成轮回性，以迷失自性为颠倒惑因故，和合咒术之业而有八万四千呼召乱想，由此便有非无色相无色羯南生成，流转各处国土，随咒诅、厌祷而显灵作祟等类，充塞世间。

“由因世界合妄轮回，罔颠倒故，和合异成八万四千回互乱想，如是故有非有想相成想羯南，流转国土，彼蒲卢等异质相成①，其类充塞。

注释：

①蒲卢：一种细腰的土蜂，又称为“果蠃”。蜾蠃（土蜂）作巢，将桑虫（螟蛉）背进它的巢中，然后祝祷说“类我！类我！”七天之后，这桑虫真化成它的子女。

译文：

“由于世间的非有想众生将想与非想二种虚妄和合，辗转不息而成轮回性，以罔昧为颠倒惑因故，和合取异为同妄想之业而成八万四千回互乱想，由此便有非有想相成想羯南生成，流转各处国土，如细腰土蜂取异类形质之桑虫而化为己命等生类，充塞世间。

“由因世界怨害轮回，杀颠倒故，和合怪成八万四千食父母想，如是故有非无想相无想羯南，流转国土，如土枭等附块为儿①，及破镜鸟以毒树果抱为其子②，子成，父母皆遭其食，其类充塞。

“是名众生十二种类。”

注释：

①土枭(xiāo)：本义作“不孝鸟”，以此鸟食母而后能飞。

②破镜鸟：为破镜兽。镜，又作“獍”，是一种兽。与枭相对，枭食其母，而獍食其父。

译文：

“由于世间的非无想众生怀怨图害，怨结不释，辗转相续而成轮回性，以杀心为颠倒惑因故，和合怪诞之业而成八万四千食父母的怪异乱想，由此便有非无想相无想羯南生成，流转各处国土，如土枭鸟等抱土块以为子，破镜鸟抱毒树果以为子，待子长成，父母却皆遭吞食，诸如此类生命，充塞世间。

“这就是众生的十二种类。”

卷 八

真如不变之体，依之而有染净差别。随染缘起则有二种颠倒十二类众生，随净缘起则历成修证解脱次第。本卷先立三种渐次，再历五十七位修断，共成六十位菩萨行修证阶位。三种渐次为：一修习，除去助因，五辛为助恶之因，必先除去；二真修，刳其正性，杀盗淫妄是性业之罪，必要刳而空之，故要严持清净戒律；三增进，违其现业，即心不外驰，返流照性。五十七位为：干慧地、十信、十住、十行、十回向、四加行、十地、等觉、妙觉。关于菩提道修证位次的名目及顺序，诸经说法略有差别。本经所列菩萨行修证阶位较通常所说更为细致，十信位前的“三渐次”及“干慧地”，以及地前的“四加行”，此为本经所特有，而五十七位的名称义解，本经多从禅观境界讲说，故与别经颇有不同。

随后，文殊菩萨请问经题，佛宣说了本经的五个经题名称。至此，按照古德科判，本经正讲修行妙定义理已经完备；经中后面部分则是“助道别讲护定要法”，包括“谈七趣报”和“辨五阴魔”两部分内容。

因阿难问，佛陀详细叙述了“七趣”的生因及其生存相状。通常佛教言“六趣”，即地狱、饿鬼、畜生、人、天、阿修罗，本经又加“仙趣”而成“七趣”，涵盖了欲界、色界、无色界三界共二十五类有情众生。七趣因果，乃由不识妙明真心而随妄想情想以受生，随杀盗淫三恶业则成三恶道，修十善业则成四善道，七趣轮转，随业受报，不出因果轮回理论。经中详细叙述了十种习气因（淫、贪、慢、嗔、诈、诳、怨、见、枉、讼），六交报（见报、闻报、嗅报、味报、触报、思报），六识造业，所招恶报从六根出。又讲述了鬼趣、畜生趣、人趣、仙趣每一趣各有十种因习果报，最后则是天趣之业报差别。

“阿难，如是众生，一一类中亦各各具十二颠倒。犹如捏目，乱花发生；颠倒妙圆真净明心，具足如斯虚妄乱想。汝今修证佛三摩提，于是本因元所乱想，立三渐次，方得除灭。如净器中除去毒蜜，以诸汤水并杂灰香洗涤其器，后贮甘露。

译文：

“阿难，如此十二类众生，每一类中又各具有十二种颠倒。犹如以手捏目，眼见虚空乱花狂飞；因颠倒迷失妙圆真净明心，也会具有这样的虚妄乱想。你现在修证佛法三摩地，应从这颠倒产生之根本因、虚妄乱想之发生处，建立修行的三种渐进，方得除灭这样的颠倒乱想。就如于本来清净的容器中除去所放置的毒蜜，要以滚沸的汤水加香灰洗涤此器之后，然后贮存甘露。

“云何名为三种渐次？一者修习，除其助因；二者真修，刳其正性；三者增进，违其现业。

译文：

"什么是三种渐次呢？第一，修习位，除其障定之助因；第二，决定真修，刳空其正性罪之业；第三，增进圣位，违离其根尘偶对、流逸奔趣之现业。

"云何助因？阿难，如是世界十二类生不能自全，依四食住。所谓段食、触食、思食、识食①。是故佛说一切众生皆依食住。阿难，一切众生食甘故生，食毒故死。是诸众生求三摩地，当断世间五种辛菜②。是五种辛，熟食发淫，生啖增恚。如是世界食辛之人，纵能宣说十二部经，十方天仙嫌其臭秽，咸皆远离；诸饿鬼等因彼食次，舐其唇吻，常与鬼住，福德日销，长无利益。是食辛人修三摩地，菩萨、天仙、十方善神不来守护。大力魔王得其方便，现作佛身来为说法，非毁禁戒，赞淫、怒、痴；命终自为魔王眷属，受魔福尽，堕无间狱。阿难，修菩提者永断五辛，是则名为第一增进修行渐次。

注释：

①段食：又作"抟食"、"揣食"，指用口鼻分段饮啖，以滋养有情之身，故称"段食"。触食：指感觉对所取之境产生喜乐等觉受，而摄益心、心所，由之长养诸根大种，故称之为食。思食：又作"念食"、"意食"、"意思食"、"意念食"、"业食"，指意业

或意念。即此有漏的意业与欲望俱转，而生希望之念，能招引当有之果，使有情滋长相续。识食：指六识。六识由段、触、思三食之势力而能起当有之果，执持身命而不坏，故称为食。

②五种辛菜：即葱、蒜、韭、薤（xiè）、兴渠（中土无）五种辛菜。

译文：

“什么叫助因呢？阿难，这个世界的十二类众生都不能自身保全形命，而依靠四食得以住世存在。所谓四食是：段食、触食、思食、识食。所以佛说一切众生都依食而住在。阿难，一切众生食用甘美的食物而生存，食用有毒的东西就死亡。因此，这些众生求证三摩地，应当断绝食用世间五种辛菜。这五种辛菜，熟食会助发淫欲，生吃会增加嗔恚。这个世间食辛的人，即使能宣说十二部经，十方天仙嫌其臭秽也都远离他；那些饿鬼则在其人食用辛菜后，暗中来舐其嘴唇，因而他常与鬼同住，福德日日消减，增长无利益之事。这食辛之人欲修三摩地，菩萨、天仙及十方善神不会来守护他。而大力魔王就乘此机会化作佛身来为其说法，毁谤严持禁戒是小乘道，赞叹淫、怒、痴等是染净不二的大乘法；命终之后，自然成为魔王的眷属，魔福享尽之后，堕无间地狱。阿难，修证菩提者应当永断五辛，这就是第一增进修行渐次。

“云何正性？阿难，如是众生入三摩地，要先严持清净戒律，永断淫心，不餐酒肉①，以火净食，无啖生气。阿难，是修行人若不断淫及与杀生，出三界者，无有是处。当观淫欲犹如毒蛇，如见怨贼。先持声闻四弃、八弃，执身不动；后行菩萨清净律仪，执心不起。禁戒成就，则于世间永无相生相杀之业；偷劫不行，无相负累，亦于世间不还宿债。是清净人修三摩地，父母肉身，不须天眼，自然观见十方世界，睹佛闻法，亲奉圣旨，得大神通，游十方界，宿命清净，得无艰险。是则名为第二增进修行渐次。

注释：

①餮：有版本作“飡”、“飱”，皆同“餐”。

译文：

“什么叫正性呢？阿难，这些众生欲证入三摩地，要先严持清净戒律，永断淫心，不食酒肉，以火蒸煮过的熟食方为净食，不吃生气之属的生菜等。阿难，这些修行人如果不断除淫心和杀生，想出离三界是不可能的。应当视淫欲如同毒蛇，也如同见了怨贼一样。因此，修行人应当首先严持声闻戒律的比丘四弃、比丘尼八弃等，执持身口不动不犯；进而行持菩萨清净律仪，执持其心令恶念不起。禁戒成就，则于世间永远不会再有因淫欲而相生、因嗔恚而相杀的业行；偷盗、劫夺之业不作，没有互相负欠的负累，在这世间也就不用偿还宿债了。这个持戒清净之人若进而修行三摩地，便能发相似五通，仅以父母所生的肉身，不须借助天眼，自然可以观见十方世界，亲睹十方诸佛，亲耳闻听佛说法，亲奉如来旨意，得到大神通，游历十方世界，宿命清净，不得再堕入三恶道艰险之处。这就是第二增进修行渐次。

“云何现业？阿难，如是清净持禁戒人，心无贪淫，于外六尘不多流逸。因不流逸，旋元自归；尘既不缘，根无所偶，反流全一，六用不行。十方国土皎然清净，譬如琉璃，内悬明月，身心快然，妙圆平等，获大安隐；一切如来密、圆、净、妙皆现其中；是人即获无生法忍。从是渐修，随所发行，安立圣位。是则名为第三增进修行渐次。

译文：

“什么叫现业呢？阿难，如上清净严持禁戒的人，心中没有贪淫之念，对于外六尘也不多随境奔流纵逸。因为不流逸外尘，即可返观自性，旋复本元，自归元明；既然不与外六尘相缘，内六根就没有所缘对象与其相对，六根反流照性，全归一闻性，六根的各自作用不复现行，达到入一亡六之境。这时，修行者得见十方国土皎然清净，就像琉璃中内悬明月一样，身心快然，妙应圆通，平等无碍，获得大安稳；一切如来的秘密、圆满、清净、微妙的境界都呈现其中；此人即时获证了无生法忍。由此证悟之境渐进修行，随其所发起的行持，安立相应的修行圣位。这就是第三增进修行渐次。

“阿难，是善男子欲爱干枯，根境不偶[1]，现前残质不复续生；执心虚明，纯是智慧，慧性明圆，莹十方界，干有其慧，名干慧地。欲习初干，未与如来法流水接。

注释：

①偶：相合。

译文：

“阿难，此善男子欲爱的习气已经干枯，内根与外尘不相对待，现前的最后身永不再相续受生；其人持心虚明，纯是智慧，慧性明圆，光照十方世界，此但观慧圆明，因而名为干慧地。欲爱的习气刚刚干枯，但俱生无明仍未完全断除，还未能与如来的法性智流水相接。

“即以此心，中中流入，圆妙开敷，从真妙圆，重发真妙，妙信常住，一切妄想灭尽无余，中道纯真，名信心住。

译文：

“即以此干慧之心，以中道妙智观中道妙理，流入本元心地，圆明妙性开敷，从真妙圆明之境，重发更进一层次的真妙圆明。这样因亲证真妙圆明之心而妙信生发，常住不退，一切我执、法执、空执之妄想灭尽无余，中道纯真之理彰显，名为信心住。

“真信明了，一切圆通，阴、处、界三，不能为碍。如是乃至过去、未来无数劫中，舍身、受身，一切习气皆现在前，是善男子皆能忆念，得无遗忘，名念心住。

译文：

“真信得证，智慧明了，一切圆通无碍，阴、处、界三者都不能成为障碍。这样，乃至过去、未来无数劫中，轮回中舍身、受身的一切习气因由都显现在前，这个善男子都能忆念，永不遗忘，名为念心住。

“妙圆纯真，真精发化，无始习气通一精明，唯以精明进趣真净，名精进心。

译文：

“已得妙圆纯真之真信，真实觉性发起镕化妄习之大用，故将无始以来的习气都销镕为一精明智体，进而以此精明之如如智体去契合真净之如如理体，名为精进心。

“心精现前，纯以智慧，名慧心住。

译文：

“因为契入真净理体，本心真觉得以现前，纯以智慧用事，名为慧心住。

“执持智明，周遍寂湛，寂妙常凝，名定心住。

译文：

“慧既纯明，以定执持，智体凝明，身心内外周遍明湛，寂而常照，照而常寂，寂妙常凝，名为定心住。

“定光发明，明性深入，唯进无退，名不退心。

译文：

“定力既深，慧光发明，慧性明而定力愈深，定慧等持，唯进无退，名为不退心住。

“心进安然，保持不失，十方如来气分交接，名护法心。

译文：

“由于定慧均等，觉心安然，保持不失，任运前进，不假用力，能与十方如来法身之气分相交相接，内护心法，外护佛法，名为护法心住。

“觉明保持，能以妙力回佛慈光，向佛安住，犹如双镜光明相对，其中妙影重重相入，名回向心。

译文：

“觉慧定明保持不失，所以能以慧光妙力回转诸佛慈光，回向自己心佛光中安住，他佛、心佛，心光、佛光，互相回向，犹如两镜相对，其光相互映照，其中妙影，相摄相入，重重无尽，名为回向心住。

“心光密回，获佛常凝无上妙净，安住无为，得无遗失，名戒心住。

译文：

“心光绵密回照，获得佛之常凝无上妙净戒体之力，安住于无作无为之境，得无一念遗失，而不落于有为，名为戒心住。

“住戒自在，能游十方，所去随愿，名愿心住。

译文：

“安住妙净戒体，自在成就，能游化十方世界，所去随愿，名为愿心住。

“阿难，是善男子以真方便发此十心，心精发辉[①]，十用涉入，圆成一心，名发心住。

注释：

①辉：有版本作“晖”。

译文：

"阿难，修满十信位的善男子，以真实方便法门发起信位十心，心精觉明发挥，十心妙用互相涉入，十心圆成一心，名为发心住。

"心中发明，如净琉璃内现精金，以前妙心，履以成地，名治地住。

译文：

"依此圆成一心发明妙智，就如净琉璃内现出精金，清净洁明；以前十用涉入之妙心，履治为地，智契于理，令理精明，出生无量德用，名为治地住。

"心地涉知，俱得明了，游履十方，得无留碍，名修行住。

译文：

"由内外精莹，治成心地，智照于境，境亦照智，所涉所知，俱得明了，境智互照，妙行普周，故能游化十方世界，普遍修行，皆无留难障碍，名为修行住。

"行与佛同，受佛气分，如中阴身自求父母，阴信冥通，入如来种，名生贵住。

译文：

“所修妙行与佛相同，领受佛之真如气分，就好像中阴身寻找具有同业的父母投胎一样；既然与佛行业相同，智行微妙，冥通果德，阴信暗通，自然入于如来种姓，名为生贵住。

“既游道胎，亲奉觉胤[①]，如胎已成，人相不缺，名方便具足住。

注释：

①胤（yìn）：嫡嗣，指得佛权实二智的亲传。

译文：

“既然入于佛法正道之胎藏，亲揽佛权实二智，则为大觉法王的真嗣，犹如胎已育成，人相不缺，名为方便具足住。

“容貌如佛，心相亦同，名正心住。

译文：

“权智外现，方便具足，容貌与佛相同；以权资实，内照真如，心相也与佛相同，成就正知见，名为正心住。

“身心合成，日益增长，名不退住。

译文：

“外之容貌，内之心相，权实不二，身心合成，道胎日益增长，名为不退住。

“十身灵相，一时具足，名童真住。

译文：

“佛之十身灵相，一时全部具足，名为童真住。

“形成出胎，亲为佛子，名法王子住。

译文：

“身形长成，出胎现世，亲为佛子，名为法王子住。

“表以成人，如国大王以诸国事分委太子，彼刹利王世子长成，陈列灌顶，名灌顶住。

译文：

“德相渐成，表以成人，如同世间的国王分出一些国事委任太子负责，那些刹帝利王世子长大成人以后，举行灌顶仪式，以受王职位，名为灌顶住。

“阿难，是善男子成佛子已，具足无量如来妙德，十方随顺，名欢喜行。善能利益一切众生，名饶益行。

自觉、觉他，得无违拒，名无嗔恨行。种类出生，穷未来际，三世平等，十方通达，名无尽行。一切合同，种种法门，得无差误，名离痴乱行。则于同中显现群异，一一异相，各各见同，名善现行。如是乃至十方虚空满足微尘，一一尘中现十方界，现尘、现界不相留碍，名无著行。种种现前，咸是第一波罗蜜多，名尊重行。如是圆融，能成十方诸佛轨则，名善法行。一一皆是，清净无漏，一真无为，性本然故，名真实行。

译文：

“阿难，此善男子既然已经成为佛子，就具足无量如来的妙德，于十方世界随顺众生而利益教化，令众生悉皆欢喜，名为欢喜行。善能以戒德善法感化而利益一切众生，名为饶益行。自己觉悟，并使一切众生觉悟，常行忍辱而于顺逆因缘皆能忍受而不违拒，名为无嗔恨行。在十二类众生中随类受生，以行教化，过去、现在乃至尽未来际，三世平等普入，十方通达无碍，菩萨行愿，精进无尽，名为无尽行。以定心持一切法，悉皆会合，同为一体，以种种法门随类说法，得无差误，名为离痴乱行。进而于同一法性理体中，显现各种不同的差别事相；于一一差别事相上，各见全理，理事无碍，随应互显，名为善现行。这样乃至十方世界所有虚空都普遍显现微尘，一一微尘中都显现十方世界，显现微尘与显现世界不相妨碍，小大自在，不着事理，名为无着行。种种现同现异现尘现界等妙行现前，都是第一波罗蜜多般若观照之力，最为尊重，名为尊重行。如此圆融无碍之智慧妙行，一一皆能成立十方诸佛的利生轨则，善巧说法，随成模范法则，名为善法行。如此所有诸妙行，一一都是清净无漏、一真无为的真如体性的本然妙用，全修即性，名为真实行。

“阿难，是善男子，满足神通，成佛事已，纯洁精真，远诸留患。当度众生，灭除度相，回无为心向涅槃路，名救护一切众生离众生相回向①。坏其可坏，远离诸离，名不坏回向。本觉湛然，觉齐佛觉，名等一切佛回向。精真发明，地如佛地，名至一切处回向。世界、如来互相涉入，得无罣碍，名无尽功德藏回向。于同佛地，地中各各生清净因，依因发挥取涅槃道，名随顺平等善根回向。真根既成，十方众生皆我本性，性圆成就，不失众生，名随顺等观一切众生回向。即一切法，离一切相，唯即与离二无所著，名真如相回向。真得所如，十方无碍，名无缚解脱回向。性德圆成，法界量灭，名法界无量回向。

注释：

①回向：指以自己所修之善根功德，回转给众生，并使自己趋入菩提涅槃。

译文：

“阿难，此修满十行的善男子，圆满具足神通，成就诸佛利生事业轨则，达于纯洁精真的清净无为真如体性，远离了一切着有滞空的过患。愿当救度众生而灭除能度所度之相，回一真无为心向无上涅槃之路，如此救护一切众生，永无休息，名为救护一切众生离众生相回向。坏灭其可坏灭之相，而不见有所坏之境；远离一切能离与所离，能离之相也离，而不见有能离之智，善获中道，名为不坏回向。本觉湛然明现，其觉智等同于佛之妙觉，名为等一切佛回向。因地心之始觉精真发明，本觉理地如同佛地，能含藏无边境界，能现无量国土，名为至一切处回向。此菩萨得世界身与如来身，互相涉入，无有罣碍，功德无尽，名为无尽功德藏回向。在同于佛地的本觉理体之中，各生起清净真因，依此真因发挥六度万行，以取得究竟涅槃，名为随顺平等善根回向。真根既已成就，则知十方众生皆我本性所具，我的本性圆满成就，也当使众生同样成就，而不遗失任一众生，名为随顺等观一切众生回向。即一切法而离一切相，并连'即'和'离'的念头都不存在，空、有不着，二边双亡，名为真如相回向。真实证得真如实际理地，体遍十方，一切无碍，名为无缚解脱回向。本有自性妙德圆成，体用周遍，法界的边际和数量的观念也已灭除了，名为法界无量回向。

"阿难，是善男子尽是清净四十一心，次成四种妙圆加行[①]。即以佛觉用为己心，若出未出，犹如钻火，欲然其木，名为暖地。又以己心成佛所履，若依非依，如登高山，身入虚空，下有微碍，名为顶地。心佛二同，善得中道，如忍事人，非怀非出，名为忍地。数量销灭，迷觉中道，二无所目，名世第一地。

注释：

①加行：即加功用行的意思，乃针对正行的预备行。

译文：

“阿难，此善男子圆满成就了四十一清净妙心，其次还要成就四种妙圆加行。即以如佛之本觉当作自己加行的因心，本觉智火欲出而未出，加行至此，犹如钻木取火，火虽未燃，暖相已现，将要燃烧其木，名为暖地。又以自己加行的因心成为佛觉的所履之地，此时，心相未能全尽，尚有微细执碍，似乎完全依循本觉，又似未完全依循本觉，就如登上高山峰顶，身体已入虚空，脚下还着地，还有微小障碍，名为顶地。心、佛相同，善得中道妙义，心中自知却倾吐不出，如同忍事之人，非欲怀之于心，又非能出之于口，名为忍地。不见自心，不见佛智，一切境界、数量完全消灭，迷觉与中道二者的对待也没有了，高超世表，名为世第一地。

“阿难，是善男子于大菩提善得通达，觉通如来，尽佛境界，名欢喜地。异性入同，同性亦灭，名离垢地。净极明生，名发光地。明极觉满，名焰慧地。一切同异所不能至，名难胜地。无为真如，性净明露，名现前地。尽真如际，名远行地。一真如心，名不动地。发真如用，名善慧地。阿难，是诸菩萨从此已往，修习毕功，功德圆满，亦目此地名修习位。慈阴妙云[①]，覆涅槃海，名法云地。

注释：

①阴：通“荫”，对偶“云”。或云“覆盖”，引申义。

译文：

“阿难，此善男子对于无上大菩提善得通达，己心本觉贯通如来妙觉，悟入佛所行境界，得大欢喜，名为欢喜地。地前诸位，总名异生性，初地证真如，与佛同体，名同生性。异性灭除得入同性，然对异说同，同性亦是垢，同性异性诸垢一齐灭除，名为离垢地。清净至极，无边妙慧光明生发，名为发光地。明净至极，慧觉圆满，名为焰慧地。地前智名异，地上智名同，理极圆融，无复同异之可见，非同非异，一切世、出世间智皆不能及，更无胜者，名为难胜地。有为功用至极，无为真如，性本清净，照明显露，名为现前地。极尽真如自体边际，名为远行地。纯一真如，湛寂一心，名为不动地。发起真如的无碍妙用，名为善慧地。阿难，这些菩萨从此以后，修行之功已完毕，出世功德已圆满，因而也称此地为修习位。慈悲之云普荫众生，妙智之云覆盖涅槃果海，此名为法云地。

“如来逆流，如是菩萨顺行而至，觉际入交，名为等觉。阿难，从干慧心至等觉已，是觉始获金刚心中初干慧地。如是重重，单复十二，方尽妙觉，成无上道。

是种种地，皆以金刚观察如幻十种深喻[①]，奢摩他中[②]，用诸如来毗婆舍那清净修证[③]，渐次深入。阿难，如是皆以三增进故，善能成就五十五位真菩提路。作是观者，名为正观；若他观者，名为邪观。”

注释：

①十种深喻：即指如幻、阳炎、梦、影、乾闼婆城、响、水月、浮泡、虚空华、旋火轮等十喻。

②奢摩他：译为“止”，指对法义的专注思维，连续不断，身起轻安乃至心起轻安。

③毗婆舍那：译为“观”，是指在止即奢摩他基础上，对由止所缘的法义影像进行观察、思维、抉择等深层的意识活动。

译文：

“如来因圆果满，证得涅槃而不舍众生，倒驾慈航，逆涅槃流而出，而菩萨从初发心，入于金刚干慧地，经过五十四位至十地菩萨，顺法性流顺行而至于无上菩提，佛与十地菩萨于‘觉际’互相涉入相交，所证等同于佛之正觉，名为等觉。阿难，从初信位前的干慧心，至等觉位，此时觉境才获得金刚心中的初干慧地。这样，从初干慧地金刚初心到妙觉位，经过重重阶位，其中单数位有七个，复数位有五个，共十二位，方得究竟妙觉果位，成就无上佛道。这种种菩提道阶位，菩萨都要以金刚三昧力去观察一切法如幻的十种甚深比喻，于奢摩他禅定修持之中，依诸佛所教授的毗婆舍那慧观而清净修证，渐次深入。阿难，这样的修证次第，皆以三种增进修行渐次而为初因方便，善能成就五十五阶位的真菩提路。依照如此观行，名为正观；若依其他观法，名为邪观。”

尔时，文殊师利法王子在大众中，即从座起，顶礼佛足而白佛言：“当何名是经？我及众生云何奉持？”佛告文殊师利：“是经名《大佛顶悉怛多般怛啰无上宝印十方如来清净海眼》，亦名《救护亲因度脱阿难及此会中性比丘尼得菩提心入遍知海》，亦名《如来密因修证了义》，亦名《大方广妙莲华王十方佛母陀罗尼咒》，亦名《灌顶章句诸菩萨万行首楞严》。汝当奉持。”

译文：

这时，文殊师利法王子在大众中，即从座而起，顶礼佛足而对佛说：“应当如何命名此经？我及众生如何奉持？”佛告诉文殊师利菩萨：“此经名为《大佛顶、悉怛多般怛啰、无上宝印，十方如来清净海眼》，也名为《救护亲因、度脱阿难及此会中性比丘尼，得菩提心，入遍知海》，也名为《如来密因、修证了义》，也名为《大方广妙莲花王、十方佛母陀罗尼咒》，也名为《灌顶章句，诸菩萨万行，首楞严》。你应当如此奉持。”

说是语已，即时阿难及诸大众，得蒙如来开示密印、般怛啰义，兼闻此经了义名目，顿悟禅那，修进圣位，增上妙理，心虑虚凝，断除三界修心六品微细烦恼[1]。

注释：

①六品微细烦恼：即六品思惑。因思惑微细，非凡夫所能见，所以称为“微细烦恼”。

译文：

佛宣说这些教言后，这时阿难及会中诸大众，得蒙如来开示秘密心印、悉怛多般怛啰神咒等深义，并且听闻了此经的了义经题，顿悟禅那之法，修证上增进圣道位次，开解增上了玄妙之理，心念达于虚明凝定之境，断除了三界中欲界的前六品思惑微细烦恼而证得了斯陀含果位。

即从座起，顶礼佛足，合掌恭敬而白佛言：“大威德世尊，慈音无遮，善开众生微细沉惑，令我今日身心快然，得大饶益。世尊，若此妙明真净妙心，本来遍圆，如是乃至大地、草木、蠕动含灵，本元真如，即是如来成佛真体；佛体真实，云何复有地狱、饿鬼、畜生、修罗、人、天等道？世尊，此道为复本来自有？为是众生妄习生起？世尊，如宝莲香比丘尼，持菩萨戒，私行淫欲，妄言‘行淫非杀非偷，无有业报’。发是语已，先于女根生大猛火，后于节节猛火烧然[1]，堕无间狱[2]。琉璃大王、善星比丘[3]，琉璃为诛瞿昙族姓[4]，善星妄说一切法空，生身陷入阿鼻地狱。此诸地狱，为有定处？为复自然，彼彼发业，各各私受？惟垂大慈，发开童蒙，令诸一切持戒众生闻决定义，欢喜顶戴，谨洁无犯。”

注释：

①然：同“燃”。

②无间狱：即无间地狱，为八热地狱之第八。

③琉璃大王：灭亡迦毗罗卫国释种的恶王名。善星比丘：佛的堂弟之子，随佛出家，曾为佛侍者，获证四禅，后亲近恶友，退失道行而生恶邪见。

④瞿昙：印度刹帝利种，是释迦牟尼佛所属的本姓。

译文：

阿难此时即从座而起，顶礼佛足，合掌恭敬而对佛说：“大威德世尊，您的慈音广宣，不分亲疏，善巧开解众生无始以来的微细、沉隐之思惑及无始无明，使我们身心喜悦快然，得到大利益。世尊，如果此妙明真净妙心，本来圆满周遍，这样乃至山河大地草木，一切蠕动含灵有情众生，本元皆是真如，也即是如来成佛之真体；佛体既然真实净妙，为何又有地狱、饿鬼、畜生、修罗、人、天等道呢？世尊，此六道是真如体中本来自有的呢？还是众生心中的虚妄习气生起的呢？世尊，如宝莲香比丘尼，受持菩萨大戒，却与人偷偷行淫，并且妄说‘行淫不是杀生，也不是偷盗，没有业报’。她说完这话，首先即于女根生起大猛火，随后全身骨节大火燃烧，堕入至无间地狱。又如琉璃大王和善星比丘，琉璃王兴兵诛灭释迦族姓，善星比丘妄说‘一切法空’，堕断灭空，二人以此恶见邪见因缘而生身堕入阿鼻地狱。这些地狱是有一确定处所呢？还是自然如此，由各自所造的业，各自去受报呢？唯愿世尊垂示大慈，开导我等童蒙无知之人，使一切持戒众生能听闻到这些决定义理，欢喜顶戴，谨慎持守，洁身不犯。”

佛告阿难：“快哉此问！令诸众生不入邪见。汝今谛听，当为汝说。阿难，一切众生实本真净，因彼妄见，有妄习生，因此分开内分、外分。阿难，内分即是众生分内，因诸爱染，发起妄情，情积不休，能生爱水。是故众生心忆珍羞[①]，口中水出；心忆前人，或怜或恨，目中泪盈；贪求财宝，心发爱涎[②]，举体光润；心著行淫，男女二根自然流液。阿难，诸爱虽别，流结是同，润湿不升，自然从坠，此名内分。阿难，外分即是众生分外，因诸渴仰，发明虚想，想积不休，能生胜气。是故众生心持禁戒，举身轻清；心持咒印，顾盼雄毅；心欲生天，梦想飞举；心存佛国，圣境冥现；事善知识，自轻身命。阿难，诸想虽别，轻举是同，飞动不沉，自然超越，此名外分。

注释：

①珍羞：指美味。

②涎（xián）：贪羡，贪图。

译文：

佛告诉阿难："你此问真是快利啊！能够使一切众生不入邪见。你们现在仔细听，我当为你们解说。阿难，一切众生确实是本来真实清净，只因一念无明妄动而成妄见，因妄见而有妄业习气，因此分开为内分和外分。阿难，内分就是众生身分之内，因六根觉受执着而有种种爱染，因为种种爱染而发起妄情，妄情积聚不休而能产生身内的爱水。所以，众生心里忆想珍馐妙味，就会流出口水；心中忆念已故之人，或怜爱或恨恼，眼中就会热泪盈眶；贪求财宝，心中发生爱涎，甚至全身也变得更光润；心里贪着行淫，男女二根就会自然流出液体。阿难，种种爱染虽有差别，但流泄液体和业习缚结则是相同，因润湿之性不能上升，自然就下坠，这称为内分。阿难，外分就是众生身分之外，因为对外境的种种渴望仰慕而发起清虚妄想念，想念积聚不休而能产生浮胜之气。所以，众生心中严持禁戒，全身就会轻快清净；心中持念诸佛咒印，顾盼之间自然流露出雄毅气概，无所畏惧；心中欲想生于诸天，梦里就会觉得自己在飞升远举；心里存念佛国，圣境就会暗中显现；心中若想奉事善知识，就会不惜身命。阿难，种种想念虽有不同，但轻举则是相同，因飞动性不会下沉，自然就超越，这称为外分。

"阿难，一切世间生死相续，生从顺习，死从变流。临命终时，未舍暖触，一生善恶俱时顿现，死逆生顺，二习相交。纯想即飞，必生天上。若飞心中，兼福兼慧及与净愿，自然心开，见十方佛，一切净土随愿往生。情少想多，轻举非远，即为飞仙、大力鬼王、飞行夜叉、地行罗刹，游于四天，所去无碍。其中，若有善愿善心，护持我法，或护禁戒，随持戒人，或护神咒，随持咒者，或护禅定，保绥法忍①，是等亲住如来座下。情想均等，不飞不坠，生于人间，想明斯聪，情幽斯钝。情多想少，流入横生，重为毛群，轻为羽族。七情三想，沉下水轮，生于火际，受气猛火，身为饿鬼，常被焚烧。水能害己，无食无饮，经百千劫。九情一想，下洞火轮，身入风火二交过地，轻生有间、重生无间二种地狱。纯情即沉，入阿鼻狱。若沉心中，有谤大乘，毁佛禁戒，诳妄说法，虚贪信施，滥膺恭敬②，五逆、十重③，更生十方阿鼻地狱。循造恶业，虽则自招，众同分中，兼有元地。

注释：

①绥（suí）：安。

②膺（yīng）：承当，承受。

③十重：即十重戒。

译文：

“阿难，一切有情世间的生死相续，生则随顺习气而造善恶等业，死则从其业力而变迁流转、受报为同类或异类之身。临命终时，第八识尚未离体而暖相尚存之际，一生所造善恶之业会一齐显现出来，以死乃逆其习气、生乃顺其习气，二种习气此时相交并发，故有种种变迁受报之相。此时心识若纯为观想而没有情执，神识即得飞升，必生于天上。如果纯想即飞的心中，还兼有平日修福、修慧以及发清净誓愿之善业，临命终时自然心地开通，得见十方佛，一切净土可以随愿往生。若是胜想不纯，掺杂微情，虽可轻举，但不会太远，即成为飞仙、大力鬼王、飞行夜叉、地行罗刹，游于四天王天下，来去无有阻碍。这其中，若有发善愿或存善心来护持佛法，或是护持禁戒，跟随保护持戒人；或是护持神咒，跟随保护持咒人；或是护持禅定，保安修习无生法忍的人，这些护法善神即得亲住于如来座下。情、想均等的，不飞升，也不下坠，而生于人间；想念清明的，受生为聪明的人；情意幽郁的，受生为愚钝的人。情多想少的，则流入横生的畜生道；情又较重的，受生为走兽毛群；情稍轻的，受生为飞禽羽族。七分情三分想的，就沉到水轮之下，生于火轮之际，受猛火气分以成身，身为饿鬼，常被焚烧。因为业力的缘故，见水却变成火，水反而能伤害自己，故无食无饮，经百千劫，常在饥饿之中。九分情一分想的，则向下洞穿透过火轮，身子坠入风轮火轮二者的交界处；情稍轻的，生于有间地狱；情较重的，生于无间地狱。纯情而无想的众生，命终即沉入阿鼻地狱。如果纯情者的心中又兼有毁谤大乘，或毁谤佛所制禁戒，或诳妄说法，或虚贪信众所施财物，或无实德而滥受他人恭敬，乃至犯了五逆、十重罪，都沉入阿鼻地狱，此方世界劫坏之后，转生他方世界阿鼻地狱，这样转生于十方阿鼻地狱，求出无期。这些都是循着自己所造的恶业而所招感的苦报，虽然是自业所招感，然而众生同业所招感的同分地狱中，仍兼有各自本元因地别业所成之地的差别。

“阿难，此等皆是彼诸众生自业所感，造十习因，受六交报。云何十因？

“阿难，一者，淫习交接，发于相磨，研磨不休，如是故有大猛火光于中发动。如人以手自相摩触，暖相现前。二习相然，故有铁床、铜柱诸事。是故十方一切如来，色目行淫，同名欲火；菩萨见欲，如避火坑。

译文：

“阿难，此等果报都是这些众生自业所招感，以所造的十种业习为因，而受六交之果报。什么是地狱果报的十因呢？

“阿难，第一种是淫欲习气，男女交接，发于互相摩擦以求欢乐，摩擦不休，这样就会有大猛火光于其心中发动。犹如有人以手自相摩触，自然就有暖热产生。宿生的淫习与现行的淫欲相互作用、相互燃烧，故临命终时有铁床、铜柱等地狱果报诸相。因此，十方一切如来观察称呼行淫，同名为欲火；菩萨见淫欲，如同躲避大火坑。

“二者，贪习交计，发于相吸，吸揽不止，如是故有积寒坚冰，于中冻冽。如人以口吸缩风气，有冷触生。二习相陵，故有吒吒、波波、罗罗、青、赤、白莲寒冰等事[①]。是故十方一切如来，色目多求，同名贪水；菩萨见贪，如避瘴海。

注释：

①吒吒、波波、罗罗：都是寒冰地狱之名字。为拟声字，比喻这些地狱中寒逼罪人的苦声。吒吒，有版本作“咤咤”。青、赤、白莲：为这些地狱中的冻冽罪人的形色。

译文：

“第二种是贪婪习气，互相营计，发于互相吸取以济私欲，吸取收揽据为己有不止，这样就有积寒坚冰之境，于其心中预现冻冽之相。犹如有人以口吸缩风气，就有冷触感觉产生。宿生的贪习与现行的贪欲相互凌驾，故临命终时有咤咤、波波、罗罗、青、赤、白莲地狱等八处寒冰地狱果报诸相。因此，十方一切如来观察称呼贪婪多求，同名为贪水；菩萨见贪求，如同躲避瘴疠之海。

“三者，慢习交陵[1]，发于相恃，驰流不息，如是故有腾逸奔波，积波为水。如人口舌自相绵味，因而水发。二习相鼓，故有血河、灰河、热砂、毒海、融铜、灌吞诸事。是故十方一切如来，色目我慢，名饮痴水；菩萨见慢，如避巨溺。

注释：

①陵：凌越。

译文：

“第三种是我慢习气，交相凌越，发于倚恃己势而凌慢他人，趾高气扬而其心驰流不息，这样就有腾逸奔波的情势，其心中就有积波成水之相。犹如有人以舌自绞上颚、连绵品味，自然会有口水产生。宿世的慢习与现行的傲慢相互鼓动，故临命终时有血河、灰河、热砂、毒海、融铜、灌口等地狱果报诸相。因此，十方一切如来观察称呼我慢，同名为饮痴水；菩萨见我慢，如同躲避巨海洪涛之溺。

“四者，嗔习交冲，发于相忤，忤结不息，心热发火，铸气为金，如是故有刀山、铁橛、剑树、剑轮、斧钺、枪锯①；如人衔冤，杀气飞动。二习相击，故有宫割、斩斫、剉刺、搥击诸事②。是故十方一切如来，色目嗔恚，名利刀剑；菩萨见嗔，如避诛戮。

注释：

①铁橛（jué）：铁棍。

②宫割：断男根。斩斫（zhuó）：指砍头。斫，用刀斧等砍。剉（cuò）：铡切，斩剁。搥（chuí）：捶打。

译文：

“第四种是嗔恚习气，互相冲突，发于忤逆侵犯，嗔恨郁结不息，心中热恼而发火，火铸肺气而成金相忿坚的情势，如此便于其心中预现刀山、铁橛、剑树、剑轮、斧钺、枪锯等杀相；犹如有人含怨莫解，面目便有腾腾杀气飞动。宿世的嗔习与现行的嗔恨相互冲击，故临命终时有宫刑阉割男女根、斩首、斫骨、剉折身体、刺胸、槌打杖击等地狱果报诸相。因此，十方一切如来观察称呼嗔恚，同名为利刀剑；菩萨见嗔恚，如同躲避诛戮。

“五者，诈习交诱，发于相调，引起不住，如是故有绳木绞校；如水浸田，草木生长。二习相延，故有杻械、枷锁、鞭杖、楇棒诸事[①]。是故十方一切如来，色目奸伪，同名馋贼；菩萨见诈，如畏豺狼。

注释：

①杻（chǒu）：手铐。械：枷杻、镣铐之类的刑具。枷（jiā）：加在犯人颈上的木制刑具。锁：铁链刑具。楇（zhuā）：马杖，又说骨朵状的兵器。

译文：

“第五种是奸诈习气，互相谄诱，发于相互调弄引诱，伪诈引起而不肯休止，如此故心中预有绳绾、木枷、绞索、杻械等地狱初萌相；如同以水浸田，草木于不知不觉间就生长起来。宿世的诈习与现行的欺诈相互延引，故临命终时有杻械、枷锁、鞭杖、楇棒等地狱果报诸相。因此，十方一切如来观察称呼奸伪，同名为谗贼；菩萨见奸诈，如同畏惧豺狼。

“六者，诳习交欺，发于相罔[①]，诬罔不止，飞心造奸，如是故有尘土、屎尿秽污不净；如尘随风，各无所见。二习相加，故有没溺、腾掷、飞坠、漂沦诸事，是故十方一切如来，色目欺诳，同名劫杀；菩萨见诳，如践蛇虺[2]。

注释：

①罔（wǎng）：蒙蔽，欺骗。以非道欺人谓之“罔”。

②虺（huǐ）：一种毒蛇。

译文：

“第六种是欺诳习气，相互欺瞒诳伪，发于相互诬罔欺诳，指无为有，以虚为实，诬罔不休，心念飞驰，造作奸谋，使人堕入奸计；如此其心中便有尘土、屎尿秽污不净等地狱初萌之相；如同尘土随风飞扬，搅乱虚空，令人对面各无所见。宿世的诳习与现行的诬罔相互迭加，故临命终时就有没溺于沸屎地狱、腾掷于黑砂地狱、飞坠漂沦诸地狱等果报诸事，因此，十方一切如来观察称呼欺诳，同名为劫杀；菩萨见欺诳，如同踩踏到蛇虺，要尽快避开。

“七者，怨习交嫌，发于衔恨，如是故有飞石投砾、匣贮车槛、瓮盛囊扑[1]；如阴毒人，怀抱畜恶。二习相吞，故有投掷、擒捉、击射、抛撮诸事[2]。是故十方一切如来，色目怨家，名违害鬼；菩萨见怨，如饮鸩酒。

注释：

①匣：同“柙”（xiá），关犯人的笼子。车槛：车内有栏栅以囚禁。瓮盛：将人装在瓮中，而以火炙。囊扑：将人装在囊中，举而扑打。

②撮（cuō）：抓取。

译文：

“第七种是怨恨习气，互相嫌怨，发于相互嫌憎，含怨不舍，怀恨在心，如此累积不已，故心中便有飞石投砾、匣贮车槛、瓮盛囊扑等地狱初萌之相；犹如阴毒之人，心怀奸谋，包藏祸心，蓄恶报复。宿世的怨习与现行的怨憎相互增进吞并习气，故临命终时就有石砾投掷、受人擒捉、遭受击射、抛扑撮折身体等地狱果报诸事。因此，十方一切如来观察称呼怨家，同名为违害鬼；菩萨见怨恨，如同饮毒酒，须尽早避开。

“八者，见习交明，如萨迦耶、见、戒禁取，邪悟诸业，发于违拒，出生相反。如是故有王使主吏，证执文籍；如行路人，来往相见。二习相交，故有勘问，权诈考讯，推鞠察访[①]，披究照明，善恶童子手执文簿辞辩诸事。是故十方一切如来，色目恶见，同名见坑；菩萨见诸虚妄遍执，如临毒壑[②]。

注释：

①鞠（jū）：同“鞫”（jū），审讯。

②如临毒壑(hè):有版本作“如入毒壑”。壑,深沟。

译文:

“第八种是恶见习气,交相立破,欲明己见,如身见、边见、邪见、见取见、禁戒取见,都是邪悟诸业,发于违背拒斥正理,而且生出自相违反之谬见,因此希望有人裁决。如此心中便有琰魔王之使者、主掌簿书之冥吏、考证其所执邪见之文籍等地狱初萌相出现;犹如行路人,来往相见,不能避免。宿生的见习与现行的恶见相互交对,故临命终时就会有勘对审问、权诈考讯,进而推究察访,乃至披究照明其所执邪见,善恶童子手执文簿,言辞辩别,使其业相无所逃遁,乃甘心领受地狱罪报。因此,十方一切如来观察称呼恶见,同名为见坑;菩萨见这些虚妄偏执邪见,如身临有毒沟壑,会远远避开。

“九者,枉习交加,发于诬谤,如是故有合山合石、碾硙耕磨[①];如谗贼人,逼枉良善。二习相排,故有押、捺、槌、按、蹙漉、衡度诸事[②]。是故十方一切如来,色目怨谤,同名谗虎;菩萨见枉,如遭霹雳。

注释:

①碾(niǎn):磙压,碾轧。硙(wèi):切磨,磨碎。

②蹙(cù):逼迫,蹙压。漉(lù):使干涸,挤干,吸干。

译文:

“第九种是枉谗习气,交相加逼,发于诬陷诽谤,枉害不止,如此心中便有合山合石、碾硙耕磨等地狱初萌之相;如同谗枉贼害他人的奸人,压迫良善,冤枉无辜。宿世的枉习与现行的诬陷相互增进排挤习气,故临命终时神识即感到有押、捺、槌、按、蹙压其身而漉干其血、拉长衡度其身等诸地狱果报诸相。因此,十方一切如来观察称呼怨谤,同名为谗虎;菩萨见枉谗,如遭霹雳,避而远之。

“十者,讼习交諠[①],发于藏覆,如是故有鉴见照烛;如于日中,不能藏影。二习相陈,故有恶友、业镜、火珠,披露宿业,对验诸事。是故十方一切如来,色目覆藏,同名阴贼;菩萨观覆,如戴高山履于巨海。

注释:

①諠(xuān):声音大而嘈杂,喧嚷,吵闹。

译文:

“第十种是诉讼习气,交相喧诤,发于隐藏己罪,覆盖阴私,有此宿习者,喜欢遮掩其过错,所以就有鉴镜、烛明,使其不能覆藏遮盖;如同于光天化日之下,不能掩藏任何影子。宿世的讼习与现行的诤讼相互增进陈诉习气,故临命终时就会见有昔日同造罪业的恶友指证罪行,业镜显现其所做罪业,火珠照穿心中覆藏的阴私,都显明披露其宿业,对验其所造的诸恶事,分毫不得隐藏，伏首受诸苦报。因此，十方一切如来观察称呼覆藏，同名为阴贼；菩萨观覆藏罪业，如同头顶高山而踏入巨海，只会愈陷愈深。

“云何六报？阿难，一切众生六识造业，所招恶报，从六根出。云何恶报从六根出？

“一者见报，招引恶果：此见业交，则临终时，先见猛火满十方界，亡者神识飞坠乘烟，入无间狱。发明二相：一者明见，则能遍见种种恶物，生无量畏。二者暗见，寂然不见，生无量恐。如是见火，烧听，能为镬汤、洋铜[1]；烧息，能为黑烟、紫焰；烧味，能为焦丸、铁糜[2]；烧触，能为热灰、炉炭；烧心，能生星火、迸洒，煽鼓空界。

注释：

①镬（huò）：无足鼎，古时煮肉及鱼、腊之器。洋铜：即烊铜，铜汁也。有版本作“烊铜”。

②糜（mí）：粥。铁糜即铁汁。

译文：

“什么叫六报呢？阿难，一切众生由六识造业所招感的恶报，都从六根产生。为什么说恶报是从六根产生的呢？

“第一，见报，这是眼识与五俱意识造业，所招引的恶果从眼根出，余根为从：此见业与余业交互作用，故临命终时，首先看见猛火遍满十方世界，亡者的神识即飞坠烟火之中，乘此烟火坠入无间地狱。坠入地狱后，依其见业而发生两种果报境相：一是明见，则能遍见种种凶恶之物，如铁蛇、火狗、剑树等，心中生起无量畏惧。二是暗见，这时天昏地暗，寂然不见一物，心中生起无量恐惧。如此见报之火，烧及见业，则为铁床、铜柱之业报境；烧及听业所感之交报，耳根能听见镬汤、洋铜的沸腾声；烧及气息，鼻根能嗅见黑烟、紫焰之气；烧及味觉，舌根能感觉到焦丸、铁糜之味；烧及触觉，身根能感受到热灰、炉炭之触；烧及心，意根能感得星火四处迸散，布满空间。

“二者闻报，招引恶果：此闻业交，则临终时，先见波涛没溺天地，亡者神识降注乘流，入无间狱。发明二相：一者开听，听种种闹，精神愗乱[①]。二者闭听，寂无所闻，幽魄沉没。如是闻波，注闻，则能为责，为诘[②]；注见，则能为雷，为吼，为恶毒气；注息，则能为雨，为雾，洒诸毒虫，周满身体；注味，则能为脓，为血、种种杂秽；注触，则能为畜，为鬼，为粪，为尿；注意，则能为电，为雹，摧碎心魄。

注释：

①愗（mào）：通“瞀”，昏昧迷乱。

②诘（jié）：追问，询问。

译文：

“第二，闻报，这是耳识与五俱意识造业，所招引的恶果从耳根出，余根为从：此闻业与余业交互作用，故临命终时，首先看见波涛淹没了天地，亡者的神识坠入洪水之中，乘流降下，坠入无间地狱。坠入地狱后，依其闻业而发生两种报相：一是开听，听到种种愦闹的声音，使精神迷昧昏乱。二是闭听，寂静无声，一无所闻，幽隐的魂魄如同沉没在海底深渊，不知所依。如此闻报波涛，流注耳根闻觉则能听见指责、诘罪之吼声；流注于眼根见觉则能看见雷震、风吼、恶毒气翻涌等；流注于鼻息，则能为雨、雾，飘洒毒虫，周满身体；流注于舌味，则能为脓、血及种种污秽之物；流注于身触，则能显现畜生、鬼怪及粪、尿等不净之相；流注于意根思觉，则能化为雷电、雹，摧碎心魄。

“三者嗅报，招引恶果：此嗅业交，则临终时，先见毒气充塞远近，亡者神识从地涌出，入无间狱。发明二相：一者通闻，被诸恶气，熏极心扰。二者塞闻，气掩不通，闷绝于地。如是嗅气，冲息，则能为质[①]，为履[②]；冲见，则能为火，为炬；冲听，则能为没，为溺，为洋，为沸；冲味，则能为馁[③]，为爽[④]；冲触，则能为绽，为烂，为大肉山，有百千眼，无量咂食；冲思，则能为灰，为瘴，为飞沙砺，击碎身体。

注释：

①质：质证其罪。

②履：履践其形。

③馁（něi）：鱼烂为“馁”。

④爽：羹败为“爽”。

译文：

“第三，嗅报，鼻根嗅业所招引的恶果：此嗅业与余业交互作用，故临命终时，首先看见远近充满了毒气，亡者的神识从地下涌出，堕入无间地狱。堕入地狱后，依其嗅业而发生两种报相：一是通闻，被这些恶毒之气熏得心神扰乱，难以忍受。二是塞闻，气塞不通，闷极晕绝于地。如此嗅报之气，冲于鼻息，则能感报为质证其罪，为履践其形；冲于眼见，则感为火炬、猛火；冲于耳闻，则感为沉没，为陷溺于汪洋、沸尿之中；冲于舌味，则感为烂鱼、臭汤；冲于身触，则感为皮肉绽裂、烂坏，为全身成为一大肉山，有成百上千只眼睛，受无数的蛆虫咂食；冲于意根思觉，则能感为扬灰、泼瘴，被飞沙掷石击碎身体。

“四者味报，招引恶果：此味业交，则临终时，先见铁网猛焰炽烈，周覆世界，亡者神识下透挂网，倒悬其头，入无间狱。发明二相：一者吸气，结成寒冰，冻裂身肉。二者吐气，飞为猛火，焦烂骨髓。如是尝味，历尝，则能为承，为忍；历见，则能为然金石；历听，则能为利兵刃；历息，则能为大铁笼弥覆国土；历触，则能为弓，为箭，为弩，为射；历思，则能为飞热铁，从空雨下。

译文：

“第四，味报，舌根味业所招引的恶果：此味业与余业交互作用，故临命终时，首先看见一个火焰炽然的大铁网覆盖了整个世界，亡者的神识下透火焰，被挂在铁网上，倒悬其头，直堕无间地狱。依其味业而发生两种报相：一是吸气，所吸之气都结成寒冰，冻裂全身骨肉。二是吐气，所吐之气化为猛火，烧焦骨髓。如此味报之尝，经历舌根尝觉时，则能感为承受忍耐、含冤莫诉之苦；经历眼见，能感为看到燃烧着的金、石；经历耳闻，能听见锋利兵刃的声响；经历鼻息，则感为大铁笼，满盖国土；经历身触，则感为被弓弩矢箭所射击穿身；经历意根思觉，则感为空中飞驰的热铁像雨一样落下。

“五者触报，招引恶果：此触业交，则临终时，先见大山四面来合，无复出路，亡者神识见大铁城，火蛇、火狗、虎、狼、师子，牛头狱卒、马头罗刹，手执枪矟[1]，驱入城门，向无间狱。发明二相：一者合触，合山逼体，骨肉血溃。二者离触，刀剑触身，心肝屠裂。如是合触，历触，则能为道，为观，为听，为案[2]；历见，则能为烧，为爇[3]；历听，则能为撞，为击，为俘[4]，为射；历息，则能为括[5]，为袋，为考，为缚；历尝，则能为耕，为钳，为斩，为截；历思，则能为坠，为飞，为煎，为炙。

注释：

①矟（shuò）：古代兵器。长矛，槊。

②案：为判罪之据。

③爇（ruò）：烧，焚烧。

④倳（zì）：插入，刺入。

⑤括：以布缠之。

译文：

“第五，触报，身根触业所招引的恶果：此触业与余业交互作用，故临命终时，首先看见大山从四面来合，无有逃逸出路，亡者的神识又看见一座大铁城，城里面有火蛇、火狗、火虎、火狼、火狮子等而不敢进入，又有牛头狱卒、马面罗刹手执枪矛，将罪人驱赶入城，由此进入无间地狱。依其触业而发生两种报相：一是合触，合山夹迫身体，粉身碎骨，血肉溃烂。二是离触，刀剑刺身，心肝碎裂。如此触报之合，经历身触，则能感为身在地狱路上、在狱主宫观、在理狱公厅、在判罪案前等治罪之处；经历眼见，能感为火烧、为焚烤；经历耳闻，能听到遭受杵撞、杖击、刀插、戟射等痛苦之声；经历鼻息，则感为布缠、囊闭、拷打、捆绑等；经历舌尝，则感为以犁耕舌，以钳拔舌，斫断舌根，截舌成半等；经历意根思觉，则感为或下坠，或上升，或受煎熬，或受炙烤等苦罚。

“六者思报，招引恶果：此思业交，则临终时，先见恶风吹坏国土，亡者神识被吹上空，旋落乘风，堕无间狱。发明二相：一者不觉，迷极则荒，奔赴不息。二者不迷，觉知则苦，无量煎烧，痛深难忍。如是邪思，结思，则能为方，为所；结见，则能为鉴，为证；结听，则能为大合石，为冰，为霜，为土，为雾；结息，则能为大火车，火船，火槛；结尝，则能为大叫唤，为悔，为泣；结触，则能为大，为小，为一日中万生万死，为偃[①]，为仰。

注释：

①偃（yǎn）：面俯于地而卧。

译文：

“第六，思报，意根思业所招引的恶果：此思业与余业交互作用，故临命终时，首先看见恶风吹坏国土，亡者的神识被大风吹上高空，旋转落下，乘风直堕无间地狱。依其思业而发生两种报相：一是不觉，迷闷至极则心神慌乱，四处奔走不停。二是不迷，觉知苦境，无量的煎烧，极度痛苦，难于忍受。如此思报之邪，结缠于意根思觉，则能感为受罪受苦之方域、处所；结缚于眼见，能感为业镜鉴照其所造恶业，恶伴指证其所做恶业；结缚于耳闻，能感为大合石，为冰霜土雾之惨声；结缚于鼻息，则能感为大火车、火船、火门坎等狱中苦具；结缚于舌尝，则能感为发出大叫唤，为悔恨、哭泣之叹语；结缚于身触，则能感为被恶风吹胀吹小，一日之间万死万生，或面俯地，或面仰天，苦不堪受。

“阿难，是名地狱十因、六果，皆是众生迷妄所造。若诸众生恶业同造，入阿鼻狱，受无量苦，经无量劫。六根各造，及彼所作兼境兼根，是人则入八无间狱。身、口、意三，作杀、盗、淫，是人则入十八地狱。三业不兼，中间或为一杀一盗，是人则入三十六地狱。见见一根，单犯一业，是人则入一百八地狱。由是众生别作别造，于世界中入同分地；妄想发生，非本来有。

译文：

“阿难，这就是地狱的十种业习之因和六交果报，都是由于众生不了自心，迷于妄见而起妄情所造。若有众生以六根对十因同时俱造恶业，即入阿鼻地狱，受无量苦，经无量劫，不得出离。若有众生六根各自造有十因之业，但不同时；以及他所造之业但于十因中兼有几境、或六根中兼有几根，此类人则堕入八无间地狱。若有众生身、口、意三者都作了杀、盗、淫三业，此类人即堕入十八地狱。若有众生身、口、意三业没有一齐造罪，但有身口、身意、口意中之二业，三者中间或为一杀一盗，或一盗一淫，或一杀一淫，都是具二缺一，此类人即堕入三十六地狱。若有众生以能见、所见之一根，且只单犯十因之一业，此类人则堕入一百零八地狱。因此，众生六根各别作业、于十因各别造业，于世界中各自入同分地中受报；然此等诸业报，都由众生的妄想而发生，不是本来就有。

“复次，阿难，是诸众生非破律仪，犯菩萨戒，毁佛涅槃，诸余杂业，历劫烧然，后还罪毕，受诸鬼形。若于本因，贪物为罪，是人罪毕，遇物成形，名为怪鬼。贪色为罪，是人罪毕，遇风成形，名为魃鬼[①]。贪惑为罪，是人罪毕，遇畜成形，名为魅鬼[②]。贪恨为罪，是人罪毕，遇虫成形，名蛊毒鬼。贪忆为罪，是人罪毕，遇衰成形，名为疠鬼。贪傲为罪，是人罪毕，遇气成形，名为饿鬼。贪罔为罪，是人罪毕，遇幽为形，名为魇鬼[③]。贪明为罪，是人罪毕，遇精为形，名魍魉鬼[④]。贪成为罪，是人罪毕，遇明为形，名役使鬼。贪党为罪，是人罪毕，遇人为形，名传送鬼。阿难，是人皆以纯情坠落，业火烧干，上出为鬼。此等皆是自妄想业之所招引，若悟菩提，则妙圆明，本无所有。

注释：

①魃（bá）：魃鬼长二三尺，其行如风，所现之处必大旱，故又称“旱魃”。

②魅（mèi）：指精魅。

③魇（yǎn）：鬼名。

④魍魉（wǎng liǎng）：山川精怪。

译文：

“其次，阿难，这些地狱众生诽谤违犯律仪，毁犯菩萨戒，毁谤佛所说涅槃至理，以及造了十习因、六交报等杂业，堕入地狱，历经多劫燃烧，最后偿还重罪完毕，还要受生各种鬼形。若于本来原因，以何种业习造罪，今依余习，成为何种鬼形。若其本因是贪求财物而造罪，此人受罪报完毕，依其贪物习气，遇到贪物依附成形，故有依草附木、成精作怪之类，名为怪鬼。若其本因是贪求美色而造罪，此人受罪报完毕，依其贪色好淫习气，心爱游荡，遇风成形，名为魃鬼。若其本因是贪着诳惑而造罪，此人受罪报完毕，依其诳惑习气，遇畜生而成形，名为魅鬼。若其本因是贪着嗔恨而造罪，此人受罪报完毕，依其嗔恨习气，遇虫成形，名为蛊毒鬼。若其本因是贪忆宿怨而造罪，此人受罪报完毕，依其忆怨习气，遇阴阳衰败之气而成形，名为疠鬼。若其本因是贪怀傲慢而造罪，此人受罪报完毕，依其傲慢习气，常怀高举，附气成形，名为饿鬼。若其本因是贪执诬罔而造罪，此人受罪报完毕，依其诬罔习气，遇幽昧阴阳不分之气而成形，名为魇鬼。若其本因是贪执聪明而造罪，此人受罪报完毕，依其邪见聪明习气，附日月山川的精华而成形，名为魍魉鬼。若其本因是贪成己私、谄诈为罪，此人受罪报完毕，依其谄诈习气，遇明咒而成形，名为役使鬼。若其本因是贪求朋党而造罪，此人受罪报完毕，依其贪求结党兴讼习气，遇巫祝之人附之成形，名为传送鬼。阿难，这些众生都是以纯情而堕落地狱，罪业之火烧干之后，方得上出成为鬼类。这些都是自心妄想颠倒、循业发现之所招引，如果了悟菩提，则本妙圆明之如来藏性中，本来就是空无所有。

“复次，阿难，鬼业既尽，则情与想二俱成空，方于世间与元负人怨对相值[1]，身为畜生，酬其宿债。物怪之鬼，物销报尽，生于世间，多为枭类。风魃之鬼，风销报尽，生于世间，多为咎征一切异类。畜魅之鬼，畜死报尽，生于世间，多为狐类。虫蛊之鬼，蛊灭报尽，生于世间，多为毒类。衰疠之鬼，衰穷报尽，生于世间，多为蛔类。受气之鬼，气销报尽，生于世间，多为食类。绵幽之鬼，幽销报尽，生于世间，多为服类。和精之鬼，和销报尽，生于世间，多为应类。明灵之鬼，明灭报尽，生于世间，多为休征一切诸类。依人之鬼，人亡报尽，生于世间，多为循类。阿难，是等皆以业火干枯，酬其宿债，旁为畜生。此等亦皆自虚妄业之所招引。若悟菩提，则此妄缘，本无所有。

注释：

①怨对：有版本作“冤对”。

译文：

“其次，阿难，鬼的业报受完之后，则从前的纯情与妄想所发业报二者都成空，方才在世间与原来负欠财物的冤家对头相遇，受生为畜生以酬还其宿债。依附草木的怪鬼，所附之物消亡后，所受报已尽，转生于世间，以其贪物余习之故，多为枭类。遇风成形的魃鬼，所附之风消亡而报尽之后，转生于世间，以其贪淫余习之故，多为表凶咎征兆的一切特异之类，或为贪色贪淫之禽兽。遇畜成形的魅鬼，畜生死后而报尽，转生于世间，以其贪诳余习之故，多为狐狸类。遇虫成形的蛊毒鬼，虫死后而报尽，转生于世间，以其贪嗔余习之故，多为含毒之类。遇衰败之气而成形的疠鬼，所附衰气尽散而报尽，转生于世间，以其忆怨余习之故，多为蛔虫类。遇气而依附成形的饿鬼，气消散而报尽，转生于世间，以其贪慢余习之故，多为可被食用之食类。遇绵幽之气而成形的魇鬼，幽昧之气尽消而报尽，转生于世间，以其贪枉余习之故，多为替人乘服之服类。和合日月山川之精华而成形的魍魉鬼，精气消散而报尽，转生于世间，以其贪明余习之故，多为能感应节气的鸟兽之应类。依附明咒而显灵的役使鬼，明咒力灭后而报尽，转生于世间，以其贪诈余习之故，多为表吉祥征兆的一切诸类。依巫祝之人以成形的传送鬼，所附之人死亡而报尽，转生于世间，以其贪党传送余习之故，多为循顺传送的鸟兽之循类。阿难，这些十类畜生都是因为业火干枯，地狱、鬼趣业报受尽之后，转生世间，酬偿宿债，而为旁生。这些也都是自心虚妄颠倒、循业发现之所招引。如果了悟菩提，则本妙圆明之如来藏性中，如此业报的虚妄因缘本来就是空无所有。

“如汝所言，宝莲香等及琉璃王、善星比丘，如是恶业，本自发明，非从天降，亦非地出，亦非人与，自妄所招，还自来受。菩提心中，皆为浮虚妄想凝结。

译文：

“如你所说的，宝莲香比丘尼、琉璃王以及善星比丘等生陷地狱，如此恶业本来都是自心妄业发起所造的，并非从天而降，也非从地而出，也非他人所加，全是自心妄惑妄业之所招感，果报还是自己来受。然而在本然清净的菩提心中，如此业果之相不过都是浮虚妄想凝结而感招的妄境。

“复次，阿难，从是畜生酬偿先债，若彼酬者分越所酬，此等众生还复为人，反征其剩。如彼有力，兼有福德，则于人中不舍人身，酬还彼力。若无福者，还为畜生，偿彼余直。阿难当知，若用钱物，或役其力，偿足自停；如其中间杀彼身命，或食其肉，如是乃至经微尘劫，相食相诛，犹如转轮，互为高下，无有休息。除奢摩他及佛出世，不可停寝。汝今应知：彼枭伦者，酬足复形，生人道中，参合顽类。彼咎征者，酬足复形，生人道中，参合异类[①]。彼狐伦者，酬足复形，生人道中，参于庸类[②]。彼毒伦者，酬足复形，生人道中，参合狠类[③]。彼蛔伦者，酬足复形，生人道中，参合微类。彼食伦者，酬足复形，生人道中，参合柔类。彼服伦者[④]，酬足复形，生人道中，参合劳类。彼应伦者[⑤]，酬足复形，生人道中，参于文类[⑥]。彼休征者[⑦]，酬足复形，生人道中，参合明类。彼诸循伦[⑧]，酬足复形，生人道中，参于达类[⑨]。阿难，是等皆以宿债酬毕，复形人道，皆无始来业计颠倒，相生相杀，不遇如来，不闻正法，于尘劳中，法尔轮转。此辈名为可怜愍者。

注释：

①异类：有版本作“愚类”。

②参于庸类：有版本作“参合狠类”。

③狠类：有版本作“庸类”。

④服：为人服饰之类。

⑤应：应于时节，来去迁徙之类。

⑥参于文类：有版本作“参合文类”。

⑦休：吉祥。征：征兆。

⑧循：循顺传送。

⑨参于达类：有版本作“参合达类”。

译文：

“其次，阿难，由做畜生来偿还宿债，如果那个偿债的畜生超过了所应偿还的份额，此类众生又会转生人道，反过来讨回其剩余的偿付。如果债主有善业之力，又有福德，就可在人道中不舍人身来偿还多用的劳力。如果债主是无福之人，还要再转生为畜生，以偿还前世所超收的部分。阿难，你应当知道，如果多用了对方的钱物，或者多役使了对方的劳力，偿还够了之后，果报自然停止；但如果于偿债期间杀害身命，或食其肉，这样就会经无数劫仍然相杀相吞，犹如车轮旋转，互有高下，无有停息的时候。除非修习奢摩他正定或者逢诸佛出世闻法悟解之外，否则相杀相食的业报不能停息。你现在应该知道，那些因贪习怪鬼转作枭类的众生，当其偿清业债后恢复本形，虽得生于人道中，犹有贪物余习尚存，所以掺杂混合于愚恶冥顽之人中。那些因淫习魃鬼转作咎征类的畜生，当其偿清业债后恢复本形，虽得生于人道中，犹有贪淫余习尚存，所以掺杂混合于愚昧之人中。那些因诳习魅鬼转作狐类的众生，当其偿清业债后恢复本形，虽得生于人道中，犹有贪诳余习尚存，所以掺杂混合于庸俗之人中。那些因嗔习蛊毒鬼转作毒类畜生，当其偿清业债后恢复本形，虽得生于人道中，犹有嗔习尚存，所以掺杂混合于凶狠、野蛮之人中。那些因怨习疠鬼转作蛔虫类的众生，当其偿清业债后恢复本形，虽得生于人道中，犹有忆怨余习尚存，所以掺杂混合于卑微下贱之人中。那些因慢习饿鬼转作食类的畜生，当其偿清业债后恢复本形，虽得生于人道中，犹有我慢余习尚存，所以掺杂混合于柔弱无能之人中。那些因枉习魇鬼转作服类的畜生，当其偿清业债后恢复本形，虽得生于人道中，犹有诬枉余习尚存，所以掺杂混合于劳作辛苦之人中。那些因见习魍魉鬼转作应类的鸟兽，当其偿清业债后恢复本形，虽得生于人道中，犹有邪见余习尚存，所以掺杂混合于文人之中。那些因诈习役使鬼转作休征类的畜生，当其偿清业债后恢复本形，虽得生于人道中，犹有贪诈余习尚存，所以掺杂混合于世智辩聪之人中。那些因讼习传送鬼转作循类的畜生，当其偿清业债后恢复本形，虽得生于人道中，犹有贪党余习尚存，所以掺杂混合于明达人情世故之人中。阿难，这十类人都是以偿清宿世的业债而复生人道，都是因无始以来恶业妄计的种种颠倒而相生相杀，未能遇到如来，也没有听闻佛法，因此于烦恼尘劳之中起惑造业受苦，轮转不止。此辈人，实在是最可怜的人。

“阿难，复有从人[1]，不依正觉修三摩地，别修妄念，存想固形，游于山林人不及处，有十种仙。阿难，彼诸众生坚固服饵而不休息，食道圆成，名地行仙。坚固草木而不休息，药道圆成，名飞行仙。坚固金石而不休息，化道圆成，名游行仙。坚固动止而不休息，气精圆成，名空行仙。坚固津液而不休息，润德圆成，名天行仙。坚固精色而不休息，吸粹圆成，名通行仙。坚固咒禁而不休息，术法圆成，名道行仙。坚固思念而不休息，思忆圆成，名照行仙。坚固交遘而不休息，感应圆成，名精行仙。坚固变化而不休息，觉悟圆成，名绝行仙。阿难，是等皆于人中炼心，不修正觉，别得生理，寿千万岁。休止深山或大海岛，绝于人境。斯亦轮回，妄想流转，不修三昧，报尽还来散入诸趣。

注释：

①从人：久在人道中，不同于上述十种人之从他道中来，初得人身，犹带十习之余习。

译文：

“阿难，还有一类本从人趣来，虽好修行，但不依正觉修三摩地，而别修以妄念存想炼精而希求坚固身形、长生久视之法，游住于山林中人踪不到之处，如此则有十种仙道。阿难，这些人依服食饵药而坚固身形，坚志恒行而不休息，食道圆成，名为地行仙。坚固草木而不休息，药道圆成，名飞行仙。坚固金石而不休息，化道圆成，名游行仙。坚固动止而不休息，气精圆成，名空行仙。坚固津液而不休息，润德圆成，名天行仙。坚固精色而不休息，吸粹圆成，名通行仙。坚固咒禁而不休息，术法圆成，名道行仙。坚固思念而不休息，思忆圆成，名照行仙。坚固交遘而不休息，感应圆成，名精行仙。坚固变化而不休息，觉悟圆成，名绝行仙。阿难，这些人都是于人道中炼心，畏惧无常生死而希求长生不死，妄心存想，不修正觉，另外寻得长生之理，可使其寿命维持上千、上万岁。他们栖息于深山茂林，或者大海岛中，与人境隔绝。这依然在轮回之中，随着妄想而流转，由于不修三昧正定，仙报享尽之后，还各循其业而来散落入诸趣之中。

“阿难，诸世间人，不求常住，未能舍诸妻妾恩爱，于邪淫中，心不流逸，澄莹生明，命终之后，邻于日月；如是一类，名四天王天。于已妻房，淫爱微薄，于净居时，不得全味，命终之后，超日月明，居人间顶；如是一类，名忉利天。逢欲暂交，去无思忆，于人间世动少静多，命终之后，于虚空中，朗然安住，日月光明，上照不及，是诸人等自有光明；如是一类，名须焰摩天。一切时静，有应触来，未能违戾[①]，命终之后，上升精微，不接下界诸人天境，乃至劫坏，三灾不及；如是一类，名兜率陀天。我无欲心，应汝行事，于横陈时，味如嚼蜡，命终之后，生越化地；如是一类，名乐变化天。无世间心，同世行事，于行事交，了然超越，命终之后，遍能出超化无化境；如是一类，名他化自在天。阿难，如是六天，形虽出动，心迹尚交。自此已还，名为欲界。”

注释：

①违戾（lì）：抗拒，不顺从。

译文：

“阿难，诸世间人，不希求证得常住真性，未能舍弃妻妾恩爱，但如果对于邪淫之事，身心谨守，心不纵逸，澄莹欲心，发生明性，则命终之后生于天界须弥山山腰，邻近日月宫；这一类众生，名为四天王天。如果对于自己妻室的淫欲爱念也十分微薄，但于清净独居时，偶有欲念生起，身心尚不能完全清净，则命终之后，就感得超过日月光明之身，居于人间之顶，即须弥山顶；这一类众生，名为忉利天。如果在夫妻欲爱境现前之时，只是暂时相交，事后毫不思念忆恋，在人世间动少静多，没有深染，则命终之后，就超过地居，而朗然安住于虚空中日月光明照不到的地方，因为这些人自身就有光明；这一类众生，名为须焰摩天。如果一切时中常安住于清静之中，没有淫念，只是有时遇到应行欲触之境，还不能严加拒绝而曲为顺从，则命终之后，就上升至精细微妙之天境，不与下界的人天境界相接，乃至于劫之时，火、水、风三灾也不能波及；这一类众生，名为兜率陀天。如果有众生已完全没有欲心，但应妻妾之求而勉行房事，当玉体横陈之时仍味同嚼蜡，全无兴致，则命终之后，超越前四天，生于能随愿变化欲乐之化地，这一类众生，名为乐变化天。如果已经没有世俗的男女心念，虽权同世间而行夫妇之事，然行事之际，了然超越，则命终之后，就能超越一切能变化境及无变化境；这一类众生，名为他化自在天。阿难，如上所说的六天，于身形方面虽然出离了爱欲之动，但在心迹上还有少许染念，并未完全清净。自第六天以下，至阿鼻地狱，总名为欲界。”

卷 九

本卷继上卷讲述“欲界六天”之后，接着讲述了色界十八天（初禅三天、二禅三天、三禅三天、四禅四天、五不还天）、无色界四天的形成原因和相状。又讲述了三界中的四种阿修罗，因其造业不同而分别堕生鬼趣、人趣、天趣和畜生趣。最后总结“七趣”皆因众生不识本心，只因妄想发生而随业受生，流转生死，其根源总在杀盗淫三业，若断三业，除三惑，悟真心，则七趣皆如空花，本无所有。

就在法会将罢之时，佛无问自说，预为说明修习禅定中将会出现的种种微细魔事，并详论五十种禅定中的魔境及其破除之法，这就是《楞严经》著名的“五十阴魔”。“无问自说”喻示着这是本经极为重要的内容。《楞严经》的宣说次第，可以说是“从破魔始，至破魔终”。最初阿难遭魔难而文殊持咒解救，此即破魔之始，阿难因而请问禅定之道，佛陀首先辨析正见以摧破邪见，然后抉择禅修的圆通方便法门，开示四种清净明诲，重说“楞严咒”及建立坛场轨则，讲说菩提道六十阶位及七趣，最后佛在没有请问的情况下，主动为大众详细讲说了五阴禅定境界的各种魔境，此即破魔之终。所谓“魔事”，即是破坏修行、扰乱正定之事，以种种伪装诱使修行者毁戒、破见，使修行者不知不觉为魔所牵，偏离正道，走入魔境。然而，所谓“魔”，其实不完全是什么外在的天魔、鬼神、精魅等，而恰恰是修行者自己内心的种种贪嗔痴习气、不正见，因此招感外在的魔境，故“魔”的实质还是人的内心，此谓之“心魔”，而“心魔”之实质也不出妄想、分别、贪着；故本经所说的“五十阴魔”，其实代表了修行者的种种妄想、贪着和不正见，尤其对于末法时代的种种贪着之事，刻画无余。“五十阴魔”对于末法时代的修禅者来说极其重要，故有注家以为“五十阴魔”是《楞严经》最为稀有、最为宝贵的内容，此说不无道理。

“五十阴魔”，即禅定中破除五阴的过程中，于色、受、想、行、识五阴的每一个禅定境界中都举出十种微细魔事。此卷中，佛宣说了色阴、受阴、想阴之禅定中易于出现的各十种魔境。

“阿难，世间一切所修心人，不假禅那，无有智慧，但能执身，不行淫欲。若行若坐，想念俱无，爱染不生，无留欲界，是人应念，身为梵侣；如是一类，名梵众天。欲习既除，离欲心现，于诸律仪，爱乐随顺，是人应时，能行梵德；如是一类，名梵辅天。身心妙圆，威仪不缺，清净禁戒，加以明悟，是人应时，能统梵众，为大梵王；如是一类，名大梵天。阿难，此三胜流，一切苦恼所不能逼，虽非正修真三摩地，清净心中诸漏不动，名为初禅。

译文：

“阿难，世间一切能修心的人，如果不通过禅定修习，就无有真实智慧，仅仅只能执守身仪，不行淫欲之事，而不能做到心中无淫欲之念。现在如果有人，不论在行住坐卧中，对于淫欲的忆想、念头都没有，身心清净，爱染不生，这样来世就不会再留住欲界，此人命终后，应念化生于色界初禅天中，身为梵天之侣；这一类众生，名为梵众天。淫欲习气既然伏除，离欲的清净心显现，因此对于一切律仪都爱乐遵守，随顺不犯，此人命终后，应时生于色界初禅天中，自然能行梵天之德；这一类众生，名为梵辅天。身心清净，妙德圆满，威仪不缺，不但禁戒清净，而且智慧明达，此人命终后，应时生于色界初禅天中，自然能统领梵众，做大梵王；这一类众生，名为大梵天。阿难，此三种殊胜的天众，一切欲界的苦恼都不能逼迫，虽然尚不是正修真实三摩地所证得的境界，但清净心中已不为欲界诸烦恼所动摇，此名为初禅。

“阿难，其次梵天，统摄梵人，圆满梵行，澄心不动，寂湛生光；如是一类，名少光天。光光相然，照耀无尽，映十方界遍成琉璃；如是一类，名无量光天。吸持圆光，成就教体，发化清净，应用无尽；如是一类，名光音天。阿难，此三胜流，一切忧悬所不能逼，虽非正修真三摩地，清净心中粗漏已伏，名为二禅。

译文：

“阿难，其次高于初禅的梵天，统摄梵众，具戒定慧，梵行圆满，定力加深，心净不动，湛然生光；这一类众生，名为少光天。定力转深，光明增盛，心光与身光，光光相燃，照耀无尽，映照十方小千世界遍成琉璃；这一类众生，名为无量光天。吸取执持圆满光明而成就教体，以此圆光代替声音宣扬梵行教化，所发教化清净，应用无有穷尽；这一类众生，名为光音天。阿难，此三种殊胜的天众，一切初禅天众对于还会退堕欲界的忧愁悬挂都不能逼迫，虽然尚不是正修真实三摩地所证得的境界，但清净心中寻和伺的粗漏已伏，能以定力压伏前五识不起现行，此名为二禅。

“阿难，如是天人，圆光成音，披音露妙，发成精行，通寂灭乐；如是一类，名少净天。净空现前，引发无际身心轻安，成寂灭乐；如是一类，名无量净天。世界、身心一切圆净，净德成就，胜托现前，归寂灭乐；如是一类，名遍净天。阿难，此三胜流，具大随顺，身心安隐①，得无量乐，虽非正得真三摩地，安隐心中欢喜毕具，名为三禅。

注释：

①安隐：即安稳。隐，即“稳”，通假字。

译文：

“阿难，如此光音天天人的圆妙光体已成教化之音，发出音声，显示妙理，进而发成精纯妙行，通于喜心消灭、正念寂静的妙乐之境；这一类众生，名为少净天。离于喜动而净空妙乐现前，引发无边际的身心轻安，成就喜心消灭、至极静妙的妙乐之境；这一类众生，名为无量净天。世界和身心一切圆妙净乐，净德成就，殊胜依托现前，归于至极静妙的妙乐之境；这一类众生，名为遍净天。阿难，此三种殊胜的天众，妙乐随心，周遍无量，具有大随顺自在，身心至极寂静安稳，得无量妙乐，虽然尚不是正修真实三摩地所证得的境界，但安稳心中妙乐欢喜圆满具足，此名为三禅。

“阿难，复次天人，不逼身心，苦因已尽，乐非常住，久必坏生，苦、乐二心，俱时顿舍，粗重相灭，净福性生；如是一类，名福生天。舍心圆融，胜解清净，福无遮中得妙随顺，穷未来际；如是一类，名福爱天。阿难，从是天中，有二歧路：若于先心无量净光，福德圆明，修证而住；如是一类，名广果天。若于先心双厌苦乐，精研舍心，相续不断，圆穷舍道，身心俱灭，心虑灰凝，经五百劫；是人既以生灭为因，不能发明不生灭性，初半劫灭，后半劫生；如是一类，名无想天。阿难，此四胜流，一切世间诸苦乐境所不能动，虽非无为真不动地，有所得心功用纯熟，名为四禅。

译文：

“阿难，其次的天人，因为初禅、二禅离于苦恼和忧愁而身心不为逼迫，三禅妙乐无苦而苦因已尽，然三禅妙乐并非常住，久必坏灭，由此苦、乐二心一齐顿舍，苦、乐二受的粗重心念之相灭除，不苦不乐的舍受之心不动，净福性产生；这一类众生，名为福生天。唯一舍受，与定心圆融，了知舍定的胜解清净，于福无遮限中得妙随顺舍定之心，穷未来际都能随顺舍定；这一类众生，名为福爱天。阿难，从福爱天中分化出两条路：如果从福爱天妙随顺舍定之心进修而得无量净光，并以慈悲喜舍四无量心熏习禅定，福德智慧圆满明净，依此修证而住，以广大福德而感果：这一类众生，名为广果天。如果于福爱天妙随顺舍定之心，同时厌弃苦、乐二受，精研舍定之心，连续不断修习，圆满穷究舍定之道，伏六识之现行不起，因而以为自己已证阿罗汉涅槃道，心思缘虑像寒灰般凝然不动，得无想定，持续达五百劫；这些人既然以六识起伏之生灭心为本修因，因而不能发明真如本有之不生灭性，在生于此天的初半劫中因习舍定而灭六识想，得无想定，接着住此定中四百九十九劫，于最后半劫时，六识又生起现行而出定；这一类众生，名为无想天。阿难，此四种殊胜天众，一切世间诸种苦乐境所不能动摇，虽然并非真正的无为不动地，希望能得涅槃果位，仍有所得心存在，所以只是有为功用纯熟，此名为四禅。

“阿难，此中复有五不还天[1]。于下界中九品习气俱时灭尽[2]，苦、乐双亡，下无卜居，故于舍心众同分中安立居处。阿难，苦、乐两灭，斗心不交，如是一类，名无烦天。机括独行，研交无地，如是一类，名无热天。十方世界妙见圆澄，更无尘象，一切沉垢，如是一类，名善见天。精见现前，陶铸无碍，如是一类，名善现天。究竟群几，穷色性性，入无边际，如是一类，名色究竟天。阿难，此不还天，彼诸四禅四位天王独有钦闻，不能知见，如今世间，旷野深山圣道场地，皆阿罗汉所住持故，世间粗人所不能见。阿难，是十八天独行无交，未尽形累，自此以还，名为色界。

注释：

①五不还天：即“五净居天”，小乘三果圣人证得阿那含果后，托生于此天，在此天中证阿罗汉道。

②下界中九品习气：指欲界九品思惑。

译文：

“阿难，此四禅天中还有五种不还天，乃不还果圣者所暂居之处。此五天之天人于下界中的所有九品思惑习气同时灭尽，苦、乐之受双亡，于下界已无安居之地，因此，在四禅舍念清净地的众同分中安立居处。阿难，苦、乐两种觉受都已灭除，没有欣乐上界与厌离下界的两种争斗之心交横于胸，这一类圣者，名为无烦天。唯一舍念，收放独行，更无余念间杂，无有第二念可作研求交对，心地清凉，这一类圣者，名为无热天。唯一舍心，照了微妙，故能观见一大千世界之十方世界周遍澄寂，更没有外境尘象，也没有内心的一切沉垢，这一类圣者，名为善见天。精妙之见现前，能以定慧力任运成就种种神通变化，如同陶铸种种器像，变现自在，这一类圣者，名为善现天。究竟一切色法的微几变化，穷究色法之性至于空性，入于空无边处之中，这一类圣者，名为色究竟天。阿难，此圣者所居的五不还天，即使是四禅天中的四位天王也只是钦闻其事，而不能亲知亲见；就如同人世间旷野深山中圣道场地，都是阿罗汉所住持，而世间凡夫粗人则不能知见。阿难，此十八天之天人，都是离爱独行，清净无侣，与五欲无交涉，然尚有化生色质，没有完全脱离身形的负累，自此五不还天以下，至梵众天，总名为色界。

“复次，阿难，从是有顶、色边际中，其间复有二种歧路：若于舍心发明智慧，慧光圆通，便出尘界，成阿罗汉，入菩萨乘；如是一类，名为回心大阿罗汉。若在舍心，舍厌成就，觉身为碍，销碍入空；如是一类，名为空处。诸碍既销，无碍无灭，其中唯留阿赖耶识，全于末那半分微细[①]；如是一类，名为识处。空色既亡，识心都灭，十方寂然，迥无攸往；如是一类，名无所有处。识性不动，以灭穷研，于无尽中发宣尽性，如存不存，若尽非尽；如是一类，名为非想非非想处。此等穷空，不尽空理。从不还天圣道穷者，如是一类，名不回心钝阿罗汉。若从无想诸外道天穷空不归，迷漏无闻，便入轮转。阿难，是诸天上各各天人，则是凡夫业果酬答，答尽入轮。彼之天王即是菩萨，游三摩地渐次增进，回向圣伦所修行路。阿难，是四空天身心灭尽，定性现前，无业果色从此逮终，名无色界。

注释：

①末那：即八识中之第七识末那识；其恒审思量，执持第八阿赖耶识为我。

译文：

“其次，阿难，从色界之顶的有顶天与无色界相邻的色界边际处，其间又有两条不同的路：如果修行者于第四禅舍定心中发明无漏人空智慧，断尽思惑，慧光圆满，便超越尘世境界，成就阿罗汉果，入菩萨乘；这一类圣者，名为回心大阿罗汉。如果修行者在此舍定心中，舍弃厌离色界质碍身成就，觉得色身仍为障碍，于是修习空观而入空处定，以消泯色碍之身而入于空境；这一类众生，名为空处天。诸色碍既已消除，所依之无质碍之空也灭，其心中唯留阿赖耶识以及末那识中向内缘之半分微细犹存；这一类众生，名为识处天。色与空既然都已消亡，进而将末那识半分识心也伏灭，唯有阿赖耶识独存，十方世界寂然不动，再无所往；这一类众生，名为无所有处天。阿赖耶识识性不动，修行者欲以定力穷究研求，于本来无尽之性中，以定力发宣而欲尽其性，虽见在而不起，故如存不存，虽见尽而识在，故若尽非尽；这一类众生，名为非想非非想处天。此四天强以世间定欲令心境俱空，但并没有穷尽如实空理。若从五不还天而转生此天者，以修习圣道而穷究空理，在此天证人我空理，成阿罗汉，这一类圣者，名为不回心钝阿罗汉。若从无想天及四空处之诸外道天而转生非想非非想处天者，穷究空理而不返归于无漏正道之行，迷于有漏天而无有正闻无漏法，于其八万大劫报尽之后，便会又堕入生死轮回之中。阿难，以上除五不还天为圣者所居外，其他诸天的各位天人则是依于凡夫有漏善业的酬答果报而已，其所获得的诸天胜福，不过是酬答其因地中所修善业之果报而已，酬答果报享尽，还入轮回。然而各天的天王都是大乘菩萨，寄位修行，游戏三摩地，渐次增进功德，回向圣者所修行的成佛之路。阿难，此四空天，以其定力压伏故得身心相似灭尽，定境现前时，已无四大质碍之业果色，唯有清净四大之定果色，始从空处，终至非想非非想处，名为无色界。

“此皆不了妙觉明心，积妄发生。妄有三界，中间妄随七趣沉溺，补特伽罗各从其类。

译文：

“此三界诸天，都是由于不明了妙觉圆明真心，一念妄动后积聚妄业而发生诸依正苦报，妄有三界之相，众生依其业报，各从其类，在三界中间随虚妄之业沉沦、流转于地狱、饿鬼、畜生、阿修罗、人、仙、天等七趣之中。

“复次，阿难，是三界中复有四种阿修罗类。若于鬼道，以护法力，乘通入空，此阿修罗从卵而生，鬼趣所摄。若于天中，降德贬坠，其所卜居，邻于日月，此阿修罗从胎而出，人趣所摄。有修罗王执持世界，力洞无畏，能与梵王及天帝释、四天争权，此阿修罗因变化有，天趣所摄。阿难，别有一分下劣修罗，生大海心，沉水穴口，旦游虚空，暮归水宿。此阿修罗因湿气有，畜生趣摄。

译文：

“其次，阿难，此三界中又有四种阿修罗类众生。若于鬼道中，以护持佛法所得的功德力，乘神通入空界而居，此类阿修罗是从卵生，属于鬼趣所摄。若于天道中，梵行稍亏而被贬离天道，坠落阿修罗道，其所居处与日月为邻，此类阿修罗是从胎生，属于人趣所摄。还有一类阿修罗王能执持世界，以神通力洞彻诸天，无所畏惧，能与梵王、天帝释、四大天王争夺权利，此类阿修罗福德力大，变化而生，属于天趣所摄。阿难，此外另有一类下劣的阿修罗，出生于大海的中心，潜藏于水穴口，白天于虚空中游行，晚上又返归于水中。此类阿修罗是因湿气而有的，属于畜生趣所摄。

“阿难，如是地狱、饿鬼、畜生、人及神仙、天洎修罗，精研七趣，皆是昏沉诸有为相，妄想受生，妄想随业；于妙圆明，无作本心，皆如空华，元无所著，但一虚妄，更无根绪。阿难，此等众生不识本心，受此轮回，经无量劫不得真净，皆由随顺杀、盗、淫故；反此三种，又则出生无杀、盗、淫。有名鬼伦，无名天趣，有无相倾，起轮回性。若得妙发三摩提者，则妙常寂，有、无二无，无二亦灭，尚无不杀、不偷、不淫，云何更随杀、盗、淫事？阿难，不断三业，各各有私，因各各私，众私同分非无定处；自妄发生，生妄无因，无可寻究。汝勖修行[1]，欲得菩提，要除三惑，不尽三惑，纵得神通，皆是世间有为功用；习气不灭，落于魔道；虽欲除妄，倍加虚伪，如来说为可哀怜者。汝妄自造，非菩提咎。

"作是说者，名为正说；若他说者，即魔王说。"

注释：

①勖（xù）：勉励。

译文：

"阿难，这就是地狱、饿鬼、畜生、人、仙、天及阿修罗七趣，精研此七趣，都是因自心昏沉之无明惑而生起的诸有为相，因妄想而受生，随妄业而受报；对于妙觉圆明的无作本心来说，七趣就如同空中幻花一样，原本无实体可以去执着，彻头彻尾只是一个虚妄幻化之相，实在是没有根本可依，没有头绪可寻。阿难，这些众生因为不识妙明本心而受此轮回之苦，经无量劫仍不得真净，这都是他们随顺杀、盗、淫三恶行的原故，则成三恶道；若与此三种相反，也就是能行不杀、不盗、不淫，则可受生善道。有三恶行则称为鬼趣，无三恶行则称为天趣，有无互相对待，善恶倾夺相代，便有了轮回流转。如果依妙理、修妙行而得三摩地妙定，妙明常寂之境现前，则有三恶行与无三恶行二者双亡，即此'无二'之念也灭除，此时尚没有不杀、不盗、不淫三善行，怎么还会做杀、盗、淫三恶行之事呢？阿难，若不断除杀、盗、淫三业，则众生各有私造之别业，因为各私造别业中有相同之处，众多私造别业之同分合成共业，而有众同分地的受报之处，并非没有因众同分而共同受报的定处；然而，七趣果报都是因妄念而发生，而妄念之生实无所因，无可追究其根源。你勉力修行，要想证得无上菩提，首先要断除杀、盗、淫三惑，不尽除此三惑，纵然获得神通力，也不过是世间的有为功用；虚妄习气不灭除，最终只会落入魔道；落入天魔，即使想消除虚妄，不过是以妄逐妄，倍加虚伪而已，所以，如来说他们是最可哀怜的人。这种种虚妄都是你自心妄造，并不是菩提自性中本来自有。

“如此说者，名为正说；若作别说，即魔王说。”

即时如来，将罢法座，于师子床，揽七宝几，回紫金山，再来凭倚，普告大众及阿难言：“汝等有学缘觉、声闻，今日回心趣大菩提无上妙觉，我今已说真修行法，汝犹未识修奢摩他、毗婆舍那微细魔事，魔境现前，汝不能识，洗心非正，落于邪见。或汝阴魔，或复天魔，或著鬼神，或遭魑魅，心中不明，认贼为子。又复于中，得少为足，如第四禅无闻比丘妄言证圣，天报已毕，衰相现前，谤阿罗汉身遭后有，堕阿鼻狱。汝应谛听，吾今为汝子细分别。”阿难起立，并其会中同有学者，欢喜顶礼，伏听慈诲。

译文：

这时，如来将要离开法座，又于狮子座上，揽七宝桌几，回转如紫金山一般的佛身，再坐法席，不待请问而普告大众及阿难说："你们有学缘觉、声闻众，今日回心趋向大菩提无上妙觉，我已宣说了真实的修行方法，但你们还未能识得修习奢摩他、修习毗婆舍那中的许多微细魔事，倘若魔境现前，你们不能认识，则以定洗心而不得其正，难免落入邪见。或者落入自身的五阴魔，或者落入天魔，或者附着于鬼神，或者遭遇魑魅，心中不明，认贼为子。又有于禅修中，得少为足，无有闻慧，例如已修得第四禅的无闻比丘，便妄言已经证得圣果阿罗汉，待其天报享尽之后，衰相现前将要堕落时，无闻比丘反而诽谤佛所说的阿罗汉不受后有是妄言，因此堕入阿鼻地狱。你们仔细听，我现在为你们详细解说禅定中的种种魔事。"阿难即从座位起立，与法会中的诸有学大众一起向佛欢喜顶礼，专心倾听佛陀的慈悲教诲。

佛告阿难及诸大众："汝等当知，有漏世界十二类生本觉妙明觉圆心体与十方佛无二无别。由汝妄想迷理为咎，痴爱发生，生发遍迷，故有空性；化迷不息，有世界生，则此十方微尘国土非无漏者，皆是迷顽妄想安立。当知虚空生汝心内，犹如片云点太清里，况诸世界在虚空耶！

译文：

佛告诉阿难及诸位大众："你们应当知道，有漏世界十二类众生所具有的本觉妙明觉圆之心体，与十方诸佛无二无别。由于你们瞥然一念的无明妄想，迷此觉圆之理体而为过咎，致使无明痴昧、爱染发生，生发能所的分别而遍迷觉体，使得本觉真心完全迷为晦昧顽空；变化迷妄不息而有世界生成，则此十方微尘数国土都不是清净无漏的真实世界，而是由迷顽妄想所安立的。应当知道，虚空生于你们的心内，就如同一片云飘在无边的太虚空中，是如此渺小不住，而何况十方世界还只是依住于太虚空中呢！

"汝等一人发真归元，此十方空皆悉销殒，云何空中所有国土而不振裂？汝辈修禅，饰三摩地，十方菩萨及诸无漏大阿罗汉，心精通吻，当处湛然；一切魔王及与鬼神、诸凡夫天见其宫殿无故崩裂，大地振坼，水陆飞腾，无不惊慑①，凡夫昏暗，不觉迁讹②。彼等咸得五种神通，唯除漏尽，恋此尘劳，如何令汝摧裂其处？是故鬼神及诸天魔、魍魉妖精，于三昧时，佥来恼汝③。

注释：

①慑（shè）：恐惧。

②迁讹（é）：谓辗转流传而失真。

③佥（qiān）：都，皆。

译文：

"你们若有一人发明本有真心，返本归元，则此十方虚空都将消泯，何况依空而立的所有国土，怎么不会振裂呢？你们修习禅定，庄严三摩地，就能与十方菩萨及诸无漏的大阿罗汉，本心相通相合，不离当处而一心湛然；一切魔王、鬼神以及诸凡夫天，见到他们的宫殿无故崩裂，大地振开裂纹，水陆空三居的众生，无不惊恐，只有凡夫昏昧不明，不能觉察这些变化，讹言此是天地阴阳失调所现的异象。那些魔王、鬼神等都已得五种神通，只是未得漏尽通，还留恋这个烦恼尘劳世界，怎么能让你们摧毁他们的住所呢？因此，鬼神及各种天魔、魍魉妖精等，在你们修习禅定三昧时，都会来恼乱你们。

"然彼诸魔虽有大怒，彼尘劳内，汝妙觉中，如风吹光，如刀断水，了不相触。汝如沸汤，彼如坚冰，暖气渐邻，不日销殒，徒恃神力，但为其客。成就破乱，由汝心中五阴主人，主人若迷，客得其便。当处禅那，觉悟无惑，则彼魔事，无奈汝何！阴销入明，则彼群邪咸受幽气，明能破暗，近自销殒，如何敢留扰乱禅定！若不明悟，被阴所迷，则汝阿难必为魔子，成就魔人。如摩登伽，殊为眇劣，彼唯咒汝破佛律仪，八万行中只毁一戒，心清净故，尚未沦溺。此乃隳汝宝觉全身[①]，如宰臣家忽逢籍没[②]，宛转零落，无可哀救。

注释:

①隳(huī):毁坏,废弃。

②籍没:谓登记所有的财产,加以没收。籍,谓登记家财,予以没收。

译文:

“然而这些诸魔鬼神虽然心中大怒而来扰害,但不过是处在尘劳生灭法中的邪妄行为,而你们所修习的是妙觉真常心中的本具正定,故他们若以生灭想来恼乱正定心,就如以风吹光、用刀断水一样,了不能害。你们的正定观智如同沸汤,他们的嗔恼邪执如同坚冰,热气逐渐逼近,坚冰不时消融,他们徒恃神通力,但终为过路客而不能久留。诸魔鬼神之所以能破乱你的定心,完全由于你们心中的五阴主人,主人若迷昧失去正念,恼乱之客便会有机可乘。如果你们常处于正定之中,慧觉明悟,无有迷惑,那么,那些魔事能奈汝何!你们修禅定达于五阴境消泯而证入大光明藏,明能破暗,则那些秉受幽暗之气的诸邪魔,一经接近自然就消亡,又怎么还敢停留下来扰乱你们的禅定呢!如果你们心中不能明悟,被五阴魔境所迷惑,则你阿难必然沦为魔子,成为魔人,堕入魔类。就如摩登伽女,实在是渺小卑劣,她仅用梵天咒语要使你毁破佛制律仪,在八万细行中只是为了毁破你的一条戒行,因你心清净的缘故,尚未毁戒而沦入魔境。但这些阴魔现前,却乃是为了毁坏你们的宝觉圆明的全体法身,断你们的慧命,如同宰相大臣之家忽然被削职没收全部家产,辗转飘零,无可哀怜挽救。

“阿难当知：汝坐道场，销落诸念，其念若尽，则诸离念一切精明，动静不移，忆忘如一；当住此处，入三摩提，如明目人处大幽暗，精性妙净，心未发光，此则名为色阴区宇①。若目明朗，十方洞开，无复幽暗，名色阴尽。是人则能超越劫浊。观其所由，坚固妄想以为其本。

注释：

①区宇：区，别也；宇，本义屋檐，引申为覆蔽、庇荫。区宇，范围、境域之义，即此定境尚处于为色法所遮蔽的一个范围、境域之中。或以“覆蔽”解释“宇”，当是别解，因为“阴”本身即是覆蔽之义。

译文：

“阿难，你应当知道：你坐于道场修习禅定，脱离所缘尘象而消落妄念，若妄念消尽，则离诸妄念后之觉心于一切时处精而不杂、明而不昧，外境的若动若静而精明不移，识心的若忆若忘而明觉如一；当安住此离念明觉处时，便进入正定，然初入理境，定力不深，如同明眼人处于一大幽暗之中，觉性极其清净而定心显露，然初入正定而慧光未发，此种定境名为色阴区宇。若定力加深而破除阴覆，则心光发明，慧目明朗，十方世界洞开明澈，再也没有幽暗之相，这称为色阴消尽。这时修行者就能超越劫浊。回观色阴生起的因由，众生的坚固妄想是其根本。

“阿难，当在此中，精研妙明，四大不织，少选之间，身能出碍。此名精明流溢前境，斯但功用，暂得如是，非为圣证。不作圣心，名善境界；若作圣解，即受群邪。

译文：

“阿难，当在此禅定心中，精细研参妙明觉性，观照功深则四大虚融，互不相织，顷刻之间，身体出于一切障碍，如行虚空，所谓穿墙透壁，了无所碍。此名为心精妙明虚融至极而流溢于现前根尘之境，这只是精研功夫逼拶之极而显现的功用，暂得如此境界，不久退失，非是圣者所证境界，一得永得，不再退失。如果不作已得圣证之心想，名为善境界，可增信心，可导胜进；若作已得圣证理解，就会遭受群邪之惑害，魔得其便，渐成大害。

“阿难，复以此心，精研妙明，其身内彻，是人忽然于其身内拾出蛲蛔，身相宛然，亦无伤毁。此名精明流溢形体，斯但精行，暂得如是，非为圣证。不作圣心，名善境界；若作圣解，即受群邪。

译文：

“阿难，又于此禅定心中，精研妙明觉性，自见其身光明内彻，身形虚融，此人忽然看到身内的蛔虫，并伸手入身捡出，而身体依然如故，也无任何损伤。此名为心精妙明流溢于身形，这只是定功行持精严而显现，暂得如此境界，非是圣者所证境界。如果不作已得圣证之心想，名为善境界；若作已得圣证理解，就会遭受群邪之惑害。

“又以此心，内外精研，其时魂、魄、意、志、精、神，除执受身，余皆涉入，互为宾主。忽于空中，闻说法声，或闻十方同敷密义。此名精魄递相离合，成就善种，暂得如是，非为圣证。不作圣心，名善境界；若作圣解，即受群邪。

译文：

“又于此禅定心中，对身心内外境都精细研参，观照功深则内外根境虚融如一，这时身内的魂、魄、意、志、精、神等，除了能执受的身根之外，其余都互出其位，互相涉入，互为宾主。又忽然听到空中传来说法的声音，或者听到十方虚空中同时演说微密妙义。此名为身内精魂等递相离于本位、合于他位，此为往世修习成就的闻慧善种为定力激发而所现的境相，暂得如此境界，非是圣者所证境界。如果不作已得圣证之心想，名为善境界；若作已得圣证理解，就会遭受群邪之惑害。

“又以此心，澄露皎彻，内光发明，十方遍作阎浮檀色，一切种类化为如来；于时忽见毗卢遮那踞天光台[①]，千佛围绕，百亿国土及与莲华俱时出现。此名心魂灵悟所染，心光研明，照诸世界，暂得如是，非为圣证。不作圣心，名善境界；若作圣解，即受群邪。

注释:

①踞:坐。

译文:

“又以此禅定心,精研功深,清澄显露于内,内光发明,皎洁洞彻于外,外现其相,十方世界遍成阎浮檀紫金色,一切有情种都化为如来;这时,忽见毗卢遮那佛高坐于天光台上,四周千佛围绕,百亿国土与莲花同时出现。此名为心魂灵悟所熏染影像之显现,如宿世曾闻《华严》、《梵网》、《维摩》等经,今于妙定之中,心光精研发明,照诸实报庄严世界之胜妙,暂得如此境界,非是圣者所证境界。如果不作已得圣证之心想,名为善境界;若作已得圣证理解,就会遭受群邪之惑害。

“又以此心,精研妙明,观察不停,抑按降伏,制止超越,于时忽然十方虚空成七宝色,或百宝色,同时遍满,不相留碍,青黄赤白,各各纯现。此名抑按功力逾分,暂得如是,非为圣证。不作圣心,名善境界;若作圣解,即受群邪。

译文:

“又以此禅定心,精细研参妙明元体,观照绵密不停,抑按妄念,降伏自心,然制止之定力作用过大,超越常分,这时,十方虚空忽然变成七宝色或百宝色,同时遍满虚空界,相涉相入,不相留滞隔碍,青、黄、赤、白各正色都各纯一无杂地显现。此名为抑按功力过分，致使定力作用胜于慧力作用而所现的境相，暂得如此境界，非是圣者所证境界。如果不作已得圣证之心想，名为善境界；若作已得圣证理解，就会遭受群邪之惑害。

“又以此心，研究澄彻，精光不乱，忽于夜半，在暗室内见种种物，不殊白昼，而暗室物亦不除灭。此名心细，密澄其见，所视洞幽，暂得如是，非为圣证。不作圣心，名善境界；若作圣解，即受群邪。

译文：

“又以此禅定心，精研参究妙明元体，其心清澄洞彻，精光凝定不乱，忽然于夜半在暗室内看见种种有情无情等物，了然分明，与白昼所见无异，而暗室内的物品也不消失，依然如故。此名为心光精细、密得澄清其见性功能，故所见洞察幽微，暂得如此境界，非是圣者所证境界。如果不作已得圣证之心想，名为善境界；若作已得圣证理解，就会遭受群邪之惑害。

“又以此心，圆入虚融，四体忽然同于草木，火烧刀斫，曾无所觉；又则火光不能烧爇，纵割其肉，犹如削木。此名尘并①，排四大性，一向入纯，暂得如是，非为圣证。不作圣心，名善境界；若作圣解，即受群邪。

注释：

①并：销。

译文：

“又以此禅定心，观照功深，内身外境遍入虚融，四肢忽然如同草木，火烧、刀斫都无感觉；而且火光不能烧燃，纵使刀割其肉，也同削木一般。此名为诸尘并消，排遣了四大性，执受不行，得入纯一觉性而忘身，暂得如此境界，非是圣者所证境界。如果不作已得圣证之心想，名为善境界；若作已得圣证理解，就会遭受群邪之惑害。

“又以此心，成就清净，净心功极，忽见大地十方山河皆成佛国，具足七宝，光明遍满；又见恒沙诸佛如来遍满空界，楼殿华丽，下见地狱，上观天宫，得无障碍。此名欣厌凝想日深，想久化成，非为圣证。不作圣心，名善境界；若作圣解，即受群邪。

译文：

“又以此禅定心，精研妙明元体，成就清净之心，净心观照功深至极，忽大地及十方山河都变成了佛国净土，具足七宝，光明遍满；又看见如恒沙数的诸佛遍满虚空界，楼阁殿堂华丽，此时，下能观见地狱，上可观见天宫，无有障碍。此名为欣上界净土、厌下界秽土的凝想日久结深，想久了幻化而成，非是圣者所证境界。如果不作已得圣证之心想，名为善境界；若作已得圣证理解，就会遭受群邪之惑害。

“又以此心，研究深远，忽于中夜遥见远方市井街巷、亲族眷属，或闻其语。此名迫心，逼极飞出，故多隔见，非为圣证。不作圣心，名善境界；若作圣解，即受群邪。

译文：

“又以此禅定心，研参穷究至极深远之处，忽然于中夜遥见远方的市井街巷以及亲族眷属，或者听到他们说话。此名为迫心，定心逼迫识心，逼极而心光飞出，故多能于遥远隔碍之处也能见能闻，非是圣者所证境界。如果不作已得圣证之心想，名为善境界；若作已得圣证理解，就会遭受群邪之惑害。

“又以此心，研究精极，见善知识形体变移，少选无端种种迁改。此名邪心，含受魑魅，或遭天魔入其心腹，无端说法，通达妙义，非为圣证。不作圣心，魔事销歇；若作圣解，即受群邪。

译文：

“又以此禅定心，研参穷究至精至极，正与诸圣心精通合之时，色阴将破，魔心慌怒而来扰乱，所以修行者忽见自身成善知识，形体变化迁移，须臾之间无端作种种形貌上的改变，或变为佛身，或变为菩萨身，或变为天龙鬼神等身。此名为邪心，因为修习者防心不密，故含藏领受了魑魅精怪于心，或遭天魔暗中入其心腹，发其狂慧，使他无端说法，似为通达无上妙义，但这不是圣者所证境界。如果不作已得圣证之心想，则魔事自然消歇；若作已得圣证理解，就会遭受群邪之惑害。

“阿难，如是十种禅那现境，皆是色阴用心交互，故现斯事。众生顽迷，不自忖量，逢此因缘，迷不自识，谓言登圣，大妄语成，堕无间狱。汝等当依，如来灭后，于末法中宣示斯义，无令天魔得其方便，保持覆护，成无上道。

译文：

“阿难，以上所说的十种禅定中所出现的境界，都是色阴将破而未破之时，正定禅观与习气妄想两种用心交互陵替，故显现如此境界。众生顽迷无知，不自思量，逢此暂现的境界因缘，迷昧不能自识，便妄言已证得圣位，于是成为大妄语，堕入无间地狱。你们当依我教言，在如来灭度后的末法时期，宣说如此义理，不能让天魔得其机会，乘虚而入，恼害行人，以保持禅心、覆护修行人得成无上道果。

“阿难，彼善男子修三摩提，奢摩他中色阴尽者，见诸佛心，如明镜中显现其像；若有所得而未能用。犹如魇人，手足宛然，见闻不惑，心触客邪而不能动，此则名为受阴区宇。若魇咎歇，其心离身，返观其面，去住自由，无复留碍，名受阴尽。是人则能超越见浊[①]。观其所由，虚明妄想以为其本[②]。

注释:

①按,四大性相织,揽色成根。大性不织,根见亦亡。

②虚明妄想:即根大领受前境,生起虚妄觉受,发明诸颠倒相。

译文:

“阿难,那些善男子修习三摩提,在奢摩他中色阴消尽之后,得见与诸佛同具的妙明觉心,就如明镜中显现影像一样,清晰明白;然而还只是似有所得,而未能发起自在大用。如同睡中身被魇住的人,手足宛然存在,见闻也清楚而不迷惑,心中明明白白,但心受客邪附着而力不从心,动弹不得,此种定境名为受阴区宇。若魇魅停歇,其心便得离身,且能反观自己的面貌,去住自由,不再有所留滞和障碍,这称为受阴消尽。这时修行者就能超越见浊。回观受阴生起的因由,众生的虚明妄想是其根本。

“阿难,彼善男子当在此中,得大光耀,其心发明,内抑过分,忽于其处发无穷悲,如是乃至观见蚊虻,犹如赤子,心生怜愍,不觉流泪。此名功用抑摧过越,悟则无咎,非为圣证;觉了不迷,久自销歇。若作圣解,则有悲魔入其心腑,见人则悲,啼泣无限,失于正受,当从沦坠。

译文：

“阿难，那些善男子在色阴已尽、受阴未破的禅观中，已得大光明，其心显发明了，知一切众生本具妙心，内心抑责过分，责己不早发度众生之心，忽然在心中发起无穷的悲心，这样乃至看见蚊虻也如同看到赤子一样，心生怜悯，不觉流泪。此名为有功用心抑制、摧责过分，若能速悟则无过咎，并不是圣者所证境界；如果觉了而不迷执，久之此境自然便消歇。若作已得圣证理解，就会有悲魔进入此修行者的心腑之中，使他见人就生悲而啼泣不止，失去三昧正受，当因此又沉沦坠落。

“阿难，又彼定中，诸善男子见色阴销，受阴明白，胜相现前，感激过分，忽于其中生无限勇，其心猛利，志齐诸佛，谓三僧祇一念能越。此名功用陵率过越，悟则无咎，非为圣证；觉了不迷，久自销歇。若作圣解，则有狂魔入其心腑，见人则夸，我慢无比，其心乃至上不见佛，下不见人，失于正受，当从沦坠。

译文：

“阿难，又在此禅定中，诸善男子见色阴消尽，受阴显露，现出一种虚明的境界，殊胜境相现前，一时感激过分，忽于心中生起无限的勇猛，其心非常猛利，志于顿齐诸佛，以为三大阿僧祇劫之修行在一念之间就能超越。此名为有功用心凌跨佛乘、轻率自任过分，若能速悟则无过咎，并不是圣者所证境界；如果觉了而不迷执，久之此境自然便消歇。若作已得圣证理解，就会有狂魔进入此修行者的心腑之中，使他见人就矜夸己德，我慢无比，以至其心中上不见佛，下不见人，失去三昧正受，当因此又沉沦坠落。

“又彼定中，诸善男子见色阴销，受阴明白，前无新证，归失故居，智力衰微，入中隳地，迥无所见[1]，心中忽然生大枯渴，于一切时沉忆不散，将此以为勤精进相。此名修心无慧自失，悟则无咎，非为圣证。若作圣解，则有忆魔入其心腑，旦夕撮心悬在一处，失于正受，当从沦坠。

注释：

①迥（jiǒng）：原义遥远、僻远，此义为“全”、“都”。

译文：

“又在此禅定中，诸善男子见色阴消尽，受阴显露，现出一种虚明的境界，向前修习没有新的证境，退归则又失去原来安住之境，此时修行者定力强而智力衰微，入于色、受二阴之间、进退二念俱坏的两难境地，全无所见，其心中忽然生出大枯渴，于一切时中都沉静其心、忆念中隳之境而不散乱，以为如此必有所得，将此当作勤勇精进之相。此名为修心没有智慧相资而自失方便，若能速悟则无过咎，并不是圣者所证境界。若作已得圣证理解，就会有忆魔进入此修行者的心腑之中，日夜撮集心念悬止于一个观境处，失去三昧正受，当因此又沉沦坠落。

“又彼定中，诸善男子见色阴销，受阴明白，慧力过定，失于猛利，以诸胜性怀于心中，自心已疑是卢舍那，得少为足。此名用心亡失恒审，溺于知见，悟则无咎，非为圣证。若作圣解，则有下劣易知足魔入其心腑，见人自言‘我得无上第一义谛’，失于正受，当从沦坠。

译文：

“又在此禅定中，诸善男子见色阴消尽，受阴显露，现出一种虚明的境界，慧力胜过定力，因而失于观智过于猛利，以诸殊胜性之法怀于心中，如谓心即是佛，或谓佛性本来具足等，自己怀疑己身已是卢舍那佛，不假修成，得少为足。此名为用心偏差而失掉了恒常平等的审观觉照力，陷溺于知见慧解一边，若能速悟则无过咎，并不是圣者所证境界。若作已得圣证理解，就会有下劣的易知足魔进入此修行者的心腑之中，见人自说‘我已证得无上第一义谛’，失去三昧正受，当因此又沉沦坠落。

“又彼定中，诸善男子见色阴销，受阴明白，新证未获，故心已亡，历览二际，自生艰险，于心忽然生无尽忧，如坐铁床，如饮毒药，心不欲活，常求于人令害其命，早取解脱。此名修行失于方便，悟则无咎，非为圣证。若作圣解，则有一分常忧愁魔入其心腑，手执刀剑自割其肉，欣其舍寿；或常忧愁走入山林，不耐见人，失于正受，当从沦坠。

译文：

“又在此禅定中，诸善男子见色阴消尽，受阴显露，现出一种虚明的境界，破受阴之新证未获得，破色阴之原有心境又亡失，遍观前后二际，自生前路艰险怖畏之感，于心中忽然生起了无尽忧愁，睡则如坐铁床，食则如饮毒药，心中不想活命，常求他人帮助结束自己的生命，希望早得解脱。此名为修行失于智慧观照的方便，若能速悟则无过咎，并不是圣者所证境界。若作已得圣证理解，就会有一分常忧愁魔进入此修行者的心腑之中，手执刀剑自割身肉，希望舍寿速死；或者常怀忧愁走入山林，不愿见人，失去三昧正受，当因此又沉沦坠落。

“又彼定中，诸善男子见色阴销，受阴明白，处清净中，心安隐后，忽然自有无限喜生，心中欢悦，不能自止。此名轻安无慧自禁，悟则无咎，非为圣证。若作圣解，则有一分好喜乐魔入其心腑，见人则笑，于衢路傍自歌自舞，自谓已得无碍解脱，失于正受，当从沦坠。

译文：

“又在此禅定中，诸善男子见色阴消尽，受阴显露，现出一种虚明的境界，处于清净境界中，心安稳后，忽然自有无限的喜心生起，心中欢悦，不能自止。此名为轻安而没有智慧自我控制，若能速悟则无过咎，并不是圣者所证境界。若作已得圣证理解，就会有一分好喜乐魔进入此修行者的心腑之中，见人则笑，于大街路旁自歌自舞，自称已得无碍解脱，失去三昧正受，当因此又沉沦坠落。

“又彼定中，诸善男子见色阴销，受阴明白，自谓已足，忽有无端大我慢起，如是乃至慢与过慢及慢过慢，或增上慢，或卑劣慢，一时俱发；心中尚轻十方如来，何况下位声闻、缘觉。此名见胜无慧自救，悟则无咎，非为圣证。若作圣解，则有一分大我慢魔入其心腑，不礼塔庙，摧毁经像，谓檀越言‘此是金铜，或是土木，经是树叶，或是氎华，肉身真常，不自恭敬，却崇土木，实为颠倒’；其深信者，从其毁碎，埋弃地中，疑误众生，入无间狱。失于正受，当从沦坠。

译文：

“又在此禅定中，诸善男子见色阴消尽，受阴显露，现出一种虚明的境界，自我满足，忽然无端生起大我慢心，乃至慢、过慢、慢过慢、增上慢及卑劣慢等同时生起；心中尚轻视十方如来，何况处于下位的声闻、缘觉。此名为见己为胜而无智慧以自救，若能速悟则无过咎，并不是圣者所证境界。若作已得圣证理解，就会有一分大我慢魔进入此修行者的心腑之中，不礼塔庙，摧毁经书佛像，并对檀越说‘佛像是金铜或是土木所制作，经只是树叶或棉花所成，肉身才是真常佛体，而不去崇敬，却去崇拜土木所成的佛像，实在是颠倒’；深信其语的人就跟着他毁坏经像，将经像遗弃埋于地下，如此疑误众生，落入无间地狱。这样，失去三昧正受，当因此又沉沦坠落。

“又彼定中，诸善男子见色阴销，受阴明白，于精明中，圆悟精理，得大随顺；其心忽生无量轻安，已言成圣，得大自在。此名因慧获诸轻清，悟则无咎，非为圣证。若作圣解，则有一分好轻清魔入其心腑，自谓满足，更不求进。此等多作无闻比丘疑误众生，堕阿鼻狱。失于正受，当从沦坠。

译文：

“又在此禅定中，诸善男子见色阴消尽，受阴显露，现出一种虚明的境界，于自心识精元明之中，圆悟如来藏妙真如性精理，身心得大随顺自在；此时，其心忽然生起无量轻安，自称已成圣果，得大自在。此名为因慧悟而获得轻安清净的境界，若能速悟则无过咎，并不是圣者所证境界。若作已得圣证理解，就会有一分轻清魔进入此修行者的心腑之中，自谓功行圆满具足，更不求胜进。这类人多作无闻比丘而疑惑误导众生，必然落入阿鼻地狱。这样，失去三昧正受，当因此又沉沦坠落。

“又彼定中，诸善男子见色阴销，受阴明白，于明悟中得虚明性，其中忽然归向永灭，拨无因果，一向入空，空心现前，乃至心生，长断灭解。悟则无咎，非为圣证。若作圣解，则有空魔入其心腑，乃谤持戒名为小乘，菩萨悟空，有何持犯？其人常于信心檀越饮酒啖肉，广行淫秽，因魔力故，摄其前人不生疑谤。鬼心久入，或食屎尿与酒肉等，一种俱空；破佛律仪，误入人罪。失于正受，当从沦坠。

译文：

“又在此禅定中，诸善男子见色阴消尽，受阴显露，现出一种虚明的境界，于明悟境界之中悟得虚明性空之理，其心中忽然归向沉空永灭之境，妄言无因无果，一心归向于空，断空之心现前，乃至心中生出长远断灭的见解。若能速悟则无过咎，并不是圣者所证境界。若作已得圣证理解，就会有空魔进入此修行者的心腑之中，于是毁谤持戒是小乘法，菩萨悟一切法皆空，有何持犯之相可得？其人常于对三宝具有信心的檀越面前饮酒、吃肉，广行淫秽之事，因魔力所加的缘故，能摄服跟随他的人对其邪秽之行不生起疑谤之念。鬼心久入其心腑，又或食屎尿，与食酒肉看作等同，现出一种净秽俱空之相；其人破坏佛制律仪，误导他人陷入罪行之事。这样，失去三昧正受，当因此又沉沦坠落。

“又彼定中，诸善男子见色阴销，受阴明白，味其虚明，深入心骨，其心忽有无限爱生，爱极发狂，便为贪欲。此名定境安顺入心，无慧自持，误入诸欲。悟则无咎，非为圣证。若作圣解，则有欲魔入其心腑，一向说欲为菩提道，化诸白衣平等行欲，其行淫者，名持法子；神鬼力故，于末世中摄其凡愚，其数至百，如是乃至一百、二百或五、六百，多满千万。魔心生厌，离其身体，威德既无，陷于王难，疑误众生，入无间狱。失于正受，当从沦坠。

译文：

“又在此禅定中，诸善男子见色阴消尽，受阴显露，现出一种虚明的境界，耽着爱乐虚明之境，以至深入心骨，其心中忽然有无限的爱念产生，爱极情动，引发狂乱，便成为贪欲。此名为定境轻安顺适深入心骨，却无智慧以自摄持，因而误入诸贪欲。若能速悟则无过咎，并不是圣者所证境界。若作已得圣证理解，就会有欲魔进入此修行者的心腑之中，一向妄说淫欲就是菩提道，并且教化在家的白衣居士不分僧俗，与其平等恣行淫欲，将与其行淫的人称为持法子；因有欲魔鬼神力的邪加持，于末法世中所摄受的凡愚之人，其数至一百，乃至二百或五百、六百，甚至多达上千上万。等到魔心生厌，离开其人身体而去，魔力消失，威德失去之后，就陷于国法的制裁，惑乱误导众生，堕入无间地狱。这样，失去三昧正受，当因此又沉沦坠落。

“阿难，如是十种禅那现境，皆是受阴用心交互，故现斯事。众生顽迷，不自忖量，逢此因缘，迷不自识，谓言登圣，大妄语成，堕无间狱。汝等亦当，将如来语，于我灭后，传示末法，遍令众生开悟斯义，无令天魔得其方便，保持覆护，成无上道。

译文：

“阿难，以上所说的十种禅定中所出现的境界，都是受阴将破而未破之时，正定禅观与习气妄想两种用心交互陵替，故显现如此境界。众生顽迷无知，不自思量，逢此暂现的境界因缘，迷昧不能自识，便妄言已证得圣位，于是成为大妄语，堕入无间地狱。你们也应当将如来宣说的法语，在如来灭度后的末法时期，传承宣说，让所有的众生都能明白如此义理，不能让天魔得其机会，乘虚而入，恼害行人，以保持禅心、覆护修行人得成无上道果。

“阿难，彼善男子修三摩地受阴尽者，虽未漏尽，心离其形，如鸟出笼，已能成就从是凡身上历菩萨六十圣位，得意生身[①]，随往无碍。譬如有人熟寐呓言，是人虽则无别所知，其言已成音韵伦次，令不寐者咸悟其语，此则名为想阴区宇。若动念尽，浮想销除，于觉明心，如去尘垢，一伦生死，首尾圆照，名想阴尽。是人则能超烦恼浊[②]。观其所由，融通妄想以为其本。

注释：

①意生身：非父母所生之身体，乃入圣位之菩萨为济度众生，依“意”所化生之身。

②按，六识缘尘与本识觉性，相织妄成。

译文：

“阿难，那些善男子修习三摩提受阴已尽者，虽未得漏尽，但心已能离开身体，犹鸟出笼一样，去住自由，已能成就以此凡夫身上历菩萨六十圣位，获得意生身，随意而往一切刹土，无有障碍。譬如有人在熟睡中说梦话，此人虽然自己一无所知，但其梦话已构成有音节次序的语言，使清醒的人都能领悟其意，此种定境名为想阴区宇。若六识种子妄动之念消尽，六识现行虚浮之想消除，则于第八本识之觉明心体，如同明镜除去了表面的尘垢，不再有想阴覆盖，故一切伦类众生的所有生死，从首至尾皆能圆照明了，这称为想阴消尽。这时修行者就能超越烦恼浊。回观想阴生起的因由，众生的融通妄想是其根本。

“阿难，彼善男子，受阴虚妙，不遭邪虑，圆定发明；三摩地中，心爱圆明，锐其精思，贪求善巧。尔时，天魔候得其便，飞精附人，口说经法。其人不觉是其魔著，自言谓得无上涅槃，来彼求巧善男子处敷座说法；其形斯须，或作比丘，令彼人见，或为帝释，或为妇女，或比丘尼，或寝暗室，身有光明。是人愚迷，惑为菩萨，信其教化；摇荡其心，破佛律仪，潜行贪欲。口中好言灾祥变异，或言如来某处出世，或言劫火，或言刀兵，恐怖于人，令其家资无故耗散。此名怪鬼，年老成魔，恼乱是人；厌足心生，去彼人体，弟子与师俱陷王难。汝当先觉，不入轮回，迷惑不知，堕无间狱。

译文：

“阿难，那些修禅定的善男子，受阴已破，正受虚妙，不再被受阴邪虑所惑，圆通妙定得以发明，离身无碍，见闻周遍；然而于此三摩地中，忽起一念，爱着圆明境界及其胜妙大用，故而锐力进行精研观思，贪求获得善巧方便。这时，天魔候得其人贪着爱求之便，飞遣精魅附在他人身上，口说经法。其人不知有魔附身，却自言已证得无上涅槃，并来到这位贪求善巧的善男子处敷座说法；其人形貌须臾之间，或现比丘身，令这位修禅定者看见以生信，或现为天帝释身，或为妇女身、比丘尼身等，或者寝于暗室而身有光明。这位修禅定者愚昧迷惑，以为是菩萨现身，相信他的教化；于是魔乃摇荡这人的定心，使他毁破佛制律仪，并且潜行淫欲。那个被魔附身的人，口中好言灾祥变异之事，或说如来在某处出世，或说将有劫火之灾，或说又有战争之难，以此灾异怪诞之事，使人恐怖，为求消灾免难，令其家财无故耗散。此名为怪鬼，年老成魔，受魔王遣使来恼乱修行者；若达目的则渐生厌足之心，便离开所附之人，而贪求善巧之弟子与为魔附体之邪师都陷于国法的制裁。你当预先觉知此等魔事，才不至于堕入轮回，如果迷惑不知，就会堕入无间地狱。

“阿难，又善男子受阴虚妙，不遭邪虑，圆定发明；三摩地中，心爱游荡，飞其精思，贪求经历。尔时，天魔候得其便，飞精附人，口说经法。其人亦不觉知魔著，亦言自得无上涅槃，来彼求游善男子处敷座说法；自形无变，其听法者忽自见身坐宝莲华，全体化成紫金光聚，一众听人各各如是，得未曾有。是人愚迷，惑为菩萨，淫逸其心，破佛律仪，潜行贪欲。口中好言诸佛应世，某处某人当是某佛化身来此；某人即是某菩萨等来化人间。其人见故，心生倾渴，邪见密兴，种智销灭。此名魃鬼，年老成魔，恼乱是人；厌足心生，去彼人体，弟子与师俱陷王难。汝当先觉，不入轮回，迷惑不知，堕无间狱。

译文：

"阿难，那些修禅定的善男子，受阴已破，正受虚妙，不再被受阴邪虑所惑，圆通妙定得以发明，离身无碍，见闻周遍；然而于此三摩地中，忽起一念贪着，心爱神通游戏，放荡自在，故而飞速进行精研观思，贪求经历十方刹土。这时，天魔候得其人贪着爱求之便，飞遣精魅附在他人身上，口说经法。其人不知有魔附身，也自言已证得无上涅槃，并来到这位贪求游历的善男子处敷座说法；此附魔者说法之时，自己形貌并无变化，而那些听法的人忽见自身坐于宝莲花上，全身变成紫金光色，会中所有的听众各如此，得未曾有。这位修禅定者愚昧迷惑，以为是菩萨现身，相信他的教化；于是魔使这人放纵淫逸之心，毁破佛制律仪，并且潜行淫欲。此附魔人口中好言诸佛应世，说某处某人当是某佛化身来此世间；某人即是某菩萨等来教化人间。贪求经历的修定者见此情景，就生出仰慕渴望之心，邪见暗自生起，菩提种智消灭。此名为魃鬼，年老成魔，受魔王遣使来恼乱修行者；若达目的则渐生厌足之心，便离开所附之人，而贪求经历之弟子与为魔附体之邪师都陷于国法的制裁。你当预先觉知此等魔事，才不至于堕入轮回，如果迷惑不知，就会堕入无间地狱。

“又善男子受阴虚妙，不遭邪虑，圆定发明；三摩地中，心爱绵溍[①]，澄其精思，贪求契合。尔时，天魔候得其便，飞精附人，口说经法。其人实不觉知魔著，亦言自得无上涅槃，来彼求合善男子处敷座说法；其形及彼听法之人，外无迁变，令其听者未闻法前，心自开悟，念念移易；或得宿命，或有他心，或见地狱，或知人间好恶诸事，或口说偈，或自诵经，各各欢娱，得未曾有。是人愚迷，惑为菩萨，绵爱其心，破佛律仪，潜行贪欲。口中好言佛有大小，某佛先佛，某佛后佛，其中亦有真佛、假佛、男佛、女佛，菩萨亦然。其人见故，洗涤本心，易入邪悟。此名魅鬼，年老成魔，恼乱是人；厌足心生，去彼人体，弟子与师俱陷王难。汝当先觉，不入轮回，迷惑不知，堕无间狱。

注释：

①溍（wěn）：“涩”的异体字，意为“符合”。下同。

译文：

“又那些修禅定的善男子，受阴已破，正受虚妙，不再被受阴邪虑所惑，圆通妙定得以发明，离身无碍，见闻周遍；然而于此三摩地中，忽起一念贪着，心爱定力绵密不断，吻合妙用，故而澄心进行精研观思，贪求上契至理，下合妙用。这时，天魔候得其人贪着爱求之便，飞遣精魅附在他人身上，口说经法。其人实不知有魔附身，也自言已证得无上涅槃，并来到这位贪求契合的善男子处敷座说法；此附魔者说法之时，其形貌以及那些听法人的形貌都没有变化，但能使听法者在未闻法之前，心自然开悟，且能念念变化妙用；或得相似宿命通，或得相似他心通，或见地狱，或能知晓人间善恶诸事，或者口说偈语，或者自诵经文，令听法众各欢喜快乐，得未曾有。这位修禅定者愚昧迷惑，以为是菩萨现身，缠绵亲爱其心；乃至随其所教，而毁破佛制律仪，并且潜行淫欲。此附魔人口中好言佛有大、小之分，说某佛是先佛，某佛是后佛，还说其中也有真佛、假佛、男佛、女佛，菩萨也是如此。贪求契合的修定者见此情景，就洗涤本所修心，改变本修而堕入邪悟了。此名为魅鬼，年老成魔，受魔王遣使来恼乱修行者；若达目的则渐生厌足之心，便离开所附之人，而贪求契合之弟子与为魔附体之邪师都陷于国法的制裁。你当预先觉知此等魔事，才不至于堕入轮回，如果迷惑不知，就会堕入无间地狱。

“又善男子受阴虚妙，不遭邪虑，圆定发明；三摩地中，心爱根本，穷览物化，性之终始，精爽其心，贪求辨析。尔时，天魔候得其便，飞精附人，口说经法。其人先不觉知魔著，亦言自得无上涅槃，来彼求元善男子处敷座说法；身有威神，摧伏求者，令其座下，虽未闻法，自然心伏。是诸人等，将佛涅槃、菩提、法身即是现前我肉身上，父父子子递代相生即是法身常住不绝，都指现在即为佛国，无别净居及金色相。其人信受，亡失先心，身命归依，得未曾有。是等愚迷，惑为菩萨，推究其心，破佛律仪，潜行贪欲。口中好言眼、耳、鼻、舌皆为净土，男女二根即是菩提、涅槃真处，彼无知者，信是秽言。此名蛊毒魇胜恶鬼，年老成魔，恼乱是人；厌足心生，去彼人体，弟子与师俱陷王难。汝当先觉，不入轮回，迷惑不知，堕无间狱。

译文：

“又那些修禅定的善男子，受阴已破，正受虚妙，不再被受阴邪虑所惑，圆通妙定得以发明，离身无碍，见闻周遍；然而于此三摩地中，忽起一念贪着，心爱追究万物之元始根本，穷研遍观万物变化、物性始终，故而精明其心，贪求辨析。这时，天魔候得其人贪着爱求之便，飞遣精魅附在他人身上，口说经法。此人先不知有魔附身，也自言已证得无上涅槃，并来到这位贪求辨析的善男子处敷座说法；因魔力的作用，此附魔者诈现身有威严神通之力，摧伏贪求辨析本元的修定人，使他在座下，虽未闻法，就已自然心服。这些人将佛所证的涅槃、菩提、法身，认为就是在现前我们的肉身上，父父子子递代相生即是法身常住不绝，并指现在世界就是佛国，此外别无依报庄严之净居土和正报庄严之金色佛身相。贪求辨析的修定者，信受此等邪说，亡失了先前定心，以身命归依此邪师，还以为得未曾有。这些人愚昧迷惑，以为是菩萨现身，推究其心之所好而顺承其教，毁破佛制律仪，并且潜行淫欲。此附魔人口中好言眼、耳、鼻、舌等根都是净土，男、女二根即是菩提、涅槃的真处所，那些无知之人，相信了这些秽言。此名为蛊毒魇胜恶鬼，年老成魔，受魔王遣使来恼乱修行者；若达目的则渐生厌足之心，便离开所附之人，而贪求契合之弟子与为魔附体之邪师都陷于国法的制裁。你当预先觉知此等魔事，才不至于堕入轮回，如果迷惑不知，就会堕入无间地狱。

“又善男子受阴虚妙，不遭邪虑，圆定发明；三摩地中，心爱悬应，周流精研，贪求冥感。尔时，天魔候得其便，飞精附人，口说经法。其人元不觉知魔著，亦言自得无上涅槃，来彼求应善男子处敷座说法；能令听众暂见其身如百千岁，心生爱染，不能舍离，身为奴仆，四事供养[①]，不觉疲劳。各各令其座下人心知是先师、本善知识，别生法爱，黏如胶漆，得未曾有。是人愚迷，惑为菩萨，亲近其心，破佛律仪，潜行贪欲。口中好言，我于前世于某生中先度某人，当时是我妻妾兄弟，今来相度，与汝相随归某世界，供养某佛；或言别有大光明天，佛于中住，一切如来所休居地。彼无知者，信是虚诳，遗失本心。此名疠鬼，年老成魔，恼乱是人；厌足心生，去彼人体，弟子与师俱陷王难。汝当先觉，不入轮回，迷惑不知，堕无间狱。

注释：

①四事：供给资养佛、僧等日常生活所需的衣服、饮食、卧具、医药等。

译文：

“又那些修禅定的善男子，受阴已破，正受虚妙，不再被受阴邪虑所惑，圆通妙定得以发明，离身无碍，见闻周遍；然而于此三摩地中，忽起一念贪着，心爱悬远感应，故而周遍流览，精研观思，贪求冥感。这时，天魔候得其人贪着爱求之便，飞遣精魅附在他人身上，口说经法。此人本不知有魔附身，也自言已证得无上涅槃，并来到这位贪求冥感的善男子处敷座说法；因魔力的作用，此附魔者能使听众一时见其身形像是上百上千岁的有道之人，从而使人心生爱慕，不能舍离，甘愿以身做奴，四事供养，也不觉疲劳。同时，此附魔者又使座下的听众心里相信他就是前世的师父、宿世的善知识，从而特别生出一种法眷情爱，如胶似漆，黏不可解，前所未有。这位修禅定者愚昧迷惑，以为是菩萨现身，亲近其心，旦夕相染，乃至毁破佛制律仪，并且潜行淫欲。此附魔人口中好言，我于前世于某生中先度某人，当时是我的妻妾兄弟等，今天特来度化，与你们相随一起归于某一世界，供养某佛；或者说，别有一大光明天，佛居住其间，这是一切如来所休止居住的地方。那些无知之人，相信了这些虚诳之言，遗失了本修定心。此名为疠鬼，年老成魔，受魔王遣使来恼乱修行者；若达目的则渐生厌足之心，便离开所附之人，而贪求冥感之弟子与为魔附体之邪师都陷于国法的制裁。你当预先觉知此等魔事，才不至于堕入轮回，如果迷惑不知，就会堕入无间地狱。

“又善男子受阴虚妙，不遭邪虑，圆定发明；三摩地中，心爱深入，克己辛勤，乐处阴寂，贪求静谧[①]。尔时，天魔候得其便，飞精附人，口说经法。其人本不觉知魔著，亦言自得无上涅槃，来彼求阴善男子处敷座说法；令其听人各知本业，或于其处语一人言‘汝今未死，已作畜生’，敕使一人于后蹋尾，顿令其人起不能得，于是一众倾心钦伏。有人起心，已知其肇；佛律仪外，重加精苦；诽谤比丘，骂詈徒众，讦露人事[②]，不避讥嫌。口中好言未然祸福，及至其时，毫发无失。此大力鬼，年老成魔，恼乱是人；厌足心生，去彼人体，弟子与师俱陷王难。汝当先觉，不入轮回，迷惑不知，堕无间狱。

注释：

①谧（mì）：寂静。

②讦（jié）：揭发、攻击他人的隐私、过错或短处。

译文：

“又那些修禅定的善男子，受阴已破，正受虚妙，不再被受阴邪虑所惑，圆通妙定得以发明，离身无碍，见闻周遍；然而于此三摩地中，忽起一念贪着，心爱穷极深入之禅寂，故而克己勤修，乐处阴隐寂静之处，贪求静谧。这时，天魔候得其人贪着爱求之便，飞遣精魅附在他人身上，口说经法。此人本不知有魔附身，也自言已证得无上涅槃，并来到这位贪求静谧的善男子处敷座说法；因魔力的作用，此附魔者能使听众各自知道前世本业，或者在说法处对一听众说‘你现在虽然没有死，但已经成为畜生’，并让另一人于其背后踏住其尾部，此人立刻就不能起身，于是一会听众无不诚心悦服。有人起一心念，他立刻知晓其起因；在佛制律仪之外，又增加许多精刻苦行；还诽谤比丘，责骂徒众，披露别人的隐私，不避讥嫌。此附魔人口中好言未来的祸福之事，到时一一皆应验，毫发无差。此是大力鬼，年老成魔，受魔王遣使来恼乱修行者；若达目的则渐生厌足之心，便离开所附之人，而贪求静谧之弟子与为魔附体之邪师都陷于国法的制裁。你当预先觉知此等魔事，才不至于堕入轮回，如果迷惑不知，就会堕入无间地狱。

“又善男子受阴虚妙，不遭邪虑，圆定发明；三摩地中，心爱知见，勤苦研寻，贪求宿命。尔时，天魔候得其便，飞精附人，口说经法。其人殊不觉知魔著，亦言自得无上涅槃，来彼求知善男子处敷座说法；是人无端于说法处得大宝珠。其魔或时化为畜生，口衔其珠及杂珍宝、简册符牍诸奇异物，先授彼人，后著其体。或诱听人，藏于地下有明月珠，照耀其处，是诸听者得未曾有。多食药草，不餐嘉馔，或时日餐一麻一麦，其形肥充，魔力持故；诽谤比丘，骂詈徒众，不避讥嫌。口中好言他方宝藏、十方圣贤潜匿之处，随其后者，往往见有奇异之人。此名山林、土地、城隍、川岳鬼神，年老成魔，或有宣淫，破佛戒律，与承事者，潜行五欲；或有精进，纯食草木，无定行事，恼乱是人；厌足心生，去彼人体，弟子与师多陷王难。汝当先觉，不入轮回，迷惑不知，堕无间狱。

译文：

“又那些修禅定的善男子，受阴已破，正受虚妙，不再被受阴邪虑所惑，圆通妙定得以发明，离身无碍，见闻周遍；然而于此三摩地中，忽起一念贪着，心爱宿命知见，故而勤苦研究观寻，贪求宿命。这时，天魔候得其人贪着爱求之便，飞遣精魅附在他人身上，口说经法。此人实不知有魔附身，也自言已证得无上涅槃，并来到这位贪求宿命的善男子处敷座说法；此附魔人无端于说法处得到大宝珠，显其瑞应。此魔有时化作畜生，口中衔着宝珠以及杂色珍宝，或简册符牍等多种奇珍异物，此畜生先将珍宝授予那人，然后就附着在那人身体上。此附魔人有时又诱惑听众说，有明月珠藏于地下，其地果然就有珠光照耀，听法的人眼见此事，大为叹服，得未曾有。此附魔人多食草药，不吃饭菜，有时一日只吃一麻一麦，其身体反而肥壮，这都是魔力所持的原故；还诽谤比丘，责骂徒众，不避讥嫌。此附魔人口中好言某地藏有宝藏，某地有圣贤在潜修，随他去看，往往见到奇异之人。此名为山林、土地、城隍、川岳鬼神，年老成魔，附体于人，或者宣讲淫秽之行，毁破佛制律仪，并与承事他的弟子潜行世间五欲之事；或行无益的精进，纯食草木，令人仿效，或者行事没有定规，恼乱修行者；若达目的则渐生厌足之心，便离开所附之人，而贪求宿命之弟子与为魔附体之邪师都陷于国法的制裁。你当预先觉知此等魔事，才不至于堕入轮回，如果迷惑不知，就会堕入无间地狱。

“又善男子受阴虚妙，不遭邪虑，圆定发明；三摩地中，心爱神通种种变化，研究化元，贪取神力。尔时，天魔候得其便，飞精附人，口说经法。其人诚不觉知魔著，亦言自得无上涅槃，来彼求通善男子处敷座说法；是人或复手执火光，手撮其光，分于所听四众头上，是诸听人顶上火光皆长数尺，亦无热性，曾不焚烧；或水上行，如履平地；或于空中安坐不动；或入瓶内，或处囊中，越牖透垣[①]，曾无障碍；惟于刀兵，不得自在。自言是佛，身著白衣，受比丘礼，诽谤禅律，骂詈徒众，讦露人事，不避讥嫌。口中常说神通自在，或复令人旁见佛土，鬼力惑人，非有真实；赞叹行淫，不毁粗行，将诸猥媟以为传法。此名天地大力山精、海精、风精、河精、土精、一切草木积劫精魅，或复龙魅，或寿终仙再活为魅，或仙期终，计年应死，其形不化，他怪所附，年老成魔，恼乱是人；厌足心生，去彼人体，弟子与师多陷王难。汝当先觉，不入轮回，迷惑不知，堕无间狱。

注释：

①牖（yǒu）：窗户。

译文：

“又那些修禅定的善男子，受阴已破，正受虚妙，不再被受阴邪虑所惑，圆通妙定得以发明，离身无碍，见闻周遍；然而于此三摩地中，忽起一念贪着，心爱神通种种变化，故而研究变化之根元，贪取神力。这时，天魔候得其人贪着爱求之便，飞遣精魅附在他人身上，口说经法。此人诚不知有魔附身，也自言已证得无上涅槃，并来到这位贪求神通的善男子处敷座说法；此附魔人有时手拿火光，用手撮取火光分置于所有听讲的四众头上，所有听众头顶上的火光都高数尺，但却没有热的感觉，也不焚烧头顶；此人有时在水上走，如履平地；有时又安坐于空中不动；有时又进入瓶内，有时又进入袋中，有时又越壁穿墙，全无障碍；唯有对于刀兵之事还不得自在。他自称是佛，身着俗家白衣，受出家人礼拜；又诽谤禅律，责骂徒众，披露他人的隐私，不避讥嫌。此附魔人口中常说神通自在，有时又使人在旁观见佛国净土，这都是魔鬼之力迷惑众人，并非真实的存在；他赞叹行淫，不毁粗鄙之行，将种种猥亵邪淫的行为作为传法。此名为天地大力山精、海精、风精、河精、土精及一切草木积劫所成的精魅，或者是龙魅，或者是寿终之仙再活为魅；或者仙寿将终，计算年限当死，但其形体不化，被其他精怪所附，如此等等，年老成魔，受魔王遣使来恼乱修行者；若达目的则渐生厌足之心，便离开所附之人，而贪求神通之弟子与为魔附体之邪师都陷于国法的制裁。你当预先觉知此等魔事，才不至于堕入轮回，如果迷惑不知，就会堕入无间地狱。

“又善男子受阴虚妙，不遭邪虑，圆定发明；三摩地中，心爱入灭，研究化性，贪求深空。尔时，天魔候得其便，飞精附人，口说经法。其人终不觉知魔著，亦言自得无上涅槃，来彼求空善男子处敷座说法；于大众内，其形忽空，众无所见，还从虚空突然而出，存没自在；或现其身洞如琉璃，或垂手足作旃檀气，或大小便如厚石蜜，诽毁戒律，轻贱出家。口中常说‘无因无果，一死永灭，无复后身及诸凡圣’；虽得空寂，潜行贪欲，受其欲者，亦得空心，拨无因果。此名日月薄蚀精气，金玉、芝草、麟、凤、龟、鹤，经千万年不死为灵，出生国土，年老成魔，恼乱是人；厌足心生，去彼人体，弟子与师多陷王难。汝当先觉，不入轮回，迷惑不知，堕无间狱。

译文：

“又那些修禅定的善男子，受阴已破，正受虚妙，不再被受阴邪虑所惑，圆通妙定得以发明，离身无碍，见闻周遍；然而于此三摩地中，忽起一念贪着，心爱进入灭色归空之境，故而研究万物变化之本性，贪求深空境界。这时，天魔候得其人贪着爱求之便，飞遣精魅附在他人身上，口说经法。此人终不知有魔附身，也自言已证得无上涅槃，并来到这位贪求神通的善男子处敷座说法；此附魔人大众中，其身形忽空，众人一无所见，其人又从虚空中突然而出，或现身或没身都很自在；或者又显现身体透明如同琉璃，又显现手足发出旃檀香气，或显现大小便如同厚石蜜一样甘甜；又诽谤佛制律仪，轻贱出家人。此附魔人口中常说'无因无果，人一死就永远灭亡，并没有再转生的后身，也没有凡圣迷悟的差别'；虽然获得断灭的空寂境界，却潜行淫欲，受其贪欲法而与其一起行欲之人，也得到空心的体验，也相信无因无果之邪说。此名为日月薄蚀精气贯注，滋养于金玉、芝草以及麟、凤、龟、鹤等，经过千万年不死而变成精灵，出生于国土世间，年老成魔，受魔王遣使来恼乱修行者；若达目的则渐生厌足之心，便离开所附之人，而贪求深空之弟子与为魔附体之邪师都陷于国法的制裁。你当预先觉知此等魔事，才不致于堕入轮回，如果迷惑不知，就会堕入无间地狱。

"又善男子受阴虚妙，不遭邪虑，圆定发明；三摩地中，心爱长寿，辛苦研几，贪求永岁，弃分段生，顿希变易，细相常住。尔时，天魔候得其便，飞精附人，口说经法。其人竟不觉知魔著，亦言自得无上涅槃，来彼求生善男子处敷座说法；好言他方往还无滞，或经万里，瞬息再来，皆于彼方取得其物；或于一处、在一宅中，数步之间令其从东诣至西壁，是人急行，累年不到；因此心信，疑佛现前。口中常说‘十方众生皆是吾子，我生诸佛，我出世界，我是元佛，出世自然，不因修得’。此名住世自在天魔，使其眷属，如遮文茶及四天王毗舍童子，未发心者，利其虚明，食彼精气；或不因师，其修行人亲自观见，称执金刚与汝长命，现美女身，盛行贪欲，未逾年岁，肝脑枯竭；口兼独言，听若妖魅。前人未详，多陷王难，未及遇刑，先已干死。恼乱彼人，以至殂殒。汝当先觉，不入轮回，迷惑不知，堕无间狱。

译文：

“又那些修禅定的善男子，受阴已破，正受虚妙，不再被受阴邪虑所惑，圆通妙定得以发明，离身无碍，见闻周遍；然而于此三摩地中，忽起一念贪着，心爱长寿，故而辛苦研究身心气脉之几微动相，贪求永世寿岁，摒弃分段生死，立刻获得变易生死，微细生相得以常住。这时，天魔候得其人贪着爱求之便，飞遣精魅附在他人身上，口说经法。此人竟不知有魔附身，也自言已证得无上涅槃，并来到这位贪求长寿的善男子处敷座说法；此附魔人好言他方往来无有阻碍，或去万里之外，瞬息就可回来，且在他方取得物品作为证明；或者在某处的宅舍中，于不过数步长的屋中，让一人从东壁走到西壁，此人急行，但累年也走不到；因为看到这些情景而对附魔人生起信心，怀疑是佛显现于前。此附魔人口中常说'十方一切众生都是我子，我生出诸佛，我创造出世界，我是最初的元佛，自然而然出现于世间，并非因修习而证得'。此名为住世自在天魔，遣使其眷属如遮文荼及四天王所统属的毗舍童子等未发护法心者，利用修行人定心之虚明，来吸食精气；或者不因循师父教授，修行者亲自观见魔王现身，口称执金刚菩萨赐予你长命之法，身同金刚，并现为美女身，与修行者广行淫欲，未到一年，其行人精气被吸啖而肝脑枯竭；口中又喃喃自语，别人听之如妖魅声。因为现前修定者未能详察被魔迷惑，多会陷于国法的制裁，然而未及遭刑戮就已经先干死。此魔如此恼乱修行人，直至其死亡为止。你当预先觉知此等魔事，才不至于堕入轮回，如果迷惑不知，就会堕入无间地狱。

"阿难当知，是十种魔于末世时，在我法中出家修道，或附人体，或自现形，皆言已成正遍知觉；赞叹淫欲，破佛律仪，先恶魔师与魔弟子淫淫相传，如是邪精，魅其心腑，近则九生，多逾百世，令真修行总为魔眷，命终之后，必为魔民，失正遍知，堕无间狱。汝今未须先取寂灭，纵得无学，留愿入彼末法之中，起大慈悲，救度正心深信众生，令不著魔，得正知见。我今度汝已出生死，汝遵佛语，名报佛恩。阿难，如是十种禅那现境，皆是想阴用心交互，故现斯事。众生顽迷，不自忖量，逢此因缘，迷不自识，谓言登圣，大妄语成，堕无间狱。汝等必须将如来语，于我灭后，传示末法，遍令众生开悟斯义，无令天魔得其方便，保持覆护，成无上道。”

译文：

“阿难，你应当知道，这十种魔于末法之世，将在我佛法中假示出家修道，或者附于别人身体上，或者自己现形，都自言已成正遍知正觉；称赞淫欲，毁破佛制律仪，且自起初恶魔所附之师与魔弟子以淫法相授，淫淫相传，如此则邪魔精灵迷魅了修行者的心腑，近则九生，多则百世，令真修行的人总是成为魔的眷属，命终之后，又成为魔民，失去了正遍知的觉心，堕入无间地狱。你现在不须先取寂灭入涅槃，纵然证得无学圣道，也要发愿留住世间进入末法世中，起大慈悲，救度具有正心、深信佛法的众生，使他们不着于魔，获得正知见。我现在度化你已经出离生死苦海，你当遵循佛之教言，此名报佛深恩。阿难，以上所说的十种禅定中所出现的境界，都是想阴将破而未破之时，正定禅观与习气妄想两种用心交互陵替，故显现如此境界。众生顽迷无知，不自思量，逢此暂现的境界因缘，迷昧不能自识，便妄言已证得圣位，于是成为大妄语，堕入无间地狱。你们必须将如来宣说的法语，在如来灭度后的末法时期，传承宣说，让所有的众生都能明白如此义理，不能让天魔得其机会，乘虚而入，恼害行人，以保持禅心、覆护修行人得成无上道果。”

卷 十

本卷内容首先是“五十阴魔”之行阴魔中的十种外道邪计（无因论、圆常论、一分常论、有边论、四种颠倒不死矫乱遍计虚论、立五阴中死后有相心颠倒论、立五阴中死后无相心颠倒论、立五阴中死后俱非心颠倒论、立五阴中死后断灭心颠倒论、立五阴中五现涅槃心颠倒论），以及识阴魔中的十种邪执（因所因执、能非能执、常非常执、知无知执、生无生执、归无归执、贪非贪执、真无真执、定性声闻执、定性辟支佛执）。最后，佛告诫会中大众应当多方教导末世众生正确认识上述五阴诸魔的真相，重申末世修禅持诵楞严咒佛以除魔事的重要性。此时，阿难又提出了三个问题：一是五阴为何以妄想为本？二是五阴是一并消除，还是次第消尽？三是五阴的边际界限？佛对此作了解答，特别指出五阴是次第生起，其生先从识阴开始次第而有，其灭则先从色阴开始次第消除，“理则顿悟，乘悟并消；事非顿除，因次第尽”。至此，本经“正宗分”圆满。其后部分是全经的“流通分”，佛讲述了弘扬、持诵《楞严经》和“楞严咒”所获得的无量功德利益，告诫大众要将此法门开示给末世众生。

“阿难，彼善男子修三摩提想阴尽者，是人平常梦想销灭，寤寐恒一，觉明虚静，犹如晴空，无复粗重前尘影事，观诸世间大地山河，如镜鉴明，来无所黏，过无踪迹，虚受照应，了罔陈习，唯一精真。生灭根元，从此披露，见诸十方十二众生，毕殚其类；虽未通其各命由绪，见同生基，犹如野马，熠熠清扰[①]，为浮尘根究竟枢穴，此则名为行阴区宇。若此清扰熠熠元性，性入元澄，一澄元习，如波澜灭，化为澄水，名行阴尽。是人则能超众生浊[②]。观其所由，幽隐妄想以为其本。

注释：

①熠熠（yì）：光耀，闪耀。

②按，想行相织，成众生浊。

译文：

“阿难，那些善男子修习三摩提想阴已尽者，此人平常睡时之梦和醒时之想都已消除灭尽，醒和睡时定心恒一，安住于觉明虚静之境，犹如晴空之明净，再也没有粗重的前尘影事呈现，观一切世间的山河大地，犹如明镜照映物象，来无黏连，去无踪迹，此时心之触境不过是虚受照应而已，心识中了无陈旧习气，唯是一识精真体，湛然独存。由此，一切万有的生灭根元——行阴之体从此披开显露，得以观见十方世界的十二类众生，全部穷尽各类众生的生灭根由；虽然还未通达众生各别性命的因由端绪，但已见到他们同分生死的根基——行阴，就如同虚幻的野马尘埃，在清虚中轻清扰动，熠熠闪烁，生灭不停，这是一切众生浮根四尘迁流、转依的究竟枢穴和关键，此种定境名为行阴区宇。如果此轻清扰动、熠熠生灭之根元体性，因定力转深，其性入于本元澄湛之藏识，一旦澄净了行阴本元之种子和习气，就如波澜平息，化为澄清的止水，这称为行阴消尽。这时修行者就能超越众生浊。回观行阴生起的因由，众生的幽隐妄想是其根本。

“阿难当知，是得正知奢摩他中，诸善男子，凝明正心，十类天魔不得其便，方得精研，穷生类本。于本类中，生元露者，观彼幽清圆扰动元，于圆元中起计度者，是人坠入二无因论。一者，是人见本无因。何以故？是人既得生机全破，乘于眼根八百功德，见八万劫所有众生业流湾环，死此生彼，只见众生轮回其处，八万劫外冥无所观，便作是解：此等世间十方众生，八万劫来无因自有。由此计度，亡正遍知，堕落外道，惑菩提性。

译文：

“阿难，你应当知道，那些得到正知禅定的善男子，正心凝定，觉照常明，因为想阴已破、不遭邪虑，故十类天魔不得其可乘之便，方得精研穷究十二类众生的生灭根本。于修行者本类中，想阴既破，行阴即现，则生灭根元得以显露，这时修行者于禅定中观彼行阴幽隐轻清之扰动，并圆遍观察十二类众生之扰动根元，于圆扰群动的根元生起计度心，误执为胜性，此修行者便堕入二种无因论。第一，此人持本无因论。为什么呢？此人既得将作为生机根本的浮根四尘全部破除，生灭根元行阴全然显露，故于定中，依凭眼根的八百功德，得见八万劫中的所有众生，随着业力之流而湾转回环，死于此而又生于彼，但见众生轮回在其间，然而他对于八万劫以外则冥然莫知，无所观见，于是他就作这样的理解：此等世间的十方众生，自八万劫以来都无因自有。此人由于这样计度，就亡失了正遍知，堕入外道的无因论邪见，从而迷失了菩提真性。

“二者，是人见末无因。何以故？是人于生既见其根，知人生人，悟鸟生鸟，乌从来黑，鹄从来白，人天本竖，畜生本横，白非洗成，黑非染造，从八万劫无复改移。今尽此形，亦复如是，而我本来不见菩提，云何更有成菩提事？当知今日一切物象皆本无因。由此计度，亡正遍知，堕落外道，惑菩提性。是则名为第一外道立无因论。

译文：

“第二，此人持末无因论。为什么呢？此人从诸类生命中，既见八万劫前本来无根，无因而有，知道人自然生人，悟知鸟自然生鸟，乌鸦从来自然是黑的，鹄从来自然是白的，人和天人本来就竖着行走，畜生本来就横着行走，白不是洗成的，黑也不是染造的，乃是自然而然，从八万劫以来就未曾改变过。今尽未来际，此形也是如此，而我本来八万劫前就不见十二类众生从菩提性起，如何还有八万劫之后成就菩提之事呢？由此应当知道，现在的一切物象都是本来无因而自有。此人由于如此计度，就亡失了正遍知，堕入外道的无因论邪见，从而迷失了菩提真性。这就是第一外道所创立的无因论。

“阿难，是三摩中诸善男子，凝明正心，魔不得便，穷生类本，观彼幽清常扰动元，于圆常中起计度者，是人坠入四遍常论。一者，是人穷心境性，二处无因；修习能知二万劫中十方众生所有生灭，咸皆循环，不曾散失，计以为常。二者，是人穷四大元，四性常住；修习能知四万劫中十方众生所有生灭，咸皆体恒，不曾散失，计以为常。三者，是人穷尽六根、末那、执受，心意识中，本元由处，性常恒故；修习能知八万劫中一切众生循环不失，本来常住，穷不失性，计以为常。四者，是人既尽想元，生理更无，流止运转，生灭想心，今已永灭，理中自然成不生灭，因心所度，计以为常。由此计常，亡正遍知，堕落外道，惑菩提性。是则名为第二外道立圆常论。

译文：

“阿难，你应当知道，那些在禅定中的善男子，正心凝定，觉照常明，因为想阴已破、不遭邪虑，故十类天魔不得其可乘之便，修行者于禅定中穷究十二类众生的生灭根本，观彼行阴幽隐轻清之扰动，并圆遍观察十二类众生之扰动根元，于行阴之圆遍、相续常相中生起计度心，误执为胜性，此修行者便堕入四种遍常论。第一，此人穷究心和境的根元之性，认为心和境二处都无生因；依此修习能知两万劫中十方众生的所有生灭，都是循环往复，相续不断，未曾散失，此人因此妄计心、境二性是遍常。第二，此人穷究四大为生灭变化之根元，认为四大之性常住不灭；依此修习能知四万劫中十方众生的所有生灭都从四大而来，而四大本身皆体性恒常，未曾散失，此人因此妄计四大之性是遍常。第三，此人穷究六根、第七末那识以及执受根身器界种子的第八识，以为此心、意、识中的本元生起之处，其性恒常不变；依此修习能知八万劫中一切众生之生灭循环往复，未曾散失，而循环之根元八识则本来常住，穷此循环也不失其性，此人因此妄计八识之性是遍常。第四，此人既然已尽想阴之根元，想阴生起之理更不复有流止运转，生灭之想心现已永远灭除，从理上说自然成就了不生灭性，因此妄心揣度，妄计此行阴的不生灭性是遍常。此人由于如此计度，就亡失了正遍知，堕入外道的遍常论邪见，从而迷失了菩提真性。这就是第二外道所创立的圆常论。

“又三摩中诸善男子，坚凝正心，魔不得便，穷生类本，观彼幽清常扰动元，于自、他中起计度者，是人坠入四颠倒见，一分无常，一分常论。一者，是人观妙明心遍十方界，湛然以为究竟神我；从是则计我遍十方，凝明不动，一切众生于我心中自生自死，则我心性名之为常；彼生灭者，真无常性。二者，是人不观其心，遍观十方恒沙国土，见劫坏处，名为究竟无常种性，劫不坏处名究竟常。三者，是人别观我心精细微密，犹如微尘，流转十方，性无移改，能令此身即生即灭，其不坏性名我性常；一切死生从我流出，名无常性。四者，是人知想阴尽，见行阴流，行阴常流，计为常性；色、受、想等今已灭尽，名为无常。由此计度，一分无常、一分常故，堕落外道，惑菩提性。是则名为第三外道一分常论。

译文：

“又那些在禅定中的善男子，正心坚凝，因为想阴已破、不遭邪虑，故十类天魔不得其可乘之便，修行者于禅定中穷究十二类众生的生灭根本，观彼行阴幽隐轻清之扰动，并圆遍观察十二类众生之扰动根元，对于自、他生起计度心，此修行者便堕入四颠倒见，计执诸法是一部分无常，一部分恒常。第一，此人观行阴之幽清境相而误作是妙明真心，遍及十方世界而湛然不动，以为此即是最究竟的神我；由此而妄计神我遍及十方世界，凝常、明净而不动，一切众生都在我心中自生自死，这样，则我的心性即是真常性，那些生灭的众生则是真无常性。第二，此人不观其自心，而遍观十方恒河沙国土，但见被劫末三灾所坏之处的国土众生即认为是究竟无常种姓，而对于劫末三灾所不能坏处的国土众生即认为是究竟真常种姓。第三，此人又别为观察自心，见行阴根本动相精细，行相微密，犹如极微尘，妄计为微细我，此微细我虽然流转十方，不断地起惑、造业、受报，然其性并无移改，能令此身在流转中即生即灭，而其不坏性名之为我性真常；而一切从‘我性’流出的有生有死之身体，名之为无常性。第四，此人观知想阴已尽，现见行阴迁流不息，便将此行阴之常流，妄计为常性；将已消尽的色、受、想三阴，妄计为无常。此人由于如此计度，妄认一分有常、一分无常之论，堕入外道邪见，从而迷失了菩提真性。这就是第三外道所创立的一分常论。

“又三摩中诸善男子，坚凝正心，魔不得便，穷生类本，观彼幽清常扰动元，于分位中生计度者[①]，是人坠入四有边论。一者，是人心计生元流用不息，计过、未者，名为有边；计相续心，名为无边。二者，是人观八万劫，则见众生；八万劫前，寂无闻见。无闻见处，名为无边；有众生处，名为有边。三者，是人计我遍知，得无边性；彼一切人现我知中，我曾不知彼之知性，名彼不得无边之心，但有边性。四者，是人穷行阴空，以其所见心路筹度一切众生，一身之中计其咸皆半生半灭；明其世界一切所有，一半有边，一半无边。由此计度有边、无边，堕落外道，惑菩提性。是则名为第四外道立有边论。

注释：

①分位：指四种分位，即三际分位、见闻分位、彼我分位、生灭分位。

译文：

“又那些在禅定中的善男子，正心坚凝，因为想阴已破、不遭邪虑，故十类天魔不得其可乘之便，修行者于禅定中穷究十二类众生的生灭根本，观彼行阴幽隐轻清之扰动，并圆遍观察十二类众生之扰动根元，于四种分位中生起计度心，此修行者便堕入四有边论。第一，此人心中计执生灭本元之行阴相续迁流，业用不息，于是计度过去心已灭、未来心未至，名之为有边；现在相续心从无间断，名之为无边。第二，此人定中观察八万劫之内，则众生生灭不息；观八万劫之前，则寂然无有闻见。将此八万劫前无闻见处，名之为无边；八万劫内有众生处，名之为有边。第三，此人计执行阴为真我，以为真我遍知一切，而得其无边性；其他一切人都现于我的知性范围之中，但我却不能知道彼众生的知性，可见他们的知性必定是有边的，因其知性不能达于我之知性，因此当说彼众生没有得到无边之心，仅只是有边性。第四，此人穷究行阴，欲求灭除，于禅定中，觉得已将行阴灭除，但出定后，行阴又生起。此人即以其禅定所见之心路来筹量计度一切众生，认为众生的一生身之中，都是半生灭半不生灭；由此判定，世界中所有一切都是一半有边、一半无边。此人由于如此计度有边、无边，堕入外道邪见，从而迷失了菩提真性。这就是第四外道所创立的有边论。

“又三摩中诸善男子，坚凝正心，魔不得便，穷生类本，观彼幽清常扰动元，于知见中生计度者，是人坠入四种颠倒不死矫乱、遍计虚论。一者，是人观变化元，见迁流处，名之为变；见相续处，名之为恒；见所见处，名之为生；不见见处，名之为灭；相续之因，性不断处，名之为增；正相续中，中所离处，名之为减；各各生处，名之为有；互互亡处，名之为无。以理都观，用心别见。有求法人来问其义，答言‘我今亦生亦灭，亦有亦无，亦增亦减’。于一切时皆乱其语，令彼前人遗失章句。二者，是人谛观其心互互无处，因‘无’得证。有人来问，唯答一字，但言其‘无’，除‘无’之余，无所言说。三者，是人谛观其心各各有处，因‘有’得证。有人来问，唯答一字，但言其‘是’，除‘是’之余，无所言说。四者，是人有、无俱见，其境枝故，其心亦乱。有人来问，答言‘亦有即是亦无，亦无之中不是亦有’。一切矫乱，无容穷诘。由此计度，矫乱虚无，堕落外道，惑菩提性。是则名为第五外道四颠倒性不死矫乱、遍计虚论。

译文：

“又那些在禅定中的善男子，正心坚凝，因为想阴已破、不遭邪虑，故十类天魔不得其可乘之便，修行者于禅定中穷究十二类众生的生灭根本，观彼行阴幽隐轻清之扰动，并圆遍观察十二类众生之扰动根元，于定中所得的知见中生起计度心，此修行者便堕入四种颠倒不死矫乱、遍计虚论。第一，此人于定中观察变化本元之行阴，见其迁流相之处，名之为变；见其相续性之处，名之为恒；见八万劫内能见之处，名之为生；八万劫外不能见之处，名之为灭；行阴相续之因，其性不断之处，名之为增；正相续时，中间的分开之处，名之为减；见众生各有其生处，名之为有；见众生各有其亡处，名之为无。虽然都以行阴之理总观，以行者用心之别而有不同的知见。当有求法之人前来询问修证之义，此人即回答‘我今亦生亦灭，亦有亦无，亦增亦减’。无论什么时候，此人的回答都是如此矫乱其语，使前来求法的人迷失言辞正理，知见淆乱，无所适从。第二，此人细致观察行阴各相续之无处，因观‘无’而有所证悟。有人前来问法，只回答一个‘无’字，除了‘无’字之外，什么也不说。第三，此人细致观察行阴各相续之有处，因观‘有’而有所证悟。有人前来问法，只回答一个‘是’字，除了‘是’字之外，什么也不说。第四，此人细致观察行阴之相续，双观其生处和灭处，有无俱见，因所观之境既有分枝，能观之心也昏乱不定。有人前来问法，他回答说‘亦有即是亦无，亦无之中不是亦有。’这完全是矫乱言语，使人无法追问清楚。此人由于如此计度，言语矫乱虚无，堕入外道邪见，从而迷失了菩提真性。这就是第五外道所创立的四颠倒性不死矫乱、遍计虚论。

“又三摩中诸善男子，坚凝正心，魔不得便，穷生类本，观彼幽清常扰动元，于无尽流生计度者，是人坠入死后有相，发心颠倒。或自固身，云‘色是我’；或见我圆，含遍国土，云‘我有色’；或彼前缘，随我回复，云‘色属我’；或复我依行中相续，云‘我在色’。皆计度言死后有相，如是循环，有十六相。从此或计毕竟烦恼、毕竟菩提，两性并驱，各不相触。由此计度死后有故，堕落外道，惑菩提性。是则名为第六外道立五阴中死后有相、心颠倒论。

译文：

“又那些在禅定中的善男子，正心坚凝，因为想阴已破、不遭邪虑，故十类天魔不得其可乘之便，修行者于禅定中穷究十二类众生的生灭根本，观彼行阴幽隐轻清之扰动，并圆遍观察十二类众生之扰动根元，于行阴相续无尽流生起计度心，以为色、受、想诸阴虽然已经灭除，但死后还会再次生起。此修行者便堕入死后有相、发心颠倒论。或者坚持自己固守身形，说‘四大之色都是我’；或者见我性圆融，遍含十方国土，说‘我中包有一切色’；或者现前所缘之色法，都随我回旋往复运用，说‘色属于我’；或者见我依行阴中相续迁流之相而存活，说‘我在色中’。这些都是虚妄计度而说死后仍有我相，如此循环推展，于色、受、想、行四阴中，各计度有四种我，共有十六相。由此更转深一层的计度，毕竟烦恼与毕竟菩提，皆如行阴之无尽流，两种体性并驾齐驱，同时并存，各自不相抵触、妨碍。此人由于如此计度死后有相，堕入外道邪见，从而迷失了菩提真性。这就是第六外道所创立的五阴中死后有相、心颠倒论。

“又三摩中诸善男子，坚凝正心，魔不得便，穷生类本，观彼幽清常扰动元，于先除灭色、受、想中生计度者，是人坠入死后无相，发心颠倒。见其色灭，形无所因；观其想灭，心无所系；知其受灭，无复连缀。阴性销散，纵有生理而无受、想，与草木同。此质现前，犹不可得，死后云何更有诸相？因之勘校，死后相无。如是循环，有八无相。从此或计涅槃、因果一切皆空，徒有名字，究竟断灭。由此计度死后无故，堕落外道，惑菩提性。是则名为第七外道立五阴中死后无相、心颠倒论。

译文：

“又那些在禅定中的善男子，正心坚凝，因为想阴已破、不遭邪虑，故十类天魔不得其可乘之便，修行者于禅定中穷究十二类众生的生灭根本，观彼行阴幽隐轻清之扰动，并圆遍观察十二类众生之扰动根元，于先已灭除的色、受、想三阴中生起计度心，此修行者便堕入死后无相、发心颠倒论。此人于定中见其色阴灭除，则身形无所依托；观其想阴灭除，则意识心无所系；知其受阴灭除，则色与心之间便失去连缀。色、受、想三阴之性既已消散，纵有行阴能生之理，然而无有受、想，也只是与草木同类。色、受、想、行四阴之质体即使现前定中皆无相可得，死后怎么能更有诸体相呢？因此勘定，死后当是无相。如此循环推论，色、受、想、行四阴生前死后皆无相，共有八种无相。由此计度转深，认为涅槃、因果等一切世间法、出世间法皆空，徒有名字，究竟归于断灭。由于如此计度死后无相，堕入外道邪见，从而迷失了菩提真性。这就是第七外道所创立的五阴中死后无相、心颠倒论。

“又三摩地中诸善男子，坚凝正心，魔不得便，穷生类本，观彼幽清常扰动元，于行存中，兼受、想灭，双计有、无，自体相破，是人坠入死后俱非、起颠倒论。色受想中，见有非有；行迁流内，观无不无。如是循环，穷尽阴界，八俱非相，随得一缘，皆言死后有相、无相。又计诸行，性迁讹故，心发通悟，有、无俱非，虚实失措。由此计度死后俱非，后际昏瞢无可道故[①]，堕落外道，惑菩提性。是则名为第八外道立五阴中死后俱非、心颠倒论。

注释：

①瞢（méng）：晦暗无光貌，不明。

译文：

"又那些在禅定中的善男子，正心坚凝，因为想阴已破、不遭邪虑，故十类天魔不得其可乘之便，修行者于禅定中穷究十二类众生的生灭根本，观彼行阴幽隐轻清之扰动，并圆遍观察十二类众生之扰动根元，于行阴尚存中，再兼以受、想灭除，对上述二者双计亦有亦无，这样自体相就相互破坏，此修行者便堕入死后俱非、起颠倒论。于色、受、想三阴之中，先前虽然是有，但灭除则为非有，行阴也是如此；从行阴迁流之中，在色、受、想三阴未破前，行阴未显露，故是'无'，三阴灭除，行阴显露，故说是'非无'，色、受、想三阴也是如此。如此循环观察，穷尽色、受、想、行四阴界而衍成八种俱非相，随举一阴为缘，都说死后非有相、非无相。由此推演妄计一切法之性都是迁变淆讹，有亦非有，无亦非无；于是心中发起邪悟，以为世间一切法都是有、无俱非，这样便失去了对有无虚实的合理抉择。由于如此计度死后非有非无，后际未来昏懵，无有道理可言，堕入外道邪见，从而迷失了菩提真性。这就是第八外道所创立的五阴中死后俱非、心颠倒论。

“又三摩中诸善男子，坚凝正心，魔不得便，穷生类本，观彼幽清常扰动元，于后后无生计度者，是人坠入七断灭论[1]。或计身灭，或欲尽灭，或苦尽灭，或极乐灭，或极舍灭。如是循环，穷尽七际，现前销灭，灭已无复。由此计度死后断灭，堕落外道，惑菩提性。是则名为第九外道立五阴中死后断灭、心颠倒论。

注释：

①断灭：主张众生死后完全断灭。

译文：

“又那些在禅定中的善男子，正心坚凝，因为想阴已破、不遭邪虑，故十类天魔不得其可乘之便，修行者于禅定中穷究十二类众生的生灭根本，观彼行阴幽隐轻清之扰动，并圆遍观察十二类众生之扰动根元，于行阴念念迁灭之无相，也就是‘后后无’中生起计度心，以为人天七处众生死后必然断灭，此修行者便堕入七断灭论。或者计度人道、六欲天处身灭，或者计度初禅天处欲尽灭，或者计度二禅天处苦尽灭，或者计度三禅天处极乐尽灭，或者计度四禅天和四空天处极舍尽灭。如此循环推论，穷尽七际，妄计现前的一切法都悉归消灭，灭后不再生起。由于如此计度死后断灭，堕入外道邪见，从而迷失了菩提真性。这就是第九外道所创立的五阴中死后断灭、心颠倒论。

“又三摩中诸善男子，坚凝正心，魔不得便，穷生类本，观彼幽清常扰动元，于后后有生计度者，是人坠入五涅槃论。或以欲界为正转依，观见圆明，生爱慕故；或以初禅，性无忧故；或以二禅，心无苦故；或以三禅，极悦随故；或以四禅，苦乐二亡，不受轮回生灭性故。迷有漏天，作无为解，五处安隐，为胜净依，如是循环，五处究竟。由此计度五现涅槃，堕落外道，惑菩提性。是则名为第十外道立五阴中五现涅槃、心颠倒论。

译文：

“又那些在禅定中的善男子，正心坚凝，因为想阴已破、不遭邪虑，故十类天魔不得其可乘之便，修行者于禅定中穷究十二类众生的生灭根本，观彼行阴幽隐轻清之扰动，并圆遍观察十二类众生之扰动根元，于行阴念念迁灭而又相续不断之有相，也就是‘后后有’之中生起计度心，以为人、天众生死后必然另有存在处，恒常不灭，此修行者便堕入五涅槃论。或者将欲界六欲天作为正转依果，即不再转生的涅槃界，这是由于修行者观见欲界诸天天光圆明，而心生爱慕的缘故；或者以初禅天性无苦逼之忧，故妄计为涅槃界；或者以二禅天心中无忧愁之苦，故妄计为涅槃界；或者以三禅天极乐随顺，故妄计为涅槃界；或者以四禅天苦、乐俱亡，不受轮回生灭性，故妄计为涅槃界。这样，行者就将五处有漏诸天，妄计为无漏涅槃界，误认为五处为究竟安稳之地，为最胜清净的所依之处；如此循环，将五处都误当作最究竟之处。由于如此计度五种现证涅槃，堕入外道邪见，从而迷失了菩提真性。这就是第十外道所创立的五现涅槃、心颠倒论。

“阿难，如是十种禅那狂解，皆是行阴用心交互，故现斯悟。众生顽迷，不自忖量，逢此现前，以迷为解，自言登圣，大妄语成，堕无间狱。汝等必须将如来语，于我灭后，传示末法，遍令众生觉了斯义，无令心魔自起深孽，保持覆护，销息邪见；教其身心开觉真义，于无上道不遭枝歧，勿令心祈得少为足，作大觉王清净标指。

译文：

“阿难，如此十种禅那中的狂解，都是于想阴已破、行阴显露之际，定慧与妄计两种用心交互陵替，故显现如此邪见悟解。众生顽迷无知，不自思量，逢此狂悟境界现前，以迷妄计度作为胜解，便自言已证得圣位，于是成为大妄语，堕入无间地狱。你们必须将如来宣说的法语，在如来灭度后的末法时期，传承宣说，让所有的众生都能觉悟如此义理，不能让心魔自起狂解、造下邪见大妄语的深重罪孽，以保持禅心、覆护修行人，消除种种邪见；教导他们于身心中开显觉悟真实义理，于无上菩提道不遭歧途，并且不要心生得少为足之念，应作大觉王菩提道的清净正见标指。

“阿难，彼善男子修三摩提行阴尽者，诸世间性、幽清扰动、同分生机，倏然隳裂；沉细纲纽，补特伽罗，酬业深脉，感应悬绝。于涅槃天将大明悟，如鸡后鸣，瞻顾东方已有精色。六根虚静，无复驰逸，内外湛明，入无所入，深达十方十二种类受命元由。观由执元，诸类不召，于十方界，已获其同，精色不沉，发现幽秘，此则名为识阴区宇。若于群召已获同中，销磨六门，合开成就，见闻通邻，互用清净；十方世界及与身心，如吠琉璃[①]，内外明彻，名识阴尽。是人则能超越命浊。观其所由，罔象虚无[②]，颠倒妄想以为其本。

注释：

①吠（fèi）琉璃：七宝之一，宝青色。

②罔（wǎng）象：即虚无。

译文：

“阿难，那些修习三摩地的善男子，当行阴消尽之后，诸世间生灭性以及幽隐轻清而扰动不息的十二类众生之同分生命根元枢机，突然坏裂解散；第八识沉细业识种子纲网、补特伽罗酬答宿业的深细业报脉络，如此因果业报感应就此断绝。此时，修行者本所具有的涅槃佛性、第一义天将大明悟，如同雄鸡清晨的最后一次啼鸣，瞻望东方，已经现出精明光色。修行者六根虚静，不再随着六尘而奔逸外驰，内根外尘湛然明澈，归于一味，入于无所入之境，从而深达十方世界十二类众生受命的根本元由。既观其受命之由，又执守其受生本元，十二类众生已不再受业报之牵召而去受生，修行者于十方世界已获证其同一识性，识精元明常得现前，不再沉隐，故能发现识体之幽秘，此种定境名为识阴区宇。修行者若于十二类众生的果报牵召已获证同一唯识性之境界中，再加定慧功行，销镕六根隔别之相而融通为一体，六根一体，一体六根，开合自如，进而六根功用相通无碍，见闻觉知等如邻舍相通，以六根为一根用，一根为六根用，六根互用清净无碍；至此，定境中十方世界及其行者身心犹如吠琉璃一样，内外明彻，这就是识阴消尽的境界。这时修行者就能超越命浊。回观识阴生起的因由，众生的罔象虚无、颠倒妄想是其根本。

"阿难当知，是善男子穷诸行空，于识还元，已灭生灭，而于寂灭精妙未圆。能令已身根隔合开，亦与十方诸类通觉，觉知通溜，能入圆元。若于所归立真常因，生胜解者，是人则堕因所因执，娑毗迦罗所归冥谛成其伴侣，迷佛菩提，亡失知见。是名第一立所得心成所归果，违远圆通，背涅槃城，生外道种。

译文：

"阿难，应当知道，此修习三摩地的善男子，穷尽行阴而达于空，识阴显现，于八识返本还元，已经灭除七识迁流生灭行相，但寂灭精妙的识阴之体仍未圆满。他能使自身的六根隔别销镕，六根开合自如，也能与十方十二类众生通一觉性，见闻觉知相通吻合，故能证入圆妙根元之识阴体性。如果此人将所归向之圆元不达是识阴，而妄立为真常因，并生起了此为究竟极果的殊胜义解，此人则堕入'因所因'之妄执中，这样就与娑毗迦罗所归向之冥谛见解成为伴侣，于是迷失了佛菩提真性，亡失了正知正见。此名为第一种以所证得之心而妄成立为所归究竟极果，这样就违背远离了本修的圆通妙心，与涅槃城背道而驰，当生于外道种类之中。

"阿难，又善男子穷诸行空，已灭生灭，而于寂灭精妙未圆。若于所归览为自体，尽虚空界十二类内所有众生，皆我身中一类流出，生胜解者，是人则堕能非能执，摩醯首罗现无边身[①]，成其伴侣，迷佛菩提，亡失知见。是名第二立能为心成能事果，违远圆通，背涅槃城，生大慢天我遍圆种。

注释：

①摩醯（xī）首罗：即大自在天。

译文：

"阿难，又此修习三摩地的善男子，穷尽行阴而达于空，识阴显现，已经灭除七识迁流生灭行相，但寂灭精妙的识阴之体仍未圆满。此修行者如果对于所归托之圆元识体观为自体，观识忘身，遂见尽虚空界十二类内的所有众生都是从我身中一类流出，于此生起了殊胜义解，此人则堕入‘能非能’之妄执中，摩醯首罗天就现无边身成为其伴侣，于是迷失了佛菩提真性，亡失了正知正见。此名为第二种妄立能生众生之识体为因心而成立能生众生之事果，这样就违背远离了本修的圆通妙心，与涅槃城背道而驰，当生于妄计我遍摄一切众生的大慢天外道种类之中。

“又善男子穷诸行空，已灭生灭，而于寂灭精妙未圆。若于所归有所归依，自疑身心从彼流出，十方虚空咸其生起，即于都起所宣流地作真常身、无生灭解。在生灭中早计常住，既惑不生，亦迷生灭。安住沉迷，生胜解者，是人则堕常非常执，计自在天成其伴侣，迷佛菩提，亡失知见。是名第三立因依心成妄计果，违远圆通，背涅槃城，生倒圆种。

译文：

“又此修习三摩地的善男子，穷尽行阴而达于空，识阴显现，已经灭除七识迁流生灭行相，但寂灭精妙的识阴之体仍未圆满。此修行者如果对于所归托之圆元识体觉为有所究竟归依之处，并且自疑身心是从此识体流出，十方虚空也都是此识生起，此人即于能生起一切法的宣流地——识阴，看作是真常之身、无生灭来理解。将仍处于生灭之中的识阴过早计执为常住真性，既迷惑于不生不灭之常住真性，也迷惑于犹属微细生灭的识阴。安住此沉迷之法，并生起殊胜义解，此人则堕入‘常非常’之妄执中，这样就与自在天成为伴侣，于是迷失了佛菩提真性，亡失了正知正见。此名为第三种妄立识阴为能生身心之因心以及归依处而成妄计的真常果，这就违背远离了本修的圆通妙心，与涅槃城背道而驰，当生颠倒圆满的外道种类之中。

“又善男子穷诸行空，已灭生灭，而于寂灭精妙未圆。若于所知，知遍圆故，因知立解，十方草木皆称有情，与人无异；草木为人，人死还成十方草树。无择遍知，生胜解者，是人则堕知无知执，婆吒、霰尼执一切觉成其伴侣①，迷佛菩提，亡失知见。是名第四计圆知心成虚谬果，违远圆通，背涅槃城，生倒知种。

注释：

①婆吒（zhà）、霰（xiàn）尼：两种外道。

译文：

“又此修习三摩地的善男子，穷尽行阴而达于空，识阴显现，已经灭除七识迁流生灭行相，但寂灭精妙的识阴之体仍未圆满。此修行者如果对于所观之知体识阴，以为其知圆遍一切法，即因此遍一切法之知而立邪解，认为十方世界的一切草木都应该当作有情看待，其知觉与人无异，草木可以成为人，人死后也可以成为十方草树。不加拣择地以一切有情无情普遍皆有觉知，并于此生起殊胜义解，此人则堕入‘知无知’之妄执中，婆咤、霰尼二种外道计执一切有情无情都有知觉，就成为其伴侣，于是迷失了佛菩提真性，亡失了正知正见。此名为第四种妄立识阴之知圆遍一切而成虚谬果，这就违背远离了本修的圆通妙心，与涅槃城背道而驰，当生颠倒知的外道种类之中。

“又善男子穷诸行空，已灭生灭，而于寂灭精妙未圆。若于圆融根互用中，已得随顺，便于圆化，一切发生，求火光明，乐水清净，爱风周流，观尘成就，各各崇事，以此群尘发作本因，立常住解，是人则堕生无生执，诸迦叶波并婆罗门，勤心役身，事火崇水，求出生死，成其伴侣，迷佛菩提，亡失知见。是名第五计著崇事，迷心从物，立妄求因，求妄冀果，违远圆通，背涅槃城，生颠化种。

译文：

“又此修习三摩地的善男子，穷尽行阴而达于空，识阴显现，已经灭除七识迁流生灭行相，但寂灭精妙的识阴之体仍未圆满。此修行者如果对于六根圆融互用中，已得随心顺意，便于此圆融化理妄生计度，认为一切诸法发生都由四大产生，于是求火的光明，乐水的清净，爱风的周流，观尘的成就诸事，各尊崇事奉，以此四大群尘当作发生造作万物的本因，立四大为常住的邪解，此人则堕入‘生无生’之妄执中，诸迦叶波以及婆罗门，精勤修行身心，事奉火而崇拜水，求出离生死，成为其伴侣，于是迷失了佛菩提真性，亡失了正知正见。此名为第五种计着四大为圆化之体并尊崇其事相，迷本心而逐外物，妄立四大生灭法作为求出生死之正因，妄求能生真常实果，这就违背远离了本修的圆通妙心，与涅槃城背道而驰，当生颠倒圆化之理的外道种类之中。

“又善男子穷诸行空，已灭生灭，而于寂灭精妙未圆。若于圆明计明中虚，非灭群化，以永灭依为所归依，生胜解者，是人则堕归无归执，无想天中诸舜若多成其伴侣[①]，迷佛菩提，亡失知见。是名第六圆虚无心成空亡果，违远圆通，背涅槃城，生断灭种。

注释：

①舜若多：译作“空性”，此为虚空之神。

译文：

“又此修习三摩地的善男子，穷尽行阴而达于空，识阴显现，已经灭除七识迁流生灭行相，但寂灭精妙的识阴之体仍未圆满。此修行者如果对于识阴之圆遍湛明妄计其明中的虚无之性，以此非毁灭除一切依报正报的生灭化相，以永灭群化之空作为究竟所归依处，并于此生起殊胜义解，此人则堕入‘归无归’之妄执中，无想天中的诸多虚空神就成为其伴侣，于是迷失了佛菩提真性，亡失了正知正见。此名为第六种于识阴圆明中以虚无心为因而成灰身灭智之顽空果，这就违背远离了本修的圆通妙心，与涅槃城背道而驰，当生断灭种的外道种。

“又善男子穷诸行空，已灭生灭，而于寂灭精妙未圆。若于圆常，固身常住，同于精圆，长不倾逝，生胜解者，是人则堕贪非贪执，诸阿斯陀求长命者成其伴侣①，迷佛菩提，亡失知见。是名第七执著命元，立固妄因，趣长劳果，违远圆通，背涅槃城，生妄延种。

注释：

①阿斯陀：即长寿仙人。

译文：

“又此修习三摩地的善男子，穷尽行阴而达于空，识阴显现，已经灭除七识迁流生灭行相，但寂灭精妙的识阴之体仍未圆满。此修行者如果对于识阴妄计为圆满常住，而生起了坚固色身使其常住，如同识精圆满常住一样，长生不死，并于此生起殊胜义解，此人则堕入‘贪非贪’之妄执中，求取长命的诸阿斯陀就成为其伴侣，于是迷失了佛菩提真性，亡失了正知正见。此名为第七种执着于识阴是受命根元，而立坚固幻妄之色身同于圆常识阴的因心，趣向长恋尘劳之果，这就违背远离了本修的圆通妙心，与涅槃城背道而驰，当生妄想延长寿命的外道种类之中。

“又善男子穷诸行空，已灭生灭，而于寂灭精妙未圆。观命互通，却留尘劳，恐其销尽，便于此际坐莲华宫，广化七珍，多增宝媛[①]，恣纵其心，生胜解者，是人则堕真无真执，吒枳迦罗成其伴侣[②]，迷佛菩提，亡失知见。是名第八发邪思因立炽尘果，违远圆通，背涅槃城，生天魔种。

注释：

①媛(yuàn)：美女。

②吒(zhà)枳迦罗：指爱染所作，是天魔的异名。

译文：

“又此修习三摩地的善男子，穷尽行阴而达于空，识阴显现，已经灭除七识迁流生灭行相，但寂灭精妙的识阴之体仍未圆满。此修行者观十二类众生皆以识阴为受命根元，故受命互通无碍，却妄想留住尘劳，恐怕尘劳消尽则我的身命便无依托，此人于是便以神通之力坐于莲花宫内，广为化现七宝以庄严宫殿，多增美女以恣纵其心，并于此生起殊胜义解，此人则堕入‘真无真’之妄执中，吒枳迦罗成为其伴侣，于是迷失了佛菩提真性，亡失了正知正见。此名为第八种发邪思欲心为因而妄立炽盛尘劳爱染之果，这就违背远离了本修的圆通妙心，与涅槃城背道而驰，当生天魔种的外道种类之中。

“又，善男子穷诸行空，已灭生灭，而于寂灭精妙未圆。于命明中分别精粗，疏决真伪，因果相酬，唯求感应，背清净道；所谓见苦、断集、证灭、修道，居灭已休，更不前进，生胜解者，是人则堕定性声闻[①]，诸无闻僧增上慢者成其伴侣，迷佛菩提，亡失知见。是名第九圆精应心成趣寂果，违远圆通，背涅槃城，生缠空种。

注释：

①定性声闻：唯修声闻之因，证声闻之果，不更进求佛道，称为“定性声闻”。

译文：

“又此修习三摩地的善男子，穷尽行阴而达于空，识阴显现，已经灭除七识迁流生灭行相，但寂灭精妙的识阴之体仍未圆满。此修行者对十二类众生命元根由了然明白，便于其中分别诸法之精、粗，疏通抉择圣道、外道之真、伪，并观察世、出世间都是因果相应，于是唯求感圣道、应寂灭果，背离了一乘实相清净之道；于所谓见苦谛、断集谛、证灭谛、修道谛，一旦证居于灭谛涅槃就停止，以为所作已办，中止化城，更不前进求大乘之道，并于此生起殊胜义解，此人则堕入定性声闻之中，那些增上慢的无闻比丘成为其伴侣，于是迷失了佛菩提真性，亡失了正知正见。此名为第九种以圆满专精求应之因心而成其趣向寂灭声闻果，这就违背远离了本修的圆通妙心，与涅槃城背道而驰，当生缠于偏空种类之中。

“又，善男子穷诸行空，已灭生灭，而于寂灭精妙未圆。若于圆融清净觉明，发研深妙，即立涅槃，而不前进，生胜解者，是人则堕定性辟支，诸缘、独伦不回心者成其伴侣，迷佛菩提，亡失知见。是名第十圆觉溜心成湛明果，违远圆通，背涅槃城，生觉圆明、不化圆种。

译文：

“又此修习三摩地的善男子，穷尽行阴而达于空，识阴显现，已经灭除七识迁流生灭行相，但寂灭精妙的识阴之体仍未圆满。此修行者如果于圆融、清净、觉明之观境中，发心研参深妙之悟，即立此妙悟之境以为究竟涅槃，而不前进更求无上菩提，并于此生起殊胜义解，此人则堕入定性辟支佛之中，那些缘觉、独觉中不肯回心趣向大乘的一类成为其伴侣，于是迷失了佛菩提真性，亡失了正知正见。此名为第十种以圆融觉明、清净通吻之因心而成其湛明寂灭之果，这就违背远离了本修的圆通妙心，与涅槃城背道而驰，当生觉吻圆明而不能融化透悟空净圆影种类之中。

“阿难，如是十种禅那，中途成狂，因依迷惑，于未足中生满足证，皆是识阴用心交互，故生斯位。众生顽迷，不自忖量，逢此现前，各以所爱先习迷心而自休息，将为毕竟所归宁地，自言满足无上菩提，大妄语成，外道、邪魔所感业终，堕无间狱；声闻、缘觉不成增进。汝等存心秉如来道，将此法门于我灭后，传示末世，普令众生觉了斯义，无令见魔自作沉孽，保绥哀救，销息邪缘；令其身心入佛知见，从始成就，不遭歧路。

译文：

“阿难，如此十种禅那中，识阴将尽未尽之中途成为狂解，乃是由于因心迷惑而起妄执，进而于未圆满证悟之地妄生满足证地想，保果不前，都是识阴将破未破之际，用心不正，正心与妄念交互陵替，故产生此十种谬执之境。众生顽迷无知，不自思量，逢此妄执境界现前，各以所爱染的先世业习迷惑自心而自以为已到休止息心之境，并将此认为是究竟所归依的安宁寂灭之地，便自言已圆满具足了无上菩提，于是成为大妄语，当其外道、邪魔所感应的业报享尽之时，就会堕入无间地狱；而定性声闻、定性缘觉则不会再增进，永闭化城，不达宝所。你们存心秉持如来大乘菩提道，必须将此辨魔法门，在如来灭度后的末法时期，传承宣说，让所有的众生都能觉悟如此义理，不能让自心邪见之魔自作沉沦的罪孽，以保安禅心、哀救修行人，消除邪见之缘；令他们身心入于佛之知见，从开始直至成就证果，中途都不遭邪见歧路。

“如是法门，先过去世恒沙劫中，微尘如来乘此心开，得无上道。识阴若尽，则汝现前诸根互用，从互用中能入菩萨金刚干慧圆明精心，于中发化，如净琉璃，内含宝月；如是乃超十信、十住、十行、十回向、四加行心，菩萨所行金刚十地，等觉圆明，入于如来妙庄严海，圆满菩提，归无所得。此是过去先佛世尊奢摩他中，毗婆舍那觉明分析微细魔事。魔境现前，汝能谙识，心垢洗除，不落邪见。阴魔消灭，天魔摧碎，大力鬼神褫魄逃逝[①]，魑魅魍魉无复出生，直至菩提无诸少乏；下劣增进，于大涅槃，心不迷闷。若诸末世愚钝众生未识禅那，不知说法，乐修三昧。汝恐同邪，一心劝令持我佛顶陀罗尼咒；若未能诵，写于禅堂，或带身上，一切诸魔所不能动，汝当恭钦十方如来究竟修进最后垂范。”

注释：

①褫（chǐ）：夺去。

译文：

“如此五阴辨魔的法门，乃先前过去世恒河沙劫中的微尘数如来，都因此法门而破内外魔境，心得开悟，成就无上菩提。识阴如果除尽，则你现前六根即得融通互用，从根根互用之中，即能进入菩萨金刚三昧干慧地之圆明精觉妙心，于中发起神通变化，其证悟境界就如同净琉璃内含着宝月，内外明彻，法界一味；如此即超越十信、十住、十行、十回向、四加行心，乃至超越菩萨所行金刚十地以及等觉圆明，直入如来妙庄严海，圆满菩提真性，归于无所得之一真法界。这是过去世先佛世尊于奢摩他中，以毗婆舍那觉明观智来分析微细魔事。若能信解奉持如来所说，则当魔境现前时，你便能熟识辨知，于诸境界妄计胜解之心垢洗除，不会落于邪见。由此，内之阴魔消灭，外之天魔摧碎；大力鬼神也丧魄逃逝，魑魅魍魉也不再出生扰乱，直至无上菩提，一切功德具足成就而无所乏少；下劣二乘也回小向大，增进菩萨道，于无上大涅槃圣果心中不再迷闷。如果那些末法时期的愚昧众生未能认识禅定修行，也不知佛所说的辨魔法要，但是乐于修习三昧。你担心他们误入邪道，同于邪人，应当一心劝说他们持诵我所说的佛顶陀罗尼咒；如果未能持诵，就将其写于禅堂，或将书写好的神咒带在身上，这样，一切诸魔就不能扰动，你应当恭敬钦承十方如来究竟的修进之路以及最后的垂范。”

阿难即从座起，闻佛示诲，顶礼钦奉，忆持无失，于大众中，重复白佛：“如佛所言，五阴相中，五种虚妄为本想心，我等平常未蒙如来微妙开示。又此五阴，为并消除？为次第尽？如是五重，诣何为界？惟愿如来发宣大慈，为此大众清净心目，以为末世一切众生作将来眼。”

译文：

阿难即从座位而起，向佛顶礼，钦奉佛的开示教诲，口持心忆，不敢忘失，并于大众中再次向佛说：“如佛以上所说，五阴相中，以五种虚妄为根本想心，我们平常未蒙如来作如此微妙开示。其次，此五阴是一并消除，还是次第消尽？如此五重之五阴至于何处方为尽其边际界限？唯愿如来宣发大慈悲予以开示，使此会中的大众心目清净，并且为末法时期的一切众生将来入道作正法眼。”

佛告阿难：“精真妙明，本觉圆净，非留死生及诸尘垢，乃至虚空，皆因妄想之所生起。斯元本觉，妙明真精，妄以发生诸器世间，如演若达多迷头认影。妄元无因，于妄想中立因缘性，迷因缘者称为自然；彼虚空性犹实幻生，因缘、自然皆是众生妄心计度。阿难，知妄所起，说妄因缘；若妄元无，说妄因缘元无所有，何况不知推自然者？是故如来与汝发明，五阴本因同是妄想。

译文：

佛告诉阿难：“精真妙明的本觉真心，本来是圆满清净，本来没有有情的生死及业惑的尘垢、乃至虚空世界等留碍其中，这些都是因为自心妄想才得以生起。此五阴等法元是本觉妙明真精中，一念妄动遂发生了诸器世间及有情世间，这就如演若达多迷头认影，迷失了自己本来就有的头，妄认镜中头影为真而发狂。一切妄相本来没有本因，却于妄想中假立因缘性以说明妄相生起，立因缘法已是方便，更何况又有迷因缘法者拨无因果，又称之为自然性；其实，即使是虚空性也实在是幻妄而生，更何况因缘、自然，都是因众生的妄心计度而有。阿难，如果能知道妄想之所以生起的原因，尚可以说妄想是从因缘而生；如果妄想本来就没有自体起因可得，则说妄想生起之‘因缘’就更是本无所有，何况那些尚不知因缘法而谬推一切法因‘自然’而生者？因此，如来为你阐明五阴之根本生因同是妄想，并有坚固妄想、虚明妄想、融通妄想、幽隐妄想、虚无妄想等五种差别。

“汝体先因父母想生，汝心非想，则不能来想中传命。如我先言，心想醋味，口中涎生；心想登高，足心酸起。悬崖不有，醋物未来，汝体必非虚妄通伦，口水如何因谈醋出？是故当知，汝现色身名为坚固第一妄想。

译文：

“你的身体首先是因父母的爱欲妄想而生起，但是，如果你的中阴身没有欲爱之想，就不会来与父母想心会合而神识入胎传续命根。如我先前所说，心中想到醋味，口中就会生出口水；心中想着登高，足心就会产生酸涩的感觉。悬崖并不曾有，醋物也并未拿来，而且你的身体也必定不是与虚妄之物同为一类，口水为何会因为谈论醋而生出？因此，应当知道，你现在的色身即是第一重坚固妄想。

“即此所说临高想心，能令汝形真受酸涩。由因受生，能动色体，汝今现前顺益、违损，二现驱驰，名为虚明第二妄想。

译文：

“即如前所说，登临高处的想心，能使你的身体真有酸涩的感受。由想心为因而有受阴生起，能动色阴形体而产生酸涩之妄受，如此则有你现前的顺益性的快乐和违损性的痛苦两种感受相互交替，驱役自心，驰流不息，即是第二重虚明妄想。

“由汝念虑，使汝色身，身非念伦，汝身何因随念所使种种取像，心生形取，与念相应？寤即想心，寐为诸梦，则汝想念摇动妄情，名为融通第三妄想。

译文：

“由于你的念头思虑，所以能役使你的色身，然而色身属色法，念虑属心法，色身与念虑不是同一类，你的色身为什么随着念虑的役使而攀缘前境、取着种种形像，心生念虑而后身形即随念取境，所取境像与念虑相应？想阴于醒时即是想心，睡着时则是各种梦境，故此你的想心念虑摇动妄情，即是第三重融通妄想。

“化理不住，运运密移，甲长发生，气销容皱，日夜相代，曾无觉悟。阿难，此若非汝，云何体迁？如必是真，汝何无觉？则汝诸行，念念不停，名为幽隐第四妄想。

译文：

“行阴变化之理是迁流不住，运行运迁密密推移，如指甲渐长，头发渐生，盛年之气渐渐消退，面容渐渐生起皱纹，新陈代谢，日夜变化，你却不曾觉察了悟。阿难，如果这些迁流变化的不是你自己，何以你的身体会变迁呢？如果此迁流实是你身中的变化，你为何又毫无觉知呢？故此你的一切行迁变化，念念不停，隐微难知，即是第四重幽隐妄想。

“又汝精明湛不摇处名恒常者，于身不出见闻觉知，若实精真，不容习妄；何因汝等曾于昔年睹一奇物，经历年岁忆忘俱无，于后忽然覆睹前异，记忆宛然，曾不遗失？则此精了湛不摇中，念念受熏，有何筹算？阿难当知，此湛非真，如急流水，望如恬静，流急不见，非是无流。若非想元，宁受妄习？非汝六根互用开合，此之妄想无时得灭。故汝现在见闻觉知，中串习几，则湛了内，罔象虚无，第五颠倒微细精想。

“阿难，是五受阴，五妄想成。

译文：

“若你识阴之精明、湛然不动摇处，名之为恒常不动性，然此性于众生身上不出见闻觉知等六用，如果此识实是精明真心，就不应容有习气种子的染妄；那么为何你们曾于以前看到一件奇物，经过数年后，对于它的记忆和遗忘都没有了，但后来忽然又见到这些奇物，却又记忆如新，并未忘失呢？则此精明、湛然不摇动的识精之中，念念受前六识的熏习，积习之多，无法筹算。阿难，你应当知道，此湛然不摇的识阴之体并不是真实的存在，如同急速流动的水，望去似乎十分恬静，其实是因为流动太急而看不出其流动相状，并不是水没有流动。因此，识阴如果不是妄想的根元，怎么会受妄习的熏染呢？除非你的六根能够修得互用开合自如，否则，此妄想就没有消灭之时。故此你现在的见、闻、觉、知、嗅、尝等六根之性粗相显现于外，而其中第八识念念受熏，有串习几微生灭之相，则湛了精明之体内，但是罔象虚无，似有而非有，似无而非无，即是第五重颠倒的微细精想。

“阿难，色、受、想、行、识五种受阴，是由以上五种妄想所成。

“汝今欲知因界浅深，惟色与空是色边际，惟触及离是受边际，惟记与忘是想边际，惟灭与生是行边际，湛入合湛归识边际。此五阴元重叠生起，生因识有，灭从色除。理则顿悟，乘悟并消；事非顿除，因次第尽。我已示汝劫波巾结，何所不明，再此询问？汝应将此妄想根元心得开通，传示将来末法之中诸修行者，令识虚妄，深厌自生，知有涅槃，不恋三界。

译文：

“你现在想知道五阴边际的深浅，唯有相之色与无相之空是色阴的边际，色是浅界，空是深界；唯取着之触及厌舍之离是受阴的边际，触是浅界，离是深界；唯有念之记与无念之忘是想阴的边际，记是浅界，忘是深界；唯定心细行之灭与散心粗行之生是行阴的边际，生相是浅界，灭相是深界；唯有所入之湛入境与无所入之合湛境是识阴的边际，入湛是浅界，合湛是深界。此五阴根元是一重叠一重次第生起，其生先从识阴开始次第而有，其灭则先从色阴开始次第消除。此五阴妄想，就理体而言则顿悟可尽，乘此开悟之力，五重妄想可一并消除；然事相上则不能顿时消除，必须依次第而得除尽。我前面已经以劫波巾为例讲解了结解之理，你为何仍不明白，又有这样的询问呢？你应将此五阴妄想的根本元由，参研深究，心得开悟，通达法义，将其传示给末法时期的修行者，使他们都能够认识五阴的虚妄，深切厌离生死之心自然生起，知道有不生不灭的涅槃境界而不再贪恋三界有漏杂染境界。

"阿难，若复有人遍满十方所有虚空，盈满七宝，持以奉上微尘诸佛，承事供养，心无虚度，于意云何？是人以此施佛因缘，得福多不？"

译文：

"阿难，如果有人用遍满十方一切虚空的七宝，持以奉上微尘数之多的诸佛，并一一承事供养，心无片刻虚度，你以为如何？此人以此布施佛的殊胜因缘，所得的福报多不多？"

阿难答言："虚空无尽，珍宝无边。昔有众生施佛七钱，舍身犹获转轮王位[1]，况复现前虚空既穷，佛土充遍皆施珍宝，穷劫思议尚不能及，是福云何更有边际？"

注释：

①转轮王：即转轮圣王，即位时，由天感得轮宝，转其轮宝，而降伏四方，故称“转轮王”。

译文：

阿难回答说：“虚空之量无尽，珍宝之量无边。过去有一众生仅仅布施佛七钱，他在舍身去世后尚且获得转轮圣王位，何况现在穷尽虚空以及十方国土都充满珍宝来布施供养如来，此人所获福报即使穷劫思量计算尚不可及，这样所得福报怎么还有边际呢？”

佛告阿难：“诸佛如来语无虚妄。若复有人身具四重、十波罗夷，瞬息即经此方、他方阿鼻地狱，乃至穷尽十方无间，靡不经历；能以一念将此法门于末劫中开示未学，是人罪障应念销灭，变其所受地狱苦因成安乐国，得福超越前之施人百倍、千倍、千万亿倍，如是乃至算数、譬喻所不能及。阿难，若有众生能诵此经，能持此咒，如我广说，穷劫不尽；依我教言，如教行道，直成菩提，无复魔业。”

译文：

佛告诉阿难：“诸佛如来所说的话语绝无虚妄。如果有人犯了杀、盗、淫、妄四重戒，又犯了十波罗夷重罪，瞬息之间就经历此方、他方的阿鼻地狱，乃至十方世界所有的无间地狱无不经历；然而此人在将要堕落的时候，若能起一念，发心将此法门于末劫中传示给未学之人，此人的罪障就会应念消灭，转变其所遭受的地狱苦因成为安乐国土，此人所得的福报，超过前面所说的布施满世界七宝之人百倍、千倍、千万亿倍，乃至于算术、譬喻都无法说明。阿难，如果有众生能诵此经，能持此咒，所获得的福报，如我广说，穷无量劫也说不尽；又能依我的教言，如教奉行修道，就能直接成就菩提，不会再有一切魔业的扰乱。”

佛说此经已，比丘、比丘尼、优婆塞、优婆夷，一切世间天、人、阿修罗，及诸他方菩萨、二乘、圣仙童子，并初发心大力鬼神，皆大欢喜，作礼而去。

译文：

佛宣说此经后，在座的比丘、比丘尼、优婆塞、优婆夷，一切世间的天、人、阿修罗，以及诸他方的菩萨、声闻、缘觉、圣仙童子和初发心的大力鬼神等，皆大欢喜，向佛致礼而去。

延伸阅读书目

《大佛顶如来密因修证了义诸菩萨万行首楞严经》十卷，又名《中印度那兰陀大道场经于灌顶部录出别行》十卷，唐中天竺沙门般剌蜜帝译，菩萨戒弟子前正谏大夫同中书门下平章事清河房融笔受，乌苌国沙门弥伽释迦译语。《大正藏》第十九册。

《大佛顶如来密因修证了义诸菩萨万行首楞严经》，唐中天竺沙门般剌蜜帝译，金陵刻经处本。

《大佛顶如来放光悉怛多钵怛啰陀罗尼》一卷，唐大兴善寺三藏沙门不空译。《大正藏》第十九册。

《首楞严义疏注经》十卷，宋·长水子璿，《大正藏》第十六册。

《楞严经正脉疏》十卷，明·交光真鉴，《大正藏》第十八册。

《楞严经义疏释要钞》六卷，宋·长水怀远，《卍续藏经》第十一册。

《楞严经集注》十卷，宋·桐洲思坦集注，《卍续藏经》第十一册。

《楞严经笺》十卷，宋·可度，《卍续藏经》第十一册。

《楞严经要解》二十卷，宋·戒环，《卍续藏经》第十七册。

《楞严经熏闻记》五卷，宋·仁岳，《卍续藏经》第十七册。

《首楞严经会解》，元·惟则会解，上海古籍出版社，1991年。

《楞严经圆通疏》十卷，元·惟则会解，明·传灯疏，《卍续藏经》第十二册。

《楞严经通议》十卷，明·憨山德清，《卍续藏经》第十二册。

《楞严经摸象记》一卷，明·莲池袾宏，《卍续藏经》第十二册。

《楞严经玄义》二卷，明·蕅益智旭，《卍续藏经》第十三册。

《楞严经文句》十卷，明·蕅益智旭，《卍续藏经》第十三册。

《楞严经玄义》四卷，明·天台传灯疏，《卍续藏经》第十三册。

《楞严经疏解蒙钞》十卷，明·钱谦益，《卍续藏经》第十三册。

《楞严经直指》十卷，明·丹霞函昰，《卍续藏经》第十四册。

《楞严说通》(又名《楞严经贯摄》)十卷，清·刘道开，《卍续藏经》第十五册。

《楞严经观心定解》十卷，清·天台灵耀，《卍续藏经》第十五册。

《楞严经指掌疏》十卷，清·达天通理，《卍续藏经》第十六册。

《楞严经宝镜疏》十卷，清·溥畹，《卍续藏经》第十六册。

《楞严经宗通》十卷，明·曾凤仪，《卍续藏经》第十六册。

《大佛顶首楞严经摄论》，太虚撰，《太虚大师全集》第二十六册。

《大佛顶首楞严经研究》，太虚撰，《太虚大师全集》第二十七册。

《楞严经讲义》，圆瑛，佛教慈济文化服务中心，1988 年印行。

《〈大佛顶首楞严经〉释译》，圆香居士语译，佛光出版社，

1997年。

《楞严经白话注释》，王治平，上海佛学书局印行。

《楞严大义今释》，南怀瑾，复旦大学出版社，2001年。

《大佛顶首楞严经译解》（上下册），智觉，《广东佛教》编辑部，2004年印行。

《大佛顶首楞严经义贯》（上下册），成观，台湾文殊文教基金会，2006年印行。

《首楞严经行法释要》，程叔彪，宗教文化出版社，2006年。

《图解楞严经》，释见明，百花洲文艺出版社，2009年。

《大乘起信论与楞严经考辨》，张曼涛主编《现代佛教学术丛刊》第三十五册，大乘文化出版社，1978年。

《吕澂佛学论著选集》，齐鲁书社，1991年。

佛教十三经

梵网经

赖永海 主编
戴传江 译注

中華書局

总　序

佛教有三藏十二部经、八万四千法门，典籍浩瀚，博大精深，即便是专业研究者，用其一生的精力，恐也难阅尽所有经典。加之，佛典有经律论、大小乘之分，每部佛经又有节译、别译等多种版本，因此，大藏经中所收录的典籍，也不是每一部佛典、每一种译本都非读不可。因此之故，古人有“阅藏知津”一说，意谓阅读佛典，如同过河、走路，要先知道津梁渡口或方向路标，才能顺利抵达彼岸或避免走弯路；否则只好望河兴叹或事倍功半。《佛教十三经》编译的初衷类此。面对浩如烟海的佛教典籍，究竟哪些经典应该先读，哪些论著可后读？哪部佛典是必读，哪种译本可选读？哪些经论最能体现佛教的基本精神，哪些撰述是随机方便说？凡此等等，均不同程度影响着人们读经的效率与效果。为此，我们精心选择了对中国佛教影响最大、最能体现中国佛教基本精神的十三部佛经，认为举凡欲学佛或研究佛教者，均可从“十三经”入手，之后再循序渐进，对整个中国佛教作进一步深入的了解与研究。

“佛教十三经”的说法，由来有自。杨仁山、梅吉庆以及中国佛学院都曾选有“佛教十三经”，所选经典大同小异。上

述三家都选录的经典有:《金刚经》、《维摩诘经》、《法华经》、《楞伽经》、《楞严经》;被两家选录的经典有:《心经》、《胜鬘经》、《观经》、《无量寿经》、《圆觉经》、《金光明经》、《梵网经》、《坛经》。此外,《四十二章经》、《佛遗教经》、《解深密经》、《八大人觉经》、《大乘密严经》、《地藏菩萨本愿经》、《菩萨十住行道品经》、《大毗卢遮那成佛神变加持经》为一家所选录。本着以上所说的"对中国佛教影响最大、最能体现中国佛教基本精神"的原则,这次我们选择了以下十三部经典:《心经》、《金刚经》、《无量寿经》、《圆觉经》、《梵网经》、《坛经》、《楞严经》、《解深密经》、《维摩诘经》、《楞伽经》、《金光明经》、《法华经》、《四十二章经》。

佛教发展至今已有两千多年的历史,就其历史发展、思想内容说,有大乘、小乘之分。《佛教十三经》所收录之经典,除了《四十二章经》外,多为大乘经典。此中之缘由,盖因佛法之东渐,虽是大小二乘兼传,但是,小乘佛教在传入中国之后,始终成不了气候,且自魏晋以降,更是日趋式微;直到十三世纪以后,才有南传上座部佛教在云南一带的流传,且范围十分有限。与此相反,大乘佛教自传入中土后,先依傍魏晋玄学,后融汇儒家的人性、心性学说而蔚为大宗,成为与儒道二教鼎足而三、对中国社会各个方面产生着巨大影响的一股重要的社会思潮。既然中国佛教的主体在大乘,《佛教十三经》所收录的佛经自然以大乘经典为主。

对于大乘佛教,通常人们又因其思想内容的差异把它分为空、有二宗。空宗的代表性经典是"般若经"。中国所见之般

若类经典，以玄奘所译之《大般若经》为最，有六百卷之多。此外还有各类小本“般若经”的编译与流传，其中以《金刚经》与《心经》最具代表性与影响力。

“般若经”的核心思想是“空”。但佛教所说的“空”，非一无所有之“空”，而是以“缘起”说“空”，亦即认为，世间的万事万物，都是条件（“缘”即“条件”）的产物，都会随着条件的变化而变化。条件具备了，它就产生了（“缘起”）；条件不复存在了，它就消亡了（“缘灭”）。世间的一切事物，都不是一成不变的，而是一个念念不住的过程，因此都是没有自性的，无自性故“空”。《金刚经》和《心经》作为般若经的浓缩本，“缘起性空”同样是其核心思想，但二者又进一步从“对外扫相”和“对内破执”两个角度去讲“空”。《金刚经》的“对外扫相”思想集中体现在“一切有为法，如梦幻泡影，如露亦如电，应作如是观”这个偈句上，对内破执则有“应无所住而生其心”这一点睛之笔。《心经》则是以“色不异空，空不异色；色即是空，空即是色；受想行识亦复如是”来对外破五蕴身，以“心无罣碍”来破心执。两部经典都从扫外相、破心著的角度去说“空”。

有宗在否定外境外法的客观性方面与空宗没有分歧，差别仅在于，有宗虽然主张“外境非有”，但又认为“内识非无”，倡“三界唯心”、“万法唯识”，认为一切外境、外法都是“内识”的变现。在印度佛教中，有宗一直比较盛行，但在中国佛教史上，唯有玄奘、窥基创立的“法相唯识宗”全力弘扬“有宗”的思想，并把《解深密经》等“六经十一论”作为立宗的根据，《佛教十三经》选录了对“唯识宗”影响较大的《解深密经》进行注译。

《解深密经》的核心思想在论证一切外境外法与识的关系，认为一切诸法乃识之变现，阿赖耶识是生死轮回的主体，是万物生起的种子。经中还提出了著名的“三性”、“三无性”问题，并深入地论述了一切虚妄分别相与真如实性的关系。

与印度佛教不尽相同，中国佛教的主流或主体不在纯粹的“空宗”或“有宗”，而在大乘佛教基本精神与中国传统文化（特别是儒家心性学说）汇集交融而成的“真常唯心”思想，这种“真常唯心”思想也可称之为“妙有”的思想。首先创立并弘扬这种“妙有”思想的是智者大师创建的天台宗。

天台宗把《法华经》作为立宗的经典依据，故又称“法华宗”。《法华经》的核心思想，是“开权显实，会三归一”，倡声闻乘、缘觉乘、菩萨乘同归一佛乘，主张一切众生悉有佛性。《法华经》是南北朝之后，中国佛教走向以大乘佛教为主流的重要经典依据，也是中国佛教佛性理论确立以一切众生悉有佛性、都能成佛为主流的重要经典依据。而《法华经》的“诸法实相”也成为中国佛教“妙有”思想的重要思想资源和理论依据。

中国佛教注重“妙有”之思想特色的真正确立，当在禅宗。慧能南宗把天台宗肇端的“唯心”倾向推到极致，作为标志，则是《坛经》的问世。《坛经》是中国僧人撰写的著述中唯一被冠以“经”的一部佛教典籍，其核心思想是“即心即佛”、“顿悟成佛”。《坛经》在把佛性归诸心性、把人变成佛的同时，倡导“即世间求解脱”，主张把入世与出世统一起来，而这种思想的经典根据，则是《维摩诘经》。

《维摩诘经》可以说是对中国佛教影响最大的一部佛经，

不论是作为中国佛教代表的禅宗，还是成为现、当代佛教主流的人间佛教，《维摩诘经》中的“心净则佛土净”及“亦入世亦出世”、“在入世中出世”的思想，都是其最为重要的思想资源和经典依据。尤其值得一提的是，贯穿于整部《维摩诘经》的一根主线——“不二法门”，更是整个中国佛教的方法论依据。

《楞伽经》也是一部对禅宗、唯识乃至整个中国佛教有着重大影响的佛经。《楞伽经》思想有两个重要特点，一是融汇了空、有二宗，既注重“二无我”，又讲“八识”、“三自性”；二是把“如来藏”和“阿赖耶识”巧妙地统合起来。因此之故，《楞伽经》既是“法相唯识宗”借以立宗的“六经”之一，又被菩提达摩作为“印心”的依据，并形成一代楞伽师和在禅宗发展史颇具影响的“楞伽禅”。

《楞严经》则是一部对中国佛教之禅、净、律、密、教都有着广泛而深刻影响的大乘经典。该经虽有真、伪之争，但内容十分宏富，思想体系严密，几乎把大乘佛教所有重要理论都囊括其中，故自问世后，就广泛流行。该经以理、行、果为框架，谓一切众生都有“菩提妙明元心”，但因不明自心清净，故流转生死，如能修禅证道，即可成就无上正等正觉。这一思想对中国佛教的各宗各派都产生了极其深刻的影响。

《圆觉经》是一部非常能够体现中国佛教注重“妙有”思想特色的佛经。该经主张一切众生都具足圆觉妙心，本当成佛，无奈为妄念、情欲等所覆盖，才于六道中生死轮回；如能顿悟自心本来清净，此心即佛，无须向外四处寻求。该经所明为大乘圆顿之理，故对华严宗、天台宗、禅宗都有十分重要的影响。

《金光明经》对中国佛教的影响，主要体现在其“三身”、“十地”思想、大乘菩萨行之舍己利他、慈悲济世思想、金光明忏法及忏悔思想以及天王护国思想。由于经中所说的诵持本经能够带来不可思议的护国利民功德，故长期以来被视为护国之经，在所有大乘佛教流行的地区都受到了广泛重视。

《无量寿经》是根据“十方净土”的思想建立起来的净土类经典，也是净土宗所依据的“三经”之一。经中主要叙述过去世法藏菩萨历劫修行成无量寿佛的经过，及西方极乐世界的种种殊胜。净土信仰自宋之后就成为与禅并驾齐驱的两大佛教思潮之一，到近现代更出现“家家阿弥陀，户户观世音”景象，故《无量寿经》在中国佛教史上的影响至为广泛和深远。

《梵网经》在佛教“三藏”中属“律藏”，是大乘戒律之一，在中国佛教大乘戒律中，《梵网经》的影响最大。经中主要讲述修菩萨的阶位（发趣十心、长养十心、金刚十心和体性十地）和菩萨戒律（十重戒和四十八轻戒），是修习大乘菩萨行所依持的主要戒律。另外，经中把“孝”与“戒”相融通、“孝名为戒”的思想颇富中国特色。

所以把《四十二章经》也收入《佛教十三经》，主要因为该经是我国最早译出的佛教经典，而且是一部含有较多早期佛教思想的佛经。经中主要阐明人生无常等佛教基本教义和讲述修习佛道应远离诸欲、弃恶修善及注重心证等重要义理，且文字平易简明，可视为修习佛教之入门书。

近几十年来，中国佛教作为中国传统文化的重要组成部分，以其特殊的文化、社会价值逐渐为人们所认识，研究佛教

者也日渐增多。而要了解和研究佛教，首先得研读佛典。然而，佛教名相繁复，义理艰深，文字又晦涩难懂，即便有相当文史基础和哲学素养者，读来也颇感费力。为了便于佛学爱好者、研究者的阅读和把握经中之思想义理，我们对所选录的十三部佛典进行了如下的诠释、注译工作：一是在每部佛经之首均置一“前言”，简要介绍该经之版本源流、内容结构、核心思想及其历史价值；二是在每一品目之前，都撰写了一个“题解”，对该品目之内容大要和主题思想进行简明扼要的提炼和揭示；三是采取义译与意译相结合的原则，对所选译的经文进行现代汉语的译述。这样做的目的，是希望它对原典的阅读和义理的把握能有所助益。当然，这种做法按佛门的说法，多少带有“方便设施”的性质，但愿它能成为“渡海之舟筏”，而不至于沦为“忘月之手指”。

赖永海

庚寅年春于南京大学

前　言

《梵网经》是大乘菩萨戒的重要经典，它随着大乘思潮而兴起，宣示了大乘佛教的基本理论和根本精神，阐述了大乘菩萨道的修习阶位及大乘菩萨戒的十重四十八轻戒，促进了大乘佛教在中国的流行及大乘菩萨戒运动。在阐释菩萨心地法门时，《梵网经》明确表述了大乘佛教的佛性思想，集中体现了中道正观，对佛教义理作了简要的玄学化论述。

一　从声闻戒到大乘菩萨戒

戒律为佛教经、律、论三藏之一。守持戒律不仅是佛子们解脱生死、开佛知见、证悟无上菩提而达涅槃妙境的始基，而且是僧团"和合安乐"、佛教正法住世的依据与标志。《佛遗教经》中载佛陀涅槃前最后一次说法：

"汝等比丘，于我灭后，当尊重珍敬波罗提木叉，如暗遇明，贫人得宝，当知此则是汝等大师。"

《四十二章经》中说：

"佛子离吾数千里，忆念吾戒，必证道果。在吾左右，虽常见吾，不顺吾戒，终不得道。”

佛陀制戒有着和合僧众和证悟菩提的两大本怀，戒律的守持直接关系到佛教解脱的能否实现。戒律于佛教中有着非常重要的地位，正所谓“一切众律中，戒经为最上，佛法三藏教，毗奈耶为首。”

戒，梵名“尸罗（si'la）”，指用以防非止恶的、使人内心清凉的规矩。律，梵名“优婆罗叉（vinaya）”，有调伏、禁制之法、灭、诠量等义，是考量是非善恶、规范行为的准则。

在戒与律的关系上，狭义地讲，戒是戒，律是律，律中包含戒，戒中不含律。持律含有持戒，持戒不能全摄持律。持律是僧团大众共同的事，含有他律规范的意义；持戒则是僧众自觉地自我规范，是个人的事。持戒称为“止持”，其重心在于防非止恶；持律称为“作持”，其心在于奉行诸善。后来，戒律用以泛指佛教修行者所应遵守的一切规范。

从性质上讲，戒律分为遮戒与性戒。性戒，如杀、盗、邪淫、妄语等戒，此戒无论佛教是否制定，人若持之即得福，犯之即得罪。遮戒，如饮酒等戒，若饮酒，可能因醉酒而犯其他性戒，故佛教制定不饮酒戒，但饮酒本身是没有罪的。

在内容上，佛教戒律有五戒、居士戒、沙弥（尼）戒、具足戒等区分。五戒，指不杀生、不偷盗、不邪淫、不妄语、不饮酒，这五戒，是佛门四众弟子的基本戒，不论出家在家皆应遵守。居士戒是指在家修习佛法者应该遵守的戒律。在家修行者，首先应该遵守五戒，如果进入寺庙尝试一天一夜的出家生活，则应受持八关斋戒，即除受持五戒（“不邪淫”提升为“不淫”）外，还应受持过午不食、不坐高广大床、不打扮和不享受歌舞。除消极地持戒止恶外，还应积极地为善，即所谓的十善：不杀生、不偷窃、不邪淫、不妄语、不两舌、不恶语、不拍马、不贪婪、不恼怒、不背离佛法。沙弥（尼）戒是指年少、初出家的僧众应受持的戒律，有十戒：不杀戒、不盗戒、不淫戒、不妄语戒、不饮酒戒、离高广大床戒、离花戒、离歌舞等戒、不蓄金银财宝戒、离非时食戒。具足戒又称“近具戒”、“大戒”，为比丘、比丘尼所应受持的戒律。具足戒的内容，南北朝佛教所传的戒本各异，按对中国佛教影响最大的律学典籍《四分律》所载，比丘戒有二百五十条，比丘尼戒有三百四十八条。

佛教的戒律，虽有针对佛教自身修行特点而制定，但大多则是承继于古印度自吠陀以来的哲学、宗教思想和修行方法。《摩奴法典》是古婆罗门教保存下来的最完整的法典，其中不仅含有各种修行方法，而且还有严格的戒律内容，如苦行、戒杀、戒食荤、离欲、与梵合一等等，世尊早年的苦修实际上就是立足于这些内容，他的早期弟子们也大都是经年严格修行之人，于戒律当然是无须强调。但是，随着许多本身修行较低甚至没有修行基础的人加入僧团，违背传统修行戒律的事时有发生，直接影响到佛教的修行和僧团的和合，佛陀就根据随犯随制的原则，逐步建立起佛教的戒律体系。佛教戒律始于世尊灭后大迦叶等五百尊者于七叶窟中的首次结集，由优婆离尊者经八十次诵出，是为《八十诵律》，为律典传出之纪元。自是以后，师师传承，四众遵守。一百年后，上座、大众两部因“小戒是否可弃”、“十事是否非法”等律仪争执而分裂，旋复逐步分出五种律部，即《根本说一切有部律》、《十诵律》、《四分律》、《五分律》、《摩诃僧祇律》。

在律学上，佛教戒律分戒法、戒体、戒行、戒相四科。“戒法者，如来所制法；戒体者，由于接受之作法而领纳戒法于心脐，生防非止恶之功德者；戒行者，随顺其戒体而如法动作三业也；戒相者，其行之差别，即十戒乃至二百五十戒也。一切之戒，尽具此四科。”戒体是因受持戒法而产生的防非止恶的精神功能，戒法是佛陀所制的戒律内容，戒行是受持者由于纳受戒体而在身、口、意三方面表现出来合乎戒律的行为，戒相是指僧众由于持戒、纳受戒体而于外表形象上表现出来的妙德吉相。对于戒法、戒体、戒行、戒相之间的关系，《行事钞》中说：“威仪行戒，随所施造，动则称法，美德光显，故名戒相。”即在四科关系上，法、体、行、相四者体现了“戒”的本体、现象和功用。宋代元照的《资持记》卷十五说：“戒是一也，轨凡从圣，名法。总摄归心，名体。三业造修，名行。览而可别，名相。由法成体，因体起行，行心据相。当知相者，即是法相，复具体相，又是行相，无别相也。”戒体因纳法而生，但又是戒行、戒相之本。戒体与持戒体现出体与用的关系，因有戒体而能够持戒，持戒本身反过来又成就戒体。戒体的完整是守戒的目的，也是能否守戒的前提，戒体的获得成为戒子们求戒、受戒的核心。圣严法师在其《戒律学纲要》中说：“佛弟子的受戒，须是师师相授，讲求戒体的传承与纳受。唯有受了戒的人，才能将戒传给他人，此一戒体，是直接传自佛陀，受戒而纳受戒体，便是纳受佛的法身于自己的心性之中，以佛的法身接通人人本具的法身，以期引导各人自性是佛的发明或证悟。”戒体的获得或显现直接关系到能否证得涅槃、成就法身，能否达到佛教修行的终极理想。因此，戒体于佛教戒律中自然处于核心地位，在中国佛教历来的授戒仪轨上，尽管受戒的对象、内容、仪轨不尽相同，但其高潮必定是“明授戒体法”，由此求戒者才可以正式纳受戒体，受戒成功。

随着大乘佛教的兴起，律学思想也有所变化。传统律学重视戒身，重视考察身、口之恶，按戒律对僧众的个体生活作出严格要求，以正身而求正心。大乘佛教重视以大乘思想阐释小乘戒律，强调戒心，重点防范起心动念之“意”恶，以正心而求正身。大乘菩萨道，强调积极饶益众生，并逐步有了区别于小乘戒律的大乘菩萨戒的产生。在戒体论上，菩萨戒特别注重发大菩提心，所谓“心无尽故，戒亦无尽”，对于戒体的最终根源，则归之于众生本有的佛性，也即所谓的佛性戒。

菩萨戒，就是指大乘菩萨所受持的戒律，又称为“大乘戒”、“佛性戒”、“方等戒”、“千佛大戒”，其内容可归于三聚净戒，即摄律仪戒、摄善法戒、饶益有情戒三项。自原始佛教到印度大乘佛教初期，并无所谓“大乘戒”独立于小乘戒（也称为“声闻戒”）的存在，大乘戒实际上是伴随着大乘思想的发展而经过长时间逐渐形成的结果。据日本学者考证，大乘戒的成立应该起源于《华严经》，该经《十地品》中第二离垢地已言及菩萨应行十善、离十恶，对一切众生应起利益心、安乐心、慈悲心等，并令一切众生住于正见，远离恶道，此三事即是菩萨持戒的本分。此处的离十恶、行十善、利益众生已经构成了大乘菩萨戒中的摄律仪戒、摄善法戒、饶益有情戒的雏形。大乘戒思想在《八十华严》

和《大智度论》中也有所反应，但在此时期的经典中，大乘戒仍未单独成立，也没有大小二乘戒律的思想存在。在《大般涅槃经》中，首先有了声闻戒与菩萨戒的区别：

“戒复有二：一声闻戒；一菩萨戒。从初发心乃至得成阿耨多罗三藐三菩提，是名菩萨戒。若观白骨乃至证得阿罗汉果，是名声闻戒。若有受持菩萨戒者，尚知是人得阿耨多罗三藐三菩提，能见佛性、如来、涅槃。”

该经认为，只有受持菩萨戒者才能得成无上智慧，才能得见佛性，得涅槃。但是，经中仍然未见有像小乘二百五十戒那样的大乘戒律科判，直至《梵网经》中，方才有以十重四十八轻等五十八条菩萨戒目的归纳，用以区别于小乘的二百五十戒。在《梵网经》的姊妹篇《璎珞经》中，以三聚净戒概括大乘菩萨戒正式成立，其中摄律仪戒引入《梵网经》的十重四十八轻戒，从而使大乘戒与小乘戒有了完全区别。但是，印度佛教中的瑜伽行派于大、小乘戒取折衷态度，《瑜伽师地论》中虽也说三聚净戒，但其于摄律仪戒不取《梵网经》的十重四十八轻戒，而是采取了小乘二百五十具足戒，即于戒律中取大小乘兼受之意，于日常行事中持守小乘戒，同时又必须践行摄善法戒与摄众生戒，即住于大乘精神而行小乘戒，大小乘戒兼受也成为中国佛教宗派的主流律学思想。

二 《梵网经》注疏与中国佛教大乘菩萨运动

中土大乘菩萨戒的弘传始于鸠摩罗什，敦煌写本中有其所撰的《受菩萨戒仪轨》一卷。从东晋至唐初传译的大乘戒本主要有《菩萨璎珞本业经》、《梵网经菩萨戒本》、《瑜伽师地论·菩萨戒本》、《菩萨地持经戒本》、《菩萨善戒经戒本》、《优婆塞戒经戒本》等等。诸戒本中，在中土影响最大的是《梵网经菩萨戒本》、《菩萨地持经戒本》、《瑜伽戒本》，从总体上又可以分为《梵网》和《瑜伽》两个系统的菩萨戒。《瑜伽》系统的菩萨戒，主要是针对出家众的，因其摄律仪戒以小乘的七聚为准，无法广摄一切众生，但也有学者认为，《瑜伽地持经》兼容出家与在家二众，《梵网》和《璎珞》才是纯粹的大乘戒法，其戒法直指大乘佛教最高的理念。由于中国本土传统儒家思想的文化背景，大乘思想十分契合中土人士的价值观，作为宣扬大乘菩萨戒的《梵网经》自然也受到特别的重视。

据《梵网经》载，该经本有一百二十卷，六十一品，但传译过来并流行于世的，仅有第十品《菩萨心地品》，此品又分为上下两卷。《梵网经》在中土的流通，既有包含上下两卷的全本，更多的是只有下卷的单行本《梵网经菩萨戒本》。由于《梵网经》下卷讲的是大乘菩萨戒，所以更加得到偏爱大乘思想的中土人士的重视，其流行范围广泛，影响也较大，对其注疏自然也较多，其中影响较大的有：

《菩萨戒疏》二卷，（陈）智文注。

《梵网经菩萨戒经义疏》二卷，（隋）智顗说灌顶记，《续藏经》第五九套第三册。

《梵网经菩萨戒本疏》三卷，（唐）法藏注，《大藏经》第四〇册。

《梵网经菩萨戒疏》四卷，现存上卷，（唐）法铣撰，《续藏经》第六〇套第三册。

《梵网经菩萨戒注》三卷，（宋）慧因注，《续藏经》第六〇套第三册。

《梵网经菩萨戒经义疏发隐》五卷，（明）袾宏述，《续藏经》第五九套第五册。

《梵网经菩萨戒经义疏发隐问辩》一卷，（明）袾宏述，《续藏经》第五九套第五册。

《梵网经菩萨戒略疏》八卷，（明）弘赞述，《续藏经》第六〇套第五册。

《梵网经菩萨戒初津》，（清）书玉述，《续藏经》第九五套第一册。

《梵网经菩萨戒浅说》，当代圣一法师讲述。

《梵网戒本疏日珠钞》五〇卷，（日本）凝然撰。

《梵网经》上卷，主要是讲菩萨修行的次第，具有一定的大乘佛教理论高度，文字较艰涩，历代为其作注者较少，主要有以下几位。

《梵网经古迹记》，（新罗）太贤集，《大藏经》第四〇卷。

《梵网经菩萨戒本述记》，（唐）胜庄撰，《续藏经》第六〇套第二册。

《梵网经合注》七卷，（明）智旭注，道昉校订，《续藏经》第六〇套第四册。

《梵网经直解》四卷，（明）寂光直解，《续藏经》第六〇套第一册。

《梵网经顺朱》二卷，（清）德玉顺朱，《续藏经》第六〇一套第三册。

中国人对《梵网经》虽然极度重视，但自近代以来，一些学者认为《梵网经》是汉人所造，是伪经。据僧肇的《梵网经序》所说，该经是姚秦时鸠摩罗什所译，但后世仍有所怀疑。关于《梵网经》真伪问题的争论可算是由来已久，但据目前的证据、资料，尚不足以证明此经是汉地所造，然《梵网经》对于中国大乘佛教兴起和发展的意义却是重大而深远的。

现存佛教律藏有广律、戒经及律论三类，其中广律是对每一律条进行广泛解说的律典，它通常包括制缘（制订此律条的原因）、律文（律条的正文，亦称为“学处”）、犯缘（构成犯戒的条件）和开缘（开脱犯戒的缘由）四个内容。中国僧人的戒律研究并不局限于戒律的制缘、戒本、犯缘、开缘等项目的科判，而是以中国化的人文精神，特别是以儒家价值观对其作出中国化的阐释，如东晋道安曾以儒家五常（仁、义、礼、智、信）比附佛教五戒。南北朝时期，伴随着大乘菩萨道类经典的译入，特别是自《梵网经》被译出之后，中土掀起了大乘菩萨戒运动，上层社会掀起了受持菩萨戒的高潮。

正式受持菩萨戒的帝王有：齐高祖文宣皇帝、梁武帝、隋炀帝、唐中宗、唐睿宗，等等。另外，贞观初年皇太子及诸王、皇后、六宫都正式受菩萨戒。

自称菩萨戒弟子的有：陈文帝、隋文帝、唐太宗等。

有“菩萨皇帝”之称的梁武帝，还亲自疏理戒律，制《文殊悔过》、《五悔法门经》等梁忏法，极大地促进了中国佛教大乘精神的弘扬。隋唐时期，台、贤、慈恩诸宗僧众皆有《梵网经》的注疏问世。至于大乘菩萨戒另一经典《地持经》，北朝有义学僧人及律师僧苑、慧顺、灵裕、法正等为之作疏，南朝（齐）慧光、昙迁亦弘此经，东晋慧远也精研《地持经》。中国佛教宗派于佛教戒律通常是大、小乘戒律齐受的，但在戒律精神上则始终是大乘的。律宗虽以《四分》立宗，但也认为《四分》通于大乘，对《四分》作出大乘的理解，也极力以弘扬大乘精神为己任。

中国律学基本上延续了道安的思想，走大乘路线。佛教大小二乘分裂的原因除了戒律争论外，还涉及佛身论、涅槃真身、佛法诠释等教义问题。大乘戒与小乘戒的基本区别，本质上是由大小二乘分别对于佛法所具慧识的殊异而形成的。小乘自求证果解脱，未能超越四圣谛而体悟缘起性空的胜义中道实相，严守戒律而忽视社会伦理，重视传统慧学但少有慧学的积极创新。大乘菩萨道则强调“生死之外别无涅槃”、“一切众生皆能成佛”、“上求佛道下化众生”等利他本位的佛教伦理。菩萨戒精神直指佛教终极目标的成就，其戒法中本就蕴含着佛性、般若等佛教终极价值要素，感悟佛性、体证无上菩提才是菩萨戒的最终成就。摄戒归性是大乘菩萨戒的宗旨，守持大乘菩萨戒的目的在于体悟佛性，佛性也是能够持戒清净的最终精神力量来源，守持戒律与最终成佛得到了同维度的统一。

三 《梵网经》的基本内容

《梵网经》，全称为《梵网经卢舍那佛说菩萨心地戒品第十》，又名为《梵网经菩萨心地品》。梵者，能净之义；网者，能摄有情众生之义。梵网，原指大梵天王宫的因陀罗网，有千重而有千光，光光各各相摄不相妨碍。在本经中，诸梵王持罗网幢供佛而听法，佛因此说无量世界犹如网孔，各各不同，并以梵网比喻佛教之法门，亦重重无尽，圆融无碍。法王说法，犹如梵网一般，孔虽多但网仍一，无量法门虽如恒河沙，但宗趣必归于一，是故从喻立名为《梵网经》。《梵网经》现收于《大正藏》第二四册，金陵刻经处也有单刻本流通。

《梵网经》现今流行版由三藏法师鸠摩罗什所译，该经正文前有僧肇的“梵网经序”。从内容上看，《梵网经》上卷主要阐述了菩萨修行阶位，也对佛教基本义理作了简要的阐述。下卷明菩萨戒法，阐述了大乘菩萨戒的十重四十八轻戒的基本内容，其中也体现了大乘佛教的佛性、般若思想。

（一）菩萨修行的阶位：三十心、十地。

该卷是以释迦牟尼佛在第四禅地中的摩醯首罗天王宫，与无量大梵天王及菩萨众，向卢舍那佛问大乘菩萨修行的阶位。在该卷中，大乘菩萨的修行可以分为四个层次：发趣十心、长养十心、金刚十心、体性十地，即三十心、十地共四十法门。

1. 发趣十心。

所谓“发趣”，指发心修行，趣向大乘。发趣十心，是指发心修行十心，心心皆趣向大乘之境，最终成就佛果。发趣十心，具体指：

第一、舍心（施舍心），第二、戒心，第三、忍心（忍辱），第四、进心（精进），第五、定心（禅定），第六、慧心（智慧），第七、愿心（上求佛道，下化众生之愿），第八、护心（护持），第九、喜心，第十、顶心（顶，本指人顶，最尊贵之意）。

2. 长养育十心。

长养，指长养善法，成就功德，趣向圣位。长养十心指：

第一、慈心，第二、悲心，第三、喜心，第四、舍心，第五、施心（布施），第六、好语心（慈爱语言待人），第七、利益心（以身口意诸行利益于人），第八、同心（同理心），第九、定心；第十、慧心。

3. 金刚十心。

金刚，喻金刚坚固不坏之意，指长养善法后，其心更加坚勇，不被外道侵损。金刚十心指：

第一、信心，第二、念心（念佛、念法、念僧、念戒、念施、念天，共六随念），第三、回向心（趋于佛果的殷切之心），第四、达心（通达无碍），第五、直心（正直），第六、不退心（不退转），第七、大乘心，第八、无相心（心无相），第九、慧心，第十、不坏心。

4. 体性十地。

体是本体，性是本性。体性，指佛与众生的本性，两者同一而无差别。体性地，即菩萨修行证果的品位，由初地菩萨入圣流而至十地成佛。体性十地指：

第一、体性平等地，第二、体性善慧地，第三、体性光明地，第四、体性尔焰地，第五、体性慧照地，第六、体性华光地，第七、体性满足地，第八、体性佛吼地，第九、体性华严地，第十、体性入佛界地。

发趣、长养、金刚这三十心的修行，是修习菩萨道的前期。证入初地的菩萨方才是真正得入圣流，再经二地、三地直至证入十地成佛。这三十心十地的菩萨道修行次第，修道者可依此顺序由浅入深，渐次舍凡入圣，直至得证佛界，究竟解脱。从修行次第上看，虽然一地菩萨不知二地事，但在体性上，每一心、每一地却又是互摄无碍的。

（二）大乘菩萨戒：十重四十八轻戒。

下卷通过卢舍那佛陈述的方式，着重阐述了大乘菩萨戒的基本内容。大乘菩萨戒，分重戒、轻戒二大类。重戒亦称“波罗夷戒”，受戒者若犯了它，可致重罪，不仅会被逐出僧团，而且会丧失成佛之因。重戒有十种：杀戒、盗戒、淫戒、妄语戒、酤酒戒、说四众过戒、自赞毁他戒、悭惜加毁戒、嗔心不受悔戒、谤三宝戒。

轻戒有四十八种，若违犯了它，会导致“轻垢罪”。相对于重罪，轻垢罪较轻一点，但却会玷污净行。依经文，四十八轻戒又分为五聚，除最后一聚外，各聚都注明本聚在大部《梵网经》中哪些品内作广泛而深入的说明。

第一至第十戒为一聚，即：第一、不敬师友戒，第二、饮酒戒，第三、食肉戒，第四、食五辛戒，第五、不教悔罪戒，第六、不供给请法戒，第七、懈怠不听法戒，第八、背大向小戒，第九、不看病戒，第十、不畜杀具戒。

第十一戒至第二十戒为一聚，即：第十一、国使戒，第十二、贩卖戒，第十三、谤毁戒，第十四、放火焚烧戒，第十五、僻教戒，第十六、为利倒说戒，第十七、恃势乞求戒，第十八、无解作师戒，第十九、两舌戒，第二十、不行放救戒。

第二十一戒至第三十戒为一聚，即：第二十一、嗔打执仇戒，第二十二、憍慢不请法戒，第二十三、憍慢僻说戒，第二十四、不习学佛戒，第二十五、不善知众戒，第二十六、独受利养戒，第二十七、受别请戒，第二十八、别请僧戒，第二十九、邪命自活戒，第

三十、不敬好时戒。

第三十一戒至第三十九戒为一聚，即：第三十一、不行救赎戒，第三十二、损害众生戒，第三十三、邪业觉观戒，第三十四、悖念小乘戒，第三十五、不发愿戒，第三十六、不发誓戒，第三十七、冒难游行戒，第三十八、乖尊卑次序戒，第三十九、不修福慧戒。

第四十戒至第四十八戒为一聚，即：第四十、拣择戒戒，第四十一、为利作师戒，第四十二、为恶人说戒戒，第四十三、无惭受施戒，第四十四、不供养经典戒，第四十五、不化众生戒，第四十六、说法不如法戒，第四十七、非法制限戒，第四十八、破法戒。

除了十重、四十八轻戒的戒相之外，《梵网经》也论及到受戒的作法、大乘菩萨的集会作法等，甚至还有劝放生、追善供养等日常行仪的规定，对后世的影响很大，堪称为一部完整的大乘戒经。

菩萨戒，亦称“三聚净戒”。聚者，集也；戒者，禁戒也；有三种戒，能摄一切大乘诸戒，故名“三聚戒”。也就是说，大乘菩萨戒，可以分为三类，即三聚净戒：第一、摄律仪戒，谓一切律仪，无不聚摄，此类戒在于断除一切恶行；第二、摄善法戒，谓身口意所行之行，能行一切善法也，闻思修三慧及布施等六度之法，无不聚摄；第三、摄众生戒，谓能摄受一切众生，能摄之行，即是慈、悲、喜、舍而利益众生。《梵网经》中大乘戒律，虽分十重四十八轻戒，若收摄分类，也不出这三类。十重戒是摄律仪戒，四十八轻中的前三十轻，是摄善法戒，后十八轻，则可视作摄众生戒。当然，大乘菩萨戒又是圆融互摄的，即受持任何一戒，三聚戒同时具足。以受持不杀戒为例，不杀生是一种止恶的行为，属于摄律仪戒。但发誓不杀生也是一种善行，属于摄善法戒的范畴。同时，不杀生亦是救护一切众生，能令众生无畏，有了饶益有情的内涵，于是又成摄众生戒。又如饮酒戒，要离饮酒等过失，是摄律仪戒；常行对治，是摄善法戒；息世讥嫌，是饶益有情戒。

基于大乘佛教“上求佛道，下化众生”的菩萨情怀，大乘菩萨戒特别注重发大菩提心，《璎珞经》中说：“一切菩萨凡圣戒，尽心为体。是故心尽戒亦尽，心无尽故，戒亦无尽。”修习大乘者，当发大菩提心，受持大乘菩萨戒，不但要止恶扬善，而且要积极利益众生。在自利利他的践行佛法过程中，更要时刻趣向开显佛性与开启智慧，最终得证佛果。《梵网经》上卷对佛性、中道智慧等佛教义理作了简约化的阐述，从而使下卷的十重、四十八轻的戒律思想建立在扎实的大乘义理之上，使得受持大乘菩萨戒有了佛教修行终极目标的当下指归，体现了大乘佛教“戒乘互摄”的律学特征。

四 关于本注译本

《梵网经》在汉地有几种版本，本注译以金陵刻经处版的《佛说梵网经》（上、下卷）为底本，并参照了《大正藏》本《梵网经》、《梵网经古迹记》和法藏、智者等高僧所作的注疏。因各版本经文出入不大，故只对个别文字进行勘误、补正。在结构内容上，金陵刻经处版的《佛说梵网经》经文已经分段，段首皆有例题，且纲目清晰，易于检索阅读，故本注译遵循原版的框架结构。

本书之注释，大多随文而出，参照诸佛学词典及古德今贤的注疏，尽量使其简单明了。在译文上，尽量遵循原文语句的结构，并力求达义而通畅，使读者能够完整而准确地把握原文本的含义。

佛教经典注译所常用的原则是“以经解经”，注译者唯恐偏离佛陀之原意，这也是笔者极力用功之处。但是，佛教经典注译既出自注译者之手，必经注译者之心，虽然注译者极力“以经解经”，也必蕴含注译者个人的理解。况注译者没有佛陀之证悟，很难传达佛陀的本意。偏执于“以经解经”，执著于古德先贤的注疏，其注译本通常会成为各种注解的会集，满篇文字正确，但不见注者自身胸中之感悟。对于真理，各人只能证其于一隅，偏其于一方，不同个人感悟能够平等交流，吾辈才可以纠偏取正，并不断地接近真理。因此，本书在注译部分尽量参照各种注本，但在解读部分，则尽力发挥个人之感想与体悟，并尝试从心理学角度及人格完善方面作出阐述。笔者浸染佛法十数年，证悟浅薄，不避“断人慧命”之惧，坚信人心相通，笔者所感悟，或对或错，相信诸读者必有独立之理性，抉择之明眼，或赞或驳，或取或舍，皆有所值。

另外，今贤对于《梵网经》的注译与研究，本书重点参考者，有王建光先生注译的《新译梵网经》和季芳桐先生释译的《佛说梵网经》，在此表示特别感谢。

目　录

卷　下

梵网经序（一）[1]

[后秦]长安释僧肇述[2]

夫《梵网经》者，盖是万法之玄宗，众经之要旨，大圣开物之真模，行者阶道之正路。是以如来权教[3]，虽复无量，所言要趣，莫不以此为指南之说。是以秦主识达圜中[4]，神凝纷表，虽威纶四海，而沾想虚玄；虽风偃八荒[5]，而静虑尘外。故弘始三年[6]，淳风东扇[7]。于是诏天竺法师鸠摩罗什在长安草堂寺[8]，及义学沙门三千余僧，手执梵文，口翻解释五十余部。唯《梵网经》一百二十卷六十一品[9]，其中菩萨心地品第十，专明菩萨行地。

是时，道融、道影三百人等[10]，即受菩萨戒[11]。人各诵此品，以为心首[12]。师徒义合，敬写一品八十一部，流通于世。欲使仰希菩提者，追踪以悟理故，故冀于后代同闻焉。

注释：

①梵网经序：此序为金陵刻经处本和《大正藏》本中《梵网经》所共有。

②后秦（384—417）：或称“姚秦”，十六国之一，羌族贵族姚苌于晋孝武帝太元九年（384）所立，都长安（今陕西西安）。后秦之前朝为前秦（351—394），亦称“苻秦”，氐族苻健于晋穆帝永和六年所建，都长安。无论是苻秦还是姚秦，其国主都笃信佛教，为当时佛经的翻译提供了大量的人力、物力支持。释僧肇（384—414）：中国东晋著名佛教高僧、理论家。俗姓张，京兆（今陕西西安）人，原崇信老、庄，后从鸠摩罗什出家，为罗什门下“四圣”、“十哲”之一。僧肇擅长般若学，著《物不迁论》、《不真空论》、《般若无知论》和《涅槃无名论》，合称《肇论》。在其著述中，僧肇通过对“空有”、“体用”、“动静”等关系范畴的精确阐述，对当时佛教五家七宗思想作了总结，将当时的佛教般若学推至一个新的高峰，他也被时人称为“中土解空第一人”。另，当时中国佛教出家僧人，常以释迦牟尼之“释”为姓，再起法名，如僧肇，全名为“释僧肇”。

③如来权教：如来，即佛，佛的十种称号之一。佛的十种称号即：如来、正遍知、明行足、善逝、世间解、无上士、调御丈夫、天人师、佛、世尊。如来，意为乘如实道来成正觉。佛的各种称号，分别是从佛的各种功德上对佛的尊称。权教，亦称“方便教”，指佛陀为随顺众生意，以方便权谋所施设之教门及未达究竟之教理。权，权巧、方便之义。权教与实教相对，实教，亦称“真实教”，意为真实究竟之教，即佛陀随自意内证之实义而发挥的最根本教法。实，真实、实际之义。对于佛教之权实高低，各宗各派所判各异。如中国佛教天台宗，称《法华经》为实教，其余诸经为权教；就“教”而言，藏、通、别等三教为权，圆教为

实。华严宗，判整个佛教为小、始、终、顿、圆五教，认为小乘为二乘教，大乘始教为三乘教，终、顿二教虽揭示“一乘一性”，但未说一切众生皆具佛知见，故都属于权教，独华严别教一乘为真实教。

④秦主：指后秦高祖姚兴（366—416），字子略，赤亭（今甘肃陇西西）人，羌族，姚苌长子，继姚苌为后秦国君，公元394—416年在位。姚兴尊崇儒家，但也提倡佛教，曾广建寺院，邀请龟兹高僧鸠摩罗什来长安讲学译经，支持法显赴印度等国取经访问，使长安成为当时全国的佛教中心，对佛教在当时中国北部地区的传播与繁荣起了极大的推动作用。识达圜（huán）中：此句意思是说，秦主姚兴才识周遍超群。圜，本义“围绕”，此指“天”。《易·说卦》：“乾为天，为圜。”《楚辞·天问》：“圜则九重，孰营度之？”《吕氏春秋·圜道》：“圜，天道也。”

⑤八荒：也叫“八方”，指东、西、南、北、东南、东北、西南、西北八个方向，后泛指周围、各地，此处指“天下”。《过秦论》：“囊括四海之意，并吞八荒之心。”

⑥弘始三年：弘始，后秦姚兴之年号，此处指东晋安帝隆安五年，即公元401年。

⑦淳风东扇：因佛教有导人向善净化人心之效，故以淳风东扇代指佛法东传并得大兴之意。淳风，指淳朴敦厚之风。

⑧鸠摩罗什（344—413）：原籍天竺，生于西域龟兹国（今新疆库车）。幼年出家，初学小乘，后遍习大乘，尤善般若，并精通汉文，曾游学天竺诸国，遍访名师大德，深究妙义。后秦弘始三年（401），姚兴派人迎其至长安，从事译经。罗什率弟子僧

肇等八百余人，译出《摩诃般若经》、《妙法莲华经》、《维摩诘经》、《阿弥陀经》、《金刚经》等佛经和《中论》、《百论》、《十二门论》、《大智度论》等论著，共七十四部，三百八十四卷，成为我国一大译经家，其所译佛经对中国佛教宗派的形成起到了极大的作用。在译经过程中，罗什在长安形成了以自己为中心的庞大僧团，其弟子号称千人，后世有“四圣”、“八俊”、“十哲”之说，其中又以竺道生、僧肇、僧叡、道融、僧导、僧嵩等最为著名。长安草堂寺：位于现今西安市南秦岭圭峰山北麓的户县秦镇草堂营村，距西安三十五公里，创建于后秦，相传其始建时只是一座简单的堂屋，以草苫盖屋顶，故名“草堂”，寺亦称“草堂寺”。鸠摩罗什自弘始八年（406）从逍遥园移居草堂寺译经，直至弘始十五年（413）逝世为止。草堂寺内现今还保存有“姚秦三藏法师”鸠摩罗什舍利塔，俗称“八宝玉石塔”。

⑨《梵网经》一百二十卷六十一品：鸠摩罗什译，此为僧肇所说，现今所存《梵网经》共二卷，全称《梵网经卢舍那佛说菩萨心地戒品第十》，又名《梵网经菩萨心地品》、《佛说梵网经》。

⑩道融、道影：皆为罗什著名弟子。道融（355—434），汲郡（河南卫辉）人，著名佛教高僧，善辩论。道融十二岁出家，游学多年，至三十岁，通内（佛学）外（诸子百家）之学，后从鸠摩罗什受学，参与译经，著有《法华经义疏》等书。道影，亦称“昙影”，鸠摩罗什的弟子，助师译经，著有《法华义疏》四卷，并注释《中论》。

⑪菩萨戒：修习大乘佛教的菩萨们所应受持之戒律，又称“大乘戒”、“佛性戒”、“方等戒”、“千佛大戒”。反之，小乘佛

教修行者所受持的戒律，称“小乘声闻戒”。大乘菩萨戒的内容为三聚净戒，即摄律仪戒、摄善法戒、饶益有情戒三项。汉译藏经中较受重视的菩萨戒本或菩萨戒经有《菩萨璎珞本业经》、《梵网经菩萨戒本》、《瑜伽师地论菩萨戒本》、《菩萨地持经戒本》、《菩萨善戒经戒本》、《优婆塞戒经戒本》六种，其中《梵网经菩萨戒本》特别受到重视。《梵网经》下卷主要阐述了大乘菩萨戒的十重、四十八轻戒的戒相。中国佛教重视授三坛大戒，即初受沙弥、沙弥尼戒，次受比丘、比丘尼戒，最后现受出家菩萨式，但也有居士（佛教在家修行者）直接受大乘菩萨戒的做法。中国古代授菩萨戒主要依《瑜伽师地论》，现在则多以《梵网经》为依据。另，菩萨，“菩提萨埵”的略称，意译为“觉有情”，指有“上求佛道，下化众生”菩提愿心的大乘佛教修行者。《梵网经》上卷详细阐述了大乘菩萨修行从凡夫到成佛的阶第。

⑫心首：即心和头，意为最重要之处。

译文：

《梵网经》，是释伽牟尼佛所说百千万法中最具玄妙深义的经典，也是众多佛经的宗旨所在，是佛陀开示众生修行而得解脱的真正范本，展示了大乘菩萨依阶第渐次修行的正道。因此，如来因随顺众生因缘而方便说法的权教，虽然浩瀚无边，但要说到根本，则没有不是以该经为标准的。所以说，才识周遍、日理万机而神定气闲的后秦国主，虽然威震四海，但仍神往心念虚静玄妙；虽然征战南北所向披靡，但仍能静心参究超越尘世之道。弘始三年，值佛法淳风传遍东土中原之际，后秦国主宣诏迎请天竺法师鸠摩罗什于长安草堂寺，并聚集当时中国著名义学僧人三千多名，共同研讨翻译佛教经论，计达五十余部。其中有一百二十卷、六十一品的《梵网经》，但仅译出了专门阐述菩萨修行阶位的第十品《菩萨心地品》。

此经译出之时，道融、道影等三百多人，依法受了菩萨戒。大家都诵读此品，以之为修行根本。师徒对于广传流布此经有着共同的愿望，大家遂恭敬抄写了八十一部，以流通于世。希望那些发心求证无上智慧的人，能够借由此经得以彻悟佛理，也希望后世求法者能够一同得闻正法。

解读：

僧肇不愧为"中土解空第一人"，深得佛教般若学之精髓。佛教中道智慧可用《中论》中的"三是偈"作概括："因缘所生法，我说即是空，亦为是假名，亦是中道义。"也就说，对事物的认识应该从"空"、"假"、"中"三个方面进行。从事物缘起无自性上看是"空"，既已缘起，即非一无所有，因而称其为"假"，认识到事物既是"有"又是"空"，这就是佛教的"中道第一义谛"。任何事物都是"空"、"假"、"中"的统一体，三者虽三而一，虽一而三，即"空"即"假"即"中"。僧肇对于后秦国主姚兴的描述，也许并不符合历史的真实，但其描述却是十分符合大乘菩萨的理想人格和人生境界。"识达圜中，神凝纷表，虽威纶四海，而沾想虚玄；虽风偃八荒，而静虑尘外"，正如僧肇在其论著《物不迁论》中所说："然则旋岚偃岳而常静，江河竞注而不流，野马飘鼓而不动，日月历天而不周。复何怪哉？"大乘菩萨修行，所谓

“出世不离世，入尘不染尘”，正如后世禅宗所言之“无念、无相、无住”，即于诸境上心不染，于相而离相，虽入于诸相但知诸法体性本空，于诸法上念念不住，无所系缚。正所谓，了生死而不离生死，入涅槃而不取涅槃。

梵网经序（二）[1]

夫宗本湛然[2]，理不可易。是以妙穷于玄原之境，万行起于深信之宅。是以天竺法师鸠摩罗什，诵持此品以为心首。此经本有一百十二卷六十一品。什少践于大方[3]，齐异学于迦夷[4]。弘始三年，淳风东扇。秦主姚兴，道契百王，玄心大法。于草堂之中，三千学士，与什参定。大小二乘五十余部，唯《梵网经》最后诵出。时融、影三百人等，一时受菩萨十戒。岂唯当时之益，乃有累劫之津，故与道融别书出此《心地》一品。当时有三百余人诵此一品，故即书是品八十一部，流通于后代持诵相授。嘱诸后学好道君子，愿来劫不绝，共见龙华[5]。

注释：

①梵网经序：此序见之于《大正藏》本《梵网经》，金陵刻经处版本上无此序。

②湛然：寂然清澈的样子，此处指佛法修行的最高境界。湛然有时也用来形容禅定的境界，《摩诃止观》卷九有“定心湛然，安住不动”（卷上）、“定心湛然，无缘无念”（卷下）的说法，即内心安住，不攀外缘，不染外境，自心内照而不昏沉。

③大方：即大乘佛教。

④齐（zhāi）异学于迦夷：本句的意思是指，鸠摩罗什在佛陀的出生地迦夷罗得到众多异学外道的尊敬。齐，敬重，恭敬。迦夷，即“迦夷罗”，释迦牟尼佛出生之地。

⑤龙华：本为树名，梵名“奔那伽”，弥勒佛将于此树下成佛。按佛教说法，释迦牟尼佛涅槃后，下一位出世的佛即为弥勒佛，弥勒佛下生此世界时，将于龙华树下三会说法，以救度众生，无量众生也会因为在龙华树下听闻弥勒佛说法而成佛，这就是“龙华三会”成佛之说。龙华，此处指悟道成佛，到达弥勒佛之净土。

译文：

成佛之境，本寂净湛然，其理玄妙而又常住不灭。佛法的深义通达于玄妙之境，无量佛教修持法门，都以发起对佛法的深切信心为基础。因此，天竺法师鸠摩罗什，时常持诵《梵网经·菩萨心地品》，以其作为修行所依的根本。大本《梵网经》原有一百二十卷，六十一品。鸠摩罗什法师从小就学习大乘佛法，在释迦牟尼佛的出生地迦夷罗国，他曾因驳倒诸多异学外道而声名远播。弘始三年，佛法之淳风流布东土中原。后秦国主姚兴，道德功业符合以前的百代圣王，倾心于佛法的参悟与传播。于是，在长安草堂寺中，聚集了当时中国著名义学僧人三千多名，与鸠摩罗什法师一起共同研讨翻译佛教经论，计得大小乘经论五十余部，其中《梵网经》为其最后译出。一俟此经译出，道融、道影等三百多人即时依法受持了菩萨戒。《梵网经》的译出，不仅利益于当时，更有功于后代万世。因此，道融与其他学士一起从大本《梵网经》中摘抄出《心地法门品》二卷，因为当时有三百多人要同时持诵本品，所以共抄录了《心地法门品》八十一部，也是为了后世流通持诵，转相教授。殷勤嘱咐后世喜好修持佛法者，愿万世诵持此经不辍，共赴龙华法会。

卷上

菩萨心地品之上

本品叙述了释迦牟尼佛在第四禅天摩醯罗天王宫中，为无量大梵天王及大菩萨，转述莲华台藏世界卢舍那佛所说的心地法门品，其内容主要阐述了大乘菩萨修行的次第，发趣十心、长养十心、金刚十心、体性十地，即三十心、十地共四十法门。

大乘菩萨行者从初发菩提心到修行圆满成佛的阶位，《华严经》、《楞严经》、《深密经》、《菩萨璎珞本业经》、《瑜伽师地论》等佛教经论皆有所述，但略有差异。《摄大乘论》中言其为四位，唯识家认为有四十一阶位，《大智度论》说有四十二阶位，《仁王般若经》说有五十一阶位，《菩萨璎珞本业经》、《华严经》中说有十信、十住、十行、十回向、十地、等觉、妙觉共五十二个等级。

十信：信心、念心、精进心、慧心、定心、不退心、护法心、回向心、戒心、愿心。

十住：发心住、治地住、修行住、生贵住、方便具足住、正心住、不退住、童真住、法王子住、灌顶住。

十行：欢喜行、饶益行、无嗔恚行、无尽行、离痴乱行、善现行、无著行、尊重行、善法行、真实行。

十回向：救护一切众生离众生相回向、不坏回向、等一切佛回向、至一切处回向、无尽功德藏回向、随顺平等善根回向、随顺等观一切众生回向、真如相回向、无缚无著解脱心回向、法界无量回向。

十地：欢喜地、离垢地、发光地、焰慧地、难胜地、现前地、远行地、不动地、善慧地、法云地。

发心修学大乘菩萨道者，当经历此十信、十住、十行、十回向、十地等五十个阶位之后，进入第五十一等觉位。所谓等觉，指行十地，见解与佛相同，但实际修行比佛略逊一筹者。待断尽最后一丝无明，证得圆妙般若，具足无量功德，便登上妙觉位，即相等于佛陀的正觉之位。

《梵网经》中菩萨修行虽只讲三十心十地共四十次第，但与《华严经》、《菩萨璎珞本业经》等大乘经典所讲五十二阶地大同小异，且都用十进位法，集中体现了大乘佛教修学的次第。对般若、佛性、涅槃等大乘佛教范畴，《梵网经》进行了简约的、玄学化的说明，并对小乘佛教的有关思想作了大乘的理解和诠释，从而为下卷的十重、四十八轻戒的戒律思想建立了扎实的大乘义理基础。

尔时①，释迦牟尼佛，在第四禅地中摩醯首罗天王宫②，与无量大梵天王③，不可说不可说菩萨众④，说莲华台藏世界⑤，卢舍那佛所说心地法门品⑥。

注释：

①尔时：那时，当……时。佛教经典一开头通常是序分，简略介绍释迦牟尼佛宣说本经的时间、地点、听众等。“时”只是

表示说法的时间，并非实指。尔时，是两晋南北朝时期的常用之语。另外，印度文化不太重视历史，历法也不发达，其文化典籍中的历史事件，通常并不标有确切的时间，只是用“时”、“尔时”等虚指时间词汇标记。

②第四禅地：即“舍念清净地”。根据佛教理论，众生所居住的地方分为三界，即欲界、色界和无色界，众生于此三界生死轮转。在三界之中，欲界最低，包括地狱、饿鬼、畜生、阿修罗、人和天人六道。地狱、饿鬼、畜生为三恶道，其中众生罪业深重，愚痴不堪，痛苦无尽。阿修罗、人、天人为三善道，人道中众生，苦乐参半，贤愚对分；天人则多享快乐，但临终仍有堕落之苦；阿修罗虽有天人之福，但却因为嗔心强而有争战之苦。色界是高于欲界之天界，是脱离了淫欲、食欲和睡眠的众生所生活之地，是一个超越了物质的有形世界。欲界的人，可以借由修行，不断地由欲界上升到无色界，甚至可以超越三界，了生脱死。色界又可分为四个层次：初禅天（离生喜乐地）、二禅天（定生喜乐地）、三禅天（离喜妙乐地）、四禅天（舍念清净地），个人可以通过修习禅定功夫而托生相应的天界。摩醯首罗天王宫就是位于第四禅地天中。摩醯（xī）首罗天王：又名“大自在天王”，居住在色界十八天层天之顶，为三千世界之主。该天王本为古印度婆罗门教三大主神之一的湿婆，有极大的降魔能力，号称“毁灭之神”，传说曾以额上的第三只眼喷射出毁灭一切的神火，烧毁三座妖魔城市和引诱他的爱神。婆罗门教认为“毁灭”有“再生”的含义，故湿婆也是创造神，是创造力的象征，受到性力派和湿婆派教徒的崇拜。在修行上，湿婆是苦行之神，终年在

喜马拉雅山上的吉婆娑山修炼苦行，通过严格的苦行和彻底的沉思，获得了最深奥的知识和神奇力量。另外，湿婆还是舞蹈之神，曾创造刚柔两种舞蹈，被誉为“舞王”。佛教兴起后，湿婆被纳入佛教谱系而成为护法神。

③大梵天王：在佛教创立之前的古印度神话中，大梵天王是世界万物的创造者，其地位相当于中国的盘古。梵天创造了世界万物，世界上的一切秩序都要受梵天的控制，但他也仁慈无比，有求必应。梵天与毗湿奴、湿婆合称为印度教的三大主神，后被佛教吸收为护法神，有时是释迦的右胁侍，手持白拂尘，但他又是色界初禅天之主，称“大梵天王”。

④菩萨：音译为“菩提萨埵(duǒ)”，“菩萨”是其简称。菩提，觉悟的意思，萨埵，有情的意思，故汉译为“觉有情”。小乘佛教时期，仅把释迦牟尼累世修行的前身和尚未成佛的悉达多王子称为菩萨，大乘佛教时期，发宏愿“上求菩提、下化众生”修习大乘佛法，修行上仅次于佛并即将成就佛果者，被称为菩萨，甚至一些精通佛法，德高望重的高僧大德及在家居士也称作菩萨。所以说，菩萨有高低次第之分，既有仅次于佛的得道圣者，如中国人所敬仰的文殊师利、普贤、观世音、地藏四大菩萨，也有初发心修习大乘佛法的凡夫发心菩萨。

⑤莲华台藏世界：又名“华藏世界”、“华藏国”，意即自莲花出生之世界，或指含藏于莲花中之功德无量、广大庄严的世界。佛教认为，在风轮之上的香水海中有大莲华，此莲华中含藏着如微尘般无量的世界。莲华台藏世界，是说在华藏世界大香水海中，有一华台，上大下小，共有二十层，状如莲华形，藏有无

边数的世界，故名“莲华台藏世界”，西方净土信仰中的极乐世界即在此世界的十三层中。据《华严经》所述，毗卢舍那佛是莲华台藏世界的教主，普贤菩萨、文殊菩萨是其辅助。

⑥卢舍那佛：释迦牟尼佛报身的名号。佛有三身，分别是“法身”、报身和化身。法身佛是毗卢遮那佛，为中道之理体，以法为身，故称“法身”，法身处于常寂光净土；报身佛是卢舍那佛，喻光明遍照，表示证悟绝对真理得成佛果而显示的智慧佛身，是行六度万行功德而显示的佛之实智，对于初地以上菩萨应现之报身，处于实报庄严土；应身佛就是指释迦牟尼佛的生身，表示随缘教化，度脱世间众生而现的佛身。心地法门：心地，指发心修行大乘者，发“上求菩提、下化众生”之大愿心，犹如大地那样承载并滋养万物，故名心地。法门，法，轨持。门，通达，指依法修行可通达佛地。

译文：

那时，释迦牟尼佛在第四禅天摩醯首罗天王宫殿之中，向无量多的大梵天王，以及难以言计的菩萨们，宣说莲华台藏世界，卢舍那佛所说的是《梵网经》之《心地法门品》。

是时，释迦身放慧光①，所照从此天王宫②，乃至莲华台藏世界。其中一切世界，一切众生③，各各相视，欢喜快乐，而未能知此光，光何因？何缘？皆生疑念。无量天人，亦生疑念。

尔时，众中玄通华光主菩萨④，从大庄严华光明三昧起[⑤]，以佛神力，放金刚白云色光[⑥]，光照一切世界。是中一切菩萨，皆来集会与共，同心异口问此光，光为何等相？

注释：

①慧光：智慧之光。智慧，梵文音译为“般若”，是修习佛法而明见一切事物及道理的高深智慧。汉语“智慧”并不能完全表达“般若”，因而有世间般若与出世间般若之分。世间般若，即世俗的、相对的智慧，表现为世智辨聪，体现为世界观、方法论；出世间般若，即超世俗的、绝对的智慧，可以助人解脱烦恼，了生脱死。证悟佛教智慧者，不仅在于理论上的通达，而且具备了知行合一的能力。所以，佛教经论对于智慧的功用多有描述，如智慧剑、智慧刀、智慧风、智慧水、智慧灯、智慧楫、智慧根、慧烛、慧露、慧日、慧教、慧力、慧眼、慧命、慧光，等等。佛陀彻悟了无上智慧，心性通达灵明，自然会释放无限慧光，可以照破众生内心无明（愚痴，不能正确认识佛法、宇宙人生真理）而回归本自光明自性。大乘佛教认为，一切众生皆具慧光，但因无明障蔽，慧光不显，若除尽无明，则可引发人人心中本有的慧光。

②天王宫：即摩醯首罗天王宫。

③众生：又译为“有情”，指一切有情识的生物，以人类为代表。一切众生，狭义上指具无明烦恼而流转生死的迷界凡夫，《杂阿含经》卷六中说：“佛告罗陀，于色染著缠绵，名曰众生；于受、想、行、识染著缠绵，名曰众生。”从广义讲，众生也包括悟界

的佛、菩萨等。另外，众生也有众人共生、历经众多生死等义。

④玄通华光主菩萨：依《梵网经古迹记》中所说，所证真理名“玄”，能证真智名“通”，能生大果名“华”，能除暗障名“光”，故名“玄通华光”。因德行智慧能通达佛光甚深之道，并能于众中作唱导之主，因此而立名“玄通华光主菩萨”。

⑤大庄严华光明三昧：依《大品般若经》、《大智度论》，三昧共有一百零八种，大庄严华光明三昧只是其中一种，系大乘菩萨众德庄严、成于大光明三昧的一种禅定状态。三昧，又作“三摩地”、“三摩提”、“三摩帝”，意译为“定”、“等持”、“正受”、“调直定”、“正心行处”、“息虑凝心”等，指一种禅定境界，系修行者心定于一处或一境而不散乱的寂静状态。

⑥金刚：喻坚固，佛教经典中常用它比喻佛法的恒久、珍贵及坚不可摧，并能断除一切烦恼。白云：形容佛德或佛智净无瑕玷，万德丛集。

译文：

这时，释迦牟尼佛全身放无量智慧光，遍照摩醯首罗天王宫，乃至整个莲华台藏世界。此间的一切世界，一切众生，见此无量慧光，都欢喜快乐，但不知此光依何因何缘而放，所以皆心生困惑。即使是无量的天人，对此也心有疑念。

正值大众欢喜并困惑之时，玄通华光主菩萨，从大庄严华光明正定中起定，仰仗佛力的加持，也放出金刚白云色光，遍照一切世界。承此光明所照的一切菩萨，也都集会此处，异口同声询问此光，光的因缘、实相是什么？

是时，释迦即擎接此世界大众[1]，还至莲华台藏世界，百万亿紫金刚光明宫中[2]，见卢舍那佛，坐百万亿莲华赫赫光明座上。时释迦及诸大众，一时礼敬卢舍那佛足下已。

释迦佛言："此世界中[3]，地及虚空，一切众生为何因缘得成菩萨十地道[4]？当成佛果为何等相？"如《佛性本源品》中，广问一切菩萨种子[5]。

尔时，卢舍那佛，即大欢喜，现虚空光体性[6]，本源成佛常住法身三昧[7]，示诸大众。

注释：

①擎接：擎上接下。

②百万亿紫金刚光明宫中：如兜率天弥勒菩萨五百亿宫。紫金刚光明，表示智慧的境界。宫中，表示涅槃的理境。理以智明，智系理发，以理契智，圆融无碍。

③世界：世，指一维的时间流变，有过去、现在、未来的三世迁流。界，指方位，有东南西北、上下等十方空间的定位，所以说佛教的"世界"是一个含有时间、空间的复合概念。按佛教的世界观，以须弥山为中心，加上围绕其四方的九山八海、四洲（四天下）及日月，合为一单位，称为一世界。合千个一世界，为一小千世界；合千个小千世界，为一中千世界，合千个中千世界，为一大千世界，宇宙即由无数个三千大千世界所构成。

④因缘：是因与缘的合称。因，指引生结果的直接内在原因。缘，指由外来相助的间接原因。按佛教理论，一切事物皆由

因缘的聚散而生灭，一切万有都是因缘和合的假有存在，无有自性，此即“缘起性空”之理。从一定意义说，整个佛教义理，包括佛教的世界观、人生观、解脱论、幸福观，等等，都是建立在“缘起论”的基础之上。菩萨十地道：即菩萨修行十个阶地的道理。按本经下文所述，大乘佛法修行从凡夫到佛地，共三十心、十地四十个次第，其中“十地”为证得菩萨果位后由低到高的十个层次，与华严、唯识等家所说的菩萨十地略有区别。

⑤菩萨种子：指菩萨成就的根本。种子，原指植物种子，佛教以“种子”比喻行为或现象生起的根本，即世间的种种行为在发生过后尚有余势潜在地存留着，并成为未来行为生起的原因，或影响未来的行为。原始时佛教将促使善恶业及其果报连续不绝的潜在功能譬喻为种子，经量部、化地部等部派认为种子是支持人类生存的力量，大乘瑜伽行派则将阿赖耶识中能生起现行的功能立为种子，此为唯识学所继承。

⑥虚空光体性：即遍照虚空智慧之光的实相。虚空，荡无纤尘。光，遍照法界。体性，实相。

⑦法身三昧：法身，即诸佛所证得的真如法性之身。法身正定，即成就无上智慧得证佛果的无上正定。

译文：

这时，释迦牟尼佛以其神力，上擎下接此光所照一切世界的大众，归于莲华台藏世界百万亿紫金刚光明宫中。见卢舍那佛，端坐在百万亿莲华赫赫放光的光明座上。释迦牟尼佛与无量大众，皆礼拜卢舍那佛足下。

礼毕，释迦牟尼佛问道："此莲华台藏世界中、大地上及广大无边虚空的一切众生，借凭何种因缘而能成就菩萨十地道？证得佛果之时，又是何等境界？"如在《佛性本源品》中那样，全面地询问了一切菩萨修行证果的根本。

此时，卢舍那佛，闻听此种问题，非常欢喜，随即向无量大众展现了遍照虚空智慧之光的体性，示现了成就无上智慧得证佛果的无上正定。

是诸佛子①，谛听，善思修行。

我已百阿僧祇劫修行心地②。以之为因，初舍凡夫，成等正觉③，号为卢舍那，住莲华台藏世界海④。其台周遍有千叶，一叶一世界，为千世界。我化为千释迦，据千世界。后就一叶世界，复有百亿须弥山⑤，百亿日月，百亿四天下⑥，百亿南阎浮提⑦，百亿菩萨释迦，坐百亿菩提树下⑧，各说汝所问菩提萨埵心地。其余九百九十九释迦，各各现千百亿释迦，亦复如是。

千叶上佛，是吾化身。千百亿释迦，是千释迦化身。吾以为本源，名为卢舍那佛。

注释：

①佛子：佛弟子，广义上指奉行佛陀教法的人。狭义上，指修习大乘佛教，受持大乘菩萨戒，承担如来家业，欲成佛而使佛种不绝的大乘菩萨。原始佛教时期，佛子也是阿罗汉的通称。

②阿僧祇劫：指极久远的时间。阿僧祇，意为无量无数。劫，原为古代印度婆罗门教极大时限的时间单位，佛教沿之而用以说明世界生成与毁灭的过程。婆罗门教认为世界已经历无数劫，一劫相当于大梵天的一白昼，或一千时，即人间的四十三亿二千万年。劫末有劫火出现，烧毁一切，复重创世界，世界如此轮回，一个轮回，是为一劫。佛教对于“劫”的分类，诸经论有各种说法。

③等正觉：佛的十个名号之第三，谓遍正觉知一切法，获得真正觉悟的人。觉即知也，觉知遍于一切，是遍也；觉知契于理，是正也。

④莲华台藏世界海：恒河沙多的三千大千世界为一世界海，十万恒河沙的世界海为一佛世界。

⑤须弥山：又作“苏迷卢山”、“须弥卢山”，意译为“妙高山”、“好光山”等。须弥山原为印度神话中的山名，佛教宇宙观沿用之，谓其为耸立于一小世界中央的高山，以此山为中心，周围有八山、八海环绕，而形成一世界。一千个一世界称为一小千世界，一千个小千世界称为一中千世界，一千个中千世界为一大千世界，合小千、中千、大千总称为三千大千世界，此即一佛之化境。

⑥四天下：须弥山四方的四大洲，由金轮圣王统领。

⑦南阎浮提：又名“阎浮利”、“阎浮”或“南阎部洲”，位于须弥山南部，为四大洲之一，此洲有一大树名“阎浮提”，余洲皆无，故以此为名。

⑧菩提树：又名“毕钵罗树”，释迦牟尼曾于中印度摩揭陀

国伽耶城南菩提树下证得无上智慧，故此树又译名为“觉树”、“道树”、“道场树”、“思维树”、“佛树”。

译文：

诸位佛弟子，请认真听我所言，仔细思维义理，并如实修行。

对于菩萨心地法门，我的修行已经历经百数劫久远的时间。凭着菩萨心地法门的滋养，我才能够舍弃凡夫之性，成就无上正等正觉，号称“卢舍那佛”，得住莲华台藏世界海。此海中央的莲华台，四周有莲华千叶转绕，每一叶中有一世界，故有千世界。我化身千释迦，示现于千世界中。就千叶中一叶世界来说，又有百亿须弥山、百亿日月、百亿四天下、百亿南阎浮提，百亿数的菩萨、释迦，端坐在百亿的菩提树下，分别在宣说着你们所询问的菩萨心地法门。其他九百九十九位释迦，又都各各化现千百亿位释迦，也在宣讲着菩萨心地法门。

千叶上的每一位佛，都是我的化身。千百亿的释迦，也是千释迦的化身。诸佛皆以我为本源，号称“卢舍那佛”。

说明：

从经文开头至此处，为本经的“序分”，下面为详说部分。

尔时，莲华台藏世界卢舍那佛，广答告千释迦、千百亿释迦所问心地法品。

“诸佛当知，坚信忍中[①]，十发趣心向果[②]：一舍心，二戒心，三忍心，四进心，五定心，六慧心，七愿心，八护心，九喜心，十顶心。

“诸佛当知，从是十发趣心，入坚法忍中[③]，十长养心向果[④]：一慈心，二悲心，三喜心，四舍心，五施心，六好语心，七益心，八同心，九定心，十慧心。

“诸佛当知，从是十长养心，入坚修忍中[⑤]，十金刚心向果[⑥]：一信心，二念心，三回向心，四达心，五直心，六不退心，七大乘心，八无相心，九慧心，十不坏心。

“诸佛当知，从是十金刚心，入坚圣忍中[⑦]。十地向果[⑧]：一体性平等地，二体性善慧地，三体性光明地，四体性尔焰地，五体性慧照地，六体性华光地，七体性满足地，八体性佛吼地，九体性华严地，十体性入佛界地。

“是四十法门品，我先为菩萨时，修入佛果之根源。如是一切众生，入发趣、长养、金刚、十地，证当成果。无为无相[⑨]，大满常住[⑩]。十力、十八不共行、法身、智身满足[⑪]。”

尔时，莲华台藏世界，卢舍那佛赫赫大光明座上，千华上佛，千百亿佛，一切世界佛。是座中有一菩萨，名华光王大智明菩萨，从坐而立，白卢舍那佛言：“世尊，佛上略开十发趣、十长养、十金刚、十地名相，其一一义中，未可解了，唯愿说之！唯愿说之！”妙极金刚宝藏一切智门，《如来百观品》中已明。

注释:

①坚信忍:菩萨修行的法门,即修习信心坚固,得成于忍,以得证发趣位。

②十发趣:即“十住”或“十心”,是入位之初,故为“发趣”。心向果:即心心皆指向佛果,心心符合“上求佛果,下化众生”的宏愿。发趣,即发心趣向大乘之境。

③坚法忍:从法趣位,修习坚固,得成于忍,乃得证长养位。

④十长养:菩萨修行五十二阶位中,第二十一位至第三十位的十行位。于此位中,菩萨增长善根,长养圣胎,故名“长养”。此时所修之十种心,即“十长养心”。

⑤坚修忍:修习长养心,坚固成忍,乃得证金刚位。

⑥十金刚:菩萨修行五十二阶位中,第三十一位至第四十位的十回向位。回向,指以大悲心救护一切众生之意。修行到达十回向位时,便会坚强地积集善根,故又称为“十金刚位”。

⑦坚圣忍:修习圣法,成坚固忍,乃证入十地位。忍可谛理,故名“圣忍”。

⑧十地:真正证入菩萨果位的十个阶位。大地能生长万物,故佛典中常以“地”来形容能生长功德、负荷一切的菩萨行。十地,与前面的十信、十住、十行、十回向有了本质的区别。证入初地,即入见道位,现证法身,此时必欢喜之极,从此能荷担如来家业,绍隆佛种不断,真是佛子,真正得生如来家。

⑨无为:原系“涅槃”之异名,“无造作”之意,与“有为”相对,即非由因缘所造作、离生灭变化而绝对常住之法,又称“无为法”。无相:无形相之意,为“有相”之对称,也用来描述涅

槃之境。北本《大般涅槃经》卷三十《师子吼菩萨品》:“涅槃无色相、声相、香相、味相、触相、生相、住相、坏相、男相、女相等十相,故涅槃又称无相。”

⑩大满:指万德圆满。常住:指不变不迁。

⑪十力:即“十种智力”,从内容上有佛的十力和菩萨的十力两种之分。菩萨十力,指在十回向中,第九无缚无著解脱回向位之菩萨所具足的十种力:深心力(直心力)、增上深心力(深心力)、方便力、智力(智慧力)、愿力、行力、乘力、神变力(游戏神通力)、菩提力、转法轮力。如来十力,是指佛十八共法(见下注)中的十种。因为如来证得实相之智,了达一切,无能坏,无能胜,故有多种神力。即:一、处非处智力,谓如来于一切因缘果报审实能知。二、业异熟智力,谓如来于一切众生过去、未来、现在三世业缘果报生处,皆悉遍知。三、静虑解脱等持等至智力,谓如来于诸禅定自在无碍,其浅深次第如实遍知。四、根上下智力,谓如来于诸众生根性胜劣、得果大小皆实遍知。五、种种胜解智力,谓如来于诸众生种种欲乐善恶不同,如实遍知。六、种种界智力,谓如来于世间众生种种界分不同,如实遍知。七、遍趣行智力,谓如来于六道有漏行所至处、涅槃无漏行所至处如实遍知。八、宿住随念智力,谓如来于种种宿命,如实遍知。九、死生智力,谓如来借天眼如实了知众生死生之时与未来生之善恶趣,乃至美、丑、贫、富等善恶业缘。十、漏尽智力,谓如来于一切惑余习气分永断不生,如实遍知。(《佛光大辞典》)十八不共行:也称“十八不共法”,指佛和菩萨所具有的十八种不同于声闻、缘觉的特征或功德,在内容上有菩萨十八不共法和

佛十八不共法。菩萨十八不共法：一、行施不随他教，二、持戒不随他教，三、修忍不随他教，四、精进不随他教，五、静虑不随他教，六、般若不随他教，七、行于摄事，能摄一切有情，八、能解回向，九、方便善巧为主，十、不退大乘，十一、善能示现于生死涅槃，而得安乐，言音善巧能随世俗，十二、智为前导，虽现前起种种受生，而无所作，离诸过失，十三、具足十善身语意业，十四、为摄诸有情，恒不舍离，常能忍受一切苦蕴，十五、能为示现一切世间之所爱乐，十六、虽于众多苦恼愚夫及声闻中住，而不忘失一切智心，如宝坚固清净庄严，十七、若受一切法王位时，以缯及水系灌其顶，十八、能不舍离诸佛正法示现悕求。佛之十八不共法：一、诸佛身无失，二、口无失，三、念无失，四、无异想，五、无不定心，六、无不舍心，七、欲无减，即度众生之欲望不减，八、精进无减，九、念无减，十、慧无减，十一、解脱无减，十二、解脱知见无减，十三、身业随智慧行，十四、一切口业随智慧行，十五、一切意业随智慧行，十六、智慧知见过去世无阂无障，十七、智慧知见未来世无阂无障，十八、智慧知见现在世无阂无障。（《佛光大辞典》）智身：华严宗所说佛的十身之一，因佛身具足圆明之智慧，故又称“智身”。

译文：

此时，于此莲华台藏世界之中，卢舍那佛广泛回答了千释迦、千百亿释迦所问的心地法门。

卢舍那佛说：“诸佛应当知道，发心趣向大乘，成就‘坚信忍’，有‘十发趣’而心心皆趣向佛果。即：一、舍心，二、戒心，

三、忍心，四、进心，五、定心，六、慧心，七、愿心，八、护心，九、喜心，十、顶心。

“诸佛应当知道，从此‘十发趣’可证入‘坚法忍’中，得‘十长养心’而心心皆趣向佛果。即：一、慈心，二、悲心，三、喜心，四、舍心，五、施心，六、好语心，七、益心，八、同心，九、定心，十、慧心。

“诸佛应当知道，从此‘十长养心’可证入‘坚修忍’中，得‘十金刚心’而心心皆趣向佛果。即：一、信心，二、念心，三、回向心，四、达心，五、直心，六、不退心，七、大乘心，八、无相心，九、慧心，十、不坏心。

“诸佛应当知道，从此‘十金刚心’可证入‘坚圣忍’中，入十地位而趣向佛果。即：一、体性平等地，二、体性善慧地，三、体性光明地，四、体性尔焰地，五、体性慧照地，六、体性华光地，七、体性满足地，八、体性佛吼地，九、体性华严地，十、体性入佛界地。这十地亦皆趣向佛果。

“此处所说的四十法门品（即上述三十心、十地），是我在修大乘菩萨道时所修持的内容，是证得佛果的根本。所以，一切众生，如果能够修持这十发趣、十长养心、十金刚心，乃至十地，则能证成佛果。能够通达无为无相的真义，诸漏永尽，功德圆满，不变不迁，十力、十八不共法、法身、智身圆满具足。”

这时，莲华台藏世界，卢舍那佛赫赫大光明座上，千华之上无量诸佛，千百亿佛，一切世界诸佛，皆会聚而至。在座有位华光王大智明菩萨，从座位上站起，向卢舍那佛说：“世尊，您刚才已经简略开示了十发趣、十长养、十金刚及十地的名相，然其中一一深义，我们未能详细了解，恳请您详细解说！恳请您详细解说！”妙极金刚宝藏一切智门，在大本《梵网经》中的《如来百观品》中已经详细说明。

解读：

对于大乘菩萨道的修习，《梵网经》分四十阶位，可粗分为四位，此四位又是渐次推进，相互摄持的。一、十发趣，就是说，修习大乘菩萨道，首先得发“上求佛道，下化众生”的大乘愿心，具体表现在舍心、戒心、忍心、进心、定心、慧心、愿心、护心、喜心、顶心。虽然发心，但不一定能常存此心，所以得时常修习此十心，待此十心于自心接近纯熟，是谓证入“坚信忍”，得“十住位”，即信心坚固，则心心皆趣向佛果，正所谓“发心如初，成佛有余”。二、十长养心，由十发趣而对大乘佛法信心坚固，由修习佛法而产生法喜，进而得以增修、滋养善根。修法得益，则会进一步增强对大乘佛法的信心，是谓“坚法忍”，得“十行”位。三、十金刚，“十长养心”涵养成熟，法喜日盛，继续培养善根，则逐渐达到十金刚心，待十金刚心成熟，则入“坚圣忍”，成就“十回向”位。四、十地。前三阶位的修行，总体上说属于证果成圣的前期阶段，即使与十地中的最低阶位初地相比，仍然有着本质的区别。前三期成就者可以称为“贤人”，真正登地证果者，方可称为“得道圣人”。证入初地的菩萨，初始见道，证我空法空之理，断小乘所说的“三结缚”（身见、戒禁取见、疑见），得从来未有之出世心，尝到从来未有的离世乐，观察如来所有的一切功德，分证了无上菩提，所以得到无比的欢喜。登地菩萨，方才真正开始能荷担如来家业，绍隆佛种不断，才是真正意义上的佛子，名为“生诸如来家”。但证果菩萨又有境界不同，共有十个层次，是谓十地。第十地成就后，即进入等觉位，并最终登上妙觉位而成就佛果。

十发趣心

《梵网经》的十发趣心大致相当于华严十信位的十信心，具体指：第一、舍心，第二、戒心，第三、忍心，第四、进心，第五、定心，第六、慧心，第七、愿心，第八、护心，第九、喜心，第十、顶心。

对于十信心，各种菩萨戒经的说法略有不同。《仁王般若经》：信心、精进心、念心、慧心、定心、施心、戒心、护心、愿心、回向心。《菩萨璎珞本业经》：信心、念心、精进心、定心、慧心、戒心、回向心、护心、舍心、愿心。

所谓发趣心，指发心修行，趣向大乘。发趣十心，即发心修行十心，心心皆趣向大乘之境，最终成就佛果。处于十发趣心位的佛法修持者，虽然已经发心修习大乘，但仍然是凡夫，故名“初发心菩萨”。

尔时，卢舍那佛言：“千佛谛听，汝先言云何义者，发趣中。”

译文：

那时候，卢舍那佛对大家说：“诸佛请仔细听，你们先前所问我将作出回答。现在先说发趣之义。”

第一　舍心[1]

若佛子，一切舍。国土、城邑、田宅、金银、明珠、男女、己身[2]，有为诸物[3]，一切舍。无为无相，我人知见，假会合成[4]，主者[5]，造作我见[6]，十二因缘[7]，无合无散无受者[8]。十二入、十八界、五阴[9]，一切一合相[10]，无我、我所相[11]，假成诸法。若内一切法、外一切法[12]，不舍不受[13]。菩萨尔时名如假会观现前故[14]，舍心入空三昧[15]。

注释：

①舍心：舍弃之心。为了修持并弘扬大乘佛法，应该随时作好准备舍弃一切，包括舍弃财物和生命，以及对其拥有之心。舍心是初发心修行大乘菩萨道者应该具备的基本心态之一。

②男女：指修行者拥有的男女奴婢。

③有为诸物：指由因缘和合所产生的所有事物。有为，谓有所作为、有所造作之意，又称“有为法”。小乘佛教认为，世上万法，除去三种无为（虚空无为、择灭无为、非择灭无为），其余皆属有为现象。大乘则将无为等同于真如，真如以外，皆属有为。

④假会合成：假借各种因缘聚会和合而成。假，假借。佛教认为，世界上所有的事物都是因缘聚会而成，并无恒常的主体存在，所以只能说是暂时的、假有的存在。

⑤主者：主宰，即认为万事万物存在着恒常不变的主宰。

⑥我见：指执著于有实我的妄见，对于并无恒常主宰的万事万物，妄执有恒常性。据《大乘起信论》中所说，我见又分人、法二种：一、人我见，即执著于色、受、想、行、识，以五蕴假合的身心为实我。二、法我见，即妄计一切法皆有其实在体性。我见为四根本烦恼之一，以“染慧为性”，可分为身见、边见、邪见、见取见、戒禁取见五种。

⑦十二因缘：又名“十二有支”、“十二缘起”等。十二因缘是佛教最重要的基本理论之一，是佛教对于宇宙人生的基本观点，它以十二种条件来说明众生人身涉三世而轮回六道的次第缘起。十二因缘为：无明、行、识、名色、六处、触、受、爱、取、有、生、老死。据《长阿含卷·十大缘方便经》中所载，缘痴有行，缘行有识，缘识有名色，缘名色有六入，缘六入有触，缘触有受，缘受有爱，缘爱有取，缘取有有，缘有有生，缘生有老、死、忧、悲、苦恼大患所集。此十二支中，各前者为后者生起之因，后者为前者之果，前者若灭，后者亦灭，相依相待，即一切事物皆具有相依性，皆由因、缘所成立。十二因缘阐述了三世二重因果。无明与行为过去世二因，识、名色、六处、触和受所说的是现在世五果，此二因与五果构成了过去、现在之一重因果。受、取、有为现在三因，其造就了生与老死未来二果，此现在三因与未来二果为现在、未来一重因果。总体上说，十二因缘法诠释了众生人身六道轮转之三世轮回二重因果。

⑧无合无散无受者：指万法与法体的关系。万法因缘而生，法体本来不生，所以说无合；万法因缘而灭，法体本来不灭，所以说无散；既无生灭又无合散，当然亦无受彼生灭者。

⑨十二入：指内六根加外六境，又称“十二处”，为蕴、处、界三科之一。佛教认为，人类的认识，是人的认识器官六根（眼、耳、鼻、舌、身、意）对于外部世界的六尘（色、声、香、味、触、法六种现象）发生作用而产生。入是“涉入”的意思，谓根能涉尘，尘能入根，根尘互相涉入而生识，并为识之所入，故称“十二入”。六根六尘是“托以生识”之处，也就是说，人们对外部世界的六识（即关于色、声、香、味、触、法的认识）是依托六根六尘而生的，六根六尘是六识所生之处，故六根六尘又名“十二处”。十八界：界，音译“驮都”，具有层、根基、成分、要素、领域、种族、分界等义，此处意为“种类”。十八界，指十八种类，上述的六根、六尘与六识合称为“十八界”。佛教用十八界统摄世界上的一切现象，也就是今日所说的物质世界和精神世界。五阴：又称“五蕴”、“五众”、“五聚”等，蕴、处、界三科之一。蕴，音译“塞健陀”，指积聚、类别之意。五蕴，指构成人类身心的五种条件，即：色、受、想、行、识。一、色蕴：泛指宇宙间一切物质现象，亦包括我人的身体，由地、水、火、风四大种所造。二、受蕴：我人的感受、感觉，包括身的感受和心的感受。三、想蕴：我人的思想、概念，或心中浮现的形象。四、行蕴：行是造作，包括我人的意志、意念及行为，也包括对境而生起的嗔贪等强烈善恶情绪，以及无缘而起的嗔贪等情绪。行蕴有二种：心相应行蕴和心不相应行蕴。触、作意等，与心相应，是名心相应行蕴。举得、不得、无想定、灭尽定，等等，不与心相应，是名心不相应行蕴。五、识蕴：对境而了别识知事物之心及其本体。

⑩一合相：事物是由众缘和合而形成的一种相状，故称为

“一合相”。以佛教观点而言，世间上的一切事物，皆为一合相。

⑪无我、我所相：世界上的一切事物都是因缘和合而成，是一定时空条件下暂时的假有存在，并无恒常的主体，所以说无我、无我所。

⑫内一切法、外一切法：即一切道理，一切事物，总体上可分为三类：一者有为法，二者无为法，三者不可说法。

⑬不舍不受：指不舍弃也不执著。事物是因缘和合所生，我们既认识到它性空的面，从而不执著；也要认识到它暂时存在的意义，从而不舍弃。正所谓即空即有，是谓中道。

⑭假会观：指从假入空。虽然面对纷繁的万事万物，但能清楚地认识到它们只是因缘和合的假有存在，其本性为空，这样才能入尘而不染尘，有求无执。

⑮入空三昧：即观一切事物皆是因缘所生，色、受、想、行、识五蕴也是因缘和合所生，无我，也无我所，本性为空，如此则能入于空三昧。空三昧是指心境空灵寂灭、离于邪乱、敛守宁静的一种禅定境界。三昧，又名“三摩地”、“三摩提”等，指定心一处而使心境寂静的状态。

译文：

佛弟子，若要发心修习大乘佛法，就应当有一颗无执著之心，一切都应能舍弃。无论是国土、城邑、田宅，还是金、银、明珠，抑或是妻妾、儿女、奴婢，甚至是自己的身体性命，所有的因缘和合诸物，一切都能够舍弃。

万物本性为空，无有形相，但人们由于执著于有我、有人的知见，以为目之所见皆实，并以我为主宰，从而生种种贪着。其实，一切万法都是假有的存在，都是假借众缘和合而成。

认为事物有主宰，是众生造作的我见。因为一切有为诸法，都是由十二因缘相生相依和合而成，本无恒常主宰。一切事物虽由因缘和合而生，但其体性本空而无有生，所以说其无合。一切事物也会待因缘尽而灭，但其体性本空而无有灭，所以说其无散。既无生无灭，也就无有受生灭者。十二入、十八界、五蕴，一切事物都是因缘和合而成的一合相。一切事物，都没有恒常的主宰，也没有恒常之相，只是因缘聚会的假有存在。若能对一切物质现象和精神现象不舍不受，菩萨就能够彻见万法皆假，体性本空，从而成就舍心，证入空心三昧。

解读：

本节所述舍心为十心之首，其主旨在于强调修习大乘菩萨道者，首先得发起放下舍弃之心。在对发起舍心的论述中，大乘佛法之中道观始终贯穿其中。舍，在大乘佛教，更多的是放下，而不是放弃。一切事物都是因缘和合而生，是假有的存在，是流动变迁的，也就是“诸行无常”。但是，人们总是认为事物应该恒常不变，事物的变化总是应该有所主宰的，当人们执著于恒常时，而事实上又不可能时，痛苦也就产生了。正确的方法是认识到事物的无常假有，接纳事物的本然状态，痛苦也就不存在了。大乘佛教，不仅要认识到事物空的一面，不执著于有，更要重视有的一面，重视当下的责任义务。在心性上，应当扫除一切有为、无为的执著相，但在事相上，则要发大菩提心，认真做好每一件事，即所谓即有即无、非有非无的中道智慧。

第二　戒心

若佛子，戒、非非戒[①]，无受者[②]。

十善戒[③]，无师说法。欺盗乃至邪见，无集者[④]。慈、良、清、直、正、实、正见、舍、喜等[⑤]，是十戒体性[⑥]。制止八倒[⑦]，一切性离[⑧]，一道清净[⑨]。

注释：

①戒、非非戒：也可作"非戒、非非戒"。在戒律思想上，大乘佛教注重心的持戒，不重视有形的授戒、受戒和持戒，是谓"非戒"。但是，大乘佛教修持者，由于重视智慧的开启与自性的清净，在身、口、意等方面，也不是不符合戒律的要求，是谓"非非戒"。非戒、非非戒，体现了有无双遣的大乘中道智慧观。

②无受者：指大乘菩萨戒无受而受，无戒而戒，不着有、无二边。大乘菩萨仍然有成文的戒法，正式的授戒形式，无受者，只是从心性和智慧方面立论。

③十善戒：佛教将人的行为分为身、口、意三业，具体又有身三业、口四业和意三业，共十种业。十善戒就是分别对治十种业的戒律，即不杀生、不偷盗、不邪淫、不妄语、不两舌、不恶口、不绮语、不贪欲、不嗔恚、不邪见。

④无集者：无聚集，不招集。

⑤慈：佛教讲的慈，是对一切生命无差别的友爱，因为有慈悲心，从而有戒杀的行为。中国大乘佛教进一步提倡吃素，

不吃众生肉，长养慈悲心。佛教慈悲，也是与智慧联系在一起的，不仅要发心慈悲，更要注重结果上的慈悲。良、清、直、正、实：良以防盗，清以防淫，直以防妄，正以防酤，实以防赞毁。十善戒的诸种功德，可直接对治相应的恶习。正见：正确的知见，就是以佛教的观点去看待世界与人生。舍、喜：以舍防悭，以喜防嗔。

⑥十戒体性：十戒，大小乘皆有十戒的说法，此处当指卷下所说的大乘十戒。即杀戒、盗戒、淫戒、妄语戒、酤酒戒、说四众过戒（出家、在家菩萨和比丘、比丘尼）、自赞毁他戒、悭惜加毁、嗔心不受悔戒和谤三宝戒。体性，事物的实体为体，其体的不变性为性，此处体性指十善戒的功德本性。

⑦八倒：八种颠倒，是凡夫与二乘人所执取的，与佛的知见相反的八种错误见解。凡夫有四种：将无常计为常，无乐计乐，无我计我，无净计净。二乘亦有四种：即将常计无常，乐计无乐，我计为无我，净计无净。

⑧一切性离：指正戒性、邪戒性、有戒性、无戒性等，皆已远离。

⑨一道清净：指体性本自清净。

译文：

佛弟子，大乘菩萨戒，既不执著于有，不以戒相约束于身，也不是没有戒，似凡夫、外道那样，以为无戒可持，恣意妄为，不受束缚。大乘菩萨戒是一种无受而受、无戒而戒的大戒。

若通达了大乘菩萨戒远离有无二边的精神实质，菩萨十善

戒，就算无师说戒与授戒，欺盗乃至邪见等恶业，也不会招集。慈（不杀）、良（防盗）、清（防淫）、直（防妄）、正（防酤酒）、实（防赞毁）、正见、舍（防悭）、喜（防嗔）等，是大乘十戒的真正体性。通达了十戒的体性，则可以制止凡夫、外道的“八种颠倒”，远离恶性，达到清净的梵行。

解读：

戒、定、慧是佛教三种最基本的理论，由戒而定，由定生慧，最终走向生命的解脱。戒律的作用在于防止修行者身、口、意造作恶业。小乘佛教比较注重行为上的持戒，坚守系列戒法，大乘佛教则比较注重戒心，防止心意上造作恶业。从戒与慧的成就方面讲，持戒可以生定，定则能生慧，所以戒是定慧的基础。但是，只有会犯戒者才有必要持戒。守戒，也是跟自己的习性作斗争。既有斗争，就会有内心的拉扯，有拉扯，内心也会更加烦躁，更不能生定生慧。因此，佛教修行者，有人从戒到定到慧，也有从慧到定到戒。随着智慧的成就，定力自然增长，持戒能力增加，身心也会自然符合戒相而无须持戒。大乘佛教强调发大菩提心，证悟中道智慧，成就道共戒体，则自然远离有无二边，虽无守戒之心，但内心通达戒之体性，身、口、意没有不符合戒法的。

第三　忍心

若佛子，忍①，有无相慧体性②。一切空，空忍③。一切处忍，名无生行忍④。一切处得，名如苦忍⑤。无量行，一一名忍。无受、无打、无刀杖嗔心，皆如如[⑥]。无一一谛[⑦]，一相[⑧]。无无相、有无有相，非非心相、缘无缘相[⑨]。立住动止，我人缚解。一切法如[⑩]，忍相不可得。

注释：

①忍：大乘佛教六波罗蜜或十波罗蜜之一，又译为“羼提”，有忍辱、忍耐、堪忍、忍许、忍可、安忍等意，即受他人之侮辱恼害等而不生嗔心，或自身遇苦而不动心，证悟真理，心安住于理上。依经论所载，忍有二忍、三忍、四忍、五忍、六忍、十忍等不同的说法。

②无相慧：佛法中道智慧，教人既不执著于有，也不执著于空，能离于二边之偏执，体认无相之中道智慧，即为无相慧。无相慧属于别教菩萨于十地位中的智慧。无相，无形相之意。佛教认为，一切诸法皆是因缘和合而生，都无自性，自性本空，无形相可得，故名“无相”。

③空忍：观三界苦果，无有实体；生死苦谛，性本空寂，即得空忍。

④无生行忍：又名“无生忍”，指安住于无生无灭之理而不动。《大智度论》卷五十中说：“无生忍法者，于无生灭诸法实相中信受通达无碍不退，是名无生忍。”《大乘义章》卷十二中说：“理寂不起，称曰无生。慧安此理，名无生忍。”通达无生忍者，于一切善恶凡圣境界，了无一相可得，无所挂碍，无有恐怖，无得无失，能证乎此者，则入大菩萨位矣。

⑤如苦忍：于世间一切处，难忍能忍，忍人之所不能忍，如忍诸毒害苦恼一样，是名“如苦忍”。此为世俗之忍，有形之忍，有忍之忍。

⑥如如：即“真如”。三轮体空，无有我、人、众生、寿者，四相皆空，真如现前，是名“如如”。真如，指事物的真实相状，或真实性质，又作“如如”、“如实”、“法界”、“法性”、“实相”、“如来藏”、“法身”、“佛性”、“自性清净身”、“一心”，等等。对于“真如”的含义，佛教各派解释不同，真如的分类也各有异。

⑦谛：指真实不虚之义，言真实之道理不虚妄也。佛教有二谛、四谛等说法。二谛即俗谛、真谛，如世俗的道理，名为“俗谛”；涅槃寂静的道理，名为“真谛”。见真谛理者为圣者，不然为凡夫。四谛即苦、集、灭、道，是佛教最基本的理论之一。

⑧一相：即“实相”。实相，亦名“诸法实相”，原义为本体、实体、真相、本性等，指一切万法真实不虚的体相，或真实的理法、不变的义理。佛教认为，宇宙间一切事物都是因缘和合而生，是变化无常的，都没有永恒固定不变的自体，这就是“空”，空就是宇宙万有的“真性”，亦即“诸法实相”。对于实相的内涵，《大般涅槃经》卷四十：“无相之相，名为实相。”《中论·观法品》：“诸法毕竟空，不生不灭，名诸法实相。”在中国佛教宗派中，三论宗以“无依无得”的空理为诸法实相；天台宗以“一念三千”、“三谛圆融”的性具说为诸法实相；华严宗以随缘之真如为诸法实相；法相宗以“圆成实性”为诸法实相。小乘以“我空”之涅槃为实相；大乘则以“我空”、“法空”之涅槃为实相。

⑨非非心相：非非心，也不是真的无心，是说真正的忍心，

虽有忍的力度但没有忍的相。菩萨修空观时，以“空”观照万法，故无相；修假观时，则非无相。缘无缘相：依佛教中道观，菩萨修行当依无缘相，行中道智慧。即观空时，无假无中而不空；观假时，无空无中而不假；观中时，无空无假而不中。三即一，一即三，即空即有即中。

⑩法：佛教中所说的“法”有多种含义：一、轨范：早期佛教多以“法”为轨范，认为“法”是认识的标准、规范、法则、真理等。二、一切现象：后来“法”的意义趋于广泛，常指一切物质现象和精神现象，甚至无形的概念，举凡意识所能思及的，都可以称为“法”。三、佛法：路径之义，指修证佛法的方法，如佛教三藏十二部经典。四、圣境：佛教修行的理想，是到达了生脱死、证悟无上菩提的境界。瑜伽行派对宇宙万有各种现象进行分类，心法八种，心所有法五十一种，色法十一种，心不相应法二十四种，无为法六种，合计共百种，故称“五位百法”。

译文：

佛弟子，忍心，以“无相慧”（觉诸法为空的空性智慧）为体性。以无相慧观照一切“坏苦”，皆知本空，心无挂碍，是名空忍。观一切处“行苦”，本无生灭，心安住于无生无灭之理而不动，是名无生行忍。观一切“苦苦”，于世间一切处苦相，难忍能忍，如忍诸毒害苦恼，是名如苦忍。对于百千法门无量妙义，菩萨皆以无相慧观照，则于一一法中能成忍心。菩萨修无相慧，了达三轮体空，内不见有能受打之我相，外不见有打我之人相，中不见有刀杖所受所打之众生相，于三轮中觅一嗔心而

不可得，如此则我、人、众生、寿者四相如如，皆空无所有。菩萨以无相慧观照世间、出世间之俗谛、真谛，悉皆无相，是名实相。实相无相，甚至连无相亦不立。菩萨修空观时，因诸法体性本空，故名无相。修假观时，因诸法假有，所以也不是非心相。修中观时，则缘此无缘相，即假即空即中。菩萨空慧体性现前，则立（站立）、住（安住）、动（行动）、止（卧止）四威仪，我、人、束缚、解脱四相，一切法当体皆空，而忍相亦不可得。

解读：

忍辱是大乘佛教六度（布施、持戒、忍辱、精进、禅定、智慧）之一。面对世界的众多苦难，人生本来就是忍受苦难的过程，所以人们才会寻求生命解脱之道。面对苦难，众生常会对境生心，贪、嗔、痴三毒并起，故沉沦苦海，六道轮转。修行者，则以全新的视角对待苦难，接纳苦难，忍受苦难，以求心灵的平和自在。忍辱有有形、无形之分。有形忍者，虽知诸法皆空，但内心仍有要忍之事与忍受之心，如此或可忍受一时一事，但也会因内心拉扯挣扎而增加烦躁，心灵更不能平和，甚至会产生自虐性精神忧郁症。无形忍者，知诸法空性，证无相慧，心力坚强，虽遇世人所称之诸多苦难，而在智者心中，则无有苦难相，无有要忍之事，也无忍受之心，遇事虽尽力而为，但当体即空，了无所牵，如此则是无忍之忍。故大乘佛教修行，提倡发大菩提心，注重成就无上智慧。空性现前，智慧通达，才是忍心的真正成就。

第四　进心[①]

若佛子，若四威仪一切时行[②]，伏空、假会、法性[③]。登无生山[④]，而见一切有无，如有如无[⑤]。天地青黄赤白一切入[⑥]，乃至三宝智性[⑦]。一切信进道，空、无生、无作[⑧]，无慧[⑨]。起空入世谛，法亦无二。相续空心，通达进分善根[⑩]。

注释：

①进心：即精进心，大乘佛法六度之一，谓于修善断恶、去染转净之修行过程中，精而不杂，进而不退，不懈怠地努力上进。

②四威仪：指行、住、坐、卧四种威仪。威仪，谓起居动作皆有威德规则，举止皆应合乎规矩，语默不失方正，人见之能起崇仰畏敬之念。在佛教，一切生活起居都有与其相应的做法、观念及祈愿，如睡醒时唱“睡眠始寤，当愿众生，一切知觉，周顾十方”偈后，安详而起；漱口时诵“以水漱口，当愿众生，得清净口，诵持佛法”；如厕时唱“大小便时，当愿众生，弃贪嗔痴，蠲(juān)除罪垢”，此等均是僧众威仪。在生活细节方面，也有琐细的规定，故诸经论有“三千威仪，八万律仪”之说。

③伏空：制伏凡夫以假为真、执无我为有我的妄执妄情，而认识到诸法皆因缘和合而成，体性本空。伏，指制伏、降伏其心。空，入于空。法性：指诸法的真实体性，亦即宇宙间一切现象所具有真实不变的本性。又作“真如法性”，是“真如”的异

称。“法性”一词，小乘很少论及，大乘佛教所论极多，中国佛教以四家为主。一者唯识家，认为法性是三性（遍计所执性、依他起性、圆成实性）中之圆成实性，是依他起性、一切有为万法之所依，是万法的本体。二者三论宗，以真空为法性，诸法之性为真空，真空即妙有，妙有之性即是真空，即法性也。三者华严宗，谓真如有不变随缘二义，因随缘之义，变造一切诸法；虽变造，犹保真如而不变，如是随缘变造万法，故称“真如”为“法性”。四者天台宗，认为性具善恶，法性本具染净。

④无生山：指中道智慧最高之处。菩萨观一切法皆空，不见丝毫一法可得；又观一切法皆是假有的存在，不见丝毫一法消灭，如此无生无灭，空假皆真，以登山为喻，名得中道第一义。

⑤一切有无，如有如无：有，指世俗之人所执著的现象，此本为假，是缘于各种条件的暂时性存在。无，即万法的本性为无、为空，此是从最胜义上说的。如有如无，就是说，从事物的现象上说是有，但从事物的体性说是无，真正彻悟事物本身的认识，是如有如无，即空即有。

⑥一切入：又名“一切处”。一指遍处、不论何处之义，因通于十方无有障碍，故名“一切处”。二为禅定之名，又作“遍入”，因所观之境周遍一切处，计有地、水、火、风、青、黄、赤、白、空、识十种，故又称“十遍处”。

⑦三宝智性：三宝，指佛教徒所尊敬供养的佛宝、法宝、僧宝，又作“三尊”。佛宝，就是指佛陀，因佛陀觉悟人生真相，且能教化众生得到生命解脱，故被尊称为“宝”，后世又泛指一切诸佛。法，为佛陀所悟且向众生宣说之教法，众生依之可通达

解脱之道，故亦为“宝”，名为“法宝”。僧，佛法的实践者和弘扬者，佛陀灭度后，佛法依其而传承，故名之“僧宝”。三宝深义，各家各派皆有所发挥，有现前三宝、住持三宝、一体三宝等多种说法。归依三宝，是真正佛教徒不可欠缺的条件，不论任何时代、地域，也不论大乘、小乘，归依三宝都是最受重视的。归依三宝，不仅是形式上的归依，更重要的是心性归依，真正地相信佛陀及其教法，并依教奉行，以智慧为宗，因智而得解脱，故又名“三宝智性”。

⑧空、无生、无作：为三解脱法。菩萨观一切诸法，皆从因缘和合而生，其体本空，即悟自性真空而不随因缘生，是名“空解脱”。既观诸法，一切皆空，无相可得，既无有相，即悟自性常生而不随因缘灭，是名“无生解脱”。菩萨观诸法，空无有相，则无愿求，不造作生死之因，亦无生死之果，是名“无作解脱”。

⑨无慧：指无三解脱慧。智慧成就，生命解脱，到达彼岸，终不可仍然负筏而行。最胜之义，无一法可得，无一境可寻，当然也无一慧可执。

⑩善根：又称“善本”、“德本”，指能生出善法的根本。身、口、意三业之善法，能生妙果，故谓之“根”，是谓“善根”。或将善以树根为喻，故名“善根”。

译文：

佛弟子，应当行、住、坐、卧时时刻刻如法修行，降伏其心，契入于空。了知一切事物皆因缘假会而成，当体即空。

菩萨融通空、假二观，达中道智慧最高处，于此观照一切有

为、无为之法，既荡一切法空，不见纤法可生，又观一切法假，不见毫法可灭，是谓即空即有，如有如无。天地间青、黄、赤、白等一切遍处世间法，乃至佛、法、僧三宝智性之出世间法，亦如此观。一切圣贤精进修习之道，证得空、无生、无作三解脱法，亦无三解脱慧相可得。菩萨起真空观而入世谛法，虽然入真、入俗，其实根本没有真、俗二相。菩萨以无相心发起种种精进，心心相续，念念无间，通达实相，分分增进趋向佛位之善根。

解读：

精进为修道之根本，但若不知修法之根本，虽然精进用功，也会是南辕北辙，看似向西却向东。生命解脱在于智慧解脱，即有即无、非有非无之中道智慧是大乘佛法的最高成就。佛法修习，念经念咒，参禅打坐，若不能以空性为指归，以智慧成就为宗旨，而是注重功夫境界，即使是感应成片，惊天动地，虹化飞升，也是与佛法无缘。为道日损，损之又损，不断放下，放下对事业名利的执著，放下对禅境功夫的追求，破除生生世世的习性，转染成净，转识成智，方合于真正的解脱之道。

第五　定心

若佛子，寂灭①，无相无相②，无量行、无量心三昧。凡夫圣人，无不入三昧，体性相应③。

一切以定力故④，我、人、作者、受者，一切缚见性⑤，是障因缘，散风动心。不寂而灭，空空八倒无缘⑥。假静慧观⑦，一切假会，念念寂灭。一切三界果罪性⑧，皆由定灭，而生一切善。

注释：

①寂灭：“涅槃”之异名，又名“略灭”，指度脱生死、寂静无为的境地，即烦恼之火消失，此心归于寂静的究竟解脱境界。又因为此境地远离迷惑世界，含快乐之意，故又称寂灭为乐。佛教大小乘对寂灭的阐述有所差异，小乘认为，相对于生死之扰动不安，不生不死之寂静安稳为寂灭。大乘则认为，诸法本来呈现寂灭相，并非离生死而别有寂灭涅槃之境。

②无相无相：此处为解释寂灭之词，指能定之心与所定之境皆寂灭无相。

③体性相应：佛与众生，虽有觉、迷不同，其体性则同一而无差别，故名“体性相应”。体性，也指实体，事物之实质为“体”，而体之不变易称为“性”，故“体”即“性”。

④定力：又名“三摩地”，意为注心一境，不散乱。修习禅定，能产生一种息止散乱、伏除烦恼妄想的精神力量，故称“定力”。

⑤缚见性：即能生一切执缚的邪见种性。一切我见、人见、作者见、受者见，皆可使人生起一切执缚，从而不能解脱自在，此种种见，全都是障道因缘。

⑥八倒：亦名“八颠倒”，指凡夫与小乘之人所认同的八种颠倒见解。即：一、常颠倒，于世间无常之法而起常见。二、乐颠倒，世间五欲之乐皆是招苦之因，凡夫不明此理，妄计为乐。三、我颠倒，此身皆因四大假合而成，本无有我，凡夫不明此理，

于自身中强生主宰，妄计为我。四、净颠倒，已身他身，具有五种不净，凡夫不明此理，妄生贪著，执以为净。五、无常颠倒，于如来常住法身，妄计有生灭变异之相。六、无乐颠倒，于涅槃清净之乐而计无乐。七、无我颠倒，于佛性真我之中，妄计无我。八、无净颠倒，如来常住之身，非杂食身，非烦恼身，非血肉身，非筋骨缠裹之身，二乘不明此理，故计为不净。（《佛光大辞典》）

⑦假静慧观：以静止动，以慧照昏，以此二者为观，则定慧圆明。假，假借。静，定也。慧，智慧。

⑧三界：指有情众生所居住的欲界、色界、无色界三界。一、欲界，有淫欲、情欲、色欲和食欲之众生所居住地，上自六欲天，中自人界，下至无间地狱，谓之“欲界”。二、色界，此界在欲界之上，其中众生已离淫、食二欲，无男女之形，生命皆为化生，具有清净色可以示现。此色界由禅定之浅深粗妙而分四级，称为“四禅天”。三、无色界，此界无有物质，无身体，亦无宫殿国土，唯以心识住于深妙之禅定，故谓之“无色”。

译文：

佛弟子，寂灭之时，能定之心与所定之境悉皆无相，从而能具无量心行，总成无量心正定。一切凡夫，一切圣人，皆可入此正定，因凡夫圣者虽有迷悟染净差别，但在体性上却是平等相应的。

一切我见、人见、作者见、受者见，皆可使人产生执缚，都具邪见之性，它们都是障道因缘。众生一遇散乱境风，便会鼓

动心海，随波逐浪而流转于生死，然而这一切皆可依仗定力而得寂灭。不得寂静定力而能灭除障惑者，无有是处。故依此定力，则凡夫二乘之八种颠倒见解，生灭之缘，皆得自空。假静止动，假慧照昏，以静慧观照因缘和合所生之假有存在，则念念归于寂灭。一切欲界、色界、无色界三界苦果及其诸恶罪性，亦皆借此定力而得以灭，并可滋生无漏功德智慧等一切善法。

解读：

定，是佛教最基本的理论“戒、定、慧”三学之一。禅定具足，是智慧成就的重要基础。就实际佛法修习而言，却是定慧圆融的。有人重视修定，借由定而生慧。有人重视修慧，智慧成就了，定力自然具足。大多数人则是定慧双修，定力与智慧同步增长。定，有世间定与出世间定之分。世间定是有我之定，依坚强意志力而得定，虽可提高心灵的敏锐度和觉察力，提升世间智慧，甚至可以触发神通变化，但人我不消，以定力强压烦恼，于生命解脱而言，则无有是处。出世间定，依佛法修习，破除人我习性，转染成净，转识成智，内心清静无物，成真正定，无有我见、人见、作者见、受者见，得生命解脱。

第六　慧心

若佛子，空慧非无缘①，知体名心②。分别一切法，假名主者，与道通同③。取果行因，入圣舍凡④，灭罪起福，缚解，尽是体性功用。一切见⑤，常、乐、我、净⑥。烦恼，慧性不明故。以慧为首，修不可说观慧⑦，入中道一谛[8]。其无明障慧[9]，非相、非来、非缘、非罪、非八倒、无生灭。慧光明焰，为照乐虚，方便转变神通[10]，以智体性所为，慧用故。

注释：

①空慧：大乘佛法六度之一，梵语“般若”，又名“般若波罗蜜”，此云“智慧”。诸法皆因缘和合，体空本空。学人证入空性，即能于境分明无惑，是名得证本有空慧。此处将“空慧”理解成观空理之智慧，也合文意。

②知体名心：指本有空慧灵明知体，惟是真心妙用，不假方便，能分别一切诸法当体即空。知体，本有空慧灵明之体。心，真心。

③与道通同：指与觉道，通同一味，体无差别。

④入圣舍凡：圣、凡，指圣人与凡夫。圣人，指证得圣智，在见道位以上之人。俱舍宗以四善根为内凡，三贤为外凡，三贤以下皆是凡夫；大乘则以初地以前为凡夫，初地以上为得道圣人。凡夫，音译“必栗托仡那”，意译为“异生”，指凡庸之人。就修行阶位而言，未见四谛真理之凡庸浅识者，均称“凡夫”。

⑤见：指由眼前所见或推想而对某事物产生一定的见解，意谓见解、思想、主张等。“见”分为二见、七见、十见等各种类别：一、二见：有见与无见，或断见与常见。二、七见：邪见（否定因果之理）、我见（执实我）、常见（执于身心常住不变）、断见（执于身心断灭）、戒盗见（又作“戒禁取见”，执著不正确之戒律）、果盗见（执著由邪行所得之结果为正确）、疑见（怀疑真理）。

三、十见：五见加贪见、恚见、慢见、无明见、疑见等，共为十见。

⑥常、乐、我、净：此处应该是指凡夫四颠倒见，即凡夫不知自己和世界的真相本为无常、苦、无我、不净，而以为人将永远存在（常）、人生是快乐的（乐）、万物有其主宰性（我）、身心是清净的（净）。早期佛教，为对治此四颠倒见，而教之修习观身不净、观受是苦、观心无常、观法无我四念处。另外，常、乐、我、净也指大乘涅槃与如来法身所具足之四德，又称“涅槃四德”。涅槃境界是永恒而无生灭的，谓之“常”；其境界无苦而安乐，谓之“乐”；得大自在，毫无拘束，谓之“我”；解脱一切垢染，谓之“净”。

⑦观慧：指观想、观照的智慧。以诸法缘起无自性之空理，观照一切现象，则一切烦恼无明，悉皆照破。

⑧中道一谛：中道，即离开二边的极端，臻于不偏不倚的中正之道。释迦牟尼佛住世时代，最初的中道观，是指远离苦行与欲乐两种极端的修行方法。一、在阿含类经典中，中道，亦称“八正道”，是指远离快乐主义与苦行主义等偏颇的修行方法，由此可成就智慧，趣入涅槃。二、部派佛教，继承了阿含教的立场，认为远离断、常之二见，是谓“中道”。三、大乘中观派主张，远离一切执著、分别而无所得者，是谓“中道”。中道，亦称“八不中道”，即不生、不灭、不断、不常、不一、不异、不去、不来，由此可破一切邪执而显诸法实相。四、天台宗立空、假、中三谛圆融中道说。唯识宗立有、空、中三时教判，认为远离有、空二边而完全彰显非有非空之中道真理，是谓中道了义教。

⑨无明：梵语“阿尾儞”，泛指无智、愚昧，指暗昧事物，不

能明白理解事物的真相，不通达宇宙真理的状态。佛教中的无明，特指不了解佛教关于宇宙人生的道理，更不能依佛教奉行。无明为十二因缘之一，称为“无明支”。俱舍宗、唯识宗立无明为心所（心之作用）之一，称为“痴”。

⑩神通：又作“神通力”、“神力”、“通力”等，指依修禅定而得到的无碍自在、凡人不可度测的不可思议能力。佛教于神通一般分为六种，即：神足通（身能飞天入地，出入三界，变化自在）、天眼通（能见天上人间粗细一切事物）、天耳通（能闻天上人间一切声音）、他心通（能洞悉他人思想）、宿命通（能知前世事迹）、漏尽通（能断一切烦恼惑业，永脱生死轮回）。前五通可依禅定功夫产生，外道诸仙、声闻及菩萨皆可获得。至于漏尽通，仅有达小乘之无学位或大乘之等觉位的圣者才能获得。

译文：

佛弟子，空慧本有，非是无缘而生，亦非即缘而生。空慧灵明之体，名之为真心。真心照用，则能分别一切诸法当体本空，皆假立其名，实无主宰，与至道通同一味，体无差别。

证取圣果，皆依因地所行。舍凡而不退堕，入圣而增进修，灭一切罪业，发起一切福，解脱一切执缚，皆是此空慧体性之功用。

凡夫、外道、二乘之人，持邪见、我见、常见、断见等一切错误的见解，将无常、苦、无我、不净的己身与世界执取为常、乐、我、净，从而沉沦烦恼，皆是不能通达智慧体性的缘故。

以空慧作为佛法修行之首，修不可说观慧以为助，细审细察，互观互融，证入中道第一义谛中。此时则证知，无量无明烦恼，各种障慧之颠倒知见，皆无有实体而非相，无有动转而非来，无有合散而非缘，无有因果而非罪，无有荣枯而非八倒，亦无有生灭，惟有空慧智光，灵明彻焰，其所照耀，如太阳处于虚空。

菩萨能起种种方便，辗转变化，运御神通妙用，度脱一切有情众生，皆是以平等智为体性，以空慧为其用。

解读：

智能离痴，慧能治愚，智慧为佛法修行之本，是众生了生脱死之必依。佛教智慧修习，或渐次破妄显真，智慧依阶第而成。或直入空性，成就空性慧，入中道智，再以其观照万法，一切烦恼知见执著，当体即空，并可运御神通妙用度化有情众生。此两种方法，为渐、顿之区分。大乘佛教，特别是禅门慧能南宗，依大菩提心和强出离心，提倡于当下直指人心，顿现佛性，顿悟无上智慧。然理则顿悟，事须渐修，从而有悟后起修之论。正如祖师所言：不识本心，学法无益。学人不必自认小根，当发起直取之愿，只要努力，虽不中，也会离道不远了。

第七　愿心

若佛子，愿，愿大求①，一切求。以果行因故②，愿心连③。愿心连相续百劫，得佛灭罪。求求至心④，无生空一愿⑤，观观入定照⑥。无量见缚，以求心故解脱；无量妙行⑦，以求心成菩提；无量功德，以求为本。

初发求心，中间修道，行满愿故，佛果便成。观一谛中道，非阴，非界，非没生。见见，非解慧⑧，是愿体性⑨，一切行本源。

注释：

①大求：即发愿求证无上智慧，成就佛的果位。求，即企求，希冀之意。

②以果行因：在上以求成就佛道，自利为果。在下当行化众生，利他为因。

③连：相续连接不断。

④求求：即持续不断地发起上求证悟佛道、下求度化众生之愿。至心：至诚之心。

⑤无生空：指修行无生空法，证入空性，契无生空理，求无所求，亦名“无生空智”。一愿：指度生一愿满足，也指众生平等，生佛无二。

⑥观观入定照：前面的“观”，指“空观”。后一个“观”，指“假观”。定，指“禅定”。照，指以智慧观照。空观是禅定之体，禅定是空观之用；假观是慧照之体，慧照是假观之用。又，禅定是空观之体，空观是禅定之用；慧照是假观之体，假观是慧照之用。证入中道智，则空观假观、禅定慧照，互摄互入，即体即用，一而二，二而一。

⑦妙行：又名“三妙行”、“三清净”，即身妙行、语妙行、意妙行，指三种智者所喜欢能招致善报的行为。大乘菩萨以上求佛道、下化众生之大愿，修一切善行，成无量功德，是谓“妙行”。

⑧解慧：华严之信、解、行、证四法之一。菩萨初发愿心，首先须相信佛法，其次要了解佛法，进而身体力行修习佛法，最后证悟佛果而了生脱死。

⑨愿体性：指一切愿心之本体，万行之本源。菩萨修行，必须证无生空慧，发无我愿，依此起一切无相妙行，才能证得佛之无相菩提涅槃妙果。

译文：

佛弟子，菩萨发愿，当发起上求佛道之大愿，发起下化一切众生之宏愿。以证悟佛果之愿心，行因地一切善行，则愿心连续不断。愿心相续而经万劫不辍，永无退悔，方能得见本佛，灭无量罪业。上求证悟佛道，下求度化众生，至诚肯切，以修证无生空法为当下所行。空观、假观，禅定、慧照，圆融互用无碍，则无量邪见、执缚，皆以此上求下化之大愿求心而得解脱。无量妙行，也因为此求求至心而得成就无上智慧。无量恒沙称性功德，都是以此大愿求心为根本。

因此，佛子初发大愿心，经中间累世累劫修证佛法，待至始觉、渐次觉、究竟觉三觉果满，成德周圆，方得成就佛果。菩萨以中道第一义谛智慧观照万法，则观五蕴非五蕴，观十八界非十八界，观生灭非生灭。能见、所见，皆非分别解慧。中道智慧，是一切愿心的本体，是一切行向的根本源心。

解读：

发大菩提心，是成就佛果的重要动力。但是，发大愿者，必须发大愿证悟空性智慧。若不能体悟无生空慧，则不能生起灵明觉照，不能照见自身的我执、我慢，大愿心很可能成为大我慢心和大我执心，是谓狂愿。即使践行一切善法，也只能增长我慢我执，与生命解脱无涉。

第八　护心

若佛子，护三宝①，护一切行功德，使外道八倒②，恶邪见，不娆正信。灭我缚、见缚③。无生照达二谛④，观心现前，以护根本，无相护。护空、无作、无相⑤，以心慧连。慧连，入无生空道、智道⑥，皆明光明光⑦。护观入空、假，分分幻化，幻化所起，如无如无，法体集散不可护⑧，观法亦尔。

注释：

①护：又名“护持”，有内护与外护两种。内护，即内护己心，净化身、口、意三业。外护，指给亲族、同修等以物质和精神上的相助，从而使其安心修道，早成佛果。此处“护”应为外在护持。

②外道：又作“外教”、“外法”、“外学”，指佛教以外的一切宗教。“外道”之原义，系指神圣而应受尊敬的隐遁者。初期佛教称其他教派为外道，意为“正说者”、“苦行者”，而自称为“内道”，称佛教经典为“内典”，称佛教以外之经典为“外典”。至后世，渐渐附加异见、邪说等义，外道遂成为侮蔑排斥的贬称，意为真理以外之邪法者。

③我缚、见缚：我缚，指因为对实我的执著而产生对生命的束缚，不能自在。众生之身体，原为五蕴假合而成，若妄执身体中有着主宰作用的实体自我存在，而产生“我”与“我所”等妄想分别，即称“我执”。世界人生是无常无我的，若执著有常有我，各种苦也就随之产生，生命也就受到束缚而不能自在。见缚，指众生由于执著于各种错误的知见而形成生命的束缚。

④无生：又作“无起”，谓诸法之实相本空，无有生灭变化。若观无生之理，可破除生灭之烦恼。二谛：指“真谛”和“俗谛”。谛，指真实不虚之理。《增一阿含经》卷十七中说，如来所说诸法真实不虚，故称为“谛”。谛的种类，各经论宗派说法不同。如真俗二谛说，俗谛，指凡夫从实际事物现象中观察而得到的认识；真谛又作“胜义谛”、“第一义谛”，是指圣人由事物之真实现象体认空，依观察智而体会到的真理。原始佛教说有苦集灭道四谛，天台说空假中三谛，其他还有五、七、九、十、十六、二十五谛等各种说法。

⑤空、无作、无相：指修习佛法而达涅槃解脱的三种法门，亦称“三解脱门”、“三门”。即：一、空门，指观一切法皆因缘和合而生，其本性为空，若能通达空性，则于诸法而得自在。二、无作门，又称“无愿门”、“无欲门”，谓若知一切法无相，则于三界无所愿求；若无愿求，则不造作生死之业；若无生死之业，则无果报之苦而得自在。三、无相门，又称“无想门”。谓既知一切法空，乃观男女一异等相实不可得；若能如此通达诸法无相，则离差别相而得自在。（于凌波：《唯识名词白话新解》）

⑥入无生空道、智道：无生空道，即是“无余涅槃理果”。

无生智道，即是“无上菩提智果”。

⑦明光明光：即智理互照之象。繇智契理，因理冥智，智理如如，互发圆照，故云“明光明光”。

⑧法体：又译作“自性”、“自体”，指事物存在的本体、自身、本质等意，如部派佛教中说一切有部的“三世实有，法体恒有”中的“法体”，即是主张法体实有。

译文：

佛弟子，应当护持佛、法、僧三宝，护持六度万行一切圣贤功德，不使外道知见、凡夫二乘八种颠倒恶见邪见，扰乱佛法正信，灭除我缚、见缚。惟用无生智理，观照通彻空假二谛，照空而不沉空，照有而不滞有，不堕断见常见，二谛圆融，即是观慧成就，是谓真正护持三宝正信根本。虽曰护持，但能护之心与所护之境亦应无相，是谓无相护。空、无作、无相三解脱法门，亦应护持，是因为心慧相连。依此空心使无相慧相续相连，则能证入无生空道（无余涅槃理果）、无生智道（无上菩提智果）。理智互照互融，则慧光明焰，普照万法，巨细不遗。菩萨从护心中而起观照，观入于空即遣真相，观入于假即遣俗相，真相俗相既空既假，分分幻化。诸法皆幻化所起，生即如生，灭即如灭，生灭皆如，故云如无。法体本自不生，缘生而集；法体本自不灭，缘灭而散。则诸法体本无集散，则无实法可护。所护法体既不可得，又岂有能护智观。境智俱遣，了不可得，如是观行，如是正信，方能护持三宝功德。

解读:

护持三宝,既有对人的护持,也有对法的护持。护持的目的,在于修习佛法,成就智慧,得证佛果。但护持之道,也应具足中道智慧,否则的话,要么所护非人,要么所护非正法,执著于护持之相,则生人、我、法诸相,于自他修行皆有所碍。能护之人,所护之法,所护之智,悉皆无相,是名无相护持三宝。

第九　喜心①

若佛子,见他人得乐②,常生喜悦,及一切物。假空照寂③,而不入有为④,不无寂然大乐⑤。无合有受⑥,而化有法⑦,而见云假⑧。法性平等一观,心心行多闻⑨。一切佛行功德,无相喜智,心心生念。而静照乐心,缘一切法。

注释:

①喜:又称为"喜受"、"喜根",五受(苦受、乐受、舍受、忧受、喜受)之一,即心中的欢悦状态。

②乐:与"苦"相对,谓由身心调适而得快乐的状态。亦称"乐受",是指作为善业所引之果报,所引发的欢愉及之于身心乐的感受。

③假空照寂:菩萨空观假观双运,禅定智慧圆通。假,即"假观"。空,即"空观"。照,即是"慧"。寂,即"定"也。

④有为:有所作为、造作之意,又称"有为法",泛指由因缘和合所造作的一切现象,以生、住、异、灭之四有为相为其特征;

狭义而言，特指人的造作行为。相对于此，永远不变而绝对存在者，则称为“无为法”。

⑤寂然大乐：认识诸法性空，契入空性，则生起无上大乐的觉受。寂然，指寂静无事之状态，或心中呈现平静澄澈之境地。《维摩诘经》卷上《弟子品》中说：“法常寂然，灭诸相故。”

⑥无合有受：菩萨喜心，不同凡夫情见之喜，亦不同二乘空执之喜，而是不空不假，不有不无，既有寂然大乐，又能乐及众生。无合，指六根与外境不合，二边不住，中道不立。有受，指确实有喜悦的感受。

⑦而化有法：化，不留之意。以其合于无，有定力故，不被物转，并能转物，所以说可化有法。

⑧而见云假：指虽有法而见，然种种诸境，本无实体，皆是假有。

⑨心行：谓心内之作用、活动、状态、变化等。众生心念生生灭灭，迁流不息，故名“心行”。也指心愿、决心等义。

译文：

佛弟子，遇见他人得世间、出世间快乐，应当为之生起欢喜心，并将此欢愉之心普悦于一切有情众生。菩萨空观假观双运，禅定智慧圆修。不入有为，离于有相，故不同凡夫情见之喜；不住无为，离于无相，故不同二乘空见之喜；不空不假，不有不无，则有寂然大乐，又能乐及众生。二边不住，中道不立，根境无合而有喜受，则定力智慧湛然，不被物转而能转物。虽有法可见，然种种诸境，当体即空，皆是假有。诸法之性，在圣

不增，在凡不减，平等不二，以此为观。然虽观诸法体性平等，但法身之理果尚未究竟，故当心心发起大愿而行之，乃及多闻一切诸佛无量妙行而行。一切诸佛妙行圆满功德，本乎无相。通达无相，生喜心智慧，起行长养，永承无失，心心相续。恒以此静照不二之乐心，遍缘于一切已得法乐、未得法乐之众生，令其同证无相喜中，同生寂然大乐。

解读：

喜，既是菩萨因地所当修习，更是菩萨证入果地所发空性之觉受。世俗情见之喜，二乘执空之喜，皆不究竟。菩萨当成就不一不二、不空不有之中道智慧，则能生寂然大乐，自然生起乐及众生之大心。喜心，不仅是一种心理愉悦状态，更是一种智慧，有相、无相，其细微之处，唯亲证者方能了知。

第十　顶心①

若佛子，是人最上智②，灭无我轮、见、疑、身、一切嗔等③。如顶观连④，观连如顶，法界中因果⑤，如如一道⑥。最胜上如顶，如人顶。非非身见、六十二见、五阴生灭、神我主人动转屈伸⑦，无受无行可捉缚者⑧。

是人尔时，入内空值道，心心众生⑨。不见缘，不见非缘，住顶三昧。寂灭定，发行趣道⑩。性实，我、人、常见、八倒、生缘⑪，不二法门⑫，不受八难⑬，幻化果毕竟不受。

唯一众生，去来坐立，修行灭罪，除十恶⑭，生十善。入道，正人，正智，正行。菩萨达观现前，不受六道果⑮，必不退佛种性中⑯，生生入佛家，不离正信。

上《十天光品》广说。

注释：

①顶心：即具备最上智之心。又名“灌顶住”，谓观空无相，得无生心，得法水灌顶。

②最上智：又作“智波罗蜜”、“若那波罗蜜”，为菩萨欲达于大涅槃所修十种胜行之一，即如实知一切法的智慧，分为“受用法乐智”与“成熟有情智”两种。菩萨十种胜行，全称“十波罗蜜多”，又名“十度”、“十到彼岸”。即：施波罗蜜、戒波罗蜜、忍波罗蜜、精进波罗蜜、禅波罗蜜、般若波罗蜜、方便波罗蜜、愿波罗蜜、力波罗蜜、智波罗蜜。

③我轮：我，即我见。轮，即轮回。众生以不识我见本空，所以轮回诸趣。疑：谓对因果、因缘等佛法犹豫而无法相信的心理状态。《大乘义章》卷六中说疑有二种，一者疑事，如夜观树而疑为人非人等。二者疑理，疑圣谛等。疑为“五钝使”之一。佛教认为，有五种锐利的烦恼，即身见、边执见、见取见、邪见、戒禁取见，是谓“五利使”。也存着五种相对迟钝的烦恼，虽较为迟钝，但亦能驱使心灵不得自由，它们是贪、嗔、痴、慢、疑，是谓“五钝使”。一切嗔：嗔，又作“嗔恚”、“嗔怒”、“恚”、“怒”，是佛教最为强调的三种根本烦恼（贪、嗔、痴）之一，系指对有情众生不如己意之思想或行为产生怨恨的心理状态。

④如顶观连：即持续以定慧观察诸法本空而得最上智的智

慧观照。众生我慢，如山一般高，非以高大智慧观照不能破除，故说以顶心妙智作观。观，观照。连，连续不绝。

⑤法界：法界有二义，一是指作为诸法本体的真如、实相；二是泛指宇宙中的一切事物，包括世间、出世间法，通常释为“轨持”，即一切不同的万事万物都能保持各自的特性，互不相紊，并按自身的规则运动变化，且能让人们理解其涵义。界，含有种族、分齐的意思，即分门别类的不同事物各守其不同的界限。

⑥如如：此处指法界中的因果轮回，诸法无二，是名“如如”。

⑦六十二见：指古代印度外道所执的六十二种错误见解，佛经中有数种异说。《长阿含经·梵动经》中载有十类六十二见之说，大致分为本劫本见、末劫末见二类。神我：外道所执之常住不灭的自我，我体常实并且灵妙不可思议，称为“神我”。数论外道二十五谛之第二十五，称为“神我谛”。此派认为，当人的肉体与神我结合时，神我会受物质的系缚；然在解脱之时，神我则脱离肉体而单独存在，成为本来纯粹而清净者。神我的立场与佛陀的无我立场针锋相对，是佛所极力批判的邪见之一。

⑧无受无行：顶智不受诸物，无行相可得。

⑨心心众生：即修菩萨道者当恒续发起救度众生之心，心心以度众生为事。

⑩发行趣道，即发起慈悲喜舍之广大心，修行妙行，趋向佛道。

⑪常见：又名“常邪见”、“常论”，为“断见”之对称。常见者，主张世界常住不变，人类之自我不灭，人类死后自我亦不消灭，且能再生而再以现状相续，即执我为常住，执著此见解，是谓“常见”。生缘：即生灭因缘。

⑫不二法门：指显示超越相对、差别之一切绝对、平等真理的教法。佛教教法有八万四千法门之多，然而，在诸法门之上，能直见圣道者，是谓“不二法门”。不二，指超越一切相对的两端（如大小、高下、来去、一多等）而显绝对的境界。法门，指佛教的教法。

⑬八难：指不得遇佛，不闻正法的八种障难。又作“八难处”、“八难解法”、“八无暇”、“八不闲”、“八非时”、“八恶”、“八不闻时节”等，具体指地狱、饿鬼、畜生、边地下贱、生不见佛、诸根不具、生长寿天，世智辩聪共八种障难。

⑭十恶：又称“十不善业”、“十不善业道”等。即：杀生、偷盗、邪淫、妄语、绮语、恶口、两舌、贪欲、嗔恚、愚痴，共十种邪恶的行为。

⑮六道：又称“六趣”，指凡俗众生因善恶业因而流转轮回的六种世界，即地狱、饿鬼、畜生、阿修罗、人、天。其中，地狱、畜生、饿鬼称“三恶道”，或“三涂”。阿修罗、人、天称“三善道”。六道中若不含阿修罗，则为“五道”，或“五趣”。

⑯佛种性：又称“如来性”、“觉性”，即佛陀的本性，或指成佛之能性、因性、种子，为“如来藏”之异名。原始佛教没有佛性的概念，佛性是大乘佛教中的重要范畴，大乘佛教的一些经典认为，一切众生皆有佛性，众生都有觉悟成佛的可能性。另外一些

经典则主张，并非一切有情都有佛性，一阐提人，即使勤修也不能成佛。“佛性”一词在不同的情况下有不同的解读。

译文：

佛弟子，顶智是超过上述九种观智的最上智，此智能灭除我执而免轮诸趣，能破除邪见、疑见、身见及嗔恚等一切诸惑。依此顶智相续观照，相续观照而体证无上顶智。如此则能了知十法界中因果轮回，真俗不二，诸法本为一相。是故此智为最上最胜顶智，犹如头顶，为人身中最为尊贵。菩萨修得此顶心观智，则能破除外道身见、六十二种断常邪见，洞悉五蕴生灭之理，亦非外道所计神我主人所能转动，它不受诸法，无行相可得，故亦无所执著。

菩萨依顶智观照诸法，内在五蕴身心及外在山河大地皆当体即空，唯道独存，由此而起同体大悲之心，心心所念，唯在普度有情。菩萨虽以度生为念，然不见有能缘之心，亦不见所缘之境，终日度生而无生有度，终日说法而无法可说，心境双泯，智理全空，尔时倏然安住最胜顶心三昧寂灭正定。菩萨于寂灭定中，发起妙行，趋向佛道。体性真实，犹如金刚，外道所执著的我见、人见、常见，八种颠倒、生灭因缘等，皆入“不二法门”。灭尽无余，则不受“八难”果报，亦毕竟不受三界一切幻化异熟业果果报。

菩萨虽得解脱，不受轮回，为度脱一切众生，故示现去来坐立，作精进修行，用种种方便，令诸众生，除灭十恶而生十善，使入佛道。佛法中正信之人，具足正智，并能发起正行。菩萨通达观智，妙观成就现前，虽然往返三界，示同凡夫，实非业系，既不受六道有漏之果，亦复不退佛种圣性，生生世世生于佛家，亦不离菩提正觉正信。

以上在大部《梵网经》内《十天光品》中有更广说明。

解读：

智慧成就，是生命解脱的根本。修习最上智，是一切大乘佛子所应承当。最上智者，无相，无住，无生死，无涅槃。心中若有一相，便为执著，有执著，则不能得解脱。大乘成就，正所谓了生死而不离生死，证涅槃而不取涅槃。虽解脱自在，但仍流连六道。广度众生而心中无一众生有度，整日说法而无法可说。真正的大乘精神，非那些口说大乘而整日执著神我往生之徒所能体会。

十长养心

《梵网经》中的十长养心，按明代蕅益大师的《梵网经合注》中所说，大致相当于华严的“十行法门”，具体指：第一、慈心，第二、悲心，第三、喜心，第四、舍心，第五、施心，第六、好语心，第七、利益心，第八、同心，第九、定心，第十、慧心。所谓长养，即长养善法，成就功德，趣向圣位。四无量定，四摄法慧，最能增长佛道，养育众生，故名“十长养”。

处于十长养位乃至十金刚位的大乘佛教修持者，称为“贤位菩萨”，指处于修善根而制伏烦恼，使心调和的修行阶位。贤位菩萨，未断无明烦恼，还未入圣位证果，按唯识学所言，仍然处于积集福德和智德两种资粮的过程，是名资粮位。贤位，《菩萨璎珞本业经》以十位、十行、十回向为三贤；《璎珞经》及华严以十住、十行、十回向为三贤；《仁王般若波罗蜜经》以十信十种性、十止性种性、十坚心道种性为三贤。佛教认为，相对于证果的圣人，三贤仍然是修行者中的凡夫位，相对于初发心等外凡而言，称三贤为“内凡”。

卢舍那佛言：“千佛谛听，汝先问长养十心者[①]。”

注释：

①长养：指生长、养育之意。《杂阿含经》卷十五中说，依持

食、触食、意思食、识食等四食，令诸根及心、心法等相续长养。《瑜伽师地论》卷三、《俱舍论》卷二等论著中则以饭食、资助、睡眠、等持、梵行等诸胜缘以资养身心，是谓“长养”。

译文：

卢舍那佛继续说：“众佛子请仔细听，下面我将要为你们宣说十长养心。”

第一　慈心

若佛子，常行慈心[①]，生乐因已。于无我智中乐相应观入法[②]，受、想、行、识、色等大法中[③]，无生、无住、无灭[④]，如幻如化，如如无二故[⑤]。

一切修行成法轮[⑥]，化被一切，能生正信[⑦]，不由魔教。亦能使一切众生，得慈乐果。非实，非善恶果[⑧]，解空体性三昧。

注释：

①慈心：对处于苦恼困境中的人生起恻隐之心，并生起爱护、帮助之心，称为“慈心”。慈有三种：一有情缘慈，谓菩萨观一切众生，如同子女；二观法缘慈，观一切法，因缘生灭了无自性；三无缘大慈，言无心攀缘一切众生，无为而为，则一切众生自然获益。

②无我智：又作“根本智”、“如理智”、“无分别智”。相对于后得智而言，根本智指能契证真如之妙理，平等如实，无有差

别，故亦称“无分别智”。

③受、想、行、识、色等大法：受、想、行、识、色，指五蕴身心。大法，指地、水、风、火这四大法。佛教认为，地、水、火、风是构成世界的四种最基本元素，地大，性坚，支持万物；水大，性湿，收摄万物；火大，性暖，调熟万物；风大，性动，生长万物，这四种元素造作了一切色法，故谓之“能造四大”。印度文化中的“四大”，类似于中国古代的“五行”，也不能以现代之元素观理解，更多的是一种哲学上的范畴。

④无生：即诸法实相无生无灭，万法皆是无常的存在，也没有主宰，但众生执为常，强为主宰，所以有了求不得苦、爱别离苦等诸多苦难烦恼。无住：指诸法无固定之实体，无自性，随缘而起，故名“无住”；或指心不执著于一定的对象，不失其自由无碍的作用。住，所住之意。

⑤如如无二：诸法体性本空，即真，如幻如化，即假。如如无二，即中。佛教中道智慧，即假即空即中，是谓“如如不二”。

⑥法轮：又称“梵轮”、“宝轮”，是对佛法的喻称，以轮比喻佛法，一为摧破之义，即佛法能摧破众生的罪恶，犹如转轮圣王之轮宝，能辗摧山岳岩石；二为辗转之义，即佛法不停滞于一人一处，犹如车轮辗转不停；三为圆满之义，即佛之教法圆满无缺，犹如轮之圆满。

⑦正信：正直、正确的信念，指虔诚相信佛陀所说之正法，信心不因遭逢诸异道邪魔之教而稍生疑念。诸经论宗派虽然都强调正信，但正信的获得，却是需要一定的智慧，对于佛法有一定深度的理解与体悟，才能建立起理性的相信，仅是宗教感情上

的盲目信仰，是难以达到真正的正信。

⑧非善恶果：非天上人间的世俗善恶果。

译文：

佛弟子，应当时常发起对于一切众生的慈悲之心，利济众生而令其皆得安乐。菩萨以无我智观诸众生，实无苦境，本来自乐，是故自乐乐他。观一切诸法，色、受、想、行、识五蕴身心，地、水、火、风四大种性，其体性皆无生、无住、无灭，其存在皆如幻如化，从中道智而言皆如如不二，即空即假即中。

菩萨修行六度万行，无非为了成就无上法轮，度化一切众生，令其长养对于佛法的正信之心，不因遭逢诸异道邪魔之教而稍生疑念。又能使一切众生，得起慈三昧真实乐果。此果，非权小之实法小果，亦非人天善恶有漏之果，而是以一念相应智，契入空智，得正受体性三昧自乐乐人之慈乐果。

解读：

在诸心中，慈悲心最接近空性，修慈悲心，也最容易得根本智。慈悲，有因地慈悲，有果地慈悲。因地慈悲，是因地修菩萨行时应该时常发起的对于有情众生的慈悲之心，因慈悲心而广行六度万行，自利利他。果地慈悲，又名“胜义慈悲心”，是证入空性后生起的同体大悲的觉受，是无缘而生的大慈悲心，是自性本具的大慈悲心。然慈悲心还须配合智慧，才能有好心出好果。因此，虽证根本智，生起同体大悲心，还须证后得分别智，如此才能契入中道智，如理如法如机地救度众生。

第二　悲心

若佛子，以悲空空无相[①]。悲缘行道[②]，自灭一切苦，于一切众生无量苦中生智。不杀生缘，不杀法缘，不着我缘。故常行不杀、不盗、不淫，而一切众生不恼。

发菩提心者[③]，于空见一切法如实相[④]，种性行中生道智心[⑤]，于六亲六怨、亲怨三品中与上乐智[⑥]，上怨缘中九品得乐果[⑦]。空现时，自身、他、一切众生，平等一乐，起大悲。

注释：

①悲：音译作“迦楼那”、“加卢那”，意即因恻隐他人之苦而欲救济之心。悲心为四无量心之一。悲与慈，字义相近，然悲更强调一点大用。慈更多地体现在使众生安乐，然而众生现在苦中，必须离苦，方能得乐，是故佛子恒用悲心，令诸众生离苦得乐。空空无相：诸法虽实相为空，但也不可愚执为空；诸法体性虽然无相，但也不可执著于无相，是谓空空无相。菩萨虽然恒以悲心救济众生离苦得乐，然实非爱见之悲，无能无所，无自无他，所以说空空无相。

②悲缘：此处为动词，即攀缘、凭借之义。人之心识，通常攀缘于一切境界，如眼睛攀缘于好看的境界，心随物转，从而有执著而生烦恼。在人们的认识过程中，人的心识（认识器官认识能力）为能缘，所认识的对象为所缘。悲缘，即以悲心为能缘，以诸法空性为所缘。

③菩提心：全称“阿耨多罗三藐三菩提心”，又作“无上正真道意”、“无上菩提心”、“无上道心”等，即在上求证无上智慧，得涅槃解脱，在下广化一切众生的大愿心。菩提心的内容，即“众生无边誓愿度，烦恼无尽誓愿断，法门无量誓愿知，佛道无上誓愿证”之四弘誓愿。佛教认为，菩提心为一切诸佛之种子，净法长养之良田，若发起菩提心而勤行精进，当得速成无上菩提。

④实相：亦名“真如”、“一如”、“法性”、“涅槃”、“实性”、“无为”等，指一切事物真实的、常住不变的本性。

⑤种性：又作“种姓”，原义有宝山（埋藏珍宝之山）及血统、家族等义。印度种性制度，将人分成婆罗门、刹帝利、吠舍、首陀罗四种阶层，“种性”即为社会身份的象征。在佛教，“种性”转指修行人的资质。此处指佛及声闻、缘觉、菩萨等三乘人各具有可能证得菩提的本性。种性有先天具足与后天修行而得两种，前者称为“性种性”，后者称为“习种性”。行：身口意之造作名“行”，此处指发起大悲道智之心。道智：十智之一，指缘道谛作道、如、行、出等四种行相而断除迷惑之无漏智，亦称“道法智”。

⑥六亲六怨：六亲，指父、母、兄、弟、妻、子这六亲。对其友善为“六善”，加害于六亲则为“六怨”。亲怨三品：亲怨的感情程度有上、中、下三个级别。人们将与自己相关联的人通常分为三类，即亲（关系密切，感情深）、怨（仇人）、中庸（关系一般者），当这三类人在自己面前均各受苦时，恒常人对之，会有相对应的三种心理生起，一不忍、二喜、三舍。也就是说，如亲人或关系亲近的人有苦，则不堪忍；仇人有苦，则生欢喜；于中庸者

有苦，则多生弃舍而不关心。

⑦九品：对人亲怨的程度有上、中、下三品，上等中又有上、中、下三品，中、下等亦如此，合三为九，故有“九品”。如对上等亲爱者有苦而产生的不忍心，又会因亲近程度及感情程度而复分为上、中、下三品，分别为极不忍、次不忍、小不忍。喜、舍，亦如此。

译文：

佛弟子，菩萨之悲，非众生情爱之悲，而是空空无相大悲。凭此悲心广行佛道，不仅能够灭除自己的一切苦恼，而且能于灭除一切众生苦恼的过程中生长无量方便智慧。菩萨借此不杀生命、不破坏佛法和不执我见之悲心，能常行不杀、不盗、不淫之净行，前倡后袭，自能感动一切众生亦不杀、不盗、不淫，从而灭诸苦恼之因，并发起菩提心。

发大菩提心者，当于真空实相理中，照彻一切诸法皆如实相，于种子性中发起大悲道智之心，于父母兄弟姊妹六亲六怨、亲怨三品，皆施与最乐智，上怨缘中九品，令其皆得乐果。当空性现前时，自身、别人，甚至一切众生，皆平等快乐，为悲无量心之起用。

解读：

相对于慈，悲，更显菩萨悲天悯人之情，更显菩萨救度无量众生之大宏愿。大乘佛教修行，虽然倡导由人间、地狱等道受苦众生的苦恼而生起出离心和大菩提心，但若无空性智为基础，既很难生起真正的同体大悲之心，也会因无根本智而不能生起方便智，所谓发大菩提心则很可能成为大我慢心，所谓的救度众生很可能变成相互缠缚。真正发大菩提心者，虽然广修六度万行以积累福德资粮，于自修而言，当先观照出自己身心之苦，因感受自苦方才真正发起出离心，再力求证入空性，悟后起修，灭除己苦，在自利利他中成就后得方便智，以到功德圆满，得证圣果。

第三　喜心

若佛子，悦喜，无生心时①，种性体相道智②，空空喜心③。不着我所④，出没三世因果无集⑤。一切有，入空观行成⑥，等喜一切众生。起空入道，舍恶知识，求善知识⑦，示我好道。使诸众生，入佛法家。法中常起欢喜，入佛位中。复是诸众生入正信，舍邪见，背六道苦⑧，故喜。

注释：

①无生心：不执著于任何事、理，不住一切处之心，是名“无生心”。

②道智：即“中道智”。道，即“中道”。智，即“观智”。

③空空：大乘佛教般若思想中的十八空之一，空之亦空曰“空空”。《大智度论》卷四十六中说：“何等为空空？一切法空，是空亦空，是名空空。”圣者证入空，然连一空相也不着，才是真正的空。真空能生妙有，一着空相，即入空境，后得分别智则不

能生起，也不能进入无修而修的修行阶段。

④我所：全称“我所有”，即我之所有、我之所属之意。人们一般认为自身为我，自身以外之物皆为我所有。在佛教义理中，我与我所，被认为是一切世俗之人所执著的重点，是众生种种烦恼的根源。因此，我、我所，是佛教修行所破除的对象。

⑤三世因果：三世，即过去、现在、未来三世。佛教认为，世上万物皆由因缘而迁流不息，处于因果的链锁之中，过去者为因，现在者为果；现在者为因，未来者为果，是谓“三世因果”。佛教认为人的生命也是因果相报，轮回不尽的。以过去生的业力为因，招感现在之果；以现在的业力为因，招感未来之果，如是因果相续，生死无穷。当然，所谓的“三世”，不一定是时间上相续的三世，只是相对于某因来说的下一世。如现在世所造的业力，所感的果不一定是在下一期生命，很可能是无数世后的某一世，但相对于此世的业而言仍然是下一世。无集：无所招集，无有挂碍。菩萨证入空智，无我相，无我所相，虽然往返三界，出没隐显，和光同尘，世俗人所谓三世因果，在菩萨看来，既无三世因果之相，亦无受者，故其本来无集，无有挂碍。集，招集。

⑥观行：指观心修行，或指观法之行相。唯识宗之观行有二种，一、寻伺，也就是对根尘相对所起的一念之心，以空、假、中三观观之。寻，即对粗心猛烈推求的心理活动；伺，则为细心分别的心理活动。二、真如，指常以妙观观于心性本具真如，速令显发。此处“观行”指以空观行，属后一种意义。

⑦善知识：音译作“迦罗蜜”，又作“知识”、“善友”、“亲

友”、“胜友”等，指正直而有德行，能教导众生正道并引导其修习善法解脱烦恼的人。反之，说人以邪法、恶法，而使人住于烦恼或堕于魔道的人，称为“恶知识”，亦名“恶友”、“恶师”。

⑧背六道：远离六道，脱离六道之苦。

译文：

佛弟子，菩萨畅悦喜欢，是证入无生心时所起。当此喜时，种子性分本体相状皆如实相，证入道智，空之亦空，得无相喜心。不执著于我、我所，为度众生虽出入于过去、现在、未来三世，然所谓三世因果于菩萨而言实无有招集，无有挂碍。菩萨以不着故，于一切处凡有所入，以空观行，不假用心而自成就。菩萨空观既成，平等喜悦度化一切众生，令其发起空智，趣入佛道，亦令众生远离恶知识，寻求亲近善知识，并开示自身求法、修法之妙道。即以此道，总令众生生于如来之家，入于佛法之中，常获喜悦。菩萨虽入佛位，然又示身入六道，教化一切众生，使其发起正信，舍诸邪见，生生世世出离六道之苦。以是之故。菩萨心意满足而心生欢喜。

解读：

菩萨以证入空智，故能生无相喜心，并以此喜心平等度化一切众生，令其离苦得乐。

第四　舍心

若佛子，常生舍心。无造、无相、空法中[①]，如虚空。于善恶，有见无见②，罪福二中③，平等一照④。非人、非我所心，而自他体性不可得，为大舍⑤。及自身肉手足、男女国城，如幻如化，水流灯焰⑥，一切舍。而无生心⑦，常修其舍。

注释：

①无造、无相、空法：此为三解脱法门。无造，即无所造作，无能造舍之人。无相，即无有形相，无所舍之法及受舍者。空法，即诸法体性本空，能舍所舍皆如虚无相，三轮体空。

②有见：又作“常见”，指执著于有之偏见，即妄执世间万物皆具有恒常不变的实体的见解。如认为人类之精神生命不灭，人类死后精神自我亦不消灭，且能再生而再以现状相续，即说自我为常住。无见：又称“断见”、“断灭论”，常断二见之一，为“常见”之对称，指偏执世间及我终会归于断灭之邪见。盖世间诸法之因果各别，各由业力而相续，非常亦非断，执断见者则偏执于一边，谓无因果相续之理，世间万法及我仅限于一期生命，死后即归于断灭。主张此等断见者，被佛教称为“断见外道”，属外道十六宗之一。

③二中：即罪福二种果报中。

④平等一照：即菩萨舍心如虚空，无所能舍之人，无有所舍之物及受舍之人，遇一切诸法，以妙智平等慧观照，皆了然无二，与实相不相违背，亦究竟如虚空。

⑤大舍：放下人、我二心，内外执情当下顿空，自他体性俱如虚空皆了不可得，如此之舍，是谓大舍。大舍之心，即是发大菩提

心，发强出离心，舍下一切自我的执著，方能证入无上菩提，也才能真正地利乐有情。

⑥水流灯焰：如水流，如灯焰，皆虚假不实，自他体性了不可得。

⑦无生心：又名“真如心”，即本来具足无生无灭之清净本心。

译文：

佛弟子，应当常生舍心。既无能造舍之人，又无所舍之法及受舍者，能造所造皆空，于此三解脱法中，观一切法究竟如虚空。如此则善恶二因、有无二见、罪福二报，以妙智平等观照，皆了然无二，与实相不相违背。是故无人、我二相，亦无我、我所二执，自他体性俱如虚空而不可得故，如是之舍，是为大舍。

至于自身肉及手足等内财，男女、国城等外物，皆如幻如化，似流水灯焰，皆虚假非实而不能常住，故当能舍此一切而永无吝惜。

菩萨虽了知自他体性俱不可得，但仍于无相心中常生方便，修行舍心，度化一切有情。

解读：

舍心，首先得舍下自己的一切我执、法执，不仅舍有，而且舍无，不执于有，也不执于空，三轮体空，是谓大舍。正所谓英雄能征服天下，但不能征服自我。圣人能降服自我，而不愿征服天下。大舍之人，才能得大智慧。有大智慧，方能有大用。

第五　施心

若佛子，能以施心被一切众生①，身施、口施、意施、财施、法施②，教导一切众生。

内身、外身、国城、男女、田宅③，皆如如相。乃至无念财物④，受者、施者，亦内亦外，无合无散⑤。无心行化⑥，达理达施⑦，一切相现在行⑧。

注释：

①施心：施，音译为“檀那”，又称“布施”，以己之财分给他人是谓“布”，苦身律己而惠及他人称为“施”，即以慈悲心而施福利与他人。“布施”原为佛陀劝导在家学佛者所修行的善法，即以衣、食等物施与大德及贫穷者。至大乘时代，“布施”成为六波罗蜜之一，财施，再加上法施、无畏施二者，成为三种施，亦即指施与他人以财物、体力、智慧等，为他人造福成智而累积功德，以致生命解脱，“布施”成为一种修行方法。被一切众生：全句意为教导化被一切众生。被，即被覆、化被之义。

②身施、口施、意施、财施、法施：身施，即以身担荷、执劳负役而帮助他人，乃至施舍头、眼、骨髓、头脑、身肉、手足等。口施，即语气诚实，出言善巧方便，乃至欢喜赞叹，令众生心生欢喜。意施，即自心无嗔恨，无有贪痴嫉妒，乃至常怀恭敬心，现柔和身相。财施，即国城、妻子、珍宝、田宅、资生产业等而施于他人。法施，即以权实方便大小诸乘佛法，随因缘而譬喻说法，教化引导一切悭吝众生，令其离苦得乐。

③内身：谓众生自身中眼、耳、鼻、舌、身、意诸根，皆色、受、相、行、识五蕴和合而成。外身：即身外色、声、香、味、触、法诸尘，亦指身体之外所有物品，如国土、田宅、珍宝等。

④无念财物：菩萨以空智而观诸法皆当体即空，实无有法可施。不但无财物布施之相，而且无布施财物之念，是谓“无念财物”。

⑤无合无散：诸法皆空，缘生如幻没有合相，是谓“无合”；缘灭如幻没有散相，是谓“无散”。

⑥无心行化：无布施之心可起，无布施行为可作，无众生可以教化，然不妨终日度生；终日说法，实无一法可说，是名“无心行化”。

⑦达理达施：无心可行名为“达理”，无生可化名为“达施”，既能达理，又能达施，即达三轮体空。

⑧一切相现在行：菩萨通达空智，了无挂碍，不着空有，仍于一切种种相状而当下践行布施。

译文：

佛弟子，菩萨当生起布施之心而化被一切众生。常行身施、口施、意施、财施、法施等，教化引导一切悭吝众生，令其出离生死苦海。

菩萨起慧观，了达内在五蕴身心，乃至国城、男女、田宅等一切身外之物，皆当体即空，皆如如相。既无有法可施，也无布施之相，更无布施之念，是谓无念财物。无受施之人，无施者之我，能所双泯；无内之身命，亦无外之财物；以缘生如幻而无有合相，以缘灭如幻而无有散相，如此则无心行可行，无众生可化，是名无心行化。无心可行名为达理，无生可化名为达施，既能达理，又能达施，即达三轮体空。菩萨虽三轮体空，了无挂碍，但不着于空，仍于一切种种相状而当下践行布施。

解读：

以施行慈，可以施治贪吝之心。虽广行布施，但无布施之心，即非为我之功德或人生价值而行布施，而因众生之需要而行布施。虽施于众生，又不落施舍之相，无一众生得已施舍。如此三轮体空，才能真正得无量功德。如若有我相、人相而行布施，只能得微少人天福报，于佛法无上智慧及生命解脱，无有关联。

第六　好语心

若佛子，入体性爱语三昧①。第一义谛法语义②，一切实语言③，皆顺一语④。调和一切众生心，无嗔无诤⑤。

一切法空智无缘，常生爱心，行顺佛意，亦顺一切他人，以圣法语教诸众生，常行如心，发起善根。

注释：

①入体性爱语三昧：菩萨当以爱语度化众生，所谓爱语者，即是至慈至悲、亲亲切切、叮咛教诫、善好柔软的语言。而此语言，并非凡夫小乘因情见而生的偏执语言，而是依如来体性爱语

三昧正定之所生。也就是说，真正善好柔软语气语言，必然是从自性中流转而出，无任何的造作，也无任何的我执、我慢夹杂其中。

②第一义谛法语义：第一义谛法语，是为真语，又称“胜义谛语”，是最高的、最殊胜的真理。即向众生宣说大乘中道了义，不将不了义语向众生宣说。

③实语言：指真实不诳的语言。佛陀宣说佛法有五种语言，一真语，二实语，三如语，四不诳语，五不异语。真语、实语，为五中之二。

④一语：指如语，不异语，导向一乘之语。乘，即车乘，譬喻佛之教法，因其能载人运至涅槃彼岸，故称之为“乘”。佛陀为随顺众生因缘而方便说法，通常说有三乘，即声闻、缘觉、菩萨三种教法，而一乘教法，是指能直接引导众生成就无上智慧而得涅槃解脱的教法。

⑤无嗔（chēn）无诤（zhēng）：无嗔，即无嗔怒，无嗔则意平；无诤，即无是诤讼，无诤则言和。菩萨恒修五语为因，以最上乘语化导众生，众生虽心口多别，但菩萨难调能调，终至众生意言平和而无嗔无诤。

译文：

佛弟子，为了能以至慈至悲、亲亲切切、叮咛教诫、善好柔软的语言摄化众生，菩萨当入如来体性爱语三昧正定。既入此三昧，菩萨能依第一义谛而生语言，所说语言皆真实不诳，究竟合于一乘真语。这样，便可调和一切众生心性，使其意和而

无嗔，言和而无诤。

菩萨了达一切法体性皆空，无上智慧虽无能所缘相，然不妨恒与众生自然任运而常生慈爱之心。菩萨顺心而动，随缘说法，上合三世诸佛之心，下顺一切众生之意。惟以第一义谛法语诫诲摄化一切众生，使其能随本心而动，亦开发生起一切善根。

解读：

菩萨爱语，并非是凡夫为了愉悦他人而强作善好语言，而是自性的本然流露。菩萨证入无我智，自身无执无求，惟以众生实际需要而感发种种善巧方便，宣说第一义谛法，令入意言平和而得安乐。

第七　益心

若佛子，利益心时①，以实智体性②，广行智道③，集一切明焰法门④，集观行七财⑤，前人得利益故⑥。

受身命而入利益三昧，现一切身、一切口、一切意而震动大世界⑦。一切所为所作，他人入法种、空种、道种中，得益得乐。现形六道，无量苦恼之事，不以为患，但益人为利。

注释：

①利益心：又称“利行心”，指利益众生之心。

②实智体性：实智，亦称“真智”、“圣智”，指缘真如实相

之智，如来成佛之本体。以其所缘者乃无缘之缘，故“实智”亦称“无智”。实智体性本空，但却能起大机用。

③广行智道：即为随顺因缘度化众生而行无量方便智慧。智道，又称“权智”、“俗谛”、“方便般若”，指了达事相之智。

④明焰法门：喻种种智慧，各种因缘譬喻，无量方便法门。明焰，即“灯”。

⑤七财：指佛教徒应该具有的七种行为规范。即信（信受正法）、戒（守持戒律）、惭（自己有惭）、愧（于人有愧）、闻（能闻正教）、舍（舍离一切而不染着）、慧（智慧通达）。这七种行为规范可以帮助众生得成圣果，使修行者早成佛道。故以财为喻，谓之“七财”，或“七圣财”、“七德财”。

⑥前人得利益：指当前行益之人得一切道智利益。菩萨以种种方便，使当前众生识路还家，无乏中途，精进修行，自己亦于其中成就一切方便智，所谓自利利他，在利他的过程中亦能自利。

⑦一切身、一切口、一切意：即“三轮”。佛能以身、口、意三业碾摧众生之惑业，其神通妙用非常人所能度测，故称此三业为“三轮”。一、神通轮，又云“神变轮”，指佛、菩萨欲说法时，会由身业现种种神通，惊动众生机情，使其生起正信。二、记心轮，指佛、菩萨欲说法时，必先观察众生根性，然后再随其根性利钝而随机说法。三、教诫轮，又云“正教轮”，指佛、菩萨若说正法，先以种种方便开示引导，令诸众生，改邪归正。此三者次第，当身、意、口渐次而为。先以神通导之，次以记心鉴别其根性，再以教诫，使众生得行正道。

译文：

佛弟子，若行利益心时，必以实相般若体性为所依，方能广起无量方便般若，集种种智慧、各种因缘譬喻、无量方便法门，集空、假、中之三观行及信、戒、闻、舍、慧、惭、愧之七财，则现前行益之人以此亦得一切智道大利益。

菩萨示受众生一样的四大五蕴身命，入“利益三昧”正定，以三昧之力，现一切神通轮（身），一切教诫轮（口），一切记心轮（意），三千大千世界因其而起动、起、涌、震、吼、击六种震动。一切所作所为，无非令众生悟入法种、空种、道种中，得大益获大乐。

为了救度众生，菩萨又示现身形于六道中，随类（或人或畜生）现形，不以六道无量痛苦为患，但以益人为利。

解读：

先得根本智，再得分别智。得根本智易，得后得分别智难。佛子于当下契入空性，顿悟空理，是谓得根本智。若要得分别智，还当悟后起修，广行六度，由体起用，渐得分别智。善财童子悟后仍然行五十三参，当及于此。在华严而言，由证理法界，达理事无碍法界，再达事事无碍法界。在唯识而言，得根本智时，心归于空，渐得妙观察智。此时悟后起修，渐得平等性智，善法恶法，只缘度人而皆平等。然至成所作智时，方能运用恰当，棒喝、机锋，轻重缓急，皆合众生当下之机。

第八　同心[①]

若佛子，以道性智[②]，同空无生法中[③]，以无我智[④]，同生无二[⑤]。空同源境，诸法如相。常生、常住、常灭，世法相续[⑥]，流转无量，而能现无量形身色心等业，入诸六道，一切事同，空同无生，我同无物，而分身散形故，入同法三昧。

注释：

①同心：又名“同事摄”、“难得行”，谓菩萨为平等普度一切众生，示现不同身形于六道之中，与众生共处一处，随缘说法，契机度化。

②道性智：即“道智”，又称“道种智”、“道相智”，大乘三智之一。大乘佛法有三智之说，即一切智、道种智、一切种智。一、一切智，又称“根本智”，指证入诸法本性为空，了知一切诸法总相之智。总相即空相。此智为声闻、缘觉之智。二、道种智，又称“道种慧”，即了知一切诸法别相之智。菩萨证根本智后，因大悲心而仍然广行六度万行，示现身形于六道，随众生因缘，以种种方便救度一切众生，在普度众生中，自己也成就无量方便种种差别之智慧。此智属菩萨之智。三、一切种智，又称“一切相智”，即通达总相与别相智，属佛智。天台宗认此三智为修空、假、中三观所成，即“一切智”为空观所成，“道种智”为假观所成，“一切种智”为中观所成。《华严经疏》卷四中则举出俗智、真智、中道智三智之说，其中真智即观照真谛空理之智，相当于一切智；俗智即观照俗谛诸法差别之智，相当道种智；中道智乃不偏真俗二边，双遮双照，相当于一切种智。

③无生法：佛真如之理，涅槃之体，以其远离生灭，故称

“无生法”。

④无我智：指人无我智和法无我智。众生由于不知世界诸法之实相，从而执著于人我见、法我见二见。人我见，指一切凡夫不知自己身心乃五蕴假合而成，故强立主宰，执人有常一我体；法我见，指二乘之人，不了悟诸法之空性，计一切法各有体性，虽得人无我智，然犹自怖畏生死，妄取涅槃之法，于法取见。大乘佛法，破人我见和法我见，得人无我智和法无我智，是名“无我智”。

⑤同生无二：同，即能同。生，即所同。无二，指物我无二相，隐同一类，种种方便，种种神通，摄受众生，无有彼此；或指物我无二体，皆同于无生空，通于真如之体。

⑥世法相续：一切众生，不识常生、常住、常灭之法，迷真逐妄，起惑造业，随业受报，故轮转生死，无穷无尽，是名“世法相续”。世法，即“世间法”，指世间的种种现象。

译文：

佛弟子，依菩提道性利生之权智，契同真空，所谓即俗而真，故证入无生法中。以二种无我妙智而言，四大非有，五蕴本空，皆同于无生空。既本同于无生空理，则无有人我同异之相，如一切水，皆同本源，一切根境，皆同真境，一切诸法，皆如实相。

一切众生，不识常生、常住、常灭等法，迷真逐妄，起惑造业，随业受报，轮转生死，无穷无尽。菩萨以同体悲智，起“同事摄”，示现无量形身色心入于六道之中，随机赴感，随类现形，

与众生同处一处，随缘逗机，令得解脱。

菩萨以无我智故，虽入诸六道而等同无生，虽现“我”而同于无物，虽现无量分散形身色心等业，于理则未尝有散。菩萨能显如是神通，作大佛事，盖是入于“同法三昧”。

解读：

大乘菩萨精神，虽了生死而不离生死，出离六道而不离六道，随众生缘而示现不同形身色心，与众生共处一处，共同生活，共同工作，寻机逗教，普化众生而令其离苦得乐。菩萨因无我智，无有我、人、众生、寿者诸相，虽入于六道，而实无有六道可入，所谓入尘不染尘。修习大乘佛法者，当有大雄大力，敢于面对自身我执、法执，敢于痛施猛药，破除人法二执，无我利益众生，得成无上智慧。若整日所思无非了生脱死，执生死相，口说大乘而实非大乘，贪有执相，想证入空性得根本智，无有可能，而况于后得分别智。

第九　定心

若佛子，复从定心①，观慧证空，心心静缘。于我所法，识界、色界中②，而不动转，逆顺出没③，故常入百三昧、十禅支④。以一念智作是见⑤，一切我人，若内若外，众生种子，皆无合散，集成起作，而不可得。

注释：

①复：又。前面十发趣心中第五为定心，指欲界中所入三昧

正定，现在又从欲界定心而起，入上二界，所以讲“复”。定心：指因修习禅定而远离烦恼散乱的心理状态。《大智度论》卷二十六中说：“定心者，定名一心不乱。乱心中不能得见实事，如水波荡，不得见面。如风中灯，不能得点。”“定”是佛教戒、定、慧三学之一，是生起智慧的基础。

②识界：即识的领域，指人生起认识的六个领域，即识，眼、耳、鼻、舌、身、意六识。识界，又指“四空天”、“四空处”，具体是空无边处、识无边处、无所有处、非想非非想处，此四处只有受、想、行、识四蕴，没有色蕴，故为“识界”。界，即事物之间的区别、界限、领域。色界：色界为欲界、色界、无色界三界之一，位于欲界上方，乃天人的住处。色界众生虽已远离淫欲，不著秽恶的色法，然而尚为清净微细的色法所系缚，处于欲界及无色界的中间，称为“色界”。色界众生无男女之别，其衣服系自然而至，以光明为食物及语言。此界又依所入禅定之浅深次第而分四个层次，即初禅天离生喜乐地，二禅天定生喜乐地，三禅天离喜妙乐地，四禅天诸舍念清净地，又称“四禅天”。

③逆顺出没：逆顺，指由所出入禅定层次的高低而名是逆是顺。例如，菩萨从三界外入定，至非非想处出定，或从非非想处入定，至无所出处出定，自外而内，是谓顺。相反，菩萨从初禅入定，自二禅出定，或自二禅入定，至非非想处出定，自内而外，是为逆。出没，即出定、入定。

④百三昧：即“百八三昧”。三昧，又作“三摩地”、“正定”等，指将心定于一处或一境的一种寂静状态。诸经论对三昧有不同的分法和内涵解释，大体来说大乘菩萨三昧有一百八十三

种，故称“百八三昧”。十禅支：指禅定的观法或功德，计有十种，故名“十禅支”。依《杂阿含毗昙心论》卷七中说，四禅定计有十八支，即初禅有觉、观、喜、乐、一心共五支，二禅有内净、喜、乐、一心共四支，三禅有舍、念、慧（智）、乐、一心共五支，四禅有不苦不乐、舍、念、一心共四支，合其名称相同者，共有十种，即觉、观、喜、乐、心、净、舍、念、慧、不苦不乐，故称“十禅支”。

⑤一念智：即“一念相应智”。指定中一念，与慧相应，定慧圆照。

译文：

佛弟子，复从所入三昧正定心中，观照本有妙慧，证入本有真空，则心心相续，唯静是缘。则于我、我所诸法，入识界四空天及色界四禅天，而心无动转。逆顺出没识、色二界而心无所转，则证入百八三昧之境，得十禅支之功。并能以一念相应智慧，照彻人、我诸法，若内根若外尘，及众生识性无明种子等，一切皆空，无合无散，为因缘集合所起之假有，皆如幻如化而不可得。

解读：

真正的解脱是以智慧成就而得解脱，然定慧不二。或借定生慧，或由慧得定，或定慧双修，然就慧成就而言，则必是慧定圆融的。定、慧皆有世间与出世间之分，佛教之正定正慧，必是渐至无我，习性渐消。世俗定慧，则是有我之境界，心性不净，世智辨聪，强压成定，虽可提升生活能力，然于生命解脱无涉。

第十　慧心

若佛子，作慧见心，观诸邪见、结、患等缚①，无决定体性②。顺忍空同故③，非阴、非界、非入、非众生、非一我、非因果、非三世法。

慧性起，光光一焰④，明明见，虚无受。其慧方便，生长养心，是心，入起空空道，发无生心。上千海眼王品，已说心百法明门。

注释：

①结：结集、系缚之义，“烦恼”之异名。众生因烦恼系缚而落于迷境，不得出离生死之苦，故称为“结”。佛教诸经论所说结之类别有多种：二结，悭、嫉。三结，身邪结（又作“身见结”）、戒盗结（又作“戒禁取见结”）、疑结。佛法修证果位中，得初果须陀含果，断此三结。四结，欲结、嗔结、痴结、利养结。五结，有五下分结与五上分结两种，五下分结，系将众生结缚于欲界的五种烦恼，即：有身见结、戒禁取见结、疑结、欲贪结、嗔恚结等五结。五上分结，系将众生结缚于色界、无色界的五种烦恼，即：色贪结、无色贪结、掉举结、慢结、无明结等五结。佛法修证果位中，阿那含果，断五下分结。阿罗汉果，断五上分结。九结，指爱、恚、慢、无明、见、取、疑、嫉、悭等九种烦恼。患：随眠之义，亦为“烦恼”之异名。因烦恼会使人心智昏暗不明，故名“随眠”。

②无决定体性：即无恒常不亦之本性。

③顺忍："十忍"之一，指于诸法思维观察，平等无违，随顺了知其理而令心清净。忍，一为忍辱、忍耐等意，指受他人之侮辱恼害等而不生嗔心，自身遇苦而不动心；二指安忍，指证悟真理，心安住于理上而不动心。佛教诸经论对于忍之类别，有二忍、三忍、四忍、六忍、十忍等多种说法，其中十忍，据旧译《华严经》卷二十八，有随顺音声忍、顺忍、无生法忍、如幻忍、如焰忍、如梦忍、如响忍、如电忍、如化忍、如虚空忍。"顺忍"是其中之一。空同：即虚空同体之义。

④光光一焰：以智慧焰，了达缘境皆为空幻。光光，即智，智能照境。一焰，即慧，慧能了境。

译文：

佛弟子，起慧见心，观照一切邪见、结、患等系缚生命解脱之烦恼，本无恒常本性。菩萨以成就顺忍解脱智故，了达诸邪见、烦恼等皆同如虚空，则观五阴非五阴，观十八界非十八界，观十二入非十二入，观众生非众生，观一我非一我，观因果非因果，观三世法非三世法。

菩萨从慧性而起观照，将智光慧焰彻照万法，内外明了，诸缘境皆为空幻，无有受者。依此慧观中种种巧妙方便，生十长养心，依长养心证入人空、法空之理，而得发无上心。

此是略说，于大本《梵网经》中的《上千海眼王品》中已经详细宣说了此十心一百零八种智慧门。

解读：

以智慧眼观照一切诸法，则其自性本空，无有可执。以智慧力故，则内心执缚纠结能够一时放下。内外通彻，则心灯长明。然智慧成就，还得以十长养心增长善根，积累功德。福报、功德、禅定、智慧，皆相辅相成，缺一不可。

十金刚心

《梵网经》中的十金刚心，唐代法藏所撰的《梵网经菩萨戒本疏》中谓十金刚即十回向，明代智旭的《梵网经合注》中以其类似于圆教的十信。金刚十心是指：第一、信心，第二、念心，第三、回向心，第四、达心，第五、直心，第六、不退心，第七、大乘心，第八、无相心，第九、慧心，第十、不坏心。

金刚，万物中最坚固者，此处譬喻菩萨长养善法后，其心犹如金刚更加坚勇，不被外道侵损。《华严经》中将菩萨的十种坚固愿心称为十金刚心。即：第一、觉了法性，第二、化度众生，第三、庄严世界，第四、回向善根，第五、事奉大师，第六、实证诸法，第七、广行忍辱，第八、长时修行，第九、自行满足，第十、满足他愿。大乘佛法修持者，由于修持此十金刚心，即将证果而得入圣者流。

卢舍那佛言："千佛谛听，汝先言金刚种子，有十心①。"

注释：

①金刚种子，有十心：金刚，金属中最坚固者，任何物质都不能破坏，但能破坏一切物。佛教经论中常以此作为譬喻，此处喻指这十心最坚最利，能摧破一切烦恼，所以十回向心，被称为"金

刚种子”。

译文：

卢舍那佛说：“千佛请仔细听，下面就是你们刚才所问的金刚种子心，共有十种心。

第一　信心

若佛子，信者①，一切行以信为首，众德根本。不起外道邪见心，诸见名著②，结有造业，必不受。入空无为法中，三相无无③，无生无生④，无住住，无灭灭，无有一切法空。

世谛，第一义谛智，尽灭异空⑤，色空⑥，细心心空⑦。细心心心空故⑧，信信寂灭⑨，无体性，和合亦无依⑩。然主者，我、人名用，三界假我，我无得集相，故名无相信。

注释：

①信：佛教中的“信”，指能令心澄净，对佛及佛的教法等不起疑心的精神作用，亦即信心、信仰。就其内容，《大乘起信论》说有四种信心，即信真如、信佛有无量功德、信法有大利益、信僧能正修行而自利利他，此为大乘佛教的一般性说法。

②诸见名著：指一切世间的种种知见皆名为执著。诸见，指一切世间的种种知见。名，名为，称作。著，指执著。

③三相：即三种相状。佛教经论中的三相有多种命名及涵

义。一、假名相,指唯有假名而无实体之相;法相,指五蕴、十二处、十八界等诸法之相;无相相,指无相之相。二、解脱相,指无生死之相;离相,指无涅槃之相;灭相,指生死涅槃之无相,其无相亦无,即非有非无之中道相。无无:即三相亦空无有,无有亦无有,故云"无无"。

④无生无生:无生,指诸法无有实体,体性本空,故言"无生"。然连无生也不立,故云"无生无生"。

⑤异空:指欲界众生由于诸见及所造诸业而执著的粗惑空。由于凡夫不解空的真实义,将"空"执著为有区别、有差异的一种存在,所以说是"异空"。

⑥色空:指无色界众生之细惑空。如色空外道,佛所称的十种外道之一,计无色界之色空为涅槃。《行事钞》下卷四之二中说:"色空外道,用色破欲有,以空破色有,谓空至极。"虽是空之极,但仍略执著于空。

⑦细心心空:细微的意识之心亦空。

⑧细心心心空:不仅细微意识之心念亦空,即使空上细心之心的心,亦不可得。

⑨信信:前一个"信",指能信之心智;后一个"信",指所信之理境。心心空之,心亦复空,则谁为能信,谁为所信,能信所信不假消除而自寂灭。

⑩无依:即无有主体。上述诸法无有体性,则能信所信以成和合,实也了不可得,所谓皮既不存,毛将焉附。

译文：

佛弟子，要对佛教圣谛有正信之心，因为成就佛道的一切妙行都是以信心为基础，成就一切功德也以其为根本。依对佛教的正信之心，则必然不起外道之邪见心。一切世间有、常、空、断等诸见，皆为执著，以执著故，则自然结集有漏之因，造诸恶业而感受恶果，而佛子亦依此正信心，植众德本，不造诸恶业而自然不受其果报。

菩萨入于真空无为法中，了知生、住、灭三相体性皆无相，无相亦无，故无生亦无生，无住亦无住，无灭也须灭，一切诸法本自空，故无法可空，空亦不可得。俗谛世间法，真谛出世间法，二谛亦尽无余，尽灭异空、色空，连灭此能灭异空、色空之细心之心，此心亦空。不但细心之心念亦空，就连空上细心之心，其心亦不可得，则能信所信不假消除而自寂灭，诸法本无体性，和合亦无依。

凡夫外道于诸法确立主宰，自认有我有人，安名立用，然三界中之我人名用，皆为假有，于我中求得求集求相，皆了不可得，故信亦为无相之信。

解读：

信心是进入佛道的第一步，也是成就佛道最重要的基石，所谓“信为道源功德母”。以修习佛法的历程而言，信心成就，依其次第可分为三阶段，即：一、信可，或称“信忍”，即由深刻的理解而起的净信，属信解位。二、信求，即由确立信解而精进修学，属解行位。三、证信，又作“证净”，即由实践而证得没有疑惑的净信成就。信心有宗教信仰心、理解而起信心、证悟而得信心三种差别，信心虽于修证佛法极为重要，但若宗教信仰心太多强烈，会影响到学人对于佛教教义的理解和证悟。因此，正信佛教修行者，于佛法要坚定相信，更要具足信心去体证佛法之真实不虚，以自身修行为佛法作见证。

第二　念心

若佛子，作念六念①，常觉乃至常施②，第一义谛空，无着无解③，生、住、灭相，不动，不到，去来。而于诸业受者，一合相④，回向入法界智⑤。

慧慧相乘⑥，乘乘寂灭⑦，焰焰无常⑧，光光无无⑨，生生不起，转易空道⑩。变前转后，变转化化，化转转变⑪，同时同住，焰焰一相，生灭一时。已变、未变、变变，化亦得一，受亦如是。

注释：

①念：佛教经论中所说的“念”有多种意义，就其形式而言，有观念、口念、心念等。观念，即观想佛的形象或佛法的内容等；口念，即以口称佛之名号，又作“称名念佛”；心念，即以心想念佛菩萨等，如母忆子，心心念念于斯。此处“念”的涵义当指对佛、菩萨形象或功德的观念。就念的内容而言，有六念、八念、十念等各种说法。六念：又作“六随念”、“六念处”、“六念法”，即：一、念佛，念佛的大慈大悲无量功德。二、念法，念如来所说三藏十二部经能利益大地众生。三、念僧，念僧具足戒、

定、慧，能为世间众生作良福田。四、念戒，念戒行有大势力，能除众生之诸恶烦恼。五、念施，念布施有大功德，能除众生之悭贪。六、念天，念三界诸天皆因往昔修持净戒、布施、闻慧等善根，而得此乐报。(《佛光大辞典》)

②常觉：即“念佛”，指观念诸佛之十功德品，具足十力、四无所畏，大悲三念，常乐我净。常施：即“常念布施”。

③无着无解：即以第一义谛空道而言，不见有凡法可缚，故“无着”；不见有圣解可解，故“无解”，故说“无着无解”。

④一合相：佛教认为，世界本为无量微尘因缘之集合，本无实性，本为一相，故称为“一合相”。

⑤法界智：无尽之诸法，称为“法界”；诸法之所依，称为“体”；法然不坏，称为“性”；能决断分明无尽诸法之智，称为“法界智”，亦称“法界体性智”。

⑥慧慧相乘：此句指真慧理慧体用不二，如轮乘之无止境。上慧即常念第一义谛破俗之真慧，下慧即起空证入法界之理慧，乘即轮乘之义。

⑦乘乘寂灭：此句意为以此真乘理乘本来空寂，无转而转，转而无转。上乘即常念第一义谛空之真乘，下乘即起空度众生证入法界之理乘。寂灭即不动不到、无去无来之义。

⑧焰焰无常：此句指此慧焰慧焰不入法界，不离法界，往返度生，无定居于一处。焰，喻慧。无常，指相乘。

⑨光光无无：此智光能照破三界众生粗细等惑，法界本空而无所有。光，指智乘之智光。光光，即“智智”。无无，即“寂灭”。

⑩生生不起，转易空道：即以法界智，了知法界本为空相，生而无生，起而无起，则转无明易向真如，转烦恼易向菩提，转生死易向涅槃。

⑪变前转后，变转化化，化转转变：变前转后，即转灭相无明为不灭相；变转化化，即转住相无明为无住相；化转转变，即转生相无明为无生相。（寂光《梵网经直解》）《大乘起信论》中分“无明”为生相无明、住相无明、异相无明、灭相无明四种，天台宗则有四十一品无明的化分，其破除皆与佛法修证的次第相对应。清代德玉顺朱所著《佛说梵网经顺朱》对于此四句解释有所不同。变前转后，全句意指变易照了前五识当体元空，环转旋归第八识本性清净。变，即变易六识，前，即前五识，转，即环转七识，后，即八识。变转化化，既前五识当体本空化为成所作智，则变易照了之六识亦与之俱化而为妙观察智也；既后八识本性清净化为大圆镜智，则环转旋归之七识亦与之俱化而为平等性智。化转转变，言前后二智本不动摇，如空如镜，其所以能转能化此二识证入本智者，皆七六能转能变之力，所谓七依八起，六从五生。两位前贤所论各有千秋，原文深奥，读者自辨。

译文：

佛弟子，应当常作六念，念佛、念法、念僧、念戒、念天、念施，亦当常念第一义谛空理。如此则不见有凡法可缚，故无着；不见有圣解可解，故无解。既无着无解，则虽生而无生相，虽住而无住相，虽灭而无灭相，不动不到，无去无来。是故无有生、住、灭之三相，作业受报一切皆空，诸所作业并诸受业者，皆为一合相，回向证入法界空智理中。

依法界智故，真慧、理慧轮乘无止，真乘、理乘无去无来，智光彻照法界本空而无所离，诸法生起而实无所起，则转凡向圣，转烦恼向菩提，转生死向涅槃。如是转如是易，则能变前转后，变转化化，化转转变，生与俱生同时，灭与俱灭同住。如此则焰焰了无二相，生灭咸同一时。已变、未变、正在变，亦证入法界智中，前言诸业受者亦是如此。

第三　回向心

若佛子，深心者①，第一义空，于实法空智②，照有实谛。业道相续③，因缘中道④，名为实谛。

假名诸法，我、人、主者，名为世谛。于此二有谛，深深入空⑤，而无去来，幻化受果而无受，故深深心解脱⑥。

注释：

①深心：又称“深信”，通常指深重殷切寻求佛道之心，或指对佛法真实的确信之心，也指乐集诸功德善行又有深信爱乐之心。深心，亦指回向心。回向心，谓以修证佛法的微妙之力，感佛光来照，又复回光以向于佛，如此光辉互交，感而遂通，成就功德。回，即回转。向，即趣向。

②实法空智：实法，天台称为“诸法实相”，华严名为“一真法界”，指一切诸法的本体，也为诸佛平等法身，其从本以来不

生不灭，非空非有，离名离相，无内无外，惟一真实，不可思议，故称“一真法界”。空智，即体证诸法体性本空之智慧。

③业道相续：众生由于无明而造诸恶业，由诸恶业而感招诸苦果，由受诸苦果而于烦恼不尽，生死不绝，是为“业道相续”。道，即道路，能通之义。

④中道：指离开二边之极端、邪执，为一种不偏于任何一方之中道。大千世界一切诸法，世俗智观其为有，空智观其为空，若以中道智观其，则即有即无，非有非无。

⑤深深入空：即深深入于第一义空。所谓真不立，妄本空，有无俱遣，空亦非空，深深回向一真法界第一义空。

⑥深深心解脱：深深心解脱有别于浅解脱和“深解脱”。声闻修四谛法证入空理，名为“浅解脱”；缘觉观俗谛法证法空理，名为“深解脱”；菩萨以法界智观空假不二，真俗互融，深之又深，故名“深深解脱”。

译文：

佛弟子，发起深重殷切求证佛道之心，深达第一义谛之空理。以体悟诸法实相之解空之智，观照通达俗谛、真谛二谛。众生由造诸业而感受诸果，生死相续不断，于此生灭因缘，以法界空智照之，则皆契合即有即无、非有非无之中道理，是名为实谛。因缘和合假立名言之诸法，外道、凡夫妄计我、人，执有主宰，名为世俗之理。其实真、俗二谛，本无二法，合为一理，深深入于第一义空，则无去无来而示去来，如幻如化而示幻化，示现感受诸果而实无受，故名得深深心解脱。

解读：

观诸法性空，解第一义谛空理，然于此空理，亦应当空，如此则空无所空，彻底了无一相可执，了无一法可得，是名“真解脱”。

第四　达心

若佛子，达照者①，忍顺一切实性②，性性无缚、无解③。无碍，法达、义达、辞达、教化达④。三世因果，众生根行⑤，如如，不合不散，无实用，无用，无名用⑥，用用一切空。空空照达空⑦，名为通达一切法空。空空如如，相不可得。

注释：

①达照：谓通达事理，照了无碍。达，即通达。照，即明照。

②忍顺一切实性：谓以忍可忍证悟法界之理，顺随法界之性，故能了达一切诸法之性，皆即法界真实之性。忍，即忍可忍证。顺，即随顺无违。

③性性：前“性”为诸法之性，后“性”为法界之性。

④法达、义达、辞达、教化达：法达，即“法无碍智”，指能通达世间出世间一切诸法名字差别，分别演说而无有滞碍。义达，即“义无碍智”，指能了知一切诸法之差别，于其义趣妙理能随顺宣扬而无有滞碍。辞达，即“辞无碍智”，指于诸法名字义理，随顺众生种种根机及殊方异语，能为其演说，令众生各各得解，辩说通达一切法性而无滞碍。教化达，即“乐说无碍智”，

指能随顺一切众生种种根性及所乐闻法而为说之，通达圆融而无有滞碍。

⑤众生根行：根，即根机，以草木之根喻众生于修习佛法的基本素质，根之发动处称为“机”，喻众生于佛法的悟性高低。依佛教而言，众生根机，有利根钝根者，有非钝非利者，有善性恶性者，有非善非恶者。行，即现行，指众生由其根机而表现出来的外部行为。如，有贪嗔痴等业系苦众生，有戒定慧等解脱乐众生。

⑥无实用，无用，无名用：无实用，指一切诸法当体即空，故无实用。无用，即无所用，指既无实用，也无所有用。无名用，实以名显，既无实用，名实皆无，一切用皆空，则当无所名用。

⑦空空：诸法体空、用空，是名“空空”。

译文：

佛弟子，应通达事理，明照法性无碍，以是忍证法界之理，顺随法界之性，故能了达一切诸法之性皆为法界真实之性，诸法之性与法界之性无二无别，无凡情可缚，亦无圣解可解。如此即得四无碍智，即法无碍智、义无碍智、辞无碍智、乐说无碍智。了达三世因果及众生根行，皆如如相，本无三世因果，亦无众生根行，无生无灭，一切诸法当体即空，故无实用，既无实用，则无所有用，亦无所名用，名实二用一切皆空。诸法体性为空，依体所起之用亦空，照了通达真空实性，名为通达一切法空。空空之智，如如之理，其相皆不可得。

解读:

既证入于空,又能依体起用,是谓真空妙有,发起四无碍智,而有能力践行广化一切众生之愿。然于真空妙有亦无所有,是谓“真实成就”。

第五　直心

若佛子,直者[①],直照取缘神我[②],入无生智。无明神我空[③],空中空[④],空空理心[⑤],在有在无,而不坏道种子。

无漏中道一观[⑥],而教化一切十方众生,转一切众生,皆萨婆若[⑦]。空直直性,直行于空,三界生者,结缚而不受。

注释:

①直者:亦名“直心”,即质直而无谄曲之心,正直而心胸坦荡,为一切万行之根本。《维摩诘经》中说:“直心是道场”,“直心是菩萨净土”。《大乘起信论》以直心为十信成就菩萨所发三种心(直心、深心、大悲心)之一,视直心为正念真如妙法之心。

②取缘神我:取,即贪取。缘,即因缘。神我,即六识分别之我。二乘人不知第七识和第八识,而依六根意识分别而建立染净根本,从而沉空执寂,昭昭灵灵,以为有似神似通之我,故名“神我”。

③无明神我:指由于无始以来的无明愚障熏习所起的俱生我执,即第七识。此种执著为自内之我,微细难知,惟至第七地

后，方始能舍。

④空中空：即空尽诸有之空，空亦尽空。无明体性本空，无明空相尚不可得，而况于无明相。

⑤空空理心：即空有之理心和空无之理心，在有不滞有，有空而不坏有；在无不证无，无空而不坏无。前一个“空”，空有。后一个“空”，空无。

⑥无漏中道：既不坏，则不为一切有无等诸法所渗漏，不漏于有即得空观，不漏于无即得假观，于空于假不即不离，故名“无漏中道”。无漏，即不坏义。

⑦萨婆若：指“一切智”、“一切种智”，意谓一切智与一切种智皆为佛智。“一切智”知一切诸法之总相，“一切种智”知一切诸法之种种别相。一切智一般对二乘而言，大乘则多言一切种智。

译文：

佛弟子，直心者，以正直无曲之坦诚心观照诸法，则贪取因缘可生可灭，六识分别之神我，当体全空，皆入无生理智之中。无明神我本空，此空亦空，以空空理心，在有不滞有，有空而不坏有；在无不证无，无空而不坏无，则不坏中道种子。

以无漏中道平等一观，教化一切十方执有执无之众生，离有相离无相，转化一切众生，证入萨婆若空智平等慧海。直心体性本空，是谓直性，以直性而行直行，虽有而实空，故菩萨往来于三界，不与法缚，不求法脱，不厌生死，不爱涅槃。无所挂碍，于世俗诸多烦恼束缚而实无有受。

解读:

直心是道场,直心是菩萨净土,当下一念直心,是佛法修持成就的重要检验指标。当下一念之心,是直是曲,是善是恶,是净是染,若能当下明白,实已进入真正修行之门。若以自身定力,强行观照自己之起心动念,使其清静无染,虽也灵明昭昭,实为外道神我知见。俗语说"功夫在画外",当下一念直心,只是心性智慧成就之结果,不可倒果为因,徒成相似成就。

第六　不退心

若佛子,不退心者①,不入一切凡夫地②,不起新长养诸见③,亦复不起集因、相似、我人④。入三界业,亦行空,而不住退解脱。于第一中道,一合行故,不行退。本际无二故⑤,而不念退。空生观智如如,相续乘乘⑥,心入不二⑦。常空生心,一道一净⑧,为不退一道一照⑨。

注释:

①不退心:谓定力显发,慧心明彻,见道不远,修行精进无懈而无退转心。又指佛教修行证得果位后,不会产生退转回凡夫地之心。

②不入一切凡夫地:菩萨照破三界见思烦恼等惑,将登圣地,因此不入一切凡夫地。此处凡夫,非世俗没有修行佛法的一般人,而是指十信位的大心凡夫,谓由修十住而空观牢固的信位凡夫。

③不起新长养诸见：菩萨修行十行假观，彻底制伏了对“有无”刻意分别的凡夫行为，并长养六度万行，所以不会重新长养诸凡夫外道邪见。

④亦复不起集因、相似、我人：指菩萨修至不退位修行中道观智，并唯此观慧精进修行，心心不二，则不会再起集因、相似、我人等一切知见。集因，《大正藏》中《梵网经》中本作“习因”，习因，“习果”之对称，与习果一样，习因通于一切色法、心法和善恶无记性。相似，亦名“相似觉”、“相似即”、“相似位”等，指二乘及三贤位（十住、十行、十回向）之菩萨灭尽异相之不觉，证悟相似真如之理，因其未曾真得之故，名为“相似觉”。我人，指我、人二见，凡夫之知见。

⑤本际不二：指认识到本际智与诸法之本际不分不离，所以能不堕登地之前，念也不退。本际，亦名“本际智”，指照了佛智及诸法之本际的智慧。

⑥相续乘乘：即“行不退智”。相续，指中道合行念念相续。乘乘，指行行相乘。

⑦心入不二：即“念不退智”，指心心念念无欠无余，绵绵不断，流入不二法中。

⑧一道一净：指善契心体，不染二边。一道，指前面所讲中道一合之义。一净，指前述本际清净不二之义。

⑨一道一照：即理智一如。一道，指中道实相之理。一照，指以中道之理观照诸法。

译文:

佛弟子,所谓的不退心,是指证得果位之后,永不退回到一切凡夫之地,不会重新长养诸凡夫外道邪见,也不会再起集因、相似智、我人等一切知见。虽然示现三界业中流转,以亦行此空观之故,而不于住中退入信位,故得"位不退",是谓初离凡夫解脱。于第一义谛道理中,空、假、中三观互融一合行,则不长诸见,得"行不退"。通达本际智与诸法之本际不一不二,念念充遍合于中道智观,得"不念退"。能行空观之本智,证入法界之观理,中道合行念念相续、行行相乘,心心念念无欠无余、绵绵不断,流入不二法中。常入于空而生其心,善契心体,不染二边,是谓不退心成就,进则理智互融,直趋佛果。

解读:

真正的不退心,并不仅仅是指强烈而不会退转的修道之心,而且是指证到一定果位后,不再起凡夫外道种种邪见,证得第一义谛中道智,而得位不退、行为退、念不退三不退转之心。也就是说,不退心,是立足于智慧成就,并达到一定证量时的一种心理状态。真修佛子,切不可将世俗强烈执著的宗教情感当作不退心,而是应该明佛理,如法修行,依佛理而知自身修行状态,方不至未证言证,滞足不前而贻误人生。

第七　大乘心

若佛子,独大乘心者①,解解一空故②,一切行心③,名一乘。乘一空智,智乘、行乘④,乘智心心,任载任用。

任载，任一切众生，度三界河、结缚河、生灭河⑤。行者，坐乘。

任用，载用智乘，趣入佛海故。

一切众生，未得空智任用，不名为大乘，但名乘，得度苦海。

注释：

①独大乘心：大乘，与其相对的是“小乘”，释迦牟尼佛入灭一段时期后，随着大乘佛教的兴起，大乘佛教徒将原始佛教与部派佛教贬称为“小乘”。在部派佛教的立场，大乘非佛说，然就思想史的发展而言，小乘是大乘思想的基础，大乘思想基本上可以在原始佛教中找出源头。在佛教义理上，小乘仅视释迦牟尼为佛，为教主，大乘则认为三世十方有无数的佛。小乘主张人无我，大乘除主张人无我外，还提倡法无我。小乘主张由观四谛、十二因缘等而得悟诸行无常、诸法无我，从而达到涅槃寂静。从其涅槃义上看，小乘比较重视自己的解脱，故称为自调自度的声闻、缘觉之道。大乘则提倡发大菩提心，强调于六度万行中成就无上智慧，行自利利他的菩萨道。独，唯独，只有。大，即大而无外。乘，即车乘，喻指能将众生从烦恼之此岸载至觉悟之彼岸的佛教教法。

②解解：第一个“解”，指能解法界广大之智。第二个“解”，指所解法界广大之理。

③一切行心：即一切行、一切心。一切行心，虽细分无量，然总不出三乘之行心。

④智乘、行乘：智乘，即“本有空智理乘”。行乘，即“空法界行乘”，指以空智而观法界皆空。

⑤度三界河、结缚河、生灭河：三界河，指欲界、色界、无色界等众生漂流没溺之苦河。结缚河，外道由于见使执缚而有种种邪见执缚，是故不得出离生死之惑业河。生灭河，二乘由于生灭知见而沉落变易生死之河。

译文：

佛弟子，唯有发大乘心者，能使能解之智及所解之理皆归于第一义空，如此则一切行都是法界行，一切心都是法界心，亦可名为一乘。乘一乘之空智，方显一乘之空理，起一乘之空行。行乘之心与智乘之心，任载任用，方得名为大乘。

所谓任载，就是以行乘承载一切众生，度三界苦果之河、惑业结缚之河及变易生死之河。菩萨行，不住彼此二岸，亦不居中流，但坐大乘中而广行济度。

所谓任用，即以智乘载运众生，任意纵横，自在无碍，广化利益一切众生而直超入于佛海。

一切众生，未得一空智乘而任载任用，不得名为大乘，只能名为“乘”，仅能得度苦海、安住化城以自利。唯行不离智，智不离行，智行并行，广利有情，方得名为中道观智大乘。

解读：

大乘教义，不仅要自度，而且要发心广度有情。要能普度众生，则必先证入根本智，体悟第一义空，再于广行万行之中，成就后得智，最终得一切种智。正所谓智、行并行，广化利益一切众生。

第八　无相心

若佛子，无相心者①，妄想解脱②，照般若波罗蜜无二③。一切结业④，三世法⑤，如如一谛。而行于无生空⑥，自知得成佛，一切佛是我等师，一切贤圣是我同学，皆同无生空，故名无相心。

注释：

①无相心：即见诸相无相之心。无相，无生死相，无烦恼相，无菩提相，无十界平等相，无十界差别相。相，即形相、状态等义，是相对于事物本体而言。世界上一切事物，虽有一定的形相，然从本质上来说，都是因缘假合而成，缘生即起，缘灭即灭，所以说其体性本空，既为空，则无有形相，是谓“无相”。

②妄想：指以虚妄颠倒之心分别诸法之相状而起的虚妄想法。《楞伽阿跋多罗宝经》卷二中举出十二种妄想，即言说妄想、所说事妄想、想妄想、利妄想、自性妄想、因妄想、见妄想、成妄想、生妄想、不生妄想、相续妄想、缚不缚妄想。解脱：又作“毗木叉”、“毗木底”、“木叉”或“木底”等，指由烦恼束缚中解放出来而达到脱离迷苦的境地。如从三界束缚中获得解脱，分别称为欲缠解脱、色缠解脱、无色缠解脱。由修习所断烦恼之不同，可分为见所断烦恼解脱与修所断烦恼解脱。佛教经论于解脱的类别或层次有多种论述，如有为解脱与无为解脱，性净解

脱与障尽解脱，心解脱与慧解脱，慧解脱与俱解脱，时解脱与不时解脱，另有烦恼解脱、邪见解脱等十种解脱。

③般若波罗蜜：又作“般若波罗蜜多”，意译“慧到彼岸”、“智度”、“明度”等，即“智慧”，指通达诸法实相，度生死此岸至涅槃彼岸的佛教智慧。

④结业：结，即烦恼，指因结烦恼而有系缚，故名“结”。业，音译“羯磨”，义译“造作”，指身、口、意的造作行为以及由此行为而延续下来所形成的力量，故又称“业力”。众生之生命流转就是由于此业力的内在推动。

⑤三世法：指过去、现在、未来三世之因果法。

⑥无生空：即“无生空智”，指不住生死此岸，亦不住涅槃彼岸，以不住故，则能常行于无生空。无生，即不生不灭。

译文：

佛弟子，若能以无相心观照一切，则无妄想与解脱的分别，生死与涅槃，于此无相般若波罗蜜中，皆无二无别。故一切众生烦恼、业缚，三世因果等法，与菩提、解脱、法身等法，彼此皆如如，本无二理。菩萨依此而不住生死此岸，亦不住涅槃彼岸，以不住故，而能常行于无生空。以行无生空故，自知决定信得将来必定成佛，亦知一切成佛道者是我等师，一切三贤十圣等尚未成佛道者是我等同学和伴侣。我行此无生空，诸佛及一切贤圣亦皆同行此无生空，以同行无生空故，必同证无生空，所以名为无相心。

解读：

十方三世一切诸佛及一切众生因法身空相，故说同一法身。正信学佛者，并非盲目相信诸佛，也非相信诸佛能赐予福报功德，更非相信由诸佛加持而保神识长存，而当以诸佛为师，践行诸佛之最高教法（中道第一义谛智），以无相心而行六度万行，行无生空法。一切诸佛皆行无生空法，我亦必定因行此法而得成佛。然成佛者无佛可成，解脱者实无有解脱，是名“真正解脱”。

第九　慧心

若佛子，如如慧者①，无量法界，无集②，无受生③，生生烦恼而不缚。一切法门④，一切贤所行道，一切圣所观法，所有亦如是。

一切佛教化方便法，我皆集在心中。外道一切论，邪定功用，幻化，魔说，佛说，皆分别入二谛处。

非一非二⑤，非有阴、界、入，是慧光明，光明照性，入一切法。

注释：

①如如慧：亦名“真如慧”，指能体认诸法体性本空之智慧。如如，即法界理。慧，即法界智。以理契智，以智契理，故名“如如慧”。

②集：原始佛教基本理论苦、集、灭、道四谛法之一。所谓“集”，即招集、聚集之义。佛教认为，人生诸多烦恼痛苦，皆由

诸无明惑业所招集而来，故名“集谛”。

③无受生：指菩萨虽示现生命于六道之中，但实无有身心而受彼生死，无生无死，无有烦恼，故说“无受生”。受生，指由业力感应而得生命。

④一切法门：指尽十方三世一切诸佛教化开导一切众生的种种巧妙方便教法。法门，即佛的教法，指以佛的教法而达圣智，依此修行得解脱生死而入涅槃之门，因此称为“法门”。

⑤非一非二：不是同一，也不是不同一，而是超越同、不同的相对而臻于绝对的境界。诸法从相用上说，则万象森罗，当然不能说是同一。若从本体上来说，则诸法皆是假有而体性本空，所说也不能说是不同。以佛教中道智慧观一切诸法，则体用不一也不二，即体即用，即用即体。

译文：

佛弟子，如果具此真如慧，则能于无量法界中，示集因而无集，示受生灭而无有生灭，生生世世示现诸多烦恼而实不受其系缚。乃至于一切诸佛所教导的法门，一切三贤所行之道，一切十圣所观真如法，也如是不执著，所谓不着圣解。

十方三世一切诸佛教化开导无量众生的种种巧妙方便教法，皆集在我如如慧心之中而圆融无碍。岂但诸佛法无碍，即使外道一切杂典戏论法，一切邪定盲炼功用，种种幻化，或佛说，或魔说，我皆以无分别如如智慧而分别入于二谛。邪定、正定，魔说、佛说，实非一非二，五蕴非五蕴，十八界非十八界，十二入非十二入，乃即如如智慧光明。即此智慧光明，照法界性，

入于一切诸法之时，一切诸法亦是智慧光明。

解读：

真实空性慧，当不落凡见，不着圣解。虽为了生死而修习佛法，而内心无有生死可了；虽发愿广度一切众生，而实无一众生有度，所谓三轮体空而又不舍一法。佛说、魔说，邪定、正定，皆为二边说，以中道第一义谛，则非一非二，平等一观。以自身智慧光明故，入于一切法中，于六度万行中，虽无有度人之心，也无有度人之法，更无要度所度之人，而所遇者皆得以度，是谓无上智慧光明之大机大用。

第十　不坏心

若佛子，不坏心者①，入圣地智②，近解脱位，得道正门③，明菩提心④，伏忍顺空⑤，八魔不坏⑥，众圣摩顶⑦，诸佛劝发，入摩顶三昧。

放身光，光照十方佛土⑧，入佛威神⑨，出没自在，动大千界，与平等地心，无二无别，而非中观知道⑩。

以三昧力故，光中见佛，无量国土，现为说法。尔时即得顶三昧，证虚空平等地，总持法门⑪，圣行满足，心心行空⑫。

空空慧中道⑬，无相照故⑭，一切相灭⑮，得金刚三昧门⑯，入一切行门，入虚空平等地。如《佛华经》中广说。

注释:

①不坏心:即“不坏道心”。按大乘佛教修行阶第,十向已满,将入圣流,真正见道修道,故名“不坏心”。

②圣地智:即登初地菩萨之智慧。处于十信阶段的大乘佛教修行者,只是处于发菩提心阶段,虽名发心菩萨,仍然是凡夫。住、行、向三十心阶段的大乘佛教修行者,名“贤人”。登初地以上菩萨名“圣”。菩萨到不坏心阶段,十向满足,宜登初地,故称“证圣地智”。

③得道正门:此十回向已满菩萨,将入初地,入初地者,方是真正见道,见道后才是真正的修道,由初地而渐至如来觉地,故说“得道正门”。

④明菩提心:菩提,旧译为“道”,新译为“觉”。菩提心,即求正觉之心。菩提心为一切诸佛之种子,净法长养之良田,若发起大菩提心勤行精进,当得速成无上菩提。所以说,菩提心乃一切正愿之始,无上智慧之根本,大乘菩萨,最初必须发起大菩提心。《维摩诘经·佛国品》中说:“菩提心是菩萨净土。”大乘佛教分菩提心为五类,即:一、十信菩萨,名“发菩提心”。二、三贤菩萨能降伏其心,名“伏菩提心”。三、初地至七地菩萨,与般若慧相应,名“明菩提心”。四、八九十地菩萨,真得无生法忍,远离三界。名为“出到菩提心”。五、等妙菩萨坐于道场,成等正觉,名为“证菩提心”。此十向终心将登初地,正当第三位明菩提心阶段。

⑤伏忍:此为菩萨阶位,此位靠近菩萨初地。菩萨有五种阶位,即“五忍”:一、伏忍,此位虽未断烦恼种子,但能制伏而

不使之起。二、信忍，初地至三地间，见法性而起正信。三、顺忍，于四地至六地间，顺菩提道而趋向无生果。四、无生忍，于七地至九地间，悟入诸法无生之理。五、寂灭忍，于十地及妙觉间，断尽诸惑，而臻涅槃寂灭之境。此三贤向满，居伏忍顶。顺空：指能随顺无生空慧。

⑥八魔：魔，全称为“魔罗”，意译为“杀者”、“夺命”、“能夺”、“障碍”等，又称“恶魔”，指能夺取吾人生命，或能妨碍善事之恶鬼神。“魔”字，旧译作“磨”，至南朝梁武帝时，以其为能恼人者，始改为“魔”字。魔，既有外在于人且会恼人的鬼神类魔，又有自身内在障碍人修行之魔，如烦恼魔、五阴魔等。大乘佛教一般讲有十种魔，即色魔、受魔、想魔、行魔、识魔、烦恼魔、死魔、天魔。一至五魔亦称“五蕴魔”，喻五蕴生灭法使修行人不能解脱。“烦恼魔”喻三界中妄惑，“死魔”会使人夭丧，“天魔”指欲界第六天之魔，此魔会做种种障碍，使修行人不能解脱三界生死。

⑦摩顶：指佛授记时，抚摩弟子的头顶，预言他将来成佛的事。

⑧十方佛土：指十方诸佛之净土，也泛指无量诸佛之净土。佛经称东、西、南、北、东南、西南、东北、西北、上、下，为“十方”。

⑨威神：多指佛所具备的不可思议力量。威，即威严。神，指神妙不可测。

⑩中观知道：即“中观智道”，指由中道观所得到的，不离两边而又不落两边的中道智慧。

⑪总持法门：谓总一切法，持无量义。总持，梵语“陀罗

尼”，译言“总持”，指持善不失，持恶不使起之义。菩萨所修之念，以定慧成就而具此总持功德。

⑫心心行空：住、行、向三十心及分别我法二执之心行至此悉归于空，是名“心心行空”。心，指三十心（十发趣、十长养、十金刚这三十心）。心行，即心分别我法二执之行。

⑬空空：指人空、法空。

⑭无相照：因为证得诸法本空，无有一相可得，以此起观，是名“无相照”。

⑮一切相灭：指人相、法相，实相、假相，一切诸相，悉皆消灭。

⑯金刚三昧：指能通达一切诸法实相之三昧（正定），因其能断破一切烦恼，犹如金刚坚固能摧破万物，故称“金刚三昧”。《大涅槃经》卷二十四中说：“菩萨摩诃萨，修大涅槃，得金刚三昧，安住是中，悉能破散一切诸法。”此三昧门为菩萨所得三昧，是菩萨进入佛所具无量三昧的路径，菩萨由成就此金刚三昧而永不退转。

译文：

佛弟子，所谓不坏心者，是将得登大乘初地入圣者流的智慧，始离解脱分别障而接近解脱位，将以见道而得入真正修道之门，与般若慧相应而名明菩提心，居伏忍顶，异相无明现行不起而能随顺无生空慧，故八魔不能坏。是以感动众圣前来摩顶加被，诸佛劝发增进其行，以至得入摩顶三昧。

入此三昧，身放无量光明，照达十方佛刹，入佛威神而形仪如佛，出没十方国土而自在无碍，以佛神力加被而一时震动大千世界，与虚空平等欢喜地心无二无别，非行位、向位菩萨中观智道所能比。

以得诸佛三昧加被力故，能于光中见一切佛，能现身于无量佛国净土，能化无量身，广利有情而为说法，当尔之时，即得入顶三昧，实证虚空平等欢喜地。此时得妙湛总持法门，一切如来圣行功德悉皆圆满具足，一切诸心心行悉归于空。

证得人空、法空之慧，入中道之智，以无相中道之智而起观照，则无相不灭，无理不显，得金刚三昧正受法门一时现前，入一切行门，方才证入虚空平等地。

此处仅为略说，广说见于《华严经》中。

解读：

不坏心，居十金刚心或十回向心之最终，是贤位之顶，即将登初地而入圣者流，故立六义而说明即将见道者的基本知见。从贤位到圣位，虽仅一步，然此一步却天壤之别，是修行上质的飞跃，修行者可能终其一生甚至数世而不能突破。真正见道者，才是入修道之门，才是真正会修道了，即是得无师智。不见道何谈修道，所谓悟后方才真正起修。见道，靠顿悟，靠因缘聚会时的当下一念灵光，即得悟入佛之知见，同时并发根尘脱落之觉受。见道前，应当略明见道之理，如是方能于见道时顿悟体证佛陀所说宇宙实相之理，否则会落于身心觉受而执身心境界为开悟，迷于六根尘影而生大我慢，与正信佛法之无相智慧成就背道而驰，不能增进智慧功德，甚至误入魔境，徒不可惜！

十　地

关于佛教修行证果的次第，小乘有“四果”之说，即须陀洹果、斯陀含果、阿那含果、阿罗汉果。

须陀洹果（初果），译为“预流果”，指初见真理，得入圣者之流者。初果圣人，断尽三界见惑，即断除了我见、戒禁取见、疑见三结。结，就是束缚的意思，又称为“烦恼”，断三结既是断除此三种烦。我见结：执著五蕴身心有一个我，认为这个我是真实的，称为“我见”；戒禁取见结：执著各种不正确的戒律来修行，如有些人持牛戒、狗戒、羊戒等等，这些都是邪行；疑结：对三宝、戒律、过去未来的因果以及十二因缘等佛教思想有所怀疑。证初果者不再有上述烦恼。

斯陀含果（二果），又称为“一来果”。证初果圣者断除三结后，必须继续修行，至贪嗔痴淡薄，便证得斯陀含果。因其对欲界烦恼未完全断除，还必须在欲界的人间天上来往一次，但在往返生死中，他必定能继续修行而证阿罗汉果。

阿那含果（三果），旧译“不来”。三果圣人断除五下分结，即断我见、戒禁取见（邪行）、疑见、欲界的贪以及嗔心。我们凡夫有欲界、色界、无色界的贪，称为三有的贪。三果圣者断除欲界的贪，初果与二果的圣者都还没断除它，只有阿罗汉才完全断除了这三界的贪。所以说，证悟初果、二果、三果的圣人，他们虽然断除了一些烦恼，但还必须继续修学圣道，故称为“有学圣人”。

阿罗汉果（四果），又译为“杀贼”、“应供”、“无生”等，意思是指阿罗汉杀尽了一切烦恼贼，不再有生死业的生起，是应当受人天供养的圣者。四果圣者，断除了“五上分结”，即色爱结（色界的贪）、无色爱结（无色界的贪）、慢结（恃自凌他之骄慢）、掉结（心念掉动而退失禅定）、无明结（痴）。由于已经彻证无我，断尽烦恼，证得涅槃，在修道上已无可修学，故阿罗汉称为“无学”。

佛教修行虽法门平等，但证果次第却有阶可循。学人可对照自身，准确判断自己修行境界，方不会未证言证，犯大妄语戒。在修行方法上，若初果都未达到，而妄自参究四果之智慧，强行破除四果才能断尽之习性，不仅枉费心智，而且可能会心力交瘁，徒增内心烦躁，即使自感有所体悟，若未真正得证相应果位，也只是相似智慧而已。了解各果功德及其境界，学人还可以分辨老师，正确选择适合当下自己状况的老师，如果以佛祖之功德智慧选择老师，其结果可想而知。

大乘佛教兴起后，大乘经典对小乘修行之四果作了大乘的理解和诠释，如《金刚经》认为，“须陀含名为入流而无所入，不入色声香味触法，是名须陀含”；“斯陀含名一往来，而实无往来”；“阿那含名为不来，而实无不来”。

随着大乘佛教的发展，大乘佛法有了独具自身特色的证果次第。《梵网经》中称大乘菩萨修行证入果地后，由初地而至十地共十个阶第，是谓“十地”，此与华严等大乘经典中所述大致相同。即：第一、体性平等地，第二、体性善慧地，第三、体性光明地，第四、体性尔焰地，第五、体性慧照地，第六、体性华光地，第七、体性满足地，第八、体性佛吼地，第九、体性华严地，第十、体性入佛界地。

十地菩萨，断十种障，证十真如。菩萨果地次第虽有十地之别，然其体性实无差别，于初地已达一切，然所证犹未圆满，故地地建立。大乘佛教修习者，初信发心时，修生空观，至七信位而断分别我执。随入法空观，历三贤位，至初地菩萨，离分别我法二执，远离第六粗惑，然犹有第七微细俱生我法二执，未能空尽第六分别二执。自初地恒住人法二空观，至七地后心方舍，能藏所藏，至八地初心即得无功用行，此时第七俱生我执现行方才永伏。至等觉后心金刚喻定现前时，一刹那间，生相无明异熟种子方始断尽而无余。

卢舍那佛言："千佛谛听，汝先问地者有何义。"

译文：

卢舍那佛说："千佛请仔细聆听，你们刚才问，地为何意？"

第一　体性平等地

若佛子，菩提萨埵[①]，入平等慧体性地[②]，真实法化[③]，一切行华光满足[④]，四天果乘用[⑤]，任化无方[⑥]，理化神通[⑦]。

十力、十号、十八不共法[⑧]，住佛净土。无量大愿，辩才无畏，一切论[⑨]，一切行我皆得入[⑩]。

生出佛家，坐佛性地⑪，一切障碍，凡夫因果，毕竟不受，大乐欢喜。从一佛土，入无量佛土。从一劫，入无量劫。不可说法，为可说法。反照见一切法，逆顺见一切法，常入二谛，而在第一义中⑫。

以一智⑬，知十地次第，一一事示众生，而常心心中道。以一智，知一切佛土殊品，及佛所说法，而身心不变。以一智，知十二因缘、十恶种性，而常住善道。以一切智，见有无二相。以一智，知入十禅支行、三十七道⑭，而现一切色身六道⑮。以一切智，知十方色色⑯，分分了起，入受色报，而心心无缚，光光照一切⑰。

是故无生信忍空慧，常现在前。从一地、二地，乃至佛界，其中间一切法门，一时而行故。略出平等地功德海藏行愿，如海一滴，毛头许事。

注释：

①菩提萨埵：梵语的音译，亦名“菩萨”，意译“觉有情”，指上求佛道、下度众生之大乘佛法修习者。

②平等慧体性地：即“初地”，亦名“欢喜地”。平等，即法身理，诸佛法身平等。慧，即“空慧”，诸佛平等之慧。菩萨断障证真，证入如来平等法身空慧本体性分地中，理齐佛理，彻见大道，尽佛境界，而得法喜，即登“初地”，亦名“欢喜地”。

③真实法化：意即菩萨以真实不虚平等之理法开化一切众生。真，即不妄。实，即不虚。法，即理法。

④华光满足：意即菩萨万行因华、智光、果海悉皆圆满具足。华，即“因华”。光，即“智光”，喻解脱。满足，即圆满具足。

⑤四天果乘用：谓菩萨华光满足，得转轮王果，又得七宝惠施，御用象马宝乘一日一夜可周游四天下，任意惠施，随方设化。四天，即“四天下”，指须弥山四方的四大洲，即南赡部洲，东毗提诃洲，西瞿陀尼洲，北拘卢洲。果，即转轮王果。乘，即象马宝乘。用，即御用。

⑥任化无方：任化，即任运教化。无方，即无有方隅。

⑦理化神通：理化，即以理教化，此是针对善根丰厚之众生。神通，指依修禅定而得超人间的不可思议神力，神通有神足、天眼、天耳、他心、宿命等五种，加漏尽通，共为“六神通”。此处神通，指对于难调难伏之顽劣众生，以神通力折服其骄慢，使令信受。是何等人，说何等法，或慈或威，咸令众生离苦得乐。

⑧十力：又作“十神力”，指如来所具足的十种智力，即：知觉处非处智力、知三世业报智力、知诸禅解脱三昧智力、知诸根胜劣智力、知种种解智力、知种种界智力、知一切至所道智力、知天眼无碍智力、知宿命无漏智力、知永断习气智力。十号：佛的尊号，有十种，即：一、如来，即乘如实道来成正觉；二、应供，即应受天人供养；三、正遍知，即佛能真正遍知一切法；四、明行足，即三明（宿命明、天眼明、漏尽明）和五行（圣行、梵行、天行、婴儿行、病行）具足；五、善逝，以一切智乘行八正道而自在涅槃；六、世间解，通达一切世间的事理；七、无上士，一切众生中佛的功德果报为最上；八、调御丈夫，即能以种种方便法调御

众生入佛道；九、天人师，指佛能为一切天人的导师；十、佛世尊，指佛是一切世人所共同尊重者。十八不共法：指佛和菩萨所具有的不同于声闻、缘觉的十八种特征或功德。

⑨一切论：即“五明”，指古代印度的五种学问，大乘佛教积极主张利益众生，以五明作为大乘佛法修习者所必学的内容，视其为圆成佛果的“大智资粮”。五明即：一、声明，研究语言和文典的学问；二、工巧明，有关工艺、技术、计度等方面的学问；三、医方明，相当于现代的医药科学和医疗技术；四、因明，关于逻辑和辩论的学问；五、内明，即明自家之宗旨，婆罗门教以四吠陀论为内明，佛教以三藏十二部教为内明。

⑩一切行我皆得入：菩萨明我空、法空之理，离分别我、法二执，于四无量心、十大行愿、四无碍辩才等一切圣行无不通达，随机教化众生。一切行，即“一切圣行”。我，即初地菩萨。入，即证入，通达。

⑪坐佛性地：指菩萨所证真如境界，与诸佛同，平等无差，所谓诸佛与我同一法身，我性同共如来合。

⑫在第一义中：第一义，即第一义中道理智谛。指常入俗谛而不滞有，常入真谛而不沉空，既不滞有，又不沉空，故恒处第一义中道智中。

⑬一智：即“第一义中道智”。

⑭三十七道：即“三十七道品”，指佛教修行者获得智慧达到生命解脱的三十七种实践修行法。内容有四念处、四正勤、四神足、五根、五力、七觉分、八正道。

⑮色身：即“肉身”，相对于无色无形的佛之法身，而称有色有

形的身体为“色身”，此身体由地、水、火、风等物质要素所合成。

⑯色色：指内色、外色。

⑰光光照：即智光普照。

译文：

佛弟子，大乘菩萨，证入平等慧体性地。以真实不虚平等之理法，开化一切众生，万行因华、智光、果海悉皆圆满具足，得转轮王位，御用象马宝乘周游四天下，任运教化，无有方隅，以理教化善根丰厚之人，以神通摄伏刚强顽劣之众生，或慈或威，咸令众生离苦得乐。

菩萨于此地更得十种智力、十种圣号、十八不共法，住如来实报庄严净土。菩萨住此净土，广发四无量心十大行愿，以四无碍辩才教化一切众生，离五怖畏，四明五明一切诸论无不通达，一切圣行皆得一一证入。

如是则名生出佛家，证真如境，一切异生性障，凡夫有漏因果，至此永离，毕竟更无有受，得出世间心未曾有法，故大乐欢喜，是以此地名欢喜地。此地菩萨，通达身土无碍、刹刹圆融，故现身一佛国土，则无量佛国齐现；经历一劫乃至于一刹那际，则无量数劫同历。真如之法，本无名相，本无言说，但随众生机宜而巧设方便说法。回光返照一切诸法，令众生悟法界性，于诸法中逆顺自在，破邪显正。常入俗谛而不滞有，常入真谛而不沉空，既不滞有，又不沉空，恒处第一义中道智中。

菩萨因得第一义中道智（下简称一智）而行六妙义。一惟以此一智，能知一地二地乃至十地先后次第，一一事示导众生令其进修，而心心系于中道之理。二惟以此一智，能知一切十方诸佛刹土净秽胜劣不同品级，及诸佛教化众生所说无量法门，但身心不迁不变。三惟以此一智，能知十二因缘生灭因果、十恶种子性分，而常住善法道中。四惟以此一智，能彻见有无二相，虽行出世道而不住涅槃。五惟以此一智，能知出入十禅支观行、三十七道品，示现一切身色于六道中，令众生增长善根，进修佛道。六惟以一切智，能知十方内色、外色，分分变易生灭，虽趣入领受有色之报，而心心无着无缚，智光慧光普照一切世间出世间染净诸法，当体皆真如。

以是之故，无生信忍，无生空慧，不断不续，常现在前。从一地、二地，乃至十地入佛境界，于其中间，一切法门俱皆一时而能尽行，不假余力。言此只是大概说出平等地功德，其真实功德行愿犹如海藏甚深，无量无边，难可具说，上述犹如以一毛蘸取大海中水之一滴而已。”

解读：

初地菩萨，断一种异生性障，乃从凡夫分别我执现行所起，并断二种愚执，一执著我法愚，二恶趣杂染愚。菩萨于此地，初证二空理，始获法味，故生大欢喜，是名欢喜地。菩萨十地境界，委实难知，此处总结性解读，参照（明）寂光所著《梵网经直解》，下九地解读，亦是如此，不再注明。

第二　体性善慧地

若佛子，菩提萨埵，善慧体性地[①]，清净明达一切善根[2]。所谓慈、悲、喜、舍、慧，一切功德本。

从观入大空慧方便道智中[3]，见诸众生，无非苦谛，皆有识心[4]，三恶道，刀杖，一切苦恼，缘中生识[5]，名为苦谛[6]。

三苦相者[7]，如者[8]，如身初觉[9]，从刀杖、身色阴，二缘中生觉[10]，为行苦缘。次意地觉[11]，缘身觉所缘，得刀杖及身疮肿等法，故觉苦苦缘，重故苦苦。次受行觉二心[12]，缘向身色阴，坏疮中，生苦觉故，名为坏苦缘。是以三觉，次第生三心故，为苦、苦苦。

一切有心众生，见是三苦，起无量苦恼因缘，故我于是中，入教化道三昧，现一切色身，于六道中，十种辩才[13]，说诸法门。谓苦识、苦缘、刀杖缘[14]，具苦识行，身疮肿发坏，内外触中，或具不具[15]。具二缘中生识，识作识受，触识，名为苦识行。

二缘故，心心缘色，心触触恼，受烦毒时，为苦苦。心缘识，初在根觉缘，名为苦觉。心作心受，触识觉触，未受烦毒时，是名行苦。逼迮生觉[16]，如斲石火，于身心念念生灭。身散坏，转变化，识入坏缘，缘集散，心苦心恼，受念后缘染着，心心不舍，是为坏苦。三界一切苦谛。

复观无明，集无量心，作一切业，相续相连，集因集因，名为集谛。

正见解脱[17]，空空智道，心心名以智道，道谛。

尽有果报，尽有因，清净一照，体性妙智，寂灭一谛[18]。

慧品具足名根。一切慧性，起空入观，是初善根。

第二观舍，一切贪着行，一切平等空，舍无缘，而观诸法，空际一相。我观一切十方地土，皆吾昔身所用故土；四大海水，是吾故水；一切劫火，是吾昔身故所用火；一切风轮[19]，是吾故所用气。我今入此地中，法身满足，舍吾故身，毕竟不受四大分段不净故身[20]，是为舍品具足。

第三次观，于所化一切众生，与人天乐、十地乐、离十恶畏乐，得妙华三昧乐[21]，乃至佛乐。如是观者，慈品具足。

菩萨尔时住是地中，无痴、无贪、无嗔，入平等一谛智，一切行本。游佛一切世界，现化无量法身。如《一切众生天华品》说。

注释：

①善慧体性地：此地菩萨，善修清净法身平等大慧，故名“善慧地”。又此地菩萨，得最终戒体清净成就，梵行清白，体离垢染，故又名“离垢地”，即“第二地”。善者，能也。慧者，明也。

②清净明达：清净，即因离垢而慧体清净。明达，指所证菩提智善照慧了。

③从观：即从上述慈、悲、喜、舍、慧五品而起观照。慈者，

能与自他乐；悲者，能拔自他苦；喜者，庆悦自他；舍者，自他解脱；慧者，能鉴机说法。如是五观，一切诸佛菩萨，六度四摄，三身四智，无量恒沙功德，皆以其为本。入大空慧方便道智中：入，即证入。大空慧，即甚深无相大空般若。方便，即善巧方便。道智，即证道谛之智，指缘道谛作道、如、行、出等四种行相而断除迷惑之无漏智。菩萨以空慧起观，则心、佛、众生三无差别，无苦无乐，无生无灭。然以方便智观，则一切众生，迷而不觉，沉沦生死苦海，故菩萨兴慈运悲，拔苦与乐，所谓依体而起方便道智。

④皆有识心：识心，即六识或八识之心王。六识，指眼、耳、鼻、舌、身、意等六种认识了别的作用。八识，即眼、耳、鼻、舌、身、意、末那、阿赖耶共八种识。一切众生所受苦报，推其因缘，皆由六识造业而起，故说“皆有识心”。

⑤缘中生识：指在地狱、饿鬼、畜生等恶道中，受一切刀杖等苦，以识心未空故，于诸苦缘逼迫中而生受苦之心识，名为“缘中生识”。

⑥苦谛：佛教最基本的理论四圣谛之一。谛，指审实不虚之义。四谛，指苦、集、灭、道四种正确无误的真理。苦谛，指佛教对于这个世界中一切痛苦现象的正确阐述。释迦牟尼佛最初所说法即为四谛，先宣说苦谛，然后由苦追溯造成痛苦的原因（集谛），再探寻灭除痛苦的方法和途径（道谛），最终描述了离苦得乐的寂灭境界（灭谛）。在四谛中，苦与集表示迷妄世界之果与因，灭与道表示证悟世界之果与因。就苦谛而言，一般有八苦之说，即生、老、病、死、怨憎会、爱别离、求不得、五取蕴苦。

前七苦属生活感受，第八苦五取蕴苦（亦称五阴炽盛苦），谓凡夫将五蕴执取为自我所衍生的一切生命现象，从而误以“无常”之现象界为“常”，误以“无我”之五蕴为“我”，执常执我而不可得，故导致“苦”。

⑦三苦相：指“苦苦”、“坏苦”、“行苦”三种苦相。一苦苦，指世上冷热饥渴等苦缘所生之苦，也包括病痛、鞭挞刀割等所生之苦。二坏苦，指乐境变坏所生的苦，如面对钱财损失、名誉受损、亲人死亡等事，精神上感到痛苦。三行苦，指一切法皆为众缘所造，难免生灭迁流，圣者观之而于身心皆感逼恼，故称为“行苦”。行苦属一种行相微细之苦，一般人不易察觉。

⑧如者:《大正藏》中版本无“如者”二字。

⑨身初觉：身，即眼、耳、鼻、舌、身五种身体器官，外部环境对于人身体的刺激，首先在于这五种器官，苦也是于此首先生起。

⑩二缘：即内缘和外缘。苦的来源可分为外缘和内缘，外缘即刀杖等外部条件，内缘即五蕴身心。

⑪意地觉：即“第六识”。前五识对于外部环境产生直接感受，第六识对其进行分别并进而产生苦乐、善恶、好坏等认识。

⑫受行觉二心：指受苦觉心与行苦觉心二心。

⑬十种辩才：辩才，指善巧说法之才能。佛教有辩才无碍之说，意即义理贯通，言辞畅达，能随众生因缘而能方便善巧说法，毫无滞碍。佛教经论于辩才有多种划分，《华严经》中说有“四辩”，即法无碍辨、义无碍辨、辞无碍辨和乐说无碍辨；又说有“十辨”，即自相、同相、行相、说相、智相、无我慢相、大小乘

相、菩萨地相、如来地相、作住持相。

⑭苦识：即苦体，亦即“苦谛”。苦缘：即苦产生的因缘。

⑮或具不具：言内根与身外尘境互触之中，或根境相触而具识，或根境不相触而不具识。

⑯逼迮（zé）：即逼迫。

⑰正见解脱：正见，佛教最基础理论八正道之一，即正确的见解，主要是指对佛教苦、集、灭、道四谛之理有明确的认识。解脱，指依正见而得生命解脱。八正道，又作“八圣道”、“八支正道”、“八圣道分”，为四圣谛的道谛，指八种通向涅槃解脱的正确方法或途径。其内容为：一正见；二正思维；三正语，离妄言、两舌、恶口、绮语等；四正业，又作正行，离杀生、不与取等行为；五正命，即舍咒术等邪命，如法求取衣服、饮食等诸生活之物；六正精进，已生之恶法令断，未生之恶法令不起，未生之善法令生，已生之善法令增长满具；七正念；八正定，离欲恶不善之法，成就初禅乃至四禅。

⑱寂灭一谛：即灭谛，佛教最基本理论四谛之一，详名“灭圣谛”，又作“苦灭谛”、“苦尽谛”、“苦灭圣谛”等，指永断无明、欲爱等一切烦恼，于一切苦皆得消灭，而得生命大自在的解脱境界，亦即涅槃境界。

⑲风轮：为大地所依四轮（空轮、风轮、水轮、金轮）之一，乃世界之最底部。依古印度宇宙生成论，世界生成必先立于虚空之上，称为空轮，依此空轮而上生风轮、水轮、金轮，四轮之上乃有九山八海。

⑳四大分段不净故身：四大，又称“四界”，即地、水、火、

风。佛教认为，一切物质（色法）系由地、水、火、风等四大特征要素所构成。分段，即分段生死，阶段性生死。六道众生随其业力而感招不同果报身命，或长或短，随因缘之力而有一定界限，故称为“分段”。

㉑妙华三昧乐：指菩萨得圣人妙道万行因华三昧正定，依此正定，得妙华三昧之乐。

译文：

佛弟子，大乘菩萨，证入善慧体性地（亦称离垢地），永离垢染，梵行清净，明了通达一切善根。所谓慈、悲、喜、舍、慧五观，一切诸佛菩萨，六度四摄，三身四智，无量恒沙功德，皆以其为本。依此五观而起观照，证入甚深无相大空般若，并起无量方便道智，见三界一切众生，无一不是深陷苦海。然推究苦谛因缘，皆由识心分别取舍，作种种恶业，堕于地狱、饿鬼、畜生三恶道中，皆如畜生类受刀杖逼恼一般，承受一切痛苦烦恼逼迫。众生所遭一切苦恼，皆由识心于诸苦缘逼迫中随感而生，此即为苦谛。

苦谛中有三种苦相，一行苦相，二苦苦相，三坏苦相。既有三苦相，则有三苦觉；既有三苦觉，则必有三苦缘。现具体说明如下：一、根身初觉（眼、耳、鼻、舌、身前五识），谓外有如刀杖等境缘，内具有情身根色阴，于是根境二缘相触而生觉，此觉未别苦乐，唯随念而无计度，但名为行苦缘。二、意地觉，谓第六识缘于前五身觉所缘而起分别，认识到自身受刀杖斫打，并生起刀杖逼迫苦、身受打伤苦、疮肿苦等痛苦的感受，故名为觉苦苦缘。身觉刀杖而生痛苦，意地觉而生恼苦，苦上加苦，故说重故苦苦。三、受行觉，谓行苦觉心，苦苦觉心，又缘向身疮等四大色阴将欲坏时而生起恼苦觉受，是名为坏苦缘。依身觉、意地觉、受行觉，次第产生行苦、苦苦、坏苦之三心，三心俱苦，总为苦、苦苦。

一切有心众生，遇此三苦，生起无量苦恼，以此因缘又反造诸恶业，以致生生死死深沦苦海。我等菩萨见此而生大慈悲心，证入教化道三昧，现种种身形于六道之中，以十种巧妙无碍辩才，为众生宣说苦、集、灭、道四圣谛等种种法门。

所谓苦谛者，欲令众生知前五识是第六识分别而起苦受之所依，故云苦识；知内五根身缘为众苦之本，名苦缘；知刀杖等外境缘有牵心业用，名刀杖缘；也知此等具苦识行。面对身体疮肿及肌体损坏，在内根与外尘境互触之中，或根境相触而具识，或根境不相触而不具识。内根、外尘二缘互触而生触识（前五识），第六意识同时分别而起苦受，即六识作之，还是六识受之，所谓苦识，就是此触识，名为苦识行。

身根、外境二缘互触，第六识心念念缘于色阴中疮肿等法，苦境触心而生烦恼，身得疮肿之苦，心生烦恼之苦，二苦交煎，是为苦苦。第六识心所缘前之五种触识，最初在五根觉，由刀杖缘触身而心觉其苦，故名为苦觉。第六识心执取前尘分别影事，造作业苦，心自还复领受，实为无相代谢。前五根触及外尘而生触识，但此触识仅能了境觉触，此心未曾深受烦恼之时，只有随念而无计度，但为第六行苦的引发之缘，故触识亦名为行苦。

前五识缘现前逆顺影子，一刹那间流入意地，逼迫生觉而心受烦毒，犹如砍石出火，旋砍旋出，于身心中迁流不息，刹那生灭。待临命终时，色身散坏，神识转变迁化，受业力牵引而入于坏缘，随因缘生灭而心心相续，生苦生恼。惟受最后一念染缘，深染深着，心心念念不能舍离，是则名为坏苦。如此三苦，是为三界众苦之本。

返推苦谛之因，皆依无明一念妄动，遂集无量种种妄想攀缘之心，造作一切诸恶业而招引苦果，因果相续相连，过去之因成现在果，现在之因招未来果，如是集因，集众苦之因，名为集谛。

一切佛教修行者，皆依正见而得解脱。具正见则苦空，具解脱则集空，苦空集空，即具足无上大空慧之智道，心心相续念念相连入于空慧，是则名为增修智道，名为道谛。

尽灭一切诸有果报，尽灭一切诸有生因，三界二十五有见思尘沙等惑，苦果苦因，以此清净大空慧而起观照，悉皆空寂。证得体性本空并起妙智，是谓证入空空寂灭之理，名为“寂灭一谛”。

此大空慧品具足慈、悲、喜、舍无量功德，是一切功德之根本。依一切慧性起空体而入智观，现身六道，为苦恼众生宣说四谛法门，使诸众生知苦、断集、修道、证灭，是名初善根。

第二等者，应该观舍。一切种种贪爱执著诸恶行法，以及舍迷而得寂灭解脱之境，俱属对待，皆应舍去，因一切世间出世间法悉皆平等本空。无缘可舍，舍亦复舍，观染净诸法，无相可得，无相可舍，所谓空际一相。因此，我观一切十方地土，皆我昔身所用旧骨肉。四大海水，是吾昔身所用旧血脉。一切劫火，是我昔身所用旧暖气。一切风轮，是我昔身所用旧呼吸。我今证入此体性善慧地中，所证最胜真如法性之身，三德圆满，三身具足，以断障证真故，毕竟不复更受过去四大分段不净杂染之身。以不受故，是为舍品具足。

第三等者，菩萨应该观于所化一切众生种种根性而次第与乐。如求人天乐者，则与三皈五戒十善而令其生人天中受胜妙乐；如求菩萨乘者，则与六度四摄而令其得证十地之乐；如求离十恶畏乐者，则与反十恶修十善法而令其升天受十善乐；求妙华三昧乐者，令此菩萨得圣人妙道万行因华三昧正定，乘此智定而证十地果，得妙华三昧之乐。乃至令得佛果无余涅槃究竟之乐，如是观者，是为慈品具足。

当尔之时，菩萨住于体性善慧地中，慧品具足故无痴，舍品具足故无贪，慈悲喜具足故无嗔，以无贪、嗔、痴故，证入平等大空慧品一谛圣智，此为一切万行之根本。以是智行双运，则能游佛一切世界，亦能遍现无量法身（此处法身即化身，三身本为一体），摄受教化一切众生。此处文义，大部中《如一切众生天华品》中作了广泛详细说明。

解读：

二地菩萨，断所知障中俱生一分法执，并断二种愚执，即微细误犯愚和种种业愚。菩萨于二地，得增上尸罗波罗蜜多，愚障既断，性戒具足，远离一切微细犯戒，故此地又名“离垢地”。

第三　体性光明地

若佛子，菩提萨埵，光明体性地[①]。以三昧解了智[②]，知三世一切佛法门[③]，十二法品[④]，名、味、句[⑤]。重诵、记别、直语、偈、不请说、律戒、譬喻、佛界、昔事、方正、未曾有、谈说[⑥]。是法体性，名一切义别，是名、味、句中说一切有为法[⑦]，分分受生。

初入识胎[⑧]，四大增长色心[⑨]，名六住[⑩]。于根中起实觉，未别苦乐，名触识[⑪]。又觉苦乐识，名三受[⑫]。连连觉着受无穷[⑬]。以欲我见，戒取[⑭]。善恶，有[⑮]。识初名生[⑯]。识终名死[⑰]。是十品[⑱]，现在苦因缘果[⑲]，观是行相中道，我久已离故，无自体性。

入光明神通，总持辩才，心心行空。而十方佛土中，现劫化转化，百劫千劫，国土中养神通。礼敬佛前，咨受法言。复现六道身，一音中说无量法品，而众生各自分分得闻心所欲之法。苦、空、无常、无我，一谛之音，国土不同，身心别化。

是妙华光明地中，略开一毛头许，如法品《解观法门》、《千三昧品》说。

注释：

①光明体性地：即“第三地”，又名“发光地”。此地菩萨成就胜定及殊妙教四种总持，能从正定起智，发无量智慧光明，

故名“体性光明地”，亦名“发光地”。

②三昧解了智：谓依甚深那伽大定而发起能通达三世十方一切诸佛化导法门的究竟智慧。三昧，即“甚深那伽大定”。解了智，即通达诸法之智。

③三世一切佛：三世，亦称“三际”，指过去、现在、未来三世。世，指时间的迁流延续而有过去、现在、未来三种。三世，在个体生命而言，有今世、过去世、未来世；在佛而言，有过去佛，如弥陀佛是过去十劫之佛，有现在佛，即释迦牟尼佛，有未来佛，如弥勒佛为五十六亿七千万年后出现于娑婆世界之佛。佛教中的三世，并不一定是时间紧挨着的过去现在未来三世，而是因果法中的三世。今世之因，来世成果，然此果熟不一定是在个体生命时间上的下一世，也许是很多世后的某一世，其间会有往昔诸多因缘成熟之世。但是，就因果成立而言，果虽然会成熟于多世以后，但仍为因的后世。佛教的三世说使其果报思想更加圆融。

④十二法品：即“十二法门轨则品类”。佛教经典内容，或说义理，或说因果，讲权讲实，说显说密，然归结起来，总不出十二种分类。法，即轨则。品，即类。

⑤名、味、句：味，亦称“文”，指字、字母，其本身无义，但能构成名和句。名，即由文之连续使用而构成事物的名称，在佛学中，则为随其音声呼召物体，使人闻其名而能于心中浮现物体之相，并能令人生起觉慧之义。句，即语句，指连结名成为一个完整意义的章句，在佛学中，是对诸法差别的描述语。

⑥重诵：亦称“重颂”，指已经宣说于上，复以偈等形式重新

宣颂其义。记别：又名“授记”，本指以问答方式解说教理，后转指弟子所证境界或死后生处，现在专指佛陀预言弟子成佛之事，含时期、国土、佛名等事。直语：又名“契纪”，指经典中直说法义较长的行文。偈（jì）：又名“偈颂”、“讽颂”等，通常由固定的字数和音节组成，佛教经论中常用其概括地复述前面所宣讲的内容，以加强读者的印象。后来中国禅宗祖师也常用偈的形式表达其思想或悟境。不请说：即“自说”，指佛陀不问而自说。佛教中的经典，一般是佛陀应人所请而说，但也有一些经典为佛陀不请而自说。譬喻：略称“譬”或“喻”，指为使人易于理解所说内容的意义，而使用实例或以寓言等加之说明，称为“譬喻”。佛界：又名“本生”、“本起”，指佛陀所说自己及诸佛、菩萨于因地受生之事。昔事：梵语“伊帝”，意译“本事”，指佛陀所说诸菩萨弟子在因地，为求菩提道所行苦行之事，如采果汲水、舍薪设食、割肉舍身等事，也包括除本生以外所宣说的前际所有事。方正：梵语“昆佛略”，意译“大方广”，指如来所说大乘等经典，其意宽广而深远。未曾有：梵语“阿浮达磨”，意译为“未曾有法”、“未曾有经”等。佛陀入灭以后，弟子们结集经典，按类分为九部经或十二部经；“未曾有”即为其中一。该类经典中多记载有关佛陀的神秘奇特之事，如佛初生时即下地步行七步说唯我独尊，以及放大光明、大地震动、天雨众花之类。谈说：梵语“优婆提舍”，意译“论议”，指诸经论中有问有答辩论诸法义的文体。

⑦有为法：有为，即有所作为，有所造作之意。泛指由因缘和合所造作的一切现象，如色心等法，以生、住、异、灭为其特

征。与此相对的是无为法，指永远不变而绝对存在者，如佛教中依智慧断烦恼所显的涅槃境界。

⑧识胎：即“识支”，十二因缘中第三支，指吾人依过去世之业而于托胎刹那的意识。有情众生，由于不识法界真如之理而处无明之中，以无明故，妄作不善恶行，相续而行，从而造就过去世二因（无明、行），进而感招现世生命之开端。神识初入胎一刹那间，染爱为种，纳想成胎，名曰“凝滑”，故名“初入识胎”。

⑨色心：即“名色支”，十二因缘中第四支。色，即物质性的身体。心，又为“名”，即心法。神识在胎，染父母精血，吸取母体营养，渐渐增长而成身形，遂有名心色质。第一个七天及第二个七天所长身体名为“胞”，至第五个七日的身体名为“形位”，此时渐生诸根形手足，故名“四大增长色心”。

⑩六住：又名“六处”、“六根”，指眼、耳、鼻、舌、身、意六种感觉器官。胎儿在母腹中，从名色以后至第六个七日，发毛爪齿渐成，至第七个七日，六根开张，并渐有入六尘之用，此乃妄心依止处，故名“六住”。

⑪触识：即“触支”，十二因缘之第六支。婴儿出生后乃至三四岁时，六根与六尘接触从而有眼触、耳触乃至意触六种触识，但此时婴儿未能分别知苦知乐，故此触识亦名无知实觉。

⑫三受：指根境相触而产生的感受，即苦受、乐受、不苦不乐三种感受。幼儿五六岁至十二三岁时，六尘触六根即能领受，如对苦境，即觉是苦并有苦受；乐境，即觉是乐而有乐受；不苦不乐境，即觉是不苦不乐而有不苦不乐之受，故名“三受”。受，即“受支”，十二因缘中第七支。

⑬连连觉着受无穷：即“爱支”，十二因缘中第八支。连连，即不断。无穷，即无尽。从十四五岁至十八九岁时，连连起心，贪爱欲境，虽有贪爱，然未广求，但也染着其受而无穷尽矣。

⑭以欲我见，戒取：即“取支”，十二因缘中第九支。从二十岁后，由有诸欲助发爱性，作种种取舍，从而生起贪、嗔、痴、慢、疑、身见、边见、邪见、见取、戒取等十使烦恼。

⑮有：即“有支”，十二因缘中第十支。其意为存在，因六识驰求诸境，起造善恶业因，牵引阿赖耶受当生苦乐之果。

⑯识初名生：现在所造善恶业因，必受来世善恶业果，此世命终，此识最先投胎，故名为“生”。生，即“生支”，十二因缘中第十一支。

⑰识终名死：来世受生以后，五蕴身相熟已还，一期生命将尽，此识最后而舍，故说识终名死。死，亦名“老死”，即“死支”，十二因缘中第十二支。

⑱十品：即上文从初入识胎到识终名死，共十品因缘。此处共说了除无明支和行支以外的十二因缘中的十个，故说“十品”。

⑲现在苦因缘：佛教十二因缘是三世因果论，无明和行属于过去二因，识、名色、六处、触和受这五支属现在果，爱、取、有这三支为现在因，生、老死属现在因之未来果。本文此处不言过去二因，是因为该因已经成果，佛陀想要现前诸人，认识现前苦果苦因，毋使再造有漏苦因，从而永灭当来苦果。

译文：

佛弟子，大乘菩萨，证入光明体性地（亦称发光地）。此

地菩萨能依甚深那伽大定而发起究竟大智慧，通达三世十方一切诸佛的教化法门，其法总归为十二类品，以名称物，以味（字）成句，以句表义，文义相成而成经典。所谓十二类经典是指：一、重诵；二、记别；三、直语；四、偈；五、不请说；六、律戒；七、譬喻；八、佛界；九、昔事；十、方正；十一、未曾有；十二、谈说。此十二法品体性本同，实无差别，只因众生有无量种心，故而立有一切种种法义的区别。十二法品中名、味、句等所说一切有为诸法，所谓分分差别之有为受生之法，无不皆具十支。

一、初入识胎（识支）；二、四大增长色心（名色支）；三、六住（六入支）；四、未别苦乐（触支）；五、觉苦乐（受支）；六、连连觉着受无穷（爱支）；七、以欲我见戒取（取支）；八、善恶有（有支）；九、识初名生（生支）；十、识终名死（老死支）。上述十品（十支），所论为现在果、现在因及未来果，一切众生在此十品因果中生死流转。菩萨观此一切众生生灭行相，实无生灭去来种种行相，皆入中道理智之中。以其早已远离一切生灭行相，故观一切行相皆无有自性。

菩萨证入光明体性地中，发起无量智慧光明，具足无量游戏神通，得总持法门无碍辩才大智慧，然却心心念念行于空。虽心心行空，但仍于十方佛土中，现身，现劫，现化，辗转变化，百劫千劫中，于诸国土长养神通。并于诸国土中礼敬诸佛，咨受教诲。复能示现不同身形于六道，以一谛之音宣说无量法门，众生随其根性而各自详细得闻其所欲听闻之法。苦、空、无常、无我等法，从此一谛之音中演出，国土虽有胜劣净秽种种不同，众生身心虽有钝利善恶差别，但皆能得到教化，证常、乐、我、净四德。

妙华光明地中无边功德行愿，犹如海藏不能穷尽，此处略述，犹如以一毛蘸大海中一滴水而已。在大部内《如法品解观法门》、《千三昧品》二文中，有更广说明。

解读：

此地菩萨，断一种暗钝障，即所知障中俱生法执一分暗钝所起，并断二种愚执，一者欲贪愚，二者陀罗尼愚。愚障既断，故名发光地。所证真如，名胜流真如。寄位夜摩天王，假修十善等法，化导一切众生。

第四　体性尔焰地

若佛子，菩提萨埵，体性地中①。尔真焰俗②，不断不常③，即生即住即灭，一世一时一有④，种异异现异故⑤。因缘中道，非一非二⑥，非善非恶，非凡非佛，故佛界、凡界，一一是名为世谛。其智道观，无一无二，玄道定品⑦。

所谓说佛心行⑧，初觉定因⑨。信觉、思觉、静觉、上觉、念觉、慧觉、观觉、猗觉、乐觉、舍觉⑩。是品品方便道⑪，心心入定果。

是人住定中，焰焰见法行空。若起念，定入生心⑫，定生爱顺，道法化生，名法乐忍、住忍、证忍、寂灭忍⑬。

故诸佛于入光光华三昧中，现无量佛，以手摩顶，一音说法，百千起发，而不出定。住定，味乐定，着定，贪定，一劫千劫中住定。见佛莲华坐，说百法门。是人供养听法，一劫住定。

时诸佛光中摩顶，发起定品，出相、进相、去向相故。不没、不退、不堕、不住，顶三昧。法上乐忍[14]，永尽无余。

即入一切佛土中，修行无量功德品，行行皆光明入善权方便，教化一切众生，能使得见佛体性，常乐我净。是人生住是地中，行化法门，渐渐深妙，空华观智，入体性中道。一切法门品满足，犹如金刚。

上《日月道品》，已明斯义。

注释：

①体性地：即“体性尔焰地”，亦名“焰慧地”。体性，指本体性分。尔，意为即。焰，喻智慧光明。菩萨修习无边菩提分法，证得诸佛本体性分，佛觉圆满，即得慧光发焰，如大火聚，能烁破一切情见，故名“焰慧”。

②尔真焰俗：尔，即也。真，真谛。焰，智慧光明。俗，即俗谛。菩萨证入此地，即能明即体即用双照之道，以智慧光明故，即真明俗，其俗即真；明俗即真，其俗不俗。

③不断不常：真不断，俗不常，照真了真故不断，照俗了俗故不常，所谓般若无相，二谛常然，故说“不断不常”。

④一有：即“一刹那心念”。

⑤种异异：指众生阿赖耶识中能熏所熏种子各有差异。现异：指种子既异，则所熏起现行亦异，而菩萨利生也不得不现异法。

⑥非一非二：善与恶，凡与圣，以俗谛观，则非一；若以真谛观，其体性皆空，故非二。无论是非一还是非二，皆落两边。若以中道智观，则非一非二，故无善无恶，无凡无佛，双照双泯，超越对待，臻于绝对境界。

⑦玄道定品：传统佛教修行，由禅定智慧而进入涅槃境界，有三十七种修行方法，称为三十七觉支、三十七菩提分、三十七道品等，即"四念处"、"四正勤"、"四如意足"、"五根"、"五力"、"七菩提分"、"八圣道分"。其中"七菩提分"，即明七觉定品，然此皆是因地心行。依中道智观则无一无二，又何有定品种种差别。玄道，指玄妙道法。定品，指定的品级。

⑧佛心行：指佛的心理状态及其定观境界。心行，指心内之作用、活动、状态、变化等。

⑨初觉定因：谓佛菩萨最初悟入空性之时，觉悟自己最初觉心原来本定，凡夫以迷故不定，我今既悟始觉，则得禅定正因。

⑩信觉、思觉、静觉、上觉、念觉、慧觉、观觉、猗觉、乐觉、舍觉：此为"十觉支"，又称"十等觉支"、"十菩提分"等，指达到正觉的十种观察觉知方法，因其能帮助菩提智慧的开展，故称为"觉支"。一、"信觉支"，指由最初觉心得悟此心原自本定，不从人得，便一信永信。二、"思觉支"，所信本定，但仍要思维修习。三、"静觉支"，虽善思维，但要成就静定之力。四、"上觉

支”，又名“精进觉支”，指修法勇猛精进而不懈怠。五、“念觉支”，精进修行，念兹在兹而明记不忘。六、“慧觉支”，谓以慧心照诸妄念而分明不惑。七、“观觉支”，智慧观察更加微细。八、“猗觉支”，灭妄证真而得身心轻安。九、“乐觉支”，意地畅适，身心悦乐。十、“舍觉”，舍妄念，舍一切法。此十觉支一般合为“七觉支”，以念合思，以观合慧，以猗合静。

⑪品品方便道：十觉支虽品品不同，但皆是智道观中十种方便道，能令行人证入定果慧果。方便道，亦名“权道”，十波罗蜜之一，指巧妙地接近、施设、安排等，是诱引众生证悟诸法实相得入真如法界的种种方便法门。

⑫定入生心：即从定中发生一念清净慧照之心。正是由于有此一念清净心，从而有对于定境定乐的贪着，常入于定中而不思出定。

⑬法乐忍、住忍、证忍、寂灭忍：闻法心喜名法乐忍，安住于忍而不动名住忍，深证此忍而不转名证忍，断诸惑而寂静安住于第十地及佛果名寂灭忍。

⑭法上乐忍：即“法爱”，指对法的爱执。

译文：

佛弟子，大乘菩萨，证入体性尔焰地（亦称焰慧地）中，以智慧光明故，通达即体即用双照之道，即真明俗，其俗即真；明俗即真，其俗不俗；照真了真故不断，照俗了俗故不常，是以一切法即生、即住、即灭，所谓无边刹海同一世，十世古今同一时，真俗生灭同一有。言有所差别者，皆因众生阿赖耶识中能熏所熏

种子各有差异，种子既异，则所起现行亦异，菩萨利生也不得不现差异之法。然种异、现异皆属因缘法，其体性不迁不变，以即真即俗之中道智，真如不变随缘故非一，随缘不变真如故非二，是为非一非二，亦非善非恶，非凡非佛，所谓凡界、佛界一一各有不同，皆为俗谛之见。依智道起观，俗、真，恶、善，凡、圣等，俱属对待，本来无一无二，玄妙道法七觉定品，亦为如是。

至于说诸佛心行，诸佛菩萨最初悟道之时，觉悟自己原来本定，最初觉心即为禅定正因。因此而有十种觉支，即：一、信觉；二、思觉；三、静觉（静定力）；四、上觉（精进）；五、念觉；六、慧觉；七、观觉；八、猗觉（轻安）；九、乐觉；十、舍觉。十觉支虽品品不同，但皆是智道观中十种方便道，能令行人心心念念证入定果。

菩萨既入住定中，定中发起无量智慧光焰，照彻诸法行相，荡然一空。若起念时，也是从定中发生一念清净慧照之心，起念入念，咸是深定，并于此深定中生起贪爱、逸顺，故能于深定道法中化生，名之为法乐忍（闻法心喜）、住忍（安住于忍而不动）、证忍（深证此忍而不转）、寂灭忍（寂灭于忍而不起）。

然而若陷深定，则不合精进，故十方诸佛于此智光慧光妙华三昧正定中，现示无量佛身，以手摩其顶，一音说法，百千方便起发，而此菩萨以甚深定力故，不动不转不起，而不出定。此等菩萨住此定而不起，玩味好乐此定而不厌，持守此定而不移，贪爱此定而不舍，住此定中，浅者一劫，深者千劫。菩萨于此深定之中，见佛在莲华上坐，为诸众生说心地道百法明门，是菩萨人等，兴种种供养，听受妙法，又增一劫住定。

尔时十方诸佛，复于光光华三昧中，以手摩顶，二番加劝，令诸菩萨发起定品三相，即虽在定中而犹出定（出相），早已出定而犹在定中（进相），虽为自定而实为众生（去向相）。菩萨因此定品三相，则能出定而不沉没，能进而不退转，能去向而不坠堕，能入定而不住于定，是为最上乘三昧正定。如是则定爱、法爱二障俱离，故说永尽无余。

菩萨既不住定，便入一切佛刹国土之中，上事诸佛，下拔众苦，修行无量无边一切功德法品，智行双运，行行皆大光明，以一切善权种种巧妙方便法，教化利益一切众生，能使其皆得悟见诸佛体性，证如来常、乐、我、净四德。菩萨既生是地，亦住是地中，于此地中普度众生的一切行化法门，渐渐深妙，其所证空华观智，入于诸佛体性中道。如此则一切诸佛法门品皆得圆满具足，犹如金刚无有缺少。

此处仅为略说，大部内《日月道品》中，已详明此地之义。

解读：

此地菩萨，断一种微细烦恼现行障，即所知障中俱生一分微细无明之惑现起。又断二种愚执，一者等至爱愚，二者法爱愚。菩萨初入证智，善修三十七品菩提分法，能起焰慧智火，烧一切根本烦恼及随烦恼，故名“焰慧地”。

第五　体性慧照地

若佛子，菩提萨埵，慧照体性地[①]。法有十种力生品，起一切功德行。以一慧[②]方便，知善恶二业别行，处力品[3]。善作、恶作业，智力品。一切欲求，愿六道生生果，欲力品[4]。六道性分别不同，性力品。一切善恶根，一一不同，根力品。邪定、正定、不定，是名定力品。一切因果，乘是因，乘是果[5]，至果处乘因道，是道力品。五眼知一切法[6]，见一切受生故，天眼力品。百劫事，一一知，宿世力品。于一切生烦恼灭，一切受无明灭，解脱力品。

是十力品智，知自修因果，亦知一切众生因果分别。而身、心、口别用[7]，以净国土为恶国土，以恶国土为妙乐国土；能转善作恶，转恶作善；色为非色，非色为色；以男为女，以女为男[8]；以六道为非六道，非六道为六道；乃至地水火风，非地水火风[9]。

是人尔时，以大方便力，从一切众生而见不可思议，下地所不能知觉，举足下足事[10]。是人大明智，渐渐进，分分智[11]，光光无量无量，不可说不可说法门，现在前行。

注释：

①慧照体性地：谓此地菩萨，因为修习甚深禅定而证入诸谛相应之慧，圆照法界，故名“慧照体性地”。又因为修行方便胜智自在极为难得，见、思等烦恼不易调伏，故又名“难胜地”。

②一慧：一念相应慧，即“一切种智”。一切种智，指了知一切道、一切种、一相寂灭相与种种行类差别的佛智。天台宗

认为一切种智是中观所成之智，亦名“中道智”。此处指中道智慧。

③处力品：处力，即“是处非处”、“处非处”之智力，此智力能够分辨事物微细之因果，如作善得恶报、做恶得善报，其中深层次原因，皆可了别。例如，造塑佛像，刷印经典，本为积善，可得善果。然而，若于其中假公济私，瞒因昧果，形式虽善，但却造就地狱果报，所谓修善不得善报。又如，除恶人恶兽，虽为作恶，实为杀一救多，除害兴善，正是菩萨大悲所为，此谓作恶得善果。菩萨以大智慧，能够透过现象看本质，对于其中因果，皆能了了分明。

④欲力品：即了知众生一切欲求和愿望的智力。无论是常欲供养三宝，亲近善知识，还是常欲念财色名食睡等，是愿生西方极乐世界，还是愿于六道中生死轮转，以此智力，皆得以知。

⑤乘是因，乘是果：由昔乘如是修行断障之因，今方得乘如是慧照证真之果。若乘有漏因，则至有漏果；若乘无漏因，则至无漏果。有漏因，指迷妄、我人等见，以及以此知见而有的身、口、意一切行为。有漏果，指由于诸见、烦恼而在迷妄的世界中流转不停，形成难以脱离生死苦海的苦果。与此相反，无漏因，即导致无漏果报的原因，指遵循佛教三法印，顺宇宙真理而有的一切行为。无漏果，指达到断灭烦恼之境界。在四圣谛中，苦谛属有漏果，集谛属有漏因，此二谛属有漏法。灭谛属无漏果，道谛属无漏因，此二谛属无漏法。

⑥五眼：指五种眼力，即：一、肉眼，欲界凡夫肉身所具之眼，所见十分有限。二、天眼，众生因修禅定所得之眼，上下、远

近、前后、内外、昼夜等悉能有见。三、慧眼，指能识出真空无相，能轻易洞察一切现象皆为空相、定相之眼力。四、法眼，指菩萨为救度一切众生而有能照见一切法门之眼。五、佛眼，即觉者之眼，指能够见到一切法非空非有不可思议的真理，于前四眼作用无所不知，乃至无事不知、无事不闻之眼力。佛教各宗各派于五眼义略有所不同。

⑦身、心、口别用：别用，即差别妙用。身能现通，心能系念，口能说法，皆有无穷差别妙用而不可测，故说身、心、口妙用。

⑧以男为女，以女为男：男女本无真实之相，应以女身得度者，则以男为女；应以男身得度者，则以女为男，或男或女，种种自在神通妙用，皆以菩萨发一慧大方便智力而得起用。以男为女，指转男相为女相，如舍利佛被天女一指为女相。以女为男，指转女相为男相，如《法华经》中，龙女倏转为男，于无垢世界成佛。

⑨地水火风，非地水火风：指种种神变，如十八神变，即入地如水、履水如地、身上出火、身下出水、身下出火、身上出水、身为水火、担负干草入中不烧等等现象。

⑩举足下足事：即菩萨只能举出自己当下所处位阶之所有神通妙用。上述种种自在神用，不但凡夫众生见而觉不可思议，就是前面诸地菩萨，亦不能知觉，所谓初地菩萨不知二地菩萨之事。

⑪分分智：指从二智乃至十智，一分一分地证入诸佛之一切种智。根本智可于当下顿悟而证，一切种智则必须于六度万行

中分分而得。

译文:

佛弟子,大乘菩萨,证入慧照体性地(亦称难胜地)。依此地中所证真如大法,能起十种智慧力,能通达一切众生世间、出世间无量功德行。此十种力是指:一、以一念相应智慧,对于作善得恶报,做恶得善报,其中因果别行的深层次微细原因,皆可了别,是名处非处力品。二、能了知一切众生三世所作善恶诸业并诸受因果。或当受长寿报时而实为短寿,或当受短寿报时而实为长寿,或富而贫,或贫而富,皆因当下之积因损因,积德损德,其中微细因果之转变差别,菩萨皆能了知,并能一一为众生说,是名智力品。三、能了知一切众生心中所欲、所求及所愿。众生,是欲想供养三宝、恭敬天地君亲师友,还是欲想财色名食等;是寻求明师善友,还是求名声利养、功名富贵乃至好子孙眷属等;是发愿往生西方乐土,成佛广度众生,还是愿生天、人、地狱等六道中,诸多众生心行差别,菩萨皆能一一了知,是名欲力品。四、能了知一切六道众生本分性情之不同,或利或钝,或智或愚,或巧或拙,如是差别,皆可为众生说,是名性力品。五、于一切众生,或一生所种善根恶根,或多生所种善根恶根,或易受教化,或难受教化,如是差别,皆能了知,并能与众生说,是名根力品。六、能了知一切外道邪定、小乘偏定、大乘正定、凡夫不定,并能一一为众生说,是名定力品。七、能了知一切贤圣皆由昔乘如是修行断障之因,方得今乘如是慧照证真之果。乘有漏因,至有漏果,乘无漏因,至无漏果,志存果道并乘当下因道，菩萨皆能了知，并能为众生说，是名道力品。八、以肉眼、天眼、慧眼、法眼、佛眼这五眼，了知一切世间、出世间善恶果报、生灭因缘诸法，并见一切众生临命终时受报好丑及随善受生随恶受生之处，可以一一示诸众生，是名天眼力品。九、对于自己种种宿命，百千万亿劫前死此生彼之姓族名字、苦乐寿夭、富贵贫贱等事，并众生种种宿命，皆能一一了知，并能为众生说，是名宿世力品。十、能尽灭一切招致分段生死之烦恼及一切受变易生死之无明，故为解脱力品。

如是十力品智，不仅知道自己修行的因果，亦了知一切众生所行所修之因果，众多因果皆分别明了，无有差错。不仅如此，菩萨身、口、意更有无穷差别妙用。因有三轮妙用力而能通达净秽平等，故能以寂光净土示为五趣杂居土，以五趣杂居土示为极乐国土；因了知善恶性空，故能转善为恶，转恶为善；因通达色空不二，故能使色为非色，令非色为色；亦能转男相为女相，转女相为男相；以六道为非六道，非六道为六道；乃至能使地、水、火、风四大，为非地、水、火、风四大。

菩萨于此时能以大方便智慧力，示现任从一切众生见之都会认为不可思议的境界，即使是下地诸菩萨也未曾知晓觉受，因菩萨只能举出自己当下所处位阶之所有神通妙用，所谓初地菩萨不知二地菩萨之事。此地菩萨之大光明智慧，渐渐增进，分分证入诸佛之一切种智，所证智光之光，无量无量，一切不可说不可说种种法门，一时一一显现于前，所以此地名为“慧照地”。

解读：

此地菩萨，断一种下乘涅槃障，即所知障中俱生一分之厌生死苦、趣涅槃乐，并断二种愚执，一纯作意背生死愚，二纯作意向涅槃愚。菩萨修菩提分法，二智断通，真俗无碍，生死即涅槃，愚障既断，故此地又名难胜地。菩萨于此地，五眼神通成就，发起种种神通妙用，得极微细智慧力，了知一切微细因果，或有或无，或善或恶，或男或女，皆随众生缘而平等自在一用，分分成就一切种智。

第六　体性华光地

若佛子，菩提萨埵，体性华光地①。能于一切世界中，十神通明智品②，以示一切众生种种变化。

以天眼明智③，知三世国土中，微尘等一切色，分分成六道众生身，一一身微尘细色④，成大色，分分知。

以天耳智⑤，知十方三世六道众生，苦乐音声，非非音，非非声，一切法声⑥。

以天身智⑦，知一切色，色非色，非男非女形。于一念中，遍十方三世国土劫量，大小国土中微尘身。

以天他心智⑧，知三世众生心中所行，十方六道中一切众生心心所念，苦乐善恶等事。

以天人智⑨，知十方三世国土中，一切众生宿世苦乐受命，一一知，命续百劫。

以天解脱智⑩，知十方三世众生解脱，断除一切烦恼，若多若少，从一地乃至十地，灭灭皆尽。

以天定心智[11]，知十方三世国土中，众生心定不定，非定非不定，起定方法，有所摄受，三昧百三昧。

以天觉智，知一切众生，已成佛，未成佛，乃至六道一切人心心，亦知十方佛心中所说之法。

以天念智，知百劫千劫，大小劫中，一切众生受命，命久近。

以天愿智，知一切众生贤圣，十地三十心中，一一行愿。若求苦乐，若法非法[12]，一切求，十愿、百千大愿品具足。

是人住地中，十神通明中，现无量身、心、口别用。说地功德，百千万劫，不可穷尽。而尔所释迦，略开神通明品。如《观十二因缘品》中说。

注释：

①体性华光地：又名“现前地”。此地菩萨因地时修习无量智慧，入此地中，大智行华一时开敷，光照一切，故说“体性华光地”。又此地菩萨，真如净性及本一切功德智慧，俱得现前，故又名“现前地”。

②十神通明智：即下文所说的“十通智”。神通，指依修禅定而得的无碍自在、超人间的、不可思议的种种能力。常说的“神通”有“五神通”或“六神通”，即神足、天眼、天耳、他心、宿命等五种，加上唯佛能有的漏尽通，共为“六神通”。

③天眼明智：即与“天眼通”相应的智慧，亦称“天眼通”，谓此眼能知天上地下远近粗细之形色及六道众生之死此生彼种种状况，其性无记，摄于十智中之有漏世俗智。

④微尘细色：微尘，指眼睛所能看到的物质中最微细的东西，佛教经典中经常以“微尘”比喻量极小，以“微尘数”比喻数极多。细色，为“粗色”之对称，指物质（色法）中最精妙者。

⑤天耳智：指得天耳通者产生一种与天耳相应的智慧。天耳，又名“天耳通”，六神通之一，指耳根所具有的一种特殊听觉能力，能听见远近粗细等一切人声、非人声等，并能知道声音的性质。

⑥非非音，非非声，一切法声：众生或受逼恼而生苦音声，或受安逸而生乐音声，菩萨以天耳通而皆能有闻，然因天耳智故，则知苦乐音声非苦乐音声，其性本空，但也不是认为没有苦乐音声，也承认假有的存在，世间、出世间的一切法声也是如此。

⑦天身智：即“神足通智”。神足通，六神通之一，又名“如意足通”、“神境智通”等，指身体能变化自在的神通力。依佛经中所说，具神足通者，身体飞行如鸟之无碍，移远令近不往而到，此没彼出无有间隔，于一念中能够达于十方国土及三世之量。依神足通而起天身智，更能观六尘中不净之物为净，观清净之物为不净，是名圣如意，唯佛独有。

⑧天他心智：即“他心通智”。他心通，六神通之一，又名“他心智证通”、“智心差别智作证通”等，指能如实了知他人心中差别相的神通力。

⑨天人智：即“天人通智”。天人通，又称“宿命通”、“宿住随念智证通”等，指能自在了知自己及众生宿世生命状况的神通力。

⑩天解脱智：即“漏尽通智”。漏尽通，又称“漏尽神通”、“漏尽通证”等，指证得漏尽智，烦恼尽除，得生命解脱，并威德具足的境界。

⑪天定心智：与“天觉智”、“天念智”、“天顺智”均为“天他心智”的别说，指能知十方三世众生的禅定层次，并能知其心中所觉、所念及所愿的神通能力。

⑫法非法：法，即“正法”，特指佛教三藏十二部经所传佛旨。非法，指佛教以外的教法，如四韦驮外道邪论，儒家道家等思想。佛教认为，大乘人正法学力之余，可以学以折服阐提世智辩聪等法。

译文：

佛弟子，大乘菩萨，证入体性华光地（亦称现前地）。菩萨住是地中，能于十方一切世界之中，运用十种神通光明智品，教化示导一切众生，现种种殊胜变化不可思议境界。十种明智是指：

一、天眼明智，依此智能了知十方三世国土中微尘等一切细色，地水火风等一切四大幻色，因缘和合分分聚成六道众生身相。而众生一一分段身中都有微尘数之细色，也会还原成五大之细色。如此分分色相，一一皆可了知。

二、天耳智，依此智能闻知十方三世六道众生之苦乐音声，明知苦乐音声非苦乐音声，亦非不是苦乐音声，乃至世间出世间一切法声，亦皆如是。

三、天身智，依此智能知依报国土境等外色及正报六根身形内色，一切色咸非是色，男女形亦非为男女形。此菩萨能于一念中咸皆周遍十方三世国土，乃至无量劫数的大小国土之中，变化自在无碍，示现微尘数身形。

四、天他心智，依此智能知三世一切众生心中所行，乃至十方六道一切众生心中所念苦乐、善恶等事。

五、天人智，依此智能知十方三世国土之中一切众生宿世苦受、乐受等命，一一了知其受命长短相续百劫等事。

六、天解脱智，依此智能知十方三世贤圣众生解脱之道，随力随分断除一切烦恼愚障，若多分若少分，从一地少分断除，乃至十地多分断除，能灭所灭皆尽。如是种种解脱，一一了知。

七、天定心智，依此智能知十方三世国土中贤圣众生，其心定还是不定，非定非不定，及诸起定方法，所有摄受，种种三昧，乃至百八三昧。如是一切正受禅定，一一了知。

八、天觉智，依此智能知一切贤圣，或已成佛道，或未成佛道。并能知六道中一切人心心所念所行，亦知十方三世诸佛心中所念所说之法。

九、天念智，依此智能了知百劫、千劫、大小劫中，一切贤圣众生受佛慧命，教化众生，如是慧命或近或久，或一劫二劫住世，或十劫乃至百千万亿劫住世。

十、天愿智，依此智能了知一切众生圣贤，十地三十心中，一一所修行门，一一所发大愿。如求苦行法、乐行法，如求正信佛法、外道世俗法，一切所求，一切所愿，普贤十大行愿乃至诸佛无量百千大愿，此地菩萨一一具足而悉知之。

菩萨住此体性华光地，于十种神通智中，现身、口、意三轮差别种种妙用。若说此地种种功德，虽百千万劫亦不能穷尽。你们世界中释迦牟尼佛仅略说神通明智品，在大部内《观十二因缘品》中，所说与此相同。

解读：

菩萨于此地断一种粗相现行障，即所知障中俱生一分执有染净粗相现行所起，并断二种愚执。一为“现观察行流转愚”，二为“相多现行愚”。此地菩萨于一切法无有染净，证无染净真如。又愚障既断，般若现前，位寄自在天王，假修三乘等法，现十种神通明智，化导一切众生。

第七　体性满足地

若佛子，菩提萨埵，满足体性地[①]。入是法中，十八圣人智品[②]，下地所不共。所谓身无漏过[③]，口无语罪[④]，念无失念[⑤]，离八法[⑥]，一切法中舍[⑦]，常在三昧。是入地六品具足[⑧]，复从是智，生六足智。

三界结习毕竟不受[⑨]，故欲具足。一切功德，一切法门，所求满故，进心足。一切法事，一切劫事，一切众生事，以一心中一时知故，念心足。是二谛相，六道众生，一切法故，智慧足。知十法趣人，乃至一切佛，无结无习故，解脱足。见一切众生，知他人自我弟子，无漏无诸烦恼习故，以智知他身，六通足。

是人入六满足明智中，便起智身，随六道众生心行。口辩说无量法门品，示一切众生故，随一切众生心行。常入三昧，而十方大地动，虚空化华故，能令众生心行。以大明智具足[10]，见过去一切劫中佛出世，亦是示一切众生心。以无著智[11]，见现在十方一切国土中，一切佛，一切众生，心心所行。以神通道智[12]，见未来中一切劫一切佛出世，一切众生从是佛受道听法故。

住是十八圣人中，心心三昧。观三界微尘等色，是我故身。一切众生，是我父母。而今入是地中，一切功德，一切神光，一切佛所行法，乃至八地、九地中，一切法门品，我皆已入故。于一切佛国土中，示现作佛、成道、转法轮，示入灭度，转化他方，过去来今一切国土中。

注释：

①满足体性地：指此地菩萨因地中广修方便度，故果地中证得如来一切智行悉皆圆满具足，故名“满足体性地”。又因此地菩萨，出三界河，过二乘地，至涅槃城，近法王位，其境广无边际，故名“远行地”。

②十八圣人智品：亦称“十八不共法”，指佛与大乘七地菩萨独具的十种功德，二乘及七地以下菩萨所不有，故说“不共”。即：一、身无失；二、口无失；三、念无失；四、无异想；五、无不

定心；六、无不知已舍；七、欲无减；八、精进无减；九、念无减；十、慧无减；十一、解脱无减；十二、解脱知见无减；十三、一切身业随智慧行；十四、一切口业随智慧行；十五、一切意业随智慧行；十六、智慧知过去世无碍；十七、智慧知未来世无碍；十八、智慧知现在世无碍。

③身无漏过：指菩萨从无始以来严持戒律，一切烦恼净尽无余，身业清净，故名身无漏过。漏，漏泄之意，为“烦恼”之异名。佛教认为，众生贪、嗔等烦恼皆由身、口、意表现出来，如水外泄，故名为“漏”。又诸烦恼能使人落于三恶道，故称为“漏”。因此，有烦恼之法被称为“有漏”；离烦恼垢染之清净法被称为“无漏”，如涅槃、菩提等法。

④口无语罪：指菩萨从无量劫以来，随诸众生根性而方便说法，令其得证道果，是以口业清净，故说口无语罪。

⑤念无失念：即“意无失”，指菩萨自无始以来，常修戒定慧，灭除贪嗔痴，心入禅定而意根清静，故说“念无失念”。

⑥八法：佛教经论中所说的八法有多种含义。如称“八正道”（正见、正思维、正语、正业、正命、正精进、正念、正定）为八法，有将地、水、火、风等“四大”与色、香、味、触等“四微”总称为“八法”，也有将利、无利、名闻、不名闻、论议、无论议、苦、乐称为“世间八法”，《佛地经论》卷五中将利、衰、毁、誉、称、讥、苦、乐称为“世间八法”，即常称的“八风”。

⑦一切法中舍：指菩萨以大般若空慧，照见世间出世间一切染净诸法当体即空，了不可得，无所挂碍，故说一切法中舍。

⑧六品：即前述十八圣人智中的前六种智。

⑨结习：本义为积久而难改的习惯，佛教中称为烦恼和习气。有系缚的意思，指众生被烦恼系缚而不能出离生死苦海。结，即烦恼。习，即习气。习，是烦恼的余习，相对于“结”而言，“习”的程度较轻，性质上有时略显中性，但“习”比“结”更加微细，更加难以清除。

⑩大明智：即“过去无碍智”，此智能知过去无碍。

⑪无著智：即“现在无碍智”，此智能知现在无碍，如明镜普照，无有执著。

⑫神通道智：即“未来无碍智”。指一种具有不可思议神通妙用的智慧。神，指神妙难测。通，指变通无碍。道，指道理难穷。智，指智慧无量。

译文：

佛弟子，大乘菩萨，证入体性满足地（亦称远行地）。此地菩萨入满足体性法中，具足十八圣人智慧功德，此智唯佛与此地菩萨所有，是二乘以及下地菩萨所不共有。所谓十八圣人智是指：一、身无漏过；二、口无语罪；三、念不失念；四、远离“利、衰、苦、乐、称、讥、毁、誉”八法；五、一切法中舍；六、常住三昧正定。此地菩萨不仅圆满具足上述六智，又复从是六智相续中，生起六满足智用，即：

一、欲具足，亦名欲无减，谓此地菩萨示身三界，摄化众生，然于三界烦恼习气毕竟不受。

二、进心足，亦名精进无减，谓此地菩萨于诸如来一切智慧功德，化导众生之一切方便法门，所求悉皆满足具足。

三、念心足，亦名念无减，谓此地菩萨能了知世间出世间一切法事，一切劫量大小延促等事，及一切众生因缘果报等事。如是等事，此地菩萨不劳忆度，当下一心，一时而知。

四、智慧足，亦称智慧无减，谓此地菩萨通达真俗二谛，随机方便教化六道众生，一切真俗二谛诸方便法悉皆圆满具足。

五、解脱足，亦名解脱无减，谓此地菩萨，能知“十发趣”人，乃至一切诸佛，断除一切烦恼，灭尽一切习气。

六、六通足，亦名知见无减，谓此地菩萨具足天眼、天耳、他心、漏尽、神境、宿命六种神通，能彻见一切圣贤、众生，并能了知一切他人及自我所化弟子，皆得证无漏智，灭尽烦恼习气。此等神通妙用，悉是以此智了知他身相及自身相而得。

此地菩萨不止得入六满足大明智慧中，复更具足六种智用，即：

一、便起智身，即身业随智慧行，谓此地菩萨由智慧而方便发起身业，随顺六道众生而现种种身相，调伏众生种种心行，令其发菩提心行菩萨行。

二、口辩说无量法门，即口业随智慧行，谓此地菩萨能以清净微妙口业及乐说辩才，为一切众生宣说无量法门，随顺化导一切众生心行，令得解悟。

三、常入三昧，即意业随智慧行，谓此菩萨能以清净意业而常入三昧正定，以三昧力故，十方世界六返震动，虚空之内天雨四华，以是威神力故，能令一切众生发增上胜进心行。

四、大明智，即过去无碍智，谓此地菩萨以大明智具足故，能见过去无量劫中诸佛出世成道，为众生说法，亦开示一切众生心，令知过去世无碍。

五、无著智，即现在无碍智，谓菩萨以无著智满足故，能见尽现在际十方一切国土中一切诸佛及一切众生，知其心心所念所行。

六、神通道智，即未来无碍智，谓菩萨以神通道智满足故，能见未来一切劫中一切诸佛出世，并能见一切众生随其受道听法。

菩萨住是十八不共圣人智心地中，心心不离正受三昧。观三界微尘数等细色，无不是我昔日之身。一切大小众生，无一不是我往世生生之父母。而今得以证入体性满足地中，一切功德，一切神通智光，一切诸佛所行巧妙方便法，乃至八地、九地中，一切解脱法门，我皆已得一齐证入。故能于一切国土中，示现出家、苦行、成道、作佛、转法轮，广度众生。此世应缘一朝事毕，乃复示现入于灭度，又辗转教化他方世界，于过去、未来、现在一切国土中，示现种种不可思议之事。

解读：

此地菩萨断一种细相现行障，即所知障中俱生一分执有生灭细相现行所起，并断二种愚执，一者细相现行愚，二者纯作意求无相愚。菩萨于此地，具足十八不共圣人智慧功德，行过二乘，善修无相，远离烦恼习气，性相齐具，证法无差别真如。

第八　体性佛吼地

若佛子，菩提萨埵，佛吼体性地[①]。入法王位三昧[2]，其智如佛，佛吼三昧故。十品大明空门[3]，常现在前，华光音入心三昧[4]。

其空慧者，谓内空慧门，外空慧门，有为空慧门，无为空慧门，性空慧门，无始空慧门，第一义空慧门，空空慧门，空空复空慧门，空空复空空慧门。如是十空门，下地各所不知[5]，虚空平等地不可说不可说神通道智[6]。

以一念智[7]，知一切法分分别异，而入无量佛国土中，一一佛前咨受法，转法度与一切众生，而以法药施一切众生[8]。为大法师，为大导师，破坏四魔[9]，法身具足，化化入佛界。

是诸佛数[10]，是诸九地、十地数中，长养法身。百千陀罗尼门、百千三昧门、百千金刚门、百千神通门、百千解脱门[11]，如是百千虚空平等门中而大自在。一念一时行，劫说非劫，非劫说劫；非道说道，道说非道；非六道众生说六道众生，六道众生说非六道众生；非佛说佛，佛说非佛。而入出诸佛体性三昧中。

反照、顺照、逆照[12]，前照、后照，因照、果照，空照、有照，第一中道义谛照。是智惟八地所证，下地所不及。不动、不到、不出、不入、不生、不灭[13]。

是地法门品，无量无量，不可说不可说，今以略开地中百千分，一毛头许事。《罗汉品》中已明。

注释：

①佛吼体性地：此地菩萨说法无畏，犹如狮子吼，邪妄远离，大众无怖，故名“佛吼体性地”。又此地菩萨，证无漏无分别智，一切有相功用及诸烦恼不能动之，真如之理常静而无能动摇，故又名“不动地”。

②法王位三昧：指菩萨证入无上自觉圣智，得法王大乐三昧正受，于诸法中自在出入，心常在定，故名“法王位三昧”。法王，其义有二，一为佛之尊称，因其能自在演化教法，度化众生，是为法门之王，故称“法王”。《无量寿经》卷下中说：“佛为法王，尊超众圣，普为一切天人之师。”二为菩萨之尊称，《大宝积经》卷九密迹力士会中说菩萨因具足四事，故有“法王”之称誉。另外，冥界阎魔王能依法判定冥界众生之罪，故也称为“法王”。西藏所传佛教首领，也以“法王”为其封号。

③大明空门：即“大明空慧智门”。空门，亦名“空解脱门”，与“无愿解脱门”、“无相解脱门”合为佛教“三解脱门”。一切诸法皆因缘和合而成，其体性本空，观诸法体性即空而趋入涅槃之门，是谓“空解脱门”。《大智度论》卷十八中列举人空、法空、有为空、无为空等观空相之四法门，天台宗列举有门、空门、亦有亦空门、非有非空门作为证悟佛法的四种法门。菩萨由证入空性而得空慧，慧光具大光明，其所持法门，称为“大明空门”。

④华光音入心三昧：此地菩萨说法，行华、智光、法音倍胜于前，咸入深心三昧正受之中。华，即“行华”，可成就人之功德。光，即“智光”，可破众生的各种障碍。音，即“法音”，可使人转迷而悟。入心，即以法音转入众生心中，使其成就正觉。

⑤下地：即“下地菩萨”。菩萨有十地，与本地相比，阶位低的为下地。此处指八地以前各地。

⑥神通道智：《大正藏》本中为“神通信智”。

⑦一念智：即“一念相应智慧”，亦名“一念相应慧”，指与现前一刹那之念相应之智慧。定慧相应之一念，理智相应之一念，是将成佛时所发出的智慧。《大智度论》卷九十二中说：“住如金刚三昧，用一念相应慧，得阿耨多罗三藐三菩提，是时名为佛，一切法中得自在。”

⑧法药：佛法能医治众生的众多痛苦，故名“药”。

⑨四魔：指恼害众生、夺众生身命，或断众生慧命的四种魔类，即烦恼魔（贪嗔痴等烦恼能恼害身心）、阴魔（色受想行识五蕴能生一切苦）、死魔（死亡能断人生命）、天魔（能坏人善事的天魔外道）。

⑩是诸佛数：谓此地菩萨，即是入诸佛之数。虽还有九地十地之数，也只是随方应化，滋养慧命，充足法身而已。

⑪陀罗尼门：亦名“总持”，谓菩萨智慧通达，于名、句、文等，如意自在，随一字中而能显示分别开演一切染净之义，并能随顺一切众生言音，开导正信，令其灭诸恶习而行一切善法，是为“菩萨陀罗尼门”。

⑫反照：即内观身心。顺照：即“观流转门”，指观关于众生惑业苦次第缘起生死流转等事，四谛中的苦、集二谛为流转门。逆照：即“观还灭门”，指观修涅槃解脱等事，四谛中灭、道二谛为还灭门。

⑬不动：即上述观照智慧非攀缘之心所能想到。不到：即

不是言思所能表达。不出：即时时皆于其中。不入：即非入定照。不生、不灭：指此照离生灭相，定照与照者，同时寂灭。

译文：

佛弟子，大乘菩萨，证入佛吼体性地（亦称不动地）。此地菩萨证入无上自觉圣智法王位大乐三昧，其智慧与佛无二无别，盖由于此地菩萨证得佛吼三昧，说法无畏如同狮吼，邪妄远离，大众无怖。菩萨依此佛吼三昧，十品大明空慧法门常现在前，行华、智光、法音倍胜过前，咸令众生入深心三昧正受之中。所谓十品大明空慧法门是指：

一、内空慧门，谓此菩萨常以般若智观照身内五蕴身心，无不当体即空，故得内空慧常现在前。

二、外空慧门，谓此菩萨以般若智观照身外山河国土、色等六尘诸法，了知其皆无有自性，其相不可得，故证入外空慧门。

三、有为空慧门，谓此菩萨恒以智慧照破一切世谛有为诸法，皆虚假不实，都无自性，故得证入有为空慧门。

四、无为空慧门，谓此菩萨智照一切真谛无为诸法，亦皆是空，故得证入无为空慧门。

五、性空慧门，谓此菩萨以甚深般若智观照法界，圆融事理，凡夫滞有则说不有，二乘沉空则说不空，不有不空，平等无碍，故得证入性空慧门。

六、无始空慧门，谓此菩萨常以智照无始无明住地烦恼，本无有根，起无始相，灭无终相，故证入无始空慧门。

七、第一义谛空慧门，即中道理，名第一义谛。谓此菩萨常以智照真俗二谛，皆无相可得，不居二边，不存中道，故得证入第一义空慧门。

八、空空慧门，即复空前面第一义空之空。第一义虽空，但能空之理犹在，菩萨以空空智照此能空之理亦空，故得证入空空慧门。

九、空空复空慧门，即空空复空。空理虽空，然空理之智犹在，菩萨以智照则空空之智亦空，故得证入空空复空慧门。

十、空空复空空慧门，即前面空空复空亦归于空。理智皆空，然而空空之空仍在，菩萨于此空空复空亦归于空，故证入空空复空空慧门。

如是十品空慧门，惟此八地菩萨所能得证，八地以下诸菩萨等皆各所不知。此地菩萨得证虚空平等地智中，不止十品空慧而已，更有不可说不可说神通道智。

此地菩萨以一念相应智慧，了知一切染净诸法分分差别，而得入无量诸佛国土之中，于一一佛前咨受法要，转法轮广度一切众生，又以法药惠施一切凡夫众生，治其心病。作大法师，训诲众生远离烦恼，作大导师，诱引众生永超苦趣，如是则破坏四魔，法身具足，而能扬化分身，化化不绝，悉使众生入于佛界。

此地菩萨，即是入于诸佛之数，虽还有九地十地之数，也只是随方应化，滋养慧命，充足法身而已。百千陀罗尼门、百千三昧正定门、百千金刚不坏门、百千神通变化门、百千方便解脱门，如是百千虚空平等门中，此地菩萨皆得大自在。故菩萨于一念、一时皆能行此种种法门，由于了知时间并非实有，故劫说非劫、非劫说劫；因为知晓道与非道本来不一不异，故道说非道、非道说道；因为知道凡与圣本来平等，故非六道众生说六道众生、六道众生说非六道众生；因为佛魔本非异体，故非佛说佛、佛说非佛。如此菩萨则出入自在，或隐或现，皆不离诸佛体性三昧正定，且具足十种慧照，即：

反照观身心，顺照观流转门，逆照观还灭门，前照观过去，后照观未来，因照观诸因，果照观诸法果，空照观真谛，有照观俗谛，第一中道义谛照观于中道，此等观照智慧唯八地菩萨所证，八地以前菩萨皆不能及。此十种慧照，非攀缘心思虑所得，非言语思想所能表达，无时不照，非由入定而照，不生，亦不灭。

此地菩萨所证一切法门，其数无量无量，不可尽说不可尽说。今所简略开显者，只是此地功德中百千万亿等分之一，犹如大海中一滴毛头许事而已。大部内《罗汉圣行圣道品》中已详明斯义。

解读：

此地菩萨，断一种加行障，即所知障中俱生一分令无相观不任运起，并断二种愚执，一者无相作功用愚，二者于相不自在愚。菩萨证入八地，得入无功用道，得无分别智照，任运相续，报行纯熟，故名不动地。入不动地，即是入诸佛之数，所欠唯在滋养功德、充足法身而已。

第九　体性华严地

若佛子，菩提萨埵，佛华严体性地①。以佛威仪，如来三昧自在王②，王定，出入无时③。

于十方三千世界，百亿日月，百亿四天下，一时成佛、转法轮，乃至灭度④。一切佛事，以一心中，一时示现一切众生。一切色身，八十种好⑤，三十二相⑥。自在乐，虚空同，无量大悲光明相好庄严。非天，非人，非六道，一切法外而常行六道。现无量身、无量口、无量意，说无量法门，而能转魔界入佛界，佛界入魔界；复转一切见入佛见⑦，佛见入一切见；佛性入众生性，众生性入佛性⑧。

其地光，光光照，慧慧照，明焰明焰，无畏无量⑨，十力、十八不共法⑩，解脱涅槃，无为一道清净。

而以一切众生作父母兄弟，为其说法，尽一切劫，得道果⑪。又现一切国土身，为一切众生相视如父如母，天魔外道相视如父如母。

住是地中，从生死际起，至金刚际，以一念心中，现如是事，而能转入无量众生界。如是无量，略说如海一滴。

注释：

①佛华严体性地：菩萨修万行因华，所证境界庄严，与佛等无有差别，故名“佛华严体性地”。又此地菩萨，发真如妙用，凡所有照，悉是真如，且善用诸佛平等大慧，宣说正法，故此地又名“善慧地”。华，即“行华”。严，即“佛果”。

②如来三昧自在王：菩萨于如来百八三昧中皆能自在安

住，故名如来“三昧自在王”。三昧自在王，即百八三昧中三昧王。如来，梵语“多陀阿伽陀”，佛的十种名号之一。如，即“本觉”，来，即“始觉”，本始不二，故名“如来”。又来无所从，去无所至，无来无去，故名“如来”。又，如诸佛而来，故名“如来”。《成实论》卷一中说：“如来者，乘如实道来成正觉，故曰如来。”自在，音译“伊湿伐罗”，又作“无碍”、“纵任”，谓远离烦恼之系缚，身心自由通达，所作所为皆进退无碍。自在，诸经论中义有多种，此处指观境自在和作用自在，前者指菩萨能以正智慧自在地观照真如之境，且能通达一切诸法；后者指菩萨既能以正智慧照了真如之境，即能自在地由体起用，现身说法，化诸众生。

③出入无时：指菩萨以三昧王自在安住诸三昧中，出而动，则以三昧王定而随心出入，自在无碍，或暂或久，无有定时。

④灭度：又作“泥洹”、“涅槃”等，又译为“灭”、“寂灭”、“不生”、“无为”、“解脱”等，新译为“圆寂”。即灭生死之因果，渡生死之瀑流。灭度，常指命终证果，但也有不同解读，其根本意思则是解脱。灭，即灭生死因果之义。

⑤八十种好：指佛、菩萨所具有的与常人不同的八十种好相，又称“八十随形好”、“八十微妙种好”等。“八十种好”的顺序与名称，异说纷纭，《大般若经》卷三百八十一中详细说明了八十种好，如指爪狭长而薄润光洁、手足之指圆而纤长柔软、手足各等无差且诸指间皆充密，等等。八十种好微细隐密而难以得见，唯佛菩萨始能具足。

⑥三十二相：指佛、菩萨的应化身所具足的三十二种殊胜容

貌与微妙形相，又作“三十二大人相”、“三十二大丈夫相”、“三十二大士相”等。“三十二相”名称之顺序，经论各有异说，《大智度论》卷四中有详说，如足下安平立相、足下二轮相、长指相、足跟广平相，等等。此三十二相，不限于佛、菩萨有，转轮圣王也会具有，总为大人之相。三十二相通常与八十种好合称为“相好”。

⑦转一切见入佛见：众生因种种错误知见而烦恼痛苦无尽，沉沦生死苦海，若证入佛知见，则了生脱死，故说“转一切见入佛见”。一切见，指一切众生的种种知见，如人见、我见、法见等迷妄之见。佛见，亦名“佛知见”，指彻底了达诸法实相的真知真见。

⑧众生性入佛性：佛教修行之本，在于转识成智，转染成净，众生虽然皆有佛性，然以烦恼覆障而无显，故说转众生性入佛性。众生性，即众生的本性，指众生被无明愚痴所染所障的心性。佛性，此处指佛陀的本性，其本来清净无染。

⑨无畏无量：无畏，指教化他人的心没有惧怕，此处指佛的四无畏，即：一切智无所畏、漏尽无所畏、说障道无所畏、尽苦道无所畏。无量，此处指佛菩萨为普度无量众生，令其离苦得乐，所应具有的四种无量心，即：慈心无量、悲无量心、喜无量心、舍无量心。

⑩十力：又作“十神力”，谓如来证得实相之智而圆满具足的了达一切、不能坏、无能胜的十种智力。

⑪道果：指由菩提之道而证涅槃之果。道，即“菩提”。果，即“涅槃”。

译文：

佛弟子，大乘菩萨，证入佛体性华严地（亦称善慧地）。此地菩萨，具足诸佛威仪，入于如来百八三昧中三昧王定，以三昧王定力而随心出入于诸三昧，自在无碍，或暂或久，无有定时。

菩萨得此如来三昧自在王定，则与佛无殊，能于十方三千大千世界、百亿日月、百亿四天下等诸国土中，一时示现下生出家、降魔成道、转大法轮，乃至入于涅槃。一切种种佛事，皆以一念心中，一时示现一切众生之前。所现一切色身相，皆具八十微妙种好、三十二大人相。其所示现自在大乐，广大同法界，究竟如虚空，具足无量大悲、无量光明、无量相好、无量庄严。非天而示同于天，非人而示同于人，脱离六道而示现身形于六道，虽在一切法外，而不舍一切法，常行于六道之中。现无量神通身轮、无量辩才口轮、无量智慧意轮，说无量善巧权实法门，而能转魔界入佛界，转佛界入魔界；转一切见入佛见，转一切佛见入一切见；转佛性入众生性，转众生性入佛性。

其地本有光明，能鉴照之智光与所鉴照之智光，光光相照；能明照之空慧与所明照之空慧，慧慧相照；智光明焰与空慧明焰，焰焰相续。更具有四无畏、四无量心、十种智力、十八不共法，证解脱入涅槃，皆无为无相，一道清净。

此地菩萨，得佛无畏及佛涅槃清净，而复兴慈悲示现卑劣行，以六道一切众生，作父母报恩想，作弟兄扶持想，以种种方便为其说法，尽一切劫必使其俱得道果。又于一切国土中示现一切身形，令一切众生各各相视如父如母，亦令一切天魔外道相视如父如母。

菩萨住此地中，从无明不觉生死轮际起，至究竟本觉金刚轮际止，其间所修、所行、所证等一切法，皆能以一念心中得以显现，又复能转入无量无边众生界中，令其解脱生死，得究竟道果。如是无量佛法不能尽说，此处仅是略说，只如以毛头拈海水之一滴而已。

解读：

此地菩萨，断一种不欲行障，即所知障中俱生法执一分利乐有情事中不欲勤行所起，并断二种愚执，一者陀罗尼愚，二者辨才自在愚。菩萨于此地，得十种无碍智用现前，能转清净大法之轮，是以善用其慧，故名“善慧地”。

第十　体性入佛界地

若佛子，菩提萨埵，入佛界体性地①。其大慧空空复空空复空，如虚空性平等智②，有如来性③，十功德品具足④。

空同一相，体性无为，神虚体一，法同法性，故名如来。

应顺四谛二谛⑤，尽生死轮际，法养法身无二，是名应供⑥。

遍覆一切世界中，一切事，正智、圣解脱智，知一切法有无，一切众生根故，是正遍知。

明明修行，佛果时足故，是明行足。

善逝三世佛法[7]，法同先佛法，佛去时善善，来时善善，是名善善[8]。

是人行是上德，入世间中教化众生，使众生解脱一切结缚，故名世间解脱。

是人一切法上，入佛威神，形仪如佛，大士行处[9]，为世间解脱[10]。

调顺一切众生，名为丈夫。

于天人中，教化一切众生，咨受法言故，是天人师。

妙本无二，佛性玄觉，常常大满，一切众生礼拜故、尊敬故，是佛世尊。

一切世人，咨受奉教故，是佛地。是地中一切圣人之所入处，故名佛界地。

尔时，坐宝莲华上，一切与授记欢喜，法身手摩其顶。同见、同学菩萨，异口同音，赞叹无二。又有百千亿世界中，一切佛，一切菩萨，一时云集，请转不可说法轮，虚空藏化导法门。

是地有不可说奇妙法门品，奇妙三明、三昧门[11]，陀罗尼门，非下地凡夫心识所知，惟佛佛无量身、口、心意，可尽其源。

如《光音天品》中说十无畏[12]，与佛道同。

注释：

①佛界体性地：佛界，一指诸佛的境界，为“十界”之一；二

指佛的国土。此处为前意。此地菩萨所证一切理智行愿等诸功德，与十方诸佛所证境界等无差别，故名“入佛界地”。又，菩萨证入十地时，修行功满，唯务教化利益众生，大慈如云，普能阴覆，故又名“法云地”。

②平等智：亦名“平等性智”，瑜伽行派所谓的“四智”之一，或密教所说的“五智”之一。瑜伽行派唯识说中有“转识得智”的说法，谓在无漏圣位时，前五识、第六识、第七末那识、第八阿赖耶识分别转为成所作智、妙观察智、平等性智和大圆境智。密教则于上述四智再加上“法界体性智”，是为“五智”。平等性智，指一种了知一切事相及自他有情悉皆平等，并以大慈悲心等恒与相应的智慧。菩萨证得妙观察智后，可更加明照得见第七末那识的俱生我执，故在知无我并实践无我的圣位时，此执逐步消除，第七识转变成不见我他彼此差别的平等性智。菩萨于见道位时仅能一分证得平等性智，唯在佛果位时方可全分证得。

③如来性：即“佛性”或“觉性”，指佛的本性，或指众生成佛的可能性。

④十功德品：此处指菩萨证入第十地，即得十功德号圆满具足。释迦牟尼佛或诸佛通常有十大名号，即如来、应供、正遍知、明行足、善逝、世间解、无上士、调御丈夫、天人师、世尊，此十个名号，分别对应证入佛果时所具足的智慧功德。

⑤四谛：又云“四圣谛”、“四真谛”，指苦、集、灭、道四种正确无误之真理。四谛说是原始佛教最基础的理论之一，乃释迦牟尼佛最初所说法。一、苦谛，指关于三界众生生死轮回种种

苦恼的真谛。三界众生，生命中遭受无量众苦，总有三苦、八苦。三苦，即苦苦、坏苦、行苦。八苦，即生、老、病、死、爱别离、怨憎会、求不得和五阴炽盛苦。众生外有寒热饥渴等逼恼之身苦，内有烦恼之心苦，所有诸苦皆归于苦谛。二、集谛：集，招集之义。贪、嗔等烦恼及诸恶之业，能招集三界六趣之苦报，故名集谛。三、灭谛，即涅槃，指灭尽诸惑业而离生死之苦的寂灭解脱境界。四、道谛，即能通于涅槃达到寂灭解脱的方法和手段。原始佛教认为道谛是指八正道，后期佛教认为依一切佛法修行，都能达到寂灭解脱。四谛是佛教的基本教义，是大小乘各宗共修之法，但其于四谛的理解上却有所差别。如天台宗智𫖮大师，别立浅深不同的四种四谛，即生灭四谛、无生四谛、无量四谛、无作四谛，此四谛分别与其判教中藏、通、别、圆四教相配合。谛，即真实不虚之理。

⑥应供：音译“阿罗汉”、“阿罗诃”，为佛的十种称号之一，又作“应真”、“应”，指断尽一切烦恼，智慧功德圆满，应受一切人天以种种香、花、璎珞、幢幡、伎乐等供养。

⑦善逝：音译作“修伽陀”、“苏揭多”等，佛的十种称号之一，又作“善去”、“善解”等，指如实去往涅槃彼岸，不再退没于生死苦海之义。

⑧善善：《大正藏》本为“是名善逝”。

⑨大士行处：大士，其义有二。一为佛的尊称之一，与“无上士”同义，谓如来之智慧功德于人中最胜，无有过之者，故称“无上士”。二为菩萨之美称，菩萨为自利利他、大愿大行之人，故名“大士”。行处，即所行之处。

⑩为世间解脱:《大正藏》本为“……为世间解脱,名无上士。”

⑪三明:又作“三达”、“三证法”,指菩萨修习达于无学位,愚暗尽除,得三事通达无碍的智慧。一为“宿世智证明”,又名“宿世明”,指了知我及众生宿世种种生死相状;二为“生智证明”,又名“天眼明”,指了知自己及众生未来种种生死相状;三为“漏尽智证明”,又名“漏尽明”,指了知如实证得四谛之理,解脱有漏之心,灭除一切烦恼等智慧。

⑫十无畏:即十种无畏,又作“十无所畏”,指大乘佛法十回向中法界无量回向位的菩萨所具有的十种无所畏。一、闻持无畏,谓菩萨于一切疑难悉能解答,断疑解惑。二、辩才无畏,谓菩萨得无碍辩才,能答辩一切问难。三、二空无畏,谓菩萨通达人法二空,离诸邪见而得无畏。四、威仪无缺无畏,谓菩萨得佛之威仪,广说微妙法而无畏。五、三业无过无畏,谓菩萨三业清净,故心得无畏。六、外护无畏,谓菩萨常得诸善神侍卫,于众魔无所畏。七、正念无畏,谓菩萨住于正念,受持正法,无忘失之畏。八、方便无畏,谓菩萨依大悲心示现生死,但无少许贪著,常入诸三昧正定,故于烦恼无惑乱之畏。九、一切智心无畏,谓菩萨住一切智而无堕二乘之畏。十、具行无畏,谓菩萨依大愿广度众生,无断菩萨愿行之畏。

译文:

佛弟子,大乘菩萨,证入佛界体性地(亦称法云地)。此地菩萨依其广大智慧,则前面第八地中空空复空空慧门,亦复为空，得如虚空性等遍法界般的平等性智，证如来体性（佛性），圆满具足佛的十种功德号。

一、如来，真空之智与实相之理本来无二，法身体性本自无为，报身化身之神机虚灵周遍，法、报、化三身实为一体，一切诸法皆同法性，故名“如来”。

二、应供，应顺四谛及真俗二谛之法，尽无始生死轮际至究竟金刚轮际，滋养法身，法养之智与法身之理无二，则恒受第一法供养乐，是名“应供”。

三、正遍知，此地菩萨能普覆一切世界之中，一切世间出世间等事尽能遍知，以其具足根本智、圣解脱智（差别智），亦能了知一切染净诸法若有若无及一切圣凡种种根性差别，是名“正遍知”。

四、明行足，发明本来具足之无上智慧，实践六度万行，一切智慧功德，证得佛果时一时圆满具足，是名“明行足”。

五、善逝，此地菩萨善入三世佛法，示现受生出世、出家修行、成道说法、化度众生乃至入于涅槃。虽应化无方而其仪则轨式皆同先佛法身无二，或缘毕示入涅槃而去，或应缘示生成道而来，无不契理契机，皆善而又善，是名“善善”。

六、世间解脱，此地人能行诸佛上上之德，现身入于世间中，广设教化利益众生，使诸众生解脱一切结习业系等束缚，是名“世间解脱”。

七、无上士，此地菩萨能于一切法上，入佛威神，形仪如佛，是以大士所行之处，一切世中解脱之智慧功德无有能过之者，故名“无上士”。

八、调御丈夫，此地菩萨善能调顺一切法界众生之身口意，使其远离十恶，令得道果，故名“调御丈夫”。

九、天人师，此地菩萨能于天上人间中广设教化，一切众生得以咨问听受佛法，深解获益，故名为“天人师”。

十、佛世尊，妙用与本体无一无二，佛性本体与玄觉妙用究竟满足，能得一切众生礼拜、尊敬，是名“佛世尊”。

此地菩萨十功德具足充满，一切世出世贤圣人等咨受法旨，依教奉行，是名佛地。此地亦是一切圣人所证入处，故名“佛界地”。

尔时，此菩萨坐宝莲华上，卢舍那佛及千华上的诸千释迦千百亿释迦皆与此菩萨授记，说即当成佛、劫国庄严等事，并欢喜踊跃，用法身清净光明网相光手摩其顶，劝转法轮。是时同见同学诸菩萨，异口同音称扬赞叹。又有百千万亿佛刹之中一切诸佛一切诸菩萨，俱皆一时云集，祈请此菩萨转不可说不可说广大法轮，及虚空藏无穷无尽化导法门。

此法云地更有不可说奇妙广大法门，奇妙三明智慧法门，奇妙三昧正定法门，奇妙总持陀罗尼法门，非下地菩萨及发心凡夫心识所能知解，唯佛与佛以无量身、口、意三轮可尽识其源。

此处所说，如大部内《光音天品》中所说十无畏，正与此入佛界地之道相同。

解读：

此地菩萨，断一种未得自在，即所知障中俱生法执一分法味自在所起，并断二种愚执，一者现大神通愚，二者微细秘密愚。菩萨于此地，法身圆满，性智清净，空有两忘，极证中道之理，故智慧云弥满法界，行大法雨，充足一切枯槁众生，故名“法云地”。

尔时，卢舍那佛为此大众，略开百千恒河沙不可说法门中心地①，如毛头许②。是过去一切佛已说，未来佛当说，现在佛今说。三世菩萨已学、当学、今学③。我已百劫修行是心地，号吾为卢舍那。汝诸佛子，转我所说，与一切众生开心地道。

时，莲华台藏世界，赫赫天光师子座上，卢舍那佛放光。光告千华上佛，持我心地法门品而去，复转为千百亿释迦及一切众生，次第说我上心地法门品。汝等受持读诵，一心而行。

尔时，千华上佛，千百亿释迦，从莲华藏世界赫赫师子座起，各各辞退，举身放不可思议光，光光皆化无量佛。一时以无量青、黄、赤、白华，供养卢舍那佛。受持上所说心地法门品竟。

各各从此莲华藏世界而没，没已，入体性虚空华光三昧④，还本源世界阎浮提菩提树下。从体性虚空华光三昧出，出已，方坐金刚千光王座，及妙光堂，说十世界法门海⑤。复从座起，至帝释宫⑥，说十住⑦。复从座起，至焰天中⑧，说十行⑨。复从座起，至第四天中[10]，说十回向[11]。复从座起，至化乐天[12]，说十禅定[13]。复从座起，至他化天[14]，说十地。复至一禅中[15]，说十金刚[16]。复至二禅中，说十忍[17]。复至三禅中，说十愿[18]。复至四禅中，摩醯首罗天王宫，说我本源莲华藏世界，卢舍那佛所说心地法门品。其余千百亿释迦，亦复如是，无二无别。

如《贤劫品》中说。

注释：

①百千恒河沙：恒河沙，恒河中的沙子，其数众多，佛教经论中常以恒河沙喻数量巨大而不可计数。恒河，又作“恒迦河”、“恒伽河”、“殑（jìng）伽河”，印度三大河流之一，发源于西藏冈底斯山脉，在喜马拉雅山顶四二〇〇公尺高处。恒河也为南亚最长的一条河流，全长二千五百八十公里，流域面积九十点五万平方公里，流经印度和孟加拉国，注入印度洋。恒河两岸孕育了古印度的文明和宗教，故恒河被喻为印度文明的母亲河。

②毛头许：即如一毛粘大海水之一滴。以一毛头所粘之水与大海中水对比，喻数量极少或微不足道。

③三世菩萨：与佛相类似，菩萨也有三世之分，即过去世菩萨、现在世菩萨、未来世菩萨。

④体性虚空华光三昧：即“入本体法性三昧定”，指因彻证本来如虚空之体性，则行华智光任运自现，用不离体，照不离寂，理行无二，是谓“体性虚空华光三昧”。

⑤十世界法门海：即“华藏庄严十世界海”。法门，即大乘佛法中十信法门，指菩萨修行的五十二阶位中最初十位应修之十种心，略称“十心”。即：信心、念心、精进心、定心、慧心、戒心、回向心、护法心、舍心、愿心。大乘佛法之十信、十住、十行、十回向等，诸经论说法略有差别，如《梵网经》中只言十发趣心，即舍心、戒心、忍心、进心、定心、慧心、愿心、护心、喜心、顶心，其中许多内容归于“十信”，但也有部分归入“十住”。百千法门无一不从信源功德海中流出，大乘佛法修习者莫不从信门而入。

⑥帝释宫：即帝释天的宫殿。帝释天，音译称“释提桓因”、“释迦提婆”，又作“天帝释”、“天主”等，本为印度教之神，归入佛教后，称为“帝释天”。帝释天原为摩伽陀国的婆罗门，由于修布施等福德，遂生忉利天，且成为忉利天主。忉利天居于须弥山顶，含有三十三天宫，帝释天住在中央的善见城（又作“喜见城”）统领一切，周围环绕着三十二天宫，分别由三十二位辅臣镇守。忉利天是极度享受欲乐的地方，享受与娱乐为该处天众的常务，然寿命将尽则五衰相现，且与居住在须弥山北大海底的阿修罗众是世仇，战争不断。帝释天为佛教重要护法，喜欢向佛陀请示佛法。

⑦十住：又称“十地住”、“十法住”、“十解”，菩萨修行五十二阶位中第十一至第二十阶位，属于住位，称为“十住”。即：初发心住、治地住、修行住、生贵住、方便具足住、正心住、不退住、童真住、法王子住、灌顶住。

⑧焰天：亦称“夜摩天”，“欲界六天”（四天王众天、忉利

天、夜摩天、兜率天、化乐天、他化自在天）之第三天。夜摩天光明赫奕，无昼夜之分，此中众生时时刻刻受不可思议之欢乐。与三十三天（亦称忉利天）常与阿修罗诤斗不同，夜摩天远离诤斗，能够持戒且教他持戒。

⑨十行：菩萨修行五十二阶位中第二十一至第三十位所修之十种利他行，又作“十行心”。即：欢喜行、饶益行、无嗔恨行、无尽行、离痴乱行、善现行、无著行、尊重行、善法行、真实行。

⑩第四天：即“兜率天”，又作“都率天”、“兜率陀天”等，乃欲界六天之第四天。此天有内外两院，兜率内院为即将成佛者（即补处菩萨）所居处，现今佛教中弥勒菩萨之净土；外院属欲界天，为天众所居住，享受欲乐。兜率天人的寿命约四千岁，其一昼夜相当于人间的四百年，即其寿命约人间五亿七千六百万年。

⑪十回向：即菩萨修行五十二阶位中从第三十一位到第四十位，因其有以大悲心救护一切众生之意，故作“十回向心”，即：救护一切众生离众生相回向、不坏回向、等一切佛回向、至一切处回向、无尽功德藏回向、随顺平等善根回向、随顺等观一切众生回向、如相回向、无缚无著解脱回向、法界无量回向。

⑫化乐天：音译作“尼摩罗天”，又作“化自在天”、“化自乐天”、“乐变化天”等，为欲界六天中第五天，以能自化五尘而自娱乐，故称“化自乐天”。此天中人以人间八百岁为一日夜，寿长八千岁，身长八由旬，身具常光，男女互相熟视或相向而笑即成交媾，其子自男女膝上化生，初出生即大如人间十二岁孩童。

⑬十禅定：即“十禅定门”。《菩萨善戒经》之《菩萨地禅

品第十四》中,说寂静禅有十种,即:一、世法寂静净禅;二、出世法寂静净禅;三、方便寂静净禅;四、根本寂静净禅;五、上寂静净禅;六、入寂静净禅;七、住寂静净禅;八、起寂静净禅;九、自在寂静净禅;十、烦恼智慧二障寂静净禅。又如《华严经》十定品中对十禅定作了详细阐述。

⑭他化天:即"他化自在天",又作"他化乐天"、"他化自转天"、"化应声天",欲界六天之第六天。此天假他所化之乐事以成己乐,故称"他化自在天"。此天为欲界之主,与色界之主摩醯首罗天,皆为娆害正法之魔王,乃四魔中之天魔,有"第六天魔王"之称。此天中人,初生时即大如人间十岁的孩童,色貌圆满,衣服自备,寿量一万六千岁,身高十六由旬,衣长三十二由旬,广十六由旬,然体重仅半铢,食用自然食,男女互视即成淫,意欲求子时,应念即化生。

⑮一禅:即"一禅天",又名"初禅天",佛教四禅天之一。禅定,又名"静虑",有四个层次,即初禅、二禅、三禅、四禅,亦名离生喜乐地、定生喜乐地、离喜妙乐地、舍念清净地。依修禅定并证得四层禅定中相应境界,可以感生对应色界中四层天界,即初禅天、一禅天、二禅天、三禅天、四禅天。各层天中众生的相状、福报等各有特征。

⑯十金刚:亦名"十金刚心",指菩萨的十种如金刚宝石般坚固的心愿,即觉了法性、化度众生、庄严世界、善根回向、奉侍大师、实证诸法、广行忍辱、长时修行、自行满足、令他愿满。

⑰十忍:指菩萨断无明之惑而证得诸法本来寂然时,所得到的十种安住心,即:音声忍、顺忍、无生忍、如幻忍、如焰忍、

如梦忍、如响忍、如影忍、如化忍、如空忍。

⑱十愿：指修习大乘佛法的菩萨应该发起的十种广大行愿，依《华严经·普贤行愿品》中所说，十愿是指：一者敬礼诸佛，二者称赞如来，三者广修供养，四者忏悔业障，五者随喜功能，六者请转法轮，七者请佛住世，八者常随佛学，九者恒顺众生，十者普皆回向。

译文：

尔时，卢舍那佛为此世界大众略说了三十心、十地等心地法门，于佛法中百千恒河沙数的、不可说不可说无量法门中心地品而言，仅如毛头许而已。此心地法门品，为过去佛已经宣说，未来佛应当宣说，现在佛正在宣说。是过去菩萨已经修学，未来菩萨应当修学，现在菩萨正在修学。我也已经历百劫之久修习此心地法门品，故号为卢舍那。诸位佛子，请将我所宣说之心地法门转授一切痴迷众生，令一切众生开悟心地之道。

尔时，莲华台藏世界赫赫天光师子座上，卢舍那佛放出无量智光，以此光普告千万莲华上诸佛：你们受持我所授的心地法门品而去，请复转相授给千百亿释迦佛及一切众生，次第宣说我上述之心地法门品。你们应当受持、读诵，用心专一，精进力行。

此时，千万莲华上诸佛，千百亿释迦，皆从莲华台藏世界赫赫天光师子座上起身告退，各各身发不可思议光，光中又皆化现无量诸佛，一时皆以青、黄、赤、白诸色莲华供养卢舍那佛。至此，得法、谢法、受持心地法门品完毕。

随后，千佛亿佛无量诸佛，各各从此舍那本佛依报庄严莲华藏世界隐没，隐没后，入于体性虚空华光三昧，还本源世界阎浮提菩提树下。诸佛从体性虚空华光三昧中出定，出定后，方正坐金刚千光王座，于妙光堂前，说十世界法门海，即十信法门。然后从金刚千光王座起，至帝释天的宫殿，宣说十住法门。又从座起，至欲界第三天之夜摩天，宣说十行法门。复从座起，至欲界第四天之兜率天，宣说十回向法门。又从座起，至欲界第五天之化乐天，宣说十禅定。再从座起，至欲界第六天之他化自在天，宣说十地法门。复至初禅天宣说十金刚。又至二禅天说十忍。又至三禅天说十愿。再至四禅天中摩醯首罗天宫，说我之本源莲华台藏世界卢舍那佛所说的《心地法门品》。其余千百亿释迦佛，亦复如此，出定、十处说法，咸与千释迦无二无别。

此处只是略言其义，大部《贤劫品》中广说之。

解读：

本段为上卷结语，对菩萨心地法门作了总结，特别提出了传统大乘佛法修行阶第中的十信、十住、十行、十回向、十地等内容。名称虽异，内容归类不同，但其中大乘佛法主旨却无有二。

卷　下

梵网经菩萨戒序[①]

诸佛子等，合掌至心听，我今欲说诸佛大戒序。众集默然听，自知有罪当忏悔，忏悔即安乐[②]，不忏悔罪益深。无罪者默然，默然故，当知众清净。

诸大德、优婆塞、优婆夷等谛听[③]，佛灭度后于像法中[④]，应当尊敬波罗提木叉[⑤]，波罗提木叉者即是此戒。持此戒时如暗遇明，如贫得宝，如病得差，如囚系出狱，如远行者得归。

当知此则是众等大师，若佛住世无异此也。怖心难生，善心难发。故经云：勿轻小罪以为无殃，水滴虽微渐盈大器。刹那造罪殃堕无间，一失人身万劫不复。壮色不停犹如奔马，人命无常过于山水，今日虽存明亦难保。众等各各一心勤修精进，慎勿懈怠懒惰睡眠纵意。夜即摄心存念三宝，莫以空过徒设疲劳后代深悔。众等各各一心谨依此戒，如法修行应当学。

注释：

①梵网经菩萨戒序：此序选自《大正藏》本，金陵刻经处版本中没有此序。

②忏悔：佛教忏悔，指于佛、菩萨、师长、大众等面前告白道歉，以期达到灭除罪业之目的。依佛教忏悔的性质和方式，有二种忏悔、三种忏悔、五种忏悔等多种分类。如三种忏悔，一为作法忏悔，即依戒律中种种仪式，如迎请佛菩萨、诵经咒、自白罪名、立誓不犯、明证教理等，如法如理而行忏悔。二为取相忏悔，即观想佛菩萨的种种相好庄严以达到灭除罪业。三为无生忏悔，即观实相之理，念罪体无生之忏悔。忏，即请求他人原谅自己的罪过。悔，为追悔、悔过之义，即追悔过去之罪过。

③优婆塞、优婆夷：优婆塞，又名"清信士"、"近事男"等，指崇信佛教，归依佛、法、僧三宝，受持五戒的在家男子。优婆夷，又名"清信女"、"近事女"等，指崇信佛教，归依三宝，受持五戒的在家女子。佛教教团，共有四众弟子，即比丘、比丘尼、优婆塞、优婆夷，其中出家男众名为"比丘"，出家女众名为"比丘尼"。

④像法：指释迦牟尼佛灭度一段时间后，所行与正法相似的佛法。佛陀入灭后，依佛法流传的情况，分为正法、像法、末法三个时期。正法时期，教法住世，学人依教奉行且多能证果。像法时期，虽有教法存世，学人也基本能行持，然而却很少能有证果者。末法时期，仅存教法而缺乏行持，佛教衰微，虽有剃除须发、身著袈裟之人，然而却毁破禁戒，所作所为多是为了名闻利养。末法之后，即进入教、行、证均无的法灭时代。正法、像法、末法三个时期的时间长短，有多种说法，有说正法五百年、像法一千年、末法一万年；有说正法、像法各一千年，之后为末法时期一万年；也有说三者各有五千年。

⑤波罗提木叉：即“戒律”，梵语的音译，又作“波罗提毗木叉”、“般罗底木叉”等，意译为“随顺解脱”、“处处解脱”、“别解脱”、“最胜”、“无等学”等，指佛教修行者防止身、口、意造作诸恶，远离诸烦恼惑业而得生命解脱所受持的戒律。

译文：

诸位佛弟子，请合掌恭敬专心听讲，我现在要宣说诸佛大乘戒之序。在位听众当默然静听，自己思忖如有罪则当忏悔，忏悔后则得身心安乐，不忏悔则罪业愈发加重。无罪者则默然寂静，由于默然寂静，则知大家身心清净。

诸位高僧大德、优婆塞、优婆夷等请仔细听，释迦牟尼佛灭度后的像法时代中，应当尊敬波罗提木叉，波罗提木叉就是此大乘菩萨戒。受持大乘菩萨戒，犹如身处黑暗而幸遇光明，如处境贫穷而得到珠宝，如身患疾病而得遇良医，如身陷囚笼而得以释放，如远行在外而得以回家。

诸佛子当知，你们当以此大乘菩萨戒为师，如此则与诸佛住世无异。害怕心难生，善心难发。所以佛经中说：不要轻视小罪，以为小罪不会导致灾祸；水滴虽然微小，若渐渐积累也能充满大的容器。刹那间所造作的罪业，其灾祸可能是堕落无间地狱。一旦失去人身，可能会万劫不复。世界万物运动不停犹如骏马奔驰，人命无常超过高山之水瞬息变换，今日虽存而明日难保。你们得各各一心勤修佛法，精进用功，慎勿懈怠懒惰，更勿耽于睡眠，放纵心意。夜晚摄护心意，念想三宝，不要因为空耗时光、徒留身心疲劳而深深懊恼悔恨。大众应各各一心

谨依此戒，发心如法修行，视其为应当所学、本分家事。

解读：

《佛遗教经》中说：“汝等比丘，于我灭后，当尊重珍敬波罗提木叉，如暗遇明，贫人得宝，当知此则是汝等大师。”又说：“戒是正顺解脱之本，故名波罗提木叉。依因此戒，得出诸禅定及灭苦智慧。”佛陀制戒，有着和合僧众和证悟菩提的两大本怀，戒律的守持直接关系到佛教解脱的能否实现，故《华严经》中说：“戒为无上菩提本。”佛教四众守持戒律，是正法住世的重在标志，与佛陀在世无异。至于守持戒律的精神，则“勿轻小罪以为无殃，水滴虽微渐盈大器”，正如中国古人所说“莫以善小而不为，莫以恶小而为之”。

菩萨心地品之下

尔时，释迦牟尼佛，从初现莲华藏世界，东方来入天宫中，说《魔受化经》已[①]。下生南阎浮提迦夷罗国[②]，母名摩耶[③]，父字白净[④]，吾名悉达[⑤]。七岁出家[⑥]，三十成道[⑦]，号吾为释迦牟尼佛。于寂灭道场[⑧]，坐金刚华光王座，乃至摩醯首罗天王宫，其中次第十住处所说。

时，佛观诸大梵天王，网罗幢因，为说无量世界，犹如网孔。一一世界，各各不同，别异无量，佛教门亦复如是。吾今来此世界八千返[⑨]，为此娑婆世界[⑩]，坐金刚华光王座，乃至摩醯首罗天王宫，为是中一切大众，略开心地法门竟。

复从天王宫，下至阎浮提菩提树下，为此地上一切众生，凡夫、痴暗之人，说我本卢舍那佛心地中，初发心中，常所诵一戒[⑪]，光明金刚宝戒[⑫]。是一切佛本源，一切菩萨本源，佛性种子。一切众生皆有佛性，一切意、识、色、心[⑬]，是情是心[⑭]，皆入佛性戒中[⑮]。当当常有因故[⑯]，当当常住法身。

如是十波罗提木叉，出于世界，是法戒，是三世一切众生顶戴受持。吾今当为此大众，重说十无尽藏戒品。是一切众生戒本源自性清净[17]。

注释：

①《魔受化经》：此经内容不详，按文中所讲，当为释迦牟尼佛未降生前，于摩醯首罗天王宫中降伏诸魔时所说。《大正藏》卷十九中有《释迦牟尼佛成道在菩提树降魔赞》一文，但所说也是佛陀于此世界成道之事。《魔受化经》所说是释迦牟尼下生此世界前之事，当代有人将此经归于佛教密部经典，其内容应当如同大日、金刚顶等经。

②南阎浮提：南阎浮提为须弥山四大洲之南洲，故又称“南阎浮洲”、“南赡部洲”。阎浮提，即盛产阎浮树之国土。阎浮提原本指印度之地，后则泛指人间世界。阎浮，树之名。提，洲之意。迦夷罗国：又名“迦夷罗卫国”、“迦维罗阅国”等，意译为“黄沙城”、“妙德城”，古代印度的一个小邦国，位于现今尼泊尔境内的泰来地区。此国为释迦族的国家，释迦牟尼佛的父亲净饭王所治之境，为释迦牟尼佛降生之地。

③摩耶：即摩耶夫人，释迦牟尼佛之生母，迦夷罗卫国邻国天臂城主的女儿，净饭王之妃。依时俗，摩耶夫人临产前返回娘家待产，途中于其父天臂城之别宫蓝毗尼园中休息时生下释尊，七天后逝世，佛陀由其姨母摩诃波阇波提（意译为大爱道）抚育成人。据传摩耶夫人死后生于忉利天，释尊曾升至忉利天为其母说法。

④白净：亦称为“白净王”、“真净王”、“净饭王”，音译为“首图驮那”、“输头檀那”，迦夷罗国国王，佛陀之生父，其子难

陀、孙罗睺罗皆为佛陀之弟子。净饭王晚年孤寂，亦虔诚皈依佛陀，七十六岁（一说九十七岁）逝世。

⑤悉达：即“悉达多”，又译作“萨婆悉达多”、“悉多”等，其意为一切义成、财吉、验事等，是佛陀为太子时的名字。据传释尊出生时，善占相的阿私陀仙人知晓此王子宿世种种善根功德，能成就一切善事，预言王子若在家必为转轮圣王，若出家则成就无上正觉，故起名悉达多，蕴含上述意义。

⑥七岁出家：即出家修道七年。对于佛陀出家的年龄，有说是十九岁，有说是二十九岁。在早期佛教经典中，佛陀自说是二十九岁出家，三十五岁成道，故求道时间为七年。

⑦三十成道：即三十岁时悟道。一般说佛陀二十九岁出家，经过七年广修当时流行道法，修成四禅八定，历种种苦行，以至形体枯瘦、身心疲惫，也未能悟道。后放弃苦行，接受牧羊女的乳糜供养恢复体力，跏趺坐于毕钵罗（菩提树）下，静思宇宙人生真谛，经过四十九天，于三十五岁那年的十二月初八破晓，夜睹天上明星而豁然开朗，了悟无上大道。此处讲三十成道，当是虚指，指三十几岁成道。

⑧寂灭道场：又作“阿兰若法菩提场”，为释尊开悟成道之处，即位于中印度摩揭陀国伽耶城南菩提树下之金刚座。寂灭，“涅槃”之意译，指了脱生死进入寂静无为的境地。佛陀说法，无非为了引导一众生远离迷惑而入寂灭境界，故其说法场所也称为“寂灭道场”。

⑨八千返：释迦牟尼佛实际上早已成佛，因为宿世因缘，也是因为其无量大慈悲心，故不断往来于娑婆世界，示现出生、出

家、成道、转法轮等，广度无量众生，皆令离苦得乐，得入究竟涅槃。八千返也只是虚指，实际上是无量无数次。

⑩娑婆世界：为三恶五趣杂会之地，其中众生堪能忍受十恶三毒及诸烦恼而不肯出离，故又名“堪忍世界”，或称“忍土”。娑婆世界，原指吾人所住之阎浮提，即须弥山南方之南赡部洲，后指释迦佛所教化之三千大千世界的总名，释尊为娑婆世界众生的本师。娑婆，又作“沙诃”、“娑诃楼陀”，堪忍之义，又译作“忍土”。

⑪一戒，即第一最上微妙之戒。

⑫光明金刚宝戒：即上述一戒，此戒如金刚宝石一样坚固不坏，且锐利无比，能断一切烦恼，能破一切愚痴，能显一切智慧光明，故名“光明金刚宝戒”，也就是下面要讲的大乘菩萨戒。

⑬意、识、色、心：意，即第七末那识，此识能恒审思量，故名为意。识，即第六识，此识善能分别，起惑造业，故名为识。色，即五根六尘。心，即第八阿赖耶识，此识能统收前七种识，故说集起名心。

⑭是情是心：指一切有感情、有意识的众生，也特指人类。无论是有情而根钝者，还是有心而根利者，只要能够受戒，则皆可入戒。

⑮佛性戒：即佛性戒体。戒体，本指因受持佛教戒律而产生的防非止恶的精神能力，后泛指一切佛法修持所产生的防非止恶的精神能力。因产生戒体的方式不同，戒体有不同名称。由受持戒律而产生，称为无作戒体；由修禅定而产生，称为定共戒体；由修智慧而产生，称为定共戒体。由体悟佛性而产生，是

谓佛性戒体。

⑯当当：即此时此地的意思。

⑰自性清净：佛教认为，众生自己的本性，也即佛性，本来清净，无有染污，无有烦恼，是名自性清净。后天烦恼，则皆因妄想执著而有污染，虽有污染，然其本性却无有染着。

译文：

那个时候，释迦牟尼佛从初现身的莲华藏世界，由东方而来，进入摩醯首罗天王宫中，于此天伏魔，宣说《魔受化经》。说此经已，下生南阎浮提迦夷罗国，为此国国主净饭王太子，母亲叫摩耶，父亲叫白净，太子叫悉达。悉达后来出家，七年修道，三十多岁成道，号为释迦牟尼佛。世尊既成道已，则于阿兰若法菩提场中坐金刚华光王座，转大法轮，广度众生。或于鹿野苑转四谛轮，或于菩提场演大华严，乃至到达摩醯首罗天王宫，于其中间次第而有十住处所，皆广演妙法。

佛陀于大梵天王宫说法时，见其宫殿中网罗重重，每一网幢都有无量孔，孔孔各有不同，故以此为喻，宣说无量世界种种差别，犹如网孔一般各各不同。一一世界各各不同，其中差别殊异无量无际，无量佛教法门，亦复如是。我以广大慈悲之心，来此娑婆世界已经八千多次，于此世界坐金刚华光王座，乃至摩醯首罗天宫中，为此世界一切众生，简略开示此《心地法门品》。

然后，释迦牟尼佛再次从大梵天王宫，下至阎浮提菩提树下，为此大地上的一切众生，凡夫、痴暗之人，宣说我本师卢舍那佛心地中，最初发心时，心中所常诵的第一最上微妙之戒，即光明金刚宝戒。此戒，是一切诸佛果海之本源，一切诸菩萨因地之本源，一切众生本有佛性种子。一切众生皆有佛性，一切意（第七识）、识（第六识）、色（五根六尘）、心（第八阿赖耶识），一切有感情、有心识的众生，皆可证入此佛性戒体中。此时此地以常得佛性戒体之因，此时此地则证入常住法身之正果。

如是十解脱戒，出于世间出世间之中，是三世诸佛修行成佛的正法戒，是三世一切众生所当顶戴受持。我今当为现前大众，重重开演，从一戒而开十戒，从十戒而开四十八戒，乃至无穷无尽戒品。一切众生戒体的本源，是众生本自具足的清净佛性。

解读：

因为会犯戒，所以要守持戒律；因为受戒守戒而有戒体，因有戒体，所以能够守持戒律。所以，戒体与守戒是即体即用的关系。守戒是为了不犯戒，禅定智慧有所成就，持戒能力自然提高。大乘佛教特别注重开启无上智慧，照现本具佛性。佛性显现，自心清净，则自然不会犯戒，也无戒律存在的必要了。所以说，佛性戒，是为无相戒，是最上乘戒。

我今卢舍那，方坐莲华台，周匝千华上，复现千释迦。

一华百亿国，一国一释迦，各坐菩提树，一时成佛道。

如是千百亿，卢舍那本身。千百亿释迦，各接微尘众，

俱来至我所，听我诵佛戒，甘露门即开①。是时千百亿，

还至本道场。各坐菩提树，诵我本师戒，十重四十八②。

戒如明日月，亦如璎珞珠③。微尘菩萨众，由是成正觉④。

是卢舍那诵，我亦如是诵。汝新学菩萨⑤，顶戴受持戒。

受持是戒已，转授诸众生。谛听我正诵，佛法中戒藏，

波罗提木叉。大众心谛信，汝是当成佛，我是已成佛。

常作如是信，戒品已具足。一切有心者，皆应摄佛戒。

众生受佛戒，即入诸佛位。位同大觉已⑥，真是诸佛子。

大众皆恭敬，至心听我诵。

注释：

①甘露门即开：甘露门，即如来之教法。甘露，为“涅槃”之譬喻，持戒者，能得涅槃常乐我净，为通向大涅槃城之门户，故

说“甘露门即开”。《长阿含经》卷一中说:“吾愍汝等,今当开演甘露法门。”

②十重四十八:即大乘菩萨十重四十八轻戒。

③璎珞珠:多指大乘菩萨身上的饰物,由金丝线将珠玉与贵重金属珠串连而成。此处指持戒庄严者,戒体清净,无有瑕疵,如璎珞珠般光洁。

④正觉:又名“正解”、“等觉”、“等正觉”、“正等正觉”等,为“无上正等正觉三藐三菩提”的略称,指尽断无明惑,证悟一切诸法实相的真正觉悟。

⑤新学菩萨:指新发心修习大乘教法者,相当于大乘佛法五十二阶位中的十信位,仍然处于凡夫位。

⑥大觉:指佛的觉悟。释尊觉悟宇宙人生实相后,不仅自身得以解脱,更发大慈悲心,转大法轮,欲令一切众生皆得离苦得乐,而且觉行圆满,故名大觉。凡夫无觉悟,声闻有觉悟而不大,大乘菩萨自觉觉他,但觉事未满,唯佛觉行圆满,故独称为“大觉”。

译文:

现在我卢舍那佛,方正坐在莲华台上,周围有千华环绕,每一华上有一释迦佛,共现千释迦佛。

每一叶花上有百亿佛国净土,每一个国土上有一位释迦佛。各各坐于菩提树下,同时成就无上佛道。

如此千百亿释迦佛,皆以卢舍那佛为本源。这些千百亿释迦,各各接引无量微尘数的众生,俱来到这莲华藏世界,听我卢舍那佛诵金刚佛性宝戒。佛性宝戒犹如甘露，滋润心田，断惑证真，共趋涅槃城。

这时，千百亿释迦佛，又各返回本自道场。重新端坐在菩提树下，持诵我卢舍那佛本师所说之戒，所谓十重四十八轻戒。此等诸戒戒体犹如光明日月，亦如璎珞珠之洁净无瑕。无量微尘数的大乘菩萨，皆由受持此佛性戒而得证无上正等正觉。

此佛性戒是卢舍那佛所诵，我等也应当这样诵。你们这些新发心修学大乘佛法的菩萨们，应当尊重受持此戒。

你们自己受持此佛性戒后，还必须将此戒转授一切众生。

请大家仔细恭听，我将演说佛法中的戒律宝藏，即波罗提木叉。你们若能谛信此戒为成佛正因，且能依法受持，未来决定成佛无疑，且我也因受持如是心地戒品而得成佛。

如果能够恒常地这样信受奉持，则戒体成就，一切戒相具足。所以说，一切发心修习大乘佛法者，皆当摄受佛性戒。

一切众生既能受持佛性戒，即已经具备佛知佛见，步入求证佛果之阶位。也即真正步上求证无上正等正觉之阶位，这才是真正的佛弟子。

大家请恭敬地听讲，我下面将要宣讲此金刚佛性宝戒。

尔时，释迦牟尼佛，初坐菩提树下，成无上觉①。初结菩萨波罗提木叉，孝顺父母、师、僧、三宝②。孝顺，至道之法。孝名为戒③，亦名制止。

佛即口放无量光明。是时，百万亿大众、诸菩萨、十八梵天、六欲天子、十六大国王④，合掌至心，听佛诵一切诸佛大乘戒。

佛告诸菩萨言，我今半月半月自诵诸佛法戒⑤，汝等一切发心菩萨亦诵，乃至十发趣、十长养、十金刚、十地，诸菩萨亦诵。是故戒光从口出。有缘、非无因，故光。光非青黄赤白黑，非色非心，非有非无，非因果法。是诸佛之本源，行菩萨道之根本，是大众诸佛子之根本。是故大众诸佛子，应受持，应读诵，应善学。

诸佛子谛听，若受佛戒者，国王、王子、百官、宰相、比丘、比丘尼、十八梵天、六欲天子、庶民、黄门、淫男、淫女、奴婢、八部鬼神、金刚神、畜生⑥，乃至变化人⑦，但解法师语，尽受得戒，皆名第一清净者⑧。

佛告诸佛子言，有十重波罗提木叉，若受菩萨戒，不诵此戒者，非菩萨，非佛种子。我亦如是诵，一切菩萨已学，一切菩萨当学，一切菩萨今学。

我已略说菩萨波罗提木叉相貌，应当学，敬心奉持。

注释：

①无上觉：即“无上正等正觉”的略称。指佛所证悟的智慧，为最上而无有超过者。觉，音译“菩提”，指证得佛智妙理，证入涅槃境界。

②孝顺：指爱敬天下之人、顺天下人之心的美好德行。孝，指尽心奉养父母。顺，指顺从父母的意志。

③孝名为戒：孝顺所在，即戒体具足，戒行圆满。佛教孝顺，是为大孝顺，孝顺父母、孝顺师长、孝顺同学、孝顺三宝，故能通于戒。例如，观一切众生皆曾是我父母，故不杀、不盗。孝顺本属于中国传统文化精神，与印度文化中的戒律思想差异较大，以孝为戒，反映了《梵网经》中浓厚的中国文化价值色彩。

④十八梵天：指色界的十八天，即初禅天中的梵众天、梵辅天、大梵天三天；二禅天中的少光天、无量光天、光音天三天；三禅天中的少净天、无量净天、遍净天三天；四禅天中的无云天、福生天、广果天、无想天、无烦天、无热天、善见天、善现天、色究竟天共九天。总共十八天，名“十八梵天”。六欲天子：即欲界六天之主。六欲天，即欲界四天王天、忉利天、夜摩天、兜率天、化乐天、他化自在天。十六大国王：即古印度当时的十六大国之国王。

⑤半月半月自诵诸佛法戒：佛陀已经成佛，尚于每月的白半月、黑半月各自诵一次诸佛法戒，况初发心菩萨，更须经常持诵诸佛法戒。此处诵戒，即诵十重四十八轻戒。半月半月，即白半月和黑半月。每月初一日至十五日为“白半月”，十六日至三十日为“黑半月”，若逢月小，则至二十九日。

⑥黄门：指男根损坏的阉人。八部鬼神：又称“天龙八部”，包括：一天众、二龙众、三夜叉、四乾达婆、五阿修罗、六迦楼罗、七紧那罗、八摩呼罗迦。大乘佛教经典中叙述佛陀讲法时，常有天龙八部参与听法，或护持佛法。八部中以天人和龙为首，故称天龙八部。一、天众，指生活在欲界、色界、无色界等各层天中的天人。天人生活优胜，寿命长久，但在临终前却会有

天人五衰现象，即：衣裳垢腻、头上花萎、身体臭秽、腋下汗出、不乐本座。天众包括天王，如帝释天王、大梵天王等，民间常称天王为神。二、龙众，即龙，跟我国传说中的龙王或龙类似，不过没有脚，主要生活在水中，其职责是施云布雨，即从天海中取水而洒下人间。古印度人认为水中生物以龙的力气最大，因此非常尊敬龙，也尊称德行崇高的人为“龙象”。三、夜叉，指在地上、在虚空、在天界等各处的诸多鬼神，其首领有夜叉八大将、十六大夜叉将等。夜叉本义是指能吃鬼的神，又有敏捷、勇健、轻灵、秘密等义。佛经中的很多夜叉受佛陀教化转为护法善神，察看人间善恶，护持善人。四、乾达婆，又称“香神”，是一种不吃酒肉、只寻香气作为滋养的神，是服侍帝释天的专管奏乐演唱的乐神之一，能凌空作乐，身上散发着浓烈的香气。五、阿修罗，意译为“非天”，居住在须弥山以北的大海下，纵横八万由旬，有多处阿修罗王宫。也有说阿修罗中极弱者住在人间山地中，即今西方山中有大深窟，多为阿修罗宫。阿修罗众，男的极丑陋，而女的极美丽。阿修罗与帝释天为世仇，常年恶战不断，一般是阿修罗一方失败。阿修罗王性子暴躁，执拗而善妒，疑心又重，在听佛说法时，总疑心佛偏袒帝释，故意少说了一样。释迦牟尼说法，说“四念处”，阿修罗王也说法，说“五念处”。六、迦楼罗，居住在四大洲大树上的金翅鸟神，此鸟鸣声悲苦，以龙为食，据说日食一条龙及五百条小龙。命终时毒发自焚，肉身烧去后只余一纯青琉璃色心。七、紧那罗，即“歌神”，其形状和人一样，但头上生一只角，所以称为“人非人”，善于歌舞，是帝释的乐神之一。八、摩呼罗迦，是大蟒神，人身而蛇头。金刚神：又名“金刚手”、“金刚力士”等，指执金刚杵护持佛法之神祇，韦陀菩萨为其首领。或谓帝释天之大力士，常随帝释天护持佛法。现今佛教寺院韦陀殿中常供奉四大金刚及韦陀菩萨。

⑦变化人：即变化之人，指经由神通力而变化显现之人。例如，佛、菩萨为度化各类众生，常随机变化为各种人形。

⑧第一清净者：远离种种恶行之过失，远离诸烦恼之垢染，是名“清净”。一般常说身、语、意三种清净。第一清净，指能解如来实义，持戒清净，戒体光洁，戒行圆满，身心完全清净。

译文：

那个时候，释迦牟尼佛，当初坐在菩提树下，夜睹明星而悟道，成就无上正等正觉。初转法轮时便结集开演大乘菩萨戒，着重宣讲孝顺之道，即孝顺父母、孝顺师长、孝顺同学、孝顺三宝。孝顺，乃成就无上佛果至道的要法。孝顺所在，是名戒行具足，亦可名制止诸恶。

佛说至此，口中即放无量光明。这时，百万亿大众、诸菩萨、十八梵天、六欲界天天子、十六大国王等，皆合掌诚心，恭听佛陀宣说成就一切诸佛的大乘菩萨戒。

释迦佛告诉诸菩萨，我虽已成佛，但仍于每月上半月和下半月各诵一次成就诸佛的大乘菩萨戒以自省，你等一切初发心菩萨更应该时常持诵此戒，乃至十发趣、十长养、十金刚、十地等，你等诸菩萨也应当时常持诵。只有这样，才能口出无量戒光。诸佛口出无量戒光，是有缘由的，不是没有原因的，皆由诸佛自诵大乘菩萨戒，诸菩萨亦诵此戒，所以心地戒光咸从诸佛口中流出。此心地戒光，非属青、黄、赤、白、黑等色尘之光，非色法非心法，非有非无，非因果法。此光是诸佛所证无上菩提无余涅槃之本源法，是践行大乘菩萨道的根本法，亦是诸现前大众新发心诸佛子的根本法。因此，诸佛弟子应当领受持守，应当阅读讽诵，应当善加学习。

诸位佛弟子请仔细听，若能受持大乘菩萨戒者，不论是国王、王子、百官、宰相、比丘、比丘尼、十八梵天、六欲天子、庶民，还是黄门、淫男、淫女、奴婢、八部鬼神、金刚神、畜生，乃至变化人等，但能解得法师说戒法语者，尽能得受大乘菩萨戒体，皆名得第一清净。

释迦佛告诉诸佛弟子，有十重戒，如果受持大乘菩萨戒的人，不受持读诵此十重戒，现在失却菩萨之位，将来失却成佛之种。我现在也在读诵此十重戒，且过去一切菩萨已诵，未来菩萨当诵，现在菩萨正在诵，你们这些新学佛子亦应当时常读诵受持。

我已经略说大乘菩萨戒种种戒相，你们应当时时勤学，以恭敬心至诚奉持。

十重戒

重戒，亦称“波罗夷戒”，若有违犯，会造极重罪业，感招三恶道苦报，现身丧失发菩提心及修行成佛之因，并会被逐出僧团，丧失佛教徒的资格。《梵网经》中称重戒有十种，即：第一、杀戒，第二、盗戒，第三、淫戒，第四、妄语戒，第五、酤酒戒，第六、说四众过戒，第七、自赞毁他戒，第八、悭惜加毁戒，第九、嗔心不受悔戒，第十、谤三宝戒。

大乘菩萨重戒，各菩萨戒类经典中说法不一，《菩萨璎珞本业经》中说有十不可悔戒：杀戒、盗戒、淫戒、妄语戒、说四众过戒、酤酒戒、自赞毁他戒、悭戒、嗔戒、谤三宝戒。《善戒经》中说有八重戒：杀戒、盗戒、淫戒、妄语戒、自赞毁他戒、贪悭不施戒、嗔恨不息戒、谤菩萨藏戒。《优婆塞经》中说有六重戒：杀戒、盗戒、大妄语戒、邪淫戒、说四众过戒、酤酒戒。

第一　杀戒

佛言：佛子，若自杀①，教人杀，方便杀②，赞叹杀③，见作随喜④，乃至咒杀⑤，杀因、杀缘、杀法、杀业⑥，乃至一切有命者，不得故杀。

是菩萨，应起常住慈悲心、孝顺心⑦，方便救护一切众生。而反恣心快意杀生者，是菩萨波罗夷罪⑧。

注释：

①自杀：指自己动手杀害有情众生之生命，包括自毁己命。佛教虽然视人生为苦、空、无常，但也认为人身难得，瑕满人生更是稀有，所以反对任何戕害他命及己命的做法，主张利用此身勤修佛法，一期生命即得证入佛果。此属身心造杀业。

②方便杀：即以自己的谋划主张、物力财力等为行杀业者提供方便，使其能够完成杀害生命的行为。此属意地造杀业。

③赞叹杀：即以言语等鼓励他人杀害生命，此属心口造杀业。

④见作随喜：指自己不去杀害生命，然而见到其他人杀害生命的行为，内心生起欢喜。佛教主张慈悲对待一切众生，即使是因犯重罪而受国法的人，也应该生起怜悯之情，不应该有痛恨该杀之念。见作随喜属意造杀业。

⑤咒杀：指以咒术杀人。宗教中，特别是原始宗教、民间宗教中，有许多巫术、咒语等，通过某些特定的仪式、方法，念动咒语，可以远距离害人性命。此属心口造杀业。

⑥杀因、杀缘、杀法、杀业：杀因，谓众生无始以来贪、嗔、痴等无明种子中，有杀等习气，会一念现行而生起杀的动机。杀缘，谓能引起杀心甚至引起杀生行为的种种外缘，如宿世怨家聚会、打杀场所、斗杀视频画面等。杀法，指刀、杖、网、毒药、恶咒等杀害众生的方法。杀业，即杀生的行为及其产生的后续业力，由此业力而得恶报。小乘佛教注重杀生的后果，被杀者性命未断，则未成杀业，性命一断，杀业已成。大乘佛教除强调不可犯杀生的行为外，更强调起心动念，杀念一动，即造杀业。当然，杀

念的强弱、杀生行为是否开始、杀生行为的后果等，都会产生强弱不同的业力，其果报也不相同。

⑦孝顺心：大乘佛法修习者，观一切众生都是未来之佛，一切男子都曾是我父，一切女子都曾是我母，故应该有孝顺心。应当救护一切众生，使其得安乐，永离刀砧等苦。

⑧波罗夷罪：指极恶极重之罪，又名“弃罪”，犯此罪者，永弃佛门之外，不得入于清净众中，共同说戒羯磨等事，一切僧事，不得参预。亦云“堕罪”，谓犯此戒者，即堕落于三恶道，永受众苦。

译文：

释迦佛说：作为佛弟子，亲自动手杀害有情生命（包括自杀），教唆鼓励他人杀害生命，为他人杀害生命提供种种方便，赞叹他人杀害生命，见他人杀害生命而心生欢喜，乃至于以邪恶咒术杀害有情生命，此等种种杀生行为皆不可以做。由无始无明而起的杀生之念、引发杀心促成杀生的种种外缘、杀生的各种器具方法、杀生的种种行为，一一皆当远离禁止。乃至于对一切有生命的众生，皆不可以故意杀害。

因此，大乘菩萨，应该发起并时常住于慈悲心和孝顺心之中，尽一切方便保护、救济一切众生。如果反而放纵身心，快意于杀害众生生命者，则犯波罗夷罪，永弃佛门之外，永堕三恶道中。

解读：

小乘佛教戒律中的五戒，以淫戒为首戒。大乘佛教戒律中的五戒，以杀戒为第一，反映了大乘佛教特别强调悲天悯人的大乘菩萨情怀。大乘菩萨发愿教化利益一切众生，以慈为本。一切众生皆贪生畏死，若杀害其命，便失慈悲心，且令众生衔苦而怨怨相报，不得出离生死苦海，故修习大乘佛法者当以杀戒为先。况杀心不除，尘不可出，纵有许多智慧禅定现前，终必落神道。小乘佛教中的杀戒，其主要对象是人，杀人戒为大杀戒，杀畜生戒为小杀戒，虽同为犯杀戒，但犯小杀戒罪业相对轻一点。大乘佛教视一切众生平等，一切众生都有佛性，一切众生都是未来佛，一切众生都曾是我等父母，故将犯杀戒所得波罗夷罪涵盖一切众生。

第二　盗戒

若佛子，自盗①，教人盗②，方便盗③，咒盗④，盗因、盗缘、盗法、盗业⑤，乃至鬼神有主物，劫贼物⑥，一切财物，一针一草，不得故盗。

而菩萨应生佛性孝顺心、慈悲心，常助一切人生福生乐。而反更盗人财物者，是菩萨波罗夷罪。

注释：

①自盗：自己亲手窃取他人的财物。盗，对于一切有主之物，不经过物主同意而取得，名之为“盗”。

②教人盗：教唆他人去偷盗或为我去劫取，乃至为我偷税等，都属教人盗。

③方便盗：为他人偷盗行为提供方便，或借人物而不还，或

代人保管财物而后来据为己有，都是“方便盗”。

④咒盗：以自己所学咒术，起咒取物，或以咒术遣鬼神盗取等，虽自己未曾出面，亦名为“盗”，是谓“咒盗”。

⑤盗因：谓由无始以来熏习所成的贪婪种子而起一念盗心，是为“盗因”。盗缘：指引起偷盗之心的种种外缘。如种种珍贵宝物，或自己特别喜爱的东西，现在自己面前，诱发自己去偷盗。盗法：谓助成盗取行为的种种方法。如巧设种种的计谋，尝试种种的方法，盗人财物。盗业：指盗窃行为。盗窃行为既成，则生偷盗业力，于未来当感招恶果，如会为畜为奴，世世偿还苦报。

⑥劫贼物：劫盗所得之物，在劫贼看来仍然为己所有，也不应不告而取。也就是说，不论财物来源，只要不告而取，即名为“盗”。

译文：

作为佛弟子，自己亲自偷盗他人财物，教唆、指使他人行盗，为他人偷盗提供方便或因方便而自取，用咒术或以咒术遣使鬼神盗取他人财物，此等偷盗行为皆不可做。由本有贪婪种子而起的一念盗心、引发盗心促成偷盗的种种外缘、偷盗的种种方法、偷盗的种种行为，都得远离禁止。乃至供养鬼神的祭品，盗贼劫盗所得之物，一针一线，一草一木，都不得故意盗取。

大乘菩萨应当由本有佛性中生起孝顺心、慈悲心，时常帮助一切众生，使其幸福、快乐。若不如此，而反盗窃他人财物者，则犯波罗夷罪。

解读:

偷盗行为必有所感之果,偷人财物,必于未来偿还,或为奴为婢,或无偿供人役使,或无偿供人财物。偷盗之果,又会下世贫穷下贱,或堕鬼道、地狱受诸痛苦。偷盗财物之事不可为,偷盗财物之心不可有,甚至偷心学法都不可。学法当至诚恭敬,请师授法,不认师不敬师而旁听得法,是谓“盗法”。盗法,则自损德行,损害功德。偷心不除,尘不可出,纵有许多智慧禅定现前,也必落邪道,终不会得无上智慧,也不得生命解脱。即使是机心学佛,也难以真正得见佛性。无上智慧,本自佛性,决不是机心思虑而得。

第三　淫戒

若佛子,自淫,教人淫①,乃至一切女人,不得故淫②。淫因、淫缘、淫法、淫业③,乃至畜生女,诸天鬼神女,及非道行淫④。

而菩萨应生孝顺心,救度一切众生,净法与人⑤。而反更起一切人淫,不择畜生,乃至母女姊妹六亲行淫。无慈悲心者,是菩萨波罗夷罪。

注释:

①教人淫:即唆使他人或教导他人行淫欲之事,或以种种方便,如淫语、淫秽图画视频等挑起他人的淫欲心。自淫其罪尚小,教人行淫其罪则大。

②故淫:即在自主意识支配下主动行淫,或在自主意识清醒

时意淫。若于梦中熟睡不知，若被迷失本心，或为怨家所逼不得不为，因皆不属起心动念，所知所感唯苦无乐，则不犯。

③淫因：指阿赖耶识中无始以来所熏习的贪淫习气，而于当下生起一念淫心，名为“淫因”。一念淫心起，或由外缘激发，或无缘而起，心中突然产生淫念，并会相续不断，若再遇外缘，其势不可收。淫缘：指引起淫心、助长淫心、甚至引起淫欲行为的种种外缘。如男女聚会场所、色情场所、淫秽语言、淫秽图画视频等。淫法：指行淫的种种方法，各种性交技巧等。淫业：指淫欲行为。佛教于淫欲行为有严格规定，如有淫欲念头、享受淫欲之乐、性器官接触几分等等。如果不是被暴力所逼，只要性器官接触少许，无论是否起心动念，即成“淫业”。

④非道行淫：广义讲，在家人除夫妻之外，凡与一切男女、鬼神、畜生而行淫，皆为非道行淫。狭义讲，指非处非时行淫。虽是夫妻，亦须避于口道、大便道等“非处”行淫。若妻子已得孕，或遇佛菩萨纪念日、每月六斋日、父母生日、亲属荐亡之日及大雷雨等特殊天气日等，亦皆不得行淫。于出家人而言，一切淫事、淫心皆当断绝。

⑤净法：清净梵行之法。

译文：

对于佛弟子而言，不得自己行淫，不得唆使、教导他人行淫，乃至一切女子，都不得故意与之行淫。无始以来淫欲习气而起一念淫心、引起或助长淫心的种种外缘、行淫的种种方法、各种淫欲行为，都得断除远离。不得与畜生女、诸天鬼神

女等行淫，亦不得非道非时非地行淫。

菩萨应该生起孝顺心，救度一切众生，且将清净之法传与他人，令其断淫离欲。若不如此，而反更与一切人行淫，不择畜生，乃至母女姊妹六亲行淫，已经失却了慈悲心，犯下了菩萨波罗夷罪。

解读：

淫为万恶之首，出家人，当断一切淫欲行为及一切淫欲之心，在家学佛之人，亦不得非道非时非地行淫。就修行而言，淫根不断，永不得出生死轮回。淫心不除，纵有许多智慧禅定现前，亦犹如蒸沙成饭，虽热度很高而终不能得成，亦终不能免落魔道。不断淫根，了生脱死，证悟佛智，必不能得。然就现实而言，强压淫心，特别是在家佛子，有夫妻而又强忍淫欲行为，或虽有淫事而多有悔心，反而伤害身心。或虽少淫欲行为，然意淫愈强。在家佛子，倒不如正常生活，克尽夫道妻道，优化夫妻生活，反而易至身心和顺。除夫妻生活之外，断除一切邪淫，尽量不起一切淫念。一念淫心起，当下即空，长期修炼，即能炼精化气，滋养身心。若经常生起淫念，甚至意淫，即生浊精，不能化气，又不能泄去，只会阻碍生命流动，障碍生机，或至死气沉沉，或更加烦躁，或身心疾病。在家佛子，修行至一定阶段，当如出家人一般，断除淫欲，方能成就。当然，佛教中有许多断除淫欲之法，如修白骨观、不净观等。亦可直达空性，以空性见观照起心动念，当下即空，渐次断除淫心。

第四　妄语戒

若佛子，自妄语①，教人妄语②，方便妄语③，妄语因、妄语缘、妄语法、妄语业④，乃至不见言见，见言不见⑤，身心妄语。

而菩萨常生正语、正见⑥，亦生一切众生正语、正见。而反更起一切众生邪语、邪见、邪业者⑦，是菩萨波罗夷罪。

注释：

①自妄语：自己有意欺诳他人，或为贪图名利，或为自我表现。妄语，即虚诳不实之语。妄语有小妄语与大妄语之分。小妄语，指说不实之辞，犯波罗提罪，须向众僧忏悔。大妄语，谓未证圣果而称得证，未得圣法而称已得，此为波罗夷罪，要被逐出僧团，其恶业果报是堕入无间地狱。

②教人妄语：指使或引导他人说不真实之语，或扬己功德，或说我是圣人等。

③方便妄语：指以种种善巧方便，引导暗示他人相信自己已经证得佛道，说自己得到人天供养等，其内在动机无非名闻利养。

④妄语因：指阿赖耶识中无始以来的诳贪种子，虚妄习气，因此习气而会生起诳惑他人之心。妄语缘：指引起或助长妄语心的种种外缘。如可欺之人现前，交往华而不实的朋友，不正当利益现前，皆可助成妄语。妄语法：指说妄语并尽量使人相信的

种种方法。妄语业：说妄语且有人相信，妄语业即成。大乘佛教认为，即使是起心动念上不真实，也犯妄语戒，只不过相对于妄语行为较轻而已。

⑤不见言见，见言不见：不见言见，即不曾见他人行善作恶，以顺人意而言曾见，或不曾见佛而言见佛。见言不见，即实见他人行善，以嫉妒心而言未见其善；或见他人作恶，以包庇心而言未见其恶。

⑥正语：又作“正言”、“谛语”，八正道之一，指远离欺诳语、离间语、粗俗语、华而不实语、诅咒语等一切虚妄不实的语言。正见：八正道之一，指如实了知世间、出世间的因果，明白一切诸法实相的见解。

⑦邪语：即欺诳语、离间语、粗俗语、华而不实语、诅咒语等一切不正当的语言。邪见：即不明了世间、出世间因果，不识诸法实相的见解，如佛教中所说的身见、边见、邪见、见取见、戒禁取见等五不正见。邪业：指由贪、嗔、痴而起的种种不正当的身业，如杀生、不与取、邪淫等。

译文：

佛弟子，自说妄语，指使或引导他人说妄语，以种种方便暗示他人相信不实之情的方便妄语，一切此等妄语皆不可以说。由无始诳贪习气而生诳惑他人之心、引起或助长妄语的种种外缘、种种妄语方法、一切妄语行为等，皆当断除远离。乃至不曾见说见，见说未见，一切身心妄语，都得禁止。

菩萨恒说正语，持正见，亦令一切众生说正语，持正见。

若不如此，而反使一切众生说邪语，持邪见，行邪业，是犯菩萨波罗夷罪。

解读：

妄语之果报，将来会有拔舌犁耕等苦。大妄语者，会堕无间地狱，受苦惨烈不尽。然妄语戒，看似简易，实则极难守持。说妄语欺诳他人财物，说未证言证大妄语，欺诳他人供养，此等有形粗相戒尚易于持守。然于平时无意中自我表现而说妄语，为自己处境方便而说妄语，对他人无当下明显损害，亦无明显名利之心，甚至难以发现或不愿发现自己言语中的不实之处，此等妄语确实难以尽除，非智慧者不能尽于微细。

第五　酤酒戒①

若佛子，自酤酒，教人酤酒，酤酒因、酤酒缘、酤酒法、酤酒业②，一切酒不得酤③，是酒起罪因缘。

而菩萨应生一切众生明达之慧④。而反更生一切众生颠倒之心者⑤，是菩萨波罗夷罪。

注释：

①酤（gū）酒戒：又作“沽酒戒”，指禁止酿酒卖人，或为利益而以酒贩卖与人。酒能令人昏沉，生颠倒心，起造诸恶，故应戒之。因此，大乘佛教修行者，不得参预造酒、卖酒等事。

②酤酒因：指由无始无明中的贪欲种子而起的一念酤酒以求取高度利润之心。酤酒缘：指成就酤酒之心的种种外缘，如

酤酒的高额利润，米、面、葡萄等酿酒物及酿酒工人、买卖店铺等。酤酒法：指种种酿酒的工艺方法。酤酒业：即酤酒的行为。有酤酒之心，有酤酒之助缘，又有酤酒之法，则完成酤酒的行为，进而感招酤酒的业力，于当下或未来致使痴呆无知等果报。

③一切酒不得酤：米、麦等酒不可造，甘蔗、葡萄、杨梅、枣子等物所酿造的酒也不可以去做。一切酒俱不可造，因为一切酒皆可成为一切罪业的缘起。

④明达：智慧光明通达，于诸事理无不通达。明，即宿世、天眼、漏尽三明。达，即通达过去、现在、未来三世之智。

⑤颠倒：指违背常理、正理的知见或行为。如以无常为常，以苦为乐，进而产生种种烦恼。一般来说，颠倒有想颠倒、见颠倒、心颠倒三种。

译文：

佛弟子，不可自己造酒卖酒，亦不可指使他人造酒卖酒，一切造酒卖酒之事都不可以做。由无始无明中的贪欲种子而生起的酤酒之心、引发酤酒的种种外缘、酤酒的种种工艺方法、酤酒的种种行为产业等，都得断除远离。一切酒都不可酿造，不得买卖，因为酒能生起一切罪业因缘。

菩萨应当开启一切众生光明通达的智慧，若不如此，反而酿酒、卖酒，使一切众生生起种种颠倒之心，是则犯菩萨波罗夷罪。

解读：

酒能使人失却心智，起造种种恶业，故佛教五戒中有酒戒。

但酒戒是指不能喝酒，酤酒是指不能造酒卖酒。大乘菩萨开启众生智慧，为人授五戒时必说饮酒戒，自己当然不能再行酤酒之事。况酤酒之事，有未来痴聋无知之果报。当代药酒，因为医治身体之需，故于饮用上有所开许。大乘菩萨仍然应该严格要求自己，尽量不要接近一切酒业之事。

第六　说四众过戒

若佛子，口自说出家、在家菩萨、比丘、比丘尼罪过，教人说罪过，罪过因、罪过缘、罪过法、罪过业①。

而菩萨闻外道、恶人，及二乘恶人②，说佛法中非法非律③，常生慈心，教化是恶人辈，令生大乘善信。而菩萨反更自说佛法中罪过者④，是菩萨波罗夷罪。

注释：

①罪过因：即阿赖耶识中贪、嗔、痴三毒染心习气而生起的一念心。正是内心的恶口习气为因，见到外面种种是非之人或事，因缘聚合，则会说是非之事，并会生起嗔心，从而种下种种罪业。罪过缘：指促成恶口的种种外缘，如处于是是非非之事中，与是非多的人交往，经常面对不平之事，或不平，或正义，或傲慢，总是不免让自己口说是非。罪过法：即种种说别人过失的方法，如直说，如暗示，如打骂等。罪过业：言语出口，无论有无人听，无论听者是否明白，即成罪业。

②二乘恶人：此处指小乘人中的恶人。乘，即运载之意，指运载众生度生死海。佛教将佛陀所说之教法分为大、小二乘。

佛为声闻、缘觉所说之法称为“小乘”，佛为菩萨所说成佛之法称为“大乘”。小乘注重自利自度，大乘强调自度度他。在佛教历史发展过程中，大乘虽然是在小乘的基础上发展而来，而许多小乘中的人认为大乘非佛说，甚至有人不断攻击大乘佛法，所以说二乘中的恶人。当代佛教，已经逐步淡化大小乘的区别，通常以南传佛教、北传佛教、藏传佛教以示区分，相互之间基本上能相互尊重。即使有高低之见，也以权教、实教言之。

③佛法中非法非律：指说大乘佛法非佛陀亲自所说，不是真正佛法；大乘戒律非佛陀亲自所制。

④菩萨：此处指在家菩萨、出家菩萨。

译文：

佛弟子，不可自己口说出家菩萨、在家菩萨、比丘、比丘尼的罪过，亦不可指使他人说彼罪过。由本有恶口习气而生一念说人过失之心、引发说人过失的种种外缘、种种说人过失的方法、种种说人过失的行为，都得断除远离。

大乘菩萨听见外道、恶人、小乘中的恶人，说大乘佛法非佛法，说大乘戒律非佛制，尚能时常生起慈悲心，教化此等外道、恶人、小乘人，使其舍邪归正，生起大乘善信之心。如果不是这样，菩萨反而自说佛法中种种罪过，是则犯菩萨波罗夷罪。

解读：

说人过失，可以算是众生根深蒂固的习气。缘于俱生以来的我慢之心，缘于内心深处强烈的嗔恨之心及不平之气，缘于价值感缺失而导致的争强好胜心，也会缘于曾受创伤的自然反应，一见对方不合己意，一见对方胜过自己，一遇对方冲击自己，自发生起恶心恶口，说人过失，抬高自己，释放自己心中怨气。其结果是更种恶业，更招苦报。佛教中常说，“若说人不好，自己苦未了”。说人过失时，对方的是非对错只是外缘，关键还是自己心中的怨苦要释放。但是，以说人过失的方式释放，种子起现行，现行又生种子，更进一步种下苦因。如此不断说，不断种，生命越来越受束缚，也越痛苦。真正佛法修持者，应该想到，“一念是非心，自己苦已起”，当下警觉，当念即空，或念佛，或念咒，务必使其不起，消恶口习气。如此则自然体会到心净则土净之理，内心见一切人皆是佛，一切事皆无不善。识人做事虽有对有错、有善有恶、有赞有骂，然内心则无一物可挂，善恶平等，对错无二。

第七　自赞毁他戒

若佛子，口自赞毁他①，亦教人自赞毁他②，毁他因、毁他缘、毁他法、毁他业③。而菩萨应代一切众生受加毁辱，恶事自向己，好事与他人。若自扬己德，隐他人好事，令他人受毁者，是菩萨波罗夷罪。

注释：

①自赞：即自我夸赞，自我标榜，自扬德行功劳。于佛教修行中，自赞能行六度，能得诸佛加持，能得高僧等赏识，皆名“自赞”。毁他：即揭人短处，说人过失，毁人德行。

②教人自赞毁他：指教人赞我有德，并毁他人无德。毁他因：以阿赖耶识中贪、慢等无明种子而生起一念赞毁之心。正是由于此赞毁习气作为内因，才会遇外缘而生起赞毁之心。毁他缘：指促发赞毁之心的种种外缘。如同事同行竞争、事业追求等。毁他法：指诋毁他人德行、家庭、事业的种种方法。

③毁他业：指诋毁他人德行、家庭、事业的种种行为。

译文：

佛弟子，不可以自己赞颂自己且毁谤他人，也不可指使他人赞扬自己且毁谤他人。由贪、慢等无明习气所生一念毁他之心、促成毁他之心的种种外缘、诋毁他人的种种方法、诋毁他人的种种行为，都得断除远离。

菩萨应该为一切众生代受所加的诋毁污辱，恶事由自己承担，好事归于大众。如果自己宣扬自己的德行，隐藏他人做的好事，则犯菩萨波罗夷罪。

解读：

自赞毁他，皆由无始无明中俱生我执、我慢之因，触种种外缘，或价值感缺失，或自卑心理，或阴暗心理，因缘聚会，则生自赞毁他之心。由自赞毁他行为而造罪业，福报功德受损，更增苦果。真修心人，一念自赞毁他心起，即自警觉，反省内观，不随情绪走，照见自己人格中的不足之处，人格渐次完善，苦消业忘。

第八　悭惜加毁戒

若佛子，自悭①，教人悭②，悭因、悭缘、悭法、悭业③。

而菩萨见一切贫穷人来乞者④，随前人所须，一切给与。而菩萨以恶心、嗔心，乃至不施一钱一针一草；有求法者，不为说一句、一偈、一微尘许法。而反更骂辱者，是菩萨波罗夷罪。

注释：

①自悭（qiān）：自己吝惜财法，不惠施与人。悭，又作“悭贪心”，为“六蔽心”之一，指心为悭吝贪念所惑而不行布施，或虽行布施亦不能以好物与人。

②教人悭：即教导他人吝啬自私，不愿施舍财物与人。教人吝啬，于己本无利益，不过为了遮掩自己的悭贪之心。既然大家都一样，我虽吝啬但问心无愧。

③悭因：无始以来的无明种子，即悭吝习气，由此习气而能生起一念悭吝之心。悭缘：指引起悭吝之心的种种外缘。如自己贫穷、外来求财法的人与自己不相契合等。悭法：即种种善巧遮护财法的方法。对方如一再向自己求取，则必用种种方法以回绝，或不予施舍，或略小舍。悭业：即悭吝的种种行为。本应给人财物，却克斤少两。即使有所施舍，也是以次充好，废物处理而已。

④贫穷人：指贫于财物之人，或指缺少佛法之人。

译文:

佛弟子,自身不可吝啬,亦不可教导他人吝啬,由无始悭吝习气而生起的一念悭吝之心、引发悭吝心的种种外缘、种种悭吝的方法、种种悭吝的行为,皆当断除远离。

菩萨见一切贫穷者来乞讨,皆应随其所求,一切给与。若菩萨因厌恶心、嗔恨心,对乞求财物者,不施与一针一线、一草一木;对求请佛法者,不说一句、一偈,乃至不说一微尘许佛法,反而辱骂前来乞求者,则犯菩萨波罗夷罪。

解读:

悭吝之心,本缘于众生心中之俱生我执,极难根除。然我执不破,必不能证入无我。破悭吝财物之心尚觉容易,要破对佛法境界的执著,更属微细艰难。放下并不是放弃,在基本生活无忧的情况下,放下对财物的执著,行布施之道,并精进佛法,提高自己的觉照心,照破内心深处的悭吝心,渐破我执,得入无我。

第九　嗔心不受悔戒

若佛子,自嗔,教人嗔①,嗔因、嗔缘、嗔法、嗔业②。

而菩萨应生一切众生中善根无诤之事③,常生慈悲心、孝顺心。而反更于一切众生中,乃至于非众生中,以恶口骂辱,加以手打,及以刀杖,意犹不息;前人求悔,善言忏谢,犹嗔不解者,是菩萨波罗夷罪。

注释：

①教人嗔(chēn)：即激起他人的嗔恨心。至于教人生起嗔恨心的原因，不外三种：一为故意引他人嗔恨生气，以雪自己对其恨意。二为激起他人的嗔恨心，使其失去正确的判断，自己好从中取利。三为挑起其他人的嗔恨心，使其两相嗔害，自己则于其中取乐。

②嗔因：阿赖耶识中由无始无明熏习所成的嗔恚种子，由彼种子而现起一念嗔心。嗔缘：指引发嗔心的种种外缘，如自己不喜欢的人、事、环境等。嗔法：指种种使他人受辱而生起嗔恨心的方法。嗔业：种种嗔恨的行为。有嗔因，有嗔缘，因缘聚会，则生嗔恨心，再由种种施行嗔恨的方法设计，从而有嗔恨行为的发生。

③善根：又作“善本”、“德本”，即产生诸善法之根本。无贪、无嗔、无痴三者为善根之体，合称为“三善根”。此处指无贪、无嗔、无痴。

译文：

佛弟子，不可自己生起嗔恨心，亦不可激发他人的嗔恨心，本有嗔恚种子所起的一念嗔心、引起嗔心的种种外缘、种种发泄嗔恨的方法、种种施行嗔恨的行为，皆当断除远离。

菩萨应该增长一切众生无贪、无嗔、无痴之善根，教以无讼诤之事，又常生起慈悲心、孝顺心。若不能这样，反而对一切众生，乃至对一切非众生等，恶口辱骂，加以手打，施以杖击，如此嗔心意犹不息。所嗔之人，前来悔过，善言道歉，嗔恨之心犹不能解，是则犯菩萨波罗夷罪。

解读：

所谓一念嗔心起，烧八千功德林。心中嗔恨，如含毒在心。贪、嗔、痴三毒，以嗔心为最毒。嗔心，障菩提心，障菩提愿，一切障碍，无过于嗔。痛恨生气等为粗大嗔心，不满为细小嗔心。心中一念不满，无论所不满对象是对是错，是善是恶，皆是自身微细嗔心已经发动，应当立即觉察，当即放下空掉，切勿令其发酵增长成大烦恼。除嗔之法，莫过于长养慈悲心，清除内心种种界限执著，所谓天下万象许峥嵘，不求万物与我同。

第十　谤三宝戒

若佛子，自谤三宝①，教人谤三宝，谤因、谤缘、谤法、谤业②。

而菩萨见外道及以恶人，一言谤佛音声，如三百矛刺心③，况口自谤。不生信心、孝顺心，而反更助恶人、邪见人谤者，是菩萨波罗夷罪。

注释：

①自谤三宝：即自己毁谤佛、法、僧三宝。学佛者自己未具佛法正见，未能理解深奥佛法，或见外道典籍，或闻外道人所言，或顺有权有势者之意，即自口出毁谤三宝之语。

②谤因：即阿赖耶识中无始无明熏习而成的好邪论议习气，依此习气而现在生起一念毁谤之心，好邪论议，欲兴毁谤。谤

缘：指引发或助长毁谤之心的种种外缘。如见种种不如己之事、遇种种好毁谤论议之人等。谤法：指种种毁谤之方法。如巧词毁谤、著作邪书、惑乱人心等。谤业：指种种毁谤行为。谤因、谤缘和合，又有种种毁谤方法，因而造作种种毁谤之事，又有人领受理解，则成三恶道谤业苦果。依大乘佛教，有毁谤行为，口说心动，即使无有受众理解，亦成罪业。

③矛：即刀、剑。

译文：

佛弟子，不可自己毁谤佛、法、僧三宝，亦不可指使他人毁谤佛、法、僧三宝。本有好邪论议习气所起一念毁谤心、引起或助长毁谤心的种种外缘、种种毁谤三宝的方法、种种毁谤三宝的行为，皆当断除远离。

菩萨听到外道及一切恶人，以一言半句毁谤三宝之声，就犹如三百矛剑刺心，何况自己毁谤三宝。菩萨见三宝不生正信之心，不生孝顺心，反而帮助恶人、邪见人等毁谤三宝，是犯菩萨波罗夷罪。

解读：

非但毁谤佛、法、僧三宝，会遭无量罪报。即使是毁谤一般人等，也造罪业。现代民主社会，各社会团体互相监督，佛教团体也受社会大众监督，出家僧人，不事产业，受人供养，为社会大众道德楷模，当然更受社会大众监督。任何社会团体和个人，如果不受他人批评监督，则必然走向腐败。因此，佛教团体和出家僧众应该虚心接受社会批评监督，不应动辄以“下无间地狱”以回绝社会监督。然而，毁谤并非批评监督，而是恶意损伤。善意批评，恶意讥谤，唯发言者当下一念，不可不察。

善学诸仁者[①]，是菩萨十波罗提木叉，应当学，于中不应一一犯如微尘许，何况具足犯十戒。若有犯者，不得现身发菩提心，亦失国王位、转轮王位[②]，亦失比丘位、比丘尼位[③]，亦失十发趣、十长养、十金刚、十地。佛性常住妙果，一切皆失。堕三恶道中，二劫、三劫，不闻父母三宝名字[④]。以是不应一一犯。

汝等一切诸菩萨，今学，当学，已学，如是十戒，应当学，敬心奉持。《八万威仪品》当广明。

注释：

①善学诸仁者：是释尊对在座的善持戒诸位菩萨的赞美之词。善学，即对于上述十重戒善能学习，且善能守持。仁者，指此等善持戒人等，具足慈悲孝顺之德，故称“仁者”。

②转轮王：又作“遮迦越罗”、“转轮圣王”、“转轮圣帝”等，此王身具三十二好相，即位时，由天感得轮宝，转其轮宝而降伏四方，故曰“转轮王”。在增劫，当人寿增至二万岁以上时，则有转轮王出世；在灭劫时，当人寿自无量岁减至八万岁时乃有转轮王出世。转轮王分四种，金轮王统领四大洲，银轮王统领东西南三大洲，铜轮王统领东南二大洲，铁轮王仅统领南阎浮提一洲。转轮王为佛教政治理想中的统治者。依佛典所载，转轮王

成就七宝，具足四德，以正法治理其国。

③比丘位、比丘尼位：依佛教戒法规定，只有受持了具足戒，即比丘戒二百五十戒，比丘尼戒三百四十八戒，才是正式取得了比丘、比丘尼资格。比丘、比丘尼受戒之后，必须严守戒律，于一切境界中精勤修持，择善离恶。若犯十重戒，则戒体破失，也不再是真正的比丘、比丘尼。

④不闻父母三宝名字：地狱三途罪障深重，不似人间受生有福报。地狱中众生没有父母，饿鬼是化生亦无父母，畜生有父母然长大后不识父母，所以说不闻父母名字。闻父母名字的福报都没有，更不说能有福报听闻佛、法、僧三宝的名字。

译文：

各位善持戒仁者，此菩萨十波罗提木叉，你们应当认真学习，一一戒都应该严谨守持，纵然微尘许都不能犯，更不用说具足犯十戒了。如果有所犯戒，则背觉合尘，染污梵行，即不得现身发起菩提心，在国王失国王位，在转轮王失转轮王位，在比丘失比丘位，在比丘尼失比丘尼位，所修十发趣心、十长养心、十金刚心、十地之功德位亦失去。因地既失，佛性常住妙觉果位等，一切皆失。如此则堕于地狱、饿鬼、畜生三恶道之中，历经二劫、三劫之久，听不到父母名字，更何况能闻佛、法、僧三宝之名。所以，此十重戒，一一不可违犯。

你等一切三世诸菩萨，现今正在修学大乘菩萨戒者，未来当学大乘菩萨戒者，过去已经修学大乘菩萨者，于此十重戒，应当重点修学，敬心奉持。十重戒，此处仅是略说，在大部《八万

威仪品》中当有详细而又广泛的说明。

解读:

此节总结了十重戒。十重戒规定了大乘菩萨严格禁止的十种行为,若有所犯,则得波罗夷罪,即造下极重罪业,将感召三恶道苦报。现身发菩提心,修习十发趣心、十长养心、十金刚心、十地等,皆无有可能,连佛教徒的资格亦丧失。

四十八轻戒

轻戒，指相对于重戒，犯行轻微的戒条。轻戒之名称，诸经所说不同，《菩萨地持经》、《优婆塞五戒威仪经》称为“突吉罗”，《瑜伽师地论》翻为“恶作”，《优婆塞戒经》、《菩萨善戒经》称为“失意罪”，《梵网经》称为“轻垢”。诸经所说轻戒之数量，也不相同，《菩萨地持经》说四十二种，《瑜伽师地论》说四十四种，《菩萨善戒经》说五十种，《优婆塞戒经》于六重禁之外另列二十五种，《菩萨璎珞本业经》中说有八万威仪。《梵网经》认为轻戒有四十八种，若有所违犯，会导致轻垢罪，玷污净行。犯轻戒所招罪业，虽相对于犯重戒者轻一点，但仍然是十分重的，不但会感招恶报，而且直接影响戒体的清净及修行的进步。因为犯轻戒罪相对轻一点，若有所犯，不必像犯十重罪者那样必须在佛菩萨形像前，日夜六时诵经礼佛，至诚忏悔，直至得见好相方才灭罪。犯轻戒者，只须于首座或后堂师父面前，或面对其他的修行僧（一人至三人），禀陈事实，忏悔己过，罪业便得消灭。

四十八轻戒之内容，不仅包括抑恶之止持，而且包括扬善之作持。做恶事是犯戒，但有善事不去做，也为犯戒。虽去做善事，若择人择事而做，或为了名利去做，或做善事不彻底，同样为犯戒。甚至不发菩提心，不珍惜自己生命，不如法修习大乘，不如法给人授戒，自己修为不高而给人讲法授戒，皆为犯戒。四十八轻戒，充分体现了大乘菩萨“上求佛道、下化众生”的广大愿心。

佛告诸菩萨言，已说十波罗提木叉竟，四十八轻今当说①。

注释：

①四十八轻：即“四十八轻罪戒”，为防止犯相对较轻罪业而制定的戒律。

译文：

佛对众菩萨说，十重戒已说完，下面当说四十八轻戒。

第一　不敬师友戒

若佛子，欲受国王位时，受转轮王位时，百官受位时，应先受菩萨戒。一切鬼神救护王身，百官之身，诸佛欢喜。既得戒已，生孝顺心、恭敬心，见上座、和尚、阿阇黎、大德、同学、同见、同行者①，应起承迎，礼拜问讯。而菩萨反生憍心、慢心、痴心、嗔心，不起承迎礼拜，一一不如法供养。以自卖身、国城、男女、七宝、百物而供给之，若不尔者，犯轻垢罪②。

注释：

①上座：音译“悉他薛罗”、“悉提那”，又称“长老”、“上腊”、“尚座”、“首座”、“上首”。此词有多义，一是指僧众中出

家年数（法腊）较多的人；二指众所推敬的高僧大德；三指统督寺内僧众，办理寺务的年长德高的僧人。和尚：又作“和上”、“和阇”、“和社”等，意译为“亲教师”、“力生”、“近诵”、“依学”、“大众之师”。原指德高望重的高僧，后世常作为弟子对师父的尊称，世俗则用以通称出家的男众。阿阇（shé）黎：指能为人轨范者，主要教授威仪，示人轨式。其类有多种，如出家阿阇黎、受戒阿阇黎、教授阿阇黎、受经阿阇黎、依止阿阇黎等。大德：音译“婆坛陀”，为对佛菩萨或高僧的敬称。比丘中的长老，亦称“大德”。此外，统领僧尼的僧官，亦称“大德”。同学：指共同学习大乘佛法的人。同见：指对大乘佛法及大乘菩萨戒有共同认知的人。同行：指有着共同心愿，相互尊重，相互切磋，共同进步的人。

②轻垢罪：音译为“突吉罗”，即“轻罪”。相对于重罪（波罗夷罪）而言，虽然也污黩清净之行，但罪业相对轻一点，故称“轻垢罪”。此罪比前十重罪略减一等，并非指罪业轻细。

译文：

佛弟子，将要承受国王位、转轮王位时，以及文武百官受位时，都应当首先受菩萨戒。这样，就会有一切鬼神护持保佑王身、百官之身，一切诸佛亦会欢喜赞叹。国王百官等既已纳受了菩萨戒，就应当生起孝顺心、恭敬心，见了上座、和尚、轨范师、大德、同学、同见、同行等，应当起身恭敬迎接，礼拜问讯。菩萨若不如此，反而生骄心、慢心、痴心、嗔心，不起身承迎礼拜，亦不一一依法供养，或不以卖己身、国城、奴婢、七宝、百物等而供养他们，果若如此者，犯轻垢罪。

解读：

佛法之道，本为师道。学佛者虽然归依佛、法、僧三宝，但真正能得跟随学习佛法者，是自己的依止师。尊师才能重道，才能与师心心相应，才能以心传心。当然，尊师，并不是整日匍匐老师脚下，而是以平等心敬重老师，自卑心强，敬畏心太重，都难以与师心心相应。

第二　饮酒戒

若佛子，故饮酒①，而酒生过失无量②。若自身手过酒器，与人饮酒者，五百世无手③，何况自饮。

亦不得教一切人饮及一切众生饮酒④，况自饮酒。一切酒不得饮⑤，若故自饮，教人饮者，犯轻垢罪。

注释：

①故饮酒：即主动故意饮酒。对于饮酒，佛教律书中也有开许，即对于重病之人，医生指示以酒引药，则不犯饮酒戒。无故而饮，或借病而饮，是为“故饮”。

②酒生过失无量：指饮酒能使人神志昏迷，从而无惭无愧，打人、骂人、迷心乱性，丧失菩萨威仪，甚至犯下无边罪业。据《四分律》卷一中载，佛陀弟子须提那因饮酒而犯杀、盗、淫、妄四罪，佛陀制戒之缘就是因为须提那因饮酒而毁坏梵行事件。佛教律书中说，饮酒之人，会得堕烧煮地狱中五个五百世之

果报。

③五百世无手：指劝人饮酒，会招感五百世无手之果报，如堕生鳝、蚯蚓类。

④一切众生：这里指除人以外的一切众生，如鬼神、畜生等。

⑤一切酒：酒有两类，一为谷酒，指用各种粮食酿造而成的酒；二指木酒，指用植物根、茎、叶、花、果等酿造而成的酒，此种酒同样有酒色、酒香、酒味，饮之也同样能醉人。所以说，无论是白酒，还是各种有色酒，皆不能饮。

译文：

佛弟子，不可故意饮酒，因为饮酒会导致无量过失。如果自身以手拿酒具，过酒与人饮者，会得五百世无手之果报，何况自己饮酒了。

发心修习大乘佛法者，不可教导一切人饮酒，亦不得教使除人以外的一切鬼神、畜生等众生饮酒，一切酒都不能饮。如果自己故意饮酒，教导他人饮酒，犯轻垢罪。

解读：

佛教戒律分性戒和遮戒。性戒，如五戒中的杀、盗、淫、妄四戒，世人无论是否受戒，只要有所犯，即得罪业，若为受戒佛子，再加上犯戒罪业。遮戒，如饮酒戒，世人没有受此戒者，饮酒本身并无罪业，若因饮酒而犯其他性戒，则有罪业。受饮酒戒者，饮酒则得犯戒罪业。然而，大乘佛法对于戒律要求更严，明确规定饮酒戒为一切大乘佛子所应受持，犯戒果报亦十分严重。

第三　食肉戒

若佛子，故食肉，一切众生肉不得食①。夫食肉者，断大慈悲佛性种子②，一切众生见而舍去，是故一切菩萨不得食一切众生肉。食肉得无量罪，若故食者，犯轻垢罪。

注释：

①一切众生肉不得食：佛教认为，一切众生皆有灵觉之气，俱有贪生畏死之心，皆有恩爱情识之念，世人为一己之口腹之欲而食众生之肉，实为邪见欲念覆心，无有慈悲，且种下与众生相互缠缚沉沦六道的果报，互换地位，相互啖食。

②断大慈悲佛性种子：一为断自己佛性种子，菩萨发大菩提心、慈悲心而愿令一切众生皆离苦得乐，慈悲心为成佛之正因，现今无慈心食众生肉，则断自己成佛因种。二为断众生佛性种子，众生从无始以来轮回六道，皆有贪生畏死之性，今见欲食其身肉，心生恐怖，见而舍去，失去得受教化之缘，是谓断众生成佛因种。佛性种子，指众生之本有佛性。

译文：

佛弟子，不可故意吃肉，一切众生的肉都不可以吃。如果吃肉，则难以生起大慈悲心，也会断佛性种子，一切众生见到都会远离而去，所以一切菩萨不得食一切众生的肉。须知食肉会得无量罪业，若明知而故意食肉者，犯轻垢罪。

解读：

原始佛教对食肉并没有绝对禁止，因为当时佛教僧众托钵乞食，食无所择，乞得什么即吃什么。上古印度婆罗门教经典《摩奴法典》中有严禁食肉、食五辛等说，佛教兴起后，对于其中严格的戒律反而持较中庸的态度。释尊没有绝对禁止僧众吃肉，虽然开许僧众可以吃三净肉（不自杀、不为己杀、不闻杀），但也没有赞同僧众吃肉，僧众可由自己的修行需要和修行状态自己决定是否食肉。为一己之贪欲而食肉当然不可以，否则种下与众生互相缠缚之果报，不能发起大慈悲心，难以得证无上菩提。若无其他食物可食，或为素食而至自己及他人生起许多烦恼，则可开许。食肉、食素，偏执一边，皆为执著。中国汉传佛教，自梁武帝提倡不食肉以来，僧众持不食肉戒。大乘菩萨戒中有食肉戒，体现了大乘菩萨怜悯救度一切众生的大慈大悲精神，修习大乘者，当持不食肉戒。

第四　食五辛戒

若佛子，不得食五辛①：大蒜、革葱、慈葱、兰葱、兴渠②。是五种，一切食中不得食③。若故食者，犯轻垢罪。

注释：

①五辛：指五种有辛味的蔬菜，又作“五荤”。此五辛之物，

熟食者令人发起淫欲之心，生吃者会增加人的嗔恨心。人若食此五辛，十方天仙嫌其臭秽而咸皆远离，诸饿鬼等则舐其唇吻，大力魔王现作佛身为其说法，是人命终为魔眷属，永堕无间地狱。关于五辛有诸多异说，现在则认为一切有辛味的蔬菜都不可以吃。

②兴渠：产于西域的一种植物，根白，其味如蒜。

③一切食中不得食：既不能单独食，也不能以佐料夹杂在一切食物中吃。若为患病者所确实需要，则不在此例。

译文：

佛弟子，不得食五种辛物：大蒜、革葱、慈葱、兰葱、兴渠。此五种辛物，既不可单食，亦不可以配料夹杂在一切食物中吃。若明知而故食者，犯轻垢罪。

解读：

此五种辛物，熟食会生淫欲心，生吃会增嗔恨心，且身发异味，身心皆不得清净，故大乘佛子，当远离而不食。但于公共交际场合，亦应尽量方便别人，不过分强调自己需要而使自己及他人生起无边烦恼。

第五　不教悔罪戒

若佛子，见一切众生犯八戒、五戒、十戒、毁禁、七逆、八难[①]，一切犯戒罪，应教忏悔。而菩萨不教忏悔，同住，同僧利养，而共布萨[②]，同一众住说戒，而不举其罪，不教悔过者，犯轻垢罪。

注释：

①八戒：亦名“八关斋戒”、“八支斋”。即：一不杀生戒，二不偷盗戒，三不淫戒，四不妄语戒，五不饮酒戒，六不涂饰鬘歌舞观听戒，七不坐高大华丽床戒，八不非时食戒。“八关斋戒”指优婆塞（在家学佛且受五戒之男众）、优婆夷（在家学佛且受五戒之女众）于一日一夜中学习出家所守之戒。五戒：即不杀生戒、不偷盗戒、不邪淫戒、不妄语戒、不饮酒戒。此五戒为优婆塞、优婆夷所守，故又称“优婆塞戒”、“优婆夷戒”。十戒：此为沙弥（未满二十岁之男出家众）、沙弥尼（未满二十岁之女出家众）所守之戒，分别称为“沙弥戒”、“沙弥尼戒”。内容是：不杀生、不偷盗、不淫、不妄语、不饮酒、不涂饰香鬘、不坐高广大床、不非时食、不蓄金银宝、不歌舞观听。毁禁：比丘二百五十戒、比丘尼三百四十八戒，名为“禁戒”。如若受而不持，持而不诵，甚至越其所制，是名“毁禁”。毁，即破坏、违犯之义。禁，即止灭，指如来所制戒律。七逆：指七种忤逆罪，即：一出佛身血（伤害佛陀），二杀父，三杀母，四杀和尚，五杀阿阇梨，六破羯磨转法轮僧（即破坏教团的团结），七杀圣人（阿罗汉）。八难：又作“八难处”、“八无暇”、“八不闲”、“八恶”等，指不得遇佛、无法听闻佛法的八种障难处。即：一、地狱，恶业所惑，受苦无间，不闻佛法。二、畜生，常受鞭打，互相吞啖，受苦无穷。三、饿鬼，不闻浆水，伺求粪秽，受苦无量。四、长寿天，即色界第四禅中之无想天，其心想不行，障于见闻佛法。五、边

地，亦名“胜处”，人寿千岁，贪着享乐而不受教化，圣人不出，不得见佛闻法。六、盲聋喑哑，业障深重，诸根不具，虽值佛出世，亦不能见佛闻法。七、世智辩聪，虽然聪明灵利，但总耽习外道经书，不信出世正法。八、佛前佛后，业重缘薄，总出生于两佛中间，不得见佛闻法。

②布萨：又名“长养”、“说戒”，指同住比丘众或比丘尼众每半月集会一处，或齐集布萨堂（即说“戒堂”），请精熟律法之比丘宣说戒律，众等反省过去半月内之行为是否合乎戒法，若有犯戒者，则于众前忏悔。

译文：

大乘佛弟子，若见一切众生犯八戒、五戒、十戒，犯比丘二百五十戒、比丘尼三百四十八戒，乃至犯七逆罪，将来必落八难不得见佛闻法，如此犯一切禁戒罪，应当教导其忏悔。若菩萨见他人犯戒，不教导其忏悔，自己仍与他同住，同僧利养，而共同参加布萨时，面对同一住处僧众说戒而不举其过，是为不教导人忏悔过错，犯轻垢罪。

第六　不供给请法戒

若佛子，见大乘法师、大乘同学、同见、同行①，来入僧坊、舍宅、城邑②，若百里、千里来者，即起迎来送去，礼拜供养。日日三时供养③，日食三两金，百味饮食，床座医药，供事法师，一切所须，尽给与之。

常请法师三时说法，日日三时礼拜，不生嗔心、患恼之心④。为法灭身⑤，请法不懈。若不尔者，犯轻垢罪。

注释：

①大乘法师：具大乘佛法正信智解，发大菩提心，趋大乘佛果，智悲双运、自利利他之法师，是名“大乘法师”。

②入僧坊：此处指约见参学出家菩萨。僧坊，又作“僧房”，即僧尼所住之坊舍。僧坊，也特指专门的戒律道场，其制度与其他寺院有很大差异。舍宅：即一般的民居，此处指约见参学在家菩萨。城邑：即城市。此处指约见参学喜闻佛法的国王、官宦等。城大名“都”，城小名“邑”。

③日日三时：印度分一昼夜为六时，即昼三时、夜三时。昼三时，指晨朝、日中、日没三个时间段。晨朝为上午八时左右，日中为正午十二时左右，日没为下午四时左右。夜三时指初夜、中夜、后夜。

④不生嗔心：指对师友的规矩要求、严辞教训及尊高地位，不生嗔恨之心。患恼：指对供养繁费的身受难忍之恼。

⑤为法灭身：真为求法者，尚不惜自家身命，何况外财。如释迦牟尼佛在因地修行中，为求大法，身为床座，布发掩泥，半指燃灯，种种苦行，皆是为法灭身的榜样。

译文：

佛弟子，如果见有弘扬大乘佛法的法师、学习大乘佛法的同学、对大乘佛法有共同认知的同见者、修持大乘佛法的同行，来到寺院、舍宅、城邑，无论远近，若百里来若千里来，出家菩萨、在家菩萨、国王等，都应立即起身迎来送去，礼拜恭敬，供养不辍。日日早、中、晚三时供养，每日所食费用三两金，尽力准备百味饮食，敷设舒适床座，更广备医药，以供养侍奉法师。法师大德所需一切，尽力给予满足。

常请法师三时说法，日日三时礼拜，虽然法师教训严厉，供养辛苦繁费，但不生嗔恨、患恼之心。菩萨为求法尚不惜自家身命，于请法当然不能懈怠。若不如此，犯轻垢罪。

解读：

供养请法，大乘佛子所当为之。博学多闻，确有益处。但是，自己若不具正信，不解正见，听闻种种知见，只能乱己心绪，徒劳无益。所以，请法，当亲近明眼法师。若不识真正善知识，以戒观之，总不至相差太远。

第七　懈怠不听法戒

若佛子，一切处①，有讲法毘尼经律②，大宅舍中有讲法处，是新学菩萨，应持经律卷，至法师所听受咨问。若山林树下，僧地房中，一切说法处，悉至听受。若不至彼听受咨问者，犯轻垢罪。

注释：

①一切处：亦名“遍处”，指不论何处。此处指凡有讲法之处。

②毘（pí）尼：又作“毗奈耶”、“毗尼”，律藏之梵名。意译“善

治”，又言“调伏”，谓能调伏身、口、意三业，能治贪、嗔、痴等恶。

译文：

佛弟子，一切之处，凡有演说圣法毘尼经律之处，甚至于大宅舍中有讲法之处，你们这些新发心修习大乘佛法的菩萨，都应该手持经律宝卷，前往法师处听讲咨询请问。无论是在山林树下，还是在寺院僧舍，乃至一切有法师说法之处，都应该前往听法。如果不前往此等讲法处听讲咨询请问，犯轻垢罪。

解读：

凡有讲法之处，必见新发心修学大乘佛法者的身影。初学之人，确实应当广学博闻，但切不可以知识当智慧，徒增傲慢，障己障人。真正求法者，更需要理清修学次第，不然的话，以佛的境界寻求依止师，恐怕一生也求师不得。

第八　背大向小戒

若佛子，心背大乘常住经律①，言非佛说，而受持二乘声闻、外道恶见、一切禁戒邪见经律者②，犯轻垢罪。

注释：

①常住：指恒常安住于过去、现在、未来三世，不生、不灭、不变易。此处是指对佛法真理性的形容之词。

②声闻：音译“舍罗婆迦”，意译为“弟子”，指听闻佛陀声教而得证悟的出家弟子，归于小乘。外道恶见：指外道的种种邪

见恶见。

译文：

佛弟子，如果有人在内心背离大乘经律，言大乘非佛说，且又受持小乘声闻之法、外道恶见，以及一切禁戒、邪见经律者，犯轻垢罪。

解读：

大乘佛法修持者，虽不废世间外典，但于自己本家之大乘佛法知见必须确立，方不为所转。否则，虽自称大乘，而所言所行皆是外道邪法。例如，佛教讲无常，讲因果法，可许多佛教徒经常忙于算命排八卦。大乘佛法讲诸法性空，讲中道智慧，可许多佛教徒整日追求神识往生，所言无非福报功德，于无我、空性等，不落一辞，何谈大乘。

第九　不看病戒

若佛子，见一切疾病人，常应供养，如佛无异。八福田中①，看病福田，第一福田。若父母、师僧、弟子病，诸根不具②，百种病苦恼，皆供养令差③。

而菩萨以嗔恨心不看，乃至僧房中④，城邑、旷野、山林、道路中⑤，见病不救济者，犯轻垢罪。

注释：

①八福田：佛、圣人、和尚、阿阇梨、僧、父、母、病人，如果

有人能对此八种人恭敬供养，慈愍惠施，则能生无量福德，犹如农人于田中耕种能得收成，是名“八福田”。其中佛、圣人、僧三种为“敬田”；和尚、阿阇黎、父、母四种为“恩田”；救济病人为“病田”，又称“悲田”。

②诸根不具：即诸根不全，指眼、耳、鼻、舌、身五根有所残缺，如眼盲、耳聋、腿跛、口哑等。根，喻人体的器官、机能。

③供养令差：指尽心尽力供养，直至疾病痊愈为止。

④僧房：即僧众经常居住的房舍。此处指师僧弟子等养病之处。

⑤城邑：即城市。此处指父母等养病之处。旷野、山林、道路：指众生可能得病躺下的种种处所。

译文：

佛弟子，遇一切身患疾病之人，都应该主动供养救助，犹如供养诸佛一样。在能培植福德的八福田中，看护救助病人福田，是第一福田。如果见到父母、师僧、弟子等生病，或者见到身体残障而生活不能自理之人，乃至见到身受百种疾病折磨而极度痛苦烦恼之人，皆当尽心尽力供养救助，直至其疾病痊愈为止。如果菩萨因为嗔恨心而对诸多患病之人视而不见，乃至在僧房、城邑、旷野、山林、道路中，遇见病患之人而不施以救济，犯轻垢罪。

解读：

勿以善小而不为，点滴之事，点点之慈悲心，可以成线、成面，积大功德大福报。然而，必须以无我之心而行一切布施，则功德无量。若有我布施，为名而为，为利而为，为功德而为，则是小功小德，亦是有漏功德，事倍功半而已。

第十　不畜杀具戒

若佛子，不得畜一切刀杖、弓箭、矛斧、斗战之具①，及恶罗网杀生之器②，一切不得畜。而菩萨乃至杀父母，尚不加报，况杀一切众生？不得畜杀众生具，若故畜者，犯轻垢罪。

如是十戒应当学，敬心奉持，下《六度品》中广明。

注释：

①斗战之具：即战斗武器。杀具有二种，一为战斗武器，二为猎取杀害诸物的工具。两者皆会激起杀心，残害生命，损伤慈悲心。

②罗网：指猎杀动物的器具，如渔网、走兽网、飞鸟网等。

译文：

佛弟子，不得收藏一切刀、杖、弓箭、长矛、斧等战斗武器，以及罗网、陷阱等杀生器具，一切杀生工具都不得收藏。菩萨乃至对杀害自己父母的仇人，尚不加以报复，更何况杀害一切无故众生？因此，不得收藏杀害众生的工具，若明知而故意收藏者，犯轻垢罪。

如是十戒，应当学，应当敬心奉持，在下《六度品》中有更加详细的说明。

解读：

杀生器具，即使是文物，观之也会使人联想到杀戮，于滋养慈悲心不利，大乘佛法修持者尽量远离。

第十一　国使戒

佛言：佛子，不得为利养、恶心故，通国使命①。军阵合会②，兴师相伐，杀无量众生。而菩萨尚不得入军中往来，况故作国贼③。若故作者，犯轻垢罪。

注释：

①通国使命：指身为国使，传达外交、作战等事至彼此双方，或下战书申明作战时间地点，或入军传言立期交战，皆令多人命断。故国使之职，为注重大慈悲心的大乘菩萨戒所不许。

②军阵合会：古代军制，二千五百人为师，约万二千人为军。师旅成列为阵，合其战，会其兵，是谓“军阵合会”。

③国贼：民为国家的根本，残害民众即是害国，故称“国贼”。

译文：

佛说：佛弟子，不得因为名闻利养、嗔恶心等而接受在两国间传递情报的使命。军阵对垒，兴师相互攻伐，会残杀无量众生。菩萨连往来于军中都不允许，更何况故意作残杀民众生命的国贼。若明知而故意做者，犯轻垢罪。

解读：

俗语说：慈不掌兵，义不守财。军旅之事，有太多的杀伐之气，确实非滋养慈悲心的大乘佛子所为。

第十二　贩卖戒

若佛子，故贩卖良人、奴婢、六畜①，市易棺材板木盛死之具②，尚不应自作，况教人作。若故自作，教人作者，犯轻垢罪。

注释：

①良人：良善人家的子女。六畜：即牛、马、猪、羊、鸡、犬六种畜生。

②市易棺材板木盛死之具：如果从事棺材等盛死之具的经营活动，心念在无意间会希望多人死亡，此是恶念。故大乘佛子不可从事此等行业。板木，即棺材，一般指棺外之椁。

译文：

佛弟子，对于故意贩卖良善人家的子女、奴婢、六畜等事，以及在市场上从事棺材板木等盛死之具的经营活动，菩萨尚且不应自己去做，而况教人去做。若故意自己去做，或教人去做，犯轻垢罪。

解读：

大乘佛子，以大慈悲心应观一切众生犹如父母、子女，当然不应该从事贩卖人畜之事，徒使他人受分离之苦。至于经营棺材板木等盛死之具，心念必然无意间期盼人死，如此恶念，大乘佛子不应起，如此行业，大乘佛子亦当远离。

第十三　谤毁戒

若佛子，以恶心故①，无事谤他良人、善人、法师、师僧、国王、贵人②，言犯七逆十重③。父母兄弟六亲中，应生孝顺心、慈悲心。而反更加于逆害，堕不如意处者，犯轻垢罪。

注释：

①恶心：指忌、贪、嗔等心。谤毁之事，虽出于口，但依心意而起。

②无事：指所谤毁之人，并无贪、嗔、痴烦恼等三根恶事。另外，即使耳有妄闻，以口妄言，悉名为“谤”，亦称为“无事”。

③七逆：即第五不教悔罪戒中所注的七种忤逆罪。十重：即本经的十重戒。

译文：

佛弟子，若因忌、贪、嗔等恶心，无事毁谤温良人、善柔人、法师、师僧、国王、贵人等，即是犯了七逆、十重戒罪。对于父母、兄弟六亲等人，菩萨应时常生起孝顺心、慈悲心。如果不是这样，反而施加以违逆伤害之心，使他们堕于不如意的境地，犯轻垢罪。

解读：

无根讪说他人，为谤；坏他人名德，为毁。谤毁他人，实因自己内在有忌、贪、嗔等恶心，既伤己德，又坏人德行，更有恶报，大乘佛子，断不可为。即使他人有真实恶事短处，大乘佛子亦当以怜悯宽容之心对待，而况于无根之事。谤毁之事不可为，即使是忌、贪、嗔等起心动念，大乘佛子亦当得断。

第十四　放火焚烧戒

若佛子，以恶心故，放大火烧山林旷野，四月乃至九月放火①。若烧他人家屋宅、城邑、僧房、田木，及鬼神、官物，一切有主物，不得故烧。若故烧者，犯轻垢罪。

注释：

①四月乃至九月放火：四月至九月，正是大自然中万物生长、禽兽鼠蚁鸟虫繁殖的时节，草木茂盛，虫蛾遍地，此时如果烧山，必然杀害生命无数。佛教僧众于此时期结夏安居，以免外出踏伤无数生命及植物之幼芽。

译文：

佛弟子，如果因为自己内在的恶心，放大火焚烧山林旷野，尤其是在万物生长、禽兽鼠蚁鸟虫繁殖的四月至九月间放火烧山，是绝对不可以的。焚烧他人家屋住宅、城邑村落、寺庙僧房、林间田木，以及一切鬼神官物等，都为圣戒所禁止。一切有主之物，都不得故意焚烧。若故意烧者，犯轻垢罪。

解读：

此世界中，非仅有人类，其他有生命之众生，或大或小，或有形或无形，或愚或智，无量无边。大乘佛子，以大慈悲心故，唯恐伤害众生，当然不能随意焚烧山林、房舍等处。佛律开许腊月放火，也必率众持咒绕山告报，令虫等远避，然后方可纵火。

第十五　僻教戒

若佛子，自佛弟子，及外道、恶人、六亲①，一切善知识②，应一一教受持大乘经律，教解义理，使发菩提心。十发趣心、十长养心、十金刚心，于三十心中，一一解其次第法用。而菩萨以恶心、嗔心，横教二乘声闻经律、外道邪见论等③，犯轻垢罪。

注释：

①恶人：即不善之人，指身、口、意行恶之人，尤指于佛教正理不能信受甚至毁谤之人。佛教经论中说不善之人有五种恶性，即：谤真行伪、谤正行邪、谤是行非、谤实行虚、谤善行恶。六亲：指父、母、兄、弟、妻、子等六种亲属。

②善知识：又作“善友”、“亲友”、“胜友”等，指正直而有德行、能教导他人行正道之人。佛教中谓善知识有三种，即：一、外护，指从外护持，使修道之人能安稳修道。二、同行，即相互策励，共同进步。三、教授，指善巧说法，教化他人。此处指自己相知相识的好友中，有大乘根性之人。

③横教：指不依病症下药，而是违背机缘倒逆说法。

译文：

佛弟子，对自家佛弟子，以及外道、恶人、六亲眷属，一切具大乘根性的善知识，都应当一一教导他们，使其受持大乘佛教经律，教导他们理解经中义理，并令他们发起大菩提心。应教导他们次第修习十发趣心、十长养心、十金刚心，于这三十心修习中，一一了解其次第功德法用。如果菩萨因为恶心、嗔心，不教其大乘佛法，而是横教小乘声闻经律，甚至宣教外道邪见之论，犯轻垢罪。

解读：

僻者，偏也。僻教，即不以大乘佛法教人，而常以世间外典、恶人邪见等教导佛子，令其失却大乘根性，陷入断、常之坑，实为断人慧命。如此做者，造堕落无间地狱之罪业。

第十六　为利倒说戒

若佛子，应好心先学大乘威仪经律[①]，广开解义味[②]。

见后新学菩萨，有从百里千里来求大乘经律，应如法为说一切苦行[③]，若烧身、烧臂、烧指。若不烧身、臂、指供养诸佛，非出家菩萨[④]。乃至饿虎、狼、狮子、一切饿鬼，悉应舍身肉手足而供养之。

然后一一次第为说正法，使心开意解。而菩萨为利养故，为名闻故，应答不答，倒说经律文字[⑤]，无前无后[⑥]，谤三宝说者，犯轻垢罪。

注释：

①大乘威仪：佛教非常重视僧众行、走、坐、卧之庄严，所以有三千威仪、八千律仪之说，涵盖了生活的方方面面。威仪，指举止善合规矩，语默动作不失方正，见之能使人生起崇仰畏敬之心的仪容。

②广开解义味：即广开一切义理，深察精微之玄妙。

③说一切苦行：上古印度宗教修行，有种种苦行方法，如自饿法、投渊赴火、自坠高岩、常翘一脚、五热炙身等，又有常卧于灰土、棘刺、树叶、恶草、牛粪等之上，更有受持牛戒、狗鸡雉戒、以灰涂身、长发为相等诸多苦行法，其种种惨痛苦行，总体上是为了灭却今世之苦，以期来世生于天界享福。释尊出家后，遍学当时修道之法，也曾精修苦行，日食一麻一麦，至身形枯瘦，但觉其并非圣道，纵受天果，未脱轮回，故最终舍弃苦行。佛教经典中述及释尊前世本生修行，也曾讲到种种苦行，如抉眼与人、割肉喂鹰、投身饲虎、捐髓脑等。佛教修行，基本上提倡中道，但也有僧人践行苦行。大乘佛法，提倡发大菩提心，主张难

忍能忍，故有行一切苦行之说。苦行，指断除肉体欲望，堪忍种种难忍能忍的行为。

④非出家菩萨：即不是真正的出家菩萨。依上文之义，若不烧身、烧臂、烧指，则我、法、空三执未破，所以不名为真正出家菩萨。

⑤倒说经律：指不先说诸种苦行持，坚其志愿，即说一切法皆空，使人轻视有相戒法，导致学人失却正信修行，故称“倒说”。

⑥无前无后：教以大乘，又不说苦行，是为“无前”；又倒说经律内容，而令义无所归，是为“无后”。回前作后，回后作前，又会令众生混淆大乘佛法修习次第。

译文：

佛弟子，应当发心首先学习大乘威仪类经律，并广泛而深入地理解体会其义理和宗旨。

若遇见后来新学菩萨，有从百里而来，有从千里而来，前来求学大乘经律，应该依法为其演说一切苦行，如烧身、烧臂、烧指等。如果不能烧身、臂、指等供养诸佛，则不是真正的出家菩萨。真正的大乘菩萨，于饿虎、饿狼、狮子、一切饿鬼等众，悉应能够舍弃自身上肉、手足等去供养。

说完苦行后，然后再按一一次第为他们宣说正法，使其心开意解。如果菩萨为了利养，为了名闻，该答的不答，颠倒次第宣说佛教经律内容，无前无后，如此在说法中毁谤三宝者，犯轻垢罪。

解读：

大乘佛子，发心为人天师表，当然必须具足三千威仪，八千功德，世人见之，则有威可畏，有仪可仰。佛门中有说，宁可执有如须弥山，不可执空如一芥子。佛教修行，从有相入手，较为妥当。一入手即授以空性法门，除非大根器者，则会导入狂禅，非一切戒法，修行不成，地狱有份，不可不戒。当代修行，虽然不必烧身、烧臂、烧指，也不会投身饲虎，但仍应当相对坚持苦行，粗衣淡饭，早起晚睡，参禅打坐，念佛不辍，是为真修行。若只图生活舒适，悠闲度日，以何回馈众生供养。

第十七　恃势乞求戒

若佛子，自为饮食、钱财、利养、名誉故，亲近国王、王子、大臣、百官，恃作形势①，乞索打拍牵挽，横取钱财。

一切求利，名为恶求②。多求③，教他人求，都无慈愍心。无孝顺心者，犯轻垢罪。

注释：

①恃作形势：即依仗国王、大臣等有力之势，以压迫无权无势无力之人。

②恶求：即恶法求，不合理之求。

③多求：即贪求。

译文：

佛弟子，为了自己追求饮食、钱财、利养、名誉的缘故，去亲近国王、王子、大臣、百官等，并依仗此等豪贵势力去压迫他人，乞索饮食钱财。乞索不得，便行打拍牵挽，横逼强取，如此一一皆不可为。

像这样的一切求利行为，皆名为恶求。自己贪求，教导他人去求，都是无慈愍心的表现。大乘菩萨应该观一切众生如己父母，一切师长皆应奉侍供养，如今反而以势乞求，使其穷苦怨恨，是为无孝顺心，犯轻垢罪。

解读：

大乘菩萨发心利益一切众生，当然不可持势而与人争利，反而应该帮助一切众生，广行财布施，广行法布施，令一切众生身心皆得安乐。

第十八　无解作师戒

若佛子，应学十二部经①，诵戒，日日六时持菩萨戒②，解其义理佛性之性。

而菩萨不解一句一偈，及戒律因缘，诈言能解者，即为自欺诳，亦欺诳他人。一一不解，一切法不知，而为他人作师授戒者，犯轻垢罪。

注释：

①十二部经：指释尊所说一切法，依其叙述形式与内容分

成十二种类，是名“十二部经”。又作“十二分教”、“十二分圣教”、“十二分经”，即：契经、应颂、记别、讽颂、自说、因缘、譬喻、本事、本生、方广、希法、论议。此十二部经，大小乘共通。

②日日六时：指昼夜六时。依印度文化，一昼夜分为六等分，即晨朝、日中、日暮为昼三时，初夜、中夜、后夜为夜三时，合为六时。

译文：

佛弟子，应当广为学习佛教十二部经典，经常诵咏戒律，日日六时守持大乘菩萨戒，深解其中义理，体悟佛性之性。

如果菩萨于十二部经中不解其中一句一偈之义，不知守持菩萨心地戒之义趣，反而诈言能解，即为自我欺诳，亦是欺诳他人。若于一一义理不能理解，于一切法不能体悟，而为他人作师授戒者，犯轻垢罪。

解读：

人之大患，在好为人师。自身戒体不清净，戒行不具足，戒相不显，如何能为人师？如何能为人授戒？授戒受戒，重在戒体传承。若无清净戒体，授戒受戒亦是徒具形式而已。授戒师，受戒者，皆当重视。

第十九　两舌戒[①]

若佛子，以恶心故[②]，见持戒比丘，手捉香炉，行菩萨行，而斗遘两头[③]，谤欺贤人，无恶不造者，犯轻垢罪。

注释：

①两舌：即于两者之间搬弄是非，挑拨离间，破坏彼此之间和谐的行为。两舌为十恶业（杀生、偷盗、邪淫、妄语、绮语、两舌、恶口、贪欲、嗔、痴）之一，因其会破坏佛教僧团的团结，所以列之为戒。

②恶心：如嫉忌心、障碍心等。见他人持戒精严，自感有愧，然不思进取，反而心生嫉忌，毁谤他人，以求自心平衡，徒招拔舌地狱果报而已。

③斗遘（gòu）两头：即于两边说是说非，引两边诤斗。斗，即交兴恶。遘，即引是非。两头，即两边。

译文：

佛弟子，因为存有恶心的缘故，遇见持戒比丘，手持香炉，虔诚地践行大乘菩萨道，不思随喜精进，反而于两边制造是非，令其诤斗不断，如是毁谤贤人，无恶不造者，犯轻垢罪。

解读：

见贤思齐是人之美德。见贤反妒，也为人之常性。见贤圣之人，见圣德之事，特别是与自己名利相关之人和事，心生嫉忌，言起毁谤，造无穷罪业，招拔舌地狱果报，大乘佛子，不可不谨慎。

第二十　不行放救戒

若佛子，以慈心故，行放生业①。应作是念：一切男子是我父，一切女人是我母，我生生无不从之受生，故六道众生皆是我父母，而杀而食者，即杀我父母，亦杀我故身。一切地水是我先身，一切火风是我本体，故当行放生业。

生生受生，常住之法，教人放生。若见世人杀畜生时，应方便救护，解其苦难。常教化讲说菩萨戒，救度众生。若父母兄弟死亡之日，应请法师讲菩萨戒经律，福资亡者②，得见诸佛，生人天上。若不尔者，犯轻垢罪。

如是十戒，应当学，敬心奉持。《灭罪品》中，广明一一戒相。

注释：

①放生：即释放羁禁之生物，也指释放即将被杀之生物。不杀生居佛教戒律之首，但不杀生仅是止持，从作持而言，放生为最大的功德。在历史上，以及在当代社会，放生是重要且影响很大的佛教活动。

②福资亡者：佛教认为，父母等亲人死亡之后，最好能在七七四十九天以内，亦可在其死亡祭日，敬请法师诵经讲经，有大福报大功德，能够超度亡者，令其脱离三恶道，得生天上人间。

译文：

佛弟子，应当发起大慈悲心，常行放生之事。应该经常这样想：一切男子皆是我父亲，一切女子皆是我母亲，我生生世世无不依其而得出生，所以说六道众生都是我父母，如果杀而食之，就是杀我父母，就是杀我故身。一切地水是我原来之身，一切风火是我本来之体，所以应当常行放生之事。

于生生受生之中常行放生，并作为常住不变之法，教人放生。若见世人将要宰杀畜生时，应尽一切方便施行救护，令其解脱苦难。亦应时常施设教化，讲说大乘菩萨戒，救度一切众生。若遇父母、兄弟死亡之日，应请法师宣讲菩萨戒类经律，以此福报功德，资助救拔亡者，使其得见诸佛，出离三恶道，得生天上人间。如果不这样做，犯轻垢罪。

上述十戒，应当修学，敬心奉持。在《灭罪品》中，对于其中戒相一一作了广泛而详细说明。

解读：

大乘佛子，因为发大慈悲心而常行放生。因常行放生，又反养自身慈悲心。然放生之事，也当有教理和智慧支撑，方不会本末倒置，事与愿违。

第二十一　嗔打报仇戒

佛言：佛子，不得以嗔报嗔，以打报打。若杀父母兄弟六亲，不得加报。若国主为他人杀者，亦不得加报。杀生报生，不顺孝道。尚不畜奴婢打拍骂辱，日日起三业[①]，口罪无量，况故作七逆之罪。

而出家菩萨，无慈心报仇，乃至六亲中，故作报者，犯轻垢罪。

注释：

①三业：即身、口、意三业。业，又称“业力”，音译“羯磨”，义译“造作”，既指人之身、口、意三者的种种行为，也指由此行为而产生的影响未来的内在力量。此业力由行为的性质而有善、恶、无记三性之分，以善恶之业为因，可招感来生苦乐之果。

译文：

佛说：作为佛弟子，不得以嗔报嗔，以打报打。即使是父母兄弟等六亲眷属被杀害，也不得寻仇报复。如果国王被他人杀害，亦不得报仇。以杀害生命为手段报复生命，是为不顺孝道。尚不得畜养奴婢打拍骂辱，天天造作身、口、意三业，即使是只造口业，其罪过已是无量，更何况故意造作七逆罪了。

出家菩萨，如果没有慈悲心，存报仇之心，乃至为了六亲眷属，故意做报仇之事，犯轻垢罪。

解读：

杀亲之仇，要能放下，何事不能放下。但并不是人人有杀亲之仇，若能于他人之轻视污蔑放下，已经难能可贵了。所以要发大菩提心，有了大愿心、大菩提心，基本上不会“小人常戚戚”了。

第二十二　憍慢不请法戒[①]

若佛子，初始出家，未有所解，而自恃聪明有智，或恃高贵年宿，或恃大姓、高门、大解、大富、饶财七宝[②]，以此憍慢，而不咨受先学法师经律。其法师者，或小姓、年少、卑门、贫穷下贱、诸根不具，而实有德，一切经律尽解。而新学菩萨，不得观法师种姓，而不来谘受法师第一义谛者，犯轻垢罪。

注释：

①憍（jiāo）慢：傲慢。憍，同“骄”，骄傲，骄矜。

②大姓：古代印度将整个社会分成婆罗门、刹帝利、吠舍和首陀罗四个阶层，亦称“四种姓”。婆罗门为从事祭祀的僧侣，刹帝利是以部落首领为首的武士集团，包括国王、大臣等，这两个种姓为社会的上层大姓。吠舍为社会中的普通劳动者，包括农民、牧民、手工业者和商人等。首陀罗，包括贫民、雇工和奴隶，为社会最低种姓。后两者为社会的小姓。高门：指名门望族。大解：指大学问家。

译文：

作为佛弟子，如果刚开始出家，对大乘佛法还未有深入了解，不可以自恃聪明才智，或自恃出身高贵、年长德硕，或自恃自己是大姓、高门、大学问家、资产大富、饶财七宝，以此生起大骄慢心，而不向先学法师虚心咨询受教经律之理。先学法师，或种姓低下，或青春年少，或出身寒门，或贫穷下贱，或身体残疾，但确实德行具足，且能正确理解一切经律，新学菩萨不得因为法师种姓低下，而不前往法师处咨询受教大乘第一义谛，如果这样做，犯轻垢罪。

解读：

求师访道，当求明师。但名师好见，明师难求。若能放下身段，不以貌取人，不以出身、地位、财富等取人，注重德行、学问，又自己广积福德资粮，必能得遇自己依止上师。

第二十三　憍慢僻说戒[①]

若佛子，佛灭度后，欲以好心受菩萨戒时，于佛菩萨形像前，自誓受戒[②]。当七日佛前忏悔，得见好相[③]，便得戒。

若不得好相时，应二七、三七，乃至一年，要得好相。得好相已，使得佛菩萨形像前受戒。若不得好相，虽佛像前受戒，不得戒。

若现前先受菩萨戒法师前受戒时，不须要见好相。何以故？是法师，师师相授，故不须好相。是以法师前受戒时，即得戒，以生至重心故，便得戒。

若千里内无能授戒师，得佛菩萨形像前自誓受戒，而要见好相。

若法师自倚解经律、大乘学戒，与国王、太子、百官，以为善友。而新学菩萨来问，若经义律义，轻心、恶心、慢心，不一一好答问者，犯轻垢罪。

注释:

①僻说:因为憍慢心,对于求法者,答非所问,或不如法而答。僻,即有所偏见。

②自誓受戒:指没有请三师七证,也没正式授戒仪式,由自誓而得受戒。佛教有特定的授戒仪式,称“三坛授戒”。初坛授沙弥、沙弥尼戒,二坛授比丘、比丘尼戒,三坛授出家菩萨戒。出家者经过三坛大戒,始被公认为合格的大乘出家人。在授戒仪式上,主事者为十师和尚,其中,得戒和尚一人、羯磨阿阇黎一人、教授阿阇黎一人,是为“三师和尚”,另有尊证阿阇黎七人,总称“三师七证”。大乘菩萨戒,可由出家众按一定仪式正式授戒,也可以在佛菩萨或其画像面前自誓受戒。

③得见好相:指由自誓受戒而感应到佛来摩顶,见光明、莲花等种种神奇异相。

译文:

佛弟子,佛陀灭度之后,如果有人好心想要受持菩萨戒时,应当在佛菩萨形像前,自誓受戒。当于七日,在佛菩萨形像前忏悔,如果得见佛来摩顶,见光明、莲花等好相时,便得纳受戒体,受戒成功。

如果没有得见种种好相,当于十四日、二十一日,乃至一年时间,继续于佛菩萨像前忏悔,直至见到好相为止。如果没有得见种种好相,虽然于佛菩萨形像面前自誓受戒,也没有得到戒体,没有受戒成功。

如果现前有先行受过菩萨戒的法师,于此法师面前秉受菩萨戒时，则不须得见好相。为什么呢？因为受持菩萨戒的法师，其大乘菩萨戒戒体，师师相授，代代相传，所以说不须见到好相。因此，在先受大乘菩萨戒的法师面前受戒时，即可纳受戒体。因为生起至诚至重之心，便得纳受戒体。

如果千里以内没有授大乘菩萨戒的法师，可以自己在佛菩萨形像前自誓受戒，但一定要得见好相。

如果法师自恃能够精解经律，了知大乘学戒，又自恃与国王、太子、百官等为好友，而当新学菩萨前来请教时，于诸经义律义，法师因为有轻视心、憎恶心、骄慢心，不认真一一如法答问者，犯轻垢罪。

解读：

自誓受戒，谈何容易！况今日有正式传戒之法师，言自誓受戒，非慢即狂了。

第二十四　不习学佛戒

若佛子，有佛经律大乘法，正见、正性、正法身[①]，而不能勤学修习。而舍七宝[②]，反学邪见、二乘、外道俗典、阿毘昙、杂论、一切书记[③]，是断佛性，障道因缘，非行菩萨道者。若故作者，犯轻垢罪。

注释：

①正性：即“圣性”，唯识家称生无漏智而断烦恼之性为“圣性”，俱舍家以离烦恼为“正性”。正法身：即佛的法身，指佛

所说的正法、佛所得的无漏法及佛的自性真如。

②七宝：即佛宝、经宝、律宝、大乘法宝、正见宝、正性宝、正法身宝。

③俗典：即世俗人所著的典籍，如哲学、政治学、文学等等。阿毘（pí）昙：又称“阿毗达磨”，通常指部派佛教三藏中的论藏，意思是指在探究之后所得到的理论体系。杂论：凡论有论无，小乘外道以及世俗经典杂糅所成之论，是名“杂论”。书记：即诗词歌赋、医药卜占、阴阳术数、神话传记之类。

译文：

作为佛弟子，面对佛教经律大乘佛法，正见、正性、正法身等第一义谛，不能够勤学修习。舍弃佛宝、经宝、律宝、法宝、正见、正性、正法身这七宝，反而去学习邪见、小乘经论、外道俗典、阿毘昙、杂论、一切书记等，是为断佛性种子，是障碍修道的因缘，并非是在践行菩萨道。如果故意这样做，犯轻垢罪。

解读：

佛陀虽然开许大乘佛子阅读研究世俗外道经典，若于自家佛教义理不明，实修实证全无，不下力苦学勤修，整日沉浸于世俗论著，是谓本末倒置。佛法为无上智慧，于其中略有领悟，观世俗聪明才智，犹如高屋建瓴。

第二十五　不善知众戒

若佛子，佛灭度后，为说法主[①]，为行法主[②]，为僧房主[3]，为教化主[4]，坐禅主[5]，行来主[6]，应生慈心，善和斗诤，善守三宝物，莫无度用，如自己有。

而反乱众斗诤，恣心用三宝物者，犯轻垢罪。

注释：

①说法主：即讲经说法之师，指于佛陀所说三藏教法，善能主持宣讲。

②行法主：指主持清规戒律、检点僧众威仪之僧。

③僧房主：即当家师，善于主持寺院大小事务。

④教化主：指以佛法教化众生，启人智慧，教人培种善根福田。

⑤坐禅主：即禅堂内的“维那师”，善能主持修习禅定，能分别了知正定邪定，并于魔境现前等事能方便制伏。

⑥行来主：即“知客师”，善能主持远近宾客送往迎来等事，合乎礼节而不致疏慢。

译文：

作为佛弟子，在佛陀灭度后，不论是为说法主、行法主、僧房主、教化主，还是作为坐禅主、行来主，都应时常生起慈悲心，善于调和斗讼之事，善于守护三宝财物，使用三宝财物应有节度，如用己物一样节俭。如果不能这样，反而扰乱僧众，使其诤讼不断，并恣心挥霍三宝财物者，犯轻垢罪。

解读：

僧团内部，各处其位，各司其职，各遵戒律，且行羯磨、布萨等法，不仅内部和谐，而且可以为人天师表，为世俗社会提供范式。

第二十六　独受利养戒

若佛子，先在僧坊中住，若见客菩萨比丘，来入僧坊、舍宅、城邑，若国王宅舍中，乃至夏坐安居处，及大会中[①]，先住僧应迎来送去，饮食供养，房舍卧具、绳床木床，事事给与。若无物，应卖自身，及男女身，应割自身肉卖，供给所需，客僧所需都就该尽量予以满足。

若有檀越来请众僧[②]，客僧有利养分，僧坊主应次第差客僧受请。而先住僧独受请，而不差客僧者，僧坊主得无量罪。畜生无异，非沙门，非释种姓，犯轻垢罪。

注释：

①大会：即各种大法会，如讲经大法会、传戒大法会、水陆大法会等。

②檀(tán)越：梵文的音译，即“施主”，指布施之主人，常施与僧众衣服食物，或出资兴建庙宇、举办法会等。《增一阿含经》卷二十四中说，施主惠施有五种功德，即：一、名闻四远，众人叹誉。二、若至众中，不怀惭愧，亦无所畏。三、受众人敬仰，见者欢悦。四、命终之后，生天上或人中，为天所敬，或为人中尊贵。五、智慧远出众人之上，现身漏尽不经后世。

译文：

作为佛弟子，先在僧坊中入住，如果见到客菩萨比丘，来到寺庙、舍宅、城邑、国王宅舍，乃至夏坐安居之处，以及种种大法会中，先住僧应该迎来送往，供应饮食、房舍、卧具、绳床、木床等，事事皆尽力供给。若无财物，应当卖己身、奴婢，乃至割己身上肉去卖，供给客僧所需，客僧所需都应该尽量予以满足。

若有施主来请僧供养，不论是普请还是限请，客僧也应当得到供养，僧坊主应当次第请客僧受请。如果只有先住僧独自受请，而不安排客僧去受请者，僧坊主则犯无量罪。这样做，则与禽兽无异，非出家人，非释迦弟子，犯轻垢罪。

解读：

僧众之间相互尊重，相互帮助，才能有僧团的和谐，才能有正法的久住。

第二十七　受别请戒

若佛子，一切不得受别请、利养入己①，而此利养属十方僧②。而别受请，即是取十方僧物入己。八福田中，诸佛、圣人、一一师僧、父母、病人物，自己用故，犯轻垢罪。

注释：

①别请：指在家人于僧众之中特别指定某位僧人接受供养。如果于僧众中特别指定请四人以上，称为“别请众食”。接受在

家人的施食供养，必须以僧之腊次次第赴请方为正规，故别请为戒律所禁止。

②十方僧：或称“四方僧”，即所有僧众。

译文：

作为佛弟子，不得接受施主特别指定的一切供养，并将利养归为己有，因为利养是属于十方僧众所有。如果接受施主的特别指定供养，即是夺取十方僧物归为己有。众生培植八福田之物，即供养诸佛、圣人（罗汉僧）、和尚、阿阇黎、僧、父、母、病人之物，如果自己取用，犯轻垢罪。

解读：

“施主一粒米，大如须弥山”，寺院之物，皆来自十方供养，若自取自用者，只有“披毛戴角还”。

第二十八　别请僧戒

若佛子，有出家菩萨、在家菩萨，及一切檀越，请僧福田求愿之时，应入僧坊问知事人[①]，今欲请僧求愿。知事报言，次第请者，即得十方贤圣僧。

而世人别请五百罗汉、菩萨僧，不如僧次一凡夫僧。若别请僧者，是外道法，七佛无别请法[②]，不顺孝道。若故别请僧者，犯轻垢罪。

注释：

①知事人：又称“维那”、“都维那”、“悦众”等，乃寺院中掌管诸僧杂事与庶务之职称，基本上由顺应诸僧愿望、严持戒律、心存公正之贤者担任。

②七佛：毗婆尸佛、尸弃佛、毗舍浮佛，是过去庄严劫中已成正觉的三位佛。拘留孙佛、拘那含牟尼佛、迦叶佛、释迦牟尼佛，是现在贤劫中今成正觉的四位佛。

译文：

作为佛弟子，如果有出家菩萨、在家菩萨，以及一切施主，前来请僧供养、培植福田、发心求愿之时，应先入僧坊中告知事人，今欲请僧求愿。知事应该回答说，若以平等心次第请僧供养者，即可请得十方一切贤圣僧。

然而世人常以分别心而别请五百罗汉、菩萨僧，如是作者，不如于众僧中依次第请一凡夫僧。如果特别指定请僧，是外道之法，七佛中无有别请之法，如此请者是为不顺孝道。如果故意别请僧者，犯轻垢罪。

解读：

佛法修持，常言无分别心。若对法师判高判低，分别对待，一念慢心所动，获无量罪。倒不如平等尊重，次第供养，则获福无量。

第二十九　邪命自活戒

若佛子，以恶心故，为利养贩卖男女色，自手作食①，自磨自舂②，占相男女③，解梦吉凶④，是男是女，咒术工巧⑤，调鹰方法，和合百种毒药，千种毒药，蛇毒、生金银毒、蛊毒，都无慈愍心，无孝顺心。若故作者，犯轻垢罪。

注释：

①自手作食：指自己动手做食。依佛教戒律，出家人，当以乞食为生活，乞檀越一餐之供，清净自活，以资色身，又可为施主积福。自己做食，不合佛制。

②舂（chōng）：用杵臼捣去谷物的皮壳。金陵刻经处本中为“春”，此处根据《大正藏》本改。

③占，金陵刻经处本中为“古”，此处根据《大正藏》本改。

④解梦吉凶：即根据人们梦中的人、事等作出是吉是凶的解析。

⑤咒术工巧：此等皆是世人所为。咒，以驱神遣将，摄人魂魄。术，为幻术，以幻惑人。工，为精工。巧，为巧匠。

译文：

佛弟子，因为内在恶心，为求利养而贩卖男色女色，自己动手做食，磨谷舂米，为男女占相合婚，依梦境解判凶吉，占卜孕妇生男生女，以咒驱遣鬼神，以幻术迷惑世人，以精工巧匠制造种种奇物，以及调教鹰犬之法，配制百种毒药、千种毒药，提取蛇毒、生金银毒、蛊毒，是谓邪命自活，都是没有慈愍心的表现，也没有孝顺心，如此做者，犯轻垢罪。

解读：

佛弟子，当选择正命之法，远离咒术、占卜等五种邪恶之谋生方法，方便清净身、口、意三业。一般人难以脱离环境影响，修行者最好选择清净而又有闲时之职业，方便修行。

第三十　不敬好时戒

若佛子，以恶心故，自身谤三宝，诈现亲附。口便说空，行在有中。为白衣通致男女①，交会淫色，作诸缚着②。于六斋日③，年三长斋月④，作杀生、劫盗、破斋犯戒者，犯轻垢罪。

如是十戒，应当学，敬心奉持。《制戒品》中广明。

注释：

①白衣：原意为白色之衣，转称穿白衣者，指在家人。印度人一般皆以鲜白的衣服为贵，僧侣以外者皆喜穿白色衣服，故佛教称在家人为“白衣”，相对于此，出家人则称为“缁衣”、“染衣”。

②作诸缚着：男以女为色，女以男为色，相互生起贪欲渴爱之心，不能自拔，互为缠缚，不能解脱。

③六斋日：谓每月清净持戒之六日，即初八、十四、十五、二十三、二十九、三十（月小是二十八、二十九）。僧众每月于此六日须集会一处，布萨说戒。在家二众于此六日受持一日一夜八关斋戒，功德无量。又此六日，天神巡狩人间考察善恶，又为恶鬼伺人之日，故诸事须谨慎。

④三长斋月：又作“三长月”、“三斋月”等，指于阴历正月、五月、九月三个月长期持斋。过午不食，称为“斋”。又有在家居士，仅此三月不吃荤腥，是谓“吃花斋”。

译文：

佛弟子，由于恶心所致，自身毁谤三宝，而又诈现亲附三宝，骗取世人信任尊敬。口中总说一切皆空，所行却是一切贪欲等事。为世间男女牵线搭桥，助成淫事，使其相互缠缚系着，无有解脱。又于每月六斋日，每年三长斋月，作杀害生命、抢劫盗窃、破斋犯戒等事。如此做者，犯轻垢罪。

如此十戒，应当学，应当敬心奉持。在《制戒品》中有广泛而详细的说明。

解读：

佛法修持，当知行合一。若为名闻利养，谈空说有，贩卖佛法，获无量罪业。若有心财富，可依正道求取。既入佛门，事事当须放下，破执扫相，方为正行。

第三十一　不行救赎戒

佛言：佛子，佛灭度后，于恶世中，若见外道、一切恶人、劫贼，卖佛菩萨父母形像[①]，及卖经律，贩卖比丘、比丘尼，亦卖发心菩萨道人。或为官使，与一切人作奴婢者。而菩萨见是事已，应生慈悲心，方便救护，处处教化，取物赎佛菩萨形像，及比丘、比丘尼、一切经律。若不赎者，犯轻垢罪。

注释：

①佛菩萨父母形像：佛为大慈父，菩萨为大悲母，生身父母与人生命，佛菩萨续人慧命，故说佛菩萨父母。形像，即佛之形像，广含菩萨、罗汉、明王、诸天等像。佛教中作为礼拜的佛像有雕像、画像两种，也有专称雕塑像为“佛像”，画像则称“图像”。印度古代人认为雕画佛像是冒渎神圣的事情，所以仅止于以法轮、菩提树、佛足迹等标记象征佛。其后，随着大乘佛教的兴起，佛像雕刻绘画开始盛行，诸大乘经论中也有了许多关于造像因缘及其功德的记载。

译文：

佛说：作为佛弟子，在佛陀灭度之后，于五浊恶世之中，如果见到外道、一切恶人、劫贼等，贩卖佛菩萨父母塑像、画像，以及贩卖佛教经律，贩卖比丘、比丘尼，乃至贩卖发心修习大乘菩萨道的菩萨。或将他们卖到官府中作为官的遣使，或是卖与世人作奴婢。而菩萨见到此等之事，应该生起慈悲心，以种种方便尽力救护，或处处教导感化一切众生，令其出资取物，赎买佛菩萨形像，及比丘、比丘尼、一切经律。如果遇此等事不行救赎，犯轻垢罪。

解读：

一份恭敬，则得一分福报。若遇佛菩萨像等被贩卖、遭破坏，佛弟子，必当尽力维护、救赎，以显真正皈依三宝之德行。

第三十二　损害众生戒

若佛子，不得畜刀杖弓箭，贩卖轻秤小斗[①]。因官形势，取人财物，害心系缚，破坏成功。长养猫狸猪狗[②]。若故养者，犯轻垢罪。

注释：

①轻秤小斗：指做买卖奸滑刁钻。轻秤，克斤少两。小斗，小斗出大斗入。

②猫狸：以捕鼠为生，养之，是谓间接杀生。猪狗：世人常以食用，养之，是谓助杀。

译文：

佛弟子，不得收藏刀、杖、弓箭，不可在贩卖中使用轻秤小斗，克斤少两。不可依恃官府势力，巧取豪夺他人财物，害心系缚众生身体，破坏他人接近成功之事。不得饲养猫、狸、猪、狗等，此是养生害生，间接伤害众生性命。如果明知故养者，犯轻垢罪。

解读：

斗杀器具，收藏观赏，心中必常联想到杀戮，损害自己的慈悲心。饲养猫、狸、猪、狗等，不但会结来生缠缚之缘，还是间接杀生。如此等事，大乘佛子所不为。

第三十三　邪业觉观戒

若佛子，以恶心故，观一切男女等斗，军阵兵将劫贼等斗。亦不得听吹呗、鼓角、琴、瑟、筝、笛、箜篌[1]，歌叫妓乐之声。不得樗捕、围棋、波罗塞戏、弹棋、陆博、拍毱、掷石投壶、牵道八道行城[2]。爪镜、蓍草、杨枝、钵盂、髑髅[3]，而作卜筮。不得作盗贼使命。一一不得作。若故作者，犯轻垢罪。

注释：

①箜篌（kōng hóu）：一种古代乐器。世传此乐器为西域所出，非华夏固有。箜篌分为竖箜篌、卧箜篌、凤首箜篌等，其中竖箜篌体曲面长，通常为二十三弦，置于怀中两手齐奏；卧箜篌则为七弦，形如琵琶。

②樗（chū）捕：即赌博。波罗塞戏：出自印度，模拟兵战的一种游戏。谓二人各执二十余小玉，乘象或马于道路，以争得要路以为胜，类似我国的象棋。弹棋：汉朝时的妆奁游戏，常为宫人仕女所玩。掷石投壶：即于远处掷石投入壶中的一种游戏。牵道八道行城：一种出自天竺的棋类游戏，纵横各有八路，以棋子行之，如行城的法式。

③爪镜：西域巫术，谓以药涂指上，念动咒语，有光明出，如镜照人，断人吉凶。蓍（shī）草：多年生宿根草本，被认为是鬼神最爱植物之一，中国古人取其茎截取以为筮，用以卜卦，以断凶吉。杨枝：即樟柳神，谓巫师以咒祭樟柳树成神，附人耳边，报

人祸福。钵盂(bō yú):一种巫术,谓以水注入盂中,以刀搅动,并念动咒语,等水定后,可于其中观察,以断人是非、吉凶等事。髑髅(dú lóu):人之头骨,取自新尸首,以邪咒邪术祭之,能在人耳边通报祸福等事。

译文:

佛弟子,不可因为恶心所使,兴趣盎然地观看男女放荡斗闹之事,两军对阵兵将相杀、盗贼劫掠斗杀之事。亦不得沉醉于听螺呗、鼓角、琴、瑟、筝、笛、箜篌,以及歌叫妓乐之声。亦不得沉湎于赌博、围棋、波罗塞戏、弹棋、陆博、拍毱、掷石投壶、牵道八道行城。不得以爪镜、蓍草、杨枝、钵盂、髑髅等法,行种种卜筮,断人吉凶祸福。不可作盗贼使者,通风报信。上述种种,一一皆不得去做。若明知而故意去做者,犯轻垢罪。

解读:

佛法核心是因缘法,因果不爽,有因必有果,有果必有因。众生畏果,菩萨畏因。既得其果,无能改之。将来之果,在于当下之因。与其算命打卦,不如于当下广积福田。况此等事,本为佛戒所禁,大乘佛子如若为之,是谓以身谤法,获罪无量。

第三十四　暂念小乘戒[①]

若佛子,护持禁戒[②],行住坐卧,日夜六时,读诵是戒。犹如金刚。如带持浮囊[③],欲渡大海。如草系比丘[④]。

常生大乘善信，自知我是未成之佛，诸佛是已成之佛。发菩提心，念念不去心，若起一念二乘外道心者，犯轻垢罪。

注释：

①蹔（zàn）：同“暂”。

②禁戒：指佛为防止弟子们身、口、意之过错而制定的戒律。也指非长时期所持之戒，是应于短期内发愿修法所制之戒。

③浮囊：佛教经论中常出现的用于渡河的工具，此处喻戒，谓持戒能防非止恶，使人渡生死海。

④草系比丘：严持戒律比丘的代称，出自佛教中典故。据称佛陀在世时，有一比丘被贼人以带根的活生草捆住，比丘怕伤害生草，故静等不动，偶遇一国王经过，方得解脱。

译文：

佛弟子，应该严格护持戒律，于行住坐卧、日夜六时之中，读诵戒律。犹如金刚一样戒心坚固，视佛戒如带持浮囊，能渡生死苦海。亦如草系比丘一般，持律精严。

诸佛弟子，应常生起大乘善信，相信自己是未来之佛，诸佛是已成之佛。大乘佛子，应当发大菩提心，念念不离大乘心，若起一念小乘、外道心者，犯轻垢罪。

解读：

戒为无上菩提之本，持戒犹如带持浮囊，能令人渡生死苦海。大乘佛子，发大菩提心，即以大心愿守持戒律，而不是自视大心而轻视有相细微戒律，所谓从大处着眼，从细节做起。

第三十五　不发愿戒

若佛子，常应发一切愿。孝顺父母、师僧；愿得好师，同学、善知识，常教我大乘经律；十发趣，十长养，十金刚，十地，使我开解，如法修行，坚持佛戒。宁舍身命，念念不去心。若一切菩萨不发是愿者，犯轻垢罪。

译文：

佛弟子，应当时常发起一切广大愿心。永远孝顺父母，孝顺师僧。愿得明眼大德为师，愿得大乘佛法同学，愿遇大善知识，常能教授我大乘经律；十发趣，十长养，十金刚，十地等，可以使我心开意解，并能如法修行，坚持佛戒。大乘佛子，宁可舍弃生命，念念都不应离开如此心愿。如果一切菩萨不发如此广大心愿，犯轻垢罪。

解读：

此处所说，为十大愿心，即：一愿孝顺父母，二愿求好师，三愿求同学，四愿求大法，五愿求十发趣，六愿求十长养，七愿求十金刚，八愿求十地，九愿求开解佛乘，十愿坚持佛戒。如此十愿，总摄一切广大愿心。父母有生育之恩，师僧有教诲之德，同学有互助情义，常行感恩，成就内德。功德福报具足，则学佛持戒无难。

第三十六　不发誓戒

若佛子，发是十大愿已，持佛禁戒，作是愿言：

宁以此身，投炽然猛火、大坑刀山，终不毁犯三世诸佛经律，与一切女人作不净行。

复作是愿，宁以热铁罗网千重，周匝缠身，终不以此破戒之身，受于信心檀越一切衣服。

复作是愿，宁以此口吞热铁丸，及大流猛火，经百千劫，终不以此破戒之口，食于信心檀越百味饮食。

复作是愿，宁以此身卧大流猛火，罗网热铁地上，终不以此破戒之身，受于信心檀越百种床座。

复作是愿，宁以此身受三百鉾刺身[①]，经一劫二劫，终不以此破戒之身，受于信心檀越百味医药。

复作是愿，宁以此身投热铁镬，经百千劫，终不以此破戒之身，受于信心檀越千种房舍、屋宅、园林、田地。

复作是愿，宁以铁锤打碎此身，从头至足，令如微尘，终不以此破戒之身，受于信心檀越恭敬礼拜。

复作是愿，宁以百千热铁刀鉾，挑其两目，终不以此破戒之心，视他好色。

复作是愿，宁以百千铁锥，劖刺耳根[②]，经一劫二劫，终不以此破戒之心，听好音声。

复作是愿，宁以百千刃刀割去其鼻，终不以此破戒之心，贪嗅诸香。

复作是愿，宁以百千刃刀割断其舌，终不以此破戒之心，食人百味净食。

复作是愿，宁以利斧斩斫其身[3]，终不以此破戒之心，贪着好触。

复作是愿，愿一切众生成佛。

菩萨若不发是愿者，犯轻垢罪。

注释：

①鉾（móu）：剑锋。

②劖（chán）：刺，砭刺。

③斫（zhuó）：用刀斧砍或削。

译文：

大乘佛弟子，发上述十大愿后，守持诸佛禁戒，又发如下誓愿：

宁愿以自身，投入炽燃猛火中，受焦烂苦；或投入大坑刀山中，受陷坠、割截苦，终不毁坏、违犯三世诸佛经律，与一切女人作不净行。

又发是愿，遇寒冷时，宁愿以炽热铁罗网千重，周匝缠绕己身，终不以此破戒之身，接受信心施主的一切衣服供养。

又发是愿，饥饿时，宁愿以此口吞食热铁之丸；饥渴时，宁愿以此口饮大流猛火，受焦肠烂肺之苦，历经百千劫，终不以此破戒之身，食于信心施主的百味饮食供养。

又发是愿，疲倦时，宁愿以此身卧在大流猛火、罗网热铁地上，终不以此破戒之身，接受信心施主的百种床座供养。

又发是愿，患病时，宁愿以此身受三百矛刺，经历一劫、二劫，终不以此破戒之身，接受信心施主的百味医药供养。

又发是愿，居止时，宁愿以此身投入热铁笼中，经历百劫、千劫，终不以此破戒之身，接受信心施主的房舍、屋宅、园林、田地等供养。

又发是愿，自尊自重时，宁愿用铁锤打碎此身，从头到脚，碎如微尘，终不以此破戒之身，接受信心施主的恭敬、礼拜。

又发是愿，当眼外观时，宁愿用百千炽热铁刀铁矛，挑其双眼，终不以此破戒之心，观看美丽之物。

又发是愿，当耳闻声时，宁愿以百千铁锥，刺破耳根，历经一劫、二劫，终不以此破戒之心，听其好声音。

又发是愿，当鼻闻香时，宁愿以百千刃刀，割去其鼻，终不以此破戒之心，贪嗅种种好香。

又发是愿，饮食时，宁愿以百千刃刀，割断其舌，终不以此破戒之心，食人百味净食。

又发是愿，身触外境时，宁愿以利斧斩破其身，终不以此破戒之心，贪着好的身体感触。

又发是愿，愿一切众生，悉皆成佛。

菩萨若不发此十三誓愿，犯轻垢罪。

解读：

此等心愿誓词，句句铿锵有力；信心与诚心，皇天可表。大菩提心，必配广大愿心，心行合一，是谓真修行。

第三十七　冒难游行戒①

若佛子，常应二时头陀②。冬夏坐禅，结夏安居③。常用杨枝、澡豆、三衣、瓶、钵、坐具、锡杖、香炉、滤水囊、手巾、刀子、火燧、镊子、绳床、经、律、佛像、菩萨形像④。

而菩萨行头陀时，及游方时，行来百里千里，此十八种物常随其身。头陀者，从正月十五日至三月十五日，八月十五日至十月十五日，是二时中，此十八种物，常随其身，如鸟二翼。

若布萨日，新学菩萨，半月半月布萨，诵十重四十八轻。若诵戒时，于诸佛菩萨形像前诵。一人布萨，即一人诵。若二及三人，至百千人，亦一人诵。诵者高座，听者下座，各各披九条、七条、五条袈裟⑤。结夏安居，一一如法。

若头陀时，莫入难处⑥。若国难恶王，土地高下，草木深邃，狮子虎狼，水、火、风，劫贼道路，毒蛇，一切难处，悉不得入。若头陀行道，乃至夏坐安居，是诸难处，亦不得入。若故入者，犯轻垢罪。

注释：

①冒难游行戒：初学菩萨，虽然发大愿心，然道力未充，不

能一切无碍，凡会遇难之处，不可轻游，故戒之，是谓“冒难游行戒”。游行，又作“飞锡”、“游方”，指遍行各地参学闻法。禅宗称为“行脚”，一般游行参学的僧侣，称为“行脚僧”。

②头陀：亦称“抖擞”、“修治”、“弃除”等，苦行之一，指以极严格手段破除对衣、食、住等的贪着，修炼身心，抖去客尘烦恼，证无上正道。头陀有十二种苦行：一、阿兰若处住（荒野僻静处），二、常行乞食，三、次第乞食，四、日中一食，五、节量食，六、中食后不饮果浆，七、穿粪扫衣，八、只有三衣，九、冢间住，十、树下止宿，十一、露地坐，十二、但坐不卧。

③结夏安居：佛教修行制度之一，又作“夏安居”、“雨安居”、“坐夏”、“结制安居”等。印度夏季雨期达三月之久，此三个月间，出家人禁止外出，并聚居一处以致力修行，称为“结夏安居”。如果雨季期间外出，恐踩杀地面之虫类及草树之新芽，招引世讥，故聚集修行，避免外出。

④杨枝：即杨柳枝，或其他树枝，刷牙用。三衣：依佛教戒律规定，出家人可以拥有的三种衣服：一、僧伽梨，即“大衣”、“重衣”、“入聚落衣”等，为上街托钵或奉召入王宫时所穿之衣，由九至二十五条布片缝制而成，又称“九条衣”。二、郁多罗僧，即“上衣”、“入众衣”，为礼拜、听讲、布萨时所穿之衣，由七条布片缝制而成，故又称“七条衣”。三、安陀会，即“内衣”、“作务衣”、“五条衣”，为做日常劳务时或就寝时所穿之衣。钵：又作“钵盂”，用瓦或铁制成，为僧尼所常持器具之一，一般做为化缘乞食的容器。坐具：又作“敷具”、“坐卧具”等，指坐卧时敷于地上或卧具上的长方形布，也可指坐垫。坐具可以防御地上

植物、虫类以保护身体，也可避免三衣及寝具受污损。锡杖：又作“声杖”、“鸣杖”、“金锡”等，比丘十八物之一。比丘行于道路时，原用于驱赶毒蛇、害虫等，或乞食之时，振动锡杖，使人远闻即知。锡杖于后世则成为法器之一。滤水囊：喝水时，担心水中有虫，故先要过滤，然后才喝，免得杀害微小生命。刀子：用以剃除须发。头陀行，严格要求，头发略长，即必须剃除。火燧：用以取火的工具。镊子：比丘十八物之一，用于拔取鼻毛或刺等物。古时头陀赤足而行，若有刺伤足，用此拔之。

⑤九条、七条、五条袈裟：即出家人的“三衣”。

⑥莫入难处：即不要进入各种有危险、特别困苦之处。若入于难处，身体易受伤害。此身虽然虚幻，而念佛、参禅全赖此色身。

译文：

作为佛弟子，常应在春、秋二时头陀，冬、夏二季坐禅，夏天雨季安居。无论头陀、坐禅、安居，都应常携如下物品：杨枝、澡豆（即肥皂）、三衣、瓶、钵、坐具、锡杖、香炉、漉水囊、手巾、刀子、火燧、镊子、绳床、经、律、佛像、菩萨像。

菩萨行头陀时，以及游方参学时，无论行来百里、千里，此十八种物品，都应随身携带。若行头陀，应当从正月十五日至三月十五日（即春分时），从八月十五日至十月十五日（即秋分时），此二时节中行头陀，上述十八种物品，应常随身携带，它们犹如鸟之两翼，不可缺少。

如果是布萨日，新学菩萨，当于每月上半月下半月各行布萨，诵此十重四十八轻戒。如果是诵戒时，僧众应当集于佛菩萨像前诵戒。一人布萨，即一人诵戒。如果是二人，以及三人，乃至百千人布萨，也是一人诵戒。诵者高座，听者下座，各披九条、七条、五条袈裟。结夏安居，也应一一如此法而行。

佛子行头陀时，莫入艰难危险处。如战争灾害不断的国家，恶王执政的国度，或地势高低难测之地，草木深邃之地，狮子虎狼、水火风灾常生之地，以及劫贼经常出没的道路，毒蛇经常出没的场所，如此等一切危险之处，皆不可去。头陀所行道路，乃至结夏安居之处，此等危险之处，皆不得入。若明知而故去，犯轻垢罪。

解读：

佛教苦行，旨在破除自身对于衣、食、住等的种种贪著，抖落种种客尘烦恼，而不是作贱身体。瑕满人身，千劫难得。参禅打坐、持咒念佛，精过用功，证得无上菩提，端赖此色身。故当珍惜爱护，莫入难处，莫加毁坏。

第三十八　乖尊卑次序戒

若佛子，应如法次第坐。先受戒者在前坐，后受戒者在后坐。不问老少，比丘、比丘尼，贵人、国王、王子，乃至黄门、奴婢，皆应先受戒者在前坐，后受戒者次第而坐。莫如外道痴人[①]，若老若少，无前无后，坐无次第，如兵奴之法。

我佛法中，先者先坐[②]，后者后坐，而菩萨一一不如法次第坐者，犯轻垢罪。

注释：

①痴人：即愚痴无智慧之人。外道没有智慧，故说其为“痴人”。

②先者：指戒腊时间长者。戒腊，指僧侣受具足戒以后的年数。

译文：

佛弟子，应按照佛法规定的次第而坐。先受戒者坐在前面，后受戒者坐在后面。不论年老年少，比丘、比丘尼，贵人、国王、王子，还是阉人、奴婢，皆应先受戒者坐在前面，后受戒者次第而坐。不要像外道痴人那样，若老若少，无前无后，坐无次第，如兵奴般没有章法。

在佛教仪轨中，先受戒者先坐，后受戒者后坐，如果菩萨不能一一如法次第而坐者，犯轻垢罪。

解读：

佛性平等，人格平等，心无高下，然于事相，得有高下前后规矩，方能威仪三千，为人天师表。

第三十九　不修福慧戒

若佛子，常应教化一切众生。建立僧房，山林园田[①]，立作佛塔[②]，冬夏安居坐禅处所，一切行道处，皆应立之[3]。而菩萨应为一切众生讲说大乘经律。若疾病、国难、贼难，父母、兄弟、和尚、阿阇黎亡灭之日，及三七日、四五七日，乃至七七日，亦应讲说大乘经律。

一切斋会求福，行来治生，大火所烧，大水所漂，黑风所吹船舫，江河大海罗刹之难，亦读诵讲说此经律。乃至一切罪报，三恶、八难、七逆、杻械枷锁系缚其身，多淫、多嗔、多愚痴、多疾病，皆应讲此经律。而新学菩萨若不尔者，犯轻垢罪。

如上九戒，应当学，敬心奉持。《梵坛品》当说。

注释：

①山林园田：建立山林，可以方便众人经行，也可以为寺院备足建设所需木材及烧饭所用材薪。所谓经行，指在一定的场所中往复回旋行走，通常坐禅昏沉瞌睡时，可起而经行，动中观心参禅。另，经行也指食后或疲倦时，于闲处、户前、塔下等处的一种调剂身心的安静散步。建立园圃，种植果蔬，供给僧众。建设田地，插谷、种粟，备久远资粮。

②佛塔：原指为安置佛陀舍利等物，而以砖等构造所成的建筑物，后世多造各式塔以埋藏遗骨、贮藏经卷，或为标示特别圣灵之地。塔，通常是寺院中标志性的神圣建筑物，以供大众瞻礼，增加福慧。

③一切行道处，皆应立之：即一切修行法门之处，皆应设立方便专修场所。如修行准提咒者，应为立准提堂；专心念佛者，设念佛堂；立志参禅者，设禅堂。

译文：

作为佛弟子，常应施设种种方便，教化一切众生。建设寺庙僧房，广建山林园田，建造佛塔，建立冬夏安居坐禅处所，一切修行法门之处，皆应设立方便专修场所。菩萨应为一切众生宣说大乘经律。如人患重病、遇国难、贼难，父母、兄弟、和尚、阿阇黎的去世之日，及二十一日、二十八日、三十五日，直至四十九日，亦应讲说大乘经律，令其解脱幽冥之苦。

一切修斋祈福法会，游行来往，治生产业，为大火烧毁，为大水所漂，为黑风吹起船舫，遭江河大海罗刹之难，皆应读诵讲说此大乘经律。乃至一切罪报，三恶、八难、七逆、杻械枷锁系缚其身，多淫、多嗔、多愚痴、多疾病等，皆应读诵讲说此大乘经律，能灭无量罪业，能灭一切贪嗔痴苦，能除身心病患，总令身心俱得解脱。新学菩萨不如此做者，犯轻垢罪。

如上九戒，应当学，应当敬心奉持。在《梵坛品》中当细说。

解读：

受持读诵大乘经典，讲说大乘经典，皆为教化广度一切众生之愿。实际理地不染一尘，万行门中不舍一法，读诵讲说大乘经律，福报功德无量，能消无量罪业，能得身心解脱。

第四十　拣择授戒戒

佛言：佛子与人授戒时，不得拣择[①]。一切国王、王子、大臣、百官，比丘、比丘尼、信男、信女，淫男、淫女，十八梵天、六欲天子，无根、二根、黄门、奴婢[②]，一切鬼神，尽得受戒。

应教身所着袈裟，皆使坏色[3]，与道相应。皆染使青、黄、赤、黑、紫色，一切染衣，乃至卧具，尽以坏色。身所着衣，一切染色。若一切国土中，国人所着衣服，比丘皆应与其俗服有异。

若欲授戒时，应问言：现身不作七逆罪耶？菩萨法师，不得与七逆人现身授戒。七逆者，出佛身血、杀父、杀母、杀和尚、杀阿阇黎、破羯磨转法轮僧、杀圣人[4]。若具七逆，即现身不得戒，余一切人，尽得受戒。

出家人法，不向国王礼拜，不向父母礼拜，六亲不敬，鬼神不礼，但解法师语[5]。有百里千里来求法者，而菩萨法师，以恶心、嗔心，而不即与授一切众生戒者，犯轻垢罪。

注释：

①拣择：指由求戒者的身份地位、贫富贵贱而区别对待。或授戒，或不授戒，或以不同态度、仪规授戒。

②无根：指无男女生殖器官的人。二根：指男女生殖器官同体的人，即不男不女之人。

③坏色：又称“不正色”、“杂色”，比丘三衣的染色。佛陀为使僧侣与世俗人或外道有所区别，也为了避免比丘对所穿着的衣服生起欲染心，因此制定僧衣应染成坏色。坏色，指避开世俗常用的青、黄、赤、黑、白五正色，有三种色，即：青色、泥色

（皂色、黑色）、茜芭（木兰色）。

④破羯磨转法轮僧：指以不正当之言论和行动，破坏教团的和谐。羯磨僧，指授戒仪式中为欲受戒者指示乞戒礼仪规矩的阿阇黎；转法轮僧，指宣讲佛法义理、戒律内容及其主旨的阿阇黎。此两者，为授戒仪式中三师七证的三师中之二僧，地位十分重要。

⑤但解法师语：指受戒出家后，应该以修道为重，不务世俗之礼，但能解得法师说戒之语。

译文：

佛说：作为佛弟子，与人授戒时，不得拣择区别对待。一切国王、王子、大臣、百官、比丘、比丘尼、信男信女、淫男淫女、十八梵天、六欲天子、无根、二根、阉人、奴婢、一切鬼神，都应当尽得受戒。

授戒时，应教其身穿的袈裟，皆使用坏色，如此则与道相应。都染成青、黄、赤、黑、紫色，一切染衣，乃至一切卧具，都使用坏色。比丘所着衣服，一切都是染以坏色。一切国土之中，国人所穿着的衣服，比丘所着衣服皆应与国中俗服有异。

若欲授戒时，应问受戒者：你现身作过七逆罪吗？菩萨法师，不得为现身作七逆罪者授戒。七逆罪是：出佛身血、杀父、杀母、杀和尚、杀阿阇黎、破羯磨转法轮僧、杀圣人。如果犯了此七逆罪，则现身不能受戒，其余一切人，尽得受戒。

出家人法，不向国王礼拜，不向父母礼拜，不敬六亲，不拜鬼神，但能解得法师语。若有人从百里、千里来求法，而菩萨法师，因为自己的恶心、嗔心，而不即与授一切众生戒者，犯轻垢罪。

解读：

法师心中，应该众生平等，佛性平等，传法授戒，亦当一切众生平等，无有拣择。平等心，须见之于平等的行为。自身清净、平等、慈悲，则与诸法实相相合。如此传戒授戒，受戒者当下戒体成就，授戒受戒同时成功。

第四十一　为利作师戒

若佛子，教化人起信心时，菩萨与他人作教诫法师者[①]，见欲受戒人，应教请二师。和尚、阿阇黎二师[②]，应问言，汝有七遮罪否？若现身有七遮罪者，师不应与授戒；若无七遮者，得与授戒。

若有犯十重戒者，教忏悔。在佛菩萨形像前，日夜六时，诵十重四十八轻戒，苦到礼三世千佛，得见好相者。若一七日，二三七日，乃至一年，要见好相。好相者，佛来摩顶，见光华。种种异相，便得灭罪。若无好相，虽忏无益。是人现身亦不得戒，而得增长受戒益。

若犯四十八轻戒者，对首忏悔[③]，罪便得灭，不同七遮。而教诫师，于是法中，一一好解[④]。

若不解大乘经律，若轻若重，是非之相，不解第一义谛，习种性、长养性、性种性、不可坏性、道种性、正觉性[5]。其中多少观行出入[6]，十禅支[7]，一切行法，一一不得此法中意。

而菩萨为利养，为名闻故，恶求多求，贪利弟子，而诈现解一切经律，为供养故，是自欺诈，亦欺诈他人。故与人授戒者，犯轻垢罪。

注释：

①教诫法师：诫，即教人有些事不应该做。即授戒时，教导他人受戒仪式，教他人忏悔，教他人如何得戒等。教，即教人有些事应该做。

②和尚：在传戒时，和尚负责传戒，名"得戒和尚"。阿阇黎：阿阇黎作法令受戒人得戒，名"羯磨和尚"。

③对首忏悔：三种羯磨法之一，又作"对手"、"对首忏"。对首忏悔，为原始佛教至部派佛教时代，僧团于每月二回的布萨会或结夏安居最后一日的自恣日中所行的忏悔作法，即双手合十，面对他僧（一至三人），忏悔己过。后来广用于传戒时，若犯四十八轻罪而须行忏悔法时，可面对其他的修行僧（一人至三人），禀陈事实，表示悔悟之意。对首，即面对面。

④一一好解：即教诫师应该让受戒者，一一明白前面所说的道理。即：犯七遮罪者，不得受戒。犯十重罪者，当于佛菩萨形像前忏悔，并能得见好相，方能得戒。犯轻罪者，对首忏悔。

⑤习种性：全称"习所成种性"，二种性（性种性、习种性）之一，六种性（习种性、性种性、道种性、圣种性、等觉性、妙觉性）之一，指由后天闻佛法受教化，修习众善而日久熏成的种性。

也指大乘菩萨修行阶位中的十住，此阶位菩萨，习空观之教，破除见思之惑。长养性：即“十长养性”，因渐增长而名长养性。性种性：无始以来本自具足，辗转相续的无漏因之种性，称为“性种性”。或谓十行菩萨，不住于空而教化众生，能分别一切法性，故名“性种性”。道种性：六种性之一，指十回向位。此阶位菩萨修中道妙观，故名为“道”；通达一切佛法，能生佛果，故名为“种”。正觉性：谓证入圣位，即十地及等、妙二觉。

⑥观行：指观心修行，观照自心以明了本性。或指观法之行相。唯识宗于观行有两种，称“二观行”，即：一、寻伺，即推寻伺察。寻，粗猛推求。伺，细心分别。对于根尘相对所起一念之心，即以空、假、中三观觉照。二、真如，即常以妙观观于心性本具真如之理，速令显发。

⑦十禅支：指四禅定中所修观法及其功德觉受。初禅五支，觉、观、喜、乐、一心。二禅四支，内等净、喜、乐、一心。三禅五支，舍、念、慧、乐、一心。四禅四支，不苦不乐、舍、念、一心。舍去重复者，是谓“十禅支”。

译文：

作为佛弟子，应当教化众生生起大乘信心。菩萨与他人作教诫法师时，若见有人欲受大乘菩萨戒，应教其礼请戒和尚、羯磨和尚二师。二师在传戒前，应先问欲受戒之人：你今生犯有七遮罪了吗？若现身犯了七遮罪，就不能为他授戒；若没有犯过七遮罪，就可以为其授戒。

如果有人犯过十重戒，应先教其忏悔。令其在佛菩萨形像前，日夜六时，诵此十重四十八轻戒。以悲苦心、至诚忏悔心礼拜三世千佛，直至得见好相。七日、十四、二十一日，乃至一年，礼拜、忏悔不辍，毕竟要见好相。所谓的好相，指见佛来摩顶，或见光、见莲花等。若见此等种种异相，便知已得灭罪。若无好相现前，罪还没有得灭，虽行忏悔亦无灭罪之利益。此等之人现身不能得戒，但为将来受戒创造了好的条件。

如果犯了四十八轻戒，可于首座或后堂师父面前，也可面对其他的修行僧（一人至三人），禀陈事实，忏悔己过，罪业便得消灭，此与七遮之罪不同。教诫师于上述授戒法规、忏悔之法，一一皆得明确了解。

如果不了解大乘经律，不知犯戒之轻重、是非之相，不理解大乘佛法第一义谛，不解习种性、长养性、性种性、不可坏性、道种性、正觉性，乃至其中多少观行出入，十种禅支，如此等一切法，一一不解其中之意，自利尚难，何况利人。

如果菩萨为了利养，为了名声，一味地恶求多求，贪多供养，多收徒众，而诈称能解一切经律，此种为了供养的行为，是自我欺诈，也是欺诈他人。不解上述诸法，而故意与人作师授戒者，犯轻垢罪。

解读：

知之为知之，不知为不知，是智也。不解大乘佛教经律，不修大乘佛法，不知授戒因缘，不知忏悔之法，为名闻利养而强行说戒授戒，断众生慧命，造无间地狱罪业，不可不慎。

第四十二　为恶人说戒戒

若佛子，不得为利养故，于未受菩萨戒者前，若外道恶人前，说此千佛大戒①。邪见人前，亦不得说。除国王②，余一切不得说。

是恶人辈，不受佛戒，名为畜生，生生不见三宝。如木石无心，名为外道邪见人辈，木头无异。而菩萨于是恶人前，说七佛教戒者，犯轻垢罪。

注释：

①千佛大戒：即大乘菩萨戒，佛性戒。

②除国王：因为国王是一国之主，为治理好国家，当然会希望人改过迁善，故凡所行佛事，不应隐讳。况佛教兴灭之事，亦系于国王。所以说，唯除国王。

译文：

佛弟子，不得为了名闻、利养，在未受菩萨戒之人面前，如外道、恶人等面前，讲说此千佛大戒。在一切邪见之人面前，亦不可讲说此千佛大戒。除国王之外，上述其余一切诸人面前，都不得讲说。

这些恶人，不受佛戒，无惭无愧，与畜生无异，纵三宝在前，置若罔闻，是以生生世世不会得闻三宝。又有一些人，生有人形，实同木石一样无心，名为外道、邪见人辈，虽属有情，实与木头无异。而菩萨在这些恶人、邪见人面前说七佛教戒，犯轻垢罪。

解读：

持戒虽是善行，学佛虽然可以使人了脱生死，但是，如果说法因缘不具而强行说法，会导致听者谤法，造就罪业，在讲法者是谓无慈悲心，也形同造恶。大乘佛子，不会为了表现自我而贩卖如来教法，而是随顺众生因缘，观机逗教。

第四十三　无惭受施戒

若佛子，信心出家，受佛正戒。故起心毁犯圣戒者，不得受一切檀越供养。亦不得国王地上行，不得饮国王水。五千大鬼常遮其前，鬼言大贼。入房舍城邑宅中，鬼复常扫其脚迹。一切世人皆骂言，佛法中贼；一切众生，眼不欲见。犯戒之人，畜生无异，木头无异。若故毁正戒者，犯轻垢罪。

译文：

佛弟子，因为有对佛法的信心而出家，受持佛制正戒，应受众生供养。如果后又反起不信之心，毁犯圣戒，则不得接受一切施主供养。也不得在国王土地上行走、化缘，不得喝国王管辖之内的水。不仅如此，还会有五千大鬼常遮眼前，因为此等人毁犯圣戒且接受施生供养，一切鬼神皆呵骂其为大贼。如果入于房舍、城邑、住宅之中，还会有鬼时常扫其脚迹。一切世人都会骂说，此等人是佛法中贼；一切众生，都不愿见到这些人。犯戒之人，身披袈裟受人供养，无惭无愧，与畜生无异；不知止恶修善，与木头无异。出家人若故意毁犯正戒者，犯轻垢罪。

解读：

真正持戒者，是名真佛子。真佛子，方可接受众生供养。出家僧众，若不能持戒，甚至毁犯佛戒，身披袈裟受人供养，无间地狱有份。

第四十四　不供养经典戒

若佛子，常应一心受持、读诵大乘经律。剥皮为纸，刺血为墨，以髓为水，析骨为笔，书写佛戒。木皮谷纸，绢素竹帛，亦应悉书持。常以七宝①，无价香华，一切杂宝为箱囊，盛经律卷。若不如法供养者，犯轻垢罪。

注释：

①七宝：即七种珍宝，又称"七珍"，指世间七种珍贵的宝玉。佛教诸经于七宝说法不一，《阿弥陀经》、《大智度论》卷十等称七宝为：金、银、琉璃、颇梨（水晶）、车渠、赤珠、码瑙。《法华经》卷四中则以金、银、琉璃、砗磲（chē qú）、码瑙、真珠、玫瑰为七宝。

译文：

佛弟子，常应一心一意受持、读诵大乘经律。愿意剥皮为纸，刺血为墨，以髓为水，析骨为笔，书写佛制戒律。树皮谷纸，绢素竹帛，亦应愿意用来书写戒律，受持流通。常以金、银、琉璃、颇梨、车渠、赤珠、码瑙等七宝，无价香花，以及其他一切宝物，为箱为囊，盛放、供养经律。如果不如法供养者，犯轻垢罪。

解读：

经律所在之处，即是佛法所在。凡三宝弟子，皆当如佛一样供养，是名真正归依三宝。

第四十五　不化众生戒

若佛子，常起大悲心，若入一切城邑、舍宅，见一切众生，应唱言：汝等众生，尽应受三归十戒。

若见牛马猪羊，一切畜生，应心念口言：汝是畜生，发菩提心。

而菩萨入一切处，山林川野，皆使一切众生发菩提心。是菩萨若不发教化众生心者，犯轻垢罪。

译文：

佛弟子，应常生起大慈悲心。如果入于城邑、舍宅之中，见一切众生，应当唱说：你们一切众生，都应归依三宝，受持十戒。

如果见到牛、马、猪、羊等，及一切畜生，应当心念口说：你们虽是畜生，也应当发起菩提心。

菩萨到达一切地方，山林、田野等，都应使一切众生发起菩提心。身为菩萨，如果不教化众生，令其发起菩提心，犯轻垢罪。

解读：

众生平等，相信一切众生皆有佛性，相信他们于未来必当成佛。对一切众生平等说法，对智者说理，教钝者念佛念咒，对一切畜生等，只管心念口说，是为随缘说法，观机逗教。

第四十六　说法不如法戒

若佛子，常行教化，起大悲心。入檀越贵人家，一切众中，不得立为白衣说法，应在白衣众前，高座上坐①。法师比丘，不得地立为四众白衣说法。若说法时，法师高座，香华供养，四众听者下坐。如孝顺父母，敬顺师教，如事火婆罗门②。其说法者，若不如法说，犯轻垢罪。

注释：

①上座：金陵刻经处版本为“土”，据《大正藏》本改为“上”。

②事火婆罗门：佛教经典中所说古印度的外道之一，其信徒祭祀供养火天阿耆尼。事火之法，虽为外道，然其门徒修行，却是精勤而不怠，恭谨而不忽。

译文：

作为佛弟子，应当常行教化之事，生起大慈悲心。不论是来到施主贵人之家，还是来到一切大众之中，都不得站立着为世人说法，免使世人不尊重佛法而生轻慢佛法之心，而是应该在听法大众前面，较高的座位上入座讲法。法师比丘，不得在地上站立着为四众弟子或世俗人说法。正式说法时，法师应在高座上入座，座前当以香花供养，四众听法者在下面依次而坐。听法之人，当至诚恭敬，如子女孝顺父母，如弟子敬顺师教，如事火婆罗门之精勤恭谨。说法之人，如果不如法高座，不得香花供养，而为大众说法者，犯轻垢罪。

解读：

轻慢佛法，得无量罪业，招无量苦报。随意说法而使众生轻慢佛法，是谓陷众生于罪，自身也会因轻慢佛法而获罪。如此损人自损之事，名为广传佛法，度化众生，实为以身谤佛，我慢所至，罪业更重。

第四十七　非法制限戒

若佛子，皆以信心受戒者。若国王、太子、百官、四部弟子①，自恃高贵，破灭佛法戒律。明作制法，制我四部弟子，不听出家行道，亦复不听造立形像、佛塔、经律。立统制众②，安籍记僧。菩萨比丘地立，白衣高座，广行非法，如兵奴事主。而菩萨应受一切人供养，而反为官走使，非法非律。若国王百官，好心受佛戒者，莫作是破三宝之罪。而故作破法者，犯轻垢罪。

注释：

①四部弟子：即“四众弟子”，指构成佛教教团的四种弟子，包括比丘、比丘尼、优婆塞、优婆夷；或指出家四众，即比丘、比

丘尼、沙弥、沙弥尼。

②立统制众：指政府设立僧统以管理佛教事务。僧统，指僧官。后秦姚兴初立僧官，称“僧正”。北魏改之，称为“统”，有“沙门统”、“僧统”、“沙门都统”三名。唐以后另设“僧录”为僧官机构。

译文：

作为佛弟子，都是以信心而受持佛戒者。如果有国王、太子、百官、四众弟子，自恃身份高贵，而做破坏毁灭佛法戒律之事。如制定彰明种种制限法度，限制佛教四众弟子，不许新增出家修道之人，亦复不许造立佛像、佛塔，不许造印经律。又立僧官统管僧众，设立簿籍登记僧名。菩萨比丘站立于地，而世欲白衣高座在堂，广行一切非法之事，犹如兵奴事奉主人一般。菩萨本应接受一切众生供养，反而成为官家走卒，不合于法亦不合于律。国王、太子、百官等，应当好心受持佛戒，千万不要做此等破坏三宝之事。如果明知而故为，犯轻垢罪。

解读：

在佛陀所处的古代印度，国家并没有设置僧官来管理佛教。后秦姚兴崇信佛教，其所立僧官，应该类似现代的佛教领袖，协调组织翻译佛经及弘法活动。僧人过多过滥，非国家之福，亦非佛教之福。过分管理佛教，亦不合佛制，不利世俗国家。外管内治，松紧有度，以律治僧，是为正道。

第四十八　破法戒

若佛子，以好心出家，而为名闻利养，于国王、百官前说佛戒者，横与比丘、比丘尼菩萨戒弟子[1]，作系缚事，如狱囚法，兵奴之法。如狮子身中虫，自食狮子肉，非余外虫。如是佛子，自破佛法，非外道天魔能破。

若受佛戒者，应护佛戒，如念一子，如事父母，不可毁破。而菩萨闻外道恶人，以恶言谤佛戒之声，如三百鉾刺心，千刀万杖打拍其身，等无有异。宁自入地狱，经于百劫，而不闻一恶言破佛戒之声。况自破佛戒，教人破法因缘，亦无孝顺之心。若故作者，犯轻垢罪。

如是九戒，应当学，敬心奉持。

注释：

①横与：即“横治”。以世俗法律惩治犯戒僧人，是为“横治”。以佛教律法处理犯戒僧人，是谓“直治”。

译文：

佛弟子，本以了生脱死之心而出家为僧，而今为了名闻利养，于国王、百官等面前宣说佛戒时，指控张扬比丘、比丘尼菩萨戒弟子犯戒之事，致使彼等遭受世俗法律惩罚系缚之事，如入狱成囚，遭兵奴关押。此等所为，犹如狮身之虫，自食狮子肉，非是其他一切虫类所能做到。如此佛弟子，自己破坏佛法，其破坏性远非外道天魔所能达到。

因此，受持佛戒者，应当爱护佛戒，就像父母挂念独子，又如子女事奉父母，不可毁破。菩萨听到外道、恶人，以恶言诽谤佛戒之声，犹如三百矛刺心，又如千刀万杖打拍自身，其痛苦无有二致。菩萨宁可自身入于地狱，经历百劫千劫，而不愿听闻一句恶言诽谤佛戒之声。况且，自己破坏佛戒，因种种因缘教人破坏佛戒，亦是无孝顺心的表现。如果明知而故为，犯轻垢罪。

以上九戒，应当学习，敬心奉持。

解读：

堡垒总是从内部攻破的，事物的腐朽也总是从内部先开始的。大乘佛子，有大愿必有大行，大行必落于小事。一举一动，起心动念，皆合于戒律。戒律兴，则佛教兴。

诸佛子，是四十八轻戒，汝等受持[①]，过去诸菩萨已诵，未来诸菩萨当诵，现在诸菩萨今诵。

诸佛子听：十重四十八轻戒，三世诸佛已诵、当诵、今诵，我今亦如是诵。汝等一切大众，若国王、王子、百官、比丘、比丘尼、信男、信女、受持菩萨戒者，应受持、读诵、解说、书写。佛性常住戒卷[②]，流通三世一切众生，化化不绝。得见千佛，佛佛授手，世世不堕恶道八难[③]，常生人道天中。

我今在此树下，略开七佛法戒[④]，汝等大众，当一心学波罗提木叉，欢喜奉行。如《无相天王品》劝学中，一一广明。

三千学士[5]，时坐听者，闻佛自诵，心心顶戴，喜跃受持。

尔时，释迦牟尼佛说上莲华台藏世界，卢舍那佛《心地法门品》中，十无尽戒法品竟[6]，千百亿释迦亦如是说。从摩醯首罗天王宫，至此道树下，住处说法品[7]，为一切菩萨，不可说大众，受持读诵，解说其义，亦如是。千百亿世界，莲华藏世界，微尘世界，一切佛心藏、地藏、戒藏、无量行愿藏、因果佛性常住藏[8]。如是一切佛说，无量一切法藏竟，千百亿世界中，一切众生受持，欢喜奉行。

若广开心地相相，如《佛华光王七行品》中说。

注释：

①受持：即领受忆持。《胜鬘经宝窟》上本中说："始则领受在心曰受，终则忆而不忘曰持。"

②佛性常住戒：即大乘菩萨戒。大乘菩萨戒又称"佛性戒"、"千佛大戒"，得见佛性、证悟无上菩提是其宗旨。摄戒归性、以佛性为戒体是大乘菩萨戒的重要特征，而佛性本有，常住而不灭，所以此处又称菩萨戒为"佛性常住戒"。

③恶道：一般指地狱、饿鬼、畜生三恶道；阿修罗、人间、天上则称为"三善道"。八难：指不得遇佛、不闻正法的八种障难

（见四十八轻戒之第五戒注）。另外，八难也指八种苦难之处，即：王难、贼难、火难、水难、病难、人难、非人难、毒虫难。佛教中受戒、自恣时，若遇此八种难事，则听许略说俗事。

④略开：众生身心有八万四千细行，即当有八万四千种戒法，但其要旨，不出十重四十八轻戒，所以称“略开”。

⑤三千学士：总称在会听法诸菩萨，包括天龙八部、道俗贵贱等一切听众。

⑥十无尽戒：即本经所说的“十重戒”。

⑦住处：《大正藏》本中为“十住处”，指释迦牟尼佛次第说法的十个处所。即：第一，在摩醯首罗天王宫普光明殿说十世界海；第二，在忉利天说十住；第三，到夜摩天说十行；第四，到兜率天说十回向；第五，到化乐天说十禅定；第六，到他化自在天说十地；第七，到初禅天说十金刚；第八，到二禅天说十忍；第九，到三禅天说十愿；第十，到四禅天说心地法门。

⑧佛心藏、地藏、戒藏、无量行愿藏：一切诸佛所说之三十心含藏一切心法，故名“心藏”。菩萨十地含摄一切修行证果阶第，故名“地藏”。十重四十八轻戒含藏一切戒法，故名“戒藏”。所发无量无边百千大愿，是名“愿藏”。因果佛性常住藏：有百劫修行之胜因，故名“因藏”。能成无上正等正觉佛果，是名“果藏”。一切众生皆有本觉佛性，佛性常住，故名“佛性常住藏”。

译文：

诸位佛弟子，这些四十八轻戒，你们应当领受忆持。此等轻戒，过去诸菩萨已经持诵，未来诸菩萨应当持诵，现在诸菩萨

正在持诵。

诸位佛子请仔细听：这十重四十八轻戒，三世一切诸佛已经持诵、应当持诵、正在持诵，我释迦佛如今也在持诵。你们一切大众，不论是国王、王子、百官，还是比丘、比丘尼、信男、信女，以及一切受持大乘菩萨戒者，都应当领受忆持、时常读诵、解说戒相、书写戒卷。发愿将此佛性常住戒卷，流通于三世一切众生，辗转流布，化化不绝。如此持戒清净，则能得见千佛，又能得到佛佛授手提携，生生世世不堕恶道，不出生于障碍见佛闻法的八难之处，常生于人道、天道之中，闻法修道。

我释迦佛现今在此菩提树下，粗略开示过去七佛所说心地法戒（即十重四十八轻戒），你等一切大众，应当一心一意学习大乘菩萨戒，以欢喜心奉行戒法。如在大部中《无相天王品》劝学篇中，一一得到了广泛而详细说明。

三千菩萨，及一切当时在坐听法者，听闻释尊自诵这十重四十八轻戒，都心心顶戴，欢喜雀跃，发愿受持读诵。

尔时，释迦牟尼佛，于上莲花台藏世界卢舍那佛所说《心地法门品》中十无尽戒品，宣说完毕，其余千百亿释迦佛也是这样说。他们都是从摩醯首罗天王宫，至菩提树下，先后十个住处及所传十世界海、十住、十行、十回向、十禅定、十地等法门品，亦无有异；而一切菩萨，及不可说大众，受持读诵，书写解说其义，亦如婆婆大众无二。不仅如此，还有千百亿世界中佛，千百亿莲华藏世界中佛，乃至无量微尘世界中佛，也在宣说一切诸佛所说三十心藏、十地藏、十重四十八轻戒藏、贤圣所行无量行藏、无量愿藏、百劫修行因藏、成等正觉果藏、一切众生本有佛性之常住藏。像这样一切诸佛所说，此心地等无量一切法藏究竟，百千亿世界之中，一切众生受持，欢喜奉行，亦如此界众生等无有异。

诸佛说法度生大略如此，如果广开心地相相之义，大部中《佛华光王七行品》中有详细说明。

解读：

此为流通分，总述了大乘菩萨戒的体性功用，并总结了大乘佛法的修习次第，再次强调了此修行方法的重要性。

明人忍慧强[①]，能持如是法，未成佛道间，安获五种利：

一者十方佛，愍念常守护。二者命终时，正见心欢喜。

三者生生处，为诸菩萨友。四者功德聚，戒度悉成就[②]。

五者今后世，性戒福慧满[③]。此是诸佛子，智者善思量。

计我着相者，不能信是法。灭寿取证者[④]，亦非下种处[⑤]。

欲长菩提苗，光明照世间。应当净观察，诸法真实相。

不生亦不灭，不常复不断。不一亦不异，不来亦不去。

如是一心中，方便勤庄严。菩萨所应作，应当次第学。

于学于无学[6]，勿生分别想，是名第一道，亦名摩诃衍[7]。

一切戏论恶[8]，悉从是处灭。诸佛萨婆若[9]，悉由是处出。

是故诸佛子，宜发大勇猛，于诸佛净戒，护持如明珠。

过去诸菩萨，已于是中学，未来者当学，现在者今学。

此是佛行处，圣主所称叹。我已随顺说，福德无量聚。

回以施众生，共向一切智。愿闻是法者，疾得成佛道。

注释：

①忍慧：即“忍力”、“慧力”。大乘佛法修持者，以修六波罗蜜（布施、持戒、忍辱、精进、禅定、智慧），可得忍辱、智慧成就，具足忍力、慧力。

②戒度：即“持戒波罗蜜”，六波罗蜜（六度）之一。持戒波罗蜜，又作“戒度无极”，也译为“绝对的、完全的持戒”，指持守戒律，能对治身、口、意起三恶业而令身心清净。此处指能持十重四十八轻戒，一一戒行皆得具足。

③性戒：即“自性戒”，“佛性戒”。众生自性本自清净，若能识自本心，见自本性，身心自然清净，此时若置一戒，亦是多余，是谓“佛性戒”。

④灭寿取证：指声闻小乘人等，知我空而不知法空，耽空而视涅槃为灰身灭智，或执著有境界可证，有涅槃果可得。

⑤下种处：指下菩提种之处。

⑥于学于无学：学，即“有学”，指虽断见惑，已知佛教终极真理，但思惑还得渐断，功德尚待圆满。无学，指进趣圆满，见思二惑断尽，再无有学。声闻乘四果中，前三果为有学，第四阿罗汉果为无学。

⑦摩诃衍：即“大乘”。

⑧戏论：原指违背实理，对增进善法无益的言论。此处指违背大乘佛法的一切思想言论。

⑨萨婆若：译为“一切智”，指在佛果上了悟一切法之智。一切智，佛的两种智（一切智、一切种智）之一，知一切诸法之总相。一切种智，知一切诸法之种种别相。

译文：

明智之人忍力慧力皆强，能受持心地戒法，将来必定成佛。未成佛道之前，已安然获得五种利益。

第一，能得十方诸佛，怜悯挂念，常为守护。

第二，临命终时，秉持正见，心生欢喜，无恶境现前。

第三，生生世世，在在处处，常得与诸菩萨为友。

第四，无量功德集聚，一切戒度悉能成就。

第五，从今向后，自性戒体呈现，福慧圆满。

如此五种利益，是持戒诸佛子所得，明智之人，当于此心地戒法仔细思量。

计我、着相之辈，不可能相信如此之法。灰身灭智、着相取证的小乘之人，也不是下菩提种之处。

如果想要增长菩提心苗，当使智慧光明普照世间。应当发起无碍清净之慧，静观细察，彻见诸法真实之相。

诸法实相，自性戒体，不生亦不灭，不常复不断，不一亦不异，不来亦不生。

如是实相戒体一念清净心中，起种种巧妙慧方便，勤修种种行门，戒相庄严。

如此慧解妙行，实非小乘外道所能，乃是大乘菩萨所应作，但也应当次第如法修学。

对于“有学”与“无学”，不要生起分别执著之想，则名中道第一义谛之道，亦称大乘道。

一切外道二乘戏论恶见，皆依此中道第一义谛而得灭尽无余。诸佛一切智慧，皆从此而生。

因此，诸位佛子，应当发起大勇精进力，于诸佛清净戒法，善为保护持守，使其如明珠般光洁无瑕。

心地戒法，过去诸菩萨已经学习，未来诸菩萨当于其中学习，现在诸菩萨正于其中学习。

此是三世一切诸佛所行之处，为本师卢舍那佛圣主所称扬赞叹，我亦随顺诸佛所说。

愿以此无量无边福德之聚，回向施与一切众生，共同证得

诸佛一切智。愿凡听闻此戒法者，速疾得以成就佛道。

解读：

本偈分别从赞持戒利益、劝观戒体、劝护回向三个方面，对受持大乘菩萨戒的功德作了回顾与总结。总之，大乘菩萨戒，是千佛大戒，是佛性戒，是心地戒。摄戒归性、戒慧一如，是大乘菩萨戒的重要特征。

结 语

《梵网经》是大乘佛教经典，其中中道、佛性等思想是与大乘佛教义理一脉相承的。《梵网经》思想体系有个重要特征，就是以慧解经，摄戒归性。也就是说，在阐述大乘菩萨修行阶第时，无论是因地的十发趣心、十长养心、十金刚心，还是果地的十地，作为修行指导思想的是中道第一义谛智慧，所要证得的也是中道第一义谛智慧，指导理论与证悟智慧合一，因地果地不二。在阐述十重四十八轻戒等大乘菩萨戒时，提倡以中道智慧持戒，既不能偏执于持戒，自我系缚而导致身心疲惫，更不能轻视持戒，放纵身心而犯无量罪业，正所谓持而非持，非持而持。持戒宗旨，在于摄戒归性，即当下的每一个持戒的目的都在于使自心清净，所谓一念恶心起，即是持戒时，当下心清净，即是佛性现。众生心性本自清净，本具佛性，本来具足戒体，皆因后天心有染着，所以需要持戒。若得自身佛性显现，则自心无有持戒一念，而一言一行一念都合于戒法，真正是无相持戒。《梵网经》中的大乘佛法修行阶第及大乘菩萨戒，起自中道般若、佛性，终成于般若、佛性，具有较明显的大乘圆教特征。经中对于般若与佛性的会通特征，是对大乘佛教以第一义空为佛性的继承，也应该对慧能禅宗视般若、佛性皆为本有且圆融无二产生过重要影响。

在中土儒家思想的文化背景下，大乘佛教几乎成为中国佛教的代名词。由于大乘菩萨戒通于在家出家的特征，中国历史上，无论是君主、大臣，还是一般士子、庶人，受持大乘菩萨戒十分流行。《梵网经》中大乘菩萨戒的基本精神不仅是止一切恶，更重要的是要积极地广行一切善，有善不做即是犯戒。孝顺父母、师僧、三宝之心，慈悲对待一切众生之心，贯穿全经，体现了极其浓厚的中国文化特征。止恶，首在止杀，止杀又首在禁止自杀，由敬重自身生命而善待一切众生生命，仁爱万物。扬善不仅仅是看发心，更是体现在布施财物、说法教化、当下救济、抄经印典等一切具体行为之中。菩萨虽然已经得证圣果，了脱生死，出离六道，然后却以种种身形往返于六道，随顺众生因缘，作人、作牛、作马等，观机逗教，不辞辛劳度化一切众生。菩萨虽出入于六道，往来于染污之地，度一切众生，然于自己却无一尘可染，无有一众生可度。后世慧能禅宗，提倡“无念为宗，无相为体，无住为本”，“佛法在世间，不离世间觉”，“若欲修行，在家亦得，不由在寺”，等等，正是大乘菩萨道的集中体现，更是大乘佛教与中国固有文化充分融合的结晶。

延伸阅读书目

《佛说梵网经》，姚秦·鸠摩罗什译，金陵刻经处通行版。

《佛说梵网经》，姚秦·鸠摩罗什译，《大正藏》第二四册。

《妙法莲华经》，姚秦·鸠摩罗什译，《大正藏》第九册。

《大般涅槃经》，北凉·昙无谶译，《大正藏》第一二册。

《大方广佛华严经》，东晋·佛陀跋陀罗译，《大正藏》第九册。

《维摩诘所说经》，姚秦·鸠摩罗什译，《大正藏》第一四册。

《长阿含经》，姚秦·佛陀耶舍、竺念佛译，《大正藏》第一册。

《中阿含经》，东晋·僧伽提婆、僧伽罗叉译，《大正藏》第一册。

《杂阿含经》，南朝宋·求那跋陀罗译，《大正藏》第二册。

《增一阿含经》，东晋·僧伽提婆译，《大正藏》第二册。

《菩萨戒义疏》，唐·天台智者大师说门人灌顶记，《大正藏》第四〇册。

《梵网经古迹记》，新罗·太贤集，《大正藏》第四〇册。

《梵网经合注》，明·智旭注，道昉校订，《续藏经》第六〇册。

《梵网经直解》，明·寂光直解，《续藏经》第六〇册。

《梵网经顺朱》，清·德玉顺朱注，《续藏经》第六一册。

《授菩萨戒仪》，唐·堪然述，《续藏经》第一〇五册。

《高僧传》，梁·慧皎撰，汤用彤校注，北京：中华书局，

1992。

《高僧传二集》，唐·道宣撰，金陵刻经处本。

《宋高僧传》，宋·赞宁撰，范祥雍点校，北京：中华书局，1987。

《佛光大辞典》，北京：北京图书馆出版社，1989。

《佛学大辞典》，丁福保，上海：上海书店，1991。

《佛家名相通释》，熊十力著，上海：东方出版中心，1996。

《法相辞典》，朱芾煌编，商务印书馆，1939。

《唯识名词白话新解》，于凌波居士著，佛陀教育基金会出版，2008。

《中国佛学源流略讲》，吕澂著，北京：中华书局，1979。

《汉魏两晋南北朝佛教史》（上、下），汤用彤著，北京：中华书局，1983。

《中国佛性论》，赖永海著，北京：中国青年出版社，1999。

《中国佛教文化论》，赖永海著，北京：中国青年出版社，1999。

《戒律学纲要》，圣严法师著，金陵刻经处影印本。

《佛教戒律学》，劳政武著，北京：宗教文化出版社，1999。

《佛说梵网经》，季芳桐释译，台北：佛光文化事业有限公司，1997。

《新译梵网经》，王建光注译，台北：三民书局，2005。

佛教十三经

金光明经

赖永海 主编
刘鹿鸣 译注

中華書局

总　序

佛教有三藏十二部经、八万四千法门，典籍浩瀚，博大精深，即便是专业研究者，用其一生的精力，恐也难阅尽所有经典。加之，佛典有经律论、大小乘之分，每部佛经又有节译、别译等多种版本，因此，大藏经中所收录的典籍，也不是每一部佛典、每一种译本都非读不可。因此之故，古人有“阅藏知津”一说，意谓阅读佛典，如同过河、走路，要先知道津梁渡口或方向路标，才能顺利抵达彼岸或避免走弯路；否则只好望河兴叹或事倍功半。《佛教十三经》编译的初衷类此。面对浩如烟海的佛教典籍，究竟哪些经典应该先读，哪些论著可后读？哪部佛典是必读，哪种译本可选读？哪些经论最能体现佛教的基本精神，哪些撰述是随机方便说？凡此等等，均不同程度影响着人们读经的效率与效果。为此，我们精心选择了对中国佛教影响最大、最能体现中国佛教基本精神的十三部佛经，认为举凡欲学佛或研究佛教者，均可从“十三经”入手，之后再循序渐进，对整个中国佛教作进一步深入的了解与研究。

“佛教十三经”的说法，由来有自。杨仁山、梅吉庆以及中国佛学院都曾选有“佛教十三经”，所选经典大同小异。上

述三家都选录的经典有:《金刚经》、《维摩诘经》、《法华经》、《楞伽经》、《楞严经》;被两家选录的经典有:《心经》、《胜鬘经》、《观经》、《无量寿经》、《圆觉经》、《金光明经》、《梵网经》、《坛经》。此外,《四十二章经》、《佛遗教经》、《解深密经》、《八大人觉经》、《大乘密严经》、《地藏菩萨本愿经》、《菩萨十住行道品经》、《大毗卢遮那成佛神变加持经》为一家所选录。本着以上所说的"对中国佛教影响最大、最能体现中国佛教基本精神"的原则,这次我们选择了以下十三部经典:《心经》、《金刚经》、《无量寿经》、《圆觉经》、《梵网经》、《坛经》、《楞严经》、《解深密经》、《维摩诘经》、《楞伽经》、《金光明经》、《法华经》、《四十二章经》。

佛教发展至今已有两千多年的历史,就其历史发展、思想内容说,有大乘、小乘之分。《佛教十三经》所收录之经典,除了《四十二章经》外,多为大乘经典。此中之缘由,盖因佛法之东渐,虽是大小二乘兼传,但是,小乘佛教在传入中国之后,始终成不了气候,且自魏晋以降,更是日趋式微;直到十三世纪以后,才有南传上座部佛教在云南一带的流传,且范围十分有限。与此相反,大乘佛教自传入中土后,先依傍魏晋玄学,后融汇儒家的人性、心性学说而蔚为大宗,成为与儒道二教鼎足而三、对中国社会各个方面产生着巨大影响的一股重要的社会思潮。既然中国佛教的主体在大乘,《佛教十三经》所收录的佛经自然以大乘经典为主。

对于大乘佛教,通常人们又因其思想内容的差异把它分为空、有二宗。空宗的代表性经典是"般若经"。中国所见之般

若类经典，以玄奘所译之《大般若经》为最，有六百卷之多。此外还有各类小本“般若经”的编译与流传，其中以《金刚经》与《心经》最具代表性与影响力。

“般若经”的核心思想是“空”。但佛教所说的“空”，非一无所有之“空”，而是以“缘起”说“空”，亦即认为，世间的万事万物，都是条件（“缘”即“条件”）的产物，都会随着条件的变化而变化。条件具备了，它就产生了（“缘起”）；条件不复存在了，它就消亡了（“缘灭”）。世间的一切事物，都不是一成不变的，而是一个念念不住的过程，因此都是没有自性的，无自性故“空”。《金刚经》和《心经》作为般若经的浓缩本，“缘起性空”同样是其核心思想，但二者又进一步从“对外扫相”和“对内破执”两个角度去讲“空”。《金刚经》的“对外扫相”思想集中体现在“一切有为法，如梦幻泡影，如露亦如电，应作如是观”这个偈句上，对内破执则有“应无所住而生其心”这一点睛之笔。《心经》则是以“色不异空，空不异色；色即是空，空即是色；受想行识亦复如是”来对外破五蕴身，以“心无罣碍”来破心执。两部经典都从扫外相、破心著的角度去说“空”。

有宗在否定外境外法的客观性方面与空宗没有分歧，差别仅在于，有宗虽然主张“外境非有”，但又认为“内识非无”，倡“三界唯心”、“万法唯识”，认为一切外境、外法都是“内识”的变现。在印度佛教中，有宗一直比较盛行，但在中国佛教史上，唯有玄奘、窥基创立的“法相唯识宗”全力弘扬“有宗”的思想，并把《解深密经》等“六经十一论”作为立宗的根据，《佛教十三经》选录了对“唯识宗”影响较大的《解深密经》进行注译。

《解深密经》的核心思想在论证一切外境外法与识的关系，认为一切诸法乃识之变现，阿赖耶识是生死轮回的主体，是万物生起的种子。经中还提出了著名的“三性”、“三无性”问题，并深入地论述了一切虚妄分别相与真如实性的关系。

与印度佛教不尽相同，中国佛教的主流或主体不在纯粹的“空宗”或“有宗”，而在大乘佛教基本精神与中国传统文化（特别是儒家心性学说）汇集交融而成的“真常唯心”思想，这种“真常唯心”思想也可称之为“妙有”的思想。首先创立并弘扬这种“妙有”思想的是智者大师创建的天台宗。

天台宗把《法华经》作为立宗的经典依据，故又称“法华宗”。《法华经》的核心思想，是“开权显实，会三归一”，倡声闻乘、缘觉乘、菩萨乘同归一佛乘，主张一切众生悉有佛性。《法华经》是南北朝之后，中国佛教走向以大乘佛教为主流的重要经典依据，也是中国佛教佛性理论确立以一切众生悉有佛性、都能成佛为主流的重要经典依据。而《法华经》的“诸法实相”也成为中国佛教“妙有”思想的重要思想资源和理论依据。

中国佛教注重“妙有”之思想特色的真正确立，当在禅宗。慧能南宗把天台宗肇端的“唯心”倾向推到极致，作为标志，则是《坛经》的问世。《坛经》是中国僧人撰写的著述中唯一被冠以“经”的一部佛教典籍，其核心思想是“即心即佛”、“顿悟成佛”。《坛经》在把佛性归诸心性、把人变成佛的同时，倡导“即世间求解脱”，主张把入世与出世统一起来，而这种思想的经典根据，则是《维摩诘经》。

《维摩诘经》可以说是对中国佛教影响最大的一部佛经，

不论是作为中国佛教代表的禅宗，还是成为现、当代佛教主流的人间佛教，《维摩诘经》中的“心净则佛土净”及“亦入世亦出世”、“在入世中出世”的思想，都是其最为重要的思想资源和经典依据。尤其值得一提的是，贯穿于整部《维摩诘经》的一根主线——“不二法门”，更是整个中国佛教的方法论依据。

《楞伽经》也是一部对禅宗、唯识乃至整个中国佛教有着重大影响的佛经。《楞伽经》思想有两个重要特点，一是融汇了空、有二宗，既注重“二无我”，又讲“八识”、“三自性”；二是把“如来藏”和“阿赖耶识”巧妙地统合起来。因此之故，《楞伽经》既是“法相唯识宗”借以立宗的“六经”之一，又被菩提达摩作为“印心”的依据，并形成一代楞伽师和在禅宗发展史颇具影响的“楞伽禅”。

《楞严经》则是一部对中国佛教之禅、净、律、密、教都有着广泛而深刻影响的大乘经典。该经虽有真、伪之争，但内容十分宏富，思想体系严密，几乎把大乘佛教所有重要理论都囊括其中，故自问世后，就广泛流行。该经以理、行、果为框架，谓一切众生都有“菩提妙明元心”，但因不明自心清净，故流转生死，如能修禅证道，即可成就无上正等正觉。这一思想对中国佛教的各宗各派都产生了极其深刻的影响。

《圆觉经》是一部非常能够体现中国佛教注重“妙有”思想特色的佛经。该经主张一切众生都具足圆觉妙心，本当成佛，无奈为妄念、情欲等所覆盖，才于六道中生死轮回；如能顿悟自心本来清净，此心即佛，无须向外四处寻求。该经所明为大乘圆顿之理，故对华严宗、天台宗、禅宗都有十分重要的影响。

《金光明经》对中国佛教的影响，主要体现在其“三身”、“十地”思想、大乘菩萨行之舍己利他、慈悲济世思想、金光明忏法及忏悔思想、以及天王护国思想。由于经中所说的诵持本经能够带来不可思议的护国利民功德，故长期以来被视为护国之经，在所有大乘佛教流行的地区都受到了广泛重视。

《无量寿经》是根据“十方净土”的思想建立起来的净土类经典，也是净土宗所依据的“三经”之一。经中主要叙述过去世法藏菩萨历劫修行成无量寿佛的经过，及西方极乐世界的种种殊胜。净土信仰自宋之后就成为与禅并驾齐驱的两大佛教思潮之一，到近现代更出现“家家阿弥陀，户户观世音”景象，故《无量寿经》在中国佛教史上的影响至为广泛和深远。

《梵网经》在佛教“三藏”中属“律藏”，是大乘戒律之一，在中国佛教大乘戒律中，《梵网经》的影响最大。经中主要讲述修菩萨的阶位（发趣十心、长养十心、金刚十心和体性十地）和菩萨戒律（十重戒和四十八轻戒），是修习大乘菩萨行所依持的主要戒律。另外，经中把“孝”与“戒”相融通、“孝名为戒”的思想颇富中国特色。

所以把《四十二章经》也收入《佛教十三经》，主要因为该经是我国最早译出的佛教经典，而且是一部含有较多早期佛教思想的佛经。经中主要阐明人生无常等佛教基本教义和讲述修习佛道应远离诸欲、弃恶修善及注重心证等重要义理，且文字平易简明，可视为修习佛教之入门书。

近几十年来，中国佛教作为中国传统文化的重要组成部分，以其特殊的文化、社会价值逐渐为人们所认识，研究佛教

者也日渐增多。而要了解和研究佛教，首先得研读佛典。然而，佛教名相繁复，义理艰深，文字又晦涩难懂，即便有相当文史基础和哲学素养者，读来也颇感费力。为了便于佛学爱好者、研究者的阅读和把握经中之思想义理，我们对所选录的十三部佛典进行了如下的诠释、注译工作：一是在每部佛经之首均置一“前言”，简要介绍该经之版本源流、内容结构、核心思想及其历史价值；二是在每一品目之前，都撰写了一个“题解”，对该品目之内容大要和主题思想进行简明扼要的提炼和揭示；三是采取义译与意译相结合的原则，对所选译的经文进行现代汉语的译述。这样做的目的，是希望它对原典的阅读和义理的把握能有所助益。当然，这种做法按佛门的说法，多少带有“方便设施”的性质，但愿它能成为“渡海之舟筏”，而不至于沦为“忘月之手指”。

赖永海

庚寅年春于南京大学

前　言

《金光明经》是大乘佛教中有着重要影响力的经典之一。由于经中所说的诵持本经能够带来不可思议的护国利民功德，能使国中饥馑、疾疫、战乱得以平息，国土丰饶，人民欢乐，故历代以来《金光明经》被视为护国之经，在大乘佛教流行的所有地区都受到了广泛重视。加之经中的金鼓忏悔法、流水长者子治病护生以及萨埵王子舍身饲虎的著名故事，使得这部经成为被广泛持诵的大乘经典。在尼泊尔，此经自古以来被视为九部大经之一，并在此发现了原始梵本。在日本，这部经从七世纪开始就被列为“镇护国家三经”之一（《妙法莲华经》、《仁王护国般若经》、《金光明经》），在全国的寺庙诵读。这部经在蒙藏地区也持诵得非常普遍，过去在蒙古地区有各家轮流供养僧人每天念诵《金光明最胜王经》的习俗。

一　本经五译五本

本经汉文有五译五本（依《历代三宝纪》、《大唐内典录》、《开元释教录》）：

（一）北凉玄始年间（412～427）昙无谶译《金光明经》四卷，十八品（以下简称谶本）。

（二）梁承圣元年（552）真谛再译成七卷（或六卷），名《金光明帝王经》，是在谶本基础上补译《三身分别》、《业障灭》、《陀罗尼最净地》、《依空满愿》四品，而成二十二品。今不存。

（三）北周武帝时（561～578）耶舍崛多再译成五卷，名《金光明更广寿量大辩陀罗尼经》。《开元释教录》说也是谶本的增译本，主要是对《寿量品》增补其文，对《大辩品》增加了咒法，故称为"更广寿量、大辩陀罗尼经"。今不存。

（四）隋开皇十七年（597）大兴善寺沙门宝贵综合各家译本，删同补缺，主要依据谶译本，合以真谛补译四品及耶舍崛多对《寿量》、《大辩》二品的增补文，同时从当时新传入中土的梵本中发现有《嘱累》、《银主陀罗尼》二品，更请阇那崛多译出，由此而成《合部金光明经》八卷，二十四品（以下简称合本）。

（五）武周长安三年（703）义净译出《金光明最胜王经》十卷，三十一品（以下简称净本）。这一译本品目义理最为完备，译文华质得中，慈恩宗慧沼曾据以注疏宏扬。

其中一、四、五译本今存，品目对照如下：

<table>
<tr><td colspan="2">科判</td><td>金光明经</td><td>合部金光明经</td><td>金光明最胜王经</td></tr>
<tr><td colspan="2">序分</td><td>序品第一</td><td>序品第一</td><td></td></tr>
<tr><td rowspan="10">正宗分</td><td rowspan="2">果</td><td>寿量品第二</td><td>寿量品第二（耶舍增补）</td><td>如来寿量品第二</td></tr>
<tr><td></td><td>三身分别品第三（真谛）</td><td>分别三身品第三</td></tr>
<tr><td rowspan="6">行</td><td>忏悔品第三</td><td>忏悔品第四</td><td>梦见金鼓忏悔品第四</td></tr>
<tr><td></td><td>业障灭品第五（真谛）</td><td>灭业障品第五</td></tr>
<tr><td></td><td>陀罗尼最净地品第六（真谛）</td><td>最净地陀罗尼品第六</td></tr>
<tr><td>赞叹品第四</td><td>赞叹品第七</td><td rowspan="2">莲花喻赞品第七</td></tr>
<tr><td></td><td></td></tr>
<tr><td></td><td></td><td>金胜陀罗尼品第八</td></tr>
<tr><td rowspan="2">境</td><td>空品第五</td><td>空品第八</td><td>重显空性品第九</td></tr>
<tr><td></td><td>依空满愿品第九（真谛）</td><td>依空满愿品第十</td></tr>
<tr><td colspan="2" rowspan="8">流通分</td><td rowspan="2">四天王品第六</td><td rowspan="2">四天王品第十</td><td>四天王观察人天品第十一</td></tr>
<tr><td>四天王护国品第十二</td></tr>
<tr><td></td><td>银主陀罗尼品第十一（阇那崛多）</td><td>无染着陀罗尼品第十三</td></tr>
<tr><td></td><td></td><td>如意宝珠品第十四</td></tr>
<tr><td>大辩天神品第七</td><td>大辩天品第十二（耶舍增补）</td><td>大辩才天女品第十五</td></tr>
<tr><td rowspan="2">功德天品第八</td><td rowspan="2">功德天品第十三</td><td>大吉祥天女品第十六</td></tr>
<tr><td>大吉祥天女增长财物品第十七</td></tr>
<tr><td>坚牢地神品第九</td><td>坚牢地神品第十四</td><td>坚牢地神品第十八</td></tr>
</table>

续表

科判	金光明经	合部金光明经	金光明最胜王经
	散脂鬼神品第十	散脂鬼神品第十五	僧慎尔耶药叉大将品第十九
	正论品第十一	正论品第十六	王法正论品第二十
	善集品第十二	善集品第十七	善生王品第二十一
	鬼神品第十三	鬼神品第十八	诸天药叉护持品第二十二
	授记品第十四	授记品第十九	授记品第二十三
	除病品第十五	除病品第二十	除病品第二十四
	流水长者子品第十六	流水长者子品第二十一	流水长者子品第二十五
	舍身品第十七	舍身品第二十二	舍身品第二十六
	赞佛品第十八	赞佛品第二十三	十方菩萨赞叹品第二十七
			妙幢菩萨赞叹品第二十八
			菩提树神赞叹品第二十九
			大辩才天女赞叹品第三十
	嘱累品第十九	付嘱品第二十四（阇那崛多增补）	付嘱品第三十一

现存谶本、合本、净本三个版本，序分、正宗分、流通分都具足。其中，合本与净本内容大同小异，只是净本文相稍广。而二者与谶本则有较多不同，主要有：（一）正宗分中谶本多为喻说，合本、净本则增加了对佛之三身、涅槃以及十地等法义解释（《三身分别品》、《陀罗尼最净地品》）；（二）合本、净本中增加

了大量陀罗尼内容。综合来看，谶本与合本、净本的不同反映出《金光明经》梵文原本就存在一个增添发展的过程，此经梵文原本应该至少存在两种流传比较广的本子。大概谶译所依是最初的略本，而净译所依则是后来的广本。藏文藏经中收有直接从梵本翻出的两本：一是胜友等译十卷本（二十八品），大同净译；二是失译五卷本（二十品），大同谶译。还收有法成依义净译本重翻的藏文本。近代在尼泊尔发现完整梵本，二十一品，大同谶本。这足以证明谶译、净译各自所依的梵本在西土都曾流行。

《金光明经》在信奉大乘佛教的国家地区受到广泛推崇，除了译为汉文外，还被翻译为藏、回鹘、西夏、于阗、维吾尔、蒙古、满、越南等多种文字，足见影响力的深远。

本经注疏主要有真谛作《金光明经疏》，今已不存。天台宗智颉撰《金光明经玄义》二卷和《金光明经文句》六卷（均为门人灌顶录），又著《金光明忏法》（见《国清百录》卷一）。三论宗吉藏著《金光明经疏》一卷。其后华严宗慧沼又就义净新译著《金光明最胜王经疏》十卷。宋代天台家更有发挥。如知礼作《金光明经玄义拾遗记》、《金光明经文句记》各六卷，又著《金光明最胜忏仪》一卷，遵式也著有《金光明忏法补助仪》一卷。此外，宋代宗晓著《金光明经照解》二卷，宋代从义著《金光明玄义顺正记》三卷、《金光明经文句新记》七卷，明代受汰集《金光明经科注》四卷，敦煌石室中也发现有《忏悔灭罪金光明经冥报传》，记载持诵《金光明经》的感应事迹。

《金光明经》在中土以谶译四卷本和净译《金光明最胜王

经》十卷本最为流行。就品目义理之完备而言，以净本为胜；然就持诵流通之普遍来说，以谶译居首。谶译先有智者大师作《金光明经玄义》、《金光明经文句》，后之天台宗学人接续作疏释，故流传甚广；加之谶译四卷本在诵读上一来长度适中，二来属于本经的特色内容比较突出，故历来持诵之盛，流通之广，无出谶译。因此，这次翻译采用的底本为昙无谶译四卷本。

昙无谶（385—433），中印度人，初习小乘教法，兼究五明。后遇白头禅师，得《大般涅槃经》，悔而改学大乘。年至二十诵大小乘经二百余万言，又擅咒术，西域称为大咒师。后携《大般涅槃经》前分并《菩萨地持经》（即唐玄奘译《瑜伽师地论菩萨地》的异译）、《菩萨戒本》等至罽宾，又到龟兹、敦煌。北凉玄始十年（421）至姑臧（今甘肃武威），受到北凉王沮渠蒙逊礼遇。学汉语三年后，以河西沙门慧嵩、道朗为助手，译出《大般涅槃经》四十卷、《大方等大集经》二十九卷、《金光明经》四卷、《悲华经》十卷、《菩萨地持经》八卷、《菩萨戒本》一卷、《优婆塞戒经》七卷、《方等大云经》六卷以及佛传的重要作品《佛所行赞》五卷等共十九部一百三十一卷，凡六十多万言。由于昙无谶译出《大般涅槃经》，开中土涅槃学的先河，对中国佛教思想发展有很大影响。此外，他对菩萨戒的传授，直至唐代还有重要影响。北魏太武帝拓拔焘听说昙无谶有道术，遣使向蒙逊强索，蒙逊不得已而放行，然又派人刺杀昙无谶于途中，时年四十九岁。

二　经题“金光明”

经题“金光明”三字，真谛三藏首先解释为表三种三法：即三身佛果、涅槃三德、三种佛性。“金”体真实，譬法身；“光”用能照，譬应身；“明”能遍益，譬化身，这是表三身佛果。又以“金”喻法身的常乐我净四德，“光”喻般若德，“明”喻解脱德，这是表涅槃三德。又以“金”体本有，喻道前正因佛性；“光”用始有，喻道内了因佛性；“明”是无暗，喻道后至果的缘因佛性，这是表三种佛性。简言之，真谛三藏以法身、涅槃的佛果作为本经的义理核心。但是天台宗智者大师认为上述解释还不够圆满，没有达到天台宗圆教的深度，故他在《金光明经玄义》中又提出“以法性为体”，并解释说：“法性之法可尊可贵名法性为金，此法性寂而常照名为光，此法性大悲能多利益名为明。此即是金光明法门。”如同《华严经》说：“一切诸如来，同共一法身，一身一智慧，力无畏亦然。”一身即是同“金”，智慧即是同“光”，力无畏即是同“明”，于一法体三义具足。《金光明经》中说：“若入是经，即入法性，如深法性，安住其中，即于是典，金光明中，而得见我，释迦牟尼。”“金”比喻诸佛法身、诸法法性，这是一切功德之所依，安住法性才是进入本经，真见释迦牟尼佛；“光明”比喻法身所起的不可思议力用，具有无量威德，能够摧伏一切烦恼怨敌，并由此得到诸天拥护。故智者大师以“法性”义作为本经的甚深义理所在，并以法性圆谈无量义来解释“金光明”三字。又具体举出十种三法，即三德（法身、般若、解脱）、三宝（佛、法、僧）、三涅槃（性净涅槃、圆净涅槃、方便净涅槃）、三身（法身、报身、应身）、三大乘（理乘、随乘、得乘）、三菩提（真性菩提、实智菩提、方便菩提）、三般若（实相般若、观照般若、方便般若）、三佛性（正因佛性、了因佛性、缘因佛性）、三识（庵摩罗识第九不动识、阿梨耶识第八无没识、阿陀那识第七分别识）、三道（苦道、烦恼道、业道）等，来说明“金光明”三义。又分为“从无住本立一切法”和“从无明为本立一切法”对十种三法作逆顺两番生起的解释。“从无住本立一切法”的顺次序解释为：“三德者名秘密藏，秘密藏显由于三宝，三宝由三涅槃，三涅槃由三身，三身由三大乘，三大乘由三菩提，三菩提由三般若，三般若由三佛性，三佛性由三识，三识由三道。”这是从法性立一切法。“从无明为本立一切法”逆次序解释为：“一切众生无不具于十二因缘，三道迷惑、翻惑生解即成三识，从识立因即成三佛性，从因起智即成三般若，从智起行即成三菩提，从行进趣即成三大乘，乘办智德即成三身，身办断德即成三涅槃，涅槃办恩德利物即成三宝，究竟寂灭入于三德，即成秘密藏。”这样，“金光明”的含义就大大扩展了。所谓“法性无量甚深，理无不统。…当知（金光明）三字遍譬一切横法门，乃称法性无量之说；遍譬一切竖法门，乃称法性甚深之旨。”智者大师以为上述“金光明”三义遍于十八品之中，可谓是把“金光明”的玄义发挥到了极致。

三　本经的结构和主要内容

四卷本《金光明经》的科判诸家不同：

三论宗吉藏大师《金光明经疏》采用真谛观点，认为第一《序品》是序分，第二从《寿量品》讫《舍身品》是正宗分，第三《赞佛品》、《嘱累品》二品是流通分。

智者大师《金光明经文句》（以下简称《文句》）的科判为：

从"如是我闻"至《寿量品》中讫天龙集信相菩萨室为序分，从"尔时四佛"下讫《空品》为正宗分，从《四天王品》下讫经末为流通分。

但智者大师的科判主要依据比较简略的谶译本，经初没有会众介绍，如果对照净译本来看，可以以《序品》为序分，《寿量品》至《空品》四品为正宗分，《四天王品》下十四品为流通分。正宗分四品中，初一品《寿量品》明果，次二品《忏悔品》、《赞叹品》明行，后一品《空品》明境理。又依《文句》观点，以法性为体，以菩萨深妙功德为宗，以照曜诸天、心生欢喜为用。

关于各品内容，见各品译文前的提要，此不赘言。

四 《金光明经》的大乘思想

对于本经的大乘思想，提出以下几条来介绍：

1.《金光明经》的佛寿量思想。本经重点宣说的大乘思想是关于佛寿和法身法性之体的讨论，经言蕴含着诸佛的甚深微妙法义，这是本经要旨，也是历代注家发挥本经玄义所在。这个问题在经中是由王舍城的信相菩萨对佛寿命仅八十的疑惑，引出四方四佛集会解说佛寿之无量。但这个问题在谶译四卷本中以比喻的形式简略论说，仅说了佛寿无量的结论，后世注家由此引发对于佛之法报化三身及涅槃问题的讨论，往往需要结合合本、净本中的《寿量品》、《三身分别品》来发挥玄义。又从经言佛寿八十来看，本经应是在距佛陀入涅槃比较近的时间讲说的，与《法华经》、《涅槃经》的讲说属于同期，因此历代注家对这个问题的解释也往往与二经有相通之处。

2.《金光明经》的忏悔思想及金光明忏法。本经宣说的金光明忏悔法是大乘佛法中重要的忏悔思想，以比喻的形式讲说法身之理及修法身之因，使得忏悔法成为修道门中的重要内容，对于天台宗忏法的形成有着重要影响。所谓“忏悔”，《文句》解释为去恶为善、改往修来等。金光明忏悔法以法性为本，善恶因果为行，具有了作法、取相、观无生三类忏法。所谓作法忏，即通过一定的仪轨作法来忏悔；取相忏是通过忏悔后所见到的好相来决定罪业是否忏净，如梦到佛菩萨摩顶等相；观无生忏悔又名无罪相忏悔，指安住于甚深法性之中，观罪性本空。如《观普贤菩萨行法经》中云“端坐念实相，众罪如霜露，慧日能消除”[①]，这是最究竟的忏悔法。同时，金光明忏悔法又包含忏悔、赞叹劝请、随喜、回向、发愿五门忏悔的内容，十分完整。在忏悔的内容中，依身口意十业而忏除业障、报障、烦恼障三障，遮断过去、现在、未来所造之罪。如经中说“过去诸恶，今悉忏悔。现在所作，诚心发露。所未作者，更不敢作。已作之业，不敢覆藏”，对于要遮断的罪业内容分析得很全面。智者大师据此作了《金光明忏法》，这是他所撰的四部忏法之一（其它三部是《法华三昧忏仪》、《方等三昧忏法》、《请观世音忏法》），为天台宗学人所修习，是修学天台止观的重要内容。据《续高僧传》卷十七记载，智𫖮在晚年曾为杨广的重病妃子萧氏行过七日金光明忏法。到了宋代，天台宗遵式著《金光明经忏法补助仪》一卷，补足了《金光明忏法》所省略的内容，知礼根据义净译本著《金

① 《金光明经文句》卷三《释忏悔品》，《大正藏》第39册，第59页。

光明最胜忏仪》一卷，完善了天台宗的金光明忏法。遵式更制作《金光明天王护国道场仪》，以《金光明经》思想为国行忏。

3.《金光明经》的天王护国思想。虽然以前的大德在注疏本经的时候，多把解释重点放在了正宗分的法身涅槃之体上，但本经能够被广泛持诵，作为大乘菩萨行的护国思想是更为重要的因素。《金光明经》能够在所有大乘流行的地区都受到广泛的崇拜信仰，得益于其“护国”主题。《金光明经》中说凡流传宣讲本经的国土都将得到诸天拥护，可使国家饥馑、疾疫、战乱等一切不吉祥事消除，国土丰饶安稳，人民幸福安乐，因而历代以来本经被视为护国利民、灭罪积福的护国之经。在镇护国家的三经中（《法华经》、《仁王经》、《金光明经》），《金光明经》是最主要的。而《金光明经》成为护国经典的依据，是经中《四天王品》、《大辩天神品》、《功德天品》、《坚牢地神品》、《散脂鬼神品》等五品所宣说的受持读诵宣讲《金光明经》能够得到四大天王及诸天鬼神大将的卫护，灭除一切灾难和忧患，带来国安民乐。这反映了大乘佛教发展中菩萨思想的扩展，把许多天龙鬼神王等也都视为是不同修证层次的菩萨化身，是法身大士的权现护教，所谓外现诸天鬼王身，内密大乘菩萨行，这种菩萨思想成为后来大乘中的流行观点。这种宽泛而圆融的菩萨观化解了佛教精致的禅观哲学与现实宗教世界中种种神灵体系之间的矛盾，把佛教以外其它宗教的各种神灵都作为佛教的护法纳入到佛教的体系中来。今天佛教寺院大殿中所塑的十六天、二十天、或二十四天像等，其来源依据即是《金光明经》中所列的大梵天、帝释天、护世四天王、大辩天、功德天、散脂大将、坚牢地神、菩提树神、鬼子母、摩醯首罗天、金刚密迹、韦陀天、娑竭罗龙王、紧那罗王、日天、月天、阎摩罗王等，又增加了他经所载的摩利支天以及中国本土道教的紫微大帝、东岳大帝、雷神等。宋代以来寺院通行的《斋天仪轨》、《水陆仪轨》中的诸天供设也主要依据《金光明经》，而《金光明忏法》的内容也逐渐为斋天仪式所取代。

4.《金光明经》的菩萨行思想。本经所述的大乘菩萨行思想中，对于国家社会治理及人民安乐有着深切的现实关怀，因此，可以视此经为佛教中的“内圣外王”之道。其菩萨行的立足点是因地的凡夫菩萨愿行，具有一种重视当下现实行动的意味。本经反映菩萨行最为突出的是《除病品》、《流水长者子品》和《舍身品》三个释迦牟尼佛的本生故事。故事内容叙述得生动曲折，极富文学感染力，而所阐释的主旨则是大乘菩萨行中济度众生苦难的实际行动。在《除病品》中讲述了流水长者子学习医法、救治众生疾苦的实际行动；在《流水长者子品》中则细致描述了流水长者子救度十千鱼的实际行动，在这个过程中丝毫没有大乘经论中经常出现的不可思议神迹内容，而就是通过流水长者子父子三人以凡夫力量得以达成，这显示本经所宣说的大乘菩萨行立足于发心济度众生的真切行愿，特别重视以现实行动解除众生当下的苦难、获得当下的安乐，具有法药与世药并施的大乘思想。《舍身品》则讲述了萨埵王子舍身饲虎的故事，突出表达了大乘菩萨行舍己为人的献身精神，也体现了大乘菩萨行中为求一切种智、以大悲心救度众生而捐舍身命、为法忘躯的勇猛精神。这一段故事在大乘佛教中极为著名，与《法华经药王菩萨本事品》中药王菩萨燃身供佛和《大涅槃经》卷十四中雪山童子为求半偈而舍身给罗刹的故事齐名。本经所讲述的释迦牟尼本生故事，无论是流水长者子的治病救生行愿，还是萨埵王子舍身饲虎的感人故事，都深切反映出大乘菩萨行舍己为人、与人安乐的真实情怀，拉近了佛教与世界上每一个芸芸众生的距离。本生故事的文字是每个人都可以读得懂的，所流露出的关爱生命的情怀也是每个人都可以体会到的，这正反映出宗教精神的内涵其实正是每一个个体生命深处所蕴含的至真至善情怀。由于《流水长者子品》救度水池中十千鱼的故事，导致了汉传佛教中放生池的兴起，同时，现在通行的《放生仪轨》也是依据本经《流水长者子品》之意而编撰。

此外，还要特别提出的是本经的速疾成佛思想以及佛寿量、授记等思想，与同样被称为“诸经之王”的《法华经》中相关品目颇多相近之处。又本经与新近从敦煌文献和房山石经中发现还原的《大通方广忏悔灭罪庄严成佛经》（又称《圣大解脱经》）更为密切相关，两经堪称是“姊妹经”。《圣大解脱经》也是在佛入涅槃之前宣说的，主题也是“忏悔灭罪”，其忏悔思想重点在修行者个人忏悔业障，在于速疾成佛，而《金光明经》的忏悔思想重点则在为国行忏。又《圣大解脱经》中的主要提问者也是信相菩萨，也讲到了流水长者子救十千鱼的故事，数段经文与《金光明经》相同；经中的三宝常住思想、菩萨行思想、授记思想，也与《金光明经》相近。因此，《金光明经》与《圣大解脱经》、《法华经》三经思想相关，值得对比研究。

五　关于白话译注

本白话译注采用的经文底本是《大正藏》本，又参考了《中华大藏经》本（中华书局版第67册，底本为明永乐南藏本）、《金版高丽大藏经》中的《合部金光明经》（宗教文化出版社、全国图书馆文献微缩复制中心版第18册）。校勘一个文本大为不易，标点也大为不易，非亲身经历者难以体会其中三昧。标点的主要依据是《金光明经文句》科判，也参考了慧沼《金光明最胜王经疏》科判及金陵刻经处点校的《藏要》合部本。

本白话译文的翻译原则是尽可能忠实表达原文，极少数句子参考义净译文而增补了一些修饰句。

把文言佛经转译为现代汉语白话文，笔者以为有两种思路：一是把白话本看作是对原文的解释性翻译，尽可能在文义上使原文清楚明白；二是把白话本也看作一种独立的译本，只是为了随顺读者的阅读习惯而把文言转为白话，并不刻意追求把原文文义说得更清楚一些，故在文句、文义、文气上都尽可能与原文一致，保持一个简洁优美的文本。两种翻译形式各有千秋，但从可操作性角度说，笔者颇为倾向于后一种。佛经之难读，难处未必是在文字上，所谓“言语道断，心行处灭”，离言妙谛自有他超越言语的难会之处。因此，此次正文翻译的重点不是给经文作解释，而是把文言的语言习惯转换为白话的语言习惯，为读者提供一个能够读懂字面意思的白话版本，而经义解释则重点放在注释和题解中。

对于偈颂，原文皆为四言，此次白话翻译或译为七言，或译为五言。之所以没有译为白话诗歌体，主要考虑在偈颂表达上，汉语的五言七言诗歌体具有规整成熟的优点，而白话诗歌体在表达上不如五言七言成熟，难度反而比五言七言更大。偈颂翻译也对照了科判，因此大多数偈颂的译后数目与原偈颂数目一致，也基本上与《文句》科判相符合，不一致的地方都在注释中给予了说明。

又字词注释主要参考了电子版《中华佛教百科全书》、《佛光大词典》、《佛学大词典》等，注音主要参考了《汉语大词典》、《辞海》、《一切经音义》等，有关参考文献见书末，在此一并致谢。

2009年春节前，笔者偶然得到了一本印刷精美的《金光明经》，因母亲视力有些不好，便将此经供放在母亲佛堂上，希望她的眼睛更为光明。可喜的是2009年年底，笔者又得到了《金光明经》白话译注的因缘，前述的愿望也随之放大了，希望我们每个人的眼睛和心灵都变得更加光明，进而也希望这个世界变得更加光明！

目　录

卷　二

卷　三

卷　四

卷 一

序品第一

佛经解释通常分成三个部分：序分、正宗分、流通分，称为“三分科经”。初段叙一经之由来、教起因缘，称为序分；次段论一经之宗旨，称正宗分；末段说受持本经的利益，复劝广为流传，称流通分。此处序品即属于序分，是一经的序说。其中，“如是我闻”称为证信序，“一时”以下是发起序。谶译四卷本会众介绍极略，只在《寿量品》中略为叙说，净译本序品中则全面叙述了听闻佛陀宣说本经的会众。本经序品开宗明义，标举《金光明经》为诸经之王，并在偈颂中提叙一经大意：首先提出本经蕴含诸佛甚深微妙义（如前述“金光明”三字玄义，以及《寿量》、《忏悔》、《赞叹》、《空品》所讨论的佛寿量及法身法性问题），为四方四佛所护持；接着标出本经正宗分的重点，金光明忏悔法的功德，以上对应《寿量品》至《空品》等四品；其次叙说听闻读诵本经将得到护世四天王及诸天神的护卫，使得人民、国土的一切诸苦灭除，得到无量安乐，即明确了本经的护世功德，对应《四天王品》至《散脂鬼神品》等五品；最后复劝听闻、供养本经之功德利益，以及深乐此经的善业果报，对应《正论品》至《赞佛品》等八品。

如是我闻[①]，一时佛住王舍大城耆阇崛山[②]。是时如来游于无量甚深法性[3]，诸佛行处[4]，过诸菩萨所行清净。

是金光明，诸经之王，若有闻者，则能思惟，
无上微妙，甚深之义。
如是经典，常为四方，四佛世尊[5]，之所护持：
东方阿閦，南方宝相，西无量寿，北微妙声。
我今当说，忏悔等法[6]，所生功德，为无有上，
能坏诸苦，尽不善业，一切种智[7]，而为根本，
无量功德，之所庄严，灭除诸苦，与无量乐。
诸根不具[8]，寿命损减，贫穷困苦，诸天舍离，
亲厚斗讼，王法所加，各各忿诤，财物损耗，
愁忧恐怖，恶星灾异[9]，众邪蛊道[10]，变怪相续[11]，
卧见恶梦，昼则愁恼。
当净洗浴，听是经典，至心清净，着净洁衣，
专听诸佛，甚深行处；是经威德，能悉消除，
如是诸恶，令其寂灭。
护世四王[12]，将诸官属，并及无量，夜叉之众[13]，
悉来拥护，持是经者；大辩天神，尼连河神[14]，
鬼子母神，地神坚牢，大梵尊天，三十三天，
大神龙王，紧那罗王，迦楼罗王，阿修罗王，
与其眷属，悉共至彼，拥护是人，昼夜不离。
我今所说，诸佛世尊，甚深秘密，微妙行处，
亿百千劫[15]，甚难得值。

若得闻经，若为他说，
若心随喜⑯，若设供养⑰，如是之人，于无量劫，
常为诸天，八部所敬⑱。
如是修行，生功德者⑲，得不思议，无量福聚，
亦为十方，诸佛世尊，深行菩萨，之所护持。
着净衣服，以上妙香，慈心供养，常不远离；
身意清净，无诸垢秽，欢喜悦豫，深乐是典。
若得听闻，当知善得，人身人道，及以正命⑳；
若闻忏悔，执持在心，是上善根，诸佛所赞。

注释：

①如是我闻：意为如此的教法是我阿难亲自从佛陀那里听闻的，这是为了使听法的人生起信顺。据佛教经论上记载，释迦牟尼佛将要入灭的时候，阿难请问四事："一佛灭度后，诸比丘云何行道？二诸比丘以何为师？三恶性比丘云何共居？四一切经首置何字？"佛回答说："一依四念处住。二以戒为师。三默摈恶性比丘。四一切经首置'如是我闻'等言。"

②一时：指佛说法的那时，非确指。王舍大城：古代中印度摩羯陀国之都城。位于恒河中游巴特那市（Patna）南侧比哈尔（Behar）地方之拉查基尔（Rajgir）。为频婆娑罗王、阿阇世王、韦提希夫人等在位时的都城。此城为佛陀传教中心地之一，城内有许多初期佛教的遗迹，如灵鹫山、竹林精舍及祇园精舍等。耆（qí）阇（shé）崛（jué）山：又译"阇崛"，义译为"灵鹫山"、"鹫峰山"，简称"灵山"、"灵岳"、"鹫峰"等。因山上岩形似鹫

头，又以山中多鹫，故得名。位于中印度摩揭陀国王舍城东北。释迦牟尼佛曾于此讲《般若》、《法华》、《金光明》、《无量寿》等诸多大乘经，遂成为佛教胜地。

③如来：梵语 tathagata，音译作“多陀阿伽陀”、“多他阿伽度”、“多陀阿伽度”等。又作“如去”。为佛十号之一。即佛之尊称。由真理而来（如实而来），而成正觉之义，故称“如来”。佛陀即乘真理而来，由真如而现身，故尊称佛陀为“如来”。《长阿含经》卷十二《清净经》：“佛于初夜成最正觉及末后夜，于其中间有所言说尽皆如实，故名如来。复次，如来所说如事，事如所说，故名如来。”游于无量甚深法性：游，意为游涉进入。法性指诸法之真实体性，甚深法界，非入住出，无所从来，亦无所去；如同《法华经》说“善入出住百千三昧”。根据经末《嘱累品》中说“尔时释迦牟尼佛从三昧起”来看，这里应是指佛陀入定进入甚深三昧之意。

④诸佛行处：指佛的智慧光明境界。

⑤四方四佛：即指位于四方不同世界的四佛。即东方香积世界阿闳佛，南方欢喜世界宝相佛，西方极乐世界无量寿佛，北方莲华庄严世界微妙声佛。又阿闳（chù）佛：义为“无动”或“不动佛”。《维摩经·阿闳佛品》中说“国名妙喜，佛号无动”。

⑥忏悔等法：《金光明经》正宗分中行分所叙说的主要法门是忏悔法，即《忏悔品》中梦见金鼓演说忏悔法，这是成就法身之因行。

⑦一切种智：即佛智，佛尽知诸法总相、别相，所以称为“一切种智”。

⑧诸根：指眼、耳、鼻、舌、身等五根。诸根不具是指五根有所缺陷，如盲聋喑哑、挛躄背偻等。按，从“诸根不具”以下到“昼则愁恼”，译文为文义顺畅起见，比原文偈颂数目增加了两个。

⑨恶星：古代天人感应观念，以为天空忽然出现的变异星象会预示人间不吉祥事的出现，故称为“恶星”。

⑩蛊（gǔ）道：一种以蛊虫咒术害人的迷信法术。

⑪变怪：指各种奇奇怪怪的事情。

⑫护世四王：关于护世四天王及诸天鬼神的解释，见后面《四天王品》以下诸品。

⑬夜叉：梵语 **yaksa**，又译作“药叉”，八部众之一。通常与“罗刹”并称。意译“轻捷”、“勇健”、“能啖”、“贵人”、“威德”、“祠祭鬼”、“捷疾鬼”。指住于地上、空中，或以威势恼害人，或守护正法的鬼类；或谓为半人半神的群类。《大智度论》卷十二举出三种种类的夜叉，即地行夜叉、虚空夜叉、宫殿飞行夜叉。经典中常述及身为正法守护神的夜叉。如《药师琉璃光如来本愿经》中有十二药叉大将等。

⑭尼连河神：即尼连河的河神。尼连河，又译作“尼连禅河”、“尼连禅那河”，为恒河之支流，位于中印度摩揭陀国伽耶城之东方，由南向北流。释迦牟尼出家后，于尼连河畔静坐思维，修苦行六年。后舍苦行而入此河沐浴，并接受牧牛女难陀波罗的乳糜供养，至此河对岸的毕波罗树（即菩提树）下发愿而成道，故此河沿岸颇多佛陀成道的古迹。

⑮劫：梵语 **kalpa**，音译“劫波”等，简称劫。意译“分别时

分”、“长时”、“大时”、“时”。原为古印度婆罗门教极大时限之时间单位。佛教沿用，而视为不可计算之长大年月，故经论中多以譬喻说明。

⑯随喜：随顺欢喜之意，即见他人所作善根功德，随之心生欢喜。佛教理论认为，若有真诚善巧的发心，则随喜者的功德胜于行善者本人。

⑰供养：意指供食物、衣服等予佛法僧三宝、师长、父母、亡者等。初期教团所受供养以衣服、饮食、卧具、汤药等为主，称为“四事供养”。除财供养外，尚有法供养，如以恭敬、赞叹、礼拜以及观行、说法等亦称“供养”。

⑱八部：天龙等八部众。据《舍利弗问经》说有：（一）天众，指梵天、帝释天、四天王等天神。果报殊胜，光明清净。（二）龙众，指八大龙王等水族之主。（三）夜叉众，又名“药叉”，指能飞腾空中的鬼神。（四）乾闼婆众，系帝释天的音乐神，以香为食。（五）阿修罗众，意译作“非天”、“无端正”、“无酒”。此神性好斗，常与帝释战。（六）迦楼罗众，又名“揭路茶”，即金翅鸟，身形巨大，其两翅相去数千甚至数万里，取龙为食。（七）紧那罗众，又名“紧捺洛”，似人而有角，故又名“人非人”，乃是天伎神、歌神。（八）摩睺罗伽众，又名“莫呼落伽”，即大蟒神。此八部众受佛威德所化，而护持佛法。八部众中，以天、龙二众为上首，故标举其名，统称天龙八部。

⑲功德：指行善之功所获的福报善果。慧远《维摩义记》卷一中说：“功德者，亦名福德，福谓福利，善能资润福利行人，故名为福。…功谓功能，善有资润利益之功，故名为功。”功德

有“有漏”、“无漏”之分。佛教所谓真功德，指净智妙圆的佛智证悟。

⑳正命：佛学中“八正道”之一，指远离非法而依正当的生活规范之生活。这里指符合道德真理追求的有价值的生活方式。

译文：

如是教言我亲从佛听闻。一时，佛在王舍大城附近的灵鹫山。那时释迦如来安住出入于无量甚深清净法界，这是只有佛才能安住的境界，其清净境界超过一切菩萨所安住的。

此《金光明》诸经王，若有听闻可思维，
无上微妙甚深义。
如来宣说此经典，四方四佛常护持：
东方阿闳佛，南方宝相佛，
西方无量寿佛，北方微妙声佛。
我今当说忏悔法，所生功德无有上，
能灭诸苦除不善，一切种智为根本，
无量功德所庄严，灭除诸苦与安乐。
诸根不具苦众生，寿命也将遭损减，
贫穷困苦恶相现，所有天神悉舍离，
亲友斗讼犯王法，各各乖违共忿诤，
珍宝财物皆耗失。
恶星灾异及变怪，或被邪蛊相续侵，
忧愁恐怖众苦逼，夜眠恶梦昼烦恼。

当净洗浴着净衣，至心清净听此经，
闻听诸佛甚深行；由此妙经王威力，
灾横恶恼悉灭除。
护世四王诸眷属，并及无量夜叉众，
悉来拥护持经者。
大辩天神尼连神，鬼子母神及地神，
大梵天王帝释主，大神龙王紧那罗，
以及金翅鸟王众，还有阿修罗天众；
如是众多天神等，并率部众诸眷属，
拥护是人不相离。
我今所说佛世尊，甚深秘密微妙行，
百千亿劫难值遇。
若得听闻是妙经，随喜供养为他说，
如是持经诸人等，常为诸天所敬护。
如是修行生功德，得不思议无量福，
亦为十方诸佛尊，深行菩萨所护持。
着净衣服燃妙香，慈心供养不远离；
身意清净无垢秽，欢喜悦豫乐此经。
若得听闻将善得，人身人道及正命；
闻忏悔法持在心，是上善根诸佛赞。

寿量品第二

此品是明果，明本经以常果为宗。由王舍城的信相菩萨对佛寿命仅八十的疑惑，引出四方四佛集会解说佛的寿命是无量无边，不可计算。论说佛之寿量以及法身法性之体，这是本经要旨，是本经所论诸佛甚深微妙义所在，也是历代注家发挥本经玄义所在。但这个问题在谶译四卷本中以比喻的形式简略论说，文字简短，与《法华经·寿量品》所说相通。由此引发的对于佛之法报化三身及涅槃问题的讨论，在合本、净本中则有《寿量品》、《三身分别品》两品详为论说。又从本品言佛寿八十可以推知，本经当在距佛陀入涅槃比较近的时间讲说，与《法华经》、《涅槃经》的讲说应属同期，也因此之故，本经的玄义解释往往与二经有相通之处。

尔时王舍城中有菩萨摩诃萨名曰信相[①]，已曾供养过去无量亿那由他百千诸佛[②]，种诸善根[③]。是信相菩萨作是思惟：何因何缘，释迦如来寿命短促，方八十年。复更念言：如佛所说，有二因缘寿命得长。何等为二？一者不杀，二者施食。而我世尊于无量百千亿那由他阿僧祇劫[④]，修不杀戒，具足十善[⑤]，饮食惠施，不可限量，乃至己身骨髓肉血，充足饱满饥饿众生，况余饮食。大士如是至心念佛、思是义时[⑥]，其室自然广博严事。天绀琉璃[7]，种种众宝，杂厕间错，以成其地，犹如如来，所居净土。有妙香气，过诸天香，烟云垂布，遍满其室。其室四面，各有四宝上妙高座，自然而出，纯以天衣而为敷具[8]。是妙座上，各有诸佛，所受用华，众宝合成。于莲华上，有四如来：东方名阿閦，南方名宝相，西方名无量寿，北方名微妙声。是四如来自然而坐师子座上，放大光明照王舍城，及此三千大千世界[9]，乃至十方恒河沙等诸佛世界[10]，雨诸天华，作天伎乐。尔时三千大千世界所有众生，以佛神力，受天快乐，诸根不具即得具足[11]。举要言之，一切世间所有利益、未曾有事，悉具出现。尔时信相菩萨见是诸佛及希有事，欢喜踊跃，恭敬合掌，向诸世尊，至心念佛，作是思惟：释迦如来无量功德，唯寿命中心生疑惑，云何如来寿命如是方八十年？尔时四佛以正遍知告信相菩萨[12]："善男子，汝今不应思量如来寿命短促。何以故？善男子，我等不见诸天、世人、魔众、梵众、沙门、婆罗门、人及非人有能思算如来寿量[13]，知其齐限，唯除如来。"时四如来将欲宣畅释迦文佛所得寿命，欲、色界天诸龙、鬼神、乾闼婆、阿修罗、迦楼罗、紧那罗、摩睺罗伽及无量百千亿那由他菩萨摩诃萨[14]，以佛神力，悉来聚集信相菩萨摩诃萨室。尔时四佛于大众中，略以偈喻说释迦如来所得寿量，而作颂曰：

一切诸水，可知几滴，无有能数，释尊寿命。
诸须弥山[15]，可知斤两，无有能量，释尊寿命。
一切大地，可知尘数，无有能算，释尊寿命。
虚空分界，尚可尽边，无有能计，释尊寿命。
不可计劫，亿百千万，佛寿如是，无量无边，
以是因缘，故说二缘，不害物命，施食无量，
是故大士，寿不可计，无量无边，亦无齐限。
是故汝今，不应于佛，无量寿命，而生疑惑。

尔时信相菩萨摩诃萨闻是四佛宣说如来寿命无量，深心信解，欢喜踊跃。说是如来寿量品时，无量无边阿僧祇众生发阿耨多罗三藐三菩提心[16]。时四如来忽然不现。

注释：

①菩萨摩诃萨：菩萨，梵文音译“菩提萨埵”的略称，新译为“觉有情”。菩提，觉、智、道之意；萨埵，众生、有情之义，意即求大觉的有情众生。摩诃萨，梵文音译“摩诃萨埵”的略称。摩诃，意译作大；萨埵同上。摩诃萨埵即大有情、大众生。谓此大众生系愿大、行大、度众生大，于世间诸众生中为最上，不退其大心，故称摩诃萨埵。一般以菩萨摩诃萨指称登地菩萨，也称为大士。

②那由他：梵文 Nayuta，又作“那庾多”等，印度的数目名，相当于此方的亿，但诸师所定数目多有不同，有十万、百万、千

万等。

③善根：指能够出生善法的种子、根苗、根本。

④阿僧祇（qí）劫：阿僧祇，梵语 Asaṃkhya 的音译，为印度数目之一，无量数或极大数之意。

⑤十善：又称“十善业”。身口意三业中所行的十种善行为：三种身善业（不杀生、不偷盗、不邪淫）、四种语善业（不妄语、不恶口、不两舌、不绮语）及三种意善业（不贪欲、不嗔恚、不邪见）。

⑥大士：菩萨可以通称大士，然特别指称登地以上的菩萨摩诃萨。

⑦绀（gàn）琉璃：绀，天青色，深青透红之色。琉璃，七宝之一，青色的石类宝。

⑧天衣：天人之衣，重量甚轻。

⑨三千大千世界：古印度以四大洲及日月诸天为一“小世界”，合一千小世界为“小千世界”；合一千小千世界为“中千世界”；合一千中千世界为“大千世界”。小千、中千、大千并提，则称“三千大千世界”。

⑩十方：四方、四维、上下的总称。即东、西、南、北、东南、西南、东北、西北、上、下等十个方位。大乘佛教主张十方有无数世界及净土，称为十方世界、十方刹等。其中的诸佛众生则称为十方诸佛、十方众生。恒河沙：恒河，印度三大河流之一。恒河沙即恒河中的沙粒，其量无法计算。诸经中凡形容无法计算之数，多以“恒河沙”一词为喻。

⑪诸根不具即得具足：此处译文根据义净译本增添译出了

六根不具之人恢复正常的具体情况。“瞎子重见了光明……乱心癫狂的人恢复了神志等等”一句，即据义净译本添入。

⑫正遍知：梵语“三藐三菩提”（samyak-sambodhi）的意译，又译为“正遍觉知”、“正等正觉”，为佛十号之一。谓佛能真正无倒遍知诸法。《瑜伽师地论》谓“如其胜义觉诸法故，名正等觉”，则是显诸佛智德圆满以立号。

⑬梵众：指一类非沙门、非婆罗门的古印度修行众。沙门：梵语 sramana，音译“室罗末拏”、“舍啰摩拏”等。又作“沙门那”、“娑门”、“桑门”等。意译“息”、“息心”、“静志”、“净志”、“乏道”、“勤劳”、“贫道”等。为出家者之总称，通于内、外二道。亦即指剃除须发，止息诸恶，善调身心，勤行诸善，期以行趣涅槃之出家修道者。婆罗门：印度四种姓中，最上位的僧侣、学者阶级，为古印度一切知识之垄断者，自认为印度社会之最胜种姓。

⑭诸龙、鬼神、乾闼婆、阿修罗、迦楼罗、紧那罗、摩睺罗伽：见前面“八部”注释。

⑮须弥山：梵语 Sumeru 的音译，又作“苏迷卢山”、“须弥卢山”、“须弥留山”，意译作“妙高山”。佛教之宇宙观，谓耸立于一小世界中央之高山。以此山为中心，周围有八山、八海环绕，四面是四大部洲，日月旋绕于须弥山的山腰，而形成一世界（须弥世界）。以须弥山为山中最高者，故又称“妙高山王”。

⑯阿耨（nòu）多罗三藐（miǎo）三菩提：梵语 anuttara-samyak-sambodhi 之音译，意译“无上正等正觉”、“无上正遍知”。“阿耨多罗”意译为“无上”，以所悟之道为至高，故称无

上;“三藐三菩提”意译为“正等正觉”、“正遍知”,指佛陀所觉悟之智慧,其道周遍,无所不包,平等圆满,故称“正遍知”。

译文:

那时,王舍城中有一位菩萨摩诃萨名叫信相,已曾供养了过去无量亿那由他百千数量的佛,种下了种种善根。信相菩萨这时思量:是什么因缘,释迦如来寿命短促,才八十年。又思维:如同佛所说的,有两种因缘能得寿命长久。哪两种呢?一者不杀生,二者布施饮食。而我们的世尊,在无量百千亿那由他阿僧祇劫中受持不杀戒,具足了十善;惠施饮食也不可限量,乃至以自己的身体、骨髓、血肉来布施那些饥饿的众生,让他们充足饱满,何况以其它的妙好饮食来布施。信相大士这样至心忆念佛、思维此义的时候,他的宫室忽然变得广博严丽,有帝青琉璃宝及各式各样的珍宝,杂色间错,装饰其地。有妙香气,芬馥充满,超过天香。烟云弥漫,布满其室。其室四面,各有四宝所成的上妙高座自然出现,纯以天衣敷设在上面。妙高座上坐着诸佛,所坐的妙莲花由种种珍宝合成。莲花上有四位如来:东方阿闳如来、南方宝相如来、西方无量寿如来、北方微妙声如来。这四如来自然出现,坐在狮子座上,放大光明照耀王舍城,以及三千大千世界,乃至十方恒河沙数量的诸佛世界。天花缤纷飘下,天乐歌舞响起。那时三千大千世界的所有众生,因为佛神力的缘故,都得到了如天人般的胜妙快乐。六根不具足的当时就得到具足,瞎子重见了光明,聋子听到了声音,哑巴开口说话了,愚昧的人具有了智慧,乱心癫狂的人恢复了神志等等。举要来说，一切世间的所有利益、未曾有过的奇妙事，都出现了。那时，信相菩萨见到四位如来及稀有奇妙事，欢喜踊跃，向四位如来恭敬合掌，至心忆念；同时思维，释迦牟尼如来具有无量功德，然佛之寿命令人心中疑惑，为何释迦如来以无量功德，寿命才八十年？这时四位如来以佛的正遍知告诉信相菩萨说："善男子，你不应该思维释迦如来的寿命短促。为什么呢？善男子，我等从未见过一切天众、人众、魔众、梵众、沙门众、婆罗门众以及人与非人等众生，有能算知释迦如来寿命数量，知道他寿命极限的，除非是已得无上正遍知的如来。"这时，四如来将要畅说释迦牟尼佛所得的寿命，欲界天、色界天的众生，种种龙众、鬼神众、乾闼婆众、阿修罗众、迦楼罗众、紧那罗众、摩睺罗伽众，以及无量百千亿那由他的大菩萨，在佛的神力加持下都来聚集于信相菩萨的宫室中。这时，四如来在大众中宣说偈颂，以种种比喻解说释迦牟尼如来所得的寿命数量。作偈颂说：

一切诸海水，可知其水滴，
无有能数知，释尊之寿命。
所有须弥山，可知其斤两，
无有能称量，释尊之寿命。
一切大地土，可知其尘数，
无有能算知，释尊之寿命。
虚空划分界，尚可尽其边，
无有能计度，释尊之寿命。
不可计算劫，百千到万亿，

佛寿亦如是，无量亦无边，
如此之因缘，故说二种缘：
不杀害物命，施食复无量，
是故释迦尊，寿命不可计，
无量而无边，亦复无齐限。
信相你当知，不应于世尊，
无量之寿命，而生疑惑念！

那时，信相菩萨听了四位如来宣说释迦牟尼佛的寿命无量之后，深心信解，欢喜踊跃。在说此《如来寿量品》的时候，无量无边阿僧祇的众生，发起了阿耨多罗三藐三菩提心。这时，四如来倏忽不见了。

忏悔品第三

《寿量品》明法身常住，即是明果；《忏悔品》则明修道，即是因行。故《忏悔品》及下一品《赞叹品》明行，是本经正宗分中的重点。信相菩萨夜梦一婆罗门以枹击大金鼓，出微妙声，此金鼓妙音具有不可思议的功德力，能灭种种恶业，生起种种善法，并说金鼓忏悔法。依《金光明经文句》解释，“金鼓光明”喻法身法性，般若妙智；“婆罗门”喻净行；“以枹击鼓”喻观智之机，扣击法身之境；“出微妙声”喻法界大用，起教利益众生。这是以比喻的形式论说法身之理及修法身之因，而所宣说的忏悔法则是大乘中的重要忏悔思想。本品金鼓所说忏悔法以法性为本，善恶因果为行，具有了作法、取相、观无生三类忏法，包含了忏悔、赞叹劝请、随喜、回向、发愿五门忏悔的内容，十分完整。在忏悔的内容中，忏除业障、报障、烦恼障三障，遮断过去、现在、未来所造之罪，对于要遮断的罪业内容分析得很全面。由此灭十恶，生十善，转证三身佛果。本品的别译《五悔法门经》是西土行人昼夜六时行道的通轨[①]。天台宗智者大师依本经作《金光明忏法》行仪，为天台宗四种忏法之一。在合本、净本中，此后又有《最净地陀罗尼品》，说十地行。

尔时信相菩萨即于其夜梦见金鼓，其状姝大[②]，其明普照，喻如日光。复于光中得见十方无量无边诸佛世尊，众宝树下坐琉璃座，与无量百千眷属围绕而为说法。见有一人，似婆罗门，以桴击鼓[3]，出大音声，其声演说，忏悔偈颂。时信相菩萨从梦寤已[4]，至心忆念梦中所闻忏悔偈颂，过夜至旦，出王舍城。尔时，亦有无量无边百千众生与菩萨俱往耆阇崛山，至于佛所。至佛所已，顶礼佛足，右绕三匝[5]，却坐一面，敬心合掌，瞻仰尊颜，目不暂舍，以其梦中所见金鼓及忏悔偈，向如来说：

昨夜所梦，至心忆持。
梦见金鼓，妙色晃耀，其光大盛，明逾于日，
遍照十方，恒沙世界。
又因此光，得见诸佛，众宝树下，坐琉璃座，
无量大众，围绕说法。
见婆罗门，击是金鼓，其鼓音中，说如是偈：
是大金鼓，所出妙音，悉能灭除，三世诸苦[6]，
地狱饿鬼、畜生等苦，贫穷困厄、及诸有苦[7]。
是鼓所出，微妙之音，能除众生，诸恼所逼。
断众怖畏，令得无惧，犹如诸佛，得无所畏；
诸佛圣人，所成功德，离于生死，到大智岸[8]；
如是众生，所得功德，定及助道[9]，犹如大海。
是鼓所出，如是妙音，令众生得，梵音深远[10]，
证佛无上，菩提胜果[11]；转无上轮[12]，微妙清净，

住寿无量，不思议劫；演说正法，利益众生，
能害烦恼，消除诸苦，贪嗔痴等，悉令寂灭。
若有众生，处在地狱，大火炽然，烧炙其身，
若闻金鼓，微妙音声，所出言教，即寻礼佛；
亦令众生，得知宿命[13]，百生千生，千万亿生；
令心正念，诸佛世尊，亦闻无上，微妙之言。
是金鼓中，所出妙音，复令众生，值遇诸佛，
远离一切，诸恶业等，善修无量，白净之业[14]。
诸天世人，及余众生，随其所思，诸所愿求，
如是金鼓，所出之音，皆悉能令，成就具足。
若有众生，堕大地狱[15]，猛火炎炽，焚烧其身，
无有救护，流转诸难，当令是等，悉灭诸苦；
若有众生，诸苦所切，三恶道报[16]，及以人中，
如是金鼓，所出之音，悉能灭除。
一切诸苦，无依无归，无有救护，
我为是等，作归依处。
是诸世尊，今当证知，久已于我，生大悲心。
在在处处，十方诸佛，现在世雄，两足之尊[17]，
我本所作，恶不善业，今者忏悔，诸十力前[18]。
不识诸佛，及父母恩，不解善法，造作众恶；
自恃种姓[19]，及诸财宝，盛年放逸，作诸恶行；
心念不善，口作恶业，随心所作，不见其过；
凡夫愚行，无知暗覆，亲近恶友，烦恼乱心；

五欲因缘[20]，心生忿恚[21]，不知厌足，故作众恶；

亲近非圣，因生悭嫉，贫穷因缘，奸谄作恶；
系属于他，常有怖畏，不得自在，而造诸恶；
贪欲恚痴，扰动其心，渴爱所逼，造作众恶；
依因衣食，及以女色，诸结恼热，造作众恶。
身口意恶，所集三业，如是众罪，今悉忏悔；
或不恭敬，佛法圣众，如是众罪，今悉忏悔；
或不恭敬，缘觉菩萨，如是众罪，今悉忏悔；
以无智故，诽谤正法，不知恭敬，父母尊长，
如是众罪，今悉忏悔；愚惑所覆，骄慢放逸，
因贪恚痴，造作诸恶，如是众罪，今悉忏悔。
我今供养，无量无边，三千大千，世界诸佛；
我当拔济，十方一切，无量众生，所有诸苦；
我当安止，不可思议，阿僧祇众，令住十地[22]，
已得安止，住十地者，悉令具足，如来正觉。
为一众生，亿劫修行，使无量众，令度苦海。
我当为是，诸众生等，演说微妙，甚深悔法，
所谓金光，灭除诸恶。
千劫所作，极重恶业，若能至心，一忏悔者，
如是众罪，悉皆灭尽。
我今已说，忏悔之法，
是金光明，清净微妙，速能灭除，一切业障。

我当安止，住于十地，十种珍宝，以为脚足[23]，
成佛无上，功德光明，令诸众生，度三有海[24]。
诸佛所有，甚深法藏，不可思议，无量功德，
一切种智，愿悉具足；百千禅定，根力觉道[25]，
不可思议，诸陀罗尼[26]，十力世尊，我当成就。
诸佛世尊，有大慈悲，当证微诚，哀受我悔。
若我百劫，所作众恶，以是因缘，生大忧苦，
贫穷困乏，愁热惊惧，怖畏恶业，心常怯劣，
在在处处，暂无欢乐；十方现在，大悲世尊，
能除众生，一切怖畏，愿当受我，诚心忏悔，
令我恐惧，悉得消除。
我之所有，烦恼业垢，唯愿现在，诸佛世尊，
以大悲水，洗除令净。
过去诸恶，令悉悔过，现所作罪，诚心发露，
所未作者，更不敢作，已作之业，不敢覆藏。
身业三种，口业有四，意三业行，今悉忏悔；
身口所作，及以意思，十种恶业，一切忏悔；
远离十恶，修行十善[27]，安止十住，逮十力尊；
所造恶业，应受恶报，今于佛前，诚心忏悔。
若此国土，及余世界，所有善法，悉以回向[28]；
我所修行，身口意善，愿于来世，证无上道。
若在诸有，六趣险难[29]，愚痴无智，造作众恶，
今于佛前，皆悉忏悔；世间所有，生死险难，

种种淫欲，愚烦恼难，如是诸难，我今忏悔；
心轻躁难，近恶友难，三有险难，及三毒难[30]，
遇无难难，值好时难，修功德难，值佛亦难，
如是诸难，今悉忏悔。
诸佛世尊，我所依止，是故我今，敬礼佛海，
金色晃耀，犹如须弥，是故我今，顶礼最胜。
其色无上，犹如真金，眼目清净，如绀琉璃；
功德威神，名称显著，佛日大悲，灭一切暗。
善净无垢，离诸尘翳[31]，无上佛日，大光普照；
烦恼火炽，令心燋热[32]，唯佛能除，如月清凉；
三十二相，八十种好[33]，庄严其身，视之无厌。
功德巍巍，明网显耀，安住三界[34]，如日照世；
犹如琉璃，净无瑕秽，妙色广大，种种各异，
其色红赤，如日初出，颇梨白银[35]，校饰光网，
如是种种，庄严佛日。
三有之中，生死大海，潦水波荡，恼乱我心，
其味苦毒，最为粗涩，如来网明，能令枯涸。
妙身端严，相好殊特，金色光明，遍照一切，
智慧大海，弥满三界，是故我今，稽首敬礼。
如大海水，其量难知，大地微尘，不可称计，
诸须弥山，难可度量，虚空边际，亦不可得，
诸佛亦尔，功德无量，一切有心，无能知者。
于无量劫，极心思惟，不能得知，佛功德边；

大地诸山，尚可知量，毛滴海水，亦可知数，
诸佛功德，无能知者。
相好庄严，名称赞叹，如是功德，令众皆得。
我以善业，诸因缘故，来世不久，成于佛道，
讲宣妙法，利益众生，度脱一切，无量诸苦，
摧伏诸魔[36]，及其眷属，转于无上，清净法轮，
住寿无量，不思议劫，充足众生，甘露法味。
我当具足，六波罗蜜[37]，犹如过佛，之所成就，
断诸烦恼，除一切苦，悉灭贪欲，及恚痴等；
我当忆念，宿命之事，百生千生，百千亿生，
常当至心，正念诸佛，闻说微妙，无上之法；
我因善业，常值诸佛，远离诸恶，修诸善业。
一切世界，所有众生，无量苦恼，我当悉灭，
若有众生，诸根毁坏，不具足者，悉令具足；
十方世界，所有病苦，羸瘦顿乏[38]，无救护者，
悉令解脱，如是诸苦，还得势力，平复如本；
若犯王法，临当刑戮[39]，无量怖畏，愁忧苦恼，
如是之人，悉令解脱；若受鞭挞[40]，系缚枷锁[41]，
种种苦事，逼切其身，无量百千，愁忧惊畏，
种种恐惧，扰乱其心，如是无边，诸苦恼等，
愿使一切，悉得解脱。
若有众生，饥渴所恼，令得种种，甘美饮食；

盲者得视，聋者得听，瘂者能言[42]，裸者得衣，
贫穷之者，即得宝藏，仓库盈溢，无所乏少，
一切皆受，安隐快乐[43]，乃至无有，一人受苦。
众生相视，和颜悦色，形貌端严，人所喜见，
心常思念，他人善事，饮食饱满，功德具足。
随诸众生，之所思念，皆愿令得，种种伎乐，
箜篌筝笛[44]，琴瑟鼓吹，如是种种，微妙音声，
江湖池沼，流泉诸水，金华遍布，及优钵罗[45]；
随诸众生，之所思念，即得种种，衣服饮食，
钱财珍宝，金银琉璃，真珠璧玉，杂厕璎珞[46]。
愿诸众生，不闻恶声，乃至无有，可恶见者；
愿诸众生，色貌微妙，各各相于，共相爱念，
世间所有，资生之具，随其所念，悉令具足。
愿诸众生，诸所求索，如其所须，应念即得，
香华诸树，常于三时[47]，雨细末香，及涂身香[48]，
众生受者，欢喜快乐。
愿诸众生，常得供养，不可思议，十方诸佛，
无上妙法，清净无垢，及诸菩萨，声闻大众[49]。
愿诸众生，常得远离，三恶八难[50]，值无难处，
觐睹诸佛，无上之王。
愿诸众生，常生尊贵，多饶财宝，安隐丰乐，
上妙色像，庄严其身，功德成就，有大名称。

愿诸女人，皆成男子，具足智慧，精勤不懈，
一切皆行，菩萨之道，勤心修习，六波罗蜜，
常见十方，无量诸佛，坐宝树下，琉璃座上，
安住禅定，自在快乐，演说正法，众所乐闻。
若我现在，及过去世，所作恶业，诸有险难，
应得恶果，不适意者，愿悉尽灭，令无有余。
若诸众生，三有系缚，生死罗网，弥密牢固，
愿以智刀，割断破裂，除诸苦恼，早成菩提。
若此阎浮[51]，及余他方，无量世界，所有众生，
所作种种，善妙功德，我今深心，随其欢喜。
我今以此，随喜功德，及身口意，所作善业，
愿于来世，成无上道，得净无垢，吉祥果报。
若有敬礼，赞叹十力，信心清净，无诸疑网，
能作如是，所说忏悔，便得超越，六十劫罪。
诸善男子，及善女人，诸王刹利，婆罗门等，
若有恭敬，合掌向佛，称叹如来，并赞此偈，
在在生处，常识宿命，诸根具足，清净端严，
种种功德，悉皆成就，在在处处，常为国王，
辅相大臣，之所恭敬。
非于一佛，五佛十佛，种诸功德，闻是忏悔，
若于无量，百千万亿，诸佛如来，种诸善根，
然后乃得，闻是忏悔。

注释:

①见《周叔迦佛学论著集》(下集),北京:中华书局,1991年,第1009页。

②姝(shū):美好。

③桴(fú):鼓槌。

④寤(wù):醒来。

⑤匝(zā):周、圈。

⑥三世:指过去世、现在世、未来世。

⑦诸有:众生所作业,因缘果报而有迷界的万象差别。分为三有、四有、七有、九有、二十五有等类,总称诸有。

⑧大智岸:即佛果大智慧的涅槃彼岸。

⑨定及助道:定谓四空定。助道谓三十七道品等。

⑩梵音深远:指梵音相。佛三十二相之一。佛报得清净音声最妙,号为梵音。据《大智度论》卷四载,佛之梵音如大梵天王所出之声,有五种清净之音:(一)甚深如雷。(二)清彻远播,闻而悦乐。(三)入心敬爱。(四)谛了易解。(五)听者无厌。

⑪菩提:梵语bodhi,意译觉、智、道。这里指佛果之觉智。

⑫转无上轮:即转法轮。佛之教法,谓之法轮;宣说教法,谓之转法轮。"轮"一词本为印度古代之战车,以回转战车即可粉碎敌人,譬喻佛陀所说之教法于众生之中回转,即可破碎众生之迷惑。又转轮圣王转动金轮,以降伏怨敌;而释尊以说法降伏恶魔,故称转法轮。

⑬宿命:宿世生命,无量生中的受报差别、善恶苦乐等情状。佛教认为世人于过去世皆有生命,或为天或为人,或为饿鬼

畜生，辗转轮回，谓之宿命。能知宿命者，谓之宿命通。

⑭白净之业：即“白业”，佛教以善为清白之法，故称善业为白业，称不善业为黑业。

⑮地狱：梵语 naraka 或 niraya，音译作“捺落迦”、“那落迦”、“泥梨”等，意为不乐、可厌、苦具、苦器、无有等。佛教中地狱总有三类：一根本地狱，即八大地狱及八寒地狱等。二近边地狱，即十六游增地狱等。三孤独地狱，在山间旷野树下空中等。

⑯三恶道：即地狱、饿鬼、畜生等三趣，均为恶业所生，故称“三恶道”，又称“三恶趣”。

⑰两足之尊：佛之尊号。一以佛在人天善趣两足有情中为第一尊贵，二以佛的福德、智慧圆满具足。

⑱十力：因佛具足十种不共智力，故称佛为十力尊。十力为：（一）处非处智力，（二）业异熟智力，（三）静虑解脱等持等至智力，（四）根上下智力，（五）种种胜解智力，（六）种种界智力，（七）遍趣行智力，（八）宿住随念智力，（九）死生智力，（十）漏尽智力。

⑲种姓：印度自吠陀时代，因出生之身分、阶级、职业等不同而定其种姓，构成一种不平等的社会阶级制度。古代印度社会分为婆罗门（僧侣、知识阶层）、刹帝利（王侯武士阶层）、吠舍（农工商庶民）、首陀罗（贱民奴隶）四等种姓，以前二种姓为高等。

⑳五欲：指染着色、声、香、味、触五境而起的五种情欲。

㉑恚（huì）：嗔怒。佛教称贪、恚、痴或贪、嗔、痴为“三

毒”，即贪欲、嗔恚、愚痴等三种烦恼。

㉒十地：大乘菩萨道的修行阶位。《华严经》云：一欢喜地、二离垢地、三发光地、四焰慧地、五难胜地、六现前地、七远行地、八不动地、九善慧地、十法云地。

㉓十种珍宝，以为脚足：《金光明经文句》：“珍宝者，十地因可贵，诸地即是珍宝也。脚足者，十地是果家之基本，故言脚足。又十度是十地之脚足，……檀足若满得入初地。乃至智度足满得入十地。故十度为十地脚足也。”意为十地是佛果之脚足，又十度为十地之脚足。十度，依《华严经》为布施、持戒、忍辱、精进、禅定、智慧、方便、愿、力、智。

㉔三有：谓生有、中有、死有。三有海，指生死流。

㉕根力觉道：根指信、勤、念、定、慧五根；力指信、勤、念、定、慧五力，觉指念、择法、精进、喜、轻安、定、舍等七觉支；道指正见、正思维、正语、正业、正命、正精进、正念、正定等八正道。这里泛指三十七道品，即四念处（身、受、心、法）、四正勤（已生恶令永断，未生恶令不生，未生善令生，已生善令增长）、四如意足（欲、精进、念、思维）、五根、五力、七觉支、八正道。

㉖陀罗尼：梵语 dharani 之音译。意译“总持”、“能持”。《瑜伽师地论》卷四十五举出四陀罗尼：（一）法陀罗尼，能记忆经句不忘。（二）义陀罗尼，能理解经义不忘。（三）咒陀罗尼，依禅定力起咒术，能消除众生之灾厄。（四）忍陀罗尼，通达诸法离言之实相，了知其本性，忍法性而不失。这里指咒陀罗尼。

㉗十善：身口意三业中所行的十种善行为。又作“十善业”、“十善道”。反之，身口意所行的十种恶行为，称为“十恶”、“十

不善业”。身三善业为：不杀生、不偷盗、不邪淫。口四善业为：不妄语、不两舌、不绮语、不恶口，意三善业为：不贪、不嗔、不痴（非邪见）。反之即是十恶业。

㉘回向：回转趣向之义，意谓回转自己所作的功德善根以趣向菩提，或往生净土，或施与众生等。

㉙六趣：佛教中众生由业因差别而有六个趣向之处，即地狱、饿鬼、畜生（傍生）、阿修罗、人、天等，谓之六趣，又称“六道”。

㉚三毒：指贪欲、嗔恚、愚痴三种烦恼。又作“三火”、“三垢”。一切烦恼本通称为毒，然此三种烦恼通摄三界，系毒害众生出世善心中之最甚者，能令有情长劫受苦而不得出离，故特称三毒。

㉛翳（yì）：云雾。

㉜燋（jiāo）：通“焦”。

㉝三十二相、八十种好：又称“三十二大丈夫相、八十随好”。佛、菩萨之应化身所具足之殊胜容貌形相中，显著易见者有三十二种，称为“三十二相”；微细隐密难见者有八十种，称为“八十种好”。两者亦合称“相好”。转轮圣王亦能具足三十二相，而八十种好则唯佛、菩萨始能具足。

㉞三界：即欲界、色界、无色界。

㉟颇梨：又作“玻璃”、“颇璃”、“颇胝”等，七宝之一。意译“水玉”、“白珠”、“水精”。

㊱诸魔：梵文 mara，音译“魔罗”，意为杀者、扰乱、障碍、夺命等，能够扰乱身心，障碍善法，破坏胜事。有二魔，为内魔、

外魔；有四魔，谓烦恼魔、五阴魔、死魔、天魔等。

㊲六波罗蜜：即“六度”，一布施，二持戒，三忍辱，四精进，五禅定，六智慧。

㊳羸（léi）：衰病、瘦弱。

㊴戮（lù）：杀。

㊵鞭挞（tà）：用鞭子或棍子打。

㊶系（xì）缚（fù）枷（jiā）锁：系，拘囚之义。缚，捆绑。枷锁，古代刑具。

㊷瘂（yǎ）：同“哑”。

㊸安隐：即“安稳”。“隐”通假“稳”字，音义皆同“稳”（wěn）。或以“隐”、“稳”为古今字。

㊹箜篌（kōnghóu）：一种古代拨弦乐器。筝（zhēng）：一种拨弦乐器。

㊺优钵罗：即青莲花。

㊻璎珞：由珠玉或花等编缀成之饰物，可挂在头、颈、胸或手脚等部位。印度一般王公贵人皆佩戴。

㊼三时：指晨朝、日中、日没。

㊽涂身香：又称“涂香”。古印度人的生活习惯之一，即以香涂身，以消除体臭或热恼。或焚烧香料，以薰衣服与室内，称作烧香、薰香。又有“末香”，或作“抹香”，即以香粉撒地或燃熏。涂香、烧香、末香也都是供佛的方法之一。

㊾声闻：指听闻佛陀声教而证悟之出家弟子。

㊿三恶：即地狱、饿鬼、畜生等三恶趣。八难：指不得遇佛、不闻正法之八种障难。即地狱、畜生、饿鬼、长寿天、边地、

盲聋喑哑、世智辩聪、佛前佛后。处在这八种情境中的众生，或恒受众苦，或无暇修行善事，故又名“八无暇”或“八非时”。

㉛阎浮：梵文 Jambudvipa，音译“阎浮提”、“阎浮提鞞波”，新译为“赡部洲”。此洲为须弥山四大洲之南洲，故又称“南阎浮提”、“南阎浮洲”、“南赡部洲”。即地球人类居住之处。

译文：

那时信相菩萨，就在当天夜里梦见一个金鼓，形体巨大而漂亮，光明闪耀，好比太阳一般。又在光中看到了十方无量无边的诸佛，都在妙宝树下，坐琉璃座，有无量百千的大众围绕，佛为他们说法。见有一人，好像是个婆罗门，以槌击鼓，发出很大的鼓声，声中演说着忏悔偈颂。那时，信相菩萨从梦中醒来，一心专注地回忆梦中所听到的忏悔偈颂。就这样从夜里直到天明，出王舍城，往灵鹫山，到佛陀的住处。那时也有无量百千的大众和信相菩萨一起去灵鹫山见佛。到了佛的住处，顶礼佛足，右绕三匝，退坐一边，恭敬合掌，目不暂舍地瞻仰佛的尊颜，向佛禀告昨晚梦中所见的金鼓和忏悔偈颂：

我忆昨夜中，梦见大金鼓，
其形极殊妙，金光普晃耀，
犹如盛日轮，遍照十方界。
又于此光中，得见于诸佛，
各于宝树下，坐琉璃座上，
无量百千众，围绕而说法。
有一婆罗门，以槌击金鼓，

于其鼓声内，宣说如是偈：
金光明鼓出妙音，悉能灭除三世苦，
地狱饿鬼畜生苦，贫穷困苦诸有苦；
由此金鼓声威力，悉除众生烦恼逼。
断众怖畏得无惧，犹如诸佛得无畏，
佛成功德离生死，到一切智之彼岸，
如是众生得觉品，亦如佛之功德海。
由此金鼓出妙音，闻者普得梵音相，
证佛无上菩提果，常转清净妙法轮。
住寿不可思议劫，演说正法利众生，
能断烦恼除诸苦，贪嗔痴等令寂灭。
若有众生处地狱，大火炽燃烧其身，
若闻金鼓妙音教，即能归佛而离苦，
亦得成就宿命智，能忆百生亿万生，
令心正念佛世尊，得闻无上甚深教。
由闻金鼓胜妙音，复令众生值遇佛，
远离一切诸恶业，善修无量白净业。
诸天世人余众生，随其心想及所愿，
得闻金鼓微妙音，所求悉皆得满足。
众生若堕大地狱，猛火炎炽烧其身，
八难流转无救护，闻者能令苦悉灭。
三恶道报及人中，众生现受诸苦逼，
得闻金鼓微妙音，一切诸苦悉灭除。
无依无归无救护，我为是等作依处。

是诸世尊当证知，于我生起大悲心。
在在处处十方佛，现在世雄两足尊，
我本所作不善业，今对十力前忏悔。
不识诸佛父母恩，不解善法造恶业，
自恃种姓及财宝，盛年放逸造恶业；
心念不善口恶言，随心所作造恶业，
愚行无知暗障覆，亲近恶友造恶业；
五欲因缘心嗔忿，不知厌足造诸恶，
近不善人生悭嫉，贫穷奸谄造诸恶；
系属于他常怖畏，不得自在造诸恶，
贪欲恚痴躁动心，渴爱所逼造诸恶；
由因衣食及女色，烦恼火烧造诸恶。
身口意集三恶业，如是众罪今忏悔；
或不恭敬佛法僧，如是众罪今忏悔，
不敬缘觉与菩萨，如是众罪今忏悔；
由无智慧谤正法，不敬父母及尊长，
如是众罪今忏悔；愚惑所覆骄慢逸，
因贪恚痴造作恶，如是众罪今忏悔。
我于三千大千界，供养无量无数佛，
当愿拔济十方众，令离所有诸苦难；
我当安止僧祇众，皆令安住于十地，
已得安住十地者，悉皆成佛圆满觉。
为一众生亿劫修，度无量众离苦海。
我当为诸众生等，演说深妙之悔法，

所谓最胜金光明，能除千劫极重业。
若能至心一忏悔，如是罪业悉尽灭，
我今已说忏悔法，清净微妙金光明，
能速灭除一切业。
我当安住于十地，十种珍宝为脚足，
功德光明悉圆满，济度众生三有海。
诸佛甚深之法藏，妙智功德难思议，
一切种智悉具足。
百千禅定觉道品，不可思议陀罗尼，
十力世尊我成就。
唯愿世尊大慈悲，证察微诚受我悔。
若我百劫造恶业，以是因缘大忧苦，
贫穷困乏愁惊惧，怖畏恶业心怯劣，
在在处处无暂乐；十方诸佛大悲尊，
能除众生诸怖畏，愿受我之诚心忏，
令我忧苦悉消除。
我之所有烦恼垢，惟愿现在诸世尊，
以大悲水洗除净。
过去作罪今悉忏，现在作罪诚发露，
所未作者更不作，已作之业不覆藏。
身业三种口业四，意三业行今悉忏，
身口意业之一切，十种恶业皆忏悔。
远离十恶行十善，安止十住圆十力。
所造恶业应受报，今于佛前至心忏。

若此国土余世界，所有善法悉回向，
我以身口意所行，愿将证得无上道。
若在诸有六趣难，愚痴无智造恶业，
今于佛前悉忏悔；世间生死之险难，
种种淫欲烦恼难，狂心散动颠倒难，
近恶友难三有难，三毒难及无难难，
值好时难修德难，值佛亦难如是难，
今对佛前悉忏悔。
我今依止诸世尊，我礼佛海无上尊，
金色晃耀如须弥，我今顶礼最胜尊。
身色无上如天金，眼目清净绀琉璃，
功德威神名称著，大悲慧日灭众暗；
佛日大光普照耀，善净无垢离尘翳，
牟尼月照极清凉，能除众生烦恼热；
三十二相遍庄严，八十随好视无厌。
功德巍巍光网耀，安住三界如日照；
色如琉璃净无瑕，妙色广大种种异，
颇梨白银饰光网，如日初出流霞光，
种种光明以严饰。
三有生死大海中，忧恼愁水漂我心，
毒涩苦海难堪忍，佛日舒光令永竭。
妙身庄严相好殊，金色光明遍一切，
智慧大海满三界，是故我今稽首礼。
如大海水量难知，大地微尘不可计，

如妙高山叵称度，亦如虚空无边际，
诸佛功德亦如是，一切有情不能知。
于无量劫极思维，不能得知佛功德；
大地微尘能算知，毛端滴海尚可量，
佛之功德无能数。
相好庄严名称赞，如是功德令众得。
我以善业诸因缘，愿得速成于佛道，
讲宣妙法利众生，悉令度脱无量苦；
摧伏诸魔及眷属，转于无上正法轮，
住寿无量难思议，充足众生甘露味。
犹如过去诸最胜，六波罗蜜皆圆满，
灭诸贪欲及嗔痴，降伏烦恼除众苦；
我当忆念宿命事，百生千生万亿生，
亦常至心念诸佛，所说无上微妙法，
我因善业常值佛，远离诸恶修诸善。
一切世界诸众生，愿我悉灭彼苦恼，
所有诸根不具足，令彼身相皆圆满；
若有众生遭病苦，身形羸瘦无所依，
咸令病苦得消除，诸根色力皆充满；
若犯王法当刑戮，无量怖畏生忧恼，
如是之人令解脱；若受鞭挞枷锁系，
种种苦痛逼切身，无量百千愁忧畏，
种种恐惧扰其心，如是无边诸苦恼，
愿使一切悉解脱。

若有众生饥渴逼，令得种种甘美食；
盲者得视聋得听，哑者得言裸得衣，
贫穷之者得宝藏，仓库盈溢无所乏。
一切皆受安稳乐，乃至无有一受苦。
众生相视和悦色，形貌端严人喜见，
心常思念他人善，饮食饱满功德具。
随彼众生之所念，所愿皆令得满足。
随念种种伎乐声，箜篌琴瑟妙音现，
念水即现流泉池，金色莲花泛其上。
随彼众生心所念，饮食衣服及床敷，
金银珍宝妙琉璃，璎珞庄严皆具足。
愿众生不闻恶声，乃至不见可恶者，
愿众生容貌端严，各各慈心相爱念，
世间所有资生具，随心念时皆满足，
所有众生之求索，随其所念悉具足。
烧香末香及涂香，香华诸树三时雨，
随心受用生欢喜。
愿诸众生常供养，不可思议十方佛，
无上清净妙法门，菩萨独觉声闻众。
愿诸众生常远离，三恶无暇八难中，
亲睹诸佛无上王。
愿得常生尊贵家，财宝丰饶安稳乐，
妙色颜容身庄严，功德成就大名称。
愿诸女人转为男，精勤不懈具智慧，

一切皆行菩萨道，勤修六度到彼岸。
常见十方无量佛，宝王树下琉璃座，
安住禅定自在乐，演说正法众乐闻。
若我现在及过去，若于过去及现在，
轮回三有造诸业，能招可厌不善趣，
愿得消灭永无余。
一切众生于有海，生死罥网坚牢缚，
愿以智剑为断除，离苦速证菩提处。
若此阎浮及他方，无量世界诸众生，
所作种种妙功德，我今身心皆欢喜。
以此随喜之功德，及身口意之善业，
愿证无上大菩提，得净无垢胜果报。
若有礼赞佛功德，信心清净无疑网，
如是所作之忏悔，当超六十劫重罪。
诸善男子善女人，国王刹利婆罗门，
合掌恭敬而向佛，称叹如来说此偈，
生生常知宿命事，诸根具足身端严，
种种功德皆成就，在在生处常为王，
辅相大臣行恭敬。
非于一佛十佛所，种诸功德得闻忏，
已于无量千万亿，诸佛如来种善根，
乃得闻是忏悔法。

赞叹品第四

《忏悔》灭恶,《赞叹》生善,忏悔法门与赞佛功德,正是取证佛果菩提涅槃的修因。本品以偈颂说明信相夜梦金鼓并闻知金光明忏悔法的过去世因缘。信相菩萨前世为金龙尊王时,修金光明法门,常礼敬赞叹十方三世诸佛的佛身微妙,并发愿于未来世常常夜梦金鼓昼宣说,闻忏悔法,行菩提道,济拔众生;以此果报,当来之世,值释迦佛,得受记别,功德净土,与佛无异。又,以偈颂等赞叹佛的种种相好功德是大小乘的传统功行之一,并在《普贤行愿品》中被列入普贤行的十大愿之一。除了本品外,本经中《四天王品》、《赞佛品》中也有赞叹佛相好功德的内容。

尔时佛告地神坚牢:"善女天!过去有王名金龙尊,常以赞叹,赞叹去来现在诸佛:

我今尊重,敬礼赞叹,去来现在,十方诸佛。
诸佛清净,微妙寂灭;色中上色,金光照耀。
于诸声中,佛声最上,犹如大梵,深远雷音;
其发绀黑,光螺炎起,蜂翠孔雀,色不得喻;
其齿鲜白,犹如珂雪[①],显发金颜,分齐分明;
其目修广,清净无垢,如青莲华,映水开敷;
舌相广长,形色红晖,光明照耀,如华初生;

眉间毫相，白如珂月，右旋润泽，如净琉璃；
眉细修扬，形如月初，其色黑耀，过于蜂王；
鼻高圆直，如铸金铤[2]，微妙柔软，当于面门；
如来胜相，次第最上，得味真正，无与等者。
一一毛孔，一毛旋生，软细绀青，犹孔雀项。
即于生时，身放大光，普照十方，无量国土，
灭尽三界，一切诸苦，令诸众生，悉受快乐；
地狱畜生，及以饿鬼，诸人天等，安隐无患，
悉灭一切，无量恶趣。
身色微妙，如融金聚；面貌清净，如月盛满；
佛身明耀，如日初出；进止威仪，犹如师子[3]；
修臂下垂，立过于膝，犹如风动，娑罗树枝[4]；
圆光一寻[5]，能照无量，犹如聚集，百千日月。
佛身净妙，无诸垢秽，其明普照，一切佛刹；
佛光巍巍，明炎炽盛，悉能隐蔽，无量日月；
佛日灯炬，照无量界，皆令众生，寻光见佛。
本所修习，百千行乐，聚集功德，庄严佛身。
臂牖纤圆[6]，如象王鼻，手足净软，敬爱无厌。
去来诸佛，数如微尘，现在诸佛，亦复如是，
如是如来，我今悉礼，身口清净，意亦如是，
以好香华，供养奉献，百千功德，赞咏歌叹。
设以百舌，于千劫中，叹佛功德，不能得尽；
如来所有，现世功德，种种深固，微妙第一。

设复千舌，欲赞一佛，尚不能尽，功德少分，
况欲叹美，诸佛功德。
大地及天，以为大海，乃至有顶⑦，满其中水，
尚以一毛，知其滴数，无有能知，佛一功德。
我今以礼，赞叹诸佛，身口意业，悉皆清净，
一切所修，无量善业，与诸众生，证无上道。
如是人王，赞叹佛已，复作如是，无量誓愿：
若我来世，无量无边，阿僧祇劫，在在处处，
常于梦中，见妙金鼓，得闻忏悔，深奥之义；
今所赞叹，面貌清净，愿我来世，亦得如是。
诸佛功德，不可思议，于百千劫，甚难得值，
愿于当来，无量之世，夜则梦见，昼如实说。
我当具足，修行六度，济拔众生，越于苦海，
然后我身，成无上道，令我世界，无与等者。
奉贡金鼓，赞佛因缘，以此果报，当来之世，
值释迦佛，得受记莂⑧；并令二子，金龙金光，
常生我家，同共受记。
若有众生，无救护者，众苦逼切，无所依止，
我于当来，为是等辈，作大救护，及依止处，
能除众苦，悉令灭尽，施与众生，诸善安乐。
我未来世，行菩提道，不计劫数，如尽本际⑨；
以此金光，忏悔因缘，使我恶海，及以业海，
烦恼大海，悉竭无余；我功德海，愿悉成就，

智慧大海，清净具足，无量功德，助菩提道，
犹如大海，珍宝具足。
以此金光，忏悔力故，菩提功德，光明无碍，
慧光无垢，照彻清净；我当来世，身光普照，
功德威神，光明炎盛，于三界中，最胜殊特，
诸功德力，无所减少。
当度众生，越于苦海，并复安置，功德大海，
来世多劫，行菩提道，如昔诸佛，行菩提者。
三世诸佛，净妙国土，诸佛至尊，无量功德，
令我来世，得此殊异，功德净土，如佛世尊。
信相当知，尔时国王，金龙尊者，则汝身是；
尔时二子，金龙金光，今汝二子，银相等是⑩。”

注释：

①珂（kē）：白色似玉的美石。

②铤（dìng）：同“锭”。

③师子：同“狮子”。

④娑罗树：一种树，乔木，产于印度、孟加拉国国等热带地方。高达十丈，叶呈长椭圆形而尖，种子可食。

⑤一寻：古代长度单位。伸张两臂为一寻，约六尺至八尺左右。

⑥膧（chōng）：同“傭”（chōng），直，均齐。

⑦有顶：即有顶天。一说为色究竟天。乃色界四禅天之

第九天，为有形世界之最顶峰，故称“有顶”。一说为无色界之第四天，即非想非非想处天，以其为三有（三界）之绝顶，故称有顶。

⑧记莂（bié）：又作“记别”、“授记”、“受记”，佛记弟子成佛之事，分别劫数、国土、佛名、寿命等事。

⑨本际：指根本究竟之边际，即绝对平等的理体，多指涅槃而言。这里是指尽未来际的无尽时间之义。

⑩银相等：后文提到，信相的二子名为银相、银光。

译文：

那是佛告诉坚牢地神说：“善女天啊！过去世有一个国王名叫金龙尊，常以歌偈来赞叹过去未来现在一切诸佛：

我今殷重礼赞叹，去来现在十方佛。
清净微妙善寂灭，色中上色身金光。
一切声中最为上，如大梵响震雷音，
其发绀黑色难喻，宛转螺光如焰起，
蜂翠碧绿孔雀色，其色妙美不可喻。
其齿鲜白如珂雪，平正齐密显光明，
其目修广净无垢，如青莲华映水开，
舌相广长色红辉，柔软光耀如红莲，
眉间常有白毫光，右旋宛转琉璃色，
眉细修扬类初月，其色黑耀比蜂王，
鼻高圆直如金锭，微妙柔软当面门，
如来胜相最为上，得味真正无与等。

一一毛孔毛旋生，软细绀如孔雀项。
初诞身有妙光明，普照一切十方界，
灭尽三界一切苦，令诸众生受快乐；
地狱畜生及饿鬼，诸人天等得安稳，
悉灭一切恶趣苦。
身色微妙如金聚，面貌清净如月满，
佛身明耀如日出，进止威仪如狮子，
修臂下垂立过膝，状如风动娑罗枝，
圆光一寻照无边，赫奕犹如百千日。
佛身净妙无诸垢，其明普照一切刹；
佛光巍巍明焰盛，悉能映蔽诸日月；
佛日光照无量界，众生遇光得见佛。
本所修习诸行业，聚集功德严佛身。
臂纤圆如象王鼻，手足净软爱无厌。
过去未来现在佛，数如大地诸微尘，
我以清净身语意，一切如来悉顶礼，
以妙香华诚供献，赞佛无边功德海。
设我口中有百舌，于千劫中赞如来，
佛之功德难思议，深固微妙为第一。
设复千舌赞一佛，功德少分不能尽，
况诸佛德无边际。
假使大地及诸天，乃至有顶满海水，
以一毛端知滴数，佛一功德无能知。
我以清净身语意，礼赞诸佛德无边，

所修无量诸善业，回施众生成佛道。
彼王赞叹如来已，复发如是弘誓愿：
愿我当于未来世，无数劫中生生处，
梦中常见妙金鼓，得闻忏悔深奥音；
今所赞叹佛功德，愿我来世得如是。
诸佛功德不思议，于百千劫难值遇，
愿于当来无量世，夜梦金鼓昼说忏。
我当圆满修六度，拔济众生越苦海，
我身得成无上道，佛土清净无与等。
梦见金鼓赞如来，以此功德愿来世，
遇释迦佛得受记，并金龙金光二子，
常生我家同受记。
若有众生无救护，众苦逼切无依止，
我于当来为等辈，作大救护依止处，
三有众苦令灭尽，愿施众生安乐处。
愿我来世无数劫，行菩萨道尽本际，
以此金光忏悔福，愿使恶海及业海、
烦恼大海竭无余；
我功德海愿得成，智慧大海亦圆满，
菩提资粮悉圆满，犹如大海珍宝具。
以此金光忏悔力，当获福德光无碍，
亦得智慧光无垢；愿我来世身光照，
功德威神光明焰，于三界中最殊胜，
威力自在无伦匹。

愿度众生出苦海，安置无为功德海，
多劫常行菩萨道，修菩提行如诸佛。
三世诸佛妙净土，尊胜无量功德海，
愿我来世皆成满，福智刹土如世尊。
信相当知时国王，金龙尊者汝身是，
二子金龙与金光，汝子银相银光是。”

空品第五

本品明境，明我法二空之理。《忏悔品》不得空性之理则恶不除灭，《赞叹品》不得空性之理则善不清净，故文中说“本性空寂”、“本自不生”。又三论宗吉藏《金光明经疏》中解释说：《忏悔》、《赞叹》二品明功德门，是方便道；《空品》明智慧门，是般若道[①]。然如同本品开头所说，“无量余经，已广说空，是故此中，略而解说”，本经对于空义只是略说，也就是说，从理论上解说空性的道理并不是本经的重点内容。本品所说的空义，与般若经所说的空义大致相同，以四大、五蕴、十二入、十八界解说我空、法空，以十二因缘解说流转，进而修我法二空观，以性空不生之理，断见缚烦恼而证菩提，求证如来真实法身，广修供养，利益有情。

无量余经，已广说空，是故此中，略而解说。
众生根钝，鲜于智慧，不能广知，无量空义，
故此尊经，略而说之。
异妙方便，种种因缘，为钝根故，起大悲心，
今我演说，此妙经典。
如我所解，知众生意。
是身虚伪，犹如空聚[②]，六入村落[③]，结贼所止[④]，
一切自住，各不相知。

眼根受色，耳分别声，鼻嗅诸香，舌嗜于味，
所有身根，贪受诸触，意根分别，一切诸法。
六情诸根[5]，各各自缘，诸尘境界，不行他缘[6]。
心如幻化，驰骋六情，而常妄想，分别诸法，
犹如世人，驰走空聚，六贼所害，愚不知避；
心常依止，六根境界，各各自知，所伺之处，
随行色声，香味触法。
心处六情，如鸟投网，其心在在，常处诸根，
随逐诸尘，无有暂舍。
身空虚伪，不可长养[7]，无有诤讼，亦无正主。
从诸因缘，和合而有，无有坚实，妄想故起；
业力机关[8]，假伪空聚，地水火风[9]，合集成立。
随时增减[10]，共相残害，犹如四蛇，同处一箧[11]。
四大蚖蛇[12]，其性各异，二上二下，诸方亦二[13]，
如是蛇大，悉灭无余。
地水二蛇，其性沉下，风火二蛇，性轻上升。
心识二性，躁动不停，随业受报，人天诸趣，
随所作业，而堕诸有。
水火风种，散灭坏时，大小不净，盈流于外，
体生诸虫，无可爱乐，捐弃冢间[14]，如朽败木[15]。
善女当观，诸法如是，何处有人，及以众生。
本性空寂，无明故有，如是诸大，一一不实；
本自不生，性无和合，以是因缘，我说诸大，

从本不实，和合而有。
无明体性[16]，本自不有，妄想因缘，和合而有。
无所有故，假名无明。
是故我说，名曰无明，行识名色，六入触受，
爱取有生，老死愁恼，众苦行业，不可思议，
生死无际，轮转不息。
本无有生，亦无和合，不善思惟，心行所造。
我断一切，诸见缠等[17]，以智慧刀，裂烦恼网，
五阴舍宅[18]，观悉空寂，证无上道，微妙功德。
开甘露门，示甘露器，入甘露城，处甘露室，
令诸众生，食甘露味。
吹大法螺，击大法鼓，然大法炬，雨胜法雨；
我今摧伏，一切怨结，竖立第一，微妙法幢[19]。
度诸众生，于生死海，永断三恶，无量苦恼。
烦恼炽然，烧诸众生，无有救护，无所依止，
我以甘露，清凉美味，充足是辈，令离燋热。
于无量劫，遵修诸行，供养恭敬，诸佛世尊；
坚固修习，菩提之道，求于如来，真实法身[20]。
舍诸所重，肢节手足，头目髓脑，所爱妻子，
钱财珍宝，真珠璎珞，金银琉璃，种种异物。

注释：

①“《忏悔》、《赞叹》二品明功德门”四句：见吉藏《金光明

经疏》卷一,《大正藏》第39册,第162页。

②空聚:无人之聚落。人身之六根,假和合而无实主,譬之无人之聚落。

③六入:眼、耳、鼻、舌、身、意等六根为“内六入”,色、声、香、味、触、法等六境为“外六入”,总称“十二入”,亦作“十二处”。入者,涉入、趋入之义;处者,所依之义。六根与六境互相涉入而生六识,故称入。

④结贼:结即结使,烦恼的异称。诸烦恼缠缚众生,不使出离生死,故称结;驱役而恼乱众生,故称使。结有九种,使有十种,称为九结十使。结使伏于众生心中,如贼一样,故称为“结贼”。

⑤六情:即“六根”。旧译经论多译六根为六情。以眼、耳、鼻、舌、身、意等六根皆具有情识,故称“六情”。

⑥不行他缘:六根的每一根,与六境是各各相对的。如眼一定缘色境而不他缘声境等。

⑦长养:即没有真正的实体性的我,故并没有一个真正的我出生、长养,不过是缘聚缘灭的聚散现象而已。这是佛学的无我论观点。

⑧业力:善恶之业有生起苦乐果之力用,称为“业力”。一切苦乐之果皆因业力所致,故通常有“业力不可思议”之语。

⑨地水火风:即佛学四大。地为坚性,水为湿性,火为暖性,风为动性。这里以四蛇比喻四大。

⑩随时增减:《文句》:竖论增减者,从入胎时名增,壮时名盛,老时名减。横论增减者,火增水减,水增火减,指四大各自

增减不定。比如有时候火大盛而发高烧，则害其它，故说“共相残害”。

⑪箧（qiè）：小箱子。佛经以假身为箧，身中四大，如箧贮蛇。

⑫蚖（yuán）蛇：指蝾螈或蜥蜴一类的动物，这里泛指毒蛇。

⑬诸方亦二：《文句》：诸方亦二者，四大对四方，风东火南地西水北。对四时，风春火夏地秋水冬。东与南属阳而上升，西与北属阴而下沈。故言二上二下，诸方亦二。

⑭冢（zhǒng）：坟。

⑮如朽败木：《文句》：气命尽是风去故言散，暖尽是火去故言灭。水尽则身烂，故言大小不净盈流于外。地散灭是骨肉离解，故言如朽败木。

⑯无明：就通义而言，一切烦恼皆有暗障迷惑真如本际理体之义，通称为无明；就别义而言，无明烦恼迷于本际，集起生死，为十二因缘之根本。《起信论》分为根本无明和枝末无明。

⑰见缠：见指见缚、见惑、见网等，即五利使（身见、边见、邪见、见取见、戒禁取见）、五钝使（贪、嗔、痴、慢、疑）等十惑。缠则为烦恼的异名，指无惭、无愧、嫉、悭、悔、睡眠、掉举、昏沉、忿、覆等贪嗔痴烦恼，缠缚众生于生死流转之中而不得解脱。

⑱五阴：新译“五蕴”，即色、受、想、行、识。

⑲法幢（chuáng）：幢指幢幡，与旌旗同义。幢旗以表战胜之相，故以法幢譬喻佛菩萨之说法能降伏众生烦恼之魔军。

⑳法身：佛所得之无漏法及佛之自性真如如来藏。佛的二

身之一，或三身之一。又作“法佛”、“理佛”、“法身佛”、“自性身”、“法性身”、“如如佛”、“实佛”、“第一身”等。

译文：

无量余经广说空，是故此处略解说，
众生根钝少智慧，不能广知甚深义，
故我于此重敷演。
大悲哀愍有情故，以善方便胜因缘，
我今演说妙经典，令彼得解空性义。
此身虚幻如空聚，六入村中结使贼，
各各止住不相知。
眼受诸色耳闻声，鼻嗅诸香舌嗜味，
身根贪受诸触乐，意根分别一切法。
六根各自缘六境，根境相缘不杂乱。
心如幻化骋六根，而常妄想生诸法，
如人驰走空聚中，为六贼害不知避。
心常依止六根境，托根缘境随寻伺，
六尘境中随处转。
其心常处于六根，犹鸟在网乍出入，
随逐诸尘无暂舍。
身空虚伪不长养，根境缘成无正主。
从诸因缘和合有，虚妄分别无坚实，
业力机关假伪聚，地水火风共成身。
随时增减共相害，犹如四蛇处一箧。

四大蚖蛇性各异，二上二下方亦二，
如是蛇大悉无余。
地水二蛇性沉下，风火二蛇性轻上。
心识二性躁不停，随业受报人天趣，
随所作业堕诸有。
地水火风散灭时，大小不净盈流外，
体生诸虫无可爱，捐弃冢间如朽木。
善女当观法如是，云何执有我众生。
本性空寂无明有，如是四大皆不实；
本自不生无和合，以是因缘说诸大，
从本不实和合有。
无明体相本无有，妄想因缘和合生，
假名无明无所有。
是故我说名无明，行、识、名色、六入、触，
受、爱、取、有、生、老死，忧悲苦恼恒随逐，
生死轮回无息时。
本无有生体是空，由不如理生分别。
我断一切诸见缠，以智慧剑裂缠网，
五阴舍宅观悉空，证无上道微妙德。
开甘露门兮示甘露器，入甘露城兮处甘露室，
令诸众生兮食甘露味。
吹大法螺兮击大法鼓，燃大法炬兮雨胜法雨。
我今摧伏诸怨结，竖立第一妙法幢。
度众生于生死海，永断三途无量苦。

烦恼炽燃苦众生，无有救护无依止，
我以甘露清凉味，充足是辈离热恼。
于无量劫修诸行，供养恭敬佛世尊，
坚固修习菩提道，证得如来真法身。
舍诸所爱身手足，头目髓脑及妻子，
钱财珍宝珠璎珞，金银琉璃种种宝。

卷　二

四天王品第六

从《寿量品》至《空品》明常住因果，即是经体；从《四天王品》至《舍身品》明经功德而劝学，即经力用。《四天王品》以下至《嘱累品》都属于流通分的内容，但却是本经极为重要的内容。本经被列为护国之经，在整个大乘佛教流行的地区都受到广泛持诵，是与《四天王品》、《大辩天神品》、《功德天品》、《坚牢地神品》、《散脂鬼神品》等五品宣说的受持读诵宣讲《金光明经》能够带来不可思议护国利益密不可分的。这五品经说明诵持流通本经所带来的诸天护国、除灾增福等各种现世利益，是《金光明经》成为护国经典的主要根据，对于历代提倡《金光明经》以镇护国家起到了很大作用。这五品经一再宣说诵持流通《金光明经》能够得到护世四天王及诸天神的镇护，拥护持诵及说法者，并使此地的一切灾难、痛苦及不吉祥都得到灭除，一切善法功德都得到增长，国土转为丰饶，人民得到安乐。其中尤其劝说国王要亲自供养宣说《金光明经》的人，能够给国土人民带来种种的利益安乐。《四天王品》叙说四天王因供养读诵宣说本经而服甘露味，增益身力，威德勇猛，镇护国家，灭除一切国土衰耗、怨贼侵境、饥馑疾疫等种种灾难，消除一切衰恼，护卫国土人民得到一切安乐。《大辩天神品》、《功德天品》、《坚牢地神品》、《散脂鬼神品》四品也是宣说诸天神拥护说法者，得到种种利益安乐。同时，诸天拥护，都能使说法者除灾获福，并值遇诸佛，速疾证得阿耨多罗三藐三菩提。诸天护国的内容反映了大乘思想发展中，出现了把诸天神视为是不同修证层次的菩萨化身的思想，所谓外现诸天鬼王身，内密大乘菩萨行，这成为大乘思想的一个重要观点。

尔时毗沙门天王、提头赖吒天王、毗留勒叉天王、毗留博叉天王[①]，俱从座起，偏袒右肩，右膝着地，胡跪合掌，白佛言："世尊！是金光明微妙经典众经之王，诸佛世尊之所护念，庄严菩萨深妙功德，常为诸天之所恭敬，能令天王心生欢喜，亦为护世之所赞叹[②]。此经能照诸天宫殿，是经能与众生快乐，是经能令地狱、饿鬼、畜生诸河焦干枯竭，是经能除一切怖畏，是经能却他方怨贼，是经能除谷贵饥馑[③]，是经能愈一切疫病，是经能灭恶星变异，是经能除一切忧恼。举要言之，是经能灭一切众生无量无边百千苦恼。世尊！是金光明微妙经典，若在大众广宣说时，我等四王及余眷属，闻此甘露无上法味，增益身力，心进勇锐，具诸威德。世尊！我等四王，能说正法，修行正法，为世法王，以法治世。世尊！我等四王及天龙鬼神、乾闼婆、阿修罗、迦楼罗、紧那罗、摩睺罗伽，以法治世，遮诸恶鬼啖精气者[④]。世尊！我等四王二十八部诸鬼神等及无量百千鬼神[⑤]，以净天眼过于人眼，常观拥护此阎浮提。世尊！是故我等名护世王。若此国土有诸衰耗、怨贼侵境、饥馑疾疫种种艰难，若有比丘受持是经，我等四王当共劝请，令是比丘以我等力故，疾往彼所国邑郡县⑥，广宣流布是金光明微妙经典，令如是等种种百千衰耗之事悉皆灭尽。世尊！如诸国王所有土境，是持经者若至其国，是王应当往是人所，听受如是微妙经典，闻已欢喜，复当护念、恭敬是人。世尊！我等四王，复当勤心拥护是王及国人民，为除衰患，令得安隐。世尊！若有比丘、比丘尼、优婆塞、优婆夷受持是经，若诸人王有能供给，施其所安，我等四王亦当令是王及国人民一切安隐，具足无患。世尊！若有四众受持读诵是妙经典⑦，若诸人王有能供养恭敬，尊重赞叹，我等四王，亦复当令如是人王于诸王中常得第一供养恭敬，尊重赞叹，亦令余王钦尚羡慕，称赞其善。”

注释：

①毗（pí）沙门天王、提头赖吒（zhā）天王、毗留勒叉天王、毗留博叉天王：即四大天王，分别为北方多闻天王、东方持国天王、南方增长天王、西方广目天王。各率部众守护一方，故又称护世四天王。为佛教世界观中欲界天四大王天的天主，居须弥山腰四方，率部属护持佛法。《四天王经》载，四天王皆从属于帝释天。

②护世：又作“护国四王”、“四大天王”。四天王因常守护

佛法，护持四天下，令诸恶鬼神不得侵害众生，故称“护世”，又称“护国”。

③馑（jǐn）：饥荒。

④啖（dàn）：吞食。

⑤二十八部：指下文说到的正了知散脂大将所率领的二十八部药叉鬼神众。依义净译《正了知王药叉眷属法》及不空译《孔雀经》所载，四方各有一大将各自统领五百眷属二十八部众。二十八部众为四方各四部、思维四部、地上四部、空中四部，共二十八部。这些部众又都归四大天王统辖。本经一般把二十八部众与散脂大将连在一起说，意为由散脂大将统率的二十八部众。

⑥邑（yì）：指国都或诸侯国。又大曰都，小曰邑，泛指村落、城镇。

⑦四众：即比丘、比丘尼、优婆塞、优婆夷。

译文：

这时北方多闻天王、东方持国天王、南方增长天王、西方广目天王，都从座位上起来，偏袒右肩，右膝着地，向佛合掌顶礼后说：“世尊！这部《金光明》微妙经典、众经之王，为诸佛世尊之所护念，能够庄严菩萨的深妙功德，常为诸天之所恭敬，能令天王心生欢喜，也为护世四天王之所赞叹。这部经能够照耀诸天的宫殿，能够给予众生快乐，能够令地狱、饿鬼、畜生三恶道之流干涸枯竭，能够除去众生的一切怖畏，能够退却他方的怨贼，能够消除灾荒饥饿，能够治愈一切疫病，能够灭除恶星变异，能够去除众生的一切忧恼。举要言之，这部经能够灭除一切众生无量无边的苦恼！世尊！这部《金光明》微妙经典，若在大众中广为宣说的时候，我等四天王及眷属部从，听闻这个无上甘露法味之后，增益了身心力量，变得勇猛无畏，具足种种威德。世尊！我们四天王，能说正法，修行正法，为世间的法王，以正法治世。世尊！我们四天王及天龙鬼神、乾闼婆、阿修罗、迦楼罗、紧那罗、摩睺罗伽等，以正法治理世间，阻止那些恶鬼夺吸人的精气。世尊！我们四天王及二十八部鬼神以及无量百千的鬼神等，因为我们的净天眼超过人间的眼睛，常常用天眼观察人间的善恶，拥护阎浮提世界。世尊！因此我们也有护世王的称号。如果此国土有诸如衰耗、怨贼侵境、饥馑疾疫等种种艰难的时候，如果有比丘受持这部经，我等四天王将一起去劝请，以我们劝请力的缘故，使得这位比丘赶快前往那个有灾难的国土郡县，广为宣说流布这部《金光明》微妙经典，使得种种的衰耗之事全部灭除无余。世尊！各个国王的土地上，如果有受持这部经的人到了这个国土，国王应当前往此人的住所听闻受持这部微妙经典；听了以后欢喜踊跃，还应当护念恭敬此人。世尊！我们四天王就会尽心尽力拥护这个国王和国中的人民，让他们灭除衰耗之患，得到安稳之乐。世尊！如果有比丘、比丘尼、优婆塞、优婆夷受持这部经，如果国王能够供给布施，让他们得到安乐，我们四天王也会让这个国王以及国中的人民得到一切的安乐，没有任何忧难。世尊！若有四众弟子受持读诵这部微妙经典，如果有国王能够供养受持此经者，对他们恭敬、尊重、赞叹，我们四天王也将让这个国王在诸国王中经常得到第一等的供养及恭敬、尊重、赞叹，使其他国王都钦佩羡慕，称赞他的德行。

尔时世尊赞叹护世四天王等："善哉！善哉！汝等四王，过去已曾供养恭敬、尊重赞叹无量百千万亿诸佛，于诸佛所种诸善根，说于正法，修行正法，以法治世，为人天王。汝等今日长夜利益于诸众生，行大悲心，施与众生，一切乐具，能遮诸恶，勤与诸善；以是义故，若有人王能供养恭敬此金光明微妙经典，汝等正应如是护念，灭其苦恼，与其安乐。汝等四王及诸眷属，无量无边百千鬼神，若能护念如是经者，即是护持去来现在诸佛正法。汝等四王及余天众百千鬼神与阿修罗共战斗时，汝等诸天常得胜利。汝等若能护念此经，悉能消伏一切诸苦，所谓怨贼、饥馑、疾疫，若四部众有能受持读诵此经，汝等亦应勤心守护，为除衰恼，施与安乐。"

译文：

这时，世尊赞叹护世四天王说："善哉！善哉！你们四天王，过去已经供养恭敬、尊重赞叹过无量百千万亿的诸佛，在诸佛那里种下了种种善根，宣说正法，修行正法，以正法治世，作世间天王。你们长久以来，常常想着利益众生，起大悲心，施与众生一切安乐，阻止各种恶行，增长各种善法，因为这个缘故，如果有国王能供养恭敬这部《金光明》微妙经典，你们应该给予护念，灭除他们的苦恼，给予他们安乐。你们四天王及无量无边的眷属部从鬼神，若能护念这部经，即是护持过去未来现在诸佛的正法；你们四天王及其他天众、百千鬼神等，一起与阿修罗战斗时，你们诸天常得胜利。你们若能护念这部经，能够消除一切的苦难，比如怨贼、饥馑、疾疫等。若四部弟子有能受持读诵此经的，你们也应尽心守护，为他们除去忧恼，获得安乐。”

尔时四王复白佛言：“世尊！是金光明微妙经典，于未来世，在所流布，若国土城邑、郡县村落，随所至处，若诸国王以天律治世，复能恭敬至心听受是妙经典，并复尊重供养、供给持是经典四部之众，以是因缘，我等时时得闻如是微妙经典，闻已即得增益身力，心进勇锐，具诸威德。是故我等及无量鬼神，常当隐形，随其妙典所流布处而作拥护，令无留难；亦当护念听是经典诸国王等及其人民，除其患难，悉令安隐，他方怨贼，亦使退散。若有人王听是经时，邻国怨敌兴如是念，当具四兵坏彼国土。世尊！以是经典威神力故，尔时邻敌更有异怨为作留难，于其境界起诸衰恼、灾异、疫病。尔时怨敌起如是等诸恶事已，备具四兵，发向是国，亲往讨伐，我等尔时当与眷属无量无边百千鬼神，隐蔽其形，为作护助，令彼怨敌自然退散，起诸怖惧，种种留难。彼国兵众尚不能到，况复当能有所破坏。”

译文：

那时，四天王又对佛说："世尊！这部《金光明》微妙经典，在未来世中，所流布的地方，如城市都邑、郡县村落等，随这部经所在之处，如果诸国王能够以天律治理世间，复能至心恭敬听受这部经典，并且还尊重供养、供给受持这部经典的四部众，因为这个因缘，我们能够时时听闻这部微妙经典，听闻之后就增益了身心力量，勇猛无畏，具足种种威德。所以，我们四天王率无量的鬼神，随这部经典流布之处，经常隐形而作拥护，使该地没有任何忧难。也护念听闻这部经典的各个国王和人民，除去他们的患难，让他们都得到安乐，他方的怨贼敌人也使其退散。如果有国王听这部经时，邻国的怨敌起念想：可以发起象、马、车、步四兵袭击其国土。世尊！因为这部《金光明经》威神力的缘故，这时，邻国敌人突然出现异常怨敌造作灾难之事，扰乱其国，在国中引起种种的灾异、流行疾疫等衰败忧恼事；这时，如果怨敌在发生这么多内乱变故的情况下依然发出四兵，向这个国家进兵征伐，我们这时将与成百上千、无量无边的鬼神部从，于无形中帮助保护这个国家，让怨敌的兵众中生起种种恐怖畏惧，遇到种种的阻难，自然退散。敌国的兵众尚不能到，何况能够有所破坏。"

尔时佛赞四天王等："善哉！善哉！汝等四王，乃能拥护我百千亿那由他劫所可修习阿耨多罗三藐三菩提，及诸人王受持是经恭敬供养者，为消衰患，令其安乐。复能拥护宫殿舍宅，城邑村落，国土边疆，乃至怨贼悉令退散，灭其衰恼，令得安隐。亦令一切阎浮提内所有诸王无诸凶衰斗讼之事。四王当知，此阎浮提八万四千城邑聚落、八万四千诸人王等，各于其国娱乐快乐，各各于国而得自在；于自所有钱财珍宝，各各自足，不相侵夺，如其宿世所修集业，随业受报，不生恶心，贪求他国；各各自生利益之心，生于慈心、安乐之心、不诤讼心、不破坏心、无系缚心、无楚挞心[①]，各于其土，自生爱乐，上下和睦，犹如水乳，心相爱念，增诸善根。以是因缘故，此阎浮提安隐丰乐，人民炽盛，大地沃壤，阴阳调和，时不越序，日月星宿不失常度，风雨随时，无诸灾横；人民丰实，自足于财，心无贪吝，亦无嫉妒，等行十善；其人寿终多生天上，天宫充满，增益天众。若未来世有诸人王听是经典，及供养恭敬受持是经四部之众[②]，是王则为安乐利益汝等四王及余眷属无量百千诸鬼神等。何以故？汝等四王，若得时时闻是经典，则为已得正法之水，服甘露味，增益身力，心进勇锐，具诸威德。是诸人王，若能至心听受是经，则为已能供养于我，若供养我则是供养过去未来现在诸佛，若能供养过去未来现在诸佛，则得无量不可思议功德之聚。以是因缘，是诸人王应得拥护，及后妃采女、中宫眷属、诸王子等亦应得护[③]，衰恼消灭，快乐炽盛；宫殿堂宇安隐清净，无诸灾变，护宅之神增长威德，亦受无量欢悦快乐。是诸国土所有人民，悉受种种五欲之乐，一切恶事悉皆消灭。”

注释：

①挞（tà）：用鞭子或棍子打。

②四部之众：指佛弟子的出家二众（比丘、比丘尼）和在家二众（优婆塞、优婆夷）。

③采女：原为汉代六宫的一种称号，因其选自民家，故曰“采女”。后用作宫女的通称。中宫：皇后居住之处。因以借指皇后。

译文：

这时佛称赞四天王等说：“善哉！善哉！你们四天王，能够拥护我百千亿那由他劫所应修习阿耨多罗三藐三菩提，并拥护受持及恭敬供养这部经的国王，为他们消除患难，得到安乐；又能够保护宫殿宅舍、城镇村落、国土边疆，使得怨贼敌人都退散，灭除国中人民的衰耗烦恼，使他们得到安稳；也使得南阎浮提内所有国王没有凶险、衰败、争讼、战斗之事。四天王你们应当知道，此南阎浮提的八万四千城镇村落、八万四千大小国王等，各自在其国内欢娱快乐，各在国内得到自在；各自拥有丰足的钱财珍宝，都心怀自足，不相侵夺。能够各自安于过去世所修福业而领受的现世果报，不生恶心，贪求他国的丰足受用。各自生出利益他人的心、慈悲的心、安乐的心、不诤讼的心、不破坏的心、无系缚鞭挞他人的心。各在他们的土地上，生出爱乐之心，上下和睦相处，犹如水乳交融，心相爱念，增长善根。由于这个因缘，南阎浮提安稳丰乐，人口繁多，土地肥沃，阴阳调和，时不越序。日月星宿，不失常度，风雨随时，无诸灾横。人民丰实，自足于财，心无贪吝，亦无嫉妒，都能够平等地奉行十善业。人命寿终的时候，多数生于天上，使得天众增加，天宫充满。如果未来世的时候，若有国王听闻这部经典，以及恭敬供养受持这部经的四部众，这个国王将为你们四天王及无量百千的鬼神眷属部从等带来安乐和利益。为什么呢？你们四天王，如果能够时时听闻这部经典，即是得到了正法之水、甘露上味的滋润，增益了身心力量，勇猛无畏，具足种种威德。这些国王，如果能至心听闻受持这部经，即是已经供养了我，如果供养我，即是供养过去未来现在诸佛，如果供养过去未来现在诸佛，就会得到无量不可思议的大功德之汇聚。因为这个因缘，这些国王应得到拥护，以及后宫的妃嫔宫女眷属和诸王子等也应得到拥护，使得衰败烦恼消灭，快乐增盛。宫殿堂宇安稳清净，没有任何灾变，护宅之神也增长威德，也受到无量的欢悦快乐。这个国土的所有人民都享受种种五欲快乐，一切恶事全部消灭。”

尔时四天王白佛言：“世尊！未来之世，若有人王欲得护身及后妃采女、诸王子等、宫殿屋宅，得第一护，身所王领，最为殊胜，具不可思议王者功德，欲得摄取无量福聚，国土无有他方怨贼，无诸忧恼及诸苦事。世尊！如是人王，不应放逸散乱其心，应生恭敬谦下之心，应当庄严第一微妙最胜宫宅，种种香汁持用洒地，散种种华，敷大法座师子之座，兼以无量珍奇异物而为校饰，张施种种无数微妙幢幡宝盖。当净洗浴，以香涂身，着好净衣，缨络自严，坐卑小座，不自高大；除去自在；离诸放逸，谦下自卑，除去骄慢，正念听受，如是妙典，于说法者，生世尊想。复于宫内后妃王子采女眷属生慈哀心，和颜与语，劝以种种供养之具供养法师。是王尔时既劝化已，即生无量欢喜快乐，心怀悦豫，倍复自励，不生疲倦，多作利益，于说法者倍生恭敬。”

译文：

此时四大天王又对佛说：“世尊！未来世的时候，如果有国王想要保护自身以及后宫的妃嫔宫女、诸王子和宫殿屋宅，得到最上第一的护佑，所治理的国土最为殊胜安乐，具有不可思议的王者功德，想要获得无量的福德，国土中没有他方怨敌的侵扰，也没有任何忧恼痛苦之事。世尊！如果国王想要得到这样的殊胜功德，就不要放逸散乱自心，应生恭敬谦下的心，布置一个微妙最胜、第一庄严的宫殿，以种种香汁洒地，散种种鲜花，敷设大狮子法座，座上装饰以无量的珍奇宝物，悬挂种种无数的微妙幢幡、宝盖。洗浴净洁，以香涂身，穿着新净衣，佩戴璎珞；坐卑小座，不自高自大。舍去随意，远离放逸，谦下自卑，除去骄慢，正念听受这部妙典，把说法法师视作如同世尊一样。又于宫内的后妃、王子、宫女眷属等，生哀愍慈悲之心，和颜软语，劝他们以种种供养之具供养法师。这个国王在劝化供养之后，即生出无量的欢喜快乐，欢悦盈怀，倍加自励，没有疲倦，多作供养利益，对说法法师倍生恭敬。”

尔时佛告四天大王：“尔时人王应着白净鲜洁之衣，种种缨络齐整庄严，执持素帛微妙上盖，服饰容仪不失常则，躬出奉迎说法之人。何以故？是王如是随其举足步步之中，即是供养值遇百千亿那由他诸佛世尊，复得超越如是等劫生死之难，复于来世尔所劫中，常得封受转轮王位。随其步步，亦得如是现世功德不可思议自在之力。常得最胜极妙七宝人天宫殿，在在生处，增益寿命，言语辩了，人所信用；无所畏忌，有大名称，常为人天之所恭敬，天上人中受上妙乐；得大势力，具足威德，身色微妙，端严第一；常值诸佛，遇善知识，成就具足，无量福聚。汝等四天王！如是人王见如是等种种无量功德利益，是故此王应当躬出奉迎法师，若一由旬至百千由旬[①]，于说法师应生佛想。应作是念，今日释迦如来正智入于我宫，受我供养，为我说法，我闻是法即不退转于阿耨多罗三藐三菩提，已为得值百千万亿那由他佛，已为供养过去未来现在诸佛，已得毕竟三恶道苦，我今已种百千无量转轮圣王释梵之因，已种无边善根种子，已令无量百千万亿诸众生等度于生死，已集无量无边福聚，后宫眷属已得拥护，宫宅诸衰悉已消灭，国土无有怨贼棘刺，他方怨敌不能侵陵。汝等四王！如是人王应作如是供养正法，清净听受是妙经典，及恭敬供养、尊重赞叹持是经典四部之众，亦当回此所得最胜功德之分，施与汝等及余眷属诸天鬼神，聚集如是诸善功德，现世常得无量无边不可思议自在之利，威德势力成就具足，能以正法摧伏诸恶。”

注释：

①由旬：印度的里程单位。梵语yojana，又译作“逾缮那”、“逾阇那”等。意译为“一程”。原指牡牛挂轭行走一日的里程。但有关此一日里程的距离，有四十里、三十二里、十六里、十二里等多种说法。

译文：

这时佛又对四大天王说：“这时那个国王应该穿着白净鲜洁的衣服，佩戴种种璎珞，齐整庄严，亲手执持素白微妙宝伞盖，服饰仪容具足国王的仪仗，亲自出宫奉请迎接说法法师。为什么要这样做呢？如果这个国王这样做，那么他在举足下足的步步之中，即是供养、承事百千亿那由他的诸佛世尊，同时也得以超越同等劫数的生死之难，又于来世同样的劫数之中，常得到转轮王尊位；随着他举足下足的步步之中，也得到了现世不可思议的功德和自在之力，经常得到最胜极妙的七宝人天宫殿，所在生处，寿命增益，言语清辩，人所信用；无所畏惧，有大名称，常为人天所恭敬。天上人中享受上妙快乐；得大势力，具足威德，身相奇妙，端严无比；常值遇诸佛，遇到善知识，成就具足无量的福聚。你们四天王啊！这个国王，见到这样无量种种的功德利益，因此这个国王应当亲自奉迎法师，从一由旬至百千由旬，于说法师应生佛想。应这样观想，今天是释迦牟尼如来正遍知来到我宫殿，受我供养，为我说法，我闻法后，即不退转于阿耨多罗三藐三菩提，即是值遇百千万亿那由他的佛，即是供养过去未来现在诸佛，已经究竟脱离三恶道苦；我今天已经种下了百千无量的转轮圣王及帝释天主、大梵天主的因，已种下了无量的善根种子，已使得无量百千万亿的众生度脱生死，已聚集了无量无边的福德；后宫眷属已得到拥护，宫殿屋宅的种种衰败悉已消灭，国土没有如棘刺般的怨贼，他方的敌人也不能侵扰。四天王啊！这个国王，应该这样供养正法，以清净的因缘听受这部微妙经典，并恭敬供养、尊重赞叹受持这部经典的四部众，也应该把所得最胜功德的一部分回向布施给你们四天王及眷属部从等诸天鬼神，聚集不可思议的善法功德，现世常得无量无边不可思议的自在之利，威德势力成就具足，能以正法摧伏诸恶。”

尔时四王白佛言：“世尊！若未来世有诸人王作如是等恭敬正法，至心听受是妙经典，及恭敬供养尊重赞叹持是经典四部之众，严治舍宅，香汁洒地，专心正念听说法时，我等四王亦当在中共听此法，愿诸人王为自利故，以己所得功德少分施与我等。世尊！是诸人王于说法者所坐之处，为我等故烧种种香供养是经，是妙香气于一念顷即至我等诸天宫殿，其香即时变成香盖，其香微妙，金色晃耀，照我等宫，释宫、梵宫，大辩天神、功德天神、坚牢地神、散脂鬼神最大将军、二十八部鬼神大将、摩醯首罗、金刚密迹、摩尼跋陀鬼神大将、鬼子母与五百儿子周匝围绕、阿耨达龙王、娑竭罗龙王，如是等众自于宫殿各各得闻是妙香气，及见香盖光明普照，是香盖光明亦照一切诸天宫殿。”佛告四王：“是香盖光明非但至汝四王宫殿。何以故？是诸人王手擎香炉供养经时[①]，其香遍布，于一念顷遍至三千大千世界；百亿日月、百亿大海、百亿须弥山、百亿大铁围山小铁围山及诸山王、百亿四天下、百亿四天王、百亿三十三天、乃至百亿非想非非想天[②]，于此三千大千世界百亿三十三天，一切龙、鬼、乾闼婆、阿修罗、迦楼罗、紧那罗、摩睺罗伽宫殿，虚空悉满种种香烟云盖，其盖金光亦照宫殿。如是三千大千世界所有种种香烟云盖，皆是此经威神力故。是诸人王手擎香炉供养经时，种种香气不但遍此三千大千世界，于一念顷亦遍十方无量无边恒河沙等百千万亿诸佛世界，于诸佛上虚空之中亦成香盖，金光普照，亦复如是。诸佛世尊闻是妙香，见是香盖及金色光，于十方界恒河沙等诸佛世界，作如是等神力变化已，异口同音于说法者称赞：善哉善哉！大士！汝能广宣流布如是甚深微妙经典，则为成就无量无边不可思议功德之聚。若有闻是甚深经典所得功德则为不少，况持读诵为他众生开示分别演说其义。何以故？善男子！此金光明微妙经典，无量无边亿那由他诸菩萨等若得闻者，即不退于阿耨多罗三藐三菩提。”尔时十方无量无边恒河沙等诸佛世界现在诸佛，异口同声作如是言：“善男子！汝于来世必定当得坐于道场菩提树下，于三界中最尊最胜，出过一切众生之上。勤修力故，受诸苦行，善能庄严菩提道场，能坏三千大千世界外道邪论，摧伏诸魔怨贼异形，觉了诸法第一寂灭清净无垢甚深无上菩提之道。善男子！汝已能坐金刚座处③，转于无上诸佛所赞十二种行甚深法轮④，能击无上最大法鼓，能吹无上极妙法螺，能竖无上最胜法幢，能然无上极明法炬，能雨无上甘露法雨，能断无量烦恼怨结，能令无量百千万亿那由他众度于无涯可畏大海，解脱生死无际轮转，值遇无量百千万亿那由他佛。”

注释：

①擎（qíng）：持举。

②铁围山：又作“铁轮围山”、“轮围山”。佛教的世界观以须弥山为中心，其周围共有八山八海围绕，最外侧围绕须弥四洲外海之山为铁所成之山，称铁围山。或谓大中小三千世界，各有大中小之铁围山环绕。三十三天：即忉利天。在佛教的宇宙观中，此天位居欲界第二天的须弥山顶上，中央宫殿（善见城）为帝释天所住，四方各有八城，加中央一城，合为三十三天城。非想非非想天：又作非非想天、非有想非无想处天、非想非非想处天。乃无色界之第四天，无色相，以所系的受想行识等四蕴为其

自性。此天位于三界九地之顶上，故又称有顶天。

③金刚座：指佛陀成道时所坐之座，位于中印度摩揭陀国伽耶城南之菩提树下。以其犹如金刚一般坚固不坏，故称“金刚座”。据《大唐西域记》卷八载，菩提树垣正中有金刚座，昔贤劫初成时，与大地俱起，据三千大千世界中，下极金轮，上侵地际，金刚所成，周百余步，贤劫千佛坐之而入金刚定，故称金刚座。

④十二种行甚深法轮：指佛成道后最初在鹿野苑为五比丘说法，三转四谛法轮，即示转四相、劝转四相、证转四相，故有十二行相。

译文：

这时四天王对佛说：“世尊！如果未来世有国王如此恭敬正法，至心听受这部微妙经典，并恭敬供养、尊重赞叹受持这部经典的四部众，布置庄严的宫殿，香汁洒地等等，这样专心正念听闻说法的时候，我们四天王也会在其中一起听闻这部经法；愿诸国王为了自利，把自己所得的功德少分些许回向布施给我们。世尊！这些国王在说法法师所坐之处，为我们烧种种名香，供养此经。此妙香气，在一念之间即到达我们诸天的宫殿，这时香气都变成香盖，香气微妙，金色晃耀，照耀我们的宫殿，乃至帝释天、大梵天、大辩天神、功德天神、坚牢地神、散脂鬼神最大将军、二十八部鬼神大将、摩醯首罗、金刚密迹、摩尼跋陀鬼神大将、鬼子母及五百儿子周匝围绕、阿耨达龙王、娑竭罗龙王等诸天部众，也各自在宫殿中闻到了妙香气，并看到香盖光明普照。这个香盖的光明也照耀了一切诸天的宫殿。”佛告诉四天王说：“这个香盖的光明，不是只到达你们四天王的宫殿。为什么呢？当这个国王手端香炉供养这部经的时候，香气遍布，于一念之间遍至三千大千世界；百亿日月、百亿大海、百亿须弥山、百亿大铁围山、小铁围山及诸山王，百亿四天下、百亿四天王、百亿三十三天、乃至百亿非想非非想天，于此三千大千世界百亿三十三天，一切龙、鬼、乾闼婆、阿修罗、迦楼罗、紧那罗、摩睺罗伽的宫殿虚空中，都布满了种种的香云盖，发出金光，照耀宫殿。这样三千大千世界中所有的种种香云盖，都是此经威神力的缘故。当国王手端香炉供养这部经的时候，种种香气不但遍至三千大千世界，也于一念间遍至十方无量无边恒河沙等百千万亿的诸佛世界，在诸佛世界的虚空中，也形成香盖，也是金光普照。诸佛世尊闻到了妙香，见到了这个香盖及金色光，在十方界恒河沙等诸佛世界中作这样的神力变化，都异口同声地对说法者给予称赞：善哉！善哉！大士！你能广宣流布这样的甚深微妙经典，将会成就无量无边不可思议的功德之聚。如果有人能够听闻到这部甚深经典，所得的功德即为不少，何况能够受持、读诵，为其他众生开示，分别演说其义。为什么呢？善男子，这部《金光明》微妙经典，无量无边亿那由他的诸菩萨等，如果听闻到，即不退转于阿耨多罗三藐三菩提。”这时，十方无量无边恒河沙诸佛世界中的现在诸佛，都异口同声说：“善男子！你于来世必定当得坐于道场菩提树下，于三界中最尊最胜，出过一切众生之上，勤修诸法，行诸苦行，以善德庄严菩提道场，能够摧破三千大千世界的一切外道邪论，摧伏一切可畏形状的魔军怨贼等，觉了诸法第一寂灭、清净无垢、甚深无上的正等菩提。善男子！你将坐于金刚座上，转于诸佛所赞无上十二妙行甚深法轮，能击无上最大法鼓，能吹无上极妙法螺，能竖无上最胜法幢，能燃无上极明法炬，能降无上甘露法雨，能断无量烦恼怨结；能令无量百千万亿那由他的众生，度于无涯可畏大海，解脱生死无际轮回，值遇无量百千万亿那由他诸佛。”

尔时四天王复白佛言：“世尊！是金光明微妙经典，能得未来现在种种无量功德。是故人王若得闻是微妙经典，则为已于百千万亿无量佛所种诸善根，我以敬念是人王故，复见无量福德利故，我等四王及余眷属无量百千万亿鬼神，于自宫殿见是种种香烟云盖瑞应之时，我当隐蔽不现其身，为听法故，当至是王所，至宫殿讲法之处。大梵天王、释提桓因、大辩天神、功德天神、坚牢地神、散脂鬼神大将军等二十八部鬼神大将、摩醯首罗、金刚密迹、摩尼跋陀鬼神大将、鬼子母及五百儿子周匝围绕、阿耨达龙王、娑竭罗龙王、无量百千万亿那由他鬼神诸天[①]，如是等众为听法故，悉自隐蔽不现其身，至是人王所止宫殿讲法之处。世尊！我等四王及余眷属无量鬼神，悉当同心以是人王为善知识，同共一行，善相应行，能为无上大法施主，以甘露味充足我等，我等应当拥护是王，除其衰患，令得安隐，及其宫宅国土城邑诸恶灾患，悉令消灭。世尊！若有人王，于此经典心生舍离，不乐听闻，其心不欲恭敬供养尊重赞叹，若四部众有受持读诵讲说之者，亦复不能恭敬供养尊重赞叹，我等四王及余眷属无量鬼神即便不得闻此正法，背甘露味，失大法利，无有势力及以威德，减损天众，增长恶趣。世尊！我等四王及无量鬼神舍其国土，不但我等，亦有无量守护国土诸旧善神皆悉舍去。我等诸王及诸鬼神既舍离已，其国当有种种灾异，一切人民失其善心，唯有系缚嗔恚斗诤[②]，互相破坏，多诸疾疫，彗星现怪，流星崩落，五星诸宿违失常度，两日并现，日月薄蚀[③]，白黑恶虹数数出现，大地震动，发大音声，暴风恶雨，无日不有，谷米勇贵，饥馑冻饿，多有他方怨贼侵掠其国，人民多受苦恼。其地无有可爱乐处。世尊！我等四王及诸无量百千鬼神并守国土诸旧善神远离去时，生如是等无量恶事。世尊！若有人王，欲得自护及王国土多受安乐，欲令国土一切众生悉皆成就具足快乐，欲得摧伏一切外敌，欲得拥护一切国土，欲以正法正治国土，欲得除灭众生怖畏。世尊！是人王等应当必定听是经典，及恭敬供养读诵受持是经典者。我等四王及无量鬼神以是法食善根因缘，得服甘露无上法味，增长身力，心进勇锐，增益诸天。何以故？以是人王至心听受是经典故，如诸梵天说出欲论，释提桓因种种善论，五通之人神仙之论[4]。世尊！梵天、释提桓因、五神通人虽有百千亿那由他无量胜论，是金光明于中最胜。所以者何？如来说是金光明经，为众生故，为令一切阎浮提内诸人王等以正法治，为与一切众生安乐，为欲爱护一切众生，欲令众生无诸苦恼，无有他方怨贼棘刺，所有诸恶背而不向，欲令国土无有忧恼，以正法教，无有诤讼。是故人王各于国土，应然法炬，炽然正法，增益天众。我等四王及无量鬼神，阎浮提内诸天善神，以是因缘得服甘露法味充足，得大威德进力具足，阎浮提内安隐丰乐，人民炽盛，安乐其处。复于来世无量百千不可思议那由他劫，常受微妙第一快乐。复得值遇无量诸佛，种诸善根，然后证成阿耨多罗三藐三菩提。得如是等无量功德，悉是如来正遍知说。如来过于百千亿那由他诸梵天等，以大悲力故；亦过无量百千亿那由他释提桓因，以苦行力故。是故如来为诸众生演说如是金光明经。若阎浮提一切众生及诸人王，世间出世间所作国事，所造世论皆因此经。欲令众生得安乐故，释迦如来示现是经广宣流布。世尊！以是因缘故，是诸人王应当必定听受供养恭敬尊重赞叹是经。”

注释：

①释提桓因：即忉利天（三十三天）的天主，略称“帝释”，又作“天帝释”、“天主”。并有“因陀罗”、“憍尸迦”、“娑婆

婆”、“千眼”等异称。住于须弥山顶上。忉利天含有三十三天宫，帝释天住在中央的善见城（又作喜见城）统领一切，周围环绕着三十二天宫，分别由三十二位辅臣镇守。大辩天神：义净译“大辩才天女”。此天专以智慧辩才流通佛法。功德天神：义净译“大吉祥天女”。为施福德、财宝的女神。坚牢地神：乃主掌大地的女神。散脂鬼神大将军：散脂，梵名 Samjneya，音译“僧慎尔耶”。又作“散脂迦大将”、“散支大将”或“散脂鬼神”，义净译为“僧慎尔耶药叉大将”。意译作“正了知”。系北方毗沙门天王八大将之一，二十八部众之总司。此大将护持佛法不遗余力，率二十八部药叉诸神，随处隐形拥护说法师及救护诸善男信女，离苦得乐。摩醯首罗：即大自在天。此天原为婆罗门教之主神湿婆，然进入佛教后，即成为佛教之守护神，称为“大自在天”，住在第四禅天。金刚密迹：又称“密迹金刚”、“密迹力士”、“金刚力士”、“金刚手”、“执金刚”等。总为执金刚杵现大威势拥护佛法之天神的通称。摩尼跋陀鬼神大将：夜叉八大将之一。译曰“宝贤”、“满贤”。鬼子母：夜叉女之一。音译“诃利帝”、“诃利帝母”。意译又作“欢喜母”、“鬼子母”、“爱子母”。《根本说一切有部毗奈耶杂事》卷三十一载，鬼子母神生五百子，因前生有恶邪愿，故常啖食王舍城中之幼儿，人皆恶之而求佛。佛乃将鬼子母之幼子藏于钵中。鬼子母神不见其幼子，悲恸万分。佛乃诫云：汝仅失五百子中之一小儿，犹忧伤若是，而汝食他人之子，其父母之苦如何？鬼子母神闻后皈佛，立誓为安产与幼儿之保护神，并接受佛陀“拥护诸伽蓝及僧尼住处令得安乐”之咐嘱。阿耨达龙王：八大龙王之一。“阿耨达”意为“无恼热”或“清凉”。在一切马形龙王中，其德最胜。因住阿耨达池（无热池），离三患，故得此名。娑竭罗龙王：又作“娑伽罗龙王”。娑竭罗，意译为海。八大龙王之一。依其所住之海而得名。龙宫居大海底，纵广八万由旬，七重宫墙，七重栏楯，七重罗网，七重行树，周匝皆以七宝严饰，无数众鸟和鸣。然诸龙皆为金翅鸟所食，仅娑竭罗龙王、难陀龙王等十六龙王幸免此难。此龙为降雨龙神，古来祈雨皆以之为本尊。

②系缚：又作“结缚”。指众生之身心为烦恼、妄想或外界事物所束缚而失去自由，长时流转于生死之中。

③薄（bó）：迫近。蚀（shí）：亏缺。

④五通之人：指修仙学而得五种神通的人。

译文：

这时四天王又对佛说：“世尊！这部《金光明》微妙经典，能得未来现在种种的无量功德。因此国王若是听闻这部微妙经典，即是已经于百千万亿无量佛所种下了种种善根。我因为敬念这个国王，也因为将获无量福德利益的缘故，我们四天王及眷属，还有无量百千万亿的鬼神，在自己的宫殿看到种种香云盖瑞应之时，即隐蔽不现身形，为了听法，来到国王宫殿的讲法之处。大梵天王、帝释天王、大辩天神、功德天神、坚牢地神、散脂鬼神大将军等二十八部鬼神大将、摩醯首罗、金刚密迹、摩尼跋陀鬼神大将、鬼子母及五百儿子周匝围绕、阿耨达龙王、娑竭罗龙王等无量百千万亿那由他的鬼神诸天等众，也为了听法，都隐蔽不现身形，来到国王宫殿的讲法之处。世尊！我等四天王及余眷属无量鬼神，都善行相应，一心以这位国王为善知识，能作为无上大法的施主，以甘露法味令我们充足，我们应当拥护此王，除去衰患，令得安稳，所有国土城邑宫宅的各种灾患恶事，全部令其消灭。世尊！若有国王，对这部经典心生舍离，不乐听闻，心中不愿意恭敬供养、尊重赞叹这部经，四部众中有受持读诵讲说者也不能恭敬供养、尊重赞叹，我等四天王及余眷属无量鬼神，便不能听闻到这一正法，得不到甘露法味滋润，失去听闻大法的利益，不能增长势力及威德，使得天众减少，恶趣增长。世尊！我等四天王及无量鬼神即舍离他的国土，不但我们舍离而去，无量守护国土的诸旧善神也都舍离而去。我等诸天王及诸鬼神既舍离之后，这个国土当有种种灾异，一切人民失去善心，唯有烦恼系缚身心，嗔恨斗争，互相谋害，疾疫流行，彗星出现，流星崩落，五星诸宿失去常度，两日并现，日月薄蚀，白黑二恶虹屡屡出现；大地震动，发出大音声，暴风恶雨，无日不有，谷米短缺，价格昂贵，人民遭受饥馑冻饿；他方怨敌趁机侵掠其国，人民多受苦难。这个国土没有任何安乐之处！世尊！我等四天王及诸无量百千鬼神，并守护国土的诸旧善神，远离舍去国土时发生这样的无量恶事。世尊！若有国王想自身得到保护及王国土中多有安乐，想使国土中的一切众生都具足快乐，想摧伏一切外敌，使得一切国土得到保护，想以正法治理国土，除灭众生的所有怖畏。世尊！这个国王应当一定要听闻这部经典，并恭敬供养读诵受持这部经典的人。我等四天王及无量鬼神，因为听闻《金光明经》的法食因缘，得服无上甘露法味，增长身心力量，勇猛无畏，诸天得到增益。为什么呢？因为这位国王至心听受这部经典的缘故。如大梵天说出的种种出欲论、帝释天说出的种种善论、具有五神通的人说出的神仙之论，世尊！大梵天、帝释天及具有五神通的人，虽然也有百千亿的无量论说，然而在各种论说中《金光明经》最为殊胜。为什么呢？如来说这部《金光明经》，为了一切众生的缘故。为了令一切南阎浮提的国王以正法治世，为了给予一切众生安乐，为了保护一切众生，使得众生没有任何苦恼，没有他方怨敌的侵扰；所有诸恶悉皆离去，使得国土没有忧恼，以正法教化，没有诤讼相斗。所以，国王各于国土，应当燃大法炬，兴隆正法，增益天众。我等四天王及无量鬼神、南阎浮提的诸天善神，因为这个因缘，得服甘露法味，得大威德，种种势力具足，南阎浮提内安稳丰乐，人民繁盛，普得安乐。又于未来世无量百千不可思议那由他劫数，常受微妙第一快乐。又得值遇无量诸佛，种下种种善根，然后证成阿耨多罗三藐三菩提。这样种种无量的功德，都是如来正遍知宣说的。如来以大悲力超过百千亿那由他的梵天众，以苦行力胜过无量百千亿那由他的帝释天众，所以如来为诸众生，演说这部《金光明经》。阎浮提一切众生及各位国王，所有世间出世间的正法治化之事，都依据此经。为了普令众生得到安乐，释迦如来宣说此经，广为流布。世尊！因为这个因缘，世间国王应当一定要听闻供养、恭敬尊重赞叹此经。”

尔时佛复告四天王：“汝等四王及余眷属无量百千那由他鬼神，是诸人王，若能至心听是经典，供养恭敬尊重赞叹，汝等四王正应拥护，灭其衰患，而与安乐。若有人能广宣流布如是妙典，于人天中大作佛事，能大利益无量众生，如是之人，汝等四王必当拥护，莫令他缘而得扰乱，令心恬静，受于快乐，续复当得广宣是经。”

尔时四天王即从座起，偏袒右肩，右膝着地，长跪合掌，于世尊前以偈赞曰：

佛月清净，满足庄严，佛日晖曜，放千光明[1]。
如来面目，最上明净，齿白无垢，如莲华根；
功德无量，犹如大海，智渊无边，法水具足，
百千三昧，无有缺减；足下平满，千辐相现[2]，
足指网缦，犹如鹅王；光明晃耀，如宝山王，
微妙清净，如炼真金，所有福德，不可思议，
佛功德山，我今敬礼。
佛真法身，犹如虚空，应物现形，如水中月，
无有障碍，如焰如化，是故我今，稽首佛月。

尔时世尊，以偈答曰：

此金光明，诸经之王，甚深最胜，为无有上，
十力世尊，之所宣说，汝等四王，应当勤护。
以是因缘，是深妙典，能与众生，无量快乐，
为诸众生，安乐利益，故久流布，于阎浮提，
能灭三千，大千世界，所有恶趣，无量诸苦。
阎浮提内，诸人王等，心生慈愍，正法治世，
若能流布，此妙经典，则令其土，安隐丰熟，

所有众生，悉受快乐。
若有人王，欲爱己身，及其国土，欲令丰盛，
应当至心，净洁洗浴，往法会所，听受是经。
是经能作，所有善事，摧伏一切，内外怨贼，
复能除灭，无量怖畏。
是诸经王，能与一切，无量众生，安隐快乐。
譬如宝树，在人家中，悉能出生，一切珍宝，
是妙经典，亦复如是，悉能出生，诸王功德；
如清冷水，能除渴乏，是妙经典，亦复如是，
能除诸王，功德渴乏；譬如珍宝，异物箧器，
悉在于手，随意所用，是金光明，亦复如是，
随意能与，诸王法宝。
是金光明，微妙经典，常为诸天，恭敬供养，
亦为护世，四大天王，威神势力，之所护持，
十方诸佛，常念是经。
若有演说，称赞善哉，亦有百千，无量鬼神，
从十方来，拥护是人。
若有得闻，是妙经典，心生欢喜，踊跃无量，
阎浮提内，无量大众，皆悉欢喜，集听是经，
听是经故，具诸威德，增益天众，精气身力。

尔时四天王闻是偈已，白佛言："世尊！我从昔来未曾得闻如是微妙寂灭之法。我闻是已，心生悲喜，涕泪交流，举身战动，肢节怡解，复得无量不可思议具足

妙乐。”以天曼陀罗华、摩诃曼陀罗华供养奉散于如来上③。作如是等供养佛已，复白佛言：“世尊！我等四王，各各自有五百鬼神，常当随逐是说法者而为守护！”

注释：

①佛月、佛日：佛月，喻应身；佛日，喻报身。《金光明经文句》：“初一行叹三身。夫三身有通别。依文是别：空是法身，日是报身，月是应身。通意者，空是法身，日是报身，水日是应身。空是法身，月是报身，水月是应身。……依结叹文，空是法身，月是报身，水月是应身。空是法身，日是报身，焰是应身。”

②千辐相：指具足千辐轮之妙相，乃佛三十二相之一。又称“足下轮相”、“足下千辐轮相”。即佛足下纹样分明之千辐轮宝妙相。此相感得之业因，乃佛于过去世为父母、师长、善友乃至一切众生，往返奔走，作种种供养及布施之事。

③曼陀罗华：音译又作“曼陀勒华”、“曼那罗华”等。佛典译为“适意”、“成意”、“杂色”等名。又称“佛花”、“颠茄”、“闷陀罗草”、“天茄弥陀花”。此植物茎高三、四尺，枝叶皆似茄子。此华在印度向来被当作是天界的花。其花大者，称为“摩诃曼陀罗华”。

译文：

这时佛又告诉四天王说：“你们四天王及无量百千那由他鬼神眷属，如果世间的人王能够至心听闻这部经典，供养恭敬、尊重赞叹，你们四天王应当拥护，灭除他们的衰败忧患，给予安乐。如果有人能够广为宣说流布这部妙经，于人天中大作佛事，能大利益无量众生，这样的人，你们四天王一定要拥护，不要让其他的外缘来扰乱，使他的身心寂静安乐，能够继续广为宣说流布此经。

这时四大天王即从座位起来，偏袒右肩，右膝着地，长跪合掌，在世尊前，以偈赞叹说：

佛月清净具庄严，佛日晖耀千光明。
眉目修长若青莲，齿白齐密如莲根；
功德无量如大海，智慧无边法水具。
百千三昧无缺减；足下平满辐相现，
足指网缦如鹅王；佛身光耀如宝山，
微妙清净融金聚，所有福德不思议，
佛功德山我敬礼！
佛真法身如虚空，应物现形如水月，
如焰如化不可测，故我稽首礼佛月！

这时世尊以偈回答说：

此《金光明》最胜经，甚深微妙无有上，
十力世尊所宣说，四大天王常拥护。
以此因缘令众生，获得无量安稳乐。
为利有情安乐故，常得流通南阎浮，
能灭三千大千界，所有恶趣无量苦。
南阎浮提诸国王，心念正法治世间，
若能流布此妙经，则令国土得丰熟，
所有众生得安乐。

若有国王求尊贵，欲令国土常丰乐，
应当澡浴着净衣，至心听受此妙经，
随心所愿悉皆从，内外怨贼悉摧伏，
无量怖畏灭无余。
由此最胜经王力，无量众生得安稳。
犹如宝树在家中，能生一切诸珍宝，
是妙经典亦如是，能与国王胜功德；
如清凉水除干渴，是妙经典亦如是，
能与国王甘露味；如人室有珍宝箧，
随意受用悉在手，是《金光明》亦如是，
能与国王如意宝。
是《金光明》妙经典，常为诸天所供养，
亦为护世四天王，威神势力之护持。
十方常住一切佛，咸共护念此经王，
若有演说称赞者，无量鬼神护是人。
若有人能听此经，身心踊跃生欢喜，
阎浮提内无量众，亦皆欢喜听此经，
由听经故具威德，增益一切天人众。

这时，四大天王听了偈语之后，对佛说："世尊！我们往昔以来没有听闻过这样甚深微妙的法。我们听了以后，心生悲喜，涕泪交流，全身颤动，手足怡然，又得到了无量不可思议的妙乐。"于是以天曼陀罗华、大曼陀罗华，撒在世尊身上。这样供养佛之后，又对佛说："世尊！我们四大天王，各自有五百鬼神部从，将常常跟随宣说此经的法师，并给予守护。"

大辩天神品第七

大辩天神，义净译作大辩才天女，此天专以智慧辩才流通佛法。此品叙述大辩天神向佛陀宣说护法誓言，令宣说本经的说法者获得总持妙慧辩才，广为流布此经，使得听闻此经的人都获得大智慧、大辩才、大福德等果报。

尔时大辩天白佛言："世尊！是说法者我当益其乐说辩才，令其所说，庄严次第，善得大智。若是经中有失文字，句义违错，我能令是说法比丘次第还得，能与总持[①]，令不忘失。若有众生于百千佛所种诸善根，是说法者为是等故，于阎浮提广宣流布是妙经典，令不断绝。复令无量无边众生得闻是经，当令是等悉得猛利不可思议大智慧聚，不可称量福德之报，善解无量种种方便，善能辩畅一切诸论，善知世间种种技术，能出生死得不退转，必定疾得阿耨多罗三藐三菩提。"

注释：

①总持：即能总摄忆持无量佛法而不忘失之念慧力。有法、义、咒、忍等四种总持。

译文:

这时大辩天对佛说:“世尊!那些宣说《金光明经》的法师,我将增益他的说法意乐和辩才,使他的宣说义理谨严,得大智慧。若对经中的文字句义有错失的地方,我能使这位说法比丘依次纠正,并使他得到总持大智,对于经义毫无忘失。若有众生在百千佛前种下了善根,因为这个善因,说法者在阎浮提广为宣说流布这部妙经,使不断绝。又使无量无边的众生能够听闻此经,使他们得到猛利不可思议的大智慧聚、不可称量的福德果报,善解无量种种的方便,善能论辩通达一切诸论,善知世间的种种技术,能出离生死,得不退转果位,必定速得阿耨多罗三藐三菩提。”

功德天品第八

功德天神，义净译作大吉祥天女，经中记述为布施福德、财宝的女神，在《散脂鬼神品》中称为“第一威德成就众事大功德天”。本品叙述功德天向佛陀宣说护法誓言，给予宣说本经的说法者增益财物等一切所需，成就一切吉祥。又讲述了功德天供养仪轨法。天台宗金光明忏法中（见《国清百录》之五），极为重视功德天，在释迦像左边首先安置功德天座，如果道场宽大，更安置大辩天、四天王座在释迦像右边。

尔时功德天白佛言：“世尊！是说法者，我当随其所须之物，衣服饮食、卧具医药及余资产，供给是人，无所乏少，令心安住，昼夜欢乐，正念思惟是经章句，分别深义。若有众生于百千佛所种诸善根，是说法者为是等故，于阎浮提广宣流布是妙经典，令不断绝。是诸众生听是经已，于未来世无量百千那由他劫，常在天上人中受乐，值遇诸佛，速成阿耨多罗三藐三菩提，三恶道苦悉毕无余。世尊！我已于过去宝华功德海琉璃金山照明如来、应供、正遍知、明行足、善逝、世间解、无上士、调御丈夫、天人师、佛、世尊所种诸善根[①]，是故我今随所念方，随所视方，随所至方，能令无量百千众生受诸快乐。若衣服饮食资生之具，金银七宝、真珠、琉璃、珊瑚、琥珀、璧玉、珂贝，悉无所乏。若有人能称金光明微妙经典，为我供养诸佛世尊，三称我名，烧香供养，供养佛已，别以香华种种美味供施于我，洒散诸方，当知是人即能聚集资财宝物，以是因缘，增长地味，地神诸天，悉皆欢喜，所种谷米芽茎枝叶果实滋茂；树神欢喜，出生无量种种诸物。我时慈念诸众生故，多与资生所须之物。世尊！于此北方毗沙门天王有城名曰阿尼曼陀[②]，其城有园名功德华光，于是园中有最胜园，名曰金幢七宝极妙，此即是我常止住处。若有欲得财宝增长，是人当于自所住处，应净扫洒，洗浴其身，着鲜白衣，妙香涂身，为我至心三称彼佛宝华琉璃世尊名号，礼拜供养，烧香散华，亦当三称金光明经，至诚发愿；别以香华种种美味，供施于我，散洒诸方。尔时当说如是章句：

波利富楼那遮利　三曼陀达舍尼罗佉　摩诃毗呵罗伽帝　三曼陀毗陀那伽帝　摩诃迦梨波帝　波婆祢萨婆哆啎　三曼陀　修钵梨富隶　阿夜那达摩帝　摩诃毗鼓毕帝　摩诃弥勒簸僧祇帝　醯帝簁三博祇悕帝　三曼陀阿咃　阿㝹婆罗尼[③]

是灌顶章句，必定吉祥，真实不虚。等行众生及中善根，应当受持，读诵通利。七日七夜受持八戒[④]，朝暮净心，香华供养十方诸佛。常为己身及诸众生，回向具足阿耨多罗三藐三菩提，作是誓愿：令我所求皆得吉祥。自于所居房舍屋宅净洁扫除，若自住处，若阿兰若处⑤，以香泥涂地，烧微妙香，敷净好座，以种种华香布散其地，以待于我。我于尔时如一念顷，入其室宅，即坐其座，从此日夜令此所居，若村邑、若僧坊、若露地⑥，无所乏少。若钱、若金银、若珍宝、若牛羊、若谷米，一切所须即得具足，悉受快乐。若能以己所作善根最胜之分回与我者，我当终身不远其人，于所住处至心护念，随其所求令得成就。应当至心礼如是等诸佛世尊，其名曰：宝胜如来、无垢炽宝光明王相如来、金焰光明如来、金百光明照藏如来、金山宝盖如来、金华焰光相如来、大炬如来、宝相如来。亦应敬礼信相菩萨、金光明菩萨、金藏菩萨、常悲菩萨、法上菩萨。亦应敬礼东方阿闳如来、南方宝相如来、西方无量寿佛、北方微妙声佛。”

注释：

①应供：梵语 arhat 或 arhant，音译“阿罗汉”、“阿罗诃”，又译为“应”。为佛十号之一。谓佛已断尽一切烦恼，智德圆满，应受人天供养而无愧德。《成唯识论》释，谓应永害烦恼怨贼，应受世间微妙供养，应不复受分段生死，故得“应”名。《瑜伽师地论》云：“已得一切所应得义，应作世间无上福田，应为一切恭敬供养，是故名应。”又“阿罗汉”原具三义，曰杀贼，曰无生，曰应供，为声闻乘人极果所共有；在佛的十号中，以“应

永害一切烦恼怨贼”的断德圆满而立称。明行足：梵语，音译“鞞侈遮罗那三般那”，意译“明行圆满”或“明行足”，为佛十号之一。“明”，指智证；“行”指实践修行，佛于二者圆满具足，故得是称号。善逝：梵语 sugata，音译作“修伽陀”、“苏揭多”、“修伽多”，为佛十号之一。也译为“善去”、“善解”、“善说无患”、“好说”、“好去”等。“逝”，是“去”或“到”义；“善”，是有不退转或究竟无余义。由不退转义，安稳而逝，说名“善逝”。外道异学虽也有得定得通，但其功德定会退失，不名善逝；二乘有学、无学所得功德虽不退失，然非圆满通达一切所知境，也不名“善逝”。于此二义唯佛为最，故立是号。世间解：梵语，音译“路伽惫”，意译作“知世间”，为佛十号之一。佛常以佛眼洞察世间诸有情类之升沉诸趣，方便济拔，置人天路，趣涅槃城。故佛于世间，不唯洞解有情世间，亦能洞解非情的器世间，以是智德号“世间解”。故《瑜伽师地论》说，佛是“善知世界及有情界，一切品类染净相故，名世间解。”无上士：梵语 anuttara，音译“阿耨多罗”，佛十号之一。又作“无上”、“无上丈夫”。如来之智德，于人中最胜，无有过之者，故称无上士。又涅槃法无上，佛自知之，如诸法中涅槃无上，佛于众生中亦最胜无上。调御丈夫：梵语 purusa-damya-sarathi，音译“富楼沙昙藐娑罗提”，佛十号之一。意指可化导一切丈夫之调御师。《瑜伽师地论》言：“一切世间唯一丈夫，善知调心最胜方便，是故名无上士调御丈夫。”显示出佛化有情随机设教的功德。天人师：梵语 sastadevamanusyanam，音译作“舍多提婆魔菟舍喃”，如来十号之一。谓佛说法利生事业所依止处，唯天与人二趣，度天、人者众，度余道者寡。有情诸趣中，唯人与天是能堪受佛法的法器，也唯佛能教导令其受益，故佛称为天人之师。《瑜伽师地论》言："能正教诫，教授天人，令其离一切众苦，是故说佛名人天师。"佛：梵语 buddha 之音译，音译"佛陀"、"佛驮"、"休屠"、"浮陀"、"浮屠"、"浮图"等。意译"觉者"、"知者"、"觉"，"觉悟真理者"之意。亦即具足自觉、觉他、觉行圆满，如实知见一切法之性相，成就等正觉的圣者。一是约断德圆满，二是约悲德圆满，三是约智德圆满，故得"佛陀"称号。世尊：梵语，音译"薄伽梵"，又译作"婆伽婆"、"婆哦缚帝"等，意译作"世尊"，如来十号之一。《大乘义章》卷十二说："佛备众德，为世钦重，故号世尊"。即为世间所尊重者之意，亦指世界中之最尊者。在印度一般用为对尊贵者之敬称，即"富有众德、众佑、威德、名声、尊贵者"之意，若于佛教，则特为佛陀之尊称。

②阿尼曼陀：依义净译，名为"有财"。

③㝹（nóu）：译音用字。

④八戒：又作八关戒斋、八分斋戒、八支斋戒等。指在家二众于六斋日受持一日一夜的出家戒律，是佛陀为在家弟子所制定暂时出家之学处。所谓：受持远离杀生（杀有情之生命）、不与取（取他不与之物）、非梵行（男女之媾合）、虚诳语（与心相违之言说）、饮诸酒、眠坐高广大床（坐卧于高广严丽之床座上）、涂饰香鬘及歌舞观听（身涂香饰花鬘，观舞蹈，听歌曲）、非时食（午后之食）等八戒。八戒中前七支为戒，后一支不非时食为斋，合称八关斋戒。关者，禁闭之义，受持八戒，能闭一切诸恶趣

门，长养出世善根。又因受此八戒，近于僧伽或阿罗汉而住，故又称近住律仪。

⑤阿兰若处：译为“远离处”、“寂静处”、“最闲处”、“无诤处”。即距离聚落一定距离而适于修行的山林、荒野空闲处。

⑥僧坊：又作“僧房”。僧尼所住之坊舍。亦指寺院。

译文：

这时功德天对佛说：“世尊！对于受持、宣说《金光明经》的人，我当供养他的所须之物，如衣服、饮食、卧具、医药及其余种种资用，不使缺少；令他能够昼夜安乐而住，正念思维这部妙经的文句，分别经中甚深义理。若有众生在百千佛前种下了善根，因为这个善因，说法者在阎浮提广为宣说流布这部妙经，令不断绝。这些众生听闻这部经后，于未来世无量百千那由他劫中，常在天上人间享受快乐，值遇诸佛，速成阿耨多罗三藐三菩提，三恶道苦全部灭除无余。世尊！我已于过去宝华功德海琉璃金山照明如来、应供、正遍知、明行足、善逝、世间解、无上士、调御丈夫、天人师、佛、世尊所种下了善根，所以我今随心念所念，随目光所及，随行走所至，能令无量百千的众生享受快乐，如衣服饮食等资生用具，金银七宝、珍珠琉璃、珊瑚、琥珀、璧玉、珂贝，都没有缺少。若有人能称赞读诵《金光明》微妙经典，为我供养诸佛世尊，并三称我名，烧香供养。供养佛后，另外以种种香华、美味，供养于我，洒散在各个方位，当知此人即能够聚集资财和宝物。因为这个因缘也能够增长地味，地神和诸天神都欢喜，所种的谷米枝叶荣茂，果实累累；树神欢喜，生出无量种种果实。我在这慈心愍念众生，多给予他们生活所需之物。世尊！在此北方毗沙门天王有一个城名叫阿尼曼陀，城中有一个园名叫功德华光园，园中又有一个最殊胜的园，名叫金幢七宝极妙园，这里是我经常住的地方。如果有人想要得到财宝增长，应当在自己住处洒扫清净，洗浴身体，穿新净白衣，妙香涂身，为我至心三称彼佛宝华琉璃世尊的名号，礼拜供养，烧香散华；亦当三称《金光明经》，至诚发愿；另以种种香华、美味供养于我，洒散在各个方位。同时念诵咒语：

波利富楼那遮利　三曼陀达舍尼罗佉　摩诃毗呵罗伽帝　三曼陀毗陀那伽帝　摩诃迦梨波帝　波婆祢萨婆哆呫　三曼陀　修钵梨富隶　阿夜那达摩帝　摩诃毗鼓毕帝　摩诃弥勒簸僧祇帝　醯帝簁三博祇悕帝　三曼陀阿咃　阿㝹婆罗尼

念诵这个咒语，必定吉祥，真实不虚。中等善根的众生，应该受持这个咒语，流利读诵，七日七夜受持八关斋戒，早晚净心，以香华供养十方诸佛，常为自己及一切众生回向，愿成就阿耨多罗三藐三菩提。这样回向发愿之后，令所有希求，皆得圆满成就。自于所住屋宅房舍扫除洁净，或在自己住处，或在阿兰若处，用香泥涂地，烧微妙香，敷设庄严好座，以种种香华撒在地上，来等待我。我于这一念之间就进入屋内，坐其座上，接受供养。从此之后，使这一方，不论是村落、道场，或阿兰若处，随所希求，没有缺少。金银财宝、牛羊谷米等一切所需资财都得到满足，获得快乐。如果能把这样做所获的最殊胜功德的一部分回向给我，我会终身不远离这人，对于他的住处，至心护念，随他有所希求，都令得到成就。应当至心礼敬如是等诸佛世尊，其名为：宝胜如来、无垢炽宝光明王相如来、金焰光明如来、金百光明照藏如来、金山宝盖如来、金华焰光相如来、大炬如来、宝相如来，也应礼敬信相菩萨、金光明菩萨、金藏菩萨、常悲菩萨、法上菩萨，也应敬礼东方阿閦如来、南方宝相如来、西方无量寿佛、北方微妙声佛。”

坚牢地神品第九

坚牢地神，经中记述为主掌大地的女神。本品叙述坚牢地神向佛陀宣说护法誓言，若有本经所在之处，使地味增长，出生地利，百谷药草树木的花果滋茂，美色香味悉皆具足，土地丰饶，人民富庶；并昼夜护卫说法者，广为流布此经。

尔时地神坚牢白佛言："世尊！是金光明微妙经典，若现在世，若未来世，在在处处，若城邑聚落，若山泽空处，若王宫宅；世尊！随是经典所流布处，是地分中敷师子座，令说法者坐其座上，广演宣说是妙经典，我当在中常作宿卫[①]，隐蔽其身于法座下，顶戴其足。我闻法已，得服甘露无上法味，增益身力，而此大地深十六万八千由旬，从金刚际至海地上，悉得众味增长具足，丰壤肥浓过于今日。以是之故，阎浮提内药草树木根茎枝叶华果滋茂，美色香味皆悉具足，众生食已增长寿命，色力辩安，六情诸根具足通利，威德颜貌端严殊特。成就如是种种等已，所作事业多得成办，有大势力，精勤勇猛。是故世尊！阎浮提内安隐丰乐，人民炽盛，一切众生多受快乐，应心适意，随其所乐。是诸众生得是威德大势力已，能供养是金光明经，及恭敬供养持是经者四部之众，我于尔时当往其所，为诸众生受快乐故，请说法者广令宣布如是妙典。何以故？世尊！是金光明若广说时，我及眷属所得功德倍过于常，增长身力，心进勇锐。世尊！我服甘露无上味已，阎浮提地纵广七千由旬丰壤倍常。世尊！如是大地，众生所依，悉能增长一切所须之物；增长一切所须物已，令诸众生随意所用，受于快乐，种种饮食、衣服、卧具、宫殿屋宅、树木林苑、河池井泉，如是等物依因于地，悉皆具足。是故世尊！是诸众生为知我恩应作是念，我当必定听受是经，供养恭敬，尊重赞叹。作是念已，即从住处，若城邑聚落、舍宅空地，往法会所听受是经。既听受已，还其所止，各应相庆，作如是言：我等今者闻此甚深无上妙法，已为摄取不可思议功德之聚，值遇无量无边诸佛，三恶道报已得解脱，于未来世常生天上人中受乐。是诸众生各于住处，若为他人演说是经，若说一喻一品一缘，若复称叹一佛一菩萨一四句偈乃至一句，及称是经首题名字；世尊！随是众生所住之处，其地具足丰壤肥浓，过于余地；凡是因地所生之物，悉得增长，滋茂广大，令诸众生受于快乐，多饶财宝，好行惠施，心常坚固深信三宝。”

尔时佛告地神坚牢：“若有众生，乃至闻是金光明经一句之义，人中命终随意往生三十三天。地神！若有众生，为欲供养是经典故，庄严屋宅，乃至张悬一幡一盖及以一衣，欲界六天已有自然七宝宫殿[②]，是人命终即往生彼。地神！于诸七宝宫殿之中，各各自然有七天女，共相娱乐，日夜常受不可思议微妙快乐。”

尔时地神白佛言：“世尊！以是因缘，说法比丘坐法座时，我常昼夜卫护不离，隐蔽其形在法座下，顶戴其足。世尊！若有众生于百千佛所种诸善根，是说法者为是等故，于阎浮提广宣流布是妙经典，令不断绝。是诸众生听是经已，未来之世无量百千那由他劫，于天上人中常受快乐，值遇诸佛，疾成阿耨多罗三藐三菩提，三恶道苦悉断无余。”

注释：

①宿（sù）卫：这里指昼夜守卫。

②欲界六天：佛教世界观中有欲界、色界、无色界三界，欲界有六重天，称为“六欲天”：一、四王天，即四大天王之天。二、忉利天，即三十三天。三、夜摩天，译言时分天。四、兜率天，译言喜足天。五、乐变化天。六、他化自在天。此中四王天在须弥山之半腰，忉利天在须弥山之顶，因此称为“地居天”，兜率天已上住在空中，谓之“空居天”。

译文：

这时地神坚牢对佛说：“世尊！这部《金光明》微妙经典，假若现在世、未来世，在在处处，不论在城邑村落，或山林空闲阿兰若处，或王宫殿堂处；世尊！如有这部经典流布之处，如果在其处布置了狮子宝座，请说法者坐在座上，广演宣说这部微妙经典，我将会在其中常作护卫，隐蔽身形在法座下，顶戴说法者之足，我听闻法后，得以服食无上甘露法味，增益身力，喜悦无量。自身得到这样的利益后，也使得大地深至十六万八千由旬，从金刚轮际至海面及陆地上，地味都得到增益，土壤肥沃浓厚倍过平时；由此使得阎浮提内的所有树木药草及种种花果苗稼都根茎丰壮，枝叶繁茂，华果滋盛，美色香味，悉皆具足。众生吃了地上的种种果实庄稼之后，身体健壮，寿命增长，身心灵活勇健，六根明利安和，容貌端严，威德具备。所作事业，多得成功，精勤勇猛，有大势力。世尊！因为这个因缘，阎浮提内人民繁盛，安稳丰乐，身心欢悦，一切众生多受快乐。此方众生得到这样的威德大势力后，能供养这部《金光明经》，并恭敬供养受持这部经的四部众，这时我会到受持这部经的四部众的住所，为了让众生得到种种利益安乐，劝请说法者广为宣说此微妙经典。为什么呢？世尊！这部《金光明经》广为宣说的时候，我及眷属所得的功德超过寻常多倍，增长身力，勇猛无畏。世尊！我尝到无上甘露法味之后，阎浮提地上深广七千由旬的土地丰饶肥沃数倍平常。世尊！大地是众生的依住之处，能够增长一切所需之物，使得所有众生种种资用，随意即得，皆受安乐。种种饮食衣服卧具、宫殿屋宅、树木林苑、河池井泉等物，因为地味增长，都全部具足了。世尊！因此这些众生了知我的恩德之后，应该有这样的心念，我应该一定听闻受持此经，供养恭敬、尊重赞叹此经。这样思维之后，即从城邑村落或阿兰若住处，前往法会处听受此经；在听闻受持之后，回到住处，相互庆贺，都这样说，我们今天听闻了无上甚深妙法，即是已经获得了不可思议的大功德藏，将来会遇到无量无边的诸佛，三恶道苦报永远解脱，未来世常生天上人中，得受快乐。那时这些听闻此经的人，各自在自己的住处为他人演说这部经的内容。如果演说了经中的一个比喻、一品或一个因缘；或者又称叹了一佛、一菩萨、一四句偈、乃至于一个句子，或者读了这部经的经首题名；世尊！那么这些众生的所住之处，土地具足丰饶肥沃超过其余地方；凡是此地所有的生长之物，全部得到增长，广大丰茂，使得众生得到快乐，财宝丰足，好行布施，深信三宝，信念坚固。”

这时佛对地神坚牢说：“如果有众生，乃至于听闻了这部《金光明经》的一句之义，人间命终之后，随意往生三十三天。地神！若有众生为了供养这部经典，庄严布置屋宅，乃至悬挂一个幡，张设一伞盖，欲界六天已经自然生出七宝宫殿，此人命终即往生到那里。地神！在那些七宝宫殿中，各各自然有七天女，一起娱乐，日夜常受不可思议的微妙快乐。”

这时地神对佛说：“世尊！因为这个因缘，当说法比丘坐在法座宣说此经时，我常昼夜护卫不离，隐蔽身形在法座下，顶戴其足。世尊！若有众生在百千佛前种下了善根，因为这个善因，说法者在阎浮提广为宣说流布这部妙经，使不断绝。这些众生听闻这部经后，于未来世无量百千那由他劫中，常在天上人间享受快乐，值遇诸佛，速成阿耨多罗三藐三菩提，三恶道苦全部灭除无余。”

卷　三

散脂鬼神品第十

散脂，梵名Samjneya，音译“僧慎尔耶”。散脂鬼神，又作“散脂迦大将”、“散支大将”或“散脂鬼神大将军”，义净译为“僧慎尔耶药叉大将”。意译作“正了知”，即了知一切诸法体性差别。系北方毗沙门天王八大将之一，二十八部众之总司。此大将护持佛法不遗余力，率二十八部药叉诸神，随处隐形拥护说法师及救护诸善男信女，离苦得乐。本品叙述散脂大将向佛陀宣说护法誓言，若有本经所在之处，正了知散脂大将及所率领的二十八部鬼神众则拥护说法者，令消灭诸恶，获得不可思议的功德聚。

尔时散脂鬼神大将及二十八部诸鬼神等，即从座起，偏袒右肩，右膝着地，白佛言：“世尊！是金光明微妙经典，若现在世及未来世，在在处处，若城邑聚落，若山泽空处，若王宫宅，随是经典所流布处，我当与此二十八部大鬼神等往至彼所，隐蔽其形，随逐拥护是说法者，消灭诸恶，令得安隐；及听法众，若男、若女、童男童女，于是经中乃至得闻一如来名、一菩萨名及此经典首题名字，受持读诵，我当随侍宿卫拥护，悉灭其恶，令得安隐；及国邑城郭，若王宫殿、舍宅空处，皆亦如是。世尊！何因缘故，我名散脂鬼神大将？唯然世尊，自当证知。世尊！我知一切法，一切缘法；了一切法，知法分齐。如法安住，一切法如性，于一切法含受一切法①。世尊！我现见不可思议智光、不可思议智炬、不可思议智行、不可思议智聚、不可思议智境②。世尊！我于诸法正解正观，得正分别，正解于缘，正能觉了③。世尊！以是义故，名散脂大将。世尊！我散脂大将，令说法者庄严言辞，辩不断绝，众味精气从毛孔入，充益身力，心进勇锐，成就不可思议智慧，入正忆念。如是等事悉令具足，心无疲厌，身受诸乐，心得欢喜。以是意故，能为众生广说是经。若有众生，于百千佛所种诸善根，说法之人为是众生，于阎浮提内广宣流布是妙经典，令不断绝。无量众生闻是经已，当得不可思议智聚，摄取不可思议功德之聚，于未来世无量百千劫，人天之中常受快乐，于未来世值遇诸佛，疾得证成阿耨多罗三藐三菩提，一切众苦，三恶趣分，永灭无余。南无宝华功德海琉璃金山光照如来、应供、正遍知！南无无量百千亿那由他庄严其身释迦如来、应供、正遍知，炽然如是微妙法炬！南无第一威德成就众事大功德天！南无不可思量智慧功德成就大辩天。”

注释：

①“我知一切法”至“于一切法含受一切法”数句：按，此

段文字标点颇难，文义难以确定。笔者依据《文句》的句读标点为："我知一切法、一切缘法。了一切法（《文句》云此是从假入空观也），知法分齐（《文句》云此是从空入假观）。如法安住，一切法如性，于一切法含受一切法（《文句》云此是中道第一义谛观）。"义净译文为："我知诸法，我晓一切法。随所有一切法，如所有一切法。诸法种类，体性差别。"依大乘义，一切法不出两类：如所有性，即是诸法的体性；尽所有性，即是诸法的差别种类、各别自性。此段文字虽然标点颇难，但要义不出此二：一是了知一切法的体性——空性实相，此是如所有性；二是了知一切法的差别种类、各别自性，此是尽所有性。此段及下文的五智光，不同宗派有不同解释。或以二智解释，或以天台宗三观三智解释，或以唯识之四智解释，或以密乘五智解释。

②现见：指证悟到了此种境界，故译作现量亲证见。

③"我于诸法正解正观"四句：这里五种正解观，有不同解释。《文句》配合佛之三身解释。

译文：

这时，散脂鬼神大将及二十八部诸鬼神众等，即从座位起来，偏袒右肩，右膝着地，对佛说："世尊！这部《金光明》微妙经典，假若现在世，或未来世，在在处处，不论在城邑村落，或山林空闲阿兰若处，或王宫殿堂处，如有这部经典流布之处，我将与此二十八部大鬼神等，来到说法之处，隐蔽身形，昼夜跟随卫护这个说法的人，灭除一切恶，让他们得到安稳。又听法的会众，不论是男是女、童男童女，在这部经中乃至听闻了一如来

名号、一菩萨名号以及这部经典的题名等，受持读诵，我将日夜跟随卫护，灭除一切恶，让他们得到安稳。不论在国土城邑，在王宫殿宇、还是在舍宅空处，我也都会同样保护。世尊！是什么因缘，我名叫正了知散脂鬼神大将。是的，世尊！其中的因缘，佛心中知。世尊！我了知一切法、一切因缘所生之法，通达一切法之空性实相及其分齐差别；如其法性安住，一切法性相如如，于一切法中含受一切法。世尊！我现量亲证见不可思议智光、不可思议智炬、不可思议智行、不可思议智聚、不可思议智境。世尊！我对于诸法能够正解、正观，得正分别，正解因缘，能正知觉。世尊！因此缘故，我名叫正了知散脂大将。世尊！我散脂大将，能使宣说《金光明经》的说法者言辞精辟究竟，辩才无尽，具足庄严；无形的精气从毛孔进入，身心精力充足，威神勇健；成就不可思议智慧，得正忆念，如此等事全部具足。心无疲厌，身受诸乐，心得欢喜。因为有这样的意乐心，所以能为众生广说此经。若有众生在百千佛前种下了善根，说法者为了众生得利益而在阎浮提广为宣说流布这部妙经，令不断绝。无量众生听闻这部经后，将得到不可思议智境，集积不可思议功德，于未来世无量百千那由他劫中，常在天上人间享受快乐，值遇诸佛，速疾证得阿耨多罗三藐三菩提，三恶道苦永远灭除无余。南无宝华功德海琉璃金山光照如来、应供、正遍知！南无无量百千亿那由他庄严其身释迦如来、应供、正遍知，点燃如此微妙大法炬！南无第一威德成就众事大功德天！南无不可思量智慧功德成就大辩天！”

正论品第十一

《金光明经》以护国之经著名，但本品却赋予了国王以正法治理国家的重要责任，没有把国家治乱的责任完全置于宗教式的天神护国一边，恰当地说明了二者的因缘关系。本品讲述在过去世中，力尊相王对其子信相讲述的治世正论，是一个很具体实在的正法治世正论。要点有二：一是遮止十恶，推行十善；二是不得放纵亲近眷属的奸恶而不治理，应当亲疏平等，以正法治理。本品阐述了人王被称为天子的理由是，需以正法治世，如此则会得到诸天拥护，风雨随时，无诸灾祸，国土丰实，人民安乐；如果人王不以正法治世，不行平等，亲近恶小，不修善事，则诸天远离不护，导致灾难、疾疫、战乱生起，国家败乱。这与中国传统儒家的天人感应思想颇有相通之处。对于国家治乱、人民安乐幸福的切实关注是本品的一大特点。

尔时佛告地神坚牢："过去有王名力尊相，其王有子名曰信相，不久当受灌顶之位[①]，统领国土。尔时父王告其太子信相：'世有正论，善治国土。我于昔时曾为太子，不久亦当绍父王位，尔时父王持是正论，亦为我说。我以是论于二万岁善治国土，未曾一念以非法行，于自眷属，情无爱著。'何等名为治世正论？地神！尔时力尊相王为信相太子说是偈言：

我今当说，诸王正论，为利众生，断诸疑惑，
一切人王，诸天天王，应当欢喜，合掌谛听。
诸王和合，集金刚山[②]，护世四镇[③]，起问梵王：
大师梵尊，天中自在，能除疑惑，当为我断，
云何是人，得名为天，云何人王，复名天子，
生在人中，处王宫殿，正法治世，而名为天。
护世四王，问是事已，时梵尊师，即说偈言：
汝今虽以，此义问我，我要当为，一切众生，
敷扬宣畅，第一胜论。
因集业故，生于人中，王领国土，故称人王。
处在胎中，诸天守护，或先守护，然后入胎，
虽在人中，生为人王，以天护故，复称天子。
三十三天，各以己德，分与是人，故称天子。
神力所加，故得自在，远离恶法，遮令不起，
安住善法，修令增广，能令众生，多生天上。
半名人王，亦名执乐，罗刹魁脍[④]，能遮诸恶；
亦名父母，教诲修善，示现果报，诸天所护[⑤]。
善恶诸业，现在未来，现受果报，诸天所护。
若有恶事，纵而不问，不治其罪，不以正教，
舍远善法，增长恶趣，故使国中，多诸奸斗，
三十三天，各生嗔恨。
由其国王，纵恶不治，坏国正法，奸诈炽盛，

他方怨敌，竞来侵掠，自家所有，钱财珍宝，
诸恶盗贼，共来劫夺。
如法治世，不行是事，若行是者，其国殄灭[6]。
譬如狂象，踏莲华池，暴风卒起，屡降恶雨，
恶星数出，日月无光，五谷果实，咸不滋茂。
由王舍正，使国饥馑，天于宫殿，悉怀愁恼。
由王暴虐，不修善事，是诸天王，各相谓言：
是王行恶，与恶为伴，以造恶故，速得天嗔，
以天嗔故，不久国败。
非法兵仗，奸诈斗讼，疾疫恶病，集其国土，
诸天即便，舍离是王，令其国败，生大愁恼。
兄弟姊妹，眷属妻子，孤迸流离[7]，身亦灭亡；
流星数堕，二日并现；他方恶贼，侵掠其土，
人民饥饿，多诸疾疫；所重大臣，舍离薨亡[8]；
象马车乘，一念丧灭；诸家财产，国土所有，
互相劫夺，刀兵而死；五星诸宿[9]，违失常度；
诸恶疾疫，流遍其国。
诸受宠禄，所任大臣，及诸群僚，专行非法，
如是行恶，偏受恩遇，修善法者，日日衰灭。
于行恶者，而生恭敬，见修善者，心不顾录，
故使世间，三异并起[10]，星宿失度，降暴风雨；
破坏甘露，无上正法，众生等类，及以地肥。
恭敬弊恶，毁诸善人，故天降雹，饥饿疫病，

谷米果实，滋味衰减，多病众生，充满其国；
甘美盛果，日日损减，苦涩恶味，随时增长；
本所游戏，可爱之处，悉皆枯悴[11]，无可乐者；
众生所食，精妙上味，渐渐损减，食无肥肤。
颜貌丑陋，气力衰微，凡所食啖，不知厌足，
力精勇猛，悉灭无有，懒惰懈怠，充满其国，
多有病苦，逼切其身，恶星变动，罗刹乱行[12]。
若有人王，行于非法，增长恶伴，损人天道，
于三有中，多受苦恼。
起如是等，无量恶事，皆由人王，爱著眷属，
纵之造恶，舍而不治。
若为诸天，所护生者，如是人王，终不为是；
有行善者，得生天中，行不善者，堕在三涂[13]。
三十三天，皆生焦热，由王纵恶，舍而不治，
违逆诸天，及父母敕[14]，不能正治，则非孝子。
起诸奸恶，坏国土者，不应纵舍。当正治罪，
是故诸天，护持是王，以灭恶法，修习善故，
现世正治，得增王位。
应各为说，善不善业，能示因果，故得为王，
诸天护持，邻王佐助。
为自为他，修正治国。
有坏国者，应当正教，为命及国，修行正法，
不应行恶，恶不应纵。

所有余事，不能坏国；要因多奸，然后倾败。
若起多奸，坏于国土，譬如大象，坏莲华池；
怨恨诸天，故天生恼，起诸恶事，弥满其国。
是故应随，正法治世，以善化国，不顺非法，
宁舍身命，不爱眷属，于亲非亲，心常平等，
视亲非亲，和合为一。
正行名称，流布三界，正法治国，人多行善，
常以善心，仰瞻国王；能令天众，具足充满，
是故正治，名为人王。
一切诸天，爱护人王，犹如父母，拥护其子，
故令日月，五星诸宿，随其分齐，不失常度，
风雨随时，无诸灾祸，令国丰实，安乐炽盛，
增益人民，诸天之众。
以是因缘，诸人王等，宁舍身命，不应为恶；
不应舍离，正法珍宝，由正法宝，世人受乐。
常当亲近，修正法者，聚集功德，庄严其身。
于自眷属，常知止足，当远恶人，修治正法，
安止众生，于诸善法，教敕防护，令离不善。
是故国土，安隐丰乐，是王亦得，威德具足，
随诸人民，所行恶法，应当调伏，如法教诏，
是王当得，好名善誉，善能摄护，安乐众生。”

注释：

①灌顶：印度古代国王登基的加冕礼。

②金刚山：这里即指须弥山。

③护世四镇：即四大天王，有护世镇国之功德。

④罗刹魁脍：指能够遮制恶鬼的药叉将等。《文句》云："魁脍名典军，遮制恶鬼。"

⑤诸天所护：《文句》注释为：半名人王已下答有三义故称半为王：一名执乐者，乐由于王。王执此乐使天下和平，…故执乐者名王。二者遮恶为民除害，…故遮恶名王。三父母者，诲示祸福导语善恶，制礼作乐而民知禁，谁不归德。故父母名之为王。《文句》：护世四大天王发四问："一问云何呼人为天？二问非天所生而名天子？三问处王宫殿何故名天？四问以人法治世那得名天？"问既有四，答亦为四："一答天护其入胎，虽是人子而称天子。三十三天各分己德，虽是于人而称为天。虽处人宫殿用天律治世，虽是人主而称为天。虽是人法治世，令众生行善多生天上，以因中说果故称为天。"

⑥殄（tiǎn）：灭尽。

⑦迸（bèng）：散逃。

⑧薨（hōng）：古代诸侯之死称薨。

⑨宿（xiù）：星宿。

⑩三异：指风、雨、星三者的异常。

⑪悴（cuì）：憔悴。

⑫罗刹（chà）：梵语 raksasa，恶鬼之名。又作"罗刹娑"（罗刹婆为误写）、"罗叉娑"等。意译为"可畏"、"速疾鬼"、"护

者”。女则称“罗刹女”、“罗叉私”。男即极丑，女即甚殊美，并皆食啖于人。另有一说谓罗刹系地狱之狱卒，职司惩罚罪人。

⑬三涂：又称“三途”，指火涂、刀涂、血涂，分别对应地狱、饿鬼、畜生三恶趣。谓地狱名火途，火聚多故；畜生名血途，因屡受残害故；饿鬼名刀途，刀杖加于身故。

⑭敕（chì）：告诫。

译文：

那时，佛对地神坚牢说：“过去有一个国王名叫力尊相，国王有儿子名叫信相，不久当受灌顶之位，统领国土。那时父王告诉太子信相说：‘世间有正论，能够很好地治理国家。我以前也是太子，不久也要继承父亲的王位。当时父王给我讲说了这个治世正论，我依着这个治世正论，在两万年中很好地治理着国家，未曾有一念偏离这个正论，施行不合乎正论的政令，对于自己的亲近眷属也没有给予特别偏爱。’为什么名叫治世正论呢？地神！那时力尊相王为信相太子说了如下教言：

我今当说王正论，为利众生断疑惑，
一切人王诸天王，应当欢喜合掌听：

诸王集会金刚山，护世四王问梵王：

大师梵主尊，天中大自在，
愿哀愍我等，为断诸疑惑。
云何处人世，而得名为天；
云何为人王，称名为天子；
云何生人间，或处王宫殿，

或正法治世，亦得名为天？
护世四王请问已，大梵天主为说偈：
护世汝虽以，此义请问我，
我以此机缘，利益一切众，
开演广宣说，第一义胜论。
因集善业故，出生于人中，
统领诸国土，故称为人王。
处在母胎中，诸天共守护，
或先共加护，然后入母胎，
虽在人世中，生而为人王，
由诸天护持，亦得名天子。
三十三天主，各以己天德，
分与此人王，亦得名天子。
由诸天神力，加持得自在，
除灭诸恶法，遮止令不生，
安住于善法，教众生修善，
多数生天上，亦得名为天。
半名为人王，亦名为执乐；
能遮止诸恶，如罗刹魁脍；
教诲令修善，亦名为父母，
现示因果报，诸天所共护。
示其善恶业，现在未来世，
现受诸果报，诸天所共护。
国人造恶业，人王不禁制，

放纵不治罪，不施以正教，
舍离远善法，增长诸恶趣，
故使国土中，奸诈日增多，
三十三天众，咸生愤怒心。
国王不治政，纵恶炽然盛，
坏乱国正法，谄伪行世间，
被他方怨敌，侵掠其国土，
所有资生具，钱财珍宝等，
悉被恶盗贼，共来劫夺去。
如法治世者，不行非正法，
若行非正法，其国将灭亡。
譬如有狂象，践踏莲花池，
亦如暴风起，降注恶霪雨，
妖星多变怪，日月蚀无光，
五谷及花果，果实皆不成。
由王舍正法，国中遭饥馑，
诸天处宫殿，见已生愁恼。
由王行暴虐，不修诸善事，
彼诸天王众，共作如是言：
此王行非法，恶党相亲附，
因造众恶业，诸天皆愤怒；
由诸天愤怒，其国当败亡。
盗贼刀兵起，争斗谋乱生，
恶病及疾疫，流行其国土；

诸天不护念，舍离此国王，
使其国败亡，令生大愁恼。
父母及妻子，兄弟并姊妹，
国乱身流离，生死两不知；
变怪流星坠，二日俱时出，
他方怨敌来，国人遭战乱，
灾荒及饥饿，疾疫并流行；
谋国之重臣，遭枉而身死，
象马车兵乘，转瞬皆散失；
国土及人民，财产遭劫夺，
处处有刀兵，人多非法死；
五星及诸宿，违失于常度，
诸恶病疾疫，流行遍国中。
所任诸大臣，及其官僚众，
恃宠信谄媚，专门行非法，
如此奸恶人，偏受恩宠遇，
而行善法人，日日遭贬退。
见行恶事者，却心生爱敬，
见行善法者，而心不看顾，
因此使世间，三灾异并起，
星宿失常度，非时暴风雨。
失坏甘露味，正法当隐没。
由近奸恶人，舍弃诸善人，
众生及地力，皆得大衰减。

天降下雹雨，饥饿疫病起，
谷米诸果实，滋味都损减，
多病之众生，充满于国中。
园林中树木，先有甘美果，
由此皆损减，苦涩恶味增；
先有妙园林，可爱游戏处，
忽然都枯悴，毫无可乐者；
所食诸稻麦，精妙味渐减，
饭食无滋味，不能增体力；
颜貌光色减，势力尽衰微，
食饮虽然多，不能令饱足。
于其国界中，所有众生类，
少力无勇猛，所作多惰怠；
国人多疾病，众苦逼切身，
妖星鬼魅动，罗刹随处生。
若有诸人王，行于非正法，
亲近于恶人，损减人天道，
于三恶道中，多受诸大苦。
如此无量过，使得国衰乱，
皆因诸人王，宠信奸恶人，
纵容亲眷属，不以正法治。
由诸天加护，生而为人王，
终不行非法，以正法治世。
若人修善行，当得生天中，

若行诸不善，必堕三恶道。
国王纵容恶，舍正不治理，
三十三天众，皆生热恼心；
不顺诸天教，及顺父母言，
不以正法治，则是不孝子。
国中起奸邪，坏乱于国法，
当正法治罪，切勿姑放纵；
因此诸天众，皆护持此王，
灭除诸恶法，劝修习众善，
现世正法治，王位得增固。
应当常宣说，行善劝不善，
示善恶因果，故得作人王；
诸天共护持，邻国互帮助。
为自利利他，治国以正法。
见有坏国法，应当如法治，
假使失王位，及遇害命缘，
终不行恶法，见恶不治理。
害中极重者，无过国坏乱，
起因在奸恶，致使国倾败。
若国起奸恶，将坏乱国土，
譬如恶大象，踏坏莲花池；
诸天生忧恼，共愤不护念，
灾戾不祥起，恶乱满国中。
是故彼人王，应正法治世，

善法治化国，不顺于非法；
宁舍于身命，不宠纵亲眷，
于亲与非亲，心常怀平等，
视亲与非亲，和合为一体。
正行有名称，流布三界中，
正法治国家，人多行善法，
常以善爱心，敬仰于国王；
能令诸天众，增长及充满，
以正法治世，得名为人王。
一切诸天众，爱护此人王，
犹如人父母，常护念其子；
故使诸日月、五星众星宿，
依位随时行，不失于常度；
风雨随时节，无有诸灾祸，
国土皆丰饶，人民得安乐，
一切诸天众，增广得充满。
是故诸人王，当知正法利，
宁舍于身命，也不为恶伴；
不应遂舍离，正法珍宝藏，
由行正法宝，世人得安乐。
应当常亲近，修行正法者，
聚集善功德，庄严于自身。
于亲近眷属，常知有节度，
远谄佞恶人，严修治正法。

常以十善法，教化一切众，
令防护身心，远离十不善。
由此国大治，国土常丰乐，
此王亦将得，具足大威德。
随有国中人，若行诸恶法，
即当予调伏，如法而教化；
人王行正法，当得好名称，
善能护人民，安乐诸众生。”

善集品第十二

本品是对《正论品》内容的续说。《正论》论理，本品叙事，举了释迦牟尼佛的一个本生故事为例，来说明国王尊重供养宣说《金光明经》所带来的功德利益。释迦牟尼佛过去世曾为善集圣王，劝请供养宝冥比丘（阿闳佛前世）敷扬宣说《金光明经》，王闻正法，发愿以满四天下无量珍宝供养，以此因缘，国安民乐，而国王也因此善根而成就了百福庄严的菩提正法之身。

尔时如来复为地神说往昔因缘，而作偈言：

我昔曾为，转轮圣王[①]，舍四大地[②]，及以大海，
又于是时，以四天下，满中珍宝，奉上诸佛，
凡所布施，皆舍所重，不见可爱，而不舍者。
于过去世，无数劫中，求正法故，常舍身命。
又过去世，不可议劫，有佛世尊，名曰宝胜，
其佛世尊，般涅槃后[③]，时有圣王，名曰善集，
于四天下，而得自在，治正之势，尽大海际。
其王有城，名水音尊，于其城中，止住治化，
夜睡梦中，闻佛功德，及见比丘，名曰宝冥，
善能宣畅，如来正法，所谓金光，微妙经典，
明如日中，悉能遍照。

是转轮王，梦是事已，即寻觉寤，心喜遍身，
即出宫殿，至僧坊所，供养恭敬，诸大圣众，
问诸大德，是大众中，颇有比丘，名曰宝冥，
成就一切，诸功德不？
尔时宝冥，在一窟中，安坐不动，思惟正念，
读诵如是，金光明经。
时有比丘，即将是王，至其所止，到宝冥所。
时此宝冥，故在窟中，形貌殊特，威德炽然，
即示王言，是窟中者，即是所问，宝冥比丘，
能持甚深，诸佛所行，名金光明，诸经之王。
时善集王，即寻礼敬，宝冥比丘，作如是言：
面如满月，威德炽然，惟愿为我，敷演宣说，
是金光明，诸经之王。
时宝冥尊，即受王请，许为宣说，是金光明。
三千大千，世界诸天，知当说法，悉生欢喜，
于净微妙，鲜洁之处，种种珍宝，厕填其地，
上妙香水，持用洒之，散诸好华，遍满其处。
王于是时，自敷法座，悬缯幡盖④，宝饰交络，
种种微妙，殊特末香，悉以奉散，大法高座；
一切诸天，龙及鬼神，摩睺罗伽，紧那罗等，
即雨天上，曼陀罗华，遍散法座，满其处所；
不可思议，百千万亿，那由他等，无量诸天，
一时俱来，集说法所。

是时宝冥，寻从窟出，诸天即时，以娑罗华[5]，
供养奉散，宝冥比丘。
是时宝冥，净洗身体，着净妙衣，至法座所，
合掌敬礼，是法高座。
一切天王，及诸天人，雨曼陀罗、大曼陀罗、摩诃曼殊[6]，众妙宝华，
无量百千，种种伎乐，于虚空中，不鼓自鸣。
宝冥比丘，能说法者，寻上高座，结跏趺坐[7]，
即念十方，不可思议，无量千亿，诸佛世尊，
于诸众生，兴大悲心，及善集王，所得王领[8]，
尽一日月，所照之处。
时说法者，即寻为王，敷扬宣说，是妙经典。
是时大王，为闻法故，于比丘前，合掌而立。
闻于正法，赞言善哉！
其心悲悼，涕泪交流，寻复踊悦，心意熙怡。
为欲供养，此经典故，尔时即提，如意珠王[9]，
为诸众生，发大誓愿：愿于今日，此阎浮提，
悉雨无量，种种珍异，瑰奇七宝，及妙璎珞，
以是因缘，悉令无量，一切众生，皆受快乐。
即于尔时，寻雨七宝，及诸宝饰，天冠耳珰[10]，
种种璎珞，甘馔宝座[11]，悉皆充满，遍四天下。
时王善集，即持如是，满四天下，无量七宝，
于宝胜佛，遗法之中，以用布施，供养三宝[12]。

尔时为王，说法比丘，于今现在，阿闳佛是；
时善集王，听受法者，今则我身，释迦文是。
我于尔时，舍此大地，满四天下，珍宝布施，
得闻如是，金光明经，闻是经已，一称善哉，
以此善根，业因缘故，身得金色，百福庄严，
常为无量，百千万亿，众生等类，之所乐见。
既得见已，无有厌足，过去九十，九亿千劫，
常得作于，转轮圣王；亦于无量，百千劫中，
常得王领，诸小国土；不可思议，劫中常作，
释提桓因，及净梵王；复得值遇，十力世尊，
其数无量，不可称计。
所得功德，无量无边，皆由闻经，及称善哉。
如我所愿，成就菩提，正法之身，我今已得。

注释：

①转轮圣王：佛教中的圣王理想。轮王有四种：金轮王、银轮王、铜轮王、铁轮王。铁轮王统摄南方一洲，铜轮王统摄南、西二洲，银轮王统摄南、西、东三洲，金轮王则统摄四洲。金轮王生时现有七宝，即轮宝、象宝、马宝、珠宝、女宝、主藏宝与主兵臣宝，御此宝轮巡游四洲，能以威德感化四天下有情，修十善道，使得世界和平，人民安乐。

②四大地：即四大部洲。

③涅槃：梵语 nirvana，又作“泥洹”、“涅隶槃那”等。意

译作“灭”、“寂灭”、“灭度”、“无生”。与择灭、离系、解脱等词同义。或作“般涅槃”(般,为梵语pari之音译,完全之义,意译作“圆寂”)、“大般涅槃”(大,即殊胜之意。又作“大圆寂”)。指燃烧烦恼之火灭尽,完成悟智(即菩提)的境地。此为超越生死(迷界)之悟界,也是佛教终极的实践目的,故被列为法印之一,称“涅槃寂静”。小乘有有余涅槃、无余涅槃二义,大乘又增加了自性涅槃和无住涅槃二义。

④缯(zēng):丝帛。

⑤娑罗华:娑罗树之花,其色淡黄。

⑥摩诃曼殊:又译作“柔软华”、“白圆华”、“如意华”、“槛花”、“曼殊颜华”。其花大者,称为“摩诃曼殊沙华”。曼殊沙华为四种天华之一,乃天界花名。其花鲜白柔软,诸天可随意降落此花,以庄严说法道场,见之者可断离恶业。

⑦跏趺(jiāfū):一种修禅坐法。两足交叉置于左右股上,称“全跏趺坐”。或单以左足押在右股上,或单以右足押在左股上,称“半跏趺坐”。

⑧王领:王所领治的国土。

⑨如意珠王:佛教中传说的一种宝珠。从宝珠出种种所求如意,故名如意。出自龙王或摩竭鱼之脑中,或为佛舍利所变成。

⑩耳珰(dāng):玉制的耳饰。

⑪甘馔(zhuàn):美食。

⑫三宝:指为佛教徒所尊敬供养的佛宝、法宝、僧宝等。

译文:

这时如来又为地神讲说往昔的因缘,而作偈说:

我昔曾为转轮王,舍此大地并大海,
又以四洲满珍宝,奉献供养诸如来。
布施皆舍最珍重,如不珍爱即不施,
我于往昔无数劫,为求正法常舍身。
又于过去难思劫,有佛世尊名宝胜,
其佛世尊涅槃后,时有圣王名善集,
为转轮王化四洲,尽大海际得正治,
其王有城水音尊,住此城中行治化。
夜梦闻说佛功德,见有比丘名宝冥,
善能宣畅佛正法,谓《金光明》微妙经,
如日光明悉遍照。
彼王梦此寻觉寤,心生欢喜充遍身,
即出王宫至僧院,恭敬供养诸圣众,
问诸大德僧众中,可有比丘名宝冥,
成就一切功德否?
那时宝冥在一窟,安坐不动持正念,
诵此《金光明》妙经。
时一比丘引导王,至彼宝冥所居处,
见在窟中端身坐,妙相殊胜具威德。
即对国王说此人,即是所寻之比丘,
能持甚深佛所行,《金光明经》诸经王。
善集王即礼宝冥,恭敬合掌赞请说:

面如满月具威德，惟愿为我广宣说，
此《金光明》诸经王。
那时宝冥受王请，许为宣说《金光明》，
三大千界中诸天，闻将说法生欢喜。
王于净妙鲜洁处，种种珍宝而严饰，
上妙香水持洒净，鲜妙杂华遍散布，
王自敷设高法座，幢幡宝盖缯交络，
微妙末香及涂香，悉以奉散大法座，
一切天龙及鬼神，摩睺罗伽、紧那罗，
即雨天上曼陀华，遍散法座满会所。
不可思议千万亿，无量诸天一时来，
俱来集会闻正法。
这时宝冥从窟出，诸天即以娑罗华，
供养奉散大法师。
那时宝冥净浴身，着鲜净衣至法座，
合掌敬礼高法座；一切天王及天人，
雨曼陀罗、大曼陀，摩诃曼殊众妙华，
无量百千诸伎乐，于虚空中出妙声。
那时宝冥说法师，即升法座跏趺坐，
念彼十方诸刹土，百千万亿大慈尊，
亦兴大悲于众生，及善集王所领治，
尽一日月所照处。
那时宝冥即为王，敷扬广说此妙经。
善集恭敬合掌立，一心谛听此正法，

赞叹善哉唱随喜，闻法稀有泪交流，
身心欢喜意熙怡。
为欲供养此经故，彼时王持如意珠，
为诸众生发大愿：愿于今日阎浮提，
普雨无量种种宝，珍妙七宝及璎珞，
以此殊胜之因缘，无量众生得安乐。
即时天遍雨七宝，天冠耳珰种种宝，
璎珞宝座妙饮食，悉皆充遍四天下。
那时国主善集王，以满四洲之七宝，
咸持供养宝胜佛，以及遗法中三宝。
那时说法宝冥者，即今现在阿閦佛，
听受法者善集王，即我释迦牟尼是。
我于昔时舍大地，满四洲宝以布施，
因此得闻此经王，一称善哉心随喜，
以此善业因缘故，身得金色百福严，
常为无量千万亿，众生等类所乐见，
既得见已无厌足。
过去九十九亿劫，常居转轮圣王位；
亦于无量百千劫，常为小国之国王；
亦于不可思议劫，常为帝释、梵天主；
又得值遇十力尊，其数无量不可计。
我闻妙经称善哉，所获福聚量无边，
如我所愿证菩提，妙智法身今已得。

鬼神品第十三

本品是对从《四天王品》至《散脂鬼神品》五品内容的总结，或者说是对全经的法义（正宗分）和诸天护法义（诸天流通分）两部分内容的重新宣说。首先论说了本经甚深功德的依据所在——法性，“若入是经，即入法性，如深法性，安住其中，即于是典，金光明中，而得见我，释迦牟尼”。“金光明”中“金”比喻诸佛法身、诸法法性，这是一切功德之所依，安住法性才是进入本经，真见释迦牟尼佛，这是三世诸佛的“甚深行处”；“光明”比喻法身所起的不可思议力用，故具有无量威德，摧伏一切烦恼怨敌，由此而得诸天拥护。其次讲述了许多诸天神名号及功德，这是后世供天仪轨的主要经典依据。

佛告功德天：“若有善男子善女人，欲以不可思议妙供养具供养过去、未来、现在诸佛世尊，及欲得知三世诸佛甚深行处，是人应当必定至心，随有是经流布之处，若城邑村落、舍宅空处，正念不乱，至心听是微妙经典。”尔时世尊欲重宣此义，而说偈言：

若欲供养，一切诸佛，欲知三世，诸佛行处，
应当往彼，城邑聚落，有是经处，至心听受，
是妙经典。
不可思议，功德大海，无量无边，能令一切，
众生解脱，度无量苦，诸有大海。

是经甚深，初中后善[①]，不可得说，譬喻为比。
假使恒沙，大地微尘，大海诸水，一切诸山，
如是等物，不得为喻。
若入是经，即入法性[②]，如深法性，安住其中，
即于是典，金光明中，而得见我，释迦牟尼；
不可思议，阿僧祇劫，生天人中，常受快乐。
以能信解，听是经故，如是无量，不可思议，
功德福聚，悉已得之。
随所至处，若百由旬，满中盛火，应从中过。
若至聚落，阿兰若处，到法会所，至心听受；
听是经故，恶梦蛊道，五星诸宿，变异灾祸，
一切恶事，消灭无余。
于说法处，莲华座上，说是经典，书写读诵，
是说法者，若下法座，尔时大众，犹见坐处，
故有说者，或佛世尊，或见佛像、菩萨色像，
普贤菩萨、文殊师利、弥勒大士，及诸形像。
见如是等，种种事已，寻复灭尽，如前无异。
成就如是，诸功德已，而为诸佛，之所赞叹。
威德相貌，无量无边，有大名称，能却怨家，
他方盗贼，能令退散，勇捍多力，能破强敌；
恶梦恼心，无量恶业，如是恶事，皆悉寂灭。
若入军阵，常能胜他，名闻流布，遍阎浮提；
亦能摧伏，一切怨敌，远离诸恶，修习诸善，

入阵得胜，心常欢喜。
大梵天王，三十三天，护世四王，金刚密迹，
鬼神诸王，散脂大将，禅那英鬼[3]，及紧那罗，
阿耨达龙，娑竭罗王，阿修罗王，迦楼罗王，
大辩天神，及功德天，如是上首，诸天神等，
常当供养，是听法者，生不思议，法塔之想。
众生见者，恭敬欢喜，诸天王等，亦各思惟，
而相谓言：令是众生，无量威德，皆悉成就。
若能来至，是法会所，如是之人，成上善根。
若有听是，甚深经典，故严出往，法会之处，
心生不可，思议正信，供养恭敬，无上法塔，
如是大悲，利益众生，即是无量，深法宝器，
能入甚深，无上法性。
由以净心，听是经典，如是之人，悉已供养，
过去无量，百千诸佛，以是善根，无量因缘，
应当听受，是金光明。
如是众生，常为无量，诸天神王，之所爱护。
大辩、功德，护世四王，无量鬼神，及诸力士[4]，
昼夜精进，拥护四方，令无灾祸，永离诸苦；
释提桓因，及日月天[5]，阎摩罗王[6]，风水诸神，
韦陀天神[7]，及毗纽天[8]，大辩天神，及自在天，
火神等神，大力勇猛，常护世间，昼夜不离；
大力鬼王，那罗延等[9]，摩醯首罗，二十八部，

诸鬼神等，散脂为首，百千鬼神，神足大力，
拥护是等，令不怖畏；金刚密迹，大鬼神王，
及其眷属，五百徒党，一切皆是，大菩萨等，
亦悉拥护，听是经者；摩尼跋陀，大鬼神王，
富那跋陀，及金毗罗，阿罗婆帝，宾头卢伽，
黄头大神[10]，一一诸神，各有五百，眷属鬼神，
亦常拥护，听是经者；质多斯那，阿修罗王，
及乾闼婆，那罗罗阇，祁那娑婆，摩尼乾陀，
及尼揵陀[11]，主雨大神，大饮食神，摩诃伽吒，
金色发神，半祁鬼神，及半支罗[12]，车钵罗婆，
有大威德，婆那利神，昙摩跋罗，摩竭婆罗，
针发鬼神，绣利蜜多，勤那翅奢，摩诃婆那，
及军陀遮，剑摩舍帝，复有大神，奢罗蜜帝，
醯摩跋陀[13]，萨多琦梨，多醯波醯，阿伽跋罗，
支罗摩伽，央掘摩罗，如是等神，皆有无量，
神足大力，常勤拥护，听受如是，微妙经者；
阿耨达龙，娑伽罗王，目真邻王，伊罗钵王，
难陀龙王，跋难陀王，有如是等，百千龙王，
以大神力，常来拥护，听是经者，昼夜不离；
波利罗睺，阿修罗王，毗摩质多，及以茂脂，
睒摩利子[14]，波诃梨子，佉罗骞陀[15]，及以揵陀，
是等皆是，阿修罗王，有大神力，常来拥护，
听是经者，昼夜不离；诃利帝南，鬼子母等，

及五百神，常来拥护，听是经者，若睡若寤；
旃陀旃陀，利大鬼神，女等鸠罗，鸠罗檀提，
啖人精气，如是等神，皆有大力，常勤拥护，
十方世界，受持经者；大辩天等，无量天女，
功德天等，各与眷属，地神坚牢，种植园林，
果实大神，如是诸神，心生欢喜，悉来拥护，
爱乐亲近，是经典者。
于诸众生，增命色力，功德威貌，庄严倍常，
五星诸宿，变异灾怪，皆悉能灭，无有遗余；
夜卧恶梦，寤则忧悴，如是恶事，皆悉灭尽。
地神大力，势分甚深，是经力故，能变其味，
如是大地，至金刚际，厚十六万，八千由旬，
其中气味，无不遍有，悉令涌出，润益众生；
是经力故，能令地味，悉出地上，厚百由旬，
亦令诸天，大得精气，充益身力，欢喜快乐。
阎浮提内，所有诸神，心生欢喜，受乐无量。
是经力故，诸天欢喜，百谷果实，皆悉滋茂，
园苑丛林，其华开敷，香气馝馚[16]，充溢弥满，
百草树木，生长端直，其体柔软，无有斜戾。
阎浮提内，所有龙女，其数无量，不可思议，
心生欢喜，踊跃无量，在在处处，庄严华池，
于其池中，生种种华，优钵罗华，波头摩华，
拘物头华，分陀利华[17]。

于自宫殿，除诸云雾，令虚空中，无有尘翳，
诸方清彻，净洁明了，日王赫焰，放千光明，
欢喜踊跃，照诸暗蔽；阎浮檀金，以为宫殿，
止住其中，威德无量，日之天子，及以月天，
闻是经故，精气充实。
是日天子，出阎浮提，心生欢喜，放于无量，
光明明网，遍照诸方，即于出时，放大光网，
开敷种种，诸池莲华，阎浮提内，无量果实，
随时成熟，饱诸众生。
是时日月，所照殊胜，星宿正行，不失度数，
风雨随时，丰实炽盛，多饶财宝，无所乏少。
是金光明，微妙经典，随所流布，读诵之处，
其国土境，即得增益，如上所说，无量功德。

注释：

①初中后善：即初善、中善、后善。配合一部经的序分、正宗分、流通分解释，则序分为初善，正宗分为中善，流通分为后善。

②法性：指诸法的真实体性，甚深法界。

③禅那英鬼：按，“禅那英鬼”诸注疏中都没有解释。“散脂大将，禅那英鬼”，疑为一句，意为散脂大将及诸鬼神，所谓“二十八部诸鬼神等，散脂为首”。对照义净译文，没有列一个单独的“禅那英鬼”，其余皆同。

④力士：指金刚力士。或为故密迹金刚力士，或为那罗延，

皆具有大力。

⑤日月天：即日天子与月天子。

⑥阎摩罗王：即俗称“阎罗王”、“阎王魔”、“琰魔王”等，为佛教中冥界之总司，地狱之主神。

⑦韦陀天神：佛教护法神。《金光明经照解》称此天姓韦名琨，乃南方增长天王下八将之一。四王下合三十二将，韦陀为首。此天神生知聪慧，早离欲尘，受佛付嘱护出家众。

⑧毗纽天：意为“遍净天”。印度神话中的天神之一。

⑨那罗延：乃具有大力之印度古神。又作“那罗延那天”、“那罗野拏天”。意译为“坚固力士”、“金刚力士”、“钩锁力士”、“人中力士”、“人生本天”。据慧琳《一切经音义》卷六载，那罗延系欲界中之天名。或谓乃是毗纽天的异名。

⑩黄头大神：本经许多鬼神名注疏中没有解释，不知何意。《金光明经照解》卷二中说：“禅那英鬼、阿罗婆帝、黄头大神、质多斯那、那罗罗阇、祈那娑婆、摩尼乾陀、及尼楗陀、摩诃伽咤、半祈鬼神、婆那利神、针发鬼神、摩诃婆那、及军陀遮、及以茂脂、及以楗陀、旃陀旃陀、利大鬼神、女等鸠罗，以上一十九鬼神名，疏记不翻，古今译梵亦不载，准经中总结云一切皆是大菩萨等，即知并是法身大士权现护教也。”

⑪揵（qián）：译音用字。

⑫攴（pū）：译音用字。

⑬醯（xī）：译音用字。

⑭睒（shǎn）：译音用字。

⑮佉（qū）；译音用字。骞（xiān）：译音用字。

⑯馝馚（bìfén）：浓香，香气浓郁。

⑰优钵罗华、波头摩华、拘物头华、分陀利华：四种都是莲花。或谓优钵罗华为青莲花，波头摩华为赤莲花，拘物头华为黄莲花，分陀利华为盛开的莲花。

译文：

佛对功德天说："若有善男子善女人，想以不可思议的妙供养具供养过去未来现在的诸佛世尊，并想知道三世诸佛的甚深行处，此人应当一定要发至诚心，随有这部《金光明经》流布的地方，不论是在城邑村落舍宅，还是在树林空闲之处，正念不乱，至心听闻这部微妙经典。"那时，世尊再次宣说此义，即说偈语：

若欲供养一切佛，欲知三世佛行处，
当往城邑及聚落，有此经处至心听。
此妙经典难思议，功德大海广无边，
能令众生皆解脱，出离轮回大苦海。
此经初中后皆善，甚深难测不可喻，
恒沙大地析为尘，无边大海之滴水，
无能譬喻其少分。
若入此经即是入，甚深法性安住中，
于此《金光明》妙经，而得见我牟尼尊。
由此不可思议劫，常生人天受妙乐，
以能信解听此经，无量不可思议福，
诸功德聚皆已得；假使大火百由旬，
为听此经应直过。

若至聚落兰若处，到法会所至心受，
由听此经诸恶消，恶梦、蛊道、星变异，
一切灾祸灭无余。
于说法处莲座上，书写、读诵并解说，
说法法师下座后，大众犹见在座上，
或有见为佛世尊，或有见为菩萨像，
或见普贤或文殊，或见弥勒及诸天，
暂见诸相种种事，忽然不见还如初。
成就如是诸功德，而为诸佛所赞叹。
相貌威德悉具足，有大名称能却敌。
他方盗贼令退散，勇悍多力破强敌，
恶梦恼心恶业苦，皆使除灭尽无余。
军阵战斗常得胜，名称流布遍阎浮。
亦能摧伏一切敌，远离诸恶修诸善，
入阵得胜心欢喜。
大梵天王、三十三天，护世四王、金刚密迹，
鬼神诸王、散脂大将，禅那英鬼及紧那罗，
阿耨达龙、娑竭罗王，阿修罗王、迦楼罗王，
大辩天及功德天，如是上首天神众，
常当供养听法者，生不思议法塔想。
众生恭敬赞此经，诸天王众各思维，
相互言说令此人，无量功德皆成就。
若能来到法会所，此人即成上善根，
若能听受此妙经，敬心前往法会处，

心生正信不思议，供养无上大法塔，
以大悲心利众生，即为深法之宝器，
能入甚深之法性。
由以净心听此经，此人即是已供养，
过去无量百千佛。
以此善根及因缘，应当听受《金光明》，
如是众生则常为，无量天神所护念。
大辩、功德、四天王，无量鬼神及力士，
各于四方昼夜护，令无灾祸永离苦；
帝释天及日月天，阎摩罗王、风水神，
韦驮天神、毗纽天，大辩天神、自在天，
火神等神有勇力，常护此人不相离；
大力鬼王、那罗延，摩醯首罗、散脂大将，
二十八部诸鬼神，百千鬼神有大力，
常护此人令不怖；金刚密迹大鬼神王，
及其眷属五百众，一切皆是大菩萨，
亦皆拥护听经人；摩尼跋陀大鬼神王，
富那跋陀、金毗罗，阿罗婆帝、宾头卢伽，
黄头大神等诸神，各有五百眷属众，
亦常拥护听经人；质多斯那、阿修罗王，
及乾闼婆、那罗罗阇，祁那娑婆、摩尼乾陀，
及尼揵陀、主雨大神，大饮食神、摩诃伽吒，
金色发神、半祁鬼神，及半支罗、车钵罗婆，
有大威德婆那利神，昙摩跋罗、摩竭婆罗，

针发鬼神、绣利蜜多，勤那翅奢、摩诃婆那，
及军陀遮、剑摩舍帝，复有大神奢罗蜜帝，
醯摩跋陀、萨多琦梨，多醯波醯、阿伽跋罗，
支罗摩伽、央掘摩罗，如是等神以无量，
神足大力常拥护，听受此部妙经人；
阿耨达龙、娑伽罗王，目真邻王、伊罗钵王，
难陀龙王、跋难陀王，如是百千龙王众，
有大神力常拥护，昼夜不离听经人；
波利罗睺、阿修罗王、毗摩质多、及以茂脂，
睒摩利子、波诃梨子、佉罗骞陀、及以揵陀，
皆是阿修罗王众，有大神力常拥护，
昼夜不离听经人；诃利帝南、鬼子母等，
及五百神常拥护，昼夜不离听经人；
旃陀旃陀、利大鬼神，女等鸠罗、鸠罗檀提，
啖人精气等神众，皆有大力常拥护，
十方世界持经人；大辩天等众天女，
功德天等眷属众，地神坚牢及种种，
园林果实诸神众，皆生欢喜来拥护，
爱乐亲近此经者。
于诸众生增色力，相貌威德倍庄严，
五星诸宿之变异，悉皆灭除尽无余，
白昼忧悴夜恶梦，如此恶事悉灭尽。
由听此经地神喜，以大神力转地味，
从金刚际至地上，十六万八千由旬，

地气充遍土肥沃，华果滋盛益众生。
由此经力令地味，涌出地上百由旬，
亦令诸天得精气，充益身力得快乐。
阎浮提内诸天神，心生欢喜乐无量。
由听此经诸天喜，百谷果实皆滋茂，
园苑丛林华开敷，香气芬馥遍充满；
百草树木枝干壮，叶繁果茂味具足。
阎浮提内诸龙女，其数无量不可思，
心生欢喜而踊跃，共入池中种莲花，
优钵罗华、波头摩，拘物头华、分陀利，
种种莲花满池中。
于自宫殿除云雾，虚空之中无尘翳，
诸方清澈净洁明，赫日流晖放千光，
欢喜踊跃照暗蔽。
阎浮檀金为宫殿，止住其中具威德，
日光天子及月天，听闻此经精气充；
日光天子出阎浮，心生欢喜放光明，
明网无量遍诸方；即于出时放光网，
开敷池中诸莲华，果实遍满阎浮提，
随时成熟饱众生。
日月殊胜照临处，星宿正行不失度，
风雨随时盛丰实，国土富饶咸欢乐。
故此《金光明》妙经，随所讲诵流布处，
国土诸事皆增益，悉得如上无量福。

授记品第十四

授记，又作“受记”、“记别”，是佛对弟子未来世成佛之事的预言，并预先记述将来成佛的名号、国土、寿命、分别劫数等事。本品叙说佛陀为信相菩萨及其二子银相、银光授记；又为在场的十千天子授记。当时菩提树神见此事后，向佛请问十千天子并没有经过无量难行苦行的菩萨行，为什么也给予授记？随后的《流水长者子品》中佛陀详述了其中的因缘。

尔时如来将欲为是信相菩萨及其二子银相银光授阿耨多罗三藐三菩提记，是时即有十千天子，威德炽王而为上首，俱从忉利来至佛所，顶礼佛足，却坐一面。尔时佛告信相菩萨：“汝于来世，过无量无边百千万亿不可称计那由他劫，金照世界，当成阿耨多罗三藐三菩提，号金宝盖山王如来、应供、正遍知、明行足、善逝、世间解、无上士、调御丈夫、天人师、佛、世尊。乃至是佛般涅槃后，正法像法皆灭尽已，长子银相当于是界次补佛处，世界尔时转名净幢，佛名阎浮檀金幢光照明如来、应供、正遍知、明行足、善逝、世间解、无上士、调御丈夫、天人师、佛、世尊。乃至是佛般涅槃后，正法像法悉灭尽已，次子银光复于是后次补佛处，世界名字如本不异，佛号曰金光照如来、应供、正遍知、明行足、善逝、世间解、无上士、调御丈夫、天人师、佛、世尊。”是十千天子，闻三大士得受记莂，复闻如是金光明经，闻已欢喜，生殷重心，心无垢累，如净琉璃，清净无碍，犹如虚空。尔时如来知是十千天子善根成熟，即便与授菩提道记：“汝等天子，于当来世，过阿僧祇百千万亿那由他劫，于是世界，当成阿耨多罗三藐三菩提，同共一家一姓一名，号曰青目优钵罗华香山如来、应供、正遍知、明行足、善逝、世间解、无上士、调御丈夫、天人师、佛、世尊。如是次第出现于世凡一万佛。”

尔时道场菩提树神，名等增益，白佛言：“世尊！是十千天子于忉利宫为听法故，故来集此，云何如来便与授记？世尊！我未曾闻是诸天子修行具足六波罗蜜，亦未曾闻舍于手足头目髓脑、所爱妻子、财宝谷帛，金银、琉璃、砗磲①、码碯、真珠、珊瑚、珂贝、璧玉、甘馔饮食、衣服卧具、病瘦医药、象马车乘、殿堂屋宅、园林泉池、奴婢仆使，如余无量百千菩萨以种种资生供养之具，恭敬供养过去无量百千万亿那由他等诸佛世尊。如是菩萨于未来世亦舍无量所重之物，头目髓脑、所爱妻子、财宝谷帛乃至仆使，次第修行，成就具足六波罗蜜。成就是已，备修苦行②，动经无量无边劫数，然后方得受菩提记。世尊！是天子等何因何缘，修行何等胜妙善根，从彼天来暂得闻法便得受记，惟愿世尊，为我解说，断我疑网。”尔时佛告树神善女天：“皆有因缘，有妙善根，以随相修。何以故？以是天子于所住处舍五欲乐③，故来听是《金光明经》，既闻法已，于是经中净心殷重，如说修行；复得闻此三大菩萨受于记莂，亦以过去本昔发心誓愿因缘，是故我今皆与授记，于未来世，当成阿耨多罗三藐三菩提。”

注释：

①砗磲（chēqú）：一种玉，七宝之一。

②苦行：身体所难以承受的种种艰苦修行。

③五欲乐：指染着色、声、香、味、触等五境所起之五种情欲快乐。

译文：

那时，世尊将为信相菩萨和他的两个儿子银相、银光授阿耨多罗三藐三菩提记。这时即有以威德炽王为上首的十千天子一起从忉利天来到佛说法道场，顶礼佛足，在一边坐下。那时佛对信相菩萨说：“你于未来世经过无量无边百千万亿不可称计那由他劫之后，在金照世界将证得阿耨多罗三藐三菩提，佛号为金宝盖山王如来、应供、正遍知、明行足、善逝、世间解、无上士、调御丈夫、天人师、佛、世尊。及至这位佛入大涅槃后，正法像法都已灭尽之后，长子银相将在这个世界随后成佛，那时世界的名称转为叫净幢，佛名号为阎浮檀金幢光照明如来、应供、正遍知、明行足、善逝、世间解、无上士、调御丈夫、天人师、佛、世尊。及至这位佛入大涅槃后，正法像法都已灭尽之后，次子银光又将随后成佛，世界名字同原来一样，佛号为金光照如来、应供、正遍知、明行足、善逝、世间解、无上士、调御丈夫、天人师、佛、世尊。”在旁边的十千天子听到三大士被授记，又听闻了这部《金光明经》，心大欢喜，生起了极大的敬重之心，心如同净琉璃那样清净无垢，如同虚空那样清净无碍。这时，如来知道这十千天子的善根成熟了，就给他们授菩提道记说：“你们十千天子于未来世，经过无数百千万亿那由他劫之后，将在这个世界证得阿耨多罗三藐三菩提，同为一家，同一种姓，同一名号，名号为青目优钵罗华香山如来、应供、正遍知、明行足、善逝、世间解、无上士、调御丈夫、天人师、佛、世尊，这样次第出现于世，共一万位佛。”

那时道场的菩提树神，名叫等增益，对佛说：“世尊！这十千天子为了听法的缘故从忉利天来到这里，为什么如来就给他们授记呢？世尊！我未听说过这些天子修行具足了六波罗蜜，也没有听说过他们施舍了手足、头颅、眼睛、骨髓、大脑等，所珍爱的妻子、财宝、粮食、布帛等，金、银、琉璃、砗磲、玛瑙、真珠、珊瑚、珂贝、璧玉等，美味饮食、衣服、床具、医药等，以及象马车辆、殿堂屋宅、园林泉池、奴婢仆使等；就像其他无量百千的菩萨，以种种资生供养之具，恭敬供养过去无量百千万亿那由他等诸佛世尊，这些菩萨也于未来世，施舍了无量的珍爱难舍之物，如头目髓脑，所爱的妻子、财宝、谷物布帛乃至仆从等等，就这样次第修行，成就具足了六波罗蜜。成就了这些功德，还需要修许多的苦行，动辄经过无量无边的劫数，然后才能得到证菩提成佛的授记。世尊！这些天子是什么因缘，修行了什么胜妙善根，从他们天宫来，听了一会儿的法，就得到授记。特别希望世尊为我解说，断除我的疑网。”那时佛告诉树神善女天说：“这都是有因缘的，因为他们有胜妙善根，也因为他们能随顺如来法教而修行。为什么呢？这些天子在他们住的宫殿中舍弃了五欲之乐，来听这部《金光明经》，听经之后，对这部经生起了至诚敬信，能够像经中说的那样修行；又能够听到给三大菩萨授予记别，也因为他们过去世本来就有过发菩提心的誓愿因缘，因此我今天都给他们授记，于未来世将证得阿耨多罗三藐三菩提。”

除病品第十五

本品通过佛陀的本生故事流水长者子的事迹，叙说大乘菩萨行的救苦救难实际行动。佛陀过去世的时候，曾经是一位流水长者子，在遇到瘟疫流行的时候发心学医，疗治众生的病苦，于是成为名医，解除了城市乡村众多人的病苦，受到大家的赞扬，称他为“大医王”。佛经中常以“大医王”喻称佛陀善能疗治众生烦恼三毒之病，随病授药，令得解脱，谓之法药；犹如世间之良医善能医治众病，谓之世药。本经中的流水长者子法药与世药并施，特别显示大乘菩萨行中济度众生苦难的现实行动。经中细致讲述了流水长者子学习医法的过程和内容，突出了为疗治众生疾苦而付诸实际行动的过程，其法药与世药并施的菩萨行思想，与《药师经》十二大愿以及《华严经》善财童子五十三参中第十六参普眼居士了知一切众生诸病并满足众生所有需求的思想相一致。

佛告道场菩提树神：“善女天！谛听谛听！善持忆念！我当为汝演说往昔誓愿因缘。过去无量不可思议阿僧祇劫，尔时有佛出现于世，名曰宝胜如来、应供、正遍知、明行足、善逝、世间解、无上士、调御丈夫、天人师、佛、世尊。善女天！尔时是佛般涅槃后正法灭已，于像法中有王名曰天自在光王，修行正法，如法治世，人民和顺，孝养父母。是王国中有一长者名曰持水，善知医方，救诸病苦，方便巧知四大增损。善女天！尔时持水长者家中后生一子名曰流水，体貌殊胜，端正第一，形色微妙，威德具足，受性聪敏，善解诸论，种种技艺、书疏、算计无不通达。是时国内天降疫病，有无量百千诸众生等皆无免者，为诸苦恼之所逼切。善女天！尔时流水长者子见是无量百千众生受诸苦恼故，为是众生生大悲心，作是思惟：如是无量百千众生受诸苦恼，我父长者虽善医方，能救诸苦，方便巧知四大增损，年已衰迈，老耄枯悴①，皮缓面皱，羸瘦颤掉，行来往反要因几杖，困顿疲乏，不能至彼城邑聚落，而是无量百千众生，复遇重病，无能救者。我今当至大医父所谘问治病医方秘法，谘禀知已②，当至城邑聚落村舍治诸众生种种重病，悉令得脱无量诸苦。时长者子思惟是已，即至父所，头面着地，为父作礼，叉手却住，以四大增损而问于父。即说偈言：

云何当知，四大诸根，衰损代谢，而得诸病；

云何当知，饮食时节，若食食已，身火不灭③；

云何当知，治风及热，水过肺病④，及以等分⑤；

何时动风，何时动热，何时动水，以害众生。

时父长者，即以偈颂，解说医方，而答其子：

三月是夏，三月是秋，三月是冬，三月是春，是十二月，三三而说，从如是数，一岁四时。
若二二说，足满六时[6]。
三三本摄，二二现时。
随是时节，消息饮食，是能益身，医方所说。
随时岁中，诸根四大，代谢增损，令身得病。
有善医师，随顺四时，三月将养，调和六大[7]，
随病饮食，及以汤药。
多风病者，夏则发动；其热病者，秋则发动；
等分病者，冬则发动；其肺病者，春则增剧。
有风病者，夏则应服，肥腻醎酢[8]，及以热食；
有热病者，秋服冷甜；等分冬服，甜酢肥腻；
肺病春服，肥腻辛热。
饱食然后，则发肺病；于食消时，则发热病；
食消已后，则发风病；如是四大，随三时发。
风病羸损，补以酥腻[9]；热病下药，服诃梨勒[10]；
等病应服，三种妙药，所谓甜辛，及以酥腻；
肺病应服，随能吐药。
若风、热病，肺病、等分，违时而发，
应当任师，筹量随病，饮食汤药。

善女天！尔时流水长者子问其父医四大增损，因是得了一切医方。时长者子知医方已，遍至国内城邑聚落，在在处处，随有众生病苦者所，软言慰喻，作如是言：我是医师，我是医师！善知方药！今当为汝疗治

救济，悉令除愈。善女天！尔时众生闻长者子软言慰喻，许为治病，心生欢喜，踊跃无量。时有百千无量众生遇极重病，直闻是言，心欢喜故，种种所患，即得除差⑪，平复如本，气力充实。善女天！复有无量百千众生病苦深重难除差者，即共来至长者子所，时长者子即以妙药授之令服，服已除差，亦得平复。善女天！是长者子于其国内治诸众生所有病苦，悉得除差。”

注释：

①耄（mào）：高龄。古称约八九十岁的年纪。

③谘（zī）：征询。

③身火：指体内元阳真火，故后文译为“命火”。

④肺：有版本为胇（fèi）字，同“肺”。义净译文为“痰癊”（yìn，心病）。故这里“肺”字乃是指与风、热对应的痰湿类病，不是严格指肺脏病。

⑤这里主要论说了四种类型的病症：风病、热病、水过肺病、等分病，义净译文为“风、热、痰癊及以总集”。“等分”病，义净译文为“总集”，一种解释是按照一年四季的理论，各个季节都会有的病；一种解释是前面说的风、热、肺三种病症都有的病。

⑥六时：义净译文为：“二二为一节，便成岁六时：初二是花时，三四名热际，五六名雨际，七八谓秋时，九十是寒时，后二名冰雪。”

⑦六大：《金光明经文句》说为六腑，或为六根。

⑧醎(jiǎn):卤水。酢(cù):醋,他本作“酸”字。

⑨酥腻:如同肥腻,酥之浓厚者。

⑩诃梨勒:果名,译曰“天主将来”。五药之一,又曰“诃子”。善见律十七云:“诃罗勒,大如枣大,其味酢苦,服便利。”

⑪差(chài):同“瘥”,病愈之义。

译文:

佛对道场菩提树神说:“善女天!谛听谛听!善为记忆!我现在为你讲说往昔过去世的誓愿因缘。过去无量不可思议阿僧祇劫的时候,那时有佛出现于世,名叫宝胜如来、应供、正遍知、明行足、善逝、世间解、无上士、调御丈夫、天人师、佛、世尊。善女天!那时这位佛入大涅槃后,正法灭了之后,在像法中有一位国王名叫天自在光王,修行正法,如法治世,人民和顺,孝养父母。这个国王的国中有一位长者名叫持水,善知医方,治病救苦,精通人体地水火风四大的增减病因。善女天!那时持水长者家中生了一个儿子名叫流水,相貌殊胜,端正第一,神采微妙,威德具足。秉性聪敏,善解经论,种种技艺、书写算术无不通达。这时国内发生了流行疫病,有无量百千的众生等都不能幸免,受到种种病苦逼迫。善女天!那时,流水长者子看到无量百千的众生遭受流行病的痛苦之后,为了救助这些众生而生起了大悲心。他心中想,这样无量百千的众生受到病苦,我父亲是个长者,虽然精通医方,能救病苦,巧知人体四大增减病因,但是年纪老迈,身体衰枯,面布皱纹,瘦弱不支,行走要靠拄杖,气力微小不能到城市村落中,而这些无量百千的众生，遇到了重病无人救治。我现在应当到大医父那里谘问学习治病医方和秘法，学会以后，就可以去城市村落中治疗众生的种种重病，让他们都脱离病苦。流水这样想之后，就到了父亲那里，头面着地，为父亲作礼。然后坐下来问父亲人体四大增减的医法，以偈语问道：

云何当知身四大，衰损代谢得诸病；
云何当知食时节，若食、食已命火存；
云何当知治风、热，水过肺病及等分；
何时动风何时热，何时动水及等分。

那时父亲长者也以偈颂解说医方，回答儿子道：

三月是夏三月秋，三月是冬三月春，
十二月中三三说，如此一年有四时。
若二二说为六时，三三本摄二二时。
随此时节调配食，能够益身医方说。
此身四大随时节，代谢增损身得病，
医师当知顺四时，三月调养和六大，
随症调食下汤药。
多风病者夏发动，其热病者秋发动，
等分病者冬发动，其肺病者春增剧。
有风病者夏应服，肥腻醎、酢及热食；
热病秋服冷与甜；等分冬服甜、酢、腻；
肺病春服腻、辛、热。
饱食然后发肺病，于食消时发热病，
食消已后发风病，如是四大三时发。

风病羸损补酥腻，热病下药诃梨勒，
等分应服三妙药，所谓甜、辛及酥腻，
肺病应服能吐药。
如果风、热、肺、等分，违时而发应当知，
医师观症施汤药。

善女天！那时流水长者子问了父亲四大增减的医法之后，通达了一切医方。流水长者子了知医方后，就到国内城市村落各个地方，随处到患病人那里，亲切安慰说：我是医师，我是医师，善知药方，现在就为你们治疗救助，让你们的病都得到痊愈。善女天！那时众生听到流水长者子的亲切慰问、要为他们治好病后，心生欢喜，踊跃无量。这时，有无量百千的众生，患上了极重的病，听到了这个消息后，因为心大欢喜的缘故，种种病患都好了，恢复了健康，身体气力充足。善女天！又有无量百千的众生，病苦深重，很难治愈，都来到流水长者子的住所，这时流水就给他们服用对症的妙药，服了以后病就好了，身体得到康复。善女天！这位流水长者子，在他的国内给所有的众生治病，让所有的病苦都得到了解除。”

卷　四

流水长者子品第十六

以实际行动救护众生，法药和世药并施的思想，在《流水长者子品》中体现得更为充分。本品接续上一品流水长者子医师的故事。流水长者子在一次治病途中，遇到一个水池中有十千鱼因为没有水快要被晒死了，流水长者子就与两个儿子想办法从国王那里借来二十头大象驮水倒入水池中，终于救活了十千鱼，又从家里取回吃的东西喂鱼，又给这十千鱼念诵宝胜如来名号及说十二因缘法，使之转生忉利天，终于救度了池水中的十千鱼。特别要注意本品对于流水长者子救度十千鱼的实际行动过程的细致描述，这里丝毫没有大乘经论中经常出现的不可思议神迹内容，而就是通过流水长者子父子三人以凡夫力量得以达成的实际行动。这显示本经所宣说的大乘菩萨行立足于发心救度众生的真切行愿，对于以实际行动解除众生当下的苦难、获得当下的安乐给予了特别重视。联系当今动物保护和环境保护的先进理念来说，流水长者子的自觉行为可以说代表了佛教的生态伦理思想。十千鱼从被救活到转生忉利天乃至被授记的故事，对于显示大乘菩萨行法药与世药并施的精神具有特别的隐喻意义。汉传佛教最初设立放生池，与本品有莫大关系，通行的《放生仪轨》也参照了本品内容。

佛告树神："尔时流水长者子，于天自在光王国内，治一切众生无量苦患已，令其身体平复如本，受诸快乐。以病除故，多设福业[①]，修行布施，尊重恭敬是长者子，作如是言：善哉长者！能大增长福德之事，能益众生无量寿命，汝今真是大医之王！善治众生无量重病，必是菩萨，善解方药！善女天！时长者子有妻名曰水空龙藏，而生二子：一名水空，二名水藏。时长者子将是二子，次第游行城邑聚落，最后到一大空泽中，见诸虎狼狐犬鸟兽多食肉血，悉皆一向驰奔而去。时长者子作是念言：是诸禽兽何因缘故一向驰走？我当随后逐而观之。时长者子遂便随逐，见有一池，其水枯涸[②]，于其池中，多有诸鱼。时长者子见是鱼已，生大悲心。时有树神示现半身，作如是言：'善哉善哉！大善男子！此鱼可愍[③]，汝可与水，是故号汝名为流水。复有二缘名为流水：一能流水，二能与水。汝今应当随名定实。'时长者子问树神言：'此鱼头数为有几所？'树神答言：'其数具足，足满十千。'善女天！尔时流水闻是数已，倍复增益生大悲心。善女天！时此空池为日所曝[④]，唯少水在，是十千鱼将入死门，四向宛转，见是长者心生恃赖，随是长者所至方面，随逐瞻视，目未曾舍。是时长者驰趣四方，推求索水，了不能得。便四顾望，见有大树，寻取枝叶，还到池上，与作阴凉。作阴凉已，复更推求是池中水本从何来，即出四向周遍求觅，莫知水处。复更疾走远至余处，见一大河名曰水生。尔时复有诸余恶人，为捕此鱼故，于上流悬险之处决弃其水不令下过。然其决处悬险难补，计当修治经九十日，百千人功犹不能成，况我一身。时长者子速疾还反至大王所，头面礼拜，却住一面，合掌向王说其因缘，作如是言：'我为大王国土人民治种种病，渐渐游行，至彼空泽，见有一池，其水枯涸，有十千鱼，为日所曝，今日困厄，将死不久。惟愿大王，借二十大象，令得负水，济彼鱼命，如我与诸病人寿命。'尔时大王即敕大臣速疾供给。尔时大臣奉王告敕，语是长者：'善哉大士！汝今自可至象厩中随意选取，利益众生，令得快乐。'是时流水及其二子将二十大象，从治城人借索皮囊，疾至彼河上流决处盛水象负，驰疾奔还，至空泽池，从象背上下其囊水，泻置池中，水遂弥满，还复如本。时长者子于池四边彷徉而行，是鱼尔时亦复随逐，循岸而行。时长者子复作是念：是鱼何缘随我而行，是鱼必为饥火所恼，复欲从我求索饮食，我今当与。善女天！尔时流水长者子告其子言：'汝取一象最大力者，速至家中，启父长者，家中所有可食之物，乃至父母饮啖之分及以妻子奴婢之分，一切聚集，悉载象上，急速来还。'尔时二子如父教敕，乘最大象往至家中，白其祖父说如上事。尔时二子收取家中可食之物，载象背上疾还父所，至空泽池。时长者子见其子还，心生欢喜，踊跃无量。从子边取饮食之物散着池中，与鱼食已，即自思惟：我今已能与此鱼食，令其饱满，未来之世，当施法食。复更思惟：曾闻过去空闲之处有一比丘，读诵大乘方等经典，其经中说：若有众生临命终时，得闻宝胜如来名号，即生天上。我今当为是十千鱼解说甚深十二因缘⑤，亦当称说宝胜佛名。时阎浮提中有二种人：一者深信大乘方等⑥，二者毁呰不生信乐⑦。时长者子作是思惟：我今当入池水之中为是诸鱼说深妙法。思惟是已，即便入水，作如是言：南无过去宝胜如来、应供、正遍知、明行足、善逝、世间解、无上士、调御丈夫、天人师、佛、世尊。宝胜如来本往昔时，行菩萨道作是誓愿：若有众生于十方界，临命终时闻我名者，当令是辈即命终已寻得上生三十三天。尔时流水复为是鱼解说如是甚深妙法：所谓无明缘行，行缘识，识缘名色，名色缘六入，六入缘触，触缘受，受缘爱，爱缘取，取缘有，有缘生，生缘老死忧悲苦恼。

“善女天！尔时流水长者子及其二子，说是法已，即共还家。是长者子复于后时宾客聚会醉酒而卧，尔时其地卒大震动。时十千鱼同日命终，既命终已生忉利天，既生天已作是思惟：我等以何善业因缘得生于此忉利天中。复相谓言：我等先于阎浮提内堕畜生中，受于鱼身，流水长者子与我等水及以饮食，复为我等解说甚深十二因缘，并称宝胜如来名号，以是因缘令我等辈得生此天，是故我等今当往至长者子所报恩供养。尔时十千天子从忉利天下阎浮提，至流水长者子大医王家。时长者子在楼屋上露卧眠睡。是十千天子以十千真珠天妙瓔珞置其头边，复以十千置其足边，复以十千置右胁边，复以十千置左胁边，雨曼陀罗华、摩诃曼陀罗华，积至于膝，作种种天乐，出妙音声。阎浮提中有睡眠者皆悉觉寤，流水长者子亦从睡寤。是十千天子于上空中飞腾游行，于天自在光王国内处处皆雨天妙莲华。是诸天子复至本处空泽池所，复雨天华，便从此没，还忉利宫，随意自在，受天五欲。时阎浮提过是夜已，天自在光王问诸大臣：'昨夜何缘示现如是净妙瑞相，有大光明？'大臣答言：'大王当知，忉利诸天于流水长者子家雨四十千真珠瓔珞及不可计曼陀罗华。'王即告臣：'卿可往至彼长者家，善言诱喻，唤令使来。'大臣受敕即至其家，宣王教令，唤是长者。是时长者寻至王所，王问长者：'何缘示现如是瑞相？'长者子言：'我必定知是十千鱼其命已终。'时大王言：'今可遣人审实是事。'尔时流水寻遣其子至彼池所，看是诸鱼死活定实。尔时其子闻是语已，向于彼池，既至池已，见其池中多有摩诃曼陀罗华，积聚成積[8]，其中诸鱼悉皆命终。见已即还，白其父言：'彼诸鱼等悉已命终。'尔时流水知是事已，复至王所，作如是言：'是十千鱼悉皆命终。'王闻是已，心生欢喜。"

尔时世尊告道场菩提树神："善女天！欲知尔时流水长者子，今我身是。长子水空，今罗睺罗是⑨。次子水藏，今阿难是⑩。时十千鱼者，今十千天子是，是故我今为其授阿耨多罗三藐三菩提记。尔时树神现半身者，今汝身是。"

注释：

①福业：能够带来福报的善行为。

②涸（hé）：水枯竭。

③愍（mǐn）：哀怜。

④曝（pù）：晒。

⑤十二因缘：又名十二缘起，即谓无明缘行，行缘识，识缘名色，名色缘六处，六处缘触，触缘受，受缘爱，爱缘取，取缘有，有缘生，生缘老死。

⑥方等：十二部经之一。指广说广大甚深之义的大乘经典。故大乘经典亦称大乘方等经典。

⑦呰（zǐ）：同"訾"，诋毁。

⑧積（zì）：积聚；（草）堆。

⑨罗睺罗：释迦牟尼佛的儿子。

⑩阿难：全称"阿难陀"。意为"欢喜"、"庆喜"、"无染"。系佛陀堂弟，出家后二十余年作佛陀的侍者。善记忆，对于佛陀的说法多能记诵，被誉为"多闻第一"，为佛陀十大弟子之一。

译文：

佛告诉树神："那时流水长者子，在天自在光王的国内治好了一切众生的无量苦患后，使他们的身体康复如初，得到快乐。众生因为病苦解除的缘故，多造福业，修行布施，尊重恭敬这位流水长者子，并称赞说：'善哉长者！能做大增长福德的事，能够利益无量众生的寿命，您真是一位大医王啊！善于治疗众生的无量重病，善解药方，必定是一位菩萨！'善女天！那时流水长者子有妻子名叫水空龙藏，生了两个儿子，大儿子名叫水空，二儿子名叫水藏。流水长者子带着两个儿子，在城市村落中依次游走行医。经过一处大空地沼泽中，见许多虎狼狐犬等鸟兽多吃肉血，都朝一个方向奔跑而去。这时流水长者子起了疑念，这些鸟兽朝一个方向奔跑是什么缘故呢？我应该跟随过去看一看。流水长者子于是就跟随过去，最后看见有一个大池，中间的水源枯竭接近干涸。大池中有许多的鱼，流水长者子看见鱼生命危险而生起了大悲心。这时有一个树神示现了半身，对流水说：'善哉，善哉！大善男子！这些鱼真可怜，你应给他们找些水来，这样你才称得上名叫流水。又有两种因缘称名为流水，一是能流水，二是能给与水。你现在应该随名定实。'这时流水长者子问树神说：'这些鱼共有多少头数？'树神回答说：'数目为整，恰好十千。'善女天！那时流水听到这么多数目后，心中更加生起了悲心。善女天！这时大空池被太阳曝晒，只有很少的水。这十千鱼将入死门，四处徊游，遇见了流水长者子，心中生起了依赖，随流水走向什么方向，都跟随游到什么方向，眼巴巴地一直凝视着流水长者子。这时流水长者子急忙跑着四处找水，多方寻求却了无所得。四下观望，看见大树上的树叶子，就摘下来拿到池上给鱼暂作荫凉。这样做了之后，又更寻求池中的水本来是从哪里来的，就在池四周到处查找，没有找到水源之处。又赶快走到更远的地方，发现了一条大河，河名叫水生。那时却有许多恶人，为了捕捉这些鱼，故意在河上流的险隘之处，朝一边决开河水，让水不能正常流到大池中。但是这个决口处，危险难补，长者子想：需要九十天才能够修好，而且数百千的人也未必能够成功，何况就我一个人。这时流水长者子急速回到国王那里，敬礼之后在一边合掌，对国王禀告了这件事。他说：'我为国土人民治疗种种病，渐次游走，到了一处大空地沼泽中，见有一个大池，其中的水快枯涸了，有十千鱼被太阳曝晒，遭受困厄，都快要死了。希望大王借给我二十头大象，让这些大象驮水，救活那些鱼的命，如同我治好病人的病一样。'那时国王就下令给大臣，让迅速供给。这时大臣根据国王的敕令，对流水长者子说：'善哉，大士！你现在就可以到象厩中随意选用，利益众生，让他们得到快乐。'这时流水长者子和他的两个儿子，牵着二十头大象，向城里的人借了皮囊，赶紧到那条河上流的决口处，用皮囊盛上水，用象驮着飞奔到大池，把水倒入池中。就这样池水又满满的，恢复到了原来一样。这时流水长者子在池四边徜徉而行，池中这些鱼又跟随着他在池边游来游去。这时流水又想：'这些鱼为什么又随我而行呢？这些鱼一定是腹中饥饿，想从我这里索要食物，我现在就给他们。'善女天！那时流水长者子对他儿子说：'你牵一头力气最大的象，赶快回到家中，禀告老父长者，让把家中所有可吃的食物，乃至父母要吃的部分以及妻子奴婢要吃的部分，都收集在一起，装在象上，快快驮回。’两个儿子遵照父亲的指示，骑着力气最大的大象回到家里，禀告了祖父上述事。那时，两个儿子收集了家中的食物，装在象背上又快速返回水池处。这时流水长者子看到儿子驮来了食物，心生欢喜，踊跃无量。即取下食物，散在池中，喂给鱼吃。心中并想，我现在已经能让这些鱼吃饱，未来之世，应当给他们施以法食。又更思维，过去曾经听过树林阿兰若处有一位比丘读诵大乘方等经典，经中说：若有众生临命终时，能够听闻到宝胜如来的名号，就能生到天上。我现在应当给这十千鱼解说甚深十二因缘法，也应当称说宝胜佛的名号。当时阎浮提中有两类人：一类人深信大乘方等经典，另一类人则毁谤而没有信乐。这时流水长者子即思维，我现在应当进入池水中，为这些鱼讲说深妙的法。这样思维之后，就进入水池中，这样宣说：南无过去宝胜如来、应供、正遍知、明行足、善逝、世间解、无上士、调御丈夫、天人师、佛、世尊。宝胜如来在往昔行菩萨道时作过这样的誓愿，如果有十方世界的众生，在临命终时听到我的名号，就让这些人命终之后随即上生三十三天。那时，流水长者子又为这些鱼解说这样的甚深妙法：所谓无明缘行、行缘识、识缘名色、名色缘六入、六入缘触、触缘受、受缘爱、爱缘取、取缘有、有缘生、生缘老死忧悲苦恼。

“善女天！那时流水长者子和他的两个儿子说了这样的法后，一起回到家里。这位流水长者子又在后来的一次宾客聚会上，喝醉了酒，睡在那里。那时大地忽然发生大震动，这十千鱼同日命终，命终之后一起生到了忉利天。生天以后都这样想，我们以什么善业因缘能够生到此忉利天中。又互相说：我们先前在阎浮提内，堕入了畜生中，受报为鱼身。流水长者子给我们水及饮食救活了我们，又为我们解说甚深十二因缘，并称宝胜如来名号，因为这样的因缘使得我们得生此天，因此我们现在应当到流水长者子住处报恩供养。那时十千天子从忉利天下到阎浮提，来到流水长者子大医王的家。这时流水长者子在屋子楼上袒身眠睡。这十千天子把十千个真珠天妙璎珞放在他的头边，又以十千个放在足边，又以十千个放在右胁边，又以十千个放在左胁边；从天空撒下了曼陀罗华、摩诃曼陀罗华，积到了膝盖，演奏出种种天乐的美妙音声。阎浮提中正在睡眠的人都醒来了，流水长者子也醒来了。这十千天子在天空中飞腾游行，在天自在光王的国内处处散下了天妙莲华。这些天子又到他们原来所在的大空地沼泽中水池处，遍降天华，即从空中消失，回到了忉利天宫，随意自在，享受天人的五欲快乐。这时阎浮提内经过这个夜晚后，天自在光王问诸位大臣：'昨夜是什么因缘，出现了这样的净妙瑞相，有大光明出现。'大臣回答说：'大王您当知，忉利天的各位天子在流水长者子家中，降下了四万件真珠璎珞及不可计数的曼陀罗华。'国王即告诉大臣：'卿相你去那位长者的家中，好言软语，让他来王宫。'大臣受命后就到了流水家，宣说了国王的教令，请长者到王宫。这时流水长者子就到了王宫。国王问流水长者子：'什么因缘出现了这样的瑞相？'流水长者子说：'我知道必定是十千鱼命终后转生到了忉利天上。'这时国王说：'现在就派人核实这件事。'那时流水就派他的儿子到那个大池处，看看那些鱼的死活情形。他的儿子闻命后就到了大池处，见池中有许多大曼陀罗华，积聚成堆，其中的鱼都已经死了。看后就返回禀告他父亲说：‘那些鱼都已经命终。’那时流水确知这事后，又到国王处说：‘的确是十千鱼都已经命终。’国王听后心生欢喜。”

那时世尊告诉道场菩提树神说：“善女天！你要知道，那时的流水长者子，就是现在的我身；长子水空，就是现在的罗睺罗；次子水藏，就是现在的阿难。那时的十千鱼，就是现在的十千天子，因此我给他们授阿耨多罗三藐三菩提记。那时现了半身的树神，就是现在的你身啊。”

舍身品第十七

本品所述的舍身饲虎是佛教中著名本生故事。因道场菩提树神的请问，佛陀讲述了过去世舍去生命救活饿虎的感人故事。过去世佛陀曾是一位国王的第三儿子，名叫萨埵王子，长得非常端严。有一天兄弟三人去树林中游观，遇到一个母虎产了七个小虎，因没有吃的快要饿死了，于是萨埵王子就舍自己的身体喂虎，救活了母虎和七个小虎。随后他的父王收集遗骸在萨埵王子舍身处建造了七宝塔作为纪念。通过佛陀过去世作为萨埵王子舍身饲虎的本生故事，一方面表达了大乘菩萨行舍己为人的献身精神，另一方面也突出了大乘菩萨行中为求一切种智、以大悲心救度众生，通过捐舍身命血肉骨髓而达成难行能行、难舍能舍的为法忘躯的勇猛愿行。这一段故事在大乘佛教中极为著名，与《法华经药王菩萨本事品》中药王菩萨燃身供佛和《大涅槃经》卷十四中雪山童子为求半偈而舍身给罗刹的故事齐名。经中所讲的礼塔因缘，也促进了大乘中的舍利崇拜。

尔时道场菩提树神复白佛言："世尊！我闻世尊过去修行菩萨道时，具受无量百千苦行，捐舍身命肉血骨髓，惟愿世尊少说往昔苦行因缘，为利众生，受诸快乐。"尔时世尊即现神足，神足力故，令此大地六种震动[①]，于大讲堂众会之中有七宝塔从地涌出，众宝罗网弥覆其上。尔时大众见是事已，生希有心。尔时世尊即从座起，礼拜是塔，恭敬围绕，还就本座。尔时道场菩提树神白佛言："世尊！如来世雄出现于世，常为一切之所恭敬，于诸众生最胜最尊，何因缘故礼拜是塔？"佛言："善女天！我本修行菩萨道时，我身舍利安止是塔[②]，因由是身，令我早成阿耨多罗三藐三菩提。"尔时佛告尊者阿难："汝可开塔，取中舍利，示此大众。是舍利者，乃是无量六波罗蜜功德所熏。"尔时阿难闻佛教敕即往塔所，礼拜供养，开其塔户，见其塔中有七宝函，以手开函，见其舍利色妙红白，而白佛言："世尊！是中舍利其色红白。"佛告阿难："汝可持来，此是大士真身舍利。"尔时阿难即举宝函，还至佛所，持以上佛。尔时佛告一切大众："汝等今可礼是舍利。此舍利者是戒定慧之所熏修，甚难可得，最上福田[④]。"尔时大众闻是语已，心怀欢喜，即从座起，合掌敬礼大士舍利。

注释：

①六种震动：指大地震动的六种相。《大品般若经》卷一序品，依地动之方向，举出东涌西没、西涌东没、南涌北没、北涌南没、边涌中没、中涌边没等六相。《华严经》卷十六则举出动、起、涌、震、吼、击等六相，各相复分小、中、大等三种，故计有动、遍动、等遍动，起、遍起、等遍起，涌、遍涌、等遍涌，震、遍

震、等遍震，吼、遍吼、等遍吼，击、遍击、等遍击等十八相。

②舍利：意为体、身、身骨或遗身。最早指佛陀去世火化之后留下的遗骨、坚固子，后来也指高僧去世火化后遗留的骨或坚固子。依《长阿含经》卷四《游行经》记载，释迦牟尼佛于拘尸城双树间入涅槃后，佛舍利八分，由八个国家各自起塔供养。另据《阿育王传》卷一载，佛灭度百年后，阿育王搜集佛遗存的舍利，建造八万四千宝塔供养。

③福田：谓可生福德之田。如农人耕田，能有收获，凡敬侍佛、僧、父母、悲苦者，则可收获福德、功德，故称能出生福德处为福田。

译文：

那时，道场菩提树神又对佛说："世尊！我听闻世尊过去修行菩萨道的时候，受了无量百千的苦行，捐舍了身命、血肉、骨髓等。唯愿世尊您大略给我们讲说一些往昔的苦行因缘，以利益众生，得到快乐。"那时世尊即现神足通，由神足力使得大地发生六种震动。在大讲堂众会中，有七宝塔从地涌出，众宝罗网覆盖其上。大众见到这事后都生起了稀有想。那时世尊即从座位上起来，礼拜此塔，恭敬围绕后又回到座位上。这时道场菩提树神对佛说："世尊！如来大雄出现在世间，常为一切有情所恭敬，在诸众生中最胜最尊，因什么缘故而礼拜这个塔呢？"佛说："善女天！我原来过去世修行菩萨道的时候，我的身舍利安放在这个塔中，由于这个身的缘故，使我提早成就了阿耨多罗三藐三菩提。"那时佛对尊者阿难说："你可以打开这个塔，取出其中的舍利给与会大众看。这个舍利，乃是无量六波罗蜜功德所熏修而得来。”阿难听了佛的教敕后就到塔前，礼拜供养后打开塔门，见塔中有一个七宝函，开函后见有舍利子，颜色妙洁，有红的，有白的。就禀告佛说：“世尊！里面的舍利颜色有红有白。”佛对阿难说：“你可以拿来，这是大士的真身舍利。”那时阿难即捧着七宝函，到了佛前，奉上给佛。那时佛告诉一切大众：“你们现在可以来礼拜这个舍利。这个舍利是戒定慧功德所熏修而成的，极为难得，是最上福田。”那时大众听闻佛这样说之后，心怀欢喜，即从座位上起来，合掌敬礼大士的舍利。

尔时世尊欲为大众断疑网故，说是舍利往昔因缘：“阿难！过去之世有王名曰摩诃罗陀①，修行善法，善治国土，无有怨敌。时有三子端正微妙，形色殊特，威德第一。第一太子名曰摩诃波那罗，次子名曰摩诃提婆，小子名曰摩诃萨埵②。是三王子于诸园林游戏观看，次第渐到一大竹林憩驾止息③。第一王子作如是言：‘我于今日心甚怖慑④，于是林中将无衰损。’第二王子复作是言：‘我于今日不自惜身，但离所爱，心忧愁耳。’第三王子复作是言：‘我于今日独无怖慑，亦无愁恼，山中空寂，神仙所赞，是处闲静，能令行人安隐受乐。’时诸王子说是语已，转复前行，见有一虎，适产七日而有七子，围绕周匝，饥饿穷悴，身体羸瘦，命将欲绝。第一王子见是虎已，作如是言：'怪哉！此虎产来七日，七子围绕，不得求食，若为饥逼，必还啖子。'第三王子言：'此虎经常所食何物？'第一王子言：'此虎唯食新热肉血。'第三王子言：'君等谁能与此虎食？'第二王子言：'此虎饥饿，身体羸瘦，穷困顿乏，余命无几，不容余处为其求食，设余求者命必不济。谁能为此不惜身命？'第一王子言：'一切难舍，不过己身。'第二王子言：'我等今者以贪惜故，于此身命不能放舍，智慧薄少故，于是事而生惊怖。若诸大士欲利益他，生大悲心为众生者，舍此身命不足为难。'时诸王子心大愁忧，久住视之，目未曾舍。作是观已，寻便离去。尔时第三王子作是念言：我今舍身时已到矣。何以故，我从昔来多弃是身，都无所为，亦常爱护，处之屋宅；又复供给衣服、饮食、卧具、医药、象马车乘，随时将养，令无所乏，而不知恩，反生怨害，然复不免无常败坏。复次是身不坚，无所利益，可恶如贼，犹若行厕。我于今日当使此身作无上业，于生死海中作大桥梁。复次若舍此身，即舍无量痈疽瘭疾⑤、百千怖畏，是身唯有大小便利，是身不坚，如水上沫，是身不净，多诸虫户，是身可恶，筋缠血涂，皮骨髓脑，共相连持，如是观察甚可患厌。是故我今应当舍离，以求寂灭无上涅槃，永离忧患、无常、变异，生死休息，无诸尘累。无量禅定智慧功德具足，成就微妙法身，百福庄严，诸佛所赞，证成如是无上法身，与诸众生无量法乐。是时王子勇猛堪任，作是大愿，以上大悲熏修其心，虑其二兄心怀怖懅，或恐固遮为作留难，即便语言：'兄等今者可与眷属还其所止。'尔时王子摩诃萨埵还至虎所，脱身衣裳置竹枝上，作是誓言：

我今为利诸众生故，
证于最胜无上道故，
大悲不动舍难舍故，
为求菩提智所赞故，
欲度三有诸众生故，
欲灭生死怖畏热恼故。

是时王子作是誓已，即自放身卧饿虎前。是时王子以大悲力故，虎无能为。王子复作如是念言：虎今羸瘦，身无势力，不能得我身血肉食。即起求刀，周遍求之，了不能得，即以干竹刺颈出血，于高山上投身虎前。是时大地六种震动，日无精光，如罗睺罗阿修罗王捉持障蔽[6]。又雨杂华、种种妙香。时虚空中有诸余天，见是事已，心生欢喜，叹未曾有，赞言：'善哉！善哉！大士！汝今真是行大悲者！为众生故能舍难舍，于诸学人第一勇健！汝已为得诸佛所赞，常乐住处，不久当证无恼无热清凉涅槃！'是虎尔时见血流出，污王子身，即便舐血，啖食其肉，唯留余骨。

注释：

①摩诃罗陀：《文句》云意为"大无罪"，慧沼《金光明最胜王经疏》云意为"大车"。

②根据《文句》：摩诃波那罗意为"大度"，摩诃提婆意为"大天"，摩诃萨埵意为"大心"。根据《金光明最胜王经疏》，摩诃波那罗意为"大渠"，摩诃提婆意为"大天"，摩诃萨埵意为"大勇猛"。

③憩（qì）：休息。

④懅（jù）：惧怕。

⑤痈（yōng）：脓肿。疽（jū）：毒疮。瘭（biāo）：脓疮。

⑥罗睺罗阿修罗王：罗睺罗，又作"罗护"，星名，传说能障蔽日月而使得发生日月蚀，故印度传说谓之阿修罗王。

译文：

这时，世尊为了断除大众心中的种种疑团，讲说了这个舍利的往昔因缘："阿难啊！过去世的时候，有一个国王名叫摩诃罗陀，修行善法，以善政治理国土，没有怨敌。当时他有三个王子，都容貌端正，神采焕发，形色殊特，威德第一。第一王子名叫摩诃波那罗，二王子名叫摩诃提婆，小王子名叫摩诃萨埵。这三个王子，有一天在各处园林中观看游戏，渐渐到了一个大竹林子中停驾休息。第一王子说：'我今天心中甚为惊惶恐惧，在这个林中不会有猛兽来侵害吧。'第二王子随后说：'我倒是不吝惜自己的身体，只是担忧所爱的不会有散失吧。'第三王子随后说：'我今天没有惶怖，也没有忧恼。山中空闲幽静，是神仙的好居所。这个闲静的地方，能使行人得到安稳快乐。’三位王子各说了自己心想的话后，又宛转向前走，看到了一只母虎，刚生产了七个虎子，已经过了七天，虎子都围绕在母虎身边，嗷嗷待哺，母虎却饿得瘦弱憔悴，身体皮包骨头，没有气力，快要饿死了。第一王子看到这只虎后说：‘奇怪啊，这只虎生产幼仔后已过七天，七个虎子围绕却没有奶吃，母虎若是饿极了，肯定要吃幼仔。’第三王子说：‘这只虎经常吃什么食物？’第一王子说：‘这只虎只吃新鲜的热血和肉。’第三王子说：‘你们谁能给这只虎找些吃的食物。’第二王子说：‘这只虎饿得身体瘦弱，没有气力，快要饿死，来不及在其他地方给找吃的了。如果在其他地方找吃的，肯定要来不及而饿死了。谁能为此不惜身命啊！’第一王子说：‘一切难舍中，最难舍的是自己的身体。’第二王子说：‘我们现在因为贪惜爱恋自己，对于这个身命不能放下捐舍，因为智慧很少，对于这件事心有恐怖。如果是那些大士，为了利益他人，生出大悲心，为了众生舍此身命也不足为难。’这时三个王子心中愍念凄伤，站在那里看饿虎，目不暂舍，徘徊了很长时间才离去。那时第三王子起了这样的心念，自言自语说：现在我舍身的时候到了。为什么呢？我从昔来持此身，然身多弃无所为。爱护处之于屋宅，复供衣食及卧具，象马车乘及医药，随时供养令无乏，而不知恩反怨害，无常败坏终弃去。这个身体危脆不坚，对我并没有什么利益；心中经常产生可恶的想法，不过像个贼人；臭秽脓流，不过像个移动的厕所。今天我要用这个身体作一个无上的善业，在生死海中作济度轮回的大桥梁。又想，如果舍了此身，即是舍了无量的痈疽恶疾等种种怖畏。这个身体有大小便的不净，这个身体如同水上泡沫一样不坚实，这个身体是由许多小虫聚集起来的，身体是由血脉筋肉、皮骨髓脑等连聚在一起的，细细观察令人生厌。因此我现在应当舍弃这个身体，以求寂灭之无上涅槃，永离无常变异等忧患，让生死得到大休歇处，没有尘世无常之累；而且获得无量的禅定智慧功德，具足成就百福庄严、为诸佛所赞的微妙法身，既得成就这样的无上法身，施与一切众生无量的法乐。这时王子发起了大勇猛心，发出弘誓大愿，大悲心切更增加了他的勇猛心。思虑二位兄长心怀惶怖，如果看到后一定会坚决阻止他舍弃生命，就对两位兄长说：‘二位兄长先回，我随后就来。’那时王子摩诃萨埵，回到饿虎处，脱下身上衣裳放在竹枝上，发下了这样的誓言：

我今为利法界诸众生，
为证最胜无上菩提道，
大悲不动舍难舍之身，
为求智者所赞之菩提，
欲度三有苦海诸众生，
欲灭生死轮回怖畏之热恼！

这时王子作了这样的誓言后，就到了饥饿的母虎前放身躺在那里。由于王子的大慈悲心威德力，母虎伏在那里未动。王子又想：此虎现在体弱无力，不能吃我的身体血肉。随即起身寻找一把刀子，到处找也没找到。于是王子就以干竹尖刺破了颈部，鲜血涌出，从高山上投身而下，摔在母虎前面。这时大地六种震动，太阳黯淡无光，就像被罗睺罗阿修罗王捉持障蔽了一样，各种颜色的鲜花妙香如雨一般纷纷从天而降。这时天界诸众生看到这一幕后，心生欢喜，感叹不已，赞叹说：'太伟大了！太伟大了！大士！您真是一位行大慈悲的人啊！为了救度众生，难舍能舍，在诸学人中应是第一勇健！您将得到诸佛的称赞，安住在胜妙喜乐中，不久证得无恼无热、清凉无上的大涅槃！'饿虎那时见鲜血流出，满身都是，就开始舐血吃肉，全部吃尽了，只留下一堆骸骨。

"尔时第一王子见地大动，为第二王子而说偈言：

震动大地，及以大海，
日无精光，如有覆蔽。
于上虚空，雨诸华香，
必是我弟，舍所爱身。

第二王子复说偈言：

彼虎产来，已经七日，
七子围绕，穷无饮食，
气力羸损，命不云远。
小弟大悲，知其穷悴，
惧不堪忍，还食其子，
恐定舍身，以救彼命。

时二王子心大愁怖，涕泣悲叹，容貌憔悴，复共相将还至虎所。见弟所著帔服衣裳皆悉在一竹枝之上[①]，骸骨发爪布散狼藉，流血处处，遍污其地。见已闷绝，不自胜持，投身骨上，良久乃苏，即起举首号天而哭[2]。我弟幼稚才能过人，特为父母之所爱念，奄忽舍身以饲饿虎，我今还宫，父母设问当云何答？我宁在此并命一处，不忍见是骸骨发爪，何心舍离，还见父母、妻子眷属、朋友知识？时二王子悲号懊恼，渐舍而去。时小王子所将侍从，各散诸方，互相谓言：今者我天为何所在？尔时王妃于睡眠中梦乳被割，牙齿坠落，得三鸽雏，一为鹰食。尔时王妃大地动时即便惊寤，心生愁怖而说偈言：

今日何故，大地大水，一切皆动，物不安所，
日无精光，如有覆蔽，我心忧苦，目睫瞤动[3]，
如我今者，所见瑞相，必有灾异，不祥苦恼。

于是王妃说是偈已，时有青衣在外已闻王子消息[4]，心惊惶怖，寻即入内，启白王妃，作如是言：'向者在外闻诸侍从推觅王子，不知所在。'王妃闻已，生大忧恼，涕泣满目，至大王所：'我于向者传闻外人，失我最小所爱之子。'大王闻已而复闷绝，悲哽苦恼，抆泪而言[5]：'如何今日失我心中所爱重者？'"

注释：

①帔（pèi）服：即披肩等。

②号（háo）：大声哭喊。

③睫（jié）：眼睫毛。瞤（shùn）：眼皮跳动。

④青衣：即僮仆。

⑤抆(wěn)：擦拭。

译文：

“那时第一王子见大地震动，对第二王子说：

大地山河皆震动，
诸方暗蔽日无光，
天花香末缤纷下，
定是我弟舍身相！

第二王子也说道：

彼虎产来经七日，
七子围绕饮食尽，
气力羸弱命不远，
小弟大悲欲救度，
惧不堪忍还食子，
我疑弟定舍身命！

这时二位王子心中大为忧愁恐慌，抽泣悲叹，容貌憔悴，又一起回到母虎所卧的地方，只看见弟弟所穿的衣裳、披肩挂在一个竹枝上，身骨、头发、指爪四散各处，地上是一滩一滩的血迹，一片狼藉。兄弟二人看到这个情形后哀不自持，闷绝在地，倒身在遗骨上。良久才醒，即抬头向天，嚎啕大哭。哭喊着说：我小弟才智过人，特别被父母疼爱，忽然间舍身饲虎，我们回到宫中，父母问起来，该如何交待啊！哎呀，我们宁可在这里一起舍去性命，也不忍心见这些骸骨头发指爪，如何能够舍离此地回去见父母妻子眷属和朋友善知识啊！这时二位王子忧恼悲哭，依依不舍地离去。这时小王子带领的侍从，散落在各处互相问：今天我们王子到哪里去了。那时王妃在睡梦中，梦到双乳被割，牙齿坠落，得到三只雏鸽，一只被老鹰叼去吃了。那时，王妃在大地震动时被惊醒了，心中非常慌恐不安，说道：

今日何故大地动，江河林树皆摇震，
日无精光如覆蔽，目睫跳动心不安，
我之所梦不祥兆，必有非常灾变事！

王妃说了偈后，这时有一个侍女从外面听说王子的消息，心中惊慌，急急忙忙跑回来对王妃说：'我刚才在外面听说，侍卫们都在寻找王子，到处都找不到。'王妃听到这话，担忧恐惧涌上心头，眼睛含着泪水，哭哭啼啼来到国王住处说：'我刚才听外面的人说，我们心爱的小儿子丢失不见了。'国王听了以后也如雷轰顶，呆在那里，悲痛哽咽，擦着眼泪说：'苦啊！为什么要让我失去最心爱的儿子呢？'"

尔时世尊欲重宣此义，而说偈言：

我于往昔，无量劫中，舍所重身，以求菩提。
若为国王，及作王子，常舍难舍，以求菩提。
我念宿命，有大国王，其王名曰，摩诃罗陀，
是王有子，能大布施。
其子名曰，摩诃萨埵，复有二兄，长者名曰，
大波那罗；次名大天。
三人同游，至一空山，见新产虎，饥穷无食。

时胜大士，生大悲心，我今当舍，所重之身。
此虎或为，饥饿所逼，傥能还食，自所生子，
即上高山，自投虎前，为令虎子，得全性命。
是时大地，及诸大山，皆悉震动，惊诸虫兽，
虎狼师子，四散驰走，世间皆暗，无有光明。
是时二兄，故在竹林，心怀忧恼，愁苦涕泣，
渐渐推求，遂至虎所，见虎虎子，血污其口，
又见骸骨，发毛爪齿，处处迸血，狼藉在地。
时二王子，见是事已，心更闷绝，自躄于地[①]，
以灰尘土，自涂坌身[②]，忘失正念，生狂痴心。
所将侍从，睹见是事，亦生悲恸，失声号哭，
互以冷水，共相喷洒，然后苏息，而复得起。
是时王子，当舍身时，正值后宫，妃后采女，
眷属五百，共相娱乐。
王妃是时，两乳汁出，一切肢节，痛如针刺，
心生愁恼，似丧爱子。
于是王妃，疾至王所，其声微细，悲泣而言：
大王今当，谛听谛听，忧愁盛火，今来烧我。
我今二乳，俱时汁出，身体苦切，如被针刺。
我见如是，不祥瑞相，恐更不复，见所爱子。
今以身命，奉上大王，愿速遣人，求觅我子。
梦三鸽雏，在我怀抱，其最小者，可适我心，
有鹰飞来，夺我而去；梦是事已，即生忧恼，

我今愁怖，恐命不济，愿速遣人，推求我子。
是时王妃，说是语已，实时闷绝，而复躄地。
王闻是语，复生忧恼，以不得见，所爱子故，
其王大臣，及诸眷属，悉皆聚集，在王左右，
哀哭悲号，声动天地。
尔时城内，所有人民，闻是声已，惊愕而出，
各相谓言：今是王子，为活来耶，为已死亡？
如是大士，常出软语，为众所爱，今难可见；
已有诸人，入林推求，不久自当，得定消息。

诸人尔时，憧惶如是[3]，而复悲号，哀动神祇[4]。

尔时大王，即从座起，以水洒妃，良久乃苏，
还得正念，微声问王：我子今者，为死活耶？
尔时王妃，念其子故，倍复懊恼，心无暂舍。
可惜我子，形色端正，如何一旦，舍我终亡？
云何我身，不先薨没，而见如是，诸苦烦事？
善子妙色，犹净莲华，谁坏汝身，使令分离？
将非是我，昔日怨仇，挟本业缘[5]，而杀汝耶？
我子面目，净如满月，不图一旦，遇斯祸对，
宁使我身，破碎如尘，不令我子，丧失身命。
我所见梦，已为得报，直我无情，能堪是苦。
如我所梦，牙齿堕落，二乳一时，汁自流出，
必定是我，失所爱子。
梦三鸽雏，鹰夺一去，三子之中，必定失一。

尔时大王，即告其妃：我今当遣，大臣使者，周遍东西，推求觅子，汝今且可，莫大忧愁。

大王如是，慰喻妃已，即便严驾，出其宫殿，心生愁恼，忧苦所切，虽在大众，颜貌憔悴，即出其城，觅所爱子。

尔时亦有，无量诸人，哀号动地，寻从王后。

是时大王，既出城已，四向顾望，求觅其子，烦惋心乱[6]，靡知所在。

最后遥见，有一信来，头蒙尘土，血污其衣，灰粪涂身，悲号而至。

尔时大王，摩诃罗陀，见是使已，倍生懊恼，举首号叫，仰天而哭。

先所遣臣，寻复来至，既至王所，作如是言：愿王莫愁，诸子犹在，不久当至，令王得见。

须臾之顷，复有臣来，见王愁苦，颜貌憔悴，身所著衣，垢腻尘污：大王当知，一子已终，二子虽存，哀悴无赖。

第三王子，见虎新产，饥穷七日，恐还食子，见是虎已，深生悲心，发大誓愿，当度众生，于未来世，证成菩提。

即上高处，投身虎前，虎饥所逼，便起啖食，一切血肉，已为都尽，唯有骸骨，狼藉在地。

是时大王，闻臣语已，转复闷绝，失念躄地，忧愁盛火，炽然其身，诸臣眷属，亦复如是。
以水洒王，良久乃苏，复起举首，号天而哭。
复有臣来，而白王言：向于林中，见二王子，
愁忧苦毒，悲号涕泣，迷闷失志，自投于地，
臣即求水，洒其身上，良久之顷，及还苏息，
望见四方，大火炽然，扶持暂起，寻复躄地，
举首悲哀，号天而哭，乍复赞叹，其弟功德。
是时大王，以离爱子，其心迷闷，气力惙然⑦，
忧恼涕泣，并复思惟，是最小者，我所爱重，
无常大鬼，奄便吞食⑧。
其余二子，今虽存在，而为忧火，之所焚烧，
或能为是，丧失命根，我宜速往，至彼林中，
迎载诸子，急还宫殿，其母在后，忧苦逼切，
心肝分裂，或能失命，若见二子，慰喻其心，
可使终保，余年寿命。
尔时大王，驾乘名象，与诸侍从，欲至彼林，
即于中路，见其二子，号天扣地，称弟名字。
时王即前，抱持二子，悲号涕泣，随路还宫，
速令二子，觐见其母⑨。
佛告树神，汝今当知：尔时王子，摩诃萨埵，
舍身饲虎，今我身是；尔时大王，摩诃罗陀，
于今父王，输头檀是⑩；尔时王妃，今摩耶是⑪；
第一王子，今弥勒是；第二王子，今调达是⑫；
尔时虎者，今瞿夷是⑬；时虎七子，今五比丘⑭，

及舍利弗，目犍连是[15]。

尔时大王[16]，摩诃罗陀，及其妃后，悲号涕泣，

悉皆脱身，御服璎珞，与诸大众，往竹林中，

收其舍利，即于此处，起七宝塔。是时王子，

摩诃萨埵，临舍命时，作是誓愿，愿我舍利，

于未来世，过算数劫[17]，常为众生，而作佛事。

说是经时，无量阿僧祇诸天及人发阿耨多罗三藐三菩提心。树神！是名礼塔往昔因缘。尔时佛神力故，是七宝塔即没不现。

注释：

①躄（bì）：仆倒。

②坌（bèn）：用细末撒在物体上面。

③慞惶（zhānghuáng）：亦作“慞徨”，慌张忙乱。

④神祇（qí）：天地神灵的总称。在天为神，在地为祇。

⑤挟（xié）：胁持，挟制。

⑥惋（wǎn）：怨叹烦闷。

⑦惙（chuò）：衰弱。

⑧奄（yǎn）：忽然。

⑨觐（jìn）：朝见，或拜见。

⑩输头檀：即佛陀的父亲净饭王。

⑪摩耶：即佛陀的母亲摩耶夫人。

⑫调达：即“提婆达多”，释迦牟尼佛的堂弟。又义净译文则作“曼殊室利”。

⑬瞿(qú)夷:释迦牟尼出家前为悉达多王子时的妃子,意为明女。《华严经探玄记》卷二十谓佛为太子时,有三夫人:瞿夷第、耶输陀罗、摩奴舍。

⑭五比丘:指释迦牟尼修苦行时的五位随从,也是佛陀成道后,最早在鹿野苑初转法轮受到教化的五位比丘。

⑮舍利弗、目犍(jiàn)连:释迦牟尼佛的两位上首弟子,常跟随佛陀游化。也是佛的十大弟子之一,舍利弗被誉为智慧第一,目犍连被誉为神通第一。

⑯"尔时大王"至"而作佛事"数句:按,"尔时大王,……而作佛事",有版本也列为偈颂。

⑰算数劫:指算数譬喻所不能及的劫数。

译文:

那时,世尊为了重新宣说此义,又说偈颂:

我于往昔无量劫,舍所爱身求菩提,
或为国王或王子,常舍难舍求菩提。
我念昔时有大国,国王名摩诃罗陀,
其子能作大布施,名字叫摩诃萨埵;
又有二位好兄长,长名大渠次大天。
三人同游至一山,见新产虎饥无食,
萨埵大士生大悲,思今当舍所爱身。
此虎或为饥饿逼,恐其还食所生子,
即上高山投虎前,为令虎子全性命。
这时大地及高山,悉皆震动惊虫兽,

虎狼狮子四散走，世间皆暗无光明。
这时二兄在竹林，心怀忧恼而啼泣，
渐渐推求至虎所，见虎虎子血污口，
骸骨、发毛及爪齿，处处迸血遍狼藉。
二兄见状心大惊，悲痛闷绝扑于地，
以灰尘土自涂身，忘失正念生狂痴，
所领侍从见此事，也生悲恸失声哭，
互以冷水相喷洒，然后苏息复得起。
正当王子舍身时，后宫王妃与宫女，
眷属五百共娱乐，王妃忽然乳汁出，
肢节疼痛如针刺，心生忧愁似丧子。
王妃急忙找国王，声音哽咽啼泣言：
大王你今仔细听，忧愁盛火来烧我，
我今二乳俱汁出，身体苦切如针刺，
我见如此不祥兆，恐怕不见心爱子，
今以身命奉大王，愿速派人寻我子。
梦三雏鸽在我怀，其最小者称我心，
有鹰飞来忽夺去，梦见此事我心愁。
我今忧怖恐不济，愿速派人寻我子。
王妃如此哭诉后，当即昏厥倒在地。
国王听后生忧恼，因不见其爱子故，
其王大臣及僚属，悉皆聚集王左右，
哀号悲哭动天地。
那时城内诸人民，听到消息惊愕出，

互相询问并议论，王子为活为已亡？
萨埵大士常软语，为众爱戴今不见，
已经有人入林寻，不久当有消息回。
诸人彼时心慌张，哀号悲哭动神祇。
那时国王从座起，以水洒妃渐苏醒，
正念微声问国王：儿今为死还是活？
王妃忧念其爱子，心中挂念倍增恼，
叹言可惜端正儿，为何一旦舍我去？
为何我身不先没，而见此等痛心事！
吾儿容色如净莲，谁坏你身令分离？
莫非是我昔怨仇，由于业缘而杀耶？
吾儿面目如满月，不料一旦遇斯祸，
宁使我身碎如尘，勿令吾儿失身命！
我所作梦已预示，何其无情令我受！
梦见牙齿忽坠落，二乳一时汁自流，
必定是我失爱子；梦三雏鸽鹰夺一，
三子之中定失一。
那时大王即告妃：我即派遣诸臣僚，
周遍东西去寻子，你且不必太忧愁。
国王安慰王妃后，即整仪仗出宫殿，
心中愁恼忧苦切，虽在大众貌憔悴。
即出大城寻爱子。
亦有无量城中人，哀号复随王出城。
这时国王出城后，四处张望求其子，

心烦意乱随处行。
最后遥见一人来，头蒙尘土衣涂血，
遍体蒙尘悲号至。
那时摩诃罗陀王，见此信使倍生恼，
举首仰天而号叫。
先遣臣使又回来，到了王前而禀告：
愿王莫愁诸子在，不时即来令王见。
须臾之间有臣来，容貌痛切而憔悴，
风尘仆仆秉王说：大王一子已命终，
二子虽存甚哀怜。
第三王子见虎产，饥饿七日恐食子，
看见饿虎生悲心，发大誓愿度众生，
于未来世证菩提，即上高处投虎前，
虎饥所逼便起食，一切血肉都已尽，
唯剩骸骨在地上。
那时国王听闻后，闷绝失念扑在地，
忧愁盛火炽燃身，群臣僚属也如是。
以水洒王久乃苏，又复抬头向天哭。
又有臣来告王说：现在林中二王子，
痛苦悲叹而啼哭，昏厥不支倒地上。
臣即求水洒其身，良久之时还复苏，
眼望四方如大火，刚刚扶起又倒地，
举首悲哀向天哭，忽又赞叹弟功德。
这时国王因爱子，其心迷闷气力少，

忧痛啼泣又思维：最小儿子我最爱，
无常大鬼忽吞食；其余二子今虽在，
而被忧火所焚烧，可能因此而失命，
我应速往彼林中，迎载二子回宫殿。
其母在宫忧苦逼，心肝分裂或失命，
若见二子慰喻心，可使保全余寿命。
那时国王乘象车，与诸侍从往林中，
即在半路遇二子，哭天抢地称弟名。
国王上前抱二子，痛苦之后还宫中，
速令二子见其母。
佛告树神你当知：时王子摩诃萨埵，
舍身饲虎今我身，时国王摩诃罗陀，
即今父王输头檀，时王妃即今摩耶，
第一王子今弥勒，第二王子今调达，
那时母虎今瞿夷，虎七子今五比丘，
及舍利弗、目犍连。
那时国王摩诃罗，及其妃后悲号泣，
悉脱御服及璎珞，与诸大众往竹林，
收起王子之舍利，于其处起七宝塔。
王子萨埵舍命时，曾作如是之誓愿：
愿我舍利未来世，常为众生作佛事。

世尊说此经的时候，有无量无数的诸天及人发起了阿耨多罗三藐三菩提心。树神！这就是礼拜舍利塔的往昔因缘。那时因为佛的神力，七宝塔也随即隐没不现了。

赞佛品第十八

本品主题是赞佛，但难以理解的是，赞一位名叫“金宝盖山王如来”的未来佛。这位未来佛金宝盖山王如来是前面《授记品》中佛陀为信相菩萨授记将来成佛的名号，但现在却与法会会众一起来到了这位未来佛的国土，像是进入了“时空隧道”，由现在来到了未来，令人难以思议。这与《法华经》过去佛多宝如来忽然出现于多宝塔中，与现在佛释迦牟尼一起宣化的情况非常类似。这一段内容特别突显了本经与《法华经》在经义上的相似之处，即二经都有速疾成佛之意。《金光明经》中多次说到“速成”、“疾得证成阿耨多罗三藐三菩提”。在合本、净本《空品》之后的《依空满愿品》中，还说依诸法性空义，行菩提法，修平等行，如意宝光耀善女天因此即转女身作梵天身，得佛授记，与《法华经》中龙女转为男身成佛的故事也极为相似。

尔时无量百千万亿诸菩萨众，从此世界至金宝盖山王如来国土，到彼土已五体投地，为佛作礼，却住一面，合掌向佛，异口同音而赞叹曰：

如来之身，金色微妙，其明照耀，如金山王，
身净柔软，如金莲华。
无量妙相，以自庄严，随形之好，光饰其体，
净洁无比，如紫金山。

圆足无垢，如净满月；其音清彻，妙如梵声，
师子吼声，大雷震声，六种清净，微妙音声，
迦陵频伽[①]，孔雀之声，清净无垢，威德具足。
百福相好，庄严其身，光明远照，无有齐限，
智慧寂灭[②]，无诸爱习。
世尊成就，无量功德，譬如大海，须弥宝山，
为诸众生，生怜愍心，于未来世，能与快乐。
如来所说，第一深义，能令众生，寂灭安隐，
能与众生，无量快乐，能演无上，甘露妙法，
能开无上，甘露法门，能入一切，无患窟宅[③]；
能令众生，悉得解脱，度于三有，无量苦海，
安住正道[④]，无诸忧苦。
如来世尊，功德智慧，大慈悲力，精进方便，
如是无量，不可称计。
我等今者，不能说有，诸天世人，于无量劫，
尽思度量，不能得知。
如来所有，功德智慧，无量大海，一滴少分，
我今略赞，如来功德，百千亿分，不能宣一，
若我功德，得聚集者，回与众生，证无上道。

尔时信相菩萨即于此会从座而起，偏袒右肩，右膝着地，合掌向佛而说赞言：

世尊百福，相好微妙，功德千数，庄严其身，
色净远照，视之无厌，如日千光，弥满虚空，

光明炽盛，无量无边，犹如无数，珍宝大聚。
其明五色，青红赤白，琉璃颇梨[⑤]，如融真金，
光明赫奕，通彻诸山，悉能远照，无量佛土。
能灭众生，无量苦恼，又与众生，上妙快乐，
诸根清净，微妙第一，众生见者，无有厌足。
发绀柔软[⑥]，犹孔雀项，如诸蜂王，集在莲华。
清净大悲，功德庄严，无量三昧，及以大慈，
如是功德，悉以聚集。
相好妙色，严饰其身，种种功德，助成菩提。
如来悉能，调伏众生，令心柔软，受诸快乐，
种种深妙，功德庄严，亦为十方，诸佛所赞，
其光远照，遍于诸方，犹如日月，充满虚空。
功德成就，如须弥山[⑦]，在在示现，于诸世界。
齿白齐密，犹如珂雪，其德如日，处空明显，
眉间毫相，右旋宛转，光明流出，如琉璃珠，
其色微妙，如日处空。
尔时道场菩提树神复说赞曰：
南无清净，无上正觉，甚深妙法，随顺觉了。
远离一切，非法非道，独拔而出，成佛正觉。
知有非有，本性清净，希有希有，如来功德，
希有希有，如来大海，希有希有，如须弥山，
希有希有，佛无边行，希有希有，佛出于世，
如优昙华，时一现耳。

希有如来，无量大悲，释迦牟尼，为人中日，
为欲利益，诸众生故，宣说如是，妙宝经典。
善哉如来，诸根寂灭，而复游入，善寂大城，
无垢清净，甚深三昧[8]，入于诸佛，所行之处，
一切声闻[9]，身皆空寂，两足世尊，行处亦空。
如是一切，无量诸法，推本性相[10]，亦皆空寂。
一切众生，性相亦空，狂愚心故，不能觉知。
我常念佛，乐见世尊，常作誓愿，不离佛日。
我常于地，长跪合掌，其心恋慕，欲见于佛。
我常修行，最上大悲，哀泣雨泪，欲见于佛。
我常渴仰，欲见于佛，为是事故，忧火炽然。
惟愿世尊，赐我慈悲，清冷法水，以灭是火。
世尊慈愍，悲心无量，愿赐我身，常得见佛。
世尊常护，一切人天，是故我今，渴仰欲见。
声闻之身，犹如虚空，焰幻响化[11]，如水中月，
众生之性，如梦所见，如来行处，净如琉璃，
入于无上，甘露法处，能与众生，无量快乐。
如来行处，微妙甚深，一切众生，无能知者。
五通神仙，及诸声闻，一切缘觉，亦不能知。
我今不疑，佛所行处，惟愿慈悲，为我现身。

尔时世尊，从三昧起[12]，以微妙音，而赞叹言：“善哉善哉！树神善女！汝于今日，快说是言，一切众生，若闻此法，皆入甘露，无生法门。”

注释：

①迦陵频伽：产于印度的鸟，属于雀类，以音声美妙著称。意为好声鸟、美音鸟、妙声鸟。其色黑似雀，羽毛甚美，喙部呈赤色，在卵壳中即能鸣，音声清婉，和雅微妙。佛教经典中，常以其鸣声比喻佛菩萨之妙音。

②寂灭：指佛三涅槃境界，法身空性境界，故下文译为“澄明”。

③无患窟：义净译文为“涅槃城”，指一切贪嗔痴烦恼永灭的涅槃境界。

④正道：即“八正道”。

⑤颇梨：又作“玻璃”，意译“水玉”、“白珠”、“水精”等。七宝之一。“琉璃颇梨”指诸色珍宝。

⑥发绀：头发绀青色。

⑦如须弥山：此处对照义净译文，当是指佛之身光。

⑧三昧：又作“三摩地”，意为“等持”、“定”、“正定”等。心止于一处而不动、心一境性名为定。

⑨一切声闻：此处指声闻弟子。

⑩性相：指体性与相状。不变而绝对之真实本体，或事物之自体，称为“性”；差别变化之现象的相状，称为“相”。本经以性相皆为空寂。

⑪焰幻响化：焰幻指水泡之阳焰，响化指声音倏忽消失。

⑫三昧：指禅定。

译文：

那时，无量百千万亿的诸菩萨众，从此世界到金宝盖山王

如来的国土。到了彼土后，五体投地，为佛作礼，安坐一边，合掌向佛，异口同音而赞叹说：

如来金色微妙身，光明照耀如金山，
身净柔软如莲华。
三十二相遍庄严，八十种好皆圆备，
光饰其体洁无比。
圆足无垢如满月，其音清彻似梵声，
如狮子吼雷震音；六种清净微妙声，
迦陵频伽孔雀声，清净无垢威德具。
百福相好庄严身，光明远照无齐限，
智慧澄明无爱染。
世尊成就无量德，譬如大海须弥山，
哀愍利益诸众生，于未来世与安乐。
如来所说第一义，令证涅槃真寂静，
能与众生无量乐。
能演无上甘露法，能开无上甘露门，
能入一切无患窟，能令众生悉解脱。
已度三有大苦海，安住正道无诸苦。
如来功德与智慧，慈悲、精进与方便，
德海无量不可计，我等今者不能说。
诸天世人无量劫，尽其思维不能知，
如来功德智慧海，无量大海之一滴。
我今略赞如来德，百千亿分不及一，
我所聚集之功德，回向众生证菩提。

那时，信相菩萨在此会中，即从座起，偏袒右肩，右膝着地，合掌向佛赞叹说：

世尊百福相圆满，功德千数庄严身，
色净远照视无厌，如日千光弥满空。
光明炽盛无边际，犹如无数珍宝聚，
青红赤白及杂色，五色光耀如融金；
光明赫奕彻诸山，悉能远照无量土，
能灭众生无量苦，又与无边上妙乐。
诸根清净妙第一，众生乐睹无厌足。
发绀柔软孔雀项，犹如蜂王集妙华，
清净大悲德庄严，无量三昧及大慈，
如是功德悉聚集，相好妙色严饰身，
种种功德成菩提。
如来调伏诸众生，令心柔软受诸乐。
种种妙德共庄严，亦为十方诸佛赞，
其光远照遍十方，犹如日月满虚空。
功德成就如须弥，示现周遍诸世界。
齿白齐密如珂雪，德如日处空明显。
眉间毫相右旋转，光明流出如琉璃，
妙如赫日遍空中。
那时，道场菩提树神又赞叹说：
南无清净无上觉，甚深妙法随顺觉，
远离一切非法道，独拔而出成正觉。
知有非有本清净，希有如来功德海，

希有如来智慧海，希有光相如须弥，
希有世尊无边行，希有如来出于世，
如优昙华时一现；希有如来大慈悲，
释迦牟尼人中日，为欲利益众生故，
宣说如是妙宝经。
善哉如来诸根定，能入寂静涅槃城，
无垢清净深三昧，入于诸佛所行处。
声闻弟子身空寂，两足尊行处亦空，
如是一切无量法，推本性相皆空寂，
一切众生亦空寂。
狂愚心故不能觉，我常念佛乐见佛，
我常誓愿不离佛。
常于地上跪合掌，其心恋慕欲见佛；
常行最上之大悲，哀泣雨泪欲见佛；
心中忧火炽然盛，我常渴仰欲见佛。
惟愿世尊赐慈悲，清凉法水灭忧火！
世尊无量慈悲心，愿赐我身常见佛！
世尊常护诸人天，是故我今欲见佛，
声闻之身如虚空，如焰如响如水月，
众生之性如梦幻。
如来行处如琉璃，入于无上甘露法，
能与众生无量乐。
如来行处妙甚深。
一切众生无能知，五通神仙及声闻、

一切缘觉亦不知。

我今不疑佛行处，惟愿慈悲为现身！

那时世尊即从禅定中出，以微妙梵音赞叹说："善哉善哉！树神善女天！你于今日宣扬妙言，一切众生若听闻到此法，皆入甘露无生法门。"

嘱累品第十九

按照三分科经的惯例，本品属于流通分的付嘱部分。佛陀从定中起，付嘱诸天神护持流通此经，勿使断绝；又叙说受持本经的利益，劝诸天众等广为流传，使流通久远，令未来世众生得到大利益。诸天神殷重宣说誓言，依照世尊付嘱而护持此经。

尔时释迦牟尼佛从三昧起，现大神力，以右手摩诸菩萨摩诃萨顶。与诸天王及诸龙王、二十八部散脂鬼神大将军等而作是言："我于无量百千万亿恒河沙劫修习是金光明微妙经典，汝等当受持读诵，广宣此法，复于阎浮提内无令断绝。若有善男子、善女人，于未来世中有受持读诵此经典者，汝等诸天常当拥护，当知是人于未来世无量百千人天之中常受快乐，于未来世值遇诸佛，疾得证成阿耨多罗三藐三菩提。"

尔时诸大菩萨及天龙王、二十八部散脂大将等，即从座起，到于佛前，五体投地，俱发声言："如世尊敕，当具奉行！"如是三白，"如世尊敕！当具奉行！"于是散脂大将等而白佛言："如世尊敕！若未来世中有受持是经，若自书，若使人书，我等与此二十八部诸鬼神等常当随侍拥护，隐蔽其身，是说法者皆悉消灭诸恶，令得安隐。愿不有虑！”

尔时释迦牟尼佛现大神力，十方无量世界悉皆六种震动。是时诸佛皆大欢喜，嘱累是经故，赞美持法者，现无量神力。于是无量无边阿僧祇菩萨摩诃萨大众，及信相菩萨、金光、金藏、常悲、法上等，及四天大王、十千天子，与道场菩提树神、坚牢地神及一切世间天人阿修罗等，闻佛所说，皆发无上菩提之道，踊跃欢喜，作礼而去。

译文：

那时释迦牟尼佛从三昧起，示现大神力，以右手遍摩诸菩萨摩诃萨的头顶，对诸天王、诸龙王、二十八部散脂鬼神大将军等说了这样付嘱的话：“我于无量百千万亿恒河沙劫修习这部《金光明》微妙经典，你们应当受持读诵，广为宣说此法，不要让此经在阎浮提内的流通断绝。如果有善男子善女人，在未来世中有受持读诵这部经典的，你们诸天应当常常拥护，当知此人在未来世无量百千人天之中常受快乐，于未来世会值遇诸佛，速疾得证阿耨多罗三藐三菩提。”

那时诸大菩萨及诸天、龙王、二十八部散脂大将等，即从座起，到了佛前，五体投地，同声说：“遵照世尊敕令，我等完全奉行！”这样说了三遍，“遵照世尊敕令，我等完全奉行！”于是散脂大将等对佛说：“遵照世尊敕令！如果未来世中有人受持这部经，若是自己书写，若是让别人代为书写，我们将与二十八部诸鬼神等隐蔽身形，常常跟随护卫这人，使得这位受持说法的人消灭一切诸恶，得到安稳。请您不必挂念！”

那时释迦牟尼佛示现大神力，十方无量世界都发出了六种震动。这时诸佛皆大欢喜，为了付嘱这部经的缘故，赞美持法的人，示现了无量的神力。于是无量无边阿僧祇的菩萨摩诃萨大众及信相菩萨、金光、金藏、常悲、法上等菩萨，及四大天王、十千天子，与道场菩提树神、坚牢地神及一切世间天人、阿修罗等听闻了佛的说法之后，都发起了无上菩提之心，踊跃欢喜，作礼而去。

延伸阅读书目

《金光明经》，北凉三藏法师昙无谶译，《大正藏》第16册，第335页。

《合部金光明经》，隋沙门释宝贵合，《大正藏》第16册，第359页。

《金光明最胜王经》，唐三藏沙门义净译，《大正藏》第16册，第403页。

《金光明经玄义》，隋智颉说，灌顶录，《大正藏》第39册，第1页。

《金光明经文句》，隋智颉说，灌顶录，《大正藏》第39册，第46页。

《金光明经玄义拾遗记》，宋知礼述，《大正藏》第39册，第12页。

《金光明经文句记》，宋知礼述，《大正藏》第39册，第83页。

《金光明经疏》，隋吉藏撰，《大正藏》第39册，第160页。

《金光明最胜王经疏》，唐慧沼撰，《大正藏》第39册，第175页。

《金光明经玄义顺正记》，宋从义撰，《卍续藏》第20册，第300页。

《金光明经文句新记》，宋从义撰，《卍续藏》第20册，第369页。

《金光明经照解》，宋宗晓述，《卍续藏》第20册，第478页。

《金光明经科注》，明受汰集，《卍续藏》第20册，第539页。

《隋国师智者天台山国清寺释智𫖮传》,《续高僧传》卷17,《大正藏》第50册,第560页。

《金光明忏法》,《国清百录》卷一,《大正藏》第46册,第796页。

《智者遗书与临海镇将解拔国述放生池》,《国清百录》卷四,《大正藏》第46册,第822页。

《金光明最胜忏仪》,宋知礼集,《大正藏》第46册,第961页。

《金光明忏法补助仪》,宋遵式集,《大正藏》第46册,第957页。

《法界圣凡水陆胜会修斋仪轨》,志磐撰、明袾宏重订,《卍续藏》第74册,第784页。

《重编诸天传》,宋行霆述,《卍续藏》第88册,第421页。

《供诸天科仪》,清弘赞集,《卍续藏》第74册,第637页。

《佛说四天王经》,南朝宋智严、宝云译,《大正藏》第15册,第118页。

《佛说毗沙门天王经》,宋法天译,《大正藏》第21册,第217页。

《佛说大吉祥天女十二名号经》,唐不空译,《大正藏》第21册,第252页。

《坚牢地天仪轨》,唐善无畏译,《大正藏》第21册,第354页。

CBETA《大藏经》、《卍续藏》电子版。

《中华佛教百科全书》电子版。

《佛光大词典》电子版。

丁福保《佛学大词典》电子版。

欧阳竟无,《金光明经叙》,《藏要》第三辑(第9册),上海书店,1991年影印本。

周叔迦,《二十四诸天考》,《周叔迦佛学论著集》(下集),北京:中华书局,1991年。

牟宗三,《金光明玄义论“无住本”》,收于张曼涛编《现代佛教学术丛刊》第58册《天台典籍研究》,1976年。

圣凯,《中国佛教忏法研究》,北京:宗教文化出版社,2004年。

张文良,《金光明(最胜王)经》选译,《中国佛教经典宝藏精选白话版》,高雄:佛光出版社,1996年。

崔红芬,《西夏〈金光明最胜王经〉信仰研究》,《敦煌研究》2008年第2期,第54页。

耿世民,《回鹘文〈金光明经〉研究》,《新疆师范大学学报》(哲学社会科学版),2008年第3期,第30页。

黄延军,《中国国家图书馆藏西夏译北凉本〈金光明经〉残片考》,《宁夏社会科学》,2007年第2期,第103页。

N. Yakhontova,《〈金光明经〉蒙文、卫拉特本》,2006年西域文献座谈会·中国国家图书馆。

张涌泉、李玲玲,《敦煌本〈金光明最胜王经音〉研究》,